TEOLOGÍA SISTEMÁTICA
Teología Reformada Clásica

editorial clie

Charles Hodge, D.D.

Nota: Los textos [entre corchetes] son palabras añadidas por el traductor para dar claridad bien añadiendo antecedentes inexistentes en el presente texto debido a la condensación, bien por otras causas. También ocasionalmente traducciones de términos latinos o de otras lenguas que el autor da sin traducir.
Excepto cuando se de mención expresa de ello, las citas bíblica han sido tomadas de la versión Reina-Valera, Revisión 1977.

EDITORIAL CLIE
CLIE, E.R. n.º 2.910-SE/A
C/ Ferrocarril, 8
08232 VILADECAVALLS (Barcelona) ESPAÑA
E-mail: clie@clie.es
Internet: http:// www.clie.es

TEOLOGÍA SISTEMÁTICA DE CHARLES HODGE
Teología Reformada Clásica

Copyright © 2021 por CLIE

Traducción y condensación: Santiago Escuain

Cualquier forma de reproducción, distribución, comunicación pública o transformación de esta obra solo puede ser realizada con la autorización de sus titulares, salvo excepción prevista por la ley.
Diríjase a CEDRO (Centro Español de Derechos Reprográficos, http://www.cedro.org) si necesita fotocopiar o escanear algún fragmento de esta obra.

ISBN: 978-84-18204-98-2

Depósito Legal: B 7351-2021

Clasifíquese:
Teología cristiana
Teología sistemática
REL067110

Contenido

Prefacio del traductor 30

Introducción *33*

Capítulo 1: SOBRE EL MÉTODO 35
  1. La teología, una ciencia 35
     La necesidad de sistema en teología 35
  2. El método teológico 36
  3. El método especulativo 37
     Forma deísta y racionalista 37
     Forma dogmática 37
     Los trascendentalistas 38
  4. El método místico 38
     El misticismo en su aplicación a la teología 38
     Consecuencias del método místico 39
  5. El método inductivo 39
     El método inductivo en su aplicación a la teología 40
     La recolección de los hechos 40
     El teólogo debe ser conducido por las mismas reglas que el hombre de ciencia . . . 40
     Necesidad de una inducción completa 41
     Los principios tienen que ser deducidos conforme a los hechos 41
  6. Las Escrituras contienen todos los hechos de la teología 42
     La enseñanza del Espíritu 43

Capítulo 2: TEOLOGÍA 45
  1. Su naturaleza 45
     Definiciones de teología 45
  2. Los hechos de la naturaleza revelan a Dios 46
     A. Respuesta a los anteriores argumentos *47*
     B. Argumento escritural para la Teología Natural *48*
  3. La insuficiencia de la Teología Natural 48
     A. Lo que dicen las Escrituras acerca de la salvación de los hombres
        La salvación de los párvulos *49*
     B. La regla del juicio para los adultos *49*
     C. Todos los hombres bajo condenación *50*
     D. Las condiciones necesarias para la salvación *51*
     E. Objeciones *51*
  4. La teología cristiana 52
     Teología Propia 52
     Antropología 52
     Soteriología 52
     Escatología 52
     Eclesiología 52

Capítulo 3: EL RACIONALISMO 55
1. Significado y uso del término 55
2. Racionalismo deísta 55
   A. Posibilidad de una Revelación sobrenatural 55
   B. Necesidad de una Revelación sobrenatural 56
   C. Las Escrituras contienen una Revelación así 57
      El argumento de la profecía 57
      Argumento según los efectos del Evangelio 58
3. La segunda forma del racionalismo 58
   [A. Su naturaleza] 59
   B. Refutación 59
   C. Historia 59
4. Dogmatismo, la tercera forma del racionalismo 60
   Refutación 60
   El testimonio de las Escrituras contra el dogmatismo 61
5. El papel propio de la razón en cuestiones de religión 62
   A. La razón es necesaria para la recepción de una Revelación 62
      Diferencia entre Conocimiento y Entendimiento 62
   B. La razón debe juzgar acerca de la credibilidad de una Revelación 63
      Lo Imposible no puede ser creído 63
      Qué es imposible 63
      Prueba de esta prerrogativa de la razón 64
   C. La razón debe juzgar acerca de las Evidencias de una Revelación 64
6. Relación entre la filosofía y la Revelación 65
   La filosofía y la teología ocupen un terreno común 66
   Los filósofos y los teólogos deberían esforzarse por la unidad 66
   La autoridad de los hechos 66
   La autoridad de la Biblia, más elevada que la de la filosofía 67
[7. Papel de los sentidos en los asuntos de la fe] 67

Capítulo 4: MISTICISMO 69
1. Significado de las palabras entusiasmo y misticismo 69
   A. Uso filosófico del término 69
   B. El sentido en el que los cristianos evangélicos son llamados místicos 70
   C. El sistema que hace de los sentimientos la fuente del conocimiento 70
      [La teoría de Schleiermacher] 70
   D. El misticismo conocido en la Historia de la Iglesia 71
      El misticismo no es idéntico a la doctrina de la iluminación espiritual 71
      Difiere de la doctrina de "la guía del Espíritu" 72
      Difiere de la doctrina de "la Gracia común" 72
[2. El misticismo en la Iglesia Primitiva] 72
[3. El misticismo durante la Edad Media] 72
   Los místicos evangélicos 72
4. El misticismo durante y después de la Reforma 73
   Los desórdenes populares no fueron un efecto de la Reforma 73

[5. El Quietismo] 74
[6. Los Quáqueros o Amigos] 74
7. Objeciones a la Teoría Mística 74
    El misticismo no se basa en las Escrituras 74
    El misticismo es contrario a las Escrituras 75
    Contrario a los hechos de la experiencia 76
    No hay criterio para juzgar de la fuente de las sugerencias interiores 77
    Una doctrina productora de males 77

Capítulo 5: LA DOCTRINA CATOLICORROMANA ACERCA DE LA REGLA DE LA FE . . 79
1. Declaración de la doctrina 79
2. La doctrina Católica Romana acerca de las Escrituras 79
    Las Escrituras, incompletas 80
    La oscuridad de las Escrituras 80
    La Vulgata Latina 81
3. La Tradición 81
    La doctrina Tridentina 81
4. El oficio de la Iglesia como Maestra 82
    Los órganos de la infalibilidad de la Iglesia 83
    La teoría Ultramontana 83
5. Examen de las doctrinas romanistas 83
6. Examen de la doctrina de la Iglesia de Roma acerca de la Tradición 83
    A. Diferencia entre Tradición y la Analogía de la Fe 83
    B. Puntos de diferencia entre la doctrina romanista y la de los protestantes
    acerca del consentimiento común 84
    C. Tradición y Desarrollo 85
        [La moderna teoría del desarrollo] 86
        El desarrollo según lo sostienen algunos romanistas 86
        La verdadera cuestión 87
    D. Argumentos en contra de la doctrina de la Tradición 87
        No hay promesa de intervención divina 88
        No hay criterio 88
        El consentimiento común no es criterio 88
        Lo inadecuado de las evidencias de consentimiento 89
        La tradición no está a disposición del pueblo 90
        La tradición destruye la autoridad de las Escrituras 91
        Las Escrituras no son recibidas sobre la base de la tradición 91
7. El oficio de la Iglesia como Maestra 92
    A. Doctrina romanista acerca de esta cuestión 92
    B. La definición romanista de la Iglesia se deriva de lo que es ahora
    la Iglesia de Roma 93
    C. La doctrina romanista de la Infalibilidad, se basa en una errónea teoría
    acerca de la Iglesia 94
        La doctrina protestante de la naturaleza de la Iglesia 95
        Las conflictivas teorías acerca de la Iglesia 96
        Prueba de la doctrina protestante de la Iglesia 96

D. La doctrina de la Infalibilidad se basa en una falsa presuposición de la perpetuidad del apostolado *97*
       Los modernos prelados no son apóstoles 97
   E. La Infalibilidad, basada en una falsa interpretación de la promesa de Cristo *99*
   F. La doctrina, contradicha por los hechos. *99*
       La apostasía arriana 99
       La evasión romanista de este argumento. 100
       La Iglesia de Roma rechaza la doctrina de Agustín 101
   G. La Iglesia de Roma enseña ahora el error *101*
   H. El reconocimiento de una Iglesia Infalible es incompatible con la libertad religiosa y civil *103*

Capítulo 6: LA REGLA PROTESTANTE DE LA FE 105
1. Enunciado de la doctrina **105**
    El Canon 106
2. Las Escrituras son infalibles, esto es, son dadas por Inspiración Divina **106**
    A. La naturaleza de la Inspiración. Definición. *106*
    B. La Inspiración es sobrenatural. *107*
    C. Distinción entre Revelación e Inspiración *107*
    D. Hombres inspirados fueron órganos de Dios *108*
    E. Prueba de la doctrina *108*
        Argumento derivado del significado de la palabra profeta. 109
        Lo que los profetas dijeron, lo dijo Dios. 109
        La inspiración de los Escritores del Nuevo Testamento 109
        El testimonio de Pablo. 110
    F. La Inspiración se extiende igualmente a todas las partes de la Escritura. *111*
    G. La inspiración de las Escrituras se extiende a las Palabras *111*
        Inspiración plenaria. 112
    H. Consideraciones generales en sustento de la doctrina *112*
    I. Objeciones *113*
        Discrepancias y errores 114
        Objeciones históricas y científicas. 115
3. Teorías adversas. **116**
    A. Doctrinas naturalistas. *116*
        La teoría de Schleiermacher 117
        Objeciones a la teoría de Schleiermacher 118
    B. Inspiración graciable. *119*
        Objeciones a la teoría de Inspiración graciable. 120
        Objeciones a la doctrina de que la inspiración es común a todos los creyentes 120
    C. Inspiración parcial. *120*
4. La Integridad de las Escrituras **121**
5. La perspicuidad de las Escrituras. El derecho al juicio privado **122**
    El pueblo tiene orden de escudriñar las Escrituras. 123
6. Normas de interpretación. **123**

PARTE I: TEOLOGÍA PROPIA *127*

Capítulo 1: EL ORIGEN DE LA IDEA DE DIOS 129
1. El conocimiento de Dios como cosa innata 129
- *A. Lo que se entiende por conocimiento innato 129*
- *B. Prueba de que el conocimiento de Dios es innato.................. 131*
  - El conocimiento de Dios es universal 131
  - La creencia en Dios, necesaria................................... 132
2. El conocimiento de Dios no se debe a un proceso de razonamiento 133
3. El conocimiento de Dios no se debe exclusivamente a la Tradición 134
4. ¿Se puede demostrar la existencia de Dios? 135

Capítulo 2: TEÍSMO.. 137
1. El argumento ontológico 137
  - El argumento de Anselmo....................................... 137
  - El argumento de Descartes 138
  - El argumento del doctor Samuel Clarke............................ 138
  - El argumento de Cousin 139
2. El argumento cosmológico................................... 139
- *A. La causalidad 139*
  - La doctrina común sobre esta cuestión............................ 140
  - La convicción intuitiva de la necesidad de una Causa 141
- *B. El mundo es un efecto 141*
  - El argumento histórico 142
  - El argumento geológico 142
- *C. Objeciones. La doctrina de Hume 142*
  - La segunda objeción 144
3. El argumento teleológico 145
- *A. Su naturaleza.. 145*
- *B. Evidencias de designio en el mundo 146*
4. Objeciones al argumento teleológico 147
- *A. La negación de las causas finales 147*
- *B. Objeciones de Hume y Kant 148*
  - Respuesta a las objeciones..................................... 149
- *C. Objeciones misceláneas 149*
  - Órganos inútiles 150
  - El instinto.. 150
5. El argumento moral o antropológico 152
- *A. Naturaleza del argumento................................... 152*
- *B. Argumento basado en la existencia de la mente.................. 152*
- *C. Basado en la naturaleza del alma 153*
- *D. Basado en la naturaleza moral del hombre 154*
  - Nuestros sentimientos morales no se deben a la educación 155

Capítulo 3: TEORÍAS ANTI-TEÍSTAS 157
1. Qué se entiende por Anti-Teísmo 157

Ateísmo [...] 157
¿Es posible el ateísmo? 157
2. Politeísmo **157**
3. Hilozoísmo **158**
4. Materialismo **159**
   A. La doctrina de Epicuro *159*
   B. El materialismo en Inglaterra durante el Siglo Dieciocho .. *161*
      Locke 161
      Hartley 161
   C. El materialismo en Francia durante el Siglo Dieciocho *162*
   D. El positivismo *163*
      Observaciones 164
      Aplicaciones prácticas del positivismo 166
   E. El materialismo científico *168*
      Principios conductores 168
      El argumento para la correlación de fuerzas Físicas y Vitales .. 169
      Vida animal 170
      Los fenómenos mentales 170
   F. Refutación *173*
      El materialismo contradice los hechos de la consciencia 173
      El materialismo contradice las verdades de la razón 176
      El materialismo, inconsecuente con los hechos de la experiencia .. 177
      El materialismo es ateo 178
      [La correlación de las fuerzas físicas, vitales y mentales] 179
      Los argumentos a favor de la correlación de las fuerzas físicas,
      vitales y mentales no son válidos. El argumento de la analogía 179
      Argumentos adicionales de los materialistas 181
      Argumentos directos en contra de la teoría de la correlación de las fuerzas físicas,
      vitales y mentales 182
      Alfred Rusell Wallace 183
      Las fuerzas vitales y las físicas no son convertibles 183
      Wallace, el naturalista 184
5. Panteísmo **185**
   A. Qué es el Panteísmo *185*
      Principios generales del sistema 186
      Historia del panteísmo 192
   B. El Panteísmo brahmánico *192*
      La religión de los hindúes, no originalmente monoteísta 193
      Era Panteísta 193
      La relación del ser Infinito con el Mundo 194
      La relación del Panteísmo con el Politeísmo 194
      El efecto del Panteísmo sobre la religión 194
      El carácter del culto hindú 195
      La antropología de los hindúes 195
      El efecto del Panteísmo en la vida social de los hindúes 196
   C. El panteísmo griego *197*
      La escuela jónica 198

La escuela eleática 198
Los estoicos 199
Platón 200
Las Ideas 201
La relación de las Ideas con Dios en la filosofía de Platón. 201
La cosmogonía de Platón 202
La naturaleza del alma. 202
Aristóteles 203
[D. El panteísmo medieval] 204
[E. El panteísmo moderno] 204
F. Conclusión 204

Capítulo 4: EL CONOCIMIENTO DE DIOS. 207
1. **Dios puede ser conocido** 207
   A. Estado de la cuestión. 207
      Dios, inconcebible 207
      Dios, incomprensible 208
      Nuestro conocimiento de Dios, parcial 208
   B. ¿Cómo conocemos a Dios?. 209
   C. Prueba de que este método es fiable 209
      Nuestra naturaleza moral demanda esta idea de Dios 210
      Nuestra naturaleza religiosa hace la misma demanda 210
      Argumento de la Revelación de Dios en la Naturaleza 212
      Argumento de la Escritura. 212
      El argumento de la manifestación de Dios en Cristo 212
2. **Dios no puede ser conocido plenamente** 213
   Qué se significa por conocimiento 214
   La necesidad de una Revelación sobrenatural 215

Capítulo 5: LA NATURALEZA Y LOS ATRIBUTOS DE DIOS. 217
1. **Definiciones de Dios.** 217
   El ser de Dios 217
2. **Los atributos divinos** 218
   La relación de los atributos con la esencia de Dios 219
3. **La clasificación de los atributos divinos.** 220
4. **La espiritualidad de Dios.** 221
   A. El significado de la palabra "Espíritu" 221
   B. Consecuencias de la espiritualidad de Dios 222
      Las escrituras confirman lo anterior 223
5. **Infinitud** 223
   La idea de Infinitud no es meramente negativa 224
   A. El Infinito no es el Todo 224
   B. La infinitud de Dios en relación con el espacio 224
6. **La Eternidad** 225
   A. La Doctrina escritural. 225
      Perspectiva filosófica 226

CONTENIDO

   7. Inmutabilidad 227
   8. Conocimiento 228
      A. Su naturaleza 228
          La doctrina de la Escritura acerca de este extremo 229
      B. Los objetos del conocimiento divino 230
      [C. Ciencia Media] 230
      D. Presciencia 230
      E. La sabiduría de Dios 231
   9. La voluntad de Dios 231
      A. Significado del término 231
      B. La libertad de la voluntad divina 232
      C. La voluntad decretal y preceptiva de Dios 232
      [D. Voluntad antecedente y consecuente] 232
      [E. Voluntad absoluta y condicional] 232
      F. La voluntad de Dios como base de la obligación moral 232
10. El poder de Dios 233
      A. La naturaleza del poder, o El origen de la idea 233
      B. Omnipotencia 233
      C. La negación del poder 234
      D. Poder absoluto 234
          Potentia absoluta y Potentia Ordinata 235
      [E. No se deben confundir la Voluntad y el Poder.] 235
11. La santidad de Dios 235
12. Justicia 236
      A. Sentido del término 236
      B. La justicia en su relación con el pecado 236
      C. La rehabilitación del delincuente no es el objeto primario del castigo 237
      D. La prevención del crimen no es el objeto primario del castigo 237
      E. Prueba de la doctrina escritural 238
13. La bondad de Dios 240
      A. La doctrina escritural 240
          Benevolencia 241
          Amor 241
      B. La existencia del mal 242
          Teorías que involucran la negación del pecado 242
          El pecado considerado como el medio necesario para el mayor bien 243
          Objeciones a esta teoría 244
          La doctrina de que Dios no puede impedir el pecado en un sistema moral 244
          La doctrina escrituraria 245
14. La verdad de Dios 245
15. La soberanía de Dios 246

Capítulo 6: LA TRINIDAD 249

   1. Observaciones preliminares 249
   2. Forma bíblica de la doctrina 250
      A. Cuál es la forma que adopta 250
      B. Prueba escritural de la doctrina 251

Carácter progresivo de la Revelación divina 251
La fórmula bautismal 252
La bendición apostólica. 253

3. El período de transición 253
A. La necesidad de una declaración más definida de la doctrina 253
B. Conflicto con el error. 254
Los gnósticos 254
Los platonistas 254
La doctrina de Orígenes. 255
La teoría sabeliana. 255
Arrianismo. 256

4. La doctrina de la Iglesia presentada en el Concilio de Nicea 256
A. Los motivos por los que se convocó el Concilio 256
Diferencia de opinión entre los miembros del Concilio 257
Los Semi-Arrianos. 258
Los Ortodoxos. 258
B. El Concilio de Constantinopla. El Credo llamado Atanasiano 259
El Credo Atanasiano 259

[5. Puntos decididos por los Concilios de Nicea y de Constantinopla]. 260

[6. Examen de la Doctrina Nicena] 260

[7. Concepciones filosóficas de la doctrina de la Trinidad] 260

Capítulo 7: LA DEIDAD DE CRISTO 261

1. El testimonio del Antiguo Testamento 261
El Protoevangelio 261
Jehová y el Ángel Jehová. 262
A. El Libro de Génesis. 262
B. Los otros libros históricos del Antiguo Testamento 263
C. Diferentes modos de explicar estos pasajes 264
D. Los Salmos 266
E. Los libros proféticos 267

2. Las características generales de la enseñanza del Nuevo Testamento acerca de Cristo. . . 268
A. El sentido en el que Cristo es llamado Señor. 268
B. Cristo es presentado como el Objeto de nuestros afectos religiosos. 270
C. Las relaciones que Cristo tiene con Su pueblo y con el mundo 271
Su autoridad como Maestro 271
Su control sobre todas las criaturas. 272
D. La naturaleza de Sus promesas 273
E. Su control sobre la naturaleza 274

3. Pasajes particulares del Nuevo Testamento que enseñan la deidad de Cristo. 274
A. Los escritos de San Juan. Juan 1:14 274
Otros pasajes en el Evangelio de San Juan 276
El último discurso de nuestro Señor 276
Las Epístolas de S. Juan. 277
El Apocalipsis 278
B. Las Epístolas de San Pablo 279

La Epístola a los Romanos 279
Las Epístolas a los Corintios 280
Gálatas 280
Efesios 280
Filipenses 280
Colosenses 281
Las Epístolas pastorales 282
La Epístola a los Hebreos 284
Los otros escritores sagrados del Nuevo Testamento 285

Capítulo 8: EL ESPÍRITU SANTO 287

1. Su Naturaleza 287
A. Su Personalidad 287
Prueba de Su Personalidad 288
B. La Deidad del Espíritu Santo 290
La relación del Espíritu con el Padre y el Hijo 291

2. El oficio del Espíritu Santo 291
A. En la naturaleza 291
El Espíritu, la fuente de toda vida intelectual 292
B. El oficio del Espíritu en la obra de la redención 292

3. Historia de la doctrina acerca del Espíritu Santo 293

Capítulo 9: LOS DECRETOS DE DIOS 295

1. La naturaleza de los decretos divinos 295
A. La Gloria de Dios es la causa final de todos sus decretos 295
B. Los decretos, reducibles a un propósito 296
C. Los decretos de Dios son eternos 297
D. Los decretos de Dios son inmutables 297
E. Los decretos de Dios son libres 298
F. Los decretos de Dios son ciertamente eficaces 298
G. Los decretos de Dios se relacionan con todos los acontecimientos 299
Las acciones libres están predeterminadas 300

2. Objeciones a la doctrina de los decretos divinos 301
A. La preordenación, inconsecuente con el libre albedrío 301
B. La preordenación del pecado, inconsecuente con la santidad 303
C. La doctrina de los decretos destruye toda motivación para el esfuerzo 303
D. Es fatalismo 304

Capítulo 10: LA CREACIÓN 305

1. Diferentes teorías sobre el origen del universo 305
La doctrina escritural 305

2. Creación mediata e inmediata 306

3. Prueba de esta doctrina 306

4. Objeciones a la doctrina 307

5. El propósito de la Creación 307

6. El relato mosaico de la Creación 308

Objeciones al relato mosaico de la Creación 309
[Geología y Biblia.] 309

Capítulo 11: PROVIDENCIA 311

1. Preservación 311
La naturaleza de la preservación 311
Objeciones a la doctrina de una creación continua 312
La doctrina Escrituraria acerca de esta cuestión 313

2. Gobierno 313
Enunciado de la doctrina 313
A. Prueba de la doctrina *314*
Prueba por la evidencia de la operación de la mente en todo lugar 314
1. Argumento según nuestra naturaleza religiosa 315
2. Argumento según predicciones y promesas 316
3. Argumento según la experiencia 316
B. Las Escrituras enseñan la providencia de Dios sobre la naturaleza *316*
La providencia se extiende sobre el mundo animal 317
Sobre las naciones 317
Sobre los individuos 317
La providencia de Dios con respecto a las acciones libres 318
La relación de la providencia de Dios con el pecado 318

[3. Teorías diferentes acerca del gobierno divino] 319
4. Los principios involucrados en la doctrina escritural de la Providencia 319
A. La Providencia de Dios sobre el universo material *319*
La materia es activa 319
Las leyes de la naturaleza 320
La uniformidad de las leyes de la naturaleza, consecuente con la doctrina
de la Providencia 321
La Providencia de Dios en relación con los procesos vitales 322
B. La Providencia de Dios sobre las criaturas racionales *322*
Distinción entre la eficiencia providencial de Dios, y las influencias del Espíritu Santo . . 322
Conclusión 323

Capítulo 12: MILAGROS 325

1. Su naturaleza. Significado y uso de la palabra 325
Definición del milagro 325
Objeciones a esta definición de milagro 326
Respuesta a la anterior objeción 327
Leyes más elevadas 328
Objeciones a la doctrina de una Ley Superior 329
Los milagros y las Providencias extraordinarias 331

2. La posibilidad de los milagros 331
3. ¿Puede un milagro ser conocido como tal? 333
Prodigios mentirosos 333
La insuficiencia del testimonio humano 335

4. El valor de los milagros como prueba de la Revelación divina 337

Capítulo 13: LOS ÁNGELES 339
1. Su naturaleza 339
Errores acerca de esta cuestión 340
2. Su estado 340
3. Sus misiones 340
4. Los ángeles malos 343
El poder y la actividad de los malos espíritus 344
Posesiones demoníacas 344

PARTE II: ANTROPOLOGÍA 349

Capítulo 1: EL ORIGEN DEL HOMBRE 351
1. La doctrina Escritural 351
2. Teorías anti-escriturarias 351
La doctrina pagana de la generación espontánea 351
La moderna doctrina de la generación espontánea 352
Teorías del desarrollo 352
El carácter ateo de esta teoría 353
Una mera hipótesis 355
Teorías del Universo 356
Dificultades admitidas para la teoría darwinista 358
La esterilidad de los híbridos 359
3. La antigüedad del hombre 360
Viviendas lacustres 361
Huesos humanos hallados profundamente sepultados 362
Argumento según las razas de los hombres y los monumentos antiguos 363

Capítulo 2: LA NATURALEZA DEL HOMBRE 365
1. La doctrina Escritural 365
Verdades acerca de esto, asumidas en las Escrituras 366
Relación del alma y del cuerpo 367
Dualismo realista 367
2. Tricotomía 368
La tricotomía, anti-escritural 369
[3. Realismo] 370
[4. Otra forma de la teoría realista] 370

Capítulo 3: EL ORIGEN DEL ALMA 371
1. Teoría de la Preexistencia 371
La doctrina de Orígenes 372
2. Traducianismo 372
3. Creacionismo 374
Argumentos según la naturaleza del alma 374
4. Observaciones finales 374

Capítulo 4: UNIDAD DE LA RAZA HUMANA 377
  [1. Concepto de Especie] 377
  [2. Evidencias de la identidad de las Especies] 377
  [3. Aplicación de estos criterios al hombre] 377
  4. El argumento filológico y moral 378

Capítulo 5: EL ESTADO ORIGINAL DEL HOMBRE 381
  1. La doctrina Escritural 381
  2. El hombre creado a la imagen de Dios 382
  3. Rectitud original 383
  4. El dominio sobre las criaturas 384
  [5. La doctrina de los Romanistas] 384
  6. La doctrina Pelagiana y Racionalista 384

Capítulo 6: EL PACTO DE OBRAS 387
  1. Dios hizo un pacto con Adán 387
  2. La promesa 388
  3. La condición 388
  4. La pena 388
  5. Las partes 389
  6. La perpetuidad del pacto 390

Capítulo 7: LA CAÍDA 391
  1. El relato escritural 391
    El árbol de vida 392
    El árbol del conocimiento 392
    La serpiente 393
    La tentación 394
    Los efectos del primer pecado 394

Capítulo 8: EL PECADO 397
  1. La naturaleza de la cuestión 397
  2. Teorías filosóficas 398
    El pecado considerado como una mera limitación del ser 399
    La teoría de Leibniz de la privación 400
    El pecado, antagonismo necesario 401
    La teoría de Schleiermacher sobre el pecado 401
    La teoría sensoria 403
    La teoría de que todo pecado consiste en egoísmo 405
  3. La doctrina de la Iglesia Primitiva 408
  4. La teoría Pelagiana 409
    Argumentos en contra de la doctrina Pelagiana 410
  5. La doctrina de Agustín 412

El elemento filosófico de la doctrina de Agustín 412
Las razones de Agustín para hacer del pecado una negación 412
El elemento moral de su doctrina 413
6. La doctrina de la Iglesia de Roma 415
Diversidad de doctrina en la Iglesia Latina 415
La doctrina de Anselmo 417
La doctrina de Abelardo 417
La doctrina de Tomás de Aquino 418
Doctrina de los Escotistas 419
La doctrina Tridentina acerca del Pecado Original 420
La verdadera doctrina de la Iglesia de Roma 422
7. La doctrina Protestante acerca del pecado 423
El pecado es un mal específico 424
El pecado tiene relación con la ley 424
El pecado está relacionado con la Ley de Dios 424
Alcance de las demandas de la Ley 425
El pecado no se limita a actos de la voluntad 427
Consiste en la ausencia de conformidad a la Ley de Dios 428
El pecado incluye culpa y contaminación 428
8. Los efectos del pecado de Adán sobre su posteridad 431
9. Imputación inmediata 431
Enunciado de la doctrina de imputación inmediata 432
La base de la imputación del pecado de Adán 434
Adán, la Cabeza Federal de su raza 434
El principio representativo las Escrituras 435
El mismo principio involucrado en otras doctrinas 436
Argumento de Romanos 5:12-21 437
Argumento según el consentimiento general 438
Objeciones a la doctrina 439
10. Imputación mediata 439
La imputación mediata fuera de la Iglesia Francesa 440
Objeciones a la doctrina de la imputación mediata 442
La imputación mediata aumenta las dificultades que deben ser explicadas 443
Inconsecuente con el argumento del Apóstol en Ro 5:12-21 443
La doctrina, basada sobre un principio falso 444
La teoría de la propagación 444
11. La preexistencia 445
12. Teoría Realista 446
La Teoría de la identidad, del Rector Edwards 446
Objeciones a la teoría de Edwards 447
La teoría Realista propia 449
Recapitulación de las Objeciones a la teoría realista 449
El realismo no es una solución para el problema del pecado 450
13. El pecado original 453
La naturaleza del pecado original 453
Enunciado de la doctrina Protestante 454

Prueba de la doctrina del pecado original 455
Primer argumento conforme a la universalidad del pecado. 455
Segundo argumento conforme a la total pecaminosidad de los hombres 457
La pecaminosidad de los hombres es incorregible 458
Argumento conforme a la experiencia del pueblo de Dios. 458
Tercer argumento conforme a la temprana manifestación del pecado 459
Evasiones de los anteriores argumentos 460
Las Escrituras enseñan esta doctrina de manera expresa 461
La Biblia describe a los hombres como espiritualmente muertos 464
Argumento conforme a la necesidad de la Redención 464
Argumento conforme a la necesidad de la Regeneración 465
Argumento conforme a la necesidad de la universalidad de la muerte 466
Argumento conforme al común consentimiento de los cristianos. 467
Objeciones 468
La objeción de que los hombres son responsables sólo de sus actos voluntarios . 469
Objeción basada en la justicia de Dios 469
La doctrina presenta a Dios como autor del pecado 470
Se dice que destruye el libre albedrío de los hombres 470

14. **El asiento del pecado original** 471
    Toda el alma entera es el asiento del pecado original. 471
15. **Incapacidad** 472
    La doctrina tal como es enunciada en los Símbolos Protestantes 472
    La naturaleza de la incapacidad del pecador 473
    La incapacidad no surge de la pérdida de ninguna facultad del alma 474
    Ni de la pérdida de libre albedrío 474
    La incapacidad no es una mera ausencia de inclinación 474
    Surge de la carencia de discernimiento Escritural 474
    La incapacidad, declarada sólo con referencia a las «Cosas del Espíritu» 475
    En un sentido, su incapacidad es natural 476
    En otro sentido es moral 476
    Objeciones a la distinción popular entre capacidad moral y natural 476
    Prueba de la doctrina 478
    Declaraciones expresas de las Escrituras 478
    Involucrado en la doctrina del pecado original 479
    La necesidad de la influencia del Espíritu 480
    El argumento conforme a la experiencia 481
    La convicción de pecado 482
    Objeciones 483
    No debilita los motivos para el esfuerzo 484
    La doctrina no alienta a la dilación 484

Capítulo 9: LIBRE ALBEDRÍO **487**

1. **Diferentes teorías de la voluntad** **488**
   Necesidad 488
   Contingencia 490
   Certidumbre 491
2. **Definición de términos** **494**

La voluntad 494
　　　Motivo. 494
　　　Causa. 495
　　　Libertad. 495
　　　Libertad y capacidad. 496
　　　Autodeterminación y autodeterminación de la voluntad 498
3. La certidumbre, consecuente con la libertad **499**
　　　Puntos de concordancia 500
　　　El argumento de que la certidumbre es idónea para todos los agentes libres 501
　　　Argumentos derivados de la Escritura 501
　　　El argumento basado en la consciencia 504
　　　Argumentos basados en el carácter moral de las voliciones 505
　　　Argumento basado en la naturaleza racional del hombre 505
　　　Argumento basado en la doctrina de la causa suficiente 506

PARTE III: SOTERIOLOGÍA *511*

Capítulo 1: EL PLAN DE LA SALVACIÓN 513
1. Dios tiene este plan **513**
　　　La importancia del conocimiento de este plan. 514
　　　Cómo se puede conocer el plan de Dios. 514
2. Supralapsarianismo **515**
　　　Objeciones al Supralapsarianismo 516
3. Infralapsarianismo. **517**
　　　Diferentes significados que se asignan a la palabra Predestinación 518
[4. Redención hipotética] **518**
5. La doctrina Luterana en cuanto al plan de la salvación **517**
6. La doctrina Remonstrante **520**
7. El Arminianismo Wesleyano **521**
8. El esquema Agustiniano. **522**
　　　Exposición de la doctrina 523
　　　Prueba de la doctrina 524
　　　Argumento conforme a los hechos de la Providencia 525
　　　La soberanía de Dios en las dispensaciones de Su providencia. 526
　　　Argumento conforme a los hechos de la Escritura. 527
　　　Por la obra del Espíritu. 528
　　　La elección lo es a la Santidad 529
　　　Por la naturaleza gratuita de la salvación. 530
　　　El argumento del Apóstol en Romanos 9. 530
　　　El argumento de la experiencia. 531
　　　Las expresas declaraciones de la Escritura. 532
　　　Las palabras de Jesús 532
9. Objeciones al esquema Agustiniano. **534**
　　　Las mismas objeciones militan contra la Providencia de Dios 534
　　　Basadas en nuestra ignorancia 535

Estas objeciones fueron apremiadas contra de las enseñanzas de los Apóstoles. . 536

Capítulo 2: EL PACTO DE LA GRACIA 537
1. El plan de salvación es un Pacto. 537
2. Diferentes puntos de vista de la naturaleza de este Pacto 538
3. Las partes del Pacto. 539
4. El Pacto de Redención 540
   La obra asignada al Redentor 541
   Las promesas hechas al Redentor. 541
5. El Pacto de Gracia. 542
   Cristo como mediador del Pacto 542
   La condición del Pacto 543
   Las promesas del Pacto. 543
6. La identidad del Pacto de la Gracia bajo todas las Dispensaciones 544
   La promesa de la vida eterna dada antes del Advenimiento 545
   Cristo, el Redentor, bajo ambas dispensaciones. 546
   La fe es desde el principio la condición para la salvación 547
7. Diferentes dispensaciones. 549
   La primera, de Adán a Abraham 549
   La segunda dispensación 549
   La tercera dispensación. 549
   La dispensación del Evangelio 550

Capítulo 3: LA PERSONA DE CRISTO 553
1. Consideraciones preliminares. 553
2. Los hechos escriturales acerca de la Persona de Cristo 554
   Prueba de la doctrina 555
   Primer argumento: todos los elementos de la doctrina se enseñan por separado . 555
   Cristo tenía un verdadero cuerpo 555
   Cristo tenía un alma racional 555
   Cristo es verdaderamente Dios. 555
   Cristo es una Persona 556
   Segundo argumento, conforme a las exposiciones propias de la Escritura 556
   Tercer argumento, conforme a pasajes particulares de la Escritura 557
3. La unión hipostática. 559
   Dos naturalezas en Cristo. 559
   No hay transferencia de atributos de una a otra naturaleza 560
   La unión es una unión personal 560
4. Consecuencias de la Unión Hipostática 561
   Comunión de atributos 561
   Los actos de Cristo 563
   El Hombre Cristo Jesús es el objeto de la adoración 564
   Cristo puede simpatizar con Su pueblo 564
   El Logos encarnado es la fuente de la vida 564
   La exaltación de la Naturaleza Humana de Cristo 564

5. Doctrinas erróneas y heréticas acerca de la Persona de Cristo 565
   Los Ebionitas 565
   Los Gnósticos 566
   La doctrina Apolinaria 567
   Nestorianismo 567
   Eutiquianismo 568
6. La doctrina de las Iglesias Reformadas 570
7. Doctrina Luterana 571
   Diferentes opiniones entre los luteranos 572
   Observaciones acerca de la doctrina luterana 574
8. Formas posteriores de la doctrina 577
   Socinianismo 577
   [La preexistencia de la Humanidad de Cristo.] 579
   [Swedenborg.] 579
   [Isaac Watts.] 579
9. Formas modernas de la doctrina 579
   Cristología panteísta 580
   Cristología teísta 581
   Ebrard 583
   Gess 584
   Observaciones 585
   Schleiermacher 587
   La Cristología de Schleiermacher 588
   Objeciones a esta teoría 589
   Basada en principios panteístas 590
   Involucra el rechazo de la doctrina de la Trinidad 591
   La antropología de Schleiermacher 592
   La teoría de Schleiermacher pervierte el plan de la salvación ... 594

Capítulo 4: LA OBRA MEDIADORA DE CRISTO 597
1. Cristo, el único Mediador 597
2. Calificaciones para la obra 598
3. El triple oficio de Cristo 599

Capítulo 5: EL OFICIO PROFÉTICO 603
1. La naturaleza del oficio profético 603
2. Cómo Cristo ejecuta el Oficio de Profeta 603

Capítulo 6: EL OFICIO SACERDOTAL 605
1. Cristo es un sacerdote de manera verdadera, no en sentido figurado 605
2. Cristo es nuestro único Sacerdote 606
3. Definición de términos 608
   Satisfacción 608
   Pena 610
   Vicario 611

    Culpa 612
    Redención 613
    Expiación y propiciación 613

Capítulo 7: LA SATISFACCIÓN DE CRISTO 615
  1. Enunciado de la doctrina 615
  2. El valor intrínseco de la satisfacción de Cristo. 616
    La doctrina romanista de la satisfacción 616
  3. La doctrina de los Escotistas y de los Remonstrantes 617
  4. La satisfacción dada a la justicia 619
  5. La obra de Cristo satisface las demandas de la Ley 621
  6. Prueba de la doctrina 622
    Los sacrificios del Antiguo Testamento, expiatorios 622
    El capítulo 53 de Isaías 624
    Pasajes del N.T. en los que la obra de Cristo es expuesta como sacrificio 625
    Cristo nuestro Redentor 628
    Redención de la pena de la Ley 629
    La redención de la Ley 629
    Redención del poder del pecado 630
    Redención del poder de Satanás 630
    Argumento conforme la experiencia religiosa de los creyentes 632
  7. Objeciones 633
    Objeciones populares 635
    En Dios no hay justicia vindicadora 635
    No puede haber antagonismo en Dios 635
    Es imposible la transferencia de culpa o de justicia 636
    La expiación es un concepto pagano 636
    La satisfacción de la justicia es innecesaria 636

Capítulo 8: ¿POR QUIÉNES MURIÓ CRISTO? 639
  1. Estado de la cuestión 639
  2. Prueba de la doctrina Agustiniana 640
    Argumento conforme a la naturaleza del Pacto de Redención 640
    Argumento con base en la doctrina de la elección 641
    Las declaraciones expresas de la Escritura 642
    Argumento con base en el especial amor de Dios 643

Capítulo 9: TEORÍAS DE LA EXPIACIÓN 645
  1. La posición ortodoxa 645
  2. La doctrina de algunos de los Padres 646
  3. La teoría moral 647
  4. La teoría gubernamental 648
    Objeciones a la teoría 649
  5. La teoría mística 650
  6. Observaciones finales 651

Capítulo 10: LA INTERCESIÓN DE CRISTO ... 653
1. Cristo nuestro Intercesor ... 653
2. Su naturaleza ... 654
3. Sus objetos ... 654
4. La intercesión de los santos ... 654

Capítulo 11: EL OFICIO REGIO DE CRISTO ... 657
1. La Iglesia, el Reino de Dios ... 657
2. Cristo es el único Rey ... 658
3. La naturaleza del Reino de Cristo ... 659
    El dominio de Cristo sobre el universo ... 659
    El Reino espiritual de Cristo ... 659
    El reino visible de Cristo ... 661
    La naturaleza de este reino ... 661
4. El Reino de Gloria ... 663

Capítulo 12: LA HUMILLACIÓN DE CRISTO ... 665
1. Incluye Su Encarnación ... 665
    Cristo nació en una condición humilde ... 666
2. Fue hecho bajo la Ley ... 667
3. Sus padecimientos y muerte ... 667
4. Él soportó la ira de Dios ... 668
5. Su muerte y sepultura ... 669

Capítulo 13: LA EXALTACIÓN DE CRISTO ... 671
1. La Resurrección de Cristo ... 671
    La naturaleza del cuerpo de resurrección de Cristo ... 672
    El agente eficiente de la resurrección de Cristo ... 673
2. La Ascensión de Cristo ... 673
3. Sentado a la diestra de Dios ... 675
4. La venida de Cristo a juzgar el mundo ... 675

Capítulo 14: LA VOCACIÓN ... 677
1. Uso escriturario del término ... 677
2. El llamamiento externo ... 678
    No es inconsecuente con la doctrina de la Predestinación ... 680
    Es consistente con la sinceridad de Dios ... 680
    El llamamiento a la salvación es sólo por medio del Evangelio ... 681
    ¿Por qué se dirige el llamamiento del Evangelio a todos los hombres? ... 683
3. La gracia común ... 683
    Hay una influencia del Espíritu distinta de la verdad ... 685
    La influencia del Espíritu puede ser sin la Palabra ... 686
    Las influencias del Espíritu, concedidas a todos los hombres ... 686
    El argumento de la experiencia ... 687

Los efectos de la gracia común 688
4. **La gracia eficaz** 690
    Por qué es llamada eficaz 690
    La doctrina Agustiniana de la gracia eficaz 692
    El principal principio involucrado 694
    La gracia eficaz es misteriosa y peculiar 694
    No es persuasión moral 694
    La gracia eficaz actúa de forma inmediata 694
    La gracia eficaz es irresistible 695
    El alma es pasiva en la regeneración 696
    La regeneración es instantánea 696
    Un acto de gracia soberana 696
5. **Prueba de la doctrina** 696
    El común consentimiento 696
    Argumento de la analogía 697
    Argumento con base en Efesios 1:17-19 698
    El argumento conforme a la enseñanza de la Escritura 699
    Argumento según la naturaleza de la regeneración 701
    Argumento conforme a las doctrinas relacionadas 703
    Argumento de la experiencia 703
6. **Objeciones** 704
[7. **Historia de la doctrina**] 705

Capítulo 15: REGENERACIÓN 707
1. **Uso del término** 707
2. **La naturaleza de la regeneración** 708
3. **La doctrina evangélica** 708
    La regeneración es un acto de Dios 709
    La regeneración es un acto del poder de Dios 709
    La regeneración no es un acto en el sentido subjetivo del término 709
    No es un cambio de sustancia 709
    Es una nueva vida 710
    Es un nuevo nacimiento 711
    Un nuevo corazón 711
4. **Objeciones** 711
    La negación del sobrenaturalismo 711
    La confianza en falsas teorías psicológicas 711
    Objeciones basadas en la perfección divina 712

Capítulo 16: LA FE 713
1. **Observaciones preliminares** 713
2. **La naturaleza psicológica de la fe** 713
    La fe es una convicción basada en el testimonio 713
    Prueba conforme al uso general del término 715
    Prueba de la consciencia 715
    Prueba de la Escritura 715

3. Diferentes clases de fe 717
       Fe muerta, o especulativa 718
       Fe temporal 718
       Fe salvadora 718
       Qué significa el testimonio del Espíritu 718
       Prueba por medio de declaraciones expresas en las Escrituras 719
   4. Fe y conocimiento 720
       El conocimiento, esencial para la fe 721
       El conocimiento, la medida de la fe 721
       La doctrina romanista acerca de esta cuestión........................... 722
   5. Fe y sentimientos 723
   6. Fe y amor 724
   7. El objeto de la fe salvadora 724
       Fe general 724
       Fides Specialis 725
       El testimonio de Cristo 725
       Se dice que somos salvos al recibir a Cristo 725
       La enseñanza de los Apóstoles 725
   8. Los efectos de la fe... 726
       La justificación, efecto de la fe 726
       La participación en la vida de Cristo, efecto de la fe 726
       La paz como fruto de la fe 727
       Certidumbre 727
       La santificación es un fruto de la fe 728
       La certidumbre de la salvación.. 729
       El octavo capítulo de Romanos 729

Capítulo 17: JUSTIFICACIÓN 731
   1. **Enunciado simbólico de la doctrina** 731
   2. **La justificación es un acto legal**................................... 732
       Prueba de la doctrina acabada de enunciar 733
       Por el uso de la Escritura 733
       La justificación es lo opuesto a la condenación 734
       Argumento con base en formas equivalente de expresión 734
       Argumento según el enunciado de la doctrina 735
       El argumento del Apóstol en la Epístola a los Romanos................... 735
       Argumento derivado de la base de la justificación....................... 736
       La justificación no es un mero perdón 736
       Argumento según la inmutabilidad de la ley 736
       Argumento según la naturaleza de nuestra unión con Cristo 737
       Argumentos según los efectos adscritos a la justificación 737
       La doctrina de Calvino... 740
   3. **Las obras no son la base de la justificación** 741
       La doctrina Romanista 742
       Doctrina Remonstrante 742
       La doctrina Protestante 742

4. La justicia de Cristo es la base de la justificación 745
   Significado de los términos. 746
   La justicia de Cristo es la justicia de Dios 746
5. La imputación de justicia 747
6. Prueba de la doctrina 748
   El argumento del Apóstol. 749
   El paralelo entre Adán y Cristo 750
   Otros pasajes que enseñan la misma doctrina 751
   Argumento según las enseñanzas generales de la Biblia 752
7. Las consecuencias de la imputación de la Justicia 755
8. La relación de la fe con la justificación 755
   La doctrina Romanista 756
   La postura Remostrante 757
   La doctrina Protestante 759
[9. Objeciones a la doctrina Protestante de la justificación] 759
[10. Alejamientos de la doctrina Protestante] 759
[11. Posturas modernas acerca de la justificación] 759

Capítulo 18: SANTIFICACIÓN 761
1. Su naturaleza 761
   Es una obra sobrenatural 761
   Prueba de su carácter sobrenatural. 762
   Todos los ejercicios de santidad son atribuidos al Espíritu como su autor 763
   Se nos enseña a orar por el arrepentimiento, la fe y otras gracias 763
   Argumento según la unión del creyente con Cristo 764
   Argumento según doctrinas relacionadas 764
2. En qué consiste. 765
   Despojándose del Hombre Viejo, y revistiéndose del Nuevo. 766
   Pablo detalla su propia experiencia en Romanos 7:7-25 767
   La enseñanza de Romanos 7:7-25. 768
   Gálatas 5:16-26 768
   Efesios 4:22-24 769
3. El método de la santificación 770
   El alma es conducida al ejercicio de la fe 770
   El efecto de la unión con Cristo 770
   La obra interna del Espíritu 770
   Dios llama al ejercicio de las gracias de Su pueblo 771
   La Iglesia y los Sacramentos como medios de la Gracia 771
   El oficio regio de Cristo 771
4. Los frutos de la santificación, o las buenas obras. Su naturaleza. 772
   La doctrina romanista acerca de las buenas obras. 772
   Las obras de supererogación. 773
   Preceptos y consejos 774
   El sentido en que el fruto del Espíritu en los creyentes es llamado bueno. 775
5. La necesidad de las buenas obras. 775

25

[6. La relación de las buenas obras con la recompensa]............................ 777
7. El perfeccionismo 777
   La base de esta doctrina 777
[8. Teorías del perfeccionismo] 778

Capítulo 19: LA LEY... 779
1. Principios preliminares... 779
   La personalidad de Dios está involucrada en la idea de Ley;
   y por lo tanto toda moralidad está basada en la religión.................... 779
   Principios protestantes limitando la obediencia a las leyes humanas.......... 780
   Libertad cristiana en asuntos indiferentes 780
   Diferentes clases de leyes 782
   ¿Hasta dónde se pueden dejar de lado las leyes contenidas en la Biblia?...... 783
   Cuando una ley divina es predominada por otra................................ 784
   La perfección de la Ley... 784
   El Decálogo... 784
   Normas de interpretación... 784
2. La división del contenido del Decálogo 785
   Argumentos en favor de la disposición adoptada por los Reformados.......... 786
3. El prefacio a los Diez Mandamientos 786
4. El primer mandamiento 788
   Es el principal de todos los mandamientos 788
5. La invocación de santos y ángeles 789
   Mariolatría 791
6. El segundo mandamiento... 794
   La prohibición del culto a las imágenes 795
   Las razones que se adjuntan a este mandamiento 797
   La doctrina y práctica de la Iglesia de Roma en cuanto a las imágenes 798
   La doctrina Tridentina 799
   Observaciones 799
   La doctrina Protestante acerca de esta cuestión............................... 800
7. El tercer mandamiento.. 801
   Juramentos 802
   La legitimidad de los juramentos 802
   Normas que rigen la interpretación y obligación de un juramento............ 804
   Votos 804
   La legitimidad de los votos.. 804
8. El cuarto mandamiento.. 806
   Su designio 806
   El Sábado fue instituido desde el principio y es de obligación perpetua 806
9. El quinto mandamiento.. 808
   Su designio 808
   La relación filial 808
   La promesa 809
   Deberes paternos.. 809

4. La justicia de Cristo es la base de la justificación **745**
   Significado de los términos. 746
   La justicia de Cristo es la justicia de Dios 746
5. **La imputación de justicia** **747**
6. **Prueba de la doctrina** **748**
   El argumento del Apóstol 749
   El paralelo entre Adán y Cristo 750
   Otros pasajes que enseñan la misma doctrina 751
   Argumento según las enseñanzas generales de la Biblia 752
7. **Las consecuencias de la imputación de la Justicia** **755**
8. **La relación de la fe con la justificación** **755**
   La doctrina Romanista 756
   La postura Remostrante 757
   La doctrina Protestante 759

[9. Objeciones a la doctrina Protestante de la justificación] **759**
[10. Alejamientos de la doctrina Protestante] **759**
[11. Posturas modernas acerca de la justificación] **759**

Capítulo 18: SANTIFICACIÓN **761**

1. **Su naturaleza** **761**
   Es una obra sobrenatural 761
   Prueba de su carácter sobrenatural. 762
   Todos los ejercicios de santidad son atribuidos al Espíritu como su autor 763
   Se nos enseña a orar por el arrepentimiento, la fe y otras gracias 763
   Argumento según la unión del creyente con Cristo 764
   Argumento según doctrinas relacionadas 764
2. **En qué consiste.** **765**
   Despojándose del Hombre Viejo, y revistiéndose del Nuevo. 766
   Pablo detalla su propia experiencia en Romanos 7:7-25 767
   La enseñanza de Romanos 7:7-25. 768
   Gálatas 5:16-26 768
   Efesios 4:22-24 769
3. **El método de la santificación** **770**
   El alma es conducida al ejercicio de la fe 770
   El efecto de la unión con Cristo 770
   La obra interna del Espíritu 770
   Dios llama al ejercicio de las gracias de Su pueblo 771
   La Iglesia y los Sacramentos como medios de la Gracia 771
   El oficio regio de Cristo 771
4. **Los frutos de la santificación, o las buenas obras. Su naturaleza.** **772**
   La doctrina romanista acerca de las buenas obras. 772
   Las obras de supererogación. 773
   Preceptos y consejos 774
   El sentido en que el fruto del Espíritu en los creyentes es llamado bueno. 775
5. **La necesidad de las buenas obras** **775**

[6. La relación de las buenas obras con la recompensa]. 777
7. El perfeccionismo 777
    La base de esta doctrina 777
[8. Teorías del perfeccionismo] 778

Capítulo 19: LA LEY 779

1. Principios preliminares. 779
    La personalidad de Dios está involucrada en la idea de Ley;
    y por lo tanto toda moralidad está basada en la religión. 779
    Principios protestantes limitando la obediencia a las leyes humanas 780
    Libertad cristiana en asuntos indiferentes 780
    Diferentes clases de leyes 782
    ¿Hasta dónde se pueden dejar de lado las leyes contenidas en la Biblia? 783
    Cuando una ley divina es predominada por otra 784
    La perfección de la Ley 784
    El Decálogo 784
    Normas de interpretación 784
2. La división del contenido del Decálogo 785
    Argumentos en favor de la disposición adoptada por los Reformados 786
3. El prefacio a los Diez Mandamientos 786
4. El primer mandamiento 788
    Es el principal de todos los mandamientos 788
5. La invocación de santos y ángeles 789
    Mariolatría 791
6. El segundo mandamiento 794
    La prohibición del culto a las imágenes 795
    Las razones que se adjuntan a este mandamiento 797
    La doctrina y práctica de la Iglesia de Roma en cuanto a las imágenes 798
    La doctrina Tridentina 799
    Observaciones 799
    La doctrina Protestante acerca de esta cuestión. 800
7. El tercer mandamiento 801
    Juramentos 802
    La legitimidad de los juramentos 802
    Normas que rigen la interpretación y obligación de un juramento 804
    Votos 804
    La legitimidad de los votos 804
8. El cuarto mandamiento 806
    Su designio 806
    El Sábado fue instituido desde el principio y es de obligación perpetua 806
9. El quinto mandamiento 808
    Su designio 808
    La relación filial 808
    La promesa 809
    Deberes paternos 809

La obediencia a los magistrados civiles 810
Obediencia a la Iglesia 811
10. **El sexto mandamiento** 812
Su designio 812
La pena capital 812
El homicidio en defensa propia 813
Guerra 814
El suicidio 815
Duelos 816
11. **El séptimo mandamiento** 816
El celibato 816
Historia 818
El matrimonio, institución divina 820
El matrimonio como institución civil 820
La monogamia 821
Conclusiones 824
El divorcio, su naturaleza y efectos. 825
Razones para el divorcio 826
El deber de la Iglesia y de sus cargos 828
La prostitución, el mal social 829
Matrimonios prohibidos 829
La base o razón de tales prohibiciones 829
La teoría de Agustín 830
¿Sigue estando en vigor la ley levítica del matrimonio? 831
¿Cómo se debe interpretar la ley levítica? 832
Grados prohibidos 833
12. **El octavo mandamiento** 834
La comunidad de bienes 835
Comunismo y socialismo 836
Violaciones del octavo mandamiento 838
13. **El noveno mandamiento** 839
Detracciones 840
Falsedad 841
Fraudes piadosos 843
14. **El décimo mandamiento** 844

Capítulo 20: LOS MEDIOS DE LA GRACIA 847
1. **La Palabra** 847
¿A qué se debe atribuir el poder de la Palabra? 848
El oficio de la Palabra como medio de la gracia 851
2. **Los sacramentos: Su naturaleza** 852
3. **Número de los sacramentos** 852
4. **La eficacia de los sacramentos** 854
La doctrina de la Iglesia de Roma acerca de la eficacia de los sacramentos 854
5. **La necesidad de los sacramentos** 855
6. **La validez de los sacramentos** 857

7. Bautismo 858
  El modo del bautismo 858
  El uso de la palabra en los clásicos 858
  Uso de las palabras en la Septuaginta y en los Apócrifos 859
  El uso del Nuevo Testamento 861
  El uso patrístico 865
  La universalidad del Evangelio 866
  Argumento conforme al designio de la ordenanza 866
8. La fórmula del bautismo 867
9. Los sujetos del bautismo 867
  Cualificaciones para el bautismo de adultos 868
10. Bautismo de párvulos 869
  [...] Los requisitos para la admisión en la Iglesia antes del advenimiento
  son los mismos que los precisos a la admisión en la Iglesia cristiana 870
  Los párvulos eran miembros de la Iglesia bajo la economía del AT 870
  [...] No hay nada en el Nuevo Testamento que justifique la exclusión
  de los hijos de los creyentes de la membresía de la Iglesia 872
  Los niños necesitan y pueden recibir los beneficios de la Redención 873
11. ¿Quiénes y cuáles niños tienen derecho al bautismo? 874
  Teorías conforme a las que muchos Protestantes mantienen la propiedad
  del bautismo de otros párvulos además de los de padres creyentes 874
  Doctrina y usos de las Iglesias Reformadas 875
12. La eficacia del bautismo 879
  El bautismo es una condición de la salvación 880
  El bautismo como medio de gracia 881
  Regeneración bautismal 883
[13. La doctrina luterana acerca del bautismo] 886
[14. Doctrina de la Iglesia de Roma] 886
15. La cena del Señor 886
  Los elementos a emplear en la Cena del Señor 886
  El designio de la Cena del Señor 887
  Requisitos para la Cena del Señor 888
16. La doctrina de la Iglesia Reformada acerca de la Cena del Señor 889
[17. Puntos de vista modernos acerca de la cena del Señor] 891
[18. La doctrina luterana acerca de la cena del Señor] 891
[19. La doctrina de la Iglesia de Roma acerca de la Cena del Señor] 891
20. La oración 891
  El objeto de la oración 892
  Los requisitos de la oración aceptable 893
  Diferentes clases de oración 895
  Oración pública 896
  La oración como medio de la gracia 897
  El poder de la oración 898

PARTE IV: ESCATOLOGÍA *901*

Capítulo 1: EL ESTADO DEL ALMA DESPUÉS DE LA MUERTE 903

1. Doctrina Protestante 903
    La doctrina de una vida futura, revelada en el Antiguo Testamento 905
    El estado intermedio 909
2. El sueño del alma 912
    Refutación de la doctrina del sueño del alma 913
[3. La doctrina patrística del estado intermedio] 914
4. La doctrina de la Iglesia de Roma 914
    El *Limbus Patrum* 914
    El *Limbus Infantum* 914
    El infierno 915
    El cielo 916
    El purgatorio 916
    Argumentos empleados a favor de la doctrina 918
    Argumentos en contra de la doctrina 921
    Historia de la doctrina 928

Capítulo 2: LA RESURRECCIÓN 931

1. Doctrina Escrituraria 931
    La identidad de nuestro cuerpo futuro con el presente 932
    ¿En qué consiste esta identidad? 933
    La naturaleza del cuerpo de resurrección 934

Capítulo 3: LA SEGUNDA VENIDA 939

1. Observaciones preliminares 939
2. La doctrina común de la Iglesia 939
3. La venida personal de Cristo 939
4. El llamamiento de los gentiles 943
5. La conversión de los judíos 943
6. El Anticristo 945

Capítulo 4: LOS EVENTOS CONCOMITANTES DE LA SEGUNDA VENIDA .. 947

1. La Resurrección General 947
    El tiempo de esta Resurrección General 947
2. El Juicio Final 949
3. El fin del mundo 951
4. El Reino de los Cielos 952
[5. La teoría del advenimiento premilenial] 954
6. El castigo futuro 954
    La duración del castigo futuro 954
    Objeciones 955

Prefacio del traductor

CON SATISFACCIÓN he prestado mi grano de arena a la difusión de esta magna obra de estudio en lengua castellana. Aunque publicada en inglés en 1871, hace ya pues 120 años, sigue teniendo un fuerte impacto en el mundo de habla inglesa, donde continúa actuando como obra formativa, de estudio y referencia, y contribuyendo a la defensa de «la fe una vez dada a los santos».

Hodge combina en esta magna obra la piedad con la erudición, estudiando con sumo esmero las doctrinas básicas de la fe cristiana. El lector seguirá la historia de las doctrinas más centrales desde el siglo primero, su formulación bíblica, y en muchos casos su historia a lo largo de los seis primeros concilios y a través de las grandes Confesiones Reformadas. También advertirá cómo el autor contrasta las doctrinas bíblicas con las tendencias racionalistas y filosóficas que, habiendo hecho un gran impacto en Alemania desde el siglo XVIII, dejaron sentir amargos efectos en el siglo XIX y hasta nuestro siglo, dando una aparente justificación intelectual a la incredulidad y al ateísmo. Hodge estudió dos años en Alemania, y se familiarizó profundamente con estas escuelas de pensamiento, siguiendo de cerca su desarrollo (conocía bien el alemán, y leía atentamente las principales revistas filosófico/teológicas de las diversas escuelas); trata por ello con conocimiento de causa estas tendencias doctrinales, y estudia con rigor sus orígenes, presuposiciones, naturaleza y resultados. Por cuanto la escena teológica actual en la Cristiandad es hija en muchos aspectos de estas tendencias, el estudioso cristiano hará bien en estudiar cuidadosamente esta obra, monumento de la Teología Reformada.

La tarea de condensación, para hacer la obra más accesible al gran público cristiano hispano, ha sido penosa para el mismo traductor. Naturalmente, ha ejercido su criterio. Pero nada se ha cambiado de la perspectiva del autor. De hecho, no se ha cambiado el texto, el cual es del mismo Charles Hodge. Se ha eliminado material, lo cual está indicado con puntos suspensivos [...] en el cuerpo del texto, por lo que el estudioso podrá identificar los cortes en la obra original, si así lo desea. Esta eliminación de material se ha hecho en el sentido de *no alterar* la línea de razonamiento de Hodge. Se han eliminado citas redundantes apoyando un mismo punto, y se han eliminado algunas discusiones históricas de poca relevancia para la situación actual.

La perspectiva escatológica, postmilenialista, es una de las características históricas de la Teología Reformada, y será quizá el punto en que muchos lectores discreparán, como honradamente discrepa este mismo traductor. Y las posturas escatológicas, aunque no afectan la doctrina acerca de Dios, de la Persona de Cristo, de Su obra en la cruz, o la aplicación de Su obra al creyente, sí que tienen grandes consecuencias en cuanto a la concepción de la obra actual de Dios en el mundo y con respecto a la Iglesia y la vocación de la misma, así como acerca de la misión y conducta del cristiano en el mundo. Siendo que estas diferencias tienen tan grandes implicaciones, no sería honrado minimizarlas. Así, el cristiano está llamado a juzgar todas las cosas, todas las humanas formulaciones, todas las enseñanzas, por medio de la piedra de toque de la Palabra de Dios, y por ella, en oración y dependencia de Dios, formar toda su visión. Es necesario, pues, que cada creyente lea y estudie la Biblia con seriedad, y permita que su mente sea moldeada por las Escrituras mismas.

Dicho lo anterior, se debe añadir que el valor intrínseco de esta obra, de cuya naturaleza y estructura ya se ha dado una ligera idea unas líneas más arriba, compensará sobradamente por esta área de desacuerdo teológico con el gran teólogo de Princeton.

Como toda obra humana, está sujeta a las humanas faltas. Sin embargo, si esta obra consigue cimentar la confianza del cristiano en el Libro de los libros, la Palabra de Dios, ayudarlo a un conocimiento más inteligente de su contenido, desenmascarar las pretensiones de la falsamente llamada ciencia y de las vanas filosofías de los hombres, que quisieran poner sus pobres pensamientos en lugar de los pensamientos que Dios ha comunicado, y llevarlo también a examinarlo todo según las Escrituras (cf. Hch 17:11), incluyendo el mismo contenido de esta obra, habrá alcanzado su propósito, esto es, el de su autor original, y el del traductor y el de los editores, conduciendo a cada creyente a escudriñar las Escrituras para hallar a Dios, a Dios manifestado en carne, el Señor Jesucristo, que es el Camino, la Verdad y la Vida, y por medio de esta palabra, y conducido por el Espíritu Santo, llegar así a conocer al Padre y al Hijo, y los propósitos de Dios en todas las cosas y para nosotros y nuestro andar, y Su gloria, y Su amor para con nosotros en Cristo Jesús.

¡A Él sea la gloria por todas las edades!

Santiago Escuain
Caldes de Malavella (Gerona)

Teología Sistemática

Introducción

Capítulo 1
Sobre el método

1. La teología, una ciencia

EN TODAS LAS CIENCIAS hay dos factores: hechos e ideas; o hechos y la mente. La ciencia es más que conocimiento. El conocimiento es la persuasión acerca de lo que es cierto en base de una evidencia adecuada. Pero los datos de la astronomía, de la química o de la historia no constituyen la ciencia de estos departamentos del conocimiento. Tampoco la mera ordenada disposición de los hechos constituye ciencia. Los hechos históricos narrados por su orden cronológico son unos meros anales. La filosofía de la historia supone que estos hechos deben ser comprendidos en base de sus relaciones causales. En cada departamento se supone que el hombre de ciencia debe comprender las leyes por medio de las que se determinan los hechos de la experiencia; de modo que no sólo conozca el pasado, sino que pueda predecir el futuro. El astrónomo puede predecir la posición relativa de los cuerpos celestes para los siglos futuros. El químico puede decir con certeza cuál será el efecto de ciertas combinaciones químicas. Entonces, si la teología es una ciencia, tiene que incluir algo más que un mero conocimiento de los hechos. Tiene que incluir una exhibición de la relación interna de estos hechos, unos con otros, y de cada uno de ellos con todos los demás. Tiene que poder mostrar que si se admite uno, no se pueden negar otros.

La Biblia no es un sistema de teología del mismo modo que la naturaleza no es un sistema de química o de mecánica. Es en la naturaleza donde encontramos los hechos que el químico o el físico tienen que examinar, y de ellos determinar las leyes que los rigen. De la misma manera, la Biblia contiene las verdades que tiene que recopilar el teólogo, disponer y exhibir en su mutua relación interna. Esta es la diferencia entre la teología bíblica y la sistemática. La función de la primera es determinar y enunciar los hechos de la Escritura. La función de la última es tomar estos hechos, determinar su relación entre sí y con otras verdades relacionadas, así como vindicarlas y mostrar su armonía y consistencia. Y no es ésta una tarea fácil, ni de poca importancia.

La necesidad de sistema en teología

Es natural preguntarse: ¿Por qué no tomar las verdades tal como Dios ha visto adecuado revelarlas, y ahorrarnos así la fatiga de mostrar su relación y armonía?

La respuesta a esta pregunta es, en primer lugar, que no se puede hacer así. Es tal la constitución de la mente humana que no puede dejar de intentar sistematizar y conciliar los hechos que admite como ciertos. En ningún departamento del conocimiento se han quedado los hombres satisfechos con la posesión de una masa de hechos no asimilados, y tampoco se puede esperar que los estudiantes de la Biblia se queden satisfechos con ello. Existe, por tanto, la necesidad de construir sistemas de teología. [...]

Segundo: Se obtiene de esta manera una clase muy superior de conocimiento al que se consigue por la mera acumulación de hechos aislados. Una cosa es saber, por ejemplo, que existen océanos, continentes, islas, montes y ríos por toda la superficie de la tierra; y otra cosa más elevada es saber las causas que han determinado la distribución de la tierra y del agua sobre la superficie de nuestro globo; la configuración de la tierra; los efectos de esta configuración sobre el clima, sobre las razas de plantas y animales, sobre el comercio, la civilización y el destino de las naciones. [...] Lo que es cierto de otras ciencias es cierto de la teología. No podemos saber qué es lo que Dios nos ha revelado en su Palabra a no ser que comprendamos, al menos en cierta medida, la relación que tienen entre sí las verdades separadas que esta Palabra contiene. Le costó a la Iglesia siglos de estudio y controversia resolver el problema acerca de la persona de Cristo; esto es, ajustar y llevar a una disposición armónica todos los hechos que la Biblia enseña acerca de este tema.

Tercero: No tenemos elección en esta cuestión. Si queremos cumplir con nuestro deber como maestros y defensores de la verdad tenemos que tratar de traer todos los hechos de la revelación a un orden sistemático y una mutua relación. Es sólo así cuando podremos exhibir de una manera satisfactoria su veracidad, vindicarlos frente a objeciones, o hacer que ejerzan todo su peso sobre las mentes de los hombres.

Cuarto: Esta es evidentemente la voluntad de Dios. Él no enseña a los hombres astronomía ni química, pero les da los hechos en cuya base se erigen estas ciencias. Tampoco nos enseña teología sistemática, pero nos da en la Biblia las verdades que, apropiadamente entendidas y ordenadas, constituyen la ciencia de la teología. Así como los hechos de la naturaleza están todos relacionados y determinados por las leyes físicas, así los hechos de la Biblia están todos relacionados y determinados por la naturaleza de Dios y de sus criaturas. Y así como Él quiere que los hombres estudien sus obras y descubran su maravillosa relación orgánica y armónicas combinaciones, así es su voluntad que estudiemos su Palabra, y aprendamos que, como las estrellas, sus verdades no son puntos aislados, sino sistemas, ciclos y epiciclos en una armonía y grandeza sin fin. Además de esto, aunque las Escrituras no contienen un sistema de teología como un todo, tenemos partes elaboradas de este sistema en las Epístolas del Nuevo Testamento. Y éstas son nuestra autoridad y guía.

2. El método teológico

Cada ciencia tiene su propio método, determinado por la peculiar naturaleza de la misma. Esta es una cuestión de tal importancia que ha sido constituida como un departamento propio. La literatura moderna abunda en obras sobre Metodología, esto es, sobre la ciencia del método, y estas obras tienen el propósito de decidir los principios que deberían regir las investigaciones científicas. Si se adopta un método falso, es como quien toma un camino erróneo que nunca le llevará a su destino. Los dos grandes métodos inclusivos son el *a priori* y *a posteriori*. El primero argumenta de causa a efecto, el segundo de efecto a causa. El primero se aplicó durante siglos incluso a la investigación de la naturaleza. Se intentaba determinar cuáles deben ser los hechos de la naturaleza según las leyes de la mente o las supuestas leyes necesarias. [...] Todos saben lo que costó establecer el método de la inducción sobre una base firme y lograr un reconocimiento general de su autoridad. Según este método, comenzamos recogiendo hechos bien establecidos, y de ellos inferimos las leyes generales que los rigen. Según el hecho de que los cuerpos caen hacia el centro de la tierra se ha inferido la ley general de la gravitación, que estamos autorizados a aplicar mucho más allá de los límites de la experiencia real. Este método inductivo se basa en dos principios: Primero: Que hay leyes de la naturaleza (fuerzas) que son las causas próximas de los fenómenos naturales. Segundo: Que estas leyes son uniformes. Por ello tenemos la seguridad de que las mismas causas, bajo las mismas circunstancias, producirán los mismos efectos. Puede darse una diversidad de opinión acerca de la naturaleza de estas leyes. Se puede suponer que sean fuerzas inherentes en la materia; o pueden ser consideradas como modos uniformes de la operación divina; pero en todo caso debe haber alguna causa para los fenómenos que percibimos a nuestro alrededor, y esta causa tiene que ser uniforme y permanente. Sobre estos principios que se fundamentan todas las ciencias inductivas, y por ellos son conducidas las investigaciones de los filósofos naturales.

El mismo principio se aplica a la metafísica que a la física; a la psicología que a la ciencia natural. La mente tiene sus leyes, lo mismo que la materia, y estas leyes, aunque de naturaleza distinta, son tan permanentes como las del mundo externo.

Los métodos que se han aplicado al estudio de la teología son demasiado numerosos para poderlos considerar por separado. Quizá puedan reducirse a tres clases generales: Primero, el especulativo; segundo, el místico; tercero, el inductivo. Estos términos, desde luego, están bien lejos de ser precisos. Se usan a falta de algo mejor para designar los tres métodos generales de investigación teológica que han prevalecido en la Iglesia.

3. El método especulativo

La especulación presupone ciertos principios de una manera *apriorística*, y en base a ellos emprende la determinación de lo que es y de lo que debe ser. Decide acerca de todas las verdades, o determina acerca de lo que es cierto en base de las leyes de la mente, o según los axiomas implicados en la constitución del principio pensante en nuestro interior. Bajo este encabezamiento se deben poner todos aquellos sistemas que se basan en cualquier tipo de presuposiciones filosóficas *a priori*. Hay tres formas generales en las que se ha aplicado este método especulativo a la teología.

Forma deísta y racionalista

La primera forma es aquella que rechaza cualquier forma de conocimiento acerca de las cosas divinas aparte de la que se desprende de la naturaleza y constitución de la mente humana. Presupone ciertos axiomas metafísicos y morales, y en base a ellos desarrolla todas las verdades que está dispuesta a admitir. A esta clase pertenecen los escritores deístas y estrictamente racionalistas de las generaciones pasadas y presente.

Forma dogmática

La segunda forma es el método adoptado por aquellos que admitiendo una revelación divina sobrenatural, y concediendo que tal revelación está contenida en las Escrituras cristianas, reducen sin embargo todas las doctrinas así reveladas a las formas de algún sistema filosófico. Esto lo hicieron muchos de los padres [de la Iglesia] que intentaron exaltar la *pistis* a *gnôsis*, esto es, la fe de la gente llana en filosofía para los académicos. Este fue también en mayor o menor grado el método de los escolásticos, y halla una ilustración incluso en el «Cur Deus Homo» de Anselmo, el padre de la teología escolástica. [...] Este método sigue aún en boga. Se establecen ciertos principios, llamados axiomas, o primeras verdades de la razón, y de ellos se deducen las doctrinas de la religión mediante un curso argumental tan rígido e implacable como el de Euclides. Esto se hace en ocasiones para el total derribo de las doctrinas de la Biblia y de las más profundas convicciones morales no sólo de los cristianos sino de las masas de la humanidad. No se permite murmurar a la conciencia en presencia del dominador entendimiento. [...] A este método se le ha aplicado el término más bien ambiguo de dogmatismo, porque intenta conciliar las doctrinas de la Escritura con la razón, y llevar a que su autoridad repose sobre evidencias racionales. El resultado de este método ha sido siempre, hasta allí donde ha tenido éxito, el de transmutar la fe en conocimiento, y para llegar a este fin se han modificado de manera indefinida las enseñanzas de la Biblia. Se espera de los hombres que crean no basándose en la autoridad de Dios, sino en la de la razón.

Los transcendentalistas

En tercer lugar, los modernos transcendentalistas están adheridos al método especulativo. Son racionalistas en el sentido amplio del término, y no admiten una fuente más elevada de verdad que la razón. Pero debido a que ellos consideran la razón como algo muy diferente de lo que piensan los racionalistas ordinarios, las dos clases están, en la práctica, muy distanciadas. Los transcendentalistas difieren también esencialmente de los dogmatistas. Estos últimos admiten una revelación externa, sobrenatural y autoritativa. Reconocen que por ella se dan a conocer verdades que la razón humana no puede descubrir. Pero mantienen que estas doctrinas, cuando son conocidas, pueden ser demostradas como ciertas según los principios de la razón. Pretenden dar una demostración independiente de las Escrituras acerca de las doctrinas de la Trinidad, de la Encarnación, de la Redención, así como de la inmortalidad del alma y de un futuro estado de retribución. Los transcendentalistas, por su parte, no admiten ninguna revelación autoritativa aparte de la que se encuentra en el hombre y en el desarrollo histórico de la raza. Toda verdad tiene que ser descubierta y establecida por el proceso del pensamiento. Si se concede que la Biblia contiene verdad, sólo es así en tanto que coincide con las enseñanzas de la filosofía. Esta misma concesión se hace libremente acerca de los escritos de los sabios paganos. [...]

Estas son las principales formas del método especulativo en su aplicación a la teología. Estos temas serán presentados para una más plena consideración en un capítulo posterior.

4. El método místico

Pocas palabras han sido tomadas con mayor latitud de significado que el término misticismo. Aquí se debe tomar en un sentido antitético a la especulación. La especulación es un proceso del pensamiento; el misticismo es asunto de los sentimientos. Lo primero presupone que es la facultad del pensamiento aquella mediante la que llegamos al conocimiento de la verdad. Lo segundo, desconfiando de la razón, enseña que sólo se debe confiar en los sentimientos, al menos en la esfera religiosa. Aunque este método ha sido apreciado de una manera indebida, y se han erigido bajo su guía sistemas teológicos que son o bien totalmente independientes de las Escrituras, o en los que las doctrinas de la Biblia han sido modificadas y pervertidas, no se debe negar que debemos una gran autoridad a nuestra naturaleza moral en cuestiones de religión. Ha sido un gran mal en la iglesia que se haya permitido que la comprensión lógica, o lo que los hombres llaman su razón, conduzca a conclusiones que son no sólo contrarias a la Escritura, sino que hacen violencia a nuestra naturaleza moral. Se concede que nada contrario a la razón puede ser cierto. Pero no es menos importante observar que nada contrario a nuestra naturaleza moral puede ser verdad. También se debe admitir que la conciencia es mucho menos susceptible de errar que la razón, y que cuando entran en conflicto, real o aparente, nuestra naturaleza moral es la parte más fuerte, y afirmará su autoridad a pesar de todo lo que podamos hacer. Tiene correctamente el puesto supremo en el alma, aunque, con la razón y la voluntad, está en total sometimiento a Dios, que es razón infinita y excelencia moral infinita.

El misticismo en su aplicación a la teología

En su aplicación a la teología, el misticismo ha adoptado dos formas principales, la sobrenatural y la natural. La primera [...] presupone que Dios, por su relación inmediata con el alma, revela a través de los sentimientos y por medio de intuiciones verdades divinas con independencia de la enseñanza externa de su Palabra; y que lo que debemos seguir es esta luz interior, y no las Escrituras.

Según la segunda, la forma natural del método místico, no es Dios, sino la consciencia religiosa natural del hombre, excitada e influenciada por las circunstancias del individuo, lo que deviene la fuente del conocimiento religioso. [...] La consciencia religiosa de los hombres en diferentes edades y naciones se ha desarrollado históricamente bajo diversas influencias, y por ello tenemos diversas formas de religión: la pagana, el islamismo, y el cristianismo. Éstas no se contraponen como verdaderas y falsas sino como más o menos puras. La aparición de Cristo, su vida, su obra, sus palabras y su muerte tuvieron un efecto maravilloso sobre las mentes de los hombres. Sus sentimientos religiosos fueron más profundamente agitados, más purificados y elevados que nunca antes. [...] Todos, por ello, en proporción a la pureza y elevación de sus sentimientos religiosos, tienen intuiciones de cosas divinas, como las que tuvieron los apóstoles y otros cristianos. La santidad perfecta llevaría a un conocimiento perfecto.

Consecuencias del método místico

De esta teoría se desprende lo siguiente: (1) Que no existen cosas como una revelación ni una inspiración, en el sentido teológico establecido de estos términos. La Revelación es la presentación o comunicación objetiva sobrenatural de la verdad a la mente, por el Espíritu de Dios. Pero según esta teoría, no hay ni puede haber tal comunicación de verdad. [...] La inspiración, en el sentido escritural, es la conducción sobrenatural del Espíritu, que hace infalible a quien es sujeto de ella para comunicar verdad a los otros. Pero según esta teoría nadie es infalible como maestro. [...] (2) La Biblia no tiene autoridad infalible en asuntos de doctrina. Las proposiciones doctrinales que contiene no son revelaciones del Espíritu, sino sólo formas bajo las que hombres de cultura judaica dieron expresión a sus sentimientos e intuiciones. Hombres de otra cultura y bajo otras circunstancias habrían empleado otras formas o adoptado otras declaraciones doctrinales. (3) El cristianismo, por tanto, no consiste en un sistema de doctrinas, ni contiene tal sistema. Es una vida, una influencia, un estado subjetivo; o es un poder dentro de cada cristiano individual, sea como sea que se describa o explique, que determina sus sentimientos y sus perspectivas acerca de las cosas divinas. (4) Consiguientemente, el deber de un teólogo no es interpretar la Escritura, sino interpretar su propia consciencia cristiana; determinar y exhibir qué verdades acerca de Dios se implican en sus sentimientos para con Dios; qué verdades acerca de Cristo se implican en sus sentimientos para con Cristo; qué enseñan los sentimientos acerca del pecado, de la redención, de la vida eterna, etc. etc.

Este método encontró a su más distinguido e influyente defensor en Schleiermacher [...]

5. El método inductivo

Recibe este nombre porque concuerda en todo lo esencial con el método inductivo aplicado a las ciencias naturales.

Primero: El hombre de ciencia acude al estudio de la naturaleza con ciertas presuposiciones. (1) Presupone la fiabilidad de sus percepciones sensoriales. [...] (2) Tiene también que presuponer la fiabilidad de sus funciones mentales. [...] (3) Tiene que confiar también en la certidumbre de aquellas verdades que no se aprenden de la experiencia, sino que se dan en la constitución de nuestra naturaleza: Que a cada efecto le corresponde una causa; que aquella misma causa, en iguales circunstancias, producirá los mismos efectos; que una causa no es un mero antecedente uniforme, sino que contiene dentro de sí misma la razón de que ocurra el efecto.

Segundo: El estudiante de la naturaleza, al tener esta base sobre la que sostenerse, y estas herramientas con las que trabajar, pasa a percibir, recoger y combinar sus hechos. No tiene la pretensión de inventarlos ni modificarlos. Tiene que tomarlos como son. Sólo se cuida de que sean reales, de tenerlos todos, o al menos todos los necesarios para justificar cualquier inferencia que pueda deducir de ellos, o cualquier teoría que pueda erigir sobre ellos.

Tercero: Según los hechos así determinados y clasificados deduce las leyes que los rigen. [...] Es de esta manera como se ha ido edificando el vasto cuerpo de la ciencia moderna. [...]

El método inductivo en su aplicación a la Teología

La Biblia es para el teólogo lo que la naturaleza para el hombre de ciencia. Es su arsenal de hechos; y su método de determinar lo que la Biblia enseña es el mismo que el adoptado por el filósofo natural para determinar qué enseña la naturaleza. En primer lugar, acude a la tarea con todas las presuposiciones anteriormente mencionadas. Tiene que dar por supuesta la validez de las leyes de la fe que Dios ha impuesto en nuestra naturaleza. En estas leyes se incluyen algunas que no tienen aplicación directa en las ciencias naturales. Por ejemplo, la de la distinción esencial entre el bien y el mal; que Dios no puede ordenar nada contrario a la virtud; que no se puede hacer el mal para que venga el bien; que el pecado merece castigo, y otras verdades básicas similares, que Dios ha implantado en la constitución de todos los seres morales, y que no pueden ser contradichas por ninguna revelación objetiva. Pero estos primeros principios no deben ser aceptados de una manera arbitraria. Nadie tiene derecho a asentar sus propias opiniones, por muy firmemente que las mantenga, y llamarlas «verdades primarias de la razón», haciendo de ellas la fuente o prueba de las doctrinas cristianas. No se puede introducir nada con derecho bajo la categoría de verdades primarias, o leyes de la creencia, que no puedan soportar las pruebas de universalidad y necesidad, a lo que muchos añaden la evidencia inherente. Pero la evidencia inherente está incluida en la universalidad y la necesidad en cuanto a que nada que no se inherentemente evidente puede ser creído universalmente, y que lo que es inherentemente evidente se abre paso en la mente de toda criatura inteligente.

La recolección de los hechos

En segundo lugar, el deber del teólogo cristiano es determinar, recoger y combinar todos los hechos que Dios le ha revelado acerca de Él mismo y de nuestra relación con Él. Estos hechos están en la Biblia. [...] Se puede admitir que las verdades que el teólogo tiene que reducir a ciencia, o, para hablar más humildemente, que tiene que disponer y armonizar, están reveladas en parte en las obras externas de Dios, en parte en la constitución de nuestra naturaleza, y en parte en la experiencia religiosa de los creyentes; sin embargo, para que no erremos en nuestras inferencias de las obras de Dios, tenemos en su Palabra una más clara revelación de lo que la naturaleza nos revela; y para que no interpretemos erróneamente nuestra propia consciencia y las leyes de nuestra naturaleza, todo lo que se puede aprender legítimamente de esta fuente se encontrará reconocido y autenticado en las Escrituras; y para que no atribuyamos a la enseñanza del Espíritu las operaciones de nuestros propios afectos naturales, encontramos en la Biblia la norma y la pauta de toda genuina experiencia religiosa. Las Escrituras enseñan no sólo la verdad, sino cuáles son los efectos de la verdad sobre el corazón y la conciencia, cuando es aplicada con poder salvador por el Espíritu Santo.

El teólogo debe ser conducido por las mismas normas que el hombre de ciencia.

En tercer lugar, el teólogo debe ser regido por las mismas normas en la recolección de los hechos que las que guían al hombre de ciencia.

1. Este recogimiento de hechos debe hacerse con diligencia y cuidado. No es una tarea fácil. Hay en cada departamento de investigación una gran capacidad de error. Casi todas las teorías falsas de la ciencia y las doctrinas falsas en teología se deben en gran medida a errores en cuanto a cuestiones factuales. [...]

2. Este recogimiento de hechos debe llevarse a cabo no sólo de manera cuidadosa, sino que también debe ser inclusivo, y, si es posible, exhaustivo. [...] En teología, una inducción parcial de particulares ha conducido a errores serios. Es un hecho que las Escrituras atribuyen omnisciencia a Cristo. De esto se infirió que Él no podía tener una inteligencia finita, sino que el Logos estaba revestido en Él con un cuerpo humano con su vida animal. Pero es también un hecho escritural que se le atribuyen a nuestro Señor desconocimiento y crecimiento intelectual, así como la omnisciencia. Ambos hechos, por tanto, deben quedar incluidos en nuestra doctrina de su Persona. Tenemos que admitir que tenía una inteligencia humana, así como una inteligencia divina. Es un hecho que todo lo que se pueda predicar de un hombre exento de pecado se predica en la Biblia de Cristo; y también es cierto que todo lo que se predica de Dios se predica también de nuestro Señor; de ahí se ha hecho la inferencia de que hubo dos Cristos -dos personas-, el uno humano y el otro divino, y que moraban juntos de una manera muy semejante a como el Espíritu mora en el creyente... Pero esta teoría pasaba por alto muchos hechos que demuestran la personalidad individual de Cristo. La persona que dijo «tengo sed» es la misma que dijo: «Antes que Abraham fuera, yo soy». Las Escrituras enseñan que la muerte de Cristo tuvo el designio de revelar el amor del hombre y de lograr la reforma de los hombres. De ahí Socino negó que su muerte fuera una expiación por el pecado, o satisfacción de la justicia. Pero este último hecho está tan claramente revelado como el primero; y por ello ambos tienen que ser tomados en cuenta en nuestro enunciado de la doctrina referente al designio de la muerte de Cristo.

Necesidad de una inducción completa

Se podrían dar un sin fin de ilustraciones acerca de la necesidad de una inducción inclusiva de los hechos para justificar nuestras conclusiones doctrinales. Estos hechos no deben ser negados voluntariamente ni pasados por alto con descuido, ni ponderados con parcialidad. Debemos ser honrados aquí, como el verdadero estudioso de la naturaleza es honrado en su inducción. Incluso los científicos se sienten a veces impelidos a suprimir o pervertir hechos que militan en contra de sus teorías favoritas; pero la tentación a esta forma de falta de honradez es menos intensa en su caso que en el del teólogo. Las verdades de la religión son mucho más importantes que las de la ciencia natural. Se presentan al corazón y a la conciencia. Pueden suscitar los temores o amenazar las esperanzas de los hombres, por lo que están bajo una fuerte tentación de pasarlas por alto o de pervertirlas. No obstante, si verdaderamente deseamos saber qué es lo que Dios ha revelado, tenemos que ser conscientemente diligentes y fieles en nuestra recogida de los hechos que Él nos ha dado a conocer, y en darles su debido peso. [...] Si la Biblia afirma que la muerte de Cristo fue una satisfacción de la justicia, le es intolerable al teólogo incluir la justicia en la benevolencia para que concuerde con su teoría de la expiación. Si la Escritura nos enseña que los hombres nacen en pecado, no podemos cambiar la naturaleza del pecado, y transformarla en una tendencia al pecado y no realmente pecado, a fin de librarnos de la dificultad. [...] Tenemos que afrontar los hechos de la Biblia como son, y erigir nuestro sistema de modo que los abarque en toda su integridad.

Los principios tienen que ser deducidos conforme a los hechos

En cuarto lugar, en teología como en la ciencia natural, los principios se derivan de los hechos, y no se fuerzan sobre ellos. Las propiedades de la materia, las leyes del movimiento, del magnetismo, de la luz, etc., no son decididas por la mente. No son leyes del pensamiento. Son deducciones en base a los hechos. El investigador ve o determina mediante observación cuáles son las leyes que determinan los fenómenos materiales; no inventa estas leyes. Sus especulaciones acerca de las cuestiones científicas no valen nada, a no ser que estén sustentadas por los hechos. No es menos acientífico para el teólogo asumir una teoría en cuanto a la naturaleza de la virtud, del pecado, de la libertad, de la obligación moral, y luego explicar los hechos de la Escritura en conformidad a estas teorías. Su único curso adecuado es derivar su teoría de la virtud, del pecado, de la libertad, de la obligación, en base a los hechos de la Biblia. [...] Es evidente que se perturbará completamente todo el sistema de la verdad revelada, a no ser que consintamos en derivar nuestra filosofía de la Biblia, en lugar de explicar la Biblia por medio de nuestra filosofía. Si las Escrituras enseñan que el pecado es hereditario, tenemos que adoptar una teoría del pecado que concuerde con este hecho. Si enseñan que los hombres no pueden arrepentirse, creer o hacer nada espiritualmente bueno sin la ayuda sobrenatural del Espíritu Santo, tenemos que hacer que nuestra teoría de la obligación concuerde con este hecho. Si la Biblia enseña que llevamos la culpa del primer pecado de Adán, que Cristo llevó nuestra culpa, y que padeció la pena de la ley en nuestro lugar, estos son hechos con los que tenemos que hacer que concuerden nuestros principios. [...] Es el principio fundamental de todas las ciencias, y el de la teología entre el resto, que la teoría tiene que ser determinada por los hechos, y no los hechos por la teoría. Así como las ciencias naturales eran un caos hasta que se admitió el principio de inducción y se aplicó con fidelidad, así la teología es una masa de especulaciones humanas carente de todo valor cuando los hombres rehúsan aplicar el mismo principio al estudio de la Palabra de Dios.

6. Las Escrituras contienen todos los hechos de la Teología.

Esto es perfectamente consistente, por una parte, con la admisión de verdades intuitivas, tanto intelectuales como morales, debido a nuestra constitución como seres racionales y morales; y, por otra parte, con el poder controlador sobre nuestras creencias que es ejercido por las enseñanzas interiores del Espíritu, o, en otras palabras, por nuestra experiencia religiosa. Y esto por dos razones. Primera: Toda verdad tiene que ser consistente. Dios no se puede contradecir a sí mismo. Él no puede forzarnos mediante la constitución de la naturaleza que nos ha dado a creer una cosa, y mandarnos en su Palabra creer lo opuesto. Y segunda: Todas las verdades que nos enseña la constitución de nuestra naturaleza o la experiencia religiosa son reconocidas y autenticadas en la Escritura. Esto es una salvaguarda y un límite. No podemos asumir este o aquel principio como intuitivamente verdadero, o esta o aquella conclusión como demostrablemente cierta, y hacer de todo ello una norma a la que la Biblia se tiene que amoldar. Lo que es cierto con evidencia inherente tiene que ser demostrado así, y es siempre reconocido en la Biblia como cierto. Se han erigido sistemas enteros de teología sobre llamadas intuiciones, y si cada hombre tiene la libertad de exaltar sus propias intuiciones, como los hombres suelen llamar a sus intensas convicciones, tendremos tantas teologías como pensadores. La misma observación se puede aplicar a la experiencia religiosa. No hay forma de convicción más íntima e irresistible que la que surge de la enseñanza interior del Espíritu. Toda fe salvadora reposa sobre su testimonio o demostraciones (1 Co 2:4). Los creyentes tienen una unción del Santo, y conocen la verdad, y ninguna mentira (falsa doctrina) es de la verdad. Esta enseñanza interior produce una convicción que ningún sofisma puede oscurecer, y que ningún argumento puede sacudir. Está basada en la consciencia, y lo mismo se podría intentar convencer a un hombre de que no crea en su existencia que convencerlo de que no confíe en la certidumbre de lo que así ha sido enseñado por Dios. Pero se tienen que mantener dos cosas en mente. Primero: Que esta enseñanza interior o demostración del Espíritu se limita a cosas enseñadas objetivamente en la Escritura. Se nos da, dice el Apóstol, para que podamos conocer cosas que nos han sido dadas gratuitamente, esto es, que nos han sido reveladas por Dios en su Palabra (1 Co 2:10-16). No se trata, entonces, de una revelación de nuevas verdades, sino de una iluminación de la mente, de modo que aprende la verdad, la excelencia y la gloria de cosas ya reveladas. Y segundo: Esta experiencia está descrita en la Palabra de Dios. La Biblia nos da no sólo los hechos concernientes a Dios y a Cristo, a nosotros mismos, y a nuestras relaciones con nuestro Hacedor y Redentor, sino que registra también los legítimos efectos de estas verdades en las mentes de los creyentes. Así que no podemos apelar a nuestros propios sentimientos o experiencia interior como base o guía, a no ser que podamos mostrar que concuerdan con la experiencia de hombres santos tal como se registra en las Escrituras.

La Enseñanza del Espíritu
Aunque la enseñanza interna del Espíritu, o experiencia religiosa, no constituye un sustituto de la revelación externa, es sin embargo una guía inestimable para determinar qué es lo que nos enseña la regla de la fe. La característica distintiva del agustinismo, tal como lo enseñó el mismo Agustín y tal como fue enseñada por los más puros teólogos de la Iglesia Latina durante la Edad Media, y que fue expuesta por los Reformadores, y especialmente por Calvino y los teólogos de Ginebra, es que la enseñanza interior del Espíritu recibe su puesto apropiado en la determinación de nuestra teología. La cuestión no es en primer lugar y de manera principal: ¿Qué es verdadero para el entendimiento?, sino, ¿qué es verdadero para el corazón renovado? No se trata de esforzarse en que las declaraciones de la Biblia armonicen con la razón especulativa, sino en someter nuestra débil razón a la mente de Dios tan como se revela en su Palabra, y por su Espíritu en nuestra vida interior. [...] El verdadero método en teología demanda que los hechos de la experiencia religiosa sean aceptados como hechos, y que cuando sean debidamente autenticados por la Escritura, se permita que interpreten las declaraciones doctrinales de la Palabra de Dios. Tan legítima y poderosa es esta enseñanza interior del Espíritu que no es cosa infrecuente encontrar a hombres sosteniendo dos teologías: una del intelecto, y otra del corazón. La primera puede encontrar expresión en credos y sistemas de teología, y la otra en sus oraciones e himnos. [...]

El verdadero método de la teología, entonces, es el inductivo, que da por supuesto que la Biblia contiene todos los hechos o verdades que constituyen el contenido de la teología, así como los hechos de la naturaleza son el contenido de las ciencias naturales. También se da por supuesto que la relación de estos hechos bíblicos entre sí, los principios involucrados en los mismos, las leyes que los determinan, están en los mismos hechos, y que de ellos tienen que deducirse, así como las leyes de la naturaleza son deducidas de los hechos de la naturaleza. En ninguno de ambos casos se derivan los principios de la mente ni se imponen sobre los hechos, sino en ambos departamentos, y de la misma manera, los principios o leyes son deducidos en base de los hechos y son reconocidos por la mente.

Capítulo 2
Teología

1. Su naturaleza

SI LAS PERSPECTIVAS presentadas en el anterior capítulo son correctas, la pregunta ¿qué es la teología? ya ha recibido respuesta. [...] La teología trata de los hechos y principios de la Biblia... Las partes de cualquier todo orgánico tienen una relación natural que no se puede ignorar ni cambiar con impunidad. Las partes de un reloj, o de cualquier otro mecanismo, tienen que estar dispuestas en su manera normal, o todo estará confuso y carente de valor. Todas las partes de una planta o animal están dispuestas para responder a un fin determinado, y son mutuamente dependientes. No podemos poner las raíces de un árbol en lugar de sus ramas, ni los dientes de un animal en lugar de sus pies. Así es como los hechos de la ciencia se disponen. No los dispone el naturalista. Su actividad es sólo determinar cuál es la disposición dada por la naturaleza de los hechos. Si se equivoca, su sistema es falso, e inválido en mayor o menor grado. Lo mismo es evidentemente cierto con respecto a los hechos o verdades de la Biblia. No se pueden sostener aislados, ni admitirán ninguna otra disposición que el teólogo pueda decidir asignarles. Tienen entre sí una relación natural, que no se puede pasar por alto ni pervertir sin que los hechos mismos queden pervertidos. [...] Es importante que el teólogo sepa su lugar. Él no es el dueño de la situación. No puede construir un sistema de teología para dar satisfacción a su imaginación como tampoco el astrónomo puede ajustar los mecanismos del cielo tal como le parezca mejor a él. Así como los hechos de la astronomía se disponen en un cierto orden, y no admitirán otro, así sucede con los hechos de la teología. Por ello, la teología es la exhibición de los hechos de la escritura en su orden y relación apropiados, con los principios o verdades generales involucrados en los mismos hechos, y que impregnan y armonizan el todo. [...]

Definiciones de Teología

Se dan frecuentemente otras definiciones de Teología:

1. A veces la palabra se restringe a su sentido etimológico: «un discurso acerca de Dios». Orfeo y Homero eran considerados teólogos entre los griegos porque sus poemas trataban de la naturaleza de los dioses. [...] Esta palabra sigue empleándose en este sentido restringido cuando se usa en contraste a la antropología, soteriología y eclesiología, como departamentos de la teología en su sentido más amplio.

2. La teología se considera a veces como la ciencia de lo sobrenatural. Pero ¿qué es lo sobrenatural? La respuesta a esta pregunta depende del sentido que se le dé a la palabra naturaleza. Si por naturaleza se significa el mundo externo gobernado por leyes fijas, entonces las almas de los hombres y otros seres espirituales no quedan incluidas bajo este término. En este uso de la palabra naturaleza, lo sobrenatural es sinónimo de lo espiritual, y la teología, como la ciencia de lo

sobrenatural, es sinónima de la pneumatología. Si se adopta esta postura, la psicología deviene una rama de la teología, y el teólogo debe, como tal, enseñar filosofía de la mente.

Pero la palabra naturaleza es a menudo tomada en un sentido más amplio, para incluir al hombre. Entonces tenemos un mundo natural y un mundo espiritual. Y lo sobrenatural es lo que en este sentido trasciende a la naturaleza, de modo que lo que es sobrenatural es también necesariamente sobrehumano. Pero no es necesariamente sobre-angélico. También la naturaleza puede denotar todo lo que está fuera de Dios; entonces lo sobrenatural es lo divino, y Dios es el único objeto legítimo de la teología. Por ello, en ningún sentido de la palabra es la teología la ciencia de lo sobrenatural. [...]

3. Una definición más común de Teología, especialmente en nuestros días, es que se trata de la ciencia de la religión. Pero la palabra religión es ambigua. Su etimología es dudosa. Cicerón[1] la deriva de *relegere*, ir frente a, considerar. Entonces «Religio» es consideración, observancia devota, especialmente en lo que pertenece a la adoración y al servicio de Dios. «Religens» es devoto, consciente. [...] Agustín y Lactancio derivan la palabra de *religare*, volver a atar. Según esto, *religio* es la base de la obligación. Es aquello que nos liga a Dios. Subjetivamente, es la necesidad interior de unión con Dios. [...] Expresa un estado mental. Hay varias formas en que se describe este estado en cuanto a lo que es de una manera característica. De la manera más sencilla, es descrito como el estado de la mente inducido por la fe en Dios, y un sentido debido de nuestra relación con él. [...] Bretschneider: «Fe en la realidad de Dios, con un estado mental y forma de vivir concordante con esta fe». O, más vagamente: «Reconocimiento de la relación mutua entre Dios y el mundo» (Fischer), o, «El reconocimiento de una causalidad sobrehumana en el alma y vida del hombre» (Theile). «Fe fundamentada en el sentimiento de la realidad del ideal» (Jacobi). «La sensación de una total dependencia» (Schleiermacher). «La observancia de la ley moral como institución divina» (Kant). «Fe en el orden moral del universo» (Fichte). «La unión de lo finito con lo infinito, o Dios viniendo a la propia consciencia en el mundo» (Schelling)[2].

Esta diversidad de posturas en cuanto a qué es la religión es suficiente para demostrar cuán totalmente vaga e insatisfactoria tiene que ser la definición de teología como «la ciencia de la religión». Además, esta definición hace a la teología totalmente independiente de la Biblia. [...]

Por ello, tenemos que limitar la teología a su verdadera esfera, como la ciencia de los hechos de la revelación divina en tanto que aquellos hechos tratan de la naturaleza de Dios y de nuestra relación con él, como sus criaturas, como pecadores, y como sujetos de la redención. Todos estos hechos, como ya hemos observado, se encuentran en la Biblia. Pero como algunos de ellos están revelados en las obras de Dios, y por la naturaleza del hombre, existe en ello una distinción entre la teología natural, y la teología considerada distintivamente como una ciencia cristiana.

Con respecto a la teología natural, existen dos opiniones extremas. Una es que las obras de la naturaleza no dan una revelación fiable del ser y de las perfecciones de Dios; la otra, que tal revelación es tan clara e inclusiva que hace innecesaria cualquier revelación sobrenatural.

2. Los hechos de la naturaleza revelan a Dios

Los que niegan que la teología natural enseña algo fiable acerca de Dios entienden comúnmente por naturaleza el universo externo y material. Consideran insatisfactorios los argumentos ontológico y teleológico derivados de la existencia del mundo y de las evidencias de designio que contiene. El hecho es que el mundo es una prueba de que siempre ha sido, en ausencia de toda

---

1. *Nat. Deor.* II.28
2. Véase *Hutterus Redivivus,* I§2., de Hase

evidencia de lo contrario. Y el argumento del designio, se dice, pasa por alto la diferencia entre mecanismos muertos y un organismo vivo, entre la manufactura y el crecimiento. El hecho de que una locomotora no se pueda hacer a sí misma no es prueba de que un árbol no pueda crecer. La primera se forma *ab extra* [desde fuera], poniendo juntas sus partes inertes; el segundo es desarrollado por un principio vital interior. La primera necesita de la presuposición de un hacedor externo y anterior, el segundo excluye, se dice, tal asunción. Además, se apremia que las verdades religiosas no admiten prueba. Pertenecen a la misma categoría que las verdades estéticas y morales. Son objetos de la intuición. Para ser percibidas, tienen que serlo a su propia luz. No se puede demostrar una cosa como hermosa o buena a alguien que no percibe su hermosura o excelencia. Por ello, se apremia también, es innecesaria la prueba de la verdad religiosa. Los buenos no precisan de pruebas; y los malos no pueden apreciarlas. Todo lo que se puede hacer es afirmar la verdad y dejar que despierte, si es posible, el dormido poder de la percepción.

A. Respuesta a los anteriores argumentos

Todo esto son sofismas. Porque los argumentos que sustentan las verdades de la religión natural no salen exclusivamente de las obras externas de Dios. Los más evidentes y eficaces surgen de la constitución de nuestra propia naturaleza. El hombre fue hecho a imagen de Dios, y revela su linaje de una manera tan inequívoca como cualquier clase de animales inferiores revela el origen del que han surgido: Si un caballo sale de un caballo, el espíritu inmortal del hombre, con su instinto de convicciones morales y religiosas tiene que ser linaje del Padre de los Espíritus. Este fue el argumento con el que Pablo se dirigió en la Colina de Mane a los caviladores filósofos de Atenas. El hecho de que la esfera de la teología natural no se limita meramente a los hechos del universo material se hace patente con el sentido de la palabra naturaleza, que, como ya hemos visto, tiene muchos sentidos legítimos. [...]

2. La segunda objeción a la teología natural es que sus argumentos no son conclusivos. Este es un punto que nadie puede decidir por otros. Cada uno tiene que juzgar por sí mismo. Un argumento que para una mente es concluyente puede ser ineficaz para otras mentes. El hecho de que el universo comenzó, que no tiene la causa de su existencia en sí mismo, y que por ello tiene que haber tenido una causa extra-mundana, y las infinitamente numerosas manifestaciones de designio que exhibe tienen que ser inteligentes, son argumentos para el ser de Dios, que han dado satisfacción a las mentes de la gran mayoría de personas inteligentes en todas las épocas en el mundo. Por ello, no deberían ser echados a un lado como insatisfactorios porque no todos sientan su peso. Además, como se acaba de observar, estos argumentos son sólo confirmatorios de otros más directos y poderosos, derivados de nuestra naturaleza moral y religiosa.

3. En cuanto a la objeción de que las verdades religiosas son objetos de la intuición, y que las verdades intuitivas ni necesitan prueba ni la permiten, se puede responder que en cierto sentido es verdad. Pero las verdades inherentemente verdaderas pueden ser ilustradas; y se puede mostrar que su negación involucra contradicciones y absurdos. Toda la geometría es una ilustración de los axiomas de Euclides; y si alguien niega alguno de estos axiomas, se puede mostrar que tiene que creer imposibilidades. De la misma manera, se puede admitir que la existencia de un ser de quien dependemos, y ante quien somos responsables, es asunto de intuición; y se puede reconocer que es cosa inherentemente evidente que sólo somos responsables ante un ser personal, y sin embargo la existencia de un Dios personal se puede presentar como una hipótesis necesaria para dar cuenta de los hechos de la observación y de la existencia, y que la negación de su existencia deja el problema del universo sin solución e irresoluble. En otras palabras: se puede mostrar que el ateísmo, el politeísmo y el panteísmo involucran imposibilidades absolutas. Este es un modo válido de demostrar que

Dios es, aunque se admita que su existencia es, después de todo, una verdad inherentemente evidente. El teísmo no es la única verdad evidente por sí misma que los hombres son propensos a negar.

B. Argumento escritural para la Teología Natural

Las Escrituras reconocen claramente que las obras de Dios revelan su ser y atributos. Y esto lo hacen no sólo mediante frecuente referencia a las obras de la naturaleza como manifestaciones de las perfecciones de Dios, sino mediante una declaración directa. «Los cielos cuentan la gloria de Dios, y el firmamento anuncia la obra de sus manos. Un día comunica mensaje a otro día, y una noche a otra declara la noticia. No es un lenguaje de palabras, ni es oída su voz. Pero por toda la tierra salió su pregón, y hasta el extremo del mundo su lenguaje» (Sal 19:1-4). «La idea de un testimonio perpetuo», dice el doctor Addison Alexander,[3] «es comunicada mediante la figura de un día y una noche siguiéndose unos a otros como testigos en sucesión ininterrumpida. [...] La ausencia del lenguaje articulado, lejos de debilitar el testimonio, lo potencia. Incluso sin habla o palabras, los cielos dan testimonio de Dios a todos los hombres».

Los escritores sagrados, al contender con los paganos, apelan a la evidencia que las obras de Dios dan acerca de sus perfecciones: «Comprended, necios del pueblo; y vosotros, fatuos, ¿cuándo seréis sabios? El que plantó la oreja, ¿no oirá? El que formó el ojo, ¿no verá? El que amonesta a las naciones, ¿no castigará? ¿No sabrá el que enseña al hombre la ciencia?» (Sal 94:8-10). Pablo dijo [...] a los hombres de Atenas: «El Dios que hizo el mundo y todas las cosas que hay en él, siendo Señor del cielo y de la tierra, no habita en templos hechos por manos humanas, ni es servido por manos de hombres, como si necesitase de algo; pues él es quien da a todos vida y aliento y todas las cosas. Y de una misma sangre ha hecho toda nación de los hombres, para que habiten por toda la faz de la tierra; y les ha prefijado el orden de las estaciones, y las fronteras de sus lugares de residencia; para que busquen a Dios, si tal vez, palpando, pueden hallarle, aunque ciertamente no está lejos de cada uno de nosotros. Porque en él vivimos, y nos movemos, y somos; como algunos de vuestros propios poetas también han dicho: Porque somos también linaje suyo. Siendo, pues, linaje de Dios, no debemos pensar que la Divinidad sea semejante a oro, o plata, o piedra, escultura de arte y de imaginación de hombres» (Hch 17:24-29).

El Apóstol declara no sólo el hecho de esta revelación, sino también su claridad: «Porque lo que de Dios se conoce es manifiesto entre ellos, pues Dios se lo manifestó. Porque las cosas invisibles de Él, su eterno poder y divinidad se hacen claramente visibles desde la creación del mundo, siendo entendidas por medio de las cosas hechas, de modo que no tienen excusa. Pues habiendo conocido a Dios, no le glorificaron como a Dios, ni le dieron las gracias» (Ro 1:19-21).

Por ello, no se pueden tener dudas razonables acerca de que no sólo el ser de Dios, sino también su poder eterno y deidad quedan revelados en sus obras, estableciendo un firme fundamento para la teología natural.

3. La insuficiencia de la Teología Natural

La segunda opinión extrema acerca de la Teología Natural es que hace innecesaria una revelación sobrenatural. La cuestión de si el conocimiento de Dios que se deriva de sus obras es suficiente para llevar a los caídos a la salvación es contestada de manera afirmativa por los

---

3. Comm. On Psalms, in loc.

racionalistas, pero de manera negativa por todas las ramas históricas de la Iglesia Cristiana. Acerca de este punto son unánimes las Iglesias griega, latina, luterana y reformada. [...]

La cuestión en cuanto a la suficiencia de la teología natural, o de las verdades de la razón, tiene que ser contestada basándose en la autoridad de las escrituras. Nadie puede decir *a priori* qué es lo necesario para la salvación. La verdad es que sólo por revelación sobrenatural sabemos que hay salvación para los pecadores. Sólo por esta misma fuente podemos saber cuáles son las condiciones de la salvación, o quiénes son los sujetos de la salvación.

A. Lo que dicen las Escrituras acerca de la salvación de los hombres. La salvación de los párvulos.

Lo que enseñan las Escrituras acerca de este tema, en conformidad a la doctrina común entre los protestantes evangélicos es, primeramente:

1. Que todos los que mueren en la infancia son salvos. Esto se infiere de lo que la Biblia enseña de la analogía entre Adán y Cristo. «Así pues, como por la trasgresión de uno vino la condenación a todos los hombres, de la misma manera por la justicia de uno vino a todos los hombres la justificación de vida. Porque así como por la desobediencia de un hombre los muchos (*hoi polloi = pantes*) fueron constituidos pecadores, así también por la obediencia de uno, los muchos (*hoi polloi = pantes*) serán constituidos justos» (Ro 5:18, 19). No tenemos derecho a poner límite alguno a estos términos generales, excepto los que la misma Biblia les imponga. Las Escrituras no excluyen en ningún lugar a ninguna clase de infantes, bautizados o no, nacidos en tierras cristianas o paganas, de padres creyentes o incrédulos, de los beneficios de la redención de Cristo. Todos los descendientes de Adán, excepto Cristo, están bajo condenación; todos los descendientes de Adán, excepto aquellos de los que se revela expresamente que no pueden heredar el reino de Dios, son salvos. Éste parece ser el claro sentido de las palabras del Apóstol, y por ello no duda en decir que donde abundó el pecado mucho más ha sobreabundado la gracia, que los beneficios de la redención exceden con mucho a los males de la caída; que el número de los salvos excede con mucho al de los perdidos.

Esto no es inconsecuente con la declaración de nuestro Señor, en Mateo 7:14, de que sólo unos pocos entran por la puerta que conduce a la vida. Esto debe entenderse de los adultos. Lo que la Biblia dice se dirige a aquellos en todas las edades a quienes atañe. Pero se dirige a aquellos que pueden bien leer, bien oír. Les dice lo que deben creer y hacer. Sería una total perversión de su significado aplicado a aquellos a los que y de los que no habla. Cuando se dice: «El que cree en el Hijo, tiene vida eterna; mas el que rehúsa creer en el Hijo, no verá la vida, sino que la ira de Dios permanece sobre él» (Jn 3:36), nadie comprende esto como impidiendo la posibilidad de la salvación de los infantes. [...] La conducta y el lenguaje de nuestro Señor en referencia a los niños no deben ser considerados como una cuestión de sentimientos, ni como una mera expresión de una actitud bondadosa. Es evidente que los consideraba como ovejas del rebaño por el cual, como el Buen Pastor, ponía su vida, y de las cuales Él dijo que jamás perecerían, ni nadie las arrebataría de sus manos. De ellos dice Él que es el reino de los cielos, como si el cielo estuviera, en gran medida, compuesto de las almas de los infantes redimidos. De aquí viene la creencia general de los protestantes, en contra de la doctrina de los romanistas y de los romanizadores, que todos los que mueren en la infancia se salvan.

B. La regla del juicio para los adultos

2. Otro hecho general claramente revelado en la Escritura es que los hombres serán juzgados por sus obras, y según la luz que cada uno haya tenido. Dios «pagará a cada uno conforme a sus obras: vida eterna a los que, perseverando en hacer bien, buscan gloria y honra e inmortalidad, pero ira y enojo a los que son contenciosos y no obedecen a la verdad, sino que obedecen

a la injusticia. Tribulación y angustia sobre todo ser humano que obra el mal, el judío primeramente y también el griego, pero gloria y honra y paz a todo el que obra el bien, al judío primeramente y también al griego; porque ante Dios no hay acepción de personas. Porque todos los que han pecado sin ley, sin ley también perecerán; y todos los que han pecado bajo la ley, por la ley serán juzgados» (Ro 2:6-12). Nuestro Señor enseña que aquellos que pecaron con conocimiento de la voluntad de Dios serán azotados con muchos azotes; y que los que pecaron sin tal conocimiento serán azotados con pocos azotes; y que el día del juicio será más tolerable para los paganos, incluso para Sodoma y Gomorra, que para los que perecen bajo la luz del evangelio (Mt 10:15; 11:20-24). El Juez de toda la tierra hará lo que es justo. Ningún ser humano sufrirá más que lo que merezca, ni más que lo que su propia conciencia reconocerá como justo.

C. Todos los hombres bajo condenación

3. Pero la Biblia nos dice que si fueran juzgados según sus obras y según la luz recibida, todos los hombres serían condenados. No hay justo, ni aún uno. Todo el mundo es culpable delante de Dios. El veredicto queda confirmado por la conciencia de cada hombre. La conciencia de la culpa y de la polución moral es absolutamente universal.

Aquí falla totalmente la teología natural. No puede dar respuesta a la pregunta: ¿Cómo se justificará el hombre delante de Dios?, o ¿Cómo puede Dios ser justo y justificar al impío? La humanidad ha ponderado ansiosamente esta pregunta durante siglos, y no ha logrado satisfacción. Se ha aplicado el oído en el seno de la humanidad para captar el son suave y bajo de la conciencia, y no ha recibido respuesta. La razón, la conciencia, la tradición y la historia se unen en proclamar que el pecado es muerte; y por ello que por lo que a la sabiduría y recursos humanos concierne, la salvación de los pecadores es tan imposible como la resurrección de los muertos. Se ha probado todo medio concebible de expiación y purificación, sin mérito alguno.

4. Las Escrituras, por tanto, nos enseñan que los paganos están «sin Cristo, excluidos de la ciudadanía de Israel y extranjeros en cuanto a los pactos de la promesa, sin esperanza y sin Dios en el mundo» (Ef 2:12). Son declarados sin excusa, «Pues habiendo conocido a Dios, no le glorificaron como a Dios, ni le dieron gracias, sino que se hicieron vanos en sus pensamientos, y su necio corazón fue entenebrecido. Profesando ser sabios, se hicieron necios, y cambiaron la gloria del Dios incorruptible en semejanza de imagen de hombre corruptible, de aves, de cuadrúpedos y de reptiles. Por lo cual también Dios los entregó a la inmundicia, en las concupiscencias de sus corazones, de modo que deshonraron entre sí sus propios cuerpos, ya que cambiaron la verdad de Dios por la mentira, adorando y dando culto a las criaturas en lugar de al Creador, el cual es bendito por los siglos. Amén» (Ro 1:2-25). El Apóstol dice de los gentiles que «andan en la vanidad de su mente, teniendo el entendimiento entenebrecido, excluidos de la vida de Dios por la ignorancia que hay en ellos, por la dureza de su corazón; los cuales, después que perdieron toda sensibilidad, se entregaron a la lascivia para cometer con avidez toda clase de impureza» (Ef 4:17-19).

5. Siendo todos los hombres pecadores, y pudiendo ser con justicia acusados de una impiedad e inmoralidad inexcusables, no pueden ser salvados por ningún esfuerzo ni recurso de su propia parte. Porque se nos dice que «los injustos no heredarán el reino de Dios [...] No os dejéis engañar; ni los fornicantes, ni los idólatras, ni los adúlteros, ni los afeminados, ni los homosexuales, ni los ladrones, ni los avaros, ni los borrachos, ni los maldicientes, ni los estafadores, heredarán el reino de Dios» (1 Co 6:9). «Porque tened bien entendido, que ningún fornicante , o inmundo, o avaro, que es idólatra, tiene herencia en el reino de Cristo y de Dios» (Ef 5:5). Más aún, la Biblia nos enseña que uno puede ser extremamente justo delante de los hombres, y ser sin embargo un sepulcro blanqueado, siendo su corazón la morada de la soberbia, de la envidia o de la malicia. [...] Y más aún que esto; aunque un hombre estuviera libre de pecados externos, y, si fuera

posible, lo fuera de pecados del corazón, esta bondad negativa no sería suficiente. Sin santidad «nadie verá al Señor» (He 12:14). «El que no nace de nuevo, no puede ver el reino de Dios» (Jn 3:3). «El que no ama, no ha conocido a Dios» (1 Jn 4:8). «Si alguno ama al mundo, el amor del Padre no está en él» (1 Jn 2:15). «El que ama a su padre o a su madre más que a mí, no es digno de mí» ¿Quién, pues, puede ser salvo? Si la Biblia excluye del reino de los cielos a todos los inmorales, a todos aquellos cuyos corazones están corrompidos con soberbia, envidia, malicia o codicia; a todos los que aman el mundo; a todos los que no son santos; a todos aquellos en los que el amor a Dios no es el principio supremo y controlador de todas sus acciones, es evidente entonces que por lo que a los adultos se refiere, la salvación se tiene que encerrar a límites muy estrechos. También es evidente que la mera religión natural, el mero poder objetivo de la verdad religiosa general, tiene que ser tan incapaz para preparar a los hombres para la presencia de Dios como las aguas de Siria para sanar la lepra.

D. Las condiciones necesarias para la salvación

6. Viendo pues que el mundo no conoce a Dios mediante la sabiduría; viendo que los hombres, dejados a sí mismos, inevitablemente mueren en sus pecados, «agradó a Dios salvar a los creyentes mediante la locura de la predicación» (1 Co 1:21). Dios ha enviado a su Hijo al mundo para salvar a los pecadores. Si hubiera sido posible cualquier otro método de salvación, Cristo ha muerto en vano (Gá 2:21; 3:21). Por ello, no hay ningún otro nombre por el que los hombres puedan ser salvos (Hch 4:12). El conocimiento de Cristo y la fe en Él son declarados como esenciales para la salvación. Esto se demuestra: (1.) Porque los hombres son pronunciados culpables delante de Dios. (2.) Porque nadie puede expiar su propia culpa y restaurarse a sí mismo a la imagen de Dios. (3.) Porque se declara de manera expresa que Cristo es el único Salvador de los hombres. (4.) Porque Cristo encomendó a su Iglesia la misión de predicar el evangelio a toda criatura debajo del cielo, como medio designado de salvación. (5.) Porque los Apóstoles, en el cumplimiento de esta misión, fueron por todas partes predicando la Palabra, dando testimonio a todos los hombres, judíos y gentiles, a los sabios y a los ignorantes, que debían creer en Cristo como el Hijo de Dios para ser salvos. Nuestro mismo Señor enseñó esto por medio de su precursor: «El que cree en el Hijo, tiene vida eterna; mas el que rehúsa creer en el Hijo, no verá la vida, sino que la ira de Dios permanece sobre él» (Jn 3:36). (6.) Porque la fe sin conocimiento es pronunciada como algo imposible. «Porque todo aquel que invocare el nombre del Señor, será salvo. ¿Cómo, pues, invocarán a aquel en el cual no han creído? ¿Y cómo creerán en aquel de quien no han oído? ¿Y cómo oirán sin haber quien les predique? ¿Y cómo predicarán si no han sido enviados?» (Ro 10: 13-15).

Por ello, y como ya se ha dicho, es la fe común del mundo cristiano que por lo que se refiere a los adultos, no hay salvación sin el conocimiento de Cristo y la fe en Él. Ésta ha sido siempre considerada como la base de la obligación que tiene la Iglesia de predicar el evangelio a toda criatura.

E. Objeciones

A la objeción de que esta doctrina no es consecuente con la bondad y la justicia de Dios, se puede responder: (l.) Que la doctrina sólo da por supuesto lo que el objetor, si es Teísta, tiene que admitir: esto es, que Dios tratará a los hombres según carácter y conducta de los mismos, y que los juzgará en correspondencia a la luz que cada uno de ellos haya tenido. Debido a que el Juez de toda la tierra tiene que hacer lo justo todos los pecadores reciben la paga del pecado, por una ley inexorable, a no ser que sean salvos por el milagro de la redención. Por ello, al enseñar que no hay salvación para los que ignoran el evangelio, la Biblia sólo enseña que un Dios justo castigará el pecado. (2.) La doctrina de la Iglesia acerca de esta cuestión no va más allá de los hechos del caso. Sólo enseña que Dios hará lo que vemos que realmente hace. Él, en gran medida, deja a la humanidad a sí misma. Permite que los hombres se hagan pecaminosos y desgraciados. No es más difícil conciliar la doctrina que el hecho innegable con la bondad de Dios. (3.) En el don de su Hijo, la revelación de su Palabra, la misión del Espíritu y la institución de la Iglesia, Dios ha dado abundante provisión para la salvación del mundo. Que la Iglesia haya sido tan remisa en dar a conocer el evangelio es la culpa de la misma Iglesia. No debemos atribuir la ignorancia y consiguiente perdición de los paganos a Dios. La culpa es nuestra. Nosotros nos hemos guardado para nosotros mismos el pan de vida, y hemos permitido que las naciones perezcan.

Los Arminianos Wesleyanos y los Amigos, que admiten la insuficiencia de la luz de la naturaleza, mantienen que Dios da gracia suficiente, o una luz interior sobrenatural que, si es abrigada y seguida de manera apropiada, conducirá a los hombres a la salvación. Pero ésta es simplemente una hipótesis amable. No hay evidencia de tal gracia universal y suficiente en las Escrituras, ni evidencia de su experiencia. Además, si se admite no ayuda en esto. Si esta gracia suficiente no salva realmente, si no libra a los paganos de aquellos pecados sobre los que se proclama el juicio de Dios, sólo sirve para agravar su condenación. Todo lo que podemos hacer es adherirnos estrechamente a las enseñanzas de la Biblia, seguros de que el Juez de toda la tierra hará lo que es recto; que aunque haya nubes y oscuridad alrededor de Él, y que sus caminos sean inescrutables, la justicia y el juicio son la morada de su trono.

4. La teología cristiana

Así como la ciencia, que trata de los hechos de la naturaleza, tiene sus varios departamentos, como matemáticas, química, astronomía, etc., también la Teología, que tiene como materia de estudio los hechos de las Escrituras, tiene unos departamentos en los que se divide. Primero:

Teología Propia,

Que incluye todo lo que la Biblia enseña acerca del ser y de los atributos de Dios; de la triple personalidad de la Deidad, o, que el Padre, el Hijo y el Espíritu Santo son personas distintas, las mismas en sustancia e iguales en poder y gloria; la relación de Dios con el mundo, o sus decretos y sus obras de Creación y Providencia. Segundo:

Antropología,

Que incluye el origen y la naturaleza del hombre; su estado original y su prueba; su caída; la naturaleza del pecado; el efecto del primer pecado de Adán sobre sí mismo y sobre su posteridad. Tercero:

Soteriología,

Que incluye el propósito o plan de Dios en referencia a la salvación de los hombres; la persona y obra del Redentor; la aplicación de la redención de Cristo al pueblo de Dios, en su regeneración, justificación y santificación; y los medios de la gracia. Cuarto:

Escatología,

Esto es, la doctrina que tiene que ver con el estado del alma después de la muerte; la resurrección; la segunda venida de Cristo; el juicio general y el fin del mundo; cielo e infierno. Y quinto:

Eclesiología,

La idea, o naturaleza de la Iglesia; sus atributos; sus prerrogativas; su organización. [...]

Las Escrituras del Antiguo y del Nuevo Testamento son la única norma infalible de fe y práctica. Pero este no es un punto por todos aceptado. Algunos reclaman para la Razón una autoridad suprema, o al menos coordinada, en cuestiones de religión. Otros presuponen una luz interior sobrenatural a la que atribuyen una autoridad suprema o coordinada. Otros descansan en la autoridad de una iglesia infalible. Para los protestantes, la Biblia es la única fuente infalible de conocimiento de las cosas divinas. Por ello, se hace necesario, antes de adentramos en nuestra obra, examinar concisamente estos varios sistemas: el Racionalismo, el Misticismo y el Romanismo.

Capítulo 3

El racionalismo

1. Significado y uso del término

POR RACIONALISMO SE ENTIENDE el sistema o teoría que asigna una indebida autoridad a la razón en cuestiones de religión. [...] Este término [de razón] se toma en su sentido ordinario denotando la capacidad cognitiva, la que percibe, compara, juzga e infiere.

El Racionalismo ha aparecido bajo formas diferentes. (1.) La deísta, que niega la posibilidad o el hecho de cualquier revelación sobrenatural, y que mantiene que la razón es a la vez la fuente y la base de todo conocimiento y convicción religiosa. (2.) Aquella forma que en tanto que admite la posibilidad y el hecho de la revelación sobrenatural, y que la tal revelación está contenida en las Escrituras Cristianas, mantiene sin embargo que las verdades reveladas son verdades de razón; esto es, verdades que la razón puede comprender y demostrar. (3.) La tercera forma de Racionalismo ha recibido el nombre de Dogmatismo, que admite que muchas de las verdades de la revelación son inescrutables para la razón humana, y que tienen que ser recibidas con base en la autoridad. Sin embargo, mantiene que aquellas verdades, cuando son reveladas, admiten una explicación y establecimiento filosóficos, y pasan de la esfera de la fe a la del conocimiento. [...] [El racionalismo] continúa prevaleciendo en todas sus formas, y con varias modificaciones, tanto en Europa como en América. Mansel, en su obra *Limits of Religious Though*,[1] incluye bajo el encabezamiento de Racionalismo a todos los sistemas que hacen que la prueba final de la verdad sea «el asentimiento directo de la consciencia humana, sea en forma de deducción lógica, o juicio moral, o intuición religiosa, por cualquier proceso en que estas facultades puedan haber sido elevadas a su pretendida dignidad como árbitros». Esto, sin embargo, incluiría a sistemas de naturaleza radicalmente diferente.

2. Racionalismo deísta

A. Posibilidad de una revelación sobrenatural

El primer punto a determinar en la controversia con los racionalistas deístas trata de la posibilidad de una revelación sobrenatural. Ellos la niegan comúnmente, sobre bases filosóficas o morales. Dicen que no es consecuente con la naturaleza de Dios y con su relación con el mundo suponer que Él interfiere con una acción directa en el curso de los acontecimientos. Según esta doctrina, la verdadera teoría del universo es que habiendo Dios creado el mundo y dotado a sus criaturas con sus atributos y propiedades, ha hecho todo lo que era consecuente con su natura-

---

1. Pág. 47, edic. Boston, 1859.

leza. Él no interfiere con su actividad inmediata en la producción de efectos. Ello pertenece a la eficacia de las causas segundas. O, si la posibilidad metafísica de tal intervención es admitida, es sin embargo moralmente imposible, porque implicaría imperfección en Dios. Si su obra necesita su constante interferencia, tiene que ser imperfecta, y si es imperfecta, tiene que deberse a que Dios es deficiente bien en sabiduría, bien en poder.

Está claro que esta es una teoría errónea de la relación de Dios con el mundo. (1.) Porque contradice el testimonio de nuestra naturaleza moral. La relación que tenemos con Dios, tal como se revela esta relación a nuestra consciencia, implica que estamos constantemente en la presencia de un Dios que toma nota de nuestras acciones, que ordena nuestras circunstancias y que interfiere constantemente para nuestra corrección y protección. [...] (2.) La razón misma nos enseña que el concepto de Dios como gobernante del mundo, que tiene a sus criaturas en sus manos, capaz de controlarlas según su voluntad y de tener comunicación con ellas, es un concepto mucho más elevado y coherente con la idea de la perfección infinita que aquella concepción en que se basa este sistema de Racionalismo. (3.) La consciencia común del hombre se opone a esta doctrina, como queda patente de que todas las naciones, desde las más cultivadas hasta las más bárbaras, se han visto forzadas a concebir a Dios como un ser que toma conocimiento de los asuntos humanos, y que se revela a sí mismo a sus criaturas. (4.) El argumento de la Escritura, que aunque no es admitido por los racionalistas, es concluyente para los cristianos. La Biblia nos revela un Dios que está constantemente presente en todo lugar con sus obras, y que actúa sobre ellas, no sólo de manera mediata, sino inmediata, cuando, donde y como mejor le place.

B. Necesidad de una Revelación sobrenatural

Sin embargo, admitiendo la posibilidad metafísica de una revelación sobrenatural, se suscita a continuación la cuestión de si tal revelación es necesaria. Esta pregunta tiene que ser contestada afirmativamente. (1.) Porque todo hombre siente que tiene necesidad de ella. Sabe que hay cuestiones acerca del origen, naturaleza y destino del hombre; acerca del pecado, y del método mediante el que puede ser perdonado y vencido, a las que él no puede dar respuesta. Son cuestiones, sin embargo, que deben recibir respuesta. En tanto que estos problemas no reciban solución nadie puede ser ni bueno ni feliz. (2.) Está igualmente seguro de que nadie da respuestas a estas preguntas a sus semejantes. Todos se dan cuenta intuitivamente de que se relacionan con asuntos más allá del alcance de la razón humana. ¿Qué puede decidir la razón en cuanto a la suerte del alma después de la muerte? ¿Puede alguien que no ha podido hacerse santo o feliz aquí asegurar su propio bienestar en el futuro eterno? Cada hombre, sin una revelación sobrenatural, no importa cuán filósofo sea, sabe que la muerte es la entrada en lo desconocido. Es el portal a las tinieblas. Los hombres tienen que entrar por este portal conscientes de que tienen en ellos una vida imperecedera combinada con todos los elementos de la perdición. ¿No es evidente de una manera patente entonces que los pecadores inmortales necesitan a alguien que les conteste con autoridad a la pregunta: «Qué debo hacer para ser salvo»? Convencer al hombre de que no hay pecado, y que el pecado no involucra desgracia es tan imposible como convencer a un desgraciado de que no lo es. Por ello, la necesidad de una revelación divina es una cuestión sencilla de hecho, de la que todo hombre está convencido en su corazón. (3.) Admitiendo que los filósofos pudieran resolver estos grandes problemas para su propia satisfacción, ¿qué ha de suceder con la masa de la humanidad? ¿Han de ser dejados en tinieblas y desesperación? (4.) La experiencia de los siglos demuestra que el mundo, por la sabiduría, no ha conocido a Dios. Las naciones paganas, antiguas y modernas, civilizadas y salvajes, sin excepción alguna, han fracasado en resolver por la luz de la naturaleza ninguno de los grandes problemas de la humanidad. Este es el testimonio de la historia además del de la Escritura. (5.) Incluso allí donde se goza de la luz de la revelación, se encuentra que aquellos que rehúsan su conducción son llegados no sólo a las conclusiones más contradictorias, sino a la adopción de principios en la mayor parte de los casos destructores de la virtud doméstica, del orden social, y de la valía y de la dicha del individuo. La razón del hombre ha llevado a la gran parte de los que no conocen otro guía a lo que ha sido llamado «el infierno del Panteísmo».

C. Las Escrituras contienen una Revelación así

Admitiendo la posibilidad e incluso la necesidad de una revelación sobrenatural, ¿ha sido dada una revelación así? Esto lo niega el racionalista deísta, y lo afirma el cristiano. El cristiano afirma confiadamente que la Biblia contiene tal revelación, y mantiene que sus declaraciones están autenticadas por una cantidad de evidencia que hace que la incredulidad sea irrazonable y criminal.

1. En primer lugar, sus autores afirman ser los mensajeros de Dios, hablando por su autoridad y en su nombre. [...] Es Él quien afirma lo que enseñan los escritores sagrados. Esta declaración tiene que ser admitida, o se tiene que considerar como fanáticos o impostores a los escritores sagrados. Es totalmente cierto que no eran ni lo uno ni lo otro. [...] Es cosa tan cierta como cualquier verdad evidente por sí misma que fueron hombres sabios, buenos y de mente sobria. Que unos hombres así usurparan falsamente ser los mensajeros autorizados de Dios, y que estuvieran dotados de poderes sobrenaturales en confirmación de su misión, sería una contradicción. Sería afirmar que hombres sabios y buenos eran insensatos y malvados.

2. La Biblia no contiene nada inconsistente con la reivindicación por parte de sus autores de la autoridad divina como maestros. No contiene nada imposible, nada absurdo, nada inmoral, nada inconsistente con ninguna verdad bien autenticada. Esto es ya por sí mismo algo casi milagroso, considerando las circunstancias bajo las que fueron escritas secciones diferentes de las Escrituras.

3. Más todavía, la Biblia revela verdades del más elevado orden, que no se dan a conocer en otras partes. Verdades que afrontan las más urgentes necesidades de nuestra naturaleza; que dan soluciones a los problemas que la razón jamás ha podido resolver. [...] Tiene la misma adaptación al alma que la atmósfera a los pulmones, o que las influencias del sol sobre la tierra en la que vivimos. Y lo que sería la tierra sin estas influencias es, de hecho, lo que es el alma sin el conocimiento de las verdades que llegamos a conocer exclusivamente por medio de la Biblia.

4. Los varios libros de los que se compone la Biblia fueron escritos por unos cincuenta autores diferentes viviendo a lo largo de mil quinientos años; y sin embargo resultan ser un todo orgánico, el producto de una mente. Son un desarrollo de una manera tan clara como lo es el roble de una bellota. Los evangelios y las epístolas son sencillamente la expansión, cumplimiento y culminación del protoevangelio, «la simiente de la mujer aplastará la cabeza de la serpiente» (Gn 3:15). [...] No se puede comprender ningún libro de las Escrituras por sí mismo, como tampoco se puede comprender una parte de un árbol o miembro del cuerpo sin referencia al todo del que forma una parte. Aquellos que por falta de atención no captan esta relación de las diferentes partes de la Biblia no pueden apreciar el argumento que de ello se deriva en favor de su origen divino. Los que lo perciben, no pueden resistirse a él.

El argumento de la profecía

5. Dios da testimonio de la autoridad divina de las Escrituras mediante señales y maravillas, y milagros diversos, y distribuciones del Espíritu Santo. Los acontecimientos conductores registrados en el Nuevo Testamento fueron predichos en el Antiguo. De esto se podrá satisfacer cualquiera mediante una comparación de ambos. Las coincidencias entre las profecías y el cumplimiento no admiten solución racional, excepto que la Biblia es la obra de Dios; o que hom-

bres santos de la antigüedad hablaron inspirados por el Espíritu Santo. Los milagros registrados en las Escrituras son acontecimientos históricos, que no sólo tienen derecho a ser recibidos según el mismo testimonio que autentica otros hechos de la historia, sino que están tan imbricados en la entera estructura del Nuevo Testamento que no pueden ser negados sin rechazar todo el evangelio, rechazo que involucra la negación de los hechos mejor autenticados en la historia del mundo.

Argumento según los efectos del Evangelio
Además de este testimonio sobrenatural externo, la Biblia está en todas partes acompañada por «la demostración del Espíritu», que le da a sus doctrinas la claridad de verdades evidentes por sí mismas, y la autoridad de la voz de Dios; análogo a la autoridad de la ley moral para la conciencia natural.

6. La Biblia siempre ha sido, y sigue siendo, un poder en el mundo. Ha determinado el curso de la historia. Ha abatido la falsa religión allí donde es conocida. Es la madre de la civilización moderna. Es la única garantía del orden social, de la virtud, y de los derechos y de la libertad de los hombres. Sus efectos no pueden ser explicados racionalmente por otra hipótesis que la de que es lo que afirma ser: «La Palabra de Dios».

7. Da a conocer a la persona, obra, los actos y las palabras de Cristo, que es la más clara revelación de Dios jamás dada al hombre. Él es el Dios manifestado. Sus palabras fueron las palabras de Dios. Sus actos fueron los actos de Dios. Su voz es la voz de Dios, y Él dijo: «La Escritura no puede ser quebrantada» (Jn 10:35). Si alguien rehúsa reconocerle como el Hijo de Dios, como el maestro infalible, y el único Salvador de los hombres, nada se puede decir más que lo que dice el Apóstol: «Si nuestro evangelio está aún encubierto, entre los que se pierden está encubierto; en los cuales el dios de este mundo cegó los pensamientos de los incrédulos, para que no les resplandezca la iluminación del evangelio de la gloria de Cristo, el cual es la imagen de Dios. [...] Porque Dios, que mandó que de las tinieblas resplandeciese la luz, es el que resplandeció en nuestros corazones, para iluminación del conocimiento de la gloria de Dios en la faz de Jesucristo» (2 Co 4:3, 4, 6).

3. La segunda forma del Racionalismo

La forma más común de racionalismo admite que las Escrituras contienen una revelación sobrenatural. Sin embargo, enseña que el objeto de esta revelación es dar a conocer de una manera más general, y de autenticar ante las masas, las verdades de la razón, o doctrinas de la religión natural. Estas doctrinas son recibidas por mentes cultivadas no sobre la base de la autoridad, sino de la evidencia racional. El principio fundamental de esta clase de racionalistas es que no se puede creer nada racionalmente que no sea comprendido. [...] Si se le pregunta a uno de ellos que por qué cree en la inmortalidad del alma, el racionalista responderá: Porque esta doctrina es razonable. Para su mente, los argumentos en favor son de más peso que los argumentos en contra. Si se le pregunta que por qué no cree en la doctrina de la Trinidad, responde: Porque es irrazonable. Los argumentos filosóficos en contra de ella son de más peso que los argumentos de la razón en su favor. No es decisivo que los escritores sagrados enseñen esta doctrina. El racionalista no se siente compelido a creer todo lo que enseñan los escritores sagrados. La Biblia, admite él, contiene una revelación divina. Pero esta revelación fue dada a hombres falibles, hombres que no estuvieron bajo una conducción sobrenatural en su comunicación de las verdades reveladas. Eran hombres cuyos modos de pensar, manera de argumentar y de presentar la verdad fueron modificados por su cultura y por las formas de pensar prevalentes durante la era en que vivieron. Por ello, las Escrituras abundan en conceptos erróneos, argumentos no conclusivos y acomodaciones a errores; supersticiones y creencias populares de los judíos. El oficio de la razón es cribar estos materiales incongruentes, y separar el trigo de la paja. Es trigo aquello que la razón ve por su propia luz como verdadero; se tiene que rechazar como paja lo que la razón no puede comprender, y no puede demostrar como cierto. Esto es, nada es verdad para nosotros que no veamos como verdad por nosotros mismos.

[A. Su naturaleza]

B. Refutación

Es suficiente observar acerca de esta forma de Racionalismo:

1. Que se basa en un principio falso. No es necesario para el ejercicio racional de la fe que tengamos que comprender la verdad creída. Lo desconocido y lo imposible no puede ser creído; pero todos creen y deben creer lo incomprensible. El asentimiento a la verdad se basa en la evidencia. Esta evidencia puede ser externa o intrínseca. Algunas cosas las creemos por el testimonio de nuestros sentidos. Otras cosas las creemos según el testimonio de los hombres. ¿Por qué no vamos pues a creer basándonos en el testimonio de Dios? Un hombre puede creer que el papel echado en el fuego arderá, aunque no comprenda el proceso de la combustión. Todos los hombres creen que las plantas crecen, y que semejante engendra semejante; pero nadie comprende el misterio de la reproducción. Incluso el positivista, que querría reducir toda creencia a cero, se ve obligado a admitir que lo incomprensible es verdad. Y los que no creen ni en Dios ni en espíritu porque son invisibles e intangibles, dicen que todo lo que conocemos es lo incognoscible, -sólo conocemos la fuerza,- pero de la fuerza no conocemos nada más que existe, y que persiste. Por ello, si debemos creer en lo incomprensible en todos los demás departamentos del conocimiento, no se puede dar ninguna base racional para eliminarlo de la religión.

2. El racionalismo da por supuesto que la inteligencia humana es la medida de toda verdad. Ésta es una insensata presunción de parte de una criatura como el hombre. Si un niño cree con confianza implícita en aquello que no puede comprender, por el testimonio de un padre, ciertamente que el hombre puede creer lo que no puede comprender, por el testimonio de Dios.

3. El racionalismo destruye la distinción entre fe y conocimiento, que todos los hombres y todas las edades admiten. La fe es asentimiento a la verdad basada en el testimonio. El conocimiento es asentimiento basado en la aprehensión directa o indirecta, intuitiva o discursiva, de su objeto. [...]

4. Los pobres no pueden ser racionalistas. Si tenemos que comprender lo que creemos, incluso según los principios de los racionalistas, sólo los filósofos pueden ser religiosos. Sólo ellos pueden comprender las bases racionales sobre las que deben ser recibidas las grandes verdades siquiera de la religión natural. [...]

5. Por ello, la protesta que nuestra naturaleza religiosa levanta contra el estrecho, frío y estéril sistema del racionalismo es ya una prueba suficiente de que no puede ser cierto, porque no puede suplir nuestras más urgentes necesidades. El objeto de la adoración tiene que ser infinito, y necesariamente incomprensible.

6. La fe implica conocimiento. Y si debemos comprender para poder conocer, la fe y el conocimiento se vuelven a una imposibles. Por ello, el principio sobre el que se basa el racionalismo conduce al Nihilismo, o negación universal. [...]

C. Historia

El surgimiento del racionalismo deísta en su forma moderna tuvo lugar en Inglaterra durante la última parte del siglo diecisiete y la primera mitad del dieciocho. [...] Con mucho, el más capaz e influyente de los escritores de esta clase fue David Hume. Sus *Essays*, en cuatro volúmenes, contienen sus posturas teológicas. Los más importantes de estos son los de la *Historia Natural de la Religión,* y *sobre los Milagros*. Su obra «Diálogos acerca de la Religión Natural» es considerada como la obra más capaz jamás escrita en apoyo del sistema deísta, o más bien ateo.

Desde Inglaterra, el espíritu de incredulidad se extendió a Francia. Voltaire, Rousseau, La Mettrie, Holbach, D'Alembert, Diderot, y otros, consiguieron por un tiempo derribar toda fe religiosa en las clases conductoras de la sociedad. [...]

Durante la última parte del siglo pasado y la primera parte del presente,[2] la mayor parte de los principales historiadores de la iglesia, exegetas y teólogos de Alemania, eran racionalistas. El primer golpe serio contra su sistema lo dio Kant. Los racionalistas daban por supuesto que podían demostrar las verdades de la religión natural en base de los principios de la razón. Kant, en su *Crítica de la Razón Pura*, emprendió demostrar que la razón no es competente para demostrar ninguna verdad religiosa. El único fundamento para la religión, mantenía él, era nuestra consciencia moral. Esta consciencia involucraba o implicaba las tres grandes doctrinas de Dios, de la libertad y de la inmortalidad. [...]

4. Dogmatismo, la tercera forma del racionalismo

Era una común objeción presentada por los filósofos griegos contra el cristianismo en los primeros tiempos de la Iglesia que sus doctrinas eran recibidas de una autoridad, y no por evidencias racionales. Muchos de los padres [de la Iglesia], especialmente los de la escuela de Alejandría, respondieron que esto era cierto sólo del común de la gente. No se podía esperar de ellos que comprendieran filosofía. Podían recibir las altas verdades de la religión sólo sobre la base de la autoridad. Pero las clases educadas podían y debían investigar la evidencia filosófica o racional de las doctrinas enseñadas en la Biblia, y recibir estas doctrinas sobre la base de esta evidencia. Por ello, hacían una distinción entre *pistis* y *gnösis*, entre fe y conocimiento. Lo primero era para el común del pueblo, lo último para los cultivados. [...]

Este método fue avivado y extensamente propagado por Wolf (1679-1754, Profesor de Halle y Marburg). [...] Wolf exaltó de manera indebida la importancia de la religión natural. Aunque admitía que las Escrituras revelaban doctrinas no descubiertas por la razón inasistida del hombre, insistía sin embargo en que sus doctrinas, para poder ser recibidas como ciertas, tenían que ser capaces de demostración por los principios de la razón. [...] Por demostración no se significa la aportación de prueba de que la proposición es sustentada por las Escrituras, sino que la doctrina debe ser admitida como verdadera según los principios de la razón. Es una demostración filosófica lo que se propone. [...] Intenta, por ejemplo, demostrar la doctrina de la Trinidad de la naturaleza de un ser infinito; la doctrina de la Encarnación de la naturaleza del hombre y de su relación con Dios, etc. Su gran designio es transmutar la fe en conocimiento, y elevar el cristianismo como sistema de verdad revelada hasta un sistema de filosofía.

Refutación

Las objeciones al dogmatismo así entendido son:

1. Que es esencialmente racionalista. El racionalista exige prueba filosófica de las doctrinas que recibe. No está dispuesto a creer basándose en la sencilla autoridad de la Escritura. Exige que su razón quede satisfecha mediante una demostración de la verdad independiente de la Biblia. Esta demanda la admite el dogmatista como razonable, y emprende la tarea de proveer la prueba necesaria. Por ello, en este punto esencial de hacer descansar la recepción de la doctrina cristiana sobre la razón y no sobre la autoridad, el dogmatista y el racionalista están sobre un

---

2. Naturalmente, se refiere al siglo XIX, en el que Hodge vivió y escribió su obra.

terreno común. Porque aunque el primero admite una revelación sobrenatural y reconoce que para el común de la gente la fe tiene que descansar sobre la autoridad, sin embargo él mantiene que los misterios de la religión admiten una demostración racional o filosófica, y que tal demostración tienen derecho a demandarla las mentes cultivadas.

2. Al sacar así la fe de su fundamento de testimonio divino y llevarla a reposar sobre una demostración racional, es quitada de la Roca de los Siglos y puesta sobre arenas movedizas. Existe aquella misma diferencia esencial entre una convicción basada en un testimonio bien autenticado de Dios y la que se basa en la pretendida demostración filosófica que la existente entre Dios y el hombre, lo divino y lo humano. Que cualquiera lea las pretendidas demostraciones filosóficas de la Trinidad, de la Encarnación, de la resurrección del cuerpo o de cualquiera de las grandes verdades de la Biblia, y se sentirá libre de recibir o rechazar a placer. Carecen de autoridad o certidumbre. Son el producto de una mente como la suya, y por ello no pueden tener más poder que el que pertenece a un intelecto humano falible.

3. Por ello, el dogmatismo es, en su efecto práctico, destructor de la fe. Al transmutar el cristianismo en una filosofía, toda su naturaleza queda cambiada, y su poder, perdido. [...]

4. Procede según un principio esencialmente falso. Supone la competencia de la razón para juzgar acerca de cosas totalmente más allá de su esfera. Dios ha constituido nuestra naturaleza de tal manera que tengamos por un lado la posibilidad y por otro la necesidad de confiar en el testimonio acreditado de nuestros sentidos, dentro de la esfera que le es propia. Y de la misma manera somos constreñidos a confiar en la operación de nuestra mente y en las conclusiones a las que nos conduce, dentro de la esfera que Dios ha asignado a la razón humana. Pero los sentidos no pueden ponerse a juzgar las verdades racionales. No podemos estudiar lógica con el microscopio o el bisturí. Y no es menos irracional depender de la razón, o exigir demostraciones racionales o filosóficas de verdades que llegan a ser conocidas sólo en tanto que son reveladas. Por la misma naturaleza del caso, las verdades acerca de la creación, de la prueba, y de la apostasía del hombre, el propósito y plan de la redención, la persona de Cristo, el estado del alma en el mundo venidero, la relación de Dios con sus criaturas, etc., no dependen de los principios generales de la razón, sino en gran medida de los propósitos de un Ser inteligente y personal, y pueden ser conocidas sólo en tanto que Él quiera revelarlas, y deben ser recibidas simplemente en base de su autoridad.

El testimonio de las Escrituras contra el dogmatismo

El testimonio de las Escrituras es decisivo acerca de esto. Desde el comienzo hasta el fin de la Biblia, los escritores sagrados se presentan como testigos. Demandan fe en sus enseñanzas y obediencia a sus mandamientos no por su propia superioridad en sabiduría y excelencia; no sobre la base de la demostración racional de la verdad de lo que enseñaban, sino sencillamente como órganos de Dios, como hombres señalados por Él para revelar su voluntad. Su primera, última y suficiente razón para la fe es: «Así ha dicho Jehová». Los escritores del Nuevo Testamento, de manera especial, repudian toda pretensión al carácter de filósofos. Enseñaban que el Evangelio no era un sistema de verdad derivado de la razón ni sustentado por su autoridad, sino por el testimonio de Dios. Afirman de manera expresa que sus doctrinas eran reveladas, que deben ser recibidas con base en el testimonio divino. «Cosas que el ojo no vio, ni el oído oyó, ni han subido al corazón del hombre, son las que Dios ha preparado para los que le aman. Pero Dios nos las reveló a nosotros por medio del Espíritu; porque el Espíritu todo lo escudriña, aun las profundidades de Dios. Porque ¿quién de los hombres sabe las cosas del hombre, sino el espíritu del hombre que está en él?» (1 Co 2:9-11). Siendo como es la naturaleza del Evangelio, si es recibido en absoluto tiene que serlo sobre la base de la autoridad. Tenía que ser creído o aceptado confiadamente, no demostrado como un sistema filosófico. Y la Biblia va aún más allá. Enseña que el hombre tiene que volverse necio para poder ser sabio; tiene que renunciar a depender de su propia razón o sabiduría a fin de recibir la sabiduría de Dios. Nuestro Señor les dijo a sus discípulos que a no ser que se convirtieran y se volvieran como niños pequeños, no podrían entrar en el reino de Dios. [...] Nada, pues, puede estar más opuesto a toda la enseñanza y al espíritu de la Biblia que esta disposición a insistir en las pruebas filosóficas de los artículos de nuestra fe. Nuestro deber, nuestro privilegio, y nuestra seguridad están en creer, no en conocer; en confiar en Dios, y no en nuestro entendimiento. Son dignos de compasión los que no tienen un maestro más digno de confianza que ellos mismos.

6. [...] Desde los tiempos de los gnósticos y de los padres platonistas se ha hecho en cada edad el intento de exaltar la fe a conocimiento, y de transmutar el cristianismo a filosofía, demostrando sus doctrinas según los principios de la razón. Estos intentos siempre han fracasado. [...]

Estos intentos no sólo han fracasado, sino que son siempre malos en sus efectos sobre sus autores y sobre todos los que quedan influenciados por ellos. Hasta allí donde triunfan para satisfacción de sus autores, cambian la relación del alma con la verdad, y, naturalmente, con Dios. La recepción de la verdad no es un acto de fe, ni de confianza en Dios, sino de confianza en las propias especulaciones. El yo toma el lugar de Dios como la base de la confianza. Con ello cambia todo el estado interior del hombre. [...] Así, no tenemos otra seguridad que la de permanecer dentro de los límites que Dios nos ha asignado. Confiemos en nuestros sentidos dentro de la esfera de nuestras percepciones sensoriales; en la razón, dentro de la esfera de las verdades racionales; y en Dios, y sólo en Dios, en todo lo que tiene que ver con las cosas de Dios. Sólo conoce de verdad aquel que consiente con la docilidad de un niño a ser enseñado por Dios.

5. El papel propio de la razón en cuestiones de religión

A. La razón es necesaria para la recepción de una Revelación

Al repudiar el racionalismo en todas sus formas, los cristianos no rechazan el servicio de la razón en cuestiones de religión. Reconocen sus altas prerrogativas, y la responsabilidad involucrada en su ejercicio.

En primer lugar, la razón está dada por supuesta en cada revelación. La revelación es comunicación de la verdad a la mente. Pero la comunicación de la verdad supone capacidad para recibirla. No se pueden dar revelaciones a brutos ni a idiotas. Las verdades, para ser recibidas como objetos de fe, tienen que ser aprehendidas intelectualmente. Una proposición a la que no asignemos significado no puede ser un objeto de fe, por importante que sea la verdad que contiene. [...] En otras palabras, el conocimiento es esencial para la fe. Al creer, afirmamos la verdad de la proposición creída. Pero nada podemos afirmar de lo que nada conocemos. Por ello, el primer e indispensable papel de la razón en asuntos de fe es el conocimiento, o aprehensión inteligente de las verdades propuestas a nuestra recepción. Esto es lo que los teólogos suelen llamar el uso orgánico, o sea, instrumental, de la razón. y acerca de esto no hay discusión posible.

Diferencia entre Conocimiento y Entendimiento

Pero es importante tener en mente la diferencia entre conocimiento y entendimiento, o comprensión. Un niño sabe lo que significan las palabras «Dios es espíritu». Ningún ser creado puede comprender al Omnipotente de una manera perfecta. Debemos conocer el plan de la salvación; pero nadie puede comprender sus misterios. Esta distinción se reconoce en todos los departamentos del conocimiento. Los hombres saben muchísimo más que lo que comprenden. Sabemos que las plantas crecen; que la voluntad controla nuestros músculos voluntarios; que Jesucristo es Dios y hombre en dos naturalezas distintas, y una persona eternamente; pero aquí, como en todo lo demás, nos vemos rodeados por lo incomprensible.

B. La razón debe juzgar acerca de la credibilidad de una Revelación

En segundo lugar, es la prerrogativa de la razón juzgar acerca de la credibilidad de una revelación. La palabra creíble es a veces empleada popularmente para denotar fácil de creer, esto es, probable. En su sentido propio, es antitético a lo increíble. Lo increíble es lo que no puede ser creído. Nada es increíble sino lo imposible. Lo que puede ser se puede creer racionalmente (esto es, sobre una base suficiente).

Una cosa puede ser extraña, inexplicable, ininteligible, y sin embargo perfectamente creíble. Lo que es extraño o inexplicable para una mente puede ser perfectamente familiar y llano para otra. [...] La forma más escéptica de la filosofía moderna, que reduce la fe y el conocimiento a un mínimo, enseña que todo lo que conocemos es lo incomprensible, esto es, que la fuerza existe, y que es persistente. Por ello, es bien irrazonable apremiar como objeción al cristianismo el hecho de que demande fe en lo incomprensible.[3]

Lo Imposible no puede ser creído

En tanto que lo anterior es verdad y está claro, no es menos cierto que lo imposible es increíble, y que por tanto no puede ser objeto de la fe. Los cristianos conceden a la razón el juicio de la contradicción, esto es, la prerrogativa de decidir si algo es posible o imposible. Si se ve como imposible, ninguna autoridad ni cantidad de evidencia pueden imponer la obligación de recibirlo como verdad. Pero que una cosa sea posible o no se puede decidir de una manera arbitraria. Los hombres son propensos a pronunciar imposible todo aquello que contradiga sus convicciones asentadas, sus preconcepciones o prejuicios, o aquello que repugna a sus sentimientos. En tiempos pasados no se dudaba en decir [...] que era absolutamente imposible que la información pudiera ser transmitida a miles de kilómetros en la fracción de un segundo. Naturalmente, sería una insensatez rechazar toda evidencia de tal realidad sobre la base de su imposibilidad. No es menos irrazonable por parte de los hombres rechazar las verdades de la revelación con la suposición de que involucran lo imposible, cuando contradicen nuestras anteriores convicciones, o cuando no podemos ver cómo pueden ser. [...] Lo imposible no puede ser cierto, pero al pronunciar una cosa como imposible, la razón debe actuar racionalmente y no de una manera caprichosa. Sus juicios deben ser conducidos por principios que son válidos para la consciencia común de los hombres. Estos principios son como siguen:

Qué es imposible

(1.) Imposible es aquello que involucra una contradicción; como que algo es y no es; que lo bueno es malo y lo malo bueno. (2.) Es imposible que Dios haga, apruebe u ordene algo moralmente malo. (3.) Es imposible que Él demande de nosotros que creamos lo que contradiga las leyes de la creencia que Él ha impuesto a nuestra naturaleza. (4.) Es imposible que una ver-

---

3. Unos ejemplos más modernos de la realidad de que hasta el escepticismo se ve abocado a creer conceptos absolutamente incomprensibles es la cuestión del origen del universo. El creyente cree que Dios creó el universo por el poder de Su mandato. El incrédulo afirma que hubo un «Gran Estallido» *(Big Bang)* al principio, en el que un átomo primordial increíblemente pequeño, que contenía la gran masa del universo en su seno, estalló y se expandió dando origen al universo. Ahí se detienen los proponentes de esta teoría atea. ¿De donde vino este «huevo cósmico»? Ahí ellos deben detener su razonamiento y aceptar lo incomprensible. Y los proponentes de las modernas teorías que descartan el «Gran Estallido» también reposan en la aceptación de conceptos que para ellos mismos son incomprensibles. *(N. del T.)*

dad contradiga a otra. Es imposible, entonces, que Dios revele nada como verdad que contradiga cualquier verdad bien autenticada, sea de la intuición, de la experiencia o de una anterior revelación.

Los hombres pueden abusar de esta prerrogativa de la razón, como también abusan de su libertad. Pero la prerrogativa en sí misma no puede ser negada. Tenemos derecho a negar como falso todo lo que es imposible que Dios quiera hacernos creer. Él no puede demandar de nosotros que creamos lo absurdo, como tampoco que hagamos lo malo.

Prueba de esta prerrogativa de la razón

1. Está claro que la razón tiene la prerrogativa del juicio de la contradicción, en primer lugar, por la misma naturaleza del caso. La fe incluye una afirmación de la mente de que una cosa es cierta. Pero es una contradicción decir que la mente puede afirmar que es cierto aquello que no ve que sea posible que sea cierto. Esto sería afirmar y negar, creer y descreer, al mismo tiempo. Por la misma constitución de nuestra naturaleza estamos no sólo autorizados sino constreñidos a pronunciar anatema a un apóstol o a un ángel del cielo, que nos quiera hacer recibir como revelación de Dios cualquier cosa absurda, malvada o incongruente con la naturaleza intelectual o moral de que nos ha dotado. El sometimiento de la inteligencia humana a Dios es ciertamente absoluta: pero es una sujeción a una sabiduría y bondad infinitas. [...]

2. Esta prerrogativa de la razón es constantemente reconocida en las Escrituras. Los profetas llamaban al pueblo a rechazar las doctrinas de los paganos porque no podían ser ciertas. No podían ser ciertas porque incurrían en contradicciones y absurdos; porque entraban en contradicción con nuestra naturaleza moral, y porque eran inconsistentes con verdades conocidas. Moisés enseñó que no se debía creer nada, por mucha evidencia externa que pudiera aducirse en apoyo de ello, que contradijera una revelación anterior y debidamente autenticada de parte de Dios. Pablo hace lo mismo cuando nos llama a pronunciar anatema a un ángel que quisiera enseñarnos otro evangelio.

3. La base última de la fe y del conocimiento es la confianza en Dios. No podemos ni creer ni conocer nada a no ser que confiemos en aquellas leyes de la creencia que Dios ha implantado en nuestra naturaleza. Si se nos pudiera pedir que creamos lo que contradice a estas leyes, los fundamentos se destruyen. Desaparecería toda distinción entre la verdad y la falsedad, entre lo bueno y lo malo. Todas nuestras ideas de Dios y de la virtud quedarían confundidas, y seríamos fáciles presas de cualquier diestro engañador, o ministro de Satanás, que, mediante milagros mentirosos, podría inducirnos a creer una mentira. Tenemos que probar los espíritus, pero ¿cómo los probaremos sin una norma? Y no hay otra norma excepto las leyes de nuestra naturaleza y las revelaciones autenticadas de Dios.

C. La razón debe juzgar acerca de las Evidencias de una Revelación

En tercer lugar, la razón tiene que juzgar acerca de la evidencia mediante la que se sustenta una revelación. Acerca de este punto se debe hacer notar:

1. Que por cuanto la fe involucra asentimiento, y que el asentimiento es convicción producida por la evidencia, se sigue que la fe sin evidencia es o bien irracional, o bien imposible.

2. Esta evidencia debe ser apropiada a la naturaleza de la verdad recibida. La verdad histórica demanda evidencia histórica; las verdades empíricas, el testimonio de la experiencia; la verdad matemática, evidencias matemáticas; la verdad moral, evidencia moral; y «las cosas del Espíritu», la demostración del Espíritu. En muchos casos, diferentes líneas de evidencia concurren a sustentar la misma verdad. Por ejemplo, que Jesús es el Cristo, el Hijo del Dios viviente, está sustentado por evidencias históricas, morales y espirituales tan abundantes que nuestro Señor dice que la ira de Dios permanece sobre aquellos que lo rechazan.

3. La evidencia no debe ser sólo apropiada, sino adecuada. Esto es, que lleve al asentimiento en cualquier mente bien constituida a la que se le presenta.

Como no podemos creer sin evidencia, y como esta evidencia debe ser apropiada y adecuada, es evidentemente una prerrogativa de la razón juzgar acerca de estos diversos puntos. Esto está claro:

1. Por la naturaleza de la fe, que no es un asentimiento ciego e irracional, sino una inteligente recepción de la verdad sobre una base adecuada.

2. Las Escrituras nunca demandan fe más que sobre la base de una evidencia adecuada. El Señor dijo: «Si yo no hubiese hecho entre ellos las obras que ningún otro ha hecho, no tendrían pecado» (Jn 15:24), reconociendo claramente el principio de que la fe no puede ser demandada sin evidencia. El Apóstol Pablo demuestra que los paganos son justamente merecedores de la condenación por su idolatría e inmoralidad, porque tenían una tal revelación del Dios verdadero y de la ley moral que los dejaba sin excusa.

3. La Biblia considera la incredulidad como pecado, y como el gran pecado por el que los hombres serán condenados ante el tribunal de Dios. Esto presupone que la incredulidad no puede surgir por falta de una evidencia apropiada y adecuada, sino que se atribuye al rechazo perverso de la verdad a pesar de la prueba de que va acompañada. [...] ¿Por qué rechazaron los judíos a Cristo, a pesar de toda la evidencia presentada en su carácter, en sus palabras y en sus obras, de que era el Hijo de Dios? «El que cree en él, no es condenado; pero el que no cree, ya ha sido condenado, porque no ha creído en el nombre del unigénito Hijo de Dios» (Jn 3:18). El hecho, no obstante, de que la incredulidad es un gran pecado, y la base especial de la condenación de los hombres, da por supuesto necesariamente que es inexcusable, que no surge de la ignorancia ni de la falta de evidencia. «¿Y cómo creerán», pregunta el Apóstol, «en aquel de quien no han oído?» (Ro 10:14). «Esta es la condenación: que la luz vino al mundo, y los hombres amaron más las tinieblas que la luz, porque sus obras eran malas» (Jn 3:19).

4. Otra evidencia de que las Escrituras reconocen la necesidad de evidencia para la fe y el derecho de aquellos a los que la revelación se dirige a juzgar de aquella evidencia se encuentra en el frecuente mandato a considerar, a examinar, a probar los espíritus, esto es, a aquellos que afirman ser los órganos del Espíritu de Dios. Se manda el deber de juzgar, y se da la norma de juicio. Y luego los hombres son considerados responsables por sus decisiones. [...]

El cristianismo está igualmente opuesto a la superstición y al racionalismo. La primera es fe sin una evidencia adecuada, y el segundo rehúsa creer lo que no comprende, a pesar de evidencias que deberían llevar a creer. El cristiano, consciente de su torpeza como criatura, y de su ignorancia y ceguera como pecador, se presenta ante Dios con la actitud de un niño, y recibe como cierto todo lo que un Dios de inteligencia y bondad infinitas declara ser digno de confianza. Y al someterse así a ser enseñado actúa con base en los más elevados principios de la razón.

6. Relación entre la filosofía y la Revelación

Tanto si tomamos el término [filosofía] como denotando el conocimiento de Dios y de la naturaleza alcanzados por la razón, o como el principio que debería guiar todos los esfuerzos para alcanzar el conocimiento, este término es empleado para significar todo el dominio de la inteligencia humana. Popularmente, distinguimos entre filosofía y ciencia, siendo el ámbito de la primera lo espiritual, y el de la última lo material. Comúnmente, la filosofía es comprendida como incluyendo ambos departamentos. De ahí que hablemos de filosofía natural así como de la filosofía de la mente. Siendo este el ámbito que los filósofos reclaman como propio, la relación apropiada entre la filosofía y la teología deviene una cuestión de vital importancia. Esta es en realidad la gran cuestión en debate en la controversia racionalista; y, por ello, al concluir este capítulo todo lo que queda por hacer es dar una concisa declaración de principios conocidos.

Teología Sistemática—Introducción

La filosofía y la teología ocupan un terreno común

1. La filosofía y la teología ocupan un terreno común. Ambas pretenden enseñar la verdad acerca de Dios, del hombre, del mundo y de la relación que Dios tiene con sus criaturas.

2. Mientras que sus objetivos son hasta ahí idénticos, ambas buscando llegar al conocimiento de las mismas verdades, sus métodos son esencialmente diferentes. La filosofía busca alcanzar el conocimiento por especulación e inducción, o por un ejercicio de nuestras propias facultades intelectuales. La teología se apoya en la autoridad, recibiendo como cierto todo lo que Dios ha revelado en su Palabra.

3. Estos dos métodos son legítimos. Los cristianos no niegan que nuestros sentidos y la razón sean informadores fiables, y que nos capaciten para llegar a una certidumbre acerca de lo que se encuentra en su esfera.

4. Dios es el autor de nuestra naturaleza y el hacedor de los cielos y de la tierra, y por ello nada de lo que demuestren cierto las leyes de nuestra naturaleza o de los hechos del mundo externo puede contradecir las enseñanzas de la Palabra de Dios. Ni tampoco pueden las Escrituras contradecir las verdades de la filosofía o de la ciencia. [...]

Los filósofos y los teólogos deberían esforzarse por la unidad

5. Como estas dos grandes fuentes de conocimiento tienen que ser congruentes en sus enseñanzas válidas, es el deber de ambas partes esforzarse en exhibir su consistencia. Los filósofos no deberían ignorar las enseñanzas de la Biblia, y los teólogos no deberían ignorar las enseñanzas de la ciencia. Y mucho menos deberían ambas clases entrar en innecesario conflicto. Es irrazonable e irreligioso por parte de los filósofos adoptar y promulgar teorías inconsistentes con los hechos de la Biblia, cuando tales teorías están sustentadas sólo por evidencias plausibles que no impulsan al asentimiento siquiera de todo el cuerpo de hombres de ciencia. [...] La Biblia, por ejemplo, enseña claramente la unidad de las existentes razas humanas, tanto en cuanto a su origen como en especie. Pero muchos naturalistas insisten en que son diversas, dicen algunos, tanto en origen como en naturaleza, y otros en origen si no en naturaleza. Esto se hace no sólo según una evidencia meramente plausible, siendo una de las varias maneras posibles de dar cuenta de diversidades reconocidas, sino en oposición a la prueba más decisiva en contra. Esta prueba, hasta allí donde es histórica y filológica, no cae dentro del ámbito de las ciencias naturales, y por ello el mero naturalista la desdeña. Los filólogos comparativos se asombran ante la cerrilidad de aquellos hombres de ciencia que mantienen que las razas han tenido orígenes diversos, siendo que sus lenguajes dan una clara prueba de que se han derivado de un tronco común. Considerando el peso abrumador de evidencia de la autoridad divina de las Escrituras, y la importancia inmensa de que esta autoridad sea mantenida sobre las mentes y los corazones de los hombres, se da evidencia de una terrible temeridad por parte de los que voluntariosamente impugnan sus enseñanzas. [...]

La autoridad de los hechos

6. Los hechos no admiten negación. Son determinados por la sabiduría y la voluntad de Dios. Negar hechos es negar lo que Dios afirma verdadero. Esto la Biblia no puede hacerlo. No puede contradecir a Dios. Por ello, el teólogo reconoce que las Escrituras deben ser interpretadas en conformidad a los hechos establecidos. Sin embargo, tiene derecho a demandar que tales hechos sean verificados más allá de toda duda. Los científicos de una edad o país afirman la verdad de unos hechos que otros niegan o refutan. Sería un espectáculo lamentable ver a la Iglesia cambiar sus doctrinas o su interpretación de las Escrituras para acomodarse a las descripciones constantemente cambiantes de científicos en cuestiones factuales.

Reconociendo su obligación a admitir hechos innegables, los teólogos están en libertad de recibir o rechazar las teorías deducidas de estos hechos. Tales teorías son especulaciones humanas, y no pueden tener más autoridad que su propia e inherente probabilidad. Los hechos de la luz, de la electricidad, del magnetismo, son permanentes. Las teorías acerca de ellos están constantemente cambiando. Los hechos de la geología deben ser admitidos; las teorías de los geólogos no tienen una autoridad coercitiva. Los hechos de la fisiología y de la anatomía comparada pueden ser recibidos; pero nadie está obligado a recibir ninguna de las variadas teorías de desarrollo. Evidente como es esta distinción entre hechos y teorías, es sin embargo descuidada con frecuencia. Los hombres de ciencia son propensos a exigir para sus teorías la autoridad debida sólo a hechos establecidos.

La autoridad de la Biblia, más elevada que la de la Filosofía
7. Siendo la filosofía, en su sentido más amplio, las conclusiones de la inteligencia humana en cuanto a lo que es verdadero, y siendo la Biblia la declaración de Dios en cuanto a lo que es verdadero, está claro que donde las dos se contradicen la filosofía tiene que ceder a la revelación; el hombre tiene que ceder a Dios. Se ha admitido que la revelación no puede contradecir a los hechos; que la Biblia tiene que ser interpretada con lo que Dios ha dado a conocer claramente en la constitución de nuestra naturaleza y en el mundo externo. Pero la gran parte de lo que pasa por filosofía o ciencia es meramente especulación humana. ¿Qué es la filosofía de los orientales, de los brahmanes y budistas, de los antiguos gnósticos, de los platónicos, de los escotistas en la Edad Media, de Leibniz con sus mónadas y armonía preestablecida; de Descartes y sus vórtices; de Kant y sus categorías; de Fichte, Schelling y Hegel, con sus diferentes teorías de panteísmo idealista? La respuesta a esta pregunta es que estos sistemas filosóficos son otras tantas formas de especulación humana; y que por consiguiente en tanto que estas especulaciones concuerden con la Biblia, son verdaderas; en tanto que difieran de ella, son falsas y carentes de todo valor. Este es el terreno que todo creyente, erudito o iletrado, está autorizado y obligado a tomar. [...]

En resumen, la Biblia enseña ciertas doctrinas acerca de la naturaleza de Dios y su relación con el mundo; acerca del origen, naturaleza y destino del hombre; acerca de la naturaleza de la virtud, de la base de la obligación moral, de la libertad y responsabilidad humanas; cuál es la norma del deber, qué es recto y qué está mal en nuestras relaciones con Dios y con nuestros semejantes. Estos son temas acerca de los que la filosofía emprende la actividad de especular y de dogmatizar; si en cualquier caso estas especulaciones entran en conflicto con lo que se enseña o implica en la Biblia de manera necesaria, quedan por ello refutadas, como por *reductio ad absurdum*. Y la actitud que rehúsa abandonar estas especulaciones en obediencia a la enseñanza de la Biblia es inconsecuente con el cristianismo. Es la condición indispensable para la salvación por medio del Evangelio que recibamos como verdadero todo lo que Dios ha revelado en su Palabra. Tenemos que hacer nuestra elección entre la sabiduría de los hombres y la sabiduría de Dios. La sabiduría de los hombres es necedad para con Dios; y la sabiduría de Dios es necedad para los sabios de este mundo.

Por ello, la relación entre la filosofía y la revelación que las mismas Escrituras determinan es la que debe aprobar toda persona de recta mente. [...]

[7. El papel de los sentidos en los asuntos de la fe]

Capítulo 4

Misticismo

1. Significado de las palabras entusiasmo y misticismo

EN EL SENTIDO POPULAR de la palabra, entusiasmo significa un estado elevado de excitación mental. En este estado todos los poderes están exaltados, los pensamientos se vuelven más inclusivos y vívidos, los sentimientos más fervorosos, y la voluntad más decidida. Es en estos períodos de excitación cuando se han llevado a cabo las más grandes obras de los genios, sea que se trate de poetas, de pintores, o de guerreros. Los antiguos atribuían esta exaltación del hombre interior a una influencia divina. Consideraban a las personas así excitadas como poseídas, o teniendo a un dios dentro de ellos. Por ello eran llamados entusiastas (*entheos*). En teología, por tanto, los que ignoran o rechazan la conducción de las Escrituras y presumen de ser conducidos por una influencia divina interior al conocimiento y obediencia de la verdad son llamados Entusiastas en sentido propio. Este término, sin embargo, ha sido suplantado en gran medida por la palabra Místicos.

Pocos términos han tenido, desde luego, un sentido tan vago e indefinido como Misticismo. Su etimología no decide su significado. Un *mustës* era alguien iniciado en el conocimiento de los misterios griegos, uno a quien le habían sido reveladas cosas secretas. De ahí que en el amplio sentido de la palabra un místico es uno que afirma ver o conocer lo que está oculto a otros hombres, sea que este conocimiento sea alcanzado por intuición directa o por revelación interior. En la mayoría de los casos se supuso que estos métodos eran idénticos, por cuanto se consideraba la intuición como la visión inmediata de Dios y de las cosas divinas. Por ello, en el sentido más amplio de la palabra, los místicos son aquellos que afirman estar bajo la conducción inmediata de Dios o de su Espíritu.

A. Uso filosófico del término

De ahí que el misticismo, en este sentido, incluye todos aquellos sistemas de filosofía que enseñan o bien la identidad de Dios y del alma, o bien la intuición inmediata del infinito. El panteísmo de los brahmanes y de los budistas, la teosofía de los sufís, el egipcio, y las muchas formas de la filosofía griega, son místicos en esta acepción del término. Tal como el mismo sistema ha sido reproducido en tiempos modernos, se asigna la misma designación a la filosofía de Spinoza y a sus varias modificaciones. Según Cousin, «el misticismo en filosofía es la creencia de que Dios puede ser conocido cara a cara sin nada que se interponga. Es una cesión al sentimiento despertado por la idea del infinito, y un desplazamiento de todo conocimiento y deber a la contemplación y amor de Él».[1]

---

1. *Cours de l'Hist. De la Phil. Mod. Prem.* Sér. París, 1846, Vol. II. Leç. 9, 10, págs. 95, 120.

Por la misma razón toda la escuela de teología de Alejandría de la Iglesia primitiva ha sido llamada mística. Una característica era su depreciación de la autoridad externa de las Escrituras y la exaltación que hacían de la luz interior. [...]

Aunque los teólogos alejandrinos tenían estos puntos de concordancia con los místicos, como eran sin embargo especulativos en toda su tendencia y trataron de transmutar el cristianismo en una filosofía, no deben ser considerados como místicos en el sentido teológico generalmente aceptado del término.

B. El sentido en el que los cristianos evangélicos son llamados místicos

Como todos los cristianos evangélicos admiten una influencia sobrenatural del Espíritu de Dios sobre el alma, y reconocen una forma más elevada de conocimiento, santidad y comunión con Dios como efectos de esta influencia, son estigmatizados como místicos por parte de los que descartan todo elemento sobrenatural en el cristianismo. Las definiciones del misticismo dadas por los racionalistas son enunciadas de manera que incluyan todo lo que los cristianos evangélicos mantienen como verdadero acerca de la iluminación, enseñanza y guía del Espíritu Santo. [...] Pero las cosas distintas deberían ser designadas por palabras distintas. Se ha dado una teoría religiosa, que ha prevalecido con mayor o menor extensión en la Iglesia, que se distingue de la doctrina escritural por unas características inequívocas, y que se conoce en la historia de la iglesia como misticismo, y esta palabra debería limitarse a esta teoría. Es la teoría, variamente modificada, de que el conocimiento, la pureza y la bienaventuranza que se derivan de la comunión con Dios no se derivan de las Escrituras ni del uso de los medios ordinarios de la gracia, sino mediante una influencia divina sobrenatural e inmediata, la cual influencia (o comunicación de Dios con el alma) debe ser conseguida mediante la pasividad, un simple ceder del alma sin pensamiento ni esfuerzo al influjo divino.

C. El sistema que hace de los sentimientos la fuente del conocimiento

[...] El místico da por supuesto que los sentidos y la razón son a una indignos de confianza e inadecuados como fuentes de conocimiento; que nada puede ser recibido con confianza como verdad, al menos en los más altos departamentos del conocimiento, en todo lo que tenga que ver con nuestra propia naturaleza, con Dios y con nuestra relación con Él, excepto lo que es revelado ya natural, ya sobrenaturalmente, en los sentimientos. Así, hay dos formas de misticismo: uno supone que los mismos sentimientos son la fuente de este conocimiento; el otro que dice que es por medio de los sentimientos que Dios da a conocer la verdad al alma.[2] «La razón ya no es considerada más como el gran órgano de la verdad; sus decisiones quedan tildadas de inciertas, fallidas y prácticamente carentes de valor, mientras que los impulsos interiores de nuestra sensibilidad, que se desarrollan en forma de fe o de inspiración, son presentados como la verdadera e infalible fuente del conocimiento humano. Por ello, el proceso fundamental de todo misticismo es invertir el verdadero orden de la naturaleza, y dar la precedencia a las emociones en lugar de al elemento intelectual de la mente humana».[3] Esta, se declara, es «la base común de todo misticismo».

[La teoría de Schleiermacher]

---

2. Véase Cousin, *Cours de l'Histoire de la Philosophie*, y Morell, *History of Modern Philosophy*, pags. 556 ss.
3. Morell, *op. Cit.*, pág. 560.

D. El misticismo conocido en la Historia de la Iglesia

Los místicos, como ya se ha afirmado, son los que afirman una comunicación inmediata de conocimiento divino y de vida divina de Dios al alma, con independencia de las Escrituras y del uso de los medios ordinarios de la gracia. «Desespera», dice Fleming, «del proceso regular de la ciencia; cree que podemos alcanzar directamente, sin la ayuda de los sentidos o de la razón, y por medio de una intuición inmediata, el principio real y absoluto de toda verdad: Dios».[4] [...]

El misticismo no es idéntico a la doctrina de la iluminación espiritual

Así, el misticismo no debe ser confundido con la doctrina de la iluminación espiritual mantenida por los cristianos evangélicos. Las Escrituras enseñan claramente que la mera presentación externa de la verdad en la Palabra no es suficiente para la conversión o santificación de los hombres; que el hombre natural, no regenerado, no recibe las cosas del Espíritu de Dios, porque le son insensatez; ni puede conocerlas; que a fin de tener un conocimiento salvador de la verdad, esto es, aquel conocimiento que produce afectos santos y que conduce a una vida santa, hay necesidad de una enseñanza interior sobrenatural del Espíritu, produciendo lo que las Escrituras llaman «discernimiento espiritual». Esta enseñanza sobrenatural la prometió nuestro Señor a sus discípulos cuando les dijo que les enviaría el Espíritu de verdad para que morara en ellos, y para conducirlos al conocimiento de la verdad. Porque los escritores sagrados oran por que esta enseñanza les sea dada no sólo a ellos sino a todos los que oyeran sus palabras o leyeran sus escritos. Sólo en esto dependían ellos para su éxito en la predicación o en la enseñanza. Por ello, los creyentes eran designados como *pneumatikoi*, o *Spiritu Dei illuminati, qui reguntur a Spiritu*. Y los hombres de este mundo, los no regenerados, son descritos como los que no tienen el Espíritu. Dios, por ello, sí tiene una relación inmediata con las almas de los hombres. Él se revela a sí mismo a su pueblo, como no lo hace al mundo. Él les da el Espíritu de revelación en el conocimiento de Él (cf. Ef 1:17). Les da a conocer su gloria, y los llena de un gozo que sobrepasa a todo entendimiento. Todo esto se admite, pero es muy diferente al misticismo. Las dos cosas, esto es, la iluminación espiritual y el misticismo, difieren, primero, en cuanto a su objeto. El objeto de la enseñanza interior del Espíritu es capacitarnos para discernir la verdad y la excelencia de lo que ya está objetivamente revelado en la Biblia. La iluminación pretendida por el místico comunica verdad independientemente de la revelación objetiva. [...] Así que hay una gran diferencia entre aquella influencia que capacita al alma para discernir las cosas «para que sepamos lo que Dios nos ha otorgado gratuitamente» (1 Co 2:12) en su Palabra, y la revelación inmediata a la mente de todo el contenido de aquella palabra, o de sus equivalentes.

No es sólo en su objeto donde difieren las doctrinas de la iluminación espiritual y del misticismo, sino también en la manera de alcanzar este objeto. La enseñanza interior del Espíritu tiene que ser buscada por oración, y por el uso diligente de los medios señalados; las intuiciones del místico se buscan mediante el descuido de todos los medios, en la supresión de toda actividad interior y exterior, y en una espera pasiva del influjo de Dios en el alma. Difieren, en tercer lugar, en sus efectos. El efecto de la iluminación espiritual es que la Palabra mora en nosotros «en toda sabiduría y entendimiento espiritual» (Col 1:9). Lo que mora en la mente del místico son sus propias imaginaciones, cuyo carácter depende de su propio estado subjetivo; y sean lo que sean, son del hombre y no de Dios.

---

4. Artículo «Misticismo».

Difiere de la doctrina de «la guía del Espíritu»

Tampoco se debe confundir el misticismo con la doctrina de la conducción espiritual. Los cristianos evangélicos admiten que los hijos de Dios son conducidos por el Espíritu de Dios; que sus convicciones en cuanto a la verdad y el deber, su carácter interior y conducta exterior, quedan moldeados por su influencia. Son niños incapaces de guiarse a sí mismos, conducidos por un Padre siempre presente de sabiduría y amor infinitos. Esta conducción es en parte providencial, ordenando sus circunstancias externas; en parte por medio de la Palabra, que es una lámpara para sus pies; y en parte por la influencia interior del Espíritu en la mente. Esto último, sin embargo, es también por medio de la Palabra, haciéndola inteligible y efectiva, trayéndola de manera adecuada al recuerdo. Dios conduce a su pueblo con cuerdas de hombre, esto es, en conformidad a las leyes de su naturaleza. Esto es muy diferente de la doctrina de que el alma, al darse pasivamente a Dios, queda llena de toda verdad y bondad; o de que en emergencias especiales queda controlada por impulsos ciegos, irracionales.

Difiere de la doctrina de «la Gracia Común»

Finalmente, el misticismo difiere de la doctrina de la gracia común mantenida por todos los agustinianos, y de la de la gracia suficiente mantenida por los arminianos. Todos los cristianos creen que así como Dios está presente en todas partes en el mundo material, conduciendo la operación de las causas segundas de manera que aseguran los resultados que Él se propone, así su Espíritu está en todas partes presente con las mentes de los hombres, excitando al bien y reprimiendo el mal, y controlando de una manera eficaz el carácter y la conducta de los hombres, de una manera consecuente con las leyes de los seres racionales. [...] Hay poca analogía, sin embargo, entre esta doctrina de gracia común o suficiente y el misticismo tal como se ha manifestado en la historia de la Iglesia. Lo primero supone una influencia del Espíritu en todos los hombres de una manera análoga a la eficiencia providencial de Dios en la naturaleza; lo segundo, una influencia análoga a la concedida a los profetas y apóstoles, involucrando a una la revelación y la inspiración.

[2. El misticismo en la Iglesia Primitiva]

[3. El misticismo durante la Edad Media]

Los místicos evangélicos

Bernardo de Claraval, Hugo y Ricardo de San Víctor, Gerson, Tomás à Kempis y otros, son comúnmente asignados a la clase de místicos evangélicos. Estos eminentes e influyentes hombres diferían entre sí, pero todos ellos mantenían la unión con Dios, no en el sentido escritural, sino en el sentido místico del término, como el gran objeto del deseo. No era que sostuvieran que «la visión beatífica de Dios», la intuición de su gloria, que pertenece al cielo, es alcanzable en este mundo y alcanzable mediante abstracción, por aprehensión extática, o recepción pasiva, sino que el alma se vuelve una con Dios, si no en sustancia sí en vida. Estos hombres, sin embargo, fueron grandes bendiciones para la Iglesia. Su influencia iba dirigida a la preservación de la vida religiosa interior en oposición a la formalidad y ritualismo que entonces prevalecían en la Iglesia; y así a liberar la conciencia de sujeción a la autoridad humana. Los escritos de Bernardo siguen gozando de gran estima, y *La imitación de Cristo*, de Tomás à Kempis, se ha difundido como incienso por todos los corredores y cámaras de la iglesia universal.

4. El misticismo durante y después de la Reforma

Un movimiento tan grande y general de la mente pública como el que tuvo lugar durante el siglo dieciséis, cuando fueron trastornados los viejos fundamentos de la doctrina y del orden en la Iglesia, difícilmente podía evitar ir acompañado de irregularidades y extravagancias en la vida interior y exterior de la gente. Hay dos principios expuestos, ambos escriturales y ambos de la mayor importancia, que son especialmente susceptibles de abuso en una época de excitación popular.

El primero es el derecho al juicio privado. Esto, tal como lo comprendían los Reformadores, es el derecho de cada hombre a decidir qué es lo que una revelación que Dios le ha dado a él le ordena creer. Era una protesta en contra de la autoridad usurpada por la Iglesia (esto es, los Obispos), de decidir por la gente qué era lo que tenían que creer. Era cosa muy natural que los fanáticos, al rechazar la autoridad de la Iglesia, rechazaran también toda autoridad externa en asuntos de religión. Estos entendieron por derecho al juicio privado el derecho de cada hombre a decidir qué era lo que debía creer según las operaciones de su propia mente y de su propia experiencia, con independencia de las Escrituras. [...]

Segundo, los Reformadores enseñaban que la religión es asunto del corazón, que la aceptación de alguien por parte de Dios no depende de su pertenencia a una sociedad externa, de la obediencia a sus funcionarios, ni de una observancia escrupulosa de sus ritos y ordenanzas; sino de la regeneración de su corazón, y de su fe personal en el Hijo de Dios, manifestándose en una vida santa. Esto era una protesta contra el principio fundamental del romanismo, de que todos los que se encuentran dentro de la organización externa que los romanistas llaman la Iglesia son salvos, y que fuera de ella todos están perdidos. No es de sorprenderse de que malos hombres torcieran este principio, como lo hacen con todas las otras verdades, para su propia destrucción. Por cuanto la religión no consiste de cosas externas, muchos se precipitaron a la conclusión de que las cosas externas, - la Iglesia, sus ordenanzas, sus oficiales, su culto, - carecían de importancia. Estos principios fueron pronto aplicados fuera de la esfera de la religión. Los que se consideraban como órganos de Dios, emancipados de la autoridad de la Biblia y exaltados por encima de la Iglesia, pasaron a demandar exención de la autoridad del Estado. También contribuyó a este estallido la dura y prolongada opresión a que había estado sometido el campesinado, por lo que este espíritu de fanatismo y revuelta se extendió rápidamente por toda Alemania, penetrando también en Suiza y Holanda.

Los desórdenes populares no fueron un efecto de la Reforma

La extensión en que se difundieron estos desórdenes, y la rapidez con que lo hicieron, demuestran que no fueron un mero resultado de la Reforma. Los principios expuestos por los Reformadores, y la relajación de la autoridad papal ocasionada por la Reforma, sirvieron sólo para inflamar elementos que habían estado durante años sepultados en las mentes de la gente. Las numerosas asociaciones y colectividades [existentes entonces] habían conturbado la mente del público con los principios del misticismo panteísta, que fueron una prolífica fuente de males. Unos hombres que se imaginaban ser formas en las que Dios existía y actuaba no era probable que se sometieran a ninguna autoridad, humana o divina, ni eran propensos a considerar nada de lo que se sintieran inclinados a hacer como pecaminoso.

Estos hombres, además, habían crecido bajo el Papado. Según la teoría papal, especialmente tal como prevalecía a lo largo de la Edad Media, la Iglesia era una teocracia, cuyos representantes eran sujetos de una inspiración constante que los hacía infalibles como maestros y absolutos como gobernantes. Todos los que se opusieran a la Iglesia eran rebeldes contra Dios, y destruir a los tales era un deber tanto para con Dios como para con los hombres. Estas ideas se las aplicaron Münzer y sus seguidores. Ellos eran la verdadera iglesia. Ellos estaban inspirados. Ellos tenían derecho a decidir cuál era la verdad en cuestiones de doctrina. Ellos tenían derecho a regir con una autoridad absoluta en la iglesia y en el estado. Todos los que se les opusieran se oponían a Dios, y debían ser exterminados. Münzer murió en el cadalso; así se cumplió otra vez la palabra del Señor: «Todos los que empuñen la espada, a espada perecerán». [...]

[5. El Quietismo]

[6. Los Quáqueros o Amigos]

7. Objeciones a la teoría mística

La idea sobre la que se basa el misticismo es escritural y verdadera. Es cierto que Dios tiene acceso al alma humana. Es cierto que Él puede, en consistencia con su propia naturaleza y con las leyes de nuestro ser, revelar de manera sobrenatural e inmediata la verdad objetivamente a la mente, y acompañar esta revelación con una evidencia que produce una certidumbre infalible de su verdad y de su origen divino. Es también cierto que tales revelaciones han sido muchas veces dadas a los hijos de los hombres. Pero estos casos de revelación sobrenatural inmediata pertenecen a la categoría de milagros. Son raros, y deben ser debidamente autenticados.

La doctrina común de la Iglesia Cristiana es que Dios ha hablado en muchas ocasiones y de maneras diversas a los hijos de los hombres. Que lo que ni ojo ha visto ni oído ha percibido, lo que nunca pudo haber entrado en el corazón del hombre, Dios lo ha revelado por su Espíritu a aquellos a los que Él seleccionó para que fueran Sus portavoces ante sus semejantes; que estas revelaciones fueron autenticadas como divinas, por su carácter, sus efectos, y por señales y maravillas, y por diversos milagros y dones del Espíritu Santo; que estos hombres santos de la antigüedad que hablaron según fueron movidos por el Espíritu Santo comunicaron las revelaciones que habían recibido, no sólo oralmente, sino también por escrito, empleando no las palabras que enseña la sabiduría humana, sino las que enseña el Espíritu Santo; de modo que en las Sagradas Escrituras tenemos las cosas del Espíritu registradas en las palabras del Espíritu; las cuales Escrituras son, por tanto, la Palabra de Dios - esto es, lo que Dios le dice al hombre; lo que Él declara como verdadero y obligatorio, - y constituyen para su Iglesia la única norma infalible de fe y práctica.

Los místicos, que hacen la misma admisión en cuanto a la infalibilidad de la Escritura, pretenden que el Espíritu es dado a todo hombre como un maestro y guía interno, cuyas instrucciones e influencias son la más elevada norma de fe, y suficientes, incluso sin las Escrituras, para asegurar la salvación del alma.

El misticismo no se basa en las Escrituras

Las objeciones al sistema romanista y al misticismo son esencialmente las mismas.

1. No hay fundamento para ninguno de ambos sistemas en la Escritura. Así como la Escritura no contiene ninguna promesa de conducción infalible para los obispos, tampoco contiene ninguna promesa del Espíritu como revelador inmediato de la verdad a cada hombre. Bajo la dispensación del Antiguo Testamento el Espíritu reveló ciertamente la mente y el propósito de Dios: pero ello fue a unas personas seleccionadas escogidas para ser profetas, autenticados como mensajeros divinos, cuyas instrucciones el pueblo estaba obligado a recibir como provinientes de Dios. De una manera semejante, bajo la nueva dispensación, nuestro Señor seleccionó a doce hombres, dotándolos de un conocimiento plenario del Evangelio, haciéndolos infalibles como maestros, y demandando de todos los hombres que recibieran sus

instrucciones como las palabras de Dios. Es cierto que durante la era apostólica hubo comunicaciones ocasionales dadas a una clase de personas llamadas profetas. Pero este «don de la profecía», esto es, el don de hablar bajo la inspiración del Espíritu, era análogo al don de los milagros. El uno ha cesado tan evidentemente como el otro.

Es cierto, también, que nuestro Señor prometió enviar al Espíritu, que permanecería con la Iglesia, para morar en su pueblo, para ser su maestro y conducirlo al conocimiento de toda verdad. Pero, ¿qué verdad? No la verdad histórica y científica, sino una verdad llanamente revelada: la verdad que Él mismo había enseñado, o dado a conocer mediante sus mensajeros autorizados. El Espíritu es ciertamente un maestro; y sin sus instrucciones no hay conocimiento salvador de las cosas divinas, porque el Apóstol nos dice: «El hombre natural no capta las cosas que son del Espíritu de Dios, porque para él son locura, y no las puede conocer, porque se han de discernir espiritualmente» (1 Co 2:14). Por ello, el discernimiento espiritual es el designio y el efecto de la enseñanza del Espíritu. Y las cosas discernidas son «lo que Dios nos ha otorgado gratuitamente», esto es, y tal como nos muestra el contexto, las cosas reveladas a los Apóstoles y claramente dadas a conocer en las Escrituras.

El apóstol Juan les dice a sus lectores: «Mas vosotros tenéis unción del Santo, y sabéis todas las cosas» (1 Jn 2:20), y otra vez, v. 27: «La unción que recibisteis de él permanece en vosotros, y no tenéis necesidad de que nadie os enseñe; sino que así como la unción misma os enseña respecto de todas las cosas, y es verdad, y no mentira, y así como ella os ha enseñado, permaneced en él» (V.M.) Estos pasajes enseñan lo que admiten todos los cristianos evangélicos. Primero, que el verdadero conocimiento, o discernimiento espiritual de las cosas divinas, se debe a la enseñanza interior del Espíritu Santo; y segundo, que la verdadera fe, o certidumbre infalible de las verdades reveladas, se debe de la misma manera a la «demostración del Espíritu» (1 Co 2:4). El Apóstol Juan dice también: «El que cree en el Hijo de Dios, tiene el testimonio en sí mismo» (1 Jn 5:10). La fe que salva no reposa en el testimonio de la Iglesia, ni en la evidencia externa de los milagros y de la profecía, sino en el testimonio interior del Espíritu con y por la verdad en nuestros corazones. El que tiene este testimonio interior no necesita de otro. No necesita que otros hombres le digan cuál es la verdad. Esta misma unción le enseña cuál es la verdad, y que ninguna mentira es de la verdad. Los cristianos no debían creer a todo espíritu. Tenían que probar los espíritus, si eran de Dios. Y la prueba o criterio de la prueba era la revelación externa y autenticada de Dios, discernida espiritualmente y demostrada por las operaciones interiores del Espíritu. Así que cuando vienen ahora los difusores del error, enseñando a las gentes que no hay Dios, ni pecado, ni retribución, ni necesidad de Salvador, ni de expiación, ni de fe; que Jesús de Nazaret no es el Hijo de Dios, Dios manifestado en la carne, el verdadero cristiano no tiene necesidad que le digan que esto es lo que el Apóstol llama mentiras. Tiene un testimonio interior de la verdad del registro que Dios nos ha dado de su Hijo.

Si la Biblia no da sustento a la doctrina mística de una revelación interior, sobrenatural, objetiva de la verdad dada por el Espíritu, esta doctrina queda destituida de todo fundamento, porque es sólo mediante el testimonio de Dios que se puede establecer cualquier doctrina.

El misticismo es contrario a las Escrituras

2. La doctrina en cuestión no sólo carece totalmente de apoyo por parte de las Escrituras, sino que las contradice. No sólo está en oposición a declaraciones aisladas de la Palabra de Dios, sino a todo el plan revelado de los tratos de Dios con su pueblo. En todas partes y bajo todas las dispensaciones, la regla de fe y del deber ha sido la enseñanza de mensajeros autenticados de Dios. El llamamiento ha sido siempre «a la ley y al testimonio». Los profetas vinieron diciendo: «Así ha dicho Jehová». Se demandaba de los hombres que creyeran y

obedecieran lo que les era comunicado, y no lo que el Espíritu revelaba a cada individuo. Era la palabra externa y no la interna la que tenían que escuchar. Y bajo el evangelio el mandamiento de Cristo a sus discípulos fue: «Id por todo el mundo y proclamad el evangelio a toda criatura. El que crea y sea bautizado será salvo» (Mr 16:15, 16) - crea, naturalmente, el evangelio que ellos proclamaban. La fe viene por el oír. « ¿Cómo creerán en aquel de quien no han oído? ¿Y cómo oirán sin haber quien les predique?» (Ro 10:14). Dios, nos dice, ha decidido salvar a los hombres «mediante la locura de la predicación» (1 Co 1:21). La predicación de la cruz declara como el poder de Dios (vers. 18). El evangelio, la revelación externa del plan de salvación por medio de Jesucristo, dice en Ro 1:16, «es poder de salvación a todo aquel que cree; al judío primeramente, y también al griego. Porque en el evangelio la justicia de Dios se revela por fe y para fe». Esta idea pasa a través de todo el Nuevo Testamento. Cristo comisionó a sus discípulos la predicación del Evangelio. Afirmó que ésta era la manera en que debían salvarse los hombres. Por ello, ellos salieron predicando por todas partes. Esta predicación tenía que continuar hasta el fin del mundo. Y por ello, se dio provisión para la continuación del ministerio. Se debían seleccionar hombres llamados y cualificados por el Espíritu, y separados para esta obra por llamamiento divino. Y ha sido de esta manera, hasta ahora, como el mundo ha sido convertido. En ningún caso encontramos a los apóstoles llamando al pueblo, ni a judíos ni a gentiles, a que miraran dentro de ellos para escuchar a la Palabra interior. Debían escuchar la Palabra exterior; creer lo que oían, y orar que el Espíritu Santo les capacitara para comprender, recibir y obedecer lo que se les daba así a conocer de manera externa.

Contrario a los hechos de la experiencia

3. La doctrina en cuestión no es menos contraria a los hechos que a la Escritura. La doctrina enseña que mediante la revelación interior del Espíritu se da a todo hombre conocimiento salvador de la verdad y del deber. Pero toda la experiencia demuestra que sin la Palabra escrita, los hombres en todas partes y en toda edad son ignorantes de las cosas divinas - sin Dios, sin Cristo y sin esperanza en el mundo. [...] Es increíble que el Espíritu Santo dé a todo hombre una revelación interior de la verdad salvadora si no se manifiestan por ningún lugar los efectos apropiados de tal revelación. Se debe recordar que sin el conocimiento de Dios no puede haber religión. Sin un conocimiento correcto del Ser Supremo no puede haber afectos rectos para con Él. Sin el conocimiento de Cristo, no puede haber fe en Él. Sin verdad no puede haber santidad, como tampoco puede haber visión sin luz. Y como no se encuentra un conocimiento verdadero de Dios, ni santidad de corazón y de vida, allí donde no se conocen las Escrituras, está claro que son las Escrituras, por ordenanza de Dios, la única fuente que tenemos de conocimiento salvador y santificador, y no una luz interior común a todos los hombres.

Hay un sentido en el que, como creen todos los cristianos evangélicos, el Espíritu es dado a todo hombre. Él está presente con cada mente humana, impulsando al bien y reprimiendo el mal. A ello se debe el orden en el mundo y lo que haya de moralidad. Sin esta «gracia común», o influencia general del Espíritu, no habría diferencia entre nuestro mundo y el infierno; porque el infierno es un lugar o estado en el que los hombres son finalmente abandonados por Dios. De una manera similar, hay una eficiencia providencial general de Dios por la que Él coopera con causas segundas, en las producciones de los maravillosos fenómenos del mundo externo. Sin esta cooperación - la continua conducción de la mente- el cosmos se transformaría en caos. Pero el hecho de que esta eficiencia providencial de Dios es universal no constituye prueba de que Él obre milagros en todas partes, de que constantemente opere sin la intervención de causas segundas. Así también el hecho de que el Espíritu esté presente con cada mente humana, y que constantemente ponga en vigor la verdad presente a aquella mente, no constituye prueba de que Él dé revelaciones inmediatas, sobrenaturales, a cada ser humano. [...]

No hay criterio para juzgar de la fuente de las sugerencias interiores

4. Una cuarta objeción a la doctrina mística es que no hay criterio por el que nadie pueda juzgar estos impulsos interiores o revelaciones, y determinar cuáles sean del Espíritu de Dios, y cuáles de su propio corazón o de Satanás, que a menudo aparece y actúa como ángel de luz. [...] Una convicción irresistible no es suficiente. Puede que dé satisfacción al sujeto de la misma. Pero no puede ni satisfacer a otros ni ser criterio de la verdad. Miles han estado y siguen estando convencidos de que lo falso es verdadero, y de que lo erróneo es correcto. Por tanto, decirles a los hombres que busquen en su interior para hallar una guía autoritativa, y que confíen en sus convicciones irresistibles, es darles una guía que los conducirá a la destrucción. Cuando Dios realmente hace revelaciones al alma, no sólo da una certidumbre infalible de que la revelación es divina, sino que la acompaña de evidencia satisfactoria para otros así como para su receptor de que es de Dios. Todas sus revelaciones han tenido el sello tanto de la evidencia interna como de la externa. Y cuando el creyente es asegurado, por el testimonio del Espíritu, de las verdades de la Escritura, tiene sólo una nueva clase de evidencia de lo que ya está autenticado más allá de toda contradicción racional. Nuestro mismo bendito Señor dijo a los judíos: «Si no hago las obras de mi Padre, no me creáis. Mas si las hago, aunque no me creáis a mí, creed a las obras» (Jn 10:47, 48). Incluso llega a tan lejos como para decir: «Si yo no hubiese hecho entre ellos las obras que ningún otro ha hecho, no tendrían pecado» (Jn 15:24). La enseñanza interior y testimonio del Espíritu son verdades escriturales, y de un valor inestimable. Pero es ruinoso ponerlas en lugar de la Palabra escrita divinamente autenticada.

Una doctrina productora de males

5. Nuestro Señor dice de los hombres: «Por sus frutos los conoceréis». El misticismo siempre ha sido productor de males. Ha conducido al descuido o minado de instituciones divinas - de la Iglesia, del ministerio, de los sacramentos, del Día del Señor, y de las Escrituras. La historia demuestra también que ha llevado a los mayores excesos y males sociales. La Sociedad de los Amigos ha escapado en buena medida a estos males, pero ello se ha debido a una feliz inconsistencia. Porque aunque enseñan que las revelaciones interiores del Espíritu presentan el «objeto formal» de la fe; que son claras y ciertas, forzando «el entendimiento bien dispuesto a asentir, impulsándolo a ello de una manera irresistible»; que son la fuente primaria, inmediata y principal del conocimiento divino; que no deben «quedar sometidas al examen ni del testimonio externo de las Escrituras ni de la razón natural del hombre, como si fueran una regla más noble, o piedra de toque»,[5] sin embargo enseñan también que nada que no esté contenido en las Escrituras puede ser un artículo de fe; que estamos obligados a creer todo lo que la Biblia enseña; que todo lo contrario a sus enseñanzas debe ser rechazado como «un engaño del diablo», sin importar de qué fuente venga, y, que las Escrituras son el juez de las controversias entre los cristianos; y así, como sociedad, han sido preservados de los excesos en los que generalmente han caído los místicos. Sin embargo, el principio místico de revelación inmediata y objetiva de la verdad a cada hombre, como su regla principal y primaria de fe y de práctica, ha obrado en los Amigos su fruto legítimo, en cuanto ha conducido a un descuido relativo de las Escrituras y de las ordenanzas de la Iglesia.

---

5. Barclay, *Second Proposition*.

Capítulo 5
La doctrina católicorromana acerca de la fe

1. Declaración de la doctrina

1. Los ROMANISTAS RECHAZAN la doctrina de los racionalistas que hacen de la razón humana bien la fuente, bien la norma de la verdad religiosa. Es uno de sus principios que la fe es meramente humana cuando su objeto o base son humanos. Para que la fe sea divina, tiene que tener una verdad revelada sobrenaturalmente como su objeto, y la evidencia sobre la que descansa tiene que ser el testimonio sobrenatural de Dios.

2. Rechazan la doctrina mística de que la verdad divina es revelada a cada hombre por el Espíritu. Admiten una revelación objetiva, sobrenatural.

3. Mantienen, sin embargo, que esta revelación está en parte escrita y en parte no está escrita; esto es: la regla de fe incluye a la vez la Escritura y la tradición. Además, como el pueblo no puede conocer con certeza qué libros son de origen divino y por ello con derecho a un puesto en el canon; y como el pueblo es incompetente para decidir acerca del sentido de las Escrituras, o cuáles entre la multitud de doctrinas y usos tradicionales son los divinos y cuáles son humanos, Dios ha hecho de la Iglesia una maestra infalible mediante la que todos estos puntos quedan decididos, siendo su testimonio la base próxima y suficiente de fe para el pueblo.

En cuanto la doctrina romanista acerca de la Regla de la Fe difiere de la de los protestantes, presenta los siguientes puntos a considerar: Primero, La doctrina de los romanistas acerca de las Escrituras. Segundo, La doctrina de los mismos acerca de la tradición. Tercero, La doctrina de los mismos acerca del oficio y autoridad de la Iglesia como maestra.

2. La doctrina Católica Romana acerca de las Escrituras

Acerca de esta cuestión los romanistas concuerdan con los protestantes en (1.) la enseñanza de la inspiración plenaria y consiguiente autoridad infalible de las Sagradas Escrituras. Acerca de estos escritos dice el Concilio de Trento que Dios es su autor, y que fueron escritas por dictado del Espíritu Santo («Spiritu sancto dictante»). (2.) Concuerdan con nosotros en recibir en el canon sagrado a todos los libros que consideramos como de autoridad divina.

Los romanistas difieren de los protestantes acerca de las Escrituras:

1. En que reciben en el canon ciertos libros que los protestantes no admiten como inspirados: Tobías, Judit, Sirac, partes de Ester, Sabiduría de Salomón, Primero, Segundo y Tercer libro de los Macabeos (el Tercer Libro de los Macabeos, sin embargo, no está incluido en la Vulgata), Baruc, el Himno de los Tres Niños, Susana, y Bel y el Dragón. Estos libros no son todos incluidos por su nombre en la lista dada por el Concilio de Trento. Varios de ellos entran a formar parte de los libros allí enumerados. Así, el Himno de los Tres Niños, Susana, y Bel y el Dragón aparecen como partes del libro de Daniel. Algunos teólogos modernos de la

Iglesia de Roma se refieren a todos los libros apócrifos como «el Segundo Canon», y admiten que no tienen la misma autoridad que los pertenecientes al denominado Primer Canon.[1] Sin embargo, el Concilio de Trento no hace tal distinción.

Las Escrituras, incompletas

2. Un segundo punto de diferencia es que los romanistas niegan que las Sagradas Escrituras sean completas, a diferencia de los protestantes, que afirman que lo son. Esto es, los protestantes mantienen que todas las revelaciones sobrenaturales existentes dadas por Dios, que constituyen la regla de fe para su Iglesia, se contienen en su palabra escrita. Los romanistas, en cambio, mantienen que algunas doctrinas que todos los cristianos están obligados a creer sólo están reveladas de manera imperfecta en las Escrituras; que otras están sólo insinuadas, y que algunas no aparecen en ellas en absoluto. [...] En este punto todos los teólogos romanistas son unánimes; pero nunca ha sido decidido de manera autorizada por la Iglesia de Roma cuáles son las doctrinas así imperfectamente contenidas en las Escrituras, o sólo implicadas, o totalmente omitidas. Los teólogos de esta Iglesia asignan a una u otra de las siguientes clases, con mayor o menor unanimidad, las siguientes doctrinas: (1.) El canon de la Escritura. (2.) La inspiración de los escritores sagrados. (3.) La plena doctrina de la Trinidad. (4.) La personalidad y divinidad del Espíritu Santo. (5.) El bautismo de párvulos. (6.) La observancia del domingo como el Sabbath cristiano. (7.) El triple orden ministerial. (8.) El gobierno episcopal de la Iglesia. (9.) La perpetuidad del apostolado. (10.) La gracia de las órdenes. (11.) La naturaleza sacrificada de la Eucaristía. (12.) Los siete sacramentos. (13.) El purgatorio. Está en el interés de los que abogan por la tradición devaluar las Escrituras, y mostrar cuánto perdería la Iglesia si no tuviera otra fuente de conocimiento divino excepto la palabra escrita. [...]

La tradición queda siempre representada por los romanistas como no sólo el intérprete, sino también el complemento de las Escrituras. La Biblia, por tanto, según la Iglesia de Roma, es incompleta. No contiene todo lo que la Iglesia debe creer, ni las doctrinas que contiene están allí dadas a conocer de una manera plena o clara.

La oscuridad de las Escrituras

3. El tercer punto de diferencia entre los romanistas y los protestantes se relaciona con la perspicuidad de las Escrituras, y con el derecho del juicio privado. Los protestantes mantienen que la Biblia, al estar dirigida al pueblo, es suficientemente perspicua para ser comprendida por el común de la gente, bajo la conducción del Espíritu Santo; y que tienen el derecho y el deber de escudriñar las Escrituras y a ver por sí mismos cuál sea su verdadero sentido. Por su parte, los romanistas enseñan que las Escrituras son tan oscuras que precisan de un intérprete visible, presente e infalible; y que la gente, siendo incompetente para comprenderlas, está obligada a creer todas aquellas doctrinas que la Iglesia, por medio de sus órganos oficiales, declare ciertas y divinas. [...]

La Vulgata Latina

4. El cuarto punto de diferencia trata de la autoridad debida a la Vulgata Latina. [...] Los más antiguos y estrictos romanistas afirman que el Sínodo [el Concilio de Trento] tenía la intención de prohibir apelar a las Escrituras hebreas y griegas, y de hacer de la Vulgata la autoridad definitiva. El lenguaje del Concilio[2] parece favorecer esta interpretación. La Vulgata

---

1. Véase B. Lamy, *Apparatus Bibl.*, lib. Ii. C. 5. Jahn, *Einleitung*, Th. i. §29; 2a. ed., Viena 1802, pág. 132. Möhler, *Symbolik*.
2. *De Verbo Dei*, III. 9, tom. I, pág. 151, d. *ut. sup.*

debía ser usada no sólo para todos los propósitos ordinarios de la instrucción pública, sino en todas las discusiones teológicas, y en todas las obras de exégesis.

3. La tradición

La palabra tradición (*paradosis*) significa: (1.) El arte de transmitir de uno a otro. (2.) La cosa entregada o comunicada. En el Nuevo Testamento se emplea (*a*.) De instrucciones entregadas de unos a otros, sin referencia al modo de entrega, sea oralmente o por escrito; como en 2 Ts 2:15: «Retened las enseñanzas [*paradosis*] que os han sido impartidas, ya sea de palabra, o por carta nuestra»; y 3:6: «Que os apartéis de todo hermano que ande desordenadamente, y no según la enseñanza que recibisteis de nosotros». (*b*.) De instrucciones orales de los padres transmitidas de generación en generación, pero no contenidas en las Escrituras, y sin embargo consideradas como autoritativas. En este sentido es como nuestro Señor habla tan frecuentemente de «las tradiciones de los fariseos». (*c*.) En Gá 1:14, donde Pablo habla de su celo por las tradiciones de sus padres, puede que se incluyan tanto las instrucciones escritas como las orales que había recibido. Aquello de lo que estaba tan celoso era todo el sistema del judaísmo tal como se lo habían enseñado.

En la Iglesia primitiva se empleaba la palabra en este sentido amplio. Se hacían constantes llamamientos a «las tradiciones», esto es, a las instrucciones que habían recibido las iglesias. Eran sólo algunas iglesias al principio que poseían algunas de las instrucciones escritas de los Apóstoles. No fue sino hasta el final del siglo primero cuando los escritos de los Evangelistas y de los Apóstoles fueron recogidos y constituidos en un canon, o regla de fe. Y cuando los libros del Nuevo Testamento estuvieron recogidos, los padres hablaban de ellos como conteniendo las tradiciones, esto es, las instrucciones derivadas de Cristo y de sus Apóstoles. Llamaban a los Evangelios «las tradiciones evangélicas», y a las Epístolas «las tradiciones apostólicas». En aquella edad de la Iglesia no se había llegado aún a una clara distinción entre la palabra escrita y la no escrita. Pero al ir surgiendo controversias, y los disputadores de ambos bandos de todas las controversias apelaban a la «tradición», esto es, a lo que se les había enseñado, y verse que estas tradiciones diferían, diciendo una iglesia que sus maestros siempre habían enseñado una cosa, y otros que los suyos les habían enseñado lo contrario, se sintió que se debía poseer una regla común y autoritativa. Por ello, los más prudentes y mejores de entre los padres insistieron en limitarse a la palabra escrita, sin recibir nada como de autoridad divina que no estuviera en ella contenido. Pero en esto se debe admitir que no fueron siempre consistentes. Siempre que se tenía a disposición contra algún adversario la prescripción, el uso o la convicción basados en evidencias no escritas, no dudaban en aprovecharlo al máximo. Así, durante aquellos primeros siglos no se estableció de una manera tan clara la distinción entre Escritura y tradición como ha sido el caso desde las controversias entre los romanistas y los protestantes, y especialmente desde las decisiones del Concilio de Trento.

La doctrina Tridentina

El Concilio de Trento, y la Iglesia Latina como un cuerpo, enseñan acerca de esto: (1.) Que Cristo y sus Apóstoles enseñaron muchas cosas que no fueron consignadas por ese rito, esto es, no registradas en las Sagradas Escrituras. (2.) Que estas instrucciones han sido fielmente transmitidas y preservadas en la Iglesia. (3.) Que constituyen una parte de la regla de la fe para todos los creyentes.[3] [...]

---

3. Trent. Sess. IV.

Bellarmino divide las tradiciones en tres clases:[4] divinas, apostólicas y eclesiásticas. [...] De todo esto se desprende:

1. Que estas tradiciones se llaman no escritas porque no están contenidas en las Escrituras. En su mayor parte se encuentran ahora escritas en las obras de los Padres, decisiones de Concilios, constituciones eclesiásticas y decretos de los Papas.

2. El oficio de la tradición es comunicar un conocimiento de las doctrinas, preceptos e instituciones que no se contienen en las Escrituras, y también para servir como guía para comprender de manera apropiada lo que en ellas está escrito. Por ello, la tradición, en la Iglesia de Roma, es a la vez un suplemento y la interpretación de la palabra escrita.

3. La autoridad de la tradición es la misma que la que pertenece a las Escrituras... Ambas se derivan de la misma fuente, ambas son recibidas por el mismo canal, y ambas son autenticadas por los mismos testigos. Esta autoridad, no obstante, pertenece sólo a las tradiciones consideradas como divinas o apostólicas. Las llamadas eclesiásticas tienen menor importancia, relacionadas con ritos y usos. Sin embargo, también para estas últimas se afirma una autoridad virtualmente divina, por cuanto son mandadas por una iglesia que afirma haber sido dotada por Cristo con plenos poderes para ordenar ritos y ceremonias.

4. El criterio mediante el que distinguir entre las tradiciones verdaderas y las falsas es, o bien la antigüedad y la catolicidad, o bien el testimonio de la Iglesia existente. A veces se apremia lo uno, a veces lo otro. El Concilio de Trento afirma lo primero, y lo mismo Bellarmino y la mayor parte de los teólogos romanistas. Ésta es la famosa regla establecida por Vicente de Lerino en el siglo quinto: «quod semper, quod ubique, quod ab omnibus» [Lo que (ha sido creído) siempre, en todas partes, por todos]. Sin embargo, en todas ocasiones el juicio último es la decisión de la Iglesia. Todo aquello que la Iglesia declare como parte de la revelación que le ha sido encomendada debe ser recibido como de autoridad divina, bajo pena de perdición.

4. El oficio de la Iglesia como Maestra

1. Los romanistas definen la Iglesia como la compañía de personas que profesan la misma fe, unidos en la comunión de los mismos sacramentos, sujetos a pastores legítimos y especialmente al Papa. Por la primera cláusula excluyen de la Iglesia a todos los incrédulos y herejes; por la segunda a todos los no bautizados; por la tercera, a todos los no sometidos a obispos poseyendo sucesión canónica; y por la cuarta a todos los que no reconocen al Obispo de Roma como la cabeza de la Iglesia en la tierra. Es esta sociedad externa, visible, así constituida, a la que Dios ha hecho una maestra autorizada e infalible.

2. La Iglesia está calificada para esta tarea: primero, por la comunicación de todas las revelaciones de Dios, escritas y no escritas; y en segundo lugar, por la constante presencia y guía del Espíritu Santo preservándola de todo error en sus instrucciones.[5]

3. La Iglesia, según estas declaraciones, es infalible sólo en cuestiones de fe y moralidad. Su infalibilidad no se extiende a las cuestiones de la historia, de la filosofía ni de la ciencia. Algunos teólogos querrían incluso limitar la infalibilidad de la Iglesia a doctrinas esenciales. Pero la Iglesia de Roma no hace esta distinción, reconocida por todos los protestantes, entre doctrinas esenciales y no esenciales. Para los romanistas, es esencial o necesario todo aquello que la Iglesia pronuncia como parte de la revelación de Dios. [...]

---

4. *De Verbo Dei*, IV, 1.
5. *Catecismo Romano*, parte I., cap. X, pregunta 15.

Los órganos de la infalibilidad de la Iglesia

4. En cuanto a los órganos de la Iglesia para su enseñanza infalible, hay dos teorías, la Episcopal y la Papal, o, como son designadas por parte de sus principales defensores, la galicana y la ultramontana. Según los primeros, son los obispos en su capacidad colectiva, como sucesores oficiales de los Apóstoles, los que son infalibles como maestros. Los obispos individuales pueden equivocarse, el cuerpo o colegio de obispos no puede equivocarse. Sea lo que sea que los obispos de cualquier época se unan en enseñar, es, para aquella época, la regla de la fe. Esta concurrencia de juicio no tiene necesariamente que ser una unanimidad plena. Todo lo que se precisa es la mayor parte, el juicio común del episcopado. Y a esta decisión los que disienten tienen que someterse. Este juicio general puede ser pronunciado en un concilio que represente a toda la Iglesia, o de cualquier otra manera en que se indique satisfactoriamente el acuerdo. La aquiescencia en las decisiones de un concilio aunque sea provincial, o del Papa, o de los varios obispos, cada uno en su propia diócesis, enseñando la misma doctrina, es prueba suficiente de consentimiento.

La teoría Ultramontana

Según la teoría papal o ultramontana, el Papa es el órgano por medio del que se pronuncia el juicio infalible de la Iglesia. Él es el vicario de Cristo. No está sujeto a un concilio general. No se le demanda que consulte con otros obispos antes de dar su decisión. Esta infalibilidad no es personal, sino oficial. Como hombre, el Papa puede ser inmoral, hereje o incrédulo; como Papa, cuando habla *ex cátedra*, es el órgano del Espíritu Santo. El Sumo Sacerdote entre los judíos podía estar equivocado en cuanto a la fe, o ser de conducta inmoral, pero cuando consultaba a Dios en su capacidad oficial, era el mero órgano de la comunicación divina. Esta es, en pocas palabras, la doctrina de los romanistas acerca de la Regla de la Fe.

En el reciente Concilio Ecuménico, celebrado en el Vaticano, la doctrina Ultramontana fue aprobada tras una prolongada lucha. Por ello, es ahora obligatorio para todos los romanistas creer que el Papa es infalible cuando habla *ex cátedra*.

5. Examen de las doctrinas romanistas

Se han escrito cientos de volúmenes en la discusión de los varios puntos incluidos en la teoría antes enunciada. Sólo se puede dar una visión muy de pasada de la controversia en una obra como ésta. En aquello en que los romanistas difieren de nosotros acerca del canon de las Escrituras, el examen de sus opiniones pertenece al departamento de la literatura bíblica. Lo que trata de su doctrina de lo incompleto y oscuro de la palabra escrita, y la consiguiente necesidad de un intérprete infalible y visible puede tratarse mejor bajo en encabezamiento de la doctrina protestante de la Regla de la Fe. Los dos puntos a considerar ahora son la Tradición y el papel de la Iglesia como maestra. Estos temas están tan interrelacionados que es difícil mantenerlos separados. La tradición es la enseñanza de la Iglesia, y la enseñanza de la iglesia es la tradición. Así que estos temas no sólo están íntimamente ligados, sino que están generalmente incluidos bajo el mismo encabezamiento en los Símbolos Católicos. Sin embargo, son cosas distintas, e involucran principios muy diferentes. Por ello, debieran ser considerados por separado.

6. Examen de la doctrina de la Iglesia de Roma acerca de la Tradición

A. Diferencia entre Tradición y la Analogía de la Fe.

1. La doctrina romanista de la tradición difiere esencialmente de la doctrina protestante de la analogía de la fe. Los protestantes admiten que hay una clase de tradición dentro de los lí-

mites mismos de la Sagrada Escritura. Una generación de escritores sagrados recibió todo el cuerpo de verdad enseñada por los que les habían precedido. Había una tradición de doctrina, un *usus loquendi* [fraseología], figuras tradicionales, tipos y símbolos. La revelación de Dios en su Palabra comienza como una fuente, y mana como una corriente continua siempre aumentando de caudal. Somos gobernados por esta tradición de verdad que pasa a través de todo el sagrado volumen. Todo es consistente. Una parte no puede contradecir a la otra. Cada parte debe ser interpretada de manera que dé la armonía con el todo. Esto sólo equivale a decir que la Escritura tiene que explicar la Escritura.

2. Además, los protestantes admiten que así como ha habido una tradición ininterrumpida desde el *protoevangelio* hasta el final del Apocalipsis, de la misma manera ha habido una fuente de enseñanza tradicional manando a través de la Iglesia Cristiana desde el día de Pentecostés hasta la actualidad. Esta tradición es una regla de fe en el sentido de que nada contrario a ella puede ser verdad. Los cristianos no se encuentran aislados, cada uno de ellos sosteniendo su propio credo. Constituyen un cuerpo, poseyendo un credo común. El rechazamiento de este credo, o de cualquiera de sus partes, es el rechazamiento de la comunión de los cristianos, incompatible con la comunión de los santos o con la membresía en el cuerpo de Cristo. En otras palabras, los protestantes admiten que hay una fe común de la Iglesia, que nadie tiene la libertad de rechazar, y que nadie puede rechazar y ser cristiano. Reconocen la autoridad de esta fe común por dos razones. Primero, porque lo que todos los lectores competentes de un libro llano vean que es su significado debe ser el significado del mismo. Segundo, porque el Espíritu Santo ha sido prometido para conducir al pueblo de Dios al conocimiento de la verdad, y por ello que aquello en que ellos, bajo las enseñanzas del Espíritu, concuerden en creer, debe ser la verdad. Hay ciertas doctrinas fijas entre los cristianos, como sucede con los judíos y los mahometanos, que ya no son cuestiones abiertas. Las doctrinas de la Trinidad, de la deidad y encarnación del Hijo eterno de Dios; de la personalidad y deidad del Espíritu Santo; de la apostasía y pecaminosidad de la raza humana; las doctrinas de la expiación del pecado por medio de la muerte de Cristo y la salvación por medio de sus méritos; de la regeneración y santificación por medio del Espíritu Santo; del perdón de los pecados, de la resurrección del cuerpo, y la vida eterna, siempre han constituido parte de la fe de toda iglesia reconocida, histórica, en la tierra, y no pueden ser puestas legítimamente en duda por nadie que pretenda ser cristiano.

Algunos de los más filosóficos de los teólogos romanistas querrían hacernos creer que esto es todo lo que significan por tradición. Insisten, dicen ellos, sólo en la autoridad del consentimiento común. Así Moehler, Profesor de Teología en Munich [...] dice: «En el sentido objetivo de la palabra, Tradición es la fe común de la Iglesia tal como está presentada en testimonios externos e históricos a lo largo de todos los siglos». «En este último sentido», nos dice, «es como se considera comúnmente la tradición cuando se habla de ella como guía a la interpretación de la regla de la fe».[6] Él admite que en este sentido «la Tradición no contiene nada más allá de lo que es enseñado en la Escritura; las dos son, en su contenido, una y la misma cosa».[7]

B. Puntos de diferencia entre la doctrina romanista y la de los protestantes acerca del consentimiento común.

Los puntos de diferencia entre la doctrina protestante acerca de la fe común de la Iglesia con respecto a la doctrina católicorromana de la tradición son:

---

6. *Symbolik, oder Darstellung der Dogmatischen Gegensätzek*, pág. 358
7. *Ibid.*, pág. 373

Primero. Cuando los protestantes hablan del consentimiento común de los cristianos, entienden como cristianos al verdadero pueblo de Dios. Los romanistas, por su parte, significan la compañía de los que profesan la verdadera fe, y que están sujetos al Papa de Roma. Hay la mayor de las diferencias posibles entre la autoridad debida a la fe común de hombres santos, verdaderamente regenerados, los templos del Espíritu Santo, y la debida a lo que profesa creer una sociedad de cristianos de nombre, cuya gran mayoría pueden ser mundanos, inmorales e irreligiosos.

Segundo. El consentimiento común por el que abogan los protestantes concierne sólo a las doctrinas esenciales; esto es, a las doctrinas que conciernen a la misma naturaleza del cristianismo como religión, y que son necesarias para su existencia subjetiva en el corazón, o que si no entran de manera esencial en la experiencia religiosa de los creyentes, están tan conectadas con doctrinas vitales que no admiten separación de las mismas. En cambio, los romanistas pretenden la autoridad de la tradición para todo tipo de doctrinas y preceptos, para ritos y ceremonias e instituciones eclesiásticas que no tienen nada que ver con la vida de la Iglesia, y que están totalmente fuera de la esfera de la conducción prometida del Espíritu. Nuestro Señor, al prometer el Espíritu para conducir a su pueblo al conocimiento de las verdades necesarias para su salvación, no prometió preservarlos de error en cuestiones subordinadas, ni darles conocimiento sobrenatural acerca de la organización de la iglesia, del número de los sacramentos ni del poder de los obispos. Por ello, las dos teorías difieren no sólo en cuanto a la clase de personas que son guiadas por el Espíritu, sino también en cuanto a la clase de cuestiones acerca de las que se promete la guía.

Tercero. Una diferencia aún más importante es que la fe común de la Iglesia por la que contienden los protestantes, es la fe en doctrinas claramente reveladas en la Escritura. No va más allá de estas doctrinas. Debe toda su autoridad al hecho de que es una comprensión común de la palabra escrita, que se alcanza y en la que se persevera bajo aquella enseñanza del Espíritu que asegura a los creyentes un conocimiento competente del plan de la salvación que en ella se revela. En cambio, para los romanistas la tradición es algo totalmente independiente de las Escrituras. Pretenden un consentimiento común en doctrinas no contenidas en la Palabra de Dios, o que no pueden ser sustentadas en la misma.

Cuarto. Los protestantes no consideran el «consentimiento común» ni como informador ni como base de la fe. Para ellos la palabra escrita es la única fuente de conocimiento de lo que Dios ha revelado para nuestra salvación, y su testimonio en la misma es la única base de nuestra fe. En cambio, para los romanistas la tradición es no sólo un informante que ha de ser creído, sino un testigo según cuyo testimonio se tiene que ejercer la fe. Es una cosa decir que el hecho de que todo el verdadero pueblo de Dios, bajo la conducción del Espíritu, crea que ciertas doctrinas se enseñan en la Escritura, constituye un argumento irrebatible de que realmente están en ella enseñadas, y otra cosa muy diferente es decir que debido a que una sociedad externa, compuesta de todo tipo de personas y a las que no se les ha dado promesa de conducción divina, concuerde en mantener ciertas doctrinas, por ello estamos obligados a recibir estas doctrinas como parte de la revelación de Dios.

C. Tradición y Desarrollo

La doctrina romanista de la tradición no debe confundirse con la moderna doctrina del desarrollo. Todos los protestantes admiten que ha habido, en un sentido, un desarrollo ininterrumpido de la teología en la Iglesia, desde la era apostólica hasta el presente. Todos los hechos, verdades, doctrinas y principios que entran en la teología cristiana se encuentran en la Biblia. Están allí de una manera tan plena y clara en una época como en otra: al principio como ahora. No se ha hecho adición alguna a su número, y no se ha dado explicación nueva alguna de su naturaleza o relaciones. [...] Cada creyente es consciente de tal desarrollo en su propia experiencia. Cuando era niño, pensaba como niño. Al crecer en años, creció en el conocimiento de la Biblia. Aumentó no sólo en la extensión, sino también en claridad, orden y armonía de su conocimiento. Esto es igual de cierto de la Iglesia de manera colectiva que del cristiano individual. Y en primer lugar es natural, si no inevitable, que así sea. La Biblia, aunque tan clara y sencilla en su enseñanza, de manera que el que corre puede leer y aprender lo suficiente para lograr su salvación, está llena de los tesoros de la sabiduría y del conocimiento de Dios; llena de *ta bathë tou theou* [lo profundo de Dios], de las más profundas verdades acerca de todos los grandes problemas que han dejado perplejo el intelecto humano desde el principio. Estas verdades no son enunciadas de manera sistemática, sino esparcidas, por así decirlo, por las páginas sagradas, así como los hechos de la ciencia están esparcidos por la faz de la naturaleza, u ocultos en sus profundidades. Cada hombre sabe que hay indeciblemente más en la Biblia que lo que ha podido aprender, así como todo hombre de ciencia sabe que hay en la naturaleza muchísimo más que lo que ha descubierto o comprende. [...]

Pero, en segundo lugar, lo que es así natural y razonable en sí mismo es un hecho históricamente patente. La Iglesia ha avanzado así en conocimiento teológico. La diferencia entre las descripciones confusas y discordantes de los primeros padres acerca de todos los temas relacionados con las doctrinas de la Trinidad y de la Persona de Cristo, y la claridad, precisión y consistencia de las posturas presentadas tras siglos de discusión, y la declaración de estas doctrinas por los Concilios de Calcedonia y de Constantinopla, es tan grande casi como la que hay entre el caos y el cosmos. Y este terreno nunca se ha perdido. Lo mismo sucede con las doctrinas del pecado y de la gracia. Antes de la prolongada discusión de estos temas en el período agustino, prevalecía la mayor confusión y contradicción en las enseñanzas de los guías de la Iglesia; durante estas discusiones, las posturas de la Iglesia se aclararon y estabilizaron. Apenas hay un principio de doctrina acerca de la caída del hombre, de la naturaleza del pecado y de la culpa, de la incapacidad, de la necesidad de la influencia del Espíritu, etc., etc., que entra actualmente en la fe de los cristianos evangélicos, que no fuera entonces claramente formulada y sancionada de manera autoritativa por la Iglesia. De la misma forma, antes de la Reforma existía una confusión similar acerca de la gran doctrina de la justificación. No había ninguna línea clara de discriminación entre ella y la santificación. En realidad, durante la Edad Media, y entre los más devotos de los Escolásticos, la idea de la culpa quedaba sumergida en la idea general de pecado. Y el pecado era considerado como una mera contaminación moral. El gran objetivo era alcanzar la santidad. Entonces el perdón seguiría como cuestión normal. La doctrina apostólica, paulina, profundamente escritural, de que no puede haber santidad hasta que el pecado haya sido expiado, que el perdón, la justificación y la reconciliación tienen que preceder a la santificación, nunca fue claramente vista. Ésta fue la gran lección que la Iglesia aprendió cuando la Reforma, y que nunca ha olvidado desde entonces. Es cierto así que en cuanto a la realidad histórica la Iglesia ha avanzado. Comprende las grandes doctrinas de la teología, de la antropología y de la soteriología mucho mejor ahora que lo que se comprendían en la edad post-apostólica temprana de la Iglesia.

[La moderna teoría del desarrollo]

El desarrollo según lo sostienen algunos romanistas.

[Esta otra forma de la doctrina del desarrollo] admite que el cristianismo es o incluye un sistema de doctrina, y que estas doctrinas están en las Escrituras; pero mantiene que muchas de ellas están allí sólo en sus rudimentos. Bajo la constante guía y enseñanza del Espíritu, la Iglesia llega a comprender todo lo que contienen estos rudimentos, y los expande en su plenitud. Así, la Cena del Señor ha sido expandida en la doctrina de la transubstanciación y del sacrificio de la misa; la unción de los enfermos, en el sacramento de la extremaunción; las normas de disciplina en los sacramentos de la penitencia, de satisfacciones, de indulgencias, del purgatorio, y misas y oraciones por los difuntos; la prominencia de Pedro, en la supremacía del Papa. El Antiguo Testamento contiene el germen de todas las doctrinas desarrolladas en el Nuevo; y así el Nuevo Testamento contiene los gérmenes de todas las doctrinas desarrolladas, bajo la guía del Espíritu, en la teología de la Iglesia Medieval. [...]

La verdadera cuestión

El verdadero estado de la cuestión, acerca de este tema, en la controversia entre romanistas y protestantes, no es (1) Si el Espíritu de Dios lleva a verdaderos creyentes al conocimiento de la verdad; ni (2) si verdaderos cristianos concuerdan en todas las cuestiones esenciales en cuanto a la verdad y al deber; ni (3) si nadie puede disentir con seguridad o inocentemente de esta fe común del pueblo de Dios; sino (4) si aparte de la revelación contenida en la Biblia hay otra revelación suplementaria y adicional que ha sido transmitida fuera de las Escrituras, por la tradición. En otras palabras, si hay doctrinas, instituciones y ordenanzas que no estén justificadas en las Escrituras, y que los cristianos debamos recibir y obedecer con base a la autoridad de lo que se llama consentimiento común. Esto es lo que los romanistas afirman y los protestantes niegan.

D. Argumentos en contra de la doctrina de la Tradición

Los principales argumentos en contra de la doctrina romanista acerca de esta cuestión son:
1. Involucra una imposibilidad natural. Naturalmente, es cierto que Cristo y sus Apóstoles dijeron e hicieron mucho que no está registrado en las Escrituras. [...] Pero los protestantes mantienen que ello no estaba designado para constituir una parte de la regla de fe permanente para la Iglesia. Se dirigían a los hombres de aquella generación. [...] No estaban destinadas para nuestra instrucción. Es tan imposible aprender lo que eran como recoger las hojas que adornaban y enriquecían la tierra cuando Cristo andaba por el huerto de Getsemaní. Esta imposibilidad surge de las limitaciones de nuestra naturaleza, así como de su corrupción inherente debido a la caída. El hombre no tiene la claridad de percepción, la retención de memoria ni el poder de descripción que le permita (sin ayuda sobrenatural) dar un relato fidedigno de un discurso oído una vez, al cabo de unos años o incluso meses después de haberlo oído. Y que esto haya tenido lugar de mes en mes durante miles de años es una imposibilidad. Si a esto se añade la dificultad en la vía de esta transmisión oral que surge de la ceguera de los hombres a las cosas del Espíritu, impidiendo que comprendan lo que oyen, y de la disposición a pervertir y deformar la verdad para adecuarla a sus propios prejuicios y propósitos, se tiene que reconocer que la tradición no puede ser una fuente fidedigna de conocimiento de la verdad religiosa. Esto es universalmente reconocido y según ello se actúa, excepto por parte de los romanistas. Nadie pretende determinar qué es lo que enseñaron Lutero y Calvino, Latimer y Cranmer, excepto por registros escritos contemporáneos. Y mucho menos pretenderá cualquier persona en su sano juicio saber qué es lo que enseñaron Moisés y los profetas, excepto por sus propios escritos.

Los romanistas admiten la fuerza de esta objeción. Admiten que la tradición no sería una informadora fidedigna de lo que enseñaron Cristo y los apóstoles, sin la intervención sobrenatural de Dios. La tradición es digna de confianza no porque venga a través de las manos de hombres infalibles, sino porque viene a través de una Iglesia guiada infaliblemente. Pero esto es una petición de principio. Es mezclar la autoridad de la tradición con la autoridad de la Iglesia. Y no hay necesidad de la primera si se admite la segunda. [...]

TEOLOGÍA SISTEMÁTICA—**Introducción**

No hay promesa de intervención divina
2. La segunda objeción de los protestantes a esta teoría es que es antifilosófico e irreligioso suponer una intervención sobrenatural de parte de Dios sin promesa y sin prueba de ello, meramente para ganar un argumento.

Nuestro Señor prometió preservar a su Iglesia de una apostasía fatal; prometió enviar a su Espíritu para que permaneciera con su pueblo, para enseñarles; prometió que Él estaría con ellos hasta el fin del mundo. Pero estas promesas no fueron dadas a una organización externa, visible de cristianos profesantes, fuera griega o latina; ni implicaban que tal Iglesia sería preservada de todo error en fe o práctica; y mucho menos implican que las instrucciones no registradas por el dictado del Espíritu fueran a quedar preservadas y transmitidas de generación en generación. No hay tales promesas en la Palabra de Dios, y como sería imposible tal preservación y transmisión sin una interposición divina, sobrenatural, la tradición no puede ser una informante fidedigna de lo que Cristo enseñó.

No hay criterio
3. Una vez más los romanistas admiten que muchas falsas tradiciones han prevalecido en diferentes épocas y partes de la Iglesia. Los que las reciben están confiados en su genuinidad, y son celosos en sustentarlas. ¿Cómo se puede trazar la divisoria entre lo verdadero y lo falso? ¿Por medio de qué criterio puede uno distinguir entre lo uno y lo otro? Los protestantes dicen que no hay tal criterio, y por ello que, si se admite la autoridad de la tradición, la Iglesia queda expuesta a una inundación de superstición y error. Este es el tercer argumento contra la doctrina romanista acerca de esta cuestión. Pero los romanistas dicen que tienen un seguro criterio en la antigüedad y la universalidad. Han formulado su regla de juicio con el famoso dicho de Vicente de Lerino: «quod semper, quod ubique, quod ab omnibus» [Lo que (ha sido creído) siempre, en todas partes, por todos].

El consentimiento común no es criterio
A esto los protestantes replican:

Primero, admiten la autoridad del consentimiento común entre los verdaderos cristianos en cuanto a lo que se enseña en las Escrituras. En cuanto a lo que todo el verdadero pueblo de Dios concuerde en su interpretación de la Biblia, nos reconocemos obligados a someternos. Pero este consentimiento tiene autoridad sólo (*a*) Hasta allí donde sea el consentimiento de verdaderos creyentes; (*b*) Sólo hasta allí donde se refiera al sentido de la palabra escrita; (*c*) Sólo hasta allí donde tenga que ver con las doctrinas prácticas, experimentales o esenciales del cristianismo. El consentimiento acerca de cuestiones extrañas a la Biblia, si no tratan del fundamento de nuestra fe, no es de peso decisivo. [...]

Segundo: No puede alegarse el consentimiento común en cuanto a la doctrina cristiana excepto dentro de unos estrechos límites. Sólo según la gratuita y monstruosa suposición de que los romanistas son los únicos cristianos se le puede dar la más mínima plausibilidad a la pretensión del consentimiento común. El argumento, en realidad, se reduce a esto: La Iglesia de Roma recibe ciertas doctrinas por la autoridad de la tradición. La Iglesia de Roma incluye a todos los verdaderos cristianos. Por ello, se puede afirmar el consentimiento de todos los cristianos en favor de estas doctrinas. Pero, en tercer lugar, aún suponiendo que la Iglesia de Roma sea toda la Iglesia, y admitiendo que la Iglesia sea unánime en mantener ciertas doctrinas, esto no es prueba de que la Iglesia siempre las haya sustentado. La regla requiere que una doctrina sea sustentada no sólo *ab omnibus*, [por todos], sino también *semper* [siempre]. Sin embargo, es un hecho histórico que todas las doctrinas peculiares del romanismo no habían sido recibidas en la Iglesia primitiva como objetos de fe. Doctrinas como la supremacía del

Obispo de Roma; la perpetuidad del apostolado; la gracia de los órdenes; la transubstanciación; el sacrificio propiciatorio de la misa; el poder de los sacerdotes para perdonar pecados; los siete sacramentos, el purgatorio; la inmaculada concepción de la Virgen María, etc. etc., pueden todas ellas ser seguidas históricamente hasta su origen, y en su desarrollo gradual, y adopción final. Así como sería injusto determinar la teología de Calvino y de Beza con base en el socinianismo de la moderna Ginebra; o la de Lutero con base en la teología alemana de nuestros días, así es absolutamente irrazonable inferir que porque la Iglesia Latina crea todo lo que el Concilio de Trento pronunció cierto, ello fuera la fe en los primeros siglos de su historia. No se debe negar que durante los primeros cien años después de la Reforma la Iglesia de Inglaterra era calvinista; luego, bajo el arzobispo Laud y los Estuardo quedó romanizada casi totalmente; luego se volvió racionalista en gran medida, de modo que el Obispo Burnet dijo de los hombres de su tiempo que el cristianismo parecía ser considerado como una fábula «por parte de todas las personas con discernimiento». A esto siguió un avivamiento general de la doctrina y piedad evangélicas, lo que ha sido seguido por un avivamiento semejante de romanismo y ritualismo. Dice Newman[8] del tiempo presente:[9] «En la Iglesia de Inglaterra difícilmente encontraremos a diez o veinte clérigos vecinos que estén de acuerdo entre sí; y esto no en cuestiones no esenciales de la religión, sino por lo que respecta a sus doctrinas elementales y necesarias; o en cuanto al hecho de que haya ninguna doctrina necesaria en absoluto, ninguna fe determinada y definida necesaria para la salvación». Este es el testimonio de la historia. En ninguna Iglesia externa y visible se ha dado ningún consentimiento a ninguna forma de fe *semper et ab omnibus* [siempre y por parte de todos].

La Iglesia Latina no es una excepción a esta observación. Es un hecho innegable de la historia que el arrianismo prevaleció durante años tanto en Oriente como en Occidente; que recibió la sanción de la vasta mayoría de obispos, de concilios provinciales y ecuménicos, y del Obispo de Roma. No es menos cierto que en la Iglesia Latina, el agustinismo, incluyendo todas las doctrinas características de lo que ahora se llama calvinismo, fue declarado como la verdadera fe por concilio tras concilio, provincial y general, y por obispos y papas. Pronto, sin embargo, el agustinismo perdió su influencia. Durante siete u ocho siglos no prevaleció ninguna forma de doctrina acerca del pecado, de la gracia ni de la predestinación en la Iglesia Latina. El agustinismo, el semi-pelagianismo y el misticismo estaban en constante conflicto; y ello, además, acerca de cuestiones sobre las que la Iglesia ya había pronunciado su juicio. No fue hasta comienzos del siglo dieciséis el Concilio de Trento, tras largos conflictos, dio su sanción a una forma modificada de semi-pelagianismo.

Por ello, la pretensión de un consentimiento común, tal como lo entienden los romanistas, es contraria a la historia. Choca contra unos hechos innegables. [...] El argumento se reduce a esto: La Iglesia cree sobre la base del consentimiento común. La prueba de que algo sea cuestión de consentimiento común, y que siempre lo ha sido, es que la Iglesia ahora lo cree.

Lo inadecuado de las evidencias del consentimiento

La segunda objeción al argumento de los romanistas acerca del consentimiento común en apoyo de sus tradiciones es que la evidencia que aducen en favor de tal consentimiento es totalmente inadecuada. Apelan a los antiguos credos. Pero no hubo ningún credo generalmente adoptado antes del siglo cuarto. Ningún credo adoptado antes del siglo octavo contiene ninguna de las doctrinas peculiares de la Iglesia de Roma. Los protestantes reciben todas las de-

---

8. *Lectures on Prophetic Office of the Church*, Londres, 1837, págs. 394, 395.
9. Recuérdese que esta obra fue publicada originalmente en 1871 *(N. del T.)*

claraciones doctrinales contenidas en lo que se conoce como el Credo de los Apóstoles, y en los de Calcedonia y de Constantinopla, adoptado el 681 d.C.

Apelan ellos a las decisiones de los concilios. A esto se da la misma contestación. No hubo concilios generales antes del siglo cuarto. Los primeros seis concilios ecuménicos no dieron ninguna decisión doctrinal de la que disientan los protestantes. Por ello, no presentan ninguna evidencia de consentimiento en aquellas doctrinas que son ahora peculiares de la Iglesia de Roma.

Apelan de nuevo a los escritos de los padres. Pero a esto los protestantes objetan:

[...] Que los escritos de los padres apostólicos son demasiado poco numerosos para poder ser tomados como representantes fidedignos del estado de opinión en la Iglesia durante los primeros trescientos años. Diez o veinte escritores esparcidos a lo largo de un tal período no pueden ser tomados como portavoces de la mente de toda la Iglesia.

[...] No se puede presentar el consentimiento de estos padres, ni de la mitad de ellos, en favor de ninguna doctrina en la controversia entre protestantes y romanistas. [...] Tal es la diversidad de opinión entre los mismos padres, y tal es la vaguedad de sus declaraciones doctrinales, y tan poco establecido el *usus loquendi* en cuanto a importantes palabras, que se puede citar la autoridad de los padres a ambos lados de cualquier doctrina bajo discusión. Por ejemplo, no hay postura acerca de la naturaleza de la cena del Señor que jamás se haya sustentado en la Iglesia para la que no se pueda aducir la autoridad de algún padre primitivo. Y a menudo el mismo padre presenta una opinión en una ocasión, y otra en otra ocasión diferente.

[...] Los escritos de los padres han sido notoriamente corrompidos. Era tema de gran queja en la Iglesia primitiva que se circulaban obras falsas, y que las obras genuinas eran interpoladas sin conciencia. Algunas de las obras más importantes de los padres griegos sólo existen en traducción latina. Éste es el caso con gran parte de las obras de Ireneo, traducidas por Rufino, a quien Jerónimo acusa de la más desvergonzada adulteración.

Otra objeción al argumento derivado del consentimiento es que es un lecho de Procusto que puede ser alargado o acortado a placer. En cada *Catena Patrum* [cadena de citas patrísticas] preparada para demostrar el consentimiento a ciertas doctrinas se verá que se cita a dos o más escritores de un siglo como evidencia de la opinión unánime de aquel siglo, mientras que el doble o cuádruple de escritores igualmente importantes de este mismo período son pasados por alto en silencio. No hay ninguna norma que pueda guiarnos para la aplicación de este criterio, ni uniformidad en la manera de su empleo.

Así, aunque se admite que ha habido una corriente doctrinal fluyendo ininterrumpidamente desde los tiempos de los Apóstoles, se niega, como cosa de hecho, que haya habido ningún consentimiento ininterrumpido o general en ninguna doctrina no claramente revelada en las Sagradas Escrituras; y ello ni siquiera en referencia a estas doctrinas tan claramente reveladas, más allá de los estrechos límites de las verdades esenciales. Se debe negar, además, que se pueda aplicar en ninguna Iglesia externa, visible y organizada la regla *quod semper, quod ab omnibus* [Lo que (ha sido creído) siempre, por todos] siquiera en referencia a doctrinas esenciales. Por ello, el argumento de los romanistas en favor de sus doctrinas peculiares, como derivadas del consentimiento común, es absolutamente insostenible y falaz. [...]

La tradición no está a disposición del pueblo

4. Los protestantes objetan a la tradición como parte de la regla de la fe, porque no está adaptada a este propósito. Una regla de fe para la gente tiene que ser algo que ellos puedan aplicar; una norma mediante la que puedan decidir. Pero esta revelación no escrita no está contenida en ningún volumen accesible al pueblo, e inteligible para ellos Está esparcida por los registros eclesiásticos de diecisiete siglos. Es totalmente imposible para la gente aprender lo que

ella enseña. ¿Cómo pueden en tal caso decidir si la Iglesia ha enseñado a lo largo de todos los siglos la doctrina de la transubstanciación, el sacrificio de la misa, o cualquier otra doctrina papista? Tienen que aceptar todas estas doctrinas con un ejercicio de confianza: esto es, tienen que depositar su fe en la Iglesia existente. Se les exige que crean, y ello bajo pena de perdición, doctrinas cuya pretendida evidencia les es imposible determinar o apreciar.

5. Los romanistas argumentan que tal es la oscuridad de las Escrituras que no sólo el pueblo sino la misma Iglesia necesita la ayuda de la tradición para poder ser comprendidas de una manera adecuada. Pero si la Biblia, que es un libro relativamente llano, en un volumen que se puede llevar encima, tiene que ser explicada de esta manera, ¿qué no se necesitará para explicar los cientos de folios en los que están registradas estas tradiciones? Lo seguro es que se necesitará mucho más de una guía para la interpretación de estas tradiciones que para las Escrituras.

La tradición destruye la autoridad de las Escrituras

6. Hacer de la tradición parte de la regla de la fe subvierte la autoridad de las Escrituras. Esto sigue como una consecuencia natural e inevitable. Si hay dos reglas de doctrina de la misma autoridad, y una de ellas explicativa e infalible intérprete de la otra, es necesariamente la interpretación la que determina la fe del pueblo. En lugar entonces de reposar nuestra fe en el testimonio de Dios como está registrado en su Palabra, reposa sobre lo que unos pobres hombres, falibles, frecuentemente fantasiosos y llenos de prejuicios nos dicen que es el significado de esta palabra. El hombre y su autoridad usurpan el puesto de Dios. Y como ésta es la consecuencia lógica de hacer de la tradición una regla de fe, así es un hecho histórico que las Escrituras han sido anuladas allí donde se ha admitido la autoridad de la tradición. Nuestro Señor dijo que los escribas y fariseos habían anulado la palabra de Dios por medio de sus tradiciones; y que enseñaban como doctrinas mandamientos de hombres. Y esto no es menos cierto, históricamente, de la Iglesia de Roma. Una gran masa de doctrinas, ritos, ordenanzas e instituciones, de todo lo cual las Escrituras no conocen nada, ha sido impuesta sobre la razón, conciencia y vida del pueblo. La religión Católica Romana de nuestros días, con su jerarquía, ritual, culto a las imágenes y a los santos; con sus absoluciones, indulgencias y su poder despótico sobre la conciencia y la vida del individuo, es tan poco parecida a la religión del Nuevo Testamento como la presente religión de los hindúes, con su miríada de deidades, sus crueldades y abominaciones se parece a la sencilla religión de sus antiguos Vedas. En ambos casos causas similares han producido efectos similares. En ambos se ha dado una provisión para revestir de autoridad divina a los errores y corrupciones rápidamente acumulados con el paso de los siglos.

7. La tradición enseña error, y por ello no puede ser controlada divinamente para que sea una regla de fe. El enfrentamiento es entre Escritura y tradición. Ambas cosas no pueden ser ciertas. La una contradice a la otra. La una o la otra tiene que ser abandonada. Acerca de esto al menos ningún verdadero protestante tiene ninguna duda. Todas las doctrinas peculiares del romanismo, y en defensa de las cuales el romanismo alega la autoridad de la Escritura, son consideradas por los protestantes como anti-escriturales; y por ello no necesitan de más evidencias para demostrar que no se puede confiar en la tradición ni en asuntos de fe ni de práctica.

Las Escrituras no son recibidas sobre la base de la tradición.

8. Los romanistas arguyen que los protestantes admiten la autoridad de la tradición porque por tal autoridad reciben el Nuevo Testamento como la palabra de Dios. Esto no es correcto. No creemos que el Nuevo Testamento sea divino sobre la base del testimonio de la

Iglesia. Recibimos los libros incluidos en las Escrituras canónicas sobre la doble base de la evidencia interna y externa. Se puede demostrar históricamente que estos libros fueron escritos por los hombres cuyos nombres llevan; y también se puede demostrar que aquellos hombres fueron los órganos debidamente autenticados del Espíritu Santo. La evidencia histórica que determina la paternidad del Nuevo Testamento no es exclusivamente la de los padres cristianos. El testimonio de los escritores paganos es, en algunos respectos, de mayor peso que el de los mismos padres. Podemos creer basados en el testimonio de la historia inglesa, eclesiástica y secular, que los Treinta y Nueve Artículos fueron redactados por los Reformadores Ingleses, sin ser por ello tradicionalistas. De la misma manera podemos creer que los libros del Nuevo Testamento fueron escritos por los hombres cuyos nombres llevan, sin admitir que la tradición forme parte de la regla de la fe.

Además, la evidencia externa de cualquier tipo que sea es una parte muy subordinada de la base para la fe de un protestante en las Escrituras. Esta base es principalmente la naturaleza de las doctrinas en ellas reveladas, y el testimonio del Espíritu, con y mediante la verdad, en el corazón y en la conciencia. Creemos las Escrituras por una razón muy semejante a la que creemos el Decálogo.

La Iglesia debe mantenerse firme en la libertad con que Cristo la ha hecho libre, y no volver de nuevo a uncirse el yugo de la esclavitud - una esclavitud no sólo a las doctrinas e instituciones humanas, sino a errores y supersticiones destructores del alma.

7. El oficio de la Iglesia como Maestra

A. Doctrina romanista acerca de esta cuestión

Los romanistas enseñan que la Iglesia, como sociedad externa y visible, compuesta por los que profesan la religión cristiana, unida en la comunión de los mismos sacramentos y en sujeción a pastores legítimos, y especialmente al Papa de Roma, está divinamente designada para ser la maestra infalible de los hombres en todas las cosas que atañen a la fe y a la práctica. Está cualificada para este oficio por la revelación plenaria de la verdad en la palabra escrita y no escrita de Dios, y por la conducción sobrenatural del Espíritu Santo otorgada a los obispos como sucesores oficiales de los Apóstoles, o al Papa como sucesor de Pedro en su supremacía sobre toda la Iglesia, y como vicario de Cristo sobre la tierra.

Hay algo sencillo y magno en esta teoría. Está maravillosamente adaptada a los gustos y deseos de los hombres. Los libera de su responsabilidad personal. Todo se decide por ellos. Su salvación queda asegurada meramente sometiéndose a ser salvados por una Iglesia infalible, perdonadora de pecados e impartidora de la gracia. Muchos pueden sentirse inclinados a pensar que habría sido una gran bendición si Cristo hubiera dejado en la tierra a un representante visible de Él revestido de su autoridad para enseñar y gobernar, y un orden de hombres dispersados por todo el mundo dotados de los dones de los Apóstoles originales - hombres siempre accesibles, a los que se pudiera recurrir en tiempos de dificultades y de dudas, y cuyas decisiones pudieran ser recibidas con certeza como las decisiones del mismo Cristo. Pero los pensamientos de Dios no son nuestros pensamientos. Sabemos que cuando Cristo estaba en la tierra había muchos hombres que no creían en Él ni le obedecían. Sabemos que cuando los Apóstoles estaban todavía viviendo, y su autoridad seguía siendo confirmada con señales y maravillas y milagros diversos y dones del Espíritu Santo, la Iglesia estaba sin embargo perturbada por herejías y cismas. Si cualquiera en su pereza está dispuesto a creer que un cuerpo perpetuo de maestros infalibles sería una bendición, todos deben admitir que la presunción de infalibilidad por parte de los ignorantes, de los errados y de los malvados tiene que ser un mal inconcebiblemente grande. La teoría romanista, si cierta, podría ser una bendición; si falsa, tiene que ser una terrible maldición. Que es falsa puede ser demostrado para satisfacción de todos aquellos que no desean que sea cierta, y que, a diferencia de los Tratadistas de Oxford, no están decididos a creerla porque la aman.

B. La definición romanista de la Iglesia se deriva de lo que es ahora la Iglesia de Roma

Antes de presentar un breve bosquejo del argumento contra esta teoría, será bueno observar que la definición romanista de la Iglesia es puramente empírica. No se deriva del significado o uso de la palabra *ekklësia* en el Nuevo Testamento, ni de lo que allí se enseña acerca de la Iglesia. Es meramente una declaración de lo que es ahora la Iglesia de Roma. Es un cuerpo que profesa la misma fe, unido en la comunión de los mismos sacramentos, sujetos a pastores (esto es, obispos) supuestamente legítimos, y al Papa como vicario de Cristo. Ahora bien, en esta definición se supone gratuitamente:

1. Que la Iglesia a la que se da la promesa de conducción divina es una organización externa y visible; y no el pueblo de Dios como tal en la relación personal e individual de ellos con Cristo. En otras palabras, se da por supuesto que la Iglesia es una sociedad visible, y no un término colectivo para el pueblo de Dios; como cuando se dice que Pablo perseguía a la Iglesia; y de Cristo que amó a la Iglesia y se entregó a sí mismo por ella. Cristo ciertamente no murió por ninguna Sociedad externa, visible y organizada.

2. La teoría romanista supone no sólo que la Iglesia es una organización externa, sino que tiene que estar organizada de una manera definida y prescrita. Pero esta asunción no es sólo irrazonable, sino que no es escritural, porque no se prescribe una forma en las Escrituras como esencial para el ser de la Iglesia; y porque es contrario a todo el espíritu y carácter del evangelio que formas de gobierno hayan de ser necesarias para la vida espiritual y salvación de los hombres. Además, esta suposición no es coherente con los hechos históricos. La Iglesia en todas sus partes nunca ha estado organizada según un plan.

3. Pero concediendo que la Iglesia fuera una sociedad externa, y que tuviera que estar organizada conforme a un plan, es una suposición gratuita e insostenible que este plan deba ser el episcopal. Es un hecho notorio que el episcopado diocesano no existió durante la edad apostólica. Es igualmente notorio que este plan de gobierno fue introducido gradualmente. Y no es menos notorio que una gran parte de la Iglesia en la que Cristo mora por su presencia, y que reconoce y honra de todas maneras, no tiene obispos hasta el día de hoy. El gobierno de la Iglesia mediante obispos es reconocido por los romanistas como una de las instituciones que no reposan sobre las Escrituras para su autoridad, sino sobre la tradición.

4. Pero si se concediera todo lo anterior, la suposición de que es necesaria la sujeción al Papa como vicario de Cristo para la existencia de la Iglesia es totalmente irrazonable. Éste es el punto culminante. No hay ni la más mínima evidencia en el Nuevo Testamento o en la edad apostólica de que Pedro tuviera tal primado entre los Apóstoles, como lo pretenden los romanistas. No sólo hay una total ausencia de toda evidencia de que ejerciera ninguna jurisdicción sobre ellos, sino que hay abundantes evidencias en sentido contrario. Esto queda claro por el hecho de que Pedro, Jacobo y Juan son mencionados juntos como los que parecían ser columnas (Gá 2:9), y esta distinción se debía no al oficio, sino al carácter. Además, queda claro por la plena igualdad en dones y autoridad que Pablo afirmó para sí mismo, y demostró poseer para satisfacción de toda la Iglesia. Está claro por la posición subordinada que ocupó Pedro en el Concilio de Jerusalén (Hch 15), y por la severa reprensión que recibió de parte de Pablo en Antioquía (Gá 2:11-21). Es un hecho histórico claro que Pablo y Juan fueron los espíritus rectores de la Iglesia Apostólica. Pero si se admite la primacía de Pedro en el colegio de los Apóstoles, no hay evidencia de que hubiera designio de que tal primacía fuera

perpetua. No hay mandamiento para elegir un sucesor en aquel oficio; no se dan reglas acerca del método de la elección, ni de las personas que tenían que hacer la elección, ni registro de que tal cosa sucediera. Todo sale del aire. Pero admitiendo que Pedro hubiera sido constituido cabeza de toda la Iglesia en la tierra, y que tal autoridad tuviera que ser continuada, ¿cuál es la evidencia de que fuera el Obispo de Roma el que en todo tiempo tuviera el título a tal oficio? Es dudoso que Pedro estuviera nunca en Roma. La esfera de sus labores fue Palestina y Oriente. Desde luego nunca fue Obispo de la Iglesia en aquella ciudad. E incluso si estuvo en ella, era Primado no como Obispo de Roma, sino por designación de Cristo. Según la teoría, era Primado antes de ir a Roma, y no debido a que fue allí. El simple hecho histórico es que como Roma era la capital del Imperio Romano, el Obispo de Roma aspiraba a ser la cabeza de la iglesia, pretensión que tras una larga lucha llegó a ser aceptada, al menos en Occidente.

Así, es sobre las cuatro suposiciones gratuitas e irrazonables acabadas de mencionar que reposa todo el imponente sistema del romanismo: [1] Que la Iglesia a la que se le dio la promesa del Espíritu es una organización externa y visible; [2] que es esencial para su existencia un modo particular de organización; [3] que este modo es el episcopal; [4] Y que tiene que ser papal, esto es, todo el episcopado tiene que estar sometido al Obispo de Roma. Si una de ellas falla, todo el sistema cae en tierra. Estas suposiciones están tan totalmente carentes de cualquier prueba histórica adecuada que ningún hombre razonable puede aceptarlas basándose es su propia evidencia. Los únicos que pueden creer tal cosa son aquellos a los que se les ha enseñado o inducido a creer que la Iglesia existente es infalible. Y lo creen no porque estos puntos puedan ser demostrados, sino por la declaración de la Iglesia. La Iglesia de Roma dice que Cristo constituyó la Iglesia sobre el sistema papal, y que por ello debe ser creída. Lo que debiera ser demostrado es dado por supuesto. Es una *petitio principii* [petición de principio] de comienzo a fin.

C. La doctrina romanista de la Infalibilidad, basada sobre una teoría errónea de la Iglesia

El primer gran argumento de los protestantes contra el romanismo tiene que ver con la teoría de la Iglesia.

Dios entró en un pacto con Abraham. En aquel pacto había ciertas promesas que se referían a sus descendientes naturales a través de Isaac, promesas que dependían de la obediencia nacional del pueblo. Pero aquel pacto contenía la promesa de la redención por medio de Cristo. Él era la simiente en quien todas las naciones de la tierra serían benditas. Los judíos llegaron a creer que esta promesa de redención, esto es, de las bendiciones del reinado del Mesías, les había sido dada a ellos como nación, y que estaba condicionada a su membresía a esta nación. Todos los que eran judíos bien por descendencia o bien por proselitismo, y que estuvieran circuncidados y se adhirieran a la ley, eran salvos. Todos los otros perecerían ciertamente para siempre. Esta es la doctrina que nuestro Señor condenó tan expresamente, y contra la que San Pablo argumentó tan intensamente. Cuando los judíos pretendieron ser hijos de Dios, por cuanto eran hijos de Abraham, Cristo les dijo que podían ser hijos de Abraham y sin embargo hijos del diablo (Jn 8:33-44); como su precursor Juan había dicho con anterioridad, no digáis «Tenemos por padre a Abraham; porque yo os digo que Dios puede levantar hijos a Abraham aun de estas piedras» (Mt 3:9). Contra esta doctrina se dirigen principalmente las epístolas a los Romanos y a los Gálatas. El Apóstol muestra: (1.) Que la promesa de salvación no se limitaba a los judíos, ni a los miembros de cualquier organización externa. (2.) Y por ello que no estaba condicionada a la descendencia de Abraham, ni a la circuncisión, ni a la adhesión a la teocracia del Antiguo Testamento. (3.) Que todos los creyentes (*hoi ek pisteös*) son hijos, y, por ello, herederos de Abraham (Gá 3:7). (4.) Que un hombre puede ser judío, hebreo de hebreos, circuncidado al octavo día, e irreprensible en lo tocante a la justicia que es por la ley, y sin embargo que esto no le sirve de nada (Fil 3:4-6). (5.) Por cuanto no es judío el que lo es exteriormente, y la circuncisión lo es la del corazón (Ro 2:28-29). [...]

Los romanistas han transferido toda la teoría judaica a la iglesia cristiana, mientras que los protestantes se adhieren a la doctrina de Cristo y de sus Apóstoles. Los romanistas enseñan, (1.) Que la iglesia es esencialmente una comunidad externa, organizada, como la comunidad de Israel. (2.) Que a esta sociedad externa pertenecen todos los atributos, prerrogativas y promesas de la verdadera Iglesia. (3.) Que la membresía en esta sociedad es la condición indispensable para la salvación; y que es sólo mediante la unión con la Iglesia que los hombres son unidos a Cristo, y por medio de sus ministraciones se hacen partícipes de esta redención. (4.) Que todos los que mueren en comunión con esta sociedad externa serán finalmente salvos, aunque pueden, si no son perfectos en el momento de la muerte, sufrir durante un período de tiempo más o menos largo en el purgatorio. (5.) Todos los que estén fuera de esta organización externa perecen eternamente. Así, no hay un solo elemento de la teoría judaica que no esté reproducido en la romanista.

La doctrina protestante de la naturaleza de la Iglesia

Los protestantes, en cambio, enseñan acerca de este tema en preciso acuerdo con la doctrina de Cristo y de los Apóstoles: (1.) Que la Iglesia como tal, o en su naturaleza esencial, no es una organización externa. (2.) Todos los verdaderos creyentes, en los que mora el Espíritu de Dios, son miembros de aquella Iglesia que es el cuerpo de Cristo, sin importar cuál sea la organización eclesiástica con que puedan estar conectados, e incluso aunque no tengan tal conexión. El ladrón en la cruz fue salvado, aunque no era miembro de ninguna Iglesia externa. (3.) Por ello, que los atributos, prerrogativas y promesas de la Iglesia no pertenecen a ninguna sociedad externa como tal, sino al verdadero pueblo de Dios considerado colectivamente; y a sociedades externas sólo hasta allí donde consisten de verdaderos creyentes y estén controladas por ellos. Con esto sólo se dice lo que toda persona admitirá como cierto: que los atributos, prerrogativas y promesas que pertenecen a los cristianos pertenecen exclusivamente a los verdaderos cristianos, y no a hombres malvados o mundanos que se llamen a sí mismos cristianos. (4.) Que la condición de membresía en la verdadera Iglesia no es unión con ninguna sociedad organizada, sino la fe en Jesucristo. Ellos son hijos de Dios por la fe; son los hijos de Abraham, herederos de la promesa de la redención que le fue dada por la fe; sea que se trate de judíos o gentiles, esclavos o libres; sea que se trate de protestantes o romanistas, presbiterianos o episcopalianos; o sea que estén ampliamente esparcidos, que ni dos o tres de ellos puedan reunirse para adorar.

Los protestantes no niegan que hay una iglesia católica visible en la tierra, consistiendo de todos los que profesan la verdadera religión, junto con sus hijos. Pero no están incluidos en ninguna sociedad externa. También admiten que es el deber de los cristianos unirse con el propósito de ofrecer adoración y de la mutua vigilancia y cuidado. Admiten que a tales asociaciones y sociedades pertenecen ciertas prerrogativas; que tienen o debieran tener los oficiales cuyas cualificaciones y deberes quedan prescritos en las Escrituras; que siempre ha habido, y que probablemente siempre habrá, tales organizaciones cristianas, o iglesias visibles. Pero ellos niegan que cualquiera de estas sociedades, o todas ellas colectivamente, constituyan la Iglesia por la que Cristo murió; en la que mora por su Espíritu; a la que Él ha prometido perpetuidad, catolicidad, unidad y conducción divina hacia el conocimiento de la verdad. Cualquiera de ellas, o todas ellas, una tras otra, puede apostatar de la fe, y todas las promesas de Dios a su Iglesia, sin embargo, quedar cumplidas. La Iglesia no fracasó cuando Dios se reservó a sí mismo a sólo siete mil en todo Israel que no habían doblado la rodilla ante Baal.

Casi todos los puntos de diferencia entre los protestantes y los romanistas dependen de la decisión que se tome ante esta cuestión: «¿Qué es la Iglesia?» Si su teoría es correcta; si la Iglesia es la sociedad externa de cristianos profesantes, sujeta a los apóstoles-obispos (esto es, a obispos que son apóstoles), y al Papa como vicario de Cristo sobre la tierra; entonces estamos obligados a someternos a ella; y entonces también no hay salvación fuera de su comunión. Pero si cada verdadero creyente es, en virtud de su fe, miembro de la Iglesia a la que Cristo promete conducción y salvación, entonces el romanismo se cae por su base.

Las conflictivas teorías acerca de la Iglesia

El que las dos teorías opuestas de la Iglesia, la romanista y la protestante, son las que se han expuesto anteriormente es cosa tan generalmente conocida y tan fuera de cuestión, que es innecesario citar autoridades para ambos lados. [...]

Prueba de la doctrina protestante de la iglesia

Este no es el lugar en el que entrar en una vindicación formal de la doctrina protestante de la naturaleza de la Iglesia. Esto pertenece al departamento de eclesiología. Lo que sigue puede ser suficiente para el propósito que nos ocupa.

La cuestión no es si la palabra Iglesia no se emplea de manera apropiada y en conformidad a las Escrituras para denotar unos cuerpos visibles, organizados, de cristianos profesantes, o de todos estos cristianos considerados colectivamente. Tampoco se trata de si debemos considerar como cristianos a aquellos que, libres de escándalos, profesan su fe en Cristo, o como verdaderas iglesias aquellas sociedades de tales profesantes organizados para el culto de Cristo y la administración de su disciplina. La cuestión es si la Iglesia a la que pertenecen los atributos, las prerrogativas y las promesas que pertenecen al cuerpo de Cristo es en su naturaleza una comunidad visible y organizada; y, especialmente, si es una comunidad organizada de alguna manera exclusiva, y más especialmente en la forma papal; o, si es un cuerpo espiritual consistiendo de verdaderos creyentes. Si cuando la Biblia se dirige a un cuerpo de personas como «los llamados de Jesucristo», «amados de Dios», «participantes del llamamiento divino»; como «hijos de Dios, coherederos de Cristo de una herencia eterna»; como «elegidos según la presciencia de Dios Padre en santificación y rociamiento de la sangre de Cristo»; como «partícipes de la misma preciosa fe con los Apóstoles»; como «los que están lavados, y santificados, y justificados en el nombre del Señor Jesús y por el Espíritu de nuestro Dios»; como aquellos que habiendo estado muertos en delitos y pecados, han sido «vivificados y resucitados y hechos sentar en lugares celestiales con Cristo Jesús»: ¿Se significa con ello a los miembros de una sociedad externa como tal, y debido a que lo son, o se refiere al verdadero pueblo de Dios? [...] Esta pregunta admite sólo una respuesta. Los atributos adscritos a la Iglesia en la Escritura pertenecen sólo a los verdaderos creyentes. Las promesas dadas a la Iglesia se cumplen sólo en los creyentes. La relación en la que la Iglesia se encuentra con Dios y con Cristo es sostenida sólo por los verdaderos creyentes. Sólo ellos son los hijos y herederos de Dios; sólo ellos son el cuerpo de Cristo en el que Él mora por su Espíritu; ellos sólo son el templo de Dios, la esposa de Cristo, los participantes de su gloria. La doctrina de que un hombre se vuelve hijo de Dios y heredero de la vida eterna por medio de la membresía en una sociedad externa trastorna los mismos fundamentos del evangelio, e introduce un nuevo método de salvación. Pero esta es la doctrina sobre la que descansa todo el sistema del romanismo. [...] Los protestantes mantienen que las promesas hechas a la Iglesia como el cuerpo y esposa de Cristo no han sido hechas al cuerpo externo de profesos cristianos, sino a aquellos que realmente creen en él y obedecen su evangelio. [...]

D. La doctrina de la infalibilidad se basa en la falsa suposición de la perpetuidad del apostolado.

Así como el primer argumento contra la doctrina de los romanistas en cuanto a la infalibilidad de la Iglesia es que hace que la Iglesia de Roma sea el cuerpo al que pertenecen los atributos, prerrogativas y promesas de Cristo a los verdaderos creyentes; el segundo es que limita la promesa de la enseñanza del Espíritu a los obispos como sucesores de los Apóstoles. En otras palabras, los romanistas asumen falsamente la perpetuidad del Apostolado. Si es cierto que los prelados de la Iglesia de Roma, o de cualquier otra iglesia, son apóstoles, investidos con la misma autoridad para enseñar y regir como los mensajeros originales de Cristo, entonces debemos quedar obligados a dar la misma fe a sus enseñanzas, y la misma obediencia a sus mandamientos, que las debidas a los escritos inspirados del Nuevo Testamento. Y esta es la doctrina de la Iglesia de Roma.

Los modernos prelados no son Apóstoles

Para decidir si los modernos obispos son apóstoles, es necesario en primer lugar determinar la naturaleza del Apostolado, y determinar si los modernos prelados tienen los dones, las cualificaciones y las credenciales de tal oficio. ¿Quiénes fueron los Apóstoles? Fueron un número concreto de hombres seleccionados por Cristo para que fueran sus testigos, para que testificaran de sus doctrinas, de los hechos de su vida, de su muerte, y especialmente de su resurrección. Para capacitarlos para este oficio de testigos autorizados era necesario: (1.) Que tuvieran un conocimiento independiente y plenario del Evangelio. (2.) Que hubieran visto a Cristo después de su resurrección. (3.) Que fueran inspirados, esto es, que fueran guiados individual y particularmente por el Espíritu Santo para ser infalibles en todas sus instrucciones. (4.) Que fueran autenticados como mensajeros de Cristo, adhiriéndose al verdadero evangelio, por el éxito en la predicación (Pablo les dijo a los corintios que ellos eran el sello de su apostolado (1 Co 9:2); y mediante señales y maravillas y diversos milagros y repartimientos del Espíritu Santo. Tales eran los dones y cualificaciones y credenciales de los Apóstoles originales; y aquellos que pretendían el oficio sin poseer estos dones y credenciales eran pronunciados falsos apóstoles y mensajeros de Satanás.

Cuando Pablo afirmó ser apóstol, sintió que era necesario demostrar: (1.) Que había sido designado, no por hombre ni por medio de hombres, sino inmediatamente por Jesucristo (Gá 1:1). (2.) Que no había recibido la enseñanza del evangelio por parte de otros, sino que había recibido este conocimiento por revelación directa (Gá 1:12). (3.) Que había visto a Cristo después de la resurrección de Él (1 Co 9:1 y 15:8). (4.) Que estaba inspirado, siendo infalible como maestro, por lo que los hombres estaban obligados a reconocer sus enseñanzas como la enseñanza de Cristo (1 Co 14:37). (5.) Que el Señor había autenticado su misión apostólica de una manera tan plena como lo había hecho con la de Pedro (Gá 2:8). (6.) «Las señales de apóstol», les dijo a los corintios, «han sido efectuadas entre vosotros en toda paciencia, por señales, prodigios y milagros» (2 Co 12:12).

Los modernos prelados no pretenden poseer ninguno de estos dones. No pretenden tampoco poseer las credenciales que autenticaban la misión de los Apóstoles de Cristo. No pretenden poseer una comisión inmediata; ningún conocimiento independiente derivado de una revelación inmediata; ninguna infalibilidad personal; ninguna visión de Cristo; y ningún don milagroso. Esto es, pretenden la autoridad del oficio, pero no su realidad. Por ello, queda muy claro que no son apóstoles. No pueden tener la autoridad del oficio sin poseer los dones en que se basaba esta autoridad, y de la que emanaba. Si un hombre no puede ser un profeta sin el don de la profecía, ni un obrador de milagros sin el don de milagros, [...] nadie puede pretender ser un apóstol sin poseer los dones que hacían que los Apóstoles lo fueran. Igual serían de razonables los sordomudos que pretendieran poseer el don de lenguas. [...]

No hay mandamiento alguno en el Nuevo Testamento de mantener la sucesión apostólica. Cuando Judas apostató, Pedro dijo que su lugar debía ser llenado, pero la selección debía limitarse a aquellos, dijo, «que han estado juntos con nosotros todo el tiempo que el Señor Jesús vivió entre nosotros, comenzando desde el bautismo de Juan hasta el día en que de entre nosotros fue llevado arriba» (Hch 1:21, 22). La razón dada para esta designación fue no para que pudiera continuar el apostolado, sino para que el hombre así seleccionado fuera «testigo con nosotros, de su resurrección». «Y les echaron suertes, y la suerte cayó sobre Matías; y fue contado con los once apóstoles». Y éste fue el fin. Nunca más volvemos a oír de Matías. Es muy dudoso que esta designación de Matías fuera válida. Lo que aquí se registra (Hch 1:15-26) tuvo lugar antes que los Apóstoles hubieran sido dotados de poder de lo alto (Hch 1:8), y, por tanto, antes que tuvieran autoridad alguna para actuar. Cristo, a su propio tiempo y manera, completó el número de sus testigos llamando a Pablo a ser Apóstol. Pero, sea como sea, aquí tenemos *exceptio probat regulam* [la excepción que demuestra la regla]. Demuestra que las filas de los Apóstoles podían ser llenadas, y que la sucesión prosiguió sólo en base del número de aquellos que podían dar testimonio independiente de la resurrección y de las doctrinas de Cristo. [...]

Es cierto que hay algunos pocos pasajes en los que otras personas además de los doce originales parecen ser designados como apóstoles. Pero desde el inicio de la Iglesia hasta tiempos modernos nadie se ha aventurado en base de tal registro a considerar a Bernabé, Silas, Timoteo y Tito como apóstoles, en el sentido oficial del término. Todas las designaciones dadas a los oficiales de la Iglesia en el Nuevo Testamento se emplean en sentidos diferentes. Así, «presbítero» o «anciano» significa un hombre viejo, un oficial judío, un oficial de la iglesia. La palabra «diácono» significa a veces un criado, a veces un oficial secular, a veces cualquier ministro de la Iglesia, y a veces el rango inferior de los oficiales de la iglesia. El hecho de que Pablo y Pedro se designen a sí mismos como «diáconos» no demuestra que su oficio fuera servir a las mesas. De la misma manera, la palabra «apóstol» se emplea a veces en su sentido etimológico como «mensajero», a veces en un sentido religioso, tal como nosotros empleamos la palabra «misionero»; y a veces en su sentido oficial estricto, en el que queda limitado a los mensajeros inmediatos de Cristo. Nada puede estar más claro en el Nuevo Testamento que ni Silas ni Timoteo, ni ninguna otra persona, es jamás designada como el igual oficial de los doce Apóstoles. Estos constituyen una clase por sí mismos. Destacan en el Nuevo Testamento como en toda la historia de la Iglesia como los autorizados fundadores de la Iglesia Cristiana, sin parangón ni colegas.

Entonces, si el apostolado, por su naturaleza y designio, era intransmisible; si hay esta evidencia decisiva de la Escritura y de la historia de que no ha sido perpetuado, entonces toda la teoría romanista acerca de la Iglesia se desmorona. Esta teoría se basa en la suposición de que los prelados son apóstoles, investidos con la misma autoridad para enseñar y gobernar que los originales mensajeros de Cristo. Si esta suposición resulta infundada, entonces se debe abandonar toda pretensión de la infalibilidad de la Iglesia. Porque no se pretende que es la masa del pueblo la que es infalible, ni el sacerdocio, sino sólo el episcopado. Y los obispos sólo son infalibles sobre la suposición de que son apóstoles, en el sentido oficial del término. Y esto no lo son con toda certeza. La Iglesia puede hacer sacerdotes, obispos y hasta papas. Pero sólo Cristo puede hacer un Apóstol. Porque un Apóstol era un hombre dotado de conocimiento sobrenatural, y con un poder sobrenatural.

E. La infalibilidad, basada sobre una falsa interpretación de la promesa de Cristo.

El tercer argumento contra la infalibilidad de la Iglesia es que Cristo nunca prometió preservarla de todo error. Lo que aquí se significa es que Cristo nunca prometió a la verdadera Iglesia, esto es, a «la compañía de verdaderos creyentes», que no errarían en doctrina. Prometió que no apostatarían fatalmente de la verdad. Prometió que concedería a sus verdaderos discípulos tal medida de conducción divina por su Espíritu que conocerían lo suficiente para ser salvos. Además, prometió que Él llamaría a hombres al ministerio, dándoles la capacidad necesaria de maestros fieles, como lo eran los presbíteros que los Apóstoles ordenaban en cada ciudad. Pero no hay promesa de infalibilidad ni para la Iglesia como un todo, ni para ninguna clase de hombres en la Iglesia. Cristo prometió santificar a su pueblo; pero no se trataba de una promesa de hacerlos perfectamente santos en esta vida. Prometió darles gozo y paz en creer; pero no era una promesa de hacerlos perfectamente felices en esta vida, que no fueran a padecer pruebas y dolores. Entonces, ¿por qué iba a ser la promesa de la enseñanza una promesa de infalibilidad? Así como la Iglesia ha pasado a través del mundo bañada en lágrimas y sangre, así ha pasado ensuciada de pecado y error. Es igual de manifiesto que no ha sido nunca infalible como que nunca ha sido perfectamente santa. Cristo no prometió ni lo uno ni lo otro.

F. La doctrina, contradicha por los hechos

El cuarto argumento es que la doctrina romanista de la infalibilidad de la Iglesia queda contradicha por hechos históricos innegables. Por tanto, no puede ser cierta. La Iglesia ha errado frecuentemente, y por ello no es infalible.

[...] [Para los protestantes], por tanto, el hecho de que toda la Iglesia visible apostatara repetidas veces durante la antigua dispensación - y que no sólo el pueblo, sino todos los representantes de la Iglesia, los sacerdotes, los levitas y los ancianos - constituye una prueba decisiva de que la Iglesia externa, visible, puede errar fatalmente en asuntos de fe. Y no menos decisivo es el hecho de que toda la Iglesia y pueblo judíos, como iglesia y nación, rechazaron a Cristo. Él vino a los suyos, y los suyos no le recibieron. La vasta mayoría de la gente, los principales sacerdotes, los escribas y los ancianos, rehusaron reconocerle como Mesías. El Sanhedrín, el gran cuerpo representativo de la Iglesia en aquel tiempo, lo declaró reo de muerte, y exigió su crucifixión. Esto, para los protestantes, es una prueba abrumadora de que la Iglesia puede errar.

Pero los romanistas hacen una diferencia entre la Iglesia antes y después de la venida de Cristo, y no admiten el peso de este argumento. Dicen ellos que el hecho de que la Iglesia Judía errara no constituye prueba de que la Iglesia Cristiana pueda errar. Por ello, será necesario mostrar, conforme a los principios y admisiones de los mismos romanistas, que la Iglesia ha errado. Enseñó en una época lo que condenó en otra, y lo que la Iglesia de Roma condena ahora. Para demostrar esto, será suficiente referirnos a dos ejemplos innegables.

Se debe tener presente en mente que por la Iglesia, en este sentido, los romanistas no se refieren al verdadero pueblo de Dios, ni al cuerpo de los cristianos profesantes, ni a la mayoría de los sacerdotes o doctores en teología, sino al episcopado. Todos los cristianos están obligados a creer lo que enseñe el cuerpo episcopal de cada edad, porque estos obispos están conducidos de tal modo por el Espíritu que son infalibles en su enseñanza.

La apostasía arriana

El primer gran hecho histórico inconsecuente con esta teoría es que la gran mayoría de los obispos, tanto de la Iglesia Oriental como de la Occidental, incluyendo al Papa de Roma, enseñaron arrianismo, que toda la Iglesia, tanto antes como después, había condenado y condenó. La decisión de trescientos dieciocho obispos en el Concilio de Nicea, ratificada por el asentimiento de la gran mayoría de los que no acudieron al Concilio, es tomada con justicia como prueba de que la Iglesia visible de aquel tiempo enseñaba, como ahora lo enseña Roma, que el Hijo es consustancial con el Padre. El hecho de que algunos disintieran en aquel tiempo, o que más se unieran pronto en la disidencia; o que, al cabo de pocos años en el Oriente los que disentían fueran mayoría, no se considera como invalidación de la decisión de aquel Concilio como la decisión de la Iglesia, porque una mayoría de los obispos, como cuerpo, estaban en favor de la doctrina Nicena. Entonces, por paridad de razonamiento, las decisiones de dos concilios coetáneos, uno en Seleucia en Oriente, y otro en Ariminum en Occidente, incluyendo a casi ochocientos obispos, y cuyas decisiones fueron ratificadas por la gran mayoría de los obispos de la iglesia entera (incluyendo a Liberio, Obispo de Roma), tienen que ser aceptadas como la enseñanza de la Iglesia visible en aquel período. Pero aquellas decisiones, según los juicios anteriores y posteriores de la Iglesia, fueron heréticas. Se ha apremiado que el lenguaje adoptado por el Concilio de Ariminum admite una interpretación ortodoxa. En respuesta a ello es suficiente con decir: (1.) Que fue redactado, propuesto y defendido por los confesos oponentes del Credo Niceno. (2.) Que fue resistido con tesón por parte de los defensores de aquel credo, y que se renunció a ello tan pronto como estos últimos lograron el control. (3.) Que el mismo Sr. Palmer admite que el Concilio repudió la palabra «consustancial» como expresión de la relación del Hijo con el Padre. Pero este era precisamente el punto bajo discusión entre los ortodoxos y los semi-arrianos. Gregorio Nazianceno [...] y Jerónimo [...] afirmaban que todo el mundo se había vuelto arriano, y que todas las iglesias estaban en posesión de herejes. Estas declaraciones deben tomarse con prudencia, pero demuestran que la gran mayoría de obispos habían adoptado el Credo Arriano o semi-Arriano. Atanasio se manifiesta en los mismos términos. [...] [Y] Vicente de Lerino. A estos antiguos testimonios se podría añadir una buena cantidad de modernas autoridades. Damos sólo el testimonio del doctor Jackson, uno de los más distinguidos teólogos de la Iglesia de Inglaterra: «Después de esta defección de la Iglesia de Roma en el obispo Liberio, todo el imperio romano quedó cubierto de arrianismo».[10]

Cualquiera que sea la duda acerca de los detalles, no puede dudarse del hecho general de esta apostasía. Por apartamento de la verdad, por las artes del partido dominante, por la influencia del emperador, la gran mayoría de los obispos se unieron en la condena de Atanasio y en suscribir una fórmula de doctrina redactada en oposición al Credo Niceno; fórmula que fue después rechazada y condenada; una fórmula por causa de la cual el Obispo de Roma fue desterrado durante dos años por no querer firmarla, siendo restaurado a su sede cuando consintió suscribirla. Entonces, si aplicamos a este caso las mismas normas que se aplican a las decisiones del Concilio de Nicea, se tiene que admitir que la Iglesia externa apostató tan verdaderamente bajo Constancio como había profesado la verdadera fe bajo Constantino. Si muchos firmaron la fórmula Eusebiana o Arriana de manera insincera, de la misma manera muchos asintieron hipócritamente a los decretos de Nicea. Si muchos se vieron abrumados por la autoridad y el temor en un caso, así sucedió en el otro. Si muchos revocaron su asentimiento al arrianismo, otros tantos prácticamente retiraron su consentimiento a la doctrina Atanasiana.

La evasión romanista de este argumento

Al tratar de este hecho innegable, los romanistas y romanizadores se ven obligados a abandonar su principio. Su doctrina es que la Iglesia externa no puede errar, que la mayoría de obis-

---

10. *On the Church*, pág. 160. Editado por W. Goode, Philadelphia, 1844.

pos que viven en cualquier época no pueden dejar de enseñar la verdad. Pero es innegable que bajo el reinado del emperador Constancio la inmensa mayoría, incluyendo al Obispo de Roma, renunciaron a la verdad. Pero dice Bellarmino[11] que la Iglesia prosiguió y que fue conspicua en Atanasio, Hilario, Eusebio y otros. Y dice Palmer, de Oxford:[12] «La verdad fue preservada incluso bajo obispos arrianos». Pero aquí de lo que se trata no es de si la verdad será preservada y confesada por los verdaderos hijos de Dios, sino si un cuerpo externo, organizado, y especialmente la Iglesia de Roma, puede errar en sus enseñanzas. No se puede admitir que los romanistas, sólo para afrontar una emergencia, echen mano de la doctrina protestante de que la iglesia puede consistir de creyentes esparcidos. Es cierto que, como lo afirma Jerónimo, «Ubi fides vera est, ibi Ecclesia est» [Allí donde está la verdadera fe, allí está la Iglesia]; pero esta es nuestra doctrina, no la de Roma. «Ecclesia manet et manebit» [La Iglesia permanece y permanecerá]. Pero sea ello en gloria manifiesta, como en los tiempos de David, o como creyentes esparcidos, como en los días de Elías, no es esencial.

La Iglesia de Roma rechaza la doctrina de Agustín

Un segundo caso en el que la iglesia externa (y especialmente la Iglesia de Roma) se ha apartado de lo que había ella misma declarado verdadero es en el rechazo de las doctrinas conocidas históricamente como agustinianas. El hecho de que las peculiares doctrinas de Agustín habían sido reconocidas por toda la Iglesia, y especialmente por la Iglesia de Roma, es algo innegable. Estas doctrinas incluyen la doctrina de la corrupción pecaminosa de la naturaleza que se deriva de Adán, que es muerte espiritual, y que involucra la total incapacidad de parte del pecador de convertirse a sí mismo o de cooperar en su propia regeneración; la necesidad de la operación ciertamente eficaz de la gracia divina; la soberanía de Dios en elección y reprobación, y la cierta perseverancia de los santos. El capítulo dieciocho de la obra de Wiggers, *Agustinianismo y Pelagianismo*, se titula: «La final adopción del sistema agustiniano para toda la cristiandad por parte del tercer concilio ecuménico de Éfeso, 431 d.C.» No se niega que muchos de los obispos orientales, quizá la mayoría de los mismos, estaban secretamente opuestos a este sistema en sus rasgos esenciales. En lo único que se insiste es que toda la Iglesia, a través de lo que los romanistas reconocen como sus órganos oficiales, dieron su sanción a las peculiares doctrinas de Agustín; y que por lo que a la Iglesia Latina respecta, este asentimiento no fue sólo en aquel entonces general, sino cordial. No es menos cierto que el Concilio de Trento, mientras que condenó el Pelagianismo, e incluso la peculiar doctrina de los semi-pelagianos, que dicen que el hombre comenzó la obra de la conversión, negando con ello la necesidad de la gracia previniente (*gratia preveniens*), repudió sin embargo las doctrinas distintivas de Agustín, y anatematizó a todos los que las sostuvieran.

G. La Iglesia de Roma enseña ahora el error.

Un quinto argumento en contra de la infalibilidad de la Iglesia de Roma es que esta Iglesia enseña ahora el error. De esto no puede haber ninguna duda razonable, si se admiten las Escrituras como la regla mediante la que juzgar.

1. Es un monstruoso error, contrario a la Biblia, a su letra y espíritu, y chocante para el sentido común de la humanidad, que la salvación de los hombres dependa de su reconocimiento de que el Papa es el cabeza de la Iglesia en el mundo, o vicario de Cristo. Esto hace que la salvación sea independiente de la fe y del carácter. Un hombre puede ser sincero e inteligente en

---

11. *De Ecclesia,* lib. III. C. 16.
12. *On the Church,* Vol. II., pág. 187.

su fe en Dios y Cristo, y perfectamente ejemplar en su vida cristiana, pero si no reconoce al Papa, tiene que perecer eternamente.

2. Es un error grave, contrario a las expresas enseñanzas de la Biblia, que los sacramentos sean los únicos canales para comunicar a los hombres los beneficios de la redención. Como consecuencia de esta falsa suposición, los romanistas enseñan que todos los que mueren sin ser bautizados, incluso los párvulos, se pierden.

3. Es un gran error enseñar, como lo enseña la Iglesia de Roma, que los ministros del evangelio sean sacerdotes; que las gentes no tengan acceso a Dios o Cristo, y que no pueden obtener la remisión de los pecados ni ninguna otra gracia salvadora, excepto por medio de su intervención y por sus ministraciones; que los sacerdotes tengan el poder no sólo de una absolución declarativa, sino judicial y efectiva, de manera que son aquellos y sólo aquellos que son por ellos absueltos los que quedan libres ante el tribunal de Dios. Esta fue la gran razón de la Reforma, que fue una rebelión contra este dominio sacerdotal: una demanda por parte del pueblo de aquella libertad con que Cristo les había libertado -la libertad de ir directamente a él con sus pecados y dolores, y encontrar alivio sin la intervención ni el permiso de nadie que no tuviera más derecho a este acceso que ellos.

4. La doctrina del mérito de las buenas obras como la enseñan los romanistas es otro error de lo más prolífico. Ellos mantienen que las obras hechas tras la regeneración tienen un verdadero mérito (*meritum condigni*), y que son la base de la justificación del pecador delante de Dios. Mantienen que un hombre puede hacer más de lo que la ley le demanda, y llevar a cabo obras de supererogación, y obtener así más mérito que el necesario para su propia salvación y beatificación. Y que este mérito sobrante pasa a la tesorería de la Iglesia, y que puede ser dispensado para beneficio de otros. Sobre esta base se conceden o venden indulgencias, con efectos no sólo para esta vida, sino también para la venidera.

5. Con esto se conecta el adicional error del Purgatorio. La Iglesia de Roma enseña que los que mueren en el seno de la Iglesia, pero que no han dado en esta vida una plena satisfacción por sus pecados, ni adquirido suficientes méritos para tener derecho a entrar al cielo, pasan en la muerte a un estado de sufrimiento, para quedarse allí hasta que se haya dado una satisfacción plena y se haya logrado una purificación adecuada. No hay ningún fin necesario a este estado de purgatorio sino hasta el día del juicio o el fin del mundo. Puede durar mil o muchos miles de años. Pero el Purgatorio está bajo el poder de las llaves. Los sufrimientos de estas almas en este estado pueden ser aliviados o acortados por los ministros autorizados de la Iglesia. No hay límite para el poder de aquellos hombres que se cree que tienen las llaves del cielo en sus manos, para cerrar, y que nadie pueda abrir, o para abrir, y que nadie pueda cerrar. De todas las cosas increíbles, la más increíble es que Dios fuera a dar un poder así a hombres débiles, ignorantes y muchas veces malvados.

6. La Iglesia de Roma enseña un grave error acerca de la Cena del Señor. Enseña: (1.) Que cuando es consagrada por el sacerdote, toda la sustancia del pan y toda la sustancia del vino son transmutadas en la sustancia del cuerpo y sangre de Cristo. (2.) Que como su cuerpo es inseparable de su alma y divinidad, donde esté lo uno tiene que estar lo otro. El Cristo entero pues, cuerpo, alma y divinidad, está presente en la hostia consagrada, que debe ser adorada como el mismo Cristo es adorado. Esta es la razón de que la Iglesia de Inglaterra en sus Homilías denuncie el servicio de la Misa en la Iglesia de Roma como idolátrico. (3.) La Iglesia de Roma enseña además que el cuerpo y la sangre de Cristo así presentes local y sustancialmente en la Eucaristía son ofrecidos como un verdadero sacrificio de propiciación para perdón de los pecados, y cuya aplicación es determinada por la intención de los sacerdotes oficiantes.

7. La idolatría consiste no sólo en la adoración de falsos dioses, sino en la adoración del verdadero Dios mediante imágenes. El segundo Mandamiento del Decálogo prohíbe de ma-

nera expresa inclinarse ante o servir la semejanza de nada en el cielo arriba o en la tierra abajo. [...] En la Vulgata se lee: «Non adorabis ea neque coles» [no las adoraréis ni las serviréis]. Y es precisamente aquello que está prohibido lo que la Iglesia de Roma permite y manda: el uso de imágenes en el culto religioso, postrarse ante ellas, y hacerles reverencia.

8. Otro gran error de la Iglesia de Roma es el culto a los santos y ángeles, y especialmente a la Virgen María. No se trata meramente de que sean considerados objetos de reverencia, sino que el servicio que se les rinde involucra la adscripción de atributos divinos. Se supone que están presentes en todas partes, capaces de oír y responder a la oración, de ayudar y salvar. Vienen a ser la base de la confianza de la gente, y objetos de sus afectos religiosos. Son para ellos precisamente lo que eran los dioses paganos para los griegos y romanos.

Estos son algunos de los errores de la Iglesia de Roma, y demuestran que esta Iglesia, lejos de ser infalible, está tan corrompida que es el deber del pueblo de Dios salir de ella y renunciar a su comunión.

H. El reconocimiento de una Iglesia Infalible es incompatible con la libertad religiosa y civil.

Una iglesia que pretenda ser infalible se declara por ello mismo la dueña del mundo; y los que admiten su infalibilidad admiten con ello su total sometimiento a su autoridad. De nada les sirve decir que esta infalibilidad está limitada a cuestiones de fe y moral, porque bajo estos encabezamientos se incluye toda la vida del hombre: lo religioso, lo moral, lo doméstico, lo social y lo político. [...]

Si la Iglesia es infalible, su autoridad no es menos absoluta en la esfera de la vida social y política. Es inmoral contraer o persistir en un matrimonio ilegítimo, mantener un juramento ilegítimo, promulgar leyes injustas, obedecer un soberano hostil a la Iglesia. Por ello, la Iglesia tiene el derecho a disolver matrimonios, a liberar a los hombres de la obligación a sus juramentos, y a los ciudadanos de sus lealtades, a abrogar leyes civiles, y a deponer soberanos. Estas prerrogativas no han sido sólo reivindicadas, sino ejercidas una y otra vez por la Iglesia de Roma. Y, si fuera infalible, le pertenecerían de derecho. Como estas pretensiones son bajo pena de la pérdida del alma, no pueden ser resistidas por los que admiten que la Iglesia es infalible. Es evidente, por tanto, que allí donde esta doctrina es sustentada no puede haber libertad de opinión, ni libertad de conciencia, ni libertad civil ni política. Por cuanto el reciente Concilio Vaticano ha decidido que esta infalibilidad está investida en el Papa, es desde ahora un artículo de fe para los romanistas que el romano pontífice es el absoluto soberano del mundo. Todos los hombres están obligados, bajo pena de muerte eterna, a creer lo que él declara cierto, y a hacer todo aquello que él decida que es obligatorio.

Capítulo 6

La regla protestante de la fe

1. Enunciado de la doctrina

TODOS LOS PROTESTANTES concuerdan en enseñar que «la Palabra de Dios, tal como se contiene en las Escrituras del Antiguo y del Nuevo Testamento, es la única norma infalible de fe y práctica».

[...] En los Treinta y Nueve Artículos de la Iglesia de Inglaterra[1] se dice: «La Sagrada Escritura contiene todas las cosas necesarias para la salvación: de manera que todo lo que no se lee en ella, ni puede ser demostrado por ella, no debe ser requerido por ningún hombre, que deba ser creído como artículo de fe, ni ser considerado preciso ni necesario para la salvación». La Confesión de Westminster[2] enseña: «Bajo el nombre de la Sagrada Escritura, o la Palabra de Dios escrita, se contienen ahora todos los libros del Antiguo y Nuevo Testamento, que son estos: etc. [...] todos los cuales son dados por inspiración de Dios, para ser la regla de la fe y de la vida.[3] Todo el consejo de Dios acerca de todas las cosas necesarias para su propia gloria, la salvación del hombre, la fe y la vida, son o bien expuestas de manera expresa en la Escritura, o por consecuencia buena y necesaria se pueden deducir de la Escritura; a la que nada en ningún momento puede añadirse por nuevas revelaciones del Espíritu o tradiciones de los hombres.[4] Todas las cosas en la Escritura no son igualmente claras, ni igualmente claras para todos; sin embargo, aquellas cosas que son necesarias saber, creer y observar, para la salvación, están propuestas con tanta claridad y abiertas en algún lugar u otro de la escritura, que no sólo los entendidos, sino también los no entendidos pueden, con el debido uso de los medios ordinarios, llegar a una suficiente comprensión de los mismos».

De estas declaraciones se hace evidente que los protestantes mantienen: (1.) Que las Escrituras del Antiguo y Nuevo Testamento son la Palabra de Dios, escrita bajo inspiración del Espíritu Santo, y que por tanto son infalibles y de autoridad divina en todas las cosas que tocan a la fe y a la práctica, y por consiguiente libres de todo error, sea de doctrina, de hecho o de precepto. (2.) Que contienen todas las revelaciones sobrenaturales existentes de Dios designadas para ser regla de fe y práctica de su Iglesia. (3.) Que son suficientemente perspicuas para ser comprendidas por el pueblo, con el uso de los medios ordinarios y mediante la ayuda del Espíritu Santo, en todas las cosas necesarias para la fe y la práctica, sin la necesidad de ningún intérprete infalible.

---

1. Artículo 6.
2. Cap. I. §2.
3. *Ibid.* §6.
4. *Ibid.*, §7.

El Canon

Antes de entrar en la consideración de estos puntos, es necesario responder a la pregunta: ¿Qué libros tienen derecho a un lugar en el canon, o regla de fe y práctica? Los romanistas responden a la pregunta diciendo que todos aquellos que la Iglesia ha decidido que son divinos en su origen, y ningunos otros, deben ser recibidos como tales. Los protestantes replican diciendo que por lo que al Nuevo Testamento respecta, sólo aquellos libros que Cristo y sus Apóstoles reconocieron como la Palabra Escrita de Dios tienen derecho a ser considerados canónicos. Este reconocimiento fue dado de la siguiente manera: Primero, muchos de los libros del Antiguo Testamento son citados como la Palabra de Dios, como dados por el Espíritu; o se dice que el Espíritu pronunció lo que en ellos se registra. Segundo, Cristo y sus Apóstoles se refieren a los escritos sagrados de los judíos -el volumen que ellos consideraban como divino- como siendo de hecho lo que afirmaba ser, la Palabra de Dios. Cuando nos referimos a la Biblia como poseedora de autoridad divina, nos referimos a ella como un volumen, y reconocemos todos los escritos que contiene como dados por inspiración del Espíritu. De la misma manera, cuando Cristo o sus Apóstoles citan las «Escrituras», o «la ley y los profetas», y hablan del volumen que entonces se llamaba así, daban su sanción a la autoridad divina de todos los libros que contenía aquel volumen. Así, todo lo que les es necesario determinar a los cristianos acerca del canon del Antiguo Testamento es cuáles eran los libros incluidos en las «Escrituras» reconocidas por los judíos de aquel período. Ésta es una cuestión acerca de la que no cabe ninguna duda razonable. El canon judío del Antiguo Testamento incluía todos los libros y ninguno más que los que ahora reconocen los protestantes como constituyendo las Escrituras del Antiguo Testamento. Sobre esta base los protestantes rechazan los llamados libros apócrifos. No fueron escritos en hebreo ni fueron incluidos en el canon de los judíos. Por ello, no fueron reconocidos por Cristo como la Palabra de Dios. Esta razón es suficiente por sí misma. Sin embargo, queda confirmada por consideraciones derivadas del carácter mismo de los libros. Abundan en errores, y en declaraciones contrarias a las que se encuentran en los libros indudablemente canónicos.

El principio en base al cual se determina el canon del Nuevo Testamento es igualmente sencillo. Aquellos libros, y sólo aquellos que pueden ser demostrados como escritos por los Apóstoles, o que recibieron su sanción, deben ser reconocidos como de autoridad divina. La razón de esta regla es evidente. Los Apóstoles fueron los mensajeros debidamente autorizados de Cristo, de los que Él dijo: «El que a vosotros oye, a mí me oye».

2. Las Escrituras son infalibles, esto es, son dadas por Inspiración Divina

La infalibilidad y divina autoridad de las Escrituras se deben al hecho de que son la palabra de Dios; y son la palabra de Dios porque fueron dadas por la inspiración del Espíritu Santo.

A. La naturaleza de la inspiración. Definición.

La naturaleza de la inspiración se debe aprender conforme a las Escrituras; conforme a sus declaraciones didácticas y de sus propios fenómenos. Hay ciertos hechos generales o principios que subyacen en la Biblia, que se suponen en toda su enseñanza y que por ello se deben suponer en su interpretación. Tenemos, por ejemplo, que dar por supuesto: (1.) Que Dios es [...] Espíritu, -un agente consciente, inteligente y con voluntad, poseyendo todos los atributos de nuestros espíritus sin limitación, y hasta un grado infinito. (2.) Que Él es el Creador del mundo y que es extra-mundano, existiendo antes e independientemente del mismo; no su alma, vida o principio animador, sino su Hacedor, Preservador y Gobernante. (3.) Que como Espíritu está presente en todas partes y en todas partes activo, preservando y gobernando a todas sus criaturas y todas sus acciones. (4.) Que mientras que tanto en el mundo exterior como en el de la mente actúa generalmente según leyes fijas y por medio de causas secundarias, Él es libre para actuar, y a menudo lo hace de manera inmediata, o sin la intervención de tales causas, como en la creación, en la regeneración, y en los milagros. (5.) Que la Biblia contiene una revelación sobrenatural, divina. La cuestión presente no es si la Biblia es lo que afirma ser, sino, ¿qué enseña en cuanto a la naturaleza y efectos de la influencia bajo la que fue escrita?

Acerca de este tema la doctrina común de la Iglesia es y ha sido siempre que la inspiración fue una influencia del Espíritu Santo sobre las mentes de ciertos hombres seleccionados, que los hizo órganos de Dios para la comunicación infalible de su mente y voluntad. Ellos fueron órganos de Dios en el sentido de que lo que ellos dijeron lo dijo Dios.

B. La Inspiración es sobrenatural.

La inspiración es una influencia sobrenatural. Así se distingue, por una parte, de la agencia providencial de Dios, que está en todas partes y siempre en operación; y por otra parte, de las operaciones del Espíritu en gracia en los corazones del pueblo. [...] No es un efecto natural debido al estado interior de su sujeto, ni a la influencia de circunstancias externas.

[...] La inspiración, por ello, no se debe confundir con iluminación espiritual. Difieren, primero, en cuanto a sus sujetos. Los sujetos de la inspiración fueron unas pocas personas seleccionadas; los sujetos de la iluminación espiritual son todos los verdaderos creyentes. Y segundo, difieren en cuanto a su designio. El designio de la primera es hacer a ciertos hombres infalibles como maestros; el designio de la segunda es hacer a los hombres santos. Y naturalmente difieren acerca de sus efectos. La inspiración no tiene un efecto santificador. Balaam fue inspirado. Saúl estuvo entre los profetas. Caifás pronunció una predicción, y aquello «no lo dijo por sí mismo» (Jn 11:51). [...]

C. Distinción entre Revelación e Inspiración.

Segundo, la anterior definición supone una diferencia entre revelación e inspiración. Difieren, en primer lugar, en cuanto a su objeto. El objeto de la revelación es comunicar conocimiento. El objeto o designio de la inspiración es asegurar la infalibilidad en la enseñanza. Consiguientemente difieren también en sus efectos. El efecto de la revelación era hacer más sabio a quien la recibía. El efecto de la inspiración era preservarle de error en la enseñanza. Era frecuente que una misma persona poseyera estos dos dones simultáneamente. Esto es, el Espíritu impartía frecuentemente conocimiento, y controlaba en la comunicación del mismo, oralmente o por escrito, a otros. Este fue indudablemente el caso del salmista, y frecuentemente con los profetas y apóstoles. [...] En muchos casos estos dones estaban separados. Muchos de los escritores sagrados, aunque inspirados, no recibieron revelaciones. Este fue posiblemente el caso de los autores de los libros históricos del Antiguo Testamento. El evangelista Lucas no relaciona su conocimiento de los acontecimientos que narra con ninguna revelación, sino que dice que lo derivó de aquellos «los que desde el principio fueron testigos oculares y servidores de la Palabra» (Lucas 1:2). No nos es de consecuencia de dónde Moisés obtuvo su conocimiento de los acontecimientos registrados en el Libro del Génesis; si de antiguos documentos, si de la tradición, o si de una revelación directa. [...] Si los escritores sagrados tenían suficientes fuentes de conocimiento por sí mismos o por medio de los que los rodeaban, no hay necesidad de suponer una revelación directa. Nos es suficiente que fueran constituidos infalibles como maestros. [...] Sin embargo, es una conclusión ilógica inferir que por cuanto un historiador no tuviera necesidad de que le dictasen los hechos, que no necesitaba de control para ser preservado del error.

D. Hombres inspirados fueron órganos de Dios.

Un tercer punto incluido en la doctrina de la Iglesia acerca de la inspiración es que los escritores sagrados fueron órganos de Dios, porque lo que ellos enseñaban lo enseñaba Dios. No obstante, se tiene que recordar que cuando Dios emplea a cualquiera de sus criaturas como instrumentos, los emplea en conformidad a su naturaleza. Emplea a los ángeles como ángeles, a los hombres como hombres, y a los elementos como elementos. Los hombres son agentes voluntarios inteligentes; y como tales fueron hechos como órganos de Dios. Los escritores sagrados no fueron vueltos inconscientes ni irracionales. Los espíritus de los profetas estaban sujetos a los profetas (1 Co 14:32). [...] Además, así como la inspiración no involucró la suspensión ni la supresión de las facultades humanas, tampoco interfirió con el libre ejercicio de las facultades mentales características del individuo. Si era un hebreo el inspirado, hablaba en hebreo. Si era griego, hablaba en griego; si era un hombre instruido, hablaba como hombre de cultura; si era rudo, hablaba como tal hombre es propenso a hablar. Si su mente era lógica, razonaba, como lo hacía Pablo. Si era emocional y contemplativo, escribía como Juan. Todo esto está involucrado en el hecho de que Dios emplea sus instrumentos conforme a su naturaleza. Los escritores sagrados dejaron la impronta de su carácter en sus varias producciones de una manera tan clara como si no hubieran estado sometidos a ninguna influencia extraordinaria. Éste es uno de los fenómenos de la Biblia que destacan ante el lector más desatento. [...] Así los escritores sagrados escribieron de la plenitud de sus propios pensamientos y sentimientos, empleando el lenguaje y modo de expresión que les era más natural y apropiado. Sin embargo, y no por ello en menor grado, hablaron tal como fueron impulsados por el Espíritu Santo, y sus palabras eran las palabras de Él.

E. Prueba de la doctrina

El hecho de que esta es la doctrina escritural de la inspiración; de que hombres inspirados fueron los órganos de Dios en el sentido de que sus palabras deben ser recibidas no como palabras de hombres, sino como lo son en verdad como las palabras de Dios (1 Ts 2:13), queda demostrado:

1. Por el significado y uso de la palabra. Se admite, naturalmente, que las palabras deben ser entendidas en su sentido histórico. Si se puede ver cuál es la idea que los hombres que vivían en la era apostólica asignaban a la palabra *theopneustos* y sus equivalentes, ésta es la idea que los apóstoles querían expresar con las mismas. Todas las naciones han creído no sólo que Dios tiene acceso a la mente humana y que puede controlar sus operaciones, sino que en ocasiones Él tomó tal posesión de personas determinadas que hizo de ellas órganos de sus comunicaciones. A estas personas los griegos las llamaban *theophoroi* (los que llevaban un Dios dentro de ellos); o *enthios* (aquellos en los que moraba un Dios). En la Septuaginta se emplea la palabra *pneumatophoros* en el mismo sentido. En Josefo,[5] la idea es expresada mediante la frase *tö theiöi pneumati kekinëmenos*; con las que se corresponden de manera exacta las palabras de Pedro (2 Pedro 1:21): *hupo pneumatos pheromenoi*; y lo que es escrito por los hombres bajo la influencia del Espíritu es llamado *graphë theopneustos* (2 Ti 3:16). [...] Por ello, la idea de inspiración está fijada. No debe ser determinada arbitrariamente. No debemos interpretar la palabra o el hecho según nuestras teorías de la relación de Dios con el mundo, sino según uso de la antigüedad, sagrada y profana, y en conformidad a la doctrina que se conoce que los escritores sagrados y los hombres de su generación mantuvieron acerca de esta cuestión. Según toda la antigüedad, un hombre inspirado era uno que era el órgano de Dios en lo que

---

5. *Antigüedades*, IV. 6,5

decía, de manera que sus palabras eran las palabras del dios de quien él era el órgano. Cuando, por tanto, los escritores sagrados usan las mismas palabras y formas de expresión que usaban los antiguos para comunicar esta idea, se tiene que suponer, con toda honradez, que significaban el mismo concepto.

Argumento derivado del significado de la palabra profeta
2. Que éste es el significado de la idea escritural de la inspiración queda adicionalmente demostrado por el significado de la palabra profeta. Los escritores sagrados dividen las Escrituras en «la ley y los profetas». Como la ley fue escrita por Moisés, y Moisés era el más grande de los profetas, sigue de ello que todo el Antiguo Testamento fue escrito por profetas. Si podemos entonces determinar el sentido escritural del término profeta, determinaremos con ello el carácter de sus escritos y la autoridad que se les debe atribuir. Así, un profeta, en el sentido escritural del término, es un portavoz, uno que habla por otro, en su nombre y con su autoridad; de modo que no es el portavoz sino aquella persona en cuyo nombre actúa, la que es responsable de la veracidad de lo dicho. [...] Esto determina de una manera decisiva, qué es lo que es un profeta. Es la boca de Dios; uno por medio del que Dios habla al pueblo, de modo que lo que dice el profeta lo dice Dios. Así, cuando un profeta era consagrado, se decía: «He aquí que he puesto mis palabras en tu boca» (Jer 1:9; Is 51:16). [...] Era un mensajero de Dios; hablaba en nombre de Dios; las palabras «Así dice Jehová» estaban constantemente en su boca. Se dice de este y aquel profeta que «la palabra de Jehová» vino sobre él; [...]

Esto es precisamente lo que enseña el Apóstol Pedro cuando dice (2 Pedro 1:20, 21): «Ninguna profecía de la Escritura procede de interpretación privada, porque nunca la profecía fue traída por voluntad humana, sino que los santos hombres de Dios hablaron siendo inspirados (*pheromenoi, impulsados* como una nave por el viento) por el Espíritu Santo». La profecía, esto es, lo dicho por un profeta, no era humana, sino divina. No era la propia interpretación del profeta de la mente y voluntad de Dios. Hablaba como órgano del Espíritu Santo.

Lo que los profetas dijeron, lo dijo Dios
3. Otra prueba decisiva de que los escritores sagrados fueron órganos de Dios en el sentido que se acaba de enunciar es que se afirma que lo que ellos dijeron lo había dicho Dios. Cristo mismo dijo que fue por el Espíritu que David llamó Señor al Mesías (Mt 22:43). En el Salmo 95:7 (RVR) David dice: «Si oyereis hoy su voz, no endurezcáis vuestro corazón»; pero el Apóstol dice (en He 3:7) que éstas fueron palabras del Espíritu Santo. [...] En Hechos 28:25, Pablo les dijo a los judíos: «Bien habló el Espíritu Santo por medio del profeta Isaías a vuestros padres). Y es de esta manera como Cristo y sus Apóstoles se refieren constantemente a las Escrituras, mostrando más allá de toda duda que creían y enseñaban que lo que los sagrados escritores habían dicho lo había dicho el Espíritu Santo.

La inspiración de los Escritores del Nuevo Testamento
Es cierto que esta prueba tiene que ver de manera especial sólo con los escritos del Antiguo Testamento. Pero ningún cristiano pone la inspiración del Antiguo Testamento por encima de la del Nuevo. Si las Escrituras de la antigua dispensación fueron dadas por inspiración de Dios, mucho más aquellos escritos que fueron escritos bajo la dispensación del Espíritu. Además, la inspiración de los Apóstoles queda demostrada, (1.) Por el hecho de que Cristo les prometió el Espíritu Santo, que traería a su recuerdo todas las cosas, y los haría infalibles en la enseñanza. No sois vosotros, dijo Él, los que habláis, sino el Espíritu de mi Padre que habla en vosotros. El que a vosotros oye a mí me oye. Les prohibió entrar en su oficio como maestros hasta

que recibieran poder de lo alto. (2.) Esta promesa se cumplió el día de Pentecostés, cuando el Espíritu descendió sobre los Apóstoles como un viento recio y poderoso, y fueron llenos del Espíritu Santo, y comenzaron a hablar según el Espíritu les daba que hablasen... Desde aquel momento fueron nuevos hombres, con nuevas perspectivas, y con un nuevo poder y autoridad. El cambio fue súbito. No fue un desarrollo, sino algo totalmente sobrenatural; como cuando Dios dijo: sea la luz, y fue la luz. [...] (3.) Después del día de Pentecostés los Apóstoles afirmaron ser los órganos infalibles de Dios en todas sus enseñanzas. Requerían de los hombres que recibieran lo que ellos enseñaban no como palabra de los hombres, sino como Palabra de Dios (1 Ts 2:13); declararon, como Pablo (1 Co 14:37) que las cosas que escribían eran mandamientos del Señor. Hacían que la salvación de los hombres dependiera de la fe en las doctrinas que ellos enseñaban (Gá 1:8). Juan afirma que el que no recibiera el testimonio que él daba acerca de Cristo hacía a Dios mentiroso, porque el testimonio de Juan era el testimonio de Dios (1 Jn 5:10). «El que conoce a Dios, nos oye; el que no es de Dios, no nos oye» (4:6). Esta declaración de infalibilidad, esta demanda de autoridad divina para sus enseñanzas, es característica de toda la Biblia. Los escritores sagrados, a una y en todas partes, niegan una autoridad personal; nunca hacen descansar la obligación a tener fe en sus enseñanzas ni en su propio conocimiento ni en su sabiduría; nunca la hacen descansar sobre la verdad de lo que enseñaban como manifiesto a la razón o como susceptible de ser demostrado con argumentos. Hablan como mensajeros, como testigos, como órganos. Declaran que lo que dijeron lo dijo Dios, y que es por tanto con base en esta autoridad que debía ser recibido y obedecido.

El testimonio de Pablo

Los corintios objetaban a la predicación de Pablo que él no intentaba dar ninguna prueba racional o filosófica de las doctrinas que proponía; que su lenguaje y manera de discurrir no se ajustaba a las normas de la retórica. Él responde a estas objeciones diciendo, primero, que las doctrinas que él enseñaba no eran las verdades de la razón, no se derivaban de la sabiduría de los hombres, sino que eran asunto de revelación divina; que enseñaba sencillamente lo que Dios había declarado cierto; y, en segundo lugar, que en cuanto a la manera de presentar estas verdades, él era meramente el órgano del Espíritu de Dios. En 1 Co 2:7-13 expone toda esta cuestión de la manera más clara y concisa. Las cosas que él enseñaba, y que él llama «la sabiduría de Dios», «las cosas del Espíritu», esto es, el evangelio, el sistema de doctrina enseñado en la Biblia, dice él, nunca ha entrado en las mentes de los hombres. Dios había revelado estas verdades por su Espíritu, porque el Espíritu es la única fuente competente de tal conocimiento»: «Porque, ¿quién de los hombres sabe las cosas del hombre, sino el espíritu del hombre que está en él? Así tampoco nadie conoce las cosas de Dios, sino el Espíritu de Dios». [...]

4. Esta declaración de infalibilidad de parte de los Apóstoles era debidamente autenticada no sólo por la naturaleza de las verdades que comunicaban, y por el poder que estas verdades siempre han ejercido sobre las mentes y los corazones de los hombres, sino también por el testimonio interior del Espíritu del que habla San Juan cuando dice: «El que cree en el Hijo tiene el testimonio en sí mismo» (1 Jn 5:0): una «unción del Santo» (1 Jn 2:20). Fue confirmada con señales milagrosas. Tan pronto como los apóstoles recibieron poder de lo alto, hablaron en «otras lenguas»; sanaron a los enfermos, restauraron a los lisiados y a los ciegos. «Testificando Dios juntamente con ellos, tanto con señales como con prodigios y diversos milagros y dones distribuidos por el Espíritu Santo según su voluntad». Y Pablo les recuerda a los corintios que se habían dado entre ellos las señales de un Apóstol «en toda paciencia, por señales, prodigios y milagros» (2 Co 12:12). El mero hecho de obrar milagros no era evidencia de una comisión divina como maestro. Pero cuando un hombre afirma ser órgano de Dios, cuando dice que Dios habla por medio de él, entonces su obra de milagros es el testimonio de

Dios de la validez de sus declaraciones. Y éste es el testimonio que Dios dio de la infalibilidad de los Apóstoles.

Las anteriores consideraciones son suficientes para mostrar que, según las Escrituras, unos hombres inspirados fueron los órganos o boca de Dios, en el sentido de que lo que dijeron y enseñaron tiene la sanción y autoridad de Dios.

F. La inspiración se extiende igualmente a todas las partes de la Escritura

Este es el cuarto elemento de la doctrina de la Iglesia acerca de esta cuestión. Significa, primero, que todos los libros de la Escritura están igualmente inspirados. Todos son por un igual infalibles en lo que enseñan. Y segundo, que la inspiración se extiende a todo el contenido de estos varios libros. No se limita a las verdades morales y religiosas, sino que se extiende a las declaraciones factuales, sean de carácter científico, histórico o geográfico. No se limita a aquellas cuestiones cuya importancia es evidente, o que se refiere a cuestiones doctrinales. Se extiende a todo lo que cualquier escritor sagrado declara verdadero.

Esto se demuestra, (1) Porque está involucrado en, o sigue como necesaria consecuencia de, la proposición de que los escritores sagrados eran órganos de Dios. Si lo que ellos afirman lo afirma Dios, lo que, como se ha visto, es el concepto escritural de inspiración, sus declaraciones deben estar libres de error. (2.) Porque nuestro Señor declara de manera expresa: «La Escritura no puede ser quebrantada» (Jn 10:35), esto es: no puede errar. (3.) Porque Cristo y sus Apóstoles se refieren a todas las partes de la Escritura, o a todo el volumen, como la Palabra de Dios. No hacen distinción entre la autoridad de la Ley, de los Profetas o de los Hagiógrafos. Citan del Pentateuco, de los libros históricos, de los Salmos y de los Profetas, como igualmente la Palabra de Dios. (4.) Porque Cristo y los escritores del Nuevo Testamento se refieren a todas las clases de hechos registrados en el Antiguo Testamento como infaliblemente ciertos. Y no sólo a hechos doctrinales, como los de la creación y prueba del hombre; su apostasía; el pacto con Abraham; la promulgación de la ley en el Monte Sinaí; no sólo a grandes hitos históricos, como el diluvio, la liberación del pueblo esclavizado en Egipto, el paso del Mar Rojo, sino que también se refieren a circunstancias semejantes pero incidentales, o a hechos de una importancia aparentemente menor, como que Satanás tentó a nuestros primeros padres habiendo tomado forma de serpiente; que Elías sanó a Naamán el sirio, y que fue enviado a la viuda de Sarepta; que David comió el pan de la proposición en el tabernáculo; e incluso aquella gran piedra de tropiezo, que Jonás estuvo tres días en el vientre de la ballena. Todas estas cosas son mencionadas por nuestro Señor y sus Apóstoles con la sublime simplicidad y confianza con que son recibidas por los niños pequeños. (5.) Subyace en la misma idea de la Biblia que Dios escogió a unos hombres para que escribieran historia, a otros para que compusieran salmos; a otros para que desvelaran el futuro; a otros para que enseñaran doctrinas. Todos fueron igualmente sus órganos, y cada uno fue infalible en su propia esfera. Así como el principio de la vida vegetal impregna a toda la planta, raíz, tallo y flor, y así como la vida del cuerpo pertenece tanto a los pies como a la cabeza, así el Espíritu de Dios impregna toda la Escritura, y no más en una parte que en otra. Algunos miembros del cuerpo son más importantes que otros, y algunos libros de la Biblia deberían tener precedencia en ser preservados. Puede que haya tanta diferencia entre el Evangelio de San Juan y el Libro de las Crónicas como entre el cerebro de un hombre y su cabello; sin embargo, la vida del cuerpo está tan verdaderamente en el cabello como en el cerebro.

G. La inspiración de las Escrituras se extiende a las Palabras

1. Esto una vez más está incluido en la infalibilidad que nuestro Señor adscribe a las Escrituras. Un mero informe o registro humano de una revelación divina tendría que ser necesariamente no sólo falible, sino más o menos erróneo.

2. Los pensamientos están en las palabras. Las dos cosas son inseparables. Si las palabras sacerdote, sacrificio, rescate, expiación, propiciación, purificación mediante la sangre, y semejantes, no tienen autoridad divina, entonces la doctrina que ellas conllevan no tiene tal autoridad.

3. Cristo y sus Apóstoles arguyen con base en las mismas palabras de la Escritura. Nuestro Señor dice que David, por el Espíritu, llamó Señor al Mesías; esto es, que David empleó esta palabra. Y fue en el uso de una palabra determinada que dijo Cristo (Jn 10:35) que la Escritura no puede ser quebrantada: «Si llamó dioses a aquellos a quienes vino la palabra de Dios (y la Escritura no puede ser quebrantada)», etc. Así que el mismo uso de esta palabra, según la perspectiva que tenía Cristo de la Escritura, fue determinado por el Espíritu de Dios. En Gá 3:16 Pablo pone énfasis en el hecho de que en la promesa dada a Abraham se emplea una palabra en singular, y no en plural: «simiente», «a uno», y no «a las simientes, como refiriéndose a muchos». Constantemente se citan las mismas palabras de la Escritura como con autoridad divina.

4. La misma manera en que la doctrina de la inspiración es enseñada en la Biblia presupone que los órganos de Dios para comunicar su voluntad fueron controlados por Él en las palabras que empleaban. «He aquí que he puesto mis palabras en tu boca» (Jer 1:9). «No sois vosotros los que habláis, sino el Espíritu de vuestro Padre el que habla en vosotros» (Mt 10:20). [...] «Los santos hombres de Dios hablaron siendo inspirados por el Espíritu Santo» (2 P 1:21). [...] Las palabras del profeta eran las palabras de Dios, o no podría ser un verdadero portavoz de Dios. También se ha mostrado que en el pasaje más formalmente didáctico en la Biblia acerca de este tema (1 Co 2: 10-13) el Apóstol declara de manera expresa que las verdades reveladas por el Espíritu las comunicó en palabras enseñadas por el Espíritu.

Inspiración plenaria

El punto de vista presentado más arriba es conocido como la doctrina de la inspiración plenaria. Plenario es opuesto a parcial. La doctrina de la Iglesia niega que la inspiración esté limitada a unas partes de la Biblia, y afirma que se aplica a todos los libros del canon sagrado. Niega que los escritores sagrados fueran sólo inspirados parcialmente; afirma que fueron plenamente inspirados en cuanto a todo lo que enseñan, sean doctrinas o hechos. Esto naturalmente no implica que los escritores sagrados fueran infalibles aparte de aquel propósito especial para el que fueron empleados. No estaban dotados de conocimiento plenario. En cuanto a todas las cuestiones de ciencia, filosofía e historia, estaban al mismo nivel que sus contemporáneos. Fueron infalibles sólo como maestros y cuando actuaban como portavoces de Dios. Su inspiración no los hizo astrónomos, como tampoco agrónomos. Isaías fue infalible en sus predicciones, aunque compartiera con sus compatriotas los puntos de vista entonces prevalentes acerca de la mecánica del universo. Pablo no podía errar en nada de lo que enseñara, aunque no pudiera recordar a cuantos había bautizado en Corinto. Además es indudable que los mismos escritores sagrados diferían en cuanto al conocimiento de aquellas verdades que enseñaban. El Apóstol Pedro indica que los profetas escudriñaban con diligencia el sentido de sus propias predicciones... y la doctrina escritural acerca de esto no implica que los escritores sagrados estuvieran libres de errores de conducta. [...] Pedro erró en su conducta en Antioquía; pero esto no demuestra que errara en su enseñanza. La influencia que le impedía errar en su enseñanza no estaba designada para impedirle que errara en su conducta.

H. Consideraciones generales en sustento de la doctrina

Acerca de esto no es necesario decir mucho. Si se consideraran como distintas las preguntas «¿Cuál es la doctrina escritural acerca de la inspiración?» y «¿Cuál es la verdadera doctrina?», entonces, tras haber mostrado lo que las Escrituras enseñan acerca de esta cuestión, sería necesario demostrar que lo que enseñan es cierto. Pero no es ésta la postura del teólogo cristiano. Su ocupación es exponer lo que la Biblia enseña. [...] Esta es la razón por la que en el primer período de la Iglesia no hubo una discusión separada de la doctrina de la inspiración. Se consideraba involucrada en el origen divino de las Escrituras. Si son una revelación de Dios, tienen que ser recibidas y obedecidas; pero no pueden ser recibidas sin atribuirles autoridad divina, y no pueden tener tal autoridad sin ser infalibles en todo lo que enseñan.

La unidad orgánica de las Escrituras demuestra que son el producto de una sola mente. No sólo están unidas de tal manera que no podemos creer una parte sin creer la otra; que no podemos creer el Nuevo Testamento sin creer el Antiguo; que no podemos creer los Profetas sin creer la Ley; que no podemos creer a Cristo sin creer a sus Apóstoles, sino que además de todo esto presentan el desarrollo regular, llevado a través de siglos y milenios, de la gran promesa original: Que la simiente de la mujer aplastaría la cabeza de la serpiente. Este desarrollo fue seguido por unos cuarenta escritores independientes, muchos de los cuales comprendían muy poco del plan que estaban desarrollando, pero cada uno contribuyó su parte al progreso y redondeo del todo.

Si la Biblia es la obra de una mente, esta mente tiene que ser la mente de Dios. Sólo Él conoce el final desde el principio. Sólo Él podría saber lo que la Biblia revela. Nadie, dice el Apóstol, conoce las cosas de Dios sino el Espíritu de Dios. Sólo Él podía revelar la naturaleza, los pensamientos y los propósitos de Dios. Sólo Él podía decir si el pecado podía ser perdonado. Nadie conoce al Hijo sino el Padre. La revelación de la persona y de la obra de Cristo es tan claramente la obra de Dios como lo son los cielos en su majestad y gloria. [...]

Después de todo, Cristo es el gran objeto de la fe del cristiano. Creemos en él y creemos todo lo demás por su autoridad. Él nos da el Antiguo Testamento, y nos dice que es la Palabra de Dios; que sus autores hablaron por el Espíritu; que las Escrituras no pueden ser quebrantadas. Y creemos sobre su testimonio. Su testimonio acerca de sus Apóstoles no es menos explícito, aunque dado de manera diferente. Prometió darles una boca y una sabiduría que sus adversarios no podrían disputar ni resistir. Les dijo que no pensaran de antemano lo que deberían decir, «porque el Espíritu Santo os enseñará en esa misma hora lo que se debe decir» (Lc 12:12). «No sois vosotros los que habláis, sino el Espíritu de vuestro Padre el que habla en vosotros». Les dijo: «El que os recibe a vosotros, a mí me recibe», y oró por los que iban a creer por la palabra de ellos. Así, creemos en las Escrituras porque Cristo declara que son la Palabra de Dios. El cielo y la tierra pueden pasar, pero su palabra no puede pasar.

I. Objeciones

Una numerosa clase de las objeciones a la doctrina de la inspiración, que para muchas mentes son de lo más eficaz, surge del rechazamiento de alguna u otras de las presuposiciones especificadas en páginas anteriores. Si alguien niega la existencia de un Dios personal y extra-mundano, tiene que negar la doctrina de la inspiración, pero no es necesario para demostrar esta doctrina que tengamos que probar primero el ser de Dios. Si uno niega que Dios ejercite una acción eficaz en el gobierno del mundo, y mantiene que todo es producto de leyes fijas, no puede creer lo que dicen las Escrituras acerca de la inspiración. Si lo sobrenatural es imposible, es imposible la inspiración. Se descubrirá que la mayor parte de las objeciones, especialmente las de fecha reciente, están basadas en puntos de vista no escriturales acerca de las relaciones de Dios con el mundo, o en las particulares perspectivas filosóficas de los objetores en cuanto a la naturaleza del hombre o de su libre actividad.

Una clase más numerosa de objeciones se basa en concepciones erróneas acerca de qué es lo que la Iglesia cree acerca de esta cuestión. Incluso un hombre tan distinguido por su conocimiento y capacidad como Coleridge habla con menosprecio de lo que él considera como la común teoría de la inspiración, cuando en realidad está totalmente errado acerca de cuál es la verdadera doctrina a la que se opone. Dice él: «Todos los milagros que las leyendas de monjes o rabinos contienen, apenas si pueden tener competencia, a nivel de complicación, inexplicabilidad, ausencia de todo uso o propósito inteligible, y de frustración cíclica, con los que tienen que ser supuestos por parte de los partidarios de esta doctrina, a fin de dar paso a una serie de milagros mediante los que todos los redactores individuales de la nación hebrea antes de Esdras, de los que quedan algunos restos, fueron sucesivamente transformados en redactores autómatas»,[6] etc, Pero si la doctrina de la inspiración que sostiene la Iglesia no supone que los escritores sagrados fueron transformados en redactores autómatas, como tampoco es transformado en un autómata todo aquel creyente en quien Dios «obra tanto el querer como el hacer», entonces todas estas objeciones no valen nada. Si Dios, sin interferir con la libre actividad humana, puede poner infaliblemente en claro que él se arrepentirá y creerá, puede dar certidumbre de que no errará en la enseñanza. Es en vano profesar mantener la común doctrina del Teísmo y sin embargo afirmar que Dios no puede controlar a criaturas racionales sin transformarlas en máquinas.

Discrepancias y errores

Pero aunque el teólogo pueda descartar con derecho todas las objeciones basadas en la negación de los principios comunes de la religión natural y de la revelada, hay otras que no se pueden descartar de esta manera sumaria. Las más evidentes de estas objeciones son que los escritores sagrados se contradicen entre sí, y que enseñan error. Naturalmente, sería inútil pretender que los escritores sagrados eran infalibles, si de hecho erraran. Nuestra postura acerca de la inspiración tiene que quedar determinada por el fenómeno de la Biblia además de por sus declaraciones didácticas. Si de hecho los escritores sagrados retienen cada uno de ellos su propio estilo y modo de pensamiento, tenemos entonces que renunciar a toda teoría que presuponga que la inspiración anula o suprime todas las peculiaridades individuales. Si las Escrituras abundasen en contradicciones y errores, entonces sería en vano pretender que fueron escritas bajo una influencia que impedía todo error. Aquí, pues, se trata de una cuestión factual: ¿Se contradicen entre sí los escritores sagrados? ¿Enseñan las Escrituras lo que se puede demostrar como falso mediante otras fuentes de conocimiento? [...]

La objeción bajo consideración, esto es, que la Biblia contiene errores, se subdivide en dos. La primera, que los escritores sagrados se contradicen a sí mismos, o los unos a los otros. La segunda, que la Biblia enseña cosas que no concuerdan con los hechos de la historia o de la ciencia.

En cuanto a la primera de estas objeciones, se precisaría no de un volumen, sino de varios, para considerar todos los casos de discrepancias que se han alegado. Todo lo que podemos esperar hacer aquí son unas pocas observaciones generales:[7] (1.) Estas aparentes discrepancias, aunque numerosas, son en su mayoría triviales, y están principalmente relacionadas con números o fechas. (2.) La mayor parte de ellas son sólo aparentes, y armonizan bajo un cuidadoso examen. (3.) Muchas de ellas pueden ser adscritas con justicia a errores de transcriptores. (4.) La maravilla y el milagro es que haya tan pocas de ninguna importancia real. Considerando que los diferentes libros de la Biblia no sólo fueron escritos por diferentes autores, sino que también eran hombres de todos los niveles de cultura, viviendo a lo largo de

---

6. «Confessions of an Inquiring Spirit», en *Works,* Harpers, NY., 1853, Vol. V., pág. 612.
7. El lector interesado en seguir este tema puede consultar el libro *Diccionario de dificultades y aparentes discrepancias bíblicas,* de John W. Haley y Santiago Escuain (CLIE, Terrassa 1989)

mil quinientos o dos mil años, es completamente inexplicable que concordaran perfectamente basándonos en cualquier otra hipótesis de que los escritores estaban bajo la conducción del Espíritu de Dios. A este respecto, como en todos los demás, la Biblia descuella sola. Es suficiente para llenar a cualquier mente de asombro cuando se contemplan las Sagradas Escrituras repletas de las más elevadas verdades, hablando con autoridad en el nombre de Dios, y tan milagrosamente libres del contaminador toque de los dedos humanos. Los errores en cuestiones factuales que los escépticos buscan con ahínco no tienen proporción con el todo. Ningún hombre en su sano juicio negaría que el Partenón fuera construido de mármol incluso si se encontrara un granito de arenisca en su estructura. No menos irrazonable es negar la inspiración de un libro como la Biblia porque un escritor sagrado diga que en una ocasión determinada fueron muertos veintitrés mil hombres, y otro que fueron veinticuatro mil. Desde luego, un cristiano puede permitirse pisotear tales objeciones.

Admitiendo que las Escrituras contienen, en unos pocos casos, discrepancias que no podemos explicar satisfactoriamentecon nuestro actual conocimiento, no nos dan base racional para negar su infalibilidad. «La Escritura no puede ser quebrantada» (Jn 10:35). Esta es la doctrina entera de la inspiración plenaria, enseñada por boca del mismo Cristo. El universo está repleto de evidencias de designio, tan múltiples, tan diversas y tan maravillosas como para abrumar la mente con la convicción de que tiene un Hacedor inteligente. Pero aquí y allá aparecen ejemplos aislados de monstruosidades. Es irracional que por no poder dar cuenta de tales casos neguemos que el universo es producto de la inteligencia. Tampoco el cristiano tiene que renunciar a su fe en la inspiración plenaria de la Biblia, aunque pueda haber algunas cosas en su estado actual a las que no pueda dar explicación.

Objeciones históricas y científicas

La segunda gran objeción a la inspiración plenaria de las Escrituras es que enseña cosas inconsecuentes con verdades históricas y científicas.

Una vez más se tiene que observar que [...] el lenguaje de la Biblia es el lenguaje de la vida diaria, y el lenguaje de la vida diaria se basa en la verdad evidente a los sentidos, y no en formulaciones científicas. [...] Hay una gran distinción que debe hacerse entre las teorías y los hechos. Las teorías son de los hombres. Los hechos son de Dios. La Biblia contradice con frecuencia las teorías, pero nunca los hechos. [...] Los hombres hostiles o indiferentes a sus verdades pueden rechazar su autoridad, sobre una base insuficiente, o debido a sus opiniones personales; pero incluso a juicio de las más grandes autoridades de la ciencia, no puede objetarse con justicia a sus enseñanzas.[8]

Es imposible apreciar debidamente la importancia de esta cuestión. Si la Biblia es la palabra de Dios, todas las grandes cuestiones que durante siglos han agitado las mentes de los hombres quedan asentadas con una certidumbre infalible. La razón humana nunca ha po-

---

8. Para un examen de los temas de apologética científica con respecto a la cuestión del origen del universo, del sistema solar, de la tierra, de la vida, de las especies y del hombre, así como de la historia geológica de la tierra, se recomiendan los siguientes libros, que aportan mucha luz sobre la cuestión y que constituyen una rigurosa crítica de la postura materialista evolucionista y una erudita presentación de las evidencias creacionistas: *El Diluvio del Génesis*, por Henry M. Morris y John C. Whitcomb; *Los hombres-simios, ¿realidad o ficción?*, por Malcom Borden, y los siguientes títulos de la Colección Creación y Ciencia, *Creación, Evolución y el Registro Fósil; Geología: ¿Actualismo o Diluvialismo?; Las dataciones radiométricas: Crítica; Creación, Evolución y Termodinámica; El origen del Sistema Solar; Vida, Herencia y Desarrollo; Biología y Orígenes; Los fósiles y el diluvio; Anegado en Agua; Cronometría: Consideraciones Críticas*, todos ellos de esta misma editorial. Para mantenerse al día acerca del estado actual de la controversia existen las publicaciones *Creación y Génesis*, de la Coordinadora Creacionista, apartado 92041, 08080 Barcelona, España. [N. del T.]

dido responder para satisfacción propia, ni para dar certidumbre a otros, estas vitales preguntas: ¿Qué es Dios? ¿Qué es el hombre? ¿Qué hay más allá del sepulcro? Si hay algún estado futuro del ser, ¿cuál es? Y, ¿cuántas bendiciones futuras están aseguradas? Sin la Biblia todos estamos, en estas cuestiones, en una total oscuridad. ¡Cuán inacabables e insatisfactorias han sido las respuestas a la más magna de todas las preguntas: ¿Qué es Dios?! Todo el mundo oriental replica diciendo: «Él es el modo inconsciente del ser». Los griegos dieron la misma respuesta a los filósofos, e hicieron de toda la naturaleza un Dios para el pueblo. Los modernos no han llegado a ninguna doctrina superior. Fichte dice que el Ego subjetivo es Dios. Según Schelling, Dios es el movimiento eterno del universo, en el que el sujeto se transforma en objeto, el objeto en sujeto, el infinito en finito, y el finito en infinito. Hegel dice: El Pensamiento es Dios. Cousin combina todas las respuestas germánicas para dar la suya. Coleridge nos remite a Schelling para una respuesta a la pregunta de qué es Dios. Carlyle hace de la fuerza Dios. Un niño cristiano dice: «Dios es Espíritu, infinito, eterno, e inmutable en su ser, sabiduría, poder, santidad, justicia, bondad y verdad». Los hombres y los ángeles cubren sus rostros en presencia de esta respuesta. Es la más elevada, grande y fructífera verdad jamás expresada en lenguaje humano. Sin la Biblia, estamos sin Dios y sin esperanza. El presente es una carga, y el futuro un terror.

3. Teorías adversas

Aunque ha prevalecido una unanimidad sustancial en cuanto a la doctrina de la inspiración entre las grandes iglesias históricas de la cristiandad, sin embargo ha habido no poca diversidad de opinión entre los teólogos y los escritores filósofos. Estas teorías son demasiado numerosas para examinarlas detalladamente. Puede, quizá, ser ventajoso clasificarlas bajo los siguientes encabezamientos.

A. Doctrinas naturalistas

Hay una numerosa categoría de escritores que niegan toda actividad sobrenatural en los asuntos de los hombres. Esta clase general incluye escritores que difieren esencialmente en sus perspectivas.

Primero: Hay los que aunque Teístas mantienen una teoría mecanicista del universo. Esto es, creen que Dios, habiendo creado el mundo, incluyendo todo lo que contiene, orgánico e inorgánico, racional e irracional, y habiendo dotado a la materia con sus propiedades y a las mentes con sus atributos, lo deja a sí mismo. De la manera en que una nave, una vez botada y equipada, es dejada a los vientos y a su tripulación. Esta teoría descarta la posibilidad no sólo de todos los milagros, profecías y revelación sobrenatural, sino de todo gobierno providencial, tanto general como especial. Los que adoptan este punto de vista de la relación de Dios con el mundo tienen que considerar la Biblia, de principio a fin, como un producto enteramente humano. Puede que lo clasifiquen como el punto culminante, o como el inferior, de las obras literarias de los hombres; pero no hay posibilidad de que sea inspirada en ningún sentido propio de la palabra.

Segundo: Los hay que no excluyen a Dios de una manera tan total de sus obras. Admiten que está presente en todas partes, y en todas partes activo; que su actividad providencial y control son ejercitados en la marcha de todos los acontecimientos. Pero mantienen que siempre actúa según unas leyes fijas, y siempre en relación y cooperación con causas segundas. Según esta teoría, se deben descartar también todos los milagros y todas las profecías propiamente dichas. Se admite una revelación, o al menos su posibilidad. Pero es algo meramente providencial. Consiste en tal ordenamiento de las circunstancias y en una tal combinación de las influencias que aseguran la elevación de ciertos hombres a un mayor nivel de conocimiento religioso que el alcanzado por otros. Se puede decir también, en cierto sentido, que están inspirados hasta allí en que su estado interior, subjetivo, es más puro y más devoto, así como más inteligente que el de los hombres ordinarios. Pero, según esta teoría, no hay una diferencia cualitativa entre los hombres inspirados y los no inspirados. Se trata sólo de grado. Unos son más purificados e iluminados, y otros menos. Esta teoría hace también de la Biblia una mera producción humana. Limita la revelación a la esfera del conocimiento humano. Ningún posible grado de cultura o de desarrollo puede sacar nada más que humano de un humano. Según las Escrituras y la fe de la Iglesia, la Biblia es revelación de las cosas de Dios; de sus pensamientos y propósitos. Pero, ¿quién sabe las cosas de Dios -pregunta el Apóstol- salvo el Espíritu de Dios? Aquellas cosas que la Biblia afirma revelar son precisamente aquellas cosas que se encuentran más allá del alcance de la mente humana. Así esta teoría nos da piedras en lugar de pan: los pensamientos de los hombres en lugar de los de Dios.

La teoría de Schleiermacher
Tercero: Hay una teoría mucho más pretenciosa y filosófica, que ha prevalecido en los últimos años, y que en realidad difiere muy poco de la anterior. Concuerda con ella en el punto principal de que niega todo lo sobrenatural en el origen y redacción de la Biblia. Schleiermacher, el autor de esta teoría, estaba entregado a una filosofía que impedía toda intervención de la actividad inmediata de Dios en el mundo. Sin embargo, admite dos excepciones: la creación del hombre, y la constitución de la persona de Cristo. Hubo una intervención sobrenatural en el origen de nuestra raza, y en la manifestación de Cristo. Todo lo demás en la historia del mundo es natural. No hay nada sobrenatural en la Biblia, naturalmente: nada en el Antiguo Testamento que el hombre adámico no pudiera producir; y nada en el Nuevo Testamento que no fuera suficiente para dar cuenta de ello el cristianismo, la vida de la Iglesia, una vida común a todos los creyentes.

La religión consiste de sentimientos, y especialmente de un sentimiento de total dependencia (o un sentimiento absoluto de dependencia), esto es, la consciencia de que el finito no es nada en presencia del Infinito,- lo individual en presencia de lo universal. Esta consciencia involucra la unidad del uno y del todo, de Dios y del hombre. «Este sistema», dice el doctor Ullmann, uno de sus más moderados y eficaces proponentes, «no es absolutamente nuevo. Lo encontramos en otra forma en la antigua mística, especialmente en los místicos alemanes de la Edad Media. Con ellos, también, la base y el punto central del cristianismo es la unidad de la Deidad y de la humanidad alcanzadas por medio de la encarnación de Dios, y la deificación del hombre».[9] [...] . Se declara que la Revelación es una comunicación de verdad a nuestra consciencia intuitiva. El mundo exterior es una revelación a nuestras intuiciones sensoriales; la hermosura es una revelación a nuestras intuiciones estéticas; y las «verdades eternas», cuando son percibidas intuitivamente, se dicen reveladas; y esta intuición tiene lugar mediante todo lo que purifica y exalta nuestros sentimientos religiosos. «La revelación», dice Morell, «es un proceso de la consciencia intuitiva, contemplando verdades eternas; mientras que la teología es la reflexión del entendimiento acerca de estas intuiciones vitales, para reducirlas a una expresión lógica y científica».[10]

La inspiración es el estado interno de la mente que nos capacita para alcanzar la verdad. Dice Morell: «La revelación y la inspiración indican un proceso unido, cuyo resultado sobre la mente humana es la producción de un estado de intuición espiritual, cuyos fenómenos son

---

9. *Studien und Kritiken,* 1845, pág. 59.
10. *Philosophy of Religion,* pág. 141.

tan extraordinarios que en el acto separamos las agencias por medio de las que son producidas de cualesquiera de los principios ordinarios del desarrollo humano. Y sin embargo esta agencia se aplica en perfecta congruencia con las leyes y las operaciones naturales de nuestra naturaleza espiritual. La inspiración no implica nada genéricamente nuevo en los procesos reales de la mente humana; no involucra ninguna forma de inteligencia esencialmente diferente de la que ya poseemos. Indica más bien la elevación de la consciencia religiosa, y con ella, naturalmente, el poder de la visión espiritual, hasta un grado de intensidad peculiar de los individuos así favorecidos por Dios».[11] Por ello, la única diferencia que habría entre los Apóstoles y los cristianos ordinarios residiría en su santidad relativa.

Según esta teoría, no hay ninguna diferencia específica entre genio e inspiración. La diferencia se encuentra simplemente en los objetos alcanzados y en las causas de la excitación interior a la que se debe el alcanzar este conocimiento. [...]

Esta teoría de la inspiración, mientras que retiene sus elementos esenciales, recibe varias modificaciones. [...] Pero en todas ellas la inspiración sería la intuición de las verdades divinas debido a la excitación de la naturaleza religiosa, sea cual sea esta naturaleza.

Objeciones a la teoría de Schleiermacher

A esta teoría en todas sus formas se puede objetar:

1. Que parte de una perspectiva errónea de la religión en general y del cristianismo en particular. Da por supuesto que la religión es un sentimiento, una vida. Niega que es una forma de conocimiento o que involucre la recepción de ningún sistema particular de doctrina. En el sentido subjetivo de la palabra, todas las religiones (esto es, todas las doctrinas religiosas) serían verdad, como dice Twesten,[12] pero no todas igualmente puras ni igualmente expresiones adecuadas del principio religioso interior. Pero según la Escritura y la común convicción de los cristianos, la religión (considerada subjetivamente) es la recepción de ciertas doctrinas como verdaderas, y un estado de corazón y un curso de acción en conformidad a estas doctrinas. [...] La Biblia da por supuesto en todas partes que sin verdad no puede haber santidad; que todos los ejercicios conscientes de la vida espiritual están en vistas de la verdad revelados objetivamente en las Escrituras. Y de ahí la importancia que en todas partes se le atribuye al conocimiento, a la verdad, a la sana doctrina, en la Palabra de Dios.

2. Esta teoría es inconsecuente con la doctrina escritural de la revelación. Según la Biblia, Dios presenta la verdad objetivamente a la mente, sea mediante palabras audibles, sea mediante visiones, sea mediante las operaciones inmediatas del Espíritu. Según esta teoría, la revelación es meramente la ordenación providencial de las circunstancias que despiertan y exaltan los sentimientos religiosos, y que así capacitan a la mente a alcanzar por intuición las cosas de Dios.

3. Confesadamente confina estas intuiciones, y naturalmente la verdad revelada, a lo que llama «las verdades eternas». Pero la mayor parte de las verdades reveladas en la Escritura no son «verdades eternas». La caída del hombre; que todos los hombres sean pecadores; que el Redentor que nos salvaría del pecado debía ser del linaje de Abraham, y de la familia de David; que iba a nacer de una virgen, para ser varón de dolores; que fue crucificado y sepultado; que resucitó al tercer día; que ascendió al cielo; que ha de volver de nuevo sin relación con el pecado para salvación, son verdades que no son intuitivas, aunque de ellas depende nuestra salvación: no son verdades que ningún hombre pudiera descubrir por sí mismo mediante ninguna exaltación de la consciencia religiosa.

---

11 Op. Cit., pág. 151.
12. *Dogmatik,* Vol. I, pág. 2.

4. Según esta teoría, la Biblia no tiene ninguna autoridad normativa como regla de fe. No contendría doctrinas reveladas por Dios, ni que debieran ser recibidas como verdad según Su testimonio. Contendría sólo los pensamientos de hombres santos; las formas en las que sus entendimientos, sin ayuda sobrenatural, revistieron sus «intuiciones» debido a sus sentimientos religiosos. [...]

Diferentes hombres llevan esta teoría a extremos muy diferentes. Algunos tienen una experiencia interior tal que no pueden encontrar una forma de expresar sus sentimientos tan apropiada como la que se da en la Biblia, y por ello creen en todas sus grandes doctrinas. Pero la base de su fe es puramente subjetiva. No es el testimonio de Dios dado en su Palabra, sino su propia experiencia. Toman lo que les es más apropiado, y dejan el resto. Otros con menos experiencia cristiana, o sin una experiencia distintivamente cristiana, rechazan todas las doctrinas distintivas del cristianismo, y adoptan una forma de filosofía religiosa que están dispuestos a llamar cristianismo.

5. Que esta teoría es anti-escritural ya se ha dicho. La Biblia hace de las revelaciones en ella contenidas la comunicación de doctrinas al entendimiento por medio del Espíritu de Dios. Hace de aquellas verdades o doctrinas la fuente inmediata de todo sentimiento recto. Los sentimientos proceden de una comprensión espiritual de la verdad, y no el conocimiento de la verdad de estos sentimientos. El conocimiento es necesario para todos los ejercicios conscientes de santidad. Por ello la Biblia le da a la verdad la mayor importancia. Pronuncia bienaventurados a los que reciben las doctrinas que enseña, y malditos a los que las rechazan. Hace que la salvación de los hombres dependa de su fe. Esta teoría, en cambio, hace que el credo de un hombre o de un pueblo cosa de poca importancia. [...] Ningún error puede ser más grande que divorciar la religión de la verdad, y hacer del cristianismo un espíritu o vida distintos de las doctrinas que las Escrituras presentan como objeto de la fe.

B. Inspiración graciable

Esta teoría pertenece a la categoría de natural o sobrenatural, según sea el sentido que se le dé a estos términos. Por efectos naturales se entienden generalmente aquellos producidos por causas naturales bajo el control providencial de Dios. Luego los efectos producidos por las operaciones del Espíritu Santo en gracia, como el arrepentimiento, fe, amor y todo el resto del fruto del Espíritu, son sobrenaturales. Y consiguientemente la teoría que atribuye la inspiración a la influencia en gracia del Espíritu pertenece a la categoría de lo sobrenatural. Pero esta palabra se emplea a menudo en un sentido más limitado, para designar acontecimientos producidos por la actividad inmediata o voluntad de Dios sin intervención de causas segundas algunas. En este sentido limitado, la creación, los milagros, la revelación inmediata, la regeneración (en el sentido limitado de esta palabra), son sobrenaturales. Así, la santificación de los hombres que es llevada a cabo por el Espíritu mediante el uso de los medios de gracia, no es una obra sobrenatural, en el sentido restringido del término.

Hay muchos teólogos que no adoptan ninguna de las teorías filosóficas acerca de la naturaleza del hombre y de su relación con Dios anteriormente mencionadas, y que reciben la doctrina bíblica mantenida por la Iglesia universal de que el Espíritu Santo renueva, santifica, ilumina, conduce y enseña a todo el pueblo de Dios, pero que consideran la inspiración como una de las actividades ordinarias del Espíritu. Los hombres inspirados y los no inspirados no quedan distinguidos por ninguna diferencia específica. Los escritores sagrados fueron meramente hombres santos bajo la conducción de la influencia ordinaria del Espíritu. Algunos de los que adoptan esta teoría la extienden también a la revelación, pero niegan que los escritores sagrados estuvieran bajo una influencia no común a los creyentes ordinarios al comunicar las verdades reveladas. Y en cuanto a aquellas secciones de la Biblia (como los Hagiógrafos y los Evangelios) que no contienen revelaciones especiales, deberían ser consideradas como los escritos devocionales o narraciones históricas de hombres devotos pero falibles. [...]

Objeciones a la doctrina de que la inspiración es común a todos los creyentes
Es evidente que esta doctrina es anti-escritural.

1. Debido a que la Biblia establece una acusada distinción entre aquellos a los que Dios escogió para que fueran sus mensajeros, sus profetas, sus portavoces, y otros hombres. Esta teoría ignora esta distinción, por lo que respecta al pueblo de Dios.

2. Es inconsecuente con la autoridad afirmada por estos especiales mensajeros de Dios. Ellos hablaron en su nombre. Dios habló por medio de ellos. Ellos dijeron: «Así dice el Señor», en un sentido y de una manera en que no osaría hacerlo ningún creyente ordinario. Es inconsecuente con la autoridad no sólo declarada con los escritores sagrados, sino atribuida a ellos por nuestro mismo Señor. Él declaró que la Escritura no puede ser quebrantada, que era infalible en todas sus enseñanzas. Los Apóstoles declaran anatema a los que no reciban sus doctrinas. Su reivindicación de una autoridad divina en la enseñanza fue confirmada por el mismo Dios en señales, prodigios y milagros diversos y dones del Espíritu Santo.

3. Es inconsecuente con toda la naturaleza de la Biblia, que es y profesa ser una revelación de verdades no sólo imposibles de descubrir por la razón humana, sino que no podrían ser percibidas por la mente del hombre por mucha que fuera su santidad. Esto es cierto no sólo de las revelaciones estrictamente proféticas relacionadas con el futuro sino también de todas las cosas tocantes a la mente y a la voluntad de Dios. Las doctrinas de la Biblia reciben el nombre de *mustëria*, cosas ocultas, desconocidas e incognoscibles, excepto por su revelación a los santos Apóstoles y profetas por el Espíritu (Ef 3:5).

4. Es inconsecuente con la fe de la Iglesia universal, que siempre ha establecido la más grande distinción entre los escritos de los hombres inspirados y los de los creyentes ordinarios. Incluso los romanistas, con toda la reverencia que tienen para con los padres [de la Iglesia], nunca han pretendido poner sus escritos a la par de las Escrituras. No les atribuyen ninguna autoridad más que como testigos de lo que los Apóstoles enseñaron. Si la Biblia no tuviera más autoridad que la propia de los escritos de hombres piadosos, nuestra fe es vana, y estamos aún en nuestros pecados. No tenemos un fundamento seguro para nuestras esperanzas de salvación.

C. Inspiración parcial.

Bajo este encabezamiento se incluyen varias doctrinas diferentes.

1. Muchos mantienen que sólo unas partes de las Escrituras están inspiradas, esto es, que los escritores de algunos libros fueron conducidos sobrenaturalmente por el Espíritu, y que los escritores de otros no lo fueron. Esta [...] era la doctrina de Coleridge, que admitía la inspiración de la Ley y de los Profetas, pero que negaba la del resto de la Biblia. Otros admiten la inspiración del Nuevo Testamento en un grado que no admiten para el Antiguo. Otros, a su vez, sostienen que los discursos de Cristo son infalibles, pero no las otras secciones del sagrado volumen.

2. Otros limitan la inspiración de los escritores sagrados a su enseñanza doctrinal. El gran objeto de su comisión era dar un registro fiel de la voluntad y propósito revelados de Dios, para que fueran la norma y práctica de la Iglesia. En esto se encontraban bajo una influencia que los hacía infalibles como maestros religiosos y morales. Pero más allá de estos límites eran susceptibles de errores como los demás hombres. Que haya errores científicos, históricos o geográficos, errores en las citas de pasajes, o en otras cuestiones no esenciales, o discrepancias en cuanto a cuestiones factuales entre escritores sagrados, deja incólume la cuestión de su inspiración como maestros religiosos.

3. Otra forma de la doctrina de inspiración parcial, en oposición a la plenaria, la limita a los pensamientos, en contraste a las palabras de la Escritura. Se niega la inspiración verbal, suponiéndose que los escritores sagrados seleccionaron las palabras que empleaban sin ninguna conducción del Espíritu que impidiera que adoptaran términos impropios o inadecuados con los que expresar sus pensamientos.

4. Una cuarta forma de la doctrina de la inspiración parcial fue introducida en tiempos tempranos y ha sido adoptada en amplios sectores. Maimónides, el más grande de los doctores judíos desde los tiempos de Cristo, enseñaba ya en tiempo tan temprano como el siglo duodécimo que los escritores sagrados del Antiguo Testamento gozaron de diferentes niveles de conducción divina. Puso la inspiración de la Ley muy por encima de la de los Profetas, y la de los Profetas muy por encima de la de los Hagiógrafos. Esta idea de diferentes grados de inspiración fue adoptada por muchos teólogos, y en Inglaterra fue durante mucho tiempo el modo común de enseñanza. La idea era que los escritores de Reyes y de Crónicas necesitaron y recibieron menos ayuda divina que Isaías o Juan.[13]

Al intentar probar la doctrina de la inspiración plenaria, se enunciaron o sugirieron los argumentos que militan en contra de todas estas formas de inspiración parcial. No se trata de una cuestión abierta. No se trata de cuál sea en sí la teoría más razonable o plausible, sino, sencillamente: ¿Qué es lo que enseña la Biblia acerca de esta cuestión? Si nuestro Señor y sus Apóstoles declaran que el Antiguo Testamento es la Palabra de Dios; que sus autores hablaron según fueron inspirados por el Espíritu Santo; que lo que ellos dijeron lo había dicho el Espíritu; si se refieren a los hechos y a las mismas palabras de la Escritura como con autoridad divina; y si les fue prometida la misma conducción a los escritores del Nuevo Testamento, y proclamada por ellos; y si su reivindicación fue autenticada por el mismo Dios: entonces no hay lugar para las teorías de inspiración parcial, ni necesidad de ellas. Toda la Biblia fue escrita bajo una tal influencia que preservó a sus autores humanos de todo error, y hace de ella la norma infalible de fe y práctica para la Iglesia.

4. La integridad de las Escrituras.

Por la integridad de las Escrituras se significa que contienen todas las revelaciones existentes de Dios designadas como regla de fe y práctica para la Iglesia. No se niega con ello que Dios se revela a Sí mismo, mediante sus obras, en su eterno poder y Deidad, y que así lo ha hecho desde el comienzo del mundo. Pero todas las verdades así reveladas son claramente dadas a conocer en su Palabra escrita. Tampoco se niega que pueda haber habido, y que probablemente hubiera, libros escritos por hombres inspirados, y que ya no existan. Y mucho menos se niega que Cristo y sus Apóstoles pronunciaran muchos discursos que no fueron registrados, y que si pudieran ser ahora conocidos y autenticados, poseerían la misma autoridad que los libros ahora considerados como canónicos. En lo que insisten los protestantes es que la Biblia contiene todas las revelaciones existentes de Dios, las que Él dispuso para ser la regla de fe y práctica para su Iglesia, de manera que nada puede imponerse con justicia sobre las conciencias de los hombres como verdad o deber que no esté enseñado directamente o por necesaria implicación en las Sagradas Escrituras. Esto excluye no sólo todas las tradiciones no escritas, sino también todos los decretos de la Iglesia visible y todas las resoluciones de convenciones u otros organismos públicos declarando que esto o aquello sea recto o incorrecto,

---

13. Esta postura de diferentes grados de inspiración la adoptó Lowth: *Vindication of the Divine Authority and Inspiration of the Old and New Testament.* Whitby, en su Prefacio a su *Comentario.* Doddridge, *Dissertations on the Inspiration of the New Testament.* Hill, *Lectures on Divinity.* Dick, *Essay on the Inspiration of the Holy Scriptures.* Wilson, *Evidences of Christianity.* Henderson, *Divine Inspiration.*

verdadero o falso. El pueblo de Dios no queda vinculado por nada más que la Palabra de Dios. Sobre esta cuestión no es necesario decir mucho. La integridad de la Escritura, como regla de fe, es un corolario de la doctrina protestante acerca de la tradición. [...]

[...] Nada es más común entre los protestantes, especialmente en nuestros días, que tratar de forzar la conciencia de los hombres mediante la opinión pública, que hacer de las opiniones de los hombres sobre cuestiones de moral una regla del deber para el pueblo e incluso para la Iglesia. Si queremos estar firmes en la libertad con la que Cristo nos ha hecho libres, debemos adherirnos al principio de que en cuestiones de religión y moral sólo las Escrituras tienen autoridad para obligar a la conciencia.

5. La perspicuidad de las Escrituras. El derecho al juicio privado.

La Biblia es un libro llano. Es inteligible para todos. Y todos tienen el derecho y la obligación de leerlo e interpretarlo por sí mismos, de modo que su fe repose sobre el testimonio de las Escrituras, y no sobre el de la Iglesia. Esta es la doctrina protestante acerca de esta cuestión.

No se niega que las Escrituras contengan muchas cosas difíciles de comprender; que exigen un estudio diligente; que todos los hombres necesitan la conducción del Espíritu Santo para el correcto conocimiento y para la verdadera fe. Pero se mantiene que en todas las cosas necesarias para la salvación son suficientemente llanas para ser comprendidas incluso por los iletrados.

No se niega que las personas, a fin de comprender de manera apropiada las Escrituras, deberían no sólo comparar Escritura con Escritura, y valerse de todos los medios a su alcance para ayudarles en su búsqueda de la verdad, sino que deberían también dar el mayor respeto a la fe de la Iglesia. Si las Escrituras son un libro llano, y el Espíritu actúa como maestro para todos los hijos de Dios, sigue de ello inevitablemente que tienen todos que concordar en todas las cuestiones esenciales en su interpretación de la Biblia. Y de este hecho sigue que cuando un cristiano individual disiente de la fe de la Iglesia universal (esto es, del cuerpo de verdaderos creyentes), ello equivale a disentir de las mismas Escrituras.

Lo que los protestantes niegan a este respecto es que Cristo haya designado a ningún oficial, o clase de oficiales, en su Iglesia, a cuya interpretación de las Escrituras tengan que ceñirse los demás como autoridad final. Lo que afirman es que Él ha hecho obligatorio para cada hombre escudriñar por sí mismo las Escrituras, y decidir por sí mismo qué es lo que le exigen que crea y haga.

Los argumentos en sustento de la primera de estas posiciones ya han sido presentados en las consideraciones acerca de la [doctrina romanista de la] infalibilidad de la Iglesia. Las razones más evidentes en apoyo del derecho al juicio privado son:

1. Que las obligaciones de fe y obediencia son personales. Cada hombre es responsable por su fe religiosa y conducta moral. No puede transferir esta responsabilidad a otros, ni otros pueden asumirla en lugar de él. Él tiene que responder por sí mismo. De nada le valdrá en el día del juicio decir que sus padres o su Iglesia le enseñaron mal. Debía haber prestado atención a Dios, y haberle obedecido a Él antes que a los hombres.

2. Las Escrituras se dirigen en todo lugar al pueblo, y no a los oficiales de la Iglesia, ni exclusiva ni especialmente. Los profetas fueron enviados al pueblo, y decían constantemente: «Escucha, Israel», «Oíd, vosotros pueblos». También los discursos de Cristo se dirigían al pueblo, y el pueblo le escuchaba con atención. Todas las Epístolas del Nuevo Testamento se dirigen a la congregación, a los «llamados a ser de Jesucristo», «a los llamados a ser santos»; a los «amados de Dios»; «a los santificados en Cristo Jesús»; a «los que en cualquier lugar invocan el nombre de nuestro Señor Jesucristo»; «a los santos y fieles en Cristo Jesús que están

en (Éfeso)»; «a los santos y fieles hermanos en Cristo que están en (Colosas)», y así en cada caso. Es al pueblo a quien se dirigen. A ellos se dirigen estas profundas disquisiciones de doctrina cristiana y estas exposiciones inclusivas de los deberes cristianos. En todo momento se supone que son competentes para comprender lo que se les escribe, y en todo momento se les demanda que crean y obedezcan lo que así viene de los inspirados mensajeros de Cristo. No fueron remitidos a ninguna otra autoridad por medio de la cual debieran aprender el verdadero sentido de estas instrucciones inspiradas. Por ello, no sólo se trata de que se priva al pueblo de un derecho divino, impidiéndole leer e interpretar las Escrituras por sí mismos, sino que también es interponerse entre ellos y Dios, e impedir que oigan Su voz, llevándoles a oír en su lugar las palabras de los hombres.

El pueblo tiene orden de escudriñar las Escrituras
3. Las Escrituras no sólo se dirigen al pueblo, sino que el pueblo es llamado a estudiarlas y a enseñarlas a sus hijos. Era una de las instrucciones más frecuentemente repetida a los padres bajo la antigua dispensación, que enseñaran la Ley a sus hijos, para que ellos a su vez la enseñaran a los suyos. Los «sagrados oráculos» fueron encomendados al pueblo, para ser enseñados al pueblo; eran enseñados de manera inmediata de las Escrituras, para que la verdad fuera retenida en su pureza. Así nuestro Señor ordenó al pueblo que escudriñara las Escrituras, diciendo: «Ellas son las que dan testimonio de mí» (Jn 5:39). Con ello daba por supuesto que ellos podrían comprender lo que decía el Antiguo Testamento acerca del Mesías, aunque sus enseñanzas hubieran sido mal comprendidas por los escribas y ancianos, y por todo el Sanhedrín. Pablo se regocijaba de que Timoteo hubiera conocido desde su niñez las Sagradas Escrituras, que podían hacerle sabio para salvación. A los gálatas les dijo (1:8,9): «Mas si aún nosotros, o un ángel del cielo, os anuncia otro evangelio diferente del que os hemos anunciado, sea anatema». Esto implica dos cosas: (1.) Que los cristianos de Galacia, el pueblo, tenían derecho a juzgar la enseñanza de un Apóstol o de un ángel del cielo; y segundo, que tenían una regla infalible por medio de la cual se debía decidir en juicio, esto es, una anterior revelación autenticada de Dios. Entonces, si la Biblia reconoce el derecho del pueblo a juzgar la enseñanza de los Apóstoles y de los ángeles, no se le debe negar el de juzgar las doctrinas de los obispos y de los sacerdotes. El principio aquí establecido por el Apóstol es precisamente el que había dado Moisés mucho tiempo antes (Dt 13:1-3), que dice que si surgiera un profeta, aunque obrara maravillas, no debían creerle ni obedecerle, si les enseñaba algo contrario a la Palabra de Dios. [...] Si permitían que estos falsos maestros, revestidos de vestiduras sagradas y rodeados de las insignias de la autoridad, los descarriaran de la verdad, perecerían inevitablemente. [...]

6. Normas de Interpretación

Si todo hombre tiene derecho y obligación de leer las Escrituras, y de juzgar por sí mismo qué es lo que enseñan, necesita de ciertas reglas para conducirle en el ejercicio de este privilegio y deber. Estas reglas no son arbitrarias. No están impuestas por ninguna autoridad humana. No tienen fuerza vinculante que no surja de su propia verdad y propiedad intrínsecas. Son pocas y simples.

1. Las palabras de la Escritura deben ser tomadas en su sentido histórico llano. Esto es, deben tomarse en el sentido que se les daba en la era y por la gente a la que se dirigen. Esto supone simplemente que los escritores sagrados eran honrados, y que querían hacerse entender.

2. Si las Escrituras son lo que afirman ser, la palabra de Dios, son la obra de una mente, y de una mente divina. De esto sigue que la Escritura no puede contradecir a la Escritura. Dios

no puede enseñar algo en un lugar que sea inconsecuente con lo que enseña en otro. Por ello, la Escritura tiene que explicar la Escritura. Si un pasaje admite interpretaciones distintas, sólo puede ser posible aquella que concuerde con lo que la Biblia enseña en otros lugares acerca de la misma cuestión. Si las Escrituras enseñan que el Hijo es el mismo en sustancia e igual en poder y gloria con el Padre, entonces cuando el Hijo dice: «El Padre es mayor que yo», la superioridad debe ser comprendida de una manera coherente con esta igualdad. Debe referirse bien a subordinación en cuanto al modo de subsistencia y operación, o debe ser oficial. El hijo de un rey puede decir: «Mi padre es mayor que yo», aunque personalmente sea el igual de su padre. Esta regla de interpretación recibe a veces el nombre de la analogía de la Escritura, y a veces de la analogía de la fe. No hay diferencia material en el significado de las dos expresiones.

3. Las Escrituras deben ser interpretadas bajo la conducción del Espíritu Santo, conducción que debe ser buscada humilde y fervorosamente. La base de esta norma es doble. Primero: el Espíritu es prometido como guía y maestro. Él debía venir para conducir al pueblo de Dios al conocimiento de la verdad. Y, segundo, las Escrituras enseñan que «el hombre natural no capta las cosas que son del Espíritu de Dios, porque para él son locura, y no las puede conocer, porque se han de discernir espiritualmente» (1 Co 2:14). La mente no regenerada está naturalmente ciega a la verdad espiritual. Su corazón está en oposición a las cosas de Dios. Es necesaria una mente receptiva para una apropiada recepción de las cosas divinas. Así como sólo aquellos que tienen una naturaleza moral pueden discernir las verdades morales, así sólo aquellos que tienen una mente espiritual pueden verdaderamente recibir las cosas del Espíritu.

El hecho de que todo el verdadero pueblo de Dios en toda edad y en cada parte de la Iglesia, en el ejercicio de su juicio privado, en concordancia con las sencillas normas acabadas de expresar, concuerdan en cuanto al sentido de las Escrituras en todas las cosas necesarias bien en fe o en práctica, es una prueba decisiva de la perspicuidad de la Biblia, y de lo seguro que es dejar al pueblo el goce del derecho divino al juicio privado.

Teología Sistemática

Parte I: Teología propia

Capítulo 1

El origen de la idea de Dios

TODOS LOS HOMBRES tienen algún conocimiento de Dios. Esto es, tienen la convicción de que hay un Ser de quien dependen, y ante quien son responsables. ¿Cuál es la fuente de esta convicción? En otras palabras, ¿cuál es el origen de la idea de Dios? A esta pregunta se han dado tres respuestas. Primero, que es innata. Segundo, que es una deducción de la razón: una conclusión a la que se llega por un proceso de generalización. Tercero, que debe ser atribuida a una revelación sobrenatural, preservada por la tradición.

1. El conocimiento de Dios como cosa innata

A. Lo que se entiende por conocimiento innato.

Por conocimiento innato se entiende el que se debe a nuestra constitución, como seres sensibles, racionales y morales. Se opone al conocimiento basado en la experiencia, al obtenido por instrucción *ab extra* [de fuera], y al adquirido mediante un proceso de investigación y razonamiento.

No puede haber dudas de que tal conocimiento existe, esto es, que el alma está constituida de tal manera que ve ciertas cosas como ciertas inmediatamente bajo su propia luz. No precisan de prueba. A los hombres no se les tiene que enseñar que las cosas así percibidas son ciertas. Estas percepciones inmediatas son llamadas intuiciones, verdades primarias, leyes de la creencia, conocimiento o ideas innatas. La doctrina del conocimiento innato, o de las verdades intuitivas, no implica que los niños nazcan con conocimiento ejercitado conscientemente en la mente. Así como el conocimiento es una forma o estado de la inteligencia, y como se trata de un estado de consciencia, el conocimiento, en el sentido del acto de conocer, tiene que ser asunto de la consciencia, y por ello, se dice, no puede ser innato. El recién nacido no tiene una convicción consciente de la existencia de Dios. Pero la palabra conocimiento se emplea a veces en un sentido pasivo. Un hombre conoce lo que yace dormido en su mente. La mayor parte de nuestro conocimiento está en este estado. Todos los hechos memorizados de la historia los tenemos fuera del dominio de la consciencia, hasta que la mente se vuelve a ellos. Así, no es inconcebible que el alma, cuando llega al mundo, pueda tener consigo estas verdades primarias que yacen dormidas en la mente, hasta que sean activadas por la ocasión oportuna. Sin embargo, no es esto lo que se significa mediante el conocimiento innato. El término innato indica simplemente la fuente de nuestro conocimiento. Esta fuente es nuestra naturaleza: aquello que nace con nosotros. Y esta doctrina de conocimiento innato no implica tampoco que la mente nazca con ideas, en el sentido de «pautas, fantasmas o conceptos», como las llama Locke; ni que esté dotada de natural con un conjunto de principios abstractos o de verdades generales. Todo lo que se significa con ello es que la mente está constituida de tal manera que percibe determinadas cosas como ciertas sin prueba y sin instrucción.

Estas intuiciones pertenecen a los varios departamentos de los sentidos, del entendimiento y de nuestra naturaleza moral. En primer lugar, todas nuestras percepciones sensoriales son intuiciones. Percibimos sus objetos de una manera inmediata, y tenemos una irresistible convicción de su realidad y verdad. Puede que saquemos conclusiones erróneas de nuestras sensaciones, pero éstas, hasta allí donde lleguen, nos dicen la verdad. Cuando un hombre siente dolor, puede que se equivoque en cuanto a dónde está localizado, o que lo atribuya a una causa equivocada; pero sabe que es dolor. Si ve un objeto, puede que se equivoque en cuanto a la naturaleza del mismo; pero sabe que ve, y que lo que ve es la causa de la sensación que experimenta. Son intuiciones porque son percepciones inmediatas de lo que es cierto. La convicción que acompaña a nuestras sensaciones no se debe a instrucción alguna, sino a la constitución de nuestra naturaleza. En segundo lugar, están las intuiciones del intelecto. Esto es, hay ciertas verdades que la mente percibe como ciertas de manera inmediata, sin prueba ni testimonio. De este tipo son los axiomas de la geometría. No se le tiene que demostrar a nadie que la parte de una cosa es menor que el todo; o que una línea recta es la distancia más corta entre dos puntos dados. Es una verdad intuitiva que «nada» no puede ser una causa; que cada efecto debe tener una causa. Esta convicción no está basada en la experiencia, porque la experiencia es necesariamente limitada. Y la convicción no es meramente que cada efecto que nosotros u otras personas hayan observado haya tenido una causa, sino que en la misma naturaleza de las cosas no puede haber un efecto sin una causa adecuada. Esta convicción es designada como una verdad innata, no porque un niño nazca con ella de manera que esté incluida en su consciencia infantil, ni porque el principio abstracto esté dormido en su mente, sino simplemente porque la naturaleza de la mente es tal que no puede dejar de ver la verdad de estas cosas. Así como hemos nacido con el sentido del tacto y de la vista, y estos toman conocimiento de sus objetos apropiados tan pronto como les son presentados, así nacemos con la facultad intelectual de percibir estas verdades primarias tan pronto como nos son presentadas.

En tercer lugar, hay verdades morales que la mente reconoce intuitivamente como verdaderas. La distinción esencial entre el bien y el mal; la obligación de la virtud; la responsabilidad por el carácter y la conducta; que el pecado merece castigo; todo esto son ejemplos de esta clase de verdades. A nadie se le tienen que enseñar. Nadie busca evidencias adicionales de que sean verdades aparte de la que se halla en su naturaleza.

Hay otra observación que hacer acerca de las intuiciones de la mente. La capacidad de percepción intuitiva es susceptible de aumento. De hecho, es mayor en unos hombres que en otros. Los sentidos de algunas personas son mucho más agudos que los de otras. Los sentidos del oído y del tacto están muy agudizados en el caso de los ciegos. Lo mismo sucede con el intelecto. Lo que es clarísimamente evidente para uno, le tiene que ser demostrado a otro. Se dice que todas las proposiciones del Primer Libro de Euclides le fueron tan evidentes a primera vista a Newton como los axiomas. Lo mismo sucede en nuestra naturaleza moral y religiosa. Cuanto más purificada y exaltada es la naturaleza, tanto más clara es su visión, y más amplio el campo de sus intuiciones.

[...] Por el hecho de que una verdad pueda ser evidente por sí misma para una mente, no significa que deba serlo para todas las otras mentes. Pero hay una clase de verdades tan llanas que nunca dejan de manifestarse a la mente humana, y a las que la mente humana no puede rehusar su asentimiento. De ahí que los criterios de aquellas verdades que son aceptadas como axiomas, y que son dadas por supuestas en todo razonamiento, y cuya negación hace imposible toda fe y conocimiento, sean la universalidad y la necesidad. Lo que todos creen, y lo que todos deben creer, debe ser aceptado como innegablemente cierto. Estos criterios desde luego se incluyen mutuamente. Si una verdad es universalmente admitida, tiene que serlo porque nadie puede ponerla en duda de manera racional. Y si es asunto de una creencia necesaria, tiene que ser aceptado por todos los que poseen la naturaleza de cuya constitución surge necesariamente.

B. Prueba de que el conocimiento de Dios es innato

La cuestión es ahora si la existencia de Dios es una verdad intuitiva. ¿Aparece en la misma constitución de nuestra naturaleza? ¿Se trata de una de aquellas verdades que se hacen patentes a toda mente humana, y a la que la mente se ve obligada a asentir? En otras palabras: ¿tiene las características de universalidad y necesidad? Se debería observar que cuando la universalidad es hecha un criterio de verdades intuitivas, es de aplicación sólo a aquellas verdades que tienen su fundamento o evidencia en la constitución de nuestra naturaleza. En cuanto al mundo externo, si la ignorancia es universal, el error puede ser universal. Por ejemplo, todos los hombres creyeron durante largos siglos que el sol se movía alrededor de la tierra; pero la universalidad de esta creencia no era evidencia de su veracidad.

Cuando se pregunta si la existencia de Dios es una verdad intuitiva, ello es equivalente a preguntar si la creencia en su existencia es universal y necesaria. Si es cierto que todos los hombres creen que hay un Dios y que nadie puede dejar de creer en su existencia, entonces su existencia es una verdad intuitiva. Si se trata de una de aquellas cosas existentes en la constitución de nuestra naturaleza, o que, siendo nuestra naturaleza como es, nadie puede dejar de conocerlo y de reconocerlo.

Esta ha sido la opinión común en todas las edades. [...] Dice Tertuliano[1] de los paganos de su tiempo que el común de la gente tenía una idea más correcta de Dios que los filósofos. [...] La tendencia en nuestro tiempo es hacer de la existencia de Dios una cuestión tan puramente intuitiva como para llevar a menospreciar todo argumento demostrativo de la misma. Pero este extremo no justifica la negación de una verdad tan importante como la de que Dios no ha dejado a ningún ser humano sin un conocimiento de su existencia y autoridad.

Pero la palabra Dios se emplea en un sentido muy amplio. En el sentido cristiano de la palabra, «Dios es un espíritu, infinito, eterno e inmutable, en su ser, sabiduría, poder, santidad, justicia, bondad y verdad». Esta sublime idea de Dios no ha sido nunca alcanzada por ninguna mente humana ni intuitiva ni discursivamente, excepto mediante la luz de la revelación sobrenatural [...] Es en el sentido general de un Ser de quien dependemos y ante quien somos responsables en el que se afirma que la idea existe universalmente, y necesariamente, en toda mente humana. Es cosa cierta que si se analiza esta idea, se descubrirá que incluye la convicción de que Dios es un ser personal, y que Él posee atributos morales, y que actúa como gobernante moral. Nada se dice de hasta qué punto este análisis sea hecho por los hombres sin instrucción ni civilización. Todo lo que se mantiene es que este existe en las mentes de todos los hombres este sentimiento de dependencia y de responsabilidad ante un ser más alto que ellos.

El conocimiento de Dios es universal

Como prueba de esta doctrina, se puede hacer referencia a:

1. El testimonio de las Escrituras. La Biblia declara que el conocimiento de Dios es así universal. Y lo declara tanto de manera directa como por implicación necesaria. El Apóstol declara de manera directa, con respecto a los paganos como tales sin limitación alguna, que tienen el conocimiento de Dios, y un conocimiento tal que los hace inexcusables. «Pues ha-

---

1. *Testimonium Animae*

biendo conocido a Dios,» dice él, «no le glorificaron como a Dios, ni le dieron gracias» (Ro 1:19-21). De los más depravados de los hombres dice que conocen el justo juicio de Dios, que los que cometen pecado son dignos de muerte (Ro 1:32). La Escritura se dirige en todo lugar a los hombres como pecadores; los llama al arrepentimiento; los amenaza con el castigo en caso de desobediencia, y promete perdón a los que se vuelven de sus pecados. Todo esto se hace sin ninguna demostración preliminar del ser de Dios. Se da por supuesto que los hombres saben que hay un Dios, y que están sujetos a su gobierno moral. Cierto es que en ocasiones la Biblia habla de los paganos como no conocedores de Dios, y dice que están sin Dios. Pero esto, explicado por el contexto en el que aparecen estas declaraciones y por el tenor general de las Escrituras, sólo significa que los paganos están sin el conocimiento recto, o salvador, de Dios; que carecen de su favor, que no pertenecen al círculo de su pueblo, y naturalmente que no son partícipes de la bienaventuranza de aquellos cuyo Dios es el Señor. Al enseñar la pecaminosidad universal y la condenación de los hombres, lo inexcusable de la idolatría y de la inmoralidad, y al declarar que incluso los más degradados son conscientes de culpa y de su justa exposición al juicio divino, la Biblia da por supuesto que el conocimiento de Dios es universal, que está escrito en el corazón de todo hombre.

Esto queda aún más patente por lo que enseña la Biblia de la ley como escrita en el corazón. El Apóstol nos dice que los que tienen una revelación escrita serán juzgados por esta revelación; que los que no tienen una ley revelada externamente serán juzgados por la ley escrita en sus corazones. Que los paganos tienen tal ley lo demuestra, en primer lugar, por el hecho de que «hacen por naturaleza lo que es de la ley», esto es, que hacen bajo el control de sus naturalezas aquello que la ley prescribe. Cuando condena, pronuncia que algo que ha sido hecho es contrario a la ley moral; y cuando aprueba, pronuncia aquel algo como conforme con aquella ley (Ro 2:12-16). Así, el reconocimiento de Dios, esto es, de un Ser ante quien somos responsables, está involucrado en la misma idea de la responsabilidad. Por esto, toda persona lleva en la misma constitución de su ser como agente moral la evidencia de la existencia de Dios. Y como este sentimiento de pecado y de responsabilidad es absolutamente universal, así también debe serlo, según la Biblia, el conocimiento de Dios.

2. El segundo argumento en favor de la universalidad de este conocimiento es el histórico. La historia muestra que el elemento religioso de nuestra naturaleza es tan universal como el racional o social. La idea de Dios está presente en todo lenguaje humano. Y como el lenguaje es el producto y la revelación de la consciencia humana, si todos los lenguajes tienen algún nombre para Dios, ello demuestra que la idea de Dios, en alguna forma, es posesión de cada ser humano. [...]

La creencia en Dios, necesaria

Pero si se admite que el conocimiento de Dios es universal entre los hombres, ¿es también una creencia necesaria? ¿Acaso le es imposible a la mente desposeerse de la convicción de que Dios existe? La necesidad, como ya se ha observado antes, puede ser considerada como involucrada en la universalidad, al menos en un caso como este. No hay ninguna manera satisfactoria de dar cuenta de la creencia universal en la existencia de Dios excepto que tal creencia está basada en la misma constitución de nuestra naturaleza. No obstante, estos dos criterios de verdades intuitivos son generalmente distinguidos y en ciertos aspectos son distintos.

Así que la pregunta es: ¿Es posible que un hombre cuerdo rechace creer en la existencia de Dios? Esta pregunta generalmente tiene una respuesta negativa. Pero se presenta la objeción de que los hechos demuestran lo contrario. No se ha encontrado nunca a nadie que niegue que dos más dos suman cuatro, mientras que en todas las épocas y por todas las partes del mundo han abundado y abundan los ateos.

Sin embargo, hay diferentes clases de verdades necesarias.

1. Aquellas cuya antítesis es absolutamente impensable. Que todo efecto debe tener una causa, que una parte de una cosa determinada es menos que su totalidad, son proposiciones cuyas antítesis carecen de todo significado. Cuando alguien dice que algo es nada, no está expresando ningún pensamiento. Niega lo que afirma, y por tanto no está diciendo nada.

2. Hay verdades acerca de cosas externas o materiales que tienen la capacidad de constreñir a creer de manera diferente de aquel poder que pertenece a las verdades concernientes a la mente. Un hombre no puede negar que posee un cuerpo; y no puede negar racionalmente que tiene una voluntad. En ambos casos, la imposibilidad puede ser igual, pero son de clases diferentes, y afectan de manera diferente a la mente.

3. También, hay verdades que no se pueden negar sin violentar las leyes de nuestra naturaleza. En tales casos, la negación es forzada, y sólo puede ser temporal. Las leyes de nuestra naturaleza se manifestarán más tarde o más temprano, y constreñirán a una creencia opuesta. Un péndulo, en posición de reposo, cuelga perpendicular al horizonte. Puede hacerse, mediante una fuerza externa, que cuelgue con cualquier grado de inclinación. Pero tan pronto como se elimina esta fuerza, con toda certeza que volverá a su posición normal. Bajo el control de una teoría metafísica, un hombre puede negar la existencia del mundo exterior o la obligación de la ley moral; y esta ausencia de creencia puede ser sincera y persistente durante un tiempo; pero en el momento en que sus razones especulativas para la incredulidad estén ausentes de su mente, ésta pasa necesariamente a sus convicciones originales y naturales. También es posible que la mano de un hombre quede tan encallecida o cauterizada que pierda el sentido del tacto. Pero esto no demuestra que la mano humana no sea normalmente el gran órgano del tacto. Así que es posible que la naturaleza moral del hombre quede tan desorganizada por el vicio o por la falsa filosofía que silencie eficazmente su testimonio de la existencia de Dios. Pero esto no demostraría nada en cuanto a lo que verdaderamente es aquel testimonio. Además, esta insensibilidad y la consiguiente incredulidad no pueden durar. Todo aquello que excita la naturaleza moral, sea el peligro, o el sufrimiento, o la inminencia de la muerte, hace que la incredulidad se disipe en un momento. Los hombres pasan del escepticismo a la fe, en muchos casos, de manera instantánea. No, naturalmente, debido a un proceso argumental, sino por la existencia de un estado de consciencia que es irreconciliable con el escepticismo, y en cuya presencia éste no puede existir. Este hecho es ilustrado de manera continua, no sólo en el caso de los no instruidos y supersticiosos, sino incluso en el caso de hombres de la más refinada cultura. El simple hecho de la Escritura y de la experiencia es que la ley moral escrita en el corazón es indeleble; y la ley moral en su naturaleza implica un legislador, uno de quien emana esta ley, y por quien será mantenida. Y, por ello, en tanto que los hombres sean agentes morales, creen y creerán en la existencia de un Ser de quien dependen, y ante quienes son responsables por su carácter y conducta. Es hasta ahí y en este sentido como se debe admitir que el conocimiento de Dios es innato e intuitivo; que los hombres no necesitan que se les enseñe que hay un Dios como tampoco que existe el pecado. Pero como los hombres, hasta que son instruidos por la Palabra de Dios e iluminados por su Espíritu, están ignorantes de la naturaleza y extensión del pecado, aunque sí están conscientes de su existencia, necesitan en gran manera aquellas mismas fuentes de instrucción para recibir un conocimiento adecuado de la naturaleza de Dios y de sus relaciones con Él.

2. El conocimiento de Dios no se debe a un proceso de razonamiento

Los que no están dispuestos a admitir que la idea de Dios es innata por la misma constitución del hombre, mantienen generalmente que es una deducción necesaria, o al menos natural, de la razón. A veces se expone como la última y más grande generalización de la ciencia. Así como se supone que la ley de la gravedad explica una gran clase de fenómenos del universo, y que no sólo los explica, sino que tiene que ser supuesta para poder comprenderlos, de la misma manera se supone la existencia de una primera causa inteligente para dar cuenta de la existencia del universo mismo y de todos sus fenómenos. Pero así como tales generalizaciones son posibles sólo para las mentes cultivadas, esta teoría del origen de la idea de Dios no puede dar cuenta de su existencia en las mentes de todos los hombres, incluso de los menos educados. Otros, por tanto, mientras que consideran este conocimiento el resultado de un razonamiento, hacen el proceso mucho más sencillo. Hay muchas cosas que los niños y los analfabetos aprenden, y que difícilmente pueden dejar de aprender, y que no tienen que ser referidas a la constitución de su naturaleza. Así, la existencia de Dios se manifiesta de manera tan evidente por todo lo que hay dentro de nosotros y a nuestro alrededor, la creencia en esta existencia es tan natural, tan apropiada a lo que vemos y a lo que necesitamos, que llega a ser adoptada de una manera general. Estamos rodeados de hechos que indican designio; de efectos que demandan una causa. Tenemos un sentido del infinito que es vago y vacío, hasta que se llena con Dios. Tenemos un conocimiento de nosotros mismos como seres espirituales, lo que sugiere la idea de Dios, que es un espíritu. Tenemos la consciencia de cualidades morales, de la distinción entre el bien y el mal, y esto nos hace pensar en Dios como un ser de perfecciones morales. Todo esto puede ser muy cierto, pero no es un relato adecuado de los hechos del caso. No nos da una razón satisfactoria de la universalidad y de la fuerza de la convicción de la existencia de Dios. Nuestra misma consciencia nos enseña que esta no es la base de nuestra propia fe. No nos llevamos a nosotros mismos de esta manera a creer que hay un Dios; y es muy evidente que no es por tal proceso de raciocinio, por sencillo que sea, que la masa de la humanidad llega a esta conclusión.

Además, el proceso anteriormente descrito no da cuenta del origen de nuestra creencia en Dios, sino que sólo da el método mediante el que esta creencia es confirmada y desarrollada. En cualquier caso, es muy poco lo que es dado por la intuición, al menos para las mentes ordinarias. Lo que es descubierto de esta manera tiene que ser expandido, y sus verdaderos contenidos han de ser desarrollados. Si esto es así con las intuiciones del sentimiento y del entendimiento, ¿por qué no habría de ser así también con nuestra naturaleza religiosa?

[...] Es de gran importancia que los hombres sepan y sientan que por su misma naturaleza están obligados a creer en Dios; que no se pueden emancipar de esta creencia sin irracionalizar y desmoralizar todo su ser.

3. El conocimiento de Dios no se debe exclusivamente a la Tradición

Hay algunos teólogos que son incapaces de aceptar que el conocimiento de Dios puede ser referido a la constitución de nuestra naturaleza o a ningún proceso de razonamiento. Afirman que, no sólo la exaltada concepción del Ser Divino presentada en la Biblia, sino que también las más simples y pervertidas concepciones de los paganos, deben ser relacionadas con una revelación sobrenatural original. Esta revelación fue dada a nuestros primeros padres, y de ellos pasó a sus descendientes. Cuando el conocimiento así comunicado comenzó a desvanecerse de entre los hombres, Dios volvió a revelarse a Abraham, y le hizo a él y a sus descendientes depositarios de la verdad. Así que ha sido o bien por los restos de la revelación primitiva, o bien por irradiación desde el pueblo escogido, que se ha derivado todo el conocimiento de Dios existente en el mundo. Se ha hecho el intento de mostrar que cuanto más alejado estaba un pueblo de los judíos, tanto menos conocía a Dios; y que cuanto más relación tenía un pueblo con el pueblo al que Dios había encomendado sus oráculos, tanto más correcto y extenso era su conocimiento.

Esta postura, aunque surgiendo de reverencia por la Palabra de Dios, es evidentemente extremada. Es cierto que cuanto más retrocedemos en la historia del mundo, cuanto más nos aproximamos a la revelación original, tanto más puro es el conocimiento acerca de Él. También puede ser cierto, como norma general, que cuanto más cualquier pueblo era llevado bajo la influencia de la verdad tal como la sustentaba el pueblo escogido de Dios, tanta más luz recibía. También se puede conceder que aquellos que con la Biblia en sus manos rechazan sus enseñanzas y se entregan a sus propias especulaciones, transforman, como lo dice el Apóstol, «la verdad de Dios en mentira», perdiendo todo conocimiento del Dios vivo y verdadero. Pero todo esto no demuestra que el conocimiento de Dios no esté escrito en el corazón. Nuestras percepciones intuitivas necesitan ser abrigadas, desarrolladas e interpretadas. Sabemos por la Escritura que la ley está escrita sobre las almas de todos los hombres con caracteres que no pueden ser borrados, y sin embargo, ha sido pervertida, mal interpretada o descuidada por los hombres en todas las eras y en todas partes del mundo.

4. ¿Se puede demostrar la existencia de Dios?

Un numeroso grupo de teólogos y de filósofos niegan que la existencia de Dios sea susceptible de prueba. Esto se hace sobre bases diferentes. Primero. Se dice que al ser intuitivo el conocimiento de Dios, no es una cuestión susceptible de prueba. Esta es la posición adoptada por la clase de teólogos que resuelven la religión en sentimiento, y por la moderna escuela de filósofos especulativos, que hacen una amplia distinción entre razón y entendimiento; lo primero siendo la facultad intuitiva, y lo segundo la discursiva. Las verdades eternas y necesarias pertenecen al área de la razón; las verdades subordinadas a la esfera del entendimiento. Es el entendimiento el que argumenta y llega a conclusiones. La razón recibe mediante la visión inmediata. Lo que atañe a Dios, como el Ser eterno, infinito y necesario, pertenece al área de la razón, y no del entendimiento. Incluso escritores tan teístas como Twesten,[2] dicen que los buenos no necesitan demostración de que Dios existe, y que a los malvados no se les puede convencer. No se puede demostrar que una cosa sea hermosa o que sea buena. Y tampoco se puede demostrar que Dios existe. La falacia de esta afirmación es evidente. La belleza y la bondad son cualidades que deben ser discernidas por la mente, lo mismo que los objetos de la visión son discernidos por el ojo. Así como no se le puede demostrar a un ciego que un objeto sea rojo, tampoco se le puede demostrar a un campesino sin letras que el *Paraíso Perdido* es una obra sublime. Pero la existencia de Dios es una realidad objetiva. Se puede demostrar que es un hecho que no puede ser negado racionalmente. Aunque todos los hombres tengan sentimientos y convicciones que demandan la suposición de que Dios existe, es sin embargo perfectamente legítimo mostrar que hay otros factores que necesariamente conducen a la misma conclusión.

Además, se debe recordar que los argumentos teístas están dados para demostrar no sólo que existe una necesidad para la suposición de un Ser extra-mundano y eterno, sino, principalmente, para mostrar lo que es este Ser: que es un Ser personal, con consciencia propia, inteligente y moral. Todo esto puede subyacer en la intuición primaria, pero tiene que ser expuesto y establecido.

Segundo. Otra clase de objeciones contra todos los argumentos teístas se relaciona con los argumentos mismos. Son declarados falaces, como involucrando una petición de principio; o inválidos como derivados de premisas falsas; o conduciendo a conclusiones distintas de las que se querían establecer. Acerca de esto cada uno tiene que juzgar por sí mismo. Han sido considerados como sanos y concluyentes por los hombres más sabios, desde Sócrates hasta nuestros días. Naturalmente, el argumento en base del principio de la causación tiene que ser inválido para los que niegan la existencia de una causa eficaz; y el argumento del designio no

---

2. *Vorlesungen*

puede tener fuerza para los que niegan la posibilidad de las causas finales.

La mayoría de las objeciones a la conclusión de los argumentos aquí tratados surge de un malentendido acerca de qué es lo que se quiere demostrar con ellos. A menudo se supone que cada argumento tiene que demostrar la totalidad de la doctrina del Teísmo, mientras que un argumento puede que demuestre un elemento de esta doctrina, y otro argumento otros elementos diferentes. El argumento cosmológico puede demostrar la existencia de un Ser necesario y eterno; el argumento teleológico, que este Ser es inteligente; el argumento moral, que Él es una persona poseyendo atributos morales. Los argumentos no son dados tanto para demostrar la existencia de un ser desconocido como para demostrar que el Ser que se revela al hombre en la misma constitución de su naturaleza tiene que ser todo lo que el Teísmo declara que es. Escritores como Hume, Kant, Coleridge y toda la escuela de filósofos transcendentalistas han negado de manera más o menos abierta la validez de los argumentos habituales demostrativos de la existencia de un Dios personal.

Capítulo 2
Teísmo

EL TEÍSMO ES LA DOCTRINA de un Dios extra-mundano y personal, el creador, preservador y gobernador del mundo. El designio de todos los argumentos acerca de esto es demostrar que los hechos que nos rodean, y los hechos de la consciencia, demandan aceptar la existencia de este Ser. Los argumentos que generalmente se presentan con respecto a esto son el Ontológico, el Cosmológico, el Teleológico y el Moral.

1. El argumento ontológico.

Este es un argumento metafísico *a priori*. Tiene la intención de hacer patente que la existencia real y objetiva de Dios está involucrada en la misma idea de tal Ser. Comúnmente se enuncia para que incluya todos los argumentos que no sean *a posteriori*; esto es, los que no proceden de efecto a causa. Por ello, ha sido presentado de diferentes formas. Las principales son como siguen:

El argumento de Anselmo
1. La forma en que lo presenta Anselmo en su *Monologium*, y de manera más plena y definitiva en su *Proslogium*. El argumento, sustancialmente, es así: Que aquello que existe *en re* es mayor que lo que sólo existe en la mente. Nosotros tenemos una idea de un Ser infinitamente perfecto; pero en la perfección infinita se incluye la existencia real. Porque si la existencia real es una perfección, y si Dios no existe en realidad, entonces podemos concebir acerca de un Ser mayor que Dios. [...] Este argumento da por supuesto que la existencia pertenece a la naturaleza de la perfección. Pero no añade nada a la idea. La idea en sí puede ser completa, aunque no haya existencia objetiva que se corresponda con ella. Anselmo consideraba imposible la negación de la existencia de Dios, porque Dios es la más elevada verdad, el más alto bien, de quien toda otra verdad y bien son las manifestaciones. La necesidad de la existencia está incluida, según esta doctrina, en la idea de la perfección absoluta. En otras palabras, está incluida en la idea de Dios. Y como todo hombre tiene la idea de Dios, tiene que admitir su existencia real; porque lo que es necesario es de por sí real. No sigue de nuestra idea del hombre que él exista realmente, porque el hombre no es necesariamente existente. Pero es absurdo decir que un Ser necesariamente existente no existe. Si este argumento tiene alguna validez, no es importante. Sólo dice que lo que debe ser realmente es. Si la idea de Dios como existe en la mente de cada hombre incluye la de la existencia real, entonces, hasta allí donde va la idea, el que tiene lo uno tiene lo otro. Pero el argumento no muestra cómo lo ideal implica lo real.[1]

---

[1] Acerca de este argumento, véase Ritter, *Geschichte der Christlichen Philosophie,* I, págs. 229-237. Baur, *Dreieinigkeitslehre,* II, 374.

El argumento de Descartes.

2. El argumento de Descartes asumía esta forma: Tenemos una idea de un Ser infinitamente perfecto. Como somos finitos, esta idea no pudo originarse en nosotros. Como estamos familiarizados sólo con lo finito, no podría haberse originado en nada de lo que tenemos a nuestro alrededor. Por ello, tiene que proceder de Dios, cuya existencia es así una suposición necesaria. [...] Es cierto que tenemos muchas ideas o concepciones con las que no se corresponde una existencia. Pero en tales casos las ideas son arbitrarias, o creaciones voluntarias de nuestras propias mentes. Pero la idea de Dios es necesaria; no podemos evitar tenerla. Y teniéndola, tiene que haber un Ser que se corresponda con ella. Descartes ilustra este argumento diciendo que de la misma manera que va incluido en nuestra idea de triángulo que sus ángulos suman dos ángulos rectos, así es en la realidad. Pero ambos casos no son paralelos. Con esto sólo se dice que un triángulo es lo que es, esto es, una figura de tres lados, cuyos ángulos suman dos ángulos rectos. Pero la existencia de Dios como hecho no queda incluida en la definición de Él. Kant expresa esto en términos filosóficos, diciendo que si se quita el predicado, desaparece el sujeto; porque un juicio analítico es un mero análisis, o una declaración plena de lo que está en el sujeto. El juicio de que la suma de los ángulos de un triángulo es igual a la suma de dos ángulos rectos es sólo un análisis del sujeto. Es una sencilla declaración de lo que es un triángulo; por ello, si se quita la igualdad de los ángulos, se quita el triángulo. Pero en un juicio sintético hay una síntesis, una acumulación. Algo se añade en el juicio que no está en el sujeto. En este caso este algo es la existencia real. Podemos inferir de la idea de un ser perfecto que es sabio y bueno; pero no que realmente exista; porque la realidad es algo que se añade a la mera idea.

La única diferencia entre el argumento de Descartes y el de Anselmo parece ser meramente de forma. El uno infiere la existencia de Dios, a fin de dar cuenta de la existencia de la idea; el otro argumenta que la existencia real va incluida en la idea. Por ello, los defensores de ambos apelan a la misma ilustración. El argumento de Anselmo es el mismo que el que se deriva de la definición de un triángulo. No se puede pensar en un triángulo sin pensar en él como poseyendo tres ángulos; tampoco se puede pensar en Dios sin pensar en Él como verdaderamente existente; porque la existencia real entra tan esencialmente dentro de la idea de Dios como la «triangularidad» en la de un triángulo. Naturalmente, los hay que son afectados por este tipo de razonamiento; pero no tiene poder sobre la generalidad de los hombres.

El argumento del doctor Samuel Clarke.

3. El doctor Samuel Clarke, igualmente distinguido como matemático, lingüista y metafísico, publicó en 1705 su célebre *Demostración del Ser y de los Atributos de Dios*. Por lo que respecta al Ser de Dios, su argumento es *a priori*. Dice él que no hay nada necesariamente existente cuya no existencia sea concebible. Podemos concebir de la no existencia del mundo; por ello, el mundo no es necesariamente existente y eterno. No podemos, sin embargo, concebir de la no existencia del espacio y de la duración; por ello, el espacio y la duración son necesarios e infinitos. Sin embargo, el espacio y la duración no son sustancias; por ello, debe haber una sustancia eterna y necesaria (esto es, Dios) de la que ellos sean los accidentes. Este argumento, como mucho, nos da sólo la idea de un algo necesario e infinito; y ninguna clase de anti-teístas está dispuesta a negar esto. La determinación de qué sea esta sustancia eterna, qué atributos pertenecen a la misma, demanda que se haga referencia al mundo de los fenómenos, y el argumento se transforma en *a posteriori*. Se ha objetado contra el argumento del doctor Clarke que no es propiamente *a priori*. De la existencia del tiempo y del espacio infiere la existencia de un Ser sustancial.

El argumento de Cousin.

4. Cousin, en su *Elementos de psicología*, repite continuamente el mismo argumento de una manera algo diferente. La idea del infinito, dice él, se da en la de lo finito. No podemos tener lo uno sin tener lo otro. «Estas dos ideas son correlativos lógicos; y en el orden de su adquisición, el de lo finito e imperfecto precede a lo otro; pero lo precede muy de cerca. No le es posible a la razón, tan pronto como la consciencia le da a la mente la idea de lo finito e imperfecto, dejar de concebir la idea de lo infinito y de lo perfecto. Ahora bien, el infinito y perfecto es Dios».[2] Una vez más el argumento que tenemos aquí es que aquello de lo que tenemos una idea es real. La verdad es que no se supone como una proposición general. Podemos imaginar, dice Cousin, una gorgona, un centauro, y podemos imaginar su no existencia; pero no está dentro de nuestra capacidad, cuando se nos da lo imperfecto y finito, no concebir de lo infinito y perfecto. Y esto, dice él, no es una quimera, sino el necesario producto de la razón; y, por ello, es un producto legítimo. La idea de lo finito e imperfecto es una idea primitiva, dada en la consciencia; y, por ello, la idea correlativa del infinito y perfecto dada por necesidad y por la razón, tiene que ser también primitiva.[3] En otras ocasiones presenta este tema bajo una luz distinta. Enseña que como la mente en la percepción reconoce el objeto como una existencia real, distinta de ella misma, así la razón tiene una percepción, o conocimiento inmediato, del Infinito, con una convicción necesaria de su realidad como distinguida (en un sentido) de ella misma. El yo, la naturaleza y Dios son de manera semejante e igualmente involucrados en la percepción intuitiva de la mente; y son inseparables. Esto es muy diferente de la doctrina común del conocimiento de Dios como innato o intuitivo. Esta última doctrina sólo supone que la naturaleza del alma humana es tal que está intuitivamente convencida de su dependencia de o responsabilidad para con un Ser diferente de y más exaltado que él mismo. La primera supone, con los filósofos alemanes, especialmente Schelling, la cognición inmediata del Infinito por la razón.

Admitiendo con Cousin que las ideas de lo finito e infinito son correlativas, que no podemos tener la una sin tener la otra, y que la mente, por necesidad racional, queda convencida de que si hay un finito tiene que haber un infinito, queda por preguntar: ¿Qué es este Infinito? Para Cousin, el Infinito es Todo. Por ello, el Teísmo no gana nada con estos argumentos metafísicos.

2. El argumento cosmológico

Se basa en el principio de una causa suficiente. Afirmado silogísticamente, el argumento se enuncia así: Cada efecto debe tener una causa adecuada. El mundo es un efecto. Por ello, el mundo debe haber tenido una causa fuera de él mismo y adecuada para dar cuenta de su existencia.

A. La causalidad

La validez y el significado de este argumento dependen del sentido que se les dé a las palabras causa y efecto. Si un efecto se define correctamente como un acontecimiento, o un producto, no debido a nada inherente en él mismo, sino producido por algo fuera de él mismo; y si por causa se entiende un antecedente a cuya eficacia se debe el efecto; entonces es inevitable la conclusión de que la existencia del mundo supone la existencia de una causa adecuada para su producción, siempre y cuando se pueda demostrar que el mundo es un efecto, esto es, que no es auto-causado o eterno.

---

2. *Elements of Psychology,* pág. 375, New York, 1856.
3. *Ibid.,* pág. 376

Es bien sabido, sin embargo, que desde que Hume propuso su teoría, todas las causas eficientes han sido descartadas por una gran clase de filósofos. Los sentidos no conocen otra cosa que una secuencia de acontecimientos. El uno sigue al otro. A lo que precede de manera uniforme, lo llamamos causa; a lo que sigue de manera uniforme, lo llamamos el efecto. Como todo lo que detectan los sentidos es una secuencia, esto es todo lo que tenemos derecho a aceptar. La idea de que haya nada en el antecedente que determine el efecto para ser lo que es y no de otra manera es totalmente arbitraria. Una causa, por ello, no es nada más que un antecedente invariable, y un efecto es un consecuente invariable.

Stuart Mill[4] modificó la definición de Hume de causa, como lo había hecho el doctor Brown de Edimburgo antes de él. El primero dice: «Es necesario para nuestro empleo de la palabra causa que creamos no sólo que el antecedente siempre ha ido seguido por el consecuente, sino que, mientras permanezca la presente constitución de las cosas, siempre será así». Y el doctor Brown[5] dice: «Una causa, en la definición más plena que admite filosóficamente, puede ser definida como aquello que precede inmediatamente a cualquier cambio, y que, existiendo en cualquier tiempo bajo circunstancias similares, siempre ha sido y siempre será seguido de un cambio similar». Es evidente que esta definición no sólo es arbitraria, sino que es inconsecuente con el principio fundamental de la filosofía de Hume y de sus seguidores, esto es, que todo nuestro conocimiento se basa en la experiencia. La experiencia se relaciona con el pasado. No puede ser garantía del futuro. Si creemos que un consecuente determinado siempre seguirá a un antecedente determinado, tiene que haber otra base para esta convicción que el que siempre haya sido así. A no ser que haya algo en la naturaleza del antecedente que asegure la secuencia del efecto, no hay ninguna base racional para la creencia de que el futuro tiene que ser como el pasado.

La doctrina común sobre esta cuestión.

La doctrina común acerca de esta cuestión incluye los puntos siguientes: (1) Una causa es algo. No es un mero nombre para una cierta relación. Es una entidad real, una sustancia. Esto está claro, porque una no entidad no puede actuar. Si lo que no existe puede ser una causa, entonces nada puede producir algo, lo cual es una contradicción. (2) Una causa debe ser algo no sólo real, sino que debe tener poder o eficiencia. Debe haber algo en su naturaleza que explique los efectos que produce. (3) Esta eficiencia debe ser adecuada; esto es, suficiente y apropiada para el efecto. Está bien claro que esta es una perspectiva verdadera de la naturaleza de una causa: (1) Por nuestra propia consciencia. Nosotros somos causas. Podemos producir efectos. Y los tres puntos particulares acabados de mencionar se incluyen en nuestra consciencia de nosotros como causa. Nosotros somos verdaderas existencias; tenemos poder; tenemos un poder adecuado para los efectos que producimos. (2) Podemos apelar a la consciencia universal de los hombres. Todos los hombres asignan este significado a la palabra causa en su lenguaje ordinario. Todos los hombres dan por supuesto que cada efecto tiene un antecedente a cuya eficiencia se debe. Nunca consideran una mera antecedencia, por uniforme que sea en el pasado, o por cierta que sea en el futuro, como constitutiva de una relación causal. La sucesión de las estaciones ha sido uniforme en el pasado, y estamos confiados en que seguirá siendo uniforme en el futuro; pero nadie dice que el invierno sea la causa del verano. Todos están conscientes de que la causa expresa una relación enteramente diferente de la de la mera antecedencia. (3) Esta postura acerca de la naturaleza de la causalidad está incluida en la creencia universal y necesaria de que todo efecto debe tener una causa. Esta creencia no

---

4. *Logic,* pág. 203, New York, 1855.
5. *Inquiry,* pág. 17. Edimburgo, 1818.

es de que una cosa tenga que ir siempre antes de otra, sino que no puede ocurrir nada, que no se puede provocar cambio alguno, sin la aplicación de poder o eficiencia en alguna parte; de otro modo algo podría venir de nada.

Este tema lo tratan todos los metafísicos desde Aristóteles en adelante, y especialmente desde la promulgación de la nueva doctrina adoptada por Hume.[6] Ha sido uno de los grandes servicios a la causa de la verdad el que ha rendido el doctor McCosh al defender la autoridad de estas creencias primarias que subyacen como fundamento de todo conocimiento.

La convicción intuitiva de la necesidad de una Causa.

Pero admitiendo que una causa no sea simplemente un antecedente invariable, sino aquello al poder de lo cual se debe el efecto, [...] ¿cuál es el fundamento de la creencia universal de que cada efecto debe tener una causa? [...] La doctrina común [...] es que se trata de una verdad intuitiva, un principio primordial o evidente por sí mismo. Esto es, que se trata de algo que todos los hombres creen, y que todos los hombres deben creer. No habría verdades evidentes por sí mismas, intuitivas, si el hecho de que hayan sido negadas por uno o más filósofos especulativos se considerara como prueba de que no son asunto de creencia universal y necesaria. La identidad personal, la existencia real del mundo externo, la distinción esencial entre el bien y el mal, son cosas que han sido negadas. Sin embargo, todos los hombres creen y deben creer en estas verdades. La negación de las mismas es forzada y temporal. Siempre que la mente revierte a su estado normal, la creencia vuelve. También se ha negado el principio de la causación; pero todo hombre se ve forzado por la constitución de su naturaleza a admitirlo, y a actuar constantemente conforme al mismo. Un hombre puede creer que el universo es eterno; pero que empezó a ser sin una causa -que surgió de la nada- es imposible de creer.

Por ello, quedamos reducidos a esta alternativa. El universo es. Por ello, o bien ha sido desde toda la eternidad, o debe su existencia a una causa fuera de sí mismo, adecuada para dar cuenta de que sea lo que es. El argumento teísta es que el mundo es un efecto; que no tiene en sí mismo la causa de su existencia; que no es eterno, y por ello tenemos la necesidad de aceptar la existencia de una gran Primera Causa a cuya eficiencia se debe atribuir la existencia del universo.

B. El mundo es un efecto

1. El primer argumento para demostrar que el mundo como un todo no es existente por sí mismo y eterno, es que todas sus partes, todo lo que entra en su composición, es dependiente y cambiante. Un todo no puede ser esencialmente diferente de sus partes constitutivas. Un número infinito de efectos no puede ser existente por sí mismo. Si una cadena de tres eslabones no se puede sostener por sí misma, mucho menos una cadena de millones de eslabones. Nada multiplicado por una infinitud sigue siendo nada. Si no encontramos la causa de nuestra existencia en nosotros mismos, ni nuestros padres en sí mismos, ir atrás *ad infinitum* es sólo añadir nada a nada. Lo que la mente demanda es una causa suficiente, y no se logra ninguna solución yendo atrás indefinidamente de un efecto a otro. Por ello, nos vemos obligados, por las leyes de nuestra naturaleza racional, a aceptar la existencia de una causa existente en sí misma, esto es, de un Ser dotado de un poder adecuado para producir este mundo de fenómenos siempre cambiante. En todas las eras, las personas reflexivas han sido forzadas a esta conclusión. Platón y Aristóteles arguyeron basándose en la existencia del movimiento que debe existir un *aeikinëton heauto kinoun*, un eterno poder dotado de movimiento propio, o *pri-*

---

6. Véase Reid, *Intellectual Powers;* Stewart, *Philosophical Essays;* Brown, *Inquiry,* y *Essay on Cause and Effect;* Sir William Hamilton, *Works;* Dr. McCosh, *Intuitions of the Mind.*

mum movens, como lo llamaban los Escolásticos. La validez de este argumento es reconocida por casi todas las clases de filósofos, al menos en el sentido de admitir que estamos obligados a aceptar la existencia de un Ser eterno y necesario. El argumento Teísta es que si todo en el mundo es contingente, este Ser eterno y necesario tiene que ser una Primera Causa extra-mundana.

El argumento histórico.
2. El segundo argumento es el histórico. Esto es, tenemos evidencia histórica de que la raza humana, por ejemplo, ha existido sólo unos pocos miles de años. Que la raza humana haya existido desde la eternidad es absolutamente increíble. Incluso si adoptáramos la teoría de la evolución, no nos da alivio alguno. Sólo nos da millones en lugar de miles de años. Ambos lapsos de tiempo son igualmente insignificantes cuando los comparamos con la eternidad. La célula germinal de Darwin demanda tan necesariamente una causa fuera de ella y existente por sí misma como la demanda un hombre totalmente desarrollado, o toda la raza del hombre, o el universo mismo. Nos vemos abocados a la conclusión de que este universo salió de la nada, o a la de que existe un Ser auto-existente, eterno y extra-mundano.

El argumento geológico
3. El argumento geológico viene a decir lo mismo. Los geólogos, como clase, concuerdan en cuanto a los siguientes hechos: (1) Que los géneros existentes de plantas y animales que habitan nuestra tierra comenzaron a existir en un período relativamente reciente en la historia de nuestro globo. (2) Que ni la experiencia ni la ciencia, ni los hechos ni la razón, justifican la suposición de una generación espontánea. Esto es, no hay evidencia de que ningún organismo vivo sea jamás producido por unas causas meramente físicas. Cada uno de estos organismos es o bien creado inmediatamente, o es derivado de algún otro organismo ya teniendo vida, previamente existente. (3) Los géneros y las especies son permanentes. Uno nunca se transmuta en otro. Un pez nunca se transforma en ave, ni una ave en un cuadrúpedo. Los modernos teorizadores, desde luego, han puesto estos hechos en tela de juicio; pero siguen siendo admitidos por el gran conjunto de científicos, y la evidencia en favor de ellos es abrumadora para la mente normal. Si se conceden estos principios, sigue de ello que todas las plantas y animales existentes sobre la tierra tuvieron un principio. Y si tuvieron un principio, fueron creados, y por ello debe haber un Creador. Estas consideraciones son meramente colaterales. El principal argumento es el que hemos mencionado primero, esto es, la total imposibilidad de concebir o bien una sucesión infinita de acontecimientos contingentes, o bien el origen del universo de la nada.

C. Objeciones. La doctrina de Hume
Hay sólo dos objeciones a este argumento cosmológico que se deben mencionar. La primera se dirige al principio sobre el que está basado, y el otro a la conclusión que se saca de él. Hume comienza su *Treatise on Human Nature* (Tratado sobre la naturaleza humana) estableciendo el principio de que las percepciones de la mente humana se resuelven en impresiones e ideas. Por impresiones él significa «todas nuestras sensaciones, pasiones y emociones, tal como hacen su primera aparición en el alma». Por ideas significa «las débiles imágenes de ellas en el pensamiento y en el razonamiento»[7] Por ello, no puede haber idea alguna que no esté derivada de alguna impresión anterior. Este es el principio fundamental de todo su sistema. De esto

---

7. *Treatise of Human Nature,* Parte I, § 1; *Obras,* Vol. I, Edimburgo, 1826.

sigue que todo nuestro conocimiento está basado en la experiencia. Tenemos unas ciertas impresiones formadas por cosas externas, y ciertas pasiones y emociones; estas son las únicas fuentes de nuestras ideas, y por ello de nuestro conocimiento. Cuando pasa a aplicar este principio[8] a la naturaleza y origen de nuestra idea de causación, dice que todo lo que podemos conocer acerca de algo es que un objeto o acontecimiento es contiguo y antecedente de otro. Esto es todo lo que percibimos; de todo ello podemos tener una «impresión». No tenemos impresiones de poder, eficiencia, energía, fuerza, u otro término equivalente que podamos escoger emplear. Por ello, tal cosa no existe. No existe nada como eficiencia o poder ni en la mente ni en la materia. Cuando empleamos estas palabras, dice él, no comunicamos «realmente ningún significado concreto».[9] Cuando vemos acontecimientos o cambios en secuencia uniforme, adquirimos el hábito, o, como él dice, «sentimos la determinación»[10] de esperar el consecuente cuando vemos su acostumbrado antecedente. La necesidad, la fuerza, el poder, la eficacia, por tanto, no son nada más que «una decisión de llevar nuestros pensamientos desde uno a otro objeto».[11] «La necesidad de poder, que une causas y efectos, reside en la determinación de la mente de pasar de lo uno a lo otro. La eficacia o energía de las causas no está puesta ni en las mismas causas, ni en la Deidad, ni en la concurrencia de estos dos principios, sino que pertenece enteramente al alma, que considera la unión de dos o más objetos en todos los casos anteriores».[12] Hume era plenamente consciente del carácter paradójico de su posición acerca de la causalidad y de sus enormes consecuencias, aunque insistía en que su argumento para sustentarla era irrefutable. En relación inmediata con la cita acabada de dar, dice: «Soy consciente que de todas las paradojas que he tenido o que tendré ocasión de presentar en el curso de este tratado, la presente es la más violenta, y es sólo a golpes de sólidas pruebas y razonamientos que puedo tener la esperanza de que sea admitida y vencer los inveterados prejuicios de la humanidad».[13] Lo que él llama inveterados prejuicios son realmente leyes de la creencia que Dios ha impreso sobre nuestra naturaleza, y que todos los sofismas de los filósofos jamás podrán subvertir.

Las conclusiones que Hume saca de su doctrina muestran la apreciación de su importancia. (1) Sigue de su principio, dice él, que no hay diferencia entre causas como eficientes, formales, materiales, ejemplares o finales; ni entre causa y ocasión. (2) «Que la distinción común entre necesidad moral y física carece de todo fundamento en la naturaleza». «La distinción que hacemos a menudo entre el poder y el ejercicio del mismo también carece de fundamento». (3) «Que la necesidad de una causa para todo comienzo de existencia no está basado en ningunos argumentos, ni demostrativos ni intuitivos». (4) «Nunca podemos creer con razón que exista ningún objeto del que no podamos formarnos una idea».[14] Por este cuarto corolario, hace referencia a cosas como las sustancias, de las que no recibimos impresiones, y por consiguiente de las que no podemos tener idea, y que por ello no podemos creer racionalmente que existan. Lo mismo se puede decir de Dios.

Al comienzo de la siguiente sección,[15] Hume, con una osadía casi sin parangón, dice: «Según la doctrina acabada de exponer, no hay objetos que podamos determinar, por mera observación, sin consultar la experiencia, como las causas de cualquier otro; ni ningunos ob-

---

8. En Parte III, §14.
9. *Treatise of Human Nature,* Vol. I, pág. 216
10. *Ibid.,* pág. 219.
11. *Ibid.,* pág. 219.
12. *Ibid.,* pág. 220.
13. *Ibid.,* pág. 220.
14. *Ibid.,* págs. 226-228.
15. § 15

jetos que podamos determinar con certidumbre de la misma manera como no siendo las causas. Cualquier cosa puede producir cualquier otra. Creación, aniquilación, movimiento, razón, volición, todas esas cosas pueden surgir de cualesquiera de ellas, o de cualesquiera otros objetos que podamos imaginar. Y esto no parecerá extraño si comparamos dos principios explicados anteriormente, que la conjunción constante de los objetos determina su causa, y que, hablando con propiedad, no hay objetos contrarios entre sí, excepto la existencia y la no existencia. Cuando los objetos no son contrarios, nada impide que tengan aquella constante conjunción de la que depende totalmente la relación de causa y efecto».

Si existe un argumento como la *reductio ad absurdum*, es cosa cierta que esta teoría de Hume se refuta a sí misma. (1) Él admite la fiabilidad de la consciencia por lo que respecta a las «impresiones»; ¿cómo puede entonces rechazar las intuiciones de los sentidos, de la razón y de la consciencia? (2) Si no tenemos ningún conocimiento que no se derive de las impresiones, entonces no podemos creer en la sustancia, ni en el alma, ni en Dios. (3) Por la misma razón no podemos creer que haya una cosa como el poder o la eficiencia, ni ninguna diferencia entre causas eficientes y finales, esto es, entre la fuerza expansiva del vapor y la intención del ingeniero que diseña una máquina de vapor. (4) De la misma manera, tenemos que creer que algo viene de la nada, que no hay razón de que lo que comienza tenga que tener una causa, ni siquiera un antecedente; y, por ello, que «cualquier cosa puede producir cualquier otra cosa», esto es, una volición humana, el universo. (5) No puede ni enunciar su teoría sin contradecirse a sí mismo. Habla de algo «produciendo» algo diferente. Pero según su doctrina no existe la producción de nada, por cuanto niega que exista nada como el poder o la eficiencia.

Está universalmente admitido que no tenemos fundamento para el conocimiento ni la fe excepto en la veracidad de la consciencia. Este principio tiene que ser tenido constantemente en cuenta, y debe ser reiterado a menudo. Por ello, cualquier doctrina que contradiga los hechos de la consciencia, o las leyes de la creencia que Dios ha impreso en nuestra naturaleza, tiene que ser falsa. Entonces, si se puede demostrar que hay ciertas verdades que los hombres se ven forzados a creer por la misma constitución de sus naturalezas, estas verdades deben ser retenidas a pesar de todas las artes de la sofistería. Por ello, si constituye un hecho de la consciencia que nosotros mismos somos algo, un ente, una sustancia, y que tenemos poder, que podemos producir efectos, entonces es cosa cierta que existe el poder, y las causas eficientes. Si además es una verdad intuitiva y necesaria que cada efecto tiene que tener una causa, que *ex nihilo nihil fit* [de la nada, nada sale], entonces es absolutamente cierto que si el mundo comenzó a ser, tuvo una causa adecuada de su existencia fuera de él mismo. Y, por ello, si el argumento para demostrar que el mundo no es auto-existente y eterno es sano, el argumento cosmológico es válido y concluyente.

La segunda objeción

La otra forma de objeción se dirige no contra las premisas sobre las que se basa el argumento cosmológico, sino contra la conclusión que los teístas sacan del mismo. Se admite que algo existe ahora; que una no entidad no puede ser la causa de la existencia real; por ello, que algo debe haber existido eternamente. Se admite también que es imposible una regresión infinita, o serie eterna de efectos. Por ello, tiene que haber un Ser eterno, existente en Sí mismo. Esto es todo lo que demuestra justamente el argumento cosmológico. No demuestra que este Ser necesario es extra-mundano, y mucho menos que sea un Dios personal. Puede que sea una sustancia eterna de la que las cosas cambiantes son los fenómenos.[16]

---

16. Véase Strauss, *Dogmatik,* Vol. I, pág. 382.

El argumento cosmológico no tiene la intención de demostrar todo lo que los Teístas sostienen acerca de Dios. Es suficiente con que demuestre que debemos admitir la existencia de un Ser eterno y necesario. Otros argumentos demuestran que este Ser es consciente de Sí mismo e inteligente. Además, el argumento demuestra de manera apropiada que este Ser es extra-mundano; porque el principio de la causación es que todo lo contingente tiene que tener la causa de su existencia fuera de sí mismo.

3. El argumento teleológico

A. Su naturaleza

Este argumento admite también su enunciación como silogismo. El designio supone un diseñador. El mundo exhibe por todos lugares señales de designio. Por ello, el mundo debe su existencia a un autor inteligente.

Por designio se significa: (1) La selección de un fin a alcanzar. (2) La elección de los medios apropiados para alcanzarlo. (3) La aplicación real de estos medios para llegar al fin propuesto.

Siendo así la naturaleza del designio, es una verdad evidente por sí misma, o, incluso una proposición idéntica, que el designio indica inteligencia, voluntad y poder. Es simplemente decir que la inteligencia en el efecto implica inteligencia en la causa.

Además, es cosa cierta que la inteligencia indicada por el designio no está en la cosa diseñada. Tiene que estar en el agente externo. La mente indicada en un libro no está en el libro mismo, sino en el autor y en el impresor. La inteligencia revelada por la máquina calculadora, o en cualquier obra similar, no está en el material empleado, sino en el inventor y en el artista. Tampoco la mente indicada en la estructura de los cuerpos de las plantas y de los animales está en ellos, sino en Aquel que los ha hecho. Y de la misma manera, la mente indicada en el mundo en general debe estar en un Ser extra-mundano. Hay, desde luego, esta evidente diferencia entre las obras de Dios y las del hombre. En cada producto del arte humano se conforman y unen materiales muertos para lograr un fin determinado; pero las organizadas obras de la naturaleza están animadas por un principio viviente. Están conformadas como desde dentro hacia fuera. En otras palabras: crecen, no son construidas. A este respecto hay una enorme diferencia entre una casa y un árbol o el cuerpo humano. Sin embargo, en ambos casos, la mente es extrínseca a la cosa producida; porque el fin, el pensamiento, es anterior al producto. Así como el pensamiento o la idea de una máquina tiene que estar en la mente del ingeniero, antes de construirse la máquina, de la misma manera la idea o el pensamiento del ojo tiene que ser anterior a su formación. Dice Trendelenburg:[17] «Es una conclusión sencilla y cargada de consecuencias que hasta allí donde hay algún designio llevado a cabo en el mundo, ha sido precedido por el pensamiento como base de ello». Y este pensamiento, sigue diciendo él, no está muerto, como una figura o un modelo, sino que está conectado con la voluntad y con el poder. Está, por tanto, en la mente de una persona que tiene la capacidad y el propósito de llevarlo a cabo. Además, dice él, «tiefsinnige Zweckmässigkeit bewustlos und blind» es inimaginable, esto es: es inconcebible una adaptación ciega e inconsciente de medios para lograr un fin.

Por cuanto la convicción de que el designio implica un agente inteligente es intuitiva y necesaria, no está limitada a la reducida esfera de nuestra experiencia. El argumento no es: Cada casa, nave, telescopio u otros instrumentos o máquinas que jamás hayamos visto tienen un hacedor inteligente, por lo que debemos dar por sentado que cualquier similar obra de destreza

---

17. *Log. Untersuchungen,* 2 ed., Leipzig, 1862, Vol. II, pág. 28.

no fue formada por azar ni por la operación de fuerzas ciegas e inconscientes. El argumento es más bien: Es tal la naturaleza del designio que necesariamente implica un agente inteligente; y por ello siempre o en cualquier parte que veamos evidencia de designio, quedamos convencidos de que debe atribuirse a la operación de la mente. Sobre esta base, no sólo estamos autorizados, sino obligados a aplicar el argumento del designio mucho más allá de los límites de la experiencia, y a decir: Es igual de evidente que este mundo tuvo un Creador inteligente como que un libro ha tenido un autor. Si un hombre puede creer que un libro ha sido escrito al azar, o por una fuerza ciega e inconsciente, entonces, y sólo entonces, podrá negar racionalmente la validez del argumento basado en el designio como prueba de la existencia de un Dios personal.

B. Evidencias de designio en el mundo

Este es un tema sin límites. Uno de los más importantes y valiosos de los *Bridgewater Treatises*, el volumen escrito por Charles Bell, se dedica a «La Mano, su mecanismo y dotes vitales como evidencia de designio». Cientos de volúmenes no serían suficientes para exhibir la evidencia de la adaptación inteligente de los medios para un fin que se encuentra por todos lugares en el mundo.

[...] En el ojo, por ejemplo, tenemos el más perfecto instrumento óptico construido en conformidad a las complejas leyes de la luz. Encontramos en él el único nervio del cuerpo sensible a las impresiones de la luz y del color. Este nervio está extendido sobre la retina. La luz es admitida a través de un orificio del globo ocular, cuya apertura o cierre son regulados por un delicadísimo arreglo de músculos, según la cantidad de luz que incide sobre la retina, apertura y cierre que no dependen de la voluntad, sino del mismo estímulo de la luz. Pero el mero paso de la luz a través de un orificio no produciría una imagen del objeto desde la que fue reflejada. Por ello, se hace pasar por una lente de forma perfecta para provocar la refracción de los rayos y enfocarlos de manera apropiada sobre la retina. Si la cámara interior del ojo fuera blanca, reflejaría los rayos que entran hacia todos los ángulos, imposibilitando la visión. Esta cámara, y sólo ésta, está forrada de un pigmento negro. Por medio de un delicado mecanismo muscular, el ojo puede adaptarse a la distancia de los objetos exteriores para poder preservar el enfoque apropiado. Esta es una pequeña parte de las maravillas que exhibe por sí solo este órgano del cuerpo. Este órgano se formó en la oscuridad del vientre, con una referencia evidente a la naturaleza y a las propiedades de la luz, de las que la criatura para cuyo uso estaba dispuesto no tenía ni conocimiento ni experiencia. Así, si el ojo no indica la adaptación inteligente de los medios para un fin, no puede hallarse tal adaptación en ninguna obra del ingenio humano. [...]

A través de este vasto universo impera el orden. En medio de una variedad sin fin hay unidad. Las mismas leyes de la gravedad, de la óptica y de la termodinámica prevalecen en todas partes. La confusión y el desorden son el resultado uniforme del azar o de fuerzas operando a ciegas. El orden es la segura indicación de una mente. ¡Y qué mente, qué sabiduría, qué poder y qué beneficencia son las que se exhiben en nuestro vasto universo!

«El resultado de toda nuestra experiencia», dijo Sir Gilbert Eliot, escribiendo al mismo Hume, «parece consistir en esto. Hay sólo dos formas en las que hemos observado las diferentes cantidades de materia echadas juntamente: Bien al azar, bien con designio y propósito. De la primera forma nunca hemos visto la producción de un efecto complicado regular correspondiéndose con un fin determinado; de la segunda forma, lo hemos visto de manera constante. Así, si las obras de la naturaleza y las producciones de los hombres se parecen en esta gran característica general, ¿no nos justificará incluso la misma experiencia en adscribir a ambas una causa similar, aunque proporcional?»[18]

Este argumento en base del designio es constantemente apremiado en el Antiguo Testamento, que apela a los cielos y a la tierra como revelando el ser y las perfecciones de Dios. El Apóstol Pablo dice que el Dios viviente, que hizo el cielo y la tierra, el mar, y todo lo que en ellos hay, no se ha dejado a sí mismo sin testimonio (Hch 17:23-31). A los romanos les dijo que el eterno poder y deidad del Ser Supremo son claramente vistos, siendo entendidos por las cosas hechas (Ro 1:20). Los antiguos filósofos sacaron las mismas conclusiones según las mismas premisas. Anaxágoras argüía que se tiene que admitir que la *nous*, la *mente*, controla todo en el mundo, porque todo en el mundo indica designio. Sócrates insiste constantemente en esto como la gran prueba del ser de Dios. Cicerón[19] dice que es tan imposible que un mundo ordenado pueda ser constituido por una concurrencia fortuita de átomos como que un libro quede redactado echando letras al azar. Trendelenburg,[20] tras citar este pasaje, dice: «Quizá sea más difícil suponer que por una ciega combinación de los elementos y de las fuerzas químicas, que se formara siquiera uno de los órganos del cuerpo -por ejemplo, el ojo, tan claro, agudo y perceptor,- y mucho menos la armónica unión de órganos que constituyen el cuerpo, que el que un libro fuera hecho al azar, echando tipos sueltos al azar».

Filón presenta el argumento en su forma silogística más sencilla: «No hay ninguna obra de arte hecha a sí misma. El mundo es la más perfecta obra de arte. Por ello, el mundo fue hecho por un Autor bueno y totalmente perfecto. Así tenemos el conocimiento de la existencia de Dios».[21] Todos los padres cristianos y posteriores teólogos han razonado de la misma manera. Incluso Kant, aunque niega que sea concluyente, dice que el argumento teológico debería ser siempre tratado con respeto. Es, dice él, el más antiguo, el más claro, y el más adaptado a la mente humana.

4. Objeciones al argumento teológico

A. La negación de las causas finales.

La doctrina de las causas finales en la naturaleza tiene que mantenerse o caer con la doctrina de un Dios personal. Lo primero no puede ser negado sin negarse lo segundo. Y la admisión de lo uno involucra la admisión de lo otro. Por causa final no se significa una mera tendencia, ni el fin al que tienden los acontecimientos bien de manera real, bien aparente; sino el fin contemplado en el uso de medios adaptados para alcanzarlo. La contemplación de un fin es un acto mental. La selección y el empleo de medios adaptados a un fin son ambos actos inteligentes y voluntarios. Pero un agente voluntario inteligente es una persona.[22] En otras palabras, el uso de medios para llegar a un fin contemplado es una función de la personalidad, o al menos de un agente inteligente.

Siendo ésta la naturaleza de las causas finales, las tales son naturalmente negadas, (1) Por el positivista, que no cree en nada más que en aquellos hechos que son percibidos por sus sentidos, y que no admite de otra causalidad que la regularidad de la secuencia. Como la eficiencia, la intención y la mente no son percibidas por los sentidos, no son ni pueden ser admitidos filosóficamente. (2) Por aquellos que, aunque admiten la existencia de la fuerza, y por ello, en este sentido, de una causa, no admiten una distinción entre causas, o fuerzas, físicas, vitales, y mentales, y que mantienen que ésta puede ser resuelta en cualquiera de las otras. Los propo-

---

18. Dr. Buchanan, *Analogy a Guide to Truth and Aid to Faith,* edición de Edimburgo, 1864, pág. 414.
19. *De Natura Deorum,* II. 37.
20. *Logische Untersunchugen,* Vol. II, pág. 64.
21. *De Monarchia,* I. § 4, edición de Leipzig, 1828, Vol. IV, pág. 290.
22. Esto está en conformidad con la definición teológica aceptada de una persona como un «suprositum inteligens».

nentes de esta teoría hacen del pensamiento un producto del cerebro, y tienen como lema, «Ohne Phosphor kein Gedanke». Naturalmente, el fósforo tiene que venir antes que el pensamiento, y por ello no puede haber ninguna causa final para la producción del fósforo ni de nada más. (3) Las causas finales son negadas por los que consideran el universo como el desarrollo del Ser infinito bajo la operación de una ley necesaria. De este Ser no se puede predicar ni inteligencia, ni consciencia, ni voluntad. Por consiguiente, no puede haber ningún designio preconcebido para ser llevado a cabo, ni por el universo como un todo, ni por ninguna de sus partes. Así, según Spinoza, las causas finales son «humana figmenta et deliria».

Si uno le pregunta a un campesino de dónde proviene un árbol o el cuerpo de un animal, probablemente contestará: «¡Pues vaya, ha crecido!» Para él, este es el hecho final. Y así es con todos los abogados de las teorías acabadas de mencionar. Así es que se encuentran los extremos (el pensamiento del campesino y la teoría del sabio). ¿Qué pensamiento más elaborado, más profundo, se encuentra en las palabras de Stuart Mill que en el de la respuesta del campesino, cuando el lógico dice: «Las secuencias totalmente físicas y materiales, tan pronto como llegan a hacerse suficientemente familiares para la mente humana, vinieron naturalmente al pensamiento, y se consideró no sólo que no precisaban ellas mismas de explicación alguna, sino que podían dar explicación para otras, e incluso de servir como la explicación final de las cosas en general»[23]?

B. Objeciones de Hume y Kant

La respuesta de Hume al argumento del designio, o de las causas finales, es que nuestro conocimiento está limitado por la experiencia. A menudo hemos visto hacer casas, naves, motores y otras máquinas, y, por ello, cuando vemos unos productos similares del ingenio humano, estamos autorizados a inferir que también éstos fueron producidos por un autor inteligente. Pero el mundo pertenece a una categoría enteramente diferente; nunca hemos visto hacer un mundo, y por ello no tenemos ninguna base racional para suponer que este mundo tuvo un hacedor. «Cuando dos especies de objetos,» dice Hume,[24] «han sido siempre observados en conjunción, puedo inferir, por costumbre, la existencia del uno cuando veo la existencia del otro, y a eso lo llamo el argumento de la experiencia. Pero que este argumento se pueda presentar cuando los objetos, como en el caso actual, son singulares, individuales, sin paralelo ni semejanzas específicas, puede ser difícil de explicar. ¿Y me dirá alguien con seriedad que un universo ordenado tiene que surgir de algún pensamiento y arte, como el humano, porque tenemos experiencia de éste? Para determinar este razonamiento, sería necesario que tuviéramos experiencia del origen de mundos; y desde luego no es suficiente que hayamos visto surgir naves y ciudades gracias al arte y al ingenio humano». Lo que la experiencia enseña es que el designio implica inteligencia; esto es, que nunca vemos la adaptación de medios a un fin sin evidencia de que tal adaptación es la obra de un agente inteligente. Y, por ello, incluso bajo la conducción de la experiencia inferimos que siempre que vemos designio, sea en la naturaleza o en el arte, tiene que haber un agente inteligente. Pero la experiencia no es ni la base ni el límite de esta convicción. Es una verdad intuitiva, evidente por sí misma en base de su naturaleza, que no se puede dar cuenta del designio en base de azar o necesidad. Que alguien trate de persuadirse de que un reloj es producto del azar, y verá cuán inútil es su intento.

Kant presenta sustancialmente la misma objeción que Hume cuando dice que la concatenación de causa y efecto queda confinada al mundo externo, y por ello que es ilógico aplicar el principio de la causalidad para dar cuenta de la existencia del mundo externo mismo. Ade-

---

23. *Logic,* edición de Londres, 1851, Vol. I, pág. 366.
24. «Dialogues on Natural Religion», *Works,* edición de Edimburgo, 1826, Vol. II, pág. 449.

más, objeta que las evidencias de designio en la naturaleza serían sólo demostración de un demiurgo, o constructor del mundo, y no de un Dios extra-mundano. Además, se apremia contra la suficiencia del argumento teleológico que incluso si demostrara que el autor del mundo es distinto del mundo, ello no lo demostraría infinito, porque el mundo es finito, y no podemos inferir una causa infinita de un efecto finito.

Respuesta a las objeciones.

Como respuesta a estas objeciones se puede observar que lo que el argumento basado en el designio tiene la intención de demostrar, y demuestra, es: (1) Que el Autor del universo es un agente inteligente y voluntario. (2) Que Él es extra-mundano y no meramente la vida o alma del mundo, porque el designio se muestra no simple ni principalmente por la conformación de cuerpos organizados mediante un principio que actúa desde dentro hacia fuera, sino por la adaptación de cosas externas a tales organismos, a sus varias necesidades, y por la disposición y ordenamiento estructurado de enormes cuerpos de materia, separados por millones e incluso por miles de millones de millas. (3) La inmensidad del universo a través del que se hace manifiesto el designio demuestra que su causa tiene que ser adecuada para la producción de tal efecto; y si el efecto es, como lo es para nosotros, incomprensiblemente grande, la causa debe serlo también. E incomprensiblemente grande e infinitamente grande son términos prácticamente equivalentes. Pero además, el argumento cosmológico demuestra que Dios es no solo hacedor, sino creador. Y la creación implica la posesión de un poder infinito. No sólo debido a que la diferencia entre la no existencia y la existencia es infinita, sino debido a que en la Escritura la creación es siempre descrita como la peculiar obra del Dios infinito. Hasta allí donde sabemos, todo poder de las criaturas está limitado a la acción propia, o al control más o menos limitado de lo que ya existe.

Lo que ya se ha dicho puede ser una respuesta suficiente a la objeción de que en tanto que el designio demuestra inteligencia, que sin embargo esta inteligencia puede estar en la misma materia, o en la naturaleza (una *vis insita*), como en el alma del mundo. Estos puntos, tal como generalmente se presentan, conciernen más propiamente a la relación de Dios con el mundo que a Su existencia. Involucran la admisión de la existencia de una inteligencia en algún lugar, adecuada para explicar todos los fenómenos del universo. Involucran, por tanto, la negación de que estos fenómenos tengan que ser atribuidos bien al azar, o bien a la acción de las meras leyes físicas. No se trata de dónde esté situada esta inteligencia. Sea donde sea que esté, tiene que ser una persona, y no meramente una fuerza carente de inteligencia actuando según una ley necesaria. Porque las evidencias de acción voluntaria y benevolente son tan claras como las de la inteligencia. Y las consideraciones ya apremiadas demuestran que este Ser voluntario e inteligente tiene que ser extra-mundano; conclusión que es hecha aún más evidente por nuestra relación con Él como responsables y dependientes.

C. Objeciones misceláneas.

1. Se objeta que tanto en el reino vegetal como en el animal hay malformaciones, productos anormales, que son inconsistentes con la idea del control de una inteligencia infinita. Este es en el mejor de los casos un argumento de nuestra ignorancia. Admitiendo que hay en la naturaleza algunas cosas que no pueden explicarse, ello no invalida el argumento que se saca de los innumerables casos de designio benevolente. Si la máquina calculadora de Babbage presentara un número erróneo una vez de cada muchos millones, ello no demostraría que no se manifestaba inteligencia en su construcción. Y no es siquiera necesario atribuir tal acción aparentemente irregular a una imperfección de la máquina. Por lo que

sepamos, su constructor podría tener una razón para esta acción, que no podemos descubrir. En toda extensa pieza musical aparecen discordancias aquí y allá, que chocan al oído, y que los desconocedores de la música no pueden explicar, pero que los competentemente instruidos perciben que son tomadas y resueltas en una armonía más sublime. Si un príncipe nos diera un cofre lleno de millones en monedas y joyas, no pondríamos en tela de juicio la bondad de sus intenciones si encontráramos entre todo ello alguna monedilla falsa cuya presencia no pudiéramos explicar. Sería una locura rechazar la Biblia con todas sus sublimes y salvadoras verdades porque podamos hallar en ella unos pocos pasajes que no podemos comprender, y que en sí mismos parecen inconsistentes con la perfección de su autor. Nadie rehúsa creer en el sol y en regocijarse en su luz porque haya en su superficie unas manchas oscuras que no puede explicar. La ignorancia es una condición muy sana para nuestro actual estado.

Órganos inútiles.
2. Una segunda objeción de un tipo muy similar es la que se basa en el hecho de que encontramos miembros en cuerpos organizados para los que no tienen uso. Por ejemplo, los hombres tienen mamas; la ballena tiene dientes que nunca se desarrollan y que el animal no necesita; los animales tienen huesos que nunca emplean; las aves y los cocodrilos tienen sus cráneos constituidos por huesos separados, como los animales vivíparos, aunque en su caso no parece haber utilidad en tal disposición. [...]

Acerca de esto se puede observar: (1) Que esta objeción sólo aparece en los organismos individuales de plantas o animales, mientras que las evidencias de designio se encuentran esparcidas por todo el universo. (2) Esta objeción se funda también en nuestra ignorancia. El argumento es que por cuanto no podemos ver la razón de alguna disposición, no existe tal razón. (3) Adopta la postura más baja de la utilidad, esto es, la que contempla las necesidades inmediatas del organismo individual. Cosas que no se precisan para sus necesidades pueden tener un fin mucho más elevado. En un gran edificio la funcionalidad no es el único fin que se contempla; están la simetría y la unidad, fines estéticos de tanto valor como la mera comodidad o conveniencia. Los científicos han demostrado que todos los animales son, en su estructura, sólo modificaciones de cuatro formas típicas. Estas formas se preservan en todos los géneros y especies incluidos bajo estas clases generales. Por ello, la presencia de estos rasgos característicos del tipo, incluso cuando el individuo no los necesite, sirve para indicar la unidad del plan sobre el que está edificado todo el reino animal. Tenemos que recordar que lo que no vemos no puede refutar la realidad de lo que sí vemos.

El instinto.
3. Una tercera objeción es la derivada en ocasiones basándose en las operaciones del instinto. El instinto, según el doctor Reid, es «un impulso natural y ciego a ejecutar ciertas acciones, sin ningún fin a la vista, sin deliberación, y muy a menudo sin concepción alguna de lo que hacemos».[25] El doctor Whately dice también: «Un instinto es una tendencia ciega a un modo de acción independiente de ninguna consideración por parte del agente acerca del fin al que lleva la acción», Paley lo define como «una propensión anterior a la experiencia e independiente de instrucción alguna».[26] El argumento es que como «un impulso ciego» que no contempla fin alguno efectúa todas las maravillosas funciones que vemos en las obras de los animales irracionales, unas similares funciones en la naturaleza no pueden demostrar inteli-

---

25. *Active Powers,* III, I. 2 Vol. IV, pág. 48; edición de Charlestown, 1815.
26. *Teología Natural,* cap. XVIII.

gencia en el autor de la naturaleza. La respuesta a este argumento es:

a. Que se basa en una errónea definición de instinto. No se trata de un impulso ciego. Es aquella medida de inteligencia dada a los animales y que les capacita para el sustento de sus vidas, para continuar su raza, y para responder a las necesidades de su ser. Dentro de ciertos límites, esta forma de inteligencia, tanto en el hombre como en los animales irracionales, actúa ciegamente. El impulso que lleva a los jóvenes de todos los animales a buscar su alimento de una manera apropiada y en el lugar apropiado, es indudablemente ciego. Lo mismo es probablemente el caso del impulso que lleva a muchos animales a buscar provisión durante el verano para las necesidades del invierno. Tampoco se puede suponer que la abeja ha construido siempre y en todo lugar sus celdas siguiendo los más ajustados principios matemáticos conducida por una comprensión inteligente de estos principios. Estas operaciones, que son ejecutadas sin instrucciones, y siempre de edad en edad de la misma manera, indican una conducción que puede ser llamada ciega en el sentido de que los que se encuentran bajo su influencia no trazan el plan según el que actúan, aunque puedan conocer el fin propuesto. Pero la inteligencia de los animales va más allá de estos estrechos límites. El castor no sólo construye sus diques según la naturaleza de la localidad y la fuerza de la corriente en la que emplaza su vivienda, sino que lo vemos constantemente, lo mismo que a otros animales, variando su modo de operación para afrontar emergencias especiales. Por ello, el instinto, como designando el principio que controla la acción de los animales irracionales, no es ciego, sino inteligente. Admite la contemplación de un fin, y la selección y aplicación de los medios apropiados para su cumplimiento. Así, incluso admitiendo que la inteligencia manifestada en la naturaleza es del mismo orden que la manifestada por los animales, sin embargo la diferencia en grado es infinita.

b. Sin embargo, ninguna medida de intelecto del grado o del carácter del instinto es suficiente para dar cuenta de los fenómenos del universo. El instinto tiene que ver con las necesidades de un organismo individual. Pero, ¿quién adapta los órganos de un animal a sus instintos? ¿Quién adapta la naturaleza exterior, el aire, la luz, el calor, el agua, los alimentos, etc., etc., a sus necesidades? ¿Qué relación tiene el instinto con el universo estelar?

c. Además, estos mismos instintos están entre los fenómenos que deben ser explicados. Si se trata de impulsos ciegos, ¿pueden ser explicados, en toda su variedad y en toda su acomodación a la naturaleza y a las necesidades de los animales, por un impulso ciego impregnando todas las cosas? El hecho es que la adaptación de la naturaleza externa a los instintos de las diferentes clases de animales, y de sus instintos a la naturaleza externa, ofrece una de las más convincentes pruebas de un intelecto exterior a ambas, y ordenando lo uno en relación con lo otro.

d. Se debe recordar, aunque este tema pertenece a un argumento separado, que el alma del hombre, con todos sus maravillosos poderes y capacidades, intelectuales, morales y religiosas, es uno de los hechos que deben ser explicados. Remontar la existencia del alma del hombre a «un impulso ciego» es suponer que el efecto trasciende a la causa más allá de toda medida, lo que es lo mismo que suponer un efecto sin causa.

e. Todas estas objeciones dan por supuesta la existencia eterna de la materia, y la eternidad de las fuerzas físicas. Por cuanto existen, tienen que haber existido desde la eternidad, o haber tenido un principio. Si han tenido un principio, tienen que haber tenido una causa externa a ellas mismas. Esta causa no puede ser una no entidad. Tiene que ser una sustancia existente en sí misma, eterna, poseyendo la inteligencia, el poder, la voluntad y la benevolencia adecuadas para dar cuenta del universo y de todo lo que en él se contiene. Esto es, la causa del universo tiene que ser un Dios personal.

5. El argumento moral o antropológico

A. Naturaleza del argumento.

Así como la imagen del sol reflejada en un espejo, o en la lisa superficie de un lago, nos revela lo que es el sol y lo que es, así el alma humana, con la misma claridad, nos revela que Dios es y lo que Él es. El reflejo del sol no nos enseña toda la verdad acerca de esta lumbrera; no nos revela su constitución interna, ni nos dice cómo su luz y calor se mantienen de edad en edad. De la misma manera el alma, como imagen de Dios, no nos revela todo lo que Dios es. En ambos casos, e igualmente en ambos casos, lo que se revela es cierto, esto es, fiable.

Se corresponde con la realidad objetiva. Así como sabemos que el sol es lo que su reflejo representa que es, así sabemos que Dios es lo que la naturaleza del alma humana declara que Él es. La duda en el primer caso es tan irrazonable, y podemos decir que igual de imposible, que en el otro.

Se ha visto en el capítulo precedente que todo hombre tiene en su propia naturaleza la evidencia de la existencia de Dios, una evidencia que no puede ser nunca borrada, y que forzará a la convicción de los peor dispuestos. No es menos cierto que cada hombre tiene en sí mismo la misma evidencia irresistible de que Dios es un Ser extra-mundano y personal; que Él es inteligente, voluntario y moral; que Él conoce; que Él tiene el derecho a ordenar; y que Él puede castigar y que Él puede salvar.

Se puede preguntar de manera natural: Si es así, si cada hombre tiene en su propia naturaleza un testimonio cuya competencia no puede poner en tela de juicio, y cuyo testimonio no puede ignorar, ¿para qué argumentar acerca de la cuestión? Por tres razones: Primero, porque incluso las verdades evidentes por sí mismas son a menudo negadas; y segundo, porque los hombres, en su presente estado moral, se encuentran bajo intensas tentaciones de negar la existencia de un Dios santo y justo; y tercero, porque se están haciendo constantes esfuerzos para pervertir o contradecir el testimonio de nuestra naturaleza acerca de la existencia y de la naturaleza de Dios.

B. El argumento basado en la existencia de la mente.

Toda persona tiene en su propia consciencia la evidencia de la existencia de la mente. Sabe que es un ser inteligente y personal. Sabe que su personalidad no reside en su cuerpo, sino en su alma. Está incluido en los hechos de la consciencia que el alma y el cuerpo son cosas distintas, que son diferentes sustancias que tienen atributos no sólo diferentes, sino incompatibles. El hecho de que esta sea la convicción general de los hombres queda claro por el hecho de que todas las lenguas reconocen esta distinción, y por el hecho de que no es negado nunca excepto por escritores especulativos o teóricos. La consciencia común de los hombres, revelada en su forma de hablar, y en sus declaraciones, y por la creencia universal, en la forma que sea, de un estado de existencia consciente tras la muerte, da testimonio de la verdad de que el alma es algo diferente del cuerpo, y muy superior a él. ¿Cómo se puede explicar la existencia de esta sustancia inmaterial, pensante, inmortal, a la que llamamos el yo? Es innegable que no ha existido siempre. Si comenzó a existir, tiene que haber tenido la causa de su existencia fuera de ella misma. Esta causa no puede ser el alma del padre, porque es también un efecto. Comenzó a ser. Y está universalmente admitido que una serie infinita de efectos es impensable. Si el alma no puede ser explicada por derivación en una serie sin fin de pasos conforme a lo que nos han precedido, tampoco puede ser concebida como un producto del cuerpo, ni de fuerzas y combinaciones físicas. Parece ser una proposición evidente por sí misma que el efecto no puede contener más que su causa; que la inteligencia no puede ser el producto de lo que no es inteligente. Esto está también confirmado por toda la experiencia.

En nuestro actual estado estamos familiarizados, primero, con la materia, con sus propiedades y leyes, o fuerzas; segundo, con la vida vegetal; tercero, con la vida animal; y cuarto, con la mente, dotada de una vida de un orden mucho más elevado. Estos diferentes elementos, o modos de existencia, aunque maravillosamente combinados y entremezclados, son distintos. Como hecho de la experiencia, la mera materia con sus fuerzas físicas nunca origina la vida vegetal; la vida vegetal por sí misma nunca origina ni pasa a la vida animal; y la vida animal nunca origina, ni se desarrolla a, la vida intelectual o espiritual. Hay una sima infranqueable entre estos varios departamentos del ser. Tan pronto como el principio de la vida abandona una planta o animal, las fuerzas físicas que pertenecen a la materia obran su disolución. Estos son hechos indeleblemente impresos en las convicciones de la masa de la humanidad. Son conclusiones a las que ha llevado a las mentes de todos los hombres la experiencia universal. Cierto que son negadas por ciertos científicos. Pero la teoría sobre la que basan esta negación involucra la negación de tantas verdades intuitivas y necesarias; hace tanta violencia a las leyes de la creencia impuestas a nuestra naturaleza, y sobre cuya validez depende todo conocimiento, que nunca pueden ser más que una creencia precaria y temporal por parte de los que la adoptan, y nunca puede adquirir el control sobre las mentes de los hombres. No es éste el lugar a entrar en una discusión de la teoría del materialismo. Es lícito apelar a la convicción general de la humanidad de que la mente no puede ser un producto de la materia. Si es así, como nuestras mentes no son existentes por sí mismas ni eternas, tiene que ser cierto, como también lo creían los paganos, que nuestros espíritus deben su existencia a Aquel que es el Padre de los espíritus.

C. Basado en la naturaleza del alma.

Hay dos leyes, o hechos generales, que parecen caracterizar todas las obras de la naturaleza. Por naturaleza se significa aquí todo lo que es extrínseco a y procedente de Dios. La primera de estas leyes es que sean cuales sean las capacidades, necesidades o deseos que existan, se da una provisión adecuada para suplirlas y satisfacerlas. Esto es evidentemente cierto con respecto al mundo vegetal. Las plantas tienen órganos para seleccionar los materiales del suelo necesarios para su crecimiento y madurez; órganos para absorber el carbono de la atmósfera; la capacidad de ser afectadas de manera apropiada por la luz y el calor; órganos de reproducción designados para la continuidad de cada una de ellas según su naturaleza. Todas estas necesidades son suplidas. La tierra, la atmósfera, la luz, el calor, y el agua, todo ello está provisto. Y lo mismo sucede con el mundo animal en toda su variedad sin fin de formas. Los alimentos, la luz, el calor, el aire y el agua son adecuados a sus variadas necesidades, a sus órganos y a sus instintos. Si tienen el apetito del hambre, tienen órganos para apropiarse de sus alimentos, y para su digestión; el instinto apropiado para la selección de los mismos, y los alimentos apropiados están siempre disponibles. Y así con todas las otras necesidades de su naturaleza.

La segunda ley, o hecho general, es que todos estos organismos vivos alcanzan la perfección, y cumplen plenamente el fin de su existencia. Esto es, devienen todo lo que son capaces de ser. Todo lo que pertenece a su naturaleza queda plenamente desarrollado. Todas sus capacidades son plenamente ejercitadas, y todas sus necesidades quedan plenamente satisfechas.

Estas dos cosas son verdaderas de toda criatura viviente dentro del ámbito del conocimiento humano, excepto del Hombre. Por lo que a su cuerpo concierne, también son ciertas de él. Sus necesidades físicas son todas suplidas por las presentes circunstancias de su ser. Su cuerpo deviene todo lo que es capaz de ser, en esta etapa de la existencia. Pero no son ciertas de él por lo que respecta a su alma. Tiene capacidades que no son plenamente desarrolladas en este mundo, y que nunca pueden serlo en él. Tiene deseos, aspiraciones y necesidades para las que el mundo no le provee de los objetos apropiados. Por ello, es evidente que está designado y adaptado para un estado de existencia más elevado y espiritual, como su cuerpo está adaptado al presente orden de cosas. El alma del hombre tiene, en primer lugar, unos poderes intelectuales capaces de una expansión indefinida, que en este mundo nunca alcanzan su límite máximo. Con estos se conecta un deseo de conocimiento que nunca queda satisfecho. En segundo lugar, el alma del hombre tiene una capacidad para la dicha que nada en este mundo, ni todo el mundo si pudiera ser ganado, podría llegar a llenar. El animal queda satisfecho. Su capacidad para la dicha le es totalmente provista aquí. En tercer lugar, el alma tiene aspiraciones para las que no se corresponde nada en esta vida. Anhela comunión con lo que está muy por encima de él; lo que es ilimitado, eterno. En cuarto lugar, con todos estos poderes, deseos y aspiraciones, es consciente de su debilidad, insuficiencia y dependencia. Tiene que tener un objeto que adorar, amar y en el que confiar. Un Ser que pueda dar satisfacción a todas sus necesidades, y bajo cuya protección pueda quedar a salvo de aquellos poderes del mal a los que sabe que está expuesto por todos lados y en todo momento. Un Ser cuya existencia y cuya relación consigo mismo puede explicar todos los misterios de su propio ser, y asegurar su felicidad en el futuro, en el que sabe que debe pronto entrar. Con la misma certidumbre con que el hambre en un animal supone que hay un alimento adaptado a calmar sus anhelos, así esta hambre del alma supone que hay algún Ser en el universo para dar satisfacción a sus necesidades. En ambos casos el anhelo es natural, universal e imperativo.

No es posible que el hombre sea una excepción a las leyes acabadas de enunciar. Que él solo, de todas las existencias, tenga capacidades, deseos, necesidades, para las que no se ha dado provisión. Dios es el correlativo del hombre, en el sentido de que la existencia de una criatura como el hombre demanda aceptar la realidad de un Ser como Dios.

D. Basado en la naturaleza moral del hombre

Los conocidos hechos de la consciencia acerca de esta cuestión son:

1. Que por la constitución de nuestra naturaleza tenemos un sentido de bien y mal; que percibimos o juzgamos que algunas cosas son buenas, y otras, malas. Esta percepción es inmediata. Así como la razón percibe que algunas cosas son verdaderas, y otras falsas, y así como los sentidos tienen una percepción inmediata de sus objetos apropiados, de la misma manera el alma valora de inmediato el carácter moral de los sentimientos y de las acciones. La razón, los sentidos y la conciencia son a una infalibles dentro de ciertos límites, y susceptibles de errar fuera de estos límites.

2. Nuestras percepciones morales o juicios son *sui generis*. Tienen su carácter distintivo y peculiar, que no pertenece a ningún otro de nuestros estados de consciencia. Lo bueno tiene un carácter tan distinto de lo verdadero, de lo apropiado o de lo conveniente, como éstas últimas cosas lo son de nuestras sensaciones. Lo bueno es aquello que estamos obligados a hacer y a aprobar. Lo malo es aquello que estamos obligados a evitar y a desaprobar. La obligación moral, expresada por la palabra «deber», es una idea simple y primaria. Sólo puede ser comprendida por los que la han sentido. Y no puede ser confundida con ninguna otra cosa.

3. Estos juicios morales son independientes. No están bajo el control del entendimiento ni de la voluntad. Nadie puede por su voluntad considerar un axioma como falso, ni pensar que lo negro es blanco, ni que lo blanco es negro. Ni puede ningún sofisma llevarlo a tales falsos juicios. De la misma manera, nadie puede por su deseo llegar a creer que es bueno aquello que su conciencia le indica que es malo; ni puede mediante razonamientos llevarse a sí mismo a la convicción de que ha hecho lo bueno cuando su conciencia le dice que ha hecho lo malo.

4. Nuestro juicio moral, o, en otras palabras, la conciencia, tiene una autoridad de la que

no podemos emanciparnos. No podemos ni negarla ni ignorarla. Tiene autoridad. Manda y prohíbe. Y estamos obligados a obedecer. Tiene poder también para aplicar sus decisiones. Puede premiar o castigar. Sus recompensas están entre las mayores bendiciones que podemos gozar. Sus castigos son la más intolerable agonía que puede soportar el alma humana.

5. Nuestros juicios morales implican la idea de ley, esto es, de un gobierno o norma a la que estamos obligados a amoldarnos. Cuando juzgamos de una cosa que es buena, la consideramos conforme a la ley moral; cuando juzgamos que es mala, juzgamos que no es conforme a esta ley.

6. Esta ley tiene una autoridad que no se deriva de nosotros. Es esencialmente diferente de una sensación de lo que es decoroso, o de aquello que es conveniente. Es algo que nos es impuesto, y a lo que se nos demanda que nos amoldemos por una autoridad fuera de nosotros mismos.

7. Nuestra naturaleza moral involucra, así, un sentimiento de responsabilidad. Tenemos que responder por lo que somos y por lo que hacemos. Esta responsabilidad no es ante nosotros mismos, ni ante la sociedad, ni ante la existencia en general. Tiene que ser ante una persona; esto es, ante un Ser que sabe lo que somos, lo que hacemos, y lo que debiéramos ser y hacer; que aprueba lo bueno y desaprueba lo malo; y que tiene el poder de recompensarnos y de castigarnos conforme a nuestro carácter y conducta. El pecado, por su misma naturaleza, tal como se revela en nuestra consciencia, involucra no sólo un sentimiento de polución, o de degradación moral, sino también un sentimiento de culpa; esto es, una convicción de que merecemos castigo, de que debiéramos ser castigados, y, por ello, de que el castigo es inevitable.

Si ésta es la realidad de nuestra naturaleza moral, está claro que nos es necesario aceptar la existencia de un Dios extra-mundano, personal, de quien dependemos, y ante quien somos responsables. Esta es indudablemente la base para la convicción del ser de Dios, que ha prevalecido universalmente entre los hombres. Poseyendo la idea dada en la constitución de su naturaleza, o hallándose bajo la necesidad interior de creer en tal Ser, hombres cultivados han buscado y encontrado evidencia de su existencia en el mundo sin ellos. Pero estas pruebas externas no han sido tan generales ni tan operativas como las derivadas de lo que nosotros mismos somos, y de lo que sabemos que merecemos. Así, hombres como Kant y como Sir William Hamilton, aunque niegan la validez de todos los otros argumentos para la existencia de Dios, admiten que nuestra naturaleza nos obliga a creer que Él es, y que Él es una persona.

Nuestros sentimientos morales no se deben a la educación.

Ciertamente, se objeta que estos fenómenos de nuestra naturaleza moral se deben a la educación o a la superstición. A esto se responde, primero, que las verdades morales tienen una luz de evidencia propia. No se pueden negar del mismo modo que no se pueden negar las intuiciones de los sentidos y de la razón. Puede incluso decirse que nuestros juicios morales tienen una mayor certidumbre que cualesquiera otras convicciones. Los hombres creen cosas absurdas. Creen lo que contradice la evidencia de sus sentidos. Pero nadie ha creído ni creerá que la malignidad es una virtud. En segundo lugar, lo que es universal no puede ser explicado mediante peculiaridades de la cultura. Todos los hombres son seres morales; todos tienen este sentimiento de obligación moral, y de responsabilidad; y nadie se puede liberar de estas convicciones. Por ello, el Apóstol, hablando desde la consciencia común de los hombres, así como bajo la conducción del Espíritu Santo, habla de los pecadores como «conociendo el justo juicio de Dios» (Ro 1:32); esto es, que un sentimiento de pecado involucra el conocimiento de un Dios santo.

Luego, estamos situados en medio de un vasto universo del que constituimos una parte. Nos vemos forzados, no meramente por el deseo de conocimiento, sino por la necesidad de nuestra naturaleza, a preguntar: ¿Cómo se originó este universo? ¿Cómo es sustentado? ¿A dónde se dirige? ¿Qué somos nosotros? ¿De dónde procedemos? ¿A dónde vamos? Estas preguntas precisan de respuestas. Se debe resolver este complicado problema. No es ninguna solución atribuirlo todo al azar. Constituye una frívola negación de que haya necesidad de solución alguna, de que tales respuestas demanden una pregunta. Atribuirlo todo a la necesidad de las cosas es decir que la existencia de las cosas como son es la realidad última. El universo es, siempre ha sido, y siempre será. Es la evolución del ser necesario por las leyes necesarias. Esto es todo lo que podemos saber y todo lo que tenemos que saber. Sin embargo, esta no es una solución. Es meramente la negación de que haya alguna posible solución. Si esta teoría pudiera ser aceptada con respecto al mundo exterior, nos dejaría sin explicación todos los fenómenos relacionados con la naturaleza del hombre, sus dimensiones intelectual, moral y religiosa. El teísmo es una solución. Supone la existencia de un Ser eterno y necesario; de un Espíritu, y por ello inteligente, voluntario, consciente, y poseyendo perfecciones morales. Esta hipótesis da cuenta del origen del universo. «En el principio creó Dios los cielos y la tierra». Esta es una respuesta satisfactoria a la primera pregunta. Da cuenta de todo lo que el universo es, de su inmensidad, variedad, orden, innumerables organismos, la adaptación de la naturaleza externa a las necesidades de todas las cosas vivientes. Da cuenta de la naturaleza del hombre. Da lo que demanda esta naturaleza: un infinito objeto de amor, de confianza y de adoración. Revela ante quién es que nosotros somos responsables, y de quién dependemos. Sabemos que esta solución es verdadera, porque es una solución. Da cuenta de todos los hechos. Y da cuenta de ellos de tal manera que no puede dejar de ser aceptado como verdad, tanto de manera inteligente como ciegamente. El Dios a quien todos los hombres adoran sin conocerle, lo revelan las Escrituras, no sólo en la certidumbre de Su existencia, sino también en la plenitud de Sus perfecciones.

Capítulo 3
Teorías anti-teístas

1. Qué se entiende por Anti-Teísmo.

Así como el Teísmo es la doctrina de un Dios extra-mundano y personal, creador, preservador y gobernante de todas las cosas, cualquier doctrina que niegue la existencia de tal Ser es anti-teísta. Así, no sólo el confeso Ateísmo, sino también el Politeísmo, el Hilozoísmo, el Materialismo y el Panteísmo pertenecen a la clase de teorías anti-teístas.

Ateísmo [...]

¿Es posible el Ateísmo?

Muchas veces se ha tratado la cuestión de si el Ateísmo es posible. La respuesta a esta pregunta depende del sentido del término. Si con ello se significa si un hombre puede librarse de la convicción de que hay un Ser personal ante quien es responsable de su carácter y conducta, y que le castigará por sus pecados, se debe responder en sentido negativo. Porque ello sería emanciparse de la ley moral, lo cual es imposible. No obstante, si con esta pregunta se significa si alguien puede, por especulación u otros medios, llevarse a sí mismo a un estado en el que pierde la consciencia de la creencia de Dios escrita en el corazón, y liberarse por un tiempo de su poder, se debe responder en sentido afirmativo. Una persona puede, en este sentido, negar su individualidad o identidad; negar la existencia real, objetiva, del alma o del cuerpo, de la mente o de la materia; la distinción entre el bien y el mal. Pero esto es innatural y no puede durar. Es como doblar un muelle a la fuerza. En el momento en que la fuerza es retirada, el muelle vuelve a su posición normal. Por ello, los hombres pasan a menudo de un estado de total escepticismo a otro de fe sin dudas; no, naturalmente, por un proceso de argumentación, sino por un cambio en su estado interior. Esta transición de incredulidad a fe, aunque es así repentina, y aunque no es producida por un proceso intelectual, es perfectamente racional. Los sentimientos que surgen en la mente contienen evidencia de la verdad a la que el entendimiento no se puede resistir. Es también un hecho psicológico familiar que el escepticismo y la fe pueden, en cierto sentido, coexistir en la mente. Un idealista, aunque se mantenga en su teoría, tiene no obstante una convicción interna de la realidad del mundo externo. Así, el ateo especulativo vive con la permanente convicción de que hay un Dios a quien tendrá que rendir cuentas.

2. Politeísmo.

Como lo implica la palabra, el Politeísmo es la teoría que supone la existencia de muchos dioses. El monoteísmo fue la religión original de nuestra raza. Esto es evidente no sólo por las enseñanzas de las Escrituras, sino por el hecho de que la forma histórica más antigua de creencia religiosa es la monoteísta. Hay himnos monoteístas en los Vedas, los más antiguos escritos existentes, a no ser que el Pentateuco sea la excepción.

La primera desviación fuera del monoteísmo parece haber sido el culto a la naturaleza. Al perder los hombres el conocimiento de Dios como creador, fueron llevados a reverenciar los elementos físicos con los que estaban en contacto, de cuyo poder eran testigos, y cuyas benéficas influencias experimentaban constantemente. Por ello, no sólo el sol, la luna y las estrellas, los grandes representantes de la naturaleza, sino también el fuego, el aire y el agua, vinieron a ser objetos de adoración popular. Y por ello encontramos que los Vedas consisten en su mayor parte de himnos dirigidos a estos elementos naturales.

Estos poderes fueron personificados, y pronto se hizo creencia general que un ser personal presidía a cada uno de ellos. Y estos seres imaginarios devinieron los objetos del culto popular.

Mientras que la masa popular creía realmente en seres «llamados dioses» (1 Co 8:5), muchos de los más ilustrados eran monoteístas, y más aún eran panteístas. La temprana introducción y amplia diseminación del panteísmo se demuestran por el hecho de que está en la base del brahmanismo y del budismo, las religiones de la mayoría de la raza humana durante miles de años.

Pocas dudas hay de que cuando las tribus arias entraron en la India, unos mil quinientos o dos mil años antes de Cristo, el panteísmo era ya su creencia establecida. El infinito Ser desconocido e «incondicionado», según el sistema hindú, se revela como Brahma, Visnú y Siva -esto es, como Creador, Preservador y Restaurador. Estas no eran personas, sino modos de manifestarse. En esta forma se expresó la idea de un proceso sin fin de desarrollo del infinito a lo finito, y del retorno de lo finito a lo infinito. De este principio panteísta se desarrolló naturalmente el politeísmo sin fin de los hindúes, determinando el carácter de toda su religión. Como todo lo que es, es sólo una manifestación de Dios, todo lo destacable, y especialmente la aparición de cualquier hombre destacable, era considerada como un «avatar» o encarnación de Dios, en uno u otro de sus modos de manifestación, como Brahma, Visnú o Siva. Y como el mal es tan real como el bien, el uno es tanto una manifestación, o *modus existendi*, del Ser infinito como lo otro. Y por ello hay dioses malos así como buenos. En ninguna parte del mundo ha tenido el panteísmo un terreno de cultivo como en la India, y en ninguna parte ha producido sus efectos naturales con una tan gran cantidad de males. En ningún lugar el politeísmo ha sido llevado a unos extremos tan repugnantes.

Entre los egipcios, griegos y romanos, el politeísmo asumió una forma determinada por el carácter de sus pueblos. Los griegos lo convirtieron en brillante, hermoso y sensual; los romanos eran más decorosos y serenos. Entre las naciones bárbaras ha asumido formas mucho más simples, y en muchos casos más racionales.

[...] Pablo dice de los paganos antes de su conversión, «edouleusate tois phusei mē ousi theois» (Gá 4:8). La prevalencia y persistencia del politeísmo muestra que debe tener una fuerte afinidad con la naturaleza humana caída. Aunque, excepto en el panteísmo, no tiene base filosófica, constituye un formidable obstáculo para el progreso de la verdadera religión en el mundo.

3. Hilozoísmo

El Hilozoísmo, de *hylë, materia,* y *zöë, vida,* es en su sentido propio la doctrina de que la materia posee vida. Y ésta es la forma en que esta doctrina era sustentada por muchos de sus defensores. Toda la materia, y toda partícula de materia, además de sus propiedades físicas, tiene un principio de vida en sí misma, lo que hace innecesario suponer cualquier otra causa para los fenómenos vitales que se exhiben en el mundo. En esta forma, el Hilozoísmo no difiere del Materialismo.

Sin embargo, más comúnmente este término se emplea para designar un sistema que admite una distinción entre la mente y la materia, pero considera que están íntima e inseparablemente unidas, como el alma y el cuerpo en el hombre. Según este sistema, Dios es el alma del mundo; un poder inteligente presente en todas partes, al que se han de atribuir todas las manifestaciones de designio en el mundo externo, y toda la actividad del alma humana. Sin embargo, la relación del alma con el cuerpo es una ilustración muy imperfecta de la relación de Dios con el mundo, según el sistema hilozoísta. El alma es realmente exterior al cuerpo e independiente de él, al menos para su existencia y actividad. No es la vida del cuerpo. Ni le da forma ni lo preserva. Ni siquiera es consciente de la actividad vital por la que el cuerpo es desarrollado y sustentado. Mientras que, según la teoría hilozoísta, el alma del mundo es su principio plástico, la fuente interna de todas sus organizaciones y actividades.

Los principios básicos de esta teoría tal como la desarrollaron los estoicos son: (1) Que hay dos principios constitutivos del universo, uno activo, el otro pasivo. El principio pasivo es la materia, sin forma y sin propiedades, esto es, inerte. El principio activo es la mente, morando en la materia como su poder formador y organizador, esto es, Dios. (2) Por ello, el universo debe ser contemplado bajo tres aspectos: (a) Como el poder conformador de todo; la *natura naturans*, o *hë phusis technikë*. (b) El mundo como formado por este principio viviente interior; el *kosmos* viviente, o *natura naturata*. (c) La identidad de los dos, al constituir un todo. Sólo por un acto mental se distingue entre lo uno y lo otro. Por ello, el mundo, incluyendo a ambas cosas, o como la identidad de ambas cosas, es formado con la mayor sabiduría y por un proceso necesario, porque las leyes de la naturaleza son las leyes de la razón. [...]

(3) Por ello, el universo (el Todo-uno), del que Dios es el alma y la Naturaleza es el cuerpo, es viviente, inmortal, racional y perfecto (*zöon athanaton, logikon, teleion*). Dios, como el principio controlador y operador en todas las cosas, actúa según leyes necesarias, aunque racionales. (4) Las almas de los hombres son de la misma naturaleza que el alma del mundo, pero como existencias individuales, desvaneciéndose cuando cesa la vida del cuerpo. (5) El fin más alto de la vida es la virtud; y la virtud es vivir conforme a la razón.[1]

Este sistema en una de sus formas es casi idéntico con el Materialismo, y en la otra con el Panteísmo. No hay Dios personal ante quien seamos responsables, ni libre albedrío; por ello, no hay pecado, ni existencia consciente tras la muerte.

4. Materialismo.

El materialismo es aquel sistema que ignora la distinción entre la materia y la mente, y atribuye todos los fenómenos del mundo, sean físicos, vitales o mentales, a las funciones de la materia.

A. La doctrina de Epicuro.

Epicuro enseñaba: (1) Que como *ex nihilo nihil fit* (de la nada, nada se produce), el universo siempre ha existido, y tiene que seguir existiendo para siempre. (2) Que el espacio y el número de cuerpos que contiene, son infinitos. (3) Estos cuerpos son de dos clases, simples y compuestos. Los cuerpos simples son átomos, poseyendo forma, magnitud y peso. Son indivisibles, inalterables e indestructibles. Esta es también la doctrina de la ciencia

---

1. Véase Rixner, *Geschichte der Philosophie,* Vol. I, sec. 120

moderna.² Dice Faraday:³ «Una partícula de oxígeno es siempre una partícula de oxígeno: nada puede desgastarla. Si se combina, y desaparece como oxígeno, si pasa a través de mil combinaciones, animales, vegetales y minerales, si yace oculta durante mil años, y luego se desprende, sigue siendo oxígeno con sus primeras cualidades, ni más ni menos. Tiene toda su fuerza original, y solo esta. La cantidad de fuerza que desprendió al ocultarse tiene que ser empleada otra vez en dirección inversa cuando es liberada». (4) Estos átomos tienen sus fuerzas peculiares, distintas de su mera gravedad. Esta es también la doctrina de la ciencia moderna. Se incluye en lo que dice Faraday en la cita acabada de dar. «Las moléculas», dicen los científicos actuales, «han sido dotadas con fuerzas que dan origen a las varias cualidades químicas, y estas nunca cambian ni en su naturaleza ni en su cantidad».⁴ Epicuro enseñaba que la cantidad de materia, y naturalmente la cantidad de fuerza en el mundo, es siempre la misma. No puede ni aumentar ni disminuir. (6) Los átomos, cuyo número es infinito, se mueven por el espacio con una increíble velocidad sometidos a las leyes físicas necesarias. (7) Fue por la combinación de estos átomos bajo la influencia de la gravedad y de otras fuerzas físicas que se formó el universo, y que devino un cosmos. Esto se parece mucho a la hipótesis nebular. (8) El alma es material; o, en otras palabras, todos los fenómenos mentales se deben a las propiedades de la materia. Esto también se proclama como los últimos resultados de la ciencia moderna. (9) El alma, naturalmente, deja de existir cuando el cuerpo muere; esto es, así como la muerte es la cesación de las funciones vitales del individuo, también lo es de sus funciones intelectivas. Los átomos de los que está constituido el hombre, con las fuerzas que les pertenecen, siguen existiendo, y pueden entrar en la composición de otros hombres. Pero el hombre, como individuo, deja de existir. Esta, casi palabra por palabra, es la doctrina confesa de muchos físicos de la actualidad. (10) La sensación es para nosotros la única fuente de conocimiento. Al recordar sensaciones anteriores, formamos ideas, y por la combinación de las ideas formamos juicios. Casi las mismas palabras de Hume, y la doctrina de la totalidad de la escuela que él representa. (11) Como Epicuro mantenía que nada es incorpóreo excepto el vacío, necesariamente incluye todas las formas de existencia bajo el encabezamiento de la materia. Como no hay mente ni espíritu, no hay Dios ni ley moral. La virtud es sólo una prudente consideración por la felicidad. En cierto sentido, admitía la existencia de dioses, pero eran seres corpóreos que no se inmiscuían en los asuntos de los hombres.⁵

Un reciente escritor alemán⁶ decía, en la *Encyklopädie* de Herzog, en el artículo «Materialismus», que a pesar del gran progreso de la ciencia moderna, los Materialistas de nuestros días no han avanzado un solo paso con respecto al sistema de Epicuro. Aquel sistema, probablemente a causa de la influencia dominante de la más elevada filosofía de Platón y de Aristóteles, no ejerció mucha influencia sobre las mentes de los antiguos, ni en el progreso del pensamiento humano. No ha sido hasta los tiempos modernos que el Materialismo ha logrado ningún gran poder como teoría filosófica. [...]

---

2. Esto es, de la «ciencia moderna» del siglo pasado. Así se creyó, hasta que se descubrió que los llamados átomos, las unidades menores de las especies químicas, son resolubles en partículas pequeñas componentes de las mismas, como protones, electrones, neutrones, las cuales están compuestas de partículas aún menores, las cuales están constituidas de «energía empaquetada», existiendo una relación de equivalencia entre la materia y la energía expresada en la ecuación de Einstein, Energía = masa x el cuadrado de la velocidad de la luz ($E = mc^2$). Sin embargo, los razonamientos dados por Faraday en el párrafo que sigue son correctos en todo lo que se refiere a fuerzas químicas.
3. Véase Youngman: *Conservation and Correlation of Forces*, pág. 372.
4. *Croomian Lectures on Matter and Force*. Dadas en el Real Colegio de Médicos en 1868. Por Henry Bruce Jones, A.M., M.D., F.R.S., Londres 1868, pág. 17.
5. Rixner, *Geschichte der Philosophie*, I. 303-318. Ritter, *History of Philosophy*, traducción de A. J. W. Morrison, III. 399-447.
6. F. Fabri.

B. El materialismo en Inglaterra durante el Siglo Dieciocho. [...]

Locke (1632-1704)

La introducción del Materialismo en Inglaterra durante el siglo pasado[7] es atribuida generalmente a la influencia de la filosofía de Locke. Locke mismo estaba lejos de ser un Materialista, y los defensores de su sistema insisten denodadamente en que sus principios no tienen una tendencia legítima a borrar la distinción entre mente y materia. Pero Locke, al combatir la doctrina de las «ideas innatas» en el sentido de verdades abstractas, pareció negar que la mente estaba constituida de tal manera como para captar la verdad intuitivamente, y más allá del campo de la experiencia. Él comparaba la mente con una tabula rasa. Esta figura sugiere que todo nuestro conocimiento procede de fuera, así como la tableta de escribir no contribuye en nada a lo que se escribe sobre ella. Él definió las ideas como «todo aquello con que la mente está inmediatamente ocupada cuando pensamos». El origen de estas ideas, dijo él, era la sensación y la reflexión. Si por reflexión significaba la observación de los fenómenos de la mente, su teoría es una cosa. Si significaba el proceso de recordar, combinar y analizar, y de elaborar de otras maneras las impresiones obtenidas desde fuera, es otra teoría distinta. Es probable que el mismo Locke, y desde luego muchos de sus seguidores, adoptaran esta segunda postura; y así, las dos fuentes de ideas, o de conocimiento, quedan reducidas a una, y esta una es la sensación. Pero como la sensación nos puede dar conocimiento sólo de lo exterior y material, esta teoría parecía no dejar lugar para las ideas más elevadas de las verdades eternas y necesarias. Locke intenta dar cuenta de nuestras ideas de tiempo, espacio, infinitud, causa, e incluso de bien y mal, basándose en la observación, esto es, la observación de lo exterior, o de impresiones hechas sobre los sentidos. Una crítica que se hace comúnmente a la gran obra de Locke es que en ella no distingue entre la ocasión y la fuente de nuestras ideas. Nuestra experiencia nos da la ocasión, y puede que la condición necesaria, para despertar la mente a la percepción no sólo del hecho experimentado, sino también de la aprehensión intuitiva de la verdad universal y necesaria que este hecho involucra. [...] Pero no es por la tendencia observada de algunos hechos a producir felicidad y de otros a producir miseria como obtenemos la idea de la distinción esencial entre el bien y el mal, sino de la constitución misma de la mente. Aunque Locke y muchos de sus discípulos se quedaron satisfechos con su método de explicar nuestras ideas de Dios, de espíritu, y de las verdades morales y religiosas, sin embargo es cosa cierta que muchos de sus seguidores se sintieron justificados para descartarlas conforme a los principios por él enunciados.

Hartley (1705-1757)

Hartley era médico y fisiólogo. [...] Hartley adoptó los principios de Locke, intentando mostrar cómo es que las cosas externas producen sensaciones y pensamiento. Esto lo hizo con su teoría de vibraciones. «Los objetos del mundo externo afectan de alguna manera los extremos de los nervios, que se extienden desde el cerebro como centro a cada parte del cuerpo. Esta impresión produce una vibración, que es continuada a lo largo del nervio mediante la actividad de un éter elástico, hasta que alcanza al cerebro, donde constituye el fenómeno que denominamos sensación. Cuando una sensación ha sido experimentada varias veces, el movimiento vibratorio del que surge adquiere la tendencia a repetirse espontáneamente, incluso cuando el objeto externo no está presente. Estas repeticiones o reliquias de sensaciones son ideas, que a su vez poseen la propiedad de recordarse unas a otras mediante la asociación mutua entre ellas».[8]

---

7. Esto es, el Siglo Dieciocho, por cuanto esta obra se escribió en el Diecinueve. [N. del T.]
8. *Observations on Man*, cap. I., sec. 2, y Morell, *History of Modern Philosophy,* New York, 1848, pág. 98.

[...] Lo que dijo la revista «Edinburgh Review» de Hartley hace casi setenta años,[9] lo dice el Profesor Tyndall de los Materialistas de nuestros días: «El paso de la física del cerebro a los correspondientes hechos de la consciencia es impensable. Concediendo que un pensamiento determinado y una determinada acción molecular en el cerebro ocurren simultáneamente, no poseemos el órgano intelectual, ni aparentemente ningún rudimento de órgano, que nos capacite para pasar, mediante un proceso de razonamiento, de un fenómeno al otro. Aparecen juntos, pero no sabemos por qué. Si nuestras mentes y sentidos fueran tan expandidos, fortalecidos e iluminados que fuéramos capacitados para ver y sentir las mismas moléculas del cerebro; si fuéramos capaces de seguir todos sus movimientos, agrupamientos y descargas eléctricas, si las hubiere; y si estuviéramos íntimamente familiarizados con los correspondientes estados de pensamiento y sentimiento, probablemente seguiríamos estando igual de lejos de la solución del problema. ¿Cómo se relacionan estos procesos físicos con los hechos de la consciencia? La sima entre las dos clases de fenómenos seguiría aún igual de infranqueable intelectualmente. Asociemos, por ejemplo, la consciencia del amor con un movimiento en espiral diestra de las moléculas del cerebro, y la consciencia del odio con un movimiento en espiral siniestra. Sabríamos entonces que cuando amamos el movimiento va en una dirección, y que cuando odiamos el movimiento va en la otra, pero el «Por qué» seguiría sin respuesta. Al afirmar que el crecimiento del cuerpo es mecánico, y que el pensamiento, tal como nosotros lo ejercemos, tiene su correlación en los procesos físicos del cerebro, me parece que la posición del «Materialista» llega hasta allí donde la posición es sostenible. Creo que el Materialista podrá finalmente mantener esta posición contra todos los ataques; pero no creo, tal como está actualmente constituida la mente humana, que pueda ir más allá de esto. No creo que tenga derecho a decir que su agrupamiento molecular y que sus movimientos moleculares lo expliquen todo. En realidad, no explican nada».[10]

C. El materialismo en Francia durante el siglo dieciocho.

La filosofía de las sensaciones, como se llama, encontró un terreno mucho más abonado en Francia que en Inglaterra. [...]

Condillac, uno de los primeros y más influyentes discípulos de Locke, en su primera obra *Essai sur l'Origene des Connaissances Humaines*, difirió relativamente poco del filósofo inglés. Pero en su *Traité des Sensations*, descartó virtualmente la «reflexión» como fuente de nuestras ideas, considerando todos los pensamientos, sentimientos y actos de la voluntad como «sensaciones transformadas». «Mientras que respondió a la cuestión de la relación entre el alma y el cuerpo suponiendo su identidad, se situó en terreno teísta al explicar el origen del mundo. Este terreno intermedio fue ocupado también, al menos ostensiblemente, por Diderot y D'Alembert en la *Encyclopédie* francesa, los cuales, a pesar de su teoría de las sensaciones en cuanto al origen de nuestro conocimiento, y de hacer de la felicidad la base de la moralidad y el fin de la vida, no sólo mantuvieron principios teístas, sino que insistieron en la necesidad de una revelación divina. Sin embargo, esto probablemente fue más por prudencia que por convicción».[11]

---

9. Se refiere a una crítica de la mencionada revista, aparecida en el número de *Edinburgh Review* de octubre de 1806, pág. 157, a la teoría de Hartley acerca de la consciencia como epifenómeno del cerebro. Recuérdese que esta Teología Sistemática fue publicada por primera vez en 1871. [N. del T.]
10. «Conferencia ante la Asociación Británica», *Athenaeum*, 26 de agosto de 1868, Citado en *Pulsean Lectures* de Perowne, 1868 – Apéndice, nota A.
11. F. Fabri, en la *Real-Encyclopädie* de Herzog, art. «Materialismus».

Sin embargo, estos fueron sólo los primeros pasos. Pronto se llegó al extremo del ateísmo materialista de una manera abierta. La Mettrie publicó su obra *L'Histoire Naturelle de l'Ame* en 1745, *L'Homme Machine* al año siguiente, y *L'Homme Planté* en 1749. Helvetius publicó su obra *De l'Esprit* en 1758. Su libro titulado *De l'Homme* fue publicado después de su muerte. El clímax llegó con la obra del Barón d'Holbach en su *Système de la Nature*, en el que se defendían abiertamente el Materialismo, el fatalismo y el ateísmo. Según este sistema, la materia y el movimiento son eternos; el pensamiento es una agitación de los nervios; el alma es el resultado de nuestra organización corporal; la voluntad la sensación más poderosa; la base de la moralidad una consideración hacia nuestra propia felicidad. No hay libertad, ni moralidad, ni existencia futura, ni Dios. Cuando estos principios llegaron a penetrar en la mente popular, entonces vino el fin.

D. El positivismo.

Comte [...] llamó a su sistema «Filosofía Positiva», porque su propósito era «no suponer nada fuera del contenido de los hechos observados». El principio fundamental de la «Filosofía Positiva» es el que se menciona tan frecuentemente, que los sentidos son la única fuente de nuestro conocimiento, y por ello que nada existe sino la materia. No hay mente aparte de la materia; no existe la eficiencia, ni las causas, sean primeras y finales; no hay Dios; no hay estado futuro de existencia para el hombre. Por ello, la teología y la psicología son barridos del campo de la ciencia. La ciencia se ocupa sólo de la observación de los hechos, y de deducir de ellos las leyes por las que los mismos son determinados. Sin embargo, estas leyes no son fuerzas operando de una manera uniforme, sino simplemente declaraciones del orden real en la secuencia de acontecimientos. Esta secuencia no es sólo uniforme, sino también necesaria. Nuestra ocupación consiste en determinar cuál es. El único método que se puede emplear para ello es la observación. [...] En suma, la secuencia de acontecimientos es uniforme y necesaria; y si podemos, mediante una suficiente inducción de los hechos, determinar cuál sea la ley de la secuencia, podremos predecir el futuro con la misma seguridad en un departamento como en otro. El astrónomo puede predecir cuál será la posición de las estrellas y de los planetas de aquí a un siglo. El positivista podría predecir con la misma certidumbre cómo un hombre actuará en cualquier circunstancia determinada, y cuál será el progreso y el estado de la sociedad en tiempos venideros.

Por ello se sigue, conforme a la Filosofía Positiva: (1) Que todo nuestro conocimiento se limita a los fenómenos físicos. (2) Que todo lo que podemos saber de tales fenómenos es que son, y cuál es su relación entre ellos. (3) Que estas relaciones están incluidas bajo los encabezamientos de secuencia y semejanza. (4) Estas relaciones constituyen las leyes de la naturaleza, y son invariables. (5) Como todo lo que existe es material, estas leyes, o «relaciones invariables de sucesión y semejanza», controlan todos los fenómenos de la mente, como los llamamos, y de la vida social y de la historia, así como los de la naturaleza, en el sentido común de aquella palabra. (6) Como todo está incluido en el departamento de la física, todo está controlado por leyes físicas, y no hay más libertad en las acciones humanas que en los movimientos de las estrellas, por ello lo segundo puede ser predicho con la misma certidumbre que lo primero.

[...] La secuencia es invariable. La intervención de la voluntad queda necesariamente excluida, porque la filosofía, al menos el Positivismo, no es nada a no ser que asegure la capacidad de la previsión. Pero los actos libres no pueden ser previstos por el hombre. Por esto dice Comte: «Lo arbitrario nunca puede ser excluido si los fenómenos políticos se atribuyen a la voluntad, divina o humana, en lugar de quedar conectados con leyes naturales invariables».[12] «Si los acontecimientos sociales quedaran siempre expuestos a ser perturbados por la intervención accidental del legislador, humano o divino, no sería posible ninguna previsión científica de los mismos».[13] [...]

Comte, que era un ardiente frenólogo, basó uno de los argumentos de su sistema en la organización del cerebro; pero en lo que dependía mayormente era en la ley del desarrollo humano. No admitía ninguna diferencia esencial entre el hombre y los animales irracionales. La superioridad del hombre reside sólo en el grado de su inteligencia, que se debe a su mejor organización física. Según Comte, toda la raza humana, y toda persona individual, pasa a través de tres etapas distintas, las cuales denomina la teológica, la metafísica, y la positiva. Durante la primera etapa, todos los acontecimientos son atribuidos a causas sobrenaturales. En la primera parte de esta etapa de su progreso, los hombres eran fetichistas; luego gradualmente se volvieron politeístas, y monoteístas. Esto intenta demostrarlo históricamente con respecto a los griegos, los romanos y los moradores de Europa Occidental. Así como los hombres salieron del fetichismo, también se desprendieron de las formas de creencia politeísta y monoteísta. Esto es, dejaron de atribuir los fenómenos a la actividad de seres sobrenaturales.

Durante la etapa metafísica, los fenómenos son atribuidos a causas invisibles, a fuerzas o poderes ocultos, esto es, a algo que los sentidos no pueden detectar. Esto también se ha desvanecido, y los hombres han llegado a reconocer la gran realidad de que no hay agentes espirituales en el universo, ni causas eficientes, nada sino acontecimientos que deben ser ordenados conforme a las leyes de secuencia y de semejanza. El orden de los acontecimientos es invariable y necesario. Lo que ha sido en el pasado, será en el futuro. Así como esta es la ley del desarrollo de la raza en lo colectivo, así lo es del hombre individual. Cada uno, en su progreso desde la infancia a la edad adulta, pasa a través de estas varias etapas, la teológica, la metafísica y la positiva. Primero creemos en agentes sobrenaturales (brujas, fantasmas, almas, ángeles, etc.); luego, en causas ocultas; y luego sólo en hechos discernidos por los sentidos. La historia de la raza y la experiencia del hombre individual son así presentadas como la amplia y segura base de la Filosofía Positiva.

Observaciones.

1. Considerando que los proponentes de esta filosofía son un mero puñado; considerando que novecientos noventa y nueve millones de los mil millones de nuestra raza siguen creyendo en Dios, es una suposición más bien violenta la de que la humanidad haya llegado a la etapa del Positivismo. Se puede admitir sin discusión que el progreso de la ciencia y del cristianismo han eliminado la alquimia, la astrología, la hechicería y la nigromancia de secciones ilustradas de nuestra raza, pero apenas si ha tenido un efecto detectable en eliminar la creencia en la mente como distinta de la materia, o en causas eficientes, o en Dios. Admitiendo, por ello, que el principio del argumento sea correcto, la conclusión a la que se llega queda refutada por los hechos.

2. Sin embargo, el mismo principio es una suposición carente de base. No ha habido un tal desarrollo de la raza, ni hay un tal desarrollo del hombre individual como lo supone el argumento. Y es aún mucho menos cierto lo que mantiene Comte, que estos varios métodos de tratar con los fenómenos son antagonistas y mutuamente exclusivos; que si creemos en agentes espirituales, no podemos creer en causas invisibles, metafísicas; y que si creemos en lo último no podemos creer en lo primero. El hecho es que la mayor parte de la humanidad, educada o

---

12. *Philosophie Positive,* Vol. II, pág. 47
13. *Ibid.,* pág. 73.

no educada, cree en ambas cosas. Creen en Dios y en la mente, así como en causas invisibles, como la electricidad, el magnetismo y otras fuerzas físicas, que, en el sentido que le da Comte al término, son metafísicas.

Con respecto a esta pretendida ley de progreso, el Profesor Huxley, que está tan completamente emancipado de las ligaduras de la autoridad como pueda estarlo cualquier científico hoy viviente, dice, en primer lugar, que Comte se contradice en cuanto a este principio fundamental. Como prueba cita un largo pasaje de la *Philosophie Positive*, en el que Comte enseña: «(a) De hecho, el intelecto humano no ha estado invariablemente sometido a la ley de los tres estados, y, por ello, la necesidad de la ley no puede ser demostrable *a priori*. (b) Mucho de nuestro conocimiento de todos los tipos no ha pasado por los tres estados, y, más particularmente, como Comte tiene cuidado en observar, no a través del primero. (c) El estado positivo ha coexistido más o menos con el teológico desde el albor de la consciencia humana. Y, para completar la serie de contradicciones, la aserción de que los tres estados son "esencialmente diferentes e incluso opuestos entre sí de forma radical" es contradicha en la misma página, algo más abajo, por la declaración de que "el estado metafísico no es, en el fondo, más que una sencilla modificación general del primero". «Los hombres de ciencia», añade él, «no tienen el hábito de prestar demasiada atención a "leyes" enunciadas de esta manera».[14] Después de mostrar que el hombre individual no pasa a través de estos varios estados, el Profesor Huxley prosigue: «Lo que es cierto del individuo es cierto también, *mutatis mutandis*, del desarrollo intelectual de la especie. Es absurdo decir de los hombres en un estado de salvajismo primitivo que todos sus conceptos están en un estado teológico. Las nueve décimas partes de ellos son eminentemente realistas, y tan "positivos" como la ignorancia y la estrechez puedan llevarlos a ser».[15]

Además, no es cierto que la raza de hombres existente ahora en la tierra fueran fetichistas en su estado primitivo, o que gradualmente ascendieran al politeísmo y al monoteísmo. Lo cierto es lo contrario. No sólo la revelación, sino también toda la historia y la tradición se unen en mostrar que el estado primitivo de nuestra raza fue su estado superior, al menos por lo que respecta a la religión. El monoteísmo fue la forma más antigua de la religión entre los hombres. A esto le sucedió el culto a la naturaleza y el panteísmo, y a esto el politeísmo. Es un hecho histórico que no se llegó al monoteísmo por medio de un proceso de desarrollo. El monoteísmo fue lo primero; pereció gradualmente de entre los hombres, excepto en que fue milagrosamente preservado entre los hebreos, y de ellos se difundió a través, o más bien en la forma, del cristianismo. No se extiende a ningún lugar fuera de la influencia, directa o indirecta, de la revelación sobrenatural contenida en la Biblia. Este es un hecho que los hombres científicos no debieran pasar por alto en sus deducciones.

3. Comte se hizo culpable de la injusticia de confinar su estudio a una pequeña porción de las naciones de la tierra, y además a aquella porción llevada bajo la influencia del cristianismo. Si la ley que él quería establecer es universal y necesaria, tiene que haber actuado desde el principio en la India y la China así como en Europa. Los millones de estas regiones no han llegado al estado monoteísta, mucho menos al metafísico, y aún menos al estado positivo de desarrollo. La India en especial da una destacable refutación a esta teoría. Los hindúes son una raza sumamente intelectual. Su lenguaje y literatura se pueden parangonar con los de Grecia y Roma. Sus filósofos, casi tres mil años atrás, anticiparon los más altos resultados de los Schellings y Hegels de nuestros días. Pero de todas las naciones de la tierra los hindúes son

---

14. Huxley, *Lay Sermons, Addresses,* etc., Londres, 1870, No. VIII. «The Scientific Aspects of Positivism», págs. 174, 175.
15. *Ibid*, pág. 178.

los menos materialistas o positivos en cuanto a su visión de la naturaleza. Para ellos, sólo lo sobrenatural o espiritual es real. Por ello, los hindúes no pueden ser sujetos a esta ley universal y necesaria de desarrollo que se supone como base de la Filosofía Positiva.

Naturalmente, es presuntuoso y vano intentar por medio de razonamientos refutar los sentidos de los hombres, o convencerles de que lo que su misma naturaleza les enseña que es cierto, sea totalmente falso e indigno de confianza. Sin embargo, Comte no sólo intenta esto, sino que todo su sistema está basado en la suposición de que nuestra naturaleza es un engaño y una mentira. Esto es, se basa en la suposición de que las verdades intuitivas son falsas. Es intuitivamente verdadero que somos agentes libres. Esto lo niega Comte. Es intuitivamente verdadero que hay una diferencia específica y esencial entre el bien y el mal. Esto se niega. Es intuitivamente verdadero que todo efecto tiene una causa eficiente. Esto también es negado. Es intuitivamente verdadero que hay un Dios ante quien los hombres son responsables de su carácter y conducta. Esto también es negado. Si todo el intelecto y todo el conocimiento jamás poseído por hombres y ángeles se hubiera concentrado en la persona de Comte, sin embargo habría seguido siendo una insensatez de su parte fundar un sistema implicando la negación de verdades como éstas. El cristiano no tiene miedo de añadir algo más aquí: Es intuitivamente cierto, para todos los que tengan ojos para ver, que Jesucristo es el Hijo de Dios, y que su evangelio es sabiduría de Dios y poder de Dios para salvación, y que es absolutamente imposible que cualquier teoría opuesta a estas intuiciones divinas sea verdad.

Otra ilustración de lo presuntuoso del carácter de esta filosofía se encuentra en sus enseñanzas acerca de la Sociología. Científicos de todos los países han estado durante largo tiempo laboriosamente dedicados a hacer observaciones meteorológicas, y sin embargo es tan grande el número y la complejidad de las causas que determinan el estado del tiempo, que nadie es capaz de predecir cómo el viento soplará de aquí a cuarenta y ocho horas, y mucho menos de aquí a un año. Las causas que determinan la actividad humana en el individuo y en la sociedad son mucho más complejas que las que determinan el estado del clima. Y sin embargo Comte presume de haber reducido la Sociología a una ciencia, con una certidumbre parangonable a la de las matemáticas. «Me aventuraré a decir», es su confiada declaración, «que la ciencia de la Sociología, aunque sólo establecida por este libro, ya rivaliza con la ciencia matemática, no en precisión y fecundidad, pero sí en positividad y racionalidad».[16]

Aplicaciones prácticas del positivismo.

Las aplicaciones prácticas de esta filosofía son muy serias. El positivismo pretende el derecho de un control absoluto y universal sobre todos los asuntos humanos: sobre la educación, la política, la organización social y la religión. Así como el progreso de la ciencia ha eliminado toda libertad de opinión o acción en los departamentos de matemáticas y astronomía, así tiene que eliminarla de todo otro departamento de pensamiento y actividad humana. Hablando de la libertad de conciencia, Comte dice: «Por negativo que ahora consideremos este dogma, significando la liberación de la antigua autoridad, mientras esperamos la necesidad de la ciencia positiva, el carácter absoluto que se supone residente en ella dio energía para cumplir su destino revolucionario. [...] Este dogma nunca puede ser un principio orgánico; y, además, constituye un obstáculo a la reorganización, ahora que

---

16. *Philosophie Positive,* Vol. II, pág. 516.

su actividad ya no está absorbida por la demolición del antiguo orden político. [...]

«¿Acaso se puede suponer», pregunta él, «que los más importantes y delicados conceptos, aquellos que por su complejidad son accesibles sólo a un pequeño número de entendimientos sumamente preparados, deben ser abandonados a las decisiones arbitrarias y variables de las mentes menos competentes?»[17] Este argumento es concluyente. Si la vida social, las acciones humanas, están determinadas en el mismo grado y certeza por las leyes físicas como los cambios materiales, los que hayan dilucidado estos cambios tienen derecho a controlar a todos los otros hombres. Así como sería ridículo permitir a hombres que construyeran casas o que pilotaran nuestras naves sin obedecer a las leyes de la naturaleza, sería también absurdo, sobre la base de esta hipótesis, permitir a los que ignoran las leyes sociales que gobiernen la sociedad. Comte confiesa su admiración no por la doctrina papal, pero sí por la organización papal, que en el nuevo orden de cosas se propone continuar. «La infalibilidad papal», dice él,[18] «fue un gran avance intelectual y social». El Profesor Huxley caracteriza expresivamente el positivismo, a este respecto, como «Catolicismo sin cristianismo».

La religión no queda exceptuada de este sometimiento absoluto. La Filosofía Positiva, al negar la existencia del alma y del ser de Dios, no parecería dejar lugar a la religión. Comte puso en la portada de su *Discours sur l'Ensamble du Positivisme* el anuncio de que su propósito era reorganizar la sociedad *sans Dieu ni Roi* [sin Dios ni Rey]. No obstante, como los hombres tienen que tener, como siempre la han tenido, alguna religión, una filosofía que aspire a un dominio absoluto sobre todos los departamentos de la vida humana tiene que hacer alguna provisión para esta necesidad universal de nuestra naturaleza, aunque sea imaginaria. Comte, por tanto, publicó un catecismo de creencias religiosas y un ritual de culto religioso. El objeto del culto era el agregado de la humanidad constituido por la absorción de las sucesivas generaciones humanas. Todo gran hombre tiene dos formas de existencia: una consciente antes de la muerte; la otra después de la muerte, inconsciente, en los corazones e intelectos de otros hombres. El dios de la Filosofía Positiva, por tanto, es el agregado de las memorias de grandes hombres. Dice Huxley: «Es indudable que "Dieu" desapareció, pero el "Nouveau Grande-Etre Suprême", un gigantesco fetiche, salió recién hecho de manos del mismo Comte, reinando en su lugar. Tampoco se oye ya más de "Roi", pero en su lugar he encontrado una organización social minuciosamente establecida, que, si jamás se pusiera en práctica, ejercería una autoridad despótica como la que jamás ha conocido sultán alguno, ni presbiterio Puritano en sus mejores días pudo esperar sobrepasar. Mientras que, por lo que respecta al "culte systématique de l'humanité", yo, en mi ceguera, no podía distinguirlo del más craso Papismo, con el Sr. Comte en la cátedra de San Pedro, y con los nombres de la mayor parte de los santos cambiados».[19]

Sin embargo, debe haber dos formas de adoración, privada la una, pública la otra. El objeto especial de la primera es la mujer, por cuanto ella es la más perfecta representante de la humanidad. Como «Madre, excita veneración; como esposa, afecto; y como hija, bondad», y la mujer debe ser adorada para excitar estos sentimientos. La humanidad, o la memoria de los grandes hombres, es el objeto de la adoración pública, acerca de la cual se dan minuciosos detalles. La nueva religión debe tener diez sacramentos, una arquitectura propia, y una extensa jerarquía, bajo el control de un Sumo Sacerdote absoluto. Este es el sistema que Comte llegó a creer que sustituiría al evangelio de Jesucristo. Y ya casi se ha desvanecido. Entre los

---

17. *Philosophie Positive,* Vol. II, págs. 14, 15.
18. *Ibid.,* Vol. II, pág. 268.
19. *Lay Sermons,* etc., pág. 164.

científicos avanzados de Inglaterra apenas si hay alguno tan mezquino que le rinda su homenaje.[20]

E. El materialismo científico

Principios conductores.
[...] Los más importantes de estos principios son los siguientes, muchos de los cuales, sin embargo, no son exclusivos de este sistema.

1. La materia y la fuerza son inseparables. Allí donde haya materia hay fuerza, y allí donde hay fuerza hay materia. Esta proposición, al menos de entrada, debe ser entendida sólo como fuerza física.

2. Todas las fuerzas físicas, como la luz, el calor, las afinidades químicas, la electricidad, el magnetismo, etc., etc., son convertibles. La luz puede convertirse en calor, y el calor en luz. Ambas formas pueden convertirse en electricidad, y la electricidad en ambas; y así por toda la gama. Esto es lo que se llama correlación de fuerzas. El Conde Rumford, en una comunicación a la Royal Society de Londres, en 1798, satisfecho de que el calor generado al agujerear un cañón no podía ser explicado de otro modo, expuso la doctrina de que el calor es una forma especial de movimiento. Desde entonces esta doctrina se ha generalizado, y es hoy día la opinión comúnmente recibida que todas las fuerzas físicas pueden resolverse en movimiento. Pero esta generalización no es aceptada por todos los científicos. Encuentran imposible concebir cómo la gravedad, que actúa instantáneamente a distancia, puede ser movimiento. Se trata simplemente de una fuerza que tiende a producir movimiento.

3. Pero este movimiento no es el de un fluido o éter, o cualquier sustancia imponderable peculiar a cada clase peculiar de fuerza. Así como el sonido consiste en, o más bien es producido por, las vibraciones de la atmósfera, fue natural suponer que la luz era la ondulación de un medio, el calor de otro, la electricidad de otro. Esta teoría ha sido descartada. El movimiento se atribuye al movimiento en las moléculas de la materia afectada. Cuando se calienta el hierro, no se le añade nada. No hay una sustancia imponderable llamada caloría. Todo lo que ocurre es que las moléculas del hierro son agitadas de una manera determinada. Si el hierro es magnetizado, se trata sólo de una clase diferente de movimiento que se imparte a sus átomos constitutivos. Y así con todas las otras clases de fuerza. Sin embargo, cuando la luz o el calor son irradiados desde objetos distantes, el movimiento que constituye estas fuerzas tiene que ser transmitido a través de algún medio. Porque donde hay movimiento debe haber algo que se mueva. Y, por ello, si el calor es movimiento en las moléculas del sol, el calor no podría llegarnos a no ser que hubiera algún medio material entre nosotros y el sol.

4. Las fuerzas físicas no sólo son convertibles a cualquiera de las otras, sino que son cuantitativamente equivalentes; esto es, una cantidad determinada de calor producirá una cantidad equivalente de luz o de electricidad, o de cualquier otra fuerza que, si pudiera ser utilizada, reproduciría precisamente aquella cantidad de calor. [...] El Conde Rumford experimentó para

---

20. Dice el Profesor Huxley: «Durante estos últimos dieciséis años, ha sido para mí un periódico motivo de irritación encontrar al Sr. Comte presentado como un representante del pensamiento científico, y observar que los escritores cuya filosofía tuvo su legítimo origen en Hume, o en ellos mismos, eran etiquetados como "Comtistas" o "Positivistas" por escritores públicos, incluso a pesar de vehementes protestas en contra. Le ha costado mucho al Sr. Mill [John Stuart Mill] desprenderse de esta etiqueta; y contemplo al Sr. Spencer como uno contempla a una buena persona batallando contra la adversidad, aún esforzándose en eludir su adherencia, y dispuesto a perder la piel y todo antes que dejar que se le pegue. Y mi turno podría ser pronto; por ello, cuando un eminente prelado, el otro día, dio su sanción y autoridad a la actual confusión, aproveché la oportunidad de reivindicar de pasada la propiedad de Hume de la llamada "Nueva Filosofía", y al mismo tiempo de repudiar el Comtismo por lo que a mí respecta», *Lay Sermons, etc.*, pág. 165. La equivocación de que se queja es muy natural, porque Comte y Hume tienen mucho en común. [...]

determinar la relación cuantitativa entre el movimiento y el calor, y llegó de manera muy aproximada a la misma conclusión a la que había llegado el doctor Joule de Manchester, Inglaterra, que descubrió que una libra de materia, cayendo setecientos setenta y dos pies, producirá suficiente calor para elevar la temperatura de una libra de agua en un grado Farenheit. Esta es ahora la unidad aceptada de fuerza.

5. La fuerza es indestructible. Nunca aumenta ni disminuye. Lo que se pierde de una forma es retornado en otra. Así, las fuerzas son agentes indestructibles, convertibles e imponderables. Esta correlación y conservación de fuerzas es declarada por el doctor Carpenter, el eminente fisiólogo, como «una de las generalizaciones mejor establecidas de la ciencia» y el gran triunfo científico de nuestra era, «gracias», dice él, «a las labores de Faraday, Grove, Joule, Thompson, por no decir nada de Helmholtz y de otros distinguidos sabios continentales».[21] [...]

Parece haber tres tipos de opinión entre los científicos de la escuela «avanzada» en cuanto a la relación entre las fuerzas vitales y las físicas. Primero, hay algunos, de los que el doctor Carpenter es uno, que mantienen que las fuerzas mediante las que se llevan a cabo procesos vitales son la luz, el calor, la electricidad, etcétera, pero que éstas son dirigidas o controladas por una fuerza de una clase diferente, llamada «una agencia directora». [...]

El segundo punto de vista adoptado en referencia a la relación de la fuerza física con la vital es que si hay alguna diferencia, no se puede conocer. Las fuerzas físicas son conocidas. Pueden ser medidas. No sólo se pueden convertir unas en otras, sino que se puede demostrar que son cuantitativamente equivalentes. Si se presupone cualquier otra clase de fuerza para dar cuenta de los fenómenos vitales, esta suposición es gratuita. Es dar por sentado que existe algo de lo que nada sabemos ni nada podemos saber. Por ello, se encuentra fuera del dominio de la ciencia y no es importante [...]

[...] La única diferencia entre la segunda y la tercera postura acerca de este tema general es que, según la una, se considera que la suposición de lo vital como distinto de lo físico es algo gratuito e innecesario; según lo otro, tal suposición se declara antifilosófica, y debe ser totalmente descartada. El mismo autor adopta a veces una actitud, y a veces la otra.

El argumento para la correlación de las Fuerzas Físicas y Vitales.

Así el Profesor Huxley, que aunque desde hace unos años era un firme proponente de la fuerza vital como distinta de la fuerza física, en su discurso acerca de «la Base Física de la Vida» adopta el terreno opuesto. El argumento es como sigue: los elementos proporcionados por el reino mineral son tomados por la planta, que bajo la influencia de la luz y del calor los transforma en materia organizada. Los productos de la vegetación, almidones, azúcar, fibrina, etc., son puramente materiales. Esto es cierto incluso del protoplasma, o materia viviente, o la base física de la vida, como se le llama, que es elaborado por la planta a partir de los materiales carentes de vida provistos por el suelo y por la atmósfera. Hay en verdad una gran diferencia entre los productos de la vegetación y los elementos inertes con los que son formados. Pero también la hay entre los elementos del agua y el agua misma. Si se descarga una chispa eléctrica dentro de un volumen de oxígeno e hidrógeno, se transforma en agua, que pesa precisamente tanto como el volumen de los dos gases de los que está compuesta. Es oxígeno e hidrógeno combinados, y nada más. Pero las propiedades del agua son totalmente diferentes de las del oxígeno y del hidrógeno. De la misma manera, hay una enorme diferencia entre las propiedades del ácido carbónico, del agua y del amoníaco, de

---

21. Véase *Correlation and Conservation of Forces*. Una colección de artículos por distinguidos científicos. Por Edward L. Youmans, M.D. New York, 1865, pág. 405.

los que se compone la planta, y las de la planta viviente misma. Pero así como sería antifilosófico suponer la existencia de un algo desconocido llamado acuosidad para dar cuenta de la diferencia entre el agua y sus elementos, no es menos antifilosófico presuponer la existencia de un algo desconocido llamado vitalidad para explicar la diferencia entre la materia viva y los materiales inertes de los que se compone.

Vida animal

De la misma manera, todos los fenómenos de la vida animal son atribuidos a las fuerzas físicas inseparables de la materia que compone la estructura animal. Es cierto que las funciones de la materia en los tejidos animales son más elevadas que en los de la planta. Pero los proponentes de la teoría bajo consideración tratan de reducir al mínimo la diferencia entre la vida animal y la vegetal. Es sólo la superficie superior de la hoja la que es susceptible de los peculiares efectos de la luz. Y también es sólo el nervio óptico el afectado de una manera necesaria para la visión. La planta llamada sensitiva se contrae cuando es tocada; y lo mismo sucede con el músculo animal cuando se le aplica el apropiado estímulo, nervioso o eléctrico. En suma, así como todas las operaciones de la vida vegetal se deben a fuerzas físicas, de la misma manera todos los fenómenos de la vida animal se deben a las mismas causas.

Así, la doctrina es que el ácido carbónico, el agua y el amoníaco, cuerpos inertes, bajo ciertas condiciones, se transforman en materia viva, no en virtud de ninguna nueva fuerza o principio que les sea comunicado, sino sólo en virtud de una disposición diferente de sus moléculas. Todas las plantas y animales están compuestos de esta materia viva, y es a las propiedades o fuerzas físicas inherentes en la materia de la que están compuestos a quien se deben atribuir todos los fenómenos de la vida vegetal y animal. «El protoplasma», dice el Profesor Huxley, «es la arcilla del alfarero, la cual, por muy cocida y pintada que sea, permanece siendo arcilla, separada por artificio y no por naturaleza, del más común ladrillo o barro secado por el sol».[22] Así como el ladrillo, no importa cuál sea su forma o color, no puede tener propiedades que no sean inherentes en la arcilla, de la misma manera los organismos vegetales o animales no pueden tener propiedades que no pertenezcan al protoplasma, que, en último análisis, no es nada más que ácido carbónico, agua y amoníaco. [...]

Los fenómenos mentales.

Según la nueva doctrina, no sólo las operaciones de la vida vegetal y animal se deben a fuerzas físicas, sino que lo mismo es cierto de todas las operaciones mentales. Si es válido el argumento de la analogía en el primer caso, es válido en el segundo. Si tenemos que creer que las propiedades del protoplasma, o de la materia viva, deben ser atribuidas al modo en que sus moléculas son agregadas debido a que las propiedades del agua se deben a la peculiar agregación de los átomos de sus elementos, oxígeno e hidrógeno, entonces tenemos que creer que todo pensamiento y sentimiento se debe a la composición molecular y a los movimientos de los átomos del cerebro. En conformidad a ello, el Profesor Huxley, después de decir que la «vitalidad» no tiene una mejor posición filosófica que la «acuosidad», advierte a sus lectores que no pueden detenerse en esta admisión. «Quisiera que estuvieran conscientes», dice él, «que al aceptar estas conclusiones, están poniendo sus pies en el primer travesaño de una escalera que, en la estimación de la mayoría de las personas es la opuesta a la de Jacob, y que conduce a las antípodas del cielo. Puede parecer una cosa nimia admitir que las lentas acciones vitales de un hongo o de un foraminífero son las propiedades de su protoplasma, y que son el resultado directo de la materia de la que se componen. Pero si su protoplasma, tal como he tratado de de-

---

22. *Lay Sermons*, pág. 151.

mostrarles, es esencialmente idéntico con el de cualquier animal, y muy directamente convertible en el de ellos, no puedo descubrir ninguna interrupción lógica entre la admisión de que ésta sea la realidad, y la adicional concesión de que toda acción vital puede ser con la misma propiedad considerada como resultado de las fuerzas moleculares del protoplasma que la exhibe. Y si es así, tiene que ser cierto, en el mismo sentido y en el mismo grado, que los pensamientos que estoy ahora exponiendo, y los pensamientos de los lectores con respecto a ellos, son la expresión de cambios moleculares en aquella materia de la vida que es la fuente de nuestros otros fenómenos vitales».[23] «Además», prosigue él, «considero demostrable que es totalmente imposible probar que nada, sea lo que sea, no pueda ser el efecto de una causa material y necesaria, y que la lógica humana es igualmente incompetente para demostrar que cualquier acción sea realmente espontánea. Una acción verdaderamente espontánea es una que supuestamente carece de causa [esto es, ninguna causa material, porque Huxley no admite ninguna otra clase de causa]; y el intento de demostrar una proposición negativa como ésta es evidentemente absurdo. Y así, en tanto que es de este modo una imposibilidad filosófica demostrar que cualquier fenómeno dado no es el efecto de una causa material, cualquiera que esté familiarizado con la historia de la ciencia admitirá que su progreso en todas las edades ha significado, y ahora más que nunca, la extensión del dominio de lo que llamamos materia y causalidad, y la correspondiente eliminación de lo que llamamos espíritu y espontaneidad de todos los ámbitos del pensamiento humano».[24] «Después de todo, ¿qué conocemos de esta terrible «materia», excepto que es un hombre por la desconocida e hipotética causa o condición de estados de consciencia? En otras palabras, la materia y el espíritu son sólo nombres para los substratos imaginarios de grupos de fenómenos naturales».[25] «Con tanta certidumbre como que el futuro brota del pasado y del presente, así la fisiología del futuro extenderá gradualmente el reino de la materia y de la ley hasta que sea coextensiva con el conocimiento, con los sentimientos y con las acciones».[26] Cita la exhortación tan citada de Hume, y recomienda enérgicamente «el muy sabio consejo» que contiene. «Si tomamos en nuestras manos», dice Hume, «cualquier volumen acerca de teología o de metafísica escolástica, por ejemplo, preguntémonos: ¿Contiene algún razonamiento abstracto acerca de cantidades y de números? No. ¿Contiene algún razonamiento experimental acerca de cuestiones de hecho o de existencia? No. Echadlo, pues, al fuego; porque no puede contener nada sino sofismas e ilusiones».[27]

La historia de la especulación humana no da una confesión más explícita de materialismo que la que se contiene en citas anteriores. Todos los efectos conocidos son atribuidos a causas materiales. Se declara que el espíritu posee una existencia sólo imaginaria. La espontaneidad es declarada algo absurdo. Pero Huxley dice que él no es un Materialista. Y en cierto sentido es verdad. No es Materialista porque no cree ni en la materia ni en el espíritu. Se confiesa discípulo de Hume, que enseñaba que no conocemos nada más que impresiones e ideas. La sustancia, sea material o espiritual, la eficiencia, y Dios, son eliminados de la esfera del conocimiento a la de «los sofismas y la ilusión». Confiesa su comunión con Herbert Spencer, siendo que el principio fundamental de la «Nueva Filosofía» de éste es que todo lo que conocemos o podemos conocer es que la fuerza es, y que es persistente, mientras que la fuerza misma es absolutamente inescrutable. Esto elimina de la existencia al alma y a Dios, excepto en cuanto que estas palabras indiquen una fuerza desconocida. Pero como él también sos-

---

23. *Lay Sermons,* págs. 151, 152.
24. Ibid., págs. 155, 156.
25. *Ibid,* pág. 157.
26. *Ibid.,* pág. 156.
27. Hume, *Works,* edición de Edimburgo, 1826, IV., pág. 193.

tiene que todas las fuerzas son convertibles, la distinción entre fuerzas materiales y mentales, sean humanas o divinas, queda borrada. Él se vale de la suposición común de que su teoría no degrada al espíritu, pero exalta la materia. Pero el veredicto de la historia es, tal como lo dice con verdad Julius Müller, «Que cada intento de espiritualizar la materia acaba materializando al espíritu». Acerca de este tema dice Spencer: «Aquellos que no han ascendido por encima del concepto vulgar que une con la materia los menospreciativos epítetos de "burda" y "bruta", pueden naturalmente sentir repulsión ante la propuesta de reducir los fenómenos de la vida, de la mente y de la sociedad, a un nivel que ellos consideran tan degradado [...]. El curso que se propone no implica una degradación de lo considerado más elevado, sino de una exaltación de lo considerado inferior».[28] Por lo menos, esto constituye una confesión de que los fenómenos de la vida, de la mente y de la sociedad deben ser atribuidos a causas materiales o físicas. Y esto es lo que desde luego declara en repetidas ocasiones. [...]

El doctor Maudsley, un distinguido escritor de la misma escuela,[29] dice: «Pocos se encontrarán hoy día que nieguen que con cada exhibición de poder mental hay cambios correlativos en el sustrato material; que cada fenómeno de la mente es el resultado, como energía manifiesta, de algún cambio, ya molecular, ya químico, ya vital, en los elementos nerviosos del cerebro». Luego prosigue diciendo: «Con respecto a los múltiples fenómenos de la mente, por observación de los mismos, y abstracción de lo particular, llegamos a la concepción general, o a la idea esencial de mente, una idea que no tiene más existencia fuera de la mente que cualquier otra idea abstracta o término general. Sin embargo, en virtud de aquella poderosa tendencia de la mente humana a hacer la realidad conforme a la idea, una tendencia que está en el fondo de tanta confusión en filosofía, esta concepción general ha sido convertida en una entidad objetiva, y se ha permitido que ejerza su tiranía sobre el entendimiento. Una abstracción metafísica ha sido convertida en una entidad espiritual, y con ello se ha interpuesto una barrera infranqueable en el camino de la investigación positiva».

Los pasajes citados son un ejemplo del tipo de razonamiento que se permiten con frecuencia los científicos. En la primera de estas dos últimas citas se presentan dos cláusulas como equivalentes, las cuales son de hecho esencialmente diferentes; y la sustitución de la una por la otra es sólo una sutil y callada petición de principio. La primera dice que cada acto mental va acompañado de un cambio molecular en el cerebro. La otra viene a decir que el cambio molecular es el acto mental. Estas dos proposiciones son tan diferentes como el día y la noche. La teoría es que un cierto tipo de movimiento molecular en el hierro es calor; y que un cierto tipo de movimiento molecular en el cerebro es pensamiento. Y toda la prueba, por lo que se refiere a lo último, es que lo uno acompaña a lo otro. Pero la formación de la imagen en la retina acompaña a la visión, y sin embargo ello no demuestra que aquella imagen es nuestra consciencia cuando vemos.

Luego, en el segundo pasaje, el doctor Maudsley dice que «la mente es una idea abstracta» que no tiene existencia fuera «de la mente», esto es, fuera de sí misma. Una idea abstracta tiene una idea abstracta, que transforma en una entidad objetiva. Los que niegan la existencia objetiva de la mente no pueden dejar de pensar, hablar o escribir sin reconocer su existencia, como tampoco un idealista puede actuar sin reconocer la existencia del mundo exterior. Cualquier teoría que involucre una negación de las leyes de nuestra naturaleza es necesariamente absurda. [...]

---

28. *First Principles,* New York, 1869, pág. 556.
29. *Physiology and Pathology of Mind,* Londres, 1868, pág. 42.

F. Refutación.

Como el Materialismo, en su forma moderna, en todo lo que es esencial a la teoría, es lo mismo que era hace mil años, los viejos argumentos en contra de él están tan disponibles ahora como entonces. Su afirmación fundamental es que todos los fenómenos del universo, físicos y vitales, deben ser atribuidos a fuerzas físicas ciegas; y su negación fundamental es que no hay una entidad objetiva como la de la mente o del espíritu. Por ello, si se puede mostrar que la fuerza inintelegente no puede dar cuenta de todos los fenómenos del universo, y que sí existe una entidad o sustancia objetiva como la de la mente, la teoría queda refutada. Hay dos métodos de combatir una teoría determinada. El primero es el científico, que pone en tela de juicio la exactitud o la integridad de los datos sobre los que se basa, o la validez de las inferencias deducidas de ellos. El otro método, más breve y fácil, es el de la *reductio ad absurdum*. Este último es tan legítimo y válido como el primero. Se debe recordar que toda teoría incluye dos factores: hechos y principios; o, hechos e inferencias sacados de ellas. Los hechos pueden ser admitidos, mientras que los principios o inferencias pueden ser negados. Así, los hechos acerca de los que insisten los Materialistas pueden ser aceptados, al menos en su mayoría; en cambio, las apresuradas inferencias que sacan de ellos pueden no valer nada bajo el examen de la razón. Todas estas inferencias tienen que ser rechazadas siempre que entren en conflicto con cualquier verdad bien establecida, sea de la intuición, de la experiencia o de la revelación divina.

Se han propuesto tres teorías generales para resolver el gran problema del universo: la Materialista, la Panteísta y la Teísta. Según la primera, todos los fenómenos del universo se deben a la materia y a sus fuerzas; según la segunda, en su forma más racional, todo poder, actividad y vida son el poder, actividad y vida la una mente universal. La tercera, o teoría Teísta, acepta la existencia de un Dios infinito, extra-mundano, que creó la materia, dotándola con fuerzas, y mentes finitas dotadas de inteligencia y voluntad; y que todos los fenómenos ordinarios del universo son debidos mediatamente a estas fuerzas físicas y mentales en cuanto a que son constantemente sostenidas y controladas por la sabiduría y el poder omnipresentes de Dios. Se puede expresar la duda de si ninguna cantidad de argumentación puede profundizar la convicción de que la solución Teísta de este gran problema es la verdadera. Se ve como cierta, porque se ve como solución. Explica satisfactoriamente todos los hechos de la consciencia y de la observación. Da satisfacción a la razón, al corazón y a la conciencia. Es de hecho una verdad evidente por sí misma, en el sentido de que nadie a quien le haya sido propuesta alguna vez puede nunca escapar permanentemente a la convicción de la verdad de la misma. Las otras teorías no son soluciones. Puede que expliquen algunas clases de hechos, pero no otras. Pero ahora nos ocupamos del Materialismo.

El Materialismo contradice los hechos de la consciencia.

1. El principio primario de todo conocimiento es el conocimiento del yo. Éste tiene que ser asumido. A no ser que seamos no podemos conocer. Este conocimiento del yo es un conocimiento de que somos algo; una existencia real; no meramente un estado o modo de alguna otra cosa; sino que el yo es una sustancia, una entidad real, objetiva. Además, es un conocimiento no sólo de que somos una sustancia, sino también de que somos una subsistencia individual, que piensa, siente, y quiere. Así, aquí tenemos la mente, esto es, un agente individual, inteligente, voluntario, necesariamente incluido en la primera y más esencial de todas las verdades. Si se niega esto, entonces Hume tiene la razón, y nada podemos saber. Además, se incluye en este conocimiento del Yo, que el cuerpo no es el Ego. Aunque el cuerpo está unido de manera íntima, e incluso vitalmente, a la sustancia en la que reside nuestra personalidad, es sin embargo objetivo para la misma. Es el órgano empleado por el Yo, y mediante el que

sostiene su comunión con el mundo externo. Y está claro el hecho de que estas son realmente realidades de la consciencia, y no meramente unos aforismos, o suposiciones arbitrarias, por cuanto son reconocidas universalmente y de manera necesaria. Están incluidas en todos los lenguajes humanos; están involucradas en todas las expresiones del pensamiento humano; son necesariamente asumidas incluso por aquellos que las niegan en teoría. El Materialista no puede pensar, hablar o escribir sin dar por supuesta la existencia de la mente como distinta de la materia, como tampoco el Idealista puede vivir y actuar sin suponer la existencia del mundo externo.

Por ello, nuestro conocimiento de la mente como sustancia pensante es la primera, más cierta y más indestructible de todas las formas de conocimiento, porque está involucrada en el conocimiento del yo, o en la consciencia del yo, que es la condición indispensable de todo conocimiento. Aquello que conoce es, en el orden de la naturaleza, anterior a aquello que es conocido. Es imposible, entonces, que el Materialista pueda tener ninguna evidencia superior de la existencia de la materia, o de la fuerza, que la que tiene cada hombre, en su propia consciencia, de la existencia de la mente. Negar lo uno es tan irrazonable como negar lo otro. Ninguna de ambas cosas puede ser negada, excepto de manera teórica. De hecho, toda persona cree en la materia, y toda persona cree en la mente. ¿Qué son nuestras sensaciones, en las que tanto se confía para darnos conocimiento de fenómenos físicos, sino estados de consciencia? Si se ha de confiar en la consciencia al informar del testimonio de los sentidos, ¿por qué no se ha de confiar en ella cuando informa de los hechos de nuestra vida interior? Si es creída cuando dice que hay algo visible y tangible fuera de nosotros, ¿por qué no ha de ser creída cuando dice que hay algo que piensa y quiere dentro de nosotros? Si no es fiable en un caso, no lo es en el otro; y si no es fiable en ninguno, desaparecen todas las bases del conocimiento y de toda fe. La confianza en la veracidad de la consciencia es nuestra única seguridad frente al más desenfrenado, irracional y degradante escepticismo.

Sin embargo, podrá decirse que el Materialista no niega que haya en nosotros algo que piensa y quiere. Sólo dice que este algo es el cerebro. Sin embargo, esto es ignorar la mitad del testimonio que en realidad da la consciencia. Testifica no sólo que hay tales sensaciones como las de la vista y del tacto, sino que hay una sustancia real y objetiva que es tangible y visible. Es decir, creemos en virtud de la constitución de nuestra naturaleza, y por ello de manera necesaria, cuando vemos o tocamos, que los objetos de nuestras percepciones sensoriales tienen una existencia real y objetiva. Esto lo cree todo hombre, y no puede dejar de creerlo. Y de la misma manera, cuando piensa, siente, o quiere, cree, en virtud de la constitución de su naturaleza, y por ello por una necesidad semejante, que él mismo es una sustancia inteligente, sensible y voluntaria. Esto es, él cree que el Yo es mente, o espíritu, para la que el cuerpo es objetivo, y por ello diferente del Yo. Así, la creencia en la mente está implicada en la creencia en la existencia del yo. La consciencia nos da la certidumbre de que el Yo es un agente o espíritu inteligente y voluntario.

2. Otro hecho de la consciencia que el Materialismo niega, bien abiertamente o bien por implicación necesaria, es el hecho del libre albedrío. Esto, desde luego, se implica en lo que ya se ha dicho. Sin embargo, los hay que admiten la existencia de la mente y que niegan que el hombre sea un agente libre. No se precisa de prueba de que la consciencia da testimonio de que los hombres tienen la capacidad de la auto-determinación. Cada hombre sabe que ello es cierto con respecto a sí mismo. Cada hombre reconoce este hecho con respecto a sus semejantes. Y esta es de nuevo una convicción que ninguna ofuscación de la conciencia ni ningún sofisma pueden borrar de manera permanente de la mente humana. Pero esto lo niega el Materialismo. Las fuerzas físicas actúan necesaria y uniformemente. Al atribuir todas las acciones mentales a las fuerzas físicas, el Materialismo no puede por más que negar toda libertad

de acción. No hay espontaneidad en la afinidad química, ni en la luz, el calor o la electricidad; sin embargo, es a estas fuerzas a las que se atribuyen todos los fenómenos vitales y mentales. Si el pensamiento es un cierto tipo de movimiento molecular del cerebro, éste no es más libre que la otra clase de movimiento molecular llamada calor. Y esto es más evidentemente cierto si son correlativos, cambiando lo uno en lo otro. Por ello, los Materialistas, generalmente, son confesos deterministas. Y esto no es sólo verdad de los Positivistas, sino que la doctrina de que la acción humana está determinada por leyes necesarias es el fundamento de todo su sistema de Ciencia Social. Y el Profesor Huxley, como hemos visto, declara que un acto espontáneo es, por la misma naturaleza del caso, algo absurdo. Para él se trataría de un efecto carente de causa. Por ello, toda persona que sabe que es un agente libre sabe que el Materialismo no puede ser cierto.

3. El Materialismo contradice los hechos de nuestra consciencia moral y religiosa. Nuestras percepciones morales son las más claras, más ciertas y más autoritativas de todas nuestras cogniciones. Si alguien se ve llevado a negar bien por una parte el testimonio de sus sentidos o las verdades de la razón, bien por la otra el testimonio de su naturaleza moral, toda la experiencia muestra que abandonará los sentidos y la razón, y se inclinará ante la autoridad de la conciencia. No puede evitarlo. Nadie puede liberarse del sentido del pecado, o de la responsabilidad. Estas convicciones morales involucran en sí mismas, o al menos demandan, la creencia en un Dios ante quien tenemos que rendir cuentas. Poner una mera «fuerza inescrutable» en lugar de un Dios inteligente, extra-mundano y personal es una burla y un insulto. Toda nuestra naturaleza moral y religiosa declara que toda teoría así es falsa. No puede ser cierta a no ser que toda nuestra naturaleza sea una mentira. Y nuestra naturaleza no puede ser una mentira a no ser que, como dice Sir William Hamilton, todo el universo sea «un sueño de un sueño». Llamar a los hombres a adorar la gravedad y a cantar aleluyas al torbellino es llamarlos a la irracionalidad. Este intento es tan ocioso como insensato y perverso.

Este argumento con base en los hechos de la consciencia contra el Materialismo es confrontado con el aserto de que no se puede confiar en la consciencia. El doctor Maudsley dedica la mayor parte del primer capítulo de su libro sobre «la fisiología de la mente» a establecer este punto. Arguye él que la consciencia propia no es fiable en la información que da, e incompetente para dar ninguna comunicación de una gran parte de nuestra actividad mental. No da cuenta de los fenómenos mentales del bebé, del adulto sin cultura, ni de los enajenados mentales; no da cuenta de las condiciones corporales que subyacen a toda manifestación mental; nada comunica acerca del gran campo de la acción mental inconsciente que se exhibe no sólo en la inconsciente asimilación de impresiones, sino también en el registro de ideas y de sus asociaciones, en su existencia latente e influencia cuando no están en actividad, y su reclamo a la actividad; y nada comunica de la influencia ejercida orgánicamente sobre el cerebro por otras partes del cuerpo. Esto es, la consciencia no nos dice todas las cosas, y a veces nos las dice erróneamente. ¿No se puede decir lo mismo de los sentidos? ¿Acaso nos pueden informar de todo lo que sucede en el cuerpo? ¿No nos engañan a menudo? ¿No son totalmente dudosas las sensaciones de los delirantes y de los maníacos? ¿Sigue de ello que jamás debemos confiar en nuestros sentidos? ¿Qué pasa entonces con las ciencias físicas, que están basadas en la fiabilidad de los sentidos? El hecho es que si el testimonio de la consciencia no debe ser recibido por lo que a nuestras operaciones mentales respecta, no puede ser recibido en cuanto a nuestras sensaciones. Si no tenemos evidencia fidedigna de la existencia de la mente, no tenemos evidencia válida de la existencia de la materia; y no hay universo, ni Dios. Todo es nada.

Felizmente, los hombres no pueden emanciparse de las leyes de su consciencia, ni pueden dejar de creer el testimonio de la consciencia en cuanto a su identidad personal, ni en cuanto a la existencia real, objetiva, del alma como sujeto de sus pensamientos, sentimientos y volición.

Como nadie puede rehusar creer que tiene cuerpo, tampoco nadie puede rehusar creer que tiene alma, y que ambas cosas son distintas como el Yo y el No-Yo.

El Materialismo contradice las Verdades de la Razón.

1. Es intuitivamente cierto que cada efecto debe tener una causa. Esto no significa meramente que cada efecto tiene que tener un antecedente; ni, como dice Hume, que cualquier cosa puede ser la causa de cualquier otra. Ni significa meramente que cada efecto debe tener una causa eficiente. Pero sí significa que el antecedente o causa de cada efecto tiene que tener aquella clase o grado de eficiencia que dé cuenta racional de aquel efecto.

Hay dos clases generales de efectos con los que estamos familiarizados, y que son específicamente diferentes, y por ello que deben tener causas específicamente diferentes. La primera clase consiste en efectos que no indican designio, y la segunda de aquellos que sí indican designio. En lo último vemos la evidencia de un propósito, de previsión, de provisión para el futuro, de adaptación, de elección, de espontaneidad, así como de poder. En lo primero todas estas indicaciones están ausentes. Vemos a nuestro alrededor innumerables efectos que pertenecen a cada una de estas clases. Vemos agua constantemente fluyendo de un nivel más alto a otro más bajo; vapor constantemente ascendiendo desde el mar; el calor produciendo expansión, el frío, contracción, el agua apagando el fuego, los álcalis corrigiendo la acidez, etc., etc. Por otra parte, el mundo está repleto de obras de la inteligencia humana: de estatuas, pinturas, casas, naves, complicadas máquinas para diferentes propósitos, libros, bibliotecas, hospitales dispuestos para las necesidades de los enfermos, con instituciones de aprendizaje, etc. etc. Nadie puede dejar de creer que estas clases de efectos son específicamente diferentes, ni tampoco puede dejar de creer que se deben a causas específicamente diferentes. En otras palabras: es claramente evidente que una causa carente de inteligencia no puede producir un efecto inteligente; no puede ejercer propósito, ni prever, organizar o escoger. El Profesor Joule puede determinar la distancia por la que ha de caer un peso para producir una determinada cantidad de calor, pero ¿puede decirnos cuánto ha de caer para escribir un poema, o producir una Madonna? Esta causa no tiene tendencia a producir este efecto. Y suponer que vaya a operar toda la eternidad es sólo multiplicar eternamente nada por nada, lo que sigue siendo nada.

Si cada persona reconoce el absurdo de atribuir todas las obras del ingenio y del intelecto humano a una fuerza física carente de inteligencia, más grande es el absurdo de atribuir a fuerzas ciegas las obras inconmensurablemente más admirables, complicadas y estructuradas de Dios, por todas partes indicadoras de propósito, previsión y elección. Y el Materialismo es culpable de este absurdo. Enseña, en su forma moderna, que la causa eficaz a la que se deben atribuir todos los organismos, desde los hongos a los hombres, y todos los fenómenos vitales y mentales, es el ácido carbónico, el agua y el amoníaco, con las fuerzas moleculares inherentes a los mismos. Ésta es la doctrina propuesta y defendida de manera elaborada por el Profesor Huxley en su artículo «Physical Basis of Life» (Las bases físicas de la vida). El mencionado artículo se dedica a establecer dos proposiciones. La primera es: «Que todos los organismos animales y vegetales son esencialmente semejantes en poder, forma y sustancia»; y la segunda, «que todas las funciones vitales e intelectuales son las propiedades de las disposiciones moleculares y de los cambios de la base material (protoplasma) de la que consisten los varios animales y vegetales».[30] Incluso insinúa, tras referirse a un reloj que señala el tiempo, y las fases de la luna, como ilustración de los fenómenos vitales e intelectuales del universo como producidos por los movimientos y combinaciones de las moléculas, «que el mundo exis-

---

30. *As regards Protoplasm in relation to Professor Huxley's Essay on the Physical Basis of Life,* por James Hutchison Stirling, F.R.C.S., LL.D. Edición de New Haven, pág. 15.

tente se encontraba en potencia en el vapor cósmico; y que una inteligencia suficiente podría haber predicho, en base del conocimiento de las propiedades de aquel vapor, el estado de la Fauna de Gran Bretaña, pongamos por caso, en 1869, con tanta certidumbre como uno puede decir lo que le sucederá al vapor de su aliento en un frío día de invierno».[31] Acerca de esto es evidente la observación, primero, de que no se ha adelantado nada desde que Epicuro propuso su teoría hace más de dos mil años. Como la gran masa de las personas reflexivas le ha dado la espalda a esta teoría desde aquel entonces hasta ahora, no es probable que su reformulación, por muy confiadamente que se haga, tenga mucho efecto sobre aquellos que tengan cabeza o corazón. En segundo lugar, no da ninguna explicación racional del origen del universo, ni de las maravillas que contiene. Viola la verdad intuitiva fundamental de que cada efecto debe tener una causa adecuada, por cuanto atribuye efectos inteligentes a causas no inteligentes; todas las bibliotecas del mundo, por ejemplo, son atribuidas a «las propiedades de las moléculas» del ácido carbónico, del agua y del amoníaco.

2. Una segunda verdad de la Razón que contradice el Materialismo es que una sucesión infinita de efectos es tan impensable como la cadena auto-sustentada con una cantidad infinita de eslabones. La doctrina moderna es que la materia inerte nunca se vuelve viviente excepto cuando entra en contacto con materia viva anterior. Es la función de la planta viviente tomar los elementos inertes del mundo inorgánico dotándolos de vida. Por ello, la planta debe o bien preceder al protoplasma, lo cual es imposible, por cuanto está compuesta de protoplasma; o bien el protoplasma debe preceder a la planta, lo que es también imposible, por cuanto sólo la planta, en primera instancia, puede producir protoplasma; o debe haber una sucesión infinita. Esto es, un número infinito de efectos carentes de causa, lo que no es menos imposible. La doctrina de la generación espontánea, o de la vida originándose de materia inerte, es repudiada por los proponentes más avanzados de la forma moderna del Materialismo. El Profesor Huxley ha hecho un buen servicio a la causa de la verdad con su competente refutación de la dicha doctrina.[32] [...]

El Materialismo, inconsecuente con los hechos de la experiencia

Se admite comúnmente que en la naturaleza, esto es, en el mundo externo, hay cuatro distintos ámbitos, o, como se les llama en ocasiones, planos, de existencia. Primero, los compuestos químicos comunes que constituyen el reino mineral; segundo, el reino vegetal; tercero, el mundo animal irracional; y cuarto, el Hombre. Se admite que todos los recursos de la ciencia son incompetentes para elevar la materia de uno de estos planos a otro. La planta contiene ingredientes derivados del reino mineral, con algo específicamente diferente. El animal contiene todo lo que está en la planta, con algo específicamente diferente. El hombre contiene todo lo que entra en la constitución de la planta y del animal, con algo específicamente diferente. Los elementos inertes del reino mineral, bajo «la influencia de materia viva preexistente», y no de otra manera, se convierten en materia viva y sustentadora de la vida en la planta. Los productos de la vida vegetal, de manera semejante, devienen la materia de tejidos y órganos animales, pero ello sólo bajo la influencia de tejidos animales vivientes preexistentes. De la misma manera, los productos de los reinos vegetal y animal son recibidos en el sistema humano, y vienen a quedar conectados con las funciones y los fenómenos de la vida intelectual y moral del hombre, pero nunca fuera de la per-

---

31. Véase *Life, Matter, and Mind,* por Lionel S. Beale, M.B., F.R.S, Londres 1870, pág. 17. El doctor Beale cita de un artículo del Profesor Huxley en el primer número de *Academy,* pág. 13.
32. Véase su discurso como Presidente de la Asociación Británica, publicada en la revista *London Athenaeum,* 17 de septiembre, 1870. Lo poco que es necesario decir acerca del tema de la generación espontánea en una obra como esta se reserva para la sección que trata del origen del hombre. [Por otra parte, para un examen moderno de la cuestión, véanse la obra del doctor D. T. Gish, *Teorías sobre el Origen de la Vida, Crítica, y Vida, Herencia y Desarrollo,* publicadas por esta misma editorial en su colección Creación y Ciencia, Nos. 5 y 9. N. del T.

sona del hombre. Este hecho notable, testificado por toda la historia de nuestro globo, demuestra que hay algo en la planta que no está en la materia inerte; algo en el animal que no está en la planta, y algo en el hombre que no está en el animal. Aceptar como acepta el Materialista que la vida organizadora de la planta proviene de la materia inerte; que la vida sensible y voluntaria del animal proviene de la vida insensible e involuntaria de la planta; o que la vida racional, moral y espiritual del Hombre proviene de los constituyentes del animal, es suponer como un hecho algo que toda la experiencia contradice. No nos olvidamos con ello de las teorías que atribuyen estos diferentes grados u órdenes de existencia a algún proceso de evolución natural. Sin embargo, aquí sólo nos referimos al hecho destacable en la historia de que, en la esfera de la experiencia humana, la materia inerte no deviene organizadora y viviente en virtud de sus propias fuerzas físicas; ni la planta un animal; ni el animal un hombre derivando de nada en la planta o del animal, sino sólo en virtud de una influencia *ab extra* vital. Desde luego se dice que así como los mismos elementos químicos combinados de una manera tienen ciertas propiedades, y que combinados de otras maneras, tienen otras propiedades, que igualmente los mismos elementos combinados de una forma en la vida inerte y de otras formas en plantas y animales y en el hombre pueden dar cuenta de todas sus características distintivas. Pero se debe recordar que todas las propiedades de los compuestos químicos, por variadas que sean, son químicas y nada más; mientras que en los organismos vivos las propiedades o los fenómenos son específicamente diferentes de los meros efectos químicos. No tienen relación entre sí, como tampoco la tienen la gravitación y la belleza; y por ello lo uno no puede explicar lo otro.

El Materialismo es Ateo.

El ateísmo es la negación de un Dios personal extra-mundano. Al decir que el Materialismo es Ateísmo no se significa con ello que todos los Materialistas sean ateos. Algunos, por ejemplo el doctor Priestly, confinan la aplicación de sus principios al orden existente de cosas. Admiten el ser de Dios a quien atribuyen la creación del mundo. Sin embargo, la cantidad de estos materialistas ilógicos es pequeña. Dejando de lado estos casos excepcionales, los filósofos de esta escuela pueden clasificarse en tres clases:

(1) Ateos confesos. A esta clase pertenecen los Epicúreos; los escépticos franceses del siglo pasado; y una gran proporción de los físicos de la actual generación, especialmente en Europa. (2) Aquellos que repudian la acusación de ateísmo, porque admiten la existencia necesaria de una fuerza inescrutable. Pero la fuerza inescrutable no es Dios. Al rechazar la doctrina de un Espíritu extra-mundano, consciente de sí mismo, inteligente y voluntario, la Primera Causa de todas las cosas, rechazan el Teísmo; y la negación del Teísmo es Ateísmo. (3) Aquellos cuyos principios involucran la negación de un Dios extra-mundano. A esta clase pertenecen todos aquellos que niegan la distinción entre la materia y la mente; que niegan lo «supersensorio» y lo «sobrenatural», que afirman que la fuerza física es la única clase de fuerza de la que tenemos conocimiento alguno; y que mantienen que el pensamiento es en tal sentido el producto del cerebro que si no hay cerebro no puede haber pensamiento. Büchner, que aunque es un ateo confeso es, en cuanto a este punto, un buen representante de toda la escuela, dice que el principio fundamental (der oberste Grundsatz) de nuestra filosofía es: «No hay materia sin fuerza; y no hay fuerza sin materia». «Un espíritu sin un cuerpo», añade él, «es tan impensable como la electricidad o el magnetismo sin la materia de la que son fenómenos».[33] Y esto lo convierte en la base de su argumento para demostrar la imposibilidad de la existencia del alma tras la muerte. El principio, si se admite, es igualmente concluyente contra la existencia de Dios. Por cuanto el Materialismo no nos deja un Dios a quien reverenciar y en quien

---

33. *Kraft und Staff,* Senté Zuflage, Leipzig, 1869, pág. 209.

Capítulo 3 – *TEORÍAS ANTI-TEÍSTAS*

confiar, un Ser ante quien somos responsables, y por cuanto niega toda existencia consciente tras la muerte, puede ser adoptado sólo con el sacrificio de los más elevados atributos de nuestra naturaleza; y toda su tendencia tiene que ser desmoralizadora y degradante.

[La correlación de las fuerzas físicas, vitales y mentales]

Los argumentos en favor de la correlación no son válidos. El argumento de la analogía.

[...] El doctor Stirling[34] enuncia así [el argumento materialista]: «Si es por su mera estructura química y física que el agua exhibe ciertas propiedades llamadas acuosas, es también por su mera estructura química y física que el protoplasma exhibe ciertas propiedades llamadas vitales. Todo lo que es necesario en ambos casos es que «bajo ciertas condiciones» se agreguen los componentes químicos. Si el agua es una complicación molecular, el protoplasma es igualmente una complicación molecular, y para la descripción de la una o de la otra no se precisa de un cambio de lenguaje. Una nueva sustancia con nuevas cualidades aparece aquí precisamente de la misma forma en que una nueva sustancia con nuevas cualidades aparece allí; y las cualidades derivadas no son más diferentes de las primitivas en el primer caso que lo son en el segundo. Finalmente, el modus operandi del protoplasma preexistente no es más ininteligible que el de la chispa eléctrica. La conclusión es entonces irresistible que siendo todo el protoplasma recíprocamente convertible, y consiguientemente idéntico, las propiedades que exhibe, incluyendo la vitalidad y el intelecto, son tanto el resultado de la constitución molecular como lo son las del agua misma». Esta analogía es doble. Por una parte hace referencia a la composición química, y al estímulo antecedente que la determina por la otra. «Por lo que respecta a la composición química, se nos pide, en virtud de la analogía citada, que identifiquemos, como ejemplos igualmente sencillos de la misma, protoplasma aquí y agua allí; y, por lo que respecta al estímulo en cuestión, se nos pide que admitamos que la acción de la chispa eléctrica es en el primer caso totalmente análoga a la acción del preexistente protoplasma en el segundo».

Como respuesta a este argumento, el doctor Stirling pasa a mostrar que la analogía sólo se sostiene con respecto a las propiedades químicas y físicas. «Un paso más allá, y vemos que el protoplasma tiene no sólo, como el agua, una estructura física y química, sino que, a diferencia del agua, tiene también una estructura organizada u orgánica. Ahora bien, esto, por parte del protoplasma, es una posesión en exceso; y con relación a este exceso no puede haber bases para una analogía». «El protoplasma vivo, por ejemplo, es idéntico con el protoplasma muerto», dice el doctor Stirling, «sólo por lo que respecta a su composición química (si es que llega a ello); y es bien evidente, por tanto, que la diferencia entre ambos no puede depender de aquello en lo que son evidentes -no puede depender de la química. Así, la vida no es asunto de la estructura química y física, y tiene que buscar su explicación en alguna otra cosa. Es así que, cuando se contempla con atención, la luz de la analogía entre el agua y el protoplasma se desvanece».[35] El agua y sus elementos, el hidrógeno y el oxígeno, están en un mismo nivel en cuanto al *tipo* de características que exhiben. «Pero no así el protoplasma, donde, con la preservación de la semejanza química y física hay la adición de la desemejanza de la vida, de la organización y de las ideas. Pero la adición es un mundo nuevo -un mundo nuevo y más elevado, el mundo de un pensamiento autorrealizante, el mundo de una entelequia.»[36] «Hay desde luego diferentes estados

---

34. *As Regards Protoplasm in Relation to Professor Huxley's Essay on the Physical Basis of Life*, por James Hutchison Stirling, F.R.C.S., LL.D. Edinburgh, Blackwood & Sons. Republicado como una de las series de la Universidad de Yale, pág. 39. Ésta es considerada como la mejor refutación de la teoría de la correlación de fuerzas físicas y vitales.
35. *Ibid*, págs. 41, 42.
36. *Ibid.*, pág. 42.

de agua, como hielo y vapor; pero la relación de sólido a líquido, o de ambos con el vapor, no ofrece desde luego ninguna analogía con la relación del protoplasma vivo con el protoplasma muerto. Esta relación no es una analogía, sino una antítesis, la antítesis de las antítesis. De hecho, nos encontramos ante la sima infranqueable -la sima de todas las simas- aquella sima que el protoplasma del Sr. Huxley es impotente para borrar como cualquier otro material conveniente que jamás haya sido sugerido desde que los ojos humanos lo contemplaron por vez primera: la inmensa sima infranqueable entre la muerte y la vida».[37]

«Se debe observar que las diferencias a las que se hace alusión (son, por orden, la organización y la vida, la idea objetiva -diseño, y la idea subjetiva -pensamiento) son admitidas por aquellos mismos alemanes a los que se les debe el concepto y nombre de protoplasma. Ellos, los más avanzados e innovadores de ellos, admiten abiertamente que existe en la célula "un principio arquitectónico que no ha sido aún detectado".[38] Al pronunciar el protoplasma como capaz de movimientos activos o vitales, se refieren con ello, y admiten también, una fuerza inmaterial, y atribuyen el proceso exhibido por el protoplasma -y ello de manera expresa- no a las moléculas, sino a la organización y a la vida».[39]

«¿Fueron acaso los poderes moleculares los que inventaron una respiración, y los que perforaron el oído posterior para dar un equilibrio de presión de aire; los que compensaron la *fenestra oval* mediante una *fenestra redonda*; los que pusieron en las cavidades auriculares aquellos otolitos, aquellos huesos expresos para el oído? ¡Una maquinaria así! Las cuerdas tendinosas son para las válvulas del corazón unos muelles de cierre exactamente ajustados; y las contráctiles columnas cárneas están dispuestas para durante la contracción y la expansión ecualizar su longitud con su función. [...] ¿Hemos de concebir que tal maquinaria, tales aparatos, tales inventos, son meramente moleculares? ¿Son las moléculas adecuadas para tales cosas -moléculas en su pasividad ciega, y en su inerte y yerta insensibilidad? [...] Lo cierto es que en presencia de estas ideas manifiestas es imposible atribuir la sola característica peculiar del protoplasma -esto es, su vitalidad- a la mera química molecular. Es cierto que el protoplasma se disgrega en carbono, hidrógeno, oxígeno y nitrógeno, como el agua en hidrógeno y oxígeno; pero un reloj se disgrega en bronce, acero y vidrio. Los materiales sueltos del reloj -incluso sus materiales químicos, si se quiere, equivalen a su peso con tanta exactitud como los constituyentes del protoplasma, el carbono, etc., equivalen al suyo. Pero ni estos ni aquellos toman el puesto de la idea desaparecida, que era el único elemento importante».[40] Por ello, hay algo en el protoplasma que no puede ser pesado ni medido de ninguna otra manera, y a lo que se deben atribuir los fenómenos vitales.

Así, si el argumento de la analogía fracasa en su aplicación a los fenómenos vitales, no puede pretenderse que sea válido en su aplicación al fenómeno de la mente. Si rehusamos tomar el primer paso, ni el Profesor Huxley puede demandarnos que tomemos los siguientes.

---

37. *Ibid.,* pág. 42.
38. Este «principio arquitectónico» que no había sido aún detectado es la *información* codificada en el seno de cada célula. El soporte material de esta información es el Ácido Desoxirribonucleico (ADN) en el núcleo de las células, y que es trascrito por una complicada maquinaria involucrando otras clases de ácidos nucleicos, el Ácido Ribonucleico Mensajero (ARNm) y el Ácido Ribonucleico de Transferencia (ARNt). Todo ello funciona de manera concatenada en el seno de una maravillosa maquinaria fisicoquímica *programada y controlada* por una serie de mecanismos cibernéticos de alta complejidad. Pero obsérvese que el código no es el ADN, sino que el ADN es sólo el soporte material del código, de la misma manera que la tinta y el papel *no* constituyen un mensaje, sino que son soportes materiales del mismo, el cual puede ser soportado indiferentemente por medios mecánicos, magnéticos (como un disco o cinta de ordenador) o de otros tipos. Pero el mensaje *en sí* es inmaterial, no estando constituido por las propiedades inherentes de la materia, sino impuesto sobre la materia por un agente inteligente. (Nota del Traductor.)
39. *Ibid,* pág. 43.
40. *Ibid.,* págs. 47, 48.

Argumentos adicionales de los Materialistas.

Además del argumento analógico, los Materialistas insisten en que hay evidencia directa de la correlación de las fuerzas físicas con las fuerzas vital y mental. Recordemos qué es lo que esto significa. Las fuerzas correlacionadas son aquellas que pueden ser convertidas la una en la otra, y que por consiguiente son de naturaleza idéntica. Así, lo que se tiene que demostrar en este caso es que la luz, el calor, etc., pueden ser transformados en vida y pensamiento, y que lo último es idéntico a lo primero, siendo ambas clases resolubles en el movimiento de las moléculas de materia.

La prueba es esencialmente la siguiente: El cuerpo animal genera calor por la combustión del carbono del alimento que recibe, precisamente como se produce calor con la combustión del carbono fuera del cuerpo. Y se ha demostrado experimentalmente que la cantidad de calor producida por el cuerpo es precisamente la misma, con cierto margen de error, al que produciría la misma cantidad de carbón si se quemara fuera del cuerpo. Por ello, el calor vital es idéntico con el calor físico.

También, la fuerza muscular es producida precisamente de la misma manera que una fuerza física. La energía potencial del combustible mueve la máquina de vapor. Su trabajo o energía se mide y determina por la cantidad de energía almacenada en la madera o en el carbón consumido en su producción. La fuente y medida de la energía muscular se encuentran, similarmente, en los alimentos que consumimos. Su energía potencial, derivada del sol, como sucede con la energía potencial de la madera y del carbón, produce, al ser liberada, su cantidad debida, ni más ni menos, de poder muscular. Por ello, la energía muscular es tan puramente física, producida de la misma manera, y medida por la misma norma, como la energía de la máquina de vapor.

De manera similar, «la energía nerviosa, o aquella forma de fuerza que, por una parte, estimula a un músculo a contraerse, y por la otra aparece en formas llamadas mentales» es meramente física. Proviene de la comida que tomamos. Se mueve. La velocidad de su movimiento ha sido determinada como de noventa y siete pies por segundo. Sus efectos son análogos a los de la electricidad. Por esta y otras razones similares, así, se infiere que «la fuerza nerviosa es una energía potencial transmutada». Y esto no es menos cierto de la fuerza nerviosa cuando se manifiesta en forma de pensamiento y emoción. Cada manifestación externa de la fuerza del pensamiento, argumenta el Profesor Huxley, es de carácter muscular, y por ello análoga a otras fuerzas que producen efectos similares. Además, se ha demostrado que cada ejercicio de pensamiento o de sentimiento va acompañada de una transferencia de calor, lo que muestra que el pensamiento se transforma en calor. «¿Podemos entonces dudar ya más de que también el cerebro sea una máquina de conversión de energía? ¿Podemos seguir rehusando creer que incluso el pensamiento está, aunque de una manera misteriosa, correlacionado con otras fuerzas naturales? ¿Y ello incluso frente al hecho de que nunca ha sido aún medido?»[41]

Para los hombres no científicos de inteligencia normal, para los hombres no dedicados al estudio de lo sensible, es asombroso que tales argumentos sigan siendo considerados válidos. Admitiendo todos los hechos anteriores, ¿qué es lo que demuestran? Admitiendo que el calor animal sea el mismo en fuente y naturaleza con el calor fuera del cuerpo; admitiendo que el poder muscular es físico en su naturaleza y modo de producción, admitiendo que la energía nerviosa sea también física: ¿qué entonces? ¿Acaso estos hechos nos dan ninguna solución a los misterios de la vida, de la organización, de la alimentación o de la reproducción? ¿Acaso explican en medida alguna la formación del ojo o del oído, de las relaciones mutuas e interdependencia de los órganos del cuerpo? Admitiendo que estas fuerzas sean físicas, ¿quién o qué las emplea? ¿Qué es lo que conduce la operación de las mismas como para corresponder a un designio preconcebido?

---

41. Prof. Barrer, *Correlation of Vital and Physical Forces*, pág. 24.

Admitiendo que el poder muscular sea físico, ¿qué es lo que lo pone en marcha en unas ocasiones y no en otras; comenzándolo, prosiguiéndolo o suspendiéndolo a placer? Está claro que los hechos que se aducen no dan solución ni a los fenómenos vitales ni a los voluntarios. Y cuando llegamos al pensamiento, admitiendo que la acción mental vaya acompañada de un desprendimiento de calor, ¿demuestra ello que el pensamiento y el calor sea lo mismo? Cuando nos avergonzamos nos ruborizamos, cuando nos atemorizamos empalidecemos; ¿acaso estos hechos demuestran que la vergüenza y el temor y sus efectos somáticos son una y la misma cosa? ¿Acaso la concomitancia demuestra identidad? Al demostrar lo primero, ¿se establece lo último? ¿Acaso los hechos aducidos demuestran que la vergüenza es calor y el calor vergüenza, y que lo uno se pueda transformar en lo otro? Todo el mundo sabe que el dolor produce lágrimas; pero nadie infiere de esta coincidencia que el dolor y el agua salada sean idénticos. Incluso el Profesor Tyndall, uno de «los pensadores avanzados», dice a los Materialistas que cuando han demostrado todo lo que afirman demostrar, no han demostrado nada. Dejan la conexión entre mente y cuerpo precisamente donde estaba antes.[42]

Argumentos directos en contra de la teoría de la correlación de las fuerzas físicas, vitales y mentales.

1. Son heterogéneas. Todas las fuerzas físicas son semejantes. Todas tienden a producir movimiento. Todas tienden al equilibrio. Todas son ponderables, por peso, velocidad o por sus efectos sensibles. Todas carecen de inteligencia. Actúan por necesidad, sin elección, sin referencia a un fin. En todos estos respectos las fuerzas mentales son exactamente lo opuesto. No producen movimiento, sino que sólo lo conducen y lo controlan. Resisten un estado de equilibrio. Contrarrestan la fuerza física. Tan pronto como ha desaparecido la vitalidad, entran en juego las fuerzas químicas, y la planta o animal se pudre. No se pueden medir. Las fuerzas que no admiten medición no admiten correlación, porque la correlación involucra igualdad en cantidad. «El pensamiento», dice el Presidente Barnard, «no puede ser una fuerza física, porque el pensamiento no admite medición. Creo que se concederá sin discusión que no hay forma de sustancia material ni fuerza conocida de naturaleza física (y no hay otras fuerzas) de las que no podamos expresar de alguna manera determinada su cantidad, mediante referencia a alguna unidad convencional de medida. [...] No se ha sugerido tal medio para medir la acción mental. No se pueden concebir tales medios. [...] Ahora bien, yo mantengo que una cosa que no es mensurable no puede ser una cantidad; y que algo que no es ni siquiera, una cantidad no puede ser una fuerza».[43]

Así, la fuerza vital y mental actúa con inteligencia, previsión, libertad y designio. Sea donde sea que reside la inteligencia, es perfectamente evidente que todas las operaciones vitales se llevan a cabo en la prosecución de un propósito. El calor y la electricidad no pueden conformar un ojo de la misma manera que el bronce y el acero no pueden hacer un reloj, ni una pluma y un papel escribir un libro. Por ello, la fuerza inteligente difiere en tipo de la fuerza ininteligente. No sólo son diferentes, sino además contradictorias; la afirmación de la una es la negación de la otra. [...]

El cerebro no es una glándula que secreta pensamiento como el hígado secreta bilis; ni es el pensamiento una función del cerebro, ni resultado de una acción mecánica o química; ni es el cerebro una pila voltaica que da choques de pensamiento, como conjetura Stuart Mill: es el órgano de la mente, no para generar, sino para expresar el pensamiento.

---

42. *Athanaeum* del 29 de agosto de 1868, citado en *Hulsean Lectures for 1868*; Apéndice, Nota A.
43. *The Recent Progress of Science, with an Examination of the assert identity of the MentalPowers within the Physical Forces*. Un discurso ante la Asociación Americana para el Avance de la Ciencia. Agosto, 1868. Por Frederick A. P. Barnard, S.T.D., LL.D., págs. 41, 42.

Capítulo 3–*Teorías anti-teístas*

Alfred Russel Wallace.

Para citar sólo otra autoridad, nos referiremos al eminente naturalista Wallace, amigo y asociado de Darwin, y celoso defensor de su teoría. Dice él: «Si un elemento material, o una combinación de mil elementos materiales en una molécula, son igualmente inconscientes, nos es imposible creer que la mera adición de uno, dos o mil otros elementos materiales para constituir una molécula más compleja tendería en manera alguna a producir una existencia consciente de sí misma. Decir que la mente es un producto o función del protoplasma, o de sus cambios moleculares, es usar palabras a las que no podemos asignar ningún significado claro. No se puede tener, en el todo, lo que no existe en ninguna de las partes; [...] o bien toda la materia es consciente, o bien la consciencia es algo distinto de la materia; y en este último caso, su presencia en formas materiales constituye una prueba de la existencia de seres conscientes, fuera de e independientes de lo que llamamos materia».[44]

Las fuerzas vitales y las físicas no son convertibles.

2. Un segundo argumento en contra de la doctrina de la correlación de las fuerzas físicas y vitales es que de hecho no son convertibles. Se dice del movimiento y del calor que están correlacionados, porque el uno puede ser cambiado en el otro, medida por medida. Pero jamás nadie ha cambiado muerte en vida, materia muerta en materia viva. Esto lo admite el Profesor Huxley. Si la célula viviente más simple muere, toda la ciencia del mundo no la puede hacer revivir. Lo que está muerto sólo puede ser hecho vivo al ser tomado y asimilado por lo que está aún viviendo. Por ello, la vida no se debe a las propiedades químicas de aquello que está muerto. Por lo que a la química respecta, no hay ninguna diferencia conocida entre el protoplasma muerto y el protoplasma vivo; y sin embargo existe una diferencia absoluta entre la vida y la muerte. Por ello, esta diferencia no es química. Hasta que los científicos puedan realmente cambiar calor y electricidad en vida, y se dediquen a resucitar a los muertos, los hombres serán remisos en creer que el calor y la vida sean cosas idénticas. Y hasta que no puedan transmutar fuerza física en inteligencia y voluntad, no podrán convertir a los «pensadores» en Materialistas.

3. Otro argumento contra esta teoría es lo inadecuado de la causa para el supuesto efecto. La doctrina es que la relación entre las fuerzas correlacionadas es cuantitativa; tanto de lo uno producirá tanto de lo otro. Pero nosotros sabemos que se puede producir una gran agitación mental por la mera visión de ciertos objetos, y que estos estados mentales pueden suscitar la acción de una violenta fuerza muscular. Según la hipótesis, la impresión sobre los nervios de la vista o del oído es primero transformada en fuerza mental, y ésta de nuevo en energía muscular y molecular. Así, el Presidente Barnard, que presenta este argumento, lo declara absurdo, «por cuanto hace de una pequeña fuerza lo equivalente a una de grande».[45]

El Presidente Barnard argumenta adicionalmente en contra de esta teoría basándose en el hecho de que los estados mentales producidos por impresiones sobre los sentidos son, al menos en muchos casos, evidentemente no debidos a la impresión física, sino a la idea con ella conectada. Si uno insulta en inglés a un francés, no hay efecto alguno; si se le insulta en su propio idioma, le hace enfurecer. El significado de las palabras no es una fuerza física, y sin embargo es al significado al que se debe el efecto. Dice el doctor Barnard: «Cuando se nos demanda que como físicos nos pronunciemos diciendo que la existencia espiritual es un ab-

---

44. *Contributions to the Theory of Natural Selection. A series of Essays.* Por Alfred Russel Wallace, autor de The Malay Archipielago, etc., etc. McMillan & Co., Londres 1870, pág. 365.
45. Barnard, *Address,* pág. 45.

surdo y que la religión es un sueño, me parece que no queda otra alternativa que la de proclamar nuestro desacuerdo, o que se entienda con nuestro silencio que aceptamos tal doctrina como propia. Cuando se presenta la alternativa de este modo, me siento obligado a hablar, y a declarar mi convicción de que como físicos no tenemos nada que ver en cuanto a la filosofía mental; y que al tratar de reducir los fenómenos de la mente bajo las leyes de la materia, nos alejamos de nuestra medida, no establecemos nada con certidumbre, atraemos el ridículo sobre el nombre de la ciencia positiva, y sólo alcanzamos un resultado innegable, el de hacer tambalear en las mentes de multitudes unas convicciones que constituyen la base de su principal felicidad».[46]

4. Los físicos no pueden seguir su propia teoría. Incluso los menos susceptibles a la fuerza de lo supersensible se ven llevados a admitir que hay más en la acción mental y vital que lo que puede ser explicado por la ciega fuerza física. El doctor Carpenter, como ya hemos visto, acepta la presencia de «una agencia directiva»; los alemanes, un «principio arquitectónico» desconocido y no correlacionado, en la materia viviente, para dar cuenta de hechos innegables para los que la fuerza física no ofrece solución alguna. Otros, cuya naturaleza espiritual no está tan totalmente sometida a lo sensible, se desmoronan del todo. Así, el Profesor Barker, del Colegio Yale, después de dedicar toda su conferencia a demostrar que la fuerza vital e incluso el pensamiento «están correlacionados con otras fuerzas naturales» (esto es, tienen identidad con ellas), llega al fin a preguntar: «¿Y es sólo esto? ¿No hay detrás de esta sustancia material un poder más elevado que el molecular en los pensamientos inmortalizados en la poesía de un Milton o de un Shakespeare, en las creaciones artísticas de un Miguel Ángel o de un Ticiano, en las armonías de un Mozart o de un Beethoven? ¿No hay realmente una porción inmortal separable de este tejido cerebral, aunque misteriosamente unida al mismo? En una palabra, ¿no encierra este cuerpo tan minuciosamente elaborado un alma dada por Dios, y que a Dios vuelve? Aquí la ciencia vela su rostro, y se postra en reverencia ante el Omnipotente. Hemos pasado los límites en los que está encerrada la ciencia física. Ningún crisol, ninguna sutil aguja magnética, podrán darnos la respuesta ahora a nuestras preguntas. Ninguna palabra más que la de Aquel que nos formó podrá romper el terrible silencio. En presencia de tal revelación la ciencia está muda, y la fe entra gozosa para aceptar aquella verdad mayor que nunca puede ser objeto de una demostración física».[47]

Así se hace evidente después de todo que en el hombre hay un alma; que el alma no es el cuerpo, ni una función del mismo; que es el sujeto y agente de nuestros pensamientos, sentimientos y voliciones. Pero esto es precisamente lo que esta conferencia quería refutar. Así, la ciencia del Profesor Barker expira a los pies de su religión. Apaga su antorcha en la fuente de un orden de verdades más elevadas que las que admiten «demostración física». El *pröton pseudos* de toda la teoría es que nada es cierto que no pueda ser demostrado físicamente; esto es, lo que no pueda ser sentido, pesado o medido de alguna otra manera.

Wallace, el naturalista.

Una ilustración aún más notable de la insuficiencia de los principios materialistas nos la da el distinguido naturalista Alfred Russel Wallace, citado anteriormente. Después de dedicar todo su libro a defender la doctrina de selección natural, que atribuye el origen de todas las especies y géneros de plantas y animales a la operación ciega de las fuerzas físicas, llega a la conclusión de que no existen tales fuerzas. Que todo es «Mente». La Materia no existe. La materia es fuerza, y la fuerza es mente; de manera que «todo el universo no sólo depende de, sino que

---

46. *Ibid*, pág. 49.
47. Barker, *Lectura*, págs. 26, 27.

en realidad es la VOLUNTAD de inteligencias superiores, o de una Inteligencia Suprema».[48] Él mantiene que en lugar de admitir la existencia de un algo desconocido llamado materia, y que la mente es «otra cosa, bien producto de esta materia y de sus supuestas fuerzas inherentes, o bien distinta de y coexistente con ella», que es una «creencia mucho más sencilla y coherente que la materia, como entidad distinta de la fuerza, no existe; y que la fuerza es un producto de la MENTE. La filosofía», añade él, «ya había demostrado hace mucho nuestra incapacidad para demostrar la existencia de la materia, tal como se concibe generalmente, mientras que admitía la demostración para cada uno de nosotros de nuestra existencia consciente de sí misma, ideal. La ciencia ha llegado ahora trabajosamente al mismo resultado, y esta concordancia entre ambas debería darnos alguna confianza en su enseñanza conjunta».[49] Así, con un solo paso, se cubre la sima entre el Materialismo y el panteísmo idealista. Esto, al menos, constituye una concesión de que las fuerzas físicas no pueden explicar los fenómenos de la vida y de la mente; y esto es conceder que el Materialismo, como teoría, es falso.

El gran error de los Materialistas es que comienzan en el extremo equivocado. Comienzan con la materia ciega e inerte, y tratan de deducir de ella y de sus cambios moleculares todas las infinitas maravillas de la organización, de la vida y de la inteligencia que exhibe el universo. Se trata de un intento de sacarlo todo de la nada. La mente humana, en su estado natural, siempre comienza con Dios. Él, como nos lo enseña la Biblia, es un Espíritu Infinito, y por ello consciente de Sí mismo, inteligente y voluntario; creador de todas las cosas; de la materia con sus propiedades, y de las mentes finitas con sus poderes; y que controla todas las cosas con su sabiduría y poder siempre presentes; de modo que toda la inteligencia indicada en fuerzas no inteligentes es sólo una forma de la infinita inteligencia de Dios. Esta es la solución del problema del universo que se da en las Escrituras; solución que da satisfacción a toda nuestra naturaleza, racional, moral y religiosa. [...]

5. Panteísmo.

A. Qué es el Panteísmo.

Si se permite que la etimología de la palabra Panteísmo determine su significado, la respuesta a la pregunta de ¿qué es el Panteísmo? es fácil. El universo es Dios, y Dios es el universo. *To pan Theos esti*. Este no es sólo el significado de la palabra y la idea popular que generalmente se le asigna, sino que es la definición formal frecuentemente dada a este término. [...] Sin embargo, los proponentes de esta doctrina lo denuncian como una burda distorsión. Dicen ellos que la idea de que el universo, como agregado de elementos individuales, sea Dios, es una forma de pensamiento que la más antigua filosofía de Oriente había superado. Igual podría decirse que el contenido de la consciencia de un hombre, en cualquier momento determinado, es el hombre mismo; o que las olas del océano eran el océano mismo. Debido a que tantos Panteístas toman la palabra en el sentido acabado de indicar niegan que sean Panteístas, y afirman su creencia en el ser de Dios. Como el sistema que es propiamente designado como Panteísmo excluye expresamente la percepción popular del mismo, derivada de la etimología del vocablo, y como ha sido sustentado de maneras muy diferentes, no es fácil dar una respuesta concisa y satisfactoria a la pregunta de qué es el Panteísmo. Las tres formas principales en que se ha presentado esta doctrina son: (1) La que adscribe al Ser Infinito y Universal los atributos (al menos hasta cierto punto) de mente y

---

48. Wallace, *Contributions to the Theory of Natural Selection*, pág. 368.
49. *Ibid.*, pág. 369.

materia simultáneamente, esto es, pensamiento y extensión. (2) La que le adscribe sólo los atributos de la materia, el Panteísmo Materialista. (3) La que le adscribe sólo los atributos del espíritu, Panteísmo Idealista.

Principios generales del sistema.

Para el propósito de la instrucción teológica, es suficiente exponer las negaciones en que estos varios sistemas concuerdan, y en qué concuerdan sustancialmente en afirmar.

1. Niegan todo dualismo en el universo. Las distinciones esenciales entre materia y mente, entre alma y cuerpo, entre Dios y el mundo, entre el Infinito y lo Finito, quedan repudiadas. Hay sólo una sustancia, sólo un Ser real. Por ello la doctrina es llamada Monismo, o la doctrina del Todo Uno. «La idea», dice Cousin,[50] «de lo finito, de lo infinito, y de su relación necesaria como causa y efecto, se encuentran en cada acto de la inteligencia, y no es posible distinguir lo uno de lo otro; aunque distintos, están ligados juntos, y constituyen a una una triplicidad y unidad». «El primer término (lo infinito), aunque absoluto, no existe de manera absoluta en sí mismo, sino como causa absoluta que tiene que pasar a la acción, y manifestarse en el segundo (lo finito). Lo finito no puede existir sin lo infinito, y lo infinito sólo puede devenir real desarrollándose en lo finito».

Toda la filosofía está basada, dice él, en las ideas de «unidad y multiplicidad», «de sustancia y fenómeno». «Obsérvense», dice él, «todas las proposiciones que hemos enumerado reducidas a una sola, tan vasta como la razón y lo posible, a la oposición de la unidad y de la pluralidad, de la sustancia y del fenómeno, del ser y de la apariencia, de la identidad y de la diferencia».[51] Todos los hombres, dice él, creen «como en una combinación de fenómenos que dejarían de ser en el momento en que la sustancia eterna dejara de sustentarlos; creen, por así decirlo, en la manifestación visible de un principio oculto que les habla bajo esta cubierta, y que ellos adoran en la naturaleza y en la consciencia».[52] «Por cuanto Dios es dado a conocer sólo en tanto que él es causa absoluta, por ello mismo, en mi opinión, él no puede dejar de producir, por lo que la creación deja de ser ininteligible, y Dios no está más sin mundo como que el mundo no está sin Dios». Es uno de los más familiares aforismos de los filósofos alemanes: «Ohne Welt kein Gott; und ohne Gott keine Welt».

Renan, en su libro *Vida de Jesús*, entiende por Panteísmo el materialismo, o la negación de un Dios vivo. Esto excluiría todas las formas de las doctrinas mantenidas por panteístas idealistas de todas las épocas. El doctor Calderwood declara panteísta la doctrina de la creación expuesta por Sir William Hamilton, porque niega que la suma de la existencia pueda ser aumentada o disminuida. Sir William Hamilton enseña que cuando decimos que Dios creó el mundo de la nada, sólo podemos significar que «Él evoluciona la existencia proviniente de Él mismo». Aunque todas las formas de Panteísmo son monistas, excepto el Hilozoísmo, que es propiamente un dualismo, sin embargo la mera doctrina de la unidad de sustancia no constituye Panteísmo. Por objecionable que sea la doctrina de que todo lo que existe, incluso la materia sin organizar, es de la sustancia de Dios, ésta ha sido sustentada por muchos Teístas cristianos. No involucra necesariamente la negación de la distinción esencial entre materia y mente.

2. Sin embargo, difieren en cuanto a la naturaleza del Infinito como tal, sea que se trate de materia o de espíritu, o de aquello de lo que se pueda predicar tanto pensamiento como extensión (potencial); o de si se trata del pensamiento mismo, o de fuerza, o de causa, o de nada; esto es, de aquello de lo que nada se pueda afirmar ni negar; una cantidad simple y descono-

---

50. *Psychology,* por Henry, primera edición, pág. XVIII.
51. *History of Philosophy,* traducida por Wight, N.Y., 1852, pág. 78.
52. *Ibid.,* pág. 121.

cida; todos concuerdan en que no tiene existencia ni antes ni fuera del mundo. Por ello, el mundo no sólo es consustancial a Dios, sino también coeterno con Él.

3. Esto, naturalmente, descarta la idea de creación, excepto como un proceso eterno y necesario.

4. Niegan que el Ser Infinito y Absoluto tenga en Sí mismo ni inteligencia, ni consciencia ni voluntad. El Infinito viene a la existencia en lo Finito: la totalidad de la vida, de la consciencia, de la inteligencia, y el conocimiento de lo último, esto es, del mundo. «Omnes (mentes)», dice Spinoza, «simul Dei reternum et infinitum intellectum constituunt».[54] «Sólo Dios es, y fuera de Él nada hay».[55] [...]

5. El Panteísmo niega la personalidad de Dios. La personalidad, así como la consciencia, implica una distinción entre el Yo y el No Yo; y tal distinción es una limitación inconsecuente con la naturaleza del Infinito. Por tanto, Dios no es una persona que pueda decir Yo, y a la que podamos dirigirnos como Tú. Al venir Él a la existencia, a la inteligencia y a la consciencia sólo en el mundo, Él es una persona sólo hasta allí donde comprende en Sí mismo todas las personalidades, y la consciencia de la suma de las criaturas finitas constituye la consciencia de Dios. «La verdadera doctrina de Hegel acerca de esto», dice Michelet,[56] «no es que Dios sea una persona en distinción a otras personas; ni que Él sea simplemente la sustancia universal y absoluta. Él es el movimiento de lo Absoluto haciéndose siempre a sí mismo subjetivo; y en lo subjetivo primero viene a la objetividad o a la verdadera existencia». «Según Hegel», añade él, «Dios es el único verdadero Ser personal». «Por cuanto Dios es personalidad eterna, así produce eternamente su otro yo, esto es, la Naturaleza, a fin de alcanzar la consciencia de sí mismo».

De esta doctrina se desprende necesariamente que Dios es la sustancia de la que el universo es el fenómeno; que Dios no tiene existencia sino en el mundo; que la consciencia agregada y la vida de lo Finito es, por ahora, toda la consciencia y vida del Infinito; que el Infinito no puede ser una persona distinta del mundo, a la que podamos decir: Tú. Acerca de esto, Cousin dice: «Privadme de mis facultades, y la consciencia que me da testimonio de las mismas, y yo no soy para mí mismo. Lo mismo es con Dios; quitad la naturaleza, y el alma, y toda señal de Dios desaparece».[57] Lo que sería el alma sin facultades y sin consciencia, esto es Dios sin el universo. Un Dios inconsciente, sin vida, del que nada se puede predicar más que el simple ser, no sólo no es una persona, sino que él es, para nosotros, nada.

6. El hombre no es una subsistencia individual. Él es tan sólo un momento en la vida de Dios; una onda sobre la superficie de la mar; una hoja que cae y que es renovada año tras año.

7. Cuando el cuerpo, que establece la distinción de personas entre los hombres, perece, la personalidad cesa con ello. No hay existencia consciente para el hombre tras la muerte. Schleiermacher, en sus *Discourses*, dice: La piedad en la que fue criado en su juventud «permaneció conmigo cuando el Dios y la inmortalidad de mi infancia desaparecieron de mi mirada llena de dudas».[58] Acerca de esta confesión comenta el Sr. Hunt, párroco de St. Ives, Hunts.: «El "Dios e inmortalidad" de su infancia desaparecieron. El Dios personal a quien adoraban los moravos fue cambiado por la Divinidad impersonal de la filosofía. Y su teología no parecía impía. No, era la misma esencia de la verdadera religión». Hay buenas razones para creer que con respecto a la existencia personal del alma después de la muerte,

---

54. *Ethics*, V. XL. Schol., Edición de Jena, 1803, pág. 297.
55. Fichte, *Von seligen Leben*, pág. 143, edición de Berlín, 1806.
56. *Geschichte der letzen Systeme der Philosophie in Deutschland*, Vol. II., pág. 647.
57. *Lectures on the True, the Beautiful, and the Good*, traducción de Wight, N.Y., 1854, pág. 365.
58. Hunt, *Essay on Pantheism*, Londres, 1866, pág. 312.

Schleiermacher sacrificó su filosofía a su religión, como desde luego lo hizo en otros puntos. Esto, sin embargo, sólo muestra con mayor claridad cuán inconsecuente es la postura panteísta de la naturaleza de Dios con la doctrina de la existencia consciente después de la muerte. La absorción del alma en Dios, de lo Finito en lo Infinito, es el destino más elevado que el Panteísmo puede acordarle al hombre.

8. Como el hombre es sólo un modo de la existencia de Dios, sus actos son los actos de Dios, y como los actos de Dios son necesarios, sigue de ello que no puede haber libre albedrío en el hombre. [...]

Dice Cousin: «De este modo llegamos, en el análisis del mí, aún por vía de la psicología, a un nuevo aspecto de la ontología, a una actividad sustancial, anterior y superior a todas las actividades fenoménicas, la cual produce todos los fenómenos de la actividad, les sobrevive a todos ellos, inmortal e inagotable, en la destrucción de sus manifestaciones temporales».[59] Así, nuestra actividad es sólo una manifestación temporal de la actividad de Dios. Todos nuestros actos son Sus actos.[60]

Hunt, analizando el sistema de Spinoza, y empleando principalmente su lenguaje en este punto, dice: «Spinoza adscribiría a Dios una especie de libertad: una libre necesidad. Pero a las existencias creadas incluso esta clase de libertad les es negada. "No hay nada contingente en la naturaleza de los seres; al contrario, todas las cosas están determinadas por la necesidad de la naturaleza divina para que existan y actúen según una manera determinada". La "Naturaleza producida" queda determinada por la "naturaleza productora". No actúa, sino que se actúa sobre ella. El alma del hombre es un autómata espiritual. [...] No puede haber nada arbitrario en los necesarios desarrollos de la esencia divina».[61]

Al hacer el Panteísmo de la creación un desenvolvimiento eterno, necesario y continuado del Ser Infinito, toda la libertad de las causas segundas queda necesariamente excluida. Se puede hacer una distinción entre la necesidad por la que una piedra cae al suelo y la necesidad por la que una mente piensa; pero la necesidad es tan absoluta en un caso como en el otro. La libertad en el hombre es auto-determinación racional, esto es, espontaneidad determinada por la razón. Pero la razón en el hombre, según el Panteísmo, es impersonal. Es Dios explicado en nosotros. Todos los actos de la mente humana son los actos de Dios determinados por la necesidad de su naturaleza. La misma doctrina del fatalismo está implicada en la idea de que la historia es meramente el auto-desenvolvimiento de Dios. Una idea, o fase del Ser Infinito, se exhibe en una edad o nación, y otra diferente por otra. Pero el todo es un proceso tan necesario de desenvolvimiento como el crecimiento de una planta.

Así, Sir William Hamilton dice que Cousin destruye la libertad divorciándola de la inteligencia, y que su doctrina es inconsecuente no sólo con el Teísmo, sino también con la moralidad, que no puede ser fundamentada «en una libertad que en el mejor de los casos sólo escapa a la necesidad refugiándose en el azar».[62] Y Morell, un eulogizador de Cousin, dice que, según Cousin, «Dios es el océano, nosotros sólo las olas; el océano puede ser una individualidad, y cada ola otra; pero con todo son esencialmente una y la misma cosa. No vemos cómo el Teísmo de Cousin pueda ser consistente con ninguna idea de mal moral; y tampoco vemos cómo, partiendo de tal dogma, puede jamás él vindicar y mantener su propia teoría de la libertad humana. Sobre tales principios Teístas, todo pecado debe ser simplemente defecto, y todo defecto tiene que ser absolutamente fatuo».[63]

---

59. *Elements of Psychology*, traducido por Henry, N.Y., 1856, pág. 429.
60. *Princeton Review*, 1856, pág. 368.
61. *Essay on Pantheism*, pág. 231.
62. Hamilton, *Discussions*, pág. 43.
63. *History of Modern Philosophy*, N.Y., 1868, pág. 660.

9. El Panteísmo, al hacer del hombre un modo de la existencia de Dios, y al negar toda libertad de la voluntad, y al enseñar que toda «actividad fenoménica» es «una manifestación fugaz» de la actividad de Dios, descarta toda posibilidad de pecado. Esto no significa que no haya en el hombre sentimientos de aprobación y de desaprobación, ni una diferencia subjetiva entre el bien y el mal. Esto sería tan absurdo como decir que no hay diferencia entre el placer y el dolor. Pero si Dios es a la vez Dios, naturaleza y humanidad, si la razón en nosotros es la razón de Dios, si su inteligencia es nuestra inteligencia, su actividad nuestra actividad; si Dios es la sustancia de la que el mundo es el fenómeno, si nosotros somos sólo momentos en la vida de Dios, entonces no puede haber nada en nosotros que no esté en Dios. El mal es sólo una limitación, o un bien no desarrollado. Un árbol es más grande y más bueno que otro; una mente es más vigorosa que otra; un modo de acción es más placentero que otro; pero todos a una son modos de la actividad de Dios. El agua es agua, sea que se encuentre en un charco o en el océano; y Dios es Dios, en Nerón o en San Juan. Hegel dice que el pecado es algo inmensurablemente más grande que el movimiento de los planetas, siempre obediente a una ley, o que la inocencia de las plantas. Esto es, se trata de una más alta manifestación de la vida de Dios.

Spinoza enseña que «el pecado no es nada positivo. Existe para nosotros pero no para Dios. Las mismas cosas que aparecen como odiosas en los hombres son consideradas con admiración en los animales. [...] De ello sigue que el pecado, que sólo expresa una imperfección, no puede consistir en nada que exprese una realidad. Hablamos con impropiedad, aplicando lenguaje humano a lo que está más allá del lenguaje humano, cuando decimos que pecamos contra Dios, o que los hombres ofenden a Dios».[64]

Es consecuencia necesaria de la doctrina de que Dios es el Ser Universal, que cuanto más de ser tanto más de Dios, y consiguientemente tanto más de bien. Correspondientemente, cuanto menos de ser, menos de Dios. Así, toda limitación es mala, y el mal es simplemente limitación del ser. [...] Dice el profesor Baur, de Tubinga:[65] «El mal es lo que es finito; porque lo finito es negativo: es la negación de lo infinito».

Es sólo otra forma de esta doctrina que el poder o la fuerza es en el hombre el único bien. Esto no significa la fuerza de someterse a las injurias, la fuerza del sacrificio abnegado, la fuerza para ser humildes y para resistirse a las malas pasiones, sino la fuerza para llevar a cabo nuestros propios propósitos en oposición a la voluntad, a los intereses o a la dicha de otros. Esto es: la razón de la fuerza. El vencedor siempre tiene la razón, los vencidos siempre están equivocados. Esta es sólo una manifestación de Dios, suprimiendo o rebasando una manifestación menos perfecta. La doctrina de Spinoza es: «El hombre se ve obligado por su naturaleza a la prosecución de lo que es apropiado, y al odio a lo contrario, porque "cada uno desea o rechaza por necesidad, según las leyes de su naturaleza, aquello que él considera bueno o malo". Seguir este impulso no es sólo necesario, sino que es el derecho y deber de cada hombre, y debería considerarse como enemigo todo aquel que desea estorbar a otro de la satisfacción de los impulsos de su naturaleza. La medida del derecho de cada uno es su poder. El mejor derecho es el de los más fuertes, y así como el hombre sabio tiene un derecho absoluto a hacer todo lo que dicta la razón, o el derecho de vivir conforme a las leyes de la razón, así el hombre ignorante e insensato tiene derecho a vivir conforme a las leyes de sus apetitos».[66] Jamás el lenguaje humano expresó un principio más inmoral y desmoralizador. Decir que el deber de todo hombre es buscar su propia satisfacción, gratificar los impulsos de su natura-

---

64. Hunt, *Essay on Pantheism*, pág. 231.
65. *Zeitschrift*, de Tubinga, 1834, Drittes FET, pág. 233.
66. Hunt., *op. cit.,* pág. 233

leza; afirmando que es enemigo de uno el que intenta estorbar esta gratificación; que el único límite a tal gratificación es nuestro poder, que los hombres tienen el derecho, si a ello se sienten inclinados, a vivir conforme a las leyes de sus apetitos, es lo mismo que decir que no existe ninguna obligación moral, ni nada como el bien y el mal.

Cousin repite hasta la náusea la doctrina de que la fuerza da la razón; que los más fuertes son siempre los mejores. «Generalmente, en el éxito vemos», dice él, «sólo un triunfo de la fuerza, [...] espero haber mostrado que, por cuanto siempre tiene que haber una parte vencida, y que por cuanto la parte vencida es siempre la que debiera ser vencida, acusar al vencedor y tomar partido en contra de la victoria es tomar partido contra la humanidad, y quejarse del progreso de la civilización. Es necesario ir más allá: es necesario demostrar que la parte vencida merece ser vencida; que el partido vencedor no sólo sirve a la causa de la civilización, sino que es mejor y más moral que la parte vencida». «La virtud y la prosperidad, la desgracia y el vicio, están en necesaria armonía». «La debilidad es un vicio, y por ello es siempre castigada y batida». «Es ya hora», dice él, «que la filosofía de la historia ponga bajo sus pies las declamaciones de la filantropía».[67] Naturalmente, si Dios es la vida del mundo, si todo poder es su poder, si cada acto es su acto, tiene que ser verdad no sólo que no puede haber pecado, sino que los más poderosos son siempre moralmente (si es que esta palabra tiene algún significado) los mejores, y que la fuerza da la razón. Esta es la teoría sobre la que se basa el culto a los héroes, no sólo entre los paganos, sino entre pretendidos cristianos de nuestro tiempo.

10. El Panteísmo es la propia deificación. Si Dios viene a la existencia sólo en el mundo, y si todo lo que es, es una manifestación de Dios, de ello sigue que (por lo que a esta tierra concierne, y hasta allí donde los panteístas lo admiten o reconocen) el alma del hombre es la forma más elevada de la existencia de Dios. Como las almas de los hombres difieren mucho entre ellas, siendo unas muy superiores a otras, cuanto mayor es el hombre tanto más divino es él, esto es, tanto más representa a Dios; tanto más revela de la esencia divina. El punto más alto del desarrollo es alcanzado sólo por aquellos que llegan a la consciencia de su identidad con Dios. Ésta es precisamente la doctrina de los hindúes, que enseñan que cuando un hombre puede decir: «Yo soy Brahma», ha llegado el momento de su absorción en el Ser infinito. Esta es la base sobre la que los filósofos panteístas erigen su pretensión de preeminencia, y la base sobre la que conceden la preeminencia de Cristo. Él, más que ningún otro hombre, sondeó las profundidades de su propia naturaleza. Él pudo decir como ningún otro, «Yo y el Padre somos uno». Pero la diferencia entre Cristo y otros hombres, según estos filósofos, es sólo de grado. La raza humana es la encarnación de Dios, lo cual es un proceso de eternidad a eternidad. «La humanidad», dice Strauss, «es el Dios-hombre; la clave de una verdadera cristología es que los predicados que la Iglesia da a Cristo como individuo pertenecen a una idea, un todo genérico».[68]

11. Sólo hay otro paso que dar, y es la deificación del mal. Y los Panteístas no vacilan en dar este paso; hasta allí donde el mal existe, es una manifestación tan verdadera de Dios como el bien. Los malos son sólo una forma de la auto-manifestación de Dios. El pecado es sólo una forma de la actividad de Dios. Esta terrible doctrina, por Cousin, es admitida abiertamente.

Dice Rosenkranz:[69] «Die dritte Consequenz endlich ist die, dass Gott der Sohn auch als identisch gesetzt ist mit dem Subject, in welchem die religiöse Vorstellung den Ursprung des Bösen anschaut, mit dem Satan, Phosphorous, Lucifer. Diese Verschmelzung begründet sich darin, dass der Sohn innerhalb Gottes das Moment der Unterscheidung ist, in dem Unters-

---

67. *History of Modern Philosophy,* traducido por Wight, New York, 1852, Vol. I, págs. 186, 187, 189.
68. *Dogmatik,* II, pág. 215.
69. *Encyclopädie,* pág. 51.

chied aber die Möglichkeit der Entgegensetzung und Entzweiung angelegt ist. Der Sohn ist der selbstbewusste Gott». Una oración como la anterior nunca ha sido escrita en inglés, y esperamos que nunca lo sea. La conclusión que mantiene, sin embargo, es inevitable. Si Dios es todo, y si hay un Satán, Dios tiene que ser Satán. Rosenkranz dice que la mente se horroriza ante tal lenguaje sólo porque no reconoce la íntima relación entre el bien y el mal, que hay mal en el bien, y bien en el mal. Sin mal no puede haber bien.

Es debido a esta deificación del mal que un reciente escritor alemán[70] ha dicho que este sistema debería ser llamado Pandiabolismo en lugar de Panteísmo. Si no nos equivocamos, es el autor del artículo en *Kirchen-Zeitung*,[71] editado por Hengstenberg, donde se dice: «ésta es la verdadera blasfemia positiva contra Dios -esta blasfemia velada- este diabolismo del engañoso ángel de luz -este prorrumpir en palabras temerarias, con las que el hombre de pecado se sienta en el templo de Dios, diciendo que él es Dios. El Ateo no puede blasfemar con tanta energía como ésta; su blasfemia es meramente negativa. Simplemente dice: "No hay Dios". Es sólo del Panteísmo del que puede proceder una blasfemia tan desenfrenada, de burla tan inspirada, tan devotamente impía, tan desesperada en su amor por el mundo -una blasfemia tan seductora y tan ofensiva que bien puede atraer la destrucción del mundo».

Sin embargo, el panteísmo se hace todas las cosas a todos los hombres. A los puros les da lugar para un sentimiento religioso sentimental que ve a Dios en todo y a todo en Dios. Para los orgullosos es una fuente de una arrogancia y una vanidad intolerables. A los sensuales les da autoridad para toda forma de indulgencia. Siendo el cuerpo, según la teoría de Spinoza, un modo de la extensión de Dios, como la mente es un modo de la inteligencia divina, el cuerpo tiene sus derechos divinos, lo mismo que el alma. Incluso algunos de los más respetados de la escuela Panteísta no vacilan en decir, con referencia a los frenos de la moralidad: «Está bien que los derechos de nuestra naturaleza sensual se afirmen, de vez en cuando, de manera clara y firme».[72] Por ello, este sistema, como incluso lo dice el moderado Tholuck, «llega al mismo resultado que el materialismo de los enciclopedistas franceses, que se lamentaban de que la humanidad hubiera sacrificado los verdaderos placeres temporales por los imaginarios placeres de la eternidad, y los prolongados goces de la vida por la momentánea felicidad de una muerte en paz».

Así, el Panteísmo lo sumerge todo en Dios. El universo es la forma existencial de Dios; esto es, el universo es su existencia. Toda razón es su razón; toda actividad es su actividad; la consciencia de las criaturas es toda la consciencia que Dios tiene de sí mismo; el bien y el mal, el dolor y el placer, son fenómenos de Dios; modos en los que Dios se revela, la manera en la que Él pasa desde el Ser a la Existencia. No es Él, por tanto, una persona a la que podamos adorar y en quien podamos confiar. Es sólo la sustancia de la que el universo y todo lo que éste contiene son la manifestación siempre cambiante. El Panteísmo no admite ninguna libertad, ninguna responsabilidad, ninguna vida consciente tras la muerte. Cousin recapitula la doctrina en este párrafo inclusivo: «El Dios de la consciencia no es un Dios abstracto, un monarca solitario exiliado más allá de los límites de la creación, sobre el desierto trono de una eternidad silenciosa, y de una existencia absoluta que se parece incluso a la negación de la existencia. Él es un Dios a la vez verdadero y real, a una sustancia y causa, siempre sustancia y siempre causa, siendo sustancia sólo hasta allí donde Él es causa, y causa sólo hasta allí donde Él es sustancia, es decir, siendo causa absoluta, uno y muchos, eternidad y tiempo, espacio y número, esencia y vida, indivisibilidad y totalidad, principio, fin y centro, en la cima del Ser y en

---

70. El historiador Leo, creemos.
71. 1836, pág. 575.
72. *Evangelische Kirchen-Zeitung,* 1839, pág. 31.

su menor grado, infinito y finito a una, triple, en una palabra, esto es, al mismo tiempo Dios, naturaleza y humanidad. De hecho, si Dios no es todo, es nada».[73]

Historia del panteísmo

El Panteísmo ha demostrado ser la forma de pensamiento humano más persistente, así como la más extendida, acerca del origen y de la naturaleza del universo, y su relación con el Ser Infinito, cuya existencia en alguna forma parece ser una asunción universal y necesaria. Las ideas panteístas subyacen a casi todas las formas de religión que han existido en el mundo. El Politeísmo, que ha sido casi universal, tiene su origen en la adoración de la naturaleza; y la adoración de la naturaleza reposa sobre la suposición de que la Naturaleza es Dios, o la manifestación, o forma de existencia del infinito desconocido. Naturalmente, es sólo un brevísimo bosquejo de las diferentes formas de este portentoso sistema de error lo que se puede dar en estas páginas.

B. El Panteísmo Brahmánico.

Etnográficamente, los hindúes pertenecen a la misma raza que los griegos, romanos y otras grandes naciones europeas. En los tiempos prehistóricos, una división de la gran familia aria se extendió hacia el oeste por el territorio que ahora constituye Europa. Otra división se extendió hacia el sur y el este, y penetró en la India, desplazando casi totalmente a los moradores originales de aquella gran, diversa y fértil región. Mucho antes que Grecia o Roma llegaran a ser comunidades cultivadas, y cuando Europa era sólo morada de bárbaros sin civilizar, la India estaba cubierta de ciudades ricas y populosas; las artes habían llegado a su máximo esplendor, se había producido una literatura y una lengua que, a juicio de los eruditos, rivalizan con las de Grecia y Roma, y ya se enseñaban en sus escuelas unos sistemas de filosofía tan profundos, sutiles y diversificados como cualesquiera otros que haya podido llegar jamás a elaborar la mente humana.

Los hindúes suman casi dos cientos millones de almas.[74] Y son ahora, en los principios esenciales de su filosofía, de su religión y de su organización social, lo que eran mil años antes del nacimiento de Cristo. Nunca en la historia del mundo se ha visto una forma de filosofía religiosa abrazada tan mayoritariamente, tan persistentemente, ni que con tanta eficacia haya moldeado el carácter y determinado el destino de un pueblo.

Por ello, pocas cosas tienen un mayor interés que determinar cuál sea el verdadero carácter de la religión hindú. Y la dilucidación de esta cuestión no está libre de dificultades; por ello es que ha recibido muchas respuestas diferentes. La dificultad, en este caso, surge de varias fuentes.

1. Los libros religiosos de los hindúes no sólo están escritos en sánscrito, una lengua ininteligible excepto para una pequeña clase de eruditos, sino que son sumamente voluminosos. Los Vedas, los más antiguos y autoritativos, llenan catorce volúmenes en folio. Los Institutos de Menu, los Puranas y los poemas sagrados «Ramayana» y «Mahabharata» son igualmente extensos. El primero de estos poemas consiste de cien mil versos, y el segundo de cuatrocientos mil, mientras que la Eneida tiene sólo doce mil, y la Ilíada veinticuatro mil. Dijo Sir William Jones que el estudioso de la literatura y religión hindúes se encuentra ante la presencia de una infinitud.

2. Sin embargo, no es sólo el volumen de los libros sagrados autoritativos, sino el carácter de su contenido lo que crea la dificultad de alcanzar una idea clara del sistema que enseñan.

---

73. Bischer, citado en *Philosophical Fragments,* Prefacio a la Primera Edición. Véase *History of Modern Philosophy,* traducida por Wight, N.Y., 1852, Vol. I, págs. 112, 113.
74. Recuérdese que esta obra fue publicada en 1871. (N. del T.)

Los Vedas consisten principalmente de himnos de varias edades, con intercalaciones de breves y arcanas explicaciones o comentarios de carácter filosófico o teológico. Los Puranas están repletos de leyendas extravagantes; y es difícil decidir cuáles deben ser interpretados histórica, y cuáles mitológicamente.

3. El espíritu de exageración es tan característico de la mente hindú que declaraciones que tienen la intención de ser tomadas literalmente chocan a la mente por su extravagancia. Así, sus libros hacen de la tierra un llano circular de ciento setenta millones de millas de diámetro. Hablan de montañas de sesenta millas de altura, y de períodos de cuatro mil millones de millones de años.

La religión de los hindúes, no originalmente monoteísta.

Es opinión común que la religión hindú fue monoteísta originalmente y durante siglos; que del monoteísmo fue surgiendo el actual complicado y monstruoso politeísmo, y que contemporáneamente entre la clase filosófica se desarrollaron diferentes formas de Panteísmo. Pero esto es contrario a unos hechos bien establecidos, y es totalmente insatisfactorio como solución del gran problema de la vida hindú.

Desde luego, es cosa cierta, como sabemos por la Biblia, que el monoteísmo fue la más antigua forma de religión entre los hombres. Y también es cierto, con toda probabilidad, que los Vedas, que son colecciones de antiguos himnos, contienen algunos que pertenecen al período monoteísta. Sin embargo, la mayoría de estos que parecen suponer la existencia de un solo Dios deben ser entendidos en sentido panteísta, y no teísta. Reconocen un Ser divino, pero que incluye a todas las otras formas del ser. La historia de la religión muestra que cuando el monoteísmo dejó de ser entre los hombres, porque «no tuvieron a bien el reconocer a Dios», vino en su lugar el culto a la naturaleza. Este culto a la naturaleza adoptó dos formas. Los diferentes elementos, como fuego, aire y agua, fueron personificados, dotándoseles de atributos personales, lo que dio origen al politeísmo. O la naturaleza como un todo devino el objeto de la adoración, dando origen al Panteísmo.

Es evidente que entre los muy intelectuales arios que se asentaron en la India, entre mil y dos mil años de Cristo, había logrado el dominio la postura panteísta, no sólo como teoría filosófica, sino como doctrina religiosa. Devino, como ha seguido siendo hasta el día de hoy, el fundamento de la vida religiosa, civil y social del hindú. Es esto lo que le da su importancia absoluta. Se levanta a solas en la historia. En ningún otro caso, ni entre ninguna otra nación, ha llegado a ser el Panteísmo una forma controladora de creencia religiosa dentro del pueblo, como para determinar sus instituciones y moldear su carácter. Por ello, los hindúes tienen un interés para los cristianos y para el filósofo religioso como el que no tiene ninguna otra nación pagana. Exhiben, e indudablemente han sido dispuestos para que exhiban, los legítimos efectos del Panteísmo. Esta doctrina ha tenido un control dominante durante milenios sobre una gente eminentemente cultivada e inteligente, y en su carácter y estado vemos sus justos frutos.

Era Panteísta

El que la religión de los hindúes es fundamentalmente panteísta es evidente:

1. Por lo que sus escritos sagrados enseñan acerca del Ser Supremo. Se designa por una palabra en género neutro, Brahm. Nunca es invocado como una persona. Nunca es adorado. No tiene atributos sino los que se puedan predicar del espacio. Se dice que es eterno, infinito e inmutable. Se dice que ha continuado por eras sin fin en estado de ser inintelegible e inconsciente. Viene a la existencia, a la consciencia y a la vida en el mundo. Se desarrolla a sí mismo a lo largo de incontables eras en todas las formas de la existencia finita; luego, por medio de un proceso gradual semejante, todas las cosas quedan sumergidas en el ser inconsciente. Las

ilustraciones del origen del mundo comúnmente empleadas son chispas surgiendo de una masa ardiendo, o mejor aún, vapor surgiendo del océano, condensándose, y volviendo a caer a la fuente de la cual provino. El Ser como tal, o el Infinito, es, por tanto, contemplado en tres aspectos: como viniendo a la existencia, como desarrollándose a sí mismo en el mundo, como recibiendo de nuevo todas las cosas en el abismo del simple ser. Estos diferentes aspectos son expresados por las palabras Brahma, Visnú y Siva, con los que se corresponden muy imperfectamente nuestros términos de Creador, Preservador y Destructor.

Tenemos aquí la fórmula panteísta constantemente recurrente: Tesis, Análisis, Síntesis; Ser, Desarrollo, Restauración; lo Infinito, lo Finito, y su Identidad. La principal diferencia entre el sistema Brahmánico y las teorías de los panteístas posteriores es que estos últimos hacen al universo coeterno con Dios. De eternidad a eternidad, lo Infinito se desarrolla en lo Finito. Mientras que, según el sistema Brahmánico, hubo un período inconcebiblemente largo de reposo anterior al proceso de desarrollo, y que este proceso, después de millones de millones de eras, debe ser seguido por un proceso semejante de inconsciencia y reposo.

La relación del Ser Infinito con el Mundo.
2. La relación de Dios con el mundo, o más bien de lo Infinito con lo Finito, es la misma en el sistema Brahmánico que en los otros sistemas panteístas. La relación ya ha sido indicada. Es la de identidad. El mundo es la forma existencial de Dios. Dios es todo, bien y mal; y todo es Dios. Pero en grados muy diferentes. Hay más de Ser (esto es, de Dios) en una planta que en materia no orgánica; más en un animal que en una planta; más en el hombre que en estos últimos; más en un hombre que en otros, o en una raza de hombres que en otra.

La relación del Panteísmo con el Politeísmo.
3. El vasto sistema politeísta de los hindúes se funda en el panteísmo y es su consecuencia lógica. En primer lugar, como ya se ha observado, Brahma, Visnú y Siva, comúnmente llamados la Trinidad Hindú, no son personas, sino personificaciones, o diferentes aspectos bajo los que se debe considerar el Ser Infinito. En segundo lugar, como el Ser Infinito se manifiesta en grados diferentes en diferentes personas y cosas, cualquier cosa extraordinaria en la naturaleza, cualquier hombre notable, es considerado como una especial manifestación o encarnación de Dios. De ahí los frecuentes *avatares* o encarnaciones de la mitología hindú. De esta manera se pueden multiplicar y se han multiplicado los dioses. Cualquier persona o cosa, o cualidad, pueden ser deificadas como una manifestación del Ser infinito. En tercer lugar, esto explica los hechos de que los dioses hindúes son considerados como carentes de excelencias morales, y que incluso el mal, como bajo el nombre de *Kali*, la diosa de la crueldad y la patrona de los asesinos, puede ser objeto especial de reverencia. En cuarto lugar, ningún dios, ni siquiera Brahma ni Visnú es, según el sistema hindú, inmortal. Todos los dioses y diosas deben al final quedar sumergidos en el abismo del Ser infinito e inconsciente.

El efecto del Panteísmo sobre la religión.
4. El Panteísmo, al hacer del ser Dios, al no reconocer ningún atributo más que el poder en los objetos de adoración, divorcia la moralidad de la religión. Este sistema no tiene capacidad, por muy sinceramente que se abrace, para contrarrestar las leyes de nuestra naturaleza. Y, por ello, a pesar de la prevalencia de una doctrina que niega la posibilidad tanto del pecado como de la virtud, y que lo hace depender todo de la fatalidad, o del poder del ser arbitrario, las personas reconocen en varias formas la obligación de la ley moral y la excelencia de la virtud. Pero esto no tiene nada que ver con la religión de ellos. El gran objeto de todas las observancias religiosas era la final absorción en Dios; su objeto inmediato era propiciar algún poder para

que el adorador pudiera ascender uno o más peldaños hacia aquel estado en el que es posible la absorción. Acerca de esto, dice el profesor Wilson:[75] «La total dependencia en Krisna, o en cualquier otra deidad favorita, no sólo elimina la necesidad de la virtud, sino que santifica el vicio. La conducta es totalmente indiferente. No importa cuán atrozmente pecador pueda ser alguien: si pinta su rostro, su pecho y sus brazos con unas ciertas marcas sectarias, o mejor aún, si marca su piel de manera indeleble con un sello de hierro al rojo, si canta constantemente himnos en honor de Visnú, o, lo que es igualmente eficaz, si pasa horas en la simple reiteración de su nombre o nombres; si muere con la palabra Hari, o Rama, o Krisna en sus labios, y con el pensamiento de él en su mente, puede que haya vivido como un monstruo de iniquidad, pero tiene la certidumbre del ciclo». «La certidumbre del ciclo» es una forma cristiana de expresión, y comunica una idea ajena a la mente hindú. Lo que un adorador así espera es que cuando vuelva a nacer en el mundo pueda ser en un estado superior y mucho más cercano a su final absorción. Como el Profesor Wilson es no sólo moderado, sino casi un apologista en la exposición que hace de la religión hindú, la declaración acabada de citar no puede ser sospechosa de distorsión ni de exageración.

El carácter del culto hindú.

Las dos características principales del culto hindú son la crueldad y la indecencia. Y ambas cosas están suficientemente explicadas por el Panteísmo subyacente a todo el sistema. El Panteísmo niega la distinción entre virtud y vicio; no reconoce más atributos que el poder; deifica el mal; «santifica el vicio»; las pasiones, tanto las sensuales como las malignas, son tanto un modo de manifestación divina como la más heroica virtud. En realidad, no hay lugar para la idea de excelencia moral. Por ello, los mandamientos de la religión tienen que ver casi exclusivamente con ritos y ceremonias. El brahmán, cuando se levanta, tiene que bañarse de una cierta manera, ponerse de pie en una cierta postura, extender sus dedos de una manera prescrita; tiene que saludar al sol naciente sosteniéndose con un pie; tiene que repetir unas ciertas palabras. Cuando come, el plato tiene que ser puesto según las normas; tiene que hacer unos movimientos predefinidos con sus manos, y así a todo lo largo del día. Cada acto está prescrito. Todo es religioso; todo o bien contamina, o bien purifica, en un sentido ceremonial; pero en esta religión no parece haber ningún concepto de contaminación moral.

La antropología de los hindúes.

5. La antropología de los hindúes demuestra el carácter panteísta de todo su sistema. El hombre es sólo una parte de Dios, un modo de su existencia. Es comparado con un poco de agua salada guardada en una botella, que es echada al océano. El agua de dentro de la botella es la misma en su naturaleza que la de fuera. Tan pronto como la botella se rompe, el agua dentro de ella se pierde en el océano alrededor. Otra ilustración del destino del alma es el de un montoncillo de sal echada al océano, que de inmediato desaparece. Su individualidad se pierde. Esta absorción del alma es la más grande bienaventuranza que el Panteísmo ofrece a sus seguidores. Pero esto, en el caso de la inmensa mayoría de los hombres, sólo puede ser alcanzado tras un largo proceso de trasmigración que se extiende, quizá, a lo largo de millones de años. Si alguien es fiel y puntilloso en sus observancias religiosas, vuelve al mundo después de la muerte en un estado más elevado. Así, un Sudra puede pasar a ser un Brahmán. Pero si es infiel, nacerá en un estadio inferior, quizá en el de un reptil. Es así, por estas alternativas, que se llega finalmente a la deseada absorción en Brahm. Con respecto a la casta sagrada, la de los brahmanes, el proceso puede ser más breve. La vida de un brahmán se divide,

---

75. *Essays and Lectures chiefly on the Religion of the Ilindus,* Vol. II., pág. 75; edición de Londres, 1862.

según los Institutos de Menu, en cuatro períodos: Infancia, vida de estudiante, vida doméstica, y finalmente, el período ascético. Tan pronto como un brahmán siente que se le avecina la ancianidad, se le instruye a que se retire del mundo; pasa a vivir como un ermitaño, y a subsistir sólo de hierbas; se niega todo negocio y goce, para que la continuada negación del yo pueda no sólo destruir el poder del cuerpo, y liberarse de la influencia de las cosas visibles y temporales, sino perder asimismo la consciencia de su individualidad, y poder finalmente llegar a decir: «Soy Brahm», y luego se pierde en el infinito.

La vida hindú está dominada por esta doctrina de la absorción en Dios tras una larga serie de transmigraciones, y por la división del pueblo en castas, que tiene asimismo su base en la teoría que mantienen de la relación de Dios con el mundo, o, de lo Infinito con lo Finito. Los brahmanes, la clase sagrada, son una manifestación más alta de Dios que la clase militar; los militares, que la clase mercantil; los mercaderes, que los siervos. Esto se expresa de manera popular diciendo que la primera casta procede de la cabeza, la segunda de los brazos, la tercera del cuerpo, y la cuarta de los pies de Brahm. El miembro de una de las castas inferiores no puede pasar a ninguna de las superiores, excepto por méritos (por observancias religiosas), por lo que en su siguiente nacimiento en el mundo puede pasar a un grado superior; y uno de una casta superior puede, por su descuido de la norma prescrita de vida, encontrarse en su siguiente nacimiento relegado a una casta inferior, o incluso a ser una bestia o un reptil. De ahí el horror de perder la casta, lo que pone al hombre fuera de la línea del progreso, consignándole a un estado de degradación casi sin fin.

El efecto del panteísmo en la vida social de los hindúes.
6. Toda la vida religiosa y social de los hindúes está controlada por el principio radical de que todas las cosas son Dios, o modos de su existencia, y que todas están destinadas a volver de nuevo a Él. Para un hindú, su existencia individual le constituye una carga. Es haber caído de Dios. Por ello la vuelta, perderse en lo Infinito, es el gran objeto de deseo y de esfuerzo. Como este fin no se debe alcanzar por la virtud, sino por el ascetismo, por la propiciación de los dioses, su religión es simplemente un conjunto de ceremonias carentes de sentido, actos de negación de uno mismo, o de torturas auto infligidas. Su religión, por tanto, tiende a destruir todo interés en la vida presente, que es considerada como una carga y una degradación. Destruye todo propósito de esfuerzo. No presenta incentivo alguno para la virtud. Promueve el vicio. Tiene todos los efectos del fatalismo. La influencia del culto a deidades sin excelencias morales, algunas de ellas monstruos de iniquidad; la creencia de que la crueldad y la obscenidad son aceptables para estas deidades, y que aseguran el favor de las mismas, no puede ser más que degradante. Por ello, el mundo observa en la India la operación práctica del Panteísmo. Este sistema ha estado operando sin restricción alguna, no como filosofía, sino como creencia religiosa práctica, durante miles de años, y entre un pueblo perteneciente a la más favorecida de las varias razas humanas, y el resultado lo tenemos entonces ante nuestros ojos.

«Grecia y la India», dice Max Müller, «son ciertamente los dos polos opuestos en el desarrollo histórico del hombre ario. Para el griego, la existencia está llena de vida y de realidad; para el hindú es un sueño, una ilusión [...] El hindú entra en este mundo como un extraño; todos sus pensamientos se dirigen a otro mundo; no toma parte ni siquiera cuando le impulsan a actuar; y cuando sacrifica su vida, es tan sólo para librarse de ella. No es para asombrarse que una nación como la india se cuidara tan poco de la historia; no es para asombrarse de que las virtudes sociales y políticas fueran poco cultivadas, y que las ideas de lo útil y de lo hermoso apenas si les fueran conocidas. Con todo, poseían, sin embargo, de los elementos de la vida griega, aquello que los griegos eran tan poco capaces de imaginar como ellos de asimilar. Cerraban sus ojos a este mundo de apariencia externa y de actividad para abrirlos de lleno en el mundo de pensamiento y de reposo. La vida de ellos era un anhelo por la eternidad; la actividad de ellos era una lucha por volver a aquella esencia divina de la que esta vida parecía haberles separado. Creyendo como creían en un Ser divino y eterno realmente existente (to ontös on), no podían creer en la existencia de este mundo pasajero. Si el uno existía, el otro sólo podía parecer existir; si ellos vivían en el uno, no podrían vivir en el otro. La existencia de ellos en la tierra les era un problema, y su vida eterna una certidumbre. El objeto supremo de su religión era restaurar aquel vínculo por el que su propio yo (*âtman*) estaba ligado con el Yo eterno (*paramâtman*); recobrar aquella unidad que había quedado desdibujada y oscurecida por las ilusiones mágicas de la realidad, por el llamado *Mâyâ* de la creación».

A fin de mostrar «cuán extensamente esta idea del *âtman* como el Espíritu Divino había penetrado en las primitivas especulaciones religiosas y filosóficas de los hindúes», cita de un diálogo de uno de los Vedas en el que, entre otras cosas, uno de los oradores dice: «Todo el que busque este mundo, los dioses, todos los seres, este universo, fuera del Espíritu Divino, debería ser abandonado por todos ellos. Este Brahmanismo, este poder *kshatra*, este mundo, estos dioses, estos seres, este universo, todo es el Espíritu Divino».[76] Las ilustraciones empleadas por el orador para mostrar las relaciones del universo fenoménico con Dios se derivan de los sonidos surgidos de un tambor o de un laúd, de humo surgiendo de un fuego, de vapor del mar. Añade él: «Sucede con nosotros, cuando entramos en el Espíritu Divino, como si fuera echado al mar un puñado de sal; se disuelve en el agua (de la que fue producida), y no debe volver a ser sacado de ella. Pero allí donde se saque agua y se pruebe, es sal. Así es este grande, infinito e ilimitado Ser una sola masa de conocimiento. Así como el agua se vuelve sal, y la sal vuelve a convertirse en agua, así el Espíritu Divino ha aparecido de los elementos, y vuelve de nuevo a ellos. Cuando nos hemos desvanecido, no hay ya más ningún nombre».[77]

Por ello, no puede haber ninguna duda razonable de que el Panteísmo está en la base de la religión en la India. Hay, ciertamente, la misma diferencia entre el actual complejo y corrompido politeísmo de los hindúes y las enseñanzas de los Vedas que la que hay entre el Catolicismo Romano de nuestros días y la cristiandad primitiva. Sin embargo, hay esta importante distinción entre los dos casos: El Papado es una perversión del cristianismo mediante la introducción de elementos incongruentes derivados de fuentes judías y paganas, mientras que la religión de la India moderna es el resultado legítimo y lógico de los principios de los más antiguos y más puros escritos sagrados hindúes. [...]

C. El panteísmo griego.

La observación de Max Müller de que Grecia y la India «son ciertamente los dos polos opuestos en el desarrollo histórico del hombre ario» es notablemente correcta. Los griegos creían en y vivían para el presente y lo visible; el indio creía en y vivía para lo invisible y lo futuro. Sin embargo, había una tendencia en las mentes más elevadas entre los griegos a adoptar las mismas ideas especulativas en cuanto a Dios y el universo, el Infinito y lo Finito, que las que prevalecían en la India. Pero para los griegos se trataba de unas especulaciones; para el hindú, era una creencia religiosa práctica.

Hablando en términos generales, las diferentes formas de la filosofía griega se caracterizan por el esfuerzo de reducir todas las formas de existencia a la unidad; por el intento de descubrir una sustancia, principio o poder al que se puedan atribuir todos los modos de manifestación del ser. A veces esta sustancia se suponía material; a veces, espiritual; a veces, la evidente

---

76. *History of Ancient Sanskrit Literature,* etc., pág. 23.
77. *Ibid,* pág. 24.

incompatibilidad entre los fenómenos de la mente y los de la materia forzaba la admisión de dos principios eternos: activo el uno, pasivo el otro; espiritual el uno, material el otro. Así, el principio fundamental o idea de la filosofía griega era panteísta, ya fuera en su forma materialista, ya espiritualista o hilozoísta.

La escuela jónica.

La más antigua escuela entre los griegos fue la jónica, representada por Tales de Mileto, Anaximandro y Anaxímenes también de Mileto, y Heráclito de Éfeso. Estos filósofos florecieron desde alrededor del 600 al 500 a.C. Todos eran materialistas en sus teorías. Para Tales, la sustancia primaria universal era el agua; para Anaxímenes era el aire; para Heráclito era el fuego. «Fue el intento de la más antigua de las filosofías jónicas deducir el origen de todas las cosas desde una causa radical simple, una sustancia cósmica, en sí misma inmutable, pero entrando en el cambio de los fenómenos; y es por esto que estos filósofos no tenían lugar en su doctrina para dioses, o seres transmundanos, haciendo y rigiendo las cosas según su voluntad; y, de hecho, Aristóteles observó también acerca de los antiguos fisiólogos, que no habían distinguido la causa del movimiento de la materia misma».[78] Döllinger dice de Heráclito, en su erudita obra *The Gentile and the Jew in the Courts of the Temple of Christ*, que «por su "fuego" significaba una sustancia etérea como materia primordial, el alma que impregnaba al universo, y que era su alma animadora, una materia que él concebía no como un mero fuego presente, sino calórico, y este ser, a la vez el único poder operando en el mundo, omnicreativo y destructor de manera alternativa, era, por hablar de manera general, la única existencia real y verdadera entre todas las cosas. Porque todo tenía su origen sólo en la constante modificación de este fuego eterno y primordial: todo el mundo era un fuego muriendo y volviéndose a encender en una sucesión fija, mientras que los otros elementos son sólo fuego convertido por condensación y rarificación en una variedad de formas. Así, la idea de un ser permanente es un engaño; todo está en estado de perpetuo flujo, un eterno yendo a ser (Werden), y en esta corriente el espíritu es arrastrado lo mismo que el cuerpo, sórbido, y vuelto a nacer renovadamente [...] Heráclito, como cualquier otro Panteísta consistente lo haría, llamó Zeus al alma común del mundo, al fuego todo inclusivo; y el fluir del cambio perpetuo y la tendencia a ser, en la cual ello entra, lo denominó poéticamente como Zeus jugando consigo mismo».[79] [...]

La escuela eleática.

La escuela eleática o italiana, de la que los principales exponentes son Jenófanes, Parménides y Zenón, estaba inclinada hacia el otro extremo, al de negar la misma existencia de la materia. De estos filósofos dice Cousin, «Lo redujeron todo a una existencia absoluta, que se aproximaba casi al Nihilismo, o la negación de toda existencia».[80] De Jenófanes, nacido en Colofón el 617 a.C., dice Döllinger:[81] «Con todas sus aserciones de tipo monoteísta, seguía siendo un Panteísta, y, además, un Panteísta materialista, y los antiguos así lo entendieron universalmente. Desde luego que tenía presente en su mente la idea de un ser, uno y espiritual, abarcando todo el complemento de la existencia y pensamiento dentro de sí mismo; pero este ser era desde su punto de vista sólo el poder general de la naturaleza; la unidad de Dios era para

---

78. Döllinger, *The Gentile and the Jew,* traducido por Darnell, Londres, 1862, Vol. I, pág. 250.
79. *Ibid,* Vol. I, pág. 252.
80. *Histoire Generale de la Philosophie,* Paris, 1867, Vol. I., pág. 116; edición de 1863, pág. 111.
81. *The Gentile and the Jew,* Vol. I, pág. 260.

él idéntica con la unidad del mundo, y ésta, nuevamente, sólo la manifestación del ser invisible, llamado Dios, y por ello él lo explicaba como increado, eterno e imperecedero». Es difícil ver ninguna distinción entre esto y la moderna doctrina panteísta de que Dios es la sustancia de la que el mundo es el fenómeno; o por qué Jenófanes debe ser considerado como más materialista que Schelling o Cousin.

Parménides de Elea, de alrededor del 500 a.C., era más idealista. Él alcanzó la idea de un ser puro y simple en oposición al principio material de la escuela jónica. Pero este «ser» no era una «idea metafísica pura, porque», dice Döllinger, «se expresó de tal manera que parecía representada en un momento como corpórea, y extendida en el espacio, y en otro momento como pensante. Uno de sus dichos era: "Pensar, y el objeto del cuál es el pensamiento son una y la misma cosa". [...] Para Parménides no había ningún puente que llevara de este puro y simple "ser" al mundo de los fenómenos, de lo múltiple y del movimiento; y por ello negó la realidad de todo lo que vemos; todo el mundo de los sentidos debía su existencia sólo a las ilusiones del sentido y a los vacuos conceptos que los mortales erigían en torno a ello».[82] Así, Parménides anticipó a Schelling al enseñar la identidad de sujeto y objeto.

Los Estoicos.

Los Estoicos se originan con Zenón de Cittium, en Chipre (340-260 a.C.). La doctrina de los mismos ya ha sido tratada bajo el encabezamiento del Hilozoísmo. Döllinger dice de ellos: «El sistema Estoico está erigido sobre un absoluto Materialismo, edificado sobre doctrina heraclítica. Adoptó sólo causas corporales, y sólo reconoce dos principios: la materia, y una actividad residente en la materia, desde la eternidad, como es la energía, y dándole forma. Todo lo real es cuerpo; no hay cosas incorpóreas, por cuanto nuestras abstracciones, espacio, tiempo, etc., sólo tienen existencia en nuestros pensamientos; por lo que todo lo que realmente existe sólo puede ser conocido a través de los sentidos».[83] Sin embargo, esta evaluación queda modificada por lo que dice en otros lugares. Está muy claro que los Estoicos posteriores, especialmente entre los latinos, como Séneca y Marco Aurelio, consideraban al principio general que animaba a la materia como poseedor de todos los atributos de la mente. Acerca de esto dice Döllinger: «Los dos principios, materia y energía, son para los Estoicos sólo una y la misma cosa considerada en diferentes relaciones. La materia demandaba para su existencia un principio de unidad para darle forma y mantenerla junta. Y éste, el elemento activo, es inconcebible sin materia, como sujeto en el que y sobre el que existe y mora, y en el que opera y se mueve. Así, el elemento positivo es materia; pero concebida sin propiedades; el elemento activo, impregnándolo y vivificándolo todo, es Dios en la materia. Pero la verdad es que Dios y la materia son idénticos; en otras palabras, la doctrina Estoica es Panteísmo hilozoico». «Así, Dios es el alma del mundo, y el mundo mismo, no agregado de elementos independientes, sino un ser organizado, viviente, cuyo complemento y vida es una sola alma, o fuego primordial, exhibiendo diferentes grados de expansión y de calor. [...] Dios, así, en su aspecto físico, es el fuego mundano, o calor vital, que todo lo penetra, la sola y única causa de toda vida y movimiento, y, al mismo tiempo, la necesidad que rige el mundo; pero, por el otro lado, como la causa universal sólo puede ser un alma llena de inteligencia y sabiduría, él es la inteligencia del mundo, un ser bienaventurado, y el autor de la ley moral, que está constante-

---

82. *Ibid,* Vol. I., pág. 30.
83. *The Gentile and the Jew,* Vol. I., pág. 349.

mente ocupado en el gobierno del mundo, aunque sea precisamente este mismo mundo».[84]
[...]

Los Estoicos adoptaron la doctrina hindú de la disolución de todas las cosas y del redesarrollo de Dios en el mundo tras largos períodos sucesivos. «En la gran conflagración que toma lugar cuando expira el período mundano o año grande», todos los seres organizados serán destruidos, toda multiplicidad y diferencia será perdida en la unidad de Dios, lo que significa que todo se transformará de nuevo en éter. Pero acto seguido, como el fénix surgiendo a la vida desde sus propias cenizas, comienza de nuevo la formación del mundo. Dios se transforma una vez más por una renovación general en un mundo en el que los mismos acontecimientos, bajo circunstancias similares, han de volver a ser repetidos bajo los más estrictos detalles. Muchas de estas grandes catástrofes ya han tenido lugar, y el proceso de consunción por fuego seguirá de nuevo tras esta regeneración, y así *ad infinitum*.[85]

Este sistema, así como cualquier otra forma de Panteísmo, excluye toda libertad moral; todo queda bajo la ley de la absoluta necesidad. Por ello, desecha la idea de pecado. «Los actos de vicio, dijo Crísipo, son movimientos de la naturaleza universal, y son conformes a la inteligencia divina. En la economía del gran mundo, el mal es como la paja que cae, igual de inevitable y tan carente de valor. También esta escuela dijo que el mal hacía el servicio de dar a conocer el bien, y sin embargo que todo tiene que resolverse en Dios».[86]

Así, las formas jónica, eleática y estoica de filosofía griega eran panteístas en sus principios fundamentales. Pero las dos grandes mentes filosóficas de Grecia, y del mundo, fueron Platón y Aristóteles, el uno el filósofo del mundo ideal, el otro, del natural. El último fue discípulo del primero, aunque fue en la mayoría de los puntos de doctrina, o al menos en cuanto al método, su antagonista. Es sólo con los puntos de estos dos hombres, que tanta influencia han ejercido en las mentes de los hombres con respecto a la naturaleza del Ser Supremo y con respecto a Su relación con el mundo fenoménico, que el teólogo como tal tiene algo que ver. Y éste, desafortunadamente, y con respecto a ambos, es el punto con respecto al cual las enseñanzas de ellos son más oscuras.

Platón.

Platón unió en su intelecto sintético los elementos de las diferentes doctrinas de sus predecesores en el campo de la especulación, e intentó armonizarlos. «La doctrina socrática del bien y de la belleza absolutos, y de la Deidad revelándose al hombre como una bondadosa Providencia, constituyeron la base desde la cual él comenzó. Como canales para la doctrina heraclítica del perpetuo devenir y del fluir de todas las cosas, junto con la eleática de la eterna inmutabilidad del uno y único Ser, el dogma de Anaxágoras de un espíritu gobernante del mundo le fue de utilidad, y tuvo la destreza de combinar con él la perspectiva pitagórica del universo como un todo inteligente animado, en una forma espiritualizada».[87] Estos ya son materiales bien incongruentes. Una deidad inteligente ejercitando un control providencial sobre el mundo; la doctrina heraclítica que involucraba la negación de toda la realidad y que lo resolvía todo en un perpetuo fluir de los fenómenos; la doctrina eleática de un único Ser; y la idea pitagórica del universo como un todo animado e inteligente. No era posible impedir que primero un elemento, y luego otro de ellos, fuera hecho más prominente, y por consiguiente que el gran filósofo hablara a veces como un Teísta y a veces como un Panteísta. Tampoco era posible que estos elementos incongruentes pudieran ser constituidos en un sistema coherente. Por

---

84. *Ibid*, págs. 349-350.
85. *The Gentile and the Jew,* Vol. I pág. 351.
86. *Ibid.*, pág. 351.
87. *Ibid.*, pág. 307.

ello, no es de sorprender que Döllinger, uno de los mayores admiradores de Platón y uno de los más capaces exponentes de sus escritos, añada de inmediato al pasaje que acabamos de citar: «Platón nunca llegó a un sistema acabado, redondeado y perfecto en sí mismo; sin embargo, hay una evidencia inconfundible en sus obras de un continuo progreso, un esfuerzo en pos de una creciente profundidad de los fundamentos, y una articulación interna más fuerte, junto con una maravillosa exuberancia de ideas, a menudo excesivamente atrevidas».[88]

Platón no era un Teísta, en el sentido ordinario y cristiano de la palabra. Él no reconocía la existencia de un Dios extra-mundano, el creador, preservador y gobernador del mundo, de quien dependemos y ante quien somos responsables. Para él, Dios no es una persona. Como Anselmo y los Realistas admitían generalmente la existencia de la «racionalidad» como distinta de los seres racionales, un principio general que se individualizaba y personalizaba en ángeles y hombres, así Platón admitía la existencia de una inteligencia universal, o *nous*, que deviene individualizada en los diferentes órdenes de seres inteligentes, dioses, demonios y hombres. Dios, para él, era una Idea; la Idea de lo Bueno, la cual comprendía y daba unidad a todas las otras ideas.

Las Ideas.

¿Qué eran entonces las ideas en el sentido que Platón le da al término? No eran meros pensamientos, sino las únicas verdaderas entidades, de las que lo fenoménico y lo sensible son sus representaciones o sombras. Él ilustró la naturaleza de las mismas suponiendo a un hombre en una cueva oscura totalmente ignorante del mundo exterior, con una luz brillante resplandeciendo detrás de él, mientras que entre él y la luz pasan continuamente una procesión de hombres, animales, árboles, etc. Las sombras móviles de estas cosas se proyectarían sobre la pared de la cueva, y el hombre supondría necesariamente que las sombras eran las realidades. Estas ideas son inmutables y eternas, constituyendo la esencia o ser real de toda la existencia fenoménica. «Platón enseña que para todas aquellas señales generales de los conceptos que tenemos existen otras tantas cosas verdaderamente existentes, o Ideas, que se corresponden en el mundo inteligible: para el hombre estas son los únicos objetos sólidos y dignos de reflexión y conocimiento; porque son eternas e inmutables, existiendo sólo en sí mismas, pero separadas de todas las cosas e individuales, mientras que sus múltiples copias, las cosas percibidas por los sentidos, son siempre fluctuantes y transitorias. Independientes del tiempo y del espacio, así como de nuestro intelecto y de sus conceptos, las Ideas pertenecen a un mundo propio, de otra esfera, trascendiendo a los sentidos. Ellas no son los pensamientos de Dios, sino los objetos de su pensamiento; y Él creó el mundo en la materia en seguimiento de ellas. Sólo ellas y Dios son seres realmente existentes; y por ello las cosas terrenales son sólo la sombra de una existencia, y ello sólo en derivación de una cierta participación en las Ideas, sus tipos».[89]

La relación de las Ideas con Dios en la filosofía de Platón.

¿Cuál es la relación de estas ideas con Dios? Esta es la cuestión decisiva por lo que respecta a la teología de Platón. Desafortunadamente, no es una pregunta que tenga fácil respuesta. Esta es una cuestión en la que los comentaristas difieren; algunos dicen que Platón deja la cuestión sin decidir, a veces identificando las ideas con Dios, y en otras ocasiones distinguiendo entre Él y ellas; otros dicen que él identifica claramente a las ideas con Dios, o que las incluye en la divina esencia; mientras que otros, por su parte, de nuevo lo entienden como haciendo una marcada distinción entre Dios y las ideas según las que el universo fue moldeado. No es fácil conciliar lo que Döllinger dice acerca de esta cuestión. En el pasaje acabado de citar, él dice que

---

88. *The Gentile and the Jew,* pág. 307.
89. *The Gentile and the Jew,* Vol. I., págs. 308 y 309.

las ideas no son los pensamientos de Dios, sino los objetos de su pensamiento. Pero en la misma página[90] dice: «Estas ideas no deben ser concebidas como aliadas de y externas a Dios. Se encuentran en Dios, y Dios es la Idea totalmente inclusiva, abarcando todos los arquetipos parciales en una unidad». Antes había dicho que para Platón las Ideas y Dios son los únicos «seres realmente existentes». Si es así, y si Dios es «la Idea totalmente inclusiva, abarcando todos los arquetipos parciales en una unidad», entonces Dios es el único Ser realmente existente; y tenemos entonces un puro Panteísmo. Según Cousin, Platón no sólo dio a las ideas una existencia real y propia, sino que, «en dernière analyse il les place dans la raison divine: c'est là qu'elles existen substantiellement» [en último término, las sitúa dentro de la razón divina: es allí que existen sustancialmente].[91] Döllinger, comentando acerca de un pasaje en *Timeo*, en el que «Dios es designado como el Padre, que ha engendrado el mundo como un hijo, como una imagen de los dioses eternos, esto es, de las ideas», dice: «Si Platón hubiera querido realmente explicar aquí la idea de procreación como una comunicación de esencia, habría sido un puro Panteísta».[92] Pero Platón, dice él, «no es Panteísta; la materia es, para él, totalmente distinta de Dios; con todo, tiene una carga panteísta en su sistema; porque todo lo que hay de inteligencia en el mundo, incluso hasta el hombre, pertenece, para él, a la sustancia divina». Por ello, Platón escapa al Panteísmo sólo admitiendo la eternidad de la materia; pero esta materia eterna está tan cerca de ser nada como sea posible. No es corpórea. Es «algo, pero no entidad».

Como Platón hizo las ideas eternas e inmutables; como estaban todas ellas incluidas en la idea de Dios, esto es, en Dios, y por cuanto constituyen los únicos seres realmente existentes, siendo todo lo fenoménico o que afecte a los sentidos meras sombras de lo real, difícilmente puede negarse que su sistema, en su carácter esencial, es realmente panteísta. Sin embargo, se trata de un Panteísmo ideal. No admite que la materia o que el mal sean una manifestación de Dios ni un modo de su existencia. Sólo lo que es bueno es Dios; pero todo lo que realmente es, es bueno.

La cosmogonía de Platón.

La cosmogonía y la antropología de Platón confirman esta perspectiva de su teología. Nada ha sido nunca creado. Todo lo que es, es eterno; no desde luego en cuanto a la forma, pero sí en cuanto a la sustancia. La materia, algo material, siempre ha existido. Y la materia es en sí misma carente de vida, pero tiene «un alma», una fuerza ininteligente mediante la que se produce una agitación caótica o desordenada. Esta fuerza ininteligente la dotó Dios con una porción de su propia inteligencia o *nous*, y deviene el alma del mundo, esto es, el Demiurgo, el principio formador del mundo. Así, Dios no es, él mismo, el formador del mundo. Esto es obra del Demiurgo. Esta alma del mundo impregna el universo visible, y constituye un todo viviente, animado. Esta «alma del mundo» queda individualizada en los dioses estelares, en los demonios, y en las almas humanas. Así, el sistema de Platón da lugar al politeísmo.

La naturaleza del alma.

El alma, según esta teoría, consiste de inteligencia que es de la sustancia de Dios, y de elementos derivados del alma del mundo en distinción a la *nous* que no pertenecía originalmente a él. Todo mal surge de la conexión del elemento divino en el hombre con la materia. El objeto de la vida es contrarrestar esta mala influencia por la contemplación y comunión con el

---

90. *Ibid.*, pág. 309.
91. *Histoire Générale de la Philosophie*, París, 1863, pág. 122.
92. *The Gentile and the Jew*, Vol. I, pág. 329.

Capítulo 3–*Teorías anti-teístas*

mundo ideal. Platón enseñaba la preexistencia del alma así como su inmortalidad. Su estado en la actual etapa de existencia presente queda determinado por su curso en sus formas previas de ser. Es, sin embargo, conforme a su modo común de descripción, estrictamente inmortal. «La concepción monoteísta que Platón tiene de Dios», dice Döllinger»,[93] «es una de las más refinadas a las que llegó la especulación ante-Cristiana; pero no contribuyó en nada al conocimiento de la perfecta y viviente personalidad de Dios, y a su libertad absoluta e incondicional». Su monoteísmo, parece, consistía en el reconocimiento de una inteligencia universal que se manifestaba como razón en todos los seres racionales.

Aristóteles.

Aristóteles, aunque discípulo de Platón, fue el gran oponente del mismo y de su filosofía. Rechazó la doctrina de Platón de las ideas como quimérica, como una hipótesis innecesaria y sin evidencia. De la misma manera, negó la existencia de materia preexistente de la que el mundo hubiera sido plasmado. Creía que el mundo era eterno tanto en cuanto a materia como en cuanto a forma. Es, y no hay razón para dudar de que siempre haya sido y siempre vaya a ser. Admitió la existencia de la mente en el hombre; y por ello dio por supuesto que hay una inteligencia infinita, de la que la razón humana es una manifestación. Pero esta inteligencia infinita, a la que él llamó Dios, era inteligencia pura, carente de poder y de voluntad; no era ni creadora ni conformadora del mundo; más aún, es inconsciente de la existencia del mundo, por cuanto está ocupada exclusivamente en el pensamiento del que ella misma es el objeto. El mundo y Dios son coeternos; y, sin embargo, en cierto sentido Dios es la causa del mundo. De la manera en que un imán actúa sobre la materia, o así como la mera presencia de un amigo pone la mente en actividad, así Dios opera inconscientemente sobre la materia, y despierta sus poderes durmientes. Como el universo es un cosmos, un sistema ordenado; y como existen en el mundo innumerables seres organizados, vegetales y animales, Aristóteles supuso que hay «formas» inherentes en la materia, que determinan la naturaleza de tales organizaciones. [...] El alma es la «*forma*» del hombre. «Es el principio que le da forma, movimiento, y desarrollo al cuerpo, la entelequia del mismo; esto es, aquella sustancia que sólo se manifiesta en el cuerpo que es formado y penetrado por la misma. Y que continúa energizándolo como principio de vida, determinando la materia y dominándola. Así, el cuerpo nada es por sí mismo; es lo que es sólo por el alma, cuya naturaleza y ser expresa, con la que sostiene la relación de un medio en el que el objeto, el alma, es realizada; por ello, no puede ser imaginada sin el cuerpo, ni el cuerpo sin ella; el uno tiene que ser producido contemporáneamente con la otra».[94] Naturalmente, no puede haber inmortalidad del alma. Así como ninguna planta es inmortal, por cuanto el principio vital no existe de manera separada de la planta, así el alma no tiene existencia aparte del cuerpo. Los dos comienzan y terminan juntos. «Lo realmente humano en el alma, aquello que ha venido a ser, tiene también que desvanecerse, incluso el entendimiento; sólo la razón divina es inmortal; pero como la memoria pertenece al alma sensible, y el pensamiento individual depende sólo del entendimiento o *nous* pasivo, toda consciencia del yo tiene que cesar con la muerte».[95] «De esta manera, la doctrina de Aristóteles del alma muestra que su defecto, así como el de Platón y desde luego de toda la antigüedad, era su imperfecta familiaridad con la idea de personalidad, y por ello mismo no puede ser absuelto de una tendencia panteísta».[96] «Su Dios no es verdade-

---

93. *The Gentile and the Jew,* pág. 329.
94. *The Gentile and the Jew,* pág. 338.
95. *Ibid.,* pág. 339
96. *Ibid.,* pág 340.

ramente personal, o es sólo una personalidad imperfecta».[97] La *nous*, o razón, permite a las almas, con sus cuerpos, que se sumerjan de vuelta a la nada, de la que cada uno ha salido.

Ella sólo sigue existiendo, siempre la misma e inalterable, porque no es otra que la *nous* divina en existencia individual, la inteligencia divina iluminando la noche del entendimiento humano, y tiene que ser concebida tanto como el primer móvil del pensamiento discursivo y del conocimiento humano como de su voluntad».[98]

Este breve examen de la filosofía griega en relación con la teología muestra que en todas sus formas era más o menos panteísta. Esta observación no será reconocida como correcta por parte de aquellos que, como Cousin, limiten el uso de la palabra Panteísmo para designar bien la doctrina que hace que el universo material sea Dios, o aquella que niega la existencia de nada fuera de la materia y de la fuerza física, lo que es ateísmo; ni tampoco por parte de aquellos que toman el término como denotando la teoría que admite sólo una sustancia, que es la sustancia de Dios, y que por consiguiente hace de la materia tanto un modo de la existencia de Dios como la mente. Sin embargo, admitirán su justeza aquellos que por Panteísmo designan aquella doctrina que hace de toda la inteligencia en el mundo la inteligencia de Dios, y de toda la actividad intelectual modos de la actividad de Dios, lo que necesariamente impide la posibilidad de la libertad y responsabilidad humanas. [...]

[D. El Panteísmo medieval.]

[E. El Panteísmo moderno.]

F. Conclusión.

El hecho de que el Panteísmo ha prevalecido tan extensamente en todas las edades y en todos los lugares del mundo constituye una prueba de su fascinación y poder. Aparte de una revelación divina, parece haber sido considerado como la solución más probable del gran problema del universo. No obstante, es tan insatisfactoria, y hace tanta violencia a las leyes de nuestra naturaleza, que nunca ha penetrado en los corazones de la gente del pueblo en gran extensión. La India puede ser considerada como una excepción a esta observación. Pero incluso allí, aunque el Panteísmo fue la base de la religión popular, tuvo que resolverse en politeísmo a fin de suplir a las necesidades de la gente. Los hombres necesitan un dios personal a quien poder adorar y a quien poder orar.

La observación más evidente que se debe hacer acerca de todo el sistema es que se trata de una hipótesis. Por su misma naturaleza, es incapaz de prueba. Es una mera teoría asumida para dar cuenta de los fenómenos del universo. Si los explicara de manera satisfactoria, y no contradijera las enseñanzas de la Biblia, se podría admitir con tranquilidad. Pero no sólo es inconsistente con todo lo que las Escrituras nos enseñan con respecto a la naturaleza de Dios y Su relación con el mundo, sino que contradice las leyes de la creencia que Dios ha marcado sobre nuestra naturaleza, subvirtiendo los mismos fundamentos de la religión y de la moralidad, e incluso implica la deificación del pecado.

Si no tuviéramos una revelación divina acerca de ello, el Teísmo meramente como teoría no dejaría de lograr el asentimiento de toda mente devota en preferencia al Panteísmo. El Teísmo supone la existencia de un Dios personal extra-mundano, el creador y preservador del universo; presente en todas partes en su sabiduría y poder, dirigiendo todos los aconteci-

---

97. *Ibid.*, pág 336.
98. *Ibid.*, pág. 339.

mientos para el cumplimiento de sus designios infinitamente sabios. Supone que el universo material es distinto a Dios, dependiendo de su voluntad, sustentado por un poder, y repleto de fuerzas físicas siempre activas bajo su control. Supone que el hombre es criatura de Dios, debiendo su existencia a la voluntad de Dios, creado a su imagen, un agente libre, racional, moral y responsable, capaz de conocer, amar y adorar a Dios como Espíritu infinito en su ser y perfecciones. Aunque esta teoría pueda presentar algunos problemas a la razón, como el del origen y dominio del mal, sin una solución satisfactoria, sin embargo suple y da satisfacción a todas las demandas de nuestra naturaleza, y resuelve el problema en cuanto al origen y naturaleza del universo, y se recomienda a la razón, al corazón y a la conciencia con un poder que no puede resistir ningún sofisma ni ninguna especulación.

El Panteísmo, en cambio, hace violencia a nuestra naturaleza, y contradice las convicciones intuitivas de la consciencia.

1. Estamos conscientes de que somos agentes libres. Esta es una verdad que nadie puede negar con respecto a sí mismo, y que cada hombre da por supuesto con respecto a otros. Esta verdad la niega el Panteísmo. Hace de nuestra actividad sólo una forma de la actividad de Dios, y supone que sus actos están determinados por la necesidad, tanto como el desarrollo de una planta o de un animal.

2. Es intuitivamente cierto que hay una verdadera distinción entre el bien moral y el mal moral: que el hombre está obligado a amoldarse a lo primero, y a aborrecer y evitar lo segundo; que lo primero merece aprobación, y que lo otro merece desaprobación y castigo. Estas son convicciones que pertenecen a la naturaleza racional del hombre, y no se pueden destruir sin destruir su racionalidad. Sin embargo, el Panteísmo pronuncia que estas convicciones son un engaño; que no existe el pecado en el sentido anteriormente enunciado; que lo que llamamos pecado es mera debilidad; un desarrollo imperfecto, tan inevitable como la debilidad en un recién nacido. Va más allá: pronuncia el mal como algo bueno. Hace actos y estados de Dios tanto de las acciones y pasiones pecaminosas de los hombres como de las acciones y sentimientos santos. No hay nada bueno sino el ser; y los hombres poderosos son los que más son; y por ello, los más fuertes son los mejores; los débiles deben ser menospreciados; merecían ser vencidos y pisoteados. Por ello, cuando el Panteísmo viene a ser una religión, las deidades que representan al mal son las más honradas y adoradas.

3. El Panteísmo no sólo destruye las bases de la moral, sino que hace imposible toda religión racional. La religión supone un Ser personal dotado no sólo de inteligencia y poder, sino de excelencia moral; y para ser racional, este Ser tiene que ser infinito en todas sus perfecciones. En cambio, el Panteísmo niega que el Ser infinito pueda ser una persona; que sea inteligente, consciente de sí mismo, o que posea atributos morales. Es tan imposible adorar a tal Ser como adorar la atmósfera, o la ley de la gravedad, o los axiomas de Euclides.

4. No está fuera de lugar decir que el Panteísmo es la peor forma de ateísmo. Porque el mero ateísmo es negativo. Ni deifica al hombre ni al mal. Pero el Panteísmo enseña que el hombre, el alma humana, es la más elevada forma de la existencia de Dios; y que el mal es tanta manifestación de Dios como el bien; [...] Es imposible que la insensatez de la maldad pueda ir más allá.

5. El hombre, según este sistema, no es más inmortal que las hojas de un bosque, o que las olas del mar. Somos formas fugaces del Ser universal.

Nuestra naturaleza es indestructible; de la misma manera que es imposible que no creamos en nuestra propia existencia individual, en nuestra libre actividad, en nuestras obligaciones morales, en nuestra dependencia y responsabilidad con respecto a un Ser capaz de ser lo que somos y lo que hacemos, y de recompensar y castigar según Él lo considere oportuno, así es imposible que el Panteísmo llegue a ser más que una especulación filosófica, cuando la naturaleza moral del hombre haya sido desarrollada por el conocimiento del Dios vivo y verdadero.

Capítulo 4
El conocimiento de Dios

Habiendo considerado los argumentos en favor de la doctrina de que Dios es, y también de los varios sistemas opuestos al Teísmo, pasamos ahora a considerar la pregunta: ¿Se puede conocer a Dios? Y si es así, ¿Cómo? Esto es, ¿cómo procede la mente al formar su idea de Dios, y cómo sabemos que Dios realmente es lo que creemos que es?

1. Dios puede ser conocido.

Es la clara doctrina de las Escrituras que Dios puede ser conocido. Nuestro Señor enseña que la vida eterna consiste en el conocimiento de Dios y de Jesucristo, a quien Él ha enviado. [...] Pablo incluso dice de los paganos que habían conocido a Dios, pero que no tuvieron a bien retener este conocimiento (Ro 1:19, 20, 21, 28).

A. Estado de la cuestión.

Sin embargo, es importante comprender de manera clara lo que se significa cuando se dice que Dios puede ser conocido.

1. Con esto no se significa que podamos conocer todo lo que es verdadero acerca de Dios. Había algunos entre los antiguos filósofos que enseñaban que la naturaleza de Dios puede ser comprendida y determinada tan plenamente como cualquier otro objeto del conocimiento. La moderna escuela especulativa enseña la misma doctrina. [...] Según Schelling, Dios es conocido en su propia naturaleza por intuición directa de la más alta razón. Supone él que hay en el hombre un poder que trasciende los límites de la consciencia ordinaria [...] y que pasa a conocer de manera directa el Infinito. [...] Cousin encuentra este conocimiento en la común consciencia humana. Esta consciencia incluye el conocimiento del Infinito así como de lo finito. Conocemos lo uno como conocemos lo otro, y no podemos conocer lo uno sin conocer lo otro. Estos filósofos reconocen todos que no podríamos conocer así a Dios si nosotros mismos no fuéramos Dios. Para ellos, el auto-conocimiento es el conocimiento de Dios. Es infinito, impersonal, divino. Nuestro conocimiento de Dios, por ello, es sólo Dios conociéndose a Sí mismo. Naturalmente, no es en este sentido que las Escrituras y la Iglesia enseñan que Dios puede ser conocido.

Dios, inconcebible.

2. No se sostiene que, hablando con propiedad, podamos tener concepción de Dios; esto es, no podemos formarnos una imagen mental de Dios. [...] La concepción es definida por Taylor [...] como «formar o traer una imagen o idea en la mente por un esfuerzo de la voluntad». En este sentido del término, se debe admitir que el Infinito no es un objeto de conoci-

miento. No podemos formarnos una imagen del espacio infinito, ni de una duración infinita, ni de un todo infinito. Pero lo infinito es lo que es incapaz de limitación. Se admite, por tanto, que el Dios infinito es inconcebible. No podemos formarnos una imagen representativa de Él en nuestras mentes. Sin embargo, el termino se emplea a menudo, quizá comúnmente, en un sentido menos restringido. Concebir es pensar. Por ello, una concepción es un pensamiento, y no necesariamente una imagen. Por ello, decir que Dios es concebible, en habla común, significa sencillamente que Él es pensable. Esto es, que el pensamiento (la idea) de Dios no involucra ninguna contradicción ni imposibilidad. No podemos pensar en un cuadrado redondo, o que una parte sea igual al todo. Pero podemos pensar que Dios es infinito y eterno.

Dios, incomprensible.
3. Cuando se dice que Dios, puede ser conocido, no se significa que pueda ser comprendido. Comprender es tener un conocimiento completo y exhaustivo de un objeto. Es entender su naturaleza y relaciones. No podemos comprender la fuerza, y especialmente ello es cierto de la fuerza vital. Vemos su efecto, pero no podemos entender su naturaleza ni el modo en que actúa. Sería extraño que conociéramos más de Dios que de nosotros mismos, o de los objetos más familiares a nuestros sentidos. Dios es inescrutable. No podemos entender a perfección al Omnipotente. Comprender es (1) Conocer la esencia así como los atributos de un objeto. (2) Es conocer no sólo algunos, sino todos sus atributos. (3) Conocer la relación que estos atributos tienen entre sí y con la sustancia a la que pertenecen. (4) Conocer la relación que guarda el objeto con respecto a todos los otros objetos. Tal conocimiento es claramente imposible en una criatura, tanto acerca de sí misma como de cualquier cosa fuera de ella misma. Sin embargo, es sustancialmente así que los trascendentalistas pretenden conocer a Dios.

Nuestro conocimiento de Dios, parcial.
4. En lo que se ha dicho se incluye que nuestro conocimiento de Dios es parcial e inadecuado. Hay infinitamente más en Dios de lo que nosotros podamos imaginar, y lo que conocemos lo conocemos de manera imperfecta. Sabemos que Dios conoce; pero hay mucho más en Su modo de conocer y en su relación con sus objetos que nosotros no podemos entender. Sabemos que Él actúa; pero no sabemos cómo actúa, ni la relación que su actividad tiene con el tiempo, ni con cosas fuera de Él mismo. Sabemos que Él siente; que Él ama, que se compadece, que es misericordioso, lleno de gracia; que aborrece el pecado. Pero este elemento emocional de la naturaleza divina está cubierto con una oscuridad tan grande, pero no más grande, que la que cubre sus pensamientos o propósitos. Aquí otra vez nuestra ignorancia, o más bien la limitación de nuestro conocimiento acerca de Dios, encuentra un paralelo en nuestra ignorancia acerca de nosotros mismos. Hay potencialidades en nuestras naturalezas de las que no tenemos idea, en nuestro actual estado de existencia. E incluso en cuanto a lo que somos ahora, poco sabemos. Sabemos que percibimos, que pensamos y que actuamos. No sabemos cómo. Nos es totalmente inescrutable cómo la mente toma conocimiento de la materia; cómo el alma actúa sobre el cuerpo, o el cuerpo sobre la mente. Pero ninguna persona cuerda diría que porque nuestro conocimiento de nosotros mismos sea así parcial e imperfecto, que no tengamos conocimiento de nosotros mismos. [...]

Así, en tanto que se admite que no sólo el Dios infinito es incomprensible, y que nuestro conocimiento de Él es a la vez parcial e imperfecto; [...] sin embargo nuestro conocimiento, hasta allí donde llega, es un conocimiento verdadero. Dios es realmente lo que creemos que Él es, en tanto que nuestra idea de Él quede determinada por la revelación que Él ha hecho de Sí mismo en sus obras, en la constitución de nuestra naturaleza, en su palabra y en la persona de su Hijo. Conocer es simplemente tener aquella información acerca de un objeto que sea conforme a lo que aquel objeto es realmente. Sabemos qué significan las palabras infinito, eterno e inmutable. Y por ello aquella sublime proposición, cargada de más verdad que la que jamás se haya condensado en ninguna otra sentencia, «Dios es Espíritu, infinito, eterno e inmutable», comunica a la mente una idea tan distintiva y tan verdadera (esto es, fiable), como la proposición «El alma humana es un espíritu finito». En este sentido, Dios es un objeto del conocimiento [...]

B. ¿Cómo conocemos a Dios?

¿Cómo procede la mente para formarse su idea de Dios? Los teólogos antiguos respondían a esta pregunta diciendo que es por vía de negación, por vía de eminencia y por vía de causalidad. Esto es, negamos a Dios toda limitación; le adscribimos a Él toda excelencia en el mayor grado; y le atribuimos a Él como la gran Causa Primera todos los atributos manifestados en sus obras. Somos hijos de Dios. Y por tanto somos semejantes a Él. Por ello estamos autorizados a adscribirle a Él todos los atributos de nuestra propia naturaleza como criaturas racionales, sin limitación y en grado infinito. Si somos como Dios, Dios es semejante a nosotros. Este es el principio fundamental de toda religión. Éste es el principio que Pablo dio por supuesto en su discurso a los atenienses (Hch 17:29): «Siendo, pues, linaje de Dios, no debemos pensar que la Divinidad sea semejante a oro, o plata, o piedra, escultura de arte y de imaginación de hombres». Por la misma razón no deberíamos pensar que Él sea un Ser simple o una mera abstracción, un nombre para el orden moral del universo, o la causa ignota e incognoscible de todas las cosas -una mera fuerza inescrutable. Si somos sus hijos, Él es nuestro Padre, de cuya imagen somos portadores, y de cuya naturaleza somos partícipes. Esto es, en el sentido propio del término, Antropomorfismo, una palabra de la que se ha abusado mucho, y que a menudo se emplea en mal sentido para expresar la idea de que Dios es absolutamente como nosotros, un ser de semejantes limitaciones y pasiones. Pero en el sentido acabado de explicar expresa la doctrina de la Iglesia y de la gran masa de la humanidad. Bien dice Jacobi:[1] «Confesamos, pues, un Antropomorfismo inseparable de la convicción de que el hombre es portador de la imagen de Dios; y mantenemos que aparte de esto, el Antropomorfismo, que siempre ha sido llamado Teísmo, no es nada sino ateísmo o fetichismo».

C. Prueba de que este método es fiable.

Que este método de formarse una idea de Dios es fiable se demuestra:

1. Por cuanto es una ley de la naturaleza. Incluso en la forma más baja de fetichismo se supone que la vida del adorador pertenece al objeto que adora. Al poder temido se le suponen unas capacidades semejantes a las nuestras. De la misma manera, bajo todas las formas de politeísmo, los dioses de la gente han sido considerados como seres personales inteligentes. Es sólo en las escuelas de filosofía donde encontramos un método diferente de formarse una idea de la Deidad. [...] La masa de la humanidad cree que las cosas son tal como las percibimos. Y esto lo niegan los filósofos. Afirman que no percibimos las cosas mismas, sino ciertas ideas, especies o imágenes de las cosas; que no tenemos ni podemos tener conocimiento de lo que son las cosas mismas. Por lo que dicen que no podemos tener conocimiento de lo que Dios es; sólo sabemos que somos llevados a pensar de Él de una cierta manera, pero que no sólo no estamos autorizados a creer que nuestra idea se corresponda con la realidad, sino que, dicen ellos, es cosa cierta que Dios no es lo que pensamos que es. Así como el común de la gente están en lo cierto en lo primero, también están en lo cierto en lo segundo. En otras palabras,

---

1. *Werke,* III, págs. 422-423, edición de Leipzig, 1816.

«Von den göttlichen Dingen», nuestra convicción de que Dios es lo que Él ha revelado ser reposa sobre la misma base que nuestra convicción de que el mundo externo es lo que pensamos que es. Este fundamento es la veracidad de la consciencia, o la fiabilidad de las leyes de la creencia que Dios ha impreso sobre nuestra naturaleza. [...]

Nuestra naturaleza moral demanda esta idea de Dios.
2. Ya se ha puesto en evidencia, al hablar del argumento moral de la existencia de Dios, que todos los hombres son conscientes de su responsabilidad ante un ser superior a ellos mismos, que sabe lo que son y lo que hacen, y que tiene la voluntad y el propósito de recompensar o de castigar a los hombres según sus obras. Por ello, el Dios que nos es revelado en nuestra naturaleza es un Dios que conoce, que quiere y que actúa; que premia y castiga. Esto es, Él es una persona; un agente inteligente, voluntario, dotado de atributos morales. Esta revelación de Dios tiene que ser verdadera. Tiene que darnos a conocer lo que Dios es verdaderamente, o nuestra naturaleza es una mentira. Todo esto lo admite Mansel, aunque sostiene que Dios no puede ser conocido. Admite él que la sensación de dependencia de un poder superior es «una realidad de la consciencia interna»; que este poder superior «no es una fatalidad inexorable ni una ley inmutable, sino un Ser que tiene al menos los atributos de la personalidad hasta el punto de poder mostrar favor o severidad hacia los que de Él dependen, y que puede ser contemplado por ellos con los sentimientos de esperanza, de temor, de reverencia, y de gratitud».[2] Pero nadie tiene ni puede tener gratitud al sol, ni a la atmósfera, ni a ninguna fuerza ininteligente. La gratitud es el tributo de una persona a otra. Nuevamente, este mismo autor admite que «la razón moral, o la voluntad, o la conciencia del hombre, sea como sea que lo llamemos, no puede tener autoridad alguna excepto la implantada en ellas por algún Ser espiritual superior, como una ley emanando de un legislador».[3] «Nos vemos así obligados», dice él, «por la consciencia de la obligación moral, a dar por supuesta la existencia de una Deidad moral [y por ello naturalmente moral], y a considerar la norma absoluta de bien y mal como constituida por la naturaleza de aquella Deidad».[4] Nuestro argumento, partiendo de estos hechos, es que si nuestra naturaleza moral nos lleva a creer que Dios es una persona, tiene que ser una persona, y consiguientemente que llegamos a un verdadero conocimiento de Dios atribuyéndole las perfecciones de nuestra propia naturaleza.

Nuestra naturaleza religiosa hace la misma demanda.
3. El argumento con base en nuestra naturaleza religiosa, como distinta de nuestra naturaleza moral, es esencialmente el mismo. La moralidad no es el todo de la religión. Dar culto, en el sentido religioso de la palabra, es adscribir perfección infinita a su objeto. Es expresar a este objeto nuestro reconocimiento por las bendiciones que gozamos, y buscar su continuación; es confesar, alabar, orar y adorar. No podemos dar culto a la ley de la gravedad, o a una fuerza inconsciente, ni al mero orden del universo. Nuestra naturaleza religiosa, al demandar un objeto de suprema reverencia, amor y confianza, demanda un Dios personal, un Dios revestido con los atributos de una naturaleza como la nuestra; que puede oír nuestras confesiones, alabanzas y oraciones; que puede amar y ser amado; que puede suplir a nuestras necesidades y llenar todas nuestras capacidades para bien. Así, se vuelve a hacer patente que a no ser que toda nuestra naturaleza sea una contradicción y una falsedad, llegamos a un verdadero conocimiento de Dios cuando le adscribimos las perfecciones de nuestra propia naturaleza.

---

2. *Limits of Religious Thought,* etc., pág. 120.
3. *Ibid.,* pág. 121.
4. *Ibid.,* pág. 122

Capítulo 4–*El conocimiento de Dios*

Mansel admite que nuestra naturaleza exige una Deidad personal y moral; pero dice que «el mismo concepto de una naturaleza moral es por sí mismo el concepto de un límite, porque la moralidad es ajustarse a una ley; y una ley, sea impuesta desde dentro o desde fuera, sólo puede ser concebida en su operación limitando la gama de posibles acciones».[5] De manera semejante, dice: «La única concepción humana de personalidad es la de limitación». Por ello, si Dios es infinito, no puede ser una persona, ni poseer atributos morales. Este es el argumento de Strauss y de todos los demás panteístas contra la doctrina de un Dios personal. Mansel admite la fuerza de este argumento, y dice que tenemos que renunciar a toda esperanza de conocer lo que Dios es, y que debemos contentarnos con el «conocimiento regulador», que nos enseña no lo que Dios es, sino lo que Él quiere que pensemos que es. Así, se nos prohíbe confiar en nuestras creencias necesarias. No deberíamos considerar como verdadero lo que Dios, por la constitución de nuestra naturaleza, nos fuerza a creer. Esto es subvertir toda filosofía y religión, y destruir la diferencia entre la racionalidad y la irracionalidad. ¿Por qué se supone esta contradicción entre razón y conciencia, entre nuestra naturaleza racional y la moral? Sencillamente porque los filósofos deciden dar una tal definición de moralidad y de personalidad, que no se pueden predicar ni la una ni la otra de un Ser infinito. Pero no es cierto que la moralidad o la personalidad impliquen una limitación cualquiera con la perfección absoluta. No limitamos a Dios cuando decimos que Él no puede ser irracional además de racional, inconsciente además de consciente, malo así como bueno. La única limitación que se admite es la negación de toda imperfección. La razón no es limitada cuando decimos que no puede ser sinrazón; ni el espíritu, cuando decimos que no es materia; ni la luz, cuando decimos que no es tinieblas; ni el espacio, cuando decimos que no es tiempo. Por ello, no limitamos al Infinito, cuando lo exaltamos a Él en nuestras concepciones de lo inconsciente a lo consciente, de lo ininteligente a lo inteligente, de un algo impersonal al absolutamente perfecto y personal Jehová. Todas estas dificultades surgen de confundir las ideas de infinitud y de totalidad.

4. El cuarto argumento acerca de esta cuestión es que si no estamos justificados al referir a Dios los atributos de nuestra propia naturaleza, entonces no tenemos Dios. La única alternativa es antropomorfismo (en este sentido) o Ateísmo. Un Dios desconocido, un Dios de cuya naturaleza y de cuyas relaciones con nosotros nada sepamos, carece de significado. Es un hecho histórico que los que rechazan este método de formarnos nuestra idea de Dios, que niegan que debemos atribuirle a Él las perfecciones de nuestra propia naturaleza, se han vuelto ateos. Toman la palabra «espíritu» y la privan de la consciencia, de la inteligencia, de la voluntad y de la moralidad; y al residuo, que es una absoluta nada, lo llaman Dios. Hamilton y Mansel buscan en la fe su refugio frente a esta terrible conclusión. Dicen que la razón prohíbe la adscripción de estos u otros atributos cualesquiera al Infinito y Absoluto, pero que la fe protesta contra esta conclusión de la razón. Sin embargo, estas protestas de nada sirven, excepto cuando son racionales. Cuando Kant demostró que no había evidencia racional de la existencia de Dios, y abandonando las razones especulativas se apoyó en la razón práctica (esto es, abandonando la razón por la fe), sus seguidores, universalmente, abandonaron toda fe en un Dios personal. Nadie puede creer en lo imposible. Y si la razón pronuncia que es imposible que lo Infinito sea una persona, la fe en Su personalidad es una imposibilidad. Pero esto no lo admite Mansel. Porque en tanto que dice que es una contradicción afirmar que el Infinito es una persona, o atribuirle la posesión de atributos morales, dice sin embargo que «el Antropomorfismo es la condición indispensable de toda teología hu-

---

5. *Limits of Religious Thought*, etc., pág. 127.

mana»;[6] y cita este pasaje de Kant:[7] «Podemos desafiar de manera confiada a la teología natural para que nos dé un solo atributo distintivo de la Deidad, sea que denote inteligencia o voluntad, que, aparte del antropomorfismo, sea algo más que una mera palabra, a la que no se le puede asignar ni el más ligero concepto, que pueda servir para extender nuestro conocimiento teórico». Se debe lamentar profundamente que haya quienes enseñen que la única manera en que nos podemos formar una idea de Dios no lleva a ningún verdadero conocimiento. No nos enseña lo que Dios es, sino lo que nos vemos forzados contra la razón a pensar que Él es.

Argumento de la Revelación de Dios en la Naturaleza.

5. Un quinto argumento se basa en el hecho de que las obras de Dios manifiestan una naturaleza semejante a la nuestra. Es un principio sano que debemos atribuir a una causa los atributos necesarios para dar cuenta de sus efectos. Si los efectos manifiestan inteligencia, voluntad, poder y excelencia moral, estos atributos deben pertenecer a la causa. Así, como las obras de Dios son una revelación de todos estos atributos en una escala totalmente sobrecogedora, tienen que pertenecer a Dios en un grado infinito. Con esto sólo se dice que la revelación hecha de Dios en el mundo externo concuerda con la revelación que Él ha hecho de sí mismo en la constitución de nuestra propia naturaleza. En otras palabras, demuestra que la imagen de Sí mismo que Él ha impreso en nuestra naturaleza es una verdadera semejanza.

Argumento de la Escritura.

6. Las Escrituras declaran que Dios es justamente aquello que somos llevados a pensar que es cuando le adscribimos las perfecciones de nuestra propia naturaleza en un grado infinito. Somos conscientes de nosotros mismos, y así lo es Dios. Somos espíritus, y Él también. Somos agentes voluntarios, y así lo es Dios. Tenemos una naturaleza moral, verdaderamente desfigurada de una manera mísera, mientras que Dios tiene una excelencia moral en perfección infinita. Somos personas, y así lo es Dios. Y las Escrituras afirman que esto es verdad. La gran revelación primordial de Dios es como el «Yo Soy», el Dios personal. Todos los nombres y títulos que se le dan, todos los atributos que se le adscriben, todas las obras que se le atribuyen, son revelaciones de lo que Él realmente es. Él es Elohim, el Poderoso, Santo, y Omnipresente Espíritu; Él es el creador, preservador y gobernante de todas las cosas. Él es nuestro Padre. Él es quien atiende a la oración, el dador de todo bien. Él alimenta a los cuervos jóvenes. Él viste a las flores del campo. Él es Amor. Él amó el mundo de tal manera que dio a su Hijo unigénito, para que todo el que en Él crea no se pierda, sino que tenga la vida eterna. Él es misericordioso, longánimo, abundante en bondad y verdad. Él es una ayuda presente en cada tiempo de necesidad; un refugio, una alta torre, un galardón sobremanera grande. Las relaciones que, según la Escritura, tenemos con Dios, son del tipo que sólo podemos mantener con un ser semejante a nosotros. Él es nuestro gobernante y padre, con quien podemos tener relación. Su favor es nuestra vida, su misericordia mejor que la vida. Esta sublime revelación de Dios en su propia naturaleza y en su relación con nosotros no es ningún engaño. No es una mera verdad reguladora, o sería un engaño y una burla. Nos da a conocer a Dios como Él es realmente. Por ello conocemos a Dios, aunque ninguna criatura puede comprender al Omnipotente a la perfección.

El argumento de la manifestación de Dios en Cristo.

7. Finalmente, Dios se ha revelado en la persona de su Hijo. Nadie conoce al Padre sino el Hijo; y aquel a quien el Hijo le revele. Jesucristo es el verdadero Dios. La revelación que

---

6. *Limits of Religious Thought*, etc., pág. 261.
7. «Kritik der Parktischen Vernunft», *Works*, edición de Rosenkranz, Vol. VIII, pág. 282.

Él hizo de Sí mismo fue la manifestación de Dios. Él y el Padre uno son. Las palabras de Cristo eran las palabras de Dios. Las obras de Cristo eran las obras de Dios. El amor, la misericordia, la ternura, la gracia perdonadora, así como la santidad, la severidad y el poder manifestados por Cristo, fue todo manifestación de lo que Dios verdaderamente es. Así, vemos, como con nuestros mismos ojos, lo que Dios es. Sabemos que aunque infinito y absoluto, Él puede pensar, actuar y querer, que Él puede amar y aborrecer; que Él puede escuchar la oración y perdonar el pecado, que podemos tener comunión con Él, como una persona puede comunicarse con otra. La filosofía tiene que velar su rostro en presencia de Jesucristo, como Dios manifestado en carne. No puede presumir de decir, en presencia de Él, que Dios no es, ni se sabe que sea, lo que Cristo era con toda claridad. Esta doctrina de que Dios es objeto de un conocimiento cierto y verdadero está en la base de toda religión, y por tanto nunca debe ser abandonado.

2. Dios no puede ser conocido plenamente.

[...] John Owen dice: «Todas las concepciones racionales de las mentes de los hombres quedan sorbidas y perdidas si quieren ejercitarse de manera directa sobre lo que es absoluto, inmenso, eterno e infinito. Cuando decimos que es así, no conocemos lo que decimos, sino sólo que no es de otra manera. Lo que negamos de Dios lo conocemos en cierta medida -pero no conocemos lo que afirmamos; sólo que declaramos lo que creemos y adoramos».[8] [...]

Cuando se dice que Dios es incognoscible, todo depende de qué se entienda por conocimiento. Para [Hamilton] conocer es comprender, tener una concepción definida, o imagen mental. Ello es evidente por su uso indistinto de las palabras impensable, incognoscible e inconcebible. Así también, en una sola página Mansel emplea las frases «aquello que no pensamos ni podemos pensar», «aquello que no podemos concebir», y «aquello que somos incapaces de comprender» como significando una y la misma cosa. Ello también se demuestra en la forma en la que se emplean otras palabras y frases; por ejemplo, el Infinito, el Absoluto, un comienzo absoluto, un todo absoluto, una parte absoluta, cualquier aumento o disminución del complemento del ser. Sin embargo, el único sentido en que estas cosas son impensables es que no podemos formarnos una imagen mental de las mismas. Un distinguido profesor alemán, cuando se decía algo a lo que él no podía asentir, tenía la costumbre de extender las manos y de cerrar los ojos, y decir: «Ich kann gar keine Anschauung davon machen». No puedo verlo con el ojo de mi mente, no puedo hacerme una imagen de ello. Ésta parece ser una manera materialista de considerar las cosas. Lo mismo se puede decir de causa, sustancia y alma, de nada de lo cual nos podemos formar una imagen mental; sin embargo, no son impensables. Una cosa es impensable sólo cuando se ve imposible, o cuando no podemos asignar significado alguno a las palabras o proposiciones con las que se enuncia. Esta imposibilidad de pensamiento inteligente puede surgir de nuestra debilidad. Los problemas de las altas matemáticas son impensables para un niño. O bien la imposibilidad puede surgir de la naturaleza misma de la cuestión. Que un triángulo tenga cuatro lados o que un círculo sea cuadrado es absolutamente impensable. Pero no es en ninguno de estos sentidos que el Infinito es impensable. No es imposible, porque tanto Hamilton como Mansel admiten que Dios es de hecho infinito; y no se trata de una proposición ininteligible. Cuando la mente se dice a sí misma que el espacio es infinito, esto es, que no puede ser limitado, sabe tan bien lo que afirma como cuando dice que dos más dos suman cuatro. Y tampoco es impensable un comienzo absoluto. Si, en verdad, por comienzo absoluto se significa un comienzo incausado,

---

8. Tyler, *Progress of Philosophy,* segunda edición, pág. 147.

la venida a la existencia de algo proviniente de la nada, entonces es imposible y por ello impensable. Pero esta sentencia se aplica a la creación ex nihilo, que es declarada impensable. Sin embargo, esto debe negarse. Nosotros queremos mover un miembro, y lo movemos. Dios dijo: Sea la luz, y fue la luz. El primer acontecimiento es igual de inteligible que el segundo. En ninguno de estos casos conocemos el nexo entre el antecedente y el consecuente, entre la volición y el efecto; pero como hechos, son igualmente pensables y cognoscibles. [...]

Qué se significa por conocimiento.

El conocimiento es la percepción de la verdad. Sea lo que sea que la mente percibe como verdadero, sea intuitiva o discursivamente, esto lo conoce. Tenemos un conocimiento inmediato de todos los hechos de la consciencia; y con respecto a otras cuestiones, algunas las podemos demostrar, algunas las podemos probar por analogía, y algunas las tenemos que admitir o involucrarnos en contradicciones y absurdos. Sea cual sea el proceso que la mente instituya, si llega a una clara percepción de que una cosa es, entonces aquella cosa es un objeto del conocimiento. Es así como conocemos los objetos de los que están repletos el cielo y la tierra. Es así como conocemos a nuestros semejantes. Con respecto a todo lo que esté fuera de nosotros, cuando nuestras ideas, o convicciones con respecto a ello, se corresponden con aquello que la cosa es, la conocemos. ¿Cómo sabemos que nuestro amigo más entrañable tiene alma, y que esta alma tiene inteligencia, excelencia moral y poder? No podemos ver ni sentir nada de esto. No podemos hacernos una imagen mental de ello. Es misterioso e incomprensible. Pero sabemos que es, y lo que es, con la misma certidumbre con que sabemos que nosotros somos, y lo que somos. De la misma manera sabemos que Dios es, y lo que Él es. Sabemos que Él es un espíritu, que tiene inteligencia, excelencia moral y poder hasta un grado infinito. Sabemos que Él puede amar, compadecerse y perdonar; que Él puede oír la oración y responder a ella. Conocemos a Dios en el mismo sentido y con la misma certidumbre que conocemos a nuestro padre y madre. Y nadie puede quitar este conocimiento de nosotros, ni persuadirnos de que no es conocimiento, sino una mera creencia irracional. [...]

Dios no ha constituido nuestra naturaleza para hacerla necesariamente engañosa. Los sentidos, la razón y la conciencia, dentro de sus apropiadas esferas, y en su ejercicio normal, son guías dignos de confianza. Nos enseñan verdades reales, no meramente aparentes o reguladoras. Sus esferas combinadas comprenden todas las relaciones que mantenemos nosotros, como criaturas racionales, con el mundo externo, con nuestros semejantes, y con Dios. Si no fuera por el perturbador elemento del pecado, no es de pensar que el hombre, en plena comunión con su Hacedor, habría tenido necesidad de ninguna otra guía. Pero el hombre no está en su estado original y normal. Al apostatar de Dios, el hombre cayó en un estado de tinieblas y confusión. La razón y la conciencia ya no son guías adecuados en cuanto a «las cosas de Dios». Dice el apóstol, con respecto a los hombres caídos: «Habiendo conocido a Dios, no le glorificaron como a Dios, ni le dieron gracias, sino que se envanecieron en sus razonamientos, y su necio corazón fue entenebrecido. Profesando ser sabios, se hicieron necios, y cambiaron la gloria del Dios incorruptible en semejanza de hombre corruptible, de aves, de cuadrúpedos y de reptiles» (Ro 1:21-23); o, peor aún, en un ser absoluto e infinito sin consciencia, ni inteligencia ni carácter moral, un ser que es potencialmente todas las cosas, y realmente nada. Es cierto, por tanto, como nos lo dice el mismo Apóstol, que el mundo por la sabiduría no conoce a Dios. Es cierto todavía en un sentido más elevado, como dice el mismo Señor, que nadie conoce al Padre, «sino el Hijo, y aquel a quien el Hijo lo quiera revelar» (Mt 11:27).

La necesidad de una revelación sobrenatural.

Por ello, necesitamos una revelación sobrenatural divina. De esta revelación se tiene que observar, primero, que nos da verdadero conocimiento. Nos enseña lo que Dios verdaderamente es; lo que es el pecado; lo que es la ley; lo que son Cristo y el plan de salvación por medio de Él, y cuál ha de ser el estado del alma después de la muerte. El conocimiento así comunicado es real, en el sentido de que las ideas que somos llevados a formarnos de las cosas reveladas se conforman a lo que son realmente estas cosas. Dios y Cristo, la santidad y el pecado, el cielo y el infierno, son lo que la Biblia dice que son. Sir William Hamilton clasifica los objetos del conocimiento en dos clases: los que se derivan del interior, de la inteligencia, y los que se derivan de la experiencia. Estos últimos se dividen en dos clases: lo que sabemos por nuestra propia experiencia, y lo que sabemos por la experiencia de los otros, que nos es autenticada mediante un testimonio adecuado. En el sentido generalmente recibido de la palabra, éste es un verdadero conocimiento. Nadie duda en decir que conoce que hubo un hombre llamado Washington, o un acontecimiento como la Revolución Americana. Si el testimonio de los hombres nos puede dar un conocimiento claro y cierto de unos hechos fuera de nuestra experiencia, con toda seguridad que el testimonio de Dios es mayor. Lo que Él revela es dado a conocer. Lo recibimos tal como en verdad es. La convicción de que lo que Dios revela es dado a conocer en su verdadera naturaleza, es la misma esencia de la fe en el testimonio divino. Por ello, tenemos la seguridad de que nuestras ideas de Dios, fundamentadas en el testimonio de su Palabra, se corresponden con lo que Él realmente es, y constituyen un verdadero conocimiento. También se debe recordar que mientras que el testimonio de los hombres es a la mente, que el testimonio de Dios no sólo es a la mente, sino también dentro de la mente. Ilumina e informa, de manera que el testimonio de Dios es llamado la demostración del Espíritu.

La segunda observación acerca de la revelación contenida en las Escrituras es que, en tanto que da a conocer verdades muy por encima del alcance de los sentidos o de la razón, no revela nada que contradiga a ambos. Armoniza con toda nuestra naturaleza. Suplementa todo nuestro conocimiento, y se autentica a sí misma armonizando el testimonio de la conciencia iluminada con el testimonio de Dios en su Palabra.

Así, la conclusión de toda esta cuestión es que conocemos a Dios en el mismo sentido en que nos conocemos a nosotros mismos y a las cosas fuera de nosotros mismos. Tenemos la misma convicción de que Dios es, y de que Él es, en Sí mismo, e independientemente de nuestro pensamiento de Él, lo que pensamos que Él es. Nuestra idea subjetiva se corresponde con la realidad objetiva. Este conocimiento de Dios es la base de toda religión, y por ello negar que Dios pueda ser conocido es realmente negar que sea posible la religión racional. En otras palabras, es hacer de la religión un mero sentimiento, o un sentimiento ciego, en lugar de ser lo que el Apóstol declara que es, un *logikë lateria, un servicio racional*; el homenaje de nuestra razón así como de nuestro corazón y vida. «Nuestro conocimiento de Dios», dice Hase, «desarrollado e iluminado por las Escrituras, se corresponde con lo que Dios realmente es, porque Él no puede engañarnos en cuanto a su propia naturaleza».

Capítulo 5

La naturaleza y los atributos de Dios

1. Definiciones de Dios

LA CUESTIÓN DE SI DIOS puede ser definido depende, para su respuesta, de qué es lo que se significa por definición. Dice Cicerón: «Est definitio, earum rerum, quae sunt ejus rei propriae, quam definire volumus, brevis et circumscripta quaedam explicatio». En este sentido, Dios no puede ser definido. Ninguna criatura, y mucho menos el hombre, puede conocer todo lo que pertenece a Dios; y por ello ninguna criatura puede dar una declaración exhaustiva de todo lo que Dios es.

Sin embargo, definir es sencillamente limitar, separar o distinguir, de modo que la cosa definida pueda ser distinguida de todas las demás. Esto se puede hacer (1) Enunciando sus características. (2) Enunciando su género y su diferencia específica. (3) Analizando la idea tal como se encuentra en nuestras mentes. (4) Por una explicación del término o del nombre por el que se denota. Todos estos métodos vienen a ser muy semejantes. Cuando decimos que podemos definir a Dios, todo lo que significamos con ello es que podemos analizar la idea de Dios tal como se encuentra en nuestra mente; o que podemos declarar la clase de seres a la que Él pertenece, y los atributos que le distinguen de todos los otros seres. Así, en la sencilla definición: Dios es *ens perfectissimus*, la palabra *ens* lo designa como un ser, no como una idea, sino como aquello que tiene una existencia real, objetiva; y la perfección absoluta lo distingue de todos los otros seres. [...] Probablemente la mejor definición de Dios jamás escrita por el hombre sea la que aparece en el «Catecismo de Westminster»: «Dios es un Espíritu, infinito, eterno e inmutable, en su ser, sabiduría, poder, santidad, justicia, bondad y verdad». Esta es una definición verdadera, porque declara la clase de seres a la que Dios debe ser asignado. Él es un Espíritu. Y es distinguido de todos los otros espíritus en cuanto a que Él es infinito, eterno e inmutable en su ser y perfecciones. Es también una definición completa, hasta allí donde es una declaración exhaustiva del contenido de nuestra idea de Dios.

Sin embargo, ¿en qué sentido se emplean estos términos? ¿Qué se significa por las palabras «ser» y «perfecciones» o «atributos» de Dios? ¿Qué relación tienen sus atributos con su esencia, y unos con otros? Estas son cuestiones a las que los teólogos, especialmente durante el período escolástico, dedicaron mucho tiempo y trabajo.

El ser de Dios.

Por *ser* se significa aquí aquello que tiene una existencia real, sustantiva. Es equivalente a sustancia, o esencia. Se opone a lo que es meramente pensamiento, o a una mera fuerza o poder. Tomamos esta idea, en primer lugar, de la consciencia. Estamos conscientes del yo como el sujeto de los pensamientos, sentimientos y voliciones, que son sus varios estados y actividades. Esta consciencia de sustancia está involucrada en la de la identidad personal. En segundo lugar, una ley de nuestra razón nos fuerza a creer que hay algo que subyace a los fenómenos de la materia y de la mente, de los que estos fenómenos son la manifestación. Nos es imposible pensar acerca del pensamiento y de los sentimientos, a no ser que haya algo que actúe; o de movimiento, a no ser que haya algo que se mueva. Por ello, suponer que la mente es sólo una serie de acciones y de estados, y que la materia no es nada sino fuerza, es suponer que nada (una no entidad) pueda producir efectos.

Por ello, Dios es en su naturaleza una sustancia, o esencia, infinita; eterna e inmutable; el sujeto común de todas las perfecciones divinas, y el agente común de todos los actos divinos. Esto es a todo lo que podemos llegar, o necesitamos llegar. No tenemos una idea definida de sustancia, sea de la materia o de la mente, en distinción a sus atributos. Ambas cosas son inseparables. Al conocer lo uno conocemos lo otro. No podemos conocer la dureza excepto si conocemos algo duro. Por ello, tenemos el mismo conocimiento de la esencia de Dios que el que tenemos de la sustancia del alma. Todo lo que tenemos que hacer con referencia a la esencia divina, como Espíritu, es negarle a ella, como lo hacemos con nuestra propia esencia espiritual, lo que pertenece a las sustancias materiales, y afirmar de ella que en sí misma y en sus atributos es infinita, eterna e inmutable. Así, cuando decimos que hay un Dios, no afirmamos meramente que existe en nuestras mentes la idea de un Espíritu infinito, sino que este Ser realmente existe, con independencia total de nuestra idea de Él. [...]

Así, si existe una esencia divina, infinita, eterna e inmutable, esta esencia existía antes y con independencia del mundo. Sigue de ello también que la esencia de Dios es distinta del mundo. La doctrina Escritural de Dios se opone consiguientemente a las varias formas de error ya mencionadas: al Hilozoísmo, que supone que Dios, como el hombre, es un ser compuesto, siendo el mundo para Él lo que el cuerpo es para nosotros; al Materialismo, que niega la existencia de cualquier sustancia espiritual, y que afirma que sólo lo material es real; al Idealismo extremo, que niega no sólo la realidad del mundo interno, sino toda existencia objetiva real, afirmando que sólo lo subjetivo es real; al Panteísmo, que o bien hace del mundo la forma existencial de Dios, o que, negando totalmente la realidad del mundo, hace de Dios la única verdadera existencia. Esto es, o bien hace de la naturaleza Dios, o bien, negando la naturaleza, hace de Dios el todo.

2. Los atributos divinos

A la esencia divina, que es en sí misma infinita, eterna e inmutable, pertenecen ciertas perfecciones que nos son reveladas en la constitución de nuestra naturaleza y en la palabra de Dios. Estas perfecciones divinas son llamadas atributos como esenciales a la naturaleza de un Ser divino, y necesariamente involucradas en nuestra idea de Dios. Los antiguos teólogos distinguían los atributos de Dios (1) De predicados que se refieren a Dios en lo concreto, indicando su relación con sus criaturas, como creador, preservador, gobernante, etc. (2) De propiedades, que son técnicamente las características distintivas de las varias personas de la Trinidad. Hay ciertas actividades o relaciones peculiares o propias del Padre, otras del Hijo, y otras del Espíritu. Y (3) de accidentes o cualidades que pueden o no pertenecer a una sustancia, que puedan ser adquiridas o perdidas. Así, la inocencia no era un atributo de la naturaleza de Adán, sino un accidente, algo que podía perder y continuar siendo hombre; mientras que la inteligencia era un atributo, por cuanto la pérdida de inteligencia involucra la pérdida de humanidad. Por ello, las perfecciones de Dios son atributos, sin los cuales dejaría de ser Dios.

La relación de los atributos con la esencia de Dios.

Al tratar de explicar la relación que tienen los atributos de Dios con su esencia y mutuamente entre sí, se deben evitar dos extremos. Primero, no debemos describir a Dios como un ser compuesto, constituido por diferentes elementos. Segundo, no debemos confundir los atributos, haciendo que todos ellos signifiquen lo mismo, lo que sería equivalente a negarlos todos. Los Realistas de la Edad Media tendían al primero de estos extremos, y los nominalistas al otro. Los realistas mantenían que los términos generales expresan no sólo pensamientos o conceptos abstractos en nuestras mentes, sino existencia real o sustantiva. Y por ello, estaban dispuestos a representar los atributos divinos como difiriendo de cada otra *realiter* como una *res* o cosa difiere de otra. Por otra parte, los Nominalistas decían que los términos generales son meras palabras que se corresponden con abstracciones hechas por la mente, y, consiguientemente, que cuando hablamos de los diferentes atributos de Dios, sólo estamos empleando palabras diferentes para una y la misma cosa. [...]

En segundo lugar, los teólogos solían decir que los atributos de Dios difieren de su esencia no en la cosa misma sino en nuestros conceptos. [...] La ilustración favorita para explicar lo que se significaba por la unidad de los atributos divinos se sacaba del sol. Su rayo, por un poder idéntico (como se suponía entonces) ilumina, calienta y produce cambios químicos, no por ninguna diversidad en el mismo, sino por la diversidad en la naturaleza de los objetos en los que opera. La fuerza es la misma; los efectos, diferentes. El sentido de estos teólogos queda adicionalmente determinado por su negación de que la relación de los atributos con la esencia de Dios sea análoga a la relación de la inteligencia y de la voluntad con la esencial del alma en el hombre. [...]

Es evidente que esta cuestión de la relación de los atributos divinos con la esencia divina tiene que ver directamente con la cuestión general entre los atributos y la sustancia. Es también evidente que este es un tema acerca del que uno conoce tanto como otro, porque todo lo que puede ser conocido acerca de ello se da de manera inmediata en la consciencia.

Este tema ya ha sido tocado. Estamos conscientes de nosotros mismos como sustancia pensante. Esto es, estamos conscientes de que aquello que es nosotros mismos tiene identidad, continuación y poder. Estamos además conscientes de que la sustancia del yo piensa, quiere y siente. La inteligencia, la voluntad y la sensibilidad son sus funciones o atributos, y son consiguientemente los atributos de un espíritu. Estas son las formas en las que actúa un espíritu. Todo aquello que no actúe así, que no tenga estas funciones o atributos, no es un espíritu. Si se le quita a un espíritu su inteligencia, voluntad y sensibilidad, no queda nada; su sustancia ha desaparecido; al menos cesa de ser un espíritu. La sustancia y los atributos son inseparables. Lo uno es conocido en el otro. Una sustancia sin atributos no es nada, esto es, no tiene existencia real. Lo que es cierto de las sustancias espirituales es cierto de la materia. La materia, sin las propiedades esenciales de la materia, sería una contradicción.

Así, en base de la consciencia conocemos, hasta ahí donde pueda ser conocida, la relación entre la sustancia y sus atributos. Y todo lo que se puede hacer, o que es necesario hacer, es negar o corregir los falsos enunciados que se hacen tan a menudo acerca de esta cuestión [...]

No debemos abandonar la convicción de que Dios es realmente en Sí mismo lo que Él revela ser para satisfacer ninguna especulación metafísica acerca de la diferencia entre esencia y atributo en un Ser infinito. Por ello, los atributos de Dios no son simplemente diferentes concepciones en nuestras mentes, sino diferentes modos en los que Dios se comunica a Sí mismo a sus criaturas (o consigo mismo), de la misma manera en que nuestras varias facultades son diferentes modos en los que la inescrutable sustancia del yo se manifiesta en nuestra consciencia y en nuestras actividades. [...] Leibniz expresa la misma gran verdad cuando dice: «Las perfecciones de Dios son las de nuestras propias almas, pero Él las posee sin límites. Él es un océano del que nosotros sólo hemos recibido unas pocas gotas. Hay en nosotros algo de poder, algo de conocimiento, algo de bondad; pero estos atributos se encuentran en su integridad en Él».[1] Hay verdaderamente peligro en ambos extremos: el de degradar a Dios en nuestros pensamientos, reduciéndole a la norma de nuestra naturaleza, y peligro de negarle tal como Él se revela. En nuestros días, y entre las personas instruidas, especialmente entre estudiantes de filosofía, el segundo peligro es con mucho el mayor. Deberíamos recordar que perdemos a Dios cuando perdemos nuestra confianza en decirle ¡Tú! a Él, con la certidumbre de ser oídos y auxiliados.

3. La clasificación de los atributos divinos

[...] El objeto de la clasificación es el orden, y el objeto del orden es la claridad. Hasta allí donde se logre este fin, es un bien. Pero la gran diversidad de métodos que se han propuesto da evidencia de que ningún método de clasificación tiene tales ventajas que hayan asegurado su general aceptación.

1. Algunos, como ya hemos visto, pasan por alto toda necesidad de clasificación al reducirlos todos a la unidad, o considerándolos como diferentes fases bajo las que contemplamos al Ser Supremo como base de todas las cosas. Para ellos, la discusión de los atributos divinos es un análisis de la idea del Infinito y del Absoluto.

2. Otros disponen los atributos según el modo mediante el que llegamos a su conocimiento. Nos formamos una idea de Dios, se dice, (1) Por vía de causalidad; esto es, atribuyéndole a Él como la gran causa primera toda virtud manifestada por los efectos que Él produce. (2) Por vía de negación; esto es, negando de Él las limitaciones e imperfecciones que pertenecen a Sus criaturas. (3) Por vía de eminencia, exaltando hasta un grado de infinitud las perfecciones que pertenecen a un Ser infinito. Si es así, los atributos que se conciben por uno de estos métodos pertenecen a una clase, y aquellos concebidos por otro, o de los que llegamos a conocer por otro método, pertenecen a otra clase. Este principio de clasificación es quizá el más adoptado. Sin embargo, da origen realmente sólo a dos clases de atributos, esto es, los positivos y los negativos, esto es, aquellos en los que algo se afirma y aquellos en los que algo se niega acerca de Dios. A la clase negativa generalmente se asignan la simplicidad, infinitud, eternidad e inmutabilidad; a la positiva, el poder, el conocimiento, la santidad, la justicia, la bondad y la verdad. En lugar de llamar a la una clase negativa o a la otra positiva, son frecuentemente distinguidos como absolutos y relativos. Por atributo absoluto se significa uno que pertenece a Dios considerado en Sí mismo, y que no implica relación con otros seres; por atributo relativo se significa uno que implica relación con un objeto. También se distinguen como inmanentes y transitivos, como incomunicables y comunicables. Estos términos se usan indistintamente. No expresan diferentes modos de clasificación, sino que son modos diferentes de designar la misma clasificación. [...]

3. Un tercer principio de clasificación es el derivado de la constitución de nuestra propia naturaleza. En el hombre hay la sustancia o esencia del alma, el intelecto y la voluntad. Por ello, se dice que podemos disponer de una manera muy natural los atributos de Dios bajo tres encabezamientos. Primero, los que pertenecen a su esencia; segundo, los que se refieren a su intelecto, y tercero, los que se refieren a su voluntad, siendo tomada la palabra voluntad en su sentido más amplio.

4. Otros por su parte buscan el principio de clasificación en la naturaleza de los atributos mismos. Algunos incluyen la idea de excelencia moral, y otros no. Por ello, se distinguen entre naturales y morales. Pero la palabra natural es ambigua. Tomándola en el sentido de lo que

---

1. «Théodicée», Prefacio, en *Works,* pág. 469, edición de Berlín, 1840.

constituye o pertenece a la naturaleza, la santidad y la justicia de Dios son tan naturales como su poder o conocimiento. Y por otra parte, Dios es infinito y eterno en sus perfecciones morales, aunque la infinitud y la eternidad no sean perfecciones distintivamente morales. En el sentido común y familiar de la palabra natural, los términos natural y moral expresan una verdadera distinción. [...]

El hecho de que se hayan adoptado tantos principios diferentes de clasificación, y que cada uno de estos principios se desarrolle en tantas maneras diferentes, nos muestra la incertidumbre y dificultad que conlleva esta cuestión. En lo que sigue se propone aceptar la guía de la respuesta dada en el «Catecismo de Westminster» a la pregunta de ¿Qué es Dios? Se acepta en esta respuesta que Dios es un Ser existente en sí mismo y necesario; y se afirma de Él: I. Que Él es un Espíritu. II. Que como tal Él es infinito, eterno e inmutable. III. Que Él es infinito, eterno e inmutable, (1) En su ser. (2) En todo lo que pertenece a su inteligencia, esto es, en su conocimiento y sabiduría. (3) En todo lo que pertenece a su voluntad, esto es, su poder, santidad, justicia, bondad y verdad. Sean cuales sean las objeciones especulativas que se puedan hacer a este plan, tiene la ventaja de ser sencillo y conocido.

4. La espiritualidad de Dios

A. El significado de la palabra «Espíritu».

El principio fundamental de la interpretación de todos los escritos, sean sagrados o profanos, es que las palabras deben ser comprendidas en su sentido histórico: esto es, en el sentido en que se pueda demostrar históricamente que fueron empleados por sus autores y en que debían ser entendidas por parte de aquellos a los que se dirigían. El objeto del lenguaje es la comunicación del pensamiento. A no ser que las palabras sean tomadas en el sentido en que los que las emplean saben que van a ser entendidas, fracasan en su designio. Siendo que las Sagradas Escrituras son las palabras de Dios al hombre, estamos obligados a tomarlas en el sentido en el que aquellos a los que se dirigían originalmente tienen que haberlas inevitablemente tomado. ¿Cuál es el sentido de la palabra «espíritu»? O, más bien, ¿cuál es el uso aceptado de las palabras hebrea y griega con la que se corresponde nuestra palabra «espíritu»? Al responder a esta pregunta, aprendemos lo que nuestro Señor quería decir al afirmar que Dios es Espíritu. Originalmente, las palabras[2] **ruach** y *pneuma* significaban aire en movimiento, especialmente el aliento, como en la frase *pneuma biou* [aliento de vida]; luego, cualquier poder invisible; luego el alma humana. Por ello, al decir que Dios es Espíritu, nuestro Señor nos autoriza a creer que aquello que sea esencial a la idea de un espíritu, tal como lo aprendemos de nuestra propia consciencia, debe ser aplicado a Dios como determinando su naturaleza. Acerca de este tema la consciencia enseña, y ha enseñado a todos los hombres:

1. Que el alma es una sustancia; que nuestros pensamientos y sentimientos tienen una base común, de la que son los variados estados o actividades. La sustancia es aquello que tiene una existencia objetiva, y tiene permanencia y poder. Incluso Kant dice: «Allí donde hay operación, y por consiguiente actividad y fuerza, hay sustancia».[3] [...] Como ya se ha observado anteriormente, es igual de impensable que haya movimiento sin algo que se mueva.

2. La consciencia enseña que el alma es una subsistencia individual. Esto queda incluido en la consciencia de la unidad, identidad y permanencia del alma. No se trata sólo de que estemos conscientes de ciertos estados del alma, de los cuales inferimos su sustancia y subsis-

---

2. Adviértase que en las transcripciones se emplea la **negrita** para el hebreo, y la *cursiva* para el griego [N. del T.]
3. *Werke,* edición de Leipzig, 1838, Vol. II, pág. 173.

tencia, sino que estos son los contenidos del conocimiento que nos son dados en la consciencia del yo. El famoso aforismo de Descartes, *Cogito, ergo sum*, [Pienso, luego existo], no es un silogismo. No significa que la existencia se infiera en base de la consciencia del pensamiento; más bien que la consciencia del pensamiento involucra la consciencia de la existencia. Descartes mismo entendía esto de esta manera [...]. Esta subsistencia individual está así involucrada en la consciencia del yo, porque en la consciencia del yo nos distinguimos a nosotros mismos de todo aquello que no es nosotros mismos.

3. Como a cada sustancia le pertenece un poder de alguna clase, el poder que le pertenece al espíritu, a la sustancia del yo, es la del pensamiento, sentimiento y voluntad. Todo esto se da en la forma más simple de consciencia. No estamos más ciertos de que existimos que de que pensamos, sentimos y queremos. Nos conocemos a nosotros mismos sólo como pensando, sintiendo y queriendo, y por ello estamos seguros de que estos poderes o facultades son los atributos esenciales de un espíritu, y que tienen que pertenecer a cada espíritu.

4. La consciencia nos informa asimismo de la unidad o simplicidad del alma. No está compuesta de diferentes elementos. Está compuesta de sustancia y forma. Es una sustancia simple que posee ciertos atributos. Es incapaz de separación o división.

5. Al ser conscientes de nuestra subsistencia individual, estamos conscientes de la personalidad. No cada subsistencia individual es una persona. Pero cada subsistencia individual que piensa y siente y tiene la capacidad de la autodeterminación es una persona; y, por tanto, la consciencia de nuestra subsistencia y de los poderes del pensamiento y volición es la consciencia de la personalidad.

6. Somos también conscientes de ser agentes morales, susceptibles de carácter moral, y sujetos de obligación moral.

7. No será necesario añadir que cada espíritu debe poseer consciencia del yo. Esto está involucrado en todo lo anterior. Sin consciencia del yo, seríamos un mero poder de la naturaleza. Esta es la misma base de nuestro ser, y está necesariamente involucrada en la idea del yo como una existencia real. [...]

La Biblia reconoce en todas partes como verdaderas las convicciones intuitivas de los hombres. Una de estas convicciones es que el espíritu no es materia, ni la materia espíritu; que unos atributos diferentes e incompatibles no pueden pertenecer a la misma sustancia. Así, al revelarnos que Dios es Espíritu, nos revela que no se puede predicar ningún atributo material de la esencia divina. El realista dualismo que subyace en el fondo de todas las convicciones humanas subyace también a todas las revelaciones de la Biblia.

B. Consecuencias de la Espiritualidad de Dios.

Si Dios es Espíritu, sigue de ello necesariamente que Él es una persona, un agente consciente de sí mismo, inteligente y voluntario. Como todo esto está involucrado en nuestra consciencia de nosotros mismos como espíritu, debe ser todo cierto de Dios, o Dios sería de un orden de ser inferior al del hombre.

Sigue también que Dios es un Ser simple, no sólo como no compuesto de elementos diferentes, sino también como no admitiendo de la distinción entre sustancia y accidentes. Nada se puede añadir ni quitar a Dios. En esta perspectiva, la simplicidad, así como todos los otros atributos de Dios, es de un orden más elevado que los correspondientes atributos de nuestra naturaleza espiritual. El alma del hombre es una sustancia simple; pero está sujeta a cambios. Puede ganar y perder conocimiento, santidad y poder. Así, estos son accidentes en nuestra sustancia. Pero en Dios son atributos, esenciales e inmutables.

Finalmente, sigue de que Dios sea espíritu que Él es un Ser moral así como inteligente. Está involucrado en la misma naturaleza de nuestro ser voluntario y racional que se conforme a la regla de lo recto, que en el caso de Dios es su propia infinita razón. Estas son verdades primarias, que no deben ser sacrificadas ante ninguna objeción especulativa. Es en vano que se nos diga que un espíritu infinito no puede ser una persona, por cuanto la personalidad implica la distinción entre el yo y el no yo, y que esto es una limitación. Es igualmente en vano decir que Dios no puede tener excelencia moral, porque la bondad moral implica conformidad a una ley, y que la conformidad con la leyes también es inconsistente con la idea de un Ser absoluto. Estas son vacuas especulaciones; e incluso si fueran capaces de una solución satisfactoria no ofrecerían ninguna base racional para rechazar las verdades intuitivas de la razón y de la consciencia. Hay ya suficientes misterios en nuestra naturaleza, y sin embargo ninguna persona en sus cabales niega su propia existencia personal y responsabilidad moral. Y es peor que loco el que es seducido mediante estos sofismas a renunciar a su fe en Dios como espíritu personal y Padre amante.

Las Escrituras confirman lo anterior.

Apenas será necesario observar que las Escrituras describen a Dios en todo lugar como poseyendo los atributos anteriormente mencionados de un espíritu. Toda la religión reposa sobre este fundamento; toda la relación con Dios, toda adoración, toda oración, toda confianza en Dios como preservador y redentor. El Dios de la Biblia es una persona. Él habló con Adán. Él se reveló a Noé. Él concertó pacto con Abraham. Él conversó con Moisés, como amigo, cara a cara. En todas partes emplea los pronombres personales. Él dice: «Mi nombre es "Yo Soy"». Yo soy el Señor, tu Dios. Yo soy misericordioso y lleno de gracia. Invócame y yo te responderé. Como un padre se compadece de sus hijos, así el Señor se compadece de los que le temen. Oh Tú, que escuchas la oración, a Ti acudirá toda carne. Nuestro Señor ha puesto en nuestros labios unas palabras que nos revelan que Dios es espíritu, y todo lo que ser espíritu implica, al enseñarnos a decir: «Padre nuestro que estás en los cielos, santificado sea tu nombre. Venga tu reino. Hágase tu voluntad». En todas partes, el Dios de la Biblia es contrastado con los dioses de los paganos, como un Dios que ve, que oye y que ama. Y estas no son verdades *reguladoras*, sino verdades reales. Dios no se burla de nosotros cuando se nos presenta así como un Ser personal con quien podemos tener relación, y que está presente en todo lugar, para ayudar y salvar.

5. Infinitud.

Aunque Dios se revela como un Ser personal capaz de comunicarse con el hombre, a quien podemos adorar y amar, y a quien podemos orar con la certidumbre de ser oídos y contestados, sin embargo Él llena el cielo y la tierra; Él está por encima de todo lo que podamos conocer o pensar. Él es infinito en su Ser y perfecciones. Las ideas con las que estamos más familiarizados son a menudo aquellas de las que menos podemos dar una explicación inteligente. El espacio, el tiempo y la infinitud están entre los más difíciles problemas del pensamiento humano. ¿Qué es el espacio? Ésta es una pregunta que nunca ha sido contestada satisfactoriamente. Algunos dicen que es nada; donde nada es, el espacio no es; es «una negación definida por límites»; otros, con Kant y Hamilton, dicen que es «una condición del pensamiento», «la condición subjetiva de la sensibilidad»; otros que es un atributo o accidente de Dios; otros que es aquello en lo cual verdaderas existencias pueden actuar y moverse. A pesar de estas declaraciones contradictorias de filósofos, y de lo verdaderamente arcano de la cuestión, toda persona sabe de manera muy clara y definida qué es lo que significa la palabra «espacio», aunque no pueda definirlo de manera satisfactoria. Algo muy semejante sucede con la idea de infinitud. Si los hombres se contentaran con dejar la idea en su integridad, como simplemente expresando aquello que no admite limitaciones, no habría peligro en especular acerca de su naturaleza. Pero en todas las edades las ideas erróneas acerca de lo que es el infinito han llevado a errores fatales en filosofía y religión. Sin tratar de detallar las especulaciones de los filósofos acerca de esta cuestión, intentaremos simplemente enunciar lo que se significa cuando se dice que Dios es infinito en su ser y perfecciones.

La idea de Infinitud no es meramente negativa.

El ser, en este contexto, es aquello que es o que existe. El ser de Dios es su esencia o sustancia, de la que sus perfecciones son los atributos esenciales o modos de manifestación. Cuando se dice que Dios es infinito en cuanto a su ser, lo que se significa es que no se le puede asignar limitación alguna a su esencia. A menudo se dice que nuestra idea del infinito es meramente negativa. Hay un sentido en el que ello puede ser cierto, pero hay otro sentido en el que no es cierto. Es cierto que la forma de la proposición es negativa cuando decimos que no se puede asignar límite alguno al espacio, o a la posible duración, o al ser de Dios. Pero ello implica la afirmación de que el objeto del que se predica la infinitud es ilimitable. Es una idea tan positiva la que expresamos cuando decimos que algo es infinito, como cuando decimos que es finito. Desde luego, no podemos formarnos una concepción o imagen mental de un objeto infinito, pero la palabra, sin embargo, expresa un juicio positivo de la mente. [...] Así, cuando decimos que Dios es infinito, significamos algo; expresamos una gran verdad positiva.

A. El Infinito no es el Todo.

El infinito, aunque ilimitable e incapaz de aumento, no es necesariamente el todo. Un cuerpo infinito tiene que incluir todos los cuerpos, el espacio infinito todas las porciones de espacio, y la duración infinita todos los períodos de duración. Por ello, Mansel dice que un ser infinito tiene que incluir necesariamente dentro de él mismo todas las formas o modos reales y posibles de ser. [...]

Ya se ha observado en un capítulo anterior, en referencia a este modo de razonar, que proviene de una idea errónea del infinito. Una cosa puede ser infinita en su propia naturaleza, sin impedir la posibilidad de la existencia de cosas de una naturaleza diferente. Un espíritu infinito no impide la suposición de la existencia de la materia. Puede que haya incluso muchos infinitos de la misma clase, como podemos imaginar un número de líneas infinitas. Por ello, el infinito no es el todo. Un espíritu infinito es un espíritu a cuyos atributos como espíritu no se le pueden poner límites. No impide la existencia de otros espíritus, como tampoco la infinita bondad impide la existencia de bondad finita, o el poder infinito la existencia del poder finito. Dios es infinito en su ser porque no se puede asignar límite alguno a sus perfecciones, y porque está presente en todas las porciones del espacio. Se dice que un ser está presente allí donde percibe y actúa. Como Dios percibe y actúa en todas partes, está presente en todas partes. Sin embargo, ello no impide la presencia de otros seres. Una multitud de hombres incluso puede percibir y actuar en el mismo tiempo y lugar. Además, tenemos muy poco conocimiento de la relación que el espíritu tiene con el espacio. Sabemos que los cuerpos ocupan porciones del espacio con exclusión de otros cuerpos; pero no sabemos que los espíritus no puedan coexistir en la misma porción de espacio. Una legión de demonios moraba en un hombre.

B. La infinitud de Dios en relación con el espacio.

La infinitud de Dios, por lo que concierne al espacio, incluye su inmensidad y omnipresencia. Estos no son dos atributos diferentes, sino uno y el mismo considerado bajo diferentes aspectos. Su inmensidad es la infinitud de su ser, contemplado como perteneciente a su naturaleza desde la eternidad. Él llena la inmensidad con su presencia. Su omnipresencia es la infinitud de su ser, contemplada en relación con sus criaturas. Él está igualmente presente con todas sus criaturas, en todo tiempo y lugar. Él no está lejos de ninguno de nosotros. «El Señor está aquí» se puede decir con toda veracidad y confianza, en todas partes. Los teólogos suelen distinguir tres modos de presencia en el espacio. Los cuerpos están en el espacio de una manera circunscrita. Están limitados por él. Los espíritus están en el espacio de una manera definida. No están en todas partes, sino sólo en alguna. Dios está en el espacio de manera que lo llena todo. En otras palabras, las limitaciones del espacio no tienen referencia a Él. No está ausente de ninguna porción del espacio, ni más presente en una porción que en otra. Esto, naturalmente, no debe ser entendido de extensión o difusión. La extensión es una propiedad de la materia, y no puede predicarse de Dios. Si estuviera extendido, podría ser dividido y separado; una parte de Dios estaría aquí, y otra allí. Tampoco debe entenderse su omnipresencia como una mera presencia en conocimiento y poder. Es una omnipresencia de la esencia divina. Si no fuera así, la esencia de Dios estaría limitada. Así, la doctrina enseñada por los antiguos socinianos de que la esencia de Dios está limitada al cielo (sea donde sea que esté), y que en los demás lugares está sólo en cuanto a su conocimiento y eficiencia, es incongruente con las perfecciones divinas y con la descripción en las Escrituras. Tal como Dios actúa en todas partes, está presente en todas partes. [...] La Biblia enseña la infinitud de Dios, como implicando su inmensidad y omnipresencia, en los términos más claros. Se dice que todo lo llena en todo, esto es, el universo en todas sus partes (Ef 1:23). «¿Soy yo Dios de hace poco solamente, dice Jehová, y no Dios desde muy lejos? ¿Se ocultará alguno, dice Jehová, en escondrijos que yo no lo vea? ¿No lleno yo, dice Jehová, el cielo y la tierra?» (Jer 23:23, 24). «¿Adónde me iré lejos de tu espíritu? ¿Y adónde huiré de tu presencia? Si subo a los cielos, allí estás tú; y si en el Seol trato de acostarme, he aquí, allí tú estas. Si tornara las alas del alba y emigrara hasta el confín del mar, aun allí me alzaría tu mano, y me agarraría tu diestra» (Sal 139:7-12). Es «en él que [nosotras, todas las criaturas] vivimos, y nos movemos, y somos». (Hch 18:28). En todas partes del Antiguo y del Nuevo Testamento, Dios es descrito como un Ser espiritual, sin forma, invisible, a quien nadie ha visto ni puede ver; que mora en luz inaccesible, lleno de gloria; no sólo como el creador y preservador, sino también como gobernador de todas las cosas; como en todas partes presente, y en todas partes impartiendo vida y asegurando el orden; presente en cada brizna de hierba, pero conduciendo a la Osa Mayor en su curso, dirigiendo las estrellas como hueste, llamándolas por sus nombres; presente también en cada alma humana, dándole entendimiento, dotándola de dones, obrando en ella el hacer y el querer. El corazón humano está en sus manos, y Él lo vuelve como vuelve los repartimientos de las aguas. Allí donde en el universo haya evidencia de la mente en las causas materiales, allí, según la Escritura, está Dios, controlando y conduciendo aquellas causas para el cumplimiento de sus sabios designios. Él está en todas las cosas y sobre todas ellas; pero esencialmente diferente de todas, siendo sobre todas, independiente de e infinitamente exaltado sobre todas ellas. Así, esta inmensidad y omnipresencia de Dios es la ubicuidad de la esencia divina, y consiguientemente del poder, sabiduría y bondad divinos. Como las aves en el aire y los peces en la mar, así también nosotros estamos siempre rodeados y sustentados por Dios. Es así que Él es infinito en su ser, sin absorber a todos los seres creados en su propia esencia, sino sustentándolos a todos en sus subsistencias individuales, y en el ejercicio de sus propios poderes.

6. La Eternidad.

A. La Doctrina escritural.

La infinitud de Dios en relación con el espacio es su inmensidad u omnipresencia. En relación con la duración, es su eternidad. Así como Él está libre de las limitaciones del espacio, de la misma manera está exaltado sobre todas las limitaciones del tiempo. Así como Él no está más en un lugar que en otro, así no existe más durante un período de duración que en otro. Para Él no hay distinción entre el presente, el pasado y el futuro; todas las cosas están igualmente y siempre presentes para Él. Para Él la duración es un eterno ahora. Ésta es la postura popular y la de las Escrituras acerca de la eternidad de Dios. «Antes que naciesen los montes y formases la tierra y el mundo, desde el siglo y hasta el siglo, tú eres Dios» (Sal 90:2). «Desde el principio tú fundaste la tierra, y los cielos son obra de tus manos. Ellos perecerán, mas tú permanecerás; y todos ellos como una vestidura se envejecerán; como un vestido los mudarás, y serán mudados; pero tú eres el mismo, y tus años no se acabarán» (Sal 102:25-27). Él es «el Alto y Sublime, el que habita la eternidad» (Is 57:15). «Yo soy el primero, y yo soy el postrero, y fuera de mí no hay Dios» (Is 44:6). «Mil años delante de tus ojos son como el día de ayer, que pasó» (Sal 90:4). «Para con el Señor un día es como mil años, y mil años como un día» (2 P 3:8). Él es «el mismo ayer, y hoy, y por los siglos» (He 13:8). Dios es «el que es [que siempre es] y que era y que ha de venir» (Ap 1:4). A lo largo de toda la Biblia se le llama el Dios eterno, el único que posee inmortalidad. La revelación primordial de Él al pueblo del pacto fue el «Yo Soy».

Lo que se enseña en este y similares pasajes es, primero, que Dios es sin principio de años ni fin de días. Él es, y siempre ha sido, y siempre será; y, segundo, que para Él no hay ni pasado ni futuro; que el pasado y el futuro son siempre e igualmente presentes para Él.

Perspectiva filosófica.

[...] Nuestra idea de la eternidad la obtenemos de nuestra idea del tiempo. Estamos conscientes de existencia en el espacio, y estamos conscientes de una existencia prolongada o continuada. Las ideas de espacio y de duración se dan necesariamente en la consciencia de la existencia continuada. Vemos también que los acontecimientos se suceden unos a otros, que ocurren con separaciones de duración más o menos larga, así como los cuerpos están separados por un intervalo más o menos grande de espacio. Por ello, no conocemos, ni por nuestra consciencia ni por experiencia, de ningún tipo de duración que no sea sucesivo. En lugar de decir, como se dice comúnmente, que el tiempo es duración medida por sucesión, lo que supone que la duración es antecedente a aquello por medio de lo cual es medida e independiente de ella, algunos sostienen que es inconcebible e imposible la duración sin sucesión. Así como el espacio es definido como «negación entre las líneas de límite de las formas», así se dice del tiempo que es «la negación entre los puntos de límite del movimiento». O, en otras palabras, que el tiempo es «el intervalo que un cuerpo en movimiento marca en su tránsito desde un punto del espacio a otro».[4] Por ello, si no hay cuerpos con forma, no hay espacio; y si no hay movimiento, no hay tiempo. «Si todas las cosas fueran aniquiladas, el tiempo, lo mismo que el espacio, sería aniquilado, porque el tiempo depende del espacio. Si todas las cosas fueran aniquiladas, no podría haber transiciones, ni sucesiones de un objeto con respecto a otro, porque no habría objeto en ser: todo sería perfecta vacuidad, nada, ausencia de ser. En una total aniquilación, no podría haber ni espacio ni tiempo».[5] [...] [Según esto], Dios, con ello, si es una persona, un Ser pensante, no podría ser atemporal: tendría que haber una sucesión; un pensamiento o estado tiene que seguir a otro. Se dice que negar esto es negar la personalidad de Dios. Por ello, la sentencia de los escolásticos -de que es un persistente e inmóvil Ahora- queda con esto repudiada.

---

4. Jamieson, pág. 199.
5. *Ibid.*, pág. 163.

Sin embargo, hay dos sentidos en los que se niega la sucesión en Dios. El primero se refiere a acontecimientos externos. Estos están siempre presentes en la mente de Dios. Él los contempla en todas sus relaciones sean causales o cronológicas. Él ve cómo se suceden el uno al otro en el tiempo, como vemos nosotros una parada militar, pudiendo verla toda de una sola mirada. En esto quizá no hay nada que trascienda de una manera absoluta a nuestra comprensión. El segundo aspecto de la cuestión tiene que ver con la relación de sucesión de los pensamientos y actos de Dios. Cuando ignoramos, es sabio callar. No tenemos derecho a afirmar o a negar, cuando no podemos saber lo que nuestra afirmación o negación pueda involucrar o implicar. Sabemos que Dios está constantemente produciendo nuevos efectos, efectos que se van sucediendo unos a otros en el tiempo. Pero no sabemos que estos efectos se deban a ejercicios sucesivos de la eficiencia divina. Desde luego, nos es incomprensible a nosotros cómo puede ser de otra manera. Los milagros de Cristo fueron debidos al ejercicio inmediato de la eficiencia divina. Decimos palabras a las que no podemos asignar significado cuando decimos que estos efectos fueron debidos no a un acto o volición contemporánea de la mente divina, sino a un acto eterno, si es que tal frase no es un solecismo. De la misma manera quedamos confundidos cuando se nos dice que nuestras oraciones no son oídas y contestadas en el tiempo -que Dios es atemporal- que lo que Él hace al escuchar y responder a nuestras oraciones, y en su diaria providencia, lo hace desde la eternidad. Es cierto que Dios está sujeto a todas las limitaciones de la personalidad, si es que las hay. Pero por cuanto tales limitaciones son las condiciones de que sea una persona y no una mera fuerza involuntaria, son las condiciones de su perfección infinita. Como el constante pensar y actividad está implicada en la misma naturaleza de un espíritu, esto debe pertenecer a Dios; y hasta allí donde el pensar y actuar involucre sucesión, la sucesión debe pertenecer a Dios. Hay misterios relacionados con la sucesión cronológica, en la naturaleza, que no podemos explicar. Sabemos que en sueños se pueden comprimir meses en unos momentos, y unos momentos se pueden expandir a meses, por lo que a nuestra consciencia respecta. Sabemos que a menudo les sucede a los que se aproximan a la muerte, que todo el pasado se hace instantáneamente presente. Si Dios nos hubiera constituido de tal manera que la memoria fuera tan vívida como la actual consciencia, no habría para nosotros pasado, por lo que a nuestra existencia personal concierne. No es imposible que en el más allá la memoria se convierta en la consciencia del pasado; que todo lo que jamás pensamos, sentimos o hicimos, esté siempre presente en la mente; que todo lo escrito en esta tabla sea indeleble. [...] Si somos incapaces de comprendernos a nosotros mismos, no deberíamos pretender poder comprender a Dios. Tanto si podemos comprender cómo puede haber sucesión en los pensamientos de Aquel que habita en la eternidad como si no, no debemos negar, para vencer la dificultad, que Él Dios es un Ser inteligente, que Él realmente piensa y siente. Dios es una persona, y todo lo que implica la personalidad tiene que ser cierto de Él. [...]

7. Inmutabilidad.

La inmutabilidad de Dios está íntimamente relacionada con su inmensidad y eternidad, y es frecuentemente incluida con ambas en las declaraciones de las Escrituras acerca de su naturaleza. Así, cuando se dice que Él es el Primero y el Postrero; el Alfa y la Omega, el mismo ayer, y hoy y por los siglos; o cuando en contraste con el mundo siempre cambiante y perecedero, se dice: «Ellos serán mudados, mas tú eres el mismo», no es su eternidad más que su inmutabilidad lo que se nos expone. Como un Ser infinito y absoluto, existente en sí mismo y totalmente independiente, Dios está exaltado sobre todas las causas e incluso sobre la posibilidad de cambio. El infinito espacio y la infinita duración no pueden cambiar. Tienen que ser siempre lo que son. Así es Dios absolutamente inmutable en su esencia y atributos. Él no puede ni aumentar ni decrecer. No está sujeto a ningún proceso de desenvolvimiento, ni de evolución del yo. Su conocimiento y poder nunca pueden ser ni mayores ni menores. Nunca puede ser más sabio ni más santo, ni más justo ni más misericordioso de lo que siempre ha sido y siempre ha de ser. Y no es menos inmutable en sus planes y propósitos. Infinito en sabiduría, no puede haber error en su concepción de los mismos; infinito en poder, no puede haber fallo en el cumplimiento de los mismos. Él es «el Padre de las luces, en el cual no hay fases ni períodos de sombra» (Stg 1:17). «Dios no es hombre, para que mienta, ni hijo de hombre, para que se arrepienta. Él dijo, ¿y no hará? Habló, ¿y no lo ejecutará?» (Nm 23:19). «Porque yo Jehová no cambio» (Mal 3:6). «Pero el consejo de Jehová permanecerá para siempre; los designios de su corazón por todas las generaciones» (Sal 33:11). [...] «Acordaos de las cosas pasadas desde los tiempos antiguos; porque yo soy Dios, y no hay otro Dios, y nada hay semejante a mí, que anuncio lo por venir desde el principio, y desde la antigüedad lo que aún no era hecho; que digo: Mis planes permanecerán, y haré todo lo que quiero» (Is 46:9, 10). [...]

Teólogos hay que en su intento de enunciar en lenguaje filosófico la doctrina de la Biblia acerca de la inmutabilidad de Dios, son propensos a confundir la inmutabilidad con la inmovilidad. Al negar que Dios puede cambiar, parecen negar que pueda actuar. [...] Es en vano que pretendamos comprender a perfección al Omnipotente. Sabemos que Dios es inmutable en su ser, en sus perfecciones y en sus propósitos; y sabemos que Él es perpetuamente activo. Y que por ello la actividad y la inmutabilidad deben ser compatibles; y no se debería admitir ninguna explicación de esta última que sea inconsecuente con la primera. [...]

Debemos mantenernos en las enseñanzas de las Escrituras, y rehusar subordinar la autoridad de las mismas y las convicciones intuitivas de nuestra naturaleza moral y religiosa a las definiciones arbitrarias de cualquier sistema filosófico. La Biblia enseña en todo lugar que Dios es un Ser absoluto, en el sentido de ser existente en sí mismo, necesario, independiente, inmutable, eterno, y sin limitación ni relación necesaria con nada fuera de Él mismo. Enseña además que es infinito: no en el sentido de incluir todo ser, todo poder, todo conocimiento en Él mismo, para exclusión de todos los otros agentes inteligentes, sino en el sentido de que no se puede asignar límite alguno a su ser o perfecciones aparte del que provenga de su misma perfección. Él dejaría de ser infinito si pudiera ser no sabio o no veraz. Se debe recordar que Dios es infinito y absoluto como espíritu, y un espíritu, por su naturaleza, es viviente, activo, inteligente, auto-consciente y personal.

8. Conocimiento.

A. Su naturaleza

Por conocimiento se significa la aprehensión intelectual de la verdad. Supone un sujeto y un objeto; un sujeto inteligente que aprehende, y algo verdadero que es aprehendido.

Por lo que a nosotros concierne, el conocimiento es o bien intuitivo, o bien discursivo. Nuestros sentidos nos dan conocimiento inmediato de sus objetos apropiados; el entendimiento percibe verdades primarias de manera intuitiva; nuestra naturaleza moral y estética nos da un conocimiento inmediato de cosas buenas o malas, y hermosas o deformadas. Pero la mayor parte de nuestro conocimiento es derivado *ab extra*, por instrucción, observación, comparación, deducción, etc. En todos los casos tenemos la distinción entre la mente que percibe y el objeto que es percibido.

Siendo ésta la naturaleza del conocimiento, ¿puede haber conocimiento en Dios? ¿Puede haber esta distinción entre sujeto y objeto en un Ser absoluto e infinito? No sólo están dispuestos los malvados y los mundanos a pensar que Dios no puede conocer; que o bien Él es demasiado sublime para dedicarse a conocer las cosas terrenas, o que es imposible incluso para una mente infinita abarcar el universo y todos sus perpetuos cambios en su visión mental, sino que la posibilidad del conocimiento, en el sentido ordinario y propio de la palabra, le es expresamente negada a Dios por una gran clase de filósofos, y virtualmente incluso por muchos teólogos de gran talla en la historia de la Iglesia. [...]

La doctrina de la Escritura acerca de este extremo.

La enseñanza de la Escritura acerca de esto, que distingue los atributos de Dios como distintos, y asume que el conocimiento en Él, en su naturaleza esencial, es lo que el conocimiento es en nosotros, no entra en conflicto con la unidad y simplicidad de Dios como ser espiritual. Hay un sentido en el que el conocimiento y el poder, el intelecto y la voluntad, pueden ser considerados como idénticos en el hombre. No son sustancias diferentes. Son diferentes modos en los que se manifiestan la vida o actividad del alma. Así en Dios cuando concebimos de Él como espíritu, no pensamos en Él como un ser compuesto, sino como manifestando su infinita vida y actividad, conociendo, queriendo y haciendo. Así, lo que tenemos que retener, si queremos retener a Dios, es que el conocimiento en Dios es conocimiento, y no poder o eternidad; esto es lo que el conocimiento es en nosotros, no desde luego en sus modos y objetos, sino en su naturaleza esencial. Tenemos que eliminar de nuestras concepciones de los atributos divinos todas las limitaciones e imperfecciones que pertenecen a los atributos correspondientes en nosotros; pero no debemos destruir su naturaleza. Y en la determinación de lo que es y de lo que no es consistente con la naturaleza de Dios como un ser infinitamente perfecto, debemos ser controlados por las enseñanzas de las Escrituras, y por las necesidades (o leyes) de nuestra naturaleza moral y religiosa, y no por nuestros conceptos especulativos del Infinito y del Absoluto. Así, Dios puede conocer y conoce en el sentido normal y propio de la palabra. Él es un ojo siempre presente, ante el cual todas las cosas son perfectamente manifiestas. «Todas las cosas están desnudas y descubiertas a los ojos de aquel a quien tenemos que dar cuenta» (He 4:13). «Lo mismo [le] son las tinieblas que la luz» (Sal 139:12). «El que plantó la oreja, ¿no oirá? El que formó el ojo, ¿no verá?» (Sal 94:9). «Oh Jehová, tú me has escrutado y me conoces. Tú conoces mi sentarme y mi levantarme; percibes desde lejos mis pensamientos» (Sal 139:1, 2). «Los ojos de Jehová están en todo lugar, mirando a los malos y a los buenos» (Pr 15:3). «El Seol y el Abadón están delante de Jehová; ¡cuánto más los corazones de los hijos de los hombres!» (Pr 15:11). «Grande es el Señor nuestro, y de mucho poder; y su entendimiento es infinito» (Sal 147:5). «Oh casa de Israel, [...] sé muy bien lo que pensáis» (Ez 11:5). «Desde la eternidad conoce el Señor su obra» (Hch 15:18). «Hasta los cabellos de vuestra cabeza están todos contados» (Mt 10:30).

Este conocimiento de Dios no sólo lo abarca todo, sino que es intuitivo e inmutable. Él conoce todas las cosas como son, el ser como ser, los fenómenos como fenómenos, lo posible como posible, lo real como real, lo necesario como necesario, lo libre como libre, lo pasado como pasado, lo presente como presente, lo futuro como futuro. Aunque todas las cosas están siempre presentes delante de Él, las ve sin embargo como sucesivas en el tiempo. La vasta procesión de acontecimientos, pensamientos, sentimientos y acciones se levanta abierta delante de su vista.

Este conocimiento infinito de Dios no es sólo clara y constantemente declarado en la Escritura, sino que también es evidentemente incluido en la idea de un ser absolutamente perfecto. Tal ser no puede ignorar nada; su conocimiento no puede ni aumentar ni disminuir. La omnisciencia de Dios sigue también de su omnipresencia. Como Dios llena los cielos y la tierra, todas las cosas tienen lugar en su presencia. Él conoce nuestros pensamientos mucho mejor que nosotros mismos. Esta plenitud del conocimiento divino se da por supuesta en todos los actos de culto. Oramos a un Dios que, creemos nosotros, conoce nuestro estado y necesidades, que oye lo que decimos, y que puede suplir a todas nuestras necesidades. A no ser que Dios fuera así omnisciente, Él no podría juzgar al mundo con justicia. Así, la fe en este atributo en su integridad es esencial incluso para la religión natural.

B. Los objetos del conocimiento divino.

Son varias las distinciones que los teólogos hacen en cuanto a los objetos del conocimiento divino.

1. De Dios se predica que se conoce a Sí mismo y a todas las cosas extrínsecas a Él mismo. Este es el fundamento de la distinción entre *scientia necessaria* y *scientia libera*. Dios se conoce a Sí mismo por la necesidad de su naturaleza; pero como todo lo extrínseco a Él mismo depende de su voluntad para su existencia o acaecimiento, su conocimiento de cada cosa como un acaecimiento real depende de su voluntad, y en este sentido es libre. Siendo que la creación no era necesaria, dependía de la voluntad de Dios que el universo, como objeto de conocimiento, existiera o no. Esta distinción no es de gran importancia. Y es susceptible a la objeción de que hace dependiente al conocimiento de Dios. Siendo la causa de todas las cosas, Dios conoce todo al conocerse a Sí mismo; todas las cosas posibles, por el conocimiento de su poder, y todas las cosas reales, por el conocimiento de sus propios propósitos.

2. La distinción entre lo posible y lo real es la base de la distinción entre el conocimiento de la simple inteligencia y el conocimiento de la visión. Lo primero se basa en el poder de Dios, y lo segundo en su voluntad. Esto sólo significa que, en virtud de su inteligencia omnisciente, Él conoce todo aquello que puede llevar a cabo el poder infinito; y que, por la consciencia de sus propios propósitos, Él sabe lo que ha determinado llevar a cabo o permitir que acontezca. Esta es una distinción ignorada por los modernos teólogos filosóficos. Según la filosofía de ellos nada es posible sino lo real. Todo lo que puede ser o bien es, o será. Esto sigue de la idea de Dios como mera causa. [En este sistema filosófico] Él produce todo lo que puede ser, y no hay en Él causalidad para lo que no existe.

[C. Ciencia Media]

D. Presciencia.

Entre los objetos del conocimiento divino están las acciones libres de los hombres. Las Escrituras enseñan abundantemente que tales acciones son conocidas de antemano. Este conocimiento está involucrado en la predicción de acontecimientos que o bien conciernen a las libres acciones de los hombres, o bien dependen de ellas. Si Dios ignora cómo van a actuar los agentes libres, su conocimiento tiene que ser limitado, y tiene que estar aumentando de continuo, lo que es totalmente inconsistente con la verdadera idea de su naturaleza. También su gobierno del mundo, en este caso, tiene que ser precario, dependiendo como dependería en tal caso de la conducta imprevisible de los hombres. Por ello, la Iglesia, en obediencia a las Escrituras, siempre, casi de manera unánime, ha profesado fe en el previo conocimiento por parte de Dios de las libres acciones de sus criaturas.

Sin embargo, los Socinianos y algunos de los Remonstrantes, incapaces de conciliar este previo conocimiento con la libertad humana, niegan que los actos libres puedan ser conocidos anticipadamente. Como la omnipotencia de Dios es su capacidad para hacer todo lo posible, así su omnisciencia sería su conocimiento de todo lo cognoscible. Pero como los actos libres son por su naturaleza inciertos, y pueden ocurrir o no, no pueden ser conocidos antes que ocurran. Este es el argumento de Socino. Toda esta dificultad surge de la suposición de que la contingencia es esencial para la libre agencia. Si un hecho puede ser cierto en cuanto a su acaecimiento, y sin embargo libre en cuanto al modo de su acaecimiento, se desvanece la dificultad. Que los actos libres pueden ser absolutamente ciertos es cosa clara, porque en gran multitud de casos han sido predichos. Era cierto que los actos de Cristo serían santos, y con todo fueron libres. La continuada santidad de los santos en el cielo es cierta, pero son perfectamente libres. El conocimiento anticipado de Dios es inconsistente con una teoría falsa de la libre actividad, pero no con la verdadera doctrina acerca de lo mismo. [...]

E. La Sabiduría de Dios.

La sabiduría y el conocimiento están íntimamente relacionados. Lo primero se manifiesta en la selección de fines apropiados y de los medios apropiados para el cumplimiento de estos fines. Y así como hay abundante evidencia de designio en las obras de la naturaleza, así todas las obras de Dios declaran su sabiduría. Muestran, de los más pequeños a los más grandes, la más maravillosa adaptación de los medios para el cumplimiento del sublime fin del bien de sus criaturas y la manifestación de su propia gloria. Así también, en todo el curso de la historia vemos evidencia del poder controlador de Dios haciendo que todas las cosas cooperen para los mejores intereses de su pueblo y la promoción de su reino sobre la tierra. Sin embargo, es en la obra de la redención que este atributo divino se revela de manera especial. Es por la Iglesia que Dios ha determinado manifestar a los principados y potestades, por todos los siglos, su multiforme sabiduría.

Naturalmente, los que niegan las causas finales niegan que exista ningún atributo de sabiduría en Dios. También se dice que el uso de medios para alcanzar un fin es una manifestación de debilidad. Se apremia además que es menospreciativo para Dios, por cuanto supone que Él necesita o desea lo que no posee. [...] No es así como hablan las Escrituras. Somos llamados a adorar «al único sabio Dios». « ¡Cuán innumerables son tus obras, oh Jehová! Hiciste todas ellas con sabiduría», es la exclamación del salmista (Sal 104:24). Y contemplando la obra de la redención, el Apóstol exclama: « ¡Oh profundidad de las riquezas de la sabiduría y del conocimiento de Dios!» (Ro 11:33).

9. La voluntad de Dios

A. Significado del término.

Si Dios es un espíritu, Él tiene que poseer todos los atributos esenciales de un espíritu. Estos atributos, según la clasificación adoptada por los filósofos y teólogos antiguos, caen bajo los encabezamientos de inteligencia y voluntad. A lo primero se refieren el conocimiento y la sabiduría; a lo segundo, el poder de la auto-determinación, eficiencia (en el caso de Dios, omnipotencia) y todos los atributos morales. En este sentido amplio de la palabra, la voluntad de Dios incluye: (1) La voluntad en el sentido estricto de la palabra. (2) Su poder. (3) Su amor y todas sus perfecciones morales. En nuestros días, generalmente aunque no siempre, la palabra «voluntad» se limita a la facultad de la autodeterminación. E incluso los teólogos antiguos, al tratar de la voluntad de Dios tratan sólo de sus decretos o propósitos. [...] Es mucho mejor confinar la palabra a su sentido estricto, y no hacer que incluya todas las formas de sentimiento involucrando aprobación o deleite.

Así, Dios, como espíritu, es un agente voluntario. Estamos autorizados a adscribirle a Él la capacidad de autodeterminación. Esto lo hace la Biblia en todas partes. Desde el comienzo hasta el fin, habla de la voluntad de Dios, de sus decretos, propósitos, consejos y mandamientos. La voluntad es no sólo un atributo esencial de nuestro ser espiritual, sino que es una condición necesaria de nuestra personalidad. Sin el poder de autodeterminación racional seríamos tanto una mera fuerza como la electricidad, el magnetismo, o el principio de la vida vegetal. Por ello, sería degradar a Dios por debajo de la esfera del ser que nosotros mismos ocupamos, como criaturas racionales, si le negáramos la capacidad de auto-determinación; de actuar o de no actuar, según su beneplácito.

B. La libertad de la Voluntad Divina.

La voluntad de Dios es libre en el más elevado sentido de la palabra. Se dice de un agente que es libre (1) Cuando tiene libertad de actuar o no, según su beneplácito. Esto es libertad de acción. (2) Es libre en cuanto a sus voliciones, cuando están determinadas por su propio sentimiento de lo que es sabio, recto o deseable.

La libertad es más que espontaneidad. Los afectos son espontáneos, pero no libres. El amor y el odio, el deleite y el aborrecimiento, no dependen de la voluntad.

Dios es libre en sus acciones, como en crear y en preservar, porque estas acciones no surgen de la necesidad de su naturaleza. Él era libre de crear o de no crear; de continuar el universo en existencia o de hacer que cesara. Él es también libre en el mantenimiento de sus promesas, porque su propósito de así hacerlo queda determinado por su propia e infinita bondad. Es desde luego inconcebible que Dios vaya a violar su palabra. Pero esto sólo demuestra que la certidumbre moral puede ser tan inexorable como la necesidad.

C. La voluntad decretal y preceptiva de Dios.

La voluntad decretal de Dios se refiere a sus propósitos y se relaciona con la futurización de los acontecimientos. La voluntad preceptiva se relaciona con la regla del deber para sus criaturas racionales. Él decreta todo aquello que se propone llevar a cabo o permitir. Él prescribe, conforme a su propia voluntad, lo que sus criaturas debieran hacer, o abstenerse de hacer. La voluntad decretal y preceptiva de Dios nunca puede entrar en conflicto. Dios nunca decreta hacer ni hace hacer a otros aquello que prohíbe. Puede, como hemos visto que hace, decretar permitir lo que prohíbe. Permite a los hombres que pequen, aunque el pecado está prohibido. Esto es expresado de una manera más escolástica por los teólogos diciendo: Una voluntad decretal positiva no puede consistir con una voluntad preceptiva negativa; esto es, Dios no puede decretar hacer pecar a los hombres. Pero una voluntad decretal negativa puede consistir en una voluntad preceptiva afirmativa; esto es, Dios puede mandar a los hombres que se arrepientan y que crean, y sin embargo, por sabias razones, abstenerse de darles arrepentimiento. [...]

Por la voluntad secreta de Dios se significan sus propósitos como todavía escondidos en su propia mente; por su voluntad revelada, sus preceptos y propósitos, hasta allí donde han sido dados a conocer a sus criaturas.

[D. Voluntad antecedente y consecuente.]

[E. Voluntad absoluta y condicional.]

F. La voluntad de Dios como base de la obligación moral.

La cuestión a tratar aquí es si las cosas son buenas o malas simplemente porque Dios las manda o las prohíbe. ¿O las manda o prohíbe porque son buenas o malas por alguna otra razón que su voluntad? Según algunos, la única razón por la que algo es bueno, y por ello obligatorio, es que tiende a promover la mayor felicidad, o el mayor bien del universo. Según otros, algo es bueno si tiende a promover nuestra dicha personal. Y sólo por esta razón es obligatorio. [...] En todo caso, es el yo a quien debemos toda nuestra adhesión. Otros ponen la base de la obligación moral en la idoneidad de las cosas, que exaltan por encima de Dios. Hay, afirman, una diferencia eterna y necesaria entre el bien y el mal, a la que, según dicen, Dios está tan obligado a conformarse como sus criaturas racionales.

La doctrina común de los cristianos acerca de esto es que la voluntad de Dios es la base última para la obligación moral de todas las criaturas racionales. No se puede asignar ninguna razón más elevada acerca de por qué algo sea bueno que el hecho de que Dios lo mande. Esto significa: (1) Que la voluntad divina es la única norma para decidir qué es lo bueno y qué es lo malo. (2) Que es su voluntad la que nos obliga, o aquello a lo que estamos obligados a conformarnos. Por la palabra «voluntad» no se denota cualquier propósito arbitrario, de manera que fuera concebible que Dios quisiera hacer bueno lo malo y malo lo bueno. La voluntad de Dios es la expresión o revelación de su naturaleza, o está determinada por ella; de manera que su voluntad, en cuanto revelada, nos da a conocer lo que demandan la infinita sabiduría y bondad. A veces las cosas son buenas simplemente porque Dios las ha mandado; como la circuncisión y otras observancias rituales lo eran para los judíos. Otras cosas son buenas debido a la presente constitución de las cosas que Dios ha ordenado, como los deberes atañentes a la propiedad, y las relaciones permanentes de la sociedad. Otras, por su parte, son buenas porque son demandadas por la inmutable excelencia de Dios. En todos los casos, no obstante, por lo que a nosotros respecta, es su voluntad la que nos obliga y que constituye la diferencia entre el bien y el mal; esto es, su voluntad como la expresión de su infinita perfección. De manera que la base última de la obligación moral es la naturaleza de Dios.

10. El poder de Dios

A. La naturaleza del poder, o El origen de la idea.

La idea de poder la recibimos de nuestra propia consciencia. Esto es, estamos conscientes de la capacidad de producir efectos. El poder en el hombre está encerrado dentro de límites muy estrechos. Podemos cambiar la corriente de nuestros pensamientos, o fijar la atención en un objeto particular, y podemos mover a voluntad los músculos del cuerpo. Más allá de esto no puede ir nuestro poder directo. Es de esta pequeña medida de eficiencia que se derivan todas las acumulaciones de conocimiento humano y todas las maravillas de su arte. Son sólo nuestros pensamientos, voliciones y propósitos, junto con ciertos actos del cuerpo, los que están inmediatamente sujetos a la voluntad. Para todos los otros efectos tenemos que valernos del uso de medios. No podemos dar existencia a un libro por la voluntad, ni a un cuadro ni a una casa. La producción de estos efectos demanda una labor prolongada y el empleo de diferentes medios.

B. Omnipotencia.

Es por la eliminación del poder, como existe en nosotros, como alcanzamos a la idea de la omnipotencia de Dios. Pero no por ello perdemos la idea misma. El poder omnipotente no deja de ser poder. Nosotros podemos hacer muy poco. Dios puede hacer lo que quiera. Nosotros, dentro de límites muy estrechos, tenemos que emplear medios para llegar a nuestros fines. Para Dios, los medios son innecesarios. Él quiere, y es hecho. Él dijo, Sea la luz; y fue hecha la luz. Él, por una volición, creó los cielos y la tierra. A la volición de Cristo, los vientos cesaron, y hubo gran calma. Por un acto de voluntad, Él sanaba a los enfermos, abría los ojos de los ciegos, y resucitaba a los muertos. Esta sencilla idea de la omnipotencia de Dios, que Él puede hacer, sin esfuerzo alguno, por una volición, todo lo que quiere, es la más elevada idea de poder que se pueda concebir, y es la que se presenta claramente en las Escrituras. En Gn 17:1 se dice: «Yo soy el Dios Todopoderoso». El profeta Jeremías exclama: «¡Oh Señor Jehová!, he aquí que tú hiciste el cielo y la tierra con tu gran poder, y con tu brazo extendido, y no hay nada que sea demasiado difícil para ti» (Jer 32:17). De Dios se declara que creó todas las cosas con el aliento de su boca, y que sostiene el universo por su palabra. Nuestro Señor dijo: «Para Dios todo es posible» (Mt 19:26). Mucho antes, el Salmista había dicho: «Nuestro Dios está en los cielos: Todo lo que quiso ha hecho» (Sal 115:3). Y también: «Todo lo que Jehová quiere, lo hace, en los cielos y en la tierra, en los mares y en todos los abismos» (Sal 135:6). Jehová Dios Todopoderoso reina, y hace su beneplácito entre las huestes de los cielos y los moradores de la tierra: este es el tributo de adoración que las Escrituras en todo lugar dan a Dios, y la verdad que en todas partes presentan como base de la confianza para su pueblo. Esto es todo lo que sabemos y todo lo que necesitamos saber acerca de esta cuestión; y aquí podríamos quedarnos satisfechos, si no fuera por los vanos intentos de un número de teólogos por conciliar estas sencillas y sublimes verdades de la Biblia con sus especulaciones filosóficas.

C. La negación del poder.

La escuela sensorial de filósofos niega que haya ninguna eficiencia real o poder en existencia. El principio de la misma es que todo conocimiento se deriva de los sentidos, y por consiguiente que como no podemos conocer nada que los sentidos no detecten, es antifilosófico e irrazonable admitir la existencia de nada más. Nuestros sentidos no captan la eficiencia. No puede ser sentida, vista, oída ni gustada. Por ello, no existe. Una causa no es aquello a lo que se debe un efecto, sino sencillamente aquello que uniformemente lo precede. Todo lo que podemos saber y todo lo que podemos creer racionalmente son los hechos que afectan a nuestros sentidos, y el orden de su secuencia, orden que, al ser uniforme y necesario, tiene el carácter de ley. Esta es la doctrina de causación propuesta por Hume, Kant, Brown, Mill, y virtualmente por Sir William Hamilton; y este es el principio subyacente a la Filosofía Positiva de Comte. Y naturalmente, si no existe el poder, no existe en Dios el atributo de la omnipotencia.

Acerca de esta teoría será suficiente decir: (1) Que es contraria a la consciencia de todas las personas. Estamos conscientes del poder, esto es, de la capacidad de producir efectos. Y la consciencia tiene la misma autoridad, por decir poco, cuando trata de lo interior que cuando trata de lo que afecta a los sentidos. No estamos más seguros de que nuestra mano se mueve que de que tenemos poder para moverla, o para no moverla, a voluntad. (2) Esta teoría contradice las convicciones intuitivas e indestructibles de la mente humana. Nadie cree, ni puede creer de manera real y permanente, que ningún cambio o efecto pueda tener lugar sin causa eficiente. El hecho de que un suceso siga a otro no es la realidad última. Es intuitivamente cierto que tiene que haber una razón adecuada para esta secuencia. Este es el juicio universal de la humanidad. (3) El argumento, si es válido en contra de la realidad del poder, es válido en contra de la existencia de sustancia, de mente y de Dios. Esto es admitido por los proponentes consecuentes del principio bajo examen. La sustancia, la mente y Dios están tan poco sujetos a detección de los sentidos como el poder; y por ello, si no se debe admitir nada más que lo que sustente el testimonio de los sentidos, se debe negar la existencia de sustancia, de mente y de Dios. Así, este principio no puede ser admitido sin hacer violencia a toda nuestra naturaleza racional, moral y religiosa. En otras palabras: no puede ser admitido en absoluto; porque los hombres no pueden, de manera permanente, ni creer ni actuar contrariamente a las leyes de su naturaleza.

D. Poder absoluto.

Por poder absoluto, tal como lo entendían los escolásticos y algunos de los filósofos posteriores, se denota un poder libre de todos los frenos de la razón y de la moralidad. Según esta doctrina, quedan dentro del dominio del poder divino contradicciones, absurdos e inmoralidades. Incluso se llega a decir que Dios puede aniquilarse a Sí mismo. [...]

Sin embargo, está implicado en la misma idea de poder que tiene referencia a la producción de efectos posibles. No es una limitación al poder que no pueda hacer lo imposible, como tampoco es limitación de la razón que no pueda incluir lo absurdo, o de la bondad infinita que no pueda hacer el mal. Es contrario a su naturaleza. En lugar de exaltar, degrada a Dios suponer que pueda ser distinto de lo que es, o que pueda actuar en contra de su infinita sabiduría y amor. Así, cuando se dice que Dios es omnipotente porque puede hacer todo lo que Él quiere, se debe determinar que Su voluntad queda determinada por su naturaleza. Desde luego, no es una limitación de la perfección decir que no puede ser imperfecto.

Con esta perspectiva de la omnipotencia de Dios concuerda el gran cuerpo de teólogos, especialmente entre los Reformados. [...]

Potentia Absoluta y Potentia Ordinata.

En un sentido del término se reconoce generalmente el poder absoluto entre los teólogos. Se hace comúnmente una distinción entre la *potentia absoluta* y la *potentia ordinata* de Dios. Por lo último se significa la eficiencia de Dios según se ejercita uniformemente en la operación ordenada de causas segundas. Por lo primero, su eficiencia ejercida sin la intervención de segundas causas. La creación, los milagros, la revelación inmediata, la inspiración y la regeneración, deben atribuirse a la *potentia absoluta* de Dios; todas sus obras de providencia a su *potentia ordinata*. Esta distinción es importante, por cuanto establece el límite entre lo natural y lo sobrenatural, entre lo debido a la operación de las causas naturales, sustentadas y conducidas por la eficiencia providencial de Dios, y lo que se debe al ejercicio inmediato de su poder. Esta distinción es ciertamente negada por la moderna filosofía. [Según ella] Dios, al crear y sustentar el mundo, lo hace como un todo. Nada está aislado. No hay ningún acto individual, sino sólo una eficiencia general por parte de Dios; y consiguientemente no se puede atribuir ningún acontecimiento particular a su poder absoluto o acción inmediata. Todo es natural. No puede haber milagros ni providencia especial.[6]

[E. No se deben confundir la Voluntad y el Poder.]

11. La santidad de Dios.

Este es un término general para denotar la excelencia moral de Dios. En 1 S 2:2 se afirma: «No hay santo como Jehová»; ningún otro Ser hay absolutamente puro, y libre de toda limitación en su perfección moral. «Tú, el Santo de Israel» es la forma de invocación que el Espíritu pone en boca del pueblo de Dios. «Exaltad a Jehová nuestro Dios, y postraos ante su santo monte, porque Jehová nuestro Dios es santo» (Sal 99:9). «Santo y temible es su nombre» (Sal 111:9). «Muy limpio eres de ojos para ver el mal, y no puedes contemplar inactivo el agravio» (Hab 1:13). «¿Quién no te temerá, oh Señor, y glorificará tu nombre? Pues sólo tú eres santo» (Ap 15:4). La santidad, por una parte, implica una total ausencia de mal moral; y, por la otra, de absoluta perfección moral. La idea primaria es ausencia de impureza. Santificar es limpiar; ser santo es ser limpio. La infinita pureza, aún más que el conocimiento infinito o que el poder infinito, es el objeto de reverencia. Por ello, la palabra **Qadosh**, tal como la emplea la Escritura, es a menudo equivalente a *venerandus*. «El Santo de Israel» es Aquel que debe ser temido y adorado. Los serafines alrededor del trono, clamando día y noche Santo, Santo, Santo Jehová de los ejércitos, expresan los sentidos de todas las criaturas racionales no caídas a la vista de la infinita pureza de Dios. Ellos son los representantes de todo el universo, en el ofrecimiento de este homenaje perpetuo a la santidad divina. Es debido a esta santidad

---

6. Strauss, I, pág. 592. Schleiermacher, I. § 54, *Werke,* edición de Berlín, 1842, Vol. III, pág. 285.

que Dios es un fuego consumidor. Y fue la contemplación de esta santidad la que llevó al profeta a exclamar: «¡Ay de mí!, que estoy muerto; porque siendo hombre inmundo de labios, y habitando en medio de un pueblo de labios inmundos, han visto mis ojos al Rey, Jehová de los ejércitos» (Is 6:5).

Es en su aplicación a los atributos morales de Dios cuando los dos métodos de determinar su naturaleza entran en conflicto más directo. Si dejamos que la Palabra de Dios nos dé respuesta a la pregunta de ¿Qué es Dios?, no podemos tener duda alguna de que Él es santo, justo y bueno. Pero si el concepto filosófico del absoluto y del infinito tiene que decidir cada cuestión acerca de la naturaleza divina, entonces tendremos que abandonar toda confianza en nuestra comprensión de Dios como objeto de conocimiento. [...]

Es desde luego de lo más irrazonable sacrificar la religión a tales especulaciones, junto con toda confianza a los juicios intuitivos de la mente humana, así como toda fe en Dios y en la Biblia.

12. Justicia

A. Sentido del término.

La palabra justicia, o rectitud, se emplea en la Escritura a veces en un sentido más amplio, a veces más restringido. En teología, se distingue a menudo como *justitia interna*, o excelencia moral, y *justitia externa*, o rectitud de conducta. En hebreo, **Tsadik** significa, en un sentido físico, *recto*, y también en un sentido moral, aquello que es como debiera ser. Y **Tsadakah** significa rectitud, aquello que satisface las demandas de la rectitud o de la ley. El término griego *dikaios* tiene el sentido físico de igual; en sentido moral era *equitativo*, conforme a lo que es recto; y *dikaiosunē* es aquello que divide igualmente, esto es, equidad en sentido moral, o lo que satisface las demandas del derecho. Los términos latinos *justus* y *justitia* son empleados comúnmente en el sentido amplio para denotar lo que es recto, o lo que es como debiera ser. [...]

Cuando contemplamos a Dios como el autor de nuestra naturaleza moral, lo concebimos como santo; cuando lo consideramos en sus tratos con sus criaturas racionales, concebimos de Él como justo. Él es un gobernante recto; todas sus leyes son santas, justas y buenas. En su gobierno moral, Él se adhiere fielmente a estas leyes. Él es imparcial y uniforme en la ejecución de las mismas. Como juez, Él recompensa a cada uno según sus obras. Ni condena al inocente, ni absuelve al culpable; tampoco castiga con una severidad indebida. De ahí que la justicia de Dios se distingue como rectora, o aquella que se ocupa de la imposición de leyes rectas y de su ejecución imparcial; y distributiva, o la que se manifiesta en la recta distribución de recompensas y castigos. La Biblia presenta constantemente a Dios como gobernante justo y como juez justo. Estos dos aspectos de su carácter, o de nuestra relación con él, no son distinguidos de manera cuidadosa. Tenemos la certidumbre que encontramos por toda la Escritura: «El Juez de toda la tierra [...] ha de hacer lo que es justo» (Gn 18:25). «Dios es juez justo» (Sal 7:11). «Juzgará el mundo con justicia» (Sal 96:13). «Nubes y oscuridad alrededor de él; justicia y juicio son el cimiento de su trono» (Sal 97:2). A pesar de todas las aparentes desigualdades en la distribución de sus favores, a pesar de la prosperidad de los malvados y de las afliciones de los justos, se expresa en todo lugar la convicción de que Dios es justo; de que de alguna manera y en algún lugar vindicará Él sus tratos con los hombres, y mostrará que es justo en todos sus caminos, y santo en todas sus obras.

B. La justicia en su relación con el pecado.

Así como el sentimiento de culpa es universal entre los hombres, y así como las manifestaciones de pecado son tan constantes y prevalentes, es principalmente en relación con el pecado como se revela la justicia de Dios. Por ello, muchos teólogos definen la justicia de Dios como aquel atributo de su naturaleza que se manifiesta en el castigo del pecado. Se dice que la bondad se manifiesta en el otorgamiento de lo bueno. Y la justicia en infligir castigo. [...]

C. La rehabilitación del delincuente no es el objeto primario del castigo.

Como la justicia de Dios se manifiesta de manera especial en el castigo del pecado, es de importancia primordial determinar por qué se castiga el pecado.

Una teoría prevalente acerca de este tema es que el único fin legítimo del castigo es la rehabilitación del delincuente.

Naturalmente, se debe admitir que el bien del delincuente es a menudo la base o razón por la que se inflige el mal. Un padre castiga a un hijo con amor, y para su bien. Y Dios, nuestro Padre celestial, trae sufrimientos a sus hijos para su educación. Pero el mal infligido para beneficio del que lo sufre es disciplina, no castigo. El castigo, en su sentido propio, es mal infligido para dar satisfacción a la justicia. Que el bien del sufriente no es el fin primordial de infligir el castigo se demuestra:

1. Porque el castigo de los malvados es siempre, en las Escrituras, atribuido a la ira de Dios, y la disciplina de su pueblo a su amor. Por ello, no se trata de casos análogos. Esta diferencia de descripción está designada para enseñarnos que los malos y los buenos no tienen la misma relación para con Dios como objetos de benevolencia, sino que a los primeros los castiga para dar testimonio de su desaprobación y para satisfacer su justicia, y a los segundos los disciplina para atraerlos más cerca de Sí.

2. En muchos casos, la naturaleza del castigo impide la posibilidad de que el bien del delincuente sea la base de su aplicación. El diluvio, la destrucción de las ciudades de la llanura, y la destrucción de Jerusalén no fueron ciertamente castigos infligidos para beneficio de los que sufrieron estas desolaciones. Y mucho menos puede suponerse que el castigo de los ángeles caídos y de los no arrepentidos tenga la intención de ser rehabilitador.

3. La Escritura y la experiencia nos enseñan que el sufrimiento, cuando tiene la naturaleza de castigo, no tiene tendencia a rehabilitar. Cuando el sufrimiento es visto como proviniente de la mano de un padre, y como manifestación de amor, tiene un poder santificador. Pero cuando viene de mano de Dios, como juez y vengador, y es la expresión de desagrado y prueba de nuestro enajenamiento de Dios, su tendencia es a endurecer y a exasperar. Por ello, el Apóstol dice que en tanto que los hombres estén bajo condenación, producen fruto para pecado; y que sólo cuando son reconciliados a Dios y tienen la seguridad de su amor, que llevan fruto para Dios. [...]

4. Acerca de esta cuestión se puede apelar con justicia a la común consciencia de los hombres. Tal es nuestro letargo moral que son sólo las grandes ofensas las que despiertan nuestra sensibilidad moral, revelando su verdadera naturaleza. Cuando se comete un gran crimen, hay una demanda instintiva y universal de castigo para el criminal. Nadie puede pretender que el motivo de esta demanda es el deseo de la rehabilitación del criminal. En esto ni se piensa. El juicio instintivo de la mente es que el tal debería sufrir. No es la benevolencia hacia él lo que llama a la inflicción del castigo.

D. La prevención del crimen no es el objeto primario del castigo.

La doctrina de que el único fin legítimo del castigo es la prevención del crimen ha tenido gran prevalencia en la Iglesia y en el mundo. Es la común doctrina de los juristas. Naturalmente, debe concederse que el bien de la sociedad y el gobierno moral de Dios es un fin importante del castigo en todos los gobiernos, humanos y divinos. Sin embargo, es más bien un efecto colateral de la administración de la justicia que no su designio inmediato. La doctrina en cuestión [...] es sólo por cuanto Dios tiene en vista la felicidad de sus criaturas racionales que visita el pecado con castigo. [...]

E. Prueba de la doctrina escritural.

Se admite que la felicidad es promovida por la justicia, y por ello que es contrario a una sabia benevolencia que se les permita a los hombres pecar con impunidad. Pero la justicia no puede ser mezclada propiamente con la benevolencia. Y el hecho de que no es la promoción de la felicidad mediante la prevención del crimen el fin primario de la inflicción del castigo es evidente:

1.Conforme al testimonio de la consciencia de todas las personas. Cada uno sabe que la benevolencia y la justicia, tal como se revelan en su propia consciencia, son sentimientos diferentes. Lo primero lleva a promover la felicidad, lo otro involucra el juicio instintivo de que un criminal debería sufrir por su crimen. No nos detenemos a preguntar, o a pensar, cuál pueda ser en otros el efecto colateral de la inflicción del castigo. Con anterioridad a tal reflexión, e independiente de la misma, se da la percepción intuitiva de que el pecado debería ser castigado, por él mismo, o a causa de su inherente merecido. Estos juicios morales instintivos son tan claros y unas revelaciones tan fiables de la naturaleza de Dios como podamos tener. Fuerzan la convicción a pesar de todos los sofismas especulativos. Toda persona conoce el justo juicio de Dios, que los que pecan son dignos de muerte. Si la justicia y la benevolencia son cosas distintas en nosotros, son cosas distintas en Dios. Si nosotros, en obediencia a la naturaleza que Él nos ha dado, percibimos o juzgamos de manera intuitiva que el pecado debiera ser castigado por él mismo, con indiferencia del buen efecto que pueda tener el pecado en otros, así también es el juicio de Dios. Este es el principio que subyace a y determina todas nuestras ideas del Ser Supremo. Si la perfección moral no es en Él lo que es en nosotros, entonces Él es para nosotros un algo desconocido, y empleamos palabras carentes de significado cuando hablamos de Él como santo, justo y bueno.

2. Este sentido de justicia, que es indestructible en la naturaleza del hombre, y que, en común con la razón y la consciencia, ha sobrevivido a la Caída, no sólo se revela en la experiencia ordinaria de los hombres, sino aún de manera más concreta en su consciencia religiosa. Lo que se conoce comúnmente como «convicción de pecado» es sólo una modificación y una forma más alta de aquellas experiencias interiores comunes a todos los hombres. Todos los hombres saben que son pecadores. Todos saben que el pecado, en relación con la justicia de Dios, es culpa, mereciendo castigo; y que, en relación con su santidad, nos deja contaminados y repulsivos delante de Él. Saben también, intuitivamente, que Dios es justo además de santo; y por ello que su perfección moral demanda el castigo del pecado, por aquella misma necesidad por la cual lo desaprueba y aborrece. Bajo la presión de estas convicciones, y con la consciencia de su total incapacidad bien para satisfacer la justicia divina, bien para liberarse de la contaminación y del poder del pecado, los hombres o bien tiemblan en la constante espera del juicio, o bien miran fuera de ellos mismos en busca de ayuda. Cuando, bien bajo las operaciones ordinarias o bajo la operación salvadora del Espíritu de Dios, se ahondan estos sentimientos, entonces la naturaleza de los mismos queda más claramente revelada. Un hombre, cuando así queda convencido de pecado, ve no sólo que sería justo que fuera castigado, sino que la justicia, o excelencia moral de Dios, exige su castigo. No se trata de que debería sufrir por el bien de otros, ni para sustentar el gobierno moral de Dios, sino que él, como pecador y por sus pecados, debería sufrir. Si él fuera la única criatura en el universo, esta convicción sería idéntica, tanto en naturaleza como en grado. Esta es la experiencia de los hombres bajo convicción de pecado, tal como se registra en las Escrituras y en la historia de la Iglesia. En muchos casos los criminales, bajo la presión de estos sentimientos, se han en-

tregado a los funcionarios de la justicia para ser castigados. Más frecuentemente recurren a tormentos auto-infligidos para satisfacer los clamores de la conciencia. Por ello, tenemos una revelación interior, que no puede ser ni suprimida ni pervertida, de que la justicia no es benevolencia.

3. Es evidente que este sentimiento de justicia no se debe a la cultura cristiana, ni a la influencia de unas peculiares formas de doctrina, sino que pertenece a la común consciencia de los hombres. (a) Porque está impreso en todas las lenguas humanas conocidas hasta allí donde se conoce o se cultiva. Todos los lenguajes tienen diferentes palabras para justicia y benevolencia. No podría haber esta diferencia de palabras si los sentimientos mismos no fueran diferentes. Todos sabemos que cuando decimos que un hombre es justo, significamos una cosa; y que cuando decimos que es benevolente, significamos otra diferente. (b) Toda la historia, en su registro de las operaciones de la naturaleza humana, revela este sentimiento innato de la justicia. En todas partes oímos a los hombres pidiendo el castigo de los delincuentes, o denunciando a los que permiten que escapen impunes. Ninguna masa de hombres podrá ser testigo de un acto flagrante de crueldad o de maldad sin una irreprimible manifestación de indignación. La voz de la naturaleza, que en tales casos es la voz de Dios, demanda el castigo del malhechor. (c) En todas las religiones que revelan las convicciones internas de los hombres hay ritos de expiación. Cada sacrificio por el pecado, el humo de cada altar, que ha ido subiendo por todas las edades y desde todas partes del mundo, son otros tantos testimonios de la verdad de la razón y de la Escritura de que en Dios existe el atributo de la justicia, en distinción a su benevolencia.

4. La verdad de esta doctrina se puede inferir también de la santidad de Dios. Si Él es infinitamente puro, su naturaleza tiene que estar opuesta a todo pecado; y por cuanto sus actos están determinados por su naturaleza, su desaprobación del pecado debe manifestarse por sus acciones. Pero el desagrado de Dios, la manifestación de su desaprobación, es la muerte, como su favor es vida. No puede ser que esta oposición esencial entre santidad y pecado dependa para su manifestación de la mera consideración *ab extra* [externa] de que se derivaría mal si se dejara impune el pecado. Igual se podría decir que no deberíamos sentir aversión al dolor, a no ser que estuviéramos conscientes de que debilita nuestra constitución. No aprobamos la santidad simplemente porque tienda a producir felicidad; ni desaprobamos el pecado simplemente porque tienda a producir miseria. Por ello, es inevitable que la perfección del Dios infinitamente santo manifieste su oposición al pecado, sin esperar a juzgar las consecuencias de la expresión de esta repugnancia divina.

5. La doctrina de que la prevención del crimen es el único legítimo fin del castigo [...] descansa sobre la suposición, ya antes observada, de que toda la virtud consiste en benevolencia, la cual, a su vez, reposa sobre la suposición de que la felicidad es el mayor bien. Esto hace que la base de la obligación moral y la regla de la conducta moral sea la conveniencia. Pero en tal contexto está fuera de lugar emplear el término *moral*, porque en esta teoría esta palabra no tiene sentido. Una cosa podría ser prudente o imprudente, conveniente o no conveniente, pero en ningún otro sentido buena o mala. El mal se convierte en bien, y el bien se convierte en mal, según de donde provenga la mayor felicidad. Así como esta teoría utilitaria de la moral ha sido eliminada de las escuelas filosóficas, debería serlo también de los sistemas teológicos.

6. La conexión inseparable entre pecado y miseria es una revelación de la justicia de Dios. Que la santidad promueva la dicha es una revelación de la relación que Dios tiene con la santidad. Y que el pecado produzca miseria es no menos una revelación de la relación en la que Él se muestra con el mal moral. Esta constitución de las cosas, al depender de la naturaleza y voluntad de Dios, demuestra que el pecado es un mal en su propia naturaleza, mereciendo castigo por sí mismo. La ley de Dios, incluyendo una pena así como preceptos, es en ambas cosas

una revelación de la naturaleza de Dios. Si los preceptos manifiestan su santidad, con igual claridad la pena manifiesta su justicia. Si la una es inmutable, la otra también. La paga del pecado es la muerte. La muerte es lo que en justicia se le debe, y no puede dejar de ser aplicada sin injusticia. [...]

7. Las doctrinas escriturarias de la satisfacción y de la justificación reposan sobre el principio de que Dios es inmutablemente justo, esto es, que su excelencia moral, en el caso del pecado, demanda castigo, o expiación. La Biblia enseña claramente la necesidad de satisfacción de la justicia a fin de obtener el perdón del pecado. Cristo fue puesto como propiciación, a fin de que Dios sea justo al justificar al impío. Esto presupone que sería injusto -esto es, contrario a la rectitud moral- perdonar al culpable sin tal propiciación. Esta necesidad de una satisfacción nunca es atribuida a la conveniencia ni a consideraciones gubernamentales. Si el pecado hubiera podido ser perdonado sin satisfacción, dice el Apóstol, en vano murió Cristo (Gá 2:21). Si hubiera podido haber una ley que diera vida, la salvación habría sido por la ley (Gá 3:21).

Además, si no existe la justicia, en distinción a la benevolencia, como atributo de Dios, entonces no puede existir la justificación. Puede que haya perdón, como el acto de un soberano que remite una pena y que restaura a un delincuente al favor; pero no la justificación, como un acto de un juez pronunciándose conforme a la ley y pronunciando satisfechas las demandas de la justicia. Sin embargo, las Escrituras, tal como lo entiende la Iglesia de manera unánime, pronuncian que la justificación es más que un acto de clemencia gubernamental. La conciencia no queda satisfecha con el mero perdón. Es esencial para la paz con Dios que el alma vea que la justicia ha quedado satisfecha. Esta es la razón de que la muerte de Cristo, por qué su sangre, sea tan indeciblemente preciosa a los ojos de su pueblo. Toda la experiencia de los santos es una protesta contra el principio de que la expiación sea innecesaria, de que el pecado pueda ser perdonado sin una satisfacción de la justicia.

Todo el argumento del Apóstol Pablo en su Epístola a los Romanos está basado en el principio de que la justicia es un atributo divino distinto de la benevolencia. Su argumento es: Dios es justo. Todos los hombres son pecadores. Por ello, todos son culpables, esto es, están bajo condenación. Por ello, nadie puede ser justificado, o sea, pronunciado no culpable, sobre la base de su carácter o conducta. Los pecadores no pueden dar satisfacción a la justicia. Pero lo que ellos no podrían hacer, Cristo, el Hijo Eterno de Dios, revestido de nuestra naturaleza, lo ha hecho por ellos. Él ha traído la justicia eterna, que cumple todas las demandas de la ley. A todos los que renuncian a su propia justicia, y confían en la justicia de Cristo, Dios los justifica y salva. Este es el evangelio predicado por Pablo. Todo él reposa sobre la asunción de que Dios es justo.

La doctrina de la justicia vindicatoria, que tiene esta clara evidencia de su veracidad, tanto en la naturaleza moral del hombre como en la experiencia religiosa de los creyentes y en la enseñanza y doctrina de las Escrituras, ha sido siempre considerada como un punto pivoto de la teología.

13. La bondad de Dios.

A. La doctrina escritural.

La bondad, en el sentido Escriturario del término, incluye la benevolencia, el amor, la misericordia y la gracia. Por benevolencia se significa la disposición a promover felicidad. Todas las criaturas sensibles son objetos de la misma. El amor incluye complacencia, deseo y deleite, y tiene por sus objetos a seres racionales. La misericordia es la benignidad ejercida hacia los miserables, e incluye pena, compasión, paciencia y gentileza, cosas que las Escrituras adscriben tan abundantemente a Dios. La gracia es el amor ejercido hacia los indignos. El amor de un Dios santo para con los pecadores es el más misterioso atributo de la naturaleza divina. La manifestación de este atributo para la admiración de todas las criaturas inteligentes es declarada como el especial designio de la redención. Dios salva a los pecadores, se nos dice, «para mostrar en los siglos venideros las sobreabundantes riquezas de su gracia en su benignidad para con nosotros en Cristo Jesús» (Ef 2:7). Esta es la carga de aquella Epístola.

Como todas las modificaciones de la bondad arriba mencionada se encuentran incluso en nuestra dilapidada naturaleza, y por sí mismas se encomiendan a nuestra aprobación moral, sabemos que tienen que existir en Dios sin medida y sin fin. En Él son infinitas, eternas e inmutables.

Benevolencia.

La bondad de Dios en forma de benevolencia es revelada en toda la constitución de la naturaleza. Así como el universo está repleto de vida, así está repleto de goce. No hay mecanismos en la naturaleza para la promoción del dolor por el dolor, mientras que las manifestaciones de designio para la producción de felicidad son literalmente incontables. La manifestación de la bondad de Dios en forma de amor, y especialmente de amor hacia los que no se lo merecen, es, como se acaba de señalar, el gran fin de la obra de la redención. «Porque de tal manera amó Dios al mundo, que ha dado a su Hijo unigénito, para que todo aquel que cree en él, no perezca, sino que tenga vida eterna» (Jn 3:16). «En esto consiste el amor: no en que nosotros hayamos amado a Dios, sino en que Él nos amó a nosotros, y envió a su Hijo como propiciación por nuestros pecados» (1 Jn 4:10). El apóstol ora para que los creyentes puedan comprender la altura y profundidad, la longitud y la anchura, de aquel amor que sobrepasa a todo conocimiento (Ef 3:19).

Amor.

En nosotros, el amor incluye complacencia y deleite en su objeto, con el deseo de posesión y de comunión. Los escolásticos, y a menudo los teólogos filosóficos, nos dicen que en Dios no hay sentimientos. [...] Aquí otra vez tenemos que escoger entre una mera especulación filosófica y el claro testimonio de la Biblia, y de nuestra propia naturaleza moral y religiosa. El amor necesariamente implica sentimiento, y si no hay sentimiento en Dios, no puede haber amor. Que Él produzca felicidad no constituye prueba de amor. La tierra lo hace inconscientemente y sin designio. Los hombres a menudo se hacen felices unos a otros por vanidad, por temor o por capricho. A no ser que la producción de felicidad sea atribuida no sólo a una intención consciente, sino a un propósito dictado por un sentimiento de bondad, no es prueba de benevolencia. Y a no ser que los hijos de Dios sean los objetos de su complacencia y deleite, no son objetos de su amor. [...] Tenemos que adherirnos a la verdad en su forma Escrituraria, o la perdemos del todo. Tenemos que creer que Dios es amor en el sentido en que esta palabra es comprendida por cada corazón humano. Las Escrituras no se burlan de nosotros cuando dicen: «Como el padre se compadece de los hijos, se compadece Jehová de los que le temen» (Sal 103:13). Él significaba lo que decía cuando se proclamó a Sí mismo como «¡Jehová! ¡Jehová! fuerte, misericordioso y piadoso; tardo para la ira, y grande en misericordia y verdad» (Éx 34:6). «Amados, amémonos unos a otros; porque el amor es de Dios, y todo aquel que ama es nacido de Dios y conoce a Dios. El que no ama no ha conocido a Dios, porque Dios es amor. En esto se mostró el amor de Dios para con nosotros, en que Dios envió a su Hijo unigénito al mundo, para que vivamos por medio de Él. En esto consiste el amor: no en que nosotros hayamos amado a Dios, sino en que Él nos amó a nosotros, y envió a su Hijo como propiciación por nuestros pecados. Amados, si Dios nos ha amado así, también nosotros debemos amarnos unos a otros» (1 Jn 4:7-11). La palabra amor tiene el mismo sentido a través de todo este pasaje. Dios es amor; y el amor en Él es, en todo lo que es esencial en su naturaleza, lo que el amor es en nosotros. En ello nos regocijamos, sí, y nos regocijaremos.

B. La existencia del mal.

¿Cómo puede la existencia del mal, físico y moral, reconciliarse con la benevolencia y santidad de un Dios infinito en su sabiduría y poder? Esta es la cuestión que ha ejercitado la razón y puesto a prueba la fe de los hombres en todas las eras del mundo. Tal es la distancia entre Dios y el hombre, tal es la debilidad de nuestros poderes, tan limitado es el campo de nuestra visión, que parecería razonable dejar esta pregunta para que Dios mismo la conteste. Si un niño no puede racionalmente juzgar la conducta de sus padres, ni un campesino comprender los asuntos políticos de un imperio, desde luego que nosotros no somos competentes para pedirle cuentas a Dios, ni para preguntarle la razón de sus caminos. Podríamos reposar satisfechos con la certidumbre de que el Juez de toda la tierra debe hacer lo justo. Pero estas consideraciones no han servido para impedir las especulaciones a este respecto. La existencia del mal es constantemente presentada por los escépticos como un argumento contra la religión. Y se encuentra constantemente en la mente de los creyentes como una dificultad y una duda. Mientras que es nuestro deber obedecer el mandamiento: «Estad quietos, y conoced que yo soy Dios», no es menos nuestro deber protestar contra aquellas soluciones a este gran problema que o bien destruyen la naturaleza del pecado, o la naturaleza de Dios.

Teorías que involucran la negación del pecado.

La mayoría de las teorías propuestas para dar cuenta de la existencia del mal caen bajo una y otra de las tres clases que se citan: Primero, aquellas que real o virtualmente niegan la existencia del mal en el mundo. Lo que llamamos mal se distingue como físico y moral, dolor y pecado. Hay alguna plausibilidad en el argumento dado para demostrar que el sufrimiento no es necesariamente un mal. Es necesario para la seguridad de las criaturas sensibles. Pero el dolor existe mucho más allá de los límites de esta necesidad. Tal es la cantidad y variedad de sufrimiento en el mundo, de justos e injustos, de pequeñitos y de adultos, que ninguna filosofía puede apagar la convicción de que la desgracia que gravita tan pesadamente sobre los hijos de los hombres es un mal abrumador. No hay una prueba más grande para nuestra fe que ver a un pequeñito sufriendo un dolor atenazador. Sin embargo, si el sufrimiento pudiera ser eliminado de la categoría del mal, el pecado no es tan fácilmente eliminado. El mundo yace en maldad. La historia del hombre es, en sumo grado, la historia del pecado. Si Dios es santo, sabio y omnipotente, ¿cómo podemos explicar esta prevalencia tan extendida y continuamente persistente del pecado?

Una solución es la que se busca con la negación de que el pecado sea un mal. En otras palabras, se niega que exista el pecado. Lo que consideramos como pecado es, según mantienen algunos, tan solo la limitación del ser. Para estar libres de pecado debemos estar libres de limitación, esto es, ser infinitos. No es un mal que un árbol sea más pequeño, menos hermoso o menos valioso que otros; o que una planta no posea la vida sensible de un animal; o que los animales no posean las capacidades racionales de los hombres. Así como en un bosque vemos árboles de todas las formas y tamaños, desarrollados perfecta e imperfectamente, y esta diversidad es en sí misma buena, de la misma manera entre los hombres vemos los que están más, y otros menos, conformados a la norma ideal de la razón y del derecho, pero esto no es un mal. Es sólo diversidad de desarrollo; la multiforme variedad de una vida sin fin.

Otros dicen que lo que llamamos pecado es la condición necesaria de la virtud. Que no puede haber acción sin reacción; ni fuerza sin obstáculos que vencer; ni placer sin dolor; ni virtud sin vicio. La bondad moral es el dominio sobre el mal moral. No puede haber lo uno sin lo otro. Todo estaría muerto e inmóvil, un mar estancado, si no fuera por este antagonismo.

Otros por su parte dicen que el pecado sólo es una realidad subjetiva. Es análogo al dolor. Algunas cosas nos afectan gratamente, otras ingratamente; algunas suscitan aprobación, otras desaprobación. Pero esto es simplemente algo que nos concierne a nosotros. Dios no participa más en nuestros juicios que en nuestras sensaciones.

Otros no niegan de manera tan expresa la existencia del pecado. Admiten que no sólo es un mal para nosotros, sino que involucra culpa delante de Dios, y que por ello debiera ser castigado. No obstante, lo describen como surgiendo necesariamente de la constitución de nuestra naturaleza. Todas las criaturas están sujetas a una ley de desarrollo. [...] La perfección es una meta que debe ser alcanzada por un proceso gradual. Esta ley controla todas las esferas de la vida, tanto la vegetal como la animal, la intelectual y la moral. Cada planta se desarrolla de una semilla. Nuestros cuerpos comienzan en un germen. La infancia es débil y sufriente. Nuestras mentes están sujetas a la misma ley. Están necesariamente abiertas al error. Nuestra vida moral no es una excepción a esta norma. Los seres morales, al menos los constituidos como nosotros, no pueden evitar pecar. Está implicado en su naturaleza y condición. Es algo fuera de lo que se debe crecer y que debe ser vencido. Si el mundo está constituido y dirigido de manera que hay un progreso continuado hacia la perfección; si todo mal, y especialmente todo pecado, queda eliminado por este progreso, quedan con ello vindicadas la sabiduría, bondad y santidad de Dios. [...]

Es evidente que todas las teorías que hacen del pecado un mal necesario destruyen su naturaleza según se ha revelado en las Escrituras, y en nuestra propia consciencia.

El pecado considerado como el medio necesario para el mayor bien.

Una teoría mucho más plausible, que pertenece a la clase de las que virtual, aunque no confesadamente, destruyen la naturaleza del pecado, es la que lo considera como el medio necesario para el mayor bien. El pecado, en sí mismo, es un mal; relativamente, es un bien. El universo está mejor con él que sin él. En sí mismo, es un mal que los animales más pequeños sean devorados por los mayores; pero como esto es necesario para impedir el indebido desarrollo de la vida animal, y como da servicio a las formas más altas de la misma, viene a ser una disposición benevolente. La amputación de un miembro es un mal; pero si es necesario para salvar la vida, es un bien. Las guerras son males terribles, pero el mundo tiene una deuda con las guerras para la preservación de la libertad civil y religiosa, por lo cual son un precio pequeño. Mejor tener guerra que perder la libertad con que Cristo nos ha hecho libres. Así, si el pecado es el medio necesario para el mayor bien, deja de ser un mal, globalmente, y es perfectamente coherente con la benevolencia de Dios permitir que ocurra. Este ha sido un método favorito de resolver el problema del mal en todas las épocas. Esta es la idea que Leibniz elaboró tan detalladamente en su *Théodicée*. Ha sido adoptada por muchos teólogos que no la llevan hasta sus legítimas consecuencias. Así Twesten[7] dice: «Si el mundo depende de manera absoluta del más perfecto Ser; si es la obra del más sublime amor, poder y sabiduría, y si está constantemente controlado y gobernado por Dios, tiene que ser absolutamente perfecto». Por ello incluso el pecado, aunque como el dolor un mal en sí mismo, tiene que ser en conjunto un bien. Es un elemento necesario en un mundo perfecto. [...]

---

7. *Dogmatik,* II, pág. 121.

TEOLOGÍA SISTEMÁTICA—Parte I: Teología propia

Objeciones a esta teoría.
Por plausible que sea esta teoría, está abierta a muchas objeciones.
1. En primer lugar, no tenemos derecho a limitar al Dios infinito. Decir que este es el mejor de los mundos posibles es decir que Dios no puede hacer nada más grande y mejor; lo que, a no ser que el mundo sea infinito, es decir que Dios es finito. Nos es suficiente creer que el mundo con sus resultados finitos es lo que Dios, en su sabiduría, consideró oportuno llamar a la existencia; pero que sea lo mejor que Él pudiera hacer es una suposición gratuita y menospreciativa.
2. Es anti-escriturario, y contrario a la razón moral, hacer de la felicidad el fin de la creación. La Biblia declara que la gloria de Dios, un fin infinitamente más elevado, es la causa final para la que existen todas las cosas. El juicio instintivo de todos los hombres es que la santidad o excelencia moral es un mayor bien que la felicidad. Pero, según esta teoría, la santidad no tiene valor a no ser como medio para la producción de santidad. Esto no puede ser creído, excepto bajo la protesta de nuestra naturaleza moral. Por tanto, la teoría en cuestión soluciona el problema del mal negando su existencia. Nada es un mal si tiende a la mayor dicha. El pecado es el medio necesario para el mayor bien, y por ello no es mal.

La doctrina de que Dios no puede impedir el pecado en un sistema moral.
El segundo método general de conciliar la existencia del pecado con la benevolencia y santidad de Dios es no negar que el pecado es un mal, incluso cuando se han considerado todas las cosas, sino afirmar que Dios no puede impedir el pecado, o siquiera la actual cantidad de pecado, en un sistema moral. Presupone que la certidumbre es inconsecuente con la libre actividad. Cualquier tipo o grado de influencia que haga cierto cómo va a actuar un agente libre destruye su libertad de acción. Tiene que ser siempre capaz de actuar en contra de cualquier grado de influencia que se aplique sobre él, o deja de ser libre. Así, Dios se limita necesariamente al crear agentes libres. Están más allá de su control absoluto. Puede argüir y persuadir, pero no puede gobernar.

Esta doctrina de que Dios no puede controlar eficazmente las acciones de los agentes libres sin destruir su libertad es tan contraria a las Escrituras que nunca ha sido adoptada por ninguna sección organizada de la Iglesia Cristiana. Algunos teólogos se valen de la misma sólo para alguna emergencia, cuando tratan de esta cuestión, aunque está en total colisión con su esquema general. [...] Si es así, Dios entonces no puede gobernar agentes libres. No puede asegurar el cumplimiento de sus propósitos, ni el cumplimiento de sus promesas.

No hay certidumbre para el triunfo del bien en el universo. Los ángeles y los santos en el cielo pueden todos llegar a pecar, y el mal llegar a ser dominante y universal. Según esta teoría, toda oración de que Dios pueda cambiar nuestros propios corazones, o los corazones de otros, deviene irracional. Es una doctrina tan contraria a la enseñanza de la Biblia, que en todas partes proclama la soberanía y la supremacía de Dios, declarando que los corazones de los hombres están en Su mano, y que como los repartimientos de las aguas, los inclina adónde quiere; que hace bien dispuesto a su pueblo en el día de su poder, obrando en ellos el querer y el hacer, según su beneplácito; es tan inconsistente con la promesa de dar arrepentimiento y fe, con la declaración de su poder de cambiar el corazón; es tan incompatible con las esperanzas y la confianza del creyente de que Dios puede guardarle de caída; y es tan subversiva de la idea de Dios tal como se presenta en la Biblia y que se revela en nuestra naturaleza, que la Iglesia, unánime, ha preferido dejar sin explicar el misterio del mal antes que buscar su solución en un principio que mina los fundamentos de toda religión.

La doctrina escrituraria.
El tercer método de tratar con esta cuestión es reposar satisfechos en las sencillas declaraciones de la Biblia. Las Escrituras enseñan: (1) que la gloria de Dios es el fin al que están subordinados la promoción de la santidad, la producción de la dicha y todos los otros fines. (2) Que siendo, por tanto, la manifestación misma de Dios, la revelación de su infinita perfección, el mayor bien concebible o posible, es ella el fin último de todas sus obras en creación, providencia y redención. (3) Como las criaturas sensibles son necesarias para la manifestación de la benevolencia de Dios, tampoco podría haber manifestación de su misericordia sin miseria, ni de su gracia y justicia si no hubiera pecado. Así como los cielos declaran la gloria de Dios, así Él ha trazado el plan de la redención: «Para que la multiforme sabiduría de Dios sea dada ahora a conocer por medio de la iglesia a los principados y potestades en los lugares celestiales» (Ef 3:10). El conocimiento de Dios es vida eterna. Es para las criaturas el más alto bien. Y la promoción de este conocimiento, la manifestación de las multiformes perfecciones del Dios infinito, es el mayor fin de todas sus obras. Éste, declara el Apóstol, es el fin contemplado, tanto en el castigo de los pecadores como en la salvación de los creyentes. Es un fin ante el cual, dice él, nadie puede objetar racionalmente. «¿Y qué, si Dios, queriendo mostrar su ira y hacer notorio su poder, soportó con mucha paciencia los vasos de ira preparados para destrucción, y para hacer notorias las riquezas de su gloria, las mostró para con los vasos de misericordia que él preparó de antemano para gloria [...]? (Ro 9:22, 23). Así, según las Escrituras, el pecado es permitido para que la justicia de Dios pueda ser conocida en su castigo, y su gracia en su perdón. Y el universo, sin el conocimiento de estos atributos, sería como la tierra sin la luz del sol.

Siendo la gloria de Dios el gran fin de todas las cosas, no estamos obligados a suponer que este sea el mejor de los mundos posibles para la producción de la felicidad, o siquiera para asegurar el mayor grado de santidad entre las criaturas racionales. Está sabiamente adaptado para el fin para el que fue dispuesto, esto es, la manifestación de las multiformes perfecciones de Dios. Que Dios, al revelarse a Sí mismo, promueve el mayor bien de sus criaturas consistente con la promoción de su propia gloria es cosa que se puede admitir. Pero invertir este orden, y hacer del bien de la criatura el más grande fin, es pervertir y subvertir todo el esquema; es poner los medios por el fin, subordinar a Dios al universo, el Infinito a lo finito. Este acto de poner a la criatura en lugar de al Creador perturba nuestros sentimientos y convicciones tanto en el ámbito moral como en el religioso, así como nuestra comprensión intelectual de Dios y su relación con el universo. [...] En último término, se puede afirmar con certeza que un universo hecho con el propósito de dar a conocer a Dios es un universo mucho mejor que uno designado para la producción de felicidad.

14. La verdad de Dios.

La verdad es una palabra que ocurre frecuentemente y que tiene amplio significado en la Biblia. El sentido primario de la palabra griega *alëtheia* (de a y *lëthe*) es apertura; lo que no está escondido. Pero en hebreo, y por ello en la Biblia, la idea primaria de verdad es aquello que sustenta, o que no deja de sustentar nuestras expectativas. Así, lo verdadero es: (1) Lo real, en oposición a lo ficticio e imaginario. Jehová es el verdadero Dios, porque Él es realmente Dios, mientras que los dioses de los paganos son vanidad y nada, meros seres imaginarios, que no tienen ni existencia ni atributos. (2) Lo verdadero es lo que se ajusta totalmente a su idea, a lo que afirma ser. Un hombre verdadero es aquel en quien se cumple realmente la idea de lo que ha de ser un hombre. El verdadero Dios es Aquel en quien se encuentra todo lo que significa la Deidad. (3) Lo verdadero es aquello en lo que la realidad se corresponde exactamente con la manifestación. Dios es verdadero, porque Él es realmente lo que declara ser; porque Él es lo que manda que creamos que es; y por cuanto todas sus declaraciones se corresponden con lo que realmente es. (4) Lo verdadero es aquello en que podemos confiar, que no falla, ni cambia ni frustra. En este sentido también Dios es verdadero, tal como es inmutable y fiel. Su promesa no puede fallar; su palabra nunca frustra. Su palabra permanece para siempre. Cuando el Señor dice: «Tu palabra es verdad», dice que todo lo que Dios ha revelado es digno de confianza como correspondiéndose exactamente con lo que realmente es, o ha de ser. Su palabra nunca fallará, aunque pasen el cielo y la tierra.

Por tanto, la verdad de Dios es la base de toda religión. Es la base de nuestra certeza de que lo que Él ha revelado de Sí mismo y de su voluntad, en sus obras y en las Escrituras, es digno de confianza. Él ciertamente es, y quiere, y hará, todo aquello que ha dado así a conocer. Y no es menos la base de todo conocimiento. El que nuestros sentidos no nos engañen; el que la consciencia es fidedigna en lo que enseña; el que todo es lo que nos parece ser; el hecho de que nuestra existencia no es un sueño engañoso, no tiene otro fundamento que la verdad de Dios. En este sentido, todo conocimiento se basa en la fe, esto es, en la creencia de que Dios es verdadero. [...]

Los teólogos filosóficos niegan virtualmente que haya en Dios ningún atributo como el de la verdad. Dicen que lo que se designa con este término es sólo la uniformidad de la ley. La eficiencia de Dios es ejercida de tal manera que podemos confiar en una secuencia regular de eventos. [...] La idea es que así como Dios ha establecido ciertas leyes físicas, y que si los hombres las observan les va bien, y si las violan, sufren por ello, del mismo modo hay leyes que determinan el bienestar de las criaturas racionales; si observamos estas leyes, somos felices; si las menospreciamos, somos desgraciados. Dios no tiene nada que ver con ello, excepto en cuanto que ha establecido estas leyes y las ejecuta. Por ello, la idea filosófica de la verdad de Dios es la inmutabilidad de la ley, física y moral. [...] Dios, según este punto de vista, no es tanto una persona, como un nombre para el orden moral del universo. Naturalmente, hay algo de verdad en esta concepción. Las leyes de Dios, mediante las que Él gobierna a sus criaturas, racionales e irracionales, son uniformes. Es cierto que un hombre siega lo que siembra; que recibe aquí y en el más allá las consecuencias de su conducta. Si siembra para la carne, recibe corrupción; si siembra para el espíritu, siega vida eterna. Pero estas leyes son administradas por un Dios personal, que, así como controla las leyes físicas para producir abundancia o hambre, salud o pestilencia, según le parece apropiado, también controla todas las leyes que determinan el bienestar de las almas de los hombres, para llevar a cabo sus designios y lograr el cumplimiento de sus promesas y amenazas. Las leyes de un gobierno humano bien constituido son uniformes e imparciales, pero ello no es incongruente con su personal administración. [...]

15. La soberanía de Dios.

La soberanía no es una propiedad de la naturaleza divina, sino una prerrogativa que surge de las perfecciones del Ser Supremo. Si Dios es Espíritu, y por ello una persona, infinito, eterno e inmutable en su ser y perfecciones, el Creador y Preservador del universo, Él es de derecho su soberano absoluto. La infinita sabiduría, bondad y poder, con el derecho de posesión que le pertenece a Dios en cuanto a todas sus criaturas, son el fundamento inmutable de su dominio. «Nuestro Dios está en los cielos; todo lo que quiso ha hecho» (Sal 115:3). «Todos los habitantes de la tierra son considerados ante él como nada; y él hace lo que le place con el ejército del cielo, y con los habitantes de la tierra, y no hay quien detenga su mano, y le diga: ¿Qué haces?» (Dn 4:35). «Todas las cosas que están en los cielos y en la tierra son tuyas» (1 Cr 29: 11). «De Jehová es la tierra y cuanto hay en ella. El mundo, y los que en él habitan» (Sal 24:1). «Tuyo, oh Jehová, es el reino, y tú eres excelso sobre todos» (1 Cr 29:11). «He aquí que todas las almas son mías; como el alma del padre, así el alma del hijo es mía» (Ez 18:4). «¡Ay del que pleitea con su Hacedor, como el tiesto con los tiestos de la tierra! ¿Dirá el barro al que lo labra: Qué haces?; ¿o: Tu obra no está hecha con destreza?» (Is 45:9). «¿No me es lícito hacer con lo mío lo que quiera?» (Mt 20:15). Él «efectúa todas las cosas según el designio de su voluntad» (Ef 1:11). «Porque de Él, y por Él, y para Él, son todas las cosas. A Él sea la gloria por los siglos. Amén» (Ro 11:36).

Con base en este y otros pasajes similares de la Escritura queda claro: (1) Que la soberanía de Dios es universal. Se extiende a todas sus criaturas, desde la más excelsa a la más ínfima. (2) Que es absoluta. No se pueden poner límites a su autoridad. Él hace su beneplácito en las huestes del cielo y entre los moradores de la tierra. (3) Es inmutable. No puede ser ni ignorada ni rechazada. Liga a todas las criaturas, tan inexorablemente como las leyes físicas ligan al universo material.

Esta soberanía es ejercida, (1) En el establecimiento de leyes, físicas y morales, por las que las criaturas deben regirse. (2) En la determinación de la naturaleza y poderes de los diferentes órdenes de los seres creados, y en la asignación de cada una a su esfera apropiada. (3) En la designación para cada individuo de su posición y suerte. Es el Señor quien fija los límites de nuestra morada. Nuestros tiempos están en sus manos. Él decide cuándo, dónde y bajo qué circunstancias tiene que nacer cada individuo de nuestra raza, y vivir y morir. Así, las naciones, no menos que los individuos, están en manos de Dios, que les asigna su heredad en la tierra, y controla su destino. (4) Dios no es menos soberano en la distribución de sus favores. Él hace lo que quiere con lo suyo. A unos les da riquezas, a otros honra y a otros salud, mientras que otros son pobres, desconocidos o víctimas de enfermedades. A algunos se les envía la luz del evangelio; otros son dejados en tinieblas. Algunos son llevados a la salvación por medio de la fe; otros perecen en incredulidad. A la pregunta de ¿Por qué así?, la única respuesta es la dada por nuestro Señor: «Sí, Padre, porque así te agradó».

Aunque esta soberanía es así universal y absoluta, es la soberanía de la sabiduría, de la santidad y del amor. La autoridad de Dios no queda limitada por nada fuera de Él mismo, sino que es controlada, en todas sus manifestaciones, por sus infinitas perfecciones. Si un hombre es libre y exaltado, en proporción a que esté gobernado por la razón iluminada y por una conciencia limpia, así es supremamente bendecido el que se somete contento de ser gobernado por la infinita razón y sabiduría de Dios. Esta soberanía de Dios es la base de la paz y confianza de todo su pueblo. Ellos se regocijan en que el Señor Dios omnipotente reina; que ni la necesidad, ni el azar, ni la insensatez humana, ni la malicia de Satanás controla la secuencia de acontecimientos y todos sus resultados. La infinita sabiduría, amor y poder le pertenecen a Él, a nuestro gran Dios y Salvador, en manos de quien ha sido entregada toda potestad en los cielos y en la tierra.

Capítulo 6
La Trinidad

1. Observaciones preliminares.

La doctrina de la Trinidad es peculiar a la religión de la Biblia. La Tríada del mundo antiguo es sólo una declaración filosófica de la teoría panteísta que subyace a todas las religiones de la antigüedad. Para los hindúes, el simple ser no desarrollado, primordial, recibe el nombre de Brahm. Este ser, desarrollándose en el mundo real, es Visnú; como volviendo al abismo del ser inconsciente, es Siva. En el budismo hallamos esencialmente las mismas ideas, en una forma más dualista. El budismo establece una mayor distinción entre Dios, o el principio espiritual de todas las cosas, y la naturaleza. El alma del hombre es una parte, o forma existencial, de su esencia espiritual, cuyo destino es que pueda ser liberado de la naturaleza y perderse en el infinito desconocido. En el platonismo también hallamos una trinidad conceptual. El simple ser (*to on*) tiene su *logos*, el complejo de sus ideas, la realidad en todo lo que es fenoménico y cambiante. En todos estos sistemas, antiguos o modernos, hay una Tesis, Antítesis y Síntesis; el Infinito se vuelve finito, y lo finito vuelve al Infinito. Es evidente, por tanto, que estas fórmulas trinitarias no tienen analogía con la doctrina escrituraria de la Trinidad, y no sirven ni para explicarla ni para confirmarla.

El designio de todas las revelaciones contenidas en la Palabra de Dios es la salvación del hombre. La verdad tiene como fin la santidad. Dios no da a conocer su ser y atributos para enseñar ciencia a los hombres, sino para llevarlos a un conocimiento salvador de Él mismo. Así, las doctrinas de la Biblia están íntimamente ligadas con la religión, o con la vida de Dios en el alma. Determinan la experiencia religiosa de los creyentes, y se presuponen en esa experiencia. Esto es especialmente cierto de la magna doctrina de la Trinidad. Es un gran error considerar esta doctrina como una verdad meramente especulativa o abstracta, tratando de la constitución de la Deidad, que no sea de interés práctico para nosotros, o que tengamos que creer sencillamente porque es una verdad revelada. Al contrario, subyace a todo el plan de salvación, y determina el carácter de la religión (en el sentido subjetivo del término) de todos los verdaderos cristianos. Es la fe inconsciente, o no estructurada, incluso de aquellos del pueblo de Dios que no pueden comprender los términos en que se expresa. Ellos todos creen en Dios, el Creador y Preservador en contra de quien han pecado, y cuya justicia ellos saben que no pueden satisfacer, y cuya imagen no pueden restaurar en la apóstata naturaleza de ellos. Por ello, de manera necesaria, creen en un Redentor divino y en un Santificador divino. Tienen, por así decirlo, los factores de la doctrina de la Trinidad en sus propias convicciones religiosas. Ninguna doctrina meramente especulativa, especialmente ninguna doctrina tan misteriosa y tan sin analogía con todos los objetos del conocimiento humano como la de la Trinidad, podría haber jamás alcanzado el control permanente sobre la fe de la Iglesia, como el que ha mantenido esta doctrina. Así, no es por ninguna decisión arbitraria, ni por ninguna adhesión fanática a creencias hereditarias, que la Iglesia ha rehusado siempre reconocer como cristianos a los que rechazan esta doctrina. Este juicio es sólo la expresión de la profunda convicción de que los antitrinitarios tienen que adoptar un sistema de religión radical y prácticamente diferente de aquel sobre el que la Iglesia edifica sus esperanzas. No es demasiado decir con Meyer[1] que «la Trinidad es el punto de unión de todas las ideas e intereses cristianos; a una el principio y el fin de toda percepción acerca del cristianismo».

Este gran artículo de la fe cristiana puede ser considerado bajo tres aspectos diferentes: (1) La forma bíblica de la doctrina. (2) La forma eclesiástica, o el modo en que han sido explicadas las declaraciones de la Biblia en los símbolos de la Iglesia y en los escritos de los teólogos. (3) Su forma filosófica, o los intentos que se han hecho de ilustrar, o de demostrar, la doctrina según principios filosóficos. Es sólo la doctrina tal como se presenta en la Biblia la que compromete a la fe y la conciencia del pueblo de Dios.

2. Forma bíblica de la doctrina.

A. Cuál es la forma que adopta.

La forma en que esta doctrina se encuentra en la Biblia, y en la que entra en la fe de la Iglesia universal, incluye sustancialmente los siguientes puntos:

1. Hay un sólo Dios vivo y verdadero, o Ser Divino. La religión de la Biblia se levanta en oposición no sólo al Ateísmo, sino también a todas las formas de Politeísmo. Las Escrituras afirman en todo lugar que sólo Jehová es Dios. (Dt 6:4). «Jehová es nuestro Dios, Jehová uno es». «Yo soy el primero, y yo soy el postrero, y fuera de mí no hay Dios» (Is 44:6). «Tú crees que Dios es uno; haces bien» (Stg 2:19). El Decálogo, que es el fundamento del código moral y religioso del cristianismo, así como del judaísmo, tiene como su primer y gran mandamiento: «No tendrás dioses ajenos delante de mí». Por tanto, ninguna doctrina puede ser cierta si contradice esta verdad primaria de la religión natural así como de la revelada.

2. En la Biblia todos los títulos y atributos divinos son adscritos por igual al Padre, al Hijo y al Espíritu. Se les tributa el mismo culto divino. El uno es tanto objeto de adoración, amor, confianza y devoción como el otro. No es más evidente que el Padre sea Dios que el que el Hijo sea Dios; ni la deidad del Padre y del Hijo es más claramente revelada que la del Espíritu.

3. Los términos Padre, Hijo y Espíritu no expresan diferentes relaciones de Dios con sus criaturas. No son análogos a los términos Creador, Preservador y Benefactor, que sí expresan tales relaciones. Los hechos escriturarios son: (a) El padre dice Yo; el Hijo dice Yo; el Espíritu dice Yo. (b) El Padre le dice Tú al hijo, y el Hijo le dice Tú al Padre; y de manera semejante el Padre y el Hijo usan el pronombre Él con referencia al Espíritu. (c) El Padre ama al Hijo; el Hijo ama al Padre; el Espíritu testifica acerca del Hijo. El Padre, Hijo y Espíritu son variamente sujeto y objeto. Actúan y son objetos de acciones. Nada se añade a estos hechos cuando se dice que el Padre, Hijo y Espíritu son personas distintas; porque una persona es un sujeto inteligente que puede decir Yo, a quien se puede apelar como Tú, y que puede actuar y ser objeto de acción. La suma de los anteriores hechos se expresa en la proposición, Él un Ser divino subsiste en tres personas, Padre, Hijo y Espíritu. Esta proposición no añade nada a los mismos hechos, por cuanto los hechos son: (1) Que hay un Ser Divino. (2) El Padre, el Hijo y el Espíritu son divinos. (3) El Padre, el Hijo y el Espíritu son, en el sentido acabado de expresar, personas distintas. (4) Siendo los atributos inseparables de la sustancia, las Escrituras, al decir que el Padre, el Hijo y el Espíritu poseen los mismos atributos, dicen que son lo mismo en sustancia; y si lo mismo en sustancia, son iguales en poder y gloria.

---

1. *Lehre von der Trinität*, Vol. I, pág. 42.

4. A pesar de que el Padre, el Hijo y el Espíritu son lo mismo en sustancia, e iguales en poder y gloria, no es menos cierto, según las Escrituras, (a) Que el Padre es primero, el Hijo segundo, y el Espíritu tercero. El Hijo es del Padre (*ek theou*, el *logos, eikön, apaugasma, tou theou*); y el Espíritu es del Padre y del Hijo. (e) El Padre envía al Hijo, y el Padre y el Hijo envían al Espíritu. (d) El Padre opera por medio del Hijo, y el Padre y el Hijo operan por medio del Espíritu. Nunca se encuentra lo recíproco de estas afirmaciones. Nunca se dice del Hijo que envíe al Padre, ni que opere por medio de Él; ni jamás se dice que el Espíritu envíe al Padre o al Hijo, o que opere por medio de ellos. Los hechos contenidos en este párrafo se recapitulan en esta proposición: En la Santa Trinidad hay una subordinación de las Personas en cuanto al modo de subsistencia y operación. Esta proposición, una vez más, no añade nada a los hechos mismos.

5. Según las Escrituras, el Padre creó el mundo, el Hijo creó el mundo, y el Espíritu creó el mundo. El Padre preserva todas las cosas; el Hijo sustenta todas las cosas; y el Espíritu es la fuente de toda vida. Estos hechos se expresan diciendo que las personas de la Trinidad concurren en todas las acciones *ad extra*, [en todas las acciones externas.] Sin embargo, hay algunos hechos que son predominantemente referidos al Padre, otros al Hijo, y otros al Espíritu. El Padre crea, elige, y llama; el Hijo redime; y el Espíritu santifica. Y, por otra parte, hay ciertas acciones, o condiciones, que se predican de una persona de la Trinidad, que nunca se predica de ninguna de las otras. Así, la generación pertenece exclusivamente al Padre, la filiación al Hijo, y la procesión al Espíritu. Ésta es la forma en que se encuentra la doctrina de la Trinidad en la Biblia. La anterior afirmación no involucra ningún elemento filosófico. Se trata simplemente de una exposición ordenada de los hechos claramente revelados que tienen que ver con esta cuestión. Esta es la forma en que esta doctrina siempre ha entrado en la fe de la Iglesia, como parte de sus convicciones y experiencia religiosa.

Decir que esta doctrina es incomprensible no es decir nada más que lo que se debe admitir de cualquier otra gran verdad, tanto si es de revelación como si es de ciencia. Es irrazonable decir que es imposible que la una sustancia divina pueda subsistir en tres personas distintas, cuando, según la forma de filosofía que ha tenido más difusión y persistencia, todo lo que existe es sólo una de las innumerables formas en que subsiste una y la misma sustancia infinita; y cuando, según los realistas, que en cierto tiempo controlaron al mundo intelectual, todos los hombres son las formas individualizadas de la sustancia numéricamente misma llamada humanidad genérica.

B. Prueba escritural de la doctrina.

Ninguna doctrina como la de la Trinidad puede ser demostrada de manera adecuada mediante ninguna cita de pasajes escriturarios. Sus elementos constitutivos son expuestos, unos en un lugar, otros en otro. La unidad del Ser Divino; la verdadera e igual divinidad del Padre, Hijo y Espíritu; su distinta personalidad; la relación que tienen uno con otro, y con la Iglesia y el mundo, no se presentan en una fórmula doctrinal en la Palabra de Dios, sino que los varios elementos constitutivos de la doctrina son declarados, o supuestos, una y otra vez, desde el principio hasta el fin de la Biblia. Por ello, mediante la prueba de estos elementos por separado, se puede establecer la doctrina de una manera totalmente satisfactoria. Todo lo necesario, aquí, es una referencia a las enseñanzas generales de la Escritura acerca de esta cuestión, y a algunos pasajes en los que se incluye todo lo que es esencial en la doctrina.

Carácter progresivo de la Revelación divina.

1. Se reconoce el carácter progresivo de la revelación divina en relación con todas las grandes doctrinas de la Biblia. Uno de los argumentos más poderosos del origen divino de las Es-

crituras es la relación orgánica de sus varias partes. Comprenden más de sesenta libros escritos por hombres diferentes en edades distintas, y sin embargo constituyen un todo; no por meras relaciones históricas externas, ni en virtud de la identidad general de los temas de los que tratan, sino por su desarrollo orgánico interno. Todo lo que está en un árbol totalmente desarrollado estaba ya potencialmente en la semilla. Todo lo que encontramos desarrollado en la plenitud del evangelio se encuentra en forma rudimentaria en los primeros libros de la Biblia. Lo que al principio es insinuado sólo oscuramente es desarrollado gradualmente en partes posteriores del volumen sagrado, hasta que la verdad se revela en su plenitud. Esto es cierto de las doctrinas de la redención; de la persona y obra del Mesías, la prometida Simiente de la mujer; de la naturaleza y del oficio del Espíritu Santo; y de un estado futuro más allá del sepulcro. Y esto es especialmente cierto de la doctrina de la Trinidad. Incluso en el libro de Génesis hay insinuaciones de la doctrina que reciben su verdadera interpretación en posteriores revelaciones. El hecho de que los nombres de Dios están en forma plural; de que los pronombres personales estén a menudo en primera persona del plural («Hagamos al hombre a nuestra imagen»); que la forma de bendición sea triple, y otros hechos de la misma naturaleza, pueden recibir todos ellos distintas explicaciones. Pero cuando se hace claro, por el progreso de la revelación, que hay tres personas en la Deidad, entonces difícilmente puede dejarse de reconocer que estas formas de expresión están basadas en esta gran verdad.

2. Sin embargo, de mucha mayor importancia es el hecho de que, no sólo en Génesis, sino también en todos los tempranos libros de la Escritura, hallamos una distinción establecida entre Jehová y el Ángel de Jehová, Dios Él mismo, y a quien se le adscriben todos los títulos divinos, y a quien se da adoración divina. Al irse desarrollando la revelación, esta distinción se va haciendo más y más manifiesta. Este mensajero de Dios es llamado la palabra, la sabiduría, el Hijo de Dios. Su personalidad y divinidad son claramente reveladas. Él es de antiguo, de la eternidad, el Dios Fuerte, el Adonai, el Señor de David, Jehová justicia nuestra, que debía nacer de una virgen, y llevar los pecados de muchos.

3. De manera semejante, incluso en el primer capítulo del Génesis, el Espíritu de Dios es representado como la fuente de toda inteligencia, orden, y vida en el universo creado; y en los subsecuentes libros del Antiguo Testamento se le representa como inspirando a los profetas, dando sabiduría, fortaleza y bondad a los estadistas, a los guerreros y al pueblo de Dios en general. Este Espíritu no un organismo sino un delegado, no es una agencia sino un agente, que enseña y selecciona; contra el que se puede pecar y al que se puede agraviar; y que en el Nuevo Testamento se revela de manera inequívoca como una persona distinta. Cuando aparece Juan el Bautista, habla del Espíritu Santo como de una persona concreta, con la cual sus contemporáneos estaban familiarizados, como un ente objeto de culto divino y dador de bendiciones salvíficas. Nuestro Salvador da también esta verdad como asumida, y promete enviar el Espíritu Santo, como Paracleto, para ocupar su lugar; para instruir, confortar, y fortalecer, alguien al que deben recibir y obedecer. En consecuencia, sin ningun tipo de transición abrupta, vemos como las revelaciones más antiguas y primigéneas de este misterio se fueron aclarando gradualmente, hasta que el Dios Trino, Padre, Hijo y Espíritu Santo se hace presente en el Nuevo Testamento como el Dios reconocido universalmente por todos los creyentes.

La fórmula bautismal.

4. En las fórmulas del bautismo, y de la Bendición Apostólica, se hizo provisión para mantener esta doctrina constantemente delante de la mente del pueblo, como artículo cardinal de la fe cristiana. Cada cristiano es bautizado en nombre del Padre, y del Hijo, y del Espíritu Santo. La personalidad, la divinidad, y la consiguiente igualdad de estos tres sujetos son aquí dadas por supuestas. La asociación del Hijo y del Espíritu con el Padre, la identidad de rela-

ción, por lo que concierne a la dependencia y obediencia, que sostenemos ante el Padre, Hijo y Espíritu respectivamente; la confesión y profesión involucradas en las ordenanzas, todo ello impide cualquier otra interpretación de esta fórmula que la que siempre ha recibido en la Iglesia. Si la expresión «En el nombre del Padre» implica la personalidad del Padre, la misma implicación existe cuando se usa en referencia al Hijo y al Espíritu. Si reconocemos nuestra sujeción y adhesión al primero, reconocemos la misma sujeción y adhesión a las otras personas divinas aquí nombradas.

La bendición apostólica.
En la bendición apostólica se dirige una oración a Cristo por su gracia, al Padre por su amor, y al Espíritu por su comunión. Así, cada vez que esta bendición es pronunciada y recibida, la personalidad y divinidad de cada uno quedan solemnemente reconocidas.

5. En el registro del bautismo de nuestro Señor, el Padre se dirige al Hijo, y el Espíritu desciende en forma de paloma. En el discurso de Cristo, registrado en los capítulos 14, 15 y 16 del Evangelio de Juan, nuestro Señor habla al y del Padre, y promete enviar el Espíritu para enseñar, conducir y confortar a sus discípulos. En este discurso, la personalidad y divinidad del Padre, Hijo y Espíritu Santo son reconocidas con idéntica claridad. En 1 Co 12:4-6, el Apóstol habla de diversidad de dones, pero el mismo Espíritu; de diversidad de administraciones, pero el mismo Señor; y de diversidades de operaciones, pero el mismo Dios.

No se debe olvidar, sin embargo, que la fe de la Iglesia en la doctrina de la Trinidad no reposa exclusiva ni principalmente en los argumentos acabados de exponer. El gran fundamento de esta fe es lo que se enseña en todo lugar en la Biblia acerca de la unidad del Divino Ser; de la personalidad y divinidad del Padre, Hijo y Espíritu; y de sus mutuas relaciones.

3. El período de transición.

A. La necesidad de una declaración más definida de la doctrina.

La forma bíblica de la doctrina de la Trinidad, tal como ha sido dada hasta aquí, incluye todo lo esencial para la integridad de la doctrina, y todo lo que es abrazado en la fe de los cristianos ordinarios. Pero no es todo lo incluido en los credos de la Iglesia. Es característico de las Escrituras que las verdades presentadas en ella se exhiben en una forma en las que se dirigen a nuestra consciencia religiosa. Es a esta característica de la Palabra de Dios a la que se debe atribuir su adaptación al uso general. Una verdad a menudo se encuentra en la mente de la Iglesia como objeto de fe mucho antes de que sea formulada doctrinalmente; esto es, antes que sea analizada, su contenido claramente determinado, y sus elementos expuestos en sus mutuas relaciones. Cuando una doctrina tan compleja como la de la Trinidad es presentada como objeto de fe, la mente se ve obligada a reflexionar sobre ella, a emprender la determinación de lo que incluye, y cómo se deben enunciar sus varias partes de manera que se evite la confusión y la contradicción. Además de esta necesidad interna de una declaración definida de la doctrina, esta declaración fue forzada sobre la iglesia desde fuera. Incluso entre aquellos que honradamente tenían la intención de recibir lo que las Escrituras enseñaran acerca de la cuestión era inevitable que surgiera diversidad en el modo de enunciarlo, y confusión y contradicción en el uso de los términos. Como la Iglesia es una, no meramente en lo externo, sino de manera real e interna, esta diversidad y confusión son tanto un mal, un dolor y un embarazo, perturbando su paz interna, como lo serían una semejante inconsecuencia y confusión en una mente individual. Por ello, había una necesidad interna y externa, en la misma Iglesia, de una declaración clara, inclusiva y consistente de los varios elementos de esta compleja doctrina de la fe cristiana.

B. Conflicto con el error.

Además de la necesidad de un enunciado de la doctrina que diera satisfacción a las mentes de los que la recibían, había la necesidad adicional de guardar la verdad de las malas influencias de exhibiciones falsas o erróneas de la misma. La convicción de que Cristo es una persona divina estaba profundamente asentada en las mentes de todos los cristianos. La gloria que Él exhibió, la autoridad que Él asumió, el poder que Él manifestó, los beneficios que Él confirió, demandaban el reconocimiento de Él como el Dios verdadero. Pero no menos fuerte era la convicción de que hay un solo Dios. La dificultad residía en conciliar estos dos artículos fundamentales de la fe cristiana. El modo de resolver esta dificultad por el rechazo de uno de estos artículos para mantener el otro fue repudiado por común consentimiento. Los había que negaban la divinidad de Cristo, tratando de dar satisfacción a las mentes de los creyentes presentándole como el mejor de los hombres; como lleno del Espíritu de Dios; como el Hijo de Dios, por su milagrosa concepción; o como animado y controlado por el poder de Dios; pero, no obstante, un mero hombre. Esta perspectiva acerca de la persona de Cristo fue tan universalmente rechazada en la Iglesia primitiva que apenas si originó controversia. Los errores contra los que tuvieron que contender los que abogaban por la doctrina de la Trinidad eran de orden superior. Era naturalmente inevitable que ambos partidos, los proponentes y los opositores de la doctrina, se valieran de las filosofías corrientes de la época. Consciente o inconscientemente, todos los hombres están más o menos controlados en su forma de pensar acerca de las cuestiones divinas por las opiniones metafísicas que prevalecen entre ellos, y en las que han sido educados. Por ello, encontramos que el gnosticismo y el platonismo colorearon las perspectivas de los proponentes y de los opositores de la doctrina de la Trinidad durante el período Ante-Niceno.

Los gnósticos.

Los gnósticos sostenían que había una serie de emanaciones del Ser primordial, de diferentes órdenes o rangos. Era natural que los adictos a este sistema, y que profesaran ser cristianos, presentaran a Cristo como una de las más altas de estas emanaciones, o eones. Esta visión de su persona admitía que fuera considerado como consustancial con Dios, como divino, como el creador del mundo, como una persona distinta, y que tuviera al menos una unión aparente o docética con la humanidad. Por ello, cumplía algunas de las condiciones del complicado problema a resolver. Sin embargo, representaba a Cristo como uno de una serie de emanaciones, y lo reducía a la categoría de los seres dependientes, exaltado por encima de los otros de la misma clase y rango, pero no de naturaleza. Además, involucraba la negación de su verdadera humanidad, que era esencial para la fe de la Iglesia, y tan entrañable para su pueblo como su divinidad. Por ello, todas las explicaciones de la Trinidad basadas en la filosofía gnóstica fueron rechazadas como insatisfactorias y heréticas.

Los platonistas.

El sistema platónico, tal como fue modificado por Filón y aplicado por él a la explicación filosófica de la teología del Antiguo Testamento, tuvo mucha más influencia en las especulaciones de los primeros Padres que el gnosticismo. Según Platón, Dios formó, o tenía en la razón divina, las ideas, tipos o modelos de todas las cosas, ideas que vinieron a ser los principios vivientes, formativos, de todas las existencias reales. La razón divina, con sus contenidos, era el Logos. Por ello, Filón, al explicar la creación, presenta al Logos como la suma de todos estos tipos o ideas, que constituyen el *kosmos noëtos*, o mundo ideal. En base de esta perspectiva, el Logos era designado como *endiathetos* (*mente conceptus*). En la creación, o auto-manifestación de Dios en la naturaleza, esta razón divina, o Logos, es nacida, enviada o proyectada, deviniendo el *logos prophorikos*, dando vida a todas las cosas. Filón llamó a Dios, como así manifestado en el mundo, no sólo *logos* sino también *huios, eikön, huios monogenës, protogonos, skia, paradeigma, doxa, epistëmë, theou y deuteros Theos*. En la aplicación de esta filosofía a la doctrina de Cristo, era fácil hacer de Él el *logos prophorichos*, asumiendo y afirmando su personalidad, y presentándolo como especialmente manifestado o encarnado en Jesús de Nazaret. Este intento lo hicieron Justín Mártir, Taciano y Teófilo. Tuvieron éxito en cuanto a que exaltaron a Cristo por encima de todas las criaturas; hacían de Él el creador y preservador de todas las cosas, la luz y la vida del mundo. Pero no satisficieron la consciencia de la Iglesia, porque presentaban la divinidad de Cristo como esencialmente subordinada; hacían su generación antemundana, pero no eterna; y especialmente debido a que la filosofía, de la que había sido tomada esta teoría del Logos, estaba totalmente opuesta al sistema cristiano. El Logos de Platón y Filón era sólo un término colectivo para denotar el mundo ideal, la *idea tön ideeön*; por ello, la verdadera distinción entre Dios y el Logos era la que existía entre Dios como oculto y Dios como revelado. Dios en sí mismo era *ho theos*; Dios en la naturaleza era el Logos. Ésta, después de todo, es la vieja doctrina pagana panteísta, que hace del universo la manifestación o forma existencial de Dios.

La doctrina de Orígenes.

Orígenes presentó la doctrina platónica de la generación y naturaleza del Logos de una forma más elevada que aquella en la que había sido exhibida en las especulaciones de otros entre los padres. No sólo insistió, en oposición a los Monarquianos o Unitarios, en la personalidad distinta del Hijo, sino también en su generación eterna, como opuesta a antemundana. Sin embargo, atribuyó su generación a la voluntad del Padre. El Hijo quedó así reducido a la categoría de las criaturas, porque según Orígenes la creación es desde la eternidad. Otra característica insatisfactoria de todas estas especulaciones acerca de la teoría del Logos era que no dejaba lugar al Espíritu Santo. El Logos era la Palabra, o Hijo de Dios, engendrado antes de la creación a fin de que creara, o, según Orígenes, creado desde la eternidad; pero, ¿qué del Espíritu Santo? Aparece como persona distinta en el servicio bautismal y en la bendición apostólica, pero la teoría del Logos sólo daba lugar a una Díada, no a una Tríada. Por ello, aparece la más grande confusión en las declaraciones de esta clase de escritores acerca del Espíritu Santo. A veces es identificado con el Logos; a veces, es representado como la sustancia común al Padre y al Hijo; a veces, como el mero poder y eficiencia de Dios; a veces, como una persona distinta subordinada al Logos, y una criatura.

La teoría sabeliana.

Otro método para resolver este gran problema y para satisfacer las convicciones religiosas de la Iglesia fue la adoptada por los Monarquianos, Patripasianos, o Unitarios, como se les llamaba indistintamente. Ellos admitían una trinidad modal. Reconocían la verdadera divinidad de Cristo, pero negaban toda distinción personal en la Deidad. La misma persona sería a la vez Padre, Hijo y Espíritu Santo, expresando estos términos las diferentes relaciones en las que Dios se revela a Sí mismo en el mundo y en la Iglesia. Praxeas, de Asia Menor, que enseñó esta doctrina en Roma en el 200 d.C.; Noetus, de Esmirna, en el 230 d.C.; Berilo, obispo de Bostra, en Arabia, el 250 d.C., y especialmente Sabelio, presbítero de Tolemaida, el 250 d.C., por quien esta doctrina recibió el nombre de Sabelianismo, fueron los principales proponentes de esta teoría. El único punto en la que esta doctrina daba satisfacción a las convicciones religiosas de los cristianos era en cuanto a la verdadera divinidad de nuestro Señor. Pero al negar la distintiva personalidad del Padre y del Espíritu, con quienes cada creyente se sentía ligado con una relación personal, y a quienes se les dirigían adoración y oraciones, no podía ser recibida por el pueblo de Dios. Su oposición a la Escritura era patente. En la Biblia, el Padre es constantemente presentado dirigiéndose al Hijo como «Tú», amándole, enviándole, recompensándole y exaltándole; y el Hijo se dirige constantemente al Padre y todo lo atribuye a su voluntad, de manera que la distintiva personalidad de ellos es una de las doctrinas más claramente reveladas de la Palabra de Dios. Por lo tanto, el Sabelianismo fue pronto casi universalmente rechazado.

Arrianismo.

Aunque Orígenes había insistido en la distinta personalidad del Hijo, y en su generación eterna, y aunque lo llamaba abiertamente Dios, sin embargo no quería admitir su igualdad con Dios. Sólo el Padre, según él, era *ho theos*, y el hijo era sencillamente *theos*. El Hijo era *theos ek theoun* y no *auto-theos*. Y esta subordinación no era meramente en cuanto al modo de subsistencia y operación, sino en cuanto a naturaleza; porque Orígenes enseñaba que el Hijo era de diferente esencia del Padre, *heteros kat' ousian*, y que debía su existencia a la voluntad del Padre. Sus discípulos llevaron esta doctrina a su fin lógico, e hicieron abiertamente de Cristo una criatura. Esto lo enseñó Dionisio de Alejandría, un alumno de Orígenes, que se refería al Hijo como *piëma* y *ktisma*, un modo de descripción sin embargo que posteriormente retiró o desvirtuó. Pero queda claro que los principios de Orígenes eran inconsecuentes con la verdadera divinidad de Cristo. No pasó mucho tiempo, por tanto, antes que Arrio, otro presbítero de Alejandría, mantuviera abiertamente que el Hijo no era eterno, sino posterior al Padre; que Él había sido creado no de la sustancia de Dios, sino *ek ouk onton*, y que por ello no era *homoousios* con el Padre. Admitía él que el Hijo había existido antes de ninguna otra criatura, y que por Él Dios había creado el mundo.

Se debe recordar constantemente que estas especulaciones eran cuestiones de los teólogos. Ni expresaban ni pretendían expresar la mente de la Iglesia. La gran masa del pueblo recogía su fe, entonces como ahora, de manera inmediata de las Escrituras y de los servicios eclesiales. Eran bautizados en nombre del Padre, y del Hijo, y del Espíritu Santo. Se dirigían al Padre como creador de los cielos y de la tierra, y como el Dios y Padre con el que habían sido reconciliados, y a Jesucristo como su Redentor, y al Espíritu Santo como su santificador y confortador. Ellos amaban, adoraban y confiaban en uno como en los otros. Esta era la creencia religiosa de la Iglesia, que permaneció sin perturbaciones debidas a las especulaciones y controversias de los teólogos, en sus intentos de vindicar y explicar la común fe. Pero este estado de confusión era un gran mal, y a fin de llevar a la Iglesia a un acuerdo en cuanto a la forma en que debía enunciarse esta doctrina fundamental del cristianismo, el Emperador Constantino convocó el Primer Concilio Ecuménico, que debía reunirse en Nicea, en Nicomedia, el 325 d.C.

4. La doctrina de la Iglesia presentada en el Concilio de Nicea

A. Los Motivos por los que se convocó el Concilio.

El motivo por el que fue convocado el concilio tenía tres razones: (1) Remediar la confusión que prevalecía en el uso de varias palabras importantes en discusiones acerca de la doctrina de la Trinidad; (2) Condenar errores que habían sido adoptados en diferentes partes de la Iglesia; (3) Redactar una declaración de la doctrina que incluyera todos los elementos Escriturarios, y que diera satisfacción a las convicciones religiosas de la masa de los creyentes. Esta era una tarea enormemente difícil:

1. Debido a que el *usus loquendi* de ciertos términos importantes no estaba determinado en aquel tiempo. Por ejemplo, la palabra *hupostasis* se empleaba en dos sentidos opuestos. Se tomaba con frecuencia en su sentido etimológico como sustancia, y es empleada por el Conci-

lio como sinónimo de *ousia*. Pero ya había comenzado a ser empleada en el sentido de persona. Por cuanto expresa realidad, en oposición a lo que es fenoménico o aparente, o modo de manifestación, vino a ser empleada universalmente en la Iglesia Griega, en el segundo sentido, como salvaguarda contra la idea de una Trinidad meramente modal. Se admite que tendría que prevalecer una gran confusión si alguien dijera que hay sólo una *hupostasis* en la Deidad, y otro que hay tres, cuando los dos estuvieran significando la misma cosa, el uno usando la palabra en sentido de sustancia, y el otro en el de persona.

En la Iglesia Latina se experimentó la misma dificultad con el uso de las palabras *substantia* y *subsistentia*. Estas palabras eran frecuentemente intercambiadas como equivalentes, y se empleaban las dos, a veces en el sentido de sustancia, y a veces en el de *suppositum*. El uso finalmente determinó que el primero significara sustancia o esencia, y el segundo un modo en el que existe la sustancia, esto es, *suppositum*. Así, según el uso establecido, en la Deidad hay una sustancia, y tres subsistencias.

Para expresar la idea de una *suppositum intelligens*, o agente auto-consciente, los griegos empleaban el término *prosópon*. Pero como este término significa propiamente el *rostro, el aspecto*, y era empleado por los Sabelianos para expresar su doctrina del triple aspecto en el que se revelaba la Deidad, fue rechazado y se adoptó la palabra *hupostasis*. La palabra latina *persona* (de *per* y *sono*) significa propiamente una máscara llevada por un actor y a través de la que hablaba, y luego el papel o carácter que el actor representaba. Por causa de esto, esta palabra tuvo dificultades hasta ser aceptada en la terminología de la teología.

El célebre término *homoousios*, que fue tanto tiempo tema de controversia, no estaba exento de ambigüedades. Expresaba bien claramente la identidad de sustancia, pero el uso de la palabra dejaba sin especificar si la identidad era específica o numérica. Se cita a Porfirio en el sentido de que las almas de los hombres y de los animales irracionales son *homoousioi*, y a Aristóteles como diciendo que las estrellas son *homoousioi*, y se dice de los hombres y de los brutos que son *homoousioi*, en cuanto a sus cuerpos; y del mismo modo, se dice de los ángeles, demonios y almas humanas que todos son *homoousioi*. En este sentido, Pedro, Santiago y Juan son *homoousioi*, al tener la misma naturaleza en cuanto a tipo. Por esta causa, se objetó a esta palabra, por cuanto admitía una interpretación Triteísta. Sin embargo, el Concilio determinó el sentido en que tenía que ser comprendida en sus decisiones, diciendo que el Hijo había sido engendrado *ek tës ousias tou patros*, [de la sustancia del Padre], y negando que fuera creado. Así como Dios es espíritu, y como nosotros somos espíritus, se dice de nosotros en la Escritura que somos semejantes a Él, siendo sus hijos, siendo de la misma naturaleza. Pero con respecto al Hijo se declaró que Él era de la misma esencia numérica con el Padre; Él es verdaderamente Dios, poseyendo los mismos atributos y teniendo derecho a la misma adoración. Así explicada, la palabra devino una barrera insuperable contra la adopción del Credo Niceno por parte de cualquiera que negara la verdadera divinidad del Hijo de Dios.

Diferencia de opinión entre los miembros del Concilio.

2. Una segunda dificultad que el Concilio tuvo que enfrentar fue la diversidad de opinión entre sus propios miembros. Todas las perspectivas contradictorias que habían agitado a la Iglesia estaban allí representadas. Las partes principales eran, primero, los Arrianos, que mantenían, (1) Que el Hijo debía su existencia a la voluntad del Padre. (2) Que no era eterno, sino que hubo un tiempo en que Él no era. (3) Que Él había sido creado *ex ouk ontön*, del no ser, y que por ello era *ktisma kai poiëma*, [criatura y hechura.] (4) Que Él no era inmutable, sino *treptos phusei*, [naturaleza mutable.] (5) Que su preeminencia consistía en que Él había sido creado por Dios sin mediación alguna, mientras que todas las otras criaturas habían sido creadas por el Hijo. (6) Que Él no era Dios de Sí mismo, sino que había sido hecho Dios,

etheopoiëthë; esto es, debido a lo exaltado de su naturaleza, y a la relación que Él sostiene con todas las otras criaturas, como Creador y Gobernador, Él tiene derecho a culto divino.

Uno de los pasajes de la Escritura en que se apoyaban principalmente los Arrianos era Pr 8:22, que en la Septuaginta se traduce: *ektise me archën hodön autou* (Él me creó en el comienzo de sus caminos). Como la Sabiduría, que de aquí se habla, era universalmente comprendida como el Logos, y como la Septuaginta era considerada como autoritativa, este pasaje parecía demostrar, sin discusión, que el Logos había sido creado. Los ortodoxos se vieron obligados a desvirtuar este pasaje diciendo que *ktizein* debía ser tomado aquí en el sentido de *gennan*, la palabra en otros lugares usada para expresar la relación entre el Padre y el Hijo. La ignorancia, o el descuido de la lengua hebrea, les impidió responder al argumento de los Arrianos mostrando que la palabra **qanah,** que aquí traduce la Septuaginta como *ektise*, significa no sólo establecer, sino poseer. Por ello, la Vulgata traduce correctamente este pasaje como «Dominus possidet me» y la versión española Reina Valera 1960 «Jehová me poseía en el principio». Los Arrianos verdaderos constituían una pequeña minoría en el Concilio.

Los Semi-Arrianos.

El segundo partido incluía a los Semi-Arrianos y a los discípulos de Orígenes. Estos sostenían junto con los Arrianos, (1) Que el Hijo debía su existencia a la voluntad del Padre. (2) Que Él no era de la misma esencia, sino *heteros kat' ousian*. [de una esencia de distinta especie.] Parecían sostener que había una esencia intermedia entre la sustancia divina y las sustancias creadas. Fue en referencia a esta opinión que Agustín dijo posteriormente:[2]« [...] Omnis enim substantia quae Deus non est, creatura est; et quae creatura non est, Deus est». [Toda aquella sustancia que no es Dios, es criatura; y la que no es criatura, es Dios.]

(3) Por ello, el Hijo era subordinado al Padre, no meramente en rango o modo de subsistencia, sino en naturaleza. Pertenecía a un orden diferente de seres. No era *autotheos, ho theos*, [Dios mismo, el Dios], ni *ho alëthinos theos*, [el verdadero Dios], sino simplemente *theos*, término éste que, según Orígenes, sólo podía aplicarse a los órdenes más elevados de criaturas inteligentes.

(4) El Hijo, aunque así inferior al Padre, teniendo vida en sí mismo, era la fuente de vida, esto es, el Creador.

(5) El Espíritu Santo, según la mayoría de Arrianos y según Orígenes, fue creado por el Hijo - La primera y más alta de las criaturas llamadas a ser por su poder.

Los ortodoxos.

El tercer partido en el Concilio era el de los Ortodoxos, que constituía la gran mayoría. Todos los cristianos eran adoradores de Cristo. Él era para ellos el objeto de supremo amor y la base de su confianza; a Él le estaban sujetos en corazón y vida. En Él esperaban para todo. Él era su Dios en el más estricto sentido de la palabra. Además, lo entendían como una persona diferente, y no meramente un nombre distinto para el Padre. Pero como no estaba menos arraigada en las mentes de los cristianos la convicción de que sólo hay un Dios o Ser Divino, el problema que el Concilio tenía que resolver era el de armonizar estas convicciones aparentemente incompatibles, esto es, que hay uno solo Dios, y sin embargo que el Padre es Dios, y el Hijo, como persona distinta, es Dios, el mismo en sustancia e igual en poder y gloria. Lo único que debía hacerse era preservar los elementos esenciales de la doctrina, y sin embargo no hacer que la declaración de la misma incurriera en contradicciones internas. Para cumplir estas condiciones, el Concilio redactó el siguiente Credo:

---

2. *De Trinitate*, I. VI. 9, edit. Benedictines, Vol. VIII, pág. 1161, c.

«Creemos en un Dios, el Padre todopoderoso, el hacedor de todas las cosas visibles e invisibles; y en un Señor Jesucristo, el Hijo de Dios, unigénito, engendrado del Padre, esto es, de la esencia del Padre, Dios de Dios, Luz de Luz, Dios mismo de Dios mismo, engendrado y no hecho, consustancial con el Padre, por quien fueron hechas todas las cosas, sea en el cielo o en la tierra; quien por nosotros los hombres y para nuestra salvación descendió del cielo; y se encarnó y devino hombre, padeció y resucitó al tercer día; ascendió al cielo, y vendrá para juzgar a los vivos y a los muertos. Y creemos en el Espíritu Santo. Pero a aquellos que dicen que hubo un tiempo en que Él (el Hijo) no era, que no era antes de ser hecho, o que fue hecho de la nada, o de otra o diferente esencia o sustancia, que era una criatura, o mutable, o susceptible de cambiar, la Santa Iglesia Católica los anatematiza»

B. El Concilio de Constantinopla. El Credo llamado Atanasiano.

La más evidente deficiencia en el Credo Niceno es la omisión de cualquier declaración concreta acerca del Espíritu Santo. Esto se explica por el hecho de que la doctrina acerca del Hijo y de su relación con el Padre era entonces el tema absorbente de controversia. Pero Atanasio y otros exponentes y defensores del Credo Niceno insistían en la consustancialidad del Espíritu con el Padre y con el Hijo, y que éste era el pensar del Concilio. Pero como esto era disputado, fue declarado de manera concreta por varios Concilios provinciales, como el de Alejandría en el 362 d.C., y en el de Roma, el 375 d.C. Fue la oposición a esta doctrina lo que motivó la convocatoria del Segundo Concilio Ecuménico, que se reunió en Constantinopla el 381 d.C. En la modificación del Credo Niceno, redactada por este Concilio, se añadieron las siguientes palabras a la cláusula «Creemos en el Espíritu Santo»: «Que es el Señor y dador de vida, que procede del Padre, que con el Padre y el Hijo juntamente es adorado y glorificado, y que habló por los profetas». Algunos de los padres griegos y el gran cuerpo de padres latinos mantenían que el Espíritu procedía del Hijo así como del Padre, y en el Sínodo de Toledo, en el 589 d.C., se añadieron las palabras *filioque* al credo. Esta adición fue una de las causas que condujeron a la separación de las Iglesias de Oriente y de Occidente.

El Credo Atanasiano.

Después del Concilio de Constantinopla, el 381 d.C., las controversias que agitaron a la Iglesia tuvieron referencia a la constitución de la persona de Cristo. Antes que las cuestiones involucradas en estas controversias fueran decididas de manera autoritativa, fue adoptado generalmente el llamado Credo Atanasiano, una amplificación de los de Nicea y Constantinopla, al menos entre las Iglesias de Occidente. Este Credo estaba expresado así: «Quien quiera ser salvo tiene ante todo que mantener la fe católica, ya que, si no la preserva íntegra e inviolada, sin duda perecerá eternamente. Pero esta es la fe católica, que adoramos a un Dios en trinidad, y trinidad en unidad. Ni confundiendo las personas ni dividiendo la sustancia. Porque la persona del Padre es una; la del Hijo, otra; la del Espíritu Santo, otra. Pero la divinidad del Padre, y del Hijo, y del Espíritu Santo, es una, igual la gloria, igual la majestad. Así como es el Padre, así es el Hijo, y así el Espíritu Santo. El Padre es increado, el Hijo es increado, y el Espíritu Santo es increado. El Padre es infinito, el Hijo es infinito, el Espíritu Santo es infinito. El Padre es eterno, el Hijo es eterno, el Espíritu Santo es eterno. Pero no hay tres Seres eternos, sino un Ser eterno. Y sin embargo, no hay tres Seres increados, ni tres Seres infinitos, sino un Ser creado e infinito. De la misma manera, el Padre es omnipotente, el Hijo es Omnipotente, y el Espíritu Santo es omnipotente. Y sin embargo, no hay tres Seres omnipotentes, sino un Ser omnipotente. Así el Padre es Dios, el Hijo, Dios, y el Espíritu Santo, Dios. Y sin embargo no hay tres Dioses, sino un solo Dios. El Padre es Señor, el Hijo es Señor, y el Espíritu Santo es Señor. Sin embargo, no hay tres Señores, sino un solo Señor. Porque como somos impulsados por la verdad cristiana a confesar a cada persona de manera distintiva como siendo Dios y Señor, tenemos prohibido por la religión Católica decir que haya tres Dioses, o tres Señores. El Padre no es hecho por nadie, ni creado, ni engendrado. El Hijo es sólo del Padre, no hecho, no creado, sino engendrado. El Espíritu Santo es no creado por el Padre y el Hijo, ni engendrado, sino que procede. Por ello, hay un Padre, no tres Padres; un Hijo, no tres Hijos; un Espíritu Santo, no tres Espíritus Santos. Y en esta Trinidad nada es anterior ni posterior, nada mayor o menor, sino que todas las tres personas son coeternas y coiguales a ellas mismas. De manera que en todo, como se ha dicho antes, se debe adorar la unidad en trinidad y la trinidad en unidad. Todo el que quiera ser salvo, que así piense acerca de la Trinidad».

Está universalmente aceptado que Atanasio no fue el autor de este credo. Aparece sólo en latín en su forma original, y tiene modos de expresión tomados de los escritos de Agustín y de Vicente de Lerino, 434 d.C. Como también contiene alusiones a controversias posteriores acerca de la persona de Cristo, es asignado a algún periodo entre mediados de los siglos quintos y mediados del sexto. Aunque no fue emitido con la autoridad de ningún Concilio, fue pronto universalmente admitido en Occidente, y posteriormente en Oriente, y fue en todas partes considerado como un símbolo ecuménico.

La Doctrina de la Trinidad establecida en estos tres antiguos credos -el Niceno, el Constantinopolitano y el (llamado) Atanasiano- es la Forma Eclesial de este fundamental artículo de la fe cristiana. No hay diferencia, excepto en amplificación, entre estas varias fórmulas.

[5. Puntos decididos por los Concilios de Nicea y de Constantinopla]

[6. Examen de la Doctrina Nicena]

[7. Concepciones filosóficas de la doctrina de la Trinidad.]

Capítulo 7
La deidad de Cristo

LA DOCTRINA DE LA REDENCIÓN es la característica distintiva de la Biblia. Por ello, la persona y la obra del Redentor son el gran tema de los escritores sagrados. Por la naturaleza de la obra que Él iba a cumplir, era necesario que Él fuera a la vez Dios y hombre. Él tenía que participar en la naturaleza de aquellos que Él venía a redimir; y tener poder para someter todo mal, y dignidad para dar valor a su obediencia y padecimientos. Por ello, de principio a fin del volumen sagrado, desde Génesis hasta Apocalipsis, se presenta un Dios-Hombre Redentor como objeto de suprema reverencia, amor y confianza a los perdidos hijos de los hombres. Es absolutamente imposible presentar la décima parte de las evidencias que las Escrituras contienen de la veracidad de esta doctrina. Es para la Biblia lo que es el alma para el cuerpo -su principio viviente e impregnante, sin el cual las escrituras son un sistema frío y muerto de historia y de preceptos morales. Por ello, parece una obra de supererogación demostrar a los cristianos la divinidad de su Redentor. Es como demostrar que el sol es la fuente de luz y calor al sistema del que es el centro. Sin embargo, como hay hombres que profesan ser cristianos que niegan esta doctrina, [...] es necesario que se presente al menos una parte de la evidencia por la que esta gran verdad queda demostrada, y que esté a disposición para resistir a los contradictores.

1. El testimonio del Antiguo Testamento.

El Protoevangelio.
Inmediatamente después de la apostasía de nuestros primeros padres, se anunció que la simiente de la mujer aplastaría la cabeza de la serpiente. El significado de esta promesa y predicción debe ser determinado por revelaciones posteriores. Cuando se interpreta a la luz de las mismas Escrituras, queda patente que la simiente de la mujer significa el Redentor, y que el aplastamiento de la cabeza de la serpiente significa el final triunfo del Redentor sobre los poderes de las tinieblas. En este protoevangelio, como ha sido llamado, tenemos el albor de la revelación de la humanidad y divinidad del gran libertador. Como simiente de la mujer, queda claramente afirmada su humanidad, y la naturaleza del triunfo que iba a lograr, subyugando a Satanás, demuestra que debía ser una persona divina. En el gran conflicto entre el bien y el mal, entre el reino de la luz y el reino de las tinieblas, entre Cristo y Belial, entre Dios y Satanás, el que triunfe sobre Satanás es, no puede ser menos que, divino. En los primeros libros de la Escritura, incluso en Génesis, tenemos por ello una clara intimación de dos grandes verdades: primero, que hay una pluralidad de personas en la Deidad; y segundo, que una de estas personas está especialmente involucrada en la salvación de los hombres, en su conducción, go-

bierno, instrucción y final liberación de todos los males de su apostasía. El lenguaje empleado en el registro de la creación del hombre, «Hagamos al hombre a nuestra imagen, conforme a nuestra semejanza», no admite otra explicación satisfactoria más que la que ofrece la doctrina de la Trinidad.

Jehová y el Ángel Jehová.
Sobre esta revelación primaria y fundamental de esta gran verdad se basan todas las posteriores revelaciones de la Escritura. Como hay más de una persona en la Deidad, encontramos en el acto la distinción entre Jehová como el mensajero, un mediador, y Jehová como Aquel que envía, entre el Padre y el Hijo, como personas coiguales, coeternas, que aparece por la Biblia con creciente claridad. Y ésta no es una interpretación arbitraria ni no autoritativa de las Escrituras del Antiguo Testamento. En Lc 24:27 se dice de nuestro Señor que, «comenzando desde Moisés, y siguiendo por todos los profetas, se puso a explicarles en todas las Escrituras lo referente a él». Por ello, Moisés testificó de Cristo; y tenemos una base cierta sobre la que fundamentamos al interpretar los pasajes del Antiguo Testamento que exponen la persona y la obra del gran libertador, como referidos a Cristo.

De aquel que fue prometido a Adán como la simiente de la mujer, se ha declarado después que sería de la simiente de Abraham. El hecho de que esto no se refiere a sus descendientes colectivamente, sino a Cristo individualmente, lo sabemos por la directa declaración del Apóstol (Gá 3:16), y por el cumplimiento de la promesa. No es por medio de los hijos de Abraham como nación, sino por medio de Cristo, que son benditas todas las naciones de la tierra. Y las bendiciones a que se hace referencia, la promesa dada a Abraham, que, como dice el Apóstol, nos ha venido, es la promesa de la redención. Por ello, Abraham vio el día de Cristo, y se alegró, y como dijo nuestro Señor, Antes que Abraham fuera, yo soy. Esto demuestra que la persona predicha como la simiente de la mujer y como la simiente de Abraham, por medio de quien se debía efectuar la redención, debía ser a la vez Dios y hombre. No podía ser la simiente de Abraham a no ser que fuera hombre, y no podía ser el Salvador de los hombres a no ser que fuera Dios.

Así, encontramos por todo el Antiguo Testamento que se hace constante mención de una persona, distinta de Jehová, como persona, a la que sin embargo se le adscriben los títulos, atributos y las obras de Jehová. Esta persona es llamada el Ángel de Elohim, el Ángel de Jehová, el Señor, Jehová, Elohim. Reivindica autoridad divina, ejerce prerrogativas divinas, y recibe homenaje divino. Si fuera una cuestión aislada, si en uno o dos casos el mensajero hablara en nombre del que le había enviado, podríamos suponer que la persona así designada era un ángel o servidor ordinario de Dios. Pero cuando esta descripción se repite por toda la Biblia; cuando encontramos que estos términos se aplican no primero a un ángel, y luego a otro, de manera indiscriminada, sino a un ángel en particular; que la persona así designada es también llamada el Hijo de Dios, el Dios Fuerte; que la obra que se le atribuye a Él es en otras partes atribuida al mismo Dios; y que en el Nuevo Testamento se declara que este Jehová manifestado, que condujo a Su pueblo bajo la economía del Antiguo Testamento, es el Hijo de Dios, el *logos*, que fue manifestado en carne, resulta cierto que por el Ángel de Jehová en los primeros libros de la Escritura tenemos que entender una persona divina, distinta del Padre.

A. El libro de Génesis.
Así, ya tan pronto como Gn 16:7, el Ángel de Jehová se aparece a Agar, y le dice: «Multiplicaré tanto tu descendencia, que no podrá ser contada a causa de la multitud». Y Agar, se dice, «llamó el nombre de Jehová que con ella hablaba [*Attah el Roí*]: Tú eres el Dios que ve» (v. 13). Por ello, de este Ángel se afirma que es Jehová, y promete lo que sólo Dios podría

hacer. Asimismo, en Gn 18:1 se dice que Jehová se apareció a Abraham en el valle de Mamre, prometiéndole el nacimiento de Isaac. En el v. 13, de nuevo se le llama Jehová. Jehová dijo: «¿Hay para Dios alguna cosa difícil? Al tiempo señalado volveré a ti, y [...] Sara tendrá un hijo». Al volverse los ángeles para Sodoma, uno de ellos, llamado Jehová, dijo: «¿Encubriré yo a Abraham lo que voy a hacer [...]?», y «Jehová le dijo: Por cuanto el clamor contra Sodoma y Gomorra se aumenta más y más, y el pecado de ellos se ha agravado en extremo, descenderé ahora, y veré», etc., y se añade que Abraham estaba delante de Jehová. A través de toda la intercesión de Abraham en favor de las ciudades de la llanura, se dirige al ángel como Adonai, un título dado sólo al Dios verdadero, y éste habla como Jehová, y asume la autoridad de Dios, para perdonar o castigar según lo considere oportuno. Cuando se menciona la ejecución de la sentencia pronunciada sobre Sodoma, se dice: «Jehová hizo llover sobre Sodoma y Gomorra azufre y fuego de parte de Jehová desde los cielos». Con respecto a ésta y similares notables expresiones, la cuestión no es ¿qué podrían significar?, sino, ¿qué significan? Tomadas en sí mismas, podrían ser desvirtuadas, pero tomadas a la luz de las revelaciones concatenadas de Dios sobre esta cuestión, se hace evidente que Jehová es distinguido como una persona de Jehová, y que por ello en la Deidad hay más de una persona a la que pertenece el nombre de Jehová. En este caso las palabras «azufre y fuego» se pueden conectar con las palabras «de Jehová» en el sentido de «fuego de Dios» como expresión figurada denotando el rayo. El pasaje podría entonces significar simplemente: «Jehová hizo llover rayos sobre Sodoma y Gomorra». Pero no sólo va esto contra la puntuación autorizada del pasaje según lo indican los acentos, sino también contra la analogía de Escritura. Esto es, la mencionada es una interpretación innatural, y hace que este pasaje entre en conflicto con aquellos en los que se indica claramente la distinción entre el ángel de Jehová y Jehová, esto es, entre las personas de la Deidad.

En Gn 22:2, Dios ordena a Abraham que ofrezca a Isaac como sacrificio. El Ángel de Jehová detiene su mano en el momento de la inmolación, y le dice (v. 12): «Ya conozco que temes a Dios, por cuanto no me rehusaste tu hijo, tu único». Y en el v. 16 el Ángel de Jehová dijo: «Por mí mismo he jurado, dice Jehová, [...] de cierto te bendeciré, y multiplicaré tu descendencia». Y Abraham llamó aquel lugar «Jehová-jireh». Aquí Dios, el Ángel de Jehová y Jehová son nombres dados a la misma persona, que jura por Sí mismo y promete la bendición de una numerosa descendencia para Abraham. El Ángel de Jehová tiene, por tanto, que ser una persona divina.

En la visión de Jacob, registrada en Gn 38:11-22, él vio una escalera que llegaba al cielo, «Y he aquí, Jehová estaba en lo alto de ella, el cual dijo: Yo soy Jehová, el Dios de Abraham tu padre, y el Dios de Isaac; la tierra en que estás acostado te la daré a ti y a tu descendencia. Será tu descendencia como el polvo de la tierra». Aquí la persona que en otros lugares es llamada Ángel de Jehová, y que le había dado la misma promesa a Abraham, es llamada Jehová el Dios de Abraham y el Dios de Isaac. En Gn 32:24-32, se dice que Jacob luchó con un ángel que luego le bendijo, y que al verle Jacob, dijo: «He visto a Dios a la cara». El profeta Oseas, 12:4, al referirse a este acontecimiento, dice: «Sí, luchó con el ángel y prevaleció, lloró y le pidió su ayuda; en Betel le encontró, y allí Él habló con nosotros, sí, el SEÑOR [Jehová], Dios de los ejércitos; el SEÑOR [Jehová], es su nombre» (Os 12:4, BAS). El Ángel con quien luchó Jacob era Jehová Dios de los ejércitos.

B. Los otros libros históricos del Antiguo Testamento.

En Éxodo 3 tenemos el relato de la revelación de Dios a Moisés en el Monte Horeb. Se dice que «se le apareció el Ángel de Jehová en una llama de fuego en medio de una zarza». Y Moisés se volvió para ver esta gran visión, «Viendo Jehová que él iba a ver, lo llamó Dios de en medio de la zarza, [...] Y dijo: No te acerques; quita tus sandalias de tus pies, porque el lugar en que tú estás, tierra santa es. Y dijo: Yo soy el Dios de tu padre, Dios de Abraham, Dios de Isaac y Dios de Jacob. Entonces Moisés cubrió su rostro, porque tuvo miedo de mirar a Dios». Aquí el Ángel de Jehová es idéntico con Jehová, y es declarado ser el Dios de Abraham, de Isaac y de Jacob. La distinción personal entre Jehová y el Ángel de Jehová (esto es, entre el Padre y el Hijo, como estas personas son designadas en otras partes, y generalmente en las Escrituras posteriores), es claramente presentada en Éx 23:20, donde se dice: «He aquí que yo envío mi Ángel delante de ti para que te guarde en el camino, y te introduzca en el lugar que yo he preparado. Pórtate bien delante de él, y oye su voz; no le seas rebelde; porque él no perdonará vuestra rebelión, porque mi nombre está en él». Esta última frase equivale a decir: «Yo estoy en él». Por el nombre de Dios se significa frecuentemente a Dios mismo como manifestado. Del templo se dice, en 1 R 8:29, «Mi nombre estará allí», esto es, «allí moraré». Como se dice en el Nuevo Testamento que el Padre envía al Hijo, y que está en Él, así aquí se dice que Jehová envía el Ángel de Jehová, y que está en él. Y como el Hijo del Hombre tenía poder en la tierra para perdonar los pecados, así el Ángel de Jehová tenía autoridad para perdonar o castigar según su beneplácito. [...] Que el Ángel de Jehová es una persona divina se manifiesta adicionalmente del relato dado en Éxodo 32 y 33, de lo que Dios le dijo a Moisés después que el pueblo pecara al adorar el becerro de oro. Como castigo de aquella ofensa, Dios amenazó con no acompañar ya más al pueblo de manera personal. Como consecuencia de esta manifestación del desagrado divino, toda la congregación se reunió delante de la puerta del Tabernáculo, y se humillaron delante de Dios. Y Jehová descendió y habló con Moisés cara a cara como un hombre habla con su amigo. Y Moisés intercedió por el pueblo, diciendo: Si tu presencia no ha de ir con nosotros, no nos saques de aquí. Jehová le dijo: Mi presencia (esto es, yo mismo) irá contigo, y te haré descansar. Esto muestra que una persona divina, Jehová, había previamente conducido al pueblo, y que ante su arrepentimiento prometió proseguir con ellos. Esta persona, llamada el Ángel de Jehová, el mismo Jehová, es llamado, en Is 63:9, «el Ángel del rostro de Jehová», esto es, el ángel o el mensajero que es la imagen de Dios. Por ello, difícilmente puede dudarse de que este ángel era el Hijo de Dios, enviado por Él, y por ello llamado su ángel; el que en Isaías 63 es designado como el Salvador de Israel y como el Redentor de Jacob; que vino a revelar a Dios, por cuanto Él era el resplandor de su gloria y la expresa imagen de su persona, en quien estaba su nombre, o, como se expresa en el Nuevo Testamento, la plenitud de la Deidad; que en la plenitud del tiempo, por nosotros los hombres y para nuestra salvación, se hizo carne, y reveló su gloria como el Unigénito Hijo, lleno de gracia y de verdad.

En períodos posteriores de la historia del pueblo de Dios, esta misma persona divina aparece como el líder y Dios de Israel. Se manifestó a Josué (Jos. 5:14) como «Príncipe del ejército de Jehová», a Gedeón (Jue 6:11) como el Ángel de Jehová, y le habló diciendo, esto es, Jehová le dijo: «Ve con esta tu fuerza, y salvarás a Israel de la mano de los madianitas». En el versículo 16 se dice de nuevo: «Jehová le dijo: Ciertamente yo estaré contigo, y derrotarás a los madianitas como si fuera un solo hombre». Cuando Gedeón se hizo consciente de quién le estaba hablando, exclamó: «Ah, Señor Jehová, que he visto el Ángel de Jehová cara a cara. Pero Jehová le dijo: Paz a ti; no tengas temor, no morirás». El mismo Ángel se apareció a Manoa y le prometió un hijo, y se reveló a él como lo había hecho con Gedeón, haciendo que saliera fuego de una roca, y consumiera el sacrificio que había sido puesto sobre ella. Cuando Manoa vio que era el Ángel de Jehová, dijo a su mujer: «Ciertamente moriremos, porque a Dios hemos visto».

C. Diferentes modos de explicar estos pasajes.

Hay sólo tres métodos con los que se puedan explicar estos y otros similares pasajes en el Antiguo Testamento con una consideración de la divina autoridad de las Escrituras. El primero es que el Ángel de Jehová es un ángel creado, uno de los espíritus que atienden de continuo a Dios y que hacen su voluntad. El hecho de que asuma los títulos divinos, que afirme prerrogativas divinas y que acepte el homenaje debido a Dios se explica por principio de que el representante tiene el derecho y los honores del Ser al que representa. Habla como Dios porque Dios habla por medio de él. Esta hipótesis, que fue adoptada tempranamente y de manera extensa, podría admitirse si los casos de este tipo fueran pocos, y si la persona designada como el Ángel de Jehová no afirmara de manera tan evidente ser el mismo Jehová. Y la que es una objeción más decisiva a esta manera de interpretar es la autoridad de las partes subsiguientes de la Palabra de Dios. Estos pasajes no están solos. La Iglesia bien podría vacilar según estas primeras revelaciones acerca de admitir la pluralidad de personas en la Deidad. Si en todas las otras partes de la Escritura Dios fuera revelado como sólo una persona, se podría admitir casi cualquier extremo de interpretación para armonizar estos pasajes con tal revelación. Pero por cuanto lo cierto es lo contrario; como con una claridad siempre creciente se da a conocer en la Escritura la existencia de las tres personas en la Deidad, se convierte en cosa de lo más innatural explicar estos pasajes de otro modo que en concordancia con esta doctrina. Además de esto, tenemos el expreso testimonio de los escritores inspirados del Nuevo Testamento, de que el Ángel del Señor, el Jehová manifestado que condujo a los israelitas a través del desierto, y que moraba en el templo, era Cristo; esto es, era el *logos*, o Hijo Eterno de Dios, que se hizo carne y cumplió la obra que se había predicho que cumpliría el Mesías. Los Apóstoles no dudan en aplicar a Cristo el lenguaje del Antiguo Testamento empleado para expresar la majestad, las obras o el reino del Jehová de las Escrituras Hebreas (Jn 12:41; Ro 14:11; 1 Co 10:4; He 1:10-13, y con frecuencia en otros lugares.) Por ello, el Nuevo Testamento identifica claramente el Logos o Hijo de Dios con el Ángel de Jehová, o Mensajero del Pacto, del Antiguo Testamento.

La segunda hipótesis según la que se han explicado estos pasajes admite que el ángel del Señor es una persona realmente divina, pero niega que se distinga personalmente de Jehová. Era una y la misma persona la que hablaba y era enviada, era el que hablaba y a quien se le hablaba. Pero esta suposición hace tal violencia a todas las normas rectas de interpretación, y es tan inconsecuente con las posteriores revelaciones de la Palabra de Dios, que ha encontrado poco favor en la Iglesia. Por tanto, nos vemos impelidos al único otro modo de explicar los pasajes en cuestión, que ha sido casi universalmente adoptado en la Iglesia, al menos desde la Reforma. Esta otra explicación asume el carácter progresivo de la revelación divina, e interpreta las oscuras indicaciones de las primeras Escrituras mediante la más clara luz de las posteriores comunicaciones. El Ángel que se apareció a Agar, a Abraham, a Moisés, a Josué, a Gedeón, y a Manoa, que era llamado Jehová y adorado como Adonai, que demandaba adoración divina y que ejercía poderes divinos, a quien los salmistas y profetas exponen como el Hijo de Dios, como el Consejero, Príncipe de Paz, Dios fuerte, y de quien predijeron que nacería de una virgen, y ante quien se doblaría toda rodilla y a quien toda lengua confesaría, de todos los que están en los cielos, y en la tierra y debajo de la tierra, no es otro que Aquel a quien ahora reconocemos y adoramos como nuestro Dios y Salvador Jesucristo. Él era el *Logos asarkos* [el Verbo no encarnado], a quien los israelitas adoraban y obedecían; y es el *Logos ensarkos* [el Verbo encarnado] a quien nosotros reconocemos como nuestro Señor y Dios.

Se admite universalmente que el Antiguo Testamento predice un Mesías, uno que debía aparecer en la plenitud del tiempo para llevar a cabo la redención de su pueblo, y por medio de quien se debería extender por todo el mundo el conocimiento de la verdadera religión. Mientras que se revela claramente que este Redentor debía ser de la simiente de la mujer, la simiente de Abraham, de la tribu de Judá, y de la casa de David, no se revela menos claramente que debía ser una persona divina. Es presentado bajo los diversos aspectos de un rey triunfante, de un mártir sufriente, y de una persona divina. A veces se combinan todas estas imágenes en las descripciones que se dan del venidero Libertador; a veces es la una y a veces la otra visión de su carácter la que es expuesta de manera exclusiva o más prominente en los escritos proféticos. Sin embargo, todos ellos se exhiben en las Escrituras hebreas, y todos ellos se combinan y armonizan en la persona y obra de nuestro Señor y Salvador.

D. Los Salmos.

En el Salmo segundo, los paganos son descritos como combinándose contra el Mesías, vv. 1-3. Dios escarnece estos esfuerzos, vv. 4-5. Declara su propósito de constituir al Mesías rey en Sión. Que este Mesías es una persona divina queda claro: (1) Porque se le llama el Hijo de Dios, que, como se ha visto, implica igualdad con Dios. (2) Es investido con un dominio absoluto y universal. (3) Él es el Jehová a quien el pueblo debe adorar, según se manda en el v. 11. (4) Por cuanto a todos se demanda que reconozcan su autoridad, y que le rindan homenaje. (5) Por cuanto son llamados benditos los que en Él confían, mientras que la Escritura declara malditos los que ponen su confianza en príncipes.

En el Salmo veintidós se describe un sufriente cuyas palabras se apropia para Sí nuestro Señor en la cruz, vv. 1-19. Él ora pidiendo liberación, vv. 19-21. Las consecuencias de esta liberación son tales que demuestran que el sujeto de este salmo tiene que ser una persona divina. Sus sufrimientos aseguran, (1) Que todos los hombres buenos temerán y amarán a Dios por cuanto Él ha rescatado a este sufriente de sus enemigos. (2) Que se hará provisión a las necesidades de todos los hombres. (3) Que todas las naciones se convertirán a Dios. (4) Que las bendiciones que Él logre serán duraderas para siempre.

En el Salmo cuarenta y cinco se describe un rey que tiene que ser una persona divina. (1) Porque su excelencia perfecta es la base de la alabanza que se le rinde. (2) Porque su reino es declarado justo y eterno. (3) Es invocado como Dios, «Tu trono, oh Dios, por los siglos de los siglos», que se cita en He 1:8, y que es aplicado a Cristo con el mismo propósito de demostrar que tiene derecho a ser adorado por todas las criaturas inteligentes. (4) La Iglesia es declarada Su esposa, lo que implica que Él es para su pueblo el objeto de amor y confianza supremos.

El Salmo setenta y dos contiene una descripción de un rey exaltado, y de las bendiciones de su reinado. Estas bendiciones son de tal naturaleza que demuestran que el sujeto de este salmo tiene que ser una persona divina. (1) Su reino ha de ser eterno. (2) Universal. (3) Asegura la perfecta paz con Dios y buena voluntad entre los hombres. (4) Todos los hombres han de ser traídos a someterse a Él por amor. (5) En Él han de ser benditas todas las naciones de la tierra, esto es, tal como se nos enseña de manera concreta en Gá 3:16, es en Él en quien todas las bendiciones de la redención vendrán al mundo. Por ello, el sujeto de este salmo es el Redentor del mundo.

El Salmo ciento diez es citado una y otra vez y expuesto en el Nuevo Testamento, y aplicado a Cristo para exponer la dignidad de su persona y la naturaleza de su obra. (1) Él es el Señor de David. Pero, si es el Señor de David, ¿cómo puede ser hijo de David? Ésta es la pregunta que Cristo les hace a los fariseos, para convencerles de que las ideas que ellos abrigaban acerca del Mesías quedaban muy por debajo de la doctrina de sus propias Escrituras. Él debía ciertamente ser Hijo de David, como ellos esperaban, pero al mismo tiempo debía poseer una naturaleza que le hiciera Señor de David. (2) En virtud de esta naturaleza divina Él debía sentarse a la diestra de Dios; esto es, quedar asociado con Él en términos de igualdad en cuanto a gloria y dominio. Ésta es la exposición que hace el Apóstol de este pasaje en He 1:13. A ningún ángel, esto es, a ninguna criatura, le dijo Dios jamás: «Siéntate a mi diestra».

El sujeto de este salmo no es una criatura; y si no es una criatura, es el Creador. (3) Esta persona, que es a la vez Hijo de David y Señor de David, es eternamente tanto sacerdote como rey. Esto de nuevo es mencionado en He 7:17, para demostrar que Él tiene que ser una persona divina. Es sólo por cuanto Él posee «una vida sin fin», o, como se dice en otro lugar, por cuanto Él posee vida en Sí mismo, que puede ser Él un sacerdote y rey a perpetuidad. (4) En el v. 5 Él es declarado ser el Señor supremo, porque es llamado Adonai, un título jamás dado a nadie sino al Dios verdadero.

E. Los Libros Proféticos.

En Isaías 4:2 se predice la aparición de la Rama de Jehová, a cuyo advenimiento se le adscriben tales efectos que demuestran que se trata de una persona divina. Estos efectos son la purificación, el perdón de los pecados, y la perfecta seguridad.

El Capítulo 6 contiene un relato de la visión, por parte del profeta, de Jehová en su santo templo rodeado de las huestes de ángeles adoradores, que le adoran día y noche. La persona así declarada como Jehová, el objeto del culto angélico, nos dice el Apóstol Juan en Jn 12:41, no era otra que Cristo, a quien adoran ahora todos los cristianos y todos los ángeles.

En los capítulos 7-9 se predice el nacimiento de un niño cuya madre era virgen. Que este hijo era el eterno Hijo de Dios, igual con el Padre, queda demostrado: (1) Por su nombre de Emanuel, que significa Dios con nosotros, esto es, Dios en nuestra naturaleza. (2) De la tierra de Israel se dice que es su tierra. (3) Es llamado Maravilloso Consejero, Dios Fuerte, Padre de Eternidad, y Príncipe de Paz. (4) Su reino es eterno y universal. (5) Las consecuencias de su venida y dominio son de tal manera que sólo manan del dominio de Dios. En el capítulo once tenemos otra descripción de la perfección de su persona y de su reino que es sólo aplicable a la persona y reino de Dios. Sólo donde Dios reina se encuentran la paz, santidad y bienaventuranza que acompañan a la venida del predicho libertador. El mismo argumento puede sacarse del relato profético del Mesías y de su reino contenidos en la última parte de Isaías, desde el capítulo cuarenta hasta el sesenta y seis. Este Mesías debía llevar a cabo la redención de su pueblo, no meramente del cautiverio babilónico, sino de todo mal; asegurarles el perdón de los pecados y la reconciliación con Dios; el dominio de la verdadera religión hasta lo último de la tierra; y, finalmente, el completo triunfo del reino de la luz sobre el reino de las tinieblas. Esta es una obra que no podría ser llevada a cabo por nadie más que por una persona divina.

El profeta Miqueas (5:1-5) predijo que iba a nacer en Belén uno que iba a ser (1) Señor en Israel, esto es, de todo el pueblo de Dios. (2) Aunque nacería en el tiempo y sería hecho de mujer, «sus orígenes son desde el principio, desde los días de la eternidad». (3) Él regirá en el ejercicio del poder y de la majestad de Dios, esto es, manifestará en su gobierno la posesión de atributos y gloria divinos. (4) Su dominio será universal; y (5) su efecto paz; esto es, una perfecta armonía, orden y bienaventuranza.

El profeta Joel no trae a la vista de una manera distintiva la persona del Redentor, a no ser que sea en el dudoso pasaje de 2:23. Da el ciclo usual de predicciones mesiánicas; predice la apostasía del pueblo, los reprueba por sus pecados, les advierte de los juicios divinos, y luego promete la liberación por medio de un «maestro de justicia» (según una interpretación de 2:23), y luego el derramamiento del Espíritu Santo sobre toda carne. El don del Espíritu Santo es descrito en todas partes como la bendición característica del período Mesiánico, porque se logra por el mérito de la muerte del Redentor. El hecho de que Él dé el Espíritu Santo así es la más grande evidencia de que verdaderamente es Dios.

En Jeremías 23 se predice la restauración o redención del pueblo de Dios. Esta redención iba a ser llevada a cabo por uno que es declarado ser: (1) Un descendiente de David. (2) Es llamado el Renuevo, una designación que conecta esta profecía con aquellas de Isaías en las que el Mesías recibe el mismo título. (3) Tenía que ser un rey. (4) Su reinado debía ser próspero, Judá e Israel volverían a ser unidas; esto es, se aseguraría una perfecta armonía y paz. (5) Este libertador es llamado Jehová Justicia nuestra. En el capítulo treinta y tres se predice la misma liberación, y se le da el mismo nombre a Jerusalén aquí que en el pasaje anterior se le daba al Mesías. En el primer caso es simbólico, en el otro significativo.

En Dn 2:44 se predice que el reino del Mesías ha de ser eterno, y está destinado a abolir y absorber todos los otros reinos. En 7:9-14 se dice que uno semejante al Hijo del Hombre fue llevado al Anciano de Días; y que le fueron dados dominio, gloria y reino; para que todos los pueblos, naciones y lenguas le sirvan; su dominio será dominio eterno, que nunca pasará, y su reino, un reino que no será destruido jamás. En 9:24-27 se registra la predicción acerca de las setenta semanas, y la venida y obra del Mesías, una obra verdaderamente divina.

Los primeros seis capítulos de las profecías de Zacarías son una serie de visiones, prefigurando el regreso de los judíos de Babilonia, la restauración de la ciudad, y la reconstrucción del templo; la posterior apostasía del pueblo; la venida del Mesías, el establecimiento de su reino, y la dispersión de los judíos. Desde el capítulo noveno hasta el fin del libro aparecen los mismos acontecimientos en un lenguaje profético ordinario. Jerusalén es llamada a gozarse en la venida de su rey. Este sería apacible y humilde, sin ostentaciones y pacífico, y su dominio universal. En el capítulo 11 es descrito como un pastor que hace un último intento por reunir su rebaño. Ha de ser rechazado por aquellos a los que vino a salvar, y vendido por treinta piezas de plata. Por esta enormidad, el pueblo ha de ser entregado a una gran desolación; pero al final Dios derramará sobre ellos el Espíritu de gracia y de oración, y ellos me mirarán a mí, dice Jehová, a quien traspasaron, y se lamentarán. Este pastor es declarado ser el compañero de Dios, su asociado o igual. Su reino triunfará, vendrá a ser universal, y la santidad prevalecerá en todas partes.

En Malaquías 3:1-4 se predice: (1) Que aparecerá un mensajero para preparar el camino del Señor. (2) Que el Señor, esto es, Jehová, el mensajero del pacto, esto es, el Mesías, vendrá a su templo. (3) A su venida serán destruidos los malvados, y la iglesia será salvada.[1]

Está claro, incluso con base en este rápido examen de la cuestión, que el Antiguo Testamento predice con claridad la venida de una persona divina revestida de nuestra naturaleza, que iba a ser el Salvador del mundo. Iba a ser de la simiente de la mujer, la simiente de Abraham, de la tribu de Judá, de la casa de David; nacido de una virgen; varón de dolores; y que haría de «su alma ofrenda por el pecado». Pero es declarado con no menos claridad como siendo el Ángel de Jehová, Jehová, Elohim, Adonai, el Dios Fuerte, ejerciendo todas las prerrogativas divinas, y con derecho a la adoración divina de hombres y de ángeles. Esta es la doctrina del Antiguo Testamento en cuanto a lo que el Mesías iba a ser; y esta es la doctrina del Nuevo Testamento en cuanto a lo que de hecho es Jesús de Nazaret.

2. Las características generales de la enseñanza del Nuevo Testamento acerca de Cristo.

A. El sentido en el que Cristo es llamado Señor.

El primer argumento del Nuevo Testamento como demostración de la divinidad de Cristo se deriva del hecho de que Él es en todo lugar llamado Señor. El Señor; nuestro Señor. Se admite que el término griego *kurios* significa dueño, y uno que tiene la autoridad de un dueño,

---

1. Acerca de esta cuestión, véase Hengstenberg, *Christology*.

sea sobre hombres o sobre cosas. El Señor de una viña es el propietario de la viña, y el Señor de un esclavo es el propietario de un esclavo. Se admite asimismo que esta palabra es empleada con toda la latitud del término latino *Dominus*, o como el castellano Señor. Se aplica como título de respeto no sólo a magistrados o a príncipes, sino también a personas no investidas con ninguna autoridad oficial. Por ello, no se trata meramente del hecho de que a Jesús se le llame Señor lo que demuestre que Él es asimismo Dios, sino que se le llama Señor en tal sentido y de tal manera que no cuadra con ninguna otra explicación. En primer lugar, Cristo es llamado Señor en el Nuevo Testamento con la misma constancia y con la misma preeminencia con que se le llama Señor a Jehová en el Antiguo Testamento. Este era el término que todos los lectores de las Escrituras, fuera en hebreo o en griego, en el Antiguo Testamento, usaban para expresar su relación con Dios. Ellos le reconocían como el propietario de ellos, como el Supremo Soberano de ellos, y como su protector. En este sentido Él era el Señor de ellos. El Señor está de nuestro lado. El Señor sea contigo. El Señor, Él es Dios. Bendita la nación cuyo Dios es el Señor. Bueno eres Tú, oh Señor. Tú, Señor, eres para siempre exaltado sobre todo. Nadie hay como Tú, oh Señor. Alabaré al Señor. Ten misericordia de mí, oh Señor. Oh Señor, tú eres mi Dios. El oído religioso del pueblo estaba educado en el uso de este lenguaje desde su infancia. El Señor era su Dios. Ellos le adoraban y alababan e invocaban su ayuda al llamarle Señor. Y los mismos sentimientos de reverencia, adoración y amor, el mismo sentimiento de dependencia y deseo de protección se expresan por todo el Nuevo Testamento al llamar a Jesús Señor. Señor, si quieres, puedes limpiarme. Señor, sálvame. El gozo del Señor. Señor, ¿cuándo te vimos hambriento? El que me juzga es el Señor. Si el Señor quiere. Presentes con el Señor. Los que invocan al Señor. Que el Señor me dará en el día postrero. Bienaventurados los muertos que mueren en el Señor. Tú eres digno, oh Señor, de recibir gloria y honra.

Por tanto, Jesucristo es Señor para los cristianos en el mismo sentido en que Jehová era Señor para los hebreos. El uso mencionado aquí es totalmente peculiar. Ningún hombre: ni Moisés, ni Abraham, ni David, ni ninguno de los profetas o Apóstoles, es jamás invocado ni mencionado como Señor de esta manera tan prevalente. Tenemos un solo Señor; y Jesucristo es Señor. Este es un argumento que se refiere a la experiencia interior, más que al mero entendimiento. Cada creyente sabe en qué sentido llama a Jesús Señor; y sabe que al reconocerle así como su propietario, como su soberano absoluto, a quien le debe no meramente la adhesión de su vida externa, sino la de su alma; y como su protector y Salvador, está en comunión con los Apóstoles y mártires. Sabe que es por el Nuevo Testamento que ha recibido la enseñanza de adorar a Cristo llamándolo Señor.

Pero, en segundo lugar, Jesucristo no es sólo así llamado Señor por vía de eminencia, sino que es declarado ser Señor de señores; el Señor de la gloria; el Señor de todos; Señor de los vivos y de los muertos; el Señor de los que están en el cielo y en la tierra y debajo de la tierra. Todas las criaturas, desde las más altas hasta las más bajas, tienen que inclinar la rodilla a Él, y reconocer su dominio absoluto. Él es Señor en tal sentido que nadie puede verdaderamente llamarle Señor, sino por el Espíritu Santo. Si su Señorío fuera meramente la supremacía que una criatura puede ejercitar sobre otras criaturas, no habría necesidad de iluminación divina para capacitarnos para reconocer su autoridad. Pero si Él es Señor en el sentido absoluto en el que sólo Dios es Señor; si Él tiene un derecho sobre nosotros y una autoridad sobre nosotros que sólo le pertenecen a nuestro Hacedor y Redentor, entonces es necesario que el Espíritu Santo nos revele de tal manera la gloria de Dios en la faz de Jesucristo como para que nos lleve a postrarnos delante de Él como nuestro Señor y Dios.

En tercer lugar, Cristo es llamado Señor cuando esta palabra se emplea en lugar de los nombres y títulos incomunicables de Jehová y Adonai. Es cosa bien sabida que los judíos, desde un período temprano, tenían una reverencia supersticiosa, que les impedía pronunciar la palabra Jehová. Por esto ellos, en sus Escrituras hebreas, le dieron a esta palabra los puntos vocálicos correspondientes a la palabra Adonai, pronunciándola así siempre que leen el sagrado volumen. Cuando tradujeron sus Escrituras al griego, sustituyeron uniformemente Jehová por *kurios*, que se corresponde con *Adon*. Y de la misma manera, bajo la influencia de la LXX, los cristianos latinos emplearon *Dominus* en su versión; y constreñidos por esta misma extendida y duradera costumbre, los traductores ingleses han solido, en general, usar el término Lord [Señor] en mayúsculas pequeñas allí donde en hebreo se emplea Jehová. En muchísimos casos encontramos pasajes aplicados a Cristo como el Mesías en los que se le llama *Señor*, cuando Señor debería ser Jehová o Adonai. En Lucas 1:76 se dice de Juan el Bautista, el precursor de Cristo, que él iría delante de la faz del Señor; pero en Malaquías 3:1, del que este pasaje declara el cumplimiento, la persona que habla es Jehová. El día de Cristo, en el Nuevo Testamento, es llamado «el día del Señor»; en el Antiguo Testamento es llamado «el día de Jehová, el gran día». Romanos 10:13 cita a Joel 2:32, que habla de Jehová, y lo aplica a Cristo, diciendo: «Porque todo aquel que invocare el nombre del Señor, será salvo». Romanos 14:10, 11 cita Isaías 45:23, «Porque todos compareceremos ante el tribunal de Cristo. Porque escrito está: Vivo yo, dice el Señor, que ante mí se doblará toda rodilla», etc. Esto es común a lo largo de todo el Nuevo Testamento, y por ello Cristo es allí expuesto como Señor en el mismo sentido en que el Supremo Dios es Señor. Quedando establecido de esta manera el sentido de la palabra en su aplicación a Cristo, pone en evidencia cuán constante y familiar es el reconocimiento de su divinidad por parte de los escritores sagrados. Ellos lo reconocen como Dios cada vez que le llaman Señor.

B. Cristo es presentado como el Objeto de nuestros afectos religiosos

Otra característica general del Nuevo Testamento, íntimamente ligada con la acabada de mencionar, y que sigue a ella, es que Cristo es en todo lugar reconocido como el objeto apropiado de todos los afectos religiosos. Como Él es nuestro Señor, en el sentido de ser nuestro propietario absoluto, nuestro hacedor, preservador y redentor, y nuestro soberano, poseyendo el derecho de hacer con nosotros lo que le parezca bien, somos llamados a hacer de Él el supremo objeto de nuestro amor, de su voluntad la más elevada norma del deber, y de su gloria el gran fin de nuestro ser. Debemos ejercitar la misma fe y confianza en Él que en Dios; darle a Él la misma obediencia, devoción y homenaje. Y así vemos que éste es el caso de comienzo a fin en los escritos del Nuevo Testamento. Cristo es el Dios de los Apóstoles y de los cristianos primitivos, en el sentido de que Él es el objeto de todos sus afectos religiosos. Ellos le consideraban a Él como aquella persona a la que pertenecían de una manera especial; ante la que eran responsables por su conducta moral; ante quien tenían que dar cuenta de sus pecados; ante quien responder por el uso de su tiempo y talentos; quien siempre estaba presente con ellos, morando en ellos, controlando su vida interior, así como la exterior; cuyo amor era el principio animador de su ser; en quien ellos se gozaban como su gozo presente y suerte eterna. Este reconocimiento de su relación con Cristo como su Dios es constante y siempre presente, de manera que la evidencia de lo mismo no puede ser recogida y enunciada de una manera polémica o didáctica. Pero cada lector del Nuevo Testamento para el que Cristo sea una mera criatura, por exaltada que sea, tiene que sentirse fuera de comunión con los Apóstoles y cristianos apostólicos, que se reconocían a sí mismos y que eran universalmente reconocidos por los demás hombres como adoradores de Cristo. Ellos sabían que deberían comparecer ante su tribunal; que cada acción, pensamiento y palabra de ellos, y de cada hombre que viva jamás, quedaría abierto todo ello ante su omnisciente mirada; y que el destino de cada alma humana debía depender de su decisión. Por ello, conociendo el terror del Señor, persuadían a los hombres. Prescribían cada uno de los deberes morales no meramente sobre la base de la obligación moral, sino por consideraciones sacadas de la relación del alma con Cristo. Los hijos deben obedecer a sus padres, las mujeres a sus maridos, los siervos a sus amos, no como complaciendo a los hombres, sino como haciendo la voluntad de Cristo. La verdadera religión, según ellos la exponen, no consiste en el amor o reverencia a Dios meramente como el Espíritu infinito, el creador y preservador de todas las cosas, sino en el conocimiento y amor de Cristo. Todo el que crea que Jesús es el Hijo de Dios, esto es, todo el que crea que Jesús de Nazaret es Dios manifestado en carne, y que le ama y obedece como tal, es declarado nacido de Dios. Cualquiera que niega esta verdad es declarado anticristo, negando a la vez al Padre y al Hijo, porque la negación del uno es la negación del otro. La misma verdad es expresada por otro Apóstol, que dice: «Pero si nuestro evangelio está aún encubierto, entre los que se pierden está encubierto; en los cuales el dios de este mundo cegó los pensamientos de los incrédulos, para que no les resplandezca la iluminación del evangelio de la gloria de Cristo, el cual es la imagen de Dios». Los que están perdidos, según este Apóstol, son los que no ven, ni creen, que Jesús sea Dios morando en la carne. Y de ahí que se adscriben tales efectos al conocimiento de Cristo y a la fe en Él, y se mantienen tales expectativas de la gloria y bienaventuranza de estar con Él, que serían imposibles o irracionales si Cristo no fuera el verdadero Dios. Él es nuestra vida. El que tiene al Hijo tiene la vida. El que cree en Él vivirá eternamente. No somos nosotros quienes vivimos, sino Cristo quien vive en nosotros. Nuestra vida está escondida con Cristo en Dios. Estamos completos en Él, y nada nos falta. Aunque no le hemos visto, creyendo en Él nos regocijamos con un gozo inefable. Es por cuanto Cristo es Dios, por cuanto Él posee todas las perfecciones divinas, y por cuanto Él nos amó y se entregó a sí mismo por nosotros, y nos ha redimido y nos ha hecho reyes y sacerdotes para Dios, que el Espíritu de Dios dice: «Si alguno no ama al Señor Jesucristo, sea anatema. El Señor viene». La negación de la divinidad del Hijo de Dios, el rechazo a recibir, amar, confiar, adorar y servirle como tal, es la base de la perdición irremediable de todos los que oyen y rechazan el evangelio. Y todas las criaturas racionales, santas e impías, justificadas y condenadas, darán su amén a la justicia de esta condenación. La divinidad de Cristo es un hecho demasiado patente, una verdad demasiado trascendente, para ser rechazada inocentemente. Son salvos los que verdaderamente la creen, y ya están perdidos los que no tienen ojos para verla. El que no cree ya ha sido condenado, porque no ha creído en el nombre del unigénito Hijo de Dios. El que cree en el Hijo tiene vida eterna; y el que no cree en el Hijo no verá la vida, sino que la ira de Dios permanece sobre él. Esta es, por tanto, la doctrina del Nuevo Testamento, que la aprehensión espiritual y el sincero reconocimiento de la Deidad del Redentor constituye la vida del alma. Es en su propia naturaleza vida eterna; y la ausencia o carencia de esta fe y conocimiento es muerte espiritual y eterna. Cristo es nuestra vida; por tanto, quien no tiene al Hijo no tiene la vida.

C. Las relaciones que Cristo tiene con Su pueblo y con el mundo.

Como la relación que los creyentes tienen conscientemente con Cristo es aquella que podemos sustentar sólo con Dios, igualmente la relación que Él asume con nosotros y que demanda como suya en virtud de su naturaleza y de su obra, es aquella que sólo Dios puede mantener con criaturas racionales.

Su autoridad como Maestro.

Esto está claro en cuanto a la autoridad que Él asume como maestro tanto de la verdad como del deber. Todo lo que Él ha declarado cierto, todo lo que los cristianos siempre se han sentido ligados a creer, sin examen, y todo lo que Él les ha mandado hacer o evitar, lo han considerado siempre como vinculante para la conciencia. Su autoridad es la base última y más elevada de la fe y de la obligación moral. Como la razón infinita y absoluta moraba en Él corporalmente, sus palabras eran las palabras de Dios. Él declaró ser la Verdad, y por ello cuestionar lo que Él decía era rechazar la verdad; desobedecerle era desobedecer la verdad. Él fue anunciado como el *Logos*, la Razón personal y manifestada, que era y es la luz del mundo; la fuente de toda razón y de todo conocimiento para las criaturas racionales. Por ello, Él habló como jamás nadie había hablado. Enseñaba con autoridad. No hacía como Moisés y los profetas, hablar en nombre de Dios, diciendo: Así dice el Señor, apoyándose en una autoridad fuera de sí mismos. Él hablaba en su propio nombre, y los Apóstoles en nombre de Cristo. Él era la autoridad última. Él se pone uniformemente a Sí mismo en la relación de Dios con su pueblo. Vosotros seréis salvos «si hacéis todo lo que os mando». El que a mí me oye, a Dios oye. Yo y el Padre uno somos; Él en mí, y Yo en Él. El cielo y la tierra pasarán, mas mis palabras jamás pasarán. Moisés os dijo esto y aquello, pero yo os digo a vosotros. Él no negaba la misión divina de Moisés, pero Él asumió el derecho de modificar o derogar las leyes que Dios había dado a su pueblo bajo la antigua economía. El todo de la verdad revelada en el Antiguo así como en el Nuevo Testamento es atribuido a Él como su fuente. Porque los antiguos profetas no enseñaron nada más que aquello que «indicaba el Espíritu de Cristo que estaba en ellos», lo cual es equivalente a decir que hablaron «inspirados por el Espíritu Santo», o que «toda la Escritura es inspirada por Dios». Y los Apóstoles se presentaron sencillamente como testigos de lo que Cristo había enseñado. Pablo declaro que recibió todo su conocimiento «por revelación de Jesucristo». Y en su Epístola a los Corintios expresa él la misma verdad negando que su conocimiento se derivara de la razón humana (el espíritu que está en los hombres), sino del Espíritu de Dios. Nada es más evidente para el lector del Nuevo Testamento que esta autoridad divina como maestro que en todo lugar es demandada por parte de Cristo y para Él. Dejar de creer en Él es dejar de creer en Dios; y desobedecerle a Él es desobedecer a Dios. Esto es totalmente diferente de la autoridad reivindicada por los profetas y por los apóstoles. Ellos no asumieron nada por sí mismos. Pablo negó tener autoridad alguna sobre la fe del pueblo de Dios, excepto sobre la base de la prueba que él daba de que era «Cristo hablando en» él (2 Co 13:3).

Su control sobre todas las criaturas.

La autoridad divina de Cristo se manifiesta en el control que Él afirmaba sobre todo su pueblo y sobre toda criatura; Todo poder estaba y está en sus manos. Sus ministros están bajo su dirección. Él envía a uno aquí y a otro allá. Todos los trabajos y viajes de Pablo fueron llevados a cabo bajo su continua conducción. Esta es tan solo una ilustración del control absoluto y universal que Él ejercita constantemente sobre todo el universo. Los ángeles del cielo son así sus mensajeros, y el curso de la historia humana, así como las circunstancias de cada persona individual, va determinado por Él. Y también está en sus manos en destino eterno de todos los hombres. Yo recompensaré a cada uno, dice Él, conforme a sus obras. (Mt 16:27; y Ap 22:12.) «Muchos me dirán en aquel día: Señor, Señor, ¿no profetizamos en tu nombre, y en tu nombre echamos fuera demonios, y en tu nombre hicimos muchos milagros? Y entonces les diré claramente: Nunca os conocí; apartaos de mí, hacedores de iniquidad» (Mt 7:22, 23). En el último día, «al tiempo de la siega, les diré a los segadores: Recoged primero la cizaña, y atadla en manojos para quemarla; pero el trigo guardadlo en mi granero» (Mt 13:30). Y en el v. 41, «Enviará el Hijo del Hombre a sus ángeles, y recogerán de su reino todo lo que sirve de tropiezo, y a los que hacen iniquidad, y los echarán en el horno de fuego; allí será el llanto y el crujir de dientes». Aquel día el rey dirá: «Apartaos de mí, malditos, al fuego eterno preparado para el diablo y sus ángeles. Porque tuve hambre, y no me disteis de comer; tuve sed, y no me disteis de beber»: «En cuanto no lo hicisteis a uno de éstos más pequeños, tampoco a mí me lo hicisteis». Así, es la actitud que los hombres muestran para con Cristo (siempre que hayan oído su nombre) la que ha de determinar su destino en el último día. Pecar contra Cristo, negarle o rechazarle, es negar o rechazar a Dios. Por ello, nuestro Señor se pone uniformemente en la relación de Dios para con las almas de los hombres, afirmando la misma autoridad sobre ellas, el mismo derecho a decidir el destino de ellas, y denunciando qué pecado es cometido contra Él. También por esto dice que sería mejor para un hombre que le colgaran en el cuello una piedra de molino y que fuera arrojado en la mar, antes que hacer tropezar a uno de los pequeños que creen en Él. «Todo aquel que me confiese delante de los hombres, también el Hijo de Dios le confesará delante de los ángeles de Dios; mas al que me niegue delante de los hombres, será negado delante de los ángeles de Dios» (Lc 12:8, 9). «El que ama a su padre o a su madre, [...] a su hijo o a su hija más que a mí, no es digno de mí». Este amor supremo es sólo debido a Dios, y Cristo, al demandar este amor de nosotros, se pone a Sí mismo ante nosotros como Dios.

D. La naturaleza de Sus promesas.

Lo mismo queda claro de la naturaleza de sus promesas. Cristo promete bendiciones a su pueblo que nadie sino Dios tiene el derecho o el poder para conceder. El promete perdonar los pecados. Es intuitivamente cierto que sólo Dios puede perdonar los pecados; Él es nuestro gobernador moral; es contra Él que se comete todo pecado, y sólo Él tiene derecho a remitir su castigo. Por ello, cuando Cristo le dice al alma: Tus pecados te son perdonados, Él está ejerciendo una prerrogativa divina. [...] Como el soberano en contra de quien se ha cometido el pecado, Cristo tiene derecho a perdonar o a castigar. También Él promete el Espíritu Santo. [...] Se había predicho que Dios derramaría Su Espíritu sobre toda carne; [...] En su discurso de despedida a los Apóstoles, Él dijo: Yo os enviaré otro Consolador, el Espíritu de verdad, que quedará con vosotros para siempre. Todas las influencias santificadoras, así como todos los dones de enseñanza y de milagros que la Iglesia jamás haya gozado, vienen del Señor Jesucristo. Él da el Espíritu a cada uno conforme a Su voluntad. «A cada uno de nosotros», dice Pablo, «fue dada la gracia conforme a la medida del don de Cristo» (Ef 4:7). Él promete escuchar y responder a las oraciones de su pueblo en todas las edades y en todas partes del mundo. «Todo lo que pidáis en mi nombre, yo lo haré». «Allí donde están dos o tres reunidos en mi nombre, allí yo estoy en medio de ellos». «He aquí que yo estoy con vosotros todos los días, hasta el fin del mundo». Así, Él promete Su presencia continuada a sus discípulos, sea donde sea que se encuentren. También promete la vida eterna a todos los que crean en Él. Él tiene poder para vivificar o para dar vida a los que Él quiera. «Mis ovejas oyen mi voz, y yo les doy vida eterna». «Yo los levantaré en el día postrero». «Al que venza, le daré de comer del árbol de la vida». «Sé fiel hasta la muerte, y te daré corona de vida». «La corona de justicia, la cual me dará el Señor, el juez justo, en aquel día». «La paz os dejo, mi paz os doy; yo no os la doy como el mundo la da». «Creéis en Dios, creed también en mí». «Voy a preparar lugar para vosotros». «Vendré otra vez, y os tornaré conmigo, para que donde yo estoy, vosotros también estéis»: «Venid a mí todos los que estáis fatigados y cargados, y yo os haré descansar». Es evidente que el Dios infinito mismo no puede ni prometer ni dar nada más grande o excelso que lo que Cristo da a su pueblo. Son enseñados a esperar en Él como la fuente de toda bendición, como dador de todo bien y de todo don perfecto. No hay oración más completa en el Nuevo Testamento que aquella con la que Pablo cierra su Epístola a los Gálatas: «La gracia de nuestro Señor Jesucristo sea con vuestro espíritu». Su favor es nuestra vida, lo cual no podría ser si Él no fuera nuestro Dios.

E. Su control sobre la naturaleza

Una cuarta característica general de la enseñanza del Nuevo Testamento acerca de Cristo se relaciona con el control que se le atribuye sobre el mundo exterior. Las leyes de la naturaleza están ordenadas por Dios. Pueden ser cambiadas o suspendidas sólo por Él. Por ello, un milagro o cualquier acontecimiento que involucre tal cambio o suspensión es una evidencia de la operación inmediata del poder divino. Por ello, el agente eficiente en la obra de un milagro tiene que poseer poder divino. Cuando Moisés, los profetas, o los Apóstoles, obraban milagros, rechazaban de manera explícita que fuera por su propia eficiencia. ¿Por qué nos miráis a nosotros, dice el Apóstol Pedro, como si fuera por nuestro propio poder que hemos sanado a este hombre? Cuando Moisés dividió el Mar Rojo, la eficiencia por la que fue producido aquel efecto no estaba más en él que en la vara con la que golpeó las aguas. Sin embargo, Cristo obró milagros por su propio poder inherente. Y fue a su eficiencia que los Apóstoles atribuyeron los milagros que ellos obraban. Era su nombre, o la fe en Él, lo que Pedro enseñaba al pueblo, lo que efectuó la instantánea curación del hombre lisiado. Cristo nunca atribuyó su poder milagroso a otra fuente fuera de Él mismo; Él mantuvo Su propia prerrogativa; y Él confirió este poder a otros. Él dijo de Él mismo que tenía poder para poner su vida, y poder para volverla a tomar; que Él tenía vida en Sí mismo, que podía dar vida a aquellos que Él quisiera; os daré, les dijo a sus discípulos, poder para hollar serpientes y escorpiones, y sobre todo el poder del adversario. Por tanto, cada milagro de Cristo era una manifestación visible de su divinidad. Cuando Él sanaba a los enfermos, abría los ojos a los ciegos, restauraba a los cojos, resucitaba a los muertos, alimentaba a miles con unas pocas hogazas de pan, y calmaba el tempestuoso mar, era con una palabra, con el ejercicio sin esfuerzo de su voluntad. Así manifestó su gloria, dando una demostración ocular a aquellos que tenían ojos para ver, de que era Dios en forma de hombre. Por ello, apelaba directamente a sus obras. «Aunque no me creáis a mí, creed a las obras, para que conozcáis y creáis que el Padre está en mí, y yo en el Padre». «Si no hago las obras de mi Padre, no me creáis» (Jn 10:37, 38). «Si yo no hubiese hecho entre ellos las obras que ningún otro ha hecho, no tendrían pecado; pero ahora me han visto, y me han aborrecido a mí y también a mi Padre» (Jn 15:24).

Es sólo una pequeña parte de la evidencia de la divinidad de nuestro Señor que se puede recoger de esta manera de la enseñanza general del Nuevo Testamento. Es importante mantener en mente que la fe en esta doctrina no reposa sobre este o aquel pasaje, ni en esta o aquella descripción, sino sobre la entera revelación de Dios acerca de su Hijo. La divinidad del Señor Jesucristo es manifestada en el tejido de las Escrituras, y es en todas partes o afirmada o dada por supuesta. Hay no obstante muchos pasajes en los que la doctrina se presenta con tanta claridad que no deberían ser pasados por alto en ninguna discusión formal de este tema.

3. Pasajes particulares del Nuevo Testamento que enseñan la deidad de Cristo.

A. Los Escritos de San Juan.

Juan 1:1-14. La razón de que la naturaleza más elevada de Cristo sea llamada *ho logos* y la razón de que Juan empleara esta designación son cuestiones distintas. Por cuanto la palabra *logos* no aparece en la Escritura en el sentido de *razón*, se debería tomar en su sentido ordinario. La cuestión de por qué el Hijo sea llamado «el Verbo» [o la Palabra] se puede contestar diciendo que este término expresa a la vez su naturaleza y su oficio. La palabra es lo que revela. El Hijo es el *eikön y apaugasma* de Dios, y por ello su palabra. Es su oficio dar a conocer a Dios a sus criaturas. A Dios nadie lo ha visto jamás: el unigénito Hijo, que está en el seno del Padre, Él le ha dado a conocer. Así, el Hijo, como revelador de Dios, es la Palabra, el Verbo. La razón por la que Juan seleccionó esta designación de la naturaleza divina de Cristo no es tan fácil de determinar. Desde luego, se puede decir que hay bases para el uso de este término en el uso del Antiguo Testamento y de los judíos que eran contemporáneos con el Apóstol. En las Escrituras Hebreas el Jehová manifestado es llamado la Palabra de Dios, y a Él se le adscriben la subsistencia individual y las perfecciones divinas (Sal 33:6; 119:89; Is 40:8; Sal 107:20; 147:18). Y aparece con más frecuencia en los libros apócrifos y en los Targumes. Por ello, no es un término inusual o desconocido el que introduce el Apóstol Juan. Sin embargo, como es él el único de todos los escritores del Nuevo Testamento que emplea así la palabra, tiene que haber habido alguna razón especial para ello. Esta razón puede haber sido la de contrarrestar las perspectivas erróneas acerca de la naturaleza de Dios y de su Palabra que habían comenzado a prevalecer, y que tenían algún apoyo en las doctrinas de Filón y de otros judíos alejandrinos. Sin embargo, es menos importante determinar por qué Juan llama *logos* al Hijo que determinar qué es lo que enseña acerca de Él. Él enseña (1) Que Él es eterno. Él era en el principio; esto es, Él era antes de toda creación; antes de la fundación del mundo; antes que el mundo fuera. Comparar Pr 8:23; Jn 17:5, 24; Ef 1:4. Estas son todas formas escriturales de expresar la idea de la eternidad. El Verbo es entonces era (*ën*), no comenzó, sino que ya era. El "en" del v. 1 está en contraste a *egeneto* (v. 14). «Él era el Verbo, y vino a ser carne». (2) La Palabra eterna existía en íntima comunión con Dios. «El Verbo era con Dios» (RV); como de la Sabiduría se dice que estaba con Él en el principio (Pr 8:30; Jn 1:18). (3) Él era Dios. La palabra *theos* es claramente el predicado, por cuanto carece del artículo (comparar Jn 4:24, *pneuma ho theos*, Dios es espíritu), y por cuanto *logos* es el sujeto en todo el contexto. El hecho de que *theos* no puede ser tomado como *theios*, ni traducido como un Dios, queda claro por lo que se dice de inmediato del *logos* en los versículos siguientes, y por la analogía de la Escritura, que demuestra que el *logos* es Dios en el más alto sentido de la palabra. En este contexto, *ho theos en ho logos* sería equivalente a decir «el Hijo es el Padre».[2] *Theos* sin el artículo aparece frecuentemente en el Nuevo Testamento cuando se refiere al Dios supremo. (4) El *logos* es el Creador de todas las cosas. Todas las cosas fueron hechas por Él, *di' autou*. El término *dia* aquí no expresa necesariamente una instrumentalidad subordinada. Todas las cosas se dicen que son *dia theou* además de *ek theou*. El Padre obra por medio del Hijo, y el Hijo por medio del Espíritu. Todo lo que indica la preposición es subordinación en cuanto al modo de operación, que es en otros lugares enseñada en cuanto a las personas de la Trinidad. El hecho de que todas las criaturas deben su existencia al Verbo es hecho más prominente diciendo: «y sin Él nada de lo que ha sido hecho, fue hecho», *pan ho gegonen* es por medio de Él. Por tanto, Él no puede ser una criatura. No sólo Él fue antes de todas las criaturas, sino que todo lo creado fue llevado a la existencia por Él. (5) El *logos* es existente por sí mismo. Es inderivado. «En Él estaba la vida». Esto es cierto sólo de Dios. Sólo la Deidad subsistiendo en el Padre, el Verbo y el Espíritu es existente en sí misma, poseyendo vida en sí misma. (6) La vida del Verbo «es la luz de los hombres». Teniendo vida en Sí mismo, el Verbo es la fuente de vida en todo lo que vive, y especialmente de la vida intelectual y espiritual del hombre; y por ello se dice de Él que es la luz de los hombres: esto es, la fuente de la vida intelectual y del conocimiento en todas sus formas. (7) El *logos*,

---

2. En efecto, si esta fuera la frase usada, con el artículo griego en ambos Dios y el Verbo, habría una frase recíproca, en la que el sujeto y el predicado serían intercambiables: Literalmente, «el Verbo era el Dios», o «el Dios era el Verbo». Esta es una estructura conocida, en la que el sujeto es lo que se predica de manera exclusiva. Si así fuera, no habría Dios excepto el Verbo; se declararía la exclusividad de la Deidad del Verbo, y la unipersonalidad de Dios. En cambio, la ausencia de artículo en esta oración hace (1) que lo que se predique del Verbo es que lo que Dios es lo es el Verbo; el Verbo posee la naturaleza de Dios. Es Dios en su sustancia y naturaleza. Pero queda abierta la puerta a la pluripersonalidad en el seno de la Deidad, al no predicarse exclusivamente del Verbo, pero sí como de la misma esencia de su Ser. [N. del T.]

como la luz verdadera o real, resplandece en las tinieblas (*en të skotia* = *en tois eskotismenois*) en medio de un mundo enajenado de Dios. Los hombres del mundo, los hijos de las tinieblas, no comprenden la luz; no reconocen al Verbo como Dios, el creador de todas las cosas, y la fuente de vida y conocimiento. A aquellos que así le reconocen les da poder para venir a ser hechos hijos de Dios, esto es, los eleva a la dignidad y bienaventuranza de ser hijos de Dios. (8) Este Verbo se hizo carne, esto es, devino hombre. Este uso de la palabra *carne* es explicado en pasajes como 1 Ti 3:16; He 2:14; Ro 8:3, en relación con Lc 1:35; Gá 4:4; Fil 2:7. En cuanto a la gloria del *logos* encarnado, el Apóstol dice de sí mismo y de sus compañeros de discipulado: «y vimos su gloria, gloria como del unigénito del Padre»; una gloria como sólo podía pertenecer a Aquel que es el eterno Hijo de Dios, consustancial con el Padre. [...]

Otros pasajes en el Evangelio de San Juan.

Esta introducción, que tan inequívocamente expone la divina naturaleza de Cristo, es la nota clave del Evangelio de Juan, y de todos sus otros escritos. Su principal objeto es convencer a los hombres de que Jesús es Dios manifestado en carne, y que el reconocimiento de Él como tal es necesario para la salvación. Por ello fue este Apóstol llamado, en la Iglesia primitiva, el *Theologos*, porque enseñó con tanta claridad e intensidad que el *logos* es Dios. En el versículo 18 de este capítulo él dice que sólo el Hijo tiene el conocimiento de Dios, y es la fuente de este conocimiento para otros. Le mostró a Natanael que Él conocía su carácter, siendo el escudriñador de los corazones. En su conversación con Nicodemo, le habló con autoridad divina, revelándole las cosas del cielo, porque Él había descendido del cielo, e incluso entonces estaba en el cielo. Su venida al mundo fue la más excelsa evidencia del amor divino, y la salvación de todos los hombres dependía de la fe en Él; esto es, de que creyeran que Él es lo que Él afirmaba ser, confiando en Él y consiguientemente obedeciéndole. Cuando los judíos le censuraron por sanar a un hombre en Sábado, se defendió diciendo que Dios obraba en Sábado; que Él y el Padre eran uno; que Él hacía todo lo que Dios hacía; que Él podía dar vida a quien Él quisiera; que todo juicio le había sido encomendado a Él, y que Él tenía derecho a recibir el mismo honor que el Padre. En el capítulo sexto Él se presenta como la fuente de vida, primero bajo la figura de pan, y luego bajo la de un sacrificio. En el capítulo octavo declara ser la luz del mundo. «El que me sigue, de ningún modo andará en tinieblas, sino que tendrá la luz de la vida». Sólo Él podía dar verdadera libertad, libertad de la condenación y del poder del pecado. Él había sido el único Salvador desde el comienzo por cuanto Él fue el objeto de la fe de Abraham, que vio su día, y se regocijó, porque dice: «Antes que Abraham llegara a ser, yo soy». Con ello declaraba no sólo su preexistencia, sino su eternidad, al declarar ser el «yo soy», esto es, el auto-existente e inmutable Jehová.

En el capítulo 10, bajo el carácter de un pastor, Él se describe a la cabeza de todo el pueblo de Dios, que oye su voz, que sigue sus pasos, y en cuyos cuidados confía. Por ellos Él pone su vida y la vuelve a tornar. A ellos les da Él la vida eterna, y la salvación de ellos es cierta, porque nadie puede arrebatarlos de sus manos; y Él y el Padre son uno. El capítulo undécimo contiene la historia de la resurrección de Lázaro, sobre la que se puede observar: (1) Que sus discípulos tenían una plena confianza de que Él podía librar de la muerte a quien Él quisiera. (2) Que Él afirma ser la resurrección y la vida. Él es, para todos los que creen en Él, la fuente de la vida espiritual para el alma, y de una resurrección para el cuerpo. (3) Como ilustración y prueba de su divino poder, Él llamó a Lázaro fuera del sepulcro.

El último discurso de nuestro Señor.

El discurso registrado en los capítulos 14, 15 y 16, y la oración registrada en el capítulo 17, son palabras de Dios a los hombres. Ningún ser creado podría hablar como Cristo habla aquí.

Comienza Él exhortando a sus discípulos a tener la misma fe en Él que tienen en Dios. Él fue para prepararles el cielo para ellos, y volvería y los llevaría consigo. Conocerle a Él es conocer a Dios. El que lo había visto a Él había visto también al Padre, porque Él y el Padre son uno. Él prometió enviarles el Espíritu Santo para que permaneciera con ellos para siempre, y para que Él le manifestara a ellos como Dios se manifiesta a los santos, revelándoles su gloria y amor, y haciéndoles conscientes de su presencia. Él seguiría siendo para su Iglesia la fuente de la vida; la unión con Él es tan necesaria como lo es para el pámpano la unión con la vid. El Espíritu Santo enviado por Él les revelaría las cosas de Cristo, haciendo a los Apóstoles infalibles como maestros, y dando iluminación divina a todos los creyentes. Era necesario que Él los dejara a fin de enviar al Espíritu, que convencería al mundo del pecado de no creer que Él era todo lo que afirmaba ser; de la justicia de su asunción de ser el Hijo de Dios y Salvador del mundo, de lo que su ida al Padre (esto es, Su resurrección) era la prueba decisiva; y también de la certidumbre de un juicio venidero, por cuanto el príncipe de este mundo ya estaba juzgado. El Espíritu glorificaría a Cristo, esto es, lo revelaría como poseedor de todas las perfecciones divinas, porque todo lo que tiene el Padre lo tiene asimismo el Hijo. Su oración intercesora no podía proceder de otros labios más que los de una persona divina. Él habla como poseyendo poder sobre toda carne, y que podía dar vida eterna a todos los que Dios el Padre le había dado. La vida eterna consiste en el conocimiento de Dios, y de Aquel a quien Dios ha enviado. Él ora que Él, revestido de nuestra naturaleza, fuera glorificado con la gloria que tenía antes de la fundación del mundo; para que su pueblo fuera santificado. Para que ellos fueran uno al morar Él en ellos, y para que ellos pudieran ser hechos partícipes de su gloria.

Él fue condenado por los judíos por afirmar ser el Hijo de Dios, y por Pilato por afirmar ser rey. Cuando fue crucificado, los cielos se oscurecieron, la tierra tembló, los muertos resucitaron, y el velo en el templo fue rasgado. Por su resurrección quedó confirmada su declaración de ser el Hijo de Dios y el Salvador de los hombres. Tomás, que no había estado presente en la primera entrevista entre Cristo y sus discípulos, dudó del hecho de su resurrección; pero cuando le vio, quedó plenamente convencido, y lo reconoció como su Señor y Dios (Jn 20:28). El hecho de que *ho kurios mou kai ho theos mou* es una invocación a Cristo, y no una exclamación, es evidente, (1) Por las palabras *apekrithë kai eipen, respondió y le dijo*, lo cual estaría fuera de lugar en una exclamación. Introducen una réplica a lo que Cristo había dicho. Tomás respondió en el sentido de que quedaba totalmente satisfecho y firmemente convencido de que Cristo era Señor y Dios. La palabra *eipein* nunca significa exclamar. (2) Una exclamación así sería aborrecible para un judío, que tenía una reverencia hasta la superstición por el nombre de Dios, especialmente por el nombre Jehová, y *ho kurios ho theos* es equivalente a Jehová Elohim. (3) La repetición del pronombre *mou* también exige que el pasaje sea considerado como una invocación a Cristo.

Las Epístolas de San Juan.

En sus epístolas, el Apóstol Juan presenta la divinidad de Cristo con la misma prominencia. El gran designio de estas epístolas era establecer la fe de los creyentes en medio de los errores que habían comenzado a prevalecer. El principal de estos errores era la negación, en alguna forma, de la encarnación del Hijo de Dios. Por ello, el Apóstol no sólo insiste intensamente en el reconocimiento de que Jesucristo había venido en carne, sino que hace de ella la gran doctrina fundamental del evangelio. «Todo aquel que confiese que Jesús es el Hijo de Dios, Dios permanece en él, y él en Dios». Comienza sus epístolas recordando a sus lectores que los Apóstoles habían obtenido la más clara evidencia posible de que el *Logos tës zöës* (el que tiene y da vida) se había manifestado en la carne. Ellos lo habían visto, observado y tocado. Juan les daba a los creyentes esta certeza a fin de que tuvieran comunión con Dios y con su Hijo Jesucristo. Muchos ya habían apostatado y negado la verdad de la encarnación. Pero negar esta doctrina era negar a Dios, porque todo el que niega al Hijo niega también al Padre. Así, les exhorta a permanecer en el Hijo como el único medio de permanecer en Dios y de alcanzar la vida eterna. Las pruebas mediante las que debían probar a aquellos que profesaban ser maestros inspirados eran: (1) Si reconocían la doctrina de la encarnación, esto es, de la verdadera divinidad y humanidad de Cristo (4:2, 3, 15). (2) Conformidad doctrinal con las enseñanzas de los Apóstoles. (3) Amor para con Dios, fundado en su amor redentor para con nosotros, y amor para con los hermanos, brotando de este amor para con Dios. En el capítulo 5 les dice a sus lectores que la gran verdad a creer es que Jesús es el Hijo de Dios. Esta es la fe que vence al mundo. Esta gran verdad queda establecida por el testimonio de Dios, tanto el externo como el interno, porque el que cree en el Hijo de Dios tiene el testimonio en sí mismo; el que no ha creído en este testimonio hace a Dios mentiroso, porque no ha creído el testimonio que Dios ha dado de su Hijo. En Él está la vida eterna, de manera que el que tiene al Hijo, tiene la vida. Concluye su epístola diciendo: «Sabemos que el Hijo de Dios ha venido, y nos ha dado entendimiento para conocer al que es verdadero [esto es, para que conozcamos al verdadero Dios]; y estamos en el verdadero [esto es, en el verdadero Dios], en su Hijo Jesucristo. Este es el verdadero Dios, y la vida eterna». Que este pasaje debe ser referido a Cristo es cosa evidente. (1) Porque Él es el sujeto del discurso en el contexto y a lo largo de toda la epístola. El gran propósito del Apóstol es decirnos quién y qué es Cristo. (2) En las cláusulas inmediatamente anteriores él le había llamado el verdadero, «estamos en el verdadero», en Jesucristo. «El verdadero» y «el verdadero Dios» son expresiones empleadas indistintamente. (3) Cristo es repetidas veces llamado «vida eterna» por este Apóstol, y se dice de la «vida eterna» que está en Él, lenguaje que no se emplea de Dios como tal, ni del Padre. (4) *Christos* es el antecedente natural de *houtos*, no sólo porque es el más cercano, sino también porque es el sujeto destacado. (5) Esta ha sido la interpretación recibida en la Iglesia, al menos desde la controversia arriana, y las objeciones suscitadas contra la misma son principalmente teológicas, y no exegéticas. Se debe observar que Cristo, aquí, no es meramente llamado *theos*, sino *ho theos*, como en Jn 20:28.

El Apocalipsis.
El Libro de Apocalipsis es un himno continuo de alabanza a Cristo, exponiendo la gloria de su persona y el triunfo de su reino; presentándole como la base de la confianza de su pueblo y el objeto de la adoración de todos los moradores del cielo. Es declarado ser el gobernante de los reyes de la tierra. Él nos ha hecho para Dios reyes y sacerdotes. Él es el Primero y el Último, un lenguaje que jamás se emplea excepto de Dios, y que sólo es cierto de Él. Compárese Is 44:6. En las epístolas a las siete iglesias, Cristo asume los títulos y las prerrogativas de Dios. Él se designa a Sí mismo como Aquel que sostiene las siete estrellas en su diestra; el Primero y el Último; Aquel que tiene la espada aguzada y ojos de fuego, a quien nada se puede ocultar. Él tiene los siete espíritus. Él es el Santo y el Verdadero. Él tiene las llaves de David; Él abre y nadie cierra, y cierra y nadie abre; su decisión acerca del destino de los hombres es inapelable. Él es el árbitro supremo; el testigo fiel y verdadero; el *archë tës ktiseös tou theou*, el principio, esto es, a la vez la cabeza y fuente, de toda la creación. Él reprende a las iglesias por sus pecados, o las alaba por su fidelidad, como su gobernante moral en contra de quien se comete el pecado, y a quien se rinde obediencia. Él amenaza con castigos y promete bendiciones que sólo Dios puede infligir u otorgar. En el capítulo 5 el Apóstol exhibe a todos los moradores del cielo postrados a los pies de Cristo, adscribiendo bendiciones y honra y gloria y poder al que se sienta en el trono y al Cordero para siempre jamás. La Nueva Jerusalén es la capital de su reino. Él es la luz de ella, y su gloria y bienaventuranza. Él se declara una y otra vez el Alfa

y la Omega, el Primero y el Último (esto es, el inmutable y eterno), el Principio y el Fin, Aquel cuya segunda venida la Iglesia espera anhelante.

B. Las Epístolas de San Pablo.

En las epístolas de Pablo se hace la misma exaltada presentación de la persona y obra de Cristo. En la **Epístola a los Romanos**, Cristo es declarado Hijo de Dios, el objeto de la fe, el juez del mundo, el Dios de la providencia, el dador del Espíritu Santo, y lo que se dice de Jehová en el Antiguo Testamento lo aplica al Apóstol a Cristo. En el capítulo 9:5 Él es declarado expresamente «Dios sobre todas las cosas, bendito por los siglos». El texto aquí está fuera de toda discusión. La única forma de cambiar el significado del pasaje es cambiando la puntuación. Erasmo, que ha sido seguido por muchos modernos intérpretes, puso un punto después de *kata sarka*, o después de *pantön*. En el primer caso, el pasaje leería, «De los cuales, según la carne, procede el Cristo. Dios que es sobre todo sea bendito para siempre»; en el segundo caso, «de los cuales, según la carne, procede Cristo, que es sobre todas las cosas», esto es, más alto que los patriarcas. Los que abogan por estas interpretaciones admiten francamente que la razón para adoptarlas es evitar hacer que el Apóstol afirme que Cristo es Dios sobre todas las cosas. Como ellos no admiten esta doctrina, están mal dispuestos a admitir que el Apóstol la enseña. En la Iglesia antigua era asignado universalmente a Cristo, como por todos los Reformadores, por todos los teólogos antiguos, y por casi todos los intérpretes modernos que creen en la divinidad de Cristo. Esta uniformidad de asentimiento es en sí misma una prueba decisiva de que la interpretación común es la natural. Estamos obligados a tornar cada pasaje de las Escrituras en su sentido evidente y natural, a no ser que las más llanas declaraciones de la Palabra de Dios nos muestren que un sentido menos obvio sea el verdadero. Que la interpretación común de este pasaje es la correcta queda claro:

1. Porque Cristo es el sujeto del discurso; Dios no es mencionado en el contexto. El Apóstol está mencionando las bendiciones distintivas de la nación judía. A ellos les fueron dados la ley, la gloria, el pacto, y las promesas, y, por encima de todo, de ellos «según la carne (esto es, por lo que a su humanidad respecta), procede Cristo, el cual es Dios sobre todas las cosas, bendito por los siglos». Aquí todo es natural y dentro de contexto. Muestra cuán preeminente era la distinción de los judíos, que de ellos naciera el Mesías, Dios manifestado en la carne. En comparación con esto, todas las otras prerrogativas de esta nación se hunden en la insignificancia.

2. Las palabras *kata sarka* exigen una antítesis. No habría ningún motivo para decir que Cristo, *en cuanto a hombre*, descendía de los judíos, si no era más que hombre, y si no había un sentido en el que no descendía de ellos. Como en Ro 1:3, 4 se dice que *kata sarka* Él era el Hijo de David, pero *kata pneuma* el Hijo de Dios; del mismo modo aquí se dice que *kata sarka* Él descendía de los patriarcas, pero que en su más excelsa naturaleza Él es Dios sobre todas las cosas, bendito por los siglos.

3. El uso del lenguaje demanda la interpretación común. En todas las exclamaciones y bendiciones, en distinción a la mera narración, el predicado se sitúa uniformemente delante del sujeto, si se omite la cópula *einai*. Este uso es estrictamente observado en la Septuaginta, en los Apócrifos y en el Nuevo Testamento. Por ello, siempre leemos en tales doxologías *eulogëtos ho theos*, y nunca *ho theos eulogëtos*. En las Escrituras hebreas, **baruch** aparece en cuarenta ocasiones en doxologías y fórmulas de alabanza delante del sujeto. Es siempre «Bendito sea Dios», y nunca «Dios sea bendito». En la Septuaginta, Salmo 68:20(19), *kurios ho theos eulogëtos* es la única excepción aparente a esta norma. Y en esta el hebreo se adhiere a la forma común, y la versión griega es una paráfrasis retórica del original. En hebreo es sencillamente **Baruch Adonai,** para lo que en la LXX tenemos *Kurios ho theos eulogëtos, eulogëtos kurios*. Por

ello, todas las consideraciones están en favor de la interpretación aceptada por la Iglesia como dando el verdadero sentido de este pasaje. Cristo es Dios sobre todas las cosas, bendito por los siglos.

Las Epístolas a los Corintios

En las Epístolas a los Corintios, Cristo es presentado (1) Como el objeto apropiado del homenaje religioso. Todos los creyentes son descritos como adoradores de Él (1 Co 1:2). (2) Como la fuente de la vida espiritual (1 Co 1:4-9, 30-31). (3) Como el Señor de todos los cristianos y el Señor de la gloria (1 Co 2:8). (4) Como Creador del universo (1 Co 8:6), *di hou ta panta*. (5) Como el Jehová del Antiguo Testamento, que condujo a los israelitas por el desierto (1 Co 10:1-13). (6) Como el dador de los dones espirituales (1 Co 12). (7) Como el Señor del cielo a quien está sujeto el universo (*ta panta*) (1 Co 15:25). (8) Como Espíritu vivificador (*pneuma zöopoioun*), esto es, un Espíritu que tiene vida en Sí mismo, y fuente de vida para otros (1 Co 15:45). (9) Como el apropiado objeto de amor supremo, y al cual no amar conduce al alma con justicia a la muerte eterna. (1 Co 16:22). (10) El objeto de la oración (1 Co 16:23), de quien se ha de buscar la gracia. (11) Él da éxito en la predicación del evangelio, dando el triunfo a sus ministros (2 Co 2:14). (12) La visión de su gloria transforma el alma a su semejanza (2 Co 3:17, 18). (13) En su faz está la gloria de Dios, que sólo no ven aquellos que están cegados (2 Co 4:3-6). (14) Su presencia, o estar con Él, constituye el cielo del creyente (2 Co 5:1-8). (15) Todos los hombres han de comparecer delante de su tribunal (2 Co 5:10). (16) Su amor es el más elevado motivo para la acción (2 Co 5:14).

Gálatas.

(1) Pablo dice que él era Apóstol no por voluntad de hombre, sino por Jesucristo (1:1). (2) La conversión del alma es llevada a cabo por el conocimiento de Cristo como el Hijo de Dios (2:16). (3) La vida espiritual es mantenida por la fe de la que Cristo es el objeto (2:20, 21). (4) Cristo vive en nosotros, como de Dios se dice que mora en su pueblo (2:20). (5) Él era el objeto de la fe de Abraham (3:16). (6) Por la fe en Él venimos a ser hijos de Dios (3:26). (7) El Espíritu Santo es el Espíritu de Cristo (4:6). (8) Su voluntad es nuestra ley (6:2). (9) Su gracia o favor es la fuente de todo bien (6:18).

Efesios.

(1) En Cristo y bajo Él se han de unir todos los objetos del amor redentor de Dios en un todo armónico (1:10). (2) En Él tenemos vida eterna, siendo hechos herederos de Dios (1:11-14). (3) Él está exaltado por encima de todo principado y potestad, y poderío, y dominio, esto es, por encima de todas las criaturas racionales (1:21). (4) En Él somos vivificados, o resucitados de la muerte del pecado, hechos partícipes de la vida espiritual, y exaltados al cielo (2:1-16). (5) En 3:9 se dice de Dios que ha creado todas las cosas por Jesucristo. (Sin embargo, el texto en este pasaje es algo dudoso.) (6) Él llena el universo (1:23 y 4:10). (7) Él es la cabeza de la Iglesia, de la que deriva su vida (4:16). (8) Él santifica a la Iglesia (5:26). (9) El cumplimiento de todos los deberes sociales queda vigorizado por la consideración de la autoridad de Cristo. Debemos servir a los hombres como sirviéndole a Él (6:1-9).

Filipenses.

En Filipenses, además del reconocimiento usual de Cristo como la fuente y dador de gracia y paz, que abarca todas las bendiciones espirituales, y el reconocimiento de Él como el fin de nuestro ser (1:21, 22), tenemos en 2:6-11 la más clara declaración de la divinidad de Cristo. Se dice, (1) que Él «siendo [o, existiendo, *huparchön*) en forma de Dios», esto es, siendo Dios tanto en naturaleza como en manifestación. No podía ser lo uno sin ser lo otro. La palabra *morphë* puede significar bien el modo de manifestación, aquello que aparece, como cuando se dice «el rey del cielo apareció sobre la tierra en *morphë anthröpou*»; o la misma naturaleza o esencia (*phusis* o *ousia*). Esta última postura es la que adoptan la mayoría de los padres. Pero lo primero concuerda más con el uso común de la palabra, y con el contexto inmediato. Aquel que existía en forma de Dios tornó sobre Sí mismo forma de siervo (*morphën doulou*), esto es, la verdadera condición de siervo. (2) Él es declarado igual a Dios. Él no consideró *isa einai theö* [ser igual a Dios] como un *harpagmon*, esto es, como un latrocinio, o una asunción injusta. Él tenía todo derecho a reclamar la igualdad con Dios. (3) Esta persona verdaderamente divina asumió la forma de los hombres, lo que se explica diciendo que fue «hecho semejante a los hombres». Apareció en forma, apariencia, lenguaje, modo de pensar, hablar, sentir y actuar, como otros hombres. No fue un mero hombre, sino «Dios encarnado», Dios manifestado en carne. (4) Esta persona divina, revestida de naturaleza humana, se humilló hasta la muerte, y muerte de cruz. (5) Por ello Él (no Dios, ni la naturaleza divina en Cristo, sino el Teantropo), es exaltado por encima de todo nombre que se nombra, «para que en el nombre de Jesús (esto es, el nombre del Teantropo, [o *Theanthröpos*] por cuanto es Él como persona divina revestida de la naturaleza del hombre que es objeto de adoración) se doble toda rodilla de los que están en los cielos, y de los que están en la tierra y de los que debajo de la tierra» (RV). Ésta es una amplificación exhaustiva. Incluye a toda la creación racional, desde el más exaltado arcángel hasta el más débil santo; todos, todos aquellos que tienen vida reconocen a Cristo como siendo lo que sólo Dios puede ser, su Señor absoluto y supremo. Es por lo que Cristo es y por haber hecho lo descrito, que el Apóstol dice, en el siguiente capítulo, que Él contaba como nada todas las cosas por el conocimiento de Cristo, y que su único deseo era ser halldo en Él y revestido de su justicia. Este Redentor divino ha de volver a venir, y «transfigurará el cuerpo de nuestro estado de humillación, conformándolo al cuerpo de la gloria suya, en virtud del poder que tiene también para someter a sí mismo todas las cosas» (3:21).

Colosenses.

Colosenses 1: 15-20 tiene el propósito expreso de exponer la verdadera Deidad de Cristo en oposición a los errores que surgían de la teoría de la emanación, que ya había comenzado a extenderse por las iglesias de Asia Menor. Este pasaje establece la relación de Cristo primeramente con Dios, en segundo lugar con el universo, y en tercero con la Iglesia. Aquí, como en tantos otros pasajes de la Escritura, los predicados del *Logos asarkos* y del *Logos ensarkos* se entremezclan. Como en He 1:2, 3, se dice que el Hijo creó todas las cosas, y que es el resplandor de la gloria del Padre, y también que obró la purificación de nuestros pecados; así que aquí parte de lo que se dice pertenece al Logos como existente desde toda la eternidad, y parte le pertenece como revestido de nuestra naturaleza. Es del *Logos asarkos* de quien se declara que es la imagen del Dios invisible y el Creador de todas las cosas; y es el *Logos ensarkos* quien es declarado ser la cabeza de la Iglesia. La relación de Cristo con Dios es expresada en este pasaje, (1) Por las palabras acabadas de citar, Él «es la imagen del Dios invisible». Él está relacionado con Dios de tal manera que revela lo que Dios es, de manera que los que le ven, ven a Dios, los que le conocen, conocen a Dios, y los que le oyen, oyen a Dios. Él es el resplandor de la gloria de Dios y su expresa imagen. (2) Su relación con Dios es también expresada diciendo que Él es engendrado desde la eternidad, o que es el Hijo unigénito. Las palabras *prötotokos pasës ktiseös* reciben, desde luego, varias explicaciones. Los socinianos las explican en el sentido de que Él fue la cabeza de una nueva dispensación; los Arrianos, que Él fue el primero en ser creado de todas las criaturas racionales; muchos intérpretes ortodoxos toman *prötotokos* en su sentido secundario, como cabeza o jefe. Por ello, comprenden al Apóstol como diciendo que Cristo es el gobernador o cabeza sobre toda la creación. Pero todas estas interpretaciones son inconsistentes con el sentido propio de las palabras, con el contexto, y con la analogía de las Escrituras. *Prötotokos* significa *nacido antes*. Aquello de lo que se dice que Cristo nació antes es expresado con *pases ktiseös*. Él nació (o fue engendrado) antes de ninguna o cualesquiera criaturas, esto es, antes de la creación, o desde la eternidad. Todos los argumentos aducidos en un capítulo anterior en prueba de la eterna generación del Hijo son argumentos en favor de esta interpretación. Además, la interpretación arriana es inconsecuente con el sentido de las palabras. Esta interpretación da por supuesto que el genitivo *pases ktiseös* debe ser tomado en sentido partitivo, de modo que se dice de Cristo que forma parte de la creación, como el primero de las criaturas, del mismo modo que se dice que es el primera de los que resucitaron de los muertos, cuando es llamado *prötotokos tön nekrön*. Pero *pasa ktisis* no significa toda la creación, como indicativa de la clase o categoría a la que pertenece Cristo, sino toda criatura, indicando una relación o comparación; Cristo es el primogénito en cuanto a toda criatura, esto es, engendrado antes de ninguna criatura (esto es, eternamente, conforme al constante uso de las Escrituras, porque lo que es antes de la creación es eterno). Además, la conexión demanda esta interpretación. El Apóstol demuestra que Cristo es la imagen del Dios invisible, y el *prötotokos pasös ktiseös* por medio de un argumento que demuestra que no puede ser una criatura; y por ello el nacimiento mencionado tiene que ser anterior al tiempo. En segundo lugar, la relación de Cristo con el universo es expresada en este pasaje diciendo, (1) Que Él es el Creador de todas las cosas. Esto es ampliado, por cuanto se declara que todas las cosas incluyen todas las que están en los cielos y en la tierra, visibles e invisibles, racionales e irracionales, por exaltadas que sean, incluyendo tronos, dominios, principados y potestades, esto es, toda la jerarquía del mundo espiritual. (2) Él no es sólo el autor sino también el fin de la creación, porque todas las cosas fueron no sólo creadas por Él, sino también para Él. (3) Él sustenta todas las cosas; todas las cosas por Él consisten, esto es, son preservadas en ser, vida y orden. En tercer lugar, Cristo es la cabeza de la Iglesia, la fuente de la vida y gracia para todos sus miembros. Porque en Él mora «toda la plenitud» de la bendición divina. En el capítulo 2:3 se dice que en Cristo moran todos los tesoros de sabiduría y conocimiento (esto es, todo conocimiento, u omnisciencia); y en 2:9 que «en él habita corporalmente toda la plenitud de la Deidad». Esto es muy diferente del *plëröma* mencionado en 1:19 [...] Aquí la referencia es al ser divino, a la naturaleza, o a la misma esencia, *to plëröma tës theotëtos*. La palabra *theotës* es el abstracto de *theos* como *theiotëes* lo es de *theios*. Lo primero significa Deidad, aquello que hace que Dios sea Dios; lo segundo denota divinidad, aquello que hace divino. La íntegra plenitud de la esencia divina (y no una mera emanación de aquella esencia, como enseñaba la incipiente secta gnóstica) habita (*katoikei*, mora permanentemente, no es una manifestación temporal) *corporalmente*, *sömatikös*, en Él, investida con un cuerpo. La Deidad en su plenitud está encarnada en Cristo. Por tanto, Él no es meramente *theos*, sino *ho theos* en el más alto sentido. No se puede decir más que lo que Pablo dice.

Las Epístolas Pastorales

En las epístolas pastorales de Pablo a Timoteo y Tito, además del reconocimiento normal de la divinidad de Cristo que se encuentra en casi cada página del Nuevo Testamento, hay cuatro pasajes en los que, al menos según el texto común y la interpretación más natural, es llamado Dios de manera directa. Incluso 1 Ti 1:1, *kat' epitagën Theou sötëros hëmön kai Kuriou Iësou Christou*, se puede traducir con toda naturalidad como «según el mandamiento de Dios nuestro Salvador, esto es, nuestro Señor Jesucristo». Esto está de acuerdo con los pasajes paralelos de Tit 1:3, «Conforme al mandato de Dios nuestro Salvador»; y Tit 2:13, «de nuestro gran Dios y Salvador Jesucristo». En este último pasaje no hay razón alguna, como lo reconocen Winer y De Wette, para poner en duda que Cristo sea llamado el gran Dios, excepto por lo que ellos consideran que es la Cristología del Nuevo Testamento. Ellos no admiten que en la doctrina de Pablo Cristo sea llamado el gran Dios, y por ello no están dispuestos a admitir que este pasaje contenga tal declaración. Pero si, como ya hemos visto, y como lo cree toda la Iglesia, no sólo Pablo, sino también todos los Apóstoles y los profetas enseñan abundantemente que el Mesías es verdaderamente Dios así como verdaderamente hombre, no hay entonces fuerza alguna en tal objeción. Se tienen que violentar las normas ordinarias del lenguaje si la frase *tou megalou theou kai sōterōs* no es referida al mismo sujeto; por cuanto *theou* tiene el artículo, y *sōteros* carece de él. El sentido justo de las palabras es «el Gran Dios que es nuestro Salvador Jesucristo». Esta interpretación es asimismo exigida: (1) Por el contexto. Jesucristo es el tema del discurso. De Él se dice que Él es el gran Dios nuestro Salvador, que se entregó a Sí mismo por nosotros. (2) Por cuanto la *epiphaneia*, manifestación (que aquí tiene referencia a la segunda venida), se emplea repetidas veces de Cristo en el Nuevo Testamento, pero nunca de Dios como tal, o de Dios Padre. Véase 2 Ti 1:10; 2 Ts 2:8; 1 Ti 6:14; 2 Ti 4:1, 8. (3) La posición de las palabras *sōterōs hēmōn* delante de *Iesou Christou*. Si «Dios» y «Salvador» se refirieran a personas diferentes, el orden natural de las palabras sería «la manifestación del gran Dios y Jesucristo nuestro Salvador», y no como aparece: «La manifestación del gran Dios y nuestro Salvador Jesucristo». Gran Dios y Salvador pertenecen evidentemente a la misma persona en 1 Ti 1:1, «el mandamiento de Dios nuestro Salvador», y en Tit 1:3, «Dios nuestro Salvador»; y en este lugar (Tit 2:13) se declara que aquel Dios y Salvador es Jesucristo.

Pero el pasaje más importante en estas epístolas pastorales es Ti 3:16. Con respecto a este pasaje se puede observar, (1) Que admite dos interpretaciones. Según la primera, la Iglesia es declarada como la columna y el baluarte de la verdad, y según la otra la columna y el baluarte de la verdad es el gran misterio de la piedad. Esto último debe ser preferido como igualmente coherente con la estructura gramatical del lenguaje, y como más en armonía con la analogía de la Escritura. La columna y el baluarte de la verdad, la gran doctrina fundamental del Evangelio, es a menudo declarada en otros pasajes como la doctrina de la manifestación de Dios en la carne. Sobre esta doctrina reposan todas nuestras esperanzas de salvación. (2) Sea cual sea la lectura que se adopte, sea *theos, hos*, o *ho*, todas las cuales aparecen en diversos manuscritos, el pasaje tiene que hacer referencia a Cristo. Él fue quien fue manifestado en carne, justificado en el Espíritu, y recibido arriba en gloria. (3) Sea cual sea la lectura que se adopte, el pasaje asume o declara la divinidad de nuestro Señor. En los escritores apostólicos, la doctrina de la encarnación se expresa diciendo que el *logos* «se hizo carne» (Jn 1: 14), o que «Jesucristo ha venido en carne» (1 Jn 4:2); o que «Aquel que es el resplandor de la gloria de Dios» «participó de carne y de sangre» (He 2:14); o que Aquel que era «igual a Dios» fue «hallado en forma de hombre» (Fil 2:8). Por ello, se expresa la misma verdad, tanto si decimos que «Dios fue manifestado en carne» o «Aquel que fue manifestado en carne»; o que «El misterio de la piedad fue manifestado en carne». (4) Las autoridades externas están tan divididas que los editores y críticos más competentes difieren en cuanto a cuál sea el texto original. En favor de *theos* tenemos el gran cuerpo de los manuscritos cursivos griegos y casi todos los Padres griegos. La autoridad del Códice Alejandrino es reivindicada por ambos lados. La cuestión allí es si la letra es una Theta o una Omicron; algunos dicen que se pueden ver trazas claras de la línea en la Theta, otros dicen que no las ven. Para *hos* se citan C, F y G de los manuscritos unciales, sólo dos de los manuscritos cursivos, y las versiones Copta y Sahídica. A esto se tiene que añadir el testimonio del antiquísimo manuscrito recientemente descubierto por Tischendorf, cuyo texto ha sido publicado bajo sus auspicios en San Petersburgo. En favor de *ho* están el manuscrito uncial D, la Vulgata Latina, y los Padres latinos. En vista del estado de la cuestión, Wetstein, Griesbach, Lachman, Tischendorf y Tregelles, entre los editores, se deciden por *hos*. Mill, Matthies, así como los editores más antiguos, como Erasmo, Beza, la Complutense, y los posteriores como Knapp y Hahn, retienen *theos*. (5) La evidencia interna, por lo que respecta a la perspicuidad del pasaje y a la analogía de la Escritura, están decididamente en favor del texto común. Hay algo notable en el pasaje; es introducido aparentemente como una cita de un himno, como algunos piensan, o de una confesión de fe, como otros suponen, o al menos como una fórmula familiar con la que se enuncian de manera concisa las principales verdades acerca de la manifestación de Cristo. (1) Él es Dios. (2) Él fue manifestado en carne, o, se hizo hombre. (3) Él fue justificado, esto es, sus afirmaciones de que debía ser considerado como Dios manifestado en carne fueron demostradas verdaderas, por el Espíritu (esto es, o bien por el Espíritu Santo, o bien por el *pneuma* o naturaleza divina que se reveló en Él. Cp. Jn 1:14). (4) Fue visto de los ángeles. Ellos le reconocieron y sirvieron. (5) Fue predicado a los gentiles, por cuanto vino para ser el Salvador de todos los hombres, y no sólo de los judíos. (6) Fue creído como Dios y Salvador; y (7) Fue recibido arriba en gloria, donde ahora vive, reina e intercede.

La Epístola a los Hebreos.

Las doctrinas de la Biblia son generalmente enunciadas con autoridad; anunciadas como hechos que deben ser recibidos en base del testimonio de Dios. Pocas veces emprenden los escritores sagrados la tarea de demostrar lo que enseñan. El primer capítulo de la Epístola a los Hebreos es una excepción a esta regla general. La divinidad de Cristo es aquí demostrada de manera formal. Por cuanto el designio del Apóstol era persuadir a los cristianos hebreos a que se adhirieran al Evangelio, y a preservarlos del pecado fatal de apostatar al judaísmo, expone ante ellos la inconmensurable superioridad del evangelio sobre la economía mosaica. El primer punto de aquella superioridad, del que dependen todos los otros, es la dignidad superior de Cristo, como persona divina, a Moisés y a todos los profetas. Para exponer esta superioridad, él anuncia primero que Cristo, el Hijo de Dios, es el poseedor de todas las cosas; que por medio de Él Dios hizo el mundo; que Él es el resplandor de la gloria de Dios, la expresa imagen de su sustancia, sustentando todas las cosas por la palabra de su poder; y que por cuanto Él ha hecho por Sí mismo la purificación de nuestros pecados, Él está ahora, como el Teantropo, sentado a la diestra de la majestad en las alturas. Habiendo quedado así establecida la verdadera divinidad de Cristo, el Apóstol pasa a demostrar que esta es la doctrina de las Escrituras. (1) Por cuanto Él es en la Biblia llamado el Hijo de Dios, un título que no puede ser dado en su verdadero sentido a ninguna criatura. Por ello, Cristo es superior a los ángeles; y por cuanto la palabra ángeles en la Biblia incluye a todas las criaturas inteligentes superiores al hombre, Cristo es superior a todas las criaturas, no pudiendo por ello ser Él mismo una criatura. Él pertenece a una categoría diferente del ser. (2) Todos los ángeles (esto es, todas las inteligencias superiores) reciben la orden de adorarle (esto es, de postrarse delante de Él). (3) En tanto que los ángeles son designados como meros instrumentos por medio de los cuales Dios lleva a cabo sus propósitos, el Hijo es designado como Dios. «Tu trono, oh Dios, por los siglos de los siglos». (4) El estableció los cimientos de la tierra, y los cielos son obra de sus manos. (5) Todo esto es mutable, pero Él es inmutable y eterno. (6) Él está asociado con Dios en gloria y dominio. Y es sobre esta gran verdad, así establecida, sobre la que el Apóstol basa todos los deberes y doctrinas que Él apremia sobre la fe y la obediencia de sus lectores. Sobre esta base no hay escapatoria para los que rechacen la salvación que Él ha provisto (2:15). También sobre esta base Él tiene un dominio jamás concedido a los ángeles, habiendo sido sujetadas a Él todas las cosas (2:5-10). Como fue una persona divina, el Hijo Eterno, quien asumió nuestra naturaleza, y vino a ser sumo sacerdote por nosotros, su sacrificio es eficaz, y no es necesaria su repetición; y Él es un sumo sacerdote perpetuo, más alto que los cielos, que puede salvar hasta lo último a los que a Dios se allegan por medio de Él. Este Salvador es el mismo ayer, y hoy, y por los siglos. La fe en Él nos capacitará para vencer al mundo, como la fe en las promesas acerca de Cristo capacitó a los antiguos santos para hacer la buena confesión bajo las más grandes pruebas y sufrimientos.

Los otros Escritores Sagrados del Nuevo Testamento.

Los Apóstoles Santiago y Pedro dan el mismo testimonio de la divinidad de nuestro Señor. El primero le llama el Señor de la gloria, y el último en su Primera Epístola lo exhibe como el objeto apropiado de nuestro supremo amor. La fe en Él asegura la salvación. Su espíritu moraba en los profetas antiguos. Él es el fundamento de la Iglesia (2:6). Habiendo sufrido Él, el justo por los injustos, para llevarnos a Dios, Él está ahora exaltado a la diestra de Dios, estando sujetos a Él todo el universo de criaturas inteligentes (3:18). En su Segunda Epístola habla del conocimiento de Cristo como la fuente de gracia y de paz (1:2) y de santidad (v. 8). A la muerte, los creyentes entran en el reino eterno (v. 11). Pedro fue testigo ocular de su majestad divina cuando estuvo con Él en el monte santo. Señor y Salvador, equivalente en boca de un judío a Jehová Salvador, es su designación usual para Cristo. La verdadera religión, según este Apóstol, consiste en el conocimiento de Cristo como el Hijo de Dios, a quien, por ello, adscribe gloria eterna.

Por imperfecto e insatisfactorio que sea el tratamiento aquí dado a la cuestión, es suficiente para demostrar no sólo que las Escrituras enseñan la divinidad de Cristo, sino que el cristianismo como religión consiste en el amor, el culto y el servicio del Señor Jesús, cuyas criaturas somos, y a quien pertenecemos por la relación aún más entrañable de aquellos a los que ha adquirido con su propia y preciosa sangre.

Capítulo 8
El Espíritu Santo

1. Su Naturaleza.

LAS PALABRAS *ruach* y *pneuma* se emplean en sentidos diferentes, tanto literal como figuradamente en las Sagradas Escrituras. Su sentido propio es viento, como cuando nuestro Señor dice: «El *pneuma* sopla donde quiere»; luego se usa de cualquier poder invisible; luego de agentes inmateriales e invisibles, como el alma y los ángeles; luego del mismo Dios, que se dice que es Espíritu, para expresar su naturaleza como la de un ser inmaterial e inteligente; y, finalmente, la Tercera Persona de la Trinidad se llama «el Espíritu» por vía de eminencia, probablemente, por dos razones: Primero, porque Él es el poder o eficiencia de Dios, esto es, la persona por medio de quien se ejerce directamente la eficiencia de Dios; y segundo, para expresar su relación con las otras personas de la Trinidad. Así como Padre e Hijo son términos que expresan relación, es natural la inferencia de que la palabra Espíritu debe ser entendida de la misma manera. El Hijo es llamado la Palabra, como el revelador o imagen de Dios, y la Tercera Persona es llamada Espíritu como su aliento o poder. Él es también llamado predominantemente el Espíritu Santo, para indicar tanto su naturaleza como sus operaciones. Él es absolutamente santo en su propia naturaleza, y la causa de la santidad en todas las criaturas. Por la misma razón es llamado también el Espíritu de Verdad, el Espíritu de Sabiduría, de Paz, de Amor y de Gloria.

A. Su Personalidad.

Los dos puntos a considerar con referencia a esta cuestión son, primero la naturaleza, y segundo el oficio u obra del Espíritu Santo. Con respecto a su naturaleza, ¿es Él una persona o un mero poder? y si es una persona, ¿es Él creado o divino, finito o infinito? La personalidad del Espíritu ha sido la fe de la Iglesia desde el principio. Tuvo pocos oponentes incluso en el período caótico de la teología, y en los tiempos modernos no ha sido negada por nadie más que por los Socinianos, Arrianos y Sabelianos. Antes de considerar la prueba directa de la doctrina de la Iglesia de que el Espíritu Santo es una persona, será bueno observar que los términos «El Espíritu», «El Espíritu de Dios», «El Espíritu Santo», y, cuando Dios habla, «Mi Espíritu», o, cuando se habla de Dios, «Su Espíritu», aparecen en todas partes de las Escrituras, de Génesis a Apocalipsis. Estos y otros términos equivalentes han de ser comprendidos, evidentemente, en el mismo sentido a través de las Escrituras. Si el Espíritu de Dios que se movía sobre la faz de las aguas, que contendió con los antediluvianos, que vino sobre Moisés, que dio capacidad a artesanos, y que inspiró a profetas, es el poder de Dios, entonces el Espíritu que vino sobre los Apóstoles, que Cristo prometió enviar como consolador y abogado, y a quien se atribuyen la instrucción, santificación y conducción del pueblo de Dios, tiene que ser también el poder de Dios. Pero si el Espíritu es claramente revelado como una persona en las posteriores secciones de la Escritura, es evidente que las secciones anteriores tienen que ser comprendidas en el mismo sentido. No se debe tomar una parte de la Biblia por sí misma, y mucho menos uno o unos pocos pasajes, para darles una interpretación que aquellas palabras puedan recibir aisladamente, sino que la Escritura tiene que interpretar a la Escritura. Otra observación evidente acerca de este tema es que el Espíritu de Dios es igualmente prominente en todos los pasajes de la Palabra de Dios. Su intervención no aparece en ocasiones aisladas, como la aparición de ángeles, o las teofanías, de las que se hace mención aquí y allá en el volumen sagrado; sino que es descrito como presente en todas partes; y operando en todas partes. Igual podríamos borrar de la Biblia el nombre y la doctrina de Dios que el nombre y el oficio del Espíritu. Sólo en el Nuevo Testamento es mencionado cerca de trescientas veces. Pero no es meramente la frecuencia con la que se menciona el Espíritu, ni la prominencia dada a su persona y obra, lo que hace que la doctrina del Espíritu Santo sea absolutamente fundamental, sino las múltiples e interesantes relaciones que mantiene con el pueblo de Dios, la importancia y el número de sus dones, y la absoluta dependencia del creyente y de la Iglesia en Él para la vida espiritual y eterna. La obra del Espíritu en la aplicación de la redención de Cristo es descrita como tan esencial como la misma redención. Por ello, es indispensable que sepamos qué es lo que la Biblia enseña acerca del Espíritu Santo, tanto en cuanto a su naturaleza como en cuanto a su oficio.

Prueba de Su Personalidad.

Las Escrituras enseñan claramente que Él es una persona. La personalidad incluye la inteligencia, la voluntad y la subsistencia individual. Por ello, si se demuestra que todo esto se atribuye al Espíritu, queda con ello demostrado que Él es una persona. No será necesario ni aconsejable separar las pruebas de estos varios puntos citando pasajes que le adscriban inteligencia, luego otros que le atribuyan voluntad, y después otros que demuestren su subsistencia individual, porque todos estos se incluyen frecuentemente en uno y el mismo pasaje; y los argumentos que demuestran lo uno demuestran en muchos casos los otros.

1. El primer argumento para la personalidad del Espíritu Santo se deriva del uso de los pronombres personales en relación con Él. Una persona es aquello que, al hablar, dice Yo; cuando se le dirigen se le dice Tú; y cuando se hace referencia, se dice Él. Desde luego, se admite que existe la figura retórica de la personificación; que se pueden introducir seres inanimados o irracionales, o sentimientos o atributos, como hablando, o a los que uno se dirija como personas. Pero esto no crea dificultades. Los casos de personificación son de tal tipo que no admiten dudas, excepto en raras ocasiones. El hecho de que los hombres a veces apostrofen a los cielos o a los elementos no da pretexto para explicar como personificación a todos los pasajes en los que Dios o Cristo son introducidos personalmente. Lo mismo con respecto al Espíritu Santo. Él es introducido tan a menudo como persona, no meramente en un discurso poético o exaltado, sino en simple narrativa y en instrucciones didácticas, y su personalidad está sustentada por tantas pruebas colaterales, que explicar el uso de los pronombres personales en relación con Él por el principio de la personificación sería violentar todas las normas de interpretación. Así es en Hech 13:2: «Dijo el Espíritu Santo: Apartadme a Bernabé y a Saulo para la obra a que los he llamado». Nuestro Señor dice (Jn 15:26): «Cuando venga el Consolador (*ho paraklētos*), a quien yo enviaré del Padre, el Espíritu de verdad (*to pneuma tēs alētheias*), el cual (*ho*) procede del Padre, Él (*ekeinos*) dará testimonio acerca de mí». El uso del pronombre masculino él, en lugar del pronombre neutro griego, muestra que el Espíritu es una persona. Desde luego, se puede decir que *paraklētos* es masculino, y que por ello el pronombre que se refiere a él tiene que tener el mismo género. Pero como están interpuestas

las palabras *to pneuma*, a las que se refiere el neutro *ho*, el siguiente pronombre estaría de natural en género neutro, si el sujeto a que se hiciera referencia, el *pneuma*, no fuera una persona. En el siguiente capítulo (Jn 16:13, 14) no hay base para tal objeción. Allí se dice: «Pero cuando venga Él (*ekeinos*), el Espíritu de verdad, Él os guiará a toda la verdad; porque no hablará por su propia cuenta, sino que hablará todo cuanto oiga, y os hará saber las cosas que habrán de venir. Él me glorificará (*ekeinos eme doxasei*); porque tomará de lo mío, y os lo hará saber». Aquí no hay posibilidad de dar cuenta del uso del pronombre personal Él (*ekeinos*) sobre ninguna otra base que la de la personalidad del Espíritu.

2. Tenemos unas relaciones con el Espíritu Santo que sólo podemos tener con una persona. Él es el objeto de nuestra fe. Creemos en el Espíritu Santo. Esta fe la profesamos en el bautismo. Somos bautizados no sólo en el nombre del Padre y del Hijo, sino también del Espíritu Santo. La misma asociación del Espíritu en tal conexión, con el Padre y el Hijo, por cuanto se admite que ellos son personas distintas, demuestra que el Espíritu es también una persona. Además del uso de la palabra *eis to onoma*, al nombre, no admite otra explicación. Por el bautismo profesamos reconocer al Espíritu como reconocemos al Padre y al Hijo, y nos ligamos al uno así como a los otros. Si cuando el Apóstol les dice a los Corintios que ellos no fueron bautizados *eis to onoma Paulou*, y cuando les dice que los hebreos fueron bautizados a Moisés, significa que los Corintios no fueron hechos los discípulos de Pablo, mientras que los judíos sí lo fueron de Moisés; entonces cuando somos bautizados al nombre del Espíritu, el significado es que en el bautismo profesamos ser sus discípulos; nos vinculamos a recibir sus instrucciones y a someternos a su control. Tenemos la misma relación con Él que con el Padre y con el Hijo; reconocemos que Él es una persona de manera tan distintiva como reconocemos la personalidad del Hijo, o del Padre. Los cristianos no sólo profesan creer en el Espíritu Santo, sino que son también los receptores de sus dones. Él es para ellos un objeto de oración. En la bendición apostólica se impetran solemnemente la gracia de Cristo, el amor del Padre, y la comunicación del Espíritu Santo. Oramos al Espíritu para la comunicación de Él mismo a nosotros, para que Él, conforme a la promesa del Señor, more en nosotros, así como oramos a Cristo que podamos ser los objetos de su inmerecido amor. Por ello, se nos exhorta a no «pecar contra», a «no resistir», ni a «contristar» al Espíritu Santo. Él es descrito, así, como una persona que puede ser objeto de nuestras acciones; a quien podemos agradar u ofender; con quien podemos tener comunión, esto es, relación personal; que puede amar y ser amado; que puede decirnos «tú» a nosotros; y a quien podemos invocar en todo momento de necesidad.

3. El Espíritu también sostiene relaciones con nosotros, y lleva a cabo operaciones que nadie sino una persona puede sostener o llevar a cabo. Él es nuestro maestro, santificador, consolador y guía. Él gobierna a cada creyente que es conducido por el Espíritu, y a toda la Iglesia. Él nos llama como llamó a Bernabé y a Saulo, a la obra del ministerio, o a algún campo de trabajo especial. Los pastores u obispos son hechos supervisores por el Espíritu Santo.

4. En el ejercicio de ésta y otras funciones, de continuo en la Biblia se le atribuyen actos personales al Espíritu; esto es, actos tales que implican inteligencia, voluntad y actividad o poder. El Espíritu escudriña, selecciona, revela y reprueba. A menudo leemos que «El Espíritu dijo» (Hch 13:2; 21: 11; 1 Ti 4: 1, etc., etc.) Esto se hace de manera tan constante que el Espíritu aparece como un agente personal de comienzo a fin de las Escrituras, de manera que su personalidad queda más allá y fuera de toda duda. La única posible cuestión a dilucidar es si Él es una persona distinta del Padre. Pero tampoco se puede dudar razonablemente de esto, por cuanto se dice que Él es el Espíritu de Dios y el Espíritu que es de Dios (*ek theou*); como es también distinguido del Padre en las fórmulas del bautismo y de la bendición; por cuanto procede del Padre; y por cuanto Él es prometido, enviado y dado por el Padre. De manera que confundir al Espíritu Santo con Dios haría que las Escrituras fueran ininteligibles.

5. Todos los elementos de la personalidad, o sea, la inteligencia, la voluntad y la subsistencia individual, no sólo están involucrados en todo lo que así se revela acerca de la relación que el Espíritu tiene con nosotros y con la que sostenemos con Él, sino que le son atribuidas de manera distintiva a Él. Del Espíritu se dice que conoce, que quiere, y que actúa. Él escudriña o conoce todas las cosas, incluso lo profundo de Dios. Nadie conoce las cosas de Dios sino el Espíritu de Dios (1 Co 2:10, 12). Él distribuye «repartiendo a cada uno en particular, según su voluntad» (1 Co 12: 11). Su subsistencia individual está involucrada en que es un agente, y en que es el objeto en el que incide la actividad de otros. Si Él puede ser amado, reverenciado y obedecido, u ofendido, y se puede pecar contra Él, tiene que ser una persona.

6. Las manifestaciones personales del Espíritu, cuando Él descendió sobre Cristo después de su bautismo, y sobre los Apóstoles en el día de Pentecostés, involucran necesariamente su subsistencia personal. No era ningún atributo de Dios, ni su mera eficiencia, sino el mismo Dios el que se manifestó en la zarza ardiente, en el fuego y en las nubes en el Monte Sinaí, en la columna que condujo a los israelitas por el desierto, y en la gloria que moraba en el Tabernáculo y en el Templo.

7. El pueblo de Dios siempre ha considerado al Espíritu Santo como persona. Han esperado en Él para recibir instrucción, santificación, dirección y consolación. Esto forma parte de su religión. El cristianismo (considerado subjetivamente) no sería lo que es sin este sentimiento de dependencia del Espíritu, y este amor y reverencia por su persona. [...]

B. La Deidad del Espíritu Santo.

Acerca de esta cuestión ha habido poca disputa en la Iglesia. El Espíritu es presentado en la Biblia de manera tan prominente como poseedor de atributos divinos y ejerciendo prerrogativas divinas, que desde el siglo cuarto su verdadera divinidad nunca ha sido negada por los que admiten su personalidad.

1. En el Antiguo Testamento, todo lo que se dice del Espíritu de Jehová; y por ello, si este último no es una mera perífrasis del primero, tiene necesariamente que ser divino. Las expresiones Jehová dijo, y El Espíritu dijo, son constantemente intercambiables; y de los actos del Espíritu se dice que son los actos de Dios.

2. En el Nuevo Testamento, el lenguaje de Jehová es citado como el lenguaje del Espíritu. En Is 6:9 está escrito: Jehová dijo, «Anda, y di a este pueblo», etc. Este pasaje es citado de la siguiente manera por Pablo en Hch 28:25: «Bien habló el Espíritu Santo por medio del profeta Isaías», etc. En Jeremías 31:31, 33, 34, se dice: «He aquí que vienen días, dice Jehová, en los cuales haré nuevo pacto con la casa de Israel»; lo cual es citado por el Apóstol en He 10:15, diciendo: «Nos da testimonio también el Espíritu Santo, porque después de haber dicho: Este es el pacto que haré con ellos después de aquellos días, dice el Señor: Pondré mis leyes en sus corazones», etc. Así es como constantemente el lenguaje de Dios es citado como el lenguaje del Espíritu Santo. Los profetas eran los mensajeros de Dios; ellos pronunciaban sus palabras, entregaban sus mandamientos, pronunciaban sus amenazas, y anunciaban sus promesas, porque hablaban impelidos por el Espíritu Santo. Eran los órganos de Dios, porque eran órganos del Espíritu. Por ello, el Espíritu tiene que ser Dios.

3. En el Nuevo Testamento se prosigue con el mismo modo descriptivo. Los creyentes son el templo de Dios, porque el Espíritu mora en ellos. Ef 2:22: «Vosotros sois juntamente edificados para morada de Dios en el Espíritu». 1 Co 6:19: «¿O no sabéis que vuestro cuerpo es santuario del Espíritu Santo, el cual está en vosotros, el cual tenéis de Dios?» En Ro 8:9, 10, se dice que la residencia de Cristo es la residencia del Espíritu de Cristo, y de éste se dice que es la residencia del Espíritu de Dios. En Hch 5:1-4 se dice de Ananías que había mentido a Dios, por cuanto había mentido al Espíritu Santo.

4. Nuestro Señor y sus Apóstoles hablan constantemente del Espíritu Santo como poseedor de todas las perfecciones divinas. Cristo dice: «Todo pecado y blasfemia será perdonado a los hombres; mas la blasfemia contra el Espíritu no les será perdonada» (Mt 12:31). Así, el pecado imperdonable es hablar contra el Espíritu Santo. Esto no podría ser excepto si el Espíritu Santo es Dios. El Apóstol dice, en 1 Co 2:10, 11, que el Espíritu lo conoce todo, incluso lo profundo (los más secretos propósitos) de Dios. Este conocimiento es conmensurado con el conocimiento de Dios. Él conoce las cosas de Dios como el espíritu de un hombre conoce las cosas de un hombre. La consciencia de Dios es la consciencia del Espíritu. El Salmista nos enseña que el Espíritu es omnipresente y en todas partes eficiente. «¿Adónde me iré lejos de tu Espíritu? ¿Y adónde huiré de tu presencia?», pregunta él (Sal 139:7). La presencia del Espíritu es la presencia de Dios. La misma idea la expresa el profeta cuando dice: «¿Se ocultará alguno, dice Jehová, en escondrijos que yo no lo vea? ¿No lleno yo, dice Jehová, el cielo y la tierra?» (Jer 23:24).

5. Las obras del Espíritu son las obras de Dios. Él hizo el mundo (Gn 1:2). Él regenera el alma: nacer del Espíritu es nacer de Dios. Él es la fuente de todo conocimiento; el dador de la inspiración; el maestro, el guía, el santificador y el consolador de la Iglesia en todas las edades. Él da forma a nuestros cuerpos; Él formó el cuerpo de Cristo, como morada apropiada para la plenitud de la Deidad. Y Él vivificará nuestros cuerpos mortales (Ro 8:11).

6. Él es por tanto presentado en las Escrituras como el objeto apropiado de adoración, no sólo en la fórmula del bautismo y en la bendición apostólica, que trae la doctrina de la Trinidad al constante recuerdo como la verdad fundamental de nuestra religión, sino también en la constante demanda de que esperemos en Él y que dependamos de Él para todo bien espiritual, y que le reverenciemos y obedezcamos como nuestro maestro y santificador divino.

La relación del Espíritu con el Padre y el Hijo.

La relación del Espíritu con las otras personas de la Trinidad ya ha sido enunciada anteriormente. (1) Es el mismo en sustancia e igual en poder y gloria. (2) Es subordinado al Padre y al Hijo, en cuanto a su modo de subsistencia y operación, tal como se dice que es del Padre y del Hijo; es enviado por ellos, y ellos operan por medio de Él. (3) Tiene la misma relación con el Padre y con el Hijo; por cuanto se dice que es del uno así como del otro, y Él es dado por el Hijo así como por el Padre. (4) Su relación eterna con las otras personas de la Trinidad es indicada por la palabra Espíritu, y por la mención de que él es *ek toi theou*, procedente de Dios, esto es, Dios es la fuente de la que se dice que procede el Espíritu.

2. El oficio del Espíritu Santo.

A. En la naturaleza.

La doctrina general de las Escrituras acerca de esto es que el Espíritu es el agente ejecutivo de la Deidad. Todo lo que Dios hace, lo hace por el Espíritu. Por ello que en el credo de Constantinopla, adoptado por la Iglesia universal, se dice que es *to Pneuma, to kurion, to zöopoion*. Él es la fuente inmediata de toda vida. Incluso en el mundo externo el Espíritu está en todas partes presente y en todas partes activo. La materia no es inteligente. Tiene sus propiedades peculiares, que actúan ciegamente conforme a leyes establecidas. Así, la inteligencia que se hace patente en estructuras vegetales y animales no debe ser atribuida a la materia, sino al omnipresente Espíritu de Dios. Fue Él quien se movió sobre las aguas, y redujo el caos a orden. Fue Él quien adornó los cielos. Es Él quien hace crecer la hierba. Dice el Salmista de todas las criaturas vivientes: «Escondes tu rostro, y se espantan; les retiras el aliento, dejan de existir, y vuelven al polvo. Envías tu soplo, y son creados, y renuevas la faz de la tierra» (Sal 104:29,

30). Comparar Is 32:14, 15. Job, hablando de su vida corporal, dice: «El Espíritu de Dios me hizo» (Job 33:4). Y el Salmista, tras describir la omnipresencia del Espíritu de Dios, atribuye a su acción el maravilloso mecanismo del cuerpo humano: «Formidables, prodigiosas son tus obras [...]. No fueron encubiertos de ti mis huesos, aun cuando en oculto fui formado, y entretejido en lo más profundo de la tierra. Mi embrión lo veían tus ojos, mis días estaban previstos, escritos todos en tu libro, sin faltar uno» (Sal 139: 14-16). [...]

El Espíritu, la fuente de toda vida intelectual.

El Espíritu es también representado como la fuente de toda vida intelectual. Cuando el hombre fue creado se dice que Dios «sopló en su nariz aliento de vida, y fue el hombre un ser viviente» (Gn 2:7). Job 32:8 dice que la inspiración del Omnipotente le hace que entienda, esto es, le da una naturaleza racional, lo que se explica diciendo: «Que nos enseña más que a las bestias de la tierra, y nos hace más sabios que a las aves del cielo» (Job 35:11). Las Escrituras asimismo le adscriben de una manera especial a Él todos los dones especiales o extraordinarios. Así se dice de Beezaleel: «Mira, yo he llamado por nombre a Bezaleel hijo de Urí, hijo de Hur, de la tribu de Judá; y lo he llenado del Espíritu de Dios, en sabiduría y en inteligencia, en ciencia y en todo arte, para inventar diseños, para trabajar en oro, en plata y en bronce» (Éx 31:2, 3,4). Por su Espíritu Dios le dio a Moisés la sabiduría necesaria para sus altos deberes, y cuando se le mandó que pusiera parte de su carga sobre los setenta ancianos, se dijo: «Tomaré del espíritu que está en ti, y pondré en ellos» (Nm 11:17). Josué fue designado para suceder a Moisés, porque el Espíritu estaba en él (Nm 27:18). De manera semejante, los Jueces que eran suscitados ocasionalmente, cuando surgía una emergencia, eran dotados por el Espíritu para su peculiar obra, fuera como gobernantes, fuera como guerreros. De Otoniel se dice que «el Espíritu de Jehová vino sobre él, y juzgó a Israel, y salió a la guerra» (Jue 3:10). Del mismo modo se dice que el Espíritu de Dios vino sobre Gedeón, y sobre Jefté y Sansón. Cuando Saúl ofendió a Dios, se dice que el Espíritu de Dios se apartó de él (1 S 16:14). Cuando Samuel ungió a David, «desde aquel día en adelante el Espíritu de Jehová vino sobre David» (1 S 16:13). De la misma manera, bajo la nueva dispensación el Espíritu es presentado no sólo como el autor de dones milagrosos, sino también como el dador de las cualificaciones para enseñar y regir en la Iglesia. Todas estas operaciones son independientes de las influencias santificadoras del Espíritu. Cuando el Espíritu vino sobre Sansón o sobre Saúl, no fue para hacerlos santos, sino para dotarlos con un poder físico e intelectual extraordinario; y cuando se dice que Él se apartó de ellos, significa que aquellos extraordinarios dones les fueron retirados.

B. El oficio del Espíritu en la obra de la redención.

Con respecto al oficio del Espíritu en la obra de la redención, las Escrituras enseñan:

1. Que Él formó el cuerpo y dotó el alma humana de Cristo con todas las cualificaciones para su obra. A la Virgen María le fue dicho: «El Espíritu Santo vendrá sobre ti, y el poder del Altísimo te cubrirá con su sombra; por lo cual también lo santo que va a nacer será llamado Hijo de Dios» (Lc 1:35). El profeta Isaías predijo que el Mesías sería dotado plenamente de todos los dones espirituales. «He aquí mi siervo, yo le sostendré; mi escogido, en quien mi alma tiene contentamiento; he puesto sobre él mi Espíritu; él dictará justicia a las naciones» (Is 42:1). «Saldrá una vara del tronco de Isay, y un retoño brotará de sus raíces. Y reposará sobre él el Espíritu de Jehová; espíritu de sabiduría y de inteligencia, espíritu de consejo y de poder, espíritu de conocimiento y de temor de Jehová» (Is 11:1,2). Cuando nuestro Señor apareció en la tierra, se dice que el Espíritu le fue dado sin medida (Jn 3:34). «Entonces dio Juan testimonio, diciendo: Vi al Espíritu que descendía del cielo como una paloma, y permaneció sobre él» (Jn 1:32). Por ello, de Él se dice que fue lleno del Espíritu Santo.

2. Que el Espíritu es el revelador de toda verdad divina. Las doctrinas de la Biblia son llamadas las cosas del Espíritu. Con respecto a los escritores del Antiguo Testamento, se dice que hablaron impelidos por el Espíritu Santo. El lenguaje de Miqueas es aplicable a los profetas: «Mas yo estoy lleno del poder del Espíritu de Jehová, y de juicio y de fuerza, para denunciar a Jacob su rebelión, y a Israel su pecado» (Mi 3:8). Lo que David dijo se afirma que fue el Espíritu Santo quien lo dijo. Los escritores del Nuevo Testamento fueron de manera semejante los órganos del Espíritu. Las doctrinas que Pablo enseñaba no las recibió de los hombres, «pero Dios», dice él, «nos las reveló a nosotros por medio del Espíritu» (1 Co 2:10). El Espíritu condujo también la enunciación de estas verdades, porque, añade, «lo cual también hablamos, no con palabras enseñadas por sabiduría humana, sino con las que enseña el Espíritu, acomodando lo espiritual a lo espiritual» (*pneumatikois pneumatika sunkrinontes*). Por ello, toda la Biblia debe ser atribuida al Espíritu como su autor.

3. El Espíritu no sólo revela así la verdad divina, habiendo conducido infaliblemente a hombres santos en la antigüedad en su redacción, sino que Él en todo lugar la acompaña con su poder. Toda verdad es aplicada sobre el corazón y la conciencia con mayor o menor poder por el Espíritu Santo, siempre que esta verdad es conocida. A esta influencia omnipresente debemos lo que haya de moralidad y de orden en el mundo. Pero aparte de esta influencia general, que es generalmente llamada gracia común, el Espíritu ilumina de manera especial las mentes de los hijos de Dios, para que puedan conocer las cosas que les son libremente dadas (o reveladas a ellos) por Dios. El hombre natural no las recibe, ni puede conocerlas, porque se deben discernir espiritualmente. Por ello, todos los creyentes son llamados espirituales (*pneumatikoi*), porque son así iluminados y conducidos por el Espíritu.

4. Es este oficio especial del Espíritu el de convencer al mundo de pecado; de revelar a Cristo, de regenerar el alma, de conducir a hombres al ejercicio de la fe y del arrepentimiento; de morar en aquellos a los que así renueva, como un principio de una vida nueva y divina. Por esta morada del Espíritu los creyentes son unidos a Cristo, y unos con otros, de manera que constituyen un cuerpo. Este es el fundamento de la comunión de los santos, haciendo de ellos uno en fe, uno en amor, uno en su vida interior, y uno en sus esperanzas y destino final.

5. El Espíritu llama también a los hombres al ministerio en la Iglesia, y los dota de las necesarias cualidades para el ejercicio eficaz de sus funciones. El oficio de la Iglesia, en este asunto, es sencillamente el de determinar y verificar el llamamiento del Espíritu. Así, el Espíritu Santo es el autor inmediato de toda verdad, de toda santidad, de toda consolación, de toda autoridad, y de toda eficiencia en los hijos de Dios individualmente, y en la Iglesia colectivamente.

3. Historia de la doctrina acerca del Espíritu Santo.

Durante el período ante-Niceno, la Iglesia creía acerca del Espíritu Santo lo que estaba revelado en la superficie de las Escrituras y lo que estaba involucrado en la experiencia religiosa de todos los cristianos. Para ellos hay un Dios, el Padre, cuyo favor habían perdido debido al pecado, y con quien deben reconciliarse; un Señor Jesucristo, el unigénito Hijo de Dios, por medio de quien se lleva a cabo la reconciliación; y un Santo Espíritu, por quien ellos son hechos cercanos a Dios, por medio de Cristo. Esto lo creían todos los cristianos, tal como lo profesaban en su bautismo, y en la repetición y recepción de la bendición apostólica. Con esta sencilla fe subyaciendo y sustentando la vida de la Iglesia coexistía entre los teólogos una gran oscuridad, indefinición e inconsistencia argumental, especialmente con referencia a la naturaleza y al oficio del Espíritu Santo. Esto no debiera sorprendernos, porque en las mismas Escrituras frecuentemente se adscribe la misma obra a Dios y al Espíritu de Dios, lo que llevó en ocasiones a suponer que estos términos expresaban una y la misma cosa; como el espíritu del hombre es el hombre mismo. También en las Escrituras los términos Palabra y Soplo (o Espíritu) son a menudo intercambiables; y lo que se dice en un lugar que fue hecho por la Palabra, se dice en otro que es hecho por el Espíritu. El *Logos* es presentado como la vida del mundo y la fuente de todo conocimiento, y sin embargo se dice lo mismo del Espíritu. Pablo declara en un lugar (Gá 1:12) que él recibió las doctrinas que enseñaba por revelación de Jesucristo; en otro lugar (1 Co 2:10), que le fueron enseñadas por el Espíritu. Confundidos por ello, algunos de los padres identificaron al Hijo y al Espíritu. Incluso Tertuliano dice, en un pasaje: «Spiritus substantia est Sermonis, et Sermo operatio Spiritus, et duo unum sunt.»[1] Finalmente, como está claro por las Escrituras que el Espíritu es del Hijo, como el Hijo es del Padre (siendo la diferencia entre generación y procesión perfectamente inescrutable), todos los arrianos y semiarrianos, que enseñaban que el Hijo había sido creado por el Padre, mantenían que el Espíritu había sido creado por el Hijo. Esto suscitó tanta controversia y agitación que fueron convocados primero el Concilio de Nicea, el 325 d.C., y luego el de Constantinopla, el 381 d.C., para emitir una declaración satisfactoria de la doctrina escritural acerca de esta cuestión. En el llamado Credo de los Apóstoles, que es tan antiguo que Rufino y Ambrosio lo atribuían a los apóstoles mismos, se dice simplemente: «Creo en el Espíritu Santo». Las mismas palabras sin adiciones se repiten en el Credo Niceno, pero en el Credo de Constantinopla se añade: «Creo en el Espíritu Santo, el divino (*to kurion*), el dador de la vida, que procede del Padre, que debe ser adorado y glorificado con el Padre y el Hijo, y que habló por medio de los profetas». En el llamado Credo Atanasiano se dice que el Espíritu es consustancial con el Padre y el Hijo; que es increado, eterno y omnipotente, igual en majestad y gloria, y que procede del Padre y del Hijo. Estos credos son católicos, adoptados por toda la Iglesia. Desde que fueron adoptados no ha habido diversidad de fe en esta cuestión entre los reconocidos como cristianos.

Los que, desde el Concilio de Constantinopla, han negado la común doctrina de la Iglesia, sean Socinianos, Arrianos o Sabelianos, consideran al Espíritu Santo no como una criatura, sino como el poder de Dios: esto es, la eficiencia divina manifestada. Los modernos teólogos filosóficos de Alemania no difieren esencialmente de este punto de vista. De Wette, por ejemplo, dice que el Espíritu es Dios como revelado y operando en la naturaleza; Schleiermacher dice que el término designa a Dios como operando en la Iglesia, esto es, «Der Gemeingeist der Kirche». Pero esto es sólo un nombre. Para Schleiermacher, Dios es sólo la unidad de la causalidad manifestada en el mundo. Esta causalidad contemplada en Cristo la podemos llamar Hijo, y vista en la Iglesia la podemos llamar Espíritu. Dios es meramente causa, y el hombre un efecto fugaz. Felizmente, la teología de Schleiermacher y la religión de Schleiermacher eran tan diferentes como lo son las especulaciones y la fe diaria del idealista.

---

1 *Adversus Praxean*, 15, *Works*, edición de Basilea, 1562, pág. 426.

Capítulo 9
Los decretos de Dios

1. La naturaleza de los decretos divinos.

SE DEBE RECORDAR que la teología no es filosofía. No pretende descubrir la verdad ni conciliar lo que enseña como verdadero con todas las otras verdades. Su lugar es simplemente declarar lo que Dios ha revelado en su Palabra, y vindicar estas declaraciones hasta donde sea posible frente a equívocos y objeciones. Y es especialmente a tener en cuenta este limitado y humilde oficio de la teología cuando pasamos a hablar de los actos y propósitos de Dios. «Nadie conoce las cosas de Dios, sino el Espíritu de Dios» (1 Co 2:11). Por ello, al tratar de los decretos de Dios, todo lo que se propone es sencillamente enunciar lo que el Espíritu ha considerado oportuno declarar acerca de esta cuestión.

«Los decretos de Dios son su propósito eterno, según el consejo de su voluntad, por los cuales para su propia gloria Él ha ordenado previamente todo lo que llega a acontecer».[1] En conformidad a esta declaración, (1) El fin o causa última contemplada en todos los decretos de Dios es su propia gloria. (2) Todos son reducibles a un propósito eterno. (3) Son libres y soberanos, determinados por el consejo de su propia voluntad. (4) Abarcan todos los acontecimientos.

A. La gloria de Dios es la causa final de todos sus decretos.

La causa final de todos los propósitos de Dios es su propia gloria. Esta es frecuentemente declarada como el fin de todas las cosas. «Señor, eres digno de recibir la gloria y el honor y el poder, porque tú creaste todas las cosas, y por tu voluntad existen y fueron creadas» (Ap 4:11). De todas las cosas se dice que son no sólo de y por medio de Dios, sino también para Él. Él es el principio y el fin. Los cielos declaran su gloria; éste es el propósito para el que fueron hechos. Dios anuncia con frecuencia su determinación de dar a conocer su gloria. «Pero ciertamente, vivo yo, que toda la tierra será llena de la gloria del SEÑOR» (Nm 14:21, BAS). Este es mencionado como el objetivo último de todas las dispensaciones de su providencia, sea benefactora, sea punitiva. «Por mí, por amor de mí mismo lo haré, pues ¿cómo sería profanado mi nombre? Mi honra no la daré a otro» (Is 48:11). «Por consideración a mi nombre, para que no se infamase ante los ojos de las naciones» (Ez 20:9). De manera semejante, se afirma que todo el plan de redención y la dispensación de su gracia es designado para revelar la gloria de Dios (1 Co 1:26-31; Ef 2:8-10). Este es el fin que nuestro Señor se propuso a Sí mismo. Lo hizo todo para la gloria de Dios; y para este fin se les pide a sus seguidores que vivan y actúen. Como

---
1. *Westminster Shorter Catechism*, 7.

Dios es infinito, y todas las criaturas son nada en comparación con Él, está claro que la revelación de su naturaleza y perfecciones tiene que ser el supremo fin concebible de todas las cosas, y la más conducente a alcanzar todos los otros buenos fines subordinados. Pero el orden y la verdad dependen de poner todas las cosas en sus correctas relaciones. Si hacemos del bien de la criatura el fin supremo de todas las obras de Dios, entonces subordinamos a Dios a la criatura, y la consecuencia es una confusión sin fin y un inevitable error. Es característico de la Biblia poner a Dios en primer lugar, y el bien de la creación en segundo. Este es también el rasgo característico del Agustinismo en distinción de todas las otras formas de doctrina. Y cuando los Protestantes se dividieron en la época de la Reforma, fue principalmente en este punto. Las iglesias Luteranas y Reformadas se distinguen en todo lo que caracteriza a sus sistemas teológicos por el hecho de que las últimas admiten la supremacía y soberanía de Dios en las operaciones de su providencia y gracia para determinarlo todo para su propia gloria, mientras que las primeras tienden más o menos al error de restringir la libertad de acción de Dios por los presuntos poderes y prerrogativas del hombre. La Biblia, Agustín y los Reformados dan una respuesta a todas las preguntas como la que sigue: ¿Por qué creó Dios el mundo? ¿Por qué permitió Dios que tuviera lugar el pecado? ¿Por qué se ha provisto salvación para los hombres, pero no para los ángeles? ¿Por qué el conocimiento de esta salvación estuvo durante tanto tiempo limitado a un solo pueblo? ¿Por qué entre los que oyen el evangelio, algunos lo reciben y otros lo rechazan? A estas y otras preguntas similares la respuesta es: No debido a que la felicidad de las criaturas pudiera ser asegurada en mayor grado mediante la admisión del pecado y de la miseria que por su total exclusión. Unos hombres son salvos y otros perecen no debido a que algunos de su propia voluntad crean, y otros no crean, sino simplemente debido a que: Así ha parecido bien delante de Dios. Sea lo que sea que Él haga o permita que se haga, es hecho o permitido para la más perfecta revelación de su naturaleza y perfecciones. Como el conocimiento de Dios es la base y suma de todo bien, sigue de natural que cuanto más perfectamente sea Dios conocido, tanto más plenamente se promueve el más alto bien (no meramente ni necesariamente la mayor felicidad) del universo inteligente. Pero este es un efecto subordinado, no el fin principal. Por ello, está de acuerdo con todo el espíritu y las enseñanzas de la Biblia, y con el carácter esencial del Agustinismo, que nuestras normas hagan de la gloria de Dios el fin de todos sus decretos.

B. Los decretos, reducibles a un propósito.

El segundo punto incluido en esta doctrina es que los decretos de Dios son todos ellos reducibles a un propósito. Por esto se significa que con base en el indefinido número de sistemas o series de eventos posibles presentes ante la mente divina, Dios determinó sobre la futurización o acontecimiento real del orden existente de cosas, con todos sus cambios, tanto los diminutos como los grandes, desde el principio del tiempo hasta toda la eternidad. Por ello, la razón por la que acontece cualquier cosa, o que pasa de la categoría de lo posible a lo existente, es que Dios así lo ha decretado. Por ello, los decretos de Dios no son muchos, sino un propósito. No se van formando sucesivamente conforme aparecen emergencias, sino que todos forman parte de un plan que lo abarca todo. Esta postura acerca de esta cuestión es necesaria por la naturaleza de un Ser infinitamente perfecto. Es inconsecuente con la idea de una perfección absoluta que los propósitos de Dios sean sucesivos, o que Él se proponga algo que no tuviera ya originalmente intención de hacer; o que una parte de su plan sea independiente de otras partes; es un plan, y por ello un propósito. Sin embargo, como este solo propósito incluye un número indefinido de acontecimientos, y como estos acontecimientos están mutuamente relacionados, hablamos de los decretos de Dios como muchos, y como teniendo un cierto orden. Consiguientemente, la Escritura habla de los juicios, consejos o propósitos de Dios, en plural, y también de que Él determina un acontecimiento a causa de otro. Cuando nosotros contemplamos un gran edificio o una máquina complicada, percibimos en el acto la multiplicidad de sus partes, y sus relaciones mutuas. Nuestra concepción del edificio o de la máquina es una, y sin embargo incluye muchas distintas percepciones, y la aprehensión de sus relaciones mutuas. Así también en la mente del arquitecto o del ingeniero el todo es una idea, aunque se propone muchas cosas, y una en referencia con otra. Podemos, por tanto, en cierta medida, comprender cómo el inmenso esquema de la creación, providencia y redención se encuentra en la mente divina como un solo propósito, aunque incluyendo una infinita multiplicidad de causas y efectos.

C. Los decretos de Dios son eternos.

El que los decretos de Dios son eternos sigue necesariamente de la perfección del divino Ser. No se puede suponer que tenga en un momento determinado planes o propósitos que no tuviera en otro. Ve el fin desde el principio; las distinciones temporales no tienen referencia a Aquel que mora en la eternidad. Por ello, las Escrituras siempre hablan de los acontecimientos en el tiempo como revelaciones de un propósito formado en la eternidad. La salvación de los hombres, por ejemplo, se dice que es «conforme al propósito eterno que llevó a cabo en Cristo Jesús» (Ef 3:11). Lo que se revela en el tiempo ha estado escondido durante edades, esto es, desde la eternidad, en la mente de Dios (Ef 3:9). Los creyentes fueron escogidos en Cristo antes de la fundación del mundo (Ef 1:4). «Quien nos salvó y llamó con llamamiento santo, no conforme a nuestras obras, sino según el propósito suyo y la gracia que nos fue dada en Cristo Jesús *pro chronön aiöniön*, antes de los tiempos eternos» (2 Ti 1:9). Como sacrificio Cristo fue «provisto desde antes de la fundación del mundo, pero manifestado al final de los tiempos por amor de vosotros, que por medio de Él creéis en Dios» (1 P 1:20, 21; Ro 11:33-36; Hch 2:23). Así es como las Escrituras lo presentan constantemente. La historia, en todos sus detalles, incluso en los más minuciosos, es sencillamente el desarrollo de los eternos propósitos de Dios. No constituye objeción a esta doctrina que las Escrituras frecuentemente presenten un propósito de Dios como consiguiente a otro, o que hablen de sus propósitos como determinados por la conducta de los hombres. El lenguaje de las Escrituras está basado en las verdades aparentes; hablan, como los hombres siempre lo hacen, de cómo las cosas se manifiestan, no como ellos mismos saben o creen que son. [...] Así, la Biblia habla de los decretos de Dios como aparecen ante nosotros en su revelación sucesiva y en sus mutuas relaciones, y no como existen desde la eternidad en la mente divina. [...]

D. Los Decretos de Dios son inmutables.

El cambio de propósito surge bien de la carencia de sabiduría o de la carencia de poder. Como Dios es infinito en sabiduría y poder, no puede haber con Él emergencias imprevistas ni medios inadecuados, y nada puede resistirse a la ejecución de su intención original. Por ello, para Él no existen causas de cambio. Con Dios, como la Escritura enseña, «no hay fases ni períodos de sombra» (Stg 1:17). «El consejo de Jehová permanecerá para siempre; los designios de su corazón por todas las generaciones» (Sal 33:11). «Jehová de los ejércitos juró diciendo: Ciertamente se hará de la manera que lo he pensado, y será confirmado como lo he determinado» (Is 14:24). «Yo soy Dios [...] que anuncio lo por venir desde el principio, y desde la antigüedad lo que aún no era hecho; que digo: Mis planes permanecerán, y haré todo lo que quiero» (Is 46:9, 10). La uniformidad de las leyes de la naturaleza es una constante revelación de la inmutabilidad de Dios. Son ahora lo que eran al comienzo del tiempo, y son las mismas en todas partes del universo. Y no menos estables son las leyes que regulan las operaciones de la razón y de la conciencia. Todo el gobierno de Dios, como Dios de la naturaleza y como gobernador moral, reposa en la inmutabilidad de sus consejos.

E. Los decretos de Dios son libres.

Esto incluye tres ideas:

1. Son decisiones racionales, basadas en razones suficientes. Esto se opone a la doctrina de la necesidad, que supone que Dios actúa por una mera necesidad natural, y que todo lo que acontece se debe a la ley del desarrollo o de la manifestación propia del divino ser. Esto reduce a Dios a una mera *natura naturans* o *vis formativa*, actuando sin designio. La verdadera doctrina se opone asimismo a la idea de que la única causa de los acontecimientos es una fuerza intelectual análoga al instinto de animales irracionales. Los actos ejecutados bajo la conducción de los instintos no son actos libres, porque la libertad es una *libentia racionalis*, esto es, una espontaneidad determinada por la razón. Por ello, se involucra en la idea de Dios como ser racional y personal que sus decretos sean libres. Él era libre de crear o de no crear; de crear un mundo como el presente, u otro enteramente diferente. Él es libre de actuar o de no actuar, y cuando se lo propone no se debe a una necesidad ciega, sino según el consejo de su propia voluntad.

2. Nuestros propósitos son libres, incluso cuando son formados bajo la influencia de otras mentes. Se nos puede persuadir, o llevar mediante razonamientos, a tomar ciertos cursos de acción, o se nos puede inducir a formar nuestros designios en consideración a los deseos o intereses de otros. Dios está infinitamente exaltado por encima de cualquier influencia externa. «¿Quién penetró en el pensamiento del Señor? ¿O quién fue su consejero?» (Ro 11:34). «He aquí que Dios es excelso en su poder; ¿qué enseñador será semejante a él? ¿Quién le ha prescrito su camino?» (Job 36:22, 23). «¿Quién escudriñó el Espíritu de Jehová, o le aconsejó enseñándole? ¿Con quién se aconsejó, y quién le instruyó, y le enseñó el camino de la justicia, y le enseñó conocimiento y le mostró la senda de la prudencia?» (Is 40:13, 14). «¿Quién conoció la mente del Señor, para que pueda instruirle?» (1 Co 2:16). Dios adoptó el plan del universo sobre la base de su beneplácito, para su propia gloria, y cada parte subordinada del mismo con referencia al todo. Sus decretos son libres, por ello, en un sentido mucho más elevado que aquel en que los propósitos ordinarios de los hombres son libres. Fueron formados puramente en el consejo de su propia voluntad. Él se propone y hace lo que le parece bien delante de sus ojos.

3. Los decretos de Dios son libres en el sentido de ser absolutos o soberanos. El significado de esta proposición es expresado negativamente diciendo que los decretos de Dios en ningún caso son condicionales. El acontecimiento decretado es suspendido sobre una condición, pero el propósito de Dios no lo es. Es inconsecuente con la naturaleza de Dios asumir expectativa o indecisión por su parte. Si Él no ha determinado de manera absoluta lo que debe ocurrir, sino que espera hasta que se cumpla o no una condición indeterminada, entonces sus decretos no pueden ser ni eternos ni inmutables. [...] La Escritura, por tanto, enseña que Él hace todo lo que le place (Sal 115:3). Él hace su beneplácito en la hueste celestial y entre los moradores de la tierra (Dn 4:35; Sal 135:6). Todas las cosas son de Él, por medio de Él y para Él (Ro 11:36). Se enseña de manera expresa que los propósitos de Dios, incluso en cuanto al destino futuro de los hombres, están basados en su beneplácito. Por cuanto todos pecaron, y quedaron destituidos de la gloria de Dios, Él tiene misericordia de quien tiene misericordia. No es según nuestras obras, sino por su gracia que nos salva. Es de Él que estamos en Cristo Jesús, para que el que se gloría se gloríe en Jehová (Mt 11:26; Ro 8:29,30; 9:15-18; Ef 1:5, etc., etc.)

F. Los decretos de Dios son ciertamente eficaces.

Los decretos de Dios son ciertamente eficaces, esto es, aseguran el cumplimiento de lo que Él decreta. Todo lo que Dios ordene previamente tiene ciertamente que suceder. La distinción entre los decretos de Dios como eficientes (o eficaces) y como permisivos no tiene relación con la certidumbre de los acontecimientos. Todos los acontecimientos abarcados en el propósito de Dios son igualmente ciertos, sea que Él haya determinado llevarlos a cabo por su propio poder, o simplemente que permita que sucedan por acción de sus criaturas. No era cosa menos cierta desde la eternidad que Satanás tentaría a nuestros primeros padres, y que caerían, que el que Dios enviaría a su Hijo a morir por los pecadores. La distinción en cuestión tiene referencia sólo a la relación que los acontecimientos tienen con la eficiencia de Dios. Algunas cosas se propone llevarlas a cabo; otras, decreta permitir que sean llevadas a cabo. Él hace el bien; Él permite el mal. Él es el autor de lo primero, pero no de lo segundo. Con esta explicación, la proposición de que los decretos de Dios son ciertamente eficaces, o que hace seguros los acontecimientos a que se refieren, se mantiene. Esto se demuestra:

1. Por la perfección de Dios, que prohíbe que se le adscriban propósitos inciertos en cuanto a su cumplimiento. Ningún hombre deja de llevar a cabo lo que se propone, excepto por la falta de sabiduría o de poder para alcanzar el fin propuesto, o por alguna vacilación de su propia mente. Suponer que lo que Dios decreta deja de cumplirse implicaría reducir a Dios al nivel de sus criaturas.

2. Por la unidad del plan de Dios. Si este plan incluye todos los acontecimientos, todos los acontecimientos tienen una mutua relación y dependencia. Si una parte fracasa, el todo puede fracasar o verse inmerso en confusión.

3. Por la evidente concatenación de acontecimientos en el progreso de la historia, que demuestra que todas las cosas están íntimamente relacionadas, a menudo dependiendo los acontecimientos más importantes de los más triviales, lo que muestra que el todo debe estar incluido en el plan de Dios.

4. Del gobierno providencial y moral de Dios. No podría haber certidumbre en ninguna de ambas cosas si los decretos de Dios no fueran eficaces. No podría haber certidumbre de que se cumpliera ninguna profecía, promesa o amenaza divinas. De esta manera se perdería toda la base para la confianza en Dios, y el azar y no Dios vendría a ser el árbitro de todos los acontecimientos. Las Escrituras enseñan esta doctrina de una manera diversa y constante: (a) Mediante todos aquellos pasajes que enuncian la inmutabilidad y soberanía de los decretos divinos. (b) Por los que afirman que Él determina los límites de nuestra morada, que nuestros días están todos contados, y que ni aún un solo cabello de nuestras cabezas puede caer sin que Él lo sepa. (c) Por aquellos que declaran que nada puede contrarrestar sus designios. «Porque Jehová de los ejércitos lo ha determinado, y ¿quién lo impedirá? y su mano extendida, ¿quién la hará retroceder?» (Is 14:27). «Lo que yo hago, ¿quién lo revocará?» (43:13) (d) Por los que enseñan doctrinas que necesariamente suponen la certidumbre de todos los decretos de Dios. La totalidad del plan de la redención reposa sobre este fundamento. Es inconcebible que Dios dispusiera un plan así, y que no asegurara su ejecución, y que Él enviara a su Hijo al mundo y dejara indeterminadas las consecuencias de aquella infinita condescendencia. Por ello, es doctrina de la razón, así como de las Escrituras, que Dios tiene un plan o fin para el que el universo fue creado, que la ejecución de este plan no está dejada al albur de contingencias, y que todo lo que está incluido en los decretos de Dios debe ciertamente acontecer.

G. Los decretos de Dios se relacionan con todos los acontecimientos.

Dios ordena anticipadamente todo lo que llega a acontecer. Algunos acontecimientos son necesarios, esto es, son provocados por la acción de causas necesarias; otros son contingentes o libres, o son acciones de agentes libres; algunos son moralmente buenos, otros son pecaminosos. La doctrina de la Biblia es que todos los acontecimientos, sean necesarios o contingentes, buenos o pecaminosos, están incluidos en el propósito de Dios, y que su futurización o acaecimiento real resulta absolutamente cierta. Esto es evidente:

1. Por la unidad de los propósitos divinos. Esta unidad supone que todo el esquema de la creación, providencia y redención había quedado fijado por el decreto divino. Estaba ya formado desde los siglos en la mente divina, y se va desarrollando gradualmente en el curso de los acontecimientos. Por ello, es inconsecuente con esta sublime y escritural descripción suponer que ninguna clase de acontecimientos reales, y especialmente aquella clase que es más influyente e importante, quede omitida del propósito divino. El que diseña una máquina, diseña todas sus partes. El general que planea una campaña, incluye todos los movimientos de cada cuerpo de ejército, de cada división y brigada en su ejército, y si su previsión fuera perfecta y su control de los acontecimientos fuera absoluto, su previo ordenamiento incluiría cada acción de cada soldado. Todo lo que esté ausente en su previsión se debe a la limitación de la capacidad humana. Como Dios es infinito en conocimiento y recursos, su propósito tiene que incluir todos los acontecimientos.

2. Por ello, es inconsistente con la perfección de Dios suponer bien que Él no podría trazar un plan comprendiendo todos los acontecimientos, o que no podría llevarlo a buen fin, sin hacer violencia a la naturaleza de sus criaturas.

3. La universalidad del decreto sigue del dominio universal de Dios. Haga lo que Él haga, ciertamente se propuso hacerlo. Sea lo que sea que Él permita que ocurra, ciertamente se propuso permitirlo. Nada puede acontecer que no haya sido previsto, y si ha sido previsto, tiene que haber sido dispuesto así. Como las Escrituras enseñan que el control providencial de Dios se extiende a todos los acontecimientos, incluso los más pequeños, enseñan con ello mismo que sus decretos son igualmente inclusivos.

4. Otro argumento se deriva de la certidumbre del gobierno divino. Como todos los acontecimientos están más o menos conectados, y como Dios trabaja a través de medios, si Dios no determina los medios así como el acontecimiento, toda certidumbre acerca del acontecimiento mismo quedaría destruida. Al determinar la redención del hombre, determinó con ello mismo la misión, encarnación, padecimientos, muerte y resurrección de su Hijo, el don del Espíritu, la fe, arrepentimiento y perseverancia de todo su pueblo. La predicción de los acontecimientos futuros, que a menudo dependen de los acontecimientos más fortuitos, o que incluyen aquellos que a nosotros nos parecen imponderables, demuestra que la certidumbre de la administración divina reposa sobre la previa ordenación de Dios que se extiende a todos los acontecimientos, tanto grandes como pequeños.

Las Escrituras enseñan de varias maneras que Dios ordena anticipadamente todo lo que sucede.

1. Enseñan que Dios obra todas las cosas según el consejo de su voluntad. Nada hay que limite las palabras «todas las cosas», y por ello deben ser tomadas en su más plena extensión.

2. Se declara de manera expresa que los acontecimientos fortuitos, esto es, los acontecimientos que dependen de causas tan sutiles y tan rápidas en su operación como para eludir nuestra observación, están predeterminados; como la caída de una suerte, el vuelo de una flecha, la caída de un pajarillo, y el número de los cabellos de nuestras cabezas.

Las acciones libres están predeterminadas.

3. La Biblia declara de manera especial que las acciones libres de los hombres están determinadas de antemano. Esto está implicado en la doctrina de la profecía, que presupone que los acontecimientos que involucran las acciones libres de una multitud de hombres están previstos y predeterminados. Dios promete dar fe, un nuevo corazón, escribir su ley sobre las mentes de su pueblo, obrar en ellos el querer y el hacer, convenir a los gentiles, llenar el mundo con los verdaderos adoradores de Cristo, ante quien se doblará toda rodilla. Si Dios ha prometido estas cosas, tiene naturalmente que habérselas propuesto, pero todas ellas implican los actos libres de hombres.

4. Las Escrituras enseñan que los actos pecaminosos, así como los santos, están predeterminados. En Hch 2:23, se dice: «A éste, entregado por el determinado designio y previo conocimiento de Dios, lo prendisteis y matasteis por manos de inicuos, crucificándole»; en 4:27, «Porque verdaderamente se aliaron en esta ciudad contra tu santo Siervo Jesús, a quien ungiste, Herodes y Poncio Pilato, con los gentiles y el pueblo de Israel, para hacer cuanto tu mano y tu designio habían predestinado que sucediera». «Y en verdad, el Hijo del Hombre se va, según lo que está determinado; pero ¡ay de aquel hombre por quien es entregado!» (Lc 22:22). Estaba predeterminado que fuera traicionado, pero, ¡ay del que cumpliera este decreto! Aquí nuestro Señor declara la coexistencia y la consistencia de la predeterminación y de la responsabilidad. En Ap 17:17 se dice: «Porque Dios ha puesto en sus corazones el ejecutar lo que él se propuso: ponerse de acuerdo, y dar su reino a la bestia, hasta que se cumplan las palabras de Dios». La crucifixión de Cristo fue más allá de toda duda predeterminada por Dios. Fue, sin embargo, el mayor crimen jamás cometido. Por ello, está más allá de toda duda que la doctrina de la Biblia es que el pecado está predeterminado.

5. Además de esto, se predijeron las conquistas de Nabucodonosor, la destrucción de Jerusalén y muchos acontecimientos similares, y por ello mismo se predeterminaron; pero todo ello incluía la comisión de innumerables pecados, sin los que no se hubieran podido cumplir las predicciones, ni, por ello, los propósitos revelados de Dios.

6. Todo el curso de la historia es presentado como el desarrollo del plan y de los propósitos de Dios; y sin embargo toda la historia humana es poca cosa más que la historia del pecado. Nadie puede leer la sencilla narración acerca de José, tal como es dada en el libro de Génesis, sin ver que todo en su historia tuvo lugar para el cumplimiento de un propósito preconcebido de Dios. La envidia de sus hermanos, su venta a Egipto, y su injusto encarcelamiento, formaba todo parte del plan de Dios. «Dios», como el mismo José les dijo a sus hermanos, «me envió delante de vosotros, para preservaros posteridad sobre la tierra, y para daros vida por medio de gran liberación. Así pues, no me enviasteis acá vosotros, sino Dios» (Gn 45:7,8). Esta es sólo una ilustración. Lo que es cierto de la historia de José es cierto de toda la historia. Es el desarrollo del plan de Dios. Dios está en la historia, y aunque no podamos seguir sus huellas paso a paso, sin embargo está claro en la escena general, a lo largo de largos períodos, que están ordenados por Dios para el cumplimiento de sus propósitos divinos. Esto está bien evidente en la historia de la nación judía, tal como se registra en las Escrituras, pero no es menos cierto con respecto a toda la historia. Los hechos de los malvados en su persecución de la Iglesia primitiva fueron ordenados por Dios como medio para una más extensa y rápida proclamación del Evangelio. Los sufrimientos de los mártires fueron el medio no sólo de extender la Iglesia, sino también de purificarla. Al predecirse la apostasía del hombre de pecado, quedó con ello predeterminada. La destrucción de los Hugonotes en Francia, y la persecución de los Puritanos en Inglaterra, pusieron las bases para el arraigo en América del Norte de una raza de hombres piadosos y enérgicos, que iban de hacer de esta tierra el refugio para las naciones, el hogar de la libertad civil y religiosa. Sería para destrucción de la confianza del pueblo de Dios si se les pudiera persuadir de que Dios no predetermina todo lo que acontece. Es por cuanto el Señor reina, y hace su beneplácito tanto en el cielo como en la tierra, que reposan en perfecta seguridad bajo su guía y protección.

2. Objeciones a la doctrina de los decretos divinos.

A. La preordenación, inconsecuente con el libre albedrío.

Se apremia que la preordenación de todos los acontecimientos es inconsistente con el libre albedrío humano. La fuerza de esta objeción depende de qué se signifique por un acto libre.

Para decidir si dos cosas son inconsistentes se tiene que determinar la naturaleza de cada una de ellas. Por los decretos de Dios se tiene que entender el propósito de Dios que hace cierto el acaecimiento de acontecimientos futuros. Por un acto libre se entiende un acto de auto-determinación racional por parte de una persona inteligente. Si tal acto es por su misma naturaleza contingente o incierto, entonces está claro que la preordenación es inconsistente con la libre agencia. Esta teoría de la libertad ha sido adoptada por un gran cuerpo de filósofos y teólogos, y es para ellos una objeción insuperable a la doctrina de los decretos divinos. Como respuesta a la objeción, se tiene que observar: (1) Que tiene la misma fuerza contra la presciencia. Lo que se conoce de antemano tiene que ser cierto, tanto como lo que está ordenado anticipadamente. Si lo uno es inconsecuente con la libertad, entonces, también lo es lo otro. Esto es a veces admitido con franqueza. Socino argumenta que el conocimiento de Dios abarca todo lo cognoscible. Al ser inciertas las acciones futuras, no son objeto de conocimiento, y por ello no es un ataque a la divina omnisciencia decir que no se pueden conocer. Pero entonces no se pueden predecir. En cambio, hallamos que las Escrituras están repletas de tales predicciones. Por ello, es evidente que los escritores sagrados creían plenamente que los actos libres son previamente conocidos por la mente divina, y por ello son ciertos en cuanto a su acaecimiento. Además, si Dios no puede conocer anticipadamente cómo van a actuar unos agentes libres, Él tiene que ignorar el futuro, y estar constantemente creciendo en conocimiento. Esto es tan incompatible con todas las ideas apropiadas acerca de la mente infinita que ha sido rechazado casi universalmente, tanto por los filósofos como por los teólogos cristianos. Una evasión aún más débil es la propuesta por algunos escritores arminianos, que admiten que el conocimiento de Dios no está limitado por nada fuera de Él mismo, pero que mantienen que puede ser limitado por su propia voluntad. Al crear agentes libres, Él dispuso no conocer anticipadamente cómo actuarían, a fin de dejar incólume la libertad de ellos. Pero esto es suponer que Dios dispone no ser Dios; que el Infinito disponga ser finito. El conocimiento, en Dios, no se basa en Su voluntad, excepto en lo que pueda respectar al conocimiento de visión, esto es, su conocimiento de sus propios propósitos, o de lo que Él ha decretado que va a suceder. Si no se basa en su voluntad, no puede estar limitado por ella. El conocimiento infinito tiene que conocer todas las cosas, las reales y las posibles. Sin embargo, se puede decir que hay una diferencia entre presciencia y preordenación, en el sentido de que lo primero meramente supone la certidumbre de acontecimientos futuros, mientras que lo último causa su futurización. Pero por cuanto la certidumbre en cuanto al acaecimiento es la misma en ambos casos, no hace diferencia alguna en cuanto a la cuestión de que se trata aquí. El decreto sólo hace cierto el acontecimiento; y por ello si la certidumbre no es inconsistente con la libertad, entonces la preordenación no lo es. El hecho de que un acontecimiento pueda ser libre, y sin embargo cierto, puede ser demostrado fácilmente. (1) Es una cuestión de consciencia. A menudo estamos totalmente seguros de cómo vamos a actuar, hasta allí donde somos plenamente libres de actuar en absoluto, y conscientes de que actuamos con libertad. [...] (2) Se han predicho actos libres, y por ello era seguro que acontecerían. (3) Nada era más cierto que el hecho de que nuestro Señor se mantendría santo, inocente y sin mancha, y sin embargo todos sus actos fueron libres. (4) Es seguro que el pueblo de Dios se arrepentirá, creerá y perseverará en santidad para siempre en el cielo, y sin embargo no cesan de ser agentes libres. Por ello, los decretos de Dios, que sólo aseguran la certidumbre de los acontecimientos, no son inconsistentes con la libertad en cuanto al modo de su acaecimiento. Aunque su propósito comprende todas las cosas, y es inmutable, sin embargo no por ello «se violenta la voluntad de las criaturas, ni se elimina la libertad ni la contingencia de las causas segundas, sino que más bien queda todo ello establecido».

B. La preordenación del pecado, inconsecuente con la santidad.

También se objeta que es inconsecuente con la santidad de Dios que Él preordene el pecado. [...] En cualquier caso, esto queda suficientemente contestado para nosotros. Es en vano argüir que un Dios santo y benevolente no puede permitir el pecado y la desgracia, si el pecado y la desgracia realmente existen. [...] Y así es absolutamente irracional contender que Dios no puede preordenar el pecado, si Él preordenó [como no lo duda ningún cristiano] la crucifixión de Cristo. La presencia del pecado en el plan adoptado por Dios es un hecho palpable; por ello, no se puede negar racionalmente la consistencia de la preordenación [del pecado] con la santidad de Dios. [...] El principio sobre el que se basa la objeción que examinamos es que un agente es responsable por todas las consecuencias necesarias o seguras de sus actos. La objeción es que un Dios santo no puede decretar el acaecimiento del pecado, porque su decreto hace que tal acontecimiento sea cierto. Esto es, un agente es responsable de todo aquello que su acción asegure. Pero este principio es totalmente insostenible. Un juez justo, al pronunciar su sentencia sobre un criminal, puede estar seguro de que causará pensamientos malvados y amargos en la mente del criminal, o en los corazones de los amigos del mismo, y sin embargo el juez no tiene culpa de ello. Un padre, al echar a un hijo réprobo de la familia, puede ver que la consecuencia inevitable de tal exclusión será una maldad aún mayor, y sin embargo el padre puede estar haciendo lo recto. Es la consecuencia cierta de que Dios abandone a sí mismos a los ángeles caídos y a los finalmente impenitentes que continuarán en el pecado, y sin embargo la santidad de Dios permanece incólume. La Biblia enseña claramente que Dios abandona judicialmente a los hombres a sus pecados, entregándolos a una mente reprobada, y que con ello es grandemente justo y santo. Por ello, no es cierto que un agente sea responsable de todas las consecuencias ciertas de sus actos. Puede ser, e indudablemente es, infinitamente sabio y justo por parte de Dios que permita que tenga lugar el pecado, y adoptar un plan en el que el pecado es una consecuencia o elemento cierto; pero por cuanto Él ni causa el pecado ni tienta a los hombres a que lo cometan, no es ni el autor del mismo ni aprobador. Él ve y sabe que se alcanzarán fines más altos con su admisión que con su exclusión, que se logrará una exhibición perfecta de sus perfecciones infinitas, y por ello que por la más elevada razón decreta que tenga lugar por medio de la elección libre de agentes responsables. Pero nuestra gran base de confianza es la certidumbre de que el juez de toda la tierra hará lo que es justo. El pecado existe, y Dios existe; por ello, la existencia del pecado tiene que ser consistente con su naturaleza; y por cuanto su acaecimiento no puede haber sido imprevisto ni accidental, el propósito o decreto de Dios de que debía acaecer tiene que ser consistente con su santidad.

C. La doctrina de los decretos destruye todo motivo para el esfuerzo.

Una tercera objeción es que la doctrina de la preordenación, que supone la certidumbre de todos los acontecimientos, tiende al descuido de todo empleo de medios. Si todo va a suceder tal como Dios lo ha predeterminado, no tenemos por qué inquietarnos, ni tenemos por qué esforzarnos. (1) Esta objeción supone que Dios ha determinado el fin sin referencia a los medios. Sin embargo, la verdad es al revés. El acontecimiento queda determinado en conexión con el medio. Si lo último fracasa, igualmente sucederá con lo primero. Dios ha decretado que los hombres vivan mediante alimentos. Si alguno rehúsa comer, morirá. Él ha ordenado que los hombres se salven por medio de la fe. Si alguien rehúsa creer, perecerá. Si Dios se ha propuesto que un hombre viva, también se ha propuesto preservarlo de la insensatez suicida de rehusar comer. (2) Hay otra falacia incluida en esta objeción. Supone que la certidumbre de que un acontecimiento vaya a acontecer actúa como motivo para descuidar los medios de su consecución. Esto no es según la razón ni la experiencia. Cuanto mayor la esperanza de éxito, tanto mayor el motivo para el esfuerzo. Si se está seguro del éxito con el uso de los medios apropiados, el incentivo para esforzarse se hace tan fuerte como pueda ser posible. Por otra parte, cuanto menos esperanza, tanta menos disposición habrá para esforzarnos; y donde no hay esperanza, no habrá esfuerzo. El fundamento racional y escritural para el uso de medios, y los motivos apropiados para valernos de ellos, son: (1) El mandamiento de Dios. (2) Su adaptación a producir el efecto. (3) La ordenación divina que hace los medios necesarios para producir el efecto. Y (4) La promesa de Dios de dar su bendición a aquellos que en obediencia se valen de los medios que Él ha señalado.

D. Es fatalismo.

En cuarto lugar, se objeta que la doctrina de los decretos equivale a la doctrina pagana de la fatalidad. Hay sólo un punto en común entre estas doctrinas. Ambas suponen una total certidumbre en la secuencia de todos los acontecimientos. Pero difieren no sólo en cuanto a la base de esta certidumbre, a la naturaleza de la influencia por medio de la que es asegurada, y los fines en ella contemplada, sino también en sus efectos naturales sobre la razón y la conciencia de los hombres

La palabra Fatalismo ha sido aplicada a diferentes sistemas, algunos de los cuales admiten, mientras que otros niegan o ignoran, la existencia de una inteligencia suprema. Pero en el uso común designa la doctrina de que todos los acontecimientos vienen a tener lugar bajo la operación de una necesidad ciega. Este sistema difiere de la doctrina escrituraria de la preordenación, (1) En que excluye la idea de causas finales. No hay un fin al que tiendan las cosas, y para cuyo cumplimiento existan. Según la doctrina escrituraria, todas las cosas están ordenadas y controladas para el cumplimiento del bien más alto o posible concebible. (2) En que según el Fatalismo la secuencia de acontecimientos es determinada por una concatenación ininteligente de causas y efectos. Según la doctrina de los decretos, aquella secuencia está determinada por una sabiduría y bondad infinitas. (3) El fatalismo no admite distinción alguna entre causas necesarias y libres. Las acciones de los agentes racionales están tan determinadas por una necesidad fuera de sí mismos como las operaciones de la naturaleza. En cambio, según las Escrituras la libertad y responsabilidad del hombre quedan plenamente preservadas. Por ello, los dos sistemas difieren tanto como una máquina difiere de un hombre; o como las acciones de la inteligencia; del poder y del amor infinitos difieren de la ley de la gravedad. (4) Así, el sistema fatalista conduce a la negación de todas las distinciones morales, y a una impasible insensibilidad o desesperanza. La doctrina de la Escritura, a una solícita consideración a la voluntad de un gobernante infinitamente sabio y bueno, todos cuyos actos están determinados por una razón suficiente: y a una confianza y sumisión filiales.

Capítulo 10

La creación

1. Diferentes teorías sobre el origen del universo.

La cuestión acerca del origen del universo se ha impuesto en las mentes de los hombres en todas las edades. Que lo mudable no puede ser eterno parece evidente por sí mismo. Como todo lo que existe en la esfera de la observación humana está cambiando constantemente, los hombres se han visto obligados a creer que el mundo, tal como es ahora, ha tenido un principio. Pero, si comenzó, ¿de dónde vino? Sin la luz de una revelación divina, esta es una pregunta sin respuesta. Los datos para la solución del problema no se encuentran dentro de la esfera ni de la experiencia ni de la razón. Todas las teorías humanas acerca de esto no son nada más que conjeturas más o menos ingeniosas.

Aparte de la doctrina panteísta que hace del universo la forma existencial de Dios, o, como lo llama Goethe, «das lebendige Kleid» (la vestimenta viviente) de Dios, las posturas más prevalentes acerca de esta cuestión son: Primero, aquellas que excluyen la mente del origen causativo del mundo; Segundo, aquellas que admiten una mente, pero sólo en tanto que conectada con la materia; [...]

Será suficiente observar acerca de estas teorías: (1) Que dejan el origen de las cosas sin explicación. ¿De dónde provino la materia, que da por sentada la teoría en una de sus formas? ¿De dónde provienen sus propiedades físicas, a las que se atribuye toda organización? Y en cuanto a la segunda doctrina, se puede preguntar, ¿de dónde provinieron los gérmenes vivos de plantas y animales? La suposición de que la materia en estado de caos es eterna, o de que ha habido una sucesión sin fin de gérmenes de vida, o de que ha habido una eterna sucesión de ciclos en la historia del universo, desarrollándose el caos a cosmos, durante edades sin fin, son todas ellas suposiciones que chocan contra la razón, y que necesariamente carecen de prueba.

(2) Estas teorías son ateas. Niegan la existencia de un Ser personal con quien tenemos la relación de criaturas e hijos. La existencia de tal Ser es una verdad innata, intuitiva. No puede ser permanentemente rechazada. Y por ello toda teoría que niegue la existencia de Dios debe ser no sólo falsa, sino también efímera.

La doctrina Escritural.

La doctrina Escritural acerca de este tema se expresa en las primeras palabras de la Biblia: «En el principio creó Dios los cielos y la tierra». Los cielos y la tierra incluyen todas las cosas fuera de Dios. Y las Escrituras enseñan que estas cosas deben su existencia a la voluntad y al poder de Dios. Por ello, la doctrina Escritural es, (1) Que el universo no es eterno. Comenzó a ser. (2) No fue formado de ninguna sustancia preexistente, sino que fue creado *ex nihilo*.

[De la nada]. (3) Que la creación no era necesaria. Dios tenía la libertad de crear o de no crear, de crear el universo tal cual es, o cualquier otro orden y sistema de cosas, según su beneplácito. [...]

Según las Escrituras, Dios es auto-suficiente. Él no necesita nada fuera de Sí mismo para su bienestar o felicidad. Él es en todos los respectos independiente de sus criaturas; y la creación del universo fue el acto de la libre voluntad de aquel Dios de quien el Apóstol dice en Ro 11:36: «Porque de él, y por él, y para él, son todas las cosas».

2. Creación mediata e inmediata.

Pero mientras que ha sido siempre la doctrina de la Iglesia que Dios creó el universo de la nada por la palabra de su poder, creación que fue instantánea e inmediata, esto es, sin la intervención de segundas causas, sin embargo se ha admitido generalmente que esto debe entenderse solamente del original llamamiento de la materia a la existencia. Los teólogos, por tanto, han distinguido entre una creación primera y una segunda creación, la primera inmediata, y la segunda mediata. La primera fue instantánea, la segunda gradual; la primera impide la idea de cualquier materia preexistente y cualquier cooperación, la segunda admite e implica ambas cosas. Hay una evidente base para esta distinción en el relato mosaico de la creación. Dios, se nos dice, «creó los cielos y la tierra. Y la tierra estaba desordenada y vacía, y las tinieblas estaban sobre la superficie del abismo, y el Espíritu de Dios se movía sobre la superficie de las aguas». Aquí se indica con claridad que el universo, al ser primeramente creado, estaba en estado de caos, y que fue gradualmente moldeado por el poder dador de vida y organizador del Espíritu de Dios, hasta llegar a ser el maravilloso cosmos que hoy contemplamos. La totalidad del primer capítulo de Génesis, después del primer versículo, es un relato del progreso de la creación; la producción de la luz; la formación de la atmósfera; la separación de la tierra y del agua; los productos vegetales de la tierra; los animales del mar y del aire; luego las criaturas vivientes de la tierra; y, al final de todo, el hombre. En Gn 1:27 se dice que Dios creó al hombre varón y hembra; en el capítulo 2:7 se dice que «Jehová Dios modeló al hombre de arcilla del suelo». Así es evidente que la formación con base en materiales preexistentes entra dentro de la idea Escritural de crear. Todos reconocemos a Dios como el autor de nuestro ser, como nuestro Creador, así como nuestro Preservador. Él es nuestro Creador, no meramente porque Él es el Hacedor de los cielos y de la tierra, y porque todo lo que ellos contengan deba su origen a su voluntad y poder, sino también porque, como enseña el Salmista, Él conforma nuestros cuerpos en secreto. «Mi embrión lo veían tus ojos, mis días estaban previstos, escritos todos en tu libro, sin faltar uno» (Sal 139:16). Y la Biblia habla constantemente de Dios como haciendo crecer la hierba, y como siendo el verdadero autor o hacedor de todo lo que produce la tierra, el aire o el agua. Por ello, según las Escrituras hay no sólo una creación inmediata, instantánea *ex nihilo* por la simple palabra de Dios, sino también una creación mediata, progresiva; el poder de Dios obrando en unión con causas segundas [...]

3. Prueba de esta doctrina.

La prueba de la doctrina de una creación *ex nihilo* no descansa en el uso de las palabras **bará** o *ktizein*, que son intercambiables con **asah** y *poiein*. Se dice que Dios creó el mundo, y también que Él es el hacedor de los cielos y de la tierra. De las plantas y de los animales se dice que fueron creados, aunque fueron formados del polvo de la tierra. Pero queda claro que las Escrituras enseñan esta gran doctrina de la religión natural y revelada:

1. Por el hecho de que jamás se hace mención de ninguna sustancia preexistente con la que se hizo el mundo. Nunca se describe la creación original como dotando a la materia de forma

y dándole vida. Tampoco las Escrituras muestran jamás al mundo como una emanación de Dios, procediendo de Él por una necesidad de su naturaleza. Y mucho menos aún identifica la Biblia a Dios con el mundo. Así, al desechar todas las otras doctrinas, las Escrituras nos dejan en la necesidad de creer que Dios creó el mundo de la nada.

2. La descripción de la obra de creación que se da en la Biblia cierra el paso a la idea de formación o de mera emanación. Dios dijo, «sea la luz, y fue la luz». En el Sal 33 [...] versículo 9: «Porque Él dijo, y fue hecho; Él mandó, y así fue». [...]

3. La misma doctrina está involucrada en la absoluta dependencia de todas las cosas de Dios, y en su absoluta soberanía sobre ellas. [...] «Porque por Él fueron creadas todas las cosas, las que hay en los cielos y las que hay en la tierra, las visibles y las invisibles; sean tronos, sean dominios, sean principados, sean potestades; todo fue creado por medio de Él y para Él. Y Él es antes de todas las cosas, y todas las cosas tienen consistencia en Él» (Col 1;16, 17). «Tú creaste todas las cosas, y por tu voluntad existen y fueron creadas» (Ap 4:11). Las cosas todas de que se habla en este pasaje incluyen todas las cosas fuera de Dios. Por ello, no puede haber materia preexistente, existiendo independientemente de su voluntad. Todo lo que está fuera de Dios es descrito como debiendo su existencia a su voluntad. [...]

El Dios de la Biblia es un Dios extramundano, existiendo fuera de y antes que el mundo, absolutamente independiente de él, siendo su creador, preservador y gobernador. Por lo que la doctrina de la creación es una consecuencia necesaria del Teísmo. Si negamos que el mundo deba su existencia a la voluntad de Dios, entonces la consecuencia lógica parecería ser el ateísmo, el hilozoísmo o el panteísmo. Por ello, por una parte, la Escritura hace esta doctrina tan prominente, presentándola en la primera página de la Biblia como el fundamento de todas las posteriores revelaciones acerca de la naturaleza de Dios y su relación con el mundo, y designando un día de cada siete para que sea una conmemoración perpetua del hecho de que Dios creó los cielos y la tierra. Y, por otra, los defensores del Ateísmo o del Panteísmo se enfrentan a la doctrina de la creación como el error fundamental de toda falsa filosofía y religión. [...]

4. Objeciones a la doctrina.

[...] Se ha apremiado en todas las edades, como objeción a la doctrina de la creación que no es consecuente con el axioma *ex nihilo nihil fit*. Pero este aforismo puede tener dos sentidos. Puede significar que no puede haber ningún efecto si una causa; que nada no puede producir nada. En este sentido expresa una verdad evidente por sí misma, con la que la doctrina de la creación es perfectamente consecuente. Esta doctrina no supone que el mundo exista sin una causa, o que provenga de nada. Asigna una causa perfectamente adecuada para su existencia en la voluntad de un Ser inteligente Omnipotente. En el otro sentido de la frase afirma que es imposible una creación *ex nihilo*, que Dios no puede causar el origen de la materia, ni de ninguna otra cosa. En este sentido no se trata de una verdad evidente por sí misma, sino que se trata de una postura arbitraria, y consiguientemente carece de fuerza o autoridad. Es desde luego inconcebible, pero también son inconcebibles las operaciones ordinarias de la voluntad humana. Nadie puede comprender cómo la mente actúa sobre la materia. Por cuanto el mundo existe en realidad, tenemos que admitir o bien que comenzó a ser, o bien que es eterno. Pero las dificultades involucradas con esta última suposición son, como vimos cuando argumentábamos la existencia de Dios, mucho mayores que las implicadas en la admisión de una creación *ex nihilo*. [...]

5. El propósito de la Creación.

[...] Evidentemente, es vano para el hombre tratar de determinar el propósito de la creación según la naturaleza de las obras de Dios y curso de su providencia. Esto demandaría un conocimiento de todo el universo, y de su historia hasta su consumación. El único método satisfactorio de decidir la cuestión es apelando a las Escrituras. En ellas se enseña de manera explícita que la gloria de Dios, la manifestación de sus perfecciones, es el fin último de todas sus obras. Este es (1) El más alto bien posible. El conocimiento de Dios es vida eterna. Es la fuente de toda santidad y de toda bienaventuranza para las criaturas racionales. (2) En la Biblia se afirma que éste es el fin del universo como un todo; del mundo externo o de las obras de la naturaleza; del plan de la redención; de todo el curso de la historia; del modo en que Dios administra su providencia y dispensa su gracia; y de acontecimientos particulares, como la elección de los israelitas y todos los tratos de Dios con ellos como nación. Es el fin al que todas las criaturas racionales tienen ordenado que tienen que prestar continua atención; y comprende y asegura todos los otros fines rectos. La objeción común de que esto muestra a Dios como egocéntrico ya ha sido contestada. Dios, como infinitamente sabio y bueno, busca el fin más elevado; y como todas las criaturas son como el polvo de la balanza en comparación con Él, sigue de ello que su gloria es un fin infinitamente más elevado que nada que les concierna exclusivamente a ellas. Que una criatura busque su propia gloria o dicha en preferencia a Dios es insensatez y pecado, porque es totalmente insignificante. Prefiere con ello una minucia a lo que es infinitamente importante. Sacrifica, o trata de sacrificar, un fin que involucra la más alta excelencia de todas las criaturas, a su propia ventaja. Sirve a la criatura antes que al Creador. Se prefiere a sí misma antes que a Dios. Muchos teólogos tratan de combinar estas diferentes perspectivas en cuanto al designio de la creación. Dicen que el más elevado fin es la gloria de Dios, y el fin subordinado el bien de sus criaturas. O bien dicen que ambas cosas son lo mismo. Dios se propone glorificarse a Sí mismo en la dicha de sus criaturas; o promover la dicha de sus criaturas como manera de manifestar su gloria. Pero esto sólo es confundir la cuestión. El fin es una cosa; las consecuencias, otra. El fin es la gloria de Dios; las consecuencias de alcanzar este fin son indudablemente el mayor bien (no necesariamente la mayor cantidad de felicidad), y este mayor bien puede incluir mucho pecado y mucha miseria por lo que Dios sea conocido.

6. El relato mosaico de la Creación.

Hay tres métodos de interpretar esta porción de la Biblia. (1) El histórico. (2) El alegórico. (3) El mítico. El primero da por sentado que se trata de una verdadera historia. El segundo adopta dos formas. Muchos de los Padres que alegorizaban la totalidad del Antiguo Testamento sin negar su veracidad histórica, alegorizaron de la misma manera la historia de la creación. Esto es, buscaban un sentido moral o espiritual oculto debajo de todos los hechos históricos. Otros la consideraban como puramente una alegoría sin ninguna base histórica, de manera semejante a las parábolas de nuestro Señor. La teoría mítica, como su nombre indica, considera el registro de la creación como una mera fábula, o cosmogonía fabulosa, designada para expresar una teoría en cuanto al origen del universo, del hombre y del mal, sin más valor que las similares cosmogonías que se encuentran en la temprana literatura de todas las naciones. En favor del carácter histórico del registro tenemos las siguientes consideraciones: (1) Se presenta como una verdadera historia. (2) Es la introducción apropiada y necesaria de una historia reconocida. (3) Es usada y citada en otras partes de la Biblia como un verdadero relato de la creación del mundo, especialmente en el cuarto mandamiento, donde, como en otras partes de la Escritura, es hecha la base de la institución del Sábado. (4) Los hechos que aquí se registran, incluyendo como incluyen la creación y la probación del hombre, se encuentran en la base de todo el plan revelado de redención. Por ello, toda la Biblia reposa sobre el registro aquí dado de la obra de la creación, y consiguientemente toda la evidencia que va a sustentar la autoridad divina de la Biblia tiende a sustentar la veracidad histórica de este registro.

Objeciones al relato mosaico de la creación.

Las principales objeciones al relato mosaico de la creación son o bien críticas, bien astronómicas, bien geológicas. Bajo el primer encabezamiento se objeta que el relato es inconsecuente consigo mismo, especialmente en lo que se dice de la creación del hombre, y que está evidentemente compuesto por documentos independientes, en uno de los cuales Dios es llamado **Elohim** y en el otro **Yehowah**. La primera de estas objeciones es rebatida mostrando que los dos relatos de la creación no son inconsistentes; el primero es una concisa declaración del hecho, y el otro un relato más pleno de su desarrollo. En cuanto a la segunda objeción, es suficiente con decir que, admitiendo el hecho en que se basa, no crea dificultad alguna en cuanto a reconocer el carácter histórico del registro. No nos es importante de dónde Moisés derivara su información, fuera de uno o más documentos históricos, de la tradición, o de una revelación directa. Recibimos el relato con base en su autoridad y con base en la autoridad del Libro del que es una parte reconocida y auténtica.

Las objeciones astronómicas son: (1) Que todo el relato evidentemente supone que nuestra tierra es el centro del universo, y que el sol, la luna y las estrellas son sus satélites. (2) Que se dice que la luz fue creada, y la alternancia entre día y noche establecida, antes que la creación del sol; y (3) Que los cielos visibles son representados como una expansión sólida. La primera de estas objeciones milita con la misma intensidad contra todas las descripciones de la Biblia y contra el lenguaje de la vida diaria. Los hombres forman su lenguaje de manera instintiva según las verdades aparentes, y no según la verdad absoluta o científica. Hablan del sol como levantándose y poniéndose; de correr su curso por los cielos [...] El lenguaje de la Biblia acerca de esta cuestión, así como en todas las otras, está constituido en conformidad al uso común de los hombres. La segunda objeción se basa en la suposición de que el versículo decimocuarto habla de la creación del sol y de los otros cuerpos celestes. Éste no es su sentido necesario. El sentido podría ser que Dios dispuso entonces el sol y la luna para la función de medir y regular los tiempos y las sazones. Pero incluso si se adopta la otra interpretación, no tiene por qué haber conflicto entre el registro y la realidad astronómica de que el sol es ahora la fuente de luz para el mundo. La narración hace una distinción entre la luz cósmica mencionada en la primera parte del capítulo, y la luz que emana del sol, especialmente dispuesta para nuestro globo. La tercera objeción se responde con la observación ya hecha [para el punto primero] [...]

[Geología y Biblia.[1]]

---

1. Para un examen de esta cuestión, el lector puede examinar otras obras publicadas por CLIE, como *El Diluvio del Génesis, Geología: ¿Actualismo o Diluvialismo?, y El ocaso de los incrédulos*, entre otras. [N. del T.]

Capítulo 11
Providencia

1. Preservación.

LAS OBRAS DE LA PROVIDENCIA de Dios son su preservación y gobierno sapientísimos de todas sus criaturas y todas sus acciones. Por ello, la providencia incluye preservación y gobierno. Por preservación se significa que todas las cosas fuera de Dios deben la continuación de su existencia, con todas sus propiedades y poderes, a la voluntad de Dios. Esta es claramente la doctrina de las Escrituras. Los pasajes relacionados con este tema son muy numerosos. Son de diferentes clases. Primero, algunos declaran en términos generales que Dios sustenta todas las cosas por la palabra de su poder, como He 1:3; Col 1:17, donde se dice que «todas las cosas tienen consistencia en Él» o prosiguen siendo. En Neh 9:6: «Tú solo eres Jehová; Tú hiciste los cielos, y los cielos de los cielos, con todo su ejército, la tierra y todo lo que está en ella, los mares y todo lo que hay en ellos; y Tú vivificas todas estas cosas». Segundo, aquellas que se refieren a las operaciones regulares o poderes de la naturaleza, de las que se dice que son preservadas en su eficacia por el poder de Dios. Véanse Salmos 104 y 148, enteros, y muchos pasajes similares. Tercero, los que se relacionan con animales irracionales. Y cuarto, los que se relacionan con criaturas racionales, de las que se dice que viven, se mueven y tienen su ser en Dios. Estos pasajes enseñan con claridad (1) Que el universo como un todo no sigue siendo por sí mismo. Dejaría de existir si no estuviera sustentado por su poder. (2) Que todas las criaturas, tanto si se trata de plantas como de animales, en sus varios géneros, especies e individuos, prosiguen existiendo no por ningún principio vital inherente, sino por la voluntad de Dios. (3) Que esta preservación se extiende no sólo a la sustancia sino también a la forma; no sólo a la esencia, sino también a las cualidades, propiedades y poderes de todas las cosas creadas.

La naturaleza de la preservación.
Esta doctrina, enseñada así claramente en las Escrituras, es tan consonante con la razón y con la naturaleza religiosa del hombre, que no es negada entre los cristianos. La única cuestión reside en la naturaleza de la eficiencia divina a la que se tiene que atribuir la existencia continuada de todas las cosas. Acerca de esta cuestión hay tres opiniones generales.

Primero, la de los que presuponen que todo debe atribuirse al propósito original de Dios. Él creó todas las cosas y determinó que deberían seguir siendo conforme a las leyes que Él impuso sobre ellas en el principio. No hay necesidad, se dice, de suponer su continuada intervención para la preservación de las mismas. Es suficiente que Él no quiera que dejen de ser. Esta es la teoría adoptada por los Remonstrantes y generalmente por los Deístas de los tiempos modernos. Según esta postura, Dios está sentado en su trono en los cielos, como mero espectador del mundo y de sus operaciones, sin ejercer una influencia directa en la sustentación de las cosas que ha hecho. [...]

Una segunda postura acerca de la naturaleza de la preservación va al extremo opuesto de confundir creación con preservación. [...] Se dice a veces que la preservación y la creación deben ser atribuidas a un mismo acto divino. Por ello, por lo que a Dios concierne, las dos cosas son idénticas. Esta perspectiva la adoptan muchos que admiten la realidad del mundo y la eficiencia de las causas segundas. Con este modo de formulación intentan negar cualquier sucesión en los actos de Dios. Él no puede ser considerado como actuando en el tiempo, o como haciendo en el tiempo lo que no ha hecho desde la eternidad. [...] Otros que formulan la preservación como una creación continua sólo significan por ello que la eficiencia divina es tan realmente activa en un caso como en el otro. Desean negar que nada fuera de Dios tiene la causa de la continuación de su existencia en sí mismo, y negar también que sus propiedades o poderes sean inherentes en cuanto a que preserven su eficiencia sin la continua acción de Dios. Es en este sentido como han de ser comprendidos la mayor parte de los teólogos Reformados cuando hablan de la preservación como una creación continua. [...] Pero hay una tercera forma en la que se mantiene esta doctrina. Por creación continua se significa que toda la eficiencia está en Dios; que todos los efectos deben ser referidos a su actividad. Así como no hubo cooperación al llamar al mundo de la nada, así no hay cooperación de causas segundas en su continuación y operaciones. Dios, por así decirlo, crea el universo *de novo* en cada instante, como en aquel momento es realmente.

Objeciones a la doctrina de una creación continua.

Pero todas estas formulaciones son susceptibles a objeciones. La creación, la preservación y el gobierno son de hecho diferentes, y su identificación conduce no sólo a confusión sino también a error. La creación y la preservación difieren, primero, en que lo primero es llamar a la existencia lo que antes no existía; y lo segundo es causar la continuación de lo que ya tiene ser; y segundo, en la creación no hay ni puede haber cooperación, pero en la preservación hay un *concursus* de lo primero, con causas segundas. En la Biblia, por tanto, ambas cosas nunca son confundidas. Dios creó todas las cosas, y todas las cosas tienen consistencia en Él. En cuanto a la primera de las tres formas mencionadas de una creación continua, es suficiente observar que [...] no es sólo una presuposición gratuita, sino antiescritural, que niega toda diferencia entre voluntad y eficiencia, o entre el poder y el acto en Dios. En cuanto a la idea de que los actos de Dios no son sucesivos, que Él nunca hace en el tiempo lo que no hace desde la eternidad, es evidente que este lenguaje no tiene significado para nosotros. No podemos comprender la relación que la eficiencia de Dios tiene con los efectos producidos sucesivamente. Pero sabemos que Dios actúa, y que Él produce efectos sucesivos; y que, por lo que a nosotros respecta, y por lo que respecta a las descripciones de la Escritura, nuestra relación con Dios y la relación del mundo con Él son precisamente lo que serían si sus actos fueran realmente sucesivos. Es el colmo de la presunción por parte del hombre, sobre la base de nuestras ideas especulativas, apartarnos de las descripciones de las Escrituras, y concebir de tal manera la relación de Dios con el mundo como para hacer de Él en la práctica un Ser desconocido, uniendo todas sus perfecciones en la idea general de causa.

La objeción a la segunda forma de la doctrina no lo es a la idea que se quiere expresar. Es cierto que la preservación del mundo se debe tanto al poder inmediato de Dios como su creación; pero esto no demuestra que la preservación sea creación. La creación es la producción de algo de la nada. La preservación es la sustentación de algo que ya es. Esta forma de la doctrina implica por tanto un uso falso de términos. Pero una objeción más seria es que este modo de objeción tiende al error. El sentido natural de las palabras es lo que los que las usan admiten ser falso, y no sólo es falso, sino también peligroso.

Para la doctrina real de una creación continua, las objeciones son más serias:

1. Destruye toda continuidad de existencia. Si Dios crea cualquier cosa dada en cada momento de la nada, deja de ser la misma cosa. Se trata de algo nuevo, por similar que sea a lo que existiera antes. [...]

2. Esta doctrina destruye en realidad toda evidencia de la existencia de un mundo externo. Lo que nosotros consideramos así, las impresiones sobre nuestros sentidos con las que nos relacionamos con las cosas fuera de nosotros mismos, son meramente estados interiores de consciencia producidos momentáneamente por la energía creadora de Dios. Por ello, el idealismo es la consecuencia lógica, como lo ha sido la histórica, de la teoría en cuestión. Si se elimina toda necesidad para la existencia de un mundo exterior, esta existencia tiene que ser descartada como una suposición afilosófica.

3. Esta teoría, naturalmente, niega la existencia de las causas segundas. Dios viene a ser el único agente y la única causa en el universo. Los cielos y la tierra, con todos sus cambios y con todo lo que contienen, son tan sólo los pálpitos de la vida universal de Dios. [...]

4. Según esta teoría no puede haber responsabilidad, ni pecado, ni santidad. Si existe el pecado, tiene que ser atribuido a Dios tanto como la santidad, porque todo se debe a su energía creadora.

5. Entre este sistema y el Panteísmo apenas si hay una línea de demarcación. El Panteísmo une al universo con Dios, pero no más eficazmente que la doctrina de una creación continua. Dios, en un caso tan realmente como en el otro, es todo lo que vive. No hay poder, ni causa, ni verdadera existencia más que la eficiencia y causalidad de Dios. Esto es evidente, y es generalmente admitido. Hagenbach[1] dice: «La creación de la nada reposa en el Teísmo. Se transforma en deísta si la creación y la preservación se separan violentamente y se ponen en directa oposición entre sí; y panteísta si la creación se hace un mero momento en preservación». [...]

La doctrina Escrituraria acerca de esta cuestión.

Entre los dos extremos de enunciar la preservación como un mero acto negativo, una voluntad de no destruir, que niega cualquier eficiencia continua de Dios en el mundo, y una teoría que lo resuelve todo en la agencia inmediata de Dios, negando la realidad de todas las causas segundas, tenemos la clara doctrina de la Escritura, que enseña que la continuidad del mundo en su existencia, la preservación de su sustancia, propiedades y formas, debe ser atribuida al poder omnipresente de Dios. Él sustenta así como Él crea todas las cosas, mediante la palabra de su poder. Es en vano indagar cómo lo hace. En tanto que no sepamos cómo movemos nuestros labios, o cómo la mente puede influir sobre la materia, o de qué manera el alma está presente y operando en todo el cuerpo, se precisa de poca humildad para suprimir la anhelante curiosidad por conocer cómo Dios sustenta el universo con todas sus huestes en ser y actividad. [...] Lo mejor, por tanto, es quedar satisfecho con la sencilla declaración de que la preservación es aquella omnipotente energía de Dios por medio de la que todas las cosas creadas, animadas e inanimadas, son sostenidas en existencia, con todas las propiedades y poderes de que Él las ha dotado.

2. Gobierno.

Enunciado de la doctrina.

La providencia incluye no sólo la preservación, sino también el gobierno. Esto último incluye las ideas de designio y de control. Supone un fin a alcanzar, y la disposición y dirección

---

1. *Dogmengeschichte,* II. Zweite Hälfte, pág. 288, edic. Leipzig, 1841.

de los medios para su logro. Si Dios gobierna el universo, Él tiene algún gran fin, incluyendo un número infinito de fines subordinados, hacia los que va dirigido, y Él tiene que controlar la secuencia de todos los acontecimientos de manera que asegure el logro de todos sus propósitos. Acerca de este gobierno providencial la Escritura enseña, (1) Que es universal, incluyendo a todas las criaturas de Dios, y todas sus acciones. El mundo externo, las criaturas racionales y las irracionales, grandes y pequeñas, ordinarias y extraordinarias, están igualmente y siempre bajo el control de Dios. La doctrina de la providencia excluye del universo tanto la necesidad como el azar, poniendo en su lugar el control universal e inteligente de un Dios infinito y omnipresente. (2) Las Escrituras enseñan asimismo que este gobierno de Dios es poderoso. Es el dominio universal de la Omnipotencia el que asegura el cumplimiento de sus designios, que abarcan en su esfera a todo lo que ocurre. (3) Que es sabio; lo que significa no sólo que los fines que Dios tiene a la vista son consecuentes con su infinita sabiduría, y que los medios empleados están sabiamente adaptados a sus respectivos objetos, sino también que su control es ajustado a la naturaleza de las criaturas sobre las que es ejercido. [...] (3) La providencia de Dios es santa. Esto es, nada en los fines propuestos, ni en los medios adoptados ni en la agencia empleada es inconsecuente con su infinita santidad, o que no sea demandado por la más sublime excelencia moral. Esto es todo lo que las Escrituras revelan acerca de este importantísimo y difícil tema. [...]

A. Prueba de la doctrina.

Esta doctrina brota necesariamente de la idea Escritural de Dios. Él es declarado un ser personal, infinito en sabiduría, bondad y poder; que es el Padre de los espíritus. De esto sigue no sólo que actúa inteligentemente, esto es, con vistas a un fin, y con razones suficientes, sino que debe estar interesado en el bien de las criaturas, racionales o irracionales, grandes y pequeñas. La idea de que Dios iba a crear este inmenso universo lleno de vida en todas sus formas, y no ejercitar control alguno sobre el mismo, para preservado de destrucción o de que no obrara otra cosa más que el mal, es totalmente inconsecuente con la naturaleza de Dios. Y suponer que cualquier cosa sea demasiado grande para ser incluida en su control, o que nada sea demasiado pequeño para que escape a su observación, o que la infinitud de los particulares pueda distraer su atención, es olvidar que Dios es infinito. No puede demandar ningún esfuerzo por parte de Él, la inteligencia omnipresente e infinita, poder comprender y dirigir todas las cosas, por complejas, numerosas o diminutas que sean. El sol difunde su luz por todo el espacio tan fácilmente como sobre un punto cualquiera. Dios está igual de presente en todas partes, y con todas las cosas, como si sólo estuviera en un único lugar y tuviera un solo objeto de atención. La objeción común a la doctrina de una providencia universal, basada en la idea de que es incompatible con la dignidad y majestad del Ser divino suponer que Él se ocupe de nimiedades, supone que Dios es un ser limitado; que debido a que nosotros sólo podemos prestar atención a una cosa a la vez, que así debe ser con Dios. Cuanto más exaltados sean nuestros conceptos del Ser divino, tanto menos nos turbaremos por dificultades de este tipo.

Prueba por la evidencia de la operación de la mente en todo lugar.

Todo el universo, hasta allí donde pueda quedar sometido a nuestra observación, exhibe evidencia de la inteligencia omnipresente y control de Dios. La mente está en todas partes en actividad. En todas partes se manifiesta la inteligente adaptación de medios para un fin; tanto en la organización de los microorganismos, donde se precisa de un microscopio para revelada, como en el orden de los cuerpos celestes. La mente no está en la materia. No se trata de una ciega *vis naturae* [energía natural]. Es y tiene que ser la inteligencia de un ser infinito y omnipresente. Está tan lejos del poder de una criatura el dar origen a un insecto como crear el universo. Y es tan irrazonable suponer que las formas organizadas de la vida vegetal y animal se deben a las leyes de la naturaleza como lo sería suponer que una imprenta pudiera ser utilizada para componer un poema. No hay adaptación ni relación entre los medios empleados y el fin. Allá donde hay la inteligente adaptación de medios para un fin hay evidencia de la presencia de la mente. Y como esta evidencia de actividad mental se encuentra en todas partes del universo, vemos a Dios siempre activo y siempre presente en todas sus obras.

1. Argumento según nuestra naturaleza religiosa.

La doctrina Escrituraria de una providencia universal está demandada por la naturaleza religiosa del hombre. Por ello se trata de una creencia instintiva y necesaria. Sólo es echada de la mente o dominada por medio de un esfuerzo persistente. En primer lugar, no podemos más que considerar como una limitación impuesta a Dios suponerle ausente bien en cuanto al conocimiento, bien en cuanto al poder, de ninguna parte de su creación. En segundo lugar, nuestro sentimiento de dependencia involucra la convicción no sólo de que debemos nuestra existencia a su voluntad, sino de que es en Él quien nosotros y todas sus criaturas vivimos, nos movemos, y tenemos nuestro ser. En tercer lugar, nuestro sentimiento de responsabilidad implica que Dios es conocedor de todos nuestros pensamientos, de todas nuestras palabras y de todas nuestras acciones, y que Él controla todas nuestras circunstancias y nuestro destino, tanto en esta vida como en la vida venidera. Esta convicción es instintiva y universal. Se encuentra en hombres de todas las edades, y bajo todas las formas de religión, y en todos los estados de civilización. Los hombres creen universalmente en el gobierno moral de Dios; y universalmente creen que el gobierno moral es administrado, al menos en parte, en este mundo. Ellos ven que Dios con frecuencia reprime o castiga a los malvados. ¿Quién pecó, éste o sus padres, que naciera ciego? Fue el pronunciamiento de un sentimiento natural; la expresión, aunque errónea en cuanto a la forma, de la convicción irreprimible de que todo está ordenado por Dios. En cuarto lugar, nuestra naturaleza religiosa demanda la relación con Dios. Él tiene que ser para nosotros el objeto de la oración y la base de la confianza. Tenemos que mirar a Él en la angustia y en el peligro; no podemos refrenarnos de invocarle por su ayuda, ni de darle las gracias por nuestras misericordias. A no ser que la doctrina de una providencia universal sea cierta, todo esto resulta un engaño. Pero esta es la relación en la que las Escrituras y la constitución de nuestra naturaleza suponen que estamos con Dios, y que Él tiene con el mundo. Él está siempre presente, controlándolo todo, oyendo y contestando cada oración, dándonos nuestras misericordias diarias, y conduciéndonos en todos nuestros caminos. Esta doctrina de la providencia, por tanto, es el fundamento de toda religión práctica, y su negación es prácticamente ateísmo, porque entonces quedamos sin Dios en el mundo. Se puede decir que estos sentimientos religiosos se deben a nuestra educación; [...] el hecho de que nuestro conocimiento de lo que es bueno o malo y de que las opiniones humanas acerca de este punto se puedan modificar mediante la educación y las circunstancias no demuestra que nuestra naturaleza moral se deba a la educación; ni tampoco sacude las convicciones que tenemos de lo correcto de nuestros juicios morales. Puede ser, e indudablemente es cierto, que debemos a las Escrituras la mayor parte de nuestro conocimiento de la ley moral, pero esto no daña nuestra confianza en la autoridad y veracidad de nuestras perspectivas acerca del deber y de la obligación moral. Estos sentimientos religiosos tienen una luz auto-autenticadora así como informadora. Sabemos que son ciertos, y sabemos que la doctrina que cuadra con ellos y que los produce tiene que ser cierta. Por ello, es un argumento válido en favor de la doctrina de una providencia universal el hecho de que cumple las demandas de nuestra naturaleza religiosa y moral.

2. Argumento según predicciones y promesas.

Un cuarto argumento general acerca de este tema se deriva de las predicciones, promesas y amenazas registradas en la Palabra de Dios. Estas predicciones no son meras declaraciones generales de las consecuencias probables o naturales de ciertos cursos de acción, sino revelaciones específicas del acaecimiento de eventos futuros, cuya futurización no puede ser asegurada excepto en el ejercicio de un control totalmente cierto sobre las causas y los agentes, tanto naturales como morales. Dios promete dar salud, larga vida y sazones de prosperidad; o amenaza infligir severos juicios, las desolaciones de la guerra, del hambre, de la sequía y de la pestilencia. Estas promesas y amenazas suponen una providencia universal, un control sobre todas las criaturas de Dios, y sobre todas sus acciones. Como tales promesas y amenazas abundan en la Palabra de Dios; como su pueblo y todas las naciones reconocen tales beneficios o calamidades como dispensaciones divinas, es evidente que la doctrina de la Providencia subyace a toda religión, sea natural, sea revelada.

3. Argumento según la experiencia.

Acerca de esta cuestión podemos remitirnos a todas las experiencias. Cada hombre puede ver que su vida ha sido ordenada por una inteligencia y una voluntad que no son las suyas. Toda su historia ha sido determinada por acontecimientos sobre los que no tiene control, acontecimientos que en sí mismos son a menudo aparentemente fortuitos, de manera que tiene que suponer o bien que los acontecimientos más importantes van determinados por la casualidad, bien que la providencia de Dios se extiende a todos los acontecimientos, incluyendo los más nimios. Lo que es cierto de los individuos es cierto de las naciones. El Antiguo Testamento es el registro de los tratos providenciales de Dios con el pueblo hebreo. El llamamiento de Abraham, la historia de los patriarcas, de José, de la peregrinación de los israelitas en Egipto, de su liberación y peregrinación por el desierto, de su conquista de la tierra de Canaán, y toda su historia posterior, es un registro continuo del control de Dios sobre todas sus circunstancias -un control que se describe como extendiéndose a todos los acontecimientos. De una manera semejante, la historia del mundo revela, al ojo inteligente, la providencia siempre presente de Dios, tan claramente como los cielos declaran su majestad y poder.

B. Las Escrituras enseñan la providencia de Dios sobre la naturaleza.

Encontramos que la Biblia afirma que la agencia providencial de Dios es ejercitada sobre todas las operaciones de la naturaleza. Esto se afirma con respecto a las operaciones ordinarias de las leyes físicas: el movimiento de los cuerpos celestes, la sucesión de las estaciones, el crecimiento y la disminución de la producción de la tierra, y la caída de la lluvia, del pedrisco y de la nieve. Es Él quien conduce a la Osa Mayor por su curso, que hace que el sol se levante y que la hierba crezca. Estos acontecimientos son descritos como debidos a la omnipresente actividad de Dios, y son determinados no por azar ni por necesidad, sino por su voluntad. Pablo dice (Hch 14:17) que Dios «no se dejó a sí mismo sin testimonio» ni entre los paganos, «haciendo bien, dándonos lluvias del cielo y estaciones del año fructíferas, llenando de sustento y de alegría nuestros corazones». Nuestro Señor dice (Mt 5:45) que Dios «hace salir su sol sobre malos y buenos, y [...] hace llover sobre justos e injustos». Él viste «la hierba del campo, que hoy es y mañana se echa en el horno» (Mt 6:30). De manera semejante se dice que las operaciones más insólitas y destacables de las leyes naturales, terremotos, tempestades y pestilencias, son enviadas, gobernadas y determinadas por Él, de manera que los efectos que producen son atribuidos a su propósito. Él hace de los vientos sus mensajeros, y los rayos son sus espíritus ministradores. Incluso los acontecimientos aparentemente fortuitos, como aquellos que están determinados por causas tan rápidas o tan inapreciables como para eludir nuestra detección, como la caída de una suerte, el vuelo de una flecha, el número de los cabellos de nuestra cabeza, todo ello está controlado por un Dios omnipresente. «¿No se venden dos gorriones por un cuarto? Con todo, ni uno de ellos caerá a tierra sin consentirlo vuestro Padre» (Mt 10:29).

La providencia se extiende sobre el mundo animal.

La Escritura enseña que los animales irracionales son objeto del cuidado providencial de Dios. Él forma sus cuerpos, los llama al mundo, los sustenta en su ser, y suple a sus necesidades. En su mano está la vida de todo ser viviente (Job 12:10). El Salmista dice (104:21): «Los leoncillos rugen tras la presa, reclamando a Dios su comida». [...] Mt 6:26: «Mirad las aves del cielo, que no siembran, ni siegan, ni recogen en graneros; y vuestro Padre celestial las alimenta». [...] Tales descripciones no deben ser desvirtuadas como modos poéticos de expresión de la idea de que las leyes de la naturaleza, ordenadas por Dios, están dispuestas de tal manera que suplen las necesidades de la creación animal, sin ninguna intervención especial de su providencia. [...] Cuando nuestro Señor puso en boca de sus discípulos la petición: «El pan nuestro de cada día, dánoslo hoy», reconoció el hecho de que todas las criaturas vivientes dependen de la constante intervención de Dios para la provisión de sus necesidades diarias.

Sobre las naciones.

La Biblia enseña que el gobierno providencial de Dios se extiende sobre las naciones y comunidades humanas. Sal 66:7, «Él señorea con su poder para siempre; sus ojos atalayan sobre las naciones; los rebeldes no levantarán cabeza». Dn 4:35: «Todos los habitantes de la tierra son considerados ante Él como nada; y Él hace lo que le place con el ejército del cielo, y con los habitantes de la tierra». Dn 2:21: «Él hace alternar los tiempos y las circunstancias; quita reyes, y pone reyes». Dn 4:25: «El Altísimo tiene el dominio sobre la realeza de los hombres, y [...] la da a quien Él quiere». Is 10:5,6: «Oh Asiria, báculo de mi furor, en cuya mano he puesto la vara de mi ira. Le mandaré contra una nación impía». Versículo 7: «Aunque él no lo pensará así, ni su corazón lo imaginará de esta manera». Versículo 15: «¿Se jactará el hacha frente al que con ella corta? ¿Se ensoberbecerá la sierra contra el que la mueve? ¡Como si la vara moviese al que la levanta; como si levantase el bastón al que no es un leño!» Las Escrituras están repletas de esta doctrina. Dios usa a las naciones con el control absoluto con que un hombre emplea una vara o un cayado. Están en sus manos, y las emplea para cumplir sus propósitos. Las quiebra a trozos como la vasija de un alfarero, o las exalta a la grandeza, según su buena voluntad.

Sobre los individuos.

La providencia de Dios se extiende no sólo sobre las naciones, sino también sobre los individuos. Las circunstancias del nacimiento de cada hombre, de su vida y muerte, están ordenadas por Dios. Sea que nazcamos en una tierra pagana o cristiana, en la Iglesia o fuera de ella; sea que seamos débiles o fuertes; con pocos o muchos talentos; sea que seamos prósperos o que estemos afligidos; sea que vivamos más o menos tiempo, esto no son cuestiones determinadas al azar, ni por una secuencia ciega de acontecimientos, sino por la voluntad de Dios. 1 S 2:6, 7: «Jehová mata, y Él da vida; Él hace descender al Seol, y hace subir. Jehová empobrece y Él enriquece; abate y enaltece». Is 45:5: «Yo soy Jehová Dios [el soberano absoluto], y ninguno más hay; no hay Dios fuera de mí. Yo te ceñí, aunque tú no me conociste». Pr 16:9: «El corazón del hombre planea su camino; mas Jehová endereza sus pasos». Sal 75:6, 7: «Porque ni del oriente ni del occidente, ni del desierto viene el enaltecimiento. Sino de Dios que es el juez [gobernante]; a este humilla, y a aquél enaltece». Sal 31:15: «En tu mano están mis tiempos [las vicisitudes de mi vida]». Hch 17:26: Dios «y de una misma sangre ha hecho toda nación de los hombres, para que habiten sobre toda la faz de la tierra; y les ha prefijado el orden de las estaciones [esto es, los puntos de inflexión de la historia], y las fronteras de los lugares de residencia».

La providencia de Dios con respecto a las acciones libres.
La Biblia enseña con no menos claridad que Dios ejerce un poder controlador sobre las acciones libres de los hombres, así como sus circunstancias externas. Esto es cierto de todas sus acciones, buenas y malas. Se declara en términos generales que su dominio se extiende sobre toda la vida interior de ellos, y especialmente sobre sus buenas acciones. Pr 16:1: «Del hombre son las disposiciones del corazón, mas de Jehová es la respuesta de la lengua». Pr 21:1: «Como los repartimientos de las aguas, así está el corazón del rey en la mano de Jehová; a donde quiere lo inclina». Esd 7:27: «Bendito sea Jehová, Dios de nuestros padres, que puso tal cosa en el corazón del rey, para honrar la casa de Jehová». Éx 3:21: «y yo daré a este pueblo gracia en los ojos de los egipcios». Sal 119:36: «Inclina mi corazón a tus testimonios». Sal 141:4: «No dejes que se incline mi corazón a cosa mala». Una gran parte de las predicciones, promesas y amenazas de la palabra de Dios se basan sobre la presuposición de este control absoluto sobre los actos libres de sus criaturas. Sin esto no puede haber gobierno del mundo ni certidumbre en cuanto al resultado. La Biblia está llena de oraciones basadas en esta misma presuposición. Todos los cristianos creen que los corazones de los hombres están en la mano de Dios, que Él obra en ellos tanto el querer como el hacer, según Su buena voluntad.

La relación de la providencia de Dios con el pecado.
Con respecto a los actos pecaminosos de los hombres, las Escrituras enseñan, (1) Que están de tal manera bajo el control de Dios que pueden acontecer sólo por permisión de Él y en ejecución de sus propósitos. Él los conduce de tal manera en el ejercicio de su maldad que las formas particulares de su manifestación son determinadas por la voluntad de Dios. En 1 Cr 10:4-14 se dice que Saúl se mató a sí mismo, pero en otro pasaje se afirma que Dios lo mató y le dio el reino a David. También se dice que Él endureció el corazón de Faraón; que Él endureció el corazón de Sehón rey de Hesbón; que Él llevó a los corazones de los gentiles a que aborrecieran a su pueblo; que Él ciega los ojos de los hombres y les envía una operación de error para que crean una mentira; que Él agita las naciones a la guerra. «Dios», se dice en Ap 17:17, «ha puesto en sus corazones el ejecutar lo que Él se propuso: ponerse de acuerdo, y dar su reino a la bestia, hasta que se cumplan las palabras de Dios». (2) Las Escrituras enseñan que la maldad de los hombres queda reprimida dentro de límites prescritos. Sal 76:10: «Ciertamente la ira del hombre te acarreará alabanza; tú reprimirás el resto de las iras». 2 R 19:28: «Por cuanto te has airado contra mí, por cuanto tu arrogancia ha subido a mis oídos, yo pondré mi garfio en tu nariz, y mi freno en tus labios, y te haré volver por el camino donde viniste». (3) Las acciones malvadas pueden ser vueltas para bien. La malvada conducta de los hermanos de José, la terquedad y desobediencia de Faraón, el anhelo de conquista y codicia de rapiña que conducía a los gobernantes gentiles en sus invasiones de Tierra Santa; sobre todo, la crucifixión de Cristo, las persecuciones de la Iglesia, las revoluciones y guerras entre las naciones, han sido manejadas de tal manera por Aquel que se sienta como gobernante en los cielos, que han llevado al cumplimiento de sus sabios y misericordiosos designios. (4) Las Escrituras enseñan que la providencia de Dios con respecto a los pecados de los hombres es tal que la pecaminosidad de los mismos procede sólo de la criatura y no de Dios, que ni es ni puede ser el autor ni aprobador del pecado. 1 Jn 2:16: «Porque todo lo que hay en el mundo, los deseos de la carne, la codicia de los ojos, y la soberbia de la vida, no proviene del Padre [no de Él como fuente o autor], sino del mundo». Stg 1:13: «Que nadie diga cuando es ten-

tado: Estoy siendo tentado de parte de Dios; porque Dios no puede ser tentado por el mal, ni Él tienta a nadie». Jer 7:9: «Hurtando, matando, adulterando, jurando en falso, e incensando a Baal, y andando tras dioses extraños que no conocisteis, ¿vendréis y os pondréis delante de mí en esta casa sobre la cual es invocado mi nombre, y diréis: Ya estamos a salvo; para seguir haciendo todas estas abominaciones?»

Así, el hecho de que Dios gobierna a todas sus criaturas y todas sus acciones está claramente enseñado en las Escrituras. Y este hecho es el fundamento de toda religión. Es la base de la consolación de su pueblo en todas las edades; y se puede decir que es la convicción intuitiva de todos los hombres, por inconsecuente que sea con sus teorías filosóficas o con sus profesiones. El hecho de esta providencia universal de Dios es todo lo que la Biblia enseña. En ninguna parte trata de informarnos de cómo hace Dios para gobernar todas las cosas, ni cómo su control efectivo debe reconciliarse con la eficiencia de las causas segundas. Todos los intentos de los filósofos y teólogos para explicar este punto pueden ser declarados como fracasos, y peor que fracasos, porque no sólo suscitan más dificultades que las que resuelven, sino que en casi todos los casos incluyen principios o conducen a conclusiones incongruentes con las llanas enseñanzas de la palabra de Dios. Estas teorías se basan todas en algún principio *a priori* que es aceptado sobre una base no más alta que la de la razón humana.

[3. Teorías diferentes acerca del gobierno divino.]

4. Los principios involucrados en la doctrina Escritural de la Providencia.

A. La Providencia de Dios sobre el universo material.

Por lo que respecta a la relación de Dios con el mundo externo, los siguientes hechos parecen ser dados por sentados o bien claramente enseñados en la Biblia:

1. Hay un mundo externo, o universo material. Lo que llamamos el mundo no es un fantasma ni una exhibición engañosa. No se trata de nosotros, de nuestros diversos estados, sea como sea que se produzcan. La materia existe realmente. Es una sustancia, que existe, y continúa, y tiene identidad en todos sus varios estados. Esto naturalmente, se opone al panteísmo, que hace del mundo externo una forma existencial de Dios; al idealismo; y a la teoría dinámica que enseña que la materia es meramente fuerza. Esta última doctrina es inteligible si por fuerza se entiende la voluntad constantemente en acción de Dios, porque ésta es la energía de la sustancia divina. Pero en la forma en que la doctrina se presenta comúnmente, se toma la fuerza como la realidad última. La materia [según esta doctrina] es fuerza, no es una sustancia, sino simplemente actividad, poder. Pero es evidente que la nada no puede actuar, o no puede producir movimiento, lo que sí hace la fuerza. Está igual de claro que no puede haber acción sin algo que actúe, como tampoco puede haber movimiento sin algo que se mueva, como tan frecuentemente se ha dicho. Por ello, la fuerza no existe por sí misma. Necesariamente implica una sustancia de la que sea una manifestación o propiedad. La verdadera existencia del mundo real es una de aquellas realidades del sentido común y de las Escrituras, sustentada por la misma constitución de nuestra naturaleza, y que es inútil negar.

La materia es activa.

2. El segundo hecho o principio reconocido por las Escrituras es que la materia es activa. Tiene propiedades o fuerza que son las causas próximas de los cambios físicos que constantemente vemos y experimentamos. [...] La teoría que niega la existencia de causas físicas, y que atribuye todos los efectos naturales o cambios a la operación inmediata de la voluntad divina, contradice nuestra naturaleza, y no puede ser cierta. Además, como ya hemos visto, esta

teoría conduce lógicamente al idealismo y al panteísmo. Confunde al universo con Dios.

Estas fuerzas físicas actúan por necesidad, ciega y uniformemente. Están en todas partes y siempre son iguales. La ley de la gravedad es en las más remotas regiones del espacio lo que es aquí en nuestra tierra. Actúa siempre, y siempre de la misma manera. Lo mismo sucede con todas las otras fuerzas físicas. La luz, el calor, la electricidad y las afinidades químicas son en todas partes idénticas en su modo de operar.

Las leyes de la Naturaleza.

La ambigüedad de las palabras ley y naturaleza ya ha sido observada. Sin embargo, la frase «Leyes de la Naturaleza» se emplea generalmente en uno u otro de dos sentidos. O bien significa una secuencia regular observada de acontecimientos, sin referencia a la causa que determina esta regularidad de secuencia; o significa una fuerza natural de acción uniforme. En este último sentido hablamos de las leyes de la gravedad, de la luz, del calor, de la electricidad, etc. El hecho de la existencia de tales leyes, o de tales fuerzas físicas, que actúan uniformemente, y que no deben ser resueltas en «modos uniformes de operación divina» es, como hemos visto, una importante verdad escritural.

La principal cuestión es: ¿Qué relación tiene Dios con estas leyes? La respuesta a esta pregunta, tomada de la Biblia, es, primero, que Él es el autor de las mismas. Él dotó a la materia de estas fuerzas, y ordenó que fueran uniformes. Segundo, Él es independiente de ellas. Él puede cambiarlas, aniquilarlas o suspenderlas según quiera. Él puede operar con o sin ellas. No se puede hacer que el «Reino de la Ley» domine sobre Aquel que hizo las leyes. En tercer lugar, como la estabilidad del universo y el bienestar e incluso la existencia de las criaturas organizadas depende de la uniformidad de las leyes de la naturaleza, Dios nunca las descuida excepto para el cumplimiento de algún alto propósito. Él, en las operaciones ordinarias de la Providencia, opera con y por medio de las leyes que Él ha ordenado. Él gobierna el mundo material, así como el moral, mediante ley.

Por ello, la relación que Dios tiene con las leyes de la naturaleza es, en un aspecto importante, análoga a la que nosotros tenemos con ellas. Las empleamos. El hombre no puede hacer nada fuera de él mismo sin ellas; y, sin embargo, ¡qué maravillas de ingenio, de hermosura y de utilidad que ha podido hacer! El doctor Beale [...] ilustra la relación de Dios con las fuerzas físicas con una analogía a un químico en su laboratorio. Los componentes químicos no se ponen a sí mismos en las retortas en las debidas proporciones, ni se someten a sí mismos primero a una operación y luego a otra. Como meras fuerzas físicas, ciegas, no pueden hacer nada; al menos nada que implique propósito o designio. Las propiedades químicas de los materiales empleados tienen sus funciones, y el químico tiene las suyas, evidentemente no sólo diferentes, sino diversas, esto es, de un orden diferente. La ilustración del profesor Henry fue tomada de la relación del ingeniero con la máquina. La complicada estructura de la máquina, la composición y la combustión del combustible; la evaporación del agua; todo ello es externo al ingeniero, y él a ello. La locomotora, aunque dotada de potencia, se encuentra perfectamente quieta. Respondiendo a la acción del ingeniero despierta a la vida, y sin embargo con toda su tremenda energía es perfectamente obediente a su voluntad.

Estas ilustraciones, y otras posibles, son necesariamente muy inadecuadas. Los poderes de la naturaleza de los que el hombre se vale no dependen de él, y están bajo su control sólo de una manera muy limitada. Él es totalmente externo a sus obras. Sin embargo Dios llena los cielos y la tierra. Él es inmanente en el mundo; íntimamente y siempre presente con cada partícula de materia. Y esta presencia no lo es sólo en cuanto al ser, sino también en cuanto al conocimiento y al poder. Es manifiestamente inconsecuente con la idea de un Dios infinito que cualquier parte de sus obras esté ausente de Él, fuera de su vista, o independiente de su control. Aunque estando así en todas partes eficientemente presente, su eficiencia no anula la de sus criaturas. Es por una ley natural, o fuerza física, que el vapor se levanta de la superficie de los océanos, que se acumula en nubes, y que se condensa y cae en forma de lluvia sobre la tierra, pero Dios controla de tal manera la operación de las leyes que producen estos efectos que Él envía la lluvia cuando y donde le place. Lo mismo sucede con todas las operaciones de la naturaleza y con todos los acontecimientos del mundo externo. Se deben a la eficiencia de las fuerzas físicas; pero estas fuerzas [...] están todas bajo la constante conducción de Dios, y son llevadas al cumplimiento de su propósito. Por ello, es perfectamente racional, en un mundo donde las fuerzas ciegas y naturales son la causa próxima de todo lo que acontece, orar por salud, por protección, por éxito, por sazones feraces, y por la paz y la prosperidad de las naciones, por cuanto todos estos acontecimientos están determinados por la agencia inteligente de Dios.

Así, se ve que la providencia de Dios es universal y que se extiende a todas sus criaturas y a todas sus acciones. La distinción usual y apropiadamente hecha entre la providencia general, especial y extraordinaria de Dios se refiere a los efectos producidos, y no a su agencia en la producción de los mismos, por cuanto es la misma en todos los casos. Pero si el objeto a cumplirse es general, como el movimiento ordenado de los cuerpos celestes o la sustentación y operación regular de las leyes de la naturaleza, entonces la providencia de Dios es designada como general. Muchas personas están dispuestas a admitir esta superintendencia general del mundo por parte de Dios, pero niegan su intervención en la producción de efectos concretos. Pero la Biblia enseña con claridad una providencia especial, y todos los hombres la creen de manera instintiva. Esto es, Dios emplea su control sobre las leyes de la naturaleza para lograr efectos especiales. Personas enfermas, en peligro, o en cualquier angustia oran a Dios pidiendo ayuda. Esto no es irracional. Supone que la relación de Dios con el mundo es precisamente la que se declara en la Biblia. No supone que Dios eche a un lado ni contrarreste las leyes de la naturaleza, sino sencillamente que Él las controla y hace que produzcan cualquier efecto que le plazca. Las Escrituras y la historia del mundo, y la experiencia de casi todas las personas, dan abundante evidencia de tales interposiciones divinas. Seríamos como huérfanos sin ayuda si no fuera por esta constante supervisión y protección de nuestro Padre celestial. Algunas veces, las circunstancias que acompañan a estas intervenciones divinas son tan insólitas, y las evidencias que dan del control divino son tan claras, que los hombres no pueden rehusar ver la mano de Dios. Sin embargo, nada hay de extraordinario en la acción de Dios. Se trata sólo de que en tales ocasiones somos testigos de manifestaciones más impresionantes del control absoluto que Él ejerce constantemente sobre las leyes que Él ha ordenado.

La uniformidad de las leyes de la naturaleza, consecuente con la doctrina de la Providencia.

Es evidente que la doctrina Escritural de la providencia no es inconsecuente con el «Reino de la Ley» en ningún sentido propio de las palabras. Las Escrituras reconocen el hecho de que las leyes de la naturaleza son inmutables; que son ordenamientos de Dios; que son uniformes en su operación; y que no pueden ser pasadas por alto impunemente. Pero así como el hombre dentro de su esfera puede emplear estas leyes fijas para cumplir los más diversos propósitos, así Dios en su esfera ilimitada las tiene siempre y en todas partes bajo su absoluto control, de manera que, sin suspenderlas ni violarlas, están siempre sujetas a su voluntad. [...] Si el hecho de que los hombres puedan emplear las leyes de la naturaleza para «sus propios fines y ventajas» es compatible con la uniformidad de estas leyes, el control de Dios sobre las mismas para el cumplimiento de sus propósitos no puede ser inconsecuente con su estabilidad como leyes. Dios gobierna la creación de acuerdo con las leyes que Él mismo ha ordenado.

La Providencia de Dios en relación con los procesos vitales.

[...] Se puede apelar a la autoridad de la Escritura para sustentar la doctrina en cuestión. La Biblia enseña la omnipresencia de Dios; esto es, la omnipresencia de la mente. La frase «Dios llena los cielos y la tierra» significa que la mente impregna los cielos y la tierra, y que no hay porción del espacio en la que no esté la mente presente y activa. Las Escrituras enseñan asimismo que todas las cosas, incluso las más diminutas, como el número de los cabellos de nuestra cabeza, la caída de un gorrión, el vuelo de una flecha, está todo ello bajo el control de Dios. También se dice que es Él quien hace crecer la hierba, lo que significa no sólo que Él ordena de tal forma las causas físicas de manera que el resultado es la vegetación, sino también, como aparece en otras descripciones, que la organización y el crecimiento de la planta son determinados por su acción. Esto parece estar claramente enseñado con respeto a los cuerpos de los hombres en el Sal 139:15, 16: «No fueron encubiertos de ti mis huesos, aun cuando en oculto fui formado, y entretejido en lo más profundo de la tierra. Mi embrión veían tus ojos, mis días estaban previstos, escritos todos en tu libro, sin faltar uno». Por dudosa que sea la interpretación del versículo 16 en el original, no puede haber dudas acerca del sentido general del pasaje. Enseña con claridad que el cuerpo humano es conformado en el vientre por la inteligencia de Dios, y no por causas físicas no dirigidas, actuando ciegamente.

B. La Providencia de Dios sobre las criaturas racionales

Sin embargo, la providencia de Dios se extiende sobre el mundo de la mente, esto es, sobre agentes racionales libres, así como sobre el universo material. Los principios involucrados en la doctrina Escritural acerca del gobierno providencial de Dios de las criaturas racionales son:

1. Que la mente es esencialmente activa. Origina sus propios actos. Esto es una cuestión de consciencia. Es esencial para la libertad y la responsabilidad. Es claramente la doctrina de la Biblia que llama a los hombres a actuar, y que los considera como autores de sus propios actos. Este principio, como hemos visto, se levanta en oposición, (a) A la doctrina de una creación continua. (b) A la doctrina que niega la eficiencia de las segundas causas, y que confunde todo poder en el inmediato poder de Dios; y (c) A la doctrina de que los agentes libres son tan dependientes que no pueden actuar a no ser que se actúe sobre ellos, o que no pueden moverse hasta que sean movidos *ab extra* [desde fuera].

2. Pero aunque los agentes libres tienen poder de actuar, y originan sus propios actos, son sostenidos no sólo en el ser y en la eficiencia por el poder de Dios, sino que Él controla el uso que ellos hacen de su capacidad. (a) Él puede estorbar, y a menudo estorba sus acciones. (b) Él determina que su acción sea en un sentido, y no en otro; por lo que es racional orar que Dios incline los corazones de los hombres para que nos muestren favor; que Él cambie las disposiciones y los propósitos de los hombres malvados; y que Él obre en nosotros el querer así como el hacer. Por ello, ninguna criatura es independiente de Dios en el ejercicio de los poderes con que Él nos ha dotado. Los corazones de los hombres están en sus manos, y Él controla la acción de ellos con tanta efectividad como controla las operaciones de la naturaleza. Pero su acción en el mundo de los espíritus no interfiere en las leyes de la mente, como tampoco su acción en el mundo externo interfiere con la eficiencia de las causas materiales.

Distinción entre la eficiencia providencial de Dios, y las influencias del Espíritu Santo.

3. La acción providencial de Dios en el gobierno de los agentes libres no debe ser confundida con las operaciones de su gracia. Estas dos cosas son constantemente presentadas en la Biblia como distintas. La primera es natural, la otra es sobrenatural. En la primera Dios actúa conforme a leyes uniformes, o por su *potentia ordinata*, en la otra, según el beneplácito de su voluntad, o por su *potentia absoluta*. El control que Dios ejerce sobre los actos ordinarios de

los hombres, y especialmente sobre los malvados, es análogo al que Él ejerce en la conducción de las causas materiales, mientras que su acción en las operaciones de su gracia es más análoga a su modo de acción en profecía, inspiración y milagros. En lo primero, su acción providencial sobre las mentes, no se lleva a cabo nada que trascienda a la eficiencia de causas segundas. En lo segundo, los efectos son de tal clase que las causas segundas son incapaces de efectuarlos. Los puntos más evidentes de diferencia entre los dos casos son: (1) En las operaciones o actos ordinarios de los agentes libres, la capacidad de ejecutarlos pertenece al agente y surge de su naturaleza como criatura racional, y es inseparable de ella, mientras que los actos de fe, arrepentimiento y otros afectos santos no brotan de la capacidad de los hombres en la presente condición de su naturaleza, sino de un nuevo principio de vida comunicado y mantenido sobrenaturalmente. (2) Los actos ordinarios de los hombres, y especialmente sus actos malvados, son determinados por sus propias inclinaciones y sentimientos naturales. Dios no despierta ni infunde estos sentimientos ni disposiciones con el fin de determinar que los pecadores actúen malvadamente. Por otra parte, todos los afectos de gracia o santidad sí son así infundidos o excitados por el Espíritu de Dios. (3) El gobierno providencial de Dios sobre agentes libres es ejercitado en conformidad a las leyes de la mente, de la misma manera que su gobierno providencial sobre el mundo material es en conformidad a las leyes establecidas de la materia. Ambas cosas pertenecen a la *potentia ordinata*, o eficiencia ordenada de Dios. Este no es el caso con las operaciones de su gracia. Los afectos y ejercicios santos no son debidos al mero poder moral de la verdad, o a su control sobre nuestros afectos naturales, sino a la morada del Espíritu de Dios. De manera que no somos nosotros los que vivimos, sino Cristo que vive en nosotros. Es verdaderamente nuestra vida, pero es una vida de origen divino, y sustentada y conducida en todos sus ejercicios por una influencia mayor que las leyes de la mente, o una influencia que opere meramente por medio de ellas y en conformidad a sus operaciones naturales. Esta distinción entre la naturaleza y la gracia, entre la eficiencia providencial de Dios y las operaciones de su Espíritu en los corazones de su pueblo es una de las más importantes en toda la teología. Constituye toda la diferencia entre el Agustinismo y el Pelagianismo, entre el racionalismo y la religión sobrenatural, evangélica.

Conclusión.

Así son los principios generales involucrados en esta dificilísima doctrina de la Providencia Divina. Deberíamos estar igualmente en guardia contra el extremo que confunde toda eficiencia en Dios, y que, al negar todas las segundas causas, destruye la libertad y responsabilidad humanas, y que hace de Dios no sólo el autor del pecado, sino en realidad el único Ser del universo; y el extremo opuesto que excluye a Dios del mundo que Él ha hecho, y que, al negar que Él gobierna a todas sus criaturas y a todas sus acciones, destruye el fundamento de toda religión, y seca las fuentes de la piedad. Si esta última perspectiva fuera cierta, no habría Dios a quien mirar para la suministración de nuestras necesidades, o para ser protegidos del mal, cuyo favor buscar, o cuyo desagrado temer. Nosotros, y todas las otras cosas, estaríamos en manos de causas operando ciegamente. Entre estos dos extremos igualmente fatales se encuentra la doctrina Escritural de que Dios gobierna todas sus criaturas y todas sus acciones. Esta doctrina admite la realidad y eficiencia de las segundas causas, tanto materiales como mentales, pero niega que sean independientes del Creador y Preservador del universo. Enseña que un Dios infinitamente sabio, bueno y poderoso está presente en todas partes, controlando todos los acontecimientos, grandes y pequeños, necesarios y libres, de una manera perfectamente consecuente con la naturaleza de sus criaturas y con su propia infinita excelencia, de manera que todo está ordenado por sus sabios y benevolentes designios.

Capítulo 12
Milagros

1. Su naturaleza. Significado y uso de la palabra.

LA PALABRA MILAGRO se deriva de *miror*, maravillarse, y por ello denota aquello que excita la maravilla. En este sentido etimológico de la palabra se puede emplear para denotar cualquier acontecimiento extraordinario adaptado para excitar la sorpresa y llamar la atención. Las palabras empleadas en la Biblia en referencia a los acontecimientos milagrosos no nos informan de su naturaleza. Las más comunes son: (1) **peleh**, algo separado o singular, (2) **oth**, señal, portento, algo designado para servir de confirmación. (3) **mopheth**, (de derivación incierta), empleado en el sentido de *tupos*, de personas y cosas expuestas como advertencia, y para acontecimientos notables confirmando la autoridad de profetas. (4) **g'vurah**, poder, empleado de cualquier manifestación extraordinaria del poder divino. (5) «Obras del Señor». En la mayoría de los casos estos términos expresan el designio más que la naturaleza de los acontecimientos a los que se aplican.

Siendo tal el sentido indefinido de estos términos escriturales, no es sorprendente que la palabra milagro fuera empleada en la Iglesia en un sentido muy amplio. Cualquier cosa maravillosa, cualquier cosa cuya causa próxima no pudiera ser descubierta, y cualquier cosa en la que la acción divina estuviera especialmente indicada era llamada un milagro. Así, Lutero dice: «La conversión es el mayor de los milagros». «Cada día», dice él, «se ve milagro tras milagro; que cualquier pueblo se adhiera al Evangelio cuando hay cien mil demonios unidos contra ello, o que la verdad se mantenga en este mundo de maldad, es un milagro continuado, ante el cual la curación de los enfermos o la resurrección de los muertos es una mera bagatela». Como ni la etimología ni el uso de la palabra conduce a una idea concreta de la naturaleza de un milagro, podemos captar esta idea sólo mediante el examen de algún acontecimiento claramente milagroso.

Definición del Milagro.

Según la «Confesión de Westminster», «Dios, haciendo uso de medios en la providencia ordinaria, sin embargo es libre de obrar a placer sin, por encima de, o contra ellos». En primer lugar, hay acontecimientos por ello debidos a las operaciones ordinarias de causas segundas, sustentados y conducidos por Dios. A esta clase pertenecen los procesos comunes de la naturaleza; el crecimiento de plantas y animales, los movimientos ordenados de los cuerpos celestes, y los acontecimientos menos usuales, como terremotos, erupciones volcánicas y convulsiones y revoluciones violentas en las sociedades humanas. En segundo lugar, hay acontecimientos debidos a las influencias del Espíritu Santo sobre los corazones de los hombres, como la regeneración, santificación, iluminación espiritual, etc. Tercero, hay acontecimientos que no pertenecen a ninguna de estas clases, y cuyas características distintivas son: Primero, que tienen lugar en el mundo externo, esto es, en la esfera de la observación de los sentidos; y segundo, que son producidos o causados por la simple voluntad de Dios, sin intervención de ninguna causa subordinada. A esta clase pertenece el acto original de la creación, en la que era imposible toda cooperación de segundas causas. A la misma clase pertenecen todos los acontecimientos verdaderamente milagrosos. Por ello, un milagro puede ser definido como un acontecimiento en el mundo exterior producido por la eficiencia inmediata o simple volición de Dios.

Un examen de alguno de los grandes milagros registrado en las Escrituras establecerá el rigor de esta definición. Se puede tomar como ejemplo la resurrección de Lázaro de entre los muertos. Este fue un acontecimiento que tuvo lugar en el mundo exterior; uno que podía ser visto y verificado por el testimonio de los sentidos. No fue producido ni en todo ni en parte por la eficiencia de las causas naturales. Fue debido a la simple palabra, o volición, o agencia inmediata de Dios. Lo mismo puede decirse de la restauración a la vida de la hija del principal de la sinagoga, al pronunciar Cristo las palabras *Talitha cumi*; y de su curación de los leprosos mediante una palabra. Lo mismo cuando Cristo anduvo sobre la mar, cuando multiplicó los panes y los peces, cuando calmó los vientos y las olas con una orden; no sólo se ignora cualquier cooperación de causas físicas, sino que se niega por la más clara implicación.

Objeciones a esta definición de Milagro.
Se objeta a esta definición de milagro que supone que las leyes de la naturaleza pueden ser violadas o echadas a un lado. A esto objetan muchos teólogos y científicos, declarando que es imposible. Si la ley de la naturaleza es la voluntad de Dios, ésta no puede ser echada a un lado, y mucho menos violada de manera directa. Esta es la objeción de Agustín. [...] Baden Powell, en nombre de los científicos, protesta en contra de que se le quiera hacer creer nada «que diverja de la naturaleza y de la ley». «El amplio estudio crítico e inductivo del mundo natural», dice él, «no puede por más que tender poderosamente a evidenciar lo inconcebible de las imaginadas interrupciones del orden natural, o de las supuestas suspensiones de las leyes de la materia, y de aquella inmensa serie de causación dependiente que constituye el legítimo campo para la investigación científica, cuya consistencia es la única justificación para su generalización, mientras que forma la base sustancial para las magnas conclusiones de la teología natural».[1] La cuestión de los milagros, dice él,[2] no es tal «que pueda ser decidida mediante unos cuantas generalidades tópicas y gastadas en cuanto al gobierno moral del mundo y la creencia en la Omnipotencia Divina, o en cuanto a la validez del testimonio humano o los límites de la experiencia humana. Involucra, y está esencialmente erigido sobre, aquellas más grandes concepciones del orden de la naturaleza, aquellos inclusivos elementos primordiales de todo el conocimiento físico, aquellas ideas últimas de causación universal, que pueden ser familiares sólo para los versados en filosofía cósmica en su sentido más amplio». «Es mayormente arriesgado para cualquier razonador moral general que discuta cuestiones de evidencia que esencialmente involucran aquella más elevada apreciación de la *verdad física* que puede ser lograda sólo mediante una exacta y amplia familiaridad con la serie conectada de las ciencias físicas y matemáticas. Así, por ejemplo, la sencilla pero magna verdad de la ley de la conservación, y la estabilidad de los movimientos celestiales, ahora bien comprendido por todos los sanos filósofos cósmicos, es sólo un tipo de los poderes universales,

---

1. *Recent Enquiries in Theology, or Essays and Reviews*. Por eminentes clérigos. Boston, 1860, pág. 124.
2. *Ibid*, pág. 150.

auto-sustentantes y auto-evolutivos que impregnan toda la naturaleza».[3] La conclusión del profesor Powell es: «Si los milagros estuvieron, en la estimación de una era anterior, entre los principales apoyos del cristianismo, están en la actualidad entre las principales *dificultades* y estorbos para su aceptación».[4] Todo su argumento es éste: los milagros, tal como son comúnmente definidos, involucran una suspensión, o alteración, o violación de las leyes de la naturaleza; pero estas leyes son absolutamente inmutables, y por ello esta definición tiene que ser incorrecta, o, en otras palabras, los milagros, en este sentido, tienen que ser imposibles.

Respuesta a la anterior objeción.
La forma en que la objeción es presentada por parte de aquellos que hacen de la naturaleza la voluntad de Dios recibe respuesta diciendo que la naturaleza no es la voluntad de Dios en ningún otro sentido que el de que Él ordenó la secuencia de los acontecimientos naturales, y estableció las leyes o causas físicas mediante las que se logra esta secuencia. Esta relación entre Dios y el mundo da por sentado que la naturaleza y sus leyes le están sujetas, y por ello son susceptibles en cualquier momento de ser suspendidas o contrarrestadas, según su beneplácito.

En cuanto a la otra forma de la objeción, que supone que las leyes de la naturaleza son en sí mismas inmutables, y por ello que no pueden ser suspendidas, es suficiente con decir: (1) Que esta absoluta inmutabilidad de las leyes naturales es una suposición gratuita. Que una cosa haya sido no es prueba de que tenga que ser siempre. No hay certidumbre absoluta, porque no es necesario, que el sol salga mañana. Suponemos confiados que así lo hará, pero, ¿sobre qué base? ¿Qué imposibilidad hay para que esta noche la voz del ángel se oiga diciendo: «El tiempo no será más»? Si el tiempo comenzó, el tiempo puede acabar. Si la naturaleza comenzó a ser, puede dejar de ser, y todo en ella tiene que ser susceptible de cambio. Los científicos no tienen derecho a dar por sentado que por cuanto las leyes físicas son y siempre han sido, dentro de los límites de nuestra experiencia, regulares en su operación, que sean, como dice el profesor Powell, «auto-sustentantes y auto-evolutivas». Es un gran error suponer que la uniformidad es inconsecuente con el control voluntario; que, debido a que la ley reina, Dios no reine. Las leyes de la naturaleza son uniformes sólo porque Él así lo quiere, y su uniformidad continúa sólo hasta allí donde Él quiere.

(2) Es totalmente menospreciativo del carácter de Dios suponer que Él esté sujeto a la ley, y especialmente a las leyes de la materia. Si tan sólo se admite el Teísmo, entonces se tiene que admitir también que todo el universo, incluyendo todo lo que contiene y las leyes por las que está controlado, tiene que estar sujeto a la voluntad de Dios. El profesor Powell dice, desde luego, que muchos teístas niegan la posibilidad de la suspensión o violación de las leyes de la naturaleza, pero también dice que hay muchos grados de Teísmo, y bajo este término incluye él teorías que otros consideran inconsistentes con la doctrina de un Dios personal. Lo cierto es que la validez de la objeción a la definición de milagro que ha sido dada al principio, y que ahora consideramos, depende de la suposición de que Dios esté sujeto a la naturaleza, y que no puede controlar las leyes de la misma. [...]

(3) Para esta cuestión, la autoridad de la Escritura es decisiva para los cristianos. La Biblia, en todo lugar, no sólo afirma la absoluta independencia de Dios de todas sus obras, y su control absoluto sobre las mismas, sino que está repleta de ejemplos del efectivo ejercicio de este control. Cada milagro registrado en las Escrituras es un ejemplo así. Cuando Cristo llamó a Lázaro de la tumba, las fuerzas químicas que estaban operando la disolución de su cuerpo de-

---

3. *Ibid*, pág. 151.
4. *Ibid*, pág. 153

jaron de hacerlo. Cuando dijo a la tempestad: «¡Calla, enmudece!», las fuerzas físicas que producían la tormenta se vieron detenidas; cuando anduvo sobre la mar, la ley de la gravedad quedó contrarrestada por una fuerza superior, la de la voluntad divina. En 2 R 6:5, 6 se nos dice que se le cayó el hierro del hacha en el agua», y que el varón de Dios echó en el agua un palo, «e hizo flotar el hierro». Aquí se produjo un efecto que todas las leyes conocidas de la física tenderían a impedir. Por ello, las Escrituras enseñan, de palabra y hecho, que Dios puede actuar, no sólo con causas físicas, sino sin y contra ellas.

(4) Después de todo, la suspensión o violación de las leyes de la naturaleza que se involucra en los milagros no es más que lo que está teniendo lugar de manera constante a nuestro alrededor. Una fuerza contrarresta otra; la fuerza vital mantiene en suspenso las leyes químicas de la materia; y la fuerza muscular puede controlar la acción de la fuerza física. Cuando alguien levanta un peso del suelo, ni se suspende ni se viola la ley de la gravedad, sino que es contrarrestada por una fuerza más poderosa. Lo mismo sucede con respecto al andar de Cristo sobre el agua o a la flotación del hierro del hacha por mandato del profeta. La sencilla y gran verdad es que el universo no está bajo el control exclusivo de las fuerzas físicas, sino que en todo lugar y tiempo siempre hay, por encima y aparte de todo, una voluntad personal infinita, no anulando, sino dirigiendo y controlando todas las causas físicas, actuando con o sin ellas. La verdad de esta cuestión [...] [es que] Dios es el autor de la naturaleza: Él ha ordenado sus leyes; Él está en todo lugar presente en sus obras; Él gobierna todas las cosas cooperando con y empleando las leyes que Él ha ordenado, NISI UBI ALITER AGERE BONUM EST. Él se ha reservado Su propia libertad.

Leyes más elevadas.

Una segunda objeción a la definición usual de milagros es que deben ser atribuidos a alguna ley superior oculta de la naturaleza, y no a la acción inmediata de Dios. Esta objeción es apremiada por dos clases de escritores muy diferentes. Primero, los que adoptan la teoría mecánica del universo suponen que Dios lo ha entregado al gobierno de las leyes naturales, y que no interfiere más en sus operaciones naturales que un constructor de buques con la navegación de las naves que ha construido. Este es el punto de vista presentado por Babbage en su *Ninth Bridgewater Treatise* (Noveno Tratado de Bridgewater). Él supone un hombre delante de la máquina calculadora construida por él, que produce cuadrados millones y millones de veces; luego, por una vez, produce un número cubo; y luego sólo cuadrados hasta que la máquina se desgasta. Hay dos maneras de explicar este extraordinario número cubo. La primera es que el hacedor de la máquina interfirió directamente para su producción. La otra manera es que proveyó para su aparición al construir la máquina al principio. Esta última explicación da una idea mucho más elevada de la destreza y sabiduría del ingeniero; y por ello, arguye Babbage, es «más consecuente con los atributos de la Deidad considerar los milagros no como desviaciones de las leyes asignadas por el Omnipotente para el gobierno de la materia y de la mente, sino como el exacto cumplimiento de unas leyes mucho más inclusivas que las que nosotros suponemos que existen».[5] De manera semejante, el profesor Baden Powell mantiene que cada efecto físico tiene que tener una causa física, y por ello que los milagros, considerados como eventos físicos, tienen que ser «atribuidos a causas físicas, posiblemente a causas conocidas, pero, en todo caso, a alguna causa o ley más elevada, si es que actualmente se desconoce».[6]

En segundo lugar, esta misma postura la toman muchos que no excluyen así a Dios de sus obras. Admiten que Él está presente en todas partes, y actuando en todo lugar, controlando

---

5. *The Ninth Bridgewater Treatise,* por Charles Babbage, Esq. Londres, pág. 22.
6. *Essays and Reviews; or Recent Inquiries in Theology,* pág. 160. Boston, 1860.

las leyes físicas para llevar a cabo sus propósitos. Pero insisten ellos en que Él nunca opera de manera inmediata, sino siempre por medio de las leyes establecidas de la naturaleza. Así, el Duque de Argyle, cuya excelente obra acerca del «Reinado de la Ley» es totalmente religiosa, dice:[7] «Nada hay en religión incompatible con la creencia de que todos los ejercicios del poder de Dios, sean ordinarios o extraordinarios, tengan lugar por la instrumentalidad de unos medios -esto es, por la instrumentalidad de leyes naturales dispuestas, por así decirlo, y empleadas para un propósito divino». Comienza su libro con citas de la obra de M. Guizot, *L'Eglise et la Société Chrétienne* en 1861, en el sentido de que la creencia en lo sobrenatural es especialmente difícil para nuestros tiempos: de que la negación de ello es la forma que asumen todos los asaltos modernos contra la fe cristiana; y que su aceptación se encuentra en la raíz no sólo del cristianismo, sino de toda religión positiva, sea la que sea. Por sobrenatural, él entendió que Guizot significaba lo que la palabra significa propia y comúnmente, esto es, aquello que trasciende a la naturaleza; y por naturaleza se significan todas las cosas fuera de Dios. Así, un acontecimiento natural en este sentido, que es el que Guizot le da al término, es un acontecimiento que trasciende al poder de la naturaleza, y que se debe a la acción inmediata de Dios. M. Guizot tiene indudablemente razón al decir que la creencia en lo sobrenatural, así explicada, es la gran dificultad de nuestro tiempo. La tendencia, no sólo en ciencia, sino de la especulación en todos los campos, es, al menos hoy día, confundirlo todo en la naturaleza y no admitir ningún otro tipo de causas.

 Aunque el Duque de Argyle es teísta y admite la constante operación de la voluntad de Dios en la naturaleza, con todo es apremiante en su insistencia de que el poder de Dios en la naturaleza es siempre ejercido en conformidad a la ley, y en relación con causas físicas. Por ello, los milagros difieren de los acontecimientos ordinarios sólo hasta allí donde se desconoce la ley según la que llegan a acontecer, o las fuerzas físicas que actúan en su producción. Cita con aprobación la muy insatisfactoria definición de Locke: «Así, considero un milagro la operación sensible que, estando más allá de la comprensión del espectador, y, *en su opinión*, contraria al curso establecido de la naturaleza, *es considerada por él* como divina».[8] Esta es precisamente la postura que mantiene Baden Powell, que en el ensayo al que hemos hecho repetidas referencias considera que un milagro es una mera cuestión de opinión. No se trataría de un asunto factual que pueda ser determinado por testimonio, sino un asunto de opinión acerca de la causa del hecho. El hecho puede ser admitido, y uno puede pensar que se debe a una causa natural, conocida o desconocida; entonces no se trata de un milagro. Otro hombre dice que se debe al poder inmediato de Dios. En tal caso se trata de un milagro. Y no es por ningún testimonio que se puede decidir cuál de las dos posturas sea la correcta. Se tiene que decidir por las concepciones generales de la naturaleza y de la relación de Dios con el mundo que los hombres mantengan. La doctrina de que Dios obra en el mundo externo sólo por medio de una fuerza física, e incluso que solamente puede actuar de esta manera, conduce necesariamente a la conclusión de que los milagros son acontecimientos en el mundo exterior producidos por causas físicas desconocidas. Sólo demuestran «la presencia de un conocimiento sobrehumano y la operación de un poder sobrehumano»[9]

Objeciones a la doctrina de una Ley Superior.

 (1) Con respecto a esta teoría, se puede observar, en primer lugar, que es una hipótesis totalmente gratuita. Supone sin necesidad alguna ni evidencia de ninguna especie la existencia de

---

7. *Reign of Law.* Por el Duque de Argyle. Quinta edición, Londres, pág. 22.
8. *Reign of Law,* págs. 24, 25.
9. *Reign of Law,* pág .16, nota.

leyes naturales desconocidas. Pero por leyes, en tal contexto, se significa o bien la secuencia ordenada de acontecimientos, o bien el poder mediante el que se logra la secuencia. En cualquier caso existe tal secuencia ordenada. Pero, ¿dónde tenemos la evidencia en ningún lugar del universo de que los vivos y los muertos, la recuperación de los enfermos, el acallamiento de la tempestad y la flotación del hierro sigan como resultado normal de un mandato? La doctrina de la Iglesia acerca de los milagros da una explicación sencilla, racional y satisfactoria de que tengan lugar, haciendo innecesarias e injustificables todas las suposiciones de leyes desconocidas. Es absolutamente imposible demostrar, como lo supone esta teoría, que todo acontecimiento físico tenga que tener una causa física. Nuestras propias voluntades son causas en la esfera de la naturaleza. Y la voluntad omnipotente de Dios no está atada a ningún modo de operación.

(2) Esta hipótesis no es sólo innecesaria, sino que es insatisfactoria. Hay milagros que trascienden no sólo a todas las leyes conocidas de la naturaleza, sino a todas las posibles. La naturaleza no puede crear. No puede originar vida. En otro caso sería Dios, y no se precisaría de nada fuera de la naturaleza para dar cuenta del universo y de todo lo que contiene. Por tanto, como no hay milagros que no puedan ser explicados por «una ley más elevada de la naturaleza», es evidente que deben ser atribuidos al poder inmediato de Dios, y no a alguna fuerza física desconocida. Todos los teístas están obligados a reconocer esta acción inmediata de Dios en el acto original de la creación. Entonces no había leyes ni fuerzas por medio de los que se pueda ejercer esta eficiencia. Por ello, se debe admitir el hecho sobre el que descansa la doctrina de la Iglesia acerca de esta cuestión.

(3) Las Escrituras no sólo callan acerca de cualquier ley superior como causa de acontecimientos milagrosos, sino que siempre los atribuyen al poder inmediato de Dios. Cristo dijo que Él echaba demonios por el dedo de Dios. Nunca se refirió a nada sino a su propia voluntad como el antecedente eficiente del efecto producido: «Quiero, sé limpio». Él sanaba con un toque, con una palabra. Cuando dio poderes milagrosos a los Apóstoles, no hizo alquimistas de ellos. Ellos no pretendieron el conocimiento de leyes ocultas. Pedro, cuando fue llamado a dar cuenta de la curación del lisiado en el templo, dijo que era en nombre de Cristo, que la fe en su nombre había sanado íntegramente a aquel hombre. Está claro además que, según esta teoría, los milagros tienen que perder su valor como prueba de una comisión divina. Si los Apóstoles hacían las maravillas que hacían por medio del conocimiento de la naturaleza, o por medio de su eficiencia, entonces están al mismo nivel que el experimentador que hace que el agua se congele en una cuchara al rojo vivo. Si Dios no es el autor del milagro, no se demuestra con él un mensaje divino.

(4) También es válido lo que dice el Rev. J. B. Mozley: «Decir que el hecho material que tiene lugar *en* un milagro admite su atribución a una causa natural desconocida no es decir que el milagro mismo pueda ser atribuido a ella. Un milagro es el hecho material *como* coincidente con el anuncio expreso o con las pretensiones sobrenaturales en el agente. Es esta correspondencia de dos hechos lo que constituye un milagro. Si una persona le dice a un ciego: «Ve», y él ve, no es sólo la repentina restauración de la vista lo que tenemos que explicar, sino su restauración en aquel momento particular. Porque es moralmente imposible que este exacto acuerdo de un acontecimiento con un mandamiento o notificación pueda deberse a la mera casualidad, o, como nosotros diríamos, que se trate de una coincidencia extraordinaria, especialmente si se repite en otros casos».[10] Es cosa bien cierta que nadie que vio a Lázaro salir del sepulcro, cuando Jesús dijo: «Lázaro, sal fuera», pensó jamás en ninguna ley física como la causa de aquel acontecimiento.

---

10. *Eight Lectures on Miracles;* por J. B. Mozley, B.D. *Bampton Lectures* de 1865. Londres, 1865, pág. 148.

Los milagros y las Providencias extraordinarias.

Una tercera objeción apremiada contra la definición dada anteriormente es que no es suficientemente inclusiva. No cubre una numerosa clase de milagros registrados en las Escrituras. En la repentina caída de una niebla que esconde un ejército y que lo salva así de la destrucción; en una tempestad que destruye una flota hostil, y que así salva a una nación -en cualquiera de estas intervenciones providenciales, se dice, tenemos todos los elementos incluidos en muchos de los milagros registrados en la Biblia. Los acontecimientos tienen lugar en el mundo externo; no se deben a unas meras causas físicas, sino a causas conducidas por la acción inmediata de Dios, y dirigidas al cumplimiento de un fin particular. Esto es todo lo que se puede decir de muchas de las plagas que azotaron a los egipcios; del vuelo de las codornices para dar satisfacción al deseo de los hebreos en el desierto; y de la pesca milagrosa registrada en los Evangelios.

Lo cierto es que una definición estricta de milagro no incluye los acontecimientos del tipo mencionados. Por ello, tales acontecimientos son llamados «providenciales» por Trench, en distinción a «milagros absolutos». Sin embargo, esta falta de inclusividad no parece una razón suficiente para rechazar la definición común de milagro: Porque hay una clase de acontecimientos, desde luego, a los que sí se aplica esta definición de manera estricta; y es importante que estos acontecimientos, que tanto destaca la Escritura, tengan una designación peculiar para ellos mismos, y que exprese su verdadera naturaleza. Ellos siguen siendo una clara evidencia de la intervención divina. Como dice Mozley, el valor de la evidencia no depende exclusivamente de la naturaleza del acontecimiento, sino de las circunstancias que lo acompañan. El enjambre de langostas, o la bandada de codornices, no habrían sido, por sí mismas, prueba de ninguna intervención divina especial; pero tomadas en relación con la amenaza de Moisés en el primer caso, y con la promesa en el otro, aquellos acontecimientos probaban de manera tan concluyente como lo hubiera podido hacer el milagro más absoluto que él era el mensajero de Aquel que podía controlar las leyes de la naturaleza y obligarlas a cumplir su voluntad.

2. La posibilidad de los milagros.

Naturalmente, la posibilidad de los milagros es negada por los que no hacen distinción alguna entre Dios y la naturaleza. Así sucede con Spinoza y todos sus modernos discípulos [...] Como él niega que haya cualquier distinción entre el poder de Dios y el poder de la naturaleza, niega naturalmente que haya base alguna para cualquier distinción entre acontecimientos naturales y sobrenaturales. [...] La teoría Panteísta, que enseña «que el gobierno del mundo no es la determinación de acontecimientos por parte de una inteligencia extra-mundana, sino por la razón como inmanente en las fuerzas cósmicas mismas y en sus relaciones»,[11] impide la posibilidad de un milagro.

Es una mera modificación de la misma perspectiva general la que dice que aunque los mundos material y mental tienen una existencia real, no hay causalidad fuera de Dios. Las segundas causas son sólo las ocasiones o los modos en que se ejerce la eficiencia divina. Esta doctrina excluye efectivamente cualquier distinción entre lo natural y lo sobrenatural, entre lo que se debe al poder inmediato de Dios y a lo que se debe a la eficiencia de las causas segundas. Las operaciones de Dios, cuando somos uniformes, dice Bretschneider, las llamamos leyes; cuando son raras o aisladas las llamamos milagros. La única diferencia es nuestra manera de contemplarlas. Una tercera objeción del mismo carácter general es que los milagros

---

11. Strauss, *Dogmatik,* Vol. II, pág. 384.

suponen acciones separadas e individuales de la voluntad divina, lo que es inconsecuente con la naturaleza de un Ser absoluto. «Está bien claro que un Dios que lleva a cabo actos individuales puede ser una persona, pero no puede ser absoluto. Al pasar Él mismo de uno a otro acto, o al ejercer una cierta clase de eficiencia (la extraordinaria) y luego reposar otra vez, Él hace y es en un momento lo que Él no hace y no es en otro, y así pasa a la categoría de lo mudable, lo temporal y lo finito. Si continuamos considerándole como absoluto, su obra debe ser considerada como un acto eterno, sencillo y uniforme en su naturaleza por cuanto procede de Dios, y sólo en el mundo de lo fenoménico revelando su plenitud en una serie de varias y cambiantes operaciones divinas».[12]

Esta es una objeción que ha sido ya considerada en varias ocasiones. Todo lo que se tiene que decir en respuesta a ella por ahora es que demuestra demasiado. Si es válida contra los milagros es también válida contra la doctrina de una creación *ex nihilo*, contra la providencia, contra la revelación, contra las profecías, contra escuchar la oración, y contra todas las operaciones de la gracia. En todos estos casos, tanto como en los milagros, Dios emprende una acción directa. Y si tal acción directa supone actos separados de la voluntad divina en uno de los casos, debe suponerlo en los restantes. De manera que si es válida la objeción contra los milagros, es válida contra la doctrina de un Dios personal y contra todo el sistema de religión natural y revelada. Por ello, sea cual sea la evidencia que tengamos del Ser de Dios y de la realidad de la religión, tenemos también que demostrar que esta objeción es un sofisma, basada en nuestra ignorancia del modo en que el Ser infinito se revela y manifiesta en lo finito. Nada es más cierto que Dios actúa en todas partes y siempre, y nada es más inescrutable que el modo de su actividad.

Una cuarta objeción a los milagros se basa en la teoría deísta de que la relación de Dios con el mundo es análoga a la de un ingeniero con una máquina. Un ingeniero no tiene razones para interferir en el funcionamiento de una máquina que haya hecho, excepto para corregir sus irregularidades; de modo que si Dios interfiere en el orden natural de acontecimientos producidos por las causas segundas que Él ha ordenado, sólo puede deberse a la imperfección de su obra. Como esto no puede admitirse racionalmente, tampoco puede admitirse la doctrina de los milagros, que supone tal interferencia especial. Esta objeción recibe su respuesta mostrando que la relación de Dios con el mundo no es la de un ingeniero con una máquina, sino la de una voluntad omnipresente, constantemente controladora e inteligente. Por ello, la doctrina de los milagros está basada en la doctrina del teísmo, esto es, de un Dios extramundano y personal, que, siendo distinto del mundo, lo sostiene y gobierna según su propia voluntad. Además, esta doctrina da por sentado que las causas segundas tienen una eficiencia real a las que se deben inmediatamente los acontecimientos ordinarios; que la acción divina no pasa por alto estas causas, sino que las sostiene y conduce en sus operaciones. Pero al mismo tiempo este Ser omnipotente y omnipresente es libre para actuar con o sin o contra estas causas, según le parezca conveniente: de modo que es igual de consistente con su naturaleza y con su relación con el mundo que los efectos de su poder sean inmediatos, esto es, sin la intervención de causas naturales, como por medio de su instrumentalidad. No se puede discutir que sta es la verdadera doctrina Escritural acerca de Dios y de su relación con el mundo. Esto lo admiten incluso los que niegan la veracidad de esta doctrina. [...]

---

12. Strauss, *Dogmatik,* Vol. I, pág. 59.

3. ¿Puede un milagro ser conocido como tal?

Esto es negado por diversas razones.

1. Se dice que si un milagro es un acontecimiento que trasciende la eficiencia de las segundas causas, tenemos que tener un conocimiento perfecto del poder de tales causas antes de poder decidir que un acontecimiento determinado sea milagroso. Pero como tal conocimiento perfecto es imposible, tiene que ser imposible para nosotros decidir si se trata o no de un milagro. Se tiene que admitir que en muchos casos la mera naturaleza de un acontecimiento no nos da un criterio cierto de su carácter como natural o sobrenatural. A los salvajes les parecen milagrosos muchos efectos que para nosotros son fácilmente explicables como producto de causas naturales. Un adepto al arte de la prestidigitación, o un científico, pueden hacer muchas cosas totalmente inexplicables para los no iniciados, que por ello no pueden distinguirlas de los milagros por nada en la misma naturaleza de los efectos mismos. Pero esta objeción se aplica sólo a una cierta clase de milagros. Hay algunos acontecimientos que trascienden tan evidentemente al poder de la naturaleza que no puede haber duda racional alguna acerca de su origen sobrenatural. Ninguna criatura puede crear ni originar vida, ni obrar sin la intervención de medios. Una gran clase de milagros registrados en la Escritura implican el ejercicio de un poder que puede pertenecer solamente a Dios. La multiplicación de unos pocos panes y peces para dar satisfacción al hambre de miles de hombres, la resurrección de los muertos, y la restauración de la vista a los ciegos y del oído a los sordos, no por la aplicación de un arte, sino por un mandato, son claramente efectos que implican el ejercicio de un poder omnipotente. Además, se tiene que considerar que la naturaleza del acontecimiento no es el único criterio por el que debemos determinar su carácter. Para demostrar que un acontecimiento en el mundo externo sea milagroso, tenemos sólo que demostrar que no es efecto de ninguna causa natural, y que debe ser atribuido a la inmediata acción de Dios. Para producir esta convicción, la evidencia moral es tan eficaz como cualquier otra. Tal acontecimiento puede ser, por lo que nosotros podamos ver, sobrenatural bien en su naturaleza o en el modo de su acaecimiento, pero esto sólo no nos justificaría para atribuirlo a Dios. Mucho depende del carácter del agente y del designio por el que la maravilla es llevada a cabo. Si estos son evidentemente malos, no podemos convencernos de que ha sido Dios quien ha obrado un milagro. Pero si tanto el carácter del agente como el designio de su obra son buenos, entonces quedamos fácil y racionalmente convencidos de que la maravilla es realmente un milagro.

Prodigios mentirosos.

2. Esta observación se aplica igualmente a otra base sobre la que se niega que podemos determinar que cualquier evento sea milagroso. Cualquier efecto puede trascender a todas las capacidades de todas las causas materiales y al poder del hombre, y sin embargo puede estar dentro del ámbito de la capacidad de inteligencias sobrehumanas. Hay criaturas racionales superiores al hombre, dotadas de capacidades sumamente más elevadas. Estas exaltadas inteligencias tienen acceso a nuestro mundo; ejercitan sus poderes en la producción de efectos en el reino de la naturaleza; y, por tanto, se dice, no podemos decir si un acontecimiento, admitido como sobrenatural (en el sentido limitado de este término), debe ser atribuido a Dios o a estos seres espirituales. Tal es la latitud con la que las palabras «señales y milagros» se emplean en las Escrituras que se aplican no sólo a las obras debidas a la acción inmediata de Dios, sino a las llevadas a cabo por el poder de malos espíritus. Por esto, muchos teólogos consideran estas últimas como verdaderos milagros. Son llamados «prodigios mentirosos», dice Gerhard,[13] no en cuanto a su forma (o naturaleza), sino en cuanto a su fin, esto es, por cuanto su intención es impulsar el error. Trench adopta la misma postura; dice él que no pone en duda

---

13. *Loci Theologici*, loc. XXIII, Cap. II, § 974, edición de Tubingen, 1774, Vol. XII, pág. 102.

que las Escrituras atribuyen verdaderas maravillas a Satanás. La cuestión no es si las obras de los magos egipcios y las profetizadas maravillas del Anticristo deben ser consideradas como trucos y prestidigitaciones. Se puede admitir que lo fueran, o que sean las obras de Satanás o de sus ángeles. Pero la pregunta es: ¿Deben ser considerados como verdaderos milagros? La respuesta a esta pregunta depende del significado de la palabra. Si por milagro entendemos cualquier evento que trascienda la eficiencia de las causas físicas y el poder del hombre, son milagros. Pero si nos adherimos a la definición dada con anterioridad, que demanda que el acontecimiento sea producido por el poder inmediato de Dios, naturalmente que no son milagros. Son «prodigios mentirosos», no sólo porque tengan la intención de sustentar el reino de las mentiras, sino porque profesan falsamente ser lo que no son. [...]

La dificultad para discriminar entre los milagros y estos prodigios mentirosos, esto es, entre las obras de Dios y las obras de Satanás, ha sido anticipada y prevista por los mismos escritores sagrados. En Dt 13:1-3 Moisés dice: «Cuando se levante en medio de ti algún profeta [...] y te anuncie una señal o prodigio, y si se cumple la señal o prodigio que te anunció, y entonces te dice: Vamos en pos de otros dioses que tú no conoces [...] no darás oído a las palabras de tal profeta». En Mt 7:22, 23 nuestro Señor dice: «Muchos me dirán en aquel día: Señor, Señor, ¿no profetizamos en tu nombre, y en tu nombre echamos fuera demonios, y en tu nombre hicimos muchos milagros? Y entonces les diré claramente: Nunca os conocí; apartaos de mí, hacedores de iniquidad». Mt 24:24: «Porque se levantarán falsos Cristos, y falsos profetas, y harán grandes señales y prodigios, hasta el punto de engañar, si fuera posible, aun a los elegidos». En 2 Ts 2:9 el Apóstol nos enseña que la venida del hombre de pecado es «con todo poder y señales y prodigios mentirosos». Estos pasajes enseñan que puede haber acontecimientos sobrenaturales, esto es, acontecimientos que trascienden el poder de las causas materiales y la capacidad del hombre, por la acción de inteligencias superiores; y que no se les debe otorgar autoridad alguna a ninguno de tales acontecimientos sobrenaturales si son producidos por agentes malvados o para propósitos malvados. Fue sobre esta base que nuestro Señor replicó a los fariseos que le acusaban de echar demonios por Beelzebub, el príncipe de los demonios. Él apeló al designio que tenían sus milagros para demostrar que no podían ser atribuidos a una influencia satánica. Satanás no cooperará para confirmar la verdad ni para promover el bien. Dios no puede cooperar para confirmar lo que es falso ni para promover el mal. De manera que el carácter del agente y el designio para el que es producido el evento sobrenatural determinan si es verdaderamente un milagro, o si es uno de los prodigios mentirosos del diablo. La Iglesia adoptó este criterio acerca de los milagros con base en las Escrituras. Dice Lutero: «No deben admitirse señales ni maravillas, por grandes y numerosas que sean, en contra de doctrinas autenticadas; porque tenemos el mandamiento de Dios, que dijo desde el cielo: "A Él oíd", que oigamos sólo a Cristo». [...]

A esto se puede objetar que es razonar en círculos querer demostrar la verdad de la doctrina por el milagro, y luego la verdad del milagro por la doctrina. Pero nosotros respondemos: (1) Que este criterio moral se precisa sólo en la clase dudosa de milagros. Hay ciertos acontecimientos que por su naturaleza no pueden tener otro autor que Dios. Trascienden no sólo a los poderes de la materia y del hombre, sino a todo poder creado. La eficiencia de las criaturas tiene límites conocidos, determinados, si no por la razón, si al menos por la Palabra de Dios. (2) No es insólito ni irrazonable que dos tipos de evidencia sean dependientes y sin embargo mutuamente confirmativas. En el caso de un historiador, podemos creer que sus autoridades sean lo que dice que son, por el carácter del mismo; y podemos creer sus declaraciones por sus autoridades. Así que podemos creer a un hombre bueno cuando nos dice que las maravillas que lleva a cabo no son trucos, ni efectos producidos por la cooperación de malos espíritus, sino por el poder de Dios, y podemos creer que sus enseñanzas son divinas debido a los prodigios. La Biblia da por supuesto que los hombres tienen una percepción intuitiva de lo bueno; y da por sentado que Dios está del lado de la bondad, y Satanás del lado del mal. Por ello, si se efectúa un prodigio en apoyo de lo que es bueno, es de Dios; si es en apoyo de lo que es malo, es de Satanás. Esta es una de las bases por la que los Protestantes se preocupan tan poco de los pretendidos milagros de la iglesia de Roma. No sienten la necesidad de refutarlos mediante un examen crítico de su naturaleza, ni de las circunstancias bajo las que fueron llevados a cabo, ni de la evidencia que los sustenta. Ni uno en un millar de ellos podría resistir la prueba de tal examen; la mayoría de ellos, desde luego, son imposturas descaradas abiertamente justificadas por las autoridades sobre la base del fraude piadoso. Es ya razón suficiente para repudiar todos estos pretendidos milagros, antes de cualquier examen, el que sean obrados en apoyo de un sistema anticristiano, que formen parte de una complicada maraña de engaño y maldad.

La insuficiencia del testimonio humano.

Hay todavía otra base sobre la que se ha negado la posibilidad de que un milagro sea conocido o demostrado. Se dice que no hay ninguna evidencia adecuada para establecer el acaecimiento de un acontecimiento milagroso. Nuestra fe en los milagros tiene que reposar en el testimonio histórico. El testimonio histórico es sólo el testimonio de hombres susceptibles de ser engañados. Toda confianza en tal testimonio está basada en la experiencia. Sin embargo, la experiencia nos enseña que el testimonio humano no es siempre fiable, mientras que nuestra experiencia acerca del curso uniforme de la naturaleza no conoce excepción alguna. Por ello, siempre será más probable que los testigos se equivocaran que no que el curso de la naturaleza haya sido violado. Este es el famoso argumento de Hume, del que dice Babbage que, «privado de sus menos importantes concomitantes, nunca ha sido refutado, ni nunca lo será».[14] Evidentemente, se refiere a que no puede ser refutado excepto matemáticamente, por medio de la doctrina de las probabilidades. Porque en una página posterior dice que los que sustentan el prejuicio en contra de la investigación matemática «se tienen que ver ahora obligados a admitir que han tratado de desacreditar la única ciencia que puede dar una refutación precisa de uno de los más célebres argumentos en contra de la revelación».[15] Trata luego de demostrar lo inverso a la proposición de Hume; esto es, que según la doctrina de las probabilidades es enormemente más probable que se dé una violación de las leyes de la naturaleza (p.e., que un muerto vuelva a la vida) que no que seis testigos independientes concurran en testificar acerca de la misma falsedad. El argumento puede ser válido para los matemáticos, pero para el común de la gente parece una aplicación errónea de los principios de esta venerable ciencia. Así como no podemos determinar por la ley de probabilidades una cuestión de estética o moral, tampoco se puede determinar de esta manera la relación de Dios con el mundo, y el uso de su poder, tal como está involucrado ello en la doctrina de los milagros. No depende de la validez del testimonio humano. Por incierto o dudoso que pueda ser este testimonio, acontecimientos como los milagros pueden tener lugar, si son consistentes con la naturaleza de Dios, y se pueden creer racionalmente. Pueden darse pruebas de su realidad que nadie pueda negar. Sin embargo, como se ha observado, es falsa la presuposición de que el testimonio humano no es adecuado para producir una certidumbre absoluta. Los hombres no dudan en sentenciar a muerte a un semejante, aunque sea sólo según el testimonio de dos hombres. A fin de que el testimonio humano lleve al asentimiento, debe (1) Ser dado como prueba

---

14. Babbage, *Ninth Bridgewater Treatise*, pág. 121.
15. *Ibid.*, pág. 132.

de un acontecimiento posible. Lo imposible no puede ser demostrado mediante ningún tipo de evidencia. El profesor Powell pregunta: ¿Cuánto testimonio sería necesario para demostrar que en una ocasión determinada dos más dos habían sumado cinco? Como ninguna cantidad de testimonio puede demostrar tal imposibilidad, el argumento concluye en el sentido de que ninguna cantidad de evidencia puede demostrar un milagro. Si los milagros son imposibles, éste es el fin de la cuestión. Nadie es tan insensato como para pretender que se pueda demostrar lo imposible. (2) La segunda condición de la credibilidad del testimonio es que el acontecimiento admita una fácil verificación. Si alguien testifica de que vio un fantasma, puede ser cierto que vio algo que él consideró un fantasma; pero el hecho no puede ser verificado. La resurrección de Cristo, por ejemplo, el milagro de cuya veracidad depende nuestra salvación, fue un acontecimiento que podía ser autenticado. La identidad entre el Jesús muerto y vivo pudo ser establecida hasta más allá de toda duda razonable. (3) Los testigos tienen que tener un conocimiento o evidencia satisfactorios de la verdad de los hechos acerca de los que testifican. Si los Apóstoles hubieran visto a Cristo después de Su resurrección sólo en una ocasión, a gran distancia, en una luz incierta, y sólo por un momento, el valor de su testimonio habría quedado enormemente dañado. Pero por cuanto lo vieron repetidamente durante cuarenta días, conversando con Él, comiendo con Él, y habiéndolo tocado, está fuera de cuestión que pudieran estar equivocados. (4) Los testigos mismos deben ser hombres sobrios e inteligentes. (5) Deben ser hombres buenos. El testimonio de otros hombres, bajo estas condiciones, puede ser tan convincente como el de nuestros propios sentidos. Y puede quedar confirmado de tal manera por evidencia colateral, natural y sobrenatural, por la naturaleza de los efectos producidos, y por señales y prodigios y dones del Espíritu Santo, como para hacer que la incredulidad sea un milagro de insensatez y de maldad.

    La falacia del argumento de Hume ha sido frecuentemente señalada. En primer lugar, descansa sobre la falsa presuposición de que la confianza en el testimonio humano está basada en la experiencia, mientras que está basada en una ley de nuestra naturaleza. No podemos evitar confiar en hombres buenos. Sabemos que el engaño es inconsistente con la bondad; y por ello sabemos y nos vemos forzados a creer, que unos hombres buenos no engañarán de manera intencionada; y por ello, por una ley de nuestra naturaleza nos vemos forzados a recibir su testimonio en cuanto a los hechos en la esfera del conocimiento personal de ellos. La experiencia, en lugar de ser la base de la creencia en el testimonio, corrige nuestra credulidad enseñándonos las condiciones únicas bajo las que podemos confiar en el testimonio humano. En segundo lugar, Hume da por sentado que hay una violenta improbabilidad antecedente contra el acaecimiento de un milagro, que sólo una cantidad «milagrosa» de evidencia podría contrapesar. Desde luego, no es sólo increíble, sino inconcebible, que se obrara un milagro sin una razón adecuada. Pero se puede esperar de manera confiada que Dios, en grandes ocasiones y para los más altos fines, intervenga con el ejercicio inmediato de su poder en el curso de los acontecimientos. Aceptado el teísmo, desaparece la dificultad acerca de los milagros, pero por teísmo no se significa la mera admisión de que algo sea Dios, bien la naturaleza, bien la fuerza, el movimiento o el orden moral: sino la doctrina de un Ser extramundano personal, el Creador y Gobernador de todas las cosas, que obra según su propia voluntad en la hueste de los cielos y entre los moradores de la tierra; un Dios que no está limitado por influencias ni leyes cósmicas.

    En tercer lugar, el argumento de Hume da por sentado que nuestra fe en los milagros descansa exclusivamente en el testimonio humano. No es así. Los milagros registrados en la Escritura son una parte competente del gran sistema de verdad en ella revelado. El todo se mantiene o cae junto. Por ello, nuestra fe en los milagros queda sustentada por toda la evidencia que autentica el evangelio de Cristo. Y esta evidencia no puede ser ni siquiera tocada por un balance de probabilidades.

4. El valor de los milagros como prueba de la Revelación divina

Acerca de esta cuestión se han sustentado opiniones extremas. Por una parte, se ha mantenido que los milagros son la única evidencia satisfactoria de una revelación divina; por otra, que no son ni necesarios ni posibles. Algunos argumentan que por cuanto la fe debe estar basada en la aprehensión de la verdad como verdad, es imposible que ninguna cantidad de evidencia externa pueda producir fe, ni capacitarnos para ver la veracidad de aquello que no pudiéramos aprehenderlo sin ella. ¿Cómo puede un milagro capacitarnos para ver la veracidad de una proposición de Euclides, o que un paisaje sea hermoso? Este tipo de razonamiento es falaz. Pasa por alto la naturaleza de la fe como la convicción de cosas que no se ven, según un testimonio adecuado. Lo que la Biblia enseña acerca de esta cuestión es (1) Que la evidencia de los milagros es importante y decisiva; (2) Que, sin embargo, está subordinada y es inferior a la de la verdad misma. Ambos puntos son abundantemente evidentes en el lenguaje de la Biblia y en los hechos en ella contenidos: (a) Que Dios ha confirmado sus revelaciones, bien hechas por profetas o apóstoles, mediante estas manifestaciones de su poder, es en sí mismo una prueba suficiente de su validez e importancia como sellos de una misión divina. (b) Los escritores sagrados, bajo ambas dispensaciones, apelaron a estas maravillas como pruebas de que ellos eran los mensajeros de Dios. En el Nuevo Testamento se dice que Dios confirmó el testimonio de sus Apóstoles mediante señales, prodigios y diversos milagros y dones del Espíritu Santo. Incluso nuestro mismo Señor, en quien moraba corporalmente la plenitud de la Deidad, fue aprobado mediante milagros, señales y maravillas que Dios efectuó por medio de Él (Hch 2:22). (c) Cristo apeló constantemente a sus milagros como una prueba decisiva de su misión divina. «Las obras que el Padre me dio para que las llevase a cabo,» dice el Señor, «las mismas obras que yo hago, dan testimonio de mí, de que el Padre me ha enviado» (Jn 5:20, 36). Y en Jn 10:25, «Las obras que yo hago en el nombre de mi Padre, ellas dan testimonio de mí»; y en el versículo 38: «Aunque no me creáis a mí, creed a las obras». Jn 7:17: «El que quiera hacer la voluntad de Dios, conocerá si la doctrina es de Dios, o si yo hablo por mi propia cuenta». Indudablemente, la más alta evidencia de la verdad es la misma verdad; como la más alta evidencia del bien es el mismo bien. Cristo es su propio testigo. Su gloria le revela como el Hijo de Dios, a todos aquellos cuyos ojos no han sido cegados por el dios de este mundo. El punto que los milagros están destinados a demostrar no es tanto la verdad de las doctrinas enseñadas como la misión divina del maestro. Esto último, desde luego, a fin de lo primero. Lo que un hombre enseña puede ser cierto, aunque no sea divino en su origen. Pero cuando un hombre se presenta como mensajero de Dios, que sea recibido como tal o no depende en primer lugar de las doctrinas que enseña, y en segundo, de las obras que lleva a cabo. Si no sólo enseña doctrinas conformadas a la naturaleza de Dios y consistente con las leyes de nuestra propia constitución, sino que también ejecuta obras que dan evidencia de poder divino, entonces sabemos no sólo que sus doctrinas son verdaderas, sino también que el maestro ha sido enviado por Dios.

Capítulo 13

Los ángeles

TANTO ES LO QUE SE DICE en las Escrituras de ángeles buenos y malos, y se les adscriben unas funciones de tanta importancia a ambas clases en la providencia de Dios sobre el mundo, y especialmente en la experiencia de su pueblo y de su Iglesia, que la doctrina de la Biblia acerca de ellos no debiera ser pasada por alto. Ha sido general la creencia de que hay criaturas inteligentes más elevadas que el hombre. Ello es tan consonante con la analogía de la naturaleza como para ser sumamente probable incluso en ausencia de cualquier revelación directa acerca del tema. En todos los departamentos de la naturaleza hay una gradación regular desde las formas inferiores a las superiores de vida; desde los hongos vegetales casi invisibles, en las plantas, hasta el cedro del Líbano; desde el microbio más diminuto hasta el gigantesco mamut. En el hombre nos encontramos con la primera, y con toda apariencia con la más inferior, de las criaturas racionales. Que él sea la única criatura de su orden es, *a priori*, tan improbable como que los insectos sean la única clase de animales irracionales. Hay multitud de razones para la presunción de que la escala de ser entre las criaturas racionales es tan extensa como la del mundo animal. La moderna filosofía que deifica al hombre no deja lugar para ningún orden de seres por encima de él. Pero si la distancia entre Dios y el hombre es infinita, toda la analogía demostraría que los órdenes de criaturas racionales entre nosotros y Dios deben ser inconcebiblemente numerosos. Así como esto es probable por sí mismo, también está claramente revelado en la Biblia como cierto.

1. Su naturaleza.

En cuanto a la naturaleza de los ángeles, son descritos: (1) Como espíritus puros, esto es, seres inmateriales e incorpóreos. Las Escrituras no les atribuyen ninguna clase de cuerpo. Suponiendo que su espíritu no conectado con materia no puede actuar por sí mismo, que tampoco puede comunicarse con otros espíritus sin operar en el mundo externo, fue mantenido por muchos, y así decidido en el concilio celebrado en Niza el 784 d.C., que los ángeles tenían que estar formados por éter o luz, opinión ésta que se consideraba apoyada por pasajes como Mt 28:3; Lc 2:9 y otros pasajes en los que se habla de su apariencia luminosa y de la gloria que les acompaña. El Concilio Laterano de 1215 d.C. decidió que eran incorpóreos, y ésta ha sido la opinión común en la Iglesia. [...] Por ello, como tales, son invisibles, incorruptibles e inmortales. Su relación con el espacio es descrita como una *illocalitas*; no ubicuidad u omnipresencia, por cuanto están siempre en algún lugar, y no en todas partes en ningún momento determinado, pero no están confinados al espacio de una manera limitativa como lo están los cuerpos, y pueden pasar de una porción de espacio a otra. Como espíritus, poseen inteligencia, voluntad y poder. Con respecto a su conocimiento, sea con respecto a sus modos u objetos, no se revela nada en especial. Todo lo que está claro es que en sus facultades intelectivas y en la extensión de su conocimiento son muy superiores a los hombres. También su poder es muy grande, y se extiende sobre la mente y la materia. Tienen poder para comunicarse entre sí y con otras mentes, y para producir efectos en el mundo natural. La grandeza de su poder se manifiesta, (a) Por los nombres y títulos que se les da, como principados, potestades, dominios y gobernadores del mundo. (b) Por la aserción directa de la Escritura, por cuando se dice que son «poderosos en fortaleza»; y (c) Por los efectos atribuidos a su acción. Por grande que pueda ser su poder, está sin embargo sujeto a todas las limitaciones que pertenecen a las criaturas. Los ángeles, por tanto, no pueden crear, no pueden cambiar sustancias, no pueden alterar las leyes de la naturaleza, no pueden ejecutar milagros, no pueden actuar sin medios, y no pueden escudriñar el corazón, por cuanto estas prerrogativas, según la Escritura, son peculiares de Dios. Por ello, el poder de los ángeles es (1) Dependiente y derivado. (2) Tiene que ser ejercitado en conformidad a las leyes del mundo material y espiritual. (3) Su intervención no es optativa, sino permitida u ordenada por Dios, y según su voluntad, y, por lo que al mundo externo concierne, parece que es sólo ocasional y excepcional. Estas limitaciones son de la mayor importancia práctica. No debemos considerar a los ángeles como interpuestos entre nosotros y Dios, ni atribuirles a ellos los efectos que la Biblia en todo lugar atribuye a la acción providencial de Dios.

Errores acerca de esta cuestión.

Esta doctrina Escritural, universalmente recibida en la Iglesia, se opone (1) A la teoría de que eran emanaciones efímeras de la Deidad. (2) A la teoría gnóstica de que eran emanaciones permanentes o eones; y (3) A la postura racionalista, que les niega ninguna existencia real, y que atribuye las declaraciones Escriturales bien a supersticiones populares adoptadas por los escritores sagrados en su acomodación a las opiniones de la época, o a personificaciones poéticas de los poderes de la naturaleza. Las bases sobre las que la moderna filosofía niega la existencia de los ángeles no tiene fuerza alguna en oposición a las explícitas declaraciones de la Biblia, que no se pueden rechazar sin rechazar del todo la autoridad de las Escrituras, o sin adoptar unos principios de interpretación destructores de su valor como norma de fe.

2. Su Estado.

En cuanto al estado de los ángeles, se enseña claramente que todos eran originalmente santos. También se debe inferir llanamente con base en las declaraciones de la Biblia que fueron sometidos a un período de probación, y que algunos guardaron su primer estado, y que otros no. Los que mantuvieron su integridad son descritos como confirmados en un estado de santidad y gloria. Esta condición, aunque de una seguridad completa, es de perfecta libertad; porque la más absoluta libertad de acción es, según la Biblia, coherente con una absoluta certidumbre en cuanto al carácter de tal acción. Estos santos ángeles, evidentemente, no son todos del mismo rango. Esto se evidencia por los términos con que son designados; términos que implican diversidad de orden y autoridad. Unos son príncipes, otros son potentados, otros gobernadores del mundo. Más allá de esto, las Escrituras nada revelan, y las especulaciones de los escolásticos y teólogos acerca de la jerarquía de las huestes angélicas no tienen ni autoridad ni valor.

3. Sus misiones.

Las Escrituras enseñan que los santos ángeles son empleados, (1) En el culto de Dios. (2) En la ejecución de la voluntad de Dios. (3) y especialmente en la ministración a los herederos de salvación. Están descritos como rodeando a Cristo, y como siempre dispuestos a desempeñar cualquier servicio que se les pueda asignar en el avance de su reino. Bajo el Antiguo Testamento aparecieron en repetidas ocasiones a los siervos de Dios, para revelarles Su voluntad. Ellos hirieron a los egipcios; fueron empleados en la promulgación de la ley en el Monte Sinaí; ayudaron a los israelitas durante su peregrinación; destruyeron a sus enemigos; y acamparon alrededor del pueblo de Dios como defensa en horas de peligro. Predijeron y celebraron el nacimiento de Cristo (Mt 1:20; Lc 1:11); le sirvieron a Él en su tentación y padecimientos (Mt 4:11; Lc 22:43); ellos anunciaron Su resurrección y ascensión (Mt 28:2; Jn 20:12). Siguen siendo espíritus ministradores para los creyentes (He 1:14); ellos sacaron a Pedro de la cárcel; ellos velan sobre los niños (Mt 18:10); ellos conducen las almas de los que mueren al seno de Abraham (Lc 16:22); ellos acompañarán a Cristo en su segunda venida, y recogerán a su pueblo en su reino (Mt 13:39; 16:27; 24:31). Tales son las declaraciones generales de las Escrituras acerca de esta cuestión, y con ellas deberíamos contentarnos. Sabemos que son los mensajeros de Dios; que ellos son ahora, como siempre lo han sido, empleados en la ejecución de Sus mandatos, pero más que esto no se revela positivamente. Que cada creyente individual tenga un ángel guardián no es algo que se declare con ninguna claridad en la Biblia. La expresión empleada en Mt 18:10, con referencia a los niños pequeños, «cuyos ángeles» se dice que ven el rostro de Dios en el cielo, es entendida por muchos como favorecedora de esta suposición. Lo mismo sucede con el pasaje en Hch 12:7, donde se menciona el ángel de Pedro (v. 15). Pero este último pasaje no demuestra que Pedro tuviera un ángel guardián como tampoco si la criada hubiera dicho que era el fantasma de Pedro demostraría la superstición popular acerca de esta cuestión. El lenguaje registrado no es el de una persona inspirada, sino el de una sierva no instruida, y no puede ser tomado como de autoridad didáctica. Sólo demuestra que los judíos de aquellos tiempos creían en apariciones espirituales. El pasaje en Mateo tiene más relevancia, enseñando que los niños tienen ángeles guardianes; esto es, que hay ángeles encomendados a cuidar de su bienestar. Pero no demuestra que cada niño, ni que cada creyente, tenga su propio ángel de la guarda. En Daniel 10 se hace mención del Príncipe de Persia, del Príncipe de Grecia, y, hablando a los hebreos, de Miguel vuestro Príncipe, en tal sentido que ha llevado a la gran mayoría de los comentaristas y teólogos de todas las eras de la Iglesia a adoptar la opinión de que se ha encomendado a ciertos ángeles la especial supervisión de unos reinos en particular. Por cuanto Miguel, que es llamado Príncipe de los Hebreos, no era el increado Ángel del Pacto, ni un príncipe humano, sino un arcángel, parece natural la inferencia de que el Príncipe de Persia y el Príncipe de Grecia eran también ángeles. Pero esta opinión ha sido controvertida por varias razones. (1) Por el silencio de la Escritura acerca de esta cuestión en otros pasajes. Ni en el Antiguo ni en el Nuevo Testamento encontramos indicación alguna de que las naciones paganas tengan o tuvieran un ángel guardián o un mal espíritu puesto sobre ellas. (2) En el v. 13 del décimo capítulo de Daniel los poderes enfrentados contra el ángel Miguel que se apareció al profeta son llamados «los reyes de Persia», al menos según una interpretación de aquel pasaje. (3) En el capítulo siguiente se introducen soberanos terrenales de tal manera que se hace patente que son ellos, y no los ángeles, buenos o malos, los poderes contendientes indicados por el profeta.[1] Es desde luego desaconsejable adoptar por la autoridad de un pasaje dudoso en un solo libro de la Escritura una doctrina no sustentada por otras partes de la Palabra de Dios. En tanto que todo esto debe ser admitido, es sin embargo cierto que la interpretación ordinaria del lenguaje del profeta es la más natural, y que nada hay en la doctrina así enseñada que quede fuera de analogía con

---

1. Véase Hävernick acerca de Daniel 10:13.

las claras enseñanzas de las Escrituras. Está claro, por lo que se enseña en otros lugares, que existen unos seres espirituales más excelsos que el hombre, tanto buenos como malos; que son sumamente numerosos; que son muy poderosos; que tienen acceso a nuestro mundo y que están ocupados en sus asuntos; que tienen diferentes rangos y órdenes; y que sus nombres y títulos indican que ejercen dominio y que actúan como gobernantes. Esto es cierto de los ángeles malos así como de los buenos; y, siendo cierto, nada hay en la opinión de que un ángel en particular tenga el control especial sobre una nación, y otro sobre otra nación, que entre en conflicto con la analogía de la Escritura.

Pero por lo que respecta a los ángeles buenos, está claro:

1. Que pueden producir y producen efectos en el mundo natural o externo. Las Escrituras presuponen en todo lugar que la materia y la mente son dos sustancias distintas, y que la una puede actuar sobre la otra. Sabemos que nuestras mentes actúan sobre nuestros cuerpos, y que nuestras mentes reciben la acción de causas materiales. Por ello, nada hay en contra, incluso más allá de la enseñanza de la experiencia, en la doctrina de que los espíritus puedan actuar sobre el mundo material. La extensión de su acción queda limitada por los principios anteriormente enunciados; y sin embargo, por su naturaleza exaltada, los efectos que pueden producir pueden exceder con mucho nuestra comprensión. Un ángel dio muerte a todos los primogénitos de los egipcios en una sola noche; los truenos y rayos que acompañaron a la promulgación de la ley en el Monte Sinaí fueron producidos por acción angélica. Los antiguos teólogos, en numerosas ocasiones, llegaron, por el hecho admitido de que los ángeles actúan de esta forma en el mundo externo, a la conclusión de que todos los efectos naturales son producidos por acción de ellos, y que las estrellas eran llevadas en sus órbitas por el poder de los ángeles. Pero esto viola dos evidentes e importantes principios: Primero, que no se debería asumir una causa por un efecto sin una evidencia; y segundo, que no se deberían suponer más causas que las necesarias para dar explicación a los efectos. Por ello, no estamos autorizados para atribuir ningún acontecimiento a la interferencia angélica excepto sobre la autoridad de las Escrituras, ni cuando otras causas sean adecuadas para explicarlo.

2. Los ángeles no sólo ejecutan la voluntad de Dios en el mundo natural, sino que también actúan sobre las mentes de los hombres. Tienen acceso a nuestras mentes, y pueden influenciarlas para bien en conformidad a las leyes de nuestra naturaleza y en el empleo de medios apropiados. No actúan mediante aquella operación directa que es la peculiar prerrogativa de Dios y su Espíritu, sino por la sugestión de la verdad y la conducción del pensamiento y del sentimiento, de una manera muy similar a como un hombre puede actuar sobre otro. Si los ángeles se pueden comunicar entre sí, no hay razón alguna por la que no puedan, de manera similar, comunicarse con nuestros espíritus. Así, en las Escrituras se presentan los ángeles no sólo como proveyendo una conducción y protección generales, sino también como dando fuerza y consolación interiores. Si un ángel fortaleció a nuestro mismo Señor tras Su agonía en el huerto, su pueblo puede también experimentar el apoyo de ángeles; y si ángeles malos tientan al pecado, buenos ángeles pueden atraer hacia la santidad. Es cosa cierta que se les atribuye en las Escrituras una amplia influencia y operación en promover el bienestar de los hijos de Dios, y en la protección de los mismos del mal y en la defensa de ellos de sus enemigos. El uso que nuestro Señor hace de la promesa: «A sus ángeles dará orden acerca de ti, de que te guarden en todos tus caminos. En las manos te llevarán, para que tu pie no tropiece en piedra» (Sal 91:11, 12), muestra que no se debe tomar como una mera forma poética de promisión de protección divina. Ellos velan sobre los pequeños (Mt 18:10); ayudan a los de edad madura (Sal 34:7), y están presentes junto a los moribundos (Lc 16:22).

3. También se les atribuye una acción especial como siervos de Cristo en el avance de su Iglesia. Como la ley fue dada por medio del ministerio de ellos, como estuvieron encargados del

pueblo bajo la antigua economía, también son tratados como presentes en la asamblea de los santos (1 Co 11:10), y como constantemente guerreando contra el dragón y sus ángeles.

Esta doctrina Escritural del ministerio de los ángeles está llena de consolación para el pueblo de Dios. Los miembros de este pueblo pueden regocijarse en la certidumbre de que estos santos seres acampan junto a ellos; defendiéndoles día y noche de enemigos invisibles y de peligros inopinados. Al mismo tiempo no deben interponerse entre nosotros y Dios. No debemos esperar en ellos ni invocar la ayuda de ellos. Ellos están en manos de Dios y cumplen Su voluntad. Él los usa como usa los vientos y los rayos (He 1:7), y no debemos mirar a los instrumentos en el primer caso más que en el otro.

4. Los ángeles malos.

La Escritura nos informa de que ciertos de los ángeles no guardaron su primer estado. Son designados como los ángeles que pecaron. Son llamados espíritus malos, o inmundos; principados, potestades; gobernadores de este mundo; y maldades espirituales (esto es, espíritus malvados) en lugares celestiales. La designación más común que se les da es *daimones*, o más comúnmente *daimonia*. [...] En el mundo espiritual hay sólo un *diabolos* (diablo), pero hay muchos *daimonia* (demonios). Estos malos espíritus son descritos como pertenecientes al mismo orden de ser que los ángeles buenos. Todos los nombres y títulos descriptivos de su naturaleza y poder que se dan a los unos se dan también a los otros. La condición original de los mismos era de santidad. Cuándo cayeron o cuál fuera la naturaleza de su pecado no se revela. La opinión general es que fue por soberbia, según 1 Ti 3:6. Un obispo, dice el Apóstol, no debe ser «un neófito, no sea que envaneciéndose caiga en la condenación del diablo», lo que es generalmente entendido como significando la condenación en que incurrió el diablo por el mismo pecado. Algunos han conjeturado que Satanás fue llevado a rebelarse contra Dios y a seducir a nuestra raza a negarle el acatamiento debido, por el deseo de regir sobre nuestro globo y sobre la raza de los hombres. Pero de esto no hay indicaciones en la Escritura. Su primera aparición en la historia sagrada es en el carácter de un ángel apóstata. El hecho de que haya un ángel caído exaltado en rango y poder sobre todos sus asociados es algo que se enseña claramente en la Biblia. Es llamado Satanás (el adversario), *diabolos*, el acusador, *ho poneros*, el maligno; el príncipe de la potestad del aire; el príncipe de las tinieblas; el dios de este mundo; Beelzebub; Belial; el tentador; la serpiente antigua, y el Dragón. Estos y otros títulos similares lo designan como el gran enemigo de Dios y del hombre, el opositor de todo lo bueno, y el propulsor de todo lo malo. Es tan constantemente presentado como un ser personal que el concepto racionalista de que se trata sólo de una personificación del mal es irreconciliable con la autoridad de las Escrituras e inconsistente con la fe de la Iglesia. La opinión de que la doctrina de Satanás fue introducida entre los hebreos después del Exilio, y procedente de una fuente pagana, no es menos contraria a las claras enseñanzas de la Biblia. Es designado como el tentador de nuestros primeros padres, y es claramente mencionado en el libro de Job, escrito mucho antes del cautiverio babilónico. Además de esta descripción en términos generales de Satanás como enemigo de Dios, es especialmente descrito en las Escrituras como la cabeza del reino de las tinieblas, que abarca a todos los seres malvados. El hombre, por su apostasía, cayó bajo el dominio de Satanás, y su salvación consiste en ser trasladado del reino de Satanás al reino del amado Hijo de Dios. Está claro el hecho de que los *daimonia*, presentados como sujetos a Satanás, no son los espíritus de los que han dejado esta vida, a pesar de lo que algunos han sostenido: (1) Porque son distinguidos de los ángeles elegidos. (2) Porque se dice que no guardaron su primer estado (Jud 6). (3) Por el lenguaje de 2 P 2:4, donde se dice que Dios no perdonó a los ángeles que pecaron. (4) Por la aplicación a ellos de los títulos «principados» y «potestades», que son apropiados sólo a seres que pertenecen al orden de los ángeles.

El poder y la actividad de los malos espíritus.

En cuanto al poder y a la actividad de estos malos espíritus, son descritos como muy numerosos, como en todas partes eficientes, como teniendo acceso a nuestro mundo, y como operando en la naturaleza y en las mentes de los hombres. Naturalmente, les pertenecen las mismas limitaciones en cuanto a su actividad que a la de los santos ángeles. (1) Dependen de Dios, y sólo pueden actuar bajo su control y permiso. (2) Sus operaciones tienen que tener lugar según las leyes de la naturaleza, y (3) No pueden interferir con la libertad y responsabilidad de los hombres. [...] No obstante, el poder de los mismos es muy grande. Se dice de los hombres que son llevados cautivos por él, y de los malos espíritus se dice que obran en los corazones de los desobedientes. Los cristianos son advertidos en contra de sus maquinaciones, y son llamados a resistirlos, no con la propia fuerza de ellos, sino en el poder del Señor, y armados con toda la armadura de Dios. [...]

Debemos estar agradecidos a Dios por el invisible y desconocido ministerio de los ángeles de luz, y estar en guardia y buscar la protección divina frente a las maquinaciones de los espíritus del mal. Pero de ninguna de ambas clases estamos conscientes de manera directa, y no podemos atribuir nada a la acción de ninguno de ambos con certidumbre, si su acaecimiento admite cualquier otra explicación.

Posesiones demoníacas.

La exhibición más marcada del poder de los malos espíritus sobre los cuerpos y mentes de los hombres la dan los endemoniados tan frecuentemente mencionados en la narración evangélica. Estas posesiones demoníacas eran de dos clases. Primero, aquellas en las que sólo el alma era objeto de la influencia diabólica, como en el caso de la «muchacha poseída de un espíritu de adivinación», que se menciona en Hch 16:16. Quizá en algunos casos los falsos profetas y magos fueron ejemplo del mismo tipo de posesión. En segundo lugar, aquellas en las que sólo el cuerpo, o, más frecuentemente tanto el cuerpo como la mente, estaban sometidos a esta influencia espiritual. Por posesión se significa la residencia de un espíritu malo en tal relación con el cuerpo y el alma como para ejercer una influencia controladora, produciendo violentas agitaciones e intensos sufrimientos, tanto mentales como físicos. Está claro que los endemoniados mencionados en el Nuevo Testamento no eran meros lunáticos o epilépticos u otras dolencias análogas, sino casos de verdadera posesión: Primero, porque ésta era la creencia prevalente de los judíos en aquel tiempo; y segundo, porque Cristo y sus Apóstoles evidentemente adoptaron y sancionaron esta creencia. No sólo llamaron endemoniados a los así afectados, sino que se dirigían a los espíritus como personas, dándoles órdenes, echándolos, y hablaron y actuaron en todo momento como hubieran hecho si la creencia popular hubiera estado bien fundamentada. Es cosa cierta que todos los que oyeron hablar a Cristo de esta manera llegarían a la conclusión de que Él consideraba a los endemoniados como realmente poseídos por malos espíritus. Esta conclusión no la contradice Él en ningún lugar, sino que al contrario, en sus conversaciones más privadas con los discípulos la confirmó abundantemente. Él prometió darles poder para echar fuera demonios; y se refirió a la posesión que Él tenía de este poder, y a su capacidad para delegar su ejercicio a sus discípulos, como una de las más convincentes pruebas de su mesianismo y divinidad. Él vino para destruir las obras del diablo; y el hecho de que Él triunfó así sobre él y sus ángeles demostraba que Él era quien afirmaba ser, el prometido omnipotente rey y vencedor, que debía fundar aquel reino de Dios que no tendrá fin. Explicar todo esto por el principio de la acomodación destruiría la autoridad de las Escrituras. Por este mismo principio se han desvirtuado las doctrinas de la expiación, de la inspiración, de la influencia divina, y todas las otras doctrinas distintivas de la Escritura. Tenemos que tomar las Escrituras en su sentido histórico llano -en aquel sentido en que estaba dispuesto que fueran entendidas por aquellos a los que se dirigían-, o en caso contrario las rechazamos como norma de fe.

No hay ninguna improbabilidad especial en la doctrina de las posesiones demoníacas. Los espíritus malos existen. Tienen acceso a las mentes y a los cuerpos de los hombres. ¿Por qué deberíamos rehusar creer, según la autoridad de Cristo, que se les permitía tener un poder especial sobre algunos hombres? El mundo, desde la apostasía, pertenece al reino de Satanás; y el objeto especial de la misión del Hijo de Dios fue redimirlo de su dominio. Por ello, no es sorprendente que el tiempo de su venida fue la hora de Satanás, el tiempo en que, en un mayor grado que nunca antes o después, manifestó su poder, haciendo con ello más patente y glorioso el hecho de su derrota.

Las objeciones a la doctrina común acerca de este tema son:

1. Que llamar a ciertas personas endemoniadas no demuestra que estuvieran poseídas por espíritus malos más que el hecho de llamarlas lunáticas demuestra que estuvieran bajo la influencia de la luna. Esto es verdad; y si el argumento reposara solamente sobre el uso de la palabra endemoniado, sería totalmente insuficiente para establecer la doctrina. Pero éste es sólo un argumento colateral y subordinado, sin fuerza por sí mismo, pero derivando su fuerza de otras fuentes. Si los escritores sagrados, además de designar a los locos como lunáticos, hubieran hablado de la luna como la fuente de su locura, y se hubieran referido a sus diferentes fases como aumentando o disminuyendo la fuerza de su desorden mental, habría alguna analogía entre ambos casos. Se admite abiertamente que el uso de una palabra es a menudo muy diferente de su sentido primario, y por ello que su significado no siempre puede ser determinado por su etimología. Por ello su significado no siempre puede ser determinado por su etimología. Pero cuando su significado es el mismo que el uso que se le da; cuando se dice de los llamados endemoniados que están poseídos por malos espíritus; cuando estos espíritus son interpelados como personas, y se les manda que salgan; y cuando este poder sobre ellos es presentado como prueba del poder de Cristo sobre Satanás, el príncipe de estos ángeles caídos, entonces es irrazonable negar que la palabra se tiene que entender en su sentido literal y propio.

2. Una segunda objeción es que los fenómenos exhibidos por estos llamados endemoniados son los de dolencias corporales o mentales conocidas, y por ello que no se puede asumir racionalmente ninguna otra causa para dar cuenta de ellas. Sin embargo, no es verdad que todos los fenómenos en cuestión puedan ser explicados así. Algunos de los síntomas son los de insania lunática y de epilepsia, pero otros son de carácter diferente. Estos endemoniados exhibían a menudo un poder o conocimiento sobrenaturales. Además de esto, la Escritura enseña que los malos espíritus tienen poder para producir enfermedades corporales. Y por ello la presencia de tales dolencias no es prueba de que no estuviera en acción la actividad de malos espíritus en su producción y en sus consecuencias.

3. Se objeta también que tales casos no tienen lugar hoy en día. Esto no es en absoluto cierto. Los espíritus malignos obran hoy en día en los hijos de desobediencia, y por lo que sabemos pueden ahora obrar en algunas personas con tanta eficacia como en los antiguos endemoniados. Pero admitiendo que el hecho sea como se supone, no demostraría nada con respecto a este punto. Puede que hayan existido unas razones especiales para permitir aquella exhibición de poder satánico cuando Cristo estaba en la tierra que ya no exista. El hecho de que no se den milagros en la Iglesia en la actualidad no es prueba de que no tuvieran lugar durante la era apostólica.

No debemos negar lo que se registra llanamente en las Escrituras como hechos en esta cuestión; no tenemos derecho a afirmar que Satanás y sus ángeles no producen ahora en ningún caso unos efectos similares; pero deberíamos abstenernos de afirmar el hecho de influencia o posesión satánica en cualquier caso en que los fenómenos puedan recibir otra explicación. La diferencia entre creer todo lo posible y creer sólo lo que es cierto queda notablemente ilustrada en el caso de Lutero y Calvino. El primero estaba dispuesto a atribuir todo mal a los espíritus de las tinieblas; el segundo no atribuía nada a la acción de los mismos que no pudiera demostrarse que fuera realmente obra de ellos. Lutero dice:[2] «Los paganos no saben de dónde viene el mal tan repentinamente. Pero nosotros lo sabemos. Es la pura obra del diablo; que tiene dardos encendidos, balas, antorchas, lanzas y espadas, con las que dispara, arroja o traspasa, cuando Dios lo permite. Por ello, que nadie dude, cuando se desencadena un fuego que consume un pueblo o una casa, que hay un diablejo allí sentado soplando el fuego para hacerlo más grande». Y también: «Que el cristiano sepa que se sienta entre demonios; que el diablo está más cerca de él que su capa o camisa, o incluso que su piel; que él está totalmente a nuestro alrededor, y que nosotros siempre tenemos que enfrentarnos y contender contra él». La postura de Calvino acerca de esta cuestión es:[3] «Todo cuanto la Escritura nos enseña de los diablos [esto es, demonios] viene a parar a esto: que tengamos cuidado para guardarnos de sus astucias y maquinaciones, y para que nos armemos con armas tales que basten para hacer huir enemigos tan poderosísimos». Y pregunta:[4] «y ¿de qué nos serviría saber más sobre los diablos [esto es, demonios]?»

---

2. *Werke*, edición Walch, Vol. XIII, pág. 2850.
3. *Institutio*, I. XIV, 13.
4. *Ibid.*, 16.

Teología Sistemática

Parte II: Antropología

Habiendo considerado las doctrinas que tratan de la naturaleza de Dios y su relación con el mundo, pasamos ahora a las que tratan del hombre: de su origen, naturaleza, estado primigenio, probación, y apostasía; tema este último que incluye la cuestión acerca de la naturaleza del pecado; y los efectos del primer pecado de Adán sobre sí mismo y sobre su posteridad. Estos temas constituyen la sección de Antropología.

Capítulo 1

El origen del hombre

1. La doctrina Escritural.

El relato Escritural del origen del hombre está contenido en Génesis 1:26, 27: «Entonces dijo Dios: Hagamos al hombre a nuestra imagen, conforme a nuestra semejanza; y señoree en los peces del mar, en las aves de los cielos, en las bestias, en toda la tierra, y en todo animal que se arrastra sobre la tierra. Y creó Dios al hombre a su imagen, a imagen de Dios lo creó; varón y hembra los creó». Y Gn 2:7: «Entonces Jehová Dios modeló al hombre de arcilla del suelo, y sopló en su nariz aliento de vida, y fue el hombre un ser viviente».

Se incluyen dos cosas en este relato; primero, que el cuerpo del hombre fue formado por la inmediata intervención de Dios. No creció; no fue producido por ningún proceso de desarrollo. Segundo, el alma fue derivada de Dios. Él sopló en el hombre «aliento de vida», esto es, aquella vida que le constituía en hombre, una criatura viviente, portadora de la imagen de Dios. Muchos han inferido de este lenguaje que el alma es una emanación de la esencia divina, una *particula spiritus divini in corpore inclusa*. Esta idea fue intensamente resistida por los padres cristianos y rechazada por la Iglesia como inconsistente con la naturaleza de Dios. Presupone que la esencia divina es susceptible de ser dividida; que su esencia puede ser comunicada sin sus atributos, y que puede ser degradada tal como están degradadas las almas de los hombres caídos [...].

2. Teorías anti-escriturarias.

La doctrina pagana de la generación espontánea.

La doctrina escrituraria se opone a la doctrina sustentada por muchos de los antiguos, de que el hombre es una producción espontánea de la tierra. Muchos de ellos afirmaban ser *gēgeneis*, *autochthones*, *terrigena*. Se suponía que la tierra estaba fertilizada con los gérmenes de todos los organismos vivientes, que eran traídos a la vida bajo circunstancias favorables. [...] A esta primitiva doctrina de la antigüedad han vuelto la filosofía y la ciencia modernas en algunas de sus formas. Los que niegan la existencia de un Dios personal, distinto del mundo, tienen naturalmente que negar la doctrina de una creación *ex nihilo*, y por consiguiente la creación del hombre. La perspectiva teológica en cuanto al origen del hombre, dice Strauss, «rechaza la perspectiva de la filosofía natural y de la ciencia en general. Estas no admiten la intervención inmediata de la causación divina [...]. Esta es la postura que presentaron los filósofos griegos y romanos, desde luego de una manera muy rudimentaria, y en contra de la que los padres de la Iglesia Cristiana lucharon intensamente, pero que es ahora el juicio unánime de la ciencia natural así como de la filosofía».[1] [...]

La moderna doctrina de la generación espontánea.

Aunque Strauss exagera mucho cuando dice que los hombres de ciencia de nuestros días son unánimes en dar su apoyo a la doctrina de la generación espontánea, es indudablemente cierto que una numerosa clase de naturalistas, especialmente del continente de Europa, están en favor de esta doctrina. El Profesor Huxley, en su discurso acerca de la «Base Física de la Vida», le da todo el peso de su autoridad. Desde luego, no enseña de una manera expresa que la materia inerte se vuelva activa sin quedar sujeta a la acción de una materia anteriormente viva, pero todo su artículo tiene el propósito de mostrar que la vida es el resultado de la peculiar disposición de las moléculas de la materia. Su doctrina es que «la materia de la vida está compuesta de materia ordinaria, difiriendo sólo de ella en la forma en que sus átomos están dispuestos».[2] Dice él: «Si las propiedades del agua se pueden considerar de manera apropiada como el resultado de la naturaleza y disposición de sus moléculas componentes, no puedo hallar ninguna base inteligible para rehusar decir que las propiedades del protoplasma resultan de la naturaleza y disposición de sus moléculas».[3] En su discurso ante la Asociación Británica dice que si pudiéramos mirar lo suficientemente lejos retrospectivamente, él esperaría poder ver «la evolución del protoplasma viviente procedente de materia no viviente». Y aunque aquel discurso estaba dedicado a exponer que la generación espontánea, o abiogénesis, como también se la llama, nunca ha sido probada, dice él que «debo guardarme cuidadosamente contra la suposición de que trato de sugerir que nunca haya tenido lugar la Abiogénesis en el pasado, o que no pueda tener lugar en el futuro. Con la química orgánica, física molecular y la fisiología aún en su infancia, creo que sería una suma presunción de parte de cualquiera decir que las condiciones bajo las que la materia asume las propiedades que llamamos "vitales" no puedan ser un día producidas artificialmente».[4] Todo esto supone que la vida es producto de causas físicas; que todo lo que se precisa para su producción es «reunir» las condiciones necesarias [...].

Teorías del desarrollo.

[...] La teoría darwiniana [...] incluye los siguientes principios:

Primero, que semejante engendra semejante; o la ley de la herencia, según la cual a través del mundo vegetal y animal la descendencia es semejante a los progenitores.

Segundo, la ley de la variación; esto es, que en tanto que en todo lo esencial la descendencia es semejante a los progenitores, siempre difiere en mayor o menor grado de su progenitor. Estas variaciones son a veces deterioros, a veces neutrales, y a veces mejoras; esto es, tales que capacitan a la planta o al animal a ejercer más ventajosamente sus funciones.

---

1. *Dogmatik*, Vol.. I, pág. 680.
2. *Lay Sermons and Addresses,* Londres, 1870, pág. 144.
3. *Ibid*, pág. 151. Pero aquí se involucra una enorme falacia. La cuestión real no es a qué se deban las propiedades del protoplasma. Es cierto lo que dice Huxley que se deben a la naturaleza y disposición de sus moléculas componentes. La pregunta crucial es *cómo* llegaron a disponerse las moléculas del «protoplasma» (esto es, de la materia viva) de la manera en que están dispuestas. ¿Al azar, o por designio? El estudio de la complejidad de la disposición de las moléculas en los distintos mecanismos de la célula lleva a toda persona con una mente sensata y reflexiva a la conclusión racional de que esta disposición de las moléculas no puede ser debida en absoluto a las propiedades de la materia, sino a un designio impuesto sobre la materia. (N. del T.)
4. Ésta es otra falacia de razonamiento de T. H. Huxley. Si se producen «artificialmente», porque obviamente no pueden serlo espontáneamente, sólo se demuestra con ello la presencia del *designio inteligente* alimentado por una información adquirida según el paciente estudio de la creación de Dios. [N. del T.]

Tercero, que como las plantas y los animales aumentan en proporción geométrica, tienden a rebasar enormemente sus medios de sustento, y esto, necesariamente, lleva a una continua y universal lucha por la vida.

Cuarto, en esta lucha sobreviven los más aptos: esto es, aquellos individuos que tienen unas variaciones accidentales de estructura que los hacen superiores a sus semejantes en la lucha por la existencia sobreviven, y transmiten aquella peculiaridad a su descendencia. Esta es la «selección natural», esto es, la naturaleza, sin inteligencia ni propósito, selecciona a los individuos mejor adaptados para proseguir y mejorar la raza. Es por la operación de estos pocos principios que en el curso de incontables eras se han producido todas las formas diversificadas de vegetales y animales.

«Es interesante», dice Darwin, «contemplar una ribera revestida de muchas plantas de muchos tipos, con pájaros cantando en los matorrales, con varios insectos revoloteando alrededor, y con gusanos arrastrándose por la húmeda tierra, y meditar en que estas formas elaboradamente construidas, tan diferentes entre sí, e interdependientes entre sí de una manera tan compleja, han sido todas producidas por leyes que actúan en nuestro derredor. Estas leyes, tomadas en el sentido más amplio, son Crecimiento con Reproducción; la Herencia que es casi implicada por la reproducción; la Variabilidad según la acción indirecta y directa de las condiciones de vida, y por el uso y falta de uso; una Tasa de Aumento tan alta que lleva a la Lucha por la Existencia, y como consecuencia a la Selección Natural, involucrando Divergencia de Carácter y la Extinción de formas menos mejoradas. Así, por la guerra de la naturaleza, por el hambre y la muerte, sigue el objeto más exaltado que somos capaces de concebir, esto es, la producción de los animales superiores».[5] [...]

El carácter ateo de esta teoría.

[...] Darwin argumenta en contra de cualquier intervención divina en el curso de la naturaleza, y especialmente en la producción de las especies. Dice él que está llegando el tiempo en el que la doctrina de la creación específica, esto es, la doctrina de que Dios hizo las plantas y los animales cada uno según su naturaleza, será considerada como «una curiosa ilustración de la ceguera de la opinión preconcebida. Estos autores», añade él, «no parecen más sorprendidos ante el milagroso acto de la creación que ante un nacimiento ordinario. Pero, ¿creen realmente que en innumerables períodos de la historia de la tierra se ha ordenado a ciertos átomos elementales que se constituyeran de repente en tejidos vivientes?» [Esto es precisamente lo que Darwin profesa creer que sucedió al principio. Si sucedió una vez, no es absurdo que sucediera con frecuencia.] «¿Creen ellos que en cada supuesto acto de creación se produjo uno o muchos individuos? ¿Fueron todas las infinitamente numerosas clases de animales y plantas creadas como huevos o semillas, o plenamente desarrolladas? Y en el caso de los mamíferos, ¿fueron acaso creados llevando falsas marcas de alimentación en el vientre de la madre?»[6]

Wallace dedica el octavo capítulo de su obra sobre «Selección Natural»[7] a responder a las objeciones presentadas por el Duque de Argyle contra la teoría darwinista. Dice él: «La cuestión en la que más insiste el Duque es que en la naturaleza nos encontramos por todas partes con pruebas de la mente, y que son más especialmente manifiestas cuando encontramos "inventos" o "belleza". Él mantiene que esto indica la constante supervisión y la directa interferencia del Creador, y que no puede en absoluto ser explicado por ninguna combinación de

---

5. Darwin, C., *The Origin of Species*, quinta edición, Londres 1869, pág. 579.
6. *Origin of Species*, pág. 571.
7. *Wallace on Natural Selection*, pág. 264.

leyes. Ahora bien, la obra del Sr. Darwin tiene como principal objetivo mostrar que todo los fenómenos de los seres vivientes -todos sus maravillosos órganos y complejas estructuras; la infinita variedad de forma, tamaño y color; sus intrincadas y complejas relaciones mutuas- pueden haber sido producidas por la acción de unas pocas leyes generales de la naturaleza más simple- leyes que en la mayor parte de los casos son meras declaraciones de hechos admitidos».[8] En oposición a la doctrina de que Dios «aplica leyes generales para producir efectos que aquellas leyes no son en sí mismas capaces de producir», dice él, «yo creo, al contrario, que el universo está constituido de tal manera que se regula a sí mismo; que en tanto que contiene vida, las formas bajo las que esta vida se manifiesta tienen un poder inherente de ajustarse entre sí y con la naturaleza alrededor; y que este ajuste conduce necesariamente a la mayor cantidad de variedad y de belleza y de goce, porque depende de leyes generales, y no de una supervisión continua y reajuste de los detalles».[9] [...]

El Dr. Gray [...] dice:[10] «Para nosotros, un Cosmos fortuito es sencillamente inconcebible. La alternativa es un Cosmos diseñado. [...] Si el Sr. Darwin cree que los acontecimientos que él supone sucedieron y los resultados que contemplamos fueron no dirigidos y sin designio, o si el físico cree que las fuerzas naturales a las que atribuye los fenómenos son sin causa y sin dirección, no se precisa de ningún argumento para mostrar que tal creencia es atea». Después de lo que se ha dicho más arriba, tampoco se precisa de ningún argumento para mostrarnos que Darwin enseña desde luego que las causas naturales «carecen de dirección», y que actúan sin designio o referencia a un fin. Esto no sólo es declarado de manera explícita una y otra vez, sino que se argumenta para establecerlo, mientras que el punto de vista opuesto es ridiculizado y rechazado. Su libro fue saludado como el golpe de muerte contra la teleología.[11] Por ello, Darwin enseña precisamente lo que el doctor Gray describe como ateísmo. Por lo que parece, uno puede creer en Dios, y sin embargo enseñar ateísmo.

El carácter anti-teísta materialista de esta teoría es aún más evidenciado por lo que dice Darwin de nuestras capacidades mentales. «En el distante futuro», dice él, «veo campos abiertos para más importantes investigaciones. La psicología se levantará sobre una nueva base, la de la necesaria adquisición de cada poder y capacidad mental por gradación. Se arrojará luz sobre el origen del hombre y su historia».[12] Él mismo ha intentado cumplir esta predicción en su reciente obra acerca de «El linaje del hombre», en la que trata de demostrar que el hombre es un simio desarrollado. La Biblia dice: el Hombre fue creado a imagen de Dios.

---

8. *Wallace on Natural Selection*, pág. 265. Cuando alguien habla acerca de la «acción de la ley», tiene que significar por *ley* una fuerza permanente y de acción regular. Pero las leyes a las que se refiere del Sr. Wallace en el pasaje anterior no son *fuerzas*, sino simplemente reglas según las que actúa un agente, o una secuencia regular, establecida, de eventos. Las leyes mencionadas son la ley de la multiplicación en progresión geométrica, la ley de la limitación de la población, la ley de la herencia, la ley de la variación, la ley del cambio incesante de las condiciones físicas sobre la superficie de la tierra, el equilibrio o armonía de la naturaleza. Pero se debe objetar intensamente contra el uso de la palabra *ley* en diferentes sentidos en el mismo argumento. Si por ley se significa aquí la regla por la que un agente actúa (en este caso Dios), el Duque de Argyle podría estar de acuerdo con todas las palabras del Sr. Wallace. Si se toman en el sentido que les da el escritor, el pasaje enseña exactamente lo opuesto, esto es, que todo lo que el mundo es o contiene se debe a fuerzas físicas carentes de inteligencia.

9. *Ibid.*, pág. 268. El Sr Russel Wallace dice que él cree que todas las maravillas de los organismos animales y vegetales y de la vida pueden ser explicados mediante leyes físicas carentes de inteligencia. La realidad es, como ya hemos visto, que no cree tal cosa. No cree que haya tal cosa como materia o fuerzas carentes de inteligencia; [para él] toda fuerza es fuerza mental; y el único poder operando en el universo es la voluntad de la Suprema Inteligencia.

10. En el número de octubre de *Atlantic Monthly* de 1860, pág. 416.

11. Tres artículos en los números de julio, agosto y octubre del *Atlantic Monthly* para el año 1860 fueron reimpresos con el nombre del doctor Asa Gray como su autor.

12. *Origin of Species*, pág. 577.

Una mera hipótesis.

Una cuarta observación acerca de esta teoría es que es una mera hipótesis, siendo por su misma naturaleza incapaz de ser probada [...] No se arriesga mucho con decir que esta hipótesis no puede ser demostrada. Desde luego, sus defensores no pretenden proveer prueba alguna. El Sr. Wallace, como hemos visto, dice: «La obra del Sr. Darwin tiene como principal objetivo mostrar que todo los fenómenos de los seres vivientes -todos sus maravillosos órganos y complejas estructuras; la infinita variedad de forma, tamaño y color; sus intrincadas y complejas relaciones mutuas,- *pueden haber sido* producidas por la acción de unas pocas leyes generales de la naturaleza más simple». *Pueden haber sido*. No se pretende que este relato del origen de las especies pueda ser demostrado. Todo lo que se afirma es que es una posible solución. Los cristianos deben ser muy timoratos para asustarse por un mero «*pueden haber sido*».

El Sr. Huxley dice: «Después de mucha consideración, y desde luego sin prejuicio contra los puntos de vista del Sr. Darwin, es nuestra clara convicción que, tal como está la evidencia, no está demostrado en absoluto que un grupo de animales, poseyendo todos los caracteres exhibidos por las especies en la Naturaleza, se haya jamás originado por selección, sea ésta artificial o natural».[13]

En los números de junio y julio de 1860 de *Fraser's Magazine* aparecen dos artículos acerca de la teoría darwinista, escritos por William Hopkins, F.R.S. En el número de julio se dice: «Si aceptamos todo el peso a todos los argumentos de nuestro autor en su capítulo acerca de hibridismo, sólo llegamos a la conclusión de que la selección natural *pudiera* quizá haber producido cambios de organización, que *pueden* haber inducido la esterilidad de las especies; y que por tanto la anterior proposición *pueda* ser cierta, aunque no se pueda aducir ni un solo hecho positivo como prueba de la misma. Y se tiene que recordar que ésta no es una proposición de una importancia secundaria -una mera torreta, por así decirlo, en la fábrica teórica de nuestro autor,- sino la principal piedra angular que la sustenta. Confesamos que todo el respeto que sentimos hacia el autor de estas opiniones no nos ha inspirado un sentimiento semejante hacia esta filosofía del pudiera ser, que se contenta con poner lo meramente posible en lugar de lo probable, y que, al ignorar la responsabilidad de cualquier aproximación a una demostración rigurosa en el establecimiento de sus propias teorías, da por sentado de manera complaciente que son correctas hasta que sean rigurosamente demostradas falsas. Cuando Newton, en tiempos pasados, propuso su teoría de la gravitación, no pidió a los filósofos que la creyeran o que le demostraran que era errónea, sino que sintió que le tocaba a él demostrar que era correcta».[14]

La reseña del Sr. Hopkins fue escrita antes que Darwin se hubiera definido de manera plena acerca de sus opiniones en cuanto al origen del hombre. Dice él que la gran dificultad en cualquier teoría de desarrollo es «la transición en pasar al hombre desde los animales más cercanos por debajo de él, no al hombre considerado meramente como un organismo físico, sino al hombre como ser intelectual y moral. Lamarck y el autor de los "Vestigios" no han dudado en exponerse a una acusación del más burdo materialismo al derivar la mente de la materia, y al atribuir todas sus propiedades y operaciones a nuestra organización física. [...] Creemos que el hombre tiene un alma inmortal, y que las bestias del campo no la tienen. Si alguien niega esto, no podemos entonces tener ninguna base común para argumentar con él.

---

13. *Lay Sermons and Reviews*, pág. 323. Se admite que innumerables variedades han sido producidas por causas naturales, pero el Profesor Huxley dice que no se ha demostrado que *ninguna* especie se haya formado así. Por ello, *a fortiori*, no se ha demostrado que todos los géneros y especies, con todos sus atributos de instinto e inteligencia, hayan sido formados de esta manera.
14. *Fraser's Magazine*, julio de 1860, pág. 80.

Ahora querríamos preguntar: ¿En qué momento de su avance progresivo adquirió el hombre esta parte espiritual de su ser, dotada con el abrumador atributo de la inmortalidad? ¿Fue una "variedad accidental", captada por el poder de la "selección natural", y hecha por ella permanente? ¿Se debe considerar el paso desde lo finito a lo infinito como uno de los pasos indefinidamente pequeños en el continuo progreso en el desarrollo del hombre, alcanzado por la operación de causas naturales ordinarias?»[15]

Pero el punto de que tratamos ahora es que la teoría del Sr. Darwin es incapaz de demostración. Por la misma naturaleza del caso, lo que trata del origen de las cosas no puede ser conocido más que por revelación sobrenatural. Todo lo demás ha de ser especulación y conjetura. Y nadie que sea conducido por la razón renunciará a las enseñanzas de una revelación bien autenticada, obedeciendo a especulaciones humanas, por ingeniosas que sean. La incertidumbre que acompaña a todas las filosofías o teorías científicas acerca del origen de las cosas es suficientemente evidente por la cantidad de incoherencias que presentan. La ciencia, tan pronto como se aparta de lo real y de lo existente, es la región de la especulación, se confunde con la filosofía, y queda sujeta a todas sus alucinaciones.

Teorías del Universo.

Así, tenemos:

1. La teoría puramente atea, que da por sentado que la materia ha existido siempre, y que todo lo que el universo contiene y revela se debe a fuerzas materiales.

2. La teoría que admite la creación de la materia, pero niega cualquier intervención adicional de Dios en el mundo, atribuyendo el origen de la vida a causas físicas. Esta era la doctrina de Lamarck, y la del autor de *Vestigios de la Creación*, y es la teoría a la que parece inclinarse el Profesor Huxley, a pesar de su negación de la generación espontánea en el estado actual de cosas. [...]

3. La tercera idea especulativa es la del Sr. Darwin y de sus partidarios, que admiten no sólo la creación de la materia, sino también de la materia viviente, en forma de uno o unos pocos gérmenes primordiales de los que, sin ningún propósito ni designio, por la lenta operación de causas naturales no inteligentes y de variaciones accidentales, durante largas eras, se han ido formando todos los órdenes, clases, géneros, especies y variedades de plantas y animales, desde los más inferiores hasta los más superiores. Por ello, la teleología, y por ello la mente, o Dios, quedan explícitamente excluidas del mundo. [...]

4. Otros, incapaces de creer que las causas ininteligentes puedan producir efectos indicando previsión y designio, insisten en que tiene que haber una inteligencia dedicada a la producción de tales efectos, pero sitúan esta inteligencia en la naturaleza, y no en Dios. Esto, como se ha observado anteriormente, es un avivamiento de la vieja idea de un Demiurgo, o *Anima mundi*. [...]

5. El Profesor Owen, el gran naturalista inglés, concuerda con Darwin en dos puntos: primero, en la derivación o gradual evolución de las especies; y segundo, que esta derivación está determinada por la operación de causas naturales. «He sido llevado a reconocer las especies», dice él, «como ejemplificadoras de la operación continuada de la ley natural, o causa secundaria; y ello no sólo sucesiva, sino también progresivamente; desde la primera encarnación de la idea vertebrada bajo su vieja vestidura ictínea hasta que se revistió del glorioso ropaje de la forma humana».[16] Difiere de Darwin en que él no atribuye el origen de las especies a la selección natural, esto es, a la ley de la supervivencia de las más aptas de las variaciones accidentales, sino a ten-

---

15. *Fraser's Magazine*, julio de 1860, pág 88.
16. *American Journal of Science*, 1869, pág. 43.

dencias inherentes o innatas. «Cada especie cambia, en el tiempo, en virtud de tendencias inherentes a la misma».[17] Y en segundo lugar, no considera estos cambios como variaciones accidentales, sino como diseñados y llevados a cabo en virtud de un plan original. [...]

6. Otra opinión es la que demanda inteligencia para dar cuenta de las maravillas de la vida orgánica, y halla esta inteligencia en Dios, pero repudiando la idea de lo sobrenatural. Esto es, no admite que Dios obre jamás excepto por medio de causas segundas o por las leyes de la naturaleza. Los que adoptan esta postura están dispuestos a admitir la derivación de las especies; y a conceder que las especies existentes fueron formadas por medio de modificaciones de las que las precedieron; pero mantienen que fueron formadas así según el propósito y por la continuada acción de Dios; una acción siempre operativa en la conducción de la operación de las leyes naturales, de manera que cumplan los designios de Dios. La diferencia entre esta teoría y la del profesor Owen es que él no parece admitir este continuado control inteligente de Dios en la naturaleza, sino que lo atribuye todo al propósito o plan original y preordenador del Ser Divino.

7. Finalmente, y sin pretender haber agotado las especulaciones acerca de esta cuestión, tenemos lo que se puede llamar la doctrina comúnmente recibida y Escritural. Esta doctrina enseña: (1) Que el universo y todo lo que él contiene debe su existencia a la voluntad y al poder de Dios; que la materia no es eterna, ni la vida se origina a sí misma. (2) Dios dotó a la materia con propiedades o fuerzas, que Él sustenta, y en conformidad con las cuales Él obra en todas las operaciones ordinarias de su providencia. Esto es, Él las emplea en todas partes y constantemente, así como nosotros las empleamos en nuestra restringida esfera. (3) Que en el principio el creó, o dio el ser, a cada tipo distintivo de planta y animal: «Dijo Dios: Produzca la tierra hierba verde, hierba que dé semilla; árbol de fruto que dé fruto según su género, que su semilla esté en él, sobre la tierra. Y fue así». «Luego dijo Dios: Produzca la tierra seres vivientes según su especie, bestias y serpientes y animales de la tierra según su especie. Y fue así». Este es el relato Escritural del origen de las especies. Según este relato, cada especie fue creada de manera especial, no *ex nihilo*, ni sin la intervención de causas secundarias, pero sin embargo de manera original, no derivadas evolucionadas o desarrolladas de especies preexistentes. Estas especies distintas o clases de plantas y animales así originadas por separado son permanentes. Nunca se transforman de una a otra. Sin embargo, debe recordarse que las especies son de dos clases, como los naturalistas las distinguen, esto es, las *naturales* y las *artificiales*. Las primeras son las que tienen su fundamento en la naturaleza; que tuvieron un origen distinto y que son capaces de propagarse indefinidamente. Las últimas son aquellas distinciones que los naturalistas han hecho por su propia conveniencia. Naturalmente, no se afirma que cada una de las llamadas especies de plantas y animales sea original y permanente, cuando la única distinción entre una y otra especie pueda ser la forma de una hoja o el color de una pluma. Es sólo de aquellas especies que tienen su fundamento en la naturaleza que se afirma su originalidad y permanencia. Las especies artificiales, como se las llama, son sencillamente variedades. [...]

Aquí, pues, tenemos al menos siete opiniones diferentes en cuanto al origen de las especies. ¿Cómo puede la ciencia decidirse entre ellas? La ciencia tiene que ver con los hechos y las leyes de la naturaleza. Pero aquí la cuestión trata del origen de tales hechos. «Aquí», dice el doctor Gray, «no se puede disponer de pruebas en el sentido propio del término. Estamos más allá de la región de la demostración, y tenemos sólo probabilidades a considerar».[18] Los cristianos tienen derecho a protestar en contra del posicionamiento de *probabilidades* contra las claras enseñanzas de la Escritura. No es fácil estimar el mal que se hace cuando hombres eminentes ponen el peso de su autoridad del lado de la incredu-

---

17. *Ibid.*, pág. 52.
18. *Atlantic Monthly*, Agosto, 1860, pág. 230.

lidad, influenciados por un mero peso de probabilidades en un departamento, descuidando las más convincentes pruebas de una clase diferente. Por ejemplo, tratan la cuestión de la unidad de la raza humana de manera exclusiva como una cuestión zoológica, ignorando el testimonio de la historia, del lenguaje y de las Escrituras. Así, a menudo se deciden contra la Biblia con base en una evidencia que no convencería a un jurado inteligente en un pleito por una pequeña suma de dinero.

Dificultades admitidas para la teoría darwinista.
Una de las excelentes cualidades del Sr. Darwin es su sinceridad. Él reconoce que existen graves objeciones contra la doctrina que está tratando de establecer. Admite que si una especie se deriva de otra por lentas gradaciones, sería natural esperar que se vieran por todas partes los pasos intermedios, o eslabones de conexión. Pero reconoce que los tales no se encuentran; que a lo largo de todo el período histórico las especies han permanecido sin cambios. Son ahora precisamente lo que eran hace miles de años. No hay la más ligera indicación de que una se transforme en otra; ni que una inferior avance hacia otra superior. Esto se admite. La única respuesta a la dificultad que así se presenta es que el cambio de especies es un proceso tan lento que no se pueden esperar razonablemente ningunas indicaciones en los pocos miles de años comprendidos dentro de los límites de la historia. Cuando se objeta además que la geología nos presenta la misma dificultad, que los géneros y las especies de animales fósiles son tan distintos como los que ahora viven; que las nuevas especies aparecen en ciertas épocas totalmente distintas de las que las precedieron; que los especímenes más perfectos de estas especies aparecen frecuentemente al comienzo de un período geológico, y no hacia su fin, la respuesta que se da es que los registros de la geología son demasiado imperfectos para darnos un pleno conocimiento de esta cuestión: que un gran número innumerable de formas intermedias y de transición *pueden haber* desaparecido sin dejar traza alguna de su existencia. Todo esto equivale a admitir que toda la historia y toda la geología están en contra de la teoría, y que no sólo no aportan datos en favor de la misma, sino que aportan datos que, por lo que respecta a nuestro conocimiento, la contradicen. Refiriéndose a estas objeciones con base en la geología, dice el Sr. Darwin: «Sólo puedo responder a estas cuestiones y objeciones con la suposición de que el registro geológico es mucho más imperfecto que lo que creen muchos geólogos. El número de especímenes en todos nuestros museos no es absolutamente nada en comparación con las incontables generaciones de incontables especies que ciertamente han existido».[19] No obstante, el registro, por lo que respecta a su propia evidencia, está en contra de la teoría.[20]

---

19. *Origin of Species,* pág. 550.
20. Esto fue escrito en 1872. La situación en 1991 no ha cambiado. De hecho, la evidencia acumulativa en las investigaciones paleontológicas y genéticas desde 1859, fecha de la publicación de la obra *El origen de las especies,* de Charles Darwin, ha llevado a la adopción, por parte de ciertos evolucionistas, de teorías no gradualistas, y de un total rechazo del darwinismo como mecanismo evolucionista R. B. Goldschmidt propuso en 1940 descartar el gradualismo, debido a la consciencia de que la genética evidenciaba la estabilidad de las especies, y propuso que los cambios de especie a especie serían bruscos, por «mutaciones sistemáticas», esto es, de todo el sistema orgánico del individuo. En palabras suyas, «un reptil puso un huevo, y salió un pájaro». Aunque la mayor parte de los evolucionistas rechazaron entonces esta idea, la verdadera naturaleza del registro fósil y de la herencia genética, con su variabilidad circunscrita a la naturaleza de cada especie natural, forzó a otros eminentes evolucionistas a presentar alternativas, admitiendo la bancarrota del evolucionismo gradualista. Así, el paleontólogo de Harvard, doctor Gould, seguido por un buen número de otros paleontólogos y genetistas, propone que la evolución de una a otra especie tuvo lugar a gran velocidad en lugares geográficamente limitados y en un lapso de tiempo tan corto que no pudo dejar rastros en el registro geológico, mientras que las duraciones de la especie original y la de la es-

Capítulo 1 – *EL ORIGEN DEL HOMBRE*

Con respecto a la objeción más seria de que la teoría supone que la materia hace el trabajo de la mente, que el designio es cumplido sin diseñador alguno, el Sr. Darwin es igualmente cándido: «Al principio nada parece más difícil de creer que los órganos e instintos más complejos hayan sido perfeccionados no por medios superiores, aunque análogos, a la razón humana, sino por la acumulación de innumerables pequeñas variaciones, cada una de ellas buena para el individuo respectivo. No obstante, esta dificultad, aunque para nuestra imaginación parece insuperablemente grande, no puede ser considerada real, si admitimos las siguientes proposiciones: esto es, que todas las partes de la organización y de los instintos ofrecen al menos diferencias individuales, que hay una lucha por la existencia que conduce a la preservación de desviaciones provechosas de la estructura o del instinto, y finalmente, que pueden haber existido gradaciones en el estado de la perfección de cada órgano, cada una de ellas buenas en su clase».[21]

También dice: «Aunque la creencia de que un órgano tan perfecto como el ojo pudiera haber sido formado por selección natural es más que suficiente para abrumar a cualquiera, sin embargo, en el caso de cualquier órgano, si sabemos de una larga serie de gradaciones en complejidad, cada una de ellas buena para su poseedor, entonces, bajo condiciones cambiantes de vida, no hay ninguna imposibilidad lógica en la adquisición de cualquier grado concebible de perfección por medio de selección natural».[22] El Sr. Darwin rehúsa sentirse abrumado por aquello que él dice es suficiente para abrumar a cualquiera. Si se le da un número suficiente de años, unas complicaciones fortuitas pueden hacer lo que sea. Si se encuentra un trozo burdo de sílex, se declara que es obra del hombre, porque indica designio, mientras que un órgano como el ojo puede ser formado por selección natural, actuando a ciegas. Esto, dice el doctor Gray en su apología, es, o sería, una extraña contradicción.

La esterilidad de los híbridos

La inmutabilidad de las especies está impresa en la misma faz de la naturaleza. Lo que serían las letras de un libro si todo quedara inmerso en confusión lo serían los géneros y las especies de las plantas y animales si estuvieran, como lo supone la teoría de Darwin, en un estado de constante variación, y ello en todas las direcciones posibles. Todos los límites estarían totalmente ausentes, y los pensamientos de Dios, como las especies han sido llamadas, habrían sido borrados de sus obras. Para impedir esta confusión de «especies», ha sido establecido como ley natural que los animales de diferentes «especies» no pueden mezclarse para producir algo diferente de ambos padres, para mezclarse a su vez y quedar confundidos con otros animales de otra naturaleza. En otras palabras, es ley de la naturaleza, y por ello una ley de Dios, que los híbridos sean estériles. Este hecho no lo niega el Sr. Darwin. Tampoco niega él el peso del argumento derivado

---

pecie resultante de este relativamente rápido paso fueron tan dilatadas que ambas sí quedaron registradas en el registro fósil. Huelga decir que con estas teorías se trata sencillamente de justificar la inexistencia de evidencia a favor del concepto evolucionista del origen de las especies. Por lo tanto, no se pueden presentar tales explicaciones como evidencia de que el evolucionismo es cierto. Sigue sucediendo como en tiempos de Darwin: El evolucionismo es la explicación necesaria para aquellos que buscan negar a Dios. Pero es una explicación carente de evidencias en su favor. Y como explicación, tiene que recurrir constantemente a explicaciones aparentemente plausibles de por qué todas las evidencias cruciales están ausentes. Hay autores, como Colin Patterson, director del Museo Británico de Historia Natural, y Michael Denton, director de un instituto de investigación bioquímica en Australia, entre otros, que han publicado sendas obras denunciando la bancarrota total del evolucionismo como herramienta explicativa. Y rechazándolo expresamente, aunque no desde una perspectiva creyente, sino agnóstica, sin adoptar el creacionismo. Patterson llega a afirmar que el evolucionismo es «anticonocimiento», una perspectiva que envenena la capacidad cognoscitiva de los que lo abrazan. (N. del T.)

21. *Origin of Species*, pág. 545.
22. *Ibid.*, pág. 251.

con base en él contra su teoría. Lo único que hace, como en los casos ya mencionados, es tratar de dar cuenta del hecho. Los eslabones de conexión entre las especies están ausentes; pero *puede* que se hayan perdido. Los híbridos son estériles, pero *puede* que esto se pueda explicar de otra manera sin aceptar que fuera hecho por designio para asegurar la permanencia de las especies. Cuando se descubre que un gran hecho de la naturaleza asegura el cumplimiento de un fin de suma importancia en la naturaleza, es justo inferir que fue designado para el cumplimiento de este fin, y consiguientemente este fin no debe ser pasado por alto ni negado. [...]

En 1830 hubo una prolongada discusión acerca de este tema en la *Académie des Sciences* en París, Cuvier poniéndose del lado de la permanencia de las especies, y de la creación y de la organización gobernada por un propósito final, mientras que Geoffrey St. Hilaire se puso del lado de la derivación y de la mutabilidad de las especies, y «negó», como dice el Profesor Owen, «la evidencia de designio, y protestó en contra de la deducción de un propósito». La decisión fue casi unánime en favor de Cuvier; y desde 1830 hasta 1860 apenas si se levantó una voz en oposición a la doctrina propuesta por Cuvier. Esto, tal como piensa Büchner, fue el triunfo del empirismo, apelando a los hechos, sobre la filosofía conducida por «Apriorische Speculationem». El Profesor Agassiz, reconocido como el más grande de los naturalistas vivos, concluye así su reseña del libro de Darwin: «Si la teoría transformista fuera cierta, el registro geológico tendría que exhibir una sucesión ininterrumpida de tipos pasando gradualmente del uno al otro. El hecho es que a través de todos los tiempos geológicos cada período queda caracterizado por tipos específicos definidos, que se pueden referir a órdenes definidos, constituyendo clases definidas y ramas definidas, construidas en base de planes definidos. Hasta que se demuestre que los que han recogido los datos de la naturaleza se han equivocado, y que tienen un sentido diferente del que ahora generalmente se les asigna, yo consideraré la teoría transformista como un error científico, falsa en sus hechos, anticientífica en su método, y de tendencia perjudicial».[23] Así, si las especies son inmutables, su existencia tiene que ser debida a la acción de Dios, mediata o inmediata, y en cualquier caso ejercida de tal manera como para hacer que éstas se correspondan con un pensamiento y propósito en la mente divina. Y, de manera más especial, el hombre no debe su origen al gradual desarrollo de una forma inferior de vida irracional, sino a la energía de su Hacedor a cuya imagen fue él creado. [...]

Finalmente, se puede observar que el Sr. [Alfred Russel] Wallace, aunque aboga por la doctrina de la «Selección Natural», mantiene que no es aplicable al hombre; que no puede explicar su estado original ni presente; y que es imposible, en base de la teoría del Sr. Darwin, dar cuenta de la organización física del hombre, de sus capacidades mentales, ni de su naturaleza moral. A este tema dedica el capítulo décimo de su obra.

3. La antigüedad del hombre.

«Hoy en día», se nos dice, «los antropólogos concuerdan generalmente en que el hombre no es una reciente introducción en la tierra. Todos los que han estudiado la cuestión admiten ahora que su antigüedad es muy grande; y que, aunque hemos hasta cierto punto determinado el mínimo de tiempo durante el cual debe haber existido, no hemos hecho una aproximación a la determinación del período mucho mayor durante el que *puede* que haya existido. Podemos afirmar, con una certeza tolerable, que el hombre tiene que haber habitado la tierra hace mil siglos, pero no podemos afirmar positivamente que no haya existido, ni que haya buena evidencia de que no haya existido, por un período de diez mil siglos».[24]

---

23. *American Journal*, Julio, 1860, pág. 154.
24. *Wallace on Natural Selection*, pág. 303.

Acerca de esto se tiene que observar, primero, que es un hecho histórico que nada es menos fiable que estos cálculos acerca del tiempo. Se podría llenar un volumen con ejemplos de errores de los naturalistas acerca de esta cuestión. El mundo no ha olvidado el entusiasmo de los enemigos de la Biblia cuando se encontró que el número de capas sucesivas sobre las laderas del Monte Etna era tan grande que exigía, según se decía, de miles y miles de años para su condición actual. Todo esto se ha desvanecido. El Sr. Lyell calculó que se precisaba de doscientos veinte mil años para dar cuenta de los cambios que están teniendo lugar en las costas de Suecia. Geólogos posteriores reducen este tiempo a una décima parte de la primera estimación. Se encontró un fragmento de cerámica sepultado profundamente bajo los depósitos en la boca del Nilo. Se dijo con toda confianza que aquel depósito no se podía haber formado durante el período histórico, hasta que se demostró que el artículo en cuestión era de fabricación romana. Por ello, los hombres de ciencia sobrios no tienen confianza en estos cálculos que demandan miles de siglos, o incluso millones de años, para la producción de efectos posteriores a las grandes épocas geológicas.[25]

La segunda observación con referencia a esta gran antigüedad que se afirma de la raza humana es que las razones que se le asignan son, a juicio de los más eminentes hombres de ciencia, insatisfactorias. Los datos que se presentan para demostrar que el hombre ha vivido durante un número indeterminado de eras sobre la tierra son: (1) La existencia de poblaciones edificadas sobre pilares, ahora sumergidas en lagos en Suiza y en otros lugares, que, se supone, son de gran antigüedad. (2) El descubrimiento de restos humanos en estado fósil en depósitos a los que los geólogos asignan una edad contada por decenas, o centenares, de miles de años. (3) El descubrimiento de utensilios de diferentes clases, hechos de sílex, en compañía de restos de animales extinguidos. (4) La antigua separación de hombres en las distintas razas en las que ahora subsisten. Acerca de esta cuestión dice Sir Charles Lyell: «Los naturalistas han sentido durante mucho tiempo que para hacer probable la opinión recibida de que todas las variedades de la familia humana surgieron originalmente de una sola pareja (una doctrina en contra de la que, a mi parecer, no se puede oponer ninguna sana objeción), se precisa de un lapso de tiempo mucho mayor para la lenta y gradual formación de razas (como la caucásica, mongólica y negra) que el que se abarca en cualquiera de los sistemas cronológicos populares». Los caucásicos y los negros aparecen distintivamente marcados en monumentos egipcios a los que se adscribe una antigüedad de tres mil años. Por ello, arguye él, tenemos que admitir «una inmensa serie de eras anteriores» para dar cuenta de la formación gradual de estas distintas razas.[26]

Viviendas lacustres.

En muchos de los lagos de Suiza se han descubierto pilares erosionados hasta la superficie del barro, o proyectándose ligeramente por encima de él, que en el pasado habían sustentado moradas humanas. Son tan numerosos que hacen evidente que pueblos enteros quedaban así sostenidos sobre la superficie del agua. Estos poblados, «casi todos ellos», son «de fecha desconocida, pero los más antiguos» de los mismos «pertenecían ciertamente a la edad de piedra, porque se han extraído cientos de artículos del fango en el que estaban clavados los pilares,

---

25. Para un análisis actualizado de la situación con respecto al tiempo y a la trama e historia geológica de la tierra, véanse los siguientes libros publicados por esta misma editorial CLIE: *El Diluvio del Génesis*, de John C. Whitcomb y Henry M. Morris; *Anegado en agua*, en dos volúmenes, selección de varios autores; *Cronometría: Consideraciones Críticas*, selección de varios autores. Con respecto a las alegaciones de un origen simio del hombre, véase *Los hombres-simios, ¿realidad o ficción?*, por Malcom Borden. [N. del T.]
26. *Principles of Geology*, por Sir Charles Lyell, F. R. S., novena edición, Boston, 1853, pág. 660. Véase también *The Geological Evidences of the Antiquity of Man*, por el mismo autor, Philadelphia, 1863, pág. 385.

artículos parecidos a los de los montículos conchíferos y turberas de Dinamarca». Una gran cantidad de huesos de no menos de cincuenta y cuatro especies animales han sido extraídos en estas localidades, todos los cuales, con una sola excepción, siguen viviendo en Europa. En este número se incluyen los restos de varios animales domesticados, como el buey, la oveja, la cabra y el perro.[27]

Evidentemente, todo esto no constituye prueba de una gran antigüedad. Incluso a fines del siglo pasado [esto es, del siglo XVIII (N. del T.)], se podían ver viviendas similares, sustentadas sobre pilares. Todos los restos de animales que se encuentran son de especies existentes. No hay nada que dé evidencia de que estas moradas lacustres fueran siquiera de la época de los romanos. Los razonamientos se hacen con base en la ausencia de metal y la presencia de artículos de piedra. Por ello, se infiere que estos poblados pertenecían a la «Edad de Piedra». A ésta le sucedió la «Edad de Bronce», y a ésta la Edad de Hierro. Sir Charles Lyell nos informa de que los geólogos suizos, representados por M. Morlot, asignan «a la edad de bronce una fecha de entre tres mil a cuatro mil años, y al período de piedra una edad de cinco a siete mil años».[28]

Sin embargo, es una especulación totalmente arbitraria que hubiera jamás una edad de piedra. Se basa en la presuposición de que la condición original del hombre fue de barbarie, de la que se elevó a través de una lenta progresión; durante el primer período de su progreso empleó sólo artículos de piedra. Luego, de bronce, y luego, de hierro; y que miles de años transcurrieron antes que la raza pasara de una de estas etapas de progreso a otra. Por ello, si se encuentran restos humanos en algún lugar en relación con artículos de piedra, son asignados a la edad de piedra. En base de esta manera de razonar, si se encuentran puntas de flecha y hachas de piedra en un poblado indio, la inferencia tendría que ser que todo el mundo estaba en estado de barbarie en este tiempo, cuando se empleaban estos artículos. Admitiendo que en la época de ocupación de estos poblados lacustres las gentes de Suiza, e incluso todos los pobladores de Europa, fueran desconocedores del uso del metal, esto no demostraría que la civilización no estuviera en todo su esplendor en Egipto o en la India. Además, la presuposición de que el estado original fuera de barbarie no es sólo contraria a la Biblia y a las convicciones de la mayoría de los eruditos, sino, según se cree, a los datos históricos más claros. [...]

Huesos humanos hallados profundamente sepultados.

Menos peso se debe dar todavía al hecho de que se hayan hallado huesos humanos profundamente sepultados en la tierra. Todos saben que han tenido lugar enormes cambios en la superficie de la tierra dentro del período histórico. Tales cambios son producidos en ocasiones por la lenta operación de las causas que han sepultado los cimientos de tales ciudades antiguas como Jerusalén y Roma muy por debajo del actual nivel de la superficie de la tierra. En otras ocasiones han sido causados por cataclismos repentinos. No es sorprendente que se descubran restos humanos en turberas, si, como nos dice Sir Charles Lyell:[29] «Todas las monedas, hachas, armas y otros utensilios descubiertos en turberas británicas y francesas son romanas; por lo que una proporción considerable de la turba en las turberas europeas, evidentemente, no tiene una mayor antigüedad que la época de Julio César».

Los datos con los que se determina la velocidad de deposición de sedimentos son tan inciertos que no se puede confiar en ellos. Sir Charles Lyell dice: «La estimación mínima de tiempo exigida» para la formación del actual delta del Mississippi es de más de cien mil años.[30]

---

27. *Antiquity of Man*, capítulo II, pág. 17.
28. *Ibid*, pág. 28.
29. *Principles of Geology*, pág. 721.
30. *Antiquity of Man*, pág 43.

Según la cuidadosa exploración efectuada por miembros de la Exploración Costera [Coast Survey] y otros técnicos de los Estados Unidos, el tiempo durante el que el delta ha estado en formación es de cuatro mil cuatrocientos años.[31] En toda la memoria del hombre, o desde que se han edificado chozas de pescadores en las costas de Suecia, ha habido tal hundimiento de la costa que «se encontró una choza de pescador, con un tosco hogar para fuego en su interior, al cavar un canal a una profundidad de sesenta pies [veinte metros]».[32] «Durante el terremoto de 1819 cerca del Delta del Indus, un área de dos mil millas cuadradas (cinco mil doscientos kilómetros cuadrados) se transformó en un mar interior, y el fuerte y la población de Sindree se hundió hasta que los tejados de las casas estaban justo encima de las aguas. A cinco millas y media [ocho kilómetros y medio] de Sindree, en paralelo con esta área hundida, una región fue elevada a diez pies (tres metros) por encima del delta, en una extensión de cincuenta millas [ochenta kilómetros] de longitud, y en algunas partes de diez millas [dieciséis kilómetros] de anchura».[33] [...]

Argumento según las razas de los hombres y los monumentos antiguos.

Otro argumento se basa en la suposición de que la diferencia entre las razas caucásica, mongólica y negra, que se sabe que estaba ya marcada de una manera igual de precisa dos o tres mil años antes de Cristo como ahora, tiene que haber demandado incontables eras para desarrollarse y quedar establecida. A esto es evidente la siguiente respuesta: Primero, que diferencias igual de grandes se han establecido dentro del período histórico en animales domésticos. Segundo, que no es infrecuente que las variedades marcadas se produzcan repentinamente, y, por así decirlo, accidentalmente. En tercer lugar, que estas variedades de raza no son efecto de la operación ciega de causas físicas, sino que lo son por aquellas causas que son inteligentemente conducidas por Dios para el cumplimiento de algún sabio propósito. Los animales que viven en las regiones árticas no sólo están vestidos de pelo para su protección, sino que el color de su cubierta cambia con la estación. Y así Dios dispone las diferentes razas humanas en sus peculiaridades para que sean apropiadas para las regiones en que moran. El doctor Livingstone, el gran explorador africano, nos informa que el tipo negro, tal como se concibe popularmente, aparece muy raramente en África, y sólo en distritos en los que prevalece un gran calor en conexión con una gran humedad. Las tribus en el interior de aquel continente difieren mucho, dice él, tanto en tono como en forma.

La idea de que debieron pasar incontables eras para que el hombre surgiera de la más profunda barbarie al estado de civilización indicado por los monumentos de Egipto no reposa sobre ninguna mejor suposición. El estado más antiguo del hombre, en lugar de ser el inferior, fue en muchos aspectos su estado superior. Y nuestra propia experiencia como nación demuestra que no se necesitan milenios para que un pueblo llegue a producir mayores obras que de las que puedan jactarse Egipto o la India. Hace doscientos años este país era un yermo desde el Atlántico hasta el Pacífico. ¿Y qué es ahora? Según Bunsen, se necesitarían cien mil años para levantar todas estas ciudades y para edificar todos estos ferrocarriles y canales.

Además, se apremia como prueba de la gran antigüedad del hombre que los monumentos y registros monumentales de Egipto demuestran que existió una nación en el más elevado estado de civilización en la época del diluvio, o inmediatamente posterior al mismo. Se arguye que la cronología de la Biblia y la cronología de Egipto son irreconciliables.

---

31. Véase *Report upon the Physics and Hydraulics of the Mississippi River*, etc., por el Capitán A. A. Humphreys y el Teniente H. L. Abbott, Cuerpo de Ingenieros Topográficos, Ejército de los EE.UU., 1861, pág. 435.
32. Dana, *Manual of Geology*, pág. 586.
33. *Ibid.*, pág. 588.

Con referencia a esta dificultad se puede observar que los cálculos de los egiptólogos son tan precarios, y en muchos casos tan extravagantes, como los de los geólogos. Esto se demuestra con sus discrepancias [...].

[*Nota del Traductor*: Desde la época de Charles Hodge hasta nuestros tiempos ha habido drásticas revisiones en la cronología *convencional* de Egipto, situándose el comienzo del período dinástico, con Menes, en la era del 3300 al 2850 a.C. Esto lleva a una corrección de 2000 años a la baja con respecto a la cronología egipcia difundida en el siglo pasado, que situaba a Menes en el año 5500 a.C. Este hecho sigue mostrando la duda de las inferencias especulativas acerca de la cronología de Egipto con independencia de las Escrituras, y justifica la necesidad de un examen crítico de las pretensiones de los historiadores en sus reconstrucciones de la historia de Egipto en la línea de la *Cronología Revisada*, en la que sí aparecen los sincronismos entre la historia bíblica y la egipcia; véanse obras como *Ages in Chaos*, de I. Velikovsky (Doubleday, Garden City, N.Y., 1951), y *The Exodus Problem and its Ramifications*, de D. Courville (Challenge Books, Loma Linda, California, 1977). Para una primera introducción a esta cuestión, los artículos «Egipto», «Éxodo», «Faraón», «Hicsos», «Pi-hahirot», «Ugarit», etc., en *Nuevo Diccionario Bíblico Ilustrado*, de Vila-Escuain (CLIE, Terrassa 1985).]

Capítulo 2

La naturaleza del hombre

1. La doctrina Escritural.

Las Escrituras nos enseñan que Dios formó el cuerpo humano del polvo de la tierra, y sopló en él el aliento de vida, y devino un *alma viviente*. Según este relato, el hombre se compone de dos principios distintivos: cuerpo y alma: el uno, material, el otro inmaterial; el uno corpóreo, el otro espiritual. En esta declaración está involucrado, primero, que el alma humana es una sustancia; y, segundo, que es una sustancia distinta del cuerpo. De modo que en la constitución del hombre se incluyen dos sustancias distintas.

La idea de sustancia, como se ha observado antes, es una de las verdades primarias de la razón. Se da en la consciencia de cada hombre, y forma por ello parte de la fe universal de los hombres. Estamos conscientes de nuestros pensamientos, sentimientos y voliciones. Sabemos que estos ejercicios o fenómenos son constantemente cambiantes, pero que hay algo de lo que ellos son los ejercicios y manifestación. Este algo es el yo, que permanece sin cambios, que es el mismo idéntico algo, ayer, hoy y mañana. Por ello, el alma no es una mera serie de actos; tampoco es una forma de la vida de Dios, ni una mera fuerza insustancial, sino una verdadera subsistencia. Todo aquello que actúa es, y lo que es, es una entidad. Una no entidad es *nada*, y *nada* no puede tener poder ni producir efectos. Por ello, el alma del hombre es una esencia o entidad o sustancia, el sujeto permanente de sus varios estados y ejercicios. El segundo punto mencionado no está menos claro. Así como nada podemos saber de una sustancia excepto por sus fenómenos, y por cuanto estamos obligados por una ley de nuestra naturaleza a creer en la existencia de una sustancia de la que los fenómenos son su manifestación, así por una necesidad igualmente intensa nos vemos obligados a creer que cuando dos fenómenos son no sólo diferentes, sino incompatibles, allí las sustancias son asimismo diferentes. Por tanto, como los fenómenos o propiedades de la materia son esencialmente diferentes de los de la mente, nos vemos forzados a concluir que la materia y la mente son dos sustancias distintas; que el alma no es material, ni el cuerpo espiritual. «Para identificar la materia con la mente», dice Cousin [...] «o mente con materia; es necesario pretender que la sensación, el pensamiento, la volición, son reducibles, en último análisis, a solidez, extensión, figura, divisibilidad, etc.; o que la solidez, extensión, figura, etc., son reducibles a sensación, pensamiento, voluntad».[1] Por ello, se puede decir, a pesar de los materialistas e idealistas, que es intuitivamente cierto que la materia y la mente son dos sustancias distintas; y esta ha sido la fe de la gran masa de la

---

1. *Elements of Psychology*, Traducción de Henry, N.Y., 1856, pág. 370.

humanidad. Esta visión de la naturaleza del hombre que se presenta en el relato original de su creación es sustentada por las constantes descripciones de la Biblia.

Verdades acerca de esto, asumidas en las Escrituras.

Las Escrituras no enseñan de manera formal ningún sistema de psicología, pero hay ciertas verdades relacionadas tanto con nuestra constitución física como mental que dan de continuo por supuestas. Suponen, como ya hemos visto, que el alma es una sustancia; que es una sustancia distinta de la del cuerpo; y que hay dos, y no más que dos, elementos esenciales en la constitución del hombre. Esto es evidente: (1) Por la distinción que se hace en todas partes entre alma y cuerpo. Así, en el relato original de la creación se hace una clara distinción entre el cuerpo como formado del polvo de la tierra, y el alma o principio de vida que fue soplado en él por Dios. Y en Gn 3:19 se dice: «Polvo eres, y al polvo volverás». Por cuanto fue sólo el cuerpo lo que fue formado del polvo, es sólo el cuerpo lo que ha de volver al polvo. En Ec 12:7 se afirma: «y el polvo vuelva a la tierra de donde procede, y el espíritu vuelva a Dios, que lo dio» Is 10:18: «La consumirá totalmente en alma y cuerpo». Daniel (7:15, V.M.) dice: «En cuanto a mí, Daniel, mi espíritu estaba adolorido en medio de mi cuerpo». Nuestro Señor (Mt 6:25) manda a sus discípulos que no se preocupen por su cuerpo; y, otra vez más (Mt 10:28), «no temáis a los que matan el cuerpo mas no pueden matar el alma; temed más bien a aquel que puede destruir alma y cuerpo en el infierno». Esta es la constante descripción de las Escrituras; El cuerpo y el alma son presentados como sustancias distintas, y las dos juntas como constitutivas del hombre entero. (2) Hay una segunda clase de pasajes igualmente decisivos acerca de este punto. Consiste de aquellos en los que el cuerpo es descrito como una vestidura que debe ser echada a un lado; un tabernáculo o casa en la que mora el alma, que puede dejar y al cual volver. Pablo, en una determinada ocasión, no sabía si estaba en el cuerpo, o fuera del cuerpo. Pedro dijo que consideraba oportuno, mientras estaba en este tabernáculo, recordar a sus hermanos la verdad, «sabiendo», dice él, «que es inminente el abandono de mi tabernáculo» (2 P 1:14, gr.). Pablo dice, en 2 Co 5:1: «Sabemos que si esta morada terrestre, este tabernáculo, se deshace, tenemos de Dios un edificio, una casa no hecha de manos, eterna, en los cielos». En este mismo contexto habla de ser desnudados y revestidos con nuestra casa que es del cielo, y de estar ausentes del cuerpo y presentes con el Señor, sabiendo que en tanto que estamos en el cuerpo estamos ausentes del Señor. A los Filipenses (1:23, 24) les dice: «Porque de ambos lados me siento apremiado, teniendo deseo de partir y estar con Cristo, lo cual es muchísimo mejor; pero quedar en la carne es más necesario por causa de vosotros». (3) Es la creencia común de la humanidad, tal como está claramente revelada en la Biblia, y es parte constitutiva de la fe de la Iglesia universal, que el alma puede existir y existe, y que actúa después de la muerte. Si es así, entonces el cuerpo y el alma son dos sustancias distintas. El primero puede quedar desorganizado, reducido al polvo, dispersado o incluso aniquilado, y la segunda mantener su vida y actividad conscientes. Esta doctrina fue enseñada en el Antiguo Testamento, donde los muertos son descritos como morando en el Seol, de donde reaparecían ocasionalmente, como Samuel a Saúl. Nuestro Señor dice que Dios no es Dios de los muertos, sino de los vivos; y al declararse como Dios de Abraham, Isaac y Jacob demuestra que Abraham, Isaac y Jacob están ahora vivos. Moisés y Elías conversaron con Cristo en el Monte. Al ladrón moribundo le dijo nuestro Señor: «Hoy estarás» (de una manera consciente) «conmigo en el Paraíso». Pablo, como acabamos de ver, deseaba estar ausente del cuerpo y presente con el Señor. Él sabía que su existencia personal consciente debía ser continuada tras la disolución de su cuerpo. No es necesario ocuparnos de este punto, por cuanto la existencia del alma en plena consciencia y actividad fuera del cuerpo y en el intervalo entre la muerte y la resurrección no es negada por ninguna Iglesia Cristiana. Pero si esto es así, se demuestra con ello claramente que el alma y el cuerpo son dos sustancias distintas, de manera que la primera puede existir independientemente de la segunda.

Relación del alma y del cuerpo.

Así, el hombre, según las Escrituras, es un espíritu creado en unión vital con un cuerpo material organizado. Se reconoce que la relación entre estos dos constituyentes de nuestra naturaleza es un misterio. Esto es, se trata de algo incomprensible. No sabemos cómo el cuerpo actúa sobre la mente, ni cómo la mente actúa sobre el cuerpo. Pero los siguientes hechos son claros: (1) Que la relación entre los dos es una unión vital, en el sentido de que el alma es la fuente de vida para el cuerpo. Cuando el alma deja el cuerpo, éste deja de vivir. Pierde su sensibilidad y actividad, y queda en el acto sujeto a las leyes químicas que gobiernan a la materia desorganizada, y por la operación de las mismas pronto queda reducido a polvo, indistinguible de la tierra de la que fue originalmente tomado. (2) Es un hecho de la consciencia que ciertos estados del cuerpo producen estados correspondientes de la mente. La mente toma conocimiento de, o es consciente de, las impresiones producidas por objetos externos sobre los órganos de los sentidos pertenecientes al cuerpo. La mente ve, la mente oye, la mente siente, no de manera directa ni inmediata (al menos en nuestro estado presente normal), sino por medio de los apropiados órganos del cuerpo. Es también asunto de experiencia diaria que una condición sana del cuerpo es necesaria para una condición sana de la mente; que ciertas dolencias o ciertos desórdenes del primero producen perturbaciones en las operaciones de la segunda. Las emociones de la mente afectan al cuerpo; la vergüenza provoca rubor en las mejillas; el gozo hace que el corazón palpite y que los ojos resplandezcan. Un golpe en la cabeza hace inconsciente a la mente: esto es, hace que el cerebro quede incapacitado como instrumento de su actividad; y una condición enferma del cerebro puede causar una acción irregular en la mente, como la insania. Todo esto es incomprensible, pero es innegable. (3) También es un hecho de la consciencia que en tanto que ciertas operaciones del cuerpo son independientes de la acción voluntaria y consciente de la mente, como los procesos de respiración, digestión, secreción, asimilación, etc., hay ciertas acciones que son dependientes de la voluntad. Podemos querer movernos; podemos ejercer la fuerza muscular en mayor o menor grado. Es mejor admitir estas sencillas realidades de la consciencia y de la experiencia, y confesar que en tanto que demuestran una unión íntima y vital entre la mente y el cuerpo, no nos capacitan para comprender la naturaleza de esta unión, antes que recurrir a teorías arbitrarias e imaginativas que niegan estos hechos porque no puedan explicarlos. Esto lo hacen los que abogan por la doctrina de las causas ocasionales, que niega toda acción de la mente sobre el cuerpo o del cuerpo sobre la mente, sino que lo atribuye todo a la acción inmediata de Dios. Un cierto estado de la mente es [según esta teoría] la ocasión en la que Dios produce una cierta impresión sobre la mente. La doctrina de Leibniz de una armonía preestablecida es igualmente insatisfactoria. Él negó que una sustancia pudiera actuar sobre otra de una clase diferente; que la materia pudiera actuar sobre la mente, o viceversa; que la materia pudiera actuar sobre la mente o la mente sobre la materia. Propuso dar cuenta de la admitida correspondencia entre los variados estados de la una y de la otra sobre la suposición de una disposición previa. Dios ha ordenado anticipadamente que la mente tuviera la percepción de un árbol siempre que un árbol se presentara delante del ojo, y que el brazo se moviera siempre que la mente tuviera una volición para moverse. Pero negó toda relación causal entre estas dos series de acontecimientos.

Dualismo realista.

La doctrina Escritural de la naturaleza del hombre como un espíritu creado en unión vital con un cuerpo organizado, que por tanto consiste de dos, y sólo dos, elementos o sustancias distintivas, es de gran importancia. Está íntimamente conectada con algunas de las más importantes doctrinas de la Biblia; con la constitución de la persona de Cristo, y por consiguiente con la naturaleza de su obra redentora y de su relación con los hijos de los hombres; con la doctrina de la caída, del pecado original, y de la regeneración; y con las doctrinas de un estado futuro y de la resurrección. Debido a esta conexión, y no a su interés como una cuestión de psicología, la verdadera idea del hombre demanda la cuidada investigación del teólogo.

La doctrina anteriormente enunciada, como la doctrina de las Escrituras y de la Iglesia, recibe la designación apropiada de dualismo realista. Esto es, declara la existencia de dos distintas *res*, entidades o sustancias; la una con extensión, tangible y divisible, el objeto de los sentidos; y la otra no extendida e indivisible, el sujeto pensante, sintiente y queriente del hombre. Esta doctrina se levanta en oposición al materialismo y al idealismo, que aunque son sistemas antagonistas en otros respectos, concuerdan en la negación de todo dualismo de sustancia. Lo primero hace de la mente una función del cuerpo; lo otro hace del cuerpo una forma de la mente. Pero, según las Escrituras y toda la más sana filosofía, ni el cuerpo es, como dice Delitzsch, un precipitado de la mente, ni la mente es una sublimación de la materia.

La doctrina Escritural del hombre es naturalmente opuesta a la vieja doctrina pagana que le representa como la forma en la que la naturaleza, *der Naturgeist*, *el anima mundi*, llega a la consciencia de sí misma; y también a la doctrina panteísta más extendida según la que los hombres son las más elevadas manifestaciones del singular principio universal de ser y vida; y a la doctrina que representa al hombre como la unión de lo impersonal, de la razón universal o *logos*, con una organización corpórea viviente. Según esta visión acabada de mencionar, el hombre consiste del cuerpo (*soma*), alma (*psuchë*) y *logos*, o la razón impersonal. Esto es algo muy semejante a la doctrina apolinaria en cuanto a la constitución de la persona de Cristo, aplicada a toda la humanidad.

2. Tricotomía.

Es de mayor importancia observar que la doctrina Escritural se opone a la Tricotomía, o doctrina de que el hombre consiste de tres sustancias distintas, cuerpo, alma y espíritu, *söma*, *psuchë*, y *pneuma*; *corpus*, *anima*, y *animus*. Esta visión de la naturaleza del hombre es de la mayor importancia para el teólogo porque no sólo ha sido sustentada en mayor o menor grado en la Iglesia, sino también porque ha influenciado en sumo grado la forma en que han sido presentadas otras doctrinas, y porque tiene una cierta apariencia de ser sustentada por las mismas Escrituras. Esta doctrina ha sido mantenida en diferentes formas. La más simple y más inteligible, y la más comúnmente adoptada, es que el cuerpo es la parte material de nuestra constitución; el alma, o *psuchë*, es el principio de la vida animal; y la mente, o *pneuma*, el principio de nuestra vida racional e inmortal. Cuando una planta muere, su organización material queda disuelta, y el principio de vida vegetativa que contenía desaparece. Cuando muere un bruto, su cuerpo vuelve al polvo, y la *psuchë*, o principio de vida animal con que estaba animada, se desvanece. Cuando un hombre muere, su cuerpo vuelve a la tierra, su *psuchë* deja de existir, y sólo queda su *pneuma* hasta que queda reunido con su cuerpo en la resurrección. Al *pneuma*, que es peculiar del hombre, le pertenecen la razón, la voluntad y la conciencia. Al *psuchë* que tenemos en común con los brutos pertenecen el entendimiento, los sentimientos y la sensibilidad, o capacidad de percepción sensorial. Al *söma* le pertenece lo que es puramente material.[2] Según otra visión de la cuestión,[3] el alma no es ni el cuerpo ni la mente; ni tampoco una subsistencia distinta, sino que es lo resultante de la unión del *pneuma*

---

2. August Hahn, *Lehrbuch des christlichen Glaubens*, pág. 324.
3. Göschel, en Herzog, *Encyklopädie*, Artículo «Seele».

y del *söma*. O, según Delitzsch,[4] hay un dualismo de ser en el hombre, pero una tricotomía de sustancia. Él distingue entre ser y sustancia, y mantiene (1) que espíritu y alma (*pneuma* y *psuchë*) no son seres distintos, pero sí sustancias distintas. Dice que el alma viviente mencionada en la historia de la creación no es el *compositum* resultante de la unión de espíritu y cuerpo, de modo que los dos constituyeron al hombre, sino que se trata de un *tertium quid*, una tercera sustancia que pertenece a la constitución de su naturaleza. (2) Pero, en segundo lugar, este tercer principio no pertenece al cuerpo; no son los más elevados atributos o funciones del cuerpo, sino que pertenece al espíritu, y es producido por él. Sustenta la misma relación con él que el aliento con el cuerpo, o la efulgencia con la luz. Dice que el *psuchë* (*alma*) es el *apaugasma* del *pneuma* y el vínculo de su unión con el cuerpo.

La Tricotomía, anti-escritural.

En oposición a todas las formas de tricotomía, o la doctrina de una triple sustancia en la constitución del hombre, se debe observar: (1) Que se opone al relato de la creación del hombre tal como aparece en Gn 2:7. Según este relato, Dios formó al hombre del polvo de la tierra, y sopló en él aliento de vida, y él vino a ser alma viviente, esto es, un ser en quien hay un *alma viviente*. En este relato no hay indicación alguna excepto el cuerpo material formado de la tierra y el principio viviente derivado de Dios. (2) Esta doctrina (tricotomía) está opuesta al uso uniforme de la Escritura. Bien lejos de distinguir entre nephesh, *psuchë*, *anima*, o alma, de ruah, *pneuma*, *animus*, o mente como o bien originalmente diferente, o derivada de ella, estas palabras designan todas una y la misma cosa. Son constantemente intercambiables. La una toma el lugar de la otra, y todo lo que se predique o se pueda predicar de la una, se predica de la otra. El hebreo nephesh, y el griego *psuchë* significan aliento, vida, el principio de vida; aquello en lo que reside la vida, toda la vida del sujeto mencionado. Lo mismo sucede con ruah y *pneuma*; también estos significan aliento, vida, y principio viviente. Por ello, las Escrituras hablan del nephesh o *psuchë* no sólo como aquello que vive o que es el principio de la vida del cuerpo, sino como aquello que piensa y que siente, que puede salvarse o perderse, que sobrevive al cuerpo y es inmortal. El alma es el hombre mismo, aquello en lo que residen su identidad y personalidad. Es el *Ego*. No hay en el hombre nada más elevado que el alma. Por ello es que se emplea tan a menudo como sinónimo del yo. Todas las almas son todos los hombres; mi alma es mi yo; su alma es él. ¿Qué dará un hombre a cambio de su alma? Es el alma la que peca (Lv 4:2). Es el alma la que ama a Dios. Se nos manda que amemos a Dios, *en holëi tëi psuchëi*. [Con toda el alma]. De la esperanza se dice que es el ancla del alma, y la palabra de Dios es poderosa para la salvación del alma. Se afirma que el fin de nuestra fe es (1 P 1:9) la salvación de nuestras almas; y Juan (Ap 6:9; 20:4) vio en el cielo las almas de los que habían sido muertos por la palabra de Dios. Por todo esto es evidente que la palabra *psuchë*, o alma, no designa la mera parte animal de nuestra naturaleza, y no es una sustancia diferente de *pneuma*, o espíritu. (3) Una tercera observación a hacer acerca de esta cuestión es que todas las palabras anteriormente mencionadas, nephesh, ruah, y neshamah, en hebreo, *psuchë* y *pneuma* en griego, y alma y espíritu en castellano, se emplean en las Escrituras de manera indiscriminada para hombres y animales irracionales. Si la Biblia adscribiera sólo un *psuchë* a los brutos, y ambos *psuchë* y *pneuma* al hombre, habría una cierta base para suponer que los dos son esencialmente distintos. Pero no es así. [...]

[Con respecto a ciertos pasajes que parecen sustentar la tricotomía, observemos, por ejemplo,] Hebreos 4:12, [donde] el Apóstol dice que la palabra de Dios penetra hasta la división del alma y del espíritu, de las coyunturas y de los tuétanos. No se supone ahí que el alma y el

---

4. *Biblische Psychologie*, § 4, pág. 128.

espíritu sean sustancias diferentes. Las coyunturas y los tuétanos no son diferentes sustancias: Ambas cosas son materiales; son formas diferentes de la misma sustancia. De la misma manera alma y espíritu son una y la misma sustancia bajo diferentes aspectos o relaciones. Podemos decir que la palabra de Dios alcanza no sólo a los sentimientos, sino también a la conciencia, sin asumir que el corazón y la conciencia sean entidades diferentes. [...]

[3. Realismo.]

[4. Otra forma de la teoría realista.]

Capítulo 3

El origen del alma

1. Teoría de la Preexistencia.

TRES SON LAS TEORÍAS que se han presentado acerca del origen del alma. Primero, la de la Preexistencia del alma; segundo, la del Traducianismo, o la doctrina de que el alma del niño se deriva del alma de los padres; tercero, la de Creación inmediata, o la doctrina de que el alma no se deriva, como sí el cuerpo, sino que debe su existencia al poder creador de Dios.

La doctrina de la preexistencia del alma ha sido presentada de dos maneras. Platón mantenía que las ideas son eternas en la mente divina; que estas ideas no son meros pensamientos, sino entidades vivientes; que constituyen la esencia y la vida de todas las cosas externas; el universo y todo lo en él contenido son estas ideas llevadas a cabo, revestidas de materia, y desarrolladas en la historia. Así, había un mundo ideal, o inteligible, anterior al mundo como realmente existente en el tiempo. Lo que Platón llamaba ideas, Aristóteles lo llamó formas. Él negó que lo ideal fuera anterior a lo real. La materia es eterna, y todas las cosas consisten de materia y forma -significándose por forma aquello que da carácter, o que determina la naturaleza de las cosas individuales. Como en otros respectos, también en éste tuvo mucha influencia la filosofía platónica, o aristo-platónica, sobre la teología cristiana. Y algunos de los padres y de los escolásticos se acercaron más o menos a esta doctrina de la preexistencia, no sólo del alma, sino de todas las cosas en este mundo ideal. San Bernardo, en su implacable oposición al nominalismo, adoptó la doctrina platónica de las ideas, que él identificó con los géneros y las especies. Estas ideas, enseñaba él, eran eternas, aunque posteriores a Dios, como un efecto, en el orden de la naturaleza, es posterior a su causa. La Providencia aplica la idea a la materia, que se hace animada y asume forma, y así, «ex mundo intelligibili mundus sensibilis perfectus natus est ex perfecto» [del mundo inteligible surgió el mundo sensible.][1] Entre los autores modernos, Delitzsch es el que más se aproxima a esta doctrina platónica. Dice él: «Hay, según las Escrituras, una preexistencia ideal del hombre; una preexistencia en virtud de la cual el hombre y la humanidad son contemplados por la omnisciencia divina no meramente como objetos que se encuentran lejanos en el futuro, sino como presentes en el espejo de su sabiduría. No sólo la filosofía y la pretendida Gnosis, sino también las Escrituras reconocen y certifican un mundo divino ideal con el que el mundo real tiene una relación como desarrollo histórico de un concepto eterno». Pero se debe dudar de si Delitzsch significaba con esto nada más que el hecho de que la omnisciencia de Dios abarca desde la eternidad el conocimiento de todas las cosas posibles, y que su propósito determinó desde la eternidad la fu-

---

[1] Cousin, *Fragments Philosophiques*, págs. 172-176

turización de todos los acontecimientos reales, de manera que su decreto o plan, como existente en la mente divina, es llevado a cabo en el mundo externo y su historia. El ingeniero tiene en su mente un claro concepto de la máquina que va a producir. Pero es sólo mediante una figura de lenguaje que se puede decir que la máquina preexiste en la mente del artífice. Esto es muy distinto de la idea platónica y realista de la preexistencia.

La doctrina de Orígenes.
La preexistencia, enseñada por Orígenes, y adoptada aquí y allá por algunos filósofos y teólogos, no es la doctrina platónica de un mundo ideal. Supone que las almas de los hombres tenían una existencia separada, consciente y personal en un estado anterior; que habiendo pecado en aquel estado preexistente, son condenados a nacer en el mundo en estado de pecado y en conexión con un cuerpo material. Esta doctrina fue relacionada por Orígenes con su teoría de una creación eterna. El actual estado de ser es sólo una época en la existencia del alma humana. Ha pasado a través de otras innumerables épocas y formas de existencia en el pasado, y debe pasar a través de otras tales épocas innumerables en el futuro. Él sostenía una metempsicosis muy similar a la enseñada por los orientales, tanto antiguos como modernos. Pero incluso sin la carga añadida de la transmutación inacabable del alma, la doctrina misma jamás fue adoptada en la Iglesia. Se puede decir que comenzó y terminó con Orígenes, por cuanto fue rechazada tanto por los griegos como por los latinos, y desde entonces sólo han abogado por ella escritores individuales. No pretende ser una doctrina Escritural, y por tanto no puede ser objeto de fe. La Biblia nunca habla de una creación de hombres antes de Adán, ni de ninguna apostasía anterior a su caída, y nunca atribuye la pecaminosidad de nuestra actual condición a ninguna fuente más alta que al pecado de nuestro primer padre. La suposición de que todas las almas humanas fueron creadas al mismo tiempo que el alma de Adán, y que permanecieron en un estado durmiente, inconsciente, hasta que se unieron a los cuerpos para los que fueron designados, ha sido adoptada por tan pocos que difícilmente merece un lugar en la historia de la opinión teológica.

2. Traducianismo.

Pero es mucho más importante la cuestión de si el alma de cada hombre es creada de inmediato, o si es generada por los padres. Lo primero es conocido, en teología, como «Creacionismo», y lo segundo como «Traducianismo». Ya desde el principio, la iglesia griega adoptó la postura creacionista como la única consistente con la verdadera naturaleza del alma. Tertuliano, en la Iglesia Latina, era casi un materialista, o al menos empleó el lenguaje del materialismo, manteniendo que el alma era engendrada de manera muy semejante al cuerpo. Jerónimo se opuso a esta doctrina. Agustín era muy adverso a la misma, pero en su controversia con Pelagio acerca de la propagación del pecado se sintió tentado a favorecer la teoría traducianista como proporcionando una explicación más fácil del hecho de que derivamos una naturaleza corrompida de Adán. Sin embargo, nunca pudo adoptarla de una manera plena. El Creacionismo llegó a ser posteriormente la doctrina recibida casi universalmente de la Iglesia Latina, como lo había sido siempre de la Griega. En la época de la Reforma, los Protestantes, como un todo, se adhirieron al mismo punto de vista. Incluso la Fórmula de Concordia, el símbolo autoritativo de la Iglesia Luterana, favorece el creacionismo. Sin embargo, la mayoría de los teólogos luteranos del siglo diecisiete adoptaron la teoría traducianista. Entre los Reformados, sucedió a la inversa. Calvino, Beza, Turretin y la gran mayoría de los teólogos Reformados fueron creacionistas, y sólo aquí y allá alguno adoptó la teoría *ex traduce*. Muchos de los actuales teólogos alemanes, y aquellos que están inclinados al realismo en cualquier forma, se han vuelto más o menos celosos en la defensa del traducianismo. Sin embargo, está lejos de ser la opinión universal de los alemanes. Quizá la mayoría de filósofos alemanes concuerda con Günther:[2] «El Traducianismo tiene sus funciones con respecto a la vida animal del hombre; por otra parte, el ámbito del Creacionismo es el del alma; saldría de su ámbito si extendiera la acción creadora inmediata de Dios a la vida animal, que es el principio de la existencia de su cuerpo».

Lo que se significa por el término traducción es en general bien claro por el sentido de la palabra. Por una parte, los traducianistas niegan que el alma sea creada; por otra parte, afirman que es producida por la ley de la generación, siendo tan verdaderamente derivada de los padres como el cuerpo. Es el hombre íntegro, alma y cuerpo, el que es engendrado. El hombre es derivado de manera íntegra de la sustancia de sus progenitores. Algunos van más allá que otros en sus afirmaciones acerca de esta cuestión. Los hay que afirman que el alma es susceptible de «abscisión y división», de manera que una porción del alma de los padres es comunicada al niño. Otros se retraen de tales expresiones, pero mantienen que hay una verdadera derivación de la una procedente de los otros. Sin embargo, ambas clases insisten en la identidad numérica de esencia en Adán y toda su posteridad tanto en alma como en cuerpo. Los más ilustrados y cándidos proponentes del traducianismo admiten que las Escrituras guardan silencio a este respecto. [...] Los pasajes citados en apoyo de la doctrina no enseñan nada decisivo acerca de esta cuestión. Que Adán engendrara un hijo a su semejanza, y conforme a su imagen, y que llamara su nombre Set, sólo afirma que Set era como su padre. No arroja luz alguna sobre el misterioso proceso de la generación, y no enseña cómo se alcanza la semejanza de hijo a padre por causas físicas. [...] Se insiste más en ciertos hechos de la Escritura que se suponen favorables a esta teoría. Se dice que el hecho de que en la creación de la mujer no se haga mención de que Dios soplara en ella aliento de vida implica que su alma, así como su cuerpo, se derivó de la de Adán. Sin embargo, el silencio no demuestra nada. [...] De todos los argumentos en favor del Traducianismo, el más eficaz es el que se deriva de la transmisión de una naturaleza pecaminosa de Adán a su posteridad. Se insiste en que no se puede explicar ni justificar a no ser que supongamos que el pecado de Adán fue nuestro pecado y nuestra culpa, y que la idéntica sustancia activa, inteligente y voluntaria que transgredió en él, nos ha sido transmitida a nosotros. Éste es un argumento que sólo puede ser considerado de manera plena cuando lleguemos a tratar del pecado original. Por el presente es suficiente repetir la observación acabada de hacer, de que el hecho es una cosa, y la explicación del hecho es otra. Se admite el hecho de que el pecado de Adán es, en un sentido verdadero e importante, nuestro pecado, -y que derivamos de él una naturaleza corrompida; pero que esto precise de la adopción de la doctrina *ex traduce* en cuanto al origen del alma no está tan claro. [Esta explicación] ha sido negada por la inmensa mayoría de los más activos defensores de la doctrina del pecado original, en todas las edades de la Iglesia. Decir que el creacionismo es un principio Pelagiano es sólo una evidencia de ignorancia. [...] El argumento más plausible en favor del traducianismo es el innegable hecho de la transmisión de las peculiaridades étnicas, nacionales, familiares e incluso paternas de la mente y del temperamento. Esto parece dar evidencia de que hay no sólo derivación del cuerpo, sino también del alma en la que estas peculiaridades son inherentes. Pero incluso este argumento no es concluyente, porque nos es imposible determinar a qué causa mediata se deben estas peculiaridades. Podrían ser atribuidas, por lo que podamos saber, a algo peculiar en la constitución física. No se puede negar que la mente queda sumamente influenciada por el cuerpo. Y un cuerpo que tenga unas peculiaridades físicas pertenecientes a cualquier raza, nación o familia puede determinar dentro de ciertos límites el carácter del alma.

---

2. *Vorschule der speculativen Theologie*, 2 edición, Viena, 1846, 1848, 2 parte, p. 181.

3. Creacionismo.

La doctrina común de la Iglesia, y especialmente de los teólogos reformados, ha sido siempre la de que el alma del niño no es generada ni derivada de sus padres, sino que es creada por la acción inmediata de Dios. Los argumentos que se presentan generalmente en favor de esta postura son:

1. Que es más consecuente con las descripciones prevalentes de las Escrituras. En el relato original de la creación se establece una marcada distinción entre el cuerpo y el alma. El uno es de la tierra, la otra de Dios. Esta distinción se mantiene a lo largo de toda la Biblia. El cuerpo y el alma no sólo son presentados como sustancias diferentes, sino también como poseedores de diferentes orígenes. El cuerpo volverá al polvo, dice el sabio predicador, y el espíritu a Dios que lo dio. Aquí se presenta el origen del alma como diferente de y más elevado que el del cuerpo. El alma es de Dios en un sentido que no es cierto del cuerpo. De manera similar, se dice de Dios que «forma el espíritu del hombre dentro de él» (Zac 12:1); que da «aliento al pueblo que mora» sobre la tierra, «y espíritu a los que por ella andan» (Is 42:5). Este lenguaje casi concuerda con el del relato de la creación original, en el que se dice que Dios sopló en el hombre aliento de vida, para indicar que el alma no es terrena ni material, sino que tuvo su origen de manera inmediata de Él. [...]

Argumentos según la naturaleza del alma.

2. Esta última doctrina es también claramente consistente con la naturaleza del alma. Entre los cristianos se admite que el alma es inmaterial y espiritual. Es indivisible. La doctrina traduciana niega esta verdad universalmente reconocida. Afirma que el alma admite «separación o división de esencia».[3] Y sobre la misma base por la que la Iglesia rechazó universalmente la doctrina gnóstica de la emanación como inconsecuente con la naturaleza de Dios como espíritu, ha rechazado, con una unanimidad casi similar, la doctrina de que el alma admite división de sustancia. Esta es una dificultad tan seria que algunos de los proponentes de la doctrina *ex traduce* intentan evitarla negando que su teoría presuponga ninguna separación o división de este tipo de la sustancia del alma. Pero de poco sirve esta negación. Ellos mantienen que la misma esencia numérica que constituía el alma de Adán es constitutiva de nuestras almas. Si es así, entonces o bien la humanidad es una esencia general de la que los hombres individuales son modos de existencia, o bien lo que estaba enteramente en Adán está distributivamente, partitivamente y por separación, en la multitud de sus descendientes. Por ello, la derivación de esencia implica, como generalmente se admite que lo hace, separación o división de esencia. Y esto debe ser así si se presupone que la identidad numérica de esencia en toda la humanidad se logra mediante generación o propagación. [...]

4. Observaciones finales.

[...] Con referencia a esta discusión se puede observar:

1. Que en tanto que nos toca resistir vigorosamente cualquier doctrina que presuponga la divisibilidad y consiguiente materialidad del alma humana, o que conduzca a la conclusión de que la naturaleza humana de nuestro bendito Señor estuviera contaminada con pecado, sin embargo no nos toca ser más sabios que lo que está escrito. Podemos confesar que la generación, la producción de un nuevo individuo de la raza humana, es un misterio inescrutable. Pero esto se debe decir de la transmisión de la vida en todas sus formas. Si los teólogos y filósofos se contentaran con sencillamente negar la creación del alma *ex nihilo* sin insistir en la

---

3. Shedd, *History of Christian Doctrine*, Vol. I., pág. 343, nota.

división de la sustancia del alma ni en la identidad de esencia en todos los seres humanos, el mal no sería tan grande. Algunos intentan esta moderación [...]

2. Es evidentemente de lo más irrazonable y presuntuoso, además de peligroso, hacer de una teoría acerca del origen del alma la base de una doctrina tan fundamental para el sistema cristiano como el del pecado original. Pero vemos a teólogos, antiguos y modernos, afirmando osadamente que si su doctrina de derivación, y la identidad numérica de sustancia en todos los hombres, no se admite, entonces es imposible el pecado original. Esto es, que nada puede ser cierto, no importa lo claramente que sea enseñado en la palabra de Dios, que ellos no puedan explicar. Esto lo hacen incluso aquellos que protestan en contra de la introducción de la filosofía en la teología, totalmente inconscientes de que ellos mismos ocupan, hasta este punto, el mismo terreno que los racionalistas. No están dispuestos a creer en la depravación hereditaria a no ser que el alma del hijo sea de la misma sustancia numérica que el alma del padre. Esto es, las llanas declaraciones de las Escrituras no pueden ser ciertas a no ser que se adopte la más oscura, ininteligible e incongruente y menos recibida teoría filosófica en cuanto a la constitución del hombre y la propagación de la raza. Nadie tiene derecho a colgar la rueda de molino de su filosofía alrededor del cuello de la verdad de Dios.

3. Hay una tercera nota de advertencia que no se debe omitir. Toda la teoría del traducianismo se basa en la presuposición de que Dios, desde la creación original, opera sólo a través de medios. Desde el «sexto día, el Creador no ha ejercido, en este mundo, ninguna energía estrictamente creativa. Él descansó de la obra de la creación en el séptimo día, y sigue reposando».[4] La creación continua de las almas es declarada por Delitzsch[5] como inconsistente con la relación de Dios con el mundo. Él ahora sólo produce de manera mediata, esto es, por medio de la operación de segundas causas. Esto es un acercamiento a la teoría mecánica del universo, que supone que Dios, habiendo creado el mundo, y habiendo dotado a sus criaturas con ciertas facultades y propiedades, lo deja a la operación de estas segundas causas. Se puede admitir una superintendencia continuada de la Providencia, pero se niega el ejercicio directo de la eficiencia divina. ¿Qué sucede, entonces, con la doctrina de la regeneración? El nuevo nacimiento no es efecto de causas segundas. No es un efecto natural producido por la influencia de la verdad ni de la energía de la voluntad humana. Se debe al ejercicio inmediato del poder omnipotente de Dios. La relación de Dios con el mundo no es la de un ingeniero con una máquina, ni de un tipo que le limite a operar sólo a través de causas segundas. Él es inmanente en el mundo. Él sustenta y conduce todas las causas. Él obra constantemente a través de las mismas, con ellas, y sin ellas. Como en las operaciones de escritura o de comunicación oral, tenemos en nosotros la unión y acción combinada de fuerzas mecánicas, químicas y vitales, controlado todo ello por el poder director de la mente; y así como la mente, mientras que conduce así las operaciones del cuerpo, ejercita constantemente su energía pensante creativa, así Dios, como inmanente en el mundo, conduce constantemente todas las operaciones de las causas segundas, y al mismo tiempo ejerce ininterrumpidamente su energía creativa. La vida no es producto de causas físicas. No sabemos que su origen se deba en ningún caso a ninguna otra causa diferente del poder inmediato de Dios. Si la vida es un atributo peculiar de la sustancia inmaterial, puede ser producida adecuadamente según un plan fijo por la energía creativa de Dios siempre que estén presentes las condiciones mediante las cuales Él se ha propuesto que comience a ser. La organización de una semilla, o del embrión de un animal, hasta allí donde consiste de materia, puede deberse a la operación de causas materiales conducidas por la actividad providencial de Dios, mientras que el principio vital mismo se

---

4. Shedd, *History of Christian Doctrine*, Vol. II, pág. 13.
5. Delitzsch, *Biblische Psychologie*, pág. 79.

debe a su poder creador. No hay nada en esto que haga de menos al carácter divino. Nada hay en ello que sea contrario a las Escrituras. Nada hay en ello fuera de analogía con las palabras y obras de Dios. Es mucho más preferible a la teoría que o bien excluye totalmente a Dios del mundo, o bien restringe sus operaciones a un *concursus* con causas segundas. La objeción al creacionismo de que elimina la doctrina de los milagros, o que supone que Dios sanciona cada acto con el que esté conectado su poder creador, no parece siquiera tener plausibilidad alguna. Un milagro no es simplemente un acontecimiento debido a la acción inmediata de Dios, porque entonces cada acto de conversión sería un milagro. Es un acontecimiento que tiene lugar en el mundo externo y que involucra la suspensión o neutralización de alguna ley natural, y que no se puede atribuir a nada más que al poder inmediato de Dios. Por ello, el origen de la vida no es un milagro ni en su naturaleza ni en su designio, en el sentido propio de la palabra. Este ejercicio de la energía creadora de Dios, en relación con la acción de las causas segundas, no implica más aprobación que el hecho de que Él da y sostiene la energía de un asesino implique que Él apruebe el asesinato [...].

El objeto de esta discusión no es llegar a una certidumbre acerca de lo que no está claramente revelado en las Escrituras, ni explicar lo que por todos lados se admite como inescrutable, sino advertir en contra de la adopción de principios que se oponen a llanas e importantes doctrinas de la palabra de Dios. Si el traducianismo enseña que el alma admite abscisión o división; o que la raza humana está constituida de una misma sustancia numérica; o que el Hijo de Dios asumió en unión personal consigo mismo de la misma sustancia numérica que pecó y cayó en Adán, entonces debe ser rechazado como a la vez falso y peligroso. Pero si, sin tratar de explicarlo todo, afirma sencillamente que la raza humana se propaga en seguimiento de la ley general de que semejante engendra semejante; que el hijo deriva su naturaleza de sus padres por la operación de leyes físicas, asistidas y controladas por la acción de Dios, sea ésta directiva o creativa, como en todos los otros casos de propagación de criaturas vivas, se puede considerar como una cuestión abierta, o asunto indiferente. El creacionismo no supone necesariamente que hay otro ejercicio del poder inmediato de Dios en la producción del alma humana que el que tiene lugar en la producción de vida en otros casos. Sólo niega que el alma sea susceptible de división, que toda la humanidad esté compuesta numéricamente de la misma esencia, y que Cristo asumiera numéricamente la misma esencia que pecó en Adán.

Capítulo 4

La unidad de la raza humana

HAY TODAVÍA OTRA CUESTIÓN que la ciencia ha planteado a la teología, en relación con el hombre, que no puede ser pasada por alto. ¿Tiene toda la humanidad un origen común? ¿Y tiene toda ella una naturaleza común? ¿Ha descendido toda ella de una pareja, y constituye una especie? Estas cuestiones son contestadas afirmativamente en la Biblia y por la Iglesia universal. Son contestadas en sentido negativo por un número grande y creciente de científicos. Como la unidad de la raza no es sólo declarada en las Escrituras, sino dada por supuesta en todo lo que enseñan acerca de la apostasía y redención del hombre, es un punto acerca del que la mente del teólogo debería quedar convencida de manera inteligente. Como mero teólogo, puede estar autorizado para satisfacerse con las declaraciones de la Biblia; pero como defensor de la fe debería también dar una respuesta a los que se oponen.

Hay dos puntos involucrados en esta cuestión: comunidad de origen y unidad de especie. Todas las plantas y animales derivados por propagación del mismo tronco original son de la misma especie; pero los de la misma especie no precisan haber derivado de un tronco común. Si Dios hubiera considerado adecuado al principio, o en cualquier tiempo posterior, crear plantas o animales de la misma clase en grandes números y en diferentes partes de la tierra, serían de la misma especie (o naturaleza), aunque no del mismo origen. Los robles de América y los de Europa son idénticos en cuanto a especie, aunque no estén derivados de uno y el mismo roble primordial. Se puede admitir que la gran mayoría de plantas y animales fueron producidos originalmente no a solas o en parejas, sino en grupos, produciendo la tierra una multitud de animales de la misma clase. Por ello, es en sí mismo posible que todos los hombres puedan ser de la misma especie, aunque no todos descendidos de Adán. Y ésta es la opinión de algunos distinguidos naturalistas. Sin embargo, la doctrina Escritural acerca del hombre es que la raza no es sólo la misma en clase, sino la misma en origen. Todos son hijos de un padre común, y tienen una naturaleza común.

[1. Concepto de Especie.]

[2. Evidencias de la identidad de las Especies.]

[3. Aplicación de estos criterios al hombre.]

4. El argumento filológico y moral.

[...] Una de las realidades desafortunadas que ha acompañado a esta controversia es que ha sido dejada demasiado en manos de los naturalistas, de hombres entrenados a considerar casi exclusivamente lo material, o como mucho lo que entra dentro del área de la vida natural. De esta manera, se vuelven unilaterales, y dejan de tener en cuenta todos los aspectos del caso, o de estimar de manera debida todos los datos que entran en la solución del problema. Así, Agassiz ignora todos los hechos relacionados con los lenguajes, con la historia y con el carácter mental, moral y religioso y la condición del hombre. Por ello, llega a conclusiones que una debida consideración de estos datos habría hecho imposibles.

La ciencia de la filología comparada está basada en unas leyes tan ciertas y autorizadas como las de la naturaleza. El lenguaje no es un producto del azar. Es esencialmente distinto de gritos instintivos o de sonidos inarticulados. Es una producción de la mente, tremendamente compleja y sutil. Es imposible que razas enteramente distintas tuvieran el mismo lenguaje. Es totalmente cierto por el carácter de las lenguas francesa, españolas e italiana, que estas naciones son, en gran medida, descendientes comunes de la raza latina. Por ello, cuando se puede mostrar que los lenguajes de las diferentes razas o variedades de hombres son radicalmente los mismos, o derivados de un tronco común, es imposible dudar racionalmente que descienden de un linaje común. Por ello, la unidad de lenguaje demuestra la unidad de especie porque demuestra unidad de origen. Por otra parte, la diversidad de lenguaje no demuestra diversidad ni de especie ni de origen, por cuanto esta diversidad puede deberse a otras causas como por ejemplo la confusión de lenguas en Babel, o por la antigua continuada separación de diferentes tribus. Sin embargo, el punto a apremiar ahora es éste: Hay naturalistas que, como Agassiz, y sobre principios meramente zoológicos, han decidido que es más probable (no que sea necesariamente cierto, sino simplemente que es más probable) que las diferentes variedades de hombres, incluso hasta el nivel de diferentes naciones, hayan tenido orígenes diversos, y, tal como mantiene Agassiz en sus escritos más recientes, que sean especies diferentes. Sin embargo, por lo menos en muchos casos, es totalmente seguro, por el carácter de las lenguas que hablan, que tienen que haberse derivado de un tronco común. Agassiz y otros describen a las razas europeas y asiáticas como distintas en origen y especie. Pero Alexander van Humboldt dice: «El estudio comparativo de las lenguas nos muestra que razas hoy día separadas por vastas extensiones de tierra, están unidas, y han emigrado procedentes de un centro primordial común. [...] El mayor campo para tales investigaciones acerca de la antigua condición del lenguaje, y por consiguiente del período en que toda la familia humana debía ser considerada, en el sentido estricto del término, como un todo viviente, se presenta en la larga cadena de los lenguajes Indo-Europeos, que se extiende desde el Ganges hasta el extremo Ibero de Europa, y desde Sicilia hasta el Cabo Norte».[1] [...]

Además de los argumentos ya mencionados en favor de la unidad de la humanidad, después de la aserción directa de la Biblia, lo que después de todo tiene la mayor fuerza se deriva de la actual condición de nuestra naturaleza moral y espiritual. Siempre que nos encontramos con un hombre, no importa de qué nombre o nación, no sólo descubrimos que tiene la misma naturaleza que nosotros, que tiene los mismos órganos, los mismos sentidos, los mismos instintos, los mismos sentimientos, las mismas facultades, el mismo entendimiento, voluntad y consciencia, y la misma capacidad de cultura religiosa, sino que tiene la misma naturaleza culpable y contaminada, y que necesita la misma redención. Cristo murió por todos, y se nos ha mandado que prediquemos el evangelio a toda criatura bajo el cielo. Por ello, no se encuentra en ninguna parte de la tierra a ningún hombre que no necesite el evangelio o que no

---

1. *Cosmos*, Traducción de Otte, edición de Londres, 1849, Vol. II, págs. 471, 472.

sea capaz de llegar a ser partícipe de las bendiciones que ofrece. La relación espiritual de los hombres, su común apostasía, y el común interés de todos en la redención obrada por Cristo, demuestra su común naturaleza y su común origen más allá de la posibilidad de toda duda razonable o excusable.

Nuestra atención ha estado dirigida hasta aquí de manera especial a la unidad de la humanidad en cuanto a especie. Poco es necesario decir en conclusión en cuanto a su unidad en origen. (1) Por cuanto en opinión de los más distinguidos naturalistas, la unidad de especie es en sí misma prueba decisiva de la unidad de origen. (2) Porque incluso si se niega esto, es sin embargo admitido universalmente que cuando la especie es la misma el origen puede ser el mismo. Si la humanidad difiere en cuanto a especie, no puede todos descender de un progenitor común, pero si es idéntica en cuanto a especie, no hay dificultad en admitir su descendencia común.[2] Es desde luego principalmente por el deseo de refutar la declaración Escritural de que todos los hombres son hijos de Adán, y para romper la común hermandad del hombre, que se insiste en una diversidad de especies. Por tanto, si se admite lo último, se puede fácilmente conceder lo primero. (3) El común origen de los lenguajes de la inmensa mayoría de los hombres demuestra, como ya hemos dicho, su comunidad de origen, y como inferencia, su unidad en cuanto a especie. Y por cuanto esta comunidad de origen se demuestra en cuanto a razas, las cuales el mero zoólogo tiene propensión a describir con la mayor confianza como distintas, queda con ello demostrada la insuficiencia de la base de su clasificación; (4) Sin embargo, es el testimonio directo de las Escrituras acerca de esta cuestión, con la que son consistentes todos los hechos conocidos, y la común apostasía de la raza, y su común necesidad de redención, lo que hace cierto para todos los que creen la Biblia o el testimonio de su propia consciencia en cuanto a la pecaminosidad universal de la humanidad, que todos los hombres son descendientes de un progenitor caído.

---

2. Acerca del origen común de la especie humana, es de interés citar unas recientes investigaciones llevadas a cabo por un equipo de biólogos de la Universidad de California en Berkeley. Este equipo, compuesto por Allan Wilson, Rebecca Cann y Mark Stoneking, investigó el ADN de la mitocondria. Este ADN tiene una peculiaridad, y es que es *siempre y únicamente* heredado de parte de la madre. El análisis del ADN mitocondrial de seres humanos de todo el globo dio una evidencia inequívoca de que todos los seres humanos de la tierra lo han heredado *de una sola mujer*. Estos son los hechos. Interpretaciones no faltan acerca de cómo pudo perderse el ADN mitocondrial de otras supuestas madres en una supuesta multiplicidad de orígenes. Pero los hechos en sí siguen concordando con la Revelación que Dios nos da en la Escritura, de que hubo una «madre de todos los vivientes»: Eva (Gn 3:29). (N. del T.)

Capítulo 5

El estado original del hombre

1. La doctrina Escritural.

La doctrina escritural acerca de esta cuestión incluye los siguientes puntos: Primero, que el hombre fue creado originalmente en un estado de madurez y perfección. [...] Por la madurez del hombre como primeramente creado se significa que no fue creado en un estado de infancia. Una presuposición predilecta de los escépticos es que el hombre era brutal al principio, en cuanto a cuerpo y alma; que se fue formando lentamente para sí un lenguaje articulado, despertándosele lentamente las capacidades morales. Esto, sin embargo, no cuadra no sólo con el relato Escritural de su creación, sino tampoco con el papel para el que fue designado, y que de hecho actuó. Por la perfección de su estado original se significa que estaba perfectamente adaptado para el fin para el que había sido hecho, y para la esfera dentro de la que estaba designado que se moviera. Esta perfección en cuanto a su cuerpo no consistía sólo en la integridad y proporción debida de todas sus partes, sino también en la perfecta adaptación a la naturaleza del alma con la que había sido unido. Los teólogos suelen decir que el cuerpo fue creado inmortal e impasible. Con respecto a la inmortalidad, es cosa cierta que si el hombre no hubiera pecado, no habría muerto. Pero que la inmortalidad que entonces habría sido el destino del cuerpo hubiera sido el resultado de su organización original, o que después de su período de prueba hubiera pasado por un cambio para adaptarlo a su condición eterna, es algo que se considerará más adelante. Por impasibilidad no se significa necesariamente una exención total de la susceptibilidad al dolor, porque tal susceptibilidad en nuestro actual estado terrenal, y quizá en cualquier concebible estado terrenal, es una condición necesaria de seguridad. Es un bien, y no un mal; una perfección, y no un defecto. Todo lo que se tiene que significar con este término es que el cuerpo de Adán estaba exento de las semillas de enfermedad y muerte. Nada había en su constitución que fuera inconsistente con la más elevada felicidad y bienestar del hombre en el estado en que fue creado, y en las condiciones bajo las que tenía que vivir.

El hecho de que el estado primitivo de nuestra raza no fuera de una barbarie de la que los hombres hayan ido saliendo por sí mismos a través de un lento proceso de mejora lo sabemos, primero, por la autoridad de la Escritura, que como hemos visto nos describe al hombre como creado en la plena perfección de su naturaleza. Este hecho es decisivo para todos los cristianos. Segundo, las tradiciones de todas las naciones se refieren a una era dorada de la que los hombres han caído. Estas extendidas tradiciones no pueden ser explicadas de manera racional excepto por la aceptación de que el relato de las Escrituras del estado primitivo del hombre es correcto. Tercero, la evidencia de la historia está totalmente del lado de la doctrina de la Biblia acerca de esta cuestión. Egipto derivó su civilización del Este; Grecia de Fenicia y

Egipto; Italia de Fenicia y Grecia; el resto de Europa de Italia. Europa está ahora extendiendo rápidamente su influencia civilizadora sobre Nueva Zelanda, Australia y las islas del Océano Pacífico. La afinidad de lenguas demuestra que la antigua civilización de Méjico y de América del Sur se originó en el Asia Oriental. Por otra parte, no hay ningún relato auténtico de una nación de salvajes emergiendo por sus propios esfuerzos desde un estado de barbarie a una condición de civilización. El hecho de que Sir John Lubbock y otros proponentes de la doctrina contraria se vean obligados a apoyarse en hechos tan oscuros y realmente insignificantes como la cultura superior de los indios modernos en este continente aporta otra prueba de la ausencia de evidencia histórica en apoyo de la teoría de una barbarie primitiva. Cuarto, los más antiguos registros, escritos y monumentales, dan evidencia de la existencia de naciones en un alto estado de civilización, en los más antiguos períodos de la historia humana. Este hecho es fácilmente explicado sobre la base de la verdad de la doctrina de las Escrituras acerca del estado primordial del hombre, pero no se puede explicar sobre la hipótesis opuesta. Necesita la gratuita asunción de la existencia de hombres durante eras incontables antes de estos tempranos períodos históricos. Quinto, la filología comparativa ha establecido el hecho de la íntima relación entre todas las grandes divisiones de la raza humana. Además, se ha demostrado que todas tuvieron su origen desde un centro común, y que este centro fue la sede de la más antigua civilización.

La teoría de que la raza humana ha pasado a través de una edad de piedra a una de bronce, y a una de hierro, como etapas de progreso desde la barbarie a la civilización, carece, como ya hemos dicho, de base científica. No se puede demostrar que la edad de piedra prevaleciera contemporáneamente en todas las partes de la tierra. Y si esto no se puede demostrar, de nada sirve mostrar que hubo un período en el que los moradores de Europa eran desconocedores de los metales. Lo mismo se puede demostrar acerca de los Patagones y de algunas tribus africanas en nuestros días [...]

2. El hombre creado a la imagen de Dios.

Aparte del hombre, los otros animales fueron creados maduros y perfectos, cada uno según su naturaleza. La característica distintiva del hombre es que él fue creado a imagen y semejanza de Dios. Muchos de los antiguos escritores dieron por supuesto que la palabra «imagen» se refería al cuerpo, que ellos pensaban que por su hermosura, aspecto inteligente y postura erguida, era una sombra de Dios, y que la palabra «semejanza» se refería a la naturaleza intelectual y moral del hombre. Según Agustín, la imagen se relaciona con la *cognitio veritatis*, y la semejanza con el *amor virtutis*; la primera con las facultades intelectuales, y la segunda con las morales. [...] Otros modificaron algo esta perspectiva haciendo que la imagen de Dios consistiera en lo que era natural y concreado, y la semejanza en lo adquirido. El hombre fue creado a imagen de Dios, y se amoldó a su semejanza. Esto es, empleó de tal manera sus dotes naturales que llegó a ser semejante a Dios en su carácter. Pero todas estas distinciones descansan en una falsa interpretación de Gn 1:26. Las palabras tselem y d'muth son simplemente explicativas la una de la otra. Imagen y semejanza significa una imagen que se asemeja. La sencilla declaración de las Escrituras es que en la creación el hombre era semejante a Dios. La naturaleza de esta semejanza ha sido una cuestión debatida. Según los teólogos Reformados y la mayoría de teólogos de otras divisiones de la Iglesia, la semejanza del hombre a Dios incluía los siguientes puntos:

Su naturaleza intelectual y moral. Dios es Espíritu, el alma humana es un espíritu. Los atributos esenciales del espíritu son la razón, la consciencia y la voluntad. Un espíritu es un agente racional, moral y, también por ello, un agente libre. Por ello, al hacer al hombre conforme a su imagen, Dios le dotó de aquellos atributos que pertenecen a su propia naturaleza como espíritu. Así, el hombre queda distinguido de todos los otros moradores de este mundo, y es levantado incomparablemente por encima de ellos. Pertenece al mismo orden de ser que el mismo Dios, y es por ello capaz de tener comunión con su Hacedor. Esta conformidad de naturaleza entre el hombre y Dios no sólo es la prerrogativa distintiva de la humanidad, por lo que respecta a las criaturas terrenales, sino que es también la condición necesaria de nuestra capacidad de conocer a Dios, y por ello el fundamento de nuestra naturaleza religiosa. Si no fuéramos semejantes a Dios, no podríamos conocerle. Seríamos como las bestias que perecen. Las Escrituras, al declarar que Dios es el Padre de los espíritus, y que nosotros somos su linaje, nos enseñan que somos partícipes de su naturaleza como ser espiritual y que un elemento esencial de aquella semejanza con Dios en la que el hombre fue originalmente creado consiste en nuestra naturaleza racional o espiritual. [...]

Los teólogos Reformados toman la vía media entre los extremos de hacer que la imagen de Dios consista exclusivamente de la naturaleza racional del hombre, o exclusivamente de su conformidad moral a su Hacedor. De manera distintiva, incluyen ambas cosas [...]

Así, en tanto que las Escrituras hacen de la original perfección moral del hombre el elemento más destacable de esta semejanza a Dios en la que fue creado, no es menos cierto que reconocen al hombre como hijo de Dios en virtud de su naturaleza racional. Él es la imagen de Dios, y es portador y reflejo de la semejanza divina entre los habitantes de la tierra, porque es un espíritu, un agente inteligente y voluntario, y como tal está de derecho investido con el dominio universal. Esto es lo que los teólogos Reformados solían llamar la imagen esencial de Dios, en distinción a la accidental. La primera consistía en la misma naturaleza del alma, la segunda en sus dotes accidentales, esto es, aquellas que pudieran perderse sin perderse la condición humana misma.

3. Rectitud original.

En la imagen moral de Dios, o rectitud original, se incluyen la perfecta armonía y debida subordinación de todo lo que constituía al hombre. Su razón estaba sujeta a Dios; su voluntad estaba sujeta a su razón; sus afectos y apetitos a su voluntad; el cuerpo era el obediente órgano del alma. No había ni rebelión de la parte sensible de su naturaleza contra la racional, ni había desproporción alguna entre ellas que tuviera que ser controlada o equilibrada mediante dones o influencias *ab extra* [exteriores]. [...]

Adán, tan pronto como comenzó a ser, tuvo conocimiento de sí mismo; estaba consciente de su propio ser, de sus facultades y de su estado. Tenía también el conocimiento de lo que estaba fuera de él, o de lo que la moderna filosofía llama «consciencia del mundo». No sólo percibía los varios objetos materiales que le rodeaban, sino que comprendía bien la naturaleza de los mismos. No podemos determinar hasta dónde se extendía este conocimiento. Algunos suponen que nuestros primeros padres tenían un conocimiento más exhaustivo del mundo exterior, de sus leyes, y de la naturaleza de sus varias producciones, que la ciencia humana haya nunca podido alcanzar desde aquel entonces. Es cosa cierta que pudo dar nombres apropiados a todas las clases de animales que pasaron delante de él para este fin, lo que presupone una debida percepción de sus caracteres distintivos. Acerca de este punto no sabemos nada más allá de lo que la Biblia nos enseña. Es más importante observar que Adán conocía a Dios, cuyo conocimiento es vida eterna. El conocimiento, naturalmente, difiere en cuanto a sus objetos. El conocimiento de verdades meramente especulativas, lo mismo que el de la ciencia y de la historia, es un mero acto del entendimiento; el conocimiento de lo hermoso involucra el ejercicio de nuestra naturaleza estética; el de las verdades morales, el ejercicio de nuestra naturaleza moral; y el conocimiento de Dios, el ejercicio de nuestra naturaleza moral y religiosa. El hombre natural, dice el Apóstol, no recibe las cosas del Espíritu, ni puede conocerlas. Lo que se afirma de Adán es que, al salir de las manos de su Hacedor, su mente estaba impregnada de este conocimiento espiritual o divino.

Todo lo que se ha dicho acerca del estado original del hombre está implicado en el relato de la creación, que declara que fue hecho semejante a Dios; y que fue pronunciado bueno, bueno en gran manera. [...]

4. El dominio de las criaturas.

El tercer punto que entra en la dignidad del estado original del hombre, y en la imagen de Dios con la que fue investido, era su dominio sobre las criaturas. Este surgió de los poderes de que estaba investido, y de la expresa designación de Dios. Dios le constituyó gobernante sobre la tierra. Puso, como dice el Salmista, todo bajo sus pies. En 1 Corintios 11:7 el Apóstol dice que el hombre es la imagen y gloria de Dios, pero que la mujer es la gloria del hombre. Esto lo da como razón por la que el hombre no debería hacer nada que implicara la negación de su derecho a gobernar. Por ello, como gobernante llevaba la imagen de Dios, o le representaba sobre la tierra. No es fácil determinar cuál sea la extensión del dominio dado al hombre, o al que estuviera destinada nuestra raza. A juzgar por el relato dado en Génesis, o incluso por el lenguaje más enérgico que se emplea en el Salmo octavo, deberíamos concluir que esta autoridad debía extenderse sólo sobre los animales inferiores pertenecientes a esta tierra. Pero el Apóstol, en su exposición de las palabras del Salmista, nos enseña que era mucho más lo que se expresaba. Dice él en 1 Co 15:27: «y cuando dice que todas las cosas han sido sometidas a él, claramente se exceptúa aquel que sometió a él todas las cosas». Y en He 2:8, dice: «Porque en cuanto le sometió todas las cosas, nada dejó que no esté sometido a él». Por ello, era un dominio absolutamente universal, por lo que respecta a las criaturas, con el que debía ser investido el hombre. Este dominio universal, como aprendemos por las Escrituras, ha sido alcanzado sólo por la encarnación y exaltación del Hijo de Dios. Pero por cuanto Dios ve el final desde el principio, como su plan es inmutable y lo abarca todo, esta suprema exaltación de la humanidad estaba propuesta desde el principio, e incluida en el dominio con el que el hombre fue investido.

[5. La doctrina de los Romanistas.]

6. La doctrina Pelagiana y Racionalista.

[...] Quedan dos puntos a considerar: Primero, si Adán habría muerto si no hubiera pecado; y segundo, si su cuerpo, tal como estaba formado originalmente, estaba adaptado a un estado de existencia inmortal. En cuanto a lo primero no puede haber dudas de ningún tipo. En la Escritura se afirma de manera expresa que la muerte es la paga del pecado. En la amenazadora advertencia: «El día que de él comieres, ciertamente morirás», se implica llanamente que si no comía no moriría. Por ello, queda claro con base en las Escrituras que la muerte es la consecuencia penal del pecado, y que no habría sido infligida si nuestros primeros padres no hubieran transgredido. El segundo punto está mucho menos claro, y tiene menos importancia. Según la postura adoptada por muchos de los padres, Adán debía pasar su probación en el paraíso terrenal, y si se mostraba obediente, debía ser trasladado al paraíso celestial, del que el terrenal era el tipo. Según Lutero, el efecto del fruto del árbol de vida, que nuestros padres habrían sido autorizados a comer si no hubieran pecado, habría sido el de preservar sus cuerpos en perpetua juventud. Según otros, el cuerpo de Adán y los cuerpos de su posteridad, si él hubiera mantenido su integridad, habrían pasado por un cambio análogo al que, según nos enseña el apóstol, espera a los que estarán vivos en la segunda venida de Cristo. No morirán, pero todos serán transformados; lo corruptible se revestirá de incorrupción, y lo mortal se revestirá de inmortalidad. Hay dos cosas ciertas; primero, que si Adán no hubiera pecado no habría muerto; y segundo, que si el Apóstol, cuando dice que hemos llevado la imagen del paraíso terrenal, se refiere a que nuestros cuerpos actuales son como el cuerpo de Adán tal como fue originalmente constituido, entonces su cuerpo, no menos que el nuestro, necesitaba ser transformado para quedar idóneo para la inmortalidad.

Capítulo 6

El pacto de obras

DIOS, HABIENDO CREADO AL HOMBRE a su imagen en conocimiento, rectitud e inocencia, entró en pacto de vida con él, sobre la condición de una obediencia perfecta, prohibiéndole comer del árbol del conocimiento del bien y del mal bajo pena de muerte.

Según esta declaración, (1) Dios entró en un pacto con Adán. (2) La promesa que acompañaba al pacto era la vida. (3) La condición era una obediencia perfecta. (4) La pena por la desobediencia era la muerte.

1. Dios hizo un pacto con Adán.

Esta declaración no reposa sobre ninguna declaración expresa de las Escrituras. Sin embargo, es un modo conciso y correcto de declarar un hecho claro de las Escrituras, esto es, que Dios hizo a Adán una promesa que dependía de una condición, y unió a la desobediencia una cierta pena. Esto es lo que en las Escrituras se entiende por pacto, y esto es todo lo que se entiende por el término aquí empleado. Aunque la palabra pacto no se emplea en Génesis, y no aparece en ningún otro lugar en ningún pasaje claro en referencia a la transacción que aquí se registra, sin embargo, por cuanto el plan de salvación es constantemente designado como un Nuevo Pacto, nuevo no meramente en antítesis al hecho en el Sinaí, sino nuevo en referencia a todos los pactos legales, está claro que la Biblia presenta la disposición aquí concertada con Adán como una verdadera transacción federal. Las Escrituras no saben de nada más que dos métodos de alcanzar la vida eterna: el que exige una perfecta obediencia, y el que demanda fe. Si al último se le llama un pacto, el primero es designado como de la misma naturaleza. Es de gran importancia que se retenga la forma Escritural de presentar la verdad. El Racionalismo fue introducido en la Iglesia bajo la cubierta de una declaración filosófica de las verdades de la Biblia libres de la mera forma externa en la que los escritores sagrados, instruidos en el judaísmo, las habían presentado. Sobre esta base fue descartado el sistema federal, como se le llamaba. De la misma manera, se declaró que los oficios profético, sacerdotal y regio de Cristo eran una forma recargada e insatisfactoria bajo la que exponer su obra como nuestro Redentor. Luego se rechazó todo el carácter sacrificado de su muerte, y toda idea de expiación, como mero revestimiento judío. Así, por la teoría de la acomodación, cada doctrina distintiva de la Escritura fue echada a un lado, y el cristianismo fue reducido a un deísmo. Por ello, es algo más que un mero asunto de método el adherirse a la forma Escritural de presentar las verdades Escriturales.

Dios concertó un pacto con Adán. Aquel pacto es a veces llamado un pacto de vida, porque se prometía vida como recompensa de la obediencia. A veces se llama pacto de obras, porque las obras eran la condición de la que dependía la promesa, y porque se distingue de esta manera del nuevo pacto, que promete vida bajo la condición de la fe.

2. La promesa.

La recompensa prometida a Adán bajo la condición de su obediencia era la vida. (1) Esto está implicado en la amenazadora advertencia: «El día que de él comieres [esto es, del árbol de la ciencia del bien y del mal], ciertamente morirás». Está bien claro que esto involucraba la certidumbre de que no iba a morir si no comía. (2) Esto queda confirmado por innumerables pasajes y por el tenor general de las Escrituras, en las que se enseña de manera tan llana y diversa que la vida fue, por mandato de Dios, conectada con la obediencia. «Haz esto, y vivirás» [...] (3) Por cuanto las Escrituras presentan en todo lugar a Dios como juez o gobernador moral, sigue necesariamente de esta descripción que sus criaturas racionales serán tratadas según los principios de la justicia. Si no hay trasgresión, no habrá castigo [...]

La vida así prometida incluía la feliz, santa e inmortal existencia del alma y del cuerpo. Esto está claro. (1) Porque la vida prometida debía ser idónea para el ser al que se hizo la promesa. Pero la vida apropiada para el hombre como un ser moral e inteligente, compuesto de alma y cuerpo, incluye la dichosa, santa e inmortal existencia de su naturaleza entera. (2) La vida de la que las Escrituras hablan en todo lugar como conectada con la obediencia es aquella que, como se acaba de declarar, surge del favor y de la comunión de Dios, incluyendo gloria, honra e inmortalidad, como el Apóstol nos enseña en Romanos 2:7. (3) La vida lograda por Cristo para su pueblo fue la vida perdida por el pecado. Pero la vida que el creyente deriva de Cristo es vida espiritual y eterna, la exaltación y completa bendición de su naturaleza entera, tanto alma como cuerpo.

3. La condición.

La condición del pacto hecho con Adán se dice en los símbolos de nuestra iglesia que es la perfecta obediencia. [...]

El mandamiento específico dado a Adán de que no comiera de un cierto árbol [...] fue dado sencillamente como la prueba externa y visible para determinar si estaba dispuesto a obedecer a Dios en todo. [...] Se vería así que Adán obedecía por pura obediencia. Su obediencia sería más directamente hacia Dios, y no a su propia razón.

A la cuestión de si la condición del pacto hecho con Adán era una obediencia perpetua además de perfecta debe probablemente contestarse en sentido negativo. Parece razonable en sí mismo y claramente implicado en las Escrituras que todas las criaturas racionales tienen un período determinado de probación. Si son fieles durante este período, quedan confirmadas en su integridad, y ya no son más expuestas al peligro de la apostasía. Así, leemos de ángeles que no guardaron su primer estado, y de los que sí lo guardaron. Los que permanecieron fieles han proseguido en santidad y en el favor de Dios. Por ello, se debe inferir que si Adán hubiera mantenido su obediencia durante el período designado para su probación, ni él ni su posteridad se habrían visto expuestos al peligro de pecar.

4. La pena.

La pena que conllevaba el quebrantamiento del pacto se expresa con el inclusivo término de «muerte». «El día que de él comieres, ciertamente morirás». Que esto no se refiere a la mera disolución del cuerpo queda claro: (1) Porque la palabra muerte, tal como se usa en la Escritura en referencia a las consecuencias de la trasgresión, incluye todo mal penal. La paga del pecado es muerte. El alma que pecare, ésa morirá. Así, toda y cualquier forma de mal que se inflija como castigo del pecado queda comprendida bajo el término muerte. (2) La muerte con que se amenazaba era lo opuesto a la vida prometida. Pero la vida prometida, como hemos visto, incluye todo lo involucrado en una existencia dichosa, santa e inmortal del alma y del cuerpo; y por ello la muerte tiene que incluir no sólo todas las miserias de esta vida y la disolución del cuerpo, sino también todo lo que se comprende por muerte espiritual y eterna. (3) Dios es la vida del alma. Su favor y comunión con Él son esenciales para la santidad y la dicha. Si se pierde su favor, las consecuencias inevitables son la muerte del alma, esto es, su pérdida de vida espiritual, y una pecaminosidad y miseria sin fin. (4) La naturaleza de la pena amenazada se aprende de su inflicción. Las consecuencias del pecado de Adán fueron la pérdida de la imagen y del favor de Dios, y todos los males que surgieron de aquella pérdida. (5) Finalmente, la muerte en que se incurrió por el pecado de nuestros primeros padres es aquella de la que somos redimidos por Cristo. Cristo, sin embargo, no libra meramente nuestro cuerpo de la tumba, sino que salva el alma de la muerte espiritual y eterna; y por ello, la muerte espiritual y eterna, junto con la disolución del cuerpo y todas las desgracias de esta vida, quedaron incluidas en la pena originalmente incluida en el pacto de obras. Adán murió ciertamente el día en que comió del fruto prohibido. La pena con que se le había amenazado no era un castigo momentáneo, sino la permanente sujeción a todos los males que surgen del justo desagrado de Dios.

5. Las partes.

Pertenece a la naturaleza de un pacto que tiene que haber dos o más partes. Un pacto no es de uno solo. Las partes del pacto original eran Dios y Adán. Adán, sin embargo, no actuó en su capacidad individual, sino como cabeza y representante de toda su raza. Esto está claro. (1) Porque todo lo que se le dice a él tiene tanta referencia a su posteridad como al mismo Adán. Todo lo que le fue concedido a él les fue concedido a ellos. Todo lo prometido a él les fue prometido a ellos. Y todo aquello de lo que se le amenazó a él, en caso de trasgresión, fue amenazado contra ellos. Dios no dio la tierra a Adán para que fuera sólo para él, sino como la herencia para su raza. El dominio de que fue investido sobre los animales inferiores pertenecía igualmente a sus descendientes. La promesa de vida abrazaba a ellos así como a él. (2) En segundo lugar, es un hecho firme e innegable que la pena en que incurrió Adán ha sobrevenido sobre toda su raza. La tierra ha sido maldecida para ellos así como lo fue para él. Ellos tienen que ganarse su pan con el sudor de sus frentes. Los dolores de parto son la común herencia de todas las hijas de Eva. Todos los hombres están sujetos a las enfermedades y a la muerte. Todos nacen en pecado, carentes de la imagen moral de Dios. No hay un solo mal derivado del pecado de Adán que no afecte tanto a su raza como le afectó a él. (3) No sólo los antiguos judíos infirieron el carácter representativo de Adán conforme al registro dado en Génesis, sino que los escritores inspirados del Nuevo Testamento dan a esta doctrina la sanción de la autoridad divina. En Adán, dice el Apóstol, todos murieron. La sentencia de condenación, nos enseña él, pasó por un delito a todos los hombres. Por el delito de uno todos fueron hechos pecadores. (4) Este gran hecho es constituido como la base de todo el plan de redención. Como caímos en Adán, somos salvados en Cristo. Negar el principio en el primer caso es negar el segundo, porque ambos principios están inextricablemente unidos en las exposiciones de la Escritura. (5) El principio involucrado en la condición de Adán como cabeza subyace a todas las instituciones religiosas que Dios estableció para los hombres; subyace a todos sus tratos providenciales con nuestra raza, y subyace incluso a las influencias salvadoras de su Espíritu. Por ello, es uno de los principios fundamentales tanto de la religión natural como de la revelada. (6) Lo que es así claramente revelado en la palabra y providencia de Dios encuentra una respuesta en la misma constitución de nuestra naturaleza. Todos los hombres son llevados como instintivamente a reconocer la validez de este principio de representación. Los gobernantes representan a su pueblo; los padres, a sus hijos; los tutores, a sus pupilos. Todas estas consideraciones tienen su lugar aquí, cuando están bajo discusión la naturaleza del pacto de obras y las partes de este pacto, aunque naturalmente tendrán que ser examinadas más de cerca cuando se considere el efecto del pecado de Adán sobre su posteridad. Los hombres pueden debatir en cuanto a las bases de la condición de cabeza de Adán, pero el hecho mismo difícilmente puede ser puesto en tela de juicio por parte de los que reconocen la autoridad de las Escrituras. Por ello, ha entrado en la fe de todas las Iglesias cristianas, y es presentado con mayor o menor claridad en todos sus símbolos autorizados.

6. La perpetuidad del pacto.

La cuestión de si el pacto de obras sigue en vigor la decide el que Adán actuara sólo por sí mismo o también para su posteridad. En el sentido evidente de los términos, decir que los hombres siguen bajo el pacto es decir que siguen bajo probación: que la raza no cayó cuando Adán cayó. Pero si Adán actuó como cabeza de toda la raza, entonces todos los hombres pasaron su probación en él, y cayeron con él en su primera trasgresión. Por ello, las Escrituras enseñan que entramos en el mundo bajo condenación. Somos por naturaleza, esto es, tal como nacemos, hijos de ira. Este hecho es dado por supuesto en todas las provisiones del evangelio y en todas las instituciones de nuestra religión. Se requiere que los niños sean bautizados para remisión de los pecados. Pero en tanto que debe rechazarse la doctrina Pelagiana, que enseña que cada hombre llega al mundo libre de pecado y libre de condenación, y que pasa su probación en su propia persona, es sin embargo cierto que donde no hay pecado no hay condenación. Por ello, nuestro Señor le dijo al joven: «Esto haz, y vivirás». Y por esto el Apóstol, en el segundo capítulo de su Epístola a los Romanos, dice que Dios recompensará a cada hombre conforme a sus obras. A los buenos, les dará vida eterna; a los malos, indignación e ira. Con esto sólo se dice que estos principios eternos de justicia siguen en vigor. Si alguien se puede presentar delante del tribunal de Dios y demostrar que está libre de pecado, bien imputado, bien personal; bien original, bien propio, no será condenado. Pero el hecho es que todo el mundo yace en maldad. El hombre es una raza apóstata. Los hombres están involucrados en las consecuencias penales y naturales de la trasgresión de Adán. Tuvieron su probación en él, y nadie se mantiene por sí mismo.

Capítulo 7

La caída

1. El relato escritural.

EL RELATO ESCRITURAL DE LA CAÍDA, tal como lo da el libro de Génesis, es que Dios puso a Adán «en el huerto de Edén, para que lo labrara y lo guardase. Y mandó Jehová Dios al hombre, diciendo: De todo árbol del huerto podrás comer; mas del árbol de la ciencia del bien y del mal no comerás; porque el día que de él comieres, ciertamente morirás [...] Pero la serpiente era astuta, más que todos los animales del campo que Jehová Dios había hecho; la cual dijo a la mujer: ¿Conque Dios os ha dicho: No comáis de todo árbol del huerto? Y la mujer respondió a la serpiente: Del fruto del árbol que está en medio del huerto dijo Dios: No comeréis de él, ni le tocaréis, para que no muráis. Entonces la serpiente dijo a la mujer: No moriréis; sino que sabe Dios que el día que comáis de él, serán abiertos vuestros ojos, y seréis como Dios, sabiendo el bien y el mal. Vio, pues, la mujer que el árbol era bueno para comer, y que era agradable a los ojos, y árbol codiciable para alcanzar la sabiduría; y tomó de su fruto, y comió; y dio también a su marido, el cual comió así como ella».

Las consecuencias de este acto de desobediencia fueron: (1) Un sentimiento inmediato de culpa y de vergüenza. (2) El deseo y esfuerzo de ocultarse de delante de Dios. (3) La denuncia e inmediata ejecución del justo juicio de Dios sobre la serpiente, sobre el hombre, y sobre la mujer. (4) La expulsión del huerto de Edén, y la prohibición de acceder al Árbol de la Vida.

Es evidente que este relato de la probación y caída del hombre no es ni una alegoría ni un mito, sino una historia verdadera, (1) Por la evidencia interna. Cuando se contrasta con relatos mitológicos de la creación y origen del hombre que se encuentran en los registros de antiguas naciones paganas, sean orientales, griegas o etruscas, la diferencia es evidente en el acto. Estos últimos son evidentemente producto de una cruda especulación; el registro de la Escritura es sencillo, inteligible, y recargado de las más elevadas verdades. (2) Por el hecho de que no sólo se presenta como una cuestión histórica en un libro que todos los cristianos reconocen como de autoridad divina, sino que también constituye una parte integral del libro de Génesis, que es confesadamente histórico. Constituye la primera de las diez divisiones en las que está dividido aquel libro en su estructura interna, y pertenece de forma esencial a su plan. (3) No sólo constituye una parte esencial del libro de Génesis, sino también una parte esencial de la historia Escritural como un todo, que trata del origen, apostasía y desarrollo de la raza humana, en conexión con el plan de la redención. (4) Por tanto, encontramos que tanto en el Antiguo como en el Nuevo Testamento se dan por sentados los hechos aquí registrados, y mencionados como cuestión histórica. (5) Y finalmente, estos hechos subyacen a todo el sistema doctrinal revelado en las Escrituras. Nuestro Señor y Sus Apóstoles se refieren a los mismos no sólo como verdaderos, sino como constituyendo la base de todas las posteriores revelaciones y dispensaciones de Dios. Debido a que Satanás tentó al hombre y lo condujo a la desobediencia vino a ser el cabeza del reino de las tinieblas, el poder que vino a destruir Cristo, y de cuyo dominio rescató a su pueblo. Porque nosotros morimos en Adán que debemos ser vivificados en Cristo. Por ello la Iglesia universal se ha sentido vinculada a recibir el registro de la tentación de Adán y de su caída como un verdadero relato histórico.

Hay muchos que, aunque admitiendo el carácter histórico de este relato, lo consideran con todo como figurado en gran medida. Lo entienden ellos como una declaración no tanto de acontecimientos externos como de un proceso mental interno; explicando cómo fue que Eva llegó a comer del fruto prohibido y cómo llegó a inducir a Adán a unirse a ella en su trasgresión [...] No admiten que el tentador fuera una serpiente, ni que hablara con Eva, sino que suponen que se sintió atraída por la hermosura del objeto prohibido, y que comenzó a cuestionar en su propia mente bien el hecho o bien la justicia de la prohibición. Pero no sólo no hay razón alguna para apartarse de la interpretación literal del pasaje, sino que esta interpretación está apoyada por la autoridad de los escritores del Nuevo Testamento. Ellos reconocen a la serpiente como allí presente, y como el agente en la tentación y caída de nuestros primeros padres.

El árbol de vida.

Según la narración sagrada, había dos árboles juntos en el huerto del Edén, que tenían un peculiar carácter simbólico o sacramental. El uno era llamado el Árbol de la Vida, y el otro, el Árbol del Conocimiento. El primero era el símbolo de la vida, y su fruto no podía ser comido excepto con la condición de que el hombre retuviera su integridad. No podemos determinar si el fruto de aquel árbol tenía la virtud inherente de impartir vida, esto es, de sustentar el cuerpo del hombre en su vigor y hermosura juveniles, o afinarlo gradualmente hasta que llegara a ser lo que es ahora el cuerpo glorificado de Cristo, o si la conexión entre comer su fruto y la inmortalidad era simplemente convencional y sacramental. Es suficiente saber que comer de aquel árbol aseguraba en alguna manera el goce de la vida eterna. Que este es el caso está claro, no sólo porque después de su trasgresión el hombre fue expulsado del paraíso, para «que no alargue su mano, y tome también del árbol de la vida, y coma, y viva para siempre» (Gn 3:22), sino también porque Cristo es llamado el Árbol de Vida. Es llamado así porque aquel árbol era tipo de Él, y la analogía es que así como Él es la fuente de vida, espiritual y eterna, para su pueblo, así aquel árbol fue dispuesto para ser la fuente de vida para los primeros padres de nuestra raza y para todos sus descendientes, si ellos no se hubieran rebelado contra Dios. Nuestro Señor promete (Ap 2:7) dar a los que venzan el poder comer del árbol de vida que está en medio del paraíso de Dios. Se afirma (Ap 22:2) que en el cielo hay un árbol de la vida, cuyas hojas son para sanidad de las naciones; y se añade: «Bienaventurados los que lavan sus ropas, para poder tener acceso al árbol de vida y para entrar por las puertas de la ciudad». El sentido simbólico y tipológico del árbol de la vida queda así clarificado. Así como el paraíso era tipo del cielo, del mismo modo el árbol que habría procurado una vida inmortal al Adán obediente en aquel paraíso terrenal es el tipo de Aquel que es la fuente de vida espiritual y eterna para su pueblo en el paraíso celestial.

El árbol del conocimiento.

La naturaleza y significado del árbol del conocimiento del bien y del mal no están tan claros. Por árbol de conocimiento es desde luego bien probable que debamos entender un árbol cuyo fruto impartiría conocimiento. Esto se puede inferir: (1) Por analogía. Así como el árbol de vida sustentaba o impartía vida, así el árbol del conocimiento había sido puesto para comunicar conocimiento. (2) Según la sugerencia del tentador, que aseguró a la mujer que comer del fruto del árbol le abriría los ojos. (3) Ella comprendió la designación, porque consideraba el árbol como deseable para alcanzar la sabiduría. (4) El efecto de comer del fruto prohibido fue que los ojos de los transgresores fueron abiertos. Y (5), en el versículo vigésimo segundo leemos que Dios dijo del hombre caído: «He aquí el hombre es como uno de nosotros, sabiendo el bien y el mal». A no ser que esto se entienda irónicamente, lo que en este contexto parece totalmente antinatural, tiene que significar que Adán había, por la comida del fruto prohibido, alcanzado un conocimiento en algunos respectos análogo al conocimiento de Dios, aunque diferente en su naturaleza y efectos. Por ello, esto parece claro por la narración entera, el árbol del conocimiento era un árbol cuyo fruto impartía conocimiento. Puede ser, desde luego, que no fuera por ninguna virtud inherente al árbol mismo, sino por haber sido constituido así por Dios. No es necesario suponer que el fruto prohibido tuviera el poder de corromper ni la naturaleza corpórea ni la moral del hombre, produciendo así el conocimiento experimental del bien y del mal. Todo lo que se demanda en el texto es que el conocimiento siguiera al comer del fruto.

Las palabras «bien y mal» en este contexto admiten tres interpretaciones. En primer lugar, en la Escritura se expresa la ignorancia de la infancia diciendo que el niño no puede distinguir su mano derecha de la izquierda; a veces, diciendo que no puede discernir entre el mal y el bien. Así, en Dt 1:39 se dice: «Vuestros niños [...] que no saben hoy lo bueno y lo malo», y en Is 7:16, «Antes que el niño sepa desechar lo malo y escoger lo bueno». Por otra parte, la madurez, sea en conocimiento intelectual o espiritual, se expresa diciendo que uno tiene poder para distinguir entre el bien y el mal. Así, el creyente perfecto o maduro tiene «los sentidos ejercitados en el discernimiento del bien y del mal» (He 5:14). Concordando con la analogía de estos pasajes, el árbol del conocimiento del bien y del mal es sencillamente el árbol del conocimiento. La primera expresión es plenamente equivalente a la otra. Esta interpretación quita muchas dificultades al pasaje. Es sustentada también por el lenguaje de Eva, que dijo que era un árbol deseable para alcanzar la sabiduría. Antes de pecar, Adán tenía la ignorancia de la dicha y de la inocencia. Los dichosos no saben lo que es el dolor, y los inocentes no saben qué es el pecado. Cuando comió del árbol prohibido, alcanzó un conocimiento que jamás había tenido antes. Pero, en segundo lugar, las palabras «bien y mal» se pueden tomar en un sentido moral. [...] Se supone que en lugar de someterse a la autoridad o ley de Dios como la norma de su conducta, Adán aspiraba a conocer por sí mismo lo que era bueno y malo. Lo que buscaba era la emancipación de las ataduras de la autoridad. Sin embargo, a esto se puede objetar que no era éste el conocimiento que alcanzó al comer del fruto prohibido. Se le dijo que se le abrirían los ojos, que conocería el bien y el mal; y sus ojos fueron abiertos; alcanzó el conocimiento deseado. Pero este conocimiento no era la capacidad de decidir por sí mismo entre el bien y el mal. Tuvo menos de este conocimiento después que antes de su caída. En tercer lugar, «bien y mal» se pueden tomar en un sentido físico, denotando felicidad y miseria. Comer del árbol prohibido iba a determinar la cuestión de la dicha o miseria de Adán. Condujo a un conocimiento experimental de la diferencia. Dios conocía la naturaleza y los efectos del mal por su omnisciencia. Adán sólo podía conocerlos por experiencia, y este conocimiento lo logró cuando pecó. Sea cual sea la interpretación particular que se adopte, están todas ellas incluidas en la declaración general de que el árbol del conocimiento dio a Adán un conocimiento que no tenía antes: llegó a un conocimiento experimental de la diferencia entre el bien y el mal.

La serpiente.

[...] Cuando se dice que una serpiente se dirigió a Eva, estamos obligados a aceptar las palabras en su sentido literal. La serpiente no es una designación figurativa para Satanás, ni Satanás adoptó la forma de una serpiente. Una serpiente real fue el agente de la tentación, como queda claro de lo que se dice de las características naturales de la serpiente en el primer versículo del capítulo, y por la maldición pronunciada sobre el mismo animal, y por la enemistad que se declaró que subsistiría entre ella y el hombre para siempre. Pero es evidente que Satanás fue el verdadero tentador, y que empleó la serpiente meramente como su órgano o instrumento: (1) Por la naturaleza de la transacción. Lo que aquí se atribuye a la serpiente trasciende con mucho a la capacidad de ninguna criatura irracional. La serpiente puede que sea el más astuto de los animales del campo, pero no tiene las altas capacidades intelectuales que el tentador exhibe aquí. (2) En el Nuevo Testamento se declara de manera directa, y se da por supuesto en varias formas, que Satanás sedujo a nuestros primeros padres al pecado. En Ap 12:9 se dice: «y fue lanzado fuera el gran dragón, la serpiente antigua, que se llama diablo y Satanás, el cual engaña al mundo entero». Y en 20:2: «y prendió al dragón, la serpiente antigua, que es el diablo y Satanás». En 2 Co 11:3 Pablo dice: «Temo que como la serpiente con su astucia engañó a Eva, vuestros pensamientos sean de alguna manera extraviados de la sincera fidelidad a Cristo». Pero el hecho de que por la serpiente entendía a Satanás queda claro por el v. 14, donde habla de Satanás como el gran engañador; y lo que se dice en Ro 16:20, «y el Dios de paz aplastará en breve a Satanás bajo vuestros pies», es una evidente alusión a Gn 3:15. En Jn 8:44, nuestro Señor llama al diablo homicida desde el principio, y padre de mentira, porque fue por él que entraron en el mundo el pecado y la muerte. Tal era asimismo la fe de la Iglesia Judía. En el Libro de Sabiduría 2:24 se dice que «Por medio de la envidia de Satanás entró la muerte en el mundo». En los escritos judíos posteriores esta idea se presenta con frecuencia.[1]

En cuanto a que la serpiente hablara, no hay en ello más dificultad que en la proclamación de palabras articuladas desde el Sinaí, o el resonar de una voz desde el cielo en el bautismo de nuestro Señor, o en que la asna de Balaam le dirigiera la palabra. Las palabras pronunciadas fueron producidas por acción de Satanás, y de efectos similares producidos por seres angélicos, buenos y malos, hay numerosos casos en la Biblia.

La tentación.

Las primeras palabras del tentador a Eva tenían la intención de suscitar en ella desconfianza en cuanto a la bondad de Dios, y dudas en cuanto a la veracidad de la prohibición. «¿Conque Dios os ha dicho: No comáis de todo árbol del huerto?», o más bien, como las palabras probablemente significan: «¿Ha dicho Dios: No comáis de ningún árbol del huerto?» Las siguientes palabras fueron un asalto directo sobre la fe de ella: «No moriréis», sino bien al contrario, os haréis como Dios en conocimiento. Y a esta tentación ella cedió, y Adán se unió en la trasgresión. Conforme a este relato parece que la duda, la incredulidad y la soberbia fueron los principios que condujeron a este fatal acto de desobediencia. Eva dudó de la bondad de Dios; no creyó su amenaza; aspiró a un conocimiento prohibido.

Los efectos del primer pecado.

Los efectos del pecado sobre nuestros mismos primeros padres fueron: (1) Vergüenza, un sentimiento de degradación y de contaminación. (2) Temor del desagrado de Dios; o, un sentimiento de culpa, y el consiguiente deseo de huir de su presencia. Estos efectos eran inevitables. Demuestran la pérdida no sólo de la inocencia sino también de la rectitud original, y con ella del favor y de la comunión de Dios. Así, el estado al que Adán se vio reducido por su desobediencia, por lo que respecta a su condición subjetiva, fue análogo al de los ángeles ca-

---

1. Véase Eisenmenger, *Endecktes Judenthum*, edición de Königsberg, 1711; pág. 822.

ídos. Quedó entera y totalmente arruinado. Se dice que nadie se vuelve totalmente depravado por una sola trasgresión. En un sentido, es cierto. Pero una trasgresión, al incurrir en la ira y maldición de Dios y en la pérdida de comunión con Él, involucra la muerte espiritual de una manera tan absoluta, como una perforación del corazón causa la muerte del cuerpo; o como un pinchazo en los ojos nos envuelve en perpetuas tinieblas. Las otras formas de mal consiguientes a la desobediencia de Adán fueron meramente subordinadas. Fueron tan sólo la expresión del desagrado divino y las consecuencias de aquella muerte espiritual en que consistía esencialmente la pena anunciada.

Capítulo 8

El pecado

1. La naturaleza de la cuestión.

NUESTROS PRIMEROS PADRES, se nos dice, cayeron del estado en que fueron creados al pecar contra Dios. Esto presenta una de las cuestiones más difíciles y vastas sea en moral o en teología. ¿Qué es el pecado? La existencia del pecado es un hecho innegable. Nadie puede examinar su propia naturaleza, ni observar la conducta de sus semejantes, sin verse llevado por fuerza a la convicción de que existe el mal del pecado. No es una cuestión puramente moral o teológica. Cae también dentro del ámbito de la filosofía, que trata de explicar todos los fenómenos de la naturaleza humana así como del mundo externo. Por ello, los filósofos de todas las eras y de todas las escuelas se han visto obligados a tratar esta cuestión. Las teorías filosóficas acerca de la naturaleza del pecado son tan numerosas como las diferentes escuelas de filosofía. Esta gran cuestión llega a la consideración del teólogo cristiano con ciertas limitaciones. Acepta él la existencia de un Dios personal de perfección infinita, y acepta la responsabilidad del hombre. Él no puede aceptar como cierta ninguna teoría de la naturaleza o del origen del pecado que entre en conflicto con ninguno de estos principios fundamentales. Antes de entrar a enunciar ninguna de las teorías que han sido adoptadas con mayor o menor extensión, es importante determinar los datos conforme a los que se debe determinar la respuesta a la pregunta: ¿Qué es pecado? O las premisas de las que se deba deducir la respuesta. [Estos datos y estas premisas] son sencillamente las declaraciones de la Palabra de Dios y los hechos de nuestra propia naturaleza moral. Ignorando del todo o en parte estas dos fuentes de conocimiento, muchos filósofos, e incluso teólogos, recurren a la razón, o más bien a la especulación, para decidir esta cuestión. Pero este método es irrazonable, y con toda certeza llevará a falsas conclusiones. Al determinar la naturaleza de la sensación no podemos adoptar el método apriorístico, y argumentar según la naturaleza de la cosa cómo debería afectar a nuestros órganos sensoriales. Tenemos que aceptar los hechos de la consciencia sensorial como el fenómeno a explicar. No podemos decir que la naturaleza de la luz es tal que no puede ser causa del fenómeno de la visión; ni de los ácidos que no pueden afectar al órgano del gusto; ni que nuestras sensaciones son engañosas cuando nos conducen a atribuirles a ellos tales causas. Tampoco podemos determinar filosóficamente los principios de la belleza, y decidir qué es lo que los hombres deben admirar, y ante qué deben sentir desagrado. Todo lo que la filosofía puede hacer es tomar los hechos de nuestra naturaleza estética y de ellos deducir las leyes o principios de la belleza. De la misma manera, los hechos de nuestra consciencia moral deben ser aceptados como verdaderos y fidedignos. No podemos argüir que la constitución del universo y que la relación del individuo con el todo es tal, que no puede existir el pecado, que no hay nada por lo que debiéramos sentir remordimiento, o por causa de lo cual debiéramos recibir castigo. Tampoco podemos adoptar ninguna teoría de obligación moral que nos impida reconocer como pecado aquello que la conciencia nos lleva a condenar. Cualquier persona que adoptara tal teoría de lo sublime y hermoso que demostrara que el Niágara y los Alpes no son unos sublimes objetos de la naturaleza [...] perdería todo su esfuerzo. Y así, aquel que ignore las realidades de nuestra naturaleza moral en sus teorías del origen y naturaleza del pecado, se esforzará en vano. Pero esto se hace constantemente. Se descubrirá que todos los puntos de vista anti-teístas y anticristianos acerca de este tema son especulaciones puramente arbitrarias, enfrentadas con los más sencillos e innegables hechos de la consciencia.

Con respecto a la naturaleza del pecado, se tiene que observar que hay dos aspectos en los que se puede contemplar la cuestión. El primero trata de su naturaleza metafísica, y el segundo de su naturaleza moral. ¿Qué es lo que llamamos pecado? ¿Se trata de una sustancia, de un principio, o de un acto? ¿Es una privación, una negación, un defecto? ¿Es un antagonismo entre la mente y la materia, entre el alma y el cuerpo? ¿Es el egoísmo como sentimiento, o como propósito? Todas estas son cuestiones que tratan de la naturaleza metafísica del pecado, de lo que es como ente en la naturaleza. En cambio, las preguntas que siguen tratan más bien de su naturaleza moral, esto es: ¿Qué es lo que le da al pecado su carácter como mal moral? ¿Cómo se relaciona con la ley? ¿Con qué ley se relaciona el pecado? ¿Cuál es su relación con la justicia de Dios? ¿Cuál es su relación con su santidad? ¿Cuál es la relación que tiene o puede tener el pecado con la ley; se trata sólo de actos deliberados, o también de acciones impulsivas y de afectos, emociones y principios, o disposiciones? Es evidente que estas son cuestiones morales, no metafísicas. En algunas de las teorías acerca de la naturaleza del pecado, este es contemplado exclusivamente en uno de estos aspectos; en otras, exclusivamente en el otro; en algunas otras se combinan ambas perspectivas. [...]

2. Teorías filosóficas.

La primera teoría en orden temporal, aparte de la primordial doctrina de la Biblia, en cuanto al origen y la naturaleza del pecado, es la dualista, que supone la existencia de un principio eterno del mal. Esta doctrina fue extensamente diseminada por Oriente, y en diferentes formas fue parcialmente introducida en la Iglesia cristiana. Según la doctrina de los Parsis, este principio original era un ser personal. Según los Gnósticos, Marcionitas y Maniqueos, era una sustancia, una *hylë* o materia eterna. [...] Estos dos principios [el del Bien y el del Mal] están en conflicto perpetuo. En el mundo presente están entremezclados. Ambos entran en la constitución del hombre. Tiene un espíritu [*pneuma*] derivado del reino de la luz, y un cuerpo con su vida animal [*söma* y *psuchë*] derivado del reino de las tinieblas. Así, el pecado es un mal físico, la contaminación del espíritu por su unión con un cuerpo material; y debe ser vencido por medios físicos, esto es, por medios adaptados para destruir la influencia del cuerpo sobre el alma. De ahí la eficacia de la abstinencia y de la austeridad.[1]

Esta teoría, evidentemente, es inconsistente con el Teísmo, al hacer que algo fuera de Dios sea eterno e independiente de su voluntad. Él deja de ser un Ser infinito y un soberano absoluto. Se ve en todas partes limitado por un poder coeval que no puede controlar. (2) Destruye la naturaleza del pecado como mal moral, al hacer de él una sustancia, y al presentarlo como inseparable de la naturaleza del hombre como criatura compuesta de materia y espíritu. (3) Destruye, naturalmente, la responsabilidad humana, no sólo al hacer necesario el mal moral por la misma constitución del hombre, y atribuyendo su origen a una fuente eterna y necesa-

---

1. Baur, *Manichean System*. Neander, *Church History*, edición de Boston, 1849, Vol. I, págs. 478-506. Müller, *Lehre von der Sünde*, Vol. I, págs. 504-518.

riamente operante, sino al hacer de él una sustancia, lo que destruye su naturaleza como pecado. Esta teoría es tan totalmente anti-teísta y anticristiana que aunque prevaleció mucho tiempo como herejía en la Iglesia, nunca entró en conexión viviente con la doctrina cristiana.

El pecado considerado como una mera limitación del ser.

La segunda teoría anticristiana de la naturaleza del pecado es la que hace de él una mera negación, o limitación, del ser. El ser, la sustancia, es lo bueno. [...] Dios, como la sustancia absoluta, es el bien supremo. El mal absoluto sería nada. Por ello, cuanto menos ser, menos bien; y toda negación o limitación de ser es mala, o pecado. Spinoza [...], en su demostración de esta proposición, hace que el poder y la bondad sean la misma cosa, *potentia* y *virtus* son lo mismo. Por ello, la carencia de virtud, o el mal, es la debilidad o limitación del ser. El Profesor Baur, de Tubinga, presenta de manera aún más taxativa esta postura acerca de la naturaleza del pecado.[2]

Dice así: «El mal es lo finito; porque lo finito es negativo; la negación de lo infinito. Todo lo finito es relativamente nada; una negatividad que, en la constante distinción de *más* y *menos* de la realidad, aparece en formas diferentes». Y sigue: «Si la libertad del pecado es la eliminación de toda limitación, entonces queda claro que sólo una serie infinita de gradaciones puede llevarnos al punto en que el pecado es reducido a un mínimo infinitesimal. Si este mínimo desapareciera del todo, entonces el ser, así totalmente libre de pecado, se hace uno con Dios, porque sólo Dios es absolutamente exento de pecado. Pero si han de existir otros seres además de Dios, tiene que haber en ellos, hasta el punto de que no son infinitos como lo es Dios, y por esta misma razón, un mínimo de mal». Así, la distinción entre bien y mal es meramente cuantitativa, una distinción entre más o menos. El ser es bueno, la limitación del ser es mala. Esta idea de pecado está en la naturaleza del sistema panteísta. Si Dios es la única sustancia, la única vida, el único agente, entonces Él es la suma de todo lo que es, o, más bien, todo lo que existe es la manifestación de Dios; la forma de su existencia. Consiguientemente, si el mal existe es tanto una forma de la existencia de Dios como el bien; y no puede ser otra cosa que un desarrollo imperfecto, o mera limitación del ser.

Esta teoría, evidentemente, (1) ignora la diferencia entre el mal metafísico y el mal moral, entre lo físico y lo moral; entre un árbol raquítico y un hombre malvado. En lugar de explicar el pecado, niega su existencia. Por ello, entra en conflicto con la más clara verdad intuitiva, y con la más poderosa de nuestras convicciones instintivas. No hay nada de lo que estemos más seguros, ni siquiera de nuestra propia existencia, que de la diferencia entre el pecado y la limitación del ser, entre lo que es moralmente malo y la mera limitación de poder. (2) Esta teoría da por cierto el sistema panteísta del universo, y por ello diverge de nuestra naturaleza religiosa, que exige y supone la existencia de un Dios personal. (3) Al destruir la idea de pecado, destruye todo sentimiento de obligación moral, dando una libertad sin restricciones a todas las malvadas pasiones. No sólo enseña que todo lo que es, es bueno; que todo lo que existe o sucede tiene derecho a ser, sino que la única norma de la virtud es el poder. Como dice Cousin, el vencedor está siempre en lo cierto; la víctima siempre está equivocada. El vencedor es siempre más moral que el vencido. La virtud y la prosperidad, la desgracia y el vicio, dice él, están en necesaria armonía. La debilidad es un vicio (esto es, pecado), y por ello es siempre castigada -y vencida.[3] Este principio lo adoptan escritores como Carlyle, que en su culto al héroe hacen siempre buenos a los fuertes, y presentan a los asesinos, piratas y perseguidores como siempre más morales y más dignos de admiración que sus víctimas. Satanás es

---

2. En *Tübingen Zeitschrift*, 1834.
3. *History of Modern Philosophy*, traducción de Wight, New York, 1852, Vol. I, págs. 182-187.

así mucho más digno de homenaje que el mejor de los hombres, por cuanto en él hay más de ser y de poder, y él es el seductor de los ángeles y el seductor de los hombres. Jamás la mente humana ha concebido un sistema más totalmente demoníaco que este. Sin embargo, este sistema no sólo tiene proponentes filosóficos, sino que impregna mucha de la literatura popular tanto de Europa como de América.

La teoría de Leibniz de la privación.

Casi en los mismos términos, pero con un espíritu y propósito muy diferentes de la doctrina de Spinoza y de sus sucesores, está la teoría de Leibniz, que también resuelve el pecado en privación, y lo atribuye a la necesaria limitación del ser. Sin embargo, Leibniz era teísta, y su objeto en su *Théodicée* era vindicar a Dios demostrando que la existencia del pecado es consistente con sus perfecciones divinas. Su obra es religiosa en su espíritu y propósito, por errónea y peligrosa que sea en algunos de sus principios. Él dio por supuesto que este es el mejor de los mundos posibles. Como el pecado existe en el mundo, tiene que ser o bien necesario, o bien inevitable. No debe ser atribuido a la acción de Dios. Pero como para la filosofía de Leibniz Dios es el agente universal, el pecado debe ser una simple negación o privación para la que no se precisa de una causa eficiente. Estos son los dos puntos a establecer. Primero, que el pecado es inevitable; y segundo, que no se debe a la acción de Dios. Es inevitable, porque surge de la necesaria limitación de la criatura. La criatura no puede ser absolutamente perfecta. Su conocimiento y poder tienen que ser limitados. Pero si limitados, no sólo deben ser susceptibles de errar, sino que el error o las acciones erróneas son inevitables, o tendríamos una acción absolutamente perfecta de un agente menos que absolutamente perfecto; el efecto trascendería a la capacidad de la causa. Por ello, según Leibniz, el mal surge «par la supreme necessité des vérités éternelles [por la suprema necesidad de las cosas eternas]».[4] [...] La similitud en el modo de enunciar esta doctrina y la doctrina agustiniana que hace de todo pecado un defecto, y que reconcilia su existencia con la santidad de Dios conforme al mismo principio que adopta Leibniz, es evidente para todos. Sin embargo, se trata meramente de una similitud en el modo de expresión. Las dos doctrinas son esencialmente diferentes, como veremos cuando pasemos a considerar la teoría de Agustín. Para Agustín, el *defecto* es la ausencia de un bien moral que la criatura debería poseer; para Leibniz, la *negación* es la necesaria limitación de los poderes de la criatura.

Las objeciones a esta teoría que hace del pecado una mera privación, atribuyéndola a la naturaleza de las criaturas como seres finitos, son sustancialmente las mismas que se han presentado contra las teorías anteriormente mencionadas. (1) En primer lugar, hace del pecado un mal necesario. Las criaturas son necesariamente imperfectas o finitas, y si el pecado es la inevitable consecuencia de tal imperfección, o limitación del ser, el pecado viene a ser también un mal necesario. (2) Hace de Dios después de todo el autor del pecado en cuanto a que le atribuye a Él la responsabilidad de su existencia. Porque incluso admitiendo que sea una mera negación, no demandando ninguna causa eficiente, sin embargo Dios es el autor de la limitación en la criatura, de la que surge necesariamente el pecado. Él ha constituido de tal manera las obras de su mano, que no pueden por más que pecar, así como el niño no puede por más que errar en su juicio. La razón es tan débil incluso en el hombre adulto que son totalmente inevitables los errores en cuanto a la naturaleza y causas de las cosas. Y si el pecado es igualmente inevitable conforme la misma constitución de la criatura, Dios, que es el autor de esta constitución, viene a ser responsable de su existencia. Esto no es sólo una detracción del carácter de Dios, sino que está directamente opuesto a las enseñanzas de su Palabra. La Biblia

---

4. *Theodicée*, I.25, *Works*, edición de Berlín, 1840, pág. 511.

nunca atribuye el origen del pecado, sea en los ángeles o en los hombres, a las necesarias limitaciones de su ser como criaturas, sino al uso inexcusablemente pervertido de su propia libertad de acción. Los ángeles caídos no guardaron su primer estado; y el hombre, dejado a la libertad de su propia voluntad, cayó del estado en que había sido creado. (3) Esta teoría tiende a borrar las distinciones entre el mal moral y físico. Si el pecado es una mera privación, o si es la necesaria consecuencia de la debilidad de la criatura, es objeto de conmiseración más que de aborrecimiento. En los escritos de los proponentes de esta teoría se intercambian y confunden constantemente los dos sentidos de las palabras bien y mal, el moral y el físico. [...] Sabemos que ambas cosas son tan diferentes como el día y la noche, como la luz y el sonido. Por tanto, toda teoría que tienda a confundir entre ambas cosas tiene que ser falsa. En consecuencia, las Escrituras, en tanto que presentan el mero sufrimiento como objeto de conmiseración, presentan el pecado como objeto de aborrecimiento y condenación. La ira y la maldición de Dios son denunciadas contra todo pecado como justa consecuencia. (4) Por ello, la mencionada doctrina tiende no sólo a aminorar nuestro sentimiento del mal o de la contaminación del pecado, sino también a destruir todo sentimiento de culpa. Nuestros pecados son nuestras miserias, debilidades nuestras. No son lo que la conciencia pronuncia que son, crímenes que claman por su justo castigo. Sin embargo, el pecado se revela a nuestra consciencia no como una debilidad, sino como un poder. Es más grande en los más fuertes. No son los débiles mentales los que son los peores entre los hombres, sino que los grandes en intelecto han sido, en muchos casos, los más grandes en iniquidad. Satanás, el peor de los seres creados, es la más poderosa de las criaturas. (5) Si esta teoría es correcta, el pecado tiene que ser eterno. Por cuanto nunca podemos liberarnos de las limitaciones de nuestro ser, nunca podemos quedar libres del pecado al que estas limitaciones inevitablemente dan origen. [...]

El pecado, antagonismo necesario.
Otra teoría evidentemente inconsistente con los hechos de la consciencia y las enseñanzas de la Biblia es la que explica el pecado según la ley de la necesaria oposición, o antagonismo. Toda la vida, se dice, implica acción y reacción. Incluso en el universo material prevalece la misma ley. Los cuerpos celestiales son guardados en sus órbitas por el equilibrio de fuerzas centrífugas y centrípetas. Hay polaridad en la luz, en el magnetismo y en la electricidad. [...] Así en el mundo animal no hay fuerzas sin obstáculos que vencer; no hay reposo sin fatiga; no hay vida sin muerte. De la misma manera, la mente se desarrolla por medio de unos esfuerzos continuados, por constante conflicto entre lo que está dentro y fuera. Se apremia que la misma ley tiene que prevalecer en el mundo moral. No puede haber bien sin mal. El bien es la resistencia o la victoria sobre el mal. [...] Por lo que a las criaturas concierne, se mantiene que es una ley de su constitución que se desarrollen por el antagonismo, por la acción de fuerzas contrarias o de principios opuestos; de manera que un mundo moral sin pecado es una imposibilidad. El pecado es la condición necesaria para la existencia de la virtud.

[...] Si el bien no puede existir sin el mal, el mal deja de ser algo que ha de ser aborrecido y condenado. Los hombres dejan de ser responsables por algo que es inseparable de su misma naturaleza como criaturas, y por ello no hay nada que la conciencia pueda condenar o que Dios pueda castigar. Según esta teoría, toda nuestra naturaleza es un engaño, y todas las denuncias de la Escritura contra el pecado son los desvaríos del fanatismo.

La teoría de Schleiermacher sobre el pecado.
La doctrina de Schleiermacher acerca del pecado está tan relacionada con todo su sistema filosófico y teológico que no puede ser comprendida sin algún conocimiento del mismo. Su filosofía es panteísta. Su teología es simplemente la interpretación de la consciencia humana

en conformidad con los principios fundamentales de su filosofía. Es llamada teología cristiana porque es la interpretación de la consciencia religiosa de los cristianos, esto es, de aquellos que conocen y creen los hechos registrados acerca de Cristo. Los principios conductores de su sistema son como siguen:

1. Dios es la absoluta Infinitud, no una persona, sino el simple ser con el simple atributo de la omnipotencia. Otros atributos que le adscribimos al Ser Infinito no expresan lo que es en Él (o más bien en Ello), sino los efectos producidos en nosotros. La sabiduría, bondad, santidad en Dios, significan simplemente la causalidad en Él que produce estos atributos en nosotros.

2. El poder absoluto significa todo poder. Dios, o el ser absolutamente poderoso, es la única causa. Todo lo que es y todo lo que acontece se debe a su eficiencia.

3. Este poder infinito produce el mundo. Sea cual sea la relación entre ambos, bien si se trate de la sustancia de la que el mundo es el fenómeno, bien si el mundo es la sustancia de la que Dios es la vida, el mundo, en cierto sentido, es. Hay un finito así como un infinito.

4. El hombre, como parte integral del mundo, consiste de dos elementos, o tiene una relación tanto con lo finito y lo infinito, Dios y la naturaleza. Hay en el hombre consciencia-de-sí-mismo, o una consciencia que es afectada por el mundo. Él está en el mundo, y es del mundo y es afectado por el mundo. Por otra parte, tiene lo que Schleiermacher llama *Gottesbewusstseyn*, o consciencia-de-Dios. No se trata de una mera consciencia de Dios, sino que es Dios en nosotros en forma de consciencia.

5. El estado normal o ideal del hombre consiste en el control absoluto e ininterrumpido de la consciencia-de-Dios, o de Dios en nosotros. Estos dos principios los distingue a veces como carne y espíritu. Pero por carne no significa el cuerpo; ni tampoco, como San Pablo frecuentemente lo utiliza, para denotar nuestra naturaleza caída y corrompida; sino nuestra naturaleza toda en cuanto a su relación con el mundo. Es equivalente, en la terminología de Schleiermacher, a la consciencia-del-yo. Y por espíritu no denota la razón, ni lo que la Biblia significa por el espíritu en el hombre, esto es, el Espíritu Santo, sino la consciencia-de-Dios (*Gottesbewusstesyn*), o Dios-en-nosotros.

6. La religión consiste del sentimiento de la dependencia absoluta. Esto es, en el reconocimiento de que Dios, o el Ser Absoluto, es la única causa, y de que nosotros somos meramente la forma en la que su causalidad es revelada o ejercitada.

7. El estado original del hombre no fue un estado normal o ideal. Esto es, la consciencia-de-Dios o el principio divino no eran suficientemente fuertes para controlar absolutamente la consciencia-del-yo. Este era un estado que alcanzar mediante el progreso o desarrollo.

8. El sentimiento que surge de la ausencia de este control absoluto del principio superior es el sentimiento de pecado; y la convicción de que el principio superior debería regir es el sentimiento de culpa. Con este sentimiento de pecado y de culpa surge el sentimiento de la necesidad de redención.

9. Esta redención consiste en dar control completo a la consciencia-de-Dios; y es efectuada por medio de Cristo, que es el hombre normal o ideal. Esto es, Él es el hombre en quien la consciencia-de-Dios, la naturaleza divina, Dios (estos son, en su sistema, términos intercambiables), fue totalmente dominante desde el principio. Nosotros nos volvemos semejantes a Él, esto es, somos redimidos, en parte por el reconocimiento de su verdadero carácter como exento de pecado, y en parte por la comunión con Él por medio de su Iglesia.

Queda claro que este sistema excluye la posibilidad del pecado en el verdadero sentido Escritural del término:

a. Porque excluye la idea de un Dios personal. Si el pecado es la ausencia de conformidad a la ley, tiene que existir un legislador, uno que prescriba la regla del derecho a sus criaturas.

Pero en este sistema no hay un gobernante consciente de sí mismo, personal, que sea el gobernador moral de los hombres.

b. Por cuanto este sistema niega toda eficiencia, y naturalmente toda libertad a la criatura. Si el Ser Infinito es el único agente, entonces todo lo que es se debe a su eficiencia directa; y por tanto el pecado es o bien su obra, o bien una mera negación.

c. Por cuanto, según esta teoría, lo que se llama pecado es absolutamente universal y absolutamente necesario. Es la consecuencia inevitable o condición de la existencia de un ser como el hombre. Esto es, de un ser con una consciencia de sí mismo y una consciencia de Dios en tales proporciones y relación que sólo se puede llegar a la dominancia de lo último de manera gradual.

d. Por cuanto lo que se llama pecado y culpa lo son tales sólo en nuestra consciencia, o en nuestra aprehensión subjetiva de los mismos. Ciertas cosas producen en nosotros la sensación de dolor, otras la sensación de placer; algunas el sentimiento de aprobación; otras, de desaprobación; y ello, por así decirlo, por la ordenanza de Dios. Pero el dolor y el placer, lo recto y lo malo, son meros estados subjetivos. No tienen una realidad objetiva. Somos pecaminosos y culpables sólo con respecto a nuestros propios sentimientos, no delante de Dios, o con referencia a Su juicio.[5] Ha de quedar bien claro, para todos aquellos que no se han entregado al control de los principios panteístas en los que se basa todo este sistema, cuán enteramente esta posición acerca de la cuestión que nos ocupa destruye toda verdadera concepción de lo que es el pecado; cuán inconsecuente es con toda responsabilidad; cómo entra en conflicto con el testimonio de nuestra propia consciencia y con las enseñanzas de la Escritura.

La teoría sensoria.

[...] Sitúa la fuente y la sede del pecado en la naturaleza sensoria del hombre. Estamos compuestos de cuerpo y espíritu. Sea cual sea la relación entre ambos, no se pueden dejar de reconocer como siendo en cierto sentido elementos distintos de nuestra naturaleza. [...] «Es la enseñanza innegable de la historia», dice Müller, «que la eliminación de la distinción entre espíritu y naturaleza siempre acaba en la naturalización del espíritu, y nunca en la espiritualización de la naturaleza» [...] que los hombres son gobernados universalmente, en mayor o menor grado, y siempre en un grado pecaminoso, por su naturaleza sensorial. Prefieren lo visto y temporal a lo invisible y eterno. Buscan la gratificación que se debe encontrar en los objetos materiales antes que la bendición que se halla en las cosas del Espíritu. En esto, según esta teoría, consiste la fuente y la esencia del pecado. Esta doctrina, que ha prevalecido en todas las eras de la Iglesia, ha existido en diversas formas: (1) En la del sistema maniqueo, que enseña el mal esencial de la materia. (2) En el del Romanismo posterior, que enseña que el hombre, tal como fue creado originalmente, estaba constituido de manera que el alma estaba sujeta al cuerpo, y que sus poderes más altos estaban subordinados a su naturaleza inferior y sensorial. En el caso de Adán, este mal original en su constitución estaba, a decir de los Romanistas, corregido por el don sobrenatural de la rectitud original. Cuando aquella rectitud fue perdida por la caída, se hizo dominante el elemento sensorial en la naturaleza del hombre. En esto consiste su pecaminosidad habitual, y esta es la fuente de todas las transgresiones que tienen lugar. (3) La forma más común de esta teoría es esencialmente la misma que la doctrina romana, excepto que no atribuye el predominio del cuerpo sobre el alma a la pérdida de la rectitud original. El hecho de que los hombres están gobernados por los elementos

---

5. Schleiermacher, *Glaubenslehre*. Dr. Gess, *Uebersicht über das theologische System Schleiermachers*. Müller, *Lehre Von der Sünde*, Vol. I, págs. 412-437. Bretschneider, *Dogmatik*, págs. 14-38 del Apéndice al Vol. I. Morell, *Philosophy of Religion*.

inferiores y no por los más elevados de su naturaleza, como cuestión de la experiencia, es explicado de diferentes maneras. (1) Algunos dicen que se debe a la relativa debilidad de los poderes más elevados. Esto se reduce a la doctrina de Leibniz de que el pecado se debe a las limitaciones de nuestra naturaleza, o a la debilidad y propensión a errar inherentes a nuestra constitución como criaturas. (2) Otros apelan a la libertad de la voluntad. El hombre, como agente libre, tiene el poder bien de resistirse, bien de someterse a las seducciones de la carne. Si se somete, es su propia falta y pecado. No hay necesidad ni coerción en ello. Pero si esta sumisión es universal y uniforme, ha de tener una causa universal y adecuada. Esta causa no se encuentra en la mera libertad del hombre, o en su capacidad de someterse. Debe ser que la causa es uniforme y permanente, y que tal causa sólo puede hallarse en la constitución misma del hombre, al menos en su estado actual, que hace que el elemento sensual en el hombre sea más poderoso que el espiritual. (3) Otros, por su parte, mientras que no niegan la capacidad plenaria del hombre para resistir a las seducciones de los sentidos, dan cuenta de la ascendencia universal de los poderes inferiores mediante una referencia al orden de desarrollo de nuestra naturaleza. Estamos constituidos de tal manera, o venimos al mundo en tal estado, que la parte inferior o sensorial de nuestra naturaleza alcanza invariable y necesariamente su fuerza antes que se desarrollen los poderes más elevados. Las propensiones animales del niño son poderosas, mientras que la razón y la conciencia son débiles. Por ello lo inferior alcanza tal dominio sobre lo superior que es después siempre mantenido.

Pero es evidente que esta teoría, en ninguna de sus formas, no llega a exponer la verdadera naturaleza del pecado, ni a explicar de manera satisfactoria su origen.

1. El pecado no es esencialmente el estado o acto de una naturaleza sensorial. Las criaturas presentadas en la Escritura como más pecaminosas son los espíritus caídos, que no tienen cuerpos ni apetitos sensuales.

2. En segundo lugar, los pecados más ofensivos en el hombre, y que más le degradan, y que más cargan a su conciencia, nada tienen que ver con el cuerpo. La soberbia, la malicia, la envidia, la ambición, y, por encima de todo, la incredulidad y la enemistad con Dios, son pecados espirituales. Pueden existir no sólo en seres que no tienen constitución material, sino también en el alma separada del cuerpo, y cuando queda extinguida su naturaleza sensorial.

3. Esta teoría tiende a disminuir nuestra consciencia de pecado y de culpa. Hace de todo mal moral una mera debilidad, el consentimiento de los poderes más débiles del espíritu a las más intensas fuerzas de la carne. [...]

4. Si el cuerpo es la sede y la fuente del pecado, entonces todo aquello que tienda a debilitar el cuerpo o a reducir la fuerza de sus deseos tenderá a hacer a los hombres más puros y virtuosos. Si esto es así, el monasticismo y ascetismo tienen un fundamento en la verdad. [...] Pero toda la experiencia demuestra lo contrario. Incluso los que se apartan así del mundo y maltratan sus cuerpos lo hacen con sinceridad, adhiriéndose con fidelidad a sus principios, pero toda la tendencia de su disciplina es mala. Alimenta la soberbia, la pretensión de propia justicia, el formalismo y la falsa religión. Los fariseos, a juicio de Cristo, con sus vidas tan estrictas y constantes ayunos, estaban más alejados del reino de los cielos que los publicanos y las rameras.

5. Según la suposición involucrada en esta teoría, los viejos deberían ser buenos. En ellos se extinguen las concupiscencias de la carne. Pierden la capacidad de gozar lo que complace a los ojos o ministra a los gustos de los jóvenes. El mundo, para ellos, ha perdido sus atractivos. El cuerpo se transforma en una carga. Es el estado al que el joven asceta quiere reducir su constitución corporal mediante la abstinencia y la austeridad; sin embargo, cuanto más viejo el hombre, a no ser que sea renovado por la gracia de Dios, tanto peor el pecador. El alma está más muerta, más insensible a todo lo que es elevador y espiritual, y más totalmente ale-

jada de Dios; menos agradecida por sus misericordias, menos temerosa de su ira, y menos afectada por todas las manifestaciones de su gloria y de su amor. Así, no es el cuerpo lo que es la causa del pecado.

6. Esta teoría está opuesta a la doctrina de la Biblia. Las Escrituras se refieren desde luego a una amplia gama de pecados de la naturaleza sensual del hombre; y mencionan la carne (o *sarx*) como la sede del pecado y la fuente de todas sus manifestaciones en nuestro estado presente. Además, emplean la palabra *sarkinos*, carnal, como sinónimo con corrompido y pecaminoso. Todo depende del sentido en que los escritores sagrados empleen las palabras *sarx* y *sarkinos* como antitéticas a *pneuma* y *pneumatikos*. Según una interpretación, *sarx* significa el cuerpo con su vida animal, sus instintos y apetitos [...] Si este es el sentido de *sarx*, entonces *sarkinos* significa animal, y *psuchikos* sensorial. Por otra parte, conforme a esta postura, *pneuma* significa razón, y *pneumatikos* lo razonable, esto es, uno gobernado por la razón. Según esta postura, los *sarkikoi* son los que están controlados por sus sentidos y por la naturaleza animal; y los *pneumatikoi* los gobernados por su razón y poderes superiores. Según la otra interpretación de estos términos, *sarx* significa la naturaleza caída del hombre, su naturaleza tal cual es ahora; y *pneuma* el Espíritu Santo. Luego los *sarkikoi* son los hombres naturales, no regenerados, esto es, los destituidos de la gracia de Dios, y los *pneumatikoi* son aquellos en quienes mora el Espíritu Santo. Naturalmente, se admite que la palabra *sarx* se emplea a menudo en la Escritura, y especialmente en los escritos de San Pablo, para denotar el cuerpo; luego para lo que es externo y ritual; luego para lo perecedero. La humanidad, cuando es designada como carne, es presentada como terrenal, débil y fugaz. Además de estos significados comunes y admitidos de la palabra, se emplea también en un sentido moral. Designa al hombre, o la humanidad, o la naturaleza humana como apóstata de Dios. Por tanto, las obras de la carne no son meramente obras sensuales, sino obras pecaminosas, todo lo que en el hombre es malo. Todo lo que es una manifestación de su naturaleza como caída queda incluido bajo las obras de la carne. Por ello se atribuyen a esta clase la envidia, la malicia, la soberbia y las contenciones; así como las orgías y las borracheras, Gá 5:19-21. Andar según la carne, pensar conforme a la carne, estar en la carne, etc., etc. (véase Ro 8:1-13) son modos escriturales para expresar el estado, la conducta y la vida de los hombres del mundo de todas clases. El significado de carne, sin embargo, tal como se emplea en los escritos de Pablo, queda bien claramente determinado por su antítesis con Espíritu. Que el *pneuma* de quien él habla es el Espíritu Santo queda abundantemente demostrado. Lo llama el Espíritu de Cristo, el Espíritu de Dios, el Espíritu que vivificará vuestros cuerpos mortales; que testifica con nuestros espíritus que somos hijos de Dios; cuya morada en los creyentes hace de ellos el templo de Dios. Los *pneumatikoi*, o espirituales, son aquellos en quienes mora el Espíritu Santo como el principio controlador de sus vidas. Así, las Escrituras están directamente opuestas a la teoría que hace del cuerpo o naturaleza sensual del hombre la fuente de pecado, y que su esencia consiste en ceder a nuestros apetitos y afectos mundanos, en lugar de obedecer a la razón y a la conciencia.

La teoría de que todo pecado consiste en egoísmo.

Hay otra doctrina acerca de la naturaleza del pecado que pertenece a las teorías filosóficas, y no a las teológicas, sobre esta cuestión. Hace que todo pecado consista en egoísmo. El egoísmo no debe ser confundido con el amor propio. Esto último es un principio natural y original de nuestra naturaleza y de la naturaleza de todas las criaturas sensibles, tanto racionales como irracionales. Pertenece a la constitución original de las mismas, y es necesario para su preservación y bienestar, y no puede ser pecaminoso. Así, el egoísmo no es el mero amor al yo, sino la indebida preferencia de nuestra propia felicidad a la felicidad o bienestar de los otros. Según algunos, esta preferencia es de la naturaleza de un deseo o sentimiento. Según otros, es de la naturaleza de un propósito. En esta última postura, todo pecado consiste en el propósito de buscar nuestra propia felicidad en lugar que el bien general o dicha, como se expresa comúnmente, del universo. En todo caso, el pecado es la indebida preferencia de nosotros mismos.

Esta teoría se basa en los siguientes principios, o bien es un elemento esencial en el siguiente sistema doctrinal: (1) La felicidad es el mayor bien. Todo lo que tenga la tendencia a promover la mayor cantidad de felicidad es por ello mismo bueno, y todo lo que tenga la tendencia opuesta es malo. (2) Como la felicidad es el único y último bien, la benevolencia, o la disposición o propósito de impulsar la felicidad, tiene que ser la esencia y suma de la virtud. (3) Como Dios es infinito, Él tiene que ser infinitamente benevolente, y por ello tiene que ser su deseo y propósito producir la mayor posible cantidad de felicidad. (4) El universo, al ser la obra de Dios, tiene que estar diseñado y adaptado para llegar a este fin, y es por ello el mejor de todos los posibles mundos o sistemas de cosas. (5) Como el pecado existe en nuestro mundo actual, tiene que ser el medio necesario para el mayor bien, y por ello, como dicen algunos, es consecuente con la santidad de Dios permitir y ordenar su existencia; o, como otros dicen, que lo cree. (6) No hay más pecado en el mundo que el necesario para asegurar la mayor felicidad para el universo.

La primera y más evidente objeción a toda esta teología ya ha sido presentada, y es que destruye el mismo concepto de bien moral. Confunde lo recto con lo que conviene. Por ello, contradice la consciencia y el juicio intuitivo de la mente. Es intuitivamente cierto que lo recto es recto en su propia naturaleza, independientemente de su tendencia a impulsar la dicha. Hacer de la santidad sólo un medio para un fin; exaltar el goce sobre la excelencia moral, es no sólo una perversión y degradación de lo alto a lo bajo, sino también la total destrucción del principio. Esta es una cuestión que, hablando propiamente, no admite prueba. Sólo puede ser afirmada. Si alguien negara que lo dulce y lo amargo difieren, sería imposible demostrar que hay diferencia entre ambas cosas. Sólo podemos apelar a nuestra propia consciencia y afirmar que percibimos la diferencia. Y podemos apelar al testimonio de todos los demás hombres, que también afirman lo mismo. Pero después de todo, se trata sólo de la declaración de un hecho por parte primero de un individuo, y luego de la masa de la humanidad. De manera semejante, si alguien dice que no hay diferencia entre lo bueno y lo conveniente, que una es buena simplemente porque es conveniente; o, si dijera que no hay diferencia entre santidad y pecado, sólo podemos remitirnos a nuestra propia consciencia y a la consciencia común de los hombres, como contradiciendo esta declaración. Así, sabemos por la misma constitución de nuestra naturaleza que lo correcto y lo conveniente no son ideas idénticas; que la diferencia es esencial e inmutable. Y sabemos de la misma fuente, y con la misma seguridad o certidumbre, que la felicidad no es el sumo bien, sino al contrario que la santidad es tanto más grande que la felicidad como el cielo es más alto que la tierra, o Cristo que Epicuro. (2) Esta teoría está tan opuesta a nuestra naturaleza religiosa como a la moral. Dependemos de Dios; nuestra lealtad se la debemos a Él; debemos hacer Su voluntad sean cuales sean las consecuencias; y somos exaltados y purificados en la misma proporción en que nos perdemos en Él, adorando sus divinas perfecciones, buscando promover Su gloria, y reconociendo que de hecho y por derecho todas las cosas son por Él, por medio de Él y para Él. No obstante, según esta teoría nuestra adhesión la debemos al universo de seres sensibles. Estamos obligados a impulsar la felicidad de los mismos. Este sería nuestra más elevada y única obligación. Por ello mismo no puede haber religión en el verdadero sentido de la palabra. La religión es el homenaje y la adhesión del alma a un Ser personal infinitamente perfecto, a quien debemos nuestra existencia, que es la fuente de todo bien, y por quien todas las cosas consisten. [...] (3) Por cuanto esta teoría está así opuesta a nuestra naturaleza moral y religiosa, es mala en sus efectos prácticos. [...] Cuando un individuo adopta este principio, toda su vida interior y exterior queda determinada por él. Cada cuestión que se presenta para su decisión recibe respuesta no con referencia a la ley de Dios, ni en conformidad a los instintos de su naturaleza moral, sino por el cálculo de la conveniencia. Y cuando una persona queda bajo el control de esta teoría, invariablemente y de manera necesaria se vuelve calculadora. Si la felicidad es el mayor bien, y si todo lo que nos parezca adaptado para impulsar la felicidad es correcto, entonces se pierde de vista a Dios y Su ley moral. [...] (4) Apenas será necesario recordar que somos incompetentes para decidir cuál será el curso de conducta que llevará a la mayor cantidad de bien físico, y que por ello nunca podemos decidir qué es lo bueno y lo malo. Se puede decir que no se nos deja a nuestra propia sagacidad para decidir esta cuestión. La ley de Dios tal como se revela en Su palabra es una norma divina mediante la que podemos aprender lo que tiende a la felicidad y lo que tiende a la desgracia. Pero esta postura no sólo degrada la ley moral a una serie de máximas sabias, sino que cambia todo el motivo para la obediencia. Obedecemos no por consideración a la autoridad de Dios, sino porque Él sabe mejor que nosotros qué es lo que llevará al máximo bien. [...] (5) Además de todo lo anterior, esta teoría presupone que el pecado, y la terrible cantidad actual de pecado, son los medios necesarios para el mayor bien. ¿Qué sucede entonces de la distinción entre el bien y el mal? Si lo bueno es lo que tiende a promover la mayor felicidad, y si el pecado es necesario para promover la mayor felicidad, entonces el pecado deja de ser pecado, y se torna en bien. Luego tiene que ser correcto hacer males para que vengan bienes. ¿Cómo, dice el apóstol, podría juzgar Dios el mundo conforme a este principio? Si los pecados de los hombres no sólo promueven de hecho el más grande fin, sino que un hombre tiene, al pecar, el propósito y deseo de cooperar con Dios para producir la mayor cantidad de felicidad, ¿cómo puede ser condenado? [...] Se puede decir que es una contradicción decir que un hombre peca con un propósito verdaderamente benevolente; porque la esencia de la virtud es proponerse el mayor bien, y por ello todo lo que se hace en la ejecución de aquel propósito es virtuoso. Exactamente. La misma objeción muestra que lo bueno se torna en malo y lo malo bueno, según el designio con que es cometido o llevado a cabo. Por ello, si un hombre miente, roba o asesina con un designio de promover el bien de la sociedad, de la iglesia o del universo, es un hombre virtuoso. Fue principalmente por adoptar y llevar a cabo esta doctrina que los Jesuitas llegaron a ser una abominación a los ojos de la Cristiandad, y que fueron expulsados de todos los países civilizados. Desgraciadamente, los Jesuitas no fueron sus únicos proponentes. Este principio ha sido extensamente diseminado en libros de moral, y ha llegado a ser adoptado por ciertos teólogos como el fundamento de todo su sistema de doctrina cristiana. (6) Si la felicidad no es entonces el sumo bien, entonces la benevolencia no es el epítome de toda excelencia, y el egoísmo como opuesto de la benevolencia no puede ser la esencia del pecado. Una vez más, acerca de esta cuestión se puede apelar con certidumbre a nuestra propia consciencia y a la común consciencia de los hombres. Nuestra naturaleza moral nos enseña, por una parte, que no se puede reducir toda virtud a la benevolencia: la justicia, la fidelidad, la humildad, la longanimidad, la paciencia, la constancia, la mente espiritual, el amor de Dios, la gratitud a Cristo y el celo por Su gloria no se revelan a la consciencia como formas de benevolencia. Son cosas tan distintas para nuestra sensibilidad moral como el rojo, azul y verde son distintos para el ojo. Por otra parte, la incredulidad, la dureza de corazón, la ingratitud, la impenitencia, la malicia y la enemistad contra Dios no son modificaciones del egoísmo. Estos intentos de simplificación no sólo son antifilosóficos sino también peligrosos, por cuanto conducen a confundir cosas diferentes, y, como hemos visto, a negar la naturaleza esencial de las distinciones morales. [...] Naturalmente, no se niega que el egoísmo, en algunas de sus formas, incluye una gran clase de los pecados de los que se hacen culpables los hombres. [...] Hay formas más elevadas de mal que el mero egoísmo. La verdadera naturaleza del pecado es la enajenación de Dios, y la oposición a Su carácter y voluntad. Es lo opuesto a la santidad y no admite ser reducido a ningún otro principio, ni el amor de la criatura ni el amor al yo.

3. La doctrina de la Iglesia Primitiva.

[...] Por lo que a la Iglesia primitiva respecta, la doctrina acerca del pecado fue enunciada sólo en términos generales. En casi todos los casos las afirmaciones doctrinales discriminatorias recibieron su forma como declaraciones contrarias a posturas erróneas. En tanto que la verdad no fue negada, la Iglesia se contentó con sostenerla y afirmarla de la manera sencilla con que se encuentra en la Biblia. Pero cuando se asumieron posiciones que no eran congruentes con la doctrina revelada, o cuando se enunció una verdad de manera que contradecía a otra, se hizo necesario ser más explícito, y enunciar una expresión de la doctrina que incluyera todo lo que Dios había revelado acerca de lo mismo. Este proceso en la determinación, o mejor dicho en la definición de las doctrinas, fue necesariamente gradual. Fue sólo después que surgiera en la iglesia un error tras otro, que la verdad fue distinguiéndose de cada uno de ellos mediante declaraciones más explícitas y matizadas. Como las primeras herejías fueron el Gnosticismo y el Maniqueísmo, sistemas en los que, en diferentes formas, el pecado era presentado como un mal necesario que tenía su origen en una causa independiente de Dios y más allá del control de la criatura, la Iglesia fue llamada a negar tales errores, y a declarar que el pecado no era ni necesario ni eterno, sino que tenía su origen en la libre voluntad de criaturas racionales. En la lucha con el maniqueísmo, toda la tendencia de la Iglesia fue la de exaltar la libertad y la capacidad del hombre, a fin de mantener la doctrina esencial, entonces asaltada desde tantos costados, de que el pecado es un mal moral por el que el hombre debe ser condenado, y no una calamidad por la que debe ser compadecido. Fue la inevitable consecuencia del estado no asentado de fórmulas doctrinales que se dieran declaraciones contradictorias incluso por parte de los que buscaban defender la verdad, -y no sólo en el caso de diferentes escritores, sino que el mismo escritor presentara, en distintas ocasiones, declaraciones contradictorias. En medio de estas inconsistencias se insistía constantemente en los siguientes puntos: (1) Que todos los hombres son pecadores en su estado actual. (2) Que esta pecaminosidad universal de los hombres tuvo su origen histórico y causal en la apostasía voluntaria de Adán. (3) Que tal es el actual estado de la naturaleza humana que la salvación no puede ser alcanzada de otra manera que por medio de Cristo y mediante la asistencia de su Espíritu. (4) Que incluso los niños, tan pronto como nacen, necesitan la regeneración y la redención, y que pueden ser salvos sólo por medio del mérito de Cristo. Estas grandes verdades, que se encuentran en la base del evangelio, entraron en la fe general de la Iglesia antes de ser tan intensamente defendidas por Agustín en su controversia con Pelagio. Es cierto que se pueden citar muchas aserciones de los padres griegos que son inconsecuentes con algunas de las proposiciones anteriormente citadas. Pero los mismos escritores, en otros pasajes, afirman su fe en estas básicas verdades escriturarias; y están implicadas en las oraciones y ordenanzas de la Iglesia, y fueron posteriormente incorporadas en las confesiones públicas de los griegos, así como de los latinos.

[...] Estos escritores enseñaban, según dice Gieseler, que por medio de Cristo y de su obediencia en el árbol de la cruz fue sanada la desobediencia original del hombre con referencia al árbol del conocimiento; que así como ofendimos a Dios en el primer Adán por trasgresión, así por medio del segundo Adán somos reconciliados con Dios; que Cristo nos ha liberado del poder del diablo al que estábamos sujetos por el pecado de Adán; que Cristo ha recuperado para nosotros la vida y la inmortalidad.[6] No se mantiene que los padres griegos sostuvieran la doctrina del pecado original en la forma en que fue posteriormente desarrollada por Agustín, pero sí enseñaban que la raza había caído en Adán, que todos necesitan la redención, y que la redención sólo puede ser obtenida por medio del Señor Jesucristo.

4. La teoría Pelagiana.

A comienzos del siglo quinto, Pelagio, Celestio y Julián introdujeron una nueva teoría en cuanto a la naturaleza del pecado y el estado del hombre desde la caída, y de nuestra relación con Adán. El hecho de que su doctrina era una innovación queda demostrado por la circunstancia de que fue universalmente rechazada y condenada tan pronto como fue plenamente comprendida. Eran hombres cultos y capaces, y de carácter ejemplar. Pelagio era británico, aunque no hay certidumbre de si era nativo de la Bretaña francesa o de lo que se conoce como Gran Bretaña. Era monje, aunque laico. Celestio era maestro y jurista; Julián era un obispo de Italia. El principio radical de la teoría Pelagiana es que la capacidad constituye el límite de la obligación. «Si debiera, es que puedo», es el aforismo sobre el que reposa todo el sistema. [...] [Pelagio] enunció el principio de que el hombre debe tener la total capacidad para hacer y ser todo lo que se le puede exigir en justicia. [...]

1. La íntima convicción de que los hombres no pueden ser responsables de nada que no esté en su poder llevó, en primer lugar, a la doctrina Pelagiana de la libertad de la voluntad. No era suficiente para la libre acción que el agente fuera auto-determinado, o que todas sus voliciones quedaran determinadas por sus propios estados interiores. Se demandaba que tuviera poder sobre estos estados. Según Pelagio, la libertad de la voluntad es poder plenario, en toda ocasión y en cada momento, de escoger entre el bien y el mal, y de ser o santo o impío. Todo lo que no caiga así dentro del poder imperativo de la voluntad no puede tener carácter moral. [...]

2. Por ello, el pecado consiste en la deliberada elección del pecado.

Presupone el conocimiento de lo que es malo, así como la plena capacidad para escogerlo o rechazarlo. Naturalmente, de esto sigue:

3. Que no puede existir el llamado pecado original, o corrupción inherente y hereditaria. [...] Los hombres nacen en el mundo, desde la caída, en el mismo estado en que Adán fue creado. [...] Este es el punto en que insistieron principalmente los Pelagianos, que es contrario a la naturaleza del pecado que pueda ser transmitido o heredado. Si la naturaleza es pecaminosa, entonces Dios, como autor de la naturaleza, tiene que ser el autor del pecado. [...]

4. Consiguientemente, el pecado de Adán sólo lo perjudicó a él. Esta fue una de las acusaciones formales presentadas contra los Pelagianos en el Sínodo de Diospolis. Pelagio trató de responder a ella diciendo que el pecado de Adán ejerció la influencia de un mal ejemplo, y que en este sentido y en este grado dañó a su posteridad. Pero negó toda relación causal entre el pecado de Adán y la pecaminosidad de su raza, o que la muerte sea un mal penal. Adán habría muerto por la constitución de su naturaleza, tanto si hubiera pecado como si no lo hubiera hecho; y su posteridad, tanto en la más tierna infancia como los adultos, mueren por la semejante necesidad de su naturaleza. Como Adán no era en ningún sentido el representante de su raza, como ellos no sufrieron su probación en él, cada hombre pasa su probación por sí mismo; y es justificado o condenado únicamente sobre la base de sus propios actos personales.

5. Por cuanto los hombres vienen al mundo sin la contaminación del pecado original, y por cuanto tienen poder plenario para hacer todo lo que Dios exige, pueden vivir, y en mu-

---

6. *Kirchengeschichte*, edición de Bonn, 1855, Vol. VI, pág. 180.

chos casos viven, sin pecado; o, si en un momento determinado transgreden, pueden volverse a Dios y obedecer perfectamente todos Sus mandamientos. Por ello, Pelagio enseñó que algunos hombres no tenían necesidad de repetir por sí mismos la petición en la oración del Señor: «Perdónanos nuestras transgresiones». [...]

6. Otra consecuencia de sus principios, que Pelagio inevitablemente dedujo, era que los hombres podían ser salvos sin el evangelio. Por cuanto el libre albedrío en el sentido de capacidad plenaria pertenece esencialmente al hombre del mismo modo que la razón, los hombres, sean paganos, judíos o cristianos pueden obedecer la ley de manera plena y alcanzar la vida eterna. La única diferencia es que bajo la luz del evangelio esta perfecta obediencia resulta más fácil. [...]

7. El sistema Pelagiano niega la necesidad de la gracia en el sentido de la influencia sobrenatural del Espíritu Santo. Pero por cuanto las Escrituras hablan tan plena y constantemente de la gracia de Dios como se manifiesta y ejercita en la salvación de los hombres, Pelagio no pudo evitar reconocer este hecho. Pero por gracia él entendía todo aquello que derivamos de la bondad de Dios. Nuestras facultades naturales de la razón y de la libre voluntad, la revelación de la verdad tanto en Sus obras como en Su palabra, todas las bendiciones providenciales y ventajas que los hombres disfrutan, caen dentro del concepto Pelagiano de gracia. Dice Agustín que Pelagio describía la gracia como las dotes naturales de los hombres, que por cuanto son el don de Dios, son gracia. [...]

8. Por cuanto los párvulos están destituidos de carácter moral, el bautismo en el caso de ellos no puede simbolizar ni efectuar la remisión de pecado. Sin embargo es, según Pelagio, sólo una señal de su consagración a Dios. Él creía que ningunos más que los bautizados eran admitidos en el reino de los cielos, en el sentido cristiano del término, pero mantenía que los párvulos no bautizados eran sin embargo partícipes de la vida eterna. Por este término se significaba lo que posteriormente los escolásticos llamaron *el limbo de los párvulos*. [...] Pelagio y sus doctrinas fueron condenadas por un concilio en Cartago el 412 d.C. Fue exonerado por los Sínodos de Jerusalén y Diospolis el 415 d.C., pero condenado por segunda vez en un sínodo de sesenta obispos en Cartago el 416. Zósimo, obispo de Roma, se puso primero del lado de los Pelagianos, y censuró la acción de los obispos de África; pero cuando su decisión fue confirmada por el concilio general de Cartago el 418, en el que estuvieron presentes doscientos obispos, se unió a la condena, y declaró excomulgado a Pelagio y a sus partidarios. El 431 la Iglesia de Oriente se unió a esta condena a los Pelagianos, en el Sínodo General celebrado en Éfeso.[7]

Argumentos en contra de la doctrina Pelagiana.

Las objeciones a las doctrinas Pelagianas de la naturaleza del pecado serán necesariamente consideradas cuando se presente la doctrina Escritural y Protestante. Por ahora es suficiente decir:

1. Que el principio fundamental en el que se funda todo el sistema contradice la consciencia común de los hombres. No es verdad, como nos lo enseña nuestra conciencia, que nuestra obligación esté limitada por nuestra capacidad. Cada persona sabe que está obligado a ser mejor que lo que es, y mejor que lo que puede hacerse a sí mismo por ningún esfuerzo de voluntad. Tenemos la obligación de amar a Dios perfectamente, pero sabemos que tal amor perfecto está más allá de nuestro poder. Reconocemos la obligación de estar libres de todo pecado, y totalmente conformados a la perfecta ley de Dios. Pero nadie está tan infatuado o

---

[7]. Wigger, *Augustinism and Pelagianism*. Guericke, *Church History*, §§ 91-93. Ritter, *Geschichte der Christlichen Philosophie*, Vol. II, págs 337-443; y todas las historias de la iglesia e historias de doctrina.

ciego a su verdadero carácter que crea realmente que ha alcanzado esta perfección, o que tenga capacidad para llegar a ella. Es la oración o aspiración diaria y constante de cada santo y de cada pecador el ser liberado de la esclavitud del mal. El soberbio y maligno querría ser humilde y benevolente; el codicioso se regocijaría en ser generoso; el incrédulo anhela la fe, y el pecador endurecido el arrepentimiento. El pecado es en su propia naturaleza una carga y un tormento, y aunque es amado y abrigado, como las copas del borracho son queridas, sin embargo, si pudiera efectuarse la emancipación por un acto de la voluntad, el pecado dejaría de reinar en ninguna criatura racional. Así, no hay verdad de la que los hombres estén más íntimamente convencidos que la de que son esclavos del pecado; que no pueden hacer el bien que quisieran, y que no pueden alterar su carácter a voluntad. Así, no hay principio más alejado de la común consciencia de los hombres que el principio fundamental del Pelagianismo de que nuestra capacidad limita nuestra obligación, que no estamos obligados a ser mejores de lo que podemos hacernos a nosotros mismos por un acto de voluntad.

2. No es menos repelente para la naturaleza moral del hombre declarar, como lo enseña el Pelagianismo, que nada es pecaminoso excepto la trasgresión deliberada de una ley conocida; que no hay carácter moral en los sentimientos y en las emociones; que el amor y el odio, la malicia y la benevolencia, consideradas como afectos de la mente, sean por igual indiferentes; que el mandamiento de amar a Dios sea un absurdo porque el amor no esté sujeto al control de la voluntad. Todos nuestros juicios morales deben estar pervertidos antes que podamos asentir a un sistema que involucre tales consecuencias.

3. En tercer lugar, la doctrina Pelagiana, que confunde libertad con capacidad, o que hace que la libertad de un agente libre consista en el poder de determinar su carácter por una volición, es contraria a la consciencia de todas las personas. Sentimos y no podemos dejar de reconocer que somos libres cuando nos autodeterminamos; mientras que al mismo tiempo estamos conscientes de que los estados controladores de la mente no están bajo el control de la voluntad, o, en otras palabras, que no están bajo nuestro propio poder. Una teoría que esté basada en la identificación de cosas que son esencialmente diferentes, como la libertad y la capacidad, tiene que ser falsa.

4. El sistema Pelagiano deja sin explicación la pecaminosidad universal de los hombres, hecho éste que no puede ser negado. Atribuirlo a la mera libre acción del hombre es decir que una cosa es siempre simplemente porque puede ser.

5. Este sistema no llega a satisfacer las necesidades más profundas y universales de nuestra naturaleza. Al hacer al hombre independiente de Dios dando por supuesto que Dios no puede controlar agentes libres sin destruir su libertad, hace una burla de toda oración por la gracia controladora de Dios sobre nosotros y otros, y lanza al hombre completamente sobre sus propios recursos para enfrentarse al pecado y a los poderes de las tinieblas, sin esperanza de liberación.

6. Hace la redención (en el sentido de una liberación del pecado) innecesaria o imposible. Es innecesario que deba haber un redentor para una raza que no ha caído, y que tiene plena capacidad para evitar todo pecado o para librarse a sí misma de su poder. Y es imposible, si los agentes libres son independientes del control de Dios.

7. Apenas si será necesario decir que un sistema que afirma que el pecado de Adán sólo le hizo daño a él mismo; que los hombres nacen en el mundo en el estado en que Adán fue creado; o que los hombres pueden vivir, y a menudo viven, sin pecado; que no tenemos necesidad de ayuda divina a fin de ser santos; y que el cristianismo no tiene una superioridad esencial sobre el paganismo o la religión natural, está totalmente enfrentado con la Palabra de Dios. Desde luego, la oposición entre el Evangelio y el Pelagianismo es tan rotunda y radical que este último sistema jamás ha sido considerado en absoluto como una forma de cristianismo.

En otras palabras, nunca ha sido la fe de ninguna iglesia cristiana organizada. Es poca cosa más que una forma de Racionalismo.

5. La doctrina de Agustín.

El elemento filosófico de la doctrina de Agustín.

Hay dos elementos en la doctrina Agustiniana del pecado: uno metafísico o filosófico, el otro moral o religioso. El primero es una especulación del entendimiento, el otro se deriva de su experiencia religiosa y de la enseñanza del Espíritu Santo. El uno ha desaparecido, dejando poco más rastro en la historia de la doctrina que otras especulaciones, sean aristotélicas o platónicas. El otro permanece, y ha dado forma a la doctrina cristiana desde aquel día hasta la actualidad. Y no es para asombrarse. Nada es más incierto e insatisfactorio que las especulaciones del entendimiento o teorías filosóficas. En tanto que nada es más cierto y universal que la consciencia moral de los hombres y las verdades que esta revela. Y como las Escrituras, siendo la obra de Dios, se conforman y deben conformarse a la constitución de nuestra naturaleza, las doctrinas fundamentadas sobre la doble enseñanza del Espíritu, en su palabra y en los corazones de su pueblo, quedan sin cambios de generación en generación, mientras que las especulaciones de la filosofía o de los teólogos filosóficos caen como las hojas de un bosque. A nadie le interesa hoy día la filosofía de Orígenes, ni la de los neoplatónicos, ni la de Agustín, mientras que el lenguaje de David en el Salmo quincuagésimo primero es empleado para expresar la experiencia y convicciones de todo el pueblo de Dios en todas las eras y partes del mundo.

El elemento metafísico en la doctrina Agustiniana del pecado surgió de su controversia con los maniqueos. Manes enseñaba que el pecado era una sustancia. Esto lo negó Agustín. [...] [Agustín enunció que] el mal tiene que ser lo opuesto al ser, o *nada*, esto es, la negación o privación del ser. Así, fue llevado a adoptar el lenguaje de los neoplatónicos y de Orígenes, que por un proceso diferente, fueron llevados a definir el mal como una negación del ser, como lo llama Plotino. [...] Al hacer así del ser el bien y de la negación del ser el mal, Agustín parece haber cometido el mismo error que otros filósofos han cometido tan frecuentemente. [...] Aunque Agustín usaba el lenguaje de aquellos filósofos que, tanto antes de él como después, destruyen la misma naturaleza del pecado al hacerlo una mera limitación del ser, sin embargo él estaba muy lejos de sostener el mismo sistema. (1) Ellos hacían el pecado necesario, como surgiendo de la misma naturaleza de una criatura. Él lo hacía voluntario. (2) Ellos lo hacían puramente físico. Él lo hacía moral. Para él incluye contaminación y culpa. Para ellos no incluía ninguna de ambas cosas. (3) En Agustín esta negación no era meramente pasiva, no se trataba de la mera carencia de ser, era tal privación que tendía a la destrucción. (4) Así, para Agustín, el mal, tal como fue más plena y claramente enseñado por sus seguidores, no era una mera privación, un mero defecto. Que una piedra no pueda ver involucra la negación del poder de la visión. Pero no es un defecto, porque el poder de la visión no pertenece a las piedras. La ceguera es un defecto en un animal, pero no un pecado. La ausencia del amor a Dios en una criatura racional es pecado, por cuanto es la ausencia de algo que pertenece a tal criatura, y que debiera tener. Por ello, en el verdadero sentido Agustiniano, el pecado es negación sólo en cuanto es privación de un bien moral: la *privatio boni*, o, como fue expresado posteriormente de manera general, una ausencia de conformidad a la ley o norma de lo bueno.

Las razones de Agustín para hacer del pecado una negación.

Al hacer del pecado una negación, Agustín tenía principalmente dos fines a la vista. (1) Mostrar que el pecado no es necesario. Si se tratara de algo que existe de sí mismo, o de algo creado por el poder de Dios, estaría más allá del poder del hombre. Sería su víctima, no su autor. (2) Él deseaba mostrar que no era debido a la eficiencia divina. Según su teoría de la relación de Dios con el mundo, no sólo todo lo que es, cada sustancia, está creada y sostenida por Dios, sino que toda actividad o poder, toda energía mediante la que son producidos los efectos positivos es la energía de Dios. Por ello, si el pecado fuera algo en sí mismo, algo más que un defecto, o una falta de conformidad con una ley, Dios debe ser el autor. Por ello, él adoptó aquella perspectiva de la naturaleza psicológica del pecado que no exigiera una causa *eficiente* sino, como decía frecuentemente, una causa *deficiente*. Si un hombre, para emplear la antigua ilustración agustiniana, tañe las cuerdas de un arpa desafinada, él es la causa del sonido, pero no de la disonancia. Así, Dios es la causa de la actividad del pecador, pero no de la discordancia entre sus actos y las leyes de la verdad y derecho eternas. [8]

El elemento moral de su doctrina.

La verdadera doctrina Agustiniana del pecado es aquella que el ilustre padre sacó de su propia experiencia religiosa, conducida y determinada por el Espíritu de Dios.

Él estuvo (1) Consciente de pecado. Se reconoció a sí mismo como culpable y contaminado, como bajo la justicia de Dios, ofensivo a Su santidad. (2) Se sintió así culpable y contaminado no sólo por sus actos deliberados de trasgresión, sino también por sus afectos, sentimientos y emociones. Este sentimiento de pecado iba no solamente con estos estados de mente positivos y conscientes, sino también con la mera ausencia de afectos rectos, con la falta de amor, de humildad, de fe y otras virtudes cristianas, o con su debilidad e inconstancia. (3) Reconoció el hecho de que siempre había sido un pecador. Hasta allí donde se extendía su consciencia, era consciencia de pecado. (4) Estaba profundamente convencido de que no tenía poder para cambiar su naturaleza moral ni para hacerse santo; que toda la libertad que poseía, por libre que fuera en pecar, o (después de la regeneración) en actuar santamente, no tenía la libertad de capacidad que Pelagio pretendía como una prerrogativa esencial de la humanidad. (5) Estaba involucrado en esta consciencia de pecado como culpa, o justo merecimiento de castigo, así como contaminación, que no podía ser un mal necesario, sino que había de tener su origen en el libre acto del hombre, y que por ello debía ser voluntario. Voluntario: (a) Al tener su origen en un acto de la voluntad; (b) Al tener su sede en la voluntad; (c) Al consistir en la determinación de la voluntad al mal; la palabra voluntad denota aquí, como generalmente en Agustín, el sentido más amplio de todo aquello en el hombre que no cae bajo la categoría del entendimiento. (6) Lo que la consciencia le enseñó que era cierto acerca de sí mismo lo vio cierto acerca de los demás. Todos los hombres demostraban ser pecadores. Daban todos evidencia de pecado tan pronto como daban evidencia de razón. Todos daban evidencia no sólo de ser transgresores de la ley de Dios, sino también de estar espiritualmente muertos, carentes de toda evidencia de vida espiritual. Eran los voluntarios esclavos del pecado, totalmente incapaces de liberarse a sí mismos de su esclavitud a la corrupción. Nadie jamás había dado evidencia de poseer la capacidad de auto-regenerarse. Todos los que daban evidencia de estar regenerados atribuían unánimes la obra no a sí mismos sino a la gracia de Dios. Según estas realidades de la consciencia y de la experiencia, Agustín llegó a la inevitable conclusión: (1) De que si los hombres son salvos no puede deberse al propio mérito de ellos, sino sólo al inmerecido amor de Dios. (2) Que la regeneración del alma debe ser la obra exclusiva y sobrenatural del Espíritu Santo; que el pecador no podía ni llevar a cabo la obra ni cooperar en su producción. En otras palabras, que la gracia es desde luego eficaz o irre-

---

8. Véase, acerca de la teoría de Agustín, Müller, *Lehre von der Sünde*, Vol. I, págs. 338-349. Ritter, *Geschichte der Christlichen Philosophie*, Vol. II, págs. 337-425.

sistible. (3) Que la salvación es por gracia, por la soberana misericordia de Dios, (a) En que Dios hubiera podido en justicia dejar a los hombres a que perecieran en su apostasía sin provisión alguna para su redención. (b) En que al estar los hombres destituidos de la capacidad de hacer nada santo o meritorio, su justificación no puede ser por las obras, sino debida a un favor. (c) En que no depende de la voluntad de las personas salvadas, sino del beneplácito de Dios, los que han de ser hechos partícipes de la redención de Cristo. En otras palabras, la elección para vida eterna tiene que estar basada en el soberano beneplácito de Dios, y no en la previsión de buenas obras. (4) Una cuarta inferencia de los principios de Agustín era la perseverancia de los santos. Si Dios escoge, por su beneplácito, a algunos a vida eterna, no pueden dejar de obtener la salvación. Se ve entonces que así como todas las doctrinas distintivas de los Pelagianos son las consecuencias lógicas de su principio de la capacidad plenaria como la base y límite de la obligación, de la misma manera las doctrinas distintivas de Agustín son las consecuencias lógicas de su principio de la total incapacidad del hombre caído para hacer nada espiritualmente bueno.

Enseñado por su misma experiencia que él era culpable y contaminado desde su mismo nacimiento, y que no tenía poder para cambiar su propia naturaleza, y viendo que todos los hombres están envueltos en la misma pecaminosidad e impotencia, aceptó la solución escrituraria de estos hechos de la consciencia y de la observación, y por ello mantuvo, (1) Que Dios creó al hombre originalmente a su propia imagen y semejanza en conocimiento, rectitud y santidad, inmortal e investido de dominio sobre las criaturas. También mantenía que Adán fue dotado de perfecta libertad de la voluntad, no sólo con espontaneidad y la capacidad de autodeterminación, sino con el poder de escoger el bien o el mal, y de determinar así su propio carácter. (2) Habiendo sido esto dejado al poder de su propia voluntad, Adán, bajo la tentación del Diablo, pecó voluntariamente contra Dios, y así cayó del estado en que había sido creado. (3) Que las consecuencias de este pecado sobre Adán fueron la pérdida de la imagen divina y la corrupción de toda su naturaleza, de manera que quedó espiritualmente muerto, y por ello mismo indispuesto, incapacitado y transformado en opuesto a todo bien espiritual. Además de esta muerte espiritual, vino a ser mortal, susceptible a todas las miserias de esta vida, y a la muerte eterna. (4) Tal era la unión entre Adán y sus descendientes que las mismas consecuencias de la trasgresión les sobrevinieron a ellos. Nacen hijos de ira, esto es, en estado de condenación, destituidos de la imagen de Dios, y moralmente depravados. (5) Esta depravación inherente, hereditaria, es verdadera y propiamente de la naturaleza de pecado, involucrando a la vez culpa y corrupción. En su naturaleza formal consiste en la privación de la rectitud original y en la *inordinatio naturae* (concupiscencia), el desorden de toda la naturaleza. Es de la naturaleza de un *habitus* en distinción de un acto, actividad o agencia. Es voluntario, en el sentido mencionado anteriormente, especialmente en cuanto no surgió de la necesidad de la naturaleza, ni de la eficiencia de Dios, sino de la libre acción de Adán. (6) Que la pérdida de la rectitud original y la corrupción de la naturaleza consiguiente a la caída de Adán son inflicciones penales, siendo el castigo de su primer pecado. (7) Que la regeneración, o llamamiento eficaz, es una acción sobrenatural del Espíritu Santo, en la que el alma es el sujeto, y no el agente; que es soberana, concedida o retenida según el beneplácito de Dios, y, consiguientemente, que la salvación es totalmente de gracia.

Este es el sistema Agustiniano en todos sus aspectos esenciales. Y esta es la doctrina que ha permanecido y que ha sido la forma de doctrina constante entre el gran cuerpo de cristianos evangélicos desde aquel tiempo hasta la actualidad. Naturalmente, se admite que Agustín creía muchas cosas, junto con los puntos anteriormente mencionados, que eran peculiares del hombre o de la época en que vivió, pero que no pertenecen al Agustinianismo como sistema de doctrina. De la misma manera que el Luteranismo no incluye todas las opiniones individuales de Lutero, y el Calvinismo no incluye todas las opiniones personales de Calvino, así también hay muchas cosas enseñadas por Agustín que no pertenecen al Agustinianismo. Él enseñó que todo pecado es la negación del ser; que la libertad es capacidad, de manera que al negar al hombre caído la capacidad de cambiar su propio corazón, le niega la libertad de la voluntad; que la concupiscencia (en el sentido inferior de la palabra), como sentimiento instintivo, es pecaminosa; que una naturaleza pecaminosa es propagada por la misma ley de generación; que el bautismo quita la culpa del pecado original; y que todos los niños no bautizados (como los Romanistas siguen enseñando y casi todos los Protestantes lo niegan) están perdidos. Estos y otros puntos no forman parte integral de su sistema, y no recibieron la sanción de la Iglesia cuando se pronunció en favor de su doctrina en oposición a la de los Pelagianos. De la misma manera, es cuestión de importancia secundaria cómo comprendió la naturaleza de la unión entre Adán y su posteridad; que sostuviera la teoría representativa o la realista; o que finalmente adoptara el Traducianismo contra el Creacionismo, o el segundo frente al primero. En todos estos puntos su lenguaje es confuso e indeciso. Es suficiente con que sostuviera que tal era la unión entre Adán y su raza, que toda la familia humana tuvo su probación en él, y que cayó con él en su primera trasgresión, de manera que todos los males que son las consecuencias de esta trasgresión, incluyendo la muerte física y espiritual, son el castigo de aquel pecado. Acerca de este punto él es perfectamente explícito. [...]

6. La doctrina de la Iglesia de Roma.

Este es un punto de difícil decisión. Los mismos Romanistas divergen tanto en cuanto a lo que enseña la Iglesia de ellos acerca del pecado original como los que no pertenecen a su comunión. Los orígenes de esta dificultad son: (1) Primero, la gran diversidad de opiniones acerca del tema que prevalecieron en la Iglesia Latina antes de las decisiones autoritativas del Concilio de Trento y del Catecismo Romano. (2) La ambigüedad y ausencia de precisión o de plenitud en las decisiones de aquel concilio. (3) Las diferentes interpretaciones dadas por teólogos prominentes acerca del verdadero sentido de los cánones Tridentinos.

Diversidad de doctrina en la Iglesia Latina.

En cuanto al primero de estos puntos se puede observar que había principalmente tres elementos conflictivos en la Iglesia Latina antes de la Reforma, en relación con toda la cuestión del pecado. (1) La doctrina de Agustín. (2) La de los Semi-Pelagianos, y (3) La de aquellos de entre los escolásticos que intentaron encontrar un territorio intermedio entre los otros dos sistemas. La doctrina de Agustín, como ha sido presentada en anteriores secciones, recibió la sanción de la Iglesia Latina, y fue declarada la verdadera fe ortodoxa. Pero incluso durante el tiempo de Agustín, y en mayor extensión en el siglo siguiente, comenzaron a prevalecer serias divergencias de su sistema. Estas divergencias se relacionaban con todas las muy interrelacionadas doctrinas del pecado, de la gracia y de la predestinación. El Pelagianismo fue universalmente rechazado y condenado. Se admitía que la raza del hombre cayó en Adán; que su pecado afectó dañinamente a su posteridad así como a él mismo; que los hombres nacen en estado de enajenación de Dios; que necesitan el poder del Espíritu Santo a fin de ser restaurados a la santidad. Pero, ¿cuál es la naturaleza del pecado original, o de aquella depravación o deterioro de nuestra naturaleza que se deriva de Adán? Y, ¿cuáles son los restos de la divina imagen que siguen preservados, o cuál es el poder para bien que siguen teniendo los hombres caídos? ¿Y cuál es la base sobre la que Dios lleva a unos, y no a otros, al goce de la vida eterna? Estas eran preguntas que recibieron respuestas muy distintas. Agustín, como hemos visto, respondió a la primera de estas preguntas diciendo que el pecado original consiste no sólo en la pérdida de la rectitud original, sino también en la concupiscencia, o desorden, o corrupción de la naturaleza, que es verdadera y propiamente pecado, incluyendo a la vez culpa y contaminación. La segunda pregunta la contestó diciendo que el hombre caído no tiene poder para llevar a cabo lo que es espiritualmente bueno; ni puede regenerarse a sí mismo, ni prepararse a sí mismo para la regeneración, ni cooperar con la gracia de Dios en tal obra. Estos principios conducen necesariamente a las doctrinas de la gracia eficaz o irresistible y de la elección soberana, como se vio y admitió universalmente. Fueron estas necesarias consecuencias, más que los mismos principios, los que causaron la oposición. Pero para librarse de las consecuencias era necesario que fueran refutados los principios. Esta oposición al Agustinianismo surgió con los monjes, y prevaleció principalmente entre ellos. Como dice Gieseler,[9] era algo muy natural. Agustín enseñaba que el hombre no podía hacer nada por sí mismo, y que no podía adquirir mérito alguno a los ojos de Dios. Los monjes creían no sólo que podían hacer todo lo que Dios les demandaba, sino más aún. Si no, ¿para qué someterse a sus votos de celibato, pobreza y obediencia? El partido que así se formó contra la doctrina ortodoxa o establecido fue llamado Semi-Pelagiano, porque estaba situado en una posición intermedia entre Pelagio y Agustín.

[...] Los Semi-Pelagianos concordaban en el rechazo de la doctrina Pelagiana de que el pecado de Adán lo había dañado sólo a él; admitían que los efectos de aquel pecado pasaron a todos los hombres, afectando tanto al cuerpo como al alma. Hizo al cuerpo mortal, y susceptible a las enfermedades y al sufrimiento; y el alma fue debilitada, de modo que se hizo tendente al mal e incapaz, sin ayuda divina, de hacer nada espiritualmente bueno. Pero sostenían en contra del Agustinianismo, al menos según las declaraciones de Próspero e Hilario, los defensores del Agustinianismo en el sur de Francia, (1) Que el comienzo de la salvación está en el hombre. El hombre comienza a buscar a Dios, y que luego Dios le ayuda. (2) Que este incipiente volverse del alma a Dios es algo bueno, y en un sentido es meritorio. (3) Que el alma, en virtud de su libertad de la voluntad o capacidad para el bien, coopera con la gracia de Dios en regeneración así como en santificación. Que estas acusaciones estaban bien basadas es lo que se debe inferir de las decisiones de los concilios de Orange y Valence el 529 d.C., en los que las doctrinas de Agustín fueron de nuevo ratificadas. Por cuanto las decisiones de aquellos concilios fueron ratificadas por el Papa fueron asimismo, según la teoría papal, declaradas como la fe de la Iglesia. Entre las cuestiones que así se declararon como incluidas en la verdadera doctrina Escritural están: (1) Que la consecuencia del pecado de Adán no se limita al cuerpo, ni a las facultades inferiores del alma, sino que involucra la pérdida de capacidad para el bien espiritual. (2) Que el pecado derivado de Adán es muerte espiritual. (3) Que la gracia es concedida no porque el hombre la busca, sino que la disposición a buscar es una obra de la gracia y el don de Dios. (4) Que el principio de la fe y la disposición a creer no es de la humana voluntad, sino de la gracia de Dios. (5) Creer, querer, desear, buscar, pedir, llamar a la puerta de la misericordia, todo ello debe ser atribuido a la obra del Espíritu y no al bien que pertenece a la naturaleza del hombre caído. Por ello, los dos grandes puntos en disputa entre los Agustinianos y los Semi-Pelagianos fueron decididos en favor de los primeros. Estos puntos eran: (1) Que el pecado original, o la corrupción de la naturaleza derivada de Adán, no fue simplemente una debilitación de nuestro poder para el bien, sino que fue muerte espiritual; realmente pecado, incapacitando al alma para ningún bien espiritual. Y (2) Que en la obra de la conversión no es el hombre quien empieza, sino el Espíritu de Dios. El pecador no tiene poder para volver a sí mismo

---

9. *Kirchengeschichte*, Vol. VI, pág. 350.

a Dios, sino que es vuelto o renovado por la gracia divina antes que pueda hacer nada espiritualmente bueno.[10]

Las decisiones de los concilios de Orange y Valence en favor del Agustinianismo no pusieron fin a la controversia. El partido Semi-Pelagiano siguió siendo numeroso y activo, y llegó a ganar tanta influencia que en el siglo noveno Gottschalk fue condenado por enseñar la doctrina de la predestinación en el sentido Agustiniano. Desde este período hasta el tiempo de la Reforma y de las decisiones del Concilio de Trento, prevaleció una gran diversidad de opiniones en la Iglesia Latina acerca de todas las cuestiones tocantes al pecado, a la gracia y a la predestinación. Al llegarse a admitir generalmente que la rectitud original era un don sobrenatural, se llegó también a mantener de manera general que el efecto del pecado de Adán sobre él mismo y sobre su posteridad fue la pérdida de aquella rectitud. Éste fue su único efecto subjetivo. Así, el alma queda en el estado en que fue originalmente creada, y en la que existió, dicen algunos que durante un período más largo, otros más corto, o bien en un período nada perceptible, antes de la recepción del don sobrenatural. En este estado los hombres nacen en el mundo desde la apostasía de Adán.

La doctrina de Anselmo.

Esta pérdida de la rectitud original era considerada universalmente como un mal penal. Era el castigo por el primer pecado de Adán, que vino igualmente sobre él y sobre todos sus descendientes. La cuestión ahora es: ¿cuál es el estado moral de un alma carente de rectitud original considerada como un don sobrenatural? Fueron las diferentes respuestas dadas a esta pregunta las que dieron origen a los puntos de vista en conflicto acerca de la naturaleza y consecuencias del pecado original.

1. Algunos decían que este estado negativo era en sí mismo pecaminoso. Admitiendo que el pecado original era simplemente la pérdida de la rectitud original, era sin embargo verdadera y propiamente pecado. Esta fue la postura asumida por Anselmo, el padre de la filosofía y teología escolásticas. [...]

La doctrina de Abelardo.

2. La postura asumida por otros de los escolásticos fue que la pérdida de la rectitud original dejó a Adán precisamente en el estado en que había sido creado, y por ello *in puris naturalibus* (esto es, en los atributos simples y esenciales de su naturaleza). Y como sus descendientes comparten su suerte, nacen en el mismo estado. No habría corrupción hereditaria inherente, ni carácter moral, bueno o malo. No se les podría imputar como pecado la ausencia de un don sobrenatural no perteneciente a la naturaleza del hombre, y que debería ser otorgado como un favor. Así, el pecado original en la posteridad de Adán no podría consistir en otra cosa que en la imputación a los mismos de la primera trasgresión que él cometió. Ellos sufren el castigo por aquel pecado, castigo que es la pérdida de la rectitud original. Según esta postura, el pecado original es *pena* pero no *culpa*. Es cierto que la consecuencia inevitable de esta privación de rectitud sería que los poderes inferiores de la naturaleza humana llegarían a dominar sobre la más alta, y que crecería en pecado. Sin embargo, no habría pecado inherente o subjetivo en el recién nacido. Habría una propensión natural al pecado surgiendo de la constitución original y normal de nuestra naturaleza, y la ausencia de rectitud original que sería un *freno*, o estorbo, mediante el que los poderes inferiores deberían ser mantenidos bajo sujeción. Pero al ser ésta la condición en que Adán salió de manos de su Creador, no podría en sí misma ser pecaminosa. El pecado consiste en asentimiento y propósito, y, por ello

---

10. Binius, *Concilia*, Colonia, 1618, Tomo II, párraf. I, pág. 638.

mismo, hasta que el alma no asienta a este dominio de su naturaleza inferior y actúe de manera deliberada de acuerdo con la misma, no puede ser acusada de ningún pecado personal e inherente. Por ello, no hay pecado de naturaleza en distinción a pecado cometido. Es cierto, como enseñaban los defensores de esta teoría, en obediencia a la fe universal de la Iglesia y la clara doctrina de la Biblia, que los hombres nacen en pecado. Pero es la culpa del primer pecado de Adán, y no su propia corrupción inherente. Ellos admitían la fidelidad de la traducción latina de Romanos 5:12, que hace decir al Apóstol que todos los hombres pecaron en Adán (*in quo omnes peccaverunt*). Pero este pasaje lo entendían como no enseñando nada más que la imputación del primer pecado de Adán, y no una corrupción inherente hereditaria de la naturaleza. Esta fue la teoría del pecado original adoptada por Abelardo, que mantenía que nada pertenecía propiamente a la naturaleza de pecado sino una acción ejecutada con mala intención. Como no puede haber tal intención en los recién nacidos, no puede, hablando con propiedad, haber pecado en ellos. Hay una propensión a pecar que él llama *vitium*; pero el pecado consiste en consentir a esta inclinación, y no en la inclinación misma. [...] Esta postura acerca del pecado fue intensamente apoyada por algunos de los teólogos de la Iglesia de Roma en la época de la Reforma, especialmente por Catarino y Figio. [...]

La doctrina de Tomás de Aquino.
3. La tercera forma de la doctrina que prevaleció durante este período fue la propuesta por Tomás de Aquino (1224-1274 d.C.), un monje dominico, el Doctor Angélico de los escolásticos, y con mucho el teólogo más influyente en la Iglesia Latina desde los tiempos de Agustín. Su *Summa Teológica* fue considerada durante mucho tiempo como una obra normativa entre los Romanistas, y sigue siendo citada como autoridad tanto por los Romanistas como por los Protestantes. Tomás se aproximó mucho más a Agustín que los otros teólogos de su tiempo. Enseñó él: (1) Que la rectitud original fue para Adán un don sobrenatural. (2) Que por su trasgresión perdió este don para sí y para su posteridad. (3) Que la rectitud original consistía originalmente en la inclinación fija de la voluntad hacia Dios, o el sometimiento de la voluntad a Dios. (4) Que la consecuencia inevitable o concomitante de la pérdida de esta rectitud original, de esta conversión hacia Dios, es la aversión de la voluntad con respecto a Dios. (5) Que el pecado original, por tanto, consiste en dos cosas: Primero, la pérdida de la rectitud original, y segundo, el desorden de la naturaleza entera. Lo primero lo llamó el aspecto *formal*, y al otro el *material* del pecado original. Para emplear su propia ilustración, un cuchillo es de hierro; el hierro es el material, la forma es aquello que hace del material un cuchillo. Así en el pecado original esta aversión de la voluntad con respecto a Dios (como hábito) es la sustancia del pecado original, debe su existencia y naturaleza a la pérdida de la rectitud original. (6) Por ello, el alma, después de la pérdida de su rectitud primaria, no permanece *in puris naturalibus*, sino en un estado de corrupción y pecado. Este estado a veces lo llama *inordinatio virium animae*; a veces una *deordinatio*; a veces *aversio voluntatis a bono incomunicabili*; a veces una disposición corrompida. [...] Más frecuentemente, siguiendo el *usus loquendi* suyo y de períodos posteriores, esta parte positiva del pecado original es llamada *concupiscencia*. Esta es una palabra muy difícil de comprender, porque se emplea en sentidos muy distintos incluso en relación con el mismo tema. Algunos, por concupiscencia, pueden simplemente designar el instinto sexual; otros, lo que pertenece en general a nuestra naturaleza sensorial; otros, todo aquello en el hombre que tiene como su objeto a lo visible y temporal; y otros todavía, la disposición torcida del alma, por la que, siendo adversa a Dios, la criatura es dirigida al mal. Así, cuando se dice que el pecado original consiste, cuando se considera positivamente, en la concupiscencia, todo depende del sentido en que se tome la palabra. Si por concupiscencia se significa sólo la naturaleza sensorial, entonces el pecado original tiene su sede principalmente

en el cuerpo y en los afectos animales, quedando los poderes superiores del alma sin ser afectados por su contaminación. Tomás de Aquino toma la palabra en su sentido más amplio, como es evidente por los equivalentes acabados de mencionar, aversión a Dios, disposición corrompida, desorden o deformidad de los poderes del alma. [...] (7) En cuanto a los elementos constitutivos de esta corrupción original, o tal como lo expresa él, las heridas bajo las que sufre nuestra naturaleza caída, dice que incluyen: (a) Ignorancia y ausencia del conocimiento recto de Dios en la inteligencia. (b) Una aversión en la voluntad con respecto al bien sumo. (c) En los sentimientos o afectos, o más bien en aquellos departamentos de nuestra naturaleza que son manifestados por los sentimientos, una tendencia a deleitarse en cosas creadas. Por ello, la sede del pecado original en él es toda el alma. (8) Esta concupiscencia o corrupción inherente no es un acto o agencia o actividad, sino un hábito, esto es, una disposición inmanente inherente de la mente.[11] (9) Finalmente, el pecado original es un mal penal. La pérdida de rectitud original y el consiguiente desorden de nuestra naturaleza son la pena por la primera trasgresión de Adán. Hasta aquí, la doctrina de Tomás está estrictamente de acuerdo con la de Agustín. Su consideración de la cuestión podría ser redactada como una exposición de la respuesta en el «Catecismo de Westminster», que declara que la pecaminosidad de aquel estado en el que cayeron los hombres consiste en la culpa del primer pecado de Adán, la ausencia de rectitud original y la corrupción de toda su naturaleza. La diferencia reside en el grado de daño recibido por la apostasía de Adán, o la profundidad de la corrupción de la naturaleza derivada de él. A esto Tomás lo llama languidez o debilidad. Como consecuencia de la caída, los hombres son totalmente incapaces de salvarse a sí mismos, ni de hacer nada verdaderamente bueno a la vista de Dios sin la ayuda de la gracia divina. Pero siguen teniendo la capacidad de cooperar con aquella gracia. No pueden, como enseñaban los Semi-Pelagianos, comenzar la obra de volverse a Dios, y por ello necesitan la gracia previniente (*gratia praeveniens*), pero con esta gracia son capacitados a cooperar. Esto origina la diferencia entre la gracia eficaz (irresistible) de Agustín, y el sinergismo que entra en todos los otros sistemas.

Doctrina de los Escotistas.
4. Duns Escoto, un Franciscano, profesor de Teología en Oxford, París y Colonia, donde murió el 1308 d.C., fue un gran oponente de Tomás de Aquino. Por lo que respecta a la cuestión del pecado original, se unió a los Semi-Pelagianos. Hizo que el pecado original consistiera sólo en la pérdida de la rectitud original, y como ésta era puramente un don sobrenatural, no perteneciente a la naturaleza del hombre, su pérdida dejó a Adán, y a su posteridad después de él, precisamente en el estado en que el hombre había sido creado originalmente. Sea cual sea el desorden consiguiente a esta pérdida de rectitud, no es de la naturaleza del pecado. [...] Por ello, los hombres nacen en el mundo *in puris naturalibus*, no en el sentido Pelagiano, por cuanto los Pelagianos no admiten ningún don sobrenatural de rectitud dado a Adán, sino en el sentido de que poseen todos los atributos esenciales de sus naturalezas sin dañar e incontaminados. Así como el libre albedrío, esto es, la capacidad para hacer y ser todo lo que es demandado del hombre por su Hacedor, le pertenece esencialmente a su naturaleza, también esto permanece desde la caída. Queda desde luego debilitado y rodeado de dificultades, por cuanto lo que daba equilibrio a nuestra naturaleza, la rectitud original, se ha ido, pero sigue ahí. No puede hacer el bien ni hacerse bueno sin la gracia de Dios. Pero la dependencia de la que habla Escoto es más la de la criatura con respecto al Creador que la del pecador del Espíritu de Dios. Su empeño parece haber sido el de reducir lo sobrenatural a lo natural; confundir la distinción hecha constantemente en la Biblia y por la Iglesia entre la eficiencia

---

11. Véase *Summa*, II.i.qu. LXXXII, arts. I y II. Edición de Colonia, 1640.

providencial de Dios en todas partes presente y operando siempre en y con causas naturales, con la eficiencia del Espíritu Santo en la regeneración y santificación del alma.[12]

Los Dominicos y Franciscanos llegaron a ser, y continuaron siéndolo durante mucho tiempo, las dos órdenes monásticas más poderosas de la Iglesia de Roma. Así como eran antagonistas en tantos otros puntos, también estaban opuestos en doctrina. Los Dominicos, como discípulos de Tomás de Aquino, fueron llamados Tomistas, y los Franciscanos, como seguidores de Duns Escoto, fueron llamados Escotistas. La oposición entre estos partidos incluía, como hemos visto, la oposición de puntos de vista en cuanto al pecado original. Los Tomistas estaban inclinados a un Agustinianismo moderado, y los Escotistas a un Semi-Pelagianismo. Pero todas las teorías anteriormente mencionadas, con diversas modificaciones, tenían sus celosos defensores en la Iglesia Latina, cuando el Concilio de Trento fue convocado para determinar de manera autoritativa la verdadera doctrina, y levantar una barrera al poder creciente de la Reforma.

La doctrina Tridentina acerca del Pecado Original.

El Concilio de Trento se enfrentaba con una tarea sumamente difícil. En primer lugar, era necesario condenar las doctrinas de los Reformadores. Pero los Protestantes, tanto Luteranos como Reformados, habían proclamado su adhesión al sistema Agustiniano en su pureza y plenitud; y el dicho sistema había recibido la sanción de concilios y de papas, y no podía ser impugnado de manera directa. Esta dificultad fue superada dando una falsa descripción de la doctrina Protestante, y haciéndola aparecer inconsecuente con la doctrina de Agustín. Este método ha sido preservado hasta nuestros días. Moehler en su obra *Symbolik* describe la doctrina de los Protestantes acerca del pecado original, y especialmente la de Lutero, como una forma de Maniqueísmo. La otra dificultad, más seria, era la gran diversidad de opinión existente en la Iglesia y en el mismo Concilio. Algunos eran Agustinianos; otros mantenían que el pecado original consistía simplemente en la carencia de la rectitud original, pero que esta carencia es pecado. Otros no admitían pecado original, sino la imputación de la primera trasgresión de Adán. Otros, con los Dominicos, insistían que el desorden de todas las capacidades consiguientes a la pérdida de la rectitud original, esto es, la concupiscencia, es verdadera y propiamente pecado. Esto lo negaban los Franciscanos. Bajo estas circunstancias los legados pontificios, que asistían al Concilio, exhortaron a los reunidos a que no decidieran nada con respecto a la naturaleza del pecado original, recordándoles que no habían sido llamados para enseñar doctrinas sino para condenar errores.[13] Y el Concilio procuró seguir este consejo, y por ello sus decisiones fueron expresadas en términos muy generales.

1. El Sínodo pronuncia un anatema sobre aquellos que no confiesan que Adán, cuando transgredió en el paraíso el mandamiento de Dios, perdió de inmediato la santidad y rectitud en que había sido constituido (*constitutus fuerat*, o *positus erat*), y que por aquella ofensa incurrió en la ira e indignación de Dios y también en la muerte y en la sujeción a aquel que tiene el poder de la muerte, esto es, el diablo, y que todo Adán por su caída en trasgresión fue cambiado para peor en cuerpo y alma.

Los efectos del primer pecado de Adán sobre sí mismo fueron entonces: (1) La pérdida de la rectitud original. (2) La muerte y el cautiverio a Satanás. (3) El deterioro de toda su naturaleza tanto en alma como en cuerpo.

2. El Sínodo anatematiza también a los que dicen que el pecado de Adán sólo le dañó a él,

---

12. Ritter, *Geschichte der christlichen Philosophie*, Vol. IV, págs. 354-472.
13. Moehler, *Symbolik*, 6ª edición, pág. 57.

y no a su posteridad; o que perdió la santidad y rectitud que había recibido de Dios sólo por sí y no también por nosotros, o que trasmitió a la raza humana sólo la muerte y las penas corporales (*poenas corporis*) y no el pecado, que es la muerte del alma.

Se enseña aquí que los efectos del pecado de Adán sobre su posteridad son: (1) La pérdida de la rectitud original. (2) La muerte y las miserias de esta vida; y (3) El pecado, o muerte espiritual (*peccatum, quod est mors animae*). Esta es una clara condenación del Pelagianismo, y una clara declaración del pecado original como algo transmitido a todos los hombres. Sin embargo, de la naturaleza de este pecado no se declara nada más que es la muerte del alma, lo cual puede ser explicado de diferentes maneras.

3. También son condenados los que dicen que este pecado de Adán, que es transmitido a todos (*omnibus transfusum*), y que está inherente en cada uno como su propio pecado (*inest unicuique proprium*), puede ser eliminado por los poderes de la naturaleza humana, o por cualquier otro remedio que el mérito de nuestro único Mediador, el Señor Jesucristo, que nos ha reconciliado a Dios por su sangre, y que nos es hecho justicia, santificación y redención.

Se declara aquí: (1) Que el pecado original es comunicado por propagación y no, como dicen los Pelagianos, por imitación. (2) Que pertenece a cada hombre y le es inherente. (3) Que no puede ser quitado por otro medio que por la sangre de Cristo.

4. El Sínodo condena a todos los que enseñan que el recién nacido no debiera ser bautizado; o que, aunque bautizado para remisión de pecados, no deriven nada del pecado original de Adán, que tiene que ser expiado en el lavacro de la regeneración a fin de obtener la vida eterna, de manera que en el caso de ellos el bautismo no sería verdadero, sino falso. Por ello, los niños, que no pueden haber cometido pecado personal, son verdaderamente bautizados para la remisión de pecados, para que lo que contrajeron en la generación sea purificado en regeneración.

De ahí aparece que según el Concilio de Trento hay pecado en los recién nacidos, que es necesario que sea remitido y lavado mediante la regeneración.

5. El quinto canon declara que por medio de la gracia de nuestro Señor Jesucristo conferida en el bautismo, la culpa del pecado original es remitida, y todo lo que tenga la verdadera y propia naturaleza de pecado es eliminado. Se admite que la concupiscencia (*vel fomes*) queda en el bautizado, contra la cual tienen que luchar los creyentes, pero se declara que la concupiscencia, aunque a veces es llamada pecado por el Apóstol (como se admite), no es verdadera ni propiamente pecado en los regenerados.

Todo esto es lo que enseña el Concilio bajo el encabezamiento de pecado original, excepto que se debe decir que no tienen el propósito de que sus decisiones se apliquen a la Virgen María. El Sínodo deja sin decidir si ella fue sujeto del pecado original, como lo mantenían los Dominicos, siguiendo a Tomás de Aquino, o si fue concebida de manera inmaculada, como lo afirmaban celosamente los Franciscanos, siguiendo a Duns Escoto.

En la sexta sesión, al tratar de la justificación (esto es, de la regeneración y santificación), el Concilio decide varios puntos, que vienen a determinar la postura que adoptaron sus miembros acerca de la naturaleza del pecado original. En los cánones adoptados en aquella sesión, se declara, entre otras cosas: (1) Que los hombres no pueden, sin gracia divina por medio de Jesucristo, por sus propias obras, esto es, obras llevadas a cabo con sus propias fuerzas, ser justificados delante de Dios. (2) Que la gracia no es dada simplemente para hacer más fáciles las buenas obras. (3) Que los hombres no pueden creer, esperar, amar o arrepentirse para lograr la gracia regeneradora sin la gracia previniente de Dios (*sine praevenienti Spiritus inspiratione, atque ejus adjutorio*). (4) Los hombres pueden cooperar con esta gracia previniente, pueden asentir a ella, o pueden rechazarla. (5) Los hombres no han perdido su *liberum arbitrium*, capacidad de hacer el bien o el mal, por la caída. (6) No todas las obras hechas antes de la regeneración son pecaminosas.

Teología Sistemática—**Antropología**

De todo esto queda evidente que en tanto que el Concilio de Trento rechazó la doctrina Pelagiana de la capacidad plenaria del hombre desde la caída, y también la doctrina Semi-Pelagiana de que los hombres pueden comenzar la obra de reforma y conversión, sin embargo condena con no menos claridad la doctrina Agustiniana de la total incapacidad humana para hacer nada espiritualmente bueno, mediante lo que pueda prepararse o disponerse a sí mismo para la conversión, o merecer la gracia regeneradora de Dios.

La verdadera doctrina de la Iglesia de Roma.

Permaneció la misma incertidumbre acerca de cuál era la verdadera doctrina de la Iglesia de Roma en cuanto al pecado original después de este Concilio como la que había antes. Cada partido interpretaba sus cánones según sus propias opiniones. El Sínodo declaró que todos los hombres nacen infectados con el pecado original, pero que este pecado consistiera simplemente en la culpa del primer pecado de Adán, o en la carencia de rectitud original, o en la concupiscencia, queda sin decidir. Y por ello todos estos puntos de vista siguieron siendo sustentados por los teólogos de la Iglesia de Roma. Los antiguos Protestantes generalmente consideraron los cánones del Concilio de Trento como redactados a propósito para oscurecer el asunto, y mantuvieron que la verdadera doctrina de la Iglesia [de Roma] involucraba la negación de todo pecado original en el sentido de pecado, subjetivo o inherente. En este punto de vista concurren muchos, si no, la mayoría, de los teólogos modernos. Winer (en su *Comparative Darstellung*), Guericke (en su *Symbolik*), Koellner (en su *Symbolik*), Baur (en su *Respuesta a Moehler*), y el doctor Shedd, en su *History of Christian Doctrine*, denuncian todos a la Iglesia de Roma como sosteniendo que el pecado original es meramente negativo, la carencia de rectitud original, y negando que haya nada subjetivo en el estado de la naturaleza humana tal como los hombres nacen en este mundo, que tenga la naturaleza propia de pecado. Las razones que sustentan esta visión de la cuestión son:

1. Las doctrinas prevalentes de los escolásticos y de los teólogos Romanistas acerca de la naturaleza del pecado. [...] Bellarmino dice [...] que si un hombre fuera creado *in puris naturalibus*, sin gracia, y con esta oposición de la carne a la razón, no sería un pecador. Con la pérdida de la rectitud original está inevitablemente conectada esta rebelión de la naturaleza inferior del hombre contra su naturaleza superior. Con la pérdida de la inclinación de la voluntad hacia Dios se implica necesariamente la aversión a Dios. Esta tendencia de la voluntad que acompaña al pecado original no es pecado en sí misma, y sin embargo es pecado en nosotros. Porque Bellarmino dice que hay una «perversio voluntatis et obliquitas unicuique inhaerens, per quam peccatores proprie et formaliter dicimur, cum primum homines esse incipimus». Esto, desde luego, parece contradictorio. La perversión de la voluntad, o concupiscencia, consiguiente a la pérdida de la rectitud original, no es en sí misma pecaminosa. No obstante, nos constituye en propia y formalmente pecadores tan pronto como comenzamos a existir. Nada es de la naturaleza del pecado sino la acción voluntaria, o lo que procede del mismo, y sin embargo los párvulos son pecadores desde su nacimiento. Intenta conciliar él estas contradicciones diciendo que [...] el acto voluntario de Adán fue al mismo tiempo el acto de la voluntad de todos sus descendientes. Así el pecado original está en nosotros, aunque nada es pecado en ninguna criatura que no consista en un acto de su propia voluntad, o que no fluya de tal acto. Pero a esto Baur observa con razón: «¿Qué es un acto de una voluntad no existente, un acto a la que se le atribuye la naturaleza de pecado, aunque se encuentra totalmente fuera de la consciencia del individuo? ¿Se puede asignar significado alguno a tal exposición? ¿No destruye acaso la idea de culpa y pecado, que sea imputado sólo porque es transmitido en generación ordinaria?»[14] Si alguien, o una iglesia, sostienen una te-

---

14. *Katholicismus und Protestantismus*, Tübingen, 1836; segunda edición, pág. 92, *nota*.

oría acerca de la naturaleza del pecado que sea incompatible con la doctrina del pecado original, la existencia de tal pecado es por ello mismo negada. (2) Otra razón apremiada en favor de la posición de que la Iglesia de Roma niega el pecado original se deduce de lo que esta Iglesia enseña acerca de la rectitud original. Si la rectitud original es un don sobrenatural no perteneciente a la integridad de la naturaleza humana, su pérdida lo deja en el estado en que salió de manos de su Hacedor. Y este estado no puede ser pecaminoso a no ser que Dios sea el autor del pecado. Hasta Bellarmino, que contiende por el pecado original, en un cierto sentido, dice sin embargo que el hombre está, desde la caída, en el mismo estado que Adán tal como fue creado. [...] (3) El Concilio de Trento declara de manera expresa que la concupiscencia en los bautizados, esto es, los regenerados, no es de naturaleza de pecado. Luego no puedo serlo en los no bautizados; porque su naturaleza no es cambiada por el bautismo.

Por otra parte, sin embargo, se puede argüir: (1) Que el Concilio de Trento se declara expresamente en contra de la doctrina Pelagiana de que el pecado de Adán lo dañara sólo a él, y declara que toda nuestra naturaleza, alma y cuerpo, fue por ello mismo cambiada para peor. (2) Afirman que derivamos de Adán no meramente una naturaleza mortal, sino pecado, que es muerte del alma. (3) Que los párvulos recién nacidos necesitan el bautismo para la remisión de pecado, y que lo que es eliminado en el bautismo de párvulos *veram et propriam peccati rationem habet*. (4) El Catecismo Romano enseña que «nacemos en pecado», que somos oprimidos por la corrupción de la naturaleza (*naturae vitio premimur*) y que [...] el virus del pecado penetra hasta los mismos huesos, esto es, *rationem, et voluntatem, quae maxime solidae sunt animae partes*. Este último pasaje no se refiere expresamente al pecado original, sino al estado de los hombres en general como pecadores. Sin embargo, indica la postura asumida por la Iglesia de Roma acerca de la actual condición de la naturaleza humana. (5) Bellarmino, que es frecuentemente citado para demostrar que los Romanistas hacen del pecado original la mera pérdida de la rectitud original, dice: «Si privationem justitiae originalis ita velit esse effectum peccati, ut non sit etiam ipsa vere proprieque peccatum, Concilio Tridentino manifeste repugnat, neque distingui potest a sententia Catharini» (quien hiciera que el pecado original consistiera solamente en la imputación del primer pecado de Adán).

Por todo esto queda evidente que aunque la doctrina de la Iglesia de Roma no es ni lógica ni internamente coherente, es sin embargo verdad que esta Iglesia enseña la doctrina del pecado original en el sentido de una corrupción pecaminosa de la naturaleza, o de una pecaminosidad innata, hereditaria. Se debe observar también que todos los partidos en la Iglesia de Roma, antes y después del Concilio de Trento, y por mucho que difirieran en otros puntos, estaban unidos en la enseñanza de la imputación del pecado de Adán; esto es, que por aquel pecado pasó la sentencia de condenación sobre todos los hombres.

7. La doctrina Protestante acerca del pecado.

En la época de la Reforma, las Iglesias Protestantes no intentaron determinar la naturaleza del pecado de forma filosófica. No lo consideraron ni como una limitación necesaria, ni como una negación de ser, ni como la condición indispensable de la virtud, ni como teniendo su sede en la naturaleza sensual del hombre, ni como consistiendo sólo en egoísmo, ni como siendo, a semejanza del dolor, un mero estado de la consciencia, y no un mal delante de Dios. Fundando su doctrina sobre su consciencia moral y religiosa y sobre la Palabra de Dios, declararon que el pecado era la trasgresión de, o carencia de conformidad a, la ley divina. En esta definición concuerdan todas las clases de teólogos, Luteranos y Reformados. [...]

En estas definiciones se incluye: (1) Que el pecado es un mal específico, difiriendo de todas las otras formas de mal. (2) Que el pecado está en relación con la ley. Las dos cosas son correlativas, por lo que donde no hay ley no puede haber pecado. (3) Que la ley con la que así se relaciona el pecado no es meramente la ley de la razón, ni la de la conciencia, o la de la conveniencia, sino la ley de Dios. (4) Que el pecado consiste esencialmente en la carencia de conformidad, por parte de una criatura racional, a la naturaleza o ley de Dios. (5) Que incluye culpa y contaminación moral.

El pecado es un mal específico.

El pecado es un mal específico. Esto lo sabemos por nuestra propia consciencia. Nadie sino un ser sensible puede conocer lo que es un sentimiento. No podemos ni determinar *a priori* cuál sea la naturaleza de una sensación, ni comunicar la idea a nadie que carezca de los órganos sensoriales. A no ser que hubiéramos sentido dolor o placer, no podríamos comprender qué significan estas palabras. Si hubiéramos nacido ciegos, no tendríamos ni idea de lo que es la luz. Si hubiéramos nacido sordos, no tendríamos idea de lo que es poder oír. Nadie sino una criatura racional puede saber lo que se significa por insensatez. Sólo criaturas con una naturaleza estética pueden tener la percepción de la belleza o de la deformidad. De una manera semejante, sólo seres morales pueden saber lo que es el pecado o la santidad. El conocimiento, en todos estos casos, es dado de inmediato en la consciencia. Sería en vano tratar de decidir *a priori* lo que son el dolor, el placer, la vista y el oído; y mucho menos demostrar que no hay tales sensaciones, o que no difieren entre sí y de todas las demás otras formas de nuestra experiencia. Cada hombre, en virtud de ser una criatura moral, y por cuanto es pecador, tiene por ello en su propia consciencia el conocimiento del pecado. Sabe que cuando no es lo que *debiera* ser, cuando hace lo que *debiera no* hacer, u omite lo que *sí debiera* hacer, es culpable de pecado. Sabe que el pecado no es simplemente la limitación de su naturaleza; ni meramente un estado subjetivo de su propia mente, sin tener carácter a la vista de Dios; que no es sólo una insensatez, o que esté por debajo de su dignidad; o simplemente inconveniente porque es dañino a sus propios intereses, o dañino para el bienestar de otros. Sabe que tiene un carácter específico propio, y que incluye a la vez culpa y contaminación.

El pecado tiene relación con la ley.

Una segunda verdad incluida en nuestra consciencia de pecado es que tiene relación con la ley. Como seres morales y racionales estamos necesariamente sujetos a la ley del derecho. Esto está incluido en la consciencia de la obligación. La palabra deber no tendría significado, si no fuera así. Cuando decimos que algo es nuestro deber significamos que estamos obligados; que estamos bajo una autoridad de alguna clase. La palabra ley, en relación con cuestiones morales y religiosas, se emplea en dos sentidos. Primero, a veces significa un poder controlador, como cuando el Apóstol dice que tenía una ley en sus miembros luchando contra la ley de su mente. Segundo, significa aquello que vincula, un mandamiento de alguien en autoridad. Este es el sentido común del término en el Nuevo Testamento. Como la regla que obliga a la consciencia de los hombres, y que prescribe lo que deben y no deben hacer, ha sido variamente revelada en la constitución de nuestra naturaleza, en el Decálogo, en las instituciones mosaicas y en la totalidad de las Escrituras, el término se emplea a veces en un sentido que incluye todas estas formas de revelación; a veces en referencia exclusiva a una de ellas, y a veces exclusivamente en referencia a otra. En todos los casos se retiene la idea general. La ley es aquello que liga a la conciencia.

El pecado está relacionado con la Ley de Dios.

La gran pregunta es: ¿Cuál es la ley que prescribe al hombre lo que debiera ser y hacer? (1) Algunos dicen que es nuestra propia razón, o los más altos poderes del alma. [...] Esta teoría se enfrenta con la evidente objeción: (a) De que la ley es algo fuera de nosotros y superior a nosotros, totalmente independiente de nuestra voluntad o razón. No podemos ni hacerla ni alterarla. Si nuestra razón y conciencia están pervertidas, y determinan como correcto lo que por su naturaleza es injusto, no por ello alteran la realidad. La ley permanece inmutable en sus demandas y en su autoridad. (b) Conforme a esta teoría no podría haber sentido de culpa. [...] (2) Otros dicen que la ley debe ser hallada en el orden moral del universo, o en la idoneidad eterna de las cosas. Pero todo esto son meras abstracciones. No pueden imponer obligación ni infligir pena por la trasgresión. [...] (3) Otros dicen que la única ley a la que están sujetas las criaturas racionales es a una consideración ilustrada por la dicha del universo. (4) Otros aún toman una postura más baja, y dicen que lo único que tiene autoridad sobre el hombre es una ilustrada consideración por nuestra propia felicidad. Pero es evidente que estas teorías niegan el carácter específico de la obligación moral. No existe en ellas el pecado como distinto de lo imprudente o inconveniente. No puede haber sentido de culpa ni responsabilidad ante la justicia, excepto por violaciones de las normas de la conveniencia. (5) Queda claro por la misma constitución de nuestra naturaleza que estamos sujetos a la autoridad de un ser racional y moral, un Espíritu que conocemos infinito, eterno e inmutable en su ser y perfecciones. Todos los hombres, en todas las edades y partes del mundo, bajo todas las formas de la religión, y de todos los grados de cultura, han sentido y reconocido que estaban sujetos a un ser personal superior a ellos. Ninguna forma de la filosofía especulativa, por plausible o por muy difundida que estuviera o sostenida confiadamente en las escuelas o en lo privado, han valido jamás para invalidar este juicio instintivo e intuitivo de la mente. Hombres ignorantes del verdadero Dios se han hecho para sí mismos dioses imaginarios, cuya ira han deprecado y a los cuales han tratado de propiciar para alcanzar su favor. Pero cuando se ha presentado a la mente la idea Escritural de Dios como un Ser personal infinitamente perfecto, nunca se puede descartar. Se recomienda a la razón y a la conciencia. Resuelve todos los enigmas de nuestra naturaleza. Da satisfacción a todos nuestros deseos y aspiraciones; y nos sentimos obligados a conformarnos a este Ser, a Él y a su voluntad, y sabemos que somos ante Él responsables de nuestro carácter y conducta. Esta vinculación no la podemos echar de nosotros mismos. [...] Ésta es claramente la doctrina del Apóstol en el pasaje de Romanos 1. Él se estaba refiriendo a los más depravados y viciosos del mundo pagano, hombres a los que Dios había entregado a una mente reprobada; y sin embargo afirma que no sólo ellos habían conocido a Dios, sino que conocían su justo juicio; que los que cometen pecado son dignos de muerte; esto es, que estaban de derecho sometidos a la autoridad, e inevitablemente expuestos a la ira e indignación, de un gobernador moral. Este es un hecho, así, que es dado en la conciencia universal de los hombres. El pecado está relacionado con la ley, y esta ley no la hemos promulgado nosotros, no es una mera idea o abstracción, no es una mera verdad o razón, o la idoneidad de las cosas, sino la naturaleza y voluntad de Dios. La Ley, tal como se revela a la conciencia, implica un legislador, un ser de cuya voluntad es la expresión, y que tiene el poder y el propósito de mantener en vigor todas sus demandas. Y no sólo esto, sino uno que, por la misma perfección de su naturaleza, tiene que mantenerlas en vigor. Es en vano argumentar en contra de estas convicciones. Es en vano decir, No hay Dios, no hay un Ser de quien dependamos, y ante quien somos responsables de nuestro carácter y conducta.

Alcance de las demandas de la Ley.

La siguiente pregunta es: ¿Qué demanda esta ley? Esta es la cuestión acerca de la que se ha dado mayor diversidad de opiniones, y sobre las diversas respuestas recibidas se han fundamentado sistemas de teología así como de moral. La respuesta dada por la conciencia insofisticada e ilustrada de los hombres, y por la palabra de Dios, es que la ley exige una completa perfección, o la total conformidad de la naturaleza moral y conducta de una criatura racional a la naturaleza y la voluntad de Dios. Se nos manda que amemos a Dios con todo el corazón, con toda el alma, con toda nuestra fuerza, y con toda nuestra mente, y a nuestro prójimo como a nosotros mismos. Esto implica una total congenialidad con Dios; la consagración sin reservas de todos nuestros poderes a su servicio, y la absoluta sumisión a su voluntad. No se puede demandar nada más que esto a ninguna criatura. Ningún ángel o santo glorificado puede ser o hacer más que esto, y esto es lo que la ley demanda de toda criatura racional, en todo tiempo y en cada estado de su ser. En un sentido esta obligación está limitada por la capacidad (no en el sentido teológico moderno del término) de la criatura. La capacidad de un niño es menor que la de un cristiano adulto, o que la de un ángel. Puede conocer menos. Puede contener menos. Está en un escalón inferior de ser. Pero lo que la ley demanda es la perfección moral absoluta del niño, del adulto o del ángel. Y esta perfección incluye la total ausencia de todo pecado, y la total conformidad de la naturaleza a la imagen y voluntad de Dios. Y así como ésta es la doctrina de la Biblia, así lo es también la enseñanza de la conciencia. Cada hombre, o al menos cada cristiano, siente que peca o que es pecaminoso siempre y cuando no alcance a una total conformidad a la imagen de Dios. Siente que la languidez, la frialdad de los afectos, el defecto en el celo, y la carencia de humildad, de gratitud, de docilidad, de longanimidad y de benevolencia son en él de la naturaleza del pecado. [...] Si es correcto este principio, si la ley exige la plena conformidad a la naturaleza y voluntad de Dios, de ello sigue:

1. Que no puede haber perfección en esta vida. Cada una de las formas de perfeccionismo que ha prevalecido jamás en la Iglesia está basada bien en la suposición de que la ley no exige una total liberación del mal moral, o bien en la negación de que no hay nada que tenga naturaleza de pecado excepto actos de la voluntad. Pero si la ley es tan extensa en sus demandas como para pronunciar como pecado todo defecto en cualquier deber, y toda deficiencia en la pureza, ardor o constancia de los santos afectos, entonces llega a su fin la presunción de que cualquier mero hombre desde la caída haya jamás alcanzado la perfección.

2. Sigue también de este principio que nunca se puede atribuir a los hombres en este mundo ningún mérito por buenas obras. Por mérito, según el sentido Escritural de la palabra, se significa el merecimiento de una recompensa como asunto de justicia, por una total satisfacción de las demandas de la ley. Pero si estas demandas nunca han sido perfectamente cumplidas por ningún hombre caído, ninguno de tales hombres puede ser justificado por sus obras, ni tener, como lo expresa el Apóstol, ningún *kauchëma*, ningún derecho basado en el mérito a los ojos de Dios. Siempre tiene que depender de la misericordia y esperar la vida eterna como un libre don de Dios.

3. Aún más evidentemente sigue del principio en cuestión que no puede haber tal cosa como obras de supererogación. Si nadie en esta vida puede guardar perfectamente los mandamientos de Dios, queda muy claro que nadie puede hacer más que lo que exige la ley. Los Romanistas contemplan la ley como una serie de promulgaciones específicas. Además de aquellos mandamientos que comprometen a todos los hombres, hay ciertas cosas que llaman preceptos, que no son de obligación universal, como el celibato, la pobreza y la obediencia monástica, y cosas semejantes. Éstas van más allá de la ley. Al añadir al cumplimiento de las demandas de Dios la observancia de estos preceptos, uno puede llegar a cumplir más de lo que se requiere de él, y adquirir así una cantidad de mérito mayor que el que necesita para sí mismo, y que en virtud de la comunión de los santos pertenece a la Iglesia, y que puede ser aplicada, por medio del poder de las llaves, para beneficio de otros. Naturalmente, toda la base para esta teoría queda eliminada si la ley exige una perfección absoluta, a la que, incluso según la doctrina de ellos, nadie llega en esta vida. Siempre están cargados con pecados veniales, que Dios en Su misericordia no imputa como pecados verdaderos, pero que sin embargo son imperfecciones.

El pecado no se limita a actos de la voluntad.
4. Otra conclusión que sale de la doctrina Escritural en cuanto al alcance de la ley divina, como lo mantienen todos los Agustinianos, es que el pecado no se limita a actos de la voluntad. Hay tres sentidos en los que se emplea la palabra «voluntario» en relación con esta cuestión. El primer y estricto sentido no considera una acción como de la voluntad si no es un acto de deliberada autodeterminación, algo que es llevado a cabo *sciente et volente* [sabiendo y queriendo]. Segundo, todos los ejercicios espontáneos e impulsivos de los sentimientos y de los afectos son, en cierto sentido, voluntarios. Y tercero, todo lo que sea inherente en la voluntad como un hábito o disposición se llama voluntario como perteneciente a la voluntad. La doctrina de la Iglesia de Roma acerca de estos puntos, como se muestra en la sección precedente, es asunto de disputa entre los mismos Romanistas. La mayoría de los escolásticos y de los teólogos Romanistas niegan que nada sea de la naturaleza de pecado sino las acciones voluntarias en el primer sentido de la palabra «voluntario» que se ha mencionado anteriormente. Ya se ha visto cómo tratan de conciliar la doctrina de la corrupción hereditaria e inherente, o pecado original, con este principio. Pero manteniendo este principio, niegan rotundamente que los meros impulsos, los *motus primo primi*, como se les llama, de las malas disposiciones sean de naturaleza pecaminosa. Se ven forzados a adoptar esta doctrina por su postura acerca del bautismo. En esta ordenanza, según la teoría que mantienen, se elimina todo lo que sea de naturaleza de pecado. Pero la concupiscencia, con sus inclinaciones, permanece. Éstas, sin embargo, si no son deliberadamente seguidas y obedecidas, no son pecaminosas. Que lo sean o no, naturalmente, depende del alcance de la ley. Nada es pecaminoso sino lo contrario a la ley divina. Si esta ley demanda perfecta conformidad a la imagen de Dios, entonces estos impulsos al mal son claramente pecaminosos. Pero si la ley sólo toca actos deliberados, no lo son. La doctrina Protestante que pronuncia que estos actos impulsivos son de la naturaleza de pecado queda confirmada por la conciencia del creyente. Reconoce como un mal en su propia naturaleza los primeros impulsos de malicia, envidia, orgullo o codicia. Sabe que surgen de una naturaleza mala, o imperfectamente santificada. Constituyen parte de la carga de corrupción que espera abandonar en la tumba; y sabe que estará libre de ello en el cielo; jamás perturbaron el alma perfectamente santa de su bendito Señor, a cuya imagen siempre está ahora obligado a conformarse.

5. Sigue del principio de que la ley condena toda carencia de conformidad a la naturaleza de Dios, que condena las malas disposiciones o hábitos, así como todos los pecados voluntarios, sean deliberados o impulsivos. Según la Biblia y los dictados de la conciencia, hay pecaminosidad además de pecados; existe el carácter en distinción de los actos fugaces mediante los que este carácter se revela; esto es, un estado pecaminoso, permanente, inherente, formas inmanentes de mal, que son verdadera y propiamente de la naturaleza de pecado. Así, no todo pecado es una agencia, actividad o acto; puede ser y es también una condición o estado de la mente. Esta distinción entre pecado habitual y cometido ha sido reconocido y admitido en la Iglesia desde el principio. Nuestro Señor nos enseña esta distinción cuando habla de un mal corazón en distinción a actividades malvadas, cosas tan distintas como un árbol y sus frutos. El Apóstol habla del pecado como una ley, o principio controlador que regula o determina sus acciones incluso a pesar de su mejor naturaleza. Dice que el pecado mora en él. Se queja de él como una carga demasiado pesada para llevar, y de la cual gime rogando la liberación. Y su experiencia en esto es la experiencia (no decimos la teoría) de todo el pueblo de Dios. Saben que hay más en ellos de la naturaleza de pecado que meros actos y ejercicios; que su corazón no es recto delante de Dios; que la fuente misma de la que brotan las aguas es amarga; que el árbol es conocido por sus frutos.

Consiste en la ausencia de conformidad a la Ley de Dios.

Los Protestantes enseñan no sólo que el pecado es un mal específico, que tiene relación con la ley, que la ley es la naturaleza y voluntad de Dios, y que reconoce y condena todas las formas de mal moral o carencia de excelencia moral, sino que también la naturaleza formal del pecado es la ausencia de conformidad a la ley divina o norma de excelencia. Esta ausencia de conformidad no es una mera negación como la que se pueda predicar de una piedra o de un bruto, de los que se puede decir que no están conformados a la imagen de Dios. La ausencia de conformidad a la ley divina que constituye el pecado es la ausencia de congenialidad de una naturaleza moral con otra; de la naturaleza dependiente y creada con la naturaleza infinitamente santa que necesariamente no es sólo la suma sino la norma de toda excelencia. En esto consiste el pecado, en que no somos conformes a Dios. Así como lo opuesto a la razón es la sinrazón, lo opuesto a la sabiduría es la insensatez, y lo opuesto al bien es el mal, de la misma manera lo opuesto a la santidad divina es el pecado. No importa de qué ejercicios o estados en la naturaleza de un ser moral se pueda predicar esta oposición; de actos deliberados, de meros actos impulsivos, o de disposiciones o hábitos; si se opone a la naturaleza divina es pecado, odioso en sí mismo y digno de condenación. Así, en todo pecado hay un elemento positivo. Esto es, no se trata meramente de la privación de rectitud, sino que es una injusticia positiva. Porque la ausencia de lo uno en una naturaleza moral es lo segundo. La falta de congenialidad con Dios es enajenación de Dios, y, como dicen las Escrituras, enemistad contra Él. Así, los símbolos y los teólogos Protestantes, al definir el pecado no meramente como egoísmo o amor de la criatura o amor al mundo, que sólo son modos de su manifestación, sino como la ausencia de conformidad de un acto, hábito o estado de un hombre con la ley divina, que es la revelación de la naturaleza divina, tienen apoyándoles tanto la razón como la conciencia. Esta doctrina de la naturaleza del pecado queda plenamente sustentada por la autoridad de la Escritura. El Apóstol Juan dice que toda carencia de conformidad a la ley es pecado. Las dos ideas *hamartia* y *anomia* son coextensivas. Todo lo que sea lo uno, lo es el otro. Parece que algunos en los tiempos del Apóstol estaban dispuestos a limitar las demandas de la ley divina, y a considerar algunas cosas no prohibidas de manera específica como legítimas. En oposición a esto, el Apóstol les dice que todo lo malo es ilegítimo, porque la misma naturaleza del mal es falta de conformidad a la ley: *pas ho poiön tën hamartian kai tën anomian poiei*, el que comete pecado comete anomia, porque *hë hamartia estin he anomia*, porque toda falta de conformidad a la ley es pecado (1 Jn 3:4). Con esto concuerdan también todas las exposiciones de la Escritura. Las palabras allí empleadas para pecado en todas sus formas expresan la idea de no conformidad a una norma. Y además de esto la Biblia enseña en todo lugar que Dios es la fuente y norma de todo bien. Su favor es la vida del alma. La congenialidad con Él, la conformidad a Su voluntad y naturaleza, es la idea y perfección de toda excelencia; y el estado opuesto, la carencia de esta congenialidad y conformidad, es la suma y esencia de todo mal.

El pecado incluye culpa y contaminación.

El pecado incluye culpa y contaminación; lo primero expresa su relación con la justicia, lo segundo su relación con la santidad de Dios. Estos dos elementos de pecado se revelan en la conciencia de cada pecador. Sabe que es de condenar por la justicia de Dios, y que es ofensivo a Sus santos ojos. Incluso para sí mismo él es odioso, degradado y se condena a sí mismo. Sin embargo, hay dos cosas incluidas en la culpa. La primera la expresamos mediante las palabras criminalidad, demérito y vituperable. La otra es la obligación de sufrir el castigo debido a nuestras ofensas. Estas son evidentemente cosas distintas, aunque expresadas por la misma palabra. Se dice de la culpa de nuestros pecados que fue puesta sobre Cristo, esto es, la obligación de dar satisfacción a las demandas de la justicia por causa de los mismos. Pero Él no asumió la criminalidad, el demérito o la vituperabilidad de nuestras transgresiones. Cuando el creyente es justificado, le es quitada su culpa, pero no su demérito. Permanece siendo de hecho, y a sus propios ojos, la misma criatura indigna, merecedora del infierno, considerada en sí misma, que era antes. Un hombre condenado ante un tribunal humano por cualquier ofensa contra la comunidad, cuando ha sufrido la pena que la ley prescribe no es por ello menos indigno, y su demérito existe lo mismo que existía desde el principio. Pero ha sido quitada su responsabilidad ante la justicia u obligación a la pena de la ley, en otras palabras: su culpa en este sentido de la palabra. Sería injusto castigarlo otra vez por aquella ofensa. Esta distinción los teólogos suelen expresarla con los términos *reatus culpae* y *reatus paenae*. Culpa es ser digno de reprensión; y *reatus culpae* es culpa en la forma de un merecido inherente: mientras que *reatus paenae* es la deuda que debemos a la justicia. El hecho de que la culpa, en el sentido inclusivo del término, y la contaminación entran en la naturaleza de pecado, o son inseparables de la misma, no sólo se revela a nuestra propia conciencia, sino que las Escrituras lo dan en todo lugar como supuesto. La Biblia declara constantemente que el pecado y todo pecado, todo lo que lleve su naturaleza, no sólo es odioso delante de un Dios santo, sino que es objeto de Su ira e indignación, la justa razón para infligir castigo.

Esto está admitido, y no se puede negar. La única pregunta es: ¿Qué es necesario para suscitar el sentimiento de culpa tal como existe en la conciencia? O, ¿qué se precisa para que alguna cosa sea una base justa para el castigo delante de Dios? ¿Es suficiente con que la cosa misma sea pecaminosa? ¿O es necesario que se deba a nuestra propia acción voluntaria? Esto último lo dan por supuesto no sólo los Pelagianos y todos aquellos que definen el pecado como la trasgresión voluntaria de la ley conocida, sino también muchos que mantienen la distinción del pecado habitual en distinción a pecado cometido, y que incluso reconocen que los hombres nacen en pecado. Insisten que incluso el mal innato, el pecado inherente, tiene que ser atribuible a nuestra propia acción voluntaria, o no puede ser culpa en nosotros. Pero esto es:

1. Contrario a nuestra propia consciencia. La existencia del pecado en el corazón, la presencia de actitudes malvadas, sin considerar su origen, va inevitablemente acompañada por un sentimiento de contaminación y culpa. Siendo estas disposiciones malvadas en su propia naturaleza, tienen que incluir todo lo que es esencial a esta naturaleza. Y, como se ha reconocido, la culpa es esencial a la naturaleza del pecado. Nada hay pecaminoso que no implique culpa. La consciencia o convicción de pecado tiene por ello que incluir la convicción de culpa. Y consiguientemente, si quedamos convencidos por las declaraciones de la Escritura y por el estado de nuestra naturaleza que hemos nacido en pecado, tenemos que quedar convencidos de que la culpa va juntamente con la innata corrupción de la naturaleza. Además de esto, el pecado habitual o residente no es voluntario en el sentido de ser por designio o intencionado, o en el sentido de que esté bajo el poder de la voluntad, y sin embargo todos los cristianos admiten que este pecado residente constituye una terrible carga de culpa; una carga más pesada para el corazón y la conciencia que todas nuestras transgresiones cometidas.

2. El principio en cuestión no está menos opuesto a los juicios comunes de los hombres. Todos los hombres juzgan instintivamente a un hombre por lo que es. Si es bueno, así lo consideran. Si es malo, lo pronuncian malo. Este juicio es tan inevitable o necesario como el de que alguien sea alto o bajo, erudito o iletrado. La cuestión en cuanto al origen del carácter del hombre no entra en la base de este juicio. Si nace bueno, si se ha hecho bueno él mismo, o si ha recibido esta cualidad de bueno como don de Dios, no afecta de manera material al caso. Es bueno, y como tal tiene que ser considerado y tratado. De la misma manera, todo lo que es necesario a fin de justificar y precisar el juicio de que un hombre sea malo es que así lo sea.

Este es el principio con el que nos juzgamos a nosotros mismos, y sobre el que los hombres se juzgan universalmente unos a otros. Por ello, este principio tiene que ser sano.

3. La doctrina de que el pecado, a fin de incluir culpa, tiene que poder ser referido a nuestra propia acción voluntaria, es contraria a la analogía. No es así con la santidad. Adán fue creado santo. Su santidad constituía tan verdaderamente su carácter como si la hubiera adquirido por sí mismo, y si hubiera sido retenida hubiera continuado siendo, y mientras que fuera retenida era objeto de complacencia y la base de recompensa delante de Dios. La gracia habitual, como es llamada, o el nuevo principio de la vida espiritual, impartida al alma en la regeneración, no es auto-producida. Se debe al poder sobrenatural del Espíritu Santo, y sin embargo constituye el carácter del creyente. La única razón por la que no es meritoria es que es tan imperfecta, y que no puede cancelar la deuda que ya debemos a la justicia de Dios. Sin embargo, el alma, si es perfectamente santificada por el Espíritu Santo, es tan pura, tan objeto de aprobación y de deleite para Dios, como un ángel no caído.

4. La doctrina en cuestión contradice la fe de la Iglesia Universal. Se debe hacer una distinción entre la fe de la Iglesia y las especulaciones (o incluso las doctrinas) de los teólogos. A menudo ambas cosas divergen. La primera es determinada por las Escrituras y por las enseñanzas internas del Espíritu; las segundas están enormemente modificadas por la filosofía vigente del siglo en el que vivieron estos teólogos, y por las idiosincrasias de sus propias mentes. Durante las Edades Medias, por ejemplo, las especulaciones de los escolásticos y la fe de la Iglesia tenían bien poco en común. La fe de la Iglesia se encuentra en sus credos, oraciones y generalmente en sus formas de devoción. En todas estas, a lo largo de todos los siglos, la Iglesia ha mostrado que considera a todos los hombres como cargados con el pecado original, como pertenecientes a una raza contaminada y culpable, contaminada y culpable desde el primer momento de su existencia. No se puede decir que la Iglesia creyera que el pecado original fuera debido a la acción de cada hombre individual, ni que fuera el acto de la humanidad genérica. Estos son pensamientos ajenos a las mentes del común de los creyentes. Por ello, tiene que haber existido siempre y en todas partes en la Iglesia la convicción de que puede haber culpa que no está ligada a la acción voluntaria de los culpables. Los párvulos han sido siempre bautizados para remisión de pecados, y los hombres siempre han sido considerados por la Iglesia como nacidos en pecado.

5. La explicación dada del innegable hecho de la contaminación y culpa innatas, por parte de aquellos que admiten el hecho, pero que mantienen que este pecado original es atribuible a nuestra propia acción, es totalmente insatisfactoria. Esta explicación es que cometimos una acción miles de años antes que existiéramos, esto es, que la sustancia que constituye nuestras almas individuales cometió, en la persona de Adán, el pecado de desobedecer a Dios en el paraíso. Esta explicación, naturalmente, presupone el hecho a explicar. El hecho permanece, suceda lo que suceda a la explicación. Los hombres nacen en estado de pecado y contaminación. Todo lo que sigue de rechazar las explicaciones es que puede existir pecado que no sea atribuible a la acción voluntaria de aquellos en quienes está inherente. Esta consecuencia es mucho más fácil de admitir, a juicio de la inmensa mayoría de las personas, que la doctrina de que somos personalmente culpables de comer del fruto prohibido como nuestra propia acción.

6. La Biblia, al enseñar en todo lugar que los hombres nacen en pecado, que vienen al mundo como hijos de ira, enseña con ello que puede haber y que hay pecado (contaminación y culpa) que se hereda y deriva, que es inherente e innato, y por ello no atribuible a nuestra propia acción. Como las Escrituras no enseñan en ningún lugar que realmente pecamos antes de existir, afirman el hecho que entra en la fe común de la Iglesia, que la culpa se une a todo pecado, sea como sea que se origine aquel pecado.

8. Los efectos del pecado de Adán sobre su posteridad.

Es parte de la fe de todo el ámbito cristiano que el pecado de Adán lo dañó no sólo a él mismo, sino también a todos los descendientes de él por generación ordinaria. La naturaleza y el alcance del mal así transmitido a su raza, y la base o razón de que los descendientes de Adán quedaran involucrados en las malas consecuencias de su trasgresión, han sido asunto de diversidad y de discusión. En cuanto a estos dos puntos la común doctrina Agustiniana es brevemente declarada en los Símbolos de nuestra Iglesia. Según uno de nuestros puntos normativos: «la pecaminosidad de aquel estado en que el hombre cayó consiste en la culpa del primer pecado de Adán, la ausencia de rectitud original, y la corrupción de toda su naturaleza, lo que recibe comúnmente el nombre de pecado original, junto con todas las transgresiones materializadas que surgen de él». Esta corrupción de naturaleza es declarada en la Confesión de Fe como «tanto en sí misma como en todas sus actividades, verdadera y propiamente pecado». Y como consecuencia de esta corrupción original, los hombres están «totalmente indispuestos, incapacitados y hechos opuestos a todo bien, y totalmente inclinados a todo mal». En cuanto a la base de estos males, se nos enseña que «habiendo sido concertado el pacto con Adán no sólo por él mismo sino también por toda su posteridad, toda la humanidad descendiendo de él por generación ordinaria pecó en él y cayó con él en su primera trasgresión». O, como se expresa en la Confesión: «Nuestros primeros padres, siendo la raíz de toda la humanidad, la culpa de su pecado fue imputada, y la misma muerte en pecado y naturaleza corrompida fueron comunicadas a toda su posteridad, descendiendo de ellos por generación ordinaria.»

En esta perspectiva de la relación de la humanidad con Adán, y de las consecuencias de su apostasía, los tres temas principales que se incluyen son la imputación del primer pecado de Adán; la corrupción de la naturaleza derivada de él, y la incapacidad del hombre caído para ningún bien espiritual.

9. Imputación inmediata.

Admitiéndose que la raza del hombre participa de las malas consecuencias de la caída de nuestros primeros padres, este hecho es explicado mediante diferentes teorías.

1. La adoptada por los Protestantes en general, tanto por Luteranos como por Reformados, y también por el gran cuerpo de la Iglesia Latina, es que en virtud de la unión, federal y natural, entre Adán y su posteridad, su pecado, aunque no el acto de ellos, les es imputado de tal manera que es la base judicial de que la pena de que fue amenazado cayera también sobre ellos. Esta es la doctrina de la imputación inmediata.

2. Otros, mientras que admiten que toda la posteridad ordinaria de Adán deriva de él una naturaleza corrompida, niegan sin embargo, primero, que esta corrupción o muerte espiritual sea una inflicción penal por su pecado; y segundo, que haya imputación alguna a los descendientes de Adán de su primer pecado. Todo lo que realmente se les imputa es su propia depravación inherente y hereditaria. Esta es la doctrina de la imputación mediata.

3. Otros descartan enteramente la idea de imputación, por lo que respecta al pecado de Adán, y atribuyen la corrupción hereditaria de los hombres a la ley general de la propagación. Por la totalidad de los reinos vegetal y animal, semejante engendra semejante. El hombre no es una excepción a esta ley. Al haber perdido Adán su rectitud original y corrompido su naturaleza por su apostasía, transmite esta naturaleza despojada y deteriorada a todos sus descendientes. Con esta teoría no se determina hasta qué grado esté la naturaleza humana dañada por la caída. Según algunos, está tan deteriorada como para estar espiritualmente muerta, en el verdadero sentido escriturario del término, mientras que según otros el daño resulta poco más que una debilidad física, una constitución dañada que el primer padre transmitió a sus hijos.

4. Otros por su parte adoptan la teoría realista, y enseñan que así como la humanidad genérica existía total y entera en las personas de Adán y Eva, su pecado fue el pecado de toda la raza. Al sernos comunicada la misma sustancia numérica racional y voluntaria que actuó en nuestros primeros padres, el acto de ellos fue verdadera y propiamente nuestro acto, siendo el acto de nuestra razón y voluntad, como fue su acto. Por ello nos es imputado no como suyo, sino como nuestro propio. Literalmente pecamos en Adán, y consiguientemente la culpa de este pecado es nuestra culpa personal, y la consiguiente corrupción de la naturaleza es el efecto de nuestro propio acto voluntario.

5. Otros, en fin, niegan toda relación causal, sea lógica o natural, sea judicial o física, entre el pecado de Adán y la pecaminosidad de su raza. Algunos que asumen esta postura dicen que fue una constitución divina que si Adán pecaba, todos los hombres deberían pecar. El primer acontecimiento estaba conectado con los otros sólo en el propósito divino. Otros dicen que no hay necesidad de explicar el hecho de que todos los hombres sean pecadores más allá de atribuirlo a su libre albedrío. Adán pecó, y otros hombres pecan. Esto es todo. Un hecho tiene una explicación tan fácil como el otro.

Enunciado de la doctrina de imputación inmediata.

La primera de las doctrinas anteriormente mencionadas es la que se presenta en los Símbolos de las Iglesias Luterana y Reformada, y por el gran cuerpo de teólogos de aquellas grandes ramas históricas de la comunidad Protestante.[15] Cuál sea esta doctrina puede enunciarse en pocas palabras. Imputar es simplemente atribuir a, tal como se dice que atribuimos buenos o malos motivos a alguien. En el sentido jurídico y teológico de la palabra, imputar es atribuir cualquier cosa a una persona o personas, sobre razones adecuadas, como la razón judicial o meritoria de recompensa o castigo, esto es, del otorgamiento de bien o de la inflicción de mal. La más elaborada discusión de la palabra hebrea *chasab* y de la griega *logizomai*, que se emplean en la Escritura en relación con este tema, no da nada más allá del sencillo resultado que se ha mencionado.

1. Imputar es contar a, o poner a cuenta de alguien. Por lo que respecta al sentido de la palabra, no hay diferencia si lo que se imputa es pecado o justicia; sea que se trate del nuestro personalmente, o el pecado o la justicia de otro.

2. Imputar pecado, en el sentido escriturario y teológico, es imputar la culpa del pecado. Y por culpa se significa no la criminalidad ni la vergüenza moral, ni el demérito, ni mucho menos la contaminación moral, sino la obligación judicial de dar satisfacción a la justicia. Por ello, el mal consiguiente a la imputación no es una inflicción arbitraria; no se trata meramente de una desgracia o calamidad; ni de una disciplina, sino de un castigo, esto es, un mal infligido en ejecución de la pena de la ley y para la satisfacción de la justicia.

3. Una tercera observación en la elucidación de lo que se significa por la imputación del pecado de Adán es que todos los teólogos, sean Reformados o Luteranos, admiten que en la imputación del pecado de Adán a nosotros, de nuestros pecados a Cristo, y de la justicia de Cristo a los creyentes, la naturaleza de la imputación es la misma, de manera que un caso ilustra los otros. Cuando se dice que nuestros pecados fueron imputados a Cristo, o que Él

---

15. En la época de la Reforma, un influyente partido de la Iglesia de Roma mantenía, siguiendo a algunos de los escolásticos, que el pecado original consiste sólo en la imputación del primer pecado de Adán, y como las Confesiones de los Reformadores fueron dadas no sólo como exposición de la verdad sino también como protesta contra los errores de la Iglesia de Roma, se observará que los Protestantes afirman que el pecado original es *no solamente* la imputación del pecado de Adán, *sino también* la corrupción hereditaria de la naturaleza; y los teólogos Reformados a menudo destacaban más lo último que lo primero, debido a que lo primero era admitido por sus adversarios, pero lo segundo era negado.

llevó nuestros pecados, no se significa que realmente Él cometiera nuestros pecados, o que Él fuera moralmente criminal a causa de ellos, o que el demérito de los mismos estuviera sobre Él. Todo lo que se significa es que Él tomó, usando el lenguaje de los viejos teólogos, «nuestro puesto ante la ley». Él asumió el responder a las demandas de la justicia por los pecados de los hombres, o, como lo expresa el Apóstol, ser hecho maldición por ellos. De la misma manera, cuando se dice que la justicia de Cristo es imputada a los creyentes, no significa que obraran ellos aquella justicia, que ellos fueran los agentes de los actos de Cristo en la obediencia de la ley; ni que el mérito de Su justicia sean los méritos personales de ellos; ni que constituya su carácter moral; simplemente significa que Su justicia, habiendo sido obrada por Cristo para beneficio de su pueblo, en nombre de ellos, por Él como representante de ellos, es puesta en la cuenta de ellos, de manera que Dios pueda ser justo al justificar a los impíos. Mucha de la dificultad acerca de esta cuestión surge de la ambigüedad en el lenguaje. Las palabras justo e injusto tienen dos significados distintos. A veces expresan un carácter moral. Un hombre justo es un hombre recto o bueno. En otras ocasiones, estas palabras no expresan carácter moral, sino simplemente una relación con la justicia. En este sentido, un hombre justo es uno con respecto a quien quedan satisfechas las demandas de la justicia. Puede ser personalmente injusto (o impío), y legalmente justo. Si no fuera así, ningún pecador podría ser salvo. No hay un solo creyente en la tierra que no se sienta y reconozca personalmente injusto, culpable, merecedor de la ira y maldición de Dios. No obstante, se regocija en la certidumbre de que la infinitamente meritoria justicia de Cristo, su plena expiación por el pecado, le constituye legalmente, no moralmente, justo para la justicia divina. Así, cuando Dios declara a los injustos como justos, no los declara lo que no son. Simplemente declara que la deuda de ellos a la justicia ha sido pagada por otro. Y cuando se dice que el pecado de Adán es imputado a su posteridad, no se significa que ellos hubieran cometido este pecado, o que fueran los agentes de su acto, ni se significa que sean moralmente criminales por la trasgresión de él; que sea para ellos la razón de remordimiento y de auto-inculpación; se significa simplemente que en virtud de la unión entre él y sus descendientes, su pecado es la base judicial de la condenación de su raza, precisamente como la justicia de Cristo es la base judicial de la justificación de su pueblo. Hasta aquí el enunciado de esta cuestión.

No es menos una doctrina de la Escritura que un hecho de la experiencia el hecho de que la humanidad es una raza caída. Los hombres son pecaminosos universalmente, bajo todas las circunstancias de su ser en este mundo, y están expuestos a innumerables males. Muchos de éstos, y ello en muchos casos, y los más chocantes, caen sobre los hijos de los hombres en la tierna infancia, antes de cualquier posible trasgresión propia. Es un hecho que no se puede negar; y por esta causa la mente humana se ha torturado para encontrar una solución. La solución escritural de este terrible problema es que Dios constituyó a nuestro primer padre como cabeza federal y representante de su raza, y lo puso a prueba no sólo por sí mismo sino también por toda su posteridad. Si él hubiera retenido su integridad, él y todos sus descendientes habrían sido confirmados para siempre en un estado de santidad y dicha. Al caer del estado en que fue creado, ellos cayeron con él en su primera trasgresión, de manera que la pena por este pecado vino sobre ellos así como sobre él. Así, los hombres tuvieron su prueba en Adán. Por cuanto él pecó, su posteridad viene al mundo en un estado de pecado y de condenación. Son por naturaleza hijos de ira. Los males que sufren no son imposiciones arbitrarias, ni simplemente las consecuencias naturales de su apostasía, sino inflicciones judiciales. La pérdida de la rectitud original, y la muerte espiritual y temporal bajo la que comienzan su existencia, son la pena por el primer pecado de Adán. No decimos que esta solución del problema de la pecaminosidad y miseria del hombre carezca de dificultades; porque los caminos de Dios son inescrutables. Pero se puede afirmar con confianza, primero, que ésta es la solución escrituraria al problema; y segundo, que es mucho más satisfactoria para la razón y la conciencia que ninguna otra solución que haya sugerido jamás el ingenio humano. Esto queda demostrado por su general aceptación en la Iglesia Cristiana.

La base de la imputación del pecado de Adán.

La base de la imputación del pecado de Adán, o la razón por la que la pena de su pecado ha caído sobre toda su posteridad, según la doctrina anteriormente enunciada, es la unión entre nosotros y Adán. Naturalmente, no sería propio imputar el pecado de un hombre a otro a no ser que hubiera alguna conexión entre ellos que explicara y justificara tal imputación. Las Escrituras nunca hablan de la imputación de los pecados de los ángeles ni a los hombres ni a Cristo, ni de la justicia de Él a ellos; por cuanto no existe aquella relación entre hombres y ángeles, ni entre ángeles y Cristo, como para implicar al uno en las consecuencias judiciales del pecado o de la justicia del otro. La unión entre Adán y su posteridad que es la base de la imputación de su pecado a ellos es a la vez natural y federal. Él era la cabeza natural de ellos. Tal es la relación entre padre e hijo, no sólo en el caso de Adán y de sus descendientes, sino en todos los demás, que el carácter y conducta del uno, de manera necesaria, y en mayor o menor grado, afectan al otro. Ningún hecho de la historia está más claro que el de que los hijos llevan las iniquidades de sus padres. Ellos sufren por los pecados de los primeros. Debe haber una razón para ello, una razón fundada en la misma constitución de nuestra naturaleza. Pero había algo peculiar en el caso de Adán. Por encima y más allá de esta relación natural que existe entre un hombre y su posteridad, había una constitución divina especial por la que él fue designado la cabeza y el representante de toda la raza.

Adán, la Cabeza Federal de su raza.

1. Así, el primer argumento en favor de la doctrina de la imputación es que las Escrituras presentan a Adán como no sólo la cabeza natural, sino también la cabeza federal de su posteridad. Esto está claro, como ya se ha observado, conforme a la narración dada en Génesis. Todo lo que se dice allí a Adán le fue dicho en su capacidad representativa. La promesa de vida fue para él y para su simiente después de él. El dominio con que fue investido le pertenecía a su posteridad además de a él mismo. Todos los males con que fue amenazado en caso de trasgresión los incluían a ellos, y de hecho han caído sobre ellos. Ellos son mortales; tienen que ganarse su pan con el sudor de su frente; están sometidos a todos los inconvenientes y sufrimientos que surgen del destierro de nuestros primeros padres del paraíso, y de la maldición pronunciada por causa del hombre sobre la tierra. Y no menos evidentemente nacen en el mundo carentes de rectitud original y sujetos a la muerte espiritual. Por ello, la pena total con que fue amenazado Adán ha sido infligida a ellos. Fue muerte con la promesa de redención. Ahora bien, que estos males son penales en nuestro caso así como en el de él es cosa clara, porque el castigo es un sufrimiento infligido en la ejecución de una amenaza y para satisfacción de la justicia. No importa cuál sea el sufrimiento. Su carácter como pena no depende de su naturaleza, sino del designio para el que se aplica. Un hombre, como ya se ha observado antes, puede ser encerrado en la cárcel para protegerle de la violencia popular; otro, en ejecución de una sentencia legal. En un caso el encarcelamiento es un favor; en el otro, un castigo. Así, por cuanto los males que los hombres sufren debido al pecado de Adán son infligidos en ejecución de la pena con que fue amenazado, son tan verdaderamente penales en nuestro caso como en el de él; y por consiguiente él fue tratado como la cabeza federal y representante de su raza. Además de la clara suposición de la verdad de esta relación federal, ésta es declarada de manera expresa en la Palabra de Dios. El paralelo establecido por el Apóstol entre Adán y Cristo se relaciona precisamente en este punto. Adán era el tipo de Aquel que debía venir,

porque como el primero era el representante de su raza, así el otro es representante de Su pueblo. Y las consecuencias de la relación se muestran como parejamente análogas. Porque Adán era el representante de su raza su pecado es la base judicial para la condenación de ellos; y debido a que Cristo es el representante de su pueblo, su justicia es la base judicial de la justificación de los creyentes.

El principio representativo en las Escrituras.
2. Este principio representativo impregna la totalidad de las Escrituras. La imputación del pecado de Adán a su posteridad no es un hecho aislado. Es sólo una ilustración de un principio general que caracteriza las dispensaciones de Dios desde el comienzo del mundo. Dios se declaró a sí mismo a Moisés como siendo «¡Jehová! ¡Jehová! fuerte, misericordioso y piadoso; tardo para la ira, y grande en misericordia y verdad; que guarda misericordia a millares, que perdona la iniquidad, la rebelión y el pecado, y que de ningún modo tendrá por inocente al malvado; que visita la iniquidad de los padres sobre los hijos y sobre los hijos de los hijos, hasta la tercera y cuarta generación» (Éx 34:6, 7). Jeremías dice: «Que haces misericordia a millares, y castigas la maldad de los padres en sus hijos después de ellos; Dios grande, poderoso, Jehová de los ejércitos es su nombre» (Jer 32:18). La maldición pronunciada sobre Canaán cayó sobre su posteridad. La venta por parte de Esaú de su primogenitura excluyó a sus descendientes del pacto de la promesa. Los hijos de Moab y de Amón quedaron excluidos de la congregación de Jehová para siempre, porque sus antepasados se opusieron a los israelitas cuando salieron de Egipto. En el caso de Datán y Abiram, como en el de Acán, «sus mujeres, y sus hijos, y sus pequeños» perecieron por los pecados de sus padres. Dios dijo a Elí que la iniquidad de su casa no sería expiada jamás ni con sacrificios ni con ofrendas. A David le fue dicho: «No se apartará jamás de tu casa la espada, por cuanto me menospreciaste, y tomaste la mujer de Urías heteo para que fuese tu mujer». Al desobediente Guejazí se le dijo: «La lepra de Naamán se te pegará a ti y a tu descendencia para siempre». El pecado de Jeroboam y de los hombres de su generación determinó el destino de las diez tribus para toda la historia. La imprecación de los judíos, cuando demandaron la crucifixión de Cristo: «Sea su sangre sobre nosotros y sobre nuestros hijos» sigue gravitando sobre el disperso pueblo de Israel. Nuestro mismo Señor les dijo a los judíos de Su generación que ellos habían edificado los sepulcros de los profetas que sus padres habían matado, con lo que se reconocían ellos mismos como hijos de asesinos, y que por ello la sangre de aquellos profetas sería demandada de manos de ellos. Este principio pasa a través de todas las Escrituras. Cuando Dios concertó pacto con Abraham, no fue por sí mismo solamente, sino también por su posteridad. Ellos quedaron ligados por todas las estipulaciones de aquel pacto. Ellos compartieron sus promesas y sus amenazas, y en cientos de casos la pena por la desobediencia sobrevino sobre aquellos que no tuvieron parte en las transgresiones. Los hijos sufrieron igualmente con los adultos en los juicios, fueran de hambre, pestilencia o guerra, que sobrevinieron al pueblo por sus pecados. De la misma manera, cuando Dios renovó y amplió el pacto Abrahámico en el Monte Sinaí, fue hecho con los adultos de aquella generación como representantes de sus descendientes hasta las más remotas generaciones. Y los judíos están hasta el día de hoy sufriendo la pena de los pecados de sus padres por el rechazamiento de Aquel de quien hablaron Moisés y los profetas. Todo el plan de redención descansa sobre el mismo principio. Cristo es el representante de Su pueblo, y sobre esta base se les imputan sus pecados a Él y la justicia de Él se imputa a ellos. De la misma manera, en el pacto bautismal el padre actúa por el hijo, y lo vincula, sin el consentimiento del hijo, y el destino del hijo depende, como norma general, de la fidelidad del padre. Nadie que crea la Biblia puede cerrar los ojos al hecho de que en todas partes se reconoce el carácter representativo de los padres,

y que las dispensaciones de Dios han estado basadas desde el comienzo sobre el principio de que los hijos llevan las iniquidades de sus padres. Esta es una de las razones que los incrédulos dan para rechazar el origen divino de las Escrituras. Pero la incredulidad no da alivio alguno. La historia está tan llena de esta doctrina como la Biblia. El castigo de un delincuente involucra a su familia en su desgracia y miseria. El pródigo y el borracho provocan la pobreza y la miseria de todos los que están relacionados con ellos. No hay nación existente hoy día sobre la faz de la tierra cuyas condiciones de riqueza o de miseria no hayan quedado mayormente determinadas por el carácter y la conducta de sus antepasados. Si, incapaces de resolver los misterios de la Providencia, nos precipitamos al Ateísmo, sólo aumentamos mil veces las tinieblas que nos rodean. Es más fácil creer que todas las cosas están guiadas por la razón y la bondad infinitas, y que redundarán para mayor gloria de Dios y para la mayor bendición del universo, que creer que esta inmensa acumulación de pecado y desgracia es la obra de una fuerza ciega sin propósito y sin fin.

Si se admite el hecho de que llevamos las consecuencias del pecado de Adán, y que los hijos sufren por las iniquidades de sus padres, se podría aducir que esto no se debe atribuir a la justicia de Dios, sino a la operación sin designio de una ley general, que a pesar de unos males incidentales es globalmente benéfica. Pero con esta suposición la dificultad no queda disminuida, sino aumentada. Según ambas teorías, la naturaleza y el grado de sufrimiento son los mismos. La única diferencia tiene que ver con la pregunta: ¿Por qué sufren por ofensas de las que no son personalmente culpables? La Biblia dice que estos sufrimientos son judiciales; que son infligidos como castigo para mantener la ley. Otros dicen que son meras consecuencias naturales, o inflicciones arbitrarias de un soberano. Si un rey diera muerte a los hijos de un rebelde, ¿liberaría de reproche a su conducta el decir que era un acto de soberanía arbitraria? Si la prevención del crimen es un fin importante del castigo (aunque no es su fin primordial), ¿no sería un alivio decir que la muerte de los hijos estaba dispuesta para prevenir que otros padres se rebelaran? Se puede admitir que la ejecución de los hijos de un criminal por parte de un soberano humano sería un castigo cruel e injusto, mientras que se niega y se debe negar que sea injusto por parte de Dios que Él visite las iniquidades de los padres sobre sus hijos. En primer lugar, ningún soberano humano tiene los derechos sobre sus súbditos que le pertenecen a Dios sobre Sus criaturas como Creador de ellos. Y en segundo lugar, ningún soberano humano tiene el poder y la sabiduría para alcanzar el mayor bien con base en las penas que él aplique por la violación de la ley. No podemos inferir que por cuanto una conducta determinada sea incorrecta por parte del hombre, sea por ello injusta en Dios. Nadie podría con justicia enviar una pestilencia o hambre a través de una tierra, pero Dios envía tales visitaciones no sólo con justicia, sino para la manifestación de su propia gloria y para el bien de sus criaturas.

El mismo principio involucrado en otras doctrinas.

Que el pecado de Adán se imputa a su posteridad queda demostrado no sólo (1) Por el hecho de que él era su cabeza y representante natural, y (2) Por el hecho de que este principio de representación impregna las Escrituras; y (3) por el hecho de que es la base sobre la que se administra la providencia de Dios, y (4) Por el hecho de que males consiguientes a la apostasía de Adán son expresamente declarados en las Escrituras como de infracción penal, sino también (5) Por el hecho de que el principio de imputación está involucrado en otras grandes doctrinas de la Biblia. La suposición de que un hombre no pueda ser, bajo el gobierno de Dios, castigado justamente por los pecados de otro, no es sólo contraria a las expresas declaraciones de las Escrituras, como hemos visto, y a la administración del gobierno divino desde el principio, sino que es también subversiva de las doctrinas de la expiación y de la justificación. La idea de la transferencia de culpa o de castigo vicario está en la raíz de todas las ofrendas expiatorias bajo el Antiguo Testamento, y de la gran expiación bajo la nueva dispensación. Llevar el pecado es, en el lenguaje de las Escrituras, llevar la culpa del pecado. La víctima llevaba el pecado del ofrendante. Se hacía imposición de manos sobre la cabeza del animal a punto de ser degollado, para expresar la transferencia de culpa. Aquel animal tenía que estar exento de todo defecto o tacha, para poner en evidencia que su sangre no era derramada por sus propias deficiencias, sino por el pecado de otro. Todo esto era simbólico y típico. No podía haber una verdadera transferencia de culpa a un animal irracional, ni hacerse una verdadera expiación mediante su sangre. Pero estos servicios eran significativos. Tenían la intención de enseñar estas grandes verdades: (1) Que la pena por el pecado era la muerte. (2) Que el pecado no podía ser perdonado sin intervenir expiación. (3) Que la expiación consiste en un castigo vicario. El inocente toma el lugar del culpable, y sufre la pena en su lugar. Esta es la idea que acompaña a las ofrendas de expiación en todas las eras y en todas las naciones. Esta es la idea inculcada en toda la Biblia. Y esto es lo que enseñan las Escrituras acerca de la expiación obrada por Cristo. Él llevó nuestros pecados; Él fue hecho por nosotros maldición; Él sufrió en nuestro lugar la maldición de la ley. Todo esto va sobre el terreno de que los pecados de un hombre pueden ser justamente imputados a otro, sobre una base adecuada. En la justificación se incluye la misma idea de raíz. La justificación no es un cambio subjetivo en el estado moral del pecador; no es un mero perdón; no es simplemente el perdón y la restauración al favor, como cuando un rebelde es perdonado y restaurado al goce de sus derechos civiles. Es una declaración de que las demandas de la justicia han quedado satisfechas. Procede sobre la suposición de que la justicia que la ley demanda pertenece bien personalmente, bien inherentemente, o bien por imputación, a la persona justificada, o declarada justa. Así, hay una conexión lógica entre la negación de la imputación del pecado de Adán y la negación de las doctrinas escriturarias acerca de la expiación y de la justificación. Las objeciones que se apremian contra la primera doctrina tienen el mismo peso contra las últimas. Y es cuestión histórica que los que rechazan la una rechazan asimismo las otras.

Argumento de Romanos 5:12-21

En Romanos 5:12-21, el Apóstol enseña esta doctrina de la manera más formal y explícita. El designio de aquel pasaje es ilustrar el método de la salvación. El Apóstol había estado enseñando que todos los hombres son pecadores, y que todo el mundo es culpable delante de Dios. Estando todos los hombres bajo la condenación de la ley, es imposible que pudieran ser justificados por la ley. La misma ley no puede a la vez justificar y condenar a las mismas personas. Así, por cuanto ninguna carne puede ser justificada por las obras de la ley, Dios envió a su Hijo para nuestra salvación. Él asumió nuestra naturaleza, tomó nuestro lugar, y obedeció y sufrió en nuestro lugar, obrando así para nosotros una justicia perfecta e infinitamente meritoria. Sobre la base de aquella justicia, Dios puede ahora ser justo al justificar a los impíos, si, renunciando ellos a su propia justicia, reciben y confían en esta justicia de Dios, que se les ofrece gratuitamente en el Evangelio. La doctrina fundamental de la Epístola a los Romanos, como doctrina fundamental del Evangelio, es, por tanto, que la justicia de un hombre, Cristo, puede ser y es imputada de tal manera a los creyentes como para ser la base meritoria de la justificación de los mismos ante el tribunal de Dios. Para hacer esta doctrina más clara a sus lectores, el Apóstol hace referencia al caso análogo de la condenación de la raza humana por el pecado de Adán; y expone que así como el pecado de Adán es la base judicial de la condenación de todos los que estaban en él, esto es, de todos los representados por él, de la misma manera la obediencia de Cristo es la base judicial de la justificación de todos los que están en Él. En la prosecución de este plan, primero afirma la imputación del pecado de Adán a su posteridad. Luego la demuestra. Luego comenta acerca de ella. Luego la aplica; y por fin saca inferencias de la misma. Así, de todas las maneras posibles, como parece, expone la doctrina como parte de la revelación de Dios. La aserción de la doctrina se contiene en el versículo doce del capítulo. Fue por un hombre, dice él, que el pecado y la muerte pasaron a todos los hombres; por cuanto todos pecaron. Pecaron por medio de, o en, aquel un hombre. Su pecado fue el pecado de todos en virtud de la unión entre ellos y él. La prueba de esta doctrina se contiene en los versículos trece y catorce. El Apóstol arguye así: El castigo supone pecado; el pecado supone ley; porque el pecado no es imputado donde no hay ley. Todos los hombres son castigados; todos están sujetos a males penales. Por tanto, todos ellos son reos de pecado, y consiguientemente todos culpables de violar la ley. Esta ley no puede ser la ley de Moisés, porque los hombres morían (esto es, estaban sujetos a la pena de la ley) antes que aquella ley fuera dada. No puede ser la ley escrita en el corazón; porque mueren aquellos que nunca han cometido ningún pecado personal. Hay males penales, por ello, que sobrevienen a toda la humanidad antes que nada en su estado y conducta merezca tal inflicción. La base para esta inflicción, por tanto, tiene que ser buscada fuera de ellos mismos, esto es, en el pecado de su primer padre. Por ello, Adán es tipo de Cristo. Así como el primero es cabeza y representante de su raza, así el segundo es cabeza y representante de Su pueblo. Así como el pecado del primero es la base de la condenación de su posteridad, así la justicia del segundo es la base para la justificación de todos los que están en él. Pero aunque haya esta gran analogía entre la caída y la redención del hombre, hay sin embargo ciertos puntos de diferencia, todos ellos en favor del plan de redención. Si morimos por la ofensa de un hombre, *mucho más* abundará la gracia para los muchos por medio de un hombre. Si por *un* delito pasó a todos la sentencia de condenación, la libre justificación es de *muchas* ofensas. Si somos condenados por un pecado en el que no tuvimos participación personal y voluntaria, mucho más viviremos por una justicia que recibimos de corazón. Por ello, prosigue el Apóstol en la aplicación de su ilustración, si todos los hombres (en unión con Adán) son condenados por el delito de un hombre, así también todos (en unión con Cristo) serán justificados sobre la base de la justicia de un hombre. Así como la desobediencia de un hombre nos constituyó pecadores, así la obediencia de un hombre nos constituye justos (vv. 18 y 19). Conforme a estas premisas el Apóstol llega a dos conclusiones: Primero, que la ley no fue dispuesta para justificación, sino para que el pecado abundara en el conocimiento y en la consciencia de los hombres; y, en segundo lugar, que donde el pecado ha abundado, la gracia abundará más. Los beneficios y las bendiciones de la redención excederán con mucho a los males de la apostasía.

Sea lo que sea que se piense de los detalles de esta exposición, difícilmente puede dudarse que expresa la idea principal del pasaje. Pocos pueden dudar, y pocos lo han dudado jamás, que el apóstol enseña aquí claramente que el pecado de Adán es la base judicial de la condenación de su raza. Con esto no sólo concuerda, como ya hemos visto, el relato escriturario de la caída, sino también lo que enseña el Apóstol en 1 Ca 15:21, 22: «Porque ya que la muerte entró por un hombre, también por un hombre la resurrección de los muertos. Porque así como en Adán todos mueren, también en Cristo todos serán vivificados.» La unión con Adán es la causa de la muerte; la unión con Cristo es la causa de la vida.

Argumento según el consentimiento general.

La imputación del pecado de Adán ha sido la doctrina de la Iglesia universal en todas las edades. Era la doctrina de los judíos, derivada de la clara enseñanza de las Escrituras del Antiguo Testamento. Era y es la doctrina de las iglesias Griega, Latina, Luterana y Reformada. Su negación es una novedad. Ha sido sólo desde el surgimiento del Arminianismo cuando algún cuerpo considerable de cristianos se ha aventurado a oponerse a una doctrina tan claramente enseñada en la Biblia, y sustentada por tantos hechos de la historia y de la experiencia. Los puntos de diversidad en referencia a esta cuestión no se relacionan con el hecho de que el pecado de Adán sea imputado a su posteridad, sino con las bases de la imputación o con sus consecuencias. En la Iglesia Griega se adoptaron las posturas más bajas prevalentes entre los cristianos. Los teólogos de aquella iglesia sostenían generalmente que la muerte natural, y un deterioro de nuestra naturaleza, junto con un cambio para peor en todo el estado del mundo, fueron los únicos males penales que la raza de la humanidad sufre debido al pecado de Adán. En la Iglesia Latina, durante la Edad Media, como ya hemos visto, se daba una gran diversidad de opinión en cuanto a la naturaleza y extensión de los males traídos sobre el mundo por la apostasía de nuestros primeros padres. El Concilio de Trento declaró que estos males eran la muerte, la pérdida de la rectitud original, y el pecado, que es descrito como la muerte del alma. Los Luteranos y Reformados mantuvieron la misma doctrina con mayor consistencia y solemnidad. Pero en toda esta diversidad se admitía universalmente, primero, que ciertos males son infligidos sobre toda la humanidad debido al pecado de Adán; y, segundo, que estos males son penales. Los hombres eran considerados, por lo que a la Iglesia respecta, como portadores en mayor o menor grado del castigo por el pecado de su primer padre.

Objeciones a la doctrina.

La gran objeción a esta doctrina, que es manifiestamente injusto que un hombre sea castigado por el pecado de otro, ya ha sido considerada de pasada. ¿Qué es castigo? Es un mal o un sufrimiento infligido para vindicar la ley. ¿Dónde está la injusticia de que un hombre sufra por otro, sobre la base de la unión entre ellos? Si hay injusticia en el caso, tiene que ser en la inflicción de sufrimiento anterior a o sin tener en cuenta un merecimiento personal. No consiste en el motivo de la dicha inflicción. La inflicción de sufrimiento para gratificar la malicia o la venganza es naturalmente un crimen. Infligirlo por mero capricho es igual de evidentemente malo. Infligirlo para alcanzar algún fin recto y deseable puede ser no sólo justo, sino también benevolente. ¿Y no es tal fin sustentar la ley divina? El hecho de que toda la humanidad sufre debido al pecado de Adán no lo niega ni lo puede negar ningún creyente en la Biblia. No se puede negar que estos sufrimientos fueron dispuestos por designio. Están incluidos en las amenazas dadas al comienzo. Fueron expresamente declarados en la Biblia como penales. Se afirma que la sentencia de condenación pasó a todos los hombres por el delito de un hombre. Una parte de la pena amenazada contra el pecado en el gran progenitor de la raza fue que su posteridad sufriera las consecuencias de su trasgresión. Y así sufren. Es en vano, por tanto, negar la realidad, y no se logra alivio alguno negando que estos sufrimientos son infligidos en ejecución de la pena de la ley y con el objeto infinitamente importante de sustentar su autoridad.

10. Imputación mediata

A mediados del siglo diecisiete, Amyraut, Cappel y La Place (o Placaeus), tres distinguidos profesores en la escuela teológica francesa en Saumur, introdujeron varias modificaciones de la doctrina Agustiniana o Reformada acerca de los decretos, de la elección, de la expiación y de la imputación del pecado de Adán. La Place enseñó que derivamos una naturaleza corrompida de Adán, y que esta naturaleza corrompida, y no el pecado de Adán, es la base de la condenación que ha sobrevenido sobre toda la humanidad. Cuando se objetó a esta exposición que perdía de vista la culpa del primer pecado de Adán, respondió que no negaba la imputación de este pecado, pero que simplemente la hacía depender de nuestra participación en su naturaleza corrompida. Somos inherentemente depravados, y por ello estamos involucrados en la culpa del pecado de Adán. No hay imputación directa del pecado de Adán a su posteridad, sino sólo una imputación indirecta y mediata del mismo, basada en el hecho de que participamos de su carácter moral. Estos puntos de vista fueron presentados por vez primera por La Place en un ensayo, *De statu homini lapsi ante gratiam*, publicado en las *Theses Salmurienses*, y después de manera más elaborada en un tratado, *De imputatione primi peccati Adami*. Esta doctrina fue formalmente condenada[16] por el Sínodo Nacional de Francia en 1644-45; por las iglesias suizas en la «Fórmula Consensus»; y por los teólogos holandeses. [...]

Para evadir el sentido de esta decisión Placaeus propuso la distinción entre la imputación mediata e inmediata. Dijo que no negaba la imputación del pecado de Adán, sino sólo que precedía la contemplación de la corrupción hereditaria. Pero esto es lo mismo que había declarado el Sínodo. La corrupción hereditaria o muerte espiritual es la pena, o, tal como lo expresan las confesiones Luteranas, Calvino y los Protestantes en general, era un mal infligido por «el justo juicio de Dios, por causa del pecado de Adán». La «Fórmula Consensus Ecclesiarum Helveticarun» fue establecida en 1675, en oposición a la doctrina de Amyraut sobre la gracia universal, a la doctrina de Placaeus acerca de la imputación mediata, y a todas las otras acerca de la obediencia activa de Cristo.[17] [...]

Rivet, uno de los profesores de la Universidad de Leyden, publicó un tratado en apoyo de la decisión del Sínodo de Francia, titulado *Decretum Synodi Nationalis Ecclesiarum Reformatarum Galliae initio anni 1645, de Imputatione primi Peccati omnibus Adami posteris, cum Ecclesiarum et Doctorum Protestantium consensu, ex scriptis eorum ab Andrea Riveta collecto*. Este tratado está contenido en el tercer volumen de la edición folio de sus obras. Sus colegas en la Universidad publicaron su apoyo formal a su obra, y la recomendaron fervientemente como antídoto a la nueva doctrina de Placaeus. Los teólogos de otras universidades de Holanda se unieron en esta condena de la doctrina de la imputación mediata. [...] Insisten que la imputación del pecado de Adán no se basa en nuestra corrupción inherente como tampoco la imputación de la justicia de Cristo se basa en nuestra justicia inherente. [...] Estas dos grandes doctrinas fueron consideradas como indisolublemente unidas. [...]

La imputación mediata fuera de la Iglesia Francesa.

Aunque la doctrina de la imputación mediata fue así generalmente condenada tanto por la Iglesia Reformada como por la Luterana, halló distinguidos defensores más allá del ámbito de la Iglesia Francesa. Vitringa el joven, Venema y Stapfer, en su «Teología Polémica», dieron su sanción. Procediendo de este último autor, fue adoptada por el Presidente Edwards, en un capítulo de su obra sobre el *Pecado original*. Sin embargo, aparece allí meramente como una adición extraña. No fue adoptada en su sistema como para cualificar sus perspectivas teológicas en otras doctrinas. Aunque el Presidente Edwards se muestra claro partidario de la doctrina de Placaeus, al decir[18] «que la mala disposición viene primero, y que la imputación de culpa es *consecuente*», sin embargo enseña de manera expresa y formal, y de manera extensa, la doctrina de la imputación inmediata en otras secciones de su obra. (1) Arguye a través de toda una sección para demostrar la condición de cabeza federal de Adán; (2) Mantiene que la amenaza de muerte hecha a Adán incluía la pérdida de la rectitud original y la muerte espiritual. (3) Que la amenaza incluía a su posteridad, y que los males que sufren como consecuencia de su pecado son verdaderamente penales. Si es así, la

---

16. Véase Quick, *Synodicon*, Londres, 1692.
17. Niemeyer, *Collectio Confessionum*, pág. 81.
18. *Pecado Original*, IV, III; *Works*, edición de N.Y., Vol. II, pág. 544.

pérdida de la rectitud original y de la depravación inherente son penales, suponen una culpa antecedente. Esto es, una culpa antecedente, y no *consecuente* a la existencia y contemplación de la depravación. (4) En su exposición de Romanos 5:12-21, él enseña de manera expresa la doctrina común, y dice: «Como este lugar en general es muy pleno y llano, así la doctrina de la corrupción de la naturaleza, tal como se deriva de Adán, y también la imputación de su primer pecado, son *ambos* claramente enseñados allí. La imputación de la trasgresión de Adán es desde luego declarada de una manera bien directa y frecuente. Aquí se nos asegura que por el pecado de un hombre la muerte pasó a todos; todos siendo juntamente sentenciados a este castigo como habiendo pecado (así se implica) en el pecado de aquel hombre. Y se repite, una y otra vez, que todos son condenados, muchos murieron, muchos fueron constituidos pecadores, etc., por el delito de uno, por la desobediencia de uno, y por una ofensa».[19] Como la culpa precede al castigo, si, como dice Edwards, la depravación o muerte espiritual es un castigo, entonces la imputación de la culpa del primer pecado de Adán precede a la depravación, y no es consecuente a ella. Esta es la exposición que da a lo largo de toda su obra sobre el Pecado Original. Es sólo al responder a la objeción de que es injusto que seamos castigados por el pecado de Adán cuando entra en abstrusas discusiones metafísicas acerca de la naturaleza de la unidad o identidad, e intenta demostrar[20] que Adán y su posteridad son un agente, y no agentes distintos. Así que es más bien el realismo que la imputación mediata lo que Edwards adoptó para la ocasión. Placaaeus y sus seguidores, a fin de defender el terreno que habían asumido, apelaron a muchos escritos de teólogos anteriores que parecían ignorar la imputación inmediata del pecado de Adán, y que atribuían la condenación de la raza principalmente, si no de manera exclusiva, a la depravación hereditaria derivada de nuestro primer padre. Estos pasajes se podían encontrar con facilidad, y se pueden explicar también con facilidad sin suponer, lo que sería contrario a la más clara evidencia, que se negara o pusiera en duda la directa imputación del pecado de Adán. Antes que surgiera Arrio con la directa negación de la verdadera divinidad de Cristo y de la doctrina de la Trinidad, el lenguaje de los escritores eclesiásticos era confuso y contradictorio. De la misma manera, mucho es lo que se puede encontrar, incluso en la Iglesia Latina y en los escritos del mismo Agustín, antes del surgimiento de la controversia Pelagiana, que es difícil de conciliar con el sistema Agustiniano. Agustín se vio obligado a publicar un volumen de retractaciones, y en muchos casos, cuando no tenía nada de que retractarse encontró mucho que modificar y que explicar. Así, no es para asombrarse que antes que nadie negara abiertamente la doctrina de la imputación inmediata, y especialmente cuando la doctrina igualmente importante de la depravación hereditaria era abiertamente rechazada por un influyente partido de la Iglesia de Roma, que los teólogos Protestantes parecieran descuidar una doctrina que nadie negaba, y que dedicaran su atención principalmente a los puntos que entonces estaban controvertidos. Sin embargo, Rivet muestra claramente que aunque no era destacada, la doctrina de la imputación inmediata del pecado de Adán era universalmente asumida. Esto queda claro por el hecho de que todas las consecuencias naturales de la apostasía de Adán, la mortalidad, la pérdida de la rectitud original, la corrupción de la naturaleza o muerte espiritual, etc., etc., eran de la naturaleza de castigo. Lo que los Reformadores estaban deseosos de mantener era que la depravación hereditaria original (la concupiscencia, en el lenguaje de la Iglesia Latina) era de la naturaleza del pecado, y consiguientemente que los hombres no perecen eternamente sólo *propter peccatum alienum*, sino también *propter peccatum proprium*. Éste es en especial el

---

19. *Pecado Original*, III.I; *Works*, Vol. II, pág. 512.
20. *Ibid*, pág. 546.

caso con Calvino. [...] El Rector Cunningham[21] llama la atención sobre el hecho de que la doctrina de la imputación inmediata del pecado de Adán está enseñada de manera mucho más explícita en los Catecismos Mayor y Menor de Westminster que en la Confesión de Fe. Esto lo explica de manera muy natural por la suposición de que la negación de esta doctrina por parte de Placaeus no había atraído la atención en Inglaterra cuando fue preparada la Confesión (1646), pero sí que llegó a ser conocida antes que los catecismos fueran redactados.

Objeciones a la doctrina de la imputación mediata.
Las principales objeciones contra la doctrina de la imputación mediata son:
1. Que niega lo que la Escritura afirma. Las Escrituras afirman que la sentencia de condenación ha pasado a todos los hombres por el pecado de un hombre. Esto lo niega la doctrina de la imputación mediata, y afirma que la base de esta condenación es la depravación inherente. Somos contados partícipes del pecado de Adán sólo debido a que derivamos una naturaleza corrompida de él. Pero, según las Escrituras, la razón de que seamos depravados es que somos considerados como partícipes de su pecado, o debido a que la culpa de aquel pecado nos es imputada. La culpa en el orden de la naturaleza y de hecho precede a la muerte espiritual que es su consecuencia penal.
2. Esta doctrina niega el carácter penal de la corrupción hereditaria en la que nacen todos los hombres. Según las Escrituras y la fe de la iglesia universal, la mortalidad, la pérdida de rectitud original, y la corrupción hereditaria son infligidas a la humanidad en ejecución de la amenaza hecha contra Adán, y están incluidas en el inclusivo término de muerte, por medio de la que se expresó la pena amenazada. Esto es enfáticamente enseñado por el Presidente Edwards lo mismo que por parte de los otros teólogos Reformados. Él dedica una sección de su obra para demostrar que la muerte mencionada en Génesis, y de la que habla el Apóstol en Ro 5:12, incluía la muerte espiritual, y que la posteridad de Adán estaba incluida en esta pena. Dice él: «Las calamidades que les sobrevienen como consecuencia de su pecado les son traídas sobre ellos como castigos.»[22] Además, él añade que destruye toda la fuerza del argumento del Apóstol «suponer que la muerte de la que habla aquí como cayendo sobre la humanidad por causa del pecado de Adán no viene como un castigo».[23] Y otra vez: «No supongo que la depravación natural de la posteridad de Adán se deba sólo al curso de la naturaleza; se debe también al justo juicio de Dios».[24] Pero el castigo supone culpa; si la pérdida de rectitud y la consiguiente corrupción de la naturaleza son castigos, suponen la antecedente imputación de culpa; y por ello la imputación es inmediata y no mediata; es antecedente y no consecuente a nuestra depravación inherente. La postura que los teólogos Reformados presentan uniformemente acerca de este tema es que Dios constituyó a Adán como cabeza y representante de su raza. La pena incluida en el pacto concertado con él, y que incluía a su posteridad era la pérdida del favor y de la comunión de Dios. Las consecuencias de la pérdida del favor divino en el caso de Adán eran: (1) La pérdida de la justicia original; (2) La consiguiente corrupción de toda su naturaleza, y (3) la exposición a la muerte eterna. Estas consecuencias sobrevienen a su posteridad en el mismo orden: primero, en la pérdida, o más bien en la destitución de la rectitud original; y segundo, en la corrupción de la naturaleza; y tercero, en la exposición a la muerte eterna; de manera que ningún hijo de Adán es expuesto a la muerte eterna sin tener en cuenta su propia pecaminosidad personal y merecimiento. [...]

---

21. Véase Turretin, locus IX, quaest. 9, y De Moor, *Comentarius in Johannis Marckii Compendium*, caput XXV. §32, Vol. III, pág. 260. ss., donde se puede encontrar un tratamiento extendido de esta controversia.
22. *Pecado Original*. II, I; *Obras*, Vol. II, pág. 432.
23. *Ibid*, II, IV, *ut supra*, pág. 481.
24. *Ibid.*, IV, II, *ut supra*, pág. 540.

[Placaeus y otros] niegan la imputación del primer pecado de Adán como la causa de esta inherente corrupción. Como Adán quedó sujeto por su apostasía a la muerte eterna, pero por medio de la intervención de la gracia redentora fue indudablemente salvado de ella, así también aunque toda su posteridad incurre en la misma terrible pena por su propia e inherente corrupción, sin embargo tenemos toda la razón para creer que ningún ser humano se pierde realmente sin incurrir personalmente en la pena de la ley por su trasgresión personal. Pero esto es por la redención de Cristo. Todos los que mueren en la infancia son salvos, pero son salvos por la gracia. Es sin embargo importante que se comprendan claramente las verdaderas posturas de las Iglesias Reformadas acerca de la doctrina de la imputación inmediata. Estas iglesias no enseñan que el primer pecado de Adán sea el sólo e inmediato fundamento de la condenación de su posteridad a la muerte eterna, sino que es la base de aquella pérdida del favor divino del que se origina la pérdida de la rectitud original y la corrupción de nuestra naturaleza toda, lo que a su vez viene a ser la base inmediata de la exposición a la perdición final, de la que, sin embargo y como creen casi todos los Protestantes, son salvos todos aquellos que no tienen otros pecados por los que responder.

La imputación mediata aumenta las dificultades que deben ser explicadas.
3. Una objeción adicional a la doctrina de la imputación mediata es que aumenta, en lugar de aliviar, la dificultad del caso. Niega que se hiciera un pacto con Adán. Niega que la humanidad tuviera jamás una probación. Supone que en virtud de una ley natural de propagación, cuando Adán perdió la imagen de Dios y se volvió pecador, sus hijos heredan este carácter, y que sobre la base de este carácter están sujetos a la ira y maldición de Dios. Por ello, todos los males que la doctrina Escritural y de la Iglesia describen como sobreviniendo a la posteridad de Adán como el castigo judicial por su primer pecado, los describe la doctrina de la imputación mediata como inflicciones soberanas, o como meras consecuencias naturales. Lo que la Escritura declara que es un justo juicio, Placaeus lo presenta como una administración arbitraria.

Inconsecuente con el argumento del Apóstol en Ro 5:12-21.
4. Una objeción aún más seria es que esta doctrina destruye el paralelo entre Adán y Cristo que tanto destaca el Apóstol en su Epístola a los Romanos. El gran tema que él emprende a enseñar e ilustrar, y que presenta como un elemento cardinal del método de salvación, es que los hombres están justificados para una rectitud que no es personalmente de ellos. Para ilustrar y confirmar esta gran doctrina fundamental, se refiere al hecho de que los hombres han sido condenados por un pecado que no es personal de ellos. Una y otra vez insiste en que por el pecado de Adán, y no por nuestro propio pecado o pecaminosidad, la sentencia de muerte (la pérdida del favor divino) fue pasada sobre todos los hombres. Sobre esta base él apremia a los hombres a que se apoyen más confiadamente sobre la promesa de la justificación sobre la base de una justicia que no es inherentemente nuestra. Este paralelo queda destruido, la doctrina y el argumento del apóstol quedan frustrados, si se niega que el pecado de Adán, como antecedente de cualquier pecado o pecaminosidad nuestros, es la base de nuestra condenación. Si somos partícipes de las consecuencias penales del pecado de Adán sólo debido a la naturaleza corrompida derivada de él por una ley de la naturaleza, entonces somos justificados sólo sobre la base de nuestra propia santidad inherente derivada por una ley de gracia de Cristo. Así, tenemos la doctrina de la justificación subjetiva, que derriba la gran doctrina de la Reforma y la gran base para la paz y confianza del pueblo de Dios, esto es, que la base de nuestra justificación delante de Dios es una justicia no dentro de nosotros, sino obrada por nosotros -la justicia de otro, la del eterno Hijo de Dios, y por ello mismo una justicia infini-

tamente meritoria. Cualquier doctrina que tienda a invalidar o a debilitar la evidencia Escritural de este artículo fundamental de nuestra fe está fraguada de males mayores que los que le pertenecen cuando se la considera en sí misma. Esta es la razón por la que los teólogos Reformados se opusieron tan tenazmente a la doctrina de La Place. Vieron y dijeron que según sus principios la doctrina de la imputación de la justicia de Cristo antecedente a nuestra santificación no podía ser defendida.

La doctrina, basada sobre un principio falso.

5. Sin embargo, es posible que la objeción más seria en contra de la doctrina de la imputación mediata surja del principio sobre el que se basa y de los argumentos de sus defensores en su apoyo. El gran principio en el que se insiste en apoyo de esta doctrina es que un hombre no puede ser en justicia castigado por el pecado de otro. Si esto es así, entonces es injusto por parte de Dios visitar las iniquidades de los padres sobre sus hijos. Entonces fue injusto por parte de Cristo declarar que la sangre de los profetas muertos desde el principio sería demandada de los hombres de su generación. Luego es injusto que los judíos de nuestro tiempo actual, desde la crucifixión de nuestro Señor, se vean dispersados y acosados, según las predicciones de los profetas, por el rechazamiento del Mesías. Lo mismo sucede con el diluvio enviado en ira sobre el mundo, la destrucción de Sodoma y Gomorra, y el exterminio de los cananeos, en el que miles de niños murieron siendo inocentes de los delitos por los que se infligieron estos juicios, que serían actos de enorme injusticia. Si este principio es correcto, entonces toda la administración del gobierno de Dios sobre el mundo, los tratos de Dios sobre las naciones y con la Iglesia, no se pueden defender. Él, desde el principio y a lo largo de todas las eras, ha tenido a los hijos como responsables de la conducta de los padres, los ha incluido sin su consentimiento en los pactos hechos con sus padres, y ha visitado sobre ellos las consecuencias de la violación de tales pactos, de los que ellos no eran personalmente culpables, así como que les ha otorgado ricas bendiciones ganadas por la fidelidad de sus progenitores, sin nada meritorio por parte de ellos. Además, si este principio es válido, entonces toda la doctrina escrituraria de los sacrificios y de la expiación es un engaño. Y también tenemos que adoptar la teoría sociniana que hace que la muerte de Cristo sea una mera inculcación de la verdad, en lugar de una satisfacción penal por el pecado. Un servicio didáctico, y no expiatorio. Los teólogos Reformados del siglo diecisiete expresaron su profundo pesar de que hombres que profesaban ser ortodoxos adoptaran de Pelagianos y de peliagizantes, en contra de la doctrina de la imputación inmediata, «excepciones» y «mezquinas objeciones [...] » que habían sido tantas veces refutadas en las controversias con los Socinianos y los Remonstrantes.[25] Queda muy claro que si no se puede establecer tal constitución entre los hombres, ni siquiera por parte de Dios, de manera que un hombre pueda en justicia llevar la iniquidad de otro, entonces la Biblia y la Providencia resultan por un igual ininteligibles, y quedan derribadas las grandes doctrinas de la fe cristiana.

La teoría de la propagación.

La teoría de los que niegan toda imputación del pecado de Adán a su posteridad, sea mediata o inmediata, y que dan cuenta de la corrupción de la raza como consecuencia de su apostasía conforme a la ley general de la propagación, de que semejante engendra semejante, difiere sólo en términos de la doctrina de La Place. Todo lo que él significaba por imputación mediata era que los descendientes de Adán derivaban de él una naturaleza corrompida, tienen el mismo carácter moral, y por ello son considerados dignos de la misma condenación.

---

25. De Moor, *Comentarius in Johannis Marckii Compendium*, Vol. III, pág. 279.

Esto están dispuestos a admitirlo los proponentes de la teoría acabada de mencionar. Por ello, la doctrina de ellos es susceptible a todas las objeciones que militan en contra de la doctrina de la imputación mediata, y no demanda una consideración separada.

11. La preexistencia.

El principio de que un hombre puede en justicia ser considerado responsable o considerado como culpable sólo por sus propios actos voluntarios y por sus consecuencias subjetivas es tan plausible que para muchas mentes tiene la autoridad de una verdad intuitiva. Sin embargo, es una doctrina tan clara de la Biblia y tan claramente asimismo el testimonio de la experiencia que los hombres nacen en pecado, que llegan al mundo en estado de culpa y de contaminación moral, que surge una necesidad de conciliar esta realidad con lo que ellos consideran como verdad evidente por sí misma. Se han propuesto dos teorías para conseguir esta conciliación. La primera es la de la preexistencia. Orígenes, y después de él algunos personajes dispersos a lo largo de la historia de la Iglesia, hasta el día de hoy, supusieron que los hombres existían en otro estado antes de nacer en este mundo, y que habiendo pecado voluntariamente contra Dios en aquel anterior estado de ser, entran en este mundo con una carga de culpa y contaminación debida a su propio acto voluntario. Al no haber sido nunca adoptada esta postura por ninguna iglesia cristiana, no pertenece de manera propia a la teología cristiana. Es suficiente con observar, acerca de ella:

1. Que no pretende estar enseñada en las Escrituras, y por ello que no puede ser un artículo de fe. Los Protestantes se unen en enseñar que «todo el consejo de Dios con respecto a todas las cosas necesarias para Su propia gloria, y para la salvación del hombre, y su fe y vida, se enseñan o bien directamente en las Escrituras, o bien se pueden deducir de manera buena y necesaria de las mismas Escrituras, a las que nunca se les debe añadir nada, sea por nuevas revelaciones del Espíritu ni por las tradiciones de los hombres». Por cuanto la doctrina de la preexistencia de las almas ni está expresamente establecida en la Biblia, ni se puede deducir de ella, no se puede recibir como uno de los principios formativos de la doctrina cristiana. Todo lo que pretenden sus defensores cristianos es que no es contradicha por las Escrituras, y que por ello son libres para sostenerla.

2. Pero ni aun esto puede ser concedido. Es expresamente contraria a las claras enseñanzas de la Palabra de Dios. Según la historia de la creación, el hombre fue hecho a imagen de Dios. Su cuerpo fue hecho del polvo de la tierra, y su alma fue derivada de manera inmediata de Dios, y Él lo pronunció como «bueno en gran manera». Esto es totalmente inconsistente con la idea de que Adán fuera un espíritu caído. La Biblia enseña también que Adán fue creado a imagen de Dios en conocimiento, rectitud y santidad y un estado más elevado. También las Escrituras, como ya hemos visto, dicen que fue por un hombre que entró el pecado en el mundo, y por el pecado la muerte, porque todos pecaron en aquel un hombre. Hay una relación causal entre el pecado de Adán y la condenación y pecaminosidad de su posteridad. Esto contradice la teoría que atribuye la actual pecaminosidad de los hombres no a los actos de Adán, sino al acto voluntario de cada hombre individual en un estado anterior de existencia.

3. Esta doctrina está tan carente de todo apoyo del testimonio de la consciencia como de la autoridad de la Escritura. Nadie tiene ninguna reminiscencia de una anterior existencia. Nada hay en su estado actual que lo conecte con un anterior estado del ser. Se trata simplemente de una mera suposición, sin la menor evidencia de parte de ningunos hechos conocidos.

4. La teoría, si es cierta, no nos da ningún alivio. Unos pecados de los que nada sabemos; que fueron cometidos por nosotros antes de nacer; que no pueden ser traídos a la conciencia como nuestros propios pecados, nunca pueden constituir una base justa de castigo, lo mismo

que las acciones de un idiota. Pero es innecesario seguir esta cuestión más allá, por cuanto las objeciones en contra de la teoría realista, en la mayoría de los casos, tienen el mismo peso en contra de la teoría de la preexistencia.

12. Teoría Realista.

Los que rechazan la insostenible teoría de la preexistencia y sin embargo mantienen el principio de que sólo se puede asignar culpa a lo que se debe a nuestra acción se ven empujados a presuponer que Adán y su raza son uno en tal sentido que su acto de desobediencia fue literalmente el acto de toda la humanidad. Y en consecuencia son tan verdaderamente culpables en un sentido personal, debido a ello, como lo era el mismo Adán; y que la corrupción inherente fluyendo de aquel acto nos pertenece en el mismo sentido y de la misma manera que le pertenecía a él. Su pecado, se dice entonces, «es nuestro no porque nos sea imputado, sino que se nos imputa porque es verdadera y propiamente nuestro». Tenemos que contender constantemente con la ambigüedad de los términos. Hay un sentido en que la anterior proposición es perfectamente verdadera, y hay un sentido en el que no lo es. Es cierto que la justicia de Cristo nos es imputada porque es nuestra conforme a los términos del pacto de la gracia; porque fue obrada para nosotros por nuestro gran cabeza y representante, que obedeció y sufrió en nuestro lugar. Pero no es cierto que sea nuestra en el sentido de que fuéramos los agentes por medio de quienes tal justicia fuera llevada a cabo, o las personas en quienes es inherente. De manera semejante, del pecado de Adán se puede decir que nos es imputado por cuanto es nuestro, por cuanto es el pecado de la cabeza divinamente constituida y representante de nuestra raza. Pero no es nuestro en el mismo sentido en que era de él. No fue nuestro acto, esto es, un acto en el que nuestra razón, voluntad y conciencia fueran ejercitadas. Hay un sentido en el que el acto de un agente es el acto del principal. Le vincula legalmente, de una manera tan eficaz como le fuera posible vincularse. Pero él no es, por ello mismo, el agente eficiente del acto. El sentido en el que muchos afirman que el acto de Adán fue nuestro acto es que la misma naturaleza o sustancia numérica, la misma razón y voluntad que existieron y que actuaron en Adán, nos pertenecen; de manera que fuimos verdadera y propiamente los agentes de su acto de apostasía.

La Teoría de la Identidad, del Rector Edwards.

La suposición que el Rector Edwards se lanza a disputar es «Que Adán y su posteridad no son uno, sino agentes enteramente distintos».[26] La teoría sobre la base de la que él intenta demostrar que Adán y su posteridad fueron un agente no es exactamente la vieja teoría realista, sino más bien una teoría suya, y depende de sus peculiares perspectivas acerca de la unidad o identidad. Según él, toda unidad depende de «la arbitraria disposición de Dios». La única razón por la que un árbol totalmente crecido es el mismo con su primera semilla, o que el cuerpo de un hombre adulto es el mismo con su sustancia infantil, es que Dios así quiere considerarlos. Ninguna criatura es una y la misma en los diferentes períodos de su existencia porque sea numéricamente una y la misma sustancia, o vida, u organismo; sino simplemente porque Dios «las trata como una, comunicándoles semejantes propiedades, relaciones y circunstancias; y así nos lleva a considerarlas y tratarlas como una».[27] Dice él: «Si la existencia de una sustancia creada es totalmente el efecto, en cada momento sucesivo, del poder inmediato de Dios en *aquel* momento, sin ninguna dependencia de una existencia anterior, tanto como la primera creación fuera de la nada, entonces lo que existe en aquel momento, por este poder, es un nuevo efecto; y considerado simple y absolutamente, no el mismo con ninguna existencia pasada, aunque sea como ella, y siga por un

---

26. *Pecado Original*, IV, III; *Obras*, Edición de Nueva York 1929, Vol. II. Pág. 546.
27. *Ibid*, pág. 556.

cierto método establecido. Y no hay identidad ni unidad en el caso, sino la que depende de la arbitraria disposición del Creador, que, por su sabio y soberano decreto une nuevos efectos sucesivos de tal manera que los considera como uno».[28] Emplea él dos ilustraciones para aclarar su sentido de manera perfecta. El resplandor de la luna nos parece una cosa permanente, pero es en realidad un nuevo efecto producido cada momento. Cesa, y es renovado, en cada punto sucesivo del tiempo, y así va transformándose en un efecto totalmente nuevo en cada instante. No es numéricamente más la misma cosa con la que existía en el momento anterior que el sonido del viento que sopla ahora es, individualmente, el mismo sonido del viento que soplaba hace justamente un momento. Lo que es cierto del resplandor de la luna, dice él, tiene que serlo también de su solidez, y de todo lo demás que pertenezca a su sustancia. También, las imágenes de cosas puestas delante de un espejo parecen permanecer precisamente las mismas, con una identidad continua perfecta. Pero se sabe que no es así. Estas imágenes son constantemente renovadas por la impresión y reflejo de nuevos rayos de luz. La imagen que existe en este momento no se deriva en absoluto de la imagen que existía en el momento justamente anterior. No es numéricamente la misma, como si fuera pintada por un artista con unos colores que se desvanecieran tan pronto como son pintados. La evidente falacia de estas ilustraciones es que los casos son aparentemente semejantes, pero no en realidad. El resplandor de la luna y la imagen en un espejo no son sustancias que tengan una existencia continuada; son meramente efectos sobre nuestros órganos visuales. En cambio, las sustancias que producen estos efectos son existencias o entidades objetivas, y no estados subjetivos de nuestra sensibilidad. Sin embargo, Edwards dice que lo que es cierto de las imágenes tiene que ser cierto de los mismos cuerpos. «No pueden ser los mismos, con una identidad absoluta, sino que tienen que ser renovados a cada momento, si es como se ha demostrado, que su actual existencia no es, hablando estrictamente, el efecto de su existencia pasada, sino que es de manera total, en cada instante, el efecto de una nueva acción o aplicación de la poderosa causa de su existencia».[29] Así, por cuanto no existe la identidad numérica de sustancia en las cosas creadas, y como toda unidad depende de «la arbitraria disposición de Dios» y que las cosas son una porque así las considera y trata Dios, «no hay una razón sólida», según mantiene Edwards, por la que la posteridad de Adán no sea «tratada como una con él para la derivación [...] de la pérdida de rectitud, y la consiguiente corrupción y culpa».[30] Según esta doctrina de la identidad, todo lo que existe, incluyendo el alma humana, es y permanece siendo una no debido a ninguna continuidad de vida y sustancia, sino como una serie de nuevos efectos producidos en cada momento sucesivo por la renovada eficacia de Dios. Toda la teoría se resuelve en la doctrina de que la preservación es una creación continua. El argumento de Edwards para demostrar este extremo es que «la existencia de cada sustancia creada es una existencia dependiente, y por ello es un efecto, y debe tener alguna causa; y la causa tiene que ser una de estas: o bien la existencia antecedente de la misma sustancia, o bien el poder del Creador». No puede ser la existencia antecedente de la sustancia misma, y por ello tiene que ser el poder de Dios. Su conclusión es que el mantenimiento de la sustancia creada por parte de Dios «es plenamente equivalente a una producción inmediata de la nada, en cada momento».[31]

Objeciones a la teoría de Edwards.

Las consecuencias fatales de esta visión de la naturaleza de la preservación se presentaron bajo el epígrafe de la Providencia. Todo lo que se tiene que observar aquí es:

---

28. *Ibid.*, págs. 555, 556.
29. *Ibid.* Pág. 555, nota.
30. *Ibid*, pág. 557.
31. *Ibid.* Pág. 554.

Teología Sistemática—Antropología

1. Que se basa en la presuposición de que podemos comprender la relación de la eficiencia de Dios con los efectos producidos en el tiempo. Debido a que cada nuevo efecto que nosotros producimos se debe a un nuevo ejercicio de nuestra eficiencia, se da por supuesto que éste debe ser el caso con Dios. Sin embargo, Él mora en la eternidad. Para Él no hay distinción entre el pasado y el futuro. Todas las cosas están igualmente presentes delante de Él. Como nosotros existimos en el tiempo y en el espacio, todos nuestros modos de pensamiento están condicionados por estas circunstancias de nuestro ser. Pero como Dios no está sujeto a las limitaciones del tiempo o del espacio, no tenemos derecho a transferirle a Él estas limitaciones. Esto sólo demuestra que no podemos comprender cómo Dios produce efectos sucesivos. No sabemos que sea por actos sucesivos, y por ello es totalmente irrazonable y presuntuoso hacer de esta suposición la base para explicar magnas doctrinas Escriturarias. Es desde luego igual de concebible o inteligible que Dios quiera la existencia continuada de las cosas que Él crea, que el que Él las cree de nuevo en cada momento sucesivo.

2. Esta doctrina de una creación continuada destruye la distinción Escrituraria y del sentido común entre la creación y la preservación. Las dos cosas se presentan de manera constante como diferentes, y son consideradas como diferentes por el juicio común de la humanidad. Por la creación, Dios llama las cosas a la existencia, y mediante la preservación las sustenta en su ser. Las dos ideas son esencialmente distintas. Por tanto, toda teoría que las confunda tiene que ser falaz. Dios quiere que las cosas que ha creado continúen siendo; y negar que Él pueda causar una existencia continuada es negar Su omnipotencia.

3. Esta doctrina niega la existencia de la sustancia. La idea de sustancia es una idea primordial. Se da en la constitución de nuestra naturaleza. Es una verdad intuitiva, como se demuestra por su universalidad y necesidad. Uno de los elementos esenciales de esta idea es la continuidad ininterrumpida del ser. La sustancia es aquello que permanece; que sigue sin cambios bajo todos los cambios fenomenológicos a los que está sujeta. Según la teoría de la creación continua no hay ni puede haber sustancia creada. Dios es la única sustancia en el universo. Todo lo que es fuera de Dios es una serie de nuevos efectos; nada hay que tenga existencia continuada, y por ello no hay sustancia.

4. Sigue necesariamente que si Dios es la única sustancia, Él es el único agente en el universo. Siendo que todas las cosas fuera de Dios son llamadas a ser de la nada cada momento, quedan reducidas a modos de la eficiencia de Dios. Si Él crea el alma en cada instante sucesivo, Él crea todos sus estados, pensamientos, sentimientos y voliciones. El alma es sólo una serie de actos divinos, y por ello no puede haber libre agencia, ni pecado, ni responsabilidad, ni existencia individual. El universo es sólo la auto-manifestación de Dios. Así, esta doctrina es esencialmente panteísta en sus consecuencias.

5. Al resolver toda identidad en una «disposición arbitraria de Dios», niega que haya ninguna verdadera identidad en ninguna cosa creada. Edwards dice de manera expresa que no son numéricamente las mismas. No pueden ser las mismas con una identidad absoluta. Son una sólo porque Dios así las considera, y porque son semejantes, de manera que las consideramos como las mismas. Siendo así la cosa, no parece haber base siquiera para la culpa y la contaminación en el alma individual como procedente de sus propios actos, porque no hay nada sino una conexión aparente, no real, entre el presente y el pasado en la vida del alma. No es la misma alma que es culpable hoy del pecado cometido ayer. Mucho menos puede ser tal identidad arbitraria o supuesta entre Adán y su raza una base justa para llevar ellos la culpa del primer pecado de él. En resumen, esta doctrina subvierte todas nuestras ideas. Supone que unas cosas que, como el alma humana, son verdaderamente una, no son una en el sentido de identidad numérica; y que unas cosas que no son idénticas, como Adán y su posteridad, son una en el sentido de que el alma de un hombre es una, o que la identidad se puede

predicar de cualquier criatura. Por ello, esta doctrina, que explicaría la culpa y la depravación innata de los hombres sobre la base de una disposición arbitraria de Dios, por la que se declaran como uno seres que en realidad son subsistencias distintas, es no sólo contraria a las Escrituras y a las convicciones intuitivas de los hombres, sino que no ofrece ninguna solución satisfactoria a los hechos que pretende explicar. No trae a la conciencia de ningún hombre que el pecado de Adán fue su pecado en el sentido de que nuestros pecados de ayer son nuestra culpa de hoy.

La teoría Realista propia.

La extraña doctrina de Edwards arriba descrita concuerda con la teoría realista hasta allí donde él y los realistas se unen en decir que Adán y su raza son uno en el mismo sentido en que un árbol es uno durante todo su progreso desde la semilla hasta la madurez, o en el que el alma humana es una durante todos los diferentes períodos de su existencia. Pero difiere de manera esencial en que Edwards niega la identidad numérica en cualquier caso. La identidad, según él, no incluye en ninguna criatura la existencia continuada de una y la misma sustancia. En cambio, la doctrina realista hace de la identidad numérica de la sustancia la esencia de la identidad. Cada género o especie de plantas o animales es una por cuanto todos los individuos de aquellos géneros y especies son partícipes de una y la misma sustancia. En cada especie hay sólo una sustancia de la que los individuos son modos de manifestación. Según su teoría la humanidad es numéricamente una y la misma sustancia, de la que los individuos son los modos de manifestación. Según esta teoría, la humanidad es numéricamente una y la misma sustancia en Adán y en todos los individuos de su raza. El pecado de Adán fue, por tanto, el pecado de toda la humanidad, por cuanto fue cometido por numéricamente la misma sustancia racional y voluntaria que nos constituye como hombres. Fue nuestro pecado en el mismo sentido en que fue su pecado, por cuanto fue nuestro acto (el acto de nuestra razón y voluntad) tanto como suyo. Hay dos clases de objeciones a esta teoría que pudiéramos aquí pasar a considerar. Primero, las que militan contra el realismo como teoría; y en segundo lugar, las que se relacionan con su aplicación a la relación de la unión entre nosotros y Adán como solución de los problemas del pecado original.

Recapitulación de las Objeciones a la teoría realista.

(1) El realismo es una mera hipótesis; una de muchas posibles suposiciones. La posibilidad es todo lo que se puede pretender en su favor. No se puede decir que sea probable, y mucho menos aún que sea cierto; y por ello no puede ser constituido de manera legítima como base de otras doctrinas. (2) No tiene el apoyo de las Escrituras. La Biblia, desde luego, dice que Adán y su raza son uno; pero también dice que Cristo y su pueblo son uno; que toda la multitud de creyentes de todas las edades y en el cielo y en la tierra son uno. La Iglesia visible es una. Todo estado o reino separados son uno. Así que en la vida común hablamos de toda comunidad organizada como una. Todo depende de la naturaleza de esta unidad. Y ésta debe ser determinada por la naturaleza de aquello de que se habla, y del *usus loquendi* de la Biblia y de la vida ordinaria. Así como nadie infiere del hecho de que las Escrituras declaran que Cristo y su pueblo son uno que sean numéricamente la misma sustancia; ni de la unidad predicada de los creyentes como distintos del resto de la humanidad que sean de una sustancia y el resto de los hombres de otra sustancia diferente, tampoco tenemos derecho nosotros a inferir del hecho de que la Biblia diga que Adán y su posteridad son uno que sean numéricamente la misma sustancia. Y tampoco las Escrituras describen la naturaleza y los efectos de la unión entre nosotros y Adán como para demandar ni justificar la doctrina realista. La naturaleza y los efectos de nuestra unidad con Adán son declarados en todos los puntos esen-

ciales como análogos a la naturaleza y a los efectos de nuestra unidad con Cristo. Así como ésta no es una unidad de sustancia, tampoco lo es la otra. (3) Se ha mostrado que el realismo no tiene sustento de la consciencia de los hombres, sino al contrario, que contradice las enseñanzas de la consciencia tal como son interpretadas por la gran mayoría de nuestra raza, tanto letrados como iletrados. Todo hombre es revelado a sí mismo como una sustancia individual. (4) El realismo, como se arguye más arriba, contradice la doctrina de las Escrituras hasta allí donde es irreconciliable con la doctrina Escrituraria de la existencia separada del alma. (5) Subvierte la doctrina de la Trinidad hasta allí donde hace del Padre, Hijo y Espíritu Santo un Dios sólo en el sentido en que todos los hombres son un hombre. Las personas de la Trinidad son un Dios porque son una en esencia o sustancia. Y todos los hombres son un hombre porque son uno en esencia. Las respuestas que los realistas Trinitarios dan a estas cuestiones son insatisfactorias, porque suponen la divisibilidad, y consiguientemente la materialidad, del Espíritu. (6) Es difícil, si no imposible, conciliar la teoría realista con la impecabilidad de Cristo. Si la una esencia numérica de la humanidad se hizo culpable y contaminada en Adán, y si nosotros somos culpables y estamos contaminados porque somos partícipes de aquella sustancia caída, ¿cómo pudo librarse la naturaleza humana de Cristo de pecado, si tomó sobre sí de la misma esencia numérica que pecó en Adán? (7) Las anteriores objeciones son de cariz teológico o Escriturarias; otras de carácter filosófico han servido para barrer la doctrina del realismo de todas las escuelas de la filosofía moderna, excepto hasta allí donde ha sido combinada con las formas superiores de monismo panteísta.

El realismo no es solución para el problema del pecado.

Las objeciones que militan contra esta teoría como solución de los problemas del pecado original no son menos decisivas. Hay dos cosas que el realismo se propone explicar. Primero, el hecho de que seamos castigados por el pecado de Adán; y segundo, que la depravación hereditaria sea en nosotros verdadera y propiamente pecado, involucrando culpa así como contaminación. Lo primero es explicado con base en que el acto de Adán fue nuestro propio acto; y lo segundo sobre la base de que la depravación innata es la consecuencia de nuestra propia acción voluntaria. Así como un hombre es responsable por su carácter o estado mental permanente producidos por sus transgresiones personales, así nosotros somos responsables por el carácter con que hemos venido al mundo, porque es resultado de nuestra apostasía voluntaria de Dios. A esto es evidente objetar:

1. Que admitiendo que el realismo sea cierto; admitiendo que la humanidad sea numéricamente una y la misma sustancia, de la que los hombres individuales son los modos de manifestación; y admitiendo que esta humanidad genérica pecó en Adán, esto no nos da una solución satisfactoria de ninguno de los hechos anteriormente enunciados. Dos cosas son necesarias para vindicar la inflicción de castigo por un pecado cometido conforme a una responsabilidad personal. Primero, que el pecado sea un acto de consciente autodeterminación. De otra manera no puede ser llevado a la conciencia como para producir el sentimiento de criminalidad. Y el sufrimiento sin el sentimiento de criminalidad o de culpa, por lo que a quien padece respecta, no es castigo, sino una crueldad arbitraria. Y, segundo, para vindicar el castigo a los ojos de la justicia, en el caso que se supone, tiene que haber una criminalidad personal manifiesta a todos los seres inteligentes conocedores del caso. Si el hombre cometiera un delito en estado de sonambulismo o de insania, sin saber lo que hacía, siendo imposible que lo reconociera al ser restaurado a una condición normal, está claro que tal delito no podría ser en justicia la base del castigo. El castigo infligido por ello no sería castigo a los ojos del que lo sufriera, ni justo para los otros. No está menos claro que si alguien cometiera un crimen en su cabal mente, y después se volviera loco, no podría ser castigado con justicia mientras con-

tinuara en tal estado. La ejecución de un maníaco o de un idiota por cualquier delito cometido antes de la insania o idiotez sería un ultraje. Si estos principios son correctos, entonces queda claro, incluso admitiendo todo lo que pretenden los realistas, que no se logra ningún alivio. No da ninguna solución satisfactoria ni al hecho de que seamos castigados por el pecado de Adán ni de la culpa que acompaña a nuestra depravación hereditaria inherente. Un pecado del que sea imposible que estemos conscientes como nuestro acto voluntario no puede ser más la base de castigo *como nuestro acto* que el pecado de un idiota, de un loco, o de un cadáver. Cuando el cuerpo de Cromwell fue exhumado y colgado de una horca, Cromwell no fue por ello castigado; y aquella acción fue, para toda la humanidad, una mera manifestación de impotente venganza.

2. Pero la teoría realista no puede ser admitida. La suposición de que actuamos miles de años antes de nacer como para ser personalmente responsables de aquella acción es monstruosa. Es, como dice Baur, una proposición impensable; esto es, una proposición a la que no se le puede asignar ningún significado inteligible. Podemos comprender cómo se puede decir que morimos con Cristo y que resucitamos con Él; que Su muerte fue nuestra muerte, y Su resurrección nuestra resurrección, en el sentido de que Él actuó por nosotros como nuestro sustituto, cabeza y representante. Pero decir que verdadera y realmente morimos y resucitamos en Él; que nosotros fuimos los agentes de sus actos, no comunica idea alguna a la mente. De la misma manera podemos comprender cómo se puede decir que pecamos en Adán y que caímos en él en tanto que él era la cabeza divinamente designada y representante de su raza. Pero la proposición de que nosotros ejecutamos su acto de desobediencia es para nuestros oídos un sonido sin significado alguno. Es tan imposible como que algo no existente pueda actuar. Entonces no existíamos. No tuvimos ser antes de nuestra existencia en este mundo; y que nosotros actuáramos antes de haber existido es una absoluta imposibilidad. Se debe recordar que un acto implica un agente; y el agente de un acto voluntario responsable tiene que ser una persona. Antes de la existencia de la personalidad de un hombre, aquel hombre no puede llevar a cabo ninguna acción voluntaria. El pecado cometido es un acto de autodeterminación voluntaria; y por ello mismo tal acto es imposible antes de la existencia del yo. La sustancia de la que está hecho un hombre puede haber existido antes que él llegara a ser, pero no el hombre como tal. Admitiendo que las almas de los hombres sean formadas de la sustancia genérica de la humanidad, esta sustancia no es más aquel hombre que el polvo de la tierra del que Adán fue formado era su cuerpo. La acción voluntaria y responsable, el carácter moral y la culpa se pueden predicar sólo de personas, y no pueden predicarse de ellos ni verdaderamente pertenecerles antes que existan. Por ello, la doctrina que supone que somos personalmente culpables del pecado de Adán sobre la base de que fuimos agentes de aquel acto, que nuestra voluntad y razón estuvieron ejercitados de tal manera en aquella acción como para hacernos a nosotros personalmente responsables de la misma y de sus consecuencias, es absolutamente inconcebible.

3. Otra objeción a esta teoría es que no da razón alguna por la que nosotros seamos responsables del primer pecado de Adán, y no de sus posteriores transgresiones. Si su pecado es nuestro debido a que la totalidad de la humanidad, como naturaleza genérica, actuó en él, esta razón se aplica asimismo a todos sus otros pecados, lo mismo que a su primer acto de desobediencia, al menos antes del nacimiento de sus hijos. La raza no estaba menos individualizada y concentrada en Adán cuando estaba en el huerto que después de haber sido expulsado de él. Además, ¿por qué es el pecado de Adán, en lugar de, o más que el pecado de Eva por el que somos responsables? Es una realidad Escrituraria llana que la humanidad tiene una relación con el pecado de Adán que no tiene con el pecado de Eva. Se dice que llevamos la culpa de su pecado, pero nunca que llevamos la culpa de ella. La razón es que Adán era nuestro re-

presentante. El pacto fue hecho con él; así como en generaciones posteriores el pacto fue hecho con Abraham, y no con Sara. Sobre esta base hay una razón inteligible por la que la culpa del pecado de Adán nos sea imputada, lo que no se aplica al pecado de Eva. Pero conforme a la teoría realista sería al revés. Eva pecó primero. La humanidad genérica, individualizada en ella, apostató de Dios, antes que Adán hubiera delinquido; y por ello fue el pecado de ella, más que el de él, el que arruinó nuestra común naturaleza. Pero no es esta la descripción que da la Escritura.

4. La objeción apremiada contra la doctrina de la imputación inmediata, que es inconsecuente con la doctrina apostólica de la justificación, e incompatible con su argumento en Ro 5:12-21, tiene una fuerza igual contra la teoría realista. Lo que el Apóstol enseña, en lo que él insiste con mayor energía, y lo que es el fundamento de la esperanza de cada creyente, es que somos justificados por unos actos que no son nuestros propios; de los que no fuimos los agentes, y cuyo mérito no nos viene personalmente ni constituye nuestro carácter moral. Esto, nos dice él, es análogo al caso de Adán. Nosotros no fuimos agentes en su acción. Su pecado no fue nuestro pecado. Su culpa no nos pertenece personalmente. Nos es imputada como algo que no es nuestro, un *peccatum alienum*, y la pena de la misma es la pérdida del favor divino, la pérdida de la rectitud original y la muerte espiritual son sus tristes consecuencias. De la misma manera que la justicia de Cristo no es nuestra sino que nos es imputada, y tenemos un título justo sobre la base de aquella justicia, si la aceptamos y nos confiamos a ella, a todos los beneficios de la redención. Esto, que es claramente la doctrina del Apóstol y de las iglesias Protestantes, lo niega la escuela realista. Esto es, niega que el pecado de Adán como pecado de otro sea la base de nuestra condenación; y en coherencia tiene también que negar (como de hecho lo niegan la mayoría de los Realistas) que la justicia de Cristo, como justicia de otro, sea la base de nuestra justificación. Lo que hace más seria esta objeción es que las razones asignadas para negar que el pecado de Adán, si no es nuestro propio, pueda sernos justamente imputado, militan con la misma fuerza contra la imputación de una justicia que no es personalmente nuestra. El gran principio que está en la base de la teoría realista, como de todas las demás falsas teorías acerca del pecado original, es que un hombre puede ser responsable sólo de sus propios actos y del carácter que él mismo se ha formado. Si es así, entonces, según el Apóstol, a no ser que podamos cumplir la ley a la perfección y restaurar nuestra naturaleza a la imagen de Dios por nuestra propia acción, tenemos que perecer eternamente.

5. Finalmente, debe rechazarse la solución presentada por los Realistas para explicar nuestra relación con Adán y para resolver los problemas del pecado original, por cuanto el Realismo es una teoría puramente filosófica. Desde luego, se dice a menudo que la doctrina de nuestra relación de pacto con Adán, y de la inmediata imputación de su pecado a su posteridad, es una teoría. Pero esto no es cierto. No se trata de una teoría, sino del sencillo enunciado de un llano hecho Escritural. La Biblia dice que el pecado de Adán fue la causa de la condenación de su raza. Nos dice que no se trata de la mera causa ocasional, sino la base judicial de aquella condenación; que por, o debido a, su pecado fue pronunciada la sentencia de condenación sobre todos los hombres. Esta es la doctrina total de la imputación inmediata. Es todo lo que la doctrina incluye. Nada se añade a la sencilla declaración Escritural. En cambio, el Realismo es una teoría filosófica exterior a la Escritura, que tiene la intención de explicar el hecho de que el pecado de Adán sea la base de la condenación de nuestra raza. Introduce una doctrina de universales, de la relación de los individuos con los géneros y las especies, acerca de lo que las Escrituras nada enseñan, y hace de esta teoría filosófica una parte integral de la doctrina de la Escritura. Esto es añadir a la Palabra de Dios. Es hacer que la verdad de las doctrinas Escriturarias dependan de la corrección de especulaciones filosófi-

cas. Es importante tener presente la relación que la filosofía sostiene de manera propia con la teología. (1) La relación es íntima y necesaria. Las dos ciencias abarcan prácticamente las mismas esferas y tratan de los mismos temas. (2) Hay una filosofía subyacente a todas las doctrinas Escriturarias, o que las Escrituras dan por supuesta en todas sus enseñanzas. (3) Como las doctrinas de la Biblia vienen de Dios, y son por ello infalibles y absolutamente ciertas, no se puede admitir ningún principio filosófico como sano que no esté de acuerdo con estas doctrinas. (4) Por ello, el verdadero oficio y esfera de la filosofía cristiana, o de la filosofía en manos de un cristiano, es determinar y enseñar estos hechos y principios acerca de Dios, del hombre y de la naturaleza que estén de acuerdo con la palabra divina. Un cristiano no puede adoptar una cierta teoría de la libertad humana y mediante ella decidir lo que la Biblia enseña acerca de la previa ordenación y de la providencia; al contrario, debería dejar que las enseñanzas de la Biblia determinen su teoría de la libertad. Y así sucede con todas las otras doctrinas; y esto se puede hacer con la total certidumbre de que la filosofía que seamos así conducidos a adoptar resultará autenticada como verdadera ante el tribunal de la razón iluminada. La objeción al Realismo es que invierte este orden. Emprende el control de las Escrituras, en lugar de dejarse llevar por ellas. La Biblia dice que estamos condenados por el pecado de Adán. El Realismo lo niega, y dice que nadie es ni puede ser condenado excepto por su propio pecado.

13. El pecado original.

Los efectos del pecado de Adán sobre su posteridad son declarados en nuestros símbolos como: (1) La culpa de su primer pecado. (2) La pérdida de la rectitud original. (3) La corrupción de toda nuestra naturaleza, la cual (esto es, la cual corrupción) recibe comúnmente el nombre de pecado original. Comúnmente, pero no siempre. No es infrecuente que por pecado original se signifique todas las consecuencias malas subjetivas de la apostasía de nuestro primer padre, y que por ello incluya los tres puntos mencionados. Por ello, el Sínodo Nacional de Francia condenó la doctrina de Placaeus, porque hizo que el pecado original consistiera en depravación inherente y hereditaria con exclusión de la culpa del primer pecado de Adán.

Esta corrupción inherente en la que nacen todos los hombres desde la caída es propiamente llamada pecado original, (1) Porque es verdaderamente de la naturaleza de pecado. (2) Porque brota de nuestros primeros padres como el origen de nuestra raza. (3) Porque es el origen de todos los otros pecados; y (4) Porque en su naturaleza se distingue de los pecados de comisión.

La naturaleza del pecado original.

En cuanto a la naturaleza de esta corrupción hereditaria, aunque la fe de la Iglesia Católica, al menos de las iglesias Latina, Luterana y Reformada, ha sido uniforme en todo lo esencial, sin embargo ha sido general la diversidad de opiniones entre los teólogos. (1) Según muchos de los padres griegos, y en tiempos posteriores de los Remonstrantes y Arminianos, se trata de un mal físico, más que moral. La condición física de Adán quedó deteriorada por su apostasía, y esta constitución natural deteriorada ha descendido a su posteridad. (2) Según otros, la concupiscencia, o corrupción innata, tiene tal dominio sobre la naturaleza sensorial o animal del hombre, por encima de sus más altos atributos de la razón y de la conciencia, que involucra una mayor tendencia al pecado, pero no es en sí misma pecaminosa. Algunos de los teólogos Romanistas apoyan de manera clara esta doctrina, y algunos Protestantes, como hemos visto, sostienen que esta es la doctrina simbólica de la Iglesia de Roma como tal. Esta misma postura ha sido defendida por teólogos de nuestra propia era y país. (3) Otros mantienen una doctrina estrechamente relacionada con la acabada de mencionar. Hablan de depravación inherente, y admiten que es de naturaleza de una corrupción moral, pero niegan que conlleve culpa al alma, hasta que es ejercitada, asentida y abrigada. (4) La doctrina de las iglesias Reformada y Luterana acerca de esta cuestión es presentada en sus Confesiones autorizadas. [...]

En estas Confesiones se enseña de manera expresa que por *naturaleza* corrompida no debe entenderse ni esencia ni sustancia (como lo mantenía Matthias Flacius, y sólo él en el tiempo de la Reforma). Acerca de este punto dice la Fórmula de Concordia: Que aunque el pecado original corrompe toda nuestra naturaleza, sin embargo la esencia o sustancia del alma es una cosa, y el pecado original es otra. [...]

La Confesión de Westminster dice:[32] «Por este pecado ellos (nuestros primeros padres) cayeron de su rectitud original y comunión con Dios, y así vinieron a ser muertos en pecado, y totalmente contaminados en todas las facultades y partes de alma y cuerpo. Siendo ellos la raíz de toda la humanidad, la culpa de este pecado fue imputada, y la misma muerte en pecado y naturaleza corrompida comunicadas a toda su posteridad, descendiendo a ellos por generación ordinaria. De esta corrupción original, por la que quedamos totalmente indispuestos, incapacitados y hechos hostiles a todo bien, y plenamente inclinados a todo mal, proceden todas las transgresiones que se cometen. Esta corrupción de la naturaleza, durante esta vida, permanece en aquellos que son regenerados; y aunque sea por medio de Cristo perdonada y mortificada, sin embargo tanto ella misma como todas sus actividades son verdadera y propiamente pecado.»

Enunciado de la doctrina Protestante.

Conforme a las anteriores declaraciones parece que, según la doctrina de las iglesias Protestantes, el pecado original, o la corrupción de la naturaleza derivada de Adán, no es, (1) Una corrupción de la sustancia o esencia del alma. (2) Tampoco es un elemento esencial infundido en el alma, como un veneno que se mezcla con vino. La Fórmula de Concordia, por ejemplo, niega que las malas disposiciones de nuestra naturaleza caída sean «condiciones, seu concreatae essentiales naturae proprietates». El pecado original es declarado como un «accidens, *i. e.*, quod non per se subsistit, sed in aliqua substantia est, et ab ea discerni potest». Las declaraciones afirmativas acerca de esto son: (1) Que esta corrupción de la naturaleza afecta a toda el alma. (2) Que consiste en la pérdida o ausencia de la rectitud original, y la consiguiente total depravación moral de nuestra naturaleza, incluyendo o manifestándose en una aversión a todo bien espiritual, o a Dios, y en una inclinación a todo mal. (3) Que es verdadera y propiamente de la naturaleza de pecado, incluyendo a la vez culpa y contaminación. (4) Que retiene su carácter de pecado incluso en los regenerados. (5) Que ocasiona la muerte espiritual del alma, de manera que el hombre natural, o no renovado, es totalmente incapaz, por sí mismo, para hacer nada bueno delante de Dios.

Esta doctrina, por tanto, se levanta en oposición:

1. A aquello que enseñe que la raza de los hombres no ha quedado perjudicada por la caída de Adán.

2. A aquello que enseñe que los males consiguientes a la caída son meramente físicos.

3. A la doctrina que haga del pecado original algo enteramente negativo, consistiendo en la ausencia de rectitud original.

4. A la doctrina que admite una depravación hereditaria de la naturaleza, haciéndola consistir en una inclinación a pecar, pero negando que sea pecaminosa por sí misma. Algunos de

---

32. Capítulo VI, 2-5.

los teólogos ortodoxos hacen una distinción entre *vitium y peccatum*. Este último término lo querían limitar a un pecado de comisión, mientras que el anterior lo empleaban para denotar la pecaminosidad residente y hereditaria. Hay serias objeciones a esta distinción: primero, que el *vitium*, así entendido, es realmente pecado; incluye tanto pecado como contaminación, y así es definido por Vitringa y otros que establecen esta distinción. Segundo, se opone al uso teológico establecido. La depravación, o corrupción hereditaria inherente, siempre ha sido designada como *peccatum*, y por tanto decir que no es *peccatum* sino meramente *vitium* produce confusión y es conducente a error. Tercero, es contrario a las Escrituras, porque es innegable que la Biblia designa la corrupción residente o hereditaria, o *vitium*, como *hamartia*. Esto lo reconocen los romanistas, que niegan que tal concupiscencia después de la regeneración sea de naturaleza de pecado.*

5. La quinta forma de doctrina a la que la fe Protestante se opone es la que admite un deterioro moral de nuestra naturaleza, que merece el desagrado de Dios, y que es por tanto verdaderamente pecado, y que sin embargo niega que el mal sea tan grande como para producir la muerte espiritual, y que involucre la total incapacidad del hombre natural a lo que es espiritualmente bueno.

6. Y la doctrina de las iglesias Protestantes se opone a las enseñanzas de los que niegan que el pecado original afecte al hombre entero, y que dicen que tiene su sede de manera exclusiva en los afectos o en el corazón, en tanto que el entendimiento y la razón no han sido dañados ni influenciados.

Por tanto, a fin de sustentar la doctrina Agustiniana (o Protestante) del pecado original, se deben establecer tres puntos: I. Que toda la humanidad descendiendo de Adán por generación ordinaria nace destituida de rectitud original, y está sujeta a una corrupción de la naturaleza que es verdadera y propiamente pecado. II. Que esta corrupción original afecta al hombre en su totalidad; no sólo al cuerpo con exclusión del alma; ni a las facultades inferiores con exclusión de las superiores; y no al corazón con exclusión de los poderes intelectuales. III. Que es de tal naturaleza que antes de la regeneración los hombres caídos están «totalmente indispuestos, incapacitados, y opuestos a todo bien».

Prueba de la doctrina del pecado original.

Primer argumento conforme a la universalidad del pecado.

El primer argumento en prueba de esta doctrina proviene de la pecaminosidad universal de los hombres. Todos los hombres son pecadores. Esta es innegablemente la doctrina de las Escrituras. Es afirmada, supuesta y demostrada. Las aserciones de este hecho son demasiado numerosas para citarlas. En 1 R 8:46 se dice: «No hay hombre que no peque». Ec 7:20: «No hay hombre tan justo en la tierra, que haga el bien y nunca peque.» Is 53:6: «Todos nosotros nos descarriamos como ovejas, cada cual se apartó por su camino.» 64:6: «Todos nosotros somos como suciedad, y todas nuestras justicias como trapos de inmundicia.» Sal 130:3: «JAH, si miras a los pecados, ¿Quién, oh Señor, podrá mantenerse en pie?» Sal 143:2: «No se justificará delante de ti ningún ser humano.» Ro 3:19: «Que [...] todo el mundo [*pas ho kosmos*] quede bajo el juicio de Dios.» Vv. 22, 23: «Porque no hay diferencia; por cuanto todos pecaron, y están destituidos de la gloria de Dios.» Gá 3:22: «Mas la Escritura lo encerró todo bajo pecado», esto es, ha declarado a todos los hombres bajo el poder y la condenación del pecado. Stg 3:2: «Porque todos ofendemos en muchas cosas.»

---

* Ver *ante*, págs. 49, 50.

1 Jn 1:8: «Si decimos que no tenemos pecado, nos engañamos a nosotros mismos, y la verdad no está en nosotros.» V. 10: «Si decimos que no hemos pecado, le hacemos a él mentiroso, y su palabra no está en nosotros.» 1 Jn 5:19: «El mundo entero yace en poder del maligno.» Éstas son sólo algunas de las declaraciones de la pecaminosidad universal de los hombres de las que está repleta la Escritura.

Pero en segundo lugar, este triste hecho es constantemente dado por sentado en la Palabra de Dios. La Biblia en todo momento se dirige a los hombres como pecadores. La religión que revela es una religión para pecadores. Todas las instituciones del Antiguo Testamento, y todas las doctrinas del Nuevo, dan por sentado que los hombres, universalmente, están bajo el poder y la condenación del pecado. «El mundo», tal como se emplea en la Escritura, designa a la masa de la humanidad, en distinción a la iglesia, o al pueblo regenerado de Dios, y siempre involucra en su aplicación la idea de pecado. El mundo os aborrece. No soy del mundo. Os he escogido del mundo. Todas las exhortaciones de la Escritura que se dirigen de manera indiscriminada a los hombres, llamándolos a arrepentimiento, necesariamente suponen la universalidad del pecado. Lo mismo sucede con las amenazas generales y las promesas de la Palabra de Dios. En resumen, si no todos los hombres son pecadores, la Biblia no está adaptada a su verdadero carácter y estado.

Pero las Escrituras no sólo afirman directamente y suponen en todo lugar la universalidad del pecado entre los hombres, sino que éste es un extremo que quizá más que ningún otro es hecho objeto de un argumento formal y prolongado. El Apóstol, especialmente en su Epístola a los Romanos, comienza con un proceso regular de prueba, de que todos, sean judíos o gentiles, están bajo pecado. Hasta que este hecho sea admitido y reconocido, no hay lugar para ni necesidad del Evangelio, que es el método de Dios para la salvación de los pecadores. Por ello, Pablo comienza declarando el propósito de Dios de castigar todo pecado. Luego muestra que los gentiles son universalmente culpables del pecado de impiedad; que a pesar de conocer a Dios, ni le adoran como Dios ni le dan las gracias. La consecuencia natural, judicial, y por ello inevitable, de la impiedad es, según la doctrina del Apóstol, la inmoralidad. A aquellos que le abandonan, Dios los abandona a un dominio del mal sin frenos. Por ello todo el mundo gentil estaba hundido en el pecado. En el caso de los judíos, nos dice él, la cosa no era mejor. Tenían un conocimiento más correcto de Dios y de Su ley, y muchas instituciones dadas por Dios, por lo que sus ventajas eran grandes en gran manera. Sin embargo, eran tan verdadera y universalmente pecadores como los gentiles. Sus propias Escrituras, que naturalmente se dirigían a ellos, declaran de manera expresa: No hay justo, ni aún uno. No hay quien entienda, no hay quien busque a Dios. Todos se extraviaron, a una se volvieron inútiles; no hay quien haga lo bueno, ni siquiera uno. Por ello, concluye él, todo el mundo es culpable delante de Dios. Tanto los judíos como los gentiles están todos bajo pecado. Por ello, por las obras de la ley nadie será justificado. Este es el fundamento de todo el sistema doctrinal del Apóstol, y de la religión de la Biblia. Jesucristo vino a salvar a Su pueblo de sus pecados. Si los hombres no son pecadores, Cristo no es el Salvador de los Hombres.

Lo que las Escrituras enseñan de manera tan clara lo enseñan con no menos claridad la experiencia y la historia. Cada hombre sabe que es pecador. Sabe que cada ser humano que haya visto está en el mismo estado de apostasía de Dios. La historia no contiene el registro de ningún hombre sin pecado, excepto el Hombre Cristo Jesús, que, al estar exento de pecado, queda distinguido por ello de todos los demás hombres. No tenemos relato alguno de ninguna familia, tribu o nación libre de la contaminación del pecado. La universalidad del pecado entre los hombres es por ello una de las más innegables doctrinas de la Escritura, y uno de los hechos más ciertos de la experiencia.

Segundo argumento conforme a la total pecaminosidad de los hombres.

Esta depravación universal no es un mal liviano. Toda la raza humana, por su apostasía de Dios, está totalmente depravada. Por depravación total no se significa que todos los hombres sean igualmente malvados, ni que cada hombre esté tan totalmente corrompido como sea posible que lo sea un hombre; ni que los hombres estén destituidos de todas las virtudes morales. Las Escrituras reconocen el hecho, abundantemente confirmado por la experiencia, de que los hombres, en mayor o menor grado, son honrados en sus tratos, benignos en sus sentimientos, y benéficos en su conducta. Incluso los paganos, nos enseña el Apóstol, hacen por naturaleza las cosas de la ley. Están más o menos bajo el gobierno de la conciencia, que aprueba o desaprueba su conducta moral. Todo esto es perfectamente consecuente con la doctrina Escritural de la depravación total, que incluye la total ausencia de la santidad; la carencia de las debidas aprehensiones de las perfecciones divinas, y de nuestra relación con Dios como nuestro Creador, Preservador, Benefactor, Gobernador y Redentor. Es común a todos los hombres una enajenación total del alma de Dios, de manera que ningún hombre no regenerado entiende ni va en pos de Dios; ningún hombre así hace de Dios su porción, ni de la gloria de Dios el fin de su ser. El apartamento de Dios es total o completo. Todos los hombres adoran y sirven a la criatura en lugar de y más que al Creador. Por ello, se declara en las Escrituras que están espiritualmente muertos. Están destituidos de todo principio de vida espiritual. La terrible extensión y profundidad de esta corrupción de nuestra naturaleza quedan probadas:

1. Por sus frutos; por el terrible dominio de los pecados de la carne, de pecados de violencia, de los pecados del corazón, como la soberbia, la envidia y la malicia; de los pecados de la lengua, como la maledicencia y el engaño; de los pecados de la irreligión, de la ingratitud, de la impiedad y de la blasfemia; todos estos han marcado toda la historia de nuestra raza, y siguen distinguiendo el estado de todo el mundo.

2. Por la consideración de que las demandas de Dios de nuestra suprema reverencia, amor y obediencia, que son habitual y universalmente descuidadas por los hombres no regenerados, son infinitamente grandes. Esto es, son tan grandes que no se pueden imaginar mayores. Estas demandas no sólo son ignoradas en tiempos de excitación y de pasión, sino habitual y constantemente. Los hombres viven sin Dios. Son, dice el Apóstol, ateos. Esta enajenación de Dios es tan grande y tan universal que las Escrituras dicen que los hombres son enemigos de Dios; que la mente carnal, esto es, el estado de mente que pertenece a todos los hombres en su estado natural, es enemistad contra Dios. Esto queda demostrado no sólo por su descuido y desobediencia, sino también por rebelión directa contra su autoridad, cuando en su providencia Él nos arrebata nuestros ídolos; o cuando su ley, con sus demandas inexorables y su terrible pena, se hace sentir sobre la conciencia, y Dios es contemplado como un fuego consumidor.

3. Una tercera prueba de lo terriblemente malo de esta corrupción hereditaria se ve en el universal rechazo de Cristo por parte de aquellos a los que Él vino a salvar. Él es en sí mismo señalado entre diez mil y todo codiciable; uniendo en Su persona todas las perfecciones de la Deidad y todas las excelencias de la humanidad. La suya fue una misión de amor, de un amor totalmente incomprensible, inmerecido, inmutable e infinito. Por amor no sólo se humilló a nacer de una mujer, y a ser hecho bajo la ley, sino también a vivir una vida de pobreza, de dolor y de persecución; a soportar unos sufrimientos inconcebiblemente grandes por nuestra causa, y finalmente a llevar nuestros pecados sobre su propio cuerpo en el madero. Él ha hecho posible que Dios sea justo y que sin embargo justifique a los impíos. Por ello, Él ofrece unas bendiciones de valor infinito, sin dinero y sin precio, a todos los que las acepten. Él ha logrado y nos ofrece sabiduría, justicia, santificación y redención; nos ofrece hacer de nosotros reyes y sacerdotes para Dios, y exaltarnos a un estado sin fin de inconcebible gloria y bien-

aventuranza. A pesar de todo esto, a pesar de la divina excelencia de Su persona, de la grandeza de Su amor, de la profundidad de Sus padecimientos y del valor de las bendiciones que Él ha proveído, y sin las cuales debemos perecer eternamente, los hombres, universalmente, cuando son dejados a sí mismos, lo rechazan. Él vino a los Suyos, mas los Suyos no le recibieron. El mundo le aborreció, y sigue aborreciéndolo; no quiere reconocerle como su Dios y Salvador; no está dispuesto a aceptar sus ofertas. Ni lo quiere amar ni servirle. La conducta de los hombres para con Cristo es la más clara prueba de la apostasía de nuestra raza, y de la profundidad de la depravación en la que está hundida; y, por lo que respecta a los oidores del Evangelio, es la mayor razón para su condenación. Todas las otras razones parecen fundirse en esta, porque nuestro Señor dice que los hombres están condenados porque no creen en el unigénito Hijo de Dios. Y el Espíritu Santo, por boca del Apóstol, dice: «Si alguno no ama al Señor Jesucristo sea *anathema maranatha*»; sentencia que será ratificada en el día del juicio por todas las criaturas racionales, caídas y no caídas, en el universo.

La pecaminosidad de los hombres es incorregible.
4. Otra prueba del punto que estamos considerando se encuentra en la incorregible naturaleza del pecado original. Es, por lo que a nosotros respecta, una enfermedad incurable. Los hombres no están tan afectados por la caída como para haber perdido su naturaleza moral. Saben que el pecado es un mal, y que les expone al justo juicio de Dios. Por ello, desde el principio del mundo han tratado no sólo de expiarlo, sino también de destruirlo. Han recurrido a todos los medios posibles a su alcance con este propósito. Han probado los recursos de la filosofía y de la cultura moral. Se han apartado de la contaminadora compañía de sus semejantes. Han reunido todas las energías de su naturaleza y todos los poderes de su voluntad. Se han sujetado a los más dolorosos actos de negación de sí mismos, a observancias ascéticas en todas sus formas. El único resultado de estos esfuerzos ha sido que los anacoretas se han vuelto como sepulcros blanqueados, que aparecen por fuera hermosos, mientras que por dentro están llenos de huesos de muertos y de toda inmundicia. Los hombres han sido lentos en aprender lo que nuestro Señor enseña, que es imposible hacer bueno el fruto hasta que el árbol sea bueno. Sin embargo, un mal que es tan indestructible tiene que ser muy grande.

Argumento conforme a la experiencia del pueblo de Dios.
5. Podemos apelar sobre este tema a la experiencia del pueblo de Dios en toda edad y en cada parte del mundo. En ningún respecto ha sido más uniforme esta experiencia que en la convicción de su depravación a los ojos de un Dios infinitamente santo. El patriarca Job, descrito como el mejor hombre de su generación, puso su mano sobre su boca, y su boca en el polvo delante de Dios, y declaró que se aborrecía a sí mismo, y que se arrepentía en polvo y ceniza. Los Salmos Penitenciales de David están llenos no sólo con las confesiones de pecado, sino también con los reconocimientos de su profunda depravación delante de Dios. Isaías clamó; ¡Ay de mí! Soy un hombre de labios inmundos, y moro en medio de un pueblo que tiene los labios inmundos. Los antiguos profetas, incluso cuando eran santificados desde el vientre, pronunciaban sus justicias como trapos de inmundicias. Lo que se dice corporativamente es en todo lugar presentado como cierto de la persona individual. Toda la cabeza está enferma, y todo el corazón desmayado. Desde la planta del pie hasta la cabeza no hay sanidad en él; sólo heridas, y contusiones, y podrida llaga. En el Nuevo Testamento, los escritores sagrados evidencian el mismo profundo sentir de su propia pecaminosidad, y fuerte convicción de la pecaminosidad de la raza a la que pertenecen. Pablo habla de sí mismo como el primero de los pecadores. Se queja de que era carnal, vendido al pecado. Gime bajo la carga de una naturaleza malvada, diciendo: Miserable de mí, ¿quién me liberará de este cuerpo de

muerte? Desde los días de los Apóstoles hasta nuestro propio tiempo, no ha habido diversidad a este respecto en la experiencia de los cristianos. No hay evidencia en ellos de ninguna disposición para paliar o excusar su pecaminosidad delante de Dios. Uniformemente y en todas partes, y precisamente en proporción a su santidad, se humillan bajo el sentimiento de su culpa y contaminación, y se aborrecen arrepintiéndose en polvo y ceniza. Esta no es una experiencia irracional, ni exagerada. Es el efecto natural de la comprensión de la verdad; de un discernimiento siquiera parcial de la santidad de Dios, de la espiritualidad de la ley, y de la ausencia de conformidad a esta norma divina. Con esta experiencia de pecado siempre va conectada la convicción de que nuestro sentimiento de su medida de mal, y de su poder sobre nosotros, y por ello de nuestra culpa y contaminación, es totalmente inadecuado. Siempre constituye parte de la carga del creyente, que siente menos que lo que su razón y experiencia, iluminadas por las Escrituras, le enseñan que debería sentir acerca de su corrupción y degradación morales.

6. Apenas será necesario decir que lo que las Escrituras enseñan de una manera tan manifiesta de manera indirecta acerca de la profundidad de la corrupción de nuestra naturaleza caída también lo enseñan por aserción directa. El corazón humano es pronunciado como engañoso sobre todas las cosas, y desesperadamente malvado. Incluso al principio (Gn 6:5, 6) se dijo: «Vio Jehová que la maldad de los hombres era mucha en la tierra, y que todo designio de los pensamientos del corazón de ellos era de continuo solamente el mal.» Job 15:14-16: «¿Qué cosa es el hombre para que se crea limpio, y para que se vea inocente el nacido de mujer? He aquí, en sus santos no confía, y ni aún los cielos son limpios delante de sus ojos; ¿cuánto menos el hombre abominable y vil, que se bebe la iniquidad como el agua?» Ec 9:3: «El corazón de los hijos de los hombres está lleno de mal y de insensatez en su corazón durante su vida; y después de esto se van a los muertos.» La Palabra de Dios está llena de pasajes así. En los términos más explícitos pronuncia la degradación y corrupción moral del hombre como consecuencia de la caída como una apostasía total de Dios; un estado de muerte espiritual, implicando la total ausencia de toda verdadera santidad.

Tercer argumento conforme a la temprana manifestación del pecado.

Un tercer gran hecho de la Escritura y de la experiencia acerca de esta cuestión es la temprana manifestación del pecado. Tan pronto como un niño es capaz de acción moral, da evidencia de un carácter moral pervertido. No solamente vemos la manifestación de ira, malicia, egoísmo, envidia, orgullo y otras malvadas disposiciones, sino que todo el desarrollo del alma es hacia el mundo. El alma de un niño se dirige, por una ley interior, de las cosas invisibles y eternas a las cosas que se ven y son temporales. Es, en sus más tempranas manifestaciones, mundana, de la tierra, terrenal. Así como este es el testimonio de la experiencia universal, así lo es el de la Biblia. Job 11:12: «El hombre» nace «como pollino de asno montés.» (Job 11:12, V.M.) Sal 58:3: «Torcidos están los impíos desde la matriz; extraviados y mentirosos desde que nacieron.» Pr 22:15: «La necedad (el mal moral) está ligada en el corazón del muchacho.»

Estos tres hechos innegables, la universalidad del pecado entre los hombres, su poder dominante, y su temprana manifestación, constituyen una clara prueba de la corrupción de nuestra común naturaleza. Es un principio de juicio universalmente reconocido y sobre el que se actúa, que un curso de acción en cualquier criatura, racional o irracional, que es universal y dominante, y que es adoptado uniformemente desde el comienzo de su ser, determina y revela su naturaleza. El hecho de que todos los individuos de ciertas especies vivan de la rapiña; que todos los individuos de otra especie vivan de hierba; que algunos sean anfibios, y otros vivan sólo en la tierra; que algunos sean gregarios y otros solitarios; que algunos sean suaves y dóciles, y otros feroces e indomables; no bajo ciertas circunstancias y condiciones, sino siempre y en todas partes, bajo todas las diferentes circunstancias de su ser, se considera prueba de su constitución natural. Muestra lo que son por naturaleza, en distinción a lo que son o puedan ser hechos por circunstancias y cultura externas. El mismo principio se aplica a nuestros juicios acerca de los hombres. Todo lo que sea variable y limitado en sus manifestaciones; todo lo que se encuentre en algunos hombres y no en otros, lo atribuimos a causas peculiares y limitadas, pero lo que es universal y dominante es uniformemente atribuido a la naturaleza del hombre. Algunos de estos modos de acción universalmente manifiestos entre los hombres son atribuibles a los atributos esenciales de su naturaleza, como la razón y la conciencia. El hecho de que todos los hombres efectúen acciones racionales constituye una clara prueba de que son criaturas racionales; y el hecho de que ejecuten acciones morales constituye prueba de que tienen una naturaleza moral. Otros modos universales de acción son atribuidos no a los atributos esenciales de la naturaleza humana, sino a su actual estado permanente. Que todos los hombres busquen la comodidad y los placeres, y que se prefieran a sí mismos antes que a otros, no debe atribuirse a nuestra naturaleza como hombres, sino a nuestro estado presente. Como el hecho de que todos los hombres ejecuten acciones morales es prueba de que tienen una naturaleza moral, así también el hecho de que tal conducta moral es siempre mala, o que todos los hombres pecan desde el más temprano desarrollo de sus capacidades, constituye prueba de que su naturaleza moral es depravada. Es absolutamente inconsecuente con todas las ideas justas de Dios que Él haya creado al hombre con una naturaleza que con absoluta uniformidad lo conduzca al pecado y a la destrucción; o que le haya situado en circunstancias que inevitablemente lo lleven a su ruina. El actual estado de la naturaleza humana no puede ser, por ello, su condición normal y original. Somos una raza caída. Nuestra naturaleza se ha vuelto corrompida por nuestra apostasía de Dios, y por ello toda imaginación (esto es, todo ejercicio) de los pensamientos del corazón del hombre son sólo y de continuo el mal. Véase también Gn 8:21. Esta es la solución Escrituraria y la única racional del hecho innegable de la profunda, universal y temprana pecaminosidad manifiesta de los hombres en todas las eras, de cada clase, y en todas partes del mundo.

Evasiones de los anteriores argumentos.

Los métodos adoptados por los que niegan la doctrina del pecado original para dar cuenta de la universalidad del pecado son insatisfactorios en sumo grado.

1. No será necesario referirnos aquí a las teorías que esquivan esta enorme dificultad bien negando la existencia del pecado, bien atenuando su mala naturaleza, de manera que la dificultad deje de existir. Si en realidad no existe el mal del pecado, entonces no hay pecado que explicar. Pero el hecho de la existencia del mal, de su universalidad y de su poder, es demasiado palpable y está demasiado en la consciencia para admitir su negación o que sea dejado a un lado.

2. Otros mantienen que tenemos en el libre albedrío del hombre una solución suficiente para dar cuenta de la universalidad del pecado. Los hombres pueden pecar; escogen pecar, y no se precisa de mayor razón para explicarlo. Si Adán pecó sin una naturaleza corrompida antecedente, ¿por qué, se pregunta, se tiene que suponer la corrupción de la naturaleza para explicar el hecho de que otros hombres pequen? Sin embargo, un efecto uniforme exige una causa uniforme. El hecho de que un hombre pueda andar no es razón adecuada para que siempre ande en una dirección. Un hombre puede ejercer sus facultades para alcanzar uno u otro objeto; el hecho de que las dedique a lo largo de toda una vida a adquirir riquezas no se explica simplemente diciendo que es un agente libre. La pregunta es: ¿Por qué su agencia libre está siempre ejercitada en una dirección determinada? Así, el hecho de que los hombres sean agentes libres no es la solución de la pecaminosidad universal y total apostasía de nuestra raza respecto a Dios.

3. Otros buscan una explicación de este hecho en el orden de desarrollo de los elementos

constitutivos de nuestra naturaleza. Estamos constituidos de tal manera que las facultades sensoriales son llamadas a su ejercicio antes que los poderes más elevados de la razón y de la conciencia. Por ello, los primeros alcanzan un dominio indebido, y conducen al niño y al hombre a obedecer los instintos inferiores de su naturaleza, cuando debiera ser conducido por sus más elevadas facultades. Pero, en primer lugar, ésta es una concepción totalmente inadecuada de nuestra depravación hereditaria. No consiste exclusiva ni principalmente en el dominio de la carne (en el sentido limitado de esta palabra) sobre el Espíritu. Es un mal mucho más profundo y radical. Es muerte espiritual, según las expresas declaraciones de las Escrituras. Y, en segundo lugar, no puede ser la condición normal del hombre que sus facultades naturales se desarrollen en tan orden que inevitable y universalmente lo conduzcan a su degradación y ruina moral. Y, en tercer lugar, esta teoría no elimina dificultades, y por otra parte no explica los hechos. Es tan difícil de conciliar con la justicia y la bondad de Dios el que los hombres nazcan con una naturaleza constituida de tal manera que les conduce indefectiblemente al pecado como que nazcan en un estado de pecado. Con ello se niega toda justa probación a la raza. Según las Escrituras y la doctrina de la Iglesia, la humanidad ha tenido no sólo una probación justa, sino también favorable en Adán, que actuó como representante de ellos en la madurez y plena perfección de su naturaleza, y con todas las facilidades, motivos y consideraciones adaptados para asegurar su fidelidad. Esto es mucho más fácil de creer que la suposición de que Dios ponga al niño en el amanecer de la razón en su probación para la eternidad, con una naturaleza ya pervertida, y bajo circunstancias que en todo caso e indefectiblemente lo llevan a su destrucción. La única solución, por ello, que provee una explicación es la doctrina Escrituraria de que toda la humanidad cayó en la primera trasgresión de Adán, y llevando la pena por su pecado entran en el mundo en estado de muerte espiritual, cuya evidencia se ve y siente en la universalidad, el poder controlador y la temprana manifestación del pecado.

Las Escrituras enseñan esta doctrina de manera expresa.

Las Escrituras enseñan la doctrina del pecado original, o la corrupción hereditaria y pecaminosa de nuestra naturaleza como derivada de Adán, no sólo de una manera indirecta, enseñando, como ya hemos visto, la universal y total depravación de nuestra raza, sino que también declaran la doctrina de manera directa. No solamente enseñan que los hombres pecan universalmente y desde el primer despertar de su ser, sino que también afirman que el corazón del hombre es malo. Se dice que es «Engañoso [...] más que todas las cosas, y perverso; ¿quién podrá conocerlo?» (Jer 17:9). «El corazón de los hijos de los hombres está en ellos dispuesto para hacer el mal» (Ec 8:11). «Todo designio de los pensamientos del corazón de ellos era de continuo solamente el mal» (Gn 6:5); o, como en Gn 8:21, «El intento del corazón del hombre es malo desde su juventud.» Por corazón, en el lenguaje de las Escrituras, se significa al hombre mismo; el alma, aquello que es la sede y fuente de la vida. Es aquello que piensa, siente, desea y quiere. Es aquello de lo que proceden buenos o malos pensamientos, deseos y propósitos. Nunca denota un mero acto, o un estado pasajero del alma. Es aquello que es permanente, que determina el carácter. Tiene la misma relación con los actos que la tierra con sus productos. Así como una buena tierra da plantas apropiadas para los hombres y para los animales, y una mala tierra produce cardos y espinos, así se nos dice que el corazón humano (la naturaleza humana en su estado actual) es demostrado malo por la prolífica cosecha de pecados que produce siempre y en todo lugar. Esta doctrina es enseñada más claramente aún en Mt 7:16-19, donde nuestro Señor dice que los hombres son conocidos por sus frutos. «Por sus frutos los conoceréis. ¿Acaso se cosechan uvas de los espinos, o higos de los abrojos? Así también, todo buen árbol da buenos frutos, pero el árbol malo da frutos malos; No puede el árbol bueno dar malos frutos, ni el árbol malo dar frutos buenos.» Y otra vez, en Mt 12:33: «O haced el árbol bueno, y bueno su fruto; o haced enfermizo el árbol, y su fruto echado a perder; porque por el fruto se conoce el árbol.» El meollo y propósito de estas instrucciones es que los actos morales son una revelación del carácter moral. No lo constituyen, sino que simplemente lo manifiestan. El fruto de un árbol revela la naturaleza del árbol. No hace la naturaleza, sino que demuestra cuál es. Lo mismo en el caso del hombre: sus ejercicios morales, sus pensamientos y sentimientos, así como sus acciones externas, están determinadas por una causa moral. Hay algo en la naturaleza del hombre que es distinto a sus acciones y anterior a ellas, que determina su conducta (esto es, todos los ejercicios conscientes de la misma), que sea o buena o mala. Si los hombres son universalmente malos, ello constituye, según la enseñanza de nuestro Señor, una prueba evidente de que la naturaleza de ellos es mala; tanto como el hecho de que un fruto malo demuestra que el árbol es malo. Así, cuando las Escrituras declaran que el corazón del hombre es «perverso», afirman precisamente lo que significa la Iglesia cuando declara que nuestra naturaleza es depravada. Ni la palabra corazón, ni la naturaleza, en tales contextos, denota sustancia o esencia, sino disposición natural. Las palabras expresan una cualidad en distinción a un atributo o propiedad esenciales. Incluso cuando hablamos de la *naturaleza* de un árbol, no nos referimos a su esencia, sino a su calidad; a algo que puede ser modificado o cambiado sin un cambio de sustancia. Así, nuestro Señor se refiere a hacer un árbol bueno, o a hacerlo malo. La explicación del significado Escriturario de la palabra corazón que se da más arriba queda confirmada por formas análogas y sinónimas de expresión que se emplean en la Biblia. Lo que es a veces designado como un corazón malo se llama «el viejo hombre», «una ley de pecado en nuestros miembros», «la carne», «la mente carnal», etc. Y, por otra parte, lo que se llama «un nuevo corazón» es llamado «el nuevo hombre», «nueva creación» (o naturaleza), «la ley del Espíritu», «la mente espiritual», etc. Todos estos términos y frases designan lo que es inherente, inmanente y permanente, en oposición a lo que es pasajero y voluntario. La primera clase de términos se emplea para describir la naturaleza del hombre antes de su regeneración, y la otra para describir el cambio consiguiente a la regeneración. Así, las Escrituras, al declarar que el corazón del hombre es engañoso y desesperadamente perverso, y que su imaginación o ejercicios son de continuo el mal, declaran en términos directos la doctrina de la Iglesia del pecado original.

El Salmista también afirma directamente esta doctrina cuando dice: (Sal 51:5): «En maldad he sido formado, y en pecado me concibió mi madre.» En los versículos anteriores él había confesado sus pecados de comisión; y aquí se humilla a sí mismo aún más completamente delante de Dios, reconociendo su depravación innata, hereditaria, una depravación que no consideraba como una mera debilidad, o inclinación al mal, sino que declaró que era iniquidad y pecado. En partes posteriores del Salmo se refiere a esta corrupción hereditaria e inherente, de la que deseaba fervorosamente ser liberado. «Pero Tú amas la verdad en lo íntimo, y en lo secreto me has hecho comprender sabiduría. Purifícame con hisopo, y seré limpio; lávame, y quedaré más blanco que la nieve. [...] Crea en mí, oh Dios, un corazón limpio, y renueva un espíritu recto dentro de mí.» Era de su parte interior, de su naturaleza interna, que había sido formada en iniquidad y concebida en pecado, acerca de la que él oraba que pudiera ser purificado y renovado. Todo el espíritu de este Salmo y el contexto en el que aparecen las palabras del versículo quinto, han constreñido a la mayoría de los comentaristas y lectores de la Escritura a reconocer en este pasaje una afirmación directa de la doctrina del pecado original. Naturalmente, ninguna doctrina descansa sobre un pasaje aislado. Lo que se enseña en un lugar con toda certeza será dado por supuesto o será afirmado en otros lugares. Lo que David dice de sí mismo como nacido en pecado es confirmado por otras descripciones de la Escritura, lo que muestra que lo que era verdad de él no es menos verdad de toda la humanidad. Así (Job 14:4), «¿Quién hará limpio a lo inmundo?» 15:14: «¿Qué cosa es el hombre para que se crea limpio, y para que se vea inocente el nacido de mujer?» Así también nuestro Señor dice (Jn 3:6): «Lo que es nacido de la carne, carne es.» Esto significa, claramente, que lo que nace de padres corrompidos es en sí mismo corrompido; y está corrompido a causa de su ascendencia o derivación. Esto está claro: (1) Por el uso común de la palabra *carne* en un sentido religioso en las Escrituras. Además de los sentidos primario y secundarios de la palabra se emplea de manera familiar en la Biblia para designar nuestra naturaleza corrompida y caída. Por ello, estar «en la carne» es estar en nuestro estado natural, no regenerado. Las obras de la carne son obras que brotan de una naturaleza corrompida; andar según la carne es vivir bajo la influencia controladora de una naturaleza pecaminosa. Por esto, ser carnal, o tener una mente carnal, es ser corrompido, o, como lo explica Pablo, es estar vendido, ser esclavo del pecado. (2) Por cuanto la carne es aquí opuesta al Espíritu. «Lo que es nacido de la carne, carne es; y lo que es nacido del Espíritu, espíritu es.» Como lo que significa la segunda parte de este versículo, indudablemente, es que lo derivado del Espíritu Santo es santo, o conformado a la naturaleza del Espíritu Santo, la primera parte tiene que significar que aquello que se deriva de un origen malo es en sí mismo malo. Un hijo nacido de padres caídos deriva de ellos una naturaleza caída, corrompida. (3) Esta interpretación está demandada por el contexto. Nuestro Señor está asignando la razón para la necesidad de la regeneración o del nacimiento espiritual. Esta razón es la derivación de una naturaleza corrompida por nuestro nacimiento natural. Es por cuanto nacemos en pecado que la renovación del Espíritu Santo es universal y absolutamente necesaria para nuestra salvación.

Otro pasaje igualmente decisivo es Ef 2:3: «También todos nosotros» (esto es, nosotros los judíos, lo mismo que los gentiles) «éramos por naturaleza hijos de ira, lo mismo que los demás.» *Hijos de ira*, según un giro hebraico conocido, significa objetos de ira. Nosotros, dice el Apóstol, así como los demás hombres, somos objeto de la ira divina. Esto es, estamos bajo condenación, justamente expuestos a Su desagrado. Esta exposición a la ira de Dios, como Él enseña, no se debe exclusivamente a nuestra conducta pecaminosa, es la condición en que nacimos. Somos *por naturaleza* hijos de ira. La palabra naturaleza en estas formas de expresión siempre se opone a aquello que es adquirido, o sobrepuesto, o a lo que se debe a una influencia *ab extra* o a un desarrollo interior. Pablo dice que él y Pedro eran judíos por naturaleza, esto es, eran judíos de nacimiento, no por proselitismo. Dice que los gentiles hacen por naturaleza las cosas de la ley, esto es, en virtud de su constitución interior, no por instrucciones externas. Los dioses de los paganos, dice él, no son dioses por naturaleza. Sólo lo son en opinión de los hombres. En la literatura clásica, lo mismo que en el lenguaje ordinario, decir que los hombres son de naturaleza orgullosa, cruel, o justa, significa siempre que se les debe este predicado a causa de su constitución o condición natural, y no simplemente debido a su conducta o carácter adquirido. El dativo *phusei* en este pasaje no significa *a causa de*, porque *phusis* significa simplemente naturaleza, sea buena o mala. Pablo no dice directamente que sea «a causa de nuestra naturaleza (corrompida) que seamos hijos de ira», interpretación que demanda la introducción en el texto de la idea expresada por la palabra *corrompida*. Simplemente afirma que somos hijos de ira *por naturaleza*; esto es, tal como nacimos. Nacemos en un estado de pecado y de condenación. Y esta es la doctrina de la Iglesia del pecado original. Nuestra condición natural no es meramente una condición de debilidad física, o de propensión al pecado, ni de sujeción a malas disposiciones, que, si se abrigan, se tornan pecaminosas; sino que nacimos en estado de pecado. Rueckert, un comentarista racionalista, dice, refiriéndose a este pasaje:[33] «Es perfectamente evidente, por Ro 5:12-20, que Pablo estaba bien lejos de estar opuesto a la idea expresada en el Sal 51:7 de que los hombres nacen pecado-

---

33. *Der Brief Pauli an die Epheser*. Leipzig, 1834, pág. 88.

res, y como no interpretamos para ningún sistema, no intentaremos negar que el pensamiento, "nacimos hijos de ira", esto es, tal como fuimos desde nuestro nacimiento quedamos expuestos a la ira divina, sea el verdadero sentido de estas palabras.»

La Biblia describe a los hombres como espiritualmente muertos.

Otra manera en la que las Escrituras enseñan claramente la doctrina del Pecado original se debe hallar en los pasajes en los que describen el estado natural del hombre desde la caída. Los hombres, todos los hombres, de todas las naciones y eras, y de todas las condiciones, son descritos como espiritualmente muertos. El hombre natural, el hombre tal como es por naturaleza, está destituido de la vida de Dios, esto es, de vida espiritual. Su entendimiento está entenebrecido, de manera que no conoce ni recibe las cosas de Dios. No es susceptible a ser impresionado por las realidades del mundo espiritual. Es tan insensible a ellas como un hombre muerto lo es a las cosas de este mundo. Está enajenado de Dios, y es totalmente incapaz de liberarse por sí mismo de este estado de corrupción y desdicha. Aquellos, y sólo aquellos, que son renovados por el Espíritu Santo, que son vivificados por el poder de Dios, y que por ello mismo son llamados espirituales, como dirigidos y motivados por un principio superior que cualquiera que pertenezca a nuestra naturaleza caída, son descritos como liberados de este estado en el que nacen los hombres. «El hombre natural», dice el Apóstol, «no capta las cosas que son del Espíritu de Dios, porque para él son locura, y no las puede conocer, porque se han de discernir espiritualmente» (1 Co 2:14). «Y Él os dio vida a vosotros, cuando estabais muertos por vuestros delitos y pecados»; y no sólo vosotros los gentiles, sino que «aun [...] nosotros», cuando estábamos muertos en pecados, Dios «nos dio vida juntamente con Cristo» (Ef 2:1, 5). El estado de todos los hombres, judíos y gentiles, anterior a la regeneración, es declarado como un estado de muerte espiritual. En Ef 4:17, 18 se describe este estado natural del hombre diciendo acerca de los gentiles que «andan en la vanidad de su mente (esto es, en pecado), teniendo el entendimiento entenebrecido, excluidos de la vida de Dios por la ignorancia que hay en ellos, por la dureza de su corazón». El estado natural del hombre es de tinieblas, de las que su efecto inmediato es la ignorancia y el endurecimiento, y la consiguiente enajenación de Dios. Es cierto que esto se dice de los gentiles, pero el Apóstol enseña constantemente que lo que es cierto del gentil es no menos cierto del judío; porque no hay diferencia, por cuanto todos pecaron, y están destituidos de la gloria de Dios. Con estos pocos pasajes concuerda todo el tenor de la Palabra de Dios. La naturaleza humana en su estado actual es siempre y en todo lugar descrita como así entenebrecida y corrompida.

Argumento conforme a la necesidad de la Redención.

Otro argumento sustentando la doctrina del pecado original es que la Biblia en todo lugar enseña que los hombres necesitan de la redención mediante la sangre de Cristo. Las Escrituras no conocen nada acerca de la salvación de nadie de la familia humana excepto por medio de la redención que es en Cristo Jesús. Ésta es tan claramente la doctrina de la Biblia que nunca ha sido cuestionada en la Iglesia Cristiana. Los párvulos precisan de la redención lo mismo que los adultos, porque también ellos quedan incluidos en el pacto de la gracia. Pero la redención, en el sentido cristiano del término, es liberación por medio de la sangre de Cristo del poder y de las consecuencias del pecado. Cristo vino a salvar a los pecadores. Y no salva a nadie más que a pecadores. Si salva a párvulos, tienen que estar en estado de pecado. No hay posibilidad de evitar esta conclusión, excepto negando una u otra de las premisas de las que se desprende. O bien tenemos que negar que los párvulos sean salvos por medio de Cristo, lo cual es una idea tan anticristiana que apenas si ha sido expresada dentro del ámbito de la Iglesia, o bien tenemos que negar que la redención, en el sentido cristiano del término, incluye la liberación del pecado. Esta es la postura adoptada por los que niegan la doctrina del pecado original, y que sin embargo admiten que los párvulos son salvos por medio de Cristo. Sostienen que en el caso de ellos la redención es meramente la preservación del pecado. Por causa de Cristo, o mediante Su intervención, son transferidos de un estado de ser en el que su naturaleza se desarrolla en santidad. En respuesta a esta evasiva es suficiente con observar: (1) Que es contraria a la doctrina llana y universalmente recibida de la Biblia en cuanto a la naturaleza de la obra de Cristo. (2) Que esta postura elimina la necesidad de ninguna redención. Pero toda la Biblia enseña claramente que la muerte de Cristo es absolutamente necesaria: que si hubiera otra manera en la que los hombres pudieran ser salvos, Cristo murió en vano (Gá 2:21; 3:21). Pero, según la doctrina en cuestión, no hay necesidad para su muerte. Si los hombres son una raza caída y no corrompida, y si pueden ser preservados de pecado con un mero cambio en sus circunstancias, ¿para qué entonces el costoso dispositivo de medios remediables, la encarnación, los padecimientos y la muerte del Eterno Hijo de Dios, para la salvación de ellos? Está bien claro que todo el plan Escriturario de la redención está basado en la apostasía de toda la raza humana de Dios. Se da por supuesto que los hombres, todos los hombres, los párvulos lo mismo que los adultos, están en estado de pecado y de desgracia, de los que nadie sino un divino Salvador puede liberarles.

Argumento conforme a la necesidad de la Regeneración.

Esto queda aún más claro conforme a lo que las Escrituras enseñan acerca de la necesidad de la regeneración. Por regeneración se significa tanto en la Escritura como en el lenguaje de la Iglesia la renovación efectuada por el Espíritu Santo; el cambio de corazón o de naturaleza llevados a cabo por el poder del Espíritu, mediante el que el alma pasa de un estado de muerte a un estado de vida espiritual. Es este cambio de pecado a santidad el que nuestro Señor pronuncia como absolutamente esencial para la salvación. Sólo los pecadores necesitan regeneración, Los párvulos necesitan regeneración. Por ello, los párvulos están en estado de pecado. El único extremo de este argumento que debe ser probado es que los párvulos precisan de la regeneración en el sentido que arriba se explica. Pero esto apenas si admite duda alguna. (1) Queda demostrado por el lenguaje de la Escritura, que afirma que todos los hombres, a fin de entrar en el Reino de Dios, deben nacer del Espíritu. La expresión que se emplea es absolutamente universal. Significa todo ser humano descendiente de Adán por generación ordinaria. No se hace excepción alguna de clase, de tribu, de carácter o de edad. Y no estamos autorizados a hacer tal excepción. Pero además, como hemos observado anteriormente, la razón asignada para esta necesidad del nuevo nacimiento se aplica a los párvulos así como a los adultos. Nuestro Señor dice que todos los que son nacidos de la carne, y por cuanto son así nacidos, deben nacer de nuevo. (2) Los párvulos siempre han sido incluidos con sus padres en cada revelación o promulgación del pacto de gracia. La promesa de un Redentor a nuestros primeros padres concernía a sus hijos lo mismo que a ellos. El pacto con Abraham no fue solamente con él, sino también con su posteridad, pequeños y adultos. El pacto en el Monte Sinaí, que como enseña Pablo, incluía el pacto de la gracia, fue solemnemente ratificado con el pueblo y con sus «pequeños». Las Escrituras, así, siempre contemplan a los hijos desde el nacimiento como necesitados de la salvación, y como interesados en el plan de salvación que la Biblia tiene el magno designio de revelar. (3) Esto es aún más evidente por el hecho de que la señal y el sello del pacto de la gracia, la circuncisión bajo la Antigua dispensación, y el bautismo bajo la Nueva, se aplicaba a recién nacidos. La circuncisión era desde luego un signo y señal del pacto nacional entre Dios y los hebreos como nación. Esto es, era el sello de aquellas promesas dadas a Abraham, y después por medio de Moisés, que se relacionaban con la teocracia externa o república de Israel. Sin embargo, queda claro que además de estas promesas nacionales había también la promesa de la redención hecha a Abraham, promesa que, dice explícitamente el Apóstol, nos ha alcanzado (Gá 3: 14). Esto es, nosotros (todos los creyentes) quedamos incluidos en el pacto hecho con Abraham. No está menos claro que la circuncisión era la señal y el sello de aquel pacto. Esto queda claro porque el Apóstol enseña que Abraham recibió la circuncisión como sello de la justicia de la fe. Esto es, fue el sello de aquel pacto que prometía y aseguraba la justicia sobre la condición de la fe. Está también claro porque las Escrituras enseñan que la circuncisión tenía un sentido espiritual. Significaba purificación interior. Era administrada a fin de enseñar a los hombres que los que recibían el rito necesitaban tal purificación, y que esta gran bendición era prometida a los fieles al pacto, de lo que la circuncisión era el sello. Por esto, las Escrituras hablan de la circuncisión del corazón; de una Circuncisión interior efectuada por el Espíritu en distinción de la que era exterior en la carne. Comparar Dt 10:16; 30:6; Ez 44:7; Hch 7:51; Ro 2:28. Conforme a todo esto, queda claro que la circuncisión no podía ser administrada según su designio divinamente constituido a cualquiera que no precisara de la circuncisión o regeneración de corazón, para hacerlos aptos para la presencia y el servicio de Dios. Y como era administrada por mandato divino a los párvulos cuando tenían ocho días de edad, es inevitable la conclusión de que delante de Dios tales párvulos precisan de regeneración, y por ello que nacen en pecado.

El mismo argumento se aplica, evidentemente, al bautismo de párvulos. El bautismo es una ordenanza instituida por Cristo, para significar y sellar la purificación del alma, mediante la aspersión de su sangre, y su regeneración por el Espíritu Santo. Por ello sólo puede ser administrada propiamente a aquellos que están en un estado de culpa y de perdición. Sin embargo, se administra a párvulos, y por ello se supone que los párvulos necesitan perdón y santificación. Este es el argumento que Pelagio y sus seguidores encontraron más difícil de rebatir. No podían negar el sentido del rito. No podían negar que era administrado con propiedad a párvulos, y sin embargo rehusaron admitir la inevitable conclusión de que los párvulos nacen en pecado. Por ello, fueron conducidos a la evasión artificiosa de que el bautismo era administrado a los párvulos no por su estado actual, sino sobre la suposición de su probable condición futura. No eran pecadores, pero probablemente llegarían a serlo, y necesitarían entonces los beneficios de los que el bautismo es señal y prenda. Incluso el Concilio de Trento encontró necesario protestar solemnemente en contra de una perversión tan manifiesta de un solemne sacramento, que lo reducía a una burla. La fórmula del bautismo prescrita por Cristo, y universalmente adoptada por la Iglesia, supone que aquellos a los que se administra el bautismo son pecadores, y que necesitan la remisión de pecados y la renovación del Espíritu Santo. Así, la doctrina del pecado original queda entretejida en el mismo tejido del cristianismo, y se encuentra en la base de las instituciones del evangelio.

Argumento conforme a la universalidad de la muerte.

Otro argumento decisivo sobre este tema se saca de la universalidad de la muerte. La muerte, según las Escrituras, es un mal penal. Presupone pecado. Ninguna criatura moral racional está sujeta a la muerte excepto por causa del pecado. Los pequeñitos mueren, y por ello los pequeñitos son sujetos del pecado. La única manera de evadirse de este argumento es negar que la muerte sea una inflicción penal. Esta es la postura adoptada por los que rechazan la doctrina del pecado original. Afirman que se trata de un mal natural que brota de la constitución original de nuestra naturaleza, y que por ello no es más una prueba de que todos los hombres son pecadores que la muerte de los brutos demuestra que ellos sean pecadores. En respuesta a esta objeción, es evidente observar que los hombres no son brutos. El hecho de que los animales irracionales, incapaces de pecar, estén sujetos a la muerte, no constituye entonces evidencia de que las criaturas morales puedan estar sujetas con justicia al mismo mal, aunque libres de pecado. Pero, en segundo lugar, lo que es de mucho mayor peso, la objeción está en oposición directa a las declaraciones de la Palabra de Dios. Según la Biblia, la muerte en el caso del hombre es un castigo. Adán fue amenazado con ella como la pena de la trasgresión. Si no hubiera pecado, tampoco habría muerto. El Apóstol declara de manera expresa que la muerte es la paga (o castigo) del pecado; y la muerte se debe al pecado (Ro 6:23 y 5:12). Él no sólo lo declara como un hecho, sino que lo adopta como principio, haciendo de ello la base de todo su argumento en Ro 5:12-20. Su doctrina, como aquí la expone, es que donde no hay ley no hay pecado, y donde no hay pecado, no hay castigo. Todos los hombres son castigados, y por tanto todos los hombres son pecadores. El hecho de que todos los hombres son castigados lo demuestra por el hecho de que todos mueren. La muerte es el castigo. La muerte, dice él, reinó desde Adán hasta Moisés. Reina incluso sobre aquellos que no han pecado en sus mismas personas por trasgresión voluntaria, como sí hizo Adán. Reina sobre los pequeñitos. Ha pasado absolutamente a todos los hombres por cuanto todos son pecadores. No se puede poner en duda que este es el argumento del Apóstol; y tampoco se puede poner en duda que este argumento está basado en la presuposición de que la muerte, en el caso del hombre, es un mal penal, y que su inflicción es una prueba innegable de culpa. Por ello, tenemos o bien que rechazar la autoridad de las Escrituras, o bien admitir que la muerte de los pequeñitos es una prueba de su pecaminosidad.

Aunque el argumento del Apóstol, tal como se ha enunciado anteriormente, es una prueba directa del pecado original (o de la corrupción inherente, hereditaria), no es menos prueba, como se ha insistido en otra ocasión, de la imputación del pecado de Adán. Pablo argumenta en Ro 5:12-20 para demostrar que así como en nuestra justificación la rectitud sobre cuya base somos aceptados no es subjetivamente nuestra, sino la rectitud de otro, de Cristo, de la misma manera la razón primaria de nuestra condenación a la muerte es el pecado de Adán, algo fuera de nosotros, y no personalmente nuestro. Pero se tiene que recordar que la muerte de la que él habla en conformidad al uso uniforme de la Escritura, en estos contextos, es la muerte de un hombre; una muerte apropiada para su naturaleza como ser moral formado en la imagen de Dios. La muerte con que se amenazó a Adán no era la mera disolución de su cuerpo, sino muerte espiritual, la pérdida de la vida de Dios. La muerte física de los párvulos es una prueba patente de que están sujetos a la pena que sobrevino a los hombres (que entró en el mundo y que pasó a todos los hombres) debido a un hombre, o por la desobediencia de uno. Y por cuanto aquella pena era la muerte espiritual, así como la disolución del cuerpo, la muerte de los párvulos es una prueba Escritural y decisiva de su nacimiento destituidos de la rectitud original e infectados con una pecaminosa corrupción de la naturaleza. Su muerte física es prueba de que están involucrados en la pena, cuyo principal elemento es la muerte espiritual del alma. Fue por la desobediencia de un hombre que todos son constituidos pecadores, no sólo por imputación (lo cual es cierto, y de gran importancia), sino también por depravación inherente. Como es por la obediencia de un hombre que todos son constituidos justos, no sólo por imputación (lo cual es verdad y vitalmente importante), sino también por la consiguiente renovación de su naturaleza fluyendo de su reconciliación con Dios.

Argumento conforme al común consentimiento de los cristianos.

Finalmente, es justo, acerca de esta cuestión, apelar a la fe de la Iglesia universal. Los protestantes, al rechazar la doctrina de la Tradición, y al afirmar que la Palabra de Dios contenida en las Escrituras del Antiguo y del Nuevo Testamento es la única norma infalible de fe y de práctica, no rechazan la autoridad de la Iglesia como maestra. No se aíslan de la gran compañía de los fieles en todas las edades, para establecer una nueva fe. Mantienen que Cristo prometió el Espíritu Santo para conducir a su pueblo al conocimiento de la verdad; que el Espíritu mora como maestro en todos los hijos de Dios, y que los que nacen de Dios son así llevados al conocimiento y a la creencia de la verdad. Así, hay para la verdadera Iglesia, o el verdadero pueblo de Dios, sólo una fe, como así sólo tiene un Señor y un Dios, el Padre de todos. Por tanto, cualquier doctrina que pueda ser demostrada como una parte de la fe (no de la Iglesia externa y visible, sino) de los verdaderos hijos de Dios en todas las eras del mundo, tiene que ser cierta. Debe ser recibida no porque sea universalmente creída, sino porque el hecho de que sea universalmente creída por verdaderos cristianos es una prueba de que está enseñada por el Espíritu tanto en su Palabra como en los corazones de su pueblo. Este es un sano principio reconocido por todos los Protestantes. Esta fe universal de la Iglesia no ha de ser buscada tanto en las decisiones de los concilios eclesiásticos como en las fórmulas devocionales que han prevalecido entre el pueblo. Como frecuentemente se observa, es en las oraciones, en la himnología, en los escritos devocionales que los verdaderos creyentes establecen como canal de su comunión con Dios, y el medio a través del que expresan sus más íntimas convicciones religiosas, donde debemos buscar la fe universal. De la fe del pueblo de Dios nadie se puede separar sin perder la comunión de los santos, y sin colocarse fuera del ámbito de los verdaderos creyentes. Si estas cosas se admiten, tenemos que admitir la doctrina del pecado original. Desde luego, esta doctrina ha recibido varias explicaciones, y en muchos casos ha sido desvirtuada por teólogos y por concilios, pero está indeleblemente grabada en la fe de la verdadera Iglesia. Impregna las oraciones, el culto y las instituciones de la Iglesia. Todos los verdaderos cristianos están convencidos de pecado; están convencidos no sólo de sus transgresiones individuales, sino también de la depravación de sus corazones y naturalezas. Reconocen esta depravación como innata y dominante. Gimen bajo ella como bajo una pesada carga. Saben que por naturaleza son hijos de ira. Los padres llevan sus hijos a Cristo para ser lavados por Su sangre y renovados por Su Espíritu con tanta ansiedad como las madres se amontonaban alrededor de nuestro Señor, con sus sufrientes pequeñuelos, para que fueran sanados por su gracia y poder. Así, sean cuales sean las dificultades que pueda conllevar la doctrina del pecado original, debemos aceptarla como claramente enseñada en las Escrituras, confirmada por el testimonio de la conciencia y de la historia, y sustentada por la fe de la Iglesia universal.

Objeciones.

Se debe admitir que las objeciones a esta doctrina son muchas y serias. Pero esto es verdad de todas las grandes doctrinas de la religión, sea natural o revelada. Y tales dificultades no se limitan a la esfera de la religión. Nuestro conocimiento, en todos los campos, está muy limitado, y está, en gran medida, limitado a hechos aislados. Sabemos que una piedra cae al suelo, que una semilla germina y produce una planta de su misma naturaleza; pero nos es totalmente imposible comprender cómo se consiguen estos efectos con los que tan familiarizados estamos. Sabemos que Dios es, y que gobierna todas sus criaturas, pero no conocemos cómo su eficaz actividad controladora concuerda con el libre albedrío de los seres racionales. Sabemos que existen el pecado y la desgracia en el mundo, y sabemos que Dios es infinito en poder, santidad y benevolencia. Lo que no sabemos es cómo conciliar la prevalencia del pecado con el carácter de Dios. Estos son unos hechos familiares y universalmente admitidos, tanto en filosofía como en religión. Una cosa contra la que se puedan hacer objeciones que nadie puede responder puede ser cierta, y a menudo lo es. Hay dos importantes principios prácticos que siguen de los hechos acabados de mencionar. Primero, que el hecho de que no podamos despejar de objeciones y dificultades una verdad bien autenticada no es una base suficiente o racional para rechazarla. Y segundo, que se debe considerar como suficientemente contestada cualquier objeción contra una doctrina religiosa si se puede mostrar que se enfrenta en el mismo sentido contra un hecho innegable. Si la objeción no es una causa racional para negar el hecho, no es una causa racional para rechazar la doctrina. Este es el método que los escritores sagrados adoptan para vindicar la verdad.

Se verá que casi todas las objeciones contra la doctrina del pecado original, o bien no se refieren a la evidencia de la verdad de la doctrina, sea derivada de la Escritura o de la experiencia, sino a la dificultad de conciliarla con otras verdades, o bien se insiste en que estas objeciones son fatales para la doctrina cuando en realidad son igual de válidas contra los hechos de la providencia como lo son contra las enseñanzas de la Escritura.

La objeción de que los hombres son responsables sólo de sus actos voluntarios.

1. La objeción más evidente a la doctrina del pecado original se basa en la suposición de que nada puede tener carácter moral más que los actos voluntarios y los estados de la mente resultantes de o producidos por nuestra actividad voluntaria, y que están sujetos al poder de la voluntad. Esta objeción descansa sobre un principio que ya ha sido considerado. Llega muy lejos. Si fuera sano, entonces no puede existir una santidad concreada, o gracia habitual, o pecado innato, o inherente o residente. Pero ya hemos visto, al tratar de la naturaleza del pecado, que según las Escrituras, y el testimonio de la conciencia y el juicio universal de los hombres, el carácter moral de las disposiciones depende de su naturaleza y no de su origen. Adán era santo, aunque creado así. Los santos son santos, aunque regenerados y santificados por el poder omnipotente de Dios. Y por ello el alma es verdaderamente pecaminosa si está sujeta a disposiciones pecaminosas, aunque estas disposiciones sean innatas y totalmente más allá del control de la voluntad. Aquí se verá que la objeción no va contra la evidencia Escrituraria de la doctrina de que los hombres nacen en pecado, ni en contra del testimonio de los hechos de la verdad de la dicha doctrina: se basa en la dificultad de conciliar la doctrina del pecado innato con ciertos principios adoptados con respecto a la naturaleza y a las bases de la obligación moral. Tanto si podemos refutar estos principios como si no, ello no afecta a la veracidad de la doctrina. Igual podríamos negar toda profecía y toda providencia por el hecho de que no podamos conciliar el control absoluto de los agentes libres con su libertad. Si el axioma moral que se adopta de que un hombre sólo puede ser responsable de sus propias acciones entra en conflicto con los hechos de la experiencia y las enseñanzas de las Escrituras, lo racional es negar el pretendido axioma, y no rechazar los hechos con los que el axioma está en conflicto. La Biblia, la Iglesia, la masa de la humanidad y la conciencia consideran al hombre responsable por su carácter, con independencia de cómo fuera formado el carácter, o de dónde se derivara; por tanto, la doctrina del pecado original no entra en conflicto con verdades morales intuitivas.

Objeción basada en la justicia de Dios.

2. Se objeta que es inconsistente con la justicia de Dios que los hombres vengan al mundo en estado de pecado. Como respuesta a esta objeción se puede observar: (1) Que todo lo que Dios haga tiene que estar bien. Si Él permite que los hombres nazcan en pecado, este hecho debe ser consistente con Su perfección divina. (2) Es un hecho de la experiencia, no menos que doctrina de la Escritura, que los hombres nacen, o bien en estado de pecado y condenación, tal como lo enseña la Iglesia, o bien, como todos deben admitirlo, en un estado que inevitablemente lleva a que sean pecaminosos y desgraciados. Por tanto, esta objeción milita tanto contra un hecho providencial como contra la doctrina de las Escrituras. O bien tenemos que negar a Dios, o bien admitir que la existencia y universalidad del pecado entre los hombres es compatible con su naturaleza y con su gobierno del mundo. (3) La Biblia, como a menudo se ha observado antes, da cuenta de la corrupción de nuestra raza y la explica sobre la base de

que la humanidad tuvo una plena y justa probación en Adán, y que la muerte espiritual en la que nacer forma parte de la pena judicial de su trasgresión. Si rechazamos esta solución del hecho, no podemos negar el hecho mismo, y, siendo un hecho, tiene que ser consistente con el carácter de Dios.

La doctrina presenta a Dios como autor del pecado.
3. Una tercera objeción en la que se insiste a menudo y con confianza es que la doctrina de la Iglesia en esta cuestión hace de Dios el autor del pecado. Dios es el autor de nuestra naturaleza. Si nuestra naturaleza es pecaminosa, Dios tiene que ser el autor del pecado. La evidente falacia de este silogismo es que la palabra naturaleza es empleada en un sentido en la premisa mayor, y en sentido distinto en la menor. En la primera significa sustancia o esencia; en la segunda, disposición natural. Es cierto que Dios es el autor de nuestra esencia. Pero nuestra esencia no es pecaminosa. Dios es ciertamente nuestro Creador. Él nos hizo, y no nosotros a nosotros mismos. Somos obra de Sus manos. Él es el Padre de los espíritus de todos los hombres. Pero Él no es el autor de las malas disposiciones con las que la naturaleza está infectada al nacer. La doctrina del pecado original no atribuye a Dios ninguna eficiencia en la producción del mal. Simplemente supone que Él abandona a nuestra raza apóstata, y retira de los descendientes de Adán las manifestaciones de su favor y amor, que son la vida del alma. El hecho de que la inevitable consecuencia de este abandono judicial sea la muerte espiritual no hace de Dios el autor del pecado como tampoco la inmoralidad y la desesperada e inmutable perversidad de los réprobos, a los que Dios priva de Su Espíritu, puede ser atribuida al infinitamente Santo como su autor. Es además un hecho histórico universalmente admitido que el carácter, dentro de ciertos límites, es transmisible de padres a hijos. Cada nación, cada tribu separada, e incluso cada familia humana extendida, tiene sus peculiaridades físicas, mentales, sociales y morales que se propagan de generación en generación. Ningún proceso de disciplina o de cultura puede transformar a un tártaro en un inglés, ni a un irlandés en francés. Los Borbones, los Habsburgos y otras familias históricas, han retenido y transmitido sus peculiaridades a lo largo de los siglos. Puede que no nos sea posible explicarlo, pero no podemos negarlo. Nadie nace como hombre absoluto, sin pertenecerle nada más que la humanidad genérica. Cada uno nace como hombre en un estado determinado, con todas aquellas características físicas, mentales y morales que constituyen su individualidad. Así, nada hay en la doctrina de la depravación hereditaria que se encuentre fuera de analogía con los hechos de la providencia.

Se dice que destruye el libre albedrío de los hombres.
4. Se objeta además frente esta doctrina que destruye el libre albedrío de los hombres. Si nacemos con una naturaleza corrompida por la que nos vemos inevitablemente determinados a actos pecaminosos, dejamos de ser libres en la ejecución de tales actos, y consiguientemente no somos responsables de los mismos. Esta objeción se basa en una teoría particular de la libertad, y debe mantenerse o caer con ella. La misma objeción se presenta contra la doctrina de los decretos, de la gracia eficaz, de la perseverancia de los santos; y todas las otras doctrinas que suponen que un acto libre puede ser totalmente cierto en cuanto a su acaecimiento. Es suficiente aquí observar que la doctrina del pecado original supone que los hombres tienen la misma clase y el mismo grado de libertad para pecar bajo la influencia de una naturaleza corrompida que la que tienen los santos y los ángeles para actuar rectamente bajo la influencia de una naturaleza santa. Actuar en conformidad a su naturaleza es la única libertad que pertenece a todo ser creado.

14. El asiento del pecado original.

Habiendo considerado la naturaleza del pecado original, la siguiente cuestión se refiere a dónde se asienta. Según una teoría, es en el cuerpo. El único mal efecto del pecado de Adán sobre su posteridad que admiten algunos teólogos es el desorden de su naturaleza física, por la que los apetitos y las pasiones del cuerpo adquieren una indebida influencia. Apenas distinguible de esta teoría es la doctrina de que la naturaleza sensorial del hombre, en distinción a su razón y conciencia, es lo único que queda afectado por nuestra depravación hereditaria. Una tercera doctrina es que el corazón, considerado como el asiento de los afectos en distinción al entendimiento, es el asiento de la depravación natural. Esta doctrina está conectada con la idea de que todo pecado y santidad son formas de sentimiento o estados de los afectos. Y de ella se hace la base sobre la que se explican la naturaleza de la regeneración y de la conversión, la relación entre el arrepentimiento y la fe, y otros puntos de la teología práctica. Todo se hace depender de las inclinaciones o estado de los sentimientos. En lugar de que los afectos sigan al entendimiento, el entendimiento, se dice, sigue a los afectos. Un hombre comprende y recibe la verdad sólo cuando la ama. La regeneración es sencillamente un cambio en el estado de los afectos, y la única incapacidad bajo la que los pecadores laboran en cuanto a las cosas de Dios es una falta de inclinación a las mismas. En oposición a todas estas doctrinas, el Agustinianismo, tal como lo mantienen las Iglesias Luterana y Reformadas, enseña que todo el hombre, alma y cuerpo, lo más alto así como lo más bajo, y las facultades intelectuales así como las emocionales del alma, está afectado por la corrupción de nuestra naturaleza derivada de nuestros primeros padres.

Así como las Escrituras hablan del cuerpo como santificado en dos sentidos, primero, como consagrado para el servicio de Dios, y segundo, como estando en una condición normal en todas sus relaciones con nuestra naturaleza espiritual, a fin de ser un instrumento adecuado de justicia, y también como partícipe de los beneficios de la redención, también muestran al cuerpo como afectado por la apostasía de nuestra raza. No sólo se emplea en el servicio del pecado o como instrumento de injusticia: además está deteriorado en todos los respectos. Es desordenado en sus anhelos, rebelde y difícil de refrenar. Es, como dice el Apóstol, lo opuesto al cuerpo glorioso y espiritual con que será más adelante revestido el creyente.

Toda el alma es el asiento del pecado original.

La teoría de que los afectos (o, el corazón en el sentido limitado de la palabra), con exclusión de las facultades racionales, son lo único que queda afectado por el pecado original, es anti-escrituraria, y la doctrina opuesta que hace de toda el alma el centro de la corrupción inherente es la doctrina de la Biblia, tal como queda evidente:

1. Por cuanto las Escrituras no hacen la amplia distinción entre el entendimiento y el corazón, como sí se hace comúnmente en nuestra filosofía. En ellas se habla de «los pensamientos del corazón», de «las imaginaciones del corazón» y de «los ojos del corazón», así como de sus emociones y afectos. Todo el principio inmaterial es designado en la Biblia como el alma, el espíritu, la mente, el corazón. Así, cuando habla del corazón, significa el hombre, el yo, aquello en lo que reside la individualidad personal. Si el corazón está corrompido, toda el alma está corrompida con todos sus poderes.

2. La doctrina opuesta supone que no hay nada moral en nuestras cogniciones o en nuestros juicios; que todo conocimiento es puramente especulativo. Mientras que, según la Escritura, los principales pecados de los hombres consisten en sus juicios erróneos, en pensar y creer que lo malo es bueno, y que lo bueno es malo. Este es, en su forma más elevada, tal como nos lo enseña nuestro Señor, el pecado imperdonable, o la blasfemia contra el Espíritu Santo. Debido a que los fariseos pensaban que Cristo era malo, que Sus obras eran las obras de Satanás, Él declaró que jamás podrían ser perdonados. Porque Pablo no podía ver en Cristo hermosura para desearlo, y

porque verdaderamente pensó que estaba haciendo un servicio a Dios al perseguir a los creyentes, fue, y se declaró a sí mismo como siendo, el primero de los pecadores. Como la Biblia lo revela claramente, que los hombres estén perdidos se debe a que los hombres son ignorantes de Dios, y a que están ciegos a la manifestación de Su gloria en la persona de Su Hijo. Por otra parte, la más sublime forma de excelencia moral consiste en conocimiento. Conocer a Dios es vida eterna. Conocer a Cristo es ser como Cristo. El mundo, dice Él, no me ha conocido, pero éstos (los creyentes) me han conocido. La verdadera religión consiste en el conocimiento del Señor, y la prevalencia universal de este conocimiento es predicha con estas palabras: «Todos me conocerán, desde el más pequeño hasta el más grande, dice Jehová.» A través de las Escrituras, la sabiduría es piedad, los sabios son los buenos; la insensatez es pecado, y los insensatos son los malvados. Nada puede ser más repugnante a la filosofía de la Biblia que la disociación del carácter moral del conocimiento, y nada más enfrentado a nuestra propia consciencia. Sabemos que cada afecto en una criatura racional incluye un ejercicio de las facultades cognoscitivas; y cada ejercicio de nuestras facultades cognoscitivas, en relación con temas morales y religiosos, incluye el ejercicio de nuestra naturaleza moral.

3. Un tercer argumento acerca de esta cuestión se saca del hecho de que toda la Biblia presenta al hombre natural o no regenerado como ciego o ignorante en cuanto a las cosas del Espíritu. Declara que no las puede conocer. Y la condición caída de la naturaleza humana es presentada como consistiendo primariamente en su ceguera mental. Los hombres están corrompidos, dice el Apóstol, por la ignorancia que está en ellos.

4. La conversión se afirma que consiste en la traslación desde las tinieblas a la luz. Se dice que Dios abre los ojos. Se afirma que los ojos del entendimiento (o corazón) son iluminados. Se declaran todos los creyentes como sujetos de una iluminación espiritual. Pablo describe su propia conversión diciendo que «Dios reveló a Su Hijo en mí». Él le abrió los ojos para capacitarle para ver que Jesús era el Hijo de Dios, o Dios manifestado en carne. Con ello llegó a ser una nueva criatura, y toda su vida fue desde entonces dedicada al servicio de Aquel a quien antes aborrecía y perseguía.

5. Se afirma que el conocimiento es el efecto de la regeneración. Los hombres son renovados para poder conocer. Son traídos al conocimiento de la verdad; y son santificados por la verdad. Según todas estas consideraciones, es evidente que todo el hombre es el sujeto del pecado original; que nuestra naturaleza cognitiva, así como la emocional, está involucrada en la depravación consiguiente a nuestra apostasía de Dios; que en nuestro conocimiento, así como en nuestro amar y querer, estamos bajo la influencia y dominio del pecado.

15. Incapacidad.

El tercer gran punto incluido en la doctrina escritural del pecado original es la incapacidad del hombre caído, en su estado natural, para hacer nada espiritualmente por sí mismo. Esto se incluye necesariamente en la idea de la muerte espiritual. Acerca de esta cuestión nos proponemos: (1) Enunciar la doctrina tal como se presenta en los símbolos de las iglesias Protestantes. (2) Explicar la naturaleza de la incapacidad bajo la que se afirma que labora el pecador. (3) Exhibir las pruebas Escriturarias de la doctrina; y (4) Responder a las objeciones que generalmente se presentan contra ella.

La doctrina tal como es enunciada en los Símbolos Protestantes.

Han prevalecido en la Iglesia tres posturas generales en cuanto a la capacidad del hombre caído. La primera, la doctrina Pelagiana, que afirma la capacidad plenaria de los pecadores para hacer todo lo que Dios demanda de ellos. La segunda es la doctrina Semi-Pelagiana (tomando el término Semi-Pelagiano en su sentido amplio y popular), que admite que las capacidades humanas han quedado debilitadas por la caída de la raza humana, pero que niega que se haya perdido toda capacidad para llevar a cabo lo que es espiritualmente bueno. Y en tercer lugar, la doctrina Agustiniana, o Protestante, que enseña que tal es la naturaleza de la depravación inherente y hereditaria que los hombres, desde la caída, son totalmente incapaces de volverse a sí mismos hacia Dios, o hacer nada verdaderamente bueno delante de Él. Con estas tres perspectivas acerca de la capacidad de los hombres caídos se incluyen sus correspondientes perspectivas acerca de la gracia, o de la influencia y operaciones del Espíritu Santo en la regeneración y conversión del hombre. Los Pelagianos niegan la necesidad de cualquier influencia sobrenatural del Espíritu en la regeneración y santificación de los hombres. Los Semi-Pelagianos admiten la necesidad de esta divina influencia para ayudar a los debilitados poderes del hombre en la obra de volverse a Dios, pero pretenden que el pecador coopera en aquella obra y que el resultado depende de su cooperación voluntaria. Los Agustinianos y Protestantes adscriben toda la obra de regeneración al Espíritu de Dios, siendo el alma pasiva en ello, y no agente del cambio; aunque activa y cooperando en todos los ejercicios de la vida divina de la que ha sido hecha receptora.

La doctrina de la incapacidad del pecador es expresada en los siguientes términos [...] en los Cánones de Dort:[34] «Todos los hombres son concebidos en pecado y, al nacer como hijos de ira, incapaces de algún bien saludable o salvífico, e inclinados al mal, muertos en pecados y esclavos del pecado; y no quieren ni pueden volver a Dios, ni corregir su naturaleza corrompida, ni por ellos mismos mejorar la misma, sin la gracia del Espíritu Santo, que es quien regenera.»

»Bien es verdad que después de la caída quedó aún en el hombre alguna luz de la naturaleza, mediante la cual conserva algún conocimiento de Dios, de las cosas naturales, de la distinción entre lo que es lícito e ilícito, y también muestra alguna práctica hacia la virtud y la disciplina externa. Pero está por ver que el hombre, por esta luz de la naturaleza, podría llegar al conocimiento salvífico de Dios, y convertirse a Él cuando, ni aún en asuntos naturales y cívicos, tampoco usa rectamente esta luz; antes bien, sea como fuere, la empaña totalmente de diversas maneras, y la subyuga en injusticia; y puesto que él hace esto, por tanto se priva de toda disculpa ante Dios.»

En la Confesión de Westminster[35] se declara en las secciones segunda y tercera que el pecado original incluye la pérdida de la rectitud original y una naturaleza corrompida, «por la cual», se añade en la sección cuarta, «estamos completamente impedidos, incapaces y opuestos a todo bien y enteramente inclinados a todo mal».

«La capacidad que tienen los creyentes para hacer buenas obras, no es de ellos en ninguna manera, sino completamente del Espíritu de Cristo.»[36]

El llamamiento eficaz «proviene solamente de la libre y especial gracia de Dios, y no de cualquier otra cosa prevista en el hombre, el cual es en esto enteramente pasivo, hasta que siendo vivificado y renovado por el Espíritu Santo es capacitado para así responder a este llamamiento, y para recibir la gracia ofrecida y transmitida en él».[37]

La naturaleza de la incapacidad del pecador.

Es evidente conforme a las declaraciones autorizadas de esta doctrina, tal como se da en los libros simbólicos de las iglesias Luterana y Reformada, que la incapacidad bajo la que se afirma que labora el hombre, desde la caída, no surge:

---

34. Cap. III, arts. III y IV.
35. Capítulo VI.
36. *Ibid.*, XV, I, art. 3..
37. *Ibid.*, cap. X, art. II.

Teología Sistemática—Antropología

La incapacidad no surge de la pérdida de ninguna facultad del alma.

1. De la pérdida de ninguna facultad de su mente o de ningún atributo original y esencial de su naturaleza. Retiene su razón, voluntad y conciencia. Tiene el poder intelectual de cognición, la capacidad de autodeterminación y la facultad de discernir entre el bien y el mal morales. Su conciencia, como dice el Apóstol, aprueba o desaprueba sus actos morales.

Ni de la pérdida de libre albedrío.

2. La doctrina de la incapacidad del hombre, así, no supone que el hombre haya dejado de ser un agente moral libre. Es libre por cuanto determina sus propias acciones. Cada volición es un acto de libre autodeterminación. Es un agente moral por cuanto tiene la consciencia de obligación moral, y siempre que peca actúa en contra de las convicciones de la conciencia o de los preceptos de la ley moral. Que el hombre esté en tal estado que prefiera y escoja uniformemente el mal en lugar del bien, como sucede con los ángeles caídos, no es más inconsecuente con su libre albedrío que el que esté en tal estado que prefiera y escoja el bien con la misma uniformidad que los santos ángeles.

La incapacidad no es una mera ausencia de inclinación.

3. La incapacidad de los pecadores, según la anterior exposición de la doctrina, no es una mera ausencia de inclinación a lo bueno. Existe esta ausencia de inclinación, pero no es la realidad final. Tiene que haber alguna causa o razón para ella. Como Dios y Cristo son infinitamente maravillosos, el hecho de que los pecadores no los amen no se puede explicar diciendo que no están inclinados a deleitarse en la infinita excelencia. Esto sólo sería decir lo mismo con distintas palabras. Si alguien no percibe la belleza de una obra de arte, o de una producción literaria, no se explica el hecho diciendo que la persona no tiene inclinación hacia tales formas de belleza. ¿A qué se debe que lo que es hermoso por sí mismo, y a juicio de todos los competentes para juzgar, no tiene apariencia ni hermosura para él? ¿A qué se debe que la suprema excelencia de Dios y todo lo que hace que Cristo sea señalado entre diez mil y el absolutamente deleitoso a la vista de santos y ángeles, no suscite los correspondientes sentimientos en el corazón no regenerado? Así, la incapacidad del pecador no consiste ni en su ausencia de inclinación al bien, ni surge exclusivamente de esta fuente.

Surge de la carencia de discernimiento Escritural.

4. Según las Escrituras y las normas de doctrina arriba señaladas, consiste en la carencia de capacidad de discernir rectamente las cosas espirituales, y la consiguiente carencia de todos los afectos rectos hacia ellos. Y esta carencia de capacidad para el discernimiento espiritual surge de la corrupción de toda nuestra naturaleza, debido a la que la razón o el entendimiento quedan cegados, y el gusto y los sentimientos quedan pervertidos. Y como este estado mental es innato, por cuanto es el estado o condición de nuestra naturaleza, se encuentra detrás de la voluntad, y más allá de su poder, controlando tanto nuestros afectos como nuestras voliciones. Es desde luego un hecho conocido de la experiencia que los juicios del hombre con respecto a lo que es verdadero o falso, correcto o incorrecto, quedan en muchos casos determinados por sus intereses o sentimientos: Algunos, en sus filosofías, han generalizado este hecho dándole el rango de ley, y enseñan que en cuanto a todos los temas estéticos y morales, los juicios y las aprehensiones del entendimiento quedan determinados por el estado de los sentimientos. Al aplicar esta ley a las cuestiones religiosas, insisten en que sólo los afectos quedan sujetos a la corrupción moral, y que si éstos son purificados o renovados, el entendimiento comprende y juzga rectamente entonces ya de por sí. Sería fácil ver que esto, como teoría física es totalmente insatisfactorio. Los afectos suponen un objeto. Sólo pueden ser sus-

citados a la vista de un objeto. Si amamos, tenemos que amar algo. El amor es complacencia y delicia en la cosa amada, y necesariamente supone una aprehensión de la misma como bueno y deseable. Es evidentemente imposible que amemos a Dios a no ser que aprehendamos Su naturaleza y perfecciones; y por ello es necesario, para que el amor sea ejercitado, que la mente comprenda a Dios tal como Él realmente es. En otro caso, los afectos no serían ni racionales ni santos. Pero esto es de importancia subordinada. La filosofía de un hombre no tiene autoridad para otros hombres. Sólo somos llamados a sometemos sin vacilación alguna a la filosofía de la Biblia, a aquella que se presupone en las declaraciones doctrinales de la Palabra de Dios. En todo lugar en las Escrituras se declara o supone que los sentimientos siguen al entendimiento; que la iluminación de la mente en la debida aprehensión de los objetos espirituales es la necesaria condición preliminar de todo sentimiento recto y conducta asimismo recta. Tenemos que conocer a Dios a fin de amarlo. Esto lo declara el Apóstol de manera expresa en 1 Co 2:14. Allí dice él (1) Que el hombre natural o no regenerado no recibe las cosas del Espíritu. (2) Se declara que la razón por la que no las recibe es que se disciernen espiritualmente. La razón o causa de la incredulidad es la ignorancia, la ausencia de discernimiento de la hermosura, excelencia y propiedad de las cosas del Espíritu (esto es, de las verdades que el Espíritu ha revelado). Así, por ejemplo, en Ef 4:18, donde dice que los gentiles (los inconversos) están «excluidos de la vida de Dios por la ignorancia que hay en ellos». Por esta razón él ora tan frecuentemente por la iluminación de sus lectores; y también la súplica del Salmista para que sus ojos fueran abiertos. De ahí también que la verdadera conversión tenga lugar mediante una revelación. Pablo fue cambiado instantáneamente de perseguidor a adorador de Cristo, cuando a Dios le plugo revelar a Su Hijo en él. Aquellos que perecen, perecen porque el dios de este mundo cegó sus ojos de manera que no llegan a ver la gloria de Dios en la faz de Jesucristo. Es en conformidad a este principio que es esencial el conocimiento para la santidad, que se dice que la verdadera religión y la vida eterna consisten en el conocimiento de Dios (Jn 17:3), y que de los hombres se dice que son salvados y santificados por la verdad. Así, es la clara doctrina de la Biblia que la incapacidad de los hombres no consiste en la mera ausencia de inclinación u oposición de sentimientos a las cosas de Dios, sino que esta ausencia de inclinación o exclusión, como la llama el Apóstol, surge de la ceguera de sus mentes. Sin embargo, no debemos ir al extremo opuesto, y adoptar lo que ha sido llamado «el sistema de la luz», que enseña que los hombres son regenerados por la luz o por el conocimiento, y que todo lo que se necesita es que sean abiertos los ojos del entendimiento. Como es toda el alma la que está sujeta al pecado original, toda el alma es sujeto de la regeneración. Un ciego no puede regocijarse en las bellezas de la naturaleza o del arte hasta que la vista le sea restaurada. Pero, si no es cultivada, la mera restauración de la vista no le dará la percepción de la belleza. Toda su naturaleza tiene que ser elevada y cultivada. De la misma manera es toda la naturaleza del hombre apóstata la que tiene que ser renovada por el Espíritu Santo; entonces, con sus ojos abiertos a la gloria de Dios en Cristo, se regocijará en Él con un gozo inefable y lleno de gloria. Pero la iluminación de la mente es indispensable para sentimientos santos, y es la causa inmediata de los mismos. Siendo esta la doctrina de la Biblia, sigue de ello que la incapacidad del pecador no consiste meramente en una ausencia de inclinación a la santidad.

La incapacidad, declarada sólo con referencia a las «Cosas del Espíritu».
5. Esta incapacidad se declara sólo con referencia a «las cosas del Espíritu». Se admite en todas las Confesiones anteriormente citadas que desde la Caída el hombre tiene no sólo la libertad de elección o poder de autodeterminación, sino que también es capaz de ejecutar actos morales, buenos así como malos. Puede ser amable y justo, y cumplir sus deberes sociales de

un modo que merezca la aprobación de sus semejantes. No se significa que el estado mental por el que estos actos son ejecutados, ni los motivos por los que son determinados, sean tales que merezcan la aprobación de un Dios infinitamente santo; sino sencillamente que estas acciones, en cuanto a su forma, están prescritas por la ley moral. Los teólogos, como hemos visto, designan la clase de acciones para las que el hombre caído retiene su capacidad como «*justitia civilis*», o «cosas externas». Y la clase para la que se declara su incapacidad se designa como «las cosas de Dios», «las cosas del Espíritu», «cosas que acompañan salvación». La diferencia entre estas dos clases de actos, aunque no pueda ser fácil declararlo en palabras, es universalmente reconocida. Hay una evidente diferencia entre moralidad y religión; y entre aquellos afectos religiosos de la reverencia y gratitud que todos los hombres experimentan más o menos, y la verdadera piedad. La diferencia reside en el estado de la mente, los motivos, y la aprehensión de los objetos de estos afectos. Es la diferencia entre la santidad y el mero sentimiento natural. Lo que la Biblia y todas las Confesiones de las iglesias de la Reforma declaran es que el hombre, desde la caída, no puede cambiar su propio corazón; no puede regenerar su alma; no puede arrepentirse con dolor según piedad, ni ejercitar la fe que es para salvación. No puede, en resumen, ejecutar ningún ejercicio santo ni efectuar ninguna acción de tal manera que merezca la aprobación de Dios. El pecado impregna todo lo que hace, y no puede liberarse del dominio del pecado.

En un sentido, su incapacidad es natural.

6. Esta incapacidad es natural en un sentido familiar e importante de la palabra. No es natural en el mismo sentido que lo son la razón, la voluntad y la conciencia. Éstas constituyen nuestra naturaleza, y sin ellas o sin cualquiera de ellas, dejaríamos de ser hombres. En segundo lugar, no es natural como surgiendo de las necesarias limitaciones de nuestra naturaleza y perteneciendo a nuestra condición original y normal. Surge de la naturaleza del hombre como criatura que él no puede crear, y no puede producir ningún efecto de sí mismo por mera volición. Adán, en su estado de perfección, no podía, por su simple voluntad, hacer que una piedra se moviera, ni que una planta creciera. Es evidente que una incapacidad surgiendo de cualquiera de las fuentes anteriormente mencionadas, esto es, de la ausencia de cualesquiera de las facultades esenciales de nuestra naturaleza, o de las limitaciones originales y normales de nuestro ser, involucra libertad de obligación. En este sentido nada es más verdadero que el hecho de que la capacidad limita la obligación. No se podría demandar en justicia a ninguna criatura que hiciera lo que rebasa a sus capacidades como criatura.

Por otra parte, aunque la incapacidad de los pecadores no es natural en ninguno de los sentidos anteriormente expuestos, es natural en el sentido de que surge del presente estado de su naturaleza. Es natural en el mismo sentido que el egoísmo, la soberbia y la mundanalidad son naturales. No es adquirida ni superinducida por ninguna influencia externa, sino que surge de la condición en que existe la naturaleza humana desde la caída de Adán.

En otro sentido es moral.

7. Esta incapacidad, aunque natural en el sentido acabado de señalar, es sin embargo moral, por cuanto surge del estado moral del alma, en su relación con la actividad moral, y por cuanto es eliminada por un cambio moral, esto es, por la regeneración.

Objeciones a la distinción popular entre capacidad moral y natural.

En este país se ha puesto mucho el acento sobre la distinción entre capacidad moral y natural. Ha sido considerada como una de las grandes mejoras americanas en teología, y como estableciendo un importante adelanto en esta ciencia. Se afirma que el hombre, desde la caída, tiene la capacidad natural para hacer todo lo que se le pide, y que sobre esta base se le exige la responsabilidad; pero se admite que es moralmente incapaz de volver a Dios, o de guardar de manera perfecta sus mandamientos. Se piensa que con esta distinción podemos salvaguardar el gran principio de que la capacidad limita la obligación, de que un hombre no puede quedar atado a lo que no puede hacer, y al mismo tiempo aferrarse a la doctrina Escrituraria que enseña que el pecador no puede, por él mismo, arrepentirse ni cambiar su propio corazón. Con respecto a esta distinción, tal como se presenta común y popularmente, se puede observar:

1. Que los términos natural y moral no son antitéticos. Una cosa puede ser a la vez natural y moral. La incapacidad de los pecadores, tal como se ha observado con anterioridad, aunque moral, es natural en un sentido de gran importancia. Y, por tanto, es erróneo decir que es simplemente moral, y no natural.

2. Los términos son susceptibles de objeción, no sólo porque carecen de precisión, sino porque son ambiguos. Un hombre significa por capacidad natural sólo la posesión de razón, voluntad y conciencia. Otro significa capacidad plenaria, todo lo que es preciso para producir un efecto determinado. Y este es el sentido propio de las palabras. Capacidad es el poder para hacer algo. Si alguien tiene capacidad natural para amar a Dios, tiene una capacidad plena para hacerlo. Y si tiene capacidad para amarlo, tiene todo lo preciso para ejercitar este amor. Y por cuanto éste es el sentido propio de los términos, es el sentido comúnmente unido a los mismos. Los que insisten en la capacidad natural del pecador, afirman generalmente que tiene pleno poder, sin ayuda divina, para hacer todo lo que le es demandado: amar a Dios con toda su alma, y mente y fuerzas, y a su prójimo como a él mismo. Todo lo que se interpone para que él pueda actuar así no es su incapacidad, sino meramente ausencia de inclinación, o la ausencia de voluntad. Una capacidad que no sea adecuada para el fin contemplado no es capacidad. Por ello, constituye una objeción seria al uso de esta distinción, tal como se usa comúnmente, el hecho de que involucra un gran error. Afirma que el pecador puede hacer lo que de hecho no puede hacer.

3. Una objeción adicional a esta manera de enunciar la doctrina es que tiende a embarazar o a engañar. Tiene que embarazar a la gente que se le diga que pueden y que no pueden arrepentirse y creer. Una u otra de ambas proposiciones, en el sentido ordinario y propio de los términos, tiene que ser falsa. Y cualquier sentido esotérico y metafísico que el teólogo pueda intentar para conciliarlos no encontrará ni aprecio ni respeto por parte del pueblo. Es una objeción mucho más seria que se tiende a engañar a los hombres al decirles que pueden cambiar sus propios corazones, que pueden arrepentirse, y que pueden creer. Esto no es cierto, y la conciencia de cada uno le dice que no es cierto. De nada vale que el predicador diga que lo que él significa por capacidad es que todos los hombres tienen las facultades de seres humanos, y que éstas son las únicas facultades a ejercer al volverse a Dios o al hacer Su voluntad. Igual de razonablemente podríamos decirle a un hombre no educado que puede comprender y apreciar la Ilíada, porque tiene todas las facultades que posee el académico. Y de menos servirá decirle que la única dificultad reside en su voluntad. Por ello, cuando decimos que los hombres pueden amar a Dios, significamos que pueden amarle si quieren. Si la palabra querer se toma aquí en el sentido ordinario de capacidad de autodeterminación, la proposición de que uno puede amar a Dios si quiere no es cierta; porque es notorio que los afectos no están bajo el poder de la voluntad. Si la palabra se toma en un sentido amplio incluyendo los afectos, la proposición es una perogrullada. Equivale a decir que podemos amar a Dios si le amamos.

4. La distinción entre capacidad natural y moral, tal como se hace comúnmente, es anti-escrituraria. Ya se ha admitido que hay una evidente y muy importante distinción entre una in-

capacidad surgiendo de las limitaciones de nuestro ser como criaturas, y una incapacidad surgiendo del estado apóstata de nuestras naturalezas desde la caída de Adán. Pero no es esto lo que comúnmente quieren decir aquellos que afirman la capacidad natural de los hombres para hacer todo lo que Dios les demanda. Significan y declaran de manera expresa que el hombre, tal como es ahora su naturaleza, es perfectamente capaz de cambiar su propio corazón, de arrepentirse y de vivir una vida santa; que la única dificultad en su vía para ello es su ausencia de inclinación, controlable por su propio poder. Es esta descripción la que es antiescrituraria. Las Escrituras nunca se dirigen así al hombre caído, en el sentido de asegurarles de su capacidad de liberarse a sí mismos del poder del pecado.

5. Toda la tendencia y el efecto de este modo de pensar son dañinos y peligrosos. Si un pecador ha de ser convencido de su culpa antes de poder confiar en la justicia de Cristo para su justificación, tiene que estar convencido de su impotencia antes de poder mirar a Dios para ser liberado. Aquellos a los que se les hace creer que pueden salvarse a sí mismos son, en la dispensación divina, comúnmente abandonados a sus propios recursos.

En oposición por tanto a la doctrina Pelagiana de la capacidad plenaria del pecador, a la doctrina Semi-Pelagiana o Arminiana de lo que se llama «una capacidad en gracia», esto es, una capacidad concedida a todos los que oyen el evangelio mediante la gracia común y suficiente del Espíritu Santo, y a la doctrina de que la única incapacidad del pecador es su ausencia de inclinación al bien, los Agustinianos siempre han enseñado que esta incapacidad es absoluta y total. Es natural así como moral. Es tan completa, aunque diferente en género, como la incapacidad del ciego para ver, del sordo para oír, o de los muertos para restaurarse la vida a sí mismos.

Prueba de la doctrina.

1. El primer y más evidente argumento en favor de la posición Agustiniana u Ortodoxa acerca de esta cuestión es el negativo. Esto es, el hecho de que las Escrituras no atribuyen en ningún lugar a los hombres caídos la capacidad de cambiar sus propios corazones ni de volverse a sí mismos a Dios. Como su salvación depende de su regeneración, si esta obra estuviera al alcance de sus propias capacidades, sería increíble que la Biblia nunca depositara la obligación de llevarla a cabo sobre la capacidad del pecador. Si él tuviera la capacidad de regenerarse a sí mismo, deberíamos esperar en las Escrituras la afirmación de la posesión de esta capacidad por parte de él, y que lo llamara a ejercerla. Desde luego, podría decirse que el mismo mandamiento a arrepentirse y creer implica la posesión de todo lo preciso para la obediencia al mandamiento. Lo que implica es que aquellos a los que se dirige son criaturas racionales, capaces de obligaciones morales, y que son agentes morales libres. No implica nada más. El mandamiento no es nada más que la declaración autoritativa de lo que es obligatorio para aquellos a los que se dirige. Se nos demanda que seamos perfectos como nuestro Padre en el cielo es perfecto. La obligación es imperativa y constante. Pero nadie en su sano juicio puede afirmar su propia capacidad para hacerse perfecto de esta manera. Por ello, a pesar de los repetidos mandamientos dados en la Biblia a los pecadores para que amen a Dios con todo el corazón, a que se arrepientan y crean el evangelio, y a que vivan sin pecar, se mantiene la verdad de que las Escrituras en ningún lugar afirman ni reconocen la capacidad del hombre caído para cumplir estas demandas del deber.

Declaraciones expresas de las Escrituras.

2. Además de este testimonio negativo de las Escrituras, tenemos las repetidas y explícitas declaraciones de la Palabra de Dios acerca de esta cuestión. Nuestro Señor compara la relación entre él mismo y su pueblo con la que existe entre la vid y sus ramas. El punto de la ana-

logía es la total dependencia común a ambas relaciones. «Como el pámpano no puede llevar fruto por sí mismo, si no permanece en la vid, así tampoco vosotros, si no permanecéis en mí. [...] Separados de mí, nada podéis hacer» (Jn 15:4, 5). Aquí se nos enseña que Cristo es la única fuente de la vida espiritual; que los que están fuera de él están destituidos de aquella vida y de toda capacidad para producir sus frutos propios; e incluso con respecto a los que están con Él, esta capacidad no les pertenece a ellos mismos, sino que se deriva por entero de Él. De manera semejante, el Apóstol afirma su insuficiencia (o incapacidad) para hacer nada por sí mismo. «Nuestra competencia», dice él, «proviene de Dios» (2 Co 3:5). Cristo les dice a los judíos (Jn 6:44): «Nadie puede venir a mí, si el Padre que me envió no le atrae». Esto no queda debilitado ni desvirtuado por el hecho de que Él diga, en otro lugar, «y no queréis venir a mí, para que tengáis vida». El alma arrepentida y creyente acude creyendo a Cristo. Quiere venir. Pero esto no implica que pueda por ella misma producir aquella disposición de acudir. El pecador quiere no venir; pero esto no demuestra que venir esté en la capacidad de su voluntad. No puede tener la voluntad de acudir para salvación de su alma, a no ser que tenga un verdadero sentimiento de pecado, y una apropiada comprensión de la persona, del carácter y de la obra de Cristo, y unos afectos correctos hacia Él. ¿Cómo los va a conseguir? ¿Están todos estos complejos estados mentales, este conocimiento, estas aprehensiones y estos afectos sujetos al poder imperativo de la voluntad? En Ro 8:7 el Apóstol dice: «La mentalidad de la carne es enemistad contra Dios; porque no se somete a la ley de Dios, ya que ni siquiera puede; y los que viven según la carne no pueden agradar a Dios.» Los que están «en la carne» se distinguen de los que están «en el Espíritu». Los primeros son los no regenerados, hombres que están en estado natural, y de ellos se afirma que no pueden agradar a Dios. De la fe se afirma que es un don de Dios, y sin embargo sin fe se nos dice que es imposible agradar a Dios (He 11:6). En 1 Co 2:14 se afirma: «El hombre natural no capta las cosas que son del Espíritu de Dios, porque para él son locura, y no las puede conocer, porque se han de discernir espiritualmente.» El hombre natural es distinguido del hombre espiritual. Este último es uno en quien el Espíritu Santo es el principio de vida y actividad, o que está bajo el control del Espíritu; el primero es el que está bajo el control de su propia naturaleza caída, en quien no hay principio de vida y acción, sino lo que le pertenece como criatura caída. De tal hombre dice el Apóstol, primero, que no recibe las cosas del Espíritu, esto es, las verdades que el Espíritu ha revelado; segundo, que son locura para él; tercero, que no las puede conocer; y cuarto, que la razón de su incapacidad es su falta de discernimiento espiritual, esto es, de aquella aprehensión de la naturaleza y verdad de cosas divinas que se debe a la enseñanza interna o iluminación del Espíritu Santo. Por tanto, este pasaje no sólo afirma el hecho de la incapacidad del pecador, sino que enseña la base o fuente de la misma. No es una mera aversión o carencia de inclinación, sino la ausencia de un verdadero conocimiento. Nadie puede ver la hermosura de una obra de arte sin un verdadero discernimiento estético. Esta es la constante exposición de la Escritura. Los hombres son mencionados y considerados en todo lugar no sólo como culpables y contaminados, sino también como impotentes.

Involucrado en la doctrina del Pecado Original.

3. La doctrina de la incapacidad del pecador está involucrada en la doctrina Escrituraria del pecado original. Por su apostasía de Dios el hombre no sólo perdió la imagen y el favor divinos, sino que se hundió en un estado de muerte espiritual. La Biblia y la razón a una enseñan que Dios es la vida del alma; su favor, y la comunión con Él, son esenciales no sólo para la vida, sino también para la santidad. Aquellos que están bajo Su ira y maldición están excluidos de Su presencia, y están en las tinieblas de afuera. No poseen verdadero conocimiento, ni deseo de comunión con un Ser que para ellos es fuego consumidor. Al Apóstol le

parece el mayor absurdo y la mayor imposibilidad que un alma fuera del favor de Dios sea santa. Esta es la idea fundamental de su doctrina de la santificación. Los que están bajo la ley están bajo maldición, y los que están bajo maldición están totalmente perdidos. Por ello, es esencial para la santidad que seamos libertados de la ley y restaurados al favor de Dios antes que podamos efectuar o experimentar ningún ejercicio de amor o ningún acto de verdadera obediencia por nuestra parte. Somos libres del pecado sólo porque no estamos bajo la ley, sino bajo la gracia. La totalidad de los capítulos sexto y séptimo de Romanos están dedicados a la exposición de este principio. Para el Apóstol, la doctrina de que el pecador tenga la capacidad por su propia parte de volverse a Dios, de restaurar en su alma la imagen de Dios, y de vivir una vida santa, tiene que haberle parecido como un rechazamiento tan absoluto de su doctrina de la salvación como en el caso de la doctrina de que somos justificados por las obras. Todo su sistema está basado en el principio de que, siendo culpables, estamos condenados, y podemos ser justificados sólo sobre la base de la justicia de Cristo; y, estando espiritualmente muertos, ninguna presentación objetiva de la verdad, ningunas declaraciones autoritativas de la ley, ningún esfuerzo nuestro, pueden originar la vida espiritual, ni suscitar ningún ejercicio espiritual. Siendo justificados libremente y restaurados al favor divino, somos entonces, y sólo entonces, capaces de producir fruto para Dios. «Así que, hermanos míos, también vosotros habéis muerto a la ley mediante el cuerpo de Cristo, para que seáis de otro, del que resucitó de los muertos, a fin de que llevemos fruto para Dios. Porque mientras estábamos en la carne, las pasiones pecaminosas, despertadas por la ley actuaban en nuestros miembros llevando fruto para muerte. Pero ahora estamos libres de la ley, por haber muerto para aquella en que estábamos sujetos, de modo que sirvamos bajo el régimen nuevo del Espíritu y no bajo el régimen viejo de la letra» (Ro 7:4-6). Esta vista de la cuestión implica necesariamente que el estado natural de los hombres caídos es de total impotencia e incapacidad. Están «completamente impedidos, incapaces y opuestos a todo bien». Así, la Biblia, como ya hemos visto, describe de manera uniforme a los hombres en su estado natural desde la caída como ciegos, sordos, y espiritualmente muertos; y de este estado no se pueden librar ellos más que un ciego de nacimiento pueda abrir sus propios ojos, o que uno pudriéndose en la tumba pueda volverse a la vida a sí mismo.

La necesidad de la Influencia del Espíritu.

4. El siguiente argumento acerca de esta cuestión se deriva de lo que las Escrituras enseñan acerca de la necesidad y naturaleza de la influencia del Espíritu en regeneración y santificación. Si se toma una Concordancia Griega del Nuevo Testamento, y se busca cuán a menudo son empleadas las palabras *Pneuma* y *To Pneuma to hagion*, descubrirá el importante papel del Espíritu Santo en la salvación de los hombres, y cuán desesperado es el caso de los que son dejados a sí mismos. Lo que las Escrituras enseñan clarísimamente acerca de esta cuestión es: (1) Que el Espíritu Santo es la fuente de la vida espiritual y de todos sus ejercicios; que sin esta influencia sobrenatural no podemos efectuar acciones santas de la misma manera que un pámpano muerto o uno desgajado de la vid no puede producir fruto. (2) Que en el primer caso (esto es, en la regeneración) el alma es el sujeto, y no el agente, del cambio producido. El Espíritu da vida, y luego excita y conduce todas sus operaciones; así como en el mundo natural Dios da vista a los ciegos, y luego luz mediante la cual poder ver, y objetos que poder contemplar, y conduce y sustenta todos los ejercicios del poder de la visión que Él ha otorgado. (3) Que la naturaleza de la influencia por la que se produce la regeneración, la cual debe preceder a todos los ejercicios santos, excluye la posibilidad de preparación o cooperación por parte del pecador. Algunos efectos son producidos por causas naturales, otros por la simple volición o eficiencia inmediata de Dios. A esta última clase pertenecen la creación, los mila-

gros y la regeneración. (4) De ahí que el efecto producido se llame una nueva criatura, una resurrección, un nuevo nacimiento. Estas descripciones tienen el propósito de enseñar la total impotencia y entera dependencia del pecador. La salvación no es de quien quiere ni de quien corre, sino de Dios que muestra misericordia, y que obra en nosotros tanto el querer como el hacer, por Su buena voluntad. Estas son cuestiones que deberán ser tratadas más adelante con mayor detalle. Para esta discusión es suficiente decir que las doctrinas de la Biblia acerca de la absoluta necesidad de la gracia, o de la influencia sobrenatural del Espíritu, y de la naturaleza y los efectos de esta influencia, son totalmente inconsistentes con la doctrina de que el pecador pueda por sí mismo llevar a cabo ninguna acción santa.

El argumento conforme a la experiencia.
5. Esta es una cuestión muy práctica. Lo que un hombre sea capaz de hacer no se determina de la mejor manera mediante un razonamiento *a priori*, ni por deducciones lógicas según la naturaleza de sus facultades, sino poniendo a prueba su capacidad. Lo que se debe hacer es pasar del pecado a la santidad; amar a Dios de manera perfecta, y al prójimo como a nosotros mismos; llevar a cabo cada deber sin defecto ni omisión, y guardarnos de todo pecado en pensamiento, palabra u obra, tanto de corazón como de vida. ¿Puede alguien hacer esto? ¿Acaso alguien necesita argumentos para demostrarle que no puede? Él sabe dos cosas tan clara y seguramente como que conoce su propia existencia: primero, que está obligado a ser moralmente perfecto, a guardar todos los mandamientos de Dios, a tener todos los sentimientos correctos en constante ejercicio según la ocasión los demande, y a evitar todo pecado en sentimiento así como en obra; y segundo, que nadie puede hacer esto como tampoco resucitar a los muertos. El metafísico puede tratar de demostrarle a la gente que no hay mundo externo, que la materia es pensamiento; y puede que el metafísico se lo crea, pero la gente, cuya fe está determinada por los instintos y por las leyes divinamente constituidas de su naturaleza, retendrá sus convicciones intuitivas. De manera similar, el teólogo metafísico puede decirles a los pecadores que se pueden regenerar, que pueden arrepentirse y creer, y amar a Dios perfectamente, y se puede decir, mediante una figura de lenguaje, que el teólogo se lo cree. Pero los pobres pecadores saben que ello no es cierto. Lo han intentado mil veces, y darían mil mundos por llevar a cabo la tarea, y hacerse santos y herederos de la gloria por una volición, o mediante el ejercicio de sus propios poderes, sean éstos fugaces o persistentes.

Se admite de manera universal, por cuanto es un hecho universal de la consciencia humana, que los sentimientos y los afectos no están bajo el control de la voluntad. Nadie puede amar aquello que aborrece, no aborrecer aquello en que se deleita, por ningún ejercicio de su capacidad de autodeterminación. Por esto, los filósofos, con Kant, denuncian el mandamiento a amar como algo absurdo. Pero la insensatez de los hombres es la sabiduría de Dios. Es correcto que se nos mande amar a Dios y que creamos Su Palabra, tanto si el ejercicio del amor y de la fe está o no bajo el control de nuestra voluntad. La única manera en que se puede evadir este argumento basado en la común consciencia de los hombres es negando que los sentimientos tengan carácter moral alguno; o suponiendo que las demandas de la ley se acomodan a la capacidad del agente. Si no puede amar la santidad, no está obligado a amarla. Si no puede creer todo el evangelio, se le exige sólo que crea lo que puede creer, lo que pueda aceptar como cierto a la luz de su propia razón. Sin embargo, estas dos suposiciones son contrarias a las convicciones intuitivas de todos los hombres, y a las expresas declaraciones de la Palabra de Dios. Todos los hombres saben que el carácter moral acompaña a los sentimientos así como a los propósitos y voliciones; que la benevolencia como sentimiento está bien, y que la malicia como sentimiento es mala. Saben con la misma certidumbre que las exigencias del derecho son inmutables, que la ley de Dios no puede ser abajada a la medida de la capacidad de las criaturas caídas. No demanda de ellas nada que exceda a la limitación de sus naturalezas como criaturas; pero sí que demanda de ellas el pleno y constante, y por ello perfecto, ejercicio de estas capacidades en el servicio de Dios y en conformidad a su voluntad. Y esto es precisamente lo que todo ser humano racional caído está totalmente convencido de que no puede hacer. La convicción de incapacidad, por tanto, es tan universal e indestructible como la creencia de la existencia, y todos los sofismas de los teólogos metafísicos son tan impotentes como todas las sutilezas del idealista o del panteísta. Cualquier hombre o grupo de hombres, cualquier sistema de filosofía o de teología, que traten de detener la gran corriente de la consciencia humana acabarán con toda certeza en el abismo del olvido o de la destrucción.

La convicción de pecado.

Hay otro aspecto de este argumento que merece ser considerado. ¿Qué es convicción de pecado? ¿Cuáles son las experiencias de aquellos a los que el Espíritu de Dios trae bajo tal convicción? La respuesta a estas preguntas puede hallarse en la Biblia, como por ejemplo en el séptimo capítulo de la Epístola a los Romanos, en los registros de la vida interior del pueblo de Dios a lo largo de todas las edades, y en la experiencia religiosa de cada creyente. Mediante todas estas fuentes se puede demostrar que cada alma convencida de pecado es llevada a sentir y a reconocer: (1) Que es culpable delante de Dios, y justamente expuesto a la sentencia de su ley quebrantada. (2) Que está totalmente contaminado y ensuciado por el pecado; que sus pensamientos, sentimientos y acciones no son lo que pueden aprobar ni la conciencia ni la ley divina; y que no son sólo unos actos separados y fugaces los que están así contaminados, sino también que el corazón no es recto, que el pecado existe en él como poder o ley que obra en él toda forma de maldad. Y (3) Que no puede expiar su culpa, y que no se puede liberar del poder del pecado; de manera que se ve obligado a clamar: ¡Miserable hombre de mí!; ¿quién me libertará de este cuerpo de muerte? Esta sensación de absoluta impotencia, de total incapacidad, es tanto un elemento universal de convicción genuina como una sensación de culpa o de conciencia de contaminación. Es una gran gracia que la teología del corazón sea frecuentemente mejor que la teología de la cabeza.

6. El testimonio de la conciencia de cada persona queda confirmada por la consciencia común de la Iglesia y por toda la historia de nuestra raza. Se puede apelar con toda confianza a las oraciones, a los himnos y a otros escritos devocionales del pueblo de Dios como prueba de que ninguna convicción está más profundamente marcada en los corazones de todos los verdaderos cristianos que su absoluta impotencia y total dependencia de la gracia de Dios. Lamentan su incapacidad de amar a su Redentor, de guardarse del pecado, de vivir una vida santa adecuada en cualquier grado a sus propias convicciones acerca de sus obligaciones. Y se humillan bajo esta incapacidad. Nunca la presentan como una excusa ni como un atenuante; la reconocen como el fruto y evidencia de la corrupción de su naturaleza derivada como triste herencia de sus primeros padres. Atribuyen, unánimes, todo bien que pueda haber en ellos no a su capacidad, sino al Espíritu Santo. Cada uno adopta, como expresando la convicción más interior de su corazón, el lenguaje del Apóstol: «No yo, mas la gracia de Dios que fue conmigo.» Y éste, el testimonio de la Iglesia, es también el testimonio de toda la historia. El mundo no provee ningún ejemplo de un hombre que se haya regenerado a sí mismo. No existe ni ha existido jamás tal hombre; y nadie jamás ha creído haber sido regenerado por su propio poder. Si lo que los hombres pueden hacer puede ser determinado por lo que los hombres han hecho, se puede suponer sin temor a errar que nadie puede cambiar su propio corazón, ni llevarse a sí mismo al arrepentimiento para con Dios y a la fe en el Señor Jesucristo. No vale la pena luchar por una capacidad que nunca ha llegado a alcanzar, en los miles de millones de nuestra raza, sus fines deseados. Apenas si hay una doctrina en las Escrituras que se

enseñe con mayor claridad o que esté más abundantemente confirmada por la común consciencia de los hombres, sean santos o pecadores, que la de que el hombre caído está privado de toda capacidad para convertirse a sí mismo o de llevar a cabo ningún acto santo hasta que esté renovado por el poder omnipotente del Espíritu de Dios.

Objeciones.

1. La objeción más evidente y plausible a esta doctrina es la antigua y ya tan considerada; esto es, que es inconsistente con la obligación moral. No se puede, según se dice, demandar de nadie con justicia que haga algo para lo que no tiene la capacidad necesaria. La falacia de esta objeción reside en la aplicación de este principio. En su propia esfera es una verdad axiomática, pero en otra es absolutamente falso. Es cierto que al ciego no se le puede demandar con justicia que vea, ni al sordo que oiga. A un niño no se le puede demandar que comprenda cálculo, ni a un hombre sin instrucción que lea los clásicos. Estas cosas pertenecen a la esfera de la naturaleza. El principio de que tratamos no es de aplicación a la esfera de la moral o de la religión, cuando la incapacidad no surge de la limitación, sino de la corrupción moral de nuestra naturaleza. Incluso en la esfera de la religión hay un límite a la obligación conforme a la capacidad del agente. No se puede esperar de un párvulo, ni se le puede demandar, que exhiba la medida de los santos afectos que llenan el alma de los justos hechos perfectos. Es sólo cuando la incapacidad surge del pecado y es eliminada por la eliminación del pecado, cuando es consistente con una obligación permanente. Y se ha mostrado, según las Escrituras, que la incapacidad del pecador para arrepentirse y creer, para amar a Dios y conducir una vida de santidad, no surge de las limitaciones de su naturaleza como criatura (como en el caso de los idiotas o de los brutos); ni por la ausencia de las facultades o capacidades precisas, sino simplemente de la corrupción de nuestra naturaleza; de ello sigue que ello no le exonera de la obligación de ser y hacer todo lo que Dios demanda. Esta, como se ha observado más arriba, es la doctrina de la Biblia, y queda confirmada por la universal consciencia de los hombres, y especialmente por la experiencia de todo el pueblo de Dios. Todos a una lamentan su impotencia y su total incapacidad para vivir sin pecado, y sin embargo reconocen su obligación de ser perfectamente santos.

Somos responsables de nuestras acciones externas, por cuanto dependen de nuestras voliciones. Somos responsables de nuestras voliciones por cuanto dependen de nuestros principios y sentimientos; y somos responsables de nuestros sentimientos y de aquellos estados de la mente que constituyen el carácter, por cuanto (dentro de la esfera de la moral y de la religión) son rectos o perversos en su propia naturaleza. El hecho de que los afectos y que los estados permanentes e incluso inmanentes de la mente estén fuera del poder de la voluntad no los excluye (como se ha mostrado repetidamente en estas páginas) de la esfera de la obligación moral. Por cuanto esto está atestiguado por las Escrituras y por el juicio general de los hombres, es inadmisible el supuesto axioma de que la capacidad limita la obligación en la esfera de la moral.

Siendo que la obligación moral está basada en la posesión de los atributos de un agente moral, la razón, la conciencia y la voluntad, permanece en vigor en tanto que estos atributos subsistan. Si se pierde la razón, se pierde toda responsabilidad por el carácter o la conducta. Si no existen en la criatura la conciencia de la diferencia entre el bien y el mal, la capacidad de percibir las distinciones morales, o no pertenece a su naturaleza, esta criatura no está sujeta a obligaciones morales; y de manera semejante, si no es un agente, no está investida con la facultad de actividad espontánea como ser personal, deja, por lo que respecta a sus estados conscientes, de ser responsable por lo que es o hace. Por cuanto la doctrina Escritural y Agustiniana admite que el hombre retiene, desde la Caída, su razón, conciencia y voluntad, ello deja incólume la base de la responsabilidad por el carácter y la conducta.

No debilita los motivos para el esfuerzo.

2. Otra objeción popular a la doctrina Escritural acerca de esta cuestión es que destruye toda base racional sobre la que reposa el uso de los medios de la gracia. Si no podemos llegar a un fin determinado, ¿para qué debiéramos emplear los medios para alcanzarlo? Igual podría decir el granjero: Si no puedo asegurar la cosecha, ¿para qué voy a cultivar mis campos? En cada área de actividad humana el resultado depende de la cooperación de causas sobre las que el hombre no tiene control alguno. Se espera que emplee los medios adaptados al fin deseado, y confiar en la cooperación de otras agencias sin las que sus propios esfuerzos de nada sirven. Las bases Escriturarias sobre las que estamos obligados a emplear los medios de gracia son: (1) El mandamiento de Dios. Esto, por sí mismo, ya es suficiente. Si no hubiera una evidente adaptación de los medios al fin, y ninguna conexión que pudiéramos descubrir entre ellos, el mandamiento de Dios sería una suficiente razón y motivo para su diligente uso. No había ninguna propiedad natural en las aguas del Jordán para sanar la lepra, ni en las del estanque de Siloé para restaurar la vista a los ciegos. Sin embargo, habría sido una insensatez fatal por parte de Naamán rehusar por ello obedecer el mandamiento de bañarse siete veces allí; y por parte del ciego rehusar lavarse en el estanque, tal como Jesús le mandó. (2) Si el mandamiento de Dios es suficiente incluso cuando no hay aparente relación entre los medios y el fin, es mucho más suficiente cuando los medios tienen una adaptación natural al fin. Podemos ver esta adaptación en el ámbito de la naturaleza, y es no menos evidente en el de la gracia. Hay una estrecha relación entre la verdad y la santidad, como entre sembrar el grano y cosechar la mies. El hombre siembra, pero Dios da el crecimiento, tanto en uno como en otro caso. (3) No sólo hay esta adaptación natural de los medios de gracia al fin a alcanzar, sino que en todos los casos ordinarios sólo se llega a obtener el fin mediante el empleo de estos medios. Los hombres no son salvados sin la verdad. Los que no buscan no encontrarán. Los que rehúsan pedir no recibirán. Este es tanto el curso ordinario de la administración divina del reino de la gracia como del de la naturaleza. (4) No sólo hay esta conexión visible entre los medios de la gracia y la salvación del alma, como hecho de la experiencia, sino la promesa expresa de Dios de que los que busquen encontrarán, que los que pidan recibirán, y que a los que llamen se les abrirá. Más que esto no se puede pedir de una manera racional. A los hombres del mundo se les da más que de sobras para estimularlos en sus esfuerzos en pos de riqueza o conocimiento. Por tanto, la doctrina de la incapacidad no daña la fuerza de ninguno de los motivos que deberían estimular a los pecadores a emplear toda diligencia en buscar su propia salvación de la manera que Dios ha establecido.

La doctrina no alienta a la dilación.

3. Hay aún otra objeción que se presenta en todo lugar contra esta doctrina. Se dice que alienta a la dilación. Si alguien cree que no puede cambiar su corazón, que no se puede arrepentir y creer el evangelio, dirá entonces: «Tengo que esperar al tiempo de Dios. Por cuanto Él da a los hombres un nuevo corazón, por cuanto la fe y el arrepentimiento son sus dones, tengo que esperar hasta que a Él le plazca darme estos dones.» Es indudable que Satanás tienta a los hombres para que arguyan así, de la misma manera en que los tienta a otras formas de soberbia insensatez. Sin embargo, la tendencia natural de la doctrina en cuestión es precisamente la inversa. Cuando un hombre está convencido de que el logro de un fin deseado está más allá de sus propias capacidades, instintivamente busca ayuda. Si está enfermo, si sabe que no se puede curar a sí mismo, envía a buscar un médico. Si está persuadido de que la enfermedad está totalmente bajo su control, y especialmente si cualquier metafísico pudiera persuadirle de que su enfermedad es una idea que puede ser eliminada mediante un acto de voluntad, entonces sería una insensatez por su parte buscar ayuda externa. Los ciegos, los

sordos, los leprosos, y los mutilados que estaban en la tierra cuando Cristo estuvo presente en la carne, sabían que no podían ayudarse a sí mismos, y por ello acudían a Él en pos de ayuda. No se habría podido inventar una doctrina más destructora de las almas que la doctrina de que los pecadores se pueden regenerar a sí mismos, y arrepentirse y creer cuando les plazca. Los que realmente abrazan tal doctrina nunca irían a buscar ayuda a la única fuente en la que en realidad pueden obtenerse estas bendiciones. Serían impulsados a esperar al último momento de la vida para llevar a cabo una obra que está totalmente en sus manos y que puede llevarse a cabo en un momento. Un avaro, en su lecho de muerte, puede mediante un acto de voluntad entregar todas sus riquezas. Si un pecador pudiera cambiar de manera tan fácil su propio corazón, bien podría querer aferrarse al mundo como el avaro a sus riquezas, hasta el último momento. Toda la verdad tiende a la piedad; todo error, al pecado y a la muerte. Como es una verdad tanto de la Escritura y de la experiencia que el hombre no regenerado no puede hacer nada por sí mismo para asegurar su salvación, es esencial que sea llevado a una convicción práctica de esta verdad. Cuando quede convencido de ella, buscará ayuda de la única fuente en que puede ser hallada.

Capítulo 9

Libre albedrío

EN TODAS LAS DISCUSIONES acerca del pecado y de la gracia, está necesariamente involucrada la cuestión acerca de la naturaleza y las necesarias condiciones del libre albedrío. Esta es una de las cuestiones en las que la teología y la psicología entran en contacto inmediato. Hay una teoría del libre albedrío con el que son totalmente irreconciliables las doctrinas del pecado original y de la gracia eficaz, y hay otra teoría con la que son perfectamente congruentes. Así en todas las eras de la Iglesia, los que han adoptado las primeras de estas teorías rechazan estas doctrinas; y, por otra parte, los que están constreñidos a creer estas doctrinas están no menos constreñidos a adoptar la otra teoría concordante del libre albedrío. Los Pelagianos, los Semi-Pelagianos y los Remostrantes no muestran unas diferencias más manifiestas con respecto a los Agustinianos, Luteranos y Calvinistas acerca de las doctrinas del pecado y de la gracia que la que muestran acerca de la cuestión metafísica y moral de la libertad humana. Así, en cada sistema de teología hay un capítulo dedicado a *De libero arbitrio*. Ésta es una cuestión que cada teólogo encuentra en su camino, y que tiene que afrontar; y su teología depende de la forma en que sea determinada, y naturalmente su religión, hasta allí donde su teología le sea una verdad y una realidad.

Puede parecer absurdo abordar, en el espacio de unas pocas páginas, una cuestión acerca de la que se han escrito tantos volúmenes. Sin embargo, hay esta importante diferencia entre todas las cuestiones que tratan del alma, o del mundo interior, y las que tienen que ver con el mundo exterior; con respecto al anterior, siendo que todos los materiales del conocimiento son realidades de la consciencia, ya los tenemos en nuestra posesión, mientras que, por lo que respecta a los últimos, los hechos tienen que ser primero recogidos. Así, en cuestiones que tengan que ver con la mente, con frecuencia todo lo que se demanda, y todo lo que se puede dar, es un mero enunciado de la cuestión. Si este enunciado es correcto, los hechos de la consciencia se disponen espontáneamente en orden a su alrededor; si es incorrecto, rehúsan obstinadamente quedar dispuestos así. Si esto es así, ¿a qué se debe que los hombres difieran tanto acerca de esta cuestión? A esto se puede responder:

1. Que no difieren tanto como parecen. Cuando la mente es dejada sin perturbaciones, y se le permite que actúe según sus propias leyes, los hombres, en la gran mayoría de los casos, piensan de manera semejante acerca de todas las grandes cuestiones que dividen a los filósofos. Es sólo cuando agitan el plácido lago, e intentan sondear sus profundidades, analizar sus aguas, determinar las leyes de sus corrientes y determinar lo que contienen, cuando ven y piensan de manera tan diferente. Por mucho que los hombres difieran en sus opiniones especulativas acerca de la naturaleza última de la materia, todos ellos, en la práctica, sienten y actúan de la misma manera en todo lo que concierne a su aplicación y uso. Y por mucho que

puedan diferir en cuanto a la cuestión de la libertad o de la necesidad, concuerdan en cuanto a considerarse a sí mismos o a otros como agentes responsables.

2. En ninguna cuestión es la ambigüedad del lenguaje un impedimento más serio, para llegar a un acuerdo consciente, que con referencia a toda esta cuestión, y especialmente por lo que respecta a la cuestión del libre albedrío. La misma declaración frecuentemente aparece como cierta para una mente, y falsa para otra, porque es entendida de manera diferente. Esta ambigüedad surge en parte de la imperfección inherente al lenguaje humano. Las palabras tienen y tienen que tener más de un sentido; y aunque definamos nuestros términos, y digamos en cuál de sus varios distintos significados estamos empleando una palabra, sin embargo las exigencias del lenguaje, o la falta de atención, conducen casi indefectiblemente a que sea empleada en alguno de sus otros legítimos significados. Además, los estados de mente que estas palabras quieren describir son por sí mismos tan complejos que ninguna palabra los puede describir con precisión. Tenemos términos para expresar las operaciones del intelecto, otros para designar los sentimientos, y aún otros para acciones de la voluntad; pero miles de nuestras acciones incluyen el ejercicio del intelecto, de la sensibilidad y de la voluntad, y es absolutamente imposible encontrar palabras para todos estos complejos y variables estados de la mente. Por tanto, no es nada asombroso que los hombres se malinterpreten unos a otros, y que fracasen en sus más intensos esfuerzos por expresar lo que quieren decir de manera que otros le den precisamente el mismo sentido a las palabras que ellos emplean.

3. Hay otra razón de la diversidad de opinión que siempre ha prevalecido en todas las cuestiones relacionadas con el libre albedrío. Aunque los hechos que deberían determinar la cuestión que se discute son realidades de la consciencia comunes a todos los hombres, sin embargo son tan numerosos, y de clases tan diferentes, que es difícil asignar a cada uno su debido lugar e importancia. Por el hábito, o por la instrucción mental, o por el estado moral de la mente, algunas personas admiten demasiado peso para una clase de estos hechos, y demasiado poco para otros. Algunos son gobernados por su entendimiento, otros por sus sentimientos morales. En algunos, las sensibilidades morales están mucho más activas y aportan más información que en otros. Algunos adoptan ciertos principios como axiomas, a los que obligan que se amolden todos sus juicios. Así, es en vano esperar que jamás encontremos unánimes a todos los hombres, incluso en las cuestiones más llanas e importantes que tratan de la constitución y leyes de su propia naturaleza. Hay sólo una guía segura, y sólo un camino tanto a la verdad como a la unidad, el Espíritu y la Palabra de Dios; felices los que se sujetan a ser conducidos por esta guía, y a caminar en este camino.

1. Diferentes teorías de la voluntad.

Todas las diferentes teorías de la voluntad se pueden incluir bajo las tres clases de Necesidad, Contingencia y Certidumbre.

Necesidad.

A la primera de estas clases pertenecen:

1. La doctrina del Fatalismo, que enseña que todos los acontecimientos están determinados por una necesidad ciega. Esta necesidad no surge de la voluntad de un Ser inteligente que gobierna a todas Sus criaturas y las acciones de las mismas según la naturaleza de ellas, y con propósitos sabios y bondadosos; sino por una ley de secuencia a la que están sujetos tanto Dios (o más bien los dioses) como los hombres. Excluye la idea de previsión o de plan, o de selección voluntaria de un fin, y la adopción de los medios para su cumplimiento. Las cosas son como son, y tienen que ser como son, y han de ser, sin causa racional. Esta teoría ignora cualquier distinción entre las leyes físicas y el libre albedrío: Las acciones de los hombres y las

operaciones de la naturaleza quedan determinadas por una necesidad del mismo tipo. Los acontecimientos son como una corriente poderosa llevada adelante por una fuerza irresistible -una fuerza exterior a ellos mismos, incontrolable e inmodificable. Todo lo que debe hacerse es permitir ser llevados así. Y no hay diferencia alguna tanto si se asiente como si no. Un hombre que se caiga por un precipicio no puede, mediante un acto de volición, contrarrestar la ley de la gravedad; tampoco puede mediante un acto de volición controlar o modificar la acción de la fatalidad. Sus circunstancias exteriores y sus acciones interiores quedan todas igualmente determinadas por una ley o influencia inexorable que existe fuera de él mismo. Ésta es al menos una forma del fatalismo. Esta visión de la doctrina de la necesidad puede descansar en la presuposición de que el universo tiene la base de su existencia en sí mismo, y que está gobernado en todas sus operaciones por leyes fijas, las cuales determinan la secuencia de todos los acontecimientos en el reino mineral, vegetal y animal, por una necesidad semejante. O puede admitir que el mundo debió su existencia a una primera causa inteligente, pero presuponiendo que su autor nunca tuvo el propósito de crear agentes libres, sino que decidió poner en marcha ciertas causas que deberían dar unos resultados determinados. Por mucho que los fatalistas difieran acerca de la causa de la necesidad que gobierna todos los acontecimientos, concuerdan en cuanto a su naturaleza. Puede que surja de la influencia de las estrellas, como lo mantenían los antiguos caldeos; o de la operación de causas segundas, o de la constitución original de las cosas; o del decreto de Dios. Se excluye de manera manifiesta toda libertad de acción, y se reducen los actos de los hombres a la misma categoría que los de los animales irracionales. Sin embargo, propiamente hablando, el fatalismo atribuye esta necesidad a la fatalidad -una causa no inteligente.

2. Una segunda forma de la doctrina de la necesidad es la teoría mecánica. Ésta niega que el hombre sea la causa eficiente de sus propias acciones. Lo presenta como pasivo, o como no dotado de otra forma más elevada de actividad que la espontaneidad. Excluye de manera manifiesta la idea de la responsabilidad. Da por supuesto que el estado interior del hombre, y consiguientemente sus actos, está todo ello determinado por sus circunstancias externas. Esta doctrina, en cuanto relacionada con el materialismo de Hobbes, Hartley, Priestley, Belsham, y especialmente tal como fue plenamente desarrollada por los enciclopedistas franceses, supone que por la misma constitución de nuestra naturaleza hay unas cosas que nos dan dolor y otras que nos dan placer. Algunas excitan el deseo, y otras aversión; y que esta susceptibilidad de recibir acciones es toda la actividad que pertenece al hombre, que es tan puramente un mecanismo viviente como los animales irracionales. Un cierto objeto externo produce una impresión correspondiente sobre los nervios, ésta es transmitida al cerebro, y un impulso de respuesta es vuelto a enviar a los músculos; o el efecto se gasta en el mismo cerebro en forma de pensamiento o sentimiento, excitado o desarrollado por el tal impulso. Las características generales de esta teoría son las mismas hasta el punto en que sus defensores ignoran toda distinción entre necesidad física y moral, y rechazan la doctrina del libre albedrío y de la responsabilidad, por mucho que puedan diferir en otras cuestiones.

3. Una tercera forma de necesidad incluye todas aquellas teorías que sobreseen la eficiencia de las segundas causas, atribuyendo todos los acontecimientos a la agencia inmediata de la primera causa. Esto, naturalmente, lo hace el Panteísmo en todas sus formas, tanto si meramente hace de Dios el alma del mundo, y atribuye todas las operaciones de la naturaleza y todas las acciones de los hombres a su actividad inmediata, como si contempla al mundo mismo como Dios, como si hace de Dios la única sustancia de la que la naturaleza y la mente son los fenómenos. Según todas estas posturas, Dios es el único agente; todas las actividades son sólo modos diferentes en los que se manifiesta la actividad de Dios.

Teología Sistemática—Antropología

Bajo el mismo encabezamiento se corresponde la doctrina de que la acción de Dios en la preservación del mundo es una creación continuada. Este tipo de descripción es desde luego adoptado frecuentemente como figura retórica por teólogos ortodoxos; pero si se toma literalmente implica la total ineficiencia de todas las causas segundas. Si Dios crea el mundo exterior en cada momento sucesivo, Él tiene que ser el autor inmediato de todos sus cambios. No hay conexión entre lo que precede y lo que sigue, entre lo antecedente y lo consecuente, entre causa y efecto, sino sucesión en el tiempo; y cuando se aplica al mundo interior, o al alma, necesariamente tenemos la misma consecuencia. El alma, en cualquier momento determinado, existe sólo en un cierto estado; y si es creada en este estado, entonces la energía creativa es la causa inmediata de todos sus sentimientos, cogniciones y acciones. El alma no es un agente; es sólo algo que Dios crea en una forma determinada. Toda continuidad de ser, toda identidad y toda eficiencia quedan perdidas; y el universo de la materia y de la mente viene a ser sólo la continuada pulsación de la vida de Dios.

Estrechamente relacionada con la doctrina de una creación continua es el «esquema del ejercicio». Según esta teoría el alma es una serie de ejercicios creados por Dios. El alma como tal no existe, ni el yo, sino sólo unas ciertas percepciones que se suceden unas a otras con asombrosa rapidez. Hume niega toda causa real. Todo lo que sabemos es que estas percepciones existen, y que existen en sucesión. Emmons dice que Dios las crea. Naturalmente, es en vano hablar de la libertad del hombre en producir los actos creadores de Dios. Si Él crea nuestras voliciones en vista de motivos, se trata de sus acciones, y no de las nuestras. La diferencia entre este sistema y el Panteísmo es poco más que nominal.

Contingencia.

Directamente opuesta a todos estos esquemas de necesidad se levanta la doctrina de la contingencia, que ha sido mantenida bajo diferentes nombres y variamente modificada. A veces es llamada la libertad de la indiferencia, por lo que se significa que la voluntad, en el momento de la decisión, está situada espontáneamente entre motivos en conflicto, y que se decide en uno u otro sentido no debido a la mayor influencia de un motivo sobre el otro, sino debido a que es indiferente o indeterminada, capaz de actuar de acuerdo con el motivo más débil en contra del más fuerte, o incluso sin motivo alguno en absoluto. A veces esta doctrina es expresada mediante la frase «la capacidad auto-determinista de la voluntad». Por esta se trata de negar que la voluntad está determinada por motivos, y afirmar que la razón de sus decisiones debe ser buscada en ella misma. Es una causa y no un efecto, y por ello no precisa de nada fuera de ella misma para explicar sus acciones. A veces esta doctrina recibe el nombre de la elección contraria: esto es, que en cada volición hay y debe haber la capacidad de lo contrario. Incluso suponiendo que todos los antecedentes externos e internos hayan sido precisamente los mismos, la decisión hubiera podido ser diferente de la que realmente fue. Por ello, la contingencia es necesaria para la libertad. Esta es una idea esencial para la teoría en todas sus formas. Un acontecimiento contingente es uno que puede o puede no suceder. Por ello, la contingencia está opuesta no meramente a la necesidad, sino también a la certidumbre. Si alguien actúa en oposición a todos los motivos, externos e internos, y a pesar de toda la influencia que se pueda ejercer sobre él, que no signifique la destrucción de su libertad, entonces debe permanecer para siempre inseguro de qué manera va a actuar. Así, los proponentes de esta teoría de la libertad mantienen que la voluntad es independiente de la razón, de los sentimientos y de Dios. No hay, dicen ellos, un terreno medio entre la contingencia (esto es, la incertidumbre) y el fatalismo; entre la independencia de la voluntad y del agente y la negación del libre albedrío.

Aunque los proponentes de la libertad de contingencia dirigen por lo general sus argumentos en contra de la doctrina de la necesidad, sin embargo es evidente que consideran la certidumbre no menos que la necesidad como inconsecuentes con la libertad. Esto queda claro: (1) Por las designaciones que le dan a su teoría, como libertad de indiferencia, la capacidad auto-determinante de la voluntad, el poder para lo contrario. (2) Por su definición formal de la libertad, como la capacidad para decidirnos en favor o en contra, o sin motivos; o es el poder de «querer lo que queramos». Dice Reid: «Si en cada acción voluntaria la determinación de la voluntad del agente es la consecuencia necesaria de algo involuntario en el estado de la mente del agente, o de algo en las circunstancias externas del mismo, el agente no es libre.»[1] Dice Cousin: «La voluntad es mía, y yo dispongo de manera absoluta de la misma dentro de los límites del mundo espiritual.»[2] Los Escotistas de la Edad Media, Molina, y los jesuitas como grupo, y todos los opositores del Agustinianismo, definen la libertad como consistente en indiferencia, o en la independencia de la voluntad del anterior estado de la mente, y hacen que excluya tanto la certidumbre como la necesidad. (3) Por los argumentos con los que tratan de sustentar su teoría, que se dirigen tan a menudo en contra de la certidumbre como en contra de la necesidad. (4) Por sus respuestas a los argumentos contrarios, y especialmente al que se deriva de la presciencia de Dios. Por cuanto el conocimiento anticipado de una acción presupone la certidumbre de su acaecimiento, si los actos libres son conocidos, tienen que ser ciertos. A esto los proponentes de la teoría bajo examen dan unas respuestas que demuestran que es a la certidumbre a lo que se enfrentan. Dicen que no tenemos derecho a argüir acerca de esta cuestión según los atributos de Dios; se trata simplemente de una cuestión que tiene que ver con la consciencia; o bien dicen que la presciencia de Dios puede estar limitada, de la misma manera que su poder está limitado por las imposibilidades. Si es imposible conocer anticipadamente actos libres, los tales no son objetos de conocimiento, y, por tanto, no conocerlos anticipadamente no constituye una limitación del conocimiento divino. Por estas y otras consideraciones queda patente que la teoría de la contingencia en todas sus formas se opone a la doctrina de la certidumbre, no menos que a la de la necesidad, en el sentido propio del término. Sin embargo, por ello no se significa que los proponentes de la contingencia sean coherentes en cuanto a este punto. Arguyendo contra la necesidad, frecuentemente no discriminan entre la necesidad física y la moral. Clasifican a Hobbes, Hartley, Priestley, Belsham, Collins, Edwards y a los Enciclopedistas Franceses, y a todos los que emplean la palabra necesidad, bajo la misma categoría; y sin embargo no pueden evitar admitir que en muchos casos los actos libres pueden ser ciertos. Con mucha frecuencia dicen que los argumentos particulares demuestran certidumbre pero no necesidad, cuando precisamente el punto debatido es la certidumbre, y es precisamente lo que ellos niegan. Esta es una de las inevitables incongruencias de su error. Sin embargo, nadie, a pesar de estas admisiones, discutirá que la doctrina de la contingencia, tanto si se llama indiferencia, capacidad auto-determinante de la voluntad, poder de la elección contraria, o cualquier otro nombre, es de hecho, y tiene la intención de ser, contradictoria a la de la certidumbre.

Certidumbre.

La tercera teoría general acerca de esta cuestión equidista de la doctrina de la necesidad, por una parte, y de la de la contingencia por la otra. Enseña que el hombre es libre no sólo cuando sus acciones externas quedan determinadas por su voluntad, sino cuando sus voliciones son verdadera y propiamente suyas, determinadas por nada fuera de él mismo, sino pro-

---

1. *Active Powers*, Essay IV, cap. 1; *Works*, pág. 599, Sir W. Hamilton, editor, Edimburgo 1849.
2. *Elements of Psychology*, pág. 357, Traducción de Henry, 4ª edición, New York, 1856.

cediendo de sus propias posturas, sentimientos y disposiciones inmanentes, de manera que sean la expresión real, inteligente y consciente de su carácter, o de lo que está en su mente.

Esta teoría recibe frecuentemente el nombre de necesidad moral o filosófica, en distinción de necesidad física. Esta es una designación muy desafortunada e inapropiada: (1) Porque la libertad y la necesidad están directamente enfrentadas. Es una contradicción decir que un acto sea libre y sin embargo necesario; que el hombre es un agente libre, y sin embargo que todas sus acciones están determinadas por una ley de la necesidad. Como todos los proponentes de la teoría mencionada profesan creer en la libertad de la voluntad humana, o que el hombre es un agente libre, es ciertamente lamentable que empleen un término que en su sentido ordinario y propio enseña precisamente lo contrario. (2) La certidumbre y la necesidad no son lo mismo, y por tanto no deberían expresarse con la misma palabra. La necesidad con la que una piedra cae al suelo, y la certidumbre con la que un ser perfectamente santo quedando confirmado en un estado de gracia actuará con santidad, son tan diferentes como el día y la noche. La aplicación del mismo término para expresar cosas esencialmente distintas tiende a confundir las cosas mismas. Un hombre puede verse obligado a hacer algo contra su voluntad, pero decir que puede verse obligado a querer contra su voluntad es una contradicción. Una volición necesaria no es volición, como tampoco blanco es negro. Debido al hecho de que en lenguaje popular a menudo hablamos de una cosa como necesaria cuando es totalmente cierta, y aunque las Escrituras, escritas en el lenguaje de la vida ordinaria, a menudo hacen lo mismo, no hay razón por la que en discusiones filosóficas se emplee esta palabra de manera que inevitablemente conduzca a confusión. (3) El uso de la palabra necesidad para expresar la idea de la certidumbre arroja vituperio sobre la verdad. La reviste con el ropaje del error. Hace que Edwards emplee el lenguaje de Hobbes. Pone a Lutero en la misma categoría que a Spinoza; a todos los Agustinianos en la misma clase que a los materialistas franceses. Todos ellos emplean el mismo lenguaje, aunque su sentido sea tan diverso como sea posible. Todos dicen que los actos de los hombres son necesarios. Cuando llega el momento de explicarse, la una clase dice que son verdadera y propiamente necesarios en el sentido de que no son libres, y que excluyen la posibilidad de carácter o responsabilidad morales. La otra clase dicen que son necesarios, pero en el sentido de que son sin embargo libres y perfectamente consecuentes con la responsabilidad moral del agente. Es desde luego un gran mal que teorías diametralmente opuestas entre sí, que la doctrina de santos y la doctrina de demonios (para emplear el lenguaje de Pablo) se expresen en las mismas palabras. Y así nos encontramos con los más respetables escritores, como Reid y Stewart, argumentando contra Edwards como si éste sostuviera la doctrina de Belsham.

Los antiguos escritores latinos designaban comúnmente la teoría de la certidumbre moral con el nombre de *Lubentia Rationalis*, o Espontaneidad Racional. Esta es una designación mucho más apropiada. Implica que en cada volición hay elementos de racionalidad y de acción espontánea. En los brutos hay espontaneidad pero no razón, y por ello no son agentes libres en el sentido de que sean objetos de aprobación o de desaprobación. En los maníacos hay también autodeterminación, pero es irracional, y por tanto no libre. Pero allí donde se combinan en un agente la razón y la capacidad de autodeterminación, él es libre y responsable por sus actos exteriores y por sus voliciones. Esta descripción satisfaría a Reid, que dice: «Vemos evidentemente que así como la razón sin poder activo nada puede hacer, de la misma manera el poder sin razón no tiene guía para dirigirlo a ningún fin. Las dos cosas coordinadas establecen la libertad moral.»[3]

---

3. *Active Powers*, Essay IV, cap. 5; *Works*, Edimburgo, 1849, pág. 615.

Los antiguos escritores, al desarrollar su doctrina de la espontaneidad racional, solían decir que la voluntad va determinada por el juicio último del entendimiento. Esto es cierto o falso según se interprete el lenguaje. Si por juicio último del entendimiento se significa la aprehensión intelectual y convicción de lo razonable y excelente del objeto de la elección, entonces nada sino lo perfectamente razonable y bueno queda así siempre determinado. Los hombres, en una multitud de ocasiones, escogen aquello que su entendimiento condena como malvado, profano o destructivo. O si el sentido es que cada acción libre es el resultado de una deliberación consciente y de una consiguiente decisión de la mente en cuanto a lo deseable de una cierta acción, con todo no puede decirse que la voluntad siga los dictados del entendimiento. [...] Lo que realmente se significa por esta expresión es que las posturas o los sentimientos que determinan la voluntad están ellos mismos determinados por el entendimiento. Si yo deseo algo, es debido a que lo aprehendo como apropiado para satisfacer algún anhelo de mi naturaleza. Si yo deseo algo porque está bien, el hecho de que sea correcto es algo que debe discernir el entendimiento. En otras palabras, todos los deseos, afectos o sentimientos que determinan que la voluntad actúe deben tener un objeto, y este objeto por el cual es excitado el sentimiento y hacia el que tiende tiene que ser discernido por el entendimiento. Es esto lo que les da su carácter racional, y hace que sea racional la determinación de la voluntad. Cualquier volición que no siga al dictado último del entendimiento es, en este sentido de la palabra, la acción de un idiota. Puede que sea espontánea, así como lo son las acciones de los brutos, pero no puede ser libre en el sentido de que sea la acción de una persona responsable.

Otra forma bajo la que esta doctrina se expresa con frecuencia es que la voluntad es según el más grande bien aparente. Esta es una manera muy común de expresar la doctrina, derivada de Leibniz, el padre del optimismo, cuya entera *Theodicée* está basada en la presuposición de que el pecado es el medio necesario para el mayor bien. Por «bien», los escritores de esta clase significan generalmente «adaptado para producir felicidad», la cual es considerada como el sumo bien. La doctrina de ellos es que la voluntad siempre se decide por aquello que promete la mayor felicidad. No es, se dice, el mayor bien real, sino el mayor bien aparente el que determina la volición. Un solo trago de una copa puede parecerle a un alcohólico, en la intensidad de su deseo, un mayor bien, esto es, como más apropiado para liberarle y satisfacerle, que su propio bienestar o el bienestar de su familia para toda la vida. Esta teoría entera está basada en la suposición de que la felicidad es el más alto bien, y que el deseo de felicidad es el resorte último de toda acción voluntaria. Por cuanto estos dos principios son aborrecibles a la gran masa de las mentes cultivadas, especialmente de las cristianas, y por cuanto los hombres actúan por otros y más elevados motivos que un deseo de potenciar su propia felicidad, son pocos los que en nuestros tiempos adoptarán la doctrina de que la voluntad es según el más grande bien aparente, así expuesta. No obstante, si la palabra «bien» se toma en un sentido más amplio, incluyendo todo lo deseable, sea lo recto, lo apropiado, o lo útil, así como lo apropiado para dar felicidad, entonces es indudable que la doctrina es cierta. De hecho, la voluntad queda siempre determinada en favor de aquello que bajo algún aspecto, o por alguna razón, se considera bueno. De otra manera los hombres podrían escoger el mal como mal, lo que violaría una ley fundamental de todas las naturalezas racionales y sensoriales.

Es todavía cosa más común, al menos en este país, decir que la voluntad queda siempre determinada por el motivo más poderoso. A esta forma de enunciado se presentan dos evidentes objeciones. (1) La ambigüedad de la palabra *motivo*. Si esta palabra se toma en un sentido, el enunciado es cierto; si se toma en otro, es falso. (2) La imposibilidad de establecer ninguna prueba acerca de la fuerza relativa de los motivos. Si la prueba se hace sobre la vivacidad de los sentimientos, entonces no es cierto que siempre prevalezca el motivo más poderoso. Si se hace la prueba sobre el efecto entonces es decir que el motivo más fuerte es aquel que ha determinado la voluntad, -lo que equivale a decir que la voluntad queda determinada por aquello que la determina.

Es mejor mantenerse en la declaración general. La voluntad no queda decidida por ninguna ley de necesidad; no es independiente, indiferente ni autodeterminada, sino que queda siempre determinada por el anterior estado de la mente; de modo que un hombre es libre siempre que sus voliciones sean la consciente expresión de su propia mente; o en tanto que sus actividad sea determinada y controlada por su razón y sentimientos.

2. Definición de términos.

Antes de pasar a dar un bosquejo de los argumentos usuales en apoyo de esta doctrina, es importante determinar el sentido de las palabras a emplear. Nadie que esté familiarizado lo más mínimo con discusiones de esta naturaleza puede haber dejado de observar cuánta dificultad se suscita de la ambigüedad de los términos empleados, y cuán a menudo la gente difiere en doctrina, cuando en realidad sólo difiere en lenguaje.

La voluntad.

Primero, la palabra *voluntad* misma es uno de aquellos términos ambiguos. A veces se emplea en un sentido amplio, incluyendo todos los deseos, afectos e incluso las emociones. Tiene este sentido amplio cuando se dice de todas las facultades del alma que están incluidas bajo las dos categorías de entendimiento y voluntad. Así que todo aquello que pertenece al alma y que no pertenece a lo primero es asignado a la segunda. Todo gusto y repugnancia, toda preferencia, toda inclinación y falta de inclinación, son en este sentido actos de la voluntad. En otras ocasiones, se emplea esta palabra para denotar la capacidad de autodeterminación, o aquella facultad por la que decidimos nuestras propias acciones. En este sentido, sólo los propósitos y las voliciones imperativas son acciones de la voluntad. Es evidente que si un escritor afirma la libertad de la voluntad en este último sentido, y su lector toma sus palabras en el sentido primero, el uno jamás entenderá al otro. O si el mismo escritor usa a veces la palabra en su sentido amplio y a veces en su sentido restringido, inevitablemente se confundirá él mismo y confundirá a otros. Decir que tenemos poder sobre nuestras voliciones, y decir que tenemos poder sobre nuestros deseos, son cosas totalmente diferentes. Una de estas proposiciones puede ser mantenida y la otra puede ser negada; pero si se confunden la voluntad y el deseo, la distinción entre estas dos proposiciones queda eliminada. Se ha observado frecuentemente que la confusión de estos dos significados de la palabra voluntad es el gran defecto de la célebre obra del Presidente Edwards. Comienza con una definición del término que hace que incluya toda preferencia, elección, complacencia o desagrado en, gusto y disgusto, y aboga por una teoría que es cierta y aplicable sólo a la voluntad en el sentido restringido de la palabra.

Motivo.

En segundo lugar, la palabra *motivo* se toma a menudo en un sentido diferente. Se define como siendo cualquier cosa que tenga tendencia a mover la mente. Se considera un motivo cualquier objeto adaptado para despertar el deseo o el afecto; cualquier verdad o concepto que sea apropiado para influenciar a un ser racional y sensible a la toma de una decisión. A esto se le llama el sentido objetivo del término. En este sentido está muy lejos de ser cierto que la voluntad es siempre movida por el motivo más poderoso. Las verdades más importantes, las consideraciones de mayor peso, los objetos más atrayentes, son a menudo impotentes, por lo que concierne al estado interior de la mente. Sin embargo, esta palabra se emplea frecuentemente en el sentido objetivo para designar aquellas convicciones interiores, aquellos sentimientos, inclinaciones y principios que están en la mente misma, y que empujan o influencian al hombre a decidirse de una forma en lugar de en otra. Es sólo en este sentido del término cuando la voluntad queda determinada por el motivo más poderoso. Pero incluso en este caso debe admitirse, como ya antes se ha observado, que no tenemos criterio ni norma mediante la que determinar la fuerza relativa de los motivos, aparte de su efecto real. De manera que decir que la voluntad queda determinada por el motivo más poderoso equivale sólo a decir que no está autodeterminada, sino que en cada volición racional el hombre queda influenciado para decidirse de una manera en lugar de en otra forma, por algo dentro de él, de modo que la volición es una revelación de lo que él mismo es.

Causa.

En tercer lugar, la palabra causa no es menos ambigua. A veces significa la mera ocasión; a veces el instrumento por el que se lleva algo a cabo; a veces la eficiencia a la que se debe el efecto; a veces el fin por el que se hace algo, como cuando hablamos de causas finales; a veces la base o razón por la que el efecto o la acción de la causa eficiente es así y no de otra manera. Decir que los motivos son las causas ocasiones de la volición es coherente con cualquier teoría de actividad, sea de necesidad o de indiferencia; decir que son causas eficientes es transferir la eficiencia del agente a los motivos; pero decir que son la base o razón por la que las voliciones son lo que son es sólo decir que cada ser racional, en cada acción voluntaria, tiene que tener una razón, buena o no, para actuar como lo hace. La mayor parte de los argumentos en contra de la declaración de que los motivos son la causa de las voliciones se basan en la presuposición de que son enunciadas como causas productoras, y que se quiere negar que el agente sea la causa eficiente de sus propias acciones, mientras que el significado es sencillamente que los motivos son las razones que determinan al agente que afirme su eficiencia de una manera en lugar de en otra. Sin embargo, se trata verdaderamente de causas, hasta allí donde determinan que el efecto sea así, y no de otra manera. El amor materno puede inducir a una madre a velar a un niño enfermo, y es en este sentido la causa de su dedicación, pero ella no es por ello menos la causa eficiente de todos sus actos de ternura. Dice Reid: «O bien el hombre es la causa de la acción, y entonces es una acción libre, y se le imputa de manera justa, o tiene que tener otra causa, y no se le puede imputar con justicia al hombre.»[4] Esto supone que la palabra *causa* tiene sólo un sentido. En el caso acabado de suponer, la madre es la causa eficiente, y su amor la causa racional o razón de sus acciones. ¿Es acaso una negación del libre albedrío decir que su amor determinó su voluntad en favor de la atención en lugar de en favor de la negligencia?

Libertad.

Cuarto: No es poca la ambigüedad que surge de confundir la libertad de la voluntad con la libertad del agente. Estas formas de expresión se emplean frecuentemente como equivalentes. Quizá sea lo mismo lo que se designa al decir: «La voluntad es libre», y «el agente es libre». Se admite que el mismo concepto puede ser expresado de manera apropiada con estas frases. Al hablar de libertad de conciencia, cuando queremos decir que el hombre es libre en cuanto a su conciencia, del mismo modo hablamos de la libertad de la voluntad, o libre albedrío, cuando todo lo que significamos es que el hombre es libre al querer algo. Pero el uso que hace sinónimas estas expresiones es susceptible a las siguientes objeciones: (1) Atribuir libertad a la voluntad puede conducir a concebir de la voluntad como separada del agente; como un

---

4. *Active Powers*, Essay IV, cap. IX; *Works*, Edimburgo, 1849, pág. 645.

poder distinto, autónomo, en el alma. O, si se evita este extremo, lo que no siempre sucede, la voluntad es contemplada como demasiado separada de las otras facultades del alma, y como fuera de sintonía con ella en sus varios estados. La voluntad es sólo el alma queriendo. El alma, naturalmente, es una unidad. Una autodeterminación es una determinación de la voluntad, y todo lo que lleve a una decisión propia conduce a una decisión de la voluntad. (2) Una segunda objeción en contra de confundir estas expresiones es que no son realmente equivalentes. El hombre puede que sea libre, cuando su voluntad está cautiva. Es un hecho correcto y establecido del lenguaje, expresando una realidad de la consciencia, el hablar de una voluntad esclavizada en un agente libre. No se trata de una mera metáfora, sino de una verdad filosófica. El que comete pecado, siervo es del pecado. Unos hábitos mentales o corporales largamente continuados pueden llevar a la voluntad bajo una servidumbre, mientras que el hombre sigue siendo un agente libre. Un hombre que durante años haya sido un tacaño tiene su voluntad en estado de esclavitud, y sin embargo el hombre es perfectamente libre. Está autocontrolado, autodeterminado. Su avaricia es él mismo. Es su propio amado y abrigado sentimiento. (3) De nada sirve tener dos expresiones para lo mismo, la primera apropiada, y la segunda ambigua. Lo que realmente significamos es que el agente es libre. Este es el único punto al que se le presta interés alguno. El hombre es el sujeto responsable. Si es libre para ser justamente responsable por su carácter y conducta, poco importa cuáles sean las leyes que determinan las operaciones de su razón, conciencia o voluntad; o si la libertad se puede predicar de aquellas facultades consideradas por separado. Mantenemos que el hombre es libre; pero negamos que la voluntad sea libre en el sentido de ser independiente de la razón, de la conciencia y de los sentimientos. En otras palabras, un hombre no puede ser independiente de sí mismo, ni ninguna de sus facultades independientes de todo el resto.

Libertad y capacidad.

Quinto: Otra fuente fructífera de confusión acerca de esta cuestión es la de confundir la libertad con la capacidad. El uso que liga el mismo significado a estos términos es muy antiguo. Agustín negó el libre albedrío del hombre desde la caída. Pelagio afirmó el libre albedrío como esencial a nuestra naturaleza. El primero tenía simplemente la intención de negar la capacidad del hombre caído de volverse por sí mismo a Dios. El último definía la libertad como la capacidad en cualquier momento de determinarse a sí mismo para bien o mal. La controversia entre Lutero y Erasmo fue realmente acerca de la capacidad, aunque nominalmente fue acerca del libre albedrío. El libro de Lutero se titula *De Servo Arbitrio*, y el de Erasmo, *De Libero Arbitrio*. Este uso impregna todos los símbolos de la Reforma, y fue seguido por los teólogos del siglo dieciséis. Todos atribuyen libre albedrío al hombre en el verdadero sentido de las palabras, pero le niegan libertad de voluntad. Y esta confusión sigue manteniéndose en gran parte. Muchas de las definiciones dominantes de la libertad son definiciones de capacidad; y mucho de lo que se propone comúnmente para demostrar la libertad de la voluntad tiene realmente el designio de sustentar y sólo tiene fuerza para sustentar la doctrina de la capacidad. Jacob define la libertad como el poder de decidirse en favor de los dictados de la razón en oposición a las solicitaciones de los sentidos. Bretschneider dice que es la capacidad de decidirse según la razón. Agustín y muchos de los Agustinianos después de él, distinguieron: (1) La libertad del hombre antes de la caída, que era una capacidad de pecar o no pecar. (2) El estado del hombre después de la caída, cuando tiene la libertad de pecar, pero no para el bien. (3) El estado del hombre en el cielo cuando tendrá libertad para el bien, pero no para el mal. Esta última es la más elevada forma de libertad, *a felix necessitas boni*. Esta es la libertad que pertenece a Dios. En la mente popular quizá la idea común de la libertad es la capacidad de decidirse por el bien o el mal, por el pecado o la santidad. Esta idea impregna más o menos todas las disquisiciones en favor de la libertad de la indiferencia, o del poder para lo contrario. La esencia de la libertad en un ser moral responsable, según Reid, es la capacidad de hacer aquello de lo que es responsable. Así Cousin, Jouffroy, Tappan, y toda esta clase de escritores, identifican la libertad con la capacidad. Este último autor, al hablar de la distinción entre la incapacidad natural y la moral, dice: «Cuando hemos negado la libertad al negar un poder de autodeterminación, estas definiciones, en orden de conseguir una *quasi* libertad y capacidad, no son nada más que ingeniosas insensateces y plausibles engaños.»[5] Aquí la libertad y la capacidad se emplean explícitamente como términos sinónimos.

Otros escritores que no ignoran la distinción entre libertad y capacidad, las distinguen sin embargo sólo como diferentes formas de libertad. Este es el caso con muchos de los autores alemanes. Se puede dar el ejemplo de Müller, que distingue la *Formale Freiheit*, o capacidad, de la *Reale Freiheit*, o libertad tal como existe en realidad. La primera es sólo necesaria como condición de la segunda. Esto es, él admite que si las acciones de un hombre están desde luego determinadas por su carácter, es realmente libre. Pero a fin de hacerlo justamente responsable por su carácter, éste tiene que ser adquirido por él mismo.[6] Con esto se confunden cosas que no sólo son distintas, sino que son claramente distintas. Esta clase de escritores admite, como desde luego lo admite todo el mundo cristiano, que desde la caída los hombres no tienen poder para hacerse santos a sí mismos; mucho menos llevar a cabo esta transformación mediante una volición. Se admite que los santos en gloria quedan infaliblemente determinados por su carácter a la santidad, pero se admite que los hombres caídos y los santos son libres. La capacidad puede haberse perdido, pero permanecer la libertad. La primera queda perdida desde la Caída. Una vez es restaurada por la gracia, como dicen ellos, debe perderse de nuevo en aquella libertad para lo bueno que es idéntica con la necesidad. Si la libertad y la capacidad son así distintas, ¿por qué habrían de confundirse? Estamos conscientes de nuestra libertad. Sabemos que somos libres en todas nuestras voliciones. Ellas se nos revelan en lo más íntimo de nuestra consciencia como actos de autodeterminación. No podemos rechazarlas ni escapar a nuestra responsabilidad acerca de ellas, aunque lo intentemos. Y nadie, sin embargo, está consciente de una capacidad para cambiar su propio corazón. El libre albedrío pertenece a Dios, a los ángeles, a los santos glorificados, a los hombres caídos, y a Satanás; y es lo mismo en todos. Y sin embargo Dios no puede, en el sentido más estricto de la palabra, hacer lo malo; ni tampoco puede Satanás, por una volición, recuperar su herencia perdida de santidad. Es un gran mal confundir así cosas tan esencialmente distintas, que produce una confusión sin fin. Agustín dice que el hombre no es libre desde la caída, porque no puede sino pecar; los santos son libres porque no pueden pecar. ¡En el primer caso, la incapacidad destruye la libertad; y en el segundo constituye la perfección de la libertad! La necesidad es lo precisamente contrario a la libertad, y sin embargo se dice que ambas cosas son idénticas. Un hombre, al afirmar el libre albedrío, tiene la intención de afirmar la libre acción, en tanto que niega la capacidad; otro significa por lo mismo una plena capacidad. Desde luego, es importante no emplear las mismas palabras para expresar ideas contrarias.

Sin embargo, la confusión de pensamiento y de lenguaje no es el principal mal que surge de hacer idénticas la libertad y la capacidad. Necesariamente nos lleva a un conflicto con la verdad, y con los juicios morales de los hombres. Hay tres verdades de las que cada hombre está convencido por la misma constitución de su naturaleza. (1) Que es un agente libre. (2) Que

---

5. *Review of Edwards*, edición de New York, págs. 164, 165.
6. «Frei ist ein Wessen inwiefern die innere Mitte seines Lebens aus der heraus es wirkt und thätig ist, durch Selbstbestimmung beding ist.» *Lehre von der Sünde*, Vol. II, pág. 72. En otra parte define la libertad como siendo la capacidad de auto-desarrollo. «Freiheit ist Macht aus sich zu werden», pág. 62.

nadie sino los agentes libres son responsables por su carácter y conducta. (3) Que no posee la capacidad para cambiar su estado moral mediante un acto de la voluntad. Ahora bien, si para expresar el hecho de su incapacidad decimos que no es un agente libre, contradecimos su consciencia; o, si él cree lo que le decimos, destruimos su sentido de responsabilidad. O, si le decimos que por cuanto es un agente libre tiene poder para cambiar su corazón a voluntad, de nuevo entramos en conflicto con sus convicciones. Él sabe que es un agente libre, y sin embargo sabe que no tiene capacidad para hacerse santo a sí mismo. La libre agencia es la potestad de decidir según nuestro carácter; la capacidad es la potestad para cambiar nuestro carácter mediante una volición. De lo primero tanto la Biblia como la conciencia afirman que pertenece al hombre en cada condición de su ser; de lo último, tanto la Biblia como la conciencia afirman igual de explícitamente que no pertenecen al hombre caído. Por ello, no debiera de confundirse entre ambas cosas.

Autodeterminación y autodeterminación de la voluntad.

Sexto, Otra fuente de confusión es no discriminar entre la autodeterminación y la autodeterminación de la voluntad. Los que emplean esta última expresión dicen que tienen la intención de negar que la voluntad esté determinada por un estado anterior de la mente, y afirmar que tiene un poder auto-determinante, independiente de cualquier cosa preexistente o coexistente. Ellos dicen que los que enseñan que cuanto el estado de la mente sea el mismo, la volición será inevitablemente la misma, enseñan por ello necesidad y fatalismo, reduciendo la voluntad a una máquina. «No conozco», dice Reid, «nada que pueda desearse más para establecer el fatalismo por todo el universo. Cuando se demuestre que, en toda la naturaleza, las mismas circunstancias conducen invariablemente a las mismas consecuencias, se deberá abandonar la doctrina de la libertad.»[7] La doctrina opuesta es que la voluntad es «auto-movida; hace su *nissus* de ella misma, y de ella misma soporta hacerlo, y tiene capacidad, dentro de la esfera de su actividad, y en relación con sus objetos, para seleccionar, por una acción meramente arbitraria, cualquier objeto determinado. Es una causa cuyos actos todos, así como cualquier acto en particular, considerados como fenómenos que demandan una causa, quedan explicados por ella misma».[8] Así, si se pregunta por qué la voluntad decide de una forma y no de otra, se debe buscar la razón en su capacidad de autodeterminación. Puede, mediante un acto arbitrario, escoger o no escoger, escoger de una u otra forma, sin un motivo o con él, por o en contra de cualesquiera o todas las influencias que incidan sobre ella. Pero cuando estos escritores pasan a probar su postura, resulta que no era esto en absoluto lo que significaban. No es el poder auto-determinante de la voluntad lo que ellos defienden, sino el poder auto-determinante del agente. Dice Reid que todo lo involucrado en el libre albedrío es que el hombre es un agente, autor de sus propias acciones, o que somos «causas eficaces en nuestras acciones deliberadas y voluntarias».[9] «Decir que el hombre es un agente libre no es más que decir que, en algunos casos, es verdaderamente un agente y una causa, y que no se ejerce acción sobre él meramente como sobre un instrumento pasivo.»[10] El doctor Samuel Clarke, en su controversia con Leibniz, dice: «La capacidad de automovimiento, o acción, que, en todos los agentes animados, es espontaneidad, es, en los agentes morales o racionales, lo que lla-

---

7. Valdrá la pena observar, de pasada, cuán uniformemente los escritores de la escuela a la que pertenece Reid identifican la certidumbre con la necesidad, mientras arguyan con un oponente. En el pasaje citado arriba no es porque la voluntad quede determinada por la necesidad, ni por una causa fuera de la mente, sino sencillamente que se moteja de fatalismo a que las mismas decisiones tengan lugar «invariablemente» en las mismas circunstancias.
8. Tappan, *Review of Edwards*, edición de New York, 1839, pág. 223.
9. *Active Powers*, Essay IV, cap. 2; *Works*, Edimburgo, 1849, pág. 603.
10. *Active Powrs*, Essay IV, cap. 3; *Works*, pág. 607.

mamos propiamente libertad.» Nuevamente, dice: «la verdadera definición de libertad es la capacidad de actuar». Ahora bien, por cuanto todos los proponentes de la doctrina de la certidumbre moral admiten la autodeterminación del agente, y niegan la capacidad auto-determinante de la voluntad, tiene que seguir la mayor de las confusiones por la confusión de estas dos cosas; y, además, se le da entonces una ventaja indebida a la doctrina de la capacidad auto-determinante de la voluntad, mediante argumentos que demuestran sólo autodeterminación, lo que todo hombre admite. Por otra parte, se crea un injusto prejuicio contra la verdad al enunciarla como negadora de la capacidad de autodeterminación, cuando lo único que niega es la capacidad auto-determinante de la voluntad. Así, se presenta al Presidente Edwards como negando repetidamente que las voliciones sean auto-determinaciones, o que la mente sea la causa eficiente de sus propias acciones, o que el hombre sea un agente, porque escribió contra el poder auto-determinante de la voluntad, tal como lo enseñaron Clarke y Whitby. Estas dos cosas no deberían ser confundidas, porque son verdaderamente distintas. Cuando decimos que un agente es autodeterminado, decimos dos cosas: (1) Que él es el autor o causa eficiente de su propia acción. (2) Que las bases o razones para su determinación están dentro de él mismo. Está determinado por lo que le constituye en aquel momento en un individuo particular, por sus sentimientos, principios, carácter y disposiciones, y no por ninguna influencia *ab extra*, o coercitiva. Pero cuando decimos que la voluntad es autodeterminada, la separamos de los otros elementos constitutivos del hombre, como un poder independiente, y, por una parte, negamos que sea determinada por nada en el hombre; por la otra, afirmamos que se determina a sí misma por un poder inherente, automóvil, arbitrario. En este caso, la volición deja de ser una decisión del agente, porque puede ser contraria a todo el carácter, principios, inclinaciones, sentimientos y convicciones del agente, o cualquier otra cosa que le constituya en lo que él es.

3. La certidumbre, consecuente con la libertad.

Aunque la doctrina de la necesidad es subversiva del fundamento de toda moralidad y religión, lo que ahora ocupa nuestra atención es la doctrina de la contingencia. Deseamos sencillamente enunciar la cuestión como entre certidumbre e incertidumbre. La doctrina de la necesidad, en el sentido propio de la palabra, es anticristiana; pero el mundo cristiano está dividido, y siempre lo ha estado, entre los proponentes y los oponentes de la doctrina de la contingencia. Todos los Agustinianos mantienen que un acto libre puede ser inevitablemente cierto en cuanto a su acaecimiento. Todos los anti-Agustinianos, sean Pelagianos, o Semi-Pelagianos, o Arminianos, y la mayoría de los filósofos morales y metafísicos adoptan la posición contraria. Enseñan que como la voluntad tiene un poder auto-determinante, puede decidirse en contra de todos los motivos, internos o externos, en contra de todas las influencias, divinas o humanas, de manera que sus decisiones no pueden resultar inevitables sin la destrucción de su libertad. La misma esencia de la libertad, dicen ellos, es el poder para lo contrario. En otras palabras, un acto libre es aquel ejecutado con la consciencia de que bajo unas circunstancias exactamente idénticas, esto es, tanto en el mismo estado interno como externo de la mente, pudiera haberse dado la decisión opuesta. Según la primera doctrina, la *voluntad* está determinada; según la otra, se determina a sí misma. En el primer caso, nuestros actos son o pueden ser inevitablemente ciertos, y sin embargo libres. En el segundo, para que sean libres tienen que ser inciertos. Ya hemos demostrado que ésta es una presentación correcta de la cuestión; que los proponentes de la necesidad moral significan por la misma certidumbre; que los proponentes de la contingencia significan por la misma incertidumbre. Hemos admitido que el uso de la palabra necesidad, incluso cuando cualificada diciendo negativamente que no es «absoluta, física ni mecánica», sino que es meramente filosófica o moral, es desafortunada e inapropiada. Y si algún oponente de Agustín o de Edwards dice que todo lo que niega es una necesidad absoluta o física, y que no tiene objeciones a la doctrina de la certidumbre, entonces la diferencia entre él y Edwards es meramente semántica. Pero la verdadera controversia yace más honda. No es la palabra la que sufre oposición, sino el concepto mismo. Hay una verdadera diferencia en cuanto a la naturaleza del libre albedrío, y esta diferencia se centra en este punto concreto: ¿Pueden resultar inevitablemente ciertos los actos de los agentes libres, sin con ello destruir la libertad de los mismos?

Puntos de concordancia.

Será bueno, antes de proseguir, enunciar aquellos puntos en los que concuerdan las partes de esta controversia.

1. Concuerdan en que el hombre es un agente libre, en tal sentido que es responsable de su carácter y de sus acciones. La disputa no es acerca de la realidad del libre albedrío, sino acerca de su naturaleza. Si alguien niega que los hombres son agentes morales responsables, pertenece entonces a la escuela de la necesidad, y no es interlocutor en la discusión que ahora se considera.

2. Se está de acuerdo en cuanto a la naturaleza del libre albedrío, que supone tanto razón como poder activo. La mera espontaneidad no constituye el libre albedrío, porque se halla en los brutos, en los idiotas y en los maníacos. No hay controversia en cuanto a lo que se significa por razón como uno de los elementos del libre albedrío; y por lo que respecta al poder activo, que es su segundo elemento, se concuerda que significa o incluye la eficiencia. En otras palabras, se concuerda en que un agente libre es la causa eficiente de sus propias acciones.

3. Se admite, por ambos lados, que en todos los casos importantes, los hombres actúan influenciados por motivaciones. Reid, desde luego, trata de mostrar que en muchos casos la voluntad decide sin motivo alguno. Cuando no hay base para una preferencia, dice él que éste tiene que ser el caso, como en el caso en que un hombre decide qué moneda de cincuenta chelines va a dar. Admite, sin embargo, que estas decisiones arbitrarias tienen que ver sólo con cosas irrelevantes. Otros de la misma escuela reconocen que nunca se llega a una volición racional excepto bajo la influencia de motivos.

4. Se concuerda además en que la voluntad no está determinada con certidumbre por motivos externos. Todos los Agustinianos niegan que el estado interno de la mente que determina la voluntad sea él mismo determinado cierta o necesariamente por nada externo a la mente misma.

5. También se puede dar por sentado que las partes concuerdan en que la palabra *voluntad* debe ser tomada en su sentido propio, restringido. No se trata de si los hombres tienen poder sobre sus propios afectos, sobre lo que les agrada o desagrada. Nadie lleva la capacidad de la voluntad hasta tan lejos como para decir que podemos, mediante una volición, cambiar nuestros sentimientos. Lo que tratamos sólo trata de nuestras voliciones. Es la base o razón de los actos de auto-determinación lo que está bajo discusión. Y, por ello, lo que tenemos a la vista es la voluntad considerada como la facultad de la auto-determinación, y no como la sede de los afectos. La pregunta de por qué un hombre es llevado a amar a Dios, o a Cristo, o a sus semejantes, o la verdad y la bondad; y otro llevado a amar el mundo, el pecado, es muy diferente de la pregunta de qué es lo que le determina a efectuar este o aquel acto en particular. La voluntad es aquella facultad mediante la que decidimos hacer algo que consideramos está en nuestro poder hacer. La cuestión de si alguien tiene capacidad para cambiar su propio carácter en cualquier momento, o de darse a sí mismo lo que en el lenguaje de la Escritura es un nuevo corazón, tiene que ver con la magnitud de su capacidad. Esto es, se trata de una cuestión que concierne a la capacidad o incapacidad del pecador y es una cuestión de suma im-

portancia; pero no debiera ser confundida con la cuestión del libre albedrío, que es lo que estamos ahora considerando.

Así, todo lo que estamos considerando es si, cuando alguien decide hace algo, su voluntad está determinada por el estado previo de su mente; o si, con precisamente las mismas posturas y sentimientos, sus decisiones pueden ser en un sentido en un momento determinado, y en otro en otro momento distinto. Esto es, si la voluntad, o más bien dicho, si el agente tiene que ser indeterminado para poder ser libre.

El argumento de que la certidumbre es idónea para todos los agentes libres.
Es desde luego un fuerte argumento en favor de la perspectiva del libre albedrío que la hace consecuente con la certidumbre, o que supone que un agente puede estar determinado con certidumbre inevitable en cuanto a sus acciones en tanto que estas sus acciones permanecen siendo libres, el hecho de que concuerde con todas las clases o condiciones de los agentes libres. Negarle a Dios el libre albedrío sería negarle la personalidad, y reducirlo a un mero poder o principio. Y sin embargo, ¿hay nada en el universo que sea más seguro que el hecho de que Dios actuará con rectitud? Pero si se dice que las condiciones de existencia en un ser infinito son tan diferentes de lo que son en las criaturas que no es justo argüir de lo uno a lo otro, podemos referirnos al caso de nuestro bendito Señor. Él tenía un verdadero cuerpo y un alma racional. Él tenía una voluntad humana; una mente reglada por las mismas leyes que las que determinan las acciones intelectuales y voluntarias del común de los hombres. Sin embargo, en su caso, aunque hubiera podido existir la posibilidad metafísica de mal (aunque incluso ésta es una hipótesis lastimosa), con todo era más seguro que Él estaría sin pecado que el que permanecieran el sol y la luna. Ninguna ley física podría ser más fiable en cuanto a la producción de sus efectos que el que Su voluntad se decidiera siempre por lo recto. Pero si se objetara que incluso a este caso que la unión de las naturalezas divina y humana en la persona de nuestro Señor lo coloca en una categoría diferente a la nuestra, haciendo injusto suponer que lo que era cierto en Su caso tenga que ser cierto en el nuestro, aunque no admitamos la fuerza de esta objeción, podemos referirnos a la condición de los santos en el cielo. Ellos, sin lugar a dudas, siguen siendo agentes libres; y sin embargo sus acciones son, y serán eternamente, determinadas con una certidumbre absoluta e inevitable hacia el bien. Por tanto, la certidumbre tiene que ser consecuente con el libre albedrío. ¿Qué puede decir un cristiano ante esto? ¿Negará acaso que los santos en gloria son libres, o negará acaso la total certidumbre de su perseverancia en santidad? ¿Quedaría con ello exaltado su concepto de la bienaventuranza del cielo? ¿O elevaría con ello sus ideas de la dignidad de los redimidos para creer que sea inseguro si caerán en pecado o permanecerán santos? Sin embargo, podemos descender al estado actual de nuestra existencia. Sin dar por sentado nada en cuanto a la corrupción de nuestra naturaleza, ni dar por sentado nada que Pelagio pudiera negar, es un hecho cierto que todos los hombres pecan. Nunca ha existido un mero hombre en la faz de la tierra que no pecara. Cuando contemplamos un recién nacido, sabemos que, por incierto que sea su futuro, es absoluta e inevitablemente cierto que, si vive, pecará. Por ello, sea cual sea el aspecto en el que contemplemos el libre albedrío, sea en Dios, en la naturaleza humana de Cristo, en los redimidos en el cielo, o en el hombre aquí en la tierra, observamos que es compatible con la absoluta certidumbre.

Argumentos derivados de la Escritura.
Un segundo argumento acerca de esta cuestión se deriva de aquellas doctrinas de la Escritura que suponen necesariamente que las acciones libres pueden ser ciertas en cuanto a su acaecimiento.

1. La primera y más evidente de estas doctrinas es el conocimiento anticipado de Dios. Sea cual sea la explicación metafísica que se le dé a este atributo; por mucho que ignoremos la distinción entre conocimiento y conocimiento anticipado, o por mucho que contendamos que por cuanto Dios habita la eternidad, y no está en absoluto sometido a las limitaciones del tiempo, y que para Él nada es sucesivo, sigue sin embargo persistiendo el hecho de que nosotros moramos en el tiempo, y que para nosotros hay un futuro, así como un presente. Persiste por ello el hecho de que las acciones humanas son conocidas antes de que acontezcan en el tiempo, y que por ello mismo son conocidas anticipadamente. Pero si son conocidas como futuras, entonces tienen que ser ciertas; no porque el conocimiento anticipado haga que su acaecimiento sea cierto, sino porque lo supone cierto. Es una contradicción de términos decir que un acontecimiento incierto puede ser conocido anticipadamente como cierto. Negarle a Dios el conocimiento anticipado de las cosas, decir que las acciones libres, por cuanto son necesariamente inciertas en cuanto a su acaecimiento, no son objetos de la presciencia, del conocimiento anticipado de Dios, como tampoco los sonidos son el objeto de la vista, ni las verdades matemáticas objetos de los afectos, es destruir el concepto mismo de Dios. El futuro debe serle tan ignoto a Él como a nosotros, y Él tiene que estar recibiendo en cada instante enormes cantidades de conocimiento. Él no puede ser un ser eterno, impregnando toda duración con una existencia simultánea, y mucho menos un Ser omnisciente, para quien no hay nada nuevo. Por tanto, es imposible creer en Dios tal como es revelado en la Biblia, a no ser que creamos que Él conoce todas las cosas desde el principio. Pero si todas las cosas son conocidas, todas las cosas, sean fortuitas o libres, son ciertas; consiguientemente, la certidumbre tiene que ser consistente con la libertad. No estamos más seguros de nuestra existencia que lo estamos de nuestro libre albedrío. Decir que esto es un engaño es negar la veracidad de nuestra consciencia, lo cual no sólo necesariamente involucra la negación de la veracidad de Dios, sino que subvierte asimismo la base de todo conocimiento, y nos hunde en un escepticismo absoluto. Igual podríamos decir que nuestra existencia es un engaño como que cualquier otro hecho de la consciencia sea un engaño. No tenemos más ni mejor evidencia para lo uno que para lo otro. Los hombres pueden especular tanto como quieran, pero tienen que creer y actuar según las leyes impuestas sobre nuestra naturaleza por nuestro Creador. Por tanto, tenemos que creer en nuestra existencia y en nuestro libre albedrío; y por una necesidad apenas menos imperativa tenemos que creer que todas las cosas son sabidas por Dios desde la eternidad, y que si son conocidas por anticipado, y su acaecimiento es cierto, no podemos negar que la certidumbre es consecuente con el libre albedrío sin involucrarnos en contradicciones palpables. Este argumento es tan concluyente que la mayoría de los proponentes teístas de la doctrina de la contingencia, cuando pasan a tratar esto, abandonan la cuestión, y reconocen que una acción puede ser cierta en cuanto a su acaecimiento, y sin embargo libre. Se contentan para la ocasión con negar que sea necesaria, aunque pueda ser cierta. Pero olvidan que por «necesidad moral» no se significa nada más que certidumbre, y que es precisamente la certidumbre lo que, en otras ocasiones, ellos presentan como opuesto a la libertad. Si desde toda la eternidad está determinado cómo actuará cada hombre; si de los mismos antecedentes siguen inevitablemente las mismas consecuencias; si los actos de los hombres son inevitables, a esto se le designa como fatalismo. Sin embargo, si es realmente verdad que los proponentes de la indiferencia, de la capacidad auto-determinante de la voluntad, del poder para la elección contraria, o de cualquier otro nombre que se le aplique a la teoría de la contingencia, no tienen realmente intención de oponerse a la doctrina de la certidumbre, sino que están simplemente combatiendo el fatalismo o la necesidad física, entonces la controversia desaparece. ¿Qué más podrían pedir Leibniz o Edwards que lo que concede Reid en el siguiente pasaje?: «Se tiene que conceder que así como todo lo que fue, ciertamente fue, y que todo lo que es,

ciertamente es, de la misma manera lo que será, ciertamente será. Estas son proposiciones idénticas, y no pueden ser puestas en duda por los que las conciban distintamente. Pero no sé de ninguna norma de razonamiento por la que se pueda inferir que debido a que un acontecimiento *vaya a ser con certeza*, que por ello su producción *tenga que ser necesaria*. El modo de su producción, sea libre o necesario, no puede ser deducido por el tiempo de su producción, sea pasado, presente o futuro. El hecho de que será no implica más que será necesariamente que el hecho de que será libremente producido; porque ni el presente, ni el pasado ni el futuro, tienen ninguna conexión mayor con la necesidad que la que tienen con la libertad. Concedo, por tanto, que del hecho de que los acontecimientos sean previstos se puede concluir con justicia que son ciertamente futuros; pero del hecho de que sean ciertamente futuros no sigue que sean necesarios.»[11] Por cuanto todas las cosas están previstas, todas las cosas son inevitables en cuanto a su acaecimiento. Esto es conceder todo lo que debe demandar todo Agustiniano.

2. Otra doctrina sustentada por una gran parte del mundo cristiano en todas las eras y que necesariamente excluye la doctrina de la contingencia es la de la preordenación de acontecimientos futuros. Los que creen que Dios ordena previamente todo lo que viene a acaecer tienen que creer que el acaecimiento de todos los acontecimientos está determinado con una certidumbre inalterable. No es nuestro propósito demostrar ninguna de estas doctrinas, sino simplemente argüir conforme a las mismas como verdaderas. Además, se puede subrayar que no hay dificultad en la doctrina de la preordenación que no esté incluida en la de la presciencia. Lo último supone la certidumbre de las acciones libres, y lo primero asegura su certidumbre. Si el que sean ciertos es consecuente con la libertad, que sean hechos ciertos no puede ser incompatible con la misma. Todo lo que hace la preordenación es asegurar que acaezcan ciertas acciones libres. Toda la dificultad reside en que sean ciertos, y esto tiene que ser admitido por todo teísta consecuente. La cuestión que ahora afrontamos es que los que creen que la Biblia enseña la doctrina de la preordenación se quedan comprometidos a la conclusión de que un acontecimiento puede ser libre y sin embargo seguro, y por ello que la teoría de la contingencia que supone que una acción tiene que ser incierta para ser libre es anti-escrituraria y falsa.

3. La doctrina de la divina providencia involucra las mismas conclusiones. Esta doctrina enseña que Dios gobierna a todas Sus criaturas y todas las acciones de las mismas. Esto es, que Él conduce la administración de Su gobierno con el fin de llevar a cabo Sus propósitos. Aquí nos encontramos otra vez con la misma dificultad, y no es mayor que antes. El previo conocimiento presupone certidumbre; la preordenación la asegura; y la providencia la lleva a cabo. Lo último no hace más que lo que presupone lo primero. Si la certidumbre es compatible con la libertad, la providencia, que sólo asegura la certidumbre, no puede ser incompatible con la libertad. ¿Quién, por cualquier dificultad metafísica -quién, porque no puede comprender cómo Dios puede efectivamente gobernar a los agentes libres sin destruir su naturaleza-, abandonaría la doctrina de la providencia? ¿Quién desearía ver caer las riendas del imperio universal de las manos de la sabiduría y amor infinitos, para que fueran arrebatadas por el azar o la fatalidad? ¿Quién no preferiría ser gobernado por un Padre que por un tornado? Si Dios no puede gobernar eficazmente las acciones de los agentes libres, no puede haber profecía, ni oración, ni acción de gracias, ni promesas, ni seguridad de la salvación, ni certidumbre de si al final triunfará Dios o Satanás, si la consumación será el cielo o el infierno. Dadnos certidumbre -la segura convicción de que no puede caer el gorrión, ni un pecador mover un dedo, sino según Dios lo permite y ordena. Tenemos que tener el gobierno o de Dios o de Satanás. Y si Dios tiene una providencia, Él ha de tener la capacidad de hacer ciertos los actos de Sus

---

11. *Active Powers*, Essay, IV. Cap. 10; *Works*, edición de Edimburgo, 1849, pág. 629.

criaturas; y por ello la certidumbre tiene que ser consistente con la libertad. ¿Acaso no era cosa cierta que Cristo había de ser, según las Escrituras, crucificado por manos de malvados, y muerto? ¿Y no fueron sin embargo libres Sus enemigos en todo lo que hicieron? Recordemos que en todas estas doctrinas de la providencia, de preordenación y de presciencia, no se da por supuesto nada más allá de lo que Reid, uno de los más capaces oponentes de Leibniz y Edwards, admite bien dispuesto. Él concede la presciencia de los acontecimientos futuros; concede también que la presciencia supone certidumbre, y esto es todo lo que la preordenación o la providencia aseguran. Si una acción puede ser libre, aunque conocida anticipadamente de manera cierta, puede ser libre aunque sea preordenada y asegurada mediante el gran plan de la providencia.

4. Todo el mundo cristiano cree que Dios puede convertir a los hombres. Creen que Él puede eficazmente conducirlos al arrepentimiento y a la fe; y que Él puede asegurarlos en el cielo para que jamás caigan en pecado. Esto es, ellos creen que Él puede hacer las acciones libres de ellos totalmente ciertas. Cuando decimos que ésta es la fe de todo el mundo cristiano, no queremos decir que ningún cristiano individual o teólogo cristiano no haya jamás negado esta doctrina de la gracia; sí que queremos decir por ello que la doctrina, hasta allí donde la hemos enunciado, está incluida en las Confesiones de todas las grandes iglesias históricas de la Cristiandad en todas las edades. Constituye tanto una parte de la fe establecida de los cristianos como la divinidad de nuestro Redentor. Siendo esto así, la doctrina de que la contingencia es necesaria para la libertad no puede ser conciliada con la doctrina cristiana. Desde luego, ha sido extensamente sustentada por cristianos; pero nuestro objeto es mostrar que entra en conflicto con doctrinas que ellos mismos, como cristianos, deben admitir. Si Dios puede cumplir Su promesa de darles a los hombres un nuevo corazón; si puede trasladarlos del reino de las tinieblas al reino de Su amado Hijo; si puede darles arrepentimiento para vida; si no es impropio orarle para que los preserve de caída y para que les dé la segura posesión de la vida eterna, entonces Él puede controlar sus libres acciones. Él puede, por Su gracia y sin violar la libertad de ellos, hacer absolutamente cierto que se arrepentirán y creerán, y que perseverarán en la santidad. Si estas cosas son así, entonces es evidente que cualquier teoría que haga de la contingencia o incertidumbre un elemento vital de la libertad tiene que ser irreconciliable con algunas de las más claras y más preciosas doctrinas de las Escrituras.

El argumento basado en la consciencia.

Un tercer argumento acerca de esta cuestión se deriva de la consciencia. Se concede que cada persona está consciente de la libertad en sus acciones voluntarias. Se concede además que esta consciencia demuestra la realidad del libre albedrío. La validez de este argumento que apremian los proponentes del libre albedrío en contra de la doctrina de la necesidad en cualquiera de aquellas formas que involucren una negación de esta realidad de la consciencia la admitimos plenamente. La doctrina a la que se oponen Reid y Stewart, así como muchos escritores continentales, era realmente una doctrina que negaba a la vez la libertad y la responsabilidad del hombre. Esta no es la doctrina Agustiniana ni Edwardiana, aunque desgraciadamente ambas son expresadas con los mismos términos. La primera es la doctrina de la necesidad física o mecánica; la otra, la de la certidumbre. Como entre los proponentes de esta última teoría y los defensores de la contingencia se concuerda en que el hombre es un agente libre; como además se concuerda en que está incluido en la consciencia del libre albedrío el hecho de que somos causas eficientes y responsables de nuestras propias acciones, y que tenemos la capacidad de ejecutar o de no ejecutar cualquier acción voluntaria de la que hemos sido autores. Pero mantenemos que no somos menos conscientes de que esta convicción íntima de que teníamos capacidad de no ejecutar la acción es condicional. Esto es, somos conscientes que la acción hubiera sido diferente si hubiéramos tenido en nuestras mentes otras actitudes o sentimientos, o si se les hubiera permitido actuar en su verdadera magnitud. Nadie está consciente de una capacidad de querer contra su voluntad; esto es, la voluntad, en el sentido restringido del término, no puede ir en contra de la voluntad en el sentido más amplio del mismo. Esto sólo equivale a decir que nadie puede preferir contra su preferencia ni escoger contra su elección. Una volición es una preferencia que resulta en una decisión. Un hombre puede tener una preferencia en un momento, y otra en otro. Puede que tenga varios sentimientos en conflicto o principios en acción a un mismo tiempo; pero no puede tener una coexistencia de preferencias opuestas. Lo que nos enseña la consciencia acerca de esta cuestión parece ser sencillamente lo que sigue: que en cada acción voluntaria tuvimos alguna razón para actuar como lo hicimos; que en la ausencia de aquella razón, o en presencia de las otras, que otros pueden pensar que debieran haber estado presentes, hubiéramos debido o podido actuar de manera distinta. Bajo las razones para una acción se incluye todo lo que se significa con el término *motivos*, en el sentido subjetivo del término: esto es, principios, inclinaciones, sentimientos, etc. No podemos concebir que alguien pueda estar consciente de que, con sus principios, sentimientos e inclinaciones en un sentido determinado, su voluntad pueda ir en dirección contraria. Un hombre lleno del temor de Dios, o con el amor de Cristo, no puede *querer* blasfemar a su Dios o Salvador. Aquel temor o amor constituyen para aquel tiempo al hombre. Es un hombre que existe en aquel estado, y si sus actos no expresan aquel estado, no son suyos.

Argumentos basados en el carácter moral de las voliciones.

Esto sugiere un cuarto argumento acerca de esta cuestión. A no ser que la voluntad quede determinada por el anterior estado de la mente, en oposición a quedar auto-determinada, no puede haber moralidad en nuestras acciones. Un hombre es responsable de sus acciones externas porque son decididas por su voluntad; es responsable de sus voliciones, porque éstas quedan determinadas por sus principios y sentimientos; es responsable de sus principios y sentimientos por la inherente naturaleza de los mismos como buenos o malos, y porque son suyos propios, constituyendo su carácter. Si el acto externo es separado de la voluntad, deja de tener todo carácter moral. Si yo mato a un hombre, a no ser que la acción fuera intencionada, esto es, el resultado de una volición de matar o dañar, no hay moralidad en la acción. Si yo quería darle muerte, entonces el carácter del acto depende de los motivos que determinaron la volición. Si estos motivos eran un respeto por la voluntad de Dios, o las demandas de la justicia expresadas legalmente, la volición sería correcta. Si el motivo era la malicia o la codicia, la volición y la consiguiente acción serían malas. Es evidente que si la voluntad fuera auto-determinada, independiente del anterior estado de la mente, no tendría más carácter que el acto exterior separado de la volición -no revela ni expresa nada en la mente. Si un hombre, cuando está lleno de sentimientos piadosos, puede querer las acciones más impías; o, cuando está lleno de enemistad contra Dios, puede tener las voliciones de un santo, entonces sus voliciones y acciones no tienen nada que ver con él mismo. No constituyen expresión de su carácter y no puede ser responsable de ellas.

Argumento basado en la naturaleza racional del hombre.

La doctrina de que la voluntad es determinada y no autodeterminada está además involucrada en el carácter racional de nuestras acciones. Una acción racional no es meramente aquella acción realizada por un ser racional, sino una que ha sido ejecutada con una razón, buena o mala. Una acción efectuada sin razón alguna, sin intención u objetivo, para la que no se pueda dar otra razón más allá de la mera capacidad de actuar, es tan irracional como las acciones de un bruto o de un idiota. Por ello, si la voluntad actúa jamás independientemente del entendimiento y de los sentimientos, sus voliciones no son las acciones de un ser racional como tampoco lo serían si la razón fuera totalmente anulada. La única verdadera idea de la libertad es aquella de un ser que actúa en conformidad con las leyes de su naturaleza. En tanto que se le permita a un animal actuar bajo el control de su propia naturaleza, determinado en todo lo que hace para lo que está dentro de él mismo, tiene toda la libertad de la que es capaz. Y en tanto que un hombre quede determinado en sus voliciones y acciones por su propia razón y sentimientos, tiene toda la libertad de que es capaz. Pero si se separan las acciones de un animal de su estado interior, su libertad se desvanece. Queda poseído. Y si las acciones de un hombre no quedan determinadas por su razón y sentimientos, es una marioneta o un maníaco.

La doctrina de que la voluntad actúa con independencia del anterior estado de la mente supone que nuestras voliciones son átomos aislados, surgiendo del abismo de la caprichosa autodeterminación de la voluntad, procedente de una fuente fuera del control o alcance de la razón. Son puramente casuales, arbitrarias o caprichosas. No tienen relación con el pasado, y no dan promesa acerca del futuro. Según esta hipótesis, el carácter no puede existir. Sin embargo, es un hecho experimental universalmente admitido que existen principios o disposiciones que rigen la voluntad. Nos sentimos seguros de que un hombre honrado actuará con honradez, y que un hombre benevolente actuará con benevolencia. Además, tenemos la certidumbre de que estos principios pueden ser tan fuertes y estar tan fijados que hagan las voliciones absolutamente ciertas. «Los seres racionales», dice Reid, «actúan con los mejores motivos en conformidad a aquella proporción en que sean sabios y buenos; y cada ser racional que actúe de manera diferente abusa de su libertad. El ser más perfecto, en todo aquello en lo que hay un bien y un mal, un mejor y un peor, siempre actúa de manera invariable en base a los mejores motivos. Esto, desde luego, es poco menos que una proposición idéntica; porque sería contradicción decir que un ser perfecto hace lo malo e irrazonable. Pero decir que no actúa libremente, porque siempre hace lo mejor, es decir que el uso apropiado de la libertad destruye la libertad, y que la libertad consiste sólo en su abuso».[12] Esto es, el carácter determina la acción; y decir que la certidumbre infalible de las acciones destruye su libertad es hacer «que la libertad destruya la libertad». Aunque Reid y Stewart escribieron contra Leibniz y Edwards así como contra Hobbes y Belsham, las sentencias arriba citadas contienen toda la doctrina de los dos primeros distinguidos hombres, así como de sus innumerables predecesores, asociados y seguidores. Es la doctrina de que la certidumbre infalible es consistente con la libertad. Esta convicción está tan arraigada en las mentes de los hombres que actúan uniformemente, así como conscientemente, conforme a ella. Dan por supuesto que las voliciones de los hombres están determinadas por los motivos. Dan por sentado que el carácter es algo que existe; y por ello tratan de moldear el carácter de aquellos bajo su influencia, seguros de que si hacen bueno el árbol, el fruto será bueno. No actúan conforme al principio de que las acciones de los hombres son caprichosas, de que la voluntad está autodeterminada, actuando sin o contra los motivos así como con ellos, de manera que siempre sea incierta la manera en que vaya a decidirse.

Argumento basado en la doctrina de una causa suficiente.

El axioma de que cada efecto tiene que tener una causa, o la doctrina de una razón suficiente, se aplica al mundo interior así como al externo. Gobierna toda la esfera de nuestra experiencia, interior y exterior. Cada volición es un efecto, y por ello ha de haber tenido una

---

12. *Active Powers*, Essay IV, cap. 4, *Works*, pág. 609.

causa. Tiene que existir una razón suficiente por la que fue así, y no de otra manera. Aquella razón no fue el mero poder del agente para actuar, porque esto sólo da cuenta de su acción, no de su acción de una manera y no de otra. La fuerza de la gravedad explica que una piedra caiga a la tierra, pero no que caiga aquí en lugar de allí. El poder para caminar explica que un hombre camine, pero no que se dirija al este en lugar de al oeste. Sin embargo se nos dice, y ello de parte de incluso los más distinguidos escritores, que la eficiencia del agente es todo lo preciso para dar satisfacción a la demanda instintiva de que consigamos una razón suficiente, en el caso de nuestras voliciones. Reid, como hemos citado antes, pregunta: «¿Hubo una causa de la acción? Indudablemente que sí. Para cada acontecimiento tiene que haber una causa que tuviera un poder suficiente para producirlo, y que ejerciera el poder con este propósito. En el caso que nos ocupa, o bien el *hombre* fue la causa de la acción, y luego se trataba de una acción libre, y le es justamente imputada; o bien debe haber tenido otra causa, y no puede ser imputada en justicia al hombre. Por ello, en este sentido se concede que hubo una razón suficiente para la acción; pero la cuestión acerca de la libertad no queda en absoluto afectada por esta concesión.»[13] Otra vez, él pregunta: «¿Por qué no se puede definir una causa eficiente como un ser que tiene poder y voluntad para producir el efecto? La producción de un efecto precisa de un poder activo, y el poder activo, al ser una cualidad, tiene que estar en un ser dotado de este poder. El poder sin voluntad no produce efecto alguno; pero allí donde actúan a una, el efecto debe quedar producido».[14] La anotación de Sir William Hamilton en el primero de estos pasajes es «que para un acontecimiento hiperfísico, así como físico, tenemos siempre que suponer, por una ley mental necesaria, una razón suficiente de por qué es, y es como es». Así, la eficiencia del agente no es una razón suficiente para que la volición sea como es. Es inconcebible que una causa indeterminada actúe de una forma en lugar de en otra; y si actúa así sin una razón suficiente, su acción no puede ser ni racional ni moral.

Otro método común de dar respuesta a este argumento es dar por supuesto que debido a que los abogados de la certidumbre dicen que la voluntad queda determinada por los motivos, y por ello que los motivos son la causa de que la volición sea como es, que significan que la eficiencia a la que se debe la volición reside en los motivos, y no en el agente. Así, Stewart dice: «La cuestión no es acerca de la influencia de los motivos, sino acerca de la naturaleza de la dicha influencia. Los proponentes de la necesidad [certidumbre] la describen como la influencia de una causa al producir su efecto. Los proponentes de la libertad reconocen que el motivo es la ocasión para la acción, o la razón para la misma; pero mantienen que está tan lejos de ser la causa eficiente de la misma que supone que la eficiencia reside en otro lugar, esto es, en la mente del agente.»[15] Esta exposición ya ha sido suficientemente contestada más arriba. Los motivos no son la causa eficiente de la volición; esta eficiencia reside en el agente; pero lo que nosotros debemos demandar, «por una ley mental necesaria», es una razón suficiente por la que el agente ejerce su eficiencia de una manera y no de otra. Atribuir esto simplemente a su eficiencia es dejar totalmente sin satisfacer la demanda de una razón suficiente; en otras palabras, es dar por supuesto que pueda haber un efecto sin causa, lo cual es imposible.

Por tanto, la doctrina del libre albedrío, que subyace a la Biblia, que está involucrada en la consciencia de cada ser racional, y que es dada por supuesta por todos los hombres, actuando todos conforme a la misma, está a la misma distancia, por una parte, de la doctrina de la necesidad física o mecánica, que excluye la posibilidad de la libertad y de la responsabilidad; y de la doctrina de la contingencia, por la otra parte, que supone que una acción, para poder

---

13. *Active Powers*, Essay IV, cap. 9, *Works*, edición de Edimburgo, 1849, pág. 625.
14. *Active Powers*, Essay IV, cap. 9, *Works*, edición de Edimburgo, 1849, pág. 627.
15. *Philosophy of the Moral Powers*, II, Apéndice (n° 4); *Works*, edición de Hamilton, Edimburgo, 1855, Vol. pág. 370.

ser libre, tiene que ser incierta; o que la voluntad se autodetermina, actuando con independencia de la razón, de la conciencia, de las inclinaciones y de los sentimientos. Enseña que un hombre es un agente libre y responsable, porque él es el autor de sus propias acciones, y porque no está determinado para actuar por nada fuera de él mismo, sino por sus propias posturas, convicciones, inclinaciones, sentimientos y disposiciones, de manera que sus acciones son los verdaderos productos del hombre, y representan o revelan de manera real lo que él es. Los más profundos de los autores modernos admiten que esta es la verdadera teoría de la libertad; pero algunos de ellos, como por ejemplo Müller, en su elaborada obra acerca del «Pecado», mantienen que a fin de que el hombre sea hecho justamente responsable por sus acciones que quedan así determinados por su estado o carácter internos, que este estado tiene que ser él mismo auto-producido. Esta doctrina ya ha sido suficientemente tratada al considerar el pecado original. Sin embargo, se puede observar aquí, para concluir nuestra presente discusión, que el principio supuesto es contrario al común juicio de los hombres. Este juicio es que las disposiciones y sentimientos que constituyen el carácter derivan su moralidad o inmoralidad por su naturaleza, y no por su origen. La malignidad es un mal, y el amor es un bien, tanto si es concreado como si es innato, o adquirido, o infundido. Puede que sea difícil conciliar la doctrina de las disposiciones malas innatas con la justicia y la bondad de Dios, pero esta es una dificultad que no pertenece a esta cuestión. Un ser maligno es un ser malo, si está dotado de razón, tanto si fue hecho así como si nació así. Y un ser racional benevolente es bueno en el juicio universal de los hombres, tanto si fue así creado, o si nació así. Admitimos que es repugnante a nuestros juicios morales el concepto de que Dios fuera a crear un ser malo; o que cualquier ser nazca en estado de pecado, a no ser que el hecho de que nazca así sea la consecuencia de un justo juicio. Pero esto no tiene nada que ver con la cuestión de si las disposiciones morales no deben su carácter a su naturaleza. El juicio común de los hombres es que sí lo deben a ella. Si un hombre es realmente humilde, benevolente y santo, así es considerado, con independencia de toda indagación acerca de cómo llegó a ser así.

Una segunda observación acerca del principio enunciado más arriba es que no sólo está opuesto al juicio común de los hombres, sino que es también contrario a la fe de toda la Iglesia Cristiana. Confiamos que este lenguaje no será atribuido a un espíritu de auto-confianza o de dogmatismo. No reconocemos ninguna norma más elevada de verdad, aparte de la infalible palabra de Dios, que las enseñanzas del Espíritu Santo como se revelan en la fe del pueblo de Dios. Está fuera de toda discusión que es la doctrina de la Iglesia universal que Adán fue creado recto; que su carácter moral no fue auto-adquirido. No es menos la doctrina de la Iglesia universal que los hombres, desde la caída, nacen impíos; y también está incluido en la fe de todas las Iglesias Cristianas, que en la regeneración los hombres son hechos santos, no por su propia acción, sino por el acto de Dios. En otras palabras, las doctrinas de la rectitud original, del pecado original, y de la regeneración por el Espíritu de Dios, son, y siempre han sido, las doctrinas reconocidas de las Iglesias Griega, Latina y Protestante: y si estas doctrinas están contenidas: como lo creen todas estas Iglesias, en la palabra de Dios, entonces no puede ser cierto que el carácter moral, para que pueda ser objeto de aprobación o desaprobación, tenga que ser auto-adquirido. Por tanto, el hombre puede ser justamente responsable por acciones que están determinadas por su carácter, sea que este carácter o estado interior haya sido heredado, adquirido, o inducido por la gracia de Dios.

Teología Sistemática

Parte III: Soteriología

Bajo este encabezamiento se incluyen el propósito y plan de Dios en relación con la salvación de los hombres; la persona y la obra del Redentor; y la aplicación de esta obra por el Espíritu Santo para la salvación real del pueblo de Dios.

Capítulo 1

El plan de la salvación

1. Dios tiene este plan.

Las Escrituras hablan de una Economía de Redención; el plan o propósito de Dios en relación con la salvación de los hombres. Lo llaman, en referencia con su plena revelación en la época del advenimiento, la *oikonomia tou plërömatos tön kairön*, «La economía de la plenitud de los tiempos». Se declara que es el plan de Dios en relación con Su acción de reunir en un solo cuerpo armónico a todos los objetos de la redención, sea en el cielo o en la tierra, en Cristo (Ef 1:10). También recibe el nombre de *oikonomia tou mustërion*, el misterioso propósito o plan que había sido escondido durante las edades en Dios, y cuya revelación fue el gran designio del Evangelio, y que tenía como intención dar a conocer a los principados y a las potestades, por medio de la Iglesia, la multiforme sabiduría de Dios (Ef 3:9).

Un plan presupone: (1) La selección de algún fin u objeto concreto a llevar a cabo. (2) La elección de los medios apropiados. (3) Al menos en el caso de Dios, la aplicación efectiva de estos medios para alcanzar el fin propuesto.

Por cuanto Dios está obrando conforme a un plan concreto en el mundo externo, es justo inferir que lo mismo sucede con referencia al mundo moral y espiritual. Para la mirada de un hombre sin instrucción, los cielos son un caos de estrellas. El astrónomo ve orden y sistema en esta confusión; todas aquellas resplandecientes y distantes lumbreras tienen sus lugares designados y órbitas fijadas; están todos ellos dispuestos de modo que ninguna interfiere con la otra, sino que cada una va dirigida conforme a una concepción amplia y majestuosa. Las innumerables formas de vida vegetal no son una masa en confusión, sino que para la mirada de la ciencia se disponen en una regularidad de clases, órdenes, géneros y especies, exhibiendo una unidad de diseño que impregna el todo. El zoólogo ve en los cientos de miles de animales que moran en nuestro globo cuatro y sólo cuatro formas típicas primordiales, de las que todas las otras son su desarrollo en un orden ascendente, nunca pasando el uno al otro, sino todos ellos presentando un gran sistema inclusivo desarrollado en todos sus detalles. A la cabeza de estas innumerables formas de vida animal se levanta el hombre, dotado de capacidades que lo elevan por encima de la clase de meros animales, llevándolo a la comunión con los ángeles y con el mismo Dios. Por cuanto en estos departamentos inferiores de Sus obras Dios actúa conforme a un plan preconcebido, no se debe suponer que en las esferas más elevadas de Sus operaciones, que tocan al destino del hombre, todo sea dejado al acaso, permitiéndose que tome su curso no dirigido para llegar a un fin indeterminado. En conformidad con ello encontramos que la Escritura afirma de manera expresa en referencia a las dispensaciones de la gracia no sólo que Dios ve el fin desde el principio, sino que Él obra todas las cosas según el consejo de Su voluntad, o según su propósito eterno.

La importancia del conocimiento de este plan.

Si existe tal plan tocante a la redención del hombre, es evidentemente de la mayor importancia que sea conocido y comprendido correctamente. Si al contemplar una complicada máquina desconocemos el fin para el que ha sido diseñada, o la relación de sus distintas partes, seremos incapaces de comprenderla o de aplicarla con utilidad. De manera semejante, si ignoramos el gran fin a que se dirige el plan de la redención, o las relaciones de las diferentes partes del plan, o si tenemos una falsa concepción del fin y de aquella relación, todas nuestras ideas serán confusas y erróneas. Seremos incapaces bien de exhibirlo a otros o de aplicárnoslo a nosotros mismos. Si el fin de la redención así como el de la creación y de la providencia es la producción de la mayor cantidad de felicidad, entonces el cristianismo será una cosa; si su fin es la gloria de Dios, entonces el cristianismo será otra cosa. Todo el carácter de nuestra teología y religión depende de la respuesta a esta pregunta. De manera semejante, si el designio especial e inmediato de la redención es asegurar la salvación del pueblo de Dios, entonces sigue todo el sistema Agustiniano por una necesidad lógica; si su designio es simplemente hacer posible la salvación de todos los hombres, se deberá recibir el sistema opuesto como verdadero. El orden de los decretos divinos, o, en otras palabras, la relación que sostienen mutuamente las varias partes del plan divino, está entonces muy lejos de ser una cuestión de especulaciones ociosas. Tiene que determinar nuestra teología, y nuestra teología es determinante de nuestra religión.

Cómo se puede conocer el plan de Dios.

Si hay un esquema así preconcebido relacionado con la salvación de los hombres, y si es por ello importante la apropiada comprensión de este esquema, la siguiente pregunta es: ¿cómo puede determinarse? La primera respuesta a esta pregunta es que en cada sistema de hechos mutuamente relacionados, la relación se revela en la naturaleza de los hechos. El astrónomo, el geólogo y el zoólogo pronto descubren que los hechos de sus varias ciencias sostienen una cierta relación entre si, y que no admiten otra distinta. Si no se admite la relación, se niegan o distorsionan los hechos mismos. La única fuente de error está bien en una inducción incompleta de los hechos, bien en dejar de permitirles su debida importancia relativa. Un sistema de astronomía ha dejado el paso a otro, sólo porque los anteriores astrónomos no estaban familiarizados con unos hechos que descubrieron sus sucesores. Esta ciencia ha llegado por fin a un estado que demanda el asentimiento de todas las mentes competentes, y que no puede a partir de ahora ser modificada de manera radical. Lo mismo, hasta cierto punto, es cierto en todos los departamentos de las ciencias naturales. Y no puede ser menos cierto en teología. Lo que son los hechos de la naturaleza para el naturalista lo son los hechos de la Biblia y de nuestra consciencia moral y religiosa para el teólogo. Si, por ejemplo, la Biblia y la experiencia enseñan la total incapacidad de los hombres caídos para nada espiritualmente bueno, este hecho rehúsa de manera tenaz armonizar con cualquier sistema que niegue la gracia eficaz o la elección soberana. Y así sucede con todos los grandes hechos escriturarios. Se disponen a sí mismos en un cierto orden mediante una ley interna, con la misma certidumbre y de manera tan clara como las partículas de materia en el proceso de la cristalización, o en la unidad orgánica del cuerpo de un animal. Es cierto aquí como en la ciencia natural que es sólo mediante una inducción imperfecta de los hechos, o mediante su negación o perversión, cuando se puede dudar o cuando pueda haber diversidad de opiniones acerca de su posición relativa en el esquema de la salvación. Pero además tenemos en teología una guía que el hombre de ciencia no posee. Tenemos en las Escrituras no sólo la revelación del magno designio de Dios en todas Sus obras de creación, de providencia y de redención, que es declarado como Su propia gloria, sino que tenemos declarada de manera expresa, en muchos casos, la relación que tiene cada parte de este esquema con otras partes. Así, por ejemplo, se dice que Cristo murió *para* salvar a Su pueblo de sus pecados. Somos escogidos para santidad. Por ello, la elección precede a la santificación. Somos escogidos para ser santificados, y no porque seamos santos. Estas revelaciones acerca de la relación de las partes subordinadas del esquema de la redención determinan de manera necesaria la naturaleza del plan íntegro. Esto quedará claro por lo que sigue.

Así como las personas difieren en su entendimiento de los hechos de la Escritura, y así como algunos son más cuidadosos que otros para reunir todos los hechos que deben ser considerados, o más fieles en someterse a la autoridad de los mismos, así difieren en sus perspectivas del plan que Dios ha dispuesto para la salvación de los hombres. Las posiciones más importantes que se han adoptado acerca de esta cuestión son:

2. El Supralapsarianismo.

Primero, el esquema supralapsario. Según esta posición, Dios, para manifestar su gracia y justicia, seleccionó de entre los hombres creables (esto es, de entre los hombres a crear) a un cierto número como vasos de misericordia, y a ciertos otros como vasos de ira. En el orden del pensamiento, la elección y la reprobación preceden al propósito de crear y de permitir la caída. La creación tiene como fin la redención. Dios crea a unos para ser salvos, y a otros para ser perdidos.

Este esquema recibe el nombre de supralapsario porque supone que los hombres como no caídos, o antes de la caída, son objetos de elección para vida eterna y de predestinación a la muerte eterna. Esta postura fue introducida entre una cierta clase de Agustinianos incluso antes de la Reforma, pero no ha sido generalmente recibida. El mismo Agustín, y tras él la mayoría de los que adoptan su sistema doctrinal, fueron, y siguen siendo, infralapsarios. Esto es, mantienen ellos que es de la masa de hombres caídos donde algunos fueron escogidos para vida eterna, y algunos, para justo castigo de sus pecados, predestinados a la muerte eterna. La postura del mismo Calvino en cuanto a este extremo ha sido discutida. Por cuanto no era en su tiempo un punto especial de debate, se pueden citar de sus escritos ciertos pasajes que sustentan la postura supralapsaria, y otros pasajes que favorecen la postura infralapsaria. En el «Consensus Genevensis», escrito por él, hay una afirmación explícita de la doctrina infralapsaria [...]

En la «Formula Consensus Helvetica», redactada como el testimonio de las iglesias suizas en 1675, y cuyos principales autores fueron Heidegger y Turretin, hay un repudio formal de la postura supralapsaria. En el Sínodo de Dort, que incluyó a delegados de todas las iglesias Reformadas en el Continente y en la Gran Bretaña, una gran mayoría de sus miembros eran infralapsarios, siendo Gomarus y Voetius los principales proponentes de la postura opuesta. Los cánones de aquel Sínodo, aunque evitando toda declaración extrema, fueron redactados de tal manera que se diera una autoridad simbólica a la doctrina infralapsaria. [...] La misma observación se aplica a la Asamblea de Westminster. Twiss, el Prolocutor de aquella venerable corporación, era un celoso supralapsario; pero la gran mayoría de sus miembros militaban en el campo opuesto. Los Símbolos de aquella Asamblea, aunque implican claramente la postura infralapsaria, fueron sin embargo redactados de tal manera que evitaran constituir una ofensa para los que abrazaban la teoría supralapsaria. En la «Confesión de Westminster»[1] se dice que Dios designó a los elegidos para vida eterna, y que «[en cuanto a] el resto de la humanidad, le plugo a Dios, conforme al inescrutable consejo de Su propia voluntad, mediante

---

1. Cap. III, §§ 6, 7

el que Él extiende o retiene la misericordia como quiere, para la gloria de su poder soberano sobre sus criaturas, pasarlos por alto, y destinarlos a deshonra e ira por sus pecados, para alabanza de Su gloriosa justicia.» Aquí se nos enseña que aquellos que Dios pasa por alto son «el resto de la humanidad»; no el resto de hombres ideales o posibles, sino el resto de aquellos seres humanos que constituyen la humanidad, o la raza humana. En segundo lugar, el pasaje citado enseña que los no elegidos son pasados por alto y ordenados a ira «por sus pecados». Esto implica que fueron contemplados como pecaminosos antes de esta predestinación a juicio. La postura infralapsaria sigue siendo más evidentemente supuesta en las respuestas a las preguntas 19 y 20 en el «Catecismo Breve». Se enseña en él que toda la humanidad perdió por la caída la comunión con Dios, y que están bajo su ira y maldición, y que Dios, por su mero beneplácito, escogió a algunos, (a algunos de aquellos que estaban bajo su ira y maldición) para vida eterna. Esta ha sido la doctrina de la gran mayoría de los Agustinianos desde el tiempo de Agustín hasta el presente.

Objeciones al Supralapsarianismo.

Las objeciones más evidentes a la teoría supralapsaria son: (1) Que parece involucrar una contradicción. De un *Non Ens*, como dice Turretin, no se puede determinar nada. El propósito de salvar o de condenar tiene que seguir de manera necesaria, en el orden del pensamiento, al propósito de crear. Lo último queda presupuesto en lo primero. (2) Es un principio Escritural claramente revelado que donde no hay pecado no hay condenación. Por ello, no puede haber predestinación a muerte que no contemple a su objeto como ya pecaminoso. (3) Parece llano según todo el argumento del Apóstol en Ro 9:9-21 que la «multitud» de la que algunos son escogidos y otros son dejados es la masa de hombres caídos. El designio del escritor sagrado es el de vindicar la soberanía de Dios en la dispensación de Su gracia. Él tiene misericordia de unos y no de otros, en conformidad a Su beneplácito, por cuanto todos son igualmente indignos y culpables. La vindicación es expuesta no sólo por la relación de Dios con Sus criaturas como Creador de ellas, sino por Su relación con ellas como un soberano cuya ley ellas han violado. Esta descripción impregna todas las Escrituras. De los creyentes se afirma que son escogidos «del mundo», esto es: de la masa de los hombres caídos. Y en todas partes, como en Ro 1:24, 26, 28, se declara la reprobación como judicial, basada en la pecaminosidad de sus objetos. De otra manera no podría ser una manifestación de la justicia de Dios. (4) La creación nunca es expuesta en la Biblia como un medio para la ejecución del propósito de la elección y de la reprobación. Esto, como se ha observado con justicia, no puede ser así. Los objetos de la elección son individuos concretos, como se admite en esta controversia. Pero lo único que distingue entre meros hombres posibles o «creables» e individuos concretos, que con certeza serían creados y salvados o perdidos, es el propósito divino de que serán creados. De manera que el propósito de crear necesariamente precede, en el orden de la naturaleza, al propósito de redimir. Por ello en Ro 8:29, 30 se declara que *prognōsis* precede a *proorismos*. «A los que de antemano conoció, también los predestinó.» Pero el conocimiento anticipado implica la existencia cierta de sus objetos; y la certidumbre de la existencia presupone por parte de Dios el propósito de crear. Nada es o debe ser sino en virtud del decreto de Aquel que ordena previamente lo que ha de suceder. Toda futurización, por ello, depende de la previa ordenación; y el conocimiento anticipado presupone futurización. Tenemos por tanto la autoridad del Apóstol para decir que el conocimiento anticipado, basado en el propósito de crear, precede a la predestinación. Y, por tanto, la creación no es un medio para ejecutar el propósito de la predestinación, porque el fin tiene que preceder a los medios; y, según Pablo, el propósito de crear precede al propósito de redimir, y por ello no puede ser un medio para tal fin. Nuestro Señor, se nos dice, fue entregado a la muerte «por el determinado designio y previo conocimiento de Dios». Pero Su muerte, de manera necesaria, suponía Su encarnación, y por ello, en el orden del pensamiento, o en el plan de Dios, el propósito de prepararle cuerpo precedió al propósito de entregarlo a la muerte de la cruz. El único pasaje de la Biblia que parece enseñar de manera explícita que la creación es un medio para la ejecución del propósito de la predestinación es Ef 3:9, 10. Allí, según algunos, se dice que Dios creó todas las cosas *a fin de que* (*hina*) su multiforme sabiduría fuera dada a conocer por medio de la Iglesia. Si ésta es la relación entre las varias cláusulas de estos versículos, el Apóstol sí enseña que el universo fue creado a fin de que por medio de hombres redimidos (la Iglesia) fuera revelada la gloria de Dios a todas las criaturas racionales. En este sentido y en este caso se declara de la creación que es un medio para la redención; y por ello el propósito de redimir tiene que preceder al propósito de crear. Sin embargo, no es ésta la conexión lógica de las cláusulas en este pasaje. Pablo no dice que Dios creó todas las cosas *a fin de que*. No está refiriéndose al designio de la creación, sino al designio del evangelio y de su propia vocación al apostolado. A mi, dice él, me ha sido dada esta gracia de que yo predique entre los gentiles las inescrutables riquezas de Cristo, e iluminar a todos los hombres en el conocimiento del misterio (de la redención) *a fin de que* por medio de la Iglesia sea dada a conocer la multiforme sabiduría de Dios. Esta es la conexión natural de este pasaje, y esta es la interpretación adoptada por los modernos comentaristas, con independencia total de la relación que tenga el pasaje con la controversia supralapsaria. (5) Una adicional objeción al sistema supralapsario es que no es consecuente con la exhibición Escrituraria del carácter de Dios. Es declarado como Dios de misericordia y de justicia. Pero no es compatible con estos atributos divinos que los hombres sean predestinados a la desgracia y a la muerte eterna como inocentes, esto es, antes que hubieran apostatado de Dios. Si son dejados de lado y predestinados a la muerte *por* sus pecados, ello debe deberse a que en la predestinación se les considera como criaturas culpables y caídas.

3. Infralapsarianismo.

Según la doctrina infralapsaria, Dios, con el designio de revelar Su propia gloria, esto es, las perfecciones de Su propia naturaleza, decidió crear el mundo; en segundo lugar, permitir la Caída del hombre; en tercero, elegir de entre la masa de hombres caídos una multitud que ningún hombre podría contar como «vasos de misericordia»; cuarto, enviar a Su Hijo para la redención de los mismos; y quinto, dejar al resto de la humanidad, como había dejado a los ángeles caídos, para que sufrieran el justo castigo por sus pecados.

Los argumentos en favor de este punto de vista acerca del plan divino ya han sido presentados en forma de objeciones a la teoría supralapsaria. Sin embargo, se puede también observar adicionalmente:

1. Que esta teoría es coherente y armónica. Por cuanto todos los decretos de Dios constituyen un propósito inclusivo, no se puede admitir ninguna postura de la relación de los detalles que abarca este propósito que no se pueda reducir a una unidad. En todo gran mecanismo, sea cual sea la cantidad o complejidad de las partes que lo constituyen, tiene que existir unidad de designio. Cada parte tiene una relación determinada con cada otra parte, y es necesaria la percepción de esta relación para una comprensión adecuada del todo. Asimismo, como los decretos de Dios son eternos e inmutables, ninguna postura acerca de Su plan de acción que suponga que primero Él se propone una cosa y luego otra puede ser coherente con la naturaleza de los mismos. Y como Dios es absolutamente soberano e independiente, todos Sus propósitos han de ser determinados desde dentro, o conforme al consejo de Su misma voluntad. No se puede suponer que sean contingentes o suspendidos conforme a la acción de Sus criaturas, ni conforme a nada externo a Él mismo. El esquema infralapsario, tal como lo man-

tienen la mayoría de Agustinianos, cumple todas estas condiciones. Todos los particulares constituyen un todo inclusivo. Todos siguen un orden que no supone cambio alguno de propósito. Todos dependen de la voluntad infinitamente sabia, santa y justa de Dios. Para este fin Él crea el mundo, que permite la Caída; de entre todos los hombres Él elige a algunos para vida eterna, y deja al resto para la justa retribución que merecen sus pecados. A los que Él elige los llama, justifica y glorifica. Esta es la cadena de oro cuyos eslabones no pueden ser separados ni traspuestos. Esta es la forma en que el esquema de la redención aparecía en la mente del Apóstol tal como nos lo enseña en Ro 8:29, 30.

Diferentes significados que se asignan a la palabra Predestinación.
2. La palabra predestinación es ambigua. Se puede emplear primero en el sentido general de preordenación. En este sentido tiene una idéntica referencia a todos los acontecimientos; porque Dios ordena anticipadamente todo lo que sucede. Segundo, puede referirse al propósito general de la redención sin referencia específica a individuos concretos. Dios predeterminó revelar Sus atributos en la redención de los pecadores, como predeterminó crear los cielos y la tierra para manifestar Su poder, sabiduría y benevolencia. En tercer lugar, se emplea en teología de manera general para expresar el propósito de Dios en relación con la salvación de las personas individuales. Incluye la selección de una porción de la taza para salvación, dejando al resto a que mueran en sus pecados. Es empleada en este sentido por los supralapsarios, que enseñan que Dios seleccionó a un cierto número de personas individuales para que fueran creadas para salvación, y otro número para ser creadas como vasos de ira. Es de esta manera que subordinan la creación a la predestinación como un medio para un fin. A esto los infralapsarios objetan como algo inconcebible, repugnante a la naturaleza de Dios, y anti-escriturario. Pero si se toma la palabra predestinación en el segundo de los sentidos que se menciona arriba, se puede admitir que en orden de pensamiento precede el propósito de crear. Esta postura es perfectamente consecuente con la doctrina que hace del hombre creado y caído el objeto de la predestinación en el tercer y comúnmente recibido sentido de la palabra. El Apóstol enseña en Col 1:16 que todas las cosas, visibles e invisibles, fueron creadas por y para Aquel que es la imagen del Dios invisible, que es antes de todas las cosas, por quien todas las cosas consisten, y que es la cabeza del cuerpo, la Iglesia. El propósito de la creación, así, no es meramente la gloria de Dios, sino la manifestación de esta gloria en la persona y la obra de Cristo. Así como Él es el Alfa, también es la Omega; el principio y el fin. Teniendo este gran objetivo a la vista, la revelación de Sí mismo en la persona de Su Hijo, se propuso crear, permitir la Caída, elegir algunos para que fueran objetos de Su gracia, y dejar a otros en su pecado. Esta postura parece concordar con las descripciones de las Escrituras, y evita las dificultades relacionadas con la doctrina supralapsaria estricta. Se debe tener presente que el propósito de estas especulaciones no es inmiscuirse en el funcionamiento de la mente divina, sino simplemente dilucidar y exponer la relación que tienen entre sí las varias verdades reveladas en la Escritura acerca del plan de la redención.

[4. Redención hipotética.]

5. La doctrina Luterana en cuanto al plan de la salvación.

No es fácil exponer la doctrina luterana a este respecto, porque se da de una manera en los primeros libros simbólicos de esta iglesia, y de una manera algo diferente en la «Fórmula de Concordia» y en los escritos de teólogos luteranos normativos. El mismo Lutero enseñó la doctrina Agustiniana estricta, como también Melancton en la primera edición de su obra *Loci Communes*. En posteriores ediciones de aquella obra, Melancton enseñó que los hom-

Capítulo I—EL PLAN DE LA SALVACIÓN

bres cooperan con la gracia de Dios en la conversión, y que la razón de que un hombre sea regenerado y otro no lo sea tiene que encontrarse en esta cooperación. Esto dio origen a la prolongada y enardecida controversia sinergista, que por largo tiempo perturbó seriamente la paz de la Iglesia Luterana. Esta controversia quedó por un tiempo solucionada de manera autoritativa mediante la «Fórmula de Concordia», que fue adoptada y establecida por los Luteranos como norma de ortodoxia. En este documento se rechazaron tanto la doctrina de la cooperación como la de la predestinación absoluta. Se enseñaba allí la total incapacidad del hombre para nada espiritualmente bueno, y se negaba por ello que se pudiera ni prepararse para la regeneración ni cooperar con la gracia de Dios en esta obra. Atribuye la regeneración del pecador de manera exclusiva a la acción sobrenatural del Espíritu Santo. Es la obra de Dios, y no es en sentido alguno ni en ningún grado la obra del hombre. Pero enseña que la gracia de Dios puede ser resistida eficazmente, y que la razón por la que no todos los que oyen el Evangelio son salvos es porque algunos resisten la influencia que se les aplica, y otros no. Así, en tanto que la regeneración es exclusivamente la obra del Espíritu, el fracaso en cuanto a la salvación debe ser atribuido a la resistencia voluntaria contra la gracia ofrecida. Por cuanto este sistema era ilógico y contrario a las claras declaraciones de las Escrituras, no pudo mantenerse mucho tiempo. La no resistencia a la gracia de Dios, el darse pasivamente a su influencia, es algo bueno. Es algo por lo que una clase se distingue de manera favorable con respecto a otra, y por ello la razón por la que ellos, y no otros, son salvos, debe ser atribuida a ellos mismos y no a Dios, que da la misma gracia a todos. Por ello, los teólogos luteranos posteriores han abandonado el terreno de la «Fórmula de Concordia», y enseñan que los objetos de la elección son aquellos que Dios previó que creerían y que perseverarían en la fe hasta el fin.

Según este esquema, Dios, (1) Por la general benevolencia o amor a la raza caída de los hombres, quiere la salvación de los mismos con una intención y propósito sinceros. [...] (2) Para poner en acción este propósito general de benevolencia y misericordia de manera indiscriminada para con todos los hombres, Dios determinó enviar a Su Hijo para que hiciera una plena satisfacción por sus pecados. (3) A esto sigue (en el orden del pensamiento) el propósito de dar a todos los hombres los medios de la salvación y la capacidad de servirse de la misericordia ofrecida. [...] (4) Además de esta *voluntas generalis* (en cuanto a relacionada con todos los hombres) y *antecedens*, como yendo antes de cualquier acción contemplada de los hombres, hay una *voluntas specialis*, relacionada con ciertas personas individuales, y *consequens*, como siguiendo la previsión de las acciones de las mismas. Esta *voluntas specialis* es definida como que «quae peccatores oblata salutis media amplectentes aeterna salute donare constituit».[2] Así Hutter dice:[3] «Quia (Deus) prrevidit ac praescivit maximam mundi partem mediis salutis locum minime relicturam ac proinde in Christum non credituram, ideo Deus de illis tantum salvandis fecit decretum, quos actu in Christum credituros praevidit.» Hollaz expresa el mismo punto de vista. [...]

Así, la doctrina Luterana responde a la pregunta de ¿por qué se salvan unos y no otros? diciendo: porque los unos creen y los otros no. La pregunta de por qué Dios elige a unos y no a otros, y los predestina a vida eterna es contestada diciendo: Porque Él ve por anticipado que algunos creerán hasta el final, y otros no. Si se pregunta: ¿Por qué unos creen, y otros no?, la respuesta es: No porque unos cooperen con la gracia de Dios y otros no, sino que algunos resisten y rechazan la gracia que se ofrece a todos, y otros no. La dificultad que surge de la doctrina luterana de la total corrupción de nuestra naturaleza caída, y de la total incapacidad del

---

2. Hollas, *Examen*, III. I, cap. 1, quaest. 3; edit. Jeller, Holmiae et Lipsiae, 1750, pág. 586.
3. Hutter, *Soci Communes, Tract. Artic. Proescient. Prov. Decret*, etc., VII; edición de Wittenberg, 1619, pág. 793. b.

pecador para hacer nada espiritualmente bueno es afrontada diciendo que el pecador tiene capacidad para usar de los medios de la gracia, que puede oír la palabra y recibir los sacramentos, y como estos medios de gracia tienen un poder divino sobrenatural, producen un efecto salvador sobre todos los que no se resisten a su influencia de manera voluntaria y persistente. El bautismo [en el sistema luterano], en el caso de los párvulos, va acompañado de la regeneración del alma, y por ello todos los que son bautizados en la infancia reciben la implantación de un principio de gracia que, si es abrigado, o no apagado voluntariamente, asegura su salvación. En el sistema luterano, la predestinación se limita a los elegidos. Dios predestina a aquellos que Él prevé que perseverarán en fe para salvación. No hay predestinación de los incrédulos para muerte.

6. La doctrina Remonstrante.

A comienzos del siglo diecisiete Arminio introdujo un nuevo sistema de doctrina en las iglesias Reformadas de Holanda, sistema que fue formalmente condenado por el Sínodo de Dort que estuvo en sesión desde noviembre de 1618 hasta mayo de 1619. Los proponentes de esta doctrina presentaron una reprensión [remonstrance], y por ello fueron al principio llamados Remonstrantes, pero en años posteriores la designación más común para ellos ha sido la de Arminianos. El Arminianismo es una forma de doctrina muy inferior a la del Luteranismo. En todos los temas incluidos bajo Antropología y Soteriología constituye una desviación mucho más grave del sistema del Agustinianismo que ha sido en todas las eras la vida de la iglesia. Los Arminianos enseñaron:

1. Que todos los hombres derivan de Adán una naturaleza corrompida que los inclina al pecado. Pero niegan que esta corrupción sea de la naturaleza de pecado. Los hombres son responsables sólo por sus actos voluntarios y por las consecuencias de los dichos actos.[4] [...]

2. Niegan ellos que el hombre, por la Caída, haya perdido su capacidad de hacer el bien. Esta capacidad, o libertad, según la llaman ellos, es esencial a nuestra naturaleza, y no se puede perder sin pérdida de humanidad.[5] [...]

3. Esta capacidad, sin embargo, no es en sí misma suficiente para asegurar que el alma vaya a volver a Dios. Los hombres necesitan la gracia previniente, energizante y auxiliadora de Dios para su conversión y vida en santidad.[6] [...]

4. Esta gracia divina es otorgada a todos los hombres en una suficiente medida para capacitarles al arrepentimiento, a creer y para guardar todos los mandamientos de Dios.[7] [...]

5. Los que de su propia voluntad y en el ejercicio de esta capacidad que les pertenece desde la caída, cooperan con esta gracia divina, son convertidos y salvados.[8] [...] La Apología de los Remonstrantes, y especialmente los Teólogos Remonstrantes, como Episcopius y Limborch, van más allá de esto. En lugar de limitar esta gracia suficiente a los que oyen el Evangelio, la extienden a toda la humanidad.

6. Los que creen así son predestinados para vida eterna, no sin embargo a nivel individual, sino como clase. El decreto de la elección no concierne a las personas, sino que se refiere simplemente al propósito de Dios de salvar a creyentes.[9] [...]

---

4. Véase *Apología pro Confessione Remonstrantium*, edición de Leyden, 1630, Vol. II, pág. 84.
5. *Confessio Remonstratium*, VI. 6; Episcopii *Opera*, edición de Rotterdam, 1665, Vol. II, parte 2, pág. 80.
6. Ibid. XVII. 6; ut supra, pág. 88.
7. *Apologia pro Confessione Remonstratium*, pág. 162.
8. *Confessio Remonstrantium*, XVII. 8; pág. 89.
9. *Apologia pro Confessione Remonstrantium*, pág. 102.

7. El Arminianismo Wesleyano.

El sistema Arminiano fue modificado tan profundamente por Wesley y sus partidarios y seguidores, que le dan la designación de Arminianismo Evangélico, y reivindican para él mismo originalidad y globalidad. Difiere del sistema de los Remonstrantes:

1. En que admite que desde la Caída el hombre está en un estado de absoluta o total contaminación y depravación. El pecado original no es un mero deterioro de nuestra naturaleza, sino una total depravación moral.

2. Al negar que los hombres, en este estado de naturaleza, tengan ningún poder para cooperar con la gracia de Dios. Los proponentes de este sistema consideran la doctrina de la capacidad natural, o de la capacidad del hombre natural para cooperar con Dios, como semi-Pelagiana, y la doctrina de que los hombres tengan por naturaleza la capacidad de guardar a la perfección los mandamientos de Dios, como Pelagianismo puro.[10]

3. Al afirmar que la culpa que recae en todos los hombres por el pecado de Adán es quitada por la justificación que ha venido a todos los hombres por la justicia de Cristo.

4. Que la capacidad del hombre de poder jamás cooperar con el Espíritu de Dios no se debe a nada inherente en su estado natural caído, sino a la influencia universal de la redención de Cristo. Por ello, cada recién nacido llega al mundo libre de condenación por la justicia de Cristo, y con una simiente de gracia divina o un principio de una nueva vida implantada en el corazón. «Es una verdad indudable que por el delito de uno», afirma Wesley, «vino el juicio sobre todos los hombres (todos los que nacen en el mundo) para condenación, y afecta a cada párvulo lo mismo que a cada persona adulta. Pero es igualmente verdad que por la justicia de uno, vino sobre todos los hombres el libre don (esto es, para todos los nacidos en el mundo, tanto párvulos como adultos) para justificación.» Y Fletcher[11] dice: «Así como Adán atrajo una condenación universal y una simiente de muerte sobre todos los párvulos, así Cristo trae sobre ellos una justificación general y una semilla universal de vida.» «Cada ser humano», dice Warren, «tiene una medida de gracia (a no ser que la haya desechado), y los que emplean fielmente este don de gracia serán aceptados por Dios en el día del juicio, sean judíos o griegos, cristianos o paganos. En virtud de la mediación de Jesucristo entre Dios y nuestra raza caída, todos los hombres desde la promesa de Gn 3:15 están bajo una economía de gracia, y la única diferencia entre ellos como sujetos al gobierno moral de Dios es que en tanto que todos tienen gracia y luz suficiente para alcanzar la salvación, algunos, sobre y por encima de esto, tienen más y otros menos.»[12] Dice Wesley: «Ninguna persona viviente deja de tener algo de gracia previniente, y cada grado de gracia es un grado de vida.» Y en otro lugar: «Yo digo que hay una medida de libertad sobrenaturalmente restaurada para cada persona, junto con aquella luz sobrenatural que alumbra a cada hombre que viene al mundo.»[13]

Según esta visión del plan de Dios, Él decretó o se propuso: (1) Permitir la Caída del hombre. (2) Enviar a Su Hijo para que hiciera una plena satisfacción por los pecados de todo el mundo. (3) Sobre la base de esta satisfacción, remitir la culpa de la primera trasgresión de Adán y del pecado original, e impartir tal cantidad de gracia y de luz a todos y a cada uno de los hombres como para permitir a todos alcanzar la vida eterna. (4) Los que a diario mejoran aquella gracia y perseveran hasta el fin, son ordenados para salvación; Dios se propone desde la eternidad salvar a aquellos que Él prevé que perseverarán así en la fe y en la santidad.

Es evidente que el principal punto de diferencia entre los esquemas posteriores Luterano,

---

10. W.F. Warren, *System. Theologie*, Hamburgo, pág. 145.
11. *Works*, VII, pág. 97.
12. Warren, pág. 146.
13. *Works*, VII, pág. 97; VI, pág. 42. Fletcher, I, pág. 137ss, etc.

Arminiano y Wesleyano y el de los Agustinianos es que, según este último, es Dios, y según los otros es el hombre, quien determina quiénes han de ser salvos. Agustín enseñó que de la familia caída de los hombres, todos los cuales hubieran podido ser dejados en justicia para que perecieran en su apostasía, Dios, meramente por Su beneplácito, eligió a unos para vida eterna, envió a Su Hijo para la redención de los mismos, y les da el Espíritu Santo para asegurar su arrepentimiento, fe y santidad hasta el fin. «Cur autem non omnibus detur [donum fidei], fidelem movere non debet, qui credit ex uno omnes isse in condemnationem, sine dubio justissimam: ita ut nulla Dei esset justa reprehensio, etiamsi nullus inde liberaretur. Unde constat, magnam esse gratiam, quod plurimi liberantur.»[14] Así, es Dios y no el hombre quien decide quiénes han de ser salvos. Aunque se puede decir que esta es la cuestión crucial entre estos grandes sistemas, que han dividido a la Iglesia en todas las épocas, sin embargo esta cuestión involucra necesariamente a todas las otras diferencias, como la naturaleza del pecado original; el motivo de Dios al proveer la redención; la naturaleza y el designio de la obra de Cristo; y la naturaleza de la gracia divina, o la obra del Espíritu Santo. Así, en gran medida, todo el sistema de teología, y necesariamente el carácter de nuestra religión, depende de la postura que se adopte ante esta cuestión concreta. Por ello, se trata de un tema de la mayor importancia práctica, y no de un asunto de especulación ociosa.

8. El esquema Agustiniano.

Se debe recordar que no se trata de cuál sea la perspectiva del plan de Dios más libre de dificultades, ni el más acorde con nuestros sentimientos naturales, y por ende el más plausible para la mente humana. Se puede admitir que nos parecería más consecuente con el carácter de Dios que se hubiera dado provisión para la salvación de todos los hombres, y que se hubiera concedido un suficiente conocimiento y gracia a cada ser humano para lograr su salvación. Y también sería más consistente con el entendimiento y los sentimientos naturales si se hubiera hecho una similar provisión para los ángeles caídos, o que Dios hubiera impedido la entrada del pecado y de la desgracia en el universo; o si, cuando entraron, hubiera provisto para su total erradicación del sistema, de modo que todas las criaturas racionales pudieran haber llegado a ser perfectamente santas y dichosas por toda la eternidad. No habría fin para tales tipos de planes si cada uno tuviera la libertad para erigir un esquema de operación divina según sus propios puntos de vista acerca de qué sería más prudente y mejor. Estamos limitados por los hechos: los hechos de la providencia, de la Biblia y de la experiencia religiosa. Estos hechos tienen que determinar nuestra teoría. No podemos decir que la bondad de Dios impide que se permitan el pecado y la desgracia si realmente existen el pecado y la desgracia. No podemos decir que la justicia exige que todas las criaturas racionales debieran ser tratadas por igual, que tuvieran las mismas ventajas y la misma oportunidad de alcanzar el conocimiento, la santidad y la dicha, si, bajo el gobierno de un Dios de infinita justicia existe en realidad la mayor disparidad. Entre todos los cristianos se admiten unos ciertos principios, y es conforme a ellos como se deben interpretar los hechos de la historia y de las Escrituras.

1. Se admite que Dios reina; que Su providencia se extiende a todos los acontecimientos, tanto a los grandes como a los pequeños, de manera que nada ocurre ni puede ocurrir en contra de Su voluntad, o que Él o bien no lleve a cabo con Su propio poder, o bien por Su permisión que lo ejecuten otros agentes. Esta es una verdad de la religión natural así como de la revelación. Se reconoce (en la práctica) de manera universal. Las oraciones de acción de gracias que los hombres dirigen a Dios por una ley de su naturaleza dan por supuesto que Él

---

14. Agustín, *De Proedestinatione Sanctorum*, VIII. 16; *Works*, edición Benedictines, Vol. X, pág. 1361, c.

controla todos los acontecimientos. La guerra, la pestilencia y el hambre son lamentadas como exhibición de Su desagrado. Y a Él se vuelven todos los hombres para ser liberados de todos estos males. La paz, la salud y la abundancia son universalmente reconocidas como dones de Él. Esta verdad subyace en la base de toda religión, y no puede ser puesta en tela de juicio por ningún Teísta, y mucho menos por ningún cristiano.

2. No menos claro o universalmente admitido es el principio de que Dios puede controlar las acciones libres de las criaturas racionales sin destruir ni su libertad ni su responsabilidad. Universalmente, los hombres oran pidiendo ser liberados de la ira de sus enemigos, para que la enemistad de estos se desvanezca, o que el estado de sus mentes sea cambiado. Todos los cristianos oran para que Dios cambie los corazones de los hombres, para que les dé arrepentimiento y fe, y controle de tal manera las acciones de los mismos que pueda ser impulsada Su gloria y el bien de los demás. Ésta es de nuevo una de aquellas verdades sencillas, profundas y de gran alcance, que los hombres dan por supuestas, y según las cuales actúan y no pueden dejar de hacerlo, sean cuales sean las dudas de los filósofos, o las dificultades especulativas que puedan acompañar a estas verdades.

3. Todos los cristianos admiten que Dios tiene un plan o propósito en el gobierno del mundo. Hay un objetivo que cumplir. Es inconcebible que un Ser infinitamente santo cree, sustente y controle el universo sin contemplar ningún fin a alcanzar mediante esta maravillosa exhibición de Su poder y recursos. Así, la Biblia nos enseña que Dios obra todas las cosas según el consejo de Su propia voluntad. Y esta verdad está incorporada en todos los sistemas de fe adoptados entre los cristianos, y es dada por sentada en toda la adoración y experiencia cristiana.

4. Constituye un corolario necesario de los anteriores principios que los hechos de la historia son la interpretación de los eternos propósitos de Dios. Todo lo que realmente acontece entró en este propósito. Por ello, podemos aprender el designio o la intención de Dios según la evolución o desarrollo de Su plan en la historia del mundo y de cada hombre individual. Todo aquello que ocurre, Él lo permite por sabias razones. Él puede impedir todo aquello que considere oportuno impedir. Por ello, si se da un pecado, es porque era el designio de Dios que ocurriera así. Si viene la desgracia como consecuencia del pecado, éste era el propósito de Dios. Si sólo algunos hombres son salvos, mientras que otros perecen, todo esto debe haber formado parte del íntegro propósito de Dios. No es posible que ninguna mente finita pueda abarcar los designios de Dios, o que vea las razones de Sus dispensaciones. Pero nosotros no podemos, debido a esto, negar que Él gobierne todas las cosas, ni que Él las gobierne según el consejo de Su propia voluntad.

El sistema Agustiniano de doctrina no es nada más que la aplicación al caso especial de la salvación del hombre de estos principios generales y reconocidos de manera casi universal.

Exposición de la doctrina.

El esquema Agustiniano incluye los siguientes puntos: (1) Que la gloria de Dios, o la manifestación de Sus perfecciones, es el fin más alto y último de todas las cosas. (2) Para este fin Dios se propuso la creación del universo y todo el plan de la providencia y de la redención. (3) Que Él puso al hombre en un estado de probación, haciendo de Adán, el primer padre de la raza, su cabeza y representante. (4) Que la caída de Adán arrastró a toda su posteridad a un estado de condenación, de pecado y de desgracia, del que es absolutamente incapaz de librarse a sí mismo. (5) De entre la multitud de hombres perdidos Dios escogió a una cantidad innumerable para vida eterna, dejando al resto de la humanidad para la justa retribución por sus pecados. (6) Que la base de esta elección no es la previsión de nada en la primera clase para distinguirlos favorablemente de entre los miembros de la otra clase, sino el beneplácito de

Dios. (7) Que Dios, para la salvación de los escogidos así para vida eterna, dio a Su Hijo unigénito, para que se hiciera hombre, y para que obedeciera y padeciera por Su pueblo, haciendo así una plena satisfacción por el pecado, e introduciendo la justicia eterna, haciendo la salvación definitiva de los escogidos totalmente cierta. (8) Que mientras que el Espíritu Santo, en sus operaciones comunes, está presente con cada hombre mientras vive, reprimiendo el mal e induciendo al bien, su poder ciertamente eficaz y salvador es ejercitado sólo en favor de los escogidos. (9) Que todos aquellos a los que Dios ha escogido así para vida, y por los que Cristo se dio a Sí mismo de manera específica en el pacto de la redención, serán ciertamente llevados (a no ser que mueran en la infancia) al conocimiento de la verdad, al ejercicio de la fe, y a la perseverancia en la santidad hasta el fin.

Este es el gran esquema doctrinal conocido históricamente como Paulino, Agustiniano o Calvinista, enseñado, como creemos, en las Escrituras, desarrollado por Agustín, sancionado formalmente por la Iglesia Latina, al que se adhirieron los testigos de la verdad durante la Edad Media, repudiado por la Iglesia de Roma en el Concilio de Trento, avivado en esta misma iglesia por los Jansenistas, adoptado por todos los Reformadores, incorporado en los credos de las Iglesias Protestantes de Suiza, del Palatinado, de Francia, Holanda, Inglaterra y Escocia, y desarrollado en la Confesión redactada por la Asamblea de Westminster, representante común de los Presbiterianos en Europa y América. [...]

Prueba de la doctrina.

En primer lugar, se trata de un esquema sencillo, armónico y coherente. No supone ningunos propósitos contradictorios en la mente divina; que primero se propusiera una cosa, y luego otra; ni que se propusiera fines que luego no son llevados a cabo; ni la declaración de principios en conflicto con otros que sean innegables. Todas las partes de este inmenso plan admiten su reducción a un propósito todo inclusivo tal como estuvo oculto durante eras en la mente divina. El propósito de crear, de permitir la caída, de elegir a algunos para vida eterna, mientras que otros son pasados por alto, de enviar a Su Hijo para redimir a Su pueblo, y de dar el Espíritu para aplicar esta redención, son propósitos que armonizan entre sí, constituyendo un plan coherente. Las partes de este esquema no son simplemente armónicas, sino que están relacionadas de tal manera que unas involucran a las otras, de manera que si una queda demostrada, se implica la verdad del resto. Si Cristo fue entregado para la redención de Su pueblo, entonces la redención de Su pueblo resulta segura, y entonces las operaciones del Espíritu deben, en el caso de ellos, ser desde luego eficaces; y si tal es el designio de la obra de Cristo y la naturaleza de la influencia del Espíritu, entonces los que son objetos de la primera y sujetos de la otra, tienen que perseverar en santidad hasta el fin. O si comenzamos con cualquiera de los otros principios ya mencionados, sigue el mismo resultado. Si se demuestra o concede que la Caída arrastró a la humanidad a un estado de pecado y miseria del que nada podían hacer para salir, entonces de ello sigue que la salvación tiene que ser por gracia; que es de Dios y no de nosotros el que estemos en Cristo; que el llamamiento es eficaz; que la elección es por el beneplácito de Dios; que el sacrificio de Cristo asegura la salvación de su pueblo; y que no pueden apartarse fatalmente de Dios. Y así con todo el resto. Admítase que la muerte de Cristo asegura la salvación de Su pueblo, y todo el resto sigue de ello. Admítase que la elección no es por obras, y todo el plan tiene que ser admitido como verdadero. Admítase que nada sucede contrario a los propósitos de Dios, y de nuevo se tiene que admitir todo el esquema Agustiniano. Apenas si puede haber una prueba más clara de que comprendemos una máquina complicada que el hecho de que podamos poner en su sitio todas sus piezas de manera que cada una esté exactamente en su lugar, siendo que ninguna de ellas admite su sustitución por otra, y que toda ella queda completa y dispuesta para funcionar. Tal es el orden de las obras de Dios que si se le da a un naturalista un solo hueso, puede construir todo el esqueleto del que forma parte; y tal es el orden de su plan de redención que si se admite una de las grandes verdades que incluye, se debe aceptar todo el resto. Este es el primer gran argumento en apoyo del esquema doctrinal Paulino o Agustiniano.

Argumento conforme a los hechos de la Providencia.

En segundo lugar, sólo este esquema es consistente con los hechos de la providencia de Dios. Por evidente que sea esta verdad, tiene que ser repetido una y otra vez que es inútil enfrentarse a los hechos. Si una cosa es, es en vano ignorarla o negar su relevancia. Tenemos que amoldar nuestras teorías a los hechos, y no hacer que los hechos se amolden a nuestras teorías. Por ello, será correcta aquella visión de la verdad divina que esté de acuerdo con los hechos de la providencia divina; y será falsa aquella perspectiva que entre en conflicto con estos hechos. Otro principio no menos sencillo, y no menos susceptible de ser olvidado, es el que antes ya se ha dado por sentado que admiten todos los cristianos, esto es, que Dios tiene un plan, y que todos los eventos de Su providencia se corresponden con este plan. En otras palabras, que suceda lo que suceda, Dios ha tenido la intención de que suceda; que para Él nada hay que sea inesperado, ni nada contrario a Sus propósitos. Si es así, entonces podemos aprender con certidumbre cuál es el plan de Dios, lo que Él se ha propuesto hacer o permitir, conforme a lo que realmente llega a acontecer. Si una proporción de los habitantes de un determinado país mueren en la infancia y otra parte llega a la edad madura, este ha sido por razones sabias razones el propósito de Dios. Si algunos son prósperos y otros míseros, también es en conformidad a su santa voluntad. Si en una sazón hay abundancia y en otra a la inversa, es así según Él lo ha dispuesto. Así lo dicta incluso la religión natural. E incluso los paganos creen esto.

Apenas si se puede dudar que si se aceptan estos sencillos principios, se tiene que admitir la verdad del esquema Agustiniano. Es un hecho que Dios ha creado al hombre; es un hecho que la caída de Adán involucró a toda nuestra raza en el pecado y en la desgracia; es un hecho que de esta familia caída unos se salvan y otros se pierden; es un hecho que la salvación de los que realmente alcanzan la vida eterna queda asegurada por la mediación de Cristo y por la obra del Espíritu Santo. Estos son hechos providenciales admitidos por todos los cristianos. Todo lo que enseña el Agustinianismo es que estos hechos no fueron inesperados para la mente divina, sino que Dios conocía anticipadamente que sucederían, y había dispuesto que sucedieran. Esto es todo. Todo aquello que realmente sucede es porque Dios ha dispuesto que sucediera. Aunque Sus propósitos o intenciones no pueden fracasar, Él no emplea influencias para el cumplimiento de los mismos que sean incompatibles con la perfecta libertad y entera responsabilidad de las criaturas racionales. Por cuanto Dios es infinito en poder y sabiduría, Él puede controlar todos los acontecimientos, y por ello el curso de los acontecimientos tiene que estar en conformidad a Su voluntad, porque Él puede moldearlos o dirigirlos conforme a Su beneplácito. Por ello, es evidente, primero, que los acontecimientos tienen que ser la interpretación de Sus propósitos, o sea, de aquello que Él se propone que suceda; y segundo, que no se puede presentar objeción alguna contra el propósito o los decretos de Dios que no milite también contra Su providencia. Si es justo que Dios permita que suceda un acontecimiento, tiene que ser justo que Él se proponga permitirlo, esto es, que decrete que va a suceder. Podríamos suponer cierta la concepción Deísta o Racionalista de la relación de Dios con el mundo: que Dios creó a los hombres, y que los dejó sin ninguna conducción providencial ni influencias sobrenaturales, que los abandonó al ejercicio sin restricciones de sus propias facultades, y a la actuación de las leyes naturales y sociales. Si así fuera, se daría de una manera real un cierto curso de acontecimientos en sucesión regular y en todas las posibles combinaciones. En este caso no se podría pretender que Dios fuera responsable del resultado. Él habría creado al hombre, dotándole de todas las facultades, y rodeándole de todas las circunstancias necesarias para su mayor bien. Si él escogiera abusar de sus facultades y descuidar sus oportunidades sería su propia culpa. No podría quejarse contra su Hacedor. Podríamos también hacer la suposición de que Dios, mirando y previendo cómo iban a actuar los hombres dejados a sí mismos, y cuál sería el resultado de un universo llevado de esta manera, decidiera, por sabias razones, que llegara a ser real; que realmente viniera a existir un universo así con aquel curso de eventos en aquel orden. ¿Sería esto injusto? O, ¿qué diferencia habría si el propósito de Dios en cuanto a la futurización de tal mundo, en lugar de *seguir* a la previsión del mundo, lo precediera? En todo caso Dios se propondría precisamente el mismo mundo, y el mismo curso de acontecimientos. El Agustinianismo supone que Dios, para Su propia gloria, y por ello por el más excelso y benéfico de tales fines, se propuso tal mundo y tal serie de acontecimientos como los que habrían ocurrido en la hipótesis deísta, con dos importantes excepciones. Primero, Él se interpone para reprimir y conducir la maldad del hombre de modo que previene la producción de un mal sin mitigaciones, y para hacer que lleve a la producción de bien. Y segundo, Él interviene mediante Su providencia, y mediante la obra de Cristo y del Espíritu Santo, para salvar a innumerables almas del diluvio de destrucción. Por ello, el sistema Agustiniano es tan sólo la aceptación de que Dios dispuso en la eternidad lo que realmente lleva a cabo en el tiempo. Por ello, este sistema está en conformidad con todos los hechos de la divina providencia, y está por ello asentado sobre una base inamovible.

La soberanía de Dios en las dispensaciones de Su providencia.

Hay sin embargo otro punto de vista que se debe tomar acerca de esta cuestión. El Agustinianismo está basado en la suposición de la soberanía de Dios. Supone que le corresponde a Él, en virtud de Su propia perfección, en virtud de su relación con el universo como su Creador y preservador, y en virtud de Su relación con el mundo de pecadores como su gobernante y Juez, tratar con ellos según Su beneplácito; que Él puede de derecho perdonar a unos y condenar a otros; que puede con derecho dar Su gracia salvadora a uno y no a otro; y por ello que le corresponde a Él, y no al hombre, que uno, y no otro, sea hecho partícipe de la vida eterna. Por otra parte, todos los sistemas anti-Agustinianos suponen que Dios está obligado a proveer la salvación para todos; a dar gracia suficiente a todos; y a dejar la decisión de la salvación o perdición a la voluntad de cada uno por sí mismo. No somos criminales condenados de entre los cuales la soberanía pueda perdonar a unos y no a otros, sino criaturas racionales, teniendo todos el mismo y válido derecho sobre nuestro Hacedor a recibir todo lo necesario para nuestra salvación. Pero la cuestión no es cuál de estas teorías es la más agradable, sino cuál es la verdadera. Y para decidir esta cuestión, un método es determinar cuál concuerda mejor con los hechos providenciales. ¿Actúa Dios en sus tratos providenciales con los hombres según los principios de soberanía, distribuyendo sus favores conforme al beneplácito de Su voluntad; o sobre la base de la justicia imparcial, tratando con todos los hombres sobre una base de igualdad? Esta pregunta sólo admite una respuesta. Puede que minimicemos mucho las meras circunstancias externas, y que magnifiquemos tanto como podamos las compensaciones de la providencia que tienden a nivelar la condición de los hombres. Podemos apremiar hasta el extremo el principio de que mucho se demandará a los que mucho han recibido, y menos a los que menos. Aparte de estas cualificaciones y limitaciones, es evidente el hecho de que existen desde luego las más grandes desigualdades entre los hombres; que Dios trata de manera mucho más favorable a unos que a otros; que Él distribuye Sus bendiciones providenciales, que incluyen no sólo el bien temporal sino también ventajas y oportunidades religiosas, como soberano absoluto según su propio beneplácito, y no como un juez imparcial. El tiempo para el juicio todavía no ha llegado.

Esta soberanía de Dios en la dispensación de Su providencia queda evidenciada en Sus tratos tanto con las naciones como con los individuos. No se puede creer que la suerte de los lapones sea tan favorable como la de los moradores de la zona templada; ni que los hotentotes tengan una posición tan deseable como la de los europeos; ni que las gentes de Tartaria estén con tanto bienestar como las de los Estados Unidos. La desigualdad es demasiado patente para poderla negar; como tampoco se puede dudar de que la norma que Dios adopta en la determinación de la suerte de las naciones es Su propio beneplácito, y no las demandas relativas de las personas afectadas por Su providencia. Este mismo hecho no es menos evidente con respecto a los individuos. Algunos son dichosos, otros son desgraciados. Algunos tienen una salud de hierro; otros son víctimas de enfermedades y dolencias. Algunos tienen todas sus facultades, mientras que otros nacen ciegos o sordos. Algunos son ricos, otros están hundidos en la desgracia y degradación de la más abyecta pobreza. Algunos han nacido en medio de la sociedad civilizada y en el seno de familias virtuosas, pero otros están rodeados de vicios y maldad desde el mismo comienzo de su existencia. Estas son realidades innegables. Como tampoco se puede negar que la suerte de cada individuo queda determinada por el soberano beneplácito de Dios.

El mismo principio es el que se lleva a cabo con respecto a la comunicación del conocimiento y ventajas de la religión. Dios escogió a los judíos de entre todas las familias de la tierra para que fueran los receptores de sus oráculos y de las ordenanzas divinamente instituidas de la religión. El resto del mundo quedó durante siglos en una total oscuridad. Podemos decir que será más tolerable en el día del juicio para los paganos que para los judíos incrédulos; y que Dios no dejó siquiera a los gentiles sin testimonio. Todo esto puede admitirse, y sin embargo queda en pie lo que dice el Apóstol: Las ventajas del judío eran grandes en gran manera. Sería necedad e ingratitud por parte de los moradores de la Cristiandad no reconocer su posición como indescriptiblemente más deseable que la de los paganos. Ningún cristiano americano puede persuadirse a sí mismo de que le hubiera ido mejor si hubiera nacido en África; y tampoco puede dar respuesta a esta pregunta: ¿Por qué he nacido aquí, y no allí? Aparte de: «Sí, Padre, porque así te agradó».

Por ello, de nada sirve adoptar una teoría que no concuerde con estos hechos. Es en vano que neguemos que Dios sea soberano en la distribución de Sus favores si es innegable que en Su providencia Él actúa como soberano. El Agustinianismo concuerda con estos hechos de la providencia, y por ello tiene que ser verdadero. Sólo presupone que Dios actúa en la dispensación de Su gracia precisamente como actúa en la distribución de sus otros favores; y todos los sistemas anti-Agustinianos que estén basados en el principio de que esta soberanía de Dios es inconsecuente con su justicia y con su relación paterna con los hijos de los hombres está en evidente conflicto con los hechos de Su providencia.

Argumento conforme a los hechos de la Escritura.

La tercera fuente de prueba acerca de esta cuestión se encuentra en los hechos de la Biblia, o en las verdades que se revelan llanamente en ella. El Agustinianismo es el único sistema consecuente con estos hechos o verdades.

1. Esto se evidencia primero por la clara revelación que la Escritura hace de Dios como infinitamente exaltado por encima de todas Sus criaturas, y como el fin último así como la fuente de todas las cosas. Por cuanto Él es infinitamente grande y bueno Su gloria es el fin de todas las cosas, y Su beneplácito es la más elevada razón de todo lo que llega a acontecer. ¿Qué es el hombre para que altercue con Dios, o que mantenga que son sus intereses antes que

los de Dios los que han de ser el fin último? Las Escrituras no sólo afirman la absoluta soberanía de Dios, sino que enseñan que está basada, primero, en Su infinita superioridad sobre todas las criaturas; segundo, sobre Su relación con el mundo y todo lo que contiene, como Creador y preservador, y por ello como dueño absoluto; y, en tercer lugar, por lo que respecta a nosotros los hombres, en nuestra total pérdida de todo derecho en cuanto a Su misericordia, por nuestra apostasía. El argumento es que el Agustinianismo es el único sistema que concuerda con el carácter de Dios y con Su relación con Sus criaturas tal como se revela en la Biblia.

2. Es un hecho que los hombres son una raza caída; que por su enajenación de Dios están envueltos en un estado de culpa y de contaminación, del que no se pueden liberar a sí mismos. Por la culpa que han contraído han perdido todo derecho ante la justicia de Dios; con toda justicia podrían ser dejados en perdición; y por su depravación se han hecho totalmente incapaces de volver a Dios, o para hacer nada espiritualmente bueno. Estos son unos hechos ya demostrados. El sentimiento de culpa es universal e indestructible. Todos los pecadores conocen el justo juicio de Dios, y que son dignos de muerte. La incapacidad de los pecadores no es sólo declarada clara y repetidamente en las Escrituras, sino que es demostrada por toda la experiencia, por la común conciencia de los hombres, y, naturalmente, por la conciencia de cada persona individual, y especialmente de cada hombre que haya sido o que sea verdaderamente convencido de pecado. Pero si los hombres son así incapaces de cambiar sus propios corazones, para prepararse a sí mismos para este cambio, o para cooperar en su producción, entonces tienen que ser falsos todos aquellos sistemas que presuponen la capacidad del pecador y que mantienen que la distinción entre los que se salvan y los que se pierden radica en el empleo hecho de esta capacidad. Son contrarios a los hechos. Son inconsecuentes con lo que cada hombre, en lo más hondo de su corazón, sabe cierto. Lo que se quiere ilustrar cuando las Escrituras comparan a los pecadores con muertos, e incluso con huesos secos, es su total impotencia. A este respecto, todos son iguales. Si Cristo pasara por un cementerio, y dijera a uno u a otro que saliera, la razón por la que uno sería restaurado a la vida y otro no sólo podría encontrarse en Su beneplácito. Por la misma naturaleza del caso, no se podría encontrar en los mismos muertos. Por ello, si las Escrituras, la observación y la consciencia nos enseñan que los hombres son incapaces de restaurarse a sí mismos a la vida espiritual, el hecho de que sean vivificados tiene que ser atribuido al beneplácito de Dios.

Por la obra del Espíritu.
3. Esto queda confirmado por otro evidente hecho o verdad de la Escritura. La regeneración del corazón humano, la conversión de un pecador a Dios es la obra, no del que recibe aquel cambio, sino del Espíritu de Dios. Esto queda claro, primero porque la Biblia siempre lo atribuye al Espíritu Santo. Se dice que nacemos no de la voluntad del hombre, sino de Dios; que somos nacidos del Espíritu; que somos sujetos de la renovación del Espíritu Santo; que somos vivificados, o resucitados de entre los muertos por el Espíritu del Señor; los huesos secos viven sólo cuando el Espíritu sopla sobre ellos. Esta es la descripción que impregna a las Escrituras de principio a fin. Segundo, la Iglesia, por tanto, en su capacidad colectiva, y cada miembro viviente de la Iglesia, reconocen esta verdad en sus oraciones en petición del poder renovador del Espíritu Santo. En los más antiguos y reconocidos credos de la Iglesia, el Espíritu es designado como *zöopoion, el dador de la vida*; el autor de toda vida espiritual. La soberanía involucrada en esta influencia regeneradora del Espíritu Santo queda claramente implicada en la naturaleza del poder que se ejerce. Se declara que es el gran poder de Dios; la sobrepujante grandeza de Su poder; el poder que obró en Cristo resucitándole de entre los muertos. Se presenta como análogo al poder con el que se hizo ver a los ciegos, oír a los sor-

dos, y con el que fueron limpiados los leprosos. Es bien cierto que el Espíritu ilumina, enseña, convence, persuade y, en una palabra, gobierna el alma según su naturaleza como criatura racional. Pero todo esto se relaciona con lo que se hace en el caso de los hijos de Dios después de su regeneración. La impartición de vida espiritual es una cosa; el sustento, control y abrigo de esta vida es otra. Si la Biblia nos enseña que la regeneración, o resurrección espiritual, es la obra del poder omnipotente de Dios, análogo al que ejercitó Cristo cuando dijo: «Quiero, sé limpio», entonces sigue necesariamente que la regeneración es un acto de soberanía. Depende de Dios el dador de la vida, y no de los que están espiritualmente muertos, decidir quiénes son los que deben vivir, y quiénes permanecer en sus pecados. La convicción íntima del pueblo de Dios en todas las eras ha sido y es que la regeneración, o infusión de vida espiritual, es un acto del poder de Dios ejercido según Su beneplácito, y por ello es el don por el que la Iglesia ora de manera especial. Pero este hecho involucra la verdad del Agustinianismo, que sencillamente enseña que la razón por la que un hombre es regenerado y otro no, y por consiguiente uno es salvo y otro no, es el beneplácito de Dios. Él tiene misericordia de quien tiene misericordia. Es cierto que Él manda a todos los hombres que busquen Su gracia, y promete que los que busquen hallarán. Pero, ¿por qué uno busca, y no el otro? ¿Por qué uno queda impresionado ante la importancia de la salvación, mientras que otros permanecen indiferentes? Si es cierto que no sólo la regeneración viene de Dios, sino también todos los pensamientos rectos y propósitos justos, es de Él y no de nosotros de quien buscamos y hallamos Su favor.

La Elección lo es a la Santidad.

4. Otro hecho claramente revelado es el de que somos escogidos para la santidad; que somos creados para buenas obras; en otras palabras, que todo bien en nosotros es el fruto, y por ello que no puede ser la base de la elección. En Ef 1:3-6 dice el Apóstol: «Bendito sea el Dios y Padre de nuestro Señor Jesucristo, que nos bendijo con toda bendición espiritual en los lugares celestiales en Cristo, según nos escogió en Él antes de la fundación del mundo, para que fuésemos santos y sin mancha delante de Él en amor, habiéndonos predestinado para ser adoptados como hijos suyos por medio de Jesucristo, conforme al beneplácito de su voluntad, para alabanza de la gloria de su gracia, de la que nos ha colmado en el Amado.» En este pasaje se expone la doctrina Agustiniana de la elección de una manera tan clara e inclusiva como jamás haya sido presentada en el lenguaje humano. El Apóstol enseña: (1) Que el fin o designio de todo el esquema de la redención es la alabanza de la gloria de la gracia de Dios, esto es, la exhibición ante la admiración de las criaturas inteligentes de los gloriosos atributos de la gracia divina, o el amor de un Dios infinitamente santo y justo para con pecadores contaminados y culpables. (2) A este fin, por su mero beneplácito, Él predestinó a aquellos que eran los objetos de Su amor a la exaltada dignidad de ser los hijos de Dios. (3) Que para prepararlos para este sublime estado, los escogió, antes de la fundación del mundo, para que fueran santos y sin mancha en amor. (4) Que en consecuencia de esta elección, o en la ejecución de este propósito, Él confiere sobre ellos todas las bendiciones espirituales, regeneración, fe, arrepentimiento y la morada del Espíritu. Es totalmente incompatible con este hecho que la base de la elección sea el previo conocimiento de la fe y del arrepentimiento. Los hombres, según el Apóstol, se arrepienten y creen porque son elegidos; Dios los ha escogido para que sean santos, y por ello su santidad o bondad en forma o medida alguna no pueden ser la razón de que hayan sido elegidos. Del mismo modo dice el Apóstol Pedro que los creyentes han sido elegidos «para obedecer y ser rociados con la sangre de Jesucristo» (1 P 1:2). Esta es la clara doctrina de la Biblia: los hombres son escogidos para que sean santos. El hecho de que Dios los haya predestinado a salvación es la razón por la que son llevados al arrepentimiento y a una

vida santa. Debemos dar siempre gracias a Dios respecto a vosotros,» dice Pablo a los Tesalonicenses (2 Ts 2:13), «de que Dios os haya escogido desde el principio para salvación, *mediante* [no debido a] la santificación en el Espíritu y la fe en la verdad.» «Damos siempre gracias a Dios por todos vosotros, haciendo memoria de vosotros en nuestras oraciones, acordándonos sin cesar delante del Dios y Padre nuestro de la obra de vuestra fe, del trabajo de vuestro amor y de vuestra constancia en la esperanza en nuestro Señor Jesucristo, sabiendo, hermanos amados de Dios, vuestra elección» (1 Ts 1:2-4). Él reconoce la elección de ellos como la fuente de su fe y amor.

Por la naturaleza gratuita de la salvación.

5. Otro hecho decisivo es que la salvación es por gracia. Las dos ideas de gracia y obras; de don y deuda; de favor inmerecido y lo que es merecido; de lo que se debe atribuir al beneplácito del dador y lo que se debe atribuir al carácter o estado del receptor, son mutuamente contradictorias. La una excluye a la otra. «Si por gracia, ya no es a base de obras; de otra manera, la gracia ya no es gracia. Y si por obras, ya no es gracia; de otra manera, la obra ya no es obra» (Ro 11:6). Nada acerca del plan de salvación es más claramente revelado, ni sobre nada se insiste de manera más intensa, que acerca de su gratuidad, de comienzo a fin. «Por gracia sois salvos» está grabado en casi cada página de la Biblia, y en los corazones de todos los creyentes. (1) Fue cuestión de gracia que se dispusiera un plan de salvación para el hombre caído, y no para los ángeles caídos. (2) Fue por gracia que este plan fue revelado a unas partes de nuestra raza y no a otras. (3) La aceptación o justificación de cada heredero individual de la salvación es asunto de gracia. (4) La obra de la santificación es una obra de gracia, esto es, una obra llevada a cabo por el poder inmerecido, sobrenatural, del Espíritu Santo. (5) Es por la gracia que de los que oyen el evangelio algunos acepten la gracia que les es ofrecida, mientras que otros la rechazan. Todos estos puntos están tan claramente enseñados en la Biblia que son prácticamente reconocidos por todos los cristianos. Aunque se niegan para dar satisfacción al entendimiento, son aceptados por el corazón, tal como queda evidente en las oraciones y alabanzas de la Iglesia en todas las eras y en todas sus divisiones. Que el llamamiento o regeneración del creyente es por la gracia, esto es, que el hecho de su llamamiento tiene que ser atribuido a Dios, y no a nada en él mismo, es algo acerca de lo que el Apóstol Pablo insiste de manera especial en casi todas sus epístolas. Por ejemplo, en 1 Co 1:17-31. Se le había objetado que no predicaba «con sabiduría de palabras». Él se vindicó mostrando, primero, que la sabiduría de los hombres de nada les había valido para alcanzar el conocimiento salvador de Dios; y segundo, que cuando el evangelio de la salvación fue revelado, no fueron los sabios los que lo aceptaron. Como prueba de este último punto, apeló a la misma experiencia de ellos. Se refirió al hecho que de entre ellos Dios no había escogido a los sabios, a los grandes o a los nobles, sino a los insensatos, a los débiles y a los menospreciados. Dios lo había hecho. Era Él quien había decidido quién debería ser llevado a aceptar el Evangelio, y quiénes serían dejados a sí mismos. Él tenía un propósito en esto, y este propósito era que aquellos que se glorían se glorién en el Señor, esto es, que nadie pudiera atribuir su salvación (el hecho de que él esté salvado, mientras que otro no lo está) a sí mismo. Porque, añade el Apóstol, es por Él que estamos en Cristo Jesús. Nuestra unión con Cristo, el hecho de que somos creyentes, debe serle atribuido a Él, y no a nosotros mismos.

El argumento del Apóstol en Romanos 9.

Este es también el propósito del Apóstol en la totalidad del capítulo noveno de su Epístola a los Romanos. Él había afirmado, en concordancia con las predicciones de los antiguos profetas, que los judíos, como nación, serían desechados, mientras que las bendiciones de la verdadera religión serían extendidas a los gentiles. Para probar este punto, muestra primero que Dios no estaba ligado por Su promesa a Abraham a salvar a todos los descendientes naturales del patriarca. Al contrario, que era una prerrogativa que Dios, como soberano, reivindicaba y ejercía, tener misericordia de quien quisiera, y de rechazar a quien quisiera. Escogió a Isaac en lugar de a Ismael, a Jacob y no a Esaú, y, en este caso, para demostrar que la elección era perfectamente soberana, fue anunciada antes del nacimiento de los niños, antes que hubieran hecho bien o mal. A Faraón lo endureció. Lo dejó a sí mismo para que fuera un monumento de Su justicia. Este derecho, que Dios reivindica y ejerce, de elegir a quien Él quiera para ser receptor de su misericordia, no involucra injusticia alguna, como nos enseña el Apóstol. Nadie tiene derecho a quejarse si, para manifestación de Su misericordia, salva a algunos de la culpable familia humana; y para mostrar su justicia, deja a otros que lleven la justa retribución de sus pecados. Dios, como nos dice Pablo, actuó conforme a este principio con los judíos. La nación como nación fue desechada, pero fue salvado un remanente. Y este remanente fue una «elección de gracia», esto es, personas escogidas gratuitamente. Pablo mismo era una ilustración de esta elección, y una prueba de su naturaleza totalmente gratuita. Él era un perseguidor y blasfemo, y mientras estaba lanzado precisamente a la actividad de su maligna oposición, fue repentina y milagrosamente convenido. Aquí, si no en ningún otro caso, la elección fue por gracia. No había nada en Pablo que le distinguiera favorablemente con respecto a otros fariseos incrédulos. No podía ser el previo conocimiento de su fe y arrepentimiento la base de su elección, porque fue llevado a la fe y al arrepentimiento por la soberana e irresistible intervención de Dios. Sin embargo, lo que fue cierto de Pablo es cierto de todos los otros creyentes. Todo aquel que es llevado a Cristo es llevado de tal manera que le es revelado a su propia consciencia, y es abiertamente confesado con la boca, que su conversión es de Dios y no de él mismo; que él es un monumento de la elección de gracia; que él, al menos, no fue escogido debido a sus merecimientos.

El argumento de la experiencia.

Toda la historia de la Iglesia, y la diaria observación de los cristianos, demuestra la soberanía de Dios en la dispensación de bendiciones salvadoras, soberanía por la que contienden los Agustinianos. Es cierto, y desde luego primordial, que Dios es un Dios que guarda el pacto, y que su promesa es para Su pueblo y para su descendencia tras ellos hasta la tercera y cuarta generación. Por ello, es cierto que su gracia es dispensada, aunque no de manera exclusiva, pero sí de manera conspicua, en la línea de sus descendientes. Segundo, también es cierto que Dios ha prometido que Su bendición acompañará a la enseñanza fiel. Él manda a los padres que críen a sus hijos en la disciplina y amonestación del Señor; y les promete que si son así instruidos en el camino en que deben ir, aunque fueren viejos no se apartarán de él. Pero no es cierto que la regeneración sea producto de la cultura. Los hombres no pueden ser transformados en cristianos por la educación, como sí pueden ser instruidos para recibir conocimiento o moral. La conversión no es el resultado del desarrollo de un germen de vida espiritual comunicado en el bautismo ni derivado por descendencia de padres piadosos. Todo está en manos de Dios. Así como cuando Cristo estaba en la tierra sanó a uno y a otro mediante una palabra, así ahora mediante Su Espíritu Él sana a quien quiere. Este hecho está demostrado por toda la historia. Algunos períodos de la Iglesia han sido notables por estas exhibiciones de Sus poderes, mientras que otros han pasado con pocas manifestaciones incidentales de Su gracia salvadora. En la Era Apostólica hubo miles de conversiones; muchos eran añadidos diariamente a la Iglesia de los que debían ser salvos. Luego, en la era Agustiniana hubo una amplia difusión de la influencia salvadora del Espíritu. Aún más conspicuo fue este caso en la Reforma. Tras una larga decadencia en Gran Bretaña vino el maravilloso avivamiento de la verdadera religión bajo Wesley y Whitefield. Contemporáneamente se ha dado un gran despertar por todo este país. Y así, de tiempo en tiempo, y en todas partes de la Iglesia, vemos las evidencias de las intervenciones especiales y soberanas de Dios. La soberanía de estas dispensaciones es igual de manifiesta que la exhibida en los siete años de abundancia y los siete años de escasez en tiempos de José. Cada pastor, casi cada padre, pueden dar testimonio de la misma verdad. Oran y trabajan durante largo tiempo, y aparentemente sin éxito; y luego, frecuentemente cuando no lo esperan, viene el derramamiento del Espíritu. Tienen lugar cambios en el estado y carácter de los hombres que nadie puede producir en los demás; y que nadie puede producir en sí mismo; cambios que tienen que ser atribuidos a la acción inmediata del Espíritu de Dios. Estos son hechos. No pueden ser negados razonablemente. No pueden ser racionalizados. Demuestran que Dios actúa como soberano en la distribución de Su gracia. Y con esta realidad no se puede reconciliar otro esquema más que el Agustiniano. Si la salvación es por gracia, como lo enseñan claramente las Escrituras, entonces no es por obras, tanto si son reales como si son vistas anticipadamente.

Las expresas declaraciones de la Escritura.

6. Las Escrituras declaran claramente que Dios tiene misericordia de quien quiere tener misericordia, y compasión de quien Él quiere tener compasión. Enseñan, en sentido negativo, que la elección para la salvación no es por obras; que no depende del carácter o esfuerzo de sus objetos; y, afirmativamente, que sí depende de Dios. Se atribuye a Su beneplácito. Se declara que es de Él, que es de gracia. Ya se han citado pasajes en los que se hacen estas declaraciones negativas y afirmativas. En Ro 9 se dice que la elección no es en virtud de las obras, «sino de aquel que llama». «Así que no depende del que quiere, ni del que corre, sino de Dios que tiene compasión». Como en el tiempo de Elías, en medio de una apostasía general, Dios dijo: «Me he reservado siete mil hombres, que no han doblado la rodilla ante Baal» (Ro 11:4, cf. 1 R 19:18), «Pues bien, del mismo modo, también en este tiempo ha quedado un remanente conforme a la elección de la gracia. Y si por gracia, ya no es a base de obras; de otra manera, la gracia ya no es gracia.» (Ro 11:5, 6). Así se dice en Ro 8:30: «Y a los que predestinó, a estos también llamó», esto es, regeneró y santificó. La regeneración sigue a la predestinación a la vida, y es el don de Dios. Pablo dice de sí mismo: «Dios, que me había separado desde el vientre de mi madre, y me llamó por su gracia, tuvo a bien revelar a su Hijo en mí» (Gá 1:15, 16). A los Efesios les dice que los que obtienen la herencia son aquellos que fueron «predestinados conforme al propósito del que efectúa todas las cosas según el designio de su voluntad» (Ef 1:11). En 2 Ti 1:9 dice que somos salvos «según el propósito suyo y la gracia que nos fue dada en Cristo Jesús antes de los tiempos eternos». El Apóstol Santiago dice, en 1:18: «Él, por designio de su voluntad, nos hizo renacer por la palabra de la verdad, para que fuésemos como primicias de sus criaturas.» El Apóstol Pedro habla de aquellos que «tropiezan en la palabra, siendo desobedientes; a lo cual fueron también destinados» (1 P 2:8). Y Judas se refiere a ciertos hombres que se habían «introducido solapadamente, [...] los que desde antes habían sido destinados para esta condenación» (Jud 4). Esta predestinación a condenación es ciertamente una acción judicial, como se enseña en Ro 9:22. Dios no condena a nadie ni predestina a nadie a condenación, excepto debido a pecado. Pero el acto de dejar de lado a tales hombres, abandonándolos a ellos, y no a otros igualmente culpables, para sufrir la pena de sus pecados, es declarado de manera distintiva como un acto soberano.

Las palabras de Jesús.

De todos los maestros enviados por Dios para revelar Su voluntad, ninguno declara de manera más frecuente la divina soberanía que nuestro mismo bendito Señor. Él habla de aquellos que el Padre le había «dado» (Jn 17:2). A estos Él les da vida eterna (Jn 17:2, 24). Es por esos que ora; por ellos que se santificó (Jn 17:19). De ellos dice Él que es la voluntad del Padre que no se pierda ninguno, sino que los resucite en el día postrero (Jn 6:39). Por ello, están en perfecta seguridad. «Mis ovejas oyen mi voz, y yo las conozco, y me siguen, y yo les doy vida eterna; y no perecerán jamás, ni nadie las arrebatará de mi mano. Mi Padre que me las dio, es mayor que todos, y nadie las puede arrebatar de la mano de mi Padre» (Jn 10:27-29). Así como las ovejas de Cristo son escogidas de entre el mundo y le son dadas, es Dios quien escoge. Ellas no le escogen a Él, sino Él a ellas. Nadie puede ser añadido al número de ellas, y este número será ciertamente completado. «Todo lo que el Padre me da, vendrá a mí; y al que a mí viene, de ningún modo le echaré fuera» (Jn 6:37). «Nadie puede venir a mí, si el Padre que me envió no le atrae; y yo le resucitaré en el último día» (Jn 6:44). «Así que, todo aquel que oyó al Padre, y aprendió de Él, viene a mí» (v. 45). «Nadie puede venir a mí, si no le ha sido dado del Padre» (v. 65). A Dios pertenece quién vaya a ser traído al conocimiento salvador de la verdad. «A vosotros os ha sido dado conocer los misterios del reino de los cielos; mas a ellos no les ha sido dado» (Mt 13:11). «Te alabo, Padre, Señor del cielo y de la tierra, porque ocultaste estas cosas a los sabios y a los entendidos, y las revelaste a los niños» (Mt 11:25). En Hch 13:48 se dice: «y creyeron todos cuantos estaban destinados a vida eterna». Así, las Escrituras dicen que el arrepentimiento, la fe y la renovación del Espíritu Santo son dones de Dios. Cristo fue exaltado a la diestra de Dios para dar arrepentimiento y perdón de pecados. Pero si la fe y el arrepentimiento son dones de Dios, tienen que ser resultado de la elección. Es imposible que sean su motivo.

[...] Parece imposible resistirse a la conclusión de que la doctrina de Agustín es la doctrina de la Biblia. Según esta doctrina, Dios es absolutamente soberano. Hace lo que parece bien a Sus ojos. Envía la verdad a una nación y no a otra. Le da un poder salvador a aquella verdad en una mente, y no en otra. Es de Él, y no de nosotros, que cualquier hombre está en Cristo Jesús, y que es heredero de la vida eterna.

Esto, como se ha visto, se declara en términos expresos, con gran frecuencia y claridad en las Escrituras. Es sustentado por todos los hechos de la providencia y de la revelación. No le atribuye a Dios nada sino lo que está demostrado, por medio de su real gobierno del mundo, como siendo su prerrogativa de derecho. Sólo enseña que Dios se propone aquello que vemos con nuestros propios ojos que Él hace verdaderamente, y que siempre ha hecho, en las dispensaciones de Su providencia. Por ello, el oponente consecuente de esta doctrina tiene que rechazar incluso las verdades de la religión natural. Por cuanto el Agustinianismo concuerda con los hechos de la providencia, concuerda naturalmente con los hechos de la Escritura. La Escritura declara que la salvación de los pecadores es una cuestión de gracia; y que el gran designio de todo el esquema de la redención es exhibir la gloria de aquel atributo divino, -exhibir ante la admiración del universo inteligente, y para su edificación, el inmerecido amor de Dios y Su ilimitada beneficencia para con unas criaturas culpables y contaminadas. Por ello, los hombres quedan descritos como hundidos en estado de pecado y de miseria; no se pueden liberar a sí mismos de este estado; para la redención de ellos, Dios envió a Su Hijo eterno para que asumiera la naturaleza de ellos, obedeciera, y sufriera en lugar de ellos; y a Su Espíritu Santo para que aplicara la redención adquirida por el Hijo. La introducción del elemento de mérito en ninguna parte de este esquema vicia su naturaleza y frustra sus designios. A no ser que nuestra salvación sea de gracia de comienzo a fin, no es una exhibición de gracia. La Biblia, sin embargo, nos enseña que fue por gracia que se hizo la provisión de la salvación; que fue revelada a una nación, y no a otra; y que fue aplicada a una persona y no a otra. Enseña que toda la bondad del hombre se debe a la naturaleza del Espíritu Santo, y que todas las bendiciones espirituales son el fruto de la elección; que somos escogidos para santidad, y creados para buenas obras, por cuanto estamos

TEOLOGÍA SISTEMÁTICA–Parte III: Soteriología

predestinados para ser hijos de Dios. Con estos hechos de la Escritura concuerda la experiencia de los cristianos. Es la íntima convicción de cada creyente, basada en el testimonio de su propia consciencia, así como sobre el de las Escrituras, que su salvación proviene de Dios; que es de Él, y no de sí mismo, que ha sido llevado a ejercer fe y arrepentimiento. En tanto que mire en su interior, el creyente está satisfecho acerca de la veracidad de estas doctrinas. Es sólo cuando mira fuera, e intenta conciliar estas verdades con los dictados de su propio entendimiento, que se queda confundido y se vuelve escéptico. Pero por cuanto nuestra fe no está basada en la sabiduría de los hombres, sino en el poder de Dios, como la insensatez de Dios es más sabia que los hombres, lo sabio, así como nuestro camino de deber y de seguridad, es recibir como verdadero lo que Dios ha revelado, sea que podamos comprender de manera perfecta Sus caminos, o no.

9. Objeciones al esquema Agustiniano.

No se puede negar que existen objeciones considerables a la doctrina Agustiniana de la soberanía divina. Impactan aún más poderosamente a los sentimientos y a la imaginación que al entendimiento. Por ello, se presentan generalmente de unas formas tan distorsionadas y exageradas como para producir la más intensa repugnancia y disgusto. Sin embargo, ello se debe en parte a la distorsión de la verdad, y en parte a la oposición de nuestra naturaleza imperfectamente o nada santificada a las cosas del Espíritu, de las que habla el Apóstol en 1 Co 2:14.

Sin embargo, se puede observar en general, acerca de estas objeciones, que no militan exclusivamente contra esta doctrina. Uno de los usos injustos de la controversia es presentar dificultades que tienen la misma fuerza en contra de alguna doctrina admitida como válida sólo contra la doctrina que rechaza el objetor. Así, las objeciones contra el Agustinianismo, en las que se descansa de manera particular, también se pueden usar en el mismo sentido contra los decretos de Dios en general; o, si se niegan estos, en contra de la presciencia de Dios; contra la permisión del pecado y de la desgracia, y especialmente contra la doctrina de la pecaminosidad y desgracia eterna de muchas de las criaturas inteligentes de Dios. Estas son doctrinas admitidas por todos los cristianos, y que son presentadas por los incrédulos y ateos con unos colores tan chocantes para la imaginación y los sentimientos como lo hacen los anti-Agustinianos al describir la soberanía de Dios. Es igual de difícil reconciliar con nuestras ideas naturales de Dios que Él, con un control absoluto sobre todas las criaturas, permitiera que tantas de ellas se pierdan eternamente que el hecho de que Él salve a unos y no a otros. La dificultad es, en ambos casos, la misma. Dios no impide la perdición de aquellos a los que, sin duda de ninguna clase, Él tiene poder para salvar. Si los que admiten la providencia de Dios dicen que Él tiene sabias razones para permitir que perezcan tantos de nuestra raza, los defensores de Su soberanía dicen que Él tiene razones adecuadas para salvar a algunos y no a otros. Es irrazonable e injusto, por ello, apremiar dificultades que también militan en contra de verdades admitidas como si fueran fatales a doctrinas controvertidas. Cuando una objeción demuestra demasiado, queda por ello mismo refutada racionalmente.

Las mismas objeciones militan contra la Providencia de Dios.

Una observación general acerca de estas objeciones es que militan contra la providencia de Dios. Esto ya se ha visto. Es inútil e irracional argumentar contra hechos. De nada servirá decir que es injusto en Dios tratar más favorablemente a una nación que a otra, a un individuo que a otro, si de hecho Él actúa como soberano en la distribución de sus favores. Que Él actúa de tal manera es innegable por lo que concierne a las bendiciones providenciales y a las ventajas religiosas. Y esto es todo lo que afirma el Agustinianismo con respecto a las dispensaciones de Su gracia. Por ello, si se demuestra falso el principio sobre el que se basan estas objeciones por medio de los hechos verdaderos de la providencia, las objeciones no pueden ser válidas contra el esquema Agustiniano.

Basadas en nuestra ignorancia.

Una tercera y evidente observación es que estas objeciones son subjetivas, esto es, derivan toda su fuerza de la limitación de nuestros poderes y de la estrechez de nuestras perspectivas. Suponen que somos aptos para sentarnos a juzgar el gobierno de Dios del universo; que podemos determinar qué fin tiene Él a la vista, y evaluar de manera correcta la sabiduría y la justicia de los medios adoptados para su ejecución. Esta es evidentemente una presuposición absurda, no sólo debido a nuestra total incapacidad para comprender los caminos de Dios, sino también porque necesariamente debemos juzgar antes de la consumación de Su plan, y también porque hemos de juzgar por las apariencias. Incluso cuando juzgamos acerca de los planes de un mortal como nosotros es justo que esperemos hasta que estén totalmente desarrollados, y también es justo que no debiéramos juzgar hasta que estemos seguros de conocer sus verdaderas intenciones, y la relación de los medios con el fin.

Además de esto, se debe observar que estas dificultades surgen de nuestra contemplación, por así decirlo, de un sólo aspecto del caso. Observamos sólo la soberanía de Dios y la naturaleza absoluta de su control sobre Sus criaturas. Perdemos de vista, o somos incapaces de comprender la perfecta consistencia de esta soberanía y control con el libre albedrío y la responsabilidad de sus criaturas racionales. Es perfectamente verdadero, en un aspecto, que Dios decide según Su beneplácito cuál sea el destino de cada ser humano; y es igualmente cierto, en otro aspecto, que cada hombre determina su propio destino. Estas verdades pueden quedar establecidas, cada una de ellas, sobre la más firme base. Por ello, la consistencia de las mismas puede ser admitida como un hecho, incluso aunque no podamos ser capaces de descubrirla. De las multitudes que se lanzan a la persecución de la fama, de la riqueza o del poder, algunos triunfan, otros fracasan. El éxito y el fracaso, en todo caso, quedan determinados por el Señor. Esto queda claramente expresado en la Biblia: «A éste humilla, y a aquél enaltece», dice el Salmista (Sal 75:7). «Jehová empobrece, y Él enriquece» (1 S 2:7). «Jehová me lo dio, y Jehová me lo quitó; sea bendito el nombre de Jehová» (Job 1:21). «Él te da poder para las riquezas» (Dt 8:18). «[Él] da sabiduría a los sabios, y la ciencia a los entendidos» (Dn 2:21). «El Altísimo es dueño del reino de los hombres, y [...] a quien Él quiere lo da» (Dn 4:17). Esta es una verdad de la religión natural. Todos los hombres, cristianos o no cristianos, oran pidiendo el éxito de sus empresas. Reconocen el control providencial de Dios sobre los asuntos de los hombres. No obstante, ellos están plenamente conscientes de la consistencia de este control con su propio libre albedrío y responsabilidad. Cada hombre que hace de la adquisición de la riqueza su fin en la vida está consciente que es su libre elección. Él se hace sus propios planes; adopta sus propios medios; y actúa con tanta libertad y tan de acuerdo con los dictados de su propia voluntad como si no existiera la providencia. Y esto no es un engaño. Él es perfectamente libre. Su carácter se expresa en la elección que hace del fin que quiere alcanzar. No puede dejar de reconocer su responsabilidad por esta elección, y por todos los medios que adopta para llevar sus propósitos a buen fin. Todo esto es cierto en la esfera de la religión. Dios pone la vida y la muerte delante de cada hombre que oye el evangelio. Le advierte de las consecuencias de una mala elección. Le presenta y apremia todas las consideraciones que debieran llevarle a una decisión correcta. Le asegura al pecador que si deja su pecado y vuelve al Señor, será perdonado y aceptado. Promete que si pide, recibirá; que si busca, hallará. Le asegura que Él está más dispuesto a dar Su Santo Espíritu que los padres a dar pan a sus hijos. Pero si a pesar de todo esto prefiere deliberadamente el mundo, rehúsa buscar la salvación de su alma de la manera señalada, y finalmente perece, él es totalmente responsable por su carácter y conducta, y por la perdición de su alma, del mismo modo que el hombre del mundo es responsable por su persecución de las riquezas. En ambos casos, e igualmente en ambos, la disposición soberana de Dios es consistente con la libertad y la responsabilidad de los agentes. Por ello, es sólo al contemplar la mitad de la verdad cuando se aumentan las dificultades en cuestión hasta tal punto. Los hombres actúan tan libremente en religión como en cualquier otra área de la vida; y cuando perecen, ello es la obra de sus propias manos.

Estas objeciones fueron apremiadas contra las enseñanzas de los Apóstoles.
Otra observación acerca de estas objeciones no debería ser pasada por alto. Fueron presentadas por los judíos contra la doctrina del Apóstol. Esto demuestra al menos que su doctrina es nuestra doctrina. Si él no hubiera enseñado todo lo que los Agustinianos mantienen como verdadero, no habría habido lugar para tales objeciones. Si él hubiera negado que Dios dispense la salvación según Su beneplácito, teniendo misericordia de quien tenga misericordia, ¿por qué habían de apremiar los judíos que Dios era injusto, y que se estaba destruyendo la responsabilidad del hombre? ¿Qué apariencia de injusticia habría existido si Pablo hubiera enseñado que Dios elige a aquellos que Él conoce anticipadamente que van a arrepentirse y a creer, y que la elección es debida a este conocimiento anticipado? Es sólo porque Él afirma claramente la soberanía de Dios cuando se da ocasión a las objeciones. Las respuestas que da Pablo a estas dificultades deberían satisfacernos por dos razones; primero, porque son las respuestas dictadas por el Espíritu de Dios; y segundo, porque son en sí mismas satisfactorias para toda mente rectamente constituida.

La primera de estas objeciones es que es inconsistente con la justicia de Dios salvar a uno y no a otro, según Su beneplácito. A esto replica Pablo: (1) Que Dios reivindica Su prerrogativa. (2) Que la ejerce realmente. Es inútil negar los hechos, y decir que lo que Dios realmente hace es inconsistente con Su naturaleza. (3) Que es una prerrogativa justa, basada no sólo en la infinita superioridad de Dios y en que Él es dueño de todas Sus criaturas, sino también en Su relación de Gobernador moral de la raza de pecadores. Si incluso un soberano humano tiene derecho a ejercer discrecionalmente su autoridad para perdonar a un criminal y no a otro, desde luego que no se le puede negar esta prerrogativa a Dios. No puede haber injusticia en permitir que se ejecute la sentencia de una ley justa contra un delincuente. Y esto es todo lo que hace Dios con respecto a los pecadores.

Otra dificultad relacionada con esta cuestión que surge de la preordenación del pecado pertenece a la cuestión de los decretos, y ya ha sido considerada. Lo mismo se aplica a la objeción de que la doctrina en cuestión destruye todo motivo para el esfuerzo y para el uso de los medios de la gracia, y que reduce la doctrina de las Escrituras a un sistema meramente fatalista.

La tendencia práctica de cualquier doctrina debe ser decidida según su naturaleza y por sus efectos. El efecto natural de la convicción de que hemos perdido todo derecho ante la justicia de Dios, de que estamos a Su merced, y de que Él podría en justicia dejarnos para que pereciéramos en nuestros pecados, es llevarnos a buscar aquella misericordia con fervor e importunidad. Y la experiencia de la Iglesia en todas las edades demuestra que este es el efecto de la doctrina en cuestión. No ha llevado a la negligencia, ni a una impasible indiferencia, ni a una rebelde oposición a Dios, sino a la sumisión, al reconocimiento de la verdad, y a una confianza cierta en Cristo como el Salvador designado de los que merecen la perdición.

Capítulo 2

El pacto de gracia

1. El plan de salvación es un Pacto.

EL PLAN DE SALVACIÓN se presenta bajo la forma de un pacto. Esto se hace evidente: Primero, por el constante uso de las palabras berith y *diathëkë* con referencia al mismo. Con respecto a la primera de estas palabras, aunque a veces se emplea para denotar una ley, de un arreglo o disposición en general, en las que están ausentes los elementos de un pacto en un sentido estricto, no puede sin embargo dudarse de que conforme a los usos prevalentes del Antiguo Testamento denota un contrato mutuo entre dos o más partes. A menudo se emplea de acuerdos entre individuos, y especialmente entre reyes y gobernantes. Abraham y Abimelec hicieron un pacto (Gn 21:27). Josué hizo un pacto con el pueblo (Jos 24:25). Jonatan y David hicieron un pacto (1 S 18:3). Jonatan hizo un pacto con la casa de David (1 S 20:16). Acab hizo un pacto con Ben-adad (1 R 20:34). Y así lo vemos constantemente. Por ello, no se puede dudar de que el término berith, cuando se emplea de transacciones entre hombre y hombre, signifique un acuerdo mutuo. No tenemos derecho a darle ningún otro sentido cuando se aplica de las transacciones entre Dios y el hombre Se hace mención repetida del pacto de Dios con Abraham, como en Gn 15:18; 17:13, y después con Isaac y Jacob. Luego con los israelitas en el Monte Sinaí. El Antiguo Testamento está fundado en esta idea de una relación de pacto entre Dios y el pueblo teocrático.

El significado de la palabra *diathëkë* en las Escrituras Griegas es igual de seguro y uniforme. Se deriva del verbo *diatithëmi*, *disponer*, y por ello, se emplea en griego ordinario para denotar cualquier arreglo o disposición. En las Escrituras se emplea de modo casi uniforme en el sentido de pacto. En la Septuaginta se usa como traducción de berith en todos los casos que se han mencionado anteriormente. Es el término que siempre se emplea en el Nuevo Testamento para designar el pacto con Abraham, con los israelitas y con los creyentes. El viejo pacto y el nuevo son presentados en contraste. Ambos eran pactos. Si la palabra tiene significado cuando se aplica a la transacción con Abraham y con los hebreos, tiene que tener el mismo significado cuando se aplica al plan de salvación revelado en el evangelio.

Segundo, que el plan de salvación se presenta en la Biblia bajo la forma de un pacto queda demostrado no sólo conforme al significado y uso de las palabras anteriormente mencionadas anteriormente, sino también y de manera más decisiva del hecho de que en este plan quedan incluidos los elementos de un pacto. Hay partes, promesas o estipulaciones mutuas y condiciones. Así que de hecho se trata de un pacto, sea como sea que se llame. Como ésta es la descripción escrituraria, es de gran importancia retenerla en teología. Nuestra única seguridad para retener las verdades de la Biblia es adherirse a las Escrituras de manera tan estrecha como sea posible en nuestra manera de exponer las doctrinas que en ella se revelan.

2. Diferentes puntos de vista de la naturaleza de este Pacto.

Muchos dan por supuesto que las partes del pacto de gracia son Dios y el hombre caído. Habiendo el hombre perdido, por su apostasía, el favor de Dios, y perdido la imagen divina, y habiendo quedado envuelto en pecado y miseria, habría perecido en este estado si Dios no hubiera proveído un plan de salvación. Movido por compasión hacia sus criaturas caídas, Dios decidió enviar a Su Hijo al mundo, para que tomara la naturaleza de ellos, y para que hiciera y padeciera lo que fuera necesario para su salvación. Sobre la base de esta obra redentora de Cristo, Dios promete la salvación a todos los que se sometan a estos términos con base en la que se ofrecen. Esta declaración general abarca formas de opinión que difieren mucho entre sí.

1. Incluye hasta la perspectiva Pelagiana del plan de salvación, que supone que no hay diferencia entre el pacto de obras bajo el que fue puesto Adán y el pacto de gracia, bajo el que están ahora los hombres, excepto en cuanto a la magnitud de la obediencia necesaria. Dios prometió vida a Adán bajo la condición de una perfecta obediencia, porque estaba en condición de prestar esta obediencia. Él promete la salvación ahora bajo la condición de aquella obediencia que puedan rendir, sean judíos, paganos o cristianos. Según esta postura, las partes del pacto son Dios y el hombre; la promesa es la vida; la condición es la obediencia, aquella que el hombre, en el uso de sus capacidades naturales pueda rendir.

2. El sistema Remonstrante [Arminiano] no difiere esencialmente del Pelagiano, por lo que respecta a las partes, la promesa y la condición del pacto. Los Remostrantes también presentan a Dios y al hombre como las partes, la vida como la promesa, y la obediencia como la condición. Pero ellos consideran a los hombres caídos como en un estado de pecado por naturaleza, como necesitando una gracia sobrenatural que es proveída a todos, y que la obediencia demandada es la obediencia de la fe, o *fides obsequiosa*, fe que incluye y asegura la obediencia evangélica. La salvación bajo el evangelio es tan de cierto por las obras como bajo la ley; pero la obediencia exigida no es la justicia perfecta exigida de Adán, sino aquella que el hombre caído puede ahora llevar a cabo con la ayuda del Espíritu.

3. El Arminianismo Wesleyano exalta en gran manera la obra de Cristo, la importancia de la influencia del Espíritu y la gracia del Evangelio por encima de la norma adoptada por los Remonstrantes. Sin embargo, los dos sistemas son esencialmente idénticos. La obra de Cristo tiene una referencia igual a todos los hombres. Asegura para todos la promesa de la salvación condicionada a la obediencia evangélica; y obtiene para todos, judíos y gentiles, una medida suficiente de la gracia divina para hacer practicable esta obediencia. La salvación de cada hombre individual depende del uso que haga de esta gracia suficiente.

4. Los Luteranos mantienen asimismo que Dios tuvo el propósito serio de salvar a todos los hombres; que Cristo murió igualmente por todos; que la salvación es ofrecida a todos *los que oyen el Evangelio*, con la condición no de obras o de obediencia evangélica, sino de la sola fe; sin embargo, la fe es don de Dios; los hombres no tienen el poder de creer, pero tienen poder para resistirse eficazmente; y bajo el evangelio los que perecen son aquellos, y sólo aquellos, que se resisten voluntariosamente, y ello por esta razón. Conforme a todas estas posturas, que fueron enunciadas más plenamente en el capítulo anterior, el pacto de gracia es un acuerdo entre Dios y el hombre caído, en el que Dios ofrece la salvación con base en el sometimiento a las demandas del Evangelio. Cuáles sean estas demandas, como ya hemos visto, se explica de manera diferente.

Las distinciones esenciales entre las posturas anteriormente mencionadas acerca del plan de salvación, o pacto de gracia, y la postura del sistema Agustiniano, son: (1) Que, conforme a lo anterior, sus provisiones tienen la misma referencia con respecto a toda la humanidad, mientras que según este segundo tienen referencia específica con aquella parte de la raza que son realmente salvos; y (2) Que el Agustinianismo dice que es Dios y no el hombre quien decide quiénes deben salvarse. Como se ha observado ya frecuentemente, la cuestión de cuáles de estos sistemas sean ciertos no debe ser decidida determinando cuál sea el más grato para nuestros sentimientos, o el más plausible para nuestro entendimiento, sino cuál sea consistente con las doctrinas de la Biblia y con los hechos de la experiencia. Este punto ya ha sido discutido. Nuestro actual propósito es simplemente exponer qué significan los Agustinianos por el pacto de gracia.

La palabra gracia se emplea en las Escrituras y en los escritos religiosos en tres sentidos. (1) Para denotar un amor inmerecido, esto es, un amor ejercido hacia los no merecedores del mismo. (2) Para denotar cualquier favor inmerecido, especialmente bendiciones espirituales. Por ello, todos los frutos del Espíritu en los creyentes son llamados gracias, o dones inmerecidos provinientes de Dios. (3) La palabra gracia denota frecuentemente la influencia sobrenatural del Espíritu Santo. Esta es una gracia preeminente, siendo el gran don logrado por la obra de Cristo, y sin la cual Su redención no serviría para nuestra salvación. En todos los sentidos de la palabra el plan de salvación es propiamente llamado un pacto de gracia. Es de gracia porque se originó en el misterioso amor de Dios para con los pecadores que merecían sólo su ira y maldición. Segundo, porque promete la salvación no bajo la condición unas obras ni de nada meritorio de nuestra parte, sino como un don inmerecido. Y, en tercer lugar, porque sus beneficios quedan asegurados y son aplicados no en el curso de la naturaleza ni en el ejercicio de las capacidades naturales del pecador, sino por la influencia sobrenatural, del Espíritu Santo, que le es concedida como un don inmerecido.

3. Las partes del Pacto.

A primera vista parece haber una cierta confusión en las declaraciones de la Escritura acerca de las partes de este pacto. A veces es Cristo presentado como una de las partes; en otras es presentado no como una de las partes, sino como mediador y prenda del pacto, mientras que las partes presentadas son Dios y Su pueblo. Así como el Viejo Pacto fue concertado entre Dios y los hebreos, actuando Moisés como mediador, así el nuevo pacto es comúnmente expuesto en la Biblia como concertado entre Dios y Su pueblo, actuando Cristo como mediador. Por ello, se le llama a Él el mediador de un mejor pacto, basado en mejores promesas.

Algunos teólogos proponen conciliar estas distintas descripciones diciendo que así como el pacto de obras fue concertado con Adán como representante de su raza, y por ello en él con toda la humanidad procediendo de él por generación ordinaria, que igualmente fue el pacto de gracia concertado con Cristo como cabeza y representante de Su pueblo, y en Él con todos los que le son dados por el Padre. Esto simplifica la cuestión, y concuerda con el paralelismo que hace el Apóstol entre Adán y Cristo en Ro 5:12-21 y en 1 Co 15:21, 22, 27-49. Con todo, no se elimina con ello la incongruencia de que Cristo sea a la vez presentado como parte y como mediador del mismo pacto. De hecho, hay dos pactos que tienen que ver con la salvación del hombre caído, uno entre Dios y Cristo, y otro entre Dios y Su pueblo. Estos pactos difieren no sólo en cuanto a las partes, sino también en sus promesas y condiciones. Ambos son presentados de manera tan clara en la Biblia que no debieran ser confundidos. El último, el pacto de la gracia, se basa en el primero, el pacto de redención. Del uno Cristo es mediador y prenda; del otro Él es una de las partes concertantes.

Esta es una cuestión que sólo tiene que ver con la claridad de la exposición. No hay diferencias doctrinales entre los que prefieren el primer enunciado y los que prefieren el segundo; entre los que incluyen todos los hechos de la Escritura relacionados con el tema en un sólo pacto entre Dios y Cristo como representante de Su pueblo, y los que los distribuyen en dos. La confesión de Westminster parece a veces adoptar un modo de descripción, a veces el otro. [...]

4. El Pacto de Redención.

Por esto se significa el pacto entre el Padre y el Hijo con referencia a la salvación del hombre. Esta es una cuestión que, por su naturaleza, está totalmente más allá de nuestra comprensión. Debemos recibir las enseñanzas de la Escritura en relación con ello sin pretender penetrar el misterio que naturalmente le pertenece. Hay sólo un Dios, un Ser divino, al que pertenecen todos los atributos de la divinidad. Pero en la Deidad subsisten tres personas, las mismas en sustancia e iguales en poder y gloria. Pertenece a la naturaleza de la personalidad que una persona sea objetiva a otra. Por ello, si el Padre y el Hijo son personas distintas, la una puede ser objeto de los actos de la otra. La una puede amar a, dirigirse y comunicarse con la otra. El Padre puede enviar al Hijo, puede darle una obra que hacer, y prometerle una recompensa. Todo esto desde luego nos es incomprensible, pero al estar claramente enseñado en la Escritura, tiene que entrar en la fe cristiana.

A fin de demostrar que hay un pacto entre el Padre y el Hijo, formado en la eternidad y revelado en el tiempo, no es necesario aducir pasajes de la Escritura en los que esta verdad sea declarada de manera explícita. Hay desde luego pasajes que son equivalentes a estas aserciones directas. Ello se implica en las frecuentes y recurrentes declaraciones de la Escritura de que el plan de Dios con respecto a la salvación de los hombres tuvo la naturaleza de pacto, y que fue concertado en la eternidad. Pablo nos dice que estuvo oculto por los siglos en la mente divina; que ya existía antes de la fundación del mundo. Cristo habla de promesas que le fueron hechas antes de Su venida; y que había venido al mundo para llevar a cabo una comisión que había recibido del Padre. El paralelo tan distintivo que se hace entre Adán y Cristo es asimismo prueba de lo que estamos tratando. Como Adán fue cabeza y representante de su posteridad, así Cristo es cabeza y representante de Su pueblo. Y como Dios entró en pacto con Adán, así Él entró en pacto con Cristo. Esto es expuesto en Ro 5:12-21 como la idea fundamental de todos los tratos de Dios con los hombres, tanto en la caída de los mismos como en su redención.

La prueba de la doctrina tiene, sin embargo, una base mucho más amplia. Cuando una persona asigna una obra estipulada a otra persona con la promesa de una recompensa conforme al del cumplimiento de aquella obra, hay un pacto. Nada puede ser más claro que el hecho de que todo esto es así en relación con el Padre y el Hijo. El Padre le encomendó al Hijo una obra que llevar a cabo; lo envió al mundo para que la llevara a cabo, y le prometió una gran recompensa cuando la obra quedara cumplida. Esta es la constante descripción de las Escrituras. Por ello, tenemos las partes del pacto, la promesa, y la condición. Estos son los elementos esenciales de un pacto. Siendo esta la descripción que nos da la Escritura, esta tiene que ser la verdad a la que debemos adherirnos. No se trata de una mera figura, sino de una verdadera transacción, y debiera ser considerada y tratada como tal si queremos comprender rectamente el plan de la salvación. En el Salmo 40, expuesto por el Apóstol como referido al Mesías, se dice: «Aquí estoy; en el rollo del libro está escrito de mí; el hacer tu voluntad me ha agradado», esto es, la ejecución de tu propósito, el llevar a cabo tu plan. «En la cual voluntad», dice el Apóstol, «hemos sido santificados [esto es, limpiados de la culpa del pecado] mediante la ofrenda del cuerpo de Jesucristo hecha una vez para siempre.» Por ello, Cristo vino para cumplir el propósito de Dios, para llevar a cabo una obra que le había sido asignada. Por ello dice Él en Juan 17:4: «He llevado a término la obra que me diste a realizar.» Eso lo dijo al final de Su curso terrenal. Al comienzo, cuando era aún niño, les dijo a Sus padres: «¿No sabíais que yo debo estar en los asuntos de mi Padre?» (Lc 2:49) Nuestro Señor habla de Sí mismo, y se hace referencia a Él, como enviado al mundo. Él dice que así como el Padre le había enviado al mundo, que así también Él había enviado a Sus discípulos al mundo (Jn 17:18). «Cuando vino la plenitud del tiempo, Dios envió a su Hijo, nacido de mujer» (Gá 4:4).

«Dios envió a su Hijo unigénito al mundo» (1 Jn 4:9). Dios «envió a su Hijo como propiciación por nuestros pecados» (v. 10).

Por ello, queda claro que Cristo vino a efectuar una obra, que Él fue enviado por el Padre para llevar a cabo un plan, o un designio preconcebido. No está menos claro que el Padre hizo unas especiales promesas al Hijo, que dependían del cumplimiento de la obra que le había sido asignada. Esto puede parecer un modo antropológico de descripción para una transacción entre las personas de la adorable Trinidad. Pero debe ser recibido como una verdad sustancial. El Padre encomendó una obra al Hijo, y le prometió una recompensa cuando fuera llevada a cabo. La transacción, por ello, tuvo la naturaleza de un pacto. El Hijo asumió una obligación de llevar a cabo la obra que le había sido asignada; y el Padre asumió la obligación de concederle la recompensa estipulada. La infinitud de Dios no impide que estas cosas sean posibles.

Como la exposición de la obra de Cristo en la redención del hombre constituye una gran parte de la tarea del teólogo, todo lo que es apropiado en esta sección es una sencilla referencia a las declaraciones escriturarias acerca de esta cuestión.

La obra asignada al Redentor.

(1) Debía asumir nuestra naturaleza, humillándose a Sí mismo a nacer de una mujer y a ser hallado como hombre. Debía ser una verdadera encarnación, no una mera teofanía como sucedió en repetidas ocasiones en la vieja dispensación. Debía hacerse carne; tomar carne y cuerpo; ser hueso de nuestros huesos y carne de nuestra carne, hecho en todo semejante a Sus hermanos, excluyendo el pecado, para que pudiera tener compasión de nuestras debilidades, y poder simpatizar con los que son tentados, habiendo sido Él también tentado. (2) Debía ser hecho bajo la ley, asumiendo voluntariamente el cumplimiento de toda justicia por la obediencia de la ley de Dios perfectamente en todas las formas en que había sido hecho obligatoria para el hombre. (3) Tenía que llevar nuestros pecados, ser maldición por nosotros, ofreciéndose a Sí mismo como sacrificio, o propiciación a Dios en expiación por los pecados de los hombres.

Ello involucró toda Su vida de humillación y de dolor y sufrimientos, y Su ignominiosa muerte en la cruz, donde el Padre le ocultó el rostro. Lo que habría de hacer tras esto pertenece a Su exaltación y recompensa.

Las promesas hechas al Redentor.

Ésta es, en términos generales, la obra que el Hijo de Dios emprendió para cumplir. Las promesas del Padre al Hijo condicionadas al cumplimiento de esta obra eran: (1) Que Él le prepararía un cuerpo, un tabernáculo apropiado para Él, formado como lo fue el de Adán por la acción inmediata de Dios, incontaminado y sin tacha ni contaminación. (2) Que Él le daría el Espíritu sin medida, para que toda Su naturaleza humana quedara llena de gracia y fortaleza, y tan adornado por la hermosura de la santidad que fuera todo Él atrayente. (3) Que estaría siempre a Su diestra para sustentarlo y confortarlo en las horas más tenebrosas de conflicto con los poderes de las tinieblas, y que finalmente aplastarla a Satanás bajo Sus pies. (4) Que le libraría del poder de la muerte, y lo exaltaría a Su diestra en el cielo, y que le sería dada toda potestad en los cielos y en la tierra. (5) Que Él, el Teantropo y cabeza de la Iglesia, tendría el Espíritu para enviar a quien Él quisiera, para renovar sus corazones, para darles satisfacción y consuelo, y para calificarlos para el servicio en Su reino. (6) Que todos los que el Padre le diera irían a Él, y serían por Él guardados, de manera que ninguno de ellos se perdería. (1) Que una multitud que nadie puede contar sería así hecha partícipe de Su redención, y que finalmente el reino del Mesías abarcaría todas las naciones de la tierra. (8) Que por

5. El Pacto de Gracia.

En virtud de lo que el Hijo de Dios acordó llevar a cabo por medio del pacto, y de lo que realmente llevó a cabo en la plenitud del tiempo, en conformidad a las estipulaciones del pacto con el Padre, siguen dos cosas: Primero, la salvación es ofrecida a todos los hombres bajo la condición de la fe en Cristo. Nuestro Señor ordenó a Sus discípulos que fueran a todo el mundo y que predicaran el evangelio a toda criatura. Sin embargo, el evangelio es la oferta de salvación según las condiciones del pacto de la gracia. En este sentido, el pacto de gracia se extiende a toda la humanidad. Y por ello, [...] la Confesión de Westminster dice:[1] «Al haberse hecho el hombre, por su caída, incapaz de la vida por aquel pacto [esto es, por el de obras], le plugo al Señor hacer un segundo pacto, comúnmente llamado el de gracia, pacto por el que ofrece libremente a los pecadores [y a todos los pecadores] vida y salvación por Jesucristo, demandando de ellos fe en Él, para que puedan ser salvos, y prometiendo dar Su Espíritu a todos los que están destinados a vida eterna, para capacitarlos para creer.» Así, si esto fuera todo lo que significaran aquellos que hacen que las partes del pacto de gracia sean Dios y la humanidad en general y a toda la humanidad por un igual, no habría objeción a la doctrina. Porque es indudablemente cierto que Dios ofrece a todos y a cada uno la vida eterna condicionada a la fe en Jesucristo. Pero como es no menos verdadero que todo el esquema de la redención tiene una referencia especial a aquellos que son dados por el Padre al Hijo, y de los que nuestro Señor dice: «Todo lo que el Padre me da, vendrá a mí; y al que a mí viene, de ningún modo le echaré fuera» (Jn 6:31), de ello sigue, en segundo lugar, por la naturaleza del pacto entre el Padre y el Hijo, que el pacto de gracia tiene una especial referencia a los escogidos. A ellos ha prometido Dios darles Su Espíritu para que crean; y sólo a ellos les pertenecen todas las promesas hechas a los creyentes. Los que ignoran la distinción entre los pactos de redención y de gracia, mezclando el último con el primero, describen naturalmente a las partes del pacto como Dios y Cristo como cabeza y representante de Su propio pueblo. Y por ello, la humanidad como tal no es una parte en sentido alguno. Todo lo que es importante es que adoptemos aquella descripción que incluya los varios hechos reconocidos en las Escrituras. Es uno de estos hechos que la salvación se ofrece a todos los hombres con la condición de la fe en Cristo. Y por ello, hasta este punto, o en un sentido que dé cuenta de este hecho, el pacto de gracia está concertado con todos los hombres. El gran pecado de los que oyen el evangelio es que rehúsan aceptar este pacto, y que por ello se sitúan fuera de su ámbito.

Cristo como mediador del Pacto.

Como Cristo es una parte del pacto de la redención, también es constantemente presentado como el mediador del pacto de la gracia, y no sólo en el sentido de un *internuncius*, como Moisés fue mediador entre Dios y el pueblo de Israel, sino en el sentido, (1) De que fue por Su intervención y sólo por lo que Él había hecho, o prometido hacer, que Dios entró en este nuevo pacto con los hombres caídos. Y, (2) en el sentido de una garantía. Él garantiza el cumplimiento de todas las promesas y condiciones del pacto. Su sangre fue la sangre del pacto.

---

[1] XII.II.5, edición de Edimburgo, 1847, vol. II, pág. 156.

Esto es, Su muerte tuvo todos los efectos de un sacrificio federal, no sólo vinculando a las partes del contrato, sino también asegurando el cumplimiento de todas sus estipulaciones. Por ello, se le llama no sólo *Mesistës*, sino también *Enguos* (He 7:22), *un patrocinador*, o *prenda de garantía*. Al cumplir las condiciones de las que dependían las promesas del pacto de la redención, la veracidad y la justicia de Dios quedan comprometidas para asegurar la salvación de Su pueblo; y esto asegura la fidelidad de Su pueblo. De manera que Dios responde tanto por Dios como por el hombre. Su obra asegura los dones de la gracia de Dios, y la perseverancia de Su pueblo en la fe y en la obediencia. Por ello, Él es en todos los sentidos nuestra salvación.

La condición del Pacto.

La condición del pacto de gracia, por lo que respecta a los adultos, es la fe en Cristo. Esto es, a fin de participar en los beneficios de este pacto tenemos que recibir al Señor Jesucristo como el Hijo de Dios en quien y por causa de quien se otorgan sus bendiciones a los hijos de los hombres. Hasta que no creamos así somos extraños y ajenos al pacto de la promesa, sin Dios y sin Cristo. Tenemos que asentir a este pacto, renunciando a todo otro método de salvación, y consintiendo en ser salvos según los términos que nos propone, antes que seamos partícipes de sus beneficios. La palabra «condición», sin embargo, se emplea en dos sentidos. A veces significa la consideración meritoria conforme la que se otorgan ciertos beneficios. En este sentido, la condición del pacto originalmente concertado con Adán fue la obediencia perfecta. Si él hubiera retenido su integridad, habría merecido la bendición prometida. Porque para el que obra, la recompensa no es gracia, sino deuda. De la misma manera, la obra de Cristo es la condición del pacto de la redención. Fue la base meritoria, estableciendo un fundamento con justicia para el cumplimiento de las promesas que el Padre le había hecho. Pero en otros casos, por condición simplemente nos referimos a un *sine qua non*. Una bendición puede estar prometida bajo la condición que sea pedida; o que haya disposición a recibirla. No hay mérito en pedir, ni mérito en la disposición a recibir, que es la base de que se dé el don. Sigue siendo un don gratuito; pero sin embargo está condicionado al acto de pedir. Es en este último sentido que la fe es la condición del pacto de la gracia. No hay mérito en creer. Es sólo el acto de recibir un favor ofrecido. En todo caso, la necesidad es igualmente absoluta. Sin la obra de Cristo no habría habido salvación: y sin fe no hay salvación. El que cree en el Hijo, tiene vida eterna. El que no cree, no verá la vida, sino que la ira de Dios permanece sobre él.

Las promesas del Pacto.

Las promesas del pacto están todas incluidas en la fórmula inclusiva, que aparece tan frecuentemente en las Escrituras: «Yo seré vuestro Dios, y vosotros seréis mi pueblo.» Esto involucra la total restauración de nuestra relación normal con Dios. Queda eliminada toda base de alienación, toda barrera a la comunión. Él se comunica en Su plenitud a Su pueblo; y ellos devienen Suyos mediante una total conformidad a Su voluntad y devoción a Su servicio, y son los especiales objetos de Su favor.

Se dice de Dios que es nuestro Dios no sólo porque Él es el Dios a quien reconocemos y a quien profesamos adorar y obedecer, como Él era el Dios de los hebreos en distinción a los gentiles que no reconocían su existencia ni profesaban ser sus adoradores: pero Él es nuestro Dios -nuestra porción infinita; la fuente para nosotros de todo lo que es Dios para aquellos que son los objetos de Su amor. Sus perfecciones nos son reveladas como el más sublime conocimiento; todas ellas nos son comprometidas para nuestra protección, bienaventuranza y gloria. El hecho de que Él sea nuestro Dios implica también que Él nos asegura de Su amor, y que nos admite a la comunión consigo mismo. Por cuanto Su favor es vida, y Su misericordía mejor que la vida: por cuanto la visión de Dios, y el goce de Su amor y la comunión con Él nos aseguran la más sublime exaltación y beatificación posibles de Sus criaturas, está claro que la promesa de ser nuestro Dios, en el sentido Escriturario del término, incluye todo bien concebible y posible.

Cuando se dice que hemos de ser Su pueblo, se significa con ello: (1) Que somos su peculiar posesión. Sus deleites son con los hijos de los hombres. De entre los varias órdenes de criaturas racionales, Él ha escogido al hombre para que sea el objeto especial de Su favor, y el medio especial a través del cual y por medio de quien manifestar Su gloria. y de entre la masa de hombres caídos Él ha escogido, por Su beneplácito, a una multitud innumerable para que sean Su heredad, como Él condesciende a llamarlos; sobre ellos derrama Él la plenitud de Su gracia, y a ellos les revela Su gloria para admiración de todas las santas inteligencias. (2) Que siendo así escogidos para el especial amor de Dios y para la más alta manifestación de Su gloria, son en todas las cosas hechos aptos para este sublime destino. Son justificados, santificados y glorificados. Son hechos perfectamente acordes a Su imagen, dedicados a Su servicio, y obedientes a Su voluntad.

6. La identidad del Pacto de la Gracia bajo todas las dispensaciones.

Por esto se significa que el plan de salvación ha sido el mismo bajo todas las dispensaciones, la Patriarcal, la Mosaica y la Cristiana. Acerca de esta cuestión ha prevalecido una gran diversidad de opiniones, y aún más maneras de plantearlas. Los socinianos dicen que bajo la antigua economía no había promesa de vida eterna; y que la condición de la salvación no era la fe en Cristo. Los Remonstrantes admitían que los patriarcas fueron salvos, y que fueron salvos por medio de Cristo, esto es, en virtud de la obra que el Redentor iba a cumplir; pero también cuestionaban si se había dado alguna promesa directa de vida eterna en el Antiguo Testamento, o si la fe en el Redentor era la condición de la aceptación para con Dios. [...]

Los Bautistas, especialmente los de la época de la Reforma, no sostienen la doctrina común acerca de este tema. Los Anabaptistas no sólo se refirieron en términos muy menospreciativos a la antigua dispensación y al estado de los judíos en aquella dispensación, sino que era necesario para su peculiar sistema que negasen que el pacto hecho con Abraham incluyera el pacto de la gracia. Los bautistas mantienen que los párvulos no pueden ser miembros de la iglesia, y que la señal de tal membresía no puede ser administrada con propiedad a nadie que no tenga conocimiento ni fe. Pero no se puede negar que los párvulos fueran incluidos en el pacto hecho con Abraham, y que ellos recibieran la circuncisión, su sello y señal. Por ello, es esencial para la teoría de ellos que el pacto Abrahámico sea considerado como un mero pacto nacional totalmente distinto del pacto de la gracia.

Los romanistas, al suponer que la gracia salvadora es comunicada mediante los sacramentos, y viendo que la masa de los antiguos israelitas, al menos en muchas ocasiones, fue rechazada por Dios, a pesar de la participación de los mismos en los sacramentos entonces señalados, fueron empujados a suponer una diferencia radical entre los sacramentos del Antiguo Testamento y los del Nuevo. Los primeros sólo significaban la gracia, los segundos realmente la comunican. De ello sigue que los que vivían antes de la institución de los sacramentos cristianos no fueron realmente salvos. Sus pecados no eran remitidos, sino pretermitidos, pasados por alto. A la muerte no eran admitidos al cielo, sino llevados a un lugar y estado llamado *limbus patrum*, donde quedaban en una condición negativa hasta la venida de Cristo, que tras Su muerte descendió a los infiernos, el *sheol*, para su liberación.

En oposición a estas posturas diferentes, la doctrina común de la Iglesia siempre ha sido que el plan de salvación ha sido el Mismo desde el principio. Hay la misma promesa de liberación de los males de la apostasía, el mismo Redentor, la misma condición necesaria para la participación en las bendiciones de la redención, y la misma salvación completa para todos los que abracen las ofertas de la misericordia divina.

Al determinar el grado de conocimiento poseído por el antiguo pueblo de Dios, no debemos ser gobernados por nuestra propia capacidad de descubrir en las Escrituras del Antiguo Testamento las doctrinas de la gracia. No podemos saber qué cantidad de instrucción suplementaria recibió el pueblo de parte de los profetas, ni qué grado de iluminación les fue concedido. Sin embargo, queda claro por los escritos del Nuevo Testamento que el conocimiento del plan de la salvación existente entre los judíos para el tiempo del advenimiento era mucho más grande que el que nos parecería posible por la mera lectura del Antiguo Testamento. Ellos no sólo esperaban generalmente y con confianza al Mesías, que debía ser un maestro además de un libertador, sino que los judíos devotos esperaban la salvación de Israel. Hablaban con tanta familiaridad del Espíritu Santo y del bautismo que Él iba a llevar a cabo como nosotros los cristianos lo hacemos hoy. Es principalmente conforme las declaraciones de los escritores del Nuevo Testamento y de sus exposiciones de las antiguas Escrituras que aprendemos la extensión de la verdad revelada a los que vivieron antes de la venida de Cristo.

Así, con base en las Escrituras como un todo, del Nuevo Testamento, y del Antiguo interpretado por una autoridad infalible por el Nuevo, aprendemos que el plan de la salvación siempre ha sido uno y el mismo, teniendo la misma promesa, el mismo Salvador, la misma condición y la misma salvación.

La promesa de la vida eterna dada antes del Advenimiento.

Queda claro que la promesa fue la misma para los que vivieron antes del advenimiento que para nosotros. Inmediatamente después de la Caída, Dios dio a Adán la promesa de la redención. Aquella promesa estaba contenida en la predicción de que la simiente de la mujer aplastaría la cabeza de la serpiente. En este pasaje queda claro que la serpiente es Satanás. Él fue el tentador, y sobre él estaba dispuesto que cayera la maldición pronunciada. El aplastamiento de su cabeza significa una herida mortal, una derrota absoluta. El príncipe de las tinieblas, que había triunfado sobre nuestros primeros padres, sería derribado, y su victoria le sería arrebatada. Este derribo sería llevado a cabo por la simiente de la mujer. Esta frase podría significar la posteridad de la mujer, y en este sentido comunicaría una importante verdad: el hombre iba a triunfar sobre Satanás. Pero es evidente que toma una referencia más específica. Se refiere a un individuo que, en un sentido peculiar, sería la simiente de la mujer. Esto queda claro por la analogía de la profecía. Cuando se le prometió a Abraham que en su simiente serían benditas todas las naciones de la tierra sería muy natural entender su posteridad por su simiente, el pueblo hebreo. Pero sabemos con certidumbre, por la declaración directa del Apóstol (Gá 3:10), que era un individuo el designado, esto es, Cristo. Así, cuando Isaías predijo que «el siervo de Jehová» iba a sufrir, a triunfar y a ser la fuente de bendiciones para todo el pueblo, muchos entendieron, y muchos siguen entendiéndole aún, como refiriéndose a la nación judía, porque Dios a menudo se refiere a Su siervo Israel. Sin embargo, el siervo designado era el Mesías, y el pueblo no queda más incluido en la predicción que cuando se dice que «la salvación es de los judíos». En todos estos y otros casos similares tenemos dos guías en cuanto al verdadero significado que el Espíritu quiere comunicar. La primera guía se encuentra en las posteriores declaraciones explicativas de la Escritura, y la otra en el cumplimiento de estas predicciones. Sabemos por el acontecimiento quién es la simiente de la mujer; quién es la simiente de Abraham; quién es Siloh; quién es el Hijo de David; quién es el Siervo de Jehová: porque en Cristo y por Cristo se cumplió todo lo predicho de estos. La simiente de la mujer debía aplastar la cabeza de la serpiente. Pero fue Cristo, y sólo Cristo, quien vino al mundo para destruir las obras del Diablo. Y éste, tal como Él dijo, fue el propósito de Su misión. Satanás era el hombre fuerte armado a quien Cristo vino a desposeer y a librar de él a aquellos que estaban cautivos a la voluntad de él. Tenemos entonces la promesa de la redención hecha a nuestros primeros padres inmediatamente después de la Caída, que ellos comunicarían a sus descendientes para mantenerla en recuerdo constante. Esta promesa fue repetida, y de vez en cuando ampliada, hasta que finalmente vino el Redentor. En estas predicciones adicionales y más detalladas, se expone la naturaleza de esta redención con una claridad siempre en aumento. Esta promesa general incluía muchas promesas específicas. Así hallamos a Dios prometiendo a su pueblo fiel el perdón de sus pecados, la restauración a Su favor, la renovación de sus corazones, y el don de Su Espíritu. No se ofrecen en la dispensación cristiana bendiciones más sublimes que éstas. Y en pos de estas bendiciones el antiguo pueblo de Dios anheló y oró. El Antiguo Testamento, y especialmente los Salmos y otras partes devocionales de las Escrituras antiguas, está lleno del registro de tales oraciones y anhelos. Nada puede ser más claro que el hecho de que el perdón y el favor de Dios fueron prometidos a los santos antes de la venida de Cristo, y que estas son las bendiciones que ahora nos son prometidas.

El Apóstol nos enseña en Hebreos 11 que las esperanzas de los patriarcas no estaban limitadas a la vida presente, sino que estaban fijadas en un estado futuro de la existencia. Por ello, un estado así tiene que haberles sido revelado, y debe haberles sido prometida la vida eterna. Así, él dice (cap. 11:10) que Abraham «esperaba *la* ciudad que tiene fundamentos, cuyo artífice y constructor es Dios». Que esto es una mención del cielo queda claro del v. 16, donde se dice: «Pero aspiran a una mejor [patria], esto es, celestial; por lo cual Dios no se avergüenza de llamarse Dios de ellos; porque les ha preparado una ciudad.» Nos dice que estos antiguos dignatarios sacrificaron gustosos todo bien terrenal, e incluso la misma vida, «no aceptando el rescate, a fin de obtener una mejor resurrección.» El hecho de que esta era la fe común de los judíos mucho antes de la venida de Cristo se hace evidente en 2 Mac 7:9, donde el moribundo mártir le dice a su atormentador: «Tú, como una furia, nos arrebatas de esta vida presente, pero el Rey del mundo nos levantará a nosotros, que hemos muerto por sus leyes, a vida eterna.» Nuestro Señor nos enseña que Abraham, Isaac y Jacob aún viven; y que el lugar en el que está Abraham es el cielo. Su seno era el lugar de reposo de los fieles.

Cristo, el Redentor, bajo ambas dispensaciones.

Esta es una exhibición muy imperfecta de la evidencia que las Escrituras nos dan de que la promesa de la redención, y de todo aquello incluido en aquella redención, el perdón, la santificación, el favor de Dios y la vida eterna, se dio al pueblo de Dios desde el principio. No es menos claro que el Redentor es el mismo bajo todas las dispensaciones. Aquel que fue predicho como la simiente de la mujer, como la simiente de Abraham, el Hijo de David, el Renuevo, el Siervo de Jehová, el Príncipe de Paz, es nuestro Señor, Jesucristo, el Hijo de Dios, Dios manifestado en carne. Él, por ello, ha sido desde el principio expuesto como la esperanza del mundo, el SALVATOR HOMINUM. Él fue expuesto en todos Sus oficios, como Profeta, Sacerdote y Rey. Su obra fue descrita como un sacrificio, así como una redención. Todo esto es tan evidente, y tan generalmente admitido, como para hacer innecesaria la cita de textos de prueba. Es suficiente con remitirse a las declaraciones generales del Nuevo Testamento acerca de ello. Nuestro Señor mandó a los judíos que escudriñaran sus Escrituras, porque ellas daban testimonio de Él. Él dijo que Moisés y los profetas habían escrito acerca de Él. Comenzando con Moisés y todos los profetas, expuso a los discípulos en todas las Escrituras lo tocante a Él. Los Apóstoles, cuando comenzaron a predicar el Evangelio, no sólo demostraban en todas partes por las Escrituras que Jesús era el Cristo, sino que se referían de continuo a ellas en apoyo de todo lo que ellos enseñaban acerca de su persona y de su obra. Es conforme al Antiguo Testamento como demuestran Su divinidad; Su encarnación; la naturaleza sacrificada de Su muerte; que Él fue verdaderamente un Sacerdote para obrar una reconciliación por el pueblo, así como Profeta y Rey; y que Él debía morir, resucitar al tercer día, ascender a los cielos, y ser investido de una potestad absoluta sobre toda la tierra, y sobre todos los órdenes de seres creados. No hay una doctrina acerca de Cristo que se enseñe en el Nuevo Testamento, que los Apóstoles no afirmen como revelada en anteriores dispensaciones. Por ello, ellos declaran de manera explícita que fue por Él y por la eficacia de Su muerte como los hombres fueron salvos antes, así como después, de Su venida. El Apóstol Pablo dice (Ro 3:25) que Cristo fue puesto como propiciación para la remisión de pecados, no sólo *en tö nun kairö*, sino también de los pecados cometidos antes del presente, durante la paciencia de Dios. Y en He 9:15 se declara de manera aún más explícita que Él murió para perdón de los pecados bajo el primer pacto. Él, por tanto, como se dice en Ap 13:8, fue el Cordero muerto desde la fundación del mundo. Ésta es al menos la interpretación común y más natural del pasaje.

Una revelación así del Mesías fue indudablemente dada en el Antiguo Testamento para volver los ojos de toda la nación judía en esperanza y fe. Lo que dijeron los dos discípulos en el camino a Emaús: «Nosotros esperábamos que él era el que iba a redimir a Israel», revela cuál era la expectativa general y el deseo del pueblo. Pablo habla repetidas veces del Mesías como la esperanza de Israel. La promesa de redención por medio de Cristo la declaró como el gran objeto de la esperanza del pueblo. Cuando fue hecho comparecer ante los tribunales de los judíos, y ante Agripa, declaró constantemente que al predicar a Cristo y la resurrección, no se había apartado de la religión de sus padres, sino que se aferraba a ella, mientras que sus enemigos se habían apartado de la misma. «Y ahora, por la esperanza de la promesa que hizo Dios a nuestros padres», dice él, «estoy sometido a juicio» (Hch 26:6). Nuevamente les dice a los judíos, en Roma, Hch 28:20: «Por la esperanza de Israel estoy sujeto con esta cadena.» Véase también 23:6; 24:15. En Ef 1:12 designa a los judíos como *hoi proëlpikotes en tö Christö, aquellos que esperaban en el Mesías antes* de Su venida. En Hch 13:7 dice que los gobernantes de los judíos rechazaron a Cristo porque no conocieron «las voces de los profetas que se leen cada día de Sábado», y que ellos «cumplieron al condenarle». En Él era «la promesa que fue hecha a los padres», nos dice él (vv. 32, 33), de la que dice: «Dios ha cumplido la misma a nosotros los hijos de ellos, en que ha suscitado (o traído a la vista) a Jesús», el largamente esperado Salvador. Es innecesario darle vueltas a esta cuestión, porque la doctrina de un Mesías personal que debía redimir al pueblo de Dios no sólo impregna el Antiguo Testamento, sino que en todas partes en el Nuevo Testamento es expuesta como la gran promesa cumplida en el advenimiento y en la obra de nuestro Señor Jesucristo.

La fe es desde el principio la condición de la salvación

Así como se hizo la misma promesa a los que vivieron antes de la venida que la que se nos hace ahora a nosotros en el Evangelio, así como se les reveló a ellos el mismo Redentor que se nos presenta a nosotros como el objeto de la fe, sigue necesariamente que la condición, o los términos de salvación fueron los mismos entonces que ahora. No se demandaban una mera fe o confianza en Dios, ni simplemente una piedad, sino fe en el Redentor prometido, o fe en la promesa de la redención por medio del Mesías.

Todo esto queda claro no sólo conforme las consideraciones acabadas de mencionar, sino también (1) Por el hecho de que el Apóstol enseña que la fe, no las obras, fue antes de Cristo, lo mismo que después de Él, la condición de la salvación. Y esto no sólo lo afirma él en su Epístola a los Romanos, sino que también lo demuestra. Él arguye que por la misma naturaleza de la cuestión, la justificación de los pecadores mediante las obras es una contradicción. Si son pecadores, están bajo condenación por sus obras, y por ello no pueden ser justificados por medio de las mismas. Además, demuestra que el Antiguo Testamento habla en todo lugar de un perdón gratuito y de la aceptación de los hombres por parte de Dios; pero si es gratuito no puede ser meritorio. Arguye él además por caso de Abraham, que, según la declaración expresa de las Escrituras, fue justificado por la fe; y cita que la fe designada era fe en una promesa, y no una mera piedad general o confianza en Dios. Dice él de Abraham que «tampoco vaciló, por incredulidad, ante la promesa de Dios, sino que se fortaleció en fe, dando gloria a Dios, plenamente convencido de que era también poderoso para hacer lo que había prometido» (Ro 4:20, 21). (3) El Apóstol demuestra que la promesa específica que era objeto de la fe del patriarca era la promesa de la redención por medio de Cristo. Esta promesa la tenían que creer ellos; y la creyó el verdadero pueblo de Dios. La masa del pueblo confundió la naturaleza de la redención que había sido prometida; pero incluso en el caso de ellos era la promesa de la redención la que era el objeto de su fe. Los enseñados por el Espíritu sabían que se trataba de la redención de la culpa y del poder del pecado y del consiguiente alejamiento de Dios. En Gá 3:14 el Apóstol dice, por tanto, que la bendición prometida a Abraham ha venido sobre los Gentiles. Por tanto, aquella bendición fue aquella que por medio del Evangelio les es ahora ofrecida a todos los hombres.

No sólo por estas declaraciones explícitas de que se demandaba desde el mismo principio la fe en el Redentor prometido, sino también conforme al hecho reconocido de que el Antiguo Testamento está repleto de la doctrina de la redención por medio del Mesías, sigue que aquellos que recibieron la religión del Antiguo Testamento recibieron la dicha doctrina, ejercitando la fe en la promesa de Dios acerca de Su Hijo. La Epístola a los Hebreos tiene en gran parte el designio de mostrar que la totalidad del Antiguo Testamento era un bosquejo del Nuevo, y que pierde todo su valor y sentido si se ignora su referencia a Cristo. Por ello, la negación de que la fe de los santos del Antiguo Testamento era una fe en el Mesías y su redención, es negar que tuvieran ningún conocimiento del sentido de las revelaciones y de las promesas que ellos habían recibido.

Pablo dice en Ro 3:21 que el método de salvación revelado en el evangelio había sido ya revelado en la ley y en los profetas, y su propósito concreto, en Gá 3:13-28; es demostrar que el pacto bajo el que vivimos y según cuyos términos tenemos que ser salvos, es el pacto idéntico hecho con Abraham, en el que se hizo la promesa de redención con base en la condición de la fe en Aquel en quien tenían que ser benditas todas las naciones de la tierra. Este es un pacto anterior a la ley de Moisés, pacto que aquella ley no podía echar a un lado ni invalidar.

Siendo el pacto de la gracia, o plan de salvación, el mismo en todos sus elementos desde el principio, sigue, primero, en oposición a los Anabaptistas, que el pueblo de Dios antes de Cristo constituía una Iglesia, y que aquella Iglesia ha sido una y la misma bajo todas las dispensaciones. Siempre ha tenido la misma promesa, el mismo Redentor, y la misma condición para la membresía, esto es, la fe en el Hijo de Dios como Salvador del mundo.

De las mismas premisas sigue, en oposición a los Romanistas, que la salvación de aquellos del pueblo de Dios que murieron antes de la venida de Cristo era completa. Habían sido verdaderamente perdonados, santificados y, en su muerte, admitidos a aquel estado al que son ahora recibidos aquellos que mueren en la fe cristiana. Esto queda confirmado por lo que enseñan Cristo y los Apóstoles. La salvación que nos es prometida es aquella en la que ya han entrado los santos del Antiguo Testamento. Los creyentes gentiles han de sentarse con Abraham, Isaac y Jacob. El seno de Abraham era el lugar de reposo para todos los fieles. Todo lo que afirma Pablo de los creyentes bajo el evangelio es que son hijos de Abraham y partícipes de la herencia. Si es así, entonces tiene que ser falsa toda la teoría que presupone que la gracia y la salvación son comunicadas sólo mediante los sacramentos cristianos.

7. Diferentes dispensaciones.

La primera, de Adán a Abraham.

Aunque el pacto de la gracia ha sido siempre el mismo, las dispensaciones de aquel pacto han cambiado. La primera dispensación se extendió desde Adán hasta Abraham. Tenemos tan pocos registros de este período que no podemos determinar hasta qué punto había sido revelada la verdad, ni qué medidas se habían adoptado para su preservación. Todo lo que sabemos es que se habían dado las promesas originales acerca de la simiente de la mujer, como el Redentor de nuestra raza; y que había sido instituido el culto a Dios mediante sacrificios. El hecho de que los sacrificios eran una institución divina, y designada para enseñar el método de la salvación, se puede inferir: (1) Por el hecho de que es el método que la común consciencia de los hombres los ha llevado a adoptar en todas partes. Esto es lo que demandaba su relación con Dios como pecadores. Es dictado de la conciencia que la culpa demanda expiación, y que la expiación se hace con derramamiento de sangre. Así, siendo que los sacrificios no son una institución arbitraria, sino que tiene su fundamento en nuestra verdadera relación con Dios como pecadores, podemos inferir que era por este mandato, directo o indirecto, que se ofrecían tales sacrificios. (2) Esto puede también inferirse por la aprobación que da Dios a los mismos, adoptándolos e incorporándolos en las observancias religiosas subsiguientemente ordenadas. (3) El hecho de que el hombre iba a ser salvado por el sacrificio de Cristo, y que éste fuera el gran acontecimiento al que se refieren las instituciones de anteriores dispensaciones, clarifica que esta referencia estaba dada por designio, y que estaba basada en la institución divina.

La segunda dispensación.

La segunda dispensación se extendió desde Abraham hasta Moisés. Se distingue de la anterior: (1) Por la selección de los descendientes de Abraham como el pueblo peculiar de Dios. Fueron escogidos con el fin de preservar el conocimiento de la verdadera religión en medio de la general apostasía de la humanidad. Con este fin se les dieron revelaciones especiales, y Dios concertó pacto con ellos, prometiendo que Él sería el Dios de ellos, y que ellos serían Su pueblo. (2) Además de recoger así a Su Iglesia fuera del mundo, y de hacer de sus miembros un pueblo peculiar, distinguido por la circuncisión de entre los gentiles alrededor de ellos, la promesa de la redención fue hecha más concreta. El Redentor sería de la simiente de Abraham. Sería una persona. La salvación que Él llevarla a cabo pertenecería a todas las naciones. (3) Posteriormente se dio a saber que el Libertador sería de la tribu de Judá.

La tercera dispensación.

La tercera dispensación de este pacto fue desde Moisés hasta Cristo. Todo lo que pertenecía a los anteriores períodos fue adoptado e incluido en ésta. Se ordenaron una multitud de nuevas ordenanzas acerca de conducta, culto y religión. Se introdujeron un sacerdocio y un complicado sistema de sacrificios. Las promesas fueron hechas más concretas, exponiendo de manera más clara, mediante las instrucciones de los profetas, la persona y la obra del venidero Redentor como el profeta, sacerdote y rey de Su pueblo. Así fueron revelados con mayor y mayor claridad la naturaleza de la redención que Él iba a llevar a cabo, y del reino que Él iba a establecer. Tenemos la autoridad directa del Nuevo Testamento para creer que el pacto de la gracia, o plan de salvación, subyacía así a todas las instituciones del período Mosaico, y que su principal designio era enseñar por medio de tipos y de símbolos lo que ahora se enseña de manera explícita mediante el evangelio. Moisés, se nos dice (He 3:5), fue fiel como siervo para dar testimonio de aquellas cosas que iban a ser anunciadas después.

Además de este carácter evangélico que incuestionablemente pertenece al Pacto Mosaico, se presenta en otros dos aspectos en la Palabra de Dios. Primero, era un pacto nacional con el pueblo hebreo. En esta perspectiva, las partes fueron Dios y el pueblo de Israel; la promesa fue la seguridad y prosperidad nacionales; la condición era la obediencia del pueblo como nación a la Ley de Moisés; y el mediador fue Moisés. En este aspecto, era un pacto legal. Decía: «Haz esto, y vivirás». En segundo lugar, contenía, como sucede también con el Nuevo Testamento, una proclamación renovada del original pacto de obras. Es tan cierto ahora como en los días de Adán, siempre ha sido cierto y siempre lo será, que las criaturas racionales que obedecen a la perfección la ley de Dios son benditas en el goce de Su favor; y que las que pecan quedan sujetas a Su ira y maldición. Nuestro Señor le aseguró al joven que acudió a Él pidiendo instrucción que si guardaba los mandamientos viviría. Y Pablo dice (Ro 2:6) que Dios dará a cada uno conforme a sus obras: tribulación y angustia sobre toda alma humana que hace el mal; pero gloria, honra y paz para todo el que obra lo bueno. Esto surge de la relación de las criaturas inteligentes con Dios. De hecho, es tan sólo una formulación de los eternos e inmutables principios de la justicia. Si el hombre rechaza o descuida el evangelio, estos son los principios, como enseña Pablo en los capítulos iniciales de su Epístola a los Romanos, conforme a los que será juzgado. Si no quiere estar bajo la gracia, si no quiere acceder al método de la salvación por la gracia, está necesariamente bajo la ley.

Estos diferentes aspectos bajo los que se presenta la economía Mosaica dan cuenta de la manera aparentemente inconsistente en que se presenta en el Nuevo Testamento: (1) Cuando se contempla en relación con el pueblo de Dios antes del advenimiento, es presentada como divina y obligatoria. (2) Cuando se contempla en relación con el estado de la Iglesia después del advenimiento, se declara obsoleta. Se describe como la cubierta sin vida de la que se ha extraído el núcleo viviente, la semilla, como un cuerpo del que ha partido el alma. (3) Cuando se contempla según su verdadera pertinencia y designio como dispensación preparatoria del pacto de la gracia, es mencionada como proclamando el mismo evangelio, el mismo método de salvación que el que predicaban los mismos apóstoles. (4) Cuando se contempla a la luz bajo la que era contemplada por los que rechazaban el evangelio, como un mero sistema legal, es declarada como ministerio de muerte y de condenación (2 Co 3:6-18). (5) Y cuando es contrastada con la nueva economía, la cristiana, como modo diferente de revelar el mismo pacto, es presentada como un estado de tutelaje y de servidumbre, muy diferente de la libertad y del espíritu filial de la dispensación bajo la que vivimos.

La dispensación del Evangelio.

La dispensación del Evangelio es llamada nueva con referencia a la economía Mosaica, que era vieja, y a punto de desvanecerse. Se distingue de la economía antigua:

1. En que es universal, no limitada a un solo pueblo, sino designada y adaptada a todas las naciones y a todas las clases de personas.

2. Es más espiritual, no sólo en que los tipos y las ceremonias del Antiguo Testamento desaparecen, sino en que la revelación misma es más interior y espiritual. Lo que había sido dado a conocer de manera objetiva es ahora escrito, en mayor parte, en el corazón (He 8:8-11). Es incomparablemente más claro y explícito en sus enseñanzas.

3. Es más puramente evangélica. Incluso el Nuevo Testamento, como hemos visto, contiene un elemento legal, revela la ley aún como un pacto de obras obligatorio a aquellos que rechazan el evangelio; pero en el Nuevo Testamento el evangelio predomina enormemente sobre la ley, mientras que en el Antiguo Testamento la ley predominaba sobre el evangelio.

4. La economía cristiana es especialmente la dispensación del Espíritu. La gran bendición

prometida antaño, como consecuencia de la venida de Cristo, era el derramamiento del Espíritu sobre toda carne, esto es, sobre todas naciones y clases de personas. Esta era una característica tan distintiva del período Mesiánico que el evangelista dice: «Aún no había sido dado el Espíritu Santo, porque Jesús no había sido aún glorificado» (Jn 7:39). Nuestro Señor prometió que después de Su muerte y ascensión Él enviaría al Consolador, el Espíritu de verdad, para que morara con Su pueblo, para que los guiara al conocimiento de la verdad, y para convencer al mundo de pecado, de justicia, y del juicio venidero. Mandó a los Apóstoles que se quedaran en Jerusalén hasta que hubieran recibido este poder de lo alto. Y en una explicación de los acontecimientos del día de Pentecostés el Apóstol Pedro dijo: «A este Jesús resucitó Dios, de lo cual todos nosotros somos testigos. Así que, exaltado por la diestra de Dios, y habiendo recibido del Padre la promesa del Espíritu Santo, ha derramado esto que vosotros veis y oís» (Hch 2:32, 33).

5. La antigua dispensación era temporal y preparatoria; la nueva es permanente y definitiva. Al enviar a Sus discípulos para predicar el evangelio, y al prometerles el don del Espíritu, les aseguró que estaría con ellos en aquella obra hasta el final del mundo. Esta dispensación, por tanto, es la última antes de la restauración de todas las cosas; esto es, la última designada para la conversión de los hombres y para la reunión de los escogidos. Después viene el fin; la resurrección y el juicio final. En el Antiguo Testamento hay frecuentes indicaciones de otra y mejor economía, de la que las instituciones mosaicas eran meramente preparatorias. Pero no tenemos intimación en la Escritura de que la dispensación del Espíritu haya de dar paso a una dispensación nueva y mejor para la conversión de las naciones. Cuando el evangelio haya sido plenamente predicado, entonces vendrá el fin.

Capítulo 3

La persona de Cristo

1. Consideraciones preliminares.

1. EL HECHO MÁS MISTERIOSO y más familiar de la consciencia y de la experiencia es la unión del alma y del cuerpo en la constitución de nuestra naturaleza. Según la fe común de la humanidad y de la Iglesia, el hombre está constituido por dos sustancias distintas, alma y cuerpo. Por sustancia se significa aquello que existe. Es la entidad que tiene unas propiedades, atributos y cualidades inherentes, de la que son manifestaciones. Por ello, se trata de algo más que de una mera fuerza. Es algo más que un nombre colectivo para una cierta cantidad de propiedades que aparezcan combinadas. Es aquello que persiste, y que permanece sin cambios bajo todos los fenómenos cambiantes a que puede estar sujeto. La sustancia que designamos como alma es inmaterial, esto es, no tiene ninguna de las propiedades de la materia. Es espiritual, esto es, tiene todas las propiedades de un espíritu. Es un agente consciente de sí mismo, inteligente, voluntario. En cambio, la sustancia que llamamos cuerpo es material. Esto es, tiene todas las propiedades de la materia, y ninguna de las propiedades de la mente o del espíritu. Este es el primer hecho universalmente admitido acerca de la constitución de nuestra naturaleza.

2. El segundo hecho tiene que ver con la naturaleza de la unión entre el alma y el cuerpo. Es (*a*), una unión personal. El alma y el cuerpo constituyen un hombre individual, o una persona humana. Hay tan sólo una consciencia. Es el hombre o la persona quien está consciente de las sensaciones y de los pensamientos, de los afectos del cuerpo y de los actos de la mente. (*b*) Es una unión sin mezcla o confusión. El alma sigue siendo espíritu, y el cuerpo sigue siendo materia. El cobre y el zinc constituyen una aleación de bronce. Los elementos constitutivos pierden sus características distintivas y producen una tercera sustancia. No existe tal mezcla en la unión del alma y del cuerpo: Ambas cosas permanecen distintas. Ni hay transferencia de ninguna de las propiedades de la una al otro o viceversa. No se transfiere ninguna de las propiedades de la mente al cuerpo, ni se transfiere ninguna de las propiedades del cuerpo a la mente. (*c*) Sin embargo, la unión no es una mera morada, una unión de contacto o en el espacio. El alma no mora en el cuerpo como un hombre mora en una casa o en sus vestimentas. El cuerpo es parte de él mismo, y necesario para su integridad como hombre. Él está en cada parte del mismo, y es consciente del más ligero cambio en el estado de hasta el menos importante de sus miembros.

3. En tercer lugar, las consecuencias de esta unión del alma y del cuerpo son: (*a*) Una *koinönia idiömatön*, o comunión de atributos. Esto es, la persona es poseedora de todos los atributos tanto del alma como del cuerpo. Podemos predicar del hombre todo aquello que se pueda predicar de su cuerpo; y podemos predicar de él todo aquello que se pueda predicar de

su alma. Decimos del hombre que es alto o bajo; que está enfermo o sano; que es apuesto o deforme. De la misma manera, podemos decir que es juicioso, sabio, bueno, benevolente o erudito. Sea lo que sea cierto de cualquier elemento de su constitución, es verdadero del hombre. Pero lo que es cierto de uno de estos elementos no es cierto del otro. Cuando el cuerpo queda herido o quemado, no es el alma la que está sujeta a estos accidentes; y cuando el alma está arrepentida o es creyente, o iluminada e informada, no es el cuerpo de quien se habla. Cada cosa tiene propiedades y cambios, pero es la persona u hombre quien es el sujeto de todos ellos. (*b*) Por ello, se pueden hacer afirmaciones inconsistentes o aparentemente contradictorias acerca de la misma persona. Podemos decir que es débil y que es fuerte; que es mortal e inmortal; que es espíritu y que es polvo y cenizas. (*c*) Podemos designar al hombre según un elemento de su naturaleza cuando lo que predicamos de él es cierto sólo del otro elemento. Podemos llamarle espíritu, y sin embargo decir que está hambriento y sediento. Podemos llamarlo un gusano de la tierra cuando hablamos de él como sujeto de la regeneración. Esto es, la persona puede ser designada según cualquiera de sus dos naturalezas cuando el predicado pertenece a la otra. (*d*) Como en virtud de la unión personal del alma y del cuerpo todas las propiedades de ambas partes son las propiedades del hombre, de la misma manera todos los actos de ambas partes son los actos del hombre. Algunos de nuestros actos son puramente mentales, como pensar, arrepentirse y creer; algunos son puramente corporales, como el proceso de la digestión, asimilación y la circulación de la sangre; algunos son mixtos, como todos los actos voluntarios, entre los que se pueden mencionar andar, hablar, escribir. En estos se da una concurrencia o cooperación directas de la mente y del cuerpo. Estas varias clases de acciones son actos humanos. Es el hombre quien piensa; es el hombre que habla y escribe; y es el hombre quien digiere y asimila sus alimentos. (*e*) Una quinta consecuencia de esta unión hipostática es la exaltación del cuerpo. La razón por la que el cuerpo del hombre y su vida están tan enormemente exaltados por encima de los de un animal es que están en unión personal con un alma racional e inmortal. Es también esto lo que da al cuerpo su dignidad y hermosura. El magnífico plumaje de un ave, o la graciosa simetría del antílope, no son nada en comparación con la figura erguida y la hermosura intelectual del hombre. La mente irradia del cuerpo, y le imparte una dignidad y un valor que no podría ser poseída por ninguna configuración de la mera materia. Al mismo tiempo el alma no queda degradada por su unión con el cuerpo. Así estaba revestida antes de la caída, y ha de estar revestida con un cuerpo en su estado glorificado en el cielo.

La unión del alma y del cuerpo en la constitución del hombre es análoga a la unión de la naturaleza divina y humana en la persona de Cristo. No se espera que ninguna analogía dé respuesta a todas las cuestiones. Hay en este caso las suficientes semejanzas como para sustentar la fe y reprender a la incredulidad. No hay nada en lo uno que sea más misterioso o inescrutable que en lo otro. Y como las dificultades para la comprensión de la unión de dos sustancias distintas, materia y mente, en la persona del hombre, han inducido a muchos a negar las realidades más claras de la consciencia, así las dificultades del mismo tipo que acompañan a la unión de dos naturalezas, la humana y la divina en la persona de Cristo, han conducido a muchos a rechazar los hechos más claros de la Escritura.

2. Los hechos escriturales acerca de la Persona de Cristo.

Los hechos que la Biblia enseña acerca de la persona de Cristo son, primero, que Él era verdaderamente hombre, esto es, que tenía una naturaleza humana perfecta o completa. Por ello, todo lo que se puede predicar del hombre (esto es, del hombre como hombre, y no del hombre como caído) se puede predicar de Cristo. Segundo, Él era verdaderamente Dios, o tenía una naturaleza divina perfecta. Por ello, todo lo que se puede predicar de Dios se puede predicar de Cristo. Tercero, Él era una persona. La misma persona, yo, o ego, que dijo «tengo sed», dijo: «Antes que Abraham fuera, yo soy.» Ésta es toda la doctrina de la encarnación tal como se encuentra en las Escrituras y en la fe de la Iglesia.

Prueba de la doctrina.

La prueba de esta doctrina incluye tres clases distintas de pasajes de la Escritura, o se puede presentar de tres formas diferentes. Primero, la prueba de los varios elementos de la doctrina por separado. Segundo, el lenguaje propio de las Escrituras que hablan de Cristo, de comienzo a fin, a veces como hombre, a veces como Dios; y que combinan las dos formas de descripción, o que pasan de una a otra con tanta naturalidad y facilidad como lo hacen cuando hablan del hombre como mortal e inmortal, o como corpóreo y espiritual. Tercero, hay ciertos pasajes de la Escritura en la que la doctrina de la encarnación es presentada de manera formal y declarada dogmáticamente.

Primer argumento: Todos los elementos de la doctrina se enseñan por separado.

Primero, las Escrituras enseñan que Cristo era verdaderamente hombre, o, que tenía una naturaleza humana completa. Esto es, que Él tenía un verdadero cuerpo y un alma racional.

Cristo tenía un verdadero cuerpo.

Por verdadero cuerpo se significa un cuerpo material, compuesto de carne y sangre, semejante en todo lo esencial a los cuerpos de los hombres ordinarios. No era un fantasma, ni una mera semejanza de cuerpo. Tampoco fue formado de una sustancia celestial o etérea. Esto está claro, por cuanto nació de mujer. Fue concebido en el cuerpo de la Virgen María, alimentado de su sustancia de modo que fue consustancial con ella. Su cuerpo creció en estatura, pasando a través del proceso ordinario de infancia a la edad adulta. Estuvo sujeto a todo lo que afecta a un cuerpo humano. Estuvo sujeto al dolor, al placer, al hambre, a la sed, a la fatiga, al sufrimiento, y a la muerte. Podía ser visto, sentido y tocado. Las Escrituras declaran que era de carne y sangre. «Así, por cuanto los hijos han tenido en común una carne y una sangre, Él también participó igualmente de lo mismo» (He 2:14). Nuestro Señor les dijo a Sus aterrorizados discípulos: «Un espíritu no tiene carne ni huesos, como veis que yo tengo» (Lc 24:39). Él fue anunciado en el Antiguo Testamento como la simiente de la mujer; la simiente de Abraham; el Hijo de David. Fue declarado como hombre, Varón de Dolores; el Hombre Cristo Jesús; y Él se designó a Sí mismo como el Hijo del Hombre. Esta designación aparece unas ochenta veces en el Evangelio. Así, nada se revela acerca de Cristo con mayor claridad que el hecho de que Él tenía un verdadero cuerpo.

Cristo tenía un alma racional.

No está menos claro que Él tenía un alma racional. Él pensaba, razonaba y sentía; sentía gozo y dolor; aumentó en sabiduría; desconocía cuándo llegaría el día del juicio. Por tanto, debe haber poseído una inteligencia humana finita. Estos dos elementos, un verdadero cuerpo y un alma racional, constituyen una perfecta naturaleza humana, completa, y así queda demostrado que la tal formó parte en la composición de la persona de Cristo.

Cristo es verdaderamente Dios.

Segundo, las Escrituras declaran, con la misma claridad, que Cristo era verdaderamente Dios. Esto ya ha quedado largamente demostrado. Se le aplican a Él todos los nombres y títulos divinos. Él es llamado Dios, el Dios fuerte, el gran Dios, Dios sobre todas las cosas; Jehová; Señor; Señor de Señores y Rey de reyes. A Él le son adscritos todos los atributos divinos.

Se declara de Él que es omnipresente, omnisciente, omnipotente e inmutable, el mismo ayer, y hoy, y por los siglos. Es expuesto como el creador y sustentador y gobernador del universo. Todas las cosas fueron creadas por Él y para Él; y en Él todas las cosas consisten. Él es el objeto de la adoración de todas las criaturas inteligentes, incluso de las más exaltadas; se manda a todos los ángeles (esto es, todas las criaturas entre el hombre y Dios) que se postren ante Él. Él es el objeto de todos los sentimientos religiosos; de reverencia, amor, fe y devoción. Todos los hombres y los ángeles son responsables a Él por su carácter y conducta. Él ha demandado que los hombres le honren a Él como honran al Padre, que ejerciten la misma fe en Él que la que ejercitan en Dios. Declara que Él y el Padre son uno; que los que le han visto a Él han visto asimismo al Padre. Llama a todos los hombres a Sí mismo; promete perdonarles sus pecados; enviarles el Espíritu Santo; darles reposo y paz; resucitarlos al último día, y darles la vida eterna. Dios no es más, no puede prometer más, ni hacer más, que lo que se dice que Cristo es, que promete y que hace. Por ello, Él ha sido desde el principio el Dios del cristiano, en toda época y lugar.

Cristo es una Persona.

Tercero, Él era, aunque un hombre perfecto y Dios perfecto, una sola persona. Ante todo, hay una total ausencia de toda evidencia de una doble personalidad en Cristo. Las Escrituras nos revelan al Padre, Hijo y Espíritu Santo como personas distintas en la Deidad, porque emplean los pronombres personales con referencia a cada una de las otras. El Padre dice Tú al Hijo, y el Hijo dice Tú al Padre. El Padre dice al Hijo: «Te daré»; y el Hijo dice: «He me aquí, he venido para hacer tu voluntad». Además, el primero es objetivo para el segundo. El Padre ama y envía al Hijo; el Hijo ama y obedece al Padre. Lo mismo sucede con el Espíritu. Nada hay de análogo a esto en el caso de Cristo. La naturaleza humana nunca se distingue de la divina como persona distinta. El Hijo de Dios nunca se dirige al Hijo del Hombre como una persona diferente a Él mismo. Las Escrituras no revelan más que un Cristo. En segundo lugar, además de esta prueba negativa, la Biblia da toda la evidencia de la personalidad individual de nuestro Señor que este caso pueda admitir. Él siempre dice yo, mío. Siempre es abordado como Tú, ti, te. Las referencias a Él son siempre como Él, su, suyo, a Él. Fue a la misma persona a la que se le dijo: «Aún no tienes cincuenta años»; y, «Tú, oh Señor, en el principio pusiste los fundamentos de la tierra, y los cielos son obra de tus manos». La personalidad individual de Cristo es expuesta tan clara y variadamente como la de cualquier otro personaje cuya historia esté registrada en la Escritura. Al enseñar que Cristo tenía una naturaleza humana perfecta y una naturaleza divina perfecta, y que es una persona, la Biblia nos enseña toda la doctrina de la encarnación tal como ha entrado en la fe de la Iglesia desde el principio.

Segundo argumento, conforme a las exposiciones propias de la Escritura.

El lenguaje propio de la Escritura acerca de Cristo demuestra que Él era a la vez divino y humano. En el Antiguo Testamento Él es expuesto como la simiente de Abraham, de la tribu de Judá y de la familia de David; que nacería de una virgen en la ciudad de Belén; como varón de dolores; como manso y humilde; como portador del castigo de nuestros pecados, y derramando Su alma hasta la muerte. En todas partes es descrito como hombre. Al mismo tiempo es en todas partes descrito como Dios; es llamado el Hijo de Dios, Emanuel, el Dios Fuerte, Jehová justicia nuestra; y se habla de Él como siendo desde la eternidad; como entronizado en el cielo y recibiendo la adoración de los ángeles.

En el Nuevo Testamento se prosigue la misma clase de descripción. Nuestro Señor, refiriéndose a Sí mismo, y los Apóstoles, al hablar de Él, se refieren uniformemente a Él como un hombre. El Nuevo Testamento da Su genealogía para demostrar que era de la familia y linaje de David. Registra Su nacimiento, vida y muerte. Le llama el Hijo del Hombre, el hombre Cristo Jesús. Pero con la misma uniformidad nuestro Señor asume, y los Apóstoles le atribuyen a Él, una naturaleza divina. Él declara ser como el Hijo de Dios, existiendo desde la eternidad, poseyendo todo poder en el cielo y en la tierra, con derecho a toda la reverencia, amor y obediencia debidos a Dios. Los Apóstoles le adoran; le llaman el gran Dios y Salvador; reconocen su dependencia de Él y su responsabilidad ante Él; y ellos esperan en Él para el perdón, santificación y vida eterna. Estas descripciones conflictivas, esta constante exposición de la misma persona como hombre y también como Dios, no admite solución aparte de la doctrina de la encarnación. Esta es la clave de toda la Biblia. Si se niega esta doctrina, todo es confusión y contradicción. Si se admite, todo es luz, armonía y poder. Cristo es a la vez Dios y hombre, en dos naturalezas distintas, y una persona para siempre. Este es el gran misterio de la piedad: Dios manifestado en carne es la doctrina distintiva de la religión de la Biblia, sin la cual es sólo un cadáver frío y sin vida.

Tercer argumento, conforme a pasajes particulares de la Escritura.
Aunque, por lo que ya hemos dicho, la doctrina de la encarnación no reposa en unos textos de prueba aislados, sino en la amplia base de toda la revelación de Dios acerca de la persona y obra de Su Hijo, hay sin embargo algunos pasajes en los que esta doctrina queda tan claramente expuesta en todos sus elementos que no se pueden pasar por alto al tratar esta cuestión.

A esta clase de pasajes pertenece:

1. El primer capítulo de Juan, vv. 1-14. Aquí se enseña acerca del Logos: (1) Que Él existía en la eternidad. (2) Que estaba en íntima relación con Dios. (3) Que Él era Dios. (4) Que Él fue el Creador de todas las cosas. (5) En Él estaba la vida. Teniendo vida en Sí mismo, Él es la fuente de vida para todos los vivientes. Esto es, Él es la fuente de vida natural, intelectual y espiritual. (6) Por ello, Él es la verdadera luz, esto es, la fuente de todo conocimiento y de toda santidad. (7) Él vino al mundo, y el mundo, aunque hecho por Él, no le reconoció. (8) Él vino a los Suyos, e incluso ellos no le recibieron. (9) Se hizo carne, esto es, asumió nuestra naturaleza, de manera que moró entre nosotros como hombre. (10) Y, dice el Apóstol, vimos Su gloria, gloria que le reveló como el Unigénito del Padre. Aquí se enseña que una persona verdaderamente divina, el Verbo eterno, el Creador del mundo, se hizo hombre, moró entre los hombres, y se reveló a Sí mismo a aquellos que tenían ojos para ver, como el Hijo eterno de Dios. Aquí tenemos toda la doctrina de la encarnación, enseñada en los términos más explícitos.

2. Un segundo pasaje en el mismo sentido es el que se encuentra en 1 Juan 1:1-3. En él se enseña que lo que era en el principio, lo que estaba con Dios, lo que era eterno, lo que esencialmente era vida, apareció sobre la tierra, de modo que pudo ser visto, oído, contemplado y tocado. Aquí, una vez más, se dice de una persona divina, invisible, eterna que asumió nuestra naturaleza, un cuerpo real y un alma racional. Podía ser vista y tocada, además de oída. Esta es la principal idea de esta epístola. La encarnación es declarada como la doctrina característica y esencial del evangelio. «Todo espíritu que confiesa que Jesucristo ha venido en carne, procede de Dios; y todo espíritu que no confiesa que Jesucristo ha venido en carne, no procede de Dios; y este es el espíritu del anticristo, el cual habéis oído que viene, y que ahora ya está en el mundo.»

3. En Romanos 1:2-5, el Apóstol dice que el evangelio trata del Hijo de Dios, que es nuestro Señor Jesucristo, que, en cuanto a Su naturaleza humana, *kata sarka*, es el Hijo de David, pero que en cuanto a Su naturaleza divina, *kata pneuma*, es el Hijo de Dios. Aquí también se

enuncian claramente las dos naturalezas y la única personalidad del Redentor. El pasaje paralelo a éste es Romanos 9:5, donde se dice de Cristo que *kata sarka* desciende de los padres, pero que al mismo tiempo es Dios sobre todas las cosas, y bendito para siempre. De la misma persona se dice que es el supremo Dios e hijo de Abraham, miembro de la nación hebrea por linaje natural.

4. En 1 Timoteo 3:16 se nos enseña que Dios fue «manifestado en la carne, justificado en el Espíritu, visto de los ángeles, predicado a los gentiles, creído en el mundo, recibido arriba en gloria». En este pasaje es cierto que hay una variante dudosa. El texto común en el que aparece *Theos* tiene el apoyo de casi todos los manuscritos cursivos y de algunos de los unciales, de varias de las versiones, y de muchos de los padres griegos. Pero tanto si leemos *Theos* como *hos* el significado es básicamente el mismo. Hay dos cosas que están claras; primero, que todos los predicados en este verso pertenecen a un solo sujeto; y segundo, que el sujeto es Cristo. Él, Su persona, es el gran misterio de la piedad. Él fue manifestado en carne (esto es, en nuestra naturaleza); Él, así manifestado, el Teantropo, fue justificado, esto es, fue demostrada Su justicia, esto es, que Él era lo que afirmaba ser (o sea, el Hijo de Dios), por el Espíritu, bien por la naturaleza o majestad divina morando en Él, o bien por el Espíritu Santo, cuya función es tomar las cosas de Cristo y revelárnoslas. Él, este Dios encarnado, fue visto, esto es, reconocido y servido por ángeles; predicado entre los gentiles como el Hijo de Dios y Salvador de los hombres; creído como tal; y finalmente recibido en la gloria. Todo lo que enseña la Iglesia acerca de la persona de Cristo es aquí enseñado por el Apóstol.

5. Sin embargo, ningún pasaje es más pleno y explícito acerca de esta cuestión que Filipenses 2:6-11. En este pasaje se enseña, del mismo individuo o persona: (1) Que Él era Dios, o que existía en forma de Dios. La forma de una cosa es el modo en que se revela, y va determinada por su naturaleza. No es necesario suponer que *morphë* tenga aquí, como sucede en otros casos, el sentido de *phusis*; lo último va implicado por lo primero. Nadie puede aparecer, ni existir a la vista de los otros en forma de Dios, esto es, manifestando todas las perfecciones divinas, si no es Dios. (2) Por ello, se afirma que la persona de la que se habla era igual a Dios. (3) Él se hizo hombre como otros hombres, y asumió la forma de un siervo, esto es, apareció como siervo entre los hombres. (4) Se sometió a morir en la cruz. (5) Ha sido exaltado sobre todos los seres creados, e investido con una autoridad universal y absoluta. Así, Cristo, de quien trata este pasaje, tiene una naturaleza divina y una naturaleza humana, y es una persona.

6. En Hebreos 2:14 se enseña claramente la misma doctrina acerca de la persona de Cristo. En el primer capítulo de aquella Epístola, se declara del Hijo que Él es el resplandor de la gloria del Padre y la imagen expresa de Su sustancia (esto es, de lo que el Padre es). El universo fue hecho por Él. Él sustenta todas las cosas con la palabra de Su poder. Él es más sublime que todos los ángeles, esto es, que todas las criaturas inteligentes. Ellos deben adorarle. Son descritos como meros instrumentos, pero el Hijo como Dios. Él hizo los cielos y estableció los fundamentos de la tierra. Él es eterno e inmutable. Él está asociado con Dios en gloria y dominio. Él, la persona de quien se dice todo esto en el primer capítulo, es expuesto en el segundo como hombre. En Él se cumplió todo lo que había enseñado el escritor sagrado en el Salmo octavo acerca del dominio universal asignado al hombre. Los hombres son declarados como Sus hermanos, porque Él y ellos participan de la misma naturaleza. Por cuanto ellos participaron de carne y de sangre, también Él participó de lo mismo, para poder morir, y mediante la muerte redimir a Su pueblo de todos los males del pecado.

Nada puede estar más claro que el hecho de que las Escrituras enseñan que Cristo es verdaderamente Dios, que Él es verdaderamente hombre, y que Él es una persona. Ellas afirman de Él todo lo que se pueda decir de Dios, y todo lo que se pueda decir de un hombre exento de pecado. No entran a dar explicaciones. Dan como un hecho cierto que Cristo es Dios y hombre en una persona, así como dan por sentado que el hombre es alma y cuerpo en una persona.

Aquí podría dejarse la cuestión. Todos los fines de la vida espiritual del creyente reciben respuesta mediante el sencillo enunciado de la doctrina acerca de la persona de Cristo tal como es presentada en la Escritura. Sin embargo, las falsas explicaciones crean la necesidad de una explicación correcta. Los herejes de todas las edades han explicado de tal manera los hechos registrados acerca de Cristo que o bien han negado la verdad acerca de Su naturaleza divina, o bien la integridad de Su naturaleza humana, o bien la unidad de Su persona. Por ello, la Iglesia se ha visto constreñida a enseñar lo que está involucrado en la doctrina de la Biblia: primero, en cuanto a la naturaleza de la unión de las dos naturalezas en Cristo; y segundo, en cuanto a las consecuencias de esta unión

3. La unión hipostática.

Dos naturalezas en Cristo.

Existe una unión. Los elementos unidos son la naturaleza humana y la divina. Por *naturaleza*, en este contexto, se significa sustancia. En griego, las palabras correspondientes son *phusis* y *ousia*; en latín, *natura* y *substantia*. La idea de sustancia es necesaria. Somos llevados a creer que donde vemos la manifestación de una fuerza hay algo, un ente objetivo que actúa, y del que la fuerza es una manifestación. Es evidente por sí mismo que un *non-ens* no puede actuar. Podrá ser bueno aquí recordar unos pocos principios admitidos que ya han sido repetidamente observados: (1) Es intuitivamente cierto que los atributos, las propiedades y el poder o la fuerza, implican necesariamente una sustancia de la que sean la manifestación. De nada, nada se puede predicar. Aquello de lo que podamos predicar los atributos bien de materia, bien de mente, tiene que ser necesariamente una realidad. (2) No es menos cierto que donde los atributos sean incompatibles, las sustancias tienen que ser diferentes y distintas. Aquello que tiene extensión no puede carecer de extensión. Lo que es divisible no puede ser indivisible. Lo que es incapaz de pensamiento no puede pensar. Lo finito no puede ser infinito. (3) Igualmente cierto es que los atributos no pueden existir distintos y separados de la sustancia. No puede haber *accidentia sine subjecto*; en caso contrario podría haber extensión sin nada extendido, y pensamiento sin nada que piense. (4) Asimismo, es intuitivamente cierto que los atributos de una sustancia no pueden transferirse a otra. La materia no puede estar dotada de los atributos de la mente; porque entonces dejaría de ser materia. La mente no puede ser investida con las propiedades de la materia, porque entonces dejaría de ser mente; tampoco la humanidad puede ser poseída por los atributos de la divinidad, porque entonces dejaría de ser humanidad. Esto es sólo decir que lo finito no puede ser infinito. Hablando en términos generales, estos principios han sido reconocidos como axiomáticos en toda la historia del pensamiento humano; y la negación de los mismos pone fin a toda discusión.

Si se admiten los principios anteriores, sigue con ello que al exponer a Su Hijo como revestido de todos los atributos de la humanidad, con un cuerpo nacido de mujer, que aumentó en estatura, que fue visto, sentido y tocado; y con un alma que se turbaba, que se gozaba y que aumentaba en sabiduría y que desconocía ciertas cosas, Dios quiere y demanda que creamos que era un verdadero hombre -no un fantasma, ni una abstracción: no un complejo de propiedades sin la sustancia de la humanidad, sino un hombre verdadero, real, como los otros hombres, pero exento de pecado. De la misma manera, cuando es declarado como Dios sobre todas las cosas, como omnisciente, omnipotente y eterno, no es menos evidente que Él tiene una naturaleza verdaderamente divina; que la sustancia de Dios en Él es el sujeto en el que son inherentes todos estos atributos divinos. Siendo esto así, se nos enseña que los elementos combinados en la constitución de Su naturaleza, esto es, Su humanidad y divinidad, son dos naturalezas o sustancias distintas. Esta ha sido la fe de la Iglesia universal. En aquellos credos antiguos que han sido adoptados por las Iglesias Griega, Latina y Protestante, se declara que Cristo es, con respecto a Su humanidad, consustancial con nosotros, y en cuanto a Su divinidad, consustancial con el Padre. En el Concilio de Calcedonia, la Iglesia declaró que nuestro Señor era *Theon alëthös kai anthröpon alëthös ton auton ek psuchës logikës kai sömatos, omoousion to patri kata ten theotëta kai homoousion ton auton hëmin kata tën anthröpotëta*.

[...] O, como se dice en los antiguos credos, Cristo no es *allos kai allos* (una persona y otra persona), sino *allo kai allo* (una sustancia y otra sustancia).

[...] Por tanto, así como el cuerpo humano retiene todas sus propiedades como materia, y el alma todos sus atributos como espíritu en su unión en nuestras personas, así la humanidad y divinidad retienen cada una sus propiedades peculiares en su unión en la persona de Cristo. Y así como la inteligencia, la sensibilidad y la voluntad son propiedades del alma humana, sigue de ello que el alma humana de Cristo retuvo su inteligencia, sensibilidad y voluntad. Pero la inteligencia y la voluntad no son menos las propiedades esenciales de la naturaleza divina, y por ello quedaron retenidas después de su unión con la naturaleza humana en Cristo. Así, al enseñar que Cristo era verdaderamente hombre y verdaderamente Dios, las Escrituras enseñan que Él tenía una inteligencia y una voluntad finitas, y asimismo una inteligencia infinita. Así, en Él, como la Iglesia siempre ha mantenido, había y hay dos voluntades, dos *energiai* u operaciones. Su intelecto humano creció, y su inteligencia divina era, y es, infinita. Su voluntad humana tenía sólo poder humano, pero Su poder divino era y es omnipotente. Por misterioso e inescrutable que sea todo esto, no lo es más que la unión de los discordantes elementos de la mente y de la materia en nuestra propia constitución.

No hay transferencia de atributos de una a otra naturaleza.

El tercer punto con respecto a la persona de Cristo es que ningún atributo de una naturaleza se transfiere a la otra. Esto queda virtualmente incluido en lo que ya se ha dicho. Sin embargo, los hay que admiten que las dos naturalezas de Cristo no se mezclan ni confunden, pero que mantienen que los atributos de la una se transfieren a la otra. Pero las propiedades o atributos de una sustancia constituyen su esencia, de manera que si son quitados o si se les añaden otras propiedades o atributos de otra naturaleza diferente, la sustancia misma es cambiada. Si se le quita la racionalidad a la mente, deja de ser mente. Si se añade racionalidad a la materia, deja de ser materia. Si se da extensión a aquello que en sí mismo es incapaz de extensión, se pierde la identidad de aquello. Si, por ello, se confiere infinidad a lo finito, deja de ser finito. Si se confieren atributos divinos al hombre, deja de ser hombre; y si se transfieren atributos humanos a Dios, deja de ser Dios. Las Escrituras enseñan que la naturaleza humana de Cristo mantuvo su integridad después de la encarnación; y que la naturaleza divina permaneció divina. [...]

La unión es una unión personal.

La unión de las dos naturalezas en Cristo es una unión personal o hipostática. Por ello se significa, en primer lugar, que no se trata de una mera morada de la naturaleza divina análoga a la morada del Espíritu de Dios en Su pueblo. Y mucho menos se trata de una mera unión moral o de simpatía; ni de una relación temporal o mudable entre los dos. En segundo lugar, se tiene el propósito de afirmar que la unión de las mismas es tal que Cristo es tan sólo una persona. Así como la unión del alma y del cuerpo constituye a un hombre en una persona, así la unión del Hijo de Dios con nuestra naturaleza lo constituye en una persona. Y como en el hombre la personalidad está en el alma y no en el cuerpo, así la personalidad de Cristo está en la naturaleza divina. Estos dos extremos quedan abundantemente demostrados en la Escritura. Lo primero, la unidad de la persona de Cristo, ya ha quedado demostrado; y lo segundo queda demostrado por el hecho de que el Logos, o Hijo, era desde toda la eternidad una persona distinta de la Deidad. Fue una persona divina, no meramente una naturaleza divina, la que asumió la humanidad, o que se encarnó. Por ello, sigue que la naturaleza humana de Cristo, considerada por separado, es impersonal. A esto se objeta desde luego que la inteligencia y la voluntad constituyen personalidad, y que por cuanto estas pertenecen a la naturaleza humana de Cristo, no se le puede negar personalidad a la misma. Sin embargo, una persona es un *suppositum intelligens*, pero la humana naturaleza de Cristo no es un *suppositum* o subsistencia. Para la personalidad son esenciales tanto la naturaleza humana como la subsistencia distinta. Y ésta última nunca fue posesión de la naturaleza humana de Cristo. El Hijo de Dios no se unió con una persona humana, sino con una naturaleza humana. La prueba de ello es que Cristo es sólo una persona. La posibilidad de tal unión no se puede negar racionalmente. Los realistas creen que la humanidad genérica, aunque inteligente y voluntaria, es impersonal, existiendo personalmente sólo en los hombres individuales. Aunque el realismo pueda no ser una filosofía correcta, el hecho de su amplia y continuada presencia puede ser tomado como prueba de que no involucra ninguna contradicción palpable. Por ello, la naturaleza humana, aunque dotada de inteligencia y voluntad, puede ser, y de hecho lo es en la persona de Cristo, impersonal. Y ésta es la doctrina llana de la Escritura, porque el Hijo de Dios, una persona divina, asumió una perfecta naturaleza humana, y, sin embargo, permanece como una persona.

Por tanto, los hechos revelados en la Escritura acerca de Cristo nos conducen a creer: (1) Que en Su persona están unidas inseparablemente dos naturalezas, la divina y la humana; y la palabra naturaleza en esta conexión significa sustancia. (2) Que estas dos naturalezas o sustancias no están mezcladas ni confundidas de manera que formen una tercera, que no es ni la una ni la otra. Cada naturaleza retiene todas sus propias propiedades sin cambios; de modo que en Cristo hay una inteligencia finita y una inteligencia infinita, una voluntad o energía finita, y una voluntad infinita. (3) Que ninguna propiedad de la naturaleza divina es transferida a la humana, y que mucho menos ninguna propiedad de la humana es transferida a la divina. La humanidad en Cristo no es deificada, ni la divinidad queda reducida a las limitaciones de la humanidad. (4) La unión de las naturalezas no es un mero contacto u ocupación de la misma porción del espacio. No es una morada, ni un simple control de la naturaleza divina sobre las operaciones de la humana, sino una unión personal; una unión tal que su resultado es que Cristo es una persona con dos naturalezas distintas para siempre; a la vez Dios y hombre.

4. Consecuencias de la Unión Hipostática.

Comunión de atributos.

La primera y más evidente de estas consecuencias es la *koinōnia idiōmatōn*, o comunión de atributos. Con esto no se significa que una naturaleza participe de los atributos de la otra, sino simplemente que la persona es el *koinōnos*, o partícipe de los atributos de ambas naturalezas; de modo que todo lo que se pueda afirmar que cualquiera de ambas naturalezas se puede afirmar de la persona. Así como de un hombre se puede afirmar todo lo que sea cierto de su naturaleza humana y todo lo que sea cierto de su divinidad; así como podemos decir de un hombre que es mortal e inmortal, que es una criatura del polvo y que es un hijo de Dios, igualmente podemos decir de Cristo que Él es finito e infinito; que es desconocedor y omnisciente; que es mejor que Dios e igual a Dios; que existió desde la eternidad y que nació en el tiempo; que Él creó todas las cosas y que fue varón de dolores. Es conforme a este principio de que lo que es cierto de ambas naturalezas es cierto de la persona como se deben explicar una multitud de pasajes de la Escritura. Estos pasajes son de diversos tipos.

1. Aquellos en los que el predicado pertenece a toda la persona. Esta es la clase más numerosa. Así, cuando Cristo es llamado nuestro Redentor, nuestro Señor, nuestro Rey, Profeta o Sacerdote, nuestro Pastor, etc., todas estas cosas son ciertas de Él no como el Logos, o Hijo, ni como el hombre Cristo Jesús, sino como el *Theanthrōpos*, el Dios-hombre. Y de manera semejante, cuando se dice de Él que se humilló, que se entregó a Sí mismo por nosotros, que es el cabeza de la Iglesia, que es nuestra vida, que es nuestra sabiduría, justicia, santificación y redención, esto es cierto de Cristo como persona. Lo mismo se puede decir con respecto a aquellos pasajes en los que se dice que ha sido exaltado sobre todos los principados y potestades; que está sentado a la diestra de Dios, y que vendrá a juzgar el mundo.

2. Hay muchos pasajes en los que la persona es el sujeto, pero en el que el predicado es cierto sólo de la naturaleza divina, o del Logos. Como cuando nuestro Señor dijo: «Antes que Abraham fuera, yo soy»; «La gloria que tenía contigo antes de la fundación del mundo»; o como cuando se dice: «Tú, oh Señor, en el principio pusiste los fundamentos de la tierra, y los cielos son obra de tus manos.»

3. Aquellos pasajes en los que la persona es el sujeto, pero en los que el predicado es cierto sólo de la naturaleza humana. Como cuando Cristo dijo: «Tengo sed»; «Mi alma está muy triste, hasta la muerte.» Y cuando leemos que «Jesús lloró.» Lo mismo acerca de aquellos pasajes que se refieren a nuestro Señor como andando, comiendo, y durmiendo; y como siendo visto, tocado y asido. [...] La segunda clase de pasajes bajo este encabezamiento son de la clase opuesta, esto es, aquellos en los que la persona es denominada conforme a la naturaleza humana mientras que el predicado es cierto sólo de la naturaleza divina. Así Cristo es llamado el Hijo del hombre que está en el cielo. Aquella denominación «Hijo del hombre» es de la naturaleza humana, mientras que el predicado (ubicuidad) es cierto sólo de la naturaleza divina. Así nuestro Señor dice: «¿Pues qué, si vieseis al Hijo del Hombre subir adonde estaba primero?» (Jn 6:62). En Romanos 9:5, Aquel que era de los padres (la simiente de Abraham e hijo de David) es declarado como Dios sobre todas las cosas y bendito para siempre.

4. Hay una cuarta clase de pasajes que caen bajo el primer encabezamiento mencionado anteriormente, pero que tienen la peculiaridad de que la denominación se deriva de la naturaleza divina, cuando el predicado no es cierto de la naturaleza divina misma, sino sólo del *Theantrōpos*. Así, se dice: «También el Hijo mismo quedará sujeto a aquel que puso todas las cosas debajo de Él.» Aquí, la designación Hijo es de la naturaleza divina, pero la sujeción predicada no es del Hijo como tal, ni del Logos, ni simplemente de la naturaleza humana, sino oficialmente del Dios-hombre. Así, nuestro Señor dice: «El Padre es mayor que yo.» El Padre no es más grande que el Hijo, porque los dos son el mismo en sustancia e iguales en poder y gloria. Es como Dios-hombre que está económicamente sujeto al Padre. Quizá el pasaje en Juan 5:26 pertenezca a esta categoría. «Como el Padre tiene vida en sí mismo, así también le ha dado al Hijo tener vida en sí mismo.» Esto se puede comprender de la comunicación eterna de la vida de la primera a la segunda persona de la Trinidad (esto es, de la generación eterna); o bien puede referirse a la constitución de la persona de Cristo. Y entonces el término Hijo designaría no al Logos, sino al *Theanthrōpos*, y la comunicación de vida no sería del Padre al Hijo, sino de Dios al *Theanthrōpos*. Le plugo al Padre que Cristo poseyera una naturaleza divina poseedora de vida inherente a fin de que Él pudiera ser fuente de vida para Su pueblo.

Es instructivo observar aquí cuán fácil y naturalmente los escritores sagrados predican de nuestro Señor los atributos de la humanidad y los de la divinidad, sea como sea que se denomine a Su persona. Le llaman Señor, o Hijo, y le atribuyen, a menudo en la misma oración, lo que es cierto de Él sólo como Dios, lo que es sólo cierto de Su humanidad, y lo que es cierto de Él sólo como el Dios-hombre. Así, al comienzo de la Epístola a los Hebreos se dice: «Dios nos ha hablado en su Hijo.» Aquí se significa por Hijo al Logos encarnado. En la siguiente cláusula, «Por medio del cual hizo también el universo», lo que se dice es cierto sólo del Hijo eterno. Así también lo que sigue de inmediato, Aquel que es «el resplandor de su gloria, y la fiel representación de su ser real, y el que sostiene todas las cosas [el universo] con la palabra de su poder». Pero en la cláusula que sigue, «habiendo efectuado la purificación de nuestros pecados por medio de sí mismo [esto es, por medio de Su muerte sacrificial]», la referencia es a Su naturaleza humana, por cuanto sólo murió Su cuerpo. Y entonces se añade que Él «se sentó a la diestra de la majestad en las alturas», lo cual es cierto del Dios-hombre.

Los actos de Cristo.

La segunda consecuencia de la unión hipostática tiene que ver con los actos de Cristo. Así como un hombre es una persona, y por cuanto es una persona todos sus actos son los actos de aquella persona, de la misma manera todos los actos de Cristo son los actos de toda Su persona. Pero, como ya se ha observado anteriormente, los actos del hombre son de tres clases: los que son puramente mentales, como el pensamiento; los que pertenecen exclusivamente al cuerpo, como la digestión y la asimilación; y los mixtos, esto es, a la vez mentales y corporales, como sucede con todos los actos voluntarios, como hablar, escribir, etc. Pero todos ellos son igualmente los actos del hombre. Es el hombre quien piensa, quien digiere su comida, y quien habla. Así sucede con los actos de Cristo. Algunos son puramente divinos, como la creación y la preservación; algunos son puramente humanos, como comer, beber, dormir; algunos son teantrópicos, esto es, aquellos en los que concurren ambas naturalezas, como en la obra de la redención. Pero todos estos son actos de Cristo, de una y la misma persona. Fue Cristo quien creó el mundo. Era Cristo quien comía y bebía. Y es Cristo quien nos redime del poder de las tinieblas.

También aquí, como en el caso de los atributos de Cristo, su persona puede ser denominada según una naturaleza cuando los actos que se le adscriben pertenecen a la otra naturaleza. Él es llamado Dios, el Hijo de Dios, el Señor de la gloria, cuando se habla de que Él se entregó a la muerte. Y se le llama hombre, o el Hijo del Hombre, cuando los actos que se le adscriben involucran el ejercicio del poder o autoridad divinos. Es el Hijo del Hombre quien perdona los pecados; quien es el Señor del Sábado; quien resucita a los muertos; y quien enviará a Sus ángeles a recoger a Sus escogidos.

Siendo ésta la doctrina escrituraria acerca de la persona de Cristo, sigue que aunque la naturaleza divina es inmutable e impasible, y que por ello ni la obediencia ni el sufrimiento de Cristo fueron la obediencia o el sufrimiento de la naturaleza divina, sin embargo fueron la obediencia y el sufrimiento de una persona divina. El alma de un hombre no puede ser herida ni quemada, pero cuando el cuerpo es herido es el hombre quien sufre. De la misma manera la obediencia de Cristo fue la obediencia de Dios, y la sangre de Cristo era la sangre de Dios. Es a este hecho que se deben el infinito mérito y eficacia de Su obra. Esto es declarado de manera clara en la Escritura. Es imposible, dice el Apóstol, que la sangre de los toros y de los machos cabríos quitara los pecados. Porque Cristo poseía el Espíritu eterno mediante aquella ofrenda única de Sí mismo hizo perfectos para siempre a los santificados. Esta es la principal idea en que insiste la Epístola a los Hebreos. Esta es la razón que se da de por qué el sacrificio de Cristo no precisa ser jamás repetido, y por qué es infinitamente más eficaz que los de la antigua dispensación. Esta verdad ha estado grabada en los corazones de los creyentes en todas las edades. Cada creyente así puede decir de corazón: «Jesús, mi Dios, sólo tu sangre tiene poder suficiente para obrar la expiación.»

El Hombre Cristo Jesús es el objeto de la adoración.

Otra evidente inferencia de esta doctrina es que el hombre Cristo Jesús es el objeto de la adoración religiosa. Adorar, en el sentido religioso del término, es adscribir perfecciones divinas al objeto de la adoración. Por ello, la posesión de estas perfecciones es la única base apropiada para tal adoración. Consiguientemente, la humanidad de Cristo no es la base para la adoración, sino que entra en la constitución de aquella persona que, siendo Dios sobre todas las cosas y bendito para siempre, es el objeto de adoración de los santos y de los ángeles. Por ello, nosotros descubrimos que es Él a quien ellos vieron, sintieron, tocaron, a quien los Apóstoles adoraron como su Señor y Dios; a quien amaron de manera suprema, y a quien se consagraron a sí mismos como sacrificios vivientes.

Cristo puede simpatizar con Su pueblo.

Una tercera inferencia que los Apóstoles sacaron de esta doctrina es que Cristo es un sumo sacerdote misericordioso y fiel. Él es precisamente el Salvador que necesitamos. Dios como Dios, el Logos eterno, no podía ser o hacer lo que demandaban nuestras necesidades. Y mucho menos un hombre, por sabio, santo o benevolente que fuera, podría afrontar las necesidades de nuestras almas. Todo lo que necesitamos y todo lo que podemos desear es un Salvador que es a la vez Dios y hombre en dos naturalezas distintas y una persona para siempre. Como Dios está presente en todas partes, omnipotente e infinito en todos sus recursos para salvar y bendecir; y como hombre, o siendo también hombre, puede compadecerse de nuestras debilidades, fue tentado como nosotros a nuestra semejanza, exceptuando el pecado, quedó sujeto a la ley que nosotros habíamos violado, y soportó la pena en que habíamos incurrido. En Él mora toda la plenitud de la Deidad, en forma corporal, en forma de hombre, para ser accesible para nosotros, y así podemos participar de Su plenitud. Por ello, estamos completos en Él, sin carecer de nada.

El Logos encarnado es la fuente de la vida.

Las Escrituras enseñan que el Logos es vida eterna, poseyendo vida en Sí mismo, y que es también la fuente de vida, física, intelectual y espiritual. Enseñan además que su encarnación fue la condición necesaria de la comunicación de la vida espiritual a los hijos de los hombres. Él, por tanto, es el único Salvador, la única fuente de vida para nosotros. Nosotros llegamos a ser partícipes de esta vida, por unión con Él. Esta unión es en parte federal, establecida en los consejos eternos; en parte vital por la morada del Espíritu Santo; y en parte voluntaria y consciente por la fe. A aquellos que creen, a aquellos que le reciben como Dios manifestado en carne, Él viene a ser vida eterna. Porque no son ellos los que viven, sino Cristo que vive en ellos (Gá 2:20). La vida del creyente no es una vida corporativa, condicionada a una unión con ninguna organización externa llamada la Iglesia, porque todo el que invoque el nombre del Señor, esto es, todo aquel que le dé adoración religiosa a Él y espere en Él como su Dios y Salvador, será salvo, sea en una mazmorra o a solas en un desierto.

La exaltación de la Naturaleza Humana de Cristo.

Otra consecuencia de la unión hipostática es la exaltación de la humanidad de Cristo. Así como el cuerpo humano, en virtud de su unión vital con un alma inmortal, queda exaltado más allá de toda medida por encima de toda mera organización material en el universo (hasta allá donde se conoce o está revelado), así la humanidad de Cristo, en virtud de su unión con Su naturaleza divina, queda exaltada más allá de toda medida en dignidad y valor, e incluso en poder sobre todas las criaturas inteligentes. El cuerpo humano, sin embargo, no es ahora, ni será, incluso cuando sea hecho semejante al cuerpo glorioso de Cristo, tan exaltado como para dejar de ser material. De la misma manera, la humanidad de Cristo no está tan exaltada por su unión con Su naturaleza divina como para dejar de ser humana. Esto rompería el vínculo de simpatía entre Él y nosotros. Ha sido la falta piadosa de algunos cristianos que funden Su humanidad en Su Deidad. Este es un error tan real, si no tan fatal, como el de fundir Su Deidad en Su humanidad. Tenemos que aferrarnos a ambas verdades. «El Hombre Cristo Jesús», y «Dios bendito sobre todas las cosas», es el uno e indiviso e inseparable objeto de la adoración, del amor y de la confianza del pueblo de Dios, y cada uno de sus componentes puede decir:

«Jesús mi Dios, Su nombre conozco,
Su nombre mi confianza es toda;
A mi alma Él no avergonzará,
Ni dejará mi esperanza perder.»

5. Doctrinas erróneas y heréticas acerca de la Persona de Cristo.

Por llanamente que las verdades anteriormente mencionadas acerca de la persona de Cristo nos aparezcan reveladas en las Sagradas Escrituras, no fue sino después de un conflicto de seis siglos que llegaron a quedar tan plenamente formuladas como para asegurar el asentimiento general de la Iglesia. Tenemos que tener siempre presente la diferencia entre las especulaciones de los teólogos y la fe del gran conjunto del pueblo de Dios. Es falsa la presuposición de que las doctrinas enseñadas por los escritores eclesiásticos de una era particular constituían la fe de los creyentes de aquella edad. Las doctrinas de los teólogos están en su mayor parte determinadas por sus antecedentes y por la filosofía predominante de la época en que viven. Esto es inevitable. La fe del común del pueblo está determinada por la Palabra de Dios, por el culto del santuario, y por las enseñanzas del Espíritu. El pueblo de Dios se mantiene en gran medida ignorante de, o indiferente a, las especulaciones de los teólogos. No se puede dudar de que el gran conjunto del pueblo creyera desde el principio que Cristo era verdaderamente hombre, que era verdaderamente Dios, y que es una persona. Ellos no podían leer y creer las Escrituras sin que estas verdades quedaran grabadas en sus corazones. Todos los registros de sus confesiones, himnos y oraciones demuestran que ellos eran adoradores de Aquel que murió por los pecados de ellos. Y bajo esta luz fueron considerados y descritos por todos los escritores paganos coetáneos. Pero en tanto que el pueblo reposaba en estas realidades esenciales, los teólogos se veían forzados, desde dentro y desde fuera, a preguntar: ¿Cómo pueden ser estas cosas? ¿Cómo puede ser la misma persona Dios y hombre a la vez? ¿Cómo se relaciona la Deidad en la persona de Cristo con Su humanidad? Fue en las respuestas dadas a estas preguntas se suscitaron dificultades y controversias. Para evitar las grandes y evidentes dificultades relacionadas con la doctrina de la encarnación de Dios, algunos negaron Su verdadera divinidad; otros negaron la realidad o la integridad de Su naturaleza humana; otros explicaron de tal forma la naturaleza y los efectos de la unión que se interfería bien con la integridad de la naturaleza divina o de la humana de Cristo o con la unidad de Su persona.

Los Ebionitas.
Los errores que perturbaron la paz de la Iglesia primitiva acerca de esta y otras cuestiones surgieron o bien del Judaísmo, o bien de las filosofías paganas. Los judíos que se profesaban cristianos no pudieron, en muchos casos, como aprendemos por el mismo Nuevo Testamento, emanciparse de sus propias anteriores opiniones y prejuicios. Por una mala interpretación de sus Escrituras habían sido llevados a esperar un Mesías que sería cabeza de su nación en el mismo sentido que lo habían sido David y Salomón. Por ello, rechazaron a Cristo, que vino como varón de dolores, no teniendo donde reposar Su cabeza. Y de los que se vieron cons-

treñidos, por Sus doctrinas y milagros, a reconocerle como el Mesías prometido, muchos lo consideraban como un mero hombre, el hijo de José y de María, distinguido de todos los otros hombres sólo por Su santidad y Sus extraordinarias dotes. Este fue el caso con la secta conocida como los Ebionitas. El significado de este nombre es dudoso. Aunque corporativa y característicamente mantenían esta perspectiva pobre de la persona de Cristo como un mero hombre, se hace evidente, sin embargo, por los registros fragmentarios de los antiguos escritores, que divergían en gran manera entre ellos mismos, y que estaban divididos en diferentes clases. Algunos habían mezclado con sus opiniones judaicas más o menos de los elementos de la filosofía gnóstica. Esto era tanto más natural cuanto que muchos de los maestros del Gnosticismo eran judíos. Así, los Padres se refieren a los Ebionitas Judíos y a los Ebionitas Gnósticos. Hasta allí donde sus perspectivas de la persona de Cristo fueron modificadas por el Gnosticismo, dejaron de ser las perspectivas distintivas de los Ebionitas como un cuerpo.

Otra clase de cristianos judíos nominales es la conocida como los Nazarenos. Diferían poco de los Ebionitas Judíos. Ambos grupos insistían en la obligación continuada de la ley de Moisés, y ambos consideraban a Cristo como un mero hombre. Pero los Nazarenos reconocían Su concepción milagrosa, y así le elevaban por encima de todos los hombres, y le consideraban como el Hijo de Dios en un sentido peculiar. El reconocimiento de la deidad de Cristo, y la capacidad y buena disposición a unirse al culto del que Él era el objeto, fue desde el principio la condición indispensable para la comunión cristiana. Por ello, estas sectas judaicas, que negaban Su divinidad, existían fuera de la Iglesia, y no fueron reconocidas como cristianas.

Los Gnósticos.

Así como los Ebionitas negaban la divinidad, así los Gnósticos negaban Su humanidad en diferentes maneras. Fueron conducidos a esta negación por sus posturas acerca del origen del mal. Dios es la única fuente de bien. Como el mal existe, tiene que tener su origen no sólo fuera de Él, sino independientemente de Él. Pero Él es la fuente de todas las existencias espirituales. Por emanación de Su sustancia se producen seres espirituales. De ellos proceden otras emanaciones, y de estas aún otras, en un deterioro siempre en aumento, conforme a su distancia de la fuente primordial. El mal surge de la materia. El mundo no fue creado por Dios, sino por un espíritu inferior a Él, el Demiurgo, a quien algunas de las sectas gnósticas consideraban como el Dios de los judíos. El hombre consiste de un espíritu derivado de Dios combinado con un cuerpo material y un alma animal. Debido a esta unión de lo espiritual con lo material, el espíritu queda contaminado y esclavizado. Su redención consiste en su emancipación del cuerpo, a fin de capacitarlo para volver a entrar en la esfera de los espíritus puros, o perderse en Dios. Para llevar a cabo esta redención, Cristo, una de las más elevadas emanaciones de Dios (o Eones), vino al mundo. Era necesario que apareciera «en semejanza de hombre», pero era imposible que pudiera hacerse hombre sin sujetarse a la contaminación y servidumbre de la que vino a liberar a los hombres. Para enfrentarse a esta dificultad se adoptaron varias teorías. Algunos mantenían que Cristo no tenía un cuerpo real o que carecía de alma humana. Su manifestación terrenal en forma humana fue un fantasma, una mera apariencia sin sustancia o realidad. Por ello fueron llamados Docetistas, del verbo griego *dokeö*, que significa *aparentar, parecer ser*. Según esta clase de gnósticos, toda la vida terrenal de Cristo fue una ilusión. Él no nació, ni sufrió ni murió. Otros admitían que tenía un cuerpo real, pero negaban que fuera material. Enseñaban que estaba formado de alguna sustancia etérea o celestial, y que había sido traído por Cristo al mundo. Aunque nacido de la virgen María, no era de la sustancia de ella, sino que sólo fue a través de ella como molde que fue conformada su sustancia etérea. Por ello en los antiguos credos se explica que Cristo fue nacido no *per*, sino *ex Maria virgine*, lo que se explica como significando *ex substantia matris suae*. Fue también en oposición a esta herejía gnóstica los antiguos credos enfatizaron la declaración de que, en cuanto a Su naturaleza humana, Cristo es consustancial con nosotros. Otros, como los Cerintios, mantenían que Jesús y Cristo eran distintos. Jesús era un hombre ordinario, hijo de José y de María. Cristo era un espíritu o poder que descendió sobre Jesús en el momento de Su bautismo, deviniendo Su guía y guardián, y capacitándole para obrar milagros. En el momento de Su pasión, el Cristo se marchó, volviendo al cielo, dejando al hombre Jesús para que sufriera solo. Como nada está más claramente revelado en la Escritura, y como nada es más esencial al ser de Cristo como Salvador de los hombres que el que Él fuera verdaderamente hombre, todas estas teorías gnósticas fueron rechazadas como heréticas.

La doctrina Apolinaria.

Al ser rechazada la doctrina gnóstica que negaba de plano la naturaleza humana de Cristo, el siguiente intento fue dirigido contra la integridad de esta naturaleza. Muchos de los Padres antiguos, especialmente los de la escuela de Alejandría, habían presentado posturas de este elemento de la persona de Cristo que le alejaban más o menos de la clase del común de los hombres. No obstante, mantenían que Él era un verdadero hombre. Los Apolinarios, así llamados por Apolinar, un distinguido obispo de Laodicea, adoptaron la distinción platónica entre *söma*, *psuchë* y *pneuma* como tres sujetos o principios distintos en la constitución del hombre, y admitieron que Cristo tenía un verdadero cuerpo (*söma*) y alma animal (*psuchë*), pero no un espíritu racional o mente (*pneuma* o *nous*). En Él el Hijo Eterno, o Logos, suplieron la parte correspondiente a la inteligencia humana. Los Apolinarios fueron llevados a adoptar esta teoría en parte por la dificultad de concebir cómo pueden unirse dos naturalezas en una vida y consciencia. Si Cristo es Dios, o el Logos divino, él debe tener una inteligencia infinita y una voluntad omnipotente. Si es un hombre perfecto, ha de tener una inteligencia finita y una voluntad humana. ¿Cómo pues puede ser una persona? Esto, desde luego, es incomprensible; pero no involucra contradicción. Apolinar admitía que el *psuchë* y el *pneuma* de los hombres ordinarios, aunque eran dos principios distintos, están unidos en una vida y consciencia. La *psuchë* tiene su propia vida e inteligencia, y lo mismo sucede con el *pneuma*, y sin embargo las dos cosas son una. Pero una segunda e intensa inducción para la adopción de la teoría Apolinaria fue la doctrina que entonces era sustentada, por muchos, al menos, de los Padres Platonistas, de que la razón en el hombre es una parte del Logos divino o razón universal. De modo que la diferencia entre el hombre y Dios por lo que respecta a la inteligencia del hombre, es meramente cuantitativa. Si es así, es desde luego difícil concebir cómo podría haber en Cristo a la vez una parte del Logos y todo el Logos. La parte quedaría necesariamente predominada por el todo, o comprendida en el todo. Pero a pesar de la fuerza de este argumento *ad hominem* dirigido contra algunos de sus oponentes, la convicción de la Iglesia era tan poderosa acerca de que Cristo era un hombre perfecto, poseyendo en Sí todos los elementos de nuestra naturaleza, que la doctrina Apolinaria fue condenada en el concilio general de Constantinopla celebrado el 381 d.C., y pronto desapareció.

Nestorianismo.

Habiendo así quedado manifiesta la integridad de las dos naturalezas en Cristo, y declarada como la fe de la Iglesia, la siguiente cuestión que surgió trataba de las relaciones de las dos naturalezas, de la una con la otra, en la única persona de Cristo. El Nestorianismo es la designación adoptada en la historia de la iglesia para la doctrina que o bien afirma o implica una doble personalidad en nuestro Señor. El divino Logos fue descrito como morando en el hombre Cristo Jesús, de modo que la unión entre las dos naturalezas es algo análogo a la morada del Espíritu. Con ello se ponía en peligro la divinidad de Cristo. Se distinguía de otros hombres en los que moró Dios sólo por la plenitud de la presencia divina y por el control absoluto de lo divino sobre lo humano. Esta no era la doctrina manifiesta ni verdadera de Nestorio, pero sí fue la doctrina de que fue acusado, y la conclusión que se supuso a que conducían sus principios. Nestorio fue un hombre sumamente excelente y eminente; primero presbítero en Antioquía, y después Patriarca de Constantinopla. La controversia acerca de esta cuestión surgió de su defensa de uno de sus presbíteros, que negó que la Virgen María pudiera ser llamada de manera apropiada la Madre de Dios. Como esta designación de la bienaventurada Virgen había ya recibido la sanción de la Iglesia, y era familiar y querida para el pueblo, la objeción de Nestorio a su uso excitó una oposición general y violenta. Sólo por esto fue acusado de herejía. [...] Lo que Nestorio realmente significaba, según su propia declaración, era simplemente que Dios, la naturaleza divina, no podía ni nacer ni morir. En su tercera carta a Celestino, Obispo de Roma, dijo: «Ego autem ad hanc quidem vocem, quae est theotokos, nisi secundum Apollinaris et Arri furorem ad confusionem naturarum proferatur, volentibus dicere non resisto; nec tamen ambigo quia haec vox *theotokos* illi voci cedat, quae est *christotokos*, tanquam prolatae ab Angelis et evangelistis.» Lo que él declaró fue: «Non peperit creatura creatorem, sed peperit hominem deitatis instrumentum. [...] Spiritus sanctus [...] Deo Verbo templum fabricatus est, quod habitaret, ex virgine.» [...] El principal oponente de Nestorio fue Cirilo de Alejandría, que aseguró su condena con medios violentos en el Sínodo de Éfeso el 431 d.C. Esta decisión irregular fue resistida por los obispos griegos y sirios, de manera que la controversia, al menos durante un cierto tiempo, constituyó un conflicto entre estas dos secciones de la Iglesia. Finalmente, Nestorio fue depuesto y desterrado, y murió en el 440 d.C. Sus seguidores emigraron hacia Persia, y se organizaron en una comunión separada, que sigue existiendo en nuestros días.

Eutiquianismo.

Así como Nestorio dividió las dos naturalezas de Cristo hasta casi llevar a la suposición de dos personas, sus oponentes fueron llevados al extremo opuesto. En lugar de dos naturalezas, insistían que en Cristo sólo había una. El mismo Cirilo había enseñado lo que claramente implicaba esta idea. Según Cirilo, hay sólo una naturaleza en Cristo, por cuanto mediante la encarnación, o unión hipostática, lo humano fue mudado en divino.[1] Entre los teólogos Alejandrinos extremos se ignoró la humanidad de Cristo. Era el Logos quien había nacido, el Logos quien sufrió y murió. Todo en Cristo era divino, incluso su cuerpo.[2] La oposición entre los obispos sirios y egipcios (Antioquía y Alejandría) se hizo tan pronunciada que cualquier distinción de naturalezas en Cristo llegó a ser denunciada por estos últimos como Nestorianismo. Pero fue Eutico, un presbítero de Constantinopla, uno de los más enérgicos defensores de las ideas de Cirilo y oponente de Nestorio, quien llegó a ser el representante de esta doctrina, que desde entonces ha llevado su nombre. Fue por ello acusado de herejía, y fue condenado en un concilio convocado por el Patriarca de Constantinopla. Eutico admitía que antes de la encarnación había dos naturalezas, pero después sólo una. *Homologö ek duo phuseöngegënnesthai ton kurion hëmön pro tës henöseös, meta de tën henösin, mian phusin homologö.* Pero, ¿cuál fue la naturaleza que resultó de la unión de las dos? La humana podría ser exaltada a la divina, o perdida en ella, como una gota de vinagre (para emplear una de las ilustraciones entonces empleadas) en el océano. Entonces Cristo dejó de ser hombre. Y por cuanto la unión de las naturalezas tuvo lugar desde el principio, toda la vida humana terrenal de Cristo devino una ilusión, una vacía apariencia. ¿Dónde tenemos, pues, Su obra

---

1. Véase Dorner, Hagenbach y Münscher acerca de esta controversia.
2. Neander, *Dogmengeschichte*, Vol. I, pág. 349.

redentora, y Su vínculo o simpatía con nosotros? O el efecto de la unión hubiera podido ser fundir lo divino en lo humano, de modo que a fin de cuentas la una naturaleza fuera sólo, después de todo, una naturaleza humana. Entonces se negaba la verdadera divinidad de Cristo, y teníamos sólo un salvador humano. O bien el efecto de la unión de las dos naturalezas fue la producción de una tercera, que no era ni humana ni divina, sino teantrópica, como sucede en las combinaciones químicas cuando se unen un ácido con una base, produciéndose una sustancia que ya no es ni ácida ni alcalina. Entonces Cristo, en lugar de ser Dios y hombre, ya no es ni Dios ni hombre. Esto, al ser contrario a las Escrituras, y al poner a Cristo fuera del campo de las simpatías humanas, estaba en oposición a las íntimas convicciones de la Iglesia.

La condena de Eutico en Constantinopla indignó en sumo grado a Dióscoro, obispo de Alejandría, y a sus asociados. Por medio de su influencia se convocó un sínodo general en Éfeso en el 449 d.C., del que fueron excluidos por la fuerza los oponentes de Eutico, y su doctrina de una naturaleza en Cristo fue formalmente aprobada. El Concilio pasó luego a excomulgar a los que enseñaban la doctrina contraria, y Eutico fue restaurado a su cargo. Las doctrinas del Concilio (conocido en la historia como «el concilio ladrón») recibieron la sanción del emperador Teodosio. Pero al morir al año siguiente, y siendo su sucesor hostil a Dióscoro, convocó otro sínodo general, que se reunió en Calcedonia el 451 d.C. Aquí Dióscoro fue depuesto, y la carta de León de Roma a Flaviano de Constantinopla fue adoptada como la verdadera exposición de la fe de la Iglesia. Y en armonía con las distinciones que aquella carta contenía, el Concilio redactó su confesión, en la que se dice:[3] «Enseñamos que Jesucristo es perfecto por lo que respecta a la Deidad, y perfecto por lo que respecta a la condición humana; que Él es verdaderamente Dios, y verdaderamente hombre consistiendo de un alma racional y de un cuerpo; que Él es consustancial con el Padre en cuanto a Su divinidad, y consustancial con nosotros en cuanto a Su humanidad, y como nosotros en todos los respectos, el pecado exceptuado. Fue engendrado por el Padre antes de la creación (*pro aiönön*) en cuanto a Su deidad; pero en estos últimos días Él, por nosotros, y para nuestra salvación, nació de María Virgen, la madre de Dios en cuanto a Su humanidad. Él es uno y el mismo Cristo, Señor, unigénito, existiendo en dos naturalezas sin mezcla, sin cambio, sin división, sin separación; no quedando en absoluto destruida la diversidad de las dos naturalezas por su unión en la una persona, sino que más bien se preserva la propiedad particular de cada naturaleza, concurriendo en una persona y una subsistencia.» Este fue uno de los seis Concilios generales con cuyas decisiones profesaron su acuerdo todos los Protestantes en el tiempo de la Reforma. La Iglesia Latina recibió con agrado esta confesión del Concilio de Calcedonia, pero se encontró con gran oposición en algunas partes, especialmente en Palestina y Egipto, y por ello la controversia acerca de esta cuestión no terminó. Este conflicto resultó en grandes desórdenes y derramamiento de sangre en Palestina y Egipto, e incluso una revolución en Constantinopla. Fue depuesto un Emperador, y entronizado otro. Después de casi dos siglos de controversia, el Emperador Heraclio trató de lograr una reconciliación llevando a las dos partes a admitir que en Cristo había dos naturalezas, pero sólo una voluntad y operación, *mia theandrikë energeia*. Este esfuerzo tuvo éxito hasta el punto de que una porción de los Monofisitas asintieron a esta modificación del credo del Concilio de Calcedonia; pero los más decididos de este partido y el gran conjunto de los ortodoxos rehusaron. La controversia, después de esto, giró especialmente acerca de la cuestión de si hay sólo una voluntad, o dos voluntades en Cristo. Si sólo había una, entonces, tal como declaraban los

---

3. *Acta Quinta, Binius, Concilia Generalia, Vol. II. parte 1,* pág. 253. e.f.

ortodoxos, sólo podía haber una naturaleza, porque la voluntad es uno de los elementos o facultades esenciales de una naturaleza racional. Negar una voluntad humana a Cristo era negar que Él tuviera una naturaleza humana o que fuera verdaderamente hombre. Además, impedía la posibilidad de que hubiera sido tentado, y por ello contradecía las Escrituras, y lo separaba de Su pueblo en el sentido de que no podía simpatizar con ellos en sus tentaciones. Por ello, el esfuerzo de Heraclio resultó frustrado, y la controversia prosiguió acerbamente, hasta que finalmente el sexto concilio general celebrado en Constantinopla el 681 d.C. se decidió de manera autoritativa en favor de la doctrina de que en la una persona de Cristo, así como hay dos naturalezas distintas, humana y divina, hay necesariamente dos inteligencias y dos voluntades, la una falible y finita, la otra inmutable e infinita. Cristo fue tentado, y por ello había la posibilidad metafísica de que Él hubiera cedido. Según este Concilio la persona de Cristo no sólo fue formada[4] *ek duo phuseön*, sino que consiste desde la unión hipostática en *duo phusesi*, y dice en nombre de la Iglesia que hay *duo phusikas thelëseis ëtoi thelëmata en autö, kai duo phusikas energeias adiairetös, atreptös, ameristös, asunchutös kata tën tön hagiön paterön didaskalian hösautös këruttomen*. Los Monotelitas, que quedaron así condenados, fueron perseguidos y echados hacia oriente, donde se han perpetuado en la secta de los Maronitas.

Con este concilio cesó el conflicto acerca de esta doctrina en el sentido de que desde entonces no ha habido posteriores modificaciones de la doctrina de la Iglesia. La decisión contra Nestorio, en la que se afirmó la unidad de la persona de Cristo; la que se dio en contra de Eutico, afirmando la distinción de las naturalezas, y la tomada contra los Monotelitas, declarando que la posesión de una naturaleza humana involucraba necesariamente la posesión de una voluntad humana, han sido recibidas como la verdadera fe por la Iglesia universal, la Griega, Latina y Protestante.

Durante la Edad Media, aunque la persona de Cristo fue objeto de diversas especulaciones por parte de escritores individuales, no se dio una oposición abierta ni organizada contra las decisiones de los concilios anteriormente mencionados.

6. La doctrina de las Iglesias Reformadas.

En la época de la Reforma, los Reformados se adhirieron estrictamente a la doctrina de la Iglesia Primitiva. Esto es evidente en las diferentes Confesiones adoptadas por los varios cuerpos Reformados, especialmente en la Segunda Confesión Helvética, que [...] revisa y rechaza todas las antiguas herejías acerca de esta cuestión, y adopta el lenguaje de los antiguos credos. [...] Así se hace patente que los Reformados rechazaron de manera concreta todos los errores acerca de la persona de Cristo que habían sido condenados en la Iglesia primitiva: los errores de Arrio, de los Ebionitas, de los Gnósticos, el Apolinarismo, Nestorianismo, Eutiquianismo, y el Monotelitismo, así como la peculiar doctrina Luterana introducida en la época de la Reforma. Los Reformados enseñaron lo que enseñaron los seis primeros concilios generales, y lo que recibió la Iglesia universal: ni más, ni menos. Con esto concuerda la precisa y hermosamente clara declaración de la Confesión de Westminster: «El Hijo de Dios, la segunda persona de la Trinidad, siendo verdadero y eterno Dios, igual y de una sustancia con el Padre, habiendo llegado la plenitud del tiempo, tomó sobre sí la naturaleza humana con todas sus propiedades esenciales y con sus debilidades comunes, mas sin pecado. Fue concebido por el poder del Espíritu Santo en el vientre de la Virgen María, de la sustancia de ella. Así que, dos naturalezas completas, perfectas y distintas, la divina y la humana, se unieron in-

---

4. Binius, Concilia Generalis, Colonia, 1618, vol. III, parte 1, sec. 1, págs. 230, 231.

separablemente en una persona, pero sin conversión, composición o confusión alguna. Esta persona es verdadero Dios y verdadero hombre, un solo Cristo, el único mediador entre Dios y el hombre.»[5]

7. La doctrina Luterana.

En sus símbolos, los Luteranos adoptan todas las decisiones doctrinales de la Iglesia primitiva acerca de la persona de Cristo. Por ello, mantienen ellos: (1) Que Cristo es verdadero Dios y verdadero hombre. (2) Que tiene dos naturalezas distintas, humana y divina; que en cuanto a la última Él es consustancial con el Padre, y que en cuanto a la primera es consustancial con los hombres. (3) Que Él es una persona. Hay uno, y no dos Cristos. (4) Que las dos naturalezas están íntimamente unidas, pero sin confusión ni cambios. Cada naturaleza retiene sus propias y peculiares propiedades. No obstante, ellos sostienen que los atributos de la primera naturaleza fueron comunicados a la segunda. Admiten una «communio idiomatum» en el sentido de que todo lo que es cierto de cada naturaleza es cierto de la persona. Pero además de esto, insisten en que se trata de una «communicatio naturarum». Y por naturaleza, en este contexto, se refieren a esencia. En sus símbolos y escritos aparece frecuentemente la fórmula «natura, seu substantia, seu essentia». Esta esencia divina es comunicada a la humana. La una interpenetra a la otra. Están «mezcladas» (*commiscentur*). No se transforman en una esencia, sino que permanecen como dos; pero donde está la una está la otra; lo que hace la una lo hace la otra. Lo humano es tan verdaderamente divino como la esencia eterna de la Deidad, excepto que no es divina *ex se*, sino por comunicación. (5) Sin embargo, como sería menospreciativo de la naturaleza divina suponerla sujeta a las limitaciones y debilidades de la humanidad, se dice que esta comunicación de atributos se limita a la naturaleza humana. Ésta recibe perfecciones divinas, pero la divina no recibe nada de la humana. (6) La naturaleza humana de Cristo, por tanto, es omnipotente, omnisciente, y en todas partes presente tanto como alma y como cuerpo. (7) Por cuanto esta transferencia de atributos divinos de la naturaleza divina a la humana es consecuencia de la encarnación, o más bien la constituye como tal, comenzó cuando comenzó la encarnación, y consiguientemente en el vientre de la Virgen María. (8) La humillación de Cristo consistió principalmente en la ocultación o no empleo de las perfecciones divinas de su naturaleza humana mientras estaba en la tierra; y Su exaltación en la manifestación de la gloria divina de Su humanidad. [...] (9) Sin embargo, Cristo, cuando estaba en la tierra, e incluso mientras estaba en el vientre de la Virgen, estaba en todas partes presente en cuanto a su alma y en cuanto a su cuerpo.

El enunciado anterior se cree que es una descripción correcta de la doctrina de la Iglesia Luterana tal como se presenta en el capítulo octavo de la «Fórmula de Concordia». Sin embargo, no es pequeña la dificultad para determinar cuál es verdaderamente la doctrina luterana. La Cristología de Lutero, aunque muy clara y pronunciada en ciertos puntos, era indefinida y dudosa en otros. Sus sucesores difirieron seriamente entre ellos. Uno de los principales objetivos de la «Fórmula de Concordia» fue decidir las cuestiones objeto de disputa. Ello se hizo mediante contemporizaciones. Ambos partidos hicieron concesiones, y sin embargo ambos insistieron en que se enunciaran sus puntos de vista particulares en una u otra parte de aquel documento. Por ello, es difícil, si no imposible, conciliar algunas secciones de la «Fórmula de Concordia» con otras. De hecho, no dio fin a las divisiones que tenía el propósito de sanar.

---

5. Cap. VIII, No. 2.

Diferentes opiniones entre los luteranos.

Los principales puntos de disensión entre los teólogos luteranos acerca de la persona de Cristo eran los siguientes: La naturaleza y los efectos de la unión de las naturalezas en Cristo; la base de esta unión; y el tiempo en que tuvo lugar. La Iglesia Reformada, al adherirse a la doctrina tal como había quedado establecida en el Concilio de Calcedonia, mantuvo que existe una diferencia tan esencial entre la naturaleza divina y la humana, que la una no podía devenir la otra, y que la una no era capaz de recibir los atributos de la otra. Si Dios llegara a quedar sujeto a las limitaciones de la humanidad, dejaría de ser Dios; y si el hombre recibiera los atributos de Dios, dejaría de ser hombre. Esto era considerado como una verdad patente. La «comunión de atributos» que admitían los Reformados, en concordancia con la fe de la Iglesia, se refería sólo a la persona de Cristo, no a Sus naturalezas. Cristo poseía todos los atributos de la humanidad y de la divinidad, pero las dos naturalezas permanecían distintas; así como un hombre es sujeto de todo lo que se pueda predicar de su cuerpo y de su alma, aunque los atributos del uno no sean predicables de la otra. Los luteranos mantenían que, conforme a esta postura, las dos naturalezas quedaban tan separadas como *duo asseres agglutinatos*. Y pronunciaron que esto no sería una verdadera encarnación. Los Reformados reconocían que Jesucristo, el hijo de la Virgen María, es una persona divina, pero negaron que Su naturaleza humana fuera divina. Los luteranos mantenían que el hombre vino a ser Dios, y que lo humano devino divino. En caso contrario Cristo, revestido de nuestra naturaleza, no podía ser objeto de adoración divina. Como si no pudiéramos reverenciar a un hombre excepto si creyéramos que los atributos de su mente habían sido transferidos a su cuerpo.

Aunque los teólogos luteranos concuerdan en cuanto al hecho de que el hombre Jesús devino Dios, difieren en cuanto al modo en que esto se llevó a cabo. El lenguaje de ellos en cuanto al hecho es tan enérgico como se pueda expresar. Así Brentius, el amigo de Lutero y el Reformador de Würtemberg, en su obra *De Personali Unione*, dice que si el Logos «no tenía la intención de permanecer fuera de Cristo bien personalmente, o bien con su naturaleza, sino que se propuso hacerse hombre, necesariamente tenía que exaltar la humanidad a Su propia majestad. En esto, de hecho, consiste la encarnación, en que el hombre Cristo no meramente nunca existió ni obró sin el Logos, sino también que el Logos nunca existió ni obró sin el hombre que había tomado; y ello sólo fue posible mediante la elevación de la humanidad a una igual dignidad con el Logos, la encarnación consiste precisamente en esta elevación: la una es idéntica a la otra».[6] Según la filosofía de Zuinglio, no hay proporción entre lo finito y lo infinito; pero en la filosofía de Dios, la humanidad finita puede también volverse infinita».[7] Así, la naturaleza humana de Cristo es poseedora de todos los atributos divinos. Llena el cielo y la tierra. Es omnisciente y omnipotente. [...] Siendo este el caso, admitiéndose que el hombre llegue a ser Dios, que lo humano se vuelva divino, lo finito infinito, surge la cuestión: ¿Cómo puede ser? ¿Cómo se comunica la divinidad así a la humanidad? Es en la respuesta a estas preguntas donde aparecen las inconsistencias no sólo en las opiniones de los teólogos, sino también en los libros simbólicos. Era un principio de la escuela de Wittenberg de los teólogos luteranos que la naturaleza humana no es capaz de divinidad. Así es también con Chemnitz, el más grande de los teólogos de la era posterior a la Reforma. En su obra *De Duabus Naturis in Christo, de Hypostatica Earum Unione, de Communicatione Idiomatum*, etc., dice Dorner: «él refuta de la manera más vigorosa una "physica, naturalis communicatio" o "transfusio idiomatum"; y con no menos calor niega él la "capacitas" de una "natura finita" para el "infinitum" si ello significa más que el que lo divino pueda morar y obrar en

---

6. *History of the Development of the Doctrine of the Person of Christ*, por el Dr. J. A. Dorner. Traducido por el Rev. D. W. Simon, Edimburgo, T. y T. Clark, 1862. División II. Vol. II. pág. 180.
7. *Ibid.*, pág. 183.

el hombre».[8] En cuanto a la ubicuidad del cuerpo de Cristo, se disentía de manera aún más decidida.[9] Sin embargo, esta idea de la capacidad de la naturaleza humana para la divinidad vino a ser la idea formadora en la doctrina luterana de la persona de Cristo.

Una diversidad no menor es la que aparece en la respuesta a la pregunta: ¿Qué se significa por la comunicación de las naturalezas? A veces se dice que es una comunicación de la esencia de Dios a la naturaleza humana de Cristo; a veces una comunicación de atributos divinos; y a veces se dice que no se significa nada más que el que lo humano es hecho el órgano de lo divino.[10] Lo primero tiene autoridad simbólica en su favor, y es lo más congruente con la teoría. Es el sentido propio de las palabras, porque por cuanto en la Fórmula de Concordia *natura* es constantemente explicada por las palabras *substantia* y *essentia*, una comunicación de naturaleza es una comunicación de esencia. La una no es cambiada en la otra, pero las dos son entremezcladas y mixturadas sin quedar confundidas.

La ilustración favorita de esta unión de dos naturalezas se derivó del hierro caliente. En este caso (según la teoría del calor que entonces se sostenía), quedaban unidas dos sustancias. La una interpenetra la otra. El hierro recibe los atributos del calórico. Resplandece y quema. Allí donde está el hierro, ahí está el calórico. Pero lo uno no cambia a lo otro. El hierro sigue siendo hierro, y el calor sigue siendo calor. Esto es muy ingenioso, pero, como sucede frecuentemente, la analogía falla precisamente en el punto que se quiere ilustrar. El punto que se quiere explicar es cómo el hombre deviene Dios y Dios hombre; cómo lo humano se transforma en divino, y lo finito en infinito. En la ilustración, el calor no se transforma en hierro, ni el hierro en calor. La única relación entre ambos es una yuxtaposición espacial. Pero en la doctrina lo humano se torna divino; el hombre deviene en Dios.

Un segundo punto de disensión, aunque menor, era que algunos atribuían la comunión de los atributos de las dos naturalezas a la unión hipostática, mientras que otros mantenían que la unión era el resultado de la comunicación de la naturaleza divina a la humana.

Sin embargo, la principal dificultad y la fuente principal de diversidad se relacionaba con el tiempo y el modo de la unión de las dos naturalezas. Ya hemos visto que un partido mantenía que esta unión tuvo lugar en el momento de la «concepción milagrosa». La concepción fue la ascensión. Así como la unión de lo divino con la naturaleza humana hizo divina la humana, se volvió *instanter* omnipresente, omnipotente e infinitamente exaltada. El efecto de la encarnación fue que el *logos* ya no existió *extra carnem*, ni tampoco era la *caro extra logon*. Lo que sea el uno lo es la otra; lo que sepa el uno lo sabe la otra; lo que uno haga lo hace la otra; y toda aquella majestad, gloria o bienaventuranza que tenga el uno lo tiene asimismo la otra. «Tan ciertamente como el acto de la encarnación comunica la esencia divina a la humanidad, con la misma certidumbre tiene que ser comunicada esta verdadera omnipresencia, y no meramente su potencia, que no existe, a la carne de Cristo.»[11] La «Fórmula de Concordia» enseña la misma doctrina[12] . [...]

---

8. Dorner, Div. II, Vol. II, pág. 200.
9. Acerca de este punto, Dorner, en la pág. 240. nota, dice: «Selnekker designa la "Ubiquitas absoluta figmentum Sathanae" (Chemnitz, un "monstrum" y "portentum"), y sin embargo suscribió la fórmula bergana que incluía las palabras de Lutero: "omnia in universum plena esse Christi etiam juxta hurnanam naturam", que dice en repetidas ocasiones: Que no cree que allí donde está el Logos también está la humanidad de Cristo, divide a la persona; lo que asume la doctrina de Lutero de los tres modos de existencia del cuerpo de Cristo -y también aquella según la cual "Christi corpus repletive, absolute ut Deus, in omnibus creaturis sit".»
10. Dorner dice de Chemnitz: «En sus más elevadas declaraciones Cristológicas, el Hijo del hombre no es más que un órgano movido por Dios: descripción a la que hasta los Wittenbergianos objetaron.» *Person of Christ*, div. II, Vol. II. pág, 203, nota.
11. Dorner, div. II, Vol. II, pág. 284. Dorner hace la observación, citada en el texto, con referencia especial a la doctrina de los teólogos de Tubinga. Sin embargo, se aplica a todas las formas de la teoría luterana.
12. VIII. X; Hase, Libri Symbolici, pág. 608.

Pero esto supone que toda la vida terrenal de Cristo fue una ilusión. No podía haber crecimiento ni desarrollo de su naturaleza humana. Él era omnisciente y omnipotente cuando era un bebé no nacido. La Biblia dice que Él creció en conocimiento; esta teoría dice que Él sabía todas las cosas desde el principio; que Él era el gobernador del universo cooperando en toda la actividad del Logos cuando estaba en el vientre de la Virgen. Que Él era supremamente bendito en cuanto a su naturaleza humana cuando oraba en el huerto y en la cruz; y que estaba vivo por lo que respecta a su alma y cuerpo mientras yacía en la tumba. Si esto es así, Él jamás padeció y murió, y no ha habido redención por medio de Su sangre.

Para evitar las fatales consecuencias de su teoría, los luteranos fueron llevados a unas diferentes y sutiles explicaciones contradictorias. Según algunos, no hubo una comunicación *real* de la esencia divina y de sus atributos a la naturaleza humana hasta después de Su resurrección. El Logos estaba en Él sólo potencialmente. Hubo por parte de la naturaleza divina una *retractio*, o *hësuchazein*, o quietud, de modo que era como si no estuviera allí. Según otros, hubo un voluntario *krupsis* o velado de Sí mismo o de Su divina gloria por parte de la humanidad de Cristo. Según otros, esta humillación fue más bien el acto del Dios-hombre, que sólo ocasionalmente reveló el hecho de que la naturaleza humana era divina. Ninguna explicación podía resolver las dificultades de esta cuestión, porque éstas son inseparables de la presuposición de que la naturaleza humana de Cristo estaba repleta de los atributos divinos desde el momento de su concepción milagrosa. Es una contradicción decir que la misma mente individual era omnisciente y sin embargo desconocedora, y que aumentó en conocimiento; que la misma alma racional era al mismo tiempo supremamente feliz y triste hasta la muerte; que el mismo cuerpo estaba potencialmente vivo, y sin embargo realmente muerto. Por la naturaleza de la cuestión, no puede haber diferencia entre la *ktësis* y la *chrësis* de tales atributos divinos como la omnisciencia y la omnipresencia. Se necesitaría de un volumen para reseñar los detalles de las controversias entre las diferentes escuelas de los teólogos luteranos acerca de este y otros puntos relacionados. Todo lo que es de esperar aquí es este bosquejo general.[13]

Observaciones acerca de la doctrina luterana.

1. La primera observación que se sugiere por sí sola acerca de esta doctrina luterana es su contraste con la sencillez del evangelio. El Nuevo Testamento predica de nuestro Señor Jesucristo todo lo que se puede predicar de un hombre sin pecado, y todo lo que puede predicarse de una persona divina. Es simplemente enunciar este hecho de otra manera el decir que la Biblia enseña que el eterno Hijo de Dios se hizo hombre tomando para Sí un verdadero cuerpo y una alma racional, y que así fue y sigue siendo Dios y hombre, con dos naturalezas distintas y una persona para siempre. Todo lo que vaya más allá de esto es mera especulación. No contentos con admitir el hecho de que las dos naturalezas están unidas en la una persona de Cristo, los teólogos luteranos insisten en explicar el hecho. Están dispuestos a reconocer que dos naturalezas o sustancias, alma y cuerpo, se unen en la única persona del hombre, sin pretender explicar la naturaleza esencial de la unión. ¿Y por qué entonces no pueden recibir el hecho de que las dos naturalezas están unidas en Cristo sin filosofar acerca de ello? Por ello, la primera objeción es que la doctrina luterana es un intento de explicar lo inescrutable.

2. Una segunda objeción es que el carácter de la explicación quedó determinado por las peculiares opiniones de Lutero acerca de la Cena del Señor. Creía él que el cuerpo y la sangre

---

13. Estos detalles se pueden encontrar tratados extensamente en la obra mayor de Corner acerca de la Persona de Cristo, a la que ya se ha hecho referencia, y en la obra titulada *Christi Person und Werk; Darstellung der evangelisch-lutherischen Dogmatik vom Mittelpunkte der Christologie aus*. Von G. Thomasius D. und ord. Profesor der Theologie an der Universität Erlangen. En dos volúmenes, 1853 y 1857.

Capítulo 3–LA PERSONA DE CRISTO

de Cristo están real y localmente presentes en la Eucaristía. Y cuando se le preguntó: ¿Cómo puede el cuerpo de Cristo, que está en el cielo, estar presente en muchos lugares diferentes a la vez?, él respondió que el cuerpo de Cristo está en todas partes. Y cuando se le preguntó: ¿Y cómo puede ser?, su única respuesta fue que en virtud de la encarnación fueron comunicados los atributos de la naturaleza divina a la humana, de manera que donde está el Logos, allí tienen que estar el alma y el cuerpo de Cristo.

Hay dos cosas especialmente destacables en Lutero como teólogo. La primera es su total sujeción a la autoridad de la Escritura, tal como él la entendía. Además, parece que nunca dudaba de lo correcto de sus interpretaciones, ni estaba tampoco dispuesto a tolerar dudas por parte de los demás. En cuanto a cuestiones no claramente determinadas en la Biblia, según él pensaba, se mostraba sumamente tolerante y liberal. Pero con respecto a aquellos puntos que él creía que estaban enseñados en la Palabra de Dios, no admitía ni dudas ni disensiones. El otro marcado rasgo en su carácter era su poder de fe. Podía creer no sólo aquello que repugnaba a sus sentimientos, sino lo que estaba directamente opuesto a su sistema, e incluso aquello que era de natural imposible. Su doctrina cardinal era «la justificación por la sola fe», como tradujo él Romanos 3:28. Enseñó constantemente no sólo que nadie podía salvarse sin fe en Cristo, sino que sólo la fe era necesaria. Sin embargo, por cuanto él entendió que nuestro Señor enseñaba en Juan 3:5 que el bautismo es esencial para la salvación, afirmó su absoluta necesidad, aunque muy en contra de su voluntad. Para conciliar esta enseñanza con su doctrina de la necesidad y suficiencia de la fe, sostuvo que los recién nacidos ejercitaban fe al ser bautizados. Aunque por fe él significaba la recepción inteligente, voluntaria y cordial de Cristo tal como Él es ofrecido en el evangelio. De la misma manera, él aborrecía la doctrina Romanista de la transubstanciación, y estaba acerbamente opuesto a todas las sutilezas del escolasticismo. Pero por cuanto entendió literalmente las palabras de nuestro Señor «Esto es mi cuerpo», adoptó todas las sutilezas, incongruencias, y, podríamos decir, imposibilidades, involucradas en la doctrina de la ubicuidad del cuerpo de Cristo. Un cuerpo incluye la idea de forma así como la de sustancia. El cuerpo de un hombre no es el agua, amoníaco y otras sustancias orgánicas de que está compuesto. Es desde luego una gran objeción a cualquier doctrina que deba su existencia principalmente al deseo de sustentar una falsa interpretación de la Escritura.

Los luteranos, desde luego, niegan que su doctrina acerca de la persona de Cristo sea de esta forma subordinada a sus posturas acerca de la Cena del Señor. Incluso Dorner, en un pasaje, parece adoptar el mismo terreno. Pero en otros lugares admite esto de manera plena. Así, hablando de Lutero, dice que él «no desarrolló sus profundas y plenas intuiciones cristológicas de una manera doctrinal organizada. Bien al contrario, su controversia con los suizos le había llevado a la adopción de principios divergentes simples, que ayudaron a reducir la Cristología al rango de seguidora en el tren de otra doctrina, en lugar de concederle una vida independiente y una esfera propia».[14] Y en la siguiente página él dice: «Incluso los campeones de la paz entre los partidos evangélicos pusieron su Cristología en una posición de dependencia con respecto a la doctrina de la Eucaristía, que casi implicó la pérdida íntegra de los grandes rasgos de la doctrina de Lutero.»

3. Se debe objetar a la doctrina luterana no sólo que trata de explicar lo que es un misterio inescrutable, y que la explicación deriva su carácter de los puntos de vista de Lutero de la Eucaristía, sino también que la explicación misma es totalmente insatisfactoria. En primer lugar, es unilateral. Insiste en una comunicación de las naturalezas y en una comunión de atributos.

---

14. Dorner, *History of the Doctrine on the Person of Christ*, div. II, Vol. II, pág. 172.

Los luteranos mantienen que Dios se hizo hombre tan verdaderamente como, y en el mismo sentido en que el hombre devino Dios. Sin embargo, niegan que la naturaleza divina recibiera nada de la humana, o que Dios quedara en absoluto sujeto a las limitaciones de la humanidad. Sin embargo, tal limitación parece estar involucrada en la doctrina luterana de la humillación de Cristo. La idea es que después de la encarnación el Logos no es *extra carnem*, que toda Su actividad es con y por medio de la actividad de Su humanidad; y sin embargo, se afirma que cuando estaba en la tierra Su humanidad no ejerció, salvo en ocasiones, Sus perfecciones divinas. Esto parece necesariamente implicar la admisión de que el Logos no ejerció estas perfecciones durante el período de la humillación. Esto es, que mientras Cristo estuvo en la tierra, el conocimiento y poder del Logos quedaron medidos y circunscritos por el conocimiento y poder del alma humana de Cristo. Esta es la moderna doctrina de la *kenösis*, que Lutero rechazó. Rehusó, dice Dorner, «comprar un crecimiento real de la unidad vital divina-humana al precio de una depotenciación o auto-vaciamiento del Logos».[15]

En segundo lugar, la doctrina de que tratamos carece de todo apoyo escriturario. Casi todos los argumentos derivados de las Escrituras que los luteranos apremian se encuentran en pasajes en los que la persona de Cristo es denominada por su naturaleza humana cuando se le adscriben atributos o prerrogativas divinas. Así, por el hecho de que se dice; «El Hijo del Hombre está en el cielo», se infiere que la naturaleza humana, esto es, el alma y el cuerpo de Cristo, estaban en el cielo mientras que Él estaba en la tierra. Pero ellos no llevan hasta el fin este principio, y arguyen que debido a que Cristo está denominado conforme a Su naturaleza divina cuando se le adscriben las limitaciones de la humanidad, que por ello mismo Su naturaleza divina está limitada. Pero si el hecho de ser llamado Dios cuando se dice que compró la Iglesia con Su sangre no demuestra que la naturaleza divina sufrió la muerte, tampoco demuestra la ubicuidad de Su humanidad el hecho de que sea llamado el Hijo del Hombre cuando se dice de Él que está en el cielo. Y se debe atribuir aún menos importancia al argumento basado en pasajes en los que el Teantropo es el sujeto al que se adscriben perfecciones y prerrogativas divinas. El hecho de que nuestro Señor dijera: «Toda autoridad me ha sido dada en los cielos y sobre la tierra» no demuestra más la omnipotencia de Su naturaleza humana que el que Su declaración «Antes que Abraham fuera, yo soy» sea demostración de que Su humanidad sea eterna. Si decir que el hombre es una criatura racional no implica que su cuerpo piense, decir que Jesucristo es Dios no implica que Su naturaleza humana sea divina. Si la unión personal entre el alma y el cuerpo en el hombre no implica que los atributos del alma sean comunicados al cuerpo, entonces la unión personal de las dos naturalezas en Cristo no implica que los atributos divinos sean comunicados a Su humanidad.

En tercer lugar, la doctrina luterana destruye la integridad de la naturaleza humana de Cristo. Un cuerpo que llena la inmensidad no es un cuerpo humano. Un alma omnisciente, omnipresente y omnipotente no es un alma humana. El Cristo de la Biblia y del corazón humano se pierde si esta doctrina es cierta.

En cuarto lugar, la doctrina luterana es contraria a toda la tendencia de la enseñanza de la Palabra de Dios y de toda la Iglesia. Si hay algo que sea claramente revelado en las Escrituras acerca de nuestro Señor, y si hay algo a lo que se aferra instintivamente el corazón del creyente, es que aunque Él es Dios sobre todas las cosas y bendito para siempre, Él es sin embargo un hombre como nosotros; hueso de nuestros huesos, y carne de nuestra carne; que puede compadecerse de nuestras debilidades, y que conoce por Su propia experiencia y presente conciencia cuán débil y vacilante es la naturaleza humana. Él devino un hombre y sigue siéndolo

---

15. Dorner, *History of the Doctrine on the Person of Christ*, div. II, Vol. II, pág. 97.

para poder ser un misericordioso y fiel Sumo Sacerdote en lo que a Dios toca. Pero un hombre cuyo cuerpo y alma llenen la inmensidad, quien «como hombre» es omnisciente y omnipotente, como se acaba de decir, deja de ser hombre. Su humanidad se funde en la divinidad, y Él deviene no Dios y hombre, sino sólo Dios, y con ello hemos perdido a nuestro Salvador, al Jesús de la Biblia, quien fue varón de dolores y experimentado en quebranto, que fue uno con nosotros en Su humanidad, y que por ello puede compadecerse de nosotros y salvarnos.

Finalmente, una objeción fatal a la doctrina que estamos considerando es que involucra la imposibilidad física de que los atributos sean separables de las sustancias de las que constituyen su manifestación. Se trata de la misma clase de imposibilidad que la acción sin alguien actuando; o que el movimiento sin algo que se mueva. Es una objeción apremiada por los mismos luteranos así como por otros contra la doctrina Romanista de la transubstanciación el hecho de que supone que los accidentes o atributos del pan y del vino existen en la Eucaristía cuando la sustancia de los mismos ya no existe. De la misma manera, según la doctrina luterana, los atributos de la naturaleza o esencia divina son transferidos a otra esencia. Si no existe tal transferencia o comunicación, entonces la naturaleza humana de Cristo no es más omnisciente u omnipotente que un obrador de milagros. Si la naturaleza divina sólo ejerce su omnipotencia en conexión con la actividad de la humanidad, entonces la humanidad es el mero órgano o instrumento de la naturaleza divina. Sin embargo, esta idea la repudian los luteranos. Ellos admiten que para que Dios ejercite Su poder, cuando Pedro le dijo al lisiado, «levántate, y anda», se trató de algo muy diferente a hacer omnipotente a Pedro. Además, la omnipresencia y la omnisciencia no son atributos de los que una criatura pueda ser hecha órgano. El conocimiento es algo subjetivo. Si una mente lo conoce todo, entonces aquella mente, y no otra en conexión con ella, es omnisciente. Si el cuerpo de Cristo está en todas partes presente, entonces es la sustancia de aquel cuerpo, y no la esencia de Dios, la que es omnipresente. Pero la doctrina luterana es que los atributos esenciales o propiedades de las dos naturalezas permanecen sin cambios después de la unión hipostática. Las propiedades de la esencia divina no devienen las propiedades de la humana. Entonces la humanidad de Cristo tiene los atributos de la divinidad sin su esencia, y sin embargo estos atributos o propiedades no son inherentes en su sustancia humana.

Parece una llana contradicción de términos decir que lo humano deviene divino, que lo finito se torna infinito; y no menos contradicción decir que la humanidad de Cristo tiene atributos infinitos, y que sin embargo no es infinita ella misma.

La doctrina luterana de la Persona de Cristo nunca se ha desligado de la doctrina luterana de la Cena del Señor. Ambas son peculiares de esta Iglesia, y no constituyen parte de la Cristiandad Católica.

8. Formas posteriores de la doctrina.

Durante el período entre la Reforma y nuestro tiempo actual, la doctrina acerca de la Persona de Cristo estuvo bajo constante discusión. Sin embargo, las opiniones que se presentaban eran en su mayor parte asignables a una u otra de las formas de la doctrina ya consideradas. Las únicas teorías que demandan una observación especial son el Socinianismo y la Preexistente Humanidad de Cristo.

Socinianismo.

Socino era italiano, y nació de una noble familia en Siena, en 1539. La primera parte de su vida no estuvo dedicada al estudio. Como favorito del Gran Duque, pasó doce años en su corte, y luego pasó a Basilea para proseguir sus estudios teológicos, en los que se había interesado profundamente. Después de unos pocos años pasó a Polonia y se asentó en Cracovia.

Teología Sistemática—Parte III: Soteriología

Allí y en sus cercanías pasó la mayor parte de su vida activa. Murió en 1604.

Los primeros Socinianos fundaron una Escuela en Racovia, en la Polonia Menor, y esta institución logró tanto renombre que atrajo a estudiantes de entre los Protestantes y de los Romanistas. Sin embargo, fue suprimida por el gobierno en 1658, y los seguidores de Socino, después de haber sufrido una prolongada persecución, fueron expulsados del reino.

Socino y sus seguidores admitieron la autoridad divina de las Escrituras.

Los escritores sagrados, decían, escribieron *divino Spiritu impulsi eoque dictante*. Admitían que la Biblia contenía doctrinas por encima pero no contrarias a la razón. Y de esta contrariedad tenía que juzgar la razón. Sobre esta base rechazaron muchas doctrinas mantenidas por la Iglesia universal, especialmente las doctrinas de la Trinidad y de la Expiación. Socino dijo que por cuanto hay tan sólo una esencia divina, sólo puede haber una divina persona. Negó que exista una religión natural o una teología natural. Consideraba la revelación sobrenatural como la única fuente de nuestro conocimiento de Dios y de las cosas divinas. La única religión era la cristiana, que él definía como «Via divinitus proposita et patefacta perveniendi ad immortalitatem, seu aeternam vitam».[16] Ésta es respuesta a la primera pregunta de la «Brevissima Institutio», de la que Socino fue el autor.

Siendo que todos los hombres habían pecado, quedaron sujetos a la pena de muerte eterna, que Socino entendió como aniquilación. Para librar a los hombres de esta pena, Dios envió a Cristo al mundo, y sólo por medio de Él se puede asegurar la inmortalidad. Acerca de Cristo, enseñó que en Sí mismo y por naturaleza era un mero hombre, no habiendo tenido existencia antes de haber nacido de la Virgen María. Sin embargo, se distinguía de todos los otros hombres:

1. Por su concepción milagrosa.[17]
2. Aunque pecable y susceptible a ser tentado, estaba totalmente exento de pecado.
3. Recibió un bautismo especial del Espíritu Santo, esto es, de la divina eficiencia.
4. Algún tiempo antes de entrar en Su ministerio público, fue llevado al cielo para que viera a Dios y fuera instruido por Él de manera inmediata. Hay dos pasajes que hablan de que Cristo había estado en el cielo (Jn 3:13, y Jn 6:62). «In priore loco», dice Socino, «ex Graeco ita verba Christi legi possunt, ut dicat, filium hominis non quidem esse in coelo, sed fuisse. Vos enim Graeca ὅν quae per praesens tempus reddita fuit, potest, ut doctissimi aliqui interpretes annotarunt (Erasmus et Beza), reddi per praeteritum imperfectum; ut legatur non *qui est*, sed, *qui erat in coelo*.»[18] Como no se admitía ninguna preexistencia de Cristo, estos pasajes eran considerados como aserciones directas de que había sido llevado al cielo durante Su vida terrenal.
5. La gran distinción de Cristo es que desde Su resurrección y ascensión le ha sido encomendada toda potestad en los cielos y en la tierra. Está exaltado encima de todas las criaturas, y ha sido constituido como virrey de Dios sobre todo el universo. Se hace la pregunta: «Quid tamen istud ejus divinum imperium nominatim complectitur?» Y la respuesta a la misma es: «Propter id quod jam dictum est, nempe quod hoc potestatem complectitur plenissimam et absolutissimam

---

16. *Christianae Religionis brevissima Institutio per Interriogationes et Responsiones, quam Cathecismum vulgo vocant. Scripta a Fausto Socino Senensi. Irenopoli, Post annum* 1656. Constituye una parte del primer volumen de las obras de Fausto Socino, tal como fueron publicadas de la *Bibliotheca Fratrum Polonorum*, págs. 651-676.
17. Acerca de este punto Socino dice, en *Brevissima Institutio:* «De Christi essentia ita statuo illum esse hominem Rom 5:15, in Virginia utero et sic sine viri ope, divine Spiritus vi conceptum ac formatum, Mt 1:20-23; Lc 1:35, indeque genitum, primum quidem patibilem ac mortales 2 Co 13:4, donec scilicet munus sibi a Deo demandatum hic in terris obivit; deinde vero postquam in coelum ascendit, impatibilem et immortalem factum. Ro 6:9». *Bibliotheca Fratrum Polonorum, Fausti Socini Opera*, Vol. I, pág. 654.
18. *Bibliotheca Fratrum Polonorum, Fausti Socini Opera*, Vol. I, pág. 674.

in verum Dei populum, hinc necessario sequitur, eodem divino imperio contineri potestatem et dominationem in omnes angelos et spiritus tam malos, quam bonos»[19][...]

6. Debido a esta exaltación y autoridad, Cristo es propiamente llamado Dios, y debe ser adorado. Socino no reconocía a nadie como cristiano que no fuera adorador de Cristo. La respuesta a la Pregunta 246 en el Catecismo Racoviano declara que aquellos «qui Christum non invocant nec adorandum censent» no son cristianos, porque de hecho no tienen a Cristo.[20]

7. Socino reconoce que los hombres deben su salvación a Cristo. Él los salva no sólo en Su carácter de profeta al enseñarles la verdad; no sólo en su carácter de sacerdote intercediendo por ellos; sino especialmente en virtud de Su oficio regio. Él ejerce el poder y la autoridad divina y absolutamente, que le han sido concedidas para la protección y asistencia de ellos. Él obra no sólo sobre ellos y para ellos, sino también dentro de ellos, de manera que es por medio de Él como se alcanza la inmortalidad o la vida eterna.

Por todo esto es evidente que Socino y sus primeros seguidores tenían una visión más exaltada de Cristo que los que son llamados socinianos en Gran Bretaña y en América, los cuales consideran a nuestro Señor como un hombre ordinario. El término Unitario, especialmente en este país, se emplea en un sentido que incluye a todos los que niegan la doctrina de la Trinidad pero que retienen el nombre de cristianos. Por ello, incluye a los Arrianos, semi-Arrianos, Socinianos genuinos y Humanitarios.

[La preexistencia de la Humanidad de Cristo.]

[Swedenborg.]

[Isaac Watts.]

9. Formas modernas de la doctrina.

Dorner, en la primera edición de su obra sobre la «Persona de Cristo», dice que la teología luterana llevó hasta el mayor extremo el intento de preservar la unidad de la persona de Cristo, conforme a la presuposición de la Iglesia de que Él poseía dos naturalezas distintas. Si este intento es un fracaso, no queda nada más. Él mantiene que es un fracaso porque involucra la imposible presuposición de una transferencia de atributos sin un cambio de sustancia, pero también porque es unilateral. Rehúsa admitir la comunicación de los atributos humanos a la naturaleza divina, mientras que insiste en la transferencia de las perfecciones divinas a la naturaleza humana. Y además, insiste él, si se admite todo lo que pretende la teoría luterana, la unión de las dos naturalezas permanece tan irreal como en la doctrina de la Iglesia. Cualquier distinción de naturalezas, dice él, tiene que ser abandonada en el sentido ordinario del término. Sobre la base de esta presuposición se basan las posturas modernas acerca de la Persona de Cristo. Estas posturas se pueden dividir en dos clases, la Panteísta y la Teísta. Pero estas dos clases tienen mucho en común. Ambas están basadas sobre el principio de la unidad de Dios y del hombre. Esto está admitido por todos lados. «El rasgo característico de todas las Cristologías recientes», dice Dorner, «es la empresa de señalar la unidad esencial de lo divino y de lo humano».[21] El encabezamiento de la sección donde aparece esta admisión es: «Los Fundamentos de la nueva Cristología establecidos por Schelling, Hegel, Schleier-

---

19. *Ibid*, Vol. I, pág. 656.
20. [...] Socino dice también que no son cristianos los que niegan que Cristo comprende nuestros pensamientos cuando oramos. *Ibid*, 656.
21. Dorner, div. II, Vol. III, pág. 101.

macher.» Esto equivale a decir que la Nueva Cristología está basada en los principios de la filosofía panteísta. Baur[22] dice lo mismo. Él titula la última división de su obra sobre la Trinidad: «Die gegenseitige Durchdringung der Philosophie und der Theologie», esto es, *La mutua interpretación de la Filosofía y de la Teología*. Esta última se funde en la primera. El doctor Ullmann dice que la doctrina de la unidad de Dios y el hombre, que menciona como la idea fundamental de la teología de Schleiermacher y del mismo cristianismo, no es enteramente nueva. Fue inculcada por los Místicos Alemanes de la Edad Media.[23] Hegel dice que lo que la Biblia enseña de Cristo no es cierto de un individuo, sino sólo de la humanidad como un todo; y las ideas cristológicas de Hegel, dice el doctor John Nevin de Mercersburg, «son muy significativas y llenas de instrucción».[24] La objeción de que estos principios son panteístas la describe como «un mero ruido sin ningún sentido», y añade que necesitamos un panteísmo cristiano para contrarrestar el panteísmo anticristiano de nuestros días. Schleiermacher dice que un panteísmo que se aferre a la fórmula «Uno y Todo» («la doctrina de que todo es uno») es perfectamente consistente con la religión, ¡Y que difiere poco en sus efectos del Monoteísmo! Se podrían aducir similares confesiones en cantidad innumerable. Los teólogos de esta clase niegan que Dios y el hombre sean esencialmente diferentes. Repiten, casi de continuo, que Dios y el hombre son uno, y hacen de esto la idea fundamental del cristianismo, y especialmente de la Cristología.

Cristología panteísta.

Así como la teología cristiana se propone ser una exhibición de la teología de la Biblia, cada teoría que involucre una negación del Dios personal se encuentra propiamente más allá de su esfera. Sin embargo, en los sistemas modernos se da tal combinación de principios panteístas con las doctrinas teístas, que las dos cosas no se pueden mantener enteramente separadas. Los teólogos panteístas y teístas de la escuela moderna se unen en declarar «la unidad de Dios y del hombre». Pero ellos comprenden esta doctrina en sentidos diferentes. Con los primeros se entiende como denotando identidad, de manera que el hombre es sólo la más elevada forma de la existencia de Dios; para los otros frecuentemente sólo significa que «*natura humana capax est naturae divinae.*» Lo humano es capaz de recibir los atributos de lo divino. El hombre puede llegar a ser Dios.

De esta doctrina sigue, en primer lugar, que Dios es el único verdadero Ser del que el mundo es el fenómeno siempre cambiante, que «die Menschwerdung Gottes ist eine Menschwerdung von Ewigkeit». La encarnación de Dios es desde la eternidad. Y, en segundo lugar, que este proceso es continuado, completo no en un caso, sino sólo en el todo. Cada hombre es una forma de la vida de Dios, pero el infinito nunca queda plenamente realizado ni revelado en ninguna manifestación aislada. Algunos de estos filósofos estaban dispuestos a decir que Dios fue más plenamente manifestado en Cristo que en cualquier otro individuo de nuestra raza, pero que la diferencia entre Él y los otros hombres es sólo de grado. Otros dicen que la peculiar distinción de Cristo fue que Él tuvo una visión más clara y una más profunda convicción de la identidad de Dios y del hombre que ningún otro hombre. Todo se reduce al sumario de la doctrina tal como la da Strauss.[25] Dice él: «Si la idea de la unidad de las naturalezas divina y humana, de Dios y del hombre, es una realidad, ¿sigue que esta realidad es efectuada o ma-

---

22. *Die christliche Lehre von der Dreieinigkeit und Menscherdung Gottes in ihrer geschichtlichen Entwicklung*. Von Dr. Ferdinand Christian Baur, Tübingen, 1843, Vol. III, pág. 751.
23. Doctor Ullmann, Ensayo en *Studien un Kritiken* de 1846.
24. *Mercersburg Review*, Enero de 1851, págs. 58, 61, 73. Reseña de la Cristología de Liebner, por el Rev. John W. Kevin, D.D., Profesor de Teología en el Seminario de la Iglesia Reformada Alemana.
25. *Das Leben Jesu*, §149, 3 edición, Tübinga, 1839, Vol. II, págs. 766, 767; y *Dogmatik*, Vol. II, pág. 214.

nifestada una vez por todas en un solo individuo, como nunca antes ni nunca después de él? [...]. Una idea nunca se exhibe en toda su plenitud en un solo ejemplar; y en todos los demás sólo de manera imperfecta. Una idea siempre es exhibida en una variedad y multiplicidad de ejemplares que se complementan entre sí; su riqueza queda difundida por el constante cambio de los individuos, uno sucediendo o suplantando a otro. [...]

La humanidad, la raza humana, es el Dios-hombre. La clave a una verdadera Cristología es que los predicados que la Iglesia aplica a Cristo, como individuo, pertenecen a una idea, o a un todo genérico». Y así Blasche[26] dice: «Entendemos por Dios haciéndose hombre no la revelación de Él mismo en uno o más de los más perfectos de los hombres, sino la manifestación de Él mismo en la raza de los hombres (in der ganzen Menschheit)».

Cristología teísta.

Tenemos la autoridad de Dorner para decir que las modernas especulaciones acerca de Cristología están basadas en los dos principios de que hay tan sólo una naturaleza en Cristo, y que la naturaleza humana es *capax naturae divinae*, es capaz de ser hecha divina. A esto se tiene que añadir un tercero, aunque el mismo Dorner no lo mantiene, que lo divino es capaz de hacerse humano.

Los proponentes de estos principios concuerdan: Primero, en admitir que hubo un verdadero crecimiento del hombre Cristo Jesús. Cuando era un niño, era tan débil, desconocedor e inconsciente de carácter moral como los otros pequeñuelos. De niño no tenía un mayor vigor intelectual o físico que otros niños. Pero hay una diferencia en su modo de enunciación acerca de lo que Cristo fue durante la madurez de Su vida terrenal. Según algunos, Él no tuvo conocimiento o poder sobrehumanos. Todo lo que conocía le era comunicado dicen algunos que por el Padre, otros dicen que por el Logos. Los milagros que obraba no eran por Su propio poder, sino por el poder de Dios. Ante el sepulcro de Lázaro, Él oró pidiendo poder para restaurar a Su amigo a la vida, o más bien que Dios le levantara de los muertos; y dio gracias de que Su oración había sido oída.

Segundo, concuerdan en que el desarrollo de la humanidad de nuestro Señor fue sin pecado. Él fue desde el principio santo, inocente, sin mancha, y separado de los pecadores. Sin embargo, tuvo que contender con todas las debilidades de nuestra naturaleza, y resistir a todas las tentaciones surgiendo de la carne, del mundo y del diablo, con las que tiene que contender Su pueblo. Era susceptible al pecado. Por cuanto estaba sujeto al hambre, a la sed, a la fatiga y al dolor, y por cuanto tenía sentimientos que podían ser heridos por la ingratitud y por el insulto, era susceptible a la impaciencia y al resentimiento que el sufrimiento o las afrentas pueden producir. Y por cuanto era susceptible al placer proviniente del amor y de la admiración de otros, estaba expuesto a la tentación de buscar la honra que viene de los hombres. Pero en todo fue sin pecado.

Tercero, concuerdan en que sólo gradualmente Cristo llegó al conocimiento de que Él era una persona divina, y a la posesión y empleo de los atributos divinos. Periódicamente le fueron dadas desde lo alto comunicaciones de conocimiento y de poder, de manera que tanto el conocimiento de lo que Él era como la consciencia de la posesión de las perfecciones divinas le vinieron gradualmente. Por ello, la exaltación de Cristo comenzó y fue llevada a cabo mientras estaba aquí en la tierra, pero no fue hasta Su resurrección y ascensión que Él llegó a ser divino verdaderamente y para siempre.

Cuarto, desde Su ascensión y sesión a la diestra de Dios, sigue siendo un hombre y nada más que un hombre. No obstante, Él es un hombre infinito. Un hombre con todas las carac-

---

26. Citado por Strauss, *Dogmatik*, edición de Tubinga, 1841, Vol. II, pág. 214.

terísticas de un alma humana poseyendo todas las perfecciones de la Deidad. Desde Su ascensión, como lo expresa Gess, un hombre ha sido tomado en la adorable Trinidad. «Así como el glorificado Hijo permanece siendo hombre, un hombre es así recibido en la vida trinitaria de la Deidad desde y por la glorificación del Hijo».[27] Thomasius dice lo mismo: «El movimiento inmanente de la vida de las tres personas ha devenido ahora en cierta medida divino-humano; [...] tan a fondo ha sido tomada la humanidad en la persona de Cristo en la esfera de la Trinidad -y ello no de una forma temporal, sino para siempre. Porque el Hijo permanece hombre eternamente».[28] En la página siguiente dice que la humanidad, o condición de hombre (Menschsein) ha llegado a ser la forma existencial permanente de Dios el Hijo. Y nuevamente[29] dice que la humanidad (das menschliche Greschlecht) está «exaltada a una total igualdad con Dios» (schlecht Gott selbst gleichgesetzt). Esto sería absolutamente imposible si la naturaleza humana no fuera en su constitución original capaz de recibir todas las perfecciones divinas y de devenir absolutamente divina. Por tanto, en este contexto, Thomasius dice que el hombre es de todas las criaturas la más cercana a Dios.[30] «Por su propia naturaleza tiene que ser capaz de una plena participación en la gloria divina; tiene que ser el órgano dentro del que pueda ser derramada la total plenitud del amor divino, y por medio del que pueda actuar de manera adecuada, o de otra manera no podemos comprender cómo Dios podría apropiarse la naturaleza humana como Su propia forma de existencia permanente.»

Por ello, el resultado de la encarnación es que Dios se vuelve hombre en tal sentido que el Hijo de Dios no tiene vida ni actividad, ni conocimiento, presencia o poder fuera de o aparte de su humanidad. En Cristo hay sólo una vida, una actividad, una consciencia. Cada acto del Logos encarnado es un acto humano, y cada experiencia de la humanidad de Cristo, todos Sus dolores, debilidades y sufrimientos fueron la experiencia del Logos. «La vida absoluta, que es el ser de Dios, existe en los estrechos límites de una vida humana terrenal; la absoluta santidad y verdad, los atributos esenciales de Dios, se desarrollan en la forma de pensamiento y voluntad humanas; el amor absoluto ha asumido una forma humana, vive como sentimiento humano, como sensibilidad humana en el corazón de este hombre; la libertad absoluta tiene la forma de autodeterminación humana. El Hijo de Dios no se ha reservado para Sí mismo una especial forma de existencia (ein besonderes Fürsichseyn), una consciencia especial, una esfera o poder especiales de acción; Él no existe en ninguna parte fuera de la carne (nec Verbum extra carnem nec caro extra Verbum). Él ha devenido hombre en la totalidad de Su ser, Su existencia y forma de vida es la de un hombre corpóreo-espiritual sujeto a las limitaciones espacio-temporales. La otra faceta de esta relación es que la naturaleza humana es tomada enteramente en la divina, y es impregnada por ella. No tiene ni una consciencia humana especial ni una actividad humana especial de la voluntad para sí misma en distinción a la del Logos, así como esta última no tiene nada que no pertenezca a la primera; en el pensar, que-

---

27. *The Scripture Doctrine of the Person of Christ*. Traducción libre del alemán de W. F. Gess, con muchas adiciones, por J. A. Reubelt, D.D., Profesor en la Universidad de Indiana, Bloomington, Ind. Andover: Warren F. Draper, 1870, pág. 414. Esta obra está admirablemente traducida, y presenta el más claro bosquejo de la moderna doctrina de la Kenosis que haya aparecido hasta el presente. El autor expresa su satisfacción de que está apoyado en su posición a que ha llegado por el estudio de las Escrituras por la autoridad de Liebner y de Thomasius, que llegaron sustancialmente a las mismas conclusiones por vía de la especulación. Hay razones para esta auto-felicitación del autor, porque su libro es mucho más escriturario en su tratamiento de la cuestión que cualquier otro libro de la misma clase que conozcamos. Demanda una reseña y crítica llena de franqueza.
28. Die immanente Lebensbewegung der drei Personen ist nunmehr gewissermassen eine göttlich-menschliche geworden; [...]. So tief ist in der Person Christi die Menschheit in den Kreis der Trinität hereingenommen -und zwar nicht auf vorübergehende Weise, sondern für immer. Denn der Sohn bleibt ewig Mensch.
29. *Ibid*, pág. 299.
30. *Ibid*, pág. 296.

rer y actuar humanos, el Logos piensa, quiere y actúa. Todo dualismo de una forma de existencia divina y humana, de una consciencia divina y humana, de una concomitancia de acción divina y humana, queda necesariamente excluido; como también sucede con toda sucesiva comunicación (Hineinbildung) de lo uno a lo otro; es una idéntica y viviente actividad, sensibilidad y desarrollo, por cuanto es un Ego, una personalidad divina humana (unio, communio, communicatio, naturarum).»[31]

En cuanto a la manera en que se lleva a cabo esta completa identificación de lo humano y de lo divino en la persona de Cristo, hay, como ya se ha indicado anteriormente, dos opiniones. Según Dorner hay un alma humana para empezar, a la que el Logos eterno, sin sujetarse Él mismo a cambio alguno, comunica periódicamente Su divinidad, mientras que lo humano se hace más y más capaz de recibir las perfecciones de Dios, hasta que por fin se vuelve completamente divino. Con esto Dorner conectó una teoría filosófica acerca de la relación de Cristo con el universo, y especialmente con todo el mundo espiritual.

La otra visión de la cuestión es que el Logos Eterno, por un proceso de auto-limitación, se despojó de todos Sus atributos divinos. Dejó de ser omnipresente, omnisciente y omnipotente. Se redujo a Sí mismo, por así decirlo, a las dimensiones de un hombre. Mientras era un bebé, como se ha dicho antes, no tenía conocimiento ni poder que no tenga cualquier otro bebé humano. Pasó a través del proceso regular de crecimiento y de desarrollo, y tuvo todas las experiencias de los hombres ordinarios, pero sin pecado. Pero como la sustancia del Logos era la sustancia del bebé nacido de la Virgen, siguió desarrollándose no sólo hasta que alcanzó una altura de excelencia y gloria a la que jamás llegó ningún otro hombre, sino hasta que culminó finalmente en la plena igualdad con Dios.

Acerca de esta cuestión dice Thomasius, Primero, que si el Hijo Eterno, después de asumir la humanidad, retuvo Sus perfecciones y prerrogativas divinas, que entonces no se hizo hombre ni se unió a Sí mismo con la humanidad. Flotó sobre ella y la incluyó como un círculo más grande incluye a uno más pequeño. Pero no hubo un verdadero contacto ni comunicación. Segundo, si en el momento de la encarnación fue comunicada la naturaleza divina en la plenitud de su ser y perfección a la humanidad, entonces Cristo no pudo haber tenido una existencia humana. La vida histórica desaparece; y queda destruido todo vínculo de relación y de simpatía con nosotros. Tercero, la única manera en que se podría dar respuesta al gran fin buscado es que Dios mismo, mediante un proceso de depotenciación, o de auto-limitación, se hiciera hombre; que Él tomara sobre Sí mismo una forma de existencia sujeta a las limitaciones del tiempo y del espacio, y que pasara a través del proceso ordinario y regular de desarrollo humano, y tomara parte en todas las experiencias sin pecado de una vida y muerte humanas.[32]

Ebrard.

Ebrard expone la doctrina de una manera algo diferente. Él sostiene que el Logos se redujo a Sí mismo a las dimensiones de un hombre; pero que al mismo tiempo retuvo y ejerció Sus perfecciones divinas como la Segunda Persona de la Trinidad. Como respuesta a la pregunta de, ¿cómo se pueden unir los atributos humanos y divinos en la misma persona?, él dice que la solución debe hallarse en la constitución original y el destino de la humanidad. El hombre fue designado para este dominio supremo, perfecta santidad y conocimiento ilimitado. «La glorificación de Dios como Hijo en el tiempo es idéntica con la culminación del normal desarrollo del hombre.» Muchos, aunque no todos los proponentes de esta teoría, mantienen que

---

31. Thomasius, *ut supra*, págs. 201, 202.
32. Thomasius, *Christi Person und Werk*, Vol. II, págs. 141-143.

la encarnación hubiera tenido lugar si el hombre nunca hubiera pecado. Entraba en el propósito divino en referencia a que el hombre alcanzara así la unidad con Él.

En cuanto a la pregunta todavía más difícil de cómo el Hijo, como Segunda Persona de la Trinidad, puede retener sus perfecciones divinas (tal como Ebrard mantiene que las retiene), y sin embargo, echarlas a un lado tal como se revela en la tierra, tal como dice: «El uno es gobernante del mundo y omnisciente, y el otro no», responde que hemos de comprender el problema. No se trata de que las dos naturalezas vengan a ser una naturaleza. «Dos naturalezas como dos cosas (Stücken) están fuera de toda consideración». El Logos no es una naturaleza, y el Hijo de Dios encarnado, Jesús, otra; sino que el Hijo encarnado posee las propiedades de ambas naturalezas. La pregunta se reduce a: Por cuanto el Logos encarnado no tiene la una naturaleza, la divina, en forma de Dios (in der Ewigkeitsform), ¿cómo puede ser uno con el Logos gobernante del mundo que está en forma de Dios? Esta pregunta, que es equivalente a preguntar cómo puede la misma mente individual ser finita e infinita a la vez, la responde diciendo, primero, que la continuidad de la existencia no depende de la continuidad de la consciencia. Un hombre en un desmayo o en estado de sueño hipnótico es la misma persona, aunque su consciencia esté suspendida o sea anormal. Esto es cierto, pero la cuestión es, ¿cómo puede estar la misma mente consciente e inconsciente a la vez? ¿Cómo puede el mismo Logos individual ser un débil párvulo y al mismo tiempo el Dios inteligentemente activo y gobernante del universo? Segundo, él admite que la respuesta anterior no resuelve totalmente la cuestión, y por ello añade que la dificultad desaparece cuando recordamos «dass die Ewigkeit nicht eine der Zeit parallellaufende Linie ist», *que la Eternidad y el Tiempo no son líneas paralelas*. Pero, en tercer lugar, viendo que esto no es suficiente, dice que el Logos Eterno pasa por alto esta forma humana de existencia con un parpadeo (mit einem Schlage), mientras que el Logos encarnado no lo hace así, sino que con una verdadera consciencia humana mira adelante y atrás. Todo esto no vale para nada. Permanece la contradicción. La teoría asume que la misma mente individual puede ser consciente e inconsciente, finita e infinita, ignorante y omnisciente, todo a la vez.[33]

Gess.

Gess admite la contradicción involucrada en la doctrina tal como la presenta Ebrard, y por ello adopta la forma común de la teoría. Mantiene él que el Hijo Eterno, en la encarnación, se despojó de la Deidad y se hizo hombre. La sustancia del Logos permaneció; pero la sustancia estaba en forma de un párvulo, y no tenía ningún conocimiento o poder superiores a los de un párvulo. En la Trinidad, el Padre es Dios de Sí mismo; el Hijo es Dios por la comunicación de la vida divina del Padre. Durante la carrera terrenal del Logos, la comunicación de la vida divina quedó suspendida. El Logos reducido a las limitaciones de la humanidad recibió del Padre aquella comunicación de poder sobrenatural que necesitaba. Cuando ascendió y se sentó a la diestra de Dios, recibió la vida divina en toda su plenitud como la había poseído antes de venir al mundo. «La misma sustancia», dice Él, «que durmió en el vientre de la Virgen, sin consciencia de sí mismo, se ofreció en sacrificio al Padre treinta y cuatro años después, sin mancha ni contaminación, habiendo primero revelado a la humanidad la verdad que había comprendido perfectamente. Para la época de este sueño ya existía en la sustancia aquella vida indestructible en virtud de la que cumplió nuestra redención (He 7:16), así como el poder para conocer al Padre como nadie más le conoce (Mt 11:27), pero era una vida inconsciente. Además, la misma sustancia que ahora dormía en inconsciencia había existido

---

33. *Christliche Dogmatik*. Von Johannes Heinrich August Ebrard, Doctor und ord. Professor der ref. Theologie zu Erlangen. Königsberg, 1852, Vol. II, §§391-394, págs. 142-149.

con el Padre como el Logos, por medio de quien el Padre había creado, gobernado y preservado el mundo, pero ya no estaba consciente de esto».[34] En la página siguiente se dice que es la voluntad consciente de un hombre la que pone sus capacidades en acción. «Cuando ésta cae en el sueño, *todos* los poderes del alma quedan dormidos. Era la sustancia del Logos la que en sí misma tenía el poder de llamar al mundo a la existencia, de sustentarlo y de iluminarlo; pero cuando el Logos se hundió en el sueño de la inconsciencia, Su eterna santidad, Su omnisciencia, Su omnipresencia y todos sus atributos realmente divinos se desvanecieron; siendo la voluntad consciente de sí misma del Logos por medio de la que todos los poderes divinos residiendo en Él habían sido puestos en acción. Se habían desvanecido, esto es, estaban suspendidos, -existiendo aún, pero sólo potencialmente. Además, cuando un hombre despierta de su sueño está en el acto en la plena posesión de sus poderes y facultades; pero cuando la consciencia despertó en Jesús, no fue la del Logos eterno, sino una consciencia realmente humana, que se desarrolla gradualmente y que preserva su identidad sólo a través de constantes cambios. [...] Fue esta forma humana de existencia consciente de sí misma que el Logos escogió en Su acción de despojamiento. Por ello, es claramente patente que no se deben atribuir a Jesús ni la omnisciencia, que ve y conoce todas las cosas a una y desde un punto central, ni la inmutable fusión de la voluntad en la del Padre, o santidad divina; y lo mismo sucede con la inmutable bienaventuranza de la vida divina. Tampoco fue sólo la consciencia propia eterna que el Hijo echó a un lado, sino que también "salió del Padre". No debemos entender que la morada mutua del Padre, Hijo y Espíritu se hubieran disuelto, sino que la acción del Padre de dar al Hijo que tuviera vida en Sí mismo, como la tiene el Padre, fue suspendida. Habiendo puesto a un lado su consciencia propia y actividad, perdió con esto la capacidad de recibir en Sí mismo la corriente de vida del Padre, y de enviarla de nuevo; en otras palabras, ya no era omnipotente. También perdió, o echó a un lado, Su omnipresencia, que no debe ser, en todo caso, considerada como difundida universalmente, sino dependiente de la voluntad consciente».[35]

Observaciones.

1. La primera observación que se debe hacer acerca de esta teoría en todas sus formas es que es un apartamiento de la fe de la Iglesia. Esta objeción aparece en primer lugar en cada ocasión, por cuanto este es su lugar apropiado. Si la Biblia es la única norma infalible de fe y de práctica, y si la Biblia es un libro llano, y si el Espíritu conduce al pueblo de Dios (no a la iglesia externa, o cuerpo de meros profesantes cristianos) al conocimiento de la verdad, entonces es irresistible la presunción de lo que creen todos los verdaderos cristianos que es el sentido de las Escrituras es su sentido. Todo el mundo cristiano ha creído, y sigue creyendo, que Cristo fue un verdadero hombre; que Él tenía un verdadero cuerpo y un alma humana. El Concilio de Calcedonia, al formular este artículo de la común fe, declaró que Cristo era, y es, Dios y hombre en dos naturalezas distintas y una persona para siempre; que según esta naturaleza es consustancial (*homoousios*) con nosotros, y según aquella Él es consustancial con el Padre. No hay discusiones acerca del sentido en que el Concilio empleó la palabra *naturaleza*, porque tiene un significado establecido en teología, y porque es explicado por el empleo de la palabra latina consustancial, y con la palabra griega *homoousios*. Tampoco se pone en tela de juicio que las decisiones de aquel Concilio han sido aceptadas por toda la Iglesia. Esta doctrina de las dos naturalezas de Cristo es rechazada por la nueva teoría. Esto, como ya hemos visto, es lo que afirma Dorner de ma-

---

34. *The Scripture Doctrine of the Person of Christ*. Traducido del alemán por J. A. Reubelt, D.D., pág. 342.
35. *The Scripture Doctrine of the Person of Christ*, págs. 343, 344.

nera expresa. Ya hemos visto, también, que Ebrard dice que la idea de dos naturalezas en el sentido de dos sustancias (Stücke, existencias concretas) está fuera de consideración. El Logos no asumió naturaleza humana, sino atributos humanos; apareció en su porte exterior como hombre. Gess, en su luminoso libro, enseña una y otra vez que la sustancia del Logos fue el alma humana de Cristo. Él habla de su «naturaleza de Logos»; del «Logos siendo la vida, o principio vital» de Su humanidad. Dice, literalmente,[36] que el alma de Jesús era «no semejante a la de otros hombres, un alma creada por Dios y para Dios, sino el Logos en forma de existencia humana». Es consonante, dice él, «con la naturaleza del alma de Cristo, como siendo el Logos existiendo en forma humana, que Dios tomara posesión de ella de una manera peculiar». Esta idea es la misma esencia de esta doctrina. Porque si el Logos «se vació» a Sí mismo, si puso a un lado Su omnipresencia y omnipotencia, y devino un alma humana, ¿qué necesidad o qué posibilidad queda para otra alma creada nueva?

Esto no es Apolinarismo; porque Apolinar enseñó que el Logos suplió el puesto de un alma racional en la persona de Cristo. Él no devino esta alma, sino que, reteniendo *in actu* así como *in potentia* la plenitud de las perfecciones divinas, asumió su lugar. Tampoco es exactamente Eutiquianismo. Porque Eutico dijo que había dos naturalezas antes de la unión, y sólo una después. Las dos se unieron de modo que devinieron una. Esto lo niega la teoría que tenemos delante de nosotros, afirmando que desde el principio el Logos fue el único elemento racional en la constitución de la persona de nuestro Señor. Concuerda, sin embargo, con estos dos antiguos errores, rechazados por la Iglesia, en sus principios esenciales. Concuerda con el Apolinarismo en que el Logos fue el elemento racional en Cristo, y concuerda con el Eutiquianismo en decir que Cristo tuvo sólo una naturaleza.

La doctrina está en una contradicción aún más evidente con las decisiones del Concilio de Constantinopla acerca de la controversia Monotelita. Aquel Concilio decidió que como había dos naturalezas en Cristo, había necesariamente dos voluntades. La nueva teoría, al afirmar la unicidad de la naturaleza de Cristo, niega que Él tuviera dos voluntades. Los actos, las emociones y los padecimientos de Su vida terrenal fueron los actos, emociones y padecimientos del Logos. Por lo que concierne al interés cristiano en la doctrina, fue para llegar a esta conclusión por lo que fue adoptada la teoría, si no inventada. Fue para explicar cómo aquel valor más que humano pertenece a los padecimientos de Cristo, y una eficacia mayor que humana a su vida, que tantos cristianos fueron llevados a abrazar la nueva doctrina. La doctrina de la Iglesia, sin embargo, no considera ni los padecimientos ni la vida de Cristo como pertenecientes a un mero hombre. Él era una persona divina, Dios manifestado en carne; y Sus sufrimientos y vida fueron los de tal persona. Los cristianos pueden decir, y siempre han dicho, con una fe inteligente y cordial, que Dios adquirió la Iglesia con Su sangre. Fue porque la persona que murió era poseedora de un Espíritu Eterno por lo que Su sangre nos limpia de todo pecado.

2. Los argumentos conforme a la Escritura en apoyo de la teoría están en su mayor parte basados en el descuido del principio tan a menudo mencionado, de que de la persona de Cristo se puede predicar todo lo que se puede predicar tanto de Su naturaleza humana como de Su naturaleza divina. El hecho de que de esta persona se diga que nació, padeció y murió no demuestra que el Logos como tal naciera, sufriera y muriera, como tampoco el decir de un hombre que está enfermo o herido demuestra que su alma esté enferma o herida. Naturalmente, la misma observación se aplica a la exaltación y dominio del Redentor resucitado. Es la per-

---

36. *The Scripture Doctrine of the Person of Christ*, pág. 378.

sona quien es objeto de la adoración de todas las inteligencias creadas, y a la que las mismas deben obediencia; pero esto no demuestra que la naturaleza humana de Cristo posea atributos divinos. La verdad es que según la moderna doctrina de la *Kenosis* Él no tiene naturaleza humana, como ya ha quedado patente.

3. La teoría en cuestión es inconsistente con la clara doctrina tanto de la religión revelada como de la natural acerca de la naturaleza de Dios. Él es Espíritu infinito, eterno e inmutable. Por ello, toda aquella teoría que pretenda que Dios puede echar a un lado Su omnipotencia, omnisciencia y omnipresencia, y devenir tan débil, ignorante y limitado como un párvulo, contradice el primer principio de toda religión, y, si se puede excusar la expresión, es chocante para el sentido común de los hombres.

4. En lugar de eliminar ninguna dificultad de la doctrina de la encarnación, las aumenta en gran manera. Según la postura de Dorner, somos llamados a creer que un alma humana recibe gradualmente medidas en aumento de la plenitud divina, hasta que al final se toma infinita. Esto equivale a decir que deja de existir. Es sólo conforme la presuposición de que Dorner, cuando dice que la naturaleza esencial de Dios es amor, y que la comunicación de la Deidad es la comunicación de la plenitud del amor divino, significa que Dios es puramente ético, un atributo pero no una sustancia, como podemos dar ningún sentido definido a su doctrina. Según Ebrard, se nos pide que creamos que la una sustancia divina e infinita del Logos era finita e infinita; consciente e inconsciente; omnipresente, y confinada dentro de estrechos límites en el espacio; y que estaba activa en el ejercicio de la omnipotencia, y tan débil como un párvulo, todo ello al mismo tiempo. Según la postura más común acerca de esta cuestión, se nos pide que creamos que el Dios infinito, en la persona de Su Hijo, puede volverse ignorante y débil, y luego omnisciente y omnipotente; que puede dejar de ser Dios, y que luego puede volver a ser de nuevo Dios. Gess dice que Dios no es omnipotente a no ser que tenga poder sobre Sí mismo, poder, esto es, para dejar de ser Dios. Si esto es cierto del Hijo, tiene que ser cierto del Padre y del Espíritu; esto es, tiene que ser cierto que el Trino Jehová puede aniquilarse a Sí mismo, Y luego, ¿qué sigue?

5. Esta doctrina destruye la humanidad de Cristo. No es ni jamás fue un hombre. Nunca tuvo un alma humana ni un corazón humano. Fue la sustancia del Logos investida de un cuerpo humano nacido de la Virgen, y no un alma humana. Un ser sin alma humana no es un hombre. El Salvador que nos ofrece esta teoría es el Dios Infinito con un cuerpo espiritual. Al exaltar así la humanidad de Cristo a la infinidad, queda disipada y perdida.

Schleiermacher.

La Cristología prevalente entre una numerosa y distinguida clase de teólogos modernos, aunque no es expresamente panteísta, se basa sin embargo en la presuposición de la unidad esencial de Dios y del hombre. Esta clase incluye a la escuela de Schleiermacher en todas sus modificaciones, no sólo en Alemania, sino también en Inglaterra y América. Schleiermacher es considerado como el más interesante así como el más influyente teólogo de los tiempos modernos. Él no fue ni podía ser coherente al tratar de conciliar unas doctrinas contradictorias. Hay tres cosas en sus antecedentes y circunstancias que deben ser consideradas a fin de tener una apreciación justa del hombre o de su sistema. Primero, él paso la primera parte de su vida entre los Moravos, y se impregnó algo del espíritu de ellos, y especialmente de su reverencia para Cristo, que para los Moravos es casi el objeto exclusivo de adoración. Esta reverencia hacia Cristo la retuvo Schleiermacher toda su vida. En uno de los discursos pronunciados con ocasión de su muerte, se dijo: «Lo dio todo para poder salvar a Cristo.» Su filosofía, su crítica histórica, todo, estaba dispuesto a doblegarlo para servir al gran objetivo de preservar para sí aquel amado objeto de reverencia y amor.[37] En segundo lugar, su cultura académica lo llevó a adoptar un sistema filosófico cuyos principios y tendencias eran decididamente panteístas. Y, tercero, sucumbió bajo los ataques que la crítica racionalista había hecho contra la fe en la Biblia. No la podía recibir como una revelación sobrenatural de Dios. No la consideraba como conteniendo doctrinas que estamos obligados a creer por la autoridad de los escritores sagrados. Así, privado del Cristo histórico, o al menos privado de la base histórica ordinaria para la fe en Cristo, decidió erigir una Cristología y todo un sistema de teología cristiana desde dentro; tejerla con los materiales que le ofrecía su consciencia religiosa. Les dijo a los Racionalistas que podían eliminar lo que quisieran de los registros evangélicos; que podrían demoler todo el edificio de la teología de la Iglesia, él tenía un Cristo y un cristianismo en su propio seno. En la empresa de la nueva y difícil tarea de construir un sistema de teología cristiana conforme a los hechos de la experiencia cristiana, tuvo el designio de asegurar para la misma una posición inexpugnable frente a la filosofía. Siendo que la filosofía es una cuestión de conocimiento, y la religión una cuestión de sentimientos, ambas cosas pertenecían a diferentes esferas, y por ello no había necesidad de colisión entre ambas.

La Cristología de Schleiermacher.

Él dio por sentado: (1) Que la religión en general, y el cristianismo en particular, no era una doctrina ni un sistema de doctrina; no era un *cultus*, o una disciplina, sino una vida, un poder o fuerza espiritual interior. (2) Que el verdadero cristiano está consciente de ser el receptor de esta nueva vida. (3) Que sabe que no se originó en él mismo, ni en la Iglesia a la que él pertenece, porque la humanidad no es capaz, ni en el individuo ni en ninguna de sus organizaciones, de producir lo que es específicamente nuevo y más elevado y mejor que él mismo. (4) Esto precisa de la aceptación de una fuente o autor de esta vida, fuera de la raza de hombres ordinarios o de la humanidad en su desarrollo regular. (5) Por ello, él asumió la existencia histórica actual de un hombre nuevo, sin pecado y absolutamente perfecto por un nuevo acto creador. (6) Este hombre era Cristo, de quien está consciente todo cristiano que deriva la nueva vida, de la que él es el sujeto. (7) Cristo es el *Urbild*, u Hombre Ideal, en quien se realiza plenamente la idea de la humanidad. (8) Es sin embargo divino, o Dios en porte humano, porque el hombre es el *modus existendi* de Dios sobre la tierra. En los hombres ordinarios, incluso en Adán, Dios, por así decirlo, fue y está imperfectamente desarrollado. La consciencia de Dios, o Dios dentro, queda sobrecargada por nuestra consciencia mundana, o nuestra consciencia determinada por las cosas que se ven, temporales. (9) Este no fue el caso de Cristo. En Él, sin lucha ni oposición, la consciencia de Dios, o Dios dentro, controló toda Su vida interior y exterior. (10) La preeminencia de Cristo sobre otros hombres consistió en Su absoluta impecabilidad y libertad de error. De Él se debe decir no simplemente *potest non peccare*, sino *non potest peccare*. Él no podía ser tentado; porque la tentación supone la posibilidad de pecar, y la posibilidad de pecar supone menos que perfección. (11) La obra redentora y el valor de Cristo consiste no en lo que Él enseñó o en lo que hizo, sino en lo que Él era. Lo que Él enseñó y lo que Él hizo se puede explicar de muchas maneras, o incluso se puede racionalizar, pero lo que Él era permanece, y este es el hecho totalmente importante. (12) Por cuanto Él era así perfecto, y por ello el hombre ideal y milagrosamente producido, Él es la fuente de

---

37. Cuando estaba en Berlín, el autor acudía frecuentemente a la iglesia de Schleiermacher. Los himnos que debían ser cantados eran impresos en hojas de papel y distribuidos a las puertas. Siempre eran evangélicos y espirituales en grado sumo, llenos de alabanza y gratitud a nuestro Redentor. Tholuck dijo que Schleiermacher, cuando se sentaba por las tardes con su familia, decía a menudo: «Callad, niños; cantemos un himno de alabanza a Cristo». ¿Podemos dudar que él esté ahora cantando estas alabanzas? San Juan nos asegura que para todo aquel que Cristo es Dios, Cristo es su Salvador.

vida para otros. Él despierta la consciencia de Dios adormecida en los hombres, y le da dominio sobre la sensibilidad o elemento sensual de nuestra naturaleza, de manera que los creyentes llegan a ser, en el mismo sentido, aunque en grado inferior, lo que Cristo fue, Dios manifestado en la carne. Siendo esta la obra de Cristo, y siendo debido este proceso redentor a lo que Él era, podemos pasarnos sin Su resurrección, ascensión, sesión a la diestra de Dios, etc., etc. Todo ello puede ser admitido sobre una base histórica, habiendo testificado de ello como hechos unos hombres buenos, pero no tienen importancia ni poder religioso. (13) La nueva vida de la que Cristo es el autor, que en este país se denomina comúnmente «su vida humana divina», es el principio animador y constituyente de la Iglesia, y es por unión con la Iglesia que esta vida pasa a los creyentes individuales.

Objeciones a esta teoría.

Este es un bosquejo muy esquemático de la Cristología de Schleiermacher. Su doctrina acerca de Cristo está tan imbricada en sus posturas peculiares sobre la antropología, sobre la teología, y sobre la relación de Dios con el mundo, que no se puede presentar plenamente ni apreciar de una manera plena excepto como una parte integral de todo su sistema.

A pesar de que la teoría de Schleiermacher fue abrazada con gran gozo como refugio por parte de aquellos que se habían visto constreñidos a abandonar el cristianismo como doctrina, y por grande que haya sido su popularidad e influencia, fue asaltada desde posiciones muy diferentes y juzgada desde perspectivas muy distintas. Aquí sólo puede ser considerada desde la posición de la teología cristiana. Se debería recordar que así como el idealista no siente ni actúa según su teoría, así también la vida interior de un teólogo puede no quedar determinada por sus doctrinas especulativas. Esto no hace al error menos digno de censura ni menos peligroso. Sin embargo, es un hecho, y nos capacita para condenar un sistema sin herir nuestra caridad hacia su autor. Sin embargo, Schleiermacher fue un caso excepcional. Como norma general, la fe de un hombre es la expresión de su vida interior.

1. La primera objeción a la teoría de Schleiermacher es que ni es ni pretende ser bíblica. No está basada en las enseñanzas objetivas de la Palabra de Dios. Presupone, desde luego, que la experiencia religiosa de los Apóstoles y de los cristianos primitivos fue sustancialmente la misma, y por ello que involucraba las mismas verdades, que la experiencia de los cristianos de la actualidad. Schleiermacher incluso admite que la experiencia de ellos era tan pura y tan distintivamente marcada que tenía la autoridad de una norma por la que otros creyentes tenían que juzgar la suya propia. Pero él niega que la interpretación que ellos dieron de sus experiencias tenga una autoridad normal para nosotros, esto es, dice que no estamos obligados a creer lo que los Apóstoles creían. Las apelaciones que él hace a las Escrituras en apoyo de sus peculiares doctrinas son extremadamente infrecuentes, y meramente incidentales. Él profesa erigir un sistema independiente de la Biblia, fundamentado en lo que los cristianos descubren ahora en el contenido de su propia consciencia.

2. El sistema no es lo que pretende ser. Schleiermacher profesó descartar la especulación del ámbito de la religión. Emprendió la erección de una teoría del cristianismo en la que la filosofía no tuviera nada que ver, y por ello en la que no tuviera derecho alguno a objetar. De hecho, su sistema es especulativo de principio a fin. Nunca hubiera podido existir excepto como el producto de una mente totalmente imbuida con los principios de la filosofía alemana. No tiene coherencia, ni vigor, y desde luego ningún significado, a no ser que se dé por sentada la corrección de sus opiniones acerca de la naturaleza de Dios, de la naturaleza del hombre, y de la relación de Dios con el mundo. Esta objeción fue apremiada contra su sistema por todos los partidos en Alemania. Los sobrenaturalistas, que creen en la Biblia, le acusaron de poner las conclusiones de su propia filosofía en lugar de los dictados de la consciencia cris-

tiana. Y los filósofos dijeron que no era fiel ni a su filosofía ni a su religión. Cambiaba de uno a otro terreno según le convenía a sus propósitos. Acerca de esta cuestión, Strauss dice[38] que Schleiermacher traicionó primero la filosofía a la teología, y luego la teología a la filosofía; y que su indecisión es característica de toda su posición. Aunque esto fue dicho con un espíritu malévolo, es sin embargo cierto. Sus opiniones especulativas, esto es, las conclusiones a las que llega por vía de especulación, son la base de todo su sistema; y por ello aquellos que lo adoptan lo reciben en base de la autoridad de la razón, no de la revelación. Es una teoría filosófica, y nada más. Esto se hará evidente en nuestro examen.

Basado en principios panteístas.
3. Una tercera objeción es que el sistema es esencialmente panteísta. Este es, desde luego, un término ambiguo. Pero aquí se emplea en su sentido ordinario y propio. No se significa que Schleiermacher mantuviera que el universo es Dios, ni Dios el universo, sino que negó cualquier dualismo apropiado entre Dios y el mundo, y entre Dios y el hombre. Mantenía tales puntos de vista acerca de Dios que eran inconsecuentes con el Teísmo en el verdadero y aceptado sentido del término. Esto es, él no admitía la existencia de un Dios personal y extramundano. Esta es una acusación lanzada contra su sistema desde el principio, incluso por parte de panteístas confesos. Dicen ellos que mientras niega la existencia de un Dios personal, enseña sin embargo doctrinas inconsecuentes con tal negación, esto es, con lo que ellos consideran como la verdadera posición de la relación de lo infinito con lo finito. Los Teístas expusieron la misma objeción. El doctor Braniss[39] dice: «Die Annahme eines persönlichen Gottes ist in diesem System unmöglich» esto es, «La admisión de un Dios personal es, en este sistema, imposible».[40] Esto lo demuestra, entre otras formas, por una referencia a lo que enseña Schleiermacher de los atributos de Dios, que para él no son predicados de un sujeto; no nos dicen nada de lo que Dios es; son sólo formas o estados de nuestra propia consciencia, determinados por nuestra relación con el sistema de cosas en su relación causal. Strauss, desde otro punto de vista, dice que Schleiermacher nunca podría reconciliarse a sí mismo con el reconocimiento de un Dios personal, extra-mundano. Cristo era el único Dios que tenía; y éste, ¡ay! era poco menos que un Dios ideal; uno que había sido; pero que siguiera siendo lo deja indeterminado, al menos teóricamente. Baur presenta la inconsistencia de Schleiermacher en diferentes puntos de vista. En un lugar dice que fue oscilando una y otra vez entre el idealismo de Kant y de Fichte, y el panteísmo de Spinoza y de Schelling, que consideraba sólo como polos diferentes del mismo sistema (derselben Weltanschauung).[41] De nuevo dice que el elemento esencial de la doctrina de Schleiermacher acerca de Dios es la misma inmanencia de Dios en el mundo que había enseñado Spinoza.[42] Concuerda él con la crítica de Strauss, de que todas las principales posiciones de la primera parte de la *Glaubenslehre* de Schleiermacher son inteligibles sólo cuando son traducidas a las fórmulas de Spinoza, de quien se derivan; y añade que él no establece una mayor diferencia entre Dios y el mundo que la que establece Spinoza entre la *natura naturans* y la *natura naturata*.[43] Schleiermacher escribió cuando la disputa entre los Racionalistas y los Sobrenaturalistas estaba en su punto culminante. Los primeros atribuían todos los acontecimientos a causas naturales. Los segundos mantenían la posibili-

---

38. *Dogmatik*, Tubinga, 1841, Vol. II, pág. 176.
39. Ueber Schleiermacher's Glaubenlehre, ein kritischer Versuch, pág. 182.
40. Véase Gess, Uebersicht *über* Schleiermacher's System, pág. 185
41. Baur, *Lehre van der Dreieinigkeit*. Vol. III, pág. 842.
42. Ibid, pág. 850.
43. Baur, *Lehre von der Dreieinigkeit*, Vol. III, pág. 851.

dad de los milagros y de una revelación sobrenatural. Siendo ambos partidos Teístas, los Racionalistas no tenían base sobre la que mantenerse. Porque si se admite la existencia de un Dios extra-mundano y personal, es absolutamente irrazonable negar que Él pueda intervenir con Su actividad inmediata en la secuencia de acontecimientos. Schleiermacher cortó el nudo negando la diferencia entre lo natural y lo sobrenatural. No hay realmente un Dios extra-mundano, ninguna esfera de actividad divina más que el mundo, ni otra ley de Su acción de la necesidad.[44]

Involucra el rechazo de la doctrina de la Trinidad.
4. El sistema de Schleiermacher ignora la doctrina de la Trinidad. Para él, Dios en el mundo es el Padre; Dios en Cristo, el Hijo; Dios en la Iglesia, el Espíritu. Así, queda excluida toda preexistencia personal de Cristo. Las Escrituras y la Iglesia enseñan que el Hijo eterno de Dios, que estaba con el Padre desde la eternidad, que hizo el universo, que podía decir: «Antes que Abraham fuera, yo soy», se hizo hombre, nacido de mujer, mas sin pecado. Esto lo niega Schleiermacher. No hubo Hijo de Dios antes del nacimiento de Cristo en Belén. Sólo entonces comenzó Cristo como persona distinta; Él no tuvo preexistencia más allá de lo que es común a todos los hombres.
5. Este sistema hace de Cristo un mero hombre. Él es constantemente descrito como el Hombre Ideal, Urbild, un hombre perfecto. En Él se dice que se realiza de manera plena la idea de la humanidad. De su vida se dice que es una; y que esta una vida es una verdadera vida humana. Había en Él sólo una naturaleza, y ésta era humana. Ahora bien, poco importa que con estas descripciones se diga que Cristo es divino, y que Su vida fue una vida divina; porque se dice sobre la base de que lo divino es humano, y que lo humano es divino. Dios y el hombre son uno. La diferencia entre Cristo y los otros hombres es simplemente de grado. Él es perfecto, nosotros somos imperfectos. Él es, como Baur ha dicho, simplemente *primus inter pares*. Cristo es el Urbild u hombre arquetípico. Pero «la realidad de lo arquetípico no va más allá de nuestra naturaleza».[45] Incluso en la forma modificada en que su doctrina ha sido adoptada en este país, se ha retenido este rasgo del sistema. El doctor Nevin, en su *Mystical Presence*, abunda en su afirmación de la simple humanidad de Cristo. Él dice que Él no tuvo una vida del cuerpo y otra del alma; no una vida de Su humanidad y otra de Su divinidad. Es una vida de principio a fin, y es «en todos los respectos, una verdadera vida humana».[46] «Cristo es el hombre arquetípico en quien se saca a la luz la verdadera idea de la humanidad.» Él «es el hombre ideal». De nuestra naturaleza se dice que está completa sólo en Él. Éste es también el mensaje de la revista «Mercersburg Review» en todos sus artículos relacionados bien con Antropología, bien con Soteriología. Se da por supuesto en todo lugar que Dios y el hombre son uno; que la divinidad es el completo desarrollo de la humanidad. «La glorificación de Cristo fue el pleno avance de nuestra naturaleza humana misma al poder de una vida divina.» Nada hay en Cristo que no pertenezca a la humanidad. Steudel, por ello, dice de la Cristología de Schleiermacher que hace de Cristo sólo «un hombre completo». Dice Knapp que él deifica lo humano. Y que hace humano lo divino.[47] Dice Dorner; «Él creyó que el ser perfecto de Dios estaba en Cristo; y por esta razón lo consideró como el hombre completo. Y así, *vice versa*, por cuanto Él es el hombre completo, la consciencia de Dios ha venido a ser un ser de Dios en él.»[48] Esto es, por cuanto Él es un hombre perfecto, Él es Dios. Y Strauss dice que

---

44. Véase Baur, pág. 858, que cita a Zeller (*Theol. Jahrb*, Bd. 1, H. 2, S. 285) diciendo que estos principios, que aparecen por todas partes en la obra *Dogmatik* de Schleiermacher, contienen todo el secreto de su Spinozismo.
45. Dorner, *Person of Christ*, div. II, Vol. III, pág. 301.
46. *The Mystical Presence*, Philadelphia, 1846, pág. 167.
47. Gess, *Uebersicht über Schleiermachers System*, pág, 225.

según Schleiermacher la creación del hombre imperfecto en Adán fue completada en Cristo; y como Cristo no asumió *un* verdadero cuerpo y *un* alma racional, sino humanidad genérica, la naturaleza humana como vida genérica es levantada al poder de la divinidad, no sólo en Él sino también en la Iglesia. La encarnación de Dios no es una manifestación singular en la carne, en la persona de Cristo, apareciendo en la tierra durante treinta y tres años, y luego transferida al cielo. Esto, se dice, habría sido sólo «un sublime avatar, fantásticamente expuesto así delante de los hombres», sin ningún efecto posterior. Al contrario, es la introducción de la vida de Dios en la humanidad, transformándola en divina. Es natural que los que así se deifican consideren a los que se consideran como «gusanos del polvo» como criaturas muy dignas de lástima.[49] Sin embargo, la objeción a este sistema bajo examen no es tanto que deifica al hombre como que hace de Cristo sólo un hombre ideal. Por ello, está en total divergencia con las enseñanzas de la Escritura, con la fe de la Iglesia, y con las íntimas convicciones del pueblo de Dios.

La antropología de Schleiermacher.

6. Así como el sistema bajo consideración es anti-escriturario en lo que enseña acerca de la naturaleza de Dios y la persona de Cristo, no es menos contrario a las Escrituras en lo que enseña acerca del hombre. En verdad, la teología y la antropología del sistema están tan relacionadas que no pueden sostenerse por separado. Según la Biblia y la fe común tanto de la Iglesia como del mundo, el hombre es un ser creado por la palabra del poder de Dios, consistiendo de un cuerpo material y de un alma inmaterial. Por ello, hay en la constitución de su persona dos sujetos o sustancias diferentes, cada una con sus propiedades peculiares; de manera que aunque estén íntimamente unidas en el presente estado del ser, el alma es capaz de una existencia y actividad consciente fuera del cuerpo, o separada de él. Por ello, el alma del hombre es una subsistencia individual distinta, y no la forma, o *modus existendi* de una vida general. Según Schleiermacher, «el hombre como tal, o en sí mismo, es el conocimiento (das Erkennen) de la tierra en su sustancia eterna (Seyn) y en su desarrollo siempre cambiante. O el Espíritu (der Geist, Dios) en la manera o forma en la que viene a la consciencia en nuestra tierra».[50] Por parte de los escritores de Mercersburg la idea es expuesta en términos más bien diferentes, pero sustancialmente en el mismo sentido.[51] Así, se dice: «El mundo, en su perspectiva más baja, no es simplemente el teatro o escenario externo sobre el que el hombre es puesto para que actúe su papel como candidato para el cielo. En la más amplia de sus diferentes formas de existencia está impregnado por todas partes con el poder de una sola vida, que viene finalmente a su más pleno sentido y fuerza sólo en la persona humana». Y[52] «El mundo es un todo orgánico que se completa a sí mismo en el hombre; y la humanidad está contemplada en todo momento como un sólo gran hecho que se hace acontecer, no en el acto, sino por la vía de la historia, desarrollando siempre más de su verdadero sentido interior, y llegando a su consumación final». Y también: «Es una propiedad universal de la vida des-

---

48. Dorner, *ut supra*, II, Vol. III, pág 194.
49. En una sesión del Senado Académico de la Universidad de Berlín, Marheinecke llamó a Neander un cabezudo, y le preguntó: ¿Qué derecho tenía él a exponer una opinión en ninguna cuestión filosófica? Neander, por su parte, dijo que la doctrina de Marheinecke, el Hegelianismo, era para él *ein Greuel*, un horror repugnante. Y no es para asombrarse, porque una doctrina que hace de los hombres la forma más elevada de la existencia de Dios es suficiente para asombrar incluso a Satanás.
50. «Der Mensch an sich ist das Erkennen der Erde in Seinem ewigen Seyn und in seinem immer wechselnden Werden: oder der Geist, der nach Art und Weise unserer Erde zum Selbstbewusstseyn sich gestaltet Dorner», primera edición, pág. 488.
51. En la revista *Mercersburg Review*, 1850, pág. 550.
52. Pág. 7 del mismo volumen.

arrollarse ella misma desde dentro, mediante un poder auto-organizador, hacia un cierto fin, fin que es su propia realización, o, en otras palabras, la final exhibición y actualización con una forma externa de todos los elementos, funciones, poderes y capacidades que incluye potencialmente. Así, se puede decir de la vida que es en su comienzo todo aquello que puede llegar a ser al final.»

La teoría es que hay un algo infinito, absoluto y universal, espíritu, vida, poder vital, sustancia, Dios, Urwesen, o lo que se le quiera llamar, que se desarrolla por medio de una fuerza interior, en todas las formas de existencia real. De estas formas, el hombre es la más elevada. Este desarrollo tiene lugar por medio de un proceso necesario, tanto como el crecimiento de una planta o el de un animal. El tronco de un árbol, sus ramas, follaje y frutos, no son formados por actos repentinos, creativos, cumpliendo el efecto, por vía de milagro. Todo es regular, una obra de ley, una fuerza ininterrumpida actuando conforme a su naturaleza interna. Así es en la evolución del espíritu, o principio de vida: no hay lugar para la intervención especial, ni de actos creativos. Todo va en la vía de la historia, y mediante un desarrollo orgánico regular. Aquí hay un fallo en la doctrina de Schleiermacher. Él admitía un acto creador, sobrenatural, en la creación, y por cuanto el *quantum* de vida, o de espíritu, comunicado al hombre al principio, fue insuficiente para proseguir su desarrollo hasta la perfección, esto es, hasta que alcanzara o actualizara todo lo que hay en esta vida de la que él es la manifestación (esto es, en Dios), hubo una necesidad de un nuevo acto creador, por el cual fue producido, en la persona de Cristo, un hombre perfecto. Desde Él y después de Él, el proceso prosigue naturalmente, por desarrollo regular.[53] El poder vital, el espíritu, aumenta cuantitativamente, y desde ahí se desarrolla históricamente en forma de la Iglesia. La Iglesia, por tanto, consiste de aquellos a los que les ha sido comunicado este elevado principio de vida, y en quienes se desarrolla hasta que se desarrolle todo lo que incluye. Esto es, hasta que se realice plenamente la unidad esencial de Dios y del hombre.

Hay otra forma de descripción corriente entre los discípulos de Schleiermacher, especialmente en este país. Sus defensores hablan de la humanidad como una vida genérica. Definen al hombre como la manifestación de esta vida genérica en relación con una especial organización corpórea, por quien es individualizada y deviene personal. Fue esta humanidad genérica la que pecó en Adán, y estaba por ello corrompida en todos los hombres individuales en los que se manifestó. Fue esta humanidad genérica la que asumió Cristo en unión personal con Su divinidad, no como dos sustancias distintas, sino unido de tal manera como para devenir una vida humana genérica. Esta humanidad purificada se desarrolla ahora mediante una fuerza interior en la Iglesia, así como desde Adán la humanidad genérica fue desarrollada en su posteridad. Pero todo esto sólo difiere verbalmente de la declaración más simple y filosófica de Schleiermacher. Porque se sigue presuponiendo que la idea fundamental del evangelio es que Dios y el hombre son uno. Esta humanidad genérica es sólo una forma de la vida de Dios. Y en cuanto a que pecara en Adán, y siendo por ello corrompida, el pecado y la corrupción son sólo un desarrollo imperfecto. Dios, el principio universal de la vida, como lo llama el doctor Nevin, tan variamente manifestado en las diferentes existencias en este mundo, está imperfecta o insuficientemente manifestado en el hombre generalmente, pero

---

53. Schleiermacher (*Zweites Sendschreiben zu Lücke*; *Works*, edición de Berlín, 1836, primera parte, Vol. II, pág. 653), dice: «Donde lo sobrenatural ocurre conmigo, es siempre un primero; se vuelve natural como segundo. Así, la creación es sobrenatural, pero después es un proceso natural (Naturzusammenhang). Así que Cristo es sobrenatural en cuanto a su comienzo, pero Él deviene natural como persona humana pura o simple. Lo mismo es cierto del Espíritu Santo y de la Iglesia Cristiana». De manera semejante, el doctor Nevin dice repetidas veces: «Lo sobrenatural ha devenido natural». Esta inconsecuencia en el sistema de Scheleirmacher, esta colisión entre su filosofía y su teología, es tratada por todos sus críticos alemanes. [...]

perfectamente en Cristo, y por medio de Él finalmente en una perfección semejante en Su pueblo. Por ello, Cristo, según Dorner, es una persona universal. Él comprende en Sí mismo la totalidad de la humanidad. Todo lo que es revelado por separado en otros es recapitulado en Él. En este sistema, «el punto medio de la verdad cristiana», dice Schwarz, «el meollo de la teología dogmática es la monstruosa idea de Göschel y de Dorner de la Todo-personalidad de Cristo que le pertenece como el Urmensch u hombre arquetípico. Él comprende en Sí mismo todas las formas o sistemas diversificados de los dones naturales de la humanidad».[54] Göschel y Dorner, añade Schwarz, fueron empujados a este punto de vista debido a que concedieron a su oponente Strauss que el Absoluto sólo podía revelarse a sí mismo en la totalidad de los individuos; y por ello como el Absoluto estaba en Cristo, él tiene que abarcar a todos los individuos, por cuanto (el Gattungsbegriff) la verdadera y total idea de la humanidad, el hombre ideal, o Urmensch, fue revelada en Cristo. La objeción está constantemente presentada por sus críticos alemanes, como Baur, Strauss y Schwarz: Schleiermacher admite que el Absoluto se revela en perfección en la totalidad de los individuos, y que sin embargo es revelado perfectamente en Cristo, lo que, según la propia filosofía de Schleiermacher, ellos proclaman como una contradicción o imposibilidad.[55]

El designio de los anteriores párrafos es simplemente el de exhibir el carácter anti-escriturario de la Cristología de Schleiermacher en todas sus modificaciones, por cuanto está basada en una perspectiva de la naturaleza humana totalmente enfrentada a la Palabra de Dios. Presupone la unidad de Dios y del hombre. Da por sentado que la humanidad plenamente desarrollada es divina; que Cristo es Dios al ser el hombre ideal, o perfecto,

La teoría de Schleiermacher pervierte el plan de salvación.

7. Apenas será necesario observar que el plan de salvación según la doctrina de Schleiermacher es totalmente diferente del revelado en la Biblia y del abrazado por la Iglesia en todas las edades. Está considerado, en Alemania al menos, como un rechazo del sistema de la Iglesia, y como un sustituto del mismo, y sólo en algunas de sus formas como una conciliación de los dos, en cuanto a lo que es considerado absolutamente esencial. El sistema rechaza en todas sus formas las doctrinas de la expiación o de la satisfacción de la justicia de Dios; de la regeneración y santificación por el Espíritu Santo; de la justificación como acto judicial o forense; de la fe en Cristo, como una confianza en lo que Él ha hecho por nosotros, en distinción a lo que Él hace en nosotros; en resumen, de todas las grandes doctrinas distintivas, no sólo de la Reforma, sino de la fe universal, Muchos de los seguidores de Schleiermacher rechazan estas doctrinas de modo explícito; otros retienen más o menos los términos, pero no en su significado recibido y establecido. Se pone otro sistema de salvación en lugar del sistema Escriturario. Cristo nos salva no por lo que enseña ni por lo que hace, sino por lo que Él es. Él infunde un nuevo principio de vida en la Iglesia y en el mundo. La vida universal, tal como fue comunicada o revelada a Adán, ha ido debatiéndose, desarrollada imperfectamente en todos sus descendientes. En Cristo se comunica un nuevo influjo de esta vida a las venas de la humanidad. A partir de ahí como nuevo punto inicial, la humanidad entra en otra etapa de desarrollo, que debe resultar en la plena actualización de la vida divina en la forma de la humanidad. Así como desde Adán la naturaleza humana se desarrolló desde dentro mediante

---

54. «Del Mittelpunkt christlicher Wahrheit, der christologische Kern der ganzen Dogmatik ist die Göschel-Dorner'sche monströse Vorstellung van der Allpersönlichkeit Christi, die ihm als dem Urmenschen zukommt. Es ist «die Zusammenfassung des ganzen gegliederten Systems der natürlichen Gaben der Menschheit». Schwarz, *Geschichte der neuesten Theologie*, pág. 260.
55. Baur, *Christliche Lehre von der Versöhnug*, pág. 621-624.

una fuerza interior en un proceso histórico regular, así desde Cristo hay el mismo desarrollo histórico desde dentro. Todo es natural. Nada hay sobrenatural sino el punto inicial; el primer impulso o la primera infusión de la vida divina. No hay lugar en el sistema para la obra del Espíritu Santo. En realidad, la misma existencia del Espíritu Santo como ser personal es expresamente negada por Schleiermacher. Por el Espíritu él se refiere a la vida común de la Iglesia, esto es, la vida divina, o Dios tal como se revela en la Iglesia. Así como derivamos de Adán una naturaleza cuantitativamente deficiente, y en este sentido corrompida, y no tenemos nada más que ver con él, así de Cristo recibimos una mayor medida de vida, espíritu o naturaleza divina, y ya no tenemos nada más que ver con Él. Toda Su obra redentora está en la nueva levadura que Él ha introducido en la humanidad, que se difunde por vía de un desarrollo natural, Esto, como dice Baur, viene a ser poco más que la impresión que su carácter ha hecho sobre el mundo. Él hace un paralelo entre Schleiermacher y Kant, entre el «Glaubenslehre» del primero, y «Die Religion innerhalb der Grenzen der Blossen Vernunft» del segundo; el claro racionalismo de éste, y la mística oscuridad de aquel. Ambos admiten que hay un buen principio y un mal principio. Ambos dicen que la redención del hombre consiste en el triunfo del buen principio. Ambos dicen que la liberación del mal o la obra redentora es un proceso puramente natural. Ambos atribuyen el éxito de la lucha a la influencia de Cristo. Éste dice que Él imparte a los hombres una nueva vida, aquel dice que Él despierta el bien durmiente que ya está en la naturaleza del hombre. Todo admite una sencilla explicación mística.[56] En cada grande época, algún hombre no sólo imprime su carácter e infunde su espíritu a los hombres de su generación, sino que también transmite su influencia de era en era. Todo el cuerpo de luteranos es lo que es debido a que Lutero era como era. El espíritu de Ignacio de Loyola sigue tan activo en los Jesuitas de nuestro tiempo como en su propia persona. Los escoceses son lo que son debido a John Knox; y los Wesleyanos deben no sólo su doctrina y disciplina sino todo su *animus* y carácter a John Wesley. A esta categoría reducen los inmisericordes críticos alemanes de Schleiermacher su teoría de la redención del hombre por Cristo Jesús. Es asunto de influencia personal como la de otros grandes hombres. Esto será considerado por sus discípulos como una perspectiva de lo más degradante e injusta de su doctrina. Y es indudablemente injusta, porque sea cual sea la verdad de su sistema meramente especulativo, es incuestionable que en su corazón él consideraba a Cristo como infinitamente exaltado sobre los otros hombres, y como el objeto apropiado de adoración y de confianza.

Esta *Vermittelungstheologie* (teología de la mediación), como se la llama en Alemania, es confesadamente un intento de combinar las conclusiones de las modernas especulaciones con la doctrina cristiana, o más bien con el cristianismo. Es un intento de mezclar elementos incongruentes que rehúsan entrar en combinación. La moderna filosofía especulativa, en todas sus formas, insiste en la negación de todo verdadero dualismo; Dios y el mundo son *correlata*, lo uno supone lo otro; sin el mundo, no hay Dios; la creación es la auto-evolución o auto-manifestación de Dios; por ello, es necesario y eterno, Dios no puede estar sin el mundo como tampoco la mente sin el pensamiento. La preservación, el progreso y la consumación del mundo tienen lugar por un proceso necesario de desarrollo, como en todas las formas de vida.

---

56. El autor estaba una vez sentado con Tholuck en un parque público, cuando éste dijo: «Dirijo mis ojos en la otra dirección, y con todo sigo consciente de su presencia. ¿A qué se debe esto?» La respuesta fue: «Usted sabe que yo estoy aquí; y este conocimiento produce el estado mental que usted llama una consciencia de mi presencia.» Tholuck, con buen humor, repuso: «Ah, qué estúpido es esto. ¿No cree usted que hay una influencia que surge de mí a usted y de usted a mí?» La única respuesta fue: «Quizá sea así.» De todos los hombres geniales, encantadores y afectuosos que el autor ha podido conocer a lo largo de una larga vida, Tholuck se levanta entre los primeros. El escritor recibió más bien de él que de todas las otras fuentes combinadas durante sus dos años de residencia en Europa.

No hay posibilidad de una intervención especial por parte de Dios. Los milagros, sean espirituales o físicos, son un absurdo y una imposibilidad.[57] Lo mismo sucede con la actividad de Dios en el tiempo, o de cualquier otra forma que como un poder vital general. Esto impide la eficacia de la oración excepto por lo que respecta a su influencia subjetiva, Schleiermacher compartía este horror a lo sobrenatural, y este rechazo de todos los milagros. En el caso de Cristo se vio forzado a admitir «un nuevo acto creativo». Pero se excusó por esta admisión describiéndola sólo como la finalización del acto original de la creación, y diciendo que fue sólo por un momento, y que a partir de ello todo fue natural.

Schwarz, él mismo un gran admirador, aunque no discípulo, de Schleiermacher, califica esta «teología mediadora» como un absoluto fracaso, No es ni una cosa ni otra. Ni es fiel a sus principios especulativos, ni fiel al cristianismo. Rechaza virtualmente el sistema de la Iglesia, pero trata de salvar el cristianismo adoptando al menos su fraseología. Schwarz dice que es un sistema de «frases», que intenta sanar las heridas de la ortodoxia mediante palabras que parecen significar mucho, pero que pueden ser hechas significar mucho o poco, según el lector quiera. Habla constantemente de la cristiandad como vida, como la vida de Dios, como desarrollándose orgánica y naturalmente, no mediante asistencia sobrenatural, sino mediante un poder vital interior, como en otros casos de desarrollo orgánico. Asume elevarse a la concepción de todo el mundo como un organismo, en el que Dios es uno de los factores, no difiriendo el mundo y Dios en cuanto a sustancia o vida, sino simplemente en cuanto a funciones. Concede a la «especulación» que la verdad fundamental de la filosofía y del cristianismo es la unidad de Dios y del hombre. El hombre es Dios viviendo en una cierta forma, o estado de desarrollo. Mientras que la «teología mediadora» concede todo esto, admite sin embargo un comienzo milagroso o sobrenatural del mundo y de la persona de Cristo, y abandona así todo su sistema filosófico. Al menos, los miembros de un ala de la escuela de Schleiermacher son así inconsecuentes; los de la otra son más fieles a sus principios.

Por cuanto la teología cristiana es simplemente la exhibición e ilustración de los hechos y verdades de la Biblia en sus debidas relaciones y proporciones, no tiene nada que hacer con estas especulaciones, La «teología mediadora» no pretende estar fundamentada en la Biblia. No profesa, al menos en Alemania, adhesión a la doctrina de la Iglesia. De manera expresa abandona el cristianismo como doctrina, para salvarlo como vida. Está basado en «especulación» y no en la autoridad, sea de las Escrituras o de la Iglesia. Por ello no aporta ningún otro ni más firme fundamento para nuestra fe y esperanza que ningún otro sistema filosófico; y esto, como lo demuestra toda la historia, es un fundamento de arenas movedizas, moviéndose y hundiéndose de mes en mes, e incluso día a día, Schleiermacher ha estado muerto por poco más de treinta años, y ya existen ocho o diez clases diferentes de sus discípulos generales que difieren casi tanto entre ellos como de las doctrinas de la Reforma. Twesten y Ullmann, Liebner y Thomasius, Lange y Alexander Schweizer, divergen en gran manera, teniendo cada uno de ellos su propio disolvente filosófico de las doctrinas de la Biblia, y produciendo cada uno de ellos un residuo diferente.

La sencilla, sublime y salvadora Cristología de la Biblia y de la Iglesia universal es: «Que el Hijo eterno de Dios se hizo hombre tomando para Sí un verdadero cuerpo y un alma racional, y que así era y sigue siendo Dios y hombre en dos naturalezas distintas y una persona para siempre.»

---

57. «Eigentliche Mirakel anzunehmen, d. h. Unterbrechungen oder Aufhebungen der Naturordnung, dazu wird kein philosophischer Denker sich herablassen». J. H. Fichte, por Schwarz, pág. 319.

Capítulo 4

La obra mediadora de Cristo

1. Cristo el único Mediador.

SEGÚN LAS ESCRITURAS, la encarnación del Hijo eterno de Dios no fue un acontecimiento necesario surgiendo de la naturaleza de Dios. No fue el punto culminante en el desarrollo de la humanidad. Fue un acto de humillación voluntaria. Dios dio a Su Hijo para la redención del hombre, Él vino al mundo para salvar a Su pueblo de sus pecados; para buscar y salvar a los perdidos, Él tomó parte en carne y sangre a fin de destruir, mediante la muerte, a aquel que tenía el poder de la muerte, esto es, al diablo, y liberar a aquellos que por temor a la muerte (esto es, por su aprensión de la ira de Dios), estaban toda la vida sujetos a servidumbre. Él murió, el justo por los injustos, para acercarnos a Dios. Esta es la constante descripción de las Escrituras. La doctrina de la moderna teología especulativa, que la encarnación habría tenido lugar aunque el hombre no hubiera pecado, es por tanto contraria a las más claras enseñanzas de la Biblia. Sin embargo, presuponiendo que los hombres caídos debieran ser redimidos, entonces la encarnación fue una necesidad. No había otra manera de conseguir este fin. Esto está claramente enseñado en las Escrituras. El nombre de Cristo es el único nombre por el que los hombres pueden ser salvos. Si la justicia hubiera podido ser alcanzada de otra manera, Cristo, dice el Apóstol, murió en vano (Gá 2:21). Si la ley (cualquier institución o instrumento) hubiera podido dar vida, ciertamente que la justicia habría sido por la ley (Gá 3:21).

Por cuanto el designio de la encarnación del Hijo de Dios era reconciliarnos a Dios, y por cuanto la reconciliación de las partes enemistadas es una obra de mediación, Cristo es llamado nuestro mediador. Por cuanto la reconciliación es a veces llevada a cabo por la mera intercesión, o negociación, la persona que así intercede de manera efectiva puede ser llamada un mediador. Pero cuando la reconciliación involucra la necesidad de una satisfacción por el pecado como cometido contra Dios, entonces el único mediador es aquel que hace expiación por el pecado. Por cuanto esto fue hecho y sólo podía ser hecho por Cristo, sigue que sólo Él es el mediador entre Dios y el hombre, Él es nuestra paz, que reconcilia a judíos y gentiles para con Dios en un cuerpo por la cruz (Ef 2:16). Por tanto, para nosotros hay un mediador entre Dios y los hombres, Jesucristo hombre (1 Ti 2:5),

La Iglesia Católica romana considera a los sacerdotes, santos y ángeles, y especialmente a la Virgen María, como mediadores, no sólo en el sentido de intercesores, sino también de pacificadores sin cuya intercesión no se puede lograr la reconciliación con Dios. Esto surge de dos principios erróneos involucrados en la teología de la Iglesia de Roma. El primero tiene que ver con el oficio del sacerdocio. Los romanistas enseñan que los beneficios de la redención sólo pueden ser obtenidos mediante la intervención de los sacerdotes. Estos beneficios fluyen por medio de los sacramentos. Los sacramentos, para poder ser aplicados, tienen que ser administrados por hombres ordenados canónicamente. Los sacerdotes ofrecen sacrificios y conceden la absolución. Son tan verdaderamente mediadores, aunque en un grado subordinado, como el mismo Cristo. Nadie puede acudir a Dios excepto por medio de ellos. Y esta es la principal idea en la mediación en el sentido escriturario de la palabra.

El otro principio está involucrado en la doctrina del mérito tal como la mantienen los Romanistas. Según ellos, las buenas obras hechas después de la regeneración tienen un verdadero mérito a los ojos de Dios. Es posible para el pueblo de Dios no sólo adquirir un grado de mérito suficiente para su propia salvación, sino más que el suficiente para ellos. Este mérito, sobre el principio de la comunión de los santos, se puede poner a disposición de otros. Por ello, se apela a los santos, para apelar a los méritos de ellos delante del trono de Dios como la base del perdón o de la liberación de aquellos por quienes ellos interceden. Según las Escrituras, ésta es la peculiar obra de Cristo como nuestro mediador; su asignación a los santos, por tanto, los constituye en mediadores. Como el ministro cristiano no es sacerdote, y por cuanto ningún hombre tiene mérito alguno delante de Dios, y mucho menos una sobreabundancia de mérito, todo el fundamento de esta doctrina romanista se desvanece. Cristo es nuestro único mediador, no meramente porque así lo enseñan las Escrituras, sino también porque Él sólo puede cumplir y cumple lo que es necesario para nuestra reconciliación con Dios; y sólo Él tiene las calificaciones personales para la obra.

2. Calificaciones para la obra.

Las Escrituras enseñan claramente cuáles son estas calificaciones:

1. Tiene que ser un hombre. El Apóstol asigna como razón que Cristo asumió nuestra naturaleza, y no la naturaleza de los ángeles, que Él vino a redimirnos (He 2:14-16). Era necesario que fuera hecho bajo la ley que nosotros habíamos quebrantado; que Él cumpliera toda justicia; que Él padeciera y muriera; que Él pudiera compadecerse de todas las debilidades de Su pueblo, y que Él se hiciera uno con ellos en una naturaleza común. El que santifica (purifica de pecado como culpa y como contaminación) y los santificados son y tienen que ser de una naturaleza, Por ello, así como los hijos fueron partícipes de carne y sangre, también Él tomó parte en lo mismo (He 2:11-14).

2. El Mediador entre Dios y los hombres tiene que ser sin pecado. Bajo la ley, la víctima ofrecida sobre el altar tiene que ser sin tacha. Cristo, que iba ofrecerse a Sí mismo a Dios como sacrificio por los pecados del mundo, tenía que ser Él mismo exento de pecado. Por ello, el Sumo Sacerdote que nos conviene, Aquel que demandan nuestras necesidades, tiene que ser santo, inocente, incontaminado, y separado de los pecadores (He 7:26). Él fue, por tanto, «sin pecado» (He 4:15; 1 P 2:22). Un Salvador del pecado que fuera pecador es una imposibilidad, Él no podría tener acceso a Dios. No podría ser sacrificio por los pecados; y no podría ser fuente de santidad y de vida eterna para Su pueblo. [...]

3. No fue menos necesario que nuestro Mediador sea una persona divina. La sangre de una mera criatura no podía quitar el pecado. Es tan sólo porque nuestro Señor poseía un Espíritu eterno que la una ofrenda de Él mismo ha perfeccionado por siempre a los que creen. Nadie sino una persona divina podía destruir el poder de Satanás y liberar a los que eran conducidos cautivos a voluntad de él. Nadie sino Aquel que tenía vida en Sí mismo podía ser la fuente de vida, espiritual y eterna, para Su pueblo. Nadie sino una persona omnipotente podía controlar todos los acontecimientos hasta la final consumación del plan de la redención, y podía resucitar los muertos; y es necesaria una sabiduría y conocimiento infinitos en Aquel que debe ser el juez de todos los hombres, y cabeza sobre todas las cosas a Su Iglesia. Nadie sino uno en quien morara toda la plenitud de la Deidad podía ser el objeto así como la fuente de la vida religiosa de todos los redimidos.

En las Escrituras se declara que estas calificaciones para el oficio de mediador entre Dios y el hombre son esenciales; todas son cumplidas en Cristo; y todas ellas fueron exigidas por la naturaleza de la obra que Él vino a llevar a cabo.

Por cuanto fue necesario que Cristo, a fin de obrar nuestra redención, fuera a la vez Dios y hombre en dos naturalezas distintas y una persona, sigue que Su obra mediadora, que incluye todo lo que Él hizo y sigue haciendo por la salvación de los hombres, es la obra no de Su naturaleza humana con exclusión de la divina, ni de la última con exclusión de la primera. Es la obra del *Theantröpos*, del Dios-hombre. De los actos de Cristo, como ya se ha observado, algunos son puramente divinos, como la creación, la preservación, etc.; otros puramente humanos, esto es, aquellos para cuyo cumplimiento son no solamente adecuados los poderes ordinarios del hombre, sino también en los que sólo se ejercitan facultades humanas; y tercero, los mixtos, que pertenecen a la totalidad de la persona. Así como hablar en el hombre es un ejercicio común de la mente y del cuerpo, así la obra mediadora en Cristo es la obra conjunta de Su divinidad y humanidad. Cada naturaleza actúa en conformidad a sus propias leyes. Cuando un hombre habla, la mente y el cuerpo concurren en la producción del efecto, cada una conforme a su naturaleza. Así, cuando nuestro Señor hablaba, la sabiduría, verdad y autoridad con que Él hablaba se debían a Su divinidad; la forma humana de los pensamientos y su articulación eran lo que eran en virtud de la función de Su naturaleza humana. Así sucede con todos Sus actos redentores. Así como la mente del hombre concurre en soportar los padecimientos del cuerpo según la naturaleza de la mente, así la divinidad de Cristo concurrió con los padecimientos de Su naturaleza humana según la naturaleza de la divinidad. [...]

Todos los actos y padecimientos de Cristo en la ejecución de Su obra mediadora fueron, por tanto, los actos y padecimientos de una persona divina. Fue el Señor de la gloria quien fue crucificado; fue el Hijo de Dios quien derramó Su alma hasta la muerte. Está claro que ésta es la doctrina de la Escritura: (1) Porque atribuyen la eficacia y el poder de Sus actos, la verdad y sabiduría de Sus palabras, y el valor de Sus padecimientos, al hecho de que eran los actos, las palabras y los padecimientos de Dios manifestado en carne. Son predicados de una y la misma persona que desde el principio era con Dios y era Dios, que creó todas las cosas y para quién fueron hechas todas las cosas, y por quien todas las cosas consisten. (2) Si la obra mediadora de Cristo pertenece a Su naturaleza humana exclusivamente, o, en otras palabras, si Él es nuestro mediador sólo como hombre, entonces tenemos sólo un Salvador humano, y toda la gloria, poder y suficiencia del Evangelio se desvanecen. (3) Por la naturaleza de la obra. La redención de los hombres caídos es una obra para la que sólo una persona divina es competente. El oficio profético de Cristo supone que Él poseía «todos los tesoros de la sabiduría y del conocimiento»; su oficio sacerdotal demandaba la dignidad del Hijo de Dios, para hacer Su obra disponible; y nadie sino una persona divina podía ejercer el dominio que le ha sido encomendado a Cristo como mediador. Sólo el Hijo Eterno podía librarnos de la servidumbre de Satanás, y de la muerte del pecado, o levantar a los muertos, o dar vida eterna, o vencer a todos Sus y nuestros enemigos. Necesitamos un Salvador que fuera no sólo santo, inocente, incontaminado, y separado de pecadores, sino también que sea «más sublime que los cielos».

3. El triple oficio de Cristo.

Ha sido durante largo tiempo costumbre de los teólogos exponer la obra mediadora de Cristo bajo los encabezamientos de Sus oficios profético, sacerdotal y regio. Algunos han objetado a esta división y clasificación diciendo que estos oficios no son distintos, por cuanto era el deber de los sacerdotes así como de los profetas enseñar; otros objetan en el sentido de que el oficio sacerdotal de Cristo fue idéntico al profético, que Su redención fue llevada a cabo por

Teología Sistemática—Parte III: Soteriología

la enseñanza. Pero este método no sólo tiene la sanción del uso establecido y de la evidente conveniencia, sino que es de importancia esencial, y tiene una firme base escrituraria. (1) En el Antiguo Testamento los varios oficios eran distintos. El profeta, como tal, no era sacerdote; y el rey no era ni sacerdote ni profeta. Dos de estos oficios fueron en ocasiones unidos a veces en la misma persona bajo la teocracia, como Moisés fue a la vez sacerdote y profeta, y David profeta y rey. Sin embargo, los oficios eran distintos. (2) El Mesías, durante la teocracia y en el uso del lenguaje tal como entonces se entendía, fue preanunciado como profeta, sacerdote y rey. Moisés, hablando de Cristo, dijo: «Profeta de en medio de ti, de tus hermanos, como yo, te levantará Jehová tu Dios». Había una abundante enseñanza de que el venidero liberador iba a ejecutar todos los deberes de un profeta como revelador de la voluntad de Dios. Iba a ser el gran maestro de justicia; luz para alumbrar a los Gentiles, así como la gloria de Su pueblo Israel. Y no menos clara y frecuentemente se declaraba que sería sacerdote. «Tú eres sacerdote para siempre según el orden de Melquisedec». Debía ser sacerdote sobre Su trono (Zac 6:13). Debería llevar los pecados del pueblo, y hacer intercesión por los transgresores. Su oficio regio es presentado de manera tan prominente en las profecías mesiánicas que los judíos le esperaban sólo como Rey. Él reinaría sobre todas las naciones. Su reino no tendría fin. Él sería Señor de Señores, y rey de reyes. (3) En el Nuevo Testamento el Redentor, al asumir el oficio del prometido Mesías, se presentó al pueblo como su profeta, sacerdote y rey; y los que le recibieron le recibieron en todos estos oficios. Él se aplicó a Sí mismo todas las profecías referentes al Mesías. Se refirió a Moisés como prediciendo al Mesías como profeta; a David estableciéndolo como sacerdote, y a las profecías de Daniel acerca del Reino que Él vino a establecer. Los Apóstoles le recibieron como el maestro enviado por Dios para revelar el plan de la salvación y para desarrollar el futuro destino de la Iglesia. En el primer capítulo de la Epístola a los Hebreos se dice: «Dios, habiendo hablado muchas veces y de muchas maneras en otro tiempo a los padres por los profetas, en estos últimos días nos ha hablado en el Hijo». En esta Epístola el sacerdocio de Cristo es presentado de manera elaborada, y se insiste intensamente en su superioridad en todos los respectos al sacerdocio de la antigua economía. De manera semejante, el Nuevo Testamento está lleno de instrucción acerca de las bases, naturaleza, extensión y duración de Su reino. Él es constantemente designado como Señor, como nuestro dueño y soberano absoluto. Nada, pues, puede estar más claro que el hecho de que los profetas del Antiguo Testamento predijeron que el Mesías sería profeta, sacerdote y rey, de manera que el Nuevo Testamento describe al Señor Jesús manteniendo todos estos oficios. (4) El hecho de que no se trata de una mera descripción figurada queda claro por el hecho de que Cristo ejerció todas las funciones de profeta, sacerdote y rey. No se trata de que simplemente fuera llamado por estos nombres, sino que la obra que realmente llevó a cabo incluyó de manera perfecta todo lo que los antiguos profetas, sacerdotes y reyes habían llevado a cabo en una esfera inferior y como prefiguración de la obra más perfecta de Cristo. (5) Como hombres caídos, ignorantes, culpables, contaminados e impotentes necesitamos un Salvador que sea profeta para enseñarnos, un sacerdote para que haga expiación e interceda por nosotros; y un rey para regirnos y protegernos. Y la salvación que recibimos de Sus manos incluye todo lo que puedan hacer un profeta, un sacerdote y un rey en el más elevado sentido de estos términos. Somos iluminados en el conocimiento de la verdad; somos reconciliados con Dios por medio de la muerte sacrificada de Su Hijo; y somos liberados del poder de Satanás e introducidos en el reino de Dios, todo lo cual supone que nuestro Redentor nos es a la vez profeta, sacerdote y rey. Esto no es, por tanto, simplemente una clasificación conveniente del contenido de Su misión y obra, sino que entra en su misma naturaleza, y debe ser retenido en nuestra teología si queremos tomar la verdad tal como está revelada en la Palabra de Dios.

Bajo la antigua economía, las funciones de estos varios oficios no fueron sólo confiados a diferentes personas, no siendo nadie bajo la teocracia a la vez profeta, sacerdote y rey, sino que cuando dos de estos oficios eran reunidos en una persona seguían estando separados. El mismo hombre podía en ocasiones actuar como profeta y a veces como sacerdote o rey; pero en Cristo estos oficios fueron unidos de la manera más estrecha. [...]

Capítulo 5

El oficio profético

1. La naturaleza del oficio profético.

SEGÚN EL USO ESCRITURARIO, un profeta es uno que habla en nombre de otro. En Éx 7:1 se dice: «Mira, yo te he constituido Dios para faraón, y tu hermano Aarón será tu profeta». Moisés debía ser la fuente autoritativa de la comunicación, y Aarón el órgano de la misma. Esta es la relación del profeta con Dios. Dios comunica, y el profeta anuncia el mensaje que ha recibido. [...] Un profeta, por tanto, es aquel que habla en nombre de Dios. Sin embargo, tiene que ser el órgano inmediato de Dios. En cierto sentido, se puede decir de todo aquel que lee o predica la palabra de Dios que «habla en Su nombre». Las verdades que pronuncia reposan en la autoridad de Dios; son Sus palabras, siendo el ministro el órgano que las anuncia al pueblo. Pero los ministros no son profetas. En el Antiguo y Nuevo Testamento se establece una amplia distinción entre profetas y maestros. Los primeros eran inspirados, y los últimos no. Todo hombre que recibe una revelación de Dios, o inspirado en la comunicación de la misma es, en las Escrituras, llamado un profeta. Por ello, todos los escritos sagrados son llamados proféticos. [...] La predicción del futuro era sólo una parte incidental en la obra del profeta, porque algunas de las comunicaciones que recibió se referían a acontecimientos futuros.

Por ello, cuando fue predicho el Mesías como un profeta, se predijo que Él sería el gran órgano de Dios para comunicar Su mente y voluntad a los hombres. Y cuando apareció nuestro Señor en la tierra lo hizo para hablar las palabras de Dios. «La palabra que habéis oído no es mía, sino del Padre que me envió» (Jn 14:24). «Jesús Nazareno, que fue un profeta poderoso en obra y en palabra» (Lc 24:19).

2. Cómo Cristo ejecuta el oficio de Profeta.

En la ejecución de Su oficio profético, Cristo nos es revelado (1) Como el Verbo eterno, el *Logos*, el Jehová manifestado y manifestante. Él es la fuente de todo conocimiento para el universo inteligente, y especialmente para los hijos de los hombres. Él era y es la luz del mundo. Él es la verdad. En Él moran todos los tesoros de la sabiduría y del conocimiento; y de Él irradia toda la luz que los hombres reciben o alcanzan. (2) Esto, aunque independiente de su obra oficial como profeta en la economía de la redención, es su fundamento necesario. Si Él no poseyera la plenitud de la sabiduría divina, no podría ser la fuente de conocimiento, y especialmente de aquel conocimiento que es vida eterna para Su pueblo. Bajo la Antigua Dispensación, o antes de Su venida en la carne, Él reveló a Dios, y Sus propósitos y voluntad, no sólo mediante manifestaciones personales de Sí mismo a los patriarcas y profetas, sino también mediante Su Espíritu, en la revelación de la verdad y de la voluntad de Dios, en la inspiración de los designados para registrar estas revelaciones, y en la iluminación de las mentes de Su pueblo, llevándolos así al conocimiento salvador de la verdad. Mientras estaba en la tierra, prosiguió el ejercicio de Su oficio profético mediante Sus instrucciones personales, en Sus discursos, parábolas y exposiciones de la ley y de los profetas; y en todo lo que Él enseñó acerca de Su propia persona y obra, y con respecto al progreso y consumación de Su reino. (4) Desde Su ascensión, Él lleva a cabo el mismo oficio no sólo en la más plena revelación del evangelio dada a los Apóstoles y en la inspiración de los mismos como maestros infalibles, sino también en la institución del ministerio y llamando constantemente a los hombres a aquel oficio, y por la influencia del Espíritu Santo, que coopera con la verdad en cada corazón humano, y que la hace eficaz para la Santificación y salvación de Su propio pueblo. Así desde el principio, tanto en Su estado de humillación como de exaltación, tanto antes como después de Su venida en la carne, Cristo ejecuta el oficio de profeta al revelarnos mediante Su Palabra y Espíritu la voluntad de Dios para nuestra salvación.

Capítulo 6

El oficio sacerdotal

1. Cristo es un sacerdote de manera verdadera, no en sentido figurado.

El SIGNIFICADO DE LA PALABRA sacerdote y la naturaleza de este oficio deben ser determinados, primero, por el uso y consentimiento generales; segundo, por las expresas declaraciones de las Escrituras; y tercero, por la naturaleza de las funciones peculiares del oficio. Conforme a estas fuentes se puede mostrar que un sacerdote es, (1) Un hombre debidamente señalado para actuar por otros hombres en lo que a Dios se refiere. La idea que subyace en la base de este oficio es que los hombres, siendo pecadores, no tienen libertad de acceso a Dios. Por ello, se debe designar a uno que tenga este derecho por sí mismo, o que le haya sido concedido, para que se acerque a Dios en favor de ellos. Consiguientemente, un sacerdote es, por la naturaleza de su oficio, un mediador. (2) Un sacerdote está señalado para ofrecer dones y sacrificios por los pecados. Su función es reconciliar a los hombres con Dios; hacer expiación por los pecados de ellos; y presentar sus personas, confesiones y ofrendas a Dios. (3) Hace intercesión por el pueblo. No meramente como un hombre puede orar por otro, sino como apremiando la eficacia de su sacrificio y la autoridad de su oficio como base sobre las que se debiera dar respuesta a sus oraciones.

Mucho depende de la corrección de esta definición. De poco serviría admitir que Cristo es sacerdote si por este término nos referimos simplemente a un ministro de religión, o incluso a uno por cuya intervención se consiguen y comunican bendiciones divinas. Pero si por sacerdote se significa todo lo que está incluido en la anterior definición, entonces quedan por ella determinados la relación que tiene Cristo con nosotros, nuestros deberes para con Él, Su relación con Dios, y la naturaleza de Su obra.

Es evidente que la anterior definición es correcta, y que Cristo es sacerdote en el verdadero sentido del término:

1. Conforme al uso general de la palabra y de la naturaleza del oficio entre todas las naciones y en todas las edades del mundo. Los hombres, en todas partes y épocas, han estado conscientes de pecado. En esta consciencia queda incluido un sentimiento de pecado (o de justa exposición al desagrado de Dios), de contaminación, y de una consiguiente indignidad para acercarse a Dios. Sus conciencias, o las leyes de su naturaleza moral, les han enseñado siempre la necesidad de la expiación de la culpa mediante una satisfacción de la justicia divina, y la propia incapacidad de ellos e indignidad para hacer una expiación adecuada, o para lograr por sus propios esfuerzos el favor de Dios. Por tanto, siempre han buscado a alguno o a alguna clase de hombres para que actúe en favor de ellos; que haga por ellos lo que saben que tiene que ser hecho, y que están convencidos que no pueden hacer por sí mismos. De ahí la designación de sacerdotes, que siempre fueron considerados como hombres cuya ocupación

era propiciar a Dios mediante sacrificios expiatorios, mediante oblaciones, y mediante oraciones. Decir que un sacerdote es meramente un maestro religioso es contradecir el testimonio universal de la historia.

2. El sentido en que Cristo es sacerdote tiene que ser determinado por el uso de la palabra y por la naturaleza del oficio bajo la antigua dispensación. En el Antiguo Testamento un sacerdote era un hombre seleccionado de entre el pueblo, designado para actuar como mediador de ellos, acercándose por ellos a Dios, y cuya ocupación debía ser ofrecer sacrificios expiatorios por el pecado, y hacer intercesión por los ofensores. Al pueblo no se le permitía allegarse a Dios. Sólo el Sumo Sacerdote podía entrar dentro del velo; y sólo podía hacerlo con la sangre que había ofrecido por él mismo y por los pecados del pueblo. Todo esto era simbólico y típico. Lo que los sacerdotes Aarónicos eran simbólicamente, Cristo lo fue realmente. Lo que ellos tipificaban en su oficio y servicios fue cumplido en Él. Ellos eran la sombra, Él fue la sustancia. Ellos enseñaban cómo sería quitado el pecado, y Él realmente lo quitó. Negar que Cristo sea sacerdote en el sentido que da el Antiguo Testamento sería invalidar las Escrituras, o adoptar principios de interpretación que invalidaran sus enseñanzas.

3. Tenemos en el Nuevo Testamento una definición autoritativa de la palabra, y una exhibición de la naturaleza del oficio. En Hebreos 5:1 se dice: «Todo sumo sacerdote. [...] es constituido a favor de los hombres (*huper anthröpön*, para su beneficio y en lugar de ellos) en lo que a Dios se refiere, para que presente ofrendas y sacrificios por los pecados.» Aquí se reconocen de manera clara todas las ideas en que se ha insistido anteriormente. Un sacerdote es un hombre designado en favor de otros, para allegarse a Dios, y para ofrecer sacrificios. Y se declara que Cristo fue tal sacerdote.

4. Cristo no sólo es llamado sacerdote en Hebreos, sino que a través de esta Epístola el Apóstol demuestra, (*a*) que Él tenía todas las calificaciones para el oficio. (*b*) Que Él había sido designado por Dios. (*c*) Que Él era sacerdote de un orden más elevado que el de Aarón. (*d*) Que su sacerdocio derogaba todos los demás. (*e*) Que Él llevó a cabo todas las funciones del oficio: mediación, sacrificio e intercesión. (*f*) Que tal fue la eficacia de Su sacrificio que no tiene que ser repetido. Por aquella una ofrenda de Sí mismo ha obtenido eterna redención para nosotros.

5. Los efectos o beneficios alcanzados por la obra de Cristo son los que fluyen del ejercicio del oficio sacerdotal en nuestro favor. Estos beneficios son: (*a*) La expiación de nuestra culpa; (*b*) La propiciación de Dios; y (*c*) Nuestra consiguiente reconciliación con Él, de donde fluyen todas las bendiciones subjetivas de la vida espiritual y eterna. Estos son unos beneficios que no son logrados por la enseñanza, ni por la influencia moral, ni por el ejemplo, ni por ningún cambio interior obrado en nosotros. Por ello, Cristo es verdaderamente un sacerdote en el pleno sentido escriturario del término.

2. Cristo es nuestro único Sacerdote.

Esto sigue de la naturaleza y designio del oficio. (1) Ningún hombre más que el Señor Jesucristo tiene libertad de acceso a Dios. Todos los otros hombres, siendo pecadores, necesitan que alguien se allegue a Dios en favor de ellos. (2) Ningún otro sacrificio podía quitar el pecado. (3) Sólo por medio de Él que Dios es propicio a los hombres pecadores; y (4) Sólo por medio de Él los beneficios que se derivan del favor de Dios son comunicados a Su pueblo.

Los sacerdotes del Antiguo Testamento fueron, como ya se ha observado, sólo símbolos y tipos del verdadero sacerdocio de Cristo. Sus sacrificios no podían purificar la conciencia del sentimiento de pecado. Sólo servían para la purificación de la carne. Lograban la reconciliación con Dios sólo hasta allí donde eran considerados como representando el verdadero sacrificio de Cristo como el objeto de la fe y la base de la confianza. Por ello, como lo enseña el Apóstol, eran ofrecidos continuamente, porque, al ser ineficaces en sí mismos, el pueblo necesitaba la constante rememoración de su culpa y de su necesidad del más eficaz sacrificio predicho en las Escrituras.

Si los sacerdotes del Antiguo Testamento no eran realmente sacerdotes, excepto en un sentido típico, mucho menos lo son los ministros del Evangelio. Cuando entre los Protestantes se da el nombre de sacerdote a cualquier clase de ministros, el término es un sustituto de presbítero, con el que es constantemente intercambiado. Significa *presbuteros*, y no *hierus*. (Se define como, en griego, *presbuteros*, *anciano*; en latín, presbyter; en castellano, presbítero; en francés, prêtre; en anglosajón, preost; en holandés y alemán, priester; en danés, praest.) No es así entre los Romanistas. Para ellos, el ministro es verdaderamente un sacerdote. (1) Porque hace mediación entre Dios y el pueblo. (2) Porque asume la función de ofrecer sacrificios propiciatorios. (3) Porque en la absolución intercede efectiva y autoritativamente, haciendo eficaz el sacrificio por el pecado en su aplicación a los individuos, lo cual es el elemento esencial en la intercesión de Cristo. Los sacerdotes romanistas son mediadores, porque se enseña que el pecador no puede por sí mismo allegarse a Dios por medio de Cristo y obtener el perdón y la gracia, pero que puede lograr tales bendiciones sólo mediante la intervención de ellos. Son sacrificadores, porque asumen la función de ofrecer el cuerpo y sangre reales de Cristo a Dios, como expiación por los pecados del pueblo. Y son intercesores, no como un hombre pueda orar por otro, sino como poseyendo la capacidad de perdonar los pecados. Por ello, tienen poder de vida y muerte; las llaves del reino del cielo. Ellos atan, y nadie puede desatar; desatan, y nadie puede atar. Este es el más alto poder que el hombre haya jamás asumido sobre sus semejantes, y cuando se acepta, el pueblo queda reducido al estado de la más total sujeción. No hay beneficio más grande que haya dado la Reforma al mundo que el quebrantamiento de este yugo de hierro. Y esto se logró demostrando, con base en las Escrituras, que los ministros de la religión bajo el Evangelio no son sacerdotes en el sentido oficial del término. Se demostró:

1. Que la palabra sacerdote, *hiereus*, jamás se aplica a los tales en el Nuevo Testamento. Se les da todo apropiado título de honra a los mismos. Son llamados obispos de almas, pastores, maestros, gobernantes, los siervos o ministros de Dios; administradores de los divinos misterios; supervisores, heraldos, pero nunca sacerdotes. Por cuanto los escritores sagrados eran judíos, para los que nada había más familiar que la palabra sacerdote, cuyos ministros de religión eran constantemente llamados así, el hecho de que jamás emplearan esta palabra, ni ningún término derivado de la misma, para referirse a los ministros del Evangelio, tanto si se trata de apóstoles como de presbíteros o de evangelistas, es poco menos que milagroso. Es uno de aquellos casos en los que el silencio de la Escritura habla elocuentemente.

2. No se atribuye jamás ninguna función sacerdotal a los ministros cristianos. No median entre Dios y el hombre. Nunca se dice de ellos que ofrezcan sacrificios por los pecados; y no tienen ningún poder como intercesores que no pertenezca a todos los creyentes.

3. Todos los creyentes son sacerdotes en el único sentido en que los hombres son sacerdotes bajo el Evangelio. Esto es, todos tienen libertad para acceder a Dios por medio de Cristo. Él ha hecho a todo Su pueblo reyes y sacerdotes para Dios.

4. La doctrina Romanista es menospreciativa de la honra de Cristo. Él vino para ser el mediador entre Dios y el hombre; para hacer satisfacción por nuestros pecados, para lograr para nosotros el perdón y la reconciliación con Dios. Suponer que seguimos necesitando la intervención sacerdotal de los hombres es suponer que Su obra ha sido un fracaso.

5. Los escritores sagrados enseñan de manera expresa lo que niega esta doctrina. Ellos enseñan que los hombres tienen en todo lugar libertad de acceso a Cristo, y por medio de Él a

Dios; que la fe en Él logra una parte en todos los beneficios de Su redención, y que por tanto un bandido en la cruz, un preso en un calabozo, un creyente solitario en su propia habitación, está cerca de Dios, y seguro de Su aceptación, siempre que invoque el nombre del Señor. Negar esto, enseñar la necesidad de la intervención o ministerio de los hombres, para alcanzar para nosotros la salvación de nuestras almas, es contradecir las más claras enseñanzas de la Palabra de Dios.

6. Esta doctrina [de Roma] contradice las íntimas convicciones del pueblo de Dios en todas las edades. Ellos saben que tenemos por medio de Cristo y por el Espíritu libre acceso a Dios. Con ello son enseñados por el Espíritu Santo. Se valen de esta libertad a pesar de lo que todos los hombres puedan hacer. Saben que la doctrina que los sujeta al sacerdocio como los únicos dispensadores autorizados de la gracia y de la salvación no es de Dios; y que tal doctrina lleva a las almas de los hombres a la más esclavizante servidumbre.

7. Todos los principios sobre los que descansa la doctrina del sacerdocio del clero cristiano son falsos. Es falso que el ministerio sea una clase distinta del pueblo, distinguido de ellos mediante dones sobrenaturales comunicados por el sacramento del orden. Es falso que el pan y el vino sean transmutados en el cuerpo y la sangre de Cristo. Es falso que la Eucaristía sea un sacrificio propiciatorio aplicado para remisión de pecados y beneficios espirituales, según la intención del sacerdote oficiante. Cristo, por tanto, al ser Él el único mediador entre Dios y el hombre, es el único y todo suficiente Sumo Sacerdote de nuestra profesión.

3. Definición de términos.

Cristo, se dice, ejecuta el oficio de sacerdote, al ofrecerse una sola vez por nosotros a Sí mismo en sacrificio para dar satisfacción a la justicia divina, y reconciliarnos a Dios, y al hacer continuamente intercesión por nosotros. La expiación, la propiciación, la reconciliación y la intercesión son los varios aspectos bajo los que se presenta la obra de Cristo como sacerdote en la Palabra de Dios.

Antes de tratar de enunciar lo que enseñan las Escrituras con referencia a estas cuestiones, será oportuno definir los términos que aparecen constantemente en discusiones teológicas acerca de esta cuestión. [...]

Satisfacción.

La palabra satisfacción ha sido empleada generalmente a lo largo de los siglos para designar la obra especial de Cristo en la salvación de los hombres. En los teólogos latinos la palabra es «*satisfactio*», y entre los escritores alemanes, «Genugthum», siendo su equivalente etimológico exacto «el hacer suficiente». Por la satisfacción de Cristo se significa todo lo que Él ha hecho para dar satisfacción a las demandas de la ley y de la justicia de Dios, en lugar y a favor de los pecadores. Esta palabra tiene la ventaja de ser precisa, inclusiva y generalmente aceptada, y por ello deberíamos adherirnos a ella. Sin embargo, hay dos clases de satisfacción, que por cuanto difieren esencialmente en su naturaleza y efectos, no debieran ser confundidas. La primera es la pecuniaria o comercial; la otra es legal y forense. Cuando un deudor paga la demanda de su acreedor de manera plena, da satisfacción a sus demandas, y queda libre de toda demanda posterior. En este caso, lo que se paga es la suma debida precisa, ni más ni menos. Es un sencillo asunto de justicia conmutativa: un *quid pro quo*; tanto por tanto. No puede haber condescendencia, misericordia ni gracia por parte de un acreedor que recibe el pago de una deuda. No le importa quién pague la deuda, sea el mismo deudor, o alguien en su lugar; porque la reclamación del acreedor es simplemente sobre la cantidad debida y no sobre la persona del deudor. En el caso de crímenes, la cuestión es distinta. La demanda tiene lugar entonces sobre el ofensor. Es él mismo quien está bajo la reclamación de la justicia. La sustitución, en los tribunales humanos, está fuera de cuestión. El punto esencial en cuestiones criminales no es la naturaleza de la pena, sino quién sufrirá. El alma que pecare, ésa morirá. Y la pena no tiene que ser, raramente lo es, de la naturaleza del daño infligido. Todo lo que se demanda es que sea un equivalente justo. Para un asalto, puede tratarse de una multa; por un robo, cárcel; por traición, destierro o muerte. En caso de que se provea un sustituto para que sufra la pena en lugar del criminal, sería para el ofensor una cuestión de pura gracia, tanto más destacable en proporción a la dignidad del sustituto, y a la grandeza del mal del que el criminal es liberado. Otra importante diferencia entre satisfacción pecuniaria y penal es que la primera libera *ipso facto*. En el momento en que la deuda es pagada, el deudor queda libre, y ello de manera total. No se puede admitir ningún retardo, ni se puede poner condición alguna a su liberación. Pero en el caso de un criminal, por cuanto no tiene ningún derecho a que un sustituto tome su lugar, si se provee uno, los términos sobre los que los beneficios de la sustitución se acreditarán a la parte penada es cuestión de acuerdo, o de pacto entre el sustituto y el magistrado que representa a la justicia. La liberación del ofensor puede ser inmediata, incondicional y completa; o puede ser retrasada, suspendida según ciertas condiciones, y el otorgamiento de sus beneficios puede ser gradual.

Por cuanto la satisfacción de Cristo no fue pecuniaria, sino penal o forense; una satisfacción por pecadores, y no por algunos que debieran una cierta cantidad de dinero, sigue de ello:

1. Que no consiste en un exacto *quid pro quo*, tanto por tanto. Esto, como se acaba de observar, no es el caso ni entre los hombres. La pena por robo no es la restitución de la cosa robada, ni de su exacto valor pecuniario. Es generalmente algo de una naturaleza totalmente diferente. Pueden ser azotes o encarcelamiento. El castigo por un asalto no es la infracción del mismo grado de daño sobre la persona del ofensor. Lo mismo sucede con la calumnia, el abuso de confianza, la traición, y todas las otras ofensas criminales. El castigo por la ofensa es algo diferente al mal que el ofensor mismo ha hecho. Todo lo que la justicia exige en una satisfacción penal es que sea una verdadera satisfacción, y no meramente algo aceptado en gracia como tal. Tiene que haber una proporción adecuada con el crimen cometido. Puede ser diferente en su naturaleza, pero tiene que tener un valor inherente. Multar a un hombre con unos pocos centavos por un asesinato en primer grado sería una burla; pero la muerte o la cadena perpetua constituirían una verdadera satisfacción para la justicia. Por ello, todo lo que la Iglesia enseña cuando afirma que Cristo dio satisfacción a la justicia divina por los pecados de los hombres es que lo que Él hizo y padeció fue una verdadera y adecuada compensación por la pena remitida y por los beneficios conferidos. Sus padecimientos y muerte fueron adecuados para llevar a cabo todos los fines designados por el castigo de los pecados de los hombres. Él dio satisfacción a la justicia. Hizo consistente con la justicia de Dios que el pecador fuera justificado. Pero Él no sufrió ni en clase ni en grado lo que los pecadores habrían sufrido. En valor, Sus sufrimientos fueron infinitamente trascendentes a los de ellos. La muerte de un hombre eminentemente bueno sería de mucho más peso que la aniquilación de un universo de insectos. De la misma manera, la humillación, padecimientos y muerte del eterno Hijo de Dios trascendió más allá de toda medida en valía y poder la pena que un mundo de pecadores habría soportado.

2. La satisfacción de Cristo fue asunto de gracia. El Padre no estaba obligado a proveer un sustituto para los hombres caídos, ni el Hijo obligado a asumir tal oficio. Fue un acto de pura gracia que Dios detuviera la ejecución de la pena de la ley, y que consintiera aceptar los vicarios padecimientos y muerte de Su Hijo unigénito. Y fue un acto de amor sin paralelo que el Hijo consintiera en asumir nuestra naturaleza, llevar nuestros pecados, y morir, el justo por los injustos, para llevarnos a Dios. Por tanto, todos los beneficios que se acreditan a los pe-

cadores como consecuencia de la satisfacción obrada por Cristo les son unos puros dones; bendiciones a las que ellos mismos no tienen derecho alguno. Demandan nuestra gratitud, y excluyen toda jactancia.

3. No obstante, es cuestión de justicia que las bendiciones que Cristo quiso lograr para Su pueblo les sean realmente otorgadas. Esto sigue por dos razones: primero, le fueron prometidas como recompensa por Su obediencia y padecimientos. Dios acordó con Cristo que si Él cumplía las condiciones impuestas, si Él hacía satisfacción por los pecados de Su pueblo, ellos serían salvos. Sigue, en segundo lugar, por la naturaleza de una satisfacción. Si se satisfacen las demandas de la justicia, no pueden volver a ser exigidas. Esta es la analogía entre la obra de Cristo y el pago de una deuda. El punto de concordancia entre ambos casos no está en la naturaleza de la satisfacción ofrecida, sino en un aspecto del efecto producido. En ambos casos, las personas por las que se ha hecho satisfacción quedan ciertamente liberadas. Su exención o liberación es en ambos casos, e igualmente en ambos, cuestión de justicia. Esto es lo que enseñan las Escrituras cuando dicen que Cristo se dio como rescate. Cuando se paga y acepta un rescate, la liberación del cautivo es asunto de justicia. Sin embargo, no deja de ser para los cautivos un asunto de gracia. Ellos deben una deuda de gratitud a aquel que pagó el rescate, y esta deuda es tanto mayor cuanto que el rescate es la vida de su libertador. Así es en el caso de la satisfacción obrada por Cristo. La justicia demanda la salvación de Su pueblo. Ésta es Su recompensa. Es Él quien ha adquirido este derecho sobre la justicia de Dios; Su pueblo no tiene tal derecho excepto por medio de Él. Además, pertenece a la naturaleza de una satisfacción que dé respuesta a todos los extremos del castigo. ¿Qué razón hay para infligir una pena para la que se ha dado satisfacción?

4. Siendo la satisfacción de Cristo una cuestión de pacto entre el Padre y el Hijo, la distribución de sus beneficios queda determinada por los términos de aquel pacto. No libera *ipso facto*. El pueblo de Dios no está justificado desde la eternidad. No entran en el mundo en un estado justificado. Permanecen (si son adultos) en estado de condenación hasta que creen. E incluso los beneficios de la redención son concedidos gradualmente. El creyente recibe más y más de los mismos en esta vida, pero la total plenitud de las bendiciones está reservada para la vida venidera. Todos estos son hechos de la Escritura y de la experiencia, y son todos explicados por la naturaleza de la satisfacción obrada. No se trata del pago de una deuda, sino de un asunto de acuerdo o pacto. Les pareció bien a las partes del pacto de la redención que estas cuestiones quedaran así dispuestas.

Pena.

Las palabras penal y pena son frecuentemente mal entendidas. Por pena de una ley se comprende frecuentemente una clase o grado específicos de sufrimiento. Se dice que la pena de la ley divina es la muerte eterna. Por ello, si Cristo sufrió la pena de la ley, tiene que haber sufrido muerte eterna; o, como dicen otros, tiene que haber padecido la misma clase de padecimientos que los que son llamados a padecer los que son echados de Dios y que mueren eternamente. Esta dificultad es a veces confrontada por los teólogos más antiguos diciendo, con Burman:[1] «Tenendum, passionem han Christi, licet poenarum nostrarum vim omnem quoad intensionem quasi exhauserit, non tamen aeternitatem earum tulisse; temporis enim infinitatem, infinita personae dignitas recompensavit.» [...]

Otra respuesta igualmente común es que Cristo sufrió lo que la ley denunciaba contra los pecadores por lo que respecta a la esencia de la pena, pero no en cuanto a sus accidentes. Estos accidentes modifican en gran manera todos los castigos. Para un hombre de cultura y

---

1. *Synopsis Theologie*, V. XVII. 8, edición de Ginebra, 1678, Vol. II, pág. 89.

refinado, que tiene estrechas relaciones con los de su misma clase, el encarcelamiento por un crimen es una pena indeciblemente más severa que para un delincuente endurecido y degradado. La esencia de la pena de la ley divina es la manifestación del desagrado de Dios, el apartamiento del favor divino. Esto lo sufrió Cristo en nuestro lugar. Él llevó la ira de Dios. En el caso de criaturas pecaminosas, esto lleva a una perdición definitiva y sin fin, porque no tienen vida en sí mismas. En el caso de Cristo fue la ocultación temporal de la faz de Su Padre. Para los pecadores, este echamiento de delante de Dios va necesariamente acompañado de remordimiento, desesperación y de una resistencia y enemistad rebeldes. Todo esto son meros accidentes circunstanciales, que no acompañaron a los padecimientos de Cristo. [...]

Una tercera y más satisfactoria respuesta a la objeción que estamos tratando es que las palabras penal y pena no designan ninguna clase o grado particular de sufrimiento, sino cualquier clase o cualquier grado que es aplicado judicialmente para satisfacción de la justicia. La palabra muerte, tal como se emplea en la Escritura para designar la paga o retribución del pecado, incluye todo tipo y grados de sufrimiento infligido como su castigo. Por tanto, con las palabras penal y pena no expresamos nada acerca de la naturaleza de los padecimientos soportados, sino sólo el designio de su infracción. El sufrimiento sin ninguna referencia a la razón de tal acontecimiento es una calamidad; si se inflige para beneficio del que sufre, es disciplina; si lo es para satisfacción de la justicia, es castigo. La misma clase y cantidad de sufrimiento puede en un caso ser una calamidad; en otro disciplina; y en otro castigo retributivo. Si un hombre muere por accidente, es una calamidad. Si es ejecutado por un crimen y en ejecución de una sentencia judicial, es un castigo. Un hombre puede ser encerrado para protegerle de una violencia injusta. Su encierro es en tal caso un acto bondadoso. Pero si es encarcelado en ejecución de una sentencia judicial, entonces es castigo. En ambos casos, el mal sufrido puede ser exactamente el mismo. Lutero fue encerrado durante meses para protegerlo de la furia del Papa. Por ello, cuando decimos que los sufrimientos de Cristo fueron penales, o que Él sufrió la pena de la ley, no decimos nada en cuanto a la naturaleza o grado de dolores que sufrió. Sólo decimos, por una parte, que Sus sufrimientos no fueron ni meras calamidades, ni disciplina designada para Su propio beneficio, ni meramente dogmáticos, ni simbólicos ni ejemplares, ni el necesario acompañamiento del conflicto entre el bien y el mal; y, por otra parte, afirmamos que fueron designados para la satisfacción de la justicia. Él murió para que Dios pudiera ser justo al justificar a los impíos.

Sin embargo, no se debe inferir por esto que la clase o el grado de los sufrimientos de nuestro Señor fueran un asunto indiferente. No estamos autorizados a decir, como se ha dicho tan frecuentemente, que una gota de Su sangre hubiera sido suficiente para redimir el mundo. Esto puede ser expresión de un sentimiento piadoso, pero no una verdad escrituraria. Él no hubiera padecido como padeció, ni hasta el grado en que lo hizo, a no ser que hubiera existido una razón adecuada para ello. Tiene que haber alguna proporción entre el mal soportado y el beneficio a asegurar. Si un hombre fuera salvado de la muerte o de la servidumbre mediante el gesto de un príncipe que pagara un centavo, sería absurdo llamar a esto ni satisfacción ni rescate. Tiene que darse una suficiente abnegación y padecimiento para dar dignidad y valor inherente a la expiación. Así, mientras que el valor de los padecimientos de Cristo se debe principalmente a la dignidad de Su persona, el carácter y la intensidad de los mismos son elementos esenciales en su valía. No obstante, su carácter como penales no depende de la naturaleza de los mismos, sino de su designio.

Vicario.

Por padecimiento o castigo vicario no se significa meramente unos sufrimientos soportados para el beneficio de otros. Los sufrimientos de los mártires, patriotas y filántropos, aunque soportados por el bien de la Iglesia, de la patria o de la humanidad, no son vicarios. Esta palabra, según su significado y uso, incluye la idea de sustitución. El sufrimiento vicario es un sufrimiento soportado por una persona en lugar de otra, esto es, en su lugar. Necesariamente supone la exención de la parte en cuyo lugar se soporta el padecimiento. Un *vicario* es un sustituto, uno que toma el puesto de otro, y que actúa en su lugar. [...] Así, cuando se dice que los padecimientos de Cristo fueron vicarios, el significado es que Él sufrió en lugar de los pecadores. Fue el sustituto de ellos. El asumió la obligación de ellos de dar satisfacción a la justicia. Lo que Él hizo y padeció eliminó la necesidad de que ellos cumplieran las demandas de la ley en sus propias personas. Esta idea de sustitución, y de obediencia y padecimientos vicarios, impregna todas las religiones del mundo; ello demuestra que tiene sus fundamentos en la naturaleza del hombre. Tiene su sanción en la Palabra de Dios, y está incorporada en las doctrinas que en ella se revelan. Y esto demuestra que la idea no es meramente humana, sino divina; que está de acuerdo no sólo con la razón del hombre, sino con la razón de Dios. No es justo emplear palabras en un sentido no consistente con su significado establecido; por ejemplo, decir que los padecimientos de Cristo fueron vicarios cuando no se significa más que el que Sus sufrimientos tuvieran como resultado el bien de la humanidad. Esto se puede decir de todo padecimiento por el bien público; incluso del sufrimiento de criminales y de los finalmente impenitentes. Los padecimientos de Cristo fueron vicarios en el sentido en que la muerte de un hombre es vicaria cuando muere en lugar de otro para salvarlo de una pena merecida; en el sentido en que era vicaria la muerte del sacrificio del Antiguo Testamento, que era tomada en lugar de la muerte del trasgresor. Y este es el sentido en que debemos usar la palabra.

Culpa.

La palabra culpa, tal como se ha observado en repetidas ocasiones, expresa la relación que el pecado tiene con la justicia, o, como decían los antiguos teólogos, con la pena de la ley. Pero esta relación es doble. Primero, aquella que es expresada con las palabras criminalidad y demérito. Esto es inseparable del pecado. No puede pertenecer a nadie que no sea personalmente pecador, y acompaña permanentemente a todos los que han pecado. No es quitado por la justificación, y mucho menos por el perdón. No puede transferirse de una a otra persona. Pero, en segundo término, culpa significa la obligación de dar satisfacción a la justicia. Esto puede quitarse mediante la satisfacción de la justicia, personal o vicariamente. Puede transferirse de una a otra persona, o ser asumido por una persona en favor de otra. Cuando un hombre roba o comete cualquier otro crimen al que la ley de la tierra asigna una pena específica, si se somete a la pena, su culpa, en este segundo sentido, es quitada. No sólo es apropiado que sea dejado sin más molestias por parte del estado por aquel delito, sino que la justicia demanda su exención de cualquier castigo adicional. En este sentido se dice que la culpa de Adán nos es imputada; que Cristo asumió la culpa de nuestros pecados; y que Su sangre nos limpia de culpa. Esto es muy diferente del demérito personal. El sentido teológico de la palabra culpa queda bien expresado por la palabra *Schuld*, que denota la responsabilidad por algún mal, o daño, o pérdida; o, la obligación de dar satisfacción. Así, incluye el significado de nuestras palabras culpa y deuda. «Ich bin nicht schuldig» significa: No soy responsable. No estoy obligado a dar satisfacción. «Des Todes schuldig seyn» significa que se está bajo obligación de sufrir muerte como pena. «Des höllischen Feuers schuldig» significa estar en justicia obligado a soportar los fuegos del infierno. Así en la oración del Señor: «Vergieb uns unsere Schulden», remítenos la obligación de dar satisfacción por nuestros pecados. Por ello, los teólogos alemanes, antiguos y modernos, hablan de la culpa (Schuld) del ofensor transferida, en los servicios sacrificados del Antiguo Testamento, del ofensor a la víctima. Dice

Ebrard:[2] «La culpa, como sabemos, puede ser quitada sólo por el castigo. O bien el pecador mismo tiene que llevar el castigo, o bien se debe proveer un sustituto para que asuma la culpa, y lleve el castigo, y así se logre la liberación de la culpa, o justicia, para el ofensor.» Esta es la idea fundamental de expiación o satisfacción, que se encuentra en la base de todos los sacrificios por el pecado en todo el mundo, y especialmente en los de la economía Mosaica. Y esta es la idea esencial de la doctrina de la satisfacción de Cristo tal como se presenta en las Escrituras de comienzo a fin, y que está tan imbricada en la fe y la experiencia del pueblo de Dios que ha resistido a todo tipo de asaltos desde dentro y desde fuera, de creyentes filosofadores y de incrédulos confesos. Presupone que la culpa, Schuld, *reatus*, en el sentido de la obligación del pecador por satisfacer la justicia divina, puede ser quitada, puede ser transferida de una a otra persona, o asumida por una en lugar de otra. En perfecta consistencia con esta doctrina, se mantiene que la culpa o *reatus* en el sentido de demérito no admite eliminación ni transferencia.

Redención.

La redención significa a veces una simple liberación; pero propiamente, y siempre en su aplicación a la obra de Cristo, significa liberación por compra. Esto está claro debido a que es una liberación no por autoridad, ni por poder, ni por enseñanza, ni por influencia moral, sino por sangre, por el pago de un rescate. Éste es el significado etimológico de la palabra *apolutrösis*, que proviene de *lutron, un rescate*, y este último término de luö, comprar, esto es, la libertad de un esclavo o de un cautivo.

Expiación y Propiciación.

La expiación y la propiciación son términos correlativos. El pecador, o su culpa, es expiado; Dios, o la justicia, es propiciado. La culpa tiene que ser, por la naturaleza de Dios, visitada con castigo, lo cual es la expresión del desagrado de Dios contra el pecado. La culpa es expiada, en la descripción escrituraria, cubierta, por satisfacción, esto es, por castigo vicario. Dios es así hecho propicio, esto es, ahora es consistente con Su naturaleza perdonar y bendecir al pecador. Propicio y amante no son términos equivalentes. Dios es amor. Él nos amaba mientras éramos aún pecadores, y antes que se diera satisfacción. La satisfacción o expiación no suscitan el amor en la mente divina. Sólo hace consistente con Su justicia que Dios ejerza Su amor para con transgresores de Su ley. Esto se expresa con el verbo griego *hilaskomai, propitium facio*. «Reconciliar uno mismo con alguien mediante expiación.»[3] Aquello mediante lo que se obra esta reconciliación se llama *hilasmos* o hilastërion. El efecto producido es que Dios es *hilaos*. Dios es bueno para con todos, lleno de piedad y compasión para con todos, incluso para con el primero de los pecadores. Pero Él es *hilaos* sólo hacia aquellos para cuyos pecados se ha hecho una expiación. Esto es, según el uso del Antiguo Testamento, hacia aquellos «cuyos pecados son cubiertos». «Cubrir el pecado», kaphar, nunca se emplea para expresar la idea de purificación moral ni de santificación, sino siempre de expiación. El medio por el que se dice que el pecado es cubierto no es la reforma ni las buenas obras, sino la sangre, la satisfacción vicaria. Esto en hebreo es kopher, lo que cubre, cubierta. La combinación de estas dos ideas condujo a los LXX a llamar a la cubierta del arca *hilastë-*

---

2. *Dogmatik*, §401; edición de Königsberg, 1852, Vol. II, pág. 159: «Die Schuld, kann, wie wir wissen, nur so hinweggethan werden, dass sie wirklich gestraft, d. h. gesühnt wird; entweder muss der Sünder selbst die Strafe tragen, oder es muss sich ein stellvertretendes Opfer ausfindig machen lassen, welches die Schuld zu übernehmen, die Strafe zu tragen un alsdann die dadurch erworbene Schuldfreiheit oder Gerechtigkeit dem Menschen wieder mitzutheilen vermag.»
3. Robinson, *Lexicon of the New Testament*, in verbo

rion, aquello que cubría o que cerraba el testimonio de la ley contra los pecados del pueblo, haciendo así propicio a Dios. Pero era *hilastërion* sólo porque estaba rociada con sangre. Los hombres pueden filosofar acerca de la naturaleza de Dios, de Su relación con Sus criaturas, y de los términos sobre los que Él perdonará el pecado, y puede que nunca lleguen a una conclusión satisfactoria; pero cuando la pregunta es sencillamente: ¿Qué enseñan las Escrituras acerca de esta cuestión? la cuestión es relativamente sencilla. En el Antiguo y en el Nuevo Testamento Dios es declarado ser justo en el sentido de que Su naturaleza exige el castigo del pecado; que por ello no puede haber remisión sin tal castigo, vicario o personal; que el plan de salvación exhibido típica y simbólicamente en la institución mosaica, expuesto en los profetas, y enseñado clara y variamente en el Nuevo Testamento, involucra la sustitución del encarnado Hijo de Dios en lugar de los pecadores, el cual asumió la obligación de ellos de dar satisfacción a la justicia divina; y que Él de hecho dio una plena y perfecta satisfacción por el pecado, llevando en lugar de ellos la pena de la ley; todo esto es tan claro e innegable que siempre ha sido la fe de la Iglesia, que los principales Racionalistas de nuestro tiempo admiten que esta es la doctrina de la Escritura. Ha sido negada sólo por aquellos que están fuera de la Iglesia, y por ello no cristianos, o por aquellos que, en lugar de someterse a la sencilla palabra de Dios, se sienten obligados a explicar sus enseñanzas en conformidad a sus propias convicciones subjetivas.

Capítulo 7

La satisfacción de Cristo

1. Enunciado de la doctrina.

Los símbolos de las Iglesia Luterana y Reformada concuerdan totalmente en su enunciado de esta doctrina. En la «Confesión de Augsburgo»[1] se dice de Cristo que «sua morte pro nostris peccatis satisfecit» [su muerte hizo la satisfacción por nuestros pecados]. [...] En la «Fórmula de Concordia» esta doctrina no es sólo presentada, sino elaboradamente expuesta y vindicada. [...]

Las Confesiones Reformadas son semejantes. [...] La Confesión Belga dice:[2] «Creemos que Jesucristo es el eterno Sumo Sacerdote, [...] se ha puesto en nuestro nombre ante el Padre para apaciguar su ira con plena satisfacción, inmolándose a sí mismo en el madero de la cruz, y derramando su preciosa sangre para purificación de nuestros pecados.» El Catecismo de Heidelberg dice:[3] «Dios quiere que se dé satisfacción a su justicia: por eso es necesario que la satisfagamos enteramente por nosotros mismos o por algún otro.» En las siguientes respuestas se enseña que el hombre no puede dar satisfacción a la justicia de Dios por sí mismo, ni ninguna criatura por sí misma; que fue necesario que Aquel que como nuestro sustituto hiciera la satisfacción en nuestro lugar fuera a la vez Dios y hombre. Como respuesta a la pregunta de ¿Por qué fue necesario que Cristo muriera?, se responde:[4] «Porque la justicia de Dios no se podía satisfacer por nuestros pecados, sino por la misma muerte del Hijo de Dios.» Siendo el Catecismo de Heidelberg la norma doctrinal de todas las Iglesias Reformadas holandesas y alemanas en Europa y América, es uno de los más importantes y autoritativos de los símbolos de la Reforma. [...]

La «Confesión de Westminster»[5] dice: «El Señor Jesús, por su perfecta obediencia y sacrificio de Sí mismo, que Él por medio del Espíritu eterno ofreció una vez a Dios, ha dado plena satisfacción a la justicia de su Padre; y adquirió no sólo la reconciliación, sino una eterna herencia en el reino del cielo para todos aquellos que el Padre les ha dado.»

Sin embargo, esta no es una doctrina peculiar de las iglesias Luterana y Reformadas; es parte de la fe de la Iglesia universal. El Concilio de Trento dice:[6] «Jesus Christus, cum sanctissima passione in ligno crucis nobis justificationem meruit, et pro nobus Deo patri satisfecit.» «Christus Jesus, qui pro peccatis nostris satisfecit.»[7] [...]

---

1. I. IV. 2; Hase, *Libri Symbolici*, 3ª. edición, pág. 10.
2. *Confesiones de Fe de la Iglesia*, Literatura Evangélica, Madrid 1990, pág. 87. Art 21.
3. *Ibid.*, pág. 31, Preg. 12.
4. *Ibid*, pág. 39; Preg. 40.
5. Cap. VIII, §5
6. Sess. VI. Cap. 7; Streitwolf, *Libri Simbolici*, Gotinga, 1846, págs. 24, 25.
7. Sess. XIV, cap. 8; *Ibid*. pág. 63.

2. El valor intrínseco de la satisfacción de Cristo.

El primer punto es que la obra de Cristo tuvo la naturaleza de satisfacción, porque afrontó y respondió a todas las demandas de la ley y de la justicia de Dios contra el pecador. La ley ya no condena al pecador que cree en Cristo. Pero aquellos a los que la ley infinitamente santa y estricta de Dios no condena tienen derecho a la comunión y favor divinos. Para ellos no puede haber condenación. Por tanto, la obra de Cristo no fue un mero sustituto para la ejecución de la ley, que Dios en Su misericordia soberana considerara adecuado aceptar en lugar de lo que el pecador estaba obligado a dar. Tenía un valor intrínseco que hacía que fuera una satisfacción perfecta, de manera que la justicia ya no tiene más demandas que hacer. Es aquí como en el caso de criminales frente al estado. Si un delincuente así sufre la pena prescrita por la ley como castigo de su delito, ya no está sujeto a condenación. No se le puede demandar, en justicia, ningún castigo adicional por aquel delito. Esto es lo que se llama la perfección de la satisfacción de Cristo. Da satisfacción perfecta, por su propio valor intrínseco, a las demandas de la justicia. Este es el punto que se quiere ilustrar cuando la obra de Cristo es comparada en las Escrituras y en los escritos de los teólogos con el pago de una deuda. El acreedor no tiene ya más demandas cuando la deuda que había sido contraída con él queda totalmente pagada.

Esta perfección de la satisfacción de Cristo, como ya se ha observado, no se debe a que Él padeciera ni en clase ni en grado lo que el pecador hubiera tenido que soportar; sino principalmente a la infinita dignidad de Su persona.

Él no era un mero hombre, sino Dios y hombre en una persona. Su obediencia y padecimientos fueron por tanto la obediencia y los padecimientos de una persona divina. [...] Esto es precisamente lo que enseña el Apóstol en Hebreos 2:14, cuando dice que Aquel que era el Hijo de Dios, que hizo los cielos y la tierra, y que sustenta todas las cosas con la palabra de su poder, y que es inmutable y eterno, asumió nuestra naturaleza (carne y sangre) a fin de poder morir, y mediante la muerte destruir al que tenía el poder de la muerte, esto es, al diablo. Cristo es una sola persona, con dos naturalezas distintas, y por ello todo lo que se pueda predicar de cada naturaleza se puede predicar de la persona. Una indignidad infligida al cuerpo de un hombre es infligida a Él como hombre. Si este principio no fuera correcto, no hubiera habido mayor crimen en la crucifixión de Cristo que en la injusta infracción de muerte sobre un hombre ordinario. Pero el principio en cuestión es claramente reconocido en las Escrituras. [...] Sigue de esto que la satisfacción de Cristo tiene todo el valor que pertenece a la obediencia y a los padecimientos del eterno Hijo de Dios, y Su justicia, tanto activa como pasiva, es infinitamente meritoria. Esto es lo que el Apóstol enseña claramente en Hebreos 9:13, 14: «Porque si la sangre de los toros y de los machos cabríos [...] santifican para la purificación de la carne, ¿cuánto más la sangre de Cristo, el cual mediante el Espíritu eterno se ofreció a sí mismo sin mancha a Dios, purificará vuestras conciencias de obras muertas para que sirváis al Dios vivo?» La superior eficacia del sacrificio de Cristo es así atribuida a la dignidad infinitamente exaltada de Su persona.

Sigue de la perfección de la satisfacción de Cristo, que abroga e imposibilita todas las otras satisfacciones por el pecado. Los padecimientos que los creyentes justificados son llamados a soportar no son castigos, por cuanto no están designados para la satisfacción de la justicia. Son disciplinas que tienen el propósito de beneficiar al que las sufre, la edificación de la Iglesia y la gloria de Dios. Todas las iglesias Protestantes concurren en esta posición.

La doctrina romanista de la satisfacción.

Los romanistas, mientras que por una parte exaltan hasta lo sumo el valor intrínseco de la satisfacción de Cristo, por otra parte restringen su aplicación. En una época, prevalecía en la

Iglesia Latina la doctrina de que la obra de Cristo sólo valía para el perdón de los pecados cometidos antes del bautismo. Con respecto a los pecados post-bautismales, se sostenía o bien que eran imperdonables, o bien que el pecador mismo tenía que expiarlos. Esta idea de que la satisfacción de Cristo sólo vale para el perdón de pecados cometidos antes de la conversión ha sido adoptada por muchos Racionalistas, como por ejemplo por Bretschneider.[8] Dice él: «El sacrificio de Cristo no es válido para los pecados posteriores del cristiano. Beneficia al pecador sólo una vez, en su bautismo».[9] Lo que es más destacable, el doctor Emmons, aunque Puritano, tenía una idea muy similar. El único beneficio que recibimos de Cristo, dice él, es el perdón de los pecados. Esto se concede cuando creemos. Después de esto, somos recompensados o castigados no sólo en base de sino debido a nuestras obras.[10] Habiendo sido rechazada como herética la doctrina de que los pecados post-bautismales son imperdonables, los teólogos Romanistas adoptaron la teoría de que la satisfacción de Cristo sólo valía para la remisión de la pena de la muerte eterna; esto dejaba al pecador obligado a sufrir el castigo temporal debido a sus transgresiones, o a hacer satisfacción por los mismos.

La doctrina Romanista de la satisfacción surgió de una perversión de las penitencias impuestas en los primeros siglos sobre los caídos. Estas penitencias eran satisfacciones dadas a la Iglesia; esto es, tenían en designio de satisfacer a la Iglesia acerca del arrepentimiento del ofensor. Cuando llegaron a ser consideradas como satisfacciones presentadas ante la justicia de Dios, los teólogos se vieron obligados a adoptar una teoría para conciliar la práctica de la Iglesia con la doctrina de la satisfacción infinitamente meritoria de Cristo. La teoría era que la satisfacción de Cristo, aunque era infinita en mérito, estaba designada sólo para lograr la remisión de la muerte eterna. Se deben seguir soportando los castigos temporales y las penas del purgatorio tras la muerte, a discreción de la Iglesia, como satisfacción por los pecados. Este no es el lugar para la discusión plena de esta cuestión. Será suficiente observar: (1) Que si, como lo enseñan las Escrituras, todo pecado merece la ira y maldición de Dios, tanto en esta vida como en la venidera, entonces está fuera de toda consideración que el pecador pueda ofrecer satisfacción por el menor de todos sus pecados. Lo que él ofrezca como base de perdón tiene que ser asimismo perdonado. Esto está tan claro que los Romanistas han modificado su teoría hasta el punto de destruirla de hecho, al enseñar que la satisfacción dada por los penitentes es aceptada como tal satisfacción sólo por causa de Cristo. (2) En la Biblia, se dice que la obra de Cristo purifica de todo pecado. Todos los otros sacrificios y satisfacciones son denunciados como absolutamente inválidos, incluso si el hombre diera el fruto de su cuerpo por el pecado de su alma. (3) Los que creen en Cristo son justificados, dice el Apóstol, de todas las cosas. No están bajo condenación. Nadie puede acusados de nada. Tienen paz para con Dios. (4) La doctrina de la satisfacción suplementaria es menospreciativa de Cristo y destructora de la paz del creyente, reduciéndolo a un estado de esclavitud, y poniendo su salvación en manos del sacerdote. (5) Si Cristo es nuestro único sacerdote, Su obra es la única satisfacción por el pecado. Todas las otras son innecesarias, e imposibles.

3. La doctrina de los Escotistas y de los Remonstrantes.

Mientras que los Protestantes y la Iglesia generalmente han mantenido la doctrina de que la satisfacción de Cristo, debido a la dignidad de Su persona y por la naturaleza y grado de Sus padecimientos fue y es infinitamente meritoria, absolutamente perfecta por su valía intrínseca, y totalmente eficaz en su aplicación a todos los pecados del creyente, los Escotistas

---

8. *Dogmatik,* part II, cap. VI, §§ 154-158, 3 edición, Vol. II, págs. 280-310.
9. *Systematische Entwickelung,* §107, 4 edic. pág. 624.
10. *Works of Nathaniel Emmons, D.D.,* editados por Jacob Ide, D.D. Bastan, 1842, Vol. V, Sermones 46, 47.

de la Edad Media, y después de ellos Grocio y los Remonstrantes, negaron que la obra de Cristo tuviera valor inherente para dar satisfacción a la justicia divina, pero dijeron que era aceptada como satisfacción, *acceptatione gratuita*. Las proposiciones establecidas por Anselmo, en su trascendente libro *Cur Deus Horno*?, fueron: «(1) Quod necessarium fuit hominem redimi. (2) Quod non potuit redimi sine satisfactione. (3) Quod facienda erat satisfactio a Deo homine. (4) Quod convenientior modus fuit hic, scilicet per passionem Christi.» El argumento de Anselmo se basa en la presuposición de que el perdón del pecado demandaba una satisfacción infinita, esto es, una satisfacción de infinito mérito, que sólo podía ser dada por una persona de infinita dignidad. Este principio, y todas las proposiciones basadas sobre él, fueron contradichos por Duns Escoto. Éste propuso el principio opuesto, esto es: «Tantum valet omne creatum oblatum, pro quanto Deus acceptat.» Por ello, cualquier hombre hubiera podido dar satisfacción por sus propios pecados; o un hombre por los pecados de todos los hombres, si Dios hubiera querido ordenar esto. [...] Este principio llegó a ser la base de la doctrina de los Remonstrantes sobre la obra de Cristo, y del libro de Grocio, *De Satisfactione Christi*. [...]

    El principio de que una cosa vale aquello que Dios escoge que valga, que es la base de la doctrina de que la obra de Cristo no fue una satisfacción en virtud de su valor intrínseco, sino sólo por la aceptación de Dios en gracia, no puede ser cierto. Porque [...]

    1. Equivale a decir que no hay verdad en nada. Dios puede (si se puede perdonar este lenguaje) tomar cualquier cosa como cualquier otra; un todo por una parte, o una parte por un todo; la verdad por error, o el error por verdad; lo ilegítimo por legítimo, o lo legítimo por ilegítimo; la sangre de un macho cabrío por la sangre del Eterno Hijo de Dios. Esto es imposible. La naturaleza de Dios es inmutable: razón, verdad y bondad inmutables; y Su naturaleza determina Su voluntad y Sus juicios. Por ello, es imposible que Él tome como satisfacción lo que no lo es.

    2. El principio en cuestión involucra la negación de la necesidad de la obra de Cristo. Es inconcebible que Dios envíe a su Hijo unigénito al mundo a sufrir y morir si los mismos fines se hubieran podido cumplir de alguna otra manera. Si cada hombre pudiera expiar sus propios pecados, o un hombre por los pecados de todo el mundo, entonces en vano murió Cristo.

    3. Si esta doctrina es cierta, entonces no es cierto que sea imposible que la sangre de los toros y de los machos cabríos pueda quitar los pecados. Si cada *creatum oblatum tantum valet, pro quanto Deus acceptat*, entonces, ¿por qué no debieran haber sido suficientes los sacrificios del Antiguo Testamento para quitar el pecado? Lo que los hacía ineficaces era su propia e inherente incapacidad. Y lo que hace efectiva la satisfacción de Cristo es su propio valor inherente.

    4. Las Escrituras enseñan la necesidad de la muerte de Cristo, no sólo por implicación, sino también por aserción directa. En Gálatas 2:21 el Apóstol dice: «Si por medio de la ley se obtuviese la justicia, entonces Cristo murió en vano». Esto significa que si la justicia necesaria para la salvación de los hombres hubiera podido ser lograda por cualquier otro medio, toda la obra de Cristo es cuestión de supererogación, un gasto innecesario de lo que estaba más allá de todo precio. Aún más explícito es su lenguaje en Gálatas 3:21: «Si se hubiera dado una ley que pudiera vivificar, la justicia dependería realmente de la ley.» Lo que se dice aquí es que si algún otro método hubiera sido válido para salvar a los pecadores, se habría adoptado. Nuestro Señor pregunta, en Lc 24:26: «¿No sería necesario que el Cristo padeciera estas cosas?» Hubo una obligación, o necesidad, que demandaban Sus padecimientos si se iba a llevar a cabo la salvación de los pecadores. Nuevamente el Apóstol dice, en Hebreos 2:10: «Porque era propio de aquel por cuya causa son todas las cosas, y mediante el cual todas las cosas

subsisten, que en su designio de ir llevando muchos hijos a la gloria, perfeccionase por medio de padecimientos al autor de la salvación de ellos.» Hubo una necesidad para los padecimientos de Cristo, y esta necesidad no era meramente gubernamental, ni para el poder moral cumulativo sobre el corazón del pecador, sino que surgió de la naturaleza de Dios. Le era cosa propia. Era consecuente con sus perfecciones y carácter, lo cual es la más elevada clase concebible de necesidad.

5. Lo que las Escrituras enseñan acerca de la justicia de Dios conduce a la misma conclusión. La justicia es una forma de excelencia moral. Pertenece a la naturaleza de Dios. Demanda el castigo del pecado. Si el pecado se perdona, se puede perdonar de manera consistente con la justicia de Dios sólo sobre la base de una satisfacción penal legal. Por ello, el Apóstol dice (Romanos 3:25) que Dios envió a Cristo como propiciación por medio de la fe en Su sangre, a fin de que Dios sea justo al justificar a los impíos.

6. Las Escrituras, al describir el don de Cristo como la exhibición más excelsa que se pueda concebir del amor divino, enseñan con ello, primero, que el fin a ser conseguido valía la pena el sacrificio; y segundo, que el sacrificio era necesario para el logro del fin. Si el fin hubiera podido ser conseguido de otra manera, no habría existido una exhibición de amor en el don de Cristo para su consecución.

7. Todo lo que la Biblia enseña de la verdad de Dios; de la inmutabilidad de la ley; de la necesidad de la fe; de la inutilidad e indignidad de todos los otros sacrificios por el pecado; y de la imposibilidad de la salvación excepto por medio de la obra del encarnado Hijo de Dios, elimina la idea de que Su satisfacción no fuera necesaria para nuestra salvación, o que este fin hubiera podido ser conseguido por cualesquiera otros medios. Y si fue de esta manera absolutamente necesaria, tiene que deberse a que ninguna otra cosa tiene el suficiente valor para dar satisfacción a las demandas de la ley de Dios. Es el lenguaje y el espíritu de toda la Biblia, y de todo corazón creyente en relación con Cristo, que «sólo Su sangre tiene poder suficiente para hacer la expiación».

4. La satisfacción dada a la justicia.

El segundo punto involucrado en la doctrina escrituraria acerca de la satisfacción de Cristo es que fue una satisfacción para la justicia de Dios. Esto es declarado en todas las Confesiones citadas anteriormente. Y por justicia no se denota sólo una rectitud general o rectitud de carácter y acción; tampoco sólo justicia rectoral, que consiste en una consideración debida a los derechos e intereses de los súbditos en relación con los gobernantes; menos aún se refiere a justicia conmutativa u honestidad. Se admite que el término hebreo tsadoq, el griego *dikaios*, el término latín *justus*, y el término castellano justo, o sus derivados, se emplean en todos estos sentidos tanto en la Escritura como en la vida ordinaria. Pero se emplean también para expresar la idea de justicia distributiva o retributiva; aquella forma de excelencia moral que demanda la justa distribución de recompensas o castigos que hace seguro, bajo el gobierno de Dios, que la obediencia será recompensada y el pecado castigado. También recibe el nombre apropiado de justicia vindicadora, porque vindica y mantiene el derecho. Vindicador y vindicativo no son sinónimos, en el sentido ordinario del último término. Es común el error o la falsa descripción de confundir estos dos términos, y de describir a los que adscriben a Dios el atributo de justicia vindicadora como asesinos maliciosos. La cuestión entonces es: ¿Pertenece a Dios el atributo de justicia vindicadora? ¿Demanda Su excelencia moral infinita que el pecado sea castigado debido a su propio demérito inherente, con indiferencia de los buenos efectos que puedan resultar de tal castigo? ¿O es la justicia tal como la define Leibniz: «Benevolencia guiada por sabiduría»? Se admite que la obra de Cristo fue en cierto sentido una satisfacción; que dio satisfacción en cierto modo a las exigencias del caso, o a las condiciones necesarias para la salvación de los hombres. Además, se admite, por lo menos de manera general, que fue en cierto sentido una satisfacción de la justicia. Siendo este el caso, todo depende de lo que se signifique por justicia. Si justicia es «benevolencia guiada por sabiduría», o una disposición benevolente por parte de un gobernante de sostener su autoridad como medio de promover la felicidad de su reino, entonces la obra de Cristo es una cosa. Puede tratarse meramente de un medio de reforma moral, de rectificación moral. Pero si la justicia es aquella perfección de la naturaleza divina que hace necesario que los justos sean recompensados y los malvados castigados, entonces la obra de Cristo tiene que ser una satisfacción de la justicia en este sentido del término. Así, la pregunta acerca de «la naturaleza de la expiación» depende de la cuestión de si en Dios existe el atributo de justicia distributiva o vindicadora. Esta pregunta ya ha sido tratada al considerar los atributos de Dios. Todo lo que es necesario aquí es una breve recapitulación de los argumentos presentados allí.

1. Adscribimos inteligencia, conocimiento, poder, santidad, bondad y verdad a Dios, (a) Porque son perfecciones que pertenecen a nuestra propia naturaleza, y necesariamente deben pertenecer a Aquel a cuya imagen hemos sido creados. (b) Debido a que estos atributos son todos manifestados en sus obras. (c) Porque son todos revelados en su Palabra. Sobre la misma base adscribimos justicia a Dios; esto es, la excelencia moral que le determina para castigar el pecado y recompensar la justicia. El argumento en este caso no es sólo de la misma clase, sino de la misma consistencia. Estamos igualmente conscientes de un sentimiento de justicia como lo estamos de inteligencia o de poder. Esta consciencia pertenece al hombre como hombre, a todos los hombres en todas las edades y bajo todas las circunstancias. Por ello, tiene que pertenecer a la constitución original de su naturaleza. Consiguientemente, es igual de cierto que Dios es justo, en el sentido ordinario de aquella palabra, como que es inteligente y justo.

2. El Espíritu de Dios, al convencer al hombre de pecado, le convence de culpa así como de contaminación. Esto es, le convence de su merecimiento de castigo. Pero un sentimiento de merecimiento de castigo es una convicción de que deberíamos ser castigados; y esto va necesariamente acompañado de la persuasión de que bajo el justo gobierno de Dios, es necesario e inevitable el castigo del pecado. Los que pecan, dice el Apóstol, conocen el justo juicio de Dios, que son dignos de muerte.

3. La justicia de Dios se revela en Sus obras, (a) En la constitución de nuestra naturaleza. La relación entre pecado y miseria es tan íntima que muchos han ido al extremo de enseñar que no hay más castigo del pecado que sus efectos naturales. Esto es contrario a los hechos así como a las Escrituras. No obstante, es cierto que «la mentalidad de la carne es muerte», esto es, condenación. No hay remedio para esto. Es en vano decir que Dios no va a castigar el pecado cuando Él ha hecho inseparables el pecado y su castigo. La ausencia de luz es tinieblas; la ausencia de la vida es muerte; (b) Pero no es sólo en la constitución de nuestra naturaleza, sino también en todas Sus obras de providencia, que Dios ha revelado Su propósito de castigar el pecado. El diluvio; la destrucción de las ciudades de la llanura; la destrucción de Jerusalén y la dispersión y continuada degradación del pueblo judío; las ruinas de Nínive, de Babilonia, de Tiro y Sidón, y de Egipto; y la actual condición de muchas de las naciones de la tierra, así como la administración general del gobierno divino, son suficiente prueba de que Dios es vengador, que Él en manera alguna dejará a un lado a los culpables.

4. Las Escrituras enseñan de manera tan constante y variada que Dios es justo, que es imposible presentar de manera adecuada su testimonio acerca de ello. (a) Tenemos las declaraciones directas de la Escritura. Casi las primeras palabras que Dios pronunció a Adán fueron: «El día que de él comieres, ciertamente morirás». Los ángeles que pecaron están reservados en cadenas para el juicio del gran día. Se declara que la muerte es la paga, esto es, la apropiada retribución del pecado, que la justicia exige que reciba. [...] Por ello, se declara que Él recompensará

a cada hombre según sus obras. (*b*) Todas las instituciones religiosas ordenadas por Dios, sean Patriarcales, Mosaicas o Cristianas, se basaron sobre el axioma de la justicia de Dios, y tuvieron como designio imprimir esta gran verdad en las mentes de los hombres. Se da por supuesto que los hombres son pecadores; y que, siendo pecadores, necesitan expiación por sus culpas además de purificación moral, para ser salvos. Por ello se instituyeron sacrificios desde el principio, para enseñar la necesidad de expiación, y para que sirvieran como tipos proféticos de la única expiación eficaz que, en la plenitud del tiempo, debía ser ofrecida por los pecados de los hombres. Sin derramamiento de sangre (esto es, sin castigo vicario), no hay remisión. [...] Es gracias a que las demandas de la justicia son cumplidas por la obra de Cristo que Su evangelio es poder de Dios para salvación, y que es tan indeciblemente precioso para aquellos a los que el Espíritu de Dios ha convencido de pecado. (*c*) Consiguientemente, descubrimos que el plan de salvación tal como se desarrolla en el Nuevo Testamento se basa en la presuposición de que Dios es justo. El argumento de los escritores sagrados es este: La ira de Dios se revela contra toda injusticia e impiedad de los hombres. Esto es: Dios está determinado a castigar el pecado. Todos los hombres, sean gentiles o judíos, son pecadores. Por ello, todo el mundo es culpable delante de Dios. Por ello, nadie puede justificarse por las obras. Es una contradicción decir que aquellos que están bajo condenación por su carácter y conducta pueden ser justificados sobre la base de nada que puedan ser o hacer. No hay sentido en este argumento a no ser que haya necesidad del castigo por el pecado. Los soberanos humanos perdonan a criminales; los padres terrenales perdonan a sus hijos. Si la pena de la ley pudiera ser tan fácilmente remitida en el gobierno humano, entonces no seguiría del hecho de que todos los hombres son pecadores que no puedan ser perdonados sobre la base de su arrepentimiento y reforma. Sin embargo, las Escrituras dan por supuesto que si alguien peca, tiene que morir. Es sobre este axioma que se basan todas sus descripciones y argumentos. De ahí que el plan de salvación que revela la Biblia supone que ha quedado satisfecha la justicia de Dios que hace necesario el castigo del pecado. Los hombres pueden ser perdonados y restaurados al favor de Dios, porque Cristo fue puesto como expiación por sus pecados, por medio de la fe en Su sangre; por cuanto Él fue hecho maldición por nosotros; porque Él murió por nosotros, el justo por los injustos; porque Él llevó nuestros pecados sobre Su cuerpo en el madero; y porque la pena debida a nosotros cayó sobre Él. Por ello, queda claro que las Escrituras reconocen la verdad de que Dios es justo, en el sentido de que Él está determinado por su excelencia moral a castigar todo pecado, y por ello que la satisfacción de Cristo que asegura el perdón de los pecadores ha sido presentada ante la justicia de Dios. Su designio primario y principal no es ni hacer una impresión moral sobre los ofensores mismos, ni operar didácticamente sobre otras criaturas inteligentes, sino dar satisfacción a las demandas de la justicia; de manera que Dios pueda ser justo al justificar a los impíos.

5. La obra de Cristo satisface las demandas de la Ley.

[...] En la Epístola de San Pablo a los Romanos, por ejemplo, se dan por sentados y se establecen los siguientes puntos: (1) La ley tiene que ser cumplida. (2) Exige una obediencia perfecta, y en caso de trasgresión, la pena de muerte. (3) Ningún hombre caído puede cumplir estas condiciones, ni dar satisfacción a las demandas de la ley. (4) Cristo, el Eterno Hijo de Dios, revestido de nuestra naturaleza, ha dado satisfacción a la ley por nosotros. (5) Quedamos así liberados de la ley. No estamos bajo la ley, sino bajo la gracia. (6) Todo lo que se nos demanda ahora es fe en Cristo. No hay condenación para los que están en Él. (7) Por Su obediencia somos constituidos justos, y, siendo de esta manera reconciliados con Dios, venimos a ser partícipes de la santa e inmortal vida de Cristo, y somos liberados no sólo de la pena del pecado, sino también de su poder, y hechos hijos y herederos de Dios. (8) El gran pecado condenador de los hombres bajo el evangelio es el rechazo de la justicia y del Espíritu de Cristo, insistiendo en que no necesitan un Salvador, o que de alguna y otra manera se pueden salvar a sí mismos; que pueden dar satisfacción a todas las justas demandas de Dios, y liberarse del poder del pecado. Si se eliminan los anteriores principios de las epístolas de Pablo, toda la vida y el poder de las mismas se desvanecen, y Pablo nos asegura que recibió sus doctrinas no de parte de los hombres, sino por la revelación de Jesucristo. En contra de esta roca -la sustitución de Cristo en lugar de los pecadores; que Él hizo una total satisfacción ante la justicia y la ley de Dios, obrando así para nosotros una perfecta justicia, mediante la que podemos ser justificados -se han dirigido los asaltos de la falsamente llamada filosofía, y de las herejías en todas sus formas desde el principio. Es esto lo que han tratado de derribar desde el principio los Gnósticos y Neo-Platónicos de los primeros siglos; los Escotistas y Franciscanos durante la Edad Media; los Socinianos y los Remonstrantes durante la Reforma, y los Racionalistas y la filosofía especulativa de nuestros tiempos. Pero permanece, como siempre ha permanecido, como el fundamento de la fe, esperanza y vida de la Iglesia.

6. Prueba de la doctrina.

La prueba escrituraria en apoyo de esta gran doctrina, hasta allá donde puede ser presentada dentro de límites razonables, ha sido ya exhibida en gran medida en el enunciado y vindicación de los varios elementos que incluye. [...]

Los sacrificios del Antiguo Testamento, expiatorios.

Esto está claro conforme al llano significado del lenguaje empleado con referencia a los mismos. Son llamados ofrendas por el pecado; ofrendas por la culpa, esto es, ofrendas hechas por pecadores debido a su pecado. Se dice que llevan los pecados del delincuente; que hacen expiación por el pecado, esto es, que lo cubren de la mirada de la justicia de Dios; se declara que su intención es lograr el perdón, no por medio de arrepentimiento o reforma -esto se presupone antes que se traiga la ofrenda -sino por el derramamiento de la sangre, dando alma por alma, vida por vida. La razón asignada en Levítico 17:11, de por qué la sangre no debía ser empleada para alimento, era que debía ser puesta aparte para expiar por el pecado. El hebreo es tsal_napeshteykem lekapher, que la LXX traduce como *exilaskesthai peri tön psuchön humön*; y la Vulgata: «Ut super altare in eo expietis pro animabus vestris». El anciano Michaelis expresa claramente el significado del pasaje y el designio de la prohibición cuando dice (acerca de Lv 17:10): «Ne sanguis res sanctissima, ad expiationem immundorum a Deo ordinata, communi usu profanaretur». La última cláusula del versículo, «La misma sangre hará expiación de la persona [lit.: el alma]» se traduce más literal y correctamente: «Porque la sangre por (su) alma o vida hace expiación»; o, como Bahr y Fairbairn lo traducen: «La sangre expía por medio del alma.» Este último escritor observa correctamente:[11] «Éste es el único sentido del pasaje que puede ser justificado gramáticamente; porque la preposición *beth* después del verbo expiar (kphr) denota invariablemente *aquello mediante lo cual* se obtiene la expiación; mientras que igual de invariablemente la persona u objeto *para el que* se obtiene se denota mediante la *lamed* o tsl.» Aben Ezra, citado por Bärh, había indicado brevemente la verdadera interpretación. «Sanguis anima, quae sibi inest, expiat.» Parece imposible que esta y otras declaraciones expresas del Antiguo Testamento, de que los sacrificios por el pecado eran expiaciones, puedan ser reconciliadas con la moderna especulación de que eran expresiones simbólicas de devoción a Dios, o un medio para llevar a cabo la reforma del delincuente, que por causa de tal reforma era restaurado al favor de Dios. [...]

---

11. *Typology*. Edición Philadelphia. 1857, Vol. II. pág. 288, *nota*.

Capítulo 7—LA SATISFACCIÓN DE CRISTO

Las ceremonias que acompañaban a las ofrendas de sacrificios por el pecado muestran que se entendían como expiatorios. (1) Las víctimas eran seleccionadas de la clase de animales limpios apropiados para sustentar la vida del hombre. Debían ser libres de toda tacha. Esta perfección física era típica de la ausencia de todo pecado en Aquel que debía ser el Sustituto de los pecadores. (2) El delincuente tenía que traer personalmente la víctima al altar. El servicio incluía el reconocimiento por parte del ofrecedor de su justo merecimiento del castigo por su pecado. (3) Las manos del ofensor debían ser puestas sobre la cabeza de la víctima, para expresar las ideas de sustitución y de transferencia de culpa. (4) La sangre de la víctima, inmolada por el sacerdote, era recibida por él como ministro de Dios, rociada sobre el altar, o, en el gran Día de la Expiación, llevada al Lugar Santísimo, donde estaba el símbolo de la presencia de Dios, y rociada sobre la cubierta del arca del pacto; mostrando que el servicio terminaba en Dios; que estaba designado para aplacar Su ira (según la fraseología escrituraria), para satisfacer Su justicia y abrir el camino para un libre perdón del pecado. La significación asignada a estos actos ceremoniales es la que demanda la naturaleza de los mismos; la que las mismas Escrituras les asignan; y la que tienen que tener bien para explicar los efectos producidos por la ofrenda por el pecado, o para expresar la correspondencia entre el tipo y el antitipo, declarando el Nuevo Testamento que ésta era la intención. Estos hechos simbólicos no admiten otra explicación sin hacer violencia al texto, y sin imponer sobre la antigüedad las ideas modernas, lo cual es imponer nuestras especulaciones en lugar de las enseñanzas autorizadas de las Escrituras.

La imposición de las manos del ofensor sobre la cabeza de la víctima era esencial para este servicio. El sentido general de la imposición de manos era el de comunicación. Por ello, esta ceremonia se practicaba en varias ocasiones. (1) En la designación para un cargo, para significar la transferencia de autoridad. (2) Al impartir cualquier don o bendición espiritual. (3) Al sustituir a uno por otro, y transferir la responsabilidad de uno a otro. Este era el sentido de la imposición de las manos sobre la cabeza de la víctima. Era puesta en lugar del ofrecedor, y la culpa de éste era simbólicamente transferida a la víctima. Por esto se dice que la víctima llevaba el pecado del pueblo; o se decía que sus pecados habían sido puestos sobre ella. En los solemnes servicios del gran Día de la Expiación el sentido del rito es expresado de una manera especialmente clara. Estaba ordenado que se seleccionaran dos machos cabríos, uno como ofrenda por el pecado, y otro como macho cabrío de escape. Los dos constituían un sacrificio, porque era imposible que uno significara todo lo que se quería enseñar. Del macho cabrío de escape se dice: «Pondrá Aarón sus dos manos sobre la cabeza del macho cabrío vivo, y confesará sobre él todas las iniquidades de los hijos de Israel, todas sus rebeliones y pecados, poniéndolos así sobre la cabeza del macho cabrío, y lo enviará al desierto por mano de un hombre destinado para esto. Y aquel macho cabrío llevará sobre sí todas las iniquidades de ellos a tierra inhabitada; y dejará ir al macho cabrío por el desierto.» Esto deja claro que el designio de la imposición de manos era para significar la transferencia de la culpa del ofensor sobre la víctima. La naturaleza de estas ofrendas queda aún más evidente porque se decía de la víctima que «llevará sobre sí todas las iniquidades» del ofensor. Por ejemplo, en Isaías 53, el hecho de que el Siervo de Jehová pusiera «su vida en expiación por el pecado» es explicado diciendo que llevó «el pecado de muchos»; que «el castigo de nuestra paz fue sobre él». Estas y otras expresiones similares no admiten su comprensión como la eliminación del pecado mediante reforma o renovación espiritual. Tienen un significado fijo y definitivo a través de las Escrituras. Llevar el pecado es llevar la culpa y el castigo por el pecado. [...]

Los pasajes en los que Cristo es descrito como sacrificio por el pecado son demasiado numerosos para considerarlos aquí de una manera específica. El Nuevo Testamento, y en particular la Epístola a los Hebreos, como ya se ha observado antes, declara y enseña que el sacerdocio de la antigua economía fue un tipo del sacerdocio de Cristo; que los sacrificios de aquella dispensación fueron tipos de Su sacrificio; que así como la sangre de los toros y de los machos cabríos servían para la purificación de la carne, así la sangre de Cristo purifica al alma de culpa; y que por cuanto ellas eran expiaciones efectuadas por castigo vicario, en su esfera, así lo fue el sacrificio de Cristo en la esfera infinitamente superior a la que pertenece Su obra. Siendo esta la relación entre la Antigua Economía y la Nueva, todo el servicio sacrificial de las instituciones Mosaicas deviene para el cristiano una prueba y exhibición extendida e irresistible de la obra de Cristo como expiación por los pecados del mundo, y una satisfacción para la justicia de Dios.

El capítulo 53 de Isaías.

Sin embargo, no es sólo en los servicios típicos de la antigua economía donde fue expuesta esta gran doctrina en las Escrituras Hebreas. En el capítulo cincuenta y tres de Isaías esta doctrina se presenta con una claridad y abundancia que ha demandado el asentimiento de las mentes peor dispuestas. En este capítulo, el profeta no sólo predice que el Mesías debía ser un varón de dolores; no sólo que Él iba a padecer las mayores indignidades y que iba a sufrir una muerte violenta; no sólo que estos padecimientos serían soportados por los beneficios de otros; sino que serían verdaderamente vicarios, esto es, que Él padecería, en nuestro lugar, la pena que nosotros habíamos merecido, a fin de lograr nuestra liberación. Esto no sólo en aquellas formas de expresión que admiten de la manera más natural esta interpretación, sino en otras que pueden ser comprendidas de otra manera de manera consistente con el uso y la analogía de la Escritura. A la clase primera pertenecen expresiones como las que siguen: «Ciertamente él llevó nuestras enfermedades, y soportó nuestros dolores.» Nuestras enfermedades y nuestros dolores son las enfermedades y dolores que nosotros habíamos merecido. Estos los *llevó* Cristo en el sentido de soportarlos, porque los llevó como una carga. «Él fue herido por nuestras transgresiones, molido por nuestros pecados.» «Por sus llagas fuimos nosotros curados.» «Por la rebelión de mi pueblo fue herido.» Estas frases pudieran ser empleadas de los padecimientos de un patriota por su país, de un filántropo por sus semejantes, o de un amigo por sus seres queridos. Pero difícilmente se puede negar que sean bien naturalmente comprendidas acerca de sufrimientos vicarios. Y el hecho de que la intención del Espíritu de Dios era que fueran entendidos en este sentido queda clara por el hecho de que quedan entremezcladas con expresiones que no admiten ninguna otra interpretación. A esta clase pertenecen las siguientes cláusulas: Primero: «El castigo de nuestra paz fue sobre él.» Esto es, el castigo mediante el que fue lograda nuestra paz. De esta cláusula afirma Delitzsch, uno de los más prominentes de los hebraístas de nuestro tiempo: «La idea de castigo vicario no puede quedar más claramente expresada en hebreo que mediante estas palabras.»[12] En segundo lugar, se dice: «Jehová cargó [o hizo caer, o, arrojó] sobre él el pecado de todos nosotros.» Ya hemos visto que éste es el lenguaje empleado en el Antiguo Testamento para expresar la transferencia de culpa del delincuente a la víctima inmolada en su lugar. Tienen un significado escriturario definido, el cual no se puede negar en este caso sin violentar abiertamente las reglas admitidas de interpretación. Dice el doctor J. Addison Alexander:[13] «Si el sufrimiento vicario puede ser descrito en palabras, es descrito así en estos dos versículos»; esto es, los versículos en los que aparece esta cláusula. Tercero, se dice del Mesías que Él puso, o que iba a poner «su vida en expiación por el pecado.» La palabra hebrea es 'asham, *culpa, deuda*; y luego, una

---

12. *Commentar zum Briefe an die Hebräer*, Leipzig, 1857, pág. 716: «Der Begriff der *poena vicaria* kann hebräisch gar nicht schärfer ausgedrückt warden als in jenen Worten.»
13. *The Later Prophecies of Isaiah*, New York, 1847, pág. 264.

ofrenda que lleva la culpa y la expía. Es la palabra común en la ley levítica por «ofrenda por la culpa». Michaelis, en sus anotaciones marginales, observa acerca de esta palabra (Is 53:10), «Delictum significat, ut notet etiam sacrificium, cui delictum imputatum est. Vide passim, inprimis Lv 4:3; 5:6, 7, 16; 7:1, etc., etc. [...] Recte etiam Raschi ad h. 1. "Ascham", inquit, "significat satisfactionem, seu lytron, quod quis alteri exsolvit, in quem deliquit, Gallice, Amande, *i. e.* muleta".» Por ello, el sentido literal de las palabras es que Su alma fue hecha una satisfacción por el pecado. En cuarto lugar, se dice: «Por su conocimiento justificará mi siervo justo a muchos, y llevará las iniquidades de ellos.» Ya se ha mostrado que «llevar el pecado» nunca significa santificar, llevar a cabo un cambio moral eliminando el poder y la contaminación del pecado, sino que su significado invariable, en el lenguaje sacrificial de la Biblia, significa llevar la culpa o la pena por el pecado.

Pasajes del Nuevo Testamento en los que la Obra de Cristo es expuesta como Sacrificio.
Se dice en Romanos 3:25 que Él fue puesto «como propiciación por medio de la fe en su sangre.» El término empleado aquí es *hilastërion*, la forma neutra del adjetivo *hilasterios* («propiciatorio», «expiatorio»), empleado como sustantivo. Por ello, significa, como Robinson y otros lexicógrafos lo definen, y como lo explica el gran cuerpo de intérpretes, «un sacrificio expiatorio». El significado de la palabra queda determinado por el contexto y confirmado por pasajes paralelos. El designio de poner a Cristo como *hilasterion* era precisamente aquello que un sacrificio expiatorio estaba destinado a llevar a cabo, esto es, la satisfacción de la justicia, para que Dios pueda ser justo en el perdón del pecado. Y la *dikaiosunë* de Dios manifestada en el sacrificio de Cristo no fue su benevolencia, sino aquella forma de justicia que exige el castigo del pecado. «Es una idea fundamental de la Escritura», dice Delitzsch, «que el pecado es expiado (yekuphar) por castigo, como el asesinato por la muerte del asesino».[14] De nuevo: «Donde hay derramamiento de sangre y de vida, hay muerte violenta, y donde hay infracción de muerte violenta (judicialmente), hay manifestación de justicia vindicadora, (der strafenden Gerechtigkeit)».[15] De manera semejante, en Romanos 8:3 el Apóstol dice: Dios envió a Su Hijo como ofrenda por el pecado (*peri hamartias*, que en griego helenístico significa una ofrenda por el pecado, Hebreos 10:6), y con ello condenó el pecado en la carne, esto es, en la carne o persona de Cristo. Y así es que somos justificados, o que la justicia de la ley se cumple en nosotros. El mismo Apóstol dice, en Gálatas 1:4, que Cristo «se dio a sí mismo por nuestros pecados». Esto es, que se dio a Sí mismo a la muerte como sacrificio por nuestros pecados, para poder efectuar nuestra redención. Este es el llano sentido de este pasaje, si se comprende según el uso establecido de las Escrituras. «La idea de satisfacción», dice Meyer acerca de este pasaje, «no reside en el sentido de la preposición [*huper*] sino en la naturaleza de la transacción, in dem ganzen sachverhältniss.» En Efesios 5:2 se dice que Cristo «se entregó a sí mismo por nosotros a Dios como ofrenda y sacrificio de olor fragante.» Su ofrenda fue un sacrificio (*thusian*). Su sangre fue derramada como expiación. La cuestión, dice Meyer, de si Cristo es aquí descrito como ofrenda por el pecado, «no queda tanto decidida por *huper hemön* como por la constante concepción neotestamentaria, y especialmente la Paulina, de la muerte de Cristo como *hilastërion*.» Hebreos 9:14 es especialmente importante y decisivo. El Apóstol, en el contexto, contrasta los sacrificios de la ley con el de Cristo. Si los primeros, que consistían en la sangre de animales irracionales, que no eran nada sino el principio de vida animal, servían para llevar a cabo una purificación externa o ceremonial, ¡cuánto más la sangre de Cristo, que poseía un Espíritu eterno, o naturaleza divina, y que se ofreció a Sí mismo sin mancha a Dios, servirá para

---

14. *Commentar zum Briefe an die Hebräer*, pág. 720.
15. *Ibid*, pág. 719.

la purificación de la conciencia! (esto es, llevará a cabo la verdadera expiación por el pecado). La purificación de que se habla en ambos miembros de esta comparación es purificación de la culpa, no renovación espiritual. Los sacrificios del Antiguo Testamento eran expiatorios y no reformadores, y así fue también con el sacrificio de Cristo. El resultado cierto y designio final en ambos casos era la reconciliación con el favor y la comunión de Dios. Pero la condición necesaria y preliminar de tal reconciliación era la expiación de la culpa. Una vez más, hacia el fin del mismo capitulo, el Apóstol dice que Cristo no fue llamado para «ofrecerse muchas veces, [...] de otra manera le hubiera sido necesario padecer muchas veces desde la fundación del mundo; pero ahora, en la consumación de los siglos, ha sido manifestado una vez para siempre por el sacrificio de sí mismo para quitar de en medio el pecado». Su designio y efecto fueron el de quitar el pecado; esto es, quitar el pecado como lo hacían los sacrificios expiatorios. Esto queda confirmado por lo que sigue. Cristo vino la primera vez «para llevar los pecados de muchos»; Él ha de volver por segunda vez «aparte del pecado», sin la carga que asumió voluntariamente en Su primera venida. Él fue entonces cargado con nuestros pecados en el sentido en que los antiguos sacrificios llevaban los pecados del pueblo. Él llevó la culpa de los mismos; esto es, asumió la responsabilidad de hacer satisfacción por los mismos ante la justicia de Dios. Cuando venga por segunda vez, no será como ofrenda por el pecado, sino para consumar la salvación de Su pueblo. El pasaje paralelo a éste se encuentra en 2 Corintios 5:21: «Al que no conoció pecado, por nosotros lo hizo pecado». El designio del Apóstol es explicar cómo es que Dios está reconciliado con el mundo, no imputándoles a los hombres sus pecados. Así, Él tiene la libertad para perdonar y tratar como justos a aquellos que en sí mismos son injustos, porque Aquel que era sin pecado fue, por nosotros y en nuestro lugar, tratado como pecador. El sentido en el que Cristo fue tratado como pecador es, dice Meyer, *in loco*, «in dem er nämlich die Todesstrafe erlitt, *en que padeció el castigo de muerte*.» Una vez más queda claramente expresada la idea de *poena vicaria*. [...]

Los pasajes tratados sólo son una parte de los pasajes en los que nuestro bendito Señor es presentado, en el Nuevo Testamento, como ofrenda por el pecado, en el sentido escriturario del término. Lo que es así enseñado se enseña mediante otras formas de expresión que implican el carácter expiatorio de Su muerte, o Su función sacerdotal de hacer satisfacción por el pecado. Así, en Hebreos 9:28 se dice: «Así también Cristo fue ofrecido una sola vez para llevar los pecados de muchos.» Esta es una cita de Isaías 53:12, donde se emplea la misma palabra en la LXX que la que emplea el Apóstol aquí. El significado de la frase Escritural «llevar el pecado» ya ha sido suficientemente considerado. Robinson, de quien no se puede sospechar de partidismos teológicos, en su *Greek Lexicon*, define la palabra en cuestión (*anapherö*) en la fórmula *anenenkein tas hamartias hemön*. «*llevar arriba* nuestros pecados, tomar sobre uno mismo y llevar nuestros pecados, esto es, llevar la pena del pecado, hacer expiación por el pecado.» Este es el sentido en que se dice de los sacrificios de antaño que llevaban los pecados del pueblo, y en que se dice que un hombre, en los tratos de Dios con Su pueblo teocrático, no debería llevar los pecados de otro. Delitzsch dice, sobre Hebreos 9:28:[16] «Este acto de asumir los padecimientos causados por los pecados del hombre, habiendo entrado en comunión con ellos, este llevar como sustituto el castigo de unos pecados que no eran suyos, este sufrimiento expiatorio por los pecados de otros, es precisamente lo que significa *anenenkein hamartias polllön* en este pasaje, y es el sentido que se da en las versiones Itálica y Vulgata: "Ad multorum exhaurienda peccata".» [...]

El Apóstol Pedro emplea casi el mismo lenguaje (primera Epístola 2:24). «Quien llevó él mismo nuestros pecados en su cuerpo sobre el madero». Tanto si *anapherö* aquí significa *suf-*

---

16. Pág. 442.

ferre, o llevar o soportar, el sentido es el mismo. Sólo se altera la figura. Cristo llevó la culpa de nuestros pecados. Esta es la carga que Él soportó, o que Él llevó consigo cuando ascendió a la cruz. En el pasaje paralelo en Isaías 53:11, evidentemente en la mente del Apóstol, en la Septuaginta las palabras son *tas hamartias autōn autos anoisei*, donde en hebreo se emplea yisebl, lo que parece decisivo en favor de la traducción de nuestra versión. Él «llevó nuestros pecados», por cuanto sabal siempre significa llevar como carga. En cuanto al significado doctrinal de este pasaje, los comentaristas de casi todas las clases concuerdan. [...]

Otra forma de expresión empleada por los escritores sagrados enseña con claridad el carácter expiatorio de la obra de Cristo. Bajo la vieja economía, la gran función del sumo sacerdote era hacer expiación por el pecado, restaurando así al pueblo al favor de Dios, y obteniendo para ellos las bendiciones del pacto bajo el que vivían. Todo esto era típico de Cristo y de Su obra. Él vino para salvar a Su pueblo de sus pecados, para restaurarlos al favor de Dios, y para asegurar para ellos el goce de las bendiciones del nuevo y mejor pacto del que Él es el mediador. Por ello, Él asumió nuestra naturaleza a fin de poder morir, y mediante la muerte efectuar nuestra reconciliación con Dios. Porque como Él no emprendió la redención de los ángeles, sino la del hombre, fue la naturaleza humana la que asumió. Fue hecho en todas las cosas semejante a Sus hermanos, para que pudiera ser un misericordioso y sumo sacerdote en lo que a Dios se refiere, *eis ro hilaskesthai tas hamartias tou laou*, para hacer expiación por los pecados del pueblo. La palabra *hilaskomai* (o *exilaskomai*) es la palabra técnica en griego helenístico para expresar la idea de expiación. En griego común, la palabra significa *propitium reddere*, y en la forma pasiva se emplea en este sentido en la Septuaginta como en el Salmo 79:9. Pero en la forma media y deponente seguida por la palabra pecados en el acusativo, expresa siempre el acto por el que se elimina en el pecado aquello que impide a Dios el ser propicio. Ésta es la idea precisa de expiación. Por ello, la palabra es tan constantemente traducida en la Vulgata como *expiatre*, y es en griego traducción de kapher. Por ello, Cristo, como aquel que hace propicio a Dios para nosotros es llamado el *hilasmos peri tōn hamartōn hēmōn* en 1 Juan 2:2, y *hilastērion* en Romanos 3:25.

Aún otra forma en la que se enseña la doctrina de la expiación se encuentra en aquellos pasajes que atribuyen nuestra reconciliación con Dios a la muerte de Cristo. La palabra griega para expresar esta idea en Romanos 5:10; 2 Corintios 5:18, 19, 20, es *katallassein*, intercambiar, o cambiar la relación de una persona con otra, de enemistad a amistad. La palabra empleada en Efesios 2:16 y Colosenses 1:20, 21 es *apokotallattein*, sólo una forma intensiva, reconciliar plenamente. Cuando dos partes están enemistadas, se puede lograr una reconciliación mediante un cambio en una de ambas partes o en ambas a la vez. Así, cuando se dice que somos reconciliados con Dios, sólo significa que se ha restaurado la paz entre Él y nosotros. Sea que ello haya sido efectuado porque ha sido eliminada nuestra enemistad contra Él, o porque su justicia con respecto a nosotros ha quedado satisfecha, o que estén involucradas ambas ideas en algún caso, depende del contexto en que esta palabra aparezca, y en la analogía de la Escritura. En los principales pasajes, Romanos 5:10, el sentido evidente es que la reconciliación tiene lugar por la satisfacción de la justicia de Dios, de modo que Él puede sernos favorable de manera consistente con Su propia naturaleza. Esto queda claro:

1. Porque el medio por el que tiene lugar la reconciliación es «la muerte de su Hijo». El designio de la muerte sacrificada es la expiación. Sería violentar todos los usos escriturarios hacer que el designio próximo y efecto de un sacrificio fuera la eliminación de la enemistad del pecador contra Dios.

2. «Fuimos reconciliados [...] por la muerte de su Hijo», en el v. 10, es paralelo con la cláusula «habiendo sido ya justificados en su sangre» en el v. 9. Lo uno toma el lugar de lo otro, como diferentes formas de expresar la misma idea. Pero justificación no es santificación. No

expresa un cambio subjetivo en el pecador. Y, por tanto, la reconciliación de que aquí se habla no puede expresar ningún cambio de tal naturaleza.

3. Los reconciliados son declarados *echthroi*, en el sentido pasivo de la palabra, «los sujetos al justo desagrado de Dios». Son culpables. La justicia exige su castigo. La muerte de Cristo, dando satisfacción a la justicia, reconcilia a Dios con nosotros; obra la paz, de modo que podemos ser recibidos a Su favor.

4. Lo que aquí se enseña es explicado por todos aquellos pasajes que enseñan el método por el que se efectúa la reconciliación de Dios y del hombre, esto es, mediante la expiación del pecado. Meyer dice, acerca de este pasaje: «*katëllagëmen* y *katallagentes* se tienen que entender necesariamente de manera pasiva: *ausgesöhn mit Gott*, expiados a los ojos de Dios; de modo que Él ya no es hostil hacia nosotros; Él ha dejado a un lado Su ira, y somos hechos partícipes de Su gracia y favor.» Se enseña la misma doctrina en Efesios 2:16: «Para [...] mediante la cruz reconciliar con Dios a ambos en un solo cuerpo.» Aquí de nuevo la reconciliación de Dios con el hombre es llevada a cabo mediante la cruz, por la muerte de Cristo, que, quitando la necesidad del castigo de los pecadores, hace posible que Dios manifieste Su amor hacia ellos. El cambio, no tiene lugar en el hombre, sino, humanamente hablando, en Dios; un cambio del propósito de castigar a un propósito de perdonar y salvar. Hay, por así decirlo, una reconciliación de la justicia de Dios y de Su amor, llevada a cabo por Cristo, que llevó la pena en nuestro lugar. En 2 Corintios 5:18 se dice: «Dios [...] nos reconcilió consigo mismo por medio de Cristo, y nos dio el ministerio de la reconciliación.» Esto no significa que Dios cambiara nuestro corazón y que nos hiciera amarle, y que designara a un Apóstol para que anunciara este hecho. Sólo puede significar que por medio de Cristo, por lo que Él hizo y padeció por nosotros, queda restaurada la paz entre Dios y el hombre, que puede y está dispuesto a ser misericordioso. Este es el evangelio cuya proclamación le fue encomendada a Pablo, esto es, como sigue en el siguiente versículo, Dios trae la paz; Él estaba en Cristo obrando esta paz, y ahora está dispuesto a perdonar el pecado, esto es, a no imputar a los hombres sus pecados; y por ello; el Apóstol apremia a sus lectores a que abracen este ofrecimiento de misericordia, a que se reconcilien con Dios: esto es, a que acepten Su ofrecimiento de reconciliación. Porque tiene un fundamento seguro. Reposa sobre la sustitución y muerte vicaria de Cristo. Él fue hecho pecado por nosotros, para que nosotros pudiéramos ser hechos justicia de Dios en Él. Es por tanto imposible que la reconciliación que los Apóstoles mencionan como obrada por la cruz o muerte de Cristo sea, en su aspecto primario y principal, un cambio subjetivo en nosotros desde la enemistad al amor de Dios. Es una reconciliación que hace de Dios nuestro amigo; una reconciliación que le capacita para perdonar y salvar pecadores, y que ellos son llamados a abrazar con toda gratitud.

[...] Él fue un sacrificio expiatorio por los pecados de los hombres. No sólo se declara repetidas veces que fue una ofrenda por el pecado en el sentido veterotestamentario de este término, sino que se dice que llevó nuestros pecados; que hizo expiación por los pecados del pueblo; y que nos reconcilió, cuando éramos los justos objetos de la ira de Dios, a Dios mediante Su muerte, por Su cruz, por el sacrificio de Sí mismo. Estas descripciones son tan frecuentes; están expresadas de manera tan formal, son tan ilustradas, y aplicadas de tal manera, que devienen características. Constituyen el elemento esencial de la doctrina escrituraria acerca del método de la salvación.

Cristo nuestro Redentor.

Hay una tercera clase de pasajes igualmente numerosos e igualmente importantes. Cristo no es sólo exhibido como Sacerdote y como sacrificio, sino también como Redentor, y Su obra como una Redención. La Redención es liberación del mal mediante el pago de un rescate. Esta idea es expresada por las palabras *apolutrösis*, de *lutrön*, y los verbos lutroö, *agorazö* (*comprar*), y *exagorazö* (*comprar de*, o liberar de la posesión o poder de alguien mediante compra). El precio o rescate pagado por nuestra redención es siempre Cristo mismo, Su sangre, Su muerte. Así como los males consiguientes a nuestra apostasía de Dios son multiformes, la obra de Cristo como Redentor se presenta en multiformes relaciones en la palabra de Dios.

Redención de la pena de la Ley.
1. La primera y más evidente consecuencia del pecado es la sujeción a la pena de la ley. La paga del pecado es muerte. Cada pecado sujeta necesariamente al pecador a la ira y maldición de Dios. Por tanto, el primer paso en la salvación de los pecadores es su redención de esta maldición. Mientras esto no tenga lugar están necesariamente separados de Dios. Pero la enajenación de Él involucra necesariamente a la vez miseria y sujeción al poder del pecado. Mientras que los hombres estén bajo maldición, quedan cortados de la única fuente de santidad y vida. Esta es la doctrina enseñada a través de toda la Biblia, y detalladamente en Romanos, capítulos 6 y 7. Al llevar a cabo la salvación de Su pueblo, Cristo «nos redimió de la maldición de la ley» no sólo mediante un mero acto de soberanía o de poder; no por una influencia moral que nos restaurara a la virtud, sino «siendo hecho maldición por nosotros». Ningún lenguaje puede ser más claro que éste. La maldición es la pena de la ley. Estábamos sujetos a esta pena. Cristo nos redimió de esta sujeción haciéndose por nosotros maldición (Gá 3:13). Que el santo e infinitamente excelso Hijo de Dios tuviera que ser «maldito» (*epikataratos*) es una idea tan horrible, que el Apóstol justifica su empleo citando la declaración de las Escrituras: «Maldito todo el que es colgado de un madero.» El sufrimiento, y especialmente el padecimiento de muerte, infligido judicialmente debido al pecado, es penal. Los que así padecen llevan la maldición o pena de la ley. Los padecimientos de Cristo, y especialmente Su muerte en la cruz, no fueron ni calamidades, ni castigos designados para Su propio bien, ni exhibiciones simbólicas o didácticas, con el propósito de ilustrar e imponer la verdad, y ejercer una influencia moral sobre otros; todos estos son fines subordinados y colaterales. Tampoco fueron las meras consecuencias naturales de que se hiciera hombre y que se sujetara a la suerte común de la humanidad. Fueron infracciones divinas. Quiso Jehová quebrantarlo. Fue azotado por Dios, y afligido. Se declara de estos padecimientos que fueron por el pecado, no el Suyo, sino el nuestro. Él llevó nuestros pecados. El castigo de nuestra paz fue sobre Él. Y fueron dispuestos como una expiación, o para satisfacción de la justicia. Por ello, tuvieron todos los elementos de castigo, y consiguientemente fue en un sentido estricto y propio que Él fue hecho maldición por nosotros. Todo esto se incluye en lo que enseña el Apóstol en este pasaje (Gá 3:13), y en su contexto inmediato.

La redención de la Ley.
2. Estrechamente relacionados con esta descripción hallamos los pasajes en los que se dice que Cristo nos ha redimido de la ley. La redención de la esclavitud a la ley incluye no sólo la liberación de su pena, sino también de la obligación de dar satisfacción a sus demandas. Esta es la idea fundamental de la doctrina de Pablo acerca de la justificación. La ley demanda, y por la naturaleza de Dios, tiene que demandar una perfecta obediencia. Dice: «Haz esto, y vivirás»; y «Maldito todo el que no continúe en todas las cosas escritas en el libro de la ley para hacerlas.» Nadie, desde la Caída, es capaz de cumplir estas demandas, pero debe cumplirlas o perecer. El único método posible, según las Escrituras, por el que los hombres pueden ser salvos, es que sean liberados de esta obligación de perfecta obediencia. Esto, según el Apóstol, ha sido llevado a cabo por Cristo. Él fue «nacido bajo la ley, para que redimiese a los que estaban bajo la ley» (Gá 4:4, 5). Por ello, en Romanos 6:14, les dice a los creyentes: «No es-

táis bajo la ley, sino bajo la gracia.» y de esta redención de la ley se dice en Romanos 7:4 que es «mediante el cuerpo de Cristo». Por ello estamos justificados no por nuestra propia obediencia, sino «por la obediencia» de Cristo (Ro 5:18, 19). En este caso, la redención no es una mera liberación, sino una verdadera redención, esto es, una liberación efectuada dando satisfacción a todas las justas demandas que existían contra nosotros. El Apóstol dice, en Gálatas 4:5, que somos así redimidos de la ley, «a fin de que recibiésemos la adopción de hijos», esto es, que fuéramos introducidos en el estado y en la relación de hijos de Dios. En nuestro caso, la sujeción a la ley era un estado de esclavitud. Los que están bajo la ley son, por tanto, llamados esclavos, *douloi*. De este estado de esclavitud son redimidos, e introducidos a la libertad de los hijos de Dios. Esta redención incluye ser liberados de un espíritu de servidumbre, que queda suplantado por un espíritu de adopción, que llena el corazón con reverencia, amor y confianza en Dios como nuestro reconciliado Padre.

Redención del poder del pecado.

3. Así como la liberación de la maldición de la ley asegura la restauración al favor de Dios, y por cuanto el amor de Dios es la vida del alma, y nos restaura a Su imagen, así al redimirnos de la maldición de la ley Cristo nos redime también del poder del pecado. «Todo aquel que hace pecado, es esclavo del pecado». Esta es una esclavitud de la que nadie puede librarse por sí mismo. Llevar a cabo esta liberación fue el gran objeto de la misión de Cristo. Él se dio a Sí mismo para purificar para Sí un pueblo peculiar, celoso de buenas obras. Él murió, el justo por los injustos, para llevarnos a Dios. Él amó a la Iglesia, y se dio a Sí mismo por ella, para presentársela a Sí mismo, una Iglesia gloriosa, sin mancha ni arruga ni ninguna cosa semejante. Esta liberación de pecado es una verdadera redención. La condición necesaria para la restauración al favor de Dios era una liberación obtenida mediante redención, o satisfacción a la justicia; y la restauración a Su favor era la necesaria condición de la santidad. Por ello, se dice en Gálatas 1:3, 4: «Jesucristo [...] se dio a sí mismo por nuestros pecados para librarnos (*exelëtai*) del presente siglo malo.» Tito 2:14: «Quien se dio a sí mismo por nosotros para redimirnos de toda iniquidad.» 1 Pedro 1:18, 19: «Fuisteis rescatados de vuestra vana manera de vivir [...] no con cosas corruptibles, como oro o plata, sino con la sangre preciosa de Cristo, como de un cordero sin mancha y sin contaminación.» La liberación por sacrificio fue liberación por redención. Por ello, tanto aquí como en otros pasajes se combinan los dos modos de declaración. Así, nuestro Señor dice en Mateo 20:28, Marcos 10:45, «El Hijo del Hombre vino [...] a dar su vida como rescate por muchos (*anti*, no meramente *huper*, *pollön*)». La idea de sustitución no puede ser expresada de manera más definida. En estos pasajes se dice que nuestra liberación tiene lugar mediante redención. En Mateo 26:28 nuestro Señor dice que Su sangre fue «derramada por muchos, para remisión de los pecados.» Aquí su muerte es presentada bajo la luz de un sacrificio. Por ello, ambos modos de liberación son idénticos. Un rescate era una satisfacción a la justicia, y un sacrificio es una satisfacción a la justicia.

Redención del poder de Satanás.

4. Las Escrituras enseñan que Cristo nos redime del poder de Satanás. De Satanás se dice que él es el príncipe y dios de este mundo. Su reino es el reino de las tinieblas, en las que nacen todos los hombres desde Adán, y en las que permanecen hasta que son trasladados al reino del amado Hijo de Dios. Son sus súbditos, «que los tiene cautivos, para hacer su voluntad» (2 Ti 2:26). La primera promesa fue que la simiente de la mujer aplastaría la cabeza de la serpiente. Cristo vino para destruir las obras del diablo; para echarlo de su puesto de poder usurpado, para liberar a los que están sujetos a su dominio (2 Co 4:4; Col 2:15). El hecho de esta redención de su pueblo del poder de Satanás, y la forma de su cumplimiento, quedan clara-

mente descritos en Hebreos 2:15. El eterno Hijo de Dios, que en el primer capítulo de esta epístola es evidenciado como Dios, como objeto de la adoración de los ángeles, creador de los cielos y la tierra, eterno e inmutable, es expuesto, en el v. 14 del segundo capítulo, como habiéndose hecho hombre, a fin de «por medio de la muerte, destruir el poder al que tenía el imperio de la muerte, esto es, al diablo, y librar a todos los que por el temor de la muerte estaban durante toda la vida sujetos a servidumbre». Aquí se enseña: (1) Que los hombres están en estado de servidumbre por temor a la ira de Dios debida al pecado. (2) Que en este estado están sometidos a Satanás, que tiene sobre ellos el poder de la muerte, esto es, la capacidad y oportunidad de infligirles los sufrimientos que les son debidos como pecadores. (3) Que son librados de este estado de esclavitud y sujeción al poder de Satanás por la muerte de Cristo. Su muerte, al dar satisfacción a la justicia de Dios, los libera de la pena de la ley; y la liberación de la maldición de la ley involucra la liberación del poder de Satanás para infligir esta pena. «El poder del pecado es la ley» (1 Co 15:56). Lo que da satisfacción a la ley priva al pecado del poder de sujetarnos a la ira de Dios. Y así la redención de la ley es redención de la maldición, y por consiguiente redención del poder de Satanás. Esta descripción escrituraria hizo tal impresión en la imaginación de mucho de los primitivos Padres, que se centraron en ella, casi con exclusión de otros y más importantes aspectos de la obra de Cristo. Se entretuvieron con ella, y la forjaron en muchas imaginativas teorías. Estas teorías se han desvanecido; la verdad escrituraria que subyace a las mismas permanece. Cristo es nuestro Redentor del poder de Satanás, así como de la maldición de la ley del dominio del pecado. Y si Redentor, la liberación que Él efectuó fue por medio de una redención. Por ello se dice frecuentemente que ha adquirido a Su pueblo. Son de Él porque los compró. « ¿O no sabéis [...] que no sois vuestros?», dice el Apóstol: «Porque habéis sido comprados por precio.» (1 Co 6:20). [...] «Fuisteis rescatados (liberados mediante un pago) [...] con la sangre preciosa de Cristo» (1 P 1: 18, 19). «Digno eres [...] porque [...] con tu sangre nos compraste (*ëgorasas*) para Dios» (Ap 5:9).

[...] No es suficiente que abramos nuestros corazones a todas las influencias para bien que fluyen de Su persona o de Su obra. Tenemos que confiar en Él. Tenemos que renunciar a nuestra propia justicia, y confiar en la de Él para ser aceptados por Dios. Tenemos que abandonar la idea de que podamos satisfacer las demandas de la justicia de Dios y de la ley por nada que podamos hacer, sufrir o experimentar, y descansar exclusivamente en lo que Él, como nuestro representante, sustituto y garantía, ha hecho y sufrido en nuestro lugar. Esto es lo que demanda el evangelio. Y esto es lo que por todo el mundo cada cristiano, con independencia de cuáles sean sus teorías teológicas, hace realmente. Pero este acto de auto-renuncia y de fe en Cristo como la base de nuestro perdón y aceptación delante de Dios, supone que Él es nuestro sustituto, quien ha hecho satisfacción por todas las demandas de la ley y de la justicia en nuestro lugar.

[...] Somos justificados por medio de Él. Él es nuestra justicia. Somos hechos justicia de Dios en Él. Pero la justificación no es una obra subjetiva. No es santificación. No es un cambio obrado en nosotros ni natural ni sobrenaturalmente. No es el mero acto ejecutivo de un soberano, suspendiendo la acción de la ley o concediendo perdón al culpable. Es lo opuesto a la condenación. Es una declaración de que las demandas de la justicia han quedado satisfechas. Este es el significado uniforme de las palabras hebreas y griegas empleadas en la Escritura, y de los términos correspondientes en todos los otros lenguajes, hasta allí donde estos lenguajes tengan la capacidad de expresar lo que sucede en la consciencia de los hombres. Pero si Dios, al justificar a los pecadores, declara que las demandas de la justicia, con respecto a ellos, están satisfechas, es explícitamente no sobre la base de que el pecador mismo haya dado tal satisfacción, sino que Cristo la ha dado en su lugar.

También la doctrina de la santificación, tal como se presenta en las Escrituras, está basada en la sustitución de Cristo. La santificación no es una obra de la naturaleza, sino de la gracia. Es una transformación del carácter, efectuada no por influencias morales, sino sobrenaturalmente por el Espíritu Santo; aunque por ello mismo sólo más racionalmente. El primer paso en el proceso es liberación de la maldición de la ley por el cuerpo, o muerte, de Cristo. Luego, Dios ya reconciliado, Él nos admite en Su comunión. Pero como el pecador sólo es imperfectamente santificado, sigue en su estado y actos bien lejos de ser en sí mismo objeto de la complacencia divina. Es sólo en tanto que unido a Cristo y representado por Él que goza de la continuidad del favor divino, que es su vida, y recibe constantemente de Él el don del Espíritu Santo. De manera que la vida que el creyente vive es Cristo viviendo en él. Así, en todo el proceso de la salvación, están necesariamente involucradas las ideas de sustitución, de representación, de Cristo siendo y haciendo por nosotros todo aquello que se nos requiere que seamos y hagamos. E incluso hasta el fin somos salvos sólo en Él. En virtud de esta unión que los creyentes son resucitados de entre los muertos, admitidos al cielo, y reciben la corona de la vida eterna. No por lo que han hecho, ni por lo que han sido hechos, sino sólo por lo que ha sido hecho en lugar de ellos son hechos partícipes de Su vida, y en último término de Su gloria.

Argumento conforme a la experiencia religiosa de los creyentes.
[...] Se puede mostrar que ninguna otra teoría de la obra de Cristo se corresponde con las experiencias interiores del pueblo de Dios. La teoría de que la obra de Cristo fue didáctica; que fue ejemplar; que su designio inmediato era producir un cambio subjetivo en el pecador o una impresión moral en las mentes de todas las criaturas inteligentes; estas y otras teorías, contrarias a la doctrina común de la Iglesia, fallan especialmente en dos puntos. Primero, no explican la íntima relación personal entre Cristo y el creyente, que se reconoce en todas partes en la Escritura, y que es tan preciosa para todos los verdaderos cristianos. Segundo, no dan lugar a la expiación del pecado, ni a la satisfacción de las demandas de una conciencia culpable, que no puede ser apaciguada por un mero perdón.

A través de todo el Nuevo Testamento, Cristo es expuesto no sólo como el objeto de la adoración y del supremo amor y devoción, sino también como siendo para Su pueblo la fuente inmediata y constante de vida y de todo bien. No Cristo como Dios, sino Cristo como nuestro Salvador. Él es la cabeza, nosotros somos sus miembros. Él es la vid, nosotros somos los pámpanos. No es que nosotros vivamos, sino Cristo que vive en nosotros. Él nos ha sido hecho sabiduría, justicia, santificación y redención. Su sangre nos purifica de todo pecado. Él nos redimió de la maldición de la ley, hecho por nosotros maldición. Él llevó nuestros pecados en su cuerpo sobre el madero. Él es nuestro gran Sumo Sacerdote, que vive siempre para interceder por nosotros. Sería fácil mostrar en base de los registros de la vida religiosa de la Iglesia que los creyentes siempre han considerado a Cristo a la luz en que es presentado aquí. El argumento es que estas descripciones no son consistentes con ninguna teoría moral o gubernamental de la expiación.

Hay dos himnos que, quizá por encima de todos los demás, son amados por todos los cristianos de lengua inglesa. El primero fue escrito por Charles Wesley, que era Arminiano. El otro lo escribió Toplady, que era Calvinista. Es difícil ver qué otro significado le pueden dar a estos himnos los que mantienen que Cristo murió simplemente para enseñarnos algo, o para darnos una impresión moral, a nosotros o a otros. Si así fuera ¿cómo podrían ellos decir:

«*Jesús, de mi alma amante,*
Déjame a tu seno huir»?

¿Por qué habrían ellos de huir si Él sólo fuese un maestro o un reformador moral? ¿Qué significan cuando dicen:

«*Escóndeme, oh escóndeme, mi Salvador*»?

¿Esconderse de qué?
«Toda mi confianza en Ti reposa.»
¿Para qué confiamos en Él? Según la teoría de aquellos filósofos, Él no es la base de nuestra confianza. No es por Su justicia, sino por la nuestra como debemos ser aceptados delante de Dios. Parece que sólo los que retenemos la común doctrina de la Iglesia podemos decir:
«Tú, oh Cristo, eres todo lo que necesito yo.»
Todo lo que necesito como criatura, como pecador, como culpable, como contaminado, como miserable e incapaz; todo lo que necesito para el tiempo y para la eternidad. Lo mismo con el hermoso himno de Toplady:
«Roca de la Eternidad, abierta para mí;»
para mí, personal e individualmente; como decía Pablo que él vivía «por fe en el Hijo de Dios que *me* amó, y se entregó a Sí mismo por *mí*.
«Que el agua y la sangre,
Que de tu herido costado fluyeron
Sean del pecado el doble remedio:
Me limpien de su culpa y poder.»
¿Cómo puede ser este lenguaje empleado por parte de aquellos que niegan la necesidad de la expiación; que mantienen que la culpa no tiene por qué ser lavada, que todo lo necesario es que seamos hechos moralmente buenos? Nadie puede decir:
«Nada en mi mano traigo,
Sólo a tu Cruz me aferro yo.»
si no cree que Cristo «llevó nuestros pecados en su cuerpo sobre el madero.»

Es un hecho histórico que allí donde prevalecen falsas teorías acerca de la expiación, Cristo y Su obra son puestas en último término. Oímos mucho desde los púlpitos acerca de Dios como gobernante moral; mucho acerca de la ley y de la obligación, y del deber de someternos; pero poco acerca de Cristo, del deber de huir a Él, de recibirle a Él, de confiar en Él, de renunciar a nuestra propia justicia, para que podamos revestirnos de la justicia de Dios; y poco de nuestra unión con Él, de que Él viva en nosotros, y de nuestro deber de vivir por fe en Él. Así, unas nuevas teorías introducen una nueva religión.

7. Objeciones.

El único método legítimo de refutar una doctrina que pretende estar basada en las Escrituras es el exegético. Si sus proponentes emprenden mostrar que está enseñada en la Biblia, sus oponentes están obligados a demostrar que la Biblia, comprendida de manera acorde a las leyes reconocidas de la interpretación, no la enseña. Este método, comparativamente hablando, es muy poco empleado por los adversarios de la doctrina de la Iglesia acerca de la satisfacción de Cristo. Se apoyan principalmente en objeciones de dos clases: una derivada de principios especulativos o filosóficos; la otra de sentimientos. No es infrecuente para los escritores modernos, especialmente entre los teólogos alemanes, comenzar la discusión de este tema mediante un repaso de las declaraciones escriturarias acerca del mismo. Esto es frecuentemente muy satisfactorio. Se admite que Cristo nos salva como un sacerdote ofreciéndose a Sí mismo como sacrificio por el pecado; que Él es un sacerdote y una ofrenda por el pecado en el sentido veterotestamentario de estos términos; y que un sacerdote es un mediador, un representante del pueblo, y un ofrecedor de sacrificios. Se admite que las ofrendas por los pecados de la antigua dispensación eran sacrificios expiatorios, con el designio de satisfacer la justicia de Dios y de asegurar la restauración de su favor al pecador. Se admite que la expiación era hecha por sustitución y castigo vicario, que la víctima llevaba los pecados del ofrecedor y que moría no sólo en beneficio de él, sino en su lugar. Se admite además que todo esto tenía el designio de ser tipos del sacerdocio y sacrificio de Cristo y que el Nuevo Testamento enseña que estos tipos se cumplieron en Él; que Él fue el único verdadero sacerdote, y que Su ofrecimiento de Sí mismo fue el único sacrificio disponible por el pecado; que Él llevó los pecados de los hombres; que hizo expiación por la culpa de ellos tomando su lugar, y soportando la pena de la ley y de la ira de Dios en lugar de ellos; y que el efecto de Su satisfacción de la justicia es que Dios está reconciliado de tal manera con los hombres, que puede perdonar sus pecados de manera consistente, y hacerlos partícipes de todas las bendiciones salvadoras. Una vez han hecho esta exposición de lo que las Escrituras enseñan acerca de esta cuestión, pasan a declarar qué creían los Padres; cómo fue presentada esta doctrina durante la Edad Media, y después por los Reformadores; cómo los Racionalistas y Sobrenaturalistas de la última generación la trataron; y finalmente terminan adhiriéndose a alguna de estas modernas teorías, con mayores o menores modificaciones. Y mientras tanto allí quedan las declaraciones de las Escrituras, intocadas y sin refutar. Son admitidas en su valor; pero no se permite que controlen las convicciones de los escritores. Este curso es el adoptado por diferentes hombres según diferentes principios. A veces se hace sobre la base de la explícita negación de la inspiración de los escritores sagrados. Se admite que son honrados y fieles. Puede que hayan o que no hayan sido receptores de una revelación sobrenatural, pero eran hombres falibles, sujetos a todas las influencias que determinan los modos de pensamiento y las expresiones de los hombres de cualquier era o nación. Los escritores sagrados eran judíos, y acostumbrados a una religión que tenía sacerdotes y sacrificios. Por ello, era natural que establecieran bajo las figuras y el uso de términos prestados de sus propias instituciones las verdades de que Cristo salva a los pecadores, y que en esta misión Él sufrió y murió. Estas verdades pueden ser retenidas, pero la manera en que se presentan en la Biblia puede ser descartada sin problemas.

Otros, quizá la mayoría de los más populares de esta clase de teólogos, van más allá de esto. Están dispuestos a que la crítica y las interpretaciones forzadas hagan toda la devastación que ellos quieran con la Biblia. Cualquiera y todos los libros pueden ser rechazados del canon. Cualquiera y todas las doctrinas pueden ser interpretadas de manera que desaparezcan de las páginas sagradas. Con todo, el único cristianismo que valoran está seguro. El cristianismo es independiente de toda forma de doctrina. Es una vida, un poder interior, orgánico, que remodela el alma; vida que es el cristianismo, porque se asume que tiene su origen en Cristo.

Otros, por su parte, actúan según los principios de aquella forma de racionalismo que ha recibido el nombre de Dogmatismo. Se permite a las doctrinas y a los hechos de la Biblia que permanezcan como verdaderos. Se admite que son las formas apropiadas de presentación para la instrucción y formación popular. Pero se supone que el oficio del teólogo es descubrir y armonizar con su sistema las verdades filosóficas que subyacen a estas declaraciones doctrinales de la Biblia. Y se presume que estas verdades filosóficas son la sustancia de las doctrinas escriturarias, de las que las mismas doctrinas son las formas no esenciales y cambiantes. Así, se admite la doctrina de la Trinidad. La forma en que aparece en la Biblia es considerada como su forma popular, que puede ser útil retener para el pueblo. Pero la verdadera e importante verdad que implica es que aquel Ser original, ininteligente e inconsciente (el Padre) llega a la existencia consciente en el mundo (el Hijo) por medio de un proceso eterno, y vuelve mediante un flujo incesante al infinito (el Espíritu). Se admite asimismo que Dios se hizo carne, pero ello fue, como dicen algunos, en toda la raza humana; la humanidad es la manifestación de Dios en la carne; o, como otros dicen, la Iglesia es Su cuerpo, esto es, la forma en que la encarnación tiene lugar. Se reconoce que Cristo es nuestro salvador del pecado, pero ello es un proceso puramente subjetivo. Él introduce un nuevo poder vital en la humanidad, que entra en conflicto con el mal de nuestra naturaleza, y después de una penosa lucha lo vence. A esto se le llama la aplicación de la filosofía a la explicación de las doctrinas de la Escritura. Pero está claro que lo que aquí tenemos no es explicación, sino sustitución. Tenemos que lo divino es sustituido por lo humano; que los pensamientos de los hombres, que son mero vapor, toman el puesto de los divinos, que son verdades eternas. Es dar una piedra por pan, y un escorpión en lugar de un huevo. Es, desde luego, un método muy cómodo de librarse de las enseñanzas de la Biblia, en tanto que se profesa admitir su autoridad. Pero es importante observar la concesión involucrada en estas maneras de proceder. Se reconoce que la doctrina de la Iglesia de un verdadero sacrificio expiatorio por el pecado, de una verdadera satisfacción a la justicia por medio del castigo vicario del pecado, es la doctrina de las Escrituras, tanto del Antiguo como del Nuevo Testamento. Esto es todo lo que nosotros defendemos, y todo nuestro cuidado. Si Dios enseña esto, los hombres que enseñen lo que quieran. [...]

Nadie puede leer las obras teológicas de la escuela especulativa sin darse cuenta de que no es la intención de ellos exponer lo que las Escrituras enseñan. A esto se presta poca o ninguna atención. Su objetivo es dar una interpretación científica de ciertos hechos de la Escritura (como el pecado y la redención) en conformidad con los principios de la filosofía en vigor. Estos escritores están tan fuera del alcance y de contacto con las afinidades y vida religiosa de la gente como los hombres en un globo lo están con aquellos que dejan detrás de sí. Para los aeronautas, desde luego, los que quedan en la tierra parecen muy diminutos y bajos; pero no deja de ser verdad que los que quedan allá están en su propia esfera y en un terreno sólido. Todo lo que los excursionistas pueden esperar es un regreso, sanos y salvos, a *terra firma*. Y esto pocas veces se consigue sin riesgo o pérdidas.

Objeciones populares.

Las objeciones más populares a la doctrina de la satisfacción vicaria [...] fueron todas presentadas por Socino y sus seguidores en la época de la Reforma. Son principalmente las siguientes:

En Dios no hay justicia vindicadora.

1. No existe en Dios el atributo de justicia vindicadora, y por ello no se puede exigir ni dar satisfacción a la justicia. Esta sería una objeción fatal si fuera correcta la asunción que le involucra en ella. Pero si es intuitivamente cierto que el pecado debiera ser castigado, entonces no es menos cierto que Dios hará, y conforme a la constitución de Su naturaleza debe hacer, lo que debe hacerse. Todos los hombres, a pesar de los sofismas de los entendidos, y a pesar de su degradación moral, saben que es el justo juicio de Dios que los que pecan son dignos de muerte. Ellos, por tanto, saben que el pecado no puede ser perdonado sin una satisfacción hecha a la justicia. Si no hay sacrificio por el pecado, hay sólo una terrible expectativa de juicio. Esta convicción se encuentra indiscutida en el fondo de cada pecho humano, nunca deja de revelarse, más tarde o más temprano, con una fuerza irreprimible en la razón y en la conciencia.

No puede haber antagonismo en Dios.

2. En el mismo sentido, se objeta que no puede haber antagonismo en Dios. No puede existir un impulso para castigar y otro impulso para no castigar. Todos los actos o manifestaciones de Dios hacia Sus criaturas tienen que ser atribuidos a un principio, y este principio es el amor. Y por ello, Su plan de salvar a los pecadores sólo puede ser considerado como una exhibición de amor, no de justicia en forma alguna. Todo lo que Él puede demandar, como Dios de amor, es el regreso de Sus criaturas a Él mismo, lo cual es un regreso a santidad y felicidad.

Es cierto que Dios es amor. Pero no es menos cierto que el amor de Dios no es debilidad, impeliéndole a hacer lo que no se debiera hacer. Si el pecado debe ser castigado, como lo declaran la conciencia y la Palabra de Dios, entonces nada hay en Dios que le empuje a dejarlo sin castigar. Toda Su naturaleza es ciertamente armoniosa, pero posee la armonía de la excelencia moral, conduciendo con absoluta certidumbre al juez de toda la tierra a hacer lo justo; castigando o perdonando, conforme lo demande la excelencia moral. El amor de Dios no ha impedido la perdición final de los ángeles apóstatas; y no podría demandar la restauración de los hombres caídos sin una expiación adecuada. El infinito y discriminador amor de Dios a nuestra raza se manifiesta en que dio a Su propio Hijo para que llevara nuestros pecados y para que nos redimiera de la maldición de la ley sosteniendo la pena en Su propia persona. «En esto consiste el amor: no en que nosotros hayamos amado a Dios, sino en que él nos amó a nosotros, y envió a su Hijo como propiciación (*hilasmos*, *propitiatio*, *expiatio*. Nadie puede sondear la relevancia salvadora de esta palabra) por nuestros pecados» (1 Jn 4:10).

Es imposible la transferencia de culpa o de justicia.
3. Se objeta que la transferencia de culpa y de justicia que se implica en la doctrina de la Iglesia acerca de la satisfacción es imposible. La transferencia de culpa o de justicia, como estados de consciencia o formas del carácter moral, es ciertamente imposible. Pero la transferencia de culpa como responsabilidad ante la justicia, y de la justicia como aquello que da satisfacción a la justicia, no es más imposible que el que un hombre pueda pagar la deuda de otro. Todo lo que la Biblia enseña acerca de este punto es que Cristo pagó, como sustituto, nuestra deuda a la justicia de Dios. El escrito de deuda (*cheirographon*, el reconocimiento de deuda, Schuldbrief) ha sido cancelado por Cristo, clavándolo en Su cruz. Su total satisfacción de la ley nos ha liberado tan totalmente como es liberado el deudor cuando su reconocimiento de deuda queda legalmente cancelado.

La expiación es un concepto pagano.
4. La idea de la expiación, del inocente sufriendo por el culpable, y que Dios sea así propiciado, es pronunciada como pagana y repulsiva. Ahora bien, nadie tiene derecho a hacer de sus gustos o sentimientos la norma de la verdad: Que una doctrina sea desagradable no constituye suficiente evidencia de que sea falsa. Hay muchas verdades terriblemente desagradables a las que los pecadores tenemos que someternos. Además, la idea de la expiación no es repugnante para la inmensa mayoría de las mentes, como queda demostrado por haber quedado incorporada en todas las religiones de los hombres, sean paganas, judía o cristiana. Bien lejos de ser repugnante, es abrigada y acariciada como la única esperanza de los culpables. Bien lejos de que el hecho de que el inocente sufra por el culpable constituya un espectáculo repugnante, es una de las más sublimes exhibiciones de amor abnegado. Todo el cielo se levanta descubierto delante de la cruz en la que el Hijo de Dios, santo e inocente, llevó los pecados de los hombres. Dios no quiera que los pecadores redimidos lleguen a considerar la cruz como un escándalo. Dios no es ganado al amor por la muerte de Su Hijo, sino que aquella muerte hace compatible con la excelencia moral que Su amor infinito para con los hombres pecadores tenga un campo abierto sin restricciones.

La satisfacción de la justicia es innecesaria.
5. Se objeta que la doctrina de la satisfacción a la justicia por medio del castigo vicario es innecesaria. Todo lo que se necesita para la restauración de la armonía en el universo puede ser llevado a cabo mediante el poder del amor. Los dos grandes fines que deben ser llevados a cabo son una debida impresión sobre las mentes racionales acerca del mal del pecado, y la

reforma de los pecadores. Pero estos objetivos, se afirma, son alcanzados sin expiación ni padecimiento penal alguno. Según algunos, la obra de Cristo obra estéticamente para alcanzar los fines deseados; según otros, opera moralmente a través de la exhibición del amor o por ejemplo, o por la confirmación de la verdad; y según otros la operación es sobrenatural o mística. Pero en todo caso su obra no fue la satisfacción a la justicia o expiación por el pecado. Como respuesta a todo ello es suficiente decir:

1. Que no es ésta la doctrina de la Biblia. Las Escrituras enseñan que se precisó de algo más para la salvación del hombre que las influencias e impresiones morales, o la revelación y confirmación de la verdad, algo muy diferente de una influencia mística sobre la naturaleza del hombre. Lo que era necesario fue precisamente lo que se llevó a cabo. El Hijo de Dios asumió nuestra naturaleza, tomó el puesto de los pecadores, llevó la maldición de la ley en el puesto de ellos, y por ello hizo posible que Dios sea el justo y el que justifica a los impíos. Si ésta es la doctrina de la Escritura, todos estos esquemas de redención pueden ser desechados sin mayor consideración.

2. Estos esquemas son no tan sólo anti-escriturarios, sino que son inoperantes. No proveen a las necesidades del caso, según estas necesidades se revelan en la consciencia de los hombres. No dan provisión para la erradicación de la culpa. Pero el sentimiento de la culpa es universal e imposible de erradicar. No es irracional. No está basado en la ignorancia ni en un falso concepto de nuestra relación con Dios. Cuanto más es iluminada el alma, tanto más profundo y doloroso es su sentimiento de la culpa. Hay algunos filósofos que querrían persuadirnos de que el pecado no existe; que el sentimiento de contaminación moral de que se quejan los hombres, y bajo el que los más santos entre ellos gimen como bajo un cuerpo de muerte, es todo él un engaño, un estado mental producido por erróneas percepciones de Dios y de Su relación con Sus criaturas. Hay otros teólogos además de filósofos, que aunque admiten la realidad del mal moral, y que reconocen la validez del testimonio de la conciencia en cuanto a nuestra contaminación moral, tratan de persuadirnos de que la culpa, como tal, no existe. Niegan la responsabilidad ante la justicia, el merecimiento de castigo, la necesidad moral para el castigo del pecado. Esta clase está tan evidentemente en un error como la otra. Así, un plan de salvación que no da provisión para la eliminación de la culpa, ni para la satisfacción de la justicia, que no admite en absoluto el castigo vicario del pecado, es tan poco apropiado para nuestras necesidades como si no diera provisión para la reforma y santificación de los hombres.

3. Una tercera observación acerca de estos esquemas de redención de invención humana es que en tanto que excluyen la idea esencial de la expiación, o de la satisfacción a la justicia mediante el castigo vicario, sin lo que es imposible la salvación, e inconcebible la reconciliación con un Dios justo, no contienen ningún elemento de influencia o poder que no pertenezca en mayor grado a la doctrina escrituraria y de la Iglesia. Todo lo que exista de poder en una perfecta vida sin pecado, o una vida de abnegación y de dedicación al servicio de Dios y al bien del hombre, se halla en la doctrina de la Iglesia. Todo lo que haya de poder en la prolongada exhibición de un amor que sobrepasa a todo entendimiento, se encuentra allí. Todo lo que haya de poder en las verdades que Cristo enseñó, y que selló con Su sangre, verdades que o bien eran antes totalmente desconocidas, o sólo imperfectamente comprendidas, pertenece naturalmente a la doctrina que la Iglesia universal siempre ha sostenido. Y todo lo que haya de realidad en la doctrina de nuestra unión mística, y de nuestra participación de la naturaleza de Cristo por medio de la morada en nosotros del Espíritu Santo, pertenece a la doctrina de las Escrituras, sin los efectos desdibujadores y debilitadores de la moderna especulación. Así, mientras que lo perderíamos todo si renunciáramos a la doctrina de la expiación por medio de la muerte sacrificada de Cristo, no ganaríamos nada si adoptáramos estas teorías modernas.

«Si se mantiene a la vista», dice Delitzsch. «nuestro merecido castigo, y se permite que las tres doctrinas salvadoras de la Escritura permanezcan en su integridad, esto es, (1) Que al que no conoció pecado. Dios le hizo pecado por nosotros, esto es, que le imputó nuestros pecados. (2) Que Cristo, aunque libre de culpa, fue cargado con nuestra culpa, hecho maldición por nosotros, esto es, que sufrió por nosotros la ira de Dios contra nosotros; o, como también dice la Escritura, que Dios ejecutó sobre Su Hijo el juicio contra el pecado, habiendo tomado sobre Sí carne y sangre, y ofreciéndose a sí mismo como sacrificio por nosotros para expiar el pecado. (3) Que de manera semejante Su justicia es imputada a los creyentes, de manera que podemos estar de pie ante Dios, así como Él se sometió a la imputación de nuestros pecados a fin de expiarlos; si estas premisas permanecen en pie, entonces es tan claro como la luz del sol que Cristo padeció y murió como nuestro sustituto, a fin de que nosotros no debamos sufrir lo que merecíamos, y a fin de que en lugar de morir seamos partícipes de la vida obtenida mediante Su muerte vicaria.»[17]

---

17. *Commentar zum Briefe an die Hebräer*, pág. 728.

Capítulo 8

¿Por quiénes murió Cristo?

1. Estado de la cuestión.

SE TRATA DE UNA CUESTIÓN entre Agustinianos y anti-Agustinianos. Los primeros creen que Dios, habiendo escogido desde toda la eternidad a unos para vida eterna, tuvo, en la misión y obra de Su Hijo, una referencia especial a la salvación de los mismos. Los segundos, negando que hubiera tal elección de una parte de la familia humana para salvación, mantienen que la misión y obra de Cristo tuvo una referencia igual a toda la humanidad.

En primer lugar, esta cuestión, por tanto, no toca a la naturaleza de la obra de Cristo. Es cierto que si se negara que Su obra fuera una satisfacción por el pecado, y se afirmara que fue meramente didáctica, que Su vida, sufrimientos y muerte tendrían el designio de revelar y confirmar la verdad; entonces seguiría naturalmente que no tendría referencia a una clase de hombres más que a otra, o a los hombres más que a los ángeles. La verdad tiene por designio la iluminación de las mentes a las que se presenta. Pero admitiendo que la obra de Cristo fue una verdadera satisfacción por el pecado, su designio puede sin embargo ser una cuestión abierta. Por tanto, los Luteranos y Reformados, aunque concuerdan enteramente en cuanto a la naturaleza de la expiación, difieren en cuanto a su designio. Los primeros mantienen que tuvo una igual referencia a toda la humanidad; los segundos, que tuvo una especial referencia a los elegidos.

En segundo lugar, esta cuestión no atañe al valor de la satisfacción de Cristo. Los Agustinianos admiten que este valor es infinito. Su valor depende de la dignidad del sacrificio; y no se puede poner límite alguno a la dignidad del Eterno Hijo de Dios, que se ofreció a Sí mismo por nuestros pecados, de manera que no se puede asignar límite alguno al valor meritorio de Su obra. Es una burda distorsión de la doctrina Agustiniana pretender que enseña que Cristo sufrió tanta cantidad por tantas personas; que Él habría padecido más si más hubieran sido incluidos en el propósito de la salvación. Esta no es la doctrina de ninguna Iglesia sobre la tierra, ni jamás lo ha sido. Lo que fue suficiente por uno fue suficiente por todos. Nada menos que la luz y el calor del sol es suficiente para cualquier planta o animal. Pero lo que es totalmente necesario para cada uno es abundantemente suficiente para el incontable número y variedad de plantas y animales que llenan la tierra. Todo lo que Cristo hizo y padeció hubiera sido necesario si sólo un alma humana hubiera sido el objeto de la redención, y nada diferente y nada más habría sido necesario si cada hijo de Adán hubiera sido salvo por Su sangre.

En tercer lugar, la cuestión no tiene que ver con la idoneidad de la expiación. Lo que fue idóneo para uno fue idóneo para todos. La justicia de Cristo, el mérito de Su obediencia y muerte, son cosas necesarias para la justificación de cada individuo de nuestra raza, y por ello son necesarias para todos. No es más idóneo para un hombre que para otro. Cristo cumplió las condiciones del pacto bajo el que habían sido puestos todos los hombres. Él ejerció la obediencia demandada a todos, y sufrió la pena en que todos habían incurrido; y por ello Su obra es igualmente idónea para todos.

En cuarto lugar, la cuestión no tiene que ver con la aplicación real de la redención obtenida por Cristo. Las partes de esta controversia están de acuerdo en que sólo una parte de la humanidad será salvada de manera real, y no toda ella.

De manera que toda la cuestión se reduce sencillamente al propósito de Dios en la misión de Su Hijo. ¿Cuál fue el designio de la venida de Cristo al mundo, al hacer y padecer lo que Él realmente hizo y padeció? ¿Fue meramente el de hacer posible la salvación de todos los hombres; de eliminar los obstáculos que cerraban el paso a la oferta del perdón y a la aceptación de los pecadores? ¿O fue especialmente para asegurar la salvación de Su propio pueblo, esto es, de aquellos que el Padre le había dado? Esta última pregunta es contestada en sentido afirmativo por los Agustinianos, y en sentido negativo por sus oponentes. Es evidente que si no hay elección de algunos a vida eterna, la expiación no puede tener referencia especial a los elegidos. Tiene que tener una referencia igual a toda la humanidad. Pero de la aserción de que tenga una referencia especial a los escogidos no sigue que no tenga referencia alguna a los no elegidos. Los Agustinianos admiten abiertamente que la muerte de Cristo tuvo una relación con el hombre, con toda la familia humana, que no tuvo con los ángeles caídos. Es la base sobre la que se ofrece la salvación a toda criatura debajo del cielo que oye el evangelio; pero no da autoridad para tal ofrecimiento a los ángeles apóstatas. Además, asegura a toda la raza en general, y a todas las clases de hombres, innumerables bendiciones, tanto providenciales como religiosas. Naturalmente, tuvo el designio de que produjera estos efectos; y, por ello, Él murió para obtenerlos. En vista de los efectos que la muerte de Cristo produce en la relación de la humanidad con Dios, ha sido en todas las eras costumbre de los Agustinianos decir que Cristo murió «sufficienter pro omnibus, efficaciter tantum pro electis»; suficiente para todos, eficaz sólo para los elegidos. Así, hay un sentido en el que Él murió por todos, y hay un sentido en el que Él murió sólo por los elegidos. La sencilla pregunta es: ¿Tuvo la muerte de Cristo una referencia para los elegidos que no tuvo para los otros hombres? ¿Vino al mundo a lograr la salvación de los que le habían sido dados por el Padre, de manera que los otros efectos de Su obra son meramente colaterales a lo que fue hecho para lograr este propósito?

2. Prueba de la doctrina Agustiniana.

Es evidente que estas preguntas deben ser respondidas en sentido afirmativo:

1. **Por la naturaleza del pacto de la redención.** Se admite que hubo un pacto entre el Padre y el Hijo en relación con la salvación de los hombres. Se admite que Cristo vino al mundo para ejecutar este pacto. Por tanto, la naturaleza del pacto decide el objeto de Su muerte. Según un punto de vista, el hombre había perdido la capacidad de cumplir las condiciones del pacto de vida; Dios, por causa de Cristo, entra en un nuevo pacto, ofreciendo salvación a los hombres bajo otros y más fáciles términos; esto es, como algunos dicen, fe y arrepentimiento, y como otros, obediencia evangélica. Si tal es la naturaleza del plan de salvación, entonces es evidente que la obra de Cristo tiene la misma referencia a toda la humanidad. Según otro punto de vista, la obra de Cristo tuvo el designio de lograr el perdón del pecado original y de proveer el don del Espíritu Santo para todos los hombres, judíos o gentiles, y los salvos son aquellos que mejoran debidamente la gracia que han recibido. La primera es la doctrina de los antiguos Semi-Pelagianos y de los modernos Remonstrantes. La segunda, de los Arminianos Wesleyanos. Los Luteranos sostienen que Dios envió a Su Hijo para hacer una plena y verdadera satisfacción por los pecados de toda la humanidad; y que sobre

la base de esta perfecta satisfacción se hace la oferta de salvación a todos los que oyen el Evangelio; que se da gracia (en la palabra y en los sacramentos) que, si no es resistida, es suficiente para obtener su salvación. Los teólogos franceses en Saumur, en el siglo XVII, enseñaban también que Cristo vino al mundo para hacer todo lo necesario para la salvación de los hombres. Pero Dios, previendo que los hombres, si eran dejados a sí mismos rechazarían universalmente los ofrecimientos de misericordia, eligió a unos para que fueran sujetos de Su gracia salvadora, mediante la que son traídos a la fe y al arrepentimiento. Según esta visión del plan de la salvación, la elección está subordinada a la redención. Dios primero redime a todos, y luego elige a algunos. Esta es una posición extensamente adoptada en este país. Según los Agustinianos, los hombres, por su caída, habiendo quedado hundidos en un estado de pecado y de desgracia, hubieran podido ser dejados, como lo fueron los ángeles caídos, para que perecieran en sus pecados. Pero Dios, en Su infinita misericordia, habiendo determinado salvar una multitud que nadie podría contar, les dio Su Hijo como Su herencia, proveyó que Él asumiría la naturaleza de ellos, y que en lugar de ellos Él cumpliría toda justicia. En el cumplimiento de este plan, Cristo vino al mundo, y obedeció y padeció en el lugar de aquellos que le habían sido dados, y para la salvación de ellos. Este fue el objetivo concreto de Su misión, y por ello Su muerte tuvo una referencia a los mismos que no hubiera podido tener para aquellos que Dios decidió dejar para la justa recompensa de sus pecados. Ahora este plan sólo supone que Dios decidió desde la eternidad hacer lo que ha cumplido realmente en el tiempo. Si es justo que todos los hombres deberían perecer debido a su pecado, es justo dejar que una parte de la raza perezca de esta manera, mientras que la salvación de la otra porción es una cuestión de favor inmerecido. No se podrá negar que Dios hizo pacto con Su Hijo en este sentido. Esto es, que Él le prometió la salvación de Su pueblo como recompensa de Su encarnación y padecimientos; que Cristo entró en este mundo y padeció y murió según esta condición, y, habiendo cumplido esta condición, tiene derecho a la recompensa prometida. Estos hechos están declarados en la Escritura tan claramente y tantas veces que no admiten que sean puestos en duda. Pero si tal es el plan de Dios con respecto a la salvación de los hombres, entonces sigue necesariamente que la elección precede a la redención: que Dios había determinado quiénes iba a salvar antes que enviara a Su Hijo a salvarlos. Por tanto, nuestro Señor dice que aquellos que el Padre le ha dado, vendrán de cierto a Él, y que Él los resucitaría en el día postrero. Estos hechos escriturarios no pueden ser admitidos sin admitirse al mismo tiempo que la muerte de Cristo tuvo una referencia a Su pueblo, cuya salvación hizo cierta, que no tenía para otros a los cuales Dios, por unas razones infinitamente sabias, decidió dejar a sí mismos. Sigue, por tanto, de la naturaleza del pacto de la redención, tal como se presenta en la Biblia, que Cristo no murió igualmente por toda la humanidad, sino que Él se dio a Sí mismo por Su pueblo y por la redención de ellos.

Argumento con base en la doctrina de la elección.
2. Esto sigue casi necesariamente conforme a la doctrina de la elección. Desde luego, jamás se negó que Cristo murió específicamente por los elegidos hasta que se negó la doctrina misma de la elección. Agustín, el seguidor y expositor de San Pablo, enseñó que Dios, por Su mero beneplácito, había escogido a algunos a vida eterna, y mantuvo que Cristo vino al mundo a sufrir y a morir por la salvación de estos. Los compró con Su preciosa sangre. Los Semi-Pelagianos, al negar la doctrina de la elección, negaron naturalmente que la muerte de Cristo tuviera más referencia a una clase de hombres que a otra. La Iglesia Latina, en tanto que mantuvo la doctrina Agustiniana de la elección, mantuvo también la doctrina Agustiniana acerca del designio y los objetos de la muerte de Cristo. A través de toda la Edad Media fue

una de las doctrinas distintivas de los que resistieron el progreso del partido Semi-Pelagiano en la Iglesia Occidental. En la época de la Reforma, los Luteranos, en tanto que se aferraron a la primera doctrina, se aferraron asimismo a la segunda. Los Reformados, al aferrarse a la doctrina de la elección, se mantuvieron fieles a su negación de la doctrina de que la muerte de Cristo tuviera una misma referencia a toda la humanidad. No fue sino hasta que los Remonstrantes de Holanda, bajo las enseñanzas de Arminio, rechazaron la doctrina de la Iglesia del pecado original, de la incapacidad del hombre caído para nada espiritualmente bueno, la soberanía de Dios en elección, y la perseverancia de los santos, cuando fue rechazada la doctrina de que la obra de Cristo tenía una referencia especial al pueblo de Dios. Por ello, es asunto de la historia que la doctrina de la elección y la doctrina Agustiniana acerca del designio de la obra de Cristo han ido inseparablemente unidas. Así como esta conexión es histórica, es asimismo lógica. Una doctrina presupone necesariamente la otra. Si desde la eternidad Dios determinó salvar una porción de la raza humana y no otra, parece ser una contradicción decir que el plan de salvación tenía la misma referencia a ambas partes; que el Padre envió a Su Hijo a morir por aquellos que Él había predeterminado no salvar de una manera tan cierta y en el mismo sentido en que Él lo dio por aquellos a los que había escogido hacer herederos de salvación.

Las declaraciones expresas de la Escritura.
3. De esta manera, encontramos numerosos pasajes en los que se declara que el designio de la muerte de Cristo es el de salvar a Su pueblo de sus pecados. Él no vino meramente a hacer posible la salvación de ellos, sino a realmente liberarlos de la maldición de la ley, y del poder del pecado. Esto se incluye en todas las descripciones escriturarias de la naturaleza y del designio de su obra. Nadie paga un rescate sin la certidumbre de la liberación de aquellos por los que es pagado. No es un rescate hasta que realmente redime. Y una ofrenda no es un sacrificio a no ser que expíe y propicie verdaderamente. El efecto de un rescate y sacrificio puede ciertamente ser condicional, pero el cumplimiento de la condición será asegurado antes de ofrecerse el costoso sacrificio.

Hay también una gran cantidad de pasajes en los que se declara de manera explícita que Cristo se dio a Sí mismo por Su Iglesia (Efesios 5:25); que Él puso Su vida por Sus ovejas (Jn 10:15); que Él puso Su vida por Sus amigos (Jn 15:13); que Él murió para reunir en uno los hijos de Dios que estaban dispersos (Jn 11:52); que fue la Iglesia la cual Él compró con Su sangre (Hch 20:28). Cuando la humanidad queda dividida en dos clases, la Iglesia y el mundo, los amigos y los enemigos de Dios, las ovejas y las cabras, todo lo que es afirmado de manera distintiva de una clase es implícitamente negado de la otra. Cuando se dice que Cristo amó a Su Iglesia y se entregó a Sí mismo por ella, que Él puso Su vida por Sus ovejas, está claro que se dice algo acerca de la Iglesia y de las ovejas que no es verdadero de los que no son ni la una ni las otras. Cuando se dice que un hombre trabaja y sacrifica su salud y fuerza por sus hijos, se niega con ello que el motivo que le controla sea la mera filantropía, o que el designio que tenga a la vista sea el bien de la sociedad. Puede que sea verdaderamente un filántropo, y que reconozca el hecho de que el bien de sus hijos impulsará el bien de la sociedad, pero esto no altera el caso. Sigue siendo verdad que el amor hacia sus hijos es su motivo, y que el bien de ellos es su objeto. Es difícil creer, a la luz de Efesios 5:25, donde se atribuye la muerte de Cristo a Su amor hacia Su Iglesia, y donde se dice que fue señalado para la santificación y salvación de la misma, que Él se dio a Sí mismo en el mismo sentido por réprobos como por aquellos a los que tenía intención de salvar. Por ello, cada aserción de que Cristo murió por un pueblo es una negación de la doctrina de que Él murió igualmente por todos los hombres.

Argumento con base en el especial amor de Dios.

4. Por el amor de Dios se significa a veces Su bondad, de la que son objeto todas las criaturas sensibles y de cuyos beneficios son destinatarios. A veces se denota la especial consideración hacia los hijos de los hombres, no sólo como criaturas racionales, sino también como el linaje de Aquel que es el Padre de los espíritus de todos los hombres. A veces se denota aquel amor peculiar, misterioso, soberano, inconmensurable, que sobrepasa a todo conocimiento, del que es el objeto Su propio pueblo, la Iglesia de los primogénitos, cuyos nombres están escritos en el cielo. De este amor se enseña: (1) Que es infinitamente grande. (2) Que es discriminante, fijado sobre unos y no sobre otros de los hijos de los hombres. Se compara con el amor de un marido para con su mujer, que por su naturaleza es exclusivo. (3) Que es perfectamente gratuito y soberano, esto es, no está basado sobre el particular atractivo de sus objetos, sino que, como el afecto paterno, sobre el mero hecho de que son sus hijos. (4) Que es inmutable. (5) Que obtiene todas las bendiciones salvadoras, e incluso todo bien; de manera que incluso las aflicciones están entre los frutos designados para el mayor bien del que las padece. Ahora bien, a este amor, no a la bondad general, ni a la mera filantropía, se atribuye constantemente el don de Cristo. En esto consiste el amor, no en que nosotros amáramos a Dios, sino que Él nos amó, y envió a Su Hijo para que fuera la propiciación por nuestros pecados (1 Jn 4:10). En esto conocemos el amor de Dios (o, por medio de esto conocemos qué es el amor), porque Él (Cristo) puso Su vida por nosotros (1 Jn 3:16). Dios encarece Su amor para con nosotros en que, siendo aún pecadores, Cristo murió por nosotros (Ro 5:8). Nadie tiene mayor amor que éste, que alguien ponga su vida por sus amigos (Jn 15:13). Nada podrá separarnos del amor de Dios que es en Cristo Jesús (Ro 8:35-39). El que no eximió a Su propio Hijo, sino que lo entregó por todos nosotros, ¿cómo no nos dará con Él también todas las cosas? (Romanos 8:32). Todo el argumento del Apóstol en Romanos 5:1-11, y especialmente a lo largo del capítulo octavo, se encuentra en este amor infinito e inmutable de Dios para con Su pueblo. Conforme a ello él argumenta para mostrar la absoluta seguridad de ellos durante el tiempo y por toda la eternidad. Por cuanto los amó de tal manera que dio a Su Hijo por ellos; y, habiendo hecho esto, Él iba a darles ciertamente todo lo necesario para su salvación. Ningún enemigo prevalecería jamás contra ellos; nadie podría jamás separarlos de Su amor. Todo este argumento es absolutamente irreconciliable con la hipótesis de que Cristo murió igualmente por todos los hombres. [...]

Capítulo 9

Teorías sobre la expiación

LA HISTORIA DE ESTA DOCTRINA se divide comúnmente en tres períodos: El Patrístico, el Escolástico, y la época de la Reforma y desde aquel acontecimiento hasta nuestros días. El método que los escritores acerca de esta cuestión han adoptado generalmente es pasar revista en orden cronológico a los distinguidos teólogos que vivieron durante estos varios períodos, y presentar un bosquejo general de la enseñanza de cada uno de ellos.

Los dos grandes objetos que debían ser alcanzados mediante la obra de Cristo son: la eliminación de la maldición bajo la que gemía la humanidad debido al pecado; y la restauración de ellos a la imagen y comunión de Dios. Ambas cosas son esenciales para la salvación. Tenemos una culpa que debe ser quitada, y almas muertas en delitos y pecados que han de ser vivificadas con un nuevo principio de vida divina. Se provee para estos dos objetivos en la doctrina de la redención tal como se presenta en las Escrituras y se sustenta en la Iglesia. En las teorías contradictorias diseñadas por los teólogos, cada uno de estos objetos es ignorado, o se subordina indebidamente uno de ellos al otro. Fue una característica de la antigua iglesia Griega exaltar lo último, mientras que la Latina hizo lo primero más prominente. Al revisar la historia de la doctrina, se verá que hay cinco teorías generales que comprenden todas las numerosas formas en que se ha sustentado.

1. La posición ortodoxa.

La primera es la que durante siglos ha sido considerada la doctrina ortodoxa; en sus rasgos esenciales es común a las iglesias Latina, Luterana y Reformada. Ésta es la doctrina que el autor ha tratado de exponer y vindicar en las páginas precedentes. Según esta doctrina, la obra de Cristo es una verdadera satisfacción, de un mérito inherente infinito, para la justicia vindicadora de Dios; de manera que Él salva a Su pueblo haciendo por ellos y en su lugar aquello que ellos eran incapaces de hacer por sí mismos: la satisfacción de las demandas de la ley en favor de ellos, y llevando la pena de la misma en lugar de ellos; es mediante esto que son reconciliados con Dios, que reciben el Espíritu Santo, y que son hechos partícipes de la vida de Cristo para su santificación presente y salvación eterna.

Esta doctrina provee para los dos grandes objetos anteriormente mencionados. Muestra cómo es quitada la maldición de la ley gracias a que Cristo fue hecho por nosotros maldición, y cómo en virtud de esta reconciliación con Dios llegamos a ser, mediante el Espíritu, partícipes de la vida de Cristo. Él nos es hecho no sólo justicia, sino también santificación. Somos limpiados de la culpa por Su sangre, y renovados por Su Espíritu según la imagen de Dios. Habiendo muerto en Él, vivimos en Él. La participación en Su muerte asegura la participación en Su vida.

2. La doctrina de algunos de los Padres.

La segunda teoría es la que prevaleció extensamente entre los Padres. Fue dada sólo como solución a la pregunta de cómo Cristo nos libera del poder de Satanás. No contemplaba ni la eliminación de la culpa ni la restauración de la vida divina, sino sólo nuestra liberación del poder de Satanás. Estaba basada en aquellos pasajes de las Escrituras que describen al hombre desde la caída en esclavitud al príncipe de las tinieblas. El objeto de la redención era el de liberar a la humanidad de esta esclavitud. Esto sólo podía llevarse a cabo mediante el logro de alguna manera de la derrota de Satanás y de la destrucción de su derecho o poder de tener a los hombres como sus esclavos. Esto Cristo lo ha llevado a cabo, y Él así llega a ser el Redentor de los hombres. Esta teoría general es presentada de tres formas distintas. La primera apela al antiguo principio de los derechos de guerra, según el que los conquistados venían a ser esclavos del conquistador. Satanás conquistó a Adán, y así llegó a ser su legítimo dueño, y de su posteridad. Por ello, se le llama el dios y príncipe de este mundo. Para librar a los hombres de esta terrible esclavitud, Cristo se ofreció a Sí mismo como rescate a Satanás. Satanás aceptó el ofrecimiento, y renunció a su derecho a retener a la humanidad como sus esclavos. Sin embargo, Cristo rompió las ataduras de Satanás, cuyo poder estaba basado en la pecaminosidad de sus súbditos. En respuesta a la pregunta de cómo pudo aceptar Satanás a Cristo como rescate por los hombres si sabía que era una persona divina, se dijo que él no sabía que él era divino, porque Su divinidad estaba velada por Su humanidad. Y luego, en respuesta a la pregunta de cómo pudo aceptarle a Él como rescate si lo consideraba como un mero hombre, se dice que vio que Cristo era inconmensurablemente superior a los otros hombres, y quizá uno de los más altos órdenes de ángeles, a quien podía tener la esperanza de poder retener con seguridad. La segunda forma de esta teoría no considera a Cristo como rescate pagado a Satanás, sino como conquistador. Así como Satanás conquistó a la humanidad, haciendo de ella sus esclavos, así Cristo se hizo hombre, y, en nuestra naturaleza, venció a Satanás; así alcanzó el derecho de librarnos de nuestra esclavitud y de consignar al mismo Satanás a cadenas y a las tinieblas.

La tercera forma de la teoría es que por cuanto el derecho y poder de Satanás está basado sobre el pecado, se excedió en su autoridad cuando provocó la muerte de Cristo, que estaba exento de pecado; y con ello perdió del todo su autoridad sobre los hombres. Esta teoría general de que la gran obra de Cristo, como Redentor, fue librar al hombre de la esclavitud a Satanás, y de que el rescate le fue pagado a Él y no a Dios; o de que la dificultad que se interponía en el camino de nuestra salvación era el derecho que Satanás había adquirido sobre nosotros como esclavos, derecho que Cristo de alguna manera canceló, fue muy dominante durante largo tiempo en la Iglesia. Se halla en Ireneo, Orígenes, Teodoreto, Basilio, Cirilo de Jerusalén, Agustín, Jerónimo, Hilario, León Magno, y otros.[1] La base escrituraria para esta perspectiva de la obra de Cristo es muy endeble. Es cierto que los hombres son cautivos de Satanás, y que están bajo su dominio. Es cierto que Cristo se entregó a Sí mismo como rescate; y que por el pago de este rescate somos librados de la esclavitud al príncipe de las tinieblas. Pero no sigue de esto que el rescate fuera pagado a Satanás, ni que él tuviera ningún justo derecho a su autoridad sobre los hijos de los hombres. Lo que las Escrituras enseñan acerca de este respecto es:

1. Que el hombre, por el pecado, quedó bajo la pena de la ley divina.

2. Que Satanás tiene el oficio de infligir esta pena hasta el punto en que se le permite atormentar y degradar a los hijos de los hombres.

---

1. Los pasajes de prueba son dados en mayor o menor extensión en todas las historias modernas de la doctrina, como en Hagenbach. *Dogmengeschichte*, traducida por el Dr. B. H. Smith; Münscher y Neander, *Dogmengeschichte*, y especialmente en la elaborada obra de Baur de Tubinga, *Die Lehre von der Versöhnung*.

3. Que Cristo, habiendo dado satisfacción por Su muerte a la pena de la ley, naturalmente nos ha liberado del poder de Satanás. Véase especialmente Hebreos 2:14. Pero esto no da pie a la doctrina de que Satanás tuviera derecho alguno en justicia a retener a la humanidad como esclavos; ni que Cristo se ofreciera como rescate al príncipe de este mundo. Esta doctrina fue enérgicamente resistida en la iglesia primitiva por Gregorio Niazanceno, y hace ya mucho tiempo que reposa en el olvido. El único interés que tiene actualmente es como asunto histórico. Naturalmente, no se debe suponer que las grandes lumbreras de la Iglesia arriba mencionadas creían que toda la obra de Cristo como Salvador de los hombres consistiera en librarnos del poder de Satanás; que ignoraran Su oficio como sumo sacerdote ante Dios, o que negaran el efecto de Su muerte como expiación por el pecado, o que olvidaran que Él es para nosotros la fuente de la vida espiritual. Estas doctrinas están tan claramente enunciadas por ellos periódicamente como sus posturas peculiares acerca de nuestra liberación de la esclavitud a Satanás. Incluso Orígenes, tan desenfrenado en su pensamiento, y tan dispuesto a explicar las verdades cristianas en sentido filosófico, enseña la doctrina católica con perfecta claridad. [...] En todas las edades de la Iglesia, por parte de los primeros Padres así como en los posteriores períodos, se retiene el lenguaje del Nuevo Testamento con referencia a Cristo y a Su obra. [...]

3. La teoría moral.

Una tercera teoría general acerca de la obra de Cristo es la que rechaza la idea de la expiación, o de la satisfacción de la justicia mediante el castigo vicario, y atribuye toda la eficacia de Su obra al efecto moral producido en los corazones humanos por Su carácter, enseñanza y acciones. Por estas razones se designa generalmente como «la perspectiva moral de la expiación». Se presupone que Dios no posee el atributo de justicia, esto es, que no posee la perfección que haga necesario, o moralmente obligatorio, que el pecado sea castigado. Si es así, no hay necesidad de expiación para alcanzar el perdón. Todo lo necesario para la restauración de los pecadores al favor de Dios es que dejen de ser pecadores. La relación de Dios con Sus criaturas racionales queda determinada por el carácter moral de las mismas. Si ellas están moralmente corrompidas, son echadas de Su presencia; si son restauradas a la santidad, devienen los objetos de Su amor y receptores de Sus favores. Así, todo lo que Cristo como Salvador de los hombres vino a cumplir fue esta reforma moral en el carácter de los hombres. Aquí, como sucede tan frecuentemente, los errores son verdades a medias. Es cierto que la relación de Dios con Sus criaturas racionales queda determinada por el carácter de las mismas. Es cierto que Él repele a los pecadores y que tiene comunión con los santos. Es cierto que Cristo vino a restaurar a los hombres a la santidad, y con ello al favor y a la comunión con Dios. Pero también es cierto que para hacer posible la restauración de los pecadores a la santidad fue necesario que fuera expiada la culpa de sus pecados, o que la justicia quedara satisfecha. Hasta que esto no se haga están bajo la ira y maldición de Dios. Y estar bajo la maldición de Dios es estar excluido de la fuente de toda santidad.

Algunos de los proponentes de esta postura de la obra de Cristo hablan desde luego de la justicia de Dios. Lo reconocen como un Ser justo que en todas partes y siempre castiga el pecado. Pero esto tiene lugar sólo mediante la operación de leyes eternas. La santidad, por su naturaleza, produce dicha; y ésta es su recompensa. El pecado, por su naturaleza, produce desgracia, y esto es su castigo. Elimínese el pecado, y se elimina el castigo. [...]

[Sin embargo] Las Escrituras enseñan que esta expiación de la culpa es absolutamente necesaria antes que las almas de los culpables puedan ser sujetos de la gracia renovadora y santificadora. Antes de esta expiación están espiritualmente muertos bajo la pena de la ley, que es muerte en todas sus formas. Y por ello, mientras están bajo la maldición, todas las influencias del mundo serían tan inútiles como la luz del mediodía para dar la vista a un ciego, o medidas sanitarias para resucitar a un muerto. Así, al rechazar la doctrina de la expiación o de la satisfacción a la justicia, esta teoría rechaza la misma esencia de la doctrina escrituraria de la expiación.

[...] Somos pecadores; somos culpables además de contaminados. La conciencia de nuestra responsabilidad ante la justicia, y de la necesidad de dar satisfacción a sus demandas, es tan innegable y tan indestructible como nuestra conciencia de estar contaminados. La expiación es tan necesaria para lo primero como la santificación para lo segundo. Por ello, ninguna forma de religión que excluya la idea de la expiación, o que deje de proveer para la eliminación de la culpa de una forma que dé satisfacción a la razón y a la conciencia, puede ser idónea para nuestras necesidades. [...] Es por cuanto el Señor Jesucristo ha sido revelado como propiciación por nuestros pecados, y como habiendo llevado en nuestro lugar la pena que nosotros merecíamos, que Su sangre nos purifica de todo pecado, y que nos da una paz que sobrepasa a todo entendimiento.

La idea de que en Dios no hay perdón; que por leyes inexorables trata con Sus criaturas en base del estado subjetivo y carácter de las mismas, y que consiguientemente la única salvación necesaria o posible es la santificación es repulsiva. Nadie en la tierra está en tal estado interior, ni durante la vida ni en la muerte, que pueda estar de pie ante Dios para ser tratado en conformidad a tal estado. Su única esperanza es que Dios tratará, y trata, con Su pueblo no según son en sí mismos, sino como son en Cristo, y por causa de Cristo; que Él nos ama y tiene comunión con nosotros aunque estemos contaminados y manchados, como un padre ama y se deleita en un hijo deforme y no atractivo. Deberíamos estar ahora y para siempre en el infierno si fuera cierta la doctrina del doctor Young, de que la justicia surte efecto por una ley inexorable, y que el pecado es siempre castigado allí donde existe, tan pronto como se manifiesta, y mientras continúa. Dios es algo más que el orden moral del universo; Él no administra Su gobierno moral mediante leyes inexorables sobre las que no tenga control alguno. Él puede tener misericordia de quien quiera tener misericordia, y compasión de quien quiera tener compasión. Él puede hacer felices a los pecadores, a pesar de sus pecados, por causa de Cristo, remitiéndoles la pena de su pecado mientras que su poder está sólo parcialmente quebrantado; alentándoles, y regocijándose sobre ellos hasta que quede consumada su restauración a la salud espiritual. Todo lo que dirija la consciencia del pecador hacia dentro de sí mismo como base de esperanza, en lugar de llevarlo a mirar a Cristo, tiene que hundirlo en la desesperación, y la desesperación es el portal de la muerte eterna. [...]

4. La teoría gubernamental.

Esta teoría fue introducida en la Iglesia por Grocio, en el siglo diecisiete. Escribió en oposición a los Socinianos, y por ello su libro se titula: *Defensio fidei catholicae de satisfactione Christi*. [...] El designio con el que fue escrito el libro, y las fórmulas de expresión universalmente recibidas que prevalecían en aquel tiempo, y a cuyo uso se adhiere Grocio, le dan a su libro un aspecto de ortodoxia. Habla de satisfacción a la justicia, de propiciación, del carácter penal de los padecimientos de nuestro Señor, de Su muerte como un sacrificio vicario, y de que llevó la culpa por nuestros pecados. En resumen, que por lo que respecta al uso de los términos, apenas si hay divergencia de la doctrina de la Iglesia Reformada, de la que era entonces miembro. Pero unos principios diferentes subyacían a toda su teoría, y por ello se debía asignar un sentido diferente a los términos que él empleaba. No hubo, después de todo, una verdadera satisfacción de la justicia, ninguna verdadera sustitución, y ningún padecimiento real de la pena de la ley. Sus oponentes socinianos, cuando pasaron a responder a su libro, dijeron que Grocio había abandonado los principales puntos en discusión. Grocio era jurista además de teólogo, y contempló toda la cuestión desde un punto de vista jurídico. Los principales elementos de su teoría son:

1. Que en el perdón de los pecados Dios no debe ser considerado como parte ofendida, ni como acreedor ni como amo, sino como gobernante moral. Un acreedor puede remitir la deuda que se le debe si es su beneplácito. Un amo puede castigar o no según lo considere oportuno; pero un gobernante tiene que actuar no según sus sentimientos o capricho, sino según los mejores intereses de los que están bajo su autoridad. [...]

2. El fin del castigo es la prevención del crimen, o la preservación del orden y la promoción de los mejores intereses de la comunidad. [...]

3. Así como un buen gobernante no puede admitir que se cometa un pecado con inmunidad, tampoco Dios puede perdonar los pecados de los hombres sin una adecuada exhibición de Su desagrado, y de Su determinación de castigarlo. Este fue el designio de los padecimientos y muerte de Cristo. Dios castigó el pecado en Él como ejemplo. Este ejemplo fue tanto más impresionante debido a la dignidad de la persona de Cristo, y por ello, en vista de Su muerte, Dios puede, consecuentemente con los mejores intereses de Su gobierno, remitir la pena de la ley en el caso de creyentes arrepentidos.

4. [...] El castigo [...] no tiene por qué ser impuesto debido al demérito personal del que lo padece; ni con el designio de dar satisfacción a la justicia, en el sentido ordinario y propio de la palabra. Fue suficiente con que fuera debido al pecado. Por cuanto los padecimientos de Cristo fueron causados por nuestros pecados, en aquella medida en que fueron designados para hacer consecuente su remisión con el interés del gobierno moral de Dios, entran dentro de la definición inclusiva de la palabra castigo. Por ello, Grocio pudo decir que Cristo padeció el castigo de nuestros pecados, por cuanto Sus sufrimientos fueron un ejemplo de lo que merecía el pecado.

5. Por lo tanto, la esencia de la expiación, según Grocio, consistió en esto, que los padecimientos y la muerte de Cristo fueron ordenados como una exhibición del desagrado de Dios contra el pecado. Tenían la intención de enseñar que en la estimación de Dios el pecado merece ser castigado, y que por ello mismo los no arrepentidos no pueden esperar escapar a la pena debida a sus delitos. [...] Así, es evidente que según esta teoría la obra de Cristo fue puramente didáctica. Tenía el designio de enseñar, por vía de ejemplo, el aborrecimiento de Dios contra el pecado. La cruz fue sólo un símbolo. [...]

Objeciones a la teoría.

1. La primera y más evidente objeción a esta teoría es que se basa en una idea errónea de la naturaleza del castigo. Presupone que el designio especial del castigo es el bien de la sociedad. Si los mejores intereses de una comunidad, humana o divina, una república humana o el gobierno moral de Dios, pueden ser alcanzados sin el castigo del crimen, entonces no debiera infligirse tal castigo. Pero el sufrimiento infligido por el bien de otros no es más castigo que el sufrimiento infligido por el bien del que sufre. La amputación de un miembro aplastado no es de la naturaleza de un castigo; ni los de los mártires, aunque tuvieran la intención de redundar para bien de la Iglesia y del mundo. [...]

Ningún mal tiene la naturaleza de castigo a no ser que sea infligido en satisfacción de la justicia y en ejecución de la pena de la ley. [...]

2. La teoría contradice los juicios morales intuitivos de los hombres. El testimonio de la conciencia de cada individuo a la vista de sus propios pecados es que merece el castigo, no para bien de los demás, sino por su propio demérito. Si no es culpable, no puede ser castigado en justicia; y si es culpable no puede ser perdonado en justicia sin una satisfacción a la justicia. Y tal como este es el testimonio de la conciencia con respecto a nuestros propios pecados, es

asimismo el testimonio de la conciencia de todos los hombres con respecto a los pecados de otros. Cuando se comete un gran crimen, el juicio instintivo de los hombres es que los que lo han perpetrado deben ser castigados. Ningún análisis de la conciencia humana puede resolver este sentimiento de justicia en una convicción de que el interés de la sociedad demanda el castigo del crimen. Esto último es desde luego cierto. Es uno de los beneficios incidentales, pero no el designio especial ni el fin del castigo. En realidad, todo el efecto moral del castigo depende de la presuposición de que es infligido sobre la base de su merecimiento, y no por el bien público. Si este último objeto se hace prominente, el castigo pierde su naturaleza, y naturalmente su apropiado efecto moral. Una teoría que pase por alto estas convicciones intuitivas de la mente no es apropiada para nuestro estado, y nunca puede dar satisfacción a la conciencia. Sabemos que debiéramos ser castigados, y por ello que el castigo es inevitable bajo el gobierno de un Dios justo. Si no es sufrido por un sustituto en nuestro lugar, tenemos que sufrirlo nosotros mismos. Donde no hay expiación por el pecado hay inevitablemente una horrenda expectativa de juicio.

3. Todos los argumentos que hasta ahora se han apremiado como prueba de que la justicia de Dios no puede ser resuelta en benevolencia son argumentos válidos contra la teoría gubernamental de la expiación. [...]

4. Un cuarto argumento en contra de la teoría gubernamental es que es anti-escrituraria. La Biblia describe constantemente a Cristo como sacerdote, como sacrificio, como propiciación, como expiación, como el sustituto y representante de los pecadores; como asumiendo su puesto y sufriendo la maldición o pena de la ley en lugar de ellos. Todas estas descripciones son o bien pasadas por alto o racionalizadas por los proponentes de esta teoría. [...]

5. Esta teoría, al igual que la perspectiva moral de la expiación, es falsa por cuanto es defectiva. Así como es cierto que la obra de Cristo está designada y adaptada para ejercer la más poderosa influencia moral sobre los pecadores para inducirlos a volver a Dios, también es cierto que su obra fue designada y adaptada para producir la más intensa impresión posible sobre las mentes de todas las criaturas inteligentes sobre el mal del pecado, y así refrenarlas de su comisión, pero ni lo uno ni lo otro fueron sus propósitos primarios. Ejerce esta impresión moral sobre el pecador y sobre el universo inteligente porque fue una satisfacción a la justicia de Dios, y es la más grande de las pruebas posibles de que el pecado no puede ser perdonado sin expiación adecuada.

5. La teoría mística.

La quinta teoría acerca de este tema es la mística. Concuerda con la perspectiva moral (bajo la que se podría incluir) en cuanto a que representa que el designio de la obra de Cristo fue producir un efecto subjetivo en el pecador. Produce el cambio en él. Vence el mal de su naturaleza y lo restaura a un estado de santidad. Pero los dos sistemas difieren acerca de los medios con los que se logra este cambio interno. Según el primero, es por el poder moral operando según las leyes de la mente por la exhibición de la verdad y el ejercicio de la influencia moral. Según el segundo, es por la misteriosa unión de Dios y el hombre, de la naturaleza divina con la humana, esto es, de la divinidad con la humanidad, obrada por la encarnación.

Esta idea general se presenta en varias formas. A veces, los escritores citados en favor de esta postura mística no enseñan nada más que lo que siempre ha sido sustentado en la Iglesia, y lo que es claramente enseñado en las Escrituras. Es cierto que hay una unión moral y espiritual entre Dios y el hombre efectuada por la encarnación del Hijo de Dios y por la morada del Espíritu Santo. Él y Su pueblo son uno. Nuestro Señor ora al Padre, Juan 17:22, 23, que aquellos dados a él «sean uno, como nosotros somos uno: yo en ellos, y tú en mí». Y el Apóstol Pedro no duda en decir que somos hechos «partícipes de la naturaleza divina». Esto, y nada más que esto, se implica necesariamente en el lenguaje tantas veces citado de Atanasio con referencia a Cristo, *autos enëthröpësen, hina hëmeis theopoiëthömen*. Pero además de esta doctrina escrituraria ha prevalecido una concepción mística de la unión de Dios y del hombre a la que se atribuye la redención de nuestra raza, haciendo algunos de sus proponentes que consistan de manera exclusiva en esta unión. Por lo que a los Padres respecta, se hizo una clara distinción entre la redención y la reconciliación; entre la obra objetiva de Cristo al librarnos de la maldición de la ley y del poder de Satanás, y la aplicación subjetiva de esta obra. Ambas se atribuyeron a Cristo. La primera (nuestra redención), fue lograda llevando Él nuestros pecados, siendo hecho Él maldición por nosotros, dándose a Sí mismo en rescate, y siendo Él, por Su obediencia, tomado como sustituto por la obediencia que nosotros habíamos dejado de rendir. Nuestra reconciliación con Dios, incluyendo la restauración a Su imagen y a Su comunión, fue lograda, no como siempre lo ha enseñado la Iglesia, mediante la obra del Espíritu Santo, sino según la teoría mística, mediante la unión de la naturaleza divina con nuestra naturaleza caída, conseguida por la encarnación. En todas las eras de la Iglesia ha habido mentes desinclinadas a reposar en las sencillas declaraciones de la Biblia, y dispuestas a ir en pos de algo más filosófico y profundo. [...]

En el actual período de la historia de la Iglesia, esta teoría mística de la persona y obra de Cristo es probablemente más influyente que jamás en el pasado. Toda la escuela de teólogos especulativos alemanes, con sus seguidores en Inglaterra y América, están sobre esta base. De estos teólogos hay dos clases, [...] los panteístas y los teístas. Según los primeros, la naturaleza del hombre fue al principio una manifestación imperfecta del Ser absoluto, y en el desarrollo de la raza esta manifestación es hecha completa; pero completa sólo como un progreso eterno. Según la otra, el hombre tiene una existencia y personalidad, en un sentido, fuera de Dios. Sin embargo, Dios y el hombre son esencialmente lo mismo. Esta identidad se muestra perfectamente en Cristo, y por medio de Él se lleva a cabo más y más perfectamente en la Iglesia, como algunos enseñan, o, como otros, en toda la raza.

6. Observaciones finales.

Al revisar estas varias teorías acerca del método de salvación por medio de nuestro Señor Jesucristo, es importante observar:

1. Que no se debe inferir que porque algunos escritores sean citados como exponiendo una teoría particular, que no reconocieran la veracidad de ninguna otra perspectiva de la obra de Cristo. Esta observación es de especial aplicación al período patrístico. Mientras que algunos de los Padres hablan a veces de Cristo salvando al mundo como maestro, y otros de ellos dicen que se ofreció en rescate a Satanás, y otros también que llevan a los hombres de vuelta a la imagen de Dios, esto no demuestra que ignoraran el hecho de que Él fue una ofrenda por el pecado, haciendo la expiación por la culpa del mundo. Es característico del primer período de la Iglesia, antes que unas doctrinas específicas llegaran a ser cuestión de controversia, que la gente y los teólogos retuvieran el lenguaje común y las descripciones de la Biblia, mientras que estos últimos, de manera especial, trataran a veces de manera desproporcionada un modo de descripción escrituraria, y a veces de manera desproporcionada otro distinto. Los Padres se refieren constantemente a Cristo como sacrificio, y como rescate. Atribuyen nuestra salvación a Su sangre y a Su cruz. Las ideas de expiación y de propiciación fueron introducidas en todos los servicios de la Iglesia primitiva. Estas ideas escriturarias sustentaron la vida del pueblo de Dios de manera totalmente independiente de las especulaciones de los teólogos filosóficos.

2. La segunda observación que sugiere la anterior reseña es que las teorías antagonistas a la común doctrina de la Iglesia son puramente filosóficas. Orígenes presupuso que en el hom-

bre hay tres principios constitutivos: cuerpo, alma y espíritu; y que en analogía con ello, hay tres sentidos de la Escritura: el histórico, el moral y el espiritual. El primero es el sentido llano de las palabras que se sugiere a sí mismo a todo lector ordinario inteligente. El segundo es la aplicación alegórica del sentido histórico para la instrucción moral. Por ejemplo, lo que Moisés manda acerca de no poner bozal al buey que trilla puede ser entendido como enseñando el principio general de que el trabajo debe recibir recompensa, y, por ello, puede ser aplicado, como lo es por el Apóstol, para poner en vigor el deber de sustentar a los ministros del Evangelio. El tercer sentido, el espiritual, es la verdad filosófica general, que se presupone que subyace a las doctrinas de las Escrituras; verdades de las que las doctrinas escriturarias son sólo las formas temporales. Así, Orígenes hizo que la Biblia enseñara Platonismo. El objeto de la mayoría de los primeros apologistas era mostrar que el cristianismo tenía una filosofía, como el paganismo; y que la filosofía del cristianismo es idéntica con la del paganismo hasta allá donde ésta puede ser demostrada verdadera. El problema ha sido siempre que, fuera cual fuera la filosofía aceptada como verdadera, las doctrinas de la Escritura eran llevadas a la conformidad con la misma, o eran sublimadas a ella. Los sentidos histórico y moral de la Escritura constituyen el objeto de la fe; el sentido espiritual es el objeto de la gnosis, o del conocimiento. Lo primero está muy bien en su sitio y para el común de la gente; pero lo último es algo de un orden superior a lo que sólo pueden llegar los filosóficamente cultivados. Y es evidente que la teoría mística de la persona y obra de Cristo, en especial, es producto de la especulación filosófica: (1) Por el expreso reconocimiento de sus más distinguidos proponentes. (2) Por la naturaleza de la teoría misma, que se revela como una filosofía, esto es, una doctrina especulativa acerca de la naturaleza del ser, de la de Dios, de la del hombre, y de la relación de Dios con el mundo, etc. (3) Por el hecho de que ha cambiado con los variantes sistemas filosóficos. Mientras el Platonismo estaba en boga, se suponía que el sentido espiritual de las Escrituras era el Platónico; descartado este sistema, los escolásticos adoptaron la filosofía de Aristóteles, y entonces la Biblia enseñaba las doctrinas de los Peripatéticos. Los Aristotélicos que siguieron a Escoto Erigena descubrieron Panteísmo en las Escrituras. Cuando la filosofía de Leibniz y Wolf dominó las escuelas, esta filosofía pasó a determinar la forma de toda la doctrina escrituraria. Y desde el surgimiento de la nueva filosofía especulativa, todo lo que las Escrituras enseñan es moldeado en sus formas de pensamiento. Nadie puede ser tan ciego que no pueda ver que todo lo peculiar en lo que enseña la moderna teología acerca de la persona y obra de Cristo no es más ni menos que la aplicación de la moderna especulación filosófica a las doctrinas de la Biblia. Y, desde luego, esto es generalmente admitido y reconocido. Siendo éste el caso, todas las especulaciones carecen de autoridad. No forman parte de la verdad revelada como objeto de la fe. Estamos obligados a comprender las Escrituras en su sentido histórico llano, y a no admitir que ninguna filosofía explique o modifique este sentido, excepto la filosofía de la Biblia misma; esto es, aquellos hechos y principios acerca de la naturaleza de Dios, de la naturaleza del hombre, del mundo, y de la relación entre Dios y el mundo, que o bien son declarados o dados por supuestos en la Escritura. Apartarse de este principio es abandonar la Biblia como regla de fe, y poner en su lugar las enseñanzas de la filosofía. Aquella forma de Racionalismo que consiste en dar una explicación filosófica a las verdades de la revelación, o en resolverlas en verdades de la razón, acabará con tanta certidumbre en enseñar en lugar de doctrinas las especulaciones de los hombres, como el escepticismo más confeso. [...]

Capítulo 10

La intercesión de Cristo

1. Cristo nuestro Intercesor.

Bajo la antigua dispensación, el Sumo sacerdote, después de haber ofrecido sacrificios por el pecado en el atrio exterior, era instruido, en el día de la expiación, a tomar la sangre de las víctimas y un incensario con incienso ardiendo, y a entrar dentro del velo, y allí a presentar la sangre delante de Dios, rociándola sobre el propiciatorio. De la misma manera, tal como nos enseña el Apóstol, Cristo, habiéndose ofrecido en la cruz como sacrificio por nuestros pecados, ha traspasado los cielos, para aparecer allá delante de Dios en favor nuestro. Por ello, de Él se dice que es ministro del verdadero tabernáculo, que el Señor levantó, y no el hombre. Su oficio sacerdotal es ahora ejercitado en el cielo, donde vive para interceder siempre por nosotros.

Esta obra de Cristo está expresada en la Escritura:

1. Diciendo que Él aparece ahora delante de Dios por nosotros. Hebreos 9:24. La palabra empleada es *emphanisthënai = emphanizein heauton tini*. Cristo se presenta delante de Dios como nuestro representante. Su humanidad perfecta, Su carácter oficial, y Su obra consumada, interceden por nosotros delante del trono de Dios. Todo lo que el Hijo de Dios es como Encarnado, y todo lo que Él hizo en la tierra, lo es, y lo hizo por nosotros; de manera que Dios puede contemplarnos con todo el favor que le es debido a Él. Por ello, Su presencia es una intercesión perpetua y prevalente con Dios en favor de Su pueblo, y logra para ellos los beneficios de Su redención.

2. Su intercesión es expresada diciendo que se presenta ante Dios en favor nuestro. La palabra empleada es *entunchanö, encontrarse con, hablar con*. Encontrarse con o acercarse a uno por (*huper*) otro, es interceder en favor de él (Ro 8:34; He 7:25). Encontrarse con alguien en contra de (*kata*) otro es interceder en contra de él (Ro 11:2). Según las Escrituras, y hablando a la manera de los hombres, Cristo habla con Dios en favor de nosotros; o, como se expresa en Juan 17:9, Él ora por nosotros.

3. Cristo es llamado nuestro Paracleto, *paraklëtos*. Esta palabra se traduce *abogado* en 1 Juan 2:1, y *consolador* en Juan 14:16; 15:26; 16:7. Ninguna traducción expresa su pleno significado. Significa *invocado*, llamado para ayudar. Así, el Paracleto es, en el sentido pleno de la palabra, un ayudador, sea cual sea la naturaleza específica de la ayuda prestada. Sin embargo, por cuanto los culpables, los ignorantes y los desamparados, cuando son hechos comparecer delante de un tribunal lo que necesitan por encima de todo es un abogado; uno que asuma la defensa de su caso; que presente un alegato en favor de ellos y que emplee toda su influencia para conseguir su absolución, es en este sentido de manera especial Cristo es expuesto como nuestro *paraklëtos*. Él es nuestro abogado. Él aparece ante el tribunal de Dios por

nosotros. Él defiende nuestra causa. Él presenta Su obra de obediencia y sufrimiento como la base de nuestra justificación. Él ejerce Su influencia, la influencia de Su carácter como el Hijo de Dios, en quien el Padre está siempre complacido, y a quien Él siempre escucha, así como la influencia que le es debida en virtud del pacto de la redención, y el perfecto cumplimiento de sus condiciones, para asegurar para Su pueblo todo el bien que necesitan. Por ello, es especialmente en pasajes que hablan de justificación, y de proceso judicial, donde se expone la intercesión de Cristo. (Véase Romanos 8:34; 1 Juan 2:1.)

2. Su naturaleza.

En cuanto a la naturaleza de la intercesión de Cristo, es poco lo que se puede decir. [...] Los teólogos Reformados [...] consideran suficiente decir que la intercesión de Cristo incluye: (1) Su comparecencia ante Dios en nuestro favor, como el sacrificio por nuestros pecados, como nuestro Sumo Sacerdote, sobre la base de cuya obra recibimos la remisión de nuestros pecados, el don del Espíritu Santo, y todo bien necesario. (2) Defensa en contra de la sentencia de la ley y de las acusaciones de Satanás, que es el gran acusador. (3) El ofrecimiento de Sí mismo como nuestra garantía, no sólo de que se probará que las demandas de la justicia han quedado satisfechas, sino de que Su pueblo será obediente y fiel. (4) La presentación como sacrificio de las personas de los redimidos, santificando sus oraciones, y todos sus servicios, haciéndolos aceptos delante de Dios, por medio del grato aroma de Sus propios méritos.

3. Sus objetos.

En cuanto a los objetos de la intercesión de Cristo, [...] hasta allí donde la intercesión de Cristo constituye parte de Su obra oficial como Sumo Sacerdote de nuestra profesión, Él intercede sólo por aquellos que le aceptan como su sacerdote, y a los que representa en el pacto de la redención. Esto viene de la naturaleza de su oficio cono Sacerdote, por su propia y expresa declaración, y por el hecho de que su intercesión es ciertamente eficaz. A Él el Padre siempre le oye. Si Él intercediera por todos, ciertamente que todos se salvarían.

4. La intercesión de los santos.

Hay sólo un Mediador entre Dios y los hombres, y sólo un Sumo Sacerdote por medio de quien nos allegamos a Dios. Y como la intercesión es una función sacerdotal, de ello sigue que Cristo es nuestro único intercesor. Pero hay un sentido en el que todos los creyentes son reyes y sacerdotes para Dios, que es consecuente con el que Cristo sea nuestro único rey y sacerdote; así que hay un sentido en el que un creyente puede interceder por otro, que no es inconsistente con que Cristo sea nuestro único intercesor. Por intercesión en el caso de los creyentes sólo se significa que un hijo de Dios puede orar por otro, o por todos los hombres. Interceder, en este sentido, es meramente orar por alguien. Pero en el caso de Cristo expresa un acto oficial, que nadie puede llevar a cabo que no posea Su oficio. Así como bajo la antigua economía un israelita podía orar por sus hermanos, pero sólo el Sumo Sacerdote podía entrar dentro del velo e interponerse oficialmente en favor del pueblo, así ahora, aunque nosotros podemos orar unos por otros, Cristo sólo puede aparecer como sacerdote delante de Dios en nuestro favor y alegar Sus méritos como la base sobre la que debieran ser contestadas Sus oraciones por Su pueblo.

Los Protestantes objetan a la intercesión de los santos tal como se enseña y practica en la Iglesia de Roma.

1. Por cuanto supone una clase de seres que no existen; esto es, de espíritus difuntos canonizados. Son sólo los que, con los ángeles, han sido oficialmente declarados por la Iglesia [de

Roma], con base en sus méritos, como morando ahora en el cielo, los que son considerados como intercesores. Esto, sin embargo, es una suposición carente de autoridad por parte de esta Iglesia. No tiene prerrogativa alguna que la capacite para decidir tal cosa, y apuntar a los que quiera entre los espíritus glorificados. A menudo los que así han sido honrados han sido verdaderos enemigos de Dios, y perseguidores de Su pueblo.

2. Conduce a la idolatría práctica. La idolatría es la adscripción de atributos divinos a una criatura. En la mente popular, los santos, y especialmente la Virgen María, son considerados como omnipresentes; capaces de oír, en todo tiempo y lugar, las oraciones que les son dirigidas, y de suplir las necesidades de sus devotos.

3. Constituye un menosprecio de Cristo. Por cuanto Él es el único y suficiente mediador entre Dios y el hombre, y por cuanto está siempre dispuesto a oír y dar respuesta a las oraciones de su pueblo, supone alguna deficiencia en Él, si necesitamos otros mediadores para que se acerquen a Dios en nuestro favor.

4. Además, es contraria a las Escrituras, por cuanto se supone que los santos prevalecen ante Dios conforme a sus méritos personales. Y ningún ser humano tiene tal mérito delante de Dios. Nadie tiene ningún mérito que presentar por su propia salvación, y mucho menos por la salvación de otros.

5. Esta práctica es supersticiosa y degradante. La superstición es fe sin evidencia. La práctica de la invocación de los santos está fundamentada en una creencia que carece de apoyo en las Escrituras. Es invocar a ayudadores imaginarios. Degrada a los hombres al apartarlos de Dios y hacerlos volver a las criaturas, conduciéndolos a poner su confianza en un brazo de carne, en lugar de en el poder de Cristo. Por ello, aparta los corazones y la confianza de la gente de Él, dirigiéndolos a aquellos que ni pueden oír ni salvar.

Capítulo 11

El oficio regio de Cristo

1. La Iglesia, el Reino de Dios.

Dios como Creador y Preservador del universo, y como infinito en Su ser y perfecciones, es, en virtud de Su naturaleza, el soberano absoluto sobre todas Sus criaturas. Esta soberanía la ejerce sobre el mundo material mediante Su sabiduría y poder, y sobre las criaturas racionales como gobernante moral. Fue en contra de esta legítima autoridad de Dios que se rebeló nuestra raza, y que por ello vino a formar parte del reino de las tinieblas, del que Satanás es la cabeza. A este reino ha pertenecido desde entonces la masa de la humanidad. Pero Dios, en Su gracia y misericordia, decidió liberar a los hombres de las consecuencias de su apostasía. No sólo anunció Él la venida de un Redentor que destruiría el poder de Satanás, sino que en el acto inauguró un reino contrario, consistiendo en hombres escogidos fuera del mundo, y restaurados, por medio de la renovación del Espíritu Santo, a su lealtad. Hasta la época de Abraham, este reino no parece haber tenido ninguna organización aparte de las familias del pueblo de Dios. Cada casa piadosa era una iglesia de la que el padre era el sacerdote.

Dios, para impedir la extensión universal de la idolatría, para preservar el conocimiento de la verdad, para reunir a Sus elegidos y para preparar el camino para la venida del prometido Redentor, concertó un pacto con el padre de los fieles y con sus descendientes por medio de Isaac, constituyéndolos como Su reino visible, y haciendo de ellos los depositarios y guardianes de sus revelaciones sobrenaturales. En este pacto les prometió la vida eterna sobre la condición de la fe en Aquel que había de venir.

Cuando Moisés condujo a los israelitas fuera de Egipto, fueron constituidos en una teocracia de manera que sus funcionarios, sus instituciones y sus servicios no tenían sólo el propósito de preservar vivo el conocimiento del propósito y plan de la salvación de Dios, sino también establecer el carácter, los oficios y la obra de la prometida simiente de Abraham en quien todas las naciones de la tierra iban a ser bendecidas.

Así, el reino de Dios, consistiendo de aquellos que reconocen, adoran, aman y obedecen a Jehová como el único Dios vivo y verdadero, ha existido en nuestro mundo desde la caída de Adán. Siempre ha sido la luz y la vida del mundo. Es la sal mediante la que es preservado. [...] El recogimiento de Su pueblo a este reino, y llevarlo hasta su consumación, es el fin de todas las dispensaciones de Dios, y el propósito con el cual Su eterno Hijo asumió nuestra naturaleza. Él nació para ser rey. Para este fin Él vivió, murió y resucitó, para que Él pudiera ser Señor de todos los que le han sido dados por el Padre.

2. Cristo es el único Rey.

Aunque el reino de Dios había existido desde el principio, sin embargo, como todo lo conectado con lo anterior del Advenimiento era meramente preparatorio, las Escrituras hablan constantemente del Mesías como un rey que iba a establecer un reino en el que al final se iban a reunir todos los otros reinos. La designación más familiar que se le aplica en las Escrituras es la de Señor. Pero Señor significa dueño y gobernante; y cuando se emplea de Dios o de Cristo, significa un dueño y gobernante absoluto. Aparte del derecho de Cristo y Su soberanía sobre nosotros como Dios, Él es, como el Dios-hombre, nuestro Señor. Le pertenecemos a Él por el precio de Su sangre, y Dios le ha establecido como Rey sobre su santo monte de Sión.

En el Libro de Génesis el Mesías es establecido como Siloh, a quien sería la reunión de los pueblos. En referencia a Él se dijo en Números 24:17: «Saldrá ESTRELLA de Jacob, y se levantará cetro de Israel». En 2 Samuel 7:16 tenemos el registro del pacto formal de Dios con David: «Será afirmada tu casa y tu reino para siempre delante de tu rostro, y tu trono será estable eternamente». En cumplimiento de esta promesa, Isaías predijo que una virgen daría a luz un hijo, y que llamaría su nombre Emanuel, sobre cuyo hombro sería el gobierno, cuyo nombre sería: «Admirable, Consejero, Dios fuerte, Padre eterno, Príncipe de paz. Lo dilatado de su imperio y la paz no tendrán límite, sobre el trono de David y sobre su reino, para restaurarlo y consolidarlo en juicio y en justicia desde ahora y para siempre. El celo de Jehová de los ejércitos realizará esto» (Is 9:6, 7). En el segundo Salmo Dios declara con referencia al Mesías: «Yo mismo he ungido a mi rey sobre Sión, mi santo monte. [...] Pídeme, y te daré por herencia las naciones, y como posesión tuya los confines de la tierra. Los quebrarás con cetro de hierro; como vasija de alfarero los desmenuzarás». La totalidad de los Salmos 45, 72 y 110 están consagrados a la exhibición del Mesías en Su carácter de rey. En Dn 7:13, 14 se dice: «He aquí con las nubes del cielo venía uno como un hijo de hombre, que vino hasta el Anciano de muchos días, y le hicieron acercarse delante de él. Y le fue dado dominio, gloria y reino, para que todos los pueblos y lenguas le sirvieran; su dominio es dominio eterno, que nunca pasará, y su reino, un reino que no será destruido jamás». El profeta Miqueas dice, en 5:2: «Pero tú, Belén Efrata, aunque eres pequeña para ser contada entre las familias de Judá, de ti me saldrá el que será Señor en Israel; y sus orígenes son desde el principio, desde los días de la eternidad.» Después del cautiverio, el pueblo fue alegrado con la esperanza de que el rey prometido pronto apareciera. «Alégrate mucho, hija de Sión; da voces de júbilo, hija de Jerusalén; he aquí que tu rey viene a ti, justo y victorioso, humilde, y cabalgando sobre un asno, sobre un pollino, hijo de asna» (Zac 9:9). Este es un tipo de descripción que impregna las Escrituras del Antiguo Testamento. Así como el sacerdocio, los sacrificios y los profetas de la anterior dispensación fueron tipos de los oficios profético y sacerdotal de Cristo, así los reyes de Israel fueron tipo de su oficio regio, y así la teocracia nacional de la economía Mosaica fue un tipo de la teocracia espiritual del período Mesiánico.

En el Nuevo Testamento, Cristo es descrito como rey, en armonía con las predicciones que anunciaron Su venida. El ángel Gabriel, al anunciar a la Virgen María el cercano nacimiento del Mesías, le dijo: «Concebirás en tu seno y darás a luz un hijo, y llamarás su nombre Jesús. Éste será grande y será llamado Hijo del Altísimo. El Señor Dios le dará el trono de su padre David, y reinará sobre la casa de Jacob para siempre; y su reino no tendrá fin» (Lc 1:31-33). Juan el Bautista, el precursor de Cristo, preparó al pueblo para su venida, diciendo: «Arrepentíos, porque el reino de los cielos se ha acercado» (Mt 3:2). Y nuestro mismo Señor, cuando entró en Su ministerio personal, fue por todas partes predicando «el evangelio del reino de Dios» (Mr 1:14). Mucha de su enseñanza estaba dedicada a exponer la naturaleza del reino que había venido a establecer.

Nada hay más cierto, así, conforme a las Escrituras, que el hecho de que Cristo es rey; y consiguientemente si queremos retener la verdad acerca de Él y de Su obra, tenemos que considerarlo como tal en nuestra teología y religión.

3. La naturaleza del Reino de Cristo.

Aunque el reino de Dios sobre la tierra fue establecido de inmediato después de la caída, sin embargo, por cuanto el Mesías tenía que venir para hacer nuevas todas las cosas, y para tomar en Sus manos como el Teantropo la administración de este reino, el Antiguo Testamento predijo, y el Nuevo Testamento anuncia, el establecimiento de un nuevo reino consiguientemente a Su venida.

La palabra *basileia* se emplea en la Escritura en tres sentidos. (1) De autoridad o dominio regio; el ejercicio de este dominio es prerrogativa de un rey. (2) De aquellos que están sujetos a esta autoridad. Entre los hombres, cualquier comunidad, o agrupación o territorio sometidos a un rey constituyen su reino. Y en el Nuevo Testamento los que reconocen a Cristo como rey de ellos constituyen su reino. (3) Este término se emplea por metonimia para denotar los efectos del ejercicio de la regia autoridad. Se debe entender el primero de estos sentidos en todos los casos en los que se dice que se da un reino o dominio a Cristo; o cuando oramos: Venga a nos tu reino; o cuando se dice: Su reino no tendrá fin. Se usa en el segundo sentido cuando se dice que los hombres entran en el reino de Cristo, o que son echados de él, o cuando se describe el carácter de aquellos que deben constituir aquel reino. Y se emplea en el tercer sentido cuando se dice de los hombres que heredan, que ven (o gozan de), que buscan, y que valoran más que un tesoro oculto, el reino de Dios. Por ello también se dice del reino de Dios que consiste en justicia, paz y gozo en el Espíritu Santo. Estos son los efectos del reinado de Cristo. [...]

El dominio de Cristo sobre el universo.

Cristo posee lo que los teólogos suelen llamar Su reino de poder. Como Teantropo y como Mediador, le ha sido entregada en Sus manos toda potestad en los cielos y en la tierra (Mt 28:18). En el Salmo 8:6 se declara que es el propósito de Dios que todas las cosas sean puestas bajo los pies del hombre. Este propósito, nos enseña el Apóstol, lo cumplió Dios en la exaltación de Cristo, «resucitándolo de los muertos y sentándolo a su diestra en los lugares celestiales, por encima de todo principado, autoridad, poder y Señorío, y de todo nombre que se nombra, no sólo en este siglo, sino también en el venidero; y sometió todas las cosas bajo sus pies, y lo dio por cabeza sobre todas las cosas a la iglesia» (Ef 1:20-22). [...]

Esta autoridad universal está ejercitada en un control providencial, y para beneficio de Su Iglesia. Emplea a los ángeles como espíritus ministradores, para servicio de los herederos de salvación. Controla y reprime a los principados, potestades, gobernantes de este mundo, y espíritus de maldad (Ef 6:12). Predomina sobre todos los asuntos de las naciones y de los individuos para el mismo fin. Dirige todos los acontecimientos acerca de Su pueblo de manera diversa, y de Su Iglesia colectivamente. Pablo reconocía constantemente este control providencial de Cristo como dirigiendo todos sus pasos. Así que bajo la actual dispensación Cristo es el Dios de la providencia. Es en y por medio de y para Él como el universo es gobernado. Este dominio o reino debe permanecer hasta que su objetivo sea cumplido, esto es, hasta que sean sometidos todos sus enemigos, todas las formas del mal, e incluso la misma muerte. Entonces este reino, este gobierno mediador del universo, será dejado (1 Co 15:24).

El reino espiritual de Cristo.

Pero además de este reino de poder, Cristo tiene un reino de gracia. También éste se exhibe en dos aspectos. Incluye la relación que Él tiene con Su verdadero pueblo individual y colectivamente (la Iglesia invisible); y la relación que tiene con la Iglesia visible, o el cuerpo de Su pueblo profesante.

Él es el rey de cada alma viviente. Él la traslada del reino de las tinieblas. Él la trae a la sujeción a Él mismo. Él gobierna y reina sobre la misma. Cada creyente reconoce a Cristo como su Soberano absoluto; Señor de su vida interior así como de la exterior. Le entrega a Él toda la sumisión de la razón, de la conciencia y del corazón. Hace de Él el objeto de la reverencia, del amor y de la obediencia. En Él confía para ser protegido de todos los enemigos, visibles e invisibles. En Él se apoya esperando la ayuda para cada emergencia y para el final triunfo. Es a Él a quien se adhiere la lealtad del creyente. El propósito dominante de la vida deviene el comportarse como buen soldado de Jesucristo, darse y ser usado en Su servicio y en el avance de Su reino.

La condición de admisión a este reino espiritual son la fe y el arrepentimiento (Jn 3:3, 5). «El que no nace de agua y del Espíritu, no puede entrar en el reino de Dios»; o la conversión (Mt 18:3), «Si no os volvéis y os hacéis como los niños, de ningún modo entraréis en el reino de los cielos»; pureza de vida (1 Co 6:9), «los injustos no heredarán el reino de Dios»; «ni los ladrones»; ni los que practican «adulterio, fornicación, inmundicia, lascivia, idolatría, hechicería, enemistades, pleitos, celos, explosiones de ira, contiendas, divisiones, sectarismos, envidias, homicidios, borracheras, orgías, y cosas semejantes a éstas; acerca de las cuales», dice el Apóstol, «os amonesto, como ya lo he hecho antes, que los que practican tales cosas no heredarán el reino de Dios» (Gá 5:19-21). [...]

Las leyes de este reino demandan primero y por encima de todo, fe en Jesucristo; la sincera creencia de que Él es el Hijo de Dios y el Salvador del mundo, y un cordial sometimiento a Él y confianza en Él como nuestro profeta, sacerdote y rey. Con esta fe va unida un amor supremo. «El que ama a su padre o a su madre más que a mí, no es digno de mí; el que ama a su hijo o a su hija más que a mí, no es digno de mí; y el que no toma su cruz y sigue en pos de mí, no es digno de mí. El que halla su vida, la perderá; y el que pierde su vida por causa de mí, la hallará» (Mt 10:37, 39). [...] Cristo demanda a Sus discípulos que le honren a Él como honran al Padre (Jn 5:23). Tienen que creer en Él (poner la misma confianza en Él) que en Dios (Jn 14:1). Bajo la nueva dispensación es el mismo delito rehusar adorar a Cristo como Dios manifestado en carne como bajo la antigua dispensación rehusar adorar a Jehová como el Dios único y verdadero. En ambos casos era una violación de la ley fundamental del reino, y necesariamente demandaba el acortamiento del pueblo de Dios. Pero si vamos a reconocer a Cristo como lo reconoció Tomás (Jn 20:28), como nuestro Señor y nuestro Dios, entonces evidentemente estamos no sólo obligados a adorarle, sino también a obedecerle. Tenemos con Él la misma relación que tiene un esclavo con su amo, excepto que nuestra sujeción a Él es voluntaria y gozosa. Le pertenecemos no sólo como Creador, siendo nosotros Sus criaturas, sino también como Teantropo, habiendo sido adquiridos con Su sangre (1 Co 6:19, 20). Es Su voluntad y no la nuestra la que debe gobernar nuestra conducta y determinar el uso que hagamos de nuestras capacidades. Todo lo que ganemos, sea de conocimiento, de riqueza, de influencia, es de Él. Él, y no nosotros mismos, es el objeto o fin de nuestra vida. Es Cristo la vida de los creyentes. Su gloria y el avance de Su reino son los únicos objetos legítimos a los que pueden dedicar sus capacidades y recursos; son los únicos fines consecuentes con su relación con Cristo, y con el pleno goce de la bendición que logra la membresía en Su reino.

Las leyes del reino, además, demandan no sólo estos deberes para con Cristo, sino que Su pueblo sea santo de corazón y de vida. Tienen que ser pobres de espíritu, mansos, misericordiosos, pacificadores, longánimos, dispuestos a perdonar, desinteresados, no buscando lo suyo, soportándolo todo, creyéndolo todo, y esperándolo todo. Tienen prohibido ser avariciosos, o codiciosos, o soberbios, o mundanos. En una palabra, se les demanda que sean como Cristo en su disposición de ánimo, carácter y conducta.

La ley especial del reino de Cristo es que sus miembros se amen unos a otros, no sólo con el amor de la complacencia y del deleite, sino con amor fraternal. Un amor que conduzca al reconocimiento de todos los cristianos como hermanos, perteneciendo a la misma familia, teniendo derecho a los mismos privilegios y bendiciones; y que impulsa y lleva al servicio para suplir sus necesidades, de manera que no haya falta. Esta ley es establecida minuciosamente por el Apóstol en 2 Corintios 8. La ley del reino es que cada uno debiera trabajar conforme a la medida de su capacidad para suplir sus propias necesidades y las de los que dependen de él; porque «el que no quiera trabajar, que tampoco coma» (2 Ts 3:10); pero toda deficiencia que no pueda ser suplida por el trabajo debe ser suplida por aquellos que tengan los medios. «Pero el que tiene bienes de este mundo, y ve a su hermano tener necesidad, y cierra contra él su corazón, ¿cómo mora el amor de Dios en él? (1 Jn 3:17). [...] Este reinado de Cristo sobre Su pueblo es ejercido no sólo por su poder en su protección y dirección, sino especialmente por Su Palabra y Espíritu, por medio del cual y por quien Él reina y gobierna sobre ellos.

Este reino de Cristo es eterno. Esto es, la relación que los creyentes tienen con Cristo en la tierra la tendrán con Cristo eternamente.

El reino visible de Cristo.

[...] Por cuanto Cristo ha mandado a Su pueblo unos deberes que hacen necesario que se organicen en una sociedad externa, sigue de ello que hay y tiene que haber un reino visible de Cristo en el mundo. Se manda a los cristianos que se asocien para el culto público, para la admisión y exclusión de miembros, para la administración de los sacramentos, para el mantenimiento y la propagación de la verdad. Por ello se constituyen en iglesias, y colectivamente constituyen el reino visible de Cristo sobre la tierra, consistente en aquellos que profesan la verdadera religión, junto con sus hijos.

La naturaleza de este reino.

Primero, es espiritual, esto es, no es de este mundo. No es análogo a los otros reinos que existieron o que siguen existiendo entre los hombres. Tiene un origen distinto y un fin distinto. Los reinos humanos son organizados entre los hombres, bajo el gobierno providencial de Dios, para promover el bienestar temporal de la sociedad. El reino de Cristo fue organizado de manera inmediata por Dios, para promover unos fines religiosos. [...] El reino de Cristo, bajo la presente dispensación, por tanto, no es mundano ni siquiera en el sentido en que la antigua teocracia era de este mundo. [La antigua teocracia] organizó a los hebreos como nación, dirigiendo todos sus asuntos municipales y nacionales, así como los sociales y religiosos. Por ello, no podía coexistir con ninguna otra organización nacional. Estando el reino de Cristo dispuesto para abarcar todos los otros reinos, puede existir bajo todas las formas de gobierno civil sin inmiscuirse con ninguna. [...] Cristo, por tanto, [puede] ser reconocido y obedecido como rey por aquellos que siguen dando a César las cosas que son de César. Cada forma o pretensión de la Iglesia que sea incompatible con la legítima autoridad del Estado es inconsistente con la naturaleza del reino de Cristo tal como Él lo ha declarado.

Segundo, este reino de Cristo es católico, o universal. Abarca a todos los que profesan la verdadera religión. No está limitado a una organización, sino que las incluye todas, por cuanto todas están bajo la autoridad de Cristo y sujetas a las leyes que Él ha establecido en su Palabra. Por cuanto todos los cristianos están incluidos en el reino de Cristo, es el deber de todos reconocerse mutuamente como perteneciendo a una gran comunidad, y como súbditos del mismo soberano.

Tercero, esta forma del reino de Cristo es temporal. Pasará a otra forma cuando Él venga por segunda vez sin pecado para salvación. Como organización externa está dispuesto para dar respuesta a ciertos fines, y cesará cuando estos fines hayan sido cumplidos.

Cuarto, el reino de Cristo no es una democracia, ni una aristocracia, sino verdaderamente un reino del que Cristo es el soberano absoluto. Esto involucra la negación:

1. De que el Estado tenga autoridad alguna para hacer leyes que determinen la fe, que regulen el culto o que administren la disciplina de la Iglesia. No puede ni designar ni deponer a sus cargos.

2. Niega que ningún funcionario civil como tal, o en virtud de su cargo, tenga autoridad alguna en el reino de Cristo; y mucho menos puede ser ningún cargo tal la cabeza de la Iglesia.

3. Niega que el poder de la Iglesia resida en último término en el pueblo o en el clero. Todo su poder es meramente ministerial. Se deriva de Cristo, y es ejercido por otros en Su nombre y según las normas establecidas en Su Palabra. [...]

Por cuanto Cristo es la única cabeza de la Iglesia, sigue que su lealtad es hacia Él, y que siempre que aquellos de fuera de la Iglesia quieran coartar sus libertades, sus miembros están obligados a obedecerle a Él antes que a los hombres. Están obligados a resistirse a tales usurpaciones mediante todos los métodos legítimos, y a mantenerse firmes en la libertad con que Cristo nos ha libertado. Están bajo la misma obligación de resistir toda indebida asunción de autoridad por parte de los de dentro de la Iglesia, sea por la hermandad o por los cargos individuales, o por concilios o tribunales eclesiásticos. La adhesión del pueblo es a Cristo. Están obligados a obedecer a otros sólo en tanto que la obediencia a ellos es obediencia a Él. En los primeros tiempos hubo los que quisieron imponer sobre los cristianos el yugo de la ley judía. Naturalmente, estaban obligados a resistirse a ello. En los siglos siguientes, y gradualmente, se han impuesto los intolerables ritos, ceremonias, ayunos, festividades y pretensiones sacerdotales, episcopales y papales que oprimen a una sección tan grande de la Cristiandad, cosas impuestas sobre el pueblo anulando la autoridad de Cristo como cabeza única de la Iglesia. Mediante concilios, provinciales y ecuménicos, no sólo se han prescrito credos contrarios a la Escritura, sino que también se han promulgado leyes para sujetar la conciencia, y se han ordenado observancias que Cristo jamás ordenó.

Por cuanto Cristo es la cabeza de este reino en la tierra, también Él es su único legislador. Él ordena:

1. Las condiciones de admisión a Su reino. No pueden ser alteradas legítimamente por ninguna autoridad humana. Nadie puede ni añadir ni quitar a las mismas. La norma que Él ha establecido acerca de este tema es que lo que Él demanda como condición para la admisión a Su reino en el cielo debe ser demandado como condición de admisión a Su reino en la tierra. No se debe demandar ni más ni menos. Debemos recibir a todos los que Cristo recibe. Ningún grado de conocimiento, ninguna confesión, más allá de la necesaria para la salvación, puede ser demandada como condición para que reconozcamos a alguien como hermano en Cristo y para tratarlo como tal. Felipe bautizó al Eunuco en base de la confesión de «Creo que Jesucristo es el Hijo de Dios» (Hch 8:37). «Recibid al débil en la fe, pero no para contender sobre opiniones» (Ro 14:1). «¿Quién eres tú para juzgar al criado ajeno? Para su propio Señor está en pie o cae. (v. 4). «Todo aquel que cree que Jesús es el Cristo, es nacido de Dios. (1 Jn 5:1). Que los hombres rechacen de su comunión a aquellos a los que Dios ha recibido a la de Él, es una presunción intolerable. Todos los términos de comunión eclesial que han sido puestos por añadidura a una profesión creíble de fe en Cristo son usurpaciones de una autoridad que le pertenece sólo a Él.

2. Una segunda ley de este reino visible de nuestro Señor es que los herejes y los culpables de delitos escandalosos deben ser excomulgados. «Al hombre que cause divisiones, después de una y otra amonestación, deséchalo» (Tit 3:10). «Mas bien os escribí que no os juntéis con ninguno

que, llamándose hermano, sea fornicario, o avaro, o idólatra, o maldiciente, o borracho, o ladrón; con el tal ni aun comáis» (1 Co 5:11). Nuestro Señor ordena que uno que ofende, cuando rehúsa oír a «la Iglesia», debe ser considerado «como gentil y publicano» (Mt 18:17).

3. Cristo ha ordenado que la capacidad de ejercer disciplina y las otras prerrogativas de la Iglesia estén en manos de oficiales, poseyendo ciertos dones y calificaciones, y que hayan sido designados debidamente.

4. Que el derecho de juzgar acerca de las calificaciones de tales oficiales está investido en, o más bien pertenece a, aquellos a los que el Espíritu Santo mismo ha llamado a este oficio.

5. Que los tales no deben enseñorearse de la heredad del Señor, sino que deben ser servidores. Su autoridad está restringida en unos límites prescritos, y el pueblo tiene derecho a una parte sustancial del gobierno de la Iglesia por medio de sus representantes.

6. Cada miembro del reino de Cristo está obligado a obedecer a sus hermanos en el Señor. Esta obligación no descansa sobre el consentimiento ni de un pacto mutuo, sino sobre el hecho de que son hermanos, los templos y órganos del Espíritu Santo. Por ello, no queda limitado a estos hermanos con los que un individuo decide asociarse. De ahí sigue que en la condición normal del reino de Cristo, cada parte debiera estar sujeta al todo, y que el todo sería un cuerpo en el Señor.

El desarrollo de estos varios puntos pertenece al departamento de la Eclesiología.

4. El Reino de Gloria.

Las Escrituras enseñan que cuando Cristo vuelva, recogerá a Su pueblo en el reino preparado para ellos desde la fundación del mundo. Acerca de este reino se enseña:

1. Que consistirá sólo de los redimidos. Nadie sino los regenerados o convertidos puede entrar en este reino. La cizalla será separada del trigo. Los malos, se nos dice (Gá 5:21), «no heredarán el reino de Dios». Nada que contamine o que sea mentiroso puede entrar allá.

2. Los considerados dignos de este reino no sólo serán exaltados a la perfección de sus naturalezas, sino que serán exaltados a gran dignidad, poder y gloria. Serán reyes y sacerdotes para Dios. Se sentarán en tronos. Juzgarán ángeles. Reinarán con Cristo, compartiendo Su dominio y gloria.

3. Este reino será eterno.

4. Los cuerpos de santos, ahora naturales, serán hechos espirituales. Esto mortal tiene que revestirse de inmortalidad, y esto corruptible tiene que vestirse de incorrupción; porque «la carne y la sangre» (el cuerpo tal como está ahora organizado) «no pueden heredar el reino de Dios» (1 Co 15:50).

5. La sede de este reino no está claramente revelada. Algunos suponen que será sobre esta tierra regenerada y adecuada para este nuevo orden de cosas. Otros entienden que las Escrituras enseñan que el cielo, como indicación de una localidad totalmente diferente, será el hogar final de los redimidos.

6. Hay diversidad de opinión en cuanto al momento en que será inaugurado este reino. Los quiliastas han mantenido comúnmente que Cristo vendrá mil años (o un tiempo dilatado) antes de la resurrección general y del juicio final y que reinará visiblemente sobre la tierra, y que este es el reino al que se refieren de manera especial las profecías y las promesas de la Escritura. Esta doctrina necesariamente modifica en gran manera la postura tomada acerca de la naturaleza de este reino. Tiene que ser un reino terrenal, en distinción al espiritual y celestial. Tiene que ser un reino que la carne y la sangre pueden heredar. La doctrina común de la Iglesia acerca de este tema es que la resurrección general, el juicio final, el fin del mundo, y la inauguración del reino de gloria de Cristo son acontecimientos sincrónicos.

Estos son temas que pertenecen a la sección de Escatología.

Capítulo 12

La humillación de Cristo

1. Incluye su Encarnación.

EL APÓSTOL NOS DICE que Cristo se humilló a Sí mismo. Como respuesta a la pregunta de ¿En qué consistió Su humillación?, nuestras confesiones se contentan sabiamente con las sencillas declaraciones de la Escritura: «La humillación de Cristo consistió en nacer, y ello en una condición humilde, en ser hecho bajo la ley, en sufrir las miserias de esta vida, la ira de Dios y la muerte maldita de la cruz; en ser sepultado, y en estar bajo el poder de la muerte por un tiempo.»

Acerca de estas cuestiones, los escolásticos y los modernos teólogos filosóficos se han entregado a especulaciones carentes de provecho. Todo lo que se sabe o se puede saber acerca de ellas son los hechos mismos.

La persona acerca de la que se predican todos los puntos particulares anteriormente enumerados es el Eterno Hijo de Dios. Él es quien nació, quien padeció y quien murió. Fue una persona igual a Dios, quien, dice el Apóstol en Filipenses 2:7, 8, fue hecho a semejanza de los hombres, y hallado en su porte externo como hombre. Fue el Hijo de Dios quien nació de mujer, hecho bajo la ley (Gá 4:4). En el Antiguo Testamento se predijo que una virgen concebiría, y que daría a luz un hijo, que sería llamado Emanuel, el Dios fuerte. Al revelar estos hechos las Escrituras revelan todo lo que se puede saber acerca del nacimiento de Cristo. Él nació de mujer. En el nacimiento de un ser humano ordinario hay misterios que ni la especulación ni la ciencia pueden resolver. Todo lo que sabemos es que en la concepción un principio inmaterial, un alma humana, se junta en unidad de vida con el germen de un cuerpo humano, y que, después de un proceso determinado de desarrollo, nace un niño perfecto. En el caso de nuestro Señor, por el poder inmediato o sobrenatural del Espíritu Santo, estos elementos de la humanidad, material e inmaterial (cuerpo y alma), desde el principio de su existencia estuvieron en unión personal con el Logos, de manera que el hijo nacido a la Virgen fue en un sentido verdadero y exclusivo el Hijo de Dios.

En oposición a los primeros herejes, algunos de los cuales dijeron que Cristo no tenía un verdadero cuerpo humano, y otros que Su cuerpo no fue hecho de materia, sino que estaba formado de una sustancia celestial, los Padres insertaron en sus credos que él «nació de la sustancia de la Virgen María». Esto queda involucrado en la declaración escrituraria de que Él nació de mujer, lo que sólo puede significar que nació en el sentido en que otros hijos de los hombres nacen de mujeres. Esto es esencial para Su verdadera humanidad, y a aquella semejanza a los hombres que hace de ellos sus hermanos, y que fue hecho por su participación en carne y sangre (He 2:14).

La encarnación del Hijo de Dios, su abajamiento a tomar en unión personal y perpetua con Él una naturaleza infinitamente inferior que la Suya, fue un acto de indecible condescen-

665

cia, y por ello queda apropiadamente incluido en los puntos particulares en los que Él se humilló a Sí mismo. Así queda descrito en las Escrituras, y que sea así queda involucrado en la misma naturaleza del acto, en cualquier hipótesis distinta a la que suponga la igualdad de Dios y del hombre, o que el hombre sea un *modus existendi* de la Deidad, y además el más excelso.

Los teólogos Luteranos excluyen la encarnación como elemento de la humillación de Cristo, sobre la base de que Su humillación quedó limitada a Su existencia terrena, mientras que Su unión con nuestra naturaleza prosigue en el cielo. Sin embargo, esto es contrario a las Escrituras, porque el Apóstol dice que se despojó a sí mismo al hacerse hombre (Fil 2:7). Esto es constantemente expuesto como una maravillosa exhibición de Su amor para con Su pueblo. Fue por causa de ellos que se abajó para venir a participar de carne y de sangre. La objeción de que Su humillación sólo puede incluir aquello que está limitado a la etapa terrenal de Su existencia es puramente verbal o técnica. El hecho de que Él lleve Su humanidad glorificada en la gloria no quita de la condescendencia involucrada en que la asumiera, y en que la llevara con todas sus limitaciones durante su peregrinaje terrenal.

Hay algunas formas de especulación moderna acerca de este tema que impiden efectivamente que consideremos la encarnación como un acto de humillación. Se presupone, según se dice en una página anterior, que esta unión de lo divino y lo humano es el punto culminante en el desarrollo regular de la humanidad. Su relación con la pecaminosidad del hombre y la redención de la raza es meramente incidental. Habría tenido lugar aunque nunca se hubiera dado el pecado. Es evidente que ésta es una mera teoría filosófica, totalmente fuera de las Escrituras, y que no puede ejercer ninguna influencia legítima sobre la teología cristiana. La Biblia enseña en todo lugar que Dios envió a Su Hijo al mundo para salvar a los pecadores; que nació de mujer y que fue hecho bajo la ley para nuestra redención; que se hizo hombre para poder morir, y para mediante la muerte destruir el poder de Satanás. Aquellos para los que la Palabra de Dios es la norma de la fe no pueden admitir como cierta ninguna especulación inconsecuente con estas descripciones prevalentes en esta Palabra.

Cristo nació en una condición humilde.

En la perspectiva escrituraria de la humillación de nuestro Señor entra no sólo la asunción de la naturaleza humana, sino también todas las circunstancias que la acompañaron. Si cuando Él vino al mundo hubiera manifestado Su gloria, y ejercido Su poder de manera tal que hubiera empujado a todas las naciones a reconocerle como Señor y Dios de ellos, y si todos los reyes se hubieran postrado a Sus pies, trayéndole sus tributos, entronizándolo como el legítimo y absoluto soberano de toda la tierra, habría sido con todo un acto de indecible condescendencia por parte de Dios que se hiciera hombre. Pero ser siervo; nacer en un establo y tener un pesebre como cuna; ser tan pobre como para no tener lugar donde reposar la cabeza; aparecer sin apariencia ni hermosura, para ser despreciado y desechado de los hombres, hace que la condescendencia de nuestro Señor sobrepase toda comprensión. Hay desde luego una maravillosa sublimidad en todo esto. Muestra la total carencia de valor de la pompa y del esplendor terrenos a los ojos de Dios. La manifestación de Dios en forma de siervo tiene de lejos muchísimo más poder no sólo sobre la imaginación, sino también sobre el corazón, que la hubiera tenido Su aparición en forma de rey terreno revestido de púrpura y coronado con oro. Nos inclinamos con profunda reverencia a los pies del Galileo pobre y menospreciado con una más profunda reverencia y amor que la que podríamos experimentar si hubiera aparecido como Salomón en toda su gloria.

2. Fue hecho bajo la Ley.

La humillación de Cristo incluyó también ser hecho bajo la ley. La ley a la que Cristo se sometió fue (1) La ley dada a Adán como pacto de obras; esto es, como prescribiendo una perfecta obediencia como la condición de la vida. (2) La ley mosaica que obligaba al pueblo escogido. (3) La ley moral como norma del deber. Cristo quedó sujeto a la ley en estos tres aspectos en cuanto a que Él asumió la obligación de cumplir toda justicia, esto es, hacer todo lo que la ley demandaba en todas Sus formas. Esta sujeción a la ley fue voluntaria y vicaria. Fue voluntaria no sólo en cuanto que Su encarnación fue un acto voluntario, y que por ello todas sus consecuencias fueron asumidas de Su propia y libre voluntad, sino también porque incluso después que Él asumió nuestra naturaleza Él estaba libre de toda obligación a la ley en todos los sentidos de la palabra, hasta que Él se sujetó voluntariamente a sus demandas. La ley es hecha para los hombres, esto es, para las personas humanas. Pero Cristo no era una persona humana. Siguió siendo después de Su encarnación lo que había sido desde la eternidad, una persona divina. Por ello, todas Sus relaciones con la ley, excepto donde fueran asumidas voluntariamente, fueron aquellas que el mismo Dios tiene con ella. Siendo Dios la fuente de toda ley, no puede estar sujeto a ella, excepto por un acto de humillación. Incluso en los gobiernos humanos un autócrata está por encima de las leyes. Derivan su autoridad de él. Las puede abrogar o cambiar como le plazca. Por lo que a los hombres respecta, no está sujeto a nada más que a su propia voluntad. Y así Dios, como fuente de toda ley para Sus criaturas, no está Él mismo sujeto a ninguna. Él actúa en consecuencia con Su propia naturaleza, y es inconcebible que actúe de otra manera. No puede estar sujeto a ninguna norma impuesta de acción, ni nada fuera de Él mismo. Todo lo que sea cierto de Dios es cierto de Dios manifestado en carne. Por tanto, que Cristo asumiera la obligación de cumplir las condiciones del pacto establecido con Adán, de observar todas las instrucciones de la ley de Moisés, y de someterse a la ley moral con sus promesas y penas, fue un acto de humillación voluntaria. Esta sujeción a la ley fue no sólo voluntaria, sino también vicaria. Él se puso en nuestro lugar, como nuestro representante, y en beneficio nuestro. Él fue hecho bajo la ley para redimir a aquellos que estaban bajo la ley (Gá 4:4, 5). Fue en Su carácter de Redentor como se sometió a esta sujeción. No había necesidad de ello por parte de Él. Así como Él era Señor del Sábado, así Él era Señor de la ley en toda su extensión y en todas sus formas. La obediencia a ella no fue impuesta *ab extra* [desde fuera] como condición de Su dicha personal y goce del favor divino. Esto lo tenía asegurado por Su Deidad. Por ello, sólo por nosotros fue hecho bajo la ley. Así como por la desobediencia de Adán fuimos constituidos pecadores, Él obedeció para que pudiéramos ser constituidos justos (Ro 5:19). Todo el curso de Cristo en la tierra fue de obediencia voluntaria. Él vino para hacer la voluntad de Su Padre. En el Antiguo Testamento su común designación profética es la de Siervo. Él fue llamado el Siervo de Jehová, «mi Siervo. Él dice de Sí mismo: «He descendido del cielo, no para hacer mi voluntad, sino la voluntad del que me envió» (Jn 6:38). «Y aunque era Hijo, aprendió la obediencia» (He 5:8). «Y hallado en su porte exterior como hombre, se humilló a Sí mismo, al hacerse obediente hasta la muerte, y muerte de cruz. (Fil 2:8). Todo esto fue por nosotros. Su sujeción a la ley y a la voluntad del Padre fue voluntaria y vicaria por nosotros los hombres y para nuestra salvación.

3. Sus padecimientos y muerte.

Los sufrimientos de Cristo, y especialmente su ignominiosa muerte en la cruz, constituyen un importante elemento de Su humillación. Estos padecimientos persistieron desde el comienzo hasta el final de Su vida terrenal. Surgieron en parte de las debilidades y sensibilidades naturales de la naturaleza que Él asumió, en parte por la condición de pobreza en que vivió; en parte por el constante contacto con los pecadores, lo cual era un constante dolor para Su santa alma, y que le hacía exclamar: «¿Hasta cuándo estaré con vosotros? ¿Hasta cuándo habré de soportaros?» En parte por los insultos, menosprecios y oposición a que se vio enfrentado; en parte por los crueles abofeteamientos y escarnio a que se sometió, y especialmente por las agonías de la crucifixión, el modo más penoso así como el más ignominioso de infligir la pena de muerte; en parte por la angustia causada por prever la terrible condenación que esperaba a toda la nación judía; y especialmente, sin duda alguna, por el misterioso dolor surgiendo de la carga de los pecados de Su pueblo y por la ocultación del rostro de Su Padre, que le llevó a sudar sangre en el huerto, y que hizo brotar de sus labios el clamor de angustia que lanzó desde la cruz. Estas son maravillas no sólo del amor, sino de la abnegación y de la humillación, que los ángeles tratan de comprender, pero que ninguna mente humana puede sondear ni estimar. Jamás hubo dolor como el dolor Suyo.

4. Él soportó la ira de Dios.

Nuestras confesiones especifican «la ira de Dios» como un extremo particular de la carga de dolores a los que Cristo se humilló, por nuestra causa, a padecer. La palabra ira es el familiar término escriturario para expresar cualquier manifestación del desagrado de Dios contra el pecado. Cristo, aunque en Sí mismo perfectamente santo, llevó nuestros pecados. Él fue «hecho pecado» (2 Co 5:21); o fue tratado como pecador. Él fue «contado con los pecadores» (Is 53:12), no sólo a juicio de los hombres, sino en el trato de Dios con su alma, cuando se puso en lugar de los pecadores. Salmos como el dieciséis, cuarenta, y especialmente el veintidós, que tratan de los padecimientos del Mesías, le describen pasando a través de todas las experiencias consiguientes al castigo del pecado, excepto aquellas que tienen su fuente en la pecaminosidad del sufriente. Por ello encontramos que incluso un lenguaje como el del Salmo 40:12, «Porque me han rodeado males sinnúmero; me han alcanzado mis maldades, y no puedo levantar la vista, se han aumentado más que los cabellos de mi cabeza, y mi corazón me falla», puede ser tomado no de modo carente de propiedad como el lenguaje de Su santa alma. En este caso, «mis maldades» ('aunthay) se puede tomar como paralelo con «males» (ra'uth); tiene que significar «mis sufrimientos por el pecado», esto es, el castigo que soy llamado a soportar. Las palabras pronunciadas por el Señor en la cruz, «Dios mío, Dios mío, ¿por qué me has desamparado?» muestran que estaba sufriendo bajo la ocultación de la faz de Su Padre. Cuál fuera esta experiencia nos es imposible de comprenderla. Pero como en otros casos sufrió ansiedad, temor, un hundimiento de corazón, y otros estados naturales de la mente consecuentes a las circunstancias en las que fue puesto, también sufrió todo lo que pudiera sufrir un ser santo que estaba padeciendo la pena divinamente impuesta contra el pecado, pena que soportó por Su pueblo. Es en vano que inquiramos en la relación entre su naturaleza divina y humana como revelada en estas experiencias. Así como esta relación era consecuente con que su naturaleza humana fuera desconocedora, con su desarrollo progresivo, con todos sus afectos naturales, con sus sentimientos de alarma ante la presencia de peligro, y de temor ante la presencia de la muerte, así era consistente con el sentimiento de depresión y de angustia ante el oscurecimiento del favor de Dios. Así como los padecimientos de Cristo no fueron meramente los dolores del martirio, sino que fueron infligidos judicialmente como satisfacción de la justicia, produjeron el efecto debido a su carácter específico. Esto, naturalmente, no implica que nuestro Señor padeció como sufren los finalmente impenitentes. Los sufrimientos de ellos están determinados por su estado subjetivo. La pérdida del favor divino produce en ellos odio, que se expresa en blasfemias (Ap 16:10, 11), pero en Cristo produjo el más intenso anhelo por la luz de la faz de Dios, y una total sumisión, en medio de unas tinieblas deprimentes y abrumadoras.

5. Su muerte y sepultura.

Cristo se humilló hasta la muerte, y prosiguió durante un tiempo bajo el poder de la muerte. La realidad de la muerte de Cristo nunca ha sido discutida entre los cristianos. Algunos modernos racionalistas, mal dispuestos a admitir una resurrección milagrosa, han tratado de mostrar que en Su caso la muerte no quedó finalmente consumada, sino que Él fue depositado inconsciente en la tumba. Como respuesta a estos argumentos de los racionalistas, ciertos escritores se han tomado el trabajo de demostrar, según los hechos narrados en el relato de la crucifixión, que no hubo desmayo, sino que lo que tuvo lugar fue una verdadera muerte. Somos levantados por encima de estas dudas creyendo en la inspiración del Nuevo Testamento. En los escritos apostólicos la muerte de Cristo es tan a menudo mencionada y asumida que nadie que admita la autoridad infalible de estos escritos puede dudar del hecho.

Bajo la cláusula «Continuó bajo el poder de la muerte» se quiere expresar lo que se significa en los credos antiguos que afirmaban «descendió a los infiernos». Al menos, esta es la postura presentada en nuestras confesiones en conformidad con las enseñanzas de la mayoría de los teólogos Reformados.

Queda claro que los sufrimientos de Cristo cesaron en el momento en que Él expiro en la cruz, conforme a Juan 19:30, donde se registra: «Luego que Jesús tomó el vinagre, dijo: Consumado está. Y habiendo entregado la cabeza, entregó el espíritu». Esto está admitido universalmente. [...]

En el Catecismo Mayor de Westminster[1] se dice: «La humillación de Cristo tras su muerte consistió en ser sepultado, y en continuar en el estado de la muerte, y bajo el poder de la muerte hasta el tercer día, lo que ha sido expresado de otra forma con estas palabras: *Descendió a los Infiernos*.» El hecho de que esta es la postura correcta acerca del *descensus ad inferos* de Cristo se puede mostrar:

1. Conforme al sentido original y propio del término griego *hadës*. Y de la palabra correspondiente castellana *infierno*. Ambas se refieren al mundo invisible. [...] Ambas se usan como traducción de la palabra hebrea she'ol (probablemente de sha'al, pedir, o exigir), el estado o lugar de los muertos; el *orcus rapax* de los latinos. Todos los muertos, los justos y los malvados, van por un igual al mundo invisible, o, en este sentido, «descienden al infierno». Así que ser sepultados, descender al sepulcro, descender al infierno, son en el lenguaje de las Escrituras formas equivalentes de expresión. En Génesis 37:35 Jacob dice 'ered she'olah, lo que es traducido en la LXX como katabësomai *eis hadou*; la Vulgata. *Descendam in infernum*; en castellano, «Descenderé [...] hasta el Seol», o, en la RV, «tengo que descender [...] hasta la sepultura». Así también en el Salmo 30:3 (4), David dice: he'eliytha miz she'ol napheshy, lo cual es traducido por la LXX como *anëgages ex hadou tën psuchën mou*; la Vulgata. «Eduxisti ab inferno animam meam»; y lo mismo Lutero, «Du hast meine Seele aus der Hölle geführet»; mientras que la versión inglesa es: «Thou has brought my soul from the grave»; en castellano: «Hiciste subir mi alma del Seol», o, en la RV, «hiciste subir mi alma del sepulcro». Esto es explicado en la siguiente cláusula como: «Dísteme vida, para que no descendiese a la sepultura.» Así, en el lenguaje escriturario, descender al Hades o al Infierno, no significa nada más que descender a la sepultura, para pasar del mundo visible al invisible, como les sucede a todos los hombres cuando mueren y son sepultados.

2. Este punto de vista queda confirmado por el hecho de que no formaban parte original del credo. Fueron introducidas en el siglo cuarto, y luego no como un artículo separado o distinto, sino meramente explicativo: «Fue muerto y sepultado», esto es, descendió al infierno.

---

[1] Respuesta a la pregunta 50.

Es evidente que estas dos cláusulas fueron consideradas primero como equivalentes, porque algunas copias del credo tenían la primera forma, algunas la segunda, y algunas ambas, aunque todas querían decir lo mismo.

3. Los pasajes de la Escritura que se aducen para demostrar que Cristo descendió al infierno en un sentido peculiar a Él mismo no enseñan esta doctrina. En el Salmo 16:10, «Porque no dejarás mi alma en el Seol, ni permitirás que tu santo vea corrupción», se expresa sencillamente la confianza de quien habla de que Dios no lo dejaría bajo el poder de la muerte. Éste es precisamente el sentido que San Pedro atribuye a este pasaje en Hechos 2:27-31, y por San Pablo en Hechos 13:34, 35. En ambos casos el Salmo es citado para demostrar la resurrección de Cristo. David fue dejado en el estado de los muertos; su cuerpo vio corrupción. Cristo fue liberado del sepulcro antes que la corrupción tuviera tiempo de afectar a Su sagrada persona. *Mi alma* (napheshiy) puede tomarse aquí, como tantas veces en otros lugares, como pronombre personal, como en el pasaje citado antes. [...] Pero incluso si las palabras «mi alma» se toman en su sentido estricto, el sentido sigue siendo el mismo. En la muerte las almas de los hombres pasan al mundo invisible, quedan ocultas a la vista y compañía de los hombres. Esta condición debía proseguir en el caso de Cristo sólo unos pocos días. Debía ser llamado de nuevo a la vida. Su alma sería reunida con su cuerpo, como lo estaba antes. [...]

Capítulo 13

La exaltación de Cristo

SEGÚN NUESTRAS CONFESIONES, la exaltación de Cristo incluye: (1) Su resurrección. (2) Su ascensión. (3) Su sesión a la diestra de Dios. (4) Su venida a juzgar el mundo en el día postrero.

1. La resurrección de Cristo.

La resurrección de Cristo no sólo es declarada en las Escrituras, sino que se declara de ella que es la verdad fundamental del evangelio. «Si Cristo no resucitó, vana es entonces nuestra predicación, vana es también nuestra fe.» (1 Co 15:14). «Si Cristo no resucitó, vuestra fe es vana; aún estáis en vuestros pecados» (v. 17). Se puede declarar con seguridad que la resurrección de Cristo es a la vez el hecho más importante y más autenticado de la historia del mundo.

(1) Fue predicho en el Antiguo Testamento. (2) Fue predicho por el mismo Cristo. (3) Fue un hecho que admitía de una verificación muy fácil. (4) Se dio evidencia abundante, apropiada y repetida de su verdadero acaecimiento. (5) Los testigos del hecho de que Cristo fue visto vivo tras su muerte en la cruz eran numerosos, competentes, y en todo sentido dignos de confianza. (6) La sinceridad de la convicción de ellos quedó demostrada por sus sacrificios, incluyendo el de sus vidas, que su testimonio les reportó. (7) El testimonio de ellos quedó confirmado por cuanto Dios dio testimonio juntamente con ellos (*sunepimarturountos tou theou*, He 2:4), en señales y milagros, y diversos prodigios y repartimientos del Espíritu Santo. (8) Este testimonio del Espíritu es continuado hasta el tiempo presente y concedido a todos los verdaderos hijos de Dios, porque el Espíritu da testimonio de la verdad en el corazón y en la conciencia. (9) El hecho de la resurrección de Cristo ha sido conmemorado con una observancia religiosa del primer día de la semana desde que aconteció hasta nuestros tiempos. (10) Los efectos producidos por Su evangelio, y el cambio que ha producido en el estado del mundo, no admiten otra solución racional que la verdad de Su muerte y consiguiente resurrección. La Iglesia Cristiana es su monumento. Todos los creyentes son Sus testigos.

La importancia de la resurrección de Cristo se debe:

1. A la circunstancia de que todas Sus afirmaciones, y el éxito de Su obra, reposan sobre el hecho de que Él resucitó de los muertos. Si Él resucitó, el evangelio es verdadero. Si no resucitó, es falso: Si Él resucitó, Él es el Hijo de Dios, igual con el Padre, Dios manifestado en carne, el *Salvator Hominum*; el Mesías predicho por los profetas; el profeta, sacerdote y rey de Su pueblo; Su sacrificio ha sido aceptado como satisfacción a la justicia divina, y Su sangre como rescate por muchos.

2. De Su resurrección dependía la misión del Espíritu, sin la cual la obra de Cristo habría sido en vano.

3. Por cuanto Cristo murió como cabeza y representante de Su pueblo, Su resurrección asegura e ilustra la de ellos. Por cuanto Él vive, ellos también vivirán. Si Él hubiera permanecido bajo el poder de la muerte, no habría fuente de vida espiritual para los hombres; por cuanto Él es la vid, y nosotros somos los pámpanos. Si la vid estuviera muerta, los pámpanos estarían asimismo muertos.

4. Si Cristo no resucitó, todo el esquema de la redención es un fracaso, y todas las predicciones y anticipaciones de sus gloriosos resultados para el tiempo y la eternidad, para los hombres y los ángeles de todo rango y orden, resultan ser quimeras. «Ahora bien, Cristo ha resucitado de los muertos; primicias de los que durmieron es hecho.» Por ello, la Biblia es cierta de Génesis a Apocalipsis. El reino de las tinieblas ha sido trastornado. Satanás ha caído como un rayo del cielo; y el triunfo de la verdad sobre el error: del bien sobre el mal, de la dicha sobre la desgracia, ha quedado asegurado para siempre.

La naturaleza del cuerpo de resurrección de Cristo.

1. La identidad del cuerpo con que Cristo resucitó con aquel que expiró en la cruz fue demostrada con una evidencia indudable. Retenía incluso las marcas de los clavos que habían traspasado Sus manos y Sus pies. Sin embargo, estaba cambiado. Pero no se da a conocer claramente hasta qué punto. Los hechos registrados en la historia sagrada que tratan de la naturaleza del cuerpo del Señor durante el período entre Su resurrección y ascensión son, (*a*) Que no fue claramente reconocido como el mismo al principio. María Magdalena lo confundió con el hortelano (Jn 20:15). Los dos discípulos con los que se juntó en su viaje a Emaús no le reconocieron hasta que Él se hizo conocer a ellos en el partimiento del pan (Lc 24:31). Cuando Él apareció a los discípulos en la playa del Mar de Tiberias no sabían quien era, hasta que se reveló mediante la pesca milagrosa que tuvo lugar según Su palabra (Jn 21:7). (*b*) Se apareció repentinamente en medio de Sus discípulos en una estancia con las puertas cerradas (Jn 20:19, y Lc 24:36). (*c*) Sin embargo, era el mismo cuerpo material con «carne y huesos». El hecho de que la aparición registrada en Lucas 24:36 fue preternatural se puede inferir por el efecto producido sobre los discípulos: «Entonces, espantados y atemorizados, creían ver un espíritu.» Nuestro Señor los tranquilizó, diciéndoles: «Mirad mis manos y mis pies, que soy yo mismo; palpad y ved; porque un espíritu no tiene carne ni huesos, como veis que yo tengo.» Se hace evidente por la transfiguración de Cristo que Su cuerpo, mientras estaba en la tierra, era capaz de pasar de un estado a otro sin perder su identidad.

2. Éste fue el estado del cuerpo de nuestro Señor durante los cuarenta días siguientes a Su resurrección. Luego pasó a su estado glorificado. Acerca de este estado sólo podemos saber lo que se puede aprender de lo que enseña el Apóstol acerca de la naturaleza de los cuerpos con los que los creyentes hemos de ser investidos tras la resurrección. Aquellos cuerpos, se nos dice, han de ser semejantes al «cuerpo de Su gloria» (Fil 3:21), esto es, la de Cristo. Por ello, la descripción de lo uno es la descripción de lo otro. Esta descripción se encuentra en el contraste entre el cuerpo presente y aquel en el que morará el creyente después de la resurrección. El uno es un *sōma psuchikon*, y el otro es un *sōma pneumatikon*. El uno está adaptado al *psuchē* (principio de vida animal) y al actual estado de la existencia; el otro al *pneuma* (el principio racional e inmortal) y al futuro estado de existencia. El cambio que ha de pasar el «cuerpo natural» para llegar a ser un «cuerpo espiritual» es descrito con estas palabras: «Así también es la resurrección de los muertos. Se siembra en corrupción, resucitará en incorrupción. Se siembra en deshonor, resucitará en gloria; se siembra en debilidad, resucitará en poder.» En una palabra: «Se siembra cuerpo natural, resucitará cuerpo espiritual.» (1 Co 15:42-44.) Sigue siendo un cuerpo, y por tanto material, reteniendo todas las propiedades esenciales de la materia. Tiene extensión. Ocupa espacio. Tiene una forma definida, y es una

forma humana. Fue visto por Pablo en su camino a Damasco y en otras ocasiones, y por Juan, según se registra en Apocalipsis, así como por el moribundo mártir Esteban. Sin embargo, ya no es «carne y sangre», porque «la carne y la sangre no pueden heredar el reino de Dios.» La carne y la sangre son, por su misma naturaleza, corruptibles, y por ello añade el apóstol, «ni la corrupción hereda la incorrupción». Por ello, «es menester que esto corruptible sea vestido de incorrupción, y esto mortal sea vestido de inmortalidad» (l Co 15:50-53). El cuerpo futuro no estará sujeto a las necesidades, debilidades o pasiones que pertenecen al actual estado de nuestra existencia. «En la resurrección no se casan ni son dadas en casamiento, sino que son como los ángeles de Dios en el cielo» (Mt 22:30). Los santos serán como ángeles, no en que serán incorpóreos, sino en que serán inmortales, y no necesitando de reproducción para la continuación de su raza.

El cuerpo resucitado de Cristo, por tanto, tal como existe ahora en el cielo, aunque retiene su identidad con Su cuerpo mientras estaba en la tierra, es glorioso, incorruptible, inmortal y espiritual. Sigue ocupando una parte determinada de espacio, y retiene todas las propiedades esenciales como cuerpo.

El Agente eficiente de la resurrección de Cristo.

En numerosos pasajes de la Escritura la resurrección de nuestro Señor es atribuida a Dios como Dios o al Padre. La misma persona que en el segundo Salmo dice: «Tú eres mi Hijo», es interpelada en el Salmo dieciséis por aquel Hijo: «No dejarás mi alma en el Seol, ni permitirás que tu santo vea corrupción.» Se dice en Romanos 6:4 que Cristo «resucitó de los muertos por la gloria del Padre»; también en Hechos 2:24: «Al cual Dios resucitó.» En Hechos 13:30 se afirma: «Mas Dios le levantó de los muertos.» Lo mismo en Efesios 1:19, 20, donde se nos dice que los pecadores son convertidos por aquella misma supereminente fuerza «la cual ejerció en Cristo, resucitándole de los muertos». En cambio, en otros pasajes se dice que fue la obra del mismo Cristo. Nuestro Señor dijo, refiriéndose a Su cuerpo: «Destruid este templo, y en tres días lo levantaré» (Jn 2:19). Y otra vez en Juan 10:17, 18, «Yo pongo mi vida, para volverla a tomar. Nadie me la quita, sino que yo la pongo de mí mismo. Tengo potestad para ponerla, y tengo potestad para volverla a tomar». En Romanos 8:11, según la lectura adoptada por Tischendorf, la resurrección de Cristo es atribuida, al menos constructivamente, al Espíritu Santo. Esta referencia diversa del mismo acto a las varias personas de la Trinidad es conforme al uso común de las Escrituras. Siendo las tres personas de la Deidad lo mismo en sustancia, el acto de la una *ad extra* es el acto de las otras. Cualquier acto divino externo, esto es, cualquier acto que tenga terminación externa, es un acto de la Deidad; y por ello puede ser atribuido, con la misma propiedad, a cualquiera de las personas divinas. «Todo lo que [el Padre] hace, también lo hace igualmente el Hijo» (Jn 5:19). Por lo tanto, todo lo que enseñan las Escrituras acerca de esto es que Cristo fue levantado por el poder divino. [...]

2. La Ascensión de Cristo.

El siguiente paso en la exaltación de Cristo fue Su ascensión al cielo. En Marcos 16:19 se registra que después que Jesús hubo hablado a Sus discípulos, «fue recibido arriba en el cielo». En Lucas 24:50, 51, «y los sacó fuera hasta Betania, y alzando sus manos, los bendijo. Y aconteció que mientras los bendecía, se fue alejando de ellos, e iba siendo llevado arriba al cielo». El relato más detallado de la ascensión de nuestro Señor se encuentra en el primer capítulo de los Hechos. Allí se registran las últimas palabras de Cristo a los Apóstoles, y se añade: «y habiendo dicho estas cosas, viéndolo ellos, fue alzado, y le tomó sobre sí una nube que lo ocultó de sus ojos. Y estando ellos con los ojos puestos en el cielo, entretanto que él iba, he aquí que se pusieron junto a ellos dos varones con vestiduras blancas, los cuales también les dijeron: Varones galileos, ¿por qué estáis mirando al cielo? Este mismo Jesús, que ha sido tomado de vosotros al cielo, vendrá así, tal como le habéis visto ir al cielo» (Hch 1:9-11). Conforme a estos relatos se hace evidente: (1) Que la ascensión de Cristo fue de toda Su persona. Fue el Teantropo, el Hijo de Dios revestido de nuestra naturaleza, con un verdadero cuerpo y un alma racional, quien ascendió. (2) Que la ascensión fue visible. Los discípulos fueron testigos de toda la transacción. Vieron a la persona de Cristo ascendiendo gradualmente de la tierra, y «subir» hasta que una nube lo ocultó de sus miradas. (3) Fue una traslación local de Su persona, de un lugar a otro; de la tierra al cielo. Por ello, el cielo es un lugar. No se revela en qué parte del universo está situado. Pero según la doctrina de la Escritura es una porción definida de espacio, donde Dios manifiesta de manera especial Su presencia, y donde está rodeado de Sus ángeles (que, no siendo infinitos, no pueden ser ubicuos) y de los espíritus de los justos hechos perfectos. Es cierto que la palabra «cielo», tanto en el Antiguo Testamento como en el Nuevo, se emplea en sentidos diversos, (1) A veces denotando la región de la atmósfera; como cuando la Biblia habla de las nubes, o de las aves del cielo, o de la lluvia como descendiendo del cielo. (2) A veces designa la región de las estrellas, que son llamadas las huestes del cielo. (3) A veces se refiere a un estado, y se corresponde con algunos de los sentidos de la frase, «el reino de los cielos». Se dice del creyente que ha sido liberado del poder de las tinieblas, y trasladado al reino del amado Hijo de Dios. Por ello, se dice que incluso en este mundo estamos «en el cielo», como en Efesios 2:6, donde se dice que Dios «juntamente con él [con Cristo] nos resucitó, y asimismo nos hizo sentar [*en tois epouraniois = en tö ouranö*, en conformidad con el constante uso de esta Epístola] en los lugares celestiales [esto es, en el cielo] con Cristo Jesús». En el mismo sentido, se dice que somos «ciudadanos del cielo»; esto es, que ésta es la polis en la que moramos, y a cuyos privilegios tenemos derecho (Fil 3:29). Las palabras del Apóstol son, *hëmön to politeuma en ouranois huparchei*, «el cielo es la ciudad de la que nosotros somos los ciudadanos, o, donde está nuestra ciudadanía». (4) Pero, en cuarto lugar, significa el lugar donde mora Dios, donde se congregan los ángeles y los espíritus de los justos; de donde vino Cristo, y a donde ha regresado. Les dijo a Sus discípulos que Él iba a preparar lugar para ellos (Jn 14:2). Es en este sentido que se emplea la palabra cuando la Biblia se refiere a Dios como nuestro Padre «en los cielos»; o de los cielos como Su trono, Su templo, Su morada. Si Cristo tiene un verdadero cuerpo, tiene que ocupar una porción definida de espacio. Y allí donde está Cristo, allí está el cielo del cristiano. [...]

Según la enseñanza de la Escritura, la ascensión fue necesaria:

1. En primer lugar Él vino del cielo. El cielo era Su hogar. Era la esfera apropiada de Su existencia. Su presencia hace el cielo, y por ello, hasta que esta tierra no quede purificada de todo mal, y haya pasado por el gran proceso de la regeneración, y vengan a ser nuevos cielos y nueva tierra, este mundo no es idóneo para la morada del Redentor en Su estado de exaltación.

2. Fue necesario que como nuestro Sumo Sacerdote, después de haberse ofrecido como sacrificio, Él traspasara los cielos, para aparecer delante de Dios en favor nuestro. Una parte esencial, y permanente, de Su oficio sacerdotal, debía ser ejercido en los cielos. Allí Él intercede constantemente por Su pueblo. Así como murió por nuestros pecados, así resucitó para nuestra justificación. Todo esto estaba tipificado bajo la antigua dispensación. La víctima era muerta fuera del atrio del templo; el sumo sacerdote llevaba la carne con mucho incienso dentro del velo, y la rociaba sobre el Propiciatorio. Lo que hacía el sumo sacerdote en el templo terrenal lo tuvo que hacer el Sumo Sacerdote de nuestra profesión en el templo no hecho de manos, eterno, en los cielos. Esto es expuesto con toda claridad en la Epístola a los Hebreos.

3. Era necesario, dijo nuestro Señor, que Él se fuera; «Porque si no me fuese, el Consolador no vendría a vosotros; mas si me voy, os lo enviaré» (Jn 16:7). Fue necesario que la re-

dención no sólo fuera adquirida, sino también aplicada. Los hombres, dejados a sí mismos, habrían permanecido en sus pecados, y Cristo habría muerto en vano. La gran bendición que predijeron los profetas como característica del período Mesiánico era la efusión del Espíritu Santo. Y para obtener esta bendición para la Iglesia era necesaria Su ascensión. Fue exaltado para dar arrepentimiento y perdón de los pecados; para recoger a Su pueblo de entre todas las naciones y durante todas las eras hasta que fuera terminada la obra. Su trono en los cielos era el lugar apropiado desde donde se debía llevar a cabo la obra de salvar a los hombres, por medio de los méritos de Su muerte.

4. Una vez más, nuestro Señor le dijo a Sus doloridos discípulos: «Voy, pues, a preparar lugar para vosotros. Y si me voy y os preparo lugar, vendré otra vez, y os tomaré conmigo, para que donde yo estoy, vosotros también estéis» (Jn 14:2, 3). Su ascensión, por tanto, fue necesaria para la consumación de Su obra.

3. Sentado a la diestra de Dios.

Este es el siguiente paso en la exaltación de nuestro Señor. Él resucitó de entre los muertos, ascendió al cielo, y se sentó a la diestra de Dios; esto es, quedó asociado con Él en gloria y dominio. El sujeto de esta exaltación fue el Teantropo; no el Logos de manera especial o distintiva; no la naturaleza humana exclusivamente, sino la persona teantrópica. Cuando un hombre es exaltado, no es su alma en distinción al cuerpo, ni el cuerpo en distinción al alma, sino la persona como un todo.

La base de la exaltación de Cristo es doble: la posesión de los atributos divinos por los que tenía derecho a honor divino y por los que estaba calificado para ejercer el dominio universal absoluto; y segundo, Su obra mediadora. Ambas cosas están unidas en Hebreos 1:3. Se dice allí que Cristo «se sentó a la diestra de la Majestad en las alturas»: primero (*ōn*, siendo, esto es), por cuanto Él es el resplandor de la gloria del Padre y Su expresa imagen, y sustenta el universo mediante la palabra de Su poder: y segundo, porque mediante el sacrificio de Sí mismo ha hecho la purificación de nuestros pecados. Lo mismo en Filipenses 2:6-11, donde se nos enseña que era Él quien existía en forma de Dios, siendo igual a Dios, quien se humilló a Sí mismo a ser obediente hasta la muerte, y muerte de cruz, y que por ello, por estas dos razones, «Dios también le exaltó hasta lo sumo, y le otorgó el nombre que es sobre todo nombre, para que en el nombre de Jesús se doble toda rodilla de los que están en los cielos, en la tierra, y debajo de la tierra». [...]

Este dominio absoluto ha sido encomendado a Cristo como mediador. Él es para siempre la cabeza de la Iglesia; para la Iglesia, para la consumación de la obra de la redención, el Dios-hombre ha sido así exaltado por encima de todos los seres creados (Ef 1:22; Col 1:17, 18; 1 Co 15:25-28). Habiéndole sido encomendado para un propósito especial, este dominio universal como Mediador será entregado cuando sea cumplido el propósito. Él reinará hasta que todos Sus enemigos sean puestos por estrado de Sus pies. Y cuando el último enemigo haya sido sometido, Él entregará este reino al padre, y reinará para siempre como Rey sobre los redimidos.

4. La venida de Cristo a juzgar el mundo.

Este es el último paso en Su exaltación. Aquel que fue hecho comparecer como criminal ante el juicio de Pilato, que fue injustamente condenado, y que entre crueles escarnios fue crucificado con malhechores, volverá en gran poder y gloria; delante de Él se reunirán todas las naciones y todas las generaciones de los hombres, para recibir de Sus labios su definitiva sentencia. Él será entonces exaltado ante todas las inteligencias, como su soberano juez visible.

Lo que las Escrituras enseñan acerca de esto es: (1) Que Cristo vendrá otra vez. (2) Que esta venida debe ser personal, visible y gloriosa. (3) Que el objeto de Su segunda venida será juzgar el mundo. (4) Que las personas juzgadas serán los vivos y los muertos, esto es, los que estén entonces vivos y los muertos antes de Su venida. (5) Que la regla del juicio será la ley de Dios, bien como escrita en el corazón, bien como revelada en la Palabra. Los que tengan la revelación escrita serán juzgados por ella. Los que no tengan tal revelación externa serán juzgados en conformidad a la medida de luz que hayan tenido. (6) Que la base del juicio serán las acciones hechas en el cuerpo. (7) Que la sentencia pronunciada será final, determinando el destino de los interesados para toda la eternidad.

Toda esta cuestión pertenece al departamento de Escatología, al que se tiene que remitir al lector para mayores detalles. Se introduce aquí simplemente por cuanto está relacionado con la exaltación de Cristo, de la que es el punto culminante.

Capítulo 14

La vocación

1. Uso escriturario del término.

LAS ESCRITURAS ENSEÑAN claramente que las varias personas de la adorable Trinidad sostienen una relación económica con la obra de la redención del hombre. El plan mismo es atribuido al Padre, la selección de sus objetos, y la misión del Hijo para llevar este propósito de gracia a buen fin. Al Hijo, el cumplimiento de todo lo necesario para hacer la salvación de los hombres consecuente con las perfecciones y la ley de Dios, y para lograr la redención final de los que el Padre le ha dado. La obra especial del Espíritu es la aplicación de la redención comprada por Cristo. Tal es la condición de los hombres desde la caída, que si fueran dejados a sí mismos proseguirían en su rebelión, rehusando las ofertas de reconciliación de Dios. En tal caso, Cristo habría muerto en vano. Para asegurar el cumplimiento de la promesa de que «Verá el fruto de la aflicción de alma, y quedará satisfecho», el Espíritu Santo opera de tal manera sobre el pueblo escogido de Dios, que son llevados al arrepentimiento y a la fe, y son así hechos herederos de la vida eterna, por medio de Jesucristo Señor de ellos.

Esta obra del Espíritu es llamada VOCACIÓN en las Escrituras. Es una de las muchas excelencias de la Teología Reformada que retiene, hasta donde sea posible, los términos escriturarios para denotar doctrinas escriturarias. Y es propio que así sea. Las palabras y los pensamientos están tan íntimamente relacionados que cambiar las primeras es modificar, más o menos seriamente, los segundos. Y como las palabras de la Escritura son las palabras del Espíritu, es propio e importante que sean retenidas.

El acto del Espíritu mediante el que los hombres son traídos a la unión salvadora con Cristo se expresa mediante las palabras *klësis, vocación, llamamiento*. Como en Hebreos 3:1, «Participantes del llamamiento celestial». Efesios 1:18, «La esperanza a la que él os ha llamado». Efesios 4:1, «Que andéis como es digno de la vocación a que habéis sido llamados». Efesios 4:4, «En una misma esperanza de vuestra vocación». 2 Timoteo 1:9, «Nos llamó con llamamiento santo». 2 Pedro 1:10, «Sed tanto más diligentes en afianzar vuestro llamamiento y vuestra elección», etc., etc. El verbo empleado para expresar esta acción del Espíritu es *kalein, llamar*. Romanos 8:30: «Y a los que predestinó, a éstos también llamó; y a los que llamó, a estos también justificó.» También Romanos 9:11, 24. En 1 Corintios 1:9: «Fiel es Dios, por el cual fuisteis llamados a la comunión con su Hijo Jesucristo nuestro Señor.» V. 26: «Mirad, pues, hermanos, vuestro llamamiento, que no sois muchos sabios según la carne, ni muchos poderosos, ni muchos nobles». Gálatas 1:6: «El que os llamó.» V. 15: «Dios, que me había separado desde el vientre de mi madre, y me llamó por su gracia [...] » 1 Tesalonicenses 2:12: «Dios, que os llamó a su reino y gloria.» 1 Tesalonicenses 5:24: «Fiel es el que os llama.» 2 Tesalonicenses 2:14: «A lo cual os llamó mediante nuestro evangelio, para alcanzar la gloria de nuestro Señor Jesucristo.» 1 Pedro 2:9: «Que os llamó de las tinieblas a su luz admirable.» 1 Pedro 5:10: «Que nos llamó a su gloria eterna en Jesucristo.» 2 Pedro 1:3: «Mediante el conocimiento de aquel que nos llamó por su gloria y excelencia.»

Los que son sujetos de esta influencia salvadora del Espíritu son designados «los llamados». Romanos 1:6, «Llamados de Jesucristo» (RV). Romanos 8:28, «Los que son llamados conforme a su propósito». Para una clase de los oidores del evangelio, dice el Apóstol (1 Co 1:24), Cristo es piedra de tropiezo, y para otros es locura, «mas para aquellos que son llamados, así judíos como griegos, Cristo es poder de Dios, y sabiduría de Dios». Judas dirige su epístola a «los llamados, santificados en Dios Padre, y guardados para Jesucristo». Los «llamados» y los «elegidos», *hoi klëtoi y hoi ekletoi*, son términos intercambiables. Apocalipsis 17:14: «El Cordero [...] es Señor de señores, y Rey de reyes; y los que están con él son llamados, y elegidos (*klëtoi, kai ekletoi*) y fieles.» Lo mismo en 1 Corintios 1:26, 27, donde Pablo dice: «Mirad hermanos, vuestro llamamiento, que no sois muchos sabios [...]; sino que Dios escogió lo necio del mundo, para avergonzar a los sabios». En Hebreos 9:15 se dice que Cristo «es el mediador de un nuevo pacto, para que [...] los llamados reciban la promesa de la vida eterna».

Éste es pues el uso establecido de la Escritura. Por un llamamiento divino los pecadores son hechos partícipes de los beneficios de la redención. Y la influencia del Espíritu por quien son trasladados del reino de las tinieblas al reino del amado Hijo de Dios, es una vocación, o llamamiento eficaz. La base de este uso se debe hallar en la idea escrituraria de Dios y de Su relación con el mundo. Él habla, y es hecho. Él dijo, Sea la luz, y fue la luz. Él llama las cosas que no son, y vienen a ser. Todos los efectos de Su poder son producidos por una palabra. Como en el mundo externo Él ha creado todas las cosas por la palabra de Su poder, así todos los efectos en el mundo moral o espiritual son cumplidos por una volición o mandamiento. Así, llamar, en lenguaje escriturario, es ejecutar, hacer ser o acaecer. En esta forma de expresión hay dos cosas involucradas. La primera es que Dios es el autor o la causa del efecto, que tiene lugar como consecuencia de Su llamamiento o mandato. La otra es que la eficiencia a la que se debe el efecto no se debe a causas segundas. En tales casos Dios puede obrar con medios o sin ellos, pero en todo caso no es por medio de ellos. Por ejemplo, en la creación y en los milagros no hay ni intervención ni concomitancia de causas. Dios habló (o quiso), y el universo vino a ser. Nuestro Señor dijo: Lázaro, sal fuera, y Lázaro vivió. Le dijo al leproso: Quiero, sé limpio. Cuando puso lodo sobre los ojos del ciego y le hizo ir a lavarse al estanque de Siloé, la restauración de la vista no se debió en manera alguna a las propiedades del lodo ni del agua. Fue ciertamente el efecto de la inmediata eficiencia divina, como resucitar a los muertos con una palabra. Así, cuando las Escrituras atribuyen el cambio objetivo en el pecador, por medio del que deviene una nueva criatura, al llamamiento de Dios, enseña que este efecto no se debe a causas naturales ni morales, ni a la propia acción del hombre, sino simplemente al poder de Dios. Por esto, como se acaba de decir, llamar es frecuentemente en la Biblia ejecutar, hacer ser. Un pueblo o un individuo devienen, por el llamamiento de Dios, aquello que el pueblo o la persona han sido llamados a ser. Cuando Dios llamó a los hebreos para que fueran Su pueblo, vinieron a ser Su pueblo. Cuando alguien era llamado a ser profeta, venía a ser profeta. Cuando Pablo fue llamado a ser apóstol, vino a ser apóstol. Y los llamados a ser santos devienen santos.

2. El llamamiento externo.

Sin embargo, las Escrituras distinguen entre este llamamiento eficaz y el llamamiento externo dirigido en la Palabra de Dios a todos aquellos a los que esta palabra es dada a conocer. En este sentido, «muchos son los llamados, mas pocos los escogidos». Dios dijo por Su profeta (Is 65:12): «Por cuanto llamé, y no respondisteis.» Y nuestro Señor dijo: «No he venido a llamar a justos, sino a pecadores al arrepentimiento» (Mt 9:13).

Este llamamiento externo incluye, (1) Una declaración del plan de la salvación. (2) La promesa de Dios de salvar a todos los que aceptan las condiciones de este plan. (3) Un mandamiento, exhortación e invitación a todos a aceptar la misericordia ofrecida. (4) Una exhibición de las razones que deberían constreñir a los hombres a arrepentirse y creer, y así escapar de la ira que ha de venir. Todo esto está incluido en el evangelio. Porque el evangelio es una revelación del plan de Dios de salvar a los pecadores. Contiene la promesa de que Todo el que invoque el nombre del Señor será salvo. El que a mí viene, de ningún modo le echaré fuera. En el evangelio Dios manda a todos los hombres en todo lugar que se arrepientan y crean en el Señor Jesucristo. En el evangelio no sólo se ordena a los hombres, sino que se les exhorta a que vuelvan a Dios por la vía que Él ha dispuesto. Volveos, volveos, ¿por qué queréis morir?, es el lenguaje que se dirige a aquellos a los que llega su mensaje. Deje el impío su camino, y el hombre inicuo sus pensamientos, y vuélvase a Jehová, el cual tendrá compasión de él, y a nuestro Dios, el cual será amplio en perdonar. Miradme a mí, y sed salvos, todos los confines de la tierra. El evangelio además se dirige a la razón, a la conciencia, a los sentimientos, a las esperanzas y a los temores de los hombres; y presenta todas las consideraciones que debieran conducir a los seres racionales e inmortales a aceptar su invitación llena de gracia.

Este llamamiento es universal en el sentido de que está dirigido indiscriminadamente a todos los hombres a los que se les envía el evangelio. No se limita a ninguna edad, nación ni clase de hombres. Está hecho para judíos y gentiles, para bárbaros y escitas, para esclavos y libres; para los eruditos y los ignorantes; para los justos y los malvados; para los escogidos y los no escogidos. Esto sigue de su naturaleza. Al ser una proclamación de las condiciones sobre las que Dios está dispuesto a salvar a los pecadores, y como exhibición de los deberes de los hombres caídos con respecto a este plan, necesariamente vincula a todos los que están en la condición que contempla el plan. Es, a este respecto, análogo con la ley moral. Esta ley es la revelación de los deberes que vinculan a todos los hombres en virtud de la relación que tienen con Dios como Creador y Gobernante moral de ellos. Promete el favor divino a los obedientes y amenaza con la ira a los desobedientes. Por ello, se aplica necesariamente a todos los que sustentan la relación de criaturas racionales y morales delante de Dios. Igualmente el evangelio, al ser una revelación de la relación de los hombres caídos con Dios como reconciliando al mundo consigo mismo, se dirige a todos los que pertenecen a la clase de hombres caídos.

Por ello, las Escrituras enseñan, en los términos más explícitos, que el llamamiento externo del evangelio se dirige a todos los hombres. El mandamiento de Cristo a Su Iglesia fue el de predicar el evangelio a toda criatura. No a criaturas irracionales, ni a ángeles caídos; estas dos clases quedan excluidas por la naturaleza y designio del evangelio. Aparte de esto no hay limitaciones, por lo que respecta al actual estado de la existencia. Se nos manda que hagamos la oferta de salvación por medio de Jesús a cada ser humano sobre la faz de la tierra. No tenemos derecho a excluir a nadie; y nadie tiene derecho a excluirse a sí mismo. Porque de tal manera amó Dios al mundo, que ha dado a su Hijo unigénito, para que todo aquel que cree en él, no perezca, sino que tenga vida eterna. La predicción y promesa de Joel 2:32, «y todo aquel que invoque el nombre de Jehová, será salvo», es repetidamente renovada en el Nuevo Testamento, como en Hechos 2:21; Romanos 10:13. David dice (en el Salmo 86:5): «Porque tú, Señor, eres bueno y perdonador, y grande en amor para con todos los que te invocan.» El profeta Isaías da, en 55:1, la misma invitación general: «A todos los sedientos: Venid a las aguas; y a los que no tienen dinero: Venid, comprad y comed. Sí, venid, comprad sin dinero y sin precio, vino y leche.» El llamamiento de nuestro Señor es igualmente ilimitado: «Venid a mí todos los que estáis fatigados y cargados, y yo os haré descansar» (Mt 11:28). Y el sagrado canon concluye con las mismas palabras llenas de gracia: «El Espíritu y la Esposa dicen: Ven. Y el que oye, diga: Ven. Y el que tiene sed, venga; y el que quiera, tome del agua de la vida gratuitamente.» (Ap 22:17). Por tanto, los Apóstoles, cuando salieron a cumplir la comisión que les había sido encomendada, predicaron el evangelio a todas las clases de hombres, asegurando a todos los hombres a que se dirigían, que si se arrepentían y creían en el Señor Jesucristo, serían salvos. Por ello, si nadie tiene tal perspectiva de los decretos de Dios, o de la satisfacción de Cristo, o de cualquier otra doctrina escrituraria, que le impida hacer esta oferta general del evangelio, puede estar seguro de que su visión o sus procesos lógicos no están bien. Los Apóstoles no se sintieron estorbados en manera alguna, y nosotros actuamos según la comisión que les fue dada a ellos.

No es inconsecuente con la doctrina de la Predestinación.

Este llamamiento general del evangelio no es inconsistente con la doctrina de la predestinación. Porque la predestinación sólo atañe al propósito de Dios de hacer efectivo, en casos particulares, un llamamiento que se dirige a todos. Un soberano puede ofrecer una amnistía general conforme a ciertas condiciones a unos súbditos rebeldes, aunque sepa que por orgullo o malicia muchos rehusarán acogerse a ella; e incluso aunque por sabias razones decida no obligar a su aceptación, suponiendo que tuviera la capacidad de ejercer tal influencia sobre sus mentes. Es evidente por la naturaleza del llamamiento que no tiene nada que ver con el propósito secreto de Dios de conceder Su gracia eficaz a unos, y no a otros. Todo lo que el llamamiento contiene es verdad. El plan de la salvación está dispuesto para los hombres. Está adaptado a la condición de todos. Da abundante provisión para la salvación de todos. La promesa de aceptación bajo la condición de la fe se hace a todos. Y los motivos y las razones que debieran conducir a la obediencia son hechos patentes a cada mente a la que es enviado el llamamiento. Según el esquema Agustiniano, los no elegidos tienen todas las ventajas y oportunidades para alcanzar su salvación que según los demás esquemas se conceden indiscriminadamente a todos los hombres. El Agustinianismo enseña que se está ofreciendo libremente a la aceptación de todos un plan de salvación adaptado a todos los hombres y adecuado para la salvación de todos ellos, aunque en el propósito secreto de Dios es Su intención que tenga precisamente el efecto que la experiencia descubre que tiene. Él dispuso al adoptar este plan salvar a Su propio pueblo, pero ofrece constantemente sus beneficios a todos los que estén dispuestos a recibirlos. Ningún Anti-Agustiniano puede demandar nada más que esto.

Es consistente con la sinceridad de Dios.

Se dice que no es consistente con la sinceridad de Dios que se ofrezca la salvación a aquellos que Él ha predeterminado dejar a la justa recompensa de sus pecados. Será suficiente decir, como respuesta a esta objeción, tan enérgicamente apremiada por Luteranos y Arminianos, que milita con la misma fuerza contra la doctrina de la presciencia de Dios, que ellos admiten como atributo esencial de Su naturaleza. ¿Cómo puede Él ofrecer salvación a aquellos que Él sabe anticipadamente que la van a menospreciar y rechazar; y cuando sabe también que la culpa y condenación de los mismos sólo van a quedar agravadas con ello? No hay ninguna verdadera dificultad en estos casos, excepto la puramente subjetiva. Está en nosotros, en nuestra aprehensión limitada y parcial, y en nuestra incapacidad de comprender los caminos de Dios, que son inescrutables. No podemos comprender cómo Dios gobierna el mundo y cumple sus designios infinitamente sabios. Tenemos que quedarnos satisfechos con los hechos. Todo aquello que realmente es, tiene que ser correcto que Dios lo permita. Y no es menos evidente que todo aquello que Él permite que sea, tiene que estar bien que Él disponga permitirlo. Y esto es todo lo que el esquema Agustiniano, en obediencia a la Palabra de Dios, está impelido a afirmar. Es suficiente que se haga la oferta de la salvación por medio de Jesucristo a toda criatura; que todo el que acepta esta obra será salvo; y que se ha hecho abundante provisión para la salvación de todos. Cuáles sean los propósitos de Dios al instituir y promulgar este plan de misericordia nada tienen que ver con nuestro deber como ministros al hacer la proclamación, ni con nuestra obligación y privilegio como pecadores al aceptar la gracia ofrecida. Si no es inconsecuente con la sinceridad de Dios mandar a todos los hombres que le amen, no es inconsecuente con Su sinceridad mandarles que se arrepientan y que crean el evangelio.

El llamamiento a la salvación es sólo por medio del Evangelio.

El llamamiento en cuestión es hecho sólo por medio de la Palabra de Dios, oída o leída. Esto es, la revelación del plan de la salvación no tiene lugar ni mediante las obras de Dios ni mediante Su providencia; ni por la constitución moral de nuestra naturaleza, ni por las intuiciones o deducciones de la razón; ni por revelación directa a todos los hombres en todas partes y en todo lugar; sólo por la Palabra escrita de Dios. No se niega que Dios pueda, y en tiempos pasados ciertamente lo hizo, comunicar este conocimiento salvador mediante revelaciones directas sin la intervención de ningún medio externo de instrucción. Esto, de hecho, fue lo que sucedió en el caso del Apóstol Pablo. Y tales casos, por lo que sepamos, pueden acontecer incluso hoy en día. Pero se trata de milagros. No es el método normal. No tenemos promesa en las Escrituras ni evidencia de la experiencia de tales revelaciones sobrenaturales de la verdad después de haber sido dada a conocer en las Escrituras y encomendada a la Iglesia con el mandamiento de enseñarla a todas las naciones.

Ha sido siempre, y sigue siendo la doctrina de la Iglesia universal en casi todas sus partes, que es sólo en y por medio de la Escritura como se revela a los hombres el conocimiento necesario para la salvación. Los Racionalistas, como antes los Pelagianos, mantienen que lo que ellos llaman «la luz de la naturaleza» revela lo suficiente de verdad divina para lograr el regreso del alma a Dios, si se mejora suficientemente. Y muchos Arminianos, como muchos Místicos, mantienen que la enseñanza sobrenatural del Espíritu es concedida en suficiente medida a todo hombre para asegurar su salvación, si se entrega a Su guía. Creer esto sería muy grato para nuestros sentimientos naturales, como lo sería creer que todos los hombres serán salvos. Pero no es ésta la doctrina de la Biblia. Y no se necesita de demasiada humildad para creer que Dios es mejor así como más sabio que los hombres; y que Sus caminos son más altos que nuestros caminos, y Sus pensamientos más altos que nuestros pensamientos; y que todo aquello que Él ordena es lo mejor.

Está claro que las Escrituras enseñan que el conocimiento de la salvación se contiene sólo en la Biblia, y consiguientemente que los que desconocen su contenido desconocen el camino de la salvación:

1. Porque las Escrituras tanto del Antiguo como del Nuevo Testamento describen constantemente a los paganos como en un estado de ignorancia fatal. Los antiguos profetas los declaran alejados de Dios; adoradores de los ídolos, hundidos en pecado. El pueblo de Israel fue separado de las otras naciones con el expreso propósito de preservar el conocimiento de la verdadera religión. A ellos les fueron encomendados los oráculos de Dios. En el Nuevo Testamento se da la misma descripción de su condición. Se dice: No conocen a Dios. El Apóstol demuestra extensamente en el primer capitulo de su Epístola a los Romanos que están universalmente y en justicia en estado de condenación. Él exhorta a los Efesios a que traigan a la mente la condición en que estaban antes de recibir el evangelio. Estaban «sin Cristo, excluidos de la ciudadanía de Israel y extranjeros en cuanto a los pactos de la promesa, sin esperanza y sin Dios en el mundo» (Ef 2:12). Ésta es la uniforme enseñanza de la Palabra de Dios. Es totalmente inconsistente con estas descripciones pensar que los paganos tuvieran tal

conocimiento de Dios, bien por tradición, bien por revelación interna, que fuera suficiente para conducirles a la santidad y a Dios.

2. Esta doctrina sigue también de la naturaleza del evangelio. Proclama ser el único método de salvación. Da por supuesto que los hombres están en un estado de condenación, del que son incapaces de liberarse a sí mismos. Enseña que para la salvación de los hombres el Eterno Hijo de Dios asumió nuestra naturaleza, obedeció y sufrió en nuestro lugar, y que, habiendo muerto por nuestros pecados, resucitó para nuestra justificación; que, por lo que respecta a los adultos, la aceptación inteligente y voluntaria de Cristo como nuestro Dios y Salvador es la única e indispensable condición para la salvación; que no hay ningún otro nombre dado a los hombres debajo del cielo por el que los hombres puedan ser salvos. Provee, por tanto, una Iglesia y un Ministerio cuyo gran deber es dar a conocer esta gran salvación a los hombres. Todo esto da por supuesto que sin este conocimiento los hombres han de morir en sus pecados.

3. Esto es más evidente según la naturaleza del mensaje que ha sido encomendado a los ministros del evangelio para que lo proclamen. Se les ha mandado que vayan por todo el mundo, y que digan a toda criatura: «Cree en el Señor Jesucristo, y serás salvo.» «El que cree en el Hijo, tiene vida eterna; mas el que rehúsa creer en el Hijo, no verá la vida, sino que la ira de Dios permanece sobre él.» ¿Dónde estaría la idoneidad de este mensaje si los hombres pudieran ser salvos sin el conocimiento de Cristo, y consiguientemente sin fe en Él?

4. Esta necesidad de conocimiento del evangelio es expresada de manera explícita en las Escrituras. Nuestro Señor no sólo declara que nadie puede ir al Padre más que por Él; que nadie conoce al Padre, sino el Hijo, y a quien el Hijo lo quiera revelar, sino que dice de manera expresa: «El que no crea, será condenado» (Mr 16:16; Jn 3:18). Pero la fe sin conocimiento es imposible. El Apóstol Juan dice: «El que tiene al Hijo, tiene la vida; el que no tiene al Hijo de Dios, no tiene la vida» (1 Jn 5:12). El conocimiento de Cristo no es sólo la condición de la vida, sino que es la vida; y sin este conocimiento, la vida en cuestión no puede existir. Conocerle a Él es vida eterna. Por ello, Pablo dijo: «y ciertamente, aún estimo todas las cosas como pérdida por la excelencia del conocimiento de Cristo Jesús, mi Señor» (Fil 3:8). Cristo no es sólo el dador, sino también el objeto de la vida. Estos ejercicios que son las manifestaciones de vida espiritual terminan en Él; sin el conocimiento de Él, por tanto, no puede haber tales ejercicios; como sin el conocimiento de Dios no puede haber religión. Consiguientemente, es, como enseña el Apóstol, por medio del conocimiento de Cristo que Dios «nos llamó por su gloria y excelencia» (2 P 1:3). Estar sin Cristo es estar sin esperanza y sin Dios (Ef 2:12). El Apóstol Pablo, al expresar la vocación general de los hombres, diciendo: «Todo aquel que invocare el nombre del Señor, será salvo», añade de inmediato; «¿Cómo, pues, invocarán a aquel en el cual no han creído? ¿Y cómo creerán en aquel de quien no han oído? ¿Y cómo oirán sin haber quien les predique?» (Ro 10:14). La invocación implica fe; la fe implica conocimiento; el conocimiento implica enseñanza objetiva. «La fe viene del oír; y el oír, por medio de la palabra de Dios» (v. 17). Por ello, no hay fe donde el evangelio no es oído; y allí donde no hay fe, no hay salvación.

Esta es ciertamente una doctrina sobrecogedora. Pero, ¿acaso no son también sobrecogedoras las palabras de nuestro Señor: «Ancha es la puerta, y espacioso el camino que lleva a la perdición, y son muchos los que entran por ella; porque es estrecha la puerta, y angosto el camino que lleva a la vida, y son pocos los que lo hallan»? (Mt 7:13, 14). ¿No es sobrecogedora la realidad que mira de frente a cada hombre, de que la gran mayoría incluso de los que escuchan el evangelio rechazan su ofrecimiento de misericordia? Los hechos son tan misteriosos como las doctrinas. Si tenemos que inclinarnos ante los primeros, tenemos también que someternos a los segundos. Nuestro Señor nos ha enseñado, en vista de los hechos o doctrinas que ponen a prueba nuestra fe, que recordemos la infinita sabiduría y rectitud de Dios, y que digamos: «Sí, Padre, porque así te agradó.» El efecto apropiado de la doctrina de que el conocimiento del evangelio es esencial para la salvación de los adultos, en lugar de excitar oposición contra la palabra o la providencia de Dios, debe llevarnos a un renovado esfuerzo por enviar el evangelio a los que perecen por falta de conocimiento.

¿Por qué se dirige el llamamiento del Evangelio a todos los hombres?

Por cuanto no todos los hombres son salvos, surge la pregunta: ¿Por qué se dirige el llamamiento a todos?, o, ¿cuál es el propósito de Dios al hacer universal e indiscriminado el llamamiento del evangelio? [...] ¿Por qué son llamados aquellos a los que Dios no tiene intención de salvar? ¿Por qué son llamados, si Dios tiene un propósito determinado de hacer el llamamiento eficaz sólo para algunos y no para otros?

1. La respuesta más evidente a esta pregunta se encuentra en la misma naturaleza del llamamiento. El llamamiento del evangelio es sencillamente el mandamiento de Dios a los hombres para que se arrepientan y crean en el Señor Jesucristo, con la promesa de que los que crean serán salvos. Es la revelación de un deber que obliga a toda persona. [...]

2. El llamamiento general del evangelio es el medio ordenado por Dios para recoger a Su pueblo escogido. Están mezclados con otros hombres, desconocidos excepto por parte de Dios. El deber obligatorio a todos es dado a conocer a todos; se ofrece a todos un privilegio apropiado para todos. El hecho de que sólo se hace que algunos estén dispuestos a cumplir este deber o a aceptar este privilegio no entra en manera alguna en conflicto con la idoneidad de la proclamación universal.

3. Este llamamiento general del evangelio con la promesa de que todo aquel que crea será salvo sirve para mostrar la irrazonable maldad y perversidad de los que lo rechazan deliberadamente. La justicia de su condenación queda así tanto más evidente para ellos mismos y para todas las otras criaturas racionales. «Esta es la condenación, que la luz vino al mundo, y los hombres amaron más las tinieblas que la luz, porque sus obras eran malas. El que cree en él, no es condenado; pero el que no cree, ya ha sido condenado, porque no ha creído en el nombre del unigénito Hijo de Dios» (Jn 3:19, 18). El pecado más irrazonable que los hombres pueden cometer es rechazar aceptar al Hijo de Dios como su Salvador. Este rechazo es tan deliberado, y tan voluntario, según la doctrina Reformada, como lo sea según la teoría Luterana, o incluso la Pelagiana.

3. La gracia común.

La palabra *charis*, chesed, significa una disposición favorable, y especialmente el amor ejercido hacia los inferiores, los dependientes, o los indignos. Se exhibe como el atributo culminante de la naturaleza divina. Se declara que su manifestación es el gran fin de todo el plan de la redención. El Apóstol enseña que la predestinación, la elección y la salvación son todas ellas cosas designadas para la alabanza de la gloria de la gracia de Dios que ejerce para con nosotros en Cristo Jesús (Ef 1:3-6). Levanta a los hombres de la muerte espiritual, «y los hace sentar en los lugares celestiales con Cristo Jesús, para mostrar en los siglos venideros las sobreabundantes riquezas de su gracia» (cf. Ef 2:6, 7). Por ello, se dice con frecuencia que la salvación es de gracia. El evangelio es un sistema de gracia. Todas sus bendiciones son otorgadas gratuitamente; todo es ordenado de tal manera que en cada paso del progreso de la redención y en su consumación, la gracia, o amor inmerecido de Dios, es exhibida de manera patente. Nada se da ni se promete sobre la base del mérito. Todo es un favor inmerecido. Que la salvación fuera dada en absoluto es asunto de gracia, no de deuda. Que un hombre sea salvo, y no otro, es en cuanto al asunto de la salvación cosa de la gracia. Todas sus virtudes cristianas son gracias, esto es, dones. Por ello es que el más grande de todos los dones obtenido por la obra de Cristo, aquel sin el que la salvación habría sido imposible, el Espíritu Santo, con la influencia que Él ejerce sobre las mentes de los hombres, ha sido designado en todas las eras y partes de la Iglesia como gracia divina. Una obra de gracia es la obra del Espíritu Santo; los medios de la gracia son aquellos medios mediante los que o en relación con los cuales se comunica o ejerce la influencia del Espíritu. Así, por gracia común se entiende la influencia del Espíritu, que en mayor o menor medida es concedida a todos los que oyen la verdad. Por gracia suficiente se significa aquel tipo y grado de la influencia del Espíritu que es suficiente para llevar a los hombres al arrepentimiento, a la fe y a una vida santa. Por gracia eficaz se significa aquella influencia del Espíritu que es ciertamente eficaz para producir la regeneración y la conversión. Por gracia previniente se denota aquella operación del Espíritu en la mente que precede y excita sus esfuerzos por volver a Dios. Por *gratia gratum faciens* se significa la influencia del Espíritu que renueva o que da gracia. La gracia cooperante es aquella influencia del Espíritu que ayuda al pueblo de Dios en todos los ejercicios de la vida divina. Por gracia habitual se significa el Espíritu Santo morando en los creyentes; o, aquel estado mental permanente, inmanente, debido a su presencia y poder permanentes. Éste es el uso teológico y cristiano establecido de esta palabra. Por lo tanto, en este contexto, lo que se significa por gracia es la influencia del Espíritu de Dios sobre las mentes de los hombres.

Esta es una influencia del Espíritu Santo distinta de y accesoria a la influencia de la verdad. Hay una relación natural entre la verdad, sea especulativa, estética, moral o religiosa, y la mente del hombre. Toda verdad así tiende a ejercer un efecto apropiado a su naturaleza, a no ser que sea contrarrestada por una aprehensión inadecuada o por el estado interior de aquellos a los que les es presentada. Esto, naturalmente, es cierto de la Palabra de Dios. Está repleta de verdades del más alto orden; las más elevadas; las más importantes; las más pertinentes para la naturaleza y las necesidades del hombre; y las más bien adaptadas para convencer a la razón, controlar la conciencia, afectar al corazón y gobernar la vida. En oposición a esta doctrina de la influencia sobrenatural del Espíritu de Dios sobre las mentes de los hombres, en adición a la influencia moral de la verdad, se levanta la teoría deísta de la relación de Dios con el mundo. Esta teoría presupone que habiendo creado todas las cosas, y habiendo dotado a Sus criaturas de cada orden, materiales e inmateriales, racionales e irracionales, con las propiedades y atributos apropiadas a la naturaleza y destino de las mismas, deja entonces el mundo a estas causas subordinadas o segundas, no interviniendo nunca con el ejercicio de Su acción inmediata. Esta misma postura es transferida por muchos Racionalistas, Pelagianos y Remonstrantes a la esfera de las relaciones morales y religiosas del hombre. Dios, habiendo hecho al hombre un ser racional y moral y habiéndole dotado de libre albedrío; y habiendo revelado en Sus obras y en Su Palabra la verdad acerca de Sí mismo y la relación del hombre con el Creador, deja al hombre a Sí mismo. No hay ninguna influencia que Dios ejerza sobre las mentes de los hombres, aparte de aquella que es debida a la verdad que Él ha revelado. Aquellos numerosos pasajes de la Escritura que atribuyen la conversión y santificación de los hombres al Espíritu de Dios, son explicados por los defensores de esta teoría de la siguiente manera: Que como el Espíritu es el autor de la verdad, se puede decir que Él es el autor de los efectos que produce la verdad; pero niegan toda intervención o acción del Espíritu aparte de la verdad objetivamente presentada a la mente. [...]

[...] Los Luteranos [...] también niegan cualquier influencia del Espíritu además del poder inherente en la Palabra. Pero ellos están muy lejos de adoptar la hipótesis deísta o racionalista. Ellos admiten plenamente el poder sobrenatural del cristianismo y todas sus ordenanzas. Ellos mantienen que [...] esta eficacia divina está inherente en e inseparable de la Palabra. Las palabras de los hombres tienen sólo poder humano, presentando argumentos y motivos para convencer y persuadir. La Palabra de Dios tiene un poder sobrenatural y divino. Si en todo caso deja de producir el efecto sobrenatural, esto es, la renovación y santificación, la culpa es del oyente. [...] Tomando una ilustración sublime y especialmente predilecta de los teólogos Luteranos: La Palabra es como la persona de nuestro Señor Jesucristo aquí en la tierra. Él estaba lleno de poder divino. Todo el que tocara el borde de Su manto quedaba sano de cualquier dolencia que tuviera. Pero sin fe el contacto con Cristo era ineficaz. Así, hay toda la diferencia, según la doctrina Luterana, entre la palabra de los hombres y la Palabra de Dios, la misma que existía entre Cristo y los hombres ordinarios. El efecto de la Palabra no debe atribuirse más a su poder natural como verdad sobre el entendimiento y la conciencia que las sanidades de Cristo deben ser atribuidas a ninguna actividad curativa natural. El efecto, en ambos casos, es sobrenatural y divino. [...] Por cuanto el Espíritu, por así decirlo, es inmanente en la Palabra, nunca obra en la mente excepto por medio de y mediante la Palabra. Acerca de este punto Lutero y los teólogos Luteranos insistieron con gran energía. Fueron especialmente llevados a tomar esta postura por las pretensiones de fanáticos Anabaptistas de unas comunicaciones espirituales directas independientes de las Escrituras, y a las que subordinaban la Palabra escrita. [...] Por tanto, los Luteranos rechazan la distinción hecha por los Calvinistas entre el llamamiento externo e interno. Admiten tal distinción, «*sed*», como dice Quenstedt,[1] «*ut externam vocationem internae non opponamus, nec unam ab altera separemus, cum externa vocatio internae medium sit ac organon et per illam Deus efficax sit in cordibus hominum. Si externa vocatio non ex asse congruit internae, si externe vocatus esse potest qui non interne, vana fuerit, fallax, illusoria*». [...]

Hay una influencia del Espíritu distinta de la verdad.
En cuanto al primero de estos puntos, esto es, que hay una influencia del Espíritu sobre las mentes distinta y accesoria al poder de la verdad, que asiste a la verdad con más y a veces menos poder, según el beneplácito de Dios, la prueba de la Escritura es llana y abundante. [...]

Después de la resurrección de nuestro Señor, Él mandó a Sus discípulos que quedaran en Jerusalén hasta que fueran revestidos de poder de lo alto. Esto es, hasta que hubieran recibido el don del Espíritu Santo. Fue en el día de Pentecostés cuando el Espíritu descendió sobre los discípulos, como dijo el Apóstol, en cumplimiento de las predicciones de los profetas del Antiguo Testamento. El efecto de su influencia no fue sólo el de una iluminación general de las mentes de los Apóstoles, y una comunicación de dones milagrosos, sino también la conversión de cinco mil personas en el acto a la fe. Es imposible negar que estos efectos se debieran al poder del Espíritu como distinto de, y accesorio a, el mero poder de la verdad. Esta es la explicación de los acontecimientos del día de Pentecostés que da el Apóstol Pedro en Hch 2:32, 33: «A este Jesús resucitó Dios, de lo cual todos nosotros somos testigos. Así que, exaltado por la diestra de Dios, y habiendo recibido del Padre la promesa del Espíritu Santo, ha derramado esto que vosotros veis y oís». Éste fue el cumplimiento de la promesa que Cristo hizo a Sus discípulos de que les enviaría otro Consolador, el Espíritu de verdad que permanecería con ellos para siempre (Jn 14:16). Aquel Espíritu debía enseñarles; recordarles todas las cosas; debía testificar de Cristo; reprender al mundo de pecado, de justicia y de juicio; y debía dar a los Apóstoles unas palabras y una sabiduría que sus adversarios no podrían contradecir ni resistir. Por ello, se dice de los creyentes que han recibido el Espíritu Santo, que permanece con ellos y les enseña todas las cosas (1 Jn 2:20 y 27). [...]

Esta verdad de que el Espíritu acompaña a la Palabra y las ordenanzas de Dios mediante un poder no inherente ni en la Palabra ni en los sacramentos mismos, sino que se da en mayor o menor medida, según Dios lo considera oportuno, está imbricado en la fe de toda la Igle-

---

1. *Systema Theologicum*, III. V. II. *echthesis*, VIII.; Wittenberg, 1685, parte II, pág. 467, a.

sia Cristiana. Todas las liturgias de las iglesias Griega, Latina y Protestante están llenas de oraciones para que el don del Espíritu asista a la Palabra y a los sacramentos. Cada cristiano ofrece tales oraciones a diario por sí mismo y por otros. Toda la historia de la Iglesia está llena del registro de hechos que son revelaciones de esta gran doctrina. [...] Cada avivamiento de la religión es una manifestación visible del poder del Espíritu de Dios accesorio al poder de la verdad. Por ello, esta es una doctrina que ningún cristiano debiera permitirse dudar en ningún momento.

La influencia del Espíritu puede ser sin la Palabra.
Hay otra postura anti-escrituraria acerca de este tema que se tiene que observar, aunque su plena consideración pertenece a otra sección. Muchos admiten que hay un poder sobrenatural del Espíritu que acompaña a la Palabra y los sacramentos, pero mantienen que el Espíritu está limitado a estos canales de comunicación; que obra en ellos y mediante ellos pero nunca sin ellos. [...]

Los Reformados, mientras que enseñan que por lo que respecta a los adultos, el conocimiento del Evangelio es necesario para la salvación, sin embargo mantienen que las operaciones del Espíritu Santo no se limitan ni a la Palabra ni a los sacramentos. Él obra cuando y donde le parece; como en los tiempos del Antiguo Testamento y durante la era de los Apóstoles sus dones extraordinarios no eran comunicados a través del medio de la Palabra de Verdad, así tampoco los dones para la actividad eclesial ni la regeneración de los párvulos tienen lugar mediante tal instrumentalidad. La eficacia salvadora de la Palabra y de los sacramentos, cuanto tienen efecto, se debe «no a ninguna virtud en ellos; [...] sino solamente a la bendición de Cristo y a la obra del Espíritu en aquellos que por fe los reciben».

Las influencias del Espíritu, concedidas a todos los hombres.
El hecho de que hay una influencia divina del Espíritu concedida a todos los hombres queda claro tanto por la Escritura como por la experiencia:

1. Incluso en Génesis 6:3 se dice: «No contenderá mi Espíritu con el hombre para siempre». El verbo hebreo dun significa gobernar, juzgar. Así, el sentido de este pasaje puede ser, como lo dan Gesenius, De Wette y otros, «Nicht für immer soll mein Geist walten im Menschen.» *Mi Espíritu no siempre regirá en el hombre.* Pero esto significa más que lo que expresa la Septuaginta con *katameinë* y la Vulgata con *permanebit*. El Espíritu de Dios, como observan apropiadamente Keil y Delitzsch, es el principio de la vida espiritual así como de la natural. Lo que Dios amenazó fue retirar su Espíritu de los hombres debido a sus maldades, y entregarlos a la destrucción. Esto incluye la idea expresada en la versión inglesa de este pasaje. El Espíritu de Dios había ejercido hasta ahora una influencia en el gobierno de los hombres, que, después del tiempo señalado, cesaría. [...]

2. El mártir Esteban (Hch 7:51) les dice a los judíos: «Vosotros siempre resistís al Espíritu Santo; como vuestros padres, así también vosotros», y también el profeta Isaías dice (en 63:10) de los hombres de su generación, que ellos fueron rebeldes, y contristaron su Santo Espíritu. Por ello, el Espíritu Santo es descrito como luchando con los malvados, y con todos los hombres. Estos son acusados de resistirle, de contristarle, de rebelarse contra Él, y de apagar Sus operaciones. Esta es la manera familiar con que lo describe la Escritura. Así como Dios está en todo lugar en el mundo material, conduciendo sus operaciones según las leyes de la naturaleza, asimismo Él está en todo lugar presente con las mentes de los hombres, como el Espíritu de verdad y de bondad, operando en ellos conforme a las leyes de su libre albedrío, inclinándolos hacia el bien y refrenándolos del mal.

3. Que el Espíritu ejerce esta influencia general, común a todos los hombres, queda claro por lo que enseñan las Escrituras acerca de los réprobos. Son hombres a los que Dios retira los frenos de su Espíritu; que deja por sus pecados, abandonándolos a sí mismos y al poder del mal. Esto queda descrita como una terrible suerte. [...] Así como la retirada del Espíritu de cualquier individuo o pueblo es descrito como un terrible juicio, el hecho de que el Espíritu de Dios opera en las mentes de todos los hombres, en mayor o menor grado, queda claramente enseñado en las Escrituras.

4. La Biblia habla por tanto de hombres como partícipes del Espíritu, que no están regenerados, y que finalmente no alcanzan la vida eterna. No sólo se refiere a hombres que se arrepienten, que creen por un tiempo, y que reciben la Palabra con gozo, sino también que han sido iluminados, que han gustado del don celestial, y que han sido hechos partícipes del Espíritu Santo (He 6:4).

El argumento de la experiencia.

Lo que la Escritura enseña así, queda confirmado por la experiencia de cada hombre, y de la Iglesia, en todo el curso de la historia. Dios no deja a nadie sin testigo. Nadie puede recordar el tiempo en que no ha sido llevado a pensamientos serios, a indagaciones ansiosas, a deseos y esfuerzos, que no podía atribuir racionalmente a la operación de causas naturales. Estos efectos no son debidos a la mera influencia moral de la verdad, ni a la influencia de otros hombres sobre nuestras mentes, ni a la operación de las circunstancias en las que podamos ser puestos. Hay algo en la naturaleza de estas experiencias, y en la manera en que vienen y van, que demuestra que son la obra del Espíritu de Dios. Así como la voz de la conciencia tiene en sí una autoridad que no se deriva de nosotros, así estas experiencias tienen en ellas un carácter que revela la fuente de donde proceden. Son los efectos de aquella voz suave y apacible que suena en cada corazón humano diciendo: Éste es el camino, andad en él. Se hace más evidente en unos tiempos que en otros. Hay momentos en la vida de cada persona en que se siente casi abrumada por estas convicciones. Puede tratar de suprimirlas con un esfuerzo de la voluntad, mediante argumentos para demostrar que son irrazonables, y apartando su mente con actividades o diversiones, pero sin éxito. Dios se revela de manera tan clara en las obras de nuestra naturaleza interior como en el mundo externo. Los hombres sienten que están en manos de Dios; que Él les habla, argumenta con ellos, les discute, reprende, exhorta y persuade. Y sabe que le están resistiendo, cuando tratan de apagar esta misteriosa voz dentro de ellos mismos.

Durante el período apostólico, el Espíritu, en cumplimiento de la profecía de Joel, fue derramado sobre todas las clases de hombres. Los efectos de su influencia fueron: (1) Los varios dones espirituales, fueran milagrosos u ordinarios, que entonces se disfrutaron de manera tan abundante. (2) La regeneración, la santidad, el celo y la devoción de las multitudes añadidas a la Iglesia. Y (3) La convicción moral de la verdad, la excitación de todos los afectos naturales, de la fe temporal, del arrepentimiento y la reforma moral. Esta última clase de efectos fue tan patente e innegable como cualquiera de los otros. Y tal ha sido la experiencia de la Iglesia en todas las edades. Siempre y en todas partes que el Espíritu se ha manifestado hasta cierto grado en cualquier medida análoga a la revelación de Su presencia y poder en el día de Pentecostés, mientras que muchos han nacido de Dios, más han sido generalmente sujetos a influencias que no resultaron en conversiones genuinas.

Por ello, la evidencia de las Escrituras y de la experiencia es clara en el sentido de que el Espíritu Santo está presente con cada mente humana, y que aplica, con mayor o menor poder, aquella parte de verdad moral o religiosa que la mente pueda tener ante ella.

Los efectos de la gracia común.

Los efectos producidos por la gracia común, o esta influencia del Espíritu común a todos los hombres, son de la mayor importancia para el individuo y para el mundo. Lo que sería el mundo si fuera dejado a la operación ciega de las causas físicas, sin la influencia refrenadora y conductora de la eficiencia providencial de Dios, esto es lo que sería el mundo de la mente, en todas sus manifestaciones morales y religiosas, sin los frenos y la conducción del Espíritu Santo. Hay dos maneras en las que podemos aprender cuál sería el efecto de retirar el Espíritu de las mentes de los hombres. El primero es la consideración de los efectos de la reprobación, tal como se enseñan en las Escrituras y en la experiencia, en el caso de las personas individuales. Estas personas tienen una conciencia cauterizada. Son desenfrenadas e indiferentes, y totalmente bajo el control de las malas pasiones de su naturaleza. Este estado es consistente con un decoro y una fineza externos. Los hombres pueden ser como sepulcros blanqueados. Pero este es un freno que pone una sabia consideración de su más grande gratificación egoísta sobre los malos principios que los controlan. Los efectos de la reprobación son presentados de una manera terrible por el Apóstol en el primer capítulo de su Epístola a los Romanos. No sólo individuos, sino naciones e iglesias pueden ser abandonados así por el Espíritu de Dios, y en tal caso la inevitable consecuencia de ello es la muerte espiritual. Pero, en segundo lugar, las Escrituras revelan el efecto de la total dejación por parte del Espíritu Santo del control de las criaturas racionales, en el relato que dan del estado de los perdidos, tanto de hombres como de ángeles. El cielo es un lugar y estado en el que el Espíritu reina con un absoluto control. El infierno es un lugar y estado en el que el Espíritu ya no refrena ni controla. La presencia o ausencia del Espíritu establece toda la diferencia entre cielo e infierno. Es a la influencia general del Espíritu (o a la gracia común) que debemos:

1. Todo el decoro, orden, refinamiento y virtud que existen entre los hombres. El mero temor al castigo futuro, el sentido natural del derecho y los frenos de las leyes humanas resultarían débiles barreras frente al mal, si no fuera por el poder refrenador del Espíritu, que, como la presión de la atmósfera, es universal y poderoso, aunque no se siente.

2. Al mismo agente divino se debe especialmente aquel temor general de Dios, y aquel sentimiento religioso que prevalece entre los hombres, y que obtiene para los ritos y servicios de la religión en todas sus formas la atención decorosa o más seria que reciben.

3. Las Escrituras atribuyen a esta influencia general del Espíritu aquellas experiencias religiosas, de varios caracteres y grados, que tienen lugar tan frecuentemente donde no se da una conversión genuina o regeneración. A esto ya se ha hecho referencia de una manera general como prueba de la doctrina de la gracia común. La gran diversidad de estas experiencias religiosas se debe indudablemente en parte a diferentes grados de conocimiento religioso que los hombres poseen; en parte a su diversidad de cultura y carácter; y en parte a la medida de influencia divina a la que están sujetos. Pero en todos los casos, hay en primer lugar una convicción de la verdad. Todas las grandes doctrinas de la religión tienen una luz de su propia evidencia; una evidencia de su veracidad a la que sólo se puede mostrar insensible la mente por causa de la ceguera y el endurecimiento del corazón producidos por el pecado. Los hombres pueden auto-convencerse con razonamientos hasta llegar a una descreencia teórica del ser de Dios, de la obligación de la ley moral y de un futuro estado de retribución. Pero como estas verdades apelan a nuestra constitución moral, que no podemos cambiar, ninguna cantidad de sofismas pueden esconder su convincente luz si nuestra naturaleza moral es excitada. Lo mismo sucede con la Biblia. Es la Palabra de Dios. Contiene evidencia interna de ser Su Palabra. Todo lo necesario para producir una convicción firme de su veracidad es que el velo que el pecado y que el dios de este mundo ha arrojado sobre la mente sea quitado. Esto se hace al menos de manera suficiente como para permitir que la luz produzca convicción, siempre que

los elementos morales de nuestra naturaleza asumen su poder legítimo. Por esto, es asunto de común observación que una persona pasa repentinamente de un estado de escepticismo a uno de firme creencia, sin que ningunos argumentos hayan incidido en su entendimiento, sino simplemente por un cambio en su estado moral interior. Cuando, como la Biblia lo expresa, son abiertos así «los ojos del corazón» o entendimiento, no puede ya más dudar de las verdades que se perciben, como tampoco puede dudar de la evidencia de sus sentidos.

En segundo lugar, con esta convicción de las verdades de la religión se conecta una experiencia de su poder. Producen en mayor o menor grado un efecto sobre los sentimientos apropiado a la naturaleza de los mismos; una convicción de pecado, la clara percepción de lo que la Biblia y la conciencia enseñan de nuestra culpa y contaminación, producen auto-condena, remordimiento y aborrecimiento propio. Estos son sentimientos naturales, a distinguir de los producidos por la gracia. Son experimentados a menudo por los no regenerados y por los malvados. El sentimiento de la justicia de Dios produce necesariamente una horrenda expectación de juicio. Los que pecan, dice el Apóstol, conocen el justo juicio de Dios, que los que hacen tales cosas son dignos de muerte (Ro 1:32). La concomitante convicción de absoluta impotencia, de la absoluta incapacidad del alma de hacer expiación por su culpa, o de destruir el poder interno del pecado, y de lavar su impureza, tiende a producir una total desesperanza. Ningún sufrimiento humano es más intolerable que el que es a menudo experimentado incluso en esta vida proviniente de estas fuentes. [...]

Es también natural y conforme a la experiencia que la promesa del Evangelio y la exhibición del plan de salvación que se contiene en las Escrituras, que se recomiendan a la conciencia iluminada, aparezcan frecuentemente no sólo como verdaderas sino también como apropiadas a la condición del pecador despertado. Por ello, recibe la Palabra con gozo. Cree con una fe basada en esta evidencia moral de la verdad. Esta fe prosigue en tanto que continúa el estado mental que la ha producido. Cuando cambia este estado, y el pecador recae en su acostumbrado estado de insensibilidad, su fe desaparece. A esta clase de personas se refiere el Salvador cuando habla de aquellos que reciben la Palabra en lugares pedregosos o entre espinos. De estos ejemplos de fe temporal hay numerosos casos en las Escrituras, y tienen lugar repetidas veces dentro de nuestra observación diaria.

En tercer lugar, el estado de mente inducido por estas operaciones comunes del Espíritu lleva frecuentemente a una reforma moral y a una vida externamente religiosa. El sentido de la verdad e importancia de las doctrinas de la Biblia constriñe a los hombres frecuentemente a una conducta sumamente estricta y a una atención asidua a los deberes religiosos.

Las experiencias anteriormente detalladas están incluidas en la «obra legal» que solían mencionar los teólogos de antaño como generalmente precediendo a la regeneración y al ejercicio de la fe salvadora en Cristo. A menudo ocurren antes de la conversión genuina, y quizá más frecuentemente la acompañan. Sin embargo, en muchos casos no van acompañadas ni seguidas de un verdadero cambio de corazón. Pueden ser renovadas frecuentemente, y sin embargo aquellos que pasan por ellas vuelven de nuevo a su estado normal de despreocupación y vida mundana.

Ningún escrutinio interno, por estricto que sea, ningún microscópico examen ni delicadeza de análisis, pueden capacitar a ningún observador, y raramente al hombre mismo, a distinguir estos ejercicios religiosos de los de los verdaderamente regenerados. Las palabras con que ambos son descritos en las Escrituras y en el ordinario discurso cristiano son las mismas. En la Biblia se dice de hombres no regenerados que se arrepienten, que creen, que son partícipes del Espíritu Santo y que gustan la buena Palabra de Dios, y los poderes del siglo venidero. El lenguaje humano no es adecuado para expresar todas las experiencias del alma. La misma palabra tiene siempre que representar en un caso, o en la experiencia de un hombre, lo que no representa en la experiencia de otro. Es cosa cierta que hay una diferencia específica entre los ejercicios debidos a la Gracia común y a los experimentados por el verdadero hijo de Dios. Pero esta diferencia no se revela en la consciencia, o, al menos, desde luego no a la mirada del observador. «Por sus frutos los conoceréis.» Esta es la prueba dada por el Salvador. Es sólo cuando estas experiencias dan como resultado una vida santa cuando se conoce su carácter distintivo.

En cuanto a la naturaleza de la obra del Espíritu, que Él ejerce, en mayor o menor grado, sobre las mentes de los hombres, las palabras de nuestro Señor nos amonestan a hablar con prudencia. «El viento sopla donde quiere, y oyes su sonido; pero no sabes de dónde viene, ni adónde va; así es todo aquel que es nacido del Espíritu» (Jn 3:8). Esto enseña que el modo de la operación del Espíritu, sea en regeneración, sea en convicción, es inescrutable. Si no podemos comprender cómo actúan nuestras almas sobre nuestros cuerpos, ni cómo los malos espíritus actúan sobre nuestras mentes, siendo lo uno un hecho familiar de la consciencia, y lo otro un hecho claramente revelado, no se puede considerar extraño que no comprendamos cómo actúa el Espíritu Santo sobre las mentes de los hombres. Pero hay ciertas declaraciones de la Biblia que arrojan alguna luz sobre la cuestión. En primer lugar, las Escrituras hablan de que Dios razona con los hombres; que les enseña o conduce; y que les convence, reprende y persuade. Estas descripciones parecen indicar una «persuasión moral»; una operación en conformidad a las leyes ordinarias de la mente, consistiendo en la presentación de la verdad y en el apremio de las motivaciones. En segundo lugar, por lo que parece, esta influencia del Espíritu nunca es ejercitada excepto a través de la verdad. En tercer lugar, los efectos morales y religiosos atribuidos a ello nunca van más allá, por así decirlo, de las operaciones naturales de la mente. El conocimiento, la fe, la convicción, el remordimiento, el dolor y el gozo, que se dice que produce el Espíritu mediante estas comunes operaciones son todas afectos o ejercicios naturales, como los que un hombre pueda suscitar perceptiblemente en las mentes de otros hombres. En cuarto lugar, estas influencias comunes del Espíritu pueden ser resistidas eficazmente. En todos estos respectos, esta gracia común debe ser distinguida de la operación eficaz del Espíritu a la que las Escrituras atribuyen la regeneración del alma. Sin embargo, la gran verdad que nos ocupa es que el Espíritu de Dios está presente con cada alma humana, refrenando del mal y excitando al bien, y que a Su presencia e influencia debemos todo el orden, decoro y virtud, así como toda la consideración por la religión y sus ordenanzas, que existen en el mundo. Y consiguientemente que la mayor calamidad que puede sobrevenir a un individuo, a una iglesia o a un pueblo es que Dios quite de ellos Su Santo Espíritu. Y por cuanto este es un juicio que, según las Escrituras, sobreviene a menudo sobre los individuos, las iglesias y la gente, debiéramos temer sobre todas las cosas el contristar el Espíritu o apagar Sus influencias. Esto es hecho por la resistencia, por la indulgencia en el pecado, y especialmente negando Su actividad y hablando mal de Su obra. «A cualquiera que diga alguna palabra contra el Hijo del Hombre, le será perdonado; pero al que la diga contra el Espíritu Santo, no le será perdonado, ni en este siglo, ni en el venidero» (Mt 12:32).

4. La gracia eficaz.

Además de estas operaciones del Espíritu, que en mayor o menor grado son comunes a todos los hombres, las Escrituras enseñan que el pacto de la redención asegura la influencia ciertamente eficaz del Espíritu para aquellos que le han sido dados al Hijo como Su heredad.

Por qué es llamada eficaz.

Esta gracia es llamada eficaz no simplemente *ab eventu* [después del acontecimiento]. Según una opinión, la misma influencia, en un momento determinado, o ejercida sobre una persona, produce un efecto salvador; y en otros momentos, o sobre otras personas, no llega a dar tal efecto. En el primer caso se llama eficaz, y no en el segundo. Esto no es lo que los Agustinianos significan por este término. Los Semi-Pelagianos, Romanistas y Arminianos llaman «gracia suficiente» a la influencia del Espíritu ejercida en las mentes de los hombres. Por parte de los dos primeros se sostiene que es suficiente para capacitar al pecador a hacer aquello que constituirá mérito o que logrará una mayor cantidad de gracia que, si es debidamente mejorada, llegará a la salvación. Los Arminianos admiten que la caída de nuestra raza ha hecho a todos los hombres totalmente incapaces, por sí mismos, de hacer nada verdaderamente aceptable a los ojos de Dios. Pero mantienen que esta incapacidad, surgiendo del actual estado de la naturaleza humana, es quitada por la influencia del Espíritu dada a todos. A esto le llaman «capacidad en gracia», esto es, la capacidad debida a la gracia, o la influencia sobrenatural del Espíritu concedida a todos los hombres. La Declaración o Confesión Remonstrante es explícita en cuanto a estos dos puntos. En ella se dice: «El hombre no tiene fe salvadora por sí mismo, ni es regenerado ni convertido por la fuerza de su propia y libre voluntad; por cuanto en estado de pecado no es capaz de ni por sí mismo de pensar, querer, o hacer nada bueno, -ninguna cosa buena salvadora en su naturaleza, particularmente la conversión y la fe salvadora. Pero es necesario que sea regenerado, y totalmente renovado por Dios en Cristo, por medio de la verdad del evangelio y la energía añadida del Espíritu Santo-en su intelecto, afectos, voluntad y todas sus facultades-, para que pueda percibir rectamente, meditar, querer y llevar aquello que es un bien salvador.»[2] Acerca de la cuestión de la gracia suficiente, la Declaración dice: «Aunque hay la mayor diversidad en los grados en que se otorga la gracia en conformidad a la voluntad divina, sin embargo el Espíritu Santo confiere, o al menos está dispuesto a conferir, sobre todos y a cada uno de aquellos a los que se les predica ordinariamente la palabra de fe, tanta gracia como sea suficiente para generar fe y llevar a cabo su conversión en sus etapas sucesivas. Así, la gracia suficiente para la fe y para la conversión no es dada sólo a aquellos que creen realmente y son convertidos, sino también a aquellos que no creen realmente y no son de hecho convertidos.»[3] En la Apología de los Remonstrantes se dice: «Los Remonstrantes afirmaron que la servidumbre al pecado, a la que los hombres (*per naturae conditionem*) están sujetos en su estado natural, no tiene lugar en el estado de gracia. Porque ellos sostienen que Dios da gracia suficiente a todos los llamados, de manera que puedan quedar libertados de esta servidumbre, y al mismo tiempo tienen la libertad de voluntad de permanecer en ella, si así lo eligen.»[4] En la Apología se dice de manera expresa: «Gratia efficax vocatur [...] ab eventu», que se dice que significa, «Ut statuatur gratia habere ex se sufficientem vim, ad producendum consensum in voluntate, sed, quia vis illa

---

2. *Confessio Remonstrantium*, XVII.5; *Episcopii Opera*, edición de Rotterdam, 1665. Vol. II, págs. 88, 89. «Homo itaque salvificam fidem non habet ex seipso; neque ex arbitrii sui liberi viribus regeneratur, aut convertitur: quandoquidem in statu peccati nihil boni, quod quidem salutare bonum sit (cujusmodi imprimis est conversio et fides salvifica), ex in Christo, per verbum evangelii, eique adjuntam Spiritus Sancti virtutem regeneretur, atque totus renovetur; puta intellectu, affectibus, voluntate, omnibusque viribus; ut salutaria bona recte possit intelligere, meditari, velle, ac perficere.»
3. *Confessio Remonstrantium*, XVII. 8; pág. 89, a, del segundo juego. «Etsi vero maxima est gratiae disparitas, pro liberrima scilicet voluntatis divinae: dispensatione: tamen Spiritus Sanctus omnibus et singulus, quibus verbum fidei ordinarie praedicatur, tantum gratiae confert, aut saltem conferre paratus est, quantum ad fidem ingenerandum, et ad promovendum suis gradibus salutarem opsorum conversionem sufficit. Itaque gratia sufficiens ad fidem et conversionem non tantum iis obtingit, qui actu credunt et convertuntur: sed etiam iis, qui actu ipso non credunt, nec reipsa convertuntur.»
4. *Apologia pro Confessione Remonstrantium*, cap. VI; *ut supra*, pág. 144, b, del segundo juego. «Remonstrantes asserunt necessitatem sive servitutem istam peccati, cui homines, per naturae conditioni subjecti sunt, locum non habere sub statu gratiae. Nam statuunt, vocatis omnibus gratiam sufficientem a Deo concedi. ita ut possint a servitute illa liberari, et simul manere in iis voluntatis libertatem, ut possint eidem servituti manere subjecti, si velint»

partialis est, non posse exire in actum sine coöperante liberae voluntatis humanae, ac proinde, ut effectum habeat, pendere a libera voluntate».[5] [...]

Los Agustinianos admiten naturalmente que la gracia común es en un sentido suficiente. Es suficiente para hacer inexcusables a los hombres por su no arrepentimiento e incredulidad. Esto lo dice Pablo hasta de la luz de la naturaleza. Los paganos no tienen excusa por su idolatría, porque el poder eterno y la deidad de Dios les son revelados en Sus obras. Conociendo a Dios, no le glorificaron como Dios (Ro 1:20, 21). Así que la gracia común es suficiente para convencer a los hombres, (1) De pecado y de su necesidad de redención. (2) De la verdad del evangelio. (3) De su deber de aceptar su oferta y de vivir en conformidad a sus mandamientos, y (4) De que su no arrepentimiento e incredulidad son culpa de ellos, de sus propios malvados corazones; de que prefieren voluntariamente el mundo al servicio de Cristo. Estos efectos los tiende a producir la gracia común sobre todos los que oyen el evangelio. Estos efectos los produce de hecho en una multitud de casos, y los produciría en todos si no fuera resistida y apagada. Pero no es suficiente para resucitar a los muertos espirituales; cambiar el corazón y producir la regeneración; y no está dada para producir estos efectos mediante la cooperación de la voluntad humana. Ésta es una cuestión que no es necesario tratarla por separado. La doctrina Remonstrante y Romanista será cierta si son ciertas las otras partes de su sistema doctrina. Y será falsa si es erróneo el dicho sistema. Si la doctrina Agustiniana acerca del estado natural del hombre desde la caída, y la soberanía de Dios en elección, es escrituraria, entonces es cosa cierta que la gracia suficiente no se hace eficaz por la cooperación de la voluntad humana. Los que mantienen esta última doctrina rechazan las dos otras; y los que mantienen las dos primeras, necesariamente rechazan la última. Sin embargo, no es sólo en virtud de su relación lógica con otras doctrinas establecidas que se rechaza la doctrina de la gracia suficiente. Se puede demostrar que es contraria a lo que enseñan las Escrituras acerca de la regeneración y del modo en que se efectúa. Pero estos argumentos pueden ser presentados de manera más apropiada cuando lleguemos a la respuesta a la pregunta: «¿Por qué es eficaz la gracia de Dios en la obra de la conversión?» [...]

La doctrina Agustiniana de la gracia eficaz.

Según la doctrina Agustiniana, la eficacia de la gracia divina en la redención no depende ni de su congruencia ni de la cooperación activa, ni de la no resistencia pasiva de su sujeto, sino de su naturaleza y del propósito de Dios. Es el ejercicio del «gran poder de Dios», que habla y es hecho. Se admite que esta es la doctrina del mismo Agustín. Dice él: «Non lege atque doctrina insonante forinsecus, sed interna et occulta, mirabili ac ineffabili potestate operari Deum in cordibus hominum non solum veras revelationes, sed bonas etiam voluntates».[6] «Nolentem praevenit, ut velit; volentem subsequitur, ne frustra velit».[7]

Los Jansenistas, fieles discípulos de Agustín, trataron de avivar su doctrina en la Iglesia de Roma. Entre las proposiciones seleccionadas de sus escritos y condenadas por el Papa Clemente XI en su famosa Bula, *Unigenitus*, se encuentran las siguientes: «Num. IX, Gratia Christi est gratia suprema, sine qua Christum confiteri nunquam possumus, et cum qua nunquam illum abnegamus. 1 Cor. XII. 3. Num. X., Gratia est manus omnipotentis Dei, jubentis et facientis quod jubet. Mar. II. 11. Num. XIX., Dei gratia nihil aliud est quam ejus omnipotens voluntas: haec est idea, quam Deus ipse nobis tradit in omnibus suis Scripturis.

---

5. *Ibid*, cap. XVII.III; pág. 191, b, del Segundo juego.
6. *De Gratia Christi*. (XXIV), 25; *Works*. edición Benedictines, París, 1838, Vol. X, págs. 545, d, 546, a.
7. *Enchiridion de Fide, Spe et Charitate*, (XXXII), 9, *Works*, Vol. VI, pág. 363, a. Para una exposición plena de la Teoría de Agustín véase Wiggers. *Agustinianism and Pelagianism*, cap. XIII. Andover, 1840, págs. 194-218.

Rom. XIV. 4. Num. XXI., Gratia Jesu Christi est gratia fortis, potens, suprema, invincibilis, utpote quae est operatio voluntatis omnipotentis, sequela et imitatio operationis Dei incarnantis et resuscitantis filium suum. 2 Cor. v. 21. Num. XXIV., Justa idea, quam centurio habet de omnipotentia Dei et Jesu Christi in sanandis corporibus solo motu suae voluntatis, est imago ideae, quae haberi debet de omnipotentia suae gratiae in sanandis animabus a cupiditate. Luc. VII. 7».[8]

No hay duda ni discusión alguna acerca de que la Iglesia Reformada adoptó la doctrina Agustiniana acerca de esta cuestión. [...]

El Sínodo de Dort [dice]:[9] «Todos los hombres son concebidos en pecado [...] incapaces de ningún bien saludable y salvífico [...] y no quieren ni pueden volver a Dios, ni corregir su naturaleza corrompida, ni disponerse a sí mismos al mejoramiento de la misma, sin la gracia del Espíritu Santo, que es quien regenera». [Y también]: «Así pues, la fe es un don de Dios; no porque sea ofrecida por Dios a la voluntad libre del hombre, sino porque le es efectivamente participada, inspirada, e infundida al hombre».[10] «Cuando Dios [...] obra en [los escogidos] la conversión verdadera, lo lleva a cabo de manera que no sólo hace que se les predique exteriormente el Evangelio, y que se les alumbre poderosamente su inteligencia por el Espíritu Santo, [...] sino que Él penetra hasta las partes más íntimas del hombre con la acción poderosa de este mismo Espíritu regenerador; Él abre el corazón que está cerrado; Él quebranta lo que es duro; [...] Él infunde en la voluntad propiedades nuevas, y hace que esta voluntad, que estaba muerta, reviva; que era mala, se haga buena; que no quería, ahora quiera realmente».[11] [...]

La «Confesión de Westminster» dice: «I. A todos aquellos a quienes Dios ha predestinado para vida, y a ellos solamente, le agrada en su tiempo señalado y aceptado, llamar eficazmente, mediante Su Palabra y Espíritu, afuera de este estado de pecado y muerte en el que están por naturaleza, a la gracia y salvación por Jesucristo; iluminando sus mentes, espiritual y salvíficamente, para que comprendan las cosas de Dios, quitando sus corazones de piedra, y dándoles corazón de carne: renovando su voluntad, y determinándolos por Su poder omnipotente a aquello que es bueno; y atrayéndolos eficazmente a Jesucristo; pero de modo que acuden con la mayor libertad, habiendo sido hechos de buena disposición por Su gracia.

»II. Este llamamiento eficaz proviene sólo de la libre y especial gracia de Dios, no de nada en absoluto que se haya visto anticipadamente en el hombre, que es en ello totalmente pasivo, hasta que, siendo vivificado y renovado por el Espíritu Santo, es con ello capacitado para responder a este llamamiento, y a abrazar la gracia ofrecida y comunicada mediante el mismo.

»III. Los párvulos elegidos, muriendo en la infancia, son regenerados y salvados por Cristo por el Espíritu, que obra cuando, donde y como le place a Él. Así también sucede con todas las otras personas escogidas, que son incapaces de ser llamadas exteriormente por el ministerio de la Palabra.»

---

8. Véase Herzog, *Encyklopädie*, Art. *Unigenitus*.
9. Cap. III. Art. III; *Los cánones de Dort*, A.C.E.L.R., Barcelona 1971, pág. 37. «Omnes homines in peccato concipiuntur [...] inepti ad omne bonum salutare [...] et absque Spiritus Sancti regenerantis gratia, ad Deum redire, naturam depravatam corrigere, vel ad ejes correctionem se disponere nec volunt, nec possunt.»
10. Cap. III. Art. XIV; *Ibid*, págs. 41-42. «Fides Dei donum est, non eo, quod a Deo hominis arbitrio offeratur, sed quod homini reipsa conferatur, inspiretur, et infundatur.»
11. Cap. III. Art. XI, *Ibid*, pág. 40. «Quando Deus [...] veram in electis conversionem operatur, non tantum evangelium illis externe praedicari curat el mentem eorum per Spiritum Sanctum potenter illuminate, [...] sed ejusdem etiam Spiritus regenerantis efficacia ad intima hominis penetrat, cor clausum aperit, durum emollit, [...] voluntati novas qualitates infundit, facitque eam ex mortua vivam, ex mala bonam, ex nolente volentem.»

En el «Catecismo Mayor»,[12] se declara que el llamamiento eficaz es «la obra del omnipotente poder y gracia de Dios».

El principal principio involucrado.
Estas declaraciones autoritativas de la fe de la Iglesia Reformada concuerdan en cuanto a la simple, sencilla, clara e inclusiva declaración de que la gracia eficaz es el poder omnipotente de Dios. Hay, como ya se ha observado anteriormente, tres clases en las que se pueden disponer todos los acontecimientos de que tengamos conocimiento. Primero, los producidos por las operaciones ordinarias de causas segundas conducidas y controladas por la acción providencial de Dios. Segundo, aquellos acontecimientos del mundo externo que son producidos por la simple volición o acción inmediata de Dios, sin la cooperación de causas segundas. A esta clase pertenecen los milagros propiamente dichos. Tercero, aquellos efectos producidos en la mente, el corazón y el alma, por la volición o acción inmediata de la omnipotencia de Dios. A esta clase pertenecen la revelación interior, la inspiración, los poderes milagrosos, como el don de lenguas, el don de sanidades, etc., y la regeneración.

La gracia eficaz es misteriosa y peculiar.
Si se decide esta cuestión, esto es, que la gracia eficaz es el poder omnipotente de Dios, todas las cuestiones bajo discusión en cuanto a este tema quedan por ello decididas.
1. Es totalmente misteriosa en sus operaciones. Sus efectos no deben ser explicados racionalmente, esto es, por las leyes que rigen nuestros ejercicios intelectuales y morales. A este aspecto del caso se refiere el Señor cuando dice, en Juan 3:8, «El viento sopla donde quiere, y oyes su sonido; pero no sabes de dónde viene, ni adónde va; así es todo aquel que es nacido del Espíritu». [...]
2. Otro corolario evidente de la anterior proposición es que hay una diferencia específica no sólo entre la eficiencia providencial de Dios y la gracia eficaz, sino también entre esta última y la que se llama gracia común, o suficiente. No es una diferencia de grado, ni de circunstancias, ni de congruencia, sino que las operaciones son de un tipo enteramente diferente. No hay analogía entre una influencia que asegure o que promueva un desarrollo mental, o la formación del carácter moral, y la eficiencia ejercida en la resurrección de los muertos.

No es persuasión moral.
3. No es menos claro que la gracia eficaz no es de la naturaleza de la «persuasión moral». Por persuasión moral se significa la influencia ejercida por una mente sobre los actos y estados de otra mente, mediante la presentación de la verdad y de motivaciones, mediante contención, invitación, apelación, etc. [...] Si la regeneración tiene lugar por la volición, mandamiento y omnipotente poder de Dios, ciertamente no es producida por un proceso de argumento o de persuasión.

La gracia eficaz actúa de manera inmediata.
4. No es menos evidente la conclusión de que la influencia del Espíritu actúa de manera inmediata sobre el alma. Todos los efectos en los tratos ordinarios de Dios con Sus criaturas son producidos mediante la actividad de causas segundas. Es sólo en los milagros y en la obra de regeneración donde se excluyen todas las causas secundarias. Cuando Cristo le dijo al leproso, «Quiero, sé limpio», nada intervino entre Su volición y el efecto de la misma. Y cuando puso lodo sobre los ojos del ciego, y le mandó que se lavara en el estanque de Siloé,

---

12. Respuesta a la pregunta 67.

nada había en las propiedades del lodo ni del agua que cooperaran en la restauración de la vista. De la misma manera, nada interviene entre la volición del Espíritu y la regeneración del alma. La verdad puede acompañar o concurrir con la obra del Espíritu, pero no coopera en la producción del efecto. Puede concurrir con ella, como la aplicación del lodo concurrió con el milagro de la restauración de la vista del ciego; o como el lavamiento de Naamán en las aguas del Jordán concurrió con la curación de su lepra. Sin embargo, se debe recordar que la palabra regeneración (o sus equivalentes) se emplea a veces de una manera limitada, y a veces inclusiva. La traslación de un alma del reino de las tinieblas al reino del amado Hijo de Dios es un gran acontecimiento. Involucra una experiencia variada y global. Hay mucho que generalmente precede y concurre con la obra de la regeneración en el sentido limitado de la palabra; y hay mucho (en el caso de los adultos) que le sigue necesariamente y de manera inmediata. En todo lo que precede y sigue, la verdad tiene una parte importante, y en algunos aspectos esencial, de la obra. En la mayor parte de los casos, la convicción de la verdad, y de pecado, un sentimiento de vergüenza, de remordimiento, de dolor y de ansiedad, y anhelantes deseos de paz y seguridad, preceden a la obra de la regeneración; y la fe, gozo, amor, esperanza, gratitud, celo y otros ejercicios siguen a la misma, en mayor o menor grado. En todos estos estados y actos, en todo lo que cae dentro de la esfera de la consciencia, en resumen, la verdad tiene un papel esencial. Estos estados y actos son los efectos de la verdad asistida por el poder o la demostración del Espíritu. Pero la regeneración misma, la infusión de una nueva vida en el alma, es la obra inmediata del Espíritu. No hay aquí lugar para el uso de medios, como tampoco en el acto de la creación ni en la ejecución de un milagro. El golpe que Moisés le dio a la roca fue concurrente al flujo de agua, pero no tuvo relación de causa a efecto. Lo mismo con la verdad (en el caso de los adultos), que concurre en la obra de la regeneración, pero no es el medio por el cual se lleva a cabo. Mucho precedió y mucho siguió a la curación del hombre con la mano seca; pero la restauración de aquel miembro, al ser un acto de la omnipotencia divina, tuvo lugar sin la cooperación de causas segundas. Hay dos sentidos en los que se puede decir que somos engendrados por la verdad. Primero, cuando por la palabra *engendrar* (o regeneración) se quiere incluir todo el proceso, no el mero acto de la impartición de vida, sino todo lo que es preliminar y consecuente a este acto. La palabra «engendrar» parece emplearse algunas veces en la Escritura, y muy a menudo en los escritos de los teólogos, en este amplio sentido. Y segundo, cuando la palabra *por* no expresa una causa cooperadora, o un medio, sino simplemente una circunstancia concurrente. Los hombres ven por la luz. Sin luz la visión es imposible. Pero los ojos de los ciegos no son abiertos por medio de la luz. De la misma manera, todos los estados y actos de la consciencia anteriores o concurrentes o consecuentes a la regeneración, son mediante la verdad; pero la regeneración en sí, o la impartición de vida espiritual, es por la acción inmediata del Espíritu. [...]

La gracia eficaz es irresistible.
5. Naturalmente, se admitirá que si la gracia eficaz es el ejercicio del poder omnipotente, es irresistible, Naturalmente, se admite que la gracia común, o aquella influencia del Espíritu que es dada más o menos a todos los hombres, es a menudo resistida eficazmente. Y también es indudablemente cierto que el verdadero creyente a menudo contrista y apaga al Espíritu Santo. Y en resumen, es indiscutible que todas aquellas influencias que son morales en su naturaleza, ejercidas a través de la verdad, son susceptibles de ser resistidas. Pero si la especial obra de la regeneración, en el sentido restringido de esta palabra, es efecto del poder omnipotente, entonces no puede ser resistida, como tampoco el acto de la creación. El efecto sigue de inmediato a la voluntad de Dios, como cuando dijo: Sea la luz, y fue la luz.

El alma es pasiva en la regeneración.

6. Sigue además, de la misma premisa, que el alma es pasiva en regeneración. Es el sujeto y no el agente del cambio. El alma coopera o es activa en lo que precede y en lo que sigue al cambio, pero el cambio mismo es algo que se experimenta, no algo que se hace. Los ciegos y los cojos que acudieron a Cristo pueden haber pasado muchos trabajos para llegar a Su presencia, y gozosamente ejercieron las nuevas capacidades que les habían sido impartidas, pero fueron enteramente pasivos en el momento de la sanidad. En manera alguna cooperaron en la producción de aquel efecto. Lo mismo debe ser cierto en la regeneración, si la regeneración es el efecto del poder omnipotente tanto como la abertura de los ojos de los ciegos o la de los oídos de los sordos mediante una palabra.

La regeneración es instantánea.

7. La regeneración, conforme a esta perspectiva, tiene que ser instantánea. No existe un estado intermedio entre la vida y la muerte. Si la regeneración es la vivificación de los que estaban muertos, entonces tiene que ser tan instantánea como la vivificación de Lázaro. Los que la consideran como un lento proceso o bien incluyen en ella todos los estados y ejercicios que concurren en la conversión, o bien adoptan la teoría de que la regeneración es el resultado de la persuasión moral. Si es obra de la omnipotencia, un efecto de una mera volición de parte de Dios, es necesariamente instantánea. Dios manda al pecador que viva; y éste vive, animado por una nueva vida, divina.

Un acto de gracia soberana.

8. Sigue, también, que la regeneración es un acto de la gracia soberana. Si un árbol tiene que ser hecho bueno antes que su fruto sea bueno, la bondad del fruto no puede ser la razón que decide a Aquel que tiene el poder para cambiar el árbol de malo a bueno. Y si las obras espiritualmente buenas son el fruto de la regeneración, no pueden ser la base sobre la que Dios ejerce Su poder vivificador. Por ello, si las Escrituras enseñan la doctrina de la gracia eficaz en el sentido Agustiniano de estos términos, entonces enseñan que la regeneración es un don soberano. No se puede dar conforme a la vista o a la previsión de nada bueno en los sujetos de este cambio salvador. Ninguno de los sanados por Cristo pretendió buscar el ejercicio de Su poder omnipotente en favor de ellos sobre la base de su bondad peculiar, y mucho menos soñaron en atribuir la restauración de su vista o salud a ninguna cooperación propia con la omnipotencia Suya.

5. Prueba de la doctrina.

El común consentimiento.

1. El primer argumento en demostración de la doctrina Agustiniana de la gracia eficaz proviene del consentimiento común. [...] Hay de hecho sólo dos puntos de vista acerca de esta cuestión. Según uno, la regeneración es el efecto del gran poder de Dios. Según el otro, es resultado de la persuasión moral. [...] Todos aquellos que sostienen la teoría de la persuasión moral, en cualquiera de sus formas, enseñan que esta influencia es efectiva o no según la determinación del sujeto. Uno decide ceder, otro decide rehusar. Cada hombre puede hacer cualquiera de ambas decisiones. Ahora bien, los párvulos son desde luego incapaces de persuasión moral. Por ello, los párvulos no pueden ser sujetos de la regeneración, si la regeneración tiene lugar por el proceso de la persuasión y convicción racional. Pero, según la fe de la Iglesia Universal, los párvulos pueden ser renovados por el Espíritu Santo, y ser así nacidos del Espíritu, a fin de entrar en el reino de Dios. Por ello, sigue que la fe, la convicción interna de la Iglesia,

el cuerpo del pueblo verdadero y profesante de Dios, está en contra de la doctrina de la persuasión moral, y en favor de la doctrina de que la regeneración es llevada a cabo de manera inmediata por el poder omnipotente del Espíritu. No hay, en el caso de los párvulos, la posibilidad de que opere de manera mediata por medio de la verdad captada por la razón. [...] El hecho de que teóricos y teólogos especulativos nieguen la posibilidad de la regeneración de párvulos no invalida ni debilita el argumento de su veracidad, conforme a la fe de la Iglesia Universal. Pero si los párvulos pueden ser sujetos de la regeneración, entonces la influencia por la que tiene lugar la regeneración no es una persuasión moral, sino la simple volición de Aquel cuya voluntad es omnipotente.

Argumento de la analogía.
2. Un segundo argumento, aunque del mayor peso, es sin embargo muy difícil de presentar adecuadamente. Felizmente, su sentido no depende de la claridad o plenitud de su presentación. Cada mente lo captará por sí misma. Está basado en aquella analogía entre el mundo externo y el espiritual, entre la materia y la mente, que impregna todas nuestras formas de pensamiento y de lenguaje, y que está asumida y sancionada en la Palabra de Dios. Tomamos del mundo externo y visible todos los términos mediante los que expresamos nuestros actos y estados mentales. Atribuimos vista, oído, gusto y tacto a la mente. Hablamos del entendimiento como oscuro, del corazón como duro, de la conciencia como cauterizada. La fuerza, actividad y claridad son atributos tan verdaderos de la mente como de sustancias y agencias materiales. El intelecto embotado o agudo son figuras de lenguaje tan inteligibles como cuando se predican estas características de una herramienta. El pecado es una lepra. Es una contaminación, una polución, algo que debe ser limpiado. El alma está muerta. Necesita ser vivificada, renovada, limpiada, fortalecida, guiada. Los ojos de la mente han de ser abiertos, y sus oídos destapados. Sería imposible que hubiera tal transferencia de modos de expresión desde la esfera de lo externo y material a la de lo interior y espiritual, si no existiera una verdadera analogía e íntima relación entre ambas cosas. Una mente débil o enferma es un modo de habla escasamente más figurado que decir un cuerpo débil o enfermo. La una puede ser fortalecida o sanada como también lo otro. El alma puede ser purificada tan literalmente como el cuerpo. El nacimiento y el nuevo nacimiento son formas de expresión igualmente inteligibles y literales. El alma puede ser vivificada tan realmente como el cuerpo. La muerte en un caso no es más figura verbal que en el otro. Cuando el cuerpo muere, es sólo una forma de actividad la que cesa; todas las propiedades activas que le pertenecen como materia permanecen. Cuando el alma está muerta, está también totalmente destituida de una forma de vida, mientras que permanece la actividad intelectual.

Siendo este el estado de cosas; siendo esta la íntima relación y analogía entre lo material y lo espiritual, y siendo tal la ley consecuente de pensamiento y lenguaje que es universal entre los hombres, y que está reconocida en las Escrituras, no tenemos la libertad de explicar el lenguaje de la Biblia, cuando se refiere al estado pecaminoso del hombre, o al método de recuperación de tal estado, como puramente metafórico, haciendo que signifique mucho o poco según nuestro beneplácito. La muerte espiritual es tan real como la muerte corporal. El cuerpo muerto no es más insensible e impotente en relación con los objetos de los sentidos que el alma, cuando está espiritualmente muerta, lo es a las cosas del Espíritu. Esta insensibilidad e impotencia son precisamente lo que se quiere expresar en ambos casos con la palabra muerte. Es tan literal en un caso como en el otro. Es sobre esta analogía que se basa mucho del lenguaje descriptivo del estado moral y espiritual del hombre que se usa en la Biblia. Y el registro que se da del modo de su recuperación de su estado de pecado tiene el mismo fundamento. Así como el ciego no podía abrir sus propios ojos, ni el sordo destaparse sus propios oídos, ni los muertos volver por sí mismos a la vida en sus tumbas; por cuanto no se podían preparar a sí mismos para la restauración ni cooperar en llevarla a cabo, así es con los ciegos, los sordos y los muertos en pecado. En ambos casos, la cura ha de ser sobrenatural. No puede ser lograda con nada menos que el poder omnipotente. Un gran designio de los milagros de sanidades de Cristo fue el de enseñar esta misma verdad. Tenían el propósito de enseñar que el pecador estaba más allá de la ayuda que les pudiera prestar ninguna criatura; que su única ayuda estaba en la omnipotente e inmerecida gracia de Cristo, a quien tiene que venir, y a quien se tiene que someter. «Todos los que le tocaban quedaban perfectamente sanos.» Su curación no tenía lugar mediante un proceso médico. No era una obra gradual. No era un cambio comprensible y explicable por medio de las leyes de la materia o de la mente. Se debía a la simple volición de una voluntad omnipotente. Así como ha habido personas dispuestas a dar racionalizaciones de estas curas, a explicarlas mediante la teoría de magnetismo animal, de fuerzas ocultas, o del poder de la imaginación, así los hay que prefieren explicar el proceso de la regeneración mediante principios racionales, y mostrar como se llega mediante persuasión moral, y cómo depende, para su éxito, en la cooperación del sujeto de la obra. Esto no es lo que dice la Escritura. Nuestro Señor le dijo al leproso: Quiero, sé limpio; como le dijo al viento rugiente: Calla, enmudece. [...]

Argumento con base en Efesios 1:17-19

3. Un tercer argumento acerca de este tema se basa en Efesios 1:17-19. La verdad involucrada en esta doctrina es de tal importancia para Pablo, que él oró fervientemente a Dios que capacitara a los Efesios, por Su Espíritu, para que la comprendieran y creyeran. Era una verdad que sólo la iluminación y enseñanza del Espíritu Santo podría capacitarlos para apreciar debidamente. Pablo oró que sus ojos pudieran ser alumbrados no sólo para conocer la bienaventuranza de ser los sujetos del llamamiento de Dios, y la gloria de la herencia que tenían reservada para ellos, sino también «la supereminente grandeza de su poder para con nosotros los que creemos, conforme a la eficacia de su fuerza, la cual ejercitó en Cristo, resucitándole de los muertos». Hay dos cuestiones a decidir en la interpretación de este pasaje. Primero, ¿habla el Apóstol del presente o del futuro? ¿Se refiere a lo que el creyente experimenta en esta vida, o a lo que ha de experimentar en el día postrero? En otras palabras, ¿se refiere el pasaje a la resurrección espiritual desde un estado de muerte en pecado, o a la resurrección del cuerpo y la gloria que ha de seguir a ello? La gran mayoría de los comentaristas, Griegos y Latinos, Protestantes y Católicos, antiguos como modernos, entienden el pasaje como refiriéndose a la conversión o regeneración de los creyentes. Este consentimiento general es evidencia *prima facie* de lo correcto de esta interpretación. Además, todo el contexto, precedente y subsiguiente, muestra que éste es el sentido del Apóstol. En lo que precede, la oración hace referencia a la actual experiencia del creyente. Pablo ora que los Efesios puedan llegar al conocimiento del valor de la vocación que ya habían recibido: el gran precio de la esperanza de que entonces gozaban, y la grandeza del poder del que ya habían sido sujetos. Aquí, una referencia al futuro estaría fuera de lugar. Además, en lo que sigue, el Apóstol no hace la analogía entre la resurrección de Cristo y la futura resurrección de Su pueblo. No dice aquí como dice en Romanos 8:11: «El que levantó de los muertos a Cristo Jesús vivificará también vuestros cuerpos mortales», sino que Él que levantó a Cristo de los muertos «os dio vida a vosotros, cuando estabais muertos por vuestros delitos y pecados». Está claro, entonces, que lo que el Apóstol tiene a la vista es la analogía entre la resurrección de Cristo del sepulcro y la resurrección espiritual de los creyentes. Y esta es una analogía a la que se refieren las Escrituras en otros lugares, como en Romanos 6:4. El pasaje paralelo en Colosenses 2:12, «Habiendo sido sepultados con Él en el bautismo, en el cual fuisteis también resucitados con Él,

mediante la fe en la fuerza activa de Dios que le levantó de los muertos», deja claro que es la resurrección espiritual de los creyentes la que el Apóstol atribuye al gran poder de Dios, y no la futura resurrección de sus cuerpos.

Pero si es éste el sentido del Apóstol, como parece tan claro, ¿qué es lo que enseña el pasaje? ¿Qué es lo que Pablo deseaba que comprendieran los Efesios, cuando dice que su regeneración, o resurrección espiritual, fue llevada a cabo por el inmenso poder de Dios? (1) En primer lugar, está muy claro que quería que comprendieran que no era la obra propia de ellos. Ellos no se habían levantado a sí mismos de entre los muertos, por su propio poder, por la eficiencia de su propia voluntad. (2) No está menos claro que no quiere con ello enseñar que en el caso de ellos hubiera alguna dificultad especial por lo que a Dios respecta. Para Él todas las cosas son fáciles. Él habla, y es hecho. Él sostiene todas las cosas por la palabra de Su poder. No es la dificultad, sino la naturaleza de la obra, lo que quería que comprendieran. (3) Por tanto, la verdad precisa que enseña el pasaje es que la regeneración pertenece a la clase de acontecimientos que son causados por la acción inmediata o poder omnipotente de Dios. No es efecto de causas naturales. No se debe al poder de Dios actuando a través de causas segundas. Este es el llano sentido de las palabras. No puede haber razón alguna para decir que los Efesios habían experimentado los efectos del gran poder de Dios, si no hubieran estado sometidos a otra influencia que la de la persuasión moral, que todos experimentan en mayor o menor grado, y que todos pueden resistir. [...]

Esta es, para el Apóstol, una verdad de la mayor importancia. Determina toda la naturaleza de la religión. La levanta de la esfera de lo natural a la de lo sobrenatural. Si la regeneración fuera un cambio llevado a cabo por la propia voluntad del hombre; si se debiera a la mera fuerza de la verdad y de los motivos, es cosa de poca importancia. Pero si es efecto del gran poder de Dios, es, en cuanto a su naturaleza y consecuencias, sobrenatural y divina. Toda la naturaleza del cristianismo gira en torno a esto. El conflicto de los siglos tiene que ver con la cuestión de si nuestra religión es natural o sobrenatural; de si la regeneración, la santificación y la salvación prometidas y llevadas a cabo bajo el evangelio, son efectos naturales producidos por causas secundarias, ayudadas y guiadas, puede ser, por la cooperación de Dios, tal como Él ayuda y conduce las fuerzas de la naturaleza en la producción de sus maravillosos efectos, o si se trata de algo totalmente por encima de la naturaleza, debido a la intervención sobrenatural y la operación constante del Espíritu Santo. Difícilmente puede haber dudas, entre cristianos sencillos, acerca de cuál de estas posturas sea la escrituraria. Y si la verdadera es la última, se avanza mucho en la decisión de la cuestión de si la regeneración se debe a persuasión moral o al poder omnipotente del Espíritu.

El argumento conforme a la enseñanza de la Escritura.

4. [...] Es la tendencia de todos los sistemas anti-Agustinianos, como ya se ha observado, describir toda religión interna como una cuestión racional, esto es, algo que debe ser explicado según principios racionales; el resultado de una cultura moral, del ejercicio correcto de nuestro libre albedrío, y de la influencia favorable de las circunstancias. Esta no es la perspectiva que se da en la Biblia. Cuando nuestro Señor dijo: «Yo soy la vid, vosotros los pámpanos; el que permanece en mí, y yo en él, éste lleva mucho fruto; porque separados de mí, nada podéis hacer» (Jn 15:5), significaba ciertamente que la unión vital entre Él y Su pueblo es algo más que aquella que pueda existir entre unos discípulos y el maestro, o sea, una unión que incluya meramente la confianza, congenialidad y afecto. La influencia a la que se atribuye la feracidad del creyente es algo más que la influencia de la verdad que Él enseñó, sea como sea que aquella verdad se aplique o ponga en vigor. La permanencia de ellos en Él, y de Él en ellos, es algo más que permanecer en la profesión y creencia de la verdad. Cristo es la cabeza de la

Iglesia no meramente como su gobernante, sino como la fuente de su vida. No soy yo, dice el Apóstol, que vivo, «mas Cristo vive en mí» (Gá 2:20). «¿O no os conocéis bien a vosotros mismos, que Jesucristo está en vosotros? A menos que estéis reprobados» (2 Co 13:5). Es de Él, como nos enseña el mismo Apóstol, que todo el cuerpo deriva aquel suministro por medio del que vive y crece (Ef 4:16). «Por cuanto yo vivo, vosotros también viviréis» (Jn 14:19). «Yo soy la resurrección y la vida» (Jn 11:25). «Yo soy el pan de vida» (Jn 6:48). «El que come mi carne, y bebe mi sangre, permanece en mí, y yo en él» (Jn 6:56). «Este es el pan que descendió del cielo; [...] el que come de este pan, vivirá eternamente» (Jn 6:58). «Seremos salvos por su vida» (Ro 5:10). «Fue hecho el primer hombre Adán alma viviente; el postrer Adán, espíritu vivificante» (1 Co 15:45). «Así como el Padre tiene vida en sí mismo, así también le ha dado al Hijo tener vida en sí mismo» (Jn 5:26). «Como le has dado potestad sobre toda carne, para que dé vida eterna a todos los que le has dado» (Jn 17:2). «Vuestra vida está escondida con Cristo en Dios. Cuando Cristo, vuestra vida, se manifieste, entonces vosotros también seréis manifestados con Él en gloria» (Col 3:3, 4).

Así, las Escrituras nos enseñan llanamente que hay una unión vital entre Cristo y Su pueblo; que tienen una vida común análoga a la que existe entre la vid y sus pámpanos, y entre la cabeza y los miembros del cuerpo. El creyente es verdaderamente partícipe de la vida de Cristo. Esta gran verdad es presentada bajo otro aspecto. El Padre, el Hijo y el Espíritu Santo son un Dios. Así, en todo lugar donde esté el Padre, está el Hijo, y donde está el Hijo está el Espíritu. Por ello, si Cristo mora en el creyente, el Padre lo hace, y también el Espíritu. Como respuesta a la pregunta de los discípulos, «Señor, ¿cómo es que te manifestarás a nosotros, y no al mundo?», nuestro Señor respondió: «El que me ama, guardará mi palabra; y mi Padre le amará, e iremos a él, y haremos morada en él» (Jn 14:22, 23). Así, en la Biblia se dice que Dios mora en Su pueblo; que Cristo mora en ellos, y que el Espíritu mora en ellos. Estas formas de expresión se intercambian, por cuanto todas significan lo mismo. Así, en Romanos 8:9-11, RV: «Mas vosotros no estáis en la carne, sino en el espíritu, si es que el Espíritu de Dios mora en vosotros. Y si alguno no tiene el Espíritu de Cristo, el tal no es de él.» Aquí la misma persona es llamada el Espíritu de Dios y el Espíritu de Cristo. Pero en el siguiente versículo se dice: «Si Cristo está en vosotros, el cuerpo a la verdad está muerto a causa del pecado»; y luego en el v. 11, «Y si el Espíritu de aquel que levantó de los muertos a Jesús mora en vosotros, el que levantó a Cristo Jesús vivificará también vuestros cuerpos mortales por su Espíritu que mora en vosotros», Así, está claro que la morada del Espíritu es la morada de Cristo. Y por ello aquellos numerosos pasajes en los que se dice que el Espíritu de Dios mora en Su pueblo son otras tantas pruebas de la unión mística entre Cristo y todos los verdaderos creyentes. Son uno. Uno con Él y uno entre ellos. Porque por un Espíritu son todos bautizados en un cuerpo. (1 Co 12:13.)

Estas descripciones de la Escritura acerca de la unión entre Cristo y Su pueblo no deben ser ni explicadas ni racionalizadas. Frecuentemente se han intentado ambas cosas. Se han adoptado numerosas teorías y han sido apremiadas como verdad divina, cuando de hecho se trata sólo de especulaciones filosóficas. Algunos dicen que es «la sustancia de la persona de Cristo» la que mora en el creyente. Otros dicen que es la naturaleza divina, el Logos, que se encarna en la Iglesia; otros que es la humanidad de Cristo, Su alma y cuerpo; otros que es la naturaleza teantrópica; otros que es la humanidad genérica ensalzada por su unión con la naturaleza divina al poder de la divinidad. Todo esto es oscurecer el consejo con palabras sin sabiduría. Es sin embargo mucho mejor que el extremo opuesto, que lo racionaliza todo. El primer método admite el hecho vital, por muy desautorizadas que sean las explicaciones que se dan del mismo. El otro niega el hecho, y pone algo fácilmente inteligible en lugar del gran misterio escriturario. Es suficiente para nosotros saber que Cristo y Su pueblo son realmente uno. Son tan verdaderamente uno como la cabeza y los miembros del mismo cuerpo, y por la misma razón; están impregnados y animados por el mismo Espíritu. No se trata meramente de una unión de sentimiento, de ideas, y de intereses. Esta es sólo la consecuencia de la unión vital en la que las Escrituras ponen tanto énfasis.

Ahora bien, si toda la naturaleza de la religión, de la vida de Dios en el alma, es, según la Escritura, algo así sobrenatural y divino; algo misterioso; algo que no puede ser explicado por las leyes ordinarias de la acción mental o de la cultura moral; entonces con toda certidumbre la regeneración, o el inicio de esta vida divina en el alma, no es un proceso simple, cuya razón pueda ser hecha inteligible a un niño. No es un acto inasistido del hombre entregándose a la fuerza de la verdad y de los motivos; tampoco es un acto al que sea determinado por la persuasión del Espíritu, dando a la verdad su debida influencia sobre la mente. Es un acontecimiento de una clase distinta. No es natural, por tanto, sino sobrenatural; no atribuible a ninguna causa segunda, sino al gran poder de Dios. Esto no involucra ninguna desvaloración de la verdad, ni ningún descuido de la constante influencia mediata del Espíritu sobre las mentes de todos los hombres, y especialmente sobre las mentes del pueblo de Dios. Podemos admitir el valor y la absoluta necesidad de la luz, mientras que negamos que la luz pueda abrir los ojos de los ciegos, o preservar el órgano restaurado en su vigor normal. El hombre que contienda en favor de la posibilidad y veracidad de los milagros no lo hace todo milagroso. Puede admitir a la vez la *potentia ordinata* de Dios, y su constante control providencial sobre las causas segundas, y el hecho de que hay ocasiones en las que Él actúa de manera inmediata por Su poder, sin la intervención de ninguna otra agencia. Así que los Agustinianos, en tanto que mantienen el carácter sobrenatural de la vida interna del creyente, y el hecho de que la regeneración se debe al ejercicio inmediato del poder omnipotente de Dios, creen sin embargo que el Espíritu Santo opera constantemente en las mentes de los hombres, según las leyes de la mente, iluminando, convenciendo, persuadiendo y amonestando. Creen todo lo que creen sus oponentes, pero creen más.

Argumento según la naturaleza de la regeneración.

5. Las Escrituras no solamente enseñan que la regeneración es la obra de la agencia omnipotente inmediata del Espíritu, sino que también dan una descripción de su naturaleza que no admite otra explicación de su causa. Es una clase de obra que nada sino un poder omnipotente puede llevar a cabo. Es una *zöopoiesis, una vivificación*. El origen de la vida es por su naturaleza un acto de Dios, porque sólo Él puede dar vida. Es también un acto de poder inmediato. Impide la intervención de las causas segundas lo mismo que la creación. Cristo fue resucitado de entre los muertos por el poder de Dios. Lo mismo Lázaro. Y lo mismo los regenerados. [...]

La Biblia enseña la misma verdad cuando afirma que los creyentes son nueva creación, y dice que son creados de nuevo en Cristo Jesús. La creación es obra de Dios, y es una obra inmediata. Cierra el paso a la intervención de medios. Es necesariamente la obra del poder omnipotente, y por ello las Escrituras la reivindican como la peculiar prerrogativa de Dios. [...] Ahora bien, como la regeneración es siempre declarada como obra de Dios, Su obra peculiar, y obra de Su supereminente poder, análogo al que obró en Cristo, cuando le resucitó de entre los muertos; por cuanto se declara que es una vivificación, un abrir de los ojos, y un abrir los oídos; así, cuando es llamada una nueva creación, estamos ligados a comprender este término como conteniendo una nueva declaración de que es una obra de poder omnipotente.

Otra común descripción escrituraria lleva a la misma conclusión. Los creyentes son los hijos de Dios, no meramente como Sus criaturas racionales, sino como sujetos de un nuevo nacimiento. Son nacidos de Dios. Son nacidos del Espíritu. Son engendrados de Dios. 1 Juan

5:1-18. La idea esencial en tales descripciones es la de comunicación de vida. Derivamos una forma de vida de nuestros corrompidos padres terrenales, y otra del Espíritu. «Lo que es nacido de la carne, carne es; y lo que es nacido del Espíritu, espíritu es» (Jn 3:6). En el caso de las criaturas, esta comunicación de vida por parte del padre a la descendencia es meramente transmisión. En el caso de Dios, la fuente de vida, se trata de una verdadera comunicación. Él origina la vida que Él da. Así como es absolutamente incongruente pensar en una criatura engendrándose a sí misma, u originando su propia vida, y no menos incongruente contemplar este comienzo de vida o ser como producido por influencias secundarias, igualmente es absolutamente inconsistente con las Escrituras contemplar la regeneración como la obra propia de un hombre, o como debida a su cooperación, o como producida por la influencia de la verdad. Igual podría pensarse que la luz, el calor, y la humedad podrían hacer que una semilla muerta germinara, y diera fruto. Todo comienzo de vida es directamente de Dios; y esto es lo que la Biblia declara como cierto de la manera más explícita acerca de la regeneración. Los que vienen a ser hijos de Dios «no [son] engendrados de sangre, ni de voluntad de carne, ni de voluntad de varón, sino de Dios» (Jn 1:13).

Este argumento no queda invalidado por el hecho de que Pablo dice a los Corintios: «Os he engendrado por medio del evangelio». Todas las palabras se emplean literalmente y de manera figurada, y nadie queda extraviado (o tiene por qué serlo) por este cambio de significado. Estamos acostumbrados a hablar de un hombre como padre espiritual de otro, sin temor de ser mal entendidos. Cuando un historiador nos dice que el monje Agustín convirtió a los británicos, o que los misioneros americanos convirtieron a los isleños de Sandwich, no hay peligro de ser malinterpretados; como tampoco cuando se dice que Moisés dividió el Mar Rojo, o que sacó agua de la roca, o que dio al pueblo maná del cielo. El mismo Pablo que dice que él les había «engendrado por medio del evangelio» les dice en otro lugar: «Yo planté, Apolos regó; pero el crecimiento lo ha dado Dios» (1 Co 3:6, 7).

En 1 Pedro 1:23 está escrito: «Habiendo nacido de nuevo, no de simiente corruptible, sino de incorruptible, por medio de la palabra de Dios que vive y permanece para siempre». Según este pasaje se infiere a veces que el nuevo nacimiento es un cambio producido no por la acción inmediata de Dios, sino por la instrumentalidad de la Palabra, y por ello por un proceso natural, o persuasión moral. Sin embargo, ya se ha observado que la regeneración es a menudo tomada en el sentido más amplio de conversión. Esto es, denotando todo el cambio que tiene lugar en el pecador cuando es hecho hijo de Dios. Éste es un cambio global, incluyendo todo lo que tiene lugar en la consciencia, y todo lo que ocurre en la misma alma (por así decirlo), por debajo de la consciencia, y subsiguientemente en el estado y la relación del alma con Dios. En este cambio la Palabra de Dios es eminentemente instrumental. Es por la Palabra que el pecador es convencido, desesperado, llevado a buscar la reconciliación con Dios, e iluminado en el camino de la salvación. Por la Palabra se revelan la persona y la obra de Cristo, y son presentados a la mente todos los objetos en los que encuentra su fin la actividad del alma regenerada. El Evangelio, por tanto, es la sabiduría y el poder de Dios para salvación. Por la Palabra todas las gracias del Espíritu son llamadas a su ejercicio, y sin ella la santidad, en todas sus manifestaciones conscientes, sería tan imposible como la visión sin luz. Pero esto no demuestra que la luz produce la facultad de la visión; ni tampoco la verdad produce el principio de la vida espiritual. El Apóstol Pablo, que se gloría tanto en el evangelio, que declara que es por la locura de la predicación que Dios salva a los que creen, sigue enseñando que la obra interior del Espíritu es necesaria para capacitar a los hombres para que reciban las cosas que Dios les da libremente; que el hombre natural no recibe las cosas del Espíritu, que tienen que ser discernidas espiritualmente (1 Co 2:8-11) [...] Por ello, nada hay en lo que las Escrituras enseñan acerca de la agencia de la verdad en la conversión, o regeneración en el más amplio sentido de la palabra, que sea inconsecuente con su clara aserción de que en su sentido restringido de vivificar o impartir vida espiritual, es un acto de la inmediata omnipotencia de Dios. Este punto fue observado en un capítulo anterior.

Así, el hecho de que la Biblia presenta la regeneración como resurrección espiritual, como una nueva creación, y como un nuevo nacimiento, demuestra que es obra de la actividad inmediata de Dios. [...]

Argumento conforme a las doctrinas relacionadas.

[...] Existe la misma íntima conexión entre las doctrinas de la soberanía de Dios en elección y de la gracia eficaz. Si fuera cierto que los hombres son los que causan la diferencia; que la elección estuviera basada en la previsión de buenas obras; que algunos que oyen el Evangelio y sienten la influencia del Espíritu se dejan persuadir, que otros rehúsan, y que es por ello que los primeros son escogidos, y los otros rechazados, entonces sería coherente describir la gracia ejercitada en la vocación de los hombres como una influencia a la que someterse o rechazar. Pero si Dios tendrá misericordia de quien quiera tener misericordia; si no es de quien quiere ni de quien corre, sino de Dios que tiene misericordia; si es de Dios, y no de nosotros mismos, que estamos en Cristo Jesús: si Dios esconde estas cosas de los sabios y prudentes, y las revela a niños tal como Él le agrada, entonces la influencia mediante la que lleva a cabo Su propósito a buen fin tiene que ser eficaz en su propia naturaleza, y no deber su buen fin a la determinación de sus sujetos.

La misma conclusión sigue de lo que la Escritura enseña acerca del pacto de la redención. Si en aquel pacto Dios dio a Su Hijo Su pueblo como recompensa por Su obediencia y muerte, entonces todos los que así le han sido dados deben ir a Él; y la influencia que asegura que vendrán tiene que ser ciertamente eficaz. Así esta doctrina está imbricada con las otras grandes doctrinas de la gracia. Es un elemento esencial, o al menos inseparable, de aquel sistema que Dios ha revelado para la salvación de los hombres; un sistema cuyo magno designio es la manifestación de las riquezas de la divina gracia, esto es, de su amor inmerecido y misterioso hacia los indignos; y que está por tanto dispuesto y administrado de tal manera que el que se gloría debe gloriarse en el Señor; tiene que ser constreñido a decir, y a regocijarse en decir: «No a nosotros, oh Jehová. no a nosotros, sino a tu nombre da gloria» (Sal 115:1).

Argumento de la experiencia.

7. Con respecto a esta cuestión se puede apelar sin temor a la experiencia del creyente individual. Y a la historia de la Iglesia. Todos los fenómenos de la vida cristiana concuerdan con la doctrina Agustiniana de la gracia eficaz. Ningún creyente jamás se atribuye la regeneración a si mismo. No se reconoce a sí mismo como el autor de la obra, ni a su propia bondad relativa, ni a su mayor susceptibilidad a una buena impresión, ni a su mayor disposición a ser persuadido, como la razón por la que él, y no otros, es sujeto a este cambio. Sabe que es una obra de Dios; y que es la obra de la libre gracia de Dios. Su corazón responde al lenguaje del Apóstol cuando dice: «Nos salvó, no en virtud de obras de justicia que nosotros hubiéramos hecho, sino conforme a su misericordia, mediante el lavamiento de la regeneración y la renovación por el Espíritu Santo» (Tit 3:5). Pablo dice de sí mismo que Dios, habiéndole separado desde el vientre de su madre, le llamó por Su gracia (Gá 1:15). Nada había en él, blasfemo y perseguidor, para demandar la especial intervención de Dios en su favor. Bien lejos de atribuirse a sí mismo su vocación, o a su mayor susceptibilidad a darse a la influencia de la verdad, se describe constantemente como monumento a la maravillosa condescendencia y gracia de Dios. Habría tenido poca paciencia oyendo el tratamiento filosófico de la conversión, que hace tan inteligible la razón por la que uno cree y otro rechaza la oferta del Evangelio. La

conversión de Pablo es el tipo de toda conversión genuina desde aquel entonces hasta hoy. Las milagrosas circunstancias que la acompañaron fueron simplemente accidentales. No fue convertido por las palabras audibles ni por la luz cegadora que le detuvieron en su camino a Damasco. Nuestro Señor dijo: «Si no oyen a Moisés y a los profetas, tampoco se persuadirán aunque alguno se levante de los muertos» (Lc 16:31). Tampoco tuvo lugar el cambio mediante un proceso de razonamiento o de persuasión. Fue mediante la apertura instantánea de sus ojos para ver la gloria de Dios en la persona de Jesucristo. Y esta apertura de sus ojos fue tan evidentemente un acto de favor inmerecido y del poder omnipotente de Dios, como lo fue la restauración de la vista al ciego Bartimeo. Dios, dice el Apóstol, reveló a Su Hijo en Él. La revelación fue interna y espiritual. Lo que fue cierto en su propia experiencia, nos dice, no es menos cierto en la experiencia de otros creyentes. «El dios de este mundo cegó los pensamientos de los incrédulos», nos dice. Pero «Dios, que mandó que de las tinieblas resplandeciese la luz, es el que resplandeció en nuestros corazones, para iluminación del conocimiento de la gloria de Dios en la faz de Jesucristo» (2 Co 4:4, 6). La verdad acerca de la persona y de la obra de Cristo es presentada objetivamente a todos. La razón de que algunos la vean y otros no la atribuye el Apóstol al simple fíat de Aquel que dijo en el principio. «Sea la luz». Esta es la teoría de Pablo de la conversión. [...]

La Biblia dice que [las conversiones] tienen lugar por «la supereminente grandeza» del poder de Dios; que Él resucita a los espiritualmente muertos a una nueva vida; que Él crea en ellos un nuevo corazón; que Él saca de ellos el corazón de piedra, y que les da un corazón de carne; que Él abre sus ojos, y que manda que la luz resplandezca en sus corazones, así como al principio mandó que la luz resplandeciera en las tinieblas que estaban sobre el caos. Por ello, la Biblia atribuye la conversión, o regeneración, a aquella clase de acontecimientos que se deben al ejercicio inmediato del poder de Dios.

Las escenas del día de Pentecostés no aparecen aisladas en la historia de la Iglesia. Manifestaciones similares del poder del Espíritu han tenido lugar, y siguen aconteciendo, en cada parte del mundo. Todas llevan de manera inequívoca la estampa de la acción divina, como sucedía con los milagros de la edad apostólica. Así, quedamos justificados en decir que todos los fenómenos de la experiencia cristiana en el creyente individual y en la Iglesia a nivel colectivo, sustentan la doctrina Agustiniana de la Gracia Eficaz, y son inconsistentes con toda otra doctrina acerca de esta cuestión.

6. Objeciones.

No hay objeciones específicas contra la doctrina de la gracia eficaz que sea necesario examinar. Las que se presentan comúnmente se presentan con la misma fuerza contra otras doctrinas conectadas, y ya han sido examinadas. Así:

1. Se apremia que esta doctrina destruye la responsabilidad humana. Si necesitamos un cambio que nada pueda efectuar más que el poder omnipotente antes que podamos hacer algo espiritualmente bueno, dejamos de ser responsables. Esta es la antigua objeción de que la incapacidad y la responsabilidad son incompatibles. Esta dificultad ha sido presentada miles de veces durante la historia de la Iglesia, y ha sido mil veces respondida. Da por supuesto, injustificadamente, que la incapacidad que surge del carácter y que constituye el carácter es incompatible con el carácter.

2. Se objeta que si nada más que el poder creador de Dios puede capacitarnos para arrepentirnos y creer, tenemos que esperar pacientemente hasta que este poder sea ejercido. Es indudable que así razonan los que están enamorados del pecado, y que no desean verdaderamente ser liberados del mismo. Puede que algún leproso, cuando Cristo estaba en la tierra, hubiera sido tan irrazonable como para decir que, puesto que no se podía sanar él

mismo, que tenía que esperar hasta que Cristo acudiera a sanarle. Sin embargo, el efecto natural de una convicción de total incapacidad es impeler a una petición intensa a la única fuente de la que puede venir ayuda, y para todos los que sienten su pecaminosidad e incapacidad de librarse a sí mismos, hay la promesa: «Venid a mí [...]. y yo os haré descansar.» «Pedid, y se os dará; buscad, y hallaréis; llamad, y se os abrirá.» Habrá tiempo para quejarse cuando alguien deje de experimentar el poder sanador de Cristo, después de haberlo buscado tan largamente, con tanto fervor y tanta sumisión a las instrucciones de la Palabra de Dios como lo demanda su importancia; o incluso con la asiduidad o celo con que los hombres buscan las cosas perecederas de la vida.

3. Se objeta que una doctrina que supone la intervención de la acción inmediata de la Gran Causa Primera en el desarrollo de la historia, o de una serie regular de acontecimientos, es contraria a toda verdadera filosofía, e inconsecuente con la relación de Dios con el mundo. Pero este es un punto en el que se enfrentan no sólo la filosofía y la Biblia, sino también la filosofía y la religión natural. Las Escrituras enseñan las doctrinas de la creación, de la providencia particular de Dios, de la revelación sobrenatural, de la inspiración, de la encarnación, de los milagros y de una resurrección futura, todo lo cual se basa en la presuposición de la acción sobrenatural e inmediata de Dios. Si las Escrituras son verdad, la filosofía que niega la posibilidad de tal intervención inmediata tiene que ser falsa. Ahí está cada cristiano dispuesto a dejar la cuestión.

[7. Historia de la doctrina.]

Capítulo 15
Regeneración

1. Uso del término.

EL CAMBIO SUBJETIVO obrado en el alma por la gracia de Dios es designado de varias maneras en la Escritura. Es llamado un nuevo nacimiento, una resurrección, una nueva vida, una nueva criatura, una renovación de la mente, un morir al pecado y vivir a la justicia, una traslación de las tinieblas a la luz. etc. En lenguaje teológico se llama regeneración, renovación, conversión. Estos términos se emplean frecuentemente de manera intercambiable. A veces se emplean para denotar todo el proceso de renovación espiritual o restauración de la imagen de Dios, y a veces para denotar una etapa determinada de este proceso. Así, Calvino le da a este término su sentido más amplio: «En una palabra, afirmo que el arrepentimiento es una regeneración espiritual, cuyo fin no es otro sino restaurar en nosotros y volver a su prístina perfección la imagen de Dios, que por la trasgresión de Adán había quedado empañada y casi destruida. [...] Mas esta restauración no se verifica en un momento, ni en un día, ni en un año; sino que Dios incesantemente va destruyendo en sus elegidos la corrupción de la carne».[1]

Para los teólogos del siglo diecisiete, la conversión y la regeneración eran términos sinónimos. [...] Por cuanto estas cosas son distintas, deberían ser designadas con términos diferentes. La cuestión de si el hombre es activo o pasivo en la regeneración y de si la regeneración tiene lugar por la influencia mediata o inmediata del Espíritu tiene que ser respondida de una manera si la regeneración incluye la conversión, y de otra si se toma en su sentido restringido. En la Biblia se preserva generalmente la distinción: *metanoia*, arrepentimiento, cambio de la mente, vuelta a Dios, esto es, conversión, es aquello que el hombre es llamado a hacer; *anagénnësis*, regeneración, es el acto de Dios. Dios regenera; el alma es regenerada. En la Iglesia Católica Romana la justificación es hacer subjetivamente justo, esto es, libre de pecado e interiormente santo. Lo mismo con la regeneración, y lo mismo con la santificación. Por tanto, estos términos son, en la teología de esa iglesia, constantemente intercambiados.

Incluso entre los Luteranos, en la «Apología de la Confesión de Augsburgo», se hace que la regeneración incluya la justificación [...]

Por cuanto este uso impreciso de los términos iba inevitablemente acompañado de gran confusión, la «Fórmula de Concordia» misma, y los teólogos Luteranos posteriores, fueron más precisos. En especial establecieron una clara distinción entre la justificación y todo lo que significara un cambio subjetivo en el pecador.

---

1. *Institución*, libro III, cap. III, 9. Edición de FELIRE, Rijswijk, 1968, Vol. I, pág. 454.

En la Iglesia primitiva el término regeneración expresaba frecuentemente no un cambio moral interior, sino un cambio externo de estado o relación. Entre los judíos, cuando un pagano venía a ser prosélito a su religión, se decía que había nacido de nuevo. El cambio de su estado desde fuera a dentro de la teocracia era llamado regeneración. Este uso pasó en cierta medida a la Iglesia Cristiana. Cuando un hombre se hacía miembro de la Iglesia, se decía que había nacido de nuevo; y el bautismo, que era el rito de iniciación, era llamado regeneración. Este uso de la palabra no ha desaparecido del todo. Se sigue haciendo a veces una distinción entre regeneración y renovación espiritual. La primera es externa, la segunda interna. Algunos de los defensores de la regeneración bautismal hacen esta distinción, e interpretan el lenguaje de las fórmulas de la Iglesia de Inglaterra en conformidad a ella. La regeneración que tiene lugar en el bautismo, para ellos, no es un cambio espiritual en el estado del alma, sino sólo un nacimiento en la Iglesia visible.

2. La naturaleza de la regeneración.

Por consentimiento casi universal, la palabra regeneración se emplea hoy día para designar no toda la obra de santificación, ni las primeras etapas de aquella obra incluida en la conversión, y mucho menos la justificación o ningún mero cambio de estado externo, sino el cambio instantáneo de muerte espiritual a vida espiritual. Por tanto, la regeneración es una resurrección espiritual: el comienzo de una nueva vida. A veces la palabra expresa el acto de Dios. Dios regenera. A veces designa el efecto subjetivo de Su acto. El pecador es regenerado. Viene a ser nueva creación. Es renacido. Y esto es Su regeneración. Estas dos aplicaciones de la palabra están tan íntimamente conectadas que no se produce confusión. La naturaleza de la regeneración no recibe más explicación en la Biblia que la que se da de su autor: Dios, en el ejercicio de la supereminente grandeza de Su poder; su sujeto, toda el alma; y sus efectos, vida espiritual, y todos sus consiguientes actos y estados en santidad. Su naturaleza metafísica es dejada como un misterio. [...]

3. La doctrina evangélica.

[...] Es suficiente citar [...] la «Confesión de Westminster», [que] dice: «El hombre, por su caída en estado de pecado, ha perdido totalmente toda capacidad de querer todo bien espiritual acompañando la salvación; de manera que como hombre natural totalmente adverso a lo que es bueno, y muerto en pecado, no puede, por su propio poder, convertirse a sí mismo, ni prepararse para ello.» «Cuando Dios convierte a un pecador y lo traslada al estado de gracia, lo libera de su esclavitud natural bajo pecado, y por su sola gracia le capacita libremente para querer y hacer lo que es espiritualmente bueno.» «Le place a Dios llamar eficazmente, en Su tiempo señalado y aceptado, a todos aquellos a los que Dios ha predestinado para vida, y sólo a aquellos, mediante Su Palabra y Espíritu, fuera de aquel estado de pecado y de muerte en el que por naturaleza están, a la gracia y salvación por Jesucristo; iluminando sus mentes, espiritual y salvadoramente, para comprender las cosas de Dios, sacando sus corazones de piedra, y dándoles corazón de carne; renovando sus voluntades, y por Su poder omnipotente, determinándoles a lo bueno, y atrayéndolos eficazmente a Jesucristo; pero ello de manera que vienen de la manera más libre, habiendo sido hechos bien dispuestos por Su gracia». «Este llamamiento eficaz es solamente por la libre y especial gracia de Dios, no por nada en absoluto previsto en el hombre, que es en ello totalmente pasivo, hasta que, siendo vivificado y renovado por el Espíritu Santo, es por ello capaz de responder a este llamamiento, y abrazar la gracia ofrecida y comunicada en él».[2] [...]

---

2. IX, 3, 4; X, 1, 2.

La regeneración es un acto de Dios.
1. La regeneración es un acto de Dios. No se le atribuye simplemente a Él como dador, y, en este sentido, como Su autor, como Él es el dador de la fe y del arrepentimiento. No es un acto que, por argumento o persuasión, o por poder moral, induce al pecador a que ejecute. Es un acto del que Él es el agente. Es Dios quien regenera. El alma es regenerada. En este sentido el alma es pasiva en la regeneración, la cual (considerada subjetivamente) es un cambio obrado en nosotros, y no un acto llevado a cabo por nosotros.

La regeneración es un acto del poder de Dios.
2. La regeneración no es sólo un acto de Dios, sino también un acto de Su poder omnipotente. [...] Como acto de la omnipotencia, es ciertamente eficaz, porque nada puede resistir al poder omnipotente. [...] La aserción de que la regeneración es un acto de omnipotencia es, y quiere ser, una negación de que sea un acto de persuasión moral. Es una afirmación de que es «físico» en el antiguo sentido de aquella palabra, como opuesto a moral; y que es inmediato, en oposición a mediato, o por medio de o por la verdad. Cuando bien en la Escritura bien en las obras teológicas se toma la palabra regeneración en su sentido más amplio incluyendo la conversión o el retorno voluntario del alma a Dios, entonces se dice desde luego que es por la Palabra. La restauración de la vista al ciego por orden de Cristo fue un acto de omnipotencia. Fue inmediata. Nada intervino como influencia instrumental o cooperadora entre la volición divina y el efecto. Pero todos los ejercicios de la facultad restaurada tuvieron lugar por medio de y por la luz, y sin luz es imposible la visión. La resurrección de Lázaro de entre los muertos fue un acto de la omnipotencia. Nada intervino entre la volición y el efecto. El acto de vivificar fue el acto de Dios. En esto Lázaro fue pasivo. Pero en todos los actos de su restaurada vitalidad él fue activo y libre. Según el sistema evangélico, en este sentido la regeneración es el acto del poder omnipotente de Dios. Nada interviene entre Su volición de que el alma, espiritualmente muerta, viva, y el efecto deseado. Pero en todo lo que pertenece a la consciencia, a todo lo que precede o sigue a la impartición de esta nueva vida, el alma es activa y está influenciada por la verdad que actúa según las leyes de nuestra constitución mental.

La regeneración no es un acto en el sentido subjetivo del término.
La regeneración, considerada subjetivamente o vista como un efecto o cambio producido en el alma, no es un acto. [...] Tampoco es ningún ejercicio consciente de ninguna clase. Es algo que está por debajo de la consciencia.

No es un cambio de sustancia.
4. Tampoco es, según la doctrina de la Iglesia, ningún cambio en la sustancia del alma. Esto es rechazado universalmente como maniqueísmo, e inconsecuente con la naturaleza del pecado y de la santidad. En verdad, frecuentemente se supone que nada hay en el alma más que su sustancia y sus acciones; y por ello que si la regeneración no es un cambio en las acciones, tiene que ser un cambio de la sustancia del alma. Pero esta suposición no sólo es arbitraria, sino que está opuesta a las íntimas convicciones de todos los hombres. Esto es, de los hombres en su estado normal, cuando no están especulando ni teorizando. [...] Todos reconocen, en primer lugar, que unos principios constitucionales como el amor paterno, los afectos sociales, un sentido de la justicia, de la piedad, etc., son estados inmanentes del alma que no pueden ser resueltos en su esencia ni en sus acciones. Lo mismo sucede con las disposiciones, sean amistosas o inamistosas. [...] Además de las acciones y estados que se revelan en la consciencia, hay estados permanentes, o disposiciones, principios o hábitos, como se les llama indistintamente, que constituyen el carácter y le dan estabilidad, y que son la causa próxima

y determinante de por qué nuestros ejercicios voluntarios y estados conscientes son lo que son. Esto es lo que la Biblia llama el corazón, que tiene la misma relación con todos nuestros actos que la naturaleza de un árbol, como bueno o malo, con el carácter de su fruto. Un buen árbol es conocido como bueno si el fruto es bueno. Pero la bondad del fruto no determina la bondad del árbol, sino al revés. De la misma manera, no son las buenas acciones las que hacen bueno al hombre; la bondad del hombre decide el carácter de sus actos.

Es una nueva vida.
5. Mientras que niegan que la regeneración sea un cambio en la esencia o en los actos del alma, los cristianos evangélicos declaran que es, en el lenguaje de la Escritura, «una vivificación», una *zöopoiein*, una comunicación de un nuevo principio de vida. Es difícil, quizá imposible, definir qué es la vida. Pero cada hombre está familiarizado con sus manifestaciones. [...] Sabemos que cuando un hombre está muerto en cuanto a su cuerpo, ni ve, ni siente, ni actúa. Los objetos susceptibles de obrar en los sentidos de los vivientes no hacen impresión alguna en él. No despiertan ningún sentimiento correspondiente, ni suscitan actividad alguna. Los muertos son insensibles e impotentes. Cuando las Escrituras afirman que los hombres están espiritualmente muertos, no niegan que tengan vida física, intelectual, social o moral. Admiten que los objetos de los sentidos, las verdades de la razón, nuestras relaciones sociales y obligaciones morales, son asimiladas más o menos correctamente; no dejan de despertar los sentimientos y de excitar a la acción. Pero hay una clase más alta de objetos que ésta, y que la Biblia llama «Las cosas de Dios», «Las cosas del Espíritu», «Las cosas que pertenecen a salvación». Estas cosas, aunque intelectualmente aprehendidas tal como se presentan a nuestras facultades cognoscitivas, no son espiritualmente discernidas por el hombre no regenerado. Un objeto hermoso en la naturaleza o en el arte puede ser apropiadamente aprehendido como objeto de la visión por un hombre no cultivado, que no tiene percepción de su excelencia estética, ni sentimiento correspondiente de deleite en su contemplación. Lo mismo sucede con el hombre no regenerado. Puede tener un conocimiento intelectual de los hechos y de las doctrinas de la Biblia, pero ningún discernimiento espiritual de su excelencia, ni deleite en ello. El mismo Cristo, tal como es presentado en las Escrituras, es para uno sin hermosura ni atractivo para que le deseemos; para otro Él es señalado entre diez mil y el supremamente atrayente; «Dios manifestado en carne», a quien es imposible no adorar, amar y obedecer.

Así, esta nueva vida se manifiesta en nuevas concepciones de Dios, de Cristo, del pecado, de la santidad, del mundo, del evangelio, y de la vida venidera; en resumen, de todas aquellas verdades que Dios ha revelado como necesarias para la salvación. Esta iluminación espiritual es tan importante y tan necesaria y un efecto tan inmediato de la regeneración, que el conocimiento espiritual no es sólo exhibido en la Biblia como el fin de la regeneración (Col 3:10; 1 Ti 2:4), sino que toda la conversión (que es efecto de la regeneración) es resumida en conocimiento. [...] Todo el proceso de la salvación es descrito como una traslación del reino de las tinieblas al reino de la luz. Por ello, no debemos asombramos de que los antiguos llamaran a la regeneración *phötismos*, iluminación. Si un ciego de nacimiento fuera repentinamente restaurado a la vista, le sobrevendría tal inundación de conocimiento y deleite, que bien podría pensar que la vida consiste en ver. Así los escritores del Nuevo Testamento exponen el cambio consiguiente a la regeneración, la apertura de los ojos a la certidumbre, gloria y excelencia de las cosas divinas, y especialmente de la revelación de Dios en la persona de Su Hijo, como incluyendo casi todo lo que pertenece a la vida espiritual. Relacionada de manera inseparable con este conocimiento e incluida en el mismo está la fe, en todas las formas y ejercicios en los que las verdades espirituales son sus objetos. El deleite en las cosas así reveladas es la necesaria consecuencia de la iluminación espiritual; y con el deleite vienen la satisfacción y la paz, la elevación por encima del mundo, o una mentalidad espiritual, y un sentimiento tan acusado de la importancia de las cosas que no se ven, eternas, que todas las energías del alma renovada se dedican (o se reconoce que debieran dedicarse) a alcanzarlas para sí y para otros.

Esta es una de las formas en que la Biblia expone la doctrina de la regeneración. Es resucitar al alma muerta a vida espiritual. Y esta vida espiritual se desarrolla o manifiesta justo como cualquier otra forma de vida, en todos los ejercicios apropiados a su naturaleza.

Es un nuevo nacimiento.

La misma doctrina acerca de este tema se enseña en otras palabras cuando se dice que la regeneración es un nuevo nacimiento. Al nacer, el niño entra en un nuevo estado de existencia. El nacimiento no es su propio acto. Es dado a luz. [...]

Un nuevo corazón.

Otro modo en que se expone esta doctrina se encuentra en aquellos pasajes en que se muestra a Dios dando un nuevo corazón a Su pueblo. En la Escritura el corazón es aquello que piensa, siente, quiere y actúa. Es el alma, el yo. Un nuevo corazón, por tanto, es un nuevo yo, un nuevo hombre. Implica un cambio de todo el carácter. Es una nueva naturaleza. Del corazón proceden todos los ejercicios conscientes, voluntarios, morales. Por ello, un cambio de corazón es un cambio que precede aquellos ejercicios y determina el carácter de los mismos. Un nuevo corazón es lo que es la bondad del árbol en la parábola de nuestro Señor.

Por tanto, en la regeneración hay la comunicación de una nueva vida al alma; el hombre es sujeto de un nuevo nacimiento; recibe una nueva naturaleza o un nuevo corazón, y viene a ser nueva creación. Por cuanto el cambio no tiene lugar ni en la sustancia ni en los meros ejercicios del alma, sino en aquellas disposiciones, principios, gustos o hábitos inmanentes que subyacen a todos los ejercicios conscientes, y que determinan el carácter del hombre y de todas sus acciones. [...]

4. Objeciones.

Las mismas objeciones que se apremian contra las otras doctrinas de la gracia se apremian en contra de la perspectiva Agustiniana de la naturaleza de la regeneración. Estas objeciones son de tres clases.

La negación del sobrenaturalismo.

1. La primera clase de objeciones se basa en la negación del Teísmo, o al menos en la negación de la doctrina escrituraria de la relación de Dios con el mundo. Es una suposición común a la mayor parte de las formas de la moderna filosofía que la única actividad del Ser Supremo (sea personal o impersonal) es según la ley. Es ordenada, uniforme, y en, con y por medio de segundas causas, si se admiten tales causas. Todo es natural y nada sobrenatural, sea en el mundo exterior o en la esfera de las cosas espirituales. [...]

Se trata de una teoría filosófica. No tiene autoridad para los cristianos. Y como es contraria a la enseñanza expresa de las Escrituras, no puede ser adoptada por aquellos que las reconocen como la norma infalible de fe y de práctica. Por cuanto contradice las convicciones morales y religiosas que surgen de la constitución de nuestra naturaleza, tiene que ser dañina en todas sus tendencias, y puede ser adoptada sólo por aquellos que sacrifican su vida interior a la especulación.

La confianza en falsas teorías psicológicas.

2. Una segunda clase de objeciones se basa en ciertas teorías psicológicas del libre albedrío, de la naturaleza del alma y de las condiciones de la obligación moral. Ninguna teoría

acerca de esta ni otra cuestión tiene autoridad, excepto aquellas que subyacen a los hechos y doctrinas de la Escritura y que están necesariamente asumidas en ellas. [...]

Objeciones basadas en la perfección divina.
3. Una tercera clase de objeciones se basa en la supuesta inconsistencia de esta doctrina con la perfección moral de Dios. Si todos los hombres están muertos en pecado, carentes de la capacidad de restaurarse a sí mismos a la vida, entonces no sólo es injusto que sean condenados, sino también incompatible con la divina rectitud que Dios ejerza Su poder omnipotente en la regeneración de algunos, mientras que deja a otros que perezcan. Se dice que la justicia demanda que todos tengan la misma oportunidad; que todos tengan, por naturaleza o por gracia, la capacidad de lograr su propia salvación. Es evidente que estas objeciones no militan de manera peculiar contra el sistema Agustiniano. Son apremiadas por los ateos contra el Teísmo. Si hay un Dios personal de poder infinito, ¿por qué permite que el pecado y la desgracia tengan tal supremacía sobre la tierra; por qué el bien y el mal están tan desigualmente distribuidos, y por qué es la distribución tan arbitraria?

Los deístas hacen la misma objeción contra la autoridad de la Biblia [...]

También está claro que los diferentes sistemas anti-Agustinianos no ofrecen un verdadero alivio ante estas dificultades. Admitiendo que la regeneración fuera la acción propia del pecador; admitiendo que cada hombre tuviera todo el conocimiento y toda la capacidad necesaria para alcanzar su salvación, sigue siendo cierto que pocos se salvan, y que Dios no se interpone para impedir que la gran mayoría de adultos en el actual estado del mundo perezcan en sus pecados.

Los Agustinianos no niegan estas dificultades. Sólo mantienen que no son peculiares de su sistema; y reposan contentos con la solución que les da la Escritura. Esta solución concuerda con todos los hechos de la consciencia y de la experiencia, hasta allá donde alcanzan la consciencia y la experiencia. [...] La consciencia y la experiencia dan testimonio del hecho que somos una raza apóstata; que todos los hombres somos pecadores, y que, siendo pecadores, hemos perdido todo derecho al favor de Dios. [...] Cada hombre que deja de alcanzar la vida eterna sabe que la responsabilidad es suya. En cambio, la experiencia de cada creyente es un testimonio para él que es de Dios y no de él mismo que está en Cristo (1 Co 1:30); cada creyente sabe que si Dios le hubiera dejado a sí mismo, habría permanecido en incredulidad y pecado. Por qué Dios interviene para salvar a uno, y no a otro, cuando todos son igualmente inmerecedores; por qué las cosas de Dios son reveladas a los niños, y escondidas de los sabios y prudentes, sólo puede recibir contestación en el lenguaje de nuestro Señor: «Sí, Padre, porque así te agradó» (Mt 11:26).

Las más populares y comunes objeciones de que la doctrina agustiniana de la regeneración conduce a descuidar los medios de gracia, a esperar el tiempo de Dios, a la indiferencia o a la desesperación; que es inconsecuente con las exhortaciones y mandamientos dirigidos a los pecadores a que se arrepientan y crean, e incompatible con la responsabilidad moral, ya han sido consideradas varias veces. Será suficiente repetir una vez más que estas objeciones están basadas sobre la suposición de que la incapacidad, incluso cuando surge de nuestra propia pecaminosidad, es incompatible con la obligación. Además, la tendencia natural y real de la sensación de impotencia bajo una carga de mal es la de llevar a una fervorosa e importuna solicitud de alivio ante Aquel que es capaz de otorgarla, y cuyo otorgamiento ofrece.

Capítulo 16
La fe

1. Observaciones preliminares.

EL PRIMER EJERCICIO CONSCIENTE del alma renovada es la fe; así como el primer ejercicio consciente de un ciego de nacimiento cuyos ojos han sido abiertos es la visión [...]. Así es con el creyente. Tan pronto como sus ojos son abiertos por la renovación del Espíritu Santo, está en un mundo nuevo. Las cosas viejas pasaron, he aquí, todas son hechas nuevas. La aprehensión de «las cosas de Dios» como verdaderas se encuentra en la base de todos los ejercicios del alma renovada. La discusión de si la fe precede al arrepentimiento, o el arrepentimiento a la fe no puede darse si se está de acuerdo en el significado de las palabras. A no ser que la fe se limite a algunos de sus ejercicios especiales, no puede dudarse de que en el orden natural tiene que preceder al arrepentimiento. El arrepentimiento es el volverse del alma del pecado a Dios, y a no ser que sea producido por una aprehensión creyente de la verdad no es siquiera un acto racional. Por cuanto en las Escrituras se le asigna tanta importancia a la fe, por cuanto todas las promesas de Dios se dirigen a los creyentes, y por cuanto todos los ejercicios conscientes de la vida espiritual involucran el ejercicio de la fe, sin la que son imposibles, no se puede sobrevalorar la importancia de esta gracia. Para el teólogo y para el cristiano práctico es indispensable tener ideas claras y correctas sobre esta cuestión, de especial dificultad. Dificultad que surge en parte por la naturaleza de la cuestión; en parte por el hecho de que el uso ha dado al término *fe* tantos significados diferentes; en parte por las definiciones arbitrarias que le han dado filósofos y teólogos; y en parte por la gran diversidad de aspectos bajo la que es presentada en la Palabra de Dios.

2. La naturaleza psicológica de la fe.

La fe, en el sentido más amplio del término, es asentimiento a la verdad, o la persuasión de la mente de que algo es cierto. En un lenguaje popular ordinario decimos que creemos aquello que consideramos cierto. El elemento primario de la fe es confianza. [...] La idea primaria de verdad es aquello que es digno de confianza; aquello que sustenta nuestras expectativas, que no frustra, porque realmente es aquello que se supone o que se declara ser. Se opone a lo engañoso, lo falso, lo irreal, lo vacío y lo carente de valor. Considerar algo como verdadero es considerarlo como digno de confianza, como siendo lo que declara ser. Por tanto, fe, en el sentido global y legítimo de la palabra, es confianza. [...]

La fe es una convicción basada en el testimonio.

[...] Dice Agustín: «Conocemos lo que descansa sobre la razón; creemos lo que descansa sobre la autoridad». [...] Entre los escolásticos, esta era la idea prevalente. Cuando definieron la fe como la persuasión de cosas que no se ven, se referían a aquellas cosas que recibimos como ciertas conforme a la autoridad, y no porque podamos conocerlas o demostrarlas. Por ello se decía constantemente: la fe es humana cuando reposa en el testimonio de los hombres; divina cuando reposa en el testimonio de Dios. Tomás de Aquino dice:[1] «La fe de que hablamos no asiente a nada excepto porque sea revelado por Dios». Creemos conforme a la autoridad de Dios, y no porque veamos, conozcamos o sintamos que algo sea cierto. Este es el sentido de la enseñanza del gran cuerpo de teólogos escolásticos. Esta fue también la doctrina de los Reformadores y de los teólogos posteriores, tanto Luteranos como Reformados. [...] Owen:[2] «Toda fe es asentimiento a un testimonio; y la fe divina es el asentimiento a un testimonio divino». John Howe[3] pregunta: «¿Por qué creo que Jesús es el Cristo? Porque el Dios eterno ha dado Su testimonio acerca de Él que lo es.» «La creencia de un hombre llega a no ser nada sin esto, que hay un testimonio divino.» Una vez más:[4] «Creo aquello tal como Dios lo revela, porque me ha sido dada por autoridad de Dios.» El Obispo Pearson[5] dice: «Cuando se nos propone algo que no es ni evidente para nuestros sentidos, ni a nuestro entendimiento, en y por sí mismo, ni que podamos conseguir de ninguna clara y necesaria conexión con la causa de la que procede, o de los efectos que naturalmente produce, ni es aceptado conforme a ningunos verdaderos argumentos ni por referencia a otras verdades reconocidas, y sin embargo nos aparece como verdadero, no por una manifestación, sino por testimonio de la verdad, y así nos lleva al asentimiento no por sí mismo, sino en virtud del testimonio que se da de ello; de esto se dice propiamente que es creíble; y el asentimiento a esto, por tal credibilidad, es el concepto apropiado de fe o de creencia.»

Esta postura acerca de la naturaleza de la fe es recibida casi universalmente no sólo por teólogos, sino por filósofos y por la masa del pueblo cristiano. La gran cuestión ha sido siempre si hemos de recibir la verdad con base en la autoridad, o con base en la evidencia racional. Leibniz comienza su *Discours de la Conformité de la Foi avec la Raison* diciendo: «Supongo yo que dos verdades no se van a contradecir; que el objeto de la fe es la verdad que Dios ha revelado de una manera extraordinaria, y que la razón es el encadenamiento de verdades, más particularmente (una vez comparadas con la fe) de aquellas que el espíritu humano puede alcanzar naturalmente, sin ayuda de la luz de la fe».[6]

Ya se ha admitido que el elemento esencial de la fe es confianza [...] pero en el sentido estricto y especial de la palabra, como distinta de conocimiento y opinión, la fe significa la creencia de cosas no vistas, sobre la base de testimonio. Pero por testimonio no se significa meramente la afirmación de un testigo inteligente. Hay otros métodos por los que se puede dar un testimonio aparte de una afirmación. Un sello es una forma de testimonio; lo mismo una señal. Lo mismo es todo aquello que compromete la autoridad del testigo de la verdad a establecer. Cuando Elías declaro que Jehová era Dios y Baal una mentira, dijo: «El Dios que responda por medio de fuego, ése sea Dios.» El descenso del fuego fue el testimonio de Dios en favor de la verdad de la declaración del profeta. Así, en el Nuevo Testamento se dice que

---

1. *Summa*, II. III, quaest. I, art. 1, edición de Colonia, 1640, pág. 2, a, del tercer juego: «Non fides, de qua loquimur, assenti alicui, nisi quia est a Deo revelatum.»
2. *Doctrine of Justification*, cap. I, edición de Philadelphia, 1841. pág. 84.
3. *Works*, Vol. II, pág. 885, edición de Carter, New York, 1869.
4. *Ibid*, pág. 1170.
5. *An Exposition of the Creed*, 7ª. edición, Londres, 1701, pág. 3.
6. *Théodiceé, Works*, edición de Berlín, *1840, 1839. part. II, pág. 479*: «Je suppose, que deux vérités ne sauroient se contredire; que l'objet de la foi est la vérité que Dieu a révélée d'une manière extraordinaire, et que la raison est l'enchainment des vérités, mais particulièrement (lorsqu'ele est comparés avec la foi) de celles où l'esperit humain peut atteindre naturellement, sans être aidé des lumières de la foi.»

Dios dio testimonio de la verdad del Evangelio tanto con señales como con prodigios y diversos milagros y dones distribuidos por el Espíritu Santo (He 2:4); y se dice del Espíritu de Dios que da testimonio con nuestros espíritus de que somos hijos de Dios (Ro 8:16). La palabra, en estos casos, es *marturo*, testificar. [...] Así, cuando se dice que la fe se basa en testimonio, se significa que no se basa en los sentidos, ni en la razón, ni en los sentimientos, sino en la autoridad de aquel por quien es autenticado.

Prueba conforme al uso general del término.

Se puede argumentar que esta es la base y la característica distintiva de la fe: 1. Conforme al uso general del término. Se dice que conocemos lo que vemos o podemos demostrar; y que creemos lo que consideramos verdadero sobre la base de la autoridad de otros. Esto se admite cierto de lo que se llama fe histórica. Y esto incluye bastante; todo lo que está registrado acerca del pasado; todo lo cierto de cosas actuales que no caen dentro de la esfera de nuestra observación personal; todos los hechos de la ciencia tal como los reciben las masas; y casi todo el contenido de la Biblia, sea del Antiguo o del Nuevo Testamento. Las Escrituras constituyen el registro de la historia de la creación, de la caída, de la redención. El Antiguo Testamento es la historia de los pasos preparatorios de esta redención. El Nuevo Testamento es una historia del cumplimiento de las promesas y de los tipos del Antiguo en la encarnación, vida, padecimientos, muerte y resurrección del Hijo de Dios. Todo el que crea este registro certifica que Dios es veraz, y es hijo de Dios.

Prueba de la consciencia.

2. En segundo lugar, la consciencia nos enseña que esta es la naturaleza de la fe no sólo cuando sus objetos son hechos históricos, sino también cuando las cosas a creer son proposiciones. Ambas cosas son ciertamente a menudo inseparables. Que Dios sea el creador del mundo es a la vez un hecho y una doctrina. Es, como dice el Apóstol, cuestión de fe. Creemos por la autoridad de las Escrituras, las cuales declaran que «En el principio Dios creó los cielos y la tierra». Que Dios envió a Su Hijo como propiciación por nuestros pecados es una doctrina. Reposa únicamente sobre la autoridad de Dios. Lo recibimos según Su testimonio. Así es con todas las grandes doctrinas de la gracia; de la regeneración; de la justificación; de la santificación, y de una vida futura. ¿Cómo sabemos que Dios aceptará a todos los que creen en Cristo? ¿Quién puede conocer las cosas de Dios, excepto el Espíritu de Dios, y aquel a quien el Espíritu se las revele? (1 Co 2:10, 11). Por la naturaleza del caso, «las cosas del Espíritu», los pensamientos y propósitos de Dios, pueden ser conocidos sólo por revelación, y pueden ser recibidos sólo con base en la autoridad de Dios. No son objetos ni de los sentidos ni de la razón.

Prueba de la Escritura.

3. Es la uniforme enseñanza de la Biblia que la fe se basa en el testimonio o autoridad de Dios.

La primera prueba de ello es el hecho de que las Escrituras nos vienen bajo la forma de una revelación de cosas que no podríamos saber de otra manera. Los profetas del Antiguo Testamento fueron mensajeros, la boca de Dios, para declarar lo que el pueblo debía creer, y qué debían hacer. El Nuevo Testamento es llamado «El testimonio de Jesús». Cristo vino, no como filósofo, sino como testigo. Él le dijo a Nicodemo: «Hablamos lo que sabemos, y testificamos de lo que hemos visto; y no recibís nuestro testimonio» (Jn 3:11). «El que viene de arriba está por encima de todos; el que es de la tierra, es terrenal, y habla cosas terrenales; el que viene del cielo, está sobre todos, y lo que ha visto y oído, de eso testifica; y nadie recibe su testimonio. El que recibe su testimonio, ése certifica que Dios es veraz» (vv. 31-33). De la misma manera los Apóstoles fueron testigos. Como tales fueron designados (Lc 24:48). Después de Su resurrección e inmediatamente tras Su ascensión, nuestro Señor les dijo: «Recibiréis poder, cuando haya venido sobre vosotros el Espíritu Santo, y me seréis testigos en Jerusalén, en toda Judea, en Samaria, y hasta lo último de la tierra» (Hch 1:8). Cuando declaraban la muerte y resurrección de Cristo como hechos que debían ser creídos, decían: «De lo que nosotros somos testigos» (Hch 2:32; 3:15; 5:32). En este último pasaje los Apóstoles dicen que fueron testigos no sólo del hecho de la resurrección de Cristo, sino de que Dios «a éste [...] ha exaltado con su diestra por Jefe y Salvador, para dar a Israel arrepentimiento y perdón de pecados». Véase Hechos 10:39-43, donde se dice: «y nos encargó que predicásemos al pueblo, y testificásemos solemnemente que él es el designado por Dios como Juez de vivos y muertos. De éste dan testimonio todos los profetas, que todo el que crea en él, recibirá perdón de pecados por su nombre».

La gran queja contra los Apóstoles, especialmente en las ciudades de Grecia, era que no presentaban sus doctrinas como proposiciones para ser demostradas; ni siquiera declaraban las bases filosóficas sobre las que reposaban ni trataban de sustentarlas ante el tribunal de la razón. La respuesta que San Pablo da a esta objeción es doble: Primero, que la filosofía, la sabiduría de los hombres, había demostrado ser absolutamente incompetente para resolver los grandes problemas de Dios y del universo, del pecado y de la redención. De hecho, no era ni más ni menos que insensatez, por lo que respecta a todas sus especulaciones acerca de las cosas de Dios. Segundo, que las doctrinas que él enseñaba no eran verdades de la razón, sino asuntos de revelación; que se debían recibir no sobre una base racional o filosófica, sino sobre la base de la autoridad de Dios; que ellos, los Apóstoles, no eran filósofos, sino testigos; que ellos no argumentaban empleando las palabras de la sabiduría humana, sino que simplemente exponían los consejos de Dios, y que la fe en las doctrinas de ellos no debía reposar en la sabiduría de los hombres, sino en el poderoso testimonio de Dios.

La segunda prueba de que las Escrituras enseñan que la fe es la recepción de la verdad sobre la base del testimonio o sobre la autoridad de Dios, es que lo que se nos manda hacer es recibir el registro que Dios ha dado de Su Hijo. Esto es fe: recibir como cierto lo que Dios ha testificado, y por cuanto Él lo ha testificado. «El que no cree a Dios, le ha hecho mentiroso, porque no ha creído en el testimonio que Dios ha dado acerca de su Hijo.» Aquí el texto griego es *ou pepisleuken eis tēn marturian hēn memarturēken ho Theos peri tou huiou hautou*, «no cree el testimonio que Dios testificó acerca de su Hijo». «Y éste es el testimonio (*hē marturia*): que Dios nos ha dado vida eterna; y esta vida está en su Hijo» (1 Jn 5:10, 11). Difícilmente podría haber una declaración más clara de la doctrina escrituraria en cuanto a la naturaleza de la fe. Su objeto es lo que Dios ha revelado. Su base es el testimonio de Dios. Recibir este testimonio es certificar que Dios es veraz. Rechazarlo es hacer mentiroso a Dios. «Si recibimos el testimonio de los hombres, mayor es el testimonio de Dios; porque éste es el testimonio de Dios, que ha testificado acerca de su Hijo.»

Esta es la constante enseñanza de la Escritura. La base sobre la que estamos autorizados y mandados a creer no es la conformidad de la verdad revelada con nuestra razón, ni su efecto sobre nuestros sentimientos, ni que suple a las necesidades de nuestra naturaleza y condición, sino simplemente: «Así dice el Señor.» Las verdades de la revelación sí que se recomiendan a nuestra razón; sí que poderosa y legítimamente afectan a nuestros sentimientos; sí que suplen nuestras necesidades como criaturas y pecadores; y estas consideraciones pueden inclinarnos a creer, pueden fortalecer nuestra fe, conducirnos a abrigarla y a hacerla gozosa y eficaz. Pero no constituyen su base. Creemos por el testimonio o autoridad de Dios.

Se objeta frente a esta postura que creemos la Biblia como la Palabra de Dios sobre otra base que la del testimonio: El cumplimiento de profecías, los milagros de sus autores, su contenido, y los efectos que produce, son razones racionales para creer que es de Dios. A esta objeción se pueden dar dos respuestas: Primera, que los acontecimientos sobrenaturales, como las profecías y los milagros, son algunas de las maneras en que se da el testimonio divino. Pablo dice que Dios dio «señales, [...] prodigios y diversos milagros» (He 2:4). Y segundo, que el fin inmediato de estas manifestaciones de previsión divina y poder era autenticar la misión divina de los mensajeros de Dios. Quedando esta misión establecida, el pueblo era llamado a recibir su mensaje y a creer según la autoridad de Dios, por quien habían sido enviados.

La tercera prueba de que las Escrituras enseñan que la fe es una recepción de verdad sobre la base del testimonio se encuentra en los ejemplos e ilustraciones de la fe que se dan en las Escrituras. Inmediatamente después de la caída, fue dada la promesa a nuestros primeros padres que la simiente de la mujer aplastaría la cabeza de la serpiente. ¿Sobre qué otra posible base podía reposar la fe en esta promesa, excepto sobre la autoridad de Dios? Cuando Noé fue advertido por Dios acerca del diluvio que se avecinaba, y le fue ordenado que preparara el arca, creyó, no porque vio señales del diluvio que se avecinaba, ni porque su juicio moral le asegurara que Dios vengaría de aquella manera Su ley violada; sino simplemente por el testimonio de Dios. Igualmente cuando Dios le prometió a Abraham la posesión de la tierra de Canaán, que él, un anciano sin hijos, vendría a ser padre de muchas naciones, que por medio de su simiente serían benditas todas las naciones de la tierra, su fe no pudo tener otra base que la autoridad de Dios. Lo mismo sucede con cada ilustración de fe dada por el Apóstol en el capítulo once de su Epístola a los Hebreos. Y lo mismo tenemos en toda la Biblia. No tenemos base para nuestra fe en un mundo espiritual, en el cielo y el infierno descritos en la Escritura, en la doctrina de la redención, en la seguridad y triunfo definitivo de la Iglesia, aparte del testimonio de Dios. Si la fe no descansa en el testimonio, no tiene nada donde descansar. Pablo nos dice que todo el evangelio reposa sobre el hecho de la resurrección de Cristo de entre los muertos. Si Cristo no ha resucitado, vana es nuestra fe, y estamos todavía en nuestros pecados. Pero nuestra certidumbre de que Cristo resucitó al tercer día reposa sólo sobre el testimonio que Dios ha dado de varias maneras a este hecho.

Este es un punto de gran importancia práctica. Si la fe, o nuestra persuasión de las verdades de la Biblia, reposa sobre bases filosóficas, entonces queda abierta la puerta al racionalismo; si reposa sobre sentimientos, entonces queda abierta al misticismo. El único fundamento seguro y satisfactorio es el testimonio de Dios, que no puede errar, y que no engañará.

Por ello, la fe puede ser definida como la persuasión de la verdad basada en el testimonio. La fe del cristiano es la persuasión de la verdad de los hechos y doctrinas registrados en las Escrituras con base en el testimonio de Dios.

3. Diferentes clases de fe.

Aunque se admite la definición anterior, se debe admitir que hay diferentes clases de fe. En otras palabras, el estado mental que designa la palabra es muy diferente en un caso de lo que es en otros. Esta diferencia surge en parte de la naturaleza de sus objetos, y en parte de la naturaleza o forma del testimonio en que se basa. Una cosa es fe en un hecho histórico o en una verdad especulativa; otra cosa es fe en verdad estética; otra cosa es fe en una verdad moral; otra cosa es fe en la verdad espiritual, y especialmente fe en la promesa de la salvación que se nos da. Esto es, el estado de mente llamado fe es muy diferente en cualquiera de estos casos de lo que es en los demás. También el testimonio que Dios da de la verdad es de diferentes clases. En una de sus formas va dirigido especialmente al entendimiento; en otro a la conciencia; en otro a nuestra naturaleza regenerada. Ésta es la causa de la diferencia entre fe especulativa, fe temporal y fe salvadora.

Fe muerta, o especulativa.

Hay muchos que creen que la Biblia es la Palabra de Dios; que reciben todo lo que enseña; y que son perfectamente ortodoxos en sus creencias doctrinales. Si se les pregunta por qué creen, puede que no sepan qué responder. La reflexión pudiera llevarles a decir que creen porque otros creen. Reciben su fe por herencia. Les enseñaron a creer así desde sus más tiernos años. La Iglesia a la que pertenecen inculca esta fe, y les es enseñada como verdadera y necesaria. Otros de mayor cultura pueden decir que la evidencia del origen divino de la Biblia, tanto externa como interna, da satisfacción a sus mentes, y les produce la convicción racional de que las Escrituras son una revelación de Dios, y reciben su contenido según Su autoridad. Esta fe, tal como enseña la experiencia, es perfectamente compatible con una vida mundana o malvada. Esto es lo que la Biblia llama una fe muerta.

Fe temporal.

Por otra parte, no hay nada más común que el hecho de que el Evangelio produzca una impresión temporal, más o menos profunda y duradera. Los que han recibido esta impresión creen. Pero al no tener raíz en sí mismos, más pronto o más tarde se apartan. Es también una experiencia común que hombres totalmente indiferentes, o incluso escépticos, en un tiempo de peligro, o al avecinarse la muerte, quedan profundamente convencidos de las certidumbres de aquellas verdades religiosas previamente conocidas, pero hasta ahora descuidadas o rechazadas. Esta fe temporal se debe a la gracia común; esto es, a aquellas influencias del Espíritu comunes en mayor o menor medida a todos los hombres, que obran en el alma sin renovarla, y que revelan la verdad a la conciencia, y hacen que produzca convicción.

Fe salvadora.

La fe que asegura la vida eterna; que nos une a Cristo como miembros vivos de Su cuerpo; que nos hace hijos de Dios; que nos hace partícipes de todos los beneficios de la redención; que obra por el amor, y es fructífera en buenas obras, se basa no en la evidencia externa o moral de la verdad, sino en el testimonio del Espíritu con y mediante la verdad al alma renovada.

Qué significa el testimonio del Espíritu.

Es necesario, antes de ir más adelante, determinar qué se significa por el testimonio del Espíritu, del que se dice que es la base de la fe salvadora.

Dios, o el Espíritu de Dios, da testimonio de la verdad de las Escrituras y de las doctrinas que contienen. Este testimonio, como se ha visto, es en parte externo, consistiendo en profecías y milagros, y en parte en la naturaleza de las mismas verdades en la relación que tienen con los elementos intelectuales y morales del alma, y en parte es específico y sobrenatural. Los hombres no regenerados pueden sentir el poder de las dos primeras clases de testimonio, y creer con una fe meramente intelectual y especulativa, o, tal como puede ser denominada por su base, con una fe moral, sólo temporal. La forma espiritual del testimonio está limitada a los regenerados. Naturalmente, es inescrutable. Las operaciones del Espíritu no se revelan en la consciencia de otra manera que por sus efectos. Sabemos que los hombres nacen por el Espíritu, que el Espíritu mora en el pueblo de Dios y que influencia continuamente sus pensamientos, sentimientos y acciones. Pero sabemos esto sólo por la enseñanza de la Biblia, no porque tengamos consciencia de sus operaciones. «El viento sopla donde quiere, y oyes su sonido; pero no sabes de dónde viene, ni adónde va; así es todo aquel que es nacido del Espíritu» (Jn 3:8).

Este testimonio del Espíritu no es una afirmación de que la Biblia es la Palabra de Dios. Tampoco es producto de una convicción ciega e ininteligente de este hecho. No se dirige, como sucede con el testimonio humano, desde fuera a la mente, sino que está dentro de la misma mente. Es una influencia destinada a producir fe. Se llama un testimonio porque recibe este nombre en la Escritura; y porque tiene la naturaleza esencial de un testimonio, por cuanto es la prenda de la autoridad de Dios en apoyo de la verdad.

Los efectos de este testimonio interior son: (1) Lo que las Escrituras llaman «discernimiento espiritual». Esto significa dos cosas: Un discernimiento debido a la influencia del Espíritu; y un discernimiento no sólo de la verdad, sino también de la santidad, excelencia y gloria de las cosas que se disciernen. La palabra espiritual significa, en este sentido, conformado a la naturaleza del Espíritu. Por esto es que se dice que la ley es espiritual, esto es, santa, justa y buena. (2) Un segundo efecto necesariamente derivado del acabado de mencionar es deleite y complacencia, o amor. (3) La aprehensión de lo apropiado de las verdades reveladas, a nuestra naturaleza y necesidades. (4) La firme convicción de que estas cosas no sólo son verdaderas, sino divinas. (5) Los frutos de esta convicción, esto es, de la fe así producida, son las buenas obras: santidad de corazón y de vida.

Por ello, cuando se le pregunta a un cristiano por qué cree las Escrituras y las doctrinas en ella contenidas, su sencilla respuesta es: Por el testimonio o autoridad de Dios. ¿De qué otra manera podría saber que el universo fue creado por Dios, que nuestra raza apostató de Dios, que Él envió a Su Hijo para nuestra redención, que la fe en Él logrará la salvación? La fe en estas verdades no puede tener otra base más que el testimonio de Dios. Si se pregunta cómo testifica Dios de la verdad de la Biblia, la persona a la que se le ha hecho la pregunta, responderá: De todas las maneras concebibles: mediante señales, maravillas y milagros; mediante la exhibición que hace la Biblia de conocimiento divino, de excelencia, de autoridad y de poder. Si es una persona sin conocimientos, puede que simplemente diga: «Mientras que antes era ciego, ahora veo.» Este hombre, y en verdad cada cristiano, pasa de un estado de incredulidad a uno de fe salvadora no por ningún proceso de investigación o de argumentación, sino de experiencia interior. El cambio puede tener lugar, y a menudo sucede, en un momento. La fe de un cristiano en la Biblia es, como ya se ha observado antes, análoga a la que todos los hombres tienen en la ley moral, que reconocen no sólo como verdad, sino como poseyendo la autoridad de Dios. Lo que el hombre natural percibe con respecto a la ley moral, el hombre renovado queda capacitado para percibirlo con respecto a «las cosas del Espíritu», mediante el testimonio del Espíritu con y mediante la verdad a su corazón.

Prueba por medio de declaraciones expresas de las Escrituras.

[...] Nuestro Señor prometió enviar el Espíritu con este preciso propósito. «Él [...] redargüirá al mundo de pecado», especialmente del pecado de no creer en Cristo; «de justicia», esto es, de la justicia de Él, de la justicia de Sus demandas de ser considerado y recibido como el Hijo de Dios, Dios manifestado en carne, y el Salvador del mundo; «y de juicio», esto es, del derribo final del reino de las tinieblas y del triunfo definitivo del reino de la luz. (Jn 16:8.) Así, la fe es siempre expuesta en la Escritura como uno de los frutos del Espíritu, como don de Dios, como producto de Su energía (*pistis tēs energeias tou Theou*) (Col 2:12). Se dice que los hombres creen en virtud del mismo poder que obró en Cristo cuando Dios lo resucitó de entre los muertos (Ef 1:19, 20). El Apóstol Pablo establece de manera elaborada la base de la fe en el segundo capítulo de la Primera carta a los Corintios. Declara que para su apoyo no se basaba en las palabras atractivas de la sabiduría humana, sino en la demostración del Espíritu, a fin de que la fe de los oyentes no descansara en la sabiduría de los hombres, sino en el poder de Dios. La fe no debía reposar en la argumentación, en pruebas históricas o filosóficas, sino en el testimonio del Espíritu. El Espíritu demuestra la verdad a la mente, esto es, produce la convicción de su veracidad, y conduce al alma a abrazarla con certidumbre y deleite. Ya se han citado pasajes que enseñan que la fe reposa en el testimonio de Dios, y que la incredulidad consiste en el rechazamiento de este testimonio. El testimonio de Dios es dado por medio del Espíritu, cuya función es tomar las cosas de Cristo, y mostrárnoslas. El Apóstol Juan dice a sus lectores: «Mas vosotros tenéis la unción del Santo, y sabéis todas las cosas. [...] la unción que recibisteis de él permanece en vosotros, y no tenéis necesidad de que nadie os enseñe; sino que así como la unción misma os enseña todas las cosas, y es verdadera, y no es mentira, así también, según ella os ha enseñado, permaneced en él» (1 Jn 2:20, 27). Este pasaje enseña: (1) Que los verdaderos creyentes reciben de Cristo (el Santo) una unción. (2) Que esta unción es el Espíritu Santo. (3) Que asegura el conocimiento y la convicción de la verdad. (4) Que esta enseñanza interior que los hace creyentes es permanente, y que los asegura en contra de la apostasía. [...]

De esta manera, en las Escrituras la fe está basada en el testimonio de Dios. Como ya se ha dicho, por testimonio se significa atestación, todo aquello que certifica la autoridad del testigo en favor de la verdad a establecer. Como este testimonio es de distintas formas, también la fe que produce es diferente. Hasta ahí donde el testimonio es meramente externo, la fe que produce es simplemente histórica o especulativa. Hasta ahí donde el testimonio es moral, consistiendo en el poder que el Espíritu da a la verdad sobre la conciencia natural, la fe es temporal, dependiendo del estado mental que es su causa inmediata. Además de estos, tenemos el testimonio interior del Espíritu, que es de tal naturaleza y poder que produce una perfecta revolución en el alma, comparado en la Escritura con el efectuado por la apertura de los ojos de un ciego a la realidad, a las maravillas y a las glorias de la creación. Así, existe entre una fe reposando sobre este testimonio interior del Espíritu y una mera fe especulativa toda aquella diferencia que existe entre la convicción que tiene un ciego de las maravillas de la naturaleza antes y después de que le sean abiertos los ojos. Por cuanto este testimonio es informativo, capacitando al alma para ver la verdad y la excelencia de «las cosas del Espíritu» hasta allí donde está involucrada la consciencia del creyente, su fe es una forma de conocimiento. Ve que es cierto lo que el Espíritu revela y refrenda.

4. Fe y conocimiento.

La relación de la fe con el conocimiento es ancho campo. Las discusiones acerca de esta cuestión han sido variadas e interminables. Es poco probable que las cuestiones bajo discusión sean jamás resueltas para satisfacción de todas las partes. La base de la fe es la autoridad. La base del conocimiento son los sentidos o la razón. Aquí sólo nos atañe la fe cristiana, esto es, la fe que recibe las Escrituras como la Palabra de Dios y todo lo que enseñan como ciertas por Su autoridad. [...]

La suposición de que la razón y la fe son incompatibles; de que tenemos que saltar a la irracionalidad a fin de llegar a ser creyentes, es, sea cual sea su intención, el lenguaje de la incredulidad: porque la fe en lo irracional es necesariamente irracional ella misma. Es imposible creer que sea cierto aquello que la mente contempla como falso. Esto sería creer y descreer lo mismo al mismo tiempo. Así, si fuera cierto lo que afirman los modernos filósofos, que es imposible que un ser infinito pueda ser una persona, entonces la fe en la personalidad de Dios sería imposible. Entonces no podría haber religión, ni pecado, ni responsabilidad, ni inmortalidad. La fe no es una convicción ciega, irracional. A fin de creer tenemos que saber lo que creemos, y la base sobre la que reposa nuestra fe. Y por esta razón el refugio que algunos buscan en la fe, huyendo del escepticismo universal al que según ellos conduce necesariamente la razón, es un refugio inseguro y sin valor.

Aunque admitiendo que las verdades de la revelación deben ser recibidas por la autoridad de Dios; que la razón humana no puede ni abarcarlas ni demostrarlas; que un hombre tiene que ser convertido y transformado como un niñito antes que pueda verdaderamente recibir las doctrinas de la Biblia; y admitiendo, además, que estas doctrinas son irreconciliables con cualquiera de los sistemas filosóficos, siempre construidos por aquellos que rehúsan ser enseñados por Dios, o que ignoraban Su Palabra, se debe sin embargo mantener que estas doctrinas son inexpugnables; que ningún intelecto creado puede demostrar que son imposibles o irracionales. Pablo, rechazando como rechazaba la sabiduría del mundo, mantenía con todo que él enseñaba una más alta sabiduría, la sabiduría de Dios (1 Co 2:6, 7). ¿Y quién osará decir que la sabiduría de Dios es irracional? [...]

El conocimiento, esencial para la fe.

Los Protestantes admiten naturalmente que los misterios, o verdades que somos incapaces de comprender, pueden ser, y son, objetos legítimos de la fe. Repudian la doctrina racionalista de que podemos creer sólo aquello que podemos comprender y que podemos demostrar, o al menos elucidar, de manera que se vea cierto bajo su propia luz. Lo que los Protestantes mantienen es que el conocimiento, esto es, la cognición del sentido de la proposición a ser creída, es esencial para la fe, y, por consiguiente, que la fe está limitada por el conocimiento. Sólo podemos creer aquello que conocemos, esto es, aquello de lo que tenemos una aprehensión inteligente. Si se nos anuncia una proposición en una lengua desconocida, no podemos afirmar nada acerca de la misma. No podemos ni creerla ni descreerla. Si la persona que hace la declaración afirmara que es verdadera, si tenemos confianza en su competencia e integridad, podemos creer que dice la verdad, pero la proposición misma no forma parte de nuestra fe. El Apóstol reconoce esta verdad evidente cuando dice: «Así también vosotros, si por la lengua no dais palabra bien comprensible (*eusëmon logon*), ¿cómo se entenderá lo que decís? Porque hablaréis al aire. [...] Si yo ignoro el valor de las palabras, seré como extranjero para el que habla, y el que habla será como extranjero para mí. [...] Si bendices sólo con el espíritu, el que ocupa el lugar de oyente sencillo, ¿cómo dirá el Amén a tu acción de gracias?; pues no sabe lo que estás diciendo» (1 Co 14:9-16). Decir Amén es asentir a algo, tomarlo como propio. Por ello, según el Apóstol el conocimiento, o la comprensión inteligente del significado de lo que se propone, es esencial para la fe. Si la proposición «Dios es Espíritu» se anuncia a los no conocedores en hebreo o en griego, es imposible que puedan asentir a esta verdad. Si comprenden el lenguaje, si saben cuál es el significado de la palabra «Dios», y qué significa la palabra «Espíritu», entonces podrán recibir o rechazar la verdad que afirma aquella proposición. La declaración «Jesús es el Hijo de Dios» admite interpretaciones diferentes. Unos dicen que el término Hijo es un título oficial, y por ello que la proposición «Jesús es el Hijo de Dios» significa que Jesús es un gobernante. Otros dicen que es un término afectuoso, y entonces la proposición significa que Jesús era el especial objeto del amor de Dios. Otros dicen que Jesús tiene la misma naturaleza con Dios; que Él es una persona divina. Si éste es el significado del Espíritu al declarar que Jesús es el Hijo de Dios, entonces los que no asignan este sentido a las palabras no creen la verdad que se quiere enseñar. Cuando se dice que Dios puso a Cristo como propiciación por nuestros pecados, si no comprendemos qué significa la palabra propiciación, la proposición entonces no significa nada para nosotros, *y nada* no puede ser un objeto de fe. [...]

El conocimiento, la medida de la fe.

Siendo el conocimiento esencial para la fe, tiene que ser la medida de la misma. Lo que se encuentra más allá de la esfera del conocimiento se encuentra más allá de la esfera de la fe. De lo invisible y eterno podemos creer sólo lo que Dios ha revelado; y de lo que Dios ha revelado podemos creer sólo lo que conocemos. Se ha dicho que de aquel que cree que la Biblia es la Palabra de Dios se puede decir con propiedad que cree todo lo que enseña, aunque muchas de sus instrucciones le sean desconocidas. Pero esta no es una proposición correcta. Aquel que cree la Biblia está dispuesto a creer conforme a su autoridad todo lo que declare cierto. Pero no se puede decir con propiedad que crea más de su contenido que aquello que conoce. Si se le pregunta si cree que unos hombres mordidos por serpientes venenosas fueron jamás sanados mirando una serpiente de metal, podría, si ignora el Pentateuco, responder con un honrado «no». Pero si llega a leer y a comprender el registro de la curación de los israelitas moribundos, tal como se encuentra en la Biblia, respondería de manera racional y sincera: «sí». Esta disposición a creer todo lo que la Biblia enseña tan pronto como sabemos lo que se enseña puede recibir el nombre de fe implícita, pero no es fe real. No tiene ninguna de sus características ni nada de su poder. [...]

«La fe», dice el Apóstol, «viene por el oír». El mandamiento de Cristo fue el de enseñar el evangelio a toda criatura; enseñar a todas las naciones. Los que recibieran las instrucciones dadas de esta manera, serían salvos, aseguró Él a Sus discípulos. Los que las rechazaran, serían condenados. Esto da por supuesto que sin el conocimiento del Evangelio no puede haber fe. Según este principio los Apóstoles actuaron en todas partes. Fueron por todo lugar predicando a Cristo, demostrando por las Escrituras que Él era el Hijo de Dios y el Salvador del mundo. La comunicación de conocimiento precedió siempre a la demanda de fe. [...]

La conversión tiene lugar mediante conocimiento. Pablo dice que fue convertido en creyente por la revelación de Cristo dentro de él. Se dice del Espíritu que abre los ojos del entendimiento. De los hombres se afirma que son renovados para que conozcan. Somos trasladados del reino de las tinieblas al reino de la luz. Los creyentes son hijos de la luz. Del pueblo se dice que perece por falta de conocimiento. Nada es más característico de la Biblia que la importancia que le da al conocimiento de la verdad. Se dice que somos engendrados por medio de la verdad; que somos santificados por la verdad; y de los ministros y maestros se afirma que todo su deber es mantener la palabra de vida. Es por esta creencia de los Protestantes en lo esencial del conocimiento para la fe que insisten tan enérgicamente en la circulación de las Escrituras y en la instrucción del pueblo.

La doctrina romanista acerca de esta cuestión.

Los romanistas establecen una distinción entre fe explícita e implícita. Por lo primero se significa fe en una verdad conocida; por lo último, fe en verdades no conocidas. Enseñan ellos que sólo es necesario conocer unas pocas verdades primarias de la religión, y que la fe sin conocimiento en cuanto a todas las otras verdades es genuina y suficiente. Acerca de esto dice Tomás de Aquino: «Quantum ad prima credibilia, quae sunt articuli fidei, tenetur homo explicite credere, sed solum implicite, vel in praeparatione animi, in quantum paratus est credere quidquid divina Scriptura continet»[7] La fe implícita es definida como: «Assensus, qui omnia, quamvis ignota, quae ab ecclesia probantur, amplectitur».[8] [...] La fe que se demanda del pueblo es simplemente «Una intención general de creer todo aquello que cree la Iglesia».[9] La Iglesia enseña que hay siete sacramentos. De un hombre que no tenga ni idea de qué significa la palabra sacramento, ni qué ritos son los que la Iglesia considera como de carácter sacramental, se dice que cree que el orden sacerdotal, la penitencia, el matrimonio y la extremaunción son sacramentos. Y lo mismo con todas las otras doctrinas de la Iglesia. Se dice que la verdadera fe es congruente con la total ignorancia. Según esta doctrina, un hombre puede ser un verdadero cristiano, si se somete a la Iglesia, aunque por sus convicciones internas y modos de pensamiento pueda ser panteísta o pagano.

---

7. *Summa*, II, II, quaest. II, art. 5, edición de Colonia, 1640, pág. 7 a, del tercer juego.
8. *Hutterus Redivivus*, §108, 6. Edición, Leipzig, 1845, pág. 271.
9. Strauss, *Dogmatik, Die Christliche Glaubenslehre*, Tubinga y Stuttgart, 1840, Vol. 1, pág. 284.

A este grave error acerca de la naturaleza de la fe se debe atribuir mucho del carácter y de las prácticas de la Iglesia Católica Romana:

1. Esta es la razón de que se prive al pueblo de las Escrituras.[10] Si el conocimiento no es necesario para la fe, no hay necesidad de que el pueblo conozca lo que enseña la Biblia.

2. Por la misma razón, los servicios de culto público se llevan a cabo en un lenguaje desconocido.[11]

3. De ahí también el simbolismo que caracteriza su culto. El fin a conseguir es una ciega reverencia y maravilla. Para este fin no es necesario que estos símbolos sean comprendidos. Es suficiente que afecten a la imaginación.

4. A este mismo principio debe atribuirse la práctica de la reserva en la oración. La verdad puede ser retenida u ocultada. La cruz es expuesta ante el pueblo, pero no es necesario enseñar la doctrina del sacrificio por el pecado ofrendado en ella. Es suficiente que el pueblo quede impresionado; importa poco si creen que la señal, o el material, o la doctrina simbolizada, es lo que asegura la salvación. Más aún, cuanto más oscurecida la mente, cuanto más vago y misterioso sea el sentimiento excitado, y tanta más ciega la sumisión prestada, tanto más genuino será el ejercicio de la fe. «La fe religiosa», dice Newman, «es tiniebla intelectual.»[12]

5. Es sobre este mismo principio que siempre se han llevado a cabo las misiones Católico-rromanas. La gente es convertida no por medio de la verdad, ni por medio de un curso de instrucción, sino por el bautismo. Son hechos cristianos a miles, no por su inteligente adopción del cristianismo como sistema de doctrina, de la cual pueden estar profundamente ignorantes, sino por su simple sometimiento a la iglesia y a sus ritos prescritos. La consecuencia de ello ha sido que las misiones católicas, aunque continuadas en algunos casos durante más de cien años, no calan en el pueblo, sino que casi uniformemente se desvanecen tan pronto como se corta el suministro de misioneros foráneos.

5. Fe y sentimientos.

[...] La fe no está necesariamente conectada con sentimientos. A veces sí, a veces no. Que lo esté o no depende: (*a*) De la naturaleza del objeto de la fe. La creencia en buenas noticias va necesariamente acompañada de gozo; en malas noticias, por dolor. La creencia en la excelencia moral involucra un sentimiento de aprobación. La creencia de que un cierto acto sea criminal involucra un sentimiento de desaprobación. (*b*) En la base inmediata de la fe. Si alguien cree que una pintura es hermosa sobre la base del testimonio de jueces competentes, no hay un sentimiento estético relacionado con su fe. Pero si percibe personalmente la hermosura del objeto, entonces el deleite es inseparable de la convicción de que es hermoso. De la misma manera, si alguien cree que Jesús es Dios manifestado en carne según el mero testimonio externo de la Biblia, no experimenta una debida impresión de esta verdad. Pero si su fe está basada en el testimonio interno del Espíritu; mediante el que le es revelada la gloria de Dios en la faz de Jesucristo, entonces queda lleno de admiración y amor adorantes. [...]

La controversia entre Romanistas y Protestantes acerca de esta cuestión gira en torno al punto de vista tomado del plan de salvación. Si, como mantienen los Protestantes, cada hombre, para ser salvo, tiene que recibir el registro que Dios ha dado de su Hijo; tiene que creer

---

10. Sólo en fecha relativamente reciente la Iglesia de Roma ha retirado la prohibición de la lectura de la Biblia al pueblo, que antes estaba sometida a severísimas restricciones. De todos modos, la Iglesia de Roma no alienta de manera abierta y sin restricciones a sus fieles a la lectura privada y estudio personal de las Escrituras. (*N. del T.*)
11. Práctica que tuvo lugar hasta el Concilio Vaticano II, a partir del que se impuso la Misa en la lengua del pueblo. (*N. del T.*)
12. *Sermons*, Vol. I, pág. 124.

que Él es Dios manifestado en carne, la propiciación por nuestros pecados, el profeta, sacerdote y rey de Su pueblo, entonces se tiene que admitir que la fe involucra confiar en Cristo como fuente de sabiduría, justicia, santificación y redención. Pero si, como enseñan los Romanistas, los beneficios de la redención son comunicados sólo por medio de los sacramentos, efectivos *ex opere operato*, entonces la fe es lo opuesto a la incredulidad en su sentido popular. Si un hombre no es creyente, es incrédulo, esto es, uno que rechaza el cristianismo. El objeto de la fe es la revelación divina tal como está contenida en la Biblia. Es un simple asentimiento al hecho de que las Escrituras proceden de Dios, y que la Iglesia es la institución divinamente constituida y sobrenaturalmente dotada para la salvación de los hombres. [...]

6. Fe y amor.

En cuanto a la relación entre la fe y el amor hay tres posturas diferentes:

1. Que el amor es la base de la fe. Que los hombres creen la verdad porque la aman. La fe está basada en el sentimiento. [...]

2. Que el amor es el acompañante invariable y necesario y consecuente a la fe salvadora. Así como nadie puede ver ni creer una cosa como moralmente buena sin un sentimiento de aprobación, así tampoco nadie puede ver y creer la gloria de Dios como está revelada en las Escrituras sin que se despierte en su alma una reverencia llena de adoración; nadie puede creer para salvación que Cristo es el Hijo de Dios y el Hijo del Hombre, que nos amó y se dio a Sí mismo por nosotros, y que nos hace reyes y sacerdotes para Dios, sin amor y adoración en proporción a la claridad y fortaleza de esta fe, llenando el corazón y controlando la vida. Por esto se dice que la fe obra por el amor y purifica el corazón. [...] Los que creen que la apariencia de este mundo se pasa, que las cosas invisibles son eternas, los que tienen esta fe que es la sustancia de lo que se espera, y la evidencia de lo que no se ve, ponen sus afectos en las cosas de arriba, donde Cristo está sentado a la diestra de Dios. [...]

3. La tercera postura en la relación entre la fe y el amor es la de la Iglesia Católica Romana, que hace del amor la esencia de la fe. En otras palabras, para ellos el amor es la forma (en el sentido escolástico de la palabra) de la fe, es lo que le da sustancia o carácter como virtud cristiana o gracia. Mientras por un lado enseñan, como vemos en el Concilio de Trento, que la fe es en si misma una mero asentimiento intelectual, sin virtud moral alguna, y que puede ser ejercitada por los no regenerados o por aquellos en estado de pecado mortal, por el otro lado mantienen que sí existe esa gracia cristiana denominada fe; pero en tal caso la fe no es sino un nombre distinto del amor. No se trata, pues, y es importante no confundirlo con la distinción entre fe viva y fe muerta, que las Escrituras y todos los Cristianos Evangélicos hacen y admiten. Para los católicos romanos la *fides informis* es verdadera fe, y la *fides formata* es amor.

7. El objeto de la fe salvadora.

Fe general.

Se concede que todos los cristianos están ligados a creer, y que todos creen todo lo que se enseña en la Palabra de Dios, hasta ahí donde conocen el contenido de la Escritura. Por ello, es correcto decir que el objeto de la fe es toda la revelación de Dios contenida en Su Palabra. Como la Biblia es para los Protestantes la única regla infalible de fe y de práctica, no se puede imponer nada al pueblo de Dios, como artículo de fe, nada que no se enseñe de manera expresa en las Escrituras, o que no se deduzca de la misma por inferencia necesaria. Ésta es «la libertad con la que Cristo nos ha hecho libres», y en la que somos llamados a mantenernos firmes. Esta es nuestra protección, por una parte, contra las usurpaciones de la Iglesia. Los Romanistas pretenden para la Iglesia la prerrogativa de una enseñanza infalible y autoritativa. [...] En contra de todas las arrogaciones indebidas de autoridad, los verdaderos Protestantes se mantienen firmes en dos grandes principios: el derecho al juicio privado, y que las Escrituras son la única norma infalible de fe y de práctica. Por ello, el objeto de la fe son todas las verdades reveladas en la Palabra de Dios. Todo lo que declara Dios en la Biblia como cierto estamos ligados a creerlo. Esto es lo que los teólogos llaman *fides generalis*.

Fides Specialis.

Pero además de ésta hay una *fides specialis* necesaria para la salvación. En el contenido general de la Escritura hay ciertas doctrinas acerca de Cristo y de Su obra, y ciertas promesas de salvación hechas por medio de Él a hombres pecadores, que estamos obligados a recibir y sobre las que hemos de depositar nuestra confianza. Así, el objeto especial de la fe es Cristo, y la promesa de la salvación por medio de Él. Y el acto especial y concreto de fe que asegura nuestra salvación es el acto de recibirle y de reposar en Él tal como Él nos es ofrecido en el Evangelio. Esto es enseñado de manera tan clara y diversa en las Escrituras que difícilmente admite duda alguna.

El testimonio de Cristo.

En primer lugar, nuestro Señor declara en repetidas ocasiones qué es lo que se demanda de los hombres, y cuál es su condenación por no cumplir esta demanda, la cual es que crean en Él. Él fue levantado, «para que todo aquel que en él cree, no perezca, sino que tenga vida eterna» (Jn 3:15). «El que cree en él, no es condenado; pero el que no cree, ya ha sido condenado, porque no ha creído en el nombre del unigénito Hijo de Dios» (v. 18). «El que cree en el Hijo, tiene vida eterna; mas el que rehúsa creer en el Hijo, no verá la vida, sino que la ira de Dios permanece sobre él» (v. 36). [...] En otro lugar nuestro Señor dice: «Ésta es la obra de Dios, que creáis en el que él ha enviado» (Jn 6:29). Sin embargo, los pasajes en los que se demanda la fe en Cristo de manera expresa como la condición para la salvación son demasiado numerosos para poderlos citar.

Se dice que somos salvos al recibir a Cristo.

Que Cristo es el objeto inmediato de la fe que salva se enseña también en todos aquellos pasajes en los que se dice que recibimos a Cristo, o el testimonio de Dios acerca de Cristo, y en los que se dice de este acto de recepción que asegura nuestra salvación. Por ejemplo, en Jn 1:12: «A todos los que le recibieron, a los que creen en su nombre, les dio potestad de ser hechos hijos de Dios». «Yo he venido en nombre de mi Padre, y no me recibís» (Jn 5:43). «Si recibimos el testimonio de los hombres, mayor es el testimonio de Dios; porque éste es el testimonio de Dios, que ha testificado acerca de su Hijo. El que cree en el Hijo de Dios, tiene el testimonio en sí mismo; el que no cree a Dios, le ha hecho mentiroso, porque no ha creído en el testimonio que Dios ha dado acerca de su Hijo» (1 Jn 5:9, 10). «El que tiene al Hijo, tiene la vida; el que no tiene al Hijo de Dios no tiene la vida» (5:12). «Todo aquel que cree que Jesús es el Cristo, es nacido de Dios» (v. 1). Por ello, es la recepción de Cristo, la recepción del testimonio que Dios ha dado de su Hijo; creer que Él es el Cristo, el Hijo del Dios vivo, el acto específico que se nos demanda para la salvación. Por ello, es Cristo el objeto inmediato de estos ejercicios de la fe que aseguran la salvación. Y por ello la fe se expresa como mirando a Cristo; acudiendo a Cristo; encomendándole a Él el alma, etc.

La enseñanza de los Apóstoles.

Según la enseñanza apostólica, somos justificados «por la fe de Jesucristo» (Ro 3:22, RV). No se trata de la fe como disposición piadosa de la mente; ni de la fe como confianza general en

Dios; ni de la fe en la verdad de la revelación divina; y mucho menos de la fe «en verdades eternas», ni en los principios generales de verdad y deber, sino aquella fe de la que el objeto es Cristo. Romanos 3:22, RV: «La justicia de Dios por la fe de Jesucristo, para todos los que creen en él.» Gálatas 2:16: «Sabiendo que el hombre no es justificado por las obras de la ley, sino por medio de la fe de Jesucristo, nosotros también hemos creído en Cristo Jesús, para ser justificados por la fe de Cristo, y no por las obras de la ley.» Capítulo 3:24: «De manera que la ley ha sido nuestro ayo hacia Cristo, a fin de que fuésemos justificados por la fe.» Capítulo 3:26: «Pues todos sois hijos de Dios mediante la fe en Cristo Jesús». 2:20: «Vivo en la fe del Hijo de Dios», etc., etc.

[...] Lo mismo sigue de las descripciones dadas de la relación del creyente con Cristo. Estamos en Él por fe. Él mora en nosotros. Él es la cabeza de la que nosotros, como miembros de su cuerpo, derivamos nuestra vida. Él es la vid, nosotros somos los pámpanos. Estas y otras descripciones son absolutamente inconsistentes con la doctrina de que una vaga fe general en Dios o en las Escrituras nos asegura la salvación. Es una fe que tiene que ver directamente con Cristo, que lo acepta como nuestro Dios y Salvador. [...] Nada, pues, puede ser más ajeno a la doctrina Romanista, sustancialmente avivada por la moderna filosofía, que aparta la mente del Cristo histórico, realmente existente, objetivo, fijándola en la obra dentro de nosotros; no dejándonos nada para amar y confiar más que lo que tengamos en nuestros propios miserables corazones. [...]

8. Los efectos de la fe.

El primer efecto, según las Escrituras, es la unión con Cristo. Estamos en Él por la fe. Hay ciertamente una unión federal entre Cristo y Su pueblo fundamentada en el pacto de redención entre el Padre y el Hijo en los consejos de la eternidad. Por ello, se dice de nosotros que estábamos en Él antes de la fundación del mundo. Es una de las promesas de este pacto que todos aquellos que el Padre le ha dado al Hijo acudirán a Él; [...] Pero también estaba incluido en los términos del pacto, como leemos en la Escritura, que Su pueblo, por lo que a los adultos respecta, no recibirían los beneficios salvadores de este pacto hasta que se uniera a Él mediante el acto voluntario de la fe. Son «por naturaleza hijos de ira, lo mismo que los demás» (Ef 2:3). Permanecen en este estado de condenación hasta que creen. Su unión queda consumada por la fe. Así, estar en Cristo y creer en Cristo son, en las Escrituras, formas convertibles de expresión. Significan sustancialmente lo mismo, y, por ello, se atribuyen los mismos efectos a la fe que a la unión con Cristo.

La justificación, efecto de la fe.

El efecto inmediato de esta unión, y por ello el efecto secundario de la fe, es la justificación. Somos «justificados por la fe de Cristo» (Gá 2:16). [...] La fe es la condición sobre la que Dios promete en el pacto de la redención imputar a los hombres la justicia de Cristo. Por ello, tan pronto como creen no pueden ser condenados. Quedan revestidos con una justicia que responde a todas las demandas de la justicia. «¿Quién acusará a los escogidos de Dios? Dios es el que justifica. ¿Quién es el que condena? Cristo es el que murió; más aún, el que también resucitó, el que además está a la diestra de Dios, el que también intercede por nosotros» (Ro 8:33, 34).

La participación en la vida de Cristo, efecto de la fe.

El tercer efecto de la fe, o unión con Cristo, es la participación de su vida. Aquellos que están en unión con Cristo, nos enseña el Apóstol (Ro 6:4-10), de modo que son partícipes de Su muerte, son partícipes también de Su vida. «Porque yo vivo, y vosotros también viviréis» (Jn 14:19). Cristo mora por la fe en nuestros corazones (Ef 3:17). Cristo está en nosotros (Ro 8:10). No vivimos ya nosotros, sino que es Cristo que vive en nosotros (Gá 2:20). La ilustración que da nuestro Señor de esta vital unión se deriva de una vid y de sus ramas (Jn 15:1-6). Así como la vida de la vid se difunde a través de sus pámpanos, y por cuanto viven sólo en tanto que conectados con la vid, así la vida de Cristo es difundida a través de Su pueblo, y ellos son partícipes de la vida espiritual y eterna sólo en virtud de su unión con Él. Otra ilustración familiar de este tema se deriva del cuerpo humano. Los miembros derivan su vida de la cabeza, y perecen si quedan separados de la misma (Ef 1:22; 1 Co 12:12-27, y frecuentemente). En Efesios 4:15, 16 el Apóstol da esta ilustración de manera detallada: «La cabeza, esto es, Cristo, de quien todo el cuerpo, bien ajustado y trabado entre sí por todas las junturas que se ayudan mutuamente, según la actividad adecuada de cada miembro, recibe su crecimiento para ir edificándose en amor». Así como el principio de la vida animal situada en la cabeza, por medio del complicado pero ordenado sistema nervioso que se extiende a cada miembro, difunde vida y energía por todo el cuerpo, de la misma manera el Espíritu Santo, dado sin medida a Cristo la cabeza de la Iglesia, que es Su cuerpo, difunde vida y fuerza a cada miembro. Por ello, según la Escritura, la morada de Cristo en nosotros se explica como la morada del Espíritu en nosotros. La morada del Espíritu es la morada de Cristo. Si Dios está en vosotros; si Cristo está en vosotros; si el Espíritu está en vosotros: todo esto significa lo mismo. Véase Romanos 8:9-11.

Explicar esta unión vital y mística entre Cristo y Su pueblo como una mera unión de pensamiento y sentimiento es totalmente inadmisible. (1) En primer lugar, es contrario al llano sentido de las palabras. Nadie jamás habla de Platón morando en los hombres; de que él sea la vida de ellos, de manera que sin él ellos no puedan hacer nada; y mucho menos de que la santidad, la dicha y la vida eterna dependan de esta unión. (2) Esta interpretación supone que nuestra relación con Cristo es análoga a la relación de un hombre con otro. Mientras que se trata de una relación entre hombres y una persona divina, que tiene vida en Sí mismo, y que da vida a los que quiere. (3) Ignora todo lo que enseñan las Escrituras de la obra del Espíritu Santo y de Su morada en los corazones de los hombres. (4) Pasa por alto el carácter sobrenatural del cristianismo, y lo reduciría a un mero sistema filosófico y ético.

La paz como fruto de la fe.

El cuarto efecto de la fe es paz. «Justificados, pues, por la fe, tenemos paz para con Dios por medio de nuestro Señor Jesucristo» (Ro 5:1). La paz brota de un sentimiento de reconciliación. Dios promete perdonar, recibir a Su favor, y finalmente salvar a todos los que creen el testimonio que Él ha dado acerca de Su Hijo. Así, creer es creer esta promesa; y apropiarnos de esta promesa para nosotros es creer que Dios está reconciliado con nosotros. Esta fe puede ser débil o fuerte. Y la paz que mana de ella puede ser trémula e intermitente, o puede ser constante y segura.

Certidumbre.

Hacer de la certidumbre de la salvación personal algo esencial para la fe es contrario a las Escrituras y a la experiencia del pueblo de Dios. La Biblia se refiere a una fe débil. Es abundante en consolaciones destinadas a los dubitativos y a los desalentados. Dios acepta a aquellos que sólo pueden decir: «Señor, creo: ¡Ayuda tú mi incredulidad!» Los que hacen de la certidumbre la esencia de la fe por lo general reducen la fe a un mero asentimiento intelectual. A veces son rígidamente severos, rehusando reconocer como hermanos a los que no están de acuerdo con ellos; y a veces son antinomianos.

Al mismo tiempo, la Escritura y la experiencia enseñan que la certidumbre no es sólo algo que pueda ser alcanzado, sino que es un privilegio y un deber. Ciertamente, puede existir certidumbre donde no hay verdadera fe en absoluto; pero allí donde hay verdadera fe, la carencia de certidumbre ha de ser atribuida bien a la debilidad de la fe, bien a conceptos erróneos del plan de la salvación. Muchos creyentes sinceros son demasiado introspectivos. Miran demasiado exclusivamente adentro de ellos, y así la esperanza de los tales es proporcional al grado de evidencia de regeneración que encuentran en su propia experiencia. Esto, excepto en contadas ocasiones, no puede conducir a la certidumbre de la esperanza. Podemos examinar nuestros corazones con todo el cuidado microscópico prescrito por el Presidente Edwards en su obra sobre «Los Afectos Religiosos», y nunca quedar satisfechos de que hayamos eliminado toda razón para la inquietud y las dudas. La base de la certidumbre no se encuentra tanto dentro de nosotros como fuera. Son, según las Escrituras, (1) La promesa universal e incondicional de Dios que a los que acuden a Él en Cristo no los echará fuera de ninguna manera; que todo el que quiera, puede tomar libremente el agua de vida sin dinero y sin precio. Estamos obligados a tener la certeza de que Dios es fiel, y que ciertamente salvará a los que crean. (2) El infinito, inmutable y gratuito amor de Dios. En los primeros diez versículos del quinto capítulo de la Epístola a los Romanos, y en el octavo capítulo de la misma epístola desde el versículo treinta y uno hasta el fin, el Apóstol discurre acerca de estas características del amor de Dios, como dando un fundamento inamovible de la esperanza del creyente. (3) El mérito infinito de la satisfacción de Cristo, y la prevalencia de su continuada intercesión. Pablo, en Romanos 8:34, enfatiza estos puntos de manera especial. (4) El pacto de la redención en el que se promete que todos los que han sido dados por el Padre al Hijo acudirán a Él, y que ninguno de ellos se perderá. (5) Por el testimonio del Espíritu, dice Pablo, «nos gloriamos en la esperanza de la gloria de Dios», porque el amor de Dios ha sido derramado en nuestros corazones por medio del Espíritu Santo que nos fue dado. Esto es, el Espíritu Santo nos asegura de que somos los objetos de aquel amor que él pasa a describir como infinito, inmutable y gratuito (Ro 5:3-5). Y otra vez: «El Espíritu mismo da juntamente testimonio a nuestro espíritu, de que somos hijos de Dios». Por tanto, si cualquier creyente carece de la certidumbre de la fe, la falta está en él mismo, no en el plan de salvación ni en las promesas de Dios.

La santificación es un fruto de la fe.

El quinto efecto de la fe es la santificación. «Los que son santificados», dice nuestro Señor, «mediante la fe en mí». Aunque en este versículo (Hch 26:18, V.M.), las palabras «mediante la fe» no califican solamente la cláusula anterior, «son santificados», sino que tienen que ser aplicadas a todos los puntos precedentes, la iluminación, liberación de Satanás, perdón de los pecados, y la herencia eterna, sin embargo no se debe omitir el antecedente inmediato. Que somos santificados por la fe se enseña claramente en otros pasajes. «La fe que actúa mediante el amor y mediante la que se purifica el corazón» (Gá 5:6 y Hch 15:9). [...]

La fe santifica porque es la condición necesaria para la eficacia de los medios de la gracia. Por medio de la Palabra, de los sacramentos y de la oración Dios comunica constantes suministros de gracia. Son los medios de llamar a la actividad los ejercicios de la vida espiritual. Pero estos medios de gracia son inoperantes a no ser que sean recibidos y empleados por la fe. Y no es la fe desde luego la que les da su poder, sino que es la condición por la cual el Espíritu de Dios los hace eficaces.

El hecho de que las buenas obras son el efecto necesario de la fe queda incluido en la doctrina de que somos santificados por la fe. Porque es imposible que haya santidad interior, amor, espiritualidad, amor fraternal y celo sin una manifestación externa de estas gracias en toda la vida exterior. Por tanto, la fe sin obras está muerta. Somos salvos por la fe. Pero la salvación incluye la liberación del pecado. Por ello, si nuestra fe no nos libra del pecado, no nos salva. El antinomianismo involucra una contradicción lógica.

Capítulo 16–*LA FE*

La certidumbre de la salvación.

Un sexto efecto atribuido a la fe en las Escrituras es la seguridad o la certidumbre de la salvación. «Porque de tal manera amó Dios al mundo, que ha dado a su Hijo unigénito, para que todo aquel que cree en él, no perezca, sino que tenga vida eterna» (Jn 3:16). «De cierto, de cierto os digo: El que oye mi palabra, y cree al que me envió, tiene vida eterna; y no vendrá a condenación, sino que ha pasado de la muerte a la vida» (Jn 5:24). [...] «Todo lo que el Padre me da, vendrá a mí; y al que a mí viene, de ningún modo le echaré fuera. [...] y esta es la voluntad del que me ha enviado: Que todo aquel que ve al Hijo, y cree en él, tenga vida eterna; y yo le resucitaré en el último día» (Jn 6:37, 40). «Mis ovejas oyen mi voz, y yo las conozco, y me siguen, y yo les doy vida eterna; y no perecerán jamás, ni nadie las arrebatará de mi mano» (Jn 10:27, 28).

El octavo capítulo de Romanos.

Todo el octavo capítulo de la Epístola a los Romanos tiene como propósito demostrar la segura salvación de todos los que creen. La proposición a establecer es que «Ninguna condenación hay para los que están en Cristo Jesús». Esto es, que nunca pueden perecer; nunca pueden quedar separados de tal manera de Cristo que puedan caer en condenación. El primer argumento del Apóstol para establecer su proposición es que los creyentes son liberados de la ley mediante el sacrificio de Cristo. Por ello, el creyente no está bajo la ley que condena, como Pablo había dicho antes (Ro 6:14). «No estáis bajo la ley, sino bajo la gracia.» Pero si no bajo la ley, no puede ser condenado. [...] Esta es la primera razón que el Apóstol da de por qué los que están en Cristo jamás serán condenados.

Su segundo argumento es que ya tienen de ellos el principio de la vida eterna. [...] Y si el Espíritu de Aquel que levantó a Cristo de entre los muertos mora en vosotros, Aquel que resucitó a Cristo de los muertos también vivificará hasta vuestros cuerpos mortales por su Espíritu que mora en vosotros. Por ello, la morada del Espíritu asegura no sólo la vida del alma, sino la definitiva y gloriosa vida del cuerpo.

El tercer argumento para la seguridad de los creyentes es que son hijos de Dios. Aquellos que son conducidos por el Espíritu de Dios son hijos de Dios. Esto es, son partícipes de su naturaleza, los objetos especiales de su amor, y con título a la herencia que Él da. Si hijos, entonces herederos, herederos de Dios y coherederos con Cristo. Para la manera de pensar del Apóstol, es imposible que perezca ninguno de los hijos de Dios. Si hijos, entonces ciertamente serán salvos.

El cuarto argumento es conforme al propósito de Dios. Aquellos que Él ha predestinado para ser hechos conformes a la imagen de Su Hijo los llama Él a ejercitar la fe y el arrepentimiento; y aquellos a los que Él llama los justifica, provee para ellos y les imputa una justicia que da satisfacción a las demandas de la ley, y que les da título en Cristo, y por causa de Él, a la vida eterna; y a los que Él justifica, los glorifica. No hay fallo en esta cadena. Si los hombres hubieran sido predestinados a la vida eterna según su arrepentimiento y creer por medio de sus mismas fuerzas, o por medio de una cooperación con la gracia de Dios que otros no llegan a ejercitar, entonces su continuación en un estado de gracia podría depender de ellos. Pero si la fe y el arrepentimiento son dones de Dios, los resultados de Su llamamiento eficaz, entonces el otorgamiento de estos dones es una revelación del propósito de Dios de salvar a aquellos a quienes les son dados. Es una evidencia de que Dios los ha predestinado a ser hechos conformes a la imagen de su Hijo, esto es, a ser como Él en carácter, destino y gloria, y de que Él llevará a cabo Su propósito de manera indefectible. Nadie puede arrebatarlos de Sus manos.

El quinto argumento de Pablo es del amor de Dios. [...] Pablo arguye conforme a la grandeza, gratuidad e inmutabilidad de este amor que sus objetos nunca pueden perderse. «El que no eximió ni a su propio Hijo, sino que lo entregó por todos nosotros, ¿cómo no nos dará también con él todas las cosas?» ¿Si ha hecho lo más grande, no hará también lo menor? ¿Si dio a Su propio Hijo, no nos dará fe para recibirlo y constancia para seguir hasta el mismo fin? Un amor tan grande como el amor de Dios para Su pueblo no puede dejar de alcanzar su objetivo. Este amor es también gratuito. No se basa en lo atractivo de sus objetos. Nos amó «siendo aún pecadores»; «cuando éramos enemigos»; «mucho más, habiendo sido ya justificados en su sangre, seremos salvos de la ira por medio de él. Porque si siendo enemigos, fuimos reconciliados con Dios por la muerte de su Hijo, mucho más, habiendo sido reconciliados, seremos salvos por su vida». El amor de Dios es, a este respecto, comparado con el amor paterno. Una madre no ama a su hijo porque sea atractivo. Su amor la lleva a hacer todo lo que pueda para hacerlo atractivo y para mantenerlo así. Así el amor de Dios, siendo de manera semejante misterioso, no debido a nada en sus objetos, lleva a que adorne a Sus hijos con las gracias del Espíritu, vistiéndolos con toda la hermosura de la santidad. Es sólo el lamentable error de pensar que Dios nos ama por nuestra propia bondad el que puede llevar a nadie a suponer que su amor depende de nuestro atractivo auto-sustentado, cuando deberíamos contemplar Su amor paterno como la fuente de toda bondad y como la base de la certidumbre de que Él no permitirá a Satanás ni a nuestros propios malvados corazones que destruyan los rasgos de la semejanza con Él que Él mismo ha impreso sobre nuestras almas. Habiendo amado a los suyos, los ama hasta el fin. Y Cristo ora por ellos para que su fe no falle.

Se tiene que recordar aquí que el Apóstol no argumenta para demostrar meramente la certidumbre de la salvación de los que creen; sino su segura perseverancia en la santidad. Según el sistema de Pablo, la salvación en pecado es una contradicción lógica. Esta perseverancia en santidad es asegurada en parte mediante la influencia secreta interior del Espíritu, y en parte por todos los medios adaptados para lograr este fin: instrucciones, amonestaciones, exhortaciones, advertencias, los medios de la gracia, y las dispensaciones de Su providencia. Habiendo, en Su amor, determinado acerca del fin, ha determinado también los medios para su cumplimiento.

El sexto argumento del Apóstol es que así como el amor de Dios es infinitamente grande y totalmente gratuito, es también inmutable, y que por ello los creyentes serán ciertamente salvados. De ahí la conclusión: «Estoy persuadido de que ni la muerte, ni la vida, ni ángeles, ni principados, ni potestades, ni lo presente, ni lo por venir, ni lo alto, ni lo profundo, ni ninguna otra cosa creada nos podrá separar del amor de Dios, que es en Cristo Jesús nuestro Señor.»

Se podrá ver que el Apóstol no descansa la perseverancia de los santos sobre la naturaleza indestructible de la fe, ni sobre la naturaleza imperecedera del principio de la gracia en el corazón, ni en la constancia de la voluntad del creyente, sino únicamente en lo que está fuera de nosotros mismos. La perseverancia, nos enseña él, se debe al propósito de Dios, a la obra de Cristo, a la morada del Espíritu Santo, y a la fuente primaria de todo, al infinito, misterioso e inmutable amor de Dios. No nos guardamos a nosotros mismos: somos guardados por el poder de Dios, por medio de la fe, para salvación (1 P 1:5).

Capítulo 17

Justificación

1. Enunciación simbólica de la doctrina.

LA JUSTIFICACIÓN ES DEFINIDA en el Catecismo de Westminster como «Un acto de la libre gracia de Dios, por el cual nos perdona todos nuestros pecados, y nos acepta como justos delante de Sus ojos, sólo por la justicia de Cristo imputada a nosotros y recibida por la sola fe».

El Catecismo de Heidelberg, como respuesta a la pregunta «¿Cómo te vuelves justo delante de Dios?» contesta: «Sólo por la verdadera fe en Jesucristo, de tal suerte que, aunque mi conciencia me acuse de haber pecado gravemente contra todos los mandamientos de Dios, no habiendo jamás guardado ninguno de ellos, y estando siempre inclinado a todo mal, sin merecimiento alguno mío, sólo por su gracia, Dios me imputa y da la perfecta satisfacción, justicia y santidad de Cristo como si no hubiera yo tenido ni cometido algún pecado, antes bien, como si yo mismo hubiera cumplido aquella obediencia que Cristo cumplió por mí, con tal que yo abrace estas gracias y beneficios con verdadera fe.» y como respuesta a la pregunta: «¿Por qué afirmas ser justo sólo por la fe?», dice: «No porque agrade a Dios por la dignidad de mi fe, sino porque sólo la satisfacción, justicia y santidad de Cristo son mi propia justicia delante de Dios, pues yo no puedo recibirla y aplicármela de otro modo que por la fe.» [...]

Estas son las normas más generalmente recibidas y autoritativas de las Iglesias Reformadas, con las que concuerdan todos los otros símbolos Reformados. Las confesiones Luteranas enseñan exactamente la misma doctrina acerca de esta cuestión.[1] [...]

Según las anteriores declaraciones, la justificación es:

1. Un acto, y no, como la santificación, una obra continuada y progresiva.

2. Es un acto de gracia para con el pecador. En él mismo, merece condenación cuando Dios lo justifica.

3. En cuanto a la naturaleza del acto, no es, en primer lugar, un acto eficaz ni un acto de poder. No produce ningún cambio subjetivo en la persona justificada. No efectúa ningún cambio de carácter, haciendo buenos a los que eran malos, ni santos a los que eran impíos. Esto se hace en la regeneración y en la santificación. En segundo lugar, no se trata de un mero acto ejecutivo, como cuando un soberano perdona a un criminal, y le restaura con ello sus derechos civiles, o a su anterior posición en la comunidad. En tercer lugar, es un acto legal o judicial, el acto de un juez, no de un soberano. Esto es, en el caso del pecador, o, *in foro Dei*, se trata de un acto de Dios no en su carácter de soberano, sino en su carácter de juez. Es un acto

---

1. Los principales pasajes son *La Confesión de Augsburgo*, parte I. artículo IV; la *Apología* de esta *Confesión*, artículo III, y la *Fórmula de la Concordia*, o *Libro de la Concordia*, artículo III.

declarativo en el que Dios pronuncia justo o recto al pecador, esto es, declara que las demandas de la justicia quedan satisfechos hasta allí donde a él le atañe, de manera que no puede ser justamente condenado, sino que en justicia tiene derecho a la recompensa prometida o debida a la perfecta justicia.

4. La base meritoria para la justificación no es la fe; no somos justificados a cuenta de la fe, considerada como un acto o estado mental santo o virtuoso. Ni son nuestras obras de ningún tipo la base de la justificación. Nada hecho por nosotros ni obrado en nosotros da satisfacción a las demandas de la justicia ni puede ser la base ni la razón de la declaración de que la justicia queda satisfecha en lo que a nosotros respecta. La base para la justificación es la justicia de Cristo, activa y pasiva, esto es, incluyendo Su perfecta obediencia a la ley como pacto, y a que soportó la pena de la ley en nuestro lugar y en nuestro favor.

5. La justicia de Cristo es imputada al creyente en la justificación. Esto es, es puesta en su cuenta, de manera que tiene derecho a alegarla ante el tribunal de Dios, como si fuera personal e inherentemente suya.

6. La fe es la condición de la justificación. Esto es, por lo que a los adultos respecta, Dios no imputa la justicia de Cristo al pecador hasta que y a no ser que él (por medio de la gracia) reciba a y repose en Cristo solo para su salvación.

Es indiscutible que esta es la doctrina de las iglesias Reformada y Luterana acerca de esta importante cuestión. Las declaraciones de las normas de estas iglesias son tan numerosas, explícitas y escrutadoras que impiden toda duda razonable acerca de esta cuestión. Y que esta es la doctrina de la Palabra de Dios aparece de las siguientes consideraciones.

No será necesario tratar todos los puntos anteriormente enunciados, ya que algunos quedan necesariamente incluidos en otros. Las siguientes proposiciones incluyen todos los extremos esenciales de la doctrina.

2. La justificación es un acto legal.

Con esto los Reformadores querían, en primer lugar, negar la doctrina Romanista de justificación subjetiva. Esto es, que la justificación consista en un acto o actividad de Dios haciendo al pecador subjetivamente santo. Los Romanistas confunden o unen la justificación con la santificación. Definen la justificación como «la remisión del pecado y la infusión de nuevos hábitos de gracia». Por remisión de pecado se refieren no simplemente al perdón, sino a la eliminación de todo lo que sea de naturaleza de pecado del alma. Por ello, la justificación, para ellos, es puramente subjetiva, consistiendo en la destrucción del pecado y en la infusión de santidad. En oposición a esta doctrina, los Reformadores mantuvieron que por justificación las Escrituras se refieren a algo diferente de la santificación. Que los dos dones, aunque inseparables, son distintos, y que la justificación, en lugar de ser un acto eficaz cambiando el carácter interior del pecador, es un acto declarativo, anunciando y determinando su relación con la ley y con la justicia de Dios.

En segundo lugar, los Símbolos de la Reforma enseñan de manera no menos explícita que la justificación no es simplemente el perdón y la restauración. Incluye el perdón, pero incluye también una declaración de que el creyente es justo delante de la ley. Tiene derecho a alegar una justicia que da completa satisfacción a sus demandas.

Y por ello, en tercer lugar, de manera afirmativa, estos Símbolos enseñan que la justificación es un acto judicial o forense, esto es, un acto de Dios como juez procediendo conforme a la ley, declarando que el pecador es justo, esto es, que la ley ya no le condena más, sino que lo absuelve y lo declara con derecho a la vida eterna.

Aquí, como en tantas otras ocasiones, la ambigüedad de las palabras puede ocasionar una situación problemática. La palabra griega *dikaios* y la castellana *justo* tienen dos sentidos distintos. A veces expresan carácter moral. Cuando decimos que Dios es justo, nos referimos a que Él es recto. Está libre de toda imperfección moral. De manera que cuando decimos que un hombre es justo, generalmente nos referimos a que es recto y honesto. Que es y hace lo que debiera ser y hacer. En este sentido, la palabra expresa la relación que una persona sostiene ante la norma de la conducta moral. Pero en otras ocasiones estas palabras expresan no el carácter moral, sino la relación que alguien tiene en cuanto a la justicia. En este sentido, es justo aquel hombre con respecto a quien la justicia está satisfecha; o aquel para con quien la justicia no tiene demandas. Por ello, los léxicos nos dicen que *dikaios* significa a veces *leges observans*; en otras ocasiones *insons*, *culpa vacans* (libre de culpa o de pena), *judicio Dei insons*. Pilato (Mt 27:24) dijo: «Soy inocente de la sangre de este justo», esto es, de esta persona libre de culpa; libre de todo lo que justifique su condena a muerte. «También Cristo», dice el Apóstol, «padeció una sola vez por los pecados, el justo por los injustos», esto es, el inocente por los culpables. Véase Romanos 2:13; 5:19. «Porque así como por la desobediencia de un hombre, los muchos fueron constituidos pecadores, así también por la obediencia de uno, los muchos serán constituidos justos». «Como predicado de *judicandus* en su relación con el juez, "justicia" expresa no una virtud positiva, sino una carencia negativa de *reatus*. En presencia de su juez es tsadoq aquel que está libre de culpa y de merecimiento de castigo, bien porque no ha contraído culpa alguna (como, p.e., Cristo), o bien porque ha expiado la culpa contraída de la manera exigida por el Juez (en el Antiguo Testamento mediante un sacrificio expiatorio)».[2] Por ello, si tomamos la palabra justo en el primero de los dos sentidos mencionados, cuando expresa carácter moral, sería una contradicción decir que Dios pronuncia justo al pecador. Esto sería equivalente a decir que Dios declara que el pecador no es pecador, que el malvado es bueno, que el impío es santo. Pero si tomamos la palabra en el sentido en que las Escrituras lo emplean tan frecuentemente, expresando relación con la justicia, entonces cuando Dios declara justo al pecador declara simplemente que su culpa está expiada, que la justicia está satisfecha, que tiene la justicia que demanda la equidad. Esto es precisamente lo que Pablo dice, cuando afirma que Dios «justifica al impío» (Ro 4:5). Dios no declara pío al impío; pero declara que a pesar de su pecaminosidad e indignidad personales, es aceptado como justo sobre la base de lo que Cristo ha hecho por él.

Prueba de la doctrina acabada de enunciar.

El hecho de que justificar no significa ni perdonar ni hacer inherentemente justo o bueno queda demostrado:

Por el uso de la Escritura.

1. Por el uso uniforme del término *justificar* en las Escrituras. Nunca se emplea en ninguno de estos dos sentidos, sino siempre de declarar o pronunciar justo. Es innecesario citar pasajes como prueba de un uso que es uniforme. Los siguientes ejemplos serán suficientes. Deuteronomio 25:1, V.M.: «Cuando hubiere pleito entre dos o más hombres, y acudieren al tribunal, para que los jueces les juzguen, éstos justificarán al justo, y condenarán al delincuente.» Éxodo 23:7: «Yo no justificaré al impío.» Isaías 5:23: «¡Ay de [...] los que justifican al impío mediante soborno!» Proverbios 17:15: «El que justifica al impío, y el que condena al justo, ambos son igualmente abominación a Jehová.» Lucas 10:29: «Pero él, queriendo justificarse a sí mismo.» Lucas 16:15: «Vosotros sois los que os justificáis a vosotros mismos delante de los hombres.» Mateo 11:19: «La sabiduría queda justificada por sus hijos.» Gálatas

---

2. *Christliche Dogmatik.*, von Johannes Heinrich August Ebrard, §402, edición Königsberg, 1852, Vol. II. pág. 163.

2:16: «Sabiendo que el hombre no es justificado a base de las obras de la ley.» Cap. 5:4: «Los que por la ley os justificáis; de la gracia habéis caído.» También de esta manera se dice de los hombres que justifican a Dios. Job 32:2: «Porque se justificaba a sí mismo más que a Dios.» Salmo 51:4, RV: «Porque seas reconocido justo en tu palabra, y tenido por puro en tu juicio» Lucas 7:29: «Todo el pueblo que le escuchó y los cobradores de impuestos reconocieron la justicia de Dios.» [...]

El uso de la vida común en cuanto a esta palabra es igual de uniforme que el de la Biblia. Sería un solecismo absoluto decir que un criminal perdonado por el gobierno está justificado; o que un borracho o ladrón reformados están justificados. La palabra expresa siempre un juicio, sea de la mente, como cuando un hombre justifica a otro por su conducta, u oficialmente de un juez. Si este es el sentido establecido del término, debería resolver toda controversia en cuanto a la naturaleza de la justificación. Estamos obligados a tomarnos las palabras de la Escritura en su verdadero y establecido significado. Y, por ello, cuando la Biblia dice que «Dios justifica al que cree», no tenemos derecho a decir que significa que perdona, o que lo santifica. Significa, y solo puede significar, que lo declara justo.

La justificación es lo opuesto a la condenación.
2. Lo anterior se hace más evidente por la antítesis entre condenación y justificación. La condenación no es lo contrario ni del perdón ni de la reforma. Condenar es declarar culpable; o digno de castigo. Justificar es declarar no culpable; o que la justicia no demanda castigo; o que la persona interesada no puede ser en justicia condenada. Así, cuando el Apóstol dice (Ro 8:1): «Ahora, pues, ninguna condenación hay para los que están en Cristo Jesús», está declarando que están absueltos de culpa; que la pena de la ley no puede serles en justicia infligida. « ¿Quién», pregunta él, «acusará a los escogidos de Dios? Dios es el que justifica: ¿Quién es el que condena? Cristo es el que murió» (vv. 33, 34). No se puede presentar razón alguna de condenación contra los elegidos de Cristo. Dios los declara justos, y por ello nadie puede declararlos culpables.

Este pasaje es ciertamente decisivo contra la doctrina de la justificación subjetiva en cualquiera de sus formas. [...]

Argumento con base en formas equivalentes de expresión.
3. Las formas de expresión que se emplean como equivalentes de la palabra «justificar» determinan de manera clara la naturaleza del acto. Así, Pablo se refiere a «la bienaventuranza del hombre a quien Dios atribuye justicia sin obras» (Ro 4:6). Imputar justicia no es perdonar; ni santificar. Significa justificar, esto es, atribuir justicia. La forma negativa en que se describe la justificación es igualmente significativa: «Bienaventurados aquellos cuyas iniquidades han sido perdonadas, y cuyos pecados han sido cubiertos. Dichoso el varón a quien el Señor no imputará ningún pecado» (Ro 4:7, 8). Por cuanto «imputar pecado» nunca significa ni puede significar hacer malvado; tampoco la declaración negativa «no imputar ningún pecado» puede significar santificar. Y como «imputar pecado» sí significa poner el pecado a la cuenta de uno y tratarlo de manera acorde, igualmente justificar significa poner la justicia a la cuenta de uno, y tratarlo de manera acorde. «Dios no envió a su Hijo para condenar al mundo, [...] El que cree en él, no es condenado; pero el que no cree, ya ha sido condenado» (Jn 3:17, 18).

Porque «como por la trasgresión de uno vino la condenación a todos los hombres, de la misma manera por la justicia de uno vino a todos los hombres la justificación de vida» (Ro 5:18). Fue *krima*, una sentencia judicial, lo que vino sobre los hombres por la ofensa de Adán, y es una sentencia judicial (justificación, una *dikaiösis*) lo que viene por la justicia de Cristo, o, como se dice en el v. 16 del mismo capítulo, fue una *krima eis katakrima*, una sentencia condenatoria la que vino por una trasgresión; y un *charisma eis dikaiöma*, una sentencia de justificación gratuita de muchas transgresiones. El lenguaje no puede ser más llano. Si una sentencia de condenación es un acto judicial, entonces la justificación es un acto judicial.

Argumento según el enunciado de la doctrina.

4. El carácter judicial de la justificación está involucrado en la manera en que se presenta la doctrina en la Biblia. Las Escrituras hablan de la ley, de sus demandas, de su pena, de pecadores hechos comparecer ante el tribunal de Dios, del día del juicio. La pregunta es: ¿Cómo se justificará el hombre delante de Dios? La respuesta a esta pregunta determina el método de salvación. La pregunta no es: ¿cómo puede el hombre hacerse santo? sino, ¿cómo puede llegar a ser justo? ¿Cómo puede dar satisfacción a las demandas de la justicia en contra de él? Es evidente que si en Dios no existiera el atributo de justicia, que si lo que llamamos justicia fuera sólo benevolencia, entonces esta pregunta no tendría base. No se demandaría que el hombre fuera justo para poder ser salvo. No habría demandas de la justicia que satisfacer. El arrepentimiento sería todo lo necesario como condición para ser restaurado al favor de Dios. O cualquier declaración o exhibición didácticas del desagrado de Dios respecto del pecado abrirían el camino para el seguro perdón de los pecadores. O, si las exigencias de la justicia quedaran fácilmente satisfechas; si una obediencia parcial e imperfecta y unas disciplinas paternas, o penitencias auto-infligidas, fueran suficientes para dar satisfacción a sus demandas, entonces el pecador no tendría que ser justo para con Dios para poder ser salvo. Pero el alma humana sabe intuitivamente que estos son refugios de mentiras. Sabe que existe el atributo de la justicia. Sabe que las demandas de la justicia son inexorables porque son rectas. Sabe que no puede ser salvo a no ser que sea justificado, y sabe que no puede ser declarado justo a no ser que las demandas de la justicia queden plenamente satisfechas. Unas perspectivas deficientes acerca del mal del pecado y de la justicia de Dios se encuentran en la base de todas las perspectivas falsas de esta gran doctrina.

El argumento del Apóstol en la Epístola a los Romanos.

El Apóstol comienza la discusión de este tema dando por sentado que la justicia de Dios, Su propósito de castigar todo pecado, de demandar una perfecta conformidad con la ley, es revelada desde el cielo, esto es, revelada de tal manera que nadie, sea judío o gentil, puede negarla (Ro 1:18). Los hombres, incluso el más degradado de los paganos, conocen el justo juicio de Dios, que los que pecan merecen la muerte (v. 32). Luego demuestra que todos los hombres son pecadores, y que, siendo pecadores, están bajo condenación. Todo el mundo está «bajo el juicio de Dios» (3:19). De esto infiere como intuitivamente cierto (porque queda llanamente incluido en las premisas), que ningún ser humano puede justificarse delante de Dios «por las obras de la ley», esto es, sobre la base de su propio carácter y conducta. Si es culpable, no puede ser declarado no culpable, o justo. En el argumento de Pablo, justificar es declarar justo. *Dikaios* es lo opuesto a *hupodikos*. [...] Esto es, justo es lo opuesto a culpable. Declarar culpable es condenar. Declarar justo, esto es, no culpable, es justificar. Si alguien niega la autoridad de la Escritura, o si se siente libre de rechazar la forma de la doctrina, mientras que mantiene lo que considera su sustancia, es concebible que pueda negar que la justificación es un acto judicial; pero parece imposible que nadie pueda negar que así esté presentada en la Biblia. [...] Mediante un proceso similar es fácil librarse no sólo de la doctrina de la justificación como acto judicial, sino de todas las otras doctrinas distintivas de las Escrituras. Sin embargo, esto no es interpretar, sino pervertir.

El Apóstol, habiendo enseñado que Dios es justo, esto es, que Él demanda la satisfacción de la justicia, y que los hombres son pecadores y que no pueden dar tal satisfacción ellos mismos, anuncia que esta justicia ha quedado provista, y que está revelada en el Evangelio. No es nuestra propia justicia, que es de la ley, sino la justicia de Cristo, y por ello, la justicia de Dios, en virtud de la cual, y sobre cuya base, Dios puede ser justo, y sin embargo justificar al pecador que cree en Cristo. En tanto que la Biblia se mantenga, esto tiene que mantenerse como una sencilla declaración de lo que Pablo enseña en cuanto al método de la salvación. Los hombres pueden disputar en cuanto a lo que quiere decir, pero desde luego que es esto lo que dice.

Argumento derivado de la base de la justificación.

5. La naturaleza de la justificación queda determinada por su base. Esto, desde luego, es una anticipación de otra parte del tema, pero es oportuno aquí. Si la Biblia enseña que la base de la justificación, la razón por la que Dios nos remite la pena de la ley y nos acepta como justos delante de Él, es algo fuera de nosotros, algo hecho por nosotros, y no lo que hacemos ni experimentamos, entonces sigue necesariamente que la justificación no es subjetiva. No consiste en la infusión de justicia, ni en hacer a la persona justificada personalmente santa. Si la «causa formal» de nuestra justificación fuera nuestra bondad, entonces somos justificados por lo que somos. Pero la Biblia enseña que ningún ser humano puede ser justificado por lo que es. Está condenado por lo que es y por lo que hace. Está justificado por lo que Cristo ha hecho por él.

La justificación no es un mero perdón.

Por la misma razón, la justificación no puede ser un mero perdón. El perdón no procede sobre la base de una satisfacción. Un preso liberado por un rescate no ha sido perdonado. Un deudor cuyas obligaciones han sido canceladas por un amigo tiene derecho a la libertad de las demandas de su acreedor. Cuando un soberano perdona a un criminal, no es un acto de justicia. No es según la satisfacción de la ley. Por ello, la Biblia, al enseñar que la justificación es sobre la base de una expiación o satisfacción; que la culpa del pecador queda expiada; que ha sido redimido por la preciosa sangre de Cristo; y que se ha emitido sobre él la declaración judicial de que es justo, nos enseña que la justificación no es ni perdón ni infusión de justicia.

Argumento según de la inmutabilidad de la ley.

6. La doctrina de que la justificación consiste simplemente en el perdón y en la consiguiente restauración presupone que la ley divina es imperfecta y mudable. Entre los gobiernos humanos es a menudo conveniente y correcto que hombres justamente condenados a sufrir la pena de la ley sean perdonados. Las leyes humanas han de ser generales. No pueden entrar en todas las circunstancias de cada caso particular. Su ejecución a menudo resultaría en dificultades o injusticias. Por ello, los juicios humanos pueden quedar a menudo dejados a un lado. No es así con la ley divina. La ley del Señor es perfecta. Y nada perfecto puede ser descuidado. No demanda nada que no deba ser demandado. No amenaza con nada que no deba ser infligido. De hecho, es su propio ejecutor. La paga del pecado es la muerte (Ro 8:6). La justicia de Dios hace el castigo tan inseparable como la vida lo es de la santidad. La pena de las ley es inmutable, y tan poco susceptible de ser echada a un lado como el precepto. Por ello, las Escrituras enseñan en todo lugar que en la justificación del pecador no hay relajación de la pena. Las demandas de la ley no son echadas a un lado ni descuidadas. Somos liberados de la ley no por su abrogación, sino por su ejecución (Gá 2:19). Somos libertados de la ley por el cuerpo de Cristo (Ro 7:4). Cristo, al tomar nuestro lugar, llevó nuestros pecados en Su propio cuerpo sobre el madero (1 P 2:24). El documento de deuda en contra nuestra lo canceló, clavándolo en Su cruz (Col 2:14). Por ello es que no estamos bajo la ley, sino bajo la gracia (Ro 6:14). Estas descripciones son inconsecuentes con la teoría que supone que la ley puede ser pasada por

alto; que la restauración de los pecadores al favor y a la comunión de Dios no demandan la satisfacción de sus exigencias; que el creyente es perdonado y restaurado a la comunión con Dios de la misma manera en que un ladrón o falsificador son perdonados y restaurados a sus derechos civiles por un gobernante humano. Esto está en contra de las Escrituras. Dios es justo al justificar al pecador. Él actúa conforme a la justicia.

Se observará que todo en esta discusión gira sobre la cuestión de si en Dios existe el atributo de la justicia. Si la justicia fuera sólo «benevolencia conducida por sabiduría», entonces no hay justificación. Lo que los cristianos evangélicos consideran como tal sería sólo el perdón o la santificación. Pero si Dios, como nos lo enseñan las Escrituras y la conciencia, es un Dios justo, tan inmutable en Su justicia como en Su bondad y verdad, entonces no puede haber remisión de la pena del pecado excepto sobre la base de la satisfacción de la justicia; y por ello la justificación tiene que ser un acto judicial, y no un mero perdón o infusión de justicia. Estas doctrinas se sostienen unas a otras. Lo que la Biblia enseña de la justicia de Dios demuestra que la justificación es una declaración judicial de que la justicia ha quedado satisfecha. Y lo que la Biblia enseña acerca de la naturaleza de la justificación demuestra que la justicia en Dios es algo más que benevolencia. Así es que quedan concatenadas todas las grandes doctrinas de la Biblia.

Argumento según la naturaleza de nuestra unión con Cristo.

7. La teoría que reduce la justificación al perdón y a sus consecuencias no es consecuente con lo que se revela acerca de nuestra unión con Cristo. Esta unión es mística, sobrenatural, representativa y vital. Estábamos en Él antes de la fundación del mundo (Ef 1:4); estamos en Él como estuvimos en Adán (Ro 5:12, 21; 1 Co 15:22); estamos en Él como los miembros del cuerpo están en la cabeza (Ef 1:23; 4:16; 1 Co 12:12, 27, y en muchos pasajes); estamos en Él como los pámpanos están en la vid (Jn 15:1-12). Estamos en Él en tal sentido que Su muerte es nuestra muerte, fuimos crucificados con Él (Gá 2:20; Ro 6:1-8); estamos unidos con Él de tal manera que hemos resucitado con Él, y con Él estamos sentados en lugares celestiales (Ef 2:1-6). En virtud de esta unión somos (en nuestra medida) lo que Él es. Somos en Él hijos de Dios. Y lo que Él hizo, nosotros hicimos. Su exaltación es nuestra exaltación. Esta es la descripción que satura las Escrituras. Todo esto es pasado por alto por los proponentes de la teoría opuesta. Según este punto de vista, Cristo no está más unido a Su pueblo, excepto en sentimiento, que a otros hombres. Simplemente ha hecho aquello que hace consistente con el carácter de Dios y con los intereses de Su reino el perdonar a cualquier y todo hombre que se arrepienta y crea. Su relación es puramente externa. No está unido de tal manera a Su pueblo que Su mérito venga a ser el mérito de ellos y Su vida la vida de ellos. Cristo no es en ellos la esperanza de gloria (Col 1:27). Él no ha sido hecho por Dios para ellos sabiduría, justicia, santificación y redención (1 Co 1:30). No están en Él de manera que, en virtud de esta unión, estén llenos de toda la plenitud de Dios (Col 2:10 y Ef 3:19). Por otra parte, la doctrina Protestante de la justificación armoniza con todas estas descripciones. Si estamos unidos con Cristo de tal manera que somos hechos partícipes de Su vida, somos también partícipes de Su justicia. Lo que Él hizo al obedecer y sufrir lo hizo por Su pueblo. Un elemento esencial de Su obra redentora fue satisfacer las demandas de la justicia en favor de ellos, de manera que en Él y por causa de Él tienen título al perdón y a la vida eterna.

Argumentos según los efectos adscritos a la justificación.

8. Las consecuencias atribuidas a la justificación son inconsecuentes con la presuposición de que consista bien en el perdón, bien en la infusión de justicia. Estas consecuencias son la paz, la reconciliación, y el derecho a la vida eterna. «Justificados, pues, por la fe,» dice el

Apóstol, «tenemos paz para con Dios» (Ro 5:1). Pero el perdón no produce paz. Deja la conciencia insatisfecha. Un criminal perdonado no es sólo tan criminal como era antes, sino que su sentimiento de culpa y de remordimiento de conciencia no queda aminorado en grado alguno. El perdón sólo puede eliminar la pena externa y arbitraria. El aguijón del pecado permanece. No puede haber paz de la mente hasta que la justicia quede satisfecha. La justificación logra la paz no sólo porque incluye el perdón, sino porque este perdón es dado sobre la base de una plena satisfacción de la justicia. Lo que da satisfacción a la justicia de Dios da satisfacción a la conciencia del pecador. La sangre de Jesucristo purifica de todo pecado (1 Jn 1:7) quitando la culpa, y produciendo así una paz que sobrepuja a todo entendimiento. Cuando el alma ve que Cristo llevó sus pecados sobre la cruz, soportando la pena en que ella había incurrido; que todas las demandas de la ley quedan plenamente satisfechas; que Dios queda más honrado en su perdón que en su condenación; que todos los fines del castigo quedan consumados por la obra de Cristo en un grado mucho más elevado que podrían serlo con la muerte del pecador; y que tiene derecho a alegar el infinito mérito del Hijo de Dios ante el tribunal de la justicia divina, entonces queda satisfecha. Entonces tiene paz. Es humilde. No pierde el sentimiento de su demérito personal, pero la conciencia deja de pedir satisfacción. Se sabe que con frecuencia los criminales se entregan a la justicia. No pueden descansar hasta que no reciben el castigo. El cumplimiento de la pena en que habían incurrido les da paz. Este es un elemento en la experiencia del cristiano. El pecador convicto nunca puede encontrar la paz hasta que deja su carga de pecado sobre el Cordero de Dios; hasta que es consciente de que sus pecados han sido castigados, como lo dice el Apóstol (Ro 8:3), en Cristo.

También se dice que somos reconciliados con Dios mediante la muerte de su Hijo (Ro 5:10). Pero el perdón no logra la reconciliación. Un criminal perdonado puede ser restaurado a sus derechos civiles, hasta allí donde la pena remitida involucraba la pérdida de los mismos, pero no queda reconciliado con la sociedad. No queda restaurado al favor de la misma. Sin embargo, la justificación logra una restauración al favor y a la comunión de Dios. Nos hacemos hijos de Dios por la fe en Jesucristo (Gá 3:26). Nadie puede leer el capítulo octavo de la Epístola a los Romanos sin llegar a la convicción de que en el pensamiento de Pablo un creyente justificado es algo más que un criminal perdonado. Es un hombre cuya salvación está asegurada porque está libre de la ley y de todas sus demandas; porque la justicia de la ley (esto es, todos sus justos requerimientos) ha sido cumplida en él; porque está unido de tal manera a Cristo que viene a ser partícipe de su vida; porque nadie puede acusar de nada a aquellos por los que Cristo murió y a los que Dios ha justificado; y porque tales creyentes, al ser justificados, son revelados como los objetos del misterioso, inmutable e infinito amor de Dios.

También, la justificación incluye o comunica un título a la vida eterna. El perdón es puramente negativo. Simplemente quita una pena. No confiere título alguno a ningunos beneficios no gozados previamente. Sin embargo, la vida eterna conlleva la condición de una obediencia perfecta. El pecador meramente perdonado no tiene tal obediencia. Está destituido de aquello que, por los inmutables principios del gobierno divino, es la condición indispensable para la vida eterna. No tiene derecho a la herencia prometida a los justos. No es ésta la condición del creyente. El mérito de Cristo tiene derecho a la recompensa. Y el creyente, al ser partícipe de este mérito, comparte este título. Esto está constantemente reconocido en las Escrituras. Por la fe en Cristo venimos a ser hijos de Dios. Pero la filiación involucra la condición de herederos, y la condición de herederos implica un título a la herencia. «Y si hijos, también herederos; herederos de Dios y coherederos juntamente con Cristo» (Ro 8:17). Esta es la doctrina que se enseña en Romanos 5:12-21. Por la trasgresión de uno, pasó juicio sobre todos los hombres para condenación. Por la justicia de uno, ha pasado sobre todos el veredicto de justificación de vida; esto es, de una justificación que da título a la vida. Así como el pecado de Adán fue la base judicial para nuestra condenación (esto es, fue la base sobre la que la justicia demandaba condenación), así la justicia de Cristo es la base judicial para la justificación. Esto es, es la base sobre la que la vida prometida a los justos debe ser en justicia concedida al creyente. La Iglesia, en todas las edades, ha reconocido esta verdad. Los creyentes siempre han creído que tenían título a la vida eterna. Por ello han alabado a Dios con los cánticos más sublimes. Siempre han considerado como intuitivamente cierto que el cielo ha de ser merecido. La única cuestión era: Si el mérito está en ellos, o en Cristo. Estando en Cristo, les era un don gratuito para ellos; y así la justicia y la paz se besaron. La gracia y la justicia se unen en poner la corona de justicia sobre la cabeza del creyente.

No es menos cierto que las consecuencias atribuidas a la justificación no resultan de la infusión de justicia. La cantidad de santidad poseída por el creyente no le da paz. Ni la santidad perfecta eliminaría la culpa. El arrepentimiento no expía el crimen del asesinato. No acalla la conciencia del asesino. No da satisfacción del sentimiento de justicia en la mente del público. Es el *pröton pseudos* del Romanismo y de todas las teorías de justificación subjetiva el hecho de que hacen nada de la culpa o la reducen a un mínimo. Si no existiera la culpa, entonces la infusión de la justicia sería todo lo necesario para la salvación. Pero si hay justicia en Dios, entonces ninguna cantidad de santidad puede expiar el pecado, y la justificación no puede consistir en hacer santo al pecador. Además de esto, incluso admitiendo que se pudiera ignorar el pasado, que la culpa que gravita sobre el alma pudiera ser pasada por alto tan fácilmente o tan fácilmente quitada, la justicia subjetiva, o la santidad, es tan imperfecta que nunca daría paz al creyente. Que el más santo de los hombres mire a su interior, y que diga si lo que ve allí da satisfacción a su conciencia. Si no, ¿cómo puede dar satisfacción a Dios? Él es mayor que nuestros corazones y conoce todas las cosas. Por ello, nadie puede tener paz para con Dios por lo que él es o por lo que hace. [...] Bien lejos de que nada en nosotros sea meritorio, o con derecho a recompensa, el estado interior y los ejercicios de los más santos de los hombres llegan a estar tan lejos de la perfección que merecen la condenación. En nosotros no mora el bien. Cuando queremos hacer lo bueno, el mal está presente con nosotros. Hay siempre una ley en nuestros miembros que guerrea contra la ley de la mente. El pecado que mora en nosotros permanece. Incluso llevó a Pablo a clamar: «¡Miserable hombre de mí!; ¿quién me libertará de este cuerpo de muerte?» (Ro 7:24.) «Jamás se ha hallado obra ninguna, por más santo que fuera el que la realizó, que examinada con el rigor del juicio divino, no resultase digna de condenación.»[3] Ignorando esta clara verdad de la Escritura y de la experiencia divina que se expresa a sí misma en confesión, humillación y oraciones diarias y horarias por el perdón, la doctrina de la justificación subjetiva supone que no hay pecado en el creyente, ni pecado que merezca la condenación de Dios, sino al contrario que en él hay aquello que merece la vida eterna. Los Romanistas hacen una distinción entre una primera y una segunda justificación. La primera admiten que es gratuita, y que se basa en el mérito de Cristo, o más bien que es otorgada gratuitamente por causa de Cristo. Ésta consiste en la infusión de la gracia habitual (esto es, la regeneración). Justifica haciendo el alma subjetivamente justa o santa. La segunda justificación no es asunto de gracia. Está basada en el mérito de las buenas obras, los frutos de la regeneración. Pero si estos frutos están, como lo testifica nuestra conciencia, contaminados por el pecado, ¿cómo pueden merecer la vida eterna? ¿Cómo pueden cancelar el documento de deuda en contra nuestra? ¿Cómo pueden ser la base del confiado reto de Pablo: «¿Quién acusará a los escogidos de Dios?» La base de nuestra confianza y nuestro título a la vida eterna no es lo que está dentro de nosotros, sino fuera; no

---

3. Calvino, *Institución de la Religión Cristiana*, Libro III, cap. XIV, 11; FELIRE, Rijswijk 1968, Vol. I, pág. 601.

lo que somos o hacemos, sino lo que Cristo es y ha hecho. Esta es la doctrina admitida de la Reforma Protestante. «Apud theologos Augustanae confessionis extra controversiam positum est», dice la «Fórmula de Concordia», «totam justitiam nostram extra nos, et extra omnium hominum merita, opera, virtutes dignitatem quaerendam, eamque in solo Domino nostro, Jesu Christo consistere». Así como los cielos están más altos que la tierra, así de alta es la esperanza basada en la obra de Cristo por nosotros, por encima de una esperanza basada en el mérito de nada que haya sido obrado en nosotros. Calvino enseña la misma doctrina que Lutero.[4] [...]

El hecho de que la justificación no es meramente el perdón, y que no es una infusión de justicia mediante la que el pecador sea hecho inherentemente justo o santo, sino un juicio que emite Dios de que las demandas de la ley con respecto al creyente están satisfechas, y que tiene título a una justicia que le da derecho a la vida eterna, ha sido argumentado: (1) Conforme al uso uniforme del término en la Escritura tanto en el Antiguo como en el Nuevo Testamento. (2) Conforme a la constante oposición entre justificación y condenación. (3) Conforme a las equivalentes formas de expresión. (4) Conforme a todo el designio y corriente del argumento del Apóstol en sus Epístolas a los Romanos y a los Gálatas. (5) Conforme a la justificación, esto es, la justicia de Cristo. (6) Conforme a la inmutabilidad de la ley y de la justicia de Dios. (7) Conforme a la naturaleza de nuestra unión con Cristo. (8) Conforme al hecho de que la paz, la reconciliación con Dios y el título a la vida eterna que, según las Escrituras, son las consecuencias de la justificación, no surgen ni del mero perdón, ni de la justicia subjetiva, ni de la santificación. Y no se puede dudar de que esta sea la doctrina Protestante, tanto la Luterana como la Reformada.

La doctrina de Calvino.

Es desde luego cosa cierta que por parte de los primeros Reformadores, y especialmente por parte de Calvino, se dice a menudo que la justificación consiste en el perdón de los pecados. Pero es evidente que esto no tiene la intención de negar el carácter judicial de la justificación, ni excluir la imputación de la justicia de Cristo, por la cual el creyente es considerado justo a la vista de la ley, por la misma naturaleza de la controversia en la que estaban inmersos estos Reformadores. La cuestión entre ellos y los Romanistas era: ¿Consiste la justificación en el acto por el que Dios hace al pecador inherentemente justo o santo? ¿O expresa el veredicto de Dios por el que el creyente es declarado justo? Lo que Calvino negaba era que la justificación sea la santificación. Lo que afirmaba él era que era librar al creyente de la condenación de la ley, introduciéndolo a un estado de favor para con Dios. Los Romanistas expresaron su doctrina diciendo que la justificación consiste en la remisión del pecado y la infusión de la caridad o justicia. Pero por remisión del pecado significaban la erradicación del pecado; el quitar el viejo hombre. En otras palabras, para ellos la justificación consistía (para emplear el lenguaje escolástico entonces en boga) en la eliminación de los hábitos de pecado y la infusión de hábitos de gracia. Así, en aquellos justificados no había pecado, y, por tanto, nada que castigar. Por ello, el perdón seguía como consecuencia necesaria. Era un mero accesorio. Esta perspectiva deja la culpa en nada; deja en nada las demandas de la justicia. Por tanto, Calvino insistió en que además de la renovación subjetiva conectada con la conversión del pecador, su justificación tenía que ver con la eliminación de la culpa, la satisfacción de la justicia, que en el orden natural, aunque no en el temporal, tiene que preceder a la comunicación de la vida de Dios al alma. El hecho de que Calvino no difería acerca de esta cuestión de los otros Reformadores y de todo el cuerpo de la Iglesia Reformada aparece en sus propias y explícitas de-

---

4. *Ibid.*, Libro III, cap. XI, 15, 16.

claraciones, y en los enunciados perfectamente precisos de las Confesiones a las que dio su asentimiento. Así, él dice: «y para que no tropecemos desde el primer paso (como sucedería si comenzásemos a disputar sobre una cosa incierta y desconocida) conviene que primero declaremos lo que quieren decir expresiones como; el hombre es justificado delante de Dios; que es justificado por la fe, o por las obras.

»Se dice que es justificado delante de Dios el que es reputado por justo delante del juicio divino y acepto a su justicia. Porque como Dios abomina la iniquidad, el pecador no puede hallar gracia en su presencia en cuanto es pecador, y mientras es tenido por tal. Por ello, dondequiera que hay pecado, allí se muestra la ira y el castigo de Dios. Así pues, se llama justificado aquel que no es tenido por pecador, sino por justo, y con este título aparece delante del tribunal de Dios, ante el cual todos los pecadores son confundidos y no se atreven a comparecer. Como cuando un hombre inocente es acusado ante un juez justo, después de ser juzgado conforme a su inocencia, se dice que el juez lo justificó; del mismo modo diremos que es justificado delante de Dios el hombre que separado del número de los pecadores, tiene a Dios como testigo de su justicia y encuentra en Él aprobación.

»De este modo diremos de un hombre que es justificado por las obras, cuando en su vida hay tal pureza y santidad que merece el título de justicia delante del tribunal de Dios; o bien que él con la integridad de sus obras puede responder y satisfacer al juicio de Dios.

»Al contrario, será justificado por la fe aquel que, excluido de las obras, alcanza la justicia de la fe, revestido con la cual, se presenta ante la majestad divina, no como pecador sino como justo. De esta manera afirmamos nosotros en resumen, que nuestra justificación es la aceptación con que Dios nos recibe en su gracia y nos tiene por justos. Y decimos que consiste en la remisión de los pecados y en la imputación de la justicia de Cristo.»[5]

Este pasaje es decisivo en cuanto a la postura de Calvino, porque es expresamente una declaración formal del estado de la cuestión, dada con la mayor claridad y precisión. La justificación consiste «en la remisión de pecados y la imputación de la justicia de Cristo.» «Está justificado delante de Dios aquel que es sacado de la clase de pecadores, y que tiene a Dios por testigo y declarante de su justicia.»

3. Las obras no son la base de la justificación.

Con referencia a los hombres desde la caída, es tan explícita y repetida la declaración de que la justificación no es por obras, que nunca esta proposición ha sido puesta en tela de juicio por parte de aquellos que profesan recibir las Escrituras como la Palabra de Dios. Al quedar expresamente declarado que todo el mundo es culpable delante de Dios, que por las obras de la ley ningún ser humano se justificará delante de Dios, el único punto que queda abierto a la discusión es: ¿Qué se significa por obras de la ley?

A esta pregunta se han dado las siguientes respuestas: Primero, que por obras de la ley se significan las obras prescritas en la ley judaica. Se supone que como la controversia de Pablo era con los que enseñaban que a no ser que los conversos se circuncidaran y guardaran la ley de Moisés no podían ser salvos (Hch 15:1, 24), que todo lo que él quería enseñar era lo inverso a esta proposición. Se le debe entender como diciendo que la observancia de los ritos y ceremonias de los judíos no son esenciales para la salvación; que los hombres no son hechos justos o buenos mediante obras ceremoniales externas, sino por obras moralmente buenas. Éste es el terreno asumido por los Pelagianos y por la mayoría de los modernos Racionalistas. [...] Steudlin[6] expresa la misma posición: «Toda verdadera reforma, toda buena acción», dice él, «debe brotar

---

5. *Institución de la Religión Cristiana*, Libro III, cap. XI, 2; FELIRE, Rijswijk 1968, págs. 557, 558.
6. Véase Strauss, *Dogmatik*, Tubingen y Stuttgart, 1841, Vol. II, págs. 493, 494.

de la fe, siempre que por fe comprendamos la convicción de que algo es correcto, una convicción de unos principios morales generales y religiosos». Kant dice que Cristo en un aspecto religioso es el ideal de la humanidad. Cuando un hombre lo considera de tal manera y trata de conformar su corazón y vida a este ideal, queda justificado por la fe. Según todas estas posturas, las meras obras ceremoniales quedan excluidas, y la base de la justificación viene a ser nuestro propio carácter natural moral y nuestra conducta.

La doctrina Romanista.

Segundo. La doctrina de los Romanistas acerca de este punto es mucho más elevada. El Romanismo retiene el elemento sobrenatural del cristianismo en su totalidad. En verdad, es motivo de devota gratitud a Dios que por debajo de los numerosos, graves y destructivos errores de la Iglesia Católica Romana, quedan preservadas las grandes verdades del Evangelio. La Trinidad, la verdadera divinidad de Cristo, la verdadera doctrina acerca de Su persona como Dios y hombre en dos naturalezas distintas y una persona para siempre; la salvación por Su sangre, la regeneración y la santificación por medio del omnipotente poder del Espíritu; la resurrección del cuerpo, y la vida eterna, son doctrinas sobre las que vive el pueblo de Dios en esta comunión, y que han producido hombres tan santos como San Bernardo, Fénélon, e indudablemente miles de otros que pertenecen al número de los elegidos de Dios. Cada verdadero adorador de Dios tiene que reconocer en su corazón como hermano en Cristo, sea donde sea que se encuentre, a cualquiera que ama, adora y confía en el Señor Jesucristo como Dios manifestado en carne y el único Salvador de los hombres. Acerca de la cuestión de la justificación, los Romanistas han desfigurado y deformado la verdad como han hecho con casi todas las otras doctrinas que tocan al modo en que los méritos de Cristo son puestos a disposición para nuestra salvación. Admiten, desde luego, que no hay bien alguno en el hombre caído; que no puede merecer nada ni nada alegar sobre la base de nada que él sea o pueda hacer por sí mismo. Por naturaleza, está muerto en pecado; y hasta que sea hecho partícipe de una nueva vida por el poder sobrenatural del Espíritu Santo, no puede hacer más que pecar. Por causa de Cristo, y sólo por Sus méritos, como cuestión de gracia, esta nueva vida le es impartida en el alma en la regeneración (esto es, tal como enseñan los Romanistas, en el bautismo). Así como la vida expulsa a la muerte; así como la luz expulsa a las tinieblas, así la entrada de esta nueva vida divina en el alma expulsa el pecado (esto es, los hábitos pecaminosos), y produce frutos de justicia. Las obras hechas después de la regeneración tienen verdadero mérito, «meritum condigni», y son la base para la segunda justificación; la primera justificación consiste en hacer el alma inherentemente justa por la infusión de la justicia. Según este punto de vista, no somos justificados por obras hechas antes de la regeneración, sino que somos justificados para obras de gracia, esto es, para obras que brotan del principio de la vida divina infundida en el corazón. Toda la base de nuestra aceptación para con Dios, por tanto, viene a ser lo que somos y lo que hacemos.

Doctrina Remonstrante.

Tercero. Según los Remonstrantes o Arminianos, las obras excluidas de nuestra justificación son las obras de la ley en distinción a las obras del Evangelio. En el pacto hecho con Adán, Dios exigió perfecta obediencia como condición de vida. Por causa de Cristo, en el Evangelio Dios ha entrado en un nuevo pacto con los hombres, prometiéndoles la salvación bajo la condición de obediencia evangélica. Esto se expresa de diferentes maneras. A veces se dice que estamos justificados sobre la base de la fe. La fe es aceptada en lugar de aquella perfecta justicia demandada por la ley Adánica. Pero por fe no se significa el acto de recibir a Cristo y de reposar sólo en Él para salvación. Es considerada como un estado de la mente permanente y controlador. Y por ello se dice frecuentemente que somos justificados por una «fides obsequiosa», una fe obediente; una fe que incluye obediencia. En otras ocasiones se dice que somos justificados por la obediencia evangélica, esto es, aquella clase y medida de obediencia que demanda el Evangelio, y que los hombres pueden dar, desde la caída, mediante el empleo apropiado de la «gracia suficiente», que se concede a todos los hombres. [...]

La doctrina Protestante.
Cuarto. Según la doctrina de los Luteranos y de los Reformados, las obras excluidas de la base de nuestra justificación son no sólo las obras rituales o ceremoniales, ni tampoco meramente obras hechas antes de la regeneración, ni la obediencia perfecta demandada por la ley dada a Adán, sino obras de todo tipo, todo lo hecho por nosotros u obrado en nosotros. Que ésta es la doctrina de la Biblia queda claro:

1. Porque el lenguaje de la Escritura es ilimitado. La declaración es que no estamos justificados «por las obras». No se designa ninguna clase específica de obras con exclusión de todas las demás. Pero es «obras», lo que nosotros hacemos; cualquier cosa y todo aquello que hagamos. Por ello, es sin autoridad alguna que nadie limite estas declaraciones generales a ninguna clase particular de obras.

2. La palabra ley se emplea en un sentido global. Incluye todas las revelaciones de la voluntad de Dios como regla de la obediencia humana, y, por ello, por «obras de la ley» se tienen que entender todo tipo de obras. Como *nomos* significa todo aquello que vincula, se emplea de la ley de la naturaleza, de la ley escrita en el corazón (Ro 2:14), del Decálogo, de la Ley de Moisés, de la totalidad de las Escrituras del Antiguo Testamento (Ro 3:19). A veces se hace referencia a uno, a veces a otro de estos aspectos de la ley de manera específica. Pablo asegura a los judíos que no podían ser justificados por las obras de la ley, que era especialmente vinculante para ellos. Asegura a los gentiles que no podían ser justificados por la ley escrita en sus corazones. Asegura a los creyentes bajo el Evangelio que no pueden ser justificados mediante obras de la ley que les sean vinculantes. La razón que da incluye todas las posibles obras. Esta razón es que toda obediencia humana es imperfecta, y que la ley exige completa obediencia (Gá 3:10). Es por ello que «por las obras de la ley ningún ser humano será justificado delante de él» (Ro 3:20).

3. La ley de la que Pablo habla es la ley que dice: «No codiciarás» (Ro 7:7); la ley que es espiritual (v. 14); que es «santa, justa y buena» (v. 12); la ley cuyo gran mandamiento es: Amarás al Señor tu Dios con todo tu corazón, y a tu prójimo como a ti mismo. Además, las que son llamadas obras de la ley son llamadas, en Tit 3:5, «obras de justicia». Y no puede haber obras mayores que estas. El Apóstol repudia toda base de confianza en su «propia justicia» (Fil 3:9), esto es, en su propia excelencia, sea habitual, sea presente. Censura a los judíos porque procuraban establecer su propia justicia, no sometiéndose a la justicia de Dios (Ro 10:3). Conforme a este y otros pasajes similares, está claro que no son una o más clases específicas de obra las que quedan excluidas de la base de la justificación, sino todas las obras, toda excelencia personal de todo tipo.

4. Esto queda aún más evidente según el contraste constantemente presentado entre la fe y las obras. No somos justificados por las obras, sino por la fe en Cristo Jesús (Gá 2:16, y a menudo en otras partes). No se trata de una clase de obras en oposición a otra; legales en oposición a evangélicas; naturales en oposición a obras de gracia; morales en oposición a rituales; sino obras de todo tipo en oposición a la fe.

5. Lo mismo es evidente por lo que se enseña de la naturaleza gratuita de nuestra justificación. La gracia y las obras son antitéticas. «Al que obra, no se le cuenta el salario como gracia, sino como deuda» (Ro 4:4). «Si por gracia, ya no es a base de obras; de otra manera, la

gracia ya no es gracia» (Ro 11:6). La gracia necesariamente excluye las obras de todo tipo, y más especialmente las del tipo más elevado, que pudieran tener alguna apariencia de mérito. Pero el mérito queda necesariamente excluido, en el grado que sea, si nuestra salvación es por gracia.

6. Cuando se enuncia la base positiva de la justificación, siempre se declara que no es nada hecho por nosotros ni obrado en nosotros, sino lo que fue hecho por nosotros. Se presenta siempre como algo externo a nosotros. Somos justificados por la sangre de Cristo (Ro 5:9); por Su obediencia (Ro 5:19); por Su justicia (v. 18). Esto es involucrado en todo el método de salvación. Cristo nos salva como sacerdote; pero un sacerdote no salva haciendo buenos a aquellos que acuden a él. No obra en ellos, sino por ellos. Cristo nos salva mediante un sacrificio; pero un sacrificio es efectivo no debido a su efecto subjetivo sobre el ofrecedor, sino como expiación, o satisfacción de la justicia. Cristo es nuestro Redentor; se dio a sí mismo como rescate por muchos. Pero un rescate no infunde justicia. Es el pago de un precio. Es la satisfacción de las demandas del cautivador sobre el cautivo. Por ello, todo el plan de la salvación tal como se presenta en la Biblia y como es la vida de la Iglesia, resulta cambiado si se cambia la base de nuestra aceptación delante de Dios de aquello que Cristo ha hecho por nosotros a aquello que es obrado en nosotros o hecho por nosotros. [...]

7. Ello aparece adicionalmente y aún de manera más decisiva por la gran objeción a su doctrina que Pablo tenía que responder una y otra vez. Esta objeción es que si nuestra bondad personal o excelencia moral no es la base de nuestra aceptación para con Dios, entonces se niega toda necesidad de ser bueno, y se elimina toda motivación para las buenas obras. Podemos continuar en pecado para que la gracia abunde. Esta objeción ha sido reiterada mil veces desde que fue apremiada contra los Apóstoles. Parece tan irrazonable y desmoralizador decir, como dice Pablo en Romanos 3:22, que por lo que a la justificación concierne no hay diferencia entre judío y gentil, entre un adorador del Dios verdadero y el adorador de demonios; entre el mayor de los pecadores y el hombre más moral del mundo, que siempre ha habido los que han sentido que hacían servicio a Dios denunciando esta doctrina como una herejía destructora del alma. Si Pablo hubiera enseñado que los hombres son justificados por sus buenas obras morales, como dicen los Pelagianos y los Racionalistas; o por su obediencia evangélica, como dicen los Remonstrantes; o por su justicia inherente y posteriores buenas obras, como dicen los Romanistas, no habría habido lugar para esta formidable objeción. O, si por algún malentendido en su enseñanza se hubiera apremiado la objeción, ¡qué fácil habría sido para el Apóstol echarla a un lado! ¡Qué evidente habría sido la respuesta: "No niego de verdad que las obras realmente buenas son la base de nuestra aceptación delante de Dios. Sólo digo que las obras rituales no tienen valía alguna delante de Dios, que Él mira al corazón; o, que las obras hechas antes de la regeneración no tienen ninguna verdadera excelencia ni mérito; o, que Dios es más indulgente ahora que en sus tratos con Adán; que no demanda perfecta obediencia, sino que acepta nuestros imperfectos esfuerzos de buena voluntad por guardar Sus santos mandamientos". ¡Cuán razonable y satisfactoria habría sido esta respuesta! Pero Pablo no la da. Se adhiere a su doctrina de que nuestra propia excelencia personal no tiene nada que ver con nuestra justificación; que Dios justifica a los impíos, que Él recibe al primero de los pecadores. Responde desde luego a la objeción, y la contesta de manera efectiva; pero su respuesta supone que está enseñando lo que enseñan los Protestantes, que somos justificados sin obras, no por nuestra propia justicia, sino gratuitamente, sin dinero y sin precio, sólo sobre la base de lo que Cristo ha hecho por nosotros Su respuesta es que lejos de ser cierto que tenemos que ser buenos antes de ser justificados, tenemos que ser justificados antes de ser buenos; que en tanto que estemos bajo la maldición de la ley producimos fruto para muerte; que no es hasta que somos reconciliados con Dios mediante la muerte de

Su Hijo cuando podemos producir fruto para justicia; que cuando somos justificados por la justicia de Cristo, somos hechos partícipes de Su Espíritu; siendo justificados, somos santificados; esta unión con Cristo por la fe asegura no sólo la imputación de Su justicia para nuestra justificación, sino también la participación de Su vida para nuestra santificación; de manera que con tanta certeza que Él vive y que vive para Dios, así los que viven en Él vivirán para Dios; y que nadie es partícipe de los méritos de su muerte que no llegue a ser partícipe del poder de Su vida. Por ello, dice él, no anulamos la ley de Dios. Establecemos la ley. Enseñamos la única verdadera manera de llegar a ser santos; aunque este camino parezca insensatez a los sabios de este mundo, cuya sabiduría es necedad delante de Dios.

4. La justicia de Cristo es la base de la justificación.

Permanece la imperativa pregunta: ¿Cómo se justificará el hombre delante de Dios? Si nuestra excelencia moral no es la base sobre la que Dios nos declara justos, ¿cuál es? La gran razón por la que se dan tan diferentes contestaciones a esta pregunta es que se entiende en diferentes sentidos. La respuesta Escrituraria y Protestante sería absurda si la pregunta significara lo que los Romanistas y otros comprenden que significa. Si «justo» significa bueno, esto es, si la palabra se toma en su sentido moral y no judicial, entonces es absurdo decir que un hombre puede ser bueno con la bondad de otro; o decir que Dios puede declarar bueno a un hombre que no es bueno. Bellarmino dice que un Etíope vestido en una túnica blanca sigue siendo no blanco. Curculleo, el Remonstrante, dice: «Un hombre no puede ser más justo con la justicia de otro que blanco con la blancura de otro.» Moehler dice[8] que es imposible que nada aparezca ante Dios de otra manera distinta de la que realmente es; que un hombre injusto aparezca ante Él o que sea declarado por Él como justo. Todo esto es cierto en el sentido que estos escritores le dan. «El juicio de Dios [...] es según verdad» (Ro 2:2). Cada hombre a quien Él justifica o declara justo es verdaderamente justo. Es en vano discutir hasta que se determine claramente el «status quaestione». La palabra *dikaios*, «justo», tiene dos sentidos distintos, como ya se ha tratado anteriormente. Tiene un sentido moral y también un sentido legal, forense o judicial. A veces expresa carácter moral, a veces simplemente una relación con la ley y con la justicia. En un sentido, declarar justo a un hombre es declarar que es moralmente bueno. En otro sentido es declarar que las demandas de la justicia en contra de él están satisfechas, y que tiene derecho a la recompensa prometida a los justos. Cuando Dios justifica al impío, no está declarando que es piadoso, sino que sus pecados han sido expiados, y que tiene título basado en la justicia a la vida eterna. En esto no hay contradicción ni absurdo. Si un hombre bajo sentencia de muerte civil comparece ante el tribunal apropiado, y muestra la causa por la que esta sentencia ha de ser revocada en justicia, y que se le debe declarar con derecho a su rango, títulos y propiedades, una decisión en favor de él seria una justificación. Sería declarado justo a los ojos de la ley, pero nada se declararía y nada se haría acerca de su carácter moral. De la misma manera, cuando el pecador comparece ante el tribunal de Dios, puede mostrar buenas razones por las que no puede ser condenado en justicia, y por las que debe ser declarado con derecho a la vida eterna. Ahora bien, la pregunta es: «¿sobre qué base puede Dios declarar al pecador como justo en este sentido legal o judicial?» Se ha mostrado que justificar, según el uso Escriturario normal, es pronunciar justo en el sentido declarado, que no se trata meramente de perdonar, y que no es hacer inherentemente justo o santo. Se ha mostrado también que es la doctrina de la Escritura lo que en verdad es intuitivamente cierto para la conciencia, que nuestra excelencia moral, habitual o actual, no

---

8. *Symbolik*, §14, 6ª. Ed. Mainz, 1843, pág. 139.

es ni puede ser la base de tal declaración judicial. ¿Cuál es, entonces, la base? La Biblia y el pueblo de Dios responden unánimemente: «La justicia de Cristo». La ambigüedad de las palabras, las especulaciones de los teólogos, y los malos entendidos, pueden llevar a muchos del pueblo de Dios a negar en palabras que tal sea la respuesta verdadera, pero no obstante es la respuesta dada por el corazón de cada creyente. Para su aceptación reposa en Dios, no en sí mismo sino en Cristo, no en lo que es o ha hecho, sino en lo que Cristo es y ha hecho por él.

Significado de los términos.

Por la justicia de Cristo se significa todo lo que Él devino, hizo y sufrió para dar satisfacción a las demandas de la justicia divina, mereciendo para Su pueblo el perdón de los pecados y el don de la vida eterna. La justicia de Cristo es comúnmente descrita como incluyendo su obediencia activa y pasiva. Esta distinción es, en cuanto a la idea, Escrituraria. La Biblia enseña que Cristo obedeció la ley en todos sus preceptos, y que sufrió su pena, y que esto fue hecho en tal sentido por Su pueblo que se dice que ellos lo hicieron. Ellos murieron en Él. Fueron crucificados juntamente con Él. Fueron liberados de la maldición de la ley al ser hecho por ellos maldición. Él fue hecho bajo la ley para poder redimir a los que estaban bajo la ley. Somos liberados de la ley por el cuerpo de Cristo. Él fue hecho pecado para que nosotros pudiéramos ser hechos justicia de Dios en Él. Él es el fin de la ley para justicia a todo aquel que cree. Es por Su obediencia que muchos son hechos justos (Ro 5:19). Nosotros obedecimos en Él, según la enseñanza del Apóstol, en Romanos 5:12-21, en el mismo sentido en que pecamos en Adán. Pero las obediencias activa y pasiva de Cristo son sólo diferentes fases o aspectos de la misma cosa. Él obedeció al sufrir. Sus más altos actos de obediencia fueron hechos en el huerto, y en la cruz. Por esto, esta distinción no se presenta en la Escritura como si la obediencia de Cristo obedeciera a un propósito, y Sus sufrimientos a otro y distinto. Somos justificados por Su sangre. Somos reconciliados para con Dios por medio de Su muerte. Somos liberados de todas las demandas de la ley mediante Su cuerpo (Ro 7:4), y somos liberados de la ley por cuanto Él fue hecho bajo ella y obedeciéndola en nuestro lugar (Gá 4:4, 5). Así, el mismo efecto es adscrito a la muerte o padecimientos de Cristo, y a Su obediencia, porque ambas cosas forman parte de Su obediencia o justicia por la que nosotros somos justificados. En otras palabras, la obediencia de Cristo incluye todo lo que hizo para dar satisfacción a las demandas de la ley.

La justicia de Cristo es la justicia de Dios.

La justicia de Cristo, sobre cuya base el creyente es justificado, es la justicia de Dios. Es designada así en la Escritura no sólo porque fue proveída y es aceptada por Él; no es sólo la justicia que vale delante de Dios, sino que es la justicia de una persona divina; de Dios manifestado en carne. Dios compró la Iglesia con Su propia sangre (Hch 20:28). Fue el Señor de la gloria quien fue crucificado (1 Co 2:8). Aquel que era en forma de Dios y que no consideró usurpación ser igual a Dios, se hizo obediente hasta la muerte, y muerte de cruz (Fil 2:6-8). Aquel que es el resplandor de la gloria del Padre, y la expresa imagen de Su persona, que sustenta todas las cosas con la palabra de Su poder; a quien adoran los ángeles; que es llamado Dios; que en el principio puso los fundamentos de la tierra, y de cuyas manos son obra los cielos; que es eterno e inmutable, ha destruido mediante la muerte, dice el Apóstol, a aquel que tenía el poder de la muerte, liberando a aquellos que por temor a la muerte (esto es, a la ira de Dios) estaban todas sus vidas sujetos a servidumbre (He 1, 2). Aquel a quien Tomás reconoció y confesó como su Señor y Dios era la persona en cuyo costado herido puso su mano. Aquel a quien Juan vio, contempló y tocó, lo declara como el verdadero Dios y la vida eterna. El alma, en la que reside la personalidad, no muere cuando muere el hombre, pero es el alma la que da la dignidad al hombre, y que hace su vida de un valor indeciblemente mayor a los ojos de Dios y del hombre, que la vida de cualquier criatura irracional. Así no fue la naturaleza divina en Cristo, en la que reside Su personalidad, el Logos eterno, la que murió cuando Cristo murió. Sin embargo, la unión hipostática entre el Logos y la naturaleza humana de Cristo hace cierto que la justicia de Cristo (Su obediencia y padecimientos) era la justicia de Dios. Esta es la razón por la que vale delante de Dios para la salvación de todo el mundo. Esta es la razón por la que el creyente, cuando está revestido de esta justicia, no tiene por qué temer ni la muerte ni el infierno. Esta es la razón por la que Pablo reta al universo a acusar en nada a los escogidos de Dios.

5. La imputación de justicia.

La justicia de Cristo es imputada al creyente para su justificación. La palabra imputar es conocida y sin ambivalencias. Imputar es adscribir, contar a, poner a cuenta de alguien. Cuando decimos que le imputamos un buen o mal motivo a alguien, o que se le imputa una buena o mala acción, nadie comprende mal nuestro significado. Filemón no tenía dudas de ningún tipo acerca de qué era lo que quería decir Pablo cuando le dijo que le imputara la deuda de Onésimo. «No impute el rey cosa alguna a su siervo» (1 S 2 22:15, RV). «No me impute mi Señor iniquidad» (2 S 19:19, RV). «El que lo ofreciere [...] ni le será imputado» (Lv 7:18, RV). «Sangre será imputada a tal varon: sangre derramó» (Lv 17:4, RV). «Bienaventurado el hombre a quien no imputa Jehová la iniquidad» (Sal 32:2). «El hombre al cual Dios atribuye justicia sin obras» (Ro 4:6, RV). Dios estaba «en Cristo reconciliando el mundo a sí, no imputándole sus pecados» (2 Co 5:19, RV).

El sentido de estos y similares pasajes de la Escritura nunca ha sido rebatido. Todos los comprenden. Empleamos la palabra imputar en su sentido admitido sencillo, cuando decimos que la justicia de Cristo es imputada al creyente para su justificación.

Parece innecesario observar que esto no significa ni puede significar que la justicia de Cristo sea infundida en el creyente, ni impartida de tal manera que cambie o constituya su carácter moral. La imputación nunca cambia el estado interno, subjetivo de la persona a la que se ha hecho la imputación. Cuando el pecado es imputado a un hombre, no es hecho pecador, cuando el celo de Fineés le fue imputado, no fue hecho celoso por ello. Cuando uno le imputa un robo a alguien, no le hace ladrón. Así, cuando se le imputa justicia al creyente, no por ello viene a ser subjetivamente justo. Si la justicia es adecuada, y si la imputación ha sido hecha sobre bases adecuadas y por una autoridad competente, la persona a la que se ha hecho la imputación tiene derecho a ser tratada como justa. Y, por ello, en el sentido forense, aunque no en el sentido moral o subjetivo, la imputación de la justicia de Cristo hace justo al pecador. Esto es, le da derecho al pleno perdón de todos sus pecados y título en justicia a la vida eterna.

Ya ha sido suficientemente demostrado, mediante extractos de los Símbolos Luteranos y Reformados, que esta es la simple perspectiva doctrinal, y universalmente aceptada, tal como la mantenían todos los Protestantes en el momento de la Reforma, y considerada por ellos como la piedra angular del Evangelio, y esto nunca ha sido discutido por ninguna autoridad íntegra o competente. Esta ha seguido siendo la doctrina de ambas grandes alas de la Iglesia Protestante, hasta allá donde pretenden adherirse a sus símbolos. [...]

En su elaborada obra acerca de la justificación, Owen[9] demuestra que la palabra justificar, «tanto si lo que se expresa por ella es el acto de Dios para con los hombres, o de los hombres para con Dios, o de los hombres entre ellos mismos, o de uno hacia otro, siempre se emplea

---

9. *Justification*, cap. 4, edición de Philadelphia, 1841, pág. 144.

en un sentido "forense", y no denota una operación, transfusión o transmutación físicas». Y concluye así la discusión: «Por tanto, así como la condenación no es la infusión de un hábito de maldad en aquel que es condenado, ni hacer inherentemente malvado a quien antes era justo, sino pronunciar sentencia sobre alguien debido a su maldad, tampoco la justificación es el cambio de una persona de una injusticia inherente a una justicia inherente mediante la infusión de un principio de gracia, sino una declaración judicial de que es justo.»[10]

La base de esta justificación en el caso del pecador creyente es la imputación de la justicia de Cristo. Esto es expuesto extensamente.[11] «El juicio de las Iglesias Reformadas en esto», dice él, «es conocido por todos y se tiene que confesar, a no ser que queramos mediante vanas cavilaciones incrementar y perpetuar las contiendas. Especialmente la Iglesia de Inglaterra es explícita en su doctrina en cuanto a la imputación de la justicia de Cristo, tanto activa como pasiva, tal como generalmente se distingue. Esto ha sido últimamente tan plenamente manifestado en base de sus escritos auténticos, esto es, los "Artículos de Religión" y "Libros de Homilías" y otros escritos públicamente autorizados, que es totalmente innecesario dar ninguna adicional demostración de la misma.» [...]

6. Prueba de la doctrina.

El hecho de que la doctrina Protestante anteriormente enunciada es la doctrina de la Palabra de Dios se hace evidente por las siguientes consideraciones:

1. La palabra *dikaioö*, como se ha visto, significa declarar *dikaios*. Nadie puede ser declarado verdaderamente *dikaios* si no le puede ser atribuida justamente la *dikaiosunë*. El pecador (ex vi verbi) no tiene justicia propia. Dios, por tanto, le imputa una justicia que no es suya propia. Se declara que la justicia así imputada es la justicia de Dios, de Cristo, la justicia que es por la fe. Esta es casi palabra por palabra la declaración de la Biblia acerca de esta cuestión. Por cuanto la pregunta ¿cuál es el método de la justificación? es una pregunta bíblica, tiene que ser decidida exegéticamente, y no con argumentos sacados de supuestos principios de la razón. No tenemos la libertad de decir que la justicia de un hombre no puede ser imputada a otro. Que esto involucraría un error o un absurdo; que la justicia de Dios no demanda una justicia como la prescrita por la ley, como la condición de justificación; que Él puede perdonar y salvar como un padre sin ninguna consideración, aparte de la del arrepentimiento; que no es consistente con Su gracia que las demandas de la justicia queden satisfechas antes de que se conceda la justificación; que esta visión de la justificación la hace un simulacro, llamando justo a alguien que no lo es. Todo esto no sirve de nada. Todo pertenece a aquella sabiduría que es insensatez para Dios. Todo lo que tenemos que hacer es decidir: (1) Cuál es el sentido de la palabra justificar tal como se emplea en la Escritura. (2) Sobre qué base afirma la Biblia que Dios declara justo al impío. Si la respuesta a estas preguntas es la que la Iglesia ha dado en todas las épocas, especialmente la Iglesia de la Reforma, entonces deberíamos quedar satisfechos. El Apóstol dice en términos explícitos que Dios imputa justicia al pecador (Ro 4:6, 24). Por justicia cada uno admite que se significa aquello que hace justo al hombre, aquello que la ley demanda. No consiste en la propia obediencia del pecador, ni en la excelencia moral, porque se dice que es «sin obras», y se declara que nadie podrá ser justificado sobre la base de su propio carácter y conducta. Tampoco consiste esta justicia en la fe, porque es «de fe», «por fe». Nunca se dice que somos justificados a cuenta de la fe. Ni se trata de una rectitud o forma de excelencia moral que brote de la fe, o de la que la fe sea la fuente o causa inmediata; porque se declara que es la justicia de Dios; una justicia que es revelada; que es ofrecida; que

---

10. *Ibid*, pág. 154.
11. *Ibid*, cap. 7, pág. 187.

tiene que ser aceptada como un don (Ro 5:17). Se declara que es la justicia de Cristo; Su obediencia (Ro 5:19). Así, lo que se imputa al creyente es la justicia de Cristo, Su perfecta obediencia en hacer y padecer la voluntad de Dios, y es sobre esta base que el creyente, aunque en sí mismo impío, es declarado justo, y por ello libre de la maldición de la ley, y con derecho a la vida eterna.

El argumento del Apóstol.

2. Todos los puntos anteriores son no sólo claramente afirmados por el Apóstol, sino que son expuestos en orden lógico y minuciosamente sustentados y vindicados en la Epístola a los Romanos. El Apóstol comienza con la declaración de que el Evangelio es «Poder de Dios para salvación». Así, no es divinamente eficaz debido a la pureza de sus preceptos morales, ni debido a que saque a luz la inmortalidad, ni porque exponga delante de nosotros el perfecto ejemplo de nuestro Señor Jesucristo; ni porque nos asegure el amor de Dios; ni por la influencia elevadora, santificadora y vivificadora que lo acompaña. Hay algo preliminar a todo esto. El primer requisito, indispensable, para la salvación es que los hombres sean justos delante de Dios. Están bajo Su ira y maldición. Hasta que la justicia quede satisfecha, hasta que Dios quede reconciliado, no hay posibilidad de que sirva de nada ninguna influencia moral. Por ello, el Apóstol dice que el poder del Evangelio es debido al hecho de que «en él se revela la justicia de Dios». Esto no puede significar la bondad de Dios, porque no es éste el sentido de la palabra. No puede significar en este contexto Su justicia vindicadora, porque es una justicia que es «de fe»; porque la justicia vindicadora de Dios es revelada desde el cielo y a todos los hombres; porque la revelación de la justicia vindicadora aterroriza a los hombres y los aparta de Dios; porque lo que aquí se llama la justicia de Dios es en otros pasajes contrastada con nuestra «propia justicia» (Ro 10:3; Fil 3:9); y porque se declara que es la justicia de Cristo (Ro 5:18), que es (Ro 5:19) explicada por Su «obediencia», y en Romanos 5:9 y en otros pasajes se declara que es «Su sangre». Esta justicia de Cristo es la justicia de Dios por cuanto Cristo es Dios; porque Dios la ha proveído, revelado y la ofrece; y porque vale delante de Dios como base suficiente sobre la que puede declarar al pecador creyente como justo. Aquí reside el poder salvador del Evangelio. La pregunta: ¿Cómo se justificará el hombre delante de Dios? ha estado resonando en los oídos de los hombres desde el principio. Nunca había sido contestada; pero tiene que serlo, o no puede haber esperanza de salvación. Tiene su respuesta en el Evangelio, y por ello el Evangelio es poder de Dios para salvación de todo el que cree; esto es, de todos aquellos, judíos o gentiles, siervos o libres, buenos o malos, que en lugar de tratar de establecer su propia justicia se someten en gozosa confianza a la justicia que Su Dios y Salvador Jesucristo ha obrado por los pecadores, y que les es gratuitamente ofrecida en el Evangelio, sin dinero y sin precio.

Este es el tema de Pablo, y que él pasa a desarrollar y a establecer, como ya se ha expuesto bajo un encabezamiento anterior. Comienza afirmando, como es indiscutiblemente cierto por la revelación de Dios en la constitución de nuestra naturaleza, que Dios es justo, que Él castigará el pecado; que no puede pronunciar justo a quien no es justo. Entonces demuestra por la experiencia y por la Escritura, primero con respecto a los gentiles, y luego con respecto a los judíos, que no hay justo, ni aún uno; que todo el mundo es culpable delante de Dios. Que por tanto no hay diferencia, por cuanto todos pecaron.

Por cuanto la justicia que la ley demanda no puede ser hallada en el pecador ni ser dada por él, Dios ha revelado otra justicia (Ro 3:2-10 «la justicia de Dios», concedida a todos los que creen. Los hombres no son justificados por lo que son ni por lo que hacen, sino por lo que Cristo ha hecho por ellos. Dios lo ha puesto a Él como propiciación por el pecado, a fin de que Él pueda ser justo, y el que justifica al que cree.

El Apóstol enseña que éste ha sido el método de justificación desde el principio. Fue testificado por la ley y por los profetas. Nunca, desde la caída, ha habido otra vía posible de justificación para los hombres. Así como Dios justificó a Abraham por cuanto creyó en la promesa de redención por medio del Mesías, así Él justifica a aquellos ahora que creen en la promesa de redención por medio del Mesías, de manera que Él justifica ahora a aquellos que creen en el cumplimiento de aquella promesa (Ro 4:3, 9, 24). No fue el estado mental creyente de Abraham lo que fue contado por justicia. No es la fe en el creyente ahora; no es la fe como virtud, ni como fuente de una nueva vida, lo que nos hace justos. Es la fe en una promesa específica. La justicia, dice el Apóstol, nos es imputada, «a los que creemos en el que levantó de los muertos a Jesús, nuestro Señor» (Ro 4:24). O, tal como él lo expresa en Romanos 10:9, «si confiesas con tu boca que Jesús es el Señor, y crees en tu corazón que Dios le levantó de los muertos, serás salvo». La promesa que Abraham creyó es la promesa que nosotros creemos (Gá 3:14); y la relación de la fe con la justificación es en su caso precisamente la relación que tiene en el nuestro. Él y nosotros somos justificados sencillamente porque confiamos en el Mesías para nuestra salvación. Por esto, como dice el Apóstol, las Escrituras están tan llenas de acción de gracias a Dios por el perdón gratuito, por la libre justificación, por la imputación de justicia a los que no tienen justicia propia. Y luego pasa a mostrar que este método de justificación está adaptado a toda la humanidad. Dios no es sólo Dios de los judíos, sino también de los gentiles. Este método asegura la paz y la reconciliación con Dios (Ro 5:1-3). Hace cierta la salvación, porque si somos salvos no sólo por lo que somos en nosotros mismos, sino por lo que Cristo ha hecho por nosotros, podemos estar seguros de que si somos «justificados por su sangre, seremos salvos de la ira por medio de él» (Ro 5:9). Este método de justificación, muestra más adelante, y sólo este, asegura la santificación, esto es, pureza de corazón y de vida. Son sólo aquellos que están reconciliados con Dios mediante la muerte de Su Hijo quienes son «salvos por su vida» (v. 10). Esta idea la expande y vindica en los capítulos sexto y séptimo de esta Epístola.

El paralelo entre Adán y Cristo.
3. No contento con esta clara declaración formal de la verdad de que los pecadores pueden ser justificados sólo por medio de la imputación de una justicia no propia, y que la justicia así imputada es la justicia (activa y pasiva si se insiste en esta distinción) del Señor Jesucristo, pasa luego a ilustrar esta doctrina estableciendo un paralelo entre Adán y Cristo. El primero, dice, fue tipo del segundo. Hay una analogía entre nuestra relación con Adán y nuestra relación con Cristo. Estamos de tal manera unidos con Adán que su primera trasgresión fue la base de que se pronunciara sentencia de condenación sobre toda la humanidad, y debido a esta condenación derivamos de él una naturaleza corrompida de manera que toda la humanidad que desciende de él por generación ordinaria entra en el mundo en estado de muerte espiritual. De manera semejante estamos unidos de tal manera a Cristo, cuando creemos, que Su obediencia es la base sobre la que es pronunciada sentencia de justificación sobre todos los que así están en Él, y como consecuencia de esta sentencia derivan de Él un principio nuevo, santo, divino e imperecedero de vida espiritual. Estas verdades son expresadas en términos explícitos. «Ciertamente el juicio surgió de un solo pecado resultando en condenación, pero el don surgió de muchas transgresiones resultando en justificación» (Ro 5:16). «Así pues, como por la trasgresión de uno vino la condenación a todos los hombres, de la misma manera por la justicia de uno vino a todos los hombres la justificación de vida. Porque así como por la desobediencia de un hombre, los muchos fueron constituidos pecadores, así también por la obediencia de uno, los muchos serán constituidos justos» (5:18, 19). Estas dos grandes verdades, o sea, la imputación del pecado de Adán

y la imputación de la justicia de Cristo, se han grabado en la consciencia de la Iglesia Universal. Han sido vituperadas, deformadas y denunciadas por teólogos, pero han mantenido su puesto en la fe del pueblo de Dios, así como las verdades primarias de la razón siempre han mantenido el control sobre la masa humana, a pesar de las especulaciones de los filósofos. No se quiere decir con ello que estas verdades acabadas de mencionar hayan siempre sido expresadas en los términos dados; pero las verdades mismas han sido y siguen siendo mantenidas por el pueblo de Dios, sea donde se encuentre, entre los Griegos, Latinos y Protestantes. El hecho de que la raza cayó en Adán; de que los males que nos sobrevienen debido a su trasgresión son penales; y que los hombres nacen en estado de pecado y de condenación, son hechos destacables de la Escritura y de la experiencia, y son reconocidos cada vez que se administra el sacramento del bautismo a un niño. Y no menos universal es la convicción de la otra gran verdad. Está implicada en cada acto de la fe salvadora que incluye confianza en lo que Cristo ha hecho por nosotros como la base de nuestra aceptación ante Dios, en oposición a todo lo hecho por nosotros u obrado en nosotros. Como sencilla demostración de lo profunda que es esta convicción en la conciencia cristiana, se puede hacer referencia a la antigua instrucción para la visitación de los enfermos, atribuida a Anselmo, aunque de incierta paternidad: «¿Crees que no puedes ser salvo más que por la muerte de Cristo? El enfermo responde: Sí. Entonces que le sea dicho: Ve, pues, y mientras tu alma permanezca en ti, pon toda tu confianza en esta muerte sola, no pongas tu esperanza en ninguna otra cosa, entrégate del todo a esta muerte, cúbrete enteramente con ella sola, arrójate completamente en esta muerte, envuélvete del todo en esta muerte. Y si Dios te juzgara, di: Señor, pongo la muerte de nuestro Señor Jesucristo entre mí y tu juicio; y de ninguna otra manera contenderé ni entraré en juicio contigo. Y si Él te dijera que tú eres pecador, di: Pongo la muerte de nuestro Señor Jesucristo entre yo y mis pecados. Si Él te dice que has merecido la condenación, di: Señor, pongo la muerte de nuestro Señor Jesucristo entre ti y todos mis pecados; y ofrezco Sus méritos en vez de los míos, que yo debiera tener y no tengo. Si Él dice que está airado contra ti, di: Señor, pongo la muerte de nuestro Señor Jesucristo entre mi y tu ira».[12]

Siendo este el único y verdadero fundamento de la esperanza del pecador para con Dios, es de la mayor importancia que no sea sólo expuesto de manera práctica ante el pueblo, sino que sea claramente presentado y mantenido por el clero. No es lo que hagamos o seamos, sino sólo lo que Cristo es y ha hecho lo que puede valer para nuestra justificación ante el tribunal de Dios.

Otros pasajes que enseñan la misma doctrina.

4. Esta doctrina de la imputación de la justicia de Cristo, o, en otras palabras, que Su justicia es la base judicial de la justificación del creyente, no sólo se presenta formalmente y con argumentos como en los pasajes citados, sino que es constantemente enunciada o implicada en la Palabra de Dios. El Apóstol argumenta, en el capítulo cuarto de su Epístola a los Romanos, que cada aserto o promesa de perdón gratuito que se encuentra en la Escritura involucra esta doctrina. Él razona según la presuposición de que Dios es justo; de que Él demanda justicia de parte de aquellos a los que justifica. Si no tienen justicia propia, entonces se les tiene que imputar una justicia sobre una base justa. Por ello, si Él les perdona los pecados, tiene que ser que el pecado está cubierto, que la justicia ha sido satisfecha. «También David habla de la bienaventuranza del hombre a quien Dios atribuye justicia sin obras, diciendo: Bienaventurados aquellos cuyas iniquidades han sido perdonadas, y cuyos pecados han sido

---

12. Véanse las «Consideraciones Generales», que Owen pone como prefacio a su obra sobre la Justificación.

cubiertos. Dichoso el varón a quien el Señor no imputará ningún pecado» (Ro 4:6-8). No imputar pecado implica la imputación de justicia [...]

En Romanos 5:9 se dice que somos «justificados por su sangre». En Romanos 3:25, se dice que Dios lo ha puesto a Él como propiciación por el pecado, para ser justo al justificar a los impíos. Como justificar no significa perdonar, sino declarar justo como sentencia judicial, este pasaje declara de manera clara que la obra de Cristo es la base sobre la que se pronuncia la sentencia de justificación. [...]

El Apóstol dice (1 Co 1:30) que Cristo «nos ha sido hecho de parte de Dios sabiduría, justificación, santificación y redención». En esta enumeración, la santificación y la justificación quedan distinguidas. La primera nos hace santos; la otra nos hace justos, esto es, da satisfacción a las demandas de la justicia. Así como Cristo nos es la fuente de vida espiritual interior, así Él es el dador de aquella justicia que asegura nuestra justificación. La justificación no es atribuida a la santificación como su causa inmediata ni su base. Al contrario, el don de la justicia precede al de la santificación. Somos justificados para poder ser santificados. Sin embargo, el argumento aquí es que la justificación es distinguida de todo y cualquier cosa que nos pueda recomendar al favor de Dios. Somos aceptados, justificados, y salvados no por lo que somos, sino por lo que Él ha hecho en nuestro favor. Dios, «al que no conoció pecado, por nosotros lo hizo pecado, para que nosotros fuésemos hechos justicia de Dios en él» (2 Co 5:21). Así como Cristo no fue hecho pecado en un sentido moral, igualmente nosotros no somos (en la justificación) hechos justicia en un sentido moral. Así como Él fue hecho pecado en el sentido de que Él «llevó nuestros pecados», así nosotros somos hechos justicia en el sentido de que nosotros llevamos Su justicia. Nuestros pecados fueron la base judicial de Su humillación bajo la ley y de todos Sus padecimientos; igualmente Su justicia es la base judicial de nuestra justificación. En otras palabras, así como nuestros pecados le fueron imputados a Él, así Su justicia nos es imputada a nosotros. Si la imputación del pecado no le hizo a Él moralmente corrompido, tampoco la imputación de justicia nos hace a nosotros santos o moralmente buenos.

Argumento según las enseñanzas generales de la Biblia.

5. Es innecesario examinar pasajes determinados para sustentar una doctrina que impregna todas las Escrituras. La pregunta es: ¿Cuál es la base para el perdón de los pecados y la aceptación del creyente como justo (en el sentido forense o judicial del término) a los ojos de Dios? ¿Se trata de algo que hacemos, algo experimentado por nosotros, u obrado en nosotros; o es algo que Cristo ha hecho por nosotros? Toda la revelación de Dios acerca del método de salvación nos muestra que es lo último y no lo primero. En primer lugar, esto está claro por lo que las Escrituras enseñan acerca del pacto de redención entre el Padre y el Hijo. No se puede negar que hubiera tal pacto si se está de acuerdo con el significado de las palabras. Está claro, por las Escrituras, que Cristo vino al mundo a hacer una cierta obra, conforme a una cierta condición. La promesa hecha a Él fue que una multitud que nadie puede contar, de entre la raza caída de los hombres, sería salva. Esto incluía la promesa de que serían justificados, santificados y hechos partícipes de la vida eterna. La misma naturaleza de esta transacción involucra la idea de la sustitución vicaria. Presupone que lo que Él iba a hacer sería la base de la justificación, santificación y salvación de Su pueblo.

En segundo lugar, esto está involucrado en la naturaleza de la obra que Él vino a llevar a cabo. Él iba a asumir nuestra naturaleza, a nacer de mujer, a tomar parte en carne y sangre con todas sus debilidades, mas sin pecado. Él iba a tomar su puesto entre los pecadores; a someterse a la ley que ellos estaban obligados a guardar, y a soportar la maldición en que ellos habían incurrido. Si esto es así, entonces lo que Él hizo es la base de nuestra salvación de principio a fin; de nuestro perdón, de nuestra reconciliación con Dios, de la aceptación de nuestras personas, de la morada del Espíritu, de nuestra transformación a Su imagen, y de nuestra admisión al cielo. Así, el lenguaje espontáneo de cada creyente desde el principio hasta ahora ha sido: «No a nosotros, oh Jehová, no a nosotros, sino a tu nombre da gloria.»

En tercer lugar, la manera en que Cristo iba a cumplir la obra que le había sido asignada tal como se describe en los profetas, y la manera en que fue finalmente cumplida tal como la describen Él mismo y Sus Apóstoles demuestra que lo que Él hizo y padeció es la base de nuestra salvación. Él dice que vino «para dar su vida en rescate por muchos» (Mt 20:28). «Hay un solo Dios», dice el Apóstol, «y un solo mediador entre Dios y los hombres, Jesucristo hombre, el cual se dio a sí mismo en rescate por todos» (1 Ti 2:5, 6). La liberación efectuada mediante rescate no tiene referencia al carácter o conducta de los redimidos. Sus efectos se deben exclusivamente al rescate pagado. Por ello, se niega que Cristo fuera un rescate, que somos redimidos por Su sangre, si se afirma que la base inmediata para nuestra liberación de la maldición de la ley y de nuestra introducción a la libertad de los hijos de Dios es cualquier cosa obrada en nosotros o hecha por nosotros. De nuevo, de principio a fin de la Biblia Cristo es expuesto como sacrificio. Desde la primera institución de los sacrificios en la familia de Adán, durante el periodo patriarcal, en todo el variado y costoso ritual de la ley de Moisés, en las predicciones de los profetas, en las claras y didácticas declaraciones del Nuevo Testamento, se enseña con una constancia, una solemnidad y una amplitud que demuestra que se trata de un elemento fundamental y vital del divino plan de la redención que el Redentor iba a salvar a Su pueblo ofreciéndose a sí mismo como sacrificio a Dios en favor de ellos. No hay característica alguna del plan de salvación más profundamente grabada en los corazones de los cristianos, que determine de manera más efectiva su vida espiritual interior, que impregne tanto sus oraciones y alabanzas, o que sea de manera tan directa la base de sus esperanzas, como la naturaleza sacrificada de la muerte de Cristo. Borremos de la Biblia la doctrina de la redención mediante la sangre de Cristo, ¿y qué nos queda? Pero si Cristo nos salva como sacrificio, entonces es lo que Él hace por nosotros, Su obra objetiva, y nada subjetivo, nada en nosotros, lo que es la base de nuestra salvación, y de todo lo incluido en esta salvación. Porque incluso nuestra santificación se debe a Su muerte. Su sangre purifica de todo pecado (1 Jn 1:7). Purifica de la culpa del pecado mediante la expiación; y asegura la santificación interior al asegurar el don del Espíritu Santo.

Una vez más, la Biblia está llena de la idea de sustitución. Cristo tomó nuestro lugar. Él emprendió por nosotros lo que nosotros no podíamos hacer por nosotros mismos. Esto es enseñado en todas las formas posibles. Él llevó nuestros pecados. Él murió por nosotros y en nuestro lugar. Él fue hecho por nosotros bajo la ley. Él fue hecho por nosotros maldición. Él fue hecho pecado por nosotros para que nosotros fuéramos hechos justicia de Dios en Él. El castigo de nuestra paz fue sobre Él. Así, todo lo que la Biblia enseña acerca del método de salvación es irreconciliable con la doctrina de justificación subjetiva en todas sus formas. Siempre y en todo lugar se nos remite a algo fuera de nosotros como base de nuestra confianza para con Dios.

En cuarto lugar, los efectos atribuidos a la obra de Cristo, como ya se ha observado, son tales que no fluyen de nada en el creyente mismo, sino que tienen que ser atribuidos a lo que ha sido llevado a cabo en favor de él. Estos efectos son la expiación del pecado, la propiciación, el don y morada del vivificador Espíritu de Dios, la redención o liberación de todas las formas del mal, y derecho a la vida eterna y a la participación presente en la exaltación, gloria y bienaventuranza del Hijo de Dios. No hay lugar en absoluto a atribuir estos maravillosos efectos a lo que somos personalmente; a nuestros méritos, a nuestra santidad, a nuestra participación en la vida de Cristo. Sea cual sea el sentido en que se comprendan estas últimas palabras, se refieren a lo que somos o venimos a ser personalmente. Su vida en nosotros es después de todo una forma de nuestra vida. Constituye nuestro carácter. Y es evidente por sí mismo para nuestra conciencia que nuestro carácter no es, ni puede ser, la base de nuestro perdón, del peculiar amor de Dios, o de nuestra eterna gloria y bienaventuranza en el cielo.

En quinto lugar, la condición de la que depende nuestra participación en los beneficios de la redención es inconsistente con ninguna forma de la doctrina de justificación subjetiva. Nunca se dice que somos justificados a cuenta de la fe, considerada como acto o como principio, como ejercicio o como estado permanente de la mente. Nunca se dice que la fe es la base de la justificación. Tampoco somos salvados mediante la fe como fuente de santidad o de la vida espiritual en el alma, o como el órgano de recepción de la vida infusa de Dios. Somos salvos simplemente «por» la fe, recibiendo y descansando sólo en Cristo para salvación. Lo que se recibe está fuera de nosotros mismos. Es Cristo, Su justicia, Su obediencia, el mérito de Su sangre o muerte. Lo miramos a Él. Huimos a Él. Nos aferramos a Él. Nos escondemos en Él. Somos revestidos de Su justicia. Cierto que el Romanista dice que un etíope vestido de blanco no se transforma en blanco. Es verdad. Pero una armadura da seguridad frente a la espada o la lanza, y esto es lo que necesitamos antes de llegar al estado de nuestra consumación. Necesitamos primero protección frente a la ira de Dios. La transformación interior del alma a Su semejanza es proveída por otros medios.

En sexto y último lugar, el hecho de que seamos salvos por la gracia demuestra que la base de nuestra salvación no se encuentra en nosotros mismos. La gracia de Dios, Su amor hacia los inmerecedores del mismo, hacia los culpables y manchados, es exhibida en la Biblia como la más misteriosa de las perfecciones divinas. Estaba oculto en Dios. No podía ser descubierto por la razón, ni fue revelado antes de la redención del hombre. El objeto específico del plan de salvación es la manifestación de este más maravilloso, atrayente y glorioso atributo de la naturaleza divina. Todo lo conectado con nuestra salvación, dice el Apóstol, está dispuesto para la «alabanza de la gloria de su gracia» (Ef 1:6). Dios nos ha dado vida, dice él, y nos ha resucitado, y nos ha hecho sentar juntamente en lugares celestiales en Cristo Jesús, «para mostrar en los siglos venideros las sobreabundantes riquezas de su gracia en su benignidad para con nosotros en Cristo Jesús».

Por su misma naturaleza, las obras y la gracia son antitéticas. Lo uno excluye lo otro. Lo que es de gracia no es de obras. Y por obras en la Escritura, en relación con este tema, se significa no sólo actos individuales, sino estados mentales, cualquier cosa y todo aquello interno de lo que se pueda predicar carácter moral. Así, cuando se dice que la salvación es de gracia y no por obras, se dice con ello que no está basada en nada en el mismo creyente. No fue ninguna excelencia moral en el hombre lo que llevó a Dios a intervenir para su redención, mientras que dejó a los ángeles apóstatas a su suerte. Fue asunto de la gracia. Negar esto, y hacer de la provisión de un plan de salvación para el hombre una cuestión de justicia, es una contradicción tan directa de todo el contenido de la Biblia, que apenas si ha sido jamás dicho abiertamente. El don de Su Hijo para la redención del hombre es siempre expuesto como la más maravillosa exhibición de un amor inmerecido. Que algunos y no todos los hombres sean finalmente salvos es declarado de manera expresa como no por obras, no por nada que distinga favorablemente a una clase de la otra, sino que es una cuestión de pura gracia. Si es de gracia, no se basa en nada que esté en el pecador mismo. Ahora bien, por cuanto las Escrituras enseñan no sólo que el plan de salvación es así gratuito en su inicio, ejecución y aplicación, sino que también insisten en esta característica del plan como de vital importancia, yendo incluso tan lejos como para enseñar que a no ser que consintamos en ser salvos por la gracia no podemos ser salvados en absoluto, necesariamente, sigue de ello que la doctrina de la justificación subjetiva es contraria a todo el espíritu de la Biblia. Esta última doctrina enseña, en todas sus formas, que aquello que asegura nuestra aceptación delante de Dios es algo en nosotros, algo que constituye carácter. Si es así, la salvación no es de gracia; y si no es de gracia, es inalcanzable por parte de los pecadores.

7. Las consecuencias de la Imputación de la Justicia.

Se dice con frecuencia que la justificación consiste en el perdón del pecado y en la imputación de la justicia. Este modo de declaración es comúnmente adoptado por los teólogos luteranos. [...] Es quizá más correcto decir que la justicia de Cristo, incluyendo todo lo que Él hizo y padeció en nuestro lugar, es imputada al creyente como base de su justificación, y que las consecuencias de esta imputación son, primero, la remisión de los pecados, y segundo, la aceptación del creyente como justo. Y si justo, entonces tiene título a ser considerado y tratado como tal. [...]

La segunda consecuencia atribuida a la imputación de la justicia de Cristo es el título a la vida eterna. Esto lo expresan los escritores más antiguos a menudo con las palabras «adopción y herencia». Al ser hechos hijos de Dios por la fe en Cristo Jesús (Gá 3:26), son herederos de Dios y coherederos con Jesucristo de una herencia celestial (Ro 8:17). La mera expiación del pecado no confiere título alguno a la vida eterna. La condición del pacto bajo el que el hombre fue situado era la perfecta obediencia. Esto, por todo lo que aparece en la Escritura, lo demanda la perfección de Dios. Por cuanto él nunca perdona el pecado a no ser que queden satisfechas las demandas de la justicia, tampoco otorga la vida eterna a no ser que se dé una obediencia perfecta. El cielo es siempre presentado como una posesión adquirida. En el pacto entre el Padre y el Hijo, la salvación de Su pueblo fue prometida como recompensa por Su humillación, obediencia y muerte. Habiendo cumplido las condiciones estipuladas, Él tiene derecho a la recompensa prometida. Y este derecho se aplica al beneficio de Su pueblo. Pero además de esto, como la obra de Cristo consistió en hacer todo lo que requería la ley de Dios, o el pacto de obras, para la salvación de los hombres, y por cuanto esta justicia es libremente ofrecida a todo el que cree, todo creyente tal tiene un título tan válido para la vida eterna como lo hubiera tenido si hubiera hecho personalmente todo lo que la ley le demanda. Así de amplio y firme es el fundamento que Dios ha puesto para las esperanzas de Su pueblo. Es la roca de la eternidad: Jehová nuestra justicia.

8. La relación de la fe con la justificación.

Todos los que profesan ser cristianos admiten la doctrina de la justificación por la fe. Pero hay diferentes posturas acerca de la relación entre la fe y la justificación, como ya se ha indicado.

1. Los Pelagianos y Racionalistas enseñan que la fe en el ser y la perfección de Dios, o en los grandes principios de la verdad moral y religiosa, es la fuente de aquella excelencia moral conforme a la que somos aceptados delante de Dios. Es quizá sólo una manera diferente de expresar la misma idea decir que Dios, en el caso de Abraham, y, por ello, de otros hombres, acepta el piadoso estado de la mente involucrado en el ejercicio de la fe o confianza en Dios, en lugar de una justicia perfecta.

2. Los Romanistas consideran la fe un mero asentimiento. No justifica como una virtud, ni aprehendiendo la justicia ofrecida de Cristo. No es ni la causa formal ni la instrumental de la justificación, sino meramente la causa predispuesta u ocasional. Un hombre asiente a la verdad del cristianismo, y a la más especial verdad de que la Iglesia es una institución divina para la salvación de los hombres. Por ello, acude a la Iglesia, y recibe el sacramento del bautismo, por el que, «ex opere operato», se le infunde un hábito de gracia, o vida espiritual, en el alma, lo cual es la causa formal de la justificación; esto es, el alma viene a ser inherentemente justa

o santa. En este sentido se puede decir del pecador que ha sido justificado por la fe. Esta es la primera justificación. Después que el hombre haya quedado así santo o regenerado, entonces los ejercicios de la fe tienen un verdadero mérito, y entra en el terreno de su segunda justificación, por la que llega a tener título a la vida eterna. Pero aquí la fe tiene el mismo nivel que las otras gracias cristianas. No es la única ni la más importante base para la justificación. Es, desde este punto de vista, inferior al amor, del que la fe en verdad deriva toda su virtud como gracia cristiana. Es entonces «fides formata», esto es, una fe de la que la esencia es el amor, el principio que le da carácter.

La doctrina Romanista.

Según el esquema Romanista, (1) Dios es la causa eficiente de la justificación, por cuanto por Su poder o gracia sobrenatural el alma es hecha justa. (2) Cristo es la causa meritoria, por cuanto por causa de Él Dios concede esta gracia salvadora, o influencia del Espíritu a los hijos de los hombres. (3) La justicia inherente es la causa formal, por cuanto por ella el alma es hecha verdaderamente justa o santa. (4) La fe es la causa ocasional y predispuesta, por cuanto conduce al pecador a buscar la justificación (regeneración), y dispone a Dios a conceder la bendición. En este aspecto tiene el mérito sólo de congruencia, no el de dignidad. (5) El bautismo es la causa instrumental esencial, por cuanto sólo por medio de o por el bautismo es infundida la justicia inherente o que tiene lugar la justificación. Hasta aquí en cuanto a la primera justificación. Después de esta justificación, que hace santo al pecador, entonces (6) Las buenas obras, todos los frutos y ejercicios de la nueva vida, tienen un verdadero mérito y constituyen la base para el título del cristiano para la vida eterna.

El lenguaje del Concilio de Trento acerca de esta cuestión es como sigue: «Hujus justificationis causae sunt, finalis quidem, gloria Dei et Christi, ac vita aeterna: efficiens vero, misericors Deus, qui gratuito abluit et sanctificat, signans et ungens Spiritu promissionis sancto, [...]. meritoria autem dilectissimus unigenitus suus, Dominus noster, Jesus Christus, qui, cum essemus inimici, propter nimiam caritatem, qua dilexit nos, sua sanctissima passione in ligno crucis nobis justificationem [esto es: regeneración] meruit et pro nobis Deo Patri satisfecit: instrumentalis item, sacramentum baptismi, quod est sacramentum fidei, sine qua nulli unquam contigit justificatio: demum unica formalis causa est justitia Dei, non qua ipse justus est, sed qua nos justos facit: qua videlicet ab eo donati, renovamur spiritu mentis nostrae, et non modo reputamur, sed vere justi nominamur, et sumus, justitiam in nobis recipientes, unusquisque suam secundum mensuram, quam Spiritus Sanctus partitur singulus prout vult, et secundam propriam cujusque dispositionem et cooperationem.» Y también se dice: «Quae enim justitia nostra dicitur, quia per eam nobis inhrerentem justificamur; illa eadem Dei, quia a Deos nobis infunditur per Christi meritum.»[13] Todo lo anterior se refiere a la primera justificación, o regeneración, por la que el alma pasa de la muerte espiritual a la vida espiritual. De la segunda justificación, que da título a la vida eterna, dice Bellarmino:[14] «Habet communis catholicorum omnium sententia, opera bona justorum vere, ac proprie esse merita, et merita non cujuscunque praemii, sed ipsius vitae aeternae.» El canon trigésimo segundo del Concilio de Trento en su sexta sesión anatematiza a cualquiera que enseñe diferente doctrina. «Si quis dixerit, hominis justificati bona opera ita esse dona Dei, ut non sint etam bona ipsius justificati merita; aut ipsum justificatum bonis operibus, quae ab eo per Dei gratiam et Jesu Christi meritum, cujus vivum membrum est, fiunt, non vere mereri augmentum gratiae, vitam

---

13. Sesión VI, cap. 7, 16; Streitwolf, *Libri Symbolici*, Göttingen, 1846, Vol. I, págs. 24, 25, 32.
14. *De Justificatione*, V, 1. *Disputationes*, París, 1608, pág. pág. 949, a.

aeternam, et ipsius vitre aeternae, si tamen in gratia decesserit, consecutionem, atque etiam gloriae augmentum; anathema sit.» Por todo esto es evidente que, conforme a la doctrina de la Iglesia de Roma, la fe no tiene ninguna relación especial o directa con la justificación, y que «la justificación por la fe» en esta Iglesia significa algo totalmente diferente de lo que estas palabras significan en labios de los cristianos evangélicos.

La postura Remonstrante.

3. Según los Remonstrantes, o Arminianos, la fe es la base de la justificación. Bajo el Evangelio, Dios acepta nuestra perfecta obediencia incluyendo la fe y brotando de ella, en lugar de la perfecta obediencia exigida por la ley dada originalmente a Adán. Hay un pasaje en la Biblia, o más bien una forma de expresión, que aparece en varios lugares, que parece favorecer esta perspectiva de la cuestión. En Romanos 4:3 se dice: «Creyó Abraham a Dios, y le fue contado por justicia», y otra vez en el v. 22 de este capítulo, y en Gálatas 3:6. Si esta frase se interpreta según la analogía de pasajes como Romanos 2:26, « ¿No será contada su no circuncisión como circuncisión?», significa que la fe es tomada o aceptada como justicia. Sin embargo, la Biblia es la Palabra de Dios, y por ello consistente consigo misma. Así, si un pasaje admite una interpretación inconsecuente con la enseñanza de la Biblia en otros pasajes, y otra interpretación consecuente con esta enseñanza, estamos obligados a aceptar esta segunda interpretación. Esta regla, por sencilla y evidente que sea, es frecuentemente violada, no sólo por aquellos que niegan la inspiración de las Escrituras, sino incluso por hombres que profesan reconocer su infalible autoridad. Parecen considerar como prueba de independencia hacer que cada pasaje signifique simplemente lo que denotan su estructura gramatical y su contexto lógico, sin la más mínima consideración a la analogía de la Escritura. Esto es irrazonable. En Génesis 15 se nos dice que Abraham se lamentó delante del Señor porque no tenía hijos, y que uno nacido en su casa habría de ser su heredero. Y Dios le dijo: «No te heredará éste, sino un hijo tuyo será el que te heredará. Y le sacó fuera, y le dijo: Mira ahora los cielos, y cuenta las estrellas, si las puedes contar. Y le dijo: Así será tu descendencia. Y creyó a Jehová, y le fue contado por justicia». Tomando este pasaje por sí mismo, se infiere que el objeto de la fe de Abraham era la promesa de una numerosa posteridad. Suponiendo que esto sea cierto, y desde luego no lo es, ¿qué derecho se tiene a suponer que el hecho de que la fe de Abraham le fue imputada por justicia significa nada más que cuando se dice que el celo de Fineés le fue imputado por justicia (Sal 106:31); o que cuando en Deuteronomio 24:13 se dice que devolver la prenda de un pobre «te será justicia delante de Jehová tu Dios»? Nadie supone que una manifestación de celo o un acto de benevolencia sean tomados por una completa obediencia a la ley. Todo lo que la frase «imputar por justicia» significa por sí misma, según su uso en el Antiguo Testamento, es estimar como correcto, aprobar. El celo de Fineés estuvo bien. Devolver la prenda de un pobre estaba bien. Estos son actos aprobados por Dios. Y así Él aprobó la fe de Abraham. Se ganó el favor de Dios al creer. Ahora bien, aunque esto es cierto, lo que es cierto, como enseña el Apóstol, es mucho más aún. Nos enseña, primero, que la gran promesa dada a Abraham, y la fe con la que alcanzó su justificación, no fue que sus descendientes naturales serían tan numerosos como las estrellas del cielo, sino que en su simiente serían benditas todas las naciones de la tierra; segundo, que la simiente de que se habla no era una multitud, sino una persona, y que esta persona era Cristo (Gá 3:16); y, tercero, que la bendición que la simiente de Abraham iba a lograr para el mundo era la redención. «Cristo nos redimió de la maldición de la ley, habiéndose hecho maldición por nosotros [...], para que en Cristo Jesús la bendición de Abraham (esto es, la promesa hecha a Abraham) alcanzase» hasta nosotros. Por lo tanto, la promesa hecha a Abraham era la redención por medio de Cristo. Por ello, enseña el Apóstol, los que son de Cristo son simiente de Abraham y herede-

ros de su promesa. Por tanto, lo que Abraham creyó fue que la simiente de la mujer, el Siloh; el Redentor prometido del mundo, iba a nacer de él. Él creyó en Cristo, como su Salvador, como su justicia, y libertador, y por ello fue aceptado como justo, no por el mérito de su fe, y no sobre la base de la fe, ni por tomar la fe en lugar de la justicia, sino porque recibió y reposó sólo en Cristo para su salvación.

A no ser que éste sea el sentido del Apóstol, es difícil ver cómo puede haber coherencia alguna ni sentido en su argumento. Su objeto es demostrar que los hombres son justificados no por las obras, sino gratuitamente; no por lo que son o hacen, sino por lo que es hecho por ellos. Son salvos por un rescate; por un sacrificio. Pero es absurdo decir que la confianza en un rescate redime, o que es tomada en lugar del rescate; o que la fe en un sacrificio, y no el sacrificio mismo, es la base de la aceptación. Para demostrar que este es el método Escriturario de la justificación, Pablo apela al caso de Abraham. Él no fue justificado por sus obras, sino por la fe en un Redentor. Él esperaba ser justificado como impío (Ro 4:5). Esto, nos dice él, es lo que tenemos que hacer. No tenemos justicia propia. Tenemos que tomar a Cristo para nuestra sabiduría, justicia, santificación y redención. En el capítulo inmediatamente precedente, el Apóstol había dicho que éramos justificados por la fe en la sangre de Cristo, como propiciación por el pecado; y sería una contradicción por su parte demostrar esto por el hecho de que Abraham fuera justificado en base de su estado mental de confianza, de esperanza, que le llevara a creer que, aunque tenía cien años, sería padre de una numerosa descendencia.

Además, se debe recordar no sólo que las Escrituras nunca dicen que somos justificados «a cuenta» de la fe (*dia pistin*), sino siempre «por» o «por medio» de la fe (*dia* o *ek pisteōs*, o *pistei*.), sino además que no es por la fe como tal; ni por la fe en Dios, ni en las Escrituras; ni por la fe en una promesa divina específica como la que fue dada a Abraham de una descendencia numerosa, o de la posesión de la tierra de Canaán; sino sólo por la fe en una promesa determinada, esto es, la de salvación por medio de Cristo. Por ello, no es a cuenta del estado de la mente, del que la fe es la evidencia, que somos justificados, ni de las buenas obras que son sus frutos, sino sólo por la fe como un acto de confianza en Cristo. Esto supone necesariamente que Él, y no nuestra fe, es la base de nuestra justificación. Él y no nuestra fe es la base de nuestra confianza. ¿Y cómo puede ningún cristiano desear que sea de otra manera? ¿Qué comparación hay entre la justicia absolutamente perfecta e infinitamente meritoria de Cristo y nuestra propia imperfecta obediencia evangélica como base de confianza y de paz?

Además, esta doctrina es deshonrosa para el Evangelio. Supone que el Evangelio es menos santo que la ley. La ley exigía una perfecta obediencia; el Evangelio quedaría satisfecho con una obediencia imperfecta. Y la conciencia de cada creyente certifica cuán imperfecta e insuficiente es nuestra mejor obediencia. Y si no nos satisface a nosotros, ¿cómo puede satisfacer a Dios?

Sin embargo, la gran objeción a esta doctrina Remonstrante en cuanto a la relación entre fe y justificación es que entra en contradicción directa con las claras e insistentes enseñanzas de la Palabra de Dios. La Biblia nos enseña que no somos justificados por las obras. Esta doctrina afirma que sí somos justificados por las obras. La Biblia enseña que somos justificados por la sangre de Cristo; que es por Su obediencia que ha sido pronunciada la sentencia de justificación sobre los creyentes. Esta doctrina afirma que Dios nos declara justos a causa de nuestra propia justicia. La Biblia, de principio a fin, declara que toda la base de nuestra salvación o de nuestra justificación es objetiva, lo que Cristo ha hecho por nosotros como nuestro Redentor, nuestro rescate, nuestro sacrificio y nuestra garantía. Esta doctrina nos enseña a mirar dentro de nosotros mismos, a lo que somos y a lo que hacemos, como la base de nuestra aceptación delante de Dios. Se puede decir con certeza que esto es totalmente insatisfactorio para la conciencia despertada. El pecador no puede confiar en nada en sí mismo.

Instintivamente mira a Cristo, a Su obra hecha por nosotros, como la base de la confianza y de la paz. Esto, en último término, es la esperanza de todos los creyentes, sea cual sea su doctrina de la justificación. Tanto si son Papistas como Remonstrantes o Agustinianos, todos ellos fijan sus moribundos ojos en Cristo. «Como Moisés levantó la serpiente en el desierto, así también tiene que ser levantado el Hijo del Hombre, para que todo aquel que cree en él, no perezca, sino que tenga vida eterna.»

La doctrina Protestante.
4. La doctrina común de los Protestantes acerca de esta cuestión es que la fe es meramente la causa instrumental de la justificación. Es el acto de recibir a y de reposar en Cristo, y no tiene ninguna otra relación con el fin que ningún otro acto por el que un bien ofrecido es aceptado. Esta es claramente la doctrina de las Escrituras: (1) Porque se dice constantemente que somos justificados por, o por medio de la fe. (2) Porque la fe que justifica es descrita como mirar, como recibir, como acudir, como huir para refugiarse, como aferrarse a, y como invocación. (3) Porque se declara que la base a la que se adscribe nuestra justificación, sobre la que se pone la confianza del pecador, es la sangre, la muerte, la justicia, la obediencia de Cristo. (4) Debido a que el hecho de que Cristo es un rescate, un sacrificio, y como tal efectúa nuestra salvación, supone necesariamente que la fe que nos interesa en el mérito de Su obra es simplemente un acto de confianza. (5) Porque cualquier otro punto de vista de esta cuestión no es consecuente con la naturaleza gratuita de la justificación, con el honor de Cristo, y con el consuelo y la confianza del creyente.

[9. Objeciones a la doctrina Protestante de la justificación.]

[10. Desviaciones alejados de la doctrina Protestante.]

[11. Perspectivas modernas acerca de la justificación.]

Capítulo 18

Santificación

1. Su Naturaleza.

La Santificación, en el Catecismo de Westminster, es definida como «la obra de la libre gracia de Dios, por la que somos renovados en el hombre completo según la imagen de Dios, y somos capacitados más y más para morir al pecado y vivir a la justicia».

En conformidad con esta definición, la justificación difiere de la santificación: (1) En que la primera es un acto transitorio, y la segunda una obra progresiva. (2) La justificación es un acto forense, actuando Dios como juez, declarando satisfecha la justicia por lo que respecta al creyente pecador, mientras que la santificación es un efecto debido a la divina eficacia. (3) La justificación cambia, o declara cambiada, la relación del pecador con la justicia de Dios; la santificación involucra un cambio de carácter. (4) La primera, por tanto, es objetiva, y la segunda subjetiva. (5) La primera se basa en lo que Cristo ha hecho por nosotros; la segunda, en el efecto de lo que Él hace en nosotros. (6) La justificación es completa y la misma en todos, mientras que la santificación es progresiva, y es más completa en unos que en otros.

De la santificación se declara que es una obra de la libre gracia de Dios. Dos cosas se incluyen en ello. Primero, que el poder o influencia mediante el que es llevada a cabo es sobrenatural. Segundo, que la concesión de esta influencia a cualquier pecador, a un pecador en lugar de a otro, y a uno más que a otro, es cuestión de favor. Nadie tiene personalmente, ni en sí mismo, sobre la base de nada que haya hecho, el derecho a reivindicar esta influencia divina como una recompensa justa, ni como cuestión de justicia.

Es una obra sobrenatural.

Al exponer, en conformidad a las Escrituras, la santificación como una obra sobrenatural, o como una obra de la gracia, la Iglesia busca negar la doctrina Pelagiana o Racionalista que la confunde con la mera reforma moral. No es infrecuente que personas que han llevado una vida inmoral cambien su entera forma de vivir. Se vuelven externamente correctos en su conducta, templados, puros, honrados, y benevolentes. Este es un gran cambio, digno de encomio. Es enormemente beneficioso para el que lo experimenta, y para todos aquellos con quienes está relacionado. Puede ser producido por diferentes causas, por la fuerza de la conciencia y por una consideración de la autoridad de Dios y el temor a Su desaprobación, o por consideración de la buena opinión de los hombres, o por el mero vigor de una consideración ilustrada de sus propios intereses. Pero sea cual sea la causa inmediata de esta reforma, queda muy lejos de la santificación. Las dos cosas difieren tanto en naturaleza como un corazón limpio de unos vestidos limpios. Esta reforma exterior puede dejar sin cambios el carácter interior del hombre a los ojos de Dios. Puede permanecer carente del amor de Dios, de la fe en Cristo y de todo ejercicio o afección santos.

Tampoco se debe confundir la santificación con los efectos de la cultura o disciplina moral. Es bien posible, como lo demuestra la experiencia, mediante una cuidadosa instrucción moral, manteniendo a los jóvenes alejados de toda influencia contaminadora, y criándolos bajo las influencias formadoras de principios rectos y de buenas compañías, preservarlos de muchos males del mundo y hacerlos semejantes al joven en el Evangelio a quien Jesús amó. Esta instrucción no debe ser menospreciada. Es ordenada en la Palabra de Dios. Pero no puede cambiar la naturaleza. No puede impartir vida. Una estatua hecha con mármol puro en toda su belleza está bien por debajo de un hombre vivo.

La palabra sobrenatural, como ya se ha dicho antes, se emplea en dos sentidos. Primero, para denotar aquello que está por debajo de la naturaleza, y por naturaleza se significa todo lo que está fuera de Dios. Así, se dice que un efecto es sobrenatural cuando en su producción la naturaleza no ejerce eficiencia alguna. Pero, en segundo término se emplea la palabra frecuentemente para establecer la distinción entre la eficiencia providencial de Dios obrando según leyes fijas, y la acción voluntaria del Espíritu Santo. La Biblia establece una amplia distinción entre la providencia de Dios y las operaciones de Su gracia. La diferencia entre ambas cosas es, en ciertos respectos, análoga a la que existe entre la eficiencia de una ley, o de una fuerza actuando uniformemente, y la acción de una persona. La primera es ordenada, la segunda es ejercida de tiempo en tiempo, distribuyendo el Espíritu Sus dones a cada uno de manera varia conforme a Su voluntad. En la acción providencial de Dios, los efectos producidos nunca trascienden al poder de las causas segundas tal como son mantenidas y conducidas por Él; mientras que los efectos producidos por el Espíritu sí trascienden el poder de las causas segundas. El efecto no se debe ni al poder de la verdad ni al del sujeto racional en quien es producido el efecto. Es debido al poder de Dios sobre y por encima del poder de las causas segundas implicadas. Los efectos de la gracia, o frutos del Espíritu, están por encima de la esfera de lo natural: pertenecen a lo sobrenatural. El mero poder de la verdad, argumento, motivo, persuasión, o elocuencia no pueden producir el arrepentimiento, la fe ni la santidad de corazón y vida. Tampoco pueden estos efectos ser producidos por el poder de la voluntad, ni por todos los recursos del hombre, por dilatada o diestra que sea la aplicación de los mismos. Son dones de Dios, frutos del Espíritu. Pablo puede plantar, y Apolos regar, pero es Dios quien da el crecimiento.

En este último sentido de la palabra sobrenatural no se excluye la cooperación de segundas causas. Cuando Cristo abrió los ojos del ciego, no se interpusieron causas segundas entre Su volición y el efecto. Pero los hombres obran su propia salvación, mientras que es Dios quien obra en ellos el querer y el hacer, según Su buena voluntad. En la obra de la regeneración, el alma es pasiva. No puede cooperar en la comunicación de vida espiritual. Pero en la conversión, arrepentimiento, fe y crecimiento en la gracia, todos sus poderes son llamados a ser ejercitados. Sin embargo, como los efectos producidos trascienden la eficiencia de nuestra naturaleza caída, y se deben a la actividad del Espíritu Santo, la santificación no deja de ser sobrenatural, o una obra de la gracia, porque el alma esté activa y cooperando en el proceso.

Prueba de su carácter sobrenatural.

El hecho de que la santificación es una obra sobrenatural en el sentido anteriormente declarado queda demostrado:

1. Por el hecho de que se atribuye constantemente a Dios como su autor. Es atribuida a Dios de manera absoluta, o al Padre, como en 1 Tesalonicenses 5:23: «y el mismo Dios de paz os santifique por completo.» Hebreos 13:20, 21: «El Dios de paz que resucitó de los muertos a nuestro Señor Jesucristo, [...] os haga aptos en toda obra buena para que hagáis su voluntad, haciendo él en vosotros lo que es agradable delante de él.» Se atribuye también al Hijo, como en Tito 2:14: «Quien se dio a sí mismo por nosotros para redimirnos de toda iniquidad y pu-

rificar para sí un pueblo de su propiedad, celoso de buenas obras.» Efesios 5:25: «Cristo amó a la iglesia, y se entregó a sí mismo por ella, para santificarla, habiéndola purificado con el lavamiento del agua por la palabra, a fin de presentársela él a sí mismo como una iglesia gloriosa, que no tenga mancha ni arruga ni cosa semejante, sino que sea santa y sin mancha.» De manera predominante, la santificación es atribuida al Espíritu Santo, como Su obra peculiar en la economía de la redención. Por esto se le llama el Espíritu de toda gracia; el Espíritu de gozo, de paz, de amor, de fe y de adopción. Todas las gracias cristianas son expuestas como fruto del Espíritu. Se dice que somos nacidos del Espíritu, y que por Él somos iluminados, enseñados, conducidos y limpiados. Se dice que somos en el Espíritu, que vivimos, andamos y nos regocijamos en el Espíritu. El Espíritu mora en el pueblo de Dios, y es la fuente permanente de todas las actividades de esta vida espiritual que Él implanta en el alma. La Biblia enseña que el Hijo y el Espíritu están en la Santa Trinidad subordinados al Padre, en cuanto a su modo de subsistencia y operación, aunque los mismos en sustancia, e iguales en poder y gloria. Por ello es que la misma obra es frecuentemente atribuida al Padre, al Hijo y al Espíritu; y como en Padre y el Hijo operan por medio del Espíritu, los efectos debidos a la actividad de Dios son atribuidos especialmente al Espíritu Santo.

Esta atribución de la santificación a Dios demuestra que es una obra sobrenatural, debido a que se declara que la insuficiencia de las segundas causas para producir el efecto es la base de esta atribución. Se debe a que los hombres no se pueden limpiar ni sanar a sí mismos que se declara que son limpiados y sanados por Dios. Por cuanto los ritos y ceremonias, los sacramentos, la verdad y la persuasión moral no pueden volver el alma a Dios, se dice que es transformada por la renovación de la mente, por el poder del Espíritu, a la imagen de Dios. Por ello, se declara que somos hechura de Dios, creados para buenas obras. Y no somos nosotros los que vivimos, sino Cristo que vive en nosotros.

Todos los ejercicios de santidad son atribuidos al Espíritu como su autor.

1. Esta atribución de la santificación a Dios como su autor demuestra de una manera tanto más decisiva el carácter sobrenatural de la obra, por cuanto la referencia no es meramente general, como cuando se atribuyen el viento y la lluvia, y la producción de vida vegetal y animal a Su acción providencial universal. La referencia es especial. El efecto es tal que las Escrituras lo reconocen como no dentro de la esfera de las causas segundas, y por ello lo adscriben a Dios. Reconocen el libre albedrío del hombre; lo reconocen y tratan como un ser moral y racional; admiten la idoneidad de la verdad para convencer el entendimiento y de los motivos presentados para determinar la voluntad y controlar los afectos, pero enseñan que estas causas e influencias secundarias son totalmente ineficaces para la conversión y santificación del alma sin la demostración del Espíritu. Por ello los escritores sagrados oran constantemente por la influencia divina, «extrinsecus accidens», para que acompañen a los medios de gracia y los hagan eficaces tanto para la santificación como para la regeneración y conversión. Cada una de estas oraciones, cada acción de gracias por la gracia impartida, cada reconocimiento de las virtudes cristianas como fruto del Espíritu, y dones de Dios, son otros tantos reconocimientos de la gran verdad de que la restauración del hombre a imagen de Dios no es una obra de la naturaleza, ya sea originada o llevada a cabo por la eficacia de las causas segundas, sino que es verdadera y propiamente sobrenatural, como debida al poder inmediato del Espíritu produciendo efectos para los que son inadecuados las causas segundas.

Se nos enseña a orar por el arrepentimiento, la fe y otras gracias.

2. Así, encontramos al Apóstol y a los escritores sagrados generalmente atribuyendo no sólo la regeneración, la comunicación de la vida espiritual a los espiritualmente muertos, sino

también la continuación de esta vida en su actividad y crecimiento, no meramente al poder de Dios, sino a Su poder omnipotente. Pablo ora en Efesios 1:19 para que sus lectores conozcan «cuál [es] la supereminente grandeza de su poder para con nosotros los que creemos, conforme a la eficacia de su fuerza, la cual ejerció en Cristo, resucitándole de los muertos». El mismo poder omnipotente que fue exhibido en la resurrección de Cristo es ejercido en la resurrección espiritual del creyente. Y por cuanto el poder que resucitó a Cristo de entre los muertos fue ejercitado en Su ascensión y glorificación, así también el mismo poder, según el Apóstol, que es ejercido en la resurrección espiritual del creyente, es ejercido para llevar a cabo su santificación, que es la glorificación interior y real. Por ello mismo, en la misma Epístola (3:7), él adscribe toda la gracia por la que fue hecho apto para el apostolado «según la actuación de su poder». Y más adelante (v. 20), para alentar al pueblo de Dios para que ore por bendiciones espirituales, les recuerda su omnipotencia por la que Él puede «hacer todas las cosas mucho más abundantemente de lo que pedimos o pensamos, según el poder que actúa en nosotros». Así, es un poder omnipotente, y no la impotencia de influencias secundarias, lo que obra en el creyente y prosigue la obra de su salvación.

Así, los que están en Cristo son nuevas criaturas. Están creados de nuevo en Cristo Jesús. Esto no hace referencia exclusiva a su regeneración, sino al proceso mediante el que el pecador es transformado a imagen de Cristo.

Argumento según la unión del creyente con Cristo.
3. Todo lo que las Escrituras enseñan acerca de la unión entre el creyente y Cristo, y de la morada del Espíritu Santo, demuestra el carácter sobrenatural de nuestra santificación. Los hombres no se hacen santos a sí mismos; su santidad y crecimiento en la gracia no se deben a su misma fidelidad, ni a su firmeza de propósito, ni a su vigilancia y diligencia, aunque todo esto está demandado, sino a la influencia divina, por la que son hechos así fieles, vigilantes y diligentes, y que produce en ellos los frutos de justicia. Sin mí, dijo nuestro Señor, nada podéis hacer. Así como el pámpano no puede llevar fruto por sí mismo, sólo si permanece en la vid, tampoco podéis vosotros, si no permanecéis en mí. La mano no depende menos de la cabeza para mantenerse en su vitalidad, que el creyente de Cristo para mantener la vida espiritual en el alma.

Argumento según doctrinas relacionadas.
4. Esta es, sin embargo, una de aquellas doctrinas que impregnan todas las Escrituras. Sigue necesariamente de lo que la Biblia enseña del estado natural del hombre desde la caída; es dada por supuesto, afirmada e implicada en todo lo que se revela del plan de la salvación. Por su apostasía, los hombres perdieron la imagen de Dios; nacen en un estado de alienación y de condenación. Están por naturaleza destituidos de la vida espiritual. Es tan imposible que puedan liberarse a sí mismos de este estado, como lo es que los que están en el sepulcro puedan restaurar la vida a sus cuerpos yertos, y que, una vez restaurados a la vida, la continúen y refuercen con su propio poder. Toda nuestra salvación es de Cristo. Los que están en los sepulcros oyen Su voz. Son resucitados por Su poder. Y cuando viven es Él que vive en ellos. Esta es la doctrina que nuestro Señor mismo enseña con tanta claridad y frecuencia, y en la que insisten tan enérgicamente Sus Apóstoles. San Pablo, en los capítulos sexto y séptimo de su Epístola a los Romanos, donde trata de esta cuestión «in extenso», tiene como principal propósito demostrar que así como no somos justificados por nuestra propia justicia, tampoco somos santificados por nuestro propio poder, ni por el mero poder objetivo de la verdad. La ley, la revelación de la voluntad de Dios, incluyendo todo lo que Él ha dado a conocer al hombre, bien como norma de obediencia, bien como exhibiendo Sus propios atributos y propósi-

tos, era igualmente inadecuada para lograr la justificación y la santificación. Por cuanto demandaba perfecta obediencia y pronunciaba una maldición sobre los que no continúan en todas las cosas escritas en el libro de la ley para hacerlas, sólo puede condenar. Nunca puede pronunciar justo al pecador. Y por cuanto era una mera presentación externa de la verdad, no podía cambiar el corazón de la misma manera que la luz no puede dar la vista a los ciegos. Termina su discusión de esta cuestión clamando: «¡Miserable hombre de mí!: ¿quién me libertará de este cuerpo de muerte? Gracias doy a Dios por medio de Jesucristo nuestro Señor.» Su liberación debía tener lugar por Dios por medio de Jesucristo. Por el capítulo octavo llegamos a ver que él estaba totalmente confiado acerca de su liberación, y también llegamos a saber cuál es la base sobre la que descansaba esta confianza. No era que en la regeneración hubiera él recibido fuerzas para santificarse a sí mismo, ni que por la fuerza de su propia voluntad ni por el diligente uso de medios naturales o designados, fuera a alcanzarse tal fin sin ayuda adicional de Dios. Al contrario, su confianza estaba basada: (1) En el hecho de que había sido liberado de la ley, de su maldición, y de su inexorable exigencia de perfecta obediencia. (2) En el hecho de que había recibido al Espíritu como fuente de una nueva vida, divina e imperecedera. (3) Esta vida no era un mero estado de la mente, sino la vida de Dios, o el Espíritu de Dios morando en el corazón; morada ésta que aseguraba no sólo la continuidad de la «mentalidad espiritual», sino incluso la resurrección de los muertos. «Y si el Espíritu de aquel que levantó de los muertos a Jesús habita en vosotros», dice el Apóstol, «el que levantó de los muertos a Cristo Jesús vivificará [*zöopoiesei*, vivificará con la vida de Cristo] también vuestros cuerpos mortales por medio de su Espíritu que habita en vosotros.» (4) Al ser guiados por el Espíritu de Dios como el principio rector de su vida interior y exterior, los creyentes son hijos de Dios. Siendo que el Espíritu de Dios que está en ellos es el Espíritu del Hijo, viene a ser en ellos el Espíritu de Adopción, esto es, produce en ellos los sentimientos de hijos para con Dios, y les asegura del título que tienen a todos los privilegios como Sus hijos. (5) La santificación y salvación final de los creyentes quedan aseguradas por el inmutable decreto de Dios. Porque aquellos «a los que de antemano conoció, también los predestinó a ser modelados conforme a la imagen de su Hijo, para que él sea el primogénito entre muchos hermanos. Y a los que predestinó, a éstos también llamó; y a los que llamó, a éstos también justificó; y a los que justificó, a éstos también glorificó». Esto último incluye la santificación; la gloria interior del alma; la imagen divina como reseguida por el Espíritu de Dios, que es para y en el creyente el Espíritu de gloria (1 P 4:14). La morada del Espíritu hace glorioso al creyente. (6) El infinito e inmutable amor que llevó a Dios a dar a Su propio Hijo para nuestra salvación hace cierto que les serán dadas todas aquellas otras cosas necesarias para mantenerlos en el amor y la comunión de Dios. Por ello, la salvación es de gracia de principio a fin; no sólo como gratuita con exclusión de todo mérito por parte de los salvos, sino también como proseguida por la continuada operación de la gracia, o el poder sobrenatural del Espíritu. Cristo es nuestro todo. Él nos ha sido hecho por Dios sabiduría, justicia, santificación y redención.

2. En qué consiste.

Admitiendo qué la santificación es una obra sobrenatural, permanece la cuestión: ¿En qué consiste? ¿Qué naturaleza tiene el efecto producido? La verdad que subyace a todas las descripciones Escriturarias de esto es que la regeneración, la vivificación a la que quedan sujetos los creyentes, mientras que involucra la implantación o comunicación de un nuevo principio o forma de vida, no lleva a cabo la inmediata y total liberación del alma de todo pecado. Un hombre resucitado de los muertos puede que quede, y ello durante mucho tiempo, en un estado muy débil, enfermo y sufriente. Lo mismo con el alma, por naturaleza muerta en pecado, puede ser resucitada juntamente con Cristo, y no con ello hecha perfecta. El principio de vida puede ser muy débil, puede que haya mucho en el alma incongruente con su naturaleza, y el conflicto entre la vieja y la nueva vida puede ser prolongado y penoso. Y éste no sólo puede ser, sino que de hecho es el caso en toda la experiencia ordinaria del pueblo de Dios. Aquí hallamos una de las diferencias características y trascendentales entre los sistemas de doctrina y religión Romanista y Protestante. Según el sistema Romanista, nada queda de naturaleza de pecado en el alma tras la regeneración obrada por el bautismo. A partir de esto, la teología de la Iglesia de Roma deduce su doctrina del mérito de las buenas obras, de la perfección, de las obras de supererogación, e, indirectamente, las de la absolución e indulgencias. Pero según las Escrituras, la experiencia universal de los cristianos, y la innegable evidencia de la historia, la regeneración no elimina todo pecado. La Biblia está llena del registro de los conflictos internos de los más eminentes de los siervos de Dios, con sus caídas, sus retrocesos, sus arrepentimientos, y sus lamentaciones por sus continuos fracasos. Y no sólo esto, sino que la naturaleza del conflicto entre el bien y el mal en el corazón de los renovados es descrita de manera plena, se distinguen y designan los principios en lucha, y se exponen de manera repetida y detallada la necesidad, las dificultades y los peligros de la lucha, así como el método para librarla de manera apropiada. En el capítulo séptimo de la Epístola a los Romanos tenemos una elaborada descripción de este conflicto por parte del Apóstol, conforme a su propia experiencia. Y lo mismo ocurre en Gálatas 5:16, 17. «Digo, pues: Andad en el Espíritu, y no satisfagáis los deseos de la carne. Porque el deseo de la carne es contra el espíritu, y el del espíritu es contra la carne; y éstos se oponen entre sí, para que no hagáis lo que querríais.» También en Efesios 6:10-18, en vista del conflicto que el creyente tiene que sostener con los males de su propio corazón y con los poderes de las tinieblas, el Apóstol exhorta a sus hermanos a ser fuertes en el Señor, y en la fuerza de Su poder. [...] «Por tanto, tomad toda la armadura de Dios, para que podáis resistir en el día malo, y habiendo cumplido todo, estar firmes.»

Y la experiencia de los cristianos en todas las épocas y en todas las partes de la Iglesia concuerda con las enseñanzas de la Escritura. Los escritos de ellos están repletos de los relatos de sus luchas contra los restos de pecado en sus propios corazones; con confesiones; con oraciones pidiendo la ayuda divina; y con el anhelo de la final victoria sobre todo mal, que sólo se alcanzará en el cielo. Las grandes lumbreras de la Iglesia Latina, los Agustines y Bernardos y Fénélones, fueron creyentes humildes, arrepentidos, luchando hasta el final, y junto con Pablo no consideraron haber ya alcanzado la meta, o que eran ya perfectos. Y lo que la Biblia y la experiencia cristiana demuestran, la historia lo deja fuera de toda duda. O bien no existe la regeneración en el mundo, o bien la regeneración no erradica el pecado de aquellos que han sido sujetos a ella.

Despojándose del Hombre Viejo, y revistiéndose del Nuevo.

Siendo ésta la naturaleza de las descripciones escriturarias acerca de la santificación, queda con ello determinada su naturaleza. Por cuanto todos los hombres están, desde la caída, en estado de pecado, no sólo pecadores debido a ser culpables de actos específicos de trasgresión, sino también por cuanto depravados, su naturaleza pervertida y corrompida, la regeneración es la infusión de un nuevo principio de vida en esta naturaleza corrompida. [...] Por ello, la santificación consiste en dos cosas: Primero, la eliminación progresiva de los principios del mal que siguen infectando nuestra naturaleza, y destruyendo su poder; y segundo, el crecimiento del principio de la vida espiritual hasta que controla los pensamientos, sentimientos y actos, y hace al alma conforme a la imagen de Cristo.

Capítulo 18–SANTIFICACIÓN

Pablo detalla su propia experiencia en Romanos 7:7-25.

Los clásicos pasajes del Nuevo Testamento acerca de la naturaleza de esta obra son los siguientes; Romanos 7:7-25; Gálatas 5:16-26; Efesios 4:22-24.

Romanos 7:7-25: No es este el lugar para entrar en la consideración de si el Apóstol está detallando en este pasaje su propia experiencia o no. Esta es la interpretación que los Agustinianos le han dado en todas las eras. Será suficiente con decir aquí que el «onus probandi» [la carga de la prueba] reposa sobre aquellos que asumen el punto de vista contrario acerca del pasaje. Se tendrían que aportar pruebas muy poderosas de que el Apóstol no está refiriéndose a sí mismo y dando su propia experiencia como cristiano cuando:

1. Su objeto en toda la discusión a lo largo de los capítulos sexto y séptimo es demostrar que la ley, por cuanto no puede justificar, tampoco puede santificar; así como no puede liberar de la culpa, tampoco puede liberarnos del poder del pecado. Esto no es culpa de la ley, por cuanto ella es espiritual, santa, y buena. Se recomienda a la razón y a la conciencia como siendo precisamente aquello que debiera ser; demandando ni más ni menos que lo que se debiera demandar, y no amenazando con ninguna pena que no se merezca por la falta de conformidad a sus demandas. ¿Cuál es el efecto de la presentación objetiva de la norma ideal de la perfección moral a la que estamos obligados a conformarnos bajo pena de muerte? El Apóstol nos dice que los efectos son: (*a*) Un gran aumento de conocimiento: él no habría conocido la concupiscencia si la ley no dijera: No codiciarás. (*b*) Un sentimiento de contaminación moral, y consiguientemente de vergüenza y de aborrecimiento propio. (*c*) Un sentimiento de culpa, o de justa exposición a la pena de la ley, siendo que nuestras vidas son una continua trasgresión de la misma. (*d*) Un sentimiento de absoluta impotencia. La norma, aunque santa, justa y buena, es demasiado elevada. Sabemos que nunca podemos amoldarnos a ella por nosotros mismos; tampoco podemos presentar una satisfacción por las transgresiones pasadas. (*e*) El resultado de todo ello es la desesperanza. La ley mata. Destruye no sólo toda autocomplacencia, sino también toda esperanza de que seamos capaces de llevar a cabo nuestra propia salvación. (*f*) Y así lleva al pecador a mirar fuera de sí mismo para salvación; esto es, para la liberación del poder del pecado así como de su culpa. La ley es un ayo para llevarnos a Cristo. ¿Y por qué no iba a poder decir el Apóstol esto de él mismo? No hay nada aquí inconsecuente con el carácter o la experiencia de un verdadero creyente. Es tan cierto del cristiano que no es santificado por persuasión moral, por la objetiva presentación de la verdad, como lo es del pecador no renovado que no es regenerado por tales influencias externas. Por ello, es perfectamente pertinente al objeto del Apóstol el que detalle su propia experiencia de que la santificación no puede ser efectuada mediante la ley.

2. Pero, en segundo lugar, emplea él la primera persona de singular en todo el pasaje. Él dice: «Yo no conocí el pecado sino por la ley.» «Yo morí.» «Y hallé que el mismo mandamiento que era para vida, a mí me resultó para muerte.» «Estoy de acuerdo con la ley, de que es buena.» «Porque según el hombre interior, me deleito en la ley de Dios; pero veo otra ley en mis miembros», etc., etc. Estamos obligados a entender que el Apóstol está hablando de sí mismo con el uso de este lenguaje, a no ser que haya algo en el contexto, o en la naturaleza de lo que se dice, que haga imposible la referencia a él. Sin embargo, se ha visto que el contexto favorece, si es que no exige de una manera absoluta, referir lo dicho al mismo Apóstol. Y que nada hay en la experiencia aquí detallada que sea inconsecuente con la experiencia de los verdaderos hijos de Dios se hace evidente por el hecho de que se encuentran la misma humildad, el mismo sentimiento de culpa, la misma consciencia del pecado dentro, la misma convicción de impotencia que se expresan aquí en todas las secciones penitenciales de la Escritura. Job, David, Isaías y Nehemías hacen las mismas confesiones y lamentaciones que hace aquí el Apóstol. Lo mismo sucede con los creyentes desde la venida de Cristo. No hay ni uno de ellos,

767

ni el más santo, que no se sienta constreñido a hablar de sí mismo como habla Pablo aquí, a no ser que decida darle al lenguaje del Apóstol un sentido que jamás se le quiso dar.

3. Mientras que el pasaje no contiene nada inconsistente con la experiencia de los verdaderos creyentes, sí es inconsistente con la experiencia de los hombres no renovados. No están sujetos al conflicto interno aquí descrito. Hay en ellos desde luego a menudo una prolongada lucha entre la razón y la conciencia por una parte, y la malvada pasión por la otra. Pero no hay en los no renovados aquella total renuncia al yo, aquel mirar solamente a Dios en Cristo para recibir ayuda, y aquel deleite en la ley de Dios a que hace referencia el Apóstol aquí.

La enseñanza de Romanos 7:7-25.

Dando entonces por supuesto que tenemos en este capítulo el registro de la experiencia de un verdadero cristiano, incluso de uno ya avanzado, aprendemos que en cada cristiano hay una mezcla de bien y mal; que la corrupción original de la naturaleza no queda enteramente eliminada por la regeneración; que aunque el creyente es hecho una nueva creación, que es trasladado del reino de las tinieblas al reino del amado Hijo de Dios, queda sólo parcialmente santificado; que su egoísmo, soberbia, descontento, espíritu mundano, siguen adhiriéndose a él, atormentándole; que le impiden de manera efectiva que haga «lo que quisiera», le impiden vivir sin pecado, impiden que su comunión con Dios sea tan íntima e ininterrumpida como podría y quisiera. Descubre no sólo que a menudo se ve vencido, incluso a diario, en cuanto a pecado en pensamiento, palabra y obra, sino también que su fe, amor, celo y devoción no son nunca tales como para dar satisfacción a su propia conciencia; mucho menos pueden dar satisfacción a Dios. Por ello, es llamado a diario a confesar, a arrepentirse, y a orar pidiendo perdón. El Apóstol designa estos principios conflictivos que encontró en él mismo, al uno, el pecado que mora dentro, «el pecado que mora en mí»; o, «la ley de mis miembros»; «la ley de pecado»; y al otro, «la mente», «la ley de mi mente», «el hombre interior». Su yo interno, el Ego, era a veces controlado por el un principio, y a veces por el otro.

Vemos, además, que el control del principio malo es resistido, que estar sujeto al tal es considerado como una odiosa esclavitud, que el buen principio es victorioso en lo principal, y que por medio de Cristo será finalmente triunfante del todo. Por ello, la santificación, conforme a esta descripción, consiste en el gradual triunfo de la nueva naturaleza implantada en la regeneración por encima del mal que persiste después que el corazón sea renovado. En otras palabras, y tal como se expresa en otro lugar, es morir al pecado y vivir a la justicia (1 P 2:24).

Gálatas 5:16-26.

Otro pasaje de pareja importancia es Gálatas 5:16-26: «Andad en el Espíritu, y no satisfagáis los deseos de la carne. Porque el deseo de la carne es contra el espíritu, y el del espíritu es contra la carne; y éstos se oponen entre sí, para que no hagáis lo que querríais», etc., etc. Las Escrituras enseñan que el Espíritu de Dios mora en su pueblo, no sólo de manera colectiva como la Iglesia, sino individualmente en cada creyente, de manera que se puede decir de cada cristiano que es templo del Espíritu Santo. Se dice de Dios que mora allí donde Él manifiesta Su presencia de manera permanente, sea como en tiempos antiguos en el Templo, sea en los corazones de Su pueblo, en la Iglesia o en el cielo. Y por cuanto el Espíritu mora en los creyentes, manifiesta allí Su poder vivificador y rector, y es en ellos el principio o fuente o influencia controladora que determina su vida interior y exterior. Por carne, en las secciones doctrinales de la Escritura, nunca se significa meramente nuestra naturaleza sensorial, a no ser que la palabra esté limitada por el contexto, sino nuestra naturaleza caída, esto es, nuestra naturaleza como es en sí misma aparte del Espíritu de Dios. Como dice nuestro Señor: «Lo que es nacido de la carne, carne es; y lo que es nacido del Espíritu, espíritu es.» Estos son pues los principios que son «contrarios» entre sí. Nadie puede actuar con independencia de ambos. Tiene que obedecer o al uno o al otro. Puede a veces obedecer a uno, y otras veces al otro; pero uno u otro tienen que prevalecer. El Apóstol dice de los creyentes que han crucificado la carne con sus afectos y concupiscencias. Han renunciado a la autoridad del mal principio; no se dan a ello de voluntad, ni por un propósito establecido, ni de manera habitual. Luchan en contra de ello, y no sólo intentan, sino que verdaderamente lo crucifican, aunque pueda morir de muerte larga y dolorosa.

Efesios 4:22-24.

En Efesios 4:22-24 se nos dice: «En cuanto a la pasada manera de vivir, [que] os despojéis del viejo hombre, que está viciado conforme a los deseos engañosos, os renovéis en el espíritu de vuestra mente, y os vistáis del nuevo hombre, creado a semejanza de Dios en la justicia y santidad de la verdad.» Por el viejo hombre se debe comprender el antiguo yo con todos los males que pertenecen a su estado natural. Tenía que ser echado a un lado como un vestido viejo y manchado, y un yo nuevo y puro, el nuevo hombre, debía tomar su puesto. Este cambio, aunque expresado en una figura tomada de un cambio de vestido, era un profundo cambio interior producido por un proceso creador, por el que el alma es conformada de nuevo según la imagen de Dios en justicia y santidad. Es una renovación en cuanto al Espíritu, es decir, la vida interior de la mente; o, tal como Meyer y Ellicott, los mejores de los modernos comentaristas, interpretan ambos la frase, «por el Espíritu» (el Espíritu Santo) morando en la mente. Esta es una transformación en la que los creyentes son exhortados a cooperar; por la que tienen que esforzarse, y que por ello es una obra prolongada. Así, la santificación, según esta representación, consiste en la eliminación de los males que nos pertenecen en nuestra condición natural, y en ser hechos más y más conformes a la imagen de Dios por medio de la influencia llena de gracia del Espíritu de Dios morando en nosotros.

Sin embargo, no es en pasajes como los citados anteriormente donde se expone la naturaleza de la santificación. La Biblia está llena de exhortaciones y de mandatos dirigidos al pueblo de Dios, a los reconocidos y supuestos como regenerados, demandándoles, por una parte, que se resistan a sus malvadas pasiones y propensiones, a despojarse de toda malicia, e ira, y soberbia y celos; y, por la otra, a cultivar todas las gracias del Espíritu, la fe, el amor, la esperanza, la longanimidad, la mansedumbre, la humildad, y el amor fraternal. Al mismo tiempo se les recuerda que es Dios quien obra en ellos tanto el querer como el hacer, y por tanto que deben buscar constantemente Su ayuda y depender de Su auxilio.

Sigue de esta perspectiva de la cuestión que la santificación no es sólo, como ya se ha demostrado, una obra sobrenatural, sino también que no consiste exclusivamente en una serie de una nueva clase de actos. Es hacer el árbol bueno, para que el fruto pueda ser bueno. Involucra un cambio esencial de carácter. Así como la regeneración no es el acto del sujeto de la obra, sino en el lenguaje de la Biblia un nuevo nacimiento, una nueva creación, una vivificación o comunicación de una nueva vida, y en el lenguaje de la antigua Iglesia Latina, la infusión de nuevos hábitos de gracia, así también la santificación en su naturaleza esencial no consiste meramente en actos, sino en tal cambio del estado del alma que los actos pecaminosos se vuelven más infrecuentes, y los actos santos más y más habituales y rectores. Sólo este punto de vista es consecuente con las descripciones escriturarias y con el relato dado en la Biblia acerca de la manera en que se lleva a cabo y se consuma este radical cambio de carácter.

3. El método de la santificación.

Ya se ha visto que aunque la santificación no excluye toda cooperación por parte de los que son sujetos a la misma, sino que al contrario demanda su incansable y enérgica acción, es sin embargo obra de Dios. No es llevada a cabo como un mero proceso de cultura moral mediante medios morales; es tan ciertamente sobrenatural en su método como en su naturaleza. Lo que la Biblia enseña en respuesta a esta pregunta: ¿Cómo puede un alma muerta espiritualmente por naturaleza, siendo vivificada por el poder de la fuerza de Dios, ser gradualmente transformada a imagen de Cristo?, tiene sustancialmente esta respuesta:

El alma es conducida al ejercicio de la fe.

1. Es llevada al ejercicio de la fe en el Señor Jesucristo, a recibirlo como su Salvador, encomendándose a Él para ser por Su mérito y gracia liberada de la culpa y del poder del pecado. Este es el primer paso, y asegura todo el resto, no debido a su inherente virtud y eficacia, sino porque, conforme al pacto de la gracia, o plan de salvación, que Dios ha revelado y que Él se ha comprometido a llevar a cabo, queda ligado por Su promesa de cumplir la plena salvación del pecado de todo el que cree.

El efecto de la unión con Cristo.

2. El alma, por este acto de fe, queda unida con Cristo. Estamos en Él por fe. Las consecuencias de esta unión son: (*a*) La participación en Sus méritos. Su perfecta justicia, en conformidad a las estipulaciones del pacto de la redención, es imputada al creyente. Es así justificado. Es introducido en un estado de favor o de gracia, y se regocija en la esperanza de la gloria de Dios (Ro 5:1-3). Esta es, enseña la Biblia, la condición preliminar y esencial de la santificación. Mientras estamos bajo la ley estamos bajo maldición. Mientras estamos bajo maldición somos enemigos de Dios y damos frutos para muerte. Es sólo cuando somos liberados de la ley por el cuerpo o muerte de Cristo, y unidos a Él, cuando damos fruto para Dios (Ro 6:8; 7:4-6). Así, el pecado, dice el Apóstol, no reinará sobre nosotros, porque no estamos bajo la ley (Ro 6:14). La liberación de la ley es la condición necesaria para la liberación del pecado. Todas las relaciones del creyente quedan así cambiadas. Es trasladado del reino de las tinieblas a la gloriosa libertad de los hijos de Dios. En lugar de ser un proscrito, un esclavo bajo condenación, llega a ser un hijo de Dios, con la seguridad de Su amor, de Su ternura, y de Su cuidado. Puede acudir confiado delante de Él. Queda bajo todas aquellas influencias que en su pleno efecto constituyen el cielo. [...]

La obra interna del Espíritu.

3. Así asegurada mediante la unión con Cristo la morada del Espíritu Santo, ésta viene a ser la fuente de una nueva vida espiritual, que aumenta constantemente en poder hasta que queda expulsado todo lo que es incongruente con la misma, y el alma queda perfectamente transformada a imagen de Cristo. Es oficio del Espíritu iluminar la mente, o, en palabras de Pablo: «alumbrar los ojos del entendimiento» (Ef 1:18) para que conozcamos las cosas que Dios nos ha dado libremente (1 Co 2:12), esto es, las cosas que Dios ha revelado, o, como son llamadas en 5:14, «las cosas del Espíritu de Dios». Estas cosas, que el hombre natural no puede conocer, el Espíritu capacita al creyente «para discernirlas», esto es, para comprender su verdad y excelencia, y experimentar así el poder de las mismas. El Espíritu, se nos enseña, abre de manera especial los ojos para ver la gloria de Cristo, para ver que Él es Dios manifestado en carne; para discernir no sólo Sus divinas perfecciones, sino asimismo Su amor para con nosotros, y cuán apropiado es él en todos los respectos como nuestro Salvador, de manera que aquellos que no le han visto, pero que creen en Él, se regocijan en Él con gozo inexpresable y lleno de gloria. Esta aprehensión de Cristo es transformadora; el alma es por ella cam-

biada a Su imagen, de gloria en gloria, por el Espíritu del Señor. Fue esta revelación interna de Cristo mediante la que Pablo fue, en el camino de Damasco, repentinamente convertido de blasfemo a un adorador y siervo abnegado del Señor Jesús.

Sin embargo, no es sólo un objeto lo que puede discernir el ojo abierto del creyente. El Espíritu le capacita para ver la gloria de Dios revelada en Sus obras y en Su palabra; la santidad y espiritualidad de la ley; la enorme pecaminosidad del pecado; su propia culpabilidad, contaminación e impotencia; la largura y anchura, la profundidad y altura de la economía de la redención; y la realidad, gloria e infinita importancia de las cosas no vistas y eternas. El alma queda así elevada por encima del mundo. Vive en una esfera más alta. Se vuelve más celestial en su carácter y deseos. Todas las grandes doctrinas de la Biblia acerca de Dios, de Cristo, y las cosas espirituales y eternas, quedan tan reveladas por esta enseñanza interior del Espíritu que no sólo son rectamente discernidas, sino que ejercen, en cierta medida, su apropiada influencia en el corazón y en la vida. Así, la oración de Cristo (Jn 17:17), «Santifícalos en tu verdad», recibe respuesta en la experiencia de Su pueblo.

Dios llama al ejercicio de las gracias de Su pueblo.

4. La obra de la santificación es llevada a cabo al dar Dios constante ocasión para el ejercicio de todas las gracias del Espíritu. La sumisión, la confianza, la abnegación, la paciencia, y la humildad, así como la fe, la esperanza y el amor, son llamados o puestos a prueba de manera más o menos efectiva cada día que el creyente pasa sobre la tierra. Y por medio de este constante ejercicio crece en la gracia y en el conocimiento de nuestro Señor y Salvador Jesucristo. Es sin embargo principalmente por el llamamiento a Su pueblo a trabajar y a padecer por el avance del reino del Redentor y por el bien de sus semejantes que esta saludable disciplina es aplicada. Los mejores cristianos son en general aquellos que más trabajan y más sufren en Su servicio no meramente por una actividad agitada procedente de su natural disposición, sino por su amor a Cristo y por su celo por Su gloria.

La Iglesia y los Sacramentos como medios de la Gracia.

5. Un gran fin del establecimiento de la Iglesia en la tierra, como la comunión de los santos, es la edificación del pueblo de Dios. La vida intelectual y social del hombre no se desarrolla en aislamiento y soledad. Es sólo en contacto y colisión con sus semejantes donde son ejercitadas sus capacidades y cultivadas sus virtudes sociales. Y así también por la vida eclesial de los creyentes, por su comunión en el culto y en el servicio de Dios, y por sus mutuos buenos oficios y comunión, se desarrolla la vida espiritual del alma. Por ello el Apóstol dice: «Y considerémonos unos a otros para estimularnos al amor y a las buenas obras; no dejando de congregarnos, como algunos tienen por costumbre, sino exhortándonos; y tanto más, cuanto que veis que aquel día se acerca» (He 10:24, 25).

6. El Espíritu hace medios efectivos de las ordenanzas de Dios, la palabra, los sacramentos y la oración, para el avance de la santificación de Su pueblo y para asegurar su final salvación. [...]

El oficio regio de Cristo.

7. En este contexto no debemos pasar por alto ni minusvalorar el constante ejercicio del oficio regio de Cristo. Él no sólo reina sobre Su pueblo, sino que lo somete a Sí, lo gobierna y defiende, y reprime y derrota a los enemigos Suyos y de ellos. Estos enemigos son tanto internos como externos, tanto visibles como invisibles; son el mundo, la carne y el diablo. La fuerza del creyente al contender con estos enemigos no es la suya propia. Él es fuerte sólo en el Señor y en el poder de Su fuerza (Ef 6:10). Las armas, tanto las ofensivas como las defensivas, son sumi-

nistradas por Él, y la disposición y la destreza para emplearlas son Sus dones, que deben ser buscados mediante una oración incesante. Él es un ayudador siempre presente. Siempre que el cristiano siente su debilidad bien en resistir a la tentación, bien en el cumplimiento del deber, mira a Cristo, y busca ayuda de Él. Y todo el que busca, halla. Cuando fracasamos, se debe bien a la confianza en nosotros mismos, o por descuidar llamar a nuestro Rey siempre presente y todopoderoso, que está siempre dispuesto a proteger y liberar a aquellos que en Él confían. Pero hay peligros que no detectamos, enemigos a los que no vemos, y para los que seríamos presa fácil, si no fuera por el vigilante cuidado que ejerce Aquel que vino al mundo a destruir las obras del diablo, y a aplastar a Satanás debajo de nuestros pies. El cristiano corre su carrera «mirando a Jesús»; la vida que él vive la vive por fe en el Hijo de Dios; es por la constante adoración a Cristo, por el constante ejercicio del amor para con Él, por el constante intento de hacer Su voluntad, y por la constante espera en Él para el suministro de la gracia y de protección y ayuda, que vence al pecado y que alcanza por fin el premio de la sublime vocación de Dios.

4. Los frutos de la santificación, o las buenas obras. Su naturaleza.

Los frutos de la santificación son las buenas obras. Nuestro Señor dice: «Porque no es buen árbol el que da malos frutos; ni árbol malo el que da buen fruto. Porque cada árbol por su fruto es conocido: que no cogen higos de los espinos, ni vendimian uvas de las zarzas» (Lc 6:43, 44, RV). Por buenas obras, en este contexto, se significa no sólo los ejercicios internos de la vida religiosa, sino también actos externos, que pueden ser vistos y apreciados por otros.

Hay dos sentidos en los que las obras pueden ser llamadas buenas:

1. Cuando en cuanto a su forma son lo que la ley prescribe. En este sentido hasta los paganos hacen buenas obras; como el Apóstol dice, Romanos 2:14: «Los gentiles, [...] hacen por naturaleza lo que es de la ley». Esto es, hacen actos de justicia y de misericordia. Nadie en la tierra es tan malvado que jamás, en este sentido del término, haya sido autor de algunas buenas obras. Esto es lo que los teólogos llaman bondad civil, cuya esfera es las relaciones sociales de los hombres.

2. En segundo lugar, por buenas obras se significa aquellas obras que tanto en su forma como en su designio y motivo del agente, son lo que demanda la ley. En otras palabras, una obra es buena cuando no hay nada en el agente ni en el acto que la ley condene. En este sentido, ni las obras de los más santos entre los hombres son buenas. Nadie, desde la caída, está en esta vida en tal estado interior que pueda estar de pie delante de Dios y ser aceptado sobre la base de lo que él es o de lo que hace. Todas nuestras justicias son como trapos de inmundicias (Is 54:6). Pablo descubrió hasta lo último una ley de pecado en sus miembros. Él gimió bajo un cuerpo de muerte. En una de sus últimas epístolas dice que no había llegado, o que no era ya perfecto, y a todos los cristianos se les demanda que oren a diario para perdón de sus pecados. Lo que las Escrituras enseñan acerca de la imperfección de las mejores obras del creyente queda confirmado por la irreprimible convicción de la conciencia. No importa lo que digan los labios, la conciencia de cada uno le dice que es siempre pecador, que nunca queda libre de contaminación moral delante de un Dios infinitamente santo. [...]

La doctrina romanista acerca de las buenas obras.

Los romanistas muestran una animosidad especial contra la doctrina de que las mejores obras del creyente son imperfectas. Y tienen buenas razones para ello: destruye todo su sistema, que se basa en el supuesto mérito de las buenas obras. Si las mejores obras de los santos merecen «justam opprobrii mercedem» (esto es, la condenación), no pueden merecer recompensa. Su argumento acerca de esto es que si es cierta la doctrina Protestante que declara que las mejores obras del creyente son imperfectas, que entonces es imposible el cumplimiento de la ley; pero si es así, entonces la ley no es vinculante, por cuanto Dios no manda imposibilidades. A esto se puede responder, primero, que la objeción es inconsistente con la doctrina de los mismos Romanistas. Ellos enseñan que el hombre, en su estado natural desde la Caída, es incapaz de hacer nada bueno ante los ojos de Dios, hasta que recibe la gracia de Dios comunicada en el bautismo. Según el principio sobre el que descansa la objeción, la ley no es vinculante para los no bautizados. Y segundo, la objeción adopta el principio fundamental del Pelagianismo, esto es, que la capacidad limita la obligación: este es un principio que es contrario a las Escrituras en la esfera de la moral, y contrario asimismo a la conciencia y al juicio común de la humanidad. No se nos puede demandar que hagamos lo imposible debido a la limitación de nuestra naturaleza como criaturas, como crear un mundo o resucitar a los muertos; pero amar a Dios perfectamente no excede al poder del hombre tal como salió de las manos su Hacedor. No es imposible de manera absoluta, sino sólo relativa, esto es, en relación con la cosa mandada, y no como hombres, sino como pecadores. Aunque es esencial para la doctrina Romanista del mérito, de las indulgencias, de las obras de supererogación, y del purgatorio, que los renovados sean capaces de cumplir perfectamente las demandas de la ley, sin embargo los mismos Romanistas se ven obligados a reconocer lo contrario. Así, Bellarmino dice:[1] «Defectus charitatis, quod videlicet non faciamus opera nostra tanto fervore dilectionis, quanto faciemus in patria, defectus quidem est, sed culpa et peccatum non est. [...] Unde etiam charitas nostra, quamvis comparata ad charitatem beatorum sit imperfecta, tamen absolute perfecta dici potest.» Esto es: aunque nuestro amor sea de hecho imperfecto, puede ser llamado perfecto. Pero llamarlo perfecto no altera su naturaleza. Con el mismo efecto dice otro de los principales teólogos de la Iglesia de Roma, Andradius: «Peccata venalia per se tam esse minuta et levia, ut non adversentur perfectioni caritatis, nec impedire possint perfectam et absolutam legis obedientiam; utpote quae non sint ira Dei et condemnatione, sed venia digna, etiamsi Deus cum illis in judicium intret.»[2] Esto es, los pecados no son pecados, porque las personas deciden considerarlos triviales.

Las obras de supererogación.

Pero si no hay ninguna obra del hombre en esta vida, desde la caída, que sea perfectamente buena, entonces no sólo sigue que la doctrina del mérito tiene que ser abandonada, sino también aún más evidentemente son imposibles todas las obras de supererogación. Los Romanistas enseñan que los renovados pueden no sólo satisfacer completamente todas las demandas de la ley de Dios, lo que requiere que le debemos amar con todo el corazón, con toda la mente y con todas las fuerzas, y a nuestro prójimo como a nosotros mismos, sino que pueden incluso hacer más que lo que la ley demanda, y adquirir así más mérito que el necesario para su propia salvación, y puede ponerse a disposición de los que carecen de él.

Es imposible que nadie pueda sostener tal doctrina a no ser que primero degrade la ley de Dios restringiendo sus demandas a límites muy estrechos. Los Romanistas describen nuestra relación con Dios como análoga a la de un ciudadano con respecto al estado. Las leyes civiles están limitadas a una esfera muy estrecha. Es fácil para un hombre ser buen ciudadano, y cumplir perfectamente todo lo que le exige la ley de la tierra. Este hombre, por amor a su país, puede que haga mucho más que lo que la ley le puede demandar. Puede que no sólo pague tributo a quien se le debe tributo, impuesto a quien se le deba impuesto, y honra a quien honra; puede que también dedique su tiempo, su talento, toda su fortuna, al servicio de su país. Así también, según los Romanistas, los hombres pueden hacer no sólo lo que la ley de Dios

---

1. *De Justificatione*, IV. XVIII; *Disputationes*, edición de París, 1608, Vol. IV, pág. 933 b.
2. Véase Chemnitz, *Examen, De Boris Operibus*, III. Edición de Frankfurt, 1574, parte I, pág.

demanda de los hombres como hombres, sino que pueden también, por amor, exceder con mucho a sus demandas. Esto lo expone Möhler como una gran superioridad de la ética Romanista sobre el sistema Protestante. Según él, este último limita las obligaciones del hombre a su responsabilidad legal, a aquello que en justicia le puede ser exigido bajo pena de castigo. Mientras que la primera se eleva a la más excelsa esfera del amor, y presenta al creyente dando cordial y libremente a Dios lo que en estricta justicia no le podría ser demandado. «Está en la naturaleza del amor que se levanta muy alto, incluso inmensurablemente más allá de las demandas de la ley, no satisfaciéndose nunca con su manifestación, volviéndose más y más sensible, de manera que los creyentes, animados con este amor, les parecen frecuentemente a aquellos que están a un nivel inferior como fanáticos o lunáticos.»[3] Pero [...] ¿qué sucede si la misma ley es amor? ¿Qué sucede si lo que la ley demanda es todo lo que el amor pueda dar? ¿Qué si el amor que la ley demanda de toda criatura racional exige la devoción de toda el alma, con todas sus capacidades para Dios como sacrificio vivo? Es sólo al hacer que el pecado no sea pecado, al enseñar a los hombres que son perfectos incluso cuando sus corazones los condenan, sólo al rebajar las demandas de la ley que, al estar basada sobre la naturaleza de Dios, necesariamente implica perfecta conformidad con la imagen divina, que nadie en esta vida puede pretender ser perfecto, o ser tan loco como para imaginarse que puede ir más allá de las demandas de la ley y llevar a cabo obras de supererogación.

Preceptos y consejos.

La distinción que hacen los Romanistas entre los preceptos y los consejos reposa sobre la misma visión deficiente de la ley divina. Por preceptos se significan los mandamientos divinos de la ley vinculantes para todos los hombres, cuya observancia procura recompensa, y la no observancia una pena. En cambio, los consejos no son mandamientos; no son vinculantes para la conciencia de nadie, sino que son recomendaciones de cosas peculiarmente aceptables para Dios, y cuyo cumplimiento merece una recompensa mucho más elevada que la mera observancia de preceptos. Habría muchos consejos así en la Biblia, diciéndose que los más importantes con el celibato, la obediencia monástica y la pobreza.[4] Nadie está obligado a quedarse soltero, pero si lo decide voluntariamente para gloria de Dios, es una gran virtud. Nadie está obligado a renunciar a la adquisición de propiedades, pero si abraza voluntariamente una vida de absoluta pobreza, es un gran mérito. Sin embargo, nuestro Señor lo demanda todo. Él dijo: «El que ama a su padre o a su madre más que a mí, no es digno de mí; el que ama a su hijo o a su hija más que a mí, no es digno de mí.» «El que halla su vida, la perderá; y el que pierde su vida por causa de mí, la hallará» (Mt 10:37, 39). «Si alguno viene a mí, y no aborrece a su padre, y madre, y mujer, e hijos, y hermanos, y hermanas, y aun también su propia vida, no puede ser mi discípulo» (Lc 14:26). La ley de Cristo exige una total devoción a Él. Si su servicio demanda que uno deba quedarse soltero, está ligado a vivir una vida de celibato; si demanda que tiene que abandonar todas sus propiedades y tomar su cruz, y seguir a Cristo, está obligado a hacerlo; si debe poner su vida por causa de Cristo, está obligado a hacerlo. No hay quien tenga mayor amor que éste: que ponga su vida por sus amigos. Nadie puede ir más allá de esto. No puede haber sacrificio ni servicio que el hombre pueda hacer o prestar, que no sea demandado por el deber, o por la ley de Cristo, cuando tal sacrificio o servicio se haga necesario como prueba o fruto de amor a Cristo. Por tanto, no hay lugar para esta distinción entre consejos y preceptos, entre lo que la ley demanda y lo que el amor está dispuesto a dar. Y por ello la doctrina de las obras de supererogación es absolutamente anticristiana.

---

3. Möhler, *Symbolik*, 6ª edición, Mainz, 1843, pág. 216.
4. Bellarmino, *De Membris Ecclesiae Militantis*, Lib. II, *de Monachis*, cap. 7, 8; *Disputationes*, edit. Paris, 1608, Vol. II, págs. 363-365.

El sentido en que el fruto del Espíritu en los creyentes es llamado bueno.

3. Aunque ninguna obra, siquiera del verdadero pueblo de Dios, es absolutamente perfecta mientras continúan en este mundo, sin embargo aquellos ejercicios interiores y acciones exteriores que son fruto del Espíritu son llamados propiamente buenos, y así se los considera en la Escritura. En Hch 9:36 se dice de Dorcas que «abundaba en buenas obras». En Efesios 2:10 se dice que los creyentes han sido «creados en Cristo Jesús para buenas obras». 2 Timoteo 3:17 nos enseña que el hombre de Dios debiera ser «bien pertrechado para toda buena obra». No hay contradicción en pronunciar la misma obra como buena y mala, porque estos términos son relativos, y las relaciones que se designan pueden ser distintas. Alimentar a los pobres, contemplado en relación con la naturaleza del acto, es una buena obra. Contemplado en relación con el motivo que impulsa a ello, puede ser bueno o malo. Si se hace para ser vistos de los hombres, es ofensivo a la vista de Dios. Si se hace por benevolencia natural, es un acto de moralidad ordinaria. Si se hace a un discípulo en nombre de discípulo, es un acto de virtud cristiana. Así, las obras de los hijos de Dios, aunque manchadas por el pecado, son verdadera y propiamente buenas, por cuanto: (1) Son, en cuanto a la naturaleza de la cosa hecha, ordenadas por Dios. (2) Porque, en cuanto al motivo, son el fruto no meramente de un sentimiento moral correcto, sino de un sentimiento religioso, esto es, de amor hacia Dios; y (3) Porque son llevados a cabo con el propósito de ajustarse a Su voluntad, de honrar a Cristo y de promover los intereses de Su reinado.

Sigue del principio fundamental del Protestantismo, que las Escrituras son la única norma de fe y de práctica, que ninguna obra puede ser considerada como buena ni obligatoria si no está ordenada por las Escrituras. Naturalmente, no se significa que la Biblia ordene de manera detallada todo lo que el pueblo de Dios debe hacer, sino que prescribe los principios por los que debe reglamentarse su conducta, y especifica la clase de actos que estos principios demandan o prohíben. Es suficiente con que las Escrituras ordenen a los hijos que obedezcan a los padres, los ciudadanos al magistrado, y los creyentes a oír a la Iglesia, sin ordenar cada uno de los actos que resultan obligatorios conforme a estos mandamientos. Al dar estos mandamientos generales, la Biblia impone también todas las limitaciones necesarias, de manera que ni los padres, ni los magistrados ni la Iglesia pueden asumir una autoridad que no les haya sido dada por Dios, ni imponer nada sobre la conciencia que Él no ordene. Así como algunas iglesias han ordenado como artículos de fe una multitud de doctrinas que no están enseñadas en las Escrituras, así también han ordenado una multitud de acciones que la Biblia no demanda ni de manera directa, ni por necesaria inferencia. Así, han impuesto un yugo de servidumbre insoportable sobre aquellos que admiten la autoridad de las mismas como infalible. Siguiendo el ejemplo de los antiguos fariseos, enseñan como doctrinas mandamientos de hombres, y demandan autoridad divina para instituciones humanas. Fue uno de los grandes designios de la Reforma liberar al pueblo de Dios de esta esclavitud. Esta liberación fue llevada a cabo proclamando el principio de que nada es pecado sino lo que la Biblia prohíbe, y nada es moralmente obligatorio excepto lo que la Biblia manda.

Sin embargo, tal es la tendencia, por una parte, a usurpar la autoridad, y por otra a ceder ante la misma, que es sólo mediante la constante afirmación y vindicación de este principio que puede ser preservada la libertad con la que Cristo nos liberó.

5. La necesidad de las buenas obras.

Acerca de esta cuestión nunca ha habido ninguna verdadera diferencia de opinión entre los Protestantes, aunque en la primera Iglesia Luterana hubo un cierto malentendido. Primero: Se admitía universalmente que las buenas obras no son necesarias para nuestra justificación; que son consecuencia e indirectamente el fruto de la justificación, y por ello que no pueden ser su base. Segundo: Se admitió asimismo que la fe por la que es justificado el pecador no es ninguna obra, la razón por la que Dios declare justo al pecador. Es el acto por el que el pecador recibe y reposa sobre la justicia de Cristo, cuya imputación le hace justo a los ojos de Dios. Tercero: La fe no justifica porque incluya o sea la raíz o el principio de las buenas obras; no como «fides obsequiosa». Cuarto: Se admitió que es sólo una fe viva, esto es, una fe que obra mediante el amor y que purifica el corazón, la que une el alma a Cristo y que asegura nuestra reconciliación con Dios. Quinto: Se admitió universalmente que una vida inmoral es inconsistente con un estado de gracia; que los que persisten voluntariosamente en la práctica del pecado no heredarán el reino de Dios. Los Protestantes, al rechazar la doctrina Romanista de la justificación subjetiva, insistieron enérgicamente en que nadie es libertado de la culpa del pecado si no está libertado de su poder dominador; que la santificación es inseparable de la justificación, y que lo uno es tan esencial como lo otro.

La controversia acerca de esta cuestión se debió en su mayor parte a un malentendido, pero en cierta medida también a una verdadera diferencia de opinión acerca del papel de la ley bajo el Evangelio. Melancton enseñó que el arrepentimiento era el efecto de la ley y anterior a la fe, y empleó formas de expresión que se creía que implicaban que las buenas obras, o la santificación, aunque no eran la base de la justificación, eran sin embargo una «causa sine qua non» de nuestra aceptación con Dios. A esto objetó Lutero, por cuanto la verdadera santificación es la consecuencia, y en ninguna manera la condición, de la justificación del pecador. No somos justificados porque seamos santos; sino que, ya justificados, somos santificados. Agrícola (nacido en Eisleben en 1492, y muerto el 1566), discípulo de Lutero, y muy influyente como predicador, adoptó una postura diametralmente opuesta a la de Melancton. No sólo sostuvo que el arrepentimiento no se debía a la operación de la ley, sino que era fruto de la fe, sino también que bajo el Evangelio no se debía enseñar la ley, y que las buenas obras no son necesarias para la salvación. El creyente está enteramente libre de la ley; no está bajo la ley, sino bajo la gracia; y al ser aceptado por lo que Cristo hizo, es poco relevante lo que él haga. Lutero denunció esta perversión del Evangelio, que pasaba por alto enteramente la distinción entre la ley como pacto de obras demandando perfecta obediencia como la condición para la justificación, y la ley como la revelación de la inmutable voluntad de Dios en cuanto a lo que debieran ser y hacer las criaturas racionales en cuanto a su carácter y conducta. Insistió en que la fe era la recepción de Cristo, no sólo para el perdón de los pecados, sino también como Salvador del poder del pecado; que el objeto de la fe no era meramente la muerte de Cristo, sino también la obediencia de Cristo.[5] [...]

La «Fórmula de Concordia», en la que esta y otras controversias en la Iglesia Luterana quedaron finalmente resueltas, expresó la verdadera doctrina acerca de esta cuestión, a mitad entre los dos puntos de vista extremos. Rechaza la proposición incondicional de que las buenas obras sean necesarias para la salvación, por cuanto los hombres pueden ser salvos sin que tengan oportunidad de testificar acerca de su fe con sus obras. Por otra parte, condena radicalmente la declaración injustificada de que las buenas obras sean dañinas para la salvación, que declara perniciosa y escandalosa. Enseña que «Fides vera nunquam sola est, quin caritatem et spem semper secum habeat».[6]

La misma doctrina es enseñada claramente en los Símbolos Luteranos ya desde el principio, por lo que la acusación hecha por los Romanistas de que los Protestantes divorciaron la moralidad de la religión carece de fundamento, tanto en su doctrina como en su práctica. [...]

---

5. Véase Dorner, *Geschichte der protestantischen Theologie*, Munich, 1867, págs. 336-344.
6. *Epitome*, III. XI; Hase, *Libro Symbolici*, 3a edición, 1846, pág. 586.

No es el sistema que considera el pecado un mal tan grande que precisa de la sangre del Hijo de Dios para su expiación, y a la ley tan inmutable que demanda la perfecta justicia de Cristo para la justificación del pecador, el que lleva a una concepción deficiente de la obligación moral; esta concepción deficiente la conlleva aquel sistema que dice que las demandas de la ley han quedado reducidas, que pueden ser más que cumplidas por la imperfecta obediencia de los hombres caídos, y que el pecado puede ser perdonado por la [mera] intervención sacerdotal. Esto es lo que nos muestran tanto la lógica como la historia.

[6. La relación de las buenas obras con la recompensa.]

7. El perfeccionismo.

La doctrina de los Luteranos y de los Reformados, las dos grandes ramas de la Iglesia Protestante, es que la santificación nunca queda perfeccionada en esta vida; que el pecado no queda en ningún caso enteramente sometido; de manera que el más avanzado creyente tiene necesidad, en tanto que sigue en la carne, de orar a diario en confesión de sus pecados.

La cuestión no reside en cuanto al deber de los creyentes. Todos admiten que estamos obligados a ser perfectos como nuestro Padre que está en los cielos es perfecto. Tampoco se trata de la cuestión del mandamiento de Dios: porque el primer mandamiento, original, universal en su obligación, es que amemos a Dios con todo nuestro corazón y a nuestro prójimo como a nosotros mismos. Tampoco la cuestión atañe a la provisión del Evangelio. Se admite que el Evangelio provee todo lo necesario para la total santificación y salvación de los creyentes. ¿Qué podemos más necesitar que lo que tenemos en Cristo, en Su Espíritu, en Su Palabra y en Sus ordenanzas? Tampoco toca a las promesas de Dios, porque todos se regocijan en la expectativa, basada en la promesa divina, de que seremos finalmente liberados de todo pecado. Dios ha hecho provisión en Cristo para la completa salvación de Su pueblo: esto es, para la total liberación de ellos de la pena de la ley, del poder del pecado, de todo dolor, tristeza y muerte; y no sólo para una mera liberación negativa, sino para que sean transformados a imagen de Cristo, llenos con Su Espíritu, y glorificados por la hermosura del Señor. Sin embargo, es bien evidente que, a no ser que la santificación sea una excepción, ninguna de estas promesas, aparte de la justificación, queda perfectamente cumplida en esta vida. La justificación no admite grados. Una persona está bajo condenación o no lo está. Por ello, conforme a la naturaleza misma del caso, la justificación es instantánea y completa tan pronto como el pecador cree. Pero la cuestión es si cuando Dios promete hacer a Su pueblo perfectamente santo, perfectamente dichoso y perfectamente glorioso, les promete con ello hacerlos perfectos en santidad en esta vida. Si las promesas de dicha y gloria no quedan perfectamente cumplidas en esta vida, ¿por qué debiera serlo la promesa de santidad de tal manera? [...] La respuesta dada por la Iglesia universal es negativa. Mientras el creyente esté en este mundo, tendrá que orar confesando sus pecados.

La base de esta doctrina es:

1. La espiritualidad de la ley divina y la inmutabilidad de sus demandas. Condena como pecado cualquier falta de conformidad a la norma de perfección absoluta exhibida en la Biblia. Cualquier cosa menos que amar a Dios constantemente con todo el corazón, toda el alma, toda la mente y todas las fuerzas, y a nuestro prójimo como a nosotros mismos, es pecado.

2. La declaración expresa de la Escritura de que todos los hombres son pecadores. No significa sólo que todos hayan pecado, sino que todos tienen al pecado impregnándolos. Dice el Apóstol: «Si decimos que no tenemos pecado, nos engañamos a nosotros mismos, y la verdad no está en nosotros» (1 Jn 1:8). Como dijo el sabio rey antes que él: «Ciertamente, no hay

hombre tan justo en la tierra, que haga el bien y nunca peque» (Ec 7:20). [...] Y el Apóstol Santiago dice, en 3:2: «Todos ofendemos en muchas cosas». [...]

3. Esta verdad queda enseñada de manera más definida en aquellos pasajes que describen el conflicto en el creyente entre la carne y el Espíritu. Ya se ha hecho referencia a los mismos. Que el capítulo séptimo de la Epístola de Pablo a los Romanos es un registro de su propia vida interior para el tiempo en que estaba escribiendo aquella Epístola, ya ha sido demostrado, se cree, de manera suficiente; y esta ha sido la creencia del gran cuerpo de cristianos evangélicos en todas las eras de la Iglesia. [...] En un período posterior de su vida, cuando estaba a punto de ser ofrecido, dice a los Filipenses, 3:12-14: «No que lo haya alcanzado ya, ni que haya conseguido la perfección total; sino que prosigo, por ver si logro darle alcance, puesto que yo también fui alcanzado por Cristo Jesús. Hermanos, yo mismo no considero haberlo ya alcanzado; pero una cosa hago: olvidando lo que queda atrás, y extendiéndome a lo que está delante, prosigo hacia la meta, para conseguir el premio del supremo llamamiento de Dios en Cristo Jesús.» Esta es una declaración inequívoca por parte del Apóstol de que incluso en este tardío período de su vida no era aún perfecto; no había alcanzado el fin de la perfecta conformidad con Cristo, pero estaba lanzado adelante, como en una carrera, con todo afán, para poder alcanzar el fin de su vocación. Y replicar a esto diciendo, como han dicho algunos exponentes del perfeccionismo, que el hecho de que Pablo no fuera perfecto no demuestra que otros hombres no puedan serlo, no es muy satisfactorio.

El pasaje paralelo en Gálatas 5:16-26 se dirige a los cristianos en general. Reconoce el hecho de que están imperfectamente santificados; que en ellos el principio renovado, el Espíritu como fuente de vida espiritual, está en conflicto con la carne, con los restos de su naturaleza corrompida. Les exhorta a mortificar su carne (no el cuerpo, sino su naturaleza corrompida), y a esforzarse continuamente en andar bajo la influencia controladora del Espíritu. [...] Lo que las Escrituras enseñan acerca de la fe, del arrepentimiento y de la justificación se dirige a todos los cristianos; y también lo que se enseña de la santificación se ajusta al caso de todos los creyentes. [...]

Podemos apelar a la conciencia de cada creyente. Él sabe que es pecador. Nunca está en un estado que dé satisfacción a su propia convicción en cuanto a lo que debería ser. Puede traer a la memoria sus deficiencias, debilidades y errores, y puede rehusar llamarlos pecados. Pero ello no cambia la realidad. Llámense como se llamen, se admite que necesitan la misericordia perdonadora de Dios.

[8. Teorías del perfeccionismo.]

Capítulo 19

La Ley

1. Principios preliminares.

La personalidad de Dios está involucrada en la idea de la Ley; y por tanto toda moralidad está basada en la religión.

Los PRINCIPALES SIGNIFICADOS de la palabra ley son: (1) Un orden establecido en la secuencia de acontecimientos. Una ley, en este sentido, es un mero hecho. Que los planetas estén separados del sol según una proporción determinada; que las hojas de una planta estén dispuestas en una espiral regular alrededor del tallo; y que una idea sugiera otra por asociación, son hechos simples. Pero se les llama apropiadamente leyes, en el sentido de órdenes secuenciales o relacionales establecidos. También lo que se llaman leyes de la luz, del sonido, y de la afinidad química, son, en su mayoría, meros hechos. (2) Una fuerza con una actuación uniforme que determina la regular secuencia de acontecimientos. En este sentido, las fuerzas físicas que observamos actuando a nuestro alrededor son llamadas leyes de la naturaleza. La gravedad, la luz, el calor, la electricidad y el magnetismo son fuerzas así. El hecho de su actuación uniforme les da el carácter de leyes. Así el Apóstol se refiere también a una ley de pecado en sus miembros que guerrea contra la ley de su mente. (3) Ley es aquello que vincula la conciencia. Impone la obligación de conformarse a sus demandas a todas las criaturas racionales. Esto es cierto de la ley moral en su sentido más amplio. Es también cierto de las leyes humanas dentro de la esfera de su legítima acción.

En todos estos sentidos de la palabra, una ley implica un legislador; esto es, una inteligencia actuando voluntariamente para alcanzar un fin. La acción irregular o no regulada de las fuerzas físicas produce caos; su acción ordenada produce el cosmos. Pero una acción ordenada es una acción preestablecida, sostenida y dirigida para el logro de un propósito.

Esto es todavía más evidentemente cierto con respecto a las leyes morales. El análisis más ligero de nuestros sentimientos es suficiente para mostrar que la obligación moral es la obligación de conformar nuestro carácter y conducta a la voluntad de un Ser infinitamente perfecto, que tiene autoridad para hacer imperativa su voluntad, y que tiene el poder y el derecho de castigar la desobediencia. El sentimiento de culpa se resuelve especialmente en una conciencia responsable delante de un gobernador moral. Así, la ley moral es en su naturaleza la revelación de la voluntad de Dios hasta allá donde esta voluntad tiene que ver con la conducta de Sus criaturas. No tiene otra autoridad ni otra sanción que la que deriva de Él.

Lo mismo sucede con respecto a las leyes de los hombres. No tienen poder ni autoridad a no ser que tengan un fundamento moral. Y si tienen una base moral de manera que vinculen a la conciencia, esta base tiene que ser la voluntad divina. La autoridad de los gobernantes civiles, los derechos de propiedad, de matrimonio y todos los otros derechos civiles, no descansan sobre abstracciones, ni sobre principios generales de conveniencia. Se podrían echar a un lado sin ninguna culpabilidad si no estuvieran sustentados por la autoridad de Dios. Por ello, toda obligación moral se resuelve en la obligación de conformarse a la voluntad de Dios. Así que el Teísmo es la base de la jurisprudencia así como de la moralidad [...] .

Principios protestantes limitando la obediencia a las leyes humanas.
Hay otro principio considerado fundamental por todos los Protestantes, y es que la Biblia contiene toda la norma de deber para los hombres en su actual estado de existencia. Nada puede ligar legítimamente a la conciencia que no esté ordenado o prohibido por la Palabra de Dios. Este principio es la salvaguarda de la libertad con que Cristo ha hecho libre a Su pueblo. Si se renuncia a él, se está a merced de la Iglesia externa, del Estado, o de la opinión pública. Es simplemente el principio de que es justo obedecer a Dios antes que a los hombres. Nuestra obligación de prestar obediencia a las prescripciones humanas en cualquiera de sus formas descansa sobre nuestra obligación de obedecer a Dios; y, por tanto, siempre que las leyes humanas están en conflicto con la ley de Dios estamos obligados a desobedecerlas. Cuando los emperadores paganos ordenaron a los cristianos adorar a los ídolos, los mártires rehusaron. Cuando los papas y los concilios mandaron a los protestantes rendir culto a la Virgen María y reconocer la supremacía del obispo de Roma, los mártires Protestantes rehusaron. Cuando les demandaron a los Presbiterianos de Escocia sus gobernantes en la Iglesia y en el Estado que se sometieran a la autoridad de obispos, rehusaron. Cuando se les demandó a los Puritanos de Inglaterra que reconocieran la doctrina de la «obediencia pasiva», de nuevo rehusaron. Y es a la postura adoptada por estos mártires y confesores le debe el mundo toda la libertad civil y religiosa que ahora goza.

La cuestión de si alguna promulgación de la Iglesia o del Estado entra en conflicto con la verdad o la ley de Dios debe ser decidida por cada persona individualmente. Es en el individuo en quien pesa la responsabilidad, y por ello es a él, como individuo, a quien pertenece el derecho de juzgar.

Aunque estos principios, cuando se exponen como tesis, son reconocidos universalmente entre los Protestantes, son sin embargo muy frecuentemente descuidados. Esto es cierto no sólo en cuanto al pasado, cuando la Iglesia y el Estado reclamaron abiertamente el derecho a hacer leyes que ligaran la conciencia. Es cierto en la actualidad. Los hombres siguen insistiendo en el derecho de hacer pecado aquello que Dios no prohíbe; y obligatorio aquello que Dios no ha mandado. Prescriben normas de conducta y estipulaciones de comunión eclesial que no tienen sanción en la Palabra de Dios. Es tan deber para el pueblo de Dios resistir tal usurpación como lo fue para los primitivos cristianos resistirse a la autoridad de los Emperadores Romanos en cuestiones de religión, o para los primitivos Protestantes rehusar reconocer el derecho del Papa a decidir por ellos lo que debían creer y lo que debían hacer. La esencia de la incredulidad consiste en que el hombre ponga sus convicciones de la verdad y del deber por encima de la Biblia. Esto puede ser hecho por fanáticos en la causa de la benevolencia, así como por fanáticos en cualquier otra causa. En todo caso, se trata de incredulidad. Y como tal debería ser denunciada y resistida, a no ser que estemos dispuestos a renunciar a nuestra adhesión a Dios, y a hacernos los siervos de los hombres.

Libertad cristiana en asuntos indiferentes.
Es perfectamente consistente con el principio acabado de citar que una cosa puede ser buena o mala según ciertas circunstancias, y, por ello, puede ser a menudo malo hacer lo que la Biblia no condena. El mismo Pablo circuncidó a Timoteo; sin embargo, les dijo a los Gálatas que si se

Capítulo 19–LA LEY

dejaban circuncidar, Cristo no les aprovecharía de nada. Comer carne ofrecida en sacrificio a los ídolos era asunto de indiferencia. Pero el Apóstol dijo: «Si la comida le es a mi hermano ocasión de caer, no comeré carne jamás, para no poner tropiezo a mi hermano.»

Hay dos importantes principios involucrados en estos hechos escriturarios. El primero es que una cosa por sí misma indiferente pueda llegar a ser hasta fatalmente mala si se hace con mala intención. La circuncisión no era nada, y la no circuncisión no era nada. Poco importaba que un hombre estuviera circuncidado o no. Pero si alguno se sometía a la circuncisión como acto de obediencia legal, y como condición necesaria de su justificación delante de Dios, rechazaba con ello el Evangelio, o, tal como lo expresa el Apóstol, caía de la gracia. Renunciaba al método de justificación por gracia, y Cristo dejaba de aprovecharle. De la misma manera, comer carne que había sido ofrecida en sacrificio a un ídolo era cuestión indiferente. «La comida», dice Pablo, «no nos recomienda delante de Dios; porque ni si comemos vamos por ello mejor, ni si no comemos vamos por ello peor.» Sin embargo, si alguien comía carne como acto de reverencia al ídolo, o bajo circunstancias que implicaran que era un acto de culto, era culpable de idolatría. Y, por tanto, el Apóstol enseñaba que la participación en fiestas celebradas dentro de los recintos del templo de un ídolo era idolatría.

El otro principio es que, con independencia de cuál sea nuestra intención, pecamos contra Cristo cuando hacemos un uso tal de nuestra libertad, en asuntos indiferentes, que hacemos que otros tropiecen. En el primero de estos casos, el pecado no estaba en circuncidarse, sino en hacer de la circuncisión una condición de la justificación. En el segundo caso, la idolatría consistía no en comer carne ofrecida en sacrificio a los ídolos, sino en comerla como acto de culto al ídolo. Y en el tercer caso, el pecado residía no en afirmar nuestra libertad en cuestiones indiferentes, sino en hacer tropezar a otros.

Las normas que las Escrituras establecen de manera clara acerca de esta cuestión son: (1) Que ningún individuo ni grupo tiene derecho a declarar pecaminoso aquello que Dios no prohíbe. No había pecado en circuncidarse, ni en comer carne, ni en observar los días sagrados de los hebreos. (2) Que es una violación de la ley del amor, y por ello mismo un pecado contra Cristo, emplear de tal manera la propia libertad que lleve a otros a pecar. «Tened cuidado», dice el Apóstol, «no sea que por esta vuestra libertad lleguéis a ser piedra de tropiezo para los débiles.» «Cuando pecáis de esta manera contra los hermanos, y herís su débil conciencia, pecáis contra Cristo» (1 Co 8:9, 12). «Es bueno (esto es, moralmente obligatorio) ni comer carne, ni beber vino, ni hacer nada por lo que tu hermano tropiece, o se ofenda, o se debilite.» «Todas las cosas son ciertamente limpias, pero es malo para aquel hombre que come con mala conciencia» (Ro 14:21, 20). (3) Nada en sí mismo indiferente puede ser constituido como una obligación universal y permanente. El hecho de que fuera malo en Galacia someterse a la circuncisión no significa que fuera malo para Pablo circuncidar a Timoteo. El hecho de que fuera malo en Corinto comer carne no significa que sea malo siempre y en todo lugar. Una obligación que surja de las circunstancias tiene que variar con las circunstancias. (4) Es cuestión del libre juicio cuándo sea obligatorio abstenerse del uso de cosas indiferentes. Nadie tiene derecho a decidir esta cuestión por otros. Ningún obispo, sacerdote ni tribunal eclesiástico tiene derecho a decidirlo. En caso contrario no sería asunto libre. Pablo reconocía constantemente el derecho (*exousia*) de los cristianos a juzgar de tales casos por ellos mismos. No lo reconoce sólo implícitamente, sino que lo dice de manera expresa, y condena a los que quisieran poner esto en tela de juicio. «El que come, no menosprecie al que no come, y el que no come, no juzgue al que come; porque Dios le ha recibido. ¿Quién eres tú para juzgar al criado ajeno? Para tu propio Señor está en pie, o cae; pero estará firme, porque poderoso es el Señor para sostenerle en pie.» «Uno hace diferencia entre día y día; otro juzga iguales todos los días. Que cada uno esté plenamente convencido en su propia mente» (Ro 14:3, 4, 5). Es un dicho común que cada hombre tiene un papa en su seno. Esto es, la inclinación a enseñorearse de la heredad de Dios es casi universal. Los hombres desean que sus opiniones acerca de las cuestiones morales sean hechas ley para ligar las conciencias de sus hermanos. Esta es una usurpación igual de grande de una prerrogativa divina cuando lo hace un cristiano individual o un tribunal eclesiástico que si lo hace el Obispo de Roma. Estamos tan obligados a resistirlo en un caso como en el otro. (5) Está involucrado en lo que se ha dicho que el uso que haga un hombre de su libertad cristiana nunca puede ser la base de una censura eclesiástica ni una condición para la comunión cristiana. [...]

Diferentes clases de leyes.

Al estudiar la Biblia como conteniendo una revelación de la voluntad de Dios, lo primero que atrae la atención es la gran diversidad de preceptos contenidos en ella. Esta diferencia tiene que ver con la naturaleza de los preceptos, y la base sobre la que descansan, o la razón por la que son obligatorios.

1. Hay leyes que están basadas en la naturaleza de Dios. A esta clase pertenece el mandamiento de amar supremamente a Dios, de ser justo, misericordioso y gentil. El amor debe ser siempre y en todas partes obligatorio. La soberbia, la envidia y la malicia tienen que ser siempre y en todo lugar malas. Estas leyes son vinculantes para todas las criaturas racionales, tanto ángeles como hombres. El criterio de estas leyes es que son absolutamente inmutables e indispensables. Cualquier cambio en ellas implicaría no meramente un cambio en las relaciones humanas, sino también en la misma naturaleza de Dios.

2. Una segunda clase de leyes incluye aquellas que están basadas en las relaciones permanentes de los hombres en su actual estado de la existencia. Estas son las leyes morales, en distinción a las leyes meramente estatutarias, acerca de la propiedad, matrimonio y los deberes de padres e hijos, o de superiores e inferiores. Tales leyes conciernen a los hombres sólo en su actual estado de ser. Pero son permanentes en tanto que persisten las relaciones que contemplan. Algunas de estas leyes son vinculantes para los hombres como tales; otras para los maridos como maridos, para las mujeres como mujeres, y a los padres e hijos como tales, y consiguientemente son vinculantes para todos aquellos que sustentan estas varias relaciones. Están basadas en la naturaleza de las cosas, como se dice; esto es, sobre la constitución que Dios ha considerado oportuno ordenar. Esta constitución pudiera haber sido diferente, y estas leyes no habrían tenido entonces ocasión. El derecho a la propiedad hubiera podido no existir. Dios hubiera podido hacer todas las cosas tan comunes como la luz del sol o el aire. Los hombres hubieran podido ser como los ángeles, ni casándose ni dándose en casamiento. Bajo tal constitución no hubiera habido ocasión para una multitud de leyes que son ahora de obligación universal y necesaria.

3. Una tercera clase de leyes tienen su base en ciertas relaciones temporales de los hombres, o condiciones de la sociedad, y están puestas en vigor por la autoridad de Dios. A esta clase pertenecen muchas de las leyes judiciales o civiles de la antigua teocracia; leyes que regulan la distribución de la propiedad, los deberes de maridos y mujeres, el castigo de los crímenes, etc. Estas leyes eran la aplicación de principios generales, de justicia y de derecho a las peculiares circunstancias del pueblo hebreo. Estas disposiciones son vinculantes sólo para aquellos que están en las circunstancias contempladas en la ley, y dejan de ser obligatorias cuando estas circunstancias cambian. Es siempre y en todas partes justo que el crimen sea castigado, pero la clase o grado de castigo puede variar con la variable condición de la sociedad. Es siempre justo que los pobres sean ayudados, pero una manera de cumplir este deber puede ser apropiado en una era y país, y otra preferible en otros tiempos y lugares. Así, todas aquellas leyes en el Antiguo Testamento que tenían su base en las peculiares circunstancias de los hebreos, dejaron de ser vinculantes cuando se desvaneció la antigua dispensación.

Es a menudo difícil determinar a cuál de las dos últimas clasificaciones pertenecen ciertas leyes del Antiguo Testamento, y por ello decidir si son todavía obligatorias o no. Unos males lamentables han sido consecuencia de errores en cuanto a este punto. Las teorías de la unión entre la Iglesia y el Estado, del derecho de los magistrados a interferir autoritativamente en cuestiones de religión, y del deber de la persecución, por lo que respecta a su autoridad Escrituraria, descansan sobre una transferencia de unas leyes basadas en las relaciones temporales de los hebreos a las relaciones cambiadas de los cristianos. Por cuanto los reyes hebreos eran los guardianes de ambas tablas de la Ley, y se les ordenaba suprimir la idolatría y toda falsa religión, se infirió que éste seguía siendo el deber del magistrado cristiano. Por el hecho de que Samuel despedazó a Agag se infirió que era justo tratar de manera parecida con los herejes. Nadie puede leer la historia de la Iglesia sin quedar impresionado por los terribles males que surgieron de este error. Por otra parte, hay algunas de las leyes judiciales del Antiguo Testamento que estaban verdaderamente fundadas sobre las relaciones permanentes de los hombres, y por ello que estaban designadas para una obligación perpetua, que muchos han repudiado como peculiares de la antigua dispensación. Así sucede con algunas de las leyes tocantes al matrimonio, y con la infracción de la pena capital por el crimen del asesinato. Si se pregunta: ¿Cómo debemos determinar si alguna ley judicial del Antiguo Testamento sigue estando en vigor?, la respuesta es, primero, Cuando la autoridad continuada de tal ley es reconocida en el Nuevo Testamento. Esto, para el cristiano, es decisivo. Y segundo, Si la razón o base para una determinada leyes permanente, la ley misma es permanente.

4. La cuarta clase de ley es son las llamadas positivas, que derivan toda su autoridad de un mandamiento explícito de Dios. Tales son los ritos y ceremonias externos, como la circuncisión, los sacrificios, y la distinción entre animales limpios e impuros, y entre meses, días y años. El criterio de estas leyes es que no serían vinculantes a no ser que fueran positivamente promulgadas; y que son vinculantes para aquellos para quien fueron dadas, y sólo en tanto que permanezcan en vigor por disposición de Dios. Estas leyes pueden haber respondido a fines importantes, y es indudable que hubo razones válidas para su imposición; sin embargo, son específicamente diferentes de aquellos mandamientos que son en su naturaleza moralmente obligatorios. La obligación a obedecer tales leyes no surge de su idoneidad para el fin para el que fueron dadas, sino únicamente por el mandato divino.

¿Hasta dónde se pueden dejar de lado las leyes contenidas en la Biblia?

Esta es una cuestión muy debatida entre Protestantes y Romanistas. Los Protestantes mantienen que la Iglesia no tenía el poder que los Romanistas pretenden de liberar a los hombres de la obligación de un juramento, ni de hacer legítimos los matrimonios que sin la sanción de la Iglesia serían inválidos. La Iglesia no tiene ni la autoridad de echar de lado ninguna ley de Dios, ni de decidir las circunstancias bajo las que una ley divina deja de ser obligatoria, de modo que siga siéndolo hasta que la Iglesia declare que las partes están libres de su obligación. Acerca de esta cuestión está claro: (1) Que nadie sino Dios puede liberar a los hombres de la obligación de ninguna ley divina que Él haya impuesto sobre ellos. (2) Que con respecto a las leyes positivas del Antiguo Testamento y de aquellas disposiciones judiciales designadas exclusivamente para los hebreos viviendo bajo la teocracia, todo ello quedó abolido por la introducción de la nueva dispensación. Ya no estamos bajo la obligación de circuncidar a nuestros hijos, de guardar la Pascua, ni la fiesta de los tabernáculos, ni de subir a Jerusalén tres veces al año, ni de demandar ojo por ojo o diente por diente. (3) Con respecto a aquellas leyes que están basadas en las relaciones permanentes de los hombres, pueden ser echadas a un lado por la autoridad de Dios. No estuvo mal para los hebreos despojar a los egipcios o desposeer a los cananeos, por cuanto Aquel de quien es la tierra y su plenitud autorizó estos actos. Tenía derecho a arrebatar la propiedad de un pueblo y dársela a otro. El exterminio de los habitantes idólatras de la tierra prometida bajo el caudillaje de Josué fue un acto de Dios, tanto como si hubiera sido llevado a cabo mediante la peste y el hambre. Fue una ejecución judicial ordenada por el Supremo Gobernante. De la misma manera, aunque el matrimonio tal como había sido instituido por Dios fue y sigue siendo un pacto indisoluble entre un hombre y una mujer, sin embargo consideró adecuado permitir, bajo la Ley de Moisés, y dentro de ciertas limitaciones, tanto la poligamia como el divorcio. Mientras la permisión estaba en pie, estas cosas eran legítimas. Cuando fue retirada, dejaron de ser permisibles.

Cuando una ley divina es predominada por otra.

La anterior clasificación de las leyes divinas, que es la que generalmente se adopta, muestra que difieren en su dignidad e importancia relativas. Por ello, cuando entran en conflicto, lo inferior tiene que ceder ante lo superior. Esto es lo que se nos enseña cuando Dios dice: «Misericordia quiero, y no sacrificio.» Y nuestro Señor dice asimismo: «El sábado fue hecho para el hombre, y no el hombre para el sábado», y, por tanto, el sábado podía ser violado cuando los deberes de la misericordia lo hicieran necesario. Todo a lo largo de las Escrituras encontramos las leyes positivas subordinadas a la obligación moral. Cristo aprobó al maestro de la ley que dijo que amar a Dios con todo el corazón, y a nuestro prójimo como a nosotros mismos, «es más que todos los holocaustos y sacrificios.»

La perfección de la Ley.

La perfección de la ley moral tal como es revelada en las Escrituras incluye los puntos ya considerados: (1) Que todo lo que la Biblia declara malo, es malo; que todo lo que declara bueno, es bueno. (2) Que nada es pecaminoso si la Biblia no lo condena; y que nada es obligatorio para la conciencia si no lo ordena. (3) Que la Escritura es la regla completa del deber, no sólo en el sentido acabado de declarar, sino en el sentido de que no hay ni puede haber una norma más elevada de excelencia moral. [...] La ley del Señor, por tanto, es perfecta en todos los sentidos de la palabra.

El Decálogo.

La cuestión de si el Decálogo es una norma perfecta del deber debe ser contestada, en un sentido, de manera afirmativa. (1) Porque ordena amar a Dios y al hombre, lo cual, como enseña nuestro Salvador, incluye todos los otros deberes. (2) Porque nuestro Señor lo presentó como un código perfecto, cuando le dijo al joven en el Evangelio: «Haz esto, y vivirás.» (3) Cada mandamiento específico registrado en los otros lugares puede ser referido a alguno de sus varios mandamientos. De manera que la perfecta obediencia al Decálogo en su espíritu sería perfecta obediencia a la ley. Sin embargo, hay muchas cosas que son obligatorias para nosotros que sin una adicional revelación de la voluntad de Dios que la contenida en el Decálogo nunca habríamos conocido como obligatorias. El gran deber de los hombres bajo el Evangelio es la fe en Cristo. Esto es lo que nuestro Señor enseña cuando dice: «Ésta es la obra de Dios, que creáis en aquel que él ha enviado.» Esto incluye o produce todo lo que se demanda de nosotros tanto en cuanto a fe como en cuanto a práctica. Por ello, el que cree será salvo.

Normas de interpretación.

Los teólogos están acostumbrados a establecer muchas reglas para la apropiada interpretación de la ley divina, como que los preceptos negativos deben ser comprendidos como incluyendo positivos, y los positivos, negativos. Que al prohibir un acto, queda comprendido en esta prohibición todo lo que naturalmente conduce a él; que al condenar una trasgresión, todas las otras de tipo semejante quedan asimismo prohibidas. Todas estas reglas se resuelven en una. El decálogo no debe ser interpretado como las leyes de los hombres, que sólo hacen referencia a actos externos, sino como la ley de Dios, que se extiende a los pensamientos y a las intenciones del corazón. En todos los casos se verá que los varios mandamientos contienen algún principio inclusivo de deber, bajo el que se incluyen una multitud de deberes específicos subordinados.

2. La división del contenido del Decálogo.

Como la ley fue dada en el Sinaí y escrita en dos tablas de piedra, es llamada repetidamente en la Escritura «Las Diez Palabras», o, como en la versión castellana de Éxodo 34:28, «Los diez mandamientos», no hay duda alguna de que la ley debe ser dividida en diez preceptos distintos. (Véase Dt 4:13, y 10:4). Este sumario de deberes morales es llamado también en la Escritura «El Pacto»., al contener los principios fundamentales del solemne contrato entre Dios y su pueblo escogido. Aún más frecuentemente es llamado «El Testimonio» como el testimonio de la voluntad de Dios acerca del carácter y de la conducta humanos.

El decálogo aparece en dos formas que difieren ligeramente entre ellas. La forma original se encuentra en Éxodo, capítulo veinte; la otra, en Deuteronomio 5:6-21. Las principales diferencias entre ellas son, primero, que el mandamiento acerca del Sábado es en Éxodo promulgado con referencia a que Dios reposó en el día séptimo, después de la obra de la creación, mientras que en Deuteronomio es inculcado con referencia a la liberación por parte de Dios de Su pueblo de Egipto. Segundo, en el mandamiento acerca de la codicia se dice en Éxodo: «No codiciarás la casa de tu prójimo, no codiciarás la mujer de tu prójimo», etc. En ambas cláusulas la palabra es chamad. En Deuteronomio es; «No codiciarás (chamad) la mujer de tu prójimo, ni desearás ('awah) la casa de tu prójimo», etc. Esta última diferencia ha sido presentada como cuestión importante.

Las Escrituras mismas deciden la cantidad de mandamientos, pero no en todos los casos cuáles son. No quedan numerados como primero, segundo, tercero, etc. La consecuencia es que se han adoptado diferentes modos de división. Los judíos adoptaron desde un período antiguo la disposición que siguen reconociendo. Consideran las palabras en Éxodo 20:2 como constituyendo el primer mandamiento: «Yo soy Jehová tu Dios, que te saqué de la tierra de Egipto, de casa de servidumbre.» El mandamiento es que el pueblo debía reconocer a Jehová como su Dios; y la especial razón que se da para este reconocimiento es que Él los había libertado de la tiranía de los egipcios. Sin embargo, estas palabras no tienen la forma de un mandamiento. Constituyen el prefacio o la introducción a las solemnes instrucciones que siguen. Al hacer del prefacio uno de los mandamientos se hizo necesario preservar el número diez uniendo el primero con el segundo, tal como se disponen comúnmente. Se consideraron el mandamiento «No tendrás dioses ajenos delante de mí» y «No te harás imagen ni ninguna semejanza» como sustancialmente lo mismo, siendo este último meramente una ampliación de lo anterior. Un ídolo era un falso dios; el culto a los ídolos era por ello tener otros dioses aparte de Jehová.

Agustín, y tras él las iglesias Latina y Luterana, concordaron con los judíos en unir el primer y segundo mandamientos, pero difirieron de él en cuanto a la división del décimo. Sin embargo, hay una diferencia en cuanto al modo de la división. Agustín siguió el texto de Deuteronomio, e hizo que las palabras «No codiciarás la mujer de tu prójimo» el noveno mandamiento, y las palabras «Ni desearás la casa de tu prójimo», etc., el décimo. Esta división estaba demandada por la unión del primero y segundo, y fue justificada por Agustín sobre la base de que la «cupido impurae voluptatis» es un delito distinto de la «cupido impuri lucri».

Sin embargo, la Iglesia de Roma se adhiere al texto según aparece en Éxodo, haciendo de la cláusula «No codiciarás la casa de tu prójimo» el noveno, y lo que sigue: «No codiciarás la mujer de tu prójimo, ni su siervo, ni su criada, ni su buey, ni cosa alguna de tu prójimo», el décimo mandamiento.

El tercer método de ordenamiento es el adoptado por Josefo, Filón y Orígenes, y aceptado por la Iglesia Griega, y también por la Latina hasta la época de Agustín. Durante la Reforma fue adoptado por los Reformados, y tiene la sanción de casi todos los modernos teólogos. Según esta disposición, el primer mandamiento prohíbe el culto a los falsos dioses; el segundo, el uso de ídolos en el culto divino. El mandamiento «No codiciarás» es tomado como un mandamiento. [...]

Argumentos en favor de la disposición adoptada por los Reformados.

Hay dos cuestiones a determinar. Primero: ¿Se debería unir o separar el mandamiento acerca de la idolatría? En favor de considerarlos como dos mandamientos distintos se puede apremiar lo siguiente: (1) Que a través de todo el Decálogo, se introduce un nuevo mandamiento mediante una instrucción o prohibición taxativas: «No tomarás el nombre de Jehová tu Dios en vano»; «No matarás»; «No hurtarás», etc. Ésta es la forma en que se introducen los nuevos mandamientos. Por ello, el hecho de que el mandamiento «No tendrás dioses ajenos delante de mí» queda distinguido por la repetición de la orden: «No te harás imagen ni ninguna semejanza» es una indicación de que estaban dados como mandamientos diferentes. El décimo mandamiento es desde luego una excepción a esta regla, pero el principio se mantiene en todos los otros casos. (2) Las cosas prohibidas son de naturaleza distinta. La adoración de dioses falsos es una cosa; el empleo de imágenes en el culto divino es otra. Por ello, demandan prohibiciones separadas. (3) Estos delitos no sólo son diferentes en su propia naturaleza, sino que diferían también en la comprensión de los judíos. Los judíos consideraban la adoración de los falsos dioses, y el uso de imágenes en el culto al Dios verdadero, como cosas muy diferentes. Eran severamente castigados por ambas transgresiones. Por ello, tanto las consideraciones externas como las internas están en favor de retener la división que ha sido durante tanto tiempo y tan extensamente en la Iglesia.

La segunda cuestión tiene que ver con la división del décimo mandamiento. Se admite que hay diez mandamientos. Por lo tanto, si los dos mandamientos «No tendrás dioses ajenos» y «No te harás imagen», son distintos, no hay lugar para la pregunta de si el mandamiento acerca de codiciar ha de ser dividido. [...] Lo que se prohíbe es la codicia, cualquiera que sea su objeto. [...] La distinción no es reconocida en ningún lugar de la Escritura. Al contrario, el mandamiento «No codiciarás» es en otros pasajes dado como un mandamiento. Pablo dice en Romanos 7:7: «Yo no conocí el pecado sino por la ley; porque tampoco habría sabido lo que es la concupiscencia, si la ley no dijera: No codiciarás.» y en Romanos 13:9, al enumerar las leyes que prohíben pecados contra nuestros prójimos, Pablo da como un mandamiento: «No codiciarás». [...]

3. El prefacio a los Diez Mandamientos.

«Yo soy Jehová tu Dios, que te saqué de la tierra de Egipto, de casa de servidumbre. No tendrás dioses ajenos delante de mí.» Con estas palabras se enseña el Teísmo y el Monoteísmo, el fundamento de toda religión. La primera cláusula es el prefacio, o introducción al Decálogo. Presenta la base de la obligación y el especial motivo por el que se demanda la obediencia. Se debe a que los mandamientos que siguen son las palabras de Dios que vinculan la conciencia de todos aquellos a quienes se dirigen. Por cuanto son las palabras del Dios del Pacto y Redentor de Su pueblo estamos especialmente ligados a darle obediencia.

La historia parece demostrar que la cuestión de si el Infinito es una persona no puede recibir respuesta satisfactoria por parte de la razón no asistida del hombre. El hecho histórico es que la gran mayoría de los que han buscado la solución de esta cuestión en los principios filosóficos la han contestado en sentido negativo. Por tanto, es imposible estimar de manera debida la importancia de la verdad involucrada en el uso del pronombre «Yo» en estas palabras. Es una persona la que es aquí presentada. De esta persona se afirma, primero, que es Jehová; y segundo, que Él es el Dios del pacto de Su pueblo.

En primer lugar, al llamarse a Sí mismo Jehová, Dios revela que Él es la persona conocida a Su pueblo por este nombre, y que Él es en Su naturaleza todo lo que este nombre comporta. La etimología y significación del nombre Jehová parece ser dada por el mismo Dios en Éxodo 3:13, 14, donde está escrito: «Dijo Moisés a Dios: He aquí que llego yo a los hijos de Israel, y les digo: El Dios de vuestros padres me ha enviado a vosotros. Si ellos me preguntan: ¿Cuál es su nombre?, ¿qué les responderé? Y respondió Dios a Moisés: YO SOY EL QUE SOY. Y dijo: Así dirás a los hijos de Israel: El YO SOY me ha enviado a vosotros.»

Así, Jehová es el YO SOY; una persona siempre existente y siempre la misma. La auto-existencia, la eternidad y la inmutabilidad quedan incluidas en el significado del término. Siendo ello así, el nombre Jehová es presentado al pueblo de Dios como la base de la confianza; como en Deuteronomio 32:40 e Isaías 40:28: «¿No has sabido, no has oído que el Dios eterno, Jehová, el cual creó los confines de la tierra, no desfallece, ni se fatiga con cansancio? Su inteligencia es inescrutable.» Pero estos atributos naturales no serían base para la confianza si no estuvieran asociados con la excelencia moral. Aquel que como Jehová es declarado infinito, eterno e inmutable en Su ser, no es menos infinito, eterno e inmutable en Su conocimiento, sabiduría, santidad, bondad y verdad. Así es la persona cuyos mandamientos están registrados en el Decálogo.

En segundo lugar, no es sólo la naturaleza del Ser que habla, sino la relación que tiene con Su pueblo la que es aquí revelada. «Yo soy Jehová tu Dios.» La palabra Dios tiene un significado determinado del que no tenemos la libertad de apartarnos. No podemos poner en lugar de la idea que quiere expresar esta palabra en las Escrituras y en el lenguaje ordinario ningún concepto arbitrario filosófico nuestro. Dios es el Ser que, debido a que Él es todo lo que implica la palabra Jehová, es el objeto apropiado del culto, esto es, de todos los afectos religiosos, y de su expresión apropiada. Así, Él es el único objeto apropiado del amor supremo, de la suprema adoración, gratitud, confianza y sumisión. A Él tenemos que confiarnos y obedecer.

Jehová no sólo es Dios, sino que Él le dice a Su pueblo colectiva e individualmente: «Yo soy tu Dios.» Esto es, no sólo el Dios al que Su pueblo debe reconocer y adorar, sino también que ha entrado en un pacto con ellos, prometiendo ser Dios de ellos, ser todo lo que Dios puede ser para Sus criaturas e hijos, bajo la condición de que consientan en ser Su pueblo. El pacto especial que Dios concertó con Abraham, y que fue solemnemente renovado en el Monte Sinaí, fue que Él daría a los hijos de Abraham la tierra de Palestina como su posesión, y que les bendeciría en aquella herencia con la condición de que mantuvieran las leyes que les habían sido entregadas por Su siervo Moisés. Y el pacto que Él ha hecho con los hijos espirituales de Abraham es que Él será el Dios de ellos para el tiempo y la eternidad bajo la condición de que ellos reconozcan, reciban y se confíen a Su Hijo unigénito, la prometida simiente de Abraham, en quien todas las naciones de la tierra serán benditas. Y como en este pasaje la redención de los hebreos de su esclavitud en Egipto es mencionada como la prenda de la fidelidad de Dios a Su promesa a Abraham, y la base especial de la obligación de los hebreos a reconocer a Jehová como Dios de ellos, así la misión del Hijo Eterno para la redención del mundo es a una la prenda de la fidelidad de Dios a la promesa dada a nuestros primeros padres después de su caída, y la base especial de nuestra adhesión a nuestro Dios del pacto y Padre.

4. El primer mandamiento.

El primer mandamiento es: «No tendrás dioses ajenos delante de mí.» Yo, esto es, la persona cuyo nombre y naturaleza, y cuya relación con este pueblo son dadas en las palabras anteriores, y solamente yo, seré reconocido por vosotros como Dios.

Así, este mandamiento incluye, primero, la orden de reconocer a Jehová como el verdadero Dios. Por cuanto este reconocimiento tiene que ser inteligente y sincero, incluye:

1. Conocimiento. Tenemos que conocer quién o qué es Jehová. Esto implica un conocimiento de Sus atributos, de Su relación con el mundo como creador, preservador y gobernante del mismo, y especialmente de Su relación con Sus criaturas racionales y con Su propio pueblo escogido. Esto, naturalmente, involucra un conocimiento de nuestra relación con Él como criaturas dependientes y responsables, y como objetos de Su amor redentor.

2. Fe. Tenemos que creer que Dios es, y que Él es lo que Él dice que es; y que nosotros somos Sus criaturas e hijos.

3. Confesión. No es suficiente reconocer secretamente en nuestros corazones a Jehová como el Dios verdadero. Tenemos que mantener nuestra fe en Él como el único Dios vivo y verdadero, abiertamente y bajo todas las circunstancias y a pesar de toda oposición, sea de magistrados o de filósofos. Esta confesión debe ser hecha no sólo mediante la confesión de los labios al repetir el Credo, sino por todos los actos apropiados de culto en público y privado, por alabanza, oración y acción de gracias.

4. [...] Este reconocimiento de Jehová como nuestro Dios incluye el ejercicio para con Él de todos los afectos religiosos: de amor, temor, reverencia, gratitud, sumisión y devoción. Y como este no es un deber ocasional que deba ser cumplido en ciertos tiempos y lugares, sino de obligación perpetua, lo que se demanda es un estado habitual de la mente. El reconocimiento de Jehová como nuestro Dios involucra un sentimiento constante de Su presencia, de Su majestad, de Su bondad y de Su providencia, y de nuestra dependencia, responsabilidad y obligación. [...]

El segundo aspecto, negativo, del mandamiento es la condenación de dejar de reconocer a Jehová como el Dios verdadero; dejar de creer Su existencia y atributos, en Su gobierno y autoridad; dejar de confesarle delante de los hombres; y dejar de rendirle la reverencia interior y el homenaje externo que le son debidos; esto es, el primer mandamiento prohíbe el Ateísmo, sea teórico o práctico. Además prohíbe reconocer a cualquier otro que a Jehová como Dios. Esto incluye la prohibición de adscribir atributos divinos a ningún otro ser, dar a criatura alguna el homenaje o la obediencia debidos a sólo a Dios, o ejercitar hacia persona u objeto cualesquiera estos sentimientos de amor, confianza y sumisión que pertenecen de derecho sólo a Dios.

Por ello, constituye una violación de este mandamiento bien negar el pleno y sincero reconocimiento de Dios como Dios, bien dar a cualquier criatura el puesto en nuestra confianza en Dios que sólo se deben a Dios.

Éste es el principal de todos los mandamientos.

El deber que se desprende de este mandamiento es el más alto deber del hombre. Así resulta en la estimación de Dios por la expresa declaración de Cristo. Cuando se le preguntó: «¿Cuál es el gran mandamiento en la ley?», le respondió: «Amarás al Señor tu Dios con todo tu corazón, con toda tu alma, y con toda tu mente. Éste es el primero y gran mandamiento» (Mt 22:37, 38). También lo es para la razón. Por la misma naturaleza del caso tiene que ser el más alto deber de todos los seres racionales que la excelencia infinita debe ser reverenciada; que Aquel que es el autor de nuestro ser y el dador de todas nuestras misericordias, Aquel de quien dependemos absolutamente, y ante quien somos responsables, Aquel que es el poseedor legítimo de nuestras almas y cuerpos, y cuya voluntad es la más excelsa norma del deber, sea debidamente reconocido por Sus criaturas. Es además el primero y mayor de los mandamientos si se mide por la influencia que la obediencia a esta instrucción tiene sobre el alma misma. Pone a la criatura en su relación apropiada con Dios, de quien depende su propia excelencia y bienestar. Purifica, ennoblece y exalta el alma. Llama a ejercer todos los más altos y más nobles atributos de nuestra naturaleza, y asimila al hombre a los ángeles que rodean el trono de Dios en el cielo. [...]

A pesar de todo esto, vemos a multitudes de personas de las que se puede decir que Dios no está en todos sus pensamientos. Nunca piensan en Él. No reconocen Su providencia. No se apoyan en Su voluntad como norma de su conducta. No sienten su responsabilidad hacia Él por lo que piensan o hacen. No le adoran; no le agradecen Sus misericordias. Están sin Dios en el mundo. Pero piensan bien acerca de sí mismos. No están conscientes de su terrible carga de culpa al olvidarse así de Dios, al dejar habitualmente de cumplir el primero y más alto deber que reposa sobre las criaturas racionales. El respeto hacia sí mismos o la consideración hacia la opinión pública hace a menudo a tales hombres decorosos en sus vidas. Pero son realmente muertos en vida; y no tienen seguridad alguna contra los poderes de las tinieblas. Es penoso ver también a científicos y filósofos intentando tan frecuentemente invalidar los argumentos en pro de la existencia de Dios y defender opiniones inconsistentes con el Teísmo; arguyendo, como lo hacen en tantos casos, para demostrar o bien que no hay evidencia de la existencia de ningún poder en el universo aparte de la fuerza física, o que no se puede predicar conocimiento, consciencia ni acción voluntaria acerca de un Ser infinito. Esto se hace con aparente inconsciencia de que con ello se minan los fundamentos de toda religión y moralidad; o de que exhiben un estado mental que las Escrituras proclaman como digno de reprobación.

5. La invocación de santos y ángeles.

Los santos, los ángeles, y especialmente la Virgen María, son abiertamente objetos de culto en la Iglesia de Roma. Pero la palabra «culto» significa propiamente respetar u honrar. Se emplea para expresar a la vez el sentimiento interior y su manifestación exterior. [...] La palabra hebrea hishetach'awah y la griega *proskuneö*, frecuentemente traducidas en castellano por la palabra «adorar», significan simplemente postrarse. Se emplean tanto si la persona a quien se hace homenaje es un igual, o un superior terrenal, o el mismo Dios. Por ello, no es por el uso de estas palabras como se puede decidir la naturaleza del homenaje dado. Los Romanistas están acostumbrados a distinguir entre el *cultus civilis* debido a superiores terrenales; la *douleia* debida a los santos y a los ángeles; la *huperdouleia* debida a la Virgen María, y la *latreia* debida únicamente a Dios. Pero estas distinciones son poco útiles. No dan criterio alguno por el que distinguir entre *douleia* y *huperdouleia* y entre *huperdouleia* y *latreia*. El principio importante es éste: Cualquier homenaje, interno o externo, que involucre la adscripción de atributos divinos a su objeto, si este objeto es una criatura, es idolátrico. La cuestión de si el homenaje tributado por los Romanistas a los santos y a los ángeles es idolátrico es cuestión de hecho más que de teoría; esto es, se debe determinar por el homenaje realmente rendido y no por el que es prescrito. Es fácil decir que los santos no deben ser honrados como Dios es honrado; que a Él se le debe considerar como fuente original y dador de todo bien, y a ellos como a meros intercesores, y como canales de las comunicaciones divinas; pero esto no cambia la cuestión, si el homenaje que se les rinde supone que ellos poseen los atributos de Dios; y si son para el pueblo los objetos de sus afectos religiosos y de su confianza. [...]

En cuanto a la cuestión de cómo los santos en el cielo pueden conocer lo que desean de ellos los hombres en la tierra, [Bellarmino] dice que se dan cuatro respuestas. Primero, algunos dicen que los ángeles, que están ascendiendo constantemente al cielo, y descendiendo de allí a nosotros, les comunican a los santos las oraciones del pueblo. Segundo, otros dicen: «Sanctorum animas, sicut etiam angelos, mira quadam celeritate naturae, quodammodo esse ubique; et per se audire preces supplicantium». Tercero, otros dicen a su vez: «Sanctos videre in Deo omnia a principio suae beatitudinis, quae ad ipsos aliquo modo pertinent, et proinde etiam orationes nostras ad se directas.» Cuarto, otros dicen que Dios les revela las oraciones del pueblo. Así como en la tierra Dios reveló el futuro a los profetas y les da a los hombres en ocasiones el poder de leer los pensamientos de los otros, así Él puede revelar a los santos en el cielo las necesidades y los deseos de los que los invocan. Esta última solución a la dificultad es la preferida por el mismo Bellarmino.[1]

Las objeciones que los Protestantes suelen apremiar en contra de esta invocación a los santos son:

1. Que es, por decir lo mínimo, supersticiosa. Exige una fe sin evidencia alguna. Supone no sólo que los muertos están en un estado consciente de existencia en el otro mundo; y que los creyentes difuntos pertenecen al mismo cuerpo místico de Cristo, del que sus hermanos aún en la tierra son miembros, cosas éstas ambas que los Protestantes admiten gozosos conforme a la autoridad de la Palabra de Dios, sino que supone además, sin evidencia alguna de las Escrituras ni de la experiencia, que los espíritus de los muertos son accesibles para aquellos que siguen en la carne; que están cerca de nosotros, capaces de oír nuestras oraciones, conociendo nuestros pensamientos y dando respuesta a nuestras peticiones. La Iglesia o el alma son lanzadas a un océano de fantasías e insensateces, sin brújula, si aceptan creer sin evidencia. Entonces no habría nada en la astrología, alquimia o demonología que no pudiera ser recibido como verdadero, para confundir, pervertir o atormentar.

2. Todo ello es un engaño y un espejismo. Si en realidad los santos difuntos no están autorizados y capacitados para oír ni responder a las oraciones de los suplicantes en la tierra, entonces el pueblo queda en la condición de aquellos que confían en dioses que no pueden salvar, que tienen ojos que no ven, y oídos que no pueden oír. Está claro el hecho de que los santos no tienen la función supuesta por la teoría y la práctica de la invocación, por cuanto si fuera cierto no podría saberse más que por revelación divina. Pero no existe tal revelación. Es una creencia puramente supersticiosa, sin el sustento ni de la Escritura ni de la razón. Los métodos conjeturados sugeridos por Bellarmino para explicar cómo los santos pueden llegar a conocer las necesidades y los deseos de los hombres constituyen una confesión de que nada se sabe ni se puede saber acerca de esta cuestión, y por tanto que la invocación de los santos no tiene fundamento Escriturario ni racional. Y si así es, ¡cuán terriblemente engañada está la gente! ¡Qué terribles son las consecuencias de apartarles la mirada y sus corazones del Único mediador divino entre Dios y los hombres, que siempre vive para interceder por nosotros, y a quien el Padre siempre atiende, haciendo en cambio que dirijan sus oraciones a oídos que nunca oyen, y que pongan sus esperanzas en unos brazos que jamás pueden salvar! Es apartarse de la fuente de aguas vivas, a cisternas rotas que no pueden guardar agua.

3. La invocación de los santos practicada en la Iglesia de Roma es idolátrica. Aunque se conceda que la teoría tal como la exponen los teólogos esté libre de tal acusación, queda claro que la práctica involucra todos los elementos de la idolatría. Se buscan bendiciones de parte de los santos, bendiciones que sólo Dios puede otorgar; y se les suponen atributos que sólo pertenecen a Dios. Se busca de manos de ellos todo tipo de bendición, temporal y espiritual, y se busca directamente de ellos como los dadores. Esto lo admite Bellarmino por lo que respecta a las palabras empleadas. Él dice que es correcto decir; «San Pedro, sálvame; ábreme las puertas del cielo; dame arrepentimiento, valor», etc. Sólo Dios puede conceder estas bendiciones; y se le dice al pueblo que las busque de manos de criaturas. Esto es idolatría. En la práctica se da por supuesto que los santos están presentes en todas partes, que pueden oír las oraciones dirigidas a ellos de todas

---

[1]. *De Ecclesia Triumphante*, Lib. I., *De Sanctorum Beatitudine*, Cap. XVII. XVIII; *Disputationes*, edición de París, 1608, Vol. II, págs. 718-721.

partes de la tierra al mismo tiempo; que conocen nuestros pensamientos y deseos no expresados. Esto es suponer que poseen atributos divinos. Así, de hecho, los santos son los dioses a los que el pueblo tributa culto, en quienes confían, y que son los objetos de sus afectos religiosos.

El politeísmo de la Iglesia de Roma es en muchos respectos análogo al de la Roma pagana. En ambos casos hallamos muchos dioses y muchos Señores. En ambos casos o bien unos seres imaginarios son objeto del culto, o se les adscriben poderes y atributos imaginarios. También en ambos casos el homenaje rendido, las bendiciones buscadas, las prerrogativas atribuidas a los objetos del culto, y los afectos ejercidos hacia ellos, involucran la suposición de que son verdaderamente divinos. En ambos casos los corazones del pueblo, su confianza y esperanzas, se dirigen del Creador a la criatura. Pero desde luego hay esta gran diferencia entre los dos casos. Los objetos del culto pagano eran impíos; los objetos de culto en la Iglesia de Roma son considerados como ideales de santidad. Esto, desde un punto de vista, constituye una inmensa diferencia. Pero en la idolatría es en ambos casos idéntica. Porque la idolatría es dar a las criaturas el homenaje debido a Dios.

Mariolatría.

La madre de nuestro Señor es considerada por todos los cristianos como «bendita», como «la más favorecida de las mujeres». Ningún miembro de la caída familia humana tuvo honor tan grande como el que recibió ella al venir a ser la madre del Salvador del mundo. La reverencia debida a ella como así altamente favorecida por Dios, y como aquella cuyo corazón fue traspasado por muchos dolores, abrió el camino para que fuera considerada como el ideal de todas las gracias y excelencias femeninas, y gradualmente a ser hecha objeto de honras divinas, al ir perdiendo la Iglesia más y más su espiritualidad.

La deificación de la Virgen María en la Iglesia de Roma fue un lento proceso. El primer paso fue la aserción de su virginidad perpetua. Este paso fue dado tempranamente y generalmente concedido. El segundo paso fue la aserción de que el nacimiento del Señor, lo mismo que Su concepción, fue sobrenatural. El tercer paso fue la solemne y autoritativa decisión por el concilio ecuménico de Éfeso del 431 d.C., de que la Virgen María era «Madre de Dios». [...] Con el sentimiento que entonces saturaba a la Iglesia, la decisión del Concilio tendió a aumentar la supersticiosa reverencia hacia la Virgen. Fue considerada por el común de la gente como una declaración de divinidad. Los miembros del Concilio fueron escoltados desde su lugar de reunión por una multitud portando antorchas, precedida por mujeres que llevaban incensarios llenos con incienso ardiendo. Al combatir la doctrina atribuida a Nestorio de dos personas en Cristo, se dio una fuerte tendencia a lo opuesto, a la doctrina de Eutico, que mantenía que en el Señor había sólo una naturaleza. Según este punto de vista, la Virgen podía ser considerada Madre de Dios en el mismo sentido en que cualquier madre ordinaria es progenitora de su hijo.[2] Sea como sea que se explique, el hecho es que la decisión del Concilio de Éfeso marca una época en el progreso de la deificación de la Virgen.

El cuarto paso siguió pronto en la dedicación en honor de ella de muchas iglesias, santuarios y festividades, y en la introducción de solemnes oficios designados para el culto público y privado en el que era solemnemente invocada. No se estableció límite alguno a los títulos de honra

---

2. Aún con la cordial aceptación de la plena deidad de Cristo, Dios manifestado en carne, o precisamente por esta aceptación, es chocante en extremo oír hablar de María como «Madre de Dios». En palabras de Francisco Lacueva, es mucho más exacto hablar de ella como «Madre de Aquel que es Dios». Pero *Madre de Dios* conlleva la impresión de que María es madre de Dios como Dios; en cambio, María fue el vaso escogido por Dios para que Aquel que era eternamente Dios con el Padre, el Verbo, se encarnara, tomando naturaleza humana en el seno de María. Así, de María no se puede decir que fuera la Madre de Dios porque Jesús fuera Dios, sino que María fue la madre de Aquel que es Dios. (*N. del T.*)

por los que se la designaba, ni a las prerrogativas y poderes que se le atribuían. Fue declarada *deificata*. Fue llamada la Reina del cielo, Reina de reinas; se dijo que estaba exaltada por encima de todos los principados y potestades; sentada a la diestra de Cristo, compartiendo con Él el poder universal y absoluto que le ha sido entregado. Todas las bendiciones de la salvación se buscaban de manos de ella, así como la protección de todos los enemigos y la liberación de todo mal. Se permitió y ordenó que se le dirigieran oraciones, himnos y doxologías. Todo el Salterio ha sido transformado en un libro de alabanzas y de confesión a la Madre de Cristo. Lo que en la Biblia se dice a Dios y de Dios se dirige en este libro a la Virgen. En el Primer Salmo, por ejemplo, se dice: «Bienaventurado el varón que no anduvo en consejo de malos», etc. En el Salterio de la Virgen se lee: «Bienaventurado el varón que ama tu nombre, oh Virgen María; tu gracia consolará su alma. Como árbol plantado junto a corrientes de aguas, dará los más ricos frutos de justicia.» En el Salmo segundo se dirige directamente a la Virgen esta oración: «Protégenos con tu diestra, oh Madre de Dios», etc. En el Salmo 9: «Te confesaré, oh Señora (Domina); declararé todas tus alabanzas y gloria. A ti pertenecen la gloria y la acción de gracias, y la voz de alabanza.» Salmo 15: «Guárdame, oh Señora, porque en ti he confiado.» Salmo 17: «Te amaré oh Reina de los cielos y de la tierra, y glorificaré tu nombre entre los gentiles.» Salmo 18: «Los cielos cuentan tu gloria, oh Virgen María; la fragancia de tus ungüentos está dispersada entre todas las naciones.» Salmo 41: «Como el ciervo busca jadeante las corrientes de las aguas, así anhela tu amor mi alma, oh Virgen Santa.» y así hasta el final. La Virgen es siempre invocada tal como el Salmista invocaba a Dios. Y las bendiciones que el Salmista buscaba de Dios, el Romanista las busca de parte de ella.[3]

De la misma manera se parodian los más santos oficios de la Iglesia. Por ejemplo, el Te Deum es cambiado en una invocación a la Virgen. «Te alabamos, Madre de Dios; te reconocemos como virgen. Toda la tierra te adora, la esposa del Padre eterno. Todos los ángeles y arcángeles, todos los tronos y potestades, te sirven fielmente. A ti claman los ángeles, con una voz siempre incesante: Santa, Santa, Santa, María, Madre de Dios. [...] Toda la corte del cielo te honra como reina. La santa Iglesia por todo el mundo te invoca y te alaba, la madre de divina majestad. [...] Tú estás sentada con tu Hijo a la diestra del Padre. [...] En ti, dulce María, está la esperanza nuestra; defiéndenos tú siempre. La alabanza te pertenece; el imperio de pertenece; virtud y gloria sean a ti para siempre jamás.»[4]

Apenas si será necesario referirse a las Letanías de la Virgen María como prueba adicional de lo idolátrico del culto de que ella es objeto. Estas letanías están preparadas en la forma usualmente adoptada en el culto de la Santa Trinidad; contienen invocaciones, deprecaciones, intercesiones y súplicas. Contienen oraciones como ésta: «Peccatores, te rogamos audi nos; Ut sanctam Ecclesiam piissima conservare digneris, Ut justis gloriam, peccatoribus gratiam impetrare digneris. Ut navigantibus portum, infirmatibus sanitatem, tribulatis consolationem, captivis liberationem, impetrare digneris. Ut familus et famulas tuas tibi devote servientes, consolare digneris, Ut conctum populum Christianum filii tui pretioso sanguine redemptum, conservare digneris, Ut nos exaudire digneris, Mater Dei, Filia Dei, Sponsa Dei, Mater carissima, Domina nostra, miserere, et dona nobis perpetuam pacem.» Más que esto no puede encontrarse de manos de Dios ni de Cristo. La Virgen María es para sus adoradores lo que

---

[3] Este Salterio está publicado bajo el título *Psalterium Virginis Mariae, a Devoto Doctore Sancto Bonaventura Compilatum*. Lo reproduce Chemnitz en su *Examen Concilii Tridentini*, edición de Frankfort 1574, parte III, págs. 166-179. Chemnitz no lo atribuye a la paternidad de Buenaventura, pero lo da como un documento aprobado y empleado en la Iglesia de Roma.

[4] Véase *A Church Dictionary*, de Walter Farquhar Hook, D.D., Vicario de Leeds. Sexta edición. Philadelphia, 1854, artículo Mariolatry. El doctor Hook cita el llamado «Salterio de Bonaventura», y hace referencia a Sancti Bonaventura *Opera*, Tomo IV, parte II. de pág. 466 a 473. Fol. Maguntiae, 1609.

Cristo es para nosotros. Ella es el objeto de todos sus afectos religiosos, la base de su confianza, y la fuente de la que se esperan y buscan todas las bendiciones de la salvación.

Hubo sin embargo siempre una corriente subyacente de oposición a esta deificación de la madre de nuestro Señor. Y ésta se hizo más evidente en la controversia acerca de la cuestión de su inmaculada concepción. Esta idea nunca fue tocada en la Iglesia primitiva. La primera forma en la que apareció la doctrina fue que según el hecho de que Dios le dice a Jeremías: «Antes que te formase en el vientre te conocí, y antes que nacieses te santifiqué» (Jer 1:5), se mantuvo que lo mismo se podía decir de la Virgen María. Jeremías fue ciertamente santificado antes de nacer, en el sentido de que fue consagrado o puesto aparte en el propósito de Dios para el oficio profético, mientras que María, según se mantenía, fue santificada en el sentido de ser hecha santa. Todas las grandes lumbreras de la Iglesia Latina, Agustín, Anselmo, Bernardo de Claraval y Tomás de Aquino, mantuvieron que si la Virgen María no fue partícipe del pecado y de la apostasía del hombre, no podría haber sido partícipe de la redención. Y mientras que Tomás de Aquino, y tras él los Dominicos, tomaron este partido en esta controversia, Duns Escoto y los Franciscanos tomaron el otro partido. El sentimiento público estaba a favor de la doctrina Franciscana de la inmaculada concepción. Hasta John Gerson, canciller de la Universidad de París, distinguido no sólo por su erudición sino también por su celo en la reforma de los abusos, se manifestó públicamente en 1401 en apoyo de esta postura. Sin embargo, tuvo la suficiente ingenuidad como para admitir que no había sido ésta hasta entonces la doctrina de la Iglesia. Sin embargo, él sostuvo que Dios había comunicado la verdad a la Iglesia de manera gradual; así, Moisés supo más que Abraham, los profetas más que Moisés, los Apóstoles más que los profetas. Y de manera semejante, la Iglesia ha recibido del Espíritu de Dios muchas verdades desconocidas para los Apóstoles. Esto, naturalmente, implica el rechazo de la doctrina de la tradición. Esta doctrina es que Cristo dio a los Apóstoles una revelación plenaria de todas las doctrinas cristianas, y que ellos la comunicaron a la Iglesia, en parte en sus escritos, y en parte mediante instrucciones orales. Para demostrar que cualquier doctrina tenga autoridad divina, tiene que demostrarse que fue enseñada por los Apóstoles, y para demostrar que la enseñaron se tiene que demostrar que ha sido sustentada siempre y en todas partes por la Iglesia. Pero según Gerson, la Iglesia de hoy puede sustentar lo que los Apóstoles jamás sustentaron, e incluso lo contrario a lo que ellos y la Iglesia durante siglos mantuvieron como cierto. Él enseña que la Iglesia antes de su tiempo enseñaba que la Virgen María, en común con todos los otros miembros de la raza humana, nació con la infección del pecado original; pero que la Iglesia de su tiempo, bajo inspiración del Espíritu, creía en su inmaculada concepción. Esto resuelve la tradición, o más bien la sustituye, en el *sensus communis ecclesiae* de cualquier época determinada. Ya se ha mostrado que Moehler, en su *Symbolik*, enseña básicamente la misma doctrina.[5]

Esta cuestión estaba sin decidir en la época en que se reunió el Concilio de Trento, y a los padres allí reunidos les dio muchos problemas. Los Dominicanos y Franciscanos, que tenían casi el mismo peso en el Concilio, apremiaron que fueran aprobadas sus respectivas posturas. Perplejos, los delegados enviaron a Roma para recibir instrucciones, y se les dieron instrucciones, por temor a un cisma, que impidieran más controversias acerca de esta cuestión, y que redactaran una decisión de manera que diera satisfacción a ambos bandos. Esto sólo podía hacerse dejando la cuestión en suspenso. Y éste fue básicamente la acción que tomó el Concilio. Después de afirmar que toda la humanidad pecó en Adán y que deriva de él una naturaleza corrompida, añade: «Declarat tamen haec ipsa Sancta Synodus, non esse suae intentionis comprehendere in hoc decreto, ubi de peccato originali agitur, beatam, et imma-

---

5. Vol. I, pág. pág. 420

culatam Virginem Mariam, Dei genetricem; sed observandas esse constitutiones felicis recordationis Xysti papae IV., sub poenis in eis constitutionibus contentis, quas innovat.[6] Esta última cláusula hace referencia a la Bula de Sixto IV, emitida en 1483, amenazando a ambas partes en la controversia con la pena de excomunión si cualquiera pronunciaba a la otra culpable de herejía o de pecado mortal.

Así, la controversia prosiguió después del Concilio de Trento de manera muy semejante a como había tenido lugar antes, hasta que el actual Papa, él mismo un devoto adorador de la Virgen, anunció su propósito de declarar la inmaculada concepción de la Madre de nuestro Señor. Este propósito lo llevó a cabo, y el ocho de diciembre de 1854 acudió con gran pompa a San Pedro en Roma, y pronunció el decreto de que «la Virgen María, desde el primer momento de la concepción, por la especial gracia del Dios omnipotente en vista de los méritos de Cristo, fue preservada de toda mancha de pecado original». Fue así puesta en cuanto a total carencia de pecado a un nivel de igualdad con su adorable Hijo, Jesucristo, cuyo lugar ocupa en la confianza y amor de una parte tan grande del mundo Católicorromano.

6. El segundo mandamiento.

Los dos principios fundamentales de la religión de la Biblia son, primero, que hay sólo un Dios vivo y verdadero, el Hacedor de los cielos y de la tierra, que se ha revelado a Sí mismo bajo el nombre de Jehová; segundo, que este Dios es Espíritu, y, por ello, incapaz de ser concebido o representado bajo una forma visible. Por ello, el primer mandamiento prohíbe el culto a ningún otro ser que Jehová; y el segundo el culto de ningún objeto visible, sea cual sea. Esto incluye la prohibición no sólo de un homenaje interior, sino también de todos los actos externos que sean la expresión natural o convencional de tal reverencia interior.

El hecho de que el segundo mandamiento no prohíbe representaciones pictóricas o escultóricas de objetos ideales o visibles es evidente por cuanto todo el mandamiento se refiere al culto religioso, y por cuanto Moisés, por orden del mismo Dios, hizo muchas imágenes y representaciones de este tipo. Las cortinas del Tabernáculo y especialmente el velo que hacía separación entre el Lugar Santo y el Santísimo, se adornaron con figuras que representaban querubes; unos querubes extendían sus alas sobre el Arca del Pacto; el Portalámparas Dorado tenía forma de árbol, «con ramas, manzanas y flores»; el borde del manto del sumo sacerdote estaba adornado con campanas y granadas que se alternaban. Cuando Salomón construyó el templo, «esculpió todas las paredes de la casa alrededor, de diversas figuras, de querubines, de palmeras y de capullos de flores, vistos por dentro y por fuera» (1 R 6:29). El «mar de fundición» era sostenido por doce bueyes. De esta casa así adornada, Dios dijo: «Yo he santificado esta casa que tú has edificado, para poner mi nombre en ella para siempre; y en ella estarán mis ojos y mi corazón todos los días» (1 R 9:3). Así, no puede haber dudas acerca de que el segundo mandamiento sólo prohibía hacer o emplear semejanzas de cualquier cosa en el cielo o en la tierra como objetos de culto.[7]

---

6. Tomado de Streitwolf, *Libri Symbolici*, Cöttingen, 1846, pág. 20. Una nota al pie dice: «Totum hanc periodum, "Declarat-innovat", omnes fere ediciones ante Romanas omittunt.».
7. Los judíos posteriores interpretaron este mandamiento de modo más estricto que Moisés o Salomón. Josefo, en *Antigüedades* 8, 7. 5; declara que las esculturas de bueyes hechas para sostener la fuente de bronce eran contrarias a la ley. Uno de los más distinguidos ministros de nuestra Iglesia objetó a la Unión Americana de Escuelas Dominicales porque publicaban libros con ilustraciones. Cuando se le preguntó qué pensaba él de los mapas respondió que si los mapas estaban hechos simplemente para mostrar la posición relativa de los lugares sobre la tierra, eran permitidos, pero que si tenían sombreados para representar montañas, estaban prohibidos por el segundo mandamiento.

La prohibición del culto a las imágenes.

Está igual de claro que el segundo mandamiento prohíbe el empleo de las imágenes en el culto divino. En otras palabras, la idolatría consiste no sólo en el culto a los falsos dioses, sino también el culto al Dios verdadero mediante imágenes. Esto está claro:

1. Por el significado literal de las palabras. Lo que se prohíbe de manera expresa es inclinarse ante ellas o servirlas, esto es, rendirles cualquier clase de homenaje externo. Esto, sin embargo, es exactamente lo que hacen todos aquellos que emplean imágenes como los objetos o ayudas para el culto religioso.

2. Esto es tanto más claro por cuanto a los hebreos se les ordenó de manera solemne que no hicieran ninguna representación visible del Dios invisible, ni adoptaran nada externo como símbolo de lo invisible, haciendo de tal símbolo el objeto de culto: esto es, no debían postrarse ante estas imágenes o símbolos ni servirlos. La palabra hebrea 'abad, traducida «servir», incluye todo tipo de homenaje externo, quemar incienso, hacer oblaciones, y besar en señal de sujeción. Los hebreos estaban rodeados de idólatras. Las naciones, habiéndose olvidado de Dios, o rehusando someterse a Él, se habían entregado a falsos dioses. El gran objeto de su reverencia y temor era la fuerza invisible de la naturaleza, de la que veían constantes y a menudo terribles manifestaciones a su alrededor. Pero la naturaleza, la fuerza, lo invisible, no podía satisfacerlos más que el invisible Jehová. Simbolizaron no lo desconocido, sino lo real, primero de una manera, luego de otra. La luz y las tinieblas fueron los dos símbolos más evidentes del bien y del mal. Así, la luz, el sol, la luna y las estrellas, el ejército de los cielos, vinieron a formar parte de los más antiguos objetos de la reverencia religiosa. Pero todo lo visible y externo, vivo o muerto, podía ser hecho una representación para el pueblo, por asociación o por designación arbitraria, del gran poder desconocido mediante el que eran controladas todas las cosas. De la manera más natural, aquellos hombres distinguidos por su energía de carácter y por sus hazañas serían considerados como manifestaciones de lo desconocido. Así se ve como el culto a la naturaleza y el culto a los héroes, las dos grandes formas del paganismo, son lo mismo en su raíz. Fue a la vista de este estado del mundo pagano, estando todas las naciones entregadas al culto de lo visible como símbolo de lo invisible, que Moisés hizo el solemne discurso al pueblo escogido, registrado en el cuarto capítulo de Deuteronomio. «Por tanto, guárdate», les dice el profeta, «y guarda tu alma con diligencia, para que no te olvides de las cosas que tus ojos han visto, ni se aparten de tu corazón en todos los días de tu vida; antes bien, las enseñarás a tus hijos, y a los hijos de tus hijos.» ¿Y qué es lo que así les demanda tan fervientemente que recuerden? Que en la maravillosa exhibición de la presencia y majestad divinas en el Sinaí no habían visto «ninguna figura», sino que sólo habían oído una voz. «Guardad, pues, mucho vuestras almas; pues ninguna figura visteis el día que Jehová habló con vosotros de en medio del fuego; para que no os corrompáis y hagáis para vosotros escultura, imagen de figura alguna, efigie de varón o hembra, figura de alguno de los reptiles que se arrastran sobre la tierra, o figura de alguno de los peces que hay en las aguas debajo de la tierra. No sea que alces tus ojos al cielo, y viendo el sol y la luna y las estrellas, y todo el ejército del cielo, seas impulsado, y te inclines a ellos y les sirvas; porque Jehová tu Dios los ha concedido a todos los pueblos debajo de todos los cielos. [...] Guardaos, no os olvidéis del pacto de Jehová vuestro Dios, que él estableció con vosotros, y no os hagáis escultura o imagen de ninguna cosa que Jehová tu Dios te ha prohibido. Porque Jehová tu Dios es fuego consumidor, Dios celoso.» Así, lo que se prohíbe solemne y repetidamente como violación del pacto entre Dios y el pueblo es postrarse ante, o emplear nada visible, sea un objeto natural como el sol o la luna, o una obra de arte y del ingenio del hombre, como objeto o modo de culto divino. Y en este sentido ha sido entendido este mandamiento por el pueblo al que fue dado, desde los tiempos de Moisés hasta ahora. El culto del Dios verdadero mediante

imágenes, a los ojos de los hebreos, ha sido considerado un acto tan idolátrico como el culto a falsos dioses.

3. Un tercer argumento acerca de esto es que el culto de Jehová mediante el empleo de imágenes es denunciado y castigado como un acto de apostasía contra Dios. Cuando los hebreos en el desierto le dijeron a Aarón: «Haznos dioses que vayan delante de nosotros», ni ellos ni Aarón tenían la intención de renunciar a Jehová como Dios de ellos; pero deseaban un símbolo visible de Dios, como los paganos lo tenían para sus dioses. Esto es evidente, porque Aarón, tras haber hecho el becerro de oro y hecho un altar delante de él, hizo una proclamación, diciendo: «Mañana será fiesta para Jehová.» «El pecado de ellos residió no en adoptar otro dios, sino en pretender adorar un símbolo visible de Aquel que no puede ser representado por símbolo alguno.»[8]

Del mismo modo, cuando las diez tribus se separaron de Judá y se constituyeron en un reino separado bajo Jeroboam, el culto de Dios mediante ídolos fue considerado como apostasía contra el verdadero Dios. Es evidente por toda la narración que Jeroboam no tenía la intención de introducir el culto de ningún otro Dios que Jehová. Fue el lugar y el modo de adoración lo que trató de cambiar. Temió que si la gente seguía subiendo a Jerusalén y adorando en el templo allí establecido, volverían pronto a adherirse a la casa de David. Para impedirlo, hizo dos becerros de oro, como había hecho Aarón, símbolos del Dios que había sacado a Su pueblo de Egipto, y los puso, uno en Dan, y el otro en Bet-el, y mandó al pueblo que fuera a aquellos lugares para adorar. Lo mismo Jehú, que se jactaba de su «celo por Jehová», y que exterminó a los sacerdotes y a los adoradores de Baal, retuvo el culto de los becerros de oro, porque, como dice Winer, «había llegado a ser la forma establecida del culto a Jehová en Israel». [...] En Levítico 26:1 se dice: «No os haréis para vosotros ídolos, ni escultura, ni os levantaréis estatua, ni pondréis en vuestra tierra piedra pintada para inclinaros a ella; porque yo soy Jehová vuestro Dios.» Y Moisés mandó que cuando el pueblo hubiera ganado posesión de la tierra prometida, seis de las tribus se reunieran sobre el Monte Gerizim para bendecir, y seis en el Monte Ebal para maldecir: «Maldito el hombre que haga escultura o imagen de fundición, abominación a Jehová, obra de mano de artífice, y la ponga en oculto. Y todo el pueblo responderá y dirá: Amén» (Dt 27:15).

Así que lo que se prohíbe específicamente de manera frecuente y solemne es postrarse ante imágenes o darles ningún servicio religioso. En este sentido fueron entendidos estos mandamientos por parte del antiguo pueblo de Dios al que fueron originalmente dirigidos, y por toda la Iglesia Cristiana hasta el repentino influjo de paganos nominalmente convertidos en la Iglesia después de la época de Constantino, que trajeron consigo ideas paganas y que insistieron en modos paganos de culto.

Los sencillos y evidentes hechos con respecto a la religión del mundo gentil son: (1) Que los dioses de las naciones eran seres imaginarios; que o bien no tenían existencia más que en las imaginaciones de sus adoradores, o no poseían los atributos que les eran atribuidos. Por ello, en las Escrituras son llamados vanidad, mentira, vaciedad. (2) De estos seres imaginarios se seleccionaron símbolos o se formaron imágenes a las que se dio todo el homenaje que se suponía debido a los dioses mismos. Esto no se hizo por la suposición de que los símbolos o imágenes eran realmente dioses. Los griegos no pensaban que Júpiter fuera un bloque de mármol. Tampoco los paganos mencionados en la Biblia creían que el sol fuera Baal. Sin embargo, se suponía alguna conexión entre la imagen y la divinidad que quería representarse con ella. Para algunos esta conexión era simplemente la existente entre el signo y la cosa significada; para otros se trataba de algo más místico, o lo que en estos días llamaríamos sacramental. En

---

8. *The Holy Bible, with an Explanatory and Critical Commentary*. Por obispos y otro clero de la Iglesia de Inglaterra. New York: Charles Scribner & Co., 1871, Vol. I. pág. 405.

todo caso era tal que el homenaje debido a la divinidad era dado a su imagen; y cualquier indignidad infligida a ésta debía ser considerada como infligida a la primera.

Así, pues, por cuanto los dioses paganos no eran dioses, y como el homenaje debido a Dios era ofrecido a los ídolos, los escritores sagrados denunciaban a los paganos como adoradores de los palos y de las piedras, y los condenaban por la insensatez de hacer dioses de madera o metal, «escultura de arte y de imaginación de hombres». Hicieron poca o ninguna diferencia entre la adoración de imágenes y el culto a falsos dioses. Las dos cosas eran, desde su perspectiva, idénticas. Por ello, la Biblia denuncia el culto a las imágenes como idolatría, sea cual sea la divinidad, verdadera o falsa, a la que fuera dedicada la imagen.

Las razones que se adjuntan a este mandamiento.

La relación entre el alma y Dios es mucho más íntima que la existente entre el alma y toda criatura. Nuestra vida, espiritual y eterna, depende de nuestra relación con nuestro Hacedor. Por esto, nuestra más elevada obligación es para con Él. El mayor pecado que un hombre pueda cometer es rehusar dar a Dios la admiración y obediencia que se le deben, o transferir a la criatura la adhesión y el servicio que se le deben a Él. Por esto, ningún pecado es denunciado en las Escrituras con tanta frecuencia o severidad.

La relación más íntima que pueda subsistir entre los humanos es la matrimonial. Ningún daño que un hombre pueda hacerle a otro es más grande que la violación de esta relación; y ningún pecado que una esposa pueda cometer es más atroz y degradante que la infidelidad a sus votos matrimoniales.

Siendo éste el caso, es natural que la relación entre Dios y Su pueblo fuera ilustrada en la Biblia, como lo es tan a menudo, mediante una referencia a la relación matrimonial. Un pueblo o un individuo que rehúsen reconocer a Jehová como Dios de ellos, que transfieran su adhesión y obediencia debidas sólo a Dios a cualquier otro objeto, es comparado con una esposa infiel. Y como los celos son la más fuerte de las pasiones humanas, la relación de Dios con los que le abandonan así es ilustrada mediante una referencia a un marido ofendido y abandonado. De esta manera las Escrituras enseñan que el más severo desagrado de Dios, y las más terribles manifestaciones de Su ira, son las consecuencias ciertas del pecado de idolatría; esto es, del pecado de tener cualquier otro Dios que Jehová, o de dar a las imágenes, a los palos y a las piedras, el homenaje externo debido a Aquel que es espíritu, y que debe ser adorado en Espíritu y en verdad.

Por ello el Señor, en este mandamiento, declara que Él es «celoso, que visito la maldad de los padres sobre los hijos hasta la tercera y cuarta generación de los que me aborrecen, y que hago misericordia a millares (hasta la milésima generación), a los que me aman y guardan mis mandamientos». Las malas consecuencias de la apostasía contra Dios no quedan encerradas a los originales apóstatas. Prosiguen de generación en generación. Parecen sin remedio, y desde luego, hablando humanamente, lo son. La degradación y las incontables miserias de todo el mundo pagano son la consecuencia natural e inevitable del hecho de que sus antepasados transformaran la verdad de Dios en mentira, y adoraran y sirvieran a la criatura antes que al Creador. Pero estas consecuencias naturales están mandadas, ordenadas y son judiciales. No se trata de meras calamidades. Se trata de juicios, y por tanto no deben ser contrarrestadas ni evadidas. Consiguientemente, aquellos que enseñan ateísmo, o que corrompen y degradan el culto de Dios asociando con él el culto de criaturas, o que enseñan que podemos hacer imágenes e inclinarnos ante ellas y servirlas, están trayendo sobre sí y sobre generaciones venideras las más terribles calamidades que puedan degradar y afligir a los hijos de los hombres. Este tiene que ser el resultado a no ser que no sólo puedan contrarrestar la operación de las causas naturales, sino también torcer el propósito de Jehová.

Es una gran causa de acción de gracias, y adaptada para llenar los corazones del pueblo de Dios con gozo y confianza, saber que Él bendecirá a sus hijos hasta la milésima generación.

La doctrina y práctica de la Iglesia de Roma en cuanto a las imágenes.
La salvación, dijo nuestro Señor, es de los judíos. Los fundadores de la Iglesia Cristiana fueron judíos. La religión del Antiguo Testamento en la que habían sido educados prohibía el empleo de las imágenes en el culto divino. Todos los paganos eran adoradores de ídolos. Por lo tanto, el culto a los ídolos era una abominación para los judíos. Con la autoridad del Antiguo Testamento en contra del empleo de las imágenes, y con este intenso prejuicio nacional contra su empleo, es absolutamente increíble que fueran admitidos en el más espiritual culto de la Iglesia Cristiana. No fue hasta tres siglos después de la introducción del cristianismo que la influencia del elemento pagano introducido en la Iglesia fue lo suficientemente poderosa para vencer la natural oposición a su uso en el servicio del santuario. Pronto surgieron tres partidos en relación con esta cuestión. El primero se adhirió a la enseñanza del Antiguo Testamento y a la práctica de las Iglesias Apostólicas, repudiando el uso religioso de imágenes en cualquier forma. El segundo permitió el uso de imágenes y figuras con el propósito de instrucción, pero no para el culto. El común del pueblo no podía leer, y por ello se argumentaba que las representaciones visibles de personas e incidentes escriturarios eran permisibles para beneficio de las mismas. El tercer partido contendía en favor de su utilización no sólo como medio de instrucción, sino también para el culto.

Ya en época tan temprana como el 305 d.C., el Concilio de Elvira en España condenó el empleo de imágenes en la Iglesia.[9] En su canon trigésimo sexto el Concilio dice:[10] «Placuit picturas in ecclesia esse non debere; ne quod colitur et adoratur in parietibus depingatur.» Agustín se quejó del supersticioso empleo de las imágenes; Eusebio de Cesarea y Epifanio de Salamis protestaron en contra de que fueran hechas objeto de culto; y Gregorio Magno permitió su uso sólo como medio de instrucción.[11]

En el año 726 el Emperador León III emitió un decreto prohibiendo el empleo de las imágenes en las iglesias como pagano y herético. Para apoyar su acción se convocó un Concilio, que se reunió en Constantinopla el 754, y que dio sanción eclesiástica a su condenación. Sin embargo, en el 787 d.C., la Emperatriz Irene, bajo influencia romana, convocó un concilio, que los Romanistas de la escuela italiana consideran ecuménico, en Nicea, donde el culto a las imágenes fue totalmente aprobado. Este concilio se reunió primeramente en Constantinopla, pero allí la oposición al uso de las imágenes era tan fuerte que fue desconvocado, y convocado al año siguiente para reunirse en Nicea. Aquí las cosas habían cambiado; hubo enemigos convertidos; oponentes que se habían vuelto defensores; incluso Gregorio de Neo-Cesarea, que había sido un celoso defensor de las tesis de León III y de su hijo Constantino Copronimo, fue llevado a decir: «Si omnes consentiunt, ego non dissentio.» Pocos pudieron resistir las promesas y las amenazas de los que estaban en el poder, y lo convincente del argumento en favor del culto a las imágenes conforme a los numerosos milagros que se aducían en favor de su culto. Así, este concilio declaró herético el anterior Concilio convocado por León III, y ordenó el culto a las imágenes en las iglesias; no desde luego con *latreia*, o la reverencia debida a Dios, sino con *aspasmos kai timëtikë proskunësis* (con saludos y respetuosas reverencias). El Concilio anunció el principio según el cual se ha

---

9. El año 305 es el generalmente asignado como la fecha de este Concilio, aunque el tiempo preciso de su celebración es cuestión discutida.
10. Binius, *Concilia Generalia et Provincalia*, Colonia, 1618, Tomo I, Vol. Pág. 195, B. C.
11. Véase Guericke, *Kirchengeschicte*, II. III. 2, §77, 6a edición, Leipzig, 1846, Vol. I, pág. 350.

defendido el culto a las imágenes, sea entre los paganos o los cristianos, esto es, que el culto dado a la imagen termina en el objeto por ella representada. *He tës eikonos timë epi to prostotupon diabainei kai ho proskunön tën eikona proskunei en autë tou engraphomenou tën hupostasin.*

Las decisiones de este Concilio, aunque sancionadas por el Papa, causaron agravio en las Iglesias Occidentales. El Emperador Carlomagno hizo no sólo que se escribiera un libro (llamado «Libri Carolini») para refutar las doctrinas inculcadas, sino que convocó asimismo un concilio que se reunió en Frankfurt el 794 d.C., en el que estaban presentes delegados de Gran Bretaña, Francia, Alemania, Italia, e incluso dos legados del Obispo de Roma; donde los decretos del pretendido Concilio General de Nicea fueron «rechazados», «menospreciados» y «condenados». Todo culto a pinturas e imágenes fue prohibido, pero su presencia en las iglesias para instrucción y ornamentación fue permitida.

Sin embargo, los amigos del culto a las imágenes lograron pronto una influencia dominante, de manera que Tomás de Aquino, uno de los mejores así como de los más grandes de los teólogos Romanistas del siglo trece mantenía la doctrina extrema acerca de esta cuestión. Enseñó que las imágenes debían ser empleadas en las iglesias con tres propósitos: primero, para la instrucción de las masas que no podían leer; segundo, para que el misterio de la encarnación y los ejemplos de los santos pudieran ser más fácilmente recordados; y tercero, para que los sentimientos piadosos pudieran ser excitados, por cuanto los hombres quedan más fácilmente conmovidos por lo que ven que por lo que oyen. Enseñaba él que no se debe reverencia a la imagen en si misma ni por sí misma, pero que si representa a Cristo, la reverencia debida a Cristo se debe a la imagen. «Sic ergo dicendum est, quod imagini Christi in quantum est res quaedam (puta lignum vel pictum) nulla reverentia exhibetur; quia reverentia nonisi rationali naturae debetur. Relinquitur ergo quod exhibeatur ei reverentia solum, in quantum est imago: et sic sequitur, quod eadem reverentia exhibeatur imagini Christi et ipsi Christo. Cum ergo Christus adoretur adoratione latriae, consequens est -quod ejus imago sit adoratione latriae adoranda. »[12]

La doctrina Tridentina.

El Concilio de Trento actuó con referencia al culto de las imágenes con su usual cautela. Decretó que se les debería dar «debida reverencia» a las imágenes de Cristo y de los santos, pero sin definir de qué reverencia se trataba. [...]

Observaciones.

1. Por todo lo anterior parece que los Romanistas rinden culto a las imágenes de la misma manera en que lo hacían los paganos de la antigüedad, y en que lo siguen haciendo los paganos de nuestros propios tiempos. «Se inclinan ante ellas y las sirven.» Les rinden el homenaje externo que dan a las personas que tienen la intención de representar.

2. Las explicaciones y la defensa de este culto son las mismas en ambos casos. Los paganos reconocían el hecho de que las imágenes hechas de oro, plata, madera o mármol eran sin vida e insensibles en sí mismas; admitían que no podían ver, ni oír, ni salvar. No atribuían ninguna virtud inherente ni poder sobrenatural a las mismas. Afirmaban que el homenaje rendido a ellas terminaba en los dioses que representaban; que sólo daban culto delante de las imágenes, o como mucho por medio de ellas. Por lo que respecta a los griegos y a los romanos, eran menos reverentes hacia las meras imágenes, y pretendían mucho menos de lo sobrenatural en relación con su empleo.

---

12. *Summa*, III, quaest. XXV. Art. 3, edición de Colonia, 1640, pág. 53 del cuarto juego.

3. Tanto entre los paganos como entre los Romanistas, para los carentes de instrucción entre ellos las imágenes mismas eran los objetos del culto. Sería difícil encontrar en ningún autor pagano la justificación para el culto a las imágenes que dan los teólogos Romanistas. ¿Qué pagano dijo jamás que se debía el mismo homenaje a la imagen de Júpiter que al mismo Júpiter? Esto es lo que dice Tomás de Aquino de las imágenes de Cristo y de los santos. O, ¿qué pagano ha dicho jamás lo que dice Bellarmino, que aunque el homenaje dado a la imagen no sea estricta y propiamente el mismo que el debido a su prototipo, es sin embargo impropia y analógicamente el mismo; el mismo en clase aunque no en grado? ¿Qué puede saber el común de la gente de la diferencia entre *proprie e improprie*? Se les dice que den culto a la imagen, y las adoran como los paganos adoraban las imágenes de sus dioses. Como la Biblia pronuncia y denuncia como idolatría no sólo el culto a los falsos dioses, sino también el culto a las imágenes, el «inclinarse a ellas y servirlas», está claro que la Iglesia de Roma está tan entregada a la idolatría como Atenas cuando la visitó Pablo.

4. Los efectos religiosos y morales del culto a las imágenes son totalmente malignos. Para demostrar que es de malas consecuencias, es suficiente mostrar que Dios lo ha prohibido, y que ha amenazado con visitar a los adoradores de los ídolos con sus severos juicios. Degrada el culto a Dios. Aparta las mentes de la gente del justo objeto de la reverencia y confianza, y lleva a las masas ineducadas a poner su confianza en dioses que no pueden salvar.

5. En cuanto al culto a las reliquias, es suficiente con decir que no tiene sustento de las Escrituras. [...] Lo que pasa por reliquias es, en la mayor parte de los casos, falso. No hay fin a los engaños hechos a la gente con respecto a esto. Hay, se dice, suficientes fragmentos de la cruz exhibidos en diferentes santuarios para construir un barco grande; hay innumerables clavos reverenciados como los instrumentos del suplicio de nuestro Señor. Huesos no sólo de hombres ordinarios, sino incluso de animales, son puestos delante de la gente como reliquias de santos. En una de las catedrales de España hay una magnífica pluma de avestruz preservada en un rico cofre, y los sacerdotes afirman que cayó del ala del ángel Gabriel. Los Romanistas mismos se han visto obligados a recurrir a la teoría de los fraudes «económicos» o piadosos para justificar estos palpables abusos de la credulidad de la gente. De estos engaños el más flagrante ejemplo es la sangre de San Genaro, que anualmente se licua en Nápoles. La atribución de poderes milagrosos a estas pretendidas reliquias por parte de los Romanistas es supersticioso y degradante hasta el extremo. [...] La Iglesia de Roma está atada por las decisiones de sus papas y concilios que pronuncian las más burdas supersticiones como asunto de revelación divina sancionada y aprobada por Dios. Ha hecho imposible que hombres con derecho a ser llamados racionales se crean lo que ella enseña. La gran lección enseñada por la historia del culto a las imágenes y de la reverencia a las reliquias es la importancia de adherirse a la palabra de Dios como la única norma de nuestra fe y de nuestra práctica; no recibiendo nada como verdadero en religión sino lo que enseña la Biblia, y no admitiendo nada en el culto divino que las Escrituras no sancionen u ordenen.

La doctrina Protestante acerca de esta cuestión.

Por cuanto el culto a las imágenes está expresamente prohibido en las Escrituras, los Protestantes, tanto Luteranos como Reformados, condenaron que fueran hechas objeto de ningún homenaje religioso. Sin embargo, como su empleo con fines de instrucción o de ornamentación no está expresamente prohibido del mismo modo, Lutero mantuvo que su empleo era permisible e incluso deseable. Por ello favoreció que se retuvieran en las Iglesias. En cambio, los Reformados, debido al gran abuso que había acompañado a su introducción, insistieron en que fueran excluidas de todos los lugares de culto. [...]

Lutero fue tolerante con el uso de las imágenes en las iglesias. Dice él acerca de esta cuestión: «Si se evita el culto a las imágenes, podemos usarlas como usamos las palabras de la Escritura, que traen cosas ante la mente, y nos hacen que las recordemos.»[13] «¿Quién es tan ciego», pregunta él, «para no ver que si unos acontecimientos sagrados se pueden describir con palabras sin pecado y para provecho de los oyentes, pueden con la misma propiedad, para beneficio de los ineducados, ser representados o esculpidos no sólo en el hogar y en nuestras casas, sino también en las iglesias?»[14] En otro lugar dice que cuando uno lee de la pasión de Cristo, tanto si quiere como si no, se le forma en la mente la imagen de un hombre pendiendo de una cruz, con tanta certidumbre como que su rostro se refleja cuando mira al agua. No hay pecado en tener tal imagen en la mente, ¿y por qué debería ser pecaminoso tenerla delante de los ojos?[15]

Los Reformados fueron más lejos. Condenaron no sólo el culto a las imágenes, sino también su introducción en lugares de culto, porque eran innecesarias, y porque eran susceptibles de abuso. [...]

El Catecismo de Heidelberg dice:[16] «¿No es lícito hacer ninguna imagen? Ni podemos ni debemos representar a Dios de ninguna manera; y aunque es lícito representar a las criaturas, Dios prohíbe hacer o poseer ninguna imagen destinada a ser adorada o empleada en su servicio. ¿No se podrían tolerar las imágenes en las iglesias, como si fuesen libros para enseñar a los ignorantes? No, porque nosotros no debemos ser más sabios que Dios, que no quiere instruir a su pueblo por imágenes mudas, sino por la predicación viva de su Palabra.»

Nadie que haya visto algunas de las obras maestras del arte cristiano, sea con lápiz o cincel, y haya sentido lo difícil que es resistirse al impulso de «postrarse ante ellas y servirlas», puede dudar de la sabiduría de excluirlas de los lugares de culto público.

7. El tercer mandamiento.

«No tomarás el nombre de Jehová tu Dios en vano; porque no dará por inocente Jehová a quien toma su nombre en vano.»

El significado literal de este mandamiento es impreciso. Puede significar: «No pronunciarás el nombre de Dios de una manera vana o irreverente»; o, «no pronunciarás el nombre de Dios para mentira», esto es: «No jurarás en falso.» La Septuaginta traduce así el pasaje: *Ou lëpsë to onoma kuriou tou theou sou epi mataiö*. La Vulgata tiene: «Non assumes nomen Domini Dei tui in vanum.» Lutero, como frecuentemente, da el sentido libre: «Du sollst den Namen des Herrn, deines Gottes, nicht missbrauchen.» Nuestros traductores han adoptado la misma lectura.

La antigua versión Siríaca, el Targum de Onkelos, Filón y muchos modernos comentaristas y exegetas entienden el mandamiento como dirigido contra jurar en falso: «No pronunciarás el nombre de Dios para mentira.» Así Michaelis el viejo en su *Biblia Hebrea anotada*, explica: «ad vanum confirmandum: non frustra, nedum, falso.» Gesenius, en su *Léxico Hebreo*, traduce así el pasaje: «Du sollst den Namen Jehova's nicht zur Lüge aussprechen; nicht falsch schwören.» Rosenmüller lo traduce: «Nolli enunciare nomen Jova Dei tui ad falsum sc. comprobandum.»[17] Knobel lee así; «Nicht sollst du erheben den Namen Jehova's zur Nichtigkeit»;[18] y añade: «La prohibición se dirige especialmente contra jurar en falso.»

---

13. Sobre Miqueas 1:7; *Works*, edición de Walch, Vol. VI, pág. 2747.
14. *Ibid.*, pág. 2740.
15. *Wider die himmlischen Propheten*, von den Bildern und Sacrament, 65; *Ibid*, Vol. XX, pág. 213.
16. Cf. Preguntas 97, 98: J. C. Janse, *La confesión de la Iglesia*, A. C. E. L. R., Rijswijk 1970, pág. 144.
17. *Scholia in Vetus Testamentum in Compendium redacta*, Leipzig, 1828, Vol. I, pág. 404.
18. *Kurzgefasstes exegetische Handbuch zum Alten Testament; Exodus und Leviticus erklärt* von August Knobel, Leipzig, 1857, pág. 205.

Esta interpretación es consecuente con el sentido de las palabras, por cuanto shawe', traducida aquí como «vanidad», o con la preposición, «en vano», significa en otros lugares «falsedad» (véase Sal 12:3 (2); 41:7 (6); Is 59:4; Os 10:4). Levantar o pronunciar el nombre de Dios para mentira significa naturalmente llamar a Dios para que confirme una falsedad. La preposición *lamed* tiene también su sentido natural. Comparar Levítico 19:12: «No juraréis falsamente [lashaqor] por mi nombre.» El sentido general del mandamiento se mantiene sea cual sea la interpretación que se adopte. El mandamiento de no emplear mal el nombre de Dios incluye jurar en falso, que es la mayor indignidad que se puede cometer contra Dios. Y así como el mandamiento «No matarás» incluye abrigar todo tipo de pensamientos malignos, así el mandamiento «No jurarás en falso» incluye todas las formas inferiores de irreverencia en el uso del Nombre de Dios.

[...] Dar falso testimonio y jurar en falso son pecados distintos [...] por cuanto jurar en falso es una negación práctica del ser y de las perfecciones de Dios. [...]

Así, el tercer mandamiento prohíbe de manera especial no sólo el perjurio, sino también todos los juramentos profanos o innecesarios, todas las invocaciones a Dios hechas a la ligera, y todo uso irreverente de Su nombre. Toda la literatura, profana o cristiana, muestra cuán fuerte es la tendencia en la naturaleza humana a introducir el nombre de Dios incluso en las ocasiones más triviales. No sólo se emplean constantemente fórmulas como Adiós, Vaya usted con Dios, Dios no quiera, que pueden haber tenido un origen piadoso, sin ningún reconocimiento de su verdadera importancia, sino que incluso personas que profesan temer a Dios se permiten emplear Su nombre como una mera expresión de sorpresa. Dios está en todas partes. Él oye todo lo que decimos. Él es digno de la mayor reverencia de nuestra parte; y Él no tomará como inocente a quien en ninguna ocasión use Su nombre de manera irreverente.

Juramentos.
El mandamiento de no invocar a Dios para confirmar una mentira no puede ser considerado como prohibiendo Su invocación para que confirme la verdad. Los juramentos son de dos clases: Afirmativos, cuando afirmamos que una cosa es cierta; y promisorios, cuando nos ponemos bajo una obligación de hacer o de dejar de hacer ciertos actos. A esta clase pertenecen los juramentos oficiales y los juramentos de adhesión. En ambos casos hay un llamamiento a Dios como testigo. Por ello, un juramento es, en su naturaleza, un acto de adoración. Implica: (1) Un reconocimiento de la existencia de Dios. (2) De Sus atributos de omnipresencia, omnisciencia, justicia y poder. (3) De su gobierno moral en el mundo; y (4) De nuestra responsabilidad ante Él como nuestro Soberano y Juez. Por ello, «jurar por el nombre de Jehová» y reconocerlo como Dios es una y la misma cosa. Lo primero involucra lo segundo.

Siendo éste el caso, es evidente que a un hombre que niegue las verdades anteriormente mencionadas no se le puede tomar juramento. Para él, las palabras que pronuncia no tienen significado. Si no cree que existe un Dios, o suponiendo que admita que hay algún ser o fuerza que pueda llamarse Dios, pero si no cree que este Ser conoce lo que dice el juramentado, o que Él castigará a quien jure en falso, todo el servicio es una burla. Es una enorme injusticia, que tiende a disgregar los vínculos de la sociedad, permitir a ateos que den testimonio ante tribunales. [...]

La legitimidad de los juramentos.
La legitimidad de los juramentos se puede inferir:
1. Por su naturaleza. Al ser actos de adoración involucrando el reconocimiento del ser y de los atributos de Dios, y de nuestra responsabilidad ante Él, son buenos en su naturaleza. No son supersticiosos, basados en ideas incorrectas de Dios o de Su relación con el mundo; ni son irreverentes; tampoco son inútiles. Tienen un verdadero poder sobre las conciencias de los

hombres; y este poder es tanto mayor según la fe del juramentado y de la sociedad en las verdades de la religión sea más inteligente e intensa.

2. En las Escrituras, los juramentos, en ocasiones apropiadas, no sólo se permiten, sino que están ordenados. [Cf. Dt 6:13; Is 65:16; Jer 12:16; 4:2.] Al mismo Dios se le presenta como jurando (Sal 110:4; He 6:13; 7:21). También nuestro mismo bendito Señor, cuando fue conjurado por el sumo sacerdote, no dudó en responder (Mt 26:63). Las palabras son: *Exorkizö se kata tou Theou tou zöntos*, que son correctamente traducidas en nuestra versión así: «Te conjuro [Te llamo a jurar] por el Dios viviente». Meyer, en su comentario acerca de este pasaje, dice: «Una respuesta afirmativa a esta fórmula era un juramento en el pleno sentido de la palabra.» y la réplica de nuestro Señor: «Tú lo dices», es la usual forma rabínica de afirmación directa.[19] La palabra hebrea hishebiyah es traducida en la Septuaginta como *horkizö* y *exorkizö*, y en la Vulgata como *adjuro*. Véase Gn 1:5, «mi padre me hizo jurar, *hörkise me*.» Nm 5:19, «y el sacerdote la conjurará, *horkiei aüten*.» Se ve en este pasaje, lo mismo que en otros en el Antiguo Testamento, que los juramentos eran a veces ordenados por el mismo Dios (Éx 22:10). Por ello, no pueden ser ilegítimos.

Viendo, entonces, que un juramento es un acto de adoración, que está ordenado en ocasiones apropiadas, que nuestro Señor mismo se sometió a ser juramentado, y que los Apóstoles no dudaron en tomar a Dios como testigo de la verdad de lo que decían, no podemos admitir que fuera intención de Cristo proclamar todos los juramentos ilegítimos cuando dijo, como se registra en Mateo 5:34: «No juréis en ninguna manera.» Esto supondría que la Escritura contradice a la Escritura, y que la conducta de Cristo no se ajustó a Sus preceptos. Sin embargo, Sus palabras son muy explícitas. Significan en griego lo que nuestra versión comunica. Nuestro Señor dijo, desde luego, «No juréis en ninguna manera.» Pero en el sexto mandamiento se dice: «No matarás.» Sin embargo, con ello no significa que no podemos matar animales para comer; esto es permitido y ordenado. Tampoco prohíbe el homicidio en autodefensa, porque también está permitido. Tampoco prohíbe la aplicación de la pena de muerte, porque no sólo está permitida, sino que está mandada. El significado de este mandamiento nunca ha sido objeto de dudas o de discusiones, porque está suficientemente explicado por el contexto y por la ocasión, y por la luz que arrojan sobre él otras partes de la Escritura. Así como el mandamiento «No matarás» prohíbe sólo matar ilegítimamente, igualmente el mandamiento «No juréis de ninguna manera» prohíbe sólo los juramentos ilegítimos.

Esta conclusión está confirmada por el contexto. Una gran parte del Sermón del Monte de nuestro Señor está dedicada a la corrección de perversiones de la ley introducidas por los escribas y los fariseos. Ellos hacían que el sexto mandamiento prohibiera sólo el asesinato; nuestro Señor dijo que prohibía todas las pasiones malignas. Ellos limitaban el séptimo mandamiento al acto externo; Él lo extendió al deseo interno. Ellos hacían que el precepto de amar al prójimo fuera consistente con aborrecer a nuestros enemigos; Cristo dice: «Amad a vuestros enemigos, bendecid a los que os maldicen.» De manera semejante, los escribas enseñaban que la ley permitía todo tipo de juramentos, y jurar en todas las ocasiones, siempre que no se cometiera perjurio; pero nuestro Señor dijo: Yo os digo, que en vuestras comunicaciones no juréis de ninguna manera; esto está claro por el versículo 37: «Sean vuestras comunicaciones (*logos*, palabra, conversación) Sí, sí; no, no: porque lo que es más que esto proviene del mal.» Lo que nuestro Señor condena son los juramentos innecesarios, coloquiales e irreverentes. No tienen nada que ver con aquellos solemnes actos de adoración permitidos y or-

---

19. Véase Schoettgen, *Hor. Hebr. Et Talm.*, Mt 5:35; Dresde y Leipzig, 1733, pág. 40.

denados en la palabra de Dios. Los judíos de aquella época tenían una especial adicción a jurar coloquialmente, manteniendo que la ley sólo prohibía jurar en falso, o jurar en nombre de dioses falsos;[20] por esto el Señor tuvo tanta más ocasión para reprender este pecado, y mostrar la maldad de tales juramentos. [...]

Normas que rigen la interpretación y obligación de un juramento.

Un juramento debe ser interpretado conforme al sentido llano y natural de las palabras, o en el sentido en que se entienden por parte de aquel a quien le es dado el juramento o por quien es impuesto. Esto es un dictado simple de la honradez. Si el juramentado entiende el juramento en un sentido diferente al que le da la parte a quien se le hace, todo el servicio es un engaño y una burla. El comandante al que se refiere Paley, que juró a una guarnición de una ciudad cercada que si se rendían no se derramarla ni una gota de su sangre, y que luego los enterró vivos, se hizo culpable no sólo de perjurio, sino también de un escarnio vil y cruel. El *animus imponentes*, como se admite universalmente, tiene por tanto que determinar la interpretación de un juramento. Fue el hecho de que los Jesuitas inculcaron la legitimidad de la reserva mental lo que más que ninguna otra cosa los constituyó en abominación a los ojos de toda la Cristiandad. Fue esto lo que dio el más fuerte ímpetu al látigo con el que Pascal los echó de Europa.

Esta es una cuestión acerca de la que personas que quieren ser honradas no siempre son suficientemente cuidadosas. Su conciencia queda satisfecha si lo que dicen soporta una interpretación consistente con la verdad, aunque su sentido evidente no lo sea.[21]

Ningún juramento es obligatorio que obligue a alguien a hacer algo ilegítimo o imposible. El pecado reside en hacer tal juramento, no en romperlo. La razón de esta norma es que nadie puede obligarse a cometer un pecado. Herodes no estaba obligado a mantener su juramento a la hija de Herodías cuando ella le pidió la cabeza de Juan el bautista. [...] Pero un juramento voluntario de hacer lo que es legítimo y dentro de la capacidad del juramentado liga la conciencia, (*a*) incluso cuando su cumplimiento perjudica los intereses temporales del juramentado. La Biblia pronuncia bendición sobre aquel que «aun jurando en daño suyo, no por eso cambia» (Sal 15:4). (*b*) Cuando el juramento es obtenido mediante engaño o violencia. En este último caso el juramentado hace elección entre dos males. Jura hacer un sacrificio para librarse de lo que teme más que la pérdida de lo que promete ofrecer. Este puede a menudo ser un caso difícil. Pero tal es la solemnidad de un juramento, y tal la importancia de que se preserve su inviolable santidad, que es mejor sufrir injusticia que no quebrantar un juramento. El caso en el que el juramento se obtiene por engaño es más difícil, porque cuando se practica este engaño el juramentado no tenía la intención de asumir la obligación impuesta por el juramento. Por ello, podría argüir plausiblemente que si él no había tenido la intención de asumir tal obligación, no la había asumido. Pero, por otra parte, el principio involucrado en la máxima comercial, *caveat emptor*, se aplica a los juramentos. Cada uno está obligado a guardarse de los engaños, y si engañado, tiene que atenerse a las consecuencias. Además, aquellos a los que se ha hecho juramento confían en él, y actúan conforme a él, y, en cierto sentido, adquieren derechos por él. Sin embargo, las Escrituras son en esto, como en todos los casos, nuestra guía más segura. Cuando los israelitas conquistaron Canaán, los gabaonitas que

---

20. Véase Meyer en este pasaje, que hace referencia a Filón. *De Spec. Leg.;* A. Lightfoot, *Horae*; y Meuschen, *N. T. ex Talm. illustr.* Véase también Winer, *Realwörterbuch*, y Tholuck, *Auslegung der Bergpredigt Christi*, 3a edición, Hamburgo, 1845.
21. A cierto caballero le acusaron de haber escrito un cierto artículo en un diario. Él declaró que no lo había escrito. Y era cierto. Pero lo había dictado.

moraban en la tierra enviaron delegados a Josué, pretendiendo provenir de un país distante, y «Josué hizo paz con ellos, y celebró con ellos alianza concediéndoles la vida; y también lo juraron los príncipes de la congregación.» Cuando el engaño fue descubierto, el pueblo clamó por su exterminio. «Mas todos los príncipes respondieron a toda la congregación: Nosotros les hemos jurado por Jehová Dios de Israel; por tanto, ahora no les podemos tocar» (Jos 9:15, 19). Este juramento, como se ve por 2 S 21:1, tenía la sanción de Dios, y el pueblo fue castigado cuando lo violó.

Votos.

Los votos son esencialmente diferentes de los juramentos, en cuanto a que no involucran ninguna invocación a Dios como testigo, ni ninguna imprecación de Su desagrado. Un voto es simplemente una promesa hecha a Dios. Las condiciones de un voto legítimo son, primero, en cuanto al objeto, o asunto del voto. (1) Que sea en sí mismo legítimo. (2) Que sea aceptable para Dios. (3) Que esté en nuestro poder. (4) Que sea para nuestra edificación espiritual. Segundo, en cuanto a la persona que hace el voto: (1) Que sea competente, esto es, que tenga la suficiente inteligencia, y que sea *sui juris*. Un niño no es competente para hacer un voto; tampoco lo es que esté bajo autoridad de manera que no tenga libertad de acción en cuanto al voto pronunciado. (2) Que actúe con debida deliberación y solemnidad, porque un voto es un acto de adoración. (3) Que sea hecho voluntariamente, y observado alegremente.

Todos estos principios son reconocidos en la Biblia: «Cuando hagas voto a Jehová tu Dios, no tardes en pagarlo; porque ciertamente lo demandará Jehová tu Dios de ti, y sería pecado en ti. Mas cuando te abstengas de prometer, no habrá en ti pecado. Pero lo que haya salido de tus labios, lo guardarás y lo cumplirás, conforme lo prometiste a Jehová tu Dios, pagando la ofrenda voluntaria que prometiste con tu boca» (Dt 23:21-23). En Números 30:3-5 se ordena que si una mujer en casa de su padre hace un voto, y su padre no se lo permite, no se mantendrá, «y Jehová se lo dispensará, por cuanto su padre se lo vedó.» El mismo principio se aplica a las mujeres casadas y a los hijos, en base del evidente principio de que cuando se tocan los derechos de otros, no tenemos libertad de menospreciarlos.

Todas las condiciones precisas para la legitimidad de un voto pueden ser incluidas bajo la vieja fórmula: «judicium in vovente, justitia in objecto, ventas in mente.» [...]

La legitimidad de los votos.

Acerca de esta cuestión hay poca o ninguna diversidad de opinión. Que son legítimos es evidente:

1. Por su naturaleza. Un voto es sencillamente una promesa hecha a Dios.

Puede ser una expresión de gratitud por algún favor señalado ya concedido, o una promesa de manifestar tal gratitud por alguna bendición deseada si Dios quisiera concederla. Así, Jacob hizo voto de que si Dios le devolvía en paz a la casa de su padre, le consagraría un diezmo de todo lo que poseía. La Biblia, especialmente los Salmos, abundan en ejemplos de tales votos de acción de gracias a Dios. [...]

2. El hecho de que las Escrituras contienen tantos ejemplos de votos, y tantas instrucciones a que sean observados fielmente, es prueba suficiente de que en su sitio, y en ocasiones apropiadas, son aceptables a los ojos de Dios.

3. [...] Pero en tanto que se debe admitir la legitimidad de los votos, no deberían multiplicarse indebidamente, ni hacerse a la ligera, ni permitir que interfieran con nuestra libertad cristiana. No sólo la violación de estas reglas ha producido los mayores males en la Iglesia de Roma, sino que los cristianos protestantes también se han visto reducidos al mayor estado de esclavitud por la multiplicación de los votos. Cuando ocurren estos casos, es cosa sana y es co-

rrecto para el cristiano afirmar su libertad. Así como un creyente no puede ser llevado rectamente a la esclavitud por los hombres, tampoco puede rectamente hacerse esclavo a sí mismo. Debería recordar que Dios prefiere misericordia al sacrificio; que ningún servicio es aceptable para Él que nos sea dañino; que no demanda de nosotros observar promesas que jamás debiéramos haber hecho, y que los votos por naderías son irreverentes, y que ni deberían ser hechos ni contemplados, sino que deberíamos arrepentirnos de ellos como pecados. Incluso Tomás de Aquino dice: «Vota quae sunt de rebus vanis et inutilibus, sunt magis deridenda, quam servanda.»[22] [...]

8. El cuarto mandamiento.

Su designio.

El designio del cuarto mandamiento era: (1) Conmemorar la obra de la creación. El pueblo recibió la orden de recordar el día de Sábado y santificarlo, porque en seis días Dios hizo los cielos y la tierra. (2) Preservar vivo el conocimiento del único Dios vivo y verdadero. Si los cielos y la tierra fueron creados, tienen que haber tenido un creador, y ese creador tiene que ser extra-mundano, existiendo antes que, fuera de e independientemente del mundo. Tiene que ser omnipotente e infinito en conocimiento, sabiduría y bondad; porque todos estos atributos son necesarios para explicar las maravillas de los cielos y de la tierra. [...] (3) Este mandamiento tenía el designio de detener la corriente de la vida exterior de la gente, y volver sus pensamientos a lo invisible y espiritual. Los hombres son tan propensos a sumergirse en las cosas de este mundo que es de la mayor importancia que haya un día de frecuente repetición en el que se les prohíba pensar en las cosas de este mundo, y que se les lleve a pensar en las cosas invisibles y eternas. (4) Tenía la intención de dar tiempo para la instrucción del pueblo, y para el culto especial y público de Dios. (5) Mediante la prohibición de todo trabajo servil, tanto de hombres como de animales, estaba designado para asegurar un reposo recuperativo para aquellos en quienes había recaído la maldición primigenia: «Comerás el pan con el sudor de tu rostro.» (6) Como día de descanso y como puesto aparte para la relación con Dios, estaba dispuesto para ser un tipo de aquel reposo que queda para el pueblo de Dios, como aprendemos de los Salmos 95:11, como lo expone el Apóstol en Hebreos 4:1-10. (7) Como la observancia del Sábado se había extinguido entre las naciones, fue solemnemente reinstaurado bajo la dispensación Mosaica para que fuera señal del pacto entre Dios y los hijos de Israel. Debían distinguirse de entre todas las naciones de la tierra como pueblo observante del Sábado, y como tales recibirían especiales bendiciones de Dios. Éxodo 31:13: «En verdad vosotros guardaréis mis sábados; porque es señal entre mí y vosotros por vuestras generaciones, para que sepáis que yo soy Jehová que os santifico.» [...] Y en Ezequiel 20:12 se dice: «Les di también mis sábados, para que fuesen por señal entre mí y ellos, para que supiesen que yo soy Jehová, que los santifico.»

El Sábado fue instituido desde el principio, y es de obligación perpetua.

1. Esto se puede inferir por la naturaleza y designio de la institución. Es un principio generalmente reconocido que aquellos mandamientos dirigidos a los judíos como judíos, y basados en sus peculiares circunstancias y relaciones, se desvanecieron cuando se abolió la economía Mosaica; pero los basados en la inmutable naturaleza de Dios, o en las relaciones permanentes de los hombres, son de obligación permanente. Hay muchos mandamientos que

---

22. *Summa*, II, II, quaest. LXXXVIII. 2, edición de Colonia, 1640, pág. 164, b, del tercer juego.

obligan a los hombres como hombres; a los padres como padres; a los hijos como hijos; y a los vecinos como vecinos. Es perfectamente evidente que el cuarto mandamiento pertenece a esta última clase. Es importante que todos los hombres sepan que Dios creó el mundo, y por ello que Él es un ser personal extra-mundano, infinito en todas sus perfecciones. Todos los hombres tienen que detenerse en su carrera terrenal, y son llamados a detenerse y a volver sus pensamientos hacia Dios. Es de incalculable importancia que los hombres tengan tiempo y oportunidad para la instrucción y el culto religiosos. Es necesario que todos los hombres y animales serviles tengan tiempo para reposar y recobrar fuerzas. El reposo nocturno diario no es suficiente para ello, como nos aseguran los fisiólogos, y como lo ha demostrado la experiencia. Este es evidentemente el parecer de Dios.

Así, parece, por la naturaleza de este mandamiento como moral, y no positivo o ceremonial, que es original y universal en su obligación. Nadie pretende que los mandamientos «no matarás» y «no hurtarás» fueron primeramente anunciados por Moisés, y que dejaron de ser vinculantes cuando la antigua economía se desvaneció. Una ley moral es vinculante por su misma naturaleza. Expresa una obligación que surge bien de nuestra relación con Dios, o bien de nuestras relaciones permanentes con nuestros semejantes. Es vinculante tanto si está formalmente promulgada como si no. Es indudable que hay elementos positivos en el cuarto mandamiento tal como aparece en la Biblia. Es positivo que sea una séptima, y no una sexta u octava parte de nuestro tiempo la que consagramos al servicio público de Dios. Es positivo que sea el séptimo día de la semana y no otro día el que así se separa. Pero es moral que haya un día de reposo y de cesación de actividades terrenales. Es de obligación moral que Dios y Sus grandes obras sean expresamente recordadas. Es un deber moral que el pueblo se reúna para instrucción religiosa y para la adoración unida a Dios. Todo esto era obligatorio antes de la época de Moisés, y hubiera sido vinculante aunque él jamás hubiera existido. Todo lo que hizo el cuarto mandamiento fue poner esta obligación natural y universal en una forma concreta.

2. La obligación original y universal de la ley del Sábado se puede inferir por el hecho de haber encontrado lugar en el Decálogo. Como todos los otros mandamientos en aquella revelación fundamental de los deberes del hombre para con Dios y para con su prójimo son morales y permanentes en su obligación, sería incongruente e innatural que el cuarto fuera una excepción solitaria. Este argumento no es desde luego contestado con la respuesta dada por los defensores de la doctrina opuesta. El argumento, dicen ellos, es válido sólo sobre la suposición de «que la ley Mosaica, debido a su origen divino, es de autoridad universal y permanente.»[23] ¿No se podría asimismo decir que si el mandamiento «No hurtarás» sigue en vigor, que todo el código de la ley de Moisés tiene que ser vinculante? [...]

3. Otro argumento se deriva de la pena que acompaña a la violación de este mandamiento: «Guardaréis el sábado, porque santo es a vosotros; el que lo profanare, de cierto morirá» (Éx 31:14). Ninguna violación de una ley meramente ceremonial o positiva era visitada con esta pena. Ni el descuido de la circuncisión, aunque involucraba el rechazo tanto del pacto Abrahámico y del Mosaico, y necesariamente implicaba la pérdida de todos los beneficios de la teocracia, fue constituido como delito capital. La ley del sábado, al quedar distinguida así, fue elevada muy por encima de los meros mandamientos positivos. Le fue dado un carácter especial, no sólo de importancia primordial, sino también de especial santidad.

4. Por ello encontramos que en los profetas, así como en el Pentateuco, y en los libros históricos del Antiguo Testamento, el Sábado no sólo es mencionado como «un deleite», sino que también es predicha su fiel observancia como una de las características del período Mesiánico. [...]

---

23. Palmer, en Herzog, *Real-Encyclopädie*, artículo «Sonntagsfeier.»

Estas consideraciones, aparte de la evidencia histórica o de la aserción directa de las Escrituras, son suficientes para crear una presunción intensa, si no invencible, de que el Sábado fue instituido desde el principio, y que fue designado para ser de obligación universal y permanente. Toda ley que tuviera una base o razón temporal para su promulgación era temporal en su obligación. Donde la razón de la ley es permanente, la ley misma es permanente. [...]

9. El quinto mandamiento.

Su designio.

El principio general de deber que se da en este mandamiento es que deberíamos sentir y actuar de una manera apropiada hacia nuestros superiores. No importa en qué consista esta superioridad, si es de edad, oficio, poder, conocimiento o excelencia. Hay ciertos sentimientos y una cierta línea de conducta que se debe a aquellos que están por encima de nosotros, por esta misma razón, determinados y modificados en cada caso por el grado y la naturaleza de esta superioridad. A los superiores se debe, a cada uno de ellos en conformidad a la relación que tenga con nosotros, reverencia, obediencia y gratitud. La base de esta obligación se debe encontrar: (1) En la voluntad de Dios, que ha impuesto este deber a todas las criaturas racionales. (2) En la naturaleza de la relación misma. La superioridad supone, en alguna forma o grado, de parte del inferior, dependencia y deuda, y por ello es apropiada la reverencia, gratitud y obediencia; y (3) En la conveniencia, por cuanto el orden moral del gobierno divino y de la sociedad humana dependen de esta debida sumisión a la autoridad.

En el caso de Dios, como Su autoridad es infinita, la sumisión de Sus criaturas debe ser absoluta. A Él le debemos adoración o la más profunda reverencia, la más ferviente gratitud, y una implícita obediencia. El quinto mandamiento, sin embargo, trata de nuestro deber con nuestras co-criaturas. Lo primero en orden e importancia es el deber de los hijos para con sus padres, y por ello el deber general queda incorporado en el especifico mandamiento de «Honra a tu padre y a tu madre».

La relación filial.

Mientras que los deberes relativos de padres e hijos deben ser en todas partes y esencialmente los mismos, quedan sin embargo más o menos modificados por varias condiciones de la sociedad. Hay leyes acerca de esta cuestión en la Biblia que al dirigirse a un estado de cosas existente antes de la venida de Cristo, ya no son vinculantes para nosotros. Era inevitable, en el estado patriarcal de la sociedad, y especialmente en el estado de nomadismo, que el padre de una familia fuera a la vez padre, magistrado y sacerdote, y era natural y correcto que muchas de las prerrogativas parentales necesarias para tal estado de la sociedad quedaran retenidas en el estado temporal y transicional organizado bajo las instituciones Mosaicas. Por ello, vemos que las leyes de Moisés investían a los padres con poderes que ya no les pueden pertenecer con propiedad, y sostenían la autoridad paterna con leyes penales que ya no son necesarias. [...]

En el Nuevo Testamento se reconoce y ordena frecuentemente el deber mandado por el quinto mandamiento. Nuestro mismo bendito Señor estuvo sujeto a Sus padres (Lc 2:51). El Apóstol ordena a los hijos a que obedezcan a sus padres en el Señor (Ef 6:1), Y que los obedezcan en todo, porque esto es agradable al Señor (Col 3:20). Esta obediencia no debe ser sólo religiosa, sino específicamente cristiana, por cuanto la palabra Señor, en Efesios 6:1, se refiere a Cristo. Esto es patente porque [...] Señor, en el Nuevo Testamento, debe entenderse siempre de Cristo a no ser que el contexto lo impida; y porque a lo largo de estos capítulos Señor y Cristo se intercambia, de modo que es evidente que ambas palabras se refieren a la misma persona. A los hijos se les manda que obedezcan a sus padres en el Señor, esto es, como un deber religioso, como parte de la obediencia debida al Señor. Deben obedecerles «en todo», esto es, en todo lo que pertenezca a la esfera de la autoridad paterna. Dios nunca ha dado a los hombres una autoridad ilimitada. Las limitaciones de la autoridad paterna están determinadas en parte por la naturaleza de la relación, en parte por las Escrituras, y en parte por el estado de la sociedad o la ley de la tierra. La naturaleza de la relación supone que los padres deben ser obedecidos como padres, por gratitud y amor; y que su voluntad debe ser consultada y respetada incluso cuando sus decisiones no sean finales. No deben ser obedecidos como magistrados, como si estuvieran investidos con la capacidad de hacer o administrar leyes civiles, ni como profetas o sacerdotes. No son Señores sobre la conciencia. No pueden controlar nuestra fe ni decidir por nosotros cuestiones de deber de manera que nos exoneren de nuestra responsabilidad personal. Al ser un servicio de amor, no admite unos límites estrictamente definidos. Los hijos deben amoldarse a los deseos y dejarse controlar por los juicios de sus padres en todos los casos en que tal sumisión no entre en conflicto con deberes más elevados.

La regla general es simple e inclusiva. No entra en detalles innecesarios. Prescribe la norma general de la obediencia. Las excepciones a esta norma deben ser tales que se justifiquen por sí mismas a una conciencia divinamente iluminada, esto es, una conciencia iluminada por la Palabra y el Espíritu de Dios. El principio general dado en la Biblia en tales casos es: «Es justo obedecer a Dios antes que a los hombres.»

La promesa.

Este mandamiento tiene una promesa especial que lo acompaña. Esta promesa tiene una forma teocrática tal como aparece en el Decálogo: «Para que tus días se alarguen en la tierra que Dios le da.» El Apóstol, en Efesios 6:3, al omitir la última cláusula la generaliza, de manera que la aplica no a una tierra o pueblo, sino a los hijos obedientes en todas partes. La promesa anuncia el propósito general de Dios y un principio general de Su gobierno providencial. «La mano del diligente enriquece»; esta es una norma general que no queda invalidada si aquí o allí hay un hombre diligente que permanece pobre. Les va bien a los hijos obedientes. Prosperan en el mundo. Este es el hecho, y esta es la promesa divina. Siendo la familia la piedra angular del orden social y de la prosperidad, sigue que son bendecidas las familias en las que el plan y propósito de Dios es más plenamente llevado a cabo y realizado.

Deberes paternos.

Así como los hijos están obligados a honrar y a obedecer a sus padres, también los padres tienen deberes no menos importantes con respecto a sus hijos. Estos deberes son sumariamente expresados en Efesios 6:4, primero en sentido negativo, y luego en forma positiva: «Vosotros, padres, no provoquéis la ira a vuestros hijos». Esto es lo que no deben hacer. No deben excitar las malas pasiones de sus hijos por medio de ira, severidad, injusticia, parcialidad, o cualquier ejercicio indebido de la autoridad. Este es un gran mal. Es sembrar cizaña en lugar de trigo en un suelo feraz. La parte positiva del deber paterno es expresada en la instrucción global: «sino criadlos en disciplina (*paideia*) y amonestación (*noutheseia*) del Señor». La primera de estas palabras es inclusiva, la segunda es específica. La primera expresa todo el proceso de educación o instrucción; la otra el especial deber de advertencia y corrección. La «disciplina y amonestación» deben ser de carácter cristiano; esto es, no sólo tal como lo que Cristo aprueba y ordena, sino que es verdaderamente suya, esto es, que Él ejercita por medio de Su palabra y Espíritu por medio del padre como Su órgano. «Cristo es presentado ejercitando esta disciplina y amonestación, en tanto que por Él, por Su Espíritu, influencia y controla al padre.»[24] Según el Apóstol, este elemento religioso o cristiano es esencial en la educación de los jóvenes. El hombre tiene una naturaleza religiosa así como natural. Descuidar la primera sería tan irrazonable como descuidar la segunda y hacer de la educación una mera instrucción física. Tenemos que actuar en conformidad a la realidad. Es una realidad que los hombres poseen una naturaleza moral y religiosa. Es un hecho que si sus sentimientos morales y religiosos son iluminados y apropiadamente desarrollados, se vuelven rectos, útiles y felices. Por otra parte, si estos elementos de su naturaleza quedan sin cultivar o se pervierten, se vuelven degradados, miserables y malvados. Es un hecho que este departamento de nuestra naturaleza necesita tanto de la cultura correcta como la intelectual o la física. Es un hecho que esta cultura puede ser alcanzada sólo mediante su inculcación en la mente y su impronta en la conciencia. Es un hecho que esta verdad, como todos los cristianos creen, está contenida en las Sagradas Escrituras. Es un hecho, según las Escrituras, que el Hijo eterno de Dios es el único Salvador de los hombres, y que por fe en Él y por obediencia a Él, los hombres son libertados del dominio del pecado, y por ello es un hecho que a no ser que los hijos sean criados en la disciplina y amonestación del Señor, ellos, y la sociedad que ellos constituyan o controlen, irá a la destrucción. [...] Todo se resume en esto: Los cristianos están obligados por mandamiento expreso de Dios, así como por consideración a la salvación de sus hijos y a los mejores intereses de la sociedad, a procurar que sus hijos sean criados «en disciplina y amonestación del Señor»; a esto están obligados: por medio del estado si pueden; sin él, si deben.

La obediencia a los magistrados civiles.

Si el quinto mandamiento instruye, como principio general, respeto y obediencia a nuestros superiores, incluye nuestras obligaciones para con los gobernantes civiles. Se nos ordena: «Por causa del Señor, someteos a toda institución humana, ya sea al rey, como a superior, ya a los gobernadores, como enviados por él para castigo de los malhechores y alabanza de los que hacen el bien. Porque esta es la voluntad de Dios» (1 P 2:13-15). Toda la teoría del gobierno civil y del deber de los ciudadanos para con sus gobernantes queda globalmente enunciada por el Apóstol en Romanos 13:1-5. Allí se nos enseña: (1) Que toda autoridad proviene de Dios. (2) Que los magistrados civiles están ordenados por Dios. (3) Que la resistencia a los mismos es resistencia a Él; ellos son ministros que ejercen Su autoridad entre los hombres. (4) Que se les debe rendir obediencia a ellos como cuestión de conciencia, como parte de nuestra obediencia a Dios. [...]

De esto se ve de manera patente: Primero, que el gobierno civil es una ordenanza divina. No es meramente una institución humana optativa, algo que los hombres puedan tener o no tener, según consideren conveniente. No está basado en ningún contrato social; es algo que Dios ordena. [...]

Segundo: Se incluye en la doctrina del Apóstol que los magistrados derivan su autoridad de Dios; ellos son servidores de Él, y le representan. [...] Los poderes que existen están ordenados por Dios; es Su voluntad que lo sean, y que estén revestidos de autoridad.

Tercero: Según esto sigue que la obediencia a los magistrados y a la ley es un deber religioso. Debemos someternos «a toda institución humana» por causa del Señor, por consideración a Él, como lo expresa San Pedro; o «por causa de la conciencia», como expresa San Pablo la misma idea. No estamos obligados a obedecer a los magistrados meramente porque hayamos prometido hacerlo; ni porque los hayamos designado nosotros; ni porque sean sabios o buenos, sino porque ésta es la voluntad de Dios. [...] «De modo que quien se opone a la autoridad, a lo establecido por Dios resiste; y los que resisten, acarrean condenación (*krima*) para sí mismos.» Esto es: Dios los castigará.

---

24. Meyer, Comentario *in loco*.

Cuarto: Otro principio incluido en la doctrina del Apóstol es que se debe obediencia a todo gobierno *de facto*, sea cual sea su origen o carácter. Sus instrucciones fueron escritas durante el reinado de Nerón, y ordenaban que se le obedeciera. A los cristianos primitivos no se les pidió que examinaran las credenciales de sus gobernantes coetáneos cada vez que la guardia pretoriana decidiera deponer un emperador y proclamar a otro. [...] Debemos obedecer «las [autoridades] que hay». Tienen esta autoridad por la voluntad de Dios, que queda revelada por hechos tan claramente como por palabras. Es por Él que «los reyes reinan y que los príncipes decretan justicia.» «Él levanta a uno, y a otro lo abaja.»

Quinto: Las Escrituras enseñan claramente que ninguna autoridad humana puede ser ilimitada. Tal limitación puede que no vaya expresada, pero está siempre implicada. El mandamiento «No matarás» tiene una forma ilimitada, pero las Escrituras reconocen que el homicidio puede ser en ciertos casos no sólo justificable, sino obligatorio. Los principios que limitan la autoridad del gobierno civil y de sus agentes son sencillos y evidentes. El primero es que los gobiernos y magistrados tienen autoridad sólo dentro de sus esferas legítimas. Por cuanto el gobierno civil está instituido para la protección de la vida y de la propiedad, para la preservación del orden, para el castigo de los malhechores, y para alabanza de los que hacen lo bueno, sólo tiene que ver con la conducta o actos externos de los hombres. No puede tocar a sus opiniones, sean científicas, filosóficas o religiosas. Una ley del Parlamento o del Congreso ordenando que los ingleses o americanos deban ser materialistas o idealistas sería un absurdo y una vaciedad. El magistrado no puede entrar en nuestras familias y asumir la autoridad paterna, ni en nuestras iglesias y enseñar como un ministro. Un juez de paz no puede arrogarse las prerrogativas de un gobernador estatal, ni del presidente de los Estados Unidos. Fuera de su ámbito, un magistrado deja de serlo. Una segunda limitación es no menos clara: Ninguna autoridad humana puede obligar a nadie a desobedecer a Dios. Si todo poder viene de Dios, no puede ser legítimo cuando se usa contra Dios. Esto es evidente por sí mismo. Cuando a los Apóstoles se les prohibió predicar el Evangelio, rehusaron obedecer. Cuando los tres amigos de Daniel rehusaron inclinarse ante la imagen hecha por Nabucodonosor; cuando los primeros cristianos rehusaron adorar ídolos; y cuando los mártires Protestantes rehusaron profesar los errores de la Iglesia de Roma, todos se encomendaron a Dios, y alcanzaron el respeto de todos los hombres buenos. Acerca de esto no puede haber discusión. Es importante que este principio sea no sólo reconocido, sino también proclamado públicamente. [...]

Sexto: Otro principio general es que la cuestión de cuándo pueda y deba desobedecerse al gobierno civil es una que cada individuo debe decidir por sí mismo. Es asunto de juicio individual. Cada hombre tiene que responder a Dios de sí mismo, y por ello cada hombre debe juzgar por sí mismo acerca de si un acto es pecaminoso o no. Daniel juzgó por sí mismo. Así lo hicieron Sadrac, Mesac y Abed-nego. Lo mismo sucedió con los Apóstoles y con los mártires.

Una ley o mandamiento anticonstitucionales es vacía y nula. Nadie peca desobedeciéndola. Pero desobedece a riesgo de sí mismo. Si su postura es correcta, queda libre. Si es incorrecta, a la vista del tribunal competente, tiene que sufrir la pena. Hay una evidente distinción a establecer entre desobediencia y resistencia. Uno está obligado a desobedecer la ley o el mandamiento que exija que peque, pero no sigue de ello que tenga la libertad de resistirse a la aplicación de la ley. Los Apóstoles rehusaron obedecer a las autoridades judías; pero se sometieron a la pena infligida. [...]

Obediencia a la Iglesia.

El Apóstol ordena a los cristianos: «Obedeced a vuestros pastores, y someteos a ellos; porque ellos velan por vuestras almas.» «Acordaos de vuestros pastores, que os hablaron la palabra de Dios» (He 13:7, 17). Nuestro Señor dijo a Sus discípulos que si un hermano que hubiera ofendido se resistía a otros medios para llevarlo al arrepentimiento, su ofensa debía ser contada a la Iglesia; y que si se negaba a oír a la Iglesia, debía ser considerado como gentil y publicano (Mt 18:17).

Los principios que regulan nuestra obediencia a la Iglesia son muy semejantes a los que tienen que ver con nuestra relación con el Estado. [...]

Así, en tanto que el deber de la obediencia a nuestros superiores, y la sumisión a la ley, tal como se ordena en el quinto mandamiento, es la fuente de todo orden en la familia, en la Iglesia y en el Estado, la limitación de este deber por nuestra más alta obligación para con Dios es el fundamento de toda libertad civil y religiosa.

10. El sexto mandamiento.

Su designio.

Este mandamiento, tal como lo expone nuestro Señor (Mt 5:21, 22), prohíbe la malicia en todos sus grados y en todas sus manifestaciones. La Biblia reconoce la distinción entre la ira y la malicia. La primera es permisible en ciertas ocasiones; la segunda es, por naturaleza, y por ello siempre, mala. Lo primero es una emoción natural o constitucional que brota de la experiencia o percepción del mal, e incluye no sólo desaprobación sino también indignación, y un deseo en alguna forma de rectificar o castigar el mal infligido. Lo otro incluye odio y el deseo de infligir mal para gratificar esta malvada pasión. De nuestro Señor se dice que se airó; pero en Él no había malicia ni resentimiento. Él era el Cordero de Dios; cuando le maldecían, no respondía con maldición; cuando padecía, no amenazaba; oró por Sus enemigos incluso en la cruz.

En los varios mandamientos del Decálogo, se selecciona la más alta manifestación de todo mal para su prohibición, con la intención de incluir las formas menores del mismo mal. Al prohibirse matar, se incluyen todos los grados y manifestaciones de sentimiento malicioso. La Biblia le asigna un especial valor a la vida del hombre, en primer lugar porque fue creado a imagen de Dios. Él no sólo es como Dios en los elementos esenciales de su naturaleza, sino que también es representante de Dios sobre la tierra. Una indignidad o un daño infligido a él es un acto de irreverencia hacia Dios, y segundo, todos los hombres son hermanos. Son de una sangre; hijos de un padre común. Sobre esta base estamos ligados a amar y a respetar a todos los hombres como hombres; y a hacer todo lo que podamos no sólo para proteger sus vidas sino también para promover su bienestar. Por ello, matar es el mayor crimen que un hombre puede cometer contra su prójimo.

La pena capital.

Por cuanto el sexto mandamiento prohíbe el homicidio malicioso, está claro que en la prohibición no se incluye la infracción de la pena capital. Este castigo no se inflige para gratificar el sentimiento de venganza, sino para dar satisfacción a la justicia y para preservar la sociedad. Por cuanto estos son fines legítimos y de la mayor importancia, sigue que el castigo capital del asesinato es también legítimo. Este castigo, en caso de asesinato, no es sólo legítimo, sino también obligatorio.

1. Porque está expresamente declarado en la Biblia. «El que derrame sangre del hombre, por el hombre su sangre será derramada; porque a imagen de Dios es hecho el hombre» (Gn 9:6). Es patente que esto es de obligación perpetua, por cuanto fue ordenado a Noé, la segunda cabeza de la raza humana. Por ello, no fue designado para una era o nación en particular. Es el anuncio de un principio general de la justicia; una revelación de la voluntad de Dios. Además, la razón asignada por la ley es una razón permanente. El hombre fue creado a imagen de

Dios; y. por ello, quien derrame su sangre, por el hombre será su sangre derramada. Esta razón es tan válida en un tiempo o lugar como en cualquier otro tiempo o lugar. El comentario de Rosenmüller acerca de esta cláusula es: «Cum homo ad Dei imaginem sit factus, aequum est, ut, qui Dei imaginem violavit et destruxit, occidatur, cum Dei imagini injuriam faciens, ipsum Deum, illius auctorem. petierit.»[25] Esta es una consideración muy solemne, y de amplia aplicación. Es de aplicación no sólo al asesinato y a otros daños infligidos sobre las personas de los hombres, sino también a Todo aquello que tienda a degradarlas o a contaminarlas. El Apóstol lo aplica incluso a malas palabras, o a la sugestión de pensamientos corrompidos. Si es un ultraje cometer una indignidad contra la estatua o retrato de un hombre grande y bueno, o de un padre o de una madre, cuanto más grande es el ultraje cuando ultrajamos la imperecedera imagen de Dios impresa en el alma inmortal del hombre. La orden de que el asesino debe ser muerto sin falta la encontramos repetida una y otra vez en la ley de Moisés (Éx 21:12, 14; Lv 24:17; Nm 35:21; Dt 19:11, 13).

Hay claros reconocimientos en el Nuevo Testamento de la continuada obligación de la divina ley de que el asesinato debe ser castigado con la muerte. En Romanos 13:4 el Apóstol dice que el magistrado «no en vano lleva la espada». La espada era llevada como símbolo del poder del castigo capital. Incluso por parte de escritores profanos, dice Meyer, que el magistrado «llevara la espada» era emblema de poder sobre la vida y la muerte. El mismo Apóstol dice (Hch 25:11): «Si he hecho algún agravio, o alguna cosa digna de muerte, no rehúso morir», lo que indica claramente que, a juicio de él, había delitos para los que era apropiada la pena de muerte.

2. Además de estos argumentos conforme a las Escrituras, hay otros que provienen de la justicia natural. Es un dictado de nuestra naturaleza moral que el crimen debe ser castigado; que debería existir una justa proporción entre el delito y la pena; y que la muerte, la mayor pena, es el castigo apropiado para el mayor de los crímenes. Que éste es el parecer instintivo de los hombres queda demostrado por la dificultad que a veces se tiene para refrenar a la multitud de tomarse una venganza precipitada en casos de asesinatos atroces. Tan fuerte es este sentimiento que hay la certeza de que se implantará una especie de justicia desenfrenada para tomar el lugar de una inoperancia judicial. Esta justicia, al ser sin ley e impulsiva, es demasiadas veces mal guiada y errónea, y, en una sociedad establecida, es siempre criminal. Al estar en la naturaleza de los hombres que la abolición de la pena de muerte como pena judicial legítima llevará a que ésta sea infligida por el vengador de la sangre, o por asambleas tumultuarias, la sociedad tiene que escoger entre asegurarle al homicida un juicio justo por parte de las autoridades constituidas, o entregarlo al ciego Espíritu de venganza.

3. La experiencia enseña que cuando la vida humana es infravalorada, está en inseguridad; que cuando el asesino escapa impune, o es castigado de forma inadecuada, los homicidios se multiplican de manera alarmante. La cuestión práctica, entonces, es: ¿quién debe morir? ¿El inocente, o el asesino?

El homicidio en defensa propia.

Queda claro que el sexto mandamiento no prohíbe el homicidio en defensa propia: (1) Porque tal homicidio no es malicioso, y, por tanto, no entra dentro del campo de la prohibición. (2) Porque la auto-preservación es un instinto de nuestra naturaleza, y, por tanto, una revelación de la voluntad de Dios. (3) Porque es un dictado de la razón y de la justicia natural que si de dos personas una tiene que morir, debería ser el agresor y no el agredido. (4) Porque el juicio universal de los hombres, y la Palabra de Dios, declaran inocente a aquel que mata a otro defendiendo su propia vida o la de su prójimo.

---

25. *Scholia in Vetus Testamentum*, Leipzig, 1795.

Guerra.

Se concede que la guerra es uno de los más terribles males que pueden infligirse a un pueblo; que involucra la destrucción de las propiedades y de la vida; que desmoraliza tanto a los vencedores como a los vencidos; que visita a miles de no combatientes con todas las miserias de la pobreza, de la viudez y de la orfandad; y que tiende a detener el avance de la sociedad en todo lo bueno y deseable. Dios, en muchos casos, hace que las guerras, como los tornados y los terremotos, resulten finalmente para cumplimiento de Sus benevolentes propósitos, pero esto no demuestra que la guerra en sí misma no sea un gran mal. Él hace que la ira del hombre le alabe. Se concede que las guerras emprendidas para gratificar la ambición, la codicia o el resentimiento de los gobernantes o del pueblo, son anticristianas y malvadas. Se concede asimismo que la inmensa mayoría de las guerras que han asolado el mundo han sido injustificables delante de Dios y de los hombres. Sin embargo, no sigue de esto que se deba condenar la guerra en todos los casos.

1. Esto queda demostrado porque el derecho de la defensa propia pertenece a las naciones así como a los individuos. Las naciones están obligadas a proteger las vidas y propiedades de sus ciudadanos. Si éstas se ven asaltadas por la fuerza, se puede emplear la fuerza de manera legítima para su protección. Las naciones tienen derecho asimismo a defender su propia existencia. Si ésta peligra por la conducta de otras naciones, tienen el derecho natural a la propia protección. Una guerra puede ser defensiva y sin embargo en cierto sentido agresiva. En otras palabras, la auto-defensa puede dictar y hacer necesario dar el primer golpe. Un hombre no está obligado a esperar hasta que un asesino dé realmente el primer golpe. Es suficiente que vea innegables manifestaciones de un propósito hostil. De igual manera una nación no está obligada a esperar hasta que sus territorios sean realmente invadidos y sus ciudadanos asesinados antes de blandir las armas. Es suficiente con que haya clara evidencia por parte de otra nación de una intención de iniciar hostilidades. Aunque es fácil establecer el principio de que la guerra es justificable sólo como medio de autodefensa, la aplicación práctica de este principio está fraguada de dificultades. La más mínima agresión a una propiedad nacional, o la más ligera infracción de los derechos nacionales, puede ser considerada como el primer paso hacia la extinción nacional, y presentarse como justificación para adoptar las más extremas medidas de defensa. Una nación puede pensar que es esencial para su seguridad un cierto agrandamiento territorial, y por ello que tiene derecho a ir a la guerra para lograrlo. Igualmente un hombre podría decir que necesita de una sección de la granja de su vecino para disfrutar plenamente de su propiedad, y por ello que tiene derecho a arrebatarla y quedársela. Se debe recordar que las naciones están tan obligadas por la ley moral como las personas individualmente; y por tanto que lo que una persona no pueda hacer para proteger sus propios derechos, o con la excusa de la defensa propia, tampoco puede hacerlo una nación. Por ello, una nación está obligada a ejercer gran paciencia, y a adoptar todos los medios disponibles de corregir los males, antes de lanzarse a sí misma y a otras a todas las desmoralizadoras miserias de la guerra.

2. Pero la legitimidad de la guerra defensiva no descansa de manera exclusiva sobre estos principios generales de justicia; está claramente reconocida en la Escritura. En numerosos casos, en el Antiguo Testamento, estas guerras fueron mandadas. Dios dotó a los hombres con especiales cualificaciones como guerreros. Les respondió cuando era consultado por medio del Urim y Tumim, o por medio de los profetas, acerca de la idoneidad de campañas militares (Jue 20:27, ss.; 1 S 14:37; 23:2.4; 1 R 22:6ss.); y a menudo interfirió milagrosamente en favor de Su pueblo cuando estaban enzarzados en una batalla. Muchos de los Salmos de David, dictados por el Espíritu, son oraciones pidiendo la ayuda divina en la guerra o en acción de gracias por la victoria. Por ello, está bien claro que el Dios al que adoraban los patriarcas y los profetas no condenaba la guerra, cuando la elección era la guerra o la destrucción. Está bien claro que

si a los israelitas no se les hubiera dejado defenderse contra sus vecinos paganos, pronto habrían sido extirpados, y su religión se habría desvanecido con ellos.

Por cuanto los principios esenciales de la moral no cambian, lo que era permitido o mandado bajo una dispensación no puede ser ilegítimo en otra, a no ser que lo indique una nueva revelación. Sin embargo, el Nuevo Testamento no contiene tal revelación. No dice, como en el caso de divorcio, que la guerra les había sido permitido a los hebreos por la dureza de su corazón, pero que bajo el Evangelio debía prevalecer una nueva ley. Este mismo silencio del Nuevo Testamento deja intacta la norma de deber dada por el Antiguo Testamento acerca de esta cuestión. Por tanto, aunque no hay declaración expresa acerca de esta cuestión, por cuanto ninguna era precisa, vemos la legitimidad de la guerra aceptada en silencio. Cuando los soldados preguntaron a Juan el Bautista acerca de qué debían hacer para prepararse para el reino de Dios, él no les dijo que debían abandonar la profesión de las armas. El centurión, cuya fe alabó tanto nuestro Señor (Mt 8:5-13), no fue censurado por ser soldado. Igualmente el centurión, un hombre devoto, a quien Dios ordenó en una visión que enviara a buscar a Pedro, y sobre quien, según el relato del capítulo diez de Hechos, vino el Espíritu Santo, así como sobre sus compañeros, pudo continuar hasta en el ejército de un emperador pagano. Si los magistrados, como leemos en el capítulo trece de Romanos, están armados con el poder de vida y muerte sobre sus propios ciudadanos, tienen desde luego derecho a declarar guerra en autodefensa.

En los primeros tiempos de la Iglesia hubo una gran falta de inclinación para dedicarse al servicio militar, y los padres, en ocasiones, justificaron esta indisposición poniendo en duda la legitimidad de las guerras. Pero la verdadera razón de esta oposición por parte de los cristianos a entrar en el ejército era que por ello se daban al servicio de un poder que perseguía la religión de ellos; y que los usos idolátricos estaban inseparablemente conectados con los deberes militares. Cuando el imperio romano se volvió cristiano, y la cruz tomó el puesto del águila en los estandartes del ejército, la oposición se desvaneció, hasta que al final oímos de prelados guerreros, y de órdenes monásticas militares.

Ninguna Iglesia Cristiana histórica ha denunciado toda guerra como ilegítima. La Confesión de Augsburgo[26] dice de manera expresa que es propio para los cristianos actuar como magistrados, y entre otras cosas «jure bellare, militare», etc. Y los Presbiterianos, especialmente, han mostrado que no va en contra de sus conciencias luchar hasta la muerte por sus derechos y libertades.

El suicidio.

Es concebible que personas que no creen en Dios o en un estado futuro de la existencia piensen que es permisible buscar en la aniquilación el refugio a las miserias de esta vida. Pero es inexplicable, excepto suponiendo una insania temporal o permanente, que nadie se precipite sin ser llamado a las retribuciones de la eternidad. Por ello, el suicidio es más frecuente entre los que han perdido toda fe en la religión[27] Es un crimen sumamente complicado. Nuestra vida no es nuestra. No tenemos más derecho a destruir nuestra vida que el que tenemos a destruir la de nuestro prójimo. Por ello, el suicidio es auto-asesinato. Es el abandono del puesto que Dios nos ha asignado. Es un rechazo deliberado de someternos a Su voluntad. Es un crimen que no admite arrepentimiento, y que consiguientemente involucra la pérdida del alma.

---

26. I. XVI. 2; Hasse, *Libri Symbolici*, 3ª edición, pág. 14.
27. Se estima que una muerte de cada 175 en Londres es por suicidio; en Nueva York, una por 172; en Viena, una por 160; en París, una por 72. [Naturalmente estas son cifras de la época de la publicación de este libro, en 1871-73. (*N. del T.*)]

Duelos.

Los duelos son otra violación del sexto mandamiento. Sus defensores los apoyan conforme a los mismos principios sobre los que se defiende la guerra internacional. Por cuanto las naciones independientes no tienen un tribunal común ante el que comparecer para que se enderecen los entuertos, tienen justificación, según principio de la autodefensa, de apelar a las armas para proteger sus derechos. De manera semejante, dicen ellos, hay ofensas para las que la ley nacional no ofrece reparación, y por ello se debe permitir a la persona individual que se busque su reparación. Pero (1) No hay mal que la ley no pueda o debiera reparar. (2) La reparación buscada en el duelo es injustificable. Nadie tiene derecho a matar a otro por un menosprecio o un insulto. Arrebatar la vida a alguien por unas palabras irreflexivas, o incluso por un serio insulto, es asesinato a los ojos de Dios, que ha ordenado la pena de muerte como castigo sólo por los crímenes más atroces. (3) El remedio es absurdo, porque con la mayor frecuencia es la parte agraviada la que pierde la vida. (4) Los duelos son causa del mayor sufrimiento para partes inocentes, que nadie tiene derecho a infligir para gratificar su orgullo o resentimiento. (5) El sobreviviente en un duelo fatal se hunde, a no ser que su corazón y conciencia estén cauterizados, en una vida de desgracia.

11. El séptimo mandamiento.

Este mandamiento, como aprendemos de la exposición que hace del mismo nuestro Señor, dada en Su sermón del monte, prohíbe toda impureza de pensamiento, de palabra y de conducta. Como la organización social de la sociedad está basada en la distinción de los sexos, y como el bienestar del estado y la pureza y prosperidad de la Iglesia descansa en la santidad de la relación familiar, es de la máxima importancia que la relación normal de los sexos, divinamente constituida, sea preservada en su integridad.

El celibato.

Entre las importantes cuestiones a considerar bajo el encabezamiento de este mandamiento, la primera es ver si la Biblia enseña que haya alguna especial virtud en una vida de celibato. Se trata verdaderamente de la cuestión de si hubo algún error en la creación del hombre.

1. El mismo hecho de que Dios creara al hombre varón y hembra, declarando que no era bueno que estuvieran solos, y que constituyera el matrimonio en el paraíso, debería ser decisivo para esta cuestión. La doctrina que degrada al matrimonio haciendo de él un estado menos santo, tiene su fundamento en el Maniqueísmo o Gnosticismo. Supone que el mal está esencialmente conectado con la materia; que el pecado tiene su asiento y fuente en el cuerpo; que la santidad es alcanzable sólo por medio del ascetismo y «el descuido del cuerpo»; que debido a que la «vita angelica» es una forma de vida superior a la humana aquí en la tierra, por tanto el matrimonio es una degradación. Por tanto, la doctrina de la Iglesia de Roma acerca de esta cuestión es totalmente anticristiana. Descansa sobre principios derivados de la filosofía de los paganos. Presupone que Dios no es el autor de la materia; y que Él no hizo al hombre puro, cuando le invistió de cuerpo.

2. A lo largo del Antiguo Testamento el matrimonio es expuesto como el estado normal del hombre. El mandato dado a nuestros primeros padres antes de la caída fue: «Fructificad y multiplicaos; llenad la tierra.» Sin el matrimonio no se hubiera podido llevar a cabo el propósito de Dios acerca de nuestro mundo; por ello, es contradictorio con las Escrituras suponer que el matrimonio sea menos santo, o menos aceptable a Dios que el celibato. Ser soltero era considerado en la antigua dispensación como una calamidad y una desgracia (Jue 11:37; Sal 78:63; Is 4:1; 13:12). El más elevado destino terrenal para una mujer, según las Escrituras del Antiguo Testamento, que son la Palabra de Dios, no era ser monja,

sino señora de la familia, y madre de hijos (Gn 30:1; Sal 113:9; 127:3; 128:3,4; Pr 18:22; 31:10, 28).

3. La misma alta estimación del matrimonio caracteriza las enseñanzas del Nuevo Testamento. El matrimonio es declarado «honroso en todos» (He 13:4). Pablo dice: «Cada uno tenga su propia mujer, y cada una su propio marido» (1 Co 7:2). En 1 Timoteo 5:14 dice: «Quiero, pues, que las viudas jóvenes se casen.» En 1 Timoteo 4:3 se incluye la prohibición de casarse entre las doctrinas de demonios. Así como la verdad viene del Espíritu Santo, así las falsas doctrinas, según la perspectiva del Apóstol, provienen de Satanás y de sus agentes, los demonios; estos son los «Espíritus seductores» de que se habla en el mismo versículo. Más de una vez nuestro Señor (Mt 19:5; Mr 10:7) cita y ordena la ley original dada en Génesis 2:24, de que el hombre «dejará a su padre y a su madre, y se unirá a su mujer, y se harán una sola carne.» Este mismo pasaje es citado por el Apóstol como conteniendo una gran verdad simbólica (Ef 5:31). Así se enseña que la relación matrimonial es la más íntima y sagrada que pueda existir en la tierra, a la que se deben sacrificar todas las otras relaciones humanas. Por ello encontramos que desde el principio, con raras excepciones, los patriarcas, profetas, apóstoles, confesores y mártires han sido hombres casados. Si el matrimonio no fue una degradación para ellos, ciertamente no debiera serlo para los monjes y sacerdotes.

La prueba más fuerte de la santidad de la relación matrimonial a los ojos de Dios se encuentra en el hecho de que tanto en el Antiguo como en el Nuevo Testamento es hecho el símbolo de la relación entre Dios y Su pueblo. «Tu Hacedor es tu marido» son las palabras de Dios, y contienen un mundo de verdad, de gracia y de amor. El alejamiento del pueblo de Dios es ilustrado con una referencia a una mujer abandonando a su marido; mientras que la paciencia, ternura y amor de Dios son comparados a los de un fiel marido para con su mujer. «Como el gozo del esposo con la esposa, así se gozará contigo tu Dios» (Is 62:5). En el Nuevo Testamento, esta referencia a la relación matrimonial para ilustrar la unión entre Cristo y la Iglesia es frecuente e instructiva. La Iglesia es llamada «la Esposa del Cordero» (Ap 21:9). Y la consumación de la obra de la salvación es presentada como el matrimonio, o cena de bodas del Cordero (Ap 19:7, 9). En Efesios 5:22-23, la unión entre maridos y mujeres y los deberes resultantes de ella se exponen como tan análogos a la unión entre Cristo y Su Iglesia, que en algunos casos es difícil determinar a qué unión se debe aplicar el lenguaje del Apóstol. Es asombroso, a la vista de todos estos hechos, que el matrimonio haya sido tan extensa y persistentemente considerado como algo degradante, y el celibato o virginidad perpetua como una virtud especial y peculiar. No existe ninguna evidencia más notable de la influencia de una falsa filosofía para pervertir las mentes incluso de los hombres buenos en toda la historia de la Iglesia. Ni los Reformadores escaparon plenamente a su influencia. A menudo hablan del matrimonio como el menor de dos males; no como un bien en sí mismo, ni como el estado normal y apropiado en el que hombres y mujeres debieran vivir, tal como está designado por Dios en la misma constitución de sus naturalezas, y como el mejor adaptado para el ejercicio y desarrollo de todas las virtudes sociales y cristianas. [...]

4. La enseñanza de la Escritura en cuanto a la santidad del matrimonio queda confirmada por la experiencia del mundo. Es sólo en el estado matrimonial donde son llamados a ejercitarse algunos de los más puros, más desinteresados y más elevados principios de nuestra naturaleza. Todo lo que respecta a la piedad filial, y al afecto paterno y especialmente materno, depende del matrimonio para su misma existencia. Pero es en la influencia purificadora y refrenadora de estos afectos de los que depende mayormente el bienestar de la sociedad humana. Es en el seno de la familia que se da la ocasión constante para actos de amabilidad, de abnegación, de paciencia y de amor. Así, la familia es la esfera mejor adaptada para el desarrollo de todas las virtudes sociales, y se puede decir con certidumbre que se encuentra mu-

chísima más excelencia moral y verdadera religión en los hogares cristianos que en los desolados hogares de sacerdotes, o que en las tenebrosas celdas de monjes y de monjas. Un hombre con sus hijos o nietos sobre sus rodillas es más respetable que cualquier maciento anacoreta en una cueva.

5. Nuestro Señor enseña que por los frutos es conocido el árbol. No ha habido una fuente más prolífica de males para la Iglesia que el concepto anti-bíblico de una especial virtud en la virginidad y del obligado celibato del clero y de los votos monásticos, a los que ha dado origen este concepto. Esta es la enseñanza de la historia. Acerca de esta cuestión son decisivos y abrumadores los testimonios de Romanistas y Protestantes. [...]

Los Protestantes, mientras que proclaman la santidad del matrimonio y niegan la superior virtud del celibato, no niegan que haya ocasiones y circunstancias en los que el celibato sea una virtud: esto es, que un hombre pueda hacer un acto de virtud al resolver no casarse nunca. La Iglesia tiene a menudo actividades que llevar a cabo para las que los hombres solteros son los únicos agentes apropiados. En otras palabras, los cuidados de una familia harían inapropiado a un hombre para llevar a cabo la tarea asignada. Esto, sin embargo, no supone que el celibato sea una virtud en sí mismo. [...] Hay ocasiones en que casarse es inconveniente. Nuestro Señor, al predecir la destrucción de Jerusalén, dijo: «¡Ay de las que en aquellos días estén encintas, y de las que estén criando!» Es parte de la prudencia escapar a tales ayes. Cuando los cristianos no tenían seguridad de sus vidas ni de sus hogares; cuando podían ser arrebatados de sus familias, o verse privados de todos los medios para proveer a sus necesidades, les era mejor no casarse. Refiriéndose a tales ocasiones y circunstancias fueron dichas estas palabras de Cristo, en el capítulo diecinueve de Mateo, y que fue dado el consejo del Apóstol en el capítulo siete de Primera a los Corintios. [...]

La doctrina que enseña Pablo es perfectamente coincidente con las enseñanzas de nuestro Señor. Él reconoce el matrimonio como una institución divina; como bueno en sí mismo; como el estado normal y apropiado en el que deberían vivir hombres y mujeres; pero por cuanto va acompañado de muchas congojas y distracciones, en tiempos turbulentos era conveniente permanecer solteros. Este es el sentido de la enseñanza de Pablo en Primera a los Corintios 7. Ninguno de los escritores sagrados, ni en el Antiguo ni en el Nuevo Testamento, exalta y glorifica el matrimonio como lo hace este Apóstol en su Epístola a los Efesios. Por ello, no es él quien, conducido como era en todas sus enseñanzas por el Espíritu de Dios, vaya a devaluar o a despreciarlo como sólo el menor de dos males. Es un bien positivo: la unión de dos personas humanas para suplementar y complementar la una a la otra de una forma que es necesaria para la perfección o pleno desarrollo de ambas. La esposa es para su marido lo que la Iglesia es para Cristo. No se puede decir nada más excelso que esto.

Historia.

Nadie puede leer las Epístolas de Pablo, especialmente a los Efesios y Colosenses, sin ver una clara indicación de la prevalencia, incluso en las iglesias apostólicas, de los principios de aquella filosofía que mantenía que la materia era contaminante; y que inculcaba el ascetismo como el medio más eficaz de purificar el alma. Esta doctrina ya ha había sido adoptada y puesta en práctica entre los judíos por los Esenios. Más hacia el Oriente, y bajo una forma algo diferente, había prevalecido durante siglos antes de la era cristiana, y sigue manteniendo su puesto. Según la filosofía brahmánica, la individualidad del hombre depende del cuerpo. Así, la total emancipación del cuerpo logra la refundición del finito en el infinito. El agua se pierde en el océano, y éste es el más sublime y final destino del hombre. Por ello, no se debe uno asombrar que los primeros padres cayeran más o menos bajo la influencia de estos principios, o de que el ascetismo ganara tan rápidamente y mantuviera su influencia en la Iglesia. La devaluación de la divina institución del matrimonio y la exaltación de la virginidad al primer puesto entre las virtudes cristianas fueron la consecuencia natural y necesaria de este espíritu. Ignacio llama a las vírgenes voluntarias «las joyas de Cristo». Justino Mártir deseaba que el celibato prevaleciera «lo máximo posible». Taciano consideraba el matrimonio como inconsistente con el culto espiritual. Orígenes «se incapacitó en su juventud», y consideraba el matrimonio una contaminación. Hieracas hizo «de la virginidad condición de salvación». Tertuliano denunció los segundos matrimonios como criminales, y expuso el celibato como el ideal de la vida cristiana, no sólo para el clero, sino también para los laicos. El segundo matrimonio fue prohibido por lo que concernía al clero, y pronto en el caso de éstos vino la total prohibición del matrimonio. Las Constituciones Apostólicas prohibieron que los sacerdotes contrajeran matrimonio tras su consagración. El Concilio de Ancira, el 314 d.C., permitió a los diáconos casarse, con la condición de que demandaran este privilegio antes de ser ordenados. El Concilio de Elvira del 305 d.C. prohíbe la continuación de la relación matrimonial (según la interpretación común de sus cánones) a los obispos, presbíteros y diáconos, bajo pena de deposición.[28] Jerónimo era fanático en sus denuncias contra el matrimonio, e incluso Agustín fue arrastrado por el espíritu de la edad. Como respuesta a la objeción de que si los hombres actuaran conforme su principio la tierra quedaría despoblada, respondió: Tanto mejor, porque en este caso Cristo volvería antes.[29] Siricio, Obispo de Roma en el 385 d.C., decidió que el matrimonio era inconsistente con el oficio del clero, y fue seguido en esta postura por sus sucesores. Sin embargo se experimentó gran oposición para imponer el celibato, y se precisó de toda la energía de Gregorio VII para ejecutar las decisiones de los concilios. Finalmente, sin embargo, se accedió a la regla, por lo que al clero respectaba, y recibió la sanción autoritativa del Concilio de Trento. [...]

Aunque la doctrina de que la virginidad, como la expresa el Catecismo Romano, «summopere commendatur», como mejor y más perfecta y santa que el estado matrimonial, es presentada como la razón manifiesta del celibato obligatorio del clero, está claro que las razones jerárquicas tuvieron mucho que ver en llevar a la Iglesia de Roma a insistir tan enérgicamente que su clero fuera célibe. Esto lo reconoce Gregorio VII cuando dice:[30] «Non liberari potest ecclesia a servitute laicorum, nisi liberentur clerici ab uxoribus.» Y Melancton se sintió autorizado a decir, con referencia al celibato del clero de la Iglesia de Roma: «Una est vera et sola causa tuendi coelibatus, ut opes commodius administrentur et splendor ordines retineatur.»[31]

Por cuanto la Reforma fue un retorno a las Escrituras como única norma infalible de fe y de práctica, y por cuanto en las Escrituras el matrimonio es exaltado como un estado santo, y por cuanto no se asigna preeminencia alguna en excelencia al celibato o a la virginidad; y por cuanto los Reformadores negaron la autoridad de la Iglesia para promulgar leyes para ligar la conciencia o para limitar la libertad con la que Cristo ha hecho libre a su pueblo, los Protestantes se pronunciaron unánimes en contra de la obligación de los votos monásticos y del celibato del clero.

La Iglesia griega se petrificó en una era temprana. Asumió la forma que sigue reteniendo, antes que la doctrina de la especial santidad del celibato adquiriera influencia. Por ello se mantiene según las decisiones del Concilio de Calcedonia, del 451 d.C., y de Trullo, del 692 d.C., que permitieron el matrimonio a los sacerdotes y diáconos. Los griegos en comunión con la Iglesia de Roma gozan de la misma libertad. [...] En la Iglesia Rusa se exige que los sacerdotes sean hombres casados; pero les están prohibidas las segundas nupcias. Los obispos son escogidos de entre los monjes, y tienen que ser célibes.

---

28. Véase Schaff, *History of the Christian Church*, Nueva York, 1867, Vol. I, §§91, 96.
29. Agustín, *De Bono Conjugali*, 10; *Works*, Edit. Benedit., París 1837, Vol. VI, pág. 551, c.
30. *Epist.* Lib. III, pág. 7.
31. Véase Herzog, *Real Encyklopädie*, art. «Cölibat»

El matrimonio, institución divina.

El matrimonio es una institución divina: (1) Porque está basada en la naturaleza del hombre como está constituida por Dios. Él hizo al hombre varón y hembra, y ordenó el matrimonio como la condición indispensable para la continuidad de la raza. (2) El matrimonio fue instituido antes de la existencia de la sociedad civil, y por ello no puede ser en su naturaleza esencial una institución civil. Por cuanto Adán y Eva fueron casados no por ninguna ley civil, ni por intervención de ningún magistrado civil, igualmente un hombre y una mujer que se encontraran en una isla desierta podrían legítimamente tomarse uno al otro como marido y mujer. Es una degradación de la institución hacer de ella un mero contrato civil. (3) Dios mandó a los hombres que se casaran cuando les mandó que fructificaran y que se multiplicaran y llenaran la tierra. (4) Dios, en Su Palabra, ha prescrito los deberes que pertenecen a la relación matrimonial; ha dado a conocer Su voluntad en cuanto a las partes que pueden contraer matrimonio legítimamente; ha determinado la continuidad de dicha relación; y las únicas causas que justifican su disolución. Estas cuestiones no están sujetas a la voluntad de las partes, ni a la autoridad del Estado. (5) El voto de mutua fidelidad tomado por marido y mujer no es hecho exclusivamente por el uno al otro, sino por cada uno de ellos a Dios. [...] Es un pacto voluntario, mutuo, entre marido y mujer. Se prometen mutua fidelidad; pero no obstante actúan en obediencia a Dios, y le prometen a Él vivir juntos como marido y mujer, según Su palabra. Cualquier violación del pacto es por tanto una violación de un voto hecho a Dios. [...]

Por cuanto la esencia del contrato matrimonial es el pacto mutuo de las partes delante de Dios y en presencia de testigos, no es absolutamente necesario que sea celebrado por un ministro religioso, y ni siquiera por un magistrado civil. Puede ser legítimamente solemnizado, como entre los Cuáqueros, sin la intervención de ninguno de ellos. No obstante, como es de la mayor importancia que se mantenga a la vista la naturaleza religiosa de la institución, los cristianos deben, por lo que a ellos mismos atañe, insistir en que sea solemnizado como un servicio religioso.

El matrimonio como institución civil.

Como el hecho de que un hombre sea siervo de Dios, y ligado a hacer de Su palabra la norma de su fe y práctica, no es inconsecuente con que sea siervo del estado, y ligado a obedecer sus leyes, tampoco es inconsecuente con el hecho de que el matrimonio es una ordenanza de Dios que sea, en otro aspecto, una institución civil. Está tan implicado en las relaciones sociales y civiles de los hombres que necesariamente pasa a la atención del estado. Es, por tanto, una institución civil. (1) Hasta allá donde es reconocido, y debe serlo, y mantenido por el estado. (2) Impone obligaciones civiles que el estado tiene derecho a mantener en vigor. Por ejemplo, el marido está obligado a sustentar a su mujer, y está obligado por la ley civil a cumplir con este deber. (3) El matrimonio involucra asimismo, por ambos lados, derecho a la propiedad; y el derecho de los hijos nacidos del matrimonio a la propiedad de sus padres. Todas estas cuestiones acerca de la propiedad recaen legítimamente bajo el control de la ley civil. En muchos países, no sólo la propiedad está implicada en la cuestión del matrimonio, sino también el rango, los títulos y las prerrogativas políticas. (4) Así, le corresponde al estado, como guardián de estos derechos, decidir qué matrimonios son legítimos y cuáles ilegítimos; cómo el contrato debe ser solemnizado y autenticado. Todas estas leyes deben ser obedecidas por los cristianos, hasta allá donde la obediencia es consistente con una buena conciencia.

El poder legítimo del estado en todas estas cuestiones está limitado por la voluntad revelada de Dios. No puede constituir nada como impedimento al matrimonio que las Escrituras no declaren como tal. No puede hacer de nada la razón para la disolución del contrato matrimonial que la Biblia no constituya en razón válida para el divorcio, y el estado no puede aplicar otras penas que las civiles a la violación de sus leyes acerca del matrimonio. Esto sólo quiere decir que un gobierno cristiano debe respetar las convicciones de conciencia de su gente. Es una violación de los principios de la libertad civil y religiosa que el estado haga su voluntad equivalente a la voluntad de Dios. [...]

La monogamia.

El matrimonio es un pacto entre un hombre y una mujer para vivir juntos, como marido y mujer, hasta que sean separados por la muerte. Según esta definición, primero, la relación matrimonial puede subsistir sólo entre un marido y una mujer; segundo, esta unión es permanente, esto es, sólo puede ser disuelta por la muerte de una de las partes o ambas, excepto por razones especificadas en la palabra de Dios; y tercero, la muerte de una de las partes disuelve la unión, de manera que es legítimo para la parte sobreviviente volverse a casar.

En cuanto al primero de estos puntos, o que la doctrina Escrituraria del matrimonio está opuesta a la poligamia y la condena, se debe observar:

1. Que esta ha sido la doctrina de la Iglesia Cristiana en todas las edades y en cada parte del mundo. [...] Es moralmente cierto que toda la Iglesia no puede haber errado, en una cuestión como esta, acerca de la voluntad de su divina Cabeza y Dueño.

2. El matrimonio, tal como fue constituido originalmente y ordenado por Dios, fue entre un hombre y una mujer. Y el lenguaje que Adán empleó cuando recibió a Eva de manos del Hacedor de ella demuestra que ésta era la naturaleza esencial de la relación: «Dijo entonces Adán: Esto es ahora hueso de mis huesos y carne de mi carne [...] Por tanto, dejará el hombre a su padre y a su madre, y se unirá a su mujer, y se harán una sola carne» (Gn 2:23, 24). O, como nuestro Señor cita y expone el pasaje: «y los dos vendrán a ser una sola carne, hasta el punto de que ya no son dos, sino una sola carne» (Mr 10:8). «Los dos», y no más que dos, vienen a ser uno. No sólo fue este el lenguaje del Adán no caído en el Paraíso, sino el lenguaje de Dios expresado a través de los labios de Adán, como se ve no sólo por las circunstancias del caso, sino también por el hecho de que nuestro Señor les atribuye autoridad divina, como evidentemente lo hace en el pasaje acabado de citar. Así, la ley del matrimonio tal como fue instituido originalmente por Dios, exigía que la unión fuera entre un hombre y una mujer. Esta ley podía ser sólo cambiada por la autoridad por la que fue originalmente promulgada. Delitzsch comenta acerca de este pasaje:[32] «En estas palabras no sólo se exhibe como la esencia del matrimonio la más profunda unión espiritual, sino una unión comprendiendo toda la naturaleza del hombre, una comunión totalmente inclusiva; y la monogamia es expuesta como su forma natural y divinamente señalada.»

3. Aunque esta ley original fue parcialmente descuidada en tiempos posteriores, nunca fue abrogada. La poligamia y el divorcio fueron en cierta medida tolerados bajo la ley Mosaica, pero en todas las eras entre los hebreos la norma fue la monogamia, y la poligamia la excepción, como entre las otras naciones civilizadas de la antigüedad. La poligamia aparece primero entre los descendientes de Caín (Gn 4:19). Noé y sus hijos tuvieron sólo una mujer cada uno. Abraham tenía una mujer solamente, hasta que la impaciencia de Sara por tener hijos le llevó a tomar a Agar como concubina. La misma norma matrimonial fue observada por los profetas como clase. La poligamia se limitaba en gran medida a los reyes y a los príncipes. También se hacía una honrosa distinción entre la esposa y la concubina. La primera mantenía su preeminencia como cabeza de la familia. Numerosos pasajes del Antiguo Testamento de-

---

32. *Die Genesis*, Leipzig, 1852, pág. 114.

muestran que la monogamia era considerada como la norma matrimonial, de la que la pluralidad de mujeres era una desviación. A través de Proverbios, por ejemplo, tenemos la bendición de una buena esposa, no de esposas, que es continuamente mencionada (Pr 12:4; 19:14; 31:10 y ss.). Los libros apócrifos contienen clara evidencia de que después del exilio la monogamia era casi universal entre los judíos; y de pasajes como Lc 1:5; Hch 5:1 y muchos otros se puede inferir que lo mismo era cierto en la época del advenimiento de Cristo.

Con respecto a la tolerancia de la poligamia bajo la ley de Moisés, se tiene que recordar que el séptimo mandamiento pertenece a la misma categoría que el sexto y el octavo. Estas leyes no están basadas en la naturaleza esencial de Dios, y por ello no son inmutables. Están basadas en las relaciones permanentes entre los hombres en su actual estado de existencia. De esto sigue: (1) Que son vinculantes para los hombres sólo en su actual estado. Las leyes de la propiedad y del matrimonio no pueden ser de aplicación, hasta donde sepamos, al mundo futuro, donde los hombres serán como ángeles, ni casándose ni dándose en casamiento. (2) Al estar estas leyes basadas en las relaciones permanentes y naturales de los hombres, no pueden ser echadas a un lado por la autoridad humana, porque estas relaciones no están sujetas a la voluntad ni a la ordenanza de los hombres. (3) Sin embargo, pueden ser dejadas de lado por Dios. Él mandó a los israelitas que despojaran a los egipcios y que desposeyeran a los cananeos, pero esto no demuestra que una nación pueda, por su propia iniciativa, apoderarse de la herencia de otro pueblo. Por ello, si Dios concedió en cualquier momento y a cualquier pueblo permiso para practicar la poligamia, entonces la poligamia era legítima hasta tanto durara el permiso y para aquellos a quien fuera dado, e ilegítima para todos los otros tiempos y para todas las otras personas. Este principio queda claramente reconocido en lo que nuestro Señor enseña acerca del divorcio. A los judíos les era permitido, bajo la ley de Moisés, repudiar a sus mujeres; tan pronto como la ley fue abolida, cesó el derecho al divorcio.

4. Sin embargo, la monogamia no descansa exclusivamente sobre la original institución del matrimonio, ni en la corriente general de la enseñanza del Antiguo Testamento, sino principalmente en la voluntad claramente revelada de Cristo. Su voluntad es la suprema ley para todos los cristianos, y de derecho para todos los hombres. Cuando los fariseos acudieron a Él y le preguntaron si un hombre podía legítimamente despedir a su mujer, él respondió: Que el matrimonio, tal como Dios lo había instituido, era una unión indisoluble entre un hombre y una mujer; y por tanto que aquello que Dios había unido nadie podía separarlo. Esta es la doctrina claramente enseñada en Mateo 19:4-9; Marcos 10:4-9; Lucas 16:18; Mateo 5:32. En estos pasajes nuestro Señor declara de manera expresa que si un hombre se casa mientras su primera mujer vive, comete adulterio. La excepción que el mismo Cristo hace a esta norma será considerada bajo el encabezamiento del divorcio.

El Apóstol enseña la misma doctrina en Romanos 7:2, 3: «Porque la mujer casada está sujeta por la ley al marido mientras éste vive; pero si el marido muere, ella queda libre de la ley del marido. Así que, si en vida del marido se une a otro varón, será llamada adúltera; pero si su marido muere, es libre de esta ley, de tal manera que si se une a otro marido, no será adúltera.» La doctrina de este pasaje es que el matrimonio es un pacto entre un hombre y una mujer que sólo puede quedar disuelto por la muerte de una de las partes. Así, en 1 Corintios 7:2, donde se dice que «cada uno tenga su propia mujer, y cada una tenga su propio marido», se da por supuesto que en la Iglesia Cristiana la pluralidad de mujeres es tan impensable como la pluralidad de maridos. Este supuesto corre a través de todo el Nuevo Testamento. No sólo no leemos nunca de un cristiano con dos o más mujeres, sino que siempre que se habla del deber de la relación conyugal, es siempre del marido a su mujer, y de la mujer a su marido. [...]

5. Esta ley Escrituraria queda confirmada por la ley providencial que asegura la igualdad

numérica de los sexos. Si la poligamia hubiera sido acorde al propósito divino, deberíamos naturalmente esperar que nacieran más mujeres que varones. Pero lo opuesto es lo que sucede. Nacen más varones que mujeres. Pero el exceso es sólo suficiente para proveer al mayor peligro al que están expuestos los varones. La ley de la providencia es la igualdad numérica de los sexos; y ésta es una clara indicación de la voluntad de Dios de que cada hombre debiera tener su propia mujer, y que cada mujer debiera tener su propio marido. Siendo ésta la voluntad de Dios, revelada tanto en Su palabra y en Su providencia, todo lo que tienda a contrarrestarla tiene que ser de naturaleza perversa y con malas consecuencias. La doctrina que depreció el matrimonio y que hizo una virtud del celibato inundó a la Iglesia de corrupción, y todo aquello en nuestra moderna civilización que hace difícil el matrimonio, y por tanto infrecuente, debe ser lamentado, y si es posible eliminado. Que cada hombre debiera tener su mujer, y cada mujer su propio marido, es el preventivo divinamente señalado para el mal social de la prostitución con todos sus inenarrables horrores.[33] Toda otra prevención humana no sirve de nada. En lugar de dejar que prosiga el actual estado de cosas, sería mejor volver a los antiguos usos patriarcales, y dejar que los padres dieran a sus hijos e hijas en matrimonio tan pronto como llegaran a la edad apropiada, en los mejores términos que pudieran.

6. Por cuanto todas las leyes permanentemente obligatorias de Dios se basan en la naturaleza de Sus criaturas, sigue de ello que si Él ha ordenado que el matrimonio sea la unión de un hombre y de una mujer, tiene que haber una razón para ello en la misma constitución del hombre y en la naturaleza de la relación conyugal. Esta relación tiene que ser de tal tipo que no puede subsistir entre uno y muchas; entre un hombre y más de una mujer. Ello queda claro por la naturaleza del amor involucrado; y, segundo, por la naturaleza de la unión constituida. Primero, el amor conyugal es peculiar y exclusivo. Sólo puede tener un objeto. Así como el amor de una madre por un hijo es peculiar, y no puede tener otro objeto que su propio hijo, así el amor de un marido no puede tener otro objeto que su esposa, y el amor de una esposa no puede tener otro objeto que su marido. Es un amor no sólo de complacencia y de deleite, sino también de posesión, de propiedad, y de propiedad legítima. Por esto tanto en el hombre como en la mujer los celos son la más fiera de todas las pasiones humanas. Involucra un sentimiento de insulto; de la violación de los más sagrados derechos; más sagrados aún que los derechos a la propiedad o a la vida. Por tanto, el amor conyugal no puede existir excepto entre un hombre y una mujer. La monogamia tiene su fundamento en la misma constitución de nuestra naturaleza. La poligamia es innatural, y necesariamente destructiva de la relación normal, divinamente constituida entre marido y mujer.

Segundo, en otro aspecto, la unión involucrada en el matrimonio no puede existir excepto entre un hombre y una mujer. No se trata meramente de una unión de sentimientos y de intereses. Es una unión tal que produce, en cierto sentido, una identidad. Los dos devienen uno. Esta es la declaración de nuestro Señor. Marido y mujer son uno, en un sentido que justificó al Apóstol a decir, como dice en Efesios 5:30, que la mujer es hueso de los huesos de su marido, y carne de su carne. [...] Hay, en un sentido cierto, una comunidad de vida entre marido y mujer. Solemos decir, y con verdad, que la vida de los padres es comunicada a los hijos. Cada nación y cada familia histórica tienen una forma de vida que las distingue. Y, por ello, la vida de un padre y la vida de su hijo son la misma en que la sangre (esto es, la vida) del padre fluye en las venas de sus hijos; así, en un sentido análogo, la vida del marido y de la mujer son una. Tienen una vida común, y esta vida común es transmitida a su descendencia. Esta es la

---

33. El hecho de que los hombres y las mujeres que hacen una profesión del asesinato de niños, nacidos o no, se enriquezcan como se enriquecen, es suficiente para levantar a cualquier comunidad de su falso sentimiento de seguridad.

doctrina de la Iglesia primitiva. Las Constituciones Apostólicas dicen:[34] *hë gunë koinönos esti biou, henoumenë eis hen söma ek duo para theou.*

La analogía que el Apóstol delinea en Efesios 5:22-33, entre la relación conyugal y la unión entre Cristo y su Iglesia, expone la doctrina Escritural del matrimonio mucho más claramente que quizá cualquier otro pasaje de la Biblia. De ninguna analogía se espera que corresponda en todos los respectos, y ninguna ilustración tomada de relaciones terrenales puede dar toda la riqueza de las cosas de Dios. Así, la relación entre marido y mujer es sólo una sombra de la relación de Cristo con Su Iglesia. Con todo, hay una analogía entre ambas cosas; (1) Por cuanto el Apóstol enseña que el amor de Cristo para con Su Iglesia es peculiar y exclusivo. Es tal como el que no tienen por ninguna otra clase o cuerpo de criaturas racionales en el universo. Así el amor del marido por su mujer es peculiar y exclusivo. Es tal como el que no tiene por otro objeto; un amor en el que nadie más puede participar. (2) El amor de Cristo por Su Iglesia es abnegado. Él se dio a Sí mismo por ella. Compró la Iglesia con Su sangre. Así el marido debiera, y cuando es fiel lo hace, sacrificarse en todo por su mujer. (3) Cristo y su Iglesia son uno; uno en el sentido de que la Iglesia es Su cuerpo. Así el marido y la mujer son uno en tal sentido de que un hombre, al amar a su mujer, a sí mismo se ama. (4) La vida de Cristo es comunicada a la Iglesia. Así como la vida de la cabeza es comunicada a los miembros del cuerpo humano, y la vida de la vid a los pámpanos, así hay, en un sentido misterioso, una comunidad de vida entre Cristo y Su Iglesia. De manera semejante, y en un sentido no menos misterioso, hay una comunidad de vida entre marido y mujer.

De todo esto sigue que así como sería totalmente incongruente e imposible que Cristo tuviera dos cuerpos, dos esposas, dos iglesias, así no es menos incongruente e imposible que un hombre tenga dos mujeres. Esto es, la relación conyugal, tal como es expuesta en la Escritura, no puede subsistir en absoluto excepto entre un hombre y una mujer.

Conclusiones.

1. Si esta es la verdadera doctrina del matrimonio, sigue, como se acaba de decir, que la poligamia destruye su misma naturaleza. Se basa en una perspectiva errónea de la naturaleza de la mujer. La sitúa en una posición falsa y degradante; la destrona y desposee; y es productora de numerosos males.

2. Sigue de ello que la relación matrimonial es permanente e indisoluble. Un miembro puede ser violentamente desgajado del cuerpo, y perder toda conexión vital con el mismo; y marido y mujer pueden ser así violentamente separados, y quedar anulada su relación conyugal, pero en ambos casos la conexión normal es permanente.

3. Sigue de esto que el estado no puede constituir ni disolver la relación matrimonial. No puede liberar a un marido o mujer «a vinculo matrimonii» más que liberar a un padre «a vinculo paternitatis». Puede proteger a un hijo de la injusticia o crueldad de su padre, e incluso por causa debida quitarlo de todo control paterno, y puede legislar acerca de sus propiedades, pero el vínculo natural entre padres e hijos está fuera de su control. Igualmente el estado puede legislar acerca del matrimonio, y determinar sus accidentes y consecuencias legales; puede decidir quiénes serán considerado como marido y mujer delante de la ley, y cuándo, y bajo qué circunstancias, dejarán de aplicarse los derechos legales o civiles surgiendo de la relación. Y puede proteger la persona y los derechos de la mujer, y, si fuere necesario, quitarla del control de su marido, pero el vínculo conyugal no puede disolverlo. Todos los decretos de divorcio «a vinculo matrimonii» emitidos por autoridades civiles o eclesiásticas son perfectamente inoperantes, por lo que res-

---

34. Lib. VI, cap. XIV; *Works* of Clement of Rome, edit. Migne, París, 1857, Vol. I, pág. 945, c.

pecta a la conciencia, a no ser que anteriormente a tales decretos, y por la ley de Dios, haya dejado de existir la relación matrimonial.

4. Sigue de la doctrina Escrituraria del matrimonio que son malas todas las leyes que tienden a hacer dos de aquellos a los que Dios pronuncia como uno; leyes, por ejemplo, como la que da a la mujer derecho a negociar, contraer deudas y entablar pleitos o sufrirlos, en su propio nombre. Esto es tratar de corregir una clase de males a riesgo de caer en otras cien veces peores. La Palabra de Dios es la única guía segura para la acción legislativa así como de la conducta individual.

5. Apenas será necesario observar que de la naturaleza del matrimonio sigue que después del asesinato, el adulterio es el mayor de todos los crímenes sociales. [...] Bajo la antigua dispensación era punible con la muerte. E incluso hoy día es prácticamente imposible condenar por asesinato a un hombre que mata al hombre que ha cometido adulterio con su mujer. Esto proviene de leyes humanas que entran en conflicto con las leyes de la naturaleza y de Dios. La ley de Dios considera al matrimonio como identificando al hombre y a su mujer. Las leyes del estado demasiadas veces lo contemplan como un mero contrato civil, y no le dan al marido ofendido ninguna reparación más que un pleito por daños por la pérdida pecuniaria que ha sufrido al estar privado de los servicios de su esposa. La pena por adulterio, para tener alguna proporción debida con la magnitud del crimen, debería ser severa y socialmente estigmatizadora.

6. Los deberes relativos de marido y mujer que surgen de esta relación se pueden expresar a grandes rasgos en pocas palabras. El marido debe amar, proteger y abrigar a su esposa como a sí mismo, esto es, como siendo para él otro yo. Los deberes de la mujer quedan establecidos en la fórmula cristiana consagrada por el tiempo: «Amar, honrar y obedecer.» [...]

El divorcio, su naturaleza y efectos.

El divorcio no es una mera separación, sea temporal o permanente, «a mensa et thoro». No es una separación que deje a las partes con la relación de marido y mujer, y que simplemente los alivie de la obligación de sus deberes relativos. El divorcio anula el «vinculum matrimonii», de modo que las partes dejan de ser marido y mujer. Que ésta es la verdadera idea del divorcio queda claro por el hecho de que bajo la antigua dispensación, si un hombre despedía a su mujer, ella quedaba libre para volverse a casar (Dt 24:1, 2). Esto supone naturalmente que la relación matrimonial con el primer marido quedó efectivamente disuelta. Nuestro Señor enseña la misma doctrina. Los pasajes en los Evangelios que se refieren a esta cuestión son Mateo 5:31, 32; 19:3-9; Mr 10:2-12; y Lc 16:18. El sencillo significado de estos pasajes parece ser que el matrimonio es un pacto permanente, que no puede ser disuelto a voluntad de cualquiera de las partes. Por ello, si un hombre despide arbitrariamente a su mujer y se casa con otra, comete adulterio. Si la repudia por una causa justa y se casa con otra, no comete pecado. Nuestro Señor hace que la culpa de casarse después de la separación dependa de la razón de la separación. Al decir: «que cualquiera que repudia a su mujer, salvo por causa de fornicación, y se casa con otra, comete adulterio», está con ello diciendo que «el pecado no es cometido si existe la causa específica de divorcio». Y esto es decir que el divorcio, cuando está justificado, disuelve el vínculo matrimonial.

Aunque esta parece ser tan claramente la doctrina de la Escritura, la doctrina opuesta prevaleció tempranamente en la Iglesia, y pronto logró el dominio. El mismo Agustín enseñó en su obra «De Conjugiis Adulterinis»,[35] y en otros lugares, que ninguna de las partes después del divorcio podía contraer nuevo matrimonio. Sin embargo, en su «Retractions» expresa dudas acerca de ello. Sin embargo, esto pasó a la ley canónica, y recibió la sanción autoritativa del Concilio de

---

35. *Works*, edit. Benedictines, París, 1837, Vol. VI, pág. 658.

Trento. [...] La necesaria consecuencia de la doctrina [es] que la relación matrimonial sólo puede ser disuelta con la muerte. La mala disposición de la Iglesia medieval y Romanista a admitir nuevo matrimonio después de un divorcio debe atribuirse indudablemente en parte al bajo concepto que prevalecía en la Iglesia Latina acerca del estado matrimonial. Pero se basaba en la interpretación que se daba a ciertos pasajes de la Escritura. En Marcos 10:11, 12 y en Lucas 16:18, nuestro Señor dice sin cualificaciones: «Cualquiera que repudie a su mujer, y se case con otra, comete adulterio contra ella; y si ella se divorcia de su marido y se casa con otro, comete adulterio.» Esto fue tomado como la ley acerca de esta cuestión, sin consideración alguna a lo que se dice en Mateo 5:31, 32 y 19:3-9. Sin embargo, como no hay duda alguna de la genuinidad de los pasajes en Mateo, no se pueden pasar por alto. Una expresión de la voluntad de Cristo es tan autoritativa y tan satisfactoria como pudieran serlo mil repeticiones. Por ello, se debe mantener la excepción expuesta en Mateo. La razón para su omisión en Marcos y Lucas puede explicarse de diversas maneras. Algunos dicen que la excepción era necesariamente entendida por su misma naturaleza, mencionada o no. O, habiendo sido expresada dos veces, su repetición era necesaria. O quizá lo más probable, por cuanto nuestro Señor estaba hablando con los fariseos, los cuales mantenían que un hombre podía repudiar a su mujer cuando quisiera, era suficiente decir que estos divorcios a los que ellos estaban acostumbrados no disolvían el vínculo matrimonial, y que las partes seguían siendo tan marido y mujer como antes. Bajo el Antiguo Testamento estaba fuera de toda cuestión el divorcio por causa de adulterio, por cuanto el adulterio era punible por la muerte. Y por ello, es sólo cuando Cristo establece la ley de Su propio reino, bajo el que iba a quedar abolida la pena de muerte por adulterio, que fue necesario hacer alguna referencia a este crimen. [...]

Razones para el divorcio.
Como ya se ha dicho, el matrimonio es un pacto indisoluble entre un hombre y una mujer. No puede ser disuelto por ningún acto voluntario de repudio por parte de las partes contratantes, ni por acto alguno de la Iglesia o del Estado. «Lo que Dios unió, no lo separe el hombre.» Sin embargo el pacto puede quedar disuelto, aunque no por un acto legítimo del hombre. Queda disuelto a la muerte. Queda disuelto por adulterio, y, como enseñan los Protestantes, por deserción voluntaria. En otras palabras: hay unas ciertas cosas que por su misma naturaleza constituyen una disolución del vínculo matrimonial. Toda lo que la autoridad legítima del estado tiene de su parte es tomar conocimiento del hecho de que el matrimonio está disuelto; anunciarlo oficialmente, y hacer una apropiada provisión para la relación alterada de las partes.

Ya se ha visto en la sección anterior que según la llana enseñanza de nuestro Salvador el vínculo matrimonial queda anulado por el crimen del adulterio. La razón para ello es que las partes ya no son más uno, en el sentido misterioso en que la Biblia declara que el hombre y su mujer son uno.[36] El Apóstol enseña acerca de este tema la misma doctrina que Cristo había enseñado. El capítulo séptimo de su Primera Epístola a los Corintios está dedicado a esta cuestión del matrimonio, con referencia a lo cual se le habían hecho varias preguntas.

Primero establece el principio general, basado en la Palabra de Dios y en la naturaleza del hombre, de que lo mejor es que cada hombre tenga su propia mujer, y cada mujer su propio marido; pero en vista «de la aflicción que está sobre nosotros» (V.M.), aconseja a sus lectores

---

36. No puede haber duda alguna razonable de que la palabra *porneia*, tal como se emplea en Mt 5:32 y 19:9 significa adulterio. *Porneia* es un término general que incluye toda cohabitación sexual ilegítima, como dice Teodoreto acerca de Romanos 1:29 (edición de Halle, 1771): *kalei porneian tēn ou kata gamon ginomenēn sunousian*; mientras que *moicheia* es el mismo pecado cometido por una persona casada. Para el uso definido del término *porneia* véase 1 Corintios 5:1. Tholuck considera de manera extensa el sentido de esta palabra tal como la emplea Mateo en su obra *Bergpredigt*, 3ª edición, Hamburgo 1845, págs. 225-230.

que no se casen. Les escribe a los Corintios como escribiría alguien a un ejército a punto de entrar en un conflicto de lo más desigual en país enemigo, y por un prolongado período de tiempo. Les dice: «No es el momento ahora para que penséis en casaros. Tenéis derecho a hacerlo. Y en general lo mejor es que todos los hombres se casen. Pero en vuestras circunstancias, casaros llevaría sólo a una carga y a un aumento del sufrimiento.» Esta limitación de su consejo para no casarse, que se circunscribe a personas en las circunstancias en que se encuentran aquellos a los que se da el consejo, no sólo es expresada de manera clara en el v. 26, sino que es la única manera con que se puede conciliar a Pablo con él mismo y con la enseñanza general de la Biblia. Ya se ha observado que ninguno de los escritores sagrados habla en términos más elevados acerca del matrimonio que este Apóstol. Él lo expone como una unión espiritual de lo más ennoblecedor, que exalta a un hombre fuera de él mismo y le hace vivir para otra persona; una unión tan elevada y afinadora que hace que sea un adecuado símbolo de la unión entre Cristo y su Iglesia. El matrimonio, según este Apóstol, hace por el hombre en la esfera de la naturaleza lo que la unión con Cristo hace para él en la esfera de la gracia.

Habiendo así dado como consejo que lo mejor, bajo las circunstancias en que se hallaban, era que los cristianos no se casaran, pasa a dar instrucciones a los ya casados. De estos había dos clases: primero, aquellos matrimonios en los que tanto marido como mujer eran cristianos; y segundo, cuando una de las partes era creyente, y la otra incrédula, esto es, judío o pagano. Con respecto al primer caso, dice que por cuanto según la ley de Cristo el matrimonio es indisoluble, ninguna parte tiene derecho a repudiar a la otra. Pero, si en violación de la ley de Cristo, una mujer hubiera dejado a su marido, estaba obligada o bien a quedar sin casarse, o a reconciliarse con su marido. El Apóstol reconoce así implícitamente el principio de que puede haber causas que justifiquen que una mujer deje a su marido, pero que no justifican una disolución del vínculo matrimonial.

Con respecto a aquellos casos en los que una de las partes fuera cristiana, y la otra incrédula, enseña, primero, que estos matrimonios son legítimos, y que por esto mismo no debería disolverse. Pero, segundo, que si la parte incrédula se marcha, esto es, repudia el matrimonio, la parte creyente no está atada; esto es, ya no está ligada por el pacto matrimonial. Éste parece ser el sentido llano. Si la parte incrédula está dispuesta a proseguir con la relación matrimonial, la parte creyente está ligada; ligada, esto es, a ser fiel al pacto matrimonial. Si el incrédulo no está dispuesto a quedarse, el creyente no está atado en tal caso; esto es, obligado por el pacto matrimonial. En otras palabras, el matrimonio queda por ello mismo disuelto. Este pasaje es paralelo a Romanos 7:2. El Apóstol dice allí que una mujer casada «está sujeta por la ley al marido mientras éste vive; pero si el marido muere, ella queda libre de la ley del marido.» Así, aquí dice: «Una mujer está atada a su marido si él está dispuesto a quedarse con ella; pero si él la abandona, ella está libre de él.» Esto es, la deserción voluntariosa anula el vínculo matrimonial. Sin embargo, esta deserción debe ser deliberada y definitiva. Esto se implica en todo el contexto. El caso considerado es cuando el marido incrédulo rehúsa considerar ya más a su cónyuge creyente como su mujer.

Esta interpretación del pasaje es la dada no sólo por los antiguos intérpretes Protestantes, sino también por los principales comentaristas modernos, como De Wette, Meyer, Alford y Wordsworth, y en las Confesiones de las Iglesias Luteranas y Reformadas. Hasta los Romanistas adoptan la misma postura. Desde luego, ellos mantienen que entre cristianos el matrimonio es absolutamente indisoluble excepto por muerte de una de las partes. Pero si una de las partes es incrédula, ellos mantienen que una deserción anula el contrato matrimonial. Acerca de este punto, Cornelius à Lapide, de Lovaina y Roma, dice: «Nota, Apostolum permittere hoc casu non tantum thori divortium sed etiam matrimonii; ita ut possit conjux fidelis aliud matrimonium inire.» Lapide cita a Agustín, Tomás de Aquino y Ambrosio en apoyo de esta opinión.[37] La Ley Canónica enseña la misma doctrina bajo el título «Divortiis». El comentario de Wordsworth acerca del pasaje es: «Aunque un cristiano no puede repudiar a su mujer como incrédula, si la mujer abandona a su marido (*chörizetai*), él puede contraer segundas nupcias.»

Los Romanistas desde luego apoyan su sanción al nuevo matrimonio en el caso supuesto sobre la base de que hay una diferencia esencial entre el matrimonio donde una parte o las dos son paganos, y el matrimonio donde ambas partes son cristianas. Pero esto no constituye diferencia alguna. Pablo acaba de decir que tales matrimonios desiguales son legítimos y válidos. Ninguna parte puede legítimamente repudiar ni dejar a la otra. La base para el divorcio que se indica no es la diferencia de religión, sino la deserción.

Hay una vía media que muchos, tanto antiguos como modernos, toman en la interpretación de este pasaje. Admiten ellos que la deserción justifica el divorcio, pero no el nuevo matrimonio por parte del cónyuge abandonado. A esto se puede objetar:

1. Que no es consecuente con la naturaleza del divorcio. Ya hemos visto que en divorcio entre los judíos, tal como lo explica Cristo y tal como era entendido por la Iglesia apostólica, era aquella separación de marido y mujer que disolvía el vínculo matrimonial. Esta idea se expresaba con el empleo de las palabras *apoluein*, *aphienai*, *chörizein*, y éstas son las palabras que aquí se emplean.

2. Esta interpretación es inconsecuente con el contexto y con el designio del Apóstol. Entre las preguntas que se le someten a su consideración, estaba esta: «¿Es legítimo para un cristiano permanecer en relación matrimonial con una persona incrédula?» Pablo responde: «Sí: estos matrimonios son legítimos y válidos. Por ello, si el incrédulo está dispuesto a mantener la relación matrimonial, el creyente permanece ligado; pero si el incrédulo rehúsa continuar el matrimonio, el creyente deja de estar atado por ello.» Decir que el cónyuge creyente no está ya obligado a abandonar su religión, lo que parece ser la idea de Neander, o que no está atado a forzar su presencia sobre un cónyuge mal dispuesto, no tendría nada que ver con lo que aquí se trata. Ningún cristiano se consideraría ligado a abandonar su religión, y nadie podría pensar que la vida matrimonial podría continuar son el consentimiento de las partes. En este sentido, no habría valido la pena ni hacer ni contestar la pregunta.

3. La deserción, por la misma naturaleza del delito, es una disolución del vínculo matrimonial. ¿Por qué disuelve la muerte el matrimonio? Porque es una separación definitiva. Lo mismo sucede con la deserción. La incompatibilidad de temperamentos, la crueldad, la enfermedad, el crimen, la insania, etc., cosas que las leyes frecuentemente permiten como base de divorcio, no son cosas incompatibles con la relación matrimonial. Una mujer puede tener un marido desagradable, cruel o malvado, pero un hombre en su sepulcro o uno que rehúse reconocerla como su mujer, no pueden ser maridos de ella. [...]

El hecho de que la deserción es una base legítima para el divorcio fue, por lo tanto, y como ya se ha mencionado, la doctrina sustentada por los Reformadores, Lutero, Calvino y Zuinglio, y casi sin excepción por todas las iglesias Protestantes. [...]

El deber de la Iglesia y de sus cargos.

Hay ciertos principios que tienen que ver con esta cuestión que se concederán generalmente. [...] Ninguna acción de ninguna legislación humana contraria a la ley moral puede atar a nadie, y ningún acto contrario a la ley de Cristo puede vincular a ningún cristiano. Por ello, si un tribunal humano anula un matrimonio por ninguna razón que las asignadas en la

---

37. *Comment.* 1 Co 7:15: edición de Venecia, 1717.

Biblia, el matrimonio no queda por ello disuelto. A juicio de los cristianos permanece en pleno vigor; y están obligados a considerarlo así. Por otra parte, si el estado pronuncia válido un matrimonio que la Biblia declara inválido, es inválido para los cristianos. No hay otra salida. Los cristianos no pueden abandonar sus convicciones, ni pueden renunciar su adhesión a Cristo. Este estado de conflicto entre las leyes y la conciencia de las personas es la consecuencia necesaria, si un cuerpo legislativo que hace leyes aplicables a cristianos no contempla una autoridad que estas personas consideran divina. [...]

Por cuanto la Iglesia y sus oficiales están bajo la más alta obligación de obedecer la ley de Cristo, sigue que allí donde la acción del estado entre en conflicto con esta ley, la acción del estado debe ser ignorada. Si una persona se divorcia por otras razones que las Escriturarias y vuelve a casarse, tal persona no puede ser recibida de manera consecuente a la comunión de la Iglesia. Si un ministro es llamado a solemnizar un matrimonio de una persona impropiamente divorciada, no puede, de manera consistente con su adhesión a Cristo, llevar a cabo el servicio. Este conflicto entre la ley civil y la divina es un gran mal, y a menudo, sobre todo en Prusia, ha suscitado grandes dificultades. [...]

La prostitución, el mal social.

No es ésta una cuestión a tratar en estas páginas. Sin embargo, no estarán fuera de lugar unas observaciones acerca de esta cuestión.

1. Es evidentemente utópico esperar que se puedan impedir todas las violaciones del séptimo mandamiento, como que nunca se incumplan las leyes contra el hurto o la mentira.

2. La historia del mundo demuestra que el instinto que conduce al mal mencionado nunca puede ser mantenido dentro de límites apropiados excepto por principio moral o por matrimonio.

3. A estos dos métodos de corrección, por tanto, deberían dirigirse los esfuerzos de los amigos de la virtud. No puede haber una eficaz cultura moral sin instrucción religiosa. [...]

4. El preventivo divinamente señalado para este mal social está establecido en 1 Corintios 7:2: «A causa de las fornicaciones, cada uno tenga su propia mujer, y cada una tenga su propio marido.» No se puede negar que existen serias dificultades en el actual estado de la sociedad para contraer matrimonio en la juventud. La principal de ellas es indudablemente el costoso estilo de vida que generalmente se adopta. Los jóvenes encuentran imposible comenzar la vida de casados con las comodidades y lujos a que han estado acostumbrados en casa de sus padres, y por ello se descuida o pospone contraer matrimonio. Con respecto a las clases más pobres, se podría establecer una provisión para dotar a las mujeres jóvenes de buen carácter, para facilitarles comenzar su vida casada con facilidad. También se pueden hacer arreglos de varios tipos para aminorar los gastos de la vida en familia. El fin a cumplir es facilitar contraer matrimonio. [...]

Matrimonios prohibidos.

El hecho de que ciertos matrimonios están prohibidos es casi el juicio universal de la humanidad. Desde luego, entre los antiguos persas y egipcios, se permitía el casamiento de los parientes más próximos, y en el período corrompido del Imperio Romano imperó más o menos una laxitud igual. Estos hechos aislados no invalidan el argumento del juicio general de la humanidad. [...]

La base o razón de tales prohibiciones.

La razón de por qué la humanidad condena tan generalmente el casamiento de parientes próximos no puede ser física. La fisiología no es enseñada por instinto. Por ello, no es sólo una presuposición indigna, sino también insatisfactoria, que tales matrimonios quedan prohibidos sólo porque tiendan a deteriorar la raza. El hecho supuesto puede ser cierto o no; pero si se admite es totalmente insuficiente para dar cuenta del juicio condenatorio en cuestión.

Las dos razones más naturales y evidentes de por qué están prohibidos los casamientos de parientes próximos son, primera, que el afecto natural que se tienen los parientes entre sí es incompatible con el amor conyugal. Ambas cosas no pueden coexistir. El último es una violación y destrucción del primero. Sólo se tiene que enunciar la razón; no demanda ilustración alguna. Estos afectos naturales no son sólo sanos, sino que son incluso sagrados en los grados más estrechos de relación. La segunda base para tales prohibiciones es la consideración a la pureza doméstica. Cuando las personas están tan estrechamente relacionadas entre sí que se justifica que vivan juntas como una familia, deberían ser sagradas la una para la otra. Si no fuera éste el caso, difícilmente podría dejar de existir el mal, cuando los jóvenes crecen en la familiaridad de la vida doméstica. La más superficial inspección de los detalles de la ley establecida en el capítulo dieciocho de Levítico muestra que este principio subyace a muchas de sus especificaciones. [...]

La teoría de Agustín.

Agustín presentó una teoría acerca de esta cuestión que sigue teniendo fervientes defensores. Mantenía él que el designio de todas estas prohibiciones era ampliar el círculo de los afectos sociales. Los hermanos y las hermanas están ligados entre sí por amor mutuo. Si se casaran entre sí, el círculo no se expande. Si escogen maridos y mujeres de entre extraños, un número mayor de personas queda incluido en los vínculos del mutuo amor. [...]

Un escritor en la revista «Evangelische Kirchen-Zeitung», de Hengstenberg, adopta y vindica esta teoría de manera elaborada. Trata de demostrar que responde a todos los criterios mediante los que se debería ensayar una teoría sobre esta cuestión. Estos matrimonios son llamados «abominaciones», y él pregunta: ¿No es vergonzoso contrarrestar la benevolente ordenanza de Dios para ampliar el círculo de los afectos sociales? Se les llama «confusión» porque unen a aquellos a los que Dios manda quedar separados. También da cuenta de la propiedad de los casamientos entre hermanos y hermanas en la familia de Adán: porque al principio el círculo de afectos no admitía su agrandamiento. Incluso incluye el caso de la Ley del Levirato, que obligaba a un hombre a casarse con la viuda sin hijos de su hermano. La ley que prohíbe el casamiento de parientes sólo se mantiene cuando la relación es estrecha. Por ello, ha de haber casos justo sobre la línea más allá de la que la relación no es barrera para el matrimonio. Y con respecto a los que están justo dentro de la línea, debe haber consideraciones que a veces son de mayor peso que las objeciones a un determinado matrimonio. [...] Hay dos principios de moralidad generalmente aceptados y claramente Escriturarios: uno de ellos es que cualesquiera de aquellas leyes morales fundadas no sobre la naturaleza inmutable de Dios, sino sobre las relaciones de los hombres en su presente estado de existencia, puede ser echada a un lado por el divino legislador siempre que le parezca bien; tal como Dios, bajo la antigua dispensación, puso a un lado la original ley monogámica del matrimonio. La poligamia no era pecaminosa mientras Dios la permitiera. [...] En el caso de la ley del Levirato, la prohibición de contraer matrimonio con la viuda de un hermano cedía ante lo que la ley de Moisés consideraba una mayor obligación, la de perpetuar la familia. Morir sin hijos era considerada una de las más grandes calamidades.

Sin embargo, la cuestión acerca de las razones para estas prohibiciones es de importancia secundaria. Puede que no veamos exactamente en todos los casos por qué se prohíben ciertas cosas. El hecho de que estén prohibidas debería dar satisfacción a la razón y a la conciencia. Las dos importantes preguntas en relación con esta cuestión a considerar son, primero,

¿está aún en vigor la ley levítica acerca de los matrimonios prohibidos? Y, segundo, ¿cómo se debe interpretar esta ley, y qué matrimonios prohíbe?

¿Sigue estando en vigor la ley levítica del matrimonio?

1. Es un argumento poderoso *a priori* en favor de una respuesta afirmativa a esta pregunta que siempre haya sido considerada como obligatoria por toda la Iglesia Cristiana.

2. La razón asignada a la prohibición contenida en esta ley es que no hace referencia especial a los judíos. No está basada en sus peculiares circunstancias, ni en el designio de Dios al seleccionarlos a ellos como depositarios de su verdad para preparar al mundo para la venida del Mesías.

La razón asignada es «parentesco cercano». Esta razón tiene tanta fuerza en un tiempo como en otro, para todas las naciones como para cualquier nación. Nada había de peculiar en la relación que tenían los padres hebreos con sus niños, o los hermanos hebreos con sus hermanas, ni los tíos hebreos con sus sobrinas, que fuera base para estas prohibiciones. La razón para ellas era la proximidad del parentesco mismo tal como existe en cada y todos los siglos. Por ello, hay delante de Dios una razón permanente por la que los parientes próximos no deben casarse.

3. Si la ley levítica no sigue en vigor, no tenemos ley divina acerca de esta cuestión. Entonces el incesto no sería pecado. Sería sólo un delito contra la ley civil, y un pecado contra Dios sólo hasta allí donde sea pecaminoso violar la ley del estado. Pero esto es contrario al juicio universal de los hombres, al menos de los cristianos. Que los padres e hijos, hermanos y hermanas se casen entre ellos es considerado como pecado contra Dios, con independencia de toda prohibición humana. Pero si es un pecado contra Dios, tiene que estar prohibido en Su Palabra, o debemos abandonar el principio fundamental del Protestantismo, de que las Escrituras son la única norma infalible de fe y práctica. Y como tales matrimonios no están prohibidos expresamente en la Biblia excepto en la ley Levítica, si esta ley no los prohíbe, la Biblia no los prohíbe.

4. Los juicios de Dios son fulminados contra las naciones paganas por permitir los matrimonios prohibidos por la ley Levítica. En Levítico 18:3 se dice: «No haréis como hacen en la tierra de Egipto, en la cual morasteis; ni haréis como hacen en la tierra de Canaán, a la cual yo os conduzco, ni andaréis en sus estatutos.» Esta es la introducción a la ley de los matrimonios prohibidos, conteniendo las especificaciones de las «ordenanzas» de los egipcios y cananeos, que el pueblo de Dios tenía prohibido seguir. Y en el versículo veintisiete de este mismo capítulo, al final de estas especificaciones, se dice: «Todas estas abominaciones hicieron los hombres de aquella tierra que fueron antes de vosotros, y la tierra fue contaminada.» De nuevo, en el capítulo 20:23, aún en referencia a estos matrimonios, se dice: «y no andéis en las prácticas de las naciones que yo echaré de delante de vosotros; porque ellos hicieron todas estas cosas, y los tuve en abominación.» Ésta es una clara prueba de que estas leyes eran vinculantes, no sólo para los judíos, sino para todos los pueblos y en todo tiempo.

5. La obligación continuada de la ley levítica acerca de esta cuestión queda también reconocida en el Nuevo Testamento. Este reconocimiento está involucrado en la constante referencia a la ley de Moisés como la ley de Dios. Si en cualquiera de sus partes o especificaciones no es obligatoria, esto debe quedar demostrado. Contiene muchas cosas que por el Nuevo Testamento sabemos que estaban designadas simplemente para mantener a los hebreos como nación separada; mucho que era tipológico; mucho que eran sombras de cosas venideras, y que se desvanecieron cuando quedó revelada la sustancia. Pero contenía mucho que era de obligación moral y permanente. Si Dios da una ley a los hombres, los que niegan la perpetuidad de su obligación están obligados a demostrarlo. La presunción es que sigue en vigor a

no ser que se demuestre lo contrario. Y será difícil demostrar que leyes basadas en las permanentes relaciones sociales de los hombres estaban designadas para ser temporales.

Además de esta consideración general, encontramos reconocimientos específicos de la obligación continuada de la ley levítica en el Nuevo Testamento. Juan el Bautista, tal como está registrado en Marcos 6:18 y en Mateo 14:4, le dijo a Herodes que no le era lícito tener la esposa de su hermano Felipe. No importa, para el argumento, si Felipe vivía todavía o no. El delito de que se le acusaba no era que hubiera tomado a la mujer de otro, sino que había tomado a la mujer de su hermano. Se puede objetar a este argumento que durante el ministerio de Juan el Bautista seguía en vigor la ley de Moisés. Esto lo niega Gerhard, que arguye conforme a Mateo 11:13, «todos los profetas y la ley profetizaron hasta Juan», que el ministerio del Bautista pertenece a la nueva dispensación.[38] Esto puede dudarse. Sin embargo, Juan expresó el sentimiento moral de su época; y el registro de este hecho por parte de los Evangelistas, cuyos Evangelios fueron escritos después de la plena organización de la Iglesia, se da en una forma que involucra una sanción del juicio que el Bautista había expresado contra el matrimonio de Herodes con la mujer de su hermano. También debe recordarse que la familia de Herodes era idumea, y por tanto que una ley meramente judía no tendría autoridad natural sobre ellos.

Además, el Apóstol Pablo, en 1 Corintios 5:1, habla de que un hombre se casara con su madrastra como de un delito inaudito. Que se trata de un caso de matrimonio y no de adulterio es cosa patente, porque la frase *gunaika echein* nunca se emplea en el Nuevo Testamento excepto de matrimonio. Por ello, este es un claro reconocimiento de la continuada obligación de la ley que prohíbe matrimonios entre parientes próximos, tanto si la relación era por consanguinidad como por afinidad.

6. La Biblia en todo momento mantiene la autoridad de aquellas leyes que tienen su fundamento en la constitución natural de los hombres. El hecho de que esta ley levítica es una autenticación de una ley de la naturaleza se puede inferir por el hecho de que con raras excepciones el matrimonio con parientes próximos está prohibido en todas las naciones. Pablo dice que el matrimonio de un hombre con su madrastra era cosa que no se oía entre los paganos: esto es, que estaba prohibido y que era cosa aborrecida. Cicerón exclama: «Nubit genero socrus. [...] O mulieris incredibile et praeter hanc unam in omni vita inauditum!»[39] Dice Beza: No se debe pasar por alto que las leyes civiles de los romanos concuerdan completamente con la ley divina con referencia a esta cuestión. Parecen haberla copiado.[40]

Ninguna Iglesia Cristiana duda de la obligación continuada de ninguna de las leyes del Pentateuco de las que se pueda decir que las razones de su promulgación son las relaciones permanentes de los hombres, por cuya violación los paganos son condenados, y que el Nuevo Testamento indica que siguen en vigor, y que aquellas naciones paganas actuando bajo la guía de la conciencia natural han promulgado.

¿Cómo se debe interpretar la ley levítica?

Admitiendo que la ley levítica del matrimonio sigue estando en vigor, la siguiente cuestión es: ¿cómo debe ser interpretada? ¿Se debe entender como especificando grados de relación, sea de consanguinidad o de afinidad, dentro de los que se prohíbe el matrimonio? ¿O debe considerarse como una enumeración de casos particulares, de manera que no se debe incluir ningún caso no mencionado específicamente en la prohibición?

---

38. *Loci Theologici*, XXVI, V, II. 2. 1. 1. §129, edición de Tubinga, 1776, Vol. XV, pág. 285. Gerhard somete toda la cuestión de los matrimonios prohibidos a una prolongada discusión.
39. *Pro A. Cluentio*, V, VI (14, 15); *Works*, edición de Leipzig, 1850, pág. 374, b.
40. Beza, *De Repudiis et Divortiis*, *Traducciones Theologicae*, edición Eustathius Vignon, 1582, Vol. II, pág. 52.

La primera de estas normas de interpretación es la generalmente adoptada, por las siguientes razones:

1. El mismo lenguaje de la ley. Comienza con una prohibición general de matrimonio a los que tienen un parentesco cercano. La proximidad de parentesco es la base de la prohibición. Las especificaciones que siguen se dan como ejemplo de qué grado de parentesco conlleva prohibición. Esta razón se aplica a muchos casos particulares no mencionados de manera específica en Levítico 18 o en otros lugares. La ley parecería aplicable a todos los casos en los que se encuentra que exista la razón divinamente asignada para su promulgación.

2. El designio de la ley, como hemos visto, es doble: Primero, mantener sagradas aquellas relaciones que naturalmente dan origen a sentimientos y a afectos que son inconsistentes con la relación matrimonial; y segundo, la preservación de la pureza doméstica. Como los afectos naturales se deben en parte a la misma constitución de nuestra naturaleza, y en parte a la familiaridad y constancia de la relación, y al intercambio de gestos amables, es natural que la enumeración de casos prohibidos tuviera lugar, en la selección, con referencia a aquellos en los que esta familiaridad de relación prevaleciera, cuando tuvo lugar la promulgación. En Oriente la familia está organizada bajo principios distintos de como lo está en Occidente. Especialmente entre las antiguas naciones de Oriente, los varones de una familia con sus mujeres quedaban juntos; mientras que sus hijas, entregadas en casamiento, se iban y quedaban amalgamadas con las familias de sus maridos. Por ello sucedería que los parientes por el lado del padre eran asociados íntimos, mientras que los del mismo grado por parte de la madre pudieran ser perfectos extraños. Por ello, una ley erigida sobre la base de prohibir el matrimonio entre partes tan relacionadas como para ya entrar dentro de los vínculos del afecto natural, y que participaban del mismo círculo doméstico, trataría principalmente de especificaciones de relaciones por el lado del padre. Pero no por ello seguiría que parentescos del mismo grado pudieran casarse entre sí libremente porque no estaban especificados de manera expresa en la enumeración. La ley se aplica en principio a todos los casos, enumerados o no, en los que la cercanía de parentesco sea la fuente del afecto natural, y en la que conduzca a y justifique una asociación estrecha.

3. Otra consideración en favor del principio de interpretación que generalmente se adopta es que la regla opuesta introducirla las más grandes incoherencias en la ley. La ley prohíbe el casamiento entre los parientes próximos, y, según esta regla de interpretación permitiría y prohibiría alternativamente unos matrimonios en los que la relación es exactamente la misma. Así, [según este otro principio de interpretación], un hombre no se puede casar con la hija de su hijo, pero una mujer puede casarse con el hijo de su hija; un hombre no puede casarse con la viuda del hermano de su padre, pero puede casarse con la viuda del hermano de su madre [...] Estas inconsistencias serían inteligibles si la ley fuera una promulgación temporal y local, dispuesta para un estado transitorio de la sociedad, pero son totalmente inexplicables si la ley es de obligación permanente y universal. Se debe preferir una regla de interpretación que asuma la uniformidad y consistencia de estas promulgaciones de la Escritura sobre otra que introduciría confusión e incoherencias.

Grados prohibidos.

Los casos mencionados de manera específica son: 1. La madre. 2. La madrastra. 3. La nieta. 4. Hermana y medio-hermana, «nacida en casa o nacida fuera», esto es, legítima o ilegítima. 5. La tía paterna. 6. La tía materna. 7. La mujer del hermano del padre. 8. La nuera. 9. La mujer del hermano. 10. Una mujer y su hija. 11. La nieta de la mujer. 12. Dos hermanas a la vez. [...]

Los casos no expresamente mencionados en Levítico 18, aunque involucrando la misma proximidad de parentesco que los incluidos en la enumeración, son: 1. La propia hija. Esta es una clara prueba de que la enumeración no tenía la intención de ser exhaustiva. 2. La hija de un hermano. 3. La hija de una hermana. 4. La viuda de un tío materno. 5. La viuda del hijo de un hermano. 6. La viuda del hijo de una hermana. 7. La hermana de una mujer fallecida.

Como la base de la prohibición es la proximidad de parentesco, y por cuanto estos casos se incluyen dentro de «los grados» especificados, la Iglesia los ha considerado dentro de la clase de matrimonios prohibidos. Sin embargo, se debe considerar que la palabra «prohibidos», tal como se usa aquí, es muy global. Algunos de los matrimonios especificados en la ley Levítica están prohibidos en un sentido muy diferente de otros. Algunos son declarados abominables. Y los que los contraen son castigados con la muerte. Otros son denunciados como impropios, o malos, y castigados mediante la exclusión de la teocracia. Otros incurren en la pena de morir sin hijos; probablemente el significado sea que los hijos de tales matrimonios no deberían ser registrados en los registros familiares, que los judíos tenían tanto cuidado en preservar. [...]

Hay otra evidente observación que se debe hacer. A menudo se siente y expresa una fuerte repugnancia contra la ley Levítica, no sólo porque se considera que pone a todos los matrimonios especificados al mismo nivel, presentándolos como igualmente ofensivos delante de Dios, sino también por la suposición de que todos los matrimonios prohibidos son, si se contraen, inválidos. Esta es una concepción errónea. Es inconsecuente con la misma ley, y contraria a la analogía de la Escritura. La ley reconoce una gran disparidad en la impropiedad de estos matrimonios. Algunos, como acaba de observarse, son absolutamente abominables e insufribles. Otros son especificados porque son inconvenientes o peligrosos, al entrar en conflicto con algún principio ético o prudencial.

En éste como en muchos otros casos, la ley de Moisés desalentaba y denunciaba los matrimonios entre el pueblo escogido y sus vecinos paganos. Con respecto a los cananeos, tales matrimonios estaban absolutamente prohibidos; con otras naciones paganas, aunque desalentados, eran tolerados. José se casó con una egipcia; Moisés, con una madianita; Salomón se casó con la hija de Faraón. Estos matrimonios, en el estado asentado de la nación judía, pueden haber sido incorrectos, pero eran válidos. También ahora, bajo la dispensación cristiana, se prohíbe a los creyentes entrar en yugo desigual con los incrédulos. No sigue de ello que cada matrimonio entre un creyente y un incrédulo sea inválido. Estas observaciones no quedan fuera de lugar. La verdad sufre al ser mal comprendida. Si se le hace enseñar a la Biblia cosas contrarias al sentido común o a los juicios intuitivos de la humanidad, se le inflige una gran injusticia. Nadie puede ser llevado a creer que el que un hombre se case con la hermana de su fallecida esposa sea el mismo tipo de trasgresión que un padre casándose con su propia hija. La Biblia no enseña tal cosa; y es una calumnia afirmar que lo enseña. [...]

La gran verdad contenida en estas leyes es que es la voluntad de Dios, el dictado de Su infinita y benevolente sabiduría, que los afectos que pertenecen a la relación que los parientes (sea por consanguinidad o por afinidad) tienen entre sí no sean perturbados, pervertidos ni corrompidos por aquel tipo de amor esencialmente diferente que es apropiado y santo en la relación conyugal; y que se arroje un halo protector alrededor del círculo familiar.

12. El octavo mandamiento.

Este mandamiento prohíbe todas las violaciones de los derechos a la propiedad. El derecho a la propiedad es el derecho a la posesión y uso exclusivos.

El fundamento del derecho a la propiedad es la voluntad de Dios. Por esto se significa: (1) Que Dios ha constituido al hombre de tal manera que él desea y necesita el derecho a la exclusiva posesión y uso de ciertas cosas. (2) Al haber hecho al hombre un ser social, Él ha hecho que el derecho a la propiedad sea esencial para el sano desarrollo de la sociedad humana. (3) Él ha implantado un sentido de justicia en la naturaleza del hombre que condena como moralmente malo todo lo no congruente con el derecho en cuestión. (4) Él ha declarado en Su Palabra que toda violación a este derecho es pecaminosa.

Esta doctrina del derecho divino a la propiedad es la única salvaguarda para el individuo o para la sociedad. Si se hace descansar sobre cualquier otro fundamento, es inseguro e inestable. Es sólo al hacer la propiedad sagrada, guardada por la flamígera espada de la justicia divina, que puede estar a salvo de los peligros a los que está expuesta siempre y en todas partes. [...]

La comunidad de bienes.
La comunidad de bienes no involucra necesariamente la negación del derecho a la propiedad privada. Cuando Ananías, al vender su posesión, retuvo parte del precio, Pedro le dijo: «Reteniéndola, ¿no se te quedaba a ti?; y vendida, ¿no estaba en tu poder?» (Hch 5:4). Cualquier cantidad de personas pueden acordar vivir en común, poniendo todas sus posesiones y todos los frutos de su trabajo en un fondo común, del que cada miembro sea suplido conforme a sus necesidades. Este experimento fue hecho a pequeña escala y por un breve período de tiempo en Jerusalén. [...] (Hch 4:32-35). Algunos dicen por cierto que estos pasajes no implican una verdadera comunidad de bienes. Tener «todas las cosas en común» se entiende como significando que «nadie consideraba sus posesiones como perteneciéndoles de manera absoluta, sino como un depósito para beneficio también de otros.» Esta interpretación parece inconsistente con la narración entera. Los que tenían posesiones las vendían. Renunciaban a todo control sobre lo que había sido suyo. El precio era puesto a los pies de los Apóstoles, y era distribuido por ellos o bajo su dirección.

Acerca de la narración en Hechos se puede observar:

1. Que la conducta de estos primeros cristianos fue puramente espontánea. Los Apóstoles no les ordenaron que vendieran sus posesiones y que lo tuvieran todo en común. No hay la más ligera indicación de que los Apóstoles dieran aliento alguno a este movimiento. Parece que simplemente lo permitieron. Dejaron que la gente actuara bajo el impulso de sus propios sentimientos, haciendo cada uno lo que mejor le parecía con lo suyo.

2. No se puede considerar como insólito que los cristianos primitivos fueran impelidos a este experimento. Para nosotros las maravillas de la Redención constituyen la «antigua, antigua historia», desde luego inenarrablemente preciosa, pero ha perdido el poder de la novedad. En aquellos para los que era nueva puede haber producido un aturdimiento extático, que modificó su capacidad de juicio. Hay dos grandes verdades del Evangelio cuya clara percepción podría dar cuenta de la decisión de estos primeros convertidos de tener todas las cosas en común. La primera es que todos los creyentes son un cuerpo en Cristo Jesús; todos unidos a Él por la morada del Espíritu Santo; todos igualmente partícipes de Su justicia; todos objetos de Su amor; y todos destinados a la misma herencia de la gloria. La otra gran verdad está contenida en las palabras de Cristo: «En cuanto lo hicisteis a uno de estos más pequeños de mis hermanos, a mí me lo hicisteis.» No es para asombrarse, entonces, que hombres con las mentes llenas de estas verdades olvidaran consideraciones meramente prudenciales.

3. Este experimento, por lo que parece, quedó confinado a los cristianos en Jerusalén, y pronto fue abandonado. No oímos nunca de tal cosa en ningún otro lugar, ni posteriormente. Por ello, no tiene fuerza preceptiva.

4. Las condiciones para el éxito de este plan, en ninguna gran escala, no pueden encontrarse en la tierra. Supone algo cercano a la perfección en todos los que se embarquen en tal opera-

ción. Supone que las personas trabajarán tan asiduamente sin el estímulo por el deseo de mejorar su condición y por conseguir el bienestar de sus familias como con ello. Supone un desinterés absoluto por parte de los miembros más ricos, más fuertes o más capaces de la comunidad. Tienen que estar dispuestos a abandonar todas las ventajas personales según sus superiores dotes. Supone una perfecta integridad por parte de los distribuidores del fondo común, y un Espíritu de moderación y de contentamiento por parte de cada miembro de la comunidad, para que queden satisfechos con lo que otros, y no ellos mismos, consideren que es su parte equitativa. Tendremos que esperar hasta el milenio antes que estas condiciones se materialicen. El intento de introducir una comunidad general de bienes en el actual estado del mundo, en lugar de elevar a los pobres, reduciría a toda la masa de la sociedad a un común nivel de barbarie y de pobreza. La única base segura de la sociedad está en aquellos principios inmutables del derecho y del deber que Dios ha revelado en Su Palabra, y escrito en los corazones de los hombres. [...]

Comunismo y socialismo.

Tanto más alto está el cielo sobre «las partes más profundas de la tierra» como lo estaban los principios y motivos de los primeros cristianos por encima de los modernos proponentes de la comunidad de bienes. Esta idea no es de origen moderno. Aparece en diferentes formas en todas las épocas del mundo. Formaba parte del esquema de la República de Platón, porque desde su punto de vista la propiedad privada era el principal origen de todos los males sociales. Formaba parte la cultura monacal de la Edad Media. La renuncia al mundo incluía la renuncia a toda propiedad. La pobreza voluntaria era uno de los votos de todas las instituciones monásticas. Fue adoptada por muchas de las místicas y fanáticas sectas que aparecieron antes de la Reforma, como los Mendigos, y los «Hermanos del Espíritu Libre», que enseñaban que el mundo debía ser restaurado a su estado paradisíaco, y que todas las distinciones creadas por ley, tanto de organización social como de la propiedad o matrimoniales, debían ser extinguidas. En la época de la Reforma, los seguidores de Münzer adoptaron los mismos principios, y sus esfuerzos por llevarlos a la práctica condujeron a las miserias de «la guerra de los campesinos». Todos estos movimientos estaban relacionados con doctrinas religiosas fanáticas. Los líderes de estas sectas se pretendían inspirados, y se presentaban como los órganos y mensajeros de Dios.

En cambio, el moderno Comunismo, por lo que concierne a su carácter general, es materialista y ateo, y panteísta en alguna de sus formas.[41] Esto es consistente con la admisión de que algunos de sus proponentes, como St. Simon, Fourier y otros, eran hombres sinceros y benevolentes. Algunos de ellos, por cierto, dijeron que sólo deseaban poner en práctica el principio de amor fraternal tan a menudo inculcado por Cristo. Comunismo y Socialismo no son propiamente términos intercambiables, aunque a menudo se empleen para designar el mismo sistema. El primero se refiere de manera más especial al principio de la propiedad en comunidad; el segundo, a la forma de la organización social. Para Fourier, lo primero estaba subordinado a lo segundo. Él no negó por entero el derecho a la propiedad, pero insistió en que la sociedad estaba mal organizada. En lugar de vivir en familias diferentes, cada una de ellas luchando por mantenerse y avanzar, los hombres debían reunirse en grandes asociaciones con una propiedad en común, y todos trabajando para el fondo común. Este fondo debía ser dis-

---

41. Enfantin. un discípulo de St. Simon. comenzó uno de sus discursos públicos, pronunciado en París en 1831, con las palabras: «Dieu est tout ce qui est; Tout est en lui, tout est par lui. Nul de naus n'est hors de lui»; y Henri Heine se denominó a sí mismo como Hegeliano. Por otra parte, uno de los libros de St. Simon se titula *Le nouveau Christianisme*. Véase Guericke, *Kirchen-Geschichte*, VII. D. §220, 6ª ed., Leipzig 1846, Vol. III, pág. 679, notas al pie.

tribuido conforme al capital contribuido por cada miembro, y según el tiempo y las capacidades empleados en el servicio común. Proudhon, inmortalizado por el libro en el que la pregunta «¿Qué es la propiedad?» se contesta diciendo: «La propiedad es un robo», hace que la norma de la distribución del fondo común sea el tiempo dedicado al trabajo. Louis Blanc no considera en absoluto la aportación de capital, trabajo y capacidad, y hace que la única norma de distribución sea las necesidades del individuo. El elemento común a todos estos esquemas es que se niega el derecho a la propiedad de la tierra o de sus productos. Los dos últimos le niegan al hombre toda propiedad de sus capacidades o talentos; y el último, incluso de su trabajo, de modo que el miembro más indolente y menos eficaz de la sociedad debería, según él, recibir tanto como el más trabajador y útil.

La negación del derecho a la propiedad está, en gran parte, conectada con el rechazo de la religión y de la institución del matrimonio. El matrimonio, junto con la religión y la propiedad, son declarados como las más grandes causas de la miseria social. Los hijos no deberían pertenecer a sus padres, sino al estado; la inclinación y el goce deberían ser el motivo y fin de la norma de la vida.

[...] Es un hecho histórico que el Comunismo, en su forma moderna, tuvo su origen en el materialismo ateo; en la negación de Dios, que tiene derecho a dar leyes a los hombres, y el poder y propósito de dar fuerza a estas leyes mediante las retribuciones de la justicia; en la creencia de que la vida actual es todo el período de existencia otorgado a los hombres; y que por ello mismo los goces de esta vida son todo lo que los hombres deben desear o esperar. Estos principios habían sido durante largo tiempo inculcados por hombres como Rousseau, Voltaire, d'Holbach, Diderot y otros. Pero para producir un incendio debe haber no sólo fuego, sino también materiales combustibles. Estos principios materialistas habrían flotado alrededor como meras especulaciones si no hubiera existido tanto sufrimiento y tanta degradación entre el pueblo. Fueron mentes cargadas por la consciencia de la miseria y por el sentimiento de las injusticias que se sintieron inflamadas por las nuevas doctrinas, y que estallaron en un fuego que por un tiempo ardió por toda Europa. No debemos atribuir todo el mal ni a los incrédulos ni al pueblo. Si no hubiera sido por los anteriores siglos de crueldad y opresión, Francia no habría dado una página tan sangrienta a la historia de la Europa moderna.

«L'Internationale» del 27 de marzo de 1870 exponía de manera sucinta el objeto de la Internacional: «Los derechos de los obreros: ése es nuestro principio; la organización de los obreros: ése es nuestro medio de acción; la revolución social: ése es nuestro fin.» Son los «obreros», los manuales, no la masa del pueblo, educados o no, sino una sola clase cuyos intereses han de ser tenidos en cuenta. El fin perseguido no es una revolución política, el cambio de una forma de gobierno por otra; se trata de una revolución social, un trastorno total del actual orden de la sociedad.

[...] Si el Comunismo organizado en esta sociedad debe su origen a las causas anteriormente especificadas, el método racional de actuación es corregir o eliminar las causas. Si el Comunismo es producto del Ateísmo materialista, su curación debe encontrarse en el Teísmo; en traer a las personas a saber y creer que hay un Dios de quien dependen y ante quien son responsables; enseñándoles que ésta no es la única vida, que el alma es inmortal, y que los hombres serán recompensados o castigados en el mundo venidero según su carácter y conducta en esta vida presente; que, consiguientemente, el bienestar aquí no es el más alto fin de la existencia; que los pobres aquí pueden después ser mucho más felices que sus ricos vecinos; que es mejor ser Lázaro que Dives. Será necesario llevarlos a creer que hay una divina providencia sobre los asuntos del mundo; que los acontecimientos no van determinados por la ciega operación de las causas físicas, sino que Dios reina; que Él distribuye a cada uno como Él quiere; que «el Señor hace pobre, y Él enriquece»; que no son los ricos y nobles, sino los pobres y humildes quienes son Sus favoritos; y que el derecho a la propiedad, el derecho al matrimonio, y los derechos de los padres y de los magistrados, han sido todos ordenados por Dios, y que no pueden ser violados sin incurrir en Su desagrado y en la segura visitación del castigo divino [...] Sin embargo, la instrucción religiosa del pueblo es sólo la mitad de la tarea que la sociedad tiene que llevar a cabo para asegurar su propia existencia y seguridad. Se tiene que procurar la comodidad de la gran masa del pueblo, o al menos proveerle de los medios para que llegue a alcanzarla; y se tiene que actuar con justicia. La miseria y un sentimiento de injusticia son los dos grandes elementos de perturbación en las mentes de las personas. Son las ascuas que están siempre dispuestas para desatarse en un devorador incendio.

Violaciones del octavo mandamiento.
Se puede desde luego poner en tela de juicio que la sociedad esté más en peligro por causa de los destructivos principios del Comunismo que por los fraudes secretos o tolerados que invaden de manera tan extensa casi todos los sectores de la vida social. Si este mandamiento prohíbe toda apropiación injusta de la propiedad de otros para nuestro propio uso y ventaja, si cada apropiación así es robo delante de Dios, entonces el robo es la más común de todas las transgresiones externas del Decálogo. No incluye meramente el hurto vulgar que la ley puede detectar y castigar, sino:

1. Toda falsa pretensión en cuestiones de negocios; presentar un artículo que se propone para la compra o el intercambio como mejor de lo que es. Esto incluye una multitud de pecados. Hay artículos producidos en la nación y vendidos como de fabricación extranjera cuyo precio va determinado por esta presentación fraudulenta. [...] Esta clase de fraude apenas si tiene límites. [...]

Bajo este encabezamiento de falsas pretensiones viene la adulteración de artículos alimenticios, de medicinas, y de materiales para vestido. El grado en que se lleva a cabo es terrible. [...] La misma queja existe en cuanto a la adulteración de fármacos. [...] Si tenemos que creer a la prensa, la mayor parte de los vinos y otros licores, espíritus y maltas, vendidos al público, están no sólo adulterados, sino mezclados con productos químicos perjudiciales. La vestimenta dada a los soldados en servicio activo, expuestos a todas las inclemencias, era y es a menudo de materiales de pésima calidad. No habría fin a la enumeración de los fraudes de este tipo. Una importante revista inglesa decía recientemente que una gran parte del presupuesto del gobierno británico se dedicaba a tratar de prevenir y detectar fraudes contra el público.

2. Otra gran clase de violaciones del octavo mandamiento comprende los intentos de aprovecharse de la ignorancia o de las necesidades de nuestros semejantes. Pertenece a la naturaleza del robo que alguien venda un artículo a sabiendas de que es de menor valor que lo que se piensa el que compra. Si alguien sabe que el crédito de un banco ha cedido, o que los negocios del ferrocarril, o de cualquier otra sociedad, han sufrido, y se aprovecha de este conocimiento para vender acciones o participaciones de estas sociedades a los que desconocen la cuestión, demandando más por ellas que su verdadero valor, es culpable de robo, si el mandamiento «no robarás» prohíbe toda injusta adquisición de la propiedad de nuestro prójimo. De la misma manera, todos los intentos sucios de potenciar o deprimir el valor de artículos de comercio son violaciones de la ley de Dios. A menudo se hacen circular rumores infundados para potenciar o deprimir los precios, para aprovecharse de los no avisados o mal informados. Es un delito del mismo tipo acaparar bienes para aumentar los precios: «Al que acapara el grano, el pueblo lo maldecirá; pero habrá bendición sobre la cabeza del que lo vende» (Pr 11:26). También es una violación de la ley aprovecharse de las necesidades de nuestros prójimos y exigir un precio exorbitante por lo que puedan necesitar. En el reciente y terrible incendio de Chicago, se pedían mil dólares por el uso de un caballo y carro por una

sola hora. Se puede decir que no hay un estándar fijo de precios; que algo puede valer lo que le cuesta al hombre que lo tiene; o lo que le vale a quien lo pide; o lo que dará en el mercado libre. Si una hora de uso de caballo y carro le valía más a un hombre en Chicago que mil dólares, puede decirse que no era injusto pedir esta suma. Pero si es así, entonces si un hombre que está muriendo de sed está dispuesto a dar todas sus propiedades por un vaso de agua, sería justo exigir este precio; o si un hombre en peligro de ahogarse debiera ofrecer mil dólares por una cuerda, podríamos rehusar arrojársela por un precio inferior. Todas las personas son conscientes de que tal conducta sería digna de la mayor repulsa. El hecho es que todas las cosas tienen un valor intrínseco, se determine como se determine, y que no puede ser aumentado porque nuestros sufrientes semejantes puedan tener una necesidad apremiante de las mismas.

3. Este mandamiento prohíbe asimismo privar a los hombres de sus propiedades sobre la base de un mero defecto técnico o defecto legal en su título. Un defecto así puede ser efecto de una ignorancia inevitable, o de pérdida por naufragio, fuego, robo u otros accidentes, de la evidencia de su derecho. La ley puede ser en estos casos inexorable; puede que en conjunto sea correcto que así sea, pero sin embargo la persona que se aprovecha de este defecto para lograr la posesión de la propiedad de su prójimo quebranta el mandamiento que dice: «No hurtarás», esto es, no tomarás aquello que delante de Dios no te pertenece. El juego cae bajo la misma categoría cuando se abusa de los incautos o de los poco diestros para privarlos de sus propiedades sin compensación. Sin embargo, es imposible enumerar o clasificar los varios métodos de fraude. El código moral que mantienen muchos negociantes y profesionales está muy por debajo de la ley moral revelada en la Biblia. Esto es especialmente cierto con referencia al octavo mandamiento en el Decálogo. Muchos que han mantenido un buen nombre en la sociedad, e incluso en la Iglesia, quedarán atónitos en el último día cuando encuentren la palabra «Ladrones» escrita tras sus nombres en el gran libro del juicio.

13. El noveno mandamiento.

Este mandamiento prohíbe todas las violaciones de las obligaciones a la veracidad. La más grave de esta clase de ofensas es dar falso testimonio contra nuestro prójimo. Pero esto incluye todo pecado del mismo carácter general, lo mismo que el mandamiento «No matarás» prohíbe darse a cualquier tipo de manifestación de malicia.

El mandamiento de mantener la verdad de manera íntegra pertenece a una clase distinta de los que se relacionan con el Sábado, con el matrimonio o con la propiedad. Estos últimos están basados en las relaciones permanentes de los hombres en su actual estado de existencia. No son inmutables en su propia naturaleza. Dios puede en cualquier momento suspenderlos o modificarlos. Pero la verdad es en todo tiempo sagrada, porque es uno de los atributos esenciales de Dios, de modo que todo lo que milite contra ella, o que sea hostil a la verdad, se opone a la misma naturaleza de Dios. Es en tal sentido el fundamento de todas las perfecciones morales de Dios, que sin ella no se puede concebir Su existencia. A no ser que Dios sea realmente quien declara decir; a no ser que signifique lo que dice que significa, a no ser que Él vaya a hacer lo que promete, se pierde toda la idea de Dios. Por cuanto no hay Dios sino el verdadero Dios, así sin verdad no hay ni puede haber Dios. Por cuanto este atributo es el fundamento, por así decir, de lo divino, así es el fundamento del orden físico y moral del universo. ¿Qué es la inmutabilidad de las leyes de la naturaleza sino una revelación de la verdad de Dios? Son la manifestación de Sus propósitos. Son promesas en las que confían Sus criaturas, y por las que tienen que reglar sus conductas. Si estas leyes fueran caprichosas, si no siguieran uniformemente los mismos efectos a las mismas causas, la misma existencia de los seres vivientes sería imposible. El alimento de ayer podría ser veneno para hoy. Si no se cosechara lo que se siembra, no habría seguridad en nada. Por ello, la verdad de Dios está escrita en los cielos. Es la proclamación diaria hecha por el sol, la luna y las estrellas en su solemne procesión a través del espacio, que tiene su eco en la tierra y en todo lo que en ella hay.

La verdad de Dios es asimismo la base de todo conocimiento. ¿Cómo sabemos que nuestros sentidos no nos engañan, que la consciencia no es mendaz? ¿Que las leyes de la creencia que por la constitución de nuestra naturaleza estamos obligados a obedecer no son una falsa guía? A no ser que Dios sea veraz, no puede haber certidumbre en nada; mucho menos puede haber seguridad alguna; ninguna certidumbre de que el mal no triunfaría finalmente sobre el bien, las tinieblas sobre la luz, y la confusión y la desgracia sobre el orden y la felicidad. Por ello, hay algo terriblemente sagrado en las obligaciones de la veracidad. Un hombre que peca contra la verdad peca contra la misma base de su ser moral. Así como un dios falso no es un dios, tampoco un hombre falso es un hombre; nunca puede ser lo que el hombre fue designado a ser; nunca puede responder al fin de su ser. No puede haber en él nada estable, fiable ni bueno.

Hay dos clases de pecados que prohíbe el noveno mandamiento. El primero es todo tipo de detracción; todo lo que es injusta o innecesariamente dañino para la buena fama de nuestro prójimo; y, segundo, todas las violaciones de las leyes de la veracidad. Esto último, desde luego, incluye lo primero. Pero al ser el falso testimonio lo que se prohíbe de manera concreta, se debería considerar de manera separada.

Detracciones.

La más grave forma de este delito es dar falso testimonio ante un tribunal. Esto incluye la culpa de la malicia, de la falsedad y una burla a Dios; y su comisión pone infamia sobre aquella persona, y la excluye del círculo de la sociedad. Por cuanto golpea a la seguridad del carácter, de la propiedad e incluso de la vida, es una ofensa que no puede ser dejada de lado con impunidad. Por ello, el que jura en falso es un criminal a la vista de la ley civil, y sujeto a la desgracia y castigo públicos.

La calumnia es un pecado del mismo carácter. Difiere del pecado de dar falso testimonio en que no se comete en un proceso judicial, y de que no va acompañada por los mismos efectos. Sin embargo, el calumniador pronuncia falso testimonio contra su prójimo. Lo hace a oídos del público, y no de un jurado. La ofensa incluye los elementos de malicia y de falsedad contra los que se dirige especialmente el mandamiento. La circulación de falsos rumores, la «maledicencia», como se llama en las Escrituras, es indicadora del mismo estado mental, y cae bajo la misma condenación. Como la ley de Dios toma conocimiento de los pensamientos e intención del corazón, al condenar un acto externo condena la disposición que lleva a producirlo. Al condenar la maledicencia contra nuestro prójimo, las Escrituras condenan un temperamento lleno de sospechas, una disposición a atribuir malos motivos, y la mala disposición a creer que los hombres sean sinceros y honrados al proclamar sus principios y objetivos. Es lo opuesto a aquella caridad que «no piensa el mal», que «todo lo cree, todo lo espera.» Es todavía más opuesto al Espíritu de esta ley que expresemos satisfacción por la desgracia de otros, aunque sea de nuestros competidores o enemigos. Se nos manda «que nos gocemos con los que se gozan, y que lloremos con los que lloran» (Ro 12:15).

Los usos de la vida, o los principios de los profesionales, permiten muchas cosas que son inconsecuentes con las demandas del noveno mandamiento. Se cita a Lord Brougham que dijo en la Cámara de los Lores que un abogado no conoce a nadie más que a su cliente. Está obligado *per fas et nefas*, si es posible, a lograr su absolución. Si es necesario para alcanzar este objetivo, tiene derecho a acusar y a difamar a los inocentes, e incluso (según afirmaba el informe) a arruinar a su país.[42] No es cosa insólita, especialmente en juicios por asesinato, que los abogados del acusado atribuyan el crimen a partes inocentes y que apliquen todo su ingenio a convencer al jurado de la culpa de las mismas. Esta es una injusticia malvada y cruel, una clara violación del mandamiento que dice: «No hablarás contra tu prójimo falso testimonio [...]

Falsedad.

1. La definición más sencilla y global de la falsedad es *enunciatio falsi*.

Esta enunciación no tiene que ser verbal. Una señal o un gesto pueden ser tan significativos como una palabra. Si, para tomar prestada la ilustración de Paley, se pregunta a un hombre cuál de dos caminos es el correcto para ir a un determinado lugar, y él señala intencionadamente al erróneo, es tan culpable de falsedad como si hubiera dado la indicación falsa con palabras. Esto es cierto; no obstante, las palabras tienen un poder peculiar. Un pensamiento, un sentimiento o una convicción no quedan sólo más claramente revelados en la consciencia cuando se revisten de palabras, sino además fortalecidos por ellos. Todas las personas se dan cuenta de esto cuando dicen: «Creo», o, «Yo sé que mi Redentor vive.»

2. La anterior definición de falsedad, aunque descansa sobre una alta autoridad, es demasiado inclusiva. No es toda *enunciatio falsi* lo que es falsedad. Esta enunciación puede hacerse por ignorancia o error, y por ello ser perfectamente inocente. Puede incluso ser deliberada e intencional. Esto lo vemos en el caso de las fábulas y de las parábolas, y en obras de ficción. Nadie considera la *Ilíada* o el *Paraíso Perdido* como repertorios de falsedades. No es necesario suponer que las parábolas de nuestro Señor fueran historias reales. No tenían el propósito de dar una narración de cosas verdaderamente acontecidas. Por ello, un elemento en la idea de la falsedad es que haya intención de engañar. Pero incluso esto no es siempre culpable. Cuando Faraón ordenó a las parteras hebreas que mataran a los niños varones de sus compatriotas, lo desobedecieron, y cuando fueron llamadas a dar cuenta de su desobediencia, le dijeron: «Las mujeres hebreas no son como las egipcias; pues son robustas, y dan a luz antes que la partera venga a ellas, y Dios hizo bien a las parteras; y el pueblo se multiplicó y se fortaleció en gran manera. (Éx 1:19, 20). En 1 Samuel 16:1, 2 leemos que Dios dijo a Samuel: «Te enviaré a Isaí de Belén, porque de entre sus hijos me he provisto de rey. Y dijo Samuel: ¿Cómo voy a ir? Si se entera Saúl, me matará. Jehová respondió: Toma contigo una becerra de la vacada, y di: A ofrecer sacrificio a Jehová he venido.» Aquí, se dice, tenemos un caso de engaño taxativamente ordenado. Saúl había de ser engañado en cuanto al objeto del viaje de Samuel a Belén. Aún más marcada es la conducta de Eliseo tal como se registra en 2 Reyes 6:14-20. El rey de Asiria envió soldados a apresar al profeta en Dotán. «Y luego que los sirios descendieron a él, oró Eliseo a Jehová, y dijo: Te ruego que hieras con ceguera a esta gente. Y los hirió con ceguera, conforme a la petición de Eliseo. Después les dijo Eliseo: No es éste el camino, ni es ésta la ciudad; seguidme, y os guiaré al hombre que buscáis. Y los guió a Samaria. Y cuando llegaron a Samaria, dijo Eliseo: Jehová, abre los ojos de éstos, para que vean. Y Jehová abrió sus ojos, y miraron, y se hallaban en medio de Samaria», esto es, en manos de sus enemigos. Pero el profeta no permitió que fueran dañados, sino que mandó que fueran alimentados, y enviados de vuelta a su Señor. Ejemplos de esta clase de engaño son numerosos en el Antiguo Testamento. Algunos de ellos son simplemente un registro factual, sin indicar

---

42. Lord Brougham, según la prensa, manifestó estos sentimientos en defensa de la conducta del famoso abogado irlandés Phillips, que en el juicio de Courvoisier por el asesinato de Lord Russell, trató de asignar la culpa al mayordomo y a la criada, sabiendo la inocencia de los mismos, por cuanto su cliente le había confesado que él había cometido el crimen.

cómo eran considerados por Dios; pero otros, como en los casos anteriormente citados, recibieron bien directa, bien indirectamente, la divina sanción. [...]

Es el sentimiento general entre los moralistas que en la guerra son permisibles las estratagemas; que es legítimo no sólo ocultar los movimientos decididos ante un enemigo, sino también engañarle en cuanto a las propias intenciones. Una gran parte de la capacidad de un comandante militar se evidencia en descubrir las intenciones de su adversario, y en ocultar las propias. Pocos hombres serían tan escrupulosos como para rehusar tener encendida una luz en una habitación, cuando hay peligro de robo, con el propósito de producir la impresión de que los miembros de la familia están alerta.

Sobre esta base, se admite generalmente que en falsedades criminales tiene que haber no sólo una enunciación o significación de lo falso, y una intención de engañar, sino también una violación de alguna obligación. Si hay alguna combinación de circunstancias por las que alguien no está obligado a decir la verdad, aquellos a quien se les hace esta declaración o se les significa no tienen derecho a esperar que así sea. Un general no está obligado a revelar sus intenciones a su adversario; y su adversario no tiene derecho a suponer que su aparente intención sea su verdadero propósito. Elías no tenía obligación alguna de ayudar a los sirios a que le arrestaran y dieran muerte; y ellos no tenían derecho alguno a suponer que él fuera a ayudarlos. Por ello, no hizo mal engañándolos. [...] Si una madre ve a un asesino persiguiendo a su hijo, ella tiene todo el derecho a engañarlo por todos los medios en su poder; porque la obligación general de hablar la verdad queda perdida, por este tiempo, en la obligación más alta. Este principio no queda invalidado por su posible o real abuso. Y ha sido muy abusado. Los Jesuitas enseñaban que la obligación de impulsar el bien de la Iglesia absorbía o rebasaba toda otra obligación. Por ello, en el sistema de ellos, no sólo eran legítimos la falsedad y la reserva mental, sino también el perjurio, el robo y el asesinato, si se cometían con el designio de avanzar los intereses de la Iglesia. A pesar de esta susceptibilidad de ser abusado, el principio de que una obligación más alta absuelve de otra inferior se mantiene. Es el dictado incluso de la conciencia natural. Es evidentemente correcto infligir dolor para salvar una vida. Es correcto someter a viajeros a una cuarentena, aunque pueda interferir gravemente con sus deseos o intereses, con el fin de salvar a una ciudad de la pestilencia. El principio mismo queda claramente inculcado por nuestro Señor cuando dijo: «Misericordia quiero, y no sacrificio», y cuando enseñó que era correcto violar el Sábado a fin de salvar la vida de un buey, o incluso para impedir que sufriera. Los Jesuitas erraron al suponer que la promoción de los intereses de la Iglesia (en su sentido de la palabra Iglesia) era un deber más alto que la obediencia a la ley moral. Erraron también al suponer que los intereses de la Iglesia pudieran ser promovidos por la comisión de crímenes; y su principio entraba en colisión directa con la norma Escrituraria de que es malo hacer males para que vengan bienes.

La cuestión bajo consideración no es si jamás esté bien hacer lo malo, lo que sería un solecismo; tampoco se trata de si es nunca correcto mentir; más bien se trata de qué es lo que constituye una mentira. No es simplemente una «*enunciatio falsi*», ni, como lo definen comúnmente los moralistas de la Iglesia de Roma, una «locutio contra mentem loquentis»,[43] sino que debe haber una intención de engañar cuando se espera y estamos obligados a hablar la verdad. Esto es, hay circunstancias en las que un hombre no está obligado a decir la verdad, y por ello hay casos en los que hablar o indicar lo que no es verdad no es mentira. [...] Nada podía tentar a los mártires cristianos a salvar sus propias vidas ni las vidas de sus hermanos negando a Cristo, o profesando creer en falsos dioses; en estos casos, la obligación de

---

43. Esta definición la da Dens, *Theologia, De Mendacio*, N. 242, edición de Dublín, 1832, Vol. IV, pág. 306.

decir la verdad estaba en pleno vigor. Pero en el caso de un general en jefe en tiempo de guerra, no existe la obligación de indicar sus verdaderas intenciones a su adversario. En su caso, el engaño intencionado no es moralmente una falsedad. [...]

Sin embargo, esto no siempre se admite. Agustín, por ejemplo, considera pecado todo engaño intencionado, no importa cuál sea el objeto o las circunstancias. «Illee mentitur», dice él, «qui aliud habet in animo, et aliud verbis vel quibuslibet significationibus enuntiat.»[44] Y prosigue: «Nemo autem dubitat mentiri eum qui volens falsum enuntiat causa fallendi: quapropter enuntiationem falsam cum voluntate ad fallendum prolatam, manifestum est esse mendacium.» Él examina los casos registrados en la Biblia que parecen enseñar la doctrina opuesta. Esta parecería ser la posición más sencilla que el moralista debería tomar. Pero, como ya se ha visto, y como se admite generalmente, hay casos de engaño deliberado que no son criminales.

[...] La posición de Agustín es consistente con lo que hemos dicho anteriormente, de que hay ocasiones en las que una obligación más alta absuelve de otra más baja, como lo enseña nuestro mismo Señor. Pero este principio se aplica al caso de la falsedad sólo cuando la enunciación de lo que no es verdad deja de ser falsedad en el sentido criminal de la palabra. Ya se ha visto que entran tres elementos en la naturaleza de la falsedad propiamente dicha: (1) La enunciación de lo que es falso. (2) La intención de engañar. (3) La violación de una promesa; esto es, la violación de una obligación a hablar la verdad, que reposa en cada hombre de mantener la palabra dada a su prójimo. En campañas militares, como ya se ha dicho, no hay expectativa ni derecho a ella de que un general vaya a revelar sus verdaderas intenciones a su adversario, y por ello en su caso el engaño no constituye falsedad, por cuanto no existe violación de una obligación. Pero cuando un confesor era llamado por un magistrado pagano para que declarara si era cristiano, se esperaba de él que dijera la verdad, y estaba obligado a decirla, aunque supiera que la consecuencia sería una muerte cruel. [...] La sencilla norma Escrituraria es que de aquel que hace «males para que vengan bienes», su «condenación es justa». [...]

Fraudes piadosos.

El fraude piadoso fue reducido por los Romanistas a una ciencia y un arte. Fue llamado economía, de *oikonomia*, «dispensatio rei familiaris», el uso discrecional de las cosas en una familia según las circunstancias. La teoría se basa en el principio de que si la intención es lícita, el acto es lícito. Así, cualquier acto designado para promover cualquier fin «piadoso» es justificable en el tribunal de la conciencia. Este principio fue introducido en un período temprano en la Iglesia Cristiana. Mosheim lo atribuye a un origen pagano.[45] Dice que los platónicos y pitagóricos enseñaban que era digno de encomio mentir para promover un buen fin. Sin embargo, este mal tuvo probablemente un origen independiente allí donde apareció. Es bien plausible que surja espontáneamente en cualquier mente que no esté bajo el control de la Palabra y del Espíritu de Dios.

Agustín tuvo que contender en su tiempo contra este error. Había ciertos cristianos ortodoxos que pensaban que era correcto afirmar falsamente que eran Priscilianistas a fin de ganarse su confianza y poder así convencerlos de su herejía. Esto suscitó la cuestión de si era permisible cometer un fraude para un buen fin; en otras palabras, si la intención determinaba el carácter del acto. Agustín defendió la postura negativa en esto, y argumentó que una mentira era siempre una mentira, y siempre mala; que no era lícito decir una falsedad por nin-

---

44. *De Mendacio*, 3, *Works*, edic. Benedictines, París, 1837, Vol. VI, pág. 712, a.
45. *Ecclesiastical History*, I. II. 2. 3. §15; edición de New York, 1859, Vol. I, pág. 130.

guna causa.⁴⁶ Especialmente condena todos los «fraudes piadosos», esto es, los engaños cometidos en el pretendido servicio a la religión. [...]

[...] Es lamentable que hombres buenos abogaran por el principio de que es cosa buena engañar por un buen fin. Es innegable que la doctrina de los fraudes piadosos ha sido admitida y practicada por la Iglesia de Roma desde que comenzó a aspirar a la supremacía eclesiástica. ¿Acaso no es un fraude la pretendida donación de Italia al Papa por parte de Constantino? ¿No son un fraude las Decretales Isidorianas? ¿No son fraudes los milagros obrados como prueba de la liberación de almas del purgatorio? ¿No es fraude la pretendida casa de la Virgen María en Loreto? ¿No es un fraude la huella (ex pede Hercules) en una losa de mármol en la Catedral de Rouen? ¿No es un fraude la pluma del ala del Arcángel Gabriel preservada en una de las catedrales españolas? Todo el mundo católico está lleno de fraudes de esta clase; y la única posible base que los Romanistas pueden asumir es que está bien engañar al pueblo para su bien. «Populus vult decipi» es la excusa que le dio un sacerdote Romanista a Coleridge con referencia a esta cuestión.

Segundo, los fraudes piadosos son practicados no sólo en la exhibición de falsas reliquias, sino también en la falsa atribución a las mismas de poder sobrenatural. Dice el doctor Newman: «El fondo de reliquias es inagotable; están multiplicadas por todas las tierras, y cada partícula de las mismas tiene en sí misma al menos una dormida, y quizá activa virtud de operación sobrenatural.»⁴⁷ Bellarmino, naturalmente, enseña la misma doctrina. [...] El doctor Newman dice que los milagros obrados por reliquias ocurren a diario en todas partes del mundo. No se trata de que la gente quede afectada favorablemente por las mismas por medio de su imaginación o sentimientos, sino que las reliquias mismas son poseedoras de poder sobrenatural. [...]

Nuestro Señor advirtió a Sus discípulos que no fueran engañados por prodigios mentirosos. La Biblia (Dt 13:1-3) nos enseña que cualquier señal o maravilla dada u obrada en apoyo de cualquier doctrina contraria a la Palabra de Dios debe ser declarada falsa, sin mayor examen. Por ello, si doctrinas como la de la supremacía del Papa; del poder de los sacerdotes para perdonar pecados; de la absoluta necesidad de los sacramentos como los únicos canales de comunicación de los méritos y de la gracia de Cristo; de la necesidad de la confesión auricular; del purgatorio; de la adoración de la Virgen y de la hostia consagrada; y el culto a los santos y ángeles, son contrarias a las Sagradas Escrituras, entonces es cosa cierta que todos los pretendidos milagros obrados en apoyo de las mismas son «prodigios mentirosos», y los que los promulgan y mantienen son culpables de fraudes piadosos. Así, si, como dice Newman, la Iglesia Católica, de Oriente a Occidente, de Norte a Sur, está rellena de milagros, según nuestro concepto, tanto peor. Está rellena por todas partes con los símbolos o enseñas de la apostasía.

14. El décimo mandamiento.

Es una prohibición general de la codicia. «No codiciarás» es una orden global. No desearás de manera desordenada lo que no tienes. Y especialmente lo que pertenece a tu prójimo. Incluye el mandamiento positivo de contentarse con las provisiones de la Providencia, y la orden negativa de no afligirse ni quejarse debido a los tratos de Dios con nosotros, ni envidiar la suerte y las posesiones de otros. El mandamiento a tener contentamiento no implica indiferencia ni alienta a la pereza. Una disposición alegre y contentada es perfectamente compatible con un debido aprecio de las buenas cosas de este mundo, y con la diligencia en el empleo de todos los medios apropiados para mejorar nuestra condición en la vida.

El contentamiento no puede tener otro fundamento racional que la religión. La sumisión

---

46. *Contra Mendacium ad Consentium*, 18; *Works*, edic. Benedictines, París, 1837, Vol. VI, págs. 767, d, 768 a, b.
47. *Lectures on the Position of Catholics in England*, pág. 284.

a lo inevitable es sólo estoicismo, o apatía, o desesperación. Las religiones de Oriente y del mundo antiguo en general, hasta allí donde eran sujeto del pensamiento, al ser esencialmente panteístas no podían producir nada más que un consentimiento pasivo de ser llevados por un período definido por la irresistible corriente de los acontecimientos, y llegar luego a quedar disueltos en el abismo del ser inconsciente. Los pobres y los míseros podían, con esta fe, tener bien pocas razones para contentarse, y estarían bajo la más fuerte tentación para envidiar a los ricos y afortunados. Pero si alguien cree que hay un Dios personal infinito en poder, sabiduría y amor; si cree que la providencia de Dios se extiende sobre todas las criaturas y sobre todos los acontecimientos; y si cree que Dios ordena todas las cosas, no sólo globalmente para lo mejor, sino también para lo mejor para cada individuo que pone su confianza en Él y que acepta Su voluntad, entonces sería una insensatez no contentarse con las distribuciones de Su infinita sabiduría y amor. La fe en las verdades a que se hace referencia no puede dejar de producir contentamiento allí donde la fe es real. Cuando además consideramos los peculiares aspectos cristianos del caso; cuando recordamos que este gobierno universal es administrado por Jesucristo, en cuyas manos ha sido encomendada toda potestad en los cielos y en la tierra, como Él mismo nos dice, entonces sabemos que nuestra parte está determinada por Aquel que nos amó y que se entregó a Sí mismo por nosotros, y que se cuida de Su pueblo como un pastor se cuida de su grey, de manera que no puede caer un cabello de nuestras cabezas sin Su autorización. Y cuando pensamos en el futuro eterno que Él ha preparado para nosotros, entonces vemos que los dolores de esta vida no son dignos de ser comparados con la gloria que será revelada en nosotros, y que nuestras ligeras aflicciones, que son por un momento, obrarán por nosotros un sobremanera abundante y eterno peso de gloria; entonces el mero contentamiento es elevado a una paz que sobrepasa a todo entendimiento, e incluso a un gozo lleno de gloria. Todo esto queda ejemplificado en la historia del pueblo de Dios tal como se revela en la Biblia. Pablo no sólo podía decir: «He aprendido a contentarme, cualquiera que sea mi situación» (Fil 4:11), sino que también podía decir: «Por amor de Cristo, me complazco en las debilidades, en afrentas, en necesidades, en persecución, en estrecheces» (2 Co 12:10). Esta ha sido de manera clara la experiencia de miles de creyentes en todas las edades. De toda la gente del mundo, los cristianos están obligados a contentarse en todas las situaciones en que se encuentren. Es fácil decir estas palabras, y fácil para los que están cómodos imaginarse que están ejercitando la gracia del contentamiento; pero cuando uno está aplastado por la pobreza y por la enfermedad, rodeado por aquellos cuyas necesidades no puede suplir, y viendo a aquellos a los que ama sufriendo y fatigándose bajo las privaciones que sufren, entonces el contentamiento y la sumisión están entre las más altas y más raras de las gracias cristianas. Sin embargo, mejor es ser Lázaro que Dives.

La segunda forma de este mal condenada por este mandamiento es la envidia. Es algo más que un deseo desordenado de poseer algo que no se tiene. Incluye el dolor de que otros tengan lo que nosotros no gozamos; un sentimiento de odio y de malicia contra los más favorecidos que nosotros, y el deseo de privarlos de sus ventajas. Éste es un verdadero cáncer del alma, produciendo tormento y carcomiendo todos los buenos sentimientos. [...] Montesquieu dice que cada hombre tiene una secreta satisfacción por las desgracias hasta de sus más queridos amigos. Por cuanto la envidia es la antítesis del amor, es de todos los Pecados el más opuesto a la naturaleza de Dios, y nos excluye más eficazmente que cualquier otro de Su comunión.

Tercero, las Escrituras hacen sin embargo mención más frecuente de la codicia bajo la forma de un deseo desordenado por la riqueza. La persona cuya característica es la codicia tiene como principal fin de su vida la adquisición de riqueza. Esto llena su mente, embota sus afectos y absorbe sus energías. De la codicia en esta forma dice el Apóstol que es la raíz de todo mal. Esto es: No hay mal, desde la mezquindad, el engaño, el fraude, hasta el asesinato, a cuya comisión no haya empujado la codicia a los hombres, o a los que no amenace siempre empujarles. Del codicioso en este sentido de la palabra la Biblia dice: (1) Que no puede entrar en el cielo (1 Co 6:10). (2) Que es un idólatra (Ef 5:5) La riqueza es su dios, esto es, aquello a lo que da su corazón y consagra su vida. (3) Que Dios le aborrece (Sal 10:3).

Este mandamiento tiene un especial interés, por cuanto nos dice San Pablo que fue el medio de llevarlo al conocimiento del pecado. «Tampoco habría sabido lo que es la concupiscencia, si la ley no dijera: No codiciarás» (Ro 7:7). La mayor parte de los otros mandamientos prohíben actos externos, pero éste prohíbe un estado de corazón. Muestra que ninguna obediencia externa puede cumplir las demandas de la ley; que Dios mira al corazón, que El aprueba o desaprueba los afectos y propósitos secretos del alma; que un hombre puede ser un fariseo, puro externamente como un sepulcro blanqueado, pero por dentro lleno de huesos de muertos y de toda inmundicia.

Capítulo 20

Los medios de la gracia

POR MEDIOS DE LA GRACIA no se significan todos los instrumentos que Dios quiera usar como medio para la edificación espiritual de sus hijos. Esta frase es apropiada para indicar aquellas instituciones que Dios ha ordenado como medios ordinarios de la gracia, esto es, de las influencias sobrenaturales del Espíritu Santo, para las almas de los hombres. Los medios de gracia, según las normas de nuestra Iglesia, son la Palabra, los sacramentos y la oración.

1. La Palabra.

1. La Palabra de Dios, tal como aquí se comprende, es la Biblia. Y la Biblia es la colección de libros canónicos del Antiguo y del Nuevo Testamento.

2. Estos libros son la palabra de Dios porque fueron escritos por hombres que eran profetas, Sus órganos o portavoces, en tal sentido que todo aquello que declaran ser cierto u obligatorio, Dios declara que es cierto y obligatorio. Estas cuestiones ya han sido consideradas en el primer volumen de esta obra, hasta allá donde caen dentro de los límites de la teología sistemática.

3. La Palabra de Dios, por lo que a los adultos concierne, es un medio indispensable para la salvación. La verdadera religión jamás ha existido ni puede existir donde las verdades reveladas en la Biblia sean desconocidas. Esta cuestión ya ha sido tratada cuando se ha hablado de la insuficiencia de la religión natural.

4. La palabra de Dios no sólo es necesaria para la salvación, sino que es también divinamente eficaz para el cumplimiento de este fin. Esto se ve, (*a*) Por la comisión dada a la Iglesia. Después de Su resurrección, nuestro Señor le dijo a Sus discípulos: «Id, y haced discípulos en todas las naciones, bautizándolos en el nombre del Padre, y del Hijo, y del Espíritu Santo; enseñándoles a guardar todas las cosas que os he mandado; y he aquí que yo estoy con vosotros todos los días, hasta el fin del mundo» (Mt 18:19, 20). Las palabras tal como se registran en Marcos 16:15, son: «Id por todo el mundo y proclamad el evangelio a toda criatura. El que crea y sea bautizado, será salvo; pero el que no crea será condenado.» El fin a alcanzar era la salvación de los hombres. El medio para conseguirlo era la enseñanza. Esto es, ellos debían enseñar el evangelio a toda criatura bajo el cielo. Todos los medios derivan su eficacia de la ordenanza de Dios; por cuanto Él ha ordenado el Evangelio como medio de salvación, tiene que ser eficaz para este fin. (*b*) Esto se hace evidente además por la forma en que los Apóstoles cumplieron la comisión que habían recibido. Fueron por todas partes, predicando a Cristo. Fueron enviados a enseñar; y enseñar fue toda su tarea. «Resolví no saber entre vosotros cosa alguna sino a Jesucristo, y a éste crucificado» (1 Co 2:2). (*c*) El poder de la Pala-

bra se demuestra por muchas aserciones directas de la Biblia. Pablo les dice a los Romanos que él no se avergonzaba del Evangelio de Cristo, por cuanto «es poder de Dios para salvación» (Ro 1:16). A los Corintios les dice, a la vista de la total impotencia de la sabiduría del mundo, que «agradó a Dios salvar a los creyentes mediante la locura de la predicación» (1 Co 1:21). La predicación de Cristo crucificado era «para los judíos ciertamente tropezadero, y para los gentiles locura; mas para aquellos que son llamados, así judíos como griegos, Cristo es poder de Dios, y sabiduría de Dios» (vv. 23, 24). En la Epístola a los Hebreos se dice: «Porque la Palabra de Dios es viva y eficaz, y más cortante que toda espada de dos filos; y penetra hasta la división del alma y del espíritu, de las coyunturas y de los tuétanos, y discierne los pensamientos y las intenciones del corazón» (He 4:12).

Los sagrados escritores, bajo la conducción del Espíritu Santo, son exuberantes en sus alabanzas de la Palabra de Dios, al revelarse el poder de la misma en la propia experiencia de ellos. «La ley de Jehová es perfecta,» dice el Salmista, «que convierte el alma» (Sal 19:7, RV). Por la ley de Dios se significa toda la revelación que Dios ha dado en Su Palabra para determinar la fe, formar el carácter y controlar la conducta de los hombres. Es esta revelación la que el Salmista declara perfecta, esto es, perfectamente adaptada a cumplir el fin de la santificación y salvación del hombre. «Lámpara es para mis pies tu palabra, y lumbrera a mi camino» (Sal 119:105). [...] Casi cada uno de los ciento setenta y seis versículos del Salmo ciento diecinueve contiene algún reconocimiento de la excelencia o del poder de la Palabra de Dios. «¿No es mi palabra como fuego, dice Jehová, o como martillo que hace pedazos la roca?» (Jer 23:29).

En el Nuevo Testamento se atribuye la misma divina eficacia a la Palabra de Dios. Es el evangelio de nuestra salvación, esto es, aquello mediante lo que somos salvos. Pablo dijo que Cristo lo había enviado a predicar el Evangelio a los gentiles, diciendo: Con este propósito me aparecí para hacerte ministro y testigo, librándote de los gentiles «a quienes ahora te envío, para que abras sus ojos, a fin de que se conviertan de las tinieblas a la luz, y de la potestad de Satanás a Dios; para que reciban, por la fe que es en mí, perdón de pecados y herencia entre los santificados» (Hch 26:17, 18). Todo esto tenía que ser llevado a cabo mediante el Evangelio. El mismo Apóstol, escribiendo a Timoteo, le dice: «Desde la infancia sabes las Sagradas Escrituras, las cuales te pueden hacer sabio para salvación por medio de la fe que es en Cristo Jesús. Toda Escritura es inspirada por Dios, y útil para enseñar, para redargüir, para corregir, para instruir en justicia» (2 Ti 3:15, 16). El Apóstol Pedro dice que los hombres son renacidos «no de simiente corruptible, sino de incorruptible, por medio de la palabra de Dios, que vive y permanece para siempre» (1 P 1:23). Nuestro Señor oró: «Santifícalos en tu verdad; tu palabra es verdad» (Jn 17:17). [...]

¿A qué se debe atribuir el poder de la Palabra?

Admitiéndose como hecho que la Biblia tiene el poder que se le atribuye, surge la cuestión: ¿A qué se debe? A esta pregunta se dan diferentes respuestas. Algunos dicen que todo su poder reside en la naturaleza de las verdades que contiene. Esta es la doctrina que mantienen los Pelagianos y los Racionalistas. Sobre esta cuestión se puede observar: (1) Que toda verdad tiene una adaptación a la mente humana, y que tiende a producir una impresión en conformidad a su naturaleza. Si se pudiera concebir de una mente destituida de toda verdad, estaría en un estado de idiotez. La mente es llevada a la acción y expandida, y su poder aumentado mediante la verdad, y, con igualdad de los demás factores, en proporción a la cantidad de verdad que se le comunique. (2) La tendencia de toda verdad moral considerada por Sí misma es la de suscitar los rectos sentimientos morales, y conducir a una acción moral recta. (3) Se concede además que las verdades de la Biblia y las fuentes del poder moral en ella contenidas son del más elevado orden posible. Por ejemplo, la doctrina que se enseña en ella de un Espíritu infinito, eterno e inmutable en su ser, sabiduría, poder, santidad, justicia, bondad y verdad, es inconcebiblemente superior a todo lo que la razón humana jamás descubrió y a todo lo que jamás enseñó la filosofía humana. Lo mismo se puede decir de lo que enseña la Biblia acerca de la relación de Dios con el mundo. Él no es meramente su creador y arquitecto, sino también su constante preservador y gobernante; Él está presente en todas partes, obrando con y mediante Sus criaturas, empleando a cada una según su naturaleza, y rigiendo todas las cosas para el cumplimiento de los más excelsos y benéficos designios. Él se revela a Sus criaturas racionales, especialmente a los hombres, como padre, amante, conduciéndolos y proveyendo para ellos; y no los aflige de voluntad, sino sólo cuando sería moralmente malo no hacerlo. La doctrina de la Biblia acerca del hombre no es sólo verdadera, conformada a todo lo que el hombre manifiesta ser, sino que está extremadamente adaptada a hacer de él lo que estaba designado ser: a exaltarlo sin hincharlo; a humillarlo sin degradarlo. La Biblia nos enseña que Dios hizo al hombre del polvo de la tierra, y que insufló en él el aliento de vida, y vino a ser un alma viviente conformada a la imagen de Dios en conocimiento, justicia y santidad. Así, el hombre es aparentemente la más baja de las criaturas racionales de Dios, pero hecha capaz de un indefinido progreso en capacidad, excelencia y bienaventuranza. Sin embargo, el estado real del hombre exhibe un triste contraste con este relato de su condición original. Por ello, la Biblia nos informa de que el hombre cayó del estado en el que fue creado al pecar contra Dios. Así, el pecado se introdujo en el mundo; todos los hombres son pecadores, esto es, culpables, contaminados e impotentes. Estos son hechos de la consciencia, así como doctrinas de la Biblia. Pero las Escrituras nos informan de que Dios amó de tal manera al mundo que dio a Su unigénito Hijo, para que todo el que crea en Él no se pierda, mas tenga la vida eterna. Se nos dice que este Hijo es la imagen de Dios, igual con Dios. Por Él fueron creadas todas las cosas que están en los cielos y las que están en la tierra, visibles e invisibles, sean tronos, o dominios, o principados o potestades: todas las cosas fueron creadas por Él y para Él; y Él es antes de todas las cosas, y por Él todas las cosas consisten. Esta Persona divina tomó sobre Sí nuestra naturaleza, por nosotros y para nuestra salvación, cumplió toda justicia, llevó nuestros pecados en Su cuerpo sobre el madero, y, habiendo muerto por nuestros delitos, resucitó para nuestra justificación; y está ahora sentado a la diestra de la majestad en las alturas; en Sus manos ha sido entregado todo poder en los cielos y en la tierra. Hay más poder para santificar, elevar, fortalecer y alentar en la sencilla palabra JESÚS, que significa «Jehová Salvador», que en todas las palabras pronunciadas por los hombres desde que comenzó el mundo. Este divino y exaltado Salvador ha enviado a Sus discípulos para predicar Su Evangelio a toda criatura, prometiendo perdón, santificación y la vida eterna, incluyendo una participación en Su gloria, a todos, con la única condición de que le reciban como Dios y Salvador de ellos, y, confiando sólo en Él para salvación, se dediquen honradamente a hacer Su voluntad; esto es, que amen a Dios con todo su corazón, y a su prójimo como a sí mismos. A la vista de estas verdades, Dios pregunta: «¿Qué más se podía haber hecho a mi viña, que yo no lo haya hecho en ella?» Todos los recursos del poder moral quedan agotados en la Biblia. Todas las consideraciones que puedan afectar al intelecto, a la conciencia y a los sentimientos y a las esperanzas del hombre se presentan allí. Pero todo en vano.

Hay dos condiciones necesarias para la producción de un efecto determinado. La primera es que la causa tenga la eficiencia debida; y la segunda es que el objeto sobre el que actúa tenga la susceptibilidad precisa. El sol y la lluvia arrojan sus maravillosas influencias sobre un desierto, y permanece un desierto; cuando estas influencias caen sobre una fértil llanura, queda revestida de todas las maravillas de la fertilidad y hermosura vegetales. El resplandor de mediodía del sol no tiene más efecto sobre los ojos del ciego que una candela; y si la visión es borrosa, la luz más clara sólo permite ver hombres como árboles que andan. Así es con la verdad moral; no importa cuál sea su poder inherente: no ejerce ningún efecto saludable a no ser que la mente a la que sea presentada esté en estado idóneo para recibirla.

Las mentes de los hombres no están, desde la caída, en condición de recibir el poder transformador y salvador de las verdades de la Biblia; por ello es necesario, para hacer que la Palabra de Dios sea un medio efectivo de salvación, que vaya acompañada por el poder sobrenatural del Espíritu Santo. El Apóstol lo dice de manera explícita: «Pero el hombre natural no capta las cosas que son del Espíritu de Dios, porque para él son locura, y no las puede conocer, porque se han de discernir espiritualmente» (1 Co 2:14). En el capítulo precedente dice él que este mismo Evangelio que para los llamados era poder de Dios y sabiduría de Dios, era para los judíos un tropezadero, y para los griegos locura. Nuestro Señor les dijo a los judíos: «¿Por qué no comprendéis mi lenguaje? Porque no podéis escuchar mi palabra. [...] El que es de Dios, escucha las palabras de Dios; por esto no las escucháis vosotros, porque no sois de Dios» (Jn 8:43, 47). Todo lo que enseñan las Escrituras acerca del estado de los hombres desde la caída demuestra que hasta que sean iluminados por el Espíritu Santo son espiritualmente ciegos, incapaces de discernir la verdadera naturaleza de las cosas del Espíritu, y por ello incapaces de recibir una impresión adecuada de las mismas.

La experiencia confirma esta enseñanza de la Biblia. Muestra que ningún mero poder moral de la verdad presentado objetivamente a la mente vale de nada para cambiar el corazón de las personas. Una vez apareció sobre la tierra una persona divina revestida de nuestra naturaleza; exhibiendo la perfección de la excelencia moral en forma de una vida humana; santo, inocente, incontaminado, separado de los pecadores; humilde, desinteresado, benéfico, tierno, paciente, longánimo y dando bendiciones a todos los que a Él acudían. Pero esta persona fue, para las gentes de Su generación, sin hermosura ni atractivo. A los Suyos vino, y los Suyos no le recibieron. Le rechazaron y prefirieron a un homicida. ¿Y en qué respecto somos nosotros mejores que ellos? ¿Cómo es Cristo contemplado por la multitud de personas de esta generación? Grandes números blasfeman contra Él. La mayoría apenas si piensan en Él. No les es más que un Sócrates o que un Platón. Y sin embargo hay en Él tal revelación de la gloria de Dios que constreñiría a todo corazón humano a amarle y a adorarlo, si el dios de este mundo no hubiera cegado los ojos de los que no creen. Por ello, es en vano hablar del poder moral de la verdad convirtiendo a los hombres.

Los hay que arrojan un velo sobre esta doctrina racionalista, engañándose a sí mismos y a otros a creer que se encuentran sobre un terreno más Escriturario que los Racionalistas, porque admiten que el Espíritu es operativo en la verdad. Todo Teísta cree que Dios está presente en todas partes en el mundo, siempre sustentando y cooperando con causas físicas en la producción de sus varios efectos. Y así está el Espíritu en el mundo, en todas partes presente y en todas partes activo, cooperando con causas morales para la producción de sus efectos legítimos. Nada hay en la operación de las causas físicas que trascienda a sus efectos legítimos; y nada hay en la regeneración, conversión y santificación de los hombres que trascienda a los efectos legítimos de la verdad moral. La primera serie de efectos es igual de natural, y sólo tan poco sobrenatural, como la segunda. [...] Esto excluye lo sobrenatural, que es todo lo que ellos demandan. En los efectos producidos por causas físicas conducidas por la eficiencia providencial de Dios no hay nada que exceda al poder de estas causas; y en los efectos producidos por el poder moral de la verdad bajo la cooperación del Espíritu, nada hay que exceda al poder de la verdad. [...]

Mientras que todos los cristianos admiten que la eficiencia providencial de Dios se extiende sobre todas Sus obras, y que todo bien en los hombres caídos se debe a la presencia y poder de Su Espíritu Santo, sin embargo sienten y creen, conducidos por las Escrituras, que la actividad divina en estas diferentes esferas es enteramente diferente. Las esferas mismas son totalmente diferentes; los fines a alcanzar son diferentes; y el modo de operación es diferente. En la naturaleza (especialmente en el mundo externo) Dios actúa por la ley; Su eficiencia providencial es una «potentia ordinata»; en la gracia se trata más de una «potentia absoluta», sin sujeción a ley. Es personal y soberana. No actúa de manera continuada o uniforme, sino como a Él le parece bien. Él obra en nosotros «tanto el querer como el hacer, por su buena voluntad» (Fil 2:13). Así, como se acaba de observar, cada cristiano siente su dependencia no de una ley, sino del beneplácito de una persona. [...]

Esta soberanía en las actividades del Espíritu es sentida y reconocida por cada padre, pastor y misionero. Es el propósito revelado de Dios que debe ser reconocida. «Pues mirad, hermanos, vuestro llamamiento,» que no son muchos sabios, ni muchos poderosos, ni muchos nobles, sino los débiles, viles y menospreciados los que Dios ha escogido, «a fin de que nadie se jacte en su presencia» (1 Co 1:26-29). A nadie se le permite atribuirse a sí mismo su conversión ni salvación, ni a una ley, ni a la eficacia de unos medios. Está en manos de Dios. Es de Él que haya nadie en Cristo Jesús (1 Co 1:30). De la misma manera Él da o retiene de tal manera las influencias del Espíritu que cada ministro del Evangelio, como los mismos Apóstoles vieron, debería sentir y reconocer que su éxito no depende de su dignidad oficial, ni de su fidelidad, ni de su destreza argumentativa, ni de su capacidad de persuasión, sino simple y sencillamente de la demostración del Espíritu, dada o retenida conforme a Él le place. ¿A qué se debe que tan pocos se convirtieron bajo el ministerio de Cristo, y tantos bajo el de los Apóstoles? ¿A qué se debe que una experiencia semejante ha marcado toda la historia de la Iglesia? La única respuesta Escrituraria o racional es: «Sí, Padre, porque así te agradó.» Sabemos desde luego que la acción soberana del Espíritu es determinada en sus operaciones por unas razones infinitamente sabias y buenas; y sabemos que la retención de Su cooperación es frecuentemente judicial y punitiva; que Él abandona individuos, iglesias, comunidades y naciones que han pecado rechazando su día de gracia. Es importante que recordemos que al vivir bajo la dispensación del Espíritu dependemos de manera absoluta de una Persona divina, que da o que retira Su influencia según Él quiere; que Él puede ser contristado y agraviado; que debe ser reconocido, temido y obedecido; que Su presencia y dones han de ser buscados humilde y fervientemente, y abrigados con constancia, y que se le deben adscribir a Él todos los pensamientos rectos y rectos propósitos, toda gracia y toda bondad, toda fuerza y toda consolación, y todo éxito en ganar almas para Cristo.

El oficio de la Palabra como medio de la gracia.

Así los cristianos no atribuyen el poder salvador y santificador de las Escrituras al poder moral de las verdades que contienen; ni a la mera cooperación del Espíritu en una forma análoga a la manera en que Dios coopera con todas las causas segundas, sino al poder del Espíritu como Persona divina actuando con y por la verdad, o sin ella, como Él considere oportuno en Su soberana complacencia. Aunque la luz no puede restaurar la vista a los ciegos, ni sanar la enfermedad de los órganos de la vista, es sin embargo necesaria para el ejercicio mismo del poder de la visión. Igualmente es necesaria la Palabra en todos los santos ejercicios del alma humana. [...]

Sin la revelación objetiva de la persona, doctrinas, obra y carácter de Cristo, esta experiencia interior de Sus discípulos habría sido imposible. Pero esta revelación externa habría sido, como de hecho fue para la mayoría de los que tuvieron contacto con la misma, totalmente en vano, sin el poder del discernimiento espiritual. Está claro, entonces, cuál es el oficio de la Palabra, y cuál el del Espíritu Santo, en la obra de la santificación. La Palabra presenta el objeto a ver y la luz por la que vemos; esto es, contiene las verdades mediante las que el alma es santificada, y comunica a la mente el conocimiento intelectual de estas verdades. Ambas cosas son esenciales. La obra del Espíritu tiene que ver con el alma. Por naturaleza está espiritualmente muerta: tiene que ser vivificada. Es ciega: se le tienen que abrir los ojos. La obra llena de gracia del Espíritu es impartir vida, abrir los ojos, y ablandar el corazón. Cuando esto ha sido llevado a cabo, y en proporción a la medida en que ha sido llevado a cabo, la Palabra ejerce su influencia santificadora sobre el alma. [...]

Además de este poder santificador general de la Palabra de Dios, cuando se discierne espiritualmente, tenemos que observar que es el medio de suscitar todos los pensamientos, sentimientos, propósitos y actos santos. Incluso un alma regenerada sin ninguna verdad delante de ella quedaría en total oscuridad. Se encontraría en el estado de un niño regenerado en relación con el mundo exterior: con ojos y oídos, pero sin nada para poner en ejercicio sus facultades de la vista y del oído. Es evidente que no podemos tener sentimientos racionales de gratitud, de amor, de adoración y de temor hacia Dios excepto en vista a las verdades reveladas acerca de Él en Su Palabra. No podemos tener amor ni devoción a Cristo excepto hasta allí donde aceptamos la manifestación de su carácter y obra como verdadera. No tenemos fe excepto la basada en alguna promesa revelada de Dios; ninguna resignación ni sumisión excepto en vistas a la sabiduría y al amor de Dios y de Su providencia universal que se revela en la Escritura; ninguna gozosa anticipación de bienaventuranza común que no esté basada en lo que el Evangelio da a conocer de un estado futuro de existencia. Por ello, la Biblia es esencial para la existencia consciente de la vida divina en el alma y para todos sus ejercicios racionales. El cristiano no puede vivir sin la Biblia como tampoco puede su cuerpo vivir sin alimento. La Palabra de Dios es la leche y la vianda sólida, y es como agua al sediento; es su miel y panal. [...]

2. Los sacramentos: Su naturaleza.

[...] El Bautismo y la Cena del Señor son sacramentos. Son: (1) Ordenanzas instituidas por Cristo. (2) Son significativos por su naturaleza: El bautismo de purificación; la Cena del Señor de alimentación espiritual. (3) Se designó que fueran perpetuos. (4) Fueron designados para significar, instruir, sellar y por ello confirmar y fortalecer; y para comunicar o aplicar, y por ello santificar a aquellos que por la fe los reciben. Sobre este principio se basa la definición de sacramento que se da en las reglas de nuestra Iglesia. «Un sacramento es», se afirma, «una ordenanza instituida por Cristo, por la cual, mediante signos visibles, Cristo y los beneficios del Nuevo Pacto son representados, sellados y aplicados a los creyentes.»[1] [...]

3. Número de los sacramentos.

Si se le da al término sacramento el sentido amplio con que fue empleado en la Iglesia primitiva para todo rito religioso significativo, es evidente que no se puede poner ningún límite definido a su número. Si la palabra se limita a aquellas ordenanzas divinas que se corresponden con las condiciones que caracterizan al bautismo y a la Cena del Señor, es evidente que hay sólo dos sacramentos bajo la dispensación cristiana; y ésta es la postura tomada por todos los protestantes. [...]

Los Romanistas tienen siete sacramentos, añadiendo al bautismo y a la Cena del Señor el matrimonio, el orden sacerdotal, la penitencia, la confirmación y la extremaunción. El matrimonio, aunque es una institución divina, no fue ordenado para significar, sellar y aplicar a los creyentes los beneficios de la redención; por ello, no es un sacramento. Lo mismo se puede

---

1. *Westminster Shorter Cathecism*, quaest. 92.

Capítulo 20 – *LOS MEDIOS DE LA GRACIA*

decir de la ordenación. Y en cuanto a la confirmación, la penitencia y la extremaunción, en el sentido en que los Romanistas emplean estos términos, no son instituciones divinas en absoluto. [...]

Es cosa superflua para los Romanistas asignar cualquier razón para hacer que el número de sacramentos sea siete, ni más ni menos, aparte de la decisión de la Iglesia. Si la Iglesia es infalible, su juicio acerca de la cuestión es decisivo; si no es infalible, de nada valdrá ninguna otra razón. Admiten que acerca de esto no hay apoyo en la autoridad de las Escrituras, y en ninguna cuestión de disputa entre ellos y los Protestantes se puede apelar con menos razón al testimonio de la tradición. Por ello, los teólogos Romanistas, aunque pretendan el consentimiento común en apoyo de su doctrina acerca de esta cuestión, se valen de todas las ayudas colaterales de que puedan servirse. [...]

Sin embargo, es cosa notoria que no se puede alegar tal consentimiento general en apoyo de los siete sacramentos de los Romanistas. Los hechos lisos y llanos acerca de esta cuestión son: (1) Como ya se ha observado, en la Iglesia primitiva cada rito sagrado se llamaba un sacramento. Entonces su número era indefinido. (2) Reconociéndose la preeminencia del bautismo y de la Cena del Señor sobre todos los otros ritos sagrados, fueron llamados, como por parte de Agustín, los sacramentos principales. (3) Cuando se dirige la atención al hecho de que algo era cierto del bautismo y de la Cena del Señor que no lo es de otras ordenanzas o ritos, y que éstas, y sólo éstas de las ceremonias externas, estaban designadas como «medios de gracia», entonces fueron declarados, bajo esta luz, como los únicos sacramentos cristianos. Así hablan de ellos[2] Justino Mártir,[3] Cirilo de Jerusalén[4] y Agustín.[5] (4) Al aumentar un espíritu ritualista en la Iglesia, se asumió primero un rito y luego otro como un «medio de gracia», pero no siempre tratándose de los mismos, y así aumentó la cantidad de sacramentos. (5) Pero durante siglos no se admitió ningún número determinado por parte de nada que se asemejara a un consentimiento común. Unos decían que eran tres; el Pseudo Dionisio del siglo sexto daba seis. Pedro Damiani, el amigo de Gregorio VII, propuso doce. «Raterio, obispo de Verona (†974), Fulbert, Obispo de Chartres († 1028), Bruno, Obispo de Wurzburg († 1045), Ruperto, Abad de Deutz († 1135), admitían sólo el bautismo y la Cena del Señor; otros, como Teodulfo, Obispo de Orleans († 821), Agobardo, Obispo de Lyon († 840), Lanfranc, Obispo de Canterbury († 1089), Hildeberto, Obispo de Tours († 1134), Hugo de San Víctor († 1141), los llaman "duo sanctae ecclesiae sacramenta"»[6] (6) Es cierto, dice el escritor acabado de mencionar, que Pedro Lombardo († 1164) es el primero que enumeró los siete sacramentos que mantienen los Romanistas. Él no da razón alguna para el número siete excepto el que ya existía tradicionalmente de la santidad atribuida a este número. Era considerado como símbolo de universalidad y de perfección. Lo que se ha dicho es suficiente para mostrar que los Romanistas no tienen siquiera una base plausible para su apelación al consentimiento común en apoyo de su doctrina acerca de esta cuestión. Esta apelación es innecesaria según su teoría. Si la Iglesia fuera infalible, y si la Iglesia testificara que Cristo ordenó el matrimonio, la extremaunción, etc., como sacramentos, este testimonio sería decisivo. Pero si la Iglesia en el sentido papal de la palabra es precisamente lo opuesto a infalible, entonces su testimonio, por lo que respecta a la fe de los cristianos, no vale para nada.

---

2. Perrone, en su obra *Praelectiones Theologicae, De Sacramentis in genere*, I.14; edic. de París, 1861. Vol. II. pág. 217; hace referencia a estos autores, e intenta racionalizar los hechos.
3. *Apologia* I[II] *Ad Antoninum Pium*, 65, 66; *Works*, edit. Commelinus, Heidelberg, 1593. pág. 76
4. *Catechesis Mystagogicae Quinque*, Schram, *Analysis Patrum*. Augsburg, 1789, Vol. X. pág. 250-268.
5. *Enarratio in Psalmum* CIII.14. edit. Benedictines, París 1836, Vol. IV, pág. 1626, d.
6. Herzog, *Real-Encyklopädie*. Art. «Sacramente», Vol. XIII, pág. 241. El escritor del detallado artículo en la obra editada por Herzog hace referencia a la exhaustiva investigación de esta cuestión en la tesis de G. L. Hahn, titulada *Doctrinae Rom. de numero Sacramentorum septenario rationes historicae,* Bratislava, 1859.

4. La eficacia de los sacramentos.

[...] El primer punto claramente enseñado en los Símbolos de la Iglesia Reformada es que los sacramentos son verdaderos medios de la gracia, esto es, medios señalados y empleados por Cristo para comunicar los beneficios de Su redención a Su pueblo. No son, como enseñan los Romanistas, los canales exclusivos; pero son canales. [...] La palabra gracia, cuando hablamos de los medios de gracia, incluye tres cosas: 1. Un don inmerecido, como la remisión del pecado. 2. La influencia sobrenatural del Espíritu Santo. 3. Los efectos subjetivos de aquella influencia sobre el alma. La fe, la esperanza y la caridad, por ejemplo, son gracias.

El segundo punto en la doctrina Reformada acerca de los sacramentos trata de la fuente de su poder. Acerca de esto se enseña en sentido negativo que el poder no reside en ellos. [...] Lo que se niega es que los sacramentos sean la causa eficiente de los efectos de gracia que producen. La eficiencia no reside en los elementos, en el agua empleada en el bautismo, ni en el pan y vino empleados en la Cena del Señor. No reside en las acciones sacramentales, ni en dar ni en recibir los elementos consagrados. Tampoco el poder o eficiencia debida a los sacramentos reside en, ni fluye de, la persona por quien son administrados. No reside en su oficio. No hay poder sobrenatural en el hombre, en virtud de su oficio, para hacer que los sacramentos sean eficaces. Tampoco depende la eficiencia de los mismos del carácter del administrador delante de Dios, ni en la intención del mismo, esto es, en su propósito para hacerlos efectivos. El hombre que administra los sacramentos no es un obrador de milagros. [...] La declaración afirmativa acerca de esta cuestión es que la eficacia de los sacramentos se debe sólo a la bendición de Cristo y a la operación de Su Espíritu. El Espíritu, como debemos siempre recordar, es un agente personal que obra cuando y como Él quiere. Dios ha prometido que Su Espíritu asistirá a Su Palabra; y así Él la convierte en un medio eficaz para la santificación de Su pueblo. De la misma manera Él ha prometido hacer efectivos los sacramentos para el mismo fin, por medio de la operación de asistencia de Su Espíritu.

El tercer punto incluido en la doctrina Reformada es que los sacramentos son efectivos como medio de gracia sólo para aquellos que los reciben por fe, por lo que respecta a los adultos. Puede que tengan un poder natural sobre otros además de sobre los creyentes como medio de presentar la verdad y de excitar los sentimientos, pero su influencia salvadora o santificadora es experimentada sólo por los creyentes. [...]

La doctrina de la Iglesia de Roma acerca de la eficacia de los sacramentos.

[...] Los romanistas enseñan: (1) Que los sacramentos contienen la gracia que significan. (2) Que comunican la gracia «ex opere operato». (3) Que hay una cierta eficacia común a todos los sacramentos. Todos ellos comunican gracia, esto es, «gratia, gratum faciens, santificans»; y además de esta influencia común, en el bautismo, la confirmación y el orden sacerdotal se comunica un carácter indeleble en virtud del cual nunca pueden ser repetidos. (4) Que las condiciones de la eficacia de los sacramentos por parte del administrador son, primero, que tenga autoridad (esto se limita en su aplicación al bautismo): y segundo, que tenga la intención de hacer lo que la Iglesia designa que se haga; y con respecto al receptor, que no oponga un obstáculo. Los sacramentos se declaran efectivos «non ponentibus obicem».

[...] Bellarmino dice que los Romanistas enseñan que es necesaria la fe por parte del receptor para la eficacia de los sacramentos, al menos en el caso de los adultos. Los Protestantes dicen lo mismo, y sin embargo significan algo totalmente diferente. Por fe los Protestantes entienden la fe salvadora; aquella fe que es uno de los frutos del Espíritu, que, si un hombre la posee, su salvación es cierta. En cambio, los Romanistas por fe significan mero asentimiento, que un hombre puede poseer, y estar en estado de condenación, y perecer eternamente. Esta es su definición formal de fe, tal como la da el mismo Bellarmino;

y el Concilio de Trento pronuncia malditos a los que digan que el asentimiento dado por hombres no regenerados a la verdad no sea verdadera fe. Los Romanistas no mantienen que los sacramentos comuniquen gracia a ateos confesos o a incrédulos profesantes, sino que actúan con poder salvador sobre aquellos que tienen la clase de fe en la Iglesia que profesan y practican los bandidos de Italia. Igualmente, el arrepentimiento que se demanda no es el dolor piadoso del que habla el Apóstol, sino aquel remordimiento que los malvados experimentan con frecuencia. [...] Los sacramentos confieren gracia por su eficacia inherente. Es cierto que el receptor tiene que ser creyente, pero no importa que tenga la que San Pedro llama «la preciosa fe de los escogidos de Dios», o la misma clase de fe que tenía Simón el Mago.

5. La necesidad de los sacramentos.

La distinción entre la necesidad de precepto y la necesidad de medios es evidente e importante. Nadie estaría dispuesto a decir de manera incondicional que sea innecesario obedecer un mandamiento explícito de Cristo. Y por cuanto Él ha mandado a Sus discípulos bautizar a todos los que son recibidos como miembros de su Iglesia, en el nombre del Padre, del Hijo y del Espíritu Santo, y demandó de Sus discípulos que recordaran Su muerte mediante la celebración de la Cena del Señor, reposa la más fuerte obligación moral sobre Su pueblo de obedecer estos dos mandamientos. Pero la obligación de obedecer cualquier mandamiento [...] depende de circunstancias. Puede que no haya oportunidad; o el cumplimiento del deber puede verse estorbado por circunstancias externas; o podemos carecer de la capacidad para cumplir el servicio pedido. Así, con respecto al mandamiento de ser bautizados y de conmemorar la muerte del Señor a Su mesa, es evidente que puede haber muchas circunstancias que impidan la obediencia incluso por parte de aquellos que tienen la disposición y el propósito de hacer todo aquello que el Señor les demande. [...]

Por necesidad de medios lo que se entiende generalmente es una necesidad absoluta, un «sine qua non». En este sentido, el alimento es una necesidad de la vida; la luz es necesaria para el ejercicio de la visión; la Palabra es necesaria para el ejercicio de la fe, porque es su objeto, lo que debe ser creído; y la fe es, por parte de los adultos, necesaria para la salvación, porque es el acto de recibir la gracia de Dios ofrecida en la Biblia, y por ello se dice en la Escritura, un sinnúmero de veces, que somos salvos por la fe, que el que cree será salvo, y que el que no cree no verá la vida.

La cuestión entre los Reformados, por una parte, y los Luteranos y Romanistas, por la otra, es en cuál de estos sentidos son necesarios los sacramentos. Según los Reformados, tienen la necesidad de precepto. El uso de los mismos es ordenado como un deber; pero no son medios necesarios para la salvación. Los hombres pueden ser salvos sin ellos. Los beneficios que significan y de los que son los medios de significación, sello y aplicación a los creyentes, no están de tal modo ligados a su uso que tales beneficios no puedan ser logrados sin ellos. Los pecados pueden ser perdonados, y el alma regenerada y salvada, aunque no se haya recibido ninguno de estos sacramentos. En cambio, los Luteranos y Romanistas sostienen que los sacramentos son medios necesarios de la gracia, en el sentido de que la gracia que significan no es recibida más que mediante su uso. No hay remisión de pecados ni regeneración sin el bautismo, ni recepción del cuerpo y de la sangre de Cristo para nuestro alimento espiritual y crecimiento en la gracia sin la Cena del Señor; y, según los Romanistas, ningún perdón de los pecados posteriores al bautismo sin absolución sacerdotal; ni gracia de órdenes sin ordenación canónica, ni preparación especial para la muerte sin la extremaunción. Esta cuestión tiene principalmente importancia con referencia al bautismo, y por ello se tratará cuando se considere este sacramento. [...]

Con respecto a esto es suficiente [ahora] con observar:

1. Que la doctrina de que los sacramentos sean necesarios para la salvación, sobre la base de que son los únicos canales para comunicar a los hombres los beneficios de la redención de Cristo, es claramente contraria a las expresas enseñanzas de la Biblia. Las mismas Escrituras enseñan en todas partes que Dios mira al corazón; que Él demanda de los hombres caídos simplemente fe en nuestro Señor Jesucristo y arrepentimiento para con Dios como las únicas condiciones indispensables de salvación; que todos los hombres tienen libre acceso a Dios, por medio de la mediación de Cristo, para obtener de Sus manos la remisión de pecados y todos los beneficios de la redención; que no precisan de la intervención de sacerdotes para lograr para ellos este acceso ni la comunicación de estos beneficios; y que ningunos ritos externos tienen poder en sí mismos para conferir la gracia. Porque tanto amó Dios al mundo, que dio a Su Hijo unigénito, para que todo el que en Él cree no se pierda, mas tenga vida eterna. El que cree en Él no es condenado; pero el que no cree ya ha sido condenado. Cree en el Señor Jesucristo y serás salvo. Todo el que invoque el nombre del Señor, será salvo. Todo el que cree que Jesús es el Cristo es nacido de Dios. La Escritura no puede ser quebrantada. No puede ser que el que verdaderamente crea el registro que Dios ha dado de su Hijo deje de alcanzar la vida eterna. Nos convertimos en hijos de Dios por la fe en Jesucristo. Es cierto que se nos manda que seamos bautizados, como se nos manda que confesemos a Cristo delante de los hombres o que amemos a los hermanos. Pero estos son deberes la obediencia a los cuales queda asegurada por la fe. No son los medios de la salvación.

2. Este sistema ritualista es totalmente inconsistente con todo el genio del cristianismo. Dios es Espíritu, y Él demanda que los que le adoran, le adoren en Espíritu y en verdad. Los ritos externos son declarados como nada. La circuncisión no es nada, y la no circuncisión no es nada. «Pues no es judío el que lo es exteriormente, ni es circuncisión la que se hace exteriormente en la carne; sino que es judío el que lo es en lo interior, y la circuncisión es la del corazón, en Espíritu, no en letra; la alabanza del cual no viene de los hombres, sino de Dios» (Ro 2:29, 29). Y esto no es meramente un hecho, sino un principio. Lo que dice San Pablo aquí de la circuncisión y de los judíos puede decirse, y de hecho San Pedro lo dice en sustancia, con referencia al bautismo y al cristianismo. Uno que sea cristiano sólo exteriormente no es cristiano; y el bautismo que salva no es el lavamiento del cuerpo con agua, sino la conversión del alma (1 P 3:21). La idea de que el estado de alguien delante de Dios dependa de nada externo, del nacimiento, de la membresía en ninguna organización visible, o en ningún rito o ceremonia externos, es totalmente repulsiva para la religión de la Biblia. No perteneció al judaísmo excepto en la forma corrompida del farisaísmo. Es cierto que bajo la antigua dispensación nadie podía ser salvo si no pertenecía a la comunidad de Israel, y era hijo de Abraham. Pero según San Pablo (Ro 9:8; Gá 3:7 y 29) esto sólo significaba que tenían que creer en el Dios de Abraham y en la promesa de la redención por medio de su linaje. Si alguien pagano de nacimiento y cultura llegaba al conocimiento de la verdad, creía las doctrinas que Dios había revelado a Su pueblo escogido, se apoyaba en las doctrinas que Dios había revelado a Su pueblo escogido, confiaba en la promesa de salvación por medio de Cristo, y se proponía obedecer la ley de Dios, entonces era judío interiormente y de la simiente de Abraham. Su circuncisión venía sólo a ser «un sello de la justicia de la fe que tenía cuando aún era incircunciso» (cf. Ro 4:11). La doctrina de que tal persona, a pesar de su total cambio en su estado interior en conocimiento, convicción y carácter, esté bajo la ira y maldición de Dios hasta que le sea cortado un trocito de carne de su cuerpo nunca formó parte de la religión de Dios. Forma parte de la religión de Su gran adversario. Así, cualquiera que enseñe que nadie puede ser salvo sin el rito del bautismo, y que es al recibir este rito cuando es hecho hijo de Dios y heredero del cielo, es anticristo, «Y aun ahora han surgido muchos anticristos» (1 Jn 2:18).

3. Este sistema ritualista, que hace de los sacramentos los únicos canales de la gracia, y consiguientemente totalmente necesarios para la salvación, conduce de manera natural al divorcio entre la religión y la moralidad. Según este sistema, una persona puede ser en la verdadera Iglesia un hijo de Dios, y tener la certeza del cielo, y ser sin embargo totalmente frívolo, mundano e incluso inmoral en su vida interior y exterior. Esto queda ilustrado a gran escala en cada país Católico Romano. En estos países algunos de los más devotos son hombres abiertamente malvados. Y allí donde este sistema prevalece encontramos a sus defensores más celosos entre los hombres del mundo, que viven tranquilos con plena certidumbre de la salvación porque pertenecen a la Iglesia Y son fieles en la observancia de «días, y meses, y sazones, y años», Y puntillosamente «se someten a preceptos tales como: No toques, ni gustes, ni manejes».[7] La gran cuestión en juego en esta controversia con el ritualismo es: Si la salvación de alguien depende de su estado interior, o de ritos externos; o, tal como algunos lo expresarían: Si su estado queda determinado por ritos exteriores, o si los ritos dependen, para su valor y eficacia, de su estado interior. En cualquier forma, la pregunta es: ¿Somos salvos por la fe o por los sacramentos? El Apóstol nos enseña que «En Cristo Jesús ni la circuncisión es nada, ni la no circuncisión, sino la nueva criatura» (Gá 6:15).

4. Las anteriores observaciones no quieren ser de aplicación, y de hecho no son aplicables, al sistema Luterano. Los Luteranos desde luego enseñan la necesidad de los sacramentos, pero por cuanto también enseñan que la fe verdadera, viviente y salvadora es la condición indispensable para su eficacia, y por cuanto además enseñan que en el caso de los adultos tal fe producida por la Palabra es anterior al bautismo, no hacen del bautismo el canal ordinario e indispensable para la comunicación de las influencias salvadoras del Espíritu Santo. Ellos mantienen que todos aquellos que, por la lectura o el oír de la Palabra, son llevados a abrazar al Señor Jesucristo como su Dios y Salvador, son por ello hechos hijos de Dios y herederos de la vida eterna. Ellos creen con el Apóstol (Gá 3:26) que nosotros «somos todos hijos de Dios por fe en Cristo Jesús». Es esta doctrina de la salvación por la fe, o, como lo expresa Lutero, «por la sola fe», la que ha salvado al sistema Luterano del virus del ritualismo.

6. La validez de los sacramentos.

Es válido aquello que sirve para el fin deseado. Por ello, la cuestión con respecto a la validez de los sacramentos es una cuestión en cuanto a qué es necesario para que sean lo que afirman ser. La respuesta a esta pregunta es que deben conformarse a las prescripciones de la Biblia acerca de ellos. Los elementos empleados tienen que ser los ordenados por Cristo. La forma o manera en que estos elementos son dados o recibidos tiene que ser en conformidad a Sus instrucciones; y la ordenanza tiene que ser administrada con la intención de hacer lo que Él ha mandado. Así, si el bautismo es un lavamiento con agua, entonces es necesario que el agua sea el elemento empleado en su administración. Si es un lavamiento con agua en el nombre del Padre, del Hijo, y del Espíritu Santo, entonces se tienen que emplear estas palabras, o esta forma; y la ordenanza tiene que ser administrada y recibida en la fe de la Trinidad. La fe general de la Iglesia ha sido en favor de la validez del bautismo herético; pero la herejía era considerada como incluyendo otras desviaciones de la norma de la fe que la negación de las doctrinas esenciales del Evangelio. El bautismo es una ordenanza cristiana. Involucra de parte tanto del administrador como del receptor la profesión de la religión cristiana. Es perfectamente evidente que el mismo servicio en cuanto a contenido y forma, si es efectuado por un pagano a un pagano, que le dieran un significado entera-

---

7. Un caballero reflexivo y sincero le dijo no hace mucho tiempo a un amigo: «Usted es muy piadoso, pero no tiene religión. Yo soy religioso, pero no tengo piedad.»

mente diferente a la acción que se efectúa, no podría ser considerado como una ordenanza cristiana.

La otra condición necesaria para la validez de los sacramentos tiene que ver con la intención de los que llevan a cabo este servicio. Tienen que tener la intención de hacer lo que Cristo ordenó. Si alguien recibe la ordenanza del bautismo, tiene que ser con la intención de profesar su fe en el Evangelio, y aceptar los términos de la salvación en él presentado. Y el administrador tiene que tener el propósito de iniciar al receptor en el número de los profesos discípulos de Cristo. Por ello, un sacramento administrado por un idiota, o un maníaco, o en broma o escarnio, es totalmente nulo y sin valor. No tiene sentido y es totalmente inválido. [...]

7. Bautismo.

«El bautismo es un sacramento por el que el lavamiento con agua, en nombre del Padre, y del Hijo, y del Espíritu Santo, significa y sella nuestra unión con Cristo y la participación de los beneficios del pacto de la gracia, y nuestro compromiso a ser del Señor.»[8]

El modo del bautismo.

Según la definición dada arriba, el bautismo es un lavamiento con agua.

Por lavamiento se significa toda aquella aplicación de agua que lleve a cabo su purificación. Esto puede hacerse mediante inmersión, efusión o aspersión. Por ello, el mandamiento de bautizar es simplemente un mandamiento de lavar con agua. No es específicamente un mandamiento a sumergir, a efundir o a rociar. El modo de aplicar el agua como medio purificador no es esencial. Lo único necesario es hacer tal aplicación de agua a la persona que haga el acto significativo de la purificación del alma.

El primer argumento en favor de este punto de vista de la ordenanza es *a priori*. Por cuanto por consentimiento común el designio de la institución es o bien el de simbolizar o el de efectuar la purificación del alma de la culpa y de la contaminación del pecado, por la sangre y el espíritu de Cristo, parecería seguir que el lavamiento con agua, hágase como se haga, es todo lo necesario para la integridad de la ordenanza. La idea de purificación es tan clara y frecuentemente significada por efusión como por inmersión. Además, hacer algo tan puramente circunstancial como la manera en la que el agua es empleada en el acto de purificación cosa esencial para un sacramento cristiano, que a decir de algunos es absolutamente necesario para la salvación, y que, según otros, es esencial para la membresía en la Iglesia visible de Cristo, está en oposición a toda la naturaleza del Evangelio. Es hacer el cristianismo más judaico que el judaísmo, incluso tal como lo entendían los fariseos; porque ellos se purificaban a sí mismos, sus ofrendas, y los lugares santos y los utensilios, por inmersión, efusión o aspersión según fuera más apropiado o conveniente.

El uso de la palabra en los clásicos.

El segundo argumento acerca de esta cuestión se toma del uso de la palabra. En los Clásicos, en la Septuaginta y en los escritos Apócrifos del Antiguo Testamento, en el Nuevo Testamento y en los escritos de los padres griegos, las palabras *baptō, baptizō* y sus derivados se emplean con tal latitud de significado que se demuestra la postura de que no hay ninguna autorización ni razón para pretender que el mandamiento a bautizar sea un mandamiento a sumergir.

---

8. *Westminster Shorter Catechism*, Quest. 94.

Desde la Reforma y el surgimiento de los Bautistas como denominación distinta, que mantienen que «bautizar es sumergir y que sumergir es bautizar», el sentido de las palabras griegas en cuestión ha sido objeto de discusión, y se han escrito cientos de volúmenes acerca de lo mismo. Es evidentemente imposible entrar en tal discusión en estas páginas. Todo lo que se puede intentar es una breve enunciación de las conclusiones que se cree que han quedado establecidas, mientras que las pruebas sobre las que descansan estas conclusiones tienen que buscarse en las obras dedicadas a esta cuestión. En cuanto al uso de las palabras en cuestión, está claro que *baptö* significa (1) sumergir. (2) Teñir sumergiendo. (3) Teñir sin tener consideración al modo en que se hace: como se dice de un lago que es bautizado (esto es, teñido) por la sangre derramada sobre el mismo; se dice de una ropa que está bautizada por material colorante que caiga sobre la misma. (4) También significa dorar; también barnizar, como cuando se recubren cacharros con cualquier material vítreo. (5) Mojar, humedecer o lavar. (6) Templar, como se templa el hierro candente; y esto se puede hacer sumergiendo o derramando encima. «Templado, *hupo elaiou*, no significa sumergido en aceite. (7) Empapar, embeber, impregnar, imbuir. Se dice de la mente que está bautizada con fantasías; no sumergida en las mismas, porque es *hupo tön phantasiön*.[9]

De un hombre se dice que está «imbuido con justicia». Esto no puede significar «sumergido». Por ello, es evidente que el mandamiento a bautizar, hecho en el uso de la palabra *baptö*, no se puede limitar a un mandamiento a sumergir, zambullir o sumergir.

En cuanto al uso clásico de *baptizö*, significa, (1) Sumergir o hundir. Se emplea muy frecuentemente cuando se habla de barcos como hundidos o sepultados en la mar. Entonces se dice de ellos que están bautizados. (2) Inundar o cubrir con agua. Se dice que la costa es bautizada por la marea alta. (3) Empapar, humedecer. (4) Derramar o dejar calado. (5) Verse abrumado o dominado. Por ello, se dice que los hombres son bautizados con vino (*hoi bebaptismenoi* son los embriagados), con opio, con deudas, con preguntas difíciles. Del vino se dice que es bautizado cuando se le echa agua.[10]

La palabra *baptizö*, como arguye tan intensamente el doctor Dale, pertenece a aquella clase de palabras que indican un efecto a producir sin expresar la clase de acción mediante la que se debe conseguir el efecto. A este respecto es análoga a la palabra «enterrar». Un muerto puede ser enterrado introduciéndolo en un hueco cavado en tierra y cubriéndolo; poniéndolo en una cueva; poniéndolo en un sarcófago; introduciéndolo en un nicho, o, incluso, como entre los indios de América, poniéndolo sobre una plataforma elevada sobre el suelo. El mandamiento de enterrar se puede llevar a cabo de cualquiera de estas maneras. Lo mismo con respecto a la palabra *baptizö*: se debe producir un efecto determinado, sin ninguna instrucción específica en cuanto a la manera; sea por inmersión, por efusión o por aspersión.

Uso de las palabras en la Septuaginta y en los Apócrifos.

Estas palabras son de uso infrecuente en la versión griega del Antiguo Testamento. En el capítulo quinto del libro segundo de los Reyes tenemos la historia de Naamán el Siri, que acudió al profeta para ser sanado de su lepra. Y «Eliseo le envió un mensajero, diciendo: Ve y lávate siete veces en el Jordán» (v. 14). El único especial interés de este pasaje es la prueba

---

9. Hay dos escritores americanos recientes cuyas obras contienen todo lo que la mayoría de los estudiantes estarían dispuestos a leer acerca de esta cuestión. El primero es el Rev. doctor Conant en su libro *Meaning and Use of the Word Baptizein*, New York, 1868; y el otro es el Rev. James W. Dale, en su obra *Classic Baptism*; *Judaic Baptism*; y *Johannic Baptism*; seguida por *Christian Baptism*.
10. Ilustraciones de algunos de estos usos de la palabra se pueden encontrar en el *Thesaurus* de Stephen y en el *Lexicon* de Scapula, y de todas ellas en las obras del doctor Conant y del doctor Dale, que consideran su sentido en la cuestión bajo debate desde sus respectivas posturas.

que ofrece de que bautismo y lavamiento son cosas idénticas. El mandamiento a lavar fue obedecido bautizándose. La Vulgata no cambia las palabras en ambos pasajes, «Vade et lavare septies in Jordane» (v. 10). «Descendit et lavit in Jordane septies» (v. 14). La Septuaginta tiene *lousai* en el v. 10, y *ebaptisato* en el v. 14.

En Daniel 4:33 se dice que el cuerpo de Nabucodonosor «se mojaba (bautizaba, *ebaphë*, [LXX. Vers. 30]) con el rocío del cielo». Aquí se excluye totalmente la idea de sumergir.

La palabra *baptö*, cuando significa sumergir, no incluye necesariamente la idea de una inmersión total. Frecuentemente, todo lo que se quiere expresar con la palabra es un mero toque o inmersión parcial; como en Levítico 4:17: «Mojará (*bapsei*) el sacerdote su dedo en la misma sangre.» Levítico 14:6: «Después tomará la avecilla viva, el cedro, la grana y el hisopo, y los mojará con la avecilla viva en la sangre de la avecilla muerta sobre el agua viva.» Todas estas cosas no podían ser sumergidas en la sangre de un ave. Booz le dijo a Rut, a la hora de la comida: «Moja (*bapseis*) tu bocado en el vinagre» (Rt 2:14). Josué 3:15: «Los pies de los sacerdotes que llevaban el arca fueron mojados (*ebaphësan*) a la orilla del agua». 1 Samuel 14:27: Jonatán «mojó» (*ebapsen*) el extremo de la vara que tenia en la mano «en un panal de miel». Salmo 68:23 (24): «Tu pie se enrojecerá (*baphë*) en la sangre de tus enemigos.» Estos ejemplos demuestran que incluso *baptö*, tal como se usa en la Septuaginta, no connota, cuando significa sumergir, la idea de una inmersión completa.

Baptizö (según Trommius), además del pasaje ya citado de 2 Reyes 5:14, sólo aparece en la Septuaginta en Isaías 21:4, donde en griego dice: *he anomia me baptizei*, «la iniquidad me bautiza (o, abruma)». La versión castellana, adhiriéndose al hebreo, traduce: «El horror me ha intimidado.» La Vulgata dice; «Tenebrae stupefecerunt me.» Esta palabra aparece dos veces en los Apócrifos: Judit 12:7 y Sabiduría 34:27 [31:25]. Wahl,[11] al referirse a estos dos pasajes, define «*baptomai, me lavo = niptomai*», «Me lavo». En Sabiduría, la expresión es: *Baptizomenos apo nekrou*, «bautizado de un cuerpo muerto», esto es, purificado de la impureza contraída por tocar un cadáver. O, como lo traduce Fritzsche, «sich reinigt von der Befleckung, die ihm die Berührung des Leichn aus zugezogen, vrgl. 4 Moses 19:11»[12]. Del pasaje al que se hace referencia a modo de ilustración (Nm 19:11-13) aprendemos que esta purificación se llevaba a cabo rociando las cenizas de una vaca. (Véase v. 9, y cp. He 9:13). En Nm 19:13 se dice: «Todo aquel que toque cadáver de cualquier persona, y no se purifique, el tabernáculo de Jehová contaminó, y aquella persona será cortada de Israel; por cuanto el agua de la purificación no fue rociada sobre él, inmundo será; y su inmundicia será sobre él.» El agua de separación era el agua en la que se habían mezclado las cenizas de la vaca alazana, tal como se describe en la primera parte del capítulo. Y era la aspersión del agua la que llevaba a cabo el bautismo, o purificación, de la persona contaminada.

El pasaje de Judit nada determina en cuanto al sentido del término. Meramente dice, *ebaptizeto en të parembolë epi tës pëgës tou hudatos*, «se bautizó [a sí misma] en el campamento en una fuente.» Si fuera cosa establecida que *baptizö* siempre significa sumergir, entonces este pasaje afirmaría que Judit se sumergió en la fuente. Pero si, como lo creen la vasta mayoría de los cristianos, esta palabra significa frecuentemente lavar o purificar, sin consideración a la manera en que tiene lugar la purificación, entonces el pasaje no puede ser tomado como diciendo nada más sino que Judit se lavó en la fuente. Las circunstancias del caso están en favor de la interpretación posterior. Según la narración, la tierra había sido invadida por una in-

---

11. *Clavis Librorum V.T. Apocryphorum Philologica*, Auctore Christ. Abrah. Wahl, Philos, et Theol. Doctore, Leipzig, 1853.
12. Esto es: «Todo el que toca el cadáver de cualquier muerto se purifica a sí mismo de la contaminación ocasionada por tocarlo.» *Kurzgefasstes exegetisches Handbuch zu den Apokryphen des Alten Testamentes*, von Otto Fridolin Fritzsche, Leipzig, 1859, Vol. V, pág. 195.

mensa hueste de asirios bajo el mando de Holofernes. La resistencia parecía imposible, e inminente la total destrucción. En esta emergencia, una mujer joven, rica y hermosa, ardiendo de celo por su país y religión, decidió hacer un desesperado esfuerzo por la salvación de su pueblo. Con este propósito, y vestida de la manera más atractiva, se dirigió al campamento enemigo y se presentó ante Holofernes, prometiéndole ayudarlo en la conquista de la tierra. El general asirio, seducido por su encanto, la trató con gran deferencia. Ella quedó sin ser molestada en su tienda durante tres días, pero se le permitió acudir a la fuente, de noche, para lavarse. Al cuarto día fue invitada a una gran fiesta, en la que Holofernes bebió excesivamente, de manera que cuando los huéspedes se hubieron retirado y el general estaba sumido impotente en su borrachera, Judit, ayudada por su criada, le cortó la cabeza, y la llevó al campamento de su propio pueblo. Esto llevó a la derrota de los asirios y a la liberación de la tierra.

Las circunstancias del caso que favorecen la suposición de que Judit no iba a la fuente para sumergirse, sino para lavarse, son: (1) Se encontraba dentro del campamento, que siendo tan grande el ejército, era necesariamente de grandes dimensiones. Pero un campamento lleno de soldados no parece ser precisamente el lugar apropiado para que se bañara una distinguida dama, ni siquiera de noche. (2) El doctor Conant dice: «Es evidente que no había escasez de agua para la inmersión del cuerpo, según la manera judía, esto es, entrando en el agua hasta una profundidad adecuada, y luego hundiéndose hasta que todo el cuerpo estuviera sumergido.»[13] Sin embargo, parece que las probabilidades están todas del otro lado. Tiene que haber sido una fuente extraordinaria si permitía la inmersión de todo el cuerpo de esta manera. Si la palabra *baptizö* sólo pudiera significar «sumergirse», estas consideraciones de nada valdrían. Pero si la palabra significa tanto lavarse o purificarse como sumergirse, entonces son de suficiente peso como para hacer bajar el platillo de la balanza en favor de la primera explicación. Pero en sí mismo este pasaje no demuestra nada.

El uso del Nuevo Testamento.

La palabra *baptein* se usa cuatro veces en el Nuevo Testamento, y en ningún pasaje expresa la idea de una inmersión total. En Lc 16:24: «Que moje (*bapsë*) la punta de su dedo en agua.» Cuando se moja en dedo con agua, no se sumerge. Cuando se pone horizontalmente sobre el agua deprimiendo ligeramente la superficie, retiene más de ella que cuando se hunde perpendicularmente en la misma. Juan 13:26 habla dos veces de mojar el bocado (*bapsas* y *embapsas*). Pero un bocado que se sostiene con los dedos sólo es sumergido de manera parcial. En Apocalipsis 19:13 el significado obvio de las palabras *peribeblëmenos himation bebammenon haimoti* es: «Está vestido de una ropa teñida de sangre.» La alusión aquí es probablemente a Isaías 63:1ss.: «¿Quién es éste que viene de Edom, de Bosrá, con vestidos rojos? [...] ¿Por qué es rojo tu vestido, y tus ropas como del que ha pisado en el lagar? He pisado yo sólo el lagar, [...] los hollé con mi furor; y su sangre salpicó mis vestidos, y manché todas mis ropas.» Así, en este caso el bautismo fue por aspersión. *Baptizö* aparece en el Nuevo Testamento unas ochenta veces; *baptisma* unas veinte veces; y *baptismos* cuatro veces. Por cuanto todos admiten que el bautismo puede efectuarse por inmersión, y por cuanto las purificaciones bajo el Antiguo Testamento (llamadas por el Apóstol, en Hebreos 9:10, en griego, «diversos bautismos») eran llevadas a cabo por inmersión, efusión y rociamiento, no sería sorprendente que en algunos de estos numerosos pasajes el bautismo al que se hace referencia implicara necesariamente la inmersión. Pero resulta, o así ha sido ordenado, que no hay ningún pasaje de esta naturaleza en todo el Nuevo Testamento. Los lugares en los que aparecen estas palabras se pueden clasificar en las siguientes clases: (1) Aquellos en los que, tomados aisladamente, la

---

13. *Significado y uso de Baptizein*, New York, 1868, pág. 85.

presunción es en favor de la inmersión. (2) Aquellos en los que la idea de la inmersión queda necesariamente excluida. (3) Aquellos que no son decisivos por sí mismos, pero en los que la presunción es total en favor de la efusión.

A la primera clase pertenecen aquellos pasajes que hablan de personas bautizadas al ir al (*eis*) agua, y «subió luego del agua» (Mt 3:16; Hch 8:38, 39). Pero estos pasajes tienen que ser aislados a fin de crear una presunción en favor de la inmersión. Según los antiguos relatos, la manera común de bautizar era que la persona entrara en el agua, y entonces se le derramaba agua en la cabeza, y luego salía fuera del agua, no incomodada en absoluto por unos vestidos empapados. Y cuando recordamos que se dice acerca de Juan que «acudían a él de Jerusalén, de toda la Judea, y de toda la región de alrededor del Jordán, y eran bautizados por él en el Jordán, confesando sus pecados» (Mt 3:5, 6), parece físicamente imposible que debiera haber sumergido a toda esta multitud. Cuando se toman todas las circunstancias en consideración, la presunción en favor de la inmersión desaparece, incluso en esta clase de pasajes.

2. La segunda clase de pasajes, aquellos de los que está excluida la idea de la inmersión, incluye todos aquellos que tienen que ver con el bautismo del Espíritu. Se dice con frecuencia que el Espíritu es derramado sobre los hombres; pero de los hombres nunca se dice que sean sumergidos o hundidos en el Espíritu Santo. Esta idea es totalmente incongruente. Así, cuando se dice que los hombres son bautizados por el Espíritu Santo, como sucede tan a menudo, la referencia tiene que ser a la efusión del Espíritu Santo, mediante la que el alma es purificada de pecado. Por cuanto el Espíritu Santo es una persona, y no una mera influencia o fuerza, la preposición en empleada en este contexto (Mt 3:11; Mr 1:8; Jn 1:33; Hch 1:5; 11:16; 1 Co 12:13) tiene que tener su sentido instrumental. La obra que el Espíritu Santo efectúa en nosotros es un bautismo. Así como el agua en manos de Juan era el medio purificador para el cuerpo, de la misma manera el Espíritu Santo, enviado o dado por Jesucristo, purifica el alma. Algunos de los modernos comentaristas son tan puristas que están indispuestos a admitir la más ligera divergencia del uso clásico en el griego del Nuevo Testamento. Hablan como si los escritores sagrados fueran gramáticos griegos, en lugar de ser, como sucedía en la mayor parte de los casos, hombres sin letras que escribían en lo que para ellos era una lengua extranjera. Así, por el hecho de que la partícula *hina* tiene en griego clásico siempre un sentido de propósito, niegan que se use nunca en sentido de denotar un mero resultado o consecuencia, incluso en casos como Lc 22:30: «Os asigno un reino [...] *para que* comáis y bebáis a mi mesa en mi reino.» Juan 6:7: «Doscientos denarios de pan no bastarán *para que* cada uno de ellos tome un poco.» Romanos 11:11: « ¿Acaso han tropezado los de Israel *para* quedar caídos?» [...] etc., etc. Así también, por cuanto las palabras *pisteuō, pistis* y *pistos* raramente se encuentran en los clásicos en construcción con la preposición *en*, dan la interpretación más innatural a muchos pasajes a fin de evitar admitir esta construcción en el Nuevo Testamento. Esto se hace a pesar de pasajes tales como Marcos 1:15, *pisteuete en tō euangeliō*. Gálatas 3:26: «Vosotros sois todos los hijos de Dios, *dia tēs pisteōs en Christo Iēsou*. Efesios 1:15, «después que oíd de vuestra *pistin en tō Kuriō Iēsou*», y muchas otras de clase semejante. De la misma manera, debido a que el sentido instrumental de *en* es raro en los clásicos, se evita tanto como se puede en las Escrituras. El bautismo *en pneumati*, en lugar de ser entendido como significando un bautismo mediante o con el Espíritu, se hace significar «en la esfera del Espíritu», y el bautismo *en puri*, bautismo «en la esfera del fuego». Lo que esto pueda significar sería difícil que lo entendieran aquellos a quienes se dirige la Biblia. Se contrastan el bautismo de Juan y el de Cristo. El primero bautizaba con agua, el otro con el Espíritu Santo. En Hechos 1:5 se dice: «Juan ciertamente bautizó con agua (*hudati*, el simple instrumental dativo), mas vosotros seréis bautizados (*en Pneumati hagiō*) con el Espíritu Santo dentro de no muchos días.» Por cuanto bautizar hudati no puede significar sumergir

en agua, tampoco bautizar *en tö Pneumati* puede significar sumergir en el Espíritu. El hecho es que *baptizein* no expresa ningún modo particular de acción. En cuanto a teñir, expresa cualquier acción mediante la que se dé color a un objeto; enterrar, cualquier clase de acción mediante la que se oculte y proteja un objeto; lo mismo bautizar: expresa cualquier acción mediante la que una persona sea llevada al estado de estar mojada, purificada, o incluso embriagada, como por opio o vino.

Otro pasaje en el que aparece esta palabra, en el que está ausente la idea de inmersión es 1 Corintios 10:1, 2: «Nuestros padres todos estaban debajo de la nube, y todos pasaron por en medio del mar; y todos fueron bautizados a Moisés en la nube y en el mar» (V.M.). El pueblo pasó a través del mar a pie enjuto. Por lo que se pueda saber, ni una gota de agua los llegó a mojar. La nube a la que se hace referencia era indudablemente la columna de nube de día, y la columna de fuego de noche, que condujo al pueblo a través del desierto. El sentido sencillo y generalmente aceptado de este pasaje es que así como una persona es traída, mediante el bautismo cristiano, al número de los discípulos profesantes y confesos de Cristo, así los hebreos fueron traídos, mediante las manifestaciones sobrenaturales del poder divino que se especifica en este pasaje, a la relación de discípulos y seguidores de Moisés. No hay alusión en este caso ni a inmersión, ni a efusión ni a aspersión.

Otro pasaje que pertenece a esta clase es Marcos 7:4, «y de lo que viene del mercado no comen a menos que lo laven (*baptisöntai*); y hay muchas otras cosas que han recibido para observarlas obligatoriamente, como lavamientos de copas, jarros, vajilla de cobre y divanes para comer (*klinön*)». Mantener que se sumergían las camas o los divanes es un mero acto de desesperación. El bautismo significa aquí, como en todas las otras partes cuando se emplea para denotar un rito religioso, una purificación simbólica mediante agua, sin la menor referencia al modo en que se llevaba a cabo esta purificación.

3. La tercera clase de pasajes incluye todos aquellos en los que la idea de la inmersión, aunque no queda totalmente excluida, es totalmente improbable. El difunto doctor Edward Robinson, la mayor autoridad acerca de todo lo que tiene que ver con todo lo que se relaciona con la topografía y la geografía física de Palestina y con los hábitos de sus habitantes, hasta allí donde están determinados por la naturaleza del país, dice: (1) «Se excluye por lo general la idea de baños privados en familias en Jerusalén y Palestina». (2) «En Hch 2:41, se dice que tres mil personas fueron bautizadas en Jerusalén aparentemente en un día, en la época de Pentecostés, en junio, y en Hechos 4:4 se implica necesariamente el mismo rito con respecto a cinco mil más. En estos casos tenemos, en contra de la idea de la inmersión, una dificultad aparentemente insuperable, por la escasez de agua. En verano no hay ningún arroyo con agua corriente en las cercanías de Jerusalén, excepto el riachuelo de Siloam, de unas pocas varas de longitud; y la ciudad tiene su suministro de agua procedente de cisternas y depósitos públicos.[14] No se hubiera podido obtener una cantidad suficiente de ninguna de estas fuentes para la inmersión de ocho mil personas. La misma escasez de agua impedía el uso de baños privados de manera general, y así también se excluye adicionalmente la idea de bañarse» en pasajes como Lc 11:38; Mr 7:2-8. Él confirma su conclusión observando además: (3) «En las más antiguas versiones latinas del Nuevo Testamento, como por ejemplo la Itálica, que Agustín consideraba como la mejor de todas,[15] y que aparentemente se remonta al siglo segundo y a unos usos relacionados con la era apostólica, el verbo griego *baptizö* es uniformemente trascrito en la forma latinizada «baptizo», no traduciéndose nunca como «immergo», ni con ningún otro término similar, mostrando que había algo en

---

14. Véase *Biblical Researches in Palestine*, Vol. I, págs. 479-516.
15. *De doctrina Cristiana*, II. 22 [XV]; *Works*, edit. Benedictines, París 1836, Vol. III, pág. 54, d.

el rito del bautismo con el que estos términos no se correspondían.¹⁶ (4) Las fuentes bautismales que todavía se ven¹⁷ entre las ruinas de las más antiguas iglesias griegas en Palestina, como en Tekoa y Gofna, y que aparentemente pertenecen a una época muy primitiva, no son lo suficientemente grandes como para admitir el bautismo de adultos por inmersión, y es evidente que nunca estuvieron dirigidas a tal fin».¹⁸

Por ello, es sumamente improbable que los miles mencionados en los primeros capítulos de Hechos fueran bautizados por inmersión. La misma improbabilidad la tenemos en el caso del centurión en Cesarea y del carcelero de Filipos. Con respecto al primero, Pedro dijo: «¿Puede acaso alguno impedir agua?», lo que implica naturalmente que el agua debía ser traída a Cornelio, y no él ser llevado al agua. En cuanto al carcelero, se dice (Hch 16:33) que él y todos los suyos fueron bautizados dentro de la cárcel, como lo implica la narración misma, a medianoche. Y tenemos la misma improbabilidad en contra de la suposición de que el eunuco mencionado en Hechos 8:27-38 fuera bautizado por inmersión. Estaba entonces viajando por una zona desierta del país hacia Gaza cuando Felipe se encontró con él. «Y yendo por el camino, llegaron a cierta agua (*epi ti hudör*, a algo de agua)». No se conoce en toda la región ninguna corriente de agua que sea suficientemente profunda para permitir la inmersión de un hombre. Desde luego, es posible que hubiera podido existir un depósito o estanque en aquella zona, pero es algo que se debe suponer sin evidencia y contra lo probable. Se dice que «descendieron al agua» y que «subieron del agua». Pero esto también podría decirse aunque el agua no fuera suficientemente profunda para cubrir los tobillos.

Aun es más fuerte la presuposición en contra de la inmersión en el caso mencionado en Mr 7:4. Allí se dice de «los fariseos y todos los judíos» que «al volver de la plaza, si no se bautizan (*ean më baptisöntai*), no comen». Consideremos aquí, (1) Que los baños privados en Jerusalén eran cosa muy infrecuente, por los mismos condicionamientos de la ciudad. (2) Que lo que se dice no se dice meramente de hombres ricos y de rango a los que se les pudieran suponer comodidades y lujos que el común del pueblo no pudiera disfrutar, sino que se dice de todos los judíos». Es casi increíble, bajo tales circunstancias, que «todos los judíos» se sumergieran cada vez que llegaran del *agora*, esto es, de «un lugar de reunión pública en poblaciones y ciudades; cualquier lugar abierto, donde la gente se reuniera bien para tratar de negocios, bien para sentarse y conversar. En las ciudades orientales, estos lugares abiertos estaban generalmente dentro de las puertas: y aquí tenían lugar los negocios públicos, las sesiones de los tribunales, y también los mercados».¹⁹ Es muy difícil creer que todos los judíos se sumergieran cada vez que llegaran de un lugar así de reunión pública, considerando que no tenían disponibles las instalaciones para tal inmersión. (3) Las palabras bautizar y lavar se intercambian en toda esta conexión de tal manera que se muestra que, en la mente del escritor, eran expresiones sinónimas. Los fariseos se quejaban de que los discípulos comían con manos no lavadas (*aniptois*), porque ellos no comen a no ser que se laven (*nipsöntai*) las manos; y cuando llegan del mercado no comen a no ser que se laven (*baptisöntai*); y se aferran al lavamiento (*baptismous*) de copas, y jarros, y de vasos de cobre, y de lechos o divanes. Bautizarse las manos era lavarse las manos, y la manera normal de hacer las abluciones es echando agua sobre las manos (véase 2 Reyes 3:11).

Es cosa notoria que las varias abluciones prescritas por la ley de Moisés eran a veces llevadas a cabo por inmersión, a veces por efusión, y a veces por rociamiento. Y no es menos

---

16. Véase Blanchini, *Evangeliorum Quadruplex*, etc., Rom. 1749.
17. Véase Robinson: *Biblical Researches in Palestine*, Ed. Boston, 1841, Vol. II, pág. 182, Vol. III, pág. 78.
18. Véase Robinson, *Lexicon of the New Testament*, palabra *baptizö*, New York, 1850.
19. Robinson, *sub voce*.

cierto que los escritores sagrados llaman a todos estos modos de purificación *diaphoroi baptismoi*, como en Hebreos 9:10 y Marcos 7:4.

Así, por lo que respecta al Nuevo Testamento, no hay un solo caso en el que bautismo implique necesariamente inmersión; hay muchos casos en los que este sentido es totalmente inadmisible, y muchos más en los que es improbable en grado sumo. Si la inmersión fuera indispensable, ¿por qué no se emplea la palabra *kataduö* para expresar el mandamiento? Si se quisiera expresar rociamiento de manera exclusiva, ¿por qué no emplear *rhainö* o *rhantizö*? Simplemente por cuanto el modo no es nada y la idea lo es todo, se escogió una palabra que incluye todos los modos en que se puede aplicar agua como medio de purificación. Y ésta es la palabra *baptizö*, para la que no hay sustituto legítimo, y por ello esta palabra ha sido retenida por todas las Iglesias de la Cristiandad, incluso por los mismos Bautistas.

El uso patrístico.

Este es un campo denso y enmarañado, en el que cualquiera puede encontrar lo que quiera buscar, excepto si busca una prueba de que los padres siempre emplearan la palabra *baptizö* en el sentido de inmersión. Hablan ellos de las aguas del caos como bautizadas por el Espíritu de Dios que se movía sobre ellas; fueron por ello santificadas y les fue impartido a las aguas un poder santificador. El único punto de interés aquí es que Tertuliano, por ejemplo, consideraba esto como «baptismi figura», una figura del bautismo. El punto de semejanza no era, desde luego, la inmersión.

Pero además de esto, Suicer da de los escritos de los padres no menos que ocho «significados de la palabra bautismo (vocis *baptisma* significaciones)», ilustrándolos copiosamente. (1) El diluvio fue un bautismo, no sólo para el mundo, purificándolo de sus pecados, sino también para Noé y su familia, como medio de salvación. Así como ellos fueron salvados por las aguas, que levantaron el arca, así nosotros somos salvos por el bautismo. (2) El bautismo de Moisés cuando pasó a través del Mar Rojo. El mar era el símbolo del agua del bautismo; la nube, del Espíritu Santo. (3) El de los hebreos, por cuanto entre ellos toda persona o cosa impura, *eloueto hudati*, era lavada con agua. Este lavamiento, se hiciera como se hiciera, era un bautismo. (4) El bautismo de Juan, que era considerado como introductorio, no espiritual, no comunicando el Espíritu, sino simplemente para arrepentimiento. (5) El bautismo de Jesús. *Baptizei Iësous, all' en pneumati*. Aquí se excluye la inmersión. (6) De lágrimas, *dia dakruön*. «Conozco un quinto», dice Gregario Niazanceno,[20] «por lágrimas, pero muy laborioso, cuando alguien lava (*ho louön*) su almohada y su cama cada noche con sus lágrimas». (7) De sangre. Los mártires fueron bautizados con sangre. La cruz y la muerte de Cristo fueron llamadas Su bautismo, por cuanto mediante ellas hizo la purificación por los pecados de los hombres. (8) El bautismo de fuego. Esto es a veces entendido del Espíritu Santo, que purifica como purifica el fuego; otras veces, de la final conflagración cuando la tierra será purificada con fuego. Así, para los padres el bautismo era el acto de purificación, y no simplemente ni sólo el acto de inmersión.[21]

No se niega que *baptizein* signifique sumergir, ni que se emplee frecuentemente en este sentido por parte de los padres y por parte de los autores clásicos; no se niega que el rito cristiano fuera a menudo administrado, después de la era apostólica, por inmersión; ni siquiera se niega que, durante ciertos períodos de la historia de la Iglesia, y en ciertas regiones, fuera la inmer-

---

20. *Oratio* XXXIX; *Opera*, Colonia, 1680, Vol. I, pág. 634.
21. Joh. Caspari Suiceri, *Thesaurus Ecclesiasticus e Patribus Graecis ordine alphabetico exhibens Quoecunque Phrases, Ritus, Dogmata. Hoereses, el hujusmodi alia spectant. Opus viginti annorum indefesso labore adornatum*, 2a. edición, Amsterdam. 1728.

sión el método común por el que se administraba el bautismo. Pero se niega que la inmersión sea esencial para el bautismo; que fuera el método común en las iglesias Apostólicas; que fuera en cualquier tiempo ni en cualquier parte de la Iglesia el método exclusivo; y más especialmente, se niega que la inmersión sea ahora y en todas partes obligatoria ni necesaria para la integridad del bautismo cristiano.[22]

La universalidad del Evangelio.

El tercer argumento general acerca de esta cuestión se deriva del hecho de que el Evangelio está designado para todas las clases de personas y para todas las partes de la tierra. No está pensado exclusivamente para los fuertes y robustos, sino también para los débiles, los enfermos y los moribundos. No debe quedar limitado a las regiones cálidas o templadas de la tierra, sino que debe ser predicado, y sus ordenanzas deben ser administradas, allí donde se puedan hallar hombres caídos. El bautismo por inmersión sería ciertamente fatal a muchas personas enfermas; para los moribundos, sería imposible. Para los moradores de Groenlandia, si fuera posible, sería una tortura; y para los habitantes de los desiertos de Arabia y de África, les podría ser administrado sólo muy de tarde en tarde o bien al final de un largo peregrinaje. Pero el bautismo es un deber imperativo. El mandamiento de Cristo es: «Id, y haced discípulos en todas las naciones, bautizándolos en el nombre del Padre, y del Hijo, y del Espíritu Santo.» No se puede creer que nuestro bendito Señor habría ordenado un rito externo como modo de profesar Su religión, cuya observancia fuera extremadamente difícil bajo muchas circunstancias, y en ocasiones imposible.

Argumento conforme al designio de la ordenanza.

Este argumento fue anticipado al comienzo de esta sección. Pero precisa de una consideración más particular. (1) Se admite que el bautismo es un signo, y que la bendición que significa es la purificación del pecado. (2) Se admite que las purificaciones teocráticas, que tenían el mismo sentido general, eran llevadas a cabo mediante inmersión, efusión y rociamiento. (3) Se admite que el alma es purificada de la culpa del pecado mediante la sangre de Cristo. (4) Se admite que bajo el Antiguo Testamento, la aplicación de la sangre de los sacrificios por el pecado se expresaba mediante el acto de rociar. Era rociada sobre el pueblo (Éx 24:8), en beneficio de quienes se ofrecían los sacrificios; era rociada sobre el altar; y, por parte del Sumo Sacerdote, sobre el propiciatorio. En el Nuevo Testamento se expresa la aplicación de la sangre de Cristo mediante la misma palabra. «Elegidos [...] para [...] ser rociados con la sangre de Jesucristo» (1 P 1:2). «La sangre rociada que había mejor que la de Abel» (He 12:24). (5) Además, se admite que la purificación del alma de la contaminación moral del pecado es efectuada por la renovación del Espíritu Santo. (6) Se admite que la comunicación de las influencias santificadoras del Espíritu se expresa con el empleo de dos figuras familiares, la de la unción con aceite y la del derramamiento de agua. Los reyes, sacerdotes y profetas eran ungidos. El pueblo de Dios es llamado Sus «ungidos». El Apóstol Juan dice a los creyentes: «Mas vosotros tenéis unción del Santo, y sabéis todas las cosas. [...] la unción que recibisteis de él permanece en vosotros» (1 Jn 2:20 y 27). La otra figura no es menos familiar (Is 32:15;

---

22. Véase Hermann Cremer, *Biblisch-Theologisches Wörterbuch der Neutestamentlichen Gräcität*, Gotha, 1866. Después de referirse a las abluciones del Antiguo Testamento, el autor dice, en la pág. 87: «Por ello, debemos entender por *baptizein* un lavamiento, cuyo designio, como el de los lavamientos y purificaciones de la teocracia, era la purificación del alma de pecado (Entsündigung)». En la pág. 89 se dice: «Encontramos el significado secundario de *baptizein* en Mateo 3:11: *Bapt. en pneumati agiö kai puri*, opp. *en hudati eis metanoian*, comp. Lc 3:16; Jn 1:33. El hecho de que no es el significado de inmersión, sino de "lavar con el designio de purificar" el que se comunica, queda claro por la antítesis entre *en hud.* y *en pn.* con la que se distingue entre los dos bautismos».

Jl 2:8.) Las influencias del Espíritu son comparadas a la lluvia que riega la tierra, y al rocío que cae sobre la hierba segada. Por todo esto, es evidente que la verdad simbolizada en el bautismo puede ser significada por inmersión, efusión o rociado; pero que la ordenanza es más significativa y más conforme a la Escritura cuando se aplica mediante efusión o rociamiento.

8. La fórmula del bautismo.

Está prescrita de manera autoritativa en Mateo 28:19. Cristo dio un mandamiento perpetuamente vinculante para Su Iglesia, de bautizar «en nombre del Padre, y del Hijo, y del Espíritu Santo». En este pasaje, la preposición *eis* (*eis to onoma*) significa hacia, o en referencia a. Pablo les pregunta a los Corintios: « ¿O fuisteis bautizados *eis to onoma Paulou*;» (1 Co 1:13 ¿Os hizo vuestro bautismo discípulos de Pablo?) Les dice (1 Co 10:2) que los padres «fueron bautizados a Moisés» (V.M.), *eis ton Mösën*, fueron hechos y profesaron ser los discípulos de Moisés. Así en Romanos 6:3, se dice que «fuimos bautizados *eis Christon Iësoun* hacia Jesucristo». Gálatas 3:27, «bautizados en (*eis*) Cristo. Según esta fórmula, el que recibe el bautismo como un rito cristiano profesa por ello mismo estar en aquella relación con el Padre, Hijo y Espíritu Santo que tienen los que reciben la religión de Cristo. Esto es, profesa recibir a Dios el Padre como su Padre; a Dios el Hijo como su Salvador, y a Dios el Espíritu Santo como su maestro y santificador; y esto involucra el compromiso a recibir la Palabra, de la que es autor el Espíritu, como regla de su fe y de su práctica.

Hay varios casos en los que se dice del bautismo que fue administrado *en tö onomati*, en el nombre de Cristo, en lugar de *eis to onoma*, hacia, o en referencia a. Y en Hechos 2:38 se emplea la preposición *epi*, *epi tö onomati*. Es dudoso de si se quería expresar algo materialmente diferente mediante este cambio de las preposiciones y de los casos. Bautizar *epi* o *en onomati* significa bautizar «en el nombre», etc., de Cristo, esto es, por la autoridad de Cristo. El rito se administra en obediencia a Su mandamiento, en la forma que Él prescribió, y con la intención para la que Él lo ordenó.

En Hechos se dice una y otra vez que los Apóstoles bautizaron a sus convenidos en «el nombre de Cristo». No se debe inferir de este hecho que se apartaran de la forma prescrita en Mateo 28:19, y que administraran la ordenanza usando las palabras «te bautizo en el nombre de Cristo», o «te bautizo *eis Christon* hacia Cristo». Es innecesario suponer tal cosa, por cuanto el bautismo administrado de la manera prescrita en Mateo 28:19 es un bautismo tanto en el nombre, o, por la autoridad de Cristo, y hacia o en referencia a Él. Y así como esta inferencia es innecesaria, es asimismo improbable. Es bien improbable que los Apóstoles se apartasen de la forma tan solemnemente prescrita por su Divino Señor; y además es improbable que llegara a darse cualquier desviación de este tipo, conforme al hecho de que la forma prescrita en Mateo ha sido empleada en todas las edades y partes de la Iglesia.

9. Los sujetos del bautismo.

«El bautismo no debe ser administrado a ningunos que estén fuera de la Iglesia visible hasta que profesen su fe en Cristo y obediencia a Él; pero los niños de los que sean miembros de la Iglesia visible deben ser bautizados».[23] La pregunta de ¿cuáles son los sujetos apropiados del bautismo? debe ser dilucidada por el designio de la ordenanza y la práctica de los Apóstoles. Se ha visto que, conforme a nuestras reglas, los sacramentos (y naturalmente el bautismo) fueron instituidos para significar, sellar y aplicar a los creyentes los beneficios de la redención de Cristo. La recepción del bautismo, por lo que atañe a los adultos, es un acto

---

23. *Westminster Shorter Catechism*, pregunta 95.

inteligente, voluntario, que por su naturaleza involucra: (1) Una profesión de fe en Cristo, y (2) Una promesa de adhesión a Él.

Esto está claro:

1. Según el mandamiento de Cristo de hacer discípulos en todas las naciones, bautizándolos en nombre del Padre, y del Hijo, y del Espíritu Santo. Pero un discípulo es a la vez un receptor de las doctrinas enseñadas, y un seguidor. Así, todos los que son hechos discípulos por el bautismo se enrolan en el número de aquellos que reciben a Cristo como su maestro y Señor, y que profesan obediencia y entrega a Su servicio.

2. Esto queda más claro según la práctica uniforme de los Apóstoles. En cada caso registrado de su administración del rito, esto fue con la condición de fe por parte de los que lo recibían. La respuesta de Felipe al eunuco que preguntó ¿Qué impide que yo sea bautizado?: «Si crees de todo corazón, bien puedes», revela el principio sobre el que los Apóstoles actuaron uniformemente en esta cuestión.

3. Esta ha sido en todas las eras la práctica de la Iglesia. Nadie fue admitido en la Iglesia sin una profesión inteligente de fe en Cristo y un solemne compromiso de obedecerle. La práctica de los misioneros Romanistas de bautizar a los paganos de manera multitudinaria difícilmente puede ser considerada como una invalidación de esta declaración.

Aunque este ha sido el principio admitido universalmente, no es poca la diversidad en cuanto a su aplicación, según las diferentes posturas acerca de la naturaleza de la fe, y del carácter de la obediencia que el Evangelio demanda. Sin embargo, en algunos puntos siempre ha habido un acuerdo general.

Cualificaciones para el bautismo de adultos.

1. La fe supone el conocimiento de al menos las doctrinas fundamentales del Evangelio. Algunos pueden ampliar y otros reducir de manera indebida el número de estas doctrinas; pero ninguna Iglesia aboga por el bautismo de los totalmente ignorantes. Si el bautismo involucra una profesión de fe, tiene que involucrar una profesión de fe en ciertas doctrinas: y estas doctrinas deben ser conocidas, a fin de poder ser profesadas. Por ello, en la Iglesia primitiva había una clase de catecúmenos o candidatos para el bautismo que estaban bajo un curso regular de instrucción. Este curso duraba, según las circunstancias, desde unos pocos meses hasta tres años. Estos catecúmenos no eran sólo jóvenes, sino a menudo personas en la madurez de la vida, y pertenecientes a todos los grados de cultura. Cuando las iglesias cristianas quedaron establecidas en medio de grandes ciudades paganas, el Evangelio no pudo dejar de llamar la atención en general. Se despertaría en mayor o menor grado el interés de personas de todas las clases. Muchos quedarían tan impresionados con la excelencia de la nueva religión como para desear aprender sus doctrinas y unirse a la compañía de los creyentes. Siendo que en muchos casos estos candidatos al bautismo eran personas de gran cultura, era necesario que sus maestros fueran hombres plenamente instruidos y disciplinados. Así, encontramos a hombres como Pantaenus, Clemente y Orígenes sucesivamente a la cabeza de la escuela de catecúmenos de Alejandría.[24] Estas escuelas, aunque primariamente designadas para los convertidos de entre los judíos y gentiles, debido a su alto carácter, pronto comenzaron a ser frecuentadas por otras clases, y especialmente por los que se estaban instruyendo para el ministerio. Cuando el cristianismo llegó a ser la religión predominante y las filas de la Iglesia se llenaron no con convertidos de edad madura, sino con los nacidos dentro de su esfera y bautizados en su infancia, dejó de existir la necesidad de tales escuelas. Pero su lugar lo tomó la instrucción sistemática de los jóvenes en preparación para su confirmación o su primera comunión.

---

24. H. E. F. Guerike, *De Schola que Alexandriae flourit, catechetica*, Halle, 1824.

2. Todas las iglesias concuerdan en demandar de los adultos que son candidatos para el bautismo que den profesión de su fe en Cristo y en el Evangelio de Su salvación.

3. Todas concuerdan en demandar que los bautizados renuncien al mundo, a la carne y al diablo. Esto implica apartarse del pecado, y volverse a Dios.

Aunque estos principios, como se acaba de observar, son comúnmente admitidos, hay, en la práctica, una gran diversidad en su aplicación. Allí donde la Iglesia era pura y fieles sus ministros, estos requisitos eran rigurosamente observados; pero donde se daba el caso contrario, se aceptaba el asentimiento más formal al credo de la Iglesia, y a veces evidentemente insincero, como una profesión de fe; y se aceptaba una renuncia del mundo compatible con la dedicación a sus placeres y pecados, en lugar de un arrepentimiento genuino. Sin embargo, está bien tener una clara idea de lo que la Iglesia tiene derecho a demandar de los adultos cuando piden el bautismo. Es evidente, según las enseñanzas de la Escritura, y de los principios reconocidos de todas las Iglesias cristianas, que estamos obligados a exigir de todos los candidatos a ello: (1) Un conocimiento competente del Evangelio. (2) Una profesión de fe creíble. (3) Una conducta sin ofensa.

La cuestión, aunque así de sencilla en su enunciado general, es sin embargo muy difícil. Por cuanto es un hecho casi universal que, por lo que a los adultos respecta, los requisitos para el bautismo son los mismos que para la admisión a la mesa del Señor, la pregunta de ¿cuáles son los requisitos para el bautismo de adultos? se reduce a la pregunta: ¿cuáles son los requisitos para la comunión eclesial? [...] La común doctrina Protestante es que nada nos autoriza a rehusar a nadie la admisión a la Iglesia que no justificara su exclusión si ya fuera miembro de ella. Si es culpable de cualquier «ofensa» o «escándalo», debería ser excluido; y si fuera susceptible de acusación por cualquier «ofensa» o «escándalo» del mismo tipo, no debiera ser admitido a la comunión, con independencia de cuál sea la profesión que haga ni cuál sea su experiencia. El difunto doctor John M. Mason expresa de manera clara y vigorosa la doctrina común acerca de esta cuestión, al decir: «Una profesión creíble de cristianismo es todo lo que puede demandar [la Iglesia] para dar la comunión. Puede que sea engañada; sus mayores precauciones pueden llegar a ser, y ha menudo lo han sido, ineficaces para mantener a hombres malos alejados de su santuario. Y esto además sin culpa de su parte, ya que no es omnisciente. Pero no tiene derecho a arrojar dudas sobre la sinceridad, ni a rehusar el privilegio, ni a infligir censuras, cuando no puede señalar nada repugnante al amor o a las leyes de Dios.»[25] Y en la siguiente página dice: «Una profesión de fe en Cristo, y de obediencia a Él, no desacreditada por otros rasgos del carácter, da título a un adulto a los privilegios de Su Iglesia.» [...]

10. El bautismo de párvulos.

La dificultad planteada en este caso es que el bautismo, por su misma naturaleza, implica una confesión de fe; es la manera en que por la ordenanza de Cristo Él debe ser confesado ante los hombres: pero los párvulos son incapaces de hacer tal confesión; por ello, no son los objetos apropiados del bautismo. O, para expresar la cuestión de otra forma: este sacramento pertenece a los miembros de la Iglesia; pero la Iglesia es la compañía de los creyentes; los párvulos no pueden ejercer fe, por lo que no son miembros de la Iglesia, y consiguientemente no deberían ser bautizados.

A fin de justificar el bautismo de los párvulos, tenemos que alcanzar y autenticar un concepto de Iglesia que incluya a los hijos de los padres creyentes. La palabra Iglesia se usa en la

---

25. *Essays on the Church of God*, por J. M. Mason, D. D., New York, 1843, Essay III, pág. 57.

Escritura y en la vida común en muchos sentidos diferentes: (1) Significa todo el cuerpo de los elegidos, como en Efesios 5:25, y cuando se dice de la Iglesia que es el cuerpo, o la esposa de Cristo, que está llena de Su Espíritu, etc. (2) Significa cualquier número de creyentes considerado colectivamente; o todo el número de creyentes que resida en cualquier lugar o distrito, o por todo el mundo. En este sentido empleamos el término cuando oramos a Dios para que bendiga a Su Iglesia universal, o a Su Iglesia en cualquier lugar determinado. (3) Se usa como término colectivo para denotar el cuerpo de creyentes profesantes en cualquier lugar, como cuando hablamos de la Iglesia de Jerusalén, de Éfeso, o de Corinto. (4) Se usa de cualquier número de creyentes profesantes ligados juntos por una norma común de doctrina y de disciplina; como la Iglesia de Inglaterra, la Iglesia de Escocia, la Iglesia Luterana, y la Iglesia Reformada. Y (5) se emplea de todos los profesantes de la verdadera religión por todo el mundo, considerados como unidos en la adopción del mismo credo general y en una común sujeción a Cristo.

Es evidente que ninguna definición del término Iglesia puede incluir todos los sentidos con los que se emplea la palabra de manera legítima; y, por tanto, que lo que podemos afirmar de la iglesia en un sentido de la palabra tenemos que negarlo en otro sentido diferente; y que de la misma persona podemos decir que es miembro o no de la Iglesia según el sentido dado a la palabra. En la actual discusión, por Iglesia se significa lo que se llama la Iglesia visible; esto es, todo el cuerpo de los que profesan la verdadera religión, o, cualquier número de tales profesantes unidos con el propósito del culto público a Cristo, y para el ejercicio de la mutua vigilancia y cuidado. Con respecto al bautismo infantil, [...]

[...] Los requisitos para la admisión en la Iglesia antes del advenimiento son los mismos que los precisos a la admisión en la Iglesia cristiana.

Estos requisitos eran una profesión creíble de fe en la verdadera religión, y sumisión al rito de iniciación establecido. Cada israelita sincero recibía realmente a Jehová como su Dios, descansaba en Sus promesas, y especialmente en la promesa de la redención por medio de la simiente de Abraham. No sólo se comprometía a obedecer la ley de Dios tal como había sido revelada entonces, sino que sinceramente trataba de cumplir todos Sus mandamientos. Los que eran israelitas sólo de nombre o formalmente, o, como lo expresa el Apóstol, «judíos exteriormente», hacían la misma profesión o compromiso, pero sólo con los labios, y no con sus corazones. Si cualquiera de entre los paganos quería entrar en la congregación del Señor, eran recibidos según los requisitos anteriormente establecidos, y a un lugar igual, y en algunos casos mejor, que el de hijos e hijas. Si algún israelita renunciaba a la religión de sus padres, era cortado de en medio de su pueblo. Todo esto es cierto con referencia a la Iglesia que ahora existe. La Iglesia Cristiana demanda de aquellos que ella recibe a la membresía a la comunión visible sólo una profesión de fe creíble, la promesa de la obediencia a Cristo, y el sometimiento al bautismo como rito de iniciación. Por ello, no ha habido cambios de los requisitos de admisión a la Iglesia al darse la introducción del Evangelio.

Los párvulos eran miembros de la Iglesia bajo la economía del Antiguo Testamento.

Esto queda demostrado de manera concluyente por el hecho de que los párvulos eran circuncidados, por orden de Dios, al octavo día de nacidos. Desde luego, se dice que la circuncisión era el signo del pacto nacional entre Dios y los hebreos, y, por ello mismo, que su administración a los niños era sólo el reconocimiento de su ciudadanía en la comunidad de Israel.

A esto se puede responder, primero, que bajo la antigua economía, la Iglesia y el Estado eran lo mismo. Nadie podía ser miembro de lo primero sin serlo de lo segundo. La exclusión de lo uno era la exclusión de lo otro. En la teocracia pura, el sumo sacerdote era el cabeza de Estado, así como el cabeza de la Iglesia. Los sacerdotes y los levitas eran cargos civiles lo mismo que religiosos. Los sacrificios y las fiestas, incluso la Pascua, siempre considerada como un sacramento, eran servicios nacionales tanto como religiosos. Así, si la circuncisión era un signo y sello de la membresía en la nación hebrea, era signo y sello de la membresía en la Iglesia Hebrea. Todo esto surgía de la naturaleza del pacto de Dios con Abraham. En aquel pacto, como hemos visto, se incluían promesas tanto religiosas como nacionales. Dios seleccionó a los descendientes de aquel patriarca a través de Isaac para que fueran un pueblo peculiar suyo, los constituyó en una nación para que fueran apartados y separados de todas las otras naciones, dándoles la tierra de Canaán para morada de ellos, y les promulgó un código de leyes, abarcando sus deberes civiles, nacionales, sociales, personales y religiosos. Todas estas promulgaciones estaban entremezcladas. No se consideraba al pueblo como manteniendo diferentes relaciones con el magistrado y con Dios. Todas las obligaciones del pueblo eran para con Dios. Ellos eran un pueblo santo; una Iglesia en forma de nación. La gran promesa, como ya hemos visto, era la promesa de la redención del mundo por el Mesías. Todo lo demás estaba subordinado a esto. El principal designio de la constitución de los hebreos como nación peculiar, y su separación de todas las otras naciones, era mantener vivo el conocimiento de esta promesa. Casi todo el significado y valor del sacerdocio, de los sacrificios y de los servicios del Templo era el de prefigurar la persona, los oficios y la obra del Mesías. A los hebreos, como pueblo, les fueron encomendados «los oráculos de Dios»; ésta era su gran distinción. Estos oráculos hacían referencia a la obra de la redención. Suponer que un hombre fuera judío, y que no fuera en absoluto un profeso creyente en estas promesas y predicciones es una contradicción. Así, un hombre era miembro de la comunidad de Israel sólo en virtud de que era miembro de la Iglesia Judía; al menos, no podía ser lo primero sin ser lo segundo. Por tanto, cada niño circuncidado en evidencia de que era uno de los del pueblo escogido quedaba por ello mismo sellado como miembro de la Iglesia de Dios tan como entonces existía.

Segundo, el hecho de que la circuncisión no era exclusivamente un signo del pacto nacional con los hebreos es evidente por cuanto fue ordenado a Abraham y estuvo en práctica durante cientos de años antes de la promulgación de la ley en el Monte Sinaí, cuando el pueblo adquirió carta de nación. Fue instituida como signo del pacto (esta es la palabra Escrituraria y apropiada) celebrado con Abraham. Los rasgos esenciales de este pacto se desprenden de pasajes como Génesis 12:3; «Serán benditas en ti todas las familias de la tierra.» 12:7: «Estableceré mi pacto entre yo y tú, y tu descendencia después de ti en sus generaciones, por pacto perpetuo, para ser tu Dios, y el de tu descendencia después de ti.» Estos pasajes se explican en el Nuevo Testamento. Se ve que hacen referencia no a bendiciones nacionales o temporales, sino a las bendiciones de la redención. Así, en Romanos 15:8 se dice que «Cristo Jesús se puso al servicio de los de la circuncisión para mostrar la verdad de Dios, para confirmar las promesas hechas a los padres». Cristo nos ha redimido de la maldición de la ley, para que pudiera venir a nosotros la bendición de Abraham (Gá 3:14). Acerca de este pacto, sigue arguyendo el Apóstol, «previamente ratificado por Dios para con Cristo, la ley que vino cuatrocientos treinta años después, no lo abroga como para invalidar la promesa». En resumen, todo el Nuevo Testamento tiene el designio de mostrar que el pacto hecho con Abraham, y las promesas contenidas en él, fue todo ello ejecutado y cumplido en Jesucristo. Y la circuncisión fue el signo y sello de este pacto.

Tercero, esto es declarado de manera directa por el Apóstol en Romanos 4:9-12, donde demuestra que la circuncisión no puede ser la base de la justificación, por cuanto Abraham fue justificado antes de ser circuncidado, y que «recibió la circuncisión como sello de la justicia de la fe que tuvo estando aún incircunciso». Esto es lo mismo que decir que la circuncisión es el sello del pacto de gracia, o del plan de salvación que ha sido la única base para la esperanza del hombre desde su apostasía. Así, si los hijos eran circuncidados por mandato de Dios, era porque quedaban incluidos en el pacto hecho con sus padres.

En cuarto lugar, el hecho de que la circuncisión no era meramente una institución civil o nacional queda puesto en claro por su sentido espiritual. Significa la purificación del pecado, igual que ahora el bautismo. Así, leemos incluso en el Antiguo Testamento de la circuncisión del corazón (Dt 10:16; Jer 4:4; Ez 44:7). Por ello, los labios incircuncisos son labios impuros, y un corazón incircunciso es un corazón impuro (Ex 6:12; Lv 26:41; véase también Hch 7:51). Pablo dice que la verdadera circuncisión no es aquella que es exterior en la carne, sino la interior, del corazón, por el Espíritu (Ro 2:28, 29). Por ello, el Apóstol, refiriéndose a sí mismo y a otros creyentes, dice: «Porque nosotros somos la circuncisión, los que en espíritu servimos a Dios y nos gloriamos en Cristo Jesús, no teniendo confianza en la carne» (Fil 3:3). Siendo éste el sentido espiritual de la circuncisión, su referencia al pacto nacional es una cuestión muy subordinada. Su principal designio era el de significar y sellar la promesa de liberación del pecado por medio de la redención que debía ser llevada a cabo por la prometida simiente de Abraham.

Por ello, los hijos quedaron incluidos en el pacto de gracia tal como había sido revelado bajo la antigua dispensación, y consiguientemente eran miembros de la Iglesia tal como estaba entonces constituida. A los ojos de Dios, los padres y los hijos son una cosa. Los primeros son los representantes autorizados de los segundos; actúan por ellos; contraen obligaciones en nombre de ellos. Por lo tanto, en todos los casos en los que los padres entran en pacto con Dios, introducen con ellos a sus hijos. El pacto concertado con Abraham incluía a toda su posteridad; la promesa hecha a Adán incluía a toda su posteridad; la promesa dada a Abraham le fue dada a él y a su simiente después de él; y cuando el pacto Mosaico fue solemnemente promulgado, se dijeron estas palabras: «Vosotros todos estáis hoy en presencia de Jehová vuestro Dios; los cabezas de vuestras tribus, vuestros ancianos y vuestros oficiales, todos los varones de Israel; vuestros niños, vuestras mujeres, y tus extranjeros que habitan en medio de tu campamento, desde el que corta tu leña hasta el que saca tu agua; a punto de entrar en el pacto de Jehová tu Dios, y en su juramento, que Jehová tu Dios concierta hoy contigo» (Dt 29:10-12). Es vano decir que los niños no pueden contraer contratos ni ser juramentados. Sus padres pueden actuar por ellos; y no sólo llevarlos bajo una obligación, sino lograr para ellos los beneficios de los pactos en los que entran vicariamente. Si un hombre entraba en la comunidad de Israel, lograba para sus hijos los beneficios de la teocracia, a no ser que ellos renunciaran voluntariamente a los mismos. Y de la misma manera, cuando un creyente entra en el pacto de la gracia, trae a sus hijos dentro de aquel pacto, en el sentido de que Dios promete darles, a su tiempo oportuno, todos los beneficios de la redención, siempre que no renuncien voluntariamente a sus compromisos bautismales.

Este es realmente el punto crucial en la controversia acerca de la membresía eclesial de los niños. [...] Si los niños eran miembros de la Iglesia durante la teocracia, entonces son miembros de la Iglesia ahora, a no ser que se pueda demostrar lo contrario. Así, la siguiente proposición que debe quedar establecida es:

[...] que no hay nada en el Nuevo Testamento que justifique la exclusión de los hijos de los creyentes de la membresía en la Iglesia.

El «onus probandi» descansa sobre los que adoptan la postura negativa acerca de esta cuestión. Si a los niños se les ha de privar de una primogenitura que han gozado desde que ha existido una Iglesia en la tierra, tiene que existir algún mandamiento positivo para su exclusión, o algún cambio claramente revelado en las condiciones de membresía, que haga necesaria tal exclusión. Difícilmente podrá decirse que Cristo no dio ningún mandamiento de que ya no se consideraran a los niños como miembros de la Iglesia, como tampoco ha habido ningún cambio en las condiciones de la membresía de la Iglesia que necesariamente lleven a su exclusión. Estas condiciones son ahora las que eran desde el principio. Así, era inevitable que cuando Cristo mandó a Sus Apóstoles que hicieran discípulos en todas las naciones, bautizándolos en el nombre del Padre, y del Hijo, y del Espíritu Santo, actuaran conforme al principio al que siempre habían estado acostumbrados. Cuando bajo el Antiguo Testamento alguien se unía a la congregación del Señor, llevaba consigo a sus hijos pequeños. Así, cuando los Apóstoles bautizaban a un cabeza de familia, era cosa natural que bautizaran a sus hijos pequeños. Y de esta manera nos encontramos con varios casos de bautismos de familias registrados en los Hechos de los Apóstoles. En Hch 16:15 se dice que Lidia «fue bautizada, y su familia», y del carcelero de Filipos (v. 33), que «se bautizó él con todos los suyos»; y en 1 Corintios 1:16 Pablo dice que él había bautizado a la familia de Estéfanas. Así, los Apóstoles actuaron sobre el principio que había funcionado bajo la antigua economía.

Se debe recordar que la historia del período apostólico es muy breve, y también que Cristo envió a los Apóstoles no a bautizar, sino a predicar el Evangelio; por ello no es sorprendente que se registren tan pocos casos de bautismo de familias en el Nuevo Testamento. La misma observación se aplica sustancialmente al período inmediatamente posterior al de los Apóstoles. La Iglesia creció muy rápidamente, pero con gente de fuera; convertidos adultos de entre los judíos y de los gentiles, que al convertirse en cristianos, traían consigo, de manera natural, a sus pequeños al redil de Cristo. Poco es, por tanto, lo que se oye durante este período del bautismo de niños. Sin embargo, tan pronto como los niños nacidos dentro de la Iglesia comenzaron a ser el principal factor de crecimiento, entonces oímos más de bautismos por los muertos; las filas de la Iglesia, al vaciarse por la muerte de creyentes, se llenaban con aquellos que eran bautizados para tomar el puesto de los mismos. En los tiempos de Tertuliano y de Orígenes se habla del bautismo de los párvulos no como la práctica prevalente de la Iglesia, sino como algo que provenía del principio. Cuando Pelagio se vio intensamente apremiado por Agustín con el argumento en favor de la doctrina del pecado original que se deriva del bautismo de los niños, no se aventuró a evadir el argumento negando o bien el predominio de tales bautismos ni la validez divina de los mismos. Sólo pudo decir que eran bautizados no conforme lo que necesitaban entonces, sino lo que podrían necesitar en el futuro. Estaba admitido el hecho del bautismo de párvulos y de su sanción divina. Estos hechos se exponen aquí sólo como prueba accesoria de que la práctica de la Iglesia del Nuevo Testamento no difería en esto de la de la Iglesia tal como estaba constituida antes de la venida de Cristo.

La conducta de nuestro Señor en relación con los niños, en lo que atañe a esta cuestión, no debe ser pasada por alto. Lejos de excluirlos de la Iglesia en cuyo seno siempre habían sido abrigados, los llamaba corderos de Su rebaño, los tomaba en Sus brazos, y los bendecía, diciendo que de los tales es el reino de los cielos. Si son miembros de Su reino en el cielo, ¿por qué deben ser excluidos de Su reino en la tierra? Siempre que un padre o una madre busca admisión en la Iglesia Cristiana, sus corazones les llevan a decir: Heme aquí, Señor, y los hijos que Tú me diste. Y Su respuesta llena de gracia siempre ha sido: Dejad que los niños acudan a mí, y no se lo impidáis.

Los niños necesitan y pueden recibir los beneficios de la Redención.

Acerca de esta cuestión, todos los cristianos están de acuerdo. Todas las iglesias, la Griega, Latina, Luterana y Reformada, están unidas en la creencia de que los niños necesitan «ser rociados con la sangre de Jesucristo» y la renovación del Espíritu Santo para su salvación. Los Reformados, al menos, no creen que estas bendiciones estén ligadas a la ordenanza del bautismo, de manera que la recepción del bautismo sea necesaria para participar en los beneficios espirituales que simboliza; pero todos concuerdan que los párvulos son salvos por Cristo, que son adquiridos por Su sangre, y que necesitan la expiación y regeneración. También están unidos en creer que todos los que buscan los beneficios de la obra de Cristo están obligados a ser bautizados en reconocimiento de su necesidad y de su fe, y que los que necesitan pero no pueden buscar tienen título, por ordenanza de Dios, a recibir el signo y sello ordenado de la redención, siempre y cuando sean presentados por aquellos que tienen derecho a representarlos.

11. ¿Quiénes y cuáles niños tienen derecho al bautismo?

Ésta es una cuestión muy delicada, difícil e importante. No se espera que ninguna respuesta que se pueda dar sea recibida con satisfacción general. Las respuestas estarán determinadas por la postura que se tome acerca de la naturaleza de la Iglesia y del designio de los sacramentos. Probablemente, la respuesta que incluiría a la mayor parte de las posturas adoptadas acerca de este tema es que deberían ser bautizados los hijos de los miembros de la Iglesia visible, y aquellos de cuya educación religiosa están dispuestos a responsabilizarse tales miembros. Pero esto deja muchas cuestiones sin decidir, y deja lugar para una gran diversidad de práctica. [...]

Teorías conforme a las que muchos Protestantes mantienen la propiedad del bautismo de otros párvulos además de los de padres creyentes.

Hay dos principios sobre los que se defiende el bautismo de niños cuyos padres no son miembros de la Iglesia visible. El primero es que la promesa es a los padres y a sus hijos, y a los hijos de sus hijos hasta la milésima generación. Así, aquellos niños cuyos padres inmediatos puedan no tener conexión directa con la Iglesia no han perdido sus privilegios como hijos del pacto. Si la promesa es para ellos, la señal y el sello les pertenecen. El segundo principio es el de la adopción espiritual. Los niños huérfanos, o cuyos padres no son aptos o no están dispuestos a criarlos de manera cristiana, pueden ser adoptados de tal manera por parte de aquellos que estén dispuestos y calificados para asumir la responsabilidad de su educación religiosa que lleguen por ello a ser sujetos adecuados del bautismo. Este principio está sancionado en las Escrituras. En Génesis 17:12 Dios le dice a Abraham: «y de edad de ocho días será circuncidado todo varón entre vosotros por vuestras generaciones; el nacido en casa, y el comprado por dinero a cualquier extranjero, que no sea de tu linaje.» En 1787 nuestra Iglesia ordenó con respecto a los aprendices, según este mismo principio, que «los patronos y patronas cristianos, cuya profesión y conducta religiosa sea tal que les dé derecho a la ordenanza del bautismo para sus propios hijos, pueden y debieran dedicar los niños de su casa en aquella ordenanza, cuando no tengan escrúpulo de conciencia en sentido contrario». En 1816 se decidió: « (1) Es el deber de los patronos miembros de la Iglesia presentar a los hijos de padres bajo servidumbre a la ordenanza del bautismo, siempre que estén en la situación de instruirlos en la amonestación y disciplina del Señor, logrando así para ellos las ricas ventajas que el Evangelio provee. (2) Es el deber de los ministros de Cristo inculcar esta doctrina, y bautizar a todos los niños que cumplan esta descripción cuando sean presentados por sus patronos.» Acerca del bautismo de niños paganos la Iglesia decidió en 1843 que tales niños deben ser bautizados «cuando sean entregados a las misiones, o a otra instrucción cristiana, para completar de manera efectiva su total educación religiosa».[26]

---

26. Baird, *Digest of the Acts, Deliverances and Testimonies of the Summer Judicatory of the Presbyterian Church*, Philadelphia, págs. 106, 107; edic. 1856, págs. 82, 83.

Según la autoridad de los dos principios mencionados anteriormente los más distinguidos teólogos de Holanda mantienen que los expósitos, cuyos padres son desconocidos, y que los hijos ilegítimos y los hijos de personas excomulgadas debieran ser admitidos al bautismo. La cuestión de si se debieran bautizar niños paganos entregados al cuidado de misioneros cristianos fue sometida al Sínodo de Dort. Hubo una diversidad de opiniones acerca de esta cuestión entre los miembros, pero la mayoría se decidió en contra; no, por lo que parece, por el lenguaje empleado, porque se negara cualquiera de los dos anteriores principios, sino por lo incierto de la patria potestad con la que se mantenía a estos niños. Se temía que pudieran volver al paganismo, y que así se diera el escándalo de personas bautizadas practicando ritos paganos.[27]

Una segunda teoría presentada acerca de esta cuestión fue la de un pacto doble: uno externo, y otro interno, correspondiéndose con la distinción entre la Iglesia visible e invisible. Dios, bajo la antigua dispensación, concertó un pacto con la nación hebrea constituyéndola en Su Iglesia visible, pacto éste que era distinto de aquel por el que se prometía la vida eterna a aquellos que verdaderamente creen en el Redentor que debía venir. Las condiciones de admisión a esta sociedad externa, visible, eran la profesión externa de la verdadera religión, y la obediencia externa. La condición para la admisión en la Iglesia invisible era la fe verdadera y salvadora. Los sacramentos tenían que ver con el pacto externo. Todos los que hacían esta profesión externa y daban esta obediencia externa a la ley de Moisés tenían derecho a la circuncisión, a la pascua y a todos los privilegios de la teocracia. Y así es ahora, conforme a la teoría presente. Cristo tuvo el designio de formar una Iglesia externa, visible, gozando de una constitución, de leyes y de cargos apropiados para su administración. Las condiciones de admisión a esta sociedad visible eran la profesión de una fe especulativa o histórica en su religión, y una conformidad externa a sus leyes y a las leyes de Su Iglesia. A este cuerpo externo se aplican todas las ordenanzas de la religión. Así, los que solicitan el bautismo o la Cena del Señor no profesan ser los hijos regenerados de Dios. Simplemente profesan ser creyentes en distinción a incrédulos o burladores, y tener el deseo de valerse de los privilegios de la Iglesia para propio beneficio de ellos y de sus hijos. Es de este cuerpo que Cristo recoge a la mayoría de Su pueblo, haciendo de ellos miembros de Su cuerpo místico.

De Moor da un largo relato de esta controversia. Vitringa, por lo que parece, se opuso intensamente a esta teoría de un pacto doble en su aplicación a la economía del Nuevo Testamento. Marck la defendió con una igual intensidad.[28]

Doctrina y usos de las Iglesias Reformadas.

El lenguaje de las Iglesias Reformadas en cuanto a los sujetos apropiados del bautismo infantil es perfectamente uniforme. En la «Segunda Confesión Helvética» se dice:[29] «Damnamus Anabaptistas, qui negant baptisandos esse infantulos recens natos a fidelibus. Nam juxta doctrinam evangelicam, horum est regnum Dei, et sunt in foedere Dei, cur itaque non daretur eis signum foederis Dei?»

---

27. *Doctrina Christianae Religiones per Aphorismos summatim Descripta*. Editio sexta. Cui nunc accedit *Hupotupösis* Theologiae Elencticae in usum Scholarum Domesticarum Campegii Vitringae. Curante Martino Vitringa, cap. 24. Lyons, 1779, Vol. VII, pág. 153, nota 1.
    Bernhardini de Moor, *Commentarius Perpetuus in Johannis Marckii Compendium Theologicae Christianae*. Pars. V: cap. 30, §19, *gamma*, Lyons, 1768, Vol. V, págs. 500-502.
28. De Moor, *ut supra*, cap. XXX, §XVI, Vol. V, págs. 470-473.
29. Cap. XX; Niemeyer, *Collectio Confesionum*, Leipzig, 1840, pág. 518.

La «Confesión Gálica» dice:[30] «Quamvis baptismus sit fidei et resipiscentiae sacramentum, tamen cum una cum parentibus posteritatem etiam illorum in ecclesia Deus recenseat, affirmamus, infantes sanctis parentibus natos, esse ex Christi authoritate baptizanos.»

La «Confesión Belga» dice[31]: (Infantes e fidelibus parentibus natos) baptizandos et signo foederis obsignandos esse credimus.»

La «Confesión de Westminster» dice:[32] «No sólo aquellos que profesan realmente fe y obediencia a Cristo, sino también los pequeños de uno o ambos padres creyentes deben ser bautizados.»

El «Catecismo Mayor» dice:[33] «El bautismo no debe ser administrado a nadie que esté fuera de la Iglesia visible hasta que profesen su fe en Cristo y su obediencia a Él, pero los hijos de los que son miembros de la Iglesia visible deben ser bautizados.»

El «Directorio de Culto» dice:[34] «La simiente de los fieles no tienen menos derecho a esta ordenanza, bajo el Evangelio, que la simiente de Abraham a la circuncisión.»

Por ello, queda claro que conforme a las normas de la Iglesia Reformada, son los hijos de los miembros de la Iglesia visible los que deben ser bautizados. En conformidad al uso de las Escrituras, tales miembros son llamados «foederati», santos, creyentes, fieles, santos hermanos, partícipes del llamamiento celestial. Los Apóstoles, al dirigirse a cristianos profesantes mediante el uso de tales términos, no expresaban con ello juicio alguno acerca de su estado delante de Dios. Los designaban según la profesión de ellos. Si profesaban ser creyentes, eran llamados creyentes, y tratados como tales, a no ser que dieran evidencia de lo contrario, en cuyo caso eran excomulgados. Por ello, los teólogos Reformados, lo mismo que los Luteranos, se refieren a los miembros de la Iglesia visible como creyentes, y de sus hijos como nacidos de padres creyentes. Así, todo lo que se quiere expresar con el lenguaje anteriormente citado es que los sacramentos de la Iglesia deben limitarse a miembros de la Iglesia y a sus hijos. Nunca entró en las mentes de los autores de estos símbolos el pensamiento de que la Iglesia visible consista exclusivamente de los regenerados, o de aquellos que dieran tales evidencias de su regeneración como para demandar una decisión en favor de ellos.

Ya se ha establecido que la doctrina Protestante común acerca de toda esta cuestión es:

1. Que la Iglesia visible siempre ha consistido de aquellos que profesan la verdadera religión, junto con sus hijos.

2. Que los requisitos para la membresía eclesial bajo todas dispensaciones han sido siempre los mismos, esto es, profesión de fe y compromiso de obediencia.

3. Los requisitos para la participación en los sacramentos eran los mismos. Esto es, cualquiera que tuviera derecho al rito de la circuncisión tenía derecho a participar de la pascua; los que bajo la dispensación cristiana tienen derecho al bautismo, tienen derecho a la Cena del Señor. Los que, no bautizados, tuvieran derechos al bautismo por sí mismos, tienen derecho, y sólo ellos, a presentar a sus hijos al bautismo. Con esto sólo se dice que los privilegios de la Iglesia se limitan a los miembros de la Iglesia.

4. La profesión de fe demandada para la admisión a la Iglesia o a sus ordenanzas es una profesión de la verdadera fe; y la promesa de obediencia es una promesa de la obediencia del corazón así como de una vida exterior. Cuando alguien profesaba ser judío, profesaba ser verdaderamente un judío. Es inconcebible que Dios demandara de él sólo una fe insincera, hipócrita o formal. En este punto insiste enérgicamente el Presidente Edwards. Él argumenta que

---

30. Art. XXXV, *Ibid*, pág. 338.
31. Art. XXXIV,*Ibid*, pág. 384.
32. Cap. XXVIII, pág. 4.
33. Pregunta 166.
34. Cap. VII, 4.

los que entran en la Iglesia Cristiana entran en pacto con Dios, porque bajo la economía de Moisés todo el pueblo se comprometía de esta manera a ser sinceros adoradores de Dios. Él apela a pasajes como Deuteronomio 6:13; 10:20, «A Jehová tu Dios temerás, y a él solo servirás, y por su nombre jurarás.» «Esta institución, en Deuteronomio, de jurar en el nombre del Señor, o de unirse de manera visible y explícita a Él en pacto, no era prescrita como un deber extraordinario, ni como un deber a ser ejecutado en un regreso de una apostasía general, y en algunas otras ocasiones extraordinarias, sino que está evidentemente mencionado en la institución como parte del culto público de Dios a ser llevado a cabo por todo el pueblo de Dios.»[35] Y ésta, añade él, era una institución que pertenecía no sólo a Israel bajo el Antiguo Testamento, sino también a los convertidos gentiles, y a los cristianos bajo el Nuevo Testamento. Esta entrada explícita en el pacto con Dios, arguye él,[36] debería ser demandada de todos antes de poder ser admitidos a los privilegios de miembros adultos de la Iglesia. La circuncisión y la pascua no fueron designadas para la conversión de los gentiles. Sólo se admitían a las ordenanzas las que profesaban ser convertidos. De la misma manera, el bautismo y la Cena del Señor no son ordenanzas que convierten. Deben ser administradas sólo a los que profesan ser cristianos. Por la misma naturaleza del caso, es evidente que los que participan de los sacramentos cristianos profesan ser cristianos. Esto no lo declara tanto el Apóstol como lo supone como evidente por sí mismo, cuando disuade a los Corintios de frecuentar las fiestas dadas en los templos de los ídolos. Ello por cuanto, dice él, los que participan del pan y del vino en la Cena del Señor profesan por ello mismo estar en comunión con Cristo; y lo mismo que aquellos que participan del altar judío profesan por ello mismo ser adoradores de Jehová; así también los que participan de fiestas dadas en honor de los ídolos profesan por ello mismo ser idólatras (1 Co 10:14-21). En el bautismo, el receptor de aquella ordenanza declara públicamente que toma a Dios Padre como su Padre; a Dios el Hijo como su Salvador; y a Dios el Espíritu Santo como su Santificador. Más que esto ningún cristiano no puede profesar. Y no es necesario argumentar que esta profesión no debiera ser insincera ni hipócrita, ni meramente una cuestión formal. Cuando un padre presenta a su hijo para el bautismo, hace precisamente estas profesiones y estos compromisos; y nada más puede hacer cuando acude a la Cena del Señor.

5. La prerrogativa de la Iglesia queda limitada a la demanda de una profesión de fe y promesa de obediencia creíbles. Y por una profesión creíble se tiene que entender aquella que pueda ser creída: esto es, una contra la que no se pueda aducir ninguna evidencia decisiva, tangible. Si alguien que es un reconocido hereje profesa fe, o proclama un propósito de obediencia en tanto que está viviendo una vida impía, la Iglesia está autorizada y obligada a rechazarlo. Pero nada se puede presentar de manera coherente como base de tal rechazo que no fuera considerado como una base suficiente para la disciplina de alguien ya en la comunión de la Iglesia. [...]

El hecho de que la Iglesia no es llamada a pronunciar un juicio sobre lo genuino de la piedad de los que solicitan la membresía queda claro:

1. Porque no se presupuso tal prerrogativa bajo el Antiguo Testamento. Las condiciones para la membresía eran entonces las que son ahora. Se demandaba entonces la misma sinceridad interior que ahora. En esto insiste Edwards, pero no se aventura a decir que todos los judíos admitidos a la circuncisión y a la pascua eran, ante el juicio de la caridad, personas verdaderamente regeneradas.

2. El Nuevo Testamento no contiene mandamiento alguno a la Iglesia para que asuma esta prerrogativa. Hay un mandamiento a menudo repetido de reconocer como hermanos a todos

---

35. *Works*, edición New York, 1868, Vol. I, págs. 106, 107.
36. *Ibid*, pág. 109.

los que profesan su fe en Cristo. Hay instrucciones explícitas dadas en cuanto a aquellos que, aunque llamándose a sí mismos hermanos, deben ser rechazados (1 Co 5:9, 10; Ro 16:17; 2 Ts 3:6; Tit 3:10; Mt 7:15-17). Pero no hay mandamiento alguno a excluir a aquellos que la Iglesia o sus oficiales no crean de manera personal que sean hijos de Dios. Las puertas del reino de Dios no pueden abrirse o cerrarse a discreción de unos hombres débiles, falibles. Cada hombre tiene derecho y obligación a entrar por estas puertas, excepto aquellos a los que Cristo ha mandado a Su Iglesia que rechace.

3. Los Apóstoles, como está claro, nunca actuaron conforme al principio en cuestión. Esto está claro, como ya se ha observado antes, por el hecho de que bautizaban a los convertidos inmediatamente después de su profesión de fe. Es evidentemente imposible que pudiera haber ningún examen prolongado de la experiencia religiosa de los tres mil convertidos el día de Pentecostés, o de los cinco mil introducidos por el sermón de Pedro, que se registra en el tercer capítulo de los Hechos. Los Hechos de los Apóstoles y las Epístolas del Nuevo Testamento dan una abundante evidencia de que las iglesias primitivas no consistían exclusivamente de aquellos a los que los Apóstoles «juzgaran» ser personas regeneradas. La Iglesia de Jerusalén estaba tan llena de hombres «celosos de la ley», que Pablo temió que no le recibirían incluso siendo que llegaba trayendo limosnas para el pueblo. Pablo acusa a las iglesias de Galacia de haberse apartado a otro evangelio. Reprueba a los Corintios por las más groseras irregularidades; y las Epístolas de Juan no están menos llenas de reprensiones.

4. La experiencia demuestra que todos los intentos de preservar la pureza de la Iglesia siendo más estrictos que la Biblia son totalmente fútiles. La cizaña no se puede separar del trigo.

5. Estos intentos no sólo son fútiles, sino que son seriamente dañinos. Contravienen el plan de Dios. Excluyen de la vigilancia y del cuidado de la Iglesia a multitudes a las que Él manda a Su pueblo cuidar y abrigar. Al limitar la Iglesia visible a los comunicantes, echa fuera de la Iglesia a la gran mayoría incluso de la simiente de los fieles.

6. Hay una evidente inconsecuencia en tener una norma para la admisión a la Iglesia, y otra para la membresía continuada. Si Cristo demanda de nosotros que rechacemos a todos aquellos que en el juicio de la caridad no somos llevados a creer que sean regenerados, entonces Él nos demanda que excomulguemos a todos aquellos de quienes no se cree tal cosa. Pero ninguna Iglesia actúa, ni puede actuar, conforme a tal principio. Nadie, una vez admitido a los privilegios de la Iglesia, puede ser privado de los mismos, excepto después de un juicio y convicción sobre la base de una acusación por algún «escándalo» u «ofensa».

Los sacramentos, como todos admiten, tienen que quedar limitados a miembros de la Iglesia. Pero la Iglesia no consiste exclusivamente de comunicantes. Incluye a todos aquellos que habiendo sido bautizados no han perdido la membresía por una vida escandalosa, o por un acto de disciplina eclesial. Todos los miembros de la Iglesia son profesantes de la religión. Profesan la fe en Cristo, y están bajo un solemne voto de obedecer Sus leyes. Si son insinceros o carentes de corazón en su profesión, la culpa es sólo de ellos. La Iglesia sólo es y sólo puede ser responsable de la conducta externa de ellos; en tanto que no sea incompatible con el carácter cristiano, y en tanto que retengan la fe, continúan los privilegios de la membresía.

Esta parece ser claramente la doctrina de las reglas de nuestra propia Iglesia. Estas reglas enseñan: (1) Que los sacramentos son signos y sellos del pacto de la gracia. (2) Que consiguientemente todos aquellos que participan de ellos profesan aceptar aquel pacto para su propia salvación; profesan recibir al Señor Jesucristo tal como les es ofrecido en el Evangelio. (3) Que aunque alguien pueda dudar de que esté en Cristo, puede ser un digno partícipe de los sacramentos si «sinceramente desea ser hallado en Cristo, y apartarse de iniquidad».[37] (4) Que la Igle-

---

37. Catecismo Mayor, respuesta a la Pregunta 172.

sia no tiene autoridad de excluir de los sacramentos a nadie excepto a aquellos que, aunque profesen la fe, sean ignorantes o escandalosos. Como respuesta a la pregunta «¿Puede alguno de los que profesan la fe, y que desean acudir a la Cena del Señor, ser excluidos de ella?» se responde: «Los que sean ignorantes o escandalosos, a pesar de su profesión de fe, y deseen acudir a la Cena del Señor, pueden y deben ser excluidos de aquel sacramento por el poder que Cristo ha dejado en su Iglesia, hasta que reciban instrucción y manifiesten su reforma». Este es, según los Presbiterianos, el alcance del poder de la Iglesia, en la cuestión de cerrar las puertas del reino de Dios.

Así, aquellos que, habiendo sido bautizados, y que sigan profesando su fe en la verdadera religión, que tengan conocimiento competente, y que estén exentos de escándalo, no sólo deberían tener permitido sino que se les debería apremiar a presentar a sus hijos al bautismo, para que puedan pertenecer a la Iglesia, y ser criados bajo su vigilancia y cuidado. No estar bautizado es un grave mal y una afrenta; algo de lo que un padre no puede privar a sus hijos sin grave responsabilidad. El descuido del bautismo, que implica una falta de aprecio por esta ordenanza, es uno de los pecados clamorosos de esta generación.

12. La eficacia del bautismo.

[...] El Consenso Tigurino es la declaración más cuidadosamente preparada y prudente de la Iglesia Reformada que se conserva de la época de la Reforma. Fue redactado para ajustar las dificultades que surgieron de puntos de vista divergentes acerca de la cuestión entre Calvino y el clero de Ginebra por una parte, y el clero zuingliano de Zurich por la otra. En el artículo noveno decía: «Que aunque distingamos, como es apropiado, entre el signo y las cosas significadas, sin embargo no separamos la verdad de los siglos; además, todos los que por la fe abrazan las promesas en ellos ofrecidas, reciben espiritualmente a Cristo junto con Sus dones espirituales; y así los que antes habían venido a ser partícipes de Cristo, continúan y renuevan aquella participación.» En artículos que se dan a continuación se enseña que se debe dar consideración no a los signos mismos, sino a las promesas que los acompañan; que los signos sin Cristo son «innanes larvae»; que si hay algún bien conferido por los sacramentos, no es según su propia virtud inherente; porque es Dios solo quien actúa por su Espíritu. [...] El artículo diecinueve enseña que los beneficios significados por los sacramentos se pueden obtener sin su empleo. Los pecados de Pablo le fueron remitidos antes que fuera bautizado. Cornelio recibió el Espíritu antes de recibir el signo externo de la regeneración. En el artículo vigésimo se enseña que el beneficio de los sacramentos no queda limitado al momento de su administración. Dios a veces regenera en la ancianidad a aquellos que fueron bautizados en su infancia o juventud.[38]

En la Confesión de Westminster se dice: «Aunque sea un gran pecado menospreciar o descuidar esta ordenanza [el bautismo], sin embargo la gracia y la salvación no están unidas a él de manera tan inseparable que nadie pueda ser regenerado o salvo sin él, ni que todos los bautizados sean indudablemente regenerados. La eficacia del bautismo no está ligada a aquel momento de tiempo en que se administra; sin embargo, mediante el uso correcto de esta ordenanza no sólo se ofrece la gracia prometida, sino que es realmente exhibida y conferida por el Espíritu santo a aquellos (sean adultos o párvulos) a los cuales pertenece aquella gracia, conforme al consejo de la propia voluntad de Dios, a su debido tiempo».[39] [...]

Así, la doctrina de la Iglesia Reformada acerca de la eficacia del bautismo incluye en primer lugar el rechazamiento o negación de ciertas falsas doctrinas acerca de la cuestión. (1) Que

---

38. Niemeyer, págs. 194, 195.
39. Cap. XXVIII. §§5, 6.

el bautismo comunique gracia «ex opere operato» en el sentido que los Romanistas le dan a estas palabras, por medio de cualquier poder sobrenatural objetivo que pertenezca a la ordenanza misma; o en virtud de la eficiencia divina inherente en la palabra o promesa de Dios conectada con el sacramento. (2) Que la cooperación del Espíritu, a la que se debe la eficacia del sacramento, siempre acompañe a su administración, de manera que aquellos que son bautizados, en todos los casos, si no oponen resistencia, experimentan la remisión de pecados y la renovación del Espíritu Santo. (3) Que el bautismo haya sido señalado como el medio o canal ordinario para la comunicación, en el primer caso, de los méritos de la muerte de Cristo, y de las influencias salvadoras del Espíritu, de modo que tales beneficios no puedan ser obtenidos, excepto en casos extraordinarios, antes de o sin el bautismo.

En segundo lugar, la doctrina Reformada acerca de esta cuestión afirma; (1) Que el bautismo es una ordenanza divina. (2) Que es un medio de gracia para los creyentes. (3) Que es un signo y sello del pacto de la gracia. (4) Que la ordenanza fue designada para ser de obligación perpetua, en el sentido de que todos aquellos no bautizados en la infancia son requeridos a someterse al bautismo como la manera divinamente designada para profesar públicamente su fe en Cristo y su adhesión a Él como su Dios y Salvador; y que todos tales profesantes de la verdadera religión están obligados a presentar a sus hijos para el bautismo como la manera divinamente designada para consagrarlos a Dios. (5) Que Dios, por Su parte, promete conceder los beneficios significados en el bautismo a todos los adultos que reciben este sacramento en el ejercicio de la fe, y a todos los niños que, cuando lleguen a la madurez, permanezcan fieles a los votos hechos en nombre de ellos cuando fueron bautizados. [...]

El bautismo es una condición de la salvación.

Esto queda incluido en la comisión que Cristo dio a los Apóstoles: «Id por todo el mundo y proclamad el evangelio a toda criatura. El que crea y sea bautizado, será salvo.» (Mr 16:15, 16). Por tanto, el bautismo tiene la necesidad de precepto, no la de medio. Nuestro Señor no dice que el que no sea bautizado será condenado. Esta condenación sólo cae sobre los que no creen. A este respecto, el bautismo es análogo a la confesión. Cristo atribuye la misma necesidad a lo último que a lo primero. En Mateo 10:32 está escrito: «A cualquiera, pues, que me confiese delante de los hombres, yo también le confesaré delante de mi Padre que está en los cielos. Y a cualquiera que me niegue delante de los hombres, yo también le negaré delante de mi Padre que está en los cielos.» y San Pablo dice (Ro 10:9, 10): «Si confiesas con tu boca que Jesús es el Señor, y crees en tu corazón que Dios le levantó de los muertos, serás salvo. Porque con el corazón se cree para justicia, y con la boca se confiesa para salvación.» La confesión no hace a nadie cristiano. Es el reconocimiento público de que es cristiano; que es creyente en Cristo, en Su divinidad, en Su encarnación, en que Él es e hizo todo lo que Él afirmo ser y que las Escrituras declaran que Él lo hizo por nosotros y para nuestra salvación. Tal confesión es un deber, un privilegio, y un dictado de gratitud y lealtad, que no se puede reprimir. Su pueblo se gloriará en confesarle. Mientras que existe este deseo y propósito de reconocer a Cristo delante de los hombres, puede que no se dé una ocasión debida para esta confesión, o que sea estorbada por una timidez natural o ignorancia. Por cuanto nuestro Señor se propuso no sólo salvar a los hombres mediante la renovación por el Espíritu Santo, trayéndolos así a la membresía de Su cuerpo místico, sino también constituir una Iglesia visible que consiste de todos los que le confiesan a Él como su Dios y Salvador, Él designó un signo externo y visible por el que serían conocidos y alistados en las filas de Su pueblo. Esto está de acuerdo con el ejemplo establecido en el Antiguo Testamento. Cuando Dios decidió organizar a Abraham y a sus descendientes en una iglesia visible, que fuera depositaria de la verdad y tesoro de sus dones, ordenó la circuncisión como señal del pacto y como signo de membresía en la comunidad de Israel. Esto también es así conforme al uso común en la sociedad humana. Cuando un extraño desea llegar a ser ciudadano de otro estado, se le pide que emita un juramento de lealtad a su país de adopción. Cuando un hombre es escogido o designado para un cargo importante, tiene que ser debidamente inaugurado, y dar juramento de fidelidad. El juramento que da el Presidente de los Estados Unidos no lo constituye en presidente; ni le confiere el derecho al cargo, ni le confiere las calificaciones para el apropiado cumplimiento de sus funciones. La circuncisión no constituía a un hombre en judío. Ni le daba el conocimiento ni la gracia necesaria para llegar a ser uno de los verdaderos hijos de Israel. Era el medio designado de reconocer que era judío; era el signo de que estaba incluido entre los adoradores del verdadero Dios; le confería los privilegios de la teocracia. De manera similar, el bautismo no constituye a un hombre en cristiano. Es el medio ordenado para confesar que es cristiano. Es la insignia de su profesión cristiana delante de los hombres, adquiriendo para él los privilegios de la membresía en la Iglesia visible, y es la prenda de parte de Dios de que, si la confesión es sincera y fiel, tendrá parte en todos los beneficios de la redención de Cristo. Sólo en este sentido la Iglesia Reformada enseña la necesidad del bautismo. Tiene la necesidad de un precepto divino. Es la condición de salvación, en el mismo sentido en que lo es la confesión, y en el que lo era la circuncisión. El niño incircunciso era cortado de en medio del pueblo. Perdía su derecho de primogenitura. Pero no perdía su salvación. El Apóstol nos enseña que si un incircunciso guardaba la ley, su no circuncisión le era contada por circuncisión. A esto los judíos objetaban diciendo: ¿De qué aprovecha entonces la circuncisión? Y Pablo responde: Mucho, en todas maneras. No es cosa inútil porque no sea esencial. Y lo mismo sucede con el bautismo. Aunque no es el medio de la salvación, ni esencial para alcanzarla, sus beneficios son muchos y multiformes. [...]

El bautismo como medio de gracia.
La Iglesia Reformada enseña que el bautismo es un medio de gracia.
1. Es un signo. Significa las grandes verdades de que el alma es purificada de la culpa del pecado mediante el rociamiento de la sangre de Cristo, y purificada de sus contaminaciones por la renovación del Espíritu Santo. La Biblia enseña que Dios santifica y salva a los hombres por medio de la verdad; que el Espíritu obra con y por la verdad al comunicar a los hombres los beneficios de la redención. No importa si la verdad es llevada ante la mente por el oído o mediante su lectura, o con el empleo de unos emblemas significativos divinamente ordenados. El hecho y el método de la liberación de los hijos de Israel de su esclavitud en Egipto eran tan claramente enseñados en el sacramento de la Pascua como en las palabras escritas de Moisés. Igualmente las verdades fundamentales acabadas de mencionar son enseñadas de manera tan clara e impresionante en el sacramento del bautismo como en los discursos de nuestro mismo bendito Señor. Por ello, es igual de inteligible la manera en que el Espíritu hace que la verdad significada en el bautismo sea el medio de la santificación a cómo hace de la misma palabra, leída u oída, el medio eficaz de la salvación. El Espíritu no siempre coopera con la verdad oída, para hacer de ella un medio de gracia; tampoco siempre asiste a la administración del bautismo, con su poder santificador y salvador.
2. El bautismo es una señal o prenda. Cuando Dios prometió a Noé que nunca jamás volvería a destruir el mundo mediante un diluvio, estableció Su arco en el cielo como prenda de la promesa que había hecho. Cuando le prometió a Abraham que sería Dios de él y de su descendencia tras él, designó la circuncisión como el sello y prenda de esta promesa. De manera que cuando prometió salvar a los hombres mediante la sangre de Cristo y la renovación del Espíritu Santo, dispuso el bautismo para que fuera no sólo el signo, sino también el sello y la prenda de estas grandísimas y preciosísimas promesas. Ningún creyente en la Biblia puede

mirar al arco iris sin que se le fortalezca la fe en la promesa de que nunca más un diluvio destruirá la tierra. Ningún judío piadoso podía testificar el rito de la circuncisión sin una confianza aumentada de que Jehová era su Dios. Y ningún cristiano puede recordar su propio bautismo, o ser testigo del bautismo de otros, sin que sea fortalecida su fe en las grandes promesas de la redención. Cada vez que se administra la ordenanza del bautismo en nuestra presencia, oímos de nuevo la voz del cielo proclamando: «La sangre de Jesucristo su Hijo nos purifica de todo pecado»; «Nos salvó, [...] mediante el lavamiento de la regeneración y la renovación por el Espíritu Santo.»

3. Sin embargo, el bautismo no es sólo un signo y sello; es también un medio de gracia, porque mediante él se comunican las bendiciones significadas, y las promesas de las que es el sello son aseguradas o cumplidas a aquellos que son bautizados, siempre y cuando crean. La Palabra de Dios es declarada ser la sabiduría y el poder de Dios para salvación; es el medio empleado por el Espíritu Santo al conferir sobre los hombres los beneficios de la redención. Naturalmente que no todos aquellos que meramente oyen o leen la Palabra de Dios son salvos; tampoco todos los que reciben el bautismo de agua experimentan el bautismo del Espíritu Santo; pero esto no es inconsistente con el hecho de que la Palabra sea el medio de salvación, o con que el bautismo sea el lavamiento de regeneración. Nuestro Señor dice que somos santificados por la verdad. Pablo dice que nos vestimos de Cristo en el bautismo (Gá 3:27). Cuando alguien recibe el Evangelio con verdadera fe, recibe las bendiciones prometidas por el Evangelio; cuando recibe el bautismo en el ejercicio de la fe, recibe los beneficios de los que el bautismo es el signo y sello. A no ser que el recipiendario de este sacramento sea insincero, el bautismo es un acto de fe, es un acto en y por el cual recibe y se apropia de los beneficios ofrecidos por la redención de Cristo. [...] Pero todo esto se dice sobre la base de que sea lo que se afirma ser: un acto de fe. El evangelio de nuestra salvación es, para los que no creen, olor de muerte para muerte. Para el judío incrédulo, la no circuncisión era no circuncisión. El bautismo, sin fe, carece de efectos. Siendo éste el caso, está claro que el bautismo es tan verdaderamente un medio de gracia como la Palabra. Comunica verdad a la mente; confirma la promesa de Dios; y es el medio, en manos del Espíritu, para comunicar a los creyentes los beneficios de la redención. Por ello es un grave error y un gran pecado descuidarlo o minusvalorarlo.

Todo esto está claro por lo que concierne a los adultos. Pero si los beneficios salvadores del bautismo quedan suspendidos y condicionados a la fe por parte del receptor, ¿qué beneficio puede existir en el bautismo de párvulos? A esto se puede responder:

1. Que es el mandamiento de Dios. Esto debería ser suficiente. Igual podría preguntarse qué beneficio podía haber en la circuncisión de los párvulos bajo la ley. Pablo nos dice que el beneficio para ellos así como para otros era muy grande en todos los sentidos. Aseguraba la membresía de ellos en la comunidad de Israel, que era un mayor honor y privilegio que el más elevado título de nobleza en toda la tierra. Así también el bautismo asegura la membresía de los párvulos en la Iglesia visible de Dios, lo que es una distinción y bienaventuranza aún mayor.

2. Los párvulos son objeto de la redención de Cristo. Son capaces de recibir todos sus beneficios. Estos beneficios les son concedidos según las mismas condiciones sobre los que se prometen a sus padres. No todo el que dice Señor, Señor, entrará en el reino de Dios. No todo adulto bautizado es salvo; ni tampoco todos los bautizados en la infancia son hechos partícipes de la salvación. Pero el bautismo es signo, sello y comunicación real de sus beneficios a todos sus sujetos, sean párvulos o adultos, que mantienen el pacto del que es el signo. Así como un creyente que recuerda alguna promesa de las Escrituras que ha leído u oído recibe el pleno beneficio de aquella promesa, así también el niño, cuando alcanza la plena madurez,

recibe el pleno beneficio del bautismo, si cree en las promesas significadas y selladas para él en aquella ordenanza. Por ello, el bautismo beneficia a los párvulos igual que a los adultos, y con la misma condición.

No sigue de esto que los beneficios de la redención no puedan ser conferidos en los párvulos en el momento de su bautismo. Esto está en manos de Dios. ¿Qué puede estorbar que reciban la imputación de la justicia de Cristo, o de la renovación del Espíritu Santo, de manera que toda su naturaleza se pueda desarrollar en estado de reconciliación con Dios? Es indudable que esto sucede con frecuencia, pero sea así o no, su bautismo se mantiene; les asegura la salvación si no renuncian a su pacto bautismal. [...]

Regeneración bautismal.

[...] La palabra regeneración en la frase «regeneración bautismal» se emplea en muchos sentidos diferentes. El sentido que generalmente se le da, en nuestros días, es aquel cambio interior en el estado del alma obrado por el Espíritu Santo, por el que el alma pasa de muerte a vida; por la que es renacida deviniendo hijo de Dios y heredero de la vida eterna. La doctrina de la regeneración bautismal es la doctrina de que este cambio salvador interior es llevado a cabo en el bautismo, de modo que los bautizados son sujetos de este nuevo nacimiento que Cristo declara necesario para la salvación; y que aquellos que no están bautizados no han experimentado este nuevo nacimiento, y no están en estado de salvación.

1. El primer argumento más evidente y más decisivo contra esta doctrina es que, por lo que respecta a cualquier obra o acto del pecador, la Biblia enseña en todas partes que la única condición indispensable de la salvación es la fe en Jesucristo. «Como Moisés levantó la serpiente en el desierto, así también tiene que ser levantado el Hijo del Hombre, para que todo aquel que cree en él, no perezca, sino que tenga vida eterna. Porque de tal manera amó Dios al mundo, que ha dado a su Hijo unigénito, para que todo aquel que cree en él, no perezca, sino que tenga vida eterna» (Jn 3:14-16). «El que cree en el Hijo, tiene vida eterna; mas el que rehúsa creer en el Hijo, no verá la vida, sino que la ira de Dios permanece sobre él» (v. 36). «Yo soy el pan de vida: el que a mí viene, nunca tendrá hambre; y el que en mí cree, no tendrá sed jamás» (Jn 6:35). «Y ésta es la voluntad del que me ha enviado: Que todo aquel que ve al Hijo, y cree en él, tenga vida eterna; y yo le resucitaré en el último día» (v. 40). «El que cree en mí, aunque haya muerto, vivirá. Y todo aquel que vive y cree en mí, no morirá eternamente» (Jn 11:25, 26). Estas son las palabras de Jesús. Este es el evangelio que los Apóstoles predicaron, yendo por todos lugares, y diciendo a cada pecador que encontraban: «Cree en el Señor Jesucristo, y serás salvo» (Hch 16:31). «Todo aquel que cree que Jesús es el Cristo, es nacido de Dios» (1 Jn 5:1). «¿Quién es el que vence al mundo, sino el que cree que Jesús es el Hijo de Dios?» (v. 5). El cielo y la tierra pasarán, mas estas palabras jamás pueden pasar. Nadie puede añadir a ellas, ni quitar de ellas. Todo el que cree en el Hijo, tiene vida eterna. Esto permanece firme. No importa a qué Iglesia pueda pertenecer; no importa que sea judío o gentil, esclavo o libre, instruido o ignorante, bueno o malo, bautizado o no bautizado: todo el que crea será salvo.

Pero no todo aquel que dice que cree es un verdadero creyente. No todo el que crea como creen los demonios, sino aquel que tiene aquella fe que obra por amor y que purifica el corazón, la preciosa fe de los escogidos de Dios, todo creyente así tiene la certidumbre de la vida eterna. No sigue de esto que esta fe se mantenga sola; que la obediencia no sea necesaria. Pero la obediencia es el fruto de la fe. El que no obedece, no cree. Así, si alguno dice que aunque un hombre crea verdaderamente el testimonio que Dios ha dado de Su Hijo, pero que no es un cristiano a no ser que pertenezca a alguna organización eclesial determinada, a no ser que sea bautizado con agua, a no ser que acuda a la mesa del Señor, contradice con ello no sólo la enseñanza general de la Biblia, sino el principio fundamental del método evangélico de la salvación. Ni Gabriel osaría cerrar las puertas del paraíso al ladrón, convertido en la cruz por cuanto no había sido bautizado.

2. Es evidente que el bautismo no puede ser el medio ordinario de la regeneración, ni el canal para comunicar en primer caso los beneficios de la redención a las almas de los hombres, porque, en el caso de los adultos, las condiciones para el bautismo son fe y arrepentimiento. Pero la fe y el arrepentimiento, según las Escrituras, son los frutos de la regeneración. El que ejerce arrepentimiento para con Dios y fe en nuestro Señor Jesucristo está en estado de salvación antes del bautismo, y por ello está en estado regenerado. Por ello, la regeneración precede al bautismo, y no puede ser su efecto, conforme la ordenanza de Dios. No se puede negar que los Apóstoles demandaban la profesión de fe y arrepentimiento antes del bautismo. Esto está claro no sólo conforme la práctica que se registra en la Escritura, sino también conforme a la naturaleza de la ordenanza. El bautismo es una profesión de fe en el Padre, y el Hijo, y el Espíritu Santo; no es una fe que se obtiene por medio de la ordenanza, sino una fe ya poseída. Cuando el eunuco solicitó el bautismo a Felipe, éste le dijo: «Si crees de todo corazón, bien puedes». De los que oyeron el sermón de Pedro el día de Pentecostés, se dice: «Los que acogieron bien su palabra fueron bautizados» (Hch 2:41). Pero acerca de este hecho no puede haber discusión. La única manera en que los Romanistas y Romanizadores esquivan este argumento es negando que la fe y el arrepentimiento sean frutos del Espíritu, o de la regeneración. Desde su punto de vista no se trata de obras de gracia, sino de obras naturales, efectuadas antes de la regeneración; obras que dejan al alma en estado de perdición. Pero en esto contradicen las palabras expresas de Cristo, que dice que todo el que cree será salvo. Y, al contradecir a Cristo, contradicen a toda la Biblia.

3. La doctrina de la regeneración bautismal, en el sentido anteriormente explicado, está opuesta a toda la naturaleza de la verdadera religión tal como se expone en las Escrituras. Los dos grandes errores en contra de los que se dirigía el Evangelio, tal como lo enseñó Cristo y tal como lo desarrollaron Sus Apóstoles, eran, primero, la doctrina del mérito humano; el mérito de las buenas obras, la doctrina de que los hombres vayan a ser salvos sobre la base de su propio carácter o conducta; y segundo, el ritualismo, la doctrina de la necesidad y de la virtud sobrenatural inherente de los ritos y ceremonias exteriores. Nuestro Señor enseñó que los hombres eran salvos por mirarle a Él tal como los hebreos moribundos en el desierto eran salvos mirando la serpiente de bronce. Luego prosiguió enseñando que por puntilloso que uno fuera en la observancia de la ley ceremonial, si el hombre no nacía del Espíritu, no podía entrar en el reino de Dios. Y la gran carga de la enseñanza apostólica fue primero, que somos salvos, no por obras sino por la fe, no por nuestra propia justicia, sino sobre la base de la justicia de Cristo; y segundo, que la religión es una cuestión del corazón, no de observancias rituales o ceremoniales. Los judíos de aquel entonces enseñaban que ningún hombre incircunciso podía ser salvo. Los Romanistas y los Romanizadores enseñan que ninguna persona no bautizada, sea un recién nacido o un adulto, es salva. Los judíos enseñaban que «ninguna persona circuncidada iba jamás al infierno» siempre y cuando permaneciera dentro de la esfera de la teocracia. Los Romanistas y los Romanizadores dicen que ninguna persona bautizada se pierde jamás, siempre que quede dentro de la esfera de la Iglesia de Roma. Los judíos creían que la circuncisión aseguraba sus beneficios no sólo como sello del pacto, sino por su propio poder santificador. Este era sólo un aspecto de la doctrina de la salvación por las obras, contra la que protestaron tan enérgicamente los escritores sagrados. «No es judío», dice San Pablo, «el que lo es exteriormente, ni es circuncisión la que se hace exteriormente en la carne; sino que es judío el que lo es en lo interior, y la circuncisión es la del corazón, en Espíritu, no en letra; la alabanza del cual no viene de los hombres, sino de Dios» (Ro 2:28, 29).

Por lo tanto, la doctrina de la Biblia es que no es cristiano quien lo es exteriormente, sino que es cristiano el que lo es interiormente; y el bautismo que salva el alma no es el bautismo con agua, sino el bautismo del corazón por el Espíritu Santo. Esta doctrina de la salvación por ritos era, para el Apóstol, una forma muy inferior de doctrina, más plenamente judaica, que la doctrina de la salvación por obras de justicia.

Es evidente que la doctrina de la regeneración bautismal, tal como la mantienen los Romanistas y sus seguidores, cambia toda la naturaleza de la religión. Hace de unas observancias meramente externas las condiciones de la salvación, dando por supuesto que los ritos exteriores son los canales exclusivos por medio de los que se comunican a las almas de los hombres los beneficios de la redención. Excluye de la esperanza del cielo a hombres que verdaderamente creen, se arrepienten y viven una vida santa; y asegura de su derecho a la vida eterna a personas no renovadas ni santificadas.

4. Un cuarto argumento contra la doctrina que estamos considerando se deriva de la analogía entre la Palabra y los sacramentos que se presenta en todas partes de la Biblia. Dios, se dice, salva a los hombres por la predicación; se declara del evangelio que es el poder de Dios para salvación; de la fe se dice que viene por el oír; somos engendrados por la Palabra; somos santificados por la verdad. Ningún cristiano, sea Romanista o Protestante, cree que todos los que oyen el Evangelio sean por ello salvados; que sea siempre el vehículo de comunicación de las influencias salvadoras y santificadoras del Espíritu. ¿Por qué entonces, cuando se dice que somos unidos a Cristo por el bautismo, o que lavamos nuestros pecados en esta ordenanza, se supone que el bautismo o bien produce estos efectos «ex opere operato», o bien que el Espíritu siempre asiste a su administración con Su influencia salvadora?

5. Una vez más, todos los cristianos admiten que multitudes de bautizados no alcanzan la vida eterna, pero que ninguna alma regenerada es jamás perdida. Nuestro Señor, al enseñar que ningunos sino aquellos nacidos del Espíritu entran en el reino de los cielos, enseña por ello mismo que los que así han renacido están ciertamente salvados. Esto queda incluido también en Sus repetidas declaraciones de que aquellos que creen en Él tienen la vida eterna; siendo partícipes de Su vida, si Él vive, también ellos vivirán. Y el Apóstol, en Romanos 8:30, declara de manera expresa que todos los regenerados son salvos. Aquellos a quienes Dios predestina, dice, también los llama (regenera), y aquellos a los que llama, también justifica; y aquellos a los que justifica, también los glorifica. Por ello, si el bautismo fuera, en todos los casos ordinarios, acompañado de la regeneración del alma, entonces todos los bautizados serían salvos. Si no son hechos herederos de salvación, no son sujetos de la regeneración.

6. La doctrina de la regeneración bautismal está contradicha por todos los hechos de la experiencia. La regeneración no es una cuestión ligera. Es un nuevo nacimiento; una nueva creación; una resurrección desde una muerte espiritual a una nueva vida espiritual. Es un cambio, obrado por la supereminente grandeza del poder de Dios, análoga a la que obró en Cristo, cuando Él resucitó de los muertos, y fue exaltado a la diestra de la majestad en las alturas. Por ello, no puede permanecer sin efectos visibles. Controla toda la vida interior y exterior de su sujeto, de forma que deviene un hombre nuevo en Cristo Jesús. Sin embargo, la masa de los bautizados no exhibe evidencia de tal cambio. No hay una evidencia patente entre ellos y los no bautizados. Hablando en términos generales, toda la población de Europa está bautizada. ¿Acaso están todos regenerados? Entonces la regeneración no cuenta para nada. Esta doctrina, así, degrada totalmente la regeneración, el precioso don dador de vida del Espíritu. Decir que aquellos que reciben la regeneración por el bautismo en la infancia cometen apostasía; que el principio de vida que se les ha impartido, al no ser cuidado, permanece sin desarrollarse, no es una respuesta satisfactoria a este argumento. La vida, especialmente la vida de Dios en el alma, no es impotente de esta manera. Decir que un cuerpo muerto está res-

taurado a la vida, cuando no exhibe evidencia de vitalidad, o que un árbol muerto ha sido restaurado a la vida, cuando no exhibe follaje ni da fruto, es decir que está vivo pero muerto. Es cierto que una simiente puede tener un principio de vida en ella que permanezca largo tiempo sin desarrollar, pero se desarrolla cuando es puesta en las condiciones normales de crecimiento. Pero las condiciones normales de crecimiento del principio de la vida espiritual en un niño son el desarrollo de la inteligencia y la presencia de la verdad. Si estas condiciones se dan, el crecimiento del germen de la vida espiritual es cosa cierta. Se debe recordar que este germen es el Espíritu Santo, que tiene vida en Sí mismo, y que da vida a todos aquellos en los que mora. La doctrina de la regeneración bautismal está contradicha por los hechos. Los bautizados, como un todo, permanecen sin cambios en corazón y vida.

[13. La doctrina luterana acerca del bautismo.]

[14. La doctrina de la Iglesia de Roma.]

15. La Cena del Señor.

Los pasajes de la Escritura que hacen referencia directa al sacramento de la Cena del Señor son los siguientes: Mateo 26:26-28; Marcos 14:22-24; Lucas 22:19, 20; 1 Corintios 10:15-17 y 11:23-29. [...]

Aparte de cuestiones de dudosa interpretación, estos pasajes enseñan de manera clara: Primero, que la Cena del Señor es una institución divina de obligación perpetua. Segunda, que los elementos materiales empleados en la celebración son pan y vino. Tercero, que las partes importantes que constituyen el servicio son: (1) La consagración de los elementos. (2) El partimiento del pan y el derramamiento del vino. (3) La distribución y recepción por parte de los comunicantes del pan y del vino. Cuarto, que el designio de la ordenanza es: (1) Conmemorar la muerte de Cristo. (2) Representar, llevar a cabo y confesar nuestra participación en el cuerpo y la sangre de Cristo. (3) Representar, llevar a cabo y confesar la unión de los creyentes con Cristo y de unos con otros. Y (4) significar y sellar nuestra aceptación del nuevo pacto tal como está ratificada por la sangre de Cristo. Quinto, las condiciones para la comunión provechosa son: (1) Conocimiento para discernir el cuerpo del Señor. (2) Fe para alimentarse de Él. (3) Amor a Cristo y a Su pueblo. [...]

Los elementos a emplear en la Cena del Señor.

[...] El pan y el vino son los elementos empleados en la celebración de la Cena del Señor, por cuanto son los sencillos materiales corpóreos empleados como símbolos del cuerpo y de la sangre de Cristo.

Por cuanto la Cena del Señor fue originalmente instituida en conexión con la Pascua, es indudable que en aquella ocasión se empleó pan sin levadura. Pero es evidente, según la historia apostólica, que los Apóstoles emplearon cualquier tipo de pan que tuvieran a mano. No hay relevancia ni en el tipo de pan ni en la forma de la hogaza. Es suficiente con que sea pan.

Esto hace de él el emblema apropiado de Aquel que declaró ser el verdadero pan que descendió del cielo.

Aunque parece bien claro que es asunto sin importancia cuál sea la clase de pan que se emplea en la cena del Señor, surgió una seria controversia en el siglo once entre las iglesias Griega y Latina; la primera condenaba el empleo de pan sin levadura como un remanente del judaísmo, mientras que la segunda insistía no sólo en su idoneidad, sino en que era la única clase permisible, por cuanto fue la empleada por el mismo Cristo al instituir el sacramento. Las dos iglesias se adhieren a sus antiguas convicciones y prácticas hasta el día de hoy. Los luteranos, en este punto, se ponen en esta práctica del lado de los Romanistas. Los Reformados lo consideran como cuestión indiferente, aunque objetan a las «placentulae orbiculares» u obleas redondas empleadas por los Romanistas en esta ordenanza, porque harina y agua, o harina y alguna sustancia aglutinante no es pan en el sentido ordinario del término. No se emplea para alimento. Por ello, su empleo no es consistente con la analogía entre el signo y la cosa significada. La eucaristía es una cena; representa nuestro acto de alimentarnos de Cristo para nuestro alimento y crecimiento en la gracia. Además, el uso de la oblea u hostia fue introducido con el surgimiento de la doctrina de la transubstanciación. Al ser considerado el pan consagrado como el verdadero cuerpo de Cristo, era natural que fuera hecho en una forma que impidiera el peligro de que se profanara cualquier mínima partícula del mismo. [...]

Por vino para usar en esta ordenanza se tiene que entender «el zumo de la vid» y «el zumo de la uva» en aquel estado en que estaba y está en uso común, y en el estado en que era conocido como vino. El vino de la Biblia era un artículo manufacturado. No era el zumo de uva tal como existe en el fruto, sino este zumo sometido a tal proceso de fermentación que aseguraba su preservación y que le daba las cualidades que se le adscriben en la Escritura. Está fuera de toda duda que *oinos*, en la Biblia, cuando no está calificado con términos como *nuevo* o *dulce*, significa el zumo fermentado de la vid. Esto nunca ha sido puesto en tela de juicio en la Iglesia, si exceptuamos unos pocos cristianos en la actualidad. Se puede decir con certidumbre que no hay un solo erudito en todo el continente de Europa que abrigue la menor duda acerca de esta cuestión. Los de la Iglesia primitiva que en su celo por la templanza fueron llevados a excluir el vino de la mesa del Señor fueron lo suficientemente consecuentes como para poner agua en su lugar. Fueron llamados Tatiani, por el nombre de su líder, o Encratitas, Hidroparastati, o Aquarii, por sus principios. No sólo se abstenían de usar vino, denunciando como «improbos atque impios» a aquellos que lo bebían, sino que se repudiaban también los alimentos animales y el matrimonio considerando al diablo como autor de todo ello.[40] Pronto desaparecieron de la historia. El sentido llano de la Biblia acerca de esta cuestión ha controlado la mente de la Iglesia, y es de esperar que prosiga así hasta el fin de los tiempos.[41] [...]

El designio de la Cena del Señor.

Por cuanto la muerte del Hijo encarnado de Dios por nosotros y para nuestra salvación es el más importante de todos los acontecimientos, debería ser recordado de forma perpetua. Para este fin nuestro bendito Señor instituyó este sacramento, acompañando la institución con el mandamiento: «Haced esto en memoria de mí». Y el Apóstol Pablo dice a sus lectores, en 1 Corintios 11:26: «Todas las veces que comáis este pan, y bebáis esta copa, la muerte del Señor estáis proclamando, hasta que él venga.» Esto es de por sí de gran importancia. El hecho de que la Cena del Señor haya sido celebrada sin interrupciones en la Iglesia, desde el día de la crucifixión hasta nuestros tiempos presentes, es una prueba irresistible de la realidad de aquel acontecimiento que tiene la intención de conmemorar. Por ello, es tan cierto que Cristo murió en la cruz como que los cristianos en todo lugar celebran la Cena del Señor. Pero no es solamente el hecho de la muerte de Cristo lo que así acredita este sacramento, sino también su designio. Nuestro Señor declaró que Él murió como sustituto y sacrificio. «Este es mi cuerpo, que es entregado por vosotros»; o, como dice el Apóstol, «que por vosotros es

---

40. Suicer, *Thesaurus Ecclesiasticus, sub voce Sunaxis*; edición de Amsterdam, 1728, Vol. II, pág. 1123.
41. No es éste el lugar para la discusión de lo que en este país [los Estados Unidos] recibe el nombre de «La cuestión del vino». El lector encontrará esta cuestión ampliamente tratada en la revista *Princeton Review* de abril y octubre de 1841, en dos artículos de la pluma del Rev. John Maclean, D. D., y más recientemente por el Rev. Lyman H. Atwater, D.D., en la misma revista, octubre de 1871, y enero de 1872.

partido». «Ésta es mi sangre del Nuevo Testamento, que es derramada por muchos para remisión de pecados.» Por ello, la redención no es por poder, ni por enseñanza, ni por influencia moral, sino por expiación. Es esta verdad la que exhibe y acredita la Cena del Señor. Aún más, por cuanto Cristo afirma que Su cuerpo debía ser partido y Su sangre derramada para remisión de pecados, esto, por la misma naturaleza del caso, involucra de Su parte la promesa y prenda de que los pecados de aquellos que le reciban a Él y en Él confíen serán ciertamente perdonados. Así, el sacramento no sólo deviene un signo, sino también un sello. Es el autógrafo y sello del Hijo de Dios adjunto a la promesa de la redención. Por tanto, así como la verdad revelada en la Palabra tiene el más excelso poder que puede pertenecer a la verdad en su influencia normal sobre la mente humana, también así el efecto natural de las verdades simbolizadas y acreditadas en la Cena del Señor es el de confirmar la fe del creyente. [...]

Por ello, en la Cena del Señor el creyente recibe a Cristo. Recibe Su cuerpo y Su sangre. El Apóstol afirma que el pan que comemos es una participación (*koinōnia*) del cuerpo de Cristo, y que la copa que bendecimos es una participación de la sangre de Cristo (1 Co 10:16). Nuestro Señor dice, en Juan 6:53: «De cierto, de cierto os digo: Si no coméis la carne del Hijo del Hombre, y bebéis su sangre, no tenéis vida en vosotros.» Por tanto, tiene que haber un sentido en el que los creyentes reciben la carne y la sangre de Cristo. El efecto de esta recepción de Cristo es doble. Primero, Él y Su pueblo devienen uno; y segundo, todos los verdaderos creyentes, en virtud de esta unión con Cristo, devienen un cuerpo, «y todos miembros los unos de los otros». Cristo y Su pueblo son uno en tal sentido que no son ellos los que viven, sino Cristo quien vive en ellos (Gá 2:20). Él mora en ellos; Su vida es la vida de ellos; por cuanto Él vive, también ellos vivirán (Jn 14:19). Ellos son uno en un sentido análogo al que la cabeza y los miembros del cuerpo humano son uno. El Espíritu Santo dado a Él sin medida es comunicado a Su pueblo, de modo que devienen un cuerpo bien conjuntado (Ef 4:16). Por un Espíritu son todos bautizados en un cuerpo (1 Co 12:13). Esta unión entre Cristo y Su pueblo se ilustra también por la unión entre la vid y sus ramas. La vida de la vid y de sus ramas es una. (Jn 15). Una vez más, Cristo y su pueblo son uno, como marido y mujer son una carne. «Somos miembros de su cuerpo, de su carne y de sus huesos» (Ef 5:30).

Al estar así unidos a Cristo como su cabeza común, los creyentes devienen un cuerpo en un sentido místico. El Espíritu Santo, al morar en cada uno y en todos, los constituye en uno. Tienen todos un mismo principio de vida. El Espíritu obra en todos igualmente «tanto el querer como el hacer». Consiguientemente, tienen una fe, y una experiencia religiosa, así como un Señor y un Dios y Padre. Están de tal manera ligados que si un miembro sufre, todos los miembros sufren juntamente con él; o que si un miembro se goza, todos los miembros se gozan con él (1 Co 12:26). Hasta este punto parece que todas las iglesias concuerdan. Todas admiten que en la Cena del Señor los creyentes son unidos así a Cristo y unos a otros.

Requisitos para la Cena del Señor.

Está claro por lo que antecede acerca de la naturaleza y del designio de este sacramento que está designado para los creyentes, y que aquellos que acuden a la mesa del Señor profesan por ello mismo ser Sus discípulos. Si son sinceros en esta profesión, reciben los inestimables dones que este sacramento está designado a comunicar. Si no son sinceros, comen y beben condenación para sí mismos. Por ello, el Apóstol arguye que así como aquellos que participaban de los altares judíos profesaban por ello mismo ser judíos, y que así como aquellos que participaban de los sacrificios paganos profesaban por ello mismo ser paganos, así aquellos que participan de la Cena del Señor profesan por ello mismo ser cristianos. Pero para ser cristiano uno debe tener un conocimiento competente de Cristo y de Su evangelio. Tiene que creer el testimonio que Dios ha dado de Su Hijo. Tiene que creer que Cristo murió por nuestros pecados;

que Su cuerpo fue entregado por nosotros. Tiene que aceptar a Cristo tal como le es ofrecido como propiciación por los pecados. Todo esto, o la profesión de todo esto, está involucrado en la naturaleza del servicio. Sin embargo, la fe de aquellos que quieran participar de manera aceptable en la Cena del Señor es fe no sólo en Cristo, sino también en el sacramento mismo. Esto es, fe en que su disposición es divina. Y en que es lo que el Nuevo Testamento declara que es. No debemos considerarlo como un mero invento humano, como una mera observancia o ceremonia ritual, sino como un medio ordenado por Dios para significar, sellar y comunicar a Cristo y los beneficios de Su redención a los creyentes. La razón por la que los creyentes reciben tan poco por su asistencia a esta ordenanza es porque esperan tan poco. Esperan que sus afectos sean algo agitados y su fe algo fortalecida; pero quizá pocas veces esperan recibir de tal manera a Cristo como para ser llenos de toda la plenitud de Dios. Sin embargo, Cristo, al ofrecerse a Sí mismo a nosotros en esta ordenanza, nos ofrece todo lo que somos capaces de recibir de Dios. Porque estamos completos (*peplërömenoi*), llenos, esto es, llenos con la plenitud de Dios en Él (Col 2:10).

Es imposible que exista en el corazón la fe que demanda este sacramento sin que se produzca un amor y gratitud supremos a Cristo, y el propósito determinado de abandonar todo pecado y de vivir dedicado a Su servicio. Por ello, nuestra Iglesia enseña que se demanda de los que quieran participar dignamente de la Cena del Señor que se examinen a sí mismos, acerca de su conocimiento para discernir el cuerpo del Señor, de su fe para alimentarse de Él, de su arrepentimiento, amor y nueva obediencia.

Sin embargo, no se debe inferir por esto que uno tiene que estar seguro de que es un verdadero creyente antes de poder acercarse propiamente a la mesa del Señor. A menudo sucede que aquellos que están más confiados acerca de que son cristianos son los que tienen menos del Espíritu de Cristo. Y por ello se nos enseña en el Catecismo Mayor[42] que «Uno que dude de si está en Cristo, o de su debida preparación para el sacramento de la Cena del Señor, puede tener una verdadera parte en Cristo, aunque no esté seguro de ello; y para Dios la tiene, si está debidamente afectado por el sentimiento de su necesidad de ella, y desea sinceramente ser hallado en Cristo, y apartarse de iniquidad; en cuyo caso (por cuanto se dan promesas, y este sacramento está designado asimismo para el fortalecimiento de cristianos débiles y que dudan) tiene que lamentar su incredulidad, y esforzarse por resolver sus dudas; y al hacerlo así, puede y debe acudir a la Cena del Señor, para que pueda ser más fortalecido.»

[...] El ministro «debe advertir a los profanos, a los ignorantes, y a los escandalosos, y a los que se involucran secretamente a sabiendas en pecado, a que no se acerquen a la santa mesa.» A estas clases se limita su poder de exclusión. «Por otra parte, invitará a esta santa mesa a aquellos que, conscientes de su estado perdido e impotente en pecado, confían en la expiación obrada por Cristo para el perdón y la aceptación de Dios; a aquellos que, instruidos en la doctrina del Evangelio, tienen un conocimiento competente para discernir el cuerpo del Señor, y que deseando renunciar a sus pecados, estén decididos a mantener una vida santa y piadosa.»[43]

16. La doctrina de la Iglesia Reformada acerca de la Cena del Señor.

[...] Lo que se afirma como presente no es el cuerpo y la sangre de Cristo de un modo absoluto, sino Su cuerpo como partido y Su sangre como derramada. Es el sacrificio que Él ofreció lo que está presente, y de lo que participa el creyente. Está presente a la mente, no a

---

42. Pregunta 172.
43. *Westminster Directory*, cap. VIII, pág. 4.

nuestros cuerpos. Es percibido y recibido por la fe, y no de ninguna otra forma. Él no está presente para los no creyentes. Por presencia no se significa cercanía local, sino conocimiento y percepción intelectual, apropiación creyente, y operación espiritual. El cuerpo y la sangre están presentes para nosotros cuando llenan nuestros pensamientos, cuando son apropiados por la fe como partido y derramada para nuestra salvación, y ejercen sobre nosotros su efecto apropiado. Dice la Confesión Helvética: «El cuerpo de Cristo está en el cielo a la diestra de Dios. Pero el Señor no está ausente de su Iglesia durante la celebración de Su cena. El sol está ausente de nosotros en el cielo, pero está eficazmente presente con nosotros. Cuánto más Cristo, el sol de justicia, aunque corporalmente ausente, estará presente con nosotros, no ciertamente de manera corporal, sino espiritualmente, por Su influencia vivificante.» Dice Calvino: «Se debe eliminar toda imaginación de presencia local. Porque aunque los signos están sobre la tierra y vistos por los ojos y manejados con las manos, Cristo, hasta donde es hombre, no está en ninguna otra parte que en el cielo; y sólo debe ser buscado por la mente y por la fe. Por ello, es una superstición irracional e impía incluirle a Él en los elementos terrenales.» Asimismo enseña que Cristo está presente en la promesa y no en los signos.[44] Ursino, uno de los principales autores del Catecismo de Heidelberg, dice en su Exposición de este formulario: «Estas dos cosas, y me refiero al signo y a la cosa significada, están unidas en este sacramento, no por ninguna unión natural, o una existencia corporal y local de una en la otra; mucho menos por transubstanciación, o la mutación de la una en la otra; sino por la significación, sellado y exhibición de la una por la otra; esto es, por una unión sacramental, cuyo vínculo es la promesa añadida al pan, demandando la fe de los receptores. De donde queda claro que estas cosas, en su uso legítimo, quedan siempre exhibidas juntamente y juntamente recibidas, pero no sin fe en la promesa, contemplando y aprehendiendo la cosa prometida, ahora presente en este sacramento; pero no presente o incluida en la señal como en el caso de un vaso que la contuviera; sino presente en la promesa, que es la mejor parte, la vida y alma del sacramento. Porque carecen de juicio los que afirman que el cuerpo de Cristo no puede estar presente en el sacramento excepto si está en o bajo el pan; como si el pan solo, sin la promesa, fuera o bien un sacramento, o bien la parte principal del sacramento.»

Por ello, hay una presencia del cuerpo de Cristo en la Cena del Señor; no local, sino espiritual; no para los sentidos, sino para la mente y la fe; y no de cercanía, sino de eficacia. Si la presencia está en la promesa, entonces el cuerpo de Cristo está presente, ofrecido y recibido por el creyente siempre y cuando abrace la promesa y se apropie de ella. [...]

Para recapitular la posición Reformada: La Cena del Señor es una santa ordenanza instituida por Cristo como memorial de Su muerte, en la que, bajo los símbolos del pan y del vino, se significan Su cuerpo como partido y Su sangre como derramada por la remisión de pecados, y, por el poder del Espíritu Santo, son sellados y aplicados a los creyentes. Por ello se exponen y confirman su unión con Cristo y su mutua comunión, es fortalecida su fe, y sus almas reciben alimento para vida eterna.

En este sacramento Cristo está presente no corporal sino espiritualmente -no en el sentido de cercanía local, sino de operación eficaz. Su pueblo le recibe no con la boca, sino por fe; no recibe Su carne y sangre como partículas materiales, sino Su cuerpo como partido y Su sangre como derramada. La unión así significada y efectuada no es una unión corpórea, ni una mezcla de sustancias, sino una unión espiritual y mística debida a la morada del Espíritu Santo. La eficacia de este sacramento como medio de gracia no está en los signos, ni en el servicio, ni en el ministro, sino en la influencia asistente del Espíritu Santo.

---

44. *Consesus Tigurinus*, X, pág. 194.

[17. Puntos de vista modernos acerca de la Cena del Señor.]

[18. La doctrina luterana acerca de la Cena del Señor.]

[19. La doctrina de la Iglesia de Roma acerca de la Cena del Señor.]

20. La oración.

La oración es la conversación del alma con Dios. Con ella le manifestamos o expresamos nuestra reverencia y amor por Su perfección divina, nuestra gratitud por todas Sus misericordias, nuestra penitencia por nuestros pecados, nuestra esperanza en Su amor perdonador, nuestro sometimiento a Su autoridad, nuestra confianza en Su cuidado, nuestros deseos por Su favor, y por el cuidado providencial y bendiciones espirituales que nosotros y otros necesitamos. Así como la religión, en el sentido subjetivo de la palabra, es el estado de mente inducido por la debida comprensión del carácter de Dios y de nuestra relación con Él como nuestro Creador, Preservador y Redentor, así la oración es la expresión, pronunciada en voz alta o no, de todos los sentimientos y deseos que produce o excita aquel estado de la mente. Un hombre sin oración es necesaria y totalmente irreligioso. No puede haber vida sin actividad. Así como el cuerpo está muerto cuando deja de actuar, así el alma que no se dirige en sus acciones hacia Dios, que vive como si no hubiera Dios, está espiritualmente muerta.

La oración da muchas cosas por supuestas. Presupone, en primer lugar, la personalidad de Dios. Sólo una persona puede decir Yo, o puede ser llamada Tú. Sólo una persona puede ser el sujeto y objeto de una acción inteligente, puede aprehender y responder, puede amar y ser amada, o puede mantener conversación con otras personas. Así, si Dios fuera meramente un nombre para una fuerza desconocida, o del orden moral del universo, la oración devendría irracional e imposible.[45] Segundo, Dios, aunque un ser personal, pudiera morar lejos en la inmensidad, sin tener relación alguna con Sus criaturas en la tierra. Por ello, la oración presupone no sólo la personalidad de Dios, sino también que está cercano a nosotros; que no sólo puede, sino que está bien dispuesto a mantener relación con nosotros, a oír y a responder; que Él conoce nuestros pensamientos de lejos; y que nuestras impronunciadas aspiraciones son inteligibles para Él. Tercero, presupone que Él tiene el control personal de toda la naturaleza, esto es, de todas las cosas exteriores a Él; que Él rige todas las criaturas y sus acciones. Presupone que no sólo ha creado todas las cosas, y dotado a la materia y a la mente con fuerzas y poderes, sino que está presente en todas partes, controlando la operación de tales fuerzas y poderes, de modo que nada ocurre sin Su dirección o permiso. Cuando llueve, es porque así lo dispone Él, y controla las leyes de la naturaleza para producir este efecto. Cuando la tierra produce frutos en abundancia, o cuando las esperanzas del labrador se ven frustradas, estos efectos no deben ser atribuidos a la operación ciega de las leyes naturales, sino al control personal e inteligente de Dios. No hay tal reino de la ley que haga a Dios sujeto a ella. Es Él quien reina, y quien ordena todas las operaciones de la naturaleza de manera que cumplan Sus propósitos.

---

45. Los filósofos, dice el doctor Chalmers, «consideran que el Principio Supremo es tan inflexible e inmutable en todas formas como lo han observado en todos los principios subordinados; y que es tan inadecuado acudir a Él con una petición o la expresión de un deseo como a cualquier imaginario espíritu que pueda residir en un volcán o en una tempestad, en cualquier otra sección de la vasta maquinaria de la naturaleza; que los clamores apremiantes de la angustia no son de más valor cuando se dirigen a Aquel que blande los elementos del mundo que si se dirigieran a los elementos mismos; que la misma inmutabilidad que impregna toda la naturaleza es también característica del Dios de la naturaleza; y por esto ellos piensan que tanto la doctrina de una providencia especial como de la observancia de la oración constituyen una aberración de la sana filosofía.» Chalmers, *Works*, Ed. New York, 1844, Vol. II, pág. 319.

Esto no supone que las leyes de la naturaleza sean mudables, ni que sean puestas de lado. Apenas si hay algún efecto, bien en la naturaleza o en las acciones de los hombres, que se deba a la acción de una sola fuerza natural. Producimos efectos mediante las combinaciones de tales fuerzas, de manera que el efecto se debe a esta combinación inteligente y voluntaria de fuerzas. De manera similar, en las operaciones ordinarias de la naturaleza, Dios cumple Su propósito mediante una combinación de causas naturales similarmente inteligente y voluntaria. Cuando Él quiere que llueva, Él dispone todas las causas secundarias que llevan en operación a la producción de tal efecto. La doctrina de la providencia sólo supone que Dios hace, a escala del universo, lo que nosotros hacemos dentro de la limitada esfera de nuestra eficiencia. Nosotros, desde luego, por lo que respecta a aquellos efectos que logramos fuera de nosotros mismos, estamos limitados al uso de las causas secundarias. Ni podemos actuar contra ellas, ni sin ellas. Dios no está limitado así. Puede operar sin causas segundas así como con ellas, como contra ellas. [...]

La doctrina Escrituraria es que Dios es un Ser extra-mundano y personal, independiente del mundo, que lo ha creado, y que ha dotado a todas las cosas materiales con sus varias propiedades o capacidades, que Él controla constantemente con Su omnipotencia infinitamente santa y omnipresente. Esta doctrina se presupone en la oración, porque «la oración y la respuesta a la oración son sencillamente [...] la pronunciación de una petición por una parte, y la concesión de esta petición por la otra. El hombre solicita, Dios accede. El hombre pide un favor, Dios lo concede. Estos son considerados como los dos miembros de un verdadero intercambio que tiene lugar entre las partes -de hecho los dos términos de una secuencia, del que el antecedente es una oración elevada desde la tierra, y el consecuente es el cumplimiento de esta oración en virtud de una orden procedente del cielo.»[46]

La oración supone asimismo que el gobierno de Dios se extiende a las mentes de los hombres, a sus pensamientos, sentimientos y voliciones; que el corazón está en Sus manos, y que Él puede dirigirlo así como se dirigen las corrientes de las aguas. [...]

El objeto de la oración.

Por cuanto la oración involucra la adscripción de atributos divinos a su objeto, sólo puede ser apropiadamente dirigida a Dios. Los paganos oraban a seres imaginarios, o a ídolos, que tenían ojos pero no veían, y manos que no podían salvar. Igualmente anti-escriturarias e irracionales son las oraciones dirigidas a cualquier criatura de cuya presencia no tengamos conocimiento alguno, y de cuya capacidad ya sea para oír o para responder a nuestras peticiones no tengamos evidencia alguna.

En el Antiguo Testamento, las oraciones se dirigen uniformemente a Dios como tal; al único Ser Divino, por cuanto la distinción de las personas en la Deidad estaba entonces muy imperfectamente revelada. En el Nuevo Testamento la oración es ofrecida bien a Dios como el Dios Trino, o al Padre, o al Hijo, y al Espíritu Santo, como personas distintas. En la doxología cristiana, que se emplea allí donde es conocida la Biblia, se invoca por separado a las varias personas de la Trinidad. Los ejemplos de oraciones dirigidas a Cristo que se registran en el Nuevo Testamento son muy numerosos. Por cuando la oración, en el sentido escriturario del término, incluye toda comunicación a Dios bien en forma de alabanza, de acción de gracias, de confesión o de petición, todas las adscripciones de gloria a Él, así como todas las súplicas directas dirigidas a Él, vienen bajo este encabezamiento. Los Apóstoles le dirigían oraciones mientras Él estaba aún en la tierra, pidiéndole bendiciones que sólo Dios podía otorgar, como cuando le dijeron: «Señor, auméntanos la fe.» El ladrón moribundo le dijo, en-

---

46. Chalmers, *ut supra*, pág. 321.

señado por el Espíritu de Dios: «Señor, acuérdate de mí, cuando vengas en tu reino.» Las últimas palabras del primer mártir, Esteban, fueron: «Señor Jesús, recibe mi espíritu.» Pablo le rogó tres veces al Señor que le fuera quitado el aguijón en la carne. Y así él dice en 1 Timoteo 1:12: «Doy gracias al que me revistió de poder, a Cristo Jesús nuestro Señor, porque me tuvo por fiel, poniéndome en el ministerio.» En Apocalipsis 1:5, 6 se dice: «Al que nos amó, y nos liberó de nuestros pecados con su sangre, e hizo de nosotros un reino, sacerdotes para su Dios y Padre; a él sea la gloria y el dominio por los siglos de los siglos. Amén.» Apocalipsis 5:13: «Y a todo lo creado que está en el cielo, y sobre la tierra, y debajo de la tierra, y en el mar, y a todas las cosas que hay en ellos, oí decir: Al que está sentado en el trono, y al Cordero, sea la alabanza, el honor, la gloria y el dominio, por los siglos de los siglos.» Por cuanto la Biblia nos enseña con tal claridad que Cristo es Dios manifestado en carne; que le ha sido dada toda potestad en los cielos y en la tierra; que Él ha sido exaltado para dar arrepentimiento y perdón de pecados; por cuanto Él da el Espíritu Santo; y por cuanto se dice de Él que mora en nosotros y que es nuestra vida, con ello mismo se nos enseña que Él es el objeto idóneo de la oración. Por ello, por cuanto todos los cristianos son adoradores de Cristo, así Él ha sido siempre el objeto de su adoración, acciones de gracias, alabanzas, confesiones y súplicas.

Los requisitos de la oración aceptable.
1. El primero y más evidente de los requisitos para la oración aceptable es la sinceridad. Dios es Espíritu. Él escudriña el corazón. No está satisfecho con meras palabras, ni con un homenaje externo. No puede ser engañado y no será burlado. Por ello, es una gran ofensa, a Sus ojos, que pronunciemos palabras delante de Él en las que nuestros corazones no se unen. Pecamos contra Él cuando empleamos términos que cuando los ángeles los pronuncian cubren sus rostros, y nosotros no los acompañamos con los correspondientes sentimientos de reverencia; o cuando empleamos fórmulas de acción de gracias sin gratitud: o los de humildad y confesión sin un sentimiento debido de nuestra indignidad; o de petición sin deseo por la bendición que pedimos. Todos debemos reconocer que éste es un mal que a menudo acompaña a las oraciones de cristianos sinceros; y con respecto a las multitudes que en lugares de culto público repiten las solemnes formas de devoción o que profesan unirse a aquellos que las pronuncian, sin las correspondientes emociones, el servicio es poco menos que una burla.

2. Reverencia. Dios es un Ser infinitamente exaltado; infinito en Su santidad así como en conocimiento y poder. Él debe ser reverenciado por todos los que están a Su alrededor. De este santo temor se declara que es el primer elemento de toda verdadera religión. Su pueblo es designado como aquellos que temen Su nombre. Se demanda de nosotros que le sirvamos con reverencia y temor piadoso. Y cada vez que el cielo se abre delante de nosotros, vemos a sus moradores postrados delante del trono. Por ello, ofendemos a Dios cuando nos dirigimos a Él como nos dirigiríamos a una criatura, o cuando empleamos formas de expresión con una familiaridad indebida. Nada es más característico de las oraciones registradas en la Biblia que el Espíritu de reverencia de que están impregnadas. Los Salmos, en especial, pueden ser considerados como un libro de oraciones. Cada Salmo es una oración, bien de adoración, de acción de gracias, de confesión o de súplica. En muchos casos, estos elementos se entremezclan. Se relacionan con todas las circunstancias en la vida interior y exterior de aquellos que las compusieron. Reconocen el control de Dios sobre todos los acontecimientos, y sobre los corazones de los hombres. Presuponen que Él está siempre cerca, y siempre vigilante, sustentando para con Su pueblo la relación de un Padre amante. Pero con todo esto nunca se olvida Su infinita majestad. Hay una tendencia a veces en los mejores hombres a dirigirse a Dios como si Él fuera uno de nosotros. La familiar fórmula de Lutero era, Lieber Herr, o Lieber Herr Gott (querido Señor, querido Señor Dios). Como Lieber Herr es la fórmula usual de di-

rigirse a los amigos (equivalente a nuestro Querido Señor), suena de manera extraña cuando se dirige a Dios. En Lutero era la expresión de la fe y del amor; en muchos que le imitan es la manifestación de un Espíritu irreverente.

3. Humildad. Esto incluye, primero, un sentimiento debido de nuestra insignificancia como criaturas; y segundo, una aprehensión apropiada de nuestra indignidad e impureza delante de Dios como pecadores. Es lo opuesto al farisaísmo, a la auto-complacencia y a la auto-confianza. Es el Espíritu manifestado por Job cuando puso su mano sobre su boca, y su boca en el polvo, y dijo: Me aborrezco a mí mismo, y me arrepiento en el polvo y la ceniza; por Isaías cuando dijo: ¡Ay de mí! porque soy hombre de labios inmundos, y moro en medio de un pueblo de labios inmundos; y por el publicano, que tenia temor de levantar sus ojos al cielo, sino que se golpeaba el pecho, diciendo: Dios, sé propicio a mí, pecador. Este lenguaje es a menudo considerado como exagerado o hipócrita. Sin embargo, es apropiado. Expresa el estado de mente que no puede dejar de ser producido por una aprehensión apropiada de nuestro carácter como pecadores delante de un Dios justo y santo. En verdad, no hay lenguaje que pueda dar una expresión adecuada de aquel sentimiento racional de pecado que a menudo experimenta el pueblo de Dios.

4. Importunidad. Es tan importante que en tres ocasiones distintas nuestro Señor insistió a Sus discípulos acerca de su necesidad. Este es evidentemente el designio de la historia de la mujer sirofenicia, a la que no se pudo acallar su clamor: «Señor, Hijo de David, ten compasión de mí» (Mt 15:22). También en la parábola del juez injusto, que dijo: «Porque esta viuda me es molesta, le haré justicia, no sea que viniendo de continuo, me agote la paciencia. Y dijo el Señor: Oíd lo que dijo el juez injusto. ¿Y acaso Dios no hará justicia a sus escogidos, que claman a él día y noche? ¿Y está esperando con longanimidad en cuanto a ellos? Os digo que pronto les hará justicia» (Lc 18:5-8). Otra vez en Lucas 11:5-8, donde leemos de un hombre que rehusaba dar unos panes a un amigo suyo; Cristo dijo de él: «Aunque no se levanta a dárselos por ser su amigo, sin embargo por su importunidad se levantará y le dará todo lo que necesite.» Dios trata con nosotros como un sabio benefactor. Demanda de nosotros que apreciemos el valor de las bendiciones que pedimos, y que manifestemos un deseo apropiadamente ferviente. Si un hombre ruega por su propia vida o por la vida de uno a quien quiere, no hay manera de detener su importunidad. No aceptará que se le rehúse. Si la vida del cuerpo debe ser buscada con esta intensidad, ¿podemos esperar que la vida del alma les sea concedida a los que no la busquen con un fervor importuno?

5. Sumisión. Cada hombre que aprecie debidamente su relación con Dios estará dispuesto, sea cual sea su petición, a decir: «Señor, que se haga tu voluntad, y no la mía.» Hasta un niño siente cuán propio es someter su voluntad en todas sus peticiones a la de su padre terrenal. ¡Cuánto más deberíamos nosotros someternos a la voluntad de nuestro Padre en el cielo! Sólo Él sabe qué es lo mejor; la concesión de nuestra petición podría resultar, en muchos casos, en nuestra propia destrucción. En el huerto de Getsemaní nuestro Señor nos dio ejemplo en cuanto a esto, ejemplo que jamás deberíamos olvidar.

6. Fe. Tenemos que creer, (a) Que Dios existe. (b) Que Él puede oír y responder a nuestras oraciones. (c) Que Él está dispuesto a responderlas. (d) Que en verdad responderá a ellas, si son congruentes con Sus propios sabios propósitos y con nuestro mayor bien. Y tenemos las más expresas seguridades en la Biblia para esta fe. No sólo se nos dice: «Pedid, y recibiréis; buscad, y hallaréis», sino que nuestro Señor dice de manera explícita: «y cualquier cosa que pidáis al Padre en mi nombre, la haré» (Jn 14:13). Y también: «Si dos de vosotros se ponen de acuerdo en la tierra acerca de cualquier cosa que pidan, les será hecho por mi Padre que está en los cielos» (Mt 18:19). Todas las promesas de Dios son condicionales. La condición, si no es expresada, está implicada. No se puede suponer que Dios se haya sujetado a Sí mismo en el gobierno

del mundo, o en la dispensación de Sus dones, a la miopía de los hombres, prometiendo de manera incondicional que vaya a hacer todo lo que pidan. Ninguna persona racional podría desear que fuera así. Él mismo supliría la condición que debe sobreentenderse por la misma naturaleza del caso, y por las mismas Escrituras. En 1 Juan 5:14 se expresa esta condición que en los otros pasajes está implícita: «Esta es la confianza que tenemos ante él, que si pedimos alguna cosa conforme a su voluntad, él nos oye.» La promesa, sin embargo, da la certidumbre de que todas las oraciones ofrecidas en fe, para aquellas cosas que sean acordes a la voluntad de Dios, recibirán respuesta. La respuesta puede desde luego ser de un modo que no nos esperemos, como en el caso de Pablo al orar que le fuera quitado el aguijón de la carne. Pero la respuesta será aquella que nosotros mismos desearíamos, si estamos debidamente iluminados. Más que esto no podríamos desear. La falta de confianza en estas preciosas promesas de Dios, la falta de fe en Su disposición y prontitud a oírnos, es uno de los más grandes y más comunes defectos en las oraciones de los cristianos. Cada padre desea la confianza de sus hijos, y se duele por cada evidencia de desconfianza; y Dios es nuestro Padre; Él demanda de nosotros los sentimientos que los hijos debieran mostrar para con sus padres terrenales.

7. Las oraciones de los cristianos deben ser ofrecidas en nombre de Cristo. Nuestro Señor le dijo a Sus discípulos: «Hasta ahora, nada habéis pedido en mi nombre; pedid, y recibiréis, para que vuestro gozo esté completo» (Jn 16:24). «Yo os elegí a vosotros [...] para que todo lo que pidáis al Padre en mi nombre, os lo dé» (15:16). «Cualquier cosa que pidáis al Padre en mi nombre, la haré» (14:13). Por «el nombre de Dios» se significa el mismo Dios, y Dios tal como está manifestado en Su relación con nosotros. Ambas ideas van generalmente unidas. Así, creer «en el nombre del unigénito Hijo de Dios» es creer que Cristo es el Hijo de Dios, y que como tal Él se manifiesta como el único Salvador de los hombres. Actuar en nombre de alguien es a menudo actuar con su autoridad y en el ejercicio de su autoridad. Así, nuestro Señor habla de las obras que Él hacía «en nombre de Su Padre»: esto es, por la autoridad del Padre y en el ejercicio de Su eficiencia. Y de los Apóstoles se dice frecuentemente que ellos obraban milagros en nombre de Cristo, significando que los milagros eran obrados por Su autoridad y poder. Pero cuando uno pide un favor en nombre de otro, el sencillo significado es que es por causa de él. Se confía en la consideración a la persona en cuyo nombre se pide el favor como la base sobre la que ha de ser concedido. Por ello, cuando se nos dice que oremos en el nombre de Cristo, se nos pide que apremiemos lo que Cristo es y lo que Él ha hecho como la razón de por qué debiéramos ser oídos. No debemos confiar en nuestros propios méritos, ni en nuestro propio carácter, ni siquiera sencillamente en la misericordia de Dios; tenemos que alegar los méritos y el valor de Cristo. Es sólo en Él, en virtud de Su mediación y valía, que, según el Evangelio, se confiere toda bendición sobre los apóstatas hijos de los hombres.

Diferentes clases de oración.

Así como la oración es la conversación con Dios, incluye aquellos ejercicios espirituales, aquel derramamiento del alma a Dios en pensamiento y sentimiento, que se revelan en las formas de reverencia, gratitud, dolor por el pecado, sentimiento de dependencia, y obligación. En este sentido, aquel que vive y camina con Dios, siempre ora. Cumple literalmente la instrucción «Orad sin cesar». Es nuestro deber y sumo privilegio tener esta constante conversación con Dios. El corazón debería ser como el altar de incienso, sobre el cual nunca se apagaba el fuego.

Es sin embargo una ley de nuestra naturaleza que debemos revestir nuestros pensamientos y sentimientos en palabras. Y por ello la oración es, en una de sus formas, lenguaje. Aunque no se pronuncie de manera audible, las palabras están presentes como revestimiento o expresión de estados interiores. Sin embargo, hay poder en las palabras articuladas. El pensamiento o sentimiento es más claro y vívido, incluso para nosotros, cuando se expresa audiblemente. En este sentido, la oración se distingue como secreta, social y pública. Sería un gran error si un cristiano fuera a actuar conforme a la presuposición de que la vida de Dios en su alma puede ser preservada de manera adecuada mediante aquella forma de oración que consiste en comunión habitual con Dios. El creyente necesita, con el fin de mantener su salud y vigor espiritual, unos tiempos regulares y programados de oración, tal como el cuerpo necesita sus comidas diarias. «Pero tú, cuando ores, entra en tu aposento, y a puerta cerrada, ora a tu Padre que está en lo secreto; y tu Padre que ve en lo secreto, te lo recompensará en público» (Mt 6:6). La Biblia nos presenta el ejemplo del pueblo de Dios, y de nuestro mismo bendito Señor, como norma de conducta acerca de esta cuestión. Leemos que Cristo se retiraba con frecuencia para orar, y que no era infrecuente que pasara noches enteras en este ejercicio. Si la inmaculada alma de Jesús precisaba de estos tiempos de conversación con Dios, ninguno de Sus seguidores debería aventurarse a descuidar este importante medio de gracia. Que cada día, al menos, comience y termine con Dios.

La oración social incluye la oración familiar, y la oración en las reuniones del pueblo para el culto social. Por cuanto la naturaleza del hombre es social, tiene que tener comunión con sus semejantes en todo lo que atañe a su vida interior y exterior. Nadie vive ni puede vivir para sí mismo, y tampoco en la religión como en las otras relaciones. Así como la familia es el vínculo más íntimo de comunión entre los hombres, es de la mayor importancia que sea santificada por la religión. Todas las relaciones de los padres, hijos y servidores quedan purificadas y fortalecidas cuando toda la familia se reúne en convocación por la mañana y por la tarde para el culto a Dios. No hay sustituto para este medio divinamente señalado de impulsar la religión familiar. Supone, desde luego, un cierto grado cultural. El cabeza de familia debería poder leer las Escrituras así como conducir en la oración. Sin embargo, los que no puedan hacer lo primero deberían poder al menos hacer lo segundo. Se debería demandar de todas las personas sujetas al cuidado de la Iglesia que mantuvieran en sus familias este culto regular a Dios. El carácter de la Iglesia y del estado depende del carácter de la familia. Si la religión muere en la familia, no puede ser mantenida en ninguna otra parte. La responsabilidad del hombre para con sus hijos, así como para con Dios, le vincula a hacer de su casa un Betel. Si no es un Betel, será una morada de malos Espíritus.

Cuando y donde la mayoría del pueblo era tan ignorante que era incompetente para mantener de manera provechosa servicios religiosos en el seno de sus familias, era natural y apropiado para la Iglesia que abriera a diario sus puertas y llamara al pueblo a maitines y vísperas. Era mucho mejor tener esta oportunidad para el culto diario que descuidar este servicio regular. Pero no es prudente continuar una costumbre cuando ya no existen las razones por las que tal costumbre fue introducida; ni hacer que una ordenanza eclesial sea el sustituto de una institución divina.

Oración pública.

Los servicios públicos del santuario están dispuestos para el culto y para la instrucción. Lo primero incluye la oración y el canto. Lo último, la lectura de la Palabra de Dios y la predicación. Estos elementos debieran ser preservados en la debida proporción. En algunas iglesias la instrucción se subordina enteramente al culto; se da dos veces más tiempo a lo último que a lo primero. Esto parece contrario a la norma escrituraria. El conocimiento de la Biblia es expuesto como un elemento esencial de la religión. No puede haber un verdadero culto de Dios sin un conocimiento adecuado de Dios; no puede haber arrepentimiento, fe ni vida santa a no ser que las verdades de las que dependen estos ejercicios y esta vida sean comprendidas y presentadas a la mente. La religión es un servicio racional, esto es, *logikë*, y es incompatible con la ignorancia. Por esto, los ministros cristianos siempre reciben en el Nuevo Testamento el nombre de *didaskaloi*. La gran comisión que recibieron de Cristo era «enseñar a todas las naciones». Por esto los Apóstoles fueron predicando por todas partes. Pablo dice que Cristo no lo había enviado a bautizar, ni a llevar a cabo unos servicios meramente religiosos, sino a predicar el Evangelio, que él declaró que era sabiduría de Dios y poder de Dios para salvación. Ninguna autoridad humana hubiera podido transformar a Pablo de predicador a ofrecedor de oraciones. No fue hasta que las ideas paganas del culto comenzaron a invadir la iglesia, y que los ministros fueron cambiados de maestros a sacerdotes, que el elemento de enseñanza quedó tan enteramente subordinado al del culto, tal como ha sucedido durante edades en la Iglesia de Roma.

En tanto que la enseñanza debería ser, como claramente lo era durante la era apostólica, el objeto prominente en los servicios del día del Señor, difícilmente se podría exagerar la importancia de la oración pública. Este es, se dice frecuentemente, el punto débil en el servicio del domingo. Y probablemente sea cierto. Es probable que haya más buenos predicadores que buenos orantes. La principal razón de esto es que el ministro dedica una buena parte de su trabajo semanal a la preparación de su sermón, y no piensa en sus oraciones. No es para asombrarse, por tanto, que lo primero resulte mejor que lo segundo.

A fin de que esta parte del servicio divino sea llevado a cabo para la edificación del pueblo, es necesario (1) Que el ministro oficiante tenga un Espíritu verdaderamente devoto; que los sentimientos y deseos, de los que las oraciones son su expresión, sean ejercitados en su propio corazón. (2) Que su mente y memoria estén bien impregnados de los pensamientos y lenguaje de las Escrituras. Los santos hombres de la antigüedad hablaron impelidos por el Espíritu Santo. Sus palabras, fuera en adoración, acción de gracias, confesión o súplica, fueron controladas por el Espíritu de Dios. Por esto, ellos expresan la mente del Espíritu. Son vehículos apropiadísimos para la expresión de aquellos sentimientos y deseos que el Espíritu Santo suscita en las mentes del pueblo de Dios. Por ello, ningunas oraciones son más edificantes, en igualdad de condiciones, que aquellas que abundan en el uso adecuado del lenguaje escriturario. (3) La oración debería estar bien ordenada, de manera que abarcara todas las partes y tópicos apropiados de la oración en debida proporción. Esto impedirá que resulte en divagaciones, inconcreciones o repeticiones. (4) Debería ser apropiada para la ocasión, sea ésta el servicio ordinario del Día del Señor, la administración de los sacramentos, o el servicio especial en los días de acción de gracias o de ayuno y humillación. (5) Apenas si será necesario decir que el lenguaje empleado debería ser sencillo, solemne y correcto. (6) Las oraciones deberían ser breves. La dilatación en este servicio se debe por lo general no tanto a la inconcreción como a las inútiles repeticiones.

La oración como medio de la gracia.

Los medios de la gracia son, como ya se ha dicho antes, aquellos que Dios ha ordenado para el fin de comunicar las influencias vivificadoras y santificadoras del Espíritu a las almas de los hombres. Así son la palabra y los sacramentos, y así es la oración. No sólo tiene la relación que tiene cualquier otra causa con el fin para el que haya sido designada, y es así la condición bajo la que se otorgan las bendiciones de Dios, tanto providenciales como espirituales, sino que nos acerca también a Dios, que es la fuente de todo bien. La comunión con Él, la conversación con Él, lleva al ejercicio de todos los afectos de gracia, reverencia, amor, gratitud, sumisión, fe, gozo y devoción. Cuando el alma se allega así a Dios, Dios se allega a ella, manifiesta Su gloria, derrama Su amor, e imparte aquella paz que sobrepasa a todo entendimiento. Nuestro Señor dice: «El que me ame, guardará mi palabra; y mi Padre le amará, e iremos a él, y haremos morada con él» (Jn 14:23). En esta comunión, el alma tiene que ser santa y tiene que ser bendecida.

El poder de la oración.

El curso de los acontecimientos humanos no está controlado por la sola fuerza humana. Hay otros poderes en acción en el gobierno del mundo. Existe el poder de las ideas, ciertas o falsas; el poder de la verdad; el poder del amor y de la simpatía humanas; el poder de la conciencia, y, por encima de todo, el Poder Supremo, inmanente en el mundo así como trascendente sobre él, cooperando con y controlando las operaciones de todas las criaturas, sin violar la naturaleza de las mismas. Este Poder Supremo es llevado a la acción por la oración, de una manera análoga en la que las energías de un hombre son puestas en acción bajo los ruegos de sus semejantes. Esta es la doctrina de la Biblia; es perfectamente consistente con la razón, y está confirmada por toda la historia del mundo, y especialmente de la Iglesia. Moisés, mediante su oración, salvó a los israelitas de la destrucción; por la oración de Samuel, fue dispersado el ejército de los filisteos; «Elías era hombre de sentimientos semejantes a los nuestros, y oró fervientemente para que no lloviese, y no llovió sobre la tierra durante tres años y seis meses. Y otra vez oró, y el cielo dio lluvia, y la tierra produjo su fruto.» Estos hechos son mencionados por el Apóstol Santiago con el propósito de demostrar que la oración de un hombre justo tiene mucha fuerza. Pablo apremiaba constantemente a sus hermanos en Cristo que oraran por él, e instruía que ofrecieran oración «por todos los hombres: por los reyes, y por todos los que están en autoridad; para que podamos vivir quieta y apaciblemente en toda piedad y honestidad.» Esto, naturalmente, presupone que la oración es un poder. La Reina María Estuardo no estaba loca cuando dijo que le temía más a las oraciones de John Knox que a todo un ejército. Admitida la doctrina del teísmo, esto es, de la existencia de un Dios personal, y de Su constante control sobre todas las cosas exteriores a Él, se desvanece toda base para dudar de la eficacia de la oración, y permanece para nosotros, como lo ha sido para el pueblo de Dios por todas las edades, como la gran fuente de gozo y fuerza espirituales para el presente y de confianza para el futuro. Sigue manteniéndose el Salmo Cuarenta y Seis: «Jehová de los ejércitos está con nosotros; nuestro refugio es el Dios de Jacob.»

Teología Sistemática

Parte IV: Escatología

Capítulo 1
El estado del alma después de la muerte

1. Doctrina Protestante.

LA DOCTRINA PROTESTANTE acerca del estado del alma después de la muerte incluye, ante todo, la existencia continuada del alma después de la disolución del cuerpo. Esto se opone no sólo a la doctrina de que el alma sea meramente una función del cuerpo y que perece con él, sino también a la doctrina del sueño del alma durante el intervalo entre la muerte y la resurrección.

La anterior doctrina pertenece a la teoría materialista, y se mantiene o cae con ella. Si no hay más sustancia que la materia, y ninguna otra fuerza más que la que es fenómeno de la materia; y si la forma en la que la fuerza física se manifiesta como mente, o acción mental, dependiera de la organizadísima materia del cerebro, entonces al desorganizarse el cerebro dejaría de existir la mente. Pero si el alma y el cuerpo son dos sustancias distintas, entonces la disolución de este último no necesariamente implica el fin de la existencia consciente de la primera.

Hay otro punto de vista acerca de esta cuestión adoptada por muchos que no son materialistas, pero que siguen manteniendo que la mente no puede actuar ni manifestarse sin un órgano material. Así, por ejemplo, Isaac Taylor dice que como la extensión es un atributo de la materia, el alma sin cuerpo no puede tener extensión. Pero la extensión es una relación con el espacio; lo que no tiene extensión, consiguientemente, no está en ninguna parte. «Igual podríamos decir de un Espíritu puro,» dice él, «que es duro, pesado, o rojo, o que tiene una dimensión de un metro cúbico, como decir que está allí o aquí, o que ha venido y se ha ido». «Cuando hablamos de inmaterialidad absoluta, y deseamos apartar totalmente la mente de la materia, no podemos permitirnos imaginarnos que esté o que pueda estar en cualquier lugar, o que tenga ningún tipo de relación con el universo visible y extendido.» De manera semejante, él argumenta que la mente depende de su corporeidad, o unión con la materia, para su relación con el tiempo. Un Espíritu puro no podría distinguir la diferencia entre un momento y un siglo; no podría tener percepción del flujo de duración, porque es un conocimiento sacado del mundo externo y de sus movimientos regulares. También la mente debe a esta unión con la materia su sensibilidad o captación de sensaciones, su poder sobre la materia, sus emociones imaginativas, y su «individualidad definida, reconocible» y, naturalmente, su personalidad. Por ello, el alma, después de la muerte, debe o bien cesar en sus actividades, al menos en lo que se refiere a todo lo exterior a ella misma, o bien ser provista en el acto con un cuerpo nuevo. Esta última asunción es la comúnmente adoptada. «¿Han dejado los muertos de existir?» pregunta él: «¿Han perecido los que han dormido? No, responde; por cuanto hay un cuerpo espiritual, y otro vehículo de la naturaleza humana, así como un cuerpo natural; por ello, la disolución de esta estructura animal deja intocada la vida. El cuerpo animal no es por si mismo la vida, ni es la causa de la vida; tampoco es el cuerpo espiritual la vida, ni la causa de la vida; sino que tanto el uno como el otro son los instrumentos de la mente, y el medio necesario de cada ejercicio productivo de sus facultades.»[1]

Acerca de esta teoría de la dependencia de la mente sobre la materia «para cada ejercicio productivo de sus facultades», para su individualidad y sus susceptibilidades, se puede observar: (1) Que se admite que la teoría no es cierta en relación con Dios. Él no tiene cuerpo, y Él puede actuar y recibir acciones, y Su actividad es productiva. Si éste es el caso con Dios, que es un Espíritu puro, es totalmente arbitrario negar que sea cierto con respecto al alma humana. El hombre, como Espíritu, es de la misma naturaleza que Dios. Es como Él en todo lo que es esencial para la naturaleza de un Espíritu. (2) La teoría no tiene apoyo en la Escritura, y por ello no tiene derecho a inmiscuirse en la explicación de doctrinas de la Escritura. La Biblia nunca atribuye corporeidad a los ángeles; sin embargo, les adscribe un «ubi»; habla de que vienen y van, y de que son grandes en poder para producir efectos en los mundos material y espiritual. Nunca habla de que el hombre tenga ningún otro cuerpo aparte de su tabernáculo terrenal y del cuerpo que ha de tener en la resurrección. Y sin embargo se habla del alma como activa y consciente cuando está ausente del cuerpo y presente con el Señor. (3) Si el alma es una sustancia, tiene poder, poder de auto-manifestación, y un poder productivo conforme a su naturaleza. La electricidad puede ser una fuerza de la naturaleza que se nos manifiesta, en nuestro actual estado, sólo bajo ciertas condiciones. Pero esto no demuestra que sea activa sólo bajo estas condiciones, o que los seres constituidos de manera diferente de cómo lo somos nosotros puedan no ser conocedores de su actividad. Sin embargo, es suficiente con que la teoría en cuestión sea extra-escrituraria, y por ello no tiene autoridad en cuestiones de fe.

No es menos evidente que según la teoría panteísta, en todas sus fases, que considera al hombre como sólo una de las fugaces formas de la existencia de Dios, no hay lugar para la doctrina de la existencia consciente del alma después de la muerte. La raza es inmortal, pero el hombre individual no lo es. Los árboles y las flores cubren la tierra de generación en generación; pero una flor determinada sólo florece una vez. La multitud de hombres cuyas convicciones acerca de estas cuestiones se basan en su naturaleza moral y religiosa han creído en todas las edades en la existencia continuada del alma después de la muerte. Y esta universalidad de creencia es una evidencia válida de la verdad creída. Pero aquellos hombres cuyas opiniones están controladas por el razonamiento especulativo nunca han alcanzado una convicción asentada acerca de esto. ¿Ser o no ser? Esta es una pregunta que la especulación no podía contestar. El moribundo Hume dijo que estaba a punto de dar un salto en las tinieblas. La existencia continuada del alma después de la muerte es asunto de la revelación divina. Constituía parte de la fe de la Iglesia antes de la venida de Cristo. La revelación de todas las doctrinas que tratan del destino y de la salvación de los hombres ha sido ciertamente progresiva. Por ello, no debe asombrarnos que la cuestión del estado futuro esté mucho menos desarrollada en el Antiguo Testamento que en el Nuevo. Pero está allí. Cuando el Apóstol Pablo se refiere a «nuestro Salvador Jesucristo, el cual abolió la muerte y sacó a luz la vida y la inmortalidad por medio del evangelio», no se le debe comprender como diciendo que la vida futura era desconocida, como pretende el Arzobispo Whatley, antes de la venida de Cristo. Esto sería incongruente con las más explícitas declaraciones en otros pasajes. A menudo se dice que Cristo vino a predicar el Evangelio, a hacer la propiciación por los pecados, y a re-

---

1. *Physical Theory of Another Life*. Por Isaac Taylor. New York, 1852, pág. 23, y todo el capítulo II.

velar el camino de la reconciliación con Dios. Pablo dice en Gálatas 3:23 que «antes que viniese la fe, estábamos confinados bajo la ley». Y sin embargo insiste enérgicamente en que el Evangelio, o plan de salvación que él enseñaba, estaba enseñado por la ley y por los profetas (Ro 3:21); y que los patriarcas fueron salvos por la fe en la misma promesa en la que ahora se llama a los pecadores que confíen. Lo que estaba imperfectamente revelado en la antigua economía queda claramente revelado bajo la nueva. Esto es todo lo que quieren enseñar aquellos pasajes que hablan de que el Evangelio saca nuevas verdades a la luz. Cristo arrojó una deslumbradora luz sobre las tinieblas más allá del sepulcro. Los objetos antes mal discernidos en aquella tiniebla quedan ahora claramente desvelados; de modo que se puede decir en verdad que Él sacó a luz la vida y la inmortalidad. Él reveló la naturaleza de este estado futuro, y mostró cómo, para el pueblo de Dios, este estado era un estado de vida. De pasada, se podrá observar que muchos escritores cristianos que se refieren a la doctrina de una futura vida como desconocida, al menos para los Patriarcas y para los escritores de los Salmos, se refieren a «la doctrina cristiana» acerca de esta cuestión. No tratan de negar que el pueblo de Dios creyera desde el principio en la existencia consciente del alma después de la muerte. Esto, por ejemplo, lo afirma claramente Hengstenberg acerca de sí mismo.[2]

La doctrina de una vida futura, revelada en el Antiguo Testamento.
El primer argumento acerca de esta cuestión es *apriorístico*. Sería un solecismo que los hebreos, el pueblo escogido de Dios, los receptores y custodios de una revelación sobrenatural, fueran la única nación sobre toda la tierra en cuya religión no tuviera lugar la doctrina de un estado futuro. Es absolutamente increíble, por cuanto supone que la naturaleza humana es, en el caso de los hebreos, radicalmente diferente de lo que es en otros hombres.

2. En lugar de que los hebreos tuvieran ideas más bajas acerca del hombre que otras naciones, sólo ellos poseían la verdad acerca de su origen y naturaleza. Se les había enseñado desde el principio que el hombre había sido creado a imagen de Dios, y que por ello mismo, como Dios, tenía la misma naturaleza como espíritu, y que era capaz de tener comunión con su Hacedor. También se les había enseñado que el hombre había sido creado inmortal; que la sola muerte del cuerpo era un castigo; que la sentencia de muerte (en el sentido de disolución) sólo concernía al cuerpo. «Polvo eres, y al polvo volverás.» El alma no es polvo, y por tanto, según la más antigua teología de los hebreos, no debía volver al polvo; debía volver a Dios, que la había dado.

3. Por ello mismo encontramos que por todas las Escrituras del Antiguo Testamento se presentan las más altas perspectivas acerca de la naturaleza y del destino del hombre. Él es hijo de Dios, destinado a gozar de Su comunión y favor; las posesiones y goces de la tierra son siempre representados como temporales e insignificantes, no adaptados para proveer a las necesidades del alma; se les enseñó que no envidiaran a los impíos en su prosperidad, sino a mirar a Dios como su porción; fueron conducidos a decir: «¿A quién tengo yo en los cielos sino a ti? Estando contigo, nada me deleita ya en la tierra»; y «Escogería antes estar a la puerta de la casa de mi Dios, que habitar en las moradas de iniquidad.» En el Antiguo Testamento, los justos son siempre representados como extranjeros y peregrinos sobre la tierra, cuyo hogar y recompensa no están en este mundo; que su parte está en otro mundo, y que por tanto es mejor ser de los más humildes y afligidos del pueblo de Dios que ser los más prósperos de los malvados. Los juicios de Dios son presentados cayendo sobre los malvados en un estado futuro, vindicándose así efectivamente la justicia de Dios en Sus tratos con los hombres. El Sal-

---

2. *Commentar über die Psalmen*, von G. W. Hengstenberg. *Abhandlung* No. 7. *Zur Glaubenslehre der Psalmen*, edición de Berlín, 1847, Vol. IV, parte 2. En la pág. 321 dice: «Cuando negamos la doctrina de la inmortalidad en los escritores de los Salmos, ello es en el sentido cristiano» de la palabra.

mista dijo que él había envidiado a los insensatos cuando vio la prosperidad de los malos, hasta que, entrando en el santuario de Dios, entendió el fin de ellos. Al contrastar su estado y sus expectativas con el estado y expectativas de ellos, dijo: «Con todo, yo siempre estoy contigo. [...] me has guiado según tu consejo, y después me recibirás en gloria» (Sal 73:23, 24). Estos son la corriente y el espíritu de las Escrituras del Antiguo Testamento. Toda su tendencia era elevar los pensamientos del pueblo fuera del presente, y dirigirlos hacia el futuro; hacer que no miraran a las cosas visibles, sino a las invisibles y eternas.

4. De los muertos en el Antiguo Testamento siempre se dice que van a los padres, como descendiendo al «Seol», esto es, al estado invisible, que los griegos llaman Hades. El Seol es presentado como el receptáculo o morada general de los espíritus de los difuntos, que están allí en estado consciente: algunos de ellos en estado de desdicha, otros, de dicha. En todos estos puntos esta idea pagana del Hades se corresponde con la idea escrituraria del Seol. Todas las almas iban al Hades, algunas de ellas morando en el Tártaro, y otras en el Elíseo. Que los hebreos consideraban que las almas de los muertos retenían su consciencia y actividad es cosa evidente por su práctica de la necromancia, y queda confirmado por el hecho de la aparición de Samuel a Saúl, tal como se registra en 1 Samuel 28. En la descripción que se da en Isaías 14 del descenso del Rey de Babilonia, cuando todos los muertos se levantan para encontrarse con él y vituperarlo, se da por sentado y autentica la creencia popular en la existencia continuada de los espíritus de los difuntos.

5. En varios pasajes del Antiguo Testamento se afirma de manera clara la doctrina de una vida futura. Sabemos por la autoridad del Nuevo Testamento que el Salmo Dieciséis ha de ser entendido de la resurrección de Cristo, con la cual, según nos enseña el Apóstol, está relacionada indisolublemente la de Su pueblo. Su alma no iba a ser dejada en el Seol; tampoco Su cuerpo iba a conocer corrupción. En el Salmo 17:15, después de haber descrito la crueldad y prosperidad de los malvados, el Salmista dice, acerca de sí mismo: «En cuanto a mí, veré tu rostro en justicia; al despertar, me saciaré de tu semblante.» Isaías 26:19 dice: «Tus muertos vivirán; sus cadáveres resucitarán. ¡Despertad y cantad, moradores del polvo!, porque tu rocío es cual rocío de luz viva, y la tierra sacará a vida sus sombras.» Daniel 12:2: «y muchos de los que duermen en el polvo de la tierra serán despertados, unos para vida eterna, y otros para vergüenza y confusión perpetua. Los entendidos resplandecerán como el resplandor del firmamento; y los que enseñaron a muchos la justicia, como las estrellas a perpetua eternidad.» Es cierto que estas declaraciones proféticas son a menudo explicadas como refiriéndose a la restauración de la nación de un estado de depresión a otro de prosperidad y gloria. Pero el lenguaje empleado, el contexto en el que se da una clara referencia al período mesiánico, y la sanción dada por Cristo y Sus Apóstoles a la doctrina enseñada por el sentido literal de las palabras que aquí se emplea, son consideraciones decisivas en favor de la interpretación ordinaria, que es la adoptada por Delitzsch,[3] Hengstenberg,[4] Oehler,[5] y muchos otros de los modernos intérpretes. Incluso el Sr. Alger, en su elaborada obra sobre la doctrina de una vida futura, concede este punto por lo que respecta al pasaje de Daniel. «Nadie», dice él, «puede negar que aquí se predice claramente un juicio, en el que se distribuirán recompensas y castigos conforme al mérito adquirido.»[6] Aquellos escritores alemanes cuya postura acerca de la

---

3. *Commentar über den Psalter*, 1860, Vol. II, pág. 420.
4. *Commentar über den Psalter, Abhandlung No. 7* Berlín, 1847, Vol. IV, parte 2, págs. 273 ss.
5. *Veteris Testamenti Sentencia de Rebus post Mortem Futuris*. G. F. Oehler, Stuttgart, 1846, pág. 50.
6. *A Critical History of the Doctrine of a Future Life, with a Complete Bibliography of the Subject*. Por William Rounseville Alger. Philadelphia, 1846, pág. 149. El Apéndice, que constituye un instructivo volumen, titulado «Un catálogo de obras relacionadas con la naturaleza, origen y destino del alma. Los títulos clasificados y dispuestos cronológicamente, con notas e índices de autores y materias. Por Ezra Abbot», es una maravilla de capacidad y erudición.

Capítulo 1—*EL ESTADO DEL ALMA DESPUÉS DE LA MUERTE*

inspiración es tan baja como para llevarlos a interpretar cada libro de la Biblia como la producción de una mente individual, y a presentar a los distintos escritores como enseñando diferentes doctrinas, adoptan en muchos casos la postura de que en los tempranos libros de la Biblia se da por supuesto el simple hecho de una vida futura, pero que no se enseña, y que no se dio a conocer nada acerca de la naturaleza de esta vida. Así, Schultz dice: «Que todos los libros del Antiguo Testamento presuponen que los hombres han de vivir, de una manera u otra, después de la muerte. Incluso en el Pentateuco se da esto por supuesto. No se enseña, sino que se da por sentado, como una verdad evidente por sí misma, inmanente en la consciencia del pueblo.»[7]

6. Se debe recordar que en el Nuevo Testamento tenemos un comentario inspirado, y por ello mismo infalible, de las Escrituras del Antiguo Testamento. En base de este comentario aprendemos que el Antiguo Testamento contiene mucho que de otra manera jamás habríamos descubierto. No sólo se muestra que el ámbito de las verdades reveladas a los padres es mucho más grande que lo sugerirían las meras palabras, sino que se declara que en ellas se enseñan verdades que, sin ayuda divina, no habrían sido descubiertas. Hay otra cosa acerca de la fe de los santos del Antiguo Testamento que se debe tomar en consideración. Ellos pudieron haber entendido, y probablemente entendieron, las Escrituras mucho mejor que nosotros estamos dispuestos a pensar que sea posible. Ellos tenían la ventaja de la presencia constante de hombres inspirados para conducirlos en su interpretación de la palabra escrita, y gozaban de la enseñanza interior del Espíritu Santo. No podemos saber qué consecuencias podría tener en el caso de ellos aquella iluminación espiritual; pero sabemos que hoy en día el cristiano humilde que se somete a la enseñanza del Espíritu comprende la Biblia mucho mejor que cualquier mero crítico verbal.

Así, tenemos en el Nuevo Testamento las más explícitas declaraciones no sólo de que estaba revelada en el Antiguo Testamento la doctrina de un estado futuro, sino que desde el principio constituía parte de la fe del pueblo de Dios. Nuestro Señor, al refutar a los Saduceos, que negaban no sólo la resurrección del cuerpo, sino también la existencia consciente del hombre después de la muerte, y la existencia de cualesquiera seres meramente espirituales, apela al hecho de que en el Pentateuco, cuya autoridad admitían los Saduceos, Dios es familiarmente llamado el Dios de Abraham, de Isaac y de Jacob; pero por cuanto Él no es Dios de los muertos, sino de los vivos, la designación a que se hace referencia demuestra que Abraham, Isaac y Jacob están ahora vivos, y viviendo además en la comunión y en el goce de Dios. [...]

Es indiscutible que cuando Cristo vino, los Judíos, universalmente, con la sola excepción de la secta de los Saduceos, creían en una vida futura. En este período, los judíos estaban divididos en tres sectas: los Saduceos, que eran unos escépticos materialistas, no creyendo ni en la resurrección ni en los ángeles ni en los espíritus; los Esenios, que eran una secta filosófica y ascética, que creían que las almas de los justos, liberadas a la muerte de la cárcel del cuerpo, se regocijan y son elevadas allí donde se decreta una vida para siempre para los virtuosos, pero que los malvados eran enviados a un castigo eterno en un lugar oscuro y frío;[8] y los Fariseos, que como sabemos por el Nuevo Testamento, creían en la resurrección del cuerpo en el sentido en que Pablo creía esta doctrina (Hch 26:6), porque él afirmó, en su controversia con los saduceos, que los fariseos estaban de su lado. Estos creían que el alma era de naturaleza inmortal; que sólo los justos son dichosos tras la muerte, y que los malvados son eternamente desdichados. Está claro que los judíos derivaban esta doctrina de las Escrituras: (1) Porque no

---

7. *Die Voraussetzungen der christlichen Lehre von der Unsterblichkeit dargestellt* von Hermann Schultz, Dr. der Phil., Licent. der Theologie, etc., Göttingen, 1861, pág. 207.
8. Josefo, *Guerras de los Judíos*, II, VIII. 11; *Works*, edición de Leipzig. 1827, Vol. V, págs. 215, 216 [165].

admitían otra fuente de conocimiento religioso. Las Escrituras eran su norma de fe, tal como aquellas Escrituras habían sido entendidas y explicadas por sus padres. (2) No hay otra fuente conocida de la que se hubiera podido obtener la doctrina del estado futuro que mantenían los judíos en tiempos de Cristo. Las doctrinas, religiosas o filosóficas, de sus vecinos paganos, eran contrarias a las suyas. Esto es cierto incluso de las doctrinas de Zoroastro, que en algunos puntos tenía la mayor afinidad con la de los judíos. (3) Los escritores inspirados del Nuevo Testamento enseñan las mismas doctrinas, y afirman que su conocimiento no se derivaba de los hombres, sino de la revelación de Dios como se contenía en el Antiguo Testamento, y según había sido dada por Cristo.

Unos pocos de los pasajes en los que los Apóstoles enseñan que la doctrina de una vida futura era conocida por los patriarcas antes de la venida de Cristo son los siguientes: Pablo había sido sometido a juicio ante el Consejo en Jerusalén, y «Pablo, dándose cuenta de que una parte eran saduceos, y otra fariseos, alzó la voz en el sanedrín: Varones hermanos, yo soy fariseo, hijo de fariseo; se me juzga por esperar la resurrección de los muertos» (Hch 23:6). Aquí declara que en la disputa entre estos dos partidos acerca de la cuestión de si la doctrina de una vida futura y de la resurrección de los muertos era enseñada en las Escrituras que ambos partidos reconocían, estaba del lado de los fariseos. También dijo, en su discurso ante Agripa: «Ahora, por la esperanza de la promesa que hizo Dios a nuestros padres, estoy sometido a juicio; promesa cuyo cumplimiento esperan alcanzar nuestras doce tribus, rindiendo culto constantemente a Dios de día y de noche. Por esta esperanza, oh rey Agripa, soy acusado por los judíos. ¡Qué! ¿Se juzga entre vosotros como cosa increíble el que Dios resucite a los muertos?» (Hch 26:6-8). La promesa a la que hace referencia es la promesa de redención por medio del Mesías, redención que incluye la liberación de su pueblo del poder de la muerte y de otras malas consecuencias del pecado. Esta era la promesa cuyo cumplimiento esperaban las doce tribus. Por ello, se afirma que la creencia en una vida futura era parte de la religión de toda la nación hebrea. [...]

La Epístola a los Hebreos está especialmente dedicada al propósito de desarrollar la relación entre la Antigua Dispensación y la Nueva. La primera era la sombra, o imagen, de la segunda. Lo que en el Nuevo se enseña en palabras, en el Antiguo se enseñaba por medio de tipos. Que los hombres son pecadores, y como tales bajo condenación; que el pecado sólo puede ser expiado por la sangre, o que es necesaria la expiación de la culpa mediante un sacrificio vicario para obtener el perdón; que por ello los hombres son salvados mediante un sacerdote designado para acercarse a Dios en favor de ellos y ofrecer dones y sacrificios por el pecado; y que el efecto de esta intervención sacerdotal es la salvación eterna: todo esto son las verdades que subyacen a la religión del Antiguo Testamento, así como constituyen la vida de la religión del Nuevo. La fe era para los santos de la antigüedad lo mismo que es para nosotros: «La firme seguridad de las realidades que se esperan, la prueba convincente de lo que no se ve.» Ellos anduvieron por la fe, no por vista. Vivieron con la mirada fija en lo invisible y eterno. Era el futuro lo que llenaba su visión, elevándolos por encima de lo presente. «Conforme a la fe murieron todos éstos, sin haber recibido lo prometido, sino mirándolo de lejos, y creyéndolo, y saludándolo, y confesando que eran extranjeros y peregrinos sobre la tierra. Porque los que esto dicen, claramente dan a entender que buscan una patria; pues si hubiesen estado recordándose de aquella de donde salieron, ciertamente tenían tiempo de volver. Pero aspiran a una mejor, esto es, celestial; por lo cual Dios no se avergüenza de llamarse Dios de ellos; porque les ha preparado una ciudad» (He 11:13-16). Por la fe, Moisés prefirió «antes ser maltratado con el pueblo de Dios, que gozar de los deleites temporales del pecado.» Por la fe, la creencia y expectativa de una mejor vida futura, los santos de la antigüedad «conquistaron reinos, hicieron justicia, alcanzaron promesas, taparon bocas de leones, apagaron fuegos impetuosos, escaparon del filo de la espada, se revistieron de poder, siendo débiles, se hicieron fuertes en batallas, pusieron en fuga a ejércitos extranjeros. Las mujeres recibieron sus muertos mediante resurrección; mas otros fueron torturados, no aceptando el rescate, a fin de obtener una mejor resurrección. Otros experimentaron vituperios y azotes, y a más de esto prisiones y cárceles. Fueron apedreados, aserrados, puestos a prueba, muertos a filo de espada; anduvieron de acá para allá cubiertos con pieles de ovejas y de cabras, menesterosos, atribulados, maltratados; de los cuales el mundo no era digno; errando por los desiertos, por los montes, por las cuevas y por las cavernas de la tierra.» No se puede decir nada adicional de los confesores y mártires cristianos. Por ello, la fe de los santos del Antiguo Testamento en lo invisible y eterno era tan intensa como la de cualquier otro grupo de personas desde la creación. Se ha dicho que la opinión de los escritores del Nuevo Testamento carece de peso en cuestiones de crítica, y que por ello no es importante lo que pensaran acerca de las enseñanzas del Antiguo Testamento. Esto sería cierto si estos escritores fueran hombres ordinarios; pero si hablaron impulsados por el Espíritu Santo, entonces lo que ellos dijeron lo dijo Dios. Tenemos, por tanto, la segura palabra de la inspiración que nos dice que el pueblo de Dios ha creído, desde el principio, en un estado de existencia consciente más allá del sepulcro. Nadie discute que ésta es la doctrina del Nuevo Testamento, y por ello no es necesario argumentarlo.

El estado intermedio

Así como todos los cristianos creen en la resurrección del cuerpo y en un juicio futuro, también todos creen en un estado intermedio. Esto es, creen que hay un estado de existencia entre la muerte y la resurrección, y que la condición de los difuntos durante este intervalo es diferente en algunos respectos a la que será después de la resurrección. Así, las divergencias existentes entre los cristianos no son acerca de la realidad de un estado intermedio, sino acerca de su naturaleza.

La común doctrina protestante acerca de esta cuestión es que «las almas de los creyentes son, al morir, perfeccionadas en santidad, y pasan de inmediato a la gloria; y sus cuerpos, aún unidos a Cristo, reposan en sus sepulcros hasta la resurrección.» Según esta postura, el estado intermedio, por lo que atañe a los creyentes, es de gran exaltación y bienaventuranza. Y es perfectamente coherente con la creencia de que tras la segunda venida de Cristo y de la resurrección de los muertos, el estado del alma será mucho más exaltado y bienaventurado.

En apoyo de la doctrina protestante enunciada de esta manera se puede observar:

1. Que es simplemente una cuestión factual. ¿Qué es lo que enseñan las Escrituras acerca del estado del alma del creyente inmediatamente después de la muerte? No es legítimo decidir esta cuestión sobre una base psicológica, argumentando que la naturaleza del alma es tal que no puede retener su individualidad ni personalidad cuando se separa del cuerpo; o que es un mero epifenómeno del cerebro; o que no puede actuar ni ser sometida a acciones -que ni puede percibir ni ser percibida excepto a través y por medio de los sentidos; o que así como la vida vegetal y animal sólo se manifiestan y están activas en conexión con alguna forma de materia, o, en otras palabras, debido a que debe haber una base física para la vida, que el alma necesariamente demanda una base material para su manifestación y actividad. Para el cristiano, todas estas especulaciones o teorías carecen de valor, si la Biblia enseña el hecho de la existencia continuada, personal e individual del alma después de la muerte y de la disolución del cuerpo. La Biblia no enseña antropología de manera formal ni en la rama de la fisiología ni en la de la psicología como departamento de ciencia humana, pero asume mucho de lo que cae bajo estos diversos encabezamientos. Da por supuesto que el alma y el cuerpo son dos sustancias unidas en una vital unión para constituir al hombre, en el actual estado de

existencia, como una persona individual. Asume que el asiento de esta personalidad es el alma. El alma es el yo, el Ego, del que el cuerpo es el órgano. Asume que el alma continúa su existencia consciente, y su capacidad de actuar y de recibir acciones una vez está separada del cuerpo. Esto hemos visto que es la doctrina de la Biblia entera. Los muertos, según las Escrituras, no dejan de ser; no dejan de estar conscientes y activos.

Por esto, nada hay en la psicología de las Escrituras, que es la de la mayoría de los hombres, académicos o no, que sea inconsecuente con la doctrina de que las almas de los creyentes pasen de inmediato, tras la muerte, a la gloria.

2. Según las Escrituras y la fe de la Iglesia, la probación del hombre termina con su muerte. Allí donde el árbol cayere, allí se quedará. El que sea injusto, que siga siendo injusto, y el que sea justo, que siga siendo justo. Cuando llega el novio, las que están dispuestas entran, y se cierra la puerta. Según la parábola del rico y Lázaro, no se puede pasar tras la muerte de un estado a otro; hay una gran sima fijada entre los justos y los malvados desde aquel tiempo y para siempre jamás. Está reservado a los hombres el morir una sola vez, y después de esto el juicio. El destino del alma queda decidido en la muerte.

3. No hay satisfacción que pueda darse en la vida futura por pecados cometidos en el cuerpo. La doctrina romanista de las satisfacciones hace necesaria la aceptación de un estado purgatorio después de la muerte para aquellos que no han hecho durante su vida una expiación plena de sus pecados. Pero si por una sola ofrenda Cristo perfecciona para siempre a aquellos que creen; si Su sacrificio es una satisfacción perfecta por nuestros pecados, entonces no hay razón alguna por la que los creyentes deban ser excluidos de la bienaventuranza hasta que hayan expiado sus pecados con sus propios sufrimientos.

4. No hay nada contrario a las Escrituras, ni a la analogía, en la asunción de un cambio repentino e inmediato de la santidad imperfecta a la perfecta. La doctrina protestante es que las almas de los creyentes son, en la muerte, hechas perfectas en santidad. Pero se preguntará: ¿qué poder santificador hay en la muerte? El progreso en la excelencia moral es gradual; así como nadie se transforma absolutamente malvado por una acción, ni en un momento, por ello mismo, se dice, es irrazonable suponer que tenga lugar un cambio repentino de la excelencia moral imperfecta a perfecta en el momento de la muerte. Esta objeción supone que la salvación de los hombres es un proceso natural; si es una obra sobrenatural, la objeción carece de fuerza. La curación de la lepra era un proceso lento; pero cuando Cristo le dijo a un leproso «Quiero: sé limpio», fue sanado en el acto. El cambio que tiene lugar en el creyente en su muerte difícilmente puede ser mucho mayor que el producido instantáneamente en Pablo en su viaje a Damasco. Pablo, en Gálatas 1:16, atribuye este cambio a la revelación en él del Hijo de Dios. Si la visión pasajera de la gloria divina de Cristo produjo tal efecto sobre el Apóstol, ¿es cosa extraña que las Escrituras enseñen que cuando las almas de los creyentes quedan separadas del mundo y de la carne, y son redimidas del poder del diablo y son bailadas en el pleno resplandor de la gloria del bendito Redentor, queden en un momento purificadas de todo pecado?

Por cuanto no hay nada en la naturaleza del alma que sea inconsistente con su existencia separada, por cuanto el cuerpo no es una condición necesaria de su consciencia o actividad; por cuanto su probación termina con la muerte; por cuanto la perfección de la obra de Cristo descarta toda necesidad de futura satisfacción por el pecado, y por cuanto un cambio instantáneo de la santidad imperfecta a la perfecta es consistente con la analogía de la fe, no hay objeción *a priori* contra la doctrina de que las almas de los creyentes pasen a la gloria al morir.

5. Que esta es la doctrina de la Escritura puede ser argumentado según el tenor general del volumen sagrado. La Biblia habla constantemente de la vida actual como un estado de conflicto, de labor y de sufrimiento; y de la muerte como la entrada en el reposo. Queda un re-

poso para el pueblo de Dios. Este reposo sigue al estado de labores y de prueba. Entonces los creyentes reposan de sus trabajos. El reposo en el que entran no es meramente un reposo del conflicto y del pecado, sino un reposo que proviene de alcanzar el motivo de su ser, de la restauración de una relación apropiada con Dios, y de la satisfacción y llenado de todas sus capacidades.

6. Además de estas consideraciones generales, la doctrina en cuestión se enseña en muchos pasajes de la Escritura de manera más o menos clara. Así, en Apocalipsis 14:13 el Apóstol dice: «Oí una voz procedente del cielo, que me decía: Escribe: Bienaventurados los muertos que mueren en el Señor de aquí en adelante. Sí, dice el Espíritu, mueren para descansar de sus trabajos, porque sus obras siguen con ellos.» El sencillo sentido de este pasaje es que aquellos que mueren en el Señor están, desde este momento en adelante, en un estado de bienaventuranza; porque cesan de sus trabajos, y entran en la recompensa de los justos. La muerte es, para ellos, la emancipación del mal, y la entrada a un estado de dicha.

Nuestro Señor enseña constantemente acerca de aquellos que creen en Él: (1) Que no son condenados. Ya no están más bajo la sentencia de la ley. (2) Que tienen vida eterna. Que el efecto de la unión entre Él mismo y ellos, consumada por la fe, es que ellos participan de Su vida en un sentido análogo al que los pámpanos participan en la vida de la vid. Por cuanto Él vive eternamente, aquellos que participan de Su vida no pueden perecer jamás. Y como Él vive para Dios, así la vida de Su pueblo es una vida santa y divina. Esta vida, por su naturaleza, es una fuente infalible de bienaventuranza. Purifica, exalta y glorifica. Es imposible que las almas en las que vive Cristo así hayan de permanecer en un estado de desdicha y de degradación, o en aquel estado de sueño en el «mundo inferior» que tantos de los padres imaginaron como la morada de los espíritus de los creyentes difuntos, esperando la segunda venida de Cristo. (3) Nuestro Señor prometió que Él resucitaría a su pueblo de los muertos en el último día. Por tanto, parece estar involucrado en la naturaleza de la redención de Cristo, y de la unión entre Él y Su pueblo, que cuando estén ausentes del cuerpo están presentes con el Señor. Es inconcebible que, morando en ellos el Espíritu de Dios, que es el Espíritu de santidad y de gloria, se hundan en la muerte a un estado inferior de existencia que aquel que disfrutaban en este mundo. Por ello, encontramos que en la parábola del rico y Lázaro Cristo dice: «Aconteció que murió el mendigo, y fue llevado por los ángeles al seno de Abraham» (Lc 23:43). Es innegable por ello la implicación de que en su caso la transición fue inmediata de la tierra al cielo. Aún más explícita es la declaración de nuestro Señor al ladrón penitente: «Hoy estarás conmigo en el paraíso.» La palabra paraíso aparece en otros dos pasajes en el Nuevo Testamento. En 2 Corintios 12:4 Pablo dice que fue arrebatado al paraíso, que él explica diciendo que fue arrebatado al tercer cielo. Y en Apocalipsis 2:7 Cristo dice: «El que tiene oído, oiga lo que el Espíritu dice a las iglesias. Al que venza, le daré a comer del árbol de la vida, el cual está en medio del paraíso de Dios.» Por ello, no se puede dudar de que el paraíso es el cielo, y consiguientemente, cuando Cristo le prometió al ladrón moribundo que aquel día estaría en el paraíso, le prometió que estaría en el cielo. Por ello, parece imposible que cualquiera que no repose su fe en lugar de en la Biblia pueda negar que las almas de los creyentes pasan inmediatamente al cielo al morir. Los padres establecen una distinción entre paraíso y cielo, distinción ésta que no se encuentra en las Escrituras. Algunos de ellos consideraban lo primero como una división del Hades, correspondiéndose con el Elíseo de los paganos. Otros lo situaban en alguna parte en la tierra. Aún otros la consideraban como una localidad muy por encima de la tierra, pero por debajo de la morada de Dios. Esto son meras fantasías. La palabra cielo es ciertamente un término de tan amplia aplicación en la Biblia como en la vida diaria. Hablamos de las aves del cielo; de las estrellas del cielo; de nuestro Padre que está en el cielo; y de los creyentes como ciudadanos del cielo. Que el paraíso y el cielo sean lo mismo o no es una mera disputa semántica. Si la palabra cielo se toma en uno de sus sentidos legítimos, son lo mismo; si se toma en otro de sus sentidos, no son lo mismo. No estaría de acuerdo con el sentido escriturario decir que los creyentes estén ahora en el paraíso; pero el Apóstol dice que están ahora *en tois epouroniois* (Ef 2:6), esto es, en el cielo. Paraíso, como palabra empleada por Cristo y Sus Apóstoles, es el lugar donde está Cristo ahora, y donde manifiesta Su presencia y gloria. Que éste sea el lugar donde finalmente establecerá Su reino, y que todos los redimidos, revestidos de sus cuerpos de resurrección, vayan a ser reunidos allí, es una cuestión de la que no tenemos conocimiento, y en la que no tenemos que inmiscuirnos. Todo lo que tenemos que saber es que es allí donde Cristo está; que es un lugar y un estado en el que no hay ni pecado ni dolor, y en el que los santos están tan exaltados y felices como puedan serlo, en las circunstancias existentes de su ser. Si alguno, siguiendo el uso patrístico, prefiere llamar a este paraíso un departamento del Hades, es cuestión que no nos ocupa. Todo lo que el creyente moribundo tiene que saber es que va a estar con Cristo. Para él esto es el cielo. [...]

En Filipenses 1:23, el Apóstol expresa esta misma confianza: «Porque,» dice él, «de ambos lados me siento apremiado, teniendo deseo de partir y estar con Cristo, lo cual es muchísimo mejor; pero quedar en la carne es más necesario por causa de vosotros.» Dos cosas quedan aquí perfectamente claras: primero, que Pablo considera que el estado del alma tras la muerte es más exaltado que su condición mientras en la carne. Esto lo dice de manera clara. Y, segundo, que este cambio para mejor tiene lugar inmediatamente tras la muerte. Estaba confiado que tan pronto como partiera estaría con Cristo. Ambos puntos son aceptados incluso por parte de aquellos que niegan la doctrina que evidentemente involucran. Algunos dicen que Pablo, al ver que Cristo no venía tan pronto como esperaba, cambió de opinión, manteniendo entonces que las almas de los creyentes eran admitidas, al morir, en el cielo, en lugar de esperar la segunda venida en el mundo inferior. Los padres decían que aunque la mayoría de los creyentes iban al Hades al morir, que algunos pocos, especialmente los mártires, eran admitidos en el acto en el cielo. Alger conjetura que «podemos suponer [...] que Pablo creía que se concedería a los cristianos fieles, durante su morada pasajera en el mundo inferior, una comunión espiritual más estrecha y bienaventurada con su Maestro que la que podría experimentar mientras estaba en la carne.» El sencillo hecho es que el inspirado Apóstol tenía la confiada expectativa, para sí mismo y evidentemente para sus hermanos en la fe, de la inmediata admisión a la presencia de Cristo en el momento de la muerte. Los antiguos consideraban el «mundo inferior» o Hades como una «tenebrosa cárcel»[...] Nadie puede creer que Pablo deseara la muerte a fin de poder ser echado en tal lugar.

Las Escrituras presentan a Abraham, Isaac y Jacob como en el cielo. Los buenos son llevados por ángeles, al morir, al seno de Abraham, Moisés y Elías aparecieron en gloria en el monte de la transfiguración, conversando con Cristo. En la Epístola a los Hebreos se dice que «os habéis acercado al monte de Sión, a la ciudad del Dios vivo, la Jerusalén celestial, a la asamblea festiva de miríadas de ángeles, a la congregación de los primogénitos que están inscritos en los cielos, a Dios el Juez de todos, a los espíritus de los justos hechos perfectos, a Jesús el Mediador del nuevo pacto, y a la sangre rociada que habla mejor que la de Abel.» Nada puede ser más absolutamente inconsecuente con la naturaleza del Evangelio que la idea de que el fuego de la vida divina que resplandece en los corazones de los escogidos de Dios haya de ser apagado, en la muerte, en la húmeda oscuridad de una cárcel subterránea, hasta el momento de la resurrección.

2. El sueño del alma.

La doctrina de que el alma existe en un estado de reposo inconsciente durante el intervalo entre la muerte y la resurrección supone de manera apropiada que el alma es una sustancia distinta del cuerpo. Por ello, debe ser distinguida de la teoría materialista, que supone que como la materia en ciertos estados y combinaciones exhibe los fenómenos de magnetismo o de luz, que igualmente en algunas combinaciones exhibe el fenómeno de la vida, y en otros el fenómeno de la mente, y que por ello la actividad vital y mental son tanto el resultado o el efecto de las disposiciones moleculares como cualesquiera operaciones físicas en el mundo externo. Como desde el punto de vista materialista sería absurdo hablar del sueño o de la quietud del magnetismo o de la luz cuando están ausentes las condiciones para su existencia, sería igualmente absurdo, según esta misma teoría, hablar del sueño del alma tras la disolución del cuerpo. [...]

Eusebio[9] menciona una pequeña secta de cristianos en Arabia que mantenían que el alma quedaba inconsciente desde la muerte hasta la resurrección. En la época de la Reforma hubo tal avivamiento de esta doctrina que Calvino consideró necesario escribir un ensayo dedicado a su refutación. Socino enseñó también que el alma, después de la muerte, no percibía ni recibía nada fuera de ella misma, aunque permanecía consciente y auto-contemplativa. El Arzobispo Whately[10] dice que por lo que respecta a las Escrituras es una cuestión no decidida si el alma está en estado consciente o no después de la muerte. En la tercera conferencia da razones que favorecen la opinión de una consciencia continuada; y en la cuarta, aquellas que parecen enseñar la doctrina opuesta. Dice él que para el entendimiento no hay diferencia entre los dos grandes puntos de vista, aunque para la imaginación la diferencia sea grande. En la consciencia del alma del creyente, en ambos casos, la entrada al cielo sucedería de inmediato a la muerte. Un intervalo del que el alma fuera inconsciente no tendría existencia para la misma. El arzobispo mismo piensa que los argumentos de un lado son tan fuertes como el del otro. Las dos consideraciones que le hacen parecer favorecer la doctrina del sueño del alma entre la muerte y la resurrección son, primero el hecho de que la muerte es tan frecuentemente llamada un sueño. Los muertos son los que duermen (1 Ts 14:4). Esta expresión no puede ser entendida como referida al cuerpo. No se puede decir de un cuerpo muerto que esté dormido, como tampoco de una piedra. La segunda consideración es que el Nuevo Testamento enseña con claridad que hay un solemne juicio final del último día, cuando el destino de cada alma quedará decidido para toda la eternidad. Pero esto resulta inconsecuente con la doctrina de que la suerte del alma queda decidida de inmediato después que deja el cuerpo. Él admite que según las Escrituras la probación termina con esta vida, y que por ello si los justos pasan, cuando mueren, a un estado de dicha, mientras que los malvados pasan a un estado de desdicha, quedan por ello juzgados, y no hay entonces una necesidad evidente de un juicio futuro.

Refutación de la doctrina del sueño del alma.

Es evidente que estos argumentos tienen poco peso contra las claras enseñanzas de la Biblia y de la fe de la Iglesia universal, y desde luego de toda la humanidad. En cuanto al primero de los argumentos que se mencionan, es suficiente con decir que como un cuerpo muerto y un cuerpo dormido tienen una apariencia muy semejante, es lo más natural del mundo referirse a la muerte como un sueño sin fin. Y así se refieren continuamente aquellos que son firmes creyentes en la actividad consciente y continua del alma tras la muerte. El otro argumento tiene aún, si es posible, menos peso. Aunque la suerte de cada hombre debiera ser decidida por sí mismo y a su conocimiento en el momento de la muerte, puede haber razones importantes y numerosas por las que deba haber un juicio público y solemne en el último día,

---

9. *Historia Eclesiástica*, VI. XXXVII. Ed. de Cambridge, 1720, pág. 299.
10. *A View of the Scripture Revelations concerning a Future State,* por Richard Whately, D. D., Arzobispo de Dublín. Philadelphia, 1856.

cuando los secretos de todos los corazones serán dados a conocer, y cuando se revelará la justicia de Dios en presencia de los hombres y de los ángeles.

[3. Doctrina patrística del estado intermedio.]
4. Doctrina de la Iglesia de Roma.

Aunque los Romanistas rechazan la doctrina de un estado intermedio en el sentido de la Iglesia antigua, dividen sin embargo el mundo en el que entran las almas de los hombres en muchos departamentos diferentes.

El *Limbus Patrum*.

Mantienen ellos que las almas de los justos antes de la venida de Cristo descendían al Seol, donde permanecían en estado de expectativa esperando la venida del Mesías. Cuando Cristo vino y cumplió la obra de la redención muriendo en la cruz, descendió al Hades, o mundo inferior, donde estaban encerradas las almas de los patriarcas, liberándolas de su cautiverio y llevándolas triunfante al cielo. En otras palabras, mantienen la común doctrina judía en cuanto al estado de los muertos por lo que respecta a los santos del Antiguo Testamento. Sus puntos de vista acerca de este tema tienen una relación estrecha, no está claro ni es importante si es causal o referencial, con su doctrina de los sacramentos. Al mantener, primero, que los sacramentos son los únicos canales por medio de los que se comunican a los hombres las bendiciones salvadoras de la redención; y segundo, que los sacramentos del Antiguo Testamento significaban pero no comunicaban gracia, no podían evitar llegar a la conclusión de que los que murieron antes de la venida de Cristo no eran salvos. Lo mejor que podía esperarse acerca de ellos es que no estuvieran perdidos, sino retenidos en un estado salvable esperando la venida del libertador que había de venir. No es fácil determinar si infirieron que los santos del Antiguo Testamento no eran salvos debido a que no tenían sacramentos portadores de gracia, o si llegaron a la conclusión de que sus sacramentos eran ineficaces porque los que no tenían otros no eran salvos. Esto último es lo más probable. Y. como recibieron de la manera más natural la doctrina del Seol de parte de los judíos, como tantas otras doctrinas, y fueron llevados a la creencia de que los patriarcas no estaban en el cielo, no pudieron evitar la conclusión de que la circuncisión y la pascua eran muy inferiores en su eficacia a los sacramentos cristianos.

El *Limbus Infantum*.

Este es el nombre que se le da al lugar y estado perteneciente a las almas de los párvulos muertos sin bautismo. Como esta clase incluye quizá la mitad de toda la raza humana, su destino en el mundo futuro es una cuestión del mayor interés. La doctrina de la Iglesia de Roma acerca de esta cuestión es que los párvulos que mueren sin bautismo no son admitidos al reino al morir, ni después de ello. Jamás participan de los beneficios de la redención. Esta doctrina es enunciada de manera explícita en los símbolos de esta Iglesia, y es defendida por sus teólogos. Por ejemplo, el Cardenal Gousset dice que el pecado original, del que son partícipes todos los hijos de Adán, es la muerte del alma. Sus consecuencias en esta vida son la ignorancia u oscurecimiento del entendimiento, debilidad de la voluntad que no puede hacer nada bueno sin la ayuda de la gracia divina, concupiscencia o revuelta de nuestra naturaleza inferior, debilidades, dolor y la muerte del cuerpo. Sus consecuencias en la vida venidera son la exclusión del reino de los cielos, la privación de la vida eterna, de la visión beatífica: «Nadie puede entrar en el reino de Dios a no ser que nazca de nuevo en Jesucristo por el bautismo; "El que no nace de agua y del Espíritu, no puede entrar en el reino de Dios". Esto es lo que dice la fe, pero no va más allá. La Iglesia deja a la discusión de las escuelas las diferentes opiniones de los teólogos acerca de la suerte de aquellos que quedan excluidos del reino de los cielos debido al pecado original; por ejemplo, la de los párvulos que mueren sin haber recibido el sacramento del bautismo.»[11]

[...] Aunque los concilios declaran que las almas de los párvulos sin bautizar descienden de inmediato al infierno, el Cardenal Gousset observa que se debe recordar que hay muchas secciones en el infierno. Había una para los impenitentes que morían antes de la venida de Cristo, y otra para las almas de los justos que esperaban a la venida del Mesías, por lo que no hay razón para negar que haya aún otro para las almas de los párvulos sin bautizar. «Repetimos», dice él,[12] «que ni el Concilio de Florencia ni el de Lyon se pronuncia acerca de la naturaleza del castigo de aquellos que mueren sólo con la culpa del pecado original, excepto mostrar que están para siempre excluidos del reino de los cielos.» Por ello podemos, sin ir en contra de las decisiones de la Iglesia, mantener el sentimiento que exime a tales infortunados del castigo del infierno, y ello tanto más porque la opinión opuesta está generalmente abandonada, y este abandono está de acuerdo con el Papa Inocente III, que, distinguiendo entre el castigo del pecado original y del actual, hace que este último sea la pena del fuego eterno; para el primero, la simple pérdida de la visión beatífica (o intuitiva). [...] En la siguiente página dice: «Iremos más allá, y diremos con Santo Tomás, que aunque los párvulos no bautizados se quedan privados para siempre de la felicidad de los santos, no sufren ni dolor ni tristeza a consecuencia de esta privación.» Es asunto de regocijo que la doctrina de los Romanistas acerca de la condición de los párvulos haya admitido esta mejora, aunque es difícil reconciliarla con las decisiones de los concilios que declaran que las almas de tales párvulos, al morir, descienden de inmediato al infierno, si esta palabra se comprende en el sentido que se empleaba generalmente cuando se adoptó esta decisión. Las actuales descripciones de los teólogos de la Iglesia Latina están en contra de esta forma modificada de la doctrina. El Concilio de Trento anatematiza a todo aquel que dice que el bautismo no sea necesario para la expiación del pecado original; como el de Cartago a aquellos que afirman que no salva a los párvulos de la perdición. Sin embargo, los Romanistas de nuestros días tienen derecho a enunciar su doctrina a su propia manera, y no deberían ser acusados de mantener sentimientos que repudian.

El infierno.

El infierno es definido por los Romanistas como aquel lugar o estado en el que los ángeles caídos y los hombres que mueren en estado de pecado mortal, o, como también se dice, de impenitencia final, sufren para siempre el castigo de sus pecados.

El hecho de que el castigo de los malvados no tiene fin lo demuestran conforme a las explícitas declaraciones de las Escrituras, la fe de la Iglesia universal, y la creencia general de los hombres. En cuanto a la naturaleza de los sufrimientos de los que se pierden, dicen que son (1) de «pérdida», por lo que son privados del favor, de la visión y de la presencia de Dios; y (2) de «daño», o de infracción positiva. A esta última clase deben atribuirse aquellos sufrimientos que surgen de pasiones malvadas, del remordimiento y de la desesperación, así como aquellos que surgen de las circunstancias externas en las que son puestos los finalmente condenados. Que el fuego inextinguible del que habla la Biblia deba ser entendido de manera literal o figurativa es cosa en la que difieren los Romanistas. Gousset propone la cuestión, y dice que es una acerca de la que la Iglesia no ha dado decisiones. «Es artículo de fe», dice, «que los

---

11. *Theologie Dogmatique*, par S. É. le Cardinal Gousset, Archevêque de Reims, 10 edición, París 1866, Vol. II, págs. 95, 96.
12. Gousset, *ut supra*, pág. 96.

condenados serán eternamente privados de la felicidad del cielo, y que serán eternamente atormentados en el infierno; pero no es de fe que el fuego que causa estos sufrimientos sea material. Muchos doctores, cuya opinión no ha sido condenada, piensan que así como "el gusano que nunca muere" es una expresión figurada, también lo es "el fuego inextinguible"; y que el fuego significa un dolor análogo al del fuego más que un verdadero dolor producido por fuego. Sin embargo, la idea de que el fuego al que se hace referencia es fuego material real es tan general entre los católicos, que no nos aventuramos a presentar una opinión contraria.»[13]

A este lugar y estado de desdicha sin fin pasan, al morir, todos los que mueren fuera del seno de la Iglesia Católica; todos los no bautizados (al menos entre los adultos); todos los cismáticos; todos los herejes; todos los que mueren impenitentes, o en estado de pecado mortal, esto es, de pecado cuya pena sea la muerte eterna y que no haya sido remitido por absolución sacerdotal.

El cielo.

El cielo, por otra parte, es el lugar y estado de los bienaventurados, donde Dios está; donde Cristo está entronizado en majestad, y donde están los ángeles y los espíritus de los justos hechos perfectos. Los que entran en el cielo están en posesión del sumo bien. «La dicha de los santos arriba es completa; poseen a Dios, y en esta posesión encuentran un perfecto reposo y el goce de todo bien.» Su bienaventuranza es perfecta porque es eterna. Ven a Dios cara a cara. Le amarán eternamente y serán amados por Él. [...] Es por ello el cielo en el más elevado sentido del término en el que se dice que entran los santos.

Sin embargo, hay grados en esta bienaventuranza. «Los escogidos en el cielo», dice el Cardenal Gousset, «ven a Dios de una manera más o menos perfecta, según tengan más o menos mérito, "pro meritorum diversitate", como es expresado por el Concilio de Florencia, que concuerda con las palabras de nuestro Señor, que dice: "En la casa de mi Padre hay muchas mansiones".»[14] Pero en este lugar sólo entran unos pocos, incluso de verdaderos creyentes, según los Romanistas, cuando mueren. Los defensores de la doctrina de un estado intermedio, como se ha visto más arriba, afirman que ninguno de la familia humana, ni patriarca, ni profeta ni Apóstol ni mártir, es admitido a la visión de Dios cuando deja el cuerpo; y que ninguno de los malvados pasa al lugar de retribución final. Tanto los justos como los malvados permanecen en un estado intermedio, esperando su final destino en la segunda venida de Cristo. En cuanto a estos dos puntos, los Romanistas están más de acuerdo con el gran cuerpo del Protestantismo. [...]

Por ello, son dos clases de personas las que, en base de este punto de vista, entran en el cielo antes de la resurrección: Primero, aquellos que están perfectamente purificados en el momento de la muerte; y segundo, aquellos que, aunque no perfectos al dejar este mundo, se han hecho perfectos en el purgatorio.

El purgatorio.

Según los Romanistas, todos los que mueren en la paz de la Iglesia pero que no son perfectos pasan al purgatorio. Con respecto a este lugar, ellos enseñan: (1) Que es un lugar de sufrimiento. La doctrina tradicional, aunque no simbólica, comúnmente recibida acerca de esta cuestión es que el sufrimiento es por causa del fuego material. El designio de este sufrimiento es a la vez expiación y purificación. (2) Que la duración y la intensidad de los dolores purgatorios son proporcionales a la culpa e impureza de los sufrientes. (3) Que no hay ningún límite conocido ni definido para la estancia del alma en el purgatorio excepto el día del juicio. Los

---
13. Gousset, *ut supra*, pág. 160.
14. Gousset, pág. 132.

difuntos pueden estar en este estado de sufrimiento por unas pocas horas o por miles de años. (4) Que las almas del purgatorio pueden ser ayudadas; esto es, que sus sufrimientos pueden ser aliviados o su duración acortada por las oraciones de los santos, y especialmente por el sacrificio de la Misa. (5) Que el purgatorio está bajo el poder de las llaves. Esto es, que es la prerrogativa de las autoridades de la Iglesia, a discreción de ellas, remitir total o parcialmente la pena de los pecados bajo la que están sufriendo las almas allí detenidas.

Esta doctrina está profundamente arraigada en todo el sistema Romanista. Según este sistema, (1) Cristo nos libera sólo de la «reatus culpae» y de la exposición a la muerte eterna. (2) El ofensor debe dar satisfacción por todos los pecados cometidos después del bautismo por medio de la penitencia o de las buenas obras. (3) Esta satisfacción debe ser completa, y el alma purificada de todo pecado, antes de poder entrar en el cielo. (4) Esta satisfacción y purificación, si no es efectuada en esta vida, tiene que ser cumplida tras la muerte. (5) La eucaristía es un sacrificio propiciatorio que tiene el propósito de asegurar el perdón de los pecados después del bautismo, y tiene efecto según la intención del sacerdote oficiante. Por ello, si él tiene la intención de que beneficie a alguna alma en el purgatorio, se aplica a su beneficio. (6) El Papa, como vicario de Cristo en la tierra, tiene pleno poder para perdonar los pecados; esto es, de dar exención a los ofensores de la obligación a dar satisfacción por sus ofensas.

Moehler, y otros filósofos defensores del Romanismo, suavizan esta doctrina describiendo el purgatorio simplemente como un estado de preparación gradual de los imperfectamente santificados para su admisión al cielo, sin mencionar los sufrimientos positivos, y mucho menos el fuego material. El Cardenal Gousset no va tan lejos, pero dice:[15] «Es artículo de fe: (1) Que los justos que mueren sin haber dado una entera satisfacción a la justicia divina deben dar satisfacción a la misma después de esta vida con penas temporales, que son llamadas las penas del purgatorio; (2) Que las almas en el purgatorio son aliviadas por las oraciones de la Iglesia. Esto es lo que enseña la fe; pero se detiene aquí. ¿Es el purgatorio un lugar determinado más que un estado, o un estado más que un lugar determinado? ¿Se deben las penas del purgatorio al fuego, o se suscitan estas penas de la consciencia de haber ofendido a Dios? ¿Cuál es la severidad y la duración de estas penas? Estas y otras cuestiones semejantes no están incluidas en el campo de la doctrina católica. Se trata de cuestiones acerca de las que no hay decisión ni juicio de la Iglesia. Sin embargo, se debería saber que en opinión de la mayoría de los teólogos, los tormentos del purgatorio consisten en parte de fuego, o, al menos, de tormentos que son análogos al dolor producido por el fuego. Añadiremos que según San Agustín y Santo Tomás, cuya opinión es generalmente adoptada (dont le sentiment est assez suivi), los dolores del purgatorio sobrepasan a los de esta vida: "Poena purgatorii", dice el Doctor Angélico,[16] "quantum ad poenam damni et sensus, excedit omnem poenam istius vitae".»

En su conferencia acerca de esta cuestión,[17] el Cardenal Wiseman habla con los términos más suaves. No dice nada acerca de las penas del purgatorio, excepto que son penas. La satisfacción por el pecado que demanda la Iglesia de Roma y que tiene que darse en esta vida, consiste en oraciones, ayunos, limosnas, y cosas semejantes; y se nos dice que si no se da satisfacción antes de la muerte, se deberá dar después. Esto es todo lo que el cardenal se atreve a decir. No tiene el valor de levantar el velo del lago de fuego en el que se describe sufriendo a las almas del purgatorio, según la fe común de los Romanistas. Aunque es cierto que la Igle-

---

15. Gousset, *ut supra*, Vol. II. 143.
16. Véase Tomás de Aquino, *Summa*, III. XLVI. 6, 3.
17. *Lectures on the Principal Doctrines and Practices of the Catholic Church*. Por el Cardenal Wiseman. Dos volúmenes en un tomo. Sexta edición americana de la última de Londres. Revisada y corregida. Baltimore, 1870. *Lecture XI. On Satisfaction and Purgatory*.

sia de Roma se ha abstenido sabiamente de tomar ninguna decisión autoritativa acerca de la naturaleza e intensidad de los sufrimientos purgatorios, no por ello escapa a la responsabilidad acerca de esta cuestión. Permite la libre circulación con sanción eclesiástica, expresa o implícita, de libros que contienen las más terribles descripciones de los sufrimientos del purgatorio que pueda concebir la imaginación humana. Por ello, esta doctrina, por muy suavemente que sea presentada en obras dispuestas para los lectores protestantes, es sin embargo un tremendo motor del poder sacerdotal. Los pies del tigre con las garras retraídas son tan suaves como el terciopelo; cuando estas garras se exponen, son terribles instrumentos de laceración y muerte.

Argumentos empleados en favor de la doctrina.
1. Los Romanistas hacen un uso relativamente exiguo de la Escritura en defensa de sus peculiares doctrinas.[18] Su principal apoyo es la tradición y la autoridad de la Iglesia. El Cardenal Wiseman cita sólo dos pasajes del Nuevo Testamento en favor de la doctrina del purgatorio. El primero es el dicho de nuestro Señor que la blasfemia contra el Espíritu Santo nunca será perdonada, ni en este siglo ni en el venidero. De esto se afirma que implica que hay pecados que no se perdonan en esta vida que pueden ser perdonados en el más allá; y por ello que los muertos, o al menos una parte de ellos, no están más allá del perdón cuando mueren. Este es un hilo muy delgado para colgar de él un peso tan grande. Las palabras de Cristo no contienen tal implicación. Decir que algo no puede suceder ni ahora ni después, ni en este siglo ni en el venidero, es una manera familiar de decir que nunca puede suceder, bajo ninguna circunstancia. Nuestro Señor dijo simplemente que la blasfemia contra el Espíritu Santo jamás puede ser perdonada. El otro pasaje es de Apocalipsis 21:27, donde se dice que nada inmundo entrará en el cielo. Pero como bien pocos, si es que hay alguno, de la familia humana, está perfectamente puro cuando muere, sigue que si no hay lugar o proceso para la purificación tras la muerte, pocos, si alguno, de los hijos de los hombres podrían ser salvos. O, tal como el Cardenal Wiseman expresa el argumento: «Supongamos que muere un cristiano que ha cometido una trasgresión ligera; no puede entrar en el cielo en este estado, y sin embargo no podemos suponer que esté condenado para siempre. ¿Qué alternativa tenemos entonces que admitir? Pues que hay algún lugar en el que el alma será purificada del pecado y hecha apta para entrar en la gloria de Dios.»[19] Pero, ¿es que la sangre de Cristo no purifica de todo pecado? ¿No fueron todos los pecados de Pablo perdonados en el momento en que creyó? ¿Entró el ladrón arrepentido en el purgatorio en lugar de en el paraíso? Para mentes instruidas bajo la influencia de la doctrina evangélica, unos argumentos como los anteriores no pueden surtir el más mínimo efecto.

2. Se pone mucho peso en el hecho de que la costumbre de orar por los muertos prevaleció desde época muy temprana y durante largo tiempo en la Iglesia. Estas oraciones dan por supuesto que los muertos necesitan nuestras oraciones; y esto presupone que no están en el cielo. Pero, si no están en el cielo, ¿dónde pueden estar si no en un estado preparatorio o purgato-

---

18. El Cardenal Wiseman dice: «Más de una vez he comentado acerca de lo incorrecto del método de argumentación que exige que demostremos cada una de nuestras doctrinas de manera individual con base en las Escrituras. Me he dedicado, durante mi primer curso de conferencias, a demostrar el principio católico de fe que la Iglesia de Cristo fue constituida por Él como depositaria de Sus verdades, y que aunque muchas fueron registradas en Su santa palabra, sin embargo muchas fueron encomendadas a la preservación de la tradición. y que el mismo Cristo ha prometido enseñar fielmente en su Iglesia, y que la ha asegurado así contra el error.» *Lectures, ut supra*, XI. Vol. II, pág. 45. Esto reduce todas las controversias con los Romanistas a dos cuestiones: Primero, ¿cuál es la prerrogativa de la Iglesia como maestra?; segunda, ¿es la Iglesia de Roma, o cualquier otro cuerpo organizado externo, el cuerpo de Cristo al que pertenecen todas las prerrogativas y promesas de la Iglesia?
19. *Lectures, ut supra*, Vol. II, pág. 49.

rio? A esto se puede responder: (1) Que orar por los muertos es una práctica supersticiosa, que carece de sustento en la Biblia. Fue una de las corrupciones que entró en época temprana en la Iglesia. De nada servirá argumentar desde una corrupción en apoyo de otra. (2) Los que vindican la propiedad de orar por los muertos son a menudo enérgicos oponentes de la doctrina del purgatorio. El doctor Pusey, por ejemplo, dice: «Desde que Roma ha fundido la cruel invención del purgatorio con la primitiva costumbre de orar por los muertos, no es en comunión con ella que nadie puede buscar consuelo en este rito.»[20] Los cristianos primitivos oraban por las almas de los Apóstoles y mártires, de los que tenían seguridad de que ya estaban en el cielo. Por ello, no era buscando alivio alguno a sus sufrimientos que se ofrecían tales oraciones, tal como argumenta el doctor Pusey, sino para que fuera aumentada su dicha, y la consumación de su bienaventuranza en el último día.

El argumento más convincente para los que creen las premisas de las que se deriva es el extraído de la doctrina de la satisfacción. La doctrina romanista acerca de este punto incluye los siguientes principios: «(1) Que Dios, después de la remisión de los pecados, retiene en su poder un castigo menor que debe ser infligido sobre el pecador. (2) Que las obras penitenciales, el ayuno, las limosnas, el llanto de la contrición y la oración ferviente tienen el poder de evitar este castigo. (3) Que esta formulación de la justicia divina no era parte de la ley imperfecta, sino la ordenación invariable de Su administración, anterior al ritual mosaico, y ampliamente confirmada por Cristo en el evangelio. (4) Que consiguientemente viene a ser parte de todo verdadero arrepentimiento tratar de dar satisfacción a esta justicia divina con la adopción de las obras penitenciales que Su palabra revelada asegura tienen eficacia delante de Él.»[21] En relación con esto también tiene que verse la doctrina de las indulgencias. Esta doctrina, se nos dice, descansa sobre las siguientes bases: (1) «Que se tiene que dar satisfacción a Dios por el pecado remitido, bajo la autoridad y regulación de la Iglesia. (2) Que la Iglesia siempre se ha considerado poseedora de la autoridad de mitigar, por disminución o conmutación, la penitencia que ordena; y que siempre ha contado que esta mitigación era válida delante de Dios, que la sanciona y acepta. (3) Que los sufrimientos de los santos, en unión a y en virtud de los méritos de Cristo, son considerados como disponibles para la concesión de esta mitigación. (4) Que tales mitigaciones, cuando son otorgadas con prudencia y justicia, son conducentes al bienestar y provecho espirituales de los cristianos.»[22]

Tenemos así el establecimiento de un amplio fundamento para toda la doctrina del purgatorio. Dios, en el perdón de los pecados, remite sólo la pena de muerte eterna. Quedan penas temporales a soportar para dar satisfacción a la justicia divina. Si esta satisfacción no se da en este mundo, tiene que serlo en el venidero. La Iglesia tiene el poder de regular estas satisfacciones, de dirigir cuáles van a ser, de mitigarlas o conmutarlas en esta vida, y de aminorar su severidad o duración en la vida venidera. El infinito mérito de Cristo, y los méritos sobrantes de todos los santos, alcanzados mediante obras de supererogación,

---

20. *An earnest Remonstrance to the author of the «Pope's Pastoral Letter to certain members of the University of Oxford,»* Londres, 1836, pág. 25. El Hon. Archibald Campbell, cuya obra se cita más arriba, dice que todas las autoridades a que él se refiere de entre los Obispos y teólogos ingleses se unen a él en la defensa de las oraciones por los muertos y en la denuncia del purgatorio.
21. Wiseman, *ut supra*, Vol. II, pág. 40. Se observará que el Cardenal, al detallar el tipo de satisfacción que se debe hacer, menciona el ayuno, las limosnas y la oración, pero no dice nada de azotes, de ropa interior de cilicio, de cotas espinosas y de otros medios de auto-suplicio tan comunes y tan aplaudidos por la Iglesia de Roma. De esta manera suaviza y baja el tono de todas las «Doctrinas y Prácticas Católicas» para hacerlas menos repugnantes a la razón y conciencia de sus lectores. El Purgatorio que él presenta es un lecho de rosas con alguna espina aquí y allá, en lugar del lago de verdadero fuego y azufre que arde a través de toda la historia de la Iglesia.
22. *Ibid*, Vol. II, pág. 70.

constituyen un tesoro inagotable, al que pueden acceder el Papa y sus subordinados a discreción, para la mitigación, o dispensa plenaria, de toda satisfacción debida por el pecado por medio de penitencia en esta vida, o de las penas del purgatorio en la vida venidera. Ahora bien, cuando se considera que las penas del purgatorio son descritas de manera autoritativa por los Romanistas como intolerablemente severas, se verá que jamás se ha pretendido o concedido un ingenio tal de poder, ningún medio igual de someter al pueblo, ni para exaltar y enriquecer al sacerdocio, como ése. Unos hombres que estuvieran verdaderamente investidos de este poder son, por necesidad y derecho, dueños absolutos de sus semejantes; y los que lo pretendan ilegítimamente, los que se lo arroguen sin poseerlo, son los más grandes impostores (consciente o inconscientemente) y los más grandes tiranos que el mundo haya jamás conocido.

4. Para los mismos Romanistas el mayor argumento en favor de la doctrina del purgatorio es la tradición. Afirman ellos que siempre ha sido creída en la Iglesia, y para apoyar esta afirmación citan de los padres todos los pasajes que hablan de la purificación por fuego, o de orar por los muertos. Generalmente comienzan con el Segundo Libro de los Macabeos 12:43, donde se dice que Judas Macabeos envió «dos mil dracmas, que envió a Jerusalén para ofrecer sacrificios» por los muertos. Citan a Tertuliano,[23] que aconsejó a una viuda que orara por su marido, y que ofreciera oblaciones por él en el aniversario de su muerte; a Cipriano,[24] que dice que si alguien había cometido cierto pecado, «no se debía hacer oblación por él, ni ofrecerse sacrificio por su reposo»; Basilio, que dice de Isaías 9:19: «El pueblo será como leña para el fuego», *ouk aphanismon apeilei, alla tën katharsin hupophainei*, esto es, «no amenaza de exterminio, sino que denota purificación»;[25] Cirilo de Jerusalén, que dice:[26] «Deinde et pro defunctis sanctis patribus et episcopis, et omnibus generatim, qui inter nos vita functi sunt, oramus, maximum hoc credentes adjumentum illis animabus fore, por quibus oratio defertur, dum sancta et tremenda coram jacet victima», esto es: «Luego oramos por los santos padres y los obispos que están muertos, y, de manera breve, por todos los que han partido de esta vida en nuestra comunión, creyendo que las almas de aquellos por los que se ofrece oración reciben gran alivio mientras esta santa y gran víctima se encuentra sobre el altar». Gregorio Niazanceno,[27] que dice que en esta vida el pecador puede «ser renovado por las oraciones y por el seguimiento de la sabiduría», pero que cuando ha abandonado el cuerpo «no puede ser admitido a la presencia de la Deidad hasta que, purificado por fuego, haya expiado las manchas con las que estaba contaminada su alma». Ambrosio,[28] que comenta así acerca de 1 Corintios 3:15: «Será salvo, aunque así como a través del fuego.» El Apóstol dice: «"Aunque así como a través del fuego", a fin de que no se entienda que la salvación es sin dolor. Muestra que será ciertamente salvado, pero que sufrirá la pena del fuego, y que quedará así purificado; no como el incrédulo y malvado, que será castigado en el fuego eterno.» Jerónimo,[29] que dice: «Así como creemos serán eternos los tormentos del diablo, y de aquellos malvados que dicen en sus corazones, "No hay Dios"; igualmente con respecto a los pecadores impíos, e incluso cristianos, cuyas obras serán pro-

---

23. *De Monogamia*, 10; *Works*, Ed. de Basilea, 1562, pág. 578.
24. *Ep.* XLVI, pág. 114. (?)
25. *In Esaioe*, IX. 19; *Obras*, edición de París, 1618, Vol. I, pág. 1039, d.
26. *Catechesis Mystagogicca*, V.9; *Opera*, Venecia, 1763, pág. 328, a, b.
27. *Oratio de Mortuis; Obras*, París, 1615, Vol. II, págs. 1066-1068.
28. «Dixit: "Sic tamen quasi per ignem", ut salus haec non sine paoea sit: [...]. ostendit salvum illum quidem futurum; sed poenas ignis passarum, ut per ignem purgatus fiat salvus, et non sicut perfidi aeterno igne in perpetuum torqueatur.» Obras, edición de París, 1681, Vol. III, pág. 351, a.
29. *Comment. In C. LXV, Isai, Opera*, París, 1579, tomo IV, pág. 502, d, e.

badas y purificadas por el fuego, concluimos que la sentencia del juez irá templada con la misericordia»; y Agustín, que en *La Ciudad de Dios*, XXI. XXIV, 2, dice: «Las oraciones de la Iglesia, o de buenas personas, son oídas en favor de aquellos cristianos que partieron de esta vida no siendo tan malos como para ser considerados indignos de misericordia, ni tan buenos como para tener derecho a una dicha inmediata. Así también, en la resurrección de los muertos, se hallará a algunos a los que se les impartirá misericordia, habiendo pasado por aquellas penas a las que son susceptibles los espíritus de los muertos. De otra manera no se habría dicho de algunos con verdad que su pecado "no será perdonado, ni en este mundo, ni en el venidero", a no ser que algunos pecados pudieran ser remitidos en el mundo venidero.» Y otra vez, «Si ellos hubieran edificado "oro y plata y piedras preciosas", estarían a salvo de ambos fuegos; no sólo de aquel en el que los malvados serán castigados para siempre, sino asimismo de aquel fuego que purifica a aquellos que serán salvos como a través del fuego. Pero debido a que se dice "serán salvos", este fuego no es considerado como algo grave: aunque este sufrimiento será más gravoso que nada que el hombre puede sufrir en esta vida.» «Estos pasajes,» dice el Cardenal Wiseman, «contienen precisamente la misma doctrina que enseña la Iglesia Católica»; se pueden encontrar en gran abundancia en todas las obras normativas de los teólogos católicos.

Con respecto a este argumento según los padres, se puede observar: (1) Que si alguien cita a Döllinger, Dupanloup, Wiseman y Manning en favor de cualquier doctrina cristiana, tendría el mismo peso para los protestantes que el mismo número de aquellos escritores primitivos; no sólo porque aquellos son, hablando generalmente, hombres de mayor capacidad y cultura, sino porque están en circunstancias más favorables para aprender la verdad. Los padres lo contemplaban todo a través de una atmósfera llena de las formas de las tradiciones e ideas paganas. Los modernos líderes de la Iglesia de Roma están rodeados por la luz del Cristianismo Protestante. (2) Todos los escritores antiguos citados en favor de la doctrina del purgatorio mantenían doctrinas que ningún Romanista está hoy día dispuesto a reconocer. Si descartan la autoridad de los padres cuando enseñan un milenio judaico o una predestinación soberana, que habían sido doctrinas de la Iglesia universal, no pueden esperar de manera razonable que los Protestantes se inclinen ante la autoridad de los mismos cuando se apremia en favor de la idea pagana de la purificación por el fuego. (3) El testimonio citado en apoyo de la doctrina del purgatorio queda muy lejos de demostrar una creencia universal y constante en la doctrina en cuestión. Y, según los mismos Romanistas, ninguna doctrina puede apelar al apoyo de la tradición si no puede soportar la prueba crucial: «quod semper, quod ubique, quod ab omnibus.» (4) El hecho de que el purgatorio es lo que dice el doctor Pusey, «una invención moderna,» ha sido demostrado siguiendo históricamente su origen, surgimiento y desarrollo en la Iglesia.

Argumentos en contra de la doctrina.

1. El primer argumento, el más evidente, y para los protestantes el más decisivo en contra de la doctrina, es que no es enseñada en la Biblia. Esto lo admiten virtualmente todos sus proponentes. Lo más que se pretende es que una vez se adopta la doctrina sobre otras bases, pueden encontrar en las Escrituras un pasaje aquí, otro pasaje allí, que puede ser explicado en conformidad a esta enseñanza. No hay pasaje alguno que la enseñe. No hay evidencia de que formara parte de las enseñanzas de Cristo ni de Sus Apóstoles.

2. No sólo carece de todo apoyo de las Escrituras, sino que se opone a sus más claras y más importantes revelaciones. Si hay algo que se enseña claramente en la Biblia es que si alguien abandona sus pecados, cree en el Señor Jesucristo como el eterno Hijo de Dios, confía sencilla y enteramente en Él y en su obra, y vive una vida santa, será ciertamente salvo.

Esto lo niega la doctrina del purgatorio. Esta doctrina reposa sobre la suposición de que a pesar del sacrificio infinitamente meritorio de Cristo, el pecador está obligado a dar satisfacción por sus propios pecados. Esto la Biblia declara que es imposible. Nadie guarda ni puede guardar perfectamente los mandamientos de Dios, y mucho menos puede no sólo abstenerse de incurrir en nuevas culpas, sino también hacer expiación por los pecados pasados.

Esta doctrina supone, además, el mérito de las buenas obras. Aquí, una vez más, queda más claro que la luz del día que el Nuevo Testamento enseña que somos salvos por la gracia y no por las obras; que para aquel que obra, la recompensa es cuestión de deuda; pero que para aquel que simplemente cree, es cuestión de gracia; y que ambas cosas son incompatibles. Lo que es de gracia no es de obras; y lo que es de obras no es de gracia. No hay nada más totalmente incompatible con la naturaleza del Evangelio que la idea de que el hombre pueda «satisfacer la justicia divina» por sus pecados. Pero esta idea subyace como fundamento de la doctrina del purgatorio. Si no hay satisfacción de la justicia por parte del pecador, no hay purgatorio, porque, según los Romanistas, el purgatorio es el lugar y estado en el que se hace tal satisfacción. Como la renuncia de toda dependencia en nuestros propios méritos, de todo propósito, deseo o esfuerzo para dar satisfacción por nosotros mismos, y la confianza en exclusivo en la satisfacción obrada por Jesucristo, constituye la misma esencia de la experiencia cristiana, se verá que la doctrina del purgatorio entra en conflicto no sólo con la doctrina de la Biblia, sino también con la conciencia religiosa del creyente. Con esto no se está diciendo que nadie que crea en el purgatorio puede ser un verdadero cristiano. La historia de la Iglesia demuestra que los cristianos pueden ser muy inconsecuentes: que pueden adherirse especulativamente a doctrinas que son inconsecuentes con lo que en sus corazones saben que es verdad.

Sin embargo, no es sólo la doctrina de la satisfacción, sino también la absolutamente absurda doctrina de la supererogación la que ha de admitirse si adoptamos la doctrina de la Iglesia de Roma en esta cuestión. La idea es que un hombre puede llegar a ser más que perfecto; que puede llegar no sólo a hacer más de lo que la ley demanda de él, sino incluso a dar satisfacción a la justicia de Dios de manera tan meritoria que sea más que suficiente para el perdón de sus propios pecados. Este mérito superfluo es la base sobre la que pueden ser perdonados los pecados de los que sufren en el purgatorio. Ésta es una cuestión que no admite argumentación. Supone una imposibilidad. Supone que una criatura racional puede ser mejor que lo que debiera ser: esto es, que lo que ha de ser. Además, los Romanistas niegan rotundamente la posibilidad de que la justicia de Cristo pueda ser imputada al creyente como base de su justificación. Y sin embargo enseñan que los méritos de los santos pueden ser imputados a los pecadores en el purgatorio como base de su perdón.

Otra suposición anti-escrituraria implicada en la doctrina es que el Papa y sus subordinados tienen poder sobre el mundo invisible; poder para retener o remitir los pecados de las almas de los muertos; para librarlos del fuego del purgatorio o para dejar que queden en sus tormentos. Este es un poder que no podría entregarse ni en manos de un ángel. Lo único que podría evitar que fuera abusado de manera fatal sería un conocimiento y una rectitud infinitos. Podemos estar seguros de que jamás se ha otorgado tal poder a los hombres pecadores.

Hay dos cosas totalmente diferentes involucradas en este poder sacerdotal de perdonar los pecados. Hay dos clases de castigos que se proclaman contra el pecado. El primero es la sentencia de muerte eterna; el otro es el castigo temporal al que queda sujeto el pecador después que queda remitida la pena eterna.[30] Y el sacerdote se interfiere con respecto a ambas. Ninguno puede ser remitido sin su intervención. La pena eterna queda remitida en el sacramento de la penitencia. La otra queda exigida, mitigada o dispensada a discreción de la Iglesia o de sus órganos. Por lo que respecta a la remisión de la pena eterna, es necesaria la intervención del sacerdote, porque sólo él puede administrar el sacramento de la penitencia, que incluye contrición, confesión y satisfacción. Todo esto es necesario. No es suficiente con que el pecador esté arrepentido en su corazón y que verdaderamente se aparte del corazón a Dios; tiene que confesar sus pecados al sacerdote. La Iglesia «mantiene que el pecador está obligado a revelar sus ofensas a los pastores de su Iglesia, o, más bien, a uno delegado y autorizado por la Iglesia con este propósito; a manifestar ante él todos los pecados secretos de su alma, a exponer todas sus heridas, y en virtud de la autoridad dada por nuestro Bendito Salvador en él, a recibir de sus manos, sobre la tierra, la sentencia del perdón de Dios, que queda ratificada en el cielo.» Cristo también «dio a la Iglesia el poder de retener los pecados, esto es, de retener el perdón o de retardarlo hasta un tiempo más oportuno.»[31] «Aquí tenemos un poder, en primer lugar, para verdaderamente perdonar los pecados. Porque esta expresión, "perdonar pecados", en el Nuevo Testamento, siempre significa liberar al pecador de culpa delante de Dios.» «Así, los Apóstoles y sus sucesores recibieron esta autoridad; consiguientemente, a ellos les fue dado un poder para absolver, o para purificar el alma de sus pecados. Hay también otro poder: el de retener los pecados. ¿Qué significa esto? Evidentemente, el poder de rehusar perdonarlos. Ahora bien, esto implica, claramente -porque la promesa va junta, que aquellos pecados que los ministros legítimos de Cristo retengan en la tierra, quedan retenidos en el cielo- que no hay otro medio de obtener el perdón más que a través de ellos. Porque el perdón del cielo es hecho dependiente de lo que ellos perdonen en la tierra; y no pueden ser perdonados allí aquellos cuyos pecados ellos retengan.»[32] Esto es suficientemente explícito. Se debe recordar que el poder del perdón que aquí se afirma tiene referencia no al castigo temporal, impuesto como penitencia o satisfacción, sino a la remisión «de la pena eterna». Ahora bien, en cuanto al castigo temporal, que, como hemos visto, puede durar miles de años y sobrepasar en dureza a cualesquiera sufrimientos en la tierra, los Romanistas enseñan: (1) Que «son expiatorios de transgresiones pasadas.»[33] (2) Que son de la misma naturaleza que las penitencias impuestas por la disciplina de la Iglesia primitiva. Esta disciplina era naturalmente, y quizá necesariamente, muy severa; la Iglesia estaba entonces rodeada por el paganismo, y muchos de sus miembros eran conversos del paganismo. Las inevitables tendencias, tentaciones a una conducta anticristiana, podemos aprenderlas conforme al estado de la Iglesia en Corinto, tal como aparece en las epístolas de Pablo. El gran peligro era que los cristianos se implicaran, intencionada o inintencionadamente, en los servicios idolátricos a los que habían estado acostumbrados. Como el culto a los ídolos en cualquier forma era un rechazo del Evangelio, contra este pecado se dirigió principalmente la disciplina de la Iglesia. Un partido mantenía que los «recaídos» nunca debían ser restaurados a la comunión cristiana; otros, que permitían su readmisión a la Iglesia, insistían que debían ser restaurados sólo tras un largo y

---

30. En el pasaje citado parcialmente en la página precedente, el Cardenal Wiseman dice: «Ningunos ayunos, ni oraciones, ni limosnas, ni obras que podamos concebir hechas por los hombres, por prolongadas, costosas o rigurosas que sean, pueden, según la doctrina católica, tener el más mínimo peso para obtener la remisión del pecado ni del castigo eterno que le pertenece. Esto constituye la esencia del perdón, de la justificación, y en ello mantenemos que el hombre no tiene poder. Ahora bien, pasemos al resto del sacramento [de la penitencia]. Creemos que tras este perdón de los pecados, esto es, tras la remisión de aquella deuda eterna que Dios en Su justicia aplica a las transgresiones contra Su ley, le plugo reservarse un cierto grado de castigo inferior o temporal apropiado a la culpa en la que se ha incurrido; y es sólo en esta parte del castigo que, según la doctrina católica, se puede dar satisfacción a Dios.» *Lectures, ut supra*, Vol. II, pág. 35.
31. Wiseman, *Lectures*, Vol. II, pág. 15.
32. *Ibid*, págs. 19, 20.
33. *Ibid*. Pág. 39.

severo camino de penitencia. A algunos se les exigía que se quedaran «postrados durante un cierto período de meses o años ante la puerta de la Iglesia, tras lo cual eran admitidos a distintas partes del servicio divino; mientras que otros eran a menudo excluidos toda su vida de la participación en la liturgia con los fieles, y no eran admitidos a la absolución hasta que estaban a punto de morir.» Y los Romanistas pronuncian que estas penitencias son «meritorias delante de Dios», que «aplacan Su ira.» Así es la doctrina de la satisfacción, y esta satisfacción por el pecado es la condición necesaria para su perdón. (3) Así como estas penitencias o satisfacciones son impuestas por la Iglesia, también pueden ser mitigadas o remitidas por la Iglesia. (4) Por cuanto las penas del purgatorio tienen la naturaleza de satisfacciones, «expiatorias», «meritorias» y «propiciatorias», están tanto bajo el control de la Iglesia como las penitencias que deben ser soportadas en esta vida.

Este es el verdadero origen, y se debe decir que está virtualmente admitido, de la doctrina del purgatorio en la Iglesia de Roma. Es una perversión de la disciplina eclesiástica de los cristianos primitivos. Lo cierto es que su origen, o nacimiento, es espurio; no hay relación legítima entre las premisas y la conclusión. Admitiendo el hecho de que la Iglesia primitiva imponía severas penitencias sobre los ofensores antes de restaurarlos a la comunión; admitiendo que la Iglesia actuara correctamente; admitiendo que tales penitencias participaran de la naturaleza de satisfacción, hasta allá donde tuvieran el designio de dar satisfacción a la Iglesia de que el arrepentimiento del ofensor era sincero; y admitiendo que al ser estas penitencias cuestión de disciplina eclesiástica, estaban legítimamente bajo el poder de la Iglesia, ¿cómo se demuestra con ello que fueran «expiatorias a la vista de Dios», que «satisficieran la justicia divina,» o que fueran las condiciones necesarias para el perdón ante Su trono? Dar satisfacción a la Iglesia en cuanto a la evidencia de arrepentimiento, y dar satisfacción a la justicia de Dios son dos cosas muy distintas, y los Romanistas han caído en la confusión entre ambas. Además, ¿cómo puede seguir que por el hecho de que la Iglesia visible tenga el control de la disciplina de sus miembros en esta vida, que tenga el control de las almas de los hombres en la vida venidera? Pero los Romanistas razonan de lo uno a lo otro.

3. Otro argumento decisivo contra la doctrina del purgatorio procede de los abusos a los que ha llevado, y que son inevitables, siendo su consecuencia natural. Es evidente *a priori* que un poder encomendado a hombres débiles y pecadores que no está a salvo en otras manos más que las de Dios mismo, tiene que llevar a los más terribles abusos. La doctrina, como hemos visto, es: (1) Que el sacerdote tiene poder de remitir o de retener la pena de la muerte eterna pronunciada contra todo pecado. (2) Que él (o el órgano apropiado de la Iglesia) tiene poder para aliviar, abreviar o poner fin a los sufrimientos de las almas en el purgatorio. Es imposible que este poder, en manos de los mejores de los hombres, deje de ser abusado. Dado en manos de hombres ordinarios, como tiene que ser generalmente el caso, o en manos de hombres mercenarios y malvados, la imaginación no puede poner fin a su abuso; y la imaginación puede difícilmente exceder los hechos históricos del caso. Esto es indiscutible. Los mismos Romanistas admiten esto. El Cardenal Wiseman reconoce que «abusos flagrantes y demasiado frecuentes ocurrieron, indudablemente, por la avaricia y rapacidad e impiedad de los hombres; especialmente cuando se concedían indulgencias a los que contribuían a fundaciones caritativas o religiosas, en cuyo levantamiento se entremezclan demasiadas veces motivos particulares.»[34] Se tiene que remitir al lector a las páginas de la historia para los detalles acerca de esta cuestión. Los males que de hecho se han desprendido de esta doctrina del purgatorio y del poder sacerdotal para retener o remitir pecados, son de tal tipo que hacen seguro que una doctrina así no

---

34. *Lectures, ut supra*, XII; Vol. II, pág. 75.

puede provenir de Dios.

4. Sin embargo, los Romanistas apelan confiados, en apoyo de sus doctrinas, a la declaración expresa de Cristo: «A quienes les remitiereis los pecados, les son remitidos; y a quienes se los retuviereis, les quedan retenidos» (Jn 20:23). Con el mismo efecto se dice, en Mateo 16:19: «A ti te daré las llaves del reino de los cielos; y todo lo que ates en la tierra, estará atado en los cielos; y todo lo que desates en la tierra, estará desatado en los cielos.» La primera observación que debe hacerse en estos pasajes es que todo poder que se conceda en ellos a los Apóstoles es concedido en Mateo 18:18 a todos los cristianos, o al menos a toda agrupación de cristianos que constituya una Iglesia: «y si tu hermano peca contra ti, ve y repréndele a solas tú con él; si te escucha has ganado a tu hermano. Pero si no te escucha, toma aún contigo a uno o dos, para que por boca de dos testigos conste toda palabra. Si rehúsa escucharles a ellos, dilo a la iglesia; y si también rehúsa escuchar a la iglesia, sea para ti como el gentil y el publicano. De cierto os digo que todo lo que atéis en la tierra, estará atado en el cielo; y todo lo que desatéis en la tierra, estará desatado en el cielo.» (vv. 15-18.)

Así, este poder de atar y desatar, cualquiera que fuera su significado, no fue dado exclusivamente a los Apóstoles y sus sucesores, sino a la Iglesia. Pero la verdadera Iglesia a la que se aplican las promesas y prerrogativas de la Iglesia, consiste de verdaderos creyentes. Esta no es sólo la doctrina de la Biblia y de todos los Protestantes en la época de la Reforma, sino que parece ser una cosa evidente. Las promesas hechas a los Apóstoles fueron hechas a verdaderos Apóstoles, no a los que pretendían el cargo y eran falsos apóstoles. Lo mismo, las promesas hechas a los cristianos son hechas no a cristianos nominales, a falsos pretendientes, sino a aquellos que son verdaderamente lo que profesan ser. Si esto queda claro, entonces no queda menos claro que el poder de atar y de desatar, de remitir o de retener los pecados, nunca fue concedido por Cristo a los no regenerados, a los malvados, sea cual sea el nombre que se hagan dar. Este es un gran punto. Los hijos de Dios en este mundo no están bajo el poder de los hijos del diablo, para ser perdonados o condenados, salvados o perdidos, a discreción de ellos. Por ello, cuando Lutero fue anatematizado por el cuerpo que se llamaba la Iglesia, como Atanasio lo había sido antes que él, no le afectó a un solo cabello de la cabeza.

Segundo: el poder de atar o desatar concedido por Cristo a su Iglesia, de perdonar o de retener el pecado, no es absoluto, sino condicional. Los pasajes citados arriba son análogos a muchos otros contenidos en las Escrituras, y todos deben ser explicados de la misma manera. Por ejemplo, el Señor le dijo a Sus discípulos: El que a vosotros oye, a mí me oye. Esto es, el pueblo estaba tan obligado a creer el evangelio cuando fuera predicado por Sus discípulos como cuando lo oyeran de labios del mismo Cristo. O, si estas palabras han de ser comprendidas como dirigidas exclusivamente a los Apóstoles, incluyendo una promesa de infalibilidad en la enseñanza, el significado es básicamente el mismo. Los hombres estaban igual de obligados a recibir las doctrinas de los Apóstoles como las enseñanzas de Cristo, porque lo que ellos enseñaban Él lo enseñaba. Por eso dice San Juan: «El que conoce a Dios, nos oye; el que no es de Dios, no nos oye» (1 Jn 4:6). Sin embargo, aunque Cristo demandó que todos los hombres escucharan a Sus Apóstoles como si Él mismo estuviera hablando, sin embargo nadie estaba obligado a escucharlos a no ser que predicaran el evangelio de Cristo. Por ello San Pablo dijo: «Mas si aun nosotros, o un ángel del cielo, os anuncia otro evangelio diferente del que os hemos anunciado, sea anatema» (Gá 1:8). Si los Apóstoles enseñaban algo contrario a la revelación autenticada de Dios, debían ser rechazados. Si emprendían atar o desatar, remitir o retener los pecados bajo cualesquiera otras condiciones que las prescritas por Cristo, su acción no significaba nada; no producía efecto alguno. En la enseñanza y en la absolución su poder era simplemente declarativo. En el primer caso ellos, como testigos, declaraban cuáles eran las condiciones de la salvación y la regla de vida prescrita en el evangelio; y en el otro, simplemente declaraban bajo qué condiciones Dios perdonará el pecado, y anunciaban la promesa de Dios de que bajo estas condiciones Él perdonaría los pecados de los hombres. Por ello, un niño puede remitir los pecados con tanta efectividad como el Papa; porque ni el uno ni el otro pueden hacer otra cosa que declarar las condiciones del perdón. Se precisó una vez el heroísmo de Lutero para anunciar la verdad que emancipó a Europa. Ahora es una verdad cotidiana.

Hay, naturalmente, una gran diferencia entre los Apóstoles y los demás maestros cristianos. Cristo dio testimonio de la genuinidad del testimonio de ellos en cuanto a Sus doctrinas, y sancionó las declaraciones de ellos mediante señales, prodigios y dones del Espíritu Santo, dando así el sello de la infalibilidad a sus enseñanzas tal como fueron pronunciadas y como las tenemos registradas en la Biblia. Y hay también diferencia entre los ministros oficiales del evangelio y otros hombres, hasta allí donde los primeros son llamados de manera especial a la obra de predicar la palabra. Pero en todos los casos, en el de los Apóstoles y en el de los que tienen cargos en la Iglesia, y en el de los laicos, el poder es simplemente declarativo. Declaran lo que Dios ha revelado. ¿Qué diferencia hay en la autoridad del mensaje, sea que el evangelio sea leído junto a la cama de un pecador moribundo por un niño o por un arzobispo? Ninguna en absoluto.

Hay otra clase de pasajes análogos a los que estamos considerando. Cuando nuestro Señor dice: Pedid, y recibiréis, Todo lo que me pidáis en mi nombre, yo os lo haré, nadie entiende estas promesas como incondicionales. Nadie cree que cualquier oración del cristiano es jamás oída si no es para algo conforme a la voluntad de Dios. Así, cuando se dice: «A quienes les remitiereis los pecados, les son remitidos», ¿por qué se ha de suponer que no hay condición implicada? El lenguaje no es más explícito en uno que en otro caso. Así como no se oyen las oraciones de nadie a no ser que pida cosas conformes a la voluntad de Dios, tampoco los pecados de nadie son remitidos a no ser que verdaderamente se arrepienta, y que verdaderamente crea en el Señor Jesucristo. Ningún hombre tiene más poder que otro para perdonar pecados. El perdón de los pecados es prerrogativa exclusiva de Dios.

En tercer lugar, hay otra observación a hacer acerca de este poder de atar y de desatar. Cristo ha ordenado que los términos de admisión a la Iglesia sean los mismos que los de la admisión al cielo; y que la base de la exclusión de la Iglesia sea la misma que la de la exclusión del cielo. Por ello, les dijo virtualmente a Sus discípulos: A aquellos a los que vosotros recibáis en la Iglesia, los recibiré al cielo; y a los que excluyáis de la Iglesia, los excluiré del cielo. Pero esto implica, naturalmente, que ellos debían actuar según Sus instrucciones. El no se obligó a sancionar todos los errores que ellos cometieran al atar y desatar, como tampoco estaba atado por Su promesa de escuchar sus oraciones a tener que conceder todas las peticiones insensatas o malvadas que su pueblo pudiera hacer; ni por Su promesa acerca de sus enseñanzas que Él fuera a sancionar todas las falsas doctrinas a las que pudieran ser seducidos. Si interpretamos la Escritura mediante la Escritura, escapamos a una multitud de errores.

Cuarto, los romanistas hacen descansar su doctrina de la absolución y del poder de las llaves sobre las almas en el purgatorio en gran manera sobre los dones especiales concedidos a los Apóstoles y a sus sucesores. Con referencia a esto se puede observar:

1. Que los Apóstoles nunca pretendieron poseer ni poseyeron, ni pretendieron ejercer, el poder asumido por los Romanistas, en la remisión de los pecados. Nunca presumieron de pronunciar la absolución de un pecador a la vista de Dios. Cristo podía decir: «Tus pecados te son perdonados»; pero nunca oímos este lenguaje de boca de ningún Apóstol. Nunca llamaron a los que estaban cargados con conciencia de pecado a que fueran al sacerdote para confesarse a él y recibir la absolución. No tenían a este respecto ninguna autoridad por encima de aquella que pertenece a los oficiales ordinarios de la Iglesia. Podían declarar las condiciones según

las que Dios había prometido perdonar los pecados; y podían suspender o excomulgar a miembros, por alguna causa, de la comunión con la Iglesia visible. En el caso del hombre incestuoso a quien la Iglesia en Corinto había permitido continuar en su comunión, Pablo decidió hacer lo que la Iglesia no había hecho, censurándola por ello; en virtud de su jurisdicción apostólica, que se extendía a todas las iglesias, excomulgó al ofensor, o lo entregó a Satanás, para que se arrepintiera (1 Co 5). Cuando aquel hombre se arrepintió, el Apóstol exhortó a los Corintios a que lo volvieran a recibir a su comunión, diciéndoles: «Al que vosotros perdonáis algo, yo también» (2 Co 2:10). No demandaba para sí mismo ningún poder que él no reconociera como perteneciente a ellos. Este poder de disciplina, que todas las Iglesias reconocen y ejercen, ha sido pervertido por los Romanistas en el poder sacerdotal de la absolución.

2. Aun admitiendo lo que no admitimos, esto es, que los Apóstoles tuvieran un poder especial para perdonar pecados, aquel poder tendría que haber residido en sus dones y cualificaciones peculiares. Eran hombres infalibles. No infalibles en su lectura de los corazones de los hombres, ni en el juicio de su carácter, sino sencillamente infalibles como maestros. Tenían autoridad también para organizar la Iglesia, y para establecer reglas para su futuro gobierno y disciplina. Estos dones y prerrogativas, ciertamente, no los calificaban para juzgar las almas de los hombres, ni para perdonarlos ni condenarlos a discreción, sino que, siendo como eran, eran personales. Los que pretenden ser sus sucesores oficiales, y se arrogan sus peculiares prerrogativas, no pretenden poseer los dones de ellos; no pretenden una infalibilidad personal en la enseñanza, ni afirman jurisdicción más allá de sus diócesis. Y así como nadie puede ser profeta sin los dones de un profeta, tampoco nadie puede ser Apóstol sin los dones de un Apóstol. El cargo es sencillamente una autoridad para ejercer los dones; pero si los dones no son poseídos, ¿para qué sirve el cargo?

Pero incluso si se admitiera lo imposible, si se admitiera que los prelados tienen el poder de remitir y de retener los pecados, como pretenden los Romanistas, en virtud de su apostolado, ¿cómo se concede este poder a los sacerdotes que no son apóstoles? De nada valdrá decir que son representantes y delegados de los obispos. Del obispo se dice que ha recibido este poder porque lo ha recibido del Espíritu Santo. Si esto significa algo, significa que el Espíritu Santo mora en él, y que por ello ilumina su mente y conduce su juicio acerca de retener o remitir pecado, para que sea virtualmente la decisión de Dios. Pero esta iluminación y conducción divina no puede ser delegada, como tampoco lo puede ser el conocimiento del abogado ni la habilidad del cirujano. ¿Cómo puede un profeta delegar a otro hombre su poder de prever el futuro? Es imposible creer que Dios haya dado a los hombres el poder de perdonar o de retener los pecados, a no ser que les haya dado el poder del juicio infalible. Y nadie puede creer que tal infalibilidad en juicio pertenezca al sacerdocio Romanista.

Ya se ha apremiado como argumentos válidos contra la doctrina Romanista del purgatorio: (1) Que carece de todo apoyo escriturario. (2) Que se opone a las doctrinas más claramente reveladas y más importantes de la Biblia. (3) Que los abusos a los que ha conducido y que son sus inevitables consecuencias demuestran que la doctrina no puede ser de Dios. (4) Que el poder de perdonar pecados, en el sentido pretendido por los Romanistas, y que se da por supuesto en su doctrina del purgatorio, no tiene apoyo en las palabras de Cristo según están registradas en Juan 20:23 y Mateo 16:19, que son citados con este propósito. (5) El quinto argumento en contra de la doctrina se deriva de su historia, que demuestra tener un origen pagano, y que se desarrolla de manera gradual y lenta hasta adquirir la forma en la que ahora es sustentada por la Iglesia de Roma.

Historia de la doctrina.
Los detalles acerca de esta cuestión deben ser buscados en los libros de la historia de la doc-

trina. Aquí sólo podemos dar un bosquejo. Una plena exposición de esta cuestión demandaría primero un relato del dominio de la idea de una purificación por fuego entre los antiguos antes de la venida de Cristo, especialmente entre los pueblos del Asia Central; segundo, un relato de la temprana aparición de esta idea en los tres primeros siglos en la Iglesia Cristiana, hasta que alcanzó una forma definitiva en los escritos de Agustín; y tercero, el establecimiento de la doctrina como artículo de fe en la Iglesia Latina, principalmente por medio de la influencia de Gregorio Magno.

El fuego es el medio más eficaz de purificación. Es casi el único medio por el cual se puede separar la ganga del oro. En las Escrituras se hace frecuente referencia al fuego como ilustración del penoso proceso de la santificación del alma humana. En Zacarías 13:9 se dice: «y meteré en el fuego a la tercera parte, y los fundiré como se funde la plata, y los probaré como se prueba el oro. Él invocará mi nombre, y yo le escucharé, y diré: Es mi pueblo; y él dirá: Jehová es mi Dios.» Esto es una alusión al mismo hecho familiar de que las aflicciones son tan a menudo comparadas con un horno, y se dice que las pruebas del pueblo de Dios son por fuego. «El fuego», dice el Apóstol, «probará la obra de cada uno, cómo sea.» Para los antiguos persas, el fuego era sagrado. Vino a ser un objeto de culto, como símbolo de la divinidad; un fuego elemental era incluso para el alma el gran medio de purificación. En el Zend-avesta, se le hace decir a Ormuz a Zoroastro: «Tus ojos verán ciertamente revivir a todas las cosas. -Porque la tierra renovada dará huesos y agua, sangre y plantas, cabello, fuego y vida como al comienzo. -Las almas conocerán sus cuerpos.-¡He aquí mi padre! ¡Mi madre! ¡Mi esposa! Entonces aparecerán los moradores del universo con la humanidad. Cada uno verá su bien o su mal. Entonces tendrá lugar una gran separación. Todo lo corrompido se hundirá al abismo. Luego también se fundirán todos los montes por el hervor del fuego; y todos los hombres habrán de pasar por la corriente de fuego. Los buenos irán por ella tan fácilmente como por un manantial de leche. Los malvados lo sufrirán como verdadero fuego; pero tienen que pasar y ser purificados. Luego toda la tierra será renovada.»[35]

También para los estoicos griegos el fuego era el principio elemental y el alma del mundo, y también ellos enseñaron una renovación del mundo por medio de fuego. Para los estoicos, «El universo es un todo que comprende todas las cosas; pero contiene un principio pasivo, la materia, *to paschon*, y un principio activo, *to poioun*, que es la razón, o Dios. El alma del hombre forma parte de esta naturaleza divina, y será reabsorbida en ella, perdiendo su existencia individual. La deidad en acción, si podemos hablar así, es un cierto éter o fuego activo, poseyendo inteligencia. Éste dio forma al principio al caos original, y, formando una parte esencial del universo, sustenta su orden. El poder dominante, que parece a veces haber sido separado conceptualmente del Ser Absoluto, era *heimarmenë*, la fatalidad, o necesidad absoluta. A ésta está sujeto el universo, tanto en su naturaleza material como en la divina. Los hombres vuelven a esta vida totalmente sin memoria alguna del pasado, y por los decretos de la fatalidad son poseídos por una existencia renovada, sino que siguen estando en imperfección, y sujetos como antes al dolor.»[36] Se trata de una forma inicial del panteísmo de nuestros días. El sistema no es coherente tal como está enunciado, porque dice que las almas de los hombres han de ser absorbidas en el alma del mundo, y que sin

---

35. Kleuker, *Zendavesta im Kleinem*, 2 Thl. S. 128.
36. *La influencia mutua del cristianismo y de la escuela estoica*. Por James Henry Bryant, B.D., St. John's College, Cambridge, Incumbent of Astley, Warwickshire. La Disertación Hulseana para el año 1865. Londres y Cambridge, 1866, pág. 22. Sir Alexander Grant en su obra *Ethics of Aristotle*, Ensayo VI, *The Ancient Stoics* (primero un Ensayo de Oxford, 1858), Londres, 1866, Vol. I, pág. 246, observa lo siguiente: «Si ponemos nuestros ojos en una lista de los primitivos estoicos y sus lugares nativos, no podemos dejar de observar cuántos de esta escuela parecen provenir de un origen oriental, y a menudo semita.» Esta circunstancia, relacionada con la afinidad en la doctrina, pasa a mostrar el origen oriental del sistema Estoico. Incluye el panteísmo de los orientales con algunos de los elementos peculiares de la religión de la raza semita tal como los hallamos en la Biblia.

Capítulo 1 – EL ESTADO DEL ALMA DESPUÉS DE LA MUERTE

embargo han de volver a esta vida, aunque sin recuerdo del pasado; ello se resuelve en decir que habrá una nueva generación de hombres.

La idea de una purificación por fuego después de la muerte se hizo familiar para la mente griega, y fue tomada por Platón, introduciéndola en su filosofía; enseñó que nadie podía llegar a ser perfectamente feliz tras su muerte hasta haber expiado sus pecados; y que si eran demasiado grandes para la expiación, que estos sufrimientos no tendrían fin.[37] Que esta doctrina pasó de los gentiles a los judíos se puede inferir no sólo por el hecho ya mencionado de que Judas Macabeo envió dinero a Jerusalén para pagar los sacrificios a ofrecer por los pecados de los muertos, sino también por la doctrina de los Rabinos, de que los hijos, por medio de ofrendas por el pecado, podían aliviar los sufrimientos de sus difuntos padres.[38] Algunos de ellos enseñaban que todas las almas no perfectamente santas tenían que lavarse en el río de fuego de la Gehena; que los justos serían allí limpiados pronto, pero que los malvados serían retenidos indefinidamente en tormento.[39] Fue en esta forma general de una purificación mediante fuego tras la muerte que la doctrina fue adoptada por algunos de los padres. Nada más que esto puede demostrarse conforme a los escritos de los tres primeros siglos. Orígenes enseñó que esta purificación tendría lugar después de la resurrección. [...] Y segundo, que en el fuego purificador del fin del mundo, todas las almas, y todos los ángeles caídos, y el mismo Satanás, serán en último término purificados de pecado, y restaurados al favor de Dios. [...] Esta doctrina fue condenada por la Iglesia; pero, como dice Flügge, este anatema fue menos efectivo porque las perspectivas orientales acerca de este tema diferían mucho de la doctrina occidental, o de la Iglesia. La doctrina de Orígenes contemplaba la purificación de los más grandes pecadores y del mismo diablo; la Iglesia Latina sólo pensaba en los creyentes justificados por la sangre de Cristo. La primera suponía que el pecador se purificaba a sí mismo de su deseo de mal; la segunda afirmaba la expiación mediante el sufrimiento. Según la primera, el pecador era sanado y fortalecido; según la segunda, la justicia divina debía quedar satisfecha.» No se debe inferir por esto que la Iglesia Griega adoptara la doctrina de Orígenes acerca de «la restauración de todas las cosas»; sin embargo sí mantuvo hasta un período mucho más tardío las doctrinas por las que se distinguió de los latinos con respecto a la doctrina del estado futuro.

Fue en la Iglesia occidental, por tanto, que tuvo lugar el desarrollo de la doctrina del purgatorio. Agustín fue el primero en darle forma definitiva, aunque sus puntos de vista no son siempre expresados de manera consecuente o confiada. Así, él dice: Es dudoso que una cierta clase de personas deban ser purificados por fuego después de la muerte para ser preparados para entrar en el cielo: «Utrum ita sit,» dice él, «quaeri potest: et aut inveniri, aut latere, nonnullos fideles per ignem quemdam purgatorium; quanto magis minusve bona percuntia dilexerunt, tanto tardius citiusque salvari.»[40] Pero en otros lugares enseña los dos puntos esenciales en la doctrina del purgatorio, primero que las almas de una cierta clase de personas que han de ser finalmente salvas sufren tras la muerte; y segundo, que son ayudadas por medio de la eucaristía, y las limosnas y las oraciones de los fieles.[41]

Pero fue Gregorio Magno quien consolidó las vagas y conflictivas ideas que circulaban por la Iglesia, y dio tal forma a la doctrina y en tal relación con la disciplina de la Iglesia, que la

---

37. Hoepfner, *De Origine Domatis de Purgatorio*, Halle, 1792-98; citado por Flügge, *ut supra*, pág. 323.
38. Eisenmenger, *Endecktes Judenthum*, II. VI; Königsberg, 1711, págs. 357, 358.
39. *Kabbala Denudata*, edición de Frankfort, 1684, Vol. II, parte 1, págs. 108, 109, 113.
40. *Enchiridion de Fide, Spe et Charitate*, 69; *Obras*, París, 1837, Vol. VI, pág. 382, b.
41. *De Civitate Dei*, XXI, XIII; *Ibid*, Vol. VII, pág. 1015, d. *Enchiridion de Fide, Spe et Charitate*, 110, *Ibid*, Vol. VI, pág. 403, b, c.

transformó en una eficaz maquinaria para su gobierno e ingresos. Desde este tiempo y a través de toda la Edad Media, el purgatorio vino a ser uno de los temas más destacados y constantemente reiterados en la instrucción pública. Se apoderó firmemente de la imaginación del público. El clero, desde los más altos a los más bajos, y las diferentes órdenes de monjes, competían en celo para inculcar la doctrina, y en las maravillas que relataban de las apariciones espirituales para apoyar la doctrina. Contendían fieramente por el honor de un poder superior para redimir a las almas de las penas del purgatorio. Los Franciscanos pretendían que el superior de su orden descendía anualmente al purgatorio para librar a todos los de la hermandad que estaban detenidos allí. Los Carmelitas afirmaban que la Virgen María había prometido que nadie que muriera con el escapulario carmelita sobre él se perdería jamás.[42] El cincel y el lápiz del artista se emplearon en la representación de los horrores del purgatorio, como medio para impresionar la mente del público. Ninguna clase escapó al contagio de esta creencia; los eruditos así como los ignorantes; los altos y los bajos; los soldados y los reclusos; los escépticos y los creyentes, fueron todos esclavizados.[43] Ha sido la Biblia, no el progreso de la ciencia, la que ha librado de esta esclavitud a todos los protestantes.

---

42. Mosheim, *Historia Ecclesiae*, Saeculum XIII, pars. II. 2, §29; edic. Helmstadt, 1764, pág. 454.
43. Toda la experiencia demuestra que la incredulidad no es protección contra la superstición. Si los hombres no creen lo racional y verdadero, creerán lo absurdo y falso. Cuando el autor volvía de Europa, tuvo como compañero de viaje a un distinguido diplomático francés. Una noche, temprano, admirando la luna resplandeciendo magnífica, aquel caballero se refirió a la idea de la creación, y declaró que era absurda, manifestándose ateo. Pero de inmediato añadió: «No me entienda mal. Soy un buen católico, y tengo la intención de morir en la Iglesia Católica. Ustedes los protestantes están en un error. Le dicen a cada persona que tiene que pensar por sí misma. ¡Pues bien, pensaré lo que me parezca! Quiero una religión que me diga que no he de pensar, sino sólo someterme. ¡Vale! Pienso someterme y ser sepultado en tierra sagrada.»

Capítulo 2

La resurrección

1. Doctrina Escrituraria.

POR LA RESURRECCIÓN NO SE SIGNIFICA la existencia continuada del alma después de la muerte. El hecho de que los Saduceos, en tiempos de Cristo, y contra los cuales se dirigen la mayoría de los argumentos del Nuevo Testamento en favor de la doctrina de la resurrección, no sólo negaban esta doctrina, sino la existencia continuada del alma después de la muerte, da cuenta suficiente de que las Sagradas Escrituras combinen ambas cuestiones. Así, nuestro Señor, razonando con los Saduceos, les dijo: «y tocante a los muertos en eso de que resucitan, ¿no habéis leído en el libro de Moisés, en lo de la zarza, cómo Dios le dijo taxativamente: Yo soy el Dios de Abraham, Dios de Isaac y Dios de Jacob? No es un Dios de muertos, sino de vivos» (Mr 12:26). Todo lo que este pasaje demuestra directamente es que los muertos siguen vivos tras la disolución del cuerpo. Pero como esta es la respuesta de Cristo a una pregunta que tiene que ver con la resurrección, se ha inferido que la resurrección no significa más que el que el alma no muere con el cuerpo, sino que resucita a una vida nueva y más elevada. Así también el Apóstol, en el elaborado argumento contenido en 1 Corintios 15, considera evidentemente que la negación de la resurrección equivale a la negación de la vida futura del alma. Por esto, muchos mantienen que la única resurrección de la que habla la Biblia es la resurrección del alma cuando muere el cuerpo. [...]

Sin embargo, se demuestra que las Escrituras enseñan una resurrección literal del cuerpo:

(1) Por el significado de la palabra. Resurrección significa un volverse a levantar; un levantamiento de lo que ha sido sepultado; o una restauración de la vida a aquello que estaba muerto. Pero según las Escrituras el alma no muere cuando el cuerpo se disuelve. Por ello, no puede ser sujeto de la resurrección, excepto en el sentido antitético a la muerte espiritual, que no es la cuestión de que aquí se trata. Lo mismo sucede con el cuerpo psíquico, si es que tal cosa existe. No muere, y por ello no puede resucitar. Lo mismo se puede decir de un nuevo cuerpo dado al alma cuando sea disuelta la casa terrenal de este tabernáculo.

(2) Se afirma que los que están en el polvo de la tierra, «los que están en los sepulcros», se levantarán. Pero es sólo del cuerpo que se puede decir que está en el sepulcro; y por ello es del cuerpo del que se tiene que entender la resurrección de la que se habla.

(3) Son nuestros «cuerpos mortales» los que han de volverse a levantar. Esta forma de expresión es decisiva para el significado del Apóstol. «El que levantó de los muertos a Cristo Jesús vivificará también vuestros cuerpos mortales por medio de su Espíritu que habita en vosotros» (Ro 8:11). Es «el cuerpo de nuestra bajeza» (Fil 3:21, RV) el que será hecho semejante al cuerpo glorioso de Cristo (Fil 3:21).

(4) Esta es también claramente la doctrina enseñada en el capítulo quince de Primera a los Corintios. Había ciertos erroristas en Corinto que negaban el hecho y lo deseable de la resurrección de los creyentes. El argumento de Pablo se dirige a estos dos puntos. En cuanto al hecho de que los muertos pueden resucitar, se refiere a lo que ningún cristiano puede negar, la resurrección de Cristo de entre los muertos. Este hecho, de carácter histórico, lo sustenta mediante evidencia histórica. Luego les muestra que la negación de la resurrección de Cristo es la negación de todo el Evangelio, que descansa sobre este hecho. «Si Cristo no resucitó, vana es entonces nuestra predicación, vana es también vuestra fe.» Pero si Cristo resucitó de entre los muertos, todo su pueblo debe hacerlo también. Cristo resucitó como las primicias de los que duermen. Hay, en la perspectiva de Pablo, la misma conexión divinamente designada, y por tanto necesaria, entre la resurrección de Cristo y la de Su pueblo, como entre la muerte de Adán y la de sus descendientes. Y tan ciertamente como en Adán todos mueren, así todos en Cristo serán vivificados. Y, finalmente, acerca de esta cuestión, el Apóstol condesciende a argüir conforme a la fe y la práctica de la Iglesia. ¿De qué sirve, pregunta él, bautizarse por los muertos, si los muertos no resucitan? Toda la vida diaria del cristiano se basa, afirma él, en la esperanza de la resurrección; no meramente en la continuada existencia del alma, sino en la gloriosa existencia del hombre íntegro, alma y cuerpo, con Cristo en el cielo. En cuanto al segundo punto, lo deseable de la resurrección del cuerpo, muestra que todas las objeciones acerca de este punto están basadas en la suposición de que el cuerpo futuro ha de ser como el cuerpo presente. Y dice que el hombre que hace esta objeción es un insensato. Los dos no son más iguales que una semilla y una flor, que un terrón de tierra y una estrella, que lo terrenal y lo celestial. «Se siembra [el cuerpo natural] en corrupción, resucitará en incorrupción. Se siembra en deshonor, resucitará en gloria; se siembra en debilidad, resucitará en poder. Se siembra cuerpo natural, resucitará cuerpo espiritual.» Así, todo este discurso es acerca del cuerpo. A la objeción de que nuestros cuerpos actuales no están adaptados a nuestro futuro estado de existencia él viene a responder: Cierto. Cierto que la carne y la sangre no pueden heredar el reino de Dios; esto corruptible tiene que revestirse de incorrupción, y esto mortal tiene que revestirse de inmortalidad. Parece que el Apóstol en este capítulo debe haber tenido en mente a una multitud de escritores en nuestros tiempos que se divierten burlándose de la doctrina de la resurrección, sobre unas bases muy semejantes sobre las que razonaban los erroristas de Corinto, cuyos argumentos aplastó él hace dieciocho siglos.

(5) Otro argumento acerca de esta cuestión es el que proviene de la analogía constantemente presentada entre la resurrección de Cristo y la de su pueblo. Los escritores sagrados, como hemos visto, argumentan la posibilidad y la certidumbre de la resurrección de nuestros cuerpos según hecho de la resurrección de Cristo; y la naturaleza de nuestros cuerpos futuros conforme a la naturaleza de Su cuerpo en el cielo. No habría sentido en este argumento si el cuerpo no fuera lo que va a resucitar.

(6) Finalmente, así como Pablo argumentaba según la fe de la Iglesia, no podemos errar en seguir su ejemplo. La Biblia es un libro llano, y todo el mundo cristiano ha comprendido, en todas las eras, que enseñaba no eso o aquello, sino la resurrección literal de los muertos del cuerpo depositado en el sepulcro. A todos los cristianos de toda denominación se les enseña a decir: Creo en «el perdón de los pecados; la resurrección del cuerpo; y la vida eterna.»

La identidad de nuestro cuerpo futuro con el presente.

Aquí hay dos cuestiones distintas a considerar. Primera: ¿Enseñan las Escrituras que el cuerpo de la resurrección ha de ser el mismo que el depositado en el sepulcro? Segunda: ¿En qué consiste esta identidad? La primera de estas preguntas la podemos contestar confiados: la segunda puede que no podamos responderla.

Los argumentos para demostrar que en el futuro vamos a tener los mismos cuerpos que en esta vida presente son sustancialmente los mismos que los ya aducidos. La verdad es que la identidad está implicada en la misma idea de la resurrección, porque la resurrección es la vivificación de lo que estaba muerto; no de algo de la misma naturaleza, sino la misma cosa. Y todos los pasajes ya citados que demuestran la resurrección del cuerpo presuponen o declaran que es el mismo cuerpo el que resucita. La promesa y predicción de la resurrección y transformación se refiere a nuestros «cuerpos mortales»; al «cuerpo de nuestra bajeza»; a «esto corruptible», «esto mortal». Nuestra resurrección ha de ser análoga a la de Cristo; pero en este caso no hay duda alguna de que el cuerpo que colgó de la cruz y que fue depositado en el sepulcro resucitó de entre los muertos, Si no, no habría habido resurrección. La identidad era la misma cosa que Cristo estaba deseoso de mostrar a sus discípulos vacilantes. Les mostró Sus manos y pies horadados, y su costado traspasado. Pero acerca de esto hay pocas diferencias de opinión. Allí donde la resurrección del cuerpo es un artículo de fe, se ha admitido la identidad del cuerpo presente y del futuro. La forma usual de sepultura cristiana, en el caso de los fieles, ha sido siempre: «Entregamos este cuerpo a la tumba en la esperanza cierta de una bienaventurada resurrección.»

¿En qué consiste esta identidad?

[...] Primero, en el caso de la materia no organizada, como un terrón de tierra o una piedra, la identidad depende de la continuidad de la sustancia y de la forma. Si la piedra se reduce a polvo y se esparce, la misma sustancia continúa, pero no la forma; y por ello la identidad se ha ido [...]

Segundo, en las obras de arte la identidad de sustancia juega un papel muy subordinado. El Apolo Belvedere estuvo una vez sólo potencial en un bloque de mármol. La parte central de aquel bloque que contenía todas las partículas de materia no era el Apolo del artista. Si todas las partículas cortadas fueran restauradas a su sitio, la sustancia permanecería, pero la estatua desaparecería. Aquí la forma, la expresión, la idea informadora, son los principales constituyentes de la identidad. Si se demoliera una penitenciaría y se emplearan los materiales para edificar una catedral, la sustancia sería la misma, pero no el edificio. [...]

Tercero, la identidad en los organismos vivos es algo aún más elevado y más inescrutable que en las obras de arte. La bellota y el roble son lo mismo, ¿pero en qué sentido? No en sustancia ni en forma. El niño y el adulto son el mismo, a través de todas las etapas de la vida: la infancia, la edad adulta y la ancianidad. Pero la sustancia del cuerpo está en estado de cambio perpetuo. Se dice que este cambio se completa una vez cada siete años, Por ello, si alguien vive hasta los setenta años, la sustancia de su cuerpo ha cambiado totalmente diez veces durante este período. Aquí, pues, tenemos una entidad independiente de la identidad de sustancia. Por ello, nuestros cuerpos futuros pueden ser los mismos que los que ahora tenemos, aunque no haya en ellos una partícula material perteneciente al anterior.

El objeto de estas observaciones acerca de las diferentes clases de identidad no es el de explicar nada. No se quiere enseñar en qué consisten la identidad de lo terrenal y de lo celestial; si se tratará de una identidad de sustancia; o de expresión e idea, como en las obras de arte; o de la continuidad ininterrumpida de la misma fuerza vital en la planta y animal a través de todo su proceso de crecimiento y degeneración; o si la identidad incluye a todas estas, o si es diferente de todas ellas. Nada afirmamos. El tema lo dejamos donde lo deja la Biblia. Lo que se pretende con estas observaciones es doble: primero, mostrar que es perfectamente racional que un hombre afirme la identidad entre nuestros cuerpos presentes y futuros, aunque se vea forzado a admitir que no sabe en qué ha de consistir esta identidad. Esto no es más que lo que todos los hombres han de admitir acerca de la identidad de nuestros cuerpos presentes. Y, segundo, para detener las lenguas de los contradictores. Ellos ridiculizan la idea de la resurrección del cuerpo, preguntando si el niño resucitará como niño; si los viejos resucitarán arrugados y decrépitos; los mutilados como mutilados; los obesos con su gran carga; y piensan que con estos razonamientos han refutado una doctrina de la Escritura. La Biblia no enseña tales absurdos, y ninguna Iglesia va más allá de las Escrituras al afirmar dos cosas: que el cuerpo resucitará, y que será el mismo después de la resurrección que antes; pero ni la Biblia ni la Iglesia determinan en qué consistirá esta identidad [...]

La naturaleza del cuerpo de resurrección.

Es evidente que ésta es una cuestión de la que nada podemos saber aparte de por medio de la revelación divina. [...]

Hay dos declaraciones negativas en la Biblia acerca de esto que tienen grandes implicaciones. La primera es la declaración de Cristo, de que en la resurrección las personas ni se casarán ni se darán en casamiento, sino que son como los ángeles de Dios. La segunda es lo que escribe Pablo en 1 Corintios 15:50: «La carne y la sangre no pueden heredar el reino de Dios.» Parece haber tres cosas claramente implicadas o declaradas en estos pasajes: (1) Que los cuerpos de los hombres tienen que ser adecuados de manera especial para el estado de existencia en el que tienen que vivir y actuar. (2) Que nuestros cuerpos presentes, esto es, nuestros cuerpos tal como están ahora organizados, no están adaptados a nuestro futuro estado de ser. Y (3) Que todo en la organización o constitución de nuestros cuerpos designado para suplir nuestras actuales necesidades cesará con la vida que es ahora. Nada de este tipo pertenecerá al cuerpo de resurrección. Si la sangre deja de ser nuestra vida, no tendremos necesidad de órganos de respiración y de nutrición. En tanto que ignoremos las condiciones de existencia que nos esperan tras la resurrección, es vano especular acerca de la constitución de nuestros cuerpos futuros. Es suficiente saber que el pueblo glorificado de Dios no estará cargado con órganos inútiles, ni estorbado por las limitaciones ahora impuestas por nuestro actual estado de la existencia.

Sin embargo, se pueden deducir los siguientes particulares con mayor o menor confianza, según lo que la Biblia nos ha revelado acerca de esta cuestión:

1. Que nuestros cuerpos, después de la resurrección, retendrán su forma humana. Dios, se nos dice, dio a todas sus criaturas en la tierra cuerpos adaptados a su naturaleza, y necesarios para alcanzar el propósito para el que fueron creados. Cualquier cambio esencial en la naturaleza del cuerpo involucraría un cambio correspondiente en su constitución interna. Una abeja con forma de caballo dejaría de ser una abeja; y un hombre con una forma distinta a la humana dejaría de ser un hombre. Su cuerpo es un elemento esencial en su constitución. Todas las indicaciones que se dan en la Escritura acerca de esta cuestión llevan a mantener esta conclusión. Cada vez que Cristo apareció a Sus discípulos, no sólo antes, sino también después de Su ascensión, como a Esteban, Pablo y Juan, fue en forma humana. Orígenes imaginó que debido a que el círculo es la figura más perfecta, el cuerpo futuro será globular. Pero una criatura con esta forma no sería reconocida como hombre ni en la tierra ni en el cielo.

2. Es probable que el cuerpo futuro no sólo retendrá la forma humana, sino que también tendrá una semejanza glorificada a lo que era en la tierra. Sabemos que cada hombre aquí tiene su carácter individual, peculiaridades mentales y emocionales que le distinguen de cualquier otro hombre. Sabemos que su cuerpo revela más o menos claramente su carácter, por su expresión, aire y porte. Esta revelación de lo interior por lo exterior será probablemente más exacta e informativa en el cielo que lo que pueda serlo aquí en la tierra. ¿Cómo podríamos conocer a Pedro o a Juan en el cielo, si no hubiera algo en su apariencia y porte que se correspondiera con la imagen de ellos impresa por sus escritos en las mentes de todos sus lectores?

3. Esto lleva a las observaciones adicionales de que no sólo reconoceremos a nuestros amigos en el cielo, sino que también conoceremos, sin que nos tengan que ser presentados, a los profetas, apóstoles, confesores y mártires, de los que hemos leído u oído mientras estábamos en la tierra. (*a*) Esto es muy probable por la misma naturaleza del caso. Si el cuerpo futuro debe ser el mismo que el presente, ¿por qué no iba a incluir esta identidad una cierta identidad de semejanza, aparte de lo que pueda incluir además? (*b*) Cuando Moisés y Elías aparecieron en el monte con Cristo, fueron reconocidos en el acto por los discípulos. Su apariencia se correspondía de manera tan exacta con los conceptos formados conforme al Antiguo Testamento acerca del carácter y conducta de ellos, que no había duda alguna acerca de su identidad. (*c*) Se dice que nos sentaremos con Abraham, Isaac y Jacob en el reino de los cielos. Esto implica que Abraham, Isaac y Jacob serán reconocidos; y si ellos lo son, también los otros lo serán. (*d*) Se promete que nuestra copa de dicha quedará entonces llena; pero no podría serlo a no ser que nos encontremos en el cielo con aquellos a los que amamos en la tierra. El hombre es un ser social con un alma llena de afectos sociales, y como ha de ser un hombre en el cielo, ¿no es probable que vaya a retener todos sus afectos sociales allí? Difícilmente Dios habría puesto este puro anhelo en los corazones de Su pueblo si nunca fuera a ser satisfecho, David, llorando sobre su hijo muerto, dijo: «Yo iré a él, mas él no volverá a mí.» Y éste ha sido el lenguaje de cada corazón dolido desde aquel tiempo hasta hoy. (*e*) La Biblia revela claramente que el hombre retendrá todas sus facultades en la vida futura. Una de las más importantes de estas facultades es la memoria. Si no fuera retenida habría un vacío en nuestra existencia. El pasado dejaría de existir para nosotros. Difícilmente podríamos estar conscientes de nuestra identidad, si lo estuviéramos en absoluto. Entraríamos en el cielo como criaturas recién creadas, carentes de historia. En este caso cesarían todos los cánticos del cielo. No habría acción de gracias por la redención; no habría reconocimiento de todos los tratos de Dios con nosotros en este mundo. La memoria, sin embargo, no sólo continuará, sino que indudablemente será grandemente exaltada con todas nuestras facultades, de manera que los registros del pasado podrán ser tan legibles para nosotros como los acontecimientos del presente. Si es así, si los hombres han de retener en el cielo el conocimiento de su vida terrenal, esto involucra naturalmente el recuerdo de todas las relaciones sociales, de todos los vínculos de respeto, amor y gratitud que atan a los hombres en la familia y en la sociedad. (*f*) La doctrina de que en una vida futura reconoceremos a aquellos a los que conocimos y amamos en la tierra ha formado parte de la fe de la humanidad. Está dada por sentada en la Biblia, tanto en el Antiguo Testamento como en el Nuevo. Los patriarcas siempre hablaban de irse con sus padres cuando morían. Los Apóstoles exhortan a los creyentes a no lamentarse por sus difuntos como los que no tienen esperanza, dándoles con ello la certidumbre de que serán reunidos con todos aquellos que mueren en el Señor.

4. Sabemos con certeza que los cuerpos futuros de los creyentes han de ser:

(*a*) Incorruptibles; no meramente destinados jamás a corromperse, sino también no susceptibles a la corrupción. [...] No siendo susceptibles a la corrupción, serán incapaces de sufrir, o al menos cuidadosamente preservados de sufrimiento por Aquel que ha prometido enjugar todas las lágrimas de nuestros ojos.

(*b*) El futuro cuerpo será inmortal. Esto es algo diferente, más alto, que incorruptible. Esto último es negativo; lo primero es positivo; lo uno implica inmunidad a la corrupción; lo segundo no sólo inmunidad a la muerte, sino perpetuidad de vida, No habrá decrepitud debido al paso del tiempo; ni merma en las facultades; ni pérdida de vigor; sino una juventud inmortal.

(*c*) El cuerpo presente es sembrado en debilidad, será levantado en poder. Sabemos muy bien cuán débiles somos ahora, lo poco que podemos llevar a cabo; cuán pocos son nuestros sentidos, y cuán limitados sus alcances; pero todavía no sabemos en qué maneras o en qué medida ha de ser aumentado nuestro poder. Es probable que por altas que sean nuestras expectativas acerca de esto, no llegaran a la realidad; porque aún no aparece, no está revelado ni en la experiencia ni en la esperanza, lo que seremos. [...]

(*d*) El cuerpo es sembrado en deshonra, será levantado en gloria. La gloria es lo que excita maravilla, admiración y deleite. Los cuerpos de los santos han de ser hechos semejantes al cuerpo glorioso de Cristo. Seremos como Él cuando le veamos como Él es. Más que esto no se puede decir; lo que esto significa no lo sabemos ahora, pero lo sabremos más adelante. Sabemos ya que cuando el cuerpo de Cristo fue transfigurado en el monte, los Apóstoles desmayaron y quedaron como muertos en Su presencia; y sabemos que cuando venga por segunda vez para salvación, los cielos y la tierra huirán a la vista de Su gloria. Es suficiente decir que así como hemos llevado la imagen del terrenal, también llevaremos la imagen del celestial. Bien podía el Apóstol exhortar a los creyentes a no lamentarse por los santos que habían muerto, a los que van a ver otra vez, revestidos de una hermosura y gloria de la que no podemos tener ahora una idea justa.

(*e*) Se siembra un cuerpo natural, resucitará cuerpo espiritual. Cuando se emplean términos antitéticos así, el sentido del primero nos permite determinar el sentido del segundo. Podemos entonces ver qué es lo que significa la palabra «espiritual» por lo que conocemos del sentido de la palabra «natural». La palabra *psuchikon*, traducida «natural», como todos saben, se deriva de *psuchë*, que a veces significa la vida; a veces el principio de vida que los hombres tienen en común con los brutos; y a veces el alma en el sentido ordinario e inclusivo del término: el principio racional e inmortal de nuestra naturaleza; aquello en lo que reside nuestra personalidad. De manera que decir «Mi alma se regocija», o «Mi alma está muy triste» equivale a decir «Me regocijo» o «Estoy muy triste». Siendo éste el significado de *psuchë*, es evidente que *söma psuchikon*, el cuerpo físico o natural, no puede significar un cuerpo hecho de *psuchë*. De la misma manera no es menos evidente que *söma pneumatikon* no puede significar un cuerpo hecho de espíritu. Esta sería una contradicción tan grande en términos como hablar de un espíritu hecho de materia. También sabemos que el hombre tiene una naturaleza animal así como racional. Esto es: su alma está dotada no sólo de razón y de conciencia, sino también de sensibilidades o facultades que lo capacitan para estar sensible a los apetitos del cuerpo, como hambre y sed, y de sus sensaciones de placer y dolor. Estos apetitos y sensaciones son estados de la consciencia del alma. Así, el *söma psuchikon*, o cuerpo natural, es un cuerpo adaptado al alma en este aspecto de su naturaleza; y el *söma pneumatikon*, o cuerpo espiritual, es un cuerpo adaptado a los más altos atributos del alma. Sabemos por experiencia qué es el primero: es un cuerpo terrenal, hecho del polvo de la tierra. El químico puede analizarlo, y reducirlo a sus componentes de amoníaco, hidrógeno, carbono, etc. Y en el sepulcro pronto se hace indistinguible de otras partes de la superficie de la tierra. Es un cuerpo que mientras vive está en constante necesidad de reparación; tiene que ser sostenido por el oxígeno del aire y por los elementos químicos de su alimentación. Pronto se fatiga, y tiene que descansar y dormir. Al cabo de poco más de setenta años queda desgastado y cae en el sepulcro. Con el cuerpo espiritual es al revés. No tiene tales necesidades ni está sometido a tal fatiga y decaimiento. Indudablemente en esto está involucrado el hecho de que en tanto que nuestros cuerpos presentes están adaptados a las facultades inferiores de nuestra naturaleza, y que el cuerpo espiritual lo está a las más altas facultades, que este último ha de ser más refinado, etéreo, y, como dice Pablo, celestial, que el otro. Incluso ahora el alma, en un sentido, impregna todo el cuerpo. Está en cada parte del mismo. Es sensible a todos sus cambios de estado; le da una apariencia y porte que revela al hombre como señor de este mundo, y en un grado muy superior podrá el alma impregnar el cuerpo refinado y glorificado que recibirá en la resurrección de los justos, haciéndolo de esta manera, y en un grado ahora incomprensible, espiritual en su misma naturaleza. Si el rostro del hombre, formado del polvo de la tierra, resplandece tan a menudo con inteligencia y con emociones elevadas, ¡qué no podrá esperarse de un semblante hecho semejante al del Hijo de Dios!

Entonces, si nuestros cuerpos futuros han de retener la forma humana; si serán así distinguidos por todos los que nos conocieron y amaron en la tierra; si han de ser dotados con un poder desconocido; si han de ser incorruptibles, inmortales y espirituales; si hemos de llevar la imagen del celestial, bien podemos inclinarnos con corazones humildes y gozosos y recibir la exhortación del Apóstol: «Así que, hermanos míos amados, sed firmes y constantes, abundando en la obra del Señor siempre, sabiendo que vuestro trabajo en el Señor no es en vano.»

Capítulo 3

La Segunda Venida

1. Observaciones preliminares.

ESTE ES UN TEMA muy vasto y difícil. Está íntimamente relacionado con todas las otras grandes doctrinas que caen bajo el encabezamiento de la escatología. Ha suscitado tanto interés en todas las edades de la Iglesia que los libros escritos acerca de ello formarían por sí solos una biblioteca. Este tema no puede ser discutido de manera adecuada sin examinar todas las enseñanzas proféticas de las Escrituras, tanto del Antiguo como del Nuevo Testamento. Esta tarea no puede ser llevada a cabo de manera satisfactoria por parte de uno que no haya hecho especialidad suya el estudio de las profecías. El autor, sabiendo que no está calificado para esta tarea, se propone limitarse en gran medida a un examen histórico de los diferentes sistemas de interpretación de las profecías de las Escrituras acerca de esta cuestión. [...]

2. La doctrina común de la Iglesia.

La doctrina común de la Iglesia es, en primer lugar, que ha de haber una segunda venida gloriosa, personal y visible, del Hijo de Dios. En segundo lugar, que los acontecimientos que han de preceder a esta venida son:

1. La difusión universal del Evangelio; o, como lo expresa nuestro Señor, el recogimiento de los escogidos; esto es el llamamiento de la Iglesia Cristiana.

2. La conversión de los judíos, que ha de ser nacional. Así como su exclusión fue nacional, aunque fue salvado un remanente, así su conversión será nacional, aunque algunos puedan permanecer endurecidos.

3. La venida del Anticristo.

En tercer lugar, que los acontecimientos que acompañarán a la segunda venida son:

1. La resurrección de los muertos, de justos e injustos.
2. El juicio general.
3. El fin del mundo. Y,
4. La consumación del reino de Cristo,

3. La venida personal de Cristo.

[...] Está claro que el Nuevo Testamento enseña una segunda venida, visible y gloriosa, del Hijo de Dios:

1. Por la analogía entre la primera venida y la segunda. [...] La venida es en ambos casos predicha con unos términos prácticamente iguales. Por ello, si Su primera venida fue perso-

nal y visible, también tiene que serlo la segunda. Las dos venidas son frecuentemente mencionadas juntas, ilustrando la una la otra. Él ha de venir «por segunda vez, sin relación con el pecado, a los que le esperan ansiosamente para salvación» (He 9:28), Dios, dijo el apóstol Pedro, enviará «a Jesucristo, designado de antemano para vosotros; a quien el cielo debe guardar hasta los tiempos de la restauración de todas las cosas de que habló Dios por boca de sus santos profetas que hubo desde la antigüedad» (Hch 3:20, 21). Cristo es ahora invisible para nosotros, habiendo sido recibido en el cielo. Y debe permanecer invisible así, hasta que Dios lo envíe cuando la restauración,

2. En muchos lugares se declara que Su manifestación será personal y visible. En el tiempo de Su ascensión, los ángeles les dijeron a Sus discípulos: «Varones galileos, ¿por qué estáis mirando al cielo? Este mismo Jesús, que ha sido tomado de vosotros al cielo, vendrá así, tal como le habéis visto ir al cielo (Hch 1:11). Su segunda venida ha de ser tan visible como Su ascensión. Le vieron ir. Le verán venir. En Mateo 26:64 Él afirma: «A partir de ahora veréis al Hijo del Hombre sentado a la diestra del Poder, y viniendo sobre las nubes del cielo.» En Mateo 24:30: «Entonces aparecerá la señal del Hijo del Hombre en el cielo; y entonces harán duelo todas las tribus de la tierra, y verán al Hijo del Hombre viniendo sobre las nubes del cielo, con poder y gran gloria.» Lucas 21:27: «Entonces verán al Hijo del Hombre, que vendrá en una nube.»

3. Las circunstancias que acompañarán a la segunda venida demuestran que será personal y visible. Será en las nubes; con poder y gran gloria; con los santos ángeles y todos los santos; y será con un clamor y con la voz de arcángel.

4. Los efectos adscritos a este acontecimiento demuestran lo mismo. Todas las tribus de la tierra se lamentarán; los muertos, grandes y pequeños, se levantarán; los malvados clamarán a las rocas y a los montes para que los cubran; los santos han de ser arrebatados para encontrarse con el Señor en el aire; y la tierra y los cielos huirán de Su presencia.

5. El hecho de que los Apóstoles entendieron que Cristo predijo Su segunda venida como en persona no admite ninguna duda. La verdad es que casi todos los comentaristas racionalistas enseñan que los Apóstoles creyeron totalmente e incluso enseñaron que la segunda venida con todas sus gloriosas consecuencias tendría lugar en sus días. Es cierto que creían que vendría visiblemente y con gran gloria, y que mantuvieron Su venida como el gran objeto de expectativa y de deseo. En verdad, los cristianos son descritos como aquellos que están esperando «anhelantes la revelación de nuestro Señor Jesucristo» (1 Co 1:7); como aquellos que están «aguardando la esperanza bienaventurada y la manifestación gloriosa de nuestro gran Dios y Salvador Jesucristo» (Tit 2:13) (es a aquellos que le esperan que Él «aparecerá por segunda vez, sin relación con el pecado, [...] para salvación», He 9:28); como aquellos que están esperando y deseando anhelantes la venida del día de Dios (2 P 3:12). Es una característica marcada de las escrituras apostólicas que dan tal prominencia a la doctrina de la segunda venida (véase 1 Co 4:5; 15:23; 2 Co 1:14; Fil 1:6; 2:16; 3:20; Col 3:4; 1 Ts 1:10; 2:19; 3:13; 4:15-17; 2 Ts 1:7; 1 Ti 6:14; 2 Ti 4:8; 1 P 1:5-7; 4:5, 13; 5:4; 2 P 1:16; 2 P 3:3-10).

Por todos estos pasajes, y por todo el tenor del Nuevo Testamento, está claro: (1) Que los Apóstoles creían plenamente que va a haber una segunda venida de Cristo. (2) Que Su venida será personal, visible y gloriosa. (3) Que mantenían este gran acontecimiento constantemente delante de sus mentes, apremiándolo a la atención del pueblo, como motivo de paciencia, constancia, gozo y vida santa. (4) Que los Apóstoles creían que la segunda venida de Cristo iría acompañada por la resurrección general, el juicio final, y el fin del mundo.

Como ya se ha indicado, se han presentado las siguientes objeciones contra esta perspectiva acerca de las profecías del Nuevo Testamento que se refieren a la Segunda Venida:

Capítulo 3–La Segunda Venida

1. Que la primera venida de Cristo es predicha en el Antiguo Testamento en unos términos casi tan entusiastas como la segunda en el Nuevo Testamento: Había de venir en las nubes del cielo; con gran poder y gloria; todas las naciones se le someterían; todos los pueblos serían reunidos ante Él; las estrellas caerían del cielo; el sol se oscurecería, y la luna se transformaría en sangre. Estas descripciones no fueron cumplidas por la primera venida, y se entienden como refiriéndose a los grandes cambios en el estado del mundo como consecuencia de Su venida. Por ello, se aduce que es irrazonable esperar nada que sea un cumplimiento literal de las profecías del Nuevo Testamento. A estas objeciones se puede responder así:

(A) Que en el Antiguo Testamento el período Mesiánico es descrito en su totalidad. El hecho de que el Mesías había de venir y establecer un reino eterno que iba a triunfar sobre toda oposición y a experimentar una gloriosa consumación queda claramente predicho. Todos estos acontecimientos fueron, por así decirlos, incluidos en la misma imagen; pero no se preservó la perspectiva. Las profecías no tenían la intención de dar un orden cronológico de los acontecimientos predichos. Por ello, la consumación del reino del Mesías es presentada como en una proximidad inmediata a Su manifestación en carne. Esto llevó a casi todos los judíos, e incluso a los mismos discípulos de Cristo, antes del día de Pentecostés, a esperar el establecimiento inmediato del reinado del Mesías en su gloria. Siendo tal el carácter de las profecías del Antiguo Testamento, no se puede inferir con justicia que hayan recibido ya su pleno cumplimiento, o que estén siendo ahora cumplidas en el silencioso avance del Evangelio. Incluyen el pasado y el presente, pero queda mucho por cumplirse en el futuro, más en consonancia con su sentido literal.

(B) El carácter de las predicciones del Nuevo Testamento no admite que sean asignadas a ninguna venida espiritual de Cristo ni al constante avance de Su Iglesia. Evidentemente se refieren a un acontecimiento singular; a un acontecimiento en el futuro, no ahora en desarrollo; a un acontecimiento que atraerá la atención de todas las naciones, y que irá acompañado de la resurrección de los muertos, de la completa salvación de los justos, y de la condenación de los malvados.

(C) Una tercera respuesta a la objeción bajo consideración es que los Apóstoles, como se concede, comprendieron las predicciones de Cristo acerca de Su segunda venida de la manera en que han sido entendidas por la Iglesia como un todo, desde aquel día hasta hoy.

2. Una segunda objeción a la común perspectiva de la Iglesia acerca de la escatología del Nuevo Testamento es que nuestro Señor dice de manera expresa que los acontecimientos que Él predijo iban a tener lugar durante aquella generación. Sus palabras fueron: «De cierto os digo, que no pasará esta generación hasta que todo esto acontezca.» Esta objeción se basa en el fructífero discurso de Cristo registrado en los capítulos veinticuatro y veinticinco de Mateo. Se debe observar que estos capítulos contienen la respuesta que Cristo dio a tres preguntas que le hicieron los discípulos:

Primero, cuándo tendría lugar la destrucción del templo y de Jerusalén; segundo, cuál sería la señal de Su venida; y tercero, cuándo tendría lugar el fin del mundo. La dificultad en la interpretación de este discurso es determinar su relación con estas diversas preguntas. Hay tres métodos de interpretación que se han aplicado a este pasaje. El primero supone que todo el discurso de nuestro Señor se refiere sólo a una pregunta, esto es: Cuándo iba Jerusalén a ser destruida e inaugurado el reino de Cristo; el segundo adopta la teoría de lo que solía llamarse como el doble sentido de la profecía; esto es, que las mismas palabras o predicciones se refieren a un acontecimiento en un sentido, y a un acontecimiento diferente en otro sentido; el tercero supone que una parte de las predicciones de nuestro Señor se refiere exclusivamente a una de las preguntas hechas, y que las otras porciones se refieren exclusivamente a las otras cuestiones.

Los intérpretes racionalistas adoptan el primer método, y atribuyen todo a la destrucción del estado judío, de Jerusalén y al establecimiento de la Iglesia, que debe hacer su obra de juicio en la tierra. Algunos intérpretes evangélicos también suponen que nuestro Señor responde a las tres preguntas que le hacen como si fueran una, porque de hecho eran una para la mente de sus discípulos, por cuanto ellos creían que los tres acontecimientos, la destrucción de Jerusalén, la segunda venida de Cristo y el fin del mundo tendrían lugar de manera simultánea. Así, Luthardt dice: «Hay tres preguntas, conforme a lo dicho, pero sólo una en la mente de los discípulos, porque ellos no consideraban los tres acontecimientos, la destrucción de Jerusalén, la segunda venida de Cristo y el fin del mundo, como separados cronológicamente, sino como tres grandes actos en el drama final de la historia del mundo.»[1] En este sentido, añade él, nuestro Señor contestó a sus preguntas. Él no separa los acontecimientos distintos, hablando primero de uno, y luego del otro, sino que los mantiene a todos delante de la vista. «Es el método de la profecía bíblica», dice él, «y que nuestro Señor observa, de siempre predecir un gran fin y todo lo demás y lo que es preparatorio sólo en tanto que tiene relación con aquel fin y que aparece como uno de sus elementos»[2] Por ello, aunque la profecía de Cristo se extiende a acontecimientos en el futuro distante, podía decir que aquella generación no pasaría hasta que todo esto aconteciera, porque la destrucción de Jerusalén era el comienzo de aquella obra de juicio que Cristo había predicho.

Según esta postura, el primer método de interpretación difiere muy poco del segundo de los mencionados. Ambos suponen que las mismas palabras o descripciones quieren referirse a dos o más acontecimientos de naturaleza muy distinta en su naturaleza y en el tiempo de su acaecimiento. La predicción de Isaías de la gran liberación que Dios iba a obrar para Su pueblo fue dada de tal manera que respondiera a la vez a la redención de los judíos de su cautiverio en Babilonia y a la más grande redención obrada por el Mesías. Era de hecho e igualmente una predicción de ambos acontecimientos. Lo primero era el tipo, y el primer paso hacia el cumplimiento de lo segundo. Lo mismo con el capítulo catorce de Zacarías, la profecía de la destrucción de Jerusalén, la redención espiritual y el juicio final quedan todos amalgamados. Así, de la misma manera en que las profecías del Antiguo Testamento las profecías Mesiánicas incluían todo el alcance de los tratos de Dios con Su pueblo, incluyendo su liberación de Babilonia y su redención por Cristo, de manera que llega a ser dudoso lo que se refiere a lo primero y lo que se refiere a lo último, de la misma manera este discurso de Cristo puede ser considerado como incluyendo toda la historia de Su reino, incluyendo su gran obra de juicio en la exclusión de los judíos y el llamamiento de los gentiles, así como la final consumación de Su obra. Así, todo lo que se predice del juicio final tiene su contrapartida en lo que se cumplió en aquella generación.

El tercer método de interpretación debe ser preferido por encima de los demás, si puede ser aplicado con éxito. Cristo de hecho da respuesta a las tres preguntas que le hacen los discípulos. Les dijo cuándo serían destruidos el templo y la ciudad; sería cuando fueran a Jerusalén rodeada de ejércitos, Les dijo que la señal de la venida del Hijo del Hombre iba a ser la gran apostasía en la Iglesia, terribles persecuciones y tentaciones prácticamente irresistibles, y que con Su venida estarían relacionados el juicio final y el fin del mundo; pero que no les era dado saber el tiempo en el que tendrían lugar estos acontecimientos, ni a ellos, y ni siquiera a los ángeles del cielo (Mt 24:36).

---

1. *Die Lehre von den Dingen in Abhandlungen und Schriftauslegungen dargestelli* von Chr. Ernst Luthardt, der Theologie Doktor und Professor zu Leipzig, 1861, pág. 87.
2. *Ibid*, págs. 87, 88.

Si éste es el método de interpretar estas importantes predicciones, entonces la declaración contenida en Mateo 24:34, «No pasará esta generación hasta que todo esto acontezca» tiene que restringirse a «todo esto» de lo que se ha hablado en referencia a la destrucción de Jerusalén y el establecimiento de la Iglesia como reino de Cristo en la tierra. Sin embargo, hay gran autoridad para entender *hë genea hautë*, tanto aquí como en los pasajes paralelos de Marcos 13:30 y Lucas 21:32, como referentes a Israel como pueblo o raza; en este caso, el sentido sería que los judíos no dejarían de ser un pueblo separado hasta que estas predicciones se cumplieran.[3] Por lo tanto, no hay nada inconsecuente en este discurso de Cristo con la común doctrina de la Iglesia en cuanto a la naturaleza y acontecimientos concomitantes de Su Segunda Venida.

4. El llamamiento de los gentiles.

El primer gran acontecimiento que debe preceder a la Segunda venida de Cristo es la proclamación universal del Evangelio. [...] Cristo enseñó repetidas veces que el Evangelio debía ser predicado a todas las naciones antes de Su Segunda Venida, Así en Mateo 24:14: «Y será predicado este evangelio del reino por todo el mundo, para testimonio a todas las naciones; y entonces vendrá el fin.» [...]

El hecho de que la conversión del mundo gentil es la tarea asignada a la Iglesia bajo la actual dispensación, y de que no debe cruzarse de brazos esperando la segunda venida de Cristo para que ella cumpla esta obra parece ya evidente por lo que se ha dicho: (1) Esta es la obra que Cristo ha ordenado que emprenda Su Iglesia. (2) La ha provisto con todos los medios necesarios para su cumplimiento; Él ha revelado la verdad que es poder de Dios para salvación; Él ha instituido el ministerio, que debe ser perpetuado hasta el fin del mundo, y ha prometido dotar a hombres, a través de las épocas, con los dones y las gracias necesarios para el desempeño de sus deberes, y concederles Su presencia y ayuda constantes. (3) Los Apóstoles y la Iglesia de aquella época entendieron así la obra que les había sido encomendada y se dedicaron a ella con una dedicación y un éxito que, si hubiera sido continuado, la obra habría sido ya lograda hace mucho tiempo, hablando humanamente. (4) No hay indicación en el Nuevo Testamento de que la obra de convertir el mundo vaya a ser llevada a cabo por ningunos otros medios que los que ahora están en uso. (5) Es una deshonra para el Evangelio y para el poder del Espíritu Santo suponer que sean inadecuados para el cumplimiento de esta obra. (6) El maravilloso éxito de las misiones en nuestros días pasa a demostrar el hecho que se mantiene. Se han eliminado barreras consideradas infranqueables; las facilidades de acceso y comunicación se han potenciado a ciento por uno; se han establecido cientos de puntos misioneros por todas partes del mundo; muchos miles de convertidos han sido reunidos en iglesias y cientos de miles de niños están siendo instruidos cristianamente; se han minado los fundamentos de antiguos sistemas idolátricos; naciones paganas en su mayour parte se han vuelto cristianas, y están tomando parte en enviar el Evangelio a los que siguen sentados en tinieblas; y nada parece faltar para lograr la cosecha de los Gentiles sino un avivamiento del espíritu misionero de la edad apostólica en las iglesias del siglo diecinueve.

5. La conversión de los judíos.

El segundo gran acontecimiento que según la fe común de la Iglesia debe preceder a la Segunda Venida de Cristo es la conversión nacional de los judíos.

[...] Que debe haber una conversión nacional de este tipo se puede argumentar:

---

3. Dorner, *De Oratione Christi Eschatolgica, Tractatus Theologicus*. Stuttgart, 1844, págs. 76-86.

1. Por el llamamiento y destino originales de este pueblo. Dios llamó a Abraham y le prometió que por medio de él, y en su simiente, serían benditas todas las naciones de la tierra. Concertó con él un pacto solemne, comprometiéndose a ser su Dios y el Dios de su posteridad hasta las últimas generaciones; y que ellos serían Su pueblo. Estas promesas han sido cumplidas hasta el día de hoy; Dios preservó a los hebreos, aunque relativamente pocos en número en medio de naciones hostiles, de la destrucción o dispersión, hasta la venida de la prometida simiente de Abraham y de la consumación de Su obra redentora. Esto confirma la seguridad de que las otras promesas tocantes a este pueblo serán plenamente cumplidas.

2. El segundo argumento es conforme al tenor general del Antiguo Testamento tocante al pueblo escogido. Aquellas profecías van por un ciclo regular a menudo repetido en formas diferentes. El pueblo es reprendido por sus pecados y amenazado con severos castigos; cuando el castigo es infligido, y la nación llevada al arrepentimiento, siguen uniformemente promesas de restauración y favor. Isaías predijo que el pueblo sería llevado en cautividad por su idolatría, pero que un remanente sería restaurado a la tierra, y que les serían vueltos a dar sus privilegios. Joel y Zacarías predijeron que por su rechazamiento del Mesías serían dispersados hasta los fines de la tierra, pero que Dios los volvería a traer, y que Su favor no les sería quitado de manera definitiva. Así aparece en todos los profetas. Como todos los lectores de la Biblia están familiarizados con estas predicciones generales, no es necesario especificarlas.

3. Hay en el Antiguo Testamento predicciones expresas de su conversión nacional a la fe en Aquel a quien habían rechazado y crucificado. Así, en Zacarías 12 se afirma: «Derramaré sobre la casa de David, y sobre los moradores de Jerusalén, espíritu de gracia y de oración; y mirarán a mí, a quien traspasaron, y llorarán como se llora por hijo unigénito, afligiéndose por él como quien se aflige por el primogénito.» Esto será una conversión nacional, porque se dice que «la tierra lamentará», cada linaje aparte.

4. Pero el pasaje más decisivo que tiene que ver con esta cuestión, y que puede ser tomada «instar omnium», es el capítulo undécimo de la Epístola a los Romanos. Pablo había enseñado: (A) Que Dios había desechado a los judíos como nación porque ellos, como nación, representados por el Sanedrín, el Sumo Sacerdote, los escribas y los fariseos, sus gobernantes de todas clases, y por la voz popular, habían rechazado a Cristo. «A los suyos vino, mas los suyos no le recibieron.» Por ello, Dios los desechó como nación. (B) Sin embargo, él nos enseña aquí que este desecho no es total. Había «un remanente conforme a la elección de gracia» que creyó en Cristo y que fue recibido a Su reino. (C) Este desecho nacional de Israel, así como no era total, tampoco iba a ser definitivo. Iba a continuar hasta la entrada de los gentiles. Dios había hecho pacto con Abraham que su posteridad sería Su pueblo; porque «los dones y el llamamiento de Dios son irrevocables,» Así, aunque desgajados por un tiempo del olivo, han de ser injertados otra vez. (D) Y así «todo Israel será salvo.» Se puede dudar de que esto signifique a los judíos como nación, o todo el pueblo escogido de Dios incluyendo tanto a judíos como gentiles. Pero en todo caso, visto el contexto, es una promesa de la restauración de los judíos como nación. Por ello, ha de haber una conversión de los judíos. [...]

Así, las Escrituras, tal como han sido generalmente comprendidas en la Iglesia, enseñan que antes de la Segunda Venida ha de haber el recogimiento de los paganos: que el Evangelio ha de ser predicado a todas las naciones; y también que ha de haber una conversión nacional de los judíos; pero no debe inferirse de ello que todos los paganos o todos los judíos han de volverse verdaderos cristianos. En muchos casos la conversión puede ser sólo nominal. Habrá probablemente suficientes que permanecerán sin cambios en su corazón para ser el germen de aquel poder perseguidor que traerá aquellos días de tribulación que la Biblia parece enseñar han de preceder de inmediato a la venida del Señor.

6. El Anticristo.

Que el Anticristo ha de aparecer antes de la Segunda Venida de Cristo queda expresamente dicho por el Apóstol en 2 Tesalonicenses 2:1-3: «Os rogamos, hermanos, que no os dejéis mover fácilmente de vuestro modo de pensar, ni os alarméis [...] en el sentido de que el día del Señor ha llegado. [...] Porque no vendrá sin que antes venga la apostasía, y sea revelado el hombre de pecado, el hijo de perdición.» Esto está claro; pero en cuanto a quién o qué sea el Anticristo hay no poca diversidad de opinión.

1. Algunos entienden por el término Anticristo cualquier espíritu, poder o persona de carácter anticristiano. El Apóstol Juan dice: «Hijitos, ya es el último tiempo; y tal como oísteis que el anticristo viene, aun ahora han surgido muchos anticristos; por esto conocemos que es el último tiempo, [...] ¿Quién es el mentiroso, sino el que niega que Jesús es el Cristo? Éste es el anticristo, el que niega al Padre y al Hijo» (1 Jn 2:18, 22). Y también: «Todo espíritu que no confiesa que Jesucristo ha venido en carne, no procede de Dios; y éste es el espíritu del anticristo, el cual habéis oído que viene, y que ahora ya está en el mundo» (4:3). Y en 2 Juan 7 dice: «Porque muchos engañadores han salido al mundo, que no confiesan que Jesucristo ha venido en carne. He aquí el engañador y el anticristo: *ho plantos kai ho antichristos*). Así lo había predicho nuestro Señor: «Se levantarán falsos Cristos, y falsos profetas, y harán grandes señales y prodigios, hasta el punto de engañar, si fuera posible, aun a los escogidos» (Mt 24:24). Y el Apóstol Pablo dice, en 1 Timoteo 4:1: «Porque el Espíritu dice claramente que en los últimos tiempos algunos apostatarán de la fe, escuchando a espíritus engañadores y a doctrinas de demonios.» Estos pasajes se refieren a una característica señalada del período entre la era apostólica y la segunda venida de Cristo. Iba a haber muchos anticristos; muchas manifestaciones de una oposición maligna a la persona y a la obra de Cristo; muchos intentos de sacudirse de encima Su autoridad y de perturbar Su reino.

2. Además de esta referencia general al espíritu anticristiano que iba a manifestarse en muchas formas y con diferentes grados de intensidad, muchos creen que ha de darse aún una persona en quien se concentrará el poder del mundo, y que ejercerá todas sus energías para derribar el cristianismo y para usurpar el puesto de Cristo sobre la tierra. Éste es el Anticristo de la profecía, de quien se supone que hablan Daniel, Pablo y San Juan en el Apocalipsis. Este punto de vista es el generalmente adoptado por los Romanistas y por muchos eminentes teólogos protestantes evangélicos.

3. La opinión común, empero, entre los protestantes, es que las profecías acerca del Anticristo tienen una relación especial con el Papado. Esta convicción se basa principalmente en la notable predicción contenida en la segunda Epístola a los Tesalonicenses. [...] No se puede dar un argumento más concluyente para demostrar que el papado es el Anticristo que el que da el doctor Newman, Romanista él mismo. Según él, las profecías acerca de la gloria, exaltación, poder y dominio universal de Cristo tienen su cumplimiento en los Papas. Pero ¿quién es Anticristo, sino aquel que se pone en lugar de Cristo, pretendiendo para sí el honor y el poder que pertenecen a Dios manifestado en carne? Cualquiera que haga esto es Anticristo, en la forma más elevada en la que pueda aparecer. [...]

[...] Según los puntos de vista ya presentados, puede haber en el futuro un gran poder anticristiano concentrado en un gobernante individual, que será totalmente destruido a la venida del Señor, y al mismo tiempo se puede mantener la creencia de que el Anticristo descrito por Daniel y San Pablo no es un hombre, sino una institución o un poder organizado tales como un reino o el papado.

Bellarmino [un eminente teólogo de la Iglesia de Roma] da por supuesto que el Anticristo sigue siendo futuro. De esta manera trata de poner en claro que el papado no es el Anticristo. Pero, como se acaba de decir, incluso si aún ha de venir un Anticristo, e incluso el

Anticristo *kat' exochën*, esto no demostraría que el papado no es el poder predicho por el Apóstol como el Hombre de Pecado y como la Babilonia mística tal como se predice en Apocalipsis. [...]

La principal diferencia entre los primeros protestantes y los modernos intérpretes evangélicos es que los primeros identifican Babilonia y el Anticristo; esto es, atribuyen al mismo poder las profecías de Daniel referidas al cuerno pequeño, la descripción dada por el Apóstol en Tesalonicenses 2 y el relato de la bestia del capítulo 13 de Apocalipsis y el del capítulo 17. Mientras que los modernos, generalmente, distinguen entre las dos cosas. Al Papado lo consideran como bajo el símbolo de Babilonia; y al Anticristo como un príncipe mundano, bajo la bestia que subió del abismo.[4]

La gran verdad establecida en estas profecías es que en el futuro no sólo de Daniel, sino también de los Apóstoles, había una gran apostasía de la Iglesia; que esta apostasía sería Anticristiana (o Anticristo), aliándose con el mundo y deviniendo un gran poder perseguidor; y que los dos elementos, el eclesiástico y el mundano, que entran en este gran desarrollo Anticristiano, se harán más prominentes alternativamente; a veces actuando armónicamente, y a veces en mutua oposición; y por ello a veces son mencionados como un mismo poder, a veces como dos distintos. Ambos, unidos o separados, serán finalmente alcanzados por una destrucción definitiva cuando venga el Señor. Esto es lo cierto: que cualquiera y todo poder, sea uno o más, que se corresponda con las descripciones dadas en Daniel 7 y 11 y con 2 Tesalonicenses 2, es Anticristo en el sentido Escriturario del término.

Así, según la fe común de la Iglesia, los tres grandes acontecimientos que han de preceder a la segunda venida de Cristo son la proclamación universal del Evangelio o la conversión del mundo gentil; la conversión nacional de los judíos, y la aparición del Anticristo.

---

4. Ebrard dice: «Los Reformadores y los antiguos teólogos sólo erraron en eso: que identificaron la bestia que debía permanecer tres años y medio, mencionada en Ap 13, con la mencionada en el capítulo 17. Esto es, identificaron el Papado con el reino del Anticristo.» *Christliche Dogmatik*, Königsberg, 1852, Vol. II, pág. 736.

Capítulo 4

Los eventos concomitantes de la Segunda Venida

LOS ACONTECIMIENTOS QUE según la común doctrina de la Iglesia deben acompañar a la venida de Cristo son, primero la resurrección general de los muertos; segundo, el juicio final; tercero, «el fin del mundo»; y, cuarto, la consumación del reino de Cristo.

1. La Resurrección General.

El hecho de que ha de haber una resurrección general de los justos y de los injustos no es cosa que se dude entre los cristianos. Ya en Daniel 12:2-3 se dice: «y muchos de los que duermen en el polvo de la tierra serán despertados, unos para vida eterna, y otros para vergüenza y confusión eterna. Los entendidos resplandecerán como el resplandor del firmamento; y los que enseñaron a muchos la justicia, como las estrellas a perpetua eternidad.» Esta predicción la repite nuestro Señor sin ninguna limitación: «No os asombréis de esto; porque va a llegar la hora en que todos los que están en los sepulcros oirán su voz; y los que hicieron lo bueno, saldrán a resurrección de vida; mas los que hicieron lo malo, a resurrección de condenación» (Jn 5:28, 29). [...] [Véanse también Mt 25:31, 32; Hch 24:15; Ap 20:12, 13].

El tiempo de esta Resurrección General.

La uniforme descripción de la Escritura acerca de este tema es que esta resurrección general tendrá lugar «en el día postrero», esto es, a la segunda venida de Cristo. La misma forma de expresión se emplea para designar el tiempo en que ha de resucitar el pueblo de Cristo y el tiempo en que ha de tener lugar la resurrección general. La Biblia, si se exceptúa el difícil pasaje de Apocalipsis 20:4-6, nunca habla de ninguna otra resurrección. Los muertos, según las Escrituras, han de levantarse juntos, algunos para vida eterna, y algunos para vergüenza y confusión eterna. Cuando venga Cristo, todos los que están en los sepulcros saldrán, unos para resurrección de vida, y otros para resurrección de condenación. [...]

El único pasaje que parece enseñar que ha de haber una primera y una segunda resurrección del cuerpo, estando la primera limitada a los mártires y santos, e incluyendo la última «el resto de los muertos», es Apocalipsis 20:4-6. Se debe admitir que este pasaje, tomado por sí mismo, parece enseñar dos resurrecciones. Pero hay consideraciones contra este entendimiento del texto:

(1) Es la sana regla de interpretación de la Escritura que los pasajes oscuros deberían ser explicados de manera que concuerden con los llanos. Es irrazonable hacer del lenguaje simbólico y figurativo de la profecía y de la poesía la regla para explicar la llana prosa didáctica de la Biblia. No es menos irrazonable sacar una multitud de pasajes de su sentido natural para hacerlos concordar con un solo pasaje de sentido dudoso.

(2) El Apocalipsis es un libro oscuro. Esto lo conoce casi cada lector por su propia experiencia y por la interminable diversidad de interpretaciones a la que ha sido sometido el libro.

(3) La Biblia habla de una resurrección espiritual así como de una resurrección literal. Esta figura de lenguaje se emplea con referencia tanto a individuos como a comunidades. Del pecador muerto en delitos y pecados se dice que es vivificado y resucitado de nuevo en Cristo Jesús (Ro 6; Ef 2). Comunidades enteras, cuando son levantadas de un estado de depresión y miseria son descritas en lenguaje profético como resucitadas de los muertos (Ro 11:15; Is 26:19). [...] [Véase Ez 37:12]. [...] Según Hengstenberg, el Apóstol vio las almas de los mártires en el cielo. Allí fueron entronizadas. Ésta fue su primera resurrección. «No se pueden abrigar dudas,» dice él, «que por primera resurrección debemos comprender aquí primariamente la primera etapa de la bienaventuranza.»[1]

(4) Juan no dice que los cuerpos de los mártires sean resucitados de los muertos. Dice; «Vi las almas de los que habían sido degollados por el testimonio de Jesús.» La resurrección de los muertos nunca es descrita así en las Escrituras. Hay un sentido en el que se dice de los mártires que viven de nuevo, pero nada se dice que vuelvan a resucitar de sus sepulcros. La primera resurrección puede ser espiritual, y la segunda literal. [...]

(5) La doctrina milenaria común es que habrá una resurrección literal cuando Cristo venga a reinar personalmente sobre la tierra, mil años antes del fin del mundo, y que los santos resucitados morarán aquí y compartirán con Cristo las glorias de Su reino. Pero esto parece inconsistente con lo que se enseña en 1 Corintios 15:50. Pablo dice allí: «Pero esto digo, hermanos: que la carne y la sangre no pueden heredar el reino de Dios, ni la incorrupción hereda la incorrupción.» Aquí se dice de manera expresa que nuestros cuerpos tal como están constituidos ahora no están adaptados al estado de cosas que existirá cuando sea inaugurado el reino de Dios. Tenemos que ser todos cambiados. De esto sigue que el cuerpo espiritual no está adaptado a nuestro actual modo de existencia; esto es, que no es adecuado ni designado para un reino terrenal. Luthardt admite esto. Admite que el cuerpo renovado o transfigurado supone necesariamente una tierra renovada. Admite también que cuando los cuerpos de los creyentes sean cambiados así, serán arrebatados de la tierra, y morarán con Cristo en el cielo. Cuando Cristo se manifieste, los Suyos serán manifestados con Él en gloria. Bengel, y otros tras él, tratan de conciliar estas admisiones con la teoría de un reino terrenal de gloria, suponiendo que los santos resucitados gobernarán en este reino no desde la Jerusalén literal, sino desde el cielo. Esto, sin embargo, implica introducir una idea extra-Escrituraria y conjetural.

6. Ya se ha dicho, al hacer referencia a la restauración de los judíos a su propia tierra, que toda esta teoría de un espléndido reinado terrenal es una reliquia del judaísmo, y fuera de la espiritualidad del Evangelio.[2]

Todo lo anterior se dice con modestia y sumisión. La experiencia en la interpretación de la profecía sin cumplir enseña que es muy precaria. Hay buenas razones para creer que las predicciones acerca de la segunda venida de Cristo, y los acontecimientos que la acompañan y la siguen, darán frustraciones a los comentaristas, igual que las expectativas de los judíos se vieron frustradas por la manera en que se cumplieron las profecías acerca de la primera venida.

---

1. *The Revelation of St. John Expounded*, edición de Edinburgo, 1852, Vol. II, pág. 281.
2. La interpretación de todo este pasaje (Ap 20:1-6) es exhaustivamente discutida en la capaz obra del Rev. David Brown, de St. James' Free Church, Glasgow, titulada *Christ's Second Coming: Will it be Pre-Millenial?* capítulo X, edición de New York, 1851, pág. 218ss.

2. El Juicio Final.

Las Escrituras abundan en pasajes que establecen a Dios como el juez moral de los hombres, y que declaran que Él juzgará al mundo con justicia. La Biblia lo presenta como Juez de las naciones y de los individuos, como el vengador de los pobres y de los perseguidos. Abunda también en promesas y amenazas y en ilustraciones del justo juicio de Dios. Nada, por ello, es más claro que el hecho de que los hombres en este mundo están sujetos al gobierno moral de Dios. Además de esto, la Biblia enseña además que hay un estado futuro de recompensa y de castigo en el que las desigualdades y anomalías aquí permitidas serán compensadas. [...] La doctrina sustentada por la Iglesia universal acerca de esta cuestión incluye los siguientes puntos:

(1) El juicio final es un acontecimiento futuro concreto (no un proceso prolongado) en el que finalmente quedará determinado y públicamente manifestado el destino eterno de los hombres y de los ángeles. Que ésta es la doctrina de la Biblia se demuestra con pasajes como Mateo 11:24: «Por tanto os digo que en el día del juicio habrá más tolerancia para la tierra de Sodoma que para ti»; Mateo 13:30: «Dejad crecer juntas las dos cosas hasta la siega; y al tiempo de la siega, les diré a los segadores: Recoged primero la cizaña, y atadla en manojos para quemarla; pero el trigo recogedlo en mi granero»; [...] y el vers. 49: «Así será en el fin del mundo: saldrán los ángeles, y separarán a los malos de entre los justos.» [...] [Véase también Jn 12:48; Hch 17:31; Ro 2:5, y 1 Co 4:5.] Por cuanto la palabra *día* se emplea frecuentemente en la Escritura para denotar un período indefinido, no sigue por el empleo de esta palabra que el juicio tenga que comenzar y acabar en el espacio de veinticuatro horas. Sin embargo, la forma en que se emplea la palabra en este contexto y las circunstancias que acompañan al juicio muestran que el término quiere comunicar un período definido y limitado, y no una dispensación prolongada. La manifestación de Cristo, la resurrección de los muertos y la reunión de las naciones no son acontecimientos que vayan a extenderse a lo largo de años o siglos.

2. Cristo será el Juez: «Pues ni aun el Padre juzga a nadie, sino que ha dado todo juicio al Hijo, para que todos honren al Hijo como honran al Padre» (Jn 5:22-23). «[El Padre] le dio autoridad para ejecutar juicio, por cuanto es el Hijo del Hombre» (v. 27). [...] En su discurso en la Colina de Marte, Pablo les dice a los atenienses que Dios «ha establecido un día en el que va a juzgar al mundo con justicia, por aquel varón a quien designó, dando fe a todos con haberle levantado de entre los muertos» (Hch 17:31). [Ver también 2 Co 5:10]. [...] Y en verdad, allí donde el Nuevo Testamento describe de manera gráfica el proceso del juicio final, Cristo es presentado como el Juez. [...] Es especialmente apropiado que el hombre Cristo Jesús, Dios manifestado en carne, sea el Juez de todos los hombres. A Él se le ha encomendado esta autoridad, por cuanto Él es el Hijo del hombre; esto es, porque Él se humilló a Sí mismo para ser hallado en forma de hombre aunque Él era en forma de Dios y no consideró usurpación ser igual a Dios. La prerrogativa de juzgar forma parte de la exaltación que se le debe por cuanto consintió en ser obediente hasta la muerte. Es justo que Aquel que fue condenado ante el tribunal de Pilato se siente entronizado en el trono del juicio universal. Es un gozo y causa de especial confianza para todos los creyentes que Aquel que los amó y se dio a Sí mismo por ellos sea su Juez en el día postrero.

3. Este juicio tendrá lugar en la segunda venida de Cristo y en la resurrección general. Por ello, no se trata de un proceso que ahora esté en progreso; no tiene lugar al morir; no es un período prolongado antes de la resurrección general. Entre los pasajes que tienen que ver acerca de esta cuestión están la parábola del trigo y de la cizaña (Mt 13:36-43), en la que se nos enseña que la separación definitiva entre los justos y los malvados tendrá lugar al fin del mundo, donde el Hijo del Hombre enviará a Sus ángeles a recoger de Su reino todas las cosas que ofenden. Esto implica que la resurrección general, la segunda venida y el juicio final son

acontecimientos coetáneos. La Biblia no sabe nada de tres advenimientos personales de Cristo: uno en el tiempo de la encarnación, un segundo tras el milenio, y un tercero para juzgar el mundo. Aquel que vino en la carne ha de venir «por segunda vez, sin relación con el pecado, a los que le esperan ansiosamente para salvación» (He 9:28). «Porque el Hijo del Hombre ha de venir en la gloria de su Padre con sus ángeles, y entonces pagará a cada uno conforme a su conducta» (Mt 16:27). Mateo 24:29-35 enseña que cuando aparezca en los cielos la señal del Hijo del Hombre, todas las tribus de la tierra se lamentarán, y los escogidos serán recogidos. Mateo 25:31-46 establece todo el proceso del juicio. Cuando el Hijo del hombre venga en Su gloria, todas las naciones serán reunidas delante de Él, y Él las separará como un pastor separa a las ovejas de las cabras. Luego les dirá a las que estarán a Su derecha: «Venid, benditos de mi Padre», y a los de Su izquierda: «Apartaos de mí, malditos». [...] [Véase también 1 Co 4:5; 2 Ts 1:7-10, y 2 Ti 4:1.]

4. Las personas que serán juzgadas son hombres y ángeles. Se dice que Cristo ha de venir a juzgar «a los vivos y a los muertos» (2 Ti 4:1), que todas las naciones comparecerán delante de Él (Mt 25:32), que «todos nosotros hemos de comparecer ante el tribunal de Cristo» (2 Co 5:10), y que él «pagará a cada uno conforme a sus obras» (Ro 2:6). Así, este juicio es absolutamente universal; incluye tanto a los pequeños como a los grandes, y a todas las generaciones de hombres. Con respecto a los ángeles malos, se dice que Dios «los entregó a prisiones de oscuridad, para ser reservados hasta el juicio» (2 P 2:4). [...]

5. La base o asunto a ser juzgado es las obras hechas en el cuerpo. Los hombres serán juzgados conforme a sus obras; los secretos del corazón serán sacados a luz. El juicio de Dios no se basará en las profesiones de fe o en las relaciones de los hombres, ni en sus apariencias o en la reputación que tuvieran entre sus semejantes, sino en sus verdaderos caracteres y acciones, por secretos y encubiertos de delante de los hombres que hayan sido sus actos. Dios no será burlado ni puede ser engañado; el carácter de cada hombre será claramente revelado, y ello no sólo a la vista de Dios, sino también del mismo hombre. Todo autoengaño quedará desvanecido. Cada hombre se verá a sí mismo como aparece a los ojos de Dios. Su memoria resultará probablemente ser un registro indeleble de todos sus actos y pensamientos y sentimientos pecaminosos. Su conciencia quedará también tan iluminada que reconocerá la justicia de la sentencia que el Juez justo pronunciará contra él. Todos aquellos que Cristo condene se condenarán a sí mismos. Además, habrá tal revelación del carácter de cada hombre ante todos los demás a su alrededor, o ante todos los que le conocen, que la justicia de la sentencia de condenación o absolución será evidente. Las descripciones de la Escritura no nos demandan ir más allá de esto.

Además de estas descripciones generales de la Escritura de que el carácter y la conducta de los hombres constituyen la base sobre la que se pronunciará la sentencia final, tenemos la clara indicación de la Palabra de Dios de que el destino de aquellos que oyen el evangelio depende de la actitud que adoptan con respecto a Cristo. «Vino a lo que era suyo, y los suyos no le recibieron. Pero a todos los que le recibieron, a los que creen en su nombre, les dio potestad de ser hechos hijos de Dios» (Jn 1:11-12). Él es Dios manifestado en carne, y Él vino al mundo para salvar a los pecadores; todos los que le reciben como su Dios y Salvador son salvos, mientras que todos los que rehúsan reconocerle y confiar en Él, perecen. Ya han sido condenados, porque no han creído en el nombre del unigénito Hijo de Dios (Jn 3:18). «El que cree en el Hijo, tiene vida eterna; mas el que rehúsa creer en el Hijo, no verá la vida, sino que la ira de Dios permanece sobre él» (Jn 3:36). [...] Y Pablo dice: «Si alguno no ama al Señor Jesucristo, sea anatema. El Señor viene» (1 Co 16:22). La base especial para la condenación bajo el evangelio, así, es la incredulidad, rehusar recibir a Cristo en el carácter en que es presentado a nuestra aceptación.

6. Los hombres serán juzgados conforme a la luz que han tenido individualmente. El siervo que conoció la voluntad de su Señor y no la hizo, será castigado con muchos azotes, pero el que no la conoció, será castigado con pocos azotes. «Porque a todo aquel a quien se haya dado mucho, mucho se le exigirá» (Lc 12:47-48). Pablo dice que los paganos son inexcusables, «pues habiendo conocido a Dios, no le glorificaron como a Dios» (Ro 1:20-21); y establece el principio de que los que pecan sin ley serán juzgados sin ley, y que los que han pecado en la ley serán juzgados por la ley (Ro 2:12).

7. En el juicio del último día quedará determinado de manera inalterable el destino de los justos y el de los malvados. Se asignará la morada final de cada clase. Esto se enseña con las solemnes palabras: «E irán éstos al castigo eterno, mas los justos a la vida eterna» (Mt 25:46).

Es inútil indagar hasta qué punto deban entenderse literalmente las descripciones bíblicas del proceso del juicio final. Hay dos cosas destacables acerca de las profecías de la Escritura que ya han sido cumplidas. La primera es que el cumplimiento ha sido en muchos casos muy diferente de lo que una interpretación literal había llevado a los hombres a esperar. La otra es que en algunos casos han sido cumplidas en los más pequeños detalles. Estos hechos deberían llevarnos a la modestia en nuestra interpretación de las predicciones que quedan por cumplir, y satisfechos acerca de que lo que ahora no conozcamos lo conoceremos después.

3. El fin del mundo.

Varios pasajes de las Escrituras hablan específicamente acerca de la final consumación o fin del mundo: «Desde el principio tú fundaste la tierra, y los cielos son obra de tus manos. Ellos perecerán, mas tú permanecerás; y todos ellos como una vestidura se envejecerán; como un vestido los mudarás, y serán mudados» (Sal 102-25-26). «Alzad a los cielos vuestros ojos, y mirad abajo a la tierra; porque los cielos se desvanecerán como humo, y la tierra se desgastará como ropa de vestir» (Is 65:17). «El mundo de entonces pereció anegado en agua; pero los cielos y la tierra actuales están reservados por la misma palabra, guardados para el fuego en el día del juicio y de la perdición de los hombres impíos. [...] El día del Señor vendrá como un ladrón en la noche; en el cual los cielos desaparecerán con gran estruendo, y los elementos ardiendo serán desechos, y la tierra y las obras que en ella hay serán quemadas. [...] Pero esperamos, según su promesa, cielos nuevos y tierra nueva, en los cuales habita la justicia» (2 Pedro 3:6-7, 10, 13; véase también Lc 21:33; Ro 8:19-21; Ap 20:11; 21:1). [...]

Está claro que la destrucción que aquí se anuncia no es aniquilación: (1) El mundo será quemado, pero la combustión es meramente un cambio de estado o de condición, no de destrucción de sustancia. (2) La destrucción del mundo por agua y su destrucción por fuego son acontecimientos análogos. El primero no fue aniquilación; por ello el segundo no lo es. (3) La destrucción de que se habla es llamada en otros lugares una *palingenesia*, regeneración (Mt 19:28), una *apokatastasis*, restauración (Hch 3:21), una liberación de la esclavitud de corrupción (Ro 8:21). El Apóstol nos enseña que nuestros cuerpos de nuestra bajeza no serán aniquilados, sino cambiados y conformados a semejanza del glorioso cuerpo de Cristo (Fil 3:21). Un cambio similar tendrá lugar en el mundo en que moramos. Habrá nuevos cielos y nueva tierra, así como nosotros tendremos nuevos cuerpos. [...]

Esta tierra renovada, según la opinión común, será la sede final del reino de Cristo. Éstos son los nuevos cielos; ésta es la nueva Jerusalén, el Monte Sión en el que se reunirá la asamblea general y la Iglesia de los primogénitos cuyos nombres están escritos en los cielos, los espíritus de los justos hechos perfectos. Esta es la Jerusalén celestial, la ciudad del Dios vivo, el reino preparado para Su pueblo antes de la fundación del mundo. [...]

4. El Reino de los Cielos.

En el relato que se da del juicio final en Mateo 25:31-46 se nos dice que el Rey «dirá a los de su derecha: Venid, benditos de mi Padre, heredad el reino preparado para vosotros desde la fundación del mundo.» Ya estaba predicho en el Antiguo Testamento que Dios establecería un reino que sería universal y eterno. De este reino sería el Mesías la cabeza. Él es expuesto frecuentemente en el Antiguo Testamento como Rey (véase Gn 49:10; Nm 24:17; 2 S 7:16; Sal 2; 45; 72; 110; Is 9:6-7; 11; 52; 53; y Mi 4). Su reino es variamente llamado el reino de Dios, el reino de Cristo, el reino del Hijo del hombre (Mt 13:41), y el reino del cielo. Los profetas lo describen en términos ardientes tomados en parte del estado paradisíaco del hombre y en parte del estado de la teocracia durante el reinado de Salomón.

Este reino le pertenece a Cristo no como el Logos, sino como el Hijo del hombre, el Teantropo, Dios manifestado en carne. Su doble fundamento, tal como es presentado en la Escritura, es Su posesión de todos los atributos divinos y Su obra de redención (He 1:3; Fil 2:6·11). Es debido que siendo igual a Dios «se humilló a Sí mismo, al hacerse obediente hasta la muerte, y muerte de cruz, [que] Dios también le exaltó hasta lo sumo, y le otorgó el nombre que es sobre todo nombre, para que en el nombre de Jesús se doble toda rodilla de los que están en los cielos, en la tierra, y debajo de la tierra, y toda lengua confiese que Jesucristo es Señor, para gloria de Dios Padre.» En Sus manos le ha sido dado toda potestad en los cielos y en la tierra, y todas las cosas (el universo) han sido puestas debajo de Sus pies. Hasta los ángeles son Sus espíritus ministradores, enviados por Él para ministrar a aquellos que serán herederos de salvación.

Este reinado Mesiánico o mediador de Cristo, siendo así inclusivo, se presenta en diferentes aspectos en la Palabra de Dios. Contemplado como extendiéndose sobre todas las criaturas, es un reino de poder que, según 1 Corintios 15:24, Él entregará a Dios el Padre cuando quede cumplida Su obra mediadora. Contemplado en relación con Su propio pueblo en la tierra, es un reino de gracia. Todos ellos le reconocen a Él como su amo y soberano absoluto. Ellos todos confían en Su protección, y se dedican a Su servicio. Él rige en ellos, y reina sobre ellos, y somete a todos los enemigos de ellos, Sus enemigos. Contemplado en relación con todo el cuerpo de los redimidos cuando sea consumada la obra de la redención, es el reino de gloria, el reino de los cielos, en el más elevado sentido de la palabra. Su condición de cabeza sobre Su pueblo debe continuar para siempre, y Su dominio sobre aquellos que Él ha adquirido con Su sangre jamás terminará. [...]

Aunque Dios siempre ha tenido un reino sobre la tierra, el reino del que hablan los profetas comenzó en su forma Mesiánica cuando el Hijo de Dios vino en carne. Juan el Bautista, el precursor de Cristo, vino predicando que el Reino de Dios estaba cerca. Nuestro mismo Señor fue de pueblo en pueblo, predicando el reino de Dios. [...] Todos los que profesan adhesión a Cristo como Rey constituyen Su reino en la tierra. Por ello, nada puede ser más opuesto a la clara enseñanza del Nuevo Testamento que la afirmación de que el reino de Cristo sea aún futuro y que no ha de ser inaugurado hasta Su segunda venida.

En cuanto a la naturaleza de este reino, nuestro mismo Señor nos enseña que no es de este mundo. No es análogo a los reinos que existen entre los hombres. No es un reino de esplendor, riquezas o poder terrenales. No tiene que ver con los asuntos civiles o políticos de los hombres, excepto en sus relaciones morales. Sus recompensas y goces no son las cosas buenas de este mundo. Se dice que consiste en «justicia, y paz, y gozo en el Espíritu Santo» (Ro 14:17). Cristo le dijo a Sus oyentes: «El reino de Dios está en medio de vosotros» (Lc 14:17). La condición para la admisión en este reino es la regeneración (Jn 3:5), la conversión (Mt 18:3) y la santidad de corazón y vida. [...]

En el intervalo entre la primera y la segunda venida de Cristo Su reino ha de pasar por muchas vicisitudes; tendrá sus tiempos de depresión y sus temporadas de exaltación y prosperidad. No cabe duda de que así ha sido en el pasado. Y la profecía arroja la luz suficiente acerca del futuro como para enseñarnos no sólo que estas alternativas han de seguir hasta el fin, sino, más claramente aún, que antes de la segunda venida de Cristo ha de haber un tiempo de una gran y constante prosperidad, seguida por un tiempo de decaimiento y de sufrimiento, de manera que cuando venga el Hijo del Hombre, apenas si hallará fe en la tierra. En el capítulo anterior observamos que todas las naciones han de convertirse, que los judíos han de ser introducidos y ser reinsertados en su propio olivo, y que su restauración ha de ser la ocasión y causa de un cambio de muerte a vida. De este período hablan los antiguos profetas en términos designados para levantar las esperanzas de la Iglesia hasta el máximo. [...] Este período es llamado un milenio porque en Apocalipsis se dice que dura mil años, expresión que generalmente se entiende en un sentido literal. Algunos, sin embargo, piensan que se refiere a un período prolongado de duración indefinida, como cuando se dice que un día es para con el Señor como mil años. [...] Durante este período, sea cual sea su duración, la Iglesia debe gozar de un tiempo de paz, pureza y bienaventuranza como el que jamás ha experimentado aún.

La razón principal para suponer un estado glorioso de la Iglesia antes de la segunda venida es que los profetas representan a la Iglesia como próspera y gloriosa sobre la tierra. Pero sabemos que cuando Cristo vuelva, los cielos y la tierra han de desvanecerse, y no se encontrará lugar para ellos. La sede de la Iglesia, después de la segunda venida, no será la tierra, sino unos nuevos cielos y una nueva tierra, Por ello, las enseñanzas de la Escritura de que el reino de Cristo ha de extenderse sobre toda la tierra, que todas las naciones deben servirle, y que todo el pueblo lo llamará bienaventurado, tienen que referirse a una era anterior a la segunda venida de Cristo. Esta era es descrita como de prosperidad espiritual -Dios derramará Su espíritu sobre toda carne; el conocimiento abundará en todos lugares; las guerras cesarán hasta los confines de la tierra; y nada habrá que dañe o destruya en todo el santo monte de Dios. Esto no implica que no vaya a haber pecado y dolor en el mundo durante este largo período, ni que todos los hombres vayan a ser verdaderos cristianos. La cizaña ha de crecer con el trigo hasta la cosecha. Los medios de gracia seguirán siendo necesarios; la conversión y la santificación serán entonces lo que siempre han sido. Lo que se nos enseña a esperar del milenio es sólo una medida más elevada del bien que la Iglesia ha experimentado en el pasado. Esto, sin embargo, no es el fin. Después de este bendito período y de la apostasía que debe seguir viene la consumación.

Cuando Cristo vuelva, Él será «admirado en todos los que creen» (2 Ts 1:10). Los que estén vivos entonces serán transformados, en un abrir y cerrar de ojos; su cuerpo corruptible se revestirá de incorrupción, y su carne mortal se revestirá de inmortalidad (1 Co 15:51-53). Los que están en los sepulcros oirán la voz del Hijo del Hombre y saldrán a resurrección de vida, sus cuerpos transformados como el cuerpo glorioso del Hijo de Dios. Así cambiados, ambas clases estarán para siempre con el Señor.

El lugar de la morada final de los justos es a veces llamada una casa, como cuando el Señor dijo: «En la casa de mi Padre hay muchas moradas» (Jn 14:2), y a veces «una ciudad que tiene fundamentos, cuyo artífice y constructor es Dios» (He 11:10). Bajo esta figura es descrita como la nueva o celestial Jerusalén (Ap 21). A veces es mencionada como «una [patria] mejor, esto es, celestial» (He 11:16), una país a través del que fluye el río del agua de vida (Ap 22:1-5). Y a veces la morada final de los redimidos recibe el nombre de «nuevos cielos y nueva tierra» (2 P 3:13).

Sabemos que la bienaventuranza de este estado celestial es inconcebible: «Cosas que el ojo no vio, ni el oído oyó, ni han subido al corazón del hombre, son las que Dios ha preparado para los que le aman» (1 Co 2:9). Sin embargo, sí hay ciertos detalles que somos capaces de comprender: (1) La incomprensible bienaventuranza del cielo surgirá de la visión de Dios.

Esta visión hermosea y transforma el alma a la imagen divina, transfundiéndole la vida divina, de modo que queda llena con la plenitud de Dios. Esta visión de Dios es en la faz de Jesucristo, en quien habita corporalmente la plenitud de la gloria divina. Dios es visto en forma como de hombre, y esta manifestación de Dios en la persona de Cristo es inconcebiblemente arrebatadora. (2) La bienaventuranza de la vida redimida provendrá no sólo de la manifestación de la gloria, sino también del amor de Dios -aquel amor misterioso, inmutable e infinito cuyo fruto es la obra de la redención. (3) La futura felicidad de los santos involucrará la indefinida expansión de todas sus facultades, la total exención de todo pecado y dolor, la relación y comunión con las más excelsas inteligencias del cielo (patriarcas, profetas, apóstoles, mártires y todos los redimidos), un constante crecimiento en conocimiento y en el útil ejercicio de todos sus poderes, una posesión segura y eterna de todo bien posible, y unas circunstancias externas que servirán a su bienaventuranza en aumento.

[5. La teoría del advenimiento premilenial.]

6. El castigo futuro.

Nuestro Señor dice, en su descripción del juicio final, que los malvados irán a castigo eterno, pero los justos a vida eterna.

Los sufrimientos de los finalmente impenitentes, según las Escrituras, surgen: (1) De la pérdida de todo bien terrenal. (2) De la exclusión de la presencia y del favor de Dios. (3) De la total reprobación o retirada final del Espíritu Santo. (4) De un consiguiente dominio irreprimido del pecado y de las pasiones pecaminosas. (5) De la obra de la conciencia. (6) De la desesperación. (7) De la malvada compañía en que se hallarán. (8) De sus circunstancias externas; esto es, el sufrimiento futuro no es exclusivamente la consecuencia natural del pecado, sino que incluye también infracciones positivas. (9) Por su perpetuidad.

No parece haber más razones para suponer que el fuego de que se habla en las Escrituras va a ser un fuego literal, como que el gusano que nunca muere sea un gusano literal. El diablo y sus ángeles que deben sufrir la venganza del fuego eterno, y cuya condenación van a compartir los finalmente impenitentes, no tienen cuerpos materiales que puedan recibir la acción del fuego elemental. Así como habrá grados de gloria y bienaventuranza en el cielo, tal como enseña nuestro Señor en la parábola de los diez talentos, así también habrá diferencias de grado en los sufrimientos de los perdidos: algunos serán azotados con pocos azotes; otros con muchos.

La duración del castigo futuro.

[...] Es evidente que la cuestión de la duración del castigo futuro sólo puede ser decidida por revelación divina. Nadie puede en razón pretender decidir sobre ningún principio general de bien o mal cuánto tiempo los malvados deben sufrir por sus pecados. Las condiciones del problema no están a nuestro alcance. Lo que el Dios infinitamente sabio y bueno considere oportuno hacer con Sus criaturas, o cuáles sean las exigencias de un gobierno que abarca todo el universo y que continúa a través de los siglos eternos, no podemos determinarlo nosotros, gusanos del polvo. Si creemos que la Biblia es la Palabra de Dios, todo lo que tenemos que hacer es observar lo que enseña acerca de esto, y someternos a ello humildemente.

Es casi invencible la sensación de que la Biblia enseña el castigo sin fin de los finalmente impenitentes. Así lo han comprendido todas las iglesias cristianas. [...] Es una doctrina contra la que se revuelve el corazón natural, y lucha contra ella, y a la que se somete sólo bajo la fuerza de la autoridad. La Iglesia cree esta doctrina porque tiene que creerla o renunciar a la fe en la Biblia, y abandonar todas las esperanzas basadas en sus promesas. [...]

El profeta Daniel dice que los malvados «serán despertados [...] para vergüenza y confusión perpetua» (Dn 12:2). En Lucas 3:17 se dice que Cristo «recogerá el trigo en su granero; pero la paja la quemará con fuego inextinguible.» En Marcos 9:42-48 nuestro Señor dice que es mejor «que entres en la vida manco, que teniendo las dos manos, ir al infierno, al fuego inextinguible, donde su gusano no se muere, y el fuego no se apaga.» Tres veces en un discurso salieron estas terribles palabras de los labios de misericordia para darles un mayor efecto. Cristo lloró sobre Jerusalén. ¿Por qué no impidió su pérdida? Simplemente porque no hubiera sido justo hacerlo. De la misma manera Él puede lamentar la perdición de los malvados impenitentes, pero dejarlos a su suerte. No es más posible que la copa pase de los labios de ellos que hubiera sido quitada de la mano trémula del mismo Hijo de Dios. Este último espectáculo fue mucho más asombroso para los ojos de los ángeles que el lago de fuego preparado para el diablo y sus ángeles.

Según está anunciado, el Juez dirá el último día a aquellos a Su mano izquierda: «Apartaos de mí, malditos, al fuego eterno [...] E irán éstos al castigo eterno, mas los justos a la vida eterna» (Mt 25:41, 46). «Eterno» y «eterna» es una traducción de la misma palabra griega, la que evidentemente ha de tener el mismo sentido en ambas cláusulas. En Juan 3:36 se dice: «El que cree en el Hijo, tiene vida eterna; mas el que rehúsa creer en el Hijo, no verá la vida, sino que la ira de Dios permanece sobre él.» Pablo nos enseña en 2 Tesalonicenses 1:9 que cuando venga Cristo, los malvados «sufrirán pena de eterna perdición, excluidos de la presencia del Señor y de la gloria de su potencia.» Judas dice que los ángeles que no guardaron su primer estado están guardados «bajo oscuridad, en prisiones eternas, para el juicio del gran día; como Sodoma y Gomorra y las ciudades vecinas, [...] fueron puestas como ejemplo, sufriendo el castigo del fuego eterno» (vv. 6-7). Añade él que «la oscuridad de las tinieblas» está «reservada eternamente» para los apóstatas (v. 13). Y según Apocalipsis 14:9-11, aquellos que adoran la bestia y su imagen, o que reciben su marca, «será atormentado con fuego y azufre delante de los santos ángeles y en presencia del Cordero; y el humo de su tormento sube por los siglos de los siglos. Y no tienen reposo de día ni de noche.» Casi las mismas palabras se repiten en Apocalipsis 19:2-3, 20 y en 20:10. [...]

Objeciones

Se apremia que no puede ser consistente con la justicia de Dios infligir una pena realmente infinita sobre una criatura como el hombre. A esta objeción se puede observar:

1. Que somos incompetentes para ser jueces de la pena que merece el pecado. No tenemos un entendimiento adecuado de su culpa inherente, de la dignidad del Aquel contra quien se comete, ni de la medida del mal que puede producir. El fin propio del castigo es retribución y prevención. Sólo Dios conoce lo que es necesario para este fin; y por ello mismo la pena que Él impone al pecado es la única medida justa de su merecido.

2. Si fuera inconsecuente con la justicia de Dios que los hombres hubieran de perecer por sus pecados, entonces la redención no sería cuestión de gracia ni de misericordia inmerecida. La liberación de una pena injusta es asunto de justicia. Nada, sin embargo, es más claro por la enseñanza de la Escritura, y nada es reconocido más universalmente ni de manera más gozosa por todos los cristianos, que el hecho de que todo el plan de la redención -la misión del Hijo de Dios para la salvación de los pecadores- es una maravillosa exhibición del amor de Dios que sobrepasa todo conocimiento. [...]

3. La condenación de los ángeles nos enseña que un acto de rebelión contra Dios es fatal. No hay diferencia en si todo lo que han sufrido desde entonces y todo lo que sufrirán en la eternidad es la pena de aquel un acto, o la consecuencia inevitable de la condición a la que los llevó aquel un acto.

Una objeción mayor es la que surge de la bondad de Dios. Se dice que es inconsecuente con Su benevolencia que Él permita que cualquiera de Sus criaturas sea eternamente desgraciada. Ante esta objeción se debe observar:

1. [...] A la vista del hecho de que Dios ha permitido la existencia de tal vasta cantidad de pecado y de desgracia en el mundo desde la caída de Adán hasta el tiempo presente, ¿cómo podemos decir que es inconsecuente con Su bondad permitir que continúe existiendo? ¿Cómo podemos saber que las razones, por hablar así, que llevaron a Dios a permitir que Sus hijos fueran pecadores y desgraciados durante miles de años no le lleven a permitir que algunos de ellos sean desgraciados eternamente? Si la más sublime gloria de Dios y el bien del universo han sido exaltados mediante la pasada pecaminosidad y desgracia humanas, ¿por qué no pueden serlo también en el futuro?

2. Tenemos razones para creer que el número de los finalmente perdidos en comparación de todo el número de salvos será muy inconsiderado. Nuestro bienaventurado Señor, cuando sea rodeado del número innumerable de redimidos, será aclamado como el Salvador de los hombres, como el Cordero que llevó los pecados del mundo.

3. Deberíamos ser llevados a la humildad y al silencio acerca de esta cuestión por el hecho de que las declaraciones más solemnes y explícitas de la desgracia eterna de los malvados salieron de los labios de Aquel que, aunque igual a Dios, fue hallado en forma de hombre, y que se humilló a Sí mismo hasta la muerte, y muerte de cruz, por nosotros los hombres y para nuestra salvación.

www.ingramcontent.com/pod-product-compliance
Lightning Source LLC
Chambersburg PA
CBHW080717300426
44114CB00019B/2401